Auch als eBook erhältlich.

Hallwag

Herbaria
Herbaria
Für Fischgerichte & Pasta
Neptuns Traum
Herbaria
Für Ratatouille
Petit Chef
Herbaria
Italienische Mischung
Pizza e Pasta
Herbaria
Korsische Kräuter
Duft der Macchia
Herbaria
Griechische Mischung
Heureka!
Herbaria
Italienische Mischung
Pizza e Pasta
Herbaria
Provençalische
Wildblüten
Herbaria
Für Risotto, Pasta und Salat
Trüffelglück
Herbaria
Für Antipasti
Tutto mio!

2016/17

OSTERIE

d'Italia

Slow Food® Editore

2016/17 OSTERIE d'Italia

Über 1.700 kulinarische Adressen
ausgewählt und empfohlen
von SLOW FOOD

Hallwag

Liebe Leserin und lieber Leser,

wir freuen uns, dass Sie sich für ein HALLWAG-Buch entschieden haben. Mit Ihrem Kauf setzen Sie auf die Qualität, Kompetenz und Aktualität unserer Bücher. Dafür sagen wir Danke! Ihre Meinung ist uns wichtig, daher senden Sie uns bitte Ihre Anregungen, Kritik oder Lob zu unseren Büchern. Haben Sie Fragen oder benötigen Sie weiteren Rat zum Thema? Wir freuen uns auf Ihre Nachricht!

GRÄFE UND UNZER Verlag
Leserservice
Postfach 86 03 13
81630 München

Wir sind für Sie da!
Montag – Donnerstag: 9.00 – 17.00 Uhr
Freitag: 9.00 – 16.00 Uhr

Tel.: 00800 / 72 37 33 33 (gebührenfrei in D, A, CH)
Fax: 00800 / 50 12 05 44 (gebührenfrei in D, A, CH)

E-Mail: leserservice@graefe-und-unzer.de

Inhalt

Osterie d'Italia 2016/17

Seit 30 Jahren betreibt Slow Food Bildungsarbeit in Sachen Förderung und Schutz von guten, sauberen und fairen Lebensmitteln. Unter den unzähligen Aktivitäten ist der Lokalführer „Osterie d'Italia" eine der am längsten bestehenden. Jedes Jahr aufs Neue definiert er ein Stückchen dessen, was man in Italien unter „gut essen" versteht, und bietet Ihnen den wohl umfassendsten und maßgeblichsten Katalog der Traditions- und Regionalküche. Die Osteria, wie wir sie verstehen, hat sich weiterentwickelt, verändert, ist nach und nach zu etwas geworden, das nicht mehr viel mit der Definition des Begriffs zu tun hat, wie er immer noch in italienischen Wörterbüchern zu finden ist. Das Zusammenstellen dieses Buches wird daher zu einem immer schwierigeren Unterfangen, doch gerade diese Herausforderung steigert den Enthusiasmus aller Beteiligten. Es geht nicht mehr nur darum, besonders authentische Lokale ausfindig zu machen, die oft im Schutz kleiner Dörfer auf dem Land oder enger Gassen in der Stadt versteckt sind. Vielmehr geht es – in den allermeisten Fällen – darum, sich durch das Sammelsurium all der Institutionen, die sich selbst als Osteria definieren oder diesem Modell nachstreben, zu arbeiten. Hier gilt es zu erfassen, in welchen Fällen die Wesenszüge, die Slow Food der Osteria zuschreibt, tatsächlich gegeben und in welchen sie hingegen nur eine Tapete sind, die Risse und Gipskarton kaschiert.

Der Langzeiterfolg dieses Buches hat neue Modelle von Lokalen entstehen lassen, von denen es mittlerweile recht viele gibt. Er hat die Verbreitung neuer Ansätze geradezu begünstigt, die zu Mischformen und Abweichungen von der „Norm" einer klassischen Osteria geführt haben. Doch welche sind denn nun diese maßgeblichen Wesenszüge? Zunächst einmal natürlich die Küche, von der wir verlangen, dass sie gut und traditionell ist sowie den Kontext zu vermitteln weiß, in dem sie angeboten und mit (möglichst) lokalen, nachhaltig hergestellten Produkten interpretiert wird. Dann der Preis, der jedoch regionale Unterschiede und die in vielen Fällen immer höheren Kosten für qualitätvolle Ingredienzen mitberücksichtigen muss. Und schließlich die Gastlichkeit als das wahrscheinlich stärkste Unterscheidungsmerkmal der Osteria. Eine Gastlichkeit, von der wir uns wünschen, dass sie warm und familiär ist und uns Produkte und Gerichte näherbringt, ohne belehrend oder erstarrt zu wirken. Vor allem aber soll Gastlichkeit authentisch sein, so wie sie nur derjenige vermitteln kann, der seiner Arbeit mit Leidenschaft nachgeht. Und erst wenn sich all diese Eigenschaften zu einem harmonischen Ganzen verbinden, kommt die Schnecke ins Spiel. Dieses für uns so wichtige Symbol verweist auf jene Lokale, in denen man nicht nur gut isst, sondern es einem auch „gut geht". Wo eine Mahlzeit zu einer unter jedem Aspekt erfreulichen Erfahrung wird und man das Gebiet, das man um sich hat, erst so richtig begreift. Im Idealfall sollte man den gesamten Bezugsrahmen – die Kultur, die biologische Vielfalt, die Landschaft, den Ort, an dem man sich befindet – leibhaftig schmecken: Ein Besuch sollte ein unvergessliches Erlebnis für alle Sinne sein.

Am Ball zu bleiben ist nicht einfach, es erfordert umfassende Kenntnis der Vielfalt von Natur und Kultur eines so komplexen Landes wie Italien. Ein Gelingen wäre unmöglich ohne das Netz von Slow Food, den Beitragenden in sämtlichen Regionen, die ständig unterwegs sind und die in diesem Buch vorgestellten Lokale aufsuchen, testen und empfehlen. Um Sie mit noch mehr Informationen zu versorgen und dieses Buch noch benutzerfreundlicher zu machen, finden Sie unter den Symbolen ab diesem Jahr den Schlüssel ⊸, der auf Osterien verweist, die auch Unterkunft bieten – ein weiterer Grund, um dieses Buch stets bei sich zu haben, in der Handtasche, im Auto oder dank der

App direkt auf Ihrem Mobiltelefon. Denn einen Reisegefährten wie „Osterie d'Italia" trifft man nur selten. Mit keinem anderen lassen sich Genussreisen so charakteristisch und zuverlässig gestalten, kein anderer kann (trotz Nachahmungen) mit hinreichender Sicherheit behaupten, Ihnen an jedem Ort in Italien, an den es Sie verschlägt, zumindest eine Adresse nennen zu können, die Ihnen für die Dauer einer Mahlzeit vermittelt, wo Sie gerade sind, und das nicht nur in gastronomischer Hinsicht. Viel Vergnügen!

Marco Bolasco und Eugenio Signoroni

Benutzerhinweise

Einteilung

Jedes Lokal ist unter seinem Standort angeführt. Die Städte bzw. Ortschaften sind innerhalb der einzelnen Regionen alphabetisch geordnet. Zudem sind der Ortsteil, das Viertel oder der Stadtteil angegeben, in dem sich das Lokal befindet.

Geografische Angaben

Es ist jeweils die Entfernung vom Provinzhauptort angeführt. Für die großen Städte ist die nächstgelegene Station eines öffentlichen Verkehrsmittels angegeben.

Informationen

Ruhetage, Öffnungs- und Ferienzeiten sowie Anzahl der Plätze wurden von den Inhabern der Lokale selbst angegeben.

Preise

Die Preise ergeben sich aus den durchschnittlichen Kosten für eine Mahlzeit, bestehend aus Antipasto, Primo und Secondo, oder sie bezeichnen den Gesamtpreis für ein Degustationsmenü. Wenn sich der Betrag auf ein feststehendes Menü bezieht, wird die Bezeichnung „Tagesmenü“ verwendet.

Weine sind in den angeführten Preisen nicht inbegriffen. In Ausnahmefällen beinhaltet die Preisangabe auch Hauswein (Vermerk „mit Hauswein“).

⊞ Der durchschnittliche Preis für ein Menü übersteigt tendenziell 35 Euro.

Im Rahmen der Lokalbeschreibungen sind die Preise einiger Gerichte angeführt, z. B. Arrosto misto (7,50 €) …

Kreditkarten/Bankomat

American Express (AE), CartaSì (CS), Diners Club (DC), Mastercard (MC), Visa; Bankomat (BM)

Karten

Hier befindet sich mindestens ein Lokal, das in den Spezialkapiteln oder in der Kategorie „Abseits der Osterien“ vorgestellt wird.

Hier befindet sich mindestens eine Osteria.

Hier befindet sich mindestens eine Osteria, die mit der Schnecke ausgezeichnet wurde.

Symbole

- Ein Lokal, das in spezieller Weise gefällt, wegen der Atmosphäre, der Küche und Gastlichkeit, die der Slow-Food-Philosophie entsprechen

- „Lokal mit gutem Käse": Das Sortiment stammt vorzugsweise aus der näheren Umgebung und wird dem Gast mündlich erläutert.

- Lokal mit einem gut strukturierten Weinangebot, repräsentativ für das jeweilige Gebiet und zu angemessenen Preisen angeboten

- Ein Geschäft, ein Handwerksbetrieb oder ein Unternehmen, in dem man lokale gastronomische Spezialitäten und Qualitätsprodukte kaufen kann

- Eine Bar, ein Café, ein Ausschank oder eine Konditorei für eine angenehme Pause

- Das Lokal ist auch für Menschen mit Bewegungseinschränkungen zugänglich. Die diesbezügliche Erklärung des Eigentümers erfolgt auf eigene Verantwortung und ist das Ergebnis einer Erhebung, die Slow Food für die im Buch aufgelisteten Lokale in Zusammenarbeit mit P.M. Vissani AISCRIS dis-SI di Confindustria und Bureau Veritas Italia durchgeführt hat.

- Das Lokal nimmt an dem Projekt Alimentazione Fuori Casa der italienischen Zöliakie-Vereinigung teil. Die Küche bietet glutenfreie Gerichte. Vor der Reservierung sind eine Kontrolle auf www.celiachia.it und ein Anruf im Lokal zu empfehlen.

- Das Lokal nimmt an dem Projekt „Alleanza tra i cuochi e i Presìdi Slow Food" teil, einem Netz von 300 Restaurants und Osterien, die regelmäßig auf ihren Speisekarten die Produkte zumindest dreier Förderkreise der eigenen Region verwenden und den Namen des Erzeugers nennen. – Alle Lokale der „Alleanza" finden Sie unter www.fondazioneslowfood.it.

- Lokal mit eigenem Gemüsegarten

- Lokal, in dem Sie ein vegetarisches Menü bestellen können

- Lokal mit Übernachtungsmöglichkeit

- NEU Neueintrag im Vergleich zur Ausgabe 2015/16

Für Sie entdeckt

Die wichtigsten Gerichte der gastronomischen Tradition einer Region und die Osterien, in denen man diese probieren sollte

Abseits der Osterien

Lokale, die uns in spezieller Weise gefallen, die aber aufgrund ihrer Preisgestaltung (die Schwelle von 40 Euro wird überstiegen) und/oder ihres gehobenen Ambientes nicht die Merkmale aufweisen, um als Osterien aufgenommen zu werden

Autorinnen und Autoren

Aostatal und Piemont: Giulia Bado, Stefano Barolo, Massimo Bignardi, Andrea Blangetti, Fabrizio Borasio, Dario Bragaglia, Fulvio Brizio, Luigino Bruni, Valter Cambieri, Alessia Casarotti, Paolo Celoria, Daniela Corso, Gabriella Chiusano, Lorenzo Conterno, Marco Del Brocco, Marco Dell'Era, Enrico Gallese, Luca Iaccarino, Augusto Lana, Claudia Lombardo, Camilla Micheletti, Serena Milano, Paola Nano, Giovanni Norese, Valter Oleastro, Marco Peirotti, Giorgio Picco, Fulvio Prandi, Leo Rieser, Sara Roccuto, Carlo Enrico Rol, Gabriele Rosso, Federica Vizioli

Tessin: Antonella Bianchi, Daniele Bigger, Renato Carettoni

Lombardei: Alberto Alfano, Francesco Amonti, Luca Angelini, Elisabetta Astori, Eleonora Benaglia, Paolo Bernini, Marco Mario Brando, Lorenzo Colombo, Mirella D'Ettorre, Giuliana Daniele, Maria Grazia Delbò, Giovanni Fortuna, Leone Lorandi, Annibale Mari, Alessandra Mastrangelo, Alberto Mazzi, Antonio Moglia, Francesca Molteni, Silvano Nember, Biagio Primiceri, Daniela Rubino, Massimo Scarlatti, Alberto Senaldi, Henrique Varalta, Gilberto Venturini, Valentina Vercelli

Trentino: Piero Bernabè, Ivo Celoan, Mario Demattè, Walter Forrer, Gianpaolo Gaiarin, Silvano Mattedi, Anna Perini, Raoul Ragazzi

Südtirol: Tiziana Boari, Karin Huber, Enzo Merz, Friederike Oursin, Raoul Ragazzi

Venetien: Rodolfo Agostini, Teresio Andretta, Davide Biasco, Stefano Bortolon, Gianni Breda, Stefania Brentaroli, Massimo Bubbio, Marta Cangiani, Massimo Capraro, Maurizio Cattapan, Paolo Chieregato, Andrea Ciprian, Federica Dall'Ora, Andrea Degrandis, Michele Dassié, Sanzio Folli, Renato Grando, Stefano Ianiro, Francesco Lazzarini, Sandra Longo, Erica Moret, Eliana Pasotti, Attilio Saggiorato, Lorenzo Savoini, Silvano Sguoto, Leopoldo Simonato, Salvatore Solinas, Daniele Tozzo, Sara Turco

Friaul-Julisch Venetien: Lorenzo Amat, Michele Bertoli, Livia Besek, Gianna Buongiorno, Carlo Carfagno, Eleonora Carletti, Gloria Catto, Laura Costaglione, Lorenzo Cucit, Laura Domenis, Daniela Doretto, Egidio Fedele Dell'Oste, Andrea Fracas, Gabriele Giuga, Michele Mellano, Romana Meula, Licia Movia, Sergio Nesich, Luca Olivi, Linda Orzan, Massimo Toffolo, Rosetta Toniolo, Giles Watson, Franco Zanini, Massimo Zecchin, Piero Zucchi

Ligurien: Stefano Angelini, Sandra Ansaldo, Piero Arnaudo, Paolo Baldo, Luciano Barbieri, Gianpaolo Barrani, Davide Bini, Gianni Caglieris, Edmondo Colliva, Greta Contardo, Alberto Fiorito, Pietro Garibbo, Gianna Greco, Candida Grosso, Renzo Lumachelli, Monica Maroglio, Maria Livia Merlo, Paola Origone, Bruno Panzanato, Francisca Parodi, Marco Pettinelli, Federico Rebora, Gabriella Tartarini, Luigi Tozzini, Daniela Traverso, Sergio Tron, Laura Trucco, Igor Turatti

Emilia-Romagna: Mauro Agolini, Corrado Astrua, Giorgia Canali, Giorgia Cannarella, Gianluca Castellari, Antonio Cherchi, Giorgia Croce, Raffaella Donati, Roberto Ferranti, Pietro Fiorentini, Sonia Galli, Laura Giorgi, Nico Lusoli, Stefano Maestri, Enrico Maltoni, Giuseppe Pazzoni, Simone Rosti, Davide Rovati, Pierluigi Tedeschi, Luca Toni, Fernando Tribi, Luisella Verderi, Mauro Zanarini, Guido Zanoni

Toskana: Emilio Bellatalla, Adolfo Bertolotti, Massimo Bibbiani, Alessandro Bimbocci, Catia Bovi Campeggi, Emiliano Caselli, Luciano Ciarini, Fausto Costagli, Fabio D'Avino, Amelia De Francesco, Daniela Filippi, Fabio Frilli, Francesco Funaioli, Beatrice Ghelardi, Massimo Giannini, Duccio Lazzeretti, Giovanna Licheri, Alessio Lombardini, Federica Manzieri, Sara Martinelli, Fabrizio Menini, Franca Mocali, Niccolò Montecchi, Marco Nardi, Filippo Giorgio Pernisco, Christian Petrucci, Antonello Procaccini, Daniele Proietti, Enrico Roccato, Alessandro Schena, Paolo Scialla, Pier Donato Sommati, Susanna Tofanari, Andrea Tongiani, Susanna Tonini, Franco Vannoni

Umbrien: Maurizio Amoroso, Cinzia Borgonovo, Marco Braganti, Carla Chiuppi, Gian Paolo Ciancabilla, Sergio Consigli, Salvatore De Iaco, Daniele Falchi, Monica Petronio, Piero Scotti, Maurizio Sparanide, Federico Varazi

Marken: Renzo Ceccacci, Carlo Cleri, Alessia Consorti, Domenica Contartese, Nicola De Angelis, Franco Frezzotti, Raniero Manfredi, Daniele Massa, Ugo Pazzi, Francesco Quercetti, Roberto Rubegni, Maurizio Silvestri, Enrico Tacchi

Latium: Mariangela Arcieri, Stefano Asaro, Paolo Battimelli, Barbara Bonomi, Ugo Bonomolo, Andrea Cortese, Goffredo De Andreis, Fabio De Felice, Benito Di Poce, Mario Fiorillo, Fabio Fusina, Sara Guercio, Tommaso Iacoacci, Sandra Ianni, Antonio Lauretti, Patrizio Mastrocola, Carlo Miccinilli, Gaetano Molinari, Roberto Muzi, Luigi Pagliaro, Andrea Petrini, Fabrizio Picchiarelli, Lelio Pugliese, Alessandro Ragni, Paola Rocchi, Matteo Rugghia, Andrea Russo, Marco Schiavello

Abruzzen und Molise: Davide Acerra, Giovanni Angelucci, Anna Berghella, Paolo Castignani, Pierluigi Cocchini, Eliodoro D'Orazio, Franco Gizzi, Pierluca Masciocchi, Ivan Masciovecchio, Francesca Piccioli

Apulien: Carmela Angiulli, Adriano Anglani, Francesco Biasi, Nicola De Corato, Antonello Del Vecchio, Luigi Francavilla, Giovanni Matteo Fratta, Francesco Ghionda, Angelo Iaia, Cataldo Latorre, Domenico Maraglino, Francesco Muci, Stefania Pampolini, Salvatore Pulimeno, Alessandro Rizzo, Flora Saponari

Kampanien: Michele Amoruso, Nerio Baratta, Giuseppe Bruno, Giancarlo Capacchione, Marco Contursi, Antonino Corcione, Maria Giovanna De Lucia, Edoardo De Tilla, Giorgio Del Grosso, Tonino Ferrante, Roberto Musio, Antonio Pasqua, Antonio Puzzi, Valerio Reale, Valerio Salvatore, Mario Stingone, Vito Trotta

Basilikata: Michele Calabrese, Emilia Cascella, Paride Leone, Francesco Martino, Mario Melucci

Kalabrien: Emanuela Alvaro, Cesare Anselmi, Alberto Carpino, Michelangelo D'Ambrosio, Antonio D'Antonio, Nicola Fiorita, Pino Giordano, Roberto Matrangolo, Luigi Monaco, Domenico Mondella, Antonello Rispoli, Maurizio Rodighiero, Vincenzina Scalzo, Angela Sposato, Pierluigi Tavella

Sizilien: Luigi Annino, Nino Bentivegna, Massimo Brucato, Marina Carrera, Damiano Chiaramonte, Annamaria Grasso, Rosario Gugliotta, Mario Indovina, Manuela Laiacona, Lina Lauria, Salvatore Majorana, Salvo Paolo Mangiapane, Franco Motta, Lorenzo Motta, Gianfranco Occelli, Rodolfo Paternicò, Giuseppe Raineri, Franco Saccà, Maurizio Zingale, Sabina Zuccaro

Sardinien: Renato Graziano Brotzu, Anna Cossu, Franca Leuzzi, Raimondo Mandis, Carla Marcis, Nino Scampuddu, Efisio Secci, Manuela Vacca

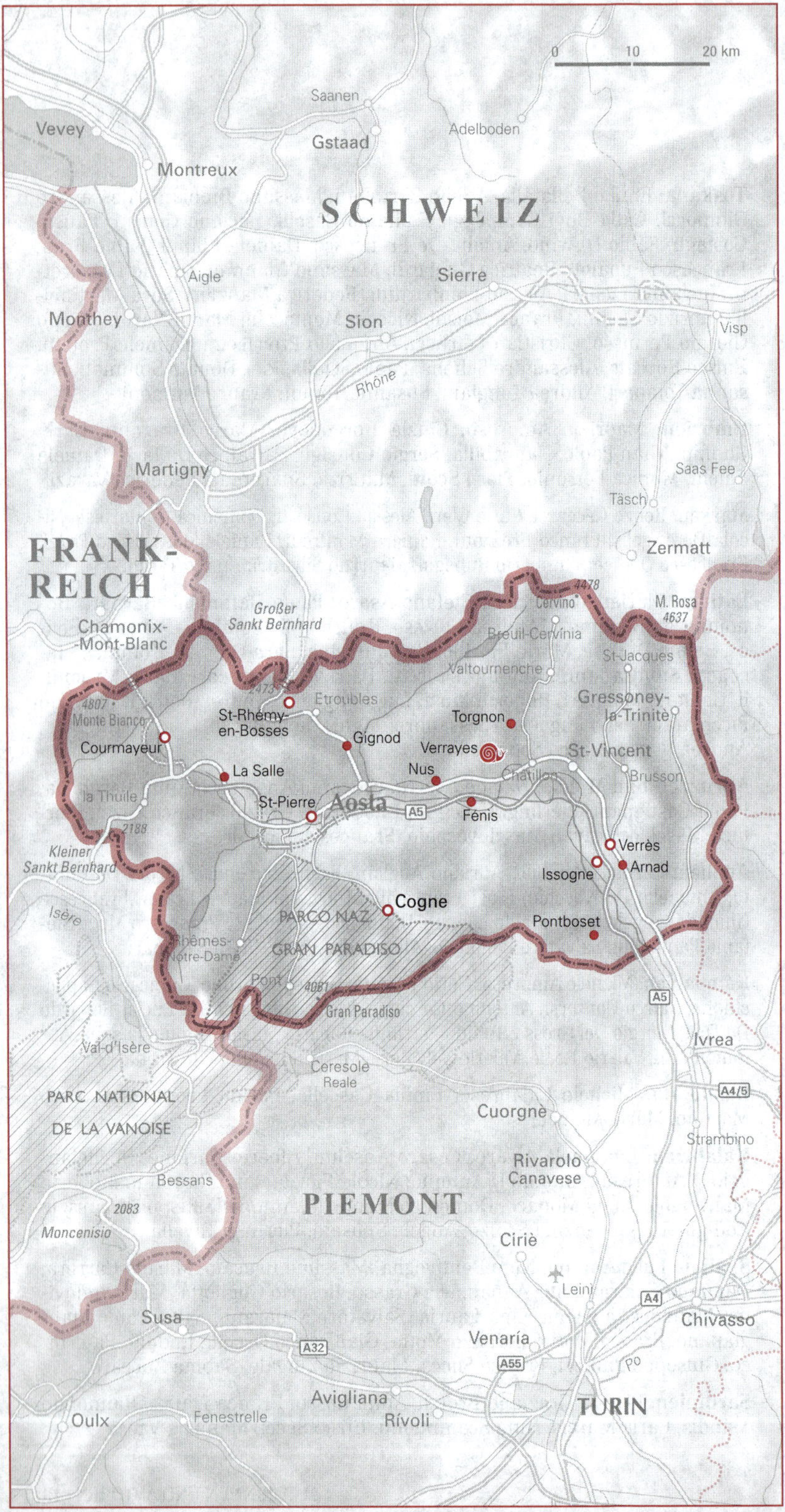
0 10 20 km
Saanen
Vevey
Gstaad
Adelboden
Montreux
SCHWEIZ
Aigle
Sierre
Monthey
Sion
Visp
Rhône
Martigny
Saas Fee
Täsch
Zermatt
FRANK-
REICH
Großer
Sankt Bernhard
Chamonix-
-Mont-Blanc
4478
Cervino
M. Rosa
4637
Breuil-Cervinia
St-Jacques
Valtournenche
2473
Etroubles
Gressoney-
la-Trinité
4807
Monte Bianco
St-Rhemy-
en-Bosses
Torgnon
Gignod
Courmayeur
Verrayes
St-Vincent
Nus
Châtillon
La Salle
Brusson
la Thuile
St-Pierre
Aosta
A5
Fénis
2188
Verrès
Kleiner
Sankt Bernhard
Issogne
Arnad
Cogne
Isère
PARCO NAZ.
Pontboset
Rhêmes-
Notre-Dame
GRAN PARADISO
Pont
4061
Gran Paradiso
A5
Ivrea
Val-d'Isère
Ceresole
Reale
A4/5
PARC NATIONAL
DE LA VANOISE
Cuorgnè
Strambino
Rivarolo
Canavese
Bessans
2083
PIEMONT
Moncenisio
Ciriè
Leini
A4
Susa
Chivasso
A32
Venaría
A55
Po
Avigliana
TURIN
Oulx
Fenestrelle
Rívoli

AOSTATAL

Fonduta, so die italienische Übersetzung des französischen *Fondue*, bezeichnet einfach etwas Geschmolzenes. Der Begriff wird für unterschiedlichste Gerichte verwendet, die eines gemeinsam haben: Man bedient sich aus einem kleinen Topf, der auf einem Stövchen oder Rechaud in der Tischmitte steht.
Es handelt sich also um eine gesellige Mahlzeit. Deren Archetyp stellt ein aus den Schweizer Alpen stammendes Gericht auf Basis von Gruyère, Butter, Knoblauch, Pfeffer, trockenem Weißwein und Kirschwasser dar. Aus dem Wallis gelangte dieses Rezept in die Nachbarregionen und erfuhr einige Änderungen, etwa das Weglassen oder die Verringerung des Alkoholanteils, die Zugabe von Eigelb und den teilweisen oder vollständigen Ersatz des Gruyère durch andere Käsesorten wie Emmentaler, Appenzeller, Comté, Freiburger Vacherin, Cantal, Pont-l'Évêque …
An der Alpensüdseite gilt die Fonduta als eine Spezialität der subalpinen Küche gutbürgerlicher Prägung, was dazu geführt hat, dass man sie nicht mehr im gemeinschaftlichen *Caquelon*, sondern in einzelnen Schälchen serviert, die mit Brotcroutons und – je nach Saison und Portemonnaie – mit Splittern von weißem Trüffel aus Alba garniert werden. Obwohl sie eigentlich ein piemontesisches Gericht ist, besteht kein Zweifel daran, dass für die Fonduta eine der bekanntesten Aostataler Käsesorten benötigt wird, nämlich Fontina, der im Übrigen die gleichen etymologischen Wurzeln hat. Demnach scheint es absolut gerechtfertigt, dass die Fonduta in die Menükarten der Aostataler Restaurants sowohl als Fondue im klassischen Sinn wie auch als Ergänzung zu Cotechino oder Gemüseflan, als Sauce für Gnocchi und andere Primi, als Füllung für Ravioli, Crêpes oder Vol-au-Vent Einzug gehalten hat.
Neben der Fonduta haben wir für Sie entdeckt die *Carbonade* (mit Wein und Gewürzen geschmorte Rindfleischscheiben), die klassische Polenta concia und die Crema di Cogne – ein Dessert auf Basis von Milch, Sahne, Eigelb, Zucker und manchmal auch Kakao, zu dem Tegole (bauchige Waffeln aus gehackten Haselnüssen und Mandeln, etwas Mehl, Zucker und Eischnee) gereicht werden.

Für Sie entdeckt

27 KM SÜDLICH VON AOSTA, S.R. 47

La Brasserie du Bon Bec

Moderne Osteria
Rue Bourgeois, 72
Tel. (+39) 01 65 / 74 92 88
Ruhetag: Montag, außer im Juli, August und zu Weihnachten • Ferien: unterschiedlich
47 Plätze • Preise: 25–30 €
Kreditkarten: AE, CS, MC, Visa; BM
Mittags und abends geöffnet

Zu dem prächtigen Hotel Bellevue in Cogne gehören Restaurants für jeden Geschmack und jedes Portemonnaie. Eines von ihnen ist die Brasserie du Bon Bec – ein vielseitiges Lokal, das sich für einen Imbiss nach einer Wanderung oder einem Skitag ebenso gut eignet wie für ein Abendessen bei Kerzenlicht mit angenehmer Hintergrundmusik. Das Personal, das die typische Tracht des Vallée trägt, betreut den Gast auf freundliche, diskrete Art. Als Vorspeise sind alternativ zur klassischen *Assiette valdôtaine* (Brettchen mit Aostataler Fleischspezialitäten) **Trota affumicata con salsa al rafano** (Räucherforelle mit Meerrettichsauce) oder Schnecken (Lumache alla Bon Bec, 12 €) zu entdecken. Nicht fehlen darf **Polenta mit Fontina und Butter** (8 €), es werden aber auch diverse Suppen und ***Favò*** (Pasta mit Dicken Bohnen, eines der wenigen traditionellen Teigwarengerichte der Region) zubereitet. Danach gibt es in der Folie mit Bergkräutern gebratene Forelle (**Trota di Lillaz al cartoccio con erbe di montagna**, 14 €), ***Frecacha*** (Kalbfleisch-Kartoffel-Rösti mit Wirsing), Fonduta von reifem Toma mit Honig und Walnüssen. Weitere Spezialitäten: ***Tartiflette*** (Kartoffeln, Käse, Räucherspeck, Zwiebel) und ***Pierrade*** (Fleisch und Gemüse vom Steingrill). Die Weinbegleitung zu den Speisen – und zu der schönen **Käse**selektion – kann man flaschen- oder glasweise aus einer großen, gepflegten Karte wählen. Naschkatzen werden dem Schokofondue nicht widerstehen, in das man Obst und Kekse dippt, während man aus der traditionellen hölzernen Trinkschale namens Grolla Kaffee mit Likör und besonderen Aromen nippt, deren Zusammensetzung ein Geheimnis des Hauses ist.

Sehr guten Fontina, aber auch Toma, Caprino und sogar Mocetta führt die Latteria von Dante Morzenti (Via Cavagnet 38).

COGNE (AO)

27 KM SÜDLICH VON AOSTA, S.R. 47

Les Pertzes

Brasserie-Enoteca
Via Grappein, 93
Tel. (+39) 01 65 / 74 92 27
Ruhetag: Dienstag, Mittwoch (außer im Sommer)
Ferien: unterschiedlich
50 Plätze + 20 Plätze im Freien
Preise: 30–35 €
Kreditkarten: CS, DC, MC, Visa; BM
Mittags und abends geöffnet

Cotto-Böden, Holzgebälk, Sitztruhen, rote Vorhänge: Der erste Eindruck, den man beim Betreten des Les Pertzes im Zentrum von Cogne gewinnt, vermittelt Freundlichkeit und Wärme. Die Speisekarte ist in klassische und zeitgemäße Empfehlungen unterteilt. Das Kapitel Tradition lädt dazu ein, *Assiette cogneintze* mit lokalen Fleischspezialitäten, **Polenta concia**, ***Carbonade* vom Kalb mit Polenta** (12 €), **Fonduta** nach Aostataler Art zu bestellen. Das „moderne", jedoch stets auf traditionellen Zutaten aus der Region basierende Menü führt unter den Antipasti beispielsweise **Involtini di verza e *seirass*** (mit gereifter Ricotta gefüllte Wirsingröllchen) **auf Fonduta di zucca** oder Carpaccio vom Kalb mit Topinambur-Timbale in *Bagna caoda* an. Aus der Vielzahl an Primi sind die **Tagliolini di farro bio al ragù di faraona e castagne** (Biodinkelnudeln mit Perlhuhn-Esskastanien-Sauce, 10 €), die Ravioli di ricotta di capra e miele (Teigtäschchen mit Ziegenricotta und Honig) auf Kürbiscreme und Reduktion von Balsamicoessig, der Sformatino di riso carnaroli (Reisauflauf) mit Zimt auf Creme von Bleu d'Aoste mit Martinsbirnen in Erwägung zu ziehen. Es folgen **Coscia d'anatra in confit con scalogni caramellati** (Entenkeule mit karamellisierten Schalotten, 12 €), Medaglione di cervo (Hirschmedaillon) mit brauner Sauce und roten Beeren sowie knuspriger Polenta, aber auch allerlei Grillfleisch. Nicht außer Acht zu lassen ist die umfangreiche Auswahl an **Formaggi** (Kuh- und Ziegenmilchkäsesorten). Trotz der üppigen, kalorienreichen Portionen raten wir, noch etwas Platz für die hausgemachten Desserts (5 €) zu lassen. In Sachen Wein- und Biergenuss hat man angesichts der großen Auswahl (auch glasweise) die Qual der Wahl. Nicht minder beachtlich ist der Bestand an Edelbränden.

27 KM SÜDLICH VON AOSTA, S.R. 47

Lou Ressignon

Restaurant
Rue des Mines, 22
Tel. (+39) 01 65 / 740 34
Ruhetag: Montagabend, Dienstag
Ferien: ersten 3 Juniwochen, November
75 Plätze
Preise: 28–33 €
Kreditkarten: CS, MC, Visa; BM
Mittags und abends geöffnet

Die Einheimischen nennen das Lokal in Hommage an den Gründer nach wie vor „Da Arturo“ und zeigen ihre Wertschätzung dadurch, dass sie es für sonntägliche Mittagessen oder Abendessen im Freundeskreis gerne aufsuchen. Wie die Speisekarte zollt auch die Einrichtung der Tradition Tribut, doch die Liebe zum Detail macht das Lokal angenehm zeitgemäß, stilvoll und dennoch unprätentiös. Die in der Küche verwendeten Zutaten werden bei lokalen Erzeugern ausgesucht und kompetent zu schmackhaften Gerichten verarbeitet. Man beginnt mit zitrusmarinierter Räucherforelle – **Trota salmonata di Lillaz** – in Pistazienkruste oder mit Carpaccio vom Fassone-Rind mit Käse, Birnen und Haselnüssen (9 €). Der Renner unter den Primi ist die ***Seupetta à la cogneintze*** (10 €), bestehend aus Reis, Fontina und Schwarzbrot; auch die **Gnocchetti di castagne mit Thymianbutter auf Fonduta valdostana** und die Buchweizencrêpes mit Fontina und geräuchertem Kochschinken schmecken sehr gut. Es folgen ***Carbonade* von der Rinderbacke mit Polenta** (14 €), **Sella d'agnello in crosta di pane** (Lammrücken in Brotkruste), Filetto di salmerino (Saibling aus Lillaz). Außerdem im Angebot: Grillfleisch und diverse Fondues, von Fonduta valdostana bis Fondue bourguignonne. Beachtlich die Selektion an lokalen Käsesorten, obligat als Dessert die **Crema di Cogne mit Tegole-Keksen** (5 €). Hervorragende Auswahl an Wein aus dem Aostatal und anderen Regionen, Biere aus Kleinbrauereien. Freitags und samstags lädt nach dem Abendessen die kleine Taverne zu geselligem Beisammensein bei einem Gläschen Grappa oder Genepì vor dem offenen Kamin.

La Cave de Cogne, Rue Bourgeois 50: gutes Sortiment an Wein und Spirituosen aus dem Aostatal und ganz Italien.

30 KM SÜDLICH VON AOSTA, S.R. 47

Lou Tchappé

Restaurant
Ortsteil Lillaz, 126
Tel. (+39) 01 65 / 743 79
Ruhetag: Montag, außer im Juli und August
Ferien: Mai, November
45 Plätze + 20 Plätze im Freien
Preise: 30–35 €
Kreditkarten: AE, CS, MC, Visa; BM
Mittags und abends geöffnet

Im Herzen des Nationalparks Gran Paradiso gelegen, ist die Ortschaft Lillaz als Ausgangspunkt für Wanderungen und Klettertouren ebenso bekannt wie für die Wasserfälle des Urtier-Bachs (ideales Habitat für Forellen und Saiblinge) und eine schöne Langlaufloipe. In kurzer Entfernung von diesen Attraktionen kann man sich im Lou Tchappé stärken, einem charmanten Chalet am Rand einer großen Wiese mit Tischen im Freien für sommerliche Mittagessen und Kellnerinnen in traditionellen Trachten, die uns unlängst dankenswerterweise mit zahlreichen guten Tipps versorgt haben, auch was für Familien mit Kindern geeignete Spaziergänge in der Gegend anbelangt. Die nicht besonders umfangreiche, aber gepflegte Speisekarte sieht als Vorspeise Fleischspezialitäten (Lardo, Mocetta, Bresaola vom Wildschwein) oder Caprini al ginepro (Ziegenkäse mit Wacholder, 5,50 €) vor. Danach gibt es Gnocchetti aus Kartoffelteig oder Kastanienmehl, **Malfatti con pancetta affumicata** (Teigflecken mit Räucherspeck, 8 €), **Crespelle alla valdostana** (Crêpes nach Aostataler Art). Während der Pilzsaison sollten Sie eine der Spezialitäten des Lokals nicht versäumen, nämlich den **Orzotto ai porcini** (nach Art eines Risottos zubereitete Gerste mit Steinpilzen). Unter den Secondi sind Scaloppa alla valdostana (Schnitzel mit Käse und Schinken), **Carré di agnello arrosto** (gebratenes Lammkarree), Filetto di manzo (Rinderfilet) und anderes Fleisch vom Grill sowie **Trota salmonata alla piastra** (gegrillte Lachsforelle, 11 €) zu entdecken. Man schließt mit **Crema di Cogne** begleitet von typischen Tegole-Keksen oder mit Waldbeeren in Kombination mit hausgemachter Zimteiscreme. Die Weinkarte umfasst eine gute Auswahl an Weiß-, Rot- und Roséweinen aus dem Aostatal.

Agriturismo im Aostatal

Die bäuerliche Gastlichkeit des Aostatals blickt auf eine lange Geschichte zurück, auch wenn es in jüngerer Zeit Reglementierungen gab. Wegbereiter der Tradition sind gewissermaßen jene Bergbewohner, die bereits gegen Ende des 18. Jahrhunderts gleichzeitig Bergführer und Quartiergeber für die Pioniere des Alpinismus waren.
Hier möchten wir Ihnen einige landwirtschaftliche Betriebe vorstellen, die ihren Gästen Verköstigung anbieten und damit den traditionellen Charakter ihres Berufes bewahren. Es sind Lokale, die wir vor allem für Imbisse empfehlen und dafür, die vor Ort erzeugten Produkte zu probieren, wenngleich auch einige Adressen darunter sind, die exzellente Komplettmenüs anbieten.
Angesichts der besonderen Charakteristik bäuerlicher Gastlichkeit raten wir dazu, sich vorab telefonisch zu erkundigen, ob das Lokal geöffnet und die Küche in Betrieb ist.

Letizia Palesi

ARNAD (AO)

Lo Dzerby

Ortsteil Pied de Ville, 13
Tel. (+39) 01 25 / 96 60 67,
(+39) 329 / 224 05 73
70 Plätze
Keine Kreditkarten
Geöffnet Mai–Juli und September/Oktober Samstag, Sonntag, Feiertage; August Dienstag–Sonntag; jeweils 12.30–19 Uhr

Diesen Agriturismo erreicht man nur zu Fuß, doch der Spaziergang dauert nicht lange. Das Mittagsmenü für 16 € besteht aus Aufschnitt, Esskastanien mit Butter, Cotechino mit Salzkartoffeln und Salignon, einer Suppe, Polenta grassa oder Polenta mit Kaninchen, Käse von Sennern aus der Gegend, Dessert, Kaffee und Grappa. Zum Preis von 10 € kann man sich in der Zeit von 15 bis 19 Uhr mit kalten Gerichten stärken. Keine Übernachtungsmöglichkeit.

FÉNIS (AO)

Le Bonheur

Ortsteil Chez Croiset, 53 A
Tel. (+39) 01 65 / 76 41 17
65 Plätze
Keine Kreditkarten
Ganzjährig 12.30–16.30, 19.30–23.30 Uhr geöffnet

Gaststätte, Unterkunft, Reittourismus und Schaubauernhof bilden das Angebot des Betriebs von Luigina Voyat. Gegen Vorbestellung kann man mittags oder abends nicht nur Wurstwaren und Käse, sondern auch pikante Kuchen, Crêpes nach Aostataler Art, Kartoffel- oder Gemüsegnocchi, Polenta und Spezzatino, Carbonade, Capretto arrosto (gebratenes Ziegenkitz) genießen. Eine vollständige Mahlzeit kostet ungefähr 30 €, ein Imbiss 10 bis 15 €.

LA SALLE (AO)

Le Cadran Solaire

Ortsteil Challancin, 38
Tel. (+39) 01 65 / 86 39 35
32 Plätze
Keine Kreditkarten
August–Oktober, Dezember–Juni Dienstag–Sonntag 12.30–13.30, 20–21 Uhr gegen Vorbestellung geöffnet

Das Angebot dieses Hauses beschränkt sich auf Verköstigung zu den Hauptessenszeiten. Für 25 bis 30 € bekommen Sie, nach den Antipasti, Gnocchi oder Risotto nach Aostataler Art, Zwiebelsuppe, Gemüsesuppen oder -eintöpfe, *Carbonade*, Brat- oder Schmorhähnchen, Käse (erstklassiger Fontina), Crema di Cogne, Puddings, Obstkuchen, Esskastanien mit Sahne.

NUS (AO)

Maison Rosset

Via Risorgimento, 39
Tel. (+39) 01 65 / 76 71 76
Ruhetag: Montag
Ferien: 3 Wochen im Januar
60 Plätze
Keine Kreditkarten
Abends gegen Vorbestellung geöffnet, Sonntag (und im Sommer Samstag) auch mittags

An der Hauptstraße von Nus beherbergt ein elegantes Gebäude aus dem 18. Jahrhundert den historischen Sitz der Maison Rosset, die ihren eigentlichen landwirtschaftlichen Betrieb (den man besichtigen kann) außerhalb des

Ortes führt. Man tafelt wahrlich schwelgerisch: mindestens ein halbes Dutzend Antipasti, Polenta mit Fonduta, Gnocchi oder Ravioli di ricotta, Wacholderfleisch mit Kartoffeln, Käseteller, Eiscreme mit heißer Schokolade. All das – inklusive Wasser, Wein, Kaffee, Grappa und Verdauungstee – für 33 €. An der Rückseite des Hauses gibt es fünf Zimmer zum Übernachten.

PONTBOSET (AO)

Le Moulin des Aravis

Ortsteil Savin, 55
Tel. (+39) 01 25 / 80 98 31,
(+39) 329 / 801 31 84
50 Plätze
Keine Kreditkarten
Ganzjährig gegen Vorbestellung 13–14 Uhr und 20.30–21.30 Uhr geöffnet

Im Champorcher-Tal haben Mauro und Piera Gontier ein Gebäude aus dem 17. Jahrhundert renoviert und aus dem einstigen Sägewerk das Stammhaus ihres landwirtschaftlichen Betriebs und Ferienbauernhofs (vier Zimmer, Aufenthaltsraum, Speisesaal und Küche) gemacht. Für 25 bis 30 € kommen Sie in den Genuss von Esskastanien mit Butter, Salignon, süßsauer eingemachtem Gemüse, Cotechino zu glasiertem Rotkraut mit Renette-Äpfeln, je nach Saison Minestra di castagne (Esskastaniensuppe) oder Risotto mit Pilzen und Heidelbeeren, Spezzatino mit Polenta, Coniglio alla lavanda (Kaninchen mit Lavendel), Waldbeertorte oder Mürbeteigkuchen.

SAINT-PIERRE (AO)

Les Écureuils

Ortsteil Homené Dessus, 8 D
Tel. (+39) 01 65 / 90 38 31
20 Plätze
Keine Kreditkarten
Freitag-, Samstagabend und an Feiertagen mittags geöffnet (Öffnungszeiten 13–20 Uhr)

Allein die Aussicht und der Rohmilchziegenkäse sind es wert, den Weg zu dem im 18. Jahrhundert errichteten Hof Les Écureuils in über 1.500 Metern Höhe auf sich zu nehmen. Neben Ziegen hält Familie Moniotto-Gontier Gänse, Hühner und anderes Kleinvieh. Das Menü, das mit dem außergewöhnlich guten Caprino und Wurstspezialitäten von der Gans eröffnet wird, findet seine Fortsetzung je nach Saison mit Lauchgratin, Esskastanien- oder Käsegnocchi, Kohl- oder Brennnesselsuppe, gemischtem Siedefleisch, Ziegenkitz aus dem Ofen, *Carbonade* auf Ziegenfleischbasis, Apfelkuchen, Dolce di ricotta oder frischem Caprino mit Honig und Walnüssen. Eine Mahlzeit kostet 15 bis 25 €, für Imbisse zahlt man 8 bis 15 €. Unterkunftsmöglichkeit in fünf Gästezimmern.

TORGNON (AO)

Boule de Neige

Ortsteil Mazod, 11
Tel. (+39) 01 66 / 54 06 17
Ferien: Mitte Juni/Mitte Juli
30 Plätze
Keine Kreditkarten
Restaurant nur für Übernachtungsgäste geöffnet, abends und Sonntagmittag gegen Vorbestellung auch für andere Gäste

Auf ihrem 20 Hektar großen Gut in 1.300 Metern Höhe im Matterhorn-Tal hat die vielköpfige Familie Perrin viel zu tun: Sie züchtet Vieh, erzeugt Milchprodukte, Frisch- und Hartkäse, Fleisch und Würste, Konfitüren und Sirup, baut Wein (weiter unten, in Châtillon auf 500 Metern Höhe), Kartoffeln, Gartengemüse und Obst an. Obendrein betreibt sie einen Schaubauernhof, eine kleine Gastwirtschaft und eine Locanda. Zum überwiegenden Teil mit eigenen Erzeugnissen bereitet Signora Elsa Gerichte der Aostataler Tradition zu: *Vapellenentse*, Crêpes, Gnocchi mit Fonduta, Polenta concia, *Carbonade*, geschmortes Pökelfleisch (Carne salata). Weitere beliebte Spezialitäten aus Elsas Küche sind Giardiniera (eingelegtes Mischgemüse), Frittelle di salvia (Fettgebäck mit Salbei), mit Ricotta und Kräutern gefüllte Gnocchi, Crema di ortiche (Brennnesselcreme), Coniglio al forno (im Ofen gebratenes Kaninchen), Arrosto ripieno (gefüllter Braten). Eine vollständige Mahlzeit kostet ohne Wein 25 bis 30 €.

COURMAYEUR (AO)
Ermitage

40 KM NORDWESTLICH VON AOSTA, S.S. 26 D

Baita Ermitage

Restaurant
Ortsteil Ermitage
Tel. (+39) 01 65 / 84 43 51
Ruhetag: Mittwoch, außer im Juli und August
Ferien: Juni, November
50 Plätze + 30 Plätze im Freien
Preise: 30–32 €
Kreditkarten: CS, MC, Visa; BM
Mittags und abends geöffnet

Auch auf die Gefahr hin, uns das Missfallen der Redakteure einzuhandeln, möchten wir das Panorama, das man an diesem hoch gelegenen Ort (auf fast 1.500 Metern) genießt, als atemberaubend bezeichnen. Was insofern berechtigt ist, als man das ewige Eis des Montblanc direkt vor Augen hat. Im 17. Jahrhundert scheint der einzige Nutznießer all dieser Schönheit ein Eremit gewesen zu sein, heute kommt man mit dem Auto her und hat häufig das seit mehr als 20 Jahren von den Schwägern Piero Savoye und Salvatore Degas geführte Restaurant zum Ziel. Die Baita Ermitage ist ein typisches Berghaus mit hübschen Gaststuben (die kleinste hat nur einen Tisch), einer Terrasse und einer Wiese zum Entspannen nach dem Essen. Die unverfälscht traditionelle Küche verwendet regionale Produkte von bester Qualität. Beginnen kann man mit einer großen Vielfalt an Salumi, darunter Mocetta und Lardo d'Arnad, oder mit Entenpastete auf geröstetem Schwarzbrot, Tomini in salsa verde, **Involtini di prosciutto e mele** (Schinkenröllchen mit heimischen Äpfeln). Von den Primi (10 €) seien die **Zuppa dell'Eremita** (Eintopf mit Fontina, Schwarzbrot und Spinat), der **Risotto alla valdostana** und die Crêpes erwähnt. Die **Polenta** in der Version **concia** oder als Beilage **zu *Carbonade*** (13 €), Salsiccia, Kaninchen oder Gämse kann eine ganze Speisenfolge ersetzen. Weitere bewährte Spezialitäten des Hauses sind **Scaloppa alla valdostana** (gefülltes Schnitzel, 13 €) und Lumache alla parigina (Schnecken Pariser Art). Äpfel, die im Aostatal intensiv kultiviert werden, sind auch zum Nachtisch in Form von Kuchen präsent, doch die Palette der Dolci (6 €) ist groß: So sind neben Tiramisu je nach Saison heiße Himbeeren mit Eiscreme oder glasierte Esskastanien mit Honig und Sahne zu entdecken. Im Keller lagern gute Etiketten aus dem Aostatal und dem Piemont.

ISSOGNE (AO)

40 KM SÖ. V. AOSTA, S.S. 26 OD. A 5 AUSF. VERRÈS

Al Maniero

Restaurant
Ortsteil Pied de Ville, 58
Tel. (+39) 01 25 / 92 92 19
Ruhetag: Montag, außer im August
Ferien: 15.–30. Juni
50 Plätze + 30 Plätze im Freien
Preise: 27–35 €
Kreditkarten: CS, DC, MC, Visa; BM
Mittags und abends geöffnet

In einem traditionellen Holzchalet nicht weit von der bekannten Burg der Challant interpretiert Familie Paladini seit 1984 die klassische Aostataler Küche. Es kocht Giovanni, der aus Apulien stammt, aber sich längst zu den Aromen der Berge bekehrt hat, für Empfang und Service (in zwei stilvollen Stuben oder auf der Terrasse) sind Ehefrau Emanuela und Sohn Mattia zuständig. Wenn man mindestens zu zweit ist, ist das günstige Degustationsmenü (drei Antipasti, zwei Primi, Hauptspeise und Dessert für 22 €) eine gute Wahl. Die Rechnung fällt aber auch dann moderat aus, wenn man à la carte bestellt. Den Auftakt machen typische Fleischspezialitäten (Lardo d'Arnad, Mocetta, Coppa al ginepro), Tatar vom Aostataler Pezzata-Rossa-Rind (Battuta al coltello, 9 €) und – je nach Saison – Sfogliata di carciofi (Artischocken in Blätterteig) oder andere Gerichte mit selbst gezogenem Gemüse. Hauptdarsteller des Menüs ist natürlich **Polenta** aus einem sehr bekömmlichen Maismehl (das von einer Mühle in der Gegend auf Stein gemahlen wird) in Form von **Polenta concia** (9 €), als Beilage zu ***Carbonade*** oder – während der Pilzsaison – in Kombination mit Fonduta und Funghi porcini. An Primi gibt es **Crêpes** (9 €), **Fonduta** mit Fontina von der Alm, ***Seupa vapellenentse***. Danach kann man sich an Filetto di manzo mit fünf Sorten Pfeffer, **Scaloppa alla valdostana** (Schnitzel mit Schinken und Käse, 9 €), Agnello alle erbe (Lamm mit Kräutern) oder an einer großartigen Bergkäseselektion erfreuen. Die für Issogne typische Süßspeise ist ein Hefekuchen namens ***Piata***, den Sie – neben Apfel-Baiser-Torte und Schokoladenmousse (5 €) – als Bestätigung für den starken Heimatbezug des Lokals unter den Desserts finden werden. Mit guten Etiketten aus der Region und aus ganz Italien wird der Weinkeller der Küche absolut gerecht.

SAINT-PIERRE (AO)
Vetan

21 KM WESTLICH VON AOSTA, S.S. 26

Vetan

Bar-Trattoria
Ortsteil Vetan Dessous, 77
Tel. (+39) 01 65 / 90 88 30
Ferien: unterschiedlich
50 Plätze + 30 Plätze im Freien
Preise: 28 € (Tagesmenü)
Kreditkarten: CS, DC, MC, Visa; BM
Freitag–Sonntag mittags und abends geöffnet, Juli/August und Weihnachten–Dreikönig täglich

Informieren Sie sich über die Wetteraussichten, wählen Sie einen schönen sonnigen Tag und fahren Sie über eine bequeme Straße hinauf auf 1.700 Meter Höhe in den Panoramaort Vetan. In der gleichnamigen Trattoria wird Sie Antonella charmant begrüßen und Ihnen das Menü des Tages präsentieren (28 € inklusive Hauswein, bzw. 25 € plus Wein, wenn Sie sich für eine Flasche aus dem kleinen, aber feinen Repertoire an Aostataler Winzerprodukten entscheiden). Das saisonal orientierte Angebot basiert auf Zutaten aus dem Umland, Obst und Gemüse sind zum Teil aus eigenem Anbau. Man beginnt mit einer Reihe von vorzüglichen Antipasti: *Plateau valdôtain* (Aostataler Fleischspezialitäten wie Mocetta, Boudin und Salsicce), Lardo aus Arnad mit gerösteten Esskastanien, Insalata di mele delizia (Apfelsalat), **Tomini mit karamellisierten Zwiebeln und Rosinen**, Paté della nonna, Flan bicolore auf Fonduta. An Primi erwarten Sie köstliche ***Vapellenentse*** auf Basis von Gemüsebrühe, ***Sauca de rice*** (Reis mit Meraviglia-Bohnen, Lauch, Kartoffeln, Bohnenkraut und Fontina) oder Crêpes. Für danach gibt es ***Carbonade***, Coniglio (Kaninchen) oder **Capretto al forno** (im Ofen gebratenes Ziegenkitz), in der Wildsaison Selvaggina. **Polenta** können Sie in der Variante **concia** oder als Beilage zu diversen Gerichten genießen. Für das süße Finale stehen Torta di mele, Früchtecreme, Macedonia mit Eiscreme, Sorbetto al limone zur Auswahl. Wenn Sie zu verstehen geben, dass es Ihnen geschmeckt hat, wird Mamma Elida aus der Küche kommen und Ihnen gerne ihre Rezepte erklären, während Sie vielleicht an einem Gläschen Grappa nippen. Und falls Sie sich in die Aussicht verliebt oder zu tief ins Glas geschaut haben, können Sie in dem zur Trattoria gehörenden Bed & Breakfast Abri de Vetan übernachten.

SAINT-RHÉMY-EN-BOSSES (AO)

22 KM NW. V. AOSTA, 13 KM V. GR. ST. BERNHARD, S.S. 27

Suisse

Restaurant
Via Roma, 26
Tel. (+39) 01 65 / 78 09 06
Kein Ruhetag
Ferien: zeitweise im Frühling und Herbst
45 Plätze
Preise: 38–40 €
Kreditkarten: AE, CS, DC, MC, Visa; BM
Freitag–Sonntag mittags und abends geöffnet, im Sommer täglich

Saint-Rhémy liegt an der Grenze zur Schweiz und gilt als Juwel in der Krone der Aostataler Gastronomie, da hier ein bekannter Rohschinken erzeugt wird – der Jambon de Bosses DOP. Das an der Hauptstraße gelegene Suisse empfängt Sie mit dem behaglichen Ambiente eines für die Gegend typischen Hauses, in dessen Architektur Holz und roher Stein dominieren. Das Menü empfiehlt sowohl Aostataler Traditionsgerichte als auch gelungene Neuinterpretationen von diesen. Beginnen kann man mit der klassischen *Assiette* (Fleisch- und Käsespezialitäten) oder mit **Jambon de Bosses** in drei Spielarten (12 €) – frisch, getrocknet mit Honig und als Mousse. Von den Nudelgerichten aus frischem Teig, der wie das Brot hausgemacht ist, überzeugen die **Maltagliati al ragù di cinghiale** (11 €). Wer Innovativeres bevorzugt, ist mit der Dinkelpasta mit Zucchini-Minze-Creme und Rohschinken (Cavatelli di farro con crema di zucchine e menta e polvere di jambon de Bosses, 12 €) gut beraten, während sich Freunde von vegetarischen Gerichten an die **Minestra di castagne, patate e sedano rapa** (Suppe aus Esskastanien, Kartoffeln und Sellerie) halten können. Als Hauptspeise sind das Filetto mit Portweinreduktion auf Kartoffelcreme oder das bei niedriger Temperatur gegarte Lamm mit Minzesauce (**Agnello con salsa alla menta**, 18 €) zu empfehlen. Auch die Desserts (6 €) sind hausgemacht, etwa der vorzügliche Apfel-Crumble oder die mürben Schokokekse mit Ricotta-Mousse und Früchtekompott. In der Weinkarte sind andeutungsweise alle Regionen Italiens vertreten, doch die meisten Etiketten stammen von Aostataler Produzenten.

Den Jambon de Bosses kauft man im Sommer bei dem Betrieb gegenüber, sonst in dem Laden neben der Tankstelle.

VERRAYES (AO)
Grangeon

17 KM NÖ. V. AOSTA, S.S. 26 OD. A 5 AUSF. NUS

La Vrille

Ferienbauernhof • Ortsteil Grangeon, 1
Tel. (+39) 01 66 / 54 30 18,
(+39) 347 / 116 59 45
In der Nebensaison nur am Wochenende geöffnet, sonst kein Ruhetag
30 Plätze + 30 Plätze im Freien
Preise: 30 € (Tagesmenü)
Keine Kreditkarten
Abends geöffnet, mittags gegen Vorbestellung

Das bekannteste Produkt des Gutes La Vrille (was im Patois Ranke bedeutet) ist Wein, doch was Hervé Deguillaume und Luciana Neyroz betreiben, nennt sich multifunktionale Landwirtschaft: Neben Weinreben werden hier, auf knapp über 650 Metern Höhe, nach biodynamischen Methoden Gemüse, Würzkräuter, Obst und Mais angebaut sowie Geflügel und Schafe der Rosset-Rasse gehalten, die den Sommer auf der Alm verbringen dürfen. Ein nach ökologischen Kriterien renoviertes und ausgebautes Haus aus dem 18. Jahrhundert beherbergt die Räumlichkeiten des Agriturismo: sechs Zimmer für Feriengäste und ein Speisesaal, der sich an warmen Tagen um einen Außenbereich erweitert. Das vorgegebene Menü, das allen Gästen gleichzeitig serviert wird, umfasst zwei Antipasti, Zwischengericht, Hauptgang und Dessert. Die Speisen variieren mit den Jahreszeiten und Lucianas Kreativität, die als begnadete Köchin wirklich alles selbst macht, sogar verschiedene traditionelle Sorten Brot. Ein paar Beispiele: ***Teteun* mit Pesto und Walnüssen**, **Fonduta** von Bergkäse aus der Conca di By, **Polenta** aus selbst angebautem und steingemahlenem Mais, Gersten-Bohnen-Suppe, Esskastaniencreme, **Rolata di coniglio ripiena di farinello bianco** (Kaninchenroulade gefüllt mit weißem Gänsefuß, der eigentlich als Unkraut gilt), Anatra al forno (Entenbraten), Costolette di agnello al timo (Lammkoteletts mit Thymian), **Gelato di brossa** (Eiscreme aus saurer Ricotta) **mit Waldbeeren**. Dazu trinkt man – auch in Halbflaschen – die von Hervé gekelterten Weine, der Ihnen gerne seinen schönen Keller zeigt. Probieren Sie seinen Muscat Flétri.

»

Bio das Haus, bio die Produkte, vortrefflich die von Luciana mit Geschick und Leidenschaft gekochten Speisen.

«

VERRÈS (AO)
Omens

38 KM SÖ. V. AOSTA, S.S. 26 OD. AUSFAHRT A 5

Omens

Bar-Trattoria • Ortsteil Omens, 1
Tel. (+39) 01 25 / 92 94 10,
(+39) 347 / 477 53 34
Ruhetag: Montag; Oktober–Juni nur Samstag, Sonntag und Feiertage geöffnet
Ferien: zeitweise im Winter
60 Plätze + 35 Plätze im Freien
Preise: 25 € (Tagesmenü)
Keine Kreditkarten
Mittags und abends geöffnet

Wer Natur, Berge, endlose Wiesen und gute Aostataler Küche sucht, ist (auch und vor allem mit Kindern) in Omens richtig. Aus südlicher Richtung kommend, z. B. aus Turin, ist die Anfahrt denkbar einfach: Man verlässt die Autobahn in Verres und fährt ein paar Kilometer den Berg hinauf, bis die Straße in Omens endet. Das Dorf besteht aus ein paar Steinhäusern und der gleichnamigen Bar-Trattoria, die mit ihrer in Holz gehaltenen Gaststube und der schlichten Veranda mit Aussicht alpinen Charme versprüht. Das Menü ist vorgegeben, bei Tisch steht schon Bagnetto verde bereit, in das man Brot dippen kann, während man das erste Glas trinkt (diverse offene Weine aus dem Aostatal und dem Piemont, ein paar Flaschenweine). Dann kommen die eifrigen Kellnerinnen mit den Tabletts: regionaltypischer Aufschnitt (Mocetta, Pancetta, diverse Salamis, u. a. eine interessante mit Roter Bete), **Cotechino mit Salzkartoffeln**, Fontina-Biscotti mit Lardo, glasierte Esskastanien mit Butter. Danach eine Suppe (im Winter ***Vapellenentse*** mit Wirsing, zu anderen Jahreszeiten **Seupa** auf Basis von Borretsch oder Wildspinat, „gesammelt von der Mamma in Champoluc"), **Polenta concia mit Salsiccia**, Coniglio, **Spezzatino**. Zum Abschluss, falls Sie noch können, eine Kostprobe von einheimischen Käsesorten und das Dessert: Panna cotta, **Crema di Cogne** (mit Kakao), in Alkohol eingelegte Heidelbeeren. Von dem Preis von 25 € für das Degustationsmenü (daneben gibt es ein vegetarisches Menü für 13 €, den Aostataler Imbiss für 15 € und ein Kindermenü für 5 €) wird etwas abgezogen, wenn man nicht alle Gänge konsumiert.

In **Hône** (12 km) erzeugt die Firma Alpe (Via Stazione 28) Magenbitter, Kräuterauszüge, Genepì und aromatisierte Schnäpse.

GIGNOD (AO)

14 KM NÖRDLICH VON AOSTA, S.S. 27

Locanda La Clusaz

Restaurant
Ortsteil La Clusaz, 1
Tel. (+39) 01 65 / 560 75, (+39) 01 65 / 564 26
Ruhetag: Dienstag, Mittwochmittag
Ferien: Mai/Juni, November
40 Plätze
Preise: 40–45 €
Kreditkarten: AE, CS, DC, MC, Visa; BM
Mittags und abends geöffnet

Jahrzehntelang ein bescheidener Gasthof für Einheimische oder Fremde auf der Durchreise zwischen Aosta und Martigny, wurde diese uralte Locanda an der Straße auf den Großen Sankt Bernhard von Maurizio Grange und Sevi Math in einen bezaubernden Ort der Gastlichkeit verwandelt: nüchtern-elegantes Ambiente, professioneller Service, raffinierte und teilweise kreative, aber stets bodenständige Küche. Angeboten werden zwei Menüs (Traditionsmenü 40 €, Saisonmenü 45 €), deren Komponenten man auch einzeln bestellen kann. Exzellente Salumi – aus eigener Erzeugung, wie übrigens auch das Gemüse und das Brot – stimmen in der traditionellen Speisenfolge ein auf *Tartiflette* alla Fontina, Straccetti aus Roggenmehl mit Lauch und Crema di toma, Frikandeau mit über dem Holzfeuer gegarter Polenta (à la carte, 14 €), Stinco al vino rosso. Aus dem Saisonmenü erwähnt seien die Brennnessel-Gnocchetti in brauner Butter mit Funghi pioppini (Hallimasche), die Trota con crema di sedano rapa (Forelle mit Knollenselleriecreme), die Insalatina di cipolle in agrodolce e spinacini (Salat von Zwiebeln süßsauer und Jungspinat), die Pancia di maialino a cottura confit con caponata di peperoni e zenzero (Bauch vom Jungschwein mit Paprika-Ingwer-Gemüse, 18 €). Versäumen Sie im Winter nicht den opulenten Teller mit gefülltem Schweinefüßchen (Piedino di maiale), Bries und der Kalbswurstspezialität Musetto. Außerordentliche Auswahl an Käse aus Kuh-, Schaf- und Ziegenmilch (Kostprobenteller von 12 bis 20 €), exquisite Dolci und Kleinpatisserie. Adäquate Weinkarte mit Schwerpunkt auf Produkten aus den Bergen, aus Italien, dem Wallis und aus Savoyen.

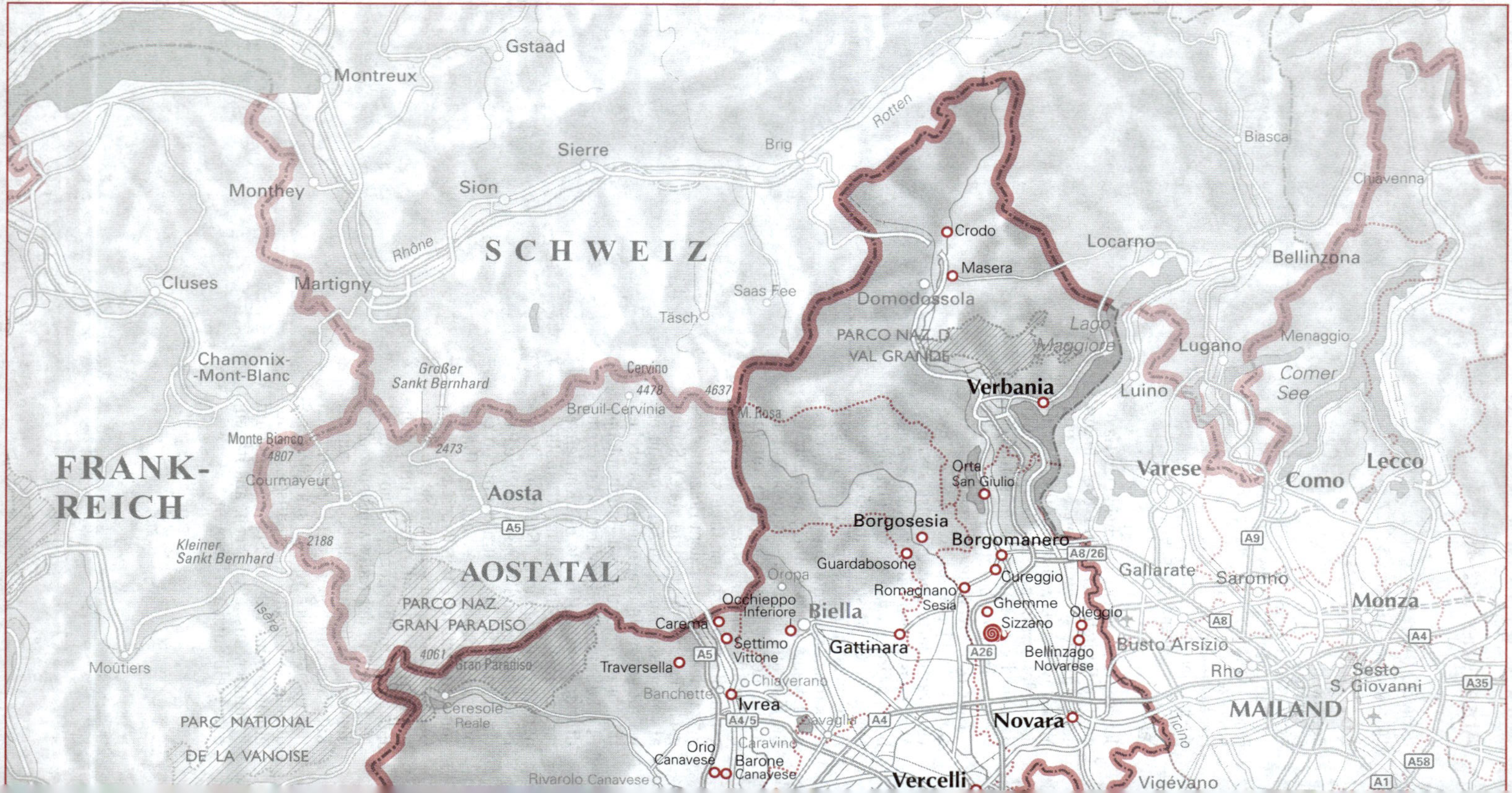

Gstaad
Montreux
Monthey
Sion
Sierre
Brig
Rotten
Biasca
Chiavenna
Rhône
SCHWEIZ
Cluses
Martigny
Saas Fee
Täsch
Crodo
Masera
Domodossola
Locarno
Bellinzona
Chamonix-Mont-Blanc
Großer Sankt Bernhard
Cervino
4478
4637
Breuil-Cervinia
M. Rosa
PARCO NAZ. D. VAL GRANDE
Lago Maggiore
Verbania
Lugano
Menaggio
Comer See
Luino
Monte Bianco
4807
2473
FRANK-REICH
Courmayeur
Aosta
A5
Varese
Como
Lecco
Orta San Giulio
Kleiner Sankt Bernhard
2188
AOSTATAL
Borgosesia
Borgomanero
Guardabosone
Oropa
A8/26
A9
Gallarate
Saronno
Cureggio
Romagnano Sesia
Monza
PARCO NAZ. GRAN PARADISO
Isère
Occhieppo Inferiore
Carema
Biella
Ghemme
Sizzano
Oleggio
A8
Settimo Vittone
Gattinara
Bellinzago Novarese
Busto Arsizio
A4
Moûtiers
4061
Gran Paradiso
Traversella
A5
A26
Rho
Sesto S. Giovanni
A35
Chiaverano
Banchette
Ivrea
MAILAND
Ceresole Reale
PARC NATIONAL DE LA VANOISE
A4/5
A4
Novara
Ticino
Orio Canavese
Caravino
Barone Canavese
A58
Rivarolo Canavese
Vercelli
Vigévano
A1

LOMBARDEI
LIGURIEN
LIGURISCHES MEER
Golf von Genua
PARC NATIONAL DU MERCANTOUR
0 15 30 km
TURIN
Moncalieri
Trofarello
Collegno
Chianocco
Bardonecchia
Susa
S. Antonino di Susa
Trana
Sestriere
Monginevro
1850
Briançon
Roletto
Pinerolo
Luserna S. Giovanni
Rora
Cavour
Carmagnola
Chieri
Baldissero Torinese
Chivasso
Villadeati
Moncalvo
Calliano
Castell'Alfero
Portacomaro
Serralunga di Crea
Grazzano Badoglio
Morano sul Po
Casale Monferrato
Lu Monferrato
Vignale Monferrato
Castagnole Monferrato
Solero
Valenza
San Salvatore Monferrato
Alessandria
Asti
Rocchetta Tanaro
Masio
Frascaro
Cisterna d'Asti
Govone
Priocca
Mombercelli
Costigliole d'Asti
Monteu Roero
Vezza d'Alba
Castagnito
Calosso
Nizza Monf.
Mombaruzzo
S. Marzano Oliveto
Calamandrana
Cassinasco
Rocchetta Palafea
Poirapaglia
Bra
Alba
Treiso
Verduno
Cossano Belbo
Sessame
Cessole
Acqui Terme
Cavatore
Cartosio
Cherasco
La Morra
Serralunga d'Alba
Monforte d'Alba
Monchiero
Cravanzana
Bergolo
Cissone
Farigliano
Serravalle Langhe
Carru
Belvedere Langhe
Paroldo
Briaglia
Ceva
Mondovì
Villanova Mondovi
Montaldo di Mondovì
Garessio
Ormea
Pornassio
Chiusa di Pesio
Boves
Cuneo
Caraglio
Castelletto Stura
Borgo S. Dalmazzo
Vernante
Colle di Tenda
1908
Tende
Savigliano
Saluzzo
Verzuolo
Fossano
Busca
Paesana
Po
M. Viso
3841
Guillestre
Sampeyre
Brondello
Stroppo
Acceglio
Roccabruna
Dronero
Barcelonnette
Pietraporzio
Sambuco
Vinadio
Bosco Marengo
Novi Ligure
Capriata d'Orba
Gavi
Rocca Grimalda
Tortona
Casalnoceto
Montemarzino
Avolasca
S. Sebastiano Curone
Gremiasco
Fabbrica Curone
Cantalupo Ligure
Arquata Scrivia
Mongiardino Ligure
Voltaggio
472 Giovi
Voghera
Pavia
Stradella
GENUA
S. Margherita Ligure
Chiávari
Savona
Loano
A32
A55
A6
A21
A33
A26
A7
A12
A10
A21

PIEMONT

Brasato al Barolo, Stracotto al Barbera, Fricandò, *Quajëtte*, Vitello tonnato, Lingua in salsa, Salsiccia di Bra, Trippa, Finanziera … Im Piemont ist es keine Niederlage, unter den „Secondi", also unter den „Zweiten", zu landen! Vor allem nicht im Fall von Rindfleisch, das, so wie es sein soll, von Tieren der piemontesischen Rasse stammt: ein Vergnügen für den Gaumen mit geringem gesundheitlichen Risiko (wenn man es nicht übertreibt).

Der ausgeglichene Gehalt an intramuskulärem Fett, der es zart und schmackhaft macht, und der niedrige Anteil an Cholesterin stellen die Hauptmerkmale dieser Fleischsorte dar, die sich mittlerweile auch über die Grenzen der Region hinaus großer Beliebtheit erfreut. Diese Rinderrasse soll von pakistanischen Zebus abstammen, die sich vor etwa 30.000 Jahren im Gebiet zwischen den Alpen und der ligurischen Küste verbreitet haben.

Das interessanteste Kapitel der Geschichte begann jedoch 1886, als in der Gemeinde Guarene, wenige Kilometer von Alba entfernt, aufgrund einer spontanen Mutation Tiere mit einer stark ausgeprägten Kruppe und großen muskulösen Hinterbacken auftauchten: die „Vitelli della coscia" („Keulenkälber"), auf Französisch *à la façon* genannt. Daher rührt die Bezeichnung Fassone, die noch heute für die besten Exemplare verwendet wird.

Was wäre die Küche der piemontesischen Osterien ohne Arrosto della vena, Brasato und die inzwischen allgegenwärtige Battuta al coltello? Ohne diese würde es an Geschmack fehlen, vielleicht auch an Freude am gemeinsamen Essen. Man denke nur an zwei Gerichte, die fast schon rituellen Charakter haben und bei denen das Fleisch der Rinderkeulen die unbestrittene Hauptrolle spielt, nämlich Fritto misto und Gran bollito, die zu Ehren des Mastochsen in Carrù, Moncalvo und Nizza Monferrato geradezu zelebriert werden. Ohne das „Fass-Food" wäre die Küche des Piemont nicht auf dem Siegerpodest gelandet, wie man das auch von Sportlern und deren Verhältnis zum Fleischkonsum sagt.

Für Sie entdeckt

Brasato o stracotto

31 La Vecchia Posta
Avolasca (Al)

51 Locanda dell'Arco
Cissone (Cn)

66 Locanda Fontanabuona
Mombercelli (At)

79 Alla Torre
Romagnano Sesia (No)

Vitello tonnato

46 Da Marisa al Castello
Castell'Alfero (At)

72 Trattoria dello Stadio
Novara

84 La Rosa dei Vini
Serralunga d'Alba (Cn)

98 Paolino
Vercelli

Carne cruda

28 Osteria dell'Arco
Alba (Cn)

74 Il Gatto e la Volpe
Oleggio (No)

81 Del Belbo da Bardon
San Marzano Oliveto (At)

97 Le Miniere
Traversella (To)

Lingua

40 La Crota 'd Calos
Calosso (At)

50 La Locanda Alpina
Chiusa di Pesio (Cn)

85 La Coccinella
Serravalle Langhe (Cn)

96 Montecarlo
Tortona (Al)

34 km südwestlich von Alessandria

Bo Russ

Osteria-Trattoria
Via Garibaldi, 98
Tel. (+39) 01 44 / 32 16 82
Ruhetag: Mittwoch, Samstagmittag
Ferien: unterschiedlich
50 Plätze + 30 Plätze im Freien
Preise: 27–30 €
Kreditkarten: CS, MC, Visa; BM
Mittags und abends geöffnet

Die Via Garibaldi, die heute mitten im Zentrum liegt, bildet den ersten Abschnitt der Straße nach Savona. An dieser liegt ein renoviertes Gebäude mit dem Schild Bo Russ (Rote Ochsen), das einst ein Hotel mit Stallungen bezeichnete und heute auf ein reizendes Gasthaus mit einem in Weiß gehaltenen Speisesaal und einem Garten für den Sommer hinweist. Eugenio und seine Partnerin Paola, die sich um den Service kümmert, bieten eine traditionelle Küche nach Art des Unteren Piemont, wo die Einflüsse aus der nahe gelegenen Region Ligurien deutlich zu spüren sind. Was keinesfalls fehlen darf, ist **Farinata** (4 €) in der klassischen Version, die am Dienstagabend auch in der weißen Variante angeboten wird (mit mehr Weizenmehl als Kichererbsenmehl), ein typisches Gericht der Gegend um Albissola, für das der Kompagnon Pier Carlo verantwortlich zeichnet. Unter den Antipasti rangieren **Sformato di zucchine auf Roccaverano-Creme** (7 €), **Cima alla genovese** (8 €), Polpo arrostito mit Bohnen oder Calamari scottati mit Rosmarin und nicht zuletzt die Salumi, darunter ein einzigartiges Filetto baciato aus Ponzone. Als Primi bekommen Sie Cannelloni di ricotta e borragine (9 €), Gnocchi al baccalà, ***Rabatòn* alla mandrogna**, **Ravioli al sugo d'arrosto** oder Parmigiana di melanzane. Das Repertoire an Secondi umfasst Arrosto brasato all'Arneis, Costolette d'agnello, in der Pfanne gebraten, **Coniglio alla ligure** (10 €) und **Stoccafisso all'acquese**, im Sommer ergänzt durch Gamberoni mit schwarzem Trüffel. Als Desserts sind Panna cotta, *Bonet* (4 €), Salame di cioccolato, Crema catalana und Mousse al cioccolato angeführt. Vor allem im Winter wird eine gute Auswahl an Formaggi angeboten. Die Weinkarte ist einfach, aber gepflegt. Am Freitagabend bekommen Sie ein Degustationsmenü auf Basis von Fisch für 30 €.

ACQUI TERME (AL)

34 km südwestlich von Alessandria

Farinata Mazzini

Osteria
Via Mazzini, 29
Tel. (+39) 01 44 / 32 53 47
Ruhetag: Montag
Ferien: zeitweise im Juli
30 Plätze
Preise: 30 €
Kreditkarten: CS, MC, Visa; BM
Mittags und abends geöffnet

Hier im Zentrum, zwischen der Piazza della Bollente und den Thermen, findet man diese Weiterentwicklung eines typischen Farinatalokals aus der Mitte des letzten Jahrhunderts: eine ansprechende Gaststätte mit wenigen Tischen in zwei Räumen, wo ein junges Paar, Denise und Danilo Bogliolo, Farinata verkauft und so die Tradition des typischen Straßenessens der Regionen Piemont und Ligurien bewahrt. Um den Backofen (und als Sommelier auch um den Weinkeller) kümmert sich Danilo, während Denise, eine Köchin aus Berufung und aufgrund familiärer Wurzeln, sowohl in der Küche als auch im flinken, herzlichen Service anzutreffen ist. Beginnen können Sie mit **Farinata** (4,80 bis 7,50 € pro Portion), **Acciughe con il bagnetto**, Involtini di prosciutto und Polpette in carpione (6 €, dreierlei Antipasti für 10 €). Das Kapitel der Primi nennt **Tagliatelle** al ragù, **mit Pesto** – eine Anleihe aus Ligurien – oder mit Pilzen, **Ravioli** (9 €), auch in der Version **al vino**, Pasta e fagioli oder andere Suppen. Gute Esser können für den Hauptgang *Tastuma tit* („Wir probieren alles") wählen, einen Teller mit **Trippa** und **Stoccafisso** in zwei Versionen, **all'acquese** und **alla ligure**. Andere Vorschläge sind Stinco di vitello, im Ofen gebraten, Pollo alla cacciatora (7 €) und Acciughe fritte. Zum Abschluss werden Formaggi mit Mostarda und vorwiegend Cremedesserts geboten: *Bonet*, Crema al Moscato, Tiramisu. Gute Auswahl an piemontesischen Etiketten, auch mit glasweisem Ausschank. Zum Dessert passt ein Gläschen Brachetto d'Acqui, ein Wein aus einer autochthonen Rebsorte.

Die Salumeria Centrale (Corso Italia 15) bietet Spezialitäten wie Filetto baciato di Ponzone, exzellente Formaggi und andere Qualitätsprodukte.

62 KM NÖ. V. CUNEO, 29 KM V. ASTI, S.S. 231 OD. A 33

La Piola

Moderne Osteria
Piazza Risorgimento, 4
Tel. (+39) 01 73 / 44 28 00
Ruhetag: Sonntagabend, Montag, im Sommer auch Sonntagmittag
Ferien: unterschiedlich
50 Plätze + 40 Plätze im Freien
Preise: 38–40 €
Kreditkarten: AE, CS, MC, Visa; BM
Mittags und abends geöffnet

Auf dem Hauptplatz von Alba – im Erdgeschoss des Gebäudes, in dem das Gourmetlokal Piazza Duomo seinen Sitz hat – bietet das La Piola eine Küche, die durch die Einfachheit der Zubereitung, der Zutaten und Weine das Gebiet der Langa gut repräsentiert. Platz nehmen kann man im großen Speisesaal oder auf der geschlossenen Veranda mit prachtvollem Ausblick auf den Rathausplatz und den Dom. Der Service ist stets flink und effizient, die Tagesgerichte sind an einer großen Tafel angeschlagen. Hier ist absolut Verlass auf hohe Qualität der Zutaten und Sorgfalt bei der Zubereitung der Gerichte. Zum Auftakt locken Carne cruda vom piemontesischen Rind (11 €), **Vitello tonnato**, Insalata russa, Insalata di primavera und im Sommer Fiori di zucca ripieni auf Tomatencreme. Unter den Primi sind Klassiker wie ***Tajarin* al ragù di salsiccia** (13 €), **Agnolotti dal *plin* al sugo d'arrosto** oder Ravioli mit saisonaler Füllung und Gnocchi di patate vertreten. Der Hauptgang umfasst Tagliata di fassone mit Kartoffeln und Gemüse (18 €), Crocchette di merluzzo mit Sauce aus Erbsen, Tomaten und Bohnen (18 €) oder Getreide, Hülsenfrüchte und Gemüse mit gebratenen Peperoni. Den Reigen beschließen ***Bonet*** al cioccolato und Torta di nocciole mit Zabaione al Moscato (5 €). Die Speisenauswahl variiert jeden Tag und man bekommt auch Risotti, Brasati und in der Saison *Bagna caoda*. Es gibt eine große Auswahl an glasweise ausgeschenkten Weinen, viele aus dem eigenen Betrieb, man kann aber auch aus der umfangreichen Weinkarte des Restaurants wählen.

In der Pasticceria Tibo im Ortsteil Scaparone (6 km) verarbeitet Gianfranco Tibaldi erlesene Zutaten nach alten Rezepten und bietet exzellente Spezialitäten aus Haselnüssen.

ALBA (CN)

62 KM NÖ. V. CUNEO, 29 KM V. ASTI, S.S. 231 OD. A 33

Osteria dell'Arco

Restaurant
Piazza Savona, 5
Tel. (+39) 01 73 / 36 39 74
Ruhetag: Sonntag (außer im Oktober und November), Juli und August auch Montag
Keine Ferien
50 Plätze
Preise: 30–33 €
Kreditkarten: AE, CS, DC, MC, Visa; BM
Mittags und abends geöffnet

Die Osteria dell'Arco, ein wenig abseits der zentralen Piazza Savona in einem Arkadenhof gelegen, ist eine Schöpfung der Genossenschaft I Tarocchi, einer Verfechterin der Slow-Food-Bewegung. Im Eingangsbereich dieses eleganten Lokals thront eine Theke, an den Wänden hängen klimatisierte Weinschränke, in denen einige der zahlreichen Etiketten aus der Weinkarte lagern. Einen großen Beitrag zum Wachstum und zur Konsolidierung des Erfolgs dieses Lokals hat der langjährige Küchenchef Maurizio Dellapiana geleistet. Die Speisenauswahl mit Klassikern nach hiesiger Tradition wird vor allem im Sommer mit „frischeren" Rezepten, auch auf Basis von Fisch, ergänzt, wobei stets erstklassige Zutaten zum Einsatz kommen. Zum Einstieg kann man sich als Antipasti Vitello tonnato, **Carne cruda battuta al coltello** (9 €), **Terrina di cuore di bue**, Insalata di galletto, **Acciughe al verde** oder die sommerliche Millefoglie mit Auberginen und Kirschtomaten schmecken lassen. Dann folgen die klassischen ***Tajarin* 40 tuorli**, **Agnolotti dal *plin*** oder Gnocchi di patate mit unterschiedlichen Saucen, aber auch Mezzi paccheri mit Tintenfisch und Zucchini. Unter den Secondi sind **Stracotto di vitello** (13,50 €), **Coniglio grigio di Carmagnola all'Arneis**, Lumache spadellate mit eingelegtem Gemüse (12 €) und der sommerliche – und exzellente – Tonno di coniglio mit Bohnen und Taggiasca-Oliven vertreten. Zum Abschluss eine schöne Auswahl an **Formaggi** oder ein Dessert (6 €): Panna cotta mit Waldbeeren, *Bonet* und Cremino al gianduia mit Himbeeren. Das Lokal bietet auch ein Traditionsmenü für 38 € inklusive Gedeck.

»
Gute Produkte dieser Gegend bilden die Basis für eine Küche der Langa, die mit geschickter Hand und hoher Sensibilität zubereitet wird.
«

ARQUATA SCRIVIA (AL)

37 KM SÜDÖSTLICH VON ALESSANDRIA, S.S. 35 BIS

Lo Casale

Ferienbauernhof
Strada per Prato Lungo
(Straße nach Prato Lungo), 59
Tel. (+39) 01 43 / 63 56 54
Ruhetag: Montag–Freitag
Ferien: Januar, Februar
30 Plätze + 20 Plätze im Freien
Preise: 28 € (Tagesmenü)
Keine Kreditkarten
Mittags und abends geöffnet

NEU

Nur eine Minute Fahrt von der Ortschaft Arquata und dem Scrivia-Tal entfernt, liegt dieser Ferienbauernhof eingebettet in das Grün der Landschaft, in einem Klima, wo man bereits beginnt, einen Hauch von Meeresluft zu verspüren. In der Küche werkt Anna Rivera, die zur Zusammenstellung des Menüs (feststehendes Menü für 28 €, variabel je nach Jahreszeit) ganz einfach einen Blick aus dem großen Küchenfenster wirft. Sie schöpft aus ihrer reichen Erfahrung in puncto Sammeln und Verarbeiten von wild wachsenden Pflanzen und setzt den Gästen im Frühling **Crema di ortiche** (Brennnesselcremesuppe), Sformato di germogli di luppolo (Auflauf mit Hopfensprossen), **Frittate di viole e primule** (Omelett mit Veilchen und Primeln), *Rabatòn*, Ravioli di amaranto mit Borretsch und Fritto in pastella (Kräuter und Blüten in Backteig) vor. Anna bezieht Obst und Gemüse auch aus dem eigenen landwirtschaftlichen Betrieb, wo alten Sorten eine besondere Aufmerksamkeit geschenkt wird. Auf der Karte tauchen abwechselnd Coniglio grigio, das graue Kaninchen aus Carmagnola (ein Slow-Food-Presidio), mit Fenchel, **Agnellone sambucano, mit Kapern geschmort**, Gallina bollita, Tacchinella alla ligure und Anatra in umido auf. Viele Rezepte wie ***Pulenta mescia*** (mit Gemüse und Wildkräutern), Trofie di castagne mit Pilzsauce, Panissa fritta, Agnolotti di stufato und **Lasagne alla zerbetta** sind typisch für diesen Landstrich. Unter den Dolci verdienen **Latte dolce**, *Bonet* al Moscato, Crostate mit hausgemachten Konfitüren, auch solchen mit Waldbeeren und Früchten wie Sambuco (Holunder) und *Ramassin* (Pflaumen), eine besondere Erwähnung. Die kleine Weinauswahl stammt aus Betrieben dieser Gegend, die biologischen oder biodynamischen Anbau betreiben.

ASTI
Mombarone

10 KM VOM ZENTRUM

Ai Binari

Trattoria
Ortsteil Mombarone, 145/S.S. Asti-Chivasso
Tel. (+39) 01 41 / 29 42 28
Ruhetag: Sonntagabend, Montag
Ferien: Januar/Februar, nach dem 15. August
70 Plätze
Preise: 28–32 €
Kreditkarten: CS, MC, Visa; BM
Abends geöffnet, Samstag und an Feiertagen auch mittags

Ai Binari („Zu den Gleisen"): Der Name verrät schon die Besonderheit dieses Lokals, das seinen Sitz in einem aufgelassenen Bahnhof hat. Auch die Einrichtung und einige Dekorationsstücke wie Uniformkappen und ein Bahnkartenschalter als Blickfang erinnern an die ursprüngliche Nutzung. Wenn all das als Anhaltspunkt noch nicht genügen sollte, dann werden die Namen der beiden Degustationsmenüs mit typischen Bahnbezeichnungen, nämlich Littorina Sobria (30 €) und Littorina Allegra (37 € für fünf Gänge und drei Gläser Wein), die letzten Zweifel beseitigen. In der Karte sind nicht nur die von Claudio zubereiteten Gerichte, sondern auch explizit die Lieferanten der Zutaten angeführt. Sobald Sie Platz genommen haben, wird eine kleine Kostprobe von Insalata russa serviert. Dann folgen die Antipasti (8 €), von denen wir ein perfektes Filetto di baccalà accomodato auf einem Püree aus Topinambur und Kartoffeln und Carne cruda vom Fassone-Rind empfehlen. Unter den Primi (8 €) sind ***Tajarin*** aus Mehl aus alten Getreidesorten **mit Baccalà und eingekochter Sardellensauce**, Gnocchi di farina di farro (aus Dinkelmehl) mit Wurst und Tomaten, **Agnolotti ai tre arrosti**, Risotto carnaroli mit Artischocken und Zuppa di fagioli aus Borlotti-Bohnen vertreten. Bei den Secondi spannt sich der Bogen vom saftigen **Stinco di maiale al forno** (12 €) über **Rolata di coniglio grigio di Carmagnola** (ein Slow-Food-Presidio) und **Tagliata** vom Fassone-Rind bis zum Stufato di bufalo (Büffelschmorbraten). Wer guten Käse schätzt, kann die erlesene Auswahl an **Formaggi** wählen. Das Angebot an Desserts wird mündlich vorgetragen: **Panna cotta**, Crostata mit Erdbeeren, Semifreddo al torrone. Es gibt eine wirklich faszinierende Weinkarte, aber der Trumpf des Lokals sind die Leidenschaft und Professionalität, mit welcher Mara diese präsentiert.

Il Brillo Parlante

Osteria
Via Garetti, 26
Tel. (+39) 01 41 / 59 86 37
Ruhetag: Montag
Ferien: 2 Wochen im August
30 Plätze + 20 Plätze im Freien
Preise: 25–30 €
Kreditkarten: AE, CS, DC, Visa; BM
Abends geöffnet

Die Via Garetti ist eine Art *Strip*, eine jener weltweit verbreiteten Straßen, wo ein Lokal neben dem anderen liegt. Klar, wir sind hier in Asti, das heißt, die Atmosphäre ist friedlich und heiter, aber das tut der Tatsache, dass es sich hier um ein Epizentrum des Stadtlebens handelt, keinen Abbruch, insbesondere im Sommer, wenn kleine Tische mit Kerzen die Bürgersteige beleben. Verglichen mit anderen Lokalen hat ein Besuch im Brillo Parlante eine Qualität, die über dem Durchschnitt liegt. Das Lokal ist angenehm unprätentiös, sehr nach Art einer Vinothek. Die Küche verzichtet auf Firlefanz und legt großen Wert auf Gebietstreue, ist aber – vor allem im Sommer – den besonderen Aromen des Mittelmeeres gegenüber sehr offen. Man beginnt ganz im Zeichen der Tradition von Asti – mit Magatello tonnato, gefülltem Peperone quadro aus Asti (8,50 €), **Acciughe** aus dem bevorzugten Fanggebiet des kantabrischen Meeres, jedoch auf piemontesische Art **al verde** zubereitet –, aber auch Tortino di polpo mit Kartoffeln, Pesto und Oliven, ein Gericht, das nach Meer und Ligurien schmeckt, ist zu empfehlen. Unter den Primi wechseln **Agnolotti ai tre arrosti**, serviert mit Butter und Kräutern (8,50 €), und ***Plin*** al sugo d'arrosto mit Zuppetta aus Trombetta-Zucchini mit Brot, Oliven und Forelle oder Paccheri di Gragnano mit Kirschtomaten und Auberginen ab. Dann folgen **Capretto al forno**, Agnello, Tagliata (13,50 €) und im Sommer Carpioni. Einfache Dolci (5 €): Biscotto al cioccolato mit Aprikosen und Chantilly-Creme, **Pesche ripiene mit Zabaione**, Bavarese fiordilatte mit Waldbeeren. Was das Brillo Parlante ebenfalls über den Durchschnitt erhebt, sind die gut bestückte Weinkarte – sehr viel Piemont, viel Italien, viele Edelbrände und einige Biere aus kleinen Brauereien – und ein charmanter, fröhlicher Service.

Osteria del Diavolo

Trattoria
Piazza San Martino, 6
Tel. (+39) 01 41 / 302 21
Ruhetag: Sonntag
Ferien: zeitweise im August
40 Plätze + 25 Plätze im Freien
Preise: 27–32 €
Kreditkarten: CS, MC, Visa
Abends geöffnet

Abends wird die Stille der Piazza San Martino häufig von Musik durchbrochen. Diese tönt aus dem Tor der aufgelassenen Kirche, die zu einem der interessantesten Lokale der Region umfunktioniert wurde: dem Diavolo Rosso. Uns interessiert jedoch mehr das Tor, das sich einige Meter weiter öffnet, nämlich jenes der Osteria, die nach dem Veranstaltungsort benannt ist. Mehrere Tischchen auf dem Pflaster ergänzen im Sommer das Platzangebot der drei kleinen, einfach eingerichteten Gasträume. Paola Passuello hat vor Kurzem die Leitung des Lokals übernommen und bietet ein Speisenangebot, in dem Piemont und Ligurien miteinander verschmelzen, wobei auch einige Slow-Food-Presidi vertreten sind: Ein Beispiel dafür ist der Antipasto, eine Kombination von Fleisch vom piemontesischen Rind, mit dem Messer gehackt, und Baccalà *brandacujun*, verfeinert mit ligurischem Öl und Salz aus Cervia (9 €). Aufmerksamkeit verdienen auch **Insalata di gallina mit Paprikacreme**, Tonno mit Burrata, Rucola-Sauce und Colatura di alici sowie Involtino di peperone. Im Kapitel der Primi sind die traditionellen ***Tajarin***, auch in einer kreativen Version mit Cappesante, Steinpilzen und Rucola (10 €), die klassischen **Trofie al pesto mit Kartoffeln und Bohnen** und Minestra mit Getreide und Hülsenfrüchten aufgelistet. Die Secondi umfassen hervorragende Cotolette di agnello a scottadito, **Coniglio** alla ligure (**mit Oliven und Pinienkernen**), ausgelöst serviert, und **Stracotto di vitellone al Pigato**. Ein Bravourstück des Lokals ist **Cappon magro**, ein typisch ligurisches Gericht auf der Basis von Fisch und Gemüse (13 €). ***Bonet***, Budino di torrone mit Honig, Pesche al Moscato und Semifreddo al pistacchio werden als Desserts angeboten. Die Weinkarte nennt eine kleine, aber feine Auswahl an guten Produkten aus dem Piemont und aus anderen Regionen.

Tasté Vin

Vineria mit Küche • Via Vassallo, 2
Tel. (+39) 01 41 / 32 00 17
Ruhetag: Dienstag, Samstag- und Sonntagmittag
Ferien: 10 Tage im Januar, 2 Wochen im August
35 Plätze
Preise: 22–28 €
Kreditkarten: CS, DC, MC, Visa; BM
Mittags und abends geöffnet

Im Herzen des Stadtteils Santa Caterina trifft man auf dieses reizende, erst kürzlich eröffnete Lokal, das einfache, unverfälschte Speisen, begleitet von exzellenten Weinen, serviert. Ganz bewusst bieten Cinzia und Claudio nicht die übliche, klassische Speisenfolge, sondern eine Auswahl an Gerichten dieser Gegend, die sich streng an den Wandel der Jahreszeiten hält. Das Ambiente ist zwanglos, bunt und lebendig, eine Art Bodeguita del Medio in der Version des Monferrat. Die an der Wandtafel angeschlagenen Speisenvorschläge variieren täglich, je nachdem, was am Markt gerade angeboten wird. Unter den Antipasti wollen wir **Acciughe al bagnetto verde** (5,50 €), Carne cruda, mit dem Messer gehackt, Melanzana al forno, gefüllt mit Salsiccia und serviert auf Tomatensauce, und einen hervorragenden **Baccalà mantecato** mit nativem Olivenöl extra, Kartoffeln und Taggiasca-Oliven (8,50 €) hervorheben. Was nicht fehlen darf, sind **Tagliolini**, im Sommer mit frischen, duftenden Saucen (Tomaten und Basilikum) und im Herbst mit kräftigen Ragouts angerichtet. Als Alternativen bekommen Sie **Risotto mit Salsiccia, Friggitelli-Chilischoten und Safran** oder Risotto al castelmagno, in der Saison mit schwarzem Trüffel verfeinert. Freunde von Fleischgerichten können zwischen Tagliata di vitella von Kälbern der piemontesischen Rasse und **Rolata di pollo tonchese** (Hähnchen aus Tonco d'Asti), **gefüllt mit Schinken und würzigen Kräutern** (12 €), wählen. Den Abschluss bilden Crème brulée oder Bavarese (4,50 €). Sehr umfangreich ist die Weinkarte (angesichts des Namens kann es kaum anders sein), unter anderem mit den besten italienischen Weinen aus biologischem Anbau, es gibt aber auch eine erlesene Auswahl an Bieren aus kleinen Brauereien.

42 KM SÜDÖSTL. V. ALESSANDRIA, 18 KM V. TORTONA

La Vecchia Posta

Ferienbauernhof
Via Montebello, 2
Tel. (+39) 01 31 / 87 62 54
Ferien: Januar, September
36 Plätze
Preise: 35 € (Tagesmenü)
Kreditkarten: MC, Visa; BM
Freitag-, Samstagabend und Sonntagmittag geöffnet

In Avolasca, einem kleinen Dorf in den Hügeln von Tortona, zwischen dem Grue- und dem Ossona-Tal, führen Roberto und seine Frau Annemie einen Biobetrieb, der auch als Ferienbauernhof Gäste empfängt. Sie stellen naturbelassene Weine her, bauen Gemüse und Obst an und züchten Rinder der Rasse Tortonese: Viele der Produkte in der Vorratskammer des kleinen Restaurants stammen aus dem eigenen Garten oder werden von lokalen Landwirten geliefert, die der gleichen Philosophie folgen. Die exzellenten Wurst- und Käsespezialitäten lagern im eigenen Keller. Im Speisesaal, einem ehemaligen Heuschober, bemüht sich Roberto um Ihr Wohl und empfiehlt die passenden Weinbegleitungen, darunter Barbera, Dolcetto und Timorasso. Annemie setzt in ihrer Küche auf originelle Weise fast schon in Vergessenheit geratene Zutaten ein und zaubert in magischer Harmonie Gerichte nach Tradition des Unteren Piemont, wobei auch Einflüsse anderer Kulturen zu erkennen sind. Das Menü ist feststehend, variiert jedoch im Lauf der Jahreszeiten. Als Antipasto bekommen Sie neben **Salumi** des Hauses auch Cappuccino di fave mit Zitronenthymian, **Ovetto di cagliata mit Birnen und Ingwer** oder Sformato di lisoni mit Morchelsauce. Unter den Primi sind **Risotto di asparagi e papaveri** oder Risotto di zucca e funghi, mit Balsamico-Essig gerührt, **Gnocchi mit Pancetta und Paprikaschoten** und Tagliolini basilico e crusca mit Brennnessel-Pesto vertreten. Der nächste Gang setzt auf **Brasato al Barbera** (Entrecote vom Kalb der Rasse Tortonese), Coniglio alla trappista oder ein Sortiment an Formaggi mit hausgemachten Konfitüren. Zum süßen Ausklang gibt es Desserts, darunter Terrina calda di albicocche, Semifreddo ai pistacchi mit Erdbeersauce, Pinguino alla nocciola mit Schokoladenmousse oder Gelato alla lavanda (Lavendeleis).

BALDISSERO TORINESE (TO)

14 KM ÖSTLICH VON TURIN

Bel Deuit

Restaurant
Via Superga, 58
Tel. (+39) 011 / 943 17 19
Ferien: 2 Wochen Ende August
60 Plätze + 30 Plätze im Freien
Preise: 35–38 €
Kreditkarten: CS, MC, Visa; BM
Geöffnet Donnerstag- und Freitagabend, Samstag mittags und abends, Sonntag nur mittags

Das Bel Deuit („Anmut" im hiesigen Dialekt) liegt auf einem Hügel an der Grenze zwischen Baldissero und Turin: Von der Stadt kommend, halten Sie Ausschau nach dem kleinen Tor und dem Schild, die von der Terrasse einer anderen Trattoria fast verdeckt werden. Wir befinden uns hier unterhalb der Basilika von Superga, Wallfahrtsort und Ausflugsziel (auch mit der Seilbahn zu erreichen) sowie Stützpunkt des Naturparks Collina Torinese. Die Küche setzt auf die Klassiker des Piemont mit klugen Überarbeitungen, die den Gerichten die Schwere nehmen, und achtet konstant auf Herkunft und Saisontreue der Produkte. Im Saal oder auf einer der beiden Terrassen trägt das Personal flink und höflich die Speisenauswahl vor, beginnend mit einer Reihe von Antipasti (fünf für 14 €): **Insalata** di carne cruda oder Insalata **di bollito**, Lingua di vitello in grüner Sauce, Vitello tonnato, **Flan di verdure mit Fonduta**, im Sommer Peperoni farciti, im Winter **Torta con cardo bianco (mit weißen Karden aus Andezeno)**. Unter den Primi (je 10 €) locken **Agnolotti** mit Butter und Kräutern oder mit Bratensauce, Ravioli di borragine mit Toumin del Mel, ***Tajarin*** – auch mit Freisa di Chieri im Teig und in der Sauce –, sowie die Wintergerichte Busecca und *Tofeia*. **Brasato al Nebbiolo** (14 €), Arrosto all'Arneis, **Faraona in salsa di nocciole**, Coniglio alle erbe mit Taggiasca-Oliven und der duftende **Fritto di verdure** (16 €) sind Beispiele für die Auswahl an Secondi. In der Saison bekommt man Asparagi (Spargel) aus Santena und Lumache (Schnecken) aus Cherasco. Wer dann noch kann (die Portionen sind großzügig), wählt zum Abschluss Zabaione mit Haselnusstorte (6 €), *Bonet*, Panna cotta, Torta gianduia und in Freisa geschmorte Martinsbirnen. Gute Auswahl an Etiketten aus der Region, auch in Halbliterflaschen und im glasweisen Ausschank.

BARDONECCHIA (TO)

90 KM WESTLICH VON TURIN

Etable

Restaurant
Via Medail, 82 B
Tel. (+39) 01 22 / 969 73
Ruhetag: Montag–Donnerstag, außer 24. Juni–Anfang September und Dezember–Ostern
Ferien: unterschiedlich
43 Plätze • Preise: 30–35 €
Kreditkarten: AE, CS, MC, Visa; BM
Abends geöffnet, an Feiertagen und im Sommer auch mittags

Mehr als nur ein Ort in einem Skigebiet: Ein Besuch im Städtchen Bardonecchia lohnt sich das ganze Jahr über. Kühl im Sommer, weiß im Winter: der ideale Ausgangspunkt für einen Tag im Schnee oder einen Waldspaziergang. Wie in allen Fremdenverkehrsorten ist auch hier das gastronomische Angebot umfangreich und vielfältig; dennoch ist es nicht leicht, ein Lokal zu finden, das in Erinnerung bleibt. Das Etable liegt nahe dem Bahnhof und ist auch für Leute ohne Auto leicht zu erreichen. Die Atmosphäre ist einfach, passend zum jovialen, freundlichen Service. Vor dem Eingang können Sie einen Blick auf die Karte werfen, bei Tisch trägt der Wirt die Tagesgerichte dann mündlich vor. Das Angebot variiert je nach Verfügbarkeit. Unter den Antipasti finden Sie neben dem klassischen Vitello tonnato und Peperoni mit *Bagna caoda* auch Torte di verdure und Salumi dieser Gegend. Die Suppen – **Pasta e fagioli**, Zuppa di farro, Zuppa di orzo – sind fester Bestandteil des Angebots neben **Agnolotti**, Tagliolini und Gnocchi, serviert **mit Butter und Salbei** (10 €), Tomaten, Fleisch- oder Hirschragout. Unter den Secondi sind **Polenta**, in den Versionen concia oder **con cinghiale** (mit Wildschwein), und Selvaggina (Wild) stets vertreten. Beachtung verdient der erstklassige **Salmerino** (Saibling, 12,50 €), ein schmackhafter Flussfisch, der im Ofen gebraten wird. Zum Abschluss die Desserts des Hauses, darunter die exzellente **Torta al cioccolato e nocciole** (5 €), Panna cotta und *Bonet*. Glutenfreien Speisen ist eine eigens zusammengestellte Karte gewidmet.

Der Konditor Franco Ugetti in der Via Medail 80 ist ein echter Künstler: klassische Süßspeisen und neue Kreationen aus typischen Bergprodukten wie Genepì (Kräuterlikör).

BARONE CANAVESE (TO)

32 KM NÖ. VON TURIN, A 5 AUSF. SAN GIORGIO

Al Girasol

Restaurant
Via Roma, 8
Tel. (+39) 011 / 989 85 65,
(+39) 349 / 836 13 90
Ruhetag: Mittwoch
Ferien: 3 Wochen im Januar
35 Plätze + 35 Plätze im Freien
Preise: 30 €
Kreditkarten: CS, DC, MC, Visa; BM
Mittags und abends geöffnet

Seit mehr als fünf Jahren sind in diesem gut besuchten Lokal an der Hauptstraße der winzigen Ortschaft im Canavese Rinaldo für die Küche und Sara für den Service zuständig (unterstützt durch ein Team tatkräftiger junger Leute). Das Lokal ist in zwei Ebenen unterteilt, im Sommer kann man in einem hübschen, schattigen Hof speisen. Ein intelligentes Konzept ermöglicht die Wahl zwischen drei Menüs: Degustationsmenü für 35 € (eine Degustation von Antipasti, ein Primo, ein Secondo und ein Dolce), Menù Sfizioso für Gourmets (30 €), und das leichte Menù Leggero für 27 €. An Wochentagen gibt es ein Mittagsmenü für 15 €. Unter den Antipasti (9 €) sind **Tonno di coniglio** mit saisonalem Gemüse, die klassische Cipolla gratinata alla canavesana, Flan di spinaci mit Fonduta al parmigiano und gerösteten Haselnüssen und ein delikates Carpaccio di trota salmonata zu entdecken. In den Wintermonaten stehen ***Pess coj***, Wirsingblätter, gefüllt mit Hackfleisch, gekochter Salami und Gemüse, auf dem Programm. Die Primi (11 €) folgen mit **Agnolotti ai tre arrosti**, Gnocchi di patate und Tagliolini con ragù di agnello all'Erbaluce der Tradition. Zum Hauptgang (13 €) können Sie sich Carni cotte sulla pietra (auf dem Stein gebratenes Fleisch), darunter Tagliata di fassone, **Petto di faraona** (mit Frühlingszwiebeln aus Ivrea, süßsauer eingelegt, mit karamellisierten Birnen), und Filetto di maiale mit Apfelpüree schmecken lassen. Zum Abschluss ein gut bestückter Wagen mit Käse aus dieser Gegend. Die Palette an Desserts (5 €) umfasst Bavarese, Gianduia auf Amaretto-Creme, Zabaione al Marsala mit Torcetti, ***Bonet*** al caffè e nocciole auf Rumcreme, sowie Sorbets und Eis. Die Weinkarte listet eine gute Auswahl an Etiketten, vorwiegend aus dem Canavese, zu wirklich günstigen Preisen auf.

BELLINZAGO NOVARESE (NO)
Badia di Dulzago

14 KM NÖRDLICH VON NOVARA, S.S. 32

San Giulio

Osteria-Trattoria
Ortsteil Badia di Dulzago
Tel. (+39) 03 21 / 981 01
Ruhetag: Sonntagabend, Montag, Dienstag
Ferien: zeitweise im August, Weihnachten
80 Plätze
Preise: 27–32 €
Kreditkarten: CS, DC, MC, Visa; BM
Mittags und abends geöffnet

Diese ländliche Osteria in einem stimmungsvollen Hof im Ortsteil Badia di Dulzago punktet mit einer unverfälschten Küche traditioneller Prägung. Sie bietet ein kleines Repertoire an Gerichten, die von Andrea und Daniele im Saal serviert und von deren Frauen in der Küche meisterhaft zubereitet werden. Das Menù dell'oste für 30 € (35 € mit Weinen) besteht aus einem großzügigen Antipasto, zwei Primi, einem Secondo und dem Dreierlei an Dolci. Die Karte listet als Vorspeisen **Tomini sott'olio mit Acciughe al verde** (8 €), Sformato di asparagi mit Fonduta oder den üppigen Antipasto Badia (14 €) auf Basis typischer Salumi (Eselsalami, *Fidighin*, *Salam d'la doja* und Speck), Insalata di pollo, Cipolline in agrodolce, Torta al formaggio und Crema di caprino auf. Fortsetzung folgt mit der klassischen, schmackhaften **Paniscia**, ein Muss in einem Reisgebiet, den hausgemachten Agnolotti piemontesi und Gnocchi di patate mit Edelschimmelkäse von der Ziege und Safran (7 €). Die Hauptspeisen, jeweils mit Beilage serviert, umfassen Fleischgerichte wie Tagliata piemontese mit Zwiebelchutney, **Filetto di trota mit Butter und Salbei** und Basilikumpüree (14 €) oder, falls vorhanden, ein Stück San Lucio, ein spezieller, mindestens 18 Monate gereifter Käse, serviert mit Mostarda. Gute hausgemachte Desserts (5 €) zum Ausklang: Sfogliata di fragole mit warmer Zabaione, ***Bonet*** und Sorbetto al limone. Klein, aber fein erweist sich die Weinkarte, wobei der hauseigene Bonarda eine besondere Erwähnung verdient.

Reis und Mehl für Polenta bekommt man nahe der Osteria bei Barbero und in **Alzate** (9 km) im Molino Riseria Bovio (Via Mulino 11). In der Molkerei der Genossenschaft von **Cameri** (9 km) gibt es Gorgonzola und Toma blu.

BELVEDERE LANGHE (CN)

44 km nordöstlich von Cuneo

Trattoria del Peso

Osteria-Trattoria
Via Merlati, 36
Tel. (+39) 01 73 / 74 30 09
Ruhetag: Samstag
Ferien: zeitweise im Januar
45 Plätze
Preise: 30 € (Tagesmenü mit Hauswein)
Keine Kreditkarten; BM
Mittags geöffnet

Belvedere Langhe, eine kleine Gemeinde mit wenigen Hundert Einwohnern, liegt auf dem Gipfel eines Hügels, von wo der Blick über die Berge des Piemont streift. Wir befinden uns hier an der Grenze zwischen der Bassa und der Alta Langa, Heimat der großen Weine, der Haselnüsse und vorzüglichen Käsesorten, an der Straße von Dogliani zum Meer von Savona. Die Trattoria del Peso ist ein Bollwerk der traditionellen Ess- und Weinkultur der Langa. Die Trattoria, seit 1912 von der Familie Schellino geführt, ist mit der angeschlossenen Bar und dem Lebensmittelladen ein zentraler Treffpunkt für den gesamten Ort. Speisen kann man nur mittags, wobei an den Wochentagen ein schlichter Businesslunch für wenig Geld mit einem Primo, einem Secondo und Beilage geboten wird. Das sonntägliche Mittagsmahl wird rituell zelebriert: Mauro Schellino steht am Herd, sein Bruder Ezio präsentiert im Saal die Speisen, die aus der Tradition der Langa schöpfen, ergänzt durch einzelne Anregungen aus der Nachbarregion Ligurien. Das Menü wird zum feststehenden Preis von 30 € inklusive Getränke angeboten. Bei unserem letzten Besuch im Sommer gönnten wir uns sechs Antipasti: **Toma di Murazzano mit Haselnüssen** aus dem Piemont, **Merluzzo e patate** aus der Alta Langa, Paté di tonno mit Taggiasca-Oliven, Gambero del Peso, Carne cruda, Fiore di zucca mit Spargel und Salsiccia di vitella. Dann ging es weiter mit zwei Primi (**Ravioli**, ***Tajarin*** mit schwarzem Trüffel), einem Secondo (**Costina di agnello mit Grieß und Pflaumen**) und Kostproben von Formaggi und Desserts aus der Langa. Namhafte Weine aus dem Doglianese begleiteten die Köstlichkeiten.

In **Pamparato di Dogliani** (10 km) bietet der Betrieb Casa Matilda eingelegtes Obst und Gemüse an.

BERGOLO (CN)

78 km nö. von Cuneo, 37 km von Alba, S.S. 29

’L Bunet

Restaurant
Via Roma, 24
Tel. (+39) 01 73 / 870 13
Ruhetag: Dienstag, außer April–Dezember
Ferien: Januar
50 Plätze
Preise: 26–35 €
Kreditkarten: AE, CS, MC, Visa; BM
Mittags und abends geöffnet

Bergolo, ein winziger Ort, der sich an einen Hügelkamm der Alta Langa schmiegt, ist wegen seiner Steinhäuser, der kühlen Sommer und der dort herrschenden Stille bekannt. Das ’L Bunet wird seit zwei Generationen von der Familie Banchero geführt und ist Teil der Geschichte dieses Dorfes. Auch heute noch trägt es maßgeblich zu dessen gutem Ruf bei. Das Lokal ist nach der berühmten piemontesischen Süßspeise in Form eines Priesterhutes, dem *Bonet*, benannt. Emilio, unterstützt durch seine Frau und seine Mutter, widmet sich mit großem Engagement der sorgfältigen Auswahl der Zutaten. Das Repertoire an Speisen trägt den Stempel der Tradition und variiert gemäß dem Lauf der Jahreszeiten. Das Angebot umfasst sowohl ein Menü für Kinder (ein Primo, Kartoffeln und ein Dolce für 12 €) als auch ein Menü für Vegetarier und Personen mit Glutenunverträglichkeit. Beginnen Sie mit Antipasti, die sich über ein klares Geschmacksbild definieren: **Acciughe al verde**, Cipolla ripiena und Rotondino in salsa antica sind Gerichte, die Ihnen wegen ihrer typischen Schmackhaftigkeit in Erinnerung bleiben werden. Unter den Primi findet man **Agnolotti dal *plin*** mit Butter und Salbei (8 €), ***Macaron del fret*** mit Ragout und Mezzelune verdi mit Seirass del fen (ein Slow-Food-Presidio). Interessante Vorschläge unter den Secondi sind **Arrosto alle nocciole** (12 €), Arrotolato di coniglio mit Thymian und Bocconcini di vitello in Weißwein. Vorzüglich ist die Auswahl an **Formaggi**. Die Desserts sind die typischen Süßspeisen der Langa, darunter (selbstverständlich) ***Bonet*** und Panna cotta, es gibt aber auch neue Kreationen wie Sorbetto al Moscato und ein hervorragendes Gelato alle nocciole aus Ziegenmilch. Den Wein wählt man aus einer Palette von mehr als 200 Etiketten, einige davon werden auch glasweise kredenzt.

BORGOMANERO (NO)

32 km nordwestlich von Novara, S.S. 229

Trattoria dei Commercianti

Trattoria • Via Cornice, 35–37
Tel. (+39) 03 22 / 84 13 92,
(+39) 333 / 340 07 24
Ruhetag: Dienstag
Ferien: 3 Wochen im August
60 Plätze • Preise: 35 €
Kreditkarten: AE, CS, DC, MC, Visa; BM
Mittags und abends geöffnet

Diese Trattoria verkörpert eine perfekte Symbiose von Tradition und Innovation: moderne Lampen, die fast bis zur Tischplatte reichen, um die Speisen aus der Nähe zu beleuchten, ein Speisenangebot, das den Lauf der Jahreszeiten widerspiegelt und der lokalen Tradition entspringt, hie und da ergänzt durch andere Spezialitäten, auch auf Basis von Fisch. Die Gerichte, deren Herkunft aus dem Gebiet von Novara an den Namen zu erkennen ist, werden sorgfältig und exakt angerichtet serviert. Unter den Antipasti ziehen die exzellente Paté di faraona mit Insalatina di galletto (10 €), ***Bagna caoda*** mit frischem Gemüse, Carpaccio aus Pferdefleisch mit Rucola und eine Auswahl an Salumi (10 €) die Aufmerksamkeit auf sich. Als Primo sind ***Paniscia***, ein Klassiker dieser Gegend, oder die ebenfalls klassischen **Agnolotti di arrosto** mit Almbutter, Tagliolini mit Entenragout (12 €) oder Risotto al Nebbiolo mit Safranfäden zu empfehlen. Unter den Secondi nach hiesiger Tradition sind ***Tapulone*** (10 €) oder Quaglia disossata e farcita (ausgelöste, gefüllte Wachtel) zu entdecken. Erwähnung verdienen auch Coniglio arrotolato mit Taggiasca-Oliven und Ganassino di manzo brasato. Freunde von **Formaggi** können bei Toma aus dem Sesia-Tal, Gorgonzola, Caprini und Castelmagno schwelgen. Lassen Sie noch etwas Platz für die Dolci (5 €): Wirklich köstlich sind die Cremedesserts, darunter Sorbetto al mirtillo und ***Bonet***. Neben dem traditionellen Menü und jenem mit Fisch wird auch ein vegetarisches Menü angeboten. Sehr interessant ist die Weinkarte mit einer Auswahl an Produkten aus den Hügeln rund um Novara.

Il Tagliere (Via Rosmini) ist ein historisches Lokal, in dem Sie Pferde- und Eselfleisch, Salami und Bresaola bekommen.

BORGOSESIA (VC)
Agnona

51 km nordwestlich von Vercelli

Belvedere

Trattoria
Via Solferino, 31
Tel. (+39) 01 63 / 240 95
Ruhetag: Dienstag
Ferien: Februar/März
40 Plätze + 12 Plätze im Freien
Preise: 34–35 €
Kreditkarten: AE, CS, MC, Visa; BM
Mittags und abends geöffnet

Seit über zehn Jahren führen Marinella, Francesco und Simona diese Trattoria mit ebenso viel Charme wie Professionalität. Das Belvedere gilt unter Feinschmeckern als zuverlässige Adresse im Sesia-Tal. Der unermüdliche Einsatz bei der Suche nach erstklassigen Zutaten (immer der Jahreszeit entsprechend, darunter einige Slow-Food-Presidi) garantiert hervorragende Ergebnisse. Mittags werden zwei Menüs für die Arbeitspause (16 und 19 €) angeboten, abends kann man das Menü für 28 € wählen. Zum Einstieg erwarten Sie die Klassiker der piemontesischen Küche, nämlich eine gute Insalata russa, Vitello tonnato und im Sommer Lingua in salsa verde, neben Peperoni in *bagna caoda*, **Pesciolini di fiume und Zucchine in carpione**. Danach können Sie sich auf hausgemachte Pasta freuen – **Agnolotti** (10 €) und Tagliatelle mit verschiedenen Saucen, im Herbst Panzerotti mit Lauch, im Frühling Gnocchi di patate aus Bergkartoffeln mit Brennnesseln –, aber auch Risotti (in der Saison mit Fröschen) und **Pasta e fagioli**. Das Kapitel der Hauptspeisen umfasst Carni di vitello, verschiedene Stücke vom Kalb, unterschiedlich zubereitet – **Bollito misto**, Brasato, Tagliate –, Coniglio ripieno (14 €), **Trotelle al burro d'alpeggio** und im Herbst **Polenta**, zu der sich Pilze aus dem Tal gesellen, Guanciale di vitello oder Merluzzo (Baccalà, also Kabeljau). Eine vorrangige Rolle unter den Beilagen spielen in der entsprechenden Saison die Cardi gobbi, die gekrümmten Karden aus Nizza Monferrato, ein Slow-Food-Presidio. Vor den Nachspeisen (6 €), vorwiegend Cremedesserts, können Sie sich Käse, auch solchen aus anderen Regionen, schmecken lassen. Francesco kümmert sich um das beachtliche Weinsortiment, wobei man auch Halbliterflaschen bekommt und glasweise bestellen kann.

BOSCO MARENGO (AL)

13 KM SÜDÖSTL. V. ALESSANDRIA, 8 KM V. NOVI LIGURE

Locanda dell'Olmo

Restaurant
Piazza Mercato, 7
Tel. (+39) 01 31 / 29 91 86
Ruhetag: Montag, Dienstagabend
Ferien: Juli/August, Weihnachten/Dreikönig
30 Plätze + 12 Plätze im Freien
Preise: 30–35 €
Keine Kreditkarten
Mittags und abends geöffnet

Das Lokal der Familie Bondi hat seinen Sitz in einem Gebäude, in welchem die Großeltern einst einen Lebensmittelladen und eine Fahrradwerkstatt betrieben. Andrea und Giorgia empfangen die Gäste in einem gepflegten Ambiente. Die Küche spiegelt die Tradition dieses Landstrichs wider, durchzogen von Einflüssen aus Ligurien. Verarbeitet werden vorwiegend lokale Produkte der Saison, darunter einige Slow-Food-Presidi. Man speist à la carte oder wählt eines der beiden Degustationsmenüs (25 € für drei Gänge und 33 € für vier Gänge). Unter den Antipasti (8 €) locken Battuta di fassone mit Parmesan, Flan di melanzane mit Tomatensauce, Peperone alla fiamma und Salsa alle acciughe sotto sale. Unter den Primi rangieren Tagliolini al ragù dell'orto (8 €) mit Burrata-Creme, feine hausgemachte **Agnolotti mit Almbutter** (12 €) und lauwarme Minestrone mit Gemüse nach Art von Genua. Den Hauptgang können Sie im Sommer unter kleinen Milanesi di vitello in carpione, einer exzellenten Frittura di acciughe liguri (13 €), **Girello di fassone in salsa tonnata** und **Insalata di testina** (12 €) wählen. Im Winter wird das Repertoire durch Bravourstücke nach piemontesischer Tradition bereichert, darunter **Brasato**, **Bollito misto** und ***Bagna caoda***. In der Saison tauchen **Funghi** und **Tartufi** auf. Große, erlesene Auswahl an **Formaggi**. Lohnende Desserts: Coppa mit Amaretti di Gavi, Crostata mit Pfirsichkonfitüre und Mousse mit dreierlei Kakao. Neben den vorzüglichen Weinen des Hauses lässt die Karte eine Vorliebe für Etiketten aus dem Gebiet von Alessandria erkennen, nennt aber auch andere italienische Weine.

»
In diesem Grenzland zwischen Piemont und Ligurien findet man erstklassige Produkte, großes Geschick in der Küche und herzliche Gastlichkeit.
«

BOVES (CN)
Fontanelle

9 KM SÜDLICH VON CUNEO

Da Politano

Restaurant
Via Santuario, 125
Tel. (+39) 01 71 / 38 03 83
Ruhetag: Montagabend, Dienstag
Ferien: unterschiedlich
130 Plätze
Preise: 28–30 €
Kreditkarten: MC, Visa
Mittags und abends geöffnet

Dieses Hotelrestaurant, ein optimaler Ausgangspunkt für Spaziergänge in die Hügel und Ausflüge in die Meeralpen, blickt auf mehr als 50 Jahre Geschichte zurück. Es liegt einige Kilometer von Boves entfernt im Ortsteil Fontanelle, der für die große Wallfahrtskirche Regina Pacis bekannt ist. Am Herd steht Claudio Politano, der Sohn der ersten Betreiber, Rosina und Sebastiano, seine Frau Ivana empfängt die Gäste überaus höflich in dem mit Holz und Stein gestalteten Speisesaal (der zweite, wesentlich größere Saal ist für Bankette reserviert) und präsentiert mündlich die Speisenvorschläge. Die Küche basiert auf hochwertigen, saisontreuen Zutaten und einfachen Zubereitungsweisen. Unter den Antipasti (5 €) sind mit dem Messer gehackte Carne cruda, Rollatina di quaglia, **Coniglio con *ratatuia*** und Torte di verdure mit saisonalem Gemüse zu entdecken. Dann folgen vorzügliche **Ravioli mit Butter und Salbei**, Tagliatelle mit Zucchiniblüten und Pfifferlingen sowie Cannelloni di melanzane mit Ricotta und Tomaten (8 €). Für den Hauptgang hält die Küche **Coscia d'anatra** oder Coscia di coniglio **arrosto**, Guanciale di vitello in umido und **Stinco di vitello** (12 €) bereit. In der Saison gibt es **Funghi**. Im November und Dezember ist ein spezielles Menü den Lumache (Schnecken) gewidmet, einem typischen Produkt der nahe gelegenen Täler von Borgo San Dalmazzo (hier wird jedes Jahr am 5. Dezember die berühmte Fiera Fredda gefeiert, die im Zeichen der Schneckenzucht und der kulinarischen Verarbeitung der *Helix pomatia alpina* steht). Den Abschluss bilden eine spezielle Zabaione mit Mandeln oder mit Crème cassonade (5 €), Crostata mit Pflaumenkonfitüre, Strudel di castagne, Cremino al gianduia oder Eis. Die in einem schönen offenen Keller zur Schau gestellten Weine stammen aus dem Piemont und anderen Regionen Italiens.

45 KM NÖ. V. CUNEO, 48 KM S. V. TURIN, S.S. 231

Battaglino

Restaurant
Piazza Roma, 18
Tel. (+39) 01 72 / 41 25 09
Ruhetag: Sonntagabend, Montag
Ferien: je 2 Wochen im Januar und im August
60 Plätze + 30 Plätze im Freien
Preise: 25–35 €
Kreditkarten: CS, MC, Visa; BM
Mittags und abends geöffnet

Dieses seit 1919 bestehende Restaurant ist eine wahre Institution in Bra. Wir befinden uns hier in der Nähe des Bahnhofs in einem hübschen Ambiente, wo man, begleitet von einem Lächeln von Alessia Battaglino, die piemontesische Küche in ihrer authentischsten Form erleben kann. Die Räume sind hell, Fotografien an den Wänden erzählen aus der Familiengeschichte. Durch die großen Glasfenster blickt man in den reizenden Innenhof, wo eine kühle Glyzinienlaube zum Verweilen einlädt. Als Willkommensgruß wird ein Appetithäppchen angeboten, zum Beispiel eine frittierte Zucchiniblüte aus dem Garten von Carlo Fanti, Alessias Geschäftspartner. In dem von Tradition geprägten Speisenrepertoire sind schon bei den Antipasti die großen Klassiker vertreten: Salsiccia di Bra mit Battuta di fassona (8 €), **Vitello tonnato**, lauwarmer Insalata di gallina mit Castelmagno und Balsamico und **Lingua in rosso**. Die Primi mit vorzüglicher hausgemachter Pasta werden in Schüsseln aufgetragen und erst bei Tisch angerichtet: ***Tajarin* al sugo di salsiccia** (12 €), Gnocchi al castelmagno, ***Plin* mit Butter und Salbei** oder mit Bratensauce. Unter den Hauptspeisen dürfen in den kühlen Monaten **Bollito misto** (13 €), **Finanziera** und **Trippa ai porri** nicht fehlen. Im Sommer sollten Sie sich **Rolatine di coniglio mit Oliven und Pinienkernen** und Stinco di vitello al forno schmecken lassen. Zum Abschluss die typischen Desserts des Hauses (5 €) wie ***Bonet***, Panna cotta oder Feingebäck (*Brut e bon*). Die Weinkarte enthält Etiketten aus dem Piemont und die Klassiker der Langa. Einmal im Monat wird an einem Wochentag ein veganes Abendessen organisiert.

„Authentizität, Qualität der Zutaten und Freundlichkeit machen dieses Restaurant zu einer sicheren Empfehlung."

BRA (CN)

45 KM NÖ. V. CUNEO, 48 KM S. V. TURIN, S.S. 231

Boccondivino

Moderne Osteria
Via della Mendicità Istruita, 14
Tel. (+39) 01 72 / 42 56 74
Ruhetag: Sonntag (außer im Herbst), Montag
Keine Ferien
60 Plätze + 30 Plätze im Freien
Preise: 30–34 €
Kreditkarten: AE, CS, DC, MC, Visa; BM
Mittags und abends geöffnet

Das Boccondivino liegt in einem wunderschönen Innenhof in der mittlerweile berühmten Via della Mendicità Istruita. Die Osteria belegt mehrere Gasträume im ersten Stock, in der warmen Saison steht ein Garten zur Verfügung, in dem sich zwei enorme Glyzinien an den Balkonen emporranken. Gleich beim Betreten des Lokals wird die enge Verbindung zwischen dieser Osteria und der Slow-Food-Bewegung deutlich, die genau an diesem Ort entstanden ist: An den Wänden im Eingangsbereich erzählen Wandtafeln von großen und kleinen Ereignissen aus der Geschichte von Terra Madre. Man bekommt zwei Degustationsmenüs für 30 und 35 €. Die Karte bietet unter den Antipasti (9 €) eine exzellente Spalla cruda und Salsiccia di Bra, in der Saison **Asparagi in salsa di basilico** und das ganze Jahr über Vitello tonnato und Tonno di gallina mit Aceto balsamico. Die Primi sind das Bravourstück dieses Lokals, insbesondere ***Tajarin* 40 tuorli** (9 €) und Gnocchetti di patate mit Spargel und Bra duro (9 €). Es gibt interessante Secondi wie **Cervella di vitello fritta con zucchine** (Kalbshirn, 13 €), Coniglio grigio aus Carmangola, Stracotto oder Faraona. Beschließen Sie die Mahlzeit mit einer Auswahl an **Formaggi**, vorwiegend aus dem Piemont, aber auch aus Gebieten jenseits der Alpen. Unter den Desserts locken **Soffice al torrone mit Schokoladesauce** (5,50 €) oder die legendäre Panna cotta nach einem einzigartigen Rezept. Die umfangreiche Weinkarte hat ihren Schwerpunkt bei lokalen Etiketten und die Auswahl an glasweise ausgeschenkten Weinen garantiert das Optimum an Vielfalt und Kombinationsmöglichkeiten.

„Die Osteria zeigt einen typischen Charakter. Die Stärken liegen in einer sorgfältigen Auswahl der Zutaten und im freundlichen Empfang der Gäste."

BRIAGLIA (CN)

34 KM ÖSTLICH VON CUNEO, 7 KM VON MONDOVÌ

Marsupino

Restaurant
Via Roma, 20
Tel. (+39) 01 74 / 56 38 88
Ruhetag: Mittwoch, Donnerstagmittag
Ferien: je 10 Tage im Juni/Juli und September, Januar
80 Plätze
Preise: 35–40 €
Kreditkarten: CS, MC, Visa; BM
Mittags und abends geöffnet

Der stimmungsvolle Weg zu diesem Lokal führt vorbei an Weingärten, Wäldern und Flüssen. Seit mehr als einem Jahrhundert stellt das Marsupino einen Glanzpunkt in der gastronomischen Szene des Monregalese dar: Das Lokal, einst eine einfache Osteria für Reisende zwischen dem Piemont und Ligurien, präsentiert sich heute mit mehr Raffinesse und Eleganz, hat aber seine ursprüngliche Bodenständigkeit und Gastlichkeit nicht verloren. Die Familie, die das Lokal führt, achtet seit jeher auf die Qualität der Zutaten und Kochtechniken und beweist Liebe zum Detail: Brot und Focaccia sind hausgemacht, frische Blumen schmücken die hübschen Gasträume mit Ziegelgewölben. Die Küche schlägt ein Degustationsmenü für 38 € vor oder man speist à la carte. Zu Beginn erwarten Sie Prosciutto cotto al forno (eine historische Spezialität dieser Gegend), Carne cruda *ciapulà*, Carpaccio di fassone mit Eiersauce (11 €), Insalata russa, Vitello tonnato und **Insalata di trippa**. Unter den Primi findet man **Gnocchi di patate mit Castelmagno**, Agnolotti dal *plin* oder ***Tajarin*** 40 tuorli, serviert mit Salsiccia aus Bra, Kaninchenragout oder anderen Saucen sowie Ravioli di ortiche mit Almbutter und Salbei. Für den Hauptgang werden **Trippa**, Manzo all'Arneis, **Stinco al Barolo** (11 €), Agnello al forno und Baccalà angeboten. Exzellente Auswahl an **Formaggi**, dann die Dolci: Semifreddo al torrone mit Zabaione al Marsala, ***Bonet***, Panna cotta, Pesche ripiene, Sorbets und hausgemachtes Eis (9 €). Eine überraschende Weinkarte, die einer Vinothek alle Ehre machen würde, mit einer großen Auswahl an guten Weinen, auch mit glasweisem Ausschank.

»*Tradition, Qualität der Zutaten und der Küche, Liebe zum Detail: ein Ort, an den man immer wieder gern zurückkehrt.*«

BRONDELLO (CN)

41 KM NW. V. CUNEO, 10 KM V. SALUZZO, S.P. 47

La Torre

Restaurant
Via Villa, 35
Tel. (+39) 01 75 / 761 98,
(+39) 347 / 004 86 80
Ruhetag: Montagabend, Dienstag
Ferien: unterschiedlich
70 Plätze + 30 Plätze im Freien
Preise: 23–30 €
Kreditkarten: CS, MC, Visa; BM
Mittags und abends geöffnet

Allein die Nennung des La Torre in Brondello lässt jeden, der das Lokal schon besucht hat, an eines der interessantesten Käsesortiments des Gebiets von Cuneo und an die Familie Maero denken, die in der Winzerszene von Saluzzo sehr aktiv ist. Ivano, der freundlich und kompetent den Service leitet, ist ein profunder Kenner der besten Käseproduktionen des Piemont und anderer Regionen. Er ist aber auch das Gesicht und die Seele dieses Lokals, dessen Küche dank der exzellenten Arbeit seiner Lebensgefährtin Silvia Michelis immer mehr Zuspruch erfährt. In den Gerichten spiegeln sich die lokale Tradition und das Bemühen um Leichtigkeit bei Form und Substanz wider. Die **Formaggi** werden nicht nur auf einem schönen Käsewagen präsentiert, sondern finden sich auch in vielen Gerichten. Bei den Antipasti gilt das für Tartelletta di pasta brisée, gefüllt mit Toma-Creme, Birnensirup mit Vanille und Filata di vincotto (7 €), aber auch **Girandoline di erbette mit Mousse von Toumin dal Mel**. Unter den Primi sind ***Cojëtte* di Brondello mit Almkäse** (6 €) oder Agnolotti cotti nel fieno, serviert mit Zwergthymianbutter (8 €), zu nennen. Interessant sind auch die Secondi: Tagliata vom piemontesischen Fassona-Rind, **Trancio di stinco di maiale in Wildkräuterpanade** (10 €) und der klassische **Tonno di coniglio**. Das Angebot umfasst auch einige Fischgerichte, insbesondere Süßwasserfisch. Die Weinkarte widmet den piemontesischen Etiketten und den von Emidio Maero produzierten Weinen große Aufmerksamkeit. Tagesmenü für 23 €.

Der Betrieb Alida Borghino in **Castellar** (4 km) verkauft Ramassin (eine Pflaumensorte), alte Apfelsorten, Pignolet-Mais und andere Bio-Produkte. Vor einem Besuch Anruf erbeten: (+39) 01 75 / 762 14.

CALAMANDRANA (AT)
San Vito

25 KM SÜDÖSTLICH VON ASTI

Bianca Lancia dal Baròn

Restaurant • Regione San Vito, 14
Tel. (+39) 01 41 / 71 84 00,
(+39) 334 / 587 15 01
Ruhetag: Dienstag • Ferien: 7.–17. Januar
60 Plätze + 40 Plätze im Freien
Preise: 30–35 €
Kreditkarten: CS, DC, MC, Visa; BM
Mittags und abends geöffnet

Beppe Gallese ist seit nunmehr fast 30 Jahren, sogar bei großem Ansturm an Sonntagen, an vorderster Front dabei – zuerst in einem Lokal in Canelli und seit elf Jahren am heutigen Standort –, und lässt es sich dennoch nicht nehmen, aus der Küche zu den Gästen an den Tischen zu kommen und sich nach deren Zufriedenheit zu erkundigen. Das kleine Hotelrestaurant (sieben Zimmer) ist Bianca von Agliano, der letzten Gattin des Kaisers Friedrich II. von Hohenstaufen, gewidmet, während Baròn der Spitzname des temperamentvollen Wirtes ist. Die Speisenauswahl wird mündlich vorgetragen. Nach einem Appetithäppchen mit einem Glas Alta Langa finden Sie hier das Beste aus der lokalen Küche. Als Antipasto (7 €) bekommen Sie mit dem Messer gehackte Carne cruda, **Peperoni cotti al forno mit *Bagnèt***, **Vitello tonnato**, Pera al gorgonzola oder Insalatina di petto di faraona mit Senfsauce. Unter den Primi locken **Agnolotti dal *plin*** (8 €) mit Butter und Salbei, mit Bratensauce, mit dem vorzüglichen Ragù del Baròn oder in einer fleischlosen Variante mit Zucchini und Raschera. Der wirklich köstlichen **Pasta e fagioli** kann man kaum widerstehen. Dann folgen **Coniglio al forno mit Kräutern der Provence** (eine Spezialität des Hauses), Stinco di maiale mit Nebbiolo (10 €), Pollo alla cacciatora oder vorzügliche Trippa. In der Saison dürfen Steinpilze und weiße Trüffel nicht fehlen. Beschließen Sie Ihre Mahlzeit mit *Bonet*, Panna cotta oder dem klassischen **Mattone**. Die Weine wählt man aus dem Regal, in dem die besten Barbera-Etiketten dieser Gegend stehen.

»*Die Qualität der Speisen, Beppes Umtriebigkeit und die große Aufmerksamkeit, die jedem einzelnen Gast geschenkt wird, machen den Besuch im Baròn zu einem sicheren Vergnügen.*«

CALAMANDRANA (AT)
Valle San Giovanni

25 KM SÜDÖSTLICH VON ASTI

Violetta

Restaurant
Via Valle San Giovanni, 1
Tel. (+39) 01 41 / 76 90 11
Ruhetag: Dienstagabend, Mittwoch, Sonntagabend
Ferien: Januar
60 Plätze + 20 Plätze im Freien
Preise: 30–35 €
Kreditkarten: CS, MC, Visa; BM
Mittags und abends geöffnet

Sorgfalt und Aufmerksamkeit, diese beiden Begriffe kommen einem in den Sinn, wenn man in einem der Gastzimmer mit Retro-Charme oder in dem kleinen, hübschen Garten dieser Osteria, die seit mehr als 50 Jahren von der Familie Lovisolo geführt wird, sein Mittag- oder Abendessen genießt. Carlo, dessen Freundlichkeit den Stempel der alten Schule trägt, kümmert sich gemeinsam mit seiner Frau Silvana um den Service. Carlos Mutter, die unverwüstliche Maria, hält in der Küche die Zügel fest in der Hand und bietet solide, konkrete, schmackhafte und schön präsentierte Gerichte. Beginnen können Sie mit Aspic di verdure (8 €), mit dem Messer gehackter Battuta, Vitello tonnato, **Peperone farcito di tonno** (Paprika mit Thunfisch gefüllt) oder Sformato di zucchine mit Tomatensauce. Da die Wahl jedenfalls schwerfällt, ist es empfehlenswert, gleich einen gemischten Teller zu bestellen. Übertreiben Sie aber nicht, es erwarten Sie auch noch Ravioli oder ***Plin* al sugo di carne** (mit Fleischsauce) oder mit Butter und Salbei, ***Tajarin*** mit Pilzen (wenn es die Saison erlaubt) oder **al sugo di salsiccia** (mit Wurstsauce, 9 €) und dann eine delikate **Finanziera** (17 €), Costolette di agnello ai ferri, **Brasato al Barbera**, **Faraona ripiena** und **Rollata di coniglio**. Für einen Abschluss nach savoyardischer Art sind ***Bonet***, Panna cotta, Pesche sciroppate, Semifreddo al torrone oder ein ganz spezieller Budino alle spezie, serviert mit Ingwereis, zu empfehlen. Die Weinkarte bietet einen Streifzug durch die besten Weinkeller des Piemont, sie listet aber auch andere Etiketten aus ganz Italien auf.

»*Freundlichkeit, eine direkte und gepflegte Küche in einem Lokal, das einen Besuch immer wieder lohnt.*«

CALLIANO (AT)
San Desiderio

15 KM NÖRDLICH VON ASTI

Santisé

Restaurant
Strada Castelletto, 2
Tel. (+39) 01 41 / 92 87 47,
(+39) 347 / 976 32 47
Ruhetag: Montag, im Winter auch Dienstag
Ferien: zeitweise im Januar
80 Plätze + 40 Plätze im Freien
Preise: 35–40 €
Kreditkarten: AE, CS, MC, Visa; BM
Mittags und abends geöffnet

Das Santisé (so heißt der Ortsteil San Desiderio, der Standort dieses Lokals, im hiesigen Dialekt) hat seinen Sitz in einer hübschen restaurierten Villa mit gepflegtem Garten, wo man im Sommer im Freien speisen kann. Seit vielen Jahren werden die Gäste in den drei eleganten, mit alten Möbeln eingerichteten Räumen bedient. Die Leitung liegt in den Händen von Marco Scanavino, der im Service tätig ist, und Gemma Tonin, deren Reich die Küche ist. Die erstklassigen Zutaten stammen teilweise aus dem eigenen Gemüsegarten oder von Landwirten und kleinen Betrieben aus der Umgebung. Bei den Speisen dominiert die Tradition neben gelungenen moderaten Überarbeitungen. Unter den Antipasti entdeckt man mit dem Messer gehackte Carne cruda (10 €), **Vitello tonnato**, **Terrina di coniglio** oder Terrina di petto d'anatra und im Sommer Millefoglie di melanzane mit Auberginen und Seebarsch. Dann folgen ***Rabaton*** nach Art von Alessandria, **Agnolotti gobbi ai tre arrosti** (12 €), *Tajarin* al ragù sowie Gnocchi al pomodoro, in der Saison auch mit Pilzen und in der Version **di ceci e porcini** (mit Kichererbsen und Steinpilzen, 12 €). Der Hauptgang bietet neben den Klassikern wie Fritto misto und **Finanziera** auch Faraona „del re galantuomo" (benannt nach Viktor Emanuel, dem ersten König von Italien), **Guancia di asino al forno** und **Baccalà in pastella mit süßsauer eingelegten Möhren** (16 €). Mit einem Sortiment an Käse aus dem Piemont können Sie Ihre Mahlzeit beenden oder zu den Dolci überleiten: ***Bonet***, Millefoglie alla crema, **Coppa sabauda mit Zabaione** (8 €), Mousse al cioccolato, *Caritìn*, die in Moscato getaucht werden, oder die sommerliche Torta morbida mit Pfirsichen und Amaretti. Im Keller lagert ein schönes Sortiment an Weinen aus dem Monferrat, aber auch andere gute Tropfen aus dem In- und Ausland.

CALOSSO (AT)

23 KM SÜDLICH VON ASTI

La Crota 'd Calos

Traditionelle Osteria
Via Cairoli, 7
Tel. (+39) 01 41 / 85 32 32
Ruhetag: Mittwoch, März–November Dienstag
Ferien: 7. Januar–10. Februar, erste Septemberwoche
80 Plätze + 60 Plätze im Freien
Preise: 24–27 €
Kreditkarten: AE, CS, DC, MC, Visa; BM
Mittags und abends geöffnet

Diese Osteria hat ihren Sitz in einem alten Palazzo, in dem auch die Vinothek der Gemeinde mit Weinen aus Colosso untergebracht ist, und ihr Garten bietet einen atemberaubenden Ausblick auf das Tal. Die Ortschaft liegt auf einem der Hügel, die als Spitzenanbaugebiet des Moscato d'Asti bekannt sind. Das Lokal verfügt über zwei große Räume, von denen aus man die eindrucksvollen, aus dem Tuffgestein gehauenen Keller (*Crotin*) bewundern kann. Im Saal werden die Gäste von Sebastiano empfangen, der charmant und höflich die Tagesgerichte präsentiert, während Patrizia in der Küche die Zutaten verarbeitet, die sie auf dem Markt oder bei kleinen Betrieben aus der Umgebung kauft. Die Gerichte sind einfach und charakteristisch für die Küche des Monferrat: Sie haben die Wahl zwischen den Speisen aus der Karte oder dem Degustationsmenü. Unter den Antipasti (5,50 €) finden Sie Lardo mit Kräutern, **Lingua in salsa**, mit grüner oder roter Sauce, Battuta di fassone und Peperone mit Sardellencreme. ***Tajarin* al ragù** oder mit Steinpilzen, Agnolotti dal *plin* verdi, gefüllt mit Fonduta, oder Risotto al Barbera (7,50 €) sind einige Vorschläge aus dem Kapitel der Primi. Den Hauptgang wählen Sie unter folgenden Gerichten: **Trippa e fagioli,** Rolata di cappone, Uova affogate in *bagna 'd bulè* und Coniglio ai peperoni. Erwähnung verdient auch die schöne Auswahl an Formaggi (7,50 €). Die Palette an Desserts umfasst Timballo di pere mit Schokoladesauce, Panna cruda mit Waldbeeren, Tiramisù espresso, Semifreddo al torrone mit Schokolade (5,50 €) und *Bonet*. Brot und Grissini sind hausgemacht, das Gedeck wird nicht verrechnet. Die Auswahl an Weinen ist groß, beschränkt sich jedoch auf die Winzer aus Calosso.

CANTALUPO LIGURE (AL)
Pessinate

55 KM SÖ. V. ALESSANDRIA, 45 KM V. TORTONA, S.P. 35 BIS U. 140

Belvedere 1919

Restaurant
Ortsteil Pessinate, 53
Tel. (+39) 01 43 / 931 38
Ruhetag: Montag
Ferien: Januar
45 Plätze
Preise: 32–40 €
Kreditkarten: CS, DC, MC, Visa; BM
Mittags und abends geöffnet

Das Restaurant Belvedere in Pessinate, einer reizenden Ortschaft im Borbera-Tal, wurde 1919 unter dem Namen Osteria Italia eröffnet und befindet sich seit jeher im Besitz der Familie Rebollini. Das als Treffpunkt im Ort gegründete und 1958 umbenannte Lokal ist heute von schlichter Eleganz und bietet Gerichte, die trotz innovativem Einschlag die enge Verbindung mit der hiesigen Tradition bewahren. Die geografische Lage verleiht der Küche ihren Grenzlandcharakter mit Einflüssen aus der Lombardei, dem Piemont, Ligurien und Piacenza. Bei der Wahl der Zutaten werden Produkte dieses Landstrichs bevorzugt: Salumi – einige aus eigener Produktion –, Montebore-Käse, Fagiolane (dicke Bohnen), Carla-Äpfel, Ciliegia bella (eine Kirschsorte) aus Garbagna und vieles mehr. Die Küche wird von Fabrizio und Serena, den Urenkeln des Gründers Gianen, betreut, der Service im Saal liegt in der Verantwortung von Mama Marisa. Unter den Antipasti finden Sie neben dem gemischten Teller mit Salumi (10 €) einen hervorragenden **Cappon magro**, Terrina di formaggio fuso mit Schmelzkäse und Ei sowie **Carré di maialino mit Senfkörnern**. Als Primo empfehlen wir **Agnolotti con fondo di manzo** (mit Rinderfonds,12 €), dann **Tortelli di magro mit Nusspesto** und Gnocchi di patate mit Stockfisch, Taggiasca-Oliven und Pinienkernen. Für den Hauptgang sind **Baccalà mit Zwiebeln und Kapernpesto** (16 €), Grigliata di pesce e verdure (gegrillter Fisch und Gemüse) und das Sortiment an Formaggi mit hausgemachtem eingelegtem Gemüse zu empfehlen. Unter den Dolci (7 €) finden Sie Eis und Torta sbrisolona mit Waldbeeren, Latte dolce alla ligure mit Pfirsich-Coulis und Semifreddo alle nocciole mit Schokolade-Fonduta. Die Weinkarte beweist Gebietstreue: Zu empfehlen ist der gute Timorasso des Hauses, es gibt aber auch andere Etiketten, insbesondere aus Norditalien.

CAPRIATA D'ORBA (AL)

23 KM SÜDL. V. ALESSANDRIA, 10 KM V. NOVI LIGURE

Il Moro

Restaurant-Enoteca • Piazza Garibaldi, 6
Tel. (+39) 01 43 / 461 57
Ruhetag: Sonntagabend (außer April–September), Montag
Ferien: 1 Woche unbestimmt, 10 Tage im Dezember/Januar
30 Plätze + 15 Plätze im Freien
Preise: 35 €
Kreditkarten: CS, MC, Visa; BM
Mittags und abends geöffnet

Von der Provinzstraße Novi-Ovada führt der Weg hinauf nach Capriata d'Orba, wo Sie auf dem Kirchenplatz in einem Palazzo aus dem 17. Jahrhundert von Simona und Claudio im alten Restaurant Il Moro empfangen werden. Der aus Gavi stammende Claudio leitet den Service in den hübschen Speisesälen und im Hof und betreut den enormen Weinkeller. Simona setzt auf eine Küche nach piemontesischer Tradition mit ligurischen Einflüssen, aus vorwiegend lokalen Zutaten. Von Dienstag bis Freitag wird ein Mittagsmenü für 20 € (zwei Gerichte, ein Glas Wein, Wasser und Kaffee) angeboten. Als Antipasto stehen Carne cruda, mit dem Messer gehackt, Salumi und je nach Saison Torta pasqualina (9 €), Rotolo di trevigiana mit Fonduta oder ein Potpourri (13 €) zur Wahl. Unter den Primi bestechen **Agnolotti**, in den Versionen „a culo nudo" (ohne Sauce), al burro und **al tocco** (13 €), **Corzetti** mit Wurst und Pilzen, **Tagliolini 30 tuorli**, Ravioli di zucca mit Fonduta, Lasagnette mit dicken Bohnen und Zuppa di ceci mit Kichererbsen aus Merella. Die Secondi umfassen Tagliata di fassone, **Stinco di vitello mit Rosmarin**, Costolette d'agnello vom Grill, Stoccafisso mit Kartoffeln und Taggiasca-Oliven (13 €), Insalata di carciofi, Cima alla genovese oder eine schöne Auswahl an **Formaggi** mit Simonas Traubenmostarda. Im Winter bekommen Sie Bollito misto und Cappone ripieno. Unser Tipp zum Abschluss: ***Bonet*** mit Zabaione al Moscato (7 €). Die gewaltige Weinkarte schöpft aus der lokalen Produktion, ergänzt durch andere Weine aus Italien, mit Verkauf in der angeschlossenen Vinothek.

»*Gebietstreue und Tradition, fachliches Können und Enthusiasmus spiegeln sich im Geschmack der von Claudio und Simona angebotenen Gerichte wider.*«

CARAGLIO (CN)
Paschera San Defendente

14 KM NORDWESTLICH VON CUNEO

Paschera dal 1894

Osteria-Trattoria
Ortsteil Paschera San Defendente, 62
Tel. (+39) 01 71 / 81 72 86,
(+39) 335 / 809 90 56
Ruhetag: Montag
Ferien: unterschiedlich
40 Plätze • Preise: 30–35 €
Kreditkarten: MC, Visa; BM
Mittags und abends gegen Vorbestellung geöffnet

Wer in die gemütliche Atmosphäre einer Osteria mitten in den Feldern eintauchen möchte, dem empfehlen wir einen Besuch im Dorf Caraglio im Lokal der Familie Rovera. Der unbestrittene Star unter den Zutaten ist hier die *Culumbot*, die Zuchttaube, die einst sehr populär war und heute nur mehr selten zu bekommen ist. Über diese Spezialität definiert sich das rustikale Lokal mit langer Geschichte: Es wurde 1894 gegründet, wie schon der Name und einige alte Fotografien an den Wänden verraten. In der Küche steht Manuela Rovera, im Saal präsentiert ihr Mann Carlo Rocca das feststehende Menü mit saisonalen Gerichten. Als Antipasto bekommt man Peperone ripieno mit Eiern, Sardellen und roter Sauce, Tonno di coniglio, **Trota in carpione** und Caponata di melanzane nach einem Rezept, das die Wirtsleute von einer Reise nach Sizilien mitgebracht haben. Unter den Primi finden Sie die klassischen ***Tajarin*** in zwei Versionen, **con ragù di *culumbot*** (mit Taubenragout) oder mit Tomaten- und Sardellensauce. Der Hauptgang nennt Coniglio alla ligure oder das schon erwähnte Bravourstück, ***Culumbot* al forno** (bei der Tischreservierung vorzubestellen) mit Kartoffeln. Die Nachspeisen wechseln laufend, ihr verbindendes Element sind die hausgemachten Konfitüren: Wir probierten **Toma mit Himbeerkonfitüre** und Kompott von *Ramassin* (Pflaumen). Die Auswahl an Weinen ist beschränkt, aber interessant und bietet einen Streifzug durch die typische Produktion des Piemont. Die klassischen Gläser nach Art der alten Osterien versetzen den Gast in alte Zeiten.

Die Cascina Rosa im Ortsteil **Bottonasco** 28 (4 km) produziert und verkauft eingelegtes Obst und Gemüse, Saucen, Säfte, Fruchtsirup, getrocknete Früchte und Honig, alles aus Bio-Anbau.

CAREMA (TO)

64 KM N. V. TURIN, 17 KM V. IVREA, A 5 U. S.S. 26

Ramo Verde

Ferienbauernhof
Via Torino, 42
Tel. (+39) 01 25 / 81 13 27
Ruhetag: Montag, Dienstag, Samstagmittag, Sonntagabend
Ferien: 1 Woche im September, 2 Wochen im Juli
35 Plätze
Preise: 33–38 €
Kreditkarten: CS, DC, MC, Visa; BM
Mittags und abends geöffnet

Die Atmosphäre im Ramo Verde wird von Einflüssen aus dem Gebiet des Canavese und des Aosta-Tals (hier La Vallée genannt) geprägt. Das ist nicht verwunderlich, da Carema die letzte Gemeinde des Piemont vor dem angrenzenden Tal ist. Seit einiger Zeit führt Fabrizio Vairetto gemeinsam mit seiner Frau Graziella diese Trattoria, die, wie auf dem Schild zu lesen ist, auf das Jahr 1925 zurückgeht. Sobald Sie im weitläufigen Speisesaal links neben dem Eingang oder auch in dem intimeren Raum auf der rechten Seite Platz genommen haben, werden mündlich die Tagesgerichte vorgetragen. Wenn Sie das komplette Menü wählen (vier Antipasti, Primo, Secondo und Dessert), werden Sie 38 € ausgeben, bei Verzicht auf das eine oder andere Gericht entsprechend weniger. Sehr appetitlich ist der Misto di antipasti (15 €), der je nach Saison Sformatino alle erbe mit Parmesansauce, **Tortino ai fiori di zucca mit Misticanza**, Carne cruda, mit dem Messer gehackt, lauwarmen Insalata di carciofi mit Artischocken und Pistazien, Asparagi mit salziger Zabaione, **Flan di topinambur und *Bagna caoda*** umfasst. Dann folgen Tagliolini di grano saraceno mit Kürbisblüten (8 €), Ravioli di borragine oder die typische **Zuppa canavesana di ajucche** im Frühjahr. Der Hauptgang bietet Capretto al forno, Coniglio grigio aus Carmagnola mit Nüssen oder **Guancia di vitello al vino rosso** (15 €). Im Winter sollten Sie sich Trippa (Kutteln) nicht entgehen lassen. Zum süßen Ausklang erwarten Sie **Torta di mele allo zabaione** (4 €), Sfera di cioccolato fondente mit Gianduia oder Crème brulée, auch mit Lakritze. Es gibt eine gute Auswahl an Weinen aus dem Piemont und anderen Regionen Italiens, aber wir empfehlen natürlich Nebbiolo di Carema Riserva, einen Slow-Food-Presidio, oder den einfacheren, sehr süffigen offenen Rotwein aus dem Canavese.

31 km nö. von Cuneo, S.P. 12 od. Ausf. A 6, A 33

Osteria del Borgo

Moderne Osteria
Via Garibaldi, 19
Tel. (+39) 01 73 / 75 91 84
Ruhetag: Dienstagabend, Mittwoch
Ferien: 4 Wochen im Juni/Juli
60 Plätze
Preise: 30–35 €
Kreditkarten: CS, MC, Visa; BM
Mittags und abends geöffnet

Das Wahrzeichen von Carrù ist das Mastochsendenkmal. Es ist daher schwer vorstellbar, die Osteria del Borgo zu besuchen und dort nicht den auf einem Wagen servierten **Bollito misto** (18 €) zu probieren: Allein für den Anblick lohnt sich die Fahrt. Für gewöhnlich bestellt man dieses Gericht in den kühlen Monaten, hier jedoch steht es das ganze Jahr über auf der Karte. Die Saucen für den Bollito halten sich an die Tradition, lassen aber auch Raum für Kreativität: Bagnetti (rote und grüne Saucen), Tomatensauce, Mostarda, Meerrettich, *Cognà*, Honig- und Senfsauce. Wählen Sie Ihre Speisen aus der Karte oder vertrauen Sie dem Degustationsmenü für 37 €. Exzellent sind Carne cruda all'albese, im Sommer **Fiori di zucca** (7 €), **gefüllt** und zart gebacken, und eine einmalige **Carpionata**. Das Angebot an Antipasti umfasst, wenn es die Jahreszeit zulässt, auch einen **kleinen Fritto misto alla piemontese** (10 €), Trippa in umido und Finanziera. Die hausgemachte Pasta bekommt man in Form von ***Tajarin*** und **Ravioli** mit Ragout oder mit Butter und Rosmarin, dazu gesellen sich Gnocchi mit Käsesauce. Als Secondi stehen **Tagliata di bue**, Coniglio in umido und **Arrosto, im Holzofen gebraten,** sowie ein interessanter Käsewagen (6 € der Teller mit drei Kostproben, 10 € für das komplette Sortiment) zur Wahl. Zum Abschluss einer unvergesslichen Mahlzeit gibt es die traditionellen Desserts dieser Gegend: **Panna cotta**, ***Bonet*** und Crostate. Die gepflegte Weinkarte nennt Hunderte Weine nicht nur aus dieser Gegend, die zu korrekten Preisen angeboten werden.

Fabio und Anna (Via Roma 48) bieten Süßspeisen aus erstklassigen Zutaten, darunter Haselnüsse der Sorten Tonda und Gentile. In der Saison Panettoni und Colombe aus Mutterhefe.

30 km nw. von Alessandria, A 26 oder S.S. 31

Amarotto

Restaurant
Via Cavour, 53 A
Tel. (+39) 01 42 / 78 12 81,
(+39) 335 / 135 88 30
Ruhetag: Dienstagabend, Mittwoch
Ferien: je 2 Wochen im Januar und August
65 Plätze + 25 Plätze im Freien
Preise: 28–32 €
Kreditkarten: CS, MC, Visa; BM
Mittags und abends geöffnet

Im Zentrum von Casale, der historischen Hauptstadt des Monferrat, die wegen ihrer zahlreichen restaurierten Gebäude auch als Herzstück des piemontesischen Barocks definiert wird, hat dieses alteingesessene Lokal seinen Sitz. Piero Amarotto hat vor einigen Jahren eine Osteria aus der Vorkriegszeit renoviert und führt diese nun mit den Töchtern Elisa und Pamela. Als Leitfaden dient ihm dabei die traditionelle Küche des Monferrat, hergestellt aus Zutaten, die er in diesem Landstrich bei Lieferanten seines Vertrauens kauft. Die Einrichtung ist schlicht, die Speisesäle sind gepflegt – im Sommer kann man auch in dem schönen Garten sitzen –, im Service ist man auf das Wohl der Gäste bedacht. Wer die komplette Speisenfolge genießen will, kann das Menü für 26 € mit zwei Antipasti, Primo, Secondo und Dolce wählen. Man beginnt mit einfachen Gerichten wie **Acciughe al verde**, Flan di verdure mit Fonduta (8 €), **Merluzzo mit Kartoffeln** und Vitello tonnato. Unter den Primi verdienen **Agnolotti al sugo di arrosto** (10 €), *Tajarin* al ragù, Gnocchi mit Toma piemontese und ***Caplìt* in brodo** eine Erwähnung. Auch die Secondi zeigen sich im klassischen Gewand: **Trippa alla monferrina**, **Finanziera**, Capretto (Ziegenkitz) oder Coniglio (Kaninchen), im Ofen gebraten (12 €), und Fritto misto. Im Herbst und Winter fährt dann der berühmte Wagen mit den **Bolliti** im Speisesaal auf. Eine gute Auswahl an lokalen Formaggi leitet zum süßen Kapitel der Dolci über: Sie bekommen **Mousse allo zabaione mit Crumiri** (Mürbeteiggebäck, eine Spezialität dieser Stadt), Semifreddo mit Nüssen und Karamell und ***Bonet*** (5 €). Die Weinkarte glänzt mit einer guten Auswahl an Etiketten aus dem Monferrat Casalese, ergänzt durch weitere gute Tropfen aus der Region und anderen Gebieten Italiens.

CASALNOCETO (AL)
Cascina Bossola

30 KM ÖSTL. V. ALESSANDRIA, 10 KM ÖSTL. V. TORTONA

La Bossola

Restaurant
Ortsteil Cascina Bossola, 10
Tel. (+39) 01 31 / 80 93 56
Ruhetag: Montag, Dienstag
Ferien: erste Juniwoche, Weihnachten–Dreikönig
22 Plätze
Preise: 36 €
Kreditkarten: CS, MC, Visa
Mittags und abends geöffnet

Das Restaurant der Familie Marchetti liegt in der Ebene von Tortona, in der Nähe von Casalnoceto. Sie erreichen es, wenn Sie den Hinweisschildern nach Cascina Bossola folgen. Der Speisesaal im ersten Stock ist sehr gepflegt eingerichtet, die Tische sind ansprechend gedeckt. Giuliana und ihre Tochter Barbara garantieren einen professionellen und stets sehr freundlichen Service. Enzo bereitet in seiner Küche Gerichte nach hiesiger Tradition zu, wobei er einige Rezepte mit großem Geschick überarbeitet hat. Der Bogen spannt sich von den Spezialitäten dieses Landstrichs bis zu jenen der Nachbarregionen Lombardei und Ligurien. Nach dem Willkommensgruß mit einer delikaten Salami aus den Valli tortonesi und einem Glas Spumante ließen wir uns unter den Antipasti (10 €) **Peperone mit Thunfischsauce**, Tortino di asparagi mit Creme von Käse aus den Langhe, Carne cruda all'albese und Petto d'oca affumicato (geräucherte Gänsebrust) mit Insalatina schmecken. Was die Primi (10 €) betrifft, werden exzellente **Tagliolini al pesto** (mit Basilikum aus Prà), auch mit Ragù di salciccia di vitello (Kalbswurstragout) serviert, **Ravioli di carciofi mit Tomatensauce** und Risotto mit Gorgonzola und Safran angeboten. Unter den Secondi (14 €), vorwiegend Fleischgerichte, sind die klassische **Milanese** mit Knochen und Filetto di vitello mit Speck zu erwähnen. Das Sortiment an **Formaggi** umfasst eine ausgewogene Auswahl erstklassiger Käsesorten aus dem Piemont, je nach Verfügbarkeit ergänzt durch Produkte aus dem übrigen Italien und dem Ausland. Lassen Sie sich unter den Dolci (8 €) die **Pesche di Volpedo mit Cremeeis und eingekochtem Vin brulé** und Meringata di fragole nicht entgehen. Das Weinsortiment, das einen Schwerpunkt auf dem Gebiet des Tortonese hat, beweist Klasse.

CASSINASCO (AT)

34 KM SÜDLICH VON ASTI, 10 KM VON CANELLI

La Casa nel Bosco

Restaurant • Regione Galvagno, 23
Tel. (+39) 01 41 / 85 13 05
Ruhetag: Dienstag
Ferien: zeitweise im Winter
40 Plätze + 20 Plätze im Freien
Preise: 30–32 € (Tagesmenü)
Kreditkarten: AE, CS, MC, Visa; BM
Abends geöffnet, an Feiertagen und gegen Vorbestellung auch mittags, im Winter nur am Wochenende

Ein renoviertes altes Bauernhaus am Waldrand in den Hügeln der Langa Astigiana: Im Erdgeschoss befinden sich die hübschen Räume des Restaurants (einer davon mit Kamin), im oberen Stock die Wohnung der Familie Filippetti. Der Wirt Gianni empfängt die Gäste und präsentiert mit unverkennbarem Stolz die von seiner Frau Mina zubereiteten Gerichte. Er betont dabei gerne, dass das gesamte Gemüse aus dem hauseigenen Biogarten stammt. Aus eigener Produktion ist auch der Spumante Metodo Classico, den man zu dem dargereichten Willkommenshäppchen genießen kann. Die drei Menüs – für 25, 28 oder 32 €, je nachdem, ob sie Primo, Secondo oder beides enthalten – wechseln täglich und richten sich nach der Verfügbarkeit lokaler Produkte, die Mina in ihrer Küche meisterhaft zu Traditionsgerichten verarbeitet. Als Antipasto (8 €) können Sie marinierten Carpaccio di vitello mit gehobeltem Parmesan und Radieschen oder **Millefoglie di rotondino al forno** mit Zucchini und Thunfischpastete antreffen. Die frischen Teigwaren für die Primi (10 €) sind hausgemacht: Sehr zu empfehlen sind ***Tajarin* al ragù di carne** und **Lasagne alle verdure e salsiccia**. Die Secondi (12 €) kreisen alle um das Thema Fleisch: Erwähnung verdienen **Costolette di agnello, gefüllt und in Panade**. Unter den Desserts (7 €) ist stets ein Rezept auf Basis von Obst aus eigenem Anbau vertreten (in unserem Fall Kirschen mit Brachetto, serviert mit Fiordilatte-Eis). Exzellent ist auch **Semifreddo al torrone**. Die Weinkarte ist ein gelungenes Abbild der Anbaugebiete der Langhe, des Monferrat und des Roero.

„In diesem schönen Winkel des Piemont laden Gianni und Mina ihre Gäste zu einem Streifzug im Zeichen der Tradition und der Gastlichkeit ein."

61 KM NÖ. VON CUNEO, 11 KM VON ALBA, S.S. 231

Ostu di Djun

Osteria
Via San Giuseppe, 1
Tel. (+39) 01 73 / 21 36 00
Ruhetag: Sonntag
Ferien: 1 Woche im August, Weihnachten/Dreikönig
40 Plätze + 80 Plätze im Freien
Preise: 30–35 € (mit Hauswein)
Keine Kreditkarten
Abends geöffnet

Im hochgelegenen Teil der Gemeinde Castagnito – wir befinden uns hier im Roero, in der Gegend links vom Fluss Tanaro – erwartet Sie dieses Lokal, dessen weitläufiger Hof im Sommer zum Speisen im Freien einlädt. Luciano Marsaglia empfängt Sie mit jener Sicherheit, die Personen mit langer Erfahrung auszeichnet. Gleich von Beginn an begreift man, dass der Ablauf und der Rhythmus der Mahlzeit von ihm vorgegeben werden. Auf zwei Besonderheiten wollen wir Sie gleich hinweisen: Brot wird nicht vom Personal zum Tisch gebracht, Sie müssen es selbst an der Theke schneiden. Der Wein (exzellente Etiketten aus der Langa und dem Roero und andere gute Tropfen) wird ausschließlich in Magnum-Flaschen serviert, die dann von Tisch zu Tisch weitergereicht werden. Noch bevor das feststehende Menü mündlich vorgetragen wird, bekommen Sie eine Kostprobe der typischen *Bagasce* serviert, das sind mit Rohschinken belegte Brotfladen. Dann geht es für gewöhnlich mit einem Obst- und Gemüsesalat (Castagnito ist bekannt für den Anbau spezieller Obstsorten), **Ratatouille** und Carne all'albese weiter. Das Angebot an Primi umfasste bei unserem letzten Besuch Maltagliati mit Zucchinisauce, ***Taiarin* al ragù** und **Zuppa di ceci**. Im Repertoire der Secondi entdeckt man Vorschläge wie Brasato, Milanese di vitello, Fegatini, **Coniglio al forno**, Acciughe fritte und eine warm servierte Formaggetta, die jeweils mit klassischen Bratkartoffeln und saisonalem Gemüse serviert werden. Bei der Wahl der Nachspeise können Sie (buchstäblich!) eine Portion von dem gewaltigen Stück Torrone herunterschneiden, das zusammen mit dem dazu notwendigen Werkzeug an den Tisch gebracht wird. Das Angebot an Süßem wird von Budino alla panna, **Salame al cioccolato**, Eis und Früchten der Saison abgerundet.

14 KM NORDÖSTLICH VON ASTI

Da Geppe

Bar-Trattoria
Via Umberto I, 10
Tel. (+39) 01 41 / 29 21 13
Ruhetag: Sonntagabend, Montag
Ferien: letzten 3 Januarwochen
50 Plätze
Preise: 20–28 €
Kreditkarten: CS, MC, Visa; BM
Mittags und abends geöffnet

Castagnole, ein schönes Dorf in den Hügeln des Monferrat, wenige Kilometer von Asti entfernt, ist die Heimat des Ruchè DOCG, eines Weins, den der Pfarrer und Landwirt Giacomo Cauda, eine einzigartige Persönlichkeit, kreierte. Mit großem Engagement führt Andrea Roasio diese Osteria am Hauptplatz. Das Lokal – bestehend aus zwei Räumen, wovon einer als Bar, der andere als Speisesaal genutzt wird – ist schlicht eingerichtet und von den großen Fenstern aus kann man das charakteristische Panorama des Monferrat bewundern. Die Küche ist einfach und bodenständig: Andrea kauft die Zutaten auf den Märkten und bei kleinen Betrieben in der Umgebung. Es gibt zwei Degustationsmenüs, das Menù del viandante (Antipasto oder Primo, Secondo und ein Glas Wein, 15 bis 18 €) und das Menù del gaudente (zwei Antipasti, Primo, Secondo, Dolce und Weine, 33 €). Unter den Antipasti erwarten Sie Carne cruda, mit dem Messer gehackt (6,50 €), ***Friciulin*** mit gemischten Kräutern, Carpione (8 €) und Acciughe al rosso. Unser Tipp unter den Primi gilt ***Tajarin*** und **Agnolotti al sugo di arrosto**, zu denen sich Lasagnette alla *bagna 'dl'infern* oder fleischlose Gerichte wie Raviole mit Füllung aus Ricotta und Gemüse (8 €) gesellen. Stets vertreten sind Secondi aus Fleisch von Kälbern der piemontesischen Rasse, darunter **Guanciotti al Ruchè** oder **Trippa in bianco mit Kartoffeln** (8 €). Exzellent schmecken ***Fricia*** (eine Mini-Überarbeitung des Fritto misto alla piemontese) wie auch die klassische **Finanziera**. Als Alternative oder zusätzlich bekommt man eine exzellente Auswahl an **Formaggi**. Zum Abschluss ***Bonet***, Panna cotta (8 €) oder ein Gelato al fior di panna, das mit den klassischen Finocchini, einem Feingebäck aus Refrancore, angeboten wird. Die Weinkarte listet ein gutes Sortiment an Ruchè und anderen Etiketten auf.

CASTELL'ALFERO (AT)

12 KM NÖRDLICH VON ASTI

Da Marisa al Castello

Restaurant
Via Castello, 1
Tel. (+39) 01 41 / 20 41 15
Ruhetag: Montag, Dienstag
Keine Ferien
70 Plätze + 50 Plätze im Freien
Preise: 35–40 €
Kreditkarten: CS, DC, MC, Visa; BM
Mittags und abends geöffnet

Die elegante, keineswegs „verkrampfte" Osteria liegt am höchsten Punkt der Ortschaft, in einem Seitentrakt des alles überragenden Schlosses. Magische Anziehungskraft beweist das Lokal vor allem in der schönen Jahreszeit, wenn der großzügige Garten mit Blick auf die Hügel lockt. Auch der Innenbereich kann mithalten: Zwei große Speisesäle mit hohen Decken, geschmückt mit Werken lokaler Künstler, bilden den idealen Rahmen für eine unaufdringliche, professionelle und dennoch herzliche Bewirtung. In dieser Hochburg der gastronomischen Tradition des Unteren Piemont erwartet Sie Marisa, der Prototyp einer Köchin. Sie kocht, bereits in dritter Generation, die großen Klassiker, versieht die altbekannten Geschmacksbildern jedoch stets mit neuen Nuancen. Allein für **Insalata russa**, Battuta di fassone und **Vitello tonnato** lohnt sich die Fahrt. Bei *Tajarin* 30 rossi mit Bratensauce oder **Agnolotti dal *plin* ai tre arrosti** kann man seine Kenntnisse in Sachen piemontesischer Pasta-Gerichte vertiefen, aber auch die Gnocchi sind ein Genuss: Einfache Saucen bringen deren Geschmack voll zur Geltung. Trippe in umido und Finanziera sabauda (eine neue Version dieses Spitzenrezepts) runden gemeinsam mit typischen Fleischgerichten wie Coniglio, Capretto di Langa und Fleisch vom Fassone-Rind (Stracotto al Barbera) die Mahlzeit ab. Niveau beweisen auch die gepflegte Auswahl an Käse und die Dolci (Panna cotta, Mousse ...). Die Weinkarte lässt eine Vorliebe für das Monferrat mit den Spitzenprodukten der Region erkennen, ergänzt durch gute Etiketten aus anderen Anbaugebieten.

»
Die Küche von Marisa müsste man schützen wie die besten Produkte der Region. Sie ist, auch nach all den Jahren, ein Bollwerk der guten piemontesischen Tradition.
«

CASTELL'ALFERO (AT)
Perno

12 KM NÖRDLICH VON ASTI

Ristorante del Casot

Restaurant
Regione Perno, 76
Tel. (+39) 01 41 / 20 41 18,
(+39) 01 41 / 20 41 14
Ruhetag: Dienstag, Mittwoch
Ferien: zweite Januarhälfte
40 Plätze + 25 Plätze im Freien
Preise: 32–35 €
Kreditkarten: AE, CS, DC, MC, Visa; BM
Mittags und abends geöffnet

Als *Casòt* oder *Ciabòt* bezeichnet man im Piemont kleine Häuschen, die zur Aufbewahrung von Werkzeug und zum Verweilen während der Arbeitspausen im Weingarten genutzt wurden. Hier in Castell'Alfero, einem Dorf in den Hügeln, wenige Kilometer von Asti entfernt, führt die Familie Cussotti mit Leidenschaft dieses Restaurant, dessen rustikale Einrichtung im Einklang mit der Umgebung steht. Im Sommer bietet ein kleiner Garten die Möglichkeit, im Freien zu speisen. Ivan, ein versierter Koch, wagt sich ab und zu an neue Kreationen, die jedoch stets in der Tradition wurzeln. Neben dem Kindermenü (12 €) bekommen Sie zwei Degustationsmenüs für 32 und 38 €, man kann die Speisen aber auch aus der Karte wählen. Ganz nach Gepflogenheit des Piemont wird dem Kapitel der Antipasti große Bedeutung beigemessen: Es gibt Carne cruda vom Kalb in drei saisonalen Varianten, **Vitello tonnato**, Tonno di faraona, Insalata russa (8 €) und im Sommer Tortino di melanzana auf Zucchinicreme. Dann geht es weiter mit den vorzüglichen **Agnolotti gobbi** aus Asti (10 €), ***Tajarin* 40 rossi**, serviert mit zerlassener Butter und in der Saison mit weißem Trüffel, **Gnocchi di ricotta mit Basilikum** sowie Risotto al Ruchè oder in der Pilzsaison mit *Garitole* (Pfifferlingen). Unter den Hauptspeisen finden Sie **Bocconcini di vitello farciti**, **Stracotto al Barbera**, Stinco, **Coscia d'anatra al forno** (bei niedriger Temperatur gebraten), und gegen Vorbestellung bekommen Sie im Herbst und im Winter Finanziera (16 €) und Fritto misto. Zum Schluss köstliche erlesene Desserts wie den klassischen ***Bonet***, Zabaione (8 €), Semifreddo al torrone, Composta di pesche mit Moscato sowie Gelato ai pistacchi mit Himbeercreme. Das Weinsortiment hat seinen Schwerpunkt bei Etiketten aus dem Monferrat, darunter auch Produkte kleiner Kellereien.

40 KM SW. V. ALESSANDRIA, 11 KM V. ACQUI TERME

Da Fausto

Restaurant
Ortsteil Valle Prati, 1
Tel. (+39) 01 44 / 32 53 87
Ruhetag: Montag, Dienstag, im Sommer Montag, Dienstagmittag
Ferien: 1. Januar–8. Februar
55 Plätze + 50 Plätze im Freien
Preise: 30–35 €
Kreditkarten: CS, DC, MC, Visa; BM
Mittags und abends geöffnet

Im hochgelegenen Dorf Cavatore, wenige Kilometer von Acqui Terme entfernt, spürt man im Sommer den *Marìn*, jenen Wind, der vom Meer von Savona herüberweht. Das Lokal hat seinen Sitz in einem Steinhaus aus dem 19. Jahrhundert, wo auch vier Gästezimmer und ein schöner Garten mit Pool zur Verfügung stehen. Fausto, in der Küche von seiner Frau Rossella und im Service von seiner Tochter Gaia unterstützt, widmet sich mit Hingabe der Beschaffung guter Zutaten bei Landwirten und kleinen Betrieben in der Umgebung. Die Speisen tragen den Stempel der piemontesischen Tradition, aber auch ligurische Einflüsse sind zu erkennen, da Hügel und Küste etwa gleich weit entfernt sind. Als Antipasto bekommen Sie Carne cruda von Kälbern der piemontesischen Rasse, ***Fiazzin* di patate mit Filetto baciato aus Ponzone**, ein Slow-Food-Presidio (10 €), und Acciughe fritte. Dann folgen **Agnolotti al sugo di arrosto**, Ravioli di baccalà mit Tomaten, Basilikum und Garnelen (10 €) oder Ravioli di melanzane mit Tomaten und Oregano, **Gnocchi di patate** mit Basilikum aus Pra, ***Rabaton*** alessandrini und ***Tajarin***. Das Repertoire der Secondi weist bei **Coniglio mit Oliven und Pinienkernen** und Cima alla genovese einen ligurischen Einschlag auf. Zu empfehlen sind auch **Paletta di vitellone al forno** und lauwarme Insalata di coniglio mit Aceto balsamico und Gemüse. In der Saison stehen **Funghi** fritti oder trifolati und **Selvaggina** auf dem Programm. Gute Auswahl an Formaggi aus dem Piemont (12 €). Als Dolci (6 €) werden neben dem klassischen ***Bonet*** und Semifreddo al torrone auch neue Kreationen wie Insalata di frutta mit Früchten der Saison oder das Gelato von Gaia angeboten, die Sie als profunde Kennerin von Weinen auch bei der Wahl aus der umfangreichen, gut strukturierten Weinkarte mit Etiketten aus dem In- und Ausland berät.

48 KM SÜDWESTLICH VON TURIN, S.S. 589

Vineria del Ristorante La Nicchia

Moderne Osteria • Via Roma, 9
Tel. (+39) 01 21 / 60 08 21
Ruhetag: Mittwoch, Donnerstagmittag
Ferien: 2 Wochen im August
25 Plätze + 30 Plätze im Freien
Preise: 22–25 €
Kreditkarten: AE, CS, DC, MC, Visa; BM
Mittags und abends geöffnet

Das renommierte Restaurant La Nicchia und seine Dependance haben ihren Sitz in einem Gebäude aus dem 18. Jahrhundert an der Hauptstraße von Cavour, am Fuße des Felsens, der die piemontesische Ebene beherrscht. Der Eingang zu den beiden Lokalen ist der gleiche, auch die Speisen stammen aus derselben Küche. In der Vineria sitzt man in zwanglosem Ambiente an Holztischen mit Papiertischtüchern, an einer Tafel sind etwa 20 Gerichte von Antipasti bis zu Desserts angeschlagen, die je nach Marktlage täglich wechseln. Beginnen kann man mit **Vitello tonnato** (8 €), Giardiniera, Insalata russa, Flan di verdure mit saisonalem Gemüse oder Salumi, darunter Prosciutto crudo, ein DOP-Produkt aus Cuneo. Die Pasta ist hausgemacht: Stets vertreten sind exzellente **Agnolotti** al ragù oder **al sugo d'arrosto** (7,50 €), häufig auch Lasagne di carne oder di magro und ein Risotto. Unter den Fleischgerichten erwarten Sie Coniglio von einem hiesigen Züchter, in den kalten Monaten **Finanziera** (7,50 €), **Trippa** und **Brasato al Nebbiolo**, im Sommer Carpionata mista (8,50 €). Ein Bravourstück ist der Wagen mit **Formaggi** (der gleiche wie im Restaurant) mit einem Querschnitt der gesamten Käseproduktion aus den nahe gelegenen Tälern Pellice und Chisone. Zum Abschluss *Bonet*, Panna cotta, Torten, Eis und hausgemachte Sorbets (4 €). In dem für Besichtigungen offenen Keller lagern etwa 500 Etiketten (mit Preisnachlass auch im Straßenverkauf erhältlich). Lob verdient die Möglichkeit, angefangene Weinflaschen mit nach Hause zu nehmen.

Die Cascina Mombello (Via Pinerolo 173) bietet Gemüse und Obst (darunter Äpfel der Sorte Grigia aus Torriana und Runsé, Slow-Food-Presidi), Polentamehl, Konfitüren, Fruchtsäfte sowie Apfellikör.

CESSOLE (AT)
Madonna della Neve

45 KM SÜDLICH VON ASTI, 26 KM VON ACQUI TERME

Madonna della Neve

Trattoria
Ortsteil Madonna della Neve, 2
Tel. (+39) 01 44 / 85 04 02
Ruhetag: Freitag
Ferien: 25. Dezember–15. Januar
100 Plätze
Preise: 35–38 €
Alle Kreditkarten; BM
Mittags und abends geöffnet

Von Cessole aus überquert man den Fluss Bormida und fährt durch eine eindrucksvolle Landschaft mit Haselnusshainen und Weinstöcken hinauf in die Hügel. Viel Zeit ist vergangen, seit Fenoglio die Farbe des Flusses mit jener von „geronnenem Blut“ verglich. Heute steht das Bormida-Tal unter Schutz und zeigt sich den Touristen in wohlverdientem Glanz. Diese Trattoria neben der Wallfahrtskirche Madonna della Neve wurde vor etwa 60 Jahren von der Familie Cirio gegründet. Trotz mehrmaligen Umbaus blieb die Qualität der Spitzengerichte des Lokals unverändert. In erster Linie sind das die legendären ***Curdunà*** (7 €): von Hand gefertigte Ravioli dal *plin*, ohne Sauce auf einem Leinentuch serviert. Gönnen Sie sich den Luxus, sie mit den Händen zu essen, und Sie werden mit großer Wahrscheinlichkeit um einen Nachschlag bitten. Als Alternative zu den *Curdunà* werden stets *Tajarin* mit traditionellen Saucen (in der Saison mit Pilzen) geboten. Während der Wartezeit auf die Primi probieren Sie Antipasti: **Insalata di pollo**, Prosciutto in gelatina, Carne cruda all'albese, **Vitello tonnato** und Tortino di merluzzo mit Kartoffeln. Unter den Secondi verdienen das erstklassige **Coniglio alle olive** und Cinghiale in umido (13 €) eine Erwähnung. Die Langa Astigiana ist berühmt für die Käseproduktion: Lassen Sie sich daher den Käsewagen und insbesondere den Robiola di Roccaverano nicht entgehen. Zum Abschluss gibt es Torta di nocciole (4 €) mit Haselnüssen der hier heimischen Sorte Tonda Gentile. Eine überraschende Weinkarte für einen so abgelegenen Ort mit Hunderten guten Etiketten aus dem Piemont.

Diese historische Osteria in den Hügel des Bormida-Tals besticht mit wenigen, einfachen Gerichten ganz nach Tradition.

CEVA (CN)

61 KM ÖSTLICH V. CUNEO, 90 KM V. SAVONA, A 6

Italia

Restaurant
Via Moretti, 19
Tel. (+39) 01 74 / 70 13 40
Ruhetag: Sonntagabend, Montag
Ferien: unterschiedlich
70 Plätze + 30 Plätze im Freien
Preise: 25–34 €
Kreditkarten: AE, CS, MC, Visa; BM
Mittags und abends geöffnet

Am Ufer des Flusses Cevetta, in einem Teil des Piemont, der an Ligurien grenzt, trifft man auf dieses Restaurant nach alter Tradition, das die klassische Küche dieses Landstrichs bietet: einfache, gut zubereitete Gerichte aus hochwertigen Zutaten lokaler Herkunft. Empfangen werden Sie von Vincenzo und Anna Maria Bella, in der Küche werkt Paolo Pavarino mit seiner Frau Nadia und seiner Nichte Giada. Man wählt die Speisen aus der Karte (es gibt auch ein Degustationsmenü für 28 € mit Kostproben von Antipasti, Primo, Secondo und einem Dolce nach Wahl) oder folgt den Ratschlägen des Wirtes, der Ihnen die Tagesgerichte nennt. Von der Bar aus betritt man zwei kleine Gasträume, wo man zum Auftakt zum Beispiel **Frittata cebana** (5 €) wählen kann – eine Spezialität, die 1930 mit dem Bahnhofsrestaurant entstand, wo dieses Omelett den Durchreisenden von oder nach Ligurien in einem Proviantkorb mit Wasser, Wein und Obst oder auch in einem einfachen Brötchen angeboten wurde –, außerdem Insalata di carne cruda, Insalata russa, **Vitello tonnato** nach alter Art und im Sommer Insalata di toma mit Sellerie und Nüssen. Typische Rezepte auch bei den Primi: **Agnolotti mit Butter und Salbei** (9 €), al sugo di arrosto oder al vino, **Tagliolini** alla moda di Langa (**mit Hühnerleber**, al ragù oder mit Pilzen), Gnocchi und Risotti. Unter den Secondi erwarten Sie **Brasato al Nebbiolo**, Costata di vitello, Filetto al pepe verde (17 €) und Scaloppine. In der Saison werden Funghi (Pilze) aus dem Tanaro-Tal und der Umgebung auf unterschiedlichste Weise zubereitet. Ein gut bestückter Wagen mit **Formaggi** (8 €) und hausgemachte Desserts (6 €): Budino, Pesche ripiene und **Pere martine al vino**. Das Brot ist selbst gebacken. Die umfangreiche Weinkarte listet gute Etiketten aus dem Piemont auf, die zu korrekten Preisen angeboten werden.

45 km nordöstlich von Cuneo, 17 km von Alba

La Torre

Moderne Osteria
Via dell'Ospedale, 22
Tel. (+39) 01 72 / 48 84 58
Ruhetag: Montag
Ferien: je 2 Wochen im Juli und zu Weihnachten
45 Plätze + 20 Plätze im Freien
Preise: 35–40 €
Kreditkarten: AE, CS, MC, Visa; BM
Mittags und abends geöffnet

Es gibt viele Gründe, weshalb man dieser hübschen Osteria im Zentrum von Cherasco gerne einen Besuch abstattet. Der erste Grund sind zweifellos die Gerichte von Marco Falco, die in der Tradition des Piemont wurzeln, dabei aber nicht auf individuelle Ansätze und Originalität verzichten. Der zweite ist wohl die umfangreiche, klug zusammengestellte Weinkarte, die verständlicherweise eine Vorliebe für die Langhe und das Piemont an den Tag legt, aber auch für die wichtigsten Anbaugebiete Italiens und anderer europäischer Länder offen ist. Der dritte Grund ist der schlichte, aufmerksame Service. Legen Sie gleich los mit **Vitello tonnato** (12 €), Carne cruda, mit dem Messer gehackt, Fiori di zucca, mit Mozzarella und Sardellen gefüllt (perfekt frittiert, 10 €), und Carpione misto. Bei den Primi dreht sich alles um frische Teigwaren: ***Tajarin* al ragù di salsiccia** (10 €), Agnolotti al fondo bruno, **Gnocchi mit Raschera-Fonduta** und Risotto al Barolo (für zwei Personen). Fleisch dominiert bei den Secondi: Es gibt Guanciale di vitello in Rotwein, Scamone in crosta di grissini und ***Batsoà*** (gekochte Schweinehaxen, in Panade frittiert, 13 €). Spezielle Erwähnung verdienen Lumache (Schnecken), das Spitzengericht dieser Gegend, die hier in den Versionen in umido (geschmort, leicht pikant, 14 €), frittiert, alla parigina und je nach Laune der Küche auf zahlreiche andere Arten zubereitet serviert werden. Ein weiterer Pluspunkt des Lokals ist der Wagen mit **Formaggi** mit besonderen Spezialitäten aus dem Piemont, die man anderswo nur selten bekommt. Die Desserts variieren je nach Jahreszeit, stets vertreten sind Panna cotta oder *Bonet*.

»*Man sagt Osteria und denkt an das La Torre. Wenn das kein guter Grund ist …*«

CHERASCO (CN)

47 km nordöstlich von Cuneo, 17 km von Alba

Pane e Vino

Trattoria
Via Vittorio Emanuele, 18
Tel. (+39) 01 72 / 48 91 08, (+39) 328 / 863 44 48
Ruhetag: Montag, Dienstag
Ferien: Januar, August
55 Plätze
Preise: 30–35 €
Kreditkarten: AE, CS, Visa; BM
Mittags und abends geöffnet

Im historischen Zentrum von Cherasco, nur wenige Schritte vom Bogen der Porta Narzole entfernt, liegt dieses Lokal, wo Sie der sympathische Wirt Flavio in einem raffiniert gestalteten, aber dennoch zwanglosen Ambiente empfängt. Die zwei Speisesäle sind hell und mit Geschmack eingerichtet, der reizende Garten lädt in den warmen Monaten zum Verweilen. Flavio, stets eifrig bemüht, hält sich gerne an den Tischen auf, um Ratschläge zum Angebot an Speisen und Weinen zu erteilen oder ganz einfach einen kleinen Plausch zu halten. In der Küche bereitet seine Frau Emiliana Gerichte nach hiesiger Tradition zu, die besonders durch die sorgfältige Präsentation ins Auge fallen. Während der Wartezeit können Sie ein Willkommenshäppchen und verschiedene Arten von hausgemachtem Brot aus Mutterhefe genießen. Unter den Antipasti empfehlen wir Ihnen **Vitello piemontese** (13 €), einen gemischten Teller mit vier Spezialitäten vom Fassona-Rind, Peperone al forno mit *Bagnet* verde, Lingua di vitello mit roten Zwiebeln und **Trota salmonata mit Zucchine in carpione**. Im Kapitel der Primi (10 €) erwarten Sie die traditionellen ***Tajarin* 30 rossi mit Wurstragout**, **Ravioli dal *plin* mit Butter und Rosmarin** und Maccheroni di farro (aus Dinkelmehl) mit Carbonara di zucchine. Große Auswahl erwartet Sie bei den Secondi, wobei sich der Bogen von **Stracotto di vitello** bis zu **Lumache alla parigina** (14 €) spannt. Als Alternative können Sie ein Sortiment an erlesenen Formaggi wählen, die mit eingelegten Früchten serviert werden. Zum Abschluss lassen Sie sich eines der traditionellen Dolci wie Panna cotta (5 €), ***Bonet*** und Semifreddi schmecken. Von hohem Niveau ist die Weinkarte mit etwa 300 Etiketten. Das Lokal bietet ein klassisches und ein vegetarisches Menü für 30 und 40 €, kombiniert mit drei passenden Weinen.

CHIANOCCO (TO)
Baritlera

47 KM WESTLICH VON TURIN, A 32 ODER S.S. 25

La Baritlera

Trattoria
Via Baritlera, 10
Tel. (+39) 01 22 / 64 76 14
Ruhetag: Montag–Mittwoch
Ferien: September
50 Plätze + 15 Plätze im Freien
Preise: 29–35 €
Kreditkarten: CS, MC, Visa; BM
Abends geöffnet, Sonntag nur mittags
♿

Von der Autobahnausfahrt Chianocco führt ein kurzer Weg von wenigen Minuten vorbei an Weingärten, romanischen Türmen und einer Festung hinauf zum Ortsteil Baritlera, nach dem die Trattoria benannt ist. Wir befinden uns hier auf einer Anhöhe, am sonnigsten Hang des Tals, der einen fantastischen Ausblick bietet. Die Wirtsleute, das Ehepaar Giorgia Ravizza und Andrea Chianale (beide in der Küche tätig), bemühen sich seit Jahren darum, die Produkte dieses Landstrichs ins rechte Licht zu setzen, was zu immer besseren Ergebnissen bei Tisch führt. Wir empfehlen Ihnen das Degustationsmenü für 29 €. Es umfasst drei Antipasti, zwei Primi, ein Secondo sowie Aperitif und Kaffee. Zum Einstieg ließen wir uns einen vorzüglichen Girello di fassona mit Mayonnaise, gewürzt mit Taggiasca-Oliven, die ebenfalls überzeugende **Fonduta di toma mit karamellisierten Zwiebeln und gerösteten Mandeln** und Sformato di piselli mit Tomatensauce schmecken. Als Primi bekamen wir Risotto al *biquet* und exzellente **Maccheroni** (aus Weizengrieß der Sorte Senatore Cappelli) **al ragù di anatra** (mit Entenragout). Der Hauptgang kann Vorschläge wie **Agnello in crosta di mais**, **Guanciotto di fassone mit würzigen Kräutern** und geschmorte Lumache aus Osasco umfassen. Häufig finden Sie auf der Karte auch Baccalà und **Trippa** di vitello. Beschließen Sie Ihre Mahlzeit mit Cannoli, gefüllt mit Renetta-Äpfeln auf Chantilly-Creme und Erdbeeren, Bavarese al cioccolato mit gebratenen Birnen und aromatischem Feingebäck sowie Cialda di nocciole mit Gelato al genepì. Die Weinkarte ist mittlerweile auf Produkte aus biodynamischem Anbau und naturbelassene Weine ausgerichtet, wobei den Winzern dieses Tals und anderer Teile des Piemont besondere Aufmerksamkeit geschenkt wird. Abwechselnd sind auch Biere aus lokalen Brauereien zu bekommen.

CHIUSA DI PESIO (CN)
San Bartolomeo

22 KM SÜDÖSTLICH VON CUNEO

La Locanda Alpina

Restaurant
Via Provinciale, 71
Tel. (+39) 01 71 / 73 82 87
Ruhetag: Dienstag, Mittwochmittag (außer im Sommer)
Ferien: Februar
45 Plätze
Preise: 24–26 €
Kreditkarten: CS, DC, MC, Visa; BM
Mittags und abends geöffnet

Die Straße von Chiusa hinauf zur Kartause von Pesio bringt Sie nach etwa sieben Kilometern zur Locanda Alpina: ein traditionelles Restaurant mit Gästezimmern und einer erstklassigen Küche. Die Speisenauswahl ist umfangreich, jedoch keineswegs banal, und wird charmant und präzise vorgetragen. Die Gäste werden hier in jener ehrlichen, herzlichen und respektvollen Art empfangen, wie sie für die Bewohner von Berggebieten typisch ist. Natascia berät Sie kompetent bei der Wahl der Gerichte und Weine aus der gut bestückten, interessanten Weinkarte, die durch eine große Anzahl an Halbliterflaschen auffällt. Beginnen können Sie mit einem Dreierlei an Vorspeisen (bei unserem Besuch **Mousse di trota auf Buchweizentörtchen**, Carpaccio mit Roquefort, Tortino di zucchine mit Tomaten und Basilikum). Das Angebot an Antipasti wird durch **Lingua in salsa verde** ergänzt. Als Primi bekommen Sie häufig Maltagliati al ragù, **Ravioli mit Butter und Salbei**, **Gnocchi al raschera** und Gemüse-Minestrone. Noch schwerer wird die Wahl bei den Secondi: Wir empfehlen **Lumache mit Tomaten und Peperoncino** oder **Trippa in umido**, aber auch **Cinghiale al *civet***, Costata di vitello, Trota spaccata und Faraona alla crema können mithalten. Große Auswahl auch bei den Dolci: *Bonet*, Panna cotta, Crostata di pesche mit Schokolade-Zimt-Teig, Torta ricotta e pinoli sowie Semifreddi mit Minze oder mit Torrone. Zum Abschluss sollten Sie auf Kräuterliköre wie Genepì und Genzianella (Enzian) nicht verzichten. Die Preise sind mehr als angemessen.

In **Boves** (17 km) verkauft die Macelleria Martini (Via Roma 7) Kalb aus den Bergen, Kapaun aus Morozzo, Ziegenkitz aus der Bisalta, Mastochsenfleisch aus Carrù und Salumi aus eigener Produktion.

51 KM NORDÖSTLICH VON CUNEO, 22 KM VON ALBA

Locanda dell'Arco

Restaurant • Piazza dell'Olmo, 1
Tel. (+39) 01 73 / 74 82 00,
(+39) 335 / 547 16 05
Ruhetag: Dienstag, Mittwochmittag
Ferien: Februar
30 Plätze + 20 Plätze im Freien
Preise: 33–40 €
Kreditkarten: CS, MC, Visa; BM
Abends geöffnet, mittags gegen Vorbestellung

Um die Locanda dell'Arco zu erreichen, muss man sich zu einem entlegenen Winkel der Alta Langa hinter Dogliani emporschlängeln. Eine Fahrt, die sich lohnt, und zwar sowohl wegen des prächtigen Hügelpanoramas, das den Gast erwartet, als auch wegen der Qualität der Küche, die man, einmal angekommen, genießen kann. Und damit nicht genug: Cissone ist nicht nur das ideale Ziel für Freunde der typischen Gerichte der Langa in modernisierter, von Schwere befreiter Version, sondern auch für Bewunderer eines Weinkellers, der selbst in dieser Gegend seinesgleichen sucht. In der Küche hat Andrea Bianco die Zügel von Maria Pia Querio übernommen, im Saal bemühen sich Giuseppe Giordano und Marco Miralles um die Gäste und geben den Rhythmus für eine lohnende kulinarische Erfahrung vor. Schon bei den Antipasti steht man vor der Qual der Wahl: Das Repertoire umfasst klassisches **Vitello tonnato** (9 €), Vitella di Langa, mit dem Messer gehackt und mit gehobeltem Parmigiano Reggiano serviert, sowie Involtino di melanzana, gefüllt mit *Seirass*, lauter Gerichte, die voll ins Schwarze treffen. Exzellente Primi, darunter ***Tajarin* al sugo di carne** und **Gnocchi di patate della Bisalta mit Toma di Murazzano** (11 €). Unter den Secondi empfehlen wir **Arrosto alla salvia** oder **Brasato al Barolo**, im Sommer liegen Sie mit **Coniglio ai lamponi** (15 €), der Spezialität des Hauses, richtig. Zum Finale Desserts wie **Torta di nocciole**, *Bonet* (7 €) und Panna cotta. Am Abend werden zwei Degustationsmenüs angeboten: vier Gänge für 38 € und fünf für 45 €.

»*Unterhaltsam, solide, ausdrucksstark: Die Küche dieses Restaurants setzt Maßstäbe für Gäste, die das Beste genießen wollen, das die Langa in puncto Produkte, Geschmack und Duft zu bieten hat.*«

25 KM SÜDWESTLICH VON ASTI

Garibaldi

Restaurant
Via Italia, 1
Tel. (+39) 01 41 / 97 91 18,
(+39) 333 / 178 46 35
Ruhetag: Mittwoch
Ferien: je 2 Wochen im Januar und nach dem 15. August • 100 Plätze
Preise: 26–30 €
Kreditkarten: AE, CS, DC, MC, Visa; BM
Mittags und abends geöffnet

Wir befinden uns hier an der Grenze zur Provinz Cuneo, mitten im Anbaugebiet des Cisterna, der aus Croatina-Trauben gekeltert wird. Das weit über 100 Jahre alte Garibaldi am Dorfende wird seit mehr als 70 Jahren von der Familie Vaudano geführt. Nach Art einer alten Locanda verfügt es über eine Bar im Eingangsbereich, einen Salon für Bankette und drei kleinere Räume im ersten Stock. Alte Möbel und Ziergegenstände der Großmutter lassen eine stimmungsvolle Atmosphäre entstehen. Seit Jahren führt die harmonische Zusammenarbeit von Francesco und Chiara im Saal sowie Elisabetta und Luca in der Küche zu mehr als beachtlichen Resultaten. Das Gemüse stammt aus dem eigenen Garten, die übrigen Produkte werden bei Bauern und kleinen Betrieben der Umgebung gekauft. Die Küche folgt den Jahreszeiten und setzt auf die piemontesischen Klassiker. Unter den Antipasti finden Sie **Vitello tonnato**, Insalata russa, Insalata di coniglio, im Winter ***Caponet*** mit Wirsing und Cotechino, in Fonduta serviert. Unter den Primi brillieren Agnolotti al sugo di carne (7 €), *Tajarin* alla salsiccia, in Cisterna-Wein gekocht, und **Tagliolini alle 22 erbe**, eine Spezialität des Hauses. Ein Muss unter den Secondi ist **Fritto misto alla piemontese** (12 €), sehr gut sind aber auch Coniglio al limone, Costolette di agnello, Stracotto di cinghiale, **Finanziera**, Trippa und vom Herbst an *Bagna caoda*. Nach einem Käsehäppchen geht es zur Wahl des Desserts: Im Sommer ist **Gelato mit Trauben-Mostarda** (4 €) ein sicherer Tipp. Die Weinkarte listet gute Etiketten aus den umliegenden Anbaugebieten und anderen Teilen des Piemont auf.

Die Salumeria Faccenda in **Canale** (5 km) verkauft gebratenen Prosciutto, Galantina und Salami von bester Qualität.

24 KM SÜDWESTLICH VON ASTI

Ras-ciamuraje

Restaurant-Vineria
Piazza Rossino, 5
Tel. (+39) 01 41 / 97 93 30
Ruhetag: Montag–Mittwoch
Ferien: 2 Wochen im August/September
35 Plätze + 30 Plätze im Freien
Preise: 22–35 €
Kreditkarten: AE, CS, DC, MC, Visa; BM
Geöffnet 18–1 Uhr, Samstag und Sonntag 10.30–15, 17–1 Uhr

Dieses winzige Restaurant und sein Garten blicken auf den Hauptplatz des Dorfes. Im Inneren sind an Wandtafeln die Weine, die Speisenvorschläge und die Desserts angeschlagen. Die Küche steht unter weiblicher Führung: Ihr Markenzeichen sind lokale Produkte, die auch aus Bio-Anbau stammen. Bei den Antipasti umfasst das Repertoire Insalatina di gallina mit Robiola di Roccaverano, Flan mit saisonalen Saucen, einen kleinen **Fritto piemontese** (8 €), **Polpettine di baccalà fritte** und im Sommer den frischen **Carpione di anguille** (mit Aal) oder Carpione di bistecche (mit Fleisch, Ei und Gemüse). Die Primi (6,50 €) aus frischer Pasta – **Agnolotti**, Tagliatelle, Maltagliati verdi – werden abwechselnd mit Rigatoni und Paccheri mit Salsiccia oder Taleggio, mit Radicchio und Nüssen oder mit Pecorino und schwarzem Pfeffer angeboten. Unter den Secondi können Sie **Rolata di coniglio mit Oliven**, **Brasato al Cisterna d'Asti** (12 €), Stinco di maiale, im Frühling Asparagi mit Rührei, im Herbst Scaloppine mit Steinpilzen und im Winter den warmen Toma mit Radicchio antreffen. Stets vertreten ist ein Sortiment an Formaggi aus dem Piemont (13 €). Die Dolci folgen dem Pfad der Tradition mit **Torta di nocciole und warmer Zabaione**, Panna cotta, Semifreddi mit Zitrusfrüchten oder Torrone und Gelati mit hausgemachtem Trauben-Mostarda oder mit Äpfeln in Calvados. Die Weinkarte zeigt eine Vorliebe für den lokalen Cisterna DOC aus Croatina-Trauben, aber auch andere gute Etiketten aus dieser und anderen Regionen sind vertreten.

■ Die Konditorei Monticone Baracco in **San Damiano d'Asti** (6,5 km) verkauft Baci di San Damiano, Brutti ma buoni, Melighe, Nocciolini, Torten und Krapfen, großteils aus lokalen Zutaten.

11 KM WESTLICH VON TURIN

Casa di Bacco

Trattoria
Via Verdi, 67
Tel. (+39) 011 / 415 48 79
Ruhetag: Sonntag
Ferien: je 10 Tage im August und nach Weihnachten
40 Plätze
Preise: 25–30 €
Kreditkarten: CS, MC, Visa; BM
Mittags geöffnet, Donnerstag–Samstag auch abends

Auf dem Corso Francia, der Hauptverkehrsstraße vom Zentrum Turins nach Rivoli, befindet sich das charakteristische Villaggio Leumann, eine Arbeitersiedlung, die der Unternehmer Napoleone Leumann im späten 19. Jahrhundert im Jugendstil errichten ließ. Von hier führt Sie ein Spaziergang zur Casa di Bacco, einer reizenden Trattoria in einem der niedrigen Häuser dieser ruhigen Gegend. Hier verläuft das Leben drinnen und draußen im Rhythmus Slow: Man nimmt in einem der beiden Gastzimmer Platz – der zweite Raum ist bestückt mit zahlreichen Weinflaschen auf Wandregalen – und wählt aus Speisen ganz nach hiesiger Tradition. Zum Einstieg gibt es Frittatina di cipollotti, **Vitello tonnato**, Insalata di musetto mit Bohnen, Zwiebeln aus Tropea und Aceto balsamico (6 €), Giardiniera, Insalata russa, Pastete oder eine Degustation mit sechs Antipasti (13 €). Die Auswahl bei den Primi des Tages ist nicht groß, aber gelungen – darunter **Gnocchi di patate di montagna mit Käse** und **Agnolotti dal *plin* mit Bratensauce** (9 €) – und Gleiches gilt für die Secondi: Cruda di fassone oder **Finanziera** (14 €). Übertreiben Sie nicht, denn Sie sollten noch Platz für die **Formaggi** lassen – der Wagen bietet abwechselnd etwa 20 sorgfältig ausgewählte Sorten von verschiedenen Almen und Affineuren der Provinz – und für die Desserts, etwa die perfekte Panna cotta und **Torta di nocciole**, natürlich aus Tonda-Gentile-Haselnüssen. Mittags sind die Preise (und Portionen) um etwa 20 % reduziert. Die preislich moderate Weinkarte pendelt zwischen Piemont, Italien und Frankreich und bietet die Möglichkeit des Straßenverkaufs (20 % Preisnachlass) und des glasweisen Ausschanks einiger weniger Weine. Ein feines, üppiges Degustationsmenü (30 €) und empfehlenswerte Themenabende zu den Klassikern des Piemont wie Bollito, *Bagna caoda* und Fritto.

78 km nö. von Cuneo, 29 km von Asti, S.S. 592

Trattoria della Posta Da Camulin

Restaurant • Corso Fratelli Negro, 3
Tel. (+39) 01 41 / 881 26
Ruhetag: Sonntagabend, Montag
Ferien: Weihnachten–Dreikönig, 4 Wochen im Juli/August
60 Plätze
Preise: 30–38 €
Kreditkarten: AE, CS, MC, Visa; BM
Mittags und abends geöffnet

Die Familie Giordano betreibt diese Trattoria im Zentrum von Cossano seit drei Generationen. Im Eingangsbereich thront der Bartresen, der längst vergangene Zeiten heraufbeschwört, daneben liegt der Speisesaal mit Blick auf die offene Küche. Die Speisen schmecken hier wie früher, wenn Großmutter zum Sonntagsessen aufkochte. Erwarten Sie keine Speisekarte in Papierform: Alle Gerichte werden mündlich präsentiert von Cesare, der Sie auch mit großer Höflichkeit bei der Wahl der Weine berät. Der Keller zeigt eine Vorliebe für die lokalen Produkte mit einer Auswahl, wobei Barbera eine zentrale Rolle spielt. Einige Etiketten werden auch glasweise ausgeschenkt. Zum Auftakt ist die Degustation von vier Antipasti (14 €) zu empfehlen, oder man wählt zwischen **Vitello tonnato**, Carne cruda und Falde di peperoni mit Sardellen und Tomaten, serviert mit *Bagnèt verd*, ein Gericht, das im Herbst und im Winter durch Cotechino mit Fonduta ersetzt wird. Eine wahre Verführung unter den Primi (9 €) sind die von Hand gezogenen ***Tajarin***, die Sie mit dem überaus schmackhaften Ragù di carne (Fleischragout), mit Butter und Salbei oder in der Saison mit dem erlesenen weißen Trüffel verfeinern können. Einen Versuch wert sind auch **Gnocchi alla fonduta**, Ravioli und **Pasta e fagioli**. Als Fortsetzung folgen der **kleine Fritto misto alla piemontese**, Coniglio mit Oliven und Thymian (12 €), **Trippa in umido** und **Rollata di pollo**. Im Rahmen der Tradition bewegen sich auch die Dolci (5 €): ***Bonet***, Bavarese mit Waldfrüchten, Mattone al caffè und Semifreddo al torrone.

In der Steinmühle Mulino Marino (Via Caduti 25) wird Biomehl aus Mais, Weizen, Hafer, Roggen und Kamut hergestellt.

15 km südlich von Asti

Cascina Collavini

Restaurant
Strada Traniera, 24
Tel. (+39) 01 41 / 96 64 40
Ruhetag: Dienstagabend, Mittwoch
Ferien: zeitweise im Januar und August
40 Plätze + 40 Plätze im Freien
Preise: 28–32 €
Kreditkarten: CS, MC, Visa; BM
Mittags und abends geöffnet

Ein restauriertes Landhaus zwischen Alba und Asti, auf einem Hügel gegenüber dem Schloss von Costigliole gelegen, ist der Sitz dieses Restaurants, das als Familienbetrieb geführt wird. Cristina Collavini heißt die Gäste gemeinsam mit Flavio willkommen und führt sie an einen Platz in einem der beiden Speisesäle oder im Sommer in den Garten. Neben dem Degustationsmenü (32 € für Antipasto, Primo, Secondo und Dolce) können Sie aus der umfangreichen Karte die Gerichte wählen, die Mama Carmen, Papa Bruno und ihr Sohn Gianpietro nach traditionellen Rezepten zubereiten. Das Gemüse wird im eigenen Garten geerntet, die anderen Zutaten stammen großenteils aus der Umgebung. Nach einem kleinen Appetizer (eine Frittatina und ein Crostino mit Käsecreme) können Sie sich die Klassiker der Langa und des Monferrat schmecken lassen: Carne cruda, **Insalata russa** (9 €), Vitello tonnato und Rollata di coniglio. Für den nächsten Gang wählen Sie einen Vorschlag unter den Primi wie **Ravioli dal *plin* mit Bratensauce**, **Agnolotti mit Ricotta und Spinat** (9 €), Gnocchetti di ceci und einer Suppe. Als Secondi finden Sie Coniglio alla contadina (14 €), **Stinco di vitello**, **Brasato**, Cinghiale al *civet*, Costolette d'agnello und gegen Vorbestellung Fritto misto und *Bagna caoda*. Beschließen Sie Ihre Mahlzeit mit Desserts (7 €): ***Bonet***, Cremino alla panna, Semifreddo al torrone, Eis, Sorbets und hausgemachtes eingelegtes Obst. Die Weinkarte bevorzugt Produkte dieser Gegend, lässt aber auch Raum für Etiketten aus dem restlichen Piemont und anderen Regionen Italiens. Wer seinen Aufenthalt verlängern will, dem stehen fünf Gästezimmer zur Verfügung, die nach den großen Weinen dieses Landstrichs benannt sind.

CRAVANZANA (CN)

61 KM NORDÖSTLICH V. CUNEO, 25 KM SÜDL. V. ALBA

Ristorante del Mercato da Maurizio

Trattoria • Via Luigi Einaudi, 5
Tel.(+39) 01 73 / 85 50 19
Ruhetag: Mittwoch, Donnerstagmittag
Ferien: je 1 Woche im Juli und zu Weihnachten, 7. Januar–13. Februar
50 Plätze + 20 Plätze im Freien
Preise: 30–35 € • Kreditkarten: CS, DC, MC, Visa; BM • Mittags und abends geöffnet

Das Schild am Dorfeingang weist darauf hin, dass wir uns hier in der Hauptstadt des Anbaugebiets der Tonda-Gentile-Haselnuss befinden. Dank der Hartnäckigkeit der hiesigen Bevölkerung und des Weitblicks einiger Unternehmer haben die Haselnusshaine dieser Landschaft, die Fenoglio in seinen Werken verewigt hat, einen neuen Stempel aufgedrückt. Die Familie Robaldo führt dieses Hotelrestaurant seit mehr als einem Jahrhundert. Maurizio empfängt Sie mit familiärer Herzlichkeit. Die Karte ist nicht sehr lang – erkundigen Sie sich nach Tagesgerichten –, aber die großen Klassiker der Küche der Langa, tadellos zubereitet und ohne den Ehrgeiz, zu überarbeiten und abzuwandeln, sind alle vertreten. Exzellent sind **Vitello tonnato** und Tortini di Murazzano mit Gemüse der Saison (8 €), serviert mit Fonduta aus Toma d'Elva. Die feinen ***Tajarin* al ragù di carne**, in der Saison mit Pilzen, sind vorzüglich, ebenso die zarten Gnocchi mit Tomaten und Basilikum (10 €). Ein Gedicht sind **Pollo alla cacciatora** (12 €), **Faraona al ginepro** und Merluzzo (Kabeljau) mit Haselnüssen. Als Alternative oder auch zusätzlich gibt es ein überragendes Sortiment an **Formaggi** aus dem Piemont. Bei den Dolci dreht sich alles um die hiesige Tonda-Gentile-Haselnuss in allen möglichen Varianten, darunter **Torta di nocciole**, Mattone, verschiedene Arten von *Bonet*, Bavarese di nocciole (6 €) und ein einfaches, delikates Eis. Die preislich korrekte Weinkarte ist so umfangreich, dass auch anspruchsvolle Gaumen zufriedengestellt werden. Es gibt ein günstiges Degustationsmenü für 35 € mit zwei Antipasti, Primo, Secondo und Dolce.

»
Große Meisterschaft in der Küche verwandelt einfache Zutaten in unvergesslichen Gerichte, die sich streng an die Tradition der Langa halten.
«

CRODO (VB)
Viceno

33 KM NW. V. VERBANIA, A 26; E 62 BIS Z. GRENZE, S.S. 659

Edelweiss

Restaurant
Ortsteil Viceno, 7
Tel. (+39) 03 24 / 61 87 91
Ruhetag: Mittwoch, außer im Sommer
Ferien: 2 Wochen im Januar, 3 Wochen im November
150 Plätze
Preise: 30–35 €
Kreditkarten: AE, CS, DC, MC, Visa; BM
Mittags und abends geöffnet

Dieses Hotelrestaurant, das seit mehr als 50 Jahren von der Familie Facciola geführt wird, liegt in den Wäldern am Ende einer Panoramastraße. Es verfügt über einen großen Speisesaal und eine helle Veranda mit Blick auf den Garten. In der Küche werken Gianmarco und sein Sohn Ugo, während sich Mama Iolanda um die Hotelrezeption kümmert und Tochter Cristina den Service betreut. Das kulinarische Angebot ist traditionell, Gemüse wird im eigenen Garten geerntet, Gianmarco macht Jagd auf das Wild und die übrigen Zutaten werden bei kleinen lokalen Betrieben gekauft. Man kann Gerichte aus der Karte oder eines der Degustationsmenüs von 15 bis 32 € (35 € für das saisonale Menü mit Wild) wählen. Beginnen Sie mit Salumi aus eigener Produktion, Carpaccio di cervo (vom Hirsch) mit Sellerie und Nüssen, **Trota in carpione** (11 €) oder Flan di silene (Leimkrautauflauf) mit Bettelmatt-Fonduta (10 €). Hausgemacht sind **Gnocchi all'ossolana** (10 €), **Tagliolini alle noci** und Pappardelle mit Wildsauce. Unter den Secondi findet man Carpaccio di torello mit gehobeltem Ossolano (13 €), Polenta mit Cervo in umido, **Filetto di maiale mit Kräutern**, **Trota al burro e salvia** und ein vegetarisches Gericht mit Grillgemüse und Kartoffeln. Den Abschluss bilden ein Dreierlei an Formaggi aus dem Ossola-Tal, serviert mit Konfitüren und Honig (7,50 €), oder hausgemachte Desserts (5 €), darunter *Bonet*, Torte mit Äpfeln und Zimt und Crème caramel.

100 Meter entfernt gibt es bei Massimo Bernardini wunderbare Ricotta, Butter und Bettelmatt. In **Crodo** (5 km), in der Via Roma 10, verkauft Giampietro Crosetti Wurst und Schinken aus dem Val Vigezzo. Die Latteria Antigoriana (Via Circonvallazione) verkauft Toma und Frischkäse.

4 Ciance

Moderne Osteria
Via Dronero, 8 C
Tel. (+39) 01 71 / 48 90 27,
(+39) 338 / 648 45 59
Ruhetag: Montag- und Freitagmittag, Sonntagabend
Ferien: unterschiedlich
50 Plätze + 10 Plätze im Freien
Preise: 30–32 €
Kreditkarten: AE, CS, DC, MC, Visa; BM
Mittags und abends geöffnet

Das historische Zentrum von Cuneo erlebt dank der Altbausanierung und Schaffung von Fußgängerzonen nun auch in gastronomischer Hinsicht einen Wandel. Bei der Gründung dieses hübschen Lokals vor einigen Jahren konnten die Betreiber auf den Erfahrungen aufbauen, die sie in einem renommierten Restaurant im Stura-Tal, im Da Renzo in Aisone, gesammelt hatten. Sie werden in den Gasträumen oder im kleinen Garten mit einem Glas Wein und einem Appetizer (in unserem Fall Kaninchenleberpastete) empfangen und erhalten mit Kompetenz und Passion vorgetragene Auskünfte zu den Gerichten in der Karte, die auch im Degustationsmenü enthalten sind: 32 € für drei Antipasti, Primo, Secondo und Dolce, 24 € für Antipasto, Primo, Secondo und Dolce. Zum Auftakt gibt es Carne cruda, **Tonno di coniglio**, knusprige Pasta fillo, gefüllt mit Kartoffeln und Gorgonzola oder *Seirass*, aber auch Trippa oder **Finanziera** (8 €, die Antipasti-Degustation für 16 €). Im Kapitel der Primi erwarten Sie hausgemachte Pasta wie **Gnocchi di erbette mit Castelmagno** (8 €), ***Croset* aus dem Stura-Tal**, Ravioli dal *plin*, aber auch Suppen und Risotti. Für den Hauptgang bekommt man neben **Agnello sambucano** (15 €) Gerichte wie Tagliata di fassone, **Spallotto di maiale al forno** und Baccalà in crosta. Werfen Sie einen Blick auf den Käsewagen, bevor Sie zu den Desserts übergehen: Millefoglie, Panna cotta, Eis und Sorbets. Der Schwerpunkt der Weinkarte liegt im Piemont, ergänzt durch andere Etiketten, auch aus dem Nachbarland Frankreich.

In der Holzofenbäckerei von Guido Basso (Via Santa Maria 2) wird erstklassiges naturgesäuertes Brot gebacken. Ferruccio Rossi (Corso Nizza 41) verkauft Brot der besten Holzofenbäckereien der Valli Cuneesi.

Due Grappoli

Moderne Osteria
Via Santa Croce, 38
Tel. (+39) 01 71 / 69 81 78
Ruhetag: Sonntag, Montag
Ferien: je 1 Woche im Januar und im August
55 Plätze + 20 Plätze im Freien
Preise: 15–30 €
Kreditkarten: CS, DC, MC, Visa; BM
Mittags und abends geöffnet

Dieses vor einigen Jahren wiedereröffnete Lokal, das zwei Räume eines Palazzos aus dem 18. Jahrhundert in der Nähe der Piazza Foro Boario belegt, hat sich zu einer reizenden Osteria entwickelt. Maurizio und Matteo setzen in der Küche auf unverfälschte Gerichte nach piemontesischer Tradition. Unterstützt werden sie durch den jungen Emanuele, der täglich frische Teigwaren zubereitet. Michele kann im Service auf die unaufdringliche, flinke Hilfe von Bianca und Francesca zählen. Man wählt aus der Karte oder, wenn alle Gäste an einem Tisch einverstanden sind, eines der zwei Degustationsmenüs für 24 und 28 €. Die Karte wechselt jede Woche je nach Verfügbarkeit der Zutaten und wird häufig durch Tagesgerichte ergänzt. Als Antipasto bekommen Sie Insalata russa, ein exzellentes **Vitello tonnato** (7 €), Lingua di vitello mit Paprikaschoten und im Frühling Uovo spumoso mit Spargel und Fonduta. Häufige Primi sind Crema di verdure mit Crostini, **Ravioli di riso e cavoli** und ***Tajarin* al ragù di verdure** (8 €). Die Secondi locken mit schmackhaftem Roastbeef mit Meersalz, Tagliata di fassone piemontese, zarter **Coscia di coniglio mit Kapern, Kirschtomaten und Oliven, im Ofen gebraten** (14 €) oder einer kleinen, aber feinen Auswahl an Formaggi aus den Tälern rund um Cuneo. Die Desserts umfassen *Bonet*, Panna cotta, Semifreddo al caffè (6 €) und andere klassische Dolci. Die Weinkarte präsentiert sich gut, ausgewogen und klug strukturiert und enthält Etiketten aus dem Piemont und anderen Regionen, die zu moderaten Preisen angeboten werden.

Tuttocarne (Corso Nizza 52) verkauft Fleisch von Rindern der piemontesischen Rasse. Bei Arione (Piazza Galimberti 14) finden Sie Cuneesi al rum und wunderbare Meringhe.

Roma

Trattoria
Via Roma, 14
Tel. (+39) 01 71 / 79 10 07
Ruhetag: Sonntagabend, Montag
Ferien: unterschiedlich
40 Plätze + 20 Plätze im Freien
Preise: 32–37 €
Kreditkarten: CS, MC, Visa; BM
Mittags und abends geöffnet

Es ist stets ein Vergnügen, im kühlen Hof oder in einem der hübschen Räume der Trattoria Roma Platz zu nehmen, wo eine klassische Einrichtung, Antiquitäten und großformatige Fotografien zum Thema Gastronomie den passenden Rahmen bilden. Ein noch größeres Vergnügen bereiten jedoch der herzliche Empfang und die ehrliche Freundlichkeit von Davide Rabbia (Rabbia bedeutet „Zorn", ein Name, der dem Träger absolut nicht gerecht wird). In der Küche verarbeiten seine Frau Annalisa und die Tochter Marianna exzellente lokale Zutaten (darunter auch einige Slow-Food-Presidi) zu gepflegten, schmackhaften Speisen ganz nach piemontesischer Tradition. Für den Einstieg empfehlen wir den Antipasto della tradizione, der Carne battuta al coltello, Salsiccia di vitello und eine exzellente **Giardiniera** (12 €) einschließt. Sehr gut sind auch **Vitello tonnato**, hausgemachter, in Frühlingsheu gegarter Prosciutto cotto, die sommerliche Anguilla in carpione und Uovo (ein Bio-Ei) in Maiskruste. Bei den Primi (9 €) dominiert frische hausgemachte Pasta: **Ravioli ai due arrosti**, Tagliatelle aus Buchweizenmehl mit Gemüse und ***Tajarin* 30 tuorli mit Wurstragout**. Dann folgen **Coniglio di Carmagnola alle prugne**, Coscia d'anatra mit Kirschen, **Trippe in agrodolce** (13 €), Tagliata di fassone piemontese, Biancostato alla piastra sowie eine schöne Auswahl an Käse aus der Langa. Zum Abschluss gibt es gute Dolci und hausgemachte Semifreddi. Der Keller ist nicht nur reich bestückt, sondern beweist auch Niveau. Wenn Ihnen die Wahl schwerfällt, kann Davide den passenden Wein empfehlen.

”
Die Trattoria der Familie Rabbia ist stets ein Synonym für erstklassige Qualität bei Gastlichkeit und Speisen: ein Ort, den man immer wieder gerne besucht.
“

Senza Fretta

Moderne Osteria • Via Dronero, 3 bis
Tel. (+39) 01 71 / 48 91 74,
(+39) 335 / 666 45 76
Ruhetag: Montag
Ferien: unterschiedlich
50 Plätze + 30 Plätze im Freien
Preise: 28–30 €
Kreditkarten: AE, CS, MC, Visa; BM
Abends geöffnet, Samstag und Sonntag auch mittags

Auf einem Spaziergang in der Altstadt von Cuneo, zwischen Piazza Galimberti und dem ältesten Stadtviertel Mondovì, können Sie eine sehr lebendige, kreative Seite des Stadtalltags kennenlernen. Nichts erinnert mehr an das verschlafene Provinzstädtchen von einst. Die Gassen, die zu den Arkaden der Via Roma führen, sind schön restauriert und beherbergen Osterien, Vinotheken und Handwerksläden. Eines unserer Lieblingslokale ist das Senza Fretta. Zur Ausstattung der drei Gasträume mit Ziegelgewölbe gehören Strohstühle, weiß lackierte Tische und eine Anrichte, helle Tischtücher und Spitzenvorhänge. Im Sommer stehen kleine Tische auf der Straße. Betrieben wird das Lokal von Köchin Daniela Marchisio und ihrem Mann, dem Sommelier Marco Bertorello. Die Küche basiert auf sorgfältig ausgewählten hochwertigen Zutaten, häufig aus Biobetrieben, darunter Slow-Food-Presidi. Das gleiche Maß an Aufmerksamkeit wird aber auch der Zubereitung geschenkt. Dies erkennt man sofort an der überragenden Fleischsauce, die zu den *Tajarin* serviert wird. Unter den Antipasti (9 €) wollen wir **Girello di vitello mit Thunfischsauce**, Battuta di fassone, mit dem Messer gehackt, Insalata di gallina vom blonden piemontesischen Hähnchen, aber auch Crostatina aus Buchweizenmehl mit Blattspinat, Caprino aus Sambuco, Rosinen und Kirschtomaten erwähnen. Bei den Primi brillieren neben den ***Tajarin*** auch Gnocchi mit unterschiedlichen Saucen, je nach Saison, und Risotti (9 €). Als Secondo bekommt man **Scaramella di vitello, im Ofen gebraten** (13 €), oder **Rolatina di coniglio grigio di Carmagnola**. Die guten Desserts (6 €) umfassen traditionelle Rezepte (*Bonet* und Torta di nocciole) und kreative Vorschläge wie Muffin di mele e yogurt mit Zimteis und Coppa di ricotta (Ricotta aus Sambuco). Umfangreiche, gepflegte Weinkarte.

30 KM NORDWESTLICH VON NOVARA, S.S. 142

La Capuccina

Ferienbauernhof
Strada Capuccina, 7
Tel. (+39) 03 22 / 83 99 30
Ruhetag: Montag–Mittwoch
Ferien: 1.–15. Januar
50 Plätze
Preise: 34 € (Tagesmenü)
Kreditkarten: AE, CS, MC, Visa; BM
Abends geöffnet, Sonntag nur mittags

Cureggio, wenige Kilometer von Borgomanero entfernt, ist eines der Dörfer im Naturschutzgebiet Riserva delle Baragge, das zur Erhaltung einer einzigartigen Landschaft errichtet wurde, deren Vegetation im Wechsel mit Wiesen an Heideland erinnert. In dieser Umgebung treffen wir auf das La Capuccina, einen Ferienbauernhof, der durch den sensiblen und intelligenten Umbau eines alten Bauernhauses entstanden ist. Geführt wird der Hof von Gianluca und Raffaella, die mit Leidenschaft und Professionalität Viehzucht betreiben, Milchprodukte und Käse erzeugen und Obst, Gemüse und Wein anbauen. Das feststehende Menü sieht für gewöhnlich acht Gänge vor, die je nach Verfügbarkeit der Zutaten variieren. Die **Zuppa di cipolle** wird häufig zum Auftakt serviert, als Alternativen bekommen Sie Crema di fonduta aus Ziegenmilch mit Eigelb und – in der passenden Jahreszeit – Steinpilzen sowie Gemüsegerichte. Im Kapitel der Primi entdecken Sie **Agnolotti**, Tagliolini und andere hausgemachte Teigwaren sowie Reis, der im Herbst in einer für diese Gegend sehr typischen Form serviert wird, nämlich als **Paniscia** novarese. Fleisch – von Tieren aus eigener Zucht: Rinder, Ziegen, Geflügel – spielt auf dem Speiseplan eine Hauptrolle. Was praktisch nie fehlt, ist Cruda di fassone, mit dem Messer gehackt, und andere Teile vom Rind, nach unterschiedlichen Rezepten zubereitet, darunter auch der **Stracotto**. Sehr zu empfehlen sind außerdem **Capretto** und **Coniglio arrosto**. Unter den Desserts werden Ihnen die Gelati in Erinnerung bleiben, die aus hauseigenen Zutaten wie Fiordilatte von der Ziege und Obst selbst gemacht werden. Sehr originell ist das Gelato al gorgonzola mit Spargelcreme und Eigelb. Lob verdient die gut bestückte Weinkarte, die Produkten aus autochthonen Rebsorten aus dem Gebiet um Novara besondere Aufmerksamkeit schenkt.

20 KM NORDWESTLICH VON CUNEO

Rosso Rubino

Restaurant
Piazza Marconi, 2
Tel. (+39) 01 71 / 90 56 78
Ruhetag: Montag
Ferien: je 2 Wochen im Februar und November
30 Plätze
Preise: 33–36 €
Kreditkarten: AE, CS, DC, MC, Visa; BM
Mittags und abends geöffnet

Dronero, am Ausgang des Maira-Tals, gilt als Hauptort dieser Gegend: etwas mehr als 7.000 Einwohner, 620 Höhenmeter und eine Luft wie im Bergland. Im Zentrum des von schlichter Eleganz geprägten Städtchens trifft man auf dieses kleine Lokal (ein Gastraum mit zwei Eingängen), das von Roberto Eandi betrieben wird. Unterstützt wird er dabei von seinem Vater Albino im Service und seiner Mutter Maria in der Küche. Neben dem Mittagsmenü an Wochentagen – 17 € für zwei Gänge, Dessert und Kaffee – gibt es eine Karte mit Tagesgerichten, ein Degustationsmenü für 33 € und ein Fischmenü für 45 €: Letzteres ist durch die Tatsache zu erklären, dass Roberto wie viele Gastronomen aus dem Piemont seine Lehrjahre an der Küste verbracht hat. Nach einer Frittatina oder einem anderen Appetithäppchen starten Sie mit gehackter Carne cruda (10 €), Anguilla in carpione, **Stoccafisso mit Kartoffeln** oder Sformato di castelmagno auf Paprikasauce (das Gemüse stammt aus dem eigenen Garten). Weiter geht es mit exzellenten **Cappelletti in brodo di gallina** (10 €), **Agnolotti di pasta alle ortiche mit brauner Butter**, Ravioli di coniglio oder dem kalorienreichen **Risotto mantecato** alla Bergese. Unter den Secondi sind **Stracotto di manzo**, **Agnello sambucano** oder Maialino da latte **al forno**, **Galletto alla cacciatora** neben Trippa (10 €) und Finanziera zu empfehlen. Den Schlusspunkt setzen *Bonet*, Sformatino al gianduia mit Minzesauce (7 €), Soufflé ai marroni und Zabaione al Moscato. Die umfangreiche, gepflegte Weinkarte enthält Etiketten aus dem Piemont und anderen Gebieten, von denen einige auch glasweise ausgeschenkt werden.

»
Eine Küche ganz nach Tradition, basierend auf exzellenten Zutaten, leicht zubereitet, elegant präsentiert.
«

FABBRICA CURONE (AL)
Selvapiana

62 KM SÜDÖSTL. V. ALESSANDRIA, 32 KM V. TORTONA

La Genzianella

Restaurant
Via Forotondo, 7
Tel. (+39) 01 31 / 78 01 35
Ruhetag: Montag, Dienstag (außer im Sommer)
Ferien: September
60 Plätze + 15 Plätze im Freien
Preise: 30–35 €
Kreditkarten: CS, MC, Visa; BM
Mittags und abends geöffnet

Selvapiana liegt auf beinahe 800 Höhenmetern und dominiert von diesem Platz aus das Curone-Tal. Ein Wahrzeichen dieses Ortsteils ist das Hotelrestaurant La Genzianella, ein Familienbetrieb, dessen Seele Cristiana Rolandi ist: Geboten werden ein luxuriöses, gepflegtes Ambiente und eine Küche, die erstklassige Zutaten aus lokaler Produktion verarbeitet. Die Speisekarte wechselt wöchentlich und seit einiger Zeit kann man auch eine einfache, schmackhafte Merenda *sinòira* wählen, einen Imbiss mit einigen Antipasti: exzellente, von Cristianas Vater Angelo produzierte Salumi, die typische ***Turta in tra biela*** aus Milch, Brot und Montebore-Käse (ein Slow-Food-Presidio), je nach Jahreszeit Frittelle alla salvia, Tortini di verdura mit Borretsch und schwarzem Trüffel (im Curone-Tal findet man weiße und schwarze Trüffeln) und **Tonno di coniglio** (8 €). Dann folgen **Risotto al Timorasso** (6 €), Ravioli di caciotta e maggiorana mit Tomaten, gratinierte Cannelloni mit Ragù alle quattro carni und **Tagliolini**, in der Saison **con i funghi**, also mit Pilzen serviert. Unter den Secondi verdienen die würzige Tagliata di petto d'anatra, **Spalla di vitello mit Haselnüssen** und im Herbst gehaltvolle Gerichte mit **Selvaggina** (Wild) eine Erwähnung. Neben den klassischen Desserts nach hiesiger Tradition bekommen Sie auch Torta con crema pasticciera, Bavarese mit Pfirsichen aus Volpedo, Torta di nocciole aus gelbem Mehl, Flan al cioccolato und Crema di mascarpone. Der Keller ist reich bestückt, wobei Timorasso, ein Weißwein aus einer alten autochthonen Rebsorte, hoch im Kurs steht.

In **Fabbrica Curone** bietet die Salumeria Fittabile (Via Roma 47) unter anderem Salami aus den Valli Tortonesi, ein Slow-Food-Presidio.

FARIGLIANO (CN)

36 KM NORDÖSTLICH VON CUNEO, S.P. 12

La Speranza

Restaurant
Piazza Vittorio Emanuele II, 43 bis
Tel. (+39) 01 73 / 761 90
Ruhetag: Mittwoch, Donnerstag
Ferien: 1 Woche zu Weihnachten/Neujahr, 3 Wochen im August
40 Plätze + 12 Plätze im Freien
Preise: 33–38 €
Kreditkarten: CS, MC, Visa; BM
Mittags und abends geöffnet

Maurizio Quaranta, der als Chefkoch in renommierten Restaurants in Alba Erfahrungen gesammelt hatte, traf 2008 eine richtungweisende Entscheidung und übernahm dieses historische Lokal. Gemeinsam mit seiner Frau Sabrina, einer Römerin, gab er dem Lokal einen neuen Look – nicht überladen, in Creme- und Rottönen gehalten – und setzte neue Maßstäbe bei der Qualität des Angebots. Die Gerichte bezeugen große Sorgfalt bei der Ausführung und basieren auf Zutaten, die in puncto Saisontreue und lokaler Verfügbarkeit keine Kompromisse eingehen. Zu Beginn ein kleiner Appetizer, eventuell eine Kostprobe von Lardo und Salame cotto (das Gebiet um Dogliani ist die Heimat dieser Wurstspezialität), danach können Sie sich für ein Degustationsmenü entscheiden, das für 33 € zwei Antipasti, Primo, Secondo und Dessert bietet, oder aus der Karte wählen. Für den Einstieg stehen Galantina di coniglio mit Kaninchen aus lokaler Zucht, Tortino di coste in salsa oder Fritto di acciughe e carciofi (10 €) auf dem Programm. Verzichten Sie nicht auf **Tagliolini al coltello mit Fleischragout**, aber auch Agnolotti, gefüllt mit Kräutern und Ricotta, und **Gnocchi di patate di montagna mit Castelmagno von der Alm** sind sehr zu empfehlen. Der nächste Gang umfasst **Quaglia, gefüllt mit Kalbswurst und im Ofen gegart** (13 €), Guancette di maiale mit geschmortem Wirsing oder **Spallotto di agnello disossato al forno** (15 €). Zum süßen Abschluss gibt es **Budino al gianduia** (6 €), Strudel di mele mit Eis oder Semifreddo di torrone mit Schokoladesauce. Die Weinkarte bevorzugt lokale Produkte und hat ihren Schwerpunkt bei Dogliani, ergänzt durch weitere niveauvolle Etiketten aus dem Piemont.

FRASCARO (AL)
Tacconotti

18 KM VON ALESSANDRIA, 20 KM VON ACQUI TERME

Trattoria dei Tacconotti

Trattoria
Ortsteil Tacconotti, 17
Tel. (+39) 01 31 / 27 84 88,
(+39) 333 / 299 52 52
Ruhetag: Mittwoch
Ferien: zeitweise im Januar
40 Plätze + 30 Plätze im Freien
Preise: 33–37 €
Kreditkarten: AE, CS, DC, MC, Visa; BM
Mittags und abends geöffnet

Das Tacconotti liegt gegenüber der kleinen Kirche im gleichnamigen Ortsteil von Frascaro, in jenem Teil des Monferrato Alessandrino, der nach Ligurien blickt. Diese Trattoria in Reinkultur wird seit mehr als 15 Jahren mit großer Leidenschaft von Carlo und Anna geführt. Der Wirt begleitet Sie an einen Tisch in einem der beiden Gastzimmer oder in den sommerlichen Außenbereich, er berät Sie bei der Wahl der Weine und erläutert die Gerichte, die seine Frau aus sorgfältig gewählten Produkten lokaler Hersteller oder aus selbst angebautem Gemüse zubereitet. Der Garten bietet, sehr zur Freude von Gemüsefreunden, eine große Vielfalt. Beginnen können Sie mit einem Antipasto (12 €), bestehend aus vier Kostproben, zum Beispiel ***Subrich*** oder Crocchette **di erbe selvatiche**, **Insalata russa**, Tartara di manzo mit Sardellensauce und Crostino mit delikater Knoblauchsauce. Die Primi locken mit **Agnolotti**, serviert mit Butter und Käse, mit Sugo oder in einer Schüssel **con il vino** (in Weinsauce), Stracci in den Versionen al pesto di Pra (mit Pesto, 9 €) oder al sugo di salsiccia (mit Wurstsauce), aber auch mit Zuppa di verdure (nur mit Gemüse oder verfeinert mit Fleisch). Unter den Secondi finden Sie neben dem stets vertretenen warmen **Vitello tonnato all'antica** (ohne Mayonnaise) auch **Punta di vitello ripiena**, eine exzellente **Finanziera**, Cinghiale brasato, hervorragenden **Baccalà grigliato mit würzigen Kräutern** (16 €) und Gemüsetorten. In den kühlen Monaten können Sie Fritto misto alla piemontese oder *Bagna caoda* vorbestellen. Den Schlusspunkt setzt man mit Bavarese, Cremino, Zabaione oder einem feinen Gelato alla crema (6 €), gefolgt von den hauseigenen Likören (Amaretto, Rosolio und Kaffeelikör). Die gepflegte Weinkarte schenkt den Winzern dieser Gegend, auch kleinen Betrieben, die gebührende Aufmerksamkeit.

GATTINARA (VC)

37 KM NÖRDLICH VON VERCELLI

La Brioska

Trattoria
Corso Valsesia, 1
Tel. (+39) 01 63 / 83 51 63
Ruhetag: Dienstag, Mittwoch
Ferien: je 10 Tage im Januar und Juni
50 Plätze + 25 Plätze im Freien
Preise: 28–30 €
Kreditkarten: CS, DC, MC; BM
Mittags und abends geöffnet

Die Osteria hat ihren Sitz unter den Arkaden im Ortszentrum. Erst kürzlich eröffnete die gleiche Familie in angrenzenden Räumlichkeiten die Enoteca della Brioska, in der die erlesenen Etiketten der lokalen Kellereien vertreten sind, die auch in der Trattoria angeboten werden. Das Lokal verfügt über zwei ansprechende Gastzimmer und einen kleinen Außenbereich für den Sommer. Pina Baruffi betreut mit Unterstützung von jungen Kolleginnen die Küche, im Saal servieren ihr Mann Celestino und Sohn Piero. Die Karte listet Gerichte aus Zutaten vorwiegend lokaler Provenienz auf. Beginnen Sie mit Frachet, einem von Celestino selbst hergestellten Weichkäse, serviert mit warmer Focaccia, oder mit lokalen Salumi, **Vitello tonnato**, pikanten Torten mit saisonalem Gemüse, **Insalata russa** und im Winter mit warmem Cotechino mit Kartoffeln. Die Lage inmitten eines Reisgebiets erklärt die Präsenz von **Paniscia** und **Risotto al Gattinara** unter den Primi (8 €), es gibt aber auch **Agnolotti** oder Tagliatelle mit verschiedenen Saucen. Als Secondi (12 €) erfreuen im Winter **Polenta e tapulone** (Eselschmorbraten), in der Saison **Rane** (Frösche), frittiert, geschmort oder in einer Frittata (15 €) sowie das ganze Jahr über Roastbeef oder Arrosto di scottona vom Piemontese-Rind. Zum Ausklang wählt man gute Formaggi aus dem Sesia-Tal oder Gorgonzola, aber auch Desserts (5 €) wie Panna cotta, *Bonet*, Torta alle mele mit Chantilly-Creme oder Cappuccino Brioska, ein überarbeitetes Tiramisu.

In der Enoteca Regionale (Corso Valsesia 112) gibt es sämtliche Weine des nördlichen Piemont. Bei Massimo Patriarca (Via Galileo Ferraris) bekommen Sie gegen telefonische Voranmeldung unter (+39) 348 / 890 78 04 Obst und Gemüse aus eigenem Anbau.

25 KM NORDWESTLICH VON NOVARA

Il Cavenago

Ferienbauernhof
Cascina Cavenago
Tel. (+39) 01 63 / 84 02 15
Ferien: 3 Wochen nach Weihnachten
60 Plätze
Preise: 24–32 € (Tagesmenü)
Kreditkarten: CS, DC, MC, Visa; BM
Freitag- und Samstagabend sowie Sonntagmittag geöffnet

Dieser Ferienbauernhof entstand in einem festungsartigen Gutshaus aus dem Jahr 1650, das zu den ältesten Bauwerken von Ghemme zählt. Drei im Originalzustand erhaltene Räume mit großen Kaminen, Cotto-Fußböden und Kassettendecken sind der Bewirtung gewidmet. In diesem Ambiente wie aus alten Zeiten bietet die Familie Martinoli Gerichte, die den Wandel der Jahreszeiten widerspiegeln. Das Angebot ist daran gebunden, welches Obst und Gemüse der Garten gerade bietet und welche Hoftiere aus eigener Aufzucht (Hühner, Perlhühner, Gänse, Enten, Kaninchen) verfügbar sind. Es gibt zwei Menüs, das Menù tipico und das Menù del conte, die sich in der Anzahl der Gänge und damit im Preis unterscheiden (24 und 32 € ohne Weine). Nach einem Begrüßungsschluck, der im Sommer im stimmungsvollen Hof ausgeschenkt wird, geht es gleich los mit den Antipasti: typische Salumi (*Brisaula* aus dem Val d'Ossola, *Salam 'dla doja, Fidighin*), Tartine di pane di segale mit Honig, Speck und Nüssen, in der Saison Fiori di zucchina in Backteig oder die köstlichen **Pere al forno mit Gorgonzola-Creme**. Das Primo ist für gewöhnlich ein **Risotto** (mit Erbaluce und Basilikum, mit Toma oder in Ghemme gekocht). Unter den Secondi blieben uns **Brasato al Ghemme** mit Ofenkartoffeln und **Faraona arrosto** mit gratinierten Auberginen in Erinnerung. Zum Abschluss der Mahlzeit erwartet Sie ein Dolce (Spumino al cioccolato, Crostata alle fragole, **Salame di cioccolato**, Biscotti di Novara) oder gegen Aufpreis von 6 € ein Sortiment an Formaggi dieser Gegend. Die Weinkarte dient als Plattform, auf der sich die besten Produkte der Colline Novaresi tummeln. Neben dem Restaurant bietet der Hof auch komfortable Gästezimmer zum Übernachten, einen Grill- und Picknick-Platz, einen Spielplatz und einen Gratis-Verleih von Mountainbikes.

80 KM NÖ. V. CUNEO, 20 KM V. ASTI, S.S. 231 OD. A 33

Pautassi

Trattoria
Via Boetti, 21
Tel. (+39) 01 73 / 580 10
Ruhetag: Montag, Dienstag
Ferien: 10. Januar–13. Februar
40 Plätze + 20 Plätze im Freien
Preise: 30–32 €
Kreditkarten: CS, DC, MC, Visa; BM
Mittags und abends geöffnet

Govone ist der letzte Ausläufer des als Roero bezeichneten Landstrichs, den der aus Alba stammende Fenoglio ganz einfach „Oltretanaro" („Gebiet jenseits des Tanaro") nannte. Am Beginn des Ortsteils, der vom Schlosspark hinauf in die Ortschaft führt, hat die Osteria Pautassi ihren Sitz. Einen herzlichen Empfang bereitet Ihnen Louis Cabases, ein Katalane, den es in die Langa verschlagen hat. In der Küche führt Monica Pautassi die Familientradition fort. In der detaillierten Speisekarte ist die Herkunft der Zutaten unter Nennung der Lieferanten angeführt und es sind auch die Wünsche und Bedürfnisse von Vegetariern und Personen mit Lebensmittelunverträglichkeiten berücksichtigt. In diesem Hügelland ist der Antipasto nicht nur ein Gericht, sondern wird regelrecht zelebriert: Verwöhnen Sie sich mit Battuta vom Kalb der piemontesischen Rasse, klassischem **Vitello tonnato** (9 €) oder den wunderbaren Sardellen mit roter und grüner Sauce. Unter den Primi finden Sie **Agnolotti *dal plin* mit Almbutter und Rosmarin**, ***Tajarin* 40 tuorli al ragù di fassone** (mit Fleischragout) oder mit Borretsch-Pesto und Gnocchi alle zucchine (11 €). Als Secondo können Sie **Muscolo al Nebbiolo del Roero** (12 €), **Coniglio ai profumi dell'orto**, Polpette di ricotta mit Sugo und im Sommer einen exzellenten **Carpione** wählen. Sehr einladend sind die Desserts (5,50 €): Pane e cioccolato mit roten Früchten, Panna cotta mit Haselnüssen, Parfait di mele mit Pistazien, Sorbetto alla fragola mit Basilikum und Cassata Pautassi. In der Weinkarte dominieren lokale Produkte. Beim Genuss einer der guten Flaschen denken Sie daran, dass hier in Govone Giovanni Dalmasso, der größte Weinbau-Fachmann des letzten Jahrhunderts, lebte und starb: Dass die Weine dieses Hügellandes heute in der ganzen Welt beliebt sind, ist auch ihm zu verdanken.

GRAZZANO BADOGLIO (AT)

23 KM NORDÖSTLICH VON ASTI

Il Bagatto

Restaurant
Piazza Cotti, 17
Tel. (+39) 01 41 / 92 51 10
Ruhetag: Montagabend, Dienstag
Ferien: zweite und dritte Januar- und Juliwoche
60 Plätze + 30 Plätze im Freien
Preise: 30–35 €
Kreditkarten: AE, CS, DC, MC, Visa; BM
Mittags und abends geöffnet

Das Lokal, das nach einer Tarock-Karte („Pagat") benannt ist, befindet sich im Ortszentrum gegenüber der gewaltigen Mauer, die noch heute für das traditionelle Ballspiel Tamburello genutzt wird. Das Ambiente ist freundlich, im Winter knistert das Feuer im Kamin, im Sommer lockt der Garten. Im Saal kümmern sich Stefania und Franco Tappa, die Inhaber des Lokals, um die Gäste, die Küche ist das Reich von Franca Poggio. Es gibt vier Menüs, eines davon mit vegetarischen Gerichten, mit Preisen zwischen 20 und 32 €. Die Tagesgerichte werden mündlich vorgetragen. Unter den Antipasti finden Sie Klassiker wie **Peperoni al forno mit *Bagna caoda*** (7 €), Polenta mit Salsiccia oder Gorgonzola, Carne cruda und die stets verfügbaren Salumi dieser Gegend, darunter **Muletta all'aglio e Barbera**. Die **Agnolotti al sugo d'arrosto** (8 €), Tagliatelle und hausgemachte Gnocchi sind fester Bestandteil des Repertoires, wie auch ungewöhnliche **Risotti**. Spezialitäten unter den Secondi sind Gerichte aus dunklem Fleisch, das von erstklassigen Schlacht- und Zuchtbetrieben aus dieser Gegend geliefert wird: eine schlichte, aber bemerkenswerte Tagliata (13 bis 15 €), **Ossibuchi**, **Stracotto** di manzo, zu denen sich manchmal Cinghiale (Wildschwein) gesellt. Das Lokal ist auch bekannt für den Fritto misto, der gegen Vorbestellung zubereitet wird. Im Sommer verlegt sich der Schwerpunkt der Küche auf helles Fleisch und man bekommt **Bistecche di coniglio**, Bocconcini chiari e scuri al Marsala (Truthahnbrust und Kalbshaxe). Ganz klassisch sind auch die Dolci, darunter Torta di nocciole, *Bonet*, Zuccotto und Eis. Der Keller bietet neben dem offenen Wein eine Karte mit einer guten Auswahl an Weinen dieser Gegend, unter denen der hiesige Grignolino hervorsticht, ergänzt durch einige Etiketten aus anderen Regionen Italiens.

GREMIASCO (AL)

45 KM SÜDÖSTL. V. ALESSANDRIA, 27 KM V. TORTONA

Belvedere

Restaurant
Via Dusio, 5
Tel. (+39) 01 31 / 78 71 59
Ruhetag: Dienstag
Ferien: unterschiedlich
100 Plätze + 35 Plätze im Freien
Preise: 30–32 €
Kreditkarten: CS, Visa; BM
Mittags und abends geöffnet, Oktober–Juni Montag–Donnerstag nur mittags

Die Geschichte dieses Lokals am Eingang von Gremiasco im oberen Curone-Tal begann in den 1950er-Jahren, als Papa Benito die damalige Dorfbar zu einem Restaurant umfunktionierte, das noch heute von der Familie Delucchi geleitet wird: Mama Agnese steht am Herd, unterstützt durch ihren Sohn Giuliano, der auch im Saal gemeinsam mit seinem Bruder Alberto tätig ist. Dieser wiederum betreut zusammen mit seinem Vater auch den Keller und den Gemüsegarten. Die Karte beweist Gebietstreue bei den Rezepten und in der Verwendung lokaler, saisonaler Produkte. Beispiele für Antipasti sind der erstklassige Tortino di germogli di luppolo (6 €) oder die Version mit Borretsch und Blattspinat, Fiori di sambuco, in Backteig frittiert und **Crostata di cipolla bionda di Castelnuovo**. Auch die Salumi sind zu empfehlen. Die Primi sind im Frühling gut vertreten mit **Gnocchetti di ortiche mit Montebore** (ein Slow-Food-Presidio), im Sommer mit Tagliatelle mit Basilikum und Tomaten (7 €) und in der kühlen Jahreszeit mit **Agnolotti di brasato al Barbera**. Bei den Secondi stehen helles und dunkles Fleisch im Zentrum: **Coniglio al Timorasso** (8 €), Pollo mit Zitrone, **Brasato** und in der Jagdsaison **Cinghiale mit Polenta**. Erstklassige Dolci wie Mousse di fragole oder die Version mit Pfirsichen aus Volpedo, Crostate di frutta und Bavarese al caffè oder alla vaniglia. Die Weinkarte umfasst viele Etiketten dieses Landstrichs, mit besonderer Vorliebe für Timorasso und Barbera. Interessant und günstig ist das Degustationsmenü für 30 € mit fünf Antipasti, Primo, Secondo und dreierlei Desserts sowie einem Glas Wein.

Die Fleischerei Arsura (Via Dusio 7) verkauft unter anderem Salami aus den Valli Tortonesi, ein Slow-Food-Presidio.

GUARDABOSONE (VC)

57 KM NW. VON VERCELLI, S.S. 594 UND S.S. 299

La Barrique

Osteria-Pizzeria
Piazza Repubblica, 11
Tel. (+39) 015 / 76 11 19
Ruhetag: Montag
Ferien: ersten 2 Septemberwochen
45 Plätze + 25 Plätze im Freien
Preise: 28–32 €
Kreditkarten: AE, CS, MC, Visa; BM
Mittags und abends geöffnet

Eine Panoramastraße führt Sie vorbei an Wäldern und Wiesen, bis Sie zu dieser modernen Osteria am Eingang des mittelalterlichen Dorfes Guardabosone gelangen. Es erwarten Sie zwei freundliche Gastzimmer und eine Terrasse für die schöne Jahreszeit. Produkte dieses Landstrichs und viele Slow-Food-Presidi sind die Zutaten, aus denen Leonardo die Gerichte zubereitet, die in der häufig wechselnden Karte angeführt sind. „Sveglia stomaco" – „Magenwecker", so nennt man hier die Antipasti. Beispiele für diese sind Battuta di fassone, **Vitello rosato in salsa monferrina mit frittiertem Lauch** (9 €) und Frittatina di crescione mit Slinzega (einer feinen Wurstspezialität) aus dem Ossola-Tal. Dann folgen schmackhafte Primi, darunter **Tagliatelle mit Wurstsauce** oder mit Gemüseragout (8,50 €), **Ravioloni mit brauner Butter und Parmesan** sowie Risotto (Minimum zwei Personen) mit wildem Thymian, Zitrone und Caprino. Unter den Secondi findet man **Agnello a scottadito mit Kräutern der Provence und Kartoffelgratin**, Albese di fassone mit Spargel und Gorgonzola (12 €) oder mit *Bagna caoda* und gefüllte Calamaretti in guazzetto di pomodoro (in Tomatensauce). Der Käsewagen ist mit verschiedenen Arten von erstklassigem Toma aus den piemontesischen Tälern bestückt, die mit Honig und Mostarda serviert werden (10 €). Der Reigen schließt mit hausgemachten Desserts (5 €): ***Bonet***, Minestrone di frutta mit Eis, Tortino al cioccolato fondente und Crêpe alla mela. Die Weinkarte enthält eine beachtliche Auswahl an Etiketten, vorwiegend aus diesem Gebiet, wovon einige auch glasweise angeboten werden.

Im Ortsteil **La Burla** (1 km) bietet die gleichnamige Fleischerei ein hervorragendes Fleischsortiment.

IVREA (TO)

54 KM NÖRDLICH VON TURIN

Aquila Antica

Restaurant
Via Gozzano, 37
Tel. (+39) 01 25 / 42 55 50
Ruhetag: Sonntag- und Montagabend
Ferien: zweite und dritte Augustwoche, 1 Woche nach Karneval
85 Plätze + 35 Plätze im Freien
Preise: 32–35 €
Kreditkarten: AE, CS, DC, MC, Visa; BM
Mittags und abends geöffnet

Das Aquila Antica ist eine gute und angenehme Adresse, um eine gelungene Verbindung zwischen der klassischen Gastro-Kultur des Canavese und einer modernen, innovativen Küche kennenzulernen. Das Ergebnis ist ein frisches Speisenrepertoire, das vom ersten Bissen an überzeugt. Fleisch und Gemüse ganz nach Tradition, auch einige Fischgerichte, die sich nach der Verfügbarkeit der Zutaten richten. Der Service ist äußerst freundlich und aufmerksam: Das kompetente Personal berichtet gerne über Geschichte, Herkunft und Merkmale der Gerichte, die aufgetischt werden. Bevor Sie starten, heißt Sie die Küche mit einem kleinen Häppchen willkommen (in unserem Fall Chips von Knollensellerie, kalte Caponatina und Eigelb in Aspik). Auch bei den Antipasti wird die Tradition durch überraschende Einfälle der Küche aufgelockert: Probieren Sie Tinca affumicata (geräucherte Schleie aus Ceresole d'Alba, 10 €), ein überaus schmackhaftes Gericht, spektakulär angerichtet. Exzellent sind Vitello tonnato und Peperone ripieno di tonno (mit Thunfisch gefüllte Paprikaschote). Als Primo empfehlen wir den delikaten **Risotto al piccione** (mit Taube, 9,50 €) oder **Agnolotti al sugo d'arrosto**. Die Spezialität des Hauses sind **Tagliatelle del negretto**, mit Kakaoanteil im Teig. Im Frühling können Sie sich die typische **Zuppa alle ajucche** aus Wildkräutern dieser Gegend schmecken lassen. Unser Tipp unter den Secondi gilt **Finanziera**, Lonza di maiale mit Kräutern und dem **Fritto misto alla piemontese** (18 €) nach alter Art, bei dem neben Fleisch und Gemüse auch Süßes enthalten ist. Den Schlusspunkt setzt man mit traditionellen Desserts: *Bonet*, Sorbetto und Panna cotta. Kleine, doch interessante Weinkarte, die insbesondere den Etiketten aus dem Gebiet des Canavese gewidmet ist.

50 KM NORDÖSTLICH VON CUNEO, 15 KM VON ALBA

L'Osteria del Vignaiolo

Trattoria
Regione Santa Maria, 12
Tel. (+39) 01 73 / 503 35
Ruhetag: Mittwoch, Donnerstag
Ferien: 2 Wochen im Sommer, Ende Dezember, Januar
40 Plätze + 20 Plätze im Freien
Preise: 33 €
Kreditkarten: CS, MC, Visa; BM
Mittags und abends geöffnet

Die Osteria empfängt ihre Gäste in einem durch einen Gewölbebogen zweigeteilten Speisesaal und im Sommer in einem Außenbereich mit Blick auf die prachtvollen Weingärten (wir befinden uns hier auf dem Hang, der von La Morra in Richtung Alba hinunterführt). Die Küche unter der Leitung des Inhabers Luciano Marengo bietet mit Konsequenz und Beständigkeit die traditionellen Gerichte der Langa, zu denen sich gelungene Überarbeitungen bekannter Rezepte gesellen. Als Antipasto erwarten Sie **Vitello tonnato**, Insalata di carne cruda, **Anguilla in carpione**, knuspriger Pancetta di maialino mit süßsauer eingelegtem Gemüse und im Frühling Uovo impanato e fritto mit Fonduta und Spargel (9 €). Unter den Primi sind exzellente **Ravioli dal *plin* mit Butter und Salbei** (9 €), **Tagliolini** „al coltello“ **mit Wurstragout**, gratinierte Lasagne alle verdure, Ravioli verdi di robiole e *seirass* mit Sauce von schwarzem Trüffel sowie Gnocchi di patate mit Basilikumsauce und gehobeltem Castelmagno angeführt. Dann folgen **Stracotto di vitello al Nebbiolo** (13 €), Cubetti di scamone dorati mit Brot und würzigen Kräutern, Coscia d'anatra stufata all'Arneis und Spalla di agnello di Langa, im Ofen geschmort. Auf der Karte ist auch eine Degustation von Formaggi, kombiniert mit *Cognà* und einem Glas Passito, zu finden. Die große Auswahl an hausgemachten Dolci umfasst Tortino caldo mit piemontesischen Haselnüssen und Zabaione, Timballo di pere madernassa mit Fiordilatte-Eis, Strudel di mele auf Zimtcreme und Meringhe mit Erdbeeren und Schlagsahne (7 €): Im Preis jedes Desserts ist auch ein Glas Moscato d'Asti eingeschlossen. Die kompetent präsentierte Weinauswahl hat ihren Schwerpunkt im Piemont, insbesondere bei Barolo und Barbaresco, aber auch andere wichtige Anbaugebiete sind vertreten, ergänzt durch guten italienischen Spumante und Champagner.

50 KM NORDÖSTLICH VON CUNEO, 15 KM VON ALBA

Locanda Fontanazza

Moderne Osteria
Strada Fontanazza, 4
Tel. (+39) 01 73 / 507 18
Ruhetag: Montagmittag, Donnerstag
Ferien: Januar/Februar
40 Plätze + 20 Plätze im Freien
Preise: 21–32 €
Kreditkarten: AE, CS, DC, MC, Visa; BM
Mittags und abends geöffnet

Die Rebfläche von La Morra liegt im Barolo-DOCG-Gebiet. Eine Fahrt durch eine unvergleichliche Landschaft, eingebettet zwischen den mit Weinstöcken bepflanzten Hügeln und stimmungsvollen Dörfern, führt uns nach Fontanazza und zur gleichnamigen Osteria in einem neu errichteten Gebäude mit Spitzdach und einem schön designten Interieur. Man speist in einem geräumigen, auf zwei Ebenen angelegten Speisesaal mit großen Glasfenstern, in dessen Mitte ein Kamin thront, oder im Sommer auf einer Terrasse, von der aus man einen prachtvollen Panoramablick auf die Umgebung genießen kann. Das Fontanazza ist eine moderne Osteria, die Gerichte nach Tradition der Langa in neuem Gewand anbietet, zubereitet aus saisonalen Produkten dieser Gegend. Gleich zum Einstieg erwarten Sie Klassiker wie Carne cruda, mit dem Messer gehackt, und Girello di vitello in Thunfischsauce sowie **Paté di fegatini di coniglio mit Brioche und karamellisierten Zwiebeln** (8 €), ein traditionelles Gericht in überarbeiteter Version, das sich zu Verdure al forno ripiene und der gegrillten Salsiccia di Bra gesellt. Die frische Pasta ist, wie auch Brot und Grissini, hausgemacht: ***Tajarin* al sugo di arrosto** (9 €), Tagliatelle, im Sommer mit Gemüseragout serviert, und Gnocchi di patate mit Pesto. Für den Hauptgang sind **Rolata di coniglio al forno** (12 €), Pancetta di maiale arrosto mit süßsaurer Sauce und in den warmen Monaten **Carpione** mit Zucchini, Ei und Hähnchen vorgesehen. Danach gibt es eine Auswahl an Formaggi aus dem Piemont und hausgemachte Desserts, bei denen sich der Bogen von Panna cotta bis Timballo mit Feigenkonfitüre spannt. Natürlich entfällt der Löwenanteil der Weinkarte auf die großen Weine der Bassa Langa, aber es sind auch Etiketten aus dem übrigen Italien und anderen Ländern vertreten.

LU (AL)
Borghina

20 KM NÖRDLICH VON ALESSANDRIA

La Commedia della Pentola

NEU

Restaurant • Ortsteil Borghina, 1
Tel. (+39) 01 31 / 74 17 06,
(+39) 393 / 392 71 02 82
Ruhetag: Montag • Keine Ferien
45 Plätze + 60 Plätze im Freien
Preise: 35 € • Keine Kreditkarten
Abends geöffnet, Samstag und Sonntag auch mittags

Schilder weisen auf eine Straße hin, die sich von Lu in vielen Kurven durch die Weingärten bis zum Ortsteil Borghina hinaufschlängelt, wo man gegenüber einem alten Landhaus parken kann. Der Speisesaal des Restaurants ist im Originalzustand erhalten, mit Wänden aus Stein und unverputzten, weiß getünchten Ziegeln, den ursprünglichen Lampen, Tischen und Stühlen, sogar mit den alten Tellern und Gläsern, von denen keines dem anderen gleicht. Das Lokal wird als Familienbetrieb geführt: Empfangen werden Sie vom jungen Mauro De Martini, dem Sohn der Köchin Vilma Garlando, die von Camillo Romagnolo unterstützt wird. Das Restaurant hat keine Weinkarte, stattdessen führt Mauro Sie in den Keller, wo zahlreiche Etiketten dieser Region und anderer Anbaugebiete Italiens lagern, und erläutert kompetent die Merkmale und Kombiniermöglichkeiten der Weine. Die Speisekarte schlägt typische Gerichte nach Art des Monferrat vor, bei denen sich Tradition mit Originalität verbindet. Sie können ein reichhaltiges Menü für 35 € oder à la carte wählen. Eine gute Wahl unter den Antipasti sind **Finanziera** und Sformato di verdura mit Trüffel oder Käsecreme (9 €). Als Alternative gibt es einen gemischten Teller mit vier Antipasti nach Wahl (15 €). Unter den allesamt hausgemachten Primi (12 €) finden Sie die typischen **Agnolotti ai tre arrosti**, Tortelli di ortica und Gnocchetti aus hiesigen Kartoffeln mit pürierten Rübensprossen. Das Kapitel der Secondi umfasst Fassone piemontese, **Arrosto rosato** mit Öl von piemontesischen Haselnüssen, Brasato oder **Testina cotta al vapore** mit Gemüse (14 €). Die von der Konditorin Oriana Ravelli zubereiteten Desserts sind überaus gepflegt: Lassen Sie sich **Fragole al vin brûlé** mit Minzesorbet oder Ciliegie selvatiche (Wildkirschen), unter Dampf gegart, mit **Sorbetto al Barbera** schmecken.

MASERA (VB)
Cresta

44 KM NORDWESTL. V. VERBANIA, S.S. 34 U. S.S. 33

Divin Porcello

Restaurant
Borgata Cresta, 11
Tel. (+39) 03 24 / 350 35,
(+39) 348 / 220 26 12
Ruhetag: Montag
Ferien: 1 Woche im Januar
60 Plätze + 20 Plätze im Freien
Preise: 32–35 €
Kreditkarten: AE, CS, DC, MC, Visa; BM
Mittags und abends geöffnet

Der Name des Lokals weist darauf hin, dass die Familie Sartoretti, einer langjährigen Tradition folgend, auch einen Betrieb zur Herstellung von Wurstspezialitäten führt. Die Brüder Massimo und Corrado empfangen die Gäste in den Speisesälen mit Holzgebälk und Steinwänden oder im Sommer auf der Terrasse mit Panoramablick. Die Leitung der Küche liegt in den Händen von Gianfranco Tonossi. Für den Einstieg empfehlen wir Ihnen Kostproben der Salumi aus eigener Produktion (10 €): Mortadella ossolana, Mocetta von der Ziege, Bresaola vom Hirsch, *Lumbar* und Lardo. Exquisit sind auch der Strudel al bettelmatt (13 €) und Frittatina alle ortiche mit knuspriger Pancetta. Als Primi (9 €) werden **Gnocchi all'antica ossolana**, Agnolotti con ragù di cervo oder Zuppa di cipolle angeboten. Die Spezialität des Hauses unter den Secondi ist ***Lausciera*** (13 €), ein Filet und ein Lendenstück vom Schwein, direkt bei Tisch auf einem heißen Stein gebraten. Gut beraten ist man zudem mit **Filetto di maiale mit Haselnüssen** (13 €) und Fisch aus dem Lago Maggiore mit Butter und Salbei (14 €). Dann folgt ein einzigartiges Sortiment an **Formaggi** aus den angrenzenden Tälern: Caprino, Toma, Robiola, Grasso d'alpe und Bettelmatt. Zum Ausklang bekommen Sie hervorragende hausgemachte Desserts (6 €): Torta allo yogurt mit Waldbeeren, Panna cotta und **Semifreddo al Prunent** auf der Basis eines Weins aus einer autochthonen Rebsorte dieser Gegend. Der Keller ist gut bestückt mit guten Tropfen, darunter auch Produkte aus dem Ausland und interessante Erzeugnisse von kleinen Weinbauern. Es werden drei Menüs für 40, 45 und 50 € geboten. Es gibt einen Shuttleservice zwischen dem Lokal und dem Bahnhof von Domodossola und die Möglichkeit in einem der drei hübschen, rustikal eingerichteten Gästezimmer zu übernachten.

MASIO (AL)

20 km südöstlich von Alessandria

Antica Trattoria Losanna

Trattoria
Via San Rocco, 40
Tel. (+39) 01 31 / 79 95 25
Ruhetag: Montag
Ferien: 2 Wochen nach Weihnachten, August
60 Plätze
Preise: 26–30 €
Kreditkarten: AE, CS, DC, MC, Visa; BM
Mittags und abends geöffnet

Die Trattoria wurde 1912 vom Urgroßvater des derzeitigen Betreibers Franco Barberis gegründet, der auch dessen Spitznamen, Scarpetta, geerbt hat. Heute gilt das Lokal mittags als Geheimtipp unter Berufstätigen, während am Abend und an Feiertagen, wenn das Angebot auf der Karte größer ist, die Einheimischen aus Alessandria und Asti das Lokal besuchen, weshalb eine Reservierung absolut notwendig ist. Schenken Sie dem Versprechen des Kochs und Wirtes, der schwört, dass es früher oder später eine gedruckte Speisekarte und eine Weinkarte geben wird, keinen Glauben: Seit Jahrzehnten trägt das Personal die Tagesgerichte mündlich vor und empfiehlt die passenden Weine. Eine exzellente Salami mit warmer Focaccia überbrückt die kurze Wartezeit auf die Antipasti, von denen auch ein gemischter Teller (10 €) angeboten wird: Carne cruda, **Insalata russa**, Involtini di peperone und Sformato mit saisonalem Gemüse. Ein Muss unter den Primi sind **Agnolotti di stufato mit Bratensauce** (10 €), aber auch Gnocchi di patate mit Tomatensauce, Tagliolini ai funghi oder Tagliolini alle verdure und ***Rabaton*** di ricotta ed erbette sind zu empfehlen. Den Hauptgang wählt man unter Vorschlägen wie dem zarten **Arrosto di punta di vitello**, einer wahren Gaumenfreude, und **Carpione** mit Fleisch und Gemüse oder gehaltvolleren Gerichten wie **Trippa mit Bohnen**, Stufato d'asino oder Stoccafisso in umido mit Kartoffeln (12 €). Im Spätherbst sind **Funghi porcini** und weißer Trüffel ein sicherer Tipp. Scarpetta zeichnet für die Desserts verantwortlich, darunter der traditionelle ***Bonet***, Panna cotta (4 €), **Torta di nocciole** und sein Bravourstück, die Torta di pere al cioccolato. Auch wenn auf der Weinkarte Etiketten aus ganz Italien und aus Frankreich vertreten sind, sollten Sie sich an die umfangreiche Auswahl an Barbera halten.

MAZZÈ

40 km nordöstlich von Turin

Santa Marta

Restaurant
Via delle Scuole, 2
Tel. (+39) 011 / 983 56 16,
(+39) 348 / 263 63 72
Ruhetag: Dienstag
Ferien: unterschiedlich
40 Plätze
Preise: 35–37 €
Kreditkarten: CS, DC, MC, Visa; BM
Abends geöffnet, Sonntag auch mittags

Man muss in den höher gelegenen Teil des Dorfes hinauffahren, bis zum Parkplatz gegenüber dem Schloss, um diesen bezaubernden Winkel des Canavese zu entdecken. Das Restaurant versteckt sich hinter der Kirche. Die einstige Kapelle aus dem 15. Jahrhundert wurde in zeitgenössischem Stil umgebaut, wobei sich im unteren Bereich der Bartresen und die Küche befinden, oben liegt der Speisesaal, wo ein Altar an die Vergangenheit erinnert. Die Küche steht unter der Leitung von Marinella Toscani, die alte Rezepte aus dem Canavese und anderen Gegenden des Piemont überarbeitet hat: überzeugende moderne Gerichte sind das Ergebnis. Im Saal ist die Tochter Ilaria Lauricella zu Gange, eine Sommelière, die Ihnen die perfekten Kombinationen zwischen Speisen und Weinen empfehlen kann. Nach einem kleinen Appetithäppchen (Flan di *seirass* mit Kräutern) kann man aus der Karte wählen oder sich an das Menü „della tradizione" halten, das für 29 € einen Antipasto, ein Primo, ein Secondo und ein Dessert vorschlägt. Wir starteten mit einem exzellenten Polpo scottato mit Creme von Cannellini-Bohnen (10 €). Als Alternative gab es **Flan di tarassaco** mit Vellutata di peperoni und Cialda mit Parmesan. Unter den Primi verdienen **Agnolotti dal *plin* ai tre arrosti**, **Tagliatelle mit Kaninchenragout**, Spaghetti alla chitarra mit Lammragout (10 €) und Risotto carnaroli mit Erbsen und Bohnen, mit Ziegenkäse eingekocht (10 €), eine Erwähnung. Unter den Secondi beeindrucken **Guancette di vitello, in Erbaluce** oder in Bier **geschmort**, mit Kartoffelpüree (14 €), **Roastbeef di scottona mit Sardellensauce** und Tomino croccante mit Radicchio und Tomatenchutney. Schöne Auswahl an Desserts: Tortino di cioccolato fondente mit weichem Kern und Orangensauce (7 €), Tarte tatin aus Renette-Äpfel mit Cremeeis (6 €), Sorbets und hausgemachtes Eis.

MOMBARUZZO (AT)

34 KM SÜDÖSTLICH VON ASTI, S.P. 456

La Marlera

Osteria
Via Marlera, 35 A
Tel. (+39) 338 / 444 25 60
Ruhetag: Montag, Dienstag
Ferien: Januar–14. Februar
40 Plätze
Preise: 30–35 €
Kreditkarten: CS, DC, MC, Visa; BM
Mittags und abends geöffnet

In Mombaruzzo angekommen, parken Sie auf dem Hauptplatz und gehen dann hinunter zur Osteria, die Vittorio Baiardi und seine Frau durch die Restaurierung eines Kellergewölbes aus dem 19. Jahrhundert geschaffen haben. Das Ambiente ist intim, schlicht und mit Geschmack eingerichtet. Im Saal kümmert sich Vittorio um die Gäste, Mariangela steht am Herd und bereitet mit raffinierter Einfachheit die Gerichte dieses Landstrichs zu. Große Aufmerksamkeit schenkt sie dabei der Wahl der Zutaten, die sie bei kleinen Herstellern aus der Umgebung kauft, und der konstant hohen Qualität. Die frischen Teigwaren und das Brot sind aus erstklassigem Mehl selbst gemacht. Neben den Gerichten aus der Karte können Sie ein viergängiges Degustationsmenü für 27 € wählen. Man beginnt mit Antipasti: Es gibt Battuta di fassone mit Parmesan (10 €), Fave (Bohnen) mit Salami und Pecorino, Baccalà in zuppetta di fave al pomodoro mit Morbido di patate alle erbe (10 €) und Acciughe fritte. Unter den Primi sind **Ravioli dal *plin* mit Bratensauce** oder mit Butter und Salbei (9 €), ***Tajarin* al basilico mit Ragout vom Kabeljau** (9 €) und Risotti mit saisonalem Gemüse, darunter Artischocken und Spargel, hervorzuheben. Für den Hauptgang können Sie **Coniglio al doppio malto mit gebratenen Paprikaschoten und Taggiasca-Oliven** (12 €), **Brasato di guancia di fassone** oder **Capretto al forno mit Thymian-Zitronensauce** (14 €) wählen. In der entsprechenden Saison bekommen Sie **Funghi** und **Tartufi**. Die Dessertkarte ist reichhaltig bestückt: Crème caramel mit eingekochten roten Beeren (5 €), im Ofen gebackene Zuppa inglese sfogliata, Fragole al vincotto mit Gewürzen sowie Eis und Sorbets aus eigener Herstellung. Die Weinkarte ist eng an die Produktion dieses Landstrichs gebunden, wobei fast ausschließlich Produkte kleiner lokaler Kellereien vertreten sind.

MOMBERCELLI (AT)

20 KM SÜDÖSTLICH VON ASTI

Locanda Fontanabuona

Restaurant • Via Nizza, 595
Tel. (+39) 01 41 / 95 54 77
Ruhetag: Dienstag, Mittwoch
Ferien: 1 Wo. im Juni/Juli, 3 Wo. nach Weihn.
70 Plätze + 30 Plätze im Freien
Preise: 31–34 € • Kreditk.: CS, MC, Visa; BM
Abends geöffnet, Samstag und Sonntag auch mittags

Neben der ländlichen Kapelle der Madonna Assunta, die auch Kapelle von Fontanabuona genannt wird, führt die Familie Gambaudo Carelli seit 1995 dieses Lokal, das als eine der ersten Vinotheken im Gebiet um Asti angesehen werden kann. Der beste Weg hierher führt über die Straße in Richtung Nizza Monferrato, wo man in der Ortschaft Castelnuovo Calcea im Zentrum dem entsprechenden Hinweisschild folgt und nach rechts abbiegt. Clea steht am Herd, Lara und Daniele präsentieren im Saal die klassischen Gerichte des Piemont, die unter strenger Einhaltung der saisonalen Zugehörigkeit aus lokalen Zutaten zubereitet werden. Alles, was hier serviert wird, ist hausgemacht, wobei der eigene Garten etwa 90% des Gemüses liefert. Das sonntägliche Mittagsmahl wird wie ein Festtagsmenü zelebriert, bei dem ein wahrer Triumphzug an Antipasti, Primi und Secondi aufgetischt wird, an den übrigen Tagen und am Abend kann man à la carte wählen. Unter den Antipasti sind **Flan di verdure mit Raschera-Fonduta** (8 €), Peperone farcito, ***Tartrà* di basilico** und Coscia di fassone, mit dem Messer gehackt, besonders zu empfehlen. Dann folgen die hervorragenden **Agnolotti quadrati alla monferrina** (9 €), aber auch *Plin* und Ravioli, mit Gemüse gefüllt, können mithalten. Als Secondi erwarten Sie Coscia d'anatra mit Aceto balsamico, Honig und grünem Pfeffer (12 €), **Stracotto al Barbera** und **Agnello al forno**. Das Angebot umfasst des Weiteren eine erstklassige Auswahl an **Formaggi**, darunter auch einige DOP-Produkte dieser Gegend. Probieren Sie von den Dolci den Zuccotto allo zabaione (5 €) und Cremeeis. In der Weinkarte finden Sie eine große Auswahl an Etiketten aus dem Gebiet um Asti und Alba, dazu gesellen sich weitere gute Tropfen aus dem restlichen Piemont und aus anderen Regionen.

MONCALIERI (TO)
Revigliasco

10 KM SÜDÖSTLICH VON TURIN

La Taverna di Fra Fiusch

Restaurant • Via Beria, 32
Tel. (+39) 011 / 860 82 24
Ruhetag: Montag
Ferien: unterschiedlich
60 Plätze • Preise: 35–40 €
Kreditkarten: AE, CS, MC, Visa; BM
Abends geöffnet, Samstag, Sonntag und Feiertage auch mittags

Ein großzügiges, helles Lokal, bunt und ungezwungen und dennoch gepflegt: Dieses Ambiente bildet den Rahmen der Taverna di Fra Fiusch, die wenige Kilometer von Turin entfernt auf einem ruhigen Hügel knapp oberhalb von Moncalieri liegt. Das üppige Menü, das hier aufgetischt wird, macht den Verzicht auf einzelne Gerichte nicht leicht. Wir empfehlen Ihnen daher, eine gehörige Portion Appetit mitzubringen und sich ohne Wenn und Aber auf das Feinschmecker-Menü für 40 € oder das Traditionsmenü für 35 € einzulassen. Die Küche, von Ugo Fontanone stets mit solider Hand geführt, bietet Spitzengerichte nach piemontesischer Tradition, perfekt in Präsentation und Geschmack: Vitello tonnato, Fassona, mit dem Messer gehackt, ***Plin* al sugo d'arrosto**, Agnolotti d'asino in Barbera-Sauce, *Tajarin* al ragù langarolo, Brasato al Nebbiolo, **Capretto al forno**, Lumache mit Kartoffeln und Lauch oder **Finanziera** (18 €), ein Bravourstück der Küche. Gegen Vorbestellung sind Fritto misto piemontese und *Bagna caoda* verfügbar. Abseits vom Pfad der Tradition kann man Paté di fegato di vitello (Kalbsleberpastete) mit Esskastanien und Brioche, **Timballo di animelle** (Bries) **im Wirsingblatt**, Gnocchetti aus violetten Kartoffeln mit Entenragout, Faraona arrosto (zweiphasig gebraten) und Filetto di cervo mit Schokolade und roten Beeren probieren. Unter den feinen Desserts brilliert Piemonte in bocca, eine ungewöhnliche Kombination von fünf Süßspeisen. Einladend und gepflegt ist der Wagen mit **Formaggi**, die Weinkarte niveauvoll und klug zusammengestellt.

»
Ein angenehmes, zwangloses Lokal auf einem ruhigen Hügel oberhalb von Turin, wo aus Tradition und Kreativität solide, optisch ansprechende Gerichte entstehen.
«

MONCALVO (AT)

20 KM NORDÖSTLICH VON ASTI, S.S. 457

La Bella Rosin

Restaurant-Enoteca
Piazza Vittorio Emanuele II, 3
Tel. (+39) 01 41 / 91 60 98
Ruhetag: Dienstag
Ferien: 3 Wochen im Januar
50 Plätze
Preise: 33–40 €
Kreditkarten: AE, CS, MC, Visa; BM
Abends geöffnet, Samstag und Sonntag auch mittags

Das Bella Rosin ist ein sicherer Tipp für Gourmets, die im Gebiet um Asti die Küche nach Art des Monferrat genießen wollen. Das Lokal in einer Ecke eines kleinen Platzes in Moncalvo bietet den Gästen ein elegantes Ambiente, das trotz seiner Raffinesse warm und herzlich wirkt. Große Sorgfalt wird dem Einkauf der Zutaten gewidmet (die Lieferanten sind auf der Rückseite der Karte angeführt) und ein Teil des Gemüses stammt aus dem eigenen Garten. Eine gute Wahl ist das Degustationsmenü für 30 € mit zwei Antipasti, einem Primo, einem Secondo und einem Dolce, oder man hält sich an die Gerichte der Speisekarte, die mit Ausnahme einiger stets verfügbarer Klassiker je nach Saison variieren. Unter den Antipasti sind Battuta, mit dem Messer gehackt (12 €), **Acciughe col bagnetto**, **Vitello tonnato all'antica maniera** und Salumi vertreten. Sie können auch gemischte warme Antipasti bestellen, die nicht auf der Karte stehen. Ein Bravourstück unter den Primi sind **Agnolotti monferrini** (12 €), doch Gnocchetti al castelmagno oder Zuppa di cereali mit Gemüse bieten gute Alternativen. Lokales Fleisch von Rindern der piemontesischen Rasse dominiert bei den Secondi mit **Brasato di manzo al Barolo** (15 €) und **Tagliata di bue**, es werden aber auch **Capretto al forno** oder Fischgerichte wie Filetto di orata all'acquapazza zubereitet. Das Kapitel der Dolci (5 €) enthält ***Bonet***, Panna cotta und Crostate di frutta. Der überaus reich bestückte Weinkeller bietet Etiketten aus dem In- und Ausland für jedes Portemonnaie.

Die Fleischerei Micco (Piazza Garibaldi 8) verkauft im Winter Mastochsenfleisch, Bollito, Testina und Quajeti (Rouladen) und das ganze Jahr über gekochte und rohe Salami, die im Keller unter dem Geschäft reift.

MONCHIERO (CN)

47 KM NÖ. V. CUNEO, 25 KM V. ALBA, S.P. 12 U. 661

Giro di Vite

Osteria-Trattoria
Via Borgonuovo, 35
Tel. (+39) 01 73 / 79 20 07
Ruhetag: Montag
Ferien: unterschiedlich
40 Plätze + 30 Plätze im Freien
Preise: 28–32 €
Kreditkarten: AE, CS, DC, MC, Visa; BM
Mittags und abends geöffnet

Monchiero liegt wenige Meter vom Tanaro entfernt, wo die Landschaft beginnt, zum Barolo-Gebiet der Langa anzusteigen. Gegenüber dem stillgelegten Bahnhof, wo sich seit jeher eine Gaststätte befand, trifft man auf diese Osteria mit zwei Speisesälen und einem Garten für die schöne Jahreszeit. Die Tafel am Eingang, an der die Tagesgerichte angeschlagen sind, verrät, dass wir es hier mit dem authentischen Speisenrepertoire dieses Landstrichs zu tun haben. Auf Ihrer kulinarischen Reise werden Sie von dem freundlichen Carlo Frau begleitet, dem allgegenwärtigen Wirt, der Sie mit Salami und Frittata empfängt und Ihnen die von dem jungen Koch Ivan zubereiteten Gerichte präsentiert. Den Antipasto wählt man unter **Insalata russa,** Battuta al coltello, Peperone al forno mit Sardellenfilet, **Insalata di guanciale di vitello mit Zwiebeln und Senfkörnern** (7 €), Carpione oder einer Gemüsequiche. Die Primi konzentrieren sich auf Pasta asciutta mit hausgemachten Teigwaren: Ravioli dal *plin*, *Tajarin* und **Maltagliati** 40 tuorli (8 €) **al ragù di carne, al sugo di fegatini** (Hühnerlebersauce) oder mit Butter und Salbei sowie Gnocchi di patate mit *Seirass* (Ricotta) oder in der Version alla bava. Tradition dominiert auch bei den Secondi: **Coda bovina brasata**, **Pollo** (12 €) oder Coniglio **alla cacciatora**, Lumache in umido und im Winter Bollito misto (im Dezember mit Ochsenfleisch), in der Saison ergänzt durch **Funghi** und **Tartufi**. Zum Ausklang gibt es Torta rustica (mit getrockneten und frischen Früchten), Panna cotta, *Bonet*, Gelato sowie Pere oder Fragole al vino (4 €). Getrunken werden, egal ob flaschen- oder glasweise, natürlich in erster Linie die Weine der Langa, als deren exzellenter Kenner Carlo sich erweist. Der Kaffee aus der Mokkamaschine rundet die einfache, aber angenehme Mahlzeit an einem wirklich gastlichen Ort ab.

MONDOVÌ (CN)
San Biagio

27 KM ÖSTLICH VON CUNEO

Acquadolce

Ferienbauernhof
Strada di San Biagio, 13
Tel. (+39) 01 74 / 68 68 35,
(+39) 335 / 186 39 23
Ruhetag: Montag–Mittwoch, Sonntagabend
Ferien: 3 Wochen im August
40 Plätze
Preise: 25–30 €
Kreditkarten: MC, Visa; BM
Mittags und abends geöffnet

In der Naturoase von Crava-Morozzo, nicht weit von Mondovì entfernt, befindet sich der Betrieb Agritrutta, eine der besten Zuchtanlagen für Süßwasserfisch in ganz Italien. Seit 2008 ist diesem der Ferienbauernhof Acquadolce mit einem eleganten, gastfreundlichen Restaurant angeschlossen (wenn Sie sich verwöhnen wollen, reservieren Sie den separaten Raum für vier Personen). Am Herd steht Ivo Bruno, der mit großer Kompetenz die erstklassigen Zutaten verarbeitet und deren Frische ins rechte Licht setzt. Zu seinen Kreationen gehören auch gelungene Kombinationen mit Gemüse aus dem eigenen Garten. Die Karte wechselt jeden Monat und schlägt jeweils fünf Antipasti, vier Primi, drei Secondi (mit mindestens einer Variante für Personen, die keinen Fisch wollen) und drei Dolci vor. Als Alternative können Sie das Tagesmenü für 25 € wählen: Sie werden es sicher nicht bereuen. Unter den Antipasti erwarten Sie Rösti von Bohnen und Kartoffeln, geräucherte Trota iridea mit Sauce aus Schalotten, Petersilie und Minze, Fario in agrodolce mit Tomino di Melle oder im Winter **Tranci della fario in Wirsing- und Speckmantel, in Barolo** (8 €). Das Aushängeschild des Lokals zu jeder Jahreszeit ist die **Zuppetta di pesce** (Fischsuppe) **mit Vollkorn-Crostini**, während Freunde von gefüllten Teigwaren von Ravioli di salmerino al forno (10 €) oder Cappellacci mit Esskastanien und geräuchertem Stör begeistert sein werden. Dann folgen **Filetto di iridea in Spargelfarce** oder Tasca di trota salmonata mit Blattspinat und Sformatino di cavolfiore. Zum Abschluss eine exzellente Bavarese (mit Mispeln und englischer Creme oder mit Erdbeeren und Mousse al cioccolato) oder **Calice di mousse di riso bicolore** (7 €). Die Weinkarte zeigt eine Vorliebe für diesen Landstrich, ergänzt durch einige ungewöhnliche Weißweine von hohem Niveau.

MONFORTE D'ALBA (CN)
Perno

60 KM NORDÖSTLICH VON CUNEO

Repubblica di Perno

NEU

Osteria
Vicolo Cavour, 5
Tel. (+39) 01 73 / 784 92
Ruhetag: Mittwoch und Donnerstag
Ferien: zeitweise im Februar
20 Plätze + 20 Plätze im Freien
Preise: 35–40 €
Kreditkarten: CS, MC, Visa; BM
Mittags und abends geöffnet, im Juli und August nur abends

Hinter Monforte, einem reizenden Städtchen in der Langa, führt der Weg noch vier Kilometer weiter durch die Weingärten bis zum kleinen Ortsteil Perno, der bis 1930 eine autonome Gemeinde war. Dort findet man in einem winzigen Haus ein wahres Kleinod der kulinarischen Wohlfühlkultur. Die Leitung dieses Lokals liegt seit etwas mehr als einem Jahr in den Händen eines Ehepaares, das über einen reichen Erfahrungsschatz verfügt: Im Service arbeitet Elena Miori, am Herd Marco Forneris, einer der Letzten, die in der Küche von Carlo Arpino im Arcangelo in Bra lernte; anschließend leitete er 16 Jahre lang die Osteria La Libera in Alba leitete. Die Osteria in Perno besteht aus zwei kleinen Räumen, einer davon im ersten Stock, ein weiterer gleich hinter dem Eingang, gegenüber der Küche. Die Karte bietet einen Streifzug durch die großen Klassiker der piemontesischen Tradition, die Marco mit meisterlichem Geschick und bemerkenswerter Leichtigkeit zubereitet. Beginnen können Sie mit Vitello tonnato und **Insalata russa** (12 €), Uovo in camicia mit Gemüse-Consommé oder mit einer schmackhaften Testina di vitello mit süßsauer eingelegtem Gemüse. Die Primi umfassen natürlich die traditionellen Agnolotti dal ***plin* ai tre arrosti** (gefüllt mit dreierlei Braten, 12 €) und *Tajarin* al ragù di salsiccia (mit Wurstragout). Je nach Jahreszeit bekommen Sie Zuppa di cavolo nero e trippe (Schwarzkohlsuppe mit Kutteln, 10 €) oder andere Gerichte. Unter den Secondi brilliert die **Finanziera** (14 €), für die allein sich die Fahrt hierher lohnt, aber auch die Alternativen können mithalten: **Lumache in umido** (Schnecken, geschmort) oder frittiert, Cervella di vitello (Kalbshirn), frittiert mit Artischocken. Von überschaubarem Ausmaß, aber gut gewählt ist das Sortiment an Formaggi. Auf der Weinkarte sind die wichtigsten Winzer dieser Gegend gut vertreten.

MONGIARDINO LIGURE (AL)

60 KM SÜDÖSTLICH VON ALESSANDRIA

Vallenostra

Ferienbauernhof
Cascina Valle, 1
Tel. (+39) 01 43 / 941 31
Ruhetag: Montag–Donnerstag
Ferien: Mitte Januar–Mitte Februar
60 Plätze
Preise: 28–32 €
Kreditkarten: CS, MC, Visa; BM
Mittags und abends geöffnet

Nehmen Sie auf der A 7 in Richtung Genua die Ausfahrt Vignole Borbera, folgen Sie den Hinweisschildern nach Valborbera bis Rocchetta Ligure und biegen Sie an der Wegkreuzung nach Sisola links ab. So gelangen Sie zu diesem Ferienbauernhof im gebirgigen Ausläufer im Südosten des Piemont, an der Grenze zu Ligurien. Das Aushängeschild des Vallenostra ist der selbst hergestellte Montebore (ein Slow-Food-Presidio), ein Mischkäse aus Kuh- und Schafmilch, eventuell mit einem kleinen Anteil an Ziegenmilch, eine wahre Rarität. In der Küche verarbeiten Agata und Alessandra hauptsächlich Produkte vom eigenen Hof, alles Weitere wird bei Biobauern aus der Umgebung besorgt. Der Willkommensgruß besteht aus Häppchen von hauseigenem Käse, kombiniert mit warmer Focaccia. Dann folgen einfache, aber schmackhafte Antipasti (ein Dreierlei für 12 €): exzellente Salumi vom Cinta-Senese-Schwein mit Fersulla (Brot-Beignets), **Budinetto al montebore** und Diavoletta. Im Repertoire der Primi (8 €) ist **Risotto mit Montebore-Creme**, kombiniert mit saisonalem Gemüse, stets vertreten. Weitere Vorschläge sind **Tortelli di patate, gefüllt mit Pesto**, Gnocchetti di castagne und Minestrone alla genovese. Unter den Secondi sollten Sie, falls verfügbar, Porchetta vom Cinta-Senese-Schwein probieren, aber auch Tagliata mit gemischtem Gemüse, **Stufato all'agro mit Gemüse** (12 €) und Borberina (eine Formaggetta) al forno, serviert mit verschiedenen Saucen, sind zu empfehlen. Die Desserts (4 €) sind einfach, aber schmackhaft: Pfirsiche aus Volpedo, gefüllt und im Ofen gebraten, Panna cotta mit Erdbeeren und Crostata di mele. Unter den Weinen gibt es eine große Auswahl an Etiketten aus Gavi und den Colli Tortonesi, darunter der lokale Weißwein Timorasso. Zu erwähnen bleibt, dass ab 2016 einige Gästezimmer zur Verfügung stehen werden.

MONTEMARZINO (AL)

38 KM SÜDÖSTLICH VON ALESSANDRIA

Da Giuseppe

Restaurant
Via IV Novembre, 7
Tel. (+39) 01 31 / 87 81 35
Ruhetag: Dienstagabend, Mittwoch
Ferien: Januar
80 Plätze
Preise: 34–36 €
Kreditkarten: AE, CS, MC, Visa; BM
Mittags und abends geöffnet

Hinter Tortona fährt man durch das Curone-Tal, wo man auf 450 Höhenmetern die kleine Gemeinde Montemarzino erreicht. Man durchquert eine schattige Veranda, geht an einem Raum mit großem Kamin vorbei und betritt sodann den weitläufigen Speisesaal mit großen Glasfenstern, die eine prachtvolle Aussicht auf das Grue-Tal bieten. Die Einrichtung ist schlicht, wobei die drei großen Gemälde des Malers Morando aus Alessandria ins Auge fallen. Giuseppe, seine Frau Camilla, der Sohn Silvio und Neffe Alessandro sind die Mitglieder der Familie Davico, die das Restaurant führt. Die Küche ist von der hiesigen Tradition geprägt und setzt auf lokale Produkte (drei Slow-Food-Presidi sind aus der unmittelbaren Umgebung: die Pfirsiche aus Volpedo, der Montebore-Käse und die Salumi aus dem Curone-Tal). Die Speisen werden mündlich vorgetragen und schließen bei den Antipasti neben Rohsalami aus eigener Produktion und Girello di vitello (7 €) auch saisonale Gerichte wie Fiori di zucchina ripieni, gefüllten Involtino di peperone, Sformati di verdure (Gemüsekuchen mit Spargel, Zucchini, Karden), **Cotechino mit Fonduta** und Insalata di carciofi mit Montebore ein (eine komplette Degustation gibt es für 14 €). Unter den Primi (8 €) findet man erstklassige **Agnolotti al sugo di stracotto di manzo, Tagliolini**, in der Saison serviert **mit Pilzen** aus diesem Tal, und Risotti. Für den Hauptgang empfehlen wir **Sella di coniglio in Panade, im Ofen gebraten** (12 €), **Capretto al Timorasso** (14 €) oder Cinghiale mit Esskastanien. Als Desserts sind neben den Klassikern ***Bonet*** und Panna cotta im Sommer Kreationen aus hauseigenen Pfirsichen angeführt: à la nature, in Moscato, in Aspik oder eingekocht. Die Weinkarte nennt zahlreiche lokale und nationale Etiketten; auch die von der Familie Davico selbst gekelterten Weine sind sehr gut.

MONTEU ROERO (CN)
Villa Superiore

64 KM NÖ. V. CUNEO, 15 KM NW. V. ALBA, S.P. 29

Cantina dei Cacciatori

Restaurant
Ortsteil Villa Superiore, 59
Tel. (+39) 01 73 / 908 15
Ruhetag: Montag, Dienstagmittag
Ferien: je 10 Tage im Januar und Juli
45 Plätze + 25 Plätze im Freien
Preise: 28–33 €
Kreditkarten: AE, CS, MC, Visa; BM
Mittags und abends geöffnet

Es ist stets ein Vergnügen, der Cantina dei Cacciatori einen Besuch abzustatten. Die Einrichtung: einfach, gepflegt und gemütlich. Das Degustationsmenü: für 28 € sehr reichhaltig und eine gute Alternative zur umfangreichen Speisekarte. Der Empfang: warme Beignets mit Käse und Grissini aus Maismehl als Appetitanreger. Dann legt man los mit Antipasti: Insalata di coniglio, Sformato di porri oder Sformato di zucchine mit Fonduta, **Insalata russa, Vitello tonnato** und Albese di fassone mit Sardellensauce (8 €). Im Kapitel der Primi locken tadellose, perfekt gegarte Teigwaren wie ***Tajarin* mit Salsiccia aus Bra** (9 €), **Agnolotti alle tre carni** und Gnocchi mit piemontesischem Toma und Mohn. Wir probierten auch Ravioli di borragine mit zerlassener Butter. Die Hauptspeisen reichen von **Coniglio grigio aus Carmagnola** (ein Slow-Food-Presidio) **mit Oliven und Pachino** bis zu Stinco mit grünem und rosa Pfeffer. Exzellent ist auch **Arrosto della vena, in Nebbiolo geschmort**, ein komplexes, aber ausgewogenes Gericht, aromatisiert mit Gewürznelken und Zimt. Die Auswahl an **Formaggi** (10 €) ist nicht sehr groß, aber gut strukturiert, wozu lokale Käsereien von historischem Format beitragen. Wer gerne Süßes isst, steht vor der Qual der Wahl zwischen Eis, Semifreddi und Sorbets aus eigener Erzeugung und den Klassikern wie *Bonet*, Panna cotta und warmer Zabaione mit Maisgebäck. Die **Pere madernassa al Roero** (5 €) sind eine Lobeshymne auf diesen Landstrich. Die Weinkarte ist gut bestückt mit lokalen und nationalen Etiketten, ergänzt durch offene Weine der Gegend zu äußerst interessanten Preisen.

» *In einem komfortablen, gastfreundlichen Ambiente genießt man hier Gerichte auf der Basis klug interpretierter lokaler Rezepte.* «

MORANO SUL PO (AL)
Due Sture

38 KM NÖ. V. ALESSANDRIA, 20 KM V. VERCELLI, 8 KM V. CASALE

Tre Merli

Trattoria
Via Dante, 18
Tel. (+39) 01 42 / 852 75
Ferien: Weihnachten–Dreikönig
40 Plätze + 15 Plätze im Freien
Preise: 25–30 €
Keine Kreditkarten
Mittags und abends nur gegen Vorbestellung geöffnet

Die Trattoria Tre Merli liegt in einem Dorf an der Grenze zwischen den Provinzen Alessandria und Vercelli. Das Ambiente – ein Saal, eingerichtet mit alten Möbeln, und ein kleiner Hof für den Sommer – ist romantisch und verströmt das typische Flair des frühen 20. Jahrhunderts. Massimo Bobba (Küche) und seine Frau Elena (Service) begleiten Sie auf einem entspannten kulinarischen Streifzug durch das typische Speisenrepertoire, wobei der Routenplan ungewöhnlich ist: Das Menü (Durchschnittspreis 28 €) muss zum Zeitpunkt der Reservierung festgelegt werden, um Sicherheit bezüglich der Verfügbarkeit der Zutaten zu haben, die nur zu bestimmten Zeiten des Jahres oder nur in kleinen Mengen zu bekommen sind und den strengen Qualitätsansprüchen des Wirts entsprechen müssen (die Spitzenprodukte, **Rane** und **Lumache**, also Frösche und Schnecken, stammen nicht aus Zuchtbetrieben, sondern werden in der Natur gesammelt und frisch zubereitet). Fast ein Muss sind die traditionellen Wurstspezialitäten aus dem Monferrat wie **Mortadella di fegato** und **Mula**, gefolgt von Frittata di cipolle, im Frühling Tortino di asparagi und in den kühlen Monaten Verza (Wirsing) mit *Bagna caoda*. Der Löwenanteil unter den Primi entfällt natürlich auf Reis, der im Tre Merli seinen großen Auftritt in Form von **Panissa** und in der Saison als **Riso e rane** hat, doch auch die klassischen Agnolotti piemontesi dürfen nicht fehlen. Bei den Secondi spannt sich der Bogen von Bocconcini di maiale mit Spargel über Pollo ai peperoni bis zum winterlichen **Cotechino mit süßsauer eingelegten Zwiebeln**. Nach dem guten Käse-Sortiment können Sie als Dessert **Salame al cioccolato**, Torta di nocciole, Fichi caramellati und Semifreddi wählen. Neben dem offenen Hauswein werden die besten Etiketten aus dem Monferrato Casalese und dem übrigen Piemont angeboten.

NIZZA MONFERRATO (AT)

27 KM SÜDOSTLICH VON ASTI, S.S. 592

Bun Ben Bon

Trattoria
Strada Vecchia d'Asti, 66
Tel. (+39) 01 41 / 72 63 47,
(+39) 340 / 259 59 48
Ruhetag: Dienstagabend, Mittwoch
Ferien: 2 Wochen im Juli
25 Plätze + 30 Plätze im Freien
Preise: 30 €
Kreditkarten: CS, MC, Visa; BM
Mittags und abends geöffnet

Tradition, Schlichtheit und üppige Portionen kennzeichnen diese Trattoria an der Straße nach Asti, 100 Meter hinter dem Eisenbahnübergang entlang der Sohle des Belbo-Tals. Zur Wahl stehen ein Degustationsmenü (30 € für drei Antipasti, Primo, Secondo, Dolce, Wasser und Kaffee) und etwa 20 Gerichte aus der Karte, die Daniele aus lokalen Zutaten zubereitet. Das saisonale Gemüse (im Herbst Cardi gobbi, die gekrümmten Karden aus Nizza) passt hervorragend zum Fleisch von Kälbern der piemontesischen Rasse und von Hoftieren. Im Saal berät Sie Daniela nach einem leckeren Appetizer bei der Wahl, beginnend bei den Antipasti: Battuta oder marinierter Girello di fassone mit Artischocken (8,50 €), Insalata russa und Peperoni mit *Bagna caoda*. **Agnolotti al sugo d'arrosto**, Gnocchi di patate mit Artischocken und knuspriger Guanciale (8,50 €), Tagliatelle di grano duro mit Kalbsragout und **Tagliolini al ragù bianco di coniglio** (mit Kaninchenragout) sind Beispiele unter den Primi. Beim Hauptgang steht Fleisch im Rampenlicht: Tagliata di fassone und Kartoffeln aus dem oberen Belbo-Tal, **Cappello da prete al forno**, Carré di coniglio in Panade, **Rolata di galletto alla cacciatora** und Frittura di baccalà mit Artischocken (13,50 €). Zum Ausklang gibt es *Bonet*, Torta di mele, Tortino alle nocciole mit Eis (5 €), Pera madernassa mit Weinkaramell und einen vorzüglichen Kaffee, mit Mürbegebäck serviert. Die preislich moderate Weinkarte achtet auf lokale Produkte, und es ist üblich, angefangene Flaschen mit nach Hause zu nehmen.

In der Fleischerei Leva (Via Carlo Alberto 140) bekommen Sie erstklassiges Fleisch von Rindern der piemontesischen Rasse aus lokalen Zuchtbetrieben und exzellente Wurst (zu empfehlen ist Salsiccia).

27 KM SÜDÖSTLICH VON ASTI, S.S. 592

Le Due Lanterne

Restaurant
Piazza Garibaldi, 52
Tel. (+39) 01 41 / 70 24 80
Ruhetag: Montagabend, Dienstag
Ferien: 3 Wochen im Juli/August
70 Plätze
Preise: 29–35 €
Kreditkarten: AE, CS, MC, Visa; BM
Mittags und abends geöffnet

Dieses Restaurant, benannt nach den beiden Laternen, die den Eingang beleuchten, hat seinen Sitz auf dem Hauptplatz von Nizza Monferatto, wo sich einst das legendäre Italo befand, ein Meilenstein für Gourmets und Weinliebhaber. Das Ambiente wirkt schlicht und aufgeräumt. Empfangen werden Sie von der Familie Ivaldi, die das Lokal seit mehr als 20 Jahren führt und dabei großes Augenmerk auf Qualität und Herkunft der Zutaten legt. Die Küche, für die Sandro mit kundiger Hand verantwortlich zeichnet, setzt auf Gerichte nach Tradition von Nizza, was sich schon bei den Antipasti niederschlägt: Es gibt **Torta verde di riso mit Blattspinat**, Carne cruda mit Parmesan und der Jahreszeit entsprechendem Gemüse (8 €) oder eine appetitliche Auswahl an Salumi (6 €), die nach handwerklichen Methoden gefertigt werden. Als Primo bekommen Sie das ganze Jahr über die traditionellen **Agnolotti dal *plin* mit Fleischragout** oder mit Butter und Salbei (9 €) und **Gnocchetti mit Wurstragout**, im Winter auch Pasta e fagioli (8 €). Unter den Secondi sind **Stracotto di manzo al Barbera** (10 €), **Coniglio all'Arneis**, Costolette d'agnello und Faraona aufgelistet. Zum süßen Ausklang können Sie Desserts wie ***Bonet*** oder Crème caramel (5 €), aber auch frisches Obst oder eine Kostprobe vom gut bestückten Käsewagen wählen. Das Lokal bietet außerdem ein Degustationsmenü für 35 € ohne Wein. Luca Ivaldi, der im Saal um das Wohl der Gäste bemüht ist, berät Sie kompetent bei der Wahl des Weines aus einer sehr umfangreichen Karte, deren Schwerpunkt bei Barbera und Nizza DOCG liegt, die aber auch ausländische Etiketten einschließt.

Trattoria dello Stadio

Trattoria
Via Sottile, 2 C
Tel. (+39) 03 21 / 164 52 88
Ruhetag: Sonntagabend, Montag
Ferien: unterschiedlich
50 Plätze
Preise: 32–35 €
Kreditkarten: AE, CS, DC, MC, Visa; BM
Mittags und abends geöffnet

Gleich außerhalb des Zentrums von Novara, in der Nähe des alten Fußballstadions, empfängt diese Trattoria seit mehr als 100 Jahren ihre Gäste. Ihre speziellen Merkmale sind das einfache, gemütliche Ambiente mit Retro-Charme, der ausnehmend freundliche Service und die Qualität der Küche. Die Familie Traverso, die das Lokal führt, besitzt auch einen landwirtschaftlichen Betrieb, der Gemüse, Hoftiere und dank der Neuanlage eines Nebbiolo-Weingartens in Kürze auch Wein produziert. Mittags ist es fast ein Muss, das Tagesmenü zu wählen (13 € für Primo, Secondo mit Beilage und Getränken, mit einer guten Auswahl an Gerichten), wenn Sie aber darauf bestehen, bringt man Ihnen auch die Karte, die normalerweise für den Abend vorbehalten ist. Beginnend mit den Antipasti können Sie dann ein exzellentes **Vitello tonnato** (9 €), Salumi aus den Hügeln rund um Novara, darunter Fidighina, *Salam 'dla doja* und Lardo (10 €), **Pesce persico in carpione** und Tartara di fassone mit Pecorino und getrockneten Tomaten (12 €) genießen. Die **Paniscia** (9 €) ist unter den Primi stets vertreten, es gibt aber auch andere **Risotti** (mit Gorgonzola, Toma valsesiana, in der Saison mit Steinpilzen und mit Safran und Kürbisblüten), **Gnocchi di patate al gorgonzola** und verschiedene Arten von frischer Pasta. Für den Hauptgang können Sie exzellentes Fleisch vom Fassone-Rind, am Grill zubereitet, **Tapulone d'asino mit Polenta aus Carnaroli-Reis** (13 €), Costoletta alla milanese, Coniglio arrosto, **Oca mit Wirsing**, aber auch Fritto di alici mit Gemüse (15 €) und Baccalà al forno mit Kartoffeln und Pastete von schwarzen Oliven erwarten. Den Abschluss bilden Dolci (5 €) wie Crostate, Bavaresi, Panna cotta und Semifreddi al rum. Die Weine sind fast ausschließlich piemontesischer Herkunft, vorwiegend aus der Umgebung.

23 KM SÜDÖSTLICH VON ALESSANDRIA

Cascina degli Ulivi

Ferienbauernhof
Strada Mazzola, 14
Tel. (+39) 01 43 / 74 45 98
Kein Ruhetag
Keine Ferien
40 Plätze + 15 Plätze im Freien
Preise: 30 € (Tagesmenü mit Hauswein)
Kreditkarten: CS, MC, Visa; BM
Mittags und abends geöffnet

Auf dem ruhigen grünen Hügel gleich außerhalb von Novi Ligure hat der Betrieb des Weinbauers Stefano Bellotti seinen Sitz. Dieser gilt als einer der Vorreiter des biodynamischen Anbaus in Italien (er begann damit im Jahr 1984). Die landwirtschaftliche Tätigkeit und das angebotene Repertoire an Speisen sind eng miteinander verknüpft, die dahinterstehende Philosophie lässt sich in drei Begriffen zusammenfassen: Sorgfalt, Unverfälschtheit, Einfachheit. Kurz und gut: keine Schnörkel, sondern wirkliche Substanz. Viele Produkte kommen als Zutaten der Gerichte auf dem Tisch: Neben den Trauben, aus denen der Winzer die zu Recht so hoch geschätzten Weine der Cascina degli Ulivi keltert, werden auf dem Hof Weichweizen, Gemüse und Obst angebaut sowie Rinder und in geringem Ausmaß auch Hoftiere gezüchtet. Was nicht selbst hergestellt wird, stammt aus ausgewählten Betrieben, die nach biologischen und biodynamischen Methoden arbeiten. Nehmen Sie im Sommer in dem reizenden kleinen Garten oder in dem einfachen, gepflegten Speisesaal Platz und beginnen Sie Ihre Mahlzeit mit Frittate, frischen Insalate (6 €) oder einem schönen Sortiment an Salumi oder Formaggi (12 €), serviert mit einer exzellenten Confettura di cipolle (Zwiebelchutney). Weiter geht es mit ungewöhnlichen, sehr schmackhaften **Spaghetti al vino mit Guanciale** (9 €) und **Ravioli di carne con salsa al Moscato Passito**. Als Alternative bekommt man stets auch eine gute **Zuppa di verdure**. Bei der Wahl des Secondo verdienen **Fricandò astigiano**, Roastbeef, **Arrosto al latte** (12 €) und gefüllte Zucchini Ihre Beachtung. Das Brot wird, wie auch die Kuchen, aus dem Mehl alter Getreidesorten hergestellt. Die Weine – das versteht sich von selbst – sind aus dem eigenen Betrieb.

NOVI LIGURE (AL)

23 KM SÜDÖSTLICH VON ALESSANDRIA

Il Banco

Traditionelle Osteria
Via Monte di Pietà, 5
Tel. (+39) 01 43 / 74 46 90
Ruhetag: Montag
Ferien: Ostern, 1 Woche um den 15. August
60 Plätze
Preise: 20–25 €
Kreditkarten: CS, DC, MC, Visa; BM
Mittags und abends geöffnet, im Sommer nur abends

„Farinata e birra" verspricht das Schild am Eingang des Il Banco, einer historischen Osteria in Novi, die auf eine Geschichte von mehr als 150 Jahren zurückblickt. Die Brüder Longo und deren Familien setzen auch weiterhin ihren Ehrgeiz daran, die Gäste zu verwöhnen, egal ob diese auf einen kleinen Imbiss vorbeikommen oder sich eine ausgiebige Mahlzeit gönnen wollen. Das Aushängeschild unter den Speisen des Lokals ist natürlich die **Farinata** (4 €), die Sie auch mit Gorgonzola oder Crescenza genießen können. Ebenfalls aus Kichererbsenmehl wird eine weitere Spezialität zubereitet, die **Panissa**, aber in der umfangreichen Karte finden Sie auch Crostoni und Bruschette, die in der Pfanne gebratenen Pizze al tegamino (3,50 €), Focaccia al formaggio, eine schöne Anzahl an Insalate und ein Sortiment an Salumi und Formaggi. Nicht nur bei den klassischen Gerichten für den Straßenverkauf spiegeln sich in der Küche die kulinarischen Gepflogenheiten des Unteren Piemont und der Nachbarregion Ligurien wider. So finden Sie, je nach Jahreszeit, einerseits Carpione (8 €), Giardiniera di verdure und Insalata russa, andererseits **Trippa**, **Stoccafisso alla ligure**, **Cima alla genovese** und **Frittelle di baccalà** (7 €). Zum süßen Ausklang werden Tiramisu, Panna cotta, Crema catalana, Mousse al cioccolato, Tortino di mele, Semifreddo al torrone oder Semifreddo alle fragole angeboten. Das Lokal wird auch als Vinothek mit Ausschank und Straßenverkauf geführt: Die Weinkarte streift daher Anbaugebiete aus ganz Italien, wobei einige Etiketten glasweise ausgeschenkt werden. Ergänzt wird das Angebot durch eine große Auswahl an Bieren aus kleinen Brauereien.

4 KM WESTLICH VON BIELLA

La Taverna del Gufo

Restaurant
Via Caralli, 2
Tel. (+39) 015 / 59 00 51
Ruhetag: Montag, Dienstag
Ferien: 1 Woche im September
35 Plätze
Preise: 30–35 €
Kreditkarten: CS, DC, MC, Visa; BM
Abends geöffnet, mittags gegen Vorbestellung

Bei Betreten der Taverna del Gufo glaubt man, in ein Privathaus einzudringen. Der Empfang gleicht aber keineswegs dem, den man einem Eindringling bereiten würde. Die hübsch gedeckten Tische mit Blick auf den Garten bestätigen, dass man hier richtig ist. Im Speisesaal können Sie Ratschläge bezüglich der Weine bei Tojo einholen, der das Lokal gemeinsam mit seiner Frau Francesca, der Köchin, führt. Der Wirt wird Sie mit Etiketten dieser Gegend überraschen, die man nicht überall bekommt. Unter den Antipasti (10 €) bestechen die gut gereifte Paletta, serviert mit delikaten frittierten Grissini, **Flan di verdure mit Fonduta von Maccagno** (ein Slow-Food-Presidio), Carne cruda mit knackigem Gemüse und *Bagna caoda* sowie **Tonno di coniglio** mit Salbei. Die Primi (10 €) wählt man unter exzellenten **Ravioli ai tre arrosti**, Carbonara alla monferrina di tagliatelle mit Gemüse, **Risotto al Barbera**, mit Zimt verfeinert, und Minestra di orzo mit Zucchini, Blüten und Kräuterkartoffeln. Unter den Secondi (15 €) sind **Merluzzo mantecato** mit Kartoffeln, Taggiasca-Oliven und Basilikum-Emulsion, **Arrosto della vena mit Senf und Sardellen**, Coniglio alla Freisa mit Polenta-Crostoni und Filetto di vitellone mit Gorgonzola aus Sostegno zu empfehlen. Verzichten Sie nicht auf die Dolci (5 €): Crème brulée al Passito und sommerliche Eis-Kreationen. Das Degustationsmenü für 30 € umfasst Antipasto, Primo, Secondo und ein Dessert nach Wahl.

■ Rosso Baietto in **Netro** (10 km), in der Via Regione Cadorno 2, stellt Toma biellese und Rohmilchbutter aus dem oberen Elvo-Tal (ein Slow-Food-Presidio) her. In der Mulin 'd la sarèja in **Cerea** (11 km), Via Molinasso 3, bekommt man Maismehl für Polenta, weiß und aus Vollkorn.

19 KM NÖRDLICH VON NOVARA

Il Gatto e la Volpe

Osteria
Via Nebulina, 22–24
Tel. (+39) 03 21 / 99 82 56
Ruhetag: Sonntag
Ferien: zeitweise im September
80 Plätze + 80 Plätze im Freien
Preise: 25–30 €
Kreditkarten: CS, MC, Visa; BM
Mittags und abends geöffnet

Vom Hauptplatz unter dem Glockenturm führt ein Gässchen zu dieser Osteria, wo Ihr Blick von zahlreichen Weinflaschen gefangen genommen wird, die den passenden Rahmen der neuen Vinothek bilden. Suchen Sie sich einen Platz in einem der gemütlichen Gastzimmer oder in der schönen Jahreszeit auf der überdachten Terrasse, die eine wunderbare Aussicht auf die Landschaft des Parco del Ticino bietet. Im Saal erwartet Sie Daniele Bonini, der legendäre, für seine Begeisterungsfähigkeit berühmte Wirt, der das Lokal mit Unterstützung durch seinen Sohn Alessandro in der Küche führt. Man speist hier à la carte, wobei die Tagesgerichte je nach Jahreszeit und Verfügbarkeit der bei lokalen Herstellern erworbenen Produkte variieren. Als Antipasto (7 €) können Sie sich Paté di fegato, Peperone ripieno, Lardo pestato mit Schwarzbrot und die stets vorzügliche **Battuta di manzo** (12 €) schmecken lassen. Unter den Primi (7 €) finden Sie traditionelle Rezepte wie **Paniscia**, weitere Risotti (sehr gut die Version mit würzigen Kräutern) und **Agnolotti di carne**, es gibt aber auch andere Pastagerichte wie Chitarrine mit Frühlingszwiebeln, Guanciale und Gorgonzola. Für den Hauptgang werden neben der in der Pfanne gebratenen Tagliata (10 €) insbesondere in den kühleren Monaten **Tapulone** und **Trippa in umido** zubereitet. Unter den Dolci (5 €) werden Sie ***Bonet*** und Sbrisolona mit Eis antreffen. Sehr umfangreich und von hohem Niveau ist das Sortiment an Weinen lokaler und regionaler Herkunft, ergänzt durch eine exzellente Auswahl an Spumante aus Italien und Frankreich. Zu erwähnen bleibt noch die Karte mit hochwertigen Bieren aus kleinen Brauereien.

36 KM NÖRDLICH VON TURIN, 22 KM VON IVREA, A 5

Barba Toni

Restaurant
Via Torino, 9
Tel. (+39) 011 / 989 80 85
Ruhetag: Sonntagabend, Montag
Ferien: 2 Wochen nach Weihnachten, August
30 Plätze + 20 Plätze im Freien
Preise: 33–38 €
Kreditkarten: CS, DC, MC, Visa; BM
Abends geöffnet, Samstag und Sonntag auch mittags

Eine schön renovierte kleine Villa bildet den Rahmen dieser Osteria, wo eine familiäre, gastliche Atmosphäre herrscht. Zwei reizende Gastzimmer, die mit schlichter Eleganz eingerichtet sind, fungieren als Bühne für Sara Ponzetto. Der Keller (fragen Sie nach der Möglichkeit einer Besichtigung, denn er birgt wahre Kleinode der piemontesischen Weinkultur) und die Küche sind das Betätigungsfeld von Alain Zanolo. Die Karte wechselt häufig im Laufe des Jahres, je nach Verfügbarkeit der Produkte auf dem Markt, und bietet neben den typischen Rezepten des Canavese auch das eine oder andere Fischgericht. Zum Auftakt können Sie **Trota** (Forelle) **aus dem Valchiusella, selbst geräuchert**, eine feine Battuta al coltello oder eine Auswahl an Salumi wählen. Im Kapitel der Primi werden delikate Risotti und frische Teigwaren aufgelistet, darunter die vorzüglichen ***Tajarin*** **al doppio uovo mit Mocetta** (10 €), Ravioli di borragine und Agnolotti al brasato. Bei den Secondi stellt Alain seine große Fertigkeit in der Zubereitung von Fleisch unter Beweis: Coniglio all'Erbaluce, das schlicht zubereitete **Diaframma di fassone** (Rinderzwerchfell), **kurz in der Pfanne gebraten** (14 €) und Filetto di fassone in Brotkruste. Unter den Desserts bestechen *Bonet* all'erbaluce di Caluso, die warme Zabaione, serviert mit Mürbegebäck aus Maismehl, Eis und Sorbets. Wie schon erwähnt, ist die Weinkarte sehr solide und umfangreich, wobei der Schwerpunkt auf der Umgebung liegt, ergänzt durch weitere gute Tropfen von der gesamten italienischen Halbinsel.

84 KM SÜDÖSTL. V. CUNEO, 49 KM V. IMPERIA, S.S. 28

Il Borgo

Trattoria
Via Roma, 120
Tel. (+39) 01 74 / 39 10 49
Ferien: unterschiedlich
35 Plätze
Preise: 25 €
Keine Kreditkarten
Freitagabend, Samstag mittags und abends, Sonntagmittag geöffnet

Fahren Sie an Ceva vorbei und Sie gelangen nach Ormea, ein kleines piemontesisches Städtchen auf 750 Höhenmetern an der Grenze zu Ligurien, an einer schönen Straße, die durch das Tanaro-Tal führt. In der Via Roma, die den alten Teil des Zentrums durchquert, werden Sie sogleich diese Trattoria mit familiärem Ambiente entdecken, wo neben den einheimischen Stammgästen auch zahlreiche Touristen auf ihrem Weg zum Meer einkehren. In einem lang gestreckten Speisesaal stehen Tische und andere Möbel aus dunklem Holz, an den Wänden hängen zahlreiche Diplome und Urkunden, die Zeugnis von der großen Leidenschaft für die Küche dieses Landstrichs ablegen. Die Gerichte werden mündlich erläutert. Man beginnt mit einer interessanten Degustation von Antipasti, die je nach Jahreszeit variieren, wobei einige Klassiker stets vertreten sind. Als Beispiele sind Sformato di porri mit Bohnencreme, **Fozza** (eine Flade, serviert mit Speck), Tortino di zucca mit *Bross* und **Panizza** mit Kichererbsensalat zu nennen. Dann folgen eine vorzügliche **Polenta di grano saraceno mit *Bagna caoda*** und Primi aus hausgemachten Teigwaren: **Tagliatelle di grano saraceno** (aus Buchweizenmehl) oder aus Esskastanien- und Maismehl, **Ravioli al *cin*** (gefüllt mit Kartoffeln und Gemüse) und **Gnocchi**, angerichtet **mit** Saucen aus Brennnesseln, Kräutern, mit Wurstragout, **Pilzen** oder mit dem klassischen Pesto, der ligurische Züge trägt. Bei den Hauptspeisen dominiert Fleisch: **Cervo al *civet***, Coniglio all'Arneis und **Stracotto**. Zum Abschluss wird eine gute Auswahl an **Formaggi** und Desserts angeboten, unter denen neben Panna cotta mit Waldbeeren, Crostata di albicocche und in Grappa eingekochtem Obst eine exzellente **Cassata di patate** hervorsticht. Die beachtliche Weinkarte ermöglicht einen Streifzug durch die Erzeugnisse dieses Landstrichs.

ORTA SAN GIULIO (NO)
Legro

65 KM NÖRDLICH VON NOVARA

Il Cucchiaio di Legno

Ferienbauernhof
Via Prisciola, 10
Tel. (+39) 03 22 / 90 52 80,
(+39) 339 / 577 53 85
Ruhetag: Montag–Mittwoch
Ferien: unterschiedlich
60 Plätze • Preise: 26 € (Tagesmenü)
Kreditkarten: CS, DC, MC, Visa; BM
Abends geöffnet, Samstag und Sonntag auch mittags

Auf den Hügeln hinter dem Lago d'Orta hat der Hof Il Cucchiaio di Legno seinen Sitz. Das Lokal besteht aus einem Speisesaal und einer Veranda mit Blick ins Grüne und auf den Gemüsegarten, aus dem das Gemüse stammt, das hier aufgetischt wird. Auf einem Schild am Eingang liest man den Hinweis „Miele" (Honig): Die Wirtsleute sind Imker und stellen auch Konfitüren her, die bei der Zubereitung der Desserts Verwendung finden. Hausgemacht sind auch die Salumi – mit ausgewähltem Fleisch aus einem lokalen Zuchtbetrieb –, die frischen Teigwaren, das Brot – aus Mutterhefe, auf einem Stein gebacken – und die Grissini aus Mehl von Hartweizenkörnern, die nach dem Abflämmen der abgeernteten Felder von den Bauern eingesammelt werden. Das Menü (26 €) ist feststehend und wird mündlich vorgetragen. Den Auftakt bilden ein Sortiment an Salumi (Salame di coscia, Pancetta ossolana, Fesotto di spalla, Coppa al Barbera), **Giardiniera**, Carpaccio aus saisonalem Gemüse und **Carpione di pesce persico**. Unter den Primi findet man immer ein Gericht mit hausgemachten Teigwaren, zum Beispiel Straccetti al Nebbiolo, serviert mit Tomaten und Basilikum, oder die klassischen **Ravioli** mit verschiedenen Saucen, und einen **Risotto**, in den Versionen al limone oder alla carbonara. Das Kapitel der Hauptspeisen punktet mit Codone di manzo mit Rosmarin, **Spalla di vitello al forno** oder **Galletto alle erbe**, stets begleitet von frischem Gemüse aus dem eigenen Garten. Semifreddo alla vaniglia mit Himbeerkonfitüre, **Panna cotta** mit Fruchtsauce, Crostate, Frittelle di pasta madre (Pfannkuchen aus Sauerteig) in Cognac oder eine Degustation von drei Cremedesserts bilden den süßen Abschluss. Bei der Weinwahl werden Sie kein Problem haben: Es gibt ein beachtliches Sortiment an Etiketten zu mehr als angemessenen Preisen.

PAESANA (CN)
Calcinere Inferiore

53 KM NORDÖSTLICH VON CUNEO, S.S. 662

Osteria Alpino

Restaurant
Calcinere Inferiore, 40
Tel. (+39) 01 75 / 98 72 38,
(+39) 348 / 742 23 15
Ruhetag: Dienstag, Mittwoch (außer im August)
Ferien: 15. Januar–15. Februar
40 Plätze • Preise: 20–30 €
Kreditkarten: AE, CS, DC, MC, Visa; BM
Mittags und abends geöffnet

Clelia und Valentina werden Sie in einen der beiden Speisesäle begleiten, wo auf Regalen an den Wänden die „Leichen" vieler Spitzenweine stehen, als Zeugen vieler vergnüglicher Abende, die Gäste in diesen Mauern verbrachten. Ganz sicher hat zum Gelingen der Abende auch die Küche von Debora und Christian beigetragen, die Tag für Tag mit Leidenschaft, Konstanz und Engagement am Werk sind. Als Antipasto probierten wir **Baccalà mantecato** mit Polenta-Crostini und Artischocken und Filetti di trota salmonata mit Spargel in Tempura-Mantel (9 €), die neben der klassischen Dreierkombination nach piemontesischer Tradition – Carne cruda, fein gehackt, Insalata russa, Acciughe al verde – und der inzwischen rar gewordenen **Trippa gratinata al forno** angeboten werden. Bei den Primi sind die zum Garen in ein Tuch eingeschlagenen **Agnolotti al fumo** (9 €), ***Tajarin ai luvertin* mit Salsiccia aus Bra** und Gnocchetti di patate mit Kräuterpesto eine gute Wahl. Für den Hauptgang empfehlen wir Coniglio disossato, in Speck gehüllt und in Rowein gegart (12 €), **Fegato mit Zwiebeln**, Braciola di maiale, Scamone panato mit *Subrich* di patate und Grieß sowie Trota del Po mit Fenchel. Zum Abschluss erwarten Sie ein prachtvoller Wagen mit **Formaggi** mit den Spitzenprodukten aus dem Po-Tal, den angrenzenden und weiteren Gebieten sowie eine große Auswahl an hausgemachten Desserts. Eine besondere Erwähnung verdient die umfangreiche, gut gegliederte Weinkarte, auf der piemontesische Etiketten und gute Produkte aus anderen namhaften Anbaugebieten des In- und Auslands vertreten sind.

❞
Ein Lokal, in dem die Recherche nach qualitätvollen Zutaten, die perfekte Ausführung der Rezepte und eine familiäre Atmosphäre große Emotionen wecken.
❝

PAROLDO (CN)

57 KM ÖSTLICH V. CUNEO, 8 KM NÖRDLICH V. CEVA

Salvetti

Trattoria
Via Coste, 19
Tel. (+39) 01 74 / 78 91 31,
(+39) 347 / 890 47 09
Ruhetag: Montag, Dienstag
Ferien: unterschiedlich
30 Plätze + 10 Plätze im Freien
Preise: 30 € (Tagesmenü)
Kreditkarten: CS, DC, MC, Visa; BM
Mittags und abends geöffnet

Die charmante Clelia Salvetti ist die Seele der Küche dieser historischen Trattoria der Alta Langa. Die ländliche Eleganz der Tischkultur schlägt sich sowohl in der Präsentation der Gerichte als auch in den höflichen Umgangsformen der Mitarbeiter im Service nieder. Frischer Wind ist bei der Weinkarte zu verspüren: Großes Lob verdient die Aufmerksamkeit, die sie den guten Produkten lokaler Winzer schenkt. Begrüßt werden Sie hier mit einem Glas Spumante aus der Langa Astigiana, begleitet von Salumi dieser Gegend, unter denen insbesondere Salame cotto hervorzuheben ist, und Sgonfiotti, gefüllt mit Toma di Murazzano. Das feststehende Menü wird mit vier Antipasti eröffnet, die stark saisonalen Charakter haben. So gibt es zum Beispiel im Sommer Carpaccio di zucchine mit Käseschaum und Galatina al Porto, **Rolatina di coniglio** auf einem Kräuteromelett, ***Caponet*** (in der Variante mit Kürbisblüte, *Bagnet ross* und Safrancreme; im Winter präsentiert sich das Gericht in einer Hülle aus Wirsingblatt mit *Bagna caoda*) sowie Sfoglia di patate mit Steinpilzen. Dann folgen zwei Primi: Wir probierten **Ravioli con ripieno di arrosto** (mit Bratenfüllung), auch in der Version **di galletto** (mit Hähnchen gefüllt), serviert mit Bergbutter oder mit Parmesan-Fonduta, und **Tagliatelle al sugo di nocciole** (mit Haselnusssauce). Im Kapitel der Secondi können Vorschläge wie Roastbeef und **Faraona al forno**, ein Gericht nach einem alten Rezept der Langa, enthalten sein. Am Ende der Mahlzeit verdient Mousse al cioccolato mit Lavendel besonderes Lob, ein in puncto Ausgewogenheit und Konsistenz perfekter Leckerbissen, der die blühenden Felder der benachbarten Gemeinde Sale San Giovanni vor das geistige Auge ruft. Wirklich beachtlich sind auch die Pesche (Pfirsiche) mit Moscato-Aspik und Crostata di albicocche.

PORTACOMARO (AT)
Migliandolo-Cornapò

12 KM NORDÖSTLICH VON ASTI, S.P. 38

Bandini

Restaurant
Via Cornapò, 135
Tel. (+39) 01 41 / 29 92 52
Ruhetag: Montag
Ferien: ersten 3 Januarwochen
65 Plätze
Preise: 32–37 €
Kreditkarten: AE, CS, DC, MC, Visa; BM
Mittags und abends geöffnet

Das Restaurant Bandini, im Tal unterhalb von Portacomaro, im Ortsteil Cornapò gelegen, ist ein sicherer Hafen für Freunde der guten Küche. Die Räumlichkeiten sind schlicht eingerichtet, im Sommer erwartet Sie eine kühle Veranda. Im Saal begleitet Sie Antonello Bera auf einem kulinarischen Streifzug im Zeichen der Tradition, bei dem jedoch auch moderne Ansätze nicht fehlen. Die Gerichte werden von Chefkoch Massimo Rivetti aus erstklassigen Zutaten zubereitet, die er auf dem hiesigen Markt erwirbt, ergänzt durch das Gemüse aus dem eigenen Garten. Auf der Karte werden Sie die klassischen Spezialitäten des Monferrat entdecken, darunter **Vitello tonnato**, Carne cruda, ***Tajarin*** (in der Saison serviert **mit Steinpilzen** oder **weißem Trüffel**) und **Agnolotti gobbi d'Asti al sugo d'arrosto** (10 €). Der Löwenanteil unter den Secondi entfällt auf Fleisch von Rindern der piemontesischen Rasse, das sich bei der monumentalen *Madama piemonteisa* alla griglia (ein **Rippenstück** für zwei Personen) von seiner besten Seite zeigt. Sehr gut sind auch Magret di anatra ficata (Entenbrust mit Feige) und das erlesene Sortiment an Formaggi. Massimo ist auch ein Meister der Fischgerichte: Probieren Sie **Baccalà mantecato** oder Tartara di ombrina affumicata (Tartar vom geräucherten Adlerfisch, 12 €). Wer sich gerne einen kompletten Überblick verschaffen will, der kann das Degustationsmenü für 40 € mit drei Antipasti, Primo, Secondo und Dolce wählen. Zum Ausklang erfreuen der feine ***Bonet***, eine originelle Kreation mit karamellisierten Feigen mit Rosmarin-Sorbet oder ein klassisches Gelato alla crema den Gaumen. Der Keller ist gut bestückt: Das Angebot reicht über die Landesgrenzen hinaus, den Weinen aus diesem Landstrich wird jedoch die gebührende Aufmerksamkeit zuteil.

ROCCABRUNA (CN)

20 km nordwestlich v. Cuneo, S.P. 422 u. S.P. 122

Locanda Occitana Ca' Bianca

Trattoria • Strada Luisa Paulin, 53
Tel. (+39) 01 71 / 91 85 00, (+39) 338 / 197 40 15
Ruhetag: Sonntag
Ferien: unterschiedlich
70 Plätze + 30 Plätze im Freien
Preise: 15–30 € (Tagesmenü)
Kreditkarten: CS, MC, Visa; BM
Mittags und abends geöffnet

In der Ca' Bianca können Sie Ihre Mahlzeit zelebrieren oder als rasches Essen in der Arbeitspause konsumieren: Hier verschmelzen die Rustikalität der Tradition mit der Bodenständigkeit der Gerichte der okzitanischen Küche, die in einer mit Passion überarbeiteten Form präsentiert und den Gästen mit Herzlichkeit und Engagement serviert werden. Die Gerichte werden mündlich vorgetragen, für die Wahl des Weines gibt es eine kurz gefasste Karte mit den wichtigsten Produkten des Piemont. Das abwechslungsreiche, jahreszeitentreue Repertoire basiert auf Zutaten lokaler Provenienz. Man beginnt mit Rotolo di erbette in gelatina, **Vitello tonnato**, Cipolle ripiene, gefüllt mit Reis und Fleisch, und einzigartigen Acciughe, serviert mit rotem und grünem *Bagnet*. Erwähnenswerte Primi sind ***Ravioles*** (längliche Klößchen aus Kartoffeln, Ei und Mehl, angerichtet mit Butter und Sahne) und im Winter **Minestra di trippe** und ***Supa mitonà***. Ein Klassiker unter den Secondi ist ***Doba***, ein Fleischragout, mit Orangenschalen in Wein geschmort, serviert mit selbst angebautem Gemüse der Saison. Zum Abschluss locken zahlreiche Desserts: Tiramisù all'amaretto, Torta di mele e noci, Flan di uova, Panna cotta, Pesche ripiene und Crostata mit Pflaumenkonfitüre. Eine Entdeckungsreise auf den Spuren der okzitanischen Küche, zu einem moderaten Preis. Vor oder nach Ihrem Besuch in diesem Lokal empfehlen wir eine Besichtigung des nahe gelegenen Naturparks Ciciu del Villar mit seinen außergewöhnlichen pilzförmigen Steinformationen.

In **San Damiano Macra** (8 km), in der Nähe der Brücke, befindet sich die letzte Holzofenbäckerei des Maira-Tals, wo das blutjunge Paar Silvia und Diego knuspriges traditionelles Brot und verlockende Süßspeisen zubereitet.

ROCCHETTA TANARO (AT)

15 km südöstlich von Asti

Da Taschet

Osteria-Vineria
Piazza Piacentino, 11
Tel. (+39) 01 41 / 64 44 24
Ruhetag: Mittwoch
Ferien: zeitweise im Februar
40 Plätze + 20 Plätze im Freien
Preise: 25–30 €
Keine Kreditkarten
Abends geöffnet, Samstag und Feiertage auch mittags

Wenn Sie die Straße entlang des Flusses verlassen, gelangen Sie auf die Piazza, auf die man von der Veranda des Taschet aus blickt. Die Bar mit Tresen im Inneren des Lokals erinnert an einen geselligen Treffpunkt von Einheimischen. Der zwanglose Service bestätigt den Eindruck, dass hier Bodenständigkeit regiert: Carlo Bo trägt die Speisenauswahl mündlich vor, sein Partner Giovanni Allosio achtet in der Küche auf die Qualität der einfachen, tadellos zubereiteten Gerichte. Die Antipasti kann man einzeln oder als Degustation bestellen: Carne cruda (8 €), **Insalata russa**, Peperone mit Sardellensauce, Vitello tonnato, Melanzane alla parmigiana oder anderes Gemüse, je nach Saison, und Acciughe in salsa verde (5 €). Dann wählt man aus einer Reihe von Primi und Secondi, die in üppigen Portionen serviert werden. Überragend sind **Ravioli al sugo di stufato**, aber auch **Minestra di riso e ceci** (10 €), Pasta e fagioli und Taglierini al sugo di salsiccia können mithalten. Für den Hauptgang stehen **Pollo alla cacciatora**, Coniglio, **Trippa**, im Winter der klassische Bollito mit dreierlei Fleischstücken und im Sommer ein frischer **Carpione mit Hähnchen Ei und Zucchini** (12 €) auf dem Programm. Das große Repertoire an Desserts beweist Vielfalt: Der Bogen spannt sich von Torten über Crostate bis zum klassischen *Bonet* (4 €). Das Lokal bezeichnet sich selbst als Vinothek, was sich in einer gewaltigen Weinkarte mit bemerkenswerten Etiketten niederschlägt. Sie können ein passendes Glas Wein zu jedem Gang oder eine gute Flasche aus dem Sortiment an piemontesischen und anderen Weinen wählen.

Das Panaté von Mario Fongo (Via Sardi 56) bietet Grissini, Feingebäck, Tirà und vor allem Lingue di suocera.

34 km südw. v. Turin, 7 km v. Pinerolo, S.S. 589

Il Ciabot

Restaurant
Via Costa, 7
Tel. (+39) 01 21 / 54 21 32
Ruhetag: Montag
Ferien: unterschiedlich
50 Plätze + 15 Plätze im Freien
Preise: 32–33 €
Kreditkarten: CS, Visa; BM
Abends geöffnet, mittags gegen Vorbestellung

Dieses hübsche Restaurant umfasst zwei kleine Räume, verbunden durch einen Mauerbogen mit einem schönen Kamin. Geführt wird das Lokal von Lorena Fenu, die sich um die Gäste kümmert, und ihrem Mann Mauro Agù, einem Koch, der Tradition und Modernität meisterhaft miteinander verbindet. Als Antipasto bekommen Sie je nach Saison Sformatino di porri mit leichter *Bagna caoda* (10 €), Quiche Lorraine von Toma-Käse mit Trüffelcreme, Strudel di asparagi mit Fonduta, Battuta vom Fassone-Rind mit Verdurine in pinzimonio und Parmesan, Nido di *barbabuch* (Kapuzinerkresse) in Sauce Tartar mit Terrina di salmone e cernia in Asche. Bei den Primi (9 bis 10 €) sind gefüllte Teigwaren (**Fagottini alle erbette mit Lauchcreme**, Rotolini mit Steinpilzfüllung), nudelförmige Teigwaren (**Pappardelle al ragù di fagianella**) und klassische Risotti wie die Version mit Pesto di aglio orsino (Bärlauchpesto) und Scaloppe di baccala vertreten. Auch bei den Secondi (13 €) herrscht Vielfalt: Es gibt Sella di torello in getrüffeltem Blätterteig, **Rotolo di coniglio in einer Farce aus getrockneten Tomaten und Oliven**, Petto d'anatra mit Orangen und Rosinen und **Guancetta di fassone al Nebbiolo**. Als Desserts (8 €) finden Sie Crema catalana, Panna cotta, Mousse al gianduiotto, Crostata di pera mit Schokolade oder Semifreddo al torroncino. Wenn Sie mindestens zu zweit sind, können Sie das Degustationsmenü bestellen, das für 35 € drei Antipasti, ein Primo, ein Secondo, ein Sorbet, ein Dessert und ein Glas Wein bietet. Ein Nachtrag zum Thema Wein: Im Keller lagert ein erlesenes Sortiment an Etiketten aus dem Piemont.

In **Frossasco** (3 km) liegt der Hof von Luca Colli (Via Frollasca 6), Bio-Produzent von Honig, Propolis und Gelée royale.

30 km nordwestlich von Novara, S.S. 299

Alla Torre

Restaurant
Via I Maggio, 75
Tel. (+39) 01 63 / 82 64 11
Ruhetag: Montag
Ferien: 27. Dezember–7. Januar
50 Plätze + 20 Plätze im Freien
Preise: 32–35 €
Kreditkarten: AE, CS, DC, MC, Visa; BM
Mittags und abends geöffnet

Im Jahr 2016 feiert das Restaurant sein 25-jähriges Bestehen. Das gepflegte, elegante Interieur bildet den perfekten Rahmen für eine Küche, die große Meisterschaft bei der Zubereitung der klassischen Gerichte dieses Landstrichs beweist und es versteht, das Repertoire mit kreativen Akzenten zu bereichern. Die Ausgangsbasis bilden dabei stets Zutaten, die von Betrieben aus der Umgebung geliefert werden und bei deren Verarbeitung große Liebe zum Detail waltet. Die Karte, die auch vegetarische Speisen und Kindergerichte nach Lust und Laune der Küche umfasst, ist sehr abwechslungsreich und passt sich dem Lauf der Jahreszeiten an, wobei einige Vorschläge immer vertreten sind. Unter den Antipasti bestechen Carne cruda vom Scottona-Rind, mit dem Messer gehackt (10 €), **Insalata di tacchinella** und **Vitello tonnato**. Für 13 € kann man einen gemischten Vorspeisenteller genießen. Die Palette der Primi kann ***Tajarin* con ragù marinato al Nebbiolo** (mit in Wein geschmortem Fleischragout, 10 €), Bacetti valsesiani mit Blattspinat und Gorgonzola-Fonduta, von Hand gefertigte Gnocchetti und Risotti mit saisonal variierenden Saucen enthalten. Es folgt eine gute Auswahl an Secondi, bei denen sich der Bogen von **Groppa di manzo piemontese brasata** über **Trippa in umido** bis zu Coniglio disossato mit Aprikosen (15 €) spannt. Sehr interessant sind die Degustation von **Formaggi** und die große Auswahl an Desserts, die den klassischen ***Bonet***, Obsttorten und Semifreddi umfassen. Die Weinkarte schenkt den Trauben und Winzern dieses Landstrichs die gebührende Beachtung, ohne dabei auf andere hochwertige Produkte aus ganz Italien zu verzichten.

33 KM NÖRDLICH VON CUNEO, S.P. 25

Corona di Ferro

Restaurant
Via Martiri della Liberazione, 48
Tel. (+39) 01 75 / 21 89 75
Ruhetag: Mittwoch
Ferien: letzten 10 Januartage
40 Plätze + 50 Plätze im Freien
Preise: 37 €
Kreditkarten: AE, CS, DC, MC, Visa; BM
Mittags und abends geöffnet

Dieses elegante Lokal im typischen Hof eines reizenden Hauses mitten in der Altstadt bietet traditionelle Gerichte und ausgewogene Neuinterpretationen. Man kann das Degustationsmenü für 30 € wählen, das mehrere Häppchen von Antipasti, Primo, Secondo und Dessert nach Wahl umfasst. Als Alternative steht eine reichhaltige Karte mit saisonalen Gerichten zur Verfügung. Unter den Antipasti sind neben Battuta von piemontesischem Rindfleisch, mit dem Messer gehackt und mit Kapern, Sardellen und Eiercreme vermischt, die sommerliche Crema di zucchine e menta mit gebratenen Tintenfischen und Carpaccio di baccalà mit Tomaten, Bohnen und Erbsen (12 €) hervorzuheben. Das Kapitel der Primi beginnt mit **Agnolotti** (10 €), in der klassischen Version und **dal *plin* mit Almbutter**, Risotto al castelmagno mit eingekochten Erdbeertrauben, **Zuppa di fagioli dell'occhio** und Melanzana ripiena, gefüllt mit Tomatenpüree und Burrata. Da Speisen nicht nur Gaumenfreude, sondern auch ein wichtiges Element von Kultur und Tradition sind, ist Raviolo alla Bergese mit Sommertrüffel zu erwähnen: eine schmackhafte Hommage an Nino Bergese, den Patriarchen der italienischen Gastronomie, der 1904 in Saluzzo geboren wurde. Als Secondi erwarten Sie **Animella glassata mit Gemüse** (15 €), **Trippa in umido mit Cannellini-Bohnen**, Pancetta di maialino mit gegrilltem Gemüse, **Stracotto di vitella** und eine vorzügliche Milanese di sottofiletto in Grissini-Kruste (15 €). Dulcis in fundo: Lassen Sie sich zum Ausklang von Fruchtdesserts und Eis verführen. Die Weinkarte nennt die besten italienischen Weine mit Anleihen aus dem Ausland.

»

Alberto Mellano ist der Wirt, den man sich überall wünschen würde: voller Leidenschaft, Kompetenz und Herzlichkeit.

«

46 KM WESTLICH VON CUNEO, S.S. 21

Osteria della Pace

Restaurant
Via Umberto I, 32
Tel. (+39) 01 71 / 966 28
Ruhetag: Montag
Ferien: 10 Tage im Juni, 4 Wochen im Oktober/November
40 Plätze
Preise: 25–30 €
Kreditkarten: CS, DC, MC, Visa; BM
Mittags und abends geöffnet

Die Osteria della Pace ist ein symbolträchtiger Ort im oberen Stura-Tal. Seit 1982 führt Bartolo Bruna dieses Lokal mit seiner Familie und erhält in der Küche die lokalen Traditionen und historischen Rezepte nach okzitanischer Prägung am Leben. Die stimmungsvolle Fahrt zu diesem Restaurant (angeschlossen an ein Hotel mit elf kürzlich renovierten Zimmern und einem kleinen Wellness-Center) belohnt bei der Ankunft auf der Piazzetta mit einem Ausblick auf eine unvergleichliche Landschaft. Die Karte sieht eine Reihe von Antipasti vor, darunter, je nach Jahreszeit, Torta di castagne e scalogno (mit Esskastanien und Schalotten), serviert mit gekochtem Speck, **Vitello tonnato**, Filetto di trota marinato und **Paté di fegato vom Sambuca-Lamm**. Ein sicherer Tipp unter den Primi sind ***Croset*** (hausgemachte Teigwaren aus Wasser und Mehl), Gnocchi di patate, **Ravioli**, gefüllt mit Braten, Mangold und Kartoffeln, und im Winter **Minestra di castagne e trippa**. Der Löwenanteil unter den Secondi entfällt auf **Agnello sambucano** (Sambuca-Lamm, ein Slow-Food-Presidio) **al forno**, das täglich auf der Karte steht, aber auch Selvaggina (Wild) ist in der Osteria della Pace heimisch und präsentiert sich in Form von Brasato di cervo. Fleisch von Rindern der piemontesischen Rasse ist als wunderbarer Arrosto di vitello vertreten. Als Desserts gibt es die Klassiker ***Bonet***, Crostate, Pesche ripiene und Zuppa di mele. Die erlesenen Weine sind piemontesischer und französischer Herkunft und werden zu einem guten Preis-Leistungs-Verhältnis angeboten.

»

Die Familie Bruna besitzt profunde Kenntnisse über diesen Landstrich und versteht es, diesen ins rechte Licht zu rücken und die besten Produkte zu präsentieren: Das Ergebnis ist unvergesslich.

«

SAMPEYRE
Vallone di Sant'Anna

60 KM NW V. CUNEO, 45 KM V. SALUZZO, S.P. 105

Meira Garneri

Berghütte
Ortsteil Meira Garneri
Tel. (+39) 389 / 831 97 23
Kein Ruhetag
Ferien: 1.–20. Mai, November
60 Plätze + 60 Plätze im Freien
Preise: 20–28 €
Keine Kreditkarten
Mittags und abends geöffnet

Zwei Seilbahnen führen auf eine Höhe von 1.850, wo man dann entspannt an einem der Tische dieser klassischen Berghütte die Gerichte von Juri Chiotti genießen kann. Das Meira Garneri, der Ausgangspunkt für Ausflüge und Fahrten im Schnee, bietet ein breites Spektrum vom raschen Imbiss mit einem Panino über dampfende Polenta bis zur kompletten Mahlzeit. Das ist das wirklich Überraschende hier: Es ist kaum zu glauben, dass man an einem so entlegenen Ort eine Küche von hoher Qualität aus erstklassigen Zutaten und Kräutern der Umgebung vorfinden kann. Die Karte wechselt im Laufe des Jahres häufig, ist aber stets Quelle der Freude. Beginnen Sie mit Wurst- und Käsespezialitäten (die Menge soll Sie nicht abschrecken, 10 €) oder mit gemischten Antipasti (die auch einzeln für 6 € gewählt werden können). Unter diesen bestechen neben dem exzellenten *Toumin dal Mel* mit **Kartoffeln und *Aiolì*** je nach Saison auch ein zarter Cotechino, schmackhafte **Cipolla ripiena** und Acciughe al verde. Bei den Primi erwarten Sie wunderbare **Ravioles de blins** (8 €), Pasta e fagioli oder Ravioli quadrati mit Fleischfüllung in Butter und Salbei. Die Secondi umfassen die typischen Gerichte der Berggegend: Polenta concia oder Polenta mit Salsiccia, **Guancia di vitello al vino rosso** (allein dafür lohnt sich die Fahrt) und Coda di vitella in umido mit Bergspinat (12 €). Zum Abschluss klassische Desserts wie ***Bonet*** (4 €) oder fantasievollere Kreationen wie Panna cotta in Heu. Angesichts des Ambientes erstaunt die Weinkarte mit einer schönen Auswahl an Etiketten aus ganz Italien.

»
An den Tischen des Meira Garneri gehen Bodenständigkeit und Qualität Hand in Hand. Ein schönes Ziel an einem sehr entlegenen Ort.
«

SAN MARZANO OLIVETO (AT)
Valle Asinari

25 KM SÜDÖSTLICH VON ASTI, 5 KM VON CANELLI

Del Belbo da Bardon

Trattoria • Via Valle Asinari, 25
Tel. (+39) 01 41 / 83 13 40, (+39) 347 / 230 90 36
Ruhetag: Mittwoch, Donnerstag
Ferien: 1 Wo. nach d. 15. August, Dezember/Januar • 60 Plätze + 40 Plätze im Freien
Preise: 35–40 €
Kreditkarten: AE, CS, DC, MC, Visa; BM
Mittags und abends geöffnet

Den Besuch im Bardon muss man sich auf einer kurvenreichen Fahrt durch Hügel und Weinberge erkämpfen. Es lohnt sich: Setzen Sie sich an einen der Tische des Restaurants, das seit fünf Generationen mit Hingabe und Kompetenz von einer Familie geführt wird, und Sie werden feststellen, hier in einer der Kultstätten der piemontesischen Gastronomie gelandet zu sein. Die Räumlichkeiten umfassen einen Speisensaal und einen wunderschönen Garten, wo man gleich mit einer Auswahl von vier Antipasti (18 €) loslegen kann, die je nach Jahreszeit variieren: Flan di verdure, Insalatina mit schwarzem Trüffel, Robiola und Frittata, **Vitello tonnato**, Involtino di peperone mit Thunfisch und feine **Carne cruda**. Dann folgen die Primi mit Klassikern wie Ravioli dal *plin* in Butter und Salbei, Ravioli quadrati di magro (9 €), ***Tajarin* al sugo di salsiccia** oder in der Saison mit Funghi porcini (Steinpilzen) und **Tagliatelle verdi al bra duro e noci**. Im Winter sollten Sie **Bollito** – serviert auf einem prachtvollen Wagen – probieren, im Sommer lockt ein exzellenter Carpione (12 €). **Trippa in umido**, Coniglio al forno, **Stinco** und Finanziera vervollständigen den Reigen der Secondi. Ein Halt am Wagen mit den **Formaggi** ist Pflicht: Käse aus dem Piemont und anderen Regionen. Lassen Sie noch etwas Platz für **Dolce mattone** (6 €), eine Schokolade-Symphonie, *Bonet* al cioccolato oder Pesche al Moscato. Eine besondere Erwähnung verdient auch die Weinkarte, in der Sie sämtliche Namen finden, die diesem Anbaugebiet zu seinem Ruhm verholfen haben, ergänzt durch weitere Etiketten aus dem In- und Ausland.

»
Mit Sorgfalt und Kompetenz gewählte Zutaten stehen in dieser klar definierten, einfachen und traditionellen Küche im Mittelpunkt.
«

SAN MAURIZIO CANAVESE (TO)
Malanghero

12 KM NÖRDLICH VON TURIN

La Taverna dei Tre Gufi

Restaurant • Via Devietti Goggia, 71
Tel. (+39) 011 / 924 70 47,
(+39) 333 / 653 03 96
Ruhetag: Donnerstag
Ferien: 10 Tage nach Weihnachten,
3 Wochen im August
60 Plätze + 30 Plätze im Freien
Preise: 30–35 €
Kreditkarten: CS, MC, Visa; BM
Abends geöffnet, Sonntag auch mittags

Wir befinden uns hier im Canavese, dem Gebiet, aus welchem die Zutaten stammen, die (wie auch das Gemüse aus dem hauseigenen Garten) von Papa Adriano gemeinsam mit seiner Tochter Elisabetta verarbeitet und dann in der Taverna serviert werden. Das Speisenangebot wechselt täglich und wird von Alessandro mündlich vorgetragen. Unter den Antipasti (die man einzeln oder als komplette Degustation für 13 € bestellen kann) finden Sie einen reich bestückten Teller mit Wurstspezialitäten, der neben der klassischen Version Salami in vielen Varianten enthält: pikant, mit Nüssen, aus Rüben und Kartoffeln und *Salam 'la doja*. Weitere Vorschläge sind Carne cruda, Tomini di Chiaverano und Flan oder Sformati mit Gemüse. Feste Bestandteile des Repertoires sind ein **Risotto** aus Carnaroli-Reis, zubereitet **mit Salame di *turgia* und Carema** oder mit *Testun* und Barolo, und ein Gericht mit hausgemachter Pasta wie **Agnolotti con le ajucche** oder Tagliatelle mit Pignoletto-Mais, im Winter auch ***Tofeja*** (9 €). Bei den Secondi erwarten Sie Guanciale alla birra (13 €), **Testina di vitello mit Bagnetto verde all'aglio ursino** (Bärlauchsauce), Costolette di agnello alla piastra, **Coniglio all'Erbaluce mit Sardellen und Kapern**, **Galletto al vino rosso mit Frühlingszwiebeln**, Quaglie disossate, mit Speck gespickt und im Ofen gebraten, und Lumache alla parigina (8 €). Die Auswahl an Desserts ist sehr umfangreich und gepflegt: Je nach Saison bekommen Sie Frutti di bosco al ratafià, Pesche ripiene, Cheesecake di *seirass*, Sorbetto di pera mit Calvados, Pere al Nebbiolo mit Zimteis und Torta di nocciole mit Nougat-Kaffee-Sauce (5 €). Die beachtliche Weinkarte schenkt lokalen Erzeugnissen die gebührende Aufmerksamkeit. Es werden auch zwei Degustationsmenüs für 29 und 38 € angeboten.

SAN SALVATORE MONFERRATO (AL)
Squarzolo

13 KM NÖRDLICH VON ALESSANDRIA

Locanda dell'Arzente

Restaurant
Regione Guastrasone, 100
Tel. (+39) 01 31 / 23 39 69
Kein Ruhetag
Keine Ferien
80 Plätze
Preise: 24–35 €
Kreditkarten: AE, CS, DC, MC, Visa; BM
Mittags und abends geöffnet

Das Hotelrestaurant liegt an der Straße, die von der Ebene von Alessandria hinauf in Richtung des Monferrat Casalese führt. Auf dem Gipfel des Hügels hat eine Brennerei ihren Sitz, von welcher der Name Arzente stammt, den Gabriele D'Annunzio als Bezeichnung für den Grappa vorschlug. Das in einem restaurierten Landhaus aus dem 19. Jahrhundert untergebrachte Lokal bietet ein gemütliches Ambiente mit weitläufigen Räumen, die sich auch für Bankette oder Empfänge eignen. Es gibt keine gedruckte Speisekarte. Die Tagesgerichte werden von Elisabetta mündlich vorgetragen, während ihr Mann Michele, der für die Küche verantwortlich zeichnet, die Gäste gerne mit Geschichten und Anekdoten unterhält, die von den Traditionen des Monferrat erzählen. Beginnen Sie Ihre Mahlzeit mit einer Degustation von warmen und kalten Antipasti (15 €), unter denen wir Battuta al coltello, **Mousse di roccaverano mit Honig**, die gemischten Salumi, die im Ofen gebackene Cipolla al sale, Involtino di prosciutto in Aspik sowie Tortini und Sformati mit Gemüse hervorheben möchten. Dann folgen **Agnolotti**, auch in der Version alla contadina (mit Brühe und Rotwein gekocht), oder **Tagliolini** (10 €), mit Sugo d'arrosto oder **al sugo d'asino** (Bratensauce oder Fleischsauce vom Esel). Im Winter sollten Sie Minestra di ceci, verfeinert mit Schweinehaxe, probieren. Unser Tipp unter den Secondi gilt **Trippa** (10 €), **Arrosto della vena**, Merluzzo al verde, Coniglio alla ligure, Faraona al Dolcetto und – gegen Vorbestellung – Fritto misto alla piemontese und Mandrognini (von Hand gefertigte, auf der heißen Platte gebratene Würstchen). Zum Abschluss gibt es Desserts, darunter *Bonet*, hausgemachtes Eis, Panna cotta mit Khaki sowie Torronata. Das Lokal bietet einen Businesslunch für 12 € und am Abend ein Degustationsmenü für 35 €.

SAN SEBASTIANO CURONE (AL)

45 KM SÖ. VON ALESSANDRIA, 25 KM VON TORTONA

Corona

Restaurant
Via Vittorio Emanuele, 14
Tel. (+39) 01 31 / 78 62 03
Ruhetag: Montag, Dienstag
Ferien: zeitweise im Februar und Juli
60 Plätze
Preise: 30–35 €
Kreditkarten: AE, CS, DC, MC, Visa; BM
Mittags geöffnet, Freitag–Sonntag auch abends

Seit 1702 betreibt die Familie Fontana das Corona, derzeit unter der Leitung von Marta. Das Restaurant verfügt über drei Räume: einen im Eingangsbereich neben der Bar, wo man Imbisse, einen Aperitif und hausgemachtes Eis genießen kann. Dann gibt es noch ein kleines, in Rot gehaltenes Gastzimmer und den eleganten Speisesaal im oberen Stockwerk. In der Karte spiegeln sich der Lauf der Jahreszeiten und die Traditionen des Curone-Tals wider, eines Grenzlands zwischen Piemont und Ligurien. In den Speisen zeigt sich die große Aufmerksamkeit, die den Zutaten aus lokaler Provenienz zuteil wird. Man beginnt mit einer interessanten Auswahl an Antipasti: sieben Kostproben von warmen und kalten Spezialitäten oder der Antipasto „del dottore", der sich aus Salame nobile von Giarolo, Involtini di prosciutto mit Mayonnaise, **Vitello tonnato** und Sformatino di fagiolini (8 €) zusammensetzt. In der Saison darf die vorzügliche Insalata di funghi freschi mit frischen Pilzen nicht fehlen. Unter den Primi sind die **Gnocchi alla bava di latte** (9 €) eine echte Offenbarung. Stets von Hand gefertigt sind die Taglierini all'uovo, Ravioli di carne mit Sauce und andere gefüllte Teigwaren (gefüllt mit Kürbis, Kräutern oder Fonduta). Die Palette der Secondi (jeweils mit Beilage serviert) umfasst **Manzo all'inferno**, Arrosto di vitello mit Rosmarin und als Sommergericht Scaloppine al verde (9 €). Zum Ausklang hält das Kapitel der Dolci eine exzellente Auswahl an traditionellen Desserts bereit, darunter *Bonet* di cioccolato alla piemontese, **Panna cotta** nach Art von Matilde, Taglio al Moscato mit Pfirsichen aus Volpedo (6 €) und Crostate mit Obst. Dazu wählt man einen Wein aus einem reichhaltigen Sortiment aus den Colli Tortonesi, ergänzt durch Etiketten aus dem übrigen Italien und aus Frankreich.

SANT'ANTONIO DI SUSA (TO)
Cresto

35 KM WESTLICH VON TURIN, S.S. 25 ODER A 32

Il Sentiero dei Franchi

Restaurant
Borgata Cresto, 16
Tel. (+39) 011 / 963 17 47
Ruhetag: Dienstag
Ferien: unterschiedlich
30 Plätze
Preise: 35 €
Kreditkarten: AE, CS, DC, MC, Visa; BM
Mittags und abends geöffnet

Zum Sentiero dei Franchi gelangt man von Sant'Antonino di Susa aus mit dem Auto, wenn man Serpentinen nicht scheut, oder mit einem kurzen Spaziergang durch den Wald, wobei man sich gleich noch mehr Appetit holt. Nicht dass das notwendig wäre: Hier wird eine bodenständige, schmackhafte Bergküche geboten. Der Ortsteil Cresto mit wenigen Häusern, einem Camper-Platz und einer Piazzetta erstreckt sich entlang der Straße zur Kirche, wo Sie auch dieses Restaurant finden. Vom Eingang mit wenigen Tischen und einem Tresen werden Sie in den Speisesaal im oberen Stock geführt, wo die typische Atmosphäre von anno dazumal herrscht: Holzbalken, dicke Steinmauern, an den Wänden Bilder und zahlreiche Weinflaschen, aus denen die Gäste dann wählen. Fast ein Muss ist der Einstieg mit gemischten Antipasti (11 €), wobei **Insalata russa**, Salumi aus diesem Tal sowie Tomino und Paprikaschoten mit Sahne vertreten sind. Dann folgt eine schöne Auswahl an Primi: **Tagliolini ai funghi porcini** (13 €), **Malfatti della casa** (hausgemachte Gnocchi, in Gorgonzola getaucht) oder Ravioli al limone. Unsere Empfehlung unter den Secondi gilt der ***Carbonade***, einer typischen Spezialität aus dem Piemont und dem Aosta-Tal, die hier in Bier geschmort wird, oder der exzellenten **Lonza alle nocciole** (9 €) und **Cervo**. Käse und die traditionellen Desserts werden mit Sorgfalt zubereitet und angerichtet. Die kleine Weinkarte beweist Gebietstreue. Wie die Speisen lassen auch die Weine eine starke Verbindung zum Susa-Tal erkennen und der Wirt hat sowohl die Lust als auch die Fähigkeit, Ihnen davon zu erzählen.

In **Susa** (19 km) verkauft Aldo Pietrini (Piazza De Bartolomei 10) Pan d'la marchesa, Lose golose, Maisgebäck und Baci.

SERRALUNGA D'ALBA (CN)

50 KM NORDÖSTLICH VON CUNEO, 12 KM VON ALBA

Cascina Schiavenza

Trattoria
Via Mazzini, 4
Tel. (+39) 01 73 / 61 31 15
Ruhetag: Dienstag, an Feiertagen abends
Ferien: zeitweise im Januar, 15. Juli–15. August
40 Plätze + 20 Plätze im Freien
Preise: 28–34 €
Kreditkarten: CS, DC, MC, Visa; BM
Mittags und abends geöffnet

Umflossen vom warmen Licht des Sonnenuntergangs, das die Weingärten auf den Hügeln in seinem Glanz erstrahlen lässt, parken wir unser Auto unterhalb des mächtigen Schlosses von Serralunga. Der Weg zum Eingang dieses Lokals führt über eine Terrasse mit Blick auf die sanften, ordentlich aneinandergereihten Hügel. Das Interieur ist nicht überladen, verströmt aber dennoch ein gastliches Flair. Die Schwestern Alessandria, Enrica und Maura führen die Trattoria seit Jahren mit Charme und beweisen Feingefühl bei der Wahl der Ausstattung. Die Küche entspringt den Traditionen der Langa, die Sie durch die Wahl des Degustationsmenüs (35 € für einen gemischten Antipasto, Primo, Secondo, Dessert, Wasser und Kaffee) oder auch à la carte genießen können. Einige Gemüsesorten stammen aus dem familieneigenen Garten, aber auch bei den sonstigen Zutaten wird auf kurze Lieferwege und hohe Qualität geachtet. Unter den Antipasti finden Sie das unverzichtbare **Vitello tonnato** (7 €), Carne cruda, Trota in carpione und Involtini di peperone mit Thunfischpastete. Dazu gesellen sich saisonale Überraschungen wie die pflückfrischen Fiori di zucchina (Zucchiniblüten) in Backteig. Bei den Primi kommen Sie kaum umhin, die **Ravioli dal *plin*** mit Butter und Salbei (10 €) oder ***Tajarin* al ragù** zu probieren, die in der Saison des edlen weißen Trüffels mit dem legendären *Trifola* d'Alba verfeinert werden. Unter den Secondi erwarten Sie **Brasato al Barolo** und eine überaus schmackhafte **Faraona alle erbe** (12 €). Freuen Sie sich dann auf klassische Desserts wie ***Bonet*** (5 €), Panna cotta, Tiramisu mit Haselnüssen und Cremeeis mit Barolo Chinato. Zu trinken empfehlen wir Ihnen die hauseigenen Weine, die Dolcetto, Barolo und einen guten Nebbiolo einschließen.

SERRALUNGA D'ALBA (CN)
Parafada

50 KM NORDÖSTLICH VON CUNEO, 12 KM VON ALBA

La Rosa dei Vini

Restaurant
Ortsteil Parafada, 4
Tel. (+39) 01 73 / 61 32 19,
(+39) 348 / 016 95 78
Ruhetag: Mittwoch
Ferien: 3 Wochen im Februar
110 Plätze
Preise: 32–35 €
Kreditkarten: CS, MC, Visa; BM
Mittags und abends geöffnet

Man fährt von Alba hinauf in Richtung des Zentrums von Serralunga und biegt dann rechts in eine kleine, leicht ansteigende Straße ein, um zum Parkplatz des Restaurants zu gelangen, das aussieht, als würde es über einem Meer von Weinstöcken schweben, wo die Nebbiolo-Trauben für den Barolo gedeihen: eine Traumlandschaft – die Sie von der Veranda des Lokals in aller Pracht genießen können –, am Horizont begrenzt durch die Schlösser, in denen einige der wichtigsten Weingüter der Welt beheimatet sind, die von der UNESCO zu Recht zum Weltkulturerbe ernannt wurden. Das Ambiente ist schlicht und gepflegt und die umfangreiche Karte (mit Degustationsmenü für 30 €) präsentiert sämtliche Klassiker nach hiesiger Tradition, deren passendes Gegenstück in einer nicht nur monumentalen, sondern auch wirklich grandiosen Weinkarte mit mehr als günstigem Preis-Leistungs-Verhältnis zu finden ist. **Vitello tonnato** (10 €), eines der besten dieser Gegend, wird im Kapitel der Antipasti durch Battuta di fassone, **Lingua in salsa verde**, *Caponet* oder **Flan di verdure mit Fonduta** unterstützt. Bei den Primi dominiert frische Pasta (9 €), wobei alle Teigwaren hausgemacht sind: Agnolotti dal *plin* mit Butter und Salbei, ***Tajarin* al ragù di salsiccia e carne** (mit Fleisch- und Wurstragout), Ravioli mit Ricotta und saisonalem Gemüse. Unter den Secondi ist neben dem stets vertretenen **Filetto al Barolo** und Stinco di maiale all'Arneis in der passenden Jahreszeit auch **Capretto disossato al forno** (12 €) zu entdecken. Große Affineure dieser Gegend tragen dazu bei, das Sortiment an exzellenten Formaggi zu bereichern, die mit einer ausgezeichneten *Cognà* serviert werden. Die klassischen Desserts können mit dem Rest mithalten: **Torta di nocciole mit Zabaione** (6 €), Mousse di fragole und *Bonet*. Ein bezaubernder Platz, an dem Körper und Geist Erholung und Genuss finden.

50 KM NW. VON ALESSANDRIA, A 26 UND S.S. 457

Ristorante di Crea

Restaurant
Piazza Santuario, 7
Tel. (+39) 01 42 / 94 01 08
Ruhetag: Montag, außer im Sommer
Ferien: Januar
300 Plätze
Preise: 30–32 €
Kreditkarten: CS, DC, MC, Visa; BM
Mittags geöffnet, abends gegen Vorbestellung

Das Städtchen Serralunga ist bekannt für die Wallfahrtskirche Sacro Monte di Crea, die sich mächtig über die Ebene erhebt und auf die prachtvolle Landschaft hinunterblickt. Dieser Platz ist als Naturpark und als UNESCO-Weltkulturerbe geschützt, da er gemeinsam mit anderen Wallfahrtsorten des Piemont in die Liste der Stätten von kulturellem Interesse aufgenommen wurde. Gegenüber der Kirche hat dieses Restaurant seinen Sitz, wo auch große Gruppen von Personen Platz finden. Marta, Mira, Davide und Paola führen es mit Kompetenz und Leidenschaft: Die in der Küche verwendeten Zutaten sind von hoher Qualität und werden von landwirtschaftlichen Betrieben und lokalen Produzenten geliefert, die nach handwerklichen Methoden arbeiten. Die einfachen, ansprechend präsentierten Gerichte wechseln je nach Jahreszeit. Passend zur Saison finden Sie unter den Antipasti neben den typischen Salumi aus dem Monferrat ein gutes **Vitello tonnato** all'antica maniera, Insalata russa, **Acciughe al verde**, Flan di zucchine und Peperoni mit *Bagna caoda*. In der Palette der Primi dürfen **Agnolotti**, serviert **con sugo d'arrosto** (mit Bratensauce, 10 €) oder auf andere Weise zubereitet, Teigwaren wie Lasagnette und üppige Risotti nicht fehlen. Bei den Secondi kommt man kaum umhin, den **Fritto misto alla piemontese** (15 €) zu probieren, aber auch Arrosto di vitello, Coniglio in umido, **Pollo mit Thymian und Zitrone** und Petto d'anatra verdienen eine Erwähnung. Danach klassische Dolci (5 €), darunter ***Bonet*** und verschiedene Arten von Torten. Die Weine stammen aus der Umgebung und als Hommage an den „wildesten" unter ihnen – aus einer autochthonen Rebsorte – haben die Wirtsleute ein bestens bestücktes Degustationszentrum eingerichtet, das den Namen Grignolinoteca trägt.

54 KM NORDÖSTLICH VON CUNEO, 22 KM VON ALBA

La Coccinella

Trattoria
Via Provinciale, 5
Tel. (+39) 01 73 / 74 82 20
Ruhetag: Dienstag, Mittwochmittag
Ferien: 10. Januar–10. Februar, zeitweise im Sommer
45 Plätze
Preise: 38–40 €
Kreditkarten: CS, DC, MC, Visa; BM
Mittags und abends geöffnet

Der Weg nach Serravalle führt über kurvenreiche, aber faszinierend schöne Straßen zwischen dem Monregalese und der Alta Langa (ein Paradies für Motorradfahrer). Seit nunmehr 17 Jahren trägt auch das La Coccinella zur Attraktivität dieses Ortes bei und wird von den Brüdern Della Ferrera bestens geführt: Alessandro und Tiziano sind perfekte Gastgeber im Saal, Massimo ist ein Meister leichter, konkreter Gerichte. Ein Fischmenü ergänzt das Angebot des reichhaltigen Degustationsmenüs für 43 € und der umfangreichen Karte, aus der Sie zum Einstieg einen Antipasto (10 €) oder die empfehlenswerte komplette Degustation (17 €) wählen können: zum Beispiel Filetto di trota affumicata mit Taggiasca-Oliven, Terrina di pomodori e melanzane, Piatto Piemonte mit **Tonno di gallina**, Giardiniera und **Lingua mit *Bagnet*** sowie Soufflé di zucchine mit Fonduta von Edelschimmelkäse. Unter den Primi finden Sie neben den klassischen ***Tajarin***, Gnocchi di patate und exzellenten ***Plin*** di merluzzo auch ***Ravioles*** (Gnocchi nach okzitanischer Art) **mit *Garitole*** (Pfifferlingen). Fritto di scamone vom Kalb mit Steinpilzen und Zucchini, **Sella di coniglio mit Paprikaschoten** und Baccalà mit Tomaten-Confit sind Beispiele für die Secondi (16 €). Als Alternative bekommt man eine Auswahl an Formaggi aus der Langa. Auch die Desserts (9 €) sind kleine Meisterwerke: im Sommer Pesca caramellata mit Schokoladen-Sorbet, Pandolce alle amarene mit Eis aus Ziegen-Fiordilatte und Fondente al cioccolato mit Pistazieneis. Eindrucksvolle Weinkarte mit Spitzenprodukten aus ganz Italien.

»*Eine Küche, die traditionell und gleichzeitig modern, im richtigen Maße innovativ, konkret und leicht, also kurz gesagt wirklich spannend ist.*«

SESSAME (AT)
Giardinetto

39 km sö. v. Asti, 12 km v. Acqui Terme, S.P. 30

Il Giardinetto

Restaurant
Strada Provinciale Valle Bormida, 24
Tel. (+39) 01 44 / 39 20 01
Ruhetag: Donnerstag
Ferien: zeitweise im Januar und Februar
60 Plätze + 20 Plätze im Freien
Preise: 28–32 €
Kreditkarten: CS, MC, Visa; BM
Abends geöffnet, Samstag, Sonntag und Feiertage auch mittags

Carlo heißt die Gäste von seinem Platz hinter der Theke willkommen: Vor einigen Jahren lag die Leitung des Service in diesem Restaurant noch in seinen Händen, heute kümmert er sich um den Gemüsegarten. In seine Fußstapfen ist seine Tochter Francesca getreten, die nun bei der Wahl der Gerichte berät. Den Platz am Herd hat Mama Clara der zweiten Tochter, Valentina, überlassen. Die Küche hält sich an die Tradition, die Pasta ist hausgemacht, die Zutaten stammen aus der Umgebung. Die Auswahl an Gerichten ist wirklich groß. Unter den Antipasti (komplette Degustation für 17 €) sind Salumi, **Insalata russa**, Vitello tonnato, Carne cruda vom Fassone-Rind, mit dem Messer gehackt, und Palline di carne in carpione (5 €) zu erwähnen. Es gibt auch warme Antipasti, wobei in der Saison Crespelle mit Pilzen brillieren. Weiter geht es mit ***Tajarin*** oder Ravioli mit unterschiedlichen Saucen, **Gnocchi aus Esskastanienmehl mit Roccaverano** und **Ravioloni di roccaverano mit Haselnüssen**. Die Secondi punkten mit **Capretto** al forno, auch in der Version **in fricassea**, Carré di fassone mit Haselnüssen, Stinco, speziellen frittierten Bistecchine di coniglio in Panade, **Faraona al forno** (12 €) und freitags Stoccafisso all'acquese. Im Sortiment an Formaggi (12 €) darf Robiola di Roccaverano nie fehlen. Zum Abschluss bekommt man *Bonet* al limone (5 €) nach einem alten Familienrezept, die typische Torta di nocciole, Mattone und im Sommer Frutta mit selbst gemachtem Eis. Die Weinkarte nennt gute Etiketten dieser und anderer Anbaugebiete im In- und Ausland.

In **Bubbio** (5 km) bietet L'Arbiora (Via Consortile 18) Käse von hoher Qualität, selbst selektioniert und zur Reife gebracht, insbesondere Robiola di Roccaverano aus Rohmilch.

SETTIMO VITTONE (TO)
Cornaley

60 km nordöstlich von Turin, 10 km von Ivrea

La Baracca

Osteria
Ortsteil Cornaley, 68
Tel. (+39) 01 25 / 65 81 09
Ruhetag: Montag
Ferien: unterschiedlich
90 Plätze + 30 Plätze im Freien
Preise: 25–30 €
Kreditkarten: AE, CS, DC, MC, Visa; BM
Mittags und abends geöffnet

Sie wissen nicht, was **Ajucche** sind? Dann lohnt es sich wirklich, im Frühling oder Sommer den Weg nach Settimo Vittone auf sich zu nehmen und diese wunderbaren Bergkräuter zu genießen, denen im Rahmen eines Degustationsmenüs viele Gerichte gewidmet sind, darunter eine fantastische Suppe. Aber dieses Lokal, das seit mehr als 40 Jahren von ein und derselben Familie geführt wird, ist zu jeder Zeit des Jahres ein Ort, wo man mit Freuden einkehrt. Um hierher zu gelangen, müssen Sie der Straße vom Ortszentrum aus einige Kilometer folgen. Es erwartet Sie hier ein Ambiente im typischen Berglandstil: zwei ganz mit Holz ausgestattete Räume mit großen Glasfenstern und eine Terrasse für den Sommer. Die Leitung des Service liegt in den Händen des freundlichen Piero Franceschina, für die Küche zeichnet Michelina Peretto verantwortlich. Zur Einleitung Ihrer Mahlzeit ist ein einfaches, ungewöhnliches Gericht, etwa **Castagne bollite servite con il burro** (gekochte Esskastanien mit Butter, 6,50 €) oder ein exzellenter **Cotechino mit Kartoffeln** oder auch der klassische gemischte Teller mit Salumi zu empfehlen. Unter den Primi finden Sie Ravioli di castagne, Ravioli di ortiche mit verschiedenen Saucen, Polenta concia (7,50 €) und Crespelle alla fontina. Das Kapitel der Secondi hält vorzügliche **Lumache al prezzemolo** (Schnecken mit Petersilie, 13 €) oder als Alternativen Arrosto di vitello, Rane fritte (Frösche), Bocconcini di cervo mit Heidelbeeren oder Filetto di trota salmonata vom Grill für Sie bereit. Falls die Jahreszeit es zulässt, sollten Sie unter den Desserts die Torta con i mirtilli (Heidelbeertorte) oder Gelato con i frutti di bosco (mit Waldbeeren) nicht verpassen. Die Weinkarte listet die wichtigsten Produkte dieser Gegend auf, ergänzt durch kluge Anleihen aus anderen Anbaugebieten.

SIZZANO (NO)

22 km nordwestlich von Novara, S.S. 299

Impero

Restaurant
Via Roma, 13
Tel. (+39) 03 21 / 82 05 76
Ruhetag: Sonntagabend, Montag
Ferien: 8.–31. August, 26. Dezember–7. Januar
40 Plätze
Preise: 30–40 €
Kreditkarten: AE, CS, MC, Visa; BM
Mittags und abends geöffnet

Das Erlebnis eines Besuchs im Impero ist nicht leicht in ein paar Worte zu fassen: Vielleicht ist das Bild der „kulinarischen Streicheleinheit" am passendsten. Hier in Sizzano, im Norden des Piemont mit seinen eleganten Rebzeilen von Nebbiolo-Trauben, hat dieses kürzlich renovierte Restaurant seinen Sitz. Die erste Streicheleinheit empfängt man im Saal durch den freundlichen Empfang von Emanuela Naggi und ihrem Schwager Federico, die nächste folgt gleich mit den erfreulich traditionellen Gerichten, die sich gepflegt in der Form und präzise in der Substanz präsentieren. Die Küche ist das Reich von Emanuelas Schwester Paola Naggi, die Freunde der typischen Gerichte dieses Grenzlands zwischen Piemont und Lombardei sicher nicht enttäuscht. Stets unter den Antipasti vertreten sind Affettati misti (10 €), unter denen Salame della *duja* hervorsticht, und **Vitello tonnato alla vecchia maniera**. Im Kapitel der Primi ist **Paniscia** (12 €) mit Wirsing, Speck, Schweineschwarte, Salame della *duja* und Borlotti-Bohnen fast ein Muss, aber auch Tortelloni di carne di vitello mit aromatisierter Butter bleiben im Gedächtnis. Eine Symphonie von Aromen erwartet Sie bei den Secondi: **Frittura alla novarese** und **Gallina disossata, gefüllt mit dreierlei Fleisch** (16 €), bühnenreif mit Bagnetto verde und Mostarda auf einem Wagen präsentiert. Bei den Desserts haben Sie dann die Qual der Wahl unter den Kreationen des Hauses, die je nach Saison variieren. Solide, interessante Weinkarte mit einer schönen Auswahl an lokalen Produkten. Es gibt ein „kurzes" Menü (Antipasto, Primo und Dessert) für 25 € und ein Degustationsmenü für 40 €.

»
Eine äußerst wohltuende Erfahrung, sodass die Frage am Schluss nicht lautet, ob man wiederkommt, sondern wann.
«

SOLERO (AL)

6 km nördlich von Alessandria, S.R. 10

Duma c'Anduma

Moderne Osteria
Via Faà di Bruno, 27
Tel. (+39) 01 31 / 22 29 94,
(+39) 340 / 566 64 80
Ruhetag: Montag
Ferien: 10 Tage im Januar
100 Plätze + 50 Plätze im Freien
Preise: 25–30 € • Keine Kreditkarten; BM
Abends geöffnet, Sonntag und Feiertage auch mittags

Solero ist ein Dorf in der Ebene, wo die Häuser mit ihren Höfen und Bogenportalen an Zeiten erinnern, als Landwirtschaft und Rinderzucht boomten. Das Schloss der Faà di Bruno inmitten eines schönen Parks legt Zeugnis vom Prunk vergangener Jahrhunderte ab. Maurizio Giusto oder sein Sohn Federico empfängt Sie hier in beeindruckend nobler Atmosphäre, umgeben von antikem Mobiliar. Abgerundet wird das Flair durch die ländliche Eleganz des Gedecks. Die Antipasti können Sie einzeln oder als Kombination bestellen, die sich aus Sformati di verdura mit hauseigenem Gemüse, serviert mit Montebore-Creme (einem Slow-Food-Presidio), Peperoni mit *Bagna caoda*, Insalata russa und Vitello tonnato zusammensetzt. Die Spezialität des Hauses sind **Agnolotti**, die in etwa zehn unterschiedlichen Varianten angeboten werden, darunter die klassischen Agnolotti **di stufato all'alessandrina** (mit Schmorbraten, 9 €) oder die Version **ai tre arrosti** (mit dreierlei Braten). Für Vegetarier gibt es exzellente Agnolotti di borragine mit *Seirass*, während die *Plin* aus grünem Teig gefertigt, mit Fonduta gefüllt und im Herbst mit einer Sauce von weißem Trüffel serviert werden. Bei den Secondi steht Fleisch von piemontesischen Fassone-Rindern im Mittelpunkt, wobei Arrosto al ginepro (Braten mit Wacholder, 10 €), Tagliata und **Guanciale brasato**, aber auch **Salamini di Mandrogne** und Salsicciotti in den Varianten gegrillt, gekocht oder „ubriachi" (betrunken) angeboten werden. Als Alternativen bekommen Sie Spezzatino di cinghiale mit Polenta (12 €), die klassische **Trippa alla piemontese** oder einen Teller mit Formaggi, angerichtet mit *Cognà* (12 €). Unter den Desserts sind **Mattone**, Torta di nocciole, *Bonet* und Zabaione al Moscato mit Feingebäck zu finden. Gute Auswahl an Weinen aus dem Monferrat und den Langhe.

STROPPO (CN)
Ruata Valle

46 KM NW. V. CUNEO, 28 KM V. DRONERO, S.P. 22

Codirosso

Trattoria
Ortsteil Ruata Valle, 8
Tel. (+39) 348 / 886 06 80,
(+39) 380 / 533 39 55
Ruhetag: Mittwoch
Ferien: Oktober–Mai
20 Plätze + 20 Plätze im Freien
Preise: 20–25 €
Kreditkarten: CS, MC, Visa; BM
Mittags und abends geöffnet

Eine Locanda auf 1.400 Höhenmetern an der Straße nach Elva, eingebettet in das Grün und die Stille des Landstrichs zwischen dem mittleren und dem oberen Maira-Tal, von wo aus man einen atemberaubenden Ausblick genießen kann. Die Wirtsleute Annamaria Piana und Nicola Veglia sind sehr freundlich und bereit, den Gästen jeden Wunsch von den Augen abzulesen. Die Eckpfeiler der Küche sind Gemüse aus dem eigenen Garten, in der Umgebung gesammelte Wildkräuter, Butter und Käse aus den Bergen, Brot, von Hand gefertigt wie auch die Teigwaren, und im Holzkohlenofen gebacken, sowie hausgemachte Desserts. Für die Hotelgäste – darunter viele Besucher aus dem Ausland – und die Tagesgäste werden von Mittag bis zum späten Nachmittag üppige Imbisse zubereitet (Wurst, Käse, gegrilltes Gemüse, **Sardellen mit roter Sauce**, Salate mit Getreide und Hülsenfrüchten, Quiches), die man auch zum Picknick mitnehmen kann. Abends weitet sich das Angebot aus und umfasst auch ein Degustationsmenü (25 €). Man beginnt mit Bruschette, Millefoglie mit Gemüse, Peperoni al forno mit Sardellen, Rosinen und Pinienkernen sowie Vitello tonnato. Dann folgen Tagliatelle al sugo di pomodoro oder al ragù, hervorragende Gnocchetti mit Zucchini und deren Blüten oder mit anderen saisonalen Saucen, **Pasta e fagioli** und Risotto mit Bergkräutern. Im Winter dürfen die klassische Polenta und ***Ravioles*** nach okzitanischer Tradition nicht fehlen. Der nächste Gang hält Roastbeef, **Pollo alla cacciatora**, Coniglio in casseruola und einen gut bestückten Teller mit Formaggi bereit, jeweils mit Gemüse als Beilage serviert. Zum Abschluss gibt es frische Mirtilli mit Eis, Crème caramel, **Salame di cioccolato**, Kaffee und hausgemachte Kräuterliköre. Die Weinkarte enthält eine gute Auswahl an Etiketten vorwiegend piemontesischer Herkunft.

STROPPO (CN)
Bassura

43 KM NW. V. CUNEO, 25 KM V. DRONERO, S.P. 22

Lou Sarvanot

Restaurant
Via Nazionale, 64
Tel. (+39) 01 71 / 99 91 59
Ruhetag: Montag–Donnerstag
Ferien: November–Juni
28 Plätze
Preise: 28–30 €
Kreditkarten: CS, MC, Visa; BM
Freitagabend, Samstag und Sonntagmittag geöffnet

Ihre zahlreichen Verpflichtungen erlauben Paolo und Silvia den Betrieb dieses Juwels der piemontesisch-okzitanischen Küche nur wenige Monate im Jahr. Stroppo ist eine Berggemeinde im Maira-Tal, als deren Bürgermeister Paolo tätig ist. Neben den öffentlichen Aufgaben und jenen als Gastronom beschäftigt er sich mit der Erzeugung von Likören und Käse: Die Ersteren werden aus selbst angebauten Kräutern gewonnen, der Letztere aus Milch von Kühen kleiner Senner, die die Almen der Umgebung besiedeln. Silvia verarbeitet in ihrer Küche hingebungsvoll die duftenden, schmackhaften Produkte aus dem Tal, geschickt kombiniert mit Kräutern und Gemüse aus dem eigenen Garten. Mit der gleichen Begeisterung präsentiert Paolo die Gerichte im Saal. Das Angebot ist nicht sehr umfangreich, zieht aber eine Quintessenz aus den Produkten dieses Tals. Es gibt zwei Menüs mit feststehendem Preis für 28 und 32 €, Sie können aber auch à la carte wählen. Unter den Antipasti (6 €) finden Sie Insalata mit gegrillten Zucchini und Auberginen, **Tortino di peperoni** und **Trota marinata mit Kräutern**. Als Primi (9 €) sind ***Ravioles*** – Gnocchi nach okzitanischer Tradition – **mit Minzepesto** oder serviert mit Butter, Salbei und Thymian oder Pappardelle mit Zucchini-Blüten vorgesehen. Unter den Secondi (11 €) finden Sie **Capriolo al Nebbiolo**, **Trota alla provenzale** oder eine Kombination von Paolos erlesenen **Formaggi** (9 €). Mousse di cioccolato, Aspic di lamponi und Torta di susine nocciolata sind die häufigsten Desserts (4 €). Nach dem Kaffee sollten Sie sich den vorzüglichen Genepì (Kräuterlikör) des Hauses gönnen. Die ansprechende Weinkarte nennt etwa 100 Etiketten aus dem Piemont und anderen Teilen Italiens.

”
Die Küche von Silvia und Paolo ist eine Synthese aus Liebe zum eigenen Landstrich und dem Stolz, dessen Gerichte zu präsentieren.
“

Antiche Sere

Traditionelle Osteria-Trattoria
Via Cenischia, 9
Tel. (+39) 011 / 385 43 47
Ruhetag: Sonntag
Ferien: Ostern, 1 Woche zu Weihnachten, 2 Wochen im August
50 Plätze + 50 Plätze im Freien
Preise: 30–35 €
Kreditkarten: CS, MC, Visa; BM
Abends geöffnet

Diese Trattoria im beliebten Stadtviertel San Paolo lebt von der Präsenz einer Familie. Mittlerweile haben Mama und Papa Rota das Steuer endgültig an die Kinder übergeben und Antonella arbeitet im Service, Daniele in der Küche, ganz im Zeichen der Kontinuität und des Respekts vor Bodenständigkeit und Tradition. An den Tischen der beiden Räume oder unter der Laube im hübschen Hof können Sie sich wenige, aber verlässliche und gut ausgeführte Gerichte schmecken lassen. Tomini elettrici, Frittata di erbette, **Vitello tonnato**, Fagioli in insalata und ***Salam 'd turgia*** (die in den Lanzo-Tälern hergestellt wird) sind einige der Vorschläge, die im Antipasto misto (12 €) vertreten sein können. Der nächste Gang lockt mit frischer Pasta: Gnocchi di patate mit Castelmagno oder alla salsiccia, ***Tajarin* alla piemontese** (8 €), Agnolotti dal *plin*, Risotto mit Kürbisblüten und Minestrone di verdure. Unter den Secondi finden Sie neben dem exzellenten **Stinco di maiale al forno** auch Carne all'albese mit Sellerie und Parmesan, **Guancette di vitello mit Kartoffeln** (12 €), **Coniglio al vino bianco** und im Frühling Asparagi (Spargel) mit Ei (10 €). Als Beilagen bekommen Sie im Ofen gebratene Kartoffeln oder einen Salat der Saison. Den Abschluss bilden Käse von Slow-Food-Presidi (Cevrin di Coazze, Montebore, Seirass del fen, Maccagno und andere piemontesische Spezialitäten, je nach Verfügbarkeit) oder hausgemachte Desserts (5 €): **Panna cotta**, Zabaione, *Bonet* und Budino al torrone e miele. In der Weinkarte sind gute Etiketten dieses Landstrichs aufgelistet.

»
Gastfreundlichkeit und Traditionstreue sind die Stärken dieser Osteria, die wie wenige andere über die bodenständige piemontesische Küche wacht.
«

TORINO

Banco, Vini e Alimenti

Moderne Osteria
Via dei Mercanti, 13 F
Tel. (+39) 011 / 764 02 39
Ruhetag: Sonntag
Ferien: zeitweise im August
26 Plätze + 15 Plätze im Freien
Preise: 30–35 €
Kreditkarten: CS, MC, Visa; BM
Geöffnet Montag–Freitag 12.30–0.30 Uhr, Samstag 16.30–0.30

Das Restaurant Consorzio, das 2008 von Andrea Gherra und Pietro Vergano eröffnet wurde, hat sich 2014 verdoppelt: Nicht weit vom ersten Lokal entfernt entstand das Banco, das sich gleich von Anfang an als zündende Idee erwies. Eine exzellente Osteria, die auf Werte wie Gastlichkeit und Geselligkeit setzt, die sich aber nicht darauf beschränkt. In einem zwanglosen, angenehmen Ambiente werden von Mittag bis Mitternacht schnelle Imbisse und komplexere Gerichte zubereitet, die man an den Tischen genießen oder mit nach Hause nehmen kann. Daneben gibt es erlesene Sortiments an Salumi und **Formaggi** – darunter zahlreiche Raritäten – und Panini mit Füllung für eine rasche Zwischenmahlzeit, eventuell in Kombination mit einem Glas Wein, den man aus einer wirklich originellen Weinkarte wählt. Auf dieser sind zahlreiche Weinbauern vertreten, die biologischen oder biodynamischen Anbau betreiben. Einige Beispiele aus den zahlreichen Vorschlägen der Speisekarte: vorzügliche frittierte Gerichte – Alici (5 €), Farinata, ***Batsoà*** (Schweinefüße), Friggitelli –, **Crostini di burro mit Sardellen** (2 € pro Stück), Insalata russa (4,50 €) und Insalata di polpo mit Kartoffeln, Panzanella, Tomini al verde, **Agnolotti gobbi** (11 €), *Tajarin* mit Datterini-Tomaten, Sardellen und Oliven, Trippa, Uovo rotto mit Bohnen, Kartoffeln, Parmigiano reggiano und gerösteten Haselnüssen (8 €), **Cervella al limone mit einer Emulsion aus Senf und Mangold** (10 €), Costolette di agnello, doppelt gebraten, Polletto allo spiedo mit Kartoffeln und al curry, und vieles mehr. Das Banco fungiert auch als Vinothek: Sämtliche Flaschen sind zum Mitnehmen erhältlich. Außerdem gibt es einige Biere von kleinen Brauereien, offen ausgeschenkt oder in Flaschen, und eine schöne Auswahl an Edelbränden.

Weinbistros in Turin

Wein mit Küchenbegleitung: So könnte man die Lokale definieren, die in dieser kleinen Übersicht enthalten sind. In einer Region wie dem Piemont kann ein Lokaltypus nicht fehlen, bei dem der Wein im Mittelpunkt steht und von eigens zusammengestellten Speisen begleitet wird – und nicht umgekehrt.

In gewisser Weise hat es das schon immer gegeben: In früheren Zeiten waren es die *Piole* – jene alten Schenken, wo man vor allem trank und bestenfalls zu einem harten Ei oder einer eingelegten Sardelle griff. Dann kamen die Vinerie, die die Bierlokale der 1980er-Jahre verdrängten.

Nun sind wir also bei den Weinbistros angelangt, die einen entscheidenden Schritt vorwärts bedeuten. Einen Schritt nach vorn sowohl in Bezug auf das Weinangebot – viele der angeführten Lokale bieten eine überragende Auswahl an alles andere als banalen Etiketten – als auch in Bezug auf die Speisen: Es ist geradezu, als wäre die *Piola* erwachsen geworden, als hätte sie die Kriterien der zeitgemäßen Gastlichkeit erfasst und begriffen, dass man Tradition sehr wohl modern umsetzen kann, auch wenn man sich dabei ab und zu die Freiheit nimmt, aus der Reihe zu tanzen.

Freunde der guten Weine, seid willkommen in den Weinbistros: Ihr werdet hier Nektar für euren Gaumen und weit mehr als nur Brot zum Beißen vorfinden.

Luca Iaccarino und Leo Rieser

Bicchierdivino

Bar-Trattoria
Via San Quintino, 15
Tel. (+39) 011 / 562 96 64
Ruhetag: Sonntag, im Juli auch Samstag
Ferien: 2 Wochen im August
Mittags geöffnet

Antonio Dacomo kann auf eine Liste von Erfolgen verweisen, die ihresgleichen sucht. Der prämierte Sommelier und Saalchef in den besten Sternelokalen Italiens (allen voran Marchesi und Scabin) entschied sich vor einigen Jahren, eine Bar-Osteria moderner Prägung zu gründen, die nur mittags geöffnet ist. Das Speisenangebot variiert laufend und bietet jeden Tag etwas anderes. Gerichte nach hiesiger Tradition wie Risotto mit dunklem Bier, Salsiccia und Fontina, Vitello tonnato all'antica, Riso mit Salampatata und Toma aus Lanzo, Trippa di manzo alla piemontese mit Lauch, Wirsing und Kartoffeln und der klassische *Bonet* zum Abschluss. Es gibt auch leichtere Speisen und Tagesgerichte für Leute, die nicht viel Zeit für die Mittagspause aufwenden können. Was die korrekte Kombination betrifft, so sind Sie hier zweifellos in guten Händen.

Caffè-Vini Emilio Ranzini

Typische Osteria
Via Porta Palatina, 9 G
Tel. (+39) 011 / 765 04 77
Ruhetag: Sonntag
Ferien: unterschiedlich
Geöffnet 8–19.30 Uhr

Sehr geehrte Damen und Herren, Sie befinden sich hier im La Piola - man kann sagen, in einer Piola in Reinkultur. Vielleicht in der Letzten, die es noch gibt. Oder beinahe. Einer der Orte, an denen das Flair des alten Piemont erhalten ist, in einem versteckten Gässchen in der Nähe des Doms, mit einem winzigen Raum, gesteckt voll mit Gästen, ausgestattet mit Holz, alten Fotos, Weinflaschen, ein Ambiente, das an Fruttero und Lucentini erinnert. Die Besonderheit? Hier ist alles echt, nicht „neo". Alles unverändert seit Generationen. Vielleicht ist es deshalb so wunderbar, eine Flasche aus einem Sortiment an guten Tropfen zu wählen und diese zu einem Teller kalter Köstlichkeiten – Lingua oder Acciughe al verde, Vitello tonnato oder Milanese in carpione, Toma oder Salame cotto –, zu einem Panino oder auch nur zu einem hart gekochten Ei zu genießen. Im Sommer, als Dreingabe, ein versteckter kleiner Hof für eine Auszeit am Nachmittag.

Enoteca Bordò

Restaurant-Enoteca
Via Carlo Ignazio Giulio, 4 G
Tel. (+39) 011 / 521 13 24
Ruhetag: Dienstag
Ferien: August
Abends geöffnet, Sonntag auch mittags

Ein Lokal, das drei Seelen vereint: die toskanische der Schwestern Bordonaro (Francesca in der Küche und Chiara im Saal), die sizilianische von Michele Isola (bewaffnet mit einem Korkenzieher) und die piemontesische ihrer Wahlheimat. Bei unserem letzten Besuch probierten wir beachtliche Gerichte wie Ravioli di cinta senese und Crema di ribollita, Baccalà in carpione, Vitello mit Thunfisch aus Marzamemi und Testaroli mit Pesto trapanese. Die Weinkarte ist sehr interessant und berücksichtigt auch naturbelassene Weine. Tagsüber sollten Sie auf einen Sprung im neuen Ableger dieses Lokals vorbeischauen, dem Sodo auf der Piazza Bodoni.

Magazzino 52

NEU

Moderne Osteria
Via Giolitti, 52
Tel. (+39) 011 / 427 19 38
Ruhetag: Sonntag
Ferien: unterschiedlich
Geöffnet 10.30–14.30 und 17.30–22.30 Uhr

Weine und Speisen, so definiert Graziano Cipriano das Angebot des Lokals, das er gemeinsam mit den Brüdern Dario und Diego Rista eröffnet hat, die ihre in namhaften Restaurants in Italien und Spanien gesammelten Erfahrungen mit einbringen. Der Wein steht im Mittelpunkt: Das Sortiment in den Regalen mit teilweise wirklich ungewöhnlichen Etiketten unternimmt einen Streifzug von den Langhe bis in die Irpinia, um dann nach Burgund, in die Champagne und ins Mosel-Gebiet vorzudringen. Auch die Küche kann mithalten: Auf der Karte stehen wenige Gerichte, die aber beinahe täglich wechseln. Insalata russa, Ravioli di coda mit Bohnen und Pecorino, Pancetta di maiale mit Meerrettich-Kartoffeln, Trippa mit Bohnen und Kakao, Polpo arrostito, allesamt zubereitet und präsentiert nach Art der Haute Cousine, jedoch im angenehm zwanglosen Ambiente einer Weinstube mit Holztischen. Man zahlt pro Gericht (15 € für das Einzelgericht, 27 € für zwei, 29 € für zwei mit Dessert und so weiter).

Rossorubino

NEU

Vinothek mit Küche
Via Madama Cristina, 21
Tel. (+39) 011 / 650 21 83
(03) 011 / 578 24 90
Ruhetag: Sonntag
Ferien: unterschiedlich
Geöffnet 10.30–23.30 Uhr, Samstag und Montag 10.30–21 Uhr

Mit ihrer Eröffnung hat die Vinothek Rossorubino Licht in diesen Teil des Stadtviertels San Salvario gebracht: endlich ein schönes, modernes Geschäft mit einem großen, alles andere als banalen Sortiment. Die Brüder Gazzera haben sich als zuverlässige Adresse etabliert und die Kunden haben begonnen, auch ein Gläschen Wein und das eine oder andere Tapa an der Theke hinten im Lokal zu genießen. Genau an diese Leute haben die Brüder gedacht, als sie beschlossen, diesen Teil des Lokals auszuweiten und ein kleines Restaurant mit Schwerpunkt auf Wein aufzumachen. Es gibt drei Menüs – rot, weiß, moussierend –, die jeweils passend zum Weintypus zusammengestellt werden. In der Küche macht man keine halben Sachen: Dort werkt Elisabetta Desana, die einst zum Scannabue-Team gehörte. Sie bereitet klar strukturierte Gerichte aus exzellenten Zutaten (inklusive Fisch von „König" Beppe Gallina) zu sehr populären Preisen zu: Das Menü kostet etwa 20 €, mittags sogar weniger.

Sorij Nouveau

NEU

Moderne Osteria
Via Matteo Pescatore, 10 C
Tel. (+39) 011 / 88 41 43
Ruhetag: Sonntag
Ferien: 1 Woche im August
Abends geöffnet, Freitag und Samstag auch mittags

Das Sorij ist tot. Es lebe das Sorij! Diese hübsche große, in Holz gehaltene Vinothek, nur wenige Schritte von der Piazza Vittorio entfernt, gehört zu den Lokalen, die wichtige Kapitel der Liebesgeschichte zwischen den Leuten aus Turin und dem Wein geschrieben haben: Vor 20 Jahren traf man sich an diesem Ort, um etwas Neues, bis dahin Unbekanntes auszuprobieren. Dann wechselten die Führung und der Name. Nun kehrt das Sorij, richtigerweise mit dem Zusatz Nouveau, auf die Bildfläche zurück. Am Ruder steht der freundliche Piero Primatesta, im Keller lagert ein schönes Sortiment an Weinen. In der Küche arbeitet ein Koch, der abwechselnd klassische piemontesische Gerichte – Vitello tonnato, *Plin*, Arrosto – und manchmal sehr gewagte Experimente (nur als Beispiel die „aus den Angeln gehobene" Insalata russa) bietet. Man zahlt 25 bis 30 €, wobei sich das Lokal durchaus auch als geeigneter Ort für ein kleines Glas Wein nach der Arbeit anbietet.

Vineria Tre Galli

Enoteca mit Küche
Via Sant'Agostino, 25
Tel. (+39) 011 / 521 60 27
Ruhetag: Sonntag
Ferien: 2 Wochen im Januar
Geöffnet 18–2 Uhr

Diese Vineria ist die dem Wein gewidmete Dependance des Tre Galline, eines historischen Lokals nach Turiner Tradition. Die gewichtige Weinkarte und die häufigen Herausforderungen von Blindverkostungen stellen jedoch die Küche nicht in den Schatten, da diese von Jahr zu Jahr an Reife gewinnt. Die Agnolotti und das Vitello tonnato stammen natürlich aus dem Mutterhaus, sehr zu empfehlen sind aber auch Tartar von Carne cruda, die köstlichen Acciughe al verde, Pappardelle al tonno di coniglio mit Oliven und Kapern und das Sottofiletto di fassone mit Ofenkartoffeln. Der großzügige Garten auf der Piazzetta ist stets überlaufen, Sie sollten daher rechtzeitig reservieren. Die Rechnung beläuft sich auf knapp über 30 €, Weine nicht mitgerechnet.

Vinolento

NEU

Vinothek mit Küche
Via Corte d'Appello, 13
Tel. (+39) 011 / 19 50 88 01
Ruhetag: Montag
Ferien: 3 Wochen im August
Geöffnet 11.00–23 Uhr

Obwohl Enrico Scavarda ein Neuankömmling in der Weinszene Turins ist (wenn auch mit einigen Jahren Erfahrung in einer bekannten Vinothek), hat er doch sehr klare Vorstellungen. Unterstützt wird er durch seine Frau Giulia und den Koch Giulio Garofalo, die, wie er, jung und von Enthusiasmus beseelt sind. Angeboten wird eine kleine, feine Speisekarte mit Polpettine di ortica, Timballo di melanzane auf Tomatencreme, *Plin* ai due arrosti mit Butter, Salbei und roten Johannisbeeren, Sarde a beccafico mit Chips von Vitelotte-Kartoffeln und Degustationen von vorzüglichen Formaggi und Salumi. Es erwarten Sie mehr als 400 Etiketten, unter denen auch naturbelassene Weine gelistet sind: Zu den am Regal angeschlagenen Preisen ist ein kleiner Aufpreis von 3 € an Korkgeld hinzuzufügen. Die Rechnung liegt häufig unter 30 €. Während der Öffnungszeiten der Vinothek können Sie auch außerhalb der üblichen Küchenzeiten zumindest einen kalten Imbiss bekommen.

Consorzio

Moderne Osteria
Via Monte di Pietà, 23
Tel. (+39) 011 / 276 76 61
Ruhetag: Samstagmittag, Sonntag
Ferien: zeitweise im August
45 Plätze
Preise: 35–40 €
Kreditkarten: CS, MC, Visa; BM
Mittags und abends geöffnet

Viele schätzen das Consorzio wegen der Weinkarte mit ihrem umfangreichen, klug zusammengestellten, zweifellos ungewöhnlichen Repertoire an Produkten italienischer, deutscher und französischer Weinbauern, die nach biologischen und biodynamischen Methoden arbeiten, ergänzt durch Neuentdeckungen von Pietro und Andrea und Biere von kleinen Brauereien. Anderen wiederum gefällt das Lokal, weil es eine klassische Stadt-Osteria ist, mit Vintage-Flair und frischer, unbekümmerter Atmosphäre. Oder aber, weil die Küche neben den traditionellen Speisen – Cruda di fassona in drei Versionen (13 €), Acciughe, ***Plin* di ortiche e caprino mit Sardellenbutter und Thymian** (13 €), Agnolotti gobbi, **Brasato al Ruchè** (14 €) und Panna cotta – auch kreative, gewagtere Vorschläge anbietet, die keine Langeweile aufkommen lassen und es Miro Mattalia gestatten, seiner Fantasie in der Küche freien Lauf zu lassen. Unter diesen möchten wir Polpo alla griglia und Cervella (Hirn) mit Zitronen-Kartoffel-Creme erwähnen, **Animella** (Bries) **mit geräucherten Aprikosen und Schalotten**, Raviolo aperto mit Wachteln und Jakobsmuscheln, Ravioli di finanziera, **Quinto quarto** (exzellente Innereien, 16 €) oder Testa di maiale mit Tintenfisch. So manch ein Gast wird aber auch wegen des Wagens mit **Formaggi** kommen, ein wahres Juwel mit Spezialitäten kleiner Produzenten aus dem Piemont und Frankreich. Kurz und gut: Es mangelt nicht an Gründen, um dieser kleinen Osteria im Stadtzentrum einen Besuch abzustatten. Entscheiden Sie selbst, weshalb Sie gerne wiederkommen.

»*Strenge und Vorurteilslosigkeit. Das sind Schlüsselbegriffe der Jungs vom Consorzio, die bereits seit Jahren und mit Erfolg eine neue Form von Osteria bieten.*«

TORINO

L'Acino

Osteria
Via San Domenico, 2 A
Tel. (+39) 011 / 521 70 77
Ruhetag: Sonntag
Ferien: 2 Wochen im August
40 Plätze + 15 Plätze im Freien
Preise: 30–35 €
Kreditkarten: AE, CS, MC, Visa; BM
Abends geöffnet

Die Ecke zwischen Via San Domenico und Via Milano zählt zu den wenigen gotischen Teilen von Turin, einer Stadt, in der das Barock dominiert. Durch das große Glasfenster des winzigen Gastraums des Acino blickt man auf die Fassade der Kirche der Dominikanerinnen, eine beeindruckende Kulisse, die man noch besser im Sommer vom Garten aus bewundern kann (dieser ist sehr klein, Sie sollten rechtzeitig reservieren). Das Ambiente ist einfach und gastlich, mit Holztischen, Papierservietten und Regalen mit Weinflaschen an den Wänden. Der Wirt Angelo Langone bemüht sich herzlich um das Wohl der Gäste, unterstützt durch seine Frau und seine Tochter in der Küche. Das kulinarische Angebot steht ganz im Zeichen der piemontesischen Tradition, mit einer nicht sehr umfangreichen Karte, bei der einzelne Gerichte je nach Jahreszeit variieren. Beginnen können Sie mit ***Vitel tonné* alla moda antica** (9 €) oder mit der ungewöhnlicheren Cipolla, gefüllt mit Salsiccia aus Bra, und Raschera, im Ofen gebacken. Die Teigwaren sind nicht hausgemacht, stammen aber aus soliden Handwerksbetrieben: Sehr lecker sind ***Tajarin* al ragù di salsiccia** (8 €), wie auch ***Ravioles*** (Gnocchi aus dem Varaita-Tal) **mit Fonduta di raschera** (10 €). Unter den Secondi finden Sie die großen Klassiker wie Stinco di maiale al forno, **Stracotto di manzo al Roero** (13 €) und im Winter **Finanziera** und ***Bagna caoda*** (10 €). Wer Schnecken mag, bekommt Lumache aus Cherasco, zubereitet mit Lauch aus Cervere. In der Saison dürfen Asparagi und Carpioni mit Gemüse und Fleisch nicht fehlen. Den Abschluss bilden Desserts nach hiesiger Tradition, darunter ***Bonet***, Bavarese di zabaione, Pere cotte al Barolo chinato und Pesche ripiene. Viele Etiketten der schönen Weinkarte werden abwechselnd im glasweisen Ausschank angeboten.

Le Ramin-e

Moderne Osteria
Via Isonzo, 64
Tel. (+39) 011 / 380 40 67
Ruhetag: Samstagmittag, Sonntag
Ferien: zeitweise im August
50 Plätze
Preise: 27–35 €
Kreditkarten: AE, CS, DC, MC, Visa; BM
Mittags und abends geöffnet

Das ist sie also, die typische Osteria außerhalb der Stadtmauern, hier aber mit dem Vorteil, dass sie innerhalb ebendieser liegt. Der Wirt Steven Lazzarin hat sich seine Sporen im namhaften Malan in San Germano Chisone verdient und sich erst dann in diesen ruhigen Teil Turins, in das Stadtviertel San Paolo, zurückgezogen, wo eine bodenständige, authentische Atmosphäre herrscht. Sobald man die Treppen hinaufsteigt, umfängt einen im Saal rustikales Flair: Ziegelwände, Holz und Weinflaschen und natürlich *Ramin-e*, das sind die Kupferpfannen. Mittendrin stets voll besetzte Tische (Reservierung empfohlen). Was ist Stevens Geheimnis? Die Dinge wirklich ordentlich zu machen, das heißt, eine gute, gepflegte piemontesische Küche zu moderaten Preisen anzubieten: mit einem Degustationsmenü für 28 € oder à la carte, abends zwischen 25 und 30 €, während es mittags ein spezielles Menü für 12 € gibt. Was isst man hier? Das, was die Region, die Jahreszeit und Lust und Laune des Kochs vorgeben: **Battuta di fassone** (9,50 €) und **Insalata di gallina mit *Caponet***, Agnolottini mit Toma aus Pian dell'Alpe und Almbutter (8,50 €), Gnocchi di patate aus Kartoffeln und Buchweizen mit Entenragout oder Castelmagno, **Lumache alle erbe** und Funghi fritti, Stoccafisso mantecato mit Lauch und knuspriger Polenta aus alten piemontesischen Maissorten (13 €) und Coniglio al Nebbiolo. Die Zutaten sind akkurat gewählt – Steven versteht es, diese bei den richtigen Züchtern und Bauern aus dem Chisone-Tal zu kaufen –, die Küche beschränkt sich auf das Wesentliche und zeigt Respekt vor der Tradition. Lassen Sie noch etwas Platz für die – schön präsentierten – **Formaggi** und für ein Dessert, eventuell Tortino von Äpfeln einer alten piemontesischen Sorte mit Zimtcreme (6 €). Das Repertoire der Weinkarte passt inhaltlich und preislich zum Lokal.

TORINO

Le Vitel Etonné

Moderne Osteria
Via San Francesco da Paola, 4
Tel. (+39) 011 / 812 46 21
Ruhetag: Sonntagabend, Montag
Ferien: letzte Januarwoche
40 Plätze + 24 Plätze im Freien
Preise: 35 €
Kreditkarten: AE, CS, DC, MC, Visa; BM
Mittags und abends geöffnet

In einer Querstraße der Via Po liegt das Vitel Etonné, eine Osteria mit etwa 40 Plätzen an kleinen Tischen, die mit Platzsets gedeckt und so aufgestellt sind, dass jeder Winkel genützt wird. Im Sommer kommen noch einige wenige Plätze auf dem Bürgersteig dazu. Das Degustationsmenü für 35 € ermöglicht es, ein paar Cent zu sparen, man kann jedoch auch aus der Karte wählen. Unter den Antipasti finden Sie Carne cruda, mit dem Messer gehackt und mit feinem sizilianischen Öl verrührt, Fiori di zucca, gefüllt mit Mousse von *Seirass* aus Schafmilch und Gamberi auf Basilikum-Coulis (12 €), **Insalata di trippa** mit Pinienkernen, Kirschtomaten und Taggiasca-Oliven und das – wie der Name des Lokals schon verrät – Bravourstück, nämlich **Vitello tonnato**. Die Primi umfassen ***Tajarin*** di soli tuorli (12 €), hausgemacht aus Vollkornmehl, mit Zucchini und Pecorino, **Ravioli dal *plin***, gefüllt mit Kaninchen und Mangold, oder Tagliatelle mit Salsiccia aus Bra. Gute Secondi, darunter **Agnello sambucano**, im Ofen gebraten, Tagliata di vitello, Filetto di maiale, in Panade von Rubatà (Grissini), und Filetti di baccalà, über Dampf gegart (16 €). Das Repertoire der Desserts (5 €) umfasst **Panna cotta** mit Weichselsauce – wobei sowohl die Panna als auch die Sauce gut sind –, ***Bonet***, Crema di mascarpone auf Biscotto al cioccolato und nicht zuletzt Tortino di pere mit englischer Creme. Ein Pluspunkt ist das großzügige Angebot an glasweise ausgeschenkten Weinen. Der Keller der Osteria, ein verstecktes Juwel hier mitten in der Stadt, kann besichtigt werden.

Bei Defilippis (Via Lagrange 39) gibt es wunderbare getrocknete, frische oder gefüllte Teigwaren, Fertiggerichte und Süßes, auch vor Ort zu genießen.

U-Bahn-Station XVIII Dicembre

Parlapà

Enoteca mit Küche
Corso Principe Eugenio, 17
Tel. (+39) 011 / 436 58 99
Ruhetag: Sonntag
Ferien: August, Anfang November
50 Plätze
Preise: 30–35 €
Kreditkarten: CS, MC, Visa; BM
Mittags und abends geöffnet

Einige Jahre lang haben wir dieses Lokal in der Rubrik der Weinbistros angeführt, nun bekommt es zu Recht einen eigenen Eintrag unter den Osterien. Die hübsche Vinothek mit Küche bietet eine gewaltige Auswahl an Weinen mit beinahe 950 Etiketten aus ganz Italien. Zu diesen werden stets sehr solide Rezepte gekocht, wobei Primi und Fleischgerichte im Rampenlicht stehen. Wir befinden uns hier im Zentrum von Turin, wenige Minuten vom Bahnhof Porta Susa entfernt, ganz in der Nähe der Piazza Statuto. Das Ambiente ist gastlich, jedoch mit rustikaler Note, und neben dem Raum im Erdgeschoss gibt es noch einen schönen Saal im oberen Stockwerk. Die Karte ist sehr umfangreich und bietet Gestaltungsmöglichkeiten, bei denen Sie eine große Zahl an Gerichten probieren können. Unter den Antipasti (8 €) sind sämtliche Klassiker vertreten: **Acciughe al verde**, Peperoni mit *Bagna caoda*, Paté di fegato d'anata (Entenleberpastete) oder die Version di coniglio (Kaninchenleberpastete) und marinierte Lonza di maiale. Sie können eine Degustation aller Antipasti für 15 € oder eine Dreierkombination für 12 € bestellen. Unter den Primi findet man sehr gute Gnocchi mit Gorgonzola (10 €), **Fettuccine mit Lauch und Guanciale** oder Pappardelle al ragù. Große Auswahl bei den Secondi mit Fleisch: **Vitello tonnato alla vecchia maniera** (11 €), Tagliata von piemontesischen Fassone-Rind und **Grissinopoli** (eine Art Kotelett in Grissini-Panade). Seinen Ruhm verdankt das Lokal aber dem Quinto quarto, den Innereien: Finanziera, Grive (Innereien im Netz) und **Animelle** (Bries) **al Marsala** sowie Rognone trifolato (Nieren). Klassiker auch unter den Desserts: Tiramisu, Zabaione und Crostate. Neben den Weinen, die Sie flaschenweise wählen können, gibt es stets auch verschiedene Degustationen mit drei Gläsern unterschiedlicher Weine.

TORINO

U-Bahn-Station Marconi

Scannabue

Moderne Osteria
Largo Saluzzo, 25 H
Tel. (+39) 011 / 669 66 93
Kein Ruhetag
Keine Ferien
50 Plätze + 35 Plätze im Freien
Preise: 30 €
Kreditkarten: AE, CS, MC, Visa; BM
Abends geöffnet

Der Largo Saluzzo liegt seit Jahren im Zentrum des Schmelztiegels San Salvario, einem multi-ethnischen, quirligen Stadtviertel, wo ab dem Zeitpunkt für den Aperitif die Menschenmassen herbeiströmen. Das Scannabue ist eine Insel der Seligen, die sich perfekt in das bunte Treiben dieser Gegend einfügt. Wenn man in einem der beiden Speisesäle oder im schönen Garten mit Blick auf die Piazza sitzt, kann man vor dieser bewegten Kulisse den ebenso herzlichen wie kompetenten Service genießen. Beginnen können Sie mit einer klassischen Dreierkombination von Carne cruda, **Vitello tonnato** „nach Art des Hauses" (9 €) und einem pochierten Ei in carpione. Exzellent sind die frischen hausgemachten Teigwaren: leckere Füllungen und Saucen bei **Bottoni ripieni di coniglio mit Senf** (12 €) und **Ravioli di salsiccia di Bra**. Wer näher an der Tradition bleiben will, zieht wohl ***Tajarin*** al ragù und **Agnolotti al sugo dei tre arrosti** vor. Weiter geht es mit beachtlichen Secondi, darunter **Piccione mit gefüllter Zwiebel** (16 €), **Finanziera** und Guancia brasata. Je nach Verfügbarkeit kann man auch Fischgerichte wie Zuppa di pesce und fangfrischen Fisch wählen. Es lohnt sich, noch etwas Platz für die schöne Auswahl an Formaggi aus dem Piemont und Frankreich zu lassen. Unter den Desserts sind Babà mit Konditorcreme und Sahne und *Tarte tatin* zu empfehlen. Umfassende, interessante Weinkarte: Wenn Sie sich nicht entscheiden können zwischen einem piemontesischen Etikett und einem Wein aus Burgund, dann lassen Sie sich von den Kellnern im Saal beraten. Sie werden es nicht bereuen.

🍷 Bei Anselmo (Via Belfiore 14) gibt es für den Aperitif eine schöne Auswahl an Wermuts kleiner Hersteller (darunter ein hauseigenes Produkt).

Sotto la Mole

Restaurant
Via Montebello, 9
Tel. (+39) 011 / 817 93 98
Ruhetag: Montag
Ferien: unterschiedlich
50 Plätze + 20 Plätze im Freien
Preise: 34–40 €
Kreditkarten: CS, MC, Visa; BM
Mittags und abends geöffnet

Das Sotto la Mole liegt vis-à-vis des Wahrzeichens von Turin, wo es die Gäste in einem eleganten Speisesaal empfängt, der mit alten Werbeplakaten für Lebensmittel dekoriert ist. Der Stil der Bedienung ist eher reserviert und zurückhaltend, vielleicht ein wenig zu „piemontesisch". Jedenfalls hält sich auch die Küche an die regionalen Traditionen, manchmal in etwas überarbeiteter Form, ohne jedoch die Grundmerkmale der Gerichte zu verfälschen. Große Sorgfalt wird auf die Qualität der Zutaten verwendet (mit Präsenz einiger Slow-Food-Presidi), bei deren Auswahl stets auch auf Saisontreue geachtet wird. Neben dem Degustationsmenü (Minimum zwei Personen, 40 €) bietet die Karte fünf Vorschläge pro Gang. Unter den Antipasti möchten wir insbesondere Misticanza mit Haselnüssen und Roccaverano, Uovo affogato (pochiertes Ei) in Salsa brusca und Timballo di carne cruda mit Meerrettichsauce und frischen Frühlingszwiebeln (13,50 €) hervorheben. ***Tajarin* al ragù di coniglio**, die von Hand gezogenen **Agnolotti alla piemontese** (13,50 €) und im Frühling Crema di asparagi mit Mimosa d'uovo und Pasta reale (12 €) sind einige der möglichen Primi. Zum Hauptgang erwarten Sie Guancia di vitello, im Ofen geschmort (15 €), **Trippa stufata all'Arneis** und **Rolata di faraona al Moscato Passito**. Danach fährt ein beachtlicher Wagen mit **Formaggi** auf, darunter Slow-Food-Presidi. Gute, typische Desserts nach piemontesischer Tradition: *Bonet*, **Panna cotta**, Torta di nocciole. Die Weinkarte hat einen gewaltigen Umfang: etwa 150 Etiketten (davon sieben oder acht, die auch glasweise serviert werden), vorwiegend piemontesischer Herkunft, aber auch eine gute Auswahl guter Tropfen aus anderen Regionen und interessante Anleihen aus Frankreich. Es dominieren die renommierten Kellereien, aber die Preise sind korrekt.

22 KM ÖSTLICH VON ALESSANDRIA

Montecarlo

Restaurant
Strada Provinciale per Villaromagnano, 17
Tel. (+39) 01 31 / 88 91 14,
(+39) 340 / 370 90 43
Ruhetag: Dienstag
Ferien: 1.–15. August
70 Plätze + 25 Plätze im Freien
Preise: 35–40 €
Kreditkarten: AE, CS, DC, MC, Visa; BM
Mittags und abends geöffnet

Ein Restaurant im Grünen, vier Kilometer vom Zentrum von Tortona entfernt, an der Straße nach Villaromagnano. Eine Wandmalerei in diesem gemütlichen Lokal stellt den historischen Moment der Weitergabe der Wasserflasche zwischen Rad-Champion Coppi und Bartali dar (Castellania, die Heimat des Radrennfahrers, liegt nur acht Kilometer entfernt). Eine Urkunde an der Wand belegt die Eröffnung einer Trattoria in Mombisaggio durch den Urgroßvater des Inhabers Pino Coniolo, der den Familienbetrieb nun schon in vierter Generation führt. Monica, Pinos Frau, bietet Speisen nach Tradition von Alessandria und des Piemont. Zum Einstieg empfehlen wir den Antipasto Piemonte (15 €), bestehend aus Flan di montebore, im Herbst Insalata di funghi porcini, im Sommer Carpione und **Lingua di vitello mit grüner Sauce** (10 €). Die Primi locken mit hauchzarten **Agnolotti di stufato** (12 €), **Gnocchi rossi al montebore** oder Gnocchi verdi mit Brennnessel, Malfatti (eine lokale Spezialität) und Risotto al Timorasso. Als Secondo bekommen Sie Cervello oder Porcini in Panade, **Stinco in umido** und in der Saison **Selvaggina**. Eine gute Wahl ist **Fritto misto**, perfekt zubereitet und heiß und trocken serviert (15 €). Unter den Desserts finden Sie neben Crostate di frutta auch Aspic al Moscato mit Erdbeeren oder anderen saisonalen Früchten. Die Weinkarte zeigt eine Vorliebe für Produkte dieser Gegend, darunter die besten Etiketten von Timorasso (ein Weißwein aus einer autochthonen Traube), ergänzt durch andere große Weine Italiens.

Bei Anselmi (Via Emilia 76) gibt es Delikatessen aus Italien und der ganzen Welt: Öl, Essig, Teigwaren, Mürbegebäck, eingelegtes Gemüse, Schokolade, Honig, Kaffee, Tee, Weine und Edelbrände.

TRAVERSELLA (TO)

57 km nördlich von Turin, A 5 oder S.S. 26

Le Miniere

Restaurant
Piazza Martiri, 4
Tel. (+39) 01 25 / 74 90 05
Ruhetag: Montag, Dienstag (außer im Sommer)
Ferien: zeitweise im Januar und Februar
80 Plätze + 100 Plätze im Freien
Preise: 30–33 € (Tagesmenü)
Kreditkarten: AE, CS, DC, MC, Visa; BM
Mittags und abends geöffnet

Das Restaurant Le Miniere, eine wahre Oase der Ruhe, am Hauptplatz der Ortschaft gelegen, wird seit mehr als einem halben Jahrhundert von der Familie Arsini geführt. Das Valchiusella ist die ideale Umgebung zum Ausspannen, wofür Sie in diesem Lokal sicher am richtigen Ort sind. Die Räume des Restaurants sind elegant und sehr gepflegt, es gibt auch Platz für größere Gruppen, sowohl im Inneren als auch im Außenbereich. In der Küche regiert die Tradition, wenngleich im Repertoire auch so manches innovative Gericht auftaucht. Keine Abstriche werden bei der stets sehr hohen Qualität und der lokalen Herkunft der Zutaten gemacht. Unter den Antipasti finden Sie je nach Jahreszeit **Carne cruda vom Fassone-Rind**, **Flan di tarassaco und *Barbabuch*** (diese Gegend ist reich an Wildkräutern), Castagne (Esskastanien), in Moscato d'Asti gekocht, mit Bergbutter, **Sfogliate alle ajucche und *Crusciòt***, Tagliolini agli asparagi selvatici (mit Wildspargel) oder mit Funghi porcini (Steinpilzen). Aus erlesenem Fleisch werden **Spalla di vitello brasata al Carema**, **Finanziera alla valchiusellese**, **Stinco di agnello al timo serpillo** (mit Zwergthymian) und **Capriolo in *civet*** zubereitet. Gut ist auch Trotella (Bachforelle) mit Verdure in carpione. Zum Ausklang gibt es eine beachtliche Auswahl an **Formaggi** aus dem Tal und hausgemachte Desserts: Pan di Spagna al Moscato und Crema allo zabaione, *Bonet*, Panna cotta al cacao und Strudel aus Renette-Äpfeln. Ein gutes Sortiment an Weinen, insbesondere aus dem Canavese, doch auch andere Anbaugebiete des Piemont sind vertreten.

In **Alice Superiore** (9 km) in der Via Umberto 3 werden ausgewählte Tome aus dem Piemont, veredelt von Vinicio Villa, verkauft.

TREISO (CN)

70 km nordöstlich von Cuneo, 7 km von Alba

Risorgimento

Trattoria
Viale Rimembranza, 14
Tel. (+39) 01 73 / 63 81 95
Ruhetag: Montag
Ferien: unterschiedlich
60 Plätze + 20 Plätze im Freien
Preise: 25–30 €
Kreditkarten: CS, MC, Visa; BM
Mittags geöffnet, Freitag–Sonntag auch abends

Die Ortschaft Treiso, eine der Barbaresco-Gemeinden, die auf einem der schönsten Hügel der Langhe thront, ist der Standort des Risorgimento, das trotz der vielen Jahre seines Bestehens, der bunten Wände und des schönen Gedecks immer noch als Prototyp einer als Familienbetrieb geführten Dorftrattoria gelten kann und alle typischen Merkmale besitzt: die Bar am Eingang, den höflichen Service, das mündlich vorgetragene Speisenangebot und das klassische Repertoire an Gerichten aus der Langa. Unter den Antipasti (6 €) findet man Carne cruda all'albese, **Vitello tonnato**, einen frischen Tomino mit roten Zwiebeln, Rotolo di coniglio (Kaninchenroulade) mit Füllung und eine appetitliche **Testina al *brusch*** (den Antipasto misto gibt es für 15 €). Ebenso klassisch präsentieren sich die Primi (8 €): **Ravioli dal *plin*** mit Butter und Salbei, ***Tajarin* al ragù**, Gnocchi mit Tomaten und Basilikum, Risotti. Unter den Secondi sind Coniglio disossato (ausgelöstes Kaninchen) mit Paprikaschoten, **Brasato al Barbaresco** (10 €), Tagliate, im Winter Bollito und Cinghiale (Wildschwein) mit Polenta zu erwähnen. Gegen Vorbestellung bekommen Sie einen üppigen **Fritto misto** mit etwa 20 Stücken: Dabei spannt sich der Bogen von Leber bis zu Kalbshirn, von Hoden bis zu Froschschenkeln, von Steinpilzen bis zu Blumenkohl. Eine Auswahl an Weinen von Produzenten dieses Landstrichs begleitet die Mahlzeit, bei der man den süßen Schlusspunkt mit *Bonet*, Panna cotta, Semifreddi und Sorbets mit Früchten der Saison (4 €) setzt. Wirklich hervorragend ist das Preis-Leistungs-Verhältnis.

Concordia

NEU

Trattoria
Via San Fabiano, 18
Tel. (+39) 03 23 / 40 32 37
Ruhetag: Montag, außer im Sommer
Ferien: je 10 Tage im November und im Februar
40 Plätze
Preise: 36–38 €
Kreditkarten: CS, MC, Visa; BM
Mittags und abends geöffnet

Neben der faszinierenden Landschaft bietet der Lago Maggiore auch ein attraktives Angebot an Fischspezialitäten, das immer mehr an Niveau gewinnt. Das Restaurant Concordia im historischen Zentrum des stimmungsvollen Ortsteils Intra wird seit 2014 von Francesca Barengo und Maurizio Damilano geführt. Die beiden bieten eine Küche, die Tradition mit Kreativität verbindet, wobei auf eine sorgfältige Auswahl der besten Zutaten aus der Umgebung geachtet wird. Empfangen werden Sie in einem eleganten Speisesaal oder im Sommer im hübschen Garten. Lassen Sie sich von der Karte inspirieren, die je nach Marktlage und Jahreszeit häufig wechselt und auch viele Slow-Food-Presidi umfasst. Man beginnt mit Vitello „trotato" (mit Forelle, 10 €), einer Dreierkombination an Salumi aus dem Ossola-Tal mit Insalata russa oder Antipasto dell'orto. Unter den Primi finden Sie frische hausgemachte Pasta, **Risotto con filetti di persico** (mit Barschfilet), Ravioli mit Ragout vom Fassona-Rind und **Gnocchi di patate mit Kirschtomaten und Ricotta** (10 €). Dann folgen **Pescato di lago** (Seefisch) **vom Grill** oder im Ofen gebraten, lauwarmer Insalata di lago mit Gemüse und **Medaglione di vitello mit Zitronen-Confit** (15 €). Als Alternativen bekommen Sie schmackhafte Gerichte, die Sie als einzigen Gang wählen können: Insalata ossolana mit Prosciutto vigezzino, Misticanza dell'orto, Nüssen, Formaggio grasso d'Alpe und Vollkorn-Crostini (11 €) oder Insalata ai quattro risi mit Forelle und Paprikacreme. Zum Abschluss erwarten Sie eine interessante Auswahl an Formaggi dieser Gegend und hausgemachte Desserts (6 €): Crostata aus frischen Früchten, **Panna cotta mit Aprikosensauce** und Tiramisu. Erwähnung verdienen die Weinkarte mit Etiketten auch von kleinen Betrieben und das Sortiment an Bieren kleiner Brauereien.

Paolino

Trattoria
Piazza Cavour, 5
Tel. (+39) 01 61 / 21 47 90
Ruhetag: Sonntagabend, Montag
Ferien: 10 Tage im Januar, 2 Wochen im August
45 Plätze + 20 Plätze im Freien
Preise: 35 €
Kreditkarten: CS, MC, Visa; BM
Mittags und abends geöffnet

Zum Zeitpunkt der Veröffentlichung dieses Buches wird sich das Paolino wohl gerade in einer Umbruchphase befinden: Der Sitz des Lokals wird wenige Hundert Meter verlegt (von der Via San Paolo auf die Piazza Cavour), wo es dann Mitte November 2015 seine Tore öffnen wird. Ein Standortwechsel also, aber der Rest bleibt unverändert: Tradition und Dynamik werden auch weiterhin die Unterscheidungsmerkmale dieses Lokals darstellen, das seit einigen Jahren dank des Einsatzes von Paolo Talarico einen frischen Wind an typischer Identität in das Zentrum von Vercelli gebracht hat. Das Paolino empfängt die Gäste mit Gerichten der piemontesischen Küche, unter die sich auch Spezialitäten aus Ligurien einschmuggeln. Die sorgfältig gewählten Zutaten sind von erstklassiger Qualität und werden mit Bravour zu schmackhaften Speisen verarbeitet, was sich schon bei den Antipasti zeigt: Es gibt **Vitello tonnato**, Insalata russa, Tonno di coniglio mit Pinienkernen, im Sommer Peperone ripieno und Fiori di zucchina, gefüllt mit Ricotta und Gemüse. Eine gute Wahl unter den Primi sind **Agnolotti dal *plin* ai tre arrosti in Kalbsfonds** (10 €), **Maccheroncini al ragù d'asino**, Tortelloni mit saisonalem Gemüse (Lauch und Kartoffeln im Winter, Zucchini im Sommer). **Lumache** (Schnecken), **gratiniert** oder in guazzetto, **Frittura di animelle e cervella** (mit Bries und Hirn), Rane (Frösche, in der Saison), Pancia di maialino mit knuspriger Schwarte (15 €), Coscette di quaglia (Wachtelschenkel), in Speck aus Arnad gewickelt, sind einige der Secondi. Zum Abschluss erwarten Sie klassische Desserts, darunter *Bonet* und Torta di nocciole, aber auch Semifreddo allo zabaione und exzellentes Gelato alla crema. Die von Hand geschriebene Weinkarte präsentiert ein Sortiment an Etiketten kleiner und großer Kellereien aus dem Piemont.

54 km nordöstlich von Cuneo, 15 km von Alba

Ca' del Re

Ferienbauernhof
Via Umberto, 14
Tel. (+39) 01 72 / 47 02 81
Ruhetag: Dienstag
Ferien: 15. Dezember–15. Februar
40 Plätze + 40 Plätze im Freien
Preise: 24–28 €
Kreditkarten: CS, DC, MC, Visa; BM
Abends geöffnet, Samstag und Sonntag auch mittags

Wenn es Sie in der schönen Jahreszeit in die Gegend dieses Ferienbauernhofs in der Langa verschlägt, nutzen Sie die Gelegenheit, an einem der Tische im adrett angelegten Hof mit Garten oder im gemütlichen Speisesaal im Inneren des Lokals Platz zu nehmen: Das historische Gebäude diente einst dem Verwalter des nahe gelegenen Schlosses als Wohnung und beherbergt nun einen Weinbaubetrieb (und ein renommiertes Restaurant). Die Leitung liegt in den Händen von Franco Bianco, der sich um den Weingarten und den Keller kümmert. Für den Service zeichnet seine Frau Gabriella verantwortlich, die Küche ist das Reich seiner Tochter Giovanna. Schlichtheit und Geschmack sind die Stichworte einer Karte, die je nach Jahreszeit und Verfügbarkeit von Gemüse im hauseigenen Garten häufig wechselt. Unter den Antipasti (5 €) sind Carne cruda, **Flan di coste mit Fonduta**, Acciughe mit Haselnusscreme, Tomini mit grüner Sauce, im Sommer Peperoni al forno und Salame di tonno zu finden. Weiter geht es, um einige Beispiele für Primi (8 €) zu nennen, mit **Ravioli** di borragine oder in der Version **al ragù di carne**, Maltagliati alle verdure, Gnocchi di patate mit Sauce von Blu aus Becetto und Haselnüssen sowie Vellutata di asparagi. Bei den Secondi (12 €) dominieren Fleischgerichte wie **Bocconcini di vitello al Barolo** und **Filetto di maiale mit Äpfeln und Gewürzen**, aber ebenso fein sind das bei niedriger Temperatur gebratene Uovo (Ei) mit Giardiniera und Crostone di pane und Filetto di trota mit Mandeln. Zum Abschluss Formaggi oder traditionelle Desserts: Panna cotta, Tiramisu, Cheesecake mit dreierlei Schokolade, Salame dolce und Mousse di frutta. Die Weinkarte von Niveau bietet neben den hauseigenen Weinen ein umfassendes Sortiment an Etiketten von Winzern dieses Landstrichs.

47 km nordöstlich von Cuneo, 11 km von Alba

DiVin Roero

Trattoria
Piazza San Martino, 5
Tel. (+39) 01 73 / 651 14
Ruhetag: Montag
Ferien: je 1 Woche im Januar und Sommer
50 Plätze + 50 Plätze im Freien
Preise: 20–24 €
Kreditkarten: AE, CS, DC, MC, Visa; BM
Abends geöffnet, Samstag und Feiertage auch mittags

Das historische Zentrum von Vezza erreicht man über eine steile Asphaltstraße oder über einen der zahlreichen Spazierwege durch den Öko-Park Rocche del Roero. Das DiVin Roero blickt auf den Hauptplatz mit der Pfarrkirche und der Bruderschaft Battuti Bianchi, heute ein Ausstellungszentrum. Das Lokal entspricht einer klassischen Dorftrattoria: einfaches, gepflegtes Interieur, zwangloser, aufmerksamer, niemals aufdringlicher Service und Preise wie in alten Zeiten (ein komplettes Menü für 24 €). Geführt wird der Betrieb von Marco Grasso (Service) und seiner Frau Rosa Borlengo (Küche). Verarbeitet werden Produkte lokaler Provenienz, darunter exzellentes Fleisch. Unter den Antipasti (5 €) sind das zum Beispiel **Vitello tonnato**, **Lonza al latte mit Senfsauce** und Carne bovina, mit Salz und würzigen Kräutern mariniert, ergänzt durch Tortino mit Zucchini aus dem eigenen Garten, serviert mit Fonduta, und Filetti di trota al forno mit Mayonnaise. Hausgemachte Pasta als Primi: ***Tajarin* mit Fleischsauce**, **Ravioli mit Butter und Salbei** (7 €) und Gnocchi al raschera, manchmal auch ein Risotto wie die sommerliche Version mit Zucchini und Pancetta. **Bocconcini di tacchinella al Nebbiolo** (7 €), **Brasato al Barolo** oder Arrosto sind eine gute Wahl für den Hauptgang. Den Lumache (Schnecken) eines Züchters aus Vezza ist ein eigenes Menü gewidmet, das Sie bei der Reservierung vorbestellen können. Zum Abschluss *Bonet* oder Panna cotta al caffè. Neben dem offenen Wein der lokalen Winzergenossenschaft umfasst das Angebot einige Etiketten aus der Langa und dem Roero.

In **Canale** (2 km) bekommt man im Laden von Gianni Sacchetto Kaninchen, Hühner, Kapaune und Fleisch von piemontesischen Rindern aus eigener Schlachtung.

VIGNALE MONFERRATO (AL)

24 KM NORDW. V. ALESSANDRIA, 17 KM VON CASALE

Universo

Restaurant
Via Bergamaschino, 19
Tel. (+39) 01 42 / 93 30 52
Ruhetag: Montag, Dienstag
Ferien: 2 Wochen im August
70 Plätze
Preise: 32 € (Tagesmenü)
Kreditkarten: Visa; BM
Abends geöffnet, Feiertage auch mittags

Der auf einem Hügel gelegene Ort Vignale Monferrato ist wegen der Landschaft, der *Infernòt* – in Tuffstein gehauene Keller – und wegen eines Tanzfestivals bekannt, das seit Jahrzehnten im August veranstaltet wird. In einem Palazzo mit Garten aus dem 18. Jahrhundert finden Sie das historische Restaurant Universo, das von Signora Maria mit großer Erfahrung und freudigem Einsatz geführt wird. Der Koch Marco beweist seine Meisterschaft bei traditionellen, jahreszeitentreuen Gerichten, aus denen sich das feststehende Menü (32 €) zusammensetzt: fünf Antipasti, zwei Primi, ein Wagen mit Secondi und ein weiterer mit Desserts. Aufgetragen wird aus großen Schüsseln in mehr als großzügigen Portionen. **Vitello tonnato**, Insalata di carne cruda vom Fassone-Rind, Spiedini di carciofi fritti, im Sommer Carpaccio di melanzane mit schwarzem Trüffel, im Herbst und im Winter **Sformato di cardi gobbi di Nizza** (gekrümmte Karden aus Nizza, ein Slow-Food-Presidio) und pikante Torten sind mögliche Antipasti. Unter den Primi verdienen die schmackhaften **Risotti**, allen voran jener mit Rosmarinblüten, eine Erwähnung. Natürlich dürfen auch **Agnolotti** quadrati mit unterschiedlichen Saucen und andere hausgemachte Teigwaren nicht fehlen, darunter Tagliatelle aus Vollkornmehl und Tagliolini, in der Saison mit Funghi porcini oder mit weißem Trüffel. Eine Spezialität des Hauses ist **Carré di agnello**, im Ofen gebraten oder **in Panade mit Rosmarin**. Das Angebot an Secondi wird durch **Stinco di vitello**, Petto d'anatra al Barbera und gelegentlich **Stufato d'asino** abgerundet. Zum Abschluss bekommt man *Bonet*, Panna cotta, Torronata und Pesche ripiene. Im erlesenen Weinsortiment spielen die Produkte dieses Landstrichs – Grignolino und Barbera – eine zentrale Rolle, ergänzt durch Etiketten aus anderen Anbaugebieten.

VILLADEATI (AL)
Zanco

58 KM NORDWESTLICH VON ALESSANDRIA

Da Maria

NEU

Restaurant
Via Roma, 131
Tel. (+39) 01 41 / 90 20 35,
(+39) 340 / 806 78 31
Ruhetag: Mittwoch
Ferien: Januar
40 Plätze + 40 Plätze im Freien
Preise: 30–35 €
Kreditkarten: AE, CS, MC, Visa; BM
Mittags und abends geöffnet

Das Restaurant Da Maria hat seinen Sitz in einem großzügig angelegten Bauernhaus mit hübsch gestalteten Innenhof. In der schönen Jahreszeit ist es ein Vergnügen, unter den Arkaden Platz zu nehmen und den Blick über die umliegende Landschaft streifen zu lassen. Das Lokal besitzt das Flair einer ländlichen Osteria von anno dazumal. Es besteht aus einem großen Salon im Erdgeschoss und einem Keller mit Ziegelgewölbe. Das seit 1954 als Familienbetrieb geführte Restaurant ist nach der Großmutter väterlicherseits des Kochs Giorgio benannt. Seine Frau Franca und sein Bruder Roberto präsentieren den Gästen im Saal mündlich die Tagesgerichte und geben Ratschläge zu den Weinen, wobei den Produkten kleiner lokaler Winzer besondere Aufmerksamkeit geschenkt wird. Die Vorschläge variieren je nach Jahreszeit. Beginnen können Sie mit einer Degustation von Antipasti, die in Schüsseln serviert werden: **Vitello tonnato**, Carne cruda, **Insalata russa**, Insalata di galletto, Tomini mit Cremes von schwarzem Trüffel und von Basilikum und Peperoni al forno mit Gemüsesauce. Unter den sämtlich hausgemachten Primi brillieren die klassischen **Ravioli** quadri mit Butter und Salbei und Ravioli di magro mit Pesto. Die aus Ligurien stammende Signora Franca bereitet einige Gerichte zu, deren Geschmack an ihre Heimat erinnert: Zu empfehlen sind die Tagliolini mit Tomaten und Basilikum und Zuppa di fagioli e verdure (mit Bohnen und Gemüse). Bei den Secondi dominiert Carne di vitello, im Ofen gebraten, im Sommer gibt es Carpione, in der Saison Asparagi con le uova (Spargel mit Ei) und gegen Vorbestellung den großen **Fritto misto** monferrino und **Finanziera**. Unter den Desserts sind Gelato allo yogurt mit Mostarda, Torta di mele, Semifreddo al torroncino und Biancomangiare zu entdecken.

22 KM ÖSTLICH VON CUNEO

Cavallo Rosso

Moderne Osteria
Via Orsi, 15
Tel. (+39) 01 74 / 59 76 11
Ruhetag: Montag, Dienstag
Ferien: je 1 Woche im Januar und August
80 Plätze
Preise: 27–30 €
Kreditkarten: AE, CS, MC, Visa; BM
Mittags und abends geöffnet

Die Räume, in denen einst die Società Operaia, der Arbeiterzirkel, untergebracht war (neben dem neuen hängt noch das alte Schild) sind nun schon seit einigen Jahren Sitz der Osteria, die unter der Leitung von Silvio Fenoglio (Küche) und Elisa Massa (Service) steht. Trotz ihrer Jugend können die beiden bereits auf einige Erfahrung zurückblicken, die sie in diesem Lokal, wenige Kilometer von den Skiorten des Monregalese entfernt, bestens umsetzen. Der Service ist freundlich, die Küche hält sich vorwiegend an die Vorgaben der piemontesischen Tradition. Das Preis-Leistungs-Verhältnis, das dieses Lokal kennzeichnet, ist wirklich interessant. Man beginnt mit Prosciutto und Tartara, Carne cruda, mit dem Messer gehackt, Acciughe sotto sale mit Almbutter und **Sformato di topinambur mit Sardellen** (7 €), in der passenden Saison lockt Cappuccino di zucca („Kürbis-Cappuccino"), ein Gericht mit recht kurios anmutendem Namen. Unter den Primi (8 €) bestechen Gnocchi al blu di pecora (mit Edelschimmelkäse vom Schaf), **Ravioli al ristretto di stinco**, Pappardelle alle orle (mit Bergspinat) mit Kirschtomaten und Basilikum und *Tajarin* al ragù bianco d'agnello. Dann folgen **Stinco di vitello al Nebbiolo** (14 €), glasierte Guanciale di maiale und Tagliata di vitello. Als Alternative steht ein umfangreiches, gepflegtes Sortiment an **Formaggi** auf dem Programm. Süßes zum Abschluss: eine vorzügliche **Torta di nocciole mit Zabaione**, *Bonet* – auch in der Variante mit Pesche –, Cremino al cioccolato fondente mit Himbeeren, Bavarese alla vaniglia und ein frisches Sorbetto al limone mit Gin. Die Weinkarte bevorzugt Produkte aus den Langhe, die zu moderaten Preisen angeboten werden.

42 KM SÜDÖSTLICH VON ALESSANDRIA

Visconti

Restaurant
Via Anfosso, 69
Tel. (+39) 010 / 960 11 39
Ruhetag: Montag, Samstagmittag
Ferien: je 2 Wochen im Januar und Juli
50 Plätze
Preise: 32–35 €
Kreditkarten: AE, CS, DC, MC, Visa; BM
Mittags geöffnet, Freitag und Samstag auch abends

Das Lokal, das einst als Raststation fungierte, wo Fuhrleute auf ihren Fahrten zwischen dem Piemont und Ligurien ihre Pferde (oder Maultiere) wechselten, ist seit dem Ende des 19. Jahrhunderts im Besitz der Familie Cavo und bewahrt die charakteristischen Merkmale eines klassischen Restaurants der 1970er-Jahre, als es üblich war, das sonntägliche Mittagessen in großem Stil zu zelebrieren. Die geografische Lage spiegelt sich in den Gerichten wider, so finden Sie im Repertoire einige typische Spezialitäten der nahe gelegenen Region Ligurien. Rosalia und ihre Töchter Monica und Cinzia achten streng auf die lokale Herkunft der Zutaten, die sie meisterhaft verarbeiten. Ein Aushängeschild des Visconti ist der prachtvolle Wagen mit kalten und warmen Antipasti (10 €), darunter Salumi, Saccottini al formaggio, Vol-au-vent mit Fonduta, gefülltes Gemüse, Torte verdi, Torte di riso oder in der Saison Torte di funghi. Ein Potpourri an Antipasti ist im Preis von 32 € für das Degustationsmenü (für den ganzen Tisch serviert) enthalten. Bei den Primi ist die vorzügliche, von Hand gefertigte Pasta sehr zu empfehlen: **Pansotti di borragine**, **Ravioli di carne al *tuccu*** (10 €), Crêpe al forno und **Risotto al Gavi**. Unter den Secondi ist **Arrosto di fassona** (12 €) fast immer vertreten, häufig auch **Agnello a scottadito**, und in der Jagdsaison liefern die Jäger aus der Umgebung **Capriolo** (Reh), das meistens in der Version **in umido** (geschmort) **mit Polenta** angeboten wird. Das Sortiment an Formaggi wird mit Honig aus Voltaggio serviert und zum Abschluss bekommen Sie vorwiegend Cremedesserts: Tiramisu, Panna cotta und ***Bonet***. Gute Auswahl an Weinen, vorwiegend aus dem Piemont, die zu vernünftigen Preisen angeboten werden.

CARTOSIO (AL)

50 KM SÜDLICH VON ALESSANDRIA

Cacciatori

Restaurant • Via Moreno, 30
Tel. (+39) 01 44 / 401 23
Ruhetag: Mittwoch, Donnerstag (außer an Feiertagen)
Ferien: 1.–15. Juli, 20. Dezember–20. Januar
35 Plätze
Preise: 40–55 €
Kreditkarten: CS, MC, Visa; BM
Abends geöffnet, Samstag und Sonntag auch mittags

„Unsere Gabe ist unsere Geschichte." So heißt es in diesem eleganten Restaurant, das seit mehr als 90 Jahren von der Familie Milano geführt wird. Die Küche liegt in den Händen von Federica und Carla, im Saal haben Giancarlo und Massimo ihren großen Auftritt. Die Vorschläge der Karte stehen ganz im Zeichen des Piemont, ab und zu durchsetzt mit kreativen Einfällen, bei denen stets die Sachlichkeit dominiert. Sie finden hier Vitello tonnato und *Tajarin*, Capretto, im Holzkohlenofen gegart, und Giardiniera, Coniglio und Kräuter-Frittata. Die Weinkarte ist ein Loblied auf das Piemont, mit der einen oder anderen Anleihe aus Gebieten jenseits der Grenzen dieser Region.

PRIOCCA (CN)

76 KM NORDÖSTLICH VON CUNEO

Il Centro

Restaurant
Via Umberto I, 5
Tel. (+39) 01 73 / 61 61 12
Ruhetag: Dienstag
Ferien: unterschiedlich
55 Plätze
Preise: 50 €
Kreditkarten: AE, CS, DC, MC, Visa; BM
Mittags und abends geöffnet

Es gibt Orte, an die man immer wieder zurückkommen will, sei es auch nur auf einen Teller Agnolotti oder *Tajarin*. Das Centro der Familie Cordero ist so ein Platz. Die Begabung von Enrico, eine Wohlfühlatmosphäre für die Gäste zu schaffen, ist etwas Angeborenes, das man nicht erlernen kann, und auch das Geschick seiner Frau Elide sucht seinesgleichen in der gesamten Region und darüber hinaus. In den weitläufigen Sälen des Restaurants kann man die großen Klassiker des Piemont genießen, die durch weniger fettreiche Zubereitung und das Streichen von allerlei Blendwerk an Schwere verloren haben, ergänzt durch maßvolle, neue Kreationen. Hierher kommt man gerne, um den Fritto misto zu genießen, dazu müssen Sie sich aber sehr früh voranmelden. Andernfalls finden Sie auf der Karte Peperoni mit Sardellen, Agnolotti dal *plin* (für die allein sich die Fahrt schon lohnt) und Guanciale mit Feigen. Die Weinkarte punktet mit den Spitzenprodukten des Roero und des Piemont.

ROCCHETTA TANARO (AT)

15 KM SÜDÖSTLICH VON ASTI, S.R. 10

I Bologna

Restaurant
Via Sardi, 4
Tel. (+39) 01 41 / 64 46 00
Ruhetag: Dienstag
Ferien: 4 Wochen im Januar/Februar
60 Plätze + 20 Plätze im Freien
Preise: 45 € (Tagesmenü)
Kreditkarten: CS, DC, Visa; BM
Mittags und abends geöffnet

Manche Lokale haben mehr als andere dazu beigetragen, das zu definieren, was man als Prototyp einer Osteria nach Slow-Food-Manier bezeichnen kann. Das I Bologna zählt zu diesen. Eine einfache Osteria mit einigen Gästezimmern zum Übernachten, Speisesäle mit anheimelnder Atmosphäre und elegantem Gedeck, ergänzt durch wenige Tische im Freien für den Sommer. Man wählt nicht à la carte, sondern ein Degustationsmenü, das je nach Jahreszeit variiert und 45 € kostet. Im Mittelpunkt des Speisenangebots stehen die von Hand gefertigten Teigwaren, die Sie in Form von Tagliolini, Agnolotti und anderen schmackhaften, üppigen Primi genießen können. Die Palette an Secondi umfasst den klassischen Straccotto und ein gutes Coniglio. Abgerundet wird das Angebot durch eine umfassende Weinkarte, auf der natürlich dem Piemont der Hauptanteil zukommt.

SALUZZO (CN)

33 KM NORDWESTLICH VON CUNEO

I Baloss di Poggio Radicati

Restaurant
Via San Bernardino, 19
Tel. (+39) 01 75 / 24 82 92
Ruhetag: Sonntagabend, Montagmittag
Ferien: unterschiedlich
80 Plätze
Preise: 45 €
Kreditkarten: AE, CS, DC, MC, Visa; BM
Mittags und abends geöffnet

Eine schöne Villa mit Schwimmbad, großzügige Speisesäle und Tische, die mit schlichter Eleganz gedeckt sind (allerdings: Wir sind hier im Piemont, wie könnte es also anders sein?). Das ist der Rahmen, in welchem Germano Morina (im Saal) und Davide Testa (in der Küche) werken. Auf der Karte findet man intelligent überarbeitete Gerichte der Tradition, ergänzt durch den einen oder anderen Vorschlag aus der Fischküche. Beginnen kann man mit einer kleinen Finanziera, einem Marbré di coniglio mit Löwenzahn (12 €) oder einem leckeren Timballo di riso mit geräucherter Forelle. Im Kapitel der Primi werden perfekt zubereitete gefüllte oder frische Teigwaren präsentiert, darunter vorzügliche *Tajarin* con asparagi (mit Spargel, 13 €). Bei den Secondi spannt sich der Bogen von Fleischgerichten wie Rognone in tegame (Nieren) über Lumache (Schnecken, 20 €) bis hin zu Fischgerichten. Sehr gute, kreative Desserts. Die umfangreiche Weinkarte beinhaltet auch eine schöne Auswahl an Champagner.

TROFARELLO (TO)

14 KM SÜDÖSTLICH VON TURIN

La Valle

Restaurant
Via Umberto I, 25
Tel. (+39) 011 / 649 92 38
Ruhetag: Mittwoch
Ferien: je 1 Woche im Januar und August
30 Plätze
Preise: 50–60 €
Kreditkarten: AE, CS, DC, MC, Visa; BM
Mittags und abends geöffnet

Gabriele Torretto ist nicht nur der Chefkoch dieses schönen Lokals, er ist vielmehr dessen Seele. Die einstige Dorfbar hat sich zu einer zuverlässigen Adresse für Gourmets in dieser Region entwickelt. Gabriele bezeichnet seine Küche als „auserlesen", nicht weil er sie als Haute Cuisine ansieht, sondern weil er so oft wie möglich auf selbst gesammelte Kräuter zurückgreift, die er dann in seinen Gerichten verarbeitet. Unter den Antipasti finden Sie Vitello tonnato (15 €) und Battuta di fassone, mit dem Messer fein gehackt. Das Kapitel der Primi bietet neben den klassischen in einem Leinentuch servierten *Plin* (15 €), auch in der Version mit Garnelen und Kichererbsen, Tortelli di finferli (mit Pfifferlingen) und Kartoffeln. Als Hauptspeisen stehen Milanese torinese (25 €), Hotdog vom Hummer, wie man ihn in Maine bekommt, oder Lumache di vigna (Weinbergschnecken) in Brotkruste auf dem Programm. Die Weinkarte beweist Niveau und passt zum Speisenrepertoire.

VERDUNO (CN)

54 KM NORDÖSTLICH VON CUNEO, 15 KM VON ALBA

Real Castello

Restaurant
Via Umberto I, 9
Tel. (+39) 01 72 / 47 01 25
Ruhetag: Mittwoch
Ferien: je 1 Woche im Januar und August
30 Plätze
Preise: 50–60 €
Kreditkarten: AE, CS, DC, MC, Visa; BM
Mittags und abends geöffnet

Ein Ort von seltener Schönheit. Ein Schloss mit majestätischen, gepflegten Speisesälen und einem wunderbaren Garten, wo man in der warmen Jahreszeit die abendliche Frische und das Panorama genießen kann. Wir befinden uns hier in Verduno, am Beginn der Langa, und die Familie Burlotto stellt hier nicht nur exzellente Weine her, sondern bietet auch eine Küche, die tief in der Tradition wurzelt, wobei die Gerichte dank des Geschicks von Alessandra Buglioni aus Monale ein modernes Kleid bekommen. So manch ein Gast kommt hierher ins Schloss, nur um sich die Minestra *del bate 'l gran* mit Hühnerleber schmecken zu lassen. Für den Einstieg gibt es Lingua in salsa agra di verdure (Zunge, 13 €). Unter den Primi erwarten Sie ***Tajarin*** mit Fegatini (Hühnerleber) und Gemüse (13 €) und Gnocchi di patate mit Salbei. Als Secondi sind Rotolo di faraona mit Pflaumen oder Cartoccio di trota (Forelle) mit Butter vorgesehen. Die Weinkarte listet neben den hauseigenen Etiketten gute Produkte dieser Region und anderer Anbaugebiete auf.

VERNANTE (CN)

23 KM SÜDLICH VON CUNEO, S.S. 20

Nazionale

Restaurant
Via Cavour, 60
Tel. (+39) 01 71 / 92 01 81
Ruhetag: Mittwoch, außer in der Hochsaison
Ferien: unterschiedlich
20 Plätze + 20 Plätze im Freien
Preise: 33–45 €
Kreditkarten: AE, CS, DC, MC, Visa; BM
Mittags und abends geöffnet

Wenn Sie ein Restaurant suchen, das eine regionaltypische Küche mit kleinen zeitgemäßen Adaptierungen in einem heimeligen Ambiente mit Bergland-Charme anbietet, dann sind Sie hier bei der Familie Macario am richtigen Ort. Das Lokal wurde 1986 eröffnet und hat im Laufe der Jahre zahlreiche Änderungen erfahren, die es zu einem Bezugspunkt der piemontesischen Gastro-Szene werden ließen. Aus der Küche von Maurizio kommen klar definierte, schmackhafte Speisen, die, soweit es möglich ist (fast immer), Zutaten aufweisen, die aus der Umgebung des Restaurants stammen. So gibt es Lumache, auf zweierlei Art zubereitet (in eigener Brühe und mit Schale gratiniert, 16 €), Battuta al coltello, Ravioli di selvaggina (mit Wild gefüllt) mit Esskastanien, Trauben und Kakao sowie Fagianella, doppelt gegart (16,50 €). Unter den Dolci sollten Sie sich Latte al latte nicht entgehen lassen. Die Weinkarte verdient Applaus und bietet die Spitzenprodukte aus dem Piemont und dem übrigen Italien zu mehr als korrekten Preisen.

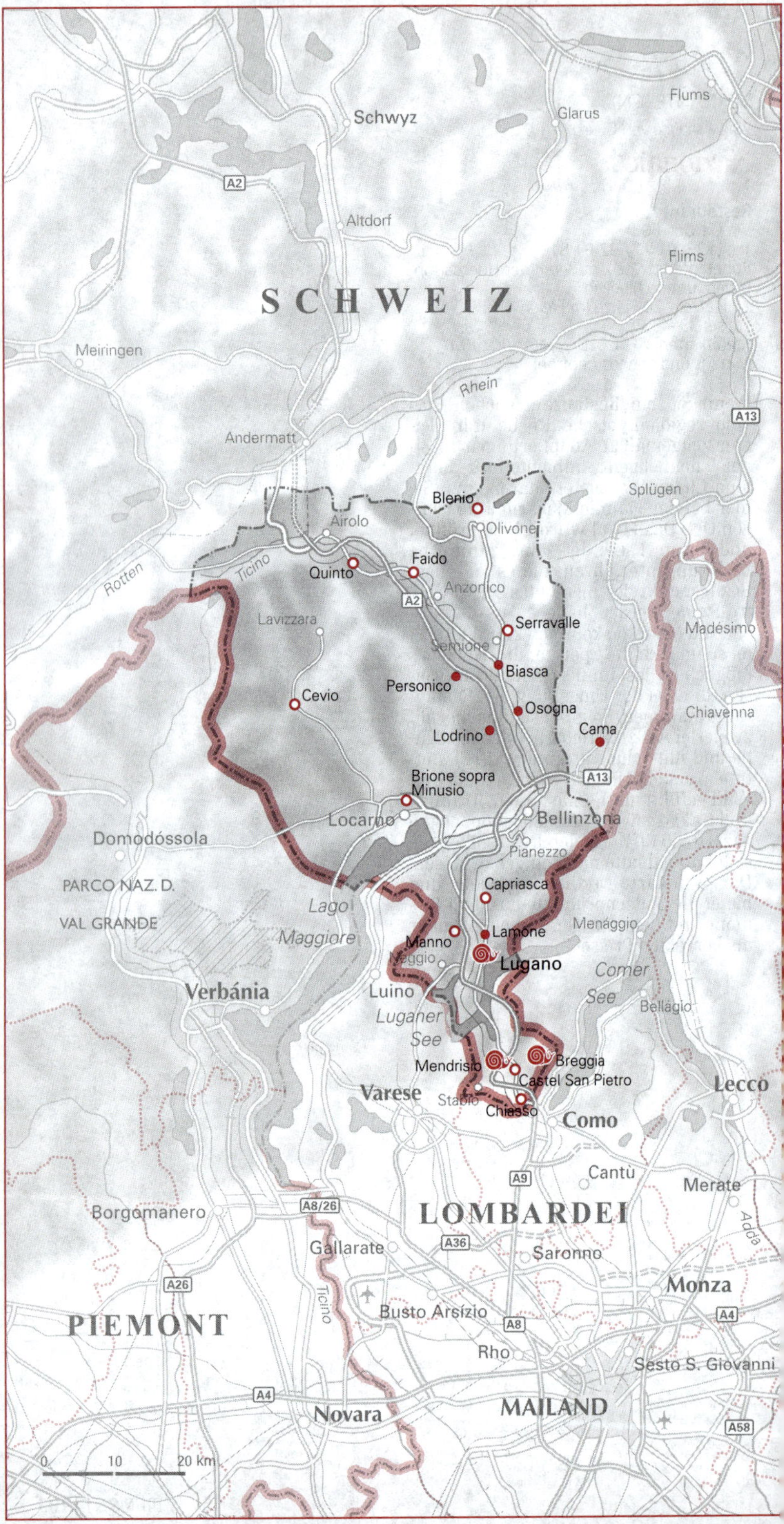
Schwyz
Glarus
Flums
A2
Altdorf
Flims
SCHWEIZ
Meiringen
Rhein
A13
Andermatt
Splügen
Blenio
Olivone
Airolo
Ticino
Quinto
Faido
Rotten
Anzonico
A2
Lavizzara
Serravalle
Madésimo
Semione
Biasca
Personico
Cevio
Osogna
Chiavenna
Cama
Lodrino
A13
Brione sopra Minusio
Locarno
Bellinzona
Domodóssola
Pianezzo
PARCO NAZ. D.
Capriasca
VAL GRANDE
Lago
Menàggio
Lamone
Maggiore
Manno
Neggio
Lugano
Comer
Verbània
Luino
See
Bellàgio
Luganer
See
Mendrisio
Breggia
Castel San Pietro
Lecco
Varese
Stabio
Chiasso
Como
A9
Cantù
Merate
Borgomanero
A8/26
LOMBARDEI
Adda
Gallarate
A36
Saronno
A26
Monza
Ticino
Busto Arsízio
A4
PIEMONT
A8
Rho
Sesto S. Giovanni
A4
Novara
MAILAND
A58
0
10
20 km

TESSIN

Der Kanton Tessin ist – wie die Schweiz im Allgemeinen – eine Region, die von Berührungspunkten lebt. Das gilt auch für seine Küche, die einen großen Teil ihres Repertoires aus der benachbarten Lombardei bezieht, sich aber auch von den Essensgewohnheiten seines deutschsprachigen Teils beeinflussen lässt.
Auf den Tischen dieses Winkels der helvetischen Republik, der auch historisch viel mit Italien gemeinsam hat, sind einige Rezepte allgegenwärtig. Viele Gerichte beruhen auf bäuerlichen Traditionen und auf der Arme-Leute-Küche, andere hingegen auf dem Brauch der Jagd, dank dem allerlei Wild in die Küchen gelangt. Nicht selten findet man daher Gerichte auf der Basis von Hirsch oder Wildschwein vor, die in salmì (geschmort), als Spezzatino (Ragout) oder in Form von edlen Filets angeboten und häufig mit roten Beeren serviert werden, was wiederum deutlich von germanischem Einfluss zeugt. Die obligate Beilage zu diesen Hochgenüssen ist natürlich Polenta.
Ein echter Klassiker unter den Tessiner Tellergerichten, der untrennbar mit der kalten Jahreszeit verbunden ist, ist die *Cazöla*, die dem gern und häufig verwendeten Schweinefleisch huldigt. Auf eindeutig lombardischen Einfluss zurückzuführen sind die Risotti, in deren Zubereitung die Tessiner wahre Meister sind. Die Zutaten für den Risotto können je nach Jahreszeit und Fantasie des Kochs variieren, doch Käse (als weiteres Produkt, auf das man in der Region stolz ist) ist immer ein wesentlicher Bestandteil.
Die Süßspeisen schließlich sind schlicht und basieren häufig auf wiederentdeckten alten Rezepten, was beispielsweise für die Torta di pane gilt – einen Kuchen aus altbackenem Brot mit Rosinen, Kakao, Äpfeln, Grappa und Eiern. Da aber jede Familie ihr eigenes Rezept hat, ist der einzige Weg, um diese Köstlichkeit wirklich zu verstehen, sicherlich der, sie so oft wie möglich zu probieren.

Für Sie entdeckt

Risotto

111 L'Uliatt
Chiasso

113 Antico Grotto Ticino
Mendrisio

Selvaggina

110 Dosso dell'Ora
Castel San Pietro

115 Canvett
Serravalle

Torta di pane

109 Al Grott Café
Brione sopra Minusio

115 Osteria Altanca
Quinto

BLENIO
Olivone

40 km nördlich v. Bellinzona, Ausf. A 2 Biasca

Centrale

Trattoria • Via alla Chiesa
Tel. (+41) (0)91 / 872 11 07
Ruhetag: Mittwoch, Donnerstag (außer 10. Juli–20. August)
Ferien: 2 Wochen im März/Juni, Ende November–Weihnachten
50 Plätze + 20 Plätze im Freien
Preise: 55 sFr.
Keine Kreditkarten
Mittags und abends geöffnet

Die Trattoria Centrale, die auch sehr hübsche Zimmer zum Übernachten bietet, gilt seit vielen Jahren als verlässliche Adresse im Bleniotal. Annemarie (Küche) und Tiziano (Service) heißen Stammgäste und Touristen gleichermaßen herzlich willkommen. Beide achten sehr auf die Herkunft der Produkte: Das Fleisch stammt von Betrieben aus dem Umland, die Salumi – erstklassig die Mortadella di fegato (16 sFr.) – werden aus dem Fleisch von Schweinen hergestellt, die den Sommer und den Herbst frei lebend auf der Alp verbringen dürfen. Wirklich gut ist das Angebot an **Formaggi** aus dem Bleniotal, das in Sachen Käse als eine der besten Regionen im gesamten Tessin gilt. Die **Polenta** wird aus verschiedenen Sorten Mehl (u. a. helles Maismehl) aus einer alten Mühle der Gegend gekocht. In der Karte (mittags ist die Auswahl kleiner) findet man **Gnocchi di ricotta** und Spezzatino vom Lamm aus dem Bleniotal ebenso vor wie Cordon bleu vom Schwein von der Alp Pertusio oder Schmorfleisch, sprich **Stracotto mit Polenta**. Von hoher Qualität ist das Angebot an hausgemachten Süßspeisen: saisonal wechselnde **Crostate di frutta** (vor allem Aprikosen- und Rhabarberkuchen), Edelbrandparfait (5,50 sFr.) und **Torta di castagne** (4,50 sFr.) – alles sehr verlockend. Die Weinkarte wechselt häufig, doch die besten Merlots aus der Gegend sind immer lagernd. Vor Kurzem wurde ein bemerkenswertes Biersortiment von einer lokalen Kleinbrauerei eingeführt.

Die Käserei La Töira auf Nummer 50 der Kantonsstraße auf den Lukmanierpass (5 km) erzeugt und verkauft Butter, Ricotta, Crenga und andere Biospezialitäten.

BREGGIA
Sagno

5 km nordöstlich von Chiasso

Ul Furmighin

Osteria
Piazza Garuf
Tel. (+41) (0)91 / 682 01 75, (+41) (0)78 / 778 40 55
Ruhetag: Dienstag
Ferien: Januar
55 Plätze + 80 Plätze im Freien
Preise: 50 sFr.
Kreditkarten: AE, CS, DC, MC, Visa
Mittags und abends geöffnet

Wir sind auf 600 Metern Höhe, im Muggiotal, am Rand der Bergkette, die an die Lombardei grenzt. Auf dem Platz an der Ortseinfahrt entdecken wir in einem schön renovierten alten Bauernhaus die Osteria mit Unterkunft und Verkaufsladen, die von Signora Anna, ihren Söhnen Andrea und Riccardo sowie Tochter Giorgia betrieben wird. Die Brüder kümmern sich um die Küche, Mutter und Tochter um den Service. Seit Anbeginn wird hier großes Augenmerk auf regionale Produkte gelegt: Ein Landwirt aus dem Ort liefert den Großteil des Gemüses und das Bier, Schweinefleisch und Würste stammen von heimischen Betrieben, der Käse (u. a. Zincarlin, Slow-Food-Presidio, 9 sFr.) wird im Tal erzeugt, das Polentamehl von der Mühle von Bruzella gemahlen, und häufig finden in freier Natur gesammelte Kräuter Verwendung. Von den Speisen hervorgehoben seien **Pancetta di maiale con salsa e mele** (Schweinebauch, 20 sFr.), **Polenta mit Brasato di manzo** (Rinderschmorfleisch), Polenta e uova (mit Ei), Polenta e latte (mit Milch). Wer Innereien mag, kann sich für **Animelle, rognoni e cervella di vitello** (Bries, Nieren und Hirn vom Kalb) entscheiden, die als Vol-au-Vent oder in der Pfanne sautiert (18 sFr.) serviert werden. Im Sommer gibt es feine Räucherforelle (**Trota affumicata in botte**, 16 sFr.) auf einem Bett aus Gurken und Sellerie. Zum Ausklang sollte man die **Formaggi** (Kuhmilch- und Ziegenkäse aus dem Muggiotal) ebenso probieren wie die hausgemachten Desserts: Apfel-Zimt- oder Ricotta-Rhabarber-Kuchen (4,50 sFr.), Sorbets und Eisbecher.

»*Die Küche der Poggi-Brüder bringt die Produkte des Muggiotals in einem Ambiente zur Geltung, das auch dank der herzlichen Art ihrer Mutter und ihrer Schwester zum Verweilen einlädt.*«

BRIONE SOPRA MINUSIO
Val Resa

5 KM NORDÖSTLICH VON LOCARNO

Al Grott Café

Traditionelle Osteria
Val Resa
Tel. (+41) (0)91 / 730 11 32,
(+41) (0)79 / 329 42 58
Ruhetag: Montag, Dienstag
Ferien: November–Mai
30 Plätze + 40 Plätze im Freien
Preise: 55 sFr.
Keine Kreditkarten
Mittags und abends geöffnet

Unser Ziel: ein wunderschönes Fleckchen ganz hinten im Resatal, dort wo die Straße endet und die Wanderwege in die Berge beginnen. Das Grotto befindet sich in einem Gebiet ohne elektrische Stromversorgung, weshalb sich Cinzia und Angelo erneuerbarer Energien bedienen: Fotovoltaik für die Beleuchtung, Sonnenkollektoren für Warmwasser, Holz zum Heizen und Kochen. Alles wird über dem Feuer oder im holzbeheizten Ofen zubereitet, was den Speisen einen besonderen Geschmack verleiht. Großes Augenmerk wird auf die Herkunft der Produkte gelegt. Im Sommer im Freien, ansonsten in der guten Stube, bei der es sich um einen umgebauten alten Stall handelt, raten wir Ihnen zu **Grigliata mista di maiale** (Schweinefleisch vom Grill, 29 sFr.) mit Ofenkartoffeln oder zu **Stinco di maiale** (Schweinehaxe, 25 sFr.). Im Herbst halten sehr traditionelle Gerichte Einzug, etwa ***Cazöla*** oder Wildbret. Der Klassiker schlechthin ist **Capra bollita** (gekochtes Ziegenfleisch, 20 sFr.). Da die Ziege in der hiesigen Kulinarik generell eine wichtige Rolle spielt, widmet ihr das Lokal ein Menü (40 sFr.), in dem auch Cicitt (Slow-Food-Presidio) und Ziegenkäse zu entdecken sind. Köstlich von den Dolci ist die **Torta di pane** (6 sFr.). In puncto Wein finden wir es mehr als lobenswert, dass an einem so abgelegenen Ort der Keller mit allen Tessiner Spitzen-Merlots immer gut bestückt ist.

In **Locarno** (9 km), Piazza Antonio 1, bietet die Macelleria Feminis Ziegenwurstwaren wie Cicitt und Violini, Letztere auch von der Gämse. In **Ascona** (12 km), Via Ferrera 87, befindet sich der Hofladen des landwirtschaftlichen Gutes Terreni della Maggia: Wein, Gemüse, Eier, Geflügel, Konfitüren, Reis, Kartoffeln.

CAPRIASCA
Roveredo

10 KM NÖRDLICH VON LUGANO

Locanda del Giglio

Restaurant
Roveredo
Tel. (+41) (0)91 / 930 09 33
Ruhetag: Montag, Dienstagmittag
Ferien: Januar, Februar
50 Plätze + 30 Plätze im Freien
Preise: 55 sFr.
Kreditkarten: AE, CS, DC, MC, Visa
Mittags und abends geöffnet

Von diesem sehr hübschen und gastlichen Lokal hat man einen fantastischen Weitblick auf die Bergkette Denti della Vecchia und die Bucht von Lugano. Um es vom privaten Parkplatz aus zu erreichen, muss man ziemlich viele Stufen bewältigen, weshalb der öffentliche Parkplatz sicherlich bequemer ist. Hat man jedoch am Tisch Platz genommen, ist die Anstrengung sofort vergessen und man kann sich ganz und gar dem Genuss der vorzüglichen Küche hingeben. Die beiden sehr freundlichen und zuvorkommenden Inhaber Mina und Fausto empfehlen saisonal wechselnde Gerichte, die mit meist lokalen Produkten zubereitet werden. Der Antipasto, bestehend aus erstklassigen Wurstwaren, ist großzügig bemessen und von wunderbarem Brot begleitet. Immer präsente Gerichte sind **Polenta al camino** (aus steingemahlenem Mais- und Buchweizenmehl) **con brasato** (mit Schmorfleisch) und Kartoffelgnocchi (bzw. deren Variante mit Bärlauch, sprich Aglio orsino). Als Zwischengang ist der **Strudel di verdure mit Safransauce** (16 sFr.) erwägenswert. Unter den Hauptgerichten finden wir **Costoletta di vitello con patate al forno** (Kalbskotelett mit Ofenkartoffeln und Mischgemüse, 28 sFr.) sowie ein paar Empfehlungen zum Thema Fisch aus dem See wie Lucioperca (Zander) oder Coregone (Renke) vor. Da das Valcolla ein Tal der Jäger ist, gibt es in der Saison diverse Wildgerichte mit traditionellen Beilagen (Spätzle und Rotkraut). Schöne Auswahl an Käse wie Zincarlin (Slow-Food-Presidio), Formaggini, Formaggella aus Rompiago sowie so mancher Bergkäse. Für das süße Finale warten Torta di pere con il cioccolato (Birnenkuchen mit Schokolade) oder Panna cotta in wirklich großzügigen Portionen. Ein guter heißer Kaffee und ein hausgemachter Nussschnaps bilden den denkwürdigen Abschluss eines glücklich stimmenden Erlebnisses.

CASTEL SAN PIETRO
Monte Generoso - Dosso dell'Ora

12 KM NORDWESTLICH VON CHIASSO

Dosso dell'Ora

Ferienbauernhof
Monte Generoso - Dosso dell'Ora
Tel. (+41) (0)91 / 649 39 80
Ruhetag: Montag–Mittwoch, im Winter Montag–Freitag • Keine Ferien
48 Plätze + 50 Plätze im Freien
Preise: 45 sFr.
Keine Kreditkarten
Abends geöffnet, Samstag und Sonntag auch mittags

Der Monte Generoso ist eines der Lieblingsziele der Einwohner des Mendrisiotto für Sonntagsausflüge. Nach schönen Wanderungen auf Pfaden in den Bergen ist es eine Freude, sich an den langen Holztischen auf der großen Terrasse dieses Grottos niederzulassen, wo man von den Wirtsleuten Franco und Marisa sogleich freundlich begrüßt wird. Franco kümmert sich um die Landwirtschaft, hilft aber auch seiner Frau, die als geschickte Köchin Gerichte im Zeichen der Tradition fabriziert. Die Wurstwaren werden aus vor Ort gehaltenen Schweinen gemacht, auch das Fleisch ist vom eigenen Hof und ein Großteil des Gemüses wird in der näheren Umgebung angebaut. Den Anfang macht fast immer eine Platte mit **Salumi** (8 sFr.), die sieben verschiedene Fleischspezialitäten umfasst, von denen wir insbesondere die köstliche Mortadella di fegato lobend erwähnen möchten. Den weiteren Verlauf der Mahlzeit kann man mit einem Teller **Polenta** begleitet von Capretto arrosto (Zickleinbraten, 26 sFr.) oder von schmackhaftem **Ossobuco** gestalten. Immer auf dem Speisezettel steht **Brasato** (Schmorfleisch), während Lamm und Ferkel je nach Verfügbarkeit die Auswahl bereichern. Franco ist übrigens auch ein fähiger Jäger und bietet im Herbst Wildragout als **Salmì di cinghiale** (vom Wildschwein) oder Salmì di cervo (vom Hirsch) an. Auf Anfrage kommt man in den Genuss einer köstlichen ***Cazöla***. Zum guten Schluss nicht außer Acht lassen sollte man die Käsespezialitäten des Hauses: **Formaggini della Valle di Muggio** und Formaggella (Weichkäse, 10 sFr.). Unter den Desserts sind ein paar gute Kuchen und Torten zu entdecken. Der Weinkeller birgt eine kleine Selektion von hiesigen Winzern, hauptsächlich Merlots aus dem Mendrisiotto.

CEVIO
Foroglio

25 KM NORDWESTLICH VON LOCARNO

La Froda

Traditionelle Osteria
Foroglio - Valle Bavona
Tel. (+41) (0)91 / 754 11 81, (+41) (0)79 / 230 94 79
Kein Ruhetag
Ferien: 1. November–31. März
80 Plätze + 60 Plätze im Freien
Preise: 55 sFr.
Kreditkarten: MC, Visa
Mittags und abends geöffnet

Foroglio ist bekannt für seinen prächtigen, gut 100 Meter hohen Wasserfall, aber auch für das nicht gerade einfach zu erreichende Lokal der Familie Giovanettina. Man muss das ganze Maggiatal hinauffahren und dann die Abzweigung ins Bavonatal finden, um zu einem Weiler mit Steinhäusern zu gelangen, wo man spürt, wie hart Menschen an lebensfeindlichen Orten um ihr Dasein kämpfen mussten. In diesem Umfeld ist es Martino gelungen, sein Wissen über die alpine Küche zu konsolidieren, das er mit Bedacht in die Menükarte der Osteria einfließen lässt. Sein neuestes Buch *Der Geruch der erloschenen Glut* erzählt von typischen Produkten und Rezepten, von fast vergessenen Lebensmitteln wie den Produkten der Hausschlachtung (Metzgete), die im Text schön beschrieben sind. Den vielversprechenden Auftakt macht die kalte Platte mit **Lebermortadella**, Salami, Coppa, Bauchspeck und Lardo (24 sFr.). Seit Kurzem gibt es ein weiteres traditionelles Gericht der Arme-Leute-Küche: **geschmorter Kabeljau mit Polenta** (28 sFr.). Aus einheimischem Maismehl im Kessel über dem Kaminfeuer zubereitet, ist die Polenta die klassische Beilage zu **Schmorfleisch**, doch wir raten Ihnen auch zu **Polenta ai quattro formaggi** (21,50 sFr.). Apropos, für **Käse** ist das Froda berühmt: Schließlich bietet das von bewirtschafteten Almen geprägte Umland eine reiche Auswahl und dank des Affinierens im eigenen Keller genießt man Bergkäse von bester Qualität. Im Sommer mundet die frische, gesalzene Mascarpa. An Dolci gibt es traditionelle Torta di pane, während der Saison Panna cotta mit lauwarmen Waldbeeren.

Punto Verde in **Bignasco** (7 km) ist eine gute Adresse für eingelegte Spezialitäten, Saucen, Käse und regionaltypische Wurstwaren.

CHIASSO
Centro

54 km südlich von Bellinzona, 9 km von Como

L'Uliatt

Moderne Osteria
Via dei Fontana da Sagno, 3
Tel. (+41) (0)91 / 682 70 57
Ruhetag: Samstag, Sonntag
Ferien: 1 Woche im November, Weihnachten, Neujahr, Ostern, 2 Wochen im August
45 Plätze + 25 Plätze im Freien
Preise: 26 sFr.
Kreditkarten: AE, CS, DC, MC, Visa
Mittags geöffnet

Die Stiftung Diamante, die seit Jahrzehnten Menschen mit Behinderungen bei der Integration in die Arbeitswelt unterstützt, betreibt gegenüber dem Gebäude der städtischen Schulen von Chiasso diese in der Mittagspause immer sehr gut besuchte Osteria (Tischreservierung empfehlenswert!). Das Menü zum festen Preis von 26 sFr. umfasst drei Gerichte, wobei pro Gang zwei bis drei Positionen zur Auswahl stehen. Küchenchef Paolo Carugati ist spezialisiert auf **Risotti**, für die er von einem kleinen Erzeuger aus der Provinz Novarese eine einzige Sorte Reis namens Roma bezieht: Jeden Tag bereitet er diesen auf eine andere Art zu, beispielsweise **allo zafferano**, al radicchio, **allo zincarlin**, alla birra, al Merlot ... Sehr gut sind auch die Primi auf Basis von hausgemachten Teigwaren, z. B. die **Anelli di pasta crêpe alla farina bona** (Slow-Food-Presidio) **mit Ricotta-Füllung** und die Lasagne mit Aglio orsino (Bärlauch) aus dem Mendrisiotto. In der Winterzeit, meistens freitags, gibt es Gnocchi aus Kartoffeln, die vom landwirtschaftlichen Betrieb der Stiftung angebaut werden: Wir empfehlen die **Gnocchi** del contadino **mit Alpkäse**, kamen unlängst allerdings auch in den Genuss von Gnocchi aus blauen Kartoffeln, die mit Gemüse angerichtet waren. Als Hauptgang gibt es etliche Gerichte, etwa **Stracotto di manzo** (Rinderschmorfleisch), die **mit Polenta** aus Maismehl aus der Mühle von Bruzella serviert werden; im Frühjahr durften wir ein sehr feines Ziegenkitz – Capretto al forno – probieren. Als deliziös erweisen sich die von Rosanna angekündigten Desserts: Waldbeeren, Eiscreme handwerklicher Machart, hausgemachte Kuchen. Zu guter Letzt bekommt man zum Kaffee zwei Butterkekse, die jeden Morgen frisch gebacken werden.

FAIDO
Lavorgo

42 km nördlich von Bellinzona, A 2 Ausf. Faido

Defanti

Restaurant
Nucleo Lavorgo, 7
Tel. (+41) (0)91 / 865 14 34
Ruhetag: Montag
Ferien: Januar, Februar
60 Plätze
Preise: 35–55 sFr.
Kreditkarten: AE, CS, DC, MC, Visa
Mittags und abends geöffnet

An der Gotthard-Passstraße, die auch als „Weg der Völker" bezeichnet wird, liegt der Ort Lavorgo. Dort bietet Familie Defanti seit mehr als 100 Jahren Reisenden auf ihrem Weg über die Alpen Kost, Logis und Versorgungsmöglichkeit. Längst haben Raststätten dieser Art einen ganz anderen Stellenwert als in früheren Zeiten, doch wer Sandras Küche kennt, macht hier immer noch gerne Halt. Aufmerksame und freundliche Servicekräfte tischen Gerichte auf, für die hauptsächlich Grundprodukte von Betrieben aus der Umgebung verwendet werden: Forellen aus Lavorgo, Rind aus Traversa, Zicklein aus Chironico, lokaler Ziegenfrischkäse. Sehr beliebt sind die kulinarischen Themenabende des Hauses Defanti. Wenn nicht gerade ein solcher stattfindet, reicht das abendliche Angebot an Primi von **Gnocchi di aglio orsino** (Bärlauchnocken, 13 sFr.) bis hin zu hausgemachten frischen Teigwaren in unterschiedlichen Darbietungen. Erstklassig von den Hauptgerichten ist die Lammlende mit Meerrettichsauce (**Lombatina di agnello in salsa di rafano,** 23 sFr.), überzeugend die bereits erwähnte Forelle – **Trota di Lavorgo al forno** (28 sFr.), eine Kostprobe wert der Ferkelbraten (**Maialino arrosto**, 32 sFr.). Da die Leventina eine Jagdgegend ist, wird das Lokal im Herbst zur Pilgerstätte für Fans von Wildbret, das man besser vorbestellen sollte. Außer der Karte gibt es zwei vorgegebene Menüs: Das mittägliche umfasst drei Gänge und kostet 17 sFr., das Abendmenü ist zwar facettenreicher, aber auch nur dreigängig und schlägt mit 32 sFr. zu Buche.

LUGANO
Pregassona

4 km vom Zentrum

Grotto al Mulino

Traditionelle Osteria
Via Ramello
Tel. (+41) (0)91 / 941 67 01
Ruhetag: Montag–Mittwoch
Ferien: 15. Dezember–15. März
80 Plätze + 100 Plätze im Freien
Preise: ⊞ 40 sFr.
Kreditkarten: AE, CS, DC, MC, Visa
Mittags und abends geöffnet

Eine grüne Oase nicht weit von Lugano, eine von jahrhundertealten Bäumen umgebene Terrasse, heitere, gesellige Atmosphäre: Das Grotto al Mulino ist der ideale Ort für ein Essen mit Freunden. Zutaten von bester Qualität als Basis für unverfälschte Gerichte der Tessiner Tradition: So lautet die einfache Formel der Familie Morandi. Die zwei Schwestern teilen sich Arbeit – die eine agiert in der Küche, die andere kümmert sich um die Gäste. Vorzüglich die Brettchen mit Salumi (9 sFr.), außergewöhnlich die **Brianzetta**, ein leicht geräucherter Kochschinken (9 sFr.). Im Rest der Karte gibt **Polenta** als großartige Hauptdarstellerin den Ton an und wird von Tessiner Klassikern wie Bohnen und Mortadella, Käse oder Brasato (23 sFr.) begleitet. Eine willkommene Überraschung sind die **Polpette con patate arrosto** (18 sFr.) – nach Omas Rezept traditionell in der Pfanne gebratene Hackfleischbällchen, saftig und zart, dazu Bratkartoffeln. Abends sehr gefragt ist Fleisch vom Grill: Würste, diverse Tranchen vom Rind, **Costine di maiale** (Schweinerippchen). Den guten Hauswein, einen heimischen Merlot, der offen ausgeschenkt wird, kann man auch mit Gazzosa gemischt als *Mez e mez* (ein Klassiker!) probieren. Mit dem Dessert des Hauses namens ***Strüss*** (Eiscreme mit Grappa und Rosinen) klingt die Mahlzeit auf süße Weise sehr gelungen aus.

LUGANO
Pazzallo

3 km vom Zentrum

Morchino

Traditionelle Osteria
Via Carona, 1
Tel. (+41) (0)91 / 994 60 44
Ruhetag: Montag, Samstagmittag
Ferien: 23. Dezember–Ende Februar
40 Plätze + 45 Plätze im Freien
Preise: ⊞ 45 sFr.
Kreditkarten: AE, CS, DC, MC, Visa
Mittags und abends geöffnet

Wer vom Monte San Salvatore hinunter nach Lugano unterwegs ist, sollte einen Halt im Morchino unbedingt einplanen. Das Grotto wurde zu Beginn des 19. Jahrhunderts erbaut und ist von uralten Bäumen umstanden, die an den Tischen im Freien für ein angenehm kühles Klima sorgen, vor allem an schwülen Sommertagen. Im Lokalinneren hingegen verströmt eine gemütliche kleine Stube mit Kamin an Herbstabenden und melancholischen Regentagen behagliche Wärme, während aus der Küche des Inhabers Pierluigi Olgiati, dessen Familie bereits 1842 im Besitz dieses Grottos war, betörende Düfte zu verspüren sind. Die empfohlenen Speisen sind immer sehr appetitlich und folgen dem Rhythmus der Jahreszeiten. Die berühmte ***Murchinada*** (45 sFr.) ist eine optimale Lösung, falls man nicht weiß, was man bestellen soll, und besonders hungrig ist: Es handelt sich nämlich um eine Art Degustationsmenü, das Wurstaufschnitt, Fleisch vom Grill, Salat und Dessert umfasst. Möchte man hingegen à la carte wählen, so sind die **Nervetti con fagioli rossi** (Kalbsknorpelsalat mit roten Bohnen, 12,50 sFr.) eine schmackhafte, sehr typische Alternative. **Polenta** bildet die passende Beilage zu **Lumache in salsa di noci e spinaci** (Schnecken in Walnuss-Spinat-Sauce, 28 sFr.). Der Grill ist nur abends im Betrieb und liefert Costine di maiale (Schweinerippchen, 22 sFr.), Entrecote, Filetto di manzo oder Filetto di puledro (Filet vom Rind bzw. Fohlen, 34 sFr.). Zum Nachtisch schmeckt ein feines Stück hausgemachter Kuchen der Saison.

»*Ein altes Grotto mit uraltem Baumbestand und einem traditionellen Speisenangebot auf Basis von saisonalen und lokalen Produkten.*«

7 km nw. v. Lugano, A 2 Ausfahrt Lugano Nord

Grotto dell'Ortiga

Traditionelle Osteria
Strada Regina, 35
Tel. (+41) (0)91 / 605 16 13
Ruhetag: Sonntag, Montag
Ferien: Weihnachten–Ende Januar
60 Plätze + 40 Plätze im Freien
Preise: 55 sFr.
Kreditkarten: MC, Visa
Mittags und abends geöffnet

Wir sind im Zentrum von Manno, in einem alten Gebäude, das seinen Charme bewahrt hat. Der Weg zur Osteria führt durch einen Laubengang in einen Innenhof mit einer prächtigen, von Americano-Trauben berankten Pergola, die zur Weinlesezeit nach Walderdbeeren duftet. Die Willkommenskultur ist freundlich und unaufdringlich, die Speisenempfehlungen werden enthusiastisch vorgetragen. So erfährt man, dass das Dörrfleisch (Carne secca) aus Acquarossa und die Eier von einem als Sozialprojekt betriebenen Bauernhof stammen. Im Lokalinneren gibt es drei kleine Gaststuben, von denen eine über einen schönen Kamin verfügt. Die Küche ist von tessinischen und lombardischen Traditionen geprägt. Von den angebotenen Gerichten empfehlen wir **Rohschinken aus dem Misox** (15 sFr.), Salami aus dem Bleniotal (9 sFr.), lauwarm servierte Insalatina di foiolo (Kuttelsalat), Sformatino di ricotta, Gemüse und Fettspeck mit Esskastanien auf Schmorzwiebeln. Während der Saison sollte man das **Carré d'agnello con i carciofi** (Lammkarree mit Artischocken, 32 sFr.) und das Capretto alias Ziegenkitz probieren. Die Ziegenfleischspezialität **Cicitt di capra alla piastra mit geschmortem Lauch und Polenta** (10 sFr.) ist ein weiteres typisches Gericht, zu der wir Ihnen raten. Die große Stammklientel des Ortiga weiß aber auch den **Risotto**, die Polenta mit Brasato (Schmorbraten), die Uccelli scappati (Schweinerouladen) und den Stracotto (lang geschmortes Fleisch) zu schätzen. Regionaltypisch und von bester Qualität die Formaggi aus dem Bavona-, Pontirone- und Bedretto-Tal. Die Desserts sind alle fantastisch, doch unser besonderes Lob gebührt der Zabaione.

15 km nordwestlich von Chiasso

Antico Grotto Ticino

Traditionelle Osteria
Via alle Cantine, 20
Tel. (+41) (0)91 / 646 77 97
Ruhetag: Mittwoch
Keine Ferien
70 Plätze + 70 Plätze im Freien
Preise: 55 sFr.
Kreditkarten: AE, CS, DC, MC, Visa
Mittags und abends geöffnet

Via alle Cantine – Kellergasse: eine überaus passende Adresse, denn die Orte, an denen in dieser Gegend Wein (und Käse) unterirdisch gelagert werden, sind mehr als 120 an der Zahl. Die ersten entstanden im 18. Jahrhundert. Aus jenen Kellern, die sich mit der Zeit zu Grotti – traditionelle Stätten der Stärkung und des Müßiggangs – entwickelt haben, ragt die Osteria von Peter und Odette Raith heraus, ein über 100 Jahre alter Bau, der vor Kurzem geschmackvoll renoviert wurde. Peter, der aus Bayern stammt und nach Erfahrungen in renommierten Restaurants in ganz Europa in Mendrisio gelandet ist, kocht mit Begeisterung und Bravour Tessiner Traditionsgerichte, für die er qualitätvolle regionale Produkte verwendet. Beginnen kann man mit **Insalata di nervetti** (13,50 sFr.), Kaninchenleberpastete, **Pesce in carpione** oder traditionellen Wurstwaren aus dem Mendrisiotto. Die Spezialität des Küchenchefs sind die **Risotti** (vorzüglich die Variante mit Rotwein und Rosmarin, 19,50 sFr.), denen jedoch die **Tagliatelle al sugo di brasato** (mit Bratensaft) und die Gnocchi mit Salbeibutter (14,50 sFr.) in nichts nachstehen. Die über dem Kaminfeuer gekochte Polenta begleitet viele der Hauptspeisen: **Brasato al vino rosso** (Rotweinschmorbraten), **Guanciale di vitello** (Kalbswange, 36 sFr.), Kaninchen aus dem Muggiotal, in der Saison Capretto (Ziegenkitz) oder Funghi (Pilze). Zahlreiche Gerichte sind auch in kleineren Portionen erhältlich, was den angenehmen Nebeneffekt hat, dass man gleich mehrere probieren kann, ohne sich zu überessen. Als Alternative zu Fleisch oder als Dreingabe zum Ausklang gibt es eine gepflegte Auswahl an Tessiner Käse. Wenn man mindestens zu viert ist, kann man das Degustationsmenü (50 sFr.) bestellen. Weinkarte mit über 150 edlen Etiketten aus dem Tessin und aus Italien.

MENDRISIO
Capolago

12 KM NÖRDLICH VON CHIASSO

Eguaglianza

Traditionelle Osteria
Via Municipio, 20
Tel. (+41) (0)91 / 630 56 17
Ruhetag: Sonntag, Montag
Ferien: 15. Dezember–31. Januar
30 Plätze: + 40 Plätze im Freien
Preise: 55 sFr.
Kreditkarten: CS, DC, MC, Visa
Mittags und abends geöffnet

Dieses historische Lokal im Kellerviertel von Capolago wurde vor ein paar Jahren von Alex Hatz renoviert und umgebaut. Dadurch ist der Speisesaal nun doppelt so groß wie früher, doch das typische Deckengewölbe aus Backstein ist ebenso unversehrt erhalten geblieben wie die Atmosphäre. Das Lokal war einst weithin bekannt für **Pesce persico del Ceresio al burro** (in Butter gebratener Barsch aus dem Luganersee, 28 sFr.). Dieses Gericht steht nun wieder auf dem Speisezettel, was nicht zuletzt Alex' Kooperation mit Fischern zu verdanken ist, die ihm auch die Möglichkeit gibt, andere Fische aus dem See anzubieten, beispielsweise **Filetto di coregone** (Filet von der Renke, 24 sFr.). Alex hat zuvor 30 Jahre lang ein anderes Grotto betrieben, aus dem er einige Spezialitäten auf Basis von hausgemachten Teigwaren mitgebracht hat, etwa die **Gnocchetti al bitto** (18 sFr.) oder die **Tagliatelle mit Pfifferlingen**, die hier *Chantrelles* heißen (18 sFr.). Wer als Hauptgang keinen Fisch möchte, kann sich für ein sehr gutes Ziegenkitz – **Capretto al forno** – entscheiden. Mittags bietet das Lokal ein zweigängiges Menü (22 sFr.). Bevor Sie Ihre Mahlzeit beenden, bestellen Sie die Käseselektion oder alternativ dazu eine Süßspeise aus der kleinen Dessertkarte. Sehr schönes, gut sortiertes Weinangebot mit ausgewogenem Verhältnis zwischen hiesigen Erzeugnissen und Produkten italienischer Herkunft.

An der Piazza del Ponte verkauft Magnifico Borgo den bekannten Zincarlin della Valle di Muggio (Slow-Food-Presidio) und andere Produkte wie Formaggini, Bergkäse, Honig und spezielle Mehlsorten.

MENDRISIO
Salorino

6 KM NORDWESTLICH VON CHIASSO

Grotto del Giuvan

Osteria
Via Stradone, 19
Tel. (+41) (0)91 / 646 11 61
Ruhetag: Montag, Dienstag
Ferien: Januar, 1 Woche im Juni
40 Plätze + 40 Plätze im Freien
Preise: 50 sFr.
Keine Kreditkarten
Abends geöffnet, Samstag und Sonntag auch mittags

Auf dem Rückweg von einem Ausflug auf den Monte Generoso ist ein Halt zum Abendessen in dieser Osteria ein Muss. Seit etlichen Jahren schon bieten Serena und Fabio eine auf Saisonalität und regionale Produkte bedachte Küche. Das Lokal befindet sich gegenüber dem Keller, in dem der Zincarlin da la Val da Mücc (Slow-Food-Presidio) reift; dessen Duft, der aus den Ritzen strömt, lässt wohl keinen Passanten unbeeindruckt. Das Beste, was man daher tun kann, ist einzukehren und einen **Risotto con lo zincarlin** (15 sFr.) oder einen gemischten **Käse**teller zu bestellen – mit Formaggi vom Monte Generoso (sieben Sorten für 20 sFr.) bzw. aus den Tessiner Alpen (acht Sorten für 21 sFr.). Sie können sich natürlich auch auf eine Portion Zincarlin (9 sFr.) beschränken. In jeder Menükarte sind die Lieferanten, die zum Großteil aus der Region stammen, namentlich erwähnt. Serena und Fabio stammen aus dem lombardischen Cantello (nahe Varese) und diese Herkunft wird im Frühjahr evident, wenn Spargel aus ihrem Heimatort beispielsweise in die Füllung für den Kaninchenbraten gelangt (**Coniglio arrosto disossato**, 28 sFr.), der mit Rosmarinkartoffeln serviert wird. Exzellent sind überdies der Spanferkelbraten (Maialino al forno) und das Rinderschmorfleisch – **Ganassino di manzo brasato** – mit einheimischer Polenta. Die köstlichen Desserts sind alle hausgemacht: **Panna cotta**, **Gelato alla farina bona** (Slow-Food-Presidio, 9 sFr.), Mürbeteigkuchen mit Früchtekonfitüren aus Serenas Küche.

»*Serena und Fabios Gespür für Gastlichkeit, ihre Bereitwilligkeit, die Speisen zu erläutern, der sorgsame Umgang mit regionalen Produkten: Dieses Lokal hat sich unsere Schnecke mehr als verdient.*«

QUINTO
Altanca

45 km NO von Bellinzona, A2 Ausfahrt Quinto

Osteria Altanca

NEU

Bergbauernhof
Ortsteil Altanca, 94
Tel. (+41) (0)91 / 868 17 15
Ruhetag: Montag
Ferien: 7. Januar–31. März
30 Plätze + 30 Plätze im Freien
Preise: 50 sFr.
Keine Kreditkarten
Mittags und abends geöffnet

Der Bergbauernhof Altanca befindet sich auf halbem Weg hinauf ins Pioratal (eines der schönsten Seitentäler der Leventina), wo ein vorzüglicher Käse gleichen Namens erzeugt wird. Um den Hof zu erreichen, der auf einem Hochplateau liegt und daher eine herrliche Aussicht bietet, kann man entweder mit dem Auto fahren oder die Ritombahn nehmen, bei der es sich um die steilste Standseilbahn Europas handelt. Geführt wird das schmucke Anwesen von Remo und Renata Mottini. Die Speisekarte empfiehlt vorwiegend Gerichte, für die Produkte vom eigenen Hof Verwendung finden, doch kommt es nicht selten vor, dass man ein paar Wildgerichte entdeckt, von denen wir den Hirsch in der grandiosen Kombination **Polenta e cervo** (25 sFr.) empfehlen. Aus eigener Erzeugung sind Aufschnitt (18 sFr.) und Käse (30 sFr.), wobei man von Letzterem etwa 40 Sorten von verschiedenen Almen (Piora, Pontino, Sorescia) zur Auswahl hat. Angesichts dieser Vielfalt an Formaggi darf natürlich ein so traditionelles Gericht wie die **Polenta concia** (20 sFr.) mit Butter, zerlassenem Käse, Sahne und geröstetem Speck nicht fehlen. Zum Dessert erwarten uns wahre Symbole der hiesigen Küche: ***Cavolat* di Quinto** – eine Art Zabaione mit Eiern, Sahne und Milch, oder **Torta di pane bianca di Altanca**, die im Unterschied zum klassischen Rezept mit Schwarzbrot und ohne Kakao oder Schokolade gemacht wird. Recht ansehnliche Auswahl an Wein von kleinen Tessiner Produzenten und aus ein paar Regionen Italiens.

SERRAVALLE
Semione

30 km nördlich v. Bellinzona, A 2 Ausf. Biasca

Canvett

Traditionelle Osteria • Cà d'Varenzin, 6
Tel. (+41) (0)91 / 870 21 21,
(+41) (0)78 / 625 48 77
Ruhetag: Dienstag, Mittwoch
Ferien: November–März
30 Plätze + 100 Plätze im Freien
Preise: 55 sFr.
Keine Kreditkarten
Mittags geöffnet, Montag und Donnerstag auch abends

Ein Gebäude aus naturbelassenem Stein beherbergt diese Gaststätte, in der eine Köchin mit klaren Konzepten am Werk ist. Ihr Credo: einfache, aber gesunde und schmackhafte Kost. Die Lieferanten sind in der Speisekarte aufgeführt: So erfährt man, dass die meisten von ihnen in der Umgebung des Lokals angesiedelt sind. Bei schönem Wetter sollten Sie nach einem Tisch auf der Terrasse fragen, von der man eine herrliche Aussicht hat. Im Winter hingegen genießt man die Wärme, die der Kamin im schmucken Gastraum ausstrahlt. Mittags kann man sich für das großzügig bemessene Tellergericht (16 sFr.) entscheiden, abends ist das Angebot klassischer. Für den Auftakt sollte man eine Kostprobe von den Salumi in Erwägung ziehen und danach die vorzüglichen **Gnocchi di patate** (14,50 sFr.) probieren. Sehr gut von den Hauptspeisen sind die Schweinehaxe (**Stinco di maiale al forno con polenta**, 21,50 sFr.) und der Braten mit Thunfischsauce und Kartoffelsalat (**Arrosto tonnato con insalata di patate**, 22,50 sFr.). Im Herbst werden, sofern die Jäger der Gegend Waidmannsglück hatten, Wildgerichte wie Hirschpfeffer – Spezzatino di cervo – mit Polenta serviert. Am Ende der Mahlzeit angelangt, sollten Sie eine Kostprobe von den Dolci nicht versäumen: leckere Zabaione, Tiramisu (das alleine den Weg hierher wert ist), Semifreddo al nocino (Nussschnapsparfait), oder Crostata di frutta (Mürbeteigkuchen mit Früchten). Die Weinkarte enthält gute Flaschenweine lokaler wie auch italienischer Provenienz.

In **Malvaglia** (7 km), dem Hauptort der Gemeinde Serravalle, führt die Macelleria-Salumeria Carvagna eine große Auswahl an lokalem Fleisch und Würsten, für die Schweine aus dem Bleniotal verarbeitet werden.

Tessiner Grotti

Ein Grotto war ursprünglich ein privater Ort für die Lagerung von Wein, Käse und Fleischwaren in natürlichen Höhlen oder Steingebäuden, die vom Luftzug aus dem Felsinneren profitierten. Vom Treffpunkt unter Freunden, wo man abends oder an Feiertagen die hier lagernden Köstlichkeiten genoss, haben sich einige Grotti mit der Zeit zu Gasthäusern gewandelt.

Da sie aber weiter vornehmlich als Lagerräume dienten und keine ausgestatteten Küchen hatten, beschränkte sich das Angebot auf Wurst und Käse zu einem kleinen Becher Wein. Besonderen Stellenwert unter den Würsten hatte die Mortadella di fegato, während das Milchproduktesortiment je nach Gegend Frischkäse und reife Formaggi umfasste. So mancher Wirt bot am Wochenende auch Minestrone oder Busecca (Kuttelsuppe) an.

Heute sind diese authentischen Grotti immer seltener, aber nach intensiver Suche konnten wir einige entdecken, die die ursprünglichen Merkmale beibehalten haben und an besonders reizvollen Orten gelegen sind.

Luca Cavadini

OSOGNA

Al Pozzon

Grotto
Osogna
Tel. (+41) (0)76 / 221 56 67
60 Plätze im Freien
Geöffnet April–September Montag–Sonntag 11–24 Uhr, Montag 17–24 Uhr

Von den jungen Erben der Eigentümer wiederöffnet, hat für das Al Pozzon ein neues Leben begonnen. Das Lokal verfügt nur über Plätze im Freien und bietet ausschließlich Wurstwaren, Käse und Busecca. Landschaftlich gesehen liegt das Lokal sehr idyllisch in der Nähe eines Wasserfalls des Nala-Bachs, der als Canyoning-Paradies gilt.

LAMONE

All'Elvezia

Grotto
Via Cantonale, 2
Tel. (+41) (0)79 / 831 71 73
40 Plätze + 40 Plätze im Freien
Geöffnet März–November täglich außer Dienstag 11–24 Uhr

Dieses historische Grotto in Lamone, nahe Lugano, wurde auf Initiative eines jungen Mannes wiedereröffnet, der in dem schönen luftigen Keller erstklassige einheimische Salumi und Formaggi aus den Alpen reifen lässt. Erwähnenswert sind zudem das Angebot an Fisch (Pesce in carpione), die Kutteln (Busecca) und die immer freitags angebotenen Gnocchi.

BIASCA

Pini

Grotto
Via ai Grotti, 34
Tel. (+41) (0)91 / 862 12 21
20 Plätze + 60 Plätze im Freien
Mitte April–Mitte Oktober 12–24 Uhr täglich geöffnet

Die Grotti von Biasca spielen in der Tessiner Tradition seit jeher eine wichtige Rolle. Im Pini geht man auf Nummer sicher: Granittische, uralte Bäume, einheimischer Wein. Die Wurstwaren stammen aus dem Bleniotal, der Käse von den Almen der Region. Die Karte empfiehlt zudem Carpaccio di carne secca und am Wochenende wird Busecca aufgetischt.

CAMA
Prandi

Grotto
Cama
Tel. (+41) (0)91 / 830 16 29
40 Plätze + 80 Plätze im Freien
Keine Kreditkarten
März–Oktober 11–23 Uhr täglich geöffnet

Das Grotti-Viertel von Cama im Kanton Graubünden wurde dank einer Stiftung komplett saniert. Mit dem Lokal von Gian Paolo Prandi (Spitzname Paulin) hat es eine Adresse, die man sich nicht entgehen lassen sollte. Den berühmten Rohschinken und alle anderen typischen Empfehlungen der Tradition der Grotti genießt man in absolut einzigartiger Atmosphäre, nachdem man sich bei einer schönen Wanderung gesunden Appetit geholt hat.

LODRINO
Sacchi

Grotto
Lodrino
Tel. (+41) (0)79 / 871 31 44
80 Plätze im Freien
Mai–Oktober 17–24 Uhr, Samstag und Sonntag 11–24 Uhr täglich geöffnet

Ein Grotto an einem abgelegenen, fast versteckten Ort: Man erkennt es an dem stets vollen Parkplatz als Hinweis auf eine hohe Besucherfrequenz. An den zahlreichen Steintischen, die alle im Freien stehen, wird Traditionskost geboten: Wurstwaren, Käse, Wein vom Fass, mitunter Minestrone oder Busecca. Für Gruppen gibt es gegen Vorbestellung auch Schmorfleisch oder Spezzatino mit Polenta.

PERSONICO
Val d'Ambra

Grotto
Tel. (+41) (0)91 / 864 18 29
Ruhetag: Montag
40 Plätze + 60 Plätze im Freien
März–November 11–24 Uhr geöffnet

In Personico gibt es viele Grotti, doch nur dieses ist für die Öffentlichkeit zugänglich. Geführt wird es von Remo und Nadine: Er kümmert sich um die Reifung von Käse, Wurst und Schinken (dokumentiert durch schöne Fotos), sie durchbricht die Tradition mit feinem Fondue und Raclette aus ihrem Heimatkanton, dem Wallis.

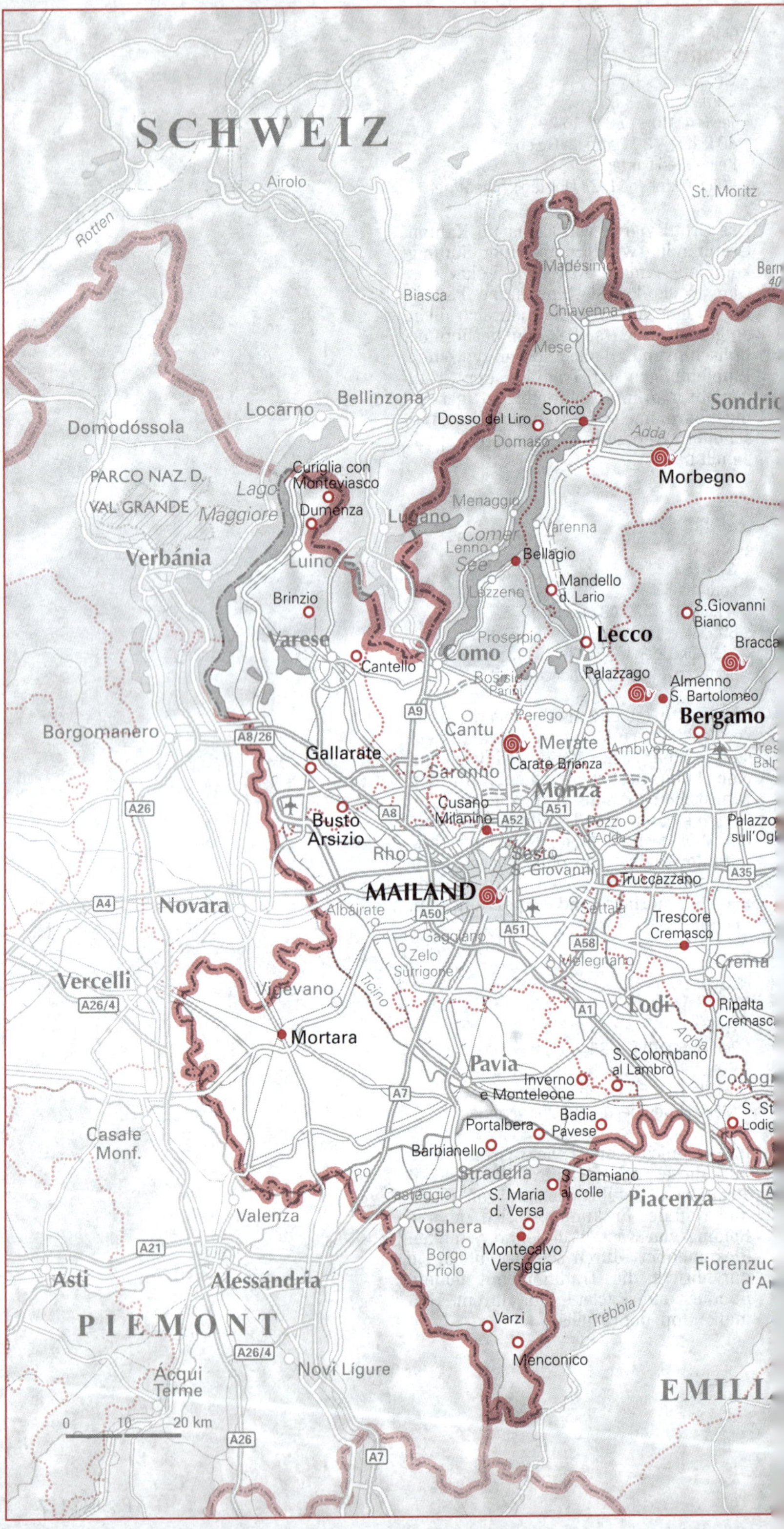

SCHWEIZ
Airolo
St. Moritz
Rotten
Madésimo
Biasca
Chiavenna
Mese
Bellinzona
Locarno
Sondrio
Domodóssola
Dosso del Liro
Sorico
Domaso
Adda
Morbegno
PARCO NAZ. D.
VAL GRANDE
Lago Maggiore
Curiglia con Monteviasco
Dumenza
Lugano
Menaggio
Varenna
Comer See
Lenno
Bellagio
Verbánia
Luino
Mandello d. Lario
Brinzio
Lezzeno
S.Giovanni Bianco
Varese
Cantello
Como
Proserpio
Lecco
Bracca
Bosisio Parini
Palazzago
Almenno S. Bartolomeo
Bergamo
A9
Perego
Cantu
Merate
Ambivere
Borgomanero
A8/26
Gallarate
Carate Brianza
Saronno
Monza
A26
Busto Arsizio
A8
Cusano Milanino
A52
A51
Pozzo d'Adda
Palazzolo sull'Oglio
Rho
Sesto S. Giovanni
Truccazzano
A35
A4
Novara
MAILAND
Albairate
A50
Settala
Trescore Cremasco
Gaggiano
A51
A58
Zelo Surrigone
Melegnano
Crema
Vercelli
A26/4
Vigevano
Ticino
A1
Lodi
Ripalta Cremasca
Adda
Mortara
S. Colombano al Lambro
Pavia
Inverno e Monteleone
A7
Codogno
Casale Monf.
Badia Pavese
Portalbera
Barbianello
Stradella
S. Damiano al colle
Po
Casteggio
S. Maria d. Versa
Piacenza
Valenza
Voghera
Montecalvo Versiggia
Borgo Priolo
A21
Asti
Alessándria
Fiorenzuola d'Arda
Trebbia
PIEMONT
Varzi
A26/4
Menconico
Novi Ligure
Ácqui Terme
EMILIA
0
10
20 km
A26
A7

SÜDTIROL
TRENTINO
VENETIEN
OMAGNA
PARCO NAZ.
DELLO STELVIO
Etsch/Adige
Livigno
Stelvio
2758
3905
Ortles
Bormio
Adda
St. Ulrich/
Ortisei
Bozen/Bolzano
Moena
Vione
Ponte
di Legno
Tonale
Tirano
Bianzone
Edolo
3539
Adamello
Madonna
di Campiglio
3150
Brenta
A22
Trient
Tione
di Trento
Sarca
Borno
Oglio
Bienno
Darfo
Esine
Riva
d. Garda
Arco
Rovereto
Asiago
Artogne
Collio
S. Martino
Monte Isola
Treviso
Bresciano
Tignale
Brione
Toscolano-Maderno
Gardasee
Gussago
Salo
Serle
Schio
A31
Vicenza
Brescia
Moniga d. Garda
Sirmione
A4
Desenzano
d. Garda
Verona
A21
Castiglione
d. Stiviere
Pozzolengo
S. Bonifácio
Villafranca
di Verona
Adige
Scandolara
Ripa d'Oglio
Goito
Roverbella
Este
Acquanegra
s. Chiese
Bigarello
Castel d'Ario
Porto
Mantovano
Legnago
Cicognolo
Curtatone
Roncoferraro
Cremona
Mantua
Piadena
Isola
Dovarese
Ostiglia
Cappella
de' Picenardi
Sabbioneta
Suzzara
S. Benedetto
Po
Quistello
Casalmaggiore
S. Giacomo
d. Segnate
A13
Pomponesco
Gonzaga
Viadana
Guastalla
Secchia
Mirándola
A22
Ferrara
Parma
Panaro
A1
Carpi
Cento
Reno
Modena
Réggio
n. Emília

LOMBARDEI

Schön ist die Lombardei – reich an Bergen, Ebenen und Gewässern, und alle diese Landschaften bringen exzellente Grundzutaten hervor. Eine davon ist Mais. Christoph Kolumbus brachte dieses Getreide auf der Rückkehr von seinen Mittelamerikareisen nach Europa mit. Da es dem Weizen zwar ähnelte, aber nicht heimischen Ursprungs war, nannte man es den „türkischen" Weizen („granoturco"). Mit diesem Beinamen wurden exotische Produkte gewöhnlich belegt, war doch die Türkei über Jahrhunderte eine unvermeidliche Etappe auf den Handelswegen nach Asien und Afrika.
Anfänglich verzeichnete der Mais keinen großen Erfolg in Italien. *Tortillas* standen hier nicht auf dem Speiseplan. Für die Zubereitung von Pasta oder Brot wurde Weizen gemahlen, weiche Breie kochte man aus dem Mehl von Hirse, Kichererbsen, Gerste, Dinkel, Roggen, Spelzweizen, Esskastanien und sogar aus „Pan porcino" (Zyklamenknolle; auch „Schweinbrot" genannt, in der Literatur aufgrund giftiger Eigenschaften allerdings eher als äußerlich anzuwendende Arznei behandelt, Anm. d. Red.)
Andere Länder, andere Sitten: Aus dem gemahlenen Mais versuchte man eine dicke *Puls* zuzubereiten, also eine eher feste Polenta. Ab dem frühen 18. Jahrhundert begann man in der Lombardei Mais anzubauen, um Mehl daraus zu gewinnen. Mais bringt in kurzer Zeit großen Ertrag, daher wurden die Anbauflächen ausgeweitet, um die Bevölkerung einfach ernähren zu können.
Heute, da Zeit auch ein wirtschaftlicher Faktor ist, gilt Polenta nicht mehr als Armengericht, sondern als schmackhafter, unverzichtbarer Begleiter zu Wildgerichten, Schnecken, Wurst, Pilzen und Käse oder auch zu Schmorgerichten, die eine lange Garzeit erfordern und mit gehaltvollen, duftenden Saucen serviert werden. In der Region werden auch einige alte Sorten angebaut: Mais Nostrano aus Isola, Mais Rostrato aus Rovetta, Mais Spinato aus Gandino, lombardischer Marano-Mais, Cinquantino und Scagliolo.

Für Sie entdeckt

ACQUANEGRA SUL CHIESE (MN)
Ponte sull'Oglio

33 KM WESTLICH VON MANTUA

Al Ponte

Trattoria
Via del Ponte Oglio, 1312
Tel. (+39) 03 76 / 72 71 82
Ruhetag: Montag, Dienstag (außer an Feiertagen)
Ferien: 10 Tage im Januar
35 Plätze + 20 Plätze im Freien
Preise: 33 €
Kreditkarten: CS, MC, Visa; BM
Mittags und abends geöffnet

Die Trattoria am Rand des Naturreservats Le Bine steht gleich bei der schmalen Brücke über den Oglio, die Acquanegra und Calvatone verbindet, und vermittelt ihren Gästen ein Gefühl zufriedener Entspanntheit. Vania Zoppini und ihr Mann Dario Martini führen das Lokal getreu den Werten, die die ersten Betreiber, Vanias Großeltern, vererbt haben. Die Verschmutzung der Landschaft, vor allem des Wassers von Flüssen und Gräben, deren Konsquenz ein Rückgang der Fischerei ist, gestalten die Versorgung mit frischen Lokalprodukten leider immer komplizierter. Unter den Antipasti sind Polentina con lumache e verdure (8 €), **Terrina di lingua e testina di vitello**, **Frittura di *saltarei* e zucchine**, Wurst und Vellutata di zucca con code di gambero. Angenehme kulinarische Erlebnisse bieten die Primi, von denen Spaghetti della casa aus frischem Eierteig (9 €), ***Tortelli di zucca al soffritto di pomodoro*** oder con pecorino e noci und Gnocchetti di patate zucca e cacao con crema di porri herausragen. Nicht minder gut sind die Secondi mit Fisch – üppige Frittura di pesce (14 €), die je nach Fang variiert, **Luccio in salsa delicata**, Timballo di baccalà, Filetto di pesce persico dorato, Anguilla al limone – und mit Fleisch: **Oca al forno**, Faraona, entbeint und gefüllt, und Coppa di maialino da latte arrosto con la sua cotenna. Gute Käseauswahl. Die Desserts verdienen zumindest eine Kostprobe: Torta di pesche (oder di fragole) con mascarpone (5 €), Budino di zabaione e cioccolato und Gelato. Die gepflegte Weinkarte nennt Tropfen aus dieser und anderen Gegenden, auch im glasweisen Ausschank.

»

Vania und Dario halten die lokale Traditionsküche hoch und kümmern sich um ihre Gäste in einer friedlichen Oase der Ruhe.

«

ADRARA SAN MARTINO (BG)

34 KM ÖSTLICH VON BERGAMO, A 4 UND S.P. 91

Ai Burattini

Moderne Osteria
Via Madaschi, 45
Tel. (+39) 035 / 93 34 33,
(+39) 328 / 428 65 81
Ruhetag: Dienstagabend, Mittwoch
Ferien: unterschiedlich
50 Plätze + 50 Plätze im Freien
Preise: 35–37 €
Kreditkarten: CS, MC, Visa; BM
Mittags und abends geöffnet

Stolz erzählt Ihnen Gianmarco Bellini von seinem Werdegang als Gastronom, seitdem er das historische Lokal wiedereröffnet hat, das über Jahre von mehreren Generationen der Familie geführt worden war. Dies bezeugen viele alte Fotos an den Wänden. Dank der umsichtigen Renovierung blieb die Atmosphäre der Osteria intakt. Die offene Küche nahe dem Eingang vermittelt einen angenehm häuslichen Eindruck. Der Name des Lokals (burattino = Marionette) erinnert an einfache Vergnügungen aus alten Zeiten. Gianmarcos und Annas aufmerksamer und herzlicher Empfang im Saal – am Herd steht Micael Caporferri – erzeugt sofort Wohlbefinden. Sie können mit Polenta con lardo di Colonnata (9 €) oder mit dem Antipasto della casa (Salami und Pancetta, begleitet von salzigem Kuchen) beginnen und dann mit den Primi fortfahren: Farfalle con pomodorini e sarde aus dem nahen Iseosee (Slow-Food-Presidio, 11 €), Minestra di farro, **Casoncelli alla bergamasca** und Ravioli di spinaci e ricotta al burro e salvia. Fleisch ist bei den Secondi Hauptdarsteller: **Coniglio arrosto**, Straccetti di manzo all'aceto balsamico (10 €), Tagliata di manzo di razza piemontese (Slow-Food-Presidio) con grana und Bocconcini di cinghiale; **Baccalà in umido con polenta** (12 €) und die Selektion lokaler Käsesorten mit Mostarda schmecken jedoch auch gut. Zum Abschluss locken hausgemachte Dolci: **Salame di cioccolato**, Tiramisu und Crostatine alle mele. Im Keller können Sie Ihre Flasche Wein persönlich aussuchen. Es erwarten Sie rund 100 Etiketten aus allen Regionen Italiens; jede Weinflasche trägt ein Preisschild um den Hals. An Wochentagen gibt es zwei Degustationsmenüs für 11 und 18 €.

ADRO (BS)
Torbiato

25 KM NORDWESTLICH VON BRESCIA

Dispensa Pani e Vini

Moderne Osteria
Via Principe Umberto, 23
Tel. (+39) 030 / 745 07 57
Ruhetag: Montag, Sonntagabend
Ferien: 1 Woche im Januar
50 Plätze • Preise: 37 €
Kreditkarten: AE, CS, MC, Visa; BM
Mittags und abends geöffnet

Das gemütliche, lichtdurchflutete Lokal mit geschmackvoller Einrichtung steht an den Toren der Franciacorta. Küchenchef Vittorio Fusari, der Patron dieses Betriebs und seit Kurzem auch im Al Pont de Ferr in Mailand tätig, ist in der offenen Küche mit seinen Mitarbeitern am Herd zu sehen. Das Angebot ist vielfältig: „Kreativ-Panini", kalte Gerichte, eine Osteria – in dem dafür vorgesehenen Bereich stehen die Tische zwischen Regalen mit italienischen und ausländischen Weinen – und ein etwas abgesondertes Restaurant. Unter den Zutaten sind viele Slow-Food-Presidi. Die Gerichte folgen den Jahreszeiten und sind beinahe alle bodenständig: ausgewählter Fisch aus dem See, Käse von lokalen Erzeugern und Fleisch. Unter den Antipasti finden sich sehr gute **Insalata di luccio e storione** (12 €) und origineller Mcc Lasagna: Brotteig mit Parmesan aus Reggio bepinselt, gefüllt mit Fleisch, in Honigessig und Honig eingelegter Tomate, Büffelmozzarella und Spinat. Die Primi beinhalten handwerklich erzeugte **Spaghetti** con fagiolini e cavedano essiccato (13 €), würzige Farfalle al ragù di salame (11 €) und eine Auswahl an **Trippe in brodo** (9 €). Als Secondi sind Filetti di **coregone del lago d'Iseo „pane e sale"** (14 €), Pollo (vom Bauernhof) arrosto con patate und Coniglio in umido di antichi pomodori vorgesehen. **Sbrisolona** con crema di mandorle e gelato (7 €) und Panna cotta con sorbetto al limone e salsa alla liquirizia runden das Essen ab. Das Degustationsmenü kostet 35 €.

„Hier werden traditionelle Gerichte serviert, die ihre Identität nicht verlieren, obwohl sie die Faszination für Neues erkennen lassen. Diese Fähigkeit, begleitet von Stil und Kompetenz, sorgt für ein einzigartiges Erlebnis."

ARTOGNE (BS)

51 KM NÖRDLICH VON BRESCIA, S.S. 510 U. S.S. 42

Le Frise

Ferienbauernhof
Ortsteil Rive dei Balti, 12
Tel. (+39) 03 64 / 59 82 98,
(+39) 03 64 / 59 82 85
Ferien: zeitweise im Januar
70 Plätze + 30 Plätze im Freien
Preise: 35–40 € (Tagesmenü)
Keine Kreditkarten
Samstagabend und Sonntagmittag geöffnet, Donnerstag- und Freitagabend für Gruppen

Will man ein Beispiel für einen authentischen Agriturismo geben, reicht es, den Betrieb der Familie Martini zu beschreiben, der sich am nördlichsten Rand des in der Provinz Brescia gelegenen Uferteils des Iseosees befindet. Alles erzählt im Le Frise von leidenschaftlicher Arbeit, vom Stolz, zu einem Gebiet zu gehören, und von der Kraft, die die Wertschätzung der Menschen haben kann, die im Gebiet leben und es nach strengen Prinzipien bewirtschaften. Das festgelegte Menü beinhaltet zwei Gerichte pro Gang und ist strikt dem saisonalen Angebot aus dem Umland verbunden. Am Beginn stehen eine **Degustation von Ziegenkäse** mit Eingelegtem und auf Holzplatten angerichtete Wurstspezialitäten, für die Luigi höchstpersönlich zuständig ist. Weiter geht es – abhängig vom Tagesmenü – mit **Risotto al fatulì** (einem im Betrieb erzeugten Käse und Slow-Food-Presidio) oder **Malfatti alle erbe di campo** aus Vollkornmehl und Tortelli ai formaggi. Capra (Ziege) in verschiedenen Zubereitungsarten dominiert die Secondi, aber auch andere im Betrieb gezüchtete Tiere werden zu einfachen, aber sehr guten Gerichten verarbeitet: **Oca al coccio**, Porchetta con la zucca, Pollo alla piastra und Cinghiale arrosto. Abschließend locken herrliche Dolci wie **Crema cotta alla lavanda**, Sorbetti di frutta und Crostate mit Kaffee aus der Espressomaschine. Brot und Focacce sind natürlich hausgemacht. Umfangreiches Weinangebot mit vielen Etiketten aus dem Gebiet und dem übrigen Italien.

„Die Familie Martini vermittelt ihren Gästen einen exzellenten Mix aus Liebe zur Natur, authentischen Geschmacksnoten und guter Küche."

29 KM SÜDÖSTLICH VON PAVIA

Ai Due Taxodi

Ferienbauernhof • Cascina Pezzanchera, 2
Tel. (+39) 03 82 / 72 81 26, (+39) 340 / 558 97 93
Ruhetag: Dienstag
Ferien: zweite und dritte Januarwoche, letzte Juli-/erste Augustwoche
40 Plätze + 50 Plätze im Freien
Preise: 27 € (Tagesmenü)
Kreditkarten: CS, DC, MC, Visa; BM
Abends geöffnet, Samstag auch mittags, Sonntag nur mittags

Die Familie Capelli führt seit 1989 die Locanda, die nach den beiden großen Sumpfzypressen vor dem Hof benannt ist. Die Versorgungskette vom Betrieb – hier werden Chianinarinder gezüchtet (deren Fleisch man telefonisch bestellen kann) und Gemüse und Reis angebaut – zur Küche ist denkbar kurz. Die Wände des schlichten Innenbereichs sind mit Arbeitsgerät dekoriert; die alten, sorgfältig gedeckten Tische verteilen sich gut auf zwei große Räume mit Kamin und Bauelementen aus unverputzten Ziegeln. Im Sommer stehen einige Tische im Garten. Das festgelegte saisonale Menü besticht durch Ausgewogenheit zwischen Fleisch und Gemüse. Es macht Freude, sich von den Geschmackserlebnissen überraschen zu lassen, die die Speisen für den Gaumen bereithalten, und gleichzeitig die Gewissheit zu haben, dass sie unverfälscht sind. Bei einem kürzlichen Besuch kamen Salumi mit Miniquiches mit Feldkräutern und Rotolo di frittata als Antipasti auf den Tisch, gefolgt von delikaten, von Hand erzeugten **Ravioli di magro** und Risotto con salsiccia di chianina; als Secondi gab es zarten Spinacino di vitello con patate al forno und **Roastbeef di chianina** mit Insalata di soncino. Gegen Vorbestellung bekommen Sie Costata di chianina. Unter den Dolci sind **Gelato** al fiordilatte oder **nature** – die Milch stammt aus dem Betrieb – con salsa ai frutti di bosco und **Torta al cioccolato** con gelato e bavarese di yogurt con fragole. Die schlichte Weinkarte passt gut zum Angebot. Nach dem Kaffee genießt man Liköre: Nocino (Nuss) oder Bargnolino (aus Schlehdorn).

Im Ortsteil Cardazzo di Bosnasco (15 km), Via Mandelli 57, bäckt Eugenio Maga köstliches Brot, darunter Treccia, Pane di zucca und Focacce (exzellent mit Grieben).

20 KM SÜDLICH VON PAVIA, S.S. 35

Da Roberto

Trattoria
Via Barbiano, 21
Tel. (+39) 03 85 / 573 96
Ruhetag: Montag, Dienstag
Ferien: zeitweise im Januar und Juli
30 Plätze
Preise: 18–32 € (Tagesmenü)
Kreditkarten: AE, CS, MC, Visa; BM
Mittags geöffnet, Freitag und Samstag auch abends

Bei Roberto geht es einem richtig gut. Er und seine Frau Maria Rosa vermitteln Ihnen Wohlbefinden, während Sie Spezialitäten dieses schönen Winkels Italiens genießen. Gegessen wird in einem Raum mit grünen Wänden mit teils unverputzten Ziegeln und Holzmöbeln. Es gibt zwei festgelegte Menüs (mittags ein Touristenmenü für 18 € und ein Menü für 32 € an den Abenden, an denen das Lokal geöffnet ist), aber man kann auch à la carte speisen: Antipasti kosten 12 €, Primi 10 €, Secondi 12 € und Desserts 3 €. Am Sitz der Confraternita del Cotechino Caldo beginnt man selbstverständlich mit **Cotechino caldo con polenta e fonduta**, aber in einem für Wurst berühmten Gebiet wäre es schade, auf die Platte mit Aufschnitt mit hausgemachter Insalata russa und Giardiniera zu verzichten. In der warmen Jahreszeit gibt es würzige Frittatine und Tomino sott'olio mit Frühlingskräutern. Bodenständigkeit kennzeichnet auch die Primi wie die unverzichtbaren **Ravioli al brasato** und die sehr beliebten **Tagliatelle al ragù bianco di culatello**; von der lombardischen Tradition inspiriert sind Riso al salto und Ravioli di stufato. Unter den Secondi finden Sie Carne cruda, Tagliata auf Stein aus dem Trebbia gegart, Magatello al sale con salsa verde und **Cappello da prete stufato con polenta**. Roberto hegt große Leidenschaft für **Formaggi**, die er aus dem Umland und den angrenzenden Regionen zusammenträgt. Das Menü endet mit **Torta di San Contardo** und Semifreddo al cioccolato, mandorle e pistacchio. Zu trinken gibt es lokal erzeugte Weine zu ehrlichen Preisen.

In **Montù Beccaria** (16 km), Ortsteil Moriano 48, gibt es „Solidaritäts"-Konfitüren von Fausto Andi, der mit Unterstützung behinderter Jugendlicher Obst verarbeitet.

Al GiGianca

Trattoria
Via Broseta, 113
Tel. (+39) 035 / 568 49 28
Ruhetag: Sonntag
Ferien: letzte Juni-/erste Juliwoche
40 Plätze
Preise: 35 €
Kreditkarten: CS, DC, MC, Visa; BM
Mittags und abends geöffnet

Beim Betreten des GiGianca beeindruckt die durch Farben, Einrichtung, Hintergrundmusik und freundliche Bedienung erzeugte harmonische Atmosphäre. Gigi Pesenti und Alessia Mazzola kommen zwar aus anderen Branchen, haben aber ihren Traum verwirklicht und ein Lokal in dem Viertel eröffnet, in dem Gigi aufgewachsen ist. Alessia interpretiert Traditionsrezepte ihrer Mutter und verarbeitet lokale Produkte (sie kennt die Erzeuger), vor allem **Pecora** (Schaf) **der Rasse Gigante bergamasca**. Die kulinarische Reise beginnt mit dem Antipasto della casa: **Crostini di polenta con baccalà mantecato** (10 €), Violino di pecora con insalata und exzellenten Salumi. Es folgen köstliche Casoncelli bergamaschi (10 €) und hausgemachte Anolì di piccione, Bavette con missoltini und **Risotto con porcini e fatulì** (12 €). Unter den Secondi sind Pecora, zum Beispiel in der Version con crema di patate e chutney di barbabietole (16 €), Coniglio alla bergamasca, Carbonata di asino con polenta und Lavarello con crema di sedano rapa e spinaci saltati. Beachtlich ist die Platte mit lokalem Käse. Sgonfiotto al cioccolato (6 €), **Torta di mele** con gelato al fiordilatte und Cremoso al mascarpone bilden das Finale. Gut aufgebaute Weinkarte und hervorragende Auswahl an Bränden. Es gibt einen günstigen Businesslunch, ein Traditionsmenü für 30 € und ein Cooking-Menü für 34 €.

Luigi Locatelli (Via Mattioli 15) verkauft Veneziane all'albicocca, eine Süßspeise aus dem Parco dei Colli, Kuchen und Salzgebäck; Ol Formager (Piazza Oberdan 2) bietet ausgesuchten Käse. In der Città Alta (Via Colleoni 26) gibt es bei Mimì Wurst, Wein, Konfitüren und Honig aus Bergamo, außerdem Produkte aus Slow-Food-Presidi und Speisen zum Mitnehmen.

21 km östlich von Sondrio, S.S. 38

Altavilla

Trattoria • Via ai Monti, 46
Tel (+39) 03 42 / 72 03 55
Ruhetag: Montag (außer im August), Dienstagmittag (nur im Winter)
Ferien: 1 Woche im November, 2 Wochen im Januar
40 Plätze + 30 Plätze im Freien
Preise: 35 €
Kreditkarten: AE, CS, MC; BM
Mittags und abends geöffnet

Gutes Essen, Höflichkeit und Kompetenz erwarten Sie bei einer Einkehr in Signora Annas reizender Locanda, einer Anlaufstelle für Küche aus dem Veltlin. Sie können aus einer gut aufgebauten Karte wählen und mit lokalen Klassikern beginnen: Bresaola in verschiedenen Kombinationen, ***Sciatt*** con il cicorino oder ihren Vorläufern, den *Chiscoi* (8 €), die aus denselben Zutaten (Buchweizen und Casera-Käse) zubereitet, jedoch flach und rund geformt sind, und **Trota in carpione** con verdurine e uva sultanina (12 €). Es folgen **Zuppa di pane di segale** con formaggio d'alpeggio (7 €), klassische Pizzocheri und Risotto con zucca e ricotta affumicata, bevor es mit reichhaltigen Secondi weitergeht: Lombata di cervo su crostone di pane nero con salsa al ginepro, pere al Sassella e confettura di mirtilli (18 €), Filetto di manzo al casera con spinacini e riduzione di Sforzato (16 €) und Capriolo con polenta. Verlockendes Käseangebot, angefangen von vertikal zu verkostendem Bitto bis zu ausgesuchtem Ziegenkäse (9 €). Für Freunde von Desserts (5 €) bieten sich Kuchen, Crostate, Sorbetto al Braulio und Creme brulée an. Es gibt Menüs für 18 und 25 € (traditionell) und 35 € (Wild). Im Keller lagern neben italienischen und ausländischen Weinen die besten lokalen Tropfen von bei Weinliebhabern bekannten, aber auch von kleinen, nicht minder tüchtigen Winzern. Sie können ihre Weingärten bewundern, wenn Sie die Staatsstraße 38 verlassen und auf der rätischen Seite zum Lokal fahren.

»*Eine geglückte Vereinigung von Suche nach exzellenten Zutaten und enormer Auswahl an Traditionsgerichten, die bei jedem Gast Wohlgefühl aufkommen lässt.*«

BIGARELLO (MN)
Stradella

15 KM NORDÖSTLICH VON MANTUA

Osteria Numero 2

Osteria • Via Ghisiolo, 2 A
Tel. (+39) 03 76 / 450 88,
(+39) 348 / 700 01 76
Ruhetag: Dienstag, Samstagmittag
Ferien: 1 Woche im Januar, 2 Wochen im August
40 Plätze + 20 Plätze im Freien
Preise: 35 €
Kreditkarten: CS, MC, Visa; BM
Mittags und abends geöffnet

Moreno Sgarbi und sein bewährtes Team empfangen Sie in einer modernen Osteria mit gemütlicher, bequemer Einrichtung und gepflegt gedeckten Tischen in angenehmem Abstand; im Frühling und Sommer kann man auch in einem weitläufigen Garten speisen. Auf der Karte stehen Traditionsgerichte mit persönlichem Akzent und modernere Speisen, bei denen mit neuen Kombinationen experimentiert wird. Die Auswahl der Zutaten ist sehr präzise und transparent, denn die Lieferanten sind in der Karte angeführt. Die Antipasti umspannen klassische **Salumi** – köstlich – **con gnocco fritto** (8 €) und eher Mediterranes wie Burratina con carciofi e gamberi su vellutata di porri e patate. Exzellent sind die manchmal überarbeiteten Primi: Tortelli di zucca mit Pfirsichen und Orangenzesten (9,50 €) neben **Bigoli alle acciughe con pomodori, pinoli e capperi**. Einige Gerichte vereinen selten kombinierte Zutaten, beispielsweise Sfrisolade alle trebbie di birra con asparagi (mit Biertrebern und Spargel). Unter den Secondi sind **Costolette di agnello** in pastella con trebbie di birra e insalata di agrumi, Tagliata di maiale iberico con peperoni, pomodori e scaglie di grana und traditioneller **Luccio in salsa** (12,50 €). Zum Abschluss warten Birramisù (4,50 €), das Aushängeschild des Lokals, **Tortino al cioccolato** und Sbrisolona alle nocciole con zabaione e salsa di mou. Das Lokal ist als Sitz des Circolo del Luppolo seit jeher eine Adresse für Bierexperten, -erzeuger und -liebhaber, die nicht nur aus der Provinz, sondern auch von weit her kommen. Die Karte nennt zahlreiche Biere aus Kleinbrauereien, unpasteurisiert, experimentell oder schlicht und einfach gut. Einige Biere gibt es in regelmäßigem Wechsel vom Fass. Sorgfältig betreute Weinkarte mit vielen Bioweinen und ebenso gepflegte Karte mit Hochprozentigem.

BORMIO (SO)

69 KM NORDÖSTLICH VON SONDRIO

Al Filò

Restaurant
Via Dante, 6
Tel. (+39) 03 42 / 90 17 32,
(+39) 338 / 431 42 18
Ruhetag: Montag, Dienstagmittag
Ferien: je 3 Wochen im Juni und November
90 Plätze
Preise: 33–36 €
Kreditkarten: CS, MC, Visa; BM
Mittags und abends geöffnet

Die landwirtschaftlichen Geräte an den Steinwänden erinnern daran, dass die beiden Räume des Restaurants vor vielen Jahren ein Stall und ein Kornspeicher waren, wo man sich abends einfand, um Geschichten zu erzählen und zu plaudern („fare filò"). Heute ist das Lokal im Zentrum eines bekannten Touristen- und Badeortes eine sichere Adresse für gutes Essen, ob man nun Traditionsgerichte aus dem Veltlin wählt oder Koch Max Tusetti auf seinem kreativen Weg folgt. Man kann mit klassischen ***Sciatt* con cavolo cappuccio** oder mit Croccante di parmigiano e bresaola (8,50 €) beginnen und mit **Pizzocheri**, Zuppa di spinaci con uovo croccante e funghi porcini und **Gnocchi di ricotta con ragù di lumache** (mit Schnecken von einer nahen Farm, 8,50 €) fortfahren. Bei den Secondi überwiegt Fleisch, oft vom Hirsch, begleitet von **Polenta** oder in der Version grigliata bastonata (15 €), das heißt um einen Holzspieß gewickelt. Es gibt zwei Degustationsmenüs: ein Traditionsmenü aus dem Veltlin (29 €) und Degustazione dello chef (31 €). Probieren Sie die Kompositionen aus Edel- oder Almkäsesorten (15 und 9,50 €) lokaler Erzeuger. Als Dolci (6 €) bieten sich unter anderem Bavarese alla mela verde, Rocher di ricotta und Coulis ai frutti di bosco. Die Weinkarte liefert klare Angaben zu den Merkmalen, Arten und der Herkunft der Weine: viele Tropfen aus dem Veltlin, eine gute Auswahl italienischer Weine (auch von namhaften Winzern) und einige aus anderen Ländern, vor allem Frankreich. Aufmerksamer, kompetenter Service.

Die historische Latteria Sociale di Bormio (Via De Simoni 22) bietet ein komplettes Sortiment an lokalem Käse, sonstige Käsereierzeugnisse aus dem Veltlin und zahlreiche Slow-Food-Presidi.

77 KM NÖRDLICH VON BRESCIA

Al Cantinì

Moderne Osteria
Via Vittorio Emanuele, 17
Tel. (+39) 03 64 / 31 07 28
Ruhetag: Montag, außer im Juli und August und vom 15. Dezember–15. Januar
Keine Ferien
75 Plätze
Preise: 30–33 €
Kreditkarten: AE, CS, MC, Visa; BM
Abends geöffnet, Samstag und Sonntag auch mittags

NEU

In Bornos Altstadt haben die Geschwister Matteo und Francesca Rivadossi ein gemütliches Lokal in einem alten Gebäude geschaffen, das unter Verwendung von viel Stein und Holz renoviert wurde. Drei kleine Räume mit Gewölben und ein Eingangsbereich, in dem man einen Blick in die von Marco Ducoli kompetent geführte Küche werfen kann, warten auf die Gäste. Geboten wird Essen aus lokalen Produkten: Süßwasserfisch aus der nahen Zucht San Fiorino, Fleisch, Wild, Almkäse, Wildkräuter und Pilze. An Primi gibt es stets ***Casonsèi** **alla bornese*** (9 €) mit Fleisch- oder Gemüsefüllung, einen speziellen **Hamburger**, auch **in vegetarischer Version** (8 €), Almkäse, Polenta aus Maismehl aus dem Camonica-Tal, Risotti und Tagliolini, Agnello und Fiorentina alla pioda. Das Menü, bei dem Bodenständiges interpretiert wird, ohne auf einen Hauch Kreativität und Exotik zu verzichten, beinhaltet außerdem einen Aufschnitt lokaler Wurstsorten mit Torta salata und Verdure in agrodolce sowie eine Kostprobe von Silter (9 €). Unter den Primi sind Crema d'asparago con coregone croccante e le sue uova (12 €) und Spaghetti alla chitarra con carbonara di fiume e bottarga di coregone. An Secondi gibt es Trancio di **trota salmonata alle braci con crema di topinambur e asparagi** (12,50 €), Carré di agnello allo zenzero und Coscia di coniglio con prugne e lardo. Wer dann noch weiteressen kann, genießt hervorragende Süßspeisen aus eigener Erzeugung oder Almkäse aus dem Ofen. Bemerkenswert ist die Karte der Weine (auch im glasweisen Ausschank) und Biere zu ehrlichen Preisen; zahlreiche Etiketten stammen aus dem Veltlin. Es gibt ein Degustationsmenü für 40 €, das auch die Getränke einschließt.

25 KM NORDÖSTLICH VON BERGAMO

Dentella

Trattoria
Via Dentella, 25
Tel. (+39) 03 45 / 971 05
Ruhetag: Montagabend, außer im Sommer
Ferien: letzten 2 Juniwochen
80 Plätze + 35 Plätze im Freien
Preise: 33–38 €
Kreditkarten: AE, CS, MC, Visa; BM
Mittags und abends geöffnet

Der liebenswürdige Empfang gleich beim Betreten des Lokals lässt bei den Gästen sofort Wohlgefühl aufkommen. Die Familie Dentella blickt auf eine lange Geschichte zurück, denn mit Federica ist nunmehr die vierte Generation am Werk. Sie steht Mamma Renata und den Tanten Pasquina und Wilma im Service zur Seite, während Onkel Maurizio kocht. Pasquinas Mann Giovanni vervollständigt das Team und kümmert sich um die Beschaffung der Zutaten aus den Tälern der Bergamasker Alpen. Sie können mit Stuzzichino dello chef beginnen, der zum Antipasto mit heimischer Wurst und Gemüse in Öl (10 €) überleitet, und mit Gnocchetti in salsa al basilico e pomodori confit, **Casoncelli al burro di malga e pancetta** (9 €) oder mit **Risotto al tartufo nero** fortfahren. Bei den schmackhaften Secondi wählt man zwischen **Coniglio al forno alle erbe aromatiche** (9 €), Cinghiale alla provenzale, Tagliata di manzo con verdure di stagione (13 €), Funghi porcini trifolati (9 €), Melanzane alla pizzaiola und Uovo al tegamino con tartufo nero. Unverzichtbar ist **Polenta**, klassische **Taragna** (4 €) oder mit Trüffelsauce. Gepflegte Käseauswahl aus den Tälern der Bergamasker Alpen, angefangen von Stracchino all'antica (Slow-Food-Presidio) über Formai de mut bis zu zahlreichen Ziegenkäsesorten, begleitet von guten Konfitüren. Das Menü endet mit einem Dessert und Kaffee. Die überwiegend regionale Getränkekarte nennt vor allem Weine aus dem Valcalepio, aber auch aus der Franciacorta und Lugana sowie einige gut ausgesuchte Etiketten aus dem übrigen Italien und Biere aus Kleinbrauereien.

”*Wenn die Familie Dentella ihr Gebiet in meisterhafter Weise kulinarisch interpretiert, vermittelt sie dem Gast das Gefühl, im Mittelpunkt zu stehen.*“

La Grotta

Traditionelle Osteria
Vicolo del Prezzemolo, 10
Tel. (+39) 030 / 440 68
Ruhetag: Mittwoch, im Juli Sonntag
Ferien: August
80 Plätze + 40 Plätze im Freien
Preise: 38 €
Kreditkarten: AE, CS, MC, Visa; BM
Mittags und abends geöffnet

Eine der historischen Osterien Brescias und einstiger Treffpunkt verschiedenster sozialer Schichten, wo sich bei einem Glas Rot- oder Schaumwein jeder Unterschied in fröhliche Geselligkeit auflöste. Die Zeiten haben sich geändert, nicht aber der Stil und das traditionelle Küchenangebot von gutem Niveau. Wir befinden uns im Herzen der Altstadt, nicht weit vom Teatro Grande. Das geräumige, gemütliche Lokal ist mit alten Möbeln und in gutem Abstand angeordneten Tischen eingerichtet. Ausgewählte Prosciutti und typische Salumi eröffnen das Menü. Exzellente Primi sind **Pappardelle in salmì di lepre** (10 €), **Pasta e fagioli** (8 €) und Trippa in brodo. Weiter geht es mit im Ofen gebratener **Faraona ripiena con patate** (14 €), **Baccalà in umido con polenta** (12 €), Coniglio arrosto con patate und Cotoletta della Grotta (Kalbskotelett vom Rost). Die Beilagen werden am Büfett dargeboten. Kleine Käseselektion, darunter zwei Slow-Food-Presidi: Fatulì aus dem Val Saviore und Bagòss. Hausgemachte Dolci versüßen den Abschluss. Probieren Sie Budino al cioccolato (4 €) und Sbrisolona. Zu trinken gibt es eine große Auswahl lokaler und italienischer Weine, teilweise auch im glasweisen Ausschank. Interessant ist das Menü, das von Montag bis Freitag mittags und abends angeboten wird. Es beinhaltet ein Primo und ein Secondo mit Beilage, die aus den Tagesgerichten zu wählen sind, einen halben Liter Hauswein und einen Kaffee für die bescheidene Summe von 20 €.

In unmittelbarer Nähe der Osteria bietet die Gelateria La Pecora Nera (Via Cavour) gutes Eis in traditionellen und innovativen Sorten aus feinen Zutaten.

Osteria al Bianchi

Traditionelle Osteria
Via Gasparo da Salò, 32
Tel. (+39) 030 / 29 23 28
Ruhetag: Dienstag, Mittwoch
Ferien: 2 Wochen im August
60 Plätze + 25 Plätze im Freien
Preise: 33 €
Kreditkarten: AE, CS, DC, MC, Visa; BM
Mittags und abends geöffnet

Ins Bianchi begibt man sich nicht nur, um zu essen, sondern auch um das Flair einer für Brescia typischen Osteria aus alten Zeiten zu atmen. 1881 wurde dieses zwanglose Lokal im Zentrum von Brescia eröffnet, ein paar Schritte von der wunderschönen Piazza della Loggia entfernt. Hier kann man mit Freunden Karten spielen oder Bekanntschaft mit anderen Gästen machen, während man einen Pirlo trinkt, einen aus Weißwein, Campari und Wasser gemixten Aperitif. Dazu genießt man ***Bertagnì*** (Dialektbezeichnung für frittierten Klippfisch) oder Fleischbällchen. Von 9 bis 14.30 Uhr und von 16.30 bis 24 Uhr werden die Gäste freundlich empfangen. Mittags und abends wird das Menü auf einer kleinen Tafel angeschrieben. Es setzt auf „sichere" Traditionsgerichte und wechselt somit kaum, obwohl es mit den Jahreszeiten geht. Nach einem klassischen Antipasto mit Salumi können Sie exzellente, aus Esskastanienmehl zubereitete Gnocchi mit Speck und Provolone, Pappardelle con zucca e porcini oder con le verdure di stagione, ***Casonsei***, fleischlos oder mit Fleisch, **Pasta e fagioli**, hervorragende Malfatti di spinaci und Pappa al pomodoro genießen, jeweils für 9 €. Als Secondi (16 €) gibt es ***Pestòm*** – Wurstbrät – **alla piastra**, delikaten, würzigen Stracotto di asino, Tagliata al rosmarino, Lumache und Coppa ripiena. Bei den zahlreichen, auf einem kleinen Tisch angerichteten Beilagen (3 €) kann man sich selbst bedienen. Einen Versuch lohnt die hausgemachte Giardiniera. Von den Desserts (3,50 €) sticht Mousse di zabaiaone hervor, aber daneben stehen noch weitere Leckereien zur Auswahl: Semifreddo al torrone, Salame al cioccolato, Crostata alla marmellata, Torta di mele und Sorbetti. Die Weinkarte nennt zahlreiche Etiketten aus der Franciacorta und aus Italien zu ehrlichen Preisen.

9,6 KM NÖRDLICH VON VARESE, S.P. 62

I Runchitt

Ferienbauernhof
Via Cadorna, 6
Tel. (+39) 03 32 / 43 54 96
Ruhetag: Montag, Dienstag
Ferien: 20. Juli–20. August
40 Plätze
Preise: 25 €
Keine Kreditkarten
Mittags und abends geöffnet

Brinzio liegt zwar nur einige Kilometer oberhalb von Varese, aber es scheint, als würde es einer anderen Welt angehören, vor allem an Winterabenden, wenn sich der Schnee in den schmalen gepflasterten Straßen des kleinen Ortes türmt. Um zur Osteria zu gelangen, orientieren Sie sich am Glockenturm der Kirche und am Parkplatz gleich darunter: noch ein paar Schritte und Sie sind angekommen. Das I Runchitt vereint zwei Betriebe in einem. Auf der einen Seite ist da der Landwirtschaftsbetrieb gleich außerhalb des Dorfes im gleichnamigen Ortsteil (der Name bezeichnet die terrassenförmigen, der Sonne zugewandten Landgüter), von dem das Gemüse, das Geflügel und die Esskastanien stammen, die man Ihnen auftischt und die Sie in der angeschlossenen Verkaufsstelle erwerben können. Und dann ist da noch das kleine Lokal (Reservierung empfehlenswert) mit Tischen vor einem großen Fenster, dessen Flair an ein Essen bei Freunden denken lässt. Man kann mit einem Antipasto mit Wurstwaren aus Varese und lokalen Ziegenkäsesorten, begleitet von hausgemachten Konfitüren, oder mit **Zuppa di cipolle con uovo in camicia** (7,50 €) beginnen. Als Primi (8 €) bieten sich **Risotto al radicchio e salsiccia** mit Bonarda-Reduktion, ungewöhnliche Crema di pane con crostini di segale, broccolo, aglio e olio und Crespelle di ricotta e spinaci. Weiter geht es mit köstlichem **Porchetta di pollo della casa con coste stufate** (10 €), **Milza di vitellone in umido con polenta** und, für Vegetarier, mit Burger di ceci e crema di porro e crauto viola all'aglio. Das Finale bilden Torta paesana con pinoli e crema pasticciera (4 €), Cappuccino a mo' dei Runchitt oder Parfait alla melagrana. Die Weinauswahl ist begrenzt. Degustationsmenü für 25 €.

16 KM NORDWESTLICH VON BRESCIA, S.P. 10

La Madia

Trattoria
Via Aquilini, 5
Tel. (+39) 030 / 894 09 37
Ruhetag: Montag, Dienstag
Ferien: 10 Tage im August, 2 Wochen im Februar
70 Plätze + 30 Plätze im Freien
Preise: 35–40 €
Kreditkarten: AE, CS, DC, MC, Visa; BM
Abends geöffnet, an Feiertagen auch mittags

„Ein Gericht beurteilt man nicht nur nach seiner Güte, sondern auch nach der Geschichte, die es erzählt": Hinter jedem Gericht steht jemand, der die Zutaten erzeugt hat. Dieser Satz prangt auf einer Wand des Lokals und erklärt dessen Philosophie. Koch Michele Valotti und Silvia Peroni (im Service) kommen aus Bauernfamilien und haben einen direkten Bezug zu Grund und Boden. Aus der Speisekarte wird das gute Verhältnis zu den kleinen Erzeugern ersichtlich, von denen sie die Zutaten beziehen. Bodenständigkeit und Saisontreue ergeben sich daher von selbst. ***Strachi parat*** (10 €), Manzo alla selvaggia oder **Terrina di tinca** machen den Anfang. **Cappelletti di rapa rossa e fatulì** (Slow-Food-Presidio) **in brodo d'erbe** (11 €), *Gnudi* di carota con pesto di aglio orsino, Casoncelli con ripieno della bisnonna, **Tagliatelle con ragù di pecora** und Risotto con asparagi „barba di capra" e burro affumicato sind Beispiele für die Primi. Michele ändert das Menü häufig und überarbeitet dabei die Tradition. Bei den Secondi wird eine „wilde Linie" erprobt: Fleisch wird auf Stein oder Rinden gegart und mit den Fingern gegessen. Eine weitere Leidenschaft ist die Verwendung getrockneter Finten in Kombination mit Fleisch. Bemerkenswert sind auch **Barbina affumicata e cotta nel fieno di monte** (14 €) und klassisches Manzo all'olio. Fantasie und Können zeigt die Auswahl der **Formaggi** und Dolci, allen voran Gelato fragole, pepe e cioccolato. Die Weinkarte verdient eine Erwähnung, da es beinahe alle Weine glasweise gibt! Drei Degustationsmenüs (von 27 bis 32 €). Reservierung empfehlenswert.

„Die Bekanntheit des Lokals ist kein Zufall. Eine Verleihung der Schnecke ist selbstverständlich, ja beinahe ein Muss."

30 KM SÜDLICH V. VARESE, 35 KM NÖ. V. MAILAND

La Rava e la Fava

Moderne Osteria
Via Gioacchino Rossini, 29
Tel. (+39) 03 31 / 32 03 40,
(+39) 366 / 150 31 35
Ruhetag: Mittwoch
Ferien: erste Januarwoche, 1 Woche Mitte August • 75 Plätze + 4 Plätze im Freien
Preise: 35 €
Kreditkarten: CS, MC, Visa; BM
Mittags und abends geöffnet

„Raccontare la rava e la fava" bedeutet in der Lombardei, liebenswürdig über dies und das zu plaudern. Dieses Lokal im Zentrum von Busto Arsizio macht es möglich, während man herrlich zu Mittag oder Abend isst, und stellt die Lieferanten der guten Zutaten ins Rampenlicht. Die Produkte, die in der Küche verarbeitet und bei Tisch serviert werden, können auch zum Mitnehmen gekauft werden. Die sorgfältig aufgebaute Karte erzählt ohne Eindringlichkeit vom Gebiet und lässt profundes Wissen über die Rohstoffe erkennen. Zwei Degustationsmenüs (30 und 35 €) bieten eine gehaltvolle Kostprobe der Traditionsküche von Busto Arsizio und der Lombardei im Allgemeinen. Musterbeispiele sind ***Polent'e brusciti*** und Casoncelli con burro di alpeggio, aber es gibt noch mehr: Wurstaufschnitt mit Violino di capra aus dem Slow-Food-Presidio, Mortadella di fegato, Salame mantovano, Spalla cruda, Salamino di cavallo und Pancetta al rosmarino (13 €) wetteifern mit vertikal zu verkostendem Bitto (Jahrgang 2011, 2012 und 2013, 8 €), um das Abendessen würdig zu eröffnen. Weiter geht es mit Risotto ai porcini arrostiti con zafferano e Barbera (13 €) oder exzellenter **Ribollita della casa**. In Anbetracht der großen Portionen könnten Sie direkt zum Dessert übergehen. Wenn der Appetit jedoch erst beim Essen kommt, probieren Sie ***Rustisciada*** (14 €) oder Filetto di maialino in crosta di pane con fonduta. Die schlichten Dolci sind hausgemacht. Mittags kann man von der Karte wählen oder zu den Tagesangeboten greifen, die ein Primo und eine Beilage für 8,50 € oder ein Secondo und eine Beilage für 10 € vorsehen.

Die Casa del Parmigiano von Giovanni Frati (Via Tosi 2) bietet eine Auswahl der besten handwerklich erzeugten Rohmilchkäsesorten Italiens.

8 KM ÖSTLICH VON VARESE

L'Osteria di Nerito Valter

Traditionelle Osteria
Via Roma, 4
Tel. (+39) 03 32 / 41 78 02
Ruhetag: Mittwoch
Ferien: 3 Wochen im August, 25. Dezember–10. Januar
60 Plätze
Preise: 25–30 €
Kreditkarten: AE, CS, DC, MC, Visa; BM
Mittags und abends geöffnet

Die kleine Gemeinde Cantello in der Nähe der Schweizer Grenze und des Gaggiolo-Passes ist berühmt für den Anbau von weißem Spargel, auf den der ganze Ort stolz ist; daher ist ihm hier ein bekanntes Fest im Mai gewidmet. Im Zentrum befindet sich die Osteria unter der Leitung des Ehepaares Nerito: Valter bedient die Gäste und berät sie, seine Frau Rosangela kocht. Von April bis Mai steht **Spargel** in allen Gerichten an vorderster Front: im Sformato, in salzigen Kuchen, in der Version in cagnone (5 €), im Risotto, in der Füllung der Ravioloni, in den Crespelle (8 €), mit **Uova all'occhio di bue** oder mit Butter und Parmesan (14 €). Während des restlichen Jahres kann man als Antipasti handwerklich erzeugten Affettato misto (9 €), Gemüsequiches und salzige Kuchen genießen. Hervorragend sind die einfachen, aber fantasievollen Primi: Trofie ai funghi e crema di castelmagno (8 €), **Spaetzli di farina di castagne e mais con verdure e formaggio**, Pappardelle ai carciofi und Vellutata di fave e riso. Unter den traditionellen lombardischen Secondi sind **Brasato di manzo al vino rosso** (13 €), Spezzatino di cinghiale, Ossobuco di vitello alla milanese, Maialino al forno (14 €) und in der Saison Wild und Pilze. Zum Abschluss warten eine Käseauswahl (7 €) oder hausgemachte Dolci (5 €): Crostate, Panna cotta und Tiramisu. Die Weinauswahl ist winzig, aber ordentlich. Mittags gibt es an Wochentagen einen Businesslunch für 10 €.

Der zertifizierte Bio-Landwirtschaftsbetrieb von Federica Baj, etwas außerhalb des Dorfes (Via Pianezzo 34), erzeugt und verkauft Spargel und Gemüse.

CAPPELLA DE' PICENARDI (CR)

17 km östlich von Cremona

Locanda degli Artisti

Trattoria
Via XXV Aprile, 13
Tel. (+39) 03 72 / 83 55 76,
(+39) 335 / 604 07 38
Ruhetag: Donnerstag, Sonntagabend
Keine Ferien
65 Plätze + 12 Plätze im Freien
Preise: 38–40 €
Kreditkarten: AE, CS, DC, MC, Visa; BM
Mittags und abends geöffnet

Wenn Sie Sergio Carboni bitten, seine Geschichte als Küchenchef zusammenzufassen, werden Sie folgende Antwort erhalten: 100 Jahre und vier Generationen in der Gastronomie verbracht. Geschichte, Kultur und Tradition treffen in diesem Lokal aufeinander, das aus der umsichtigen, ansprechenden Renovierung eines Stalls und eines Heuschobers entstand und Teil eines alten Landhauses mit Hof im ländlichen Gebiet um Cremona ist. Sergios Erfahrung und Professionalität haben ein Menü kreiert, das der bodenständigen Küche alle Ehre erweist. Die Gerichte werden Ihnen von Michele und Daniele, Sergios Sohn und Enkel, erläutert. Warum also nicht mit traditionellem Antipasto misto (11 €) oder ausgefallenem Antipasto di oca beginnen oder sich von **Rotolino di anguilla in carpione dolce** oder Sformato di carciofi con crema di montasio verführen lassen? Im Winter können Sie **Risotto ai formaggi lombardi** (9 €), Mezzelune di faraona con timo e fonduta di cipolle e zafferano und Ravioli di caprino su crema al tartufo probieren. Von den Secondi empfehlen wir **Cappone con ripieno di castagne** (15 €), Cosciotto d'oca cotto nel suo grasso und **Cocotte di lumache in crosta**. Wer Käse mag, hat drei Möglichkeiten: eine kleine, mittlere und große Selektion mit 6, 8 oder 12 Käsesorten von der Kuh und Ziege, begleitet von Mostarde und Gemüse. Bei den Dolci (6 €) darf Sbrisolona mit Zabaione nicht fehlen, aber auch Tiramisù al fondente, Crostata di pere cotogne und Sorbetti alla frutta sind einen Versuch wert. Der offene Keller bietet eine beachtliche Auswahl italienischer Weine, davon manche im glasweisen Ausschank. An Wochentagen gibt es einen Businesslunch für 17 €.

CAPRIANO DEL COLLE (BS)
Fenili Belasi

15 km südlich von Brescia

Antica Trattoria La Pergolina

Trattoria
Via Trento, 86
Tel. (+39) 030 / 974 80 02
Ruhetag: Montag- und Sonntagabend
Ferien: 1 Woche im Januar, 3 Wochen im August
70 Plätze • Preise: 35 €
Kreditkarten: AE, CS, DC, MC, Visa; BM
Mittags und abends geöffnet

Ein Blick genügt, um sofort zu erkennen, dass Maria Chiara und Francesca Olmi ihren Beruf lieben. Die Mutter kocht, die Tochter serviert, und beide sind stolz darauf, zu den Protagonistinnen der Geschichte dieser Osteria zu zählen, die im Jahr 2017 140 Jahre alt wird. Aus dem noch immer als Bar gestalteten Eingangsbereich gelangt man in vier Räume, die unter Berücksichtigung der Schlichtheit des mittelalterlichen Gebäudes renoviert und eingerichtet wurden. Gute Produkte und eine Meisterhand am Herd finden ihren Ausdruck im herrlichen Geschmack und in der Präsentation der bodenständigen Saisongerichte. Exzellent ist **Tortino di ricotta e porcini su crema di patate** (13 €), gepflegt die Auswahl der Wurstspezialitäten aus Brescia, darunter Lardo auf warmem Crostone. Nicht zu versäumen sind **Tortino di zucchine su crema di zafferano e scaglie di bagòss** (12 €), wobei der Bagòss-Käse auch für die Füllung der exquisiten Ravioli verarbeitet wird. Unter den Primi sind außerdem Gnocchi di zucca al cucchiaio, Risotto con finferli e formaggella, Casoncelli di erbette, Tagliolini al cinghiale e porcini und die mittlerweile sehr seltenen, **aus frischem Teig zubereiteten Stracci con salmì di lepre** (10 €). Pasta, Brot, Focacce, Süßspeisen und Feingebäck kommen ebenfalls aus der Küche. Kräftige, aber ausgewogene Geschmacksnoten kennzeichnen auch die Secondi: Porcini e gorgonzola, **Filetto di maialino su crema di bagòss** (15 €), Brasato di cinghiale und Baccalà in umido. Eine Kostprobe von Marias Dolci (5 €) ist ebenfalls empfehlenswert: Tortino di pere con salsa alla grappa, Semifreddo alla liquirizia con salsa alla menta und Fragole e zabaione gratinato. Die Weinkarte überzeugt mit einem guten Preis-Leistungs-Verhältnis und einem schönen Angebot aus dem Umland.

CARATE BRIANZA (MB)

25 km nö. v. Monza, 13,5 km n. v. Mailand

La Piana

Restaurant
Via Zappelli, 15
Tel. (+39) 03 62 / 90 92 66
Ruhetag: Sonntagabend, Montag
Ferien: 16.–30. August
30 Plätze + 30 Plätze im Freien
Preise: 37 €
Kreditkarten: CS, MC, Visa; BM
Mittags und abends geöffnet

Ein renoviertes altes Landhaus in der Altstadt, in dessen kleinem Hof man nun speisen kann, bildet den Rahmen des Restaurants. Hier kocht man nach der Tradition der Brianza, vergisst dabei aber nicht den See. Vertrauen Sie dem höflichen, kompetenten Gilberto Farina, der Sie sicher durch das Speisenangebot führen wird. Zu Beginn können Sie sich an Flan caldo aus Saisongemüse und **Insalata di nervetti e cannellini con vellutata di patate** erfreuen. Darauf folgen **Risotto alla monzese**, klassischer **Riso al salto alla milanese** (12 €) und Zuppa di patate di Oreno e carciofi. Aus dem See kommen ***Missultitt* grigliati** (getrocknete Finten, 13 €) und Lavarello alle erbe aromatiche. An Fleischgerichten bieten sich **Stracotto d'asino al Barbera**, **Luganega grigliata aus Monza** (10 €) und ***Mondeghili*** (Fleischbällchen) con purè di patate an. Gilbertos wahre Leidenschaft gilt allerdings dem Käse: gereiftem Bitto storico, Agri aus Valtorta, Stracchino all'antica aus den Tälern der Bergamasker Alpen, Gorgonzola, Ziegen- und Schafkäse kleiner Erzeuger, die mit Geduld und Beständigkeit ausgesucht, in verschiedenen Kompositionen dargeboten und von Mostarde und Konfitüren begleitet werden. Zum Abschluss warten Dolci (6,50 €) wie Biscotto friabile con mele caramellate al rosmarino, Merletto croccante mit Sorbets aus frischen Früchten und Mele e cannella gratinate con cuore morbido al cioccolato. Beachtliches Kellerangebot mit vielen Weinen aus der Lombardei, auch glasweise, Wein des Monats und Bieren aus Kleinbrauereien. Zwei Degustationsmenüs für je 36 €.

»*Zu Gilberto kommt man immer wieder gerne, weil er bei seiner Suche nach Qualitätsprodukten und dem Angebot an Traditionsgerichten nie nachlässt.*«

CASALBUTTANO ED UNITI (CR)

14 km nördlich von Cremona, S.P. 86

Il Poeta Contadino

Restaurant
Via per Pordolano
Tel. (+39) 03 74 / 36 13 35
Ruhetag: Sonntagabend, Montag
Ferien: letzten 2 Juliwochen
50 Plätze + 20 Plätze im Freien
Preise: 30 €
Kreditkarten: CS, DC, MC, Visa; BM
Mittags und abends geöffnet

Eschen-, Sommereichen- und Pappelreihen unterbrechen die Mais- und Weizenfelder einige Kilometer vom Oglio entfernt, der in Richtung Po fließt. Marco Nobile hat mit Schwester, Frau und Schwager einen alten Bauernhof renoviert und in einen Ort der Gastlichkeit verwandelt, an dem er seine Kochleidenschaft auslebt. Im Sommer isst man im Freien unter einer schönen Laube mit Blick auf grüne Wiesen. Das saisonal gehaltene Menü beschränkt sich auf wenige bodenständige Gerichte aus Marcos Hand, der sich auch gerne im Speisesaal blicken lässt, um mit den Gästen zu plaudern. Man beginnt mit Salami oder Culatello, typischen gemischten Aufschnitten mit süßsauer eingelegtem Gemüse (7 €) und **Filetto di luccio e trancio di anguilla in carpione con cipolle di Tropea e peperoni rossi** (12 €), die Sie nicht versäumen sollten. Unter den Primi sind **Risotto con punte di asparagi e crescenza**, Orzotto mantecato con salsiccia e porcini (8 €), **Tagliatelle con ragù d'anatra** (7,50 €) und Ravioli con ricotta e ortiche. Bei den Secondi dominiert Fleisch: Tagliate, Costate, Carré di maialino arrosto (8,50 €) sowie Faraona und Anatra in unterschiedlichen Varianten. Ausgewählte Formaggi (8 €) mit Mostarda und Konfitüren aus eigener Erzeugung vervollständigen das Menü. Sbrisolona und Millefoglie al torrone con crema al nocino (4,50 €) sorgen für ein süßes Finale. Die bemerkenswerte Weinkarte ist nicht unnützerweise enzyklopädisch aufgebaut, sondern setzt auf solide, zum Essen passende Tropfen.

Der Landwirtschaftsbetrieb mit geschlossenem Kreislauf von Carlo Eugenio Fiorani in **Castelverde** (8 km), Via Licengo 1, verkauft Brot, Wurst, Gemüse und Eingemachtes von ausgezeichneter Qualität.

CASTEL D'ARIO (MN)

17 KM NORDÖSTLICH VON MANTUA, S.P.10

Stazione

NEU

Restaurant
Viale Rimembranze, 56
Tel. (+39) 03 76 / 66 02 17
Ruhetag: Montagabend, Dienstag
Ferien: ersten 2 Januarwochen, Juli
250 Plätze
Preise: 30–35 €
Kreditkarten: CS, MC, Visa; BM
Mittags und abends geöffnet

Castel d'Ario liegt in einer Wasserlandschaft, durchzogen von Reisfeldern. Das Stazione ist ein solides Lokal mit langer Geschichte, in dem seit einiger Zeit auch der junge Marcello Travenzoli tatkräftig mitarbeitet. Er kümmert sich um Service und Weinauswahl und erzählt von den Großeltern Teresa und Alberto, die seit 1968 jeden Morgen den Teig für die Primi mit dem Nudelholz ausziehen. Für ihn bedeutet Gastronomie die natürliche Folge der Arbeit auf dem Feld; aus diesem Grund hat er Mehle aus alten Getreidesorten, Vialone-Nano-Reis sowie Fleisch und Wurst von Schweinen aus möglichst nahe gelegenen biologischen Familienbetrieben eingeführt. Als Einstieg empfehlen wir **Tagliere di salumi**, begleitet von ofenfrischem Brot und Focacce sowie von Polenta. Danach ist **Risotto alla pilota con salsiccia** (13 €) Pflicht. Hervorragend sind auch Agnoli mit Sauce oder in Brühe, Tortelli di zucca und Crespelle di ricotta e spinaci. Nur im Februar gibt es neben *Bigulada* am Aschermittwoch klassische, mit der Nudelpresse erzeugte Bigoli con le sarde. Fleisch ist ohne Zweifel der Protagonist bei den Secondi: Cavallo, Manzo und Maiale vom Grill oder gebraten; eine Kostprobe lohnen auch Fesa di vitello con salsa alla senape und **Stracotto d'asino** (12 €). Die Dolci sind alle hausgemacht, allen voran **Sbrisolona** (6 €). Die Weinkarte bezeugt großes Augenmerk auf ungeschwefelte Tropfen oder solche aus biologischem und biodynamischem Anbau. Gute Bierkarte.

Der Landwirtschaftsbetrieb Raffetta in **Bazza di Bigarello** (3 km), Via Rampina 1 A, ist auf die Erzeugung von Vialone-Nano-Reis sowie Mehl und Pasta aus alten Getreidesorten spezialisiert.

CASTIGLIONE DELLE STIVIERE (MN)
Fontane

36 KM NW. V. MANTUA, 29 KM V. BRESCIA, S.S. 236

Hostaria Viola

Restaurant
Via Verdi, 32
Tel. (+39) 03 76 / 67 00 00
Ruhetag: Sonntagabend, Montag
Ferien: ersten Januartage
60 Plätze
Preise: 35 €
Kreditkarten: CS, MC, Visa; BM
Mittags und abends geöffnet

Diese reizende Osteria im Süden der Stadt Castiglione wird seit gut vier Generationen von derselben Familie geführt. Heute hält die junge Küchenchefin Alessandra den Stab in der Hand, die gemeinsam mit ihrem Mann Paolo dem Lokal eine modernere Prägung verliehen hat und mehr auf Zutaten aus der Umgebung achtet. Die Karte bietet als Vorspeise einen Mix handwerklich erzeugter **Salumi** (9 €), Sformatino di polenta *consa* alla zucca und Luccio in salsa. Als Primi munden ***Capunsei*** (Klößchen aus Brot und Parmesan) **al burro di malga** (10 €), **Riso alla pilota** sowie Tortelli di zucca oder con erba di san Pietro. Hervorgehoben sei Alessandras Können, den Teig so dünn auszuziehen, dass er die Füllung durchscheinen lässt, im Mund aber dennoch seine Konsistenz bewahrt. Weiter geht es mit **Stinchetto di maiale al forno**, **Luccio in salsa alla mantovana** (12 €) und exzellentem Manzo all'olio aus dem angrenzenden Gebiet. Der Keller bringt Paolos Persönlichkeit zum Ausdruck, denn er setzt nicht auf preisgekrönte Weine, sondern auf Nischenprodukte, auch aus biologischem und biodynamischem Anbau, und bietet die Möglichkeit, alle Tropfen (mit Ausnahme der Schaumweine) glasweise zu verkosten oder nur einen Viertelliter oder einen halben Liter davon zu bestellen. Außerdem gibt es einige Biere aus Kleinbrauereien. Das Finale bilden ausgewählte **Formaggi** vor allem von kleinen Erzeugern und gute Süßspeisen wie Sbrisolona, Ciambella mantovana con crema di mascarpone und Tiramisù espresso. Abschließend müssen Sie unbedingt einen der hausgemachten Kräuterliköre probieren.

»*Bewirtung, ausgezeichnete Küche, Achtsamkeit auf die Zutaten und ein Spritzer Frische: alle Voraussetzungen, um es sich gut gehen zu lassen.*«

COLERE (BG)
Cantoniera della Presolana

50 KM ÖSTLICH VON BERGAMO

La Baita

NEU

Restaurant
Via Cantoniera, 16
Tel. (+39) 03 46 / 316 63
Ruhetag: Donnerstag
Ferien: 3 Wochen im Juli
50 Plätze
Preise: 32–35 €
Kreditkarten: AE, CS, DC, MC, Visa; BM
Mittags und abends geöffnet

Der Presolana-Pass wartet mit einer der schönsten und fesselndsten Aussichten der Bergamasker Voralpen auf. Das Restaurant La Baita kann da natürlich nur Gebirgsküche ohne jegliche Konzessionen und Einflüsse von außen bieten. Das Menü bleibt mit Ausnahme einiger Saisongerichte im Lauf des Jahres ziemlich unverändert. Oscars Empfang gestaltet sich freundlich und lässt bei den Gästen Wohlbefinden aufkommen. Man beginnt mit einem reichen Antipasto di affettato rustico (Lardo, Pancetta, Salami, Prosciutto, Speck, Coppa und Bresaola, 10 €) oder mit **Sformato di mele e zucchine con bresaola**. Unter den Primi (10 €) sind unverzichtbare **Casoncelli alla bergamasca** (mit Pancetta, gebräunter Butter und Salbei). Weitere Möglichkeiten sind **Gnocchi di patate alle erbe aromatiche** und Tagliatelle al capriolo. Herausragende Secondi sind Costolette und **Tagliata di cervo** (18 €), **Coniglio al forno con patate** (10 €) mit Polenta aus Biomehl aus der Mühle Giudici di Cerete, **Brasato con la polenta**, Costolette d'agnello und Pollo alla cacciatora. Polenta begleitet auch eine erlesene **Käseselektion** aus Bergamo. Den Schlusspunkt setzen die Desserts des Hauses, **selbst gemachte Costata** und **Torta di mele** sowie Eis aus handwerklicher Erzeugung. Das sehr gut aufgebaute Weinangebot umspannt Tropfen aus der Provinz Bergamo, der Franciacorta und dem Veltlin.

COLLIO (BS)

41 KM NÖRDLICH VON BRESCIA, S.P. 345

Tamì

Trattoria
Piazza Zanardelli, 9
Tel. (+39) 030 / 92 71 12,
(+39) 335 / 684 63 58
Ruhetag: Dienstag, Mittwoch (außer im August)
Ferien: unterschiedlich
35 Plätze + 20 Plätze im Freien
Preise: ⊞ 38 €
Kreditkarten: Visa; BM
Mittags und abends geöffnet

Die seit fünf Jahren bestehende Trattoria Tamì setzt sich aus drei hübschen Räumen mit funktionierenden Kaminen und einer Terrasse für die schöne Jahreszeit zusammen. Patron Mauro, ein Küchenchef mit langjähriger Berufserfahrung in der gehobenen Gastronomie, wird von seiner Frau Enrica und seinem Bruder Michele im Service unterstützt. Die Lazzaris wollen bodenständige Traditionsküche aus lokalen Zutaten auftischen, die dank Mauros Erfahrung in zeitgemäßer Form dargeboten wird. Wenn Sie mit Antipasti beginnen, können Sie Salumi mit Giardiniera, **Tartara con tartufo nero e burrata della valle** (12 €), Sformatino ai porcini und Cervella con carciofi e fiori di zucca probieren. Unter den Primi finden Sie **Tortelli di magro con puina, erbette, patate e bagòss** (10 €), Pappardelle con selvaggina und Risotto con porcini (12 €). Bei den Secondi können Sie zwischen **Trote del Maniva con Franciacorta e verdurine di stagione** (16 €), Chapeau con i funghi (Schaufelstück oder Wange vom Rind der Rasse Bruna Alpina), Millefoglie al bagòss und **Tagliata al Tamì** (18 €) wählen. Das Fleisch stammt aus den Fleischereien Lazzari aus Collio und Milani aus Bovegno. Dem Käse und den Süßspeisen ist eine eigene Karte gewidmet. Unter den Käsesorten sind 24 oder 48 Monate gereifter Sommer-Bagòss (8 €), Nostrano Valtrompia Vaia und Baitù. Als Süßspeisen bieten sich Gelato di malga und **Pesche al forno** (6 €) an. Ausgezeichnete Weinkarte mit Weinen aus Brescia, aus dem übrigen Italien und dem Ausland.

18 KM NORDÖSTLICH VON CREMONA, S.S. 45 BIS

Il Gabbiano

Trattoria
Piazza Vittorio Veneto, 10
Tel. (+39) 03 72 / 951 08,
(+39) 347 / 874 51 00
Ruhetag: Mittwochabend, Donnerstag
Ferien: 10 Tage im Januar
60 Plätze + 30 Plätze im Freien
Preise: 38–40 €
Kreditkarten: CS, MC, Visa; BM
Mittags und abends geöffnet

Der Name der Osteria leitet sich von dem bekannten Roman *Die Möwe Jonathan* von Richard Bach ab. Wie der Protagonist der Erzählung haben die Schöpfer dieses Betriebs den Wunsch, mit Klischees zu brechen. Und so kultiviert man in dieser Trattoria seit 1983 (sie trat an die Stelle der Bar Centrale, die 1913 entstand) Qualität und Tradition sowie Innovation und Fantasie. Papà Gianni und Mamma Giusi Tigoli bleiben zwar an Deck (und in der Küche) der Osteria, haben aber nach und nach die Zügel ihren Kindern Stefania und Andrea, flankiert von Ehefrau Elena, in die Hand gegeben. Das Ergebnis ist ein Lokal, in dem Freundlichkeit und Einsatzbereitschaft herrschen; daneben gibt es eine Vinothek mit beinahe 500 Etiketten und einem großen Angebot an Öl, Käse und Wurst, darunter vielen Slow-Food-Presidi. Die saisonale Karte ist sehr detailliert und nennt zu jeder Speise auch den passenden Wein. Unter den Antipasti sind großartiges **Tartare di manzo con i suoi condimenti** (14 €), das vor den Gästen frisch zubereitet wird, und Prelibatezze d'oca (Leckerbissen von der Gans). Unter den Primi finden sich **Ravioli agli asparagi** (10 €) und originelle **Gnocchi rosa con ragù di anatra e funghi chiodini**. Als Secondi (14 €) werden schmackhafte **Tagliata di manzo con patate gialle di Avezzano** und Tagliata di petto d'oca marinato al pepe verde angeboten. Gute Süßspeisen. Wer sich nicht entscheiden kann, wählt das kreative oder das Degustationsmenü für 30 und 35 € (für mindestens zwei Personen).

"
Die Begeisterung für eine alte und gleichzeitig sehr moderne Arbeit wie auch die stetige Suche nach Tradition und Qualität sind in dieser Trattoria zu jedem Zeitpunkt spürbar.
"

Al Carrobbio

Restaurant
Via Castelverde, 54
Tel. (+39) 03 72 / 56 09 63
Ruhetag: Mittwochabend, Donnerstag
Ferien: ersten 2 Januarwochen
90 Plätze + 40 Plätze im Freien
Preise: 30 €
Kreditkarten: AE, CS, DC, MC, Visa; BM
Mittags und abends geöffnet

Diese einladende Locanda an einer Kreuzung (daher der Name „Carrobbio") im Norden der Stadt entstand aus einem alten Bauernhaus, das in den Neunzigerjahren geschmackvoll renoviert wurde. Sie verfügt über ein gemütliches Restaurant und sieben Zimmer, die mit alten Möbeln aus Familienbesitz eingerichtet sind. Geführt wird sie von drei jungen Schwestern – Monica in der Küche, Sara und Nora im Service –, die bodenständige Küche mit besonderem Augenmerk auf Saisonzutaten bieten. Man kann mit einem Mix aus Salumi mit warmen hausgemachten Focacce und sauer eingelegtem Gemüse beginnen. Als Primi kommen **traditionelle Tortelli di zucca** (10 €) und **Crespelle di farina di castagne con crescenza e prosciutto** (9 €) oder con prosciutto di porchetta auf den Tisch. Es folgen **Costolette d'agnello con salsa scura alla birra** (13 €), Tagliata di coscia di cavallo con salsa di zucca e carciofi und Hamburger di filetto di maiale. Außerdem sind glutenfreie Gerichte und ein gut aufgebautes vegetarisches Menü erhältlich: Millefoglie di patate, zucca dell'orto e porri, Zuppa speziata di ceci e cavolfiori und gehaltvolle Insalata di cavolo bianco e carote. Zu allen Menüs werden passende Weine glasweise angeboten. Am Ende warten natürlich verschiedene Käse und hausgemachte Süßspeisen. Der Keller bietet diverse biologische oder biodynamische Weine und gute Biere aus Kleinbrauereien.

Im Bio Caffè Tartatelle, Via Gonfalonieri 7, kann man Kaffee, Tee, Bier, Wein und Honig aus biologischer Landwirtschaft probieren und kaufen.

Hosteria 700

Restaurant
Via Platina, 18
Tel. (+39) 03 72 / 361 75
Ruhetag: Montagabend, Dienstag
Keine Ferien
90 Plätze
Preise: 38–40 €
Kreditkarten: AE, CS, MC, Visa; BM
Mittags und abends geöffnet

Der unpersönliche Eingang ein paar Schritte vom Torrazzo wird diesem hübschen Lokal nicht gerecht, das in der Dependance des Palazzo Barbò aus dem 18. Jahrhundert geschaffen wurde. Sobald Sie aber die offene Küche und die frisch zubereitete Pasta erblickt haben, werden Sie unverzüglich höflich und liebenswürdig begrüßt und können sich auf den Genuss von Produkten aus dem Umland von Cremona einstellen. Ausgewählt werden diese von der Wirtin und Opernsängerin Marina Morelli. Je nach Saison können Sie mit den unumgänglichen **Salumi** (Salami, Coppa, Fiocchetto und Lonzino, serviert mit hausgemachten Mostarde), Parfait di peperoni dolci al profumo di basilico (12 €) oder auch mit Culatello aus Zibello mit Butterflöckchen beginnen. Weiter geht es mit Primi wie **Tortelli di zucca al burro e amaretti** (11 €), Gnocchi di patate con asparagi e zafferano, den unverzichtbaren Marubini al burro e salvia oder ai tre brodi oder einem der unzähligen Risotti, für die das Lokal berühmt ist und denen es jeden zweiten Donnerstag im Monat einen Abend widmet. Unter den Secondi sind **Roastbeef caldo di anatra agli agrumi** (18 €), Tartare di manzo battuta a mano und Tagliata con scamorza e rucola. Abschließend locken Süßspeisen (5 €) wie **Semifreddo al torrone con salsa di fragole**, Torta 700 (Bayerische Creme mit Orange, Biskuit und Waldbeeren) und Budino alla menta in salsa di liquirizia. Gut sortiertes Weinangebot mit angemessenen Preisen; einige Weine gibt es glasweise oder in Halbflaschen.

Die Enoteca Cremona (Via Latina 18) bietet eine gepflegte Auswahl regionaler und italienischer Etiketten mit gutem Preis-Leistungs-Verhältnis und Produkte kleiner lokaler Kellereien.

43 KM NÖRDLICH VON VARESE

Barchet

Trattoria • Via Leonardo da Vinci, 1
Tel. (+39) 348 / 883 94 18
Ruhetag: Montag–Freitag, außer im Juli und August
Ferien: Mitte Dezember–Mitte Februar
40 Plätze
Preise: 25–30 €
Keine Kreditkarten
Mittags geöffnet, abends gegen Vorbestellung

Die mühsame Anfahrt nach Monteviasco wird durch den spektakulären Ausblick über das Val Veddasca bis zum Lago Maggiore wettgemacht. Bequeme Seilbahn oder 1.400 Stufen – Sie haben Wahl – und die Belohnung ist sicher: das unvergessliche, zarte, saftige und schmackhafte Hirschkotelett, zubereitet von Moreno Tosi. Während der Woche unterrichtet er Kochtechnik an der Hotelfachschule in Luino, sein Herz aber gehört Monteviasco, wo er mit tatkräftiger Unterstützung seiner Frau Silvia einer schwierigen Situation trotzt, da der Ort abgelegen und kaum bekannt ist. Heiter, geduldig und fast dankbar empfängt er jeden Gast, der den Weg hierher auf sich genommen hat. Wir empfehlen eingangs unterschiedlich verarbeiteten und gereiften Käse von der Kuh und Ziege mit hausgemachter Mostarda (9 €) oder als Alternative **Nervetti con fagioli di Brebbia** und Salumi lokaler Herkunft mit mariniertem oder süßsaurem Gemüse. Die Primi sind deftig (9 €): Lasagne al ragù di cinghiale, Tagliatelle alle rose di Curiglia, **Risotto al pesto di menta con fonduta di formaggella** locale und Gnocchi con slinzega e zafferano. Neben ausgezeichnetem **Costoletta di cervo** (13 €) mit **Polenta** aus verschiedenen, von Moreno ausgewählten Maismehlsorten gibt es duftende **Porcini trifolati**, Brasato und Cinghiale. Abschließend mundet **Gelato di latte di capra** con i frutti di bosco. Dolci, Pasta und Brot sind hausgemacht. Zu trinken gibt es wenige, aber gut ausgesuchte Weine und einen exzellenten Likör von Rossi d'Angera nach einem Rezept von Moreno.

Der landwirtschaftliche Betrieb von Albino Gatta (Lebensmittelbündnis der Hersteller von Curiglia, Monteviasco und Piero) in der Via Cesare Battisti 11 bietet exzellenten Ziegenkäse.

CURTATONE (MN)
Grazie

7 KM WESTLICH VON MANTUA

Locanda delle Grazie

Restaurant
Piazzale Santuario
Tel. (+39) 03 76 / 34 80 38
Ruhetag: Dienstag, Mittwoch
Ferien: je 1 Woche im Januar, Juni und August
90 Plätze
Preise: 25–32 €
Kreditkarten: CS, DC, MC, Visa; BM
Mittags und abends geöffnet

In diesen Winkel der Provinz Mantua, einen Ortsteil von Curtatone namens Grazie, gelangt man nicht zufällig. Er war auch der Namensgeber für die Locanda, die Daniela und ihr Lebensgefährte Fernando vor mehr als 20 Jahren mit Begeisterung ins Leben riefen. Gleich beim Eintreten atmet man die Atmosphäre eines gemütlichen Hauses. Die typische Küche aus Mantua sieht Traditionsgerichte vor, die das ganze Jahr über genossen werden können, weil es so sein muss, wie Daniela sagt. Pasta, Brot und Grissini werden täglich von Fernando zubereitet. Die Portionen sind sehr großzügig, was sich bereits beim Start mit Salumi aus Mantua und Insalata alla Gonzaga zeigt; eine Alternative wäre der eine ganze Mahlzeit bildende Antipasto alla Luciana (16 €), der auch köstlichen Luccio in salsa enthält. Die Primi: Tortelli di zucca, Agnolini in brodo, schmackhafte **Tagliatelle con ragù di anatra**, delikate Ravioli di ricotta e carciofi (11 €) und superber Risotto alla pilota. Unter den Secondi sind exzellenter Baccalà, Stracotto di somarina, **Luccio in salsa verde** (12 €), überraschender Cotechino, Tartare di filetto fresco (mit dem Messer gehackt) und Stufato di cotiche e fagioli. Die Desserts (4 €) sind ein Muss: **Millefoglie con crema al mascarpone**, Zabaione, Torta di mele alla cannella, Tortino di cioccolato mit weichem Kern, Sorbetti aus Früchten und mit frischen Früchten aus der Pfanne sowie Sbrisolona. Großes Weinangebot aus Italien, dem Ausland und der Umgebung mit einer Auswahl hervorragender Lambruschi, auch im glasweisen Ausschank.

»
Daniela und Fernando sind die ideale Kombination, um den Gast in eine magische Welt der traditionellen Kochkunst und der Gastlichkeit zu versetzen.
«

DOSSO DEL LIRO (CO)

56 KM NÖRDLICH VON COMO

Aquila d'Oro

Trattoria
Via Civano
Tel. (+39) 03 44 / 858 82,
(+39) 334 / 383 80 43
Ruhetag: Dienstag, außer im August
Ferien: letzte Septemberwoche
50 Plätze
Preise: 26–29 €
Kreditkarten: AE, CS, DC, MC, Visa; BM
Mittags und abends geöffnet

In einem malerischen ländlichen Winkel von Dosso del Liro befindet sich die Trattoria mit angeschlossener Bar, die den Bewohnern des Tales als Treffpunkt dient. Das Lokal wird von Plinio Bossio geführt. Er ist küchentechnisch ein Autodidakt und experimentiert gerne mit lokalen Zutaten von Bauern aus dem Tal oder aus Eigenproduktion. Man beginnt mit von ihm erzeugten Salumi, kombiniert mit Käse aus dem Umland und **Giardiniera** aus Gemüse aus dem Garten (9 €). Danach folgen Primi aus handgezogenem Teig (9 €): Tagliatelle al sugo di lepre, **Raviolone ricotta e ortica selvatica con uovo crudo** und die Spezialität des Hauses, **Gnocchetti alla semuda** (mit einem seltenen lokalen Almkäse) oder al pomodoro ed erbette selvatiche. Die Secondi sind vorwiegend aus Fleisch zubereitet: Cervo con polenta, **Bocconcini di cinghiale brasato** (13 €) und Tagliata di manzo alla brace. Das Finale bilden schlichte Dolci von Mamma Graziella: **Torta di mele con gelato**, Sorbetti aus Saisonfrüchten und im Winter aus Marrons glacés (5 €). Umfangreiche Auswahl an Weinen mit Schwerpunkt auf Tropfen aus dem Gebiet des Comer Sees und dem nahen Veltlin. Bevor Sie das Lokal verlassen, können Sie nicht umhin, gemeinsam mit Plinio seine Digestifs an der Bar zu probieren: Elisir, Rosoli und Grappe aus von ihm höchstpersönlich gesammelten Blumen, Kräutern und Waldbeeren.

DUMENZA (VA)
Runo

34 KM NÖRDLICH VON VARESE

Smeraldo

Restaurant
Via Fiume, 1–3
Tel. (+39) 03 32 / 51 70 65
Ruhetag: Dienstag
Ferien: unterschiedlich
130 Plätze
Preise: 33–35 €
Kreditkarten: MC, Visa; BM
Mittags und abends geöffnet

Wenige Kilometer von der Schweizer Grenze entfernt liegt in einem grünen Tal dieses historische Restaurant im Ortsteil Runo. Es verfügt über eine hübsch eingerichtete Veranda für warme Tage und einen Gastraum für die kalte Jahreszeit. In der Küche haben sich Pietro Pelandella und sein Sohn Adriano einem beständigen Engagement bei der Auswahl der Zutaten verschrieben, wobei sie besonderes Augenmerk auf lokale Saisonprodukte legen. Ein guter Teil des Gemüses kommt direkt aus dem angrenzenden Garten; Steinpilze, Wildkräuter und kleine Früchte stammen aus dem Umland. Außerdem werden diverse Slow-Food-Presidi verarbeitet. Unter den Antipasti sind **Tortino agli asparagi su fonduta di bitto storico** (10 €) oder Prosciutto di cinghiale con tartara di cipolla. Die Pasta für die Primi ist hausgemacht. Lassen Sie sich Cappelletti di funghi alla crema di tartufo (14 €), Risotto Smeraldo, Asparagi in crema und Insalata con pistacchi in olio e granella nicht entgehen. Als Secondi bieten sich ausgezeichnete **Filetti di pesce persico dorati** (14 €), Strudel di filetto di coniglio (17 €) und Maialino da latte al miele con verdurine alla senape. Es gibt auch eine Degustation von ***Furmagitt de càvra*** (Ziegenkäse) aus Curiglia con Monteviasco. Abschließend erwarten Sie hausgemachte Dolci wie **Zabaione caldo con gelato** und Tortino di cioccolato. Die Weinkarte nennt verschiedene Etiketten aus Italien.

Im Ortsteil **Due Cossani** (2 km), Via Libertà 15, erzeugt Ambrogio Rossi Berghonig, Pollen und Honigderivate.

EDOLO (BS)

100 KM NÖRDL. VON BRESCIA, 48 KM VON SONDRIO

Hostaria La Corte di Bacco

Restaurant
Via Privata Mottinelli, 1 D
Tel. (+39) 03 64 / 720 25,
(+39) 338 / 528 25 41
Ruhetag: Sonntagabend, Montag
Ferien: je 1 Woche im Januar/Februar und Oktober • 45 Plätze + 25 Plätze im Freien
Preise: 30–38 €
Kreditkarten: CS, MC, Visa; BM
Mittags und abends geöffnet

Das Restaurant in der Altstadt von Edolo unter der Leitung von Marco Di Dedda (in der Küche) und seiner Frau Daniela (im Service) wurde in den Räumlichkeiten einer ehemaligen Kellerei geschaffen. Im Sommer kann man unter einer hübschen Laube mit Blick auf die Piazza angenehm im Kühlen sitzen. Die Küche ist rein territorial geprägt. Man kann sich mit heimischen Salumi mit Gemüse und Pilzen (9,50 €) oder Insalata di testina e lingua einstimmen. Weiter geht es mit hausgemachter Pasta wie Tagliatelle, Pappardelle oder Gnocchi, saisonal unterschiedlich verfeinert, Risotti mit frisch geernteten Feldkräutern und **Gnocchetti di ortiche al ragù di agnello e olive nere** (9,50 €). Im Winter findet man nicht selten Trippa vor, die an den traditionellen Markt erinnert, der in den nahen Straßen und auf den Plätzen abgehalten wurde. Bei den Secondi wird Fleisch vom Schwein und Rind bevorzugt, das auch als mit dem Messer gehacktes Tartar, vom Grill als Fiorentina, Filetto oder Entrecôte nach Gewicht verrechnet angeboten wird. Außerdem bieten sich **Agnello a scottadito** (15 €) oder Selvaggina an. Dazu schmeckt Polenta aus Maismehl aus dem Camonica-Tal. Wer kein Fleisch mag, greift zu einer Degustation von Käse aus dem Camonica-Tal und **Fatulì aus dem Val Saviore** (Slow-Food-Presidio), serviert mit Konfitüren und Honig (13 €). Zum Finale warten verschiedene Desserts wie **Cheesecake al fatulì con confettura di sambuco** oder di tarassaco (mit Holunder- oder Löwenzahnkonfitüre); vom Löwenzahn gibt es auch eine Kostprobe des Blütenextrakts (6 €). Ein gut aufgebautes Weinangebot mit korrekten Preisen vervollständigt das Angebot; es beinhaltet viele Tropfen aus dem Tal, zahlreiche davon auch im glasweisen Ausschank.

ESINE (BS)

62 KM NÖ. V. BRESCIA, S.S. 510, 8 KM V. DARFO U. V. BRENO, S.S. 42

La Cantina

Trattoria • Via IV Novembre, 7
Tel. (+39) 03 64 / 46 64 11
Ruhetag: Montag–Mittwoch, im August und Dezember nur Mittwoch
Ferien: zeitweise im Juli
70 Plätze + 30 Plätze im Freien
Preise: 22–25 €
Kreditkarten: CS, MC, Visa; BM
Abends geöffnet, Samstag und Sonntag auch mittags

Die Trattoria in einem geschmackvoll renovierten Gebäude von ländlicher Einfachheit ist mit Mobiliar eingerichtet, das aus Familienbesitz stammt oder auf Märkten zusammengetragen wurde. Das Menü wechselt beinahe jede Woche und geht in Bezug auf die Verwendung von Wildkräutern, Pilzen, Trüffeln und Gemüse aus dem häuslichen Garten mit der Natur im Gleichschritt. Giacomo versieht den Service und erläutert jedes Gericht und die Zutaten, aus denen es sich zusammensetzt, während Oriana ab und zu die Küche verlässt, um mit wohlwollendem und aufmerksamem Auge zu kontrollieren, ob die Gäste zufrieden sind. Alle Speisen sind an der Tradition im Ort und im Tal orientiert. Wir begannen mit einer Selektion von Wurst, Käse und Gemüse: Lardo, Salami, Pancetta, Frittata alle erbe, Fagioli *copa fam* aus Ossimo, Giardiniera und hervorragender Ricotta di capra (4,80 €). Mit **Orzotto all'aglio ursino** (6 €), **traditionellen Casoncelli** (7,50 €) ging es weiter, aber man bereitet auch Ravioli, *Foiade*, Tagliatelle, Gnocchi und im Winter Minestre, Zuppe, Trippa und Gemüsecremesuppen zu. Als Secondi bieten sich ***Capù***, Fleisch in Mangoldblättern (6,90 €), Testicoli di toro (9,60 €), aber auch Animelle (Bries), Brasati (Schmorbraten), Selvaggina (Wild) und Pollame in umido (gedünstetes Geflügel). Alternativen dazu sind Funghi panati, Trota alla griglia (Forelle), Cervo (Hirsch), Capriolo (Reh), Lumache (Schnecken) und viele andere Saisongerichte. Lokale Formaggi (4,30 €) und zahlreiche Kuchen (3,30 €) vervollständigen das reichhaltige Angebot. Zu den Speisen empfiehlt Giacomo gute Weine aus dem Camonica-Tal, aber es stehen auch Etiketten aus der Franciacorta und der Lombardei bereit. Zur Krönung eines sehr zufriedenstellenden Mahles darf ein Likör des Hauses nicht fehlen.

GALLARATE (VA)
Cascinetta

19 KM SÜDLICH VON VARESE, 42 KM VON MAILAND

Osteria dei Peccatori

Moderne Osteria
Corso Colombo, 39
Tel. (+39) 03 31 / 77 71 15
Ruhetag: Montag, Dienstagabend
Ferien: 3 Wochen im August
85 Plätze
Preise: 38–40 €
Kreditkarten: AE, CS, DC, MC, Visa; BM
Mittags und abends geöffnet

Die seit Jahren unveränderte Osteria nicht weit von der Autobahnmautstelle Gallarate steht für eine angenehme Einkehr: warme Farben, in angenehmem Abstand angeordnete Tische, aufmerksamer Service und ein gastronomisches Angebot, dessen Renner **Risotti** (12 €) in sechs Varianten und **Cotoletta alla milanese** (16 €, mit Ausnahme der klassischen Variante für 15 €) sind, beide in verschiedenen Kombinationen (beispielsweise mit Emmentaler und Olivencreme oder mit Speck und Scamorza). Im Winter sind eher andere bodenständige Gerichte zu finden: Ossobuco, Rane, ***Casoeûla*** oder ***Brüscitt*** (in Rotwein gegarte Fleischstückchen nach dem Rezept der Confraternità Magistero dei Bruscitti di Busto Grande). Das ganze Jahr über gibt es **Cervella alla milanese** (11 €), allein oder im Antipasto misto. Weitere mögliche Primi sind **Caserecce alla selvaggina** (12 €) und Ravioli d'oca al burro e salvia. Den Schlusspunkt setzen eine Käseselektion und hausgemachte Süßspeisen. Zu trinken gibt es nur ein paar Dutzend Weine, die jedoch hervorragende Begleiter zum Essen sind.

GUSSAGO (BS)
Navezze

12 km nordwestlich von Brescia

Osteria dell'Angelo

Trattoria
Via Fontana, 25
Tel. (+39) 030 / 277 01 39,
(+39) 333 / 730 79 96
Ruhetag: Montag, Dienstagmittag
Ferien: 10 Tage nach Dreikönig
70 Plätze + 40 Plätze im Freien
Preise: 35–38 €
Kreditkarten: CS, DC, MC, Visa; BM
Mittags und abends geöffnet

Die Verwendung gesunder und qualitätvoller Produkte gehört zur Philosophie von Emanuela und Ettore Rovelli, die auf der ersten Seite der Speisekarte alle Lieferanten der in der Küche verarbeiteten Zutaten anführen. Natives Olivenöl extra, Tomaten, Wurst und Käse aus Slow-Food-Presidi – alles wird nach traditionellen Rezepten zubereitet. Man speist in zwei Räumen und einer sommerlichen Veranda von schlichter Eleganz. Eingangs stehen fünf Angebote bereit: Neben dem wunderbaren Piatto camuno mit Bresaola, Ziegenfilet, Salami aus Monte Isola und hausgemachtem Kompott (11,50 €) empfehlen wir den Antipasto contadino mit Pancetta, Coppa, Salami und **hausgemachten Sottoli** (9 €) sowie Millefoglie con verdure di stagione e fonduta di taleggio. Das Brot ist hausgemacht, ebenso wie die Pasta: Strozzapreti al sugo di carne, **Caramelle di pasta con ripieno di pere, bagòss e burro di malga** (9 €), Casoncelli di nonna Caterina, Tortelli al radicchio e gorgonzola und **Tagliolini di grano saraceno con crema di taleggio e nocciole**. Das Lokal ist für Spiedo bresciano bekannt, aber **Brasato alla rovatese** (14 €), Filetto di maialino con la crema di latte e le nocciole (13 €) und Baccalà con i fagioli sind ebenso köstlich. Es gibt drei unterschiedlich zusammengestellte **Käseplatten**: Käse aus Italien, Almkäse aus dem Camonica-Tal und Grillkäse (für 10, 12 und 12,50 €). Millefoglie ai frutti di bosco, Torta al cioccolato und Semifreddo al pistacchio versüßen den Abschluss. Umfangreiche Weinkarte mit großem Augenmerk auf Weine aus dem Umland.

Der Bauernhof Paradello, in **Rodengo Saiano** (6 km), Via Paradello 9, züchtet Kapaune und Hühner und verkauft Eier, Mehl, Pasta und Biogemüse.

INVERNO E MONTELEONE (PV)
Monteleone

22 km östlich von Pavia, S.S. 235

Righini

Traditionelle Osteria
Via Miradolo, 108
Tel. (+39) 03 82 / 730 32
Ruhetag: Montag, Dienstag
Ferien: 7.–31. Januar, August
90 Plätze
Preise: 37 € (Tagesmenü)
Keine Kreditkarten; BM
Abends geöffnet, Samstag auch mittags, Mittwoch und Sonntag nur mittags

Der in Reis- und Maisfelder eingebettete Ort Monteleone ist das Ziel vieler Gäste, die zur Trattoria der Familie Zanaboni Forni pilgern. Das kulinarische Angebot erfreut Leute mit großem Appetit, die geselliges Zusammensein schätzen. Das lässige Ambiente mit nüchterner Einrichtung eignet sich auch für große Gruppen, das festgelegte Menü für 37 € ist überaus großzügig. Verdure sotto aceto und Lardo läuten das Mahl ein. Darauf folgen *Raspadura* (hauchdünne Späne von Grana lodigiano), Coppa, Salami, Pancetta, Cotechino, Polpettine, Frittata alle verdure und **Tartare di carne cruda**. Vier Primi (Ravioli alle erbe und al brasato, Risotto agli asparagi, **Tagliolini con ragù di capriolo**) und Secondi, sämtlich Fleischgerichte (Coniglio all'aceto con insalata e patate al forno, Faraona al vino, **Maialino in agrodolce**, Roastbeef): Alle Speisen sind aus Qualitätszutaten zubereitet und werden von der noch immer in der Küche tätigen beinahe neunzigjährige Signora Lina überwacht. Nach dem Sorbetto aus Saisonfrüchten geht es, wenn man noch Platz hat, mit **Polenta** weiter, die im großen Kupferkessel im mittleren Raum gekocht und mit Schnecken, Pilzen, Esskastanien, Feigen oder Gorgonzola verfeinert wird. Zur Abrundung des Essens genießt man Torta alle nocciole mit Crema al mascarpone, Eis und zerlassener Schokolade. Begrüßung und Service sind herzlich und aufmerksam; es wird auf jeden Wunsch geachtet. Der Wein wird von der Familie gekeltert.

ISOLA DOVARESE (CR)

24 KM ÖSTLICH VON CREMONA

Caffè la Crepa

Traditionelle Osteria
Piazza Matteotti, 14
Tel. (+39) 03 75 / 39 61 61
Ruhetag: Montag, Dienstag
Ferien: erste Juliwoche, je 2 Wochen im Januar und September
40 Plätze + 20 Plätze im Freien
Preise: 35–38 €
Kreditkarten: CS, MC, Visa; BM
Mittags und abends geöffnet

Die Familie Malinverno führt von jeher die typische Osteria an einem wunderschönen Platz dieses kleinen Ortes im Cremonese. Geduldige Suche nach Zutaten, Aufmerksamkeit den Gästen gegenüber und schön präsentierte Speisen zeichnen das Lokal aus. Franco leitet die Küche, die auf Saisontreue und Traditionsgerichte setzt. Die Wurstplatte bietet neben lokalen Spezialitäten eine beachtliche Selektion an Salumi aus Italien und anderen Ländern. Von den Antipasti schmeckt **Carne concia all'isolana** (13 €) besonders köstlich. Danach kann man sich durch **Savarin di riso con ragù e lingua salmistrata** (12 €), Lumache nostrane, Marubini ai tre brodi, typische Trippa padana in brodo, Risotto ai *luartis* (mit Wildhopfentrieben) und *Gnòc* alla mulinera (ein typisches Gericht aus dem Casalasco) schlemmen. Von den Speisen aus Süßwasserfisch nennen wir **Filetto del pescato del giorno** (16 €), Storione del Po aus der Pfanne und knusprige, goldbraune Frittura di pesce di fiume, von den Fleischgerichten Bollito misto alla cremonese, Carne cruda battuta al coltello, Faraona alla creta und **Rognoncini di vitello trifolati** (16 €). Herrliche Selektion an **Formaggi** mit selbst gemachten Mostarde und umfangreiche Dessertkarte mit gutem Eis. Die anregende Weinkarte zeigt eine entschiedene Wendung hin zu biologischen Weinen aus Italien und anderen Ländern und eine verlockende Auswahl an Weinen aus dem Osten.

»*Aufmerksamkeit gegenüber dem Gast und herausragende gastronomische Kompetenz verleihen dieser wunderbaren Trattoria das Flair eines niemals trivialen Orts.*«

LECCO
Acquate

2 KM VOM ZENTRUM

Antica Osteria Casa di Lucia

Osteria
Via Lucia, 27
Tel. (+39) 03 41 / 49 45 94, (+39) 333 / 472 89 89
Ruhetag: Samstagmittag, Sonntag
Ferien: 2 Wochen im August
40 Plätze + 40 Plätze im Freien
Preise: 39–40 €
Kreditkarten: AE, CS, DC, MC, Visa
Mittags und abends geöffnet

Beim Betreten dieses alten Hauses bekommen Sie den Eindruck, in eine Geschichte aus den *Promessi Sposi* einzutauchen. Das Ambiente mit alten Tischen und einem Sitzbereich im Freien trägt nicht wenig dazu bei, aber auch das kulinarische Angebot integriert sich perfekt in die Atmosphäre. Die bewährte Formel lautet: akribische Suche nach Saisonzutaten aus der Umgebung und lokale oder – etwas weiter gesteckt – auch regionale Gerichte. Bei den Antipasti dürfen **Missoltini con la polenta** (12 €), Brisaola aus Chiavenna und hiesige Salumi mit hausgemachter Giardiniera (10 €) nicht fehlen. Weiter geht es mit **Spaghetti alla chitarra con ragù di Missoltino** (12 €), Maccheroni con olive, capperi, pomodorini e peperoncino fresco (9 €), Spaghetti alla chitarra con bottarga di lavarello und Casoncelli burro e salvia. Von den Secondi empfehlen wir **Faraona disossata ripiena** al forno (14 €), Coniglio con le olive, perfekt rosa gebratenes Roastbeef all'inglese und Punta di vitello ripiena. Abschließend genießt man eine Auswahl an Käse aus dem Umland – im benachbarten Valsassina wird hervorragender Taleggio erzeugt – und aus dem übrigen Italien, begleitet von hausgemachter Mostarda. Köstlich sind die selbst gemachten Süßspeisen (5 €) wie **Budino al cioccolato** und Gelato di crema con le amarena sciroppate. Im Keller lagern vornehmlich Weine aus dem Gebiet, aber auch eine schöne Anzahl weiterer gekonnt und sehr persönlich ausgewählter Tropfen.

MANDELLO DEL LARIO (LC)
Maggiana

9 km nordwestlich von Lecco, 35 km von Como

Sali e Tabacchi

Osteria
Piazza San Rocco, 3
Tel. (+39) 03 41 / 73 37 15
Ruhetag: Montag, Dienstag
Ferien: je 2 Wochen nach Dreikönig und dem 15. August
30 Plätze + 10 Plätze im Freien
Preise: 37 €
Kreditkarten: CS, MC, Visa; BM
Mittags und abends geöffnet

In diesem kleinen, stillen mittelalterlichen Ort mit Blick auf den See, den Manzoni so liebte, erwarten Sie der Torre del Barbarossa, ein altes Waschhaus, Häuserreihen entlang gepflasterter Gässchen und gutes Essen in dem Lokal, das die Familie Lafranconi in ihrer alten Bäckerei eröffnet hat. Sobald Sie das Auto abgestellt haben, sind es nur ein paar Schritte zur Osteria, wo Gabriele Sie gemeinsam mit Giuliana, Carola und Federica freundlich begrüßt. Das Speisenangebot ist streng saisonal ausgerichtet und stellt Fisch aus dem See in den Vordergrund. Daher können Sie mit Antipasto misto di lago, **Selezione di affettati con giardiniera** (10 €) und Rollè di coniglio con insalata e olive beginnen. Danach können Sie, je nach Verfügbarkeit, **Casoncelli oder Ravioli** (10 €), Lasagnette di ricotta oder Tortino con verdure probieren. Unter den Secondi sind **Agone al burro e salvia** (14 €), Costolette di agnello alla griglia, Petto di faraona ripieno di prugne oder eine recht ansehnliche Auswahl an Käse aus dem nahen Valsassina und dem Veltlin, serviert mit Honig lokaler Herkunft. Am Ende erwarten Sie hausgemachte Dolci wie Torta di mele, Semifreddo al torroncino, Panna cotta allo yogurth con salsa di lamponi und Bavarese alla frutta. Die gut aufgebaute Weinkarte nennt Tropfen aus ganz Italien mit Schwerpunkt auf Etiketten aus dem Veltlin. Im angeschlossenen Bed and Breakfast gibt es einige Gästezimmer.

Flavio Valassi fährt jede Nacht mit seinem Boot auf den See und wirft die Netze aus. Bei der Rückkehr liefert er die ausgenommenen Fische an die Osteria.

MANTUA

Antica Osteria Ai Ranari

Moderne Osteria
Via Trieste, 11
Tel. (+39) 03 76 / 32 84 31
Ruhetag: Montag
Ferien: unterschiedlich
50 Plätze
Preise: 32 €
Kreditkarten: CS, DC, MC, Visa; BM
Mittags und abends geöffnet

Die kürzliche Renovierung der Osteria hat bedeutende Verbesserungen mit sich gebracht, ohne den typischen, unverfälschten Reiz zu beinträchtigen, der die traditionellen Lokale Mantuas auszeichnet. Der neue Eingangsbereich lässt den in Rot und Ocker gehaltenen Gastraum mit Originaltischen aus Holz und von schmalen Säulen getragenen Bögen noch heimeliger und gemütlicher wirken. Dank dieser Modernisierungen setzt man sich noch lieber an die mit Papierauflagen gedeckten Tische der Osteria, die einst Treffpunkt der Froschfänger war. Aus diesem Grund gibt es hier ein außergewöhnliches und in der Stadt praktisch einzigartiges **Fritto di rane** (15 €). Geführt von schlichter, freundlicher und präziser Bedienung dringt man dann weiter in das Menü vor, das viele Klassiker enthält, darunter **Sorbìr d'agnoli in brodo** (8 €), **Maccheroncini con stracotto** und **Tortelli di zucca** (9 €); daneben gibt es weitere, saisonabhängige Speisen. Alternativen wären Polpettine di baccalà su letto di finocchi, Tortino di parmigiano con crema di zucca (8 €) und Pasta ripiena con patate, erbette e pecorino semistagionato con sugo di seppioline. Zwei Käseselektionen, von denen eine Slow-Food-Presidi gewidmet ist, und hausgemachte Süßspeisen (4,50 €). Interessantes Bierangebot aus Kleinbrauereien in Mantua. Die Weinkarte listet eine gut durchdachte Auswahl der besten lokalen Tropfen auf.

Die Bäckerei Il Granaio di Cavalli, Via Verdi 29, erzeugt ausgezeichnetes Brot aus Mantua sowie Tortelli und Agnoli. Jeden Samstagmorgen bieten lokale Erzeuger auf dem Mercato Contadino (Lungorio IV Novembre) ihre Waren an; darunter sind guter Rohmilchziegenkäse aus der Käserei L'Alba und Salami aus Mantua von Mattioli.

MANTUA

Da Bice La Gallina Felice

Traditionelle Osteria
Via Carbonati, 4–6
Tel. (+39) 03 76 / 28 83 68
Ruhetag: Sonntagabend, Montag
Ferien: letzten 2 Augustwochen
30 Plätze + 30 Plätze im Freien
Preise: 30–35 €
Kreditkarten: CS, DC, MC, Visa; BM
Mittags und abends geöffnet

Heiterkeit in der Küche, Sympathie und Herzlichkeit im Service – eine nette Atmosphäre herrscht bei Bice. Stefania Berti ist ihrer Kochleidenschaft gefolgt und hat dieses interessante Lokal nicht weit vom Zentrum geschaffen. Es gibt einen einzigen Gastraum, der aufmerksam gestaltet ist, und einen Innenhof, in dem man im Sommer speisen kann. Stefania erzählt stolz von ihren Gerichten, die sie mit großer Achtsamkeit auf die Zutaten und deren Herkunft zubereitet. **Nervetti, fagioli e cipolla** (8 €) sind ein guter Einstieg, wenn man nicht die überaus beliebten Salumi des Hauses wählt; verlockend sind auch Millefoglie di melanzane und Tortina con polenta e cipolle rosse caramellate. Wir sind in Mantua, daher ist es schwer möglich, an Tortelli di zucca oder **Risotto alla pilota** (9 €) vorbeizugehen. Im Winter gibt es Bigoli con radicchio e guanciale, im Sommer in der Version con pomodorini, zucchine, menta und an manchen Tagen – je nach Jagderfolg – Fettuccine con il germano. Fleisch ist bei den Secondi stark vertreten, von denen wir langsam gegartes **Guancialetto di maiale al vino rosso** (13 €) empfehlen. **Polenta** begleitet sowohl Stracotto di manzo als auch Coniglio al forno. Wir erinnern uns auch an Insalata di pollo con noci e mela verde und sehr gefragte Trippa in bianco con fagioli e grana, die auch die Köchin sehr schätzt. Den Schlusspunkt setzen gute Käsespezialitäten, von denen wir Grana con la mostarda nennen; **Sbrisolona** und Torta delle rose zählen zu den lokaltypischen Desserts, die für je 4 € erhältlich sind. Die Weinkarte ist eher klein, nennt aber einige interessante Flaschen zu einem guten Preis. Außerdem gibt es Bier aus einer lokalen Kleinbrauerei.

MENCONICO (PV)

65 KM SÜDLICH VON PAVIA

La Frasca

NEU

Restaurant
Via Capoluogo, 36
Tel. (+39) 03 83 / 57 40 10
Ruhetag: Montag, außer im Sommer
Ferien: 3 Wochen nach dem ersten Montag im September
50 Plätze • Preise: 30 €
Kreditkarten: CS, DC, MC, Visa; BM
Mittags und abends geöffnet, im Winter nur mittags

Stefania Fenaroli repräsentiert die jüngste der vier Generationen, die seit 1897 dieses Restaurant führen, das als Gasthaus für Jäger und Händler entstand, die in Menconico Vieh und Land verkauften. Stefanias Mutter, Emilia Chiodi, leistet noch tüchtig Unterstützung, aber Stefania teilt sich die Leitung sowohl in der Küche als auch im Service mit ihrem Lebensgefährten Luca Pellegrini. Das traditionelle Speisenangebot ist aus soweit wie möglich lokalen und bei bekannten Lieferanten gekauften Zutaten, Gemüse aus dem Hausgarten und einigen Slow-Food-Presidi zubereitet. Die umsichtig aufgebaute und noch im Wachsen begriffene Weinkarte zeigt zwei Merkmale: ehrliche Preise und hingebungsvolle Suche. Den Anfang machen **Carpaccio di carne verzese con tartufo nero e montébore** (12 €) oder Tartare di vitello in salsa tonnata, Affettati con cipolla caramellata e insalata russa. Im Winter kann Tortino di patate e funghi con fonduta di montebore auf dem Programm stehen. Unter den Primi sind klassische **Ravioli di brasato** (8 €), Agnolottini dal *plin* alla farina di mandorle con ripieno di faraona (aus Mandelmehl mit Perlhuhnfüllung) oder **Risotto mantecato con il montébore al tartufo nero** (12 €). Die praktisch ausnahmslos aus Fleisch zubereiteten Secondi setzen sich aus **Tagliata sul coppo** (auf einem sterilisierten Tonziegel gegart), Filetto di maialino con verdura saltata e ristretto di Bargnolino und **Pollo nostrano con patate, porri e porcini** (10 €) zusammen. Ein Tris di formaggi di Montébore bietet sich vor den hausgemachten Süßspeisen (4 €) an oder auch als Alternative zu **Tiramisu**, Crumble di cioccolato al latte di capra e frutti di bosco oder Pfirsichen aus dem nahen Bagnaria con gelato al caramello (mit Karamelleis).

BUSHALTESTELLE VIA RISMONDO (LINIE 67)

Alla Grande

Traditionelle Osteria
Via delle Forze Armate, 405
Tel. (+39) 02 / 48 91 11 66
Ruhetag: Sonntag, Montag
Ferien: zeitweise im August
50 Plätze
Preise: 35 €
Keine Kreditkarten
Mittags und abends geöffnet

Ma va a Bagg a sonà l'òrghen, so lautet eine respektlose Mailänder Redensart, um jemanden dorthin zu schicken, wo der Pfeffer wächst ... Baggio ist seit 1923 eines der Viertel am westlichen Stadtrand Mailands, hat aber nie den Charakter eines alten, bäuerlichen Dorfes mit dem *Campanin de la gesetta* (Kirchturm) im Zentrum verloren, der zum mittelalterlichen Komplex der Basilika Sant'Apollinare aus dem 11. Jahrhundert gehört. Hier heilte der Priester von Ratanà in den Dreißigerjahren seine frommen Patienten. In einem von hier abzweigenden Gässchen ist die waschechte Osteria am knalligen Neonrosa erkennbar. Nichts wurde dem Zufall überlassen, von überall her zusammengetragene Gegenstände und Schilder zieren das Lokal: eine Art *Refugium peccatorum* der Erinnerung ... Die Tische sind schlicht gedeckt, das Menü wird von den beiden Gesellschaftern der ersten Stunde, bekannt unter den Spitznamen Smilzo und Sintesi, beschrieben und serviert. Auf einen Start mit ausgezeichneter Wurst (14 €) folgen traditionelle Primi in großzügigen Portionen: Pasta e fagioli, **Tagliatelle al ragù** (8 €) und Ravioli ripieni di brasato con sugo di arrosto. Unter den Secondi sind **Cotoletta alla milanese** (13 €), **Rognoncino trifolato**, Trippa und, nur gegen Vorbestellung, **Casoeûla mit Polenta**. Die Dolci bereitet Signora Elena zu, die Frau des Patrons. Wenn Sie Glück haben, nimmt jemand eine Gitarre zur Hand, und alle singen gemeinsam wie in den authentischen und unvergesslichen mailändischen Osterien von einst. Gutes Mittagsmenü zu einem festgelegten Preis.

■ Il Gusto di Virdis, Via Piero della Francesca 38, verkauft Wein, Öl, Sottoli, Eingemachtes, Bottarga, Pasta, Marmeladen und Süßes aus allen Regionen.

U-BAHN-STATION ROMOLO (LINIE 2)

Grand Hotel

Osteria • Via Ascanio Sforza, 75
Tel. (+39) 02 / 89 51 15 86,
(+39) 02 / 89 51 61 53
Ruhetag: Montag
Ferien: August
60 Plätze + 60 Plätze im Freien
Preise: 35–38 €
Kreditkarten: CS, MC, Visa; BM
Abends geöffnet, Samstag und Sonntag auch mittags

Fabrizio Paganini erzählt, dass 1981, als das Lokal eröffnet wurde, der Hof von tausend Stimmen und Geräuschen der Handwerker hallte, die ihn bevölkerten. Heute erinnern an das Mailand von einst ein Haus mit Laubengang, zwei Bocciabahnen mit einer Glyzinienlaube und, zu unserem Glück, die hervorragende Küche und der gut bestückte Keller dieser historischen Osteria. Der Patron sorgt für einen herzlichen, aufmerksamen Empfang und präsentiert professionell das Menü. In der Saison können Sie mit Tortino di scalogno caramellato con aceto balsamico, **Flan di carciofi con fonduta di taleggio** (9 €), Uovo in camicia con asparagi, Soufflé di parmigiano e ricotta oder Tatin di pomodorini con stracciatella di bufala beginnen. Weiter geht es mit Spaghetti al cipollotto, **Ravioli di provola con ciliegini canditi** (11 €), Gnocchi con pesto di fave oder Paccheri con ragù alla genovese. Als Secondi bieten sich ausgezeichnete **Battuta di fassona con scaglie di parmigiano** (17 €), Petto d'anatra con mele speziate, Timballo di carciofi e patate, bei Niedrigtemperatur gegarte Spalla d'agnello oder auch eine sorgsam zusammengestellte Auswahl an **Formaggi** aus Kuh- oder Ziegenmilch an. Für eine süße Note sorgen Soufflé di cioccolato, Tiramisù al bicchiere, **Gelato di zenzero** (7 €) oder Sorbetto alla frutta. Ein Blick in die Weinkarte lohnt sich, denn es finden sich dort Weine aus ganz Italien und anderen Ländern, einige davon auch im glasweisen Ausschank. Großes Augenmerk gilt nach natürlichen Methoden erzeugten Tropfen.

■ Cream Garden (Via Quaranta 3–7) verkauft erstklassiges Eis; die Bäckerei Doppio Zero (Corso San Gottardo 12) bietet exzellentes Sauerteigbrot mit Mehl aus dem Parco Agricolo Sud.

U-Bahn-Station Repubblica (Linie 3)

L'Osteria del Treno

Trattoria
Via San Gregorio, 46–48
Tel. (+39) 02 / 670 04 79
Ruhetag: Samstag, Sonntagmittag
Ferien: 3 Wochen um den 15. August, Weihnachten/Neujahr
70 Plätze + 40 Plätze im Freien
Preise: 36–39 €
Kreditkarten: MC, Visa; BM
Mittags und abends geöffnet

Nicht weit von der Piazza Repubblica führt Angelo Bissolotti mit Hingabe diese bekannte Trattoria, die einst Sitz der Freizeitorganisation für Eisenbahner war. Die Antipasti beinhalten eine Auswahl an Wurstspezialitäten, davon viele Slow-Food-Presidi: Salame pezzente (9 €), Capocollo aus Martina Franca und Tarese aus dem Valdarno. Eine Kostprobe verdient Paté rustico con crostini caldi. Unter den Primi sind **Tortelli di bietole con burro e salvia** oder con fegatini (10 €), Lasagnette ai porri und vortreffliche Paccheri al sugo di pomodoro e pezzente. Fleisch vom Rind der Rasse Bianca Piemontese (Slow-Food-Presidio) wird mit dem Messer gehackt, mariniert oder als **Guanciale bollito con bagnetto verde e rosso, rafano e mostarda** (16 €) serviert. Als Secondi gibt es auch Galletto al forno ripieno di prugne e salsiccia con salsa di mele e cipolle, **Coniglio marinato con la mentuccia** (15 €) und Lumache alle erbe aromatiche con crostone di pane. Das Angebot an **Käse** aus Ziegen- und Kuhmilch ist gut zusammengestellt und geografisch breit gefächert. Als süßer Abschluss bieten sich delikate Sfogliatina di ricotta con salsa d'arancia (7 €), Torta di mele e cannella con gelato alla vaniglia, Gelato al pistacchio e peperoncino und verschiedene Sorbets an. Umfangreiche Weinauswahl, teils auch im glasweisen Ausschank. Mittags gibt es einen ausgezeichneten Businesslunch vom Büfett zu einem moderaten Preis. Neben dem Gastraum befindet sich ein herrlicher Jugendstilsalon für Feste und Bankette.

L'Arte di offrire il tè (Via Macedonio Melloni 35) bietet Teemischungen und das passende Teewasser. Cantine Isola (Via Paolo Sarpi 30) verkauft italienische und ausländische Weine sowie Imbisse.

U-Bahn-Station Crocetta od. Porta Romana (Linie 3)

La Bettola di Piero

Osteria
Via Orti, 17
Tel. (+39) 02 / 55 18 49 47
Ruhetag: Sonntag
Ferien: 3 Wochen im August
40 Plätze
Preise: 30–40 €
Kreditkarten: AE, CS, MC, Visa; BM
Mittags und abends geöffnet

In diesem historischen Lokal mit wenigen Plätzen, das in den Sechzigerjahren von Piero eröffnet wurde, sollte man reservieren. Das für Mailand typische Ambiente präsentiert sich mit schlichter Einrichtung, Nachdrucken alter Werbeplakate an den Wänden, signierten Fotos von Theaterschauspielern (das Carcano-Theater ist 200 Meter entfernt) und Tischen mit klassischen karierten Tischdecken. Inhaberin und Köchin ist Monica Bertolazzi, ihr Sohn Alessandro Paganoni kümmert sich um den Service. Der Empfang ist freundlich, aber nicht aufdringlich, die Erklärung der Speisen tadellos. Die Karte nennt ausgesprochen gut zubereitete traditionelle und piemontesische Gerichte. Hervorragend ist **Paté di fegatini** (8 €), aber man kann auch zwischen Baccalà al latte, serviert auf Zwiebelconfit, köstlicher **Frittura di cervella** (6,50 €) Uova di quaglia su lardo di Arnad e purea di cipolla und Ricotta calda con i radicchietti wählen. Als Primo verdienen **Raviolacci** (13 €) eine Kostprobe; die Risotti sind nach saisonalen Rezepten gut zubereitet (vorzüglich in der Version mit Birnen und Taleggio aus dem Valsassina, 12 €). Gnocchi di castagne, Zuppa di cipolle und Spaghetti al cipollotto munden ebenfalls. Herausragende Secondi sind **Piccione ripieno di carciofi** (18 €) und, ganz im Zeichen der Tradition, ***Rustin negàa*** (20 €), Stufato d'asina und Rognoncino trifolato. Dolci und Pasta sind hausgemacht. Die nicht große, aber interessante Weinkarte pendelt zwischen der Lombardei und dem Piemont. Zum Finale gibt es köstlichen hausgemachten Haselnusslikör.

La Dolce Vita auf Hausnummer 12 ist Konditorei, Imbissstube und Bistro – ideal, um ein Stück Torte, eine Tasse Tee oder ein einfaches Mittagessen zu genießen.

U-BAHN-STATION LORETO (LINIE 1)

Mirta

Moderne Osteria
Piazza San Materno, 12
Tel. (+39) 02 / 91 18 04 96,
(+39) 338 / 625 11 14
Ruhetag: Samstag, Sonntag
Ferien: August, 2 Wochen zu Weihnachten
40 Plätze
Preise: 39 €
Kreditkarten: CS, DC, MC, Visa; BM
Mittags und abends geöffnet

Diese kleine, anmutige moderne Osteria mit einem Touch von einst liegt am nördlichen Stadtrand Mailands. Sie bietet kreative Küche, die auf Kombination von Qualitätsprodukten – auch aus vielen Slow-Food-Presidi – setzt. Das Lokal wird von der Familie Lema geführt: Juan ersinnt in der Küche originelle Gerichte, Cristina kümmert sich um den Service und begrüßt die Gäste. Brot, Pasta und Süßspeisen sind hausgemacht, die Lieferanten sorgfältig ausgewählt. Großes Augenmerk gilt der Verwendung von Saisongemüse und Hülsenfrüchten. Den Anfang machen Antipasti wie **Torta calda di farina integrale, zucca, cicorie e formai de mut** (10 €), Crème caramel di pecorino a latte crudo con confettura di pomodori e vaniglia (9 €), Polpettine di fegato di vitello und Salsiccia su guazzetto di fagioli bianchi. Weiter geht es mit **Cavatelli al sugo di carne, erbe e provola** und Parmigiana di melanzane in crosta (12 €). Als Secondi bieten sich **Galletto disossato arrostito al sale marino con taccole e indivia al salto** (16 €), Stinco d'agnello con cavolo cappuccio stufato (18 €) und Tartare di controfiletto con senape an. Für ein großartiges Finale sorgen die beachtliche Selektion an **Rohmilchkäse** aus Italien und Frankreich (13 €) und die Dolci (6,50 €), unter denen Crème brulée ai pinoli, Fondente di cioccolato e zenzero con crema chantilly agli agrumi und Mousse di ricotta con amarene candite herausragen. Gutes Angebot an Weinen, teils auch im glasweisen Ausschank. Mittags gibt es ein Menü für eine schnelle Mahlzeit.

»
Gepflegte Küche mit gekonnter Verwendung von Qualitätsprodukten, kombiniert mit sehr ansprechendem Empfang.
«

U-BAHN-STATION PORTA ROMANA (LINIE 3)

Osteria dell'Acquabella

Osteria
Via San Rocco, 11
Tel. (+39) 02 / 58 30 96 53
Ruhetag: Montag- und Samstagmittag, Sonntag
Ferien: 3 Wochen im August
80 Plätze
Preise: 35–38 €
Kreditkarten: CS, MC, Visa; BM
Mittags und abends geöffnet

Eine klassische Osteria mit der typischen Mailänder Atmosphäre von einst, in der, wie früher, der Bartresen im Eingangsbereich untergebracht ist. Renzo ist ihr Schöpfer und wird Ihnen mit Begeisterung alte Anekdoten und Geschichten aus Mailand erzählen, wobei er oft alle Gäste einbezieht und eine heitere Atmosphäre schafft. Die mailändischen und lombardischen Spezialitäten, die in diesem Lokal auf den Tisch kommen, werden von den Geschwistern Liliana und Massimo Artuso zubereitet. Hier ist Mailand allgegenwärtig: im Akzent bei den Erläuterungen des Menüs, auf den alten Fotos an den Wänden, die die Stadt in früheren Zeiten zeigen, und beim Großteil der Besucher, die häufig Stammgäste sind. Man beginnt mit **Bresaola e *raspadura*** oder mit dem Antipasto des Hauses, der gemischten Aufschnitt, Nervetti (Knorpel) und russischen Salat vorsieht. Zahlreich auf der Karte vertreten sind Risotti, vom Klassiker mit Safran, der in Kombination mit Osso buco (20 €) auch als ganze Mahlzeit angeboten wird, über Risotto al buttafuoco, mit Wein verrührt (7,50 €), bis zu Risotto al salto. Weitere Primi sind Pasta e fagioli und Pennette all'Acquabella. Neben Bistecca del *magutt* (mit Gorgonzola und Polenta) folgen danach gute ***Mondeghini*** (9 €), die wie Filetto alla Bonarda und einige Ossibuchi-Varianten auch mit Polenta serviert werden. Den Schlusspunkt setzen eine Käseplatte mit Frucht- und Gemüsekonfitüren und Süßspeisen wie **Salame al cioccolato**, Sbrisolona und Kuchen. Interessante Weinkarte mit ehrlichen Preisen.

Attimi di Gusto, Verkauf und Erzeugung von Süßwaren und Eis (Via Vigevano 13): Enrico Rizzi bietet Kunstwerke aus außergewöhnlichen Zutaten.

Bushaltestelle Misurata Favretto (Linie 90 u. 91)

Tagiura

Trattoria
Via Tagiura, 5
Tel. (+39) 02 / 48 95 06 13
Ruhetag: Sonntag
Ferien: 10.–30. August, 24. Dezember–6. Januar
200 Plätze + 120 Plätze im Freien
Preise: 20–35 €
Kreditkarten: CS, MC, Visa; BM
Mittags geöffnet, Donnerstag und Freitag auch abends

Das Tagiura ist ein überraschendes und vielseitiges historisches Mailänder Lokal, denn es vereint Bar, Vinothek, Tabakgeschäft und Restaurant. Die verschiedenen Themen zugeordneten Räume haben unterschiedliche Farben, aber dennoch gibt es hier authentisches Mailänder Essen: **Risotto giallo con pistilli di zafferano** (10 €) oder **con ossobuco** (20 €) und **Orecchia d'elefante con patate** (18 €). Eine schlichte, traditionelle Küche, für deren Qualität und Authentizität die Familie Angelotti bürgt, die seit 1963 am Ruder ist. Mittags, wenn das Lokal gedrängt voll ist, passt man sich mit einem eingeschränkten Angebot an die Rhythmen der Großstadt an. Abends wartet dagegen ein saisonal wechselndes komplettes und vielfältiges Menü. Man beginnt mit Antipasto mit Aufschnitt und Gnocco fritto (8,50 €) oder mit **Flan** – im Winter **aus Lauch** –, um danach hausgemachte Pasta zu genießen: Ravioli di zucca al burro e salvia, unterschiedlich verfeinerte Gnocchi di patate, Parmigiana und unumgängliche Minestra del giorno (10 €). Ausgezeichnete Auswahl an Secondi: Filetto di maialino con cicoria e zabaione salato (14 €), **Scottona di manzo al rosmarino**, Vitello tonnato, Carpacci und Tartare di manzo sowie Bolliti in der kalten Jahreszeit. Abschließend erwarten Sie eine Käseselektion mit Gorgonzola und Taleggio aus der Lombardei, serviert mit Marmeladen und Fruchtkompotten (12 €), und eine reiche Auswahl an Kuchen und hausgemachten Dolci vom Büfett. Interessantes, umfangreiches Angebot an Weinen aus der hauseigenen Vinothek, teils auch glasweise.

Miracolo a Milano (Via Stendhal 47) ist eine kleine Käserei, die Mozzarelle, Burrate, frischen und gereiften Käse aus Kuh- und Büffelmilch anbietet.

25 km westlich von Sondrio

Osteria del Crotto

Restaurant
Via Pedemontana, 22
Tel. (+39) 03 42 / 61 48 00
Ruhetag: Montagmittag, Sonntagabend
Ferien: 2 Wochen im August/September
80 Plätze + 50 Plätze im Freien
Preise: 35–38 €
Kreditkarten: CS, MC, Visa; BM
Mittags und abends geöffnet

Von der Wallfahrtskirche S. Maria Assunta im Tal führt ein kurzer Weg zum Restaurant. Maurizio und Carlo haben einen alten Steinkeller aus dem Jahr 1814 in ein Restaurant mit Essen und Wein aus dem Gebiet verwandelt. Carlos Frau Teresa erläutert das Menü. Sie ist eine erfahrene Sammlerin von Wildkräutern und Akazienblüten. Letztere verfeinern auch eines der hausgemachten Desserts. Auf der Karte mit dem Verzeichnis der lokalen Lieferanten wechseln Gerichte vom Festland und aus dem See. Den Fisch liefert ein Fischer des Vertrauens in Gera Lario. Den Anfang machen Bresaola aus dem Val Chiavenna, **Violino di capra con insalata aromatica e caprino** (9 €), Filetto di lavarello del lago di Como in carpione leggero (9 €) und Tortino di erbe selvatiche. Unter den Primi sind Pizzocheri di farina di castagne con patate, verza e latteria stagionato, Tortelli di ricotta di capra e ortiche con burro al timo selvatico (9 €), Spaghettoni con salsa ai missoltini ed erbe aromatiche und **Farfalle di segale con crema di taleggio e asparagi** (10 €). Es folgen **Agnello al forno** (16 €), Controfiletto al vino rosso und Arrosto di coniglio nostrano. Es gibt eine sehr gute Selektion lokaler **Formaggi** mit herausragendem Bitto storico (Slow-Food-Presidio). Die Liste der Desserts umfasst Creme brûlée al profumo di fiori di acacia con sorbetto al sambuco, Flan di cioccolato con salsa alla vaniglia und **Parfait alla grappa**. Die Weinkarte nennt eine gute Auswahl hiesiger Rotweine sowie biologische und biodynamische Tropfen.

„Geschmack und Schlichtheit bei der Verwendung lokaler Produkte, Saisontreue und Förderung der wiederentdeckten Tätigkeiten kleiner Bauern, Viehzüchter, Käser und Fischer."

PALAZZAGO (BG)

18 KM NORDWESTLICH VON BERGAMO

Burligo

Trattoria
Via Burligo, 12
Tel. (+39) 035 / 55 04 56
Ruhetag: Montag, Dienstag
Ferien: erste Woche im Jahr, 2 Wochen im September
40 Plätze + 20 Plätze im Freien
Preise: 30 €
Kreditkarten: CS, MC, Visa; BM
Abends geöffnet, an Feiertagen auch mittags

Es scheint, als würde man einen Sprung in die Vergangenheit machen, wenn man zu der auf 500 Metern Höhe thronenden Osteria im Ortsteil gelangt, nach dem sie benannt ist. Sobald man die Schwelle überschritten hat, findet man sich in schlichtem Ambiente mit zwei Räumen wieder, in denen große Tische in gutem Abstand angeordnet sind. Felice empfängt und bedient die Gäste, seine Frau Norma kocht wenige, aber unverfälschte und gut zubereitete Gerichte, wobei sie sehr auf saisonale und lokale Zutaten achtet. Man kann mit **Coppa aus Vedeseta con verdure in agrodolce** (7 €), delikater **Paté di tordi** (9 €) oder mit Polenta und Salami aus dem Val Taleggio beginnen. Von den Primi (9 €) lohnt allein **Minestra di trippa e coratella** die Anreise; sehr gut schmecken auch Orzotto con funghi porcini und **Tagliatelle con ragù di capra**. Die Secondi räumen bodenständiger Kost viel Platz ein. Dies trifft für **Salsicciotto** aus dem Val Taleggio **con lenticchie** (12 €), Pollo di Barzana al vino rosso und für Coniglio dell'Albenza al rosmarino zu. Man kann mit Käse aus den Bergamasker Alpen fortfahren, darunter Taleggio, Strachitunt aus Vedeseta und Formai de mut, oder das Essen mit einem hausgemachten Dessert (6 €) beenden: **Pere al vino rosso**, Torta di farina gialla und **Gelato fiordilatte con salsa ai lamponi** dell'Albenza. Einen Applaus verdient die Weinkarte mit lokalen und italienischen Tropfen: große Weine, alte Jahrgänge, Magnum- und Halbflaschen, und alles zu wirklich ehrlichen Preisen.

»

Einsatz, stetige Suche nach den besten Zutaten und starke Verbundenheit mit dem Gebiet machen das Burligo zu einer sicheren Adresse, um Küche und Produkte der Täler um Bergamo kennenzulernen.

«

PALAZZOLO SULL'OGLIO (BS)
Calci

28 KM NORDWESTLICH VON BRESCIA, AUSFAHRT A 4

Osteria della Villetta

Traditionelle Osteria
Via Marconi, 104
Tel. (+39) 030 / 740 18 99
Ruhetag: Sonntag, Montag, Dienstag- und Mittwochabend
Ferien: August, 25. Dezember–2. Januar
60 Plätze + 40 Plätze im Freien
Preise: 35–38 €
Kreditkarten: AE, MC, Visa; BM
Mittags und abends geöffnet

Man betritt dieses Lokal und glaubt im selben Atemzug, in der Vergangenheit angekommen zu sein, wenn man den Bartresen, die großen Tische für Kartenspieler, die Gasträume und die Tafel mit dem darauf angeschriebenen Menü erblickt. Patron Maurizio Rossi nennt die Speisen, die aus der Küche kommen, und auch die Erzeuger der Zutaten. Die Gerichte nach Familienrezepten aus der Tradition Brescias sind einen Hauch leichter, aber ohne stilistische Tricks zubereitet. Zu Beginn gibt es **Lingua di vitello mit hausgemachter Giardiniera** (10 €), eine Auswahl an Salumi sowie **Vitello tonnato arrosto**. Die Spezialität unter den Primi (10 €) ist **Trippa**, aber wir nennen auch Gnocchi di patate und **Lasagna con ragù di vitello e fonduta di grana padano**. Bei den Secondi (13 €) ist der Teller mit **Polpetta, Involtino di verza und Guanciale di manzo in salsa verde** ein Pflichtgericht des Hauses; gut sind auch ganz traditionelles **Manzo all'olio**, Bolliti misti con salsa verde und **Polpette al sugo rosso con polenta bianca** nach einem unvergessenen und immer wieder hervorgeholten Rezept der Großmutter. Sorgfältig zusammengestellte Auswahl typischer lombardischer **Formaggi** (10 €). Von den einfachen, aber immer guten Desserts (6 €) empfehlen wir eine Kostprobe von Crostate, Budino al cioccolato fondente, Gelato alla crema und Halva. Die umfassende Weinkarte, auf der selbstverständlich Etiketten aus der Franciacorta dominieren, lässt sorgfältige Suche erkennen.

»

Maurizios und Grazias Osteria ist ein Augen- und Gaumenschmaus und ohne Zweifel einer der Orte, an denen die Tradition Brescias besonders authentisch zum Ausdruck kommt.

«

PIADENA (CR)
Vho

31 KM ÖSTLICH V. CREMONA, 35 KM V. MANTUA, S.S. 10

Trattoria dell'Alba

Osteria
Via del Popolo, 31
Tel. (+39) 03 75 / 985 39
Ruhetag: Sonntagabend, Montag
Ferien: letzten 2 Juni-, ersten
2 Augustwochen, Weihnachten
35 Plätze
Preise: 38 €
Kreditkarten: CS, MC, Visa; BM
Mittags und abends geöffnet

Die Brüder Bertoletti, Omar im Service und Ubaldo in der Küche, sind Hüter der Küche eines Gebiets, in dem Essen allgemein ein sehr befriedigendes Erlebnis ist. Das historische Lokal (1850) ist in seiner Schlichtheit intakt geblieben: Eine ländliche Trattoria an der alten Strecke zwischen Mailand und Venedig, leicht zu erhalten, da sie dank der niedrigen Raumhöhe von einem einzigen Ofen beheizt werden kann. Leidenschaft und Akribie kennzeichnen die Auswahl und Verarbeitung hochwertiger Zutaten: hausgemachte Mostarde und Desserts, zwei Jahre lang aufgezogene Schweine, Rindfleisch von nahen Bauernhöfen, Mehl aus der Steinmühle und sorgsam ausgesuchte Eier, Butter und Fisch aus dem See. So ist es fast natürlich, mit Wurst, Ziegenkäse und in Öl eingelegtem Gemüse zu beginnen; ausgezeichnet sind auch **Lumache in umido con verdure** (8 €). Beachtliche Primi wie **Tortelli di zucca al pomodoro** (10 €), Marubini ai brodi und Maccheroni al torchio con ragù di chianina nostrana. Freitags gibt es **Bigoli con le sarde** (8 €), im Winter Minestra di cappone. Die Secondi werden mit Beilage serviert: Baccalà al forno con polentina alle verdure, **Anguilla** sgrassata al forno **con erbette dell'orto** (17 €), Oca in terragna con mostarde, Bollito misto und **Pollo in agresto** (ein Rezept aus dem 16. Jahrhundert). Erwähnt sei die Käseplatte, die vor allem Sorten aus Rohmilch enthält. Unter den Dolci sind Sbrisolona und **Zuppa inglese** alla mantovana (5 €). Die überraschende Weinkarte nennt edle Weine aus dem Umland und anderen Gebieten.

»
Ein Ort, der zum Symbol für gutes Essen geworden ist. Viele Jahre der Leidenschaft und Sorgfalt bei der Zutatenauswahl führen zu immer profunderem Wissen über das Gebiet.
«

POMPONESCO (MN)

40 KM SÜDWESTLICH VON MANTUA, S.S. 358

Cavalier Saltini

Trattoria
Piazza XXIII Aprile, 10
Tel. (+39) 338 / 612 13 32
Ruhetag: Montag
Ferien: 15. Juli–14. August
80 Plätze
Preise: 32 €
Kreditkarten: Visa; BM
Mittags und abends geöffnet

In den kleinen Ort Pomponesco an dem Mantua zugewandten Ufer des Po kommt man vor allem, um die von Bogengängen umrahmte große Piazza zu bewundern. Marchese Julius Cäsar Gonzaga ließ sie Ende des 16. Jahrhunderts gestalten, um seinen Verwandten und seinem Cousin Vespasian, dem Herzog von Sabbioneta, in Prunk und Feinsinnigkeit in nichts nachzustehen. Unter den Bogengängen befindet sich die Trattoria Cavalier Saltini, eine eifersüchtige Hüterin der ***Luadei***, die eine weitere lokale Berühmtheit darstellen. Der Tradition entsprechend wurden diese kleinen Brötchen aus mit Schmalz verknetetem Teig in den Ofen geschoben, um vor dem Brotbacken dessen Temperatur zu prüfen. Die *Luadei* werden ganz heiß zusammen mit hausgemachten Wurstspezialitäten wie Culatello, Culaccia und Spalla cotta (10 €) serviert. Die Tradition diktiert auch den Rest des Menüs. Unter den Primi sind Minestrone con i maltagliati, Tortelli di zucca, Anolini in brodo (9 €), Tagliatelle al sugo d'anatra, **Ravioli di ricotta** und eine Kostbarkeit namens **Pignattino**, zubereitet aus Leber und Magen vom Huhn. Bei den Secondi empfehlen wir eine Kostprobe von **Stracotto di somarina** con la polenta (11 €). Gute Alternativen dazu sind **Pollo ruspante** (Freilandhuhn mit Gemüse serviert), Lumache in umido, Anatra, geschmort und gebraten, sowie Stinco di maiale. Die Dolci wie Sbrisolona, Salame dolce (3,50 €) oder Tiramisu sind klassisch gehalten. Auf der Weinkarte dominieren Lambruschi aus Mantua (auch aus der Traubensorte Grappello Ruberti) und der Emilia, aber es fehlt auch nicht an Weinen aus anderen Regionen und aus Frankreich.

PORTALBERA (PV)
San Pietro

22 KM SÜDÖSTLICH VON PAVIA, 3 KM VON STRADELLA

Osteria dei Pescatori

Trattoria
Ortsteil San Pietro, 13
Tel. (+39) 03 85 / 26 60 85,
(+39) 320 / 371 30 52
Ruhetag: Mittwoch
Ferien: 2 Wochen im Januar, 3 Wochen im Juli
50 Plätze
Preise: 35–40 €
Kreditkarten: CS, Visa; BM
Mittags und abends geöffnet

Diese ebenso einfache wie ansprechende ländliche Trattoria am rechten Poufer wartet mit gepflegter Einrichtung und Tischwäsche auf und lohnt eine Einkehr. Die Küche von Patron Massimo Borgognoni ist dem Gebiet verbunden; Gans ist in vielen Gerichten Hauptdarstellerin neben Süßwasserfisch. Einst kam der Fisch direkt aus dem Po, heute wird er in anderen Gewässern der Lombardei gefangen. Von den Antipasti empfehlen wir eine Degustation von Süßwasserfisch (9 €), bestehend aus Storione, **Terrina di pesce gatto** und Trota affumicata. Als Alternative bieten sich Degustazione d'oca oder eine Auswahl traditioneller Wurstspezialitäten aus dem Oltrepò Pavese an. Als Primi locken gute typische **Ravioli di brasato al fondo bruno** (9 €); nicht minder köstlich sind Trofie al ragù d'oca und Tagliolini al ragù di fiume. Die Risotti sind vorzüglich. Es geht weiter mit **Petto d'oca all'aceto balsamico con pere cotte al Barolo** (11 €), **Guanciolo di manzo stufato con polenta** (10 €) und Coscia d'oca in confit con patate novelle saltate nel grasso d'oca. Wenn Sie Fisch bevorzugen, werden Ihnen **Filetti di persico al burro e salvia** oder Scaloppe di pesce gatto con dadolata di pomodori e olive schmecken. Zu manchen Zeiten gibt es Rane fritte. Die hausgemachten Dolci wie Crostata di mele oder Salame di cioccolato sollten nicht unversucht bleiben. Die Weinkarte nennt gute Tropfen aus einigen lokalen Kellereien; es besteht die Möglichkeit, den Wein viertelliterweise zu bestellen.

In **Spessa Po** (2 km) züchtet der junge Paolo Corbellini im schönen Rahmen der Cascina Speziana Chianinarinder und bietet gelegentlich Familienpackungen von erstklassigem Fleisch an.

POZZOLENGO (BS)
Martelosio di Sopra

40 KM SÜDÖSTLICH VON BRESCIA

Antica Locanda del Contrabbandiere

Restaurant
Ortsteil Martelosio di Sopra, 1
Tel. (+39) 030 / 91 81 51
Ruhetag: Montag • Ferien: 7.–31. Januar
36 Plätze + 20 Plätze im Freien
Preise: 35–38 €
Kreditkarten: CS, MC, Visa; BM
Abends geöffnet, an Feiertagen auch mittags

Wie es sich für ihren Namen („Alte Locanda des Schmugglers") gehört, versteckt sich die Locanda in den schönen, mit Weingärten bewachsenen Hügeln zwischen der Autobahn und dem Gardasee und bietet einen herrlichen Ausblick auf die ländliche Umgebung. Das Menü wird von Inhaber Lorenzo Bonato mündlich beschrieben; er kommt an Ihren Tisch und erläutert die Zubereitungsarten der Fleisch- und Fischgerichte. Dank seiner Kompetenz bietet das Lokal eine Stil- und Erinnerungsübung, indem sich zu gutem **Sformato ai carciofi su crema al taleggio** (9 €) leichter, würziger *Saor* di trota con polenta morbida gesellt. Bei den Primi gibt es einige Klassiker wie die Variationen zum Thema Risotto mit Saisonzutaten wie Roter Bete, Spargel oder Artischocken. Originell sind **Bigoli alla carbonara di lago** (11 €), vortrefflich Gnocchi di castagne con ragù di lepre (12 €). Die Portionen sind angemessen und lassen noch Platz für ein kräftiges Hauptgericht wie traditionelle Guanciale di vitellone brasato all'Amarone oder ein etwas leichteres **Filetto di lavarello in carta fata con verdure** (15 €). Die Süßspeisen wechseln mit den Jahreszeiten, aber der außergewöhnliche Tortino di cioccolato fondente con cuore morbido (7 €) ist ein Dauerbrenner. Die Weine aus dem Lugana und Valtenesi haben korrekte Preise und vermitteln einen sehr guten Überblick über die lokale Produktion.

Bei den Fattorie dei Colli Storici (Via Santa Maria 21) gibt es Fleisch der besten italienischen Rinderrassen. Die Brüder Castrini beschäftigen sich mit ethischem Konsum zur Reduzierung der Vergeudung von Nahrungsmitteln und fördern die Initiative Spesa Famiglia mit breiter Zustimmung.

Süßwasser in der Lombardei

Die Lombardei ist durchzogen von Flüssen, Seen, Bewässerungsanlagen und künstlichen Becken. Vielen dieser Ökosysteme droht jedoch der Verfall. Damit gehen leider ein beträchtlicher Rückgang der Fischvielfalt und eine Verarmung des kulinarischen Angebots einher. Sehr deutlich zeigt sich dieser Verlust bei Gerichten mit geschmortem, gebratenem und mariniertem Fisch. Eine Reihe von Lokalen leistet Widerstand, indem sie weiterhin auf diese Fischarten setzt und entsprechend bei Fischern oder lokalen Genossenschaften einkauft.
Von einigen gastronomischen Anbietern dieser Art ist nachfolgend die Rede, weitere finden Sie in den detaillierten Beschreibungen einzelner Lokale (Al Ponte in Acquanegra sul Chiese, Dispensa Pani e Vini in Adro, Locanda delle Grazie in Curtatone, Sali e Tabacchi in Mandello del Lario, Osteria del Crotto in Morbegno, La Stella in Porto Mantovano, Antica Locanda del Contrabbandiere in Pozzolengo, Osteria dei Pescatori in Pontalbera, Osteria di Mezzo in Salò, Lido Ariston Sales in Stagno Lombardo, Agriturismo del Gusto in Toscolano Maderno).
Für all diese Lokale muss eine Regel Beachtung finden: Fischart und -menge können nicht immer garantiert werden, manche Exemplare sind also möglicherweise nicht auf der Karte zu finden. Es handelt sich um die gängige Praxis, keinen Fisch aus anderen Gebieten, keine während der Fischfangsperre gefangenen Tiere und auch keine Tiefkühlware zu verarbeiten.

ALMENNO SAN BARTOLOMEO (BG)

Collina

Restaurant
Via Ca' Paler, 5/Straße nach Roncola San Bernardo
Tel. (+39) 035 / 64 25 70, (+39) 328 / 325 58 30
Ruhetag: Montag, Dienstag
Ferien: 1.–10. Januar
40 Plätze + 40 Plätze im Freien
Kreditkarten: CS, DC, Visa; BM
Mittags und abends geöffnet

Klarheit, Kompetenz und Kultur kennzeichnen Mario Cornalis Küche. Er ist Zeuge einer Tradition, die in den Fünfzigerjahren wurzelt, und hat es mit Zähigkeit und Leidenschaft geschafft, seinem Lokal innerhalb der lokalen Gastronomieszene eine besondere Prägung zu verleihen. Unterstützt von Michele Capelli, Giovanni Beretta, die für Patisserie und Brot zuständig sind, sowie von seinem Sohn Alessandro, bringt der Küchenchef Fisch aus dem Comer See auf den Teller: manchmal in Form einer opulenten Fischplatte (16 €), aber auch in klassischen Versionen wie Ravioli ripieni di pescato oder in Form gelungener Experimente wie Lâchburger (16 €). Wir empfehlen das Degustationsmenü nach einem vom Koch geführten Parcours (52 €, Wein nicht inbegriffen). Die Karte bietet auch exzellente Fleischgerichte. Die gut bestückte Weinkarte lässt eine umsichtige, niemals alltägliche Auswahl erkennen.

BELLAGIO (CO)

Silvio

Restaurant
Via Carcano, 12
Tel. (+39) 031 / 95 03 22
Kein Ruhetag
Ferien: unterschiedlich
150 Plätze + 100 Plätze im Freien
Kreditkarten: AE, CS, DC, MC, Visa: BM
Mittags und abends geöffnet

Zwischen kleinen romanischen Kirchen und Parks von Herrschaftsvillen finden Sie das Restaurant und Hotel Silvio in Bellagio am Ufer des Comer Sees. Patron Cristian Ponzini ist Berufsfischer und garantiert für hervorragenden Fisch, der zu zarten, leichten Carpioni, knusprigen Frittüren mit würzigen Panaden und exzellent zubereiteten Pasteten hervorragend verarbeitet wird. Begeisterungsstürme ruft der Antipasto misto del Lario (zehn Fischvorspeisen, 30 €) hervor. Alternativen wären Missoltino del Lario (6,50 €), Riso con i filetti di pesce persico, Tagliatelle lago e monti und Ravioli ripieni di savetta. Weiter geht es mit Frittura di luccio in crema alla cipollina, die im Mund zergeht, Lavarello alla piastra und Pescato del giorno in gratin di bergamotto e limone (19 €). Süßspeisen, Brot und Grissini sind selbst gemacht. Exzellent ist Gelato del Silvio (7 €). Das Kellerangebot beinhaltet Weine aus ganz Italien und dem Ausland; die Preise sind korrekt.

GOITO (MN)

Al Pescatore da Mino

Trattoria
Via Mori, 50
Tel. (+39) 03 76 / 600 10
Ruhetag: Montag
Keine Ferien
50 Plätze + 30 Plätze im Freien
Kreditkarten: AE, CS, DC, MC, Visa; BM
Mittags und abends geöffnet

Hier schöpft man aus einer unendlichen Reihe an Traditionsrezepten für Süßwasserfisch und stützt sich auf hervorragende Grundzutaten. Dies ist möglicherweise das Geheimnis der Inhaber dieser Trattoria, in der man Luccio in salsa und Risotto genießen kann; Risotto wird hier aber nicht in der Version alla pilota, sondern *menato* serviert, das heißt cremig verrührt, und je nach Saison mit Fisch – Schleien, Barschen, Aal – oder auch mit Fröschen verfeinert. Letztere haben ihren Auftritt auch in einem duftenden Fritto misto mit kleinen Fischen, Aal und Katzenwels. Begleiter zum Essen sind Weine, die man von einer einfachen, aber gut zusammengestellten Karte wählt.

MONIGA DEL GARDA (BS)

Al Porto

Restaurant
Via del Porto, 29
Tel. (+39) 03 65 / 50 20 69
Ruhetag: Mittwoch, außer 15. Juni–31. August
Ferien: zwischen November und Januar
50 Plätze:
Kreditkarten: AE, CS, DC, MC, Visa; BM
Mittags und abends geöffnet

Ein elegantes Ambiente mit einer Bar im Außenbereich und einer schönen Terrasse mit Blick auf den See. Die Auswahl der Grundzutaten erfolgt sorgfältig und reflektiert. Wandas Speisenangebot, das sie mit einer nicht alltäglichen Interpretationsgabe zubereitet, hängt vom täglichen Fangergebnis ab. Wir empfehlen Ihnen Toast di sarda di lago con salsa alla senape antica (15 €), Spaghetti aus Gragnano con sardine di lago, capperi e scorza di limone (14 €), Tinca al forno ripiena con brunoise di verdure oder Filetto di persico con cuscus croccante e asparagi. Auf der umfassenden Weinkarte finden Sie den besten Begleiter zu Ihrem Essen.

MONTE ISOLA (BS

Locanda al Lago

Restaurant
Ortsteil Carzano, 38
Tel. (+39) 030 / 988 64 72,
(+39) 347 / 918 64 78
Ruhetag: Dienstag, außer im Sommer
Ferien: Dreikönig–letzte Februarwoche
30 Plätze + 60 Plätze im Freien
Kreditkarten: CS, MC, Visa; BM
Mittags und abends geöffnet

Schon von der Fähre aus, die am Landesteg von Carzano anlegt, erblickt man die schöne Terrasse des Restaurants, das seit 1948 unter der Leitung der Familie Soardi steht. Papà Nando, Gastronom und erfahrener Fischer, wartet mit Gerichten aus Zutaten aus dem See und vom Festland auf. Eine Kostprobe wert sind luftgetrocknete Sardine del Sebino (Slow-Food-Presidio) und leicht geräucherte Salami aus Monte Isola. Unter den weiteren Gerichten sind Antipasto mit Paté di tinca und Pesci in carpione, Risotto al pesce di lago con la sua bottarga (13 €) und Coregone ripieno al forno con polenta (18 €). Falls vorhanden, probieren Sie unbedingt Zuppa di pesce. Auf der Weinkarte findet sich eine gute Auswahl an Brut-Schaumweinen aus der Franciacorta.

RIVA DI SOLTO (BG)

Zù

Restaurant
Via XXV Aprile, 53
Tel. (+39) 035 / 98 60 04
Ruhetag: Dienstag, im Sommer Dienstagmittag
Ferien: zeitweise im Januar
60 Plätze
Kreditkarten: CS, DC, Visa
Mittags und abends geöffnet

Das Restaurant bietet einen zauberhaften Ausblick auf den Iseosee. Marcello und sein Team sind ebenso freundlich wie professionell. Die sehr gepflegte Küche basiert hauptsächlich auf Süßwasserfisch, aber es gibt auch gute Fleischgerichte. Unter den Antipasti sind Tartara di salmerino con crema acida al formaggio e yogurt (18 €), Agoni alla griglia con polenta und Alborelle in carpione. Darauf folgen Chicche di patate, Crema di latte aromatizzata alla salvia und Coregone essiccato. Von den Secondi haben wir Salmerino su crema parmantier con pancetta arrostita e scaglie di mandorle (18 €) und Anguilla alla griglia su insalatina con aceto balsamico probiert. Die Weinkarte listet gute Etiketten aus dem Umland und dem übrigen Italien auf.

SEO (BS)

Trattoria del Muliner

Trattoria
Via San Rocco, 16
Tel. (+39) 030 / 982 92 06
Ruhetag: Dienstag
Ferien: 2 Wochen im Oktober
50 Plätze + 30 Plätze im Freien
Keine Kreditkarten
Mittags und abends geöffnet

Giovanni Sperolini, genannt *el moliner*, war der Großvater des tüchtigen Kochs dieses gemütlichen Lokals, Andrea Martinelli. Er verkaufte einst in diesen Räumlichkeiten Mehl oder tauschte es gegen Fisch, den die Fischer von Clusane täglich zum nahen Hafen brachten. Andrea versteht es, den Fisch aus dem See so gekonnt zuzubereiten, dass dessen Aromen voll zur Entfaltung gelangen. Unverzichtbar sind Tartare di trota affumicata al sapore d'arancia, Spaghetti alle sardine del Sebino, hausgemachte Tagliolini con gamberi d'acqua dolce e verdure (11 €), Filetti di pesce persico al limone und Tinca al forno. Neben den Gerichten mit Fisch aus dem See als Hauptdarsteller, die ausnahmslos empfehlenswert sind, gibt es auch eine Vielzahl ausgesprochen schmackhafter Primi.

SORICO (CO)

Beccaccino

Restaurant
Via Boschetto, 49
Tel. (+39) 03 44 / 842 41
Ruhetag: Montag, außer im Juli und August
Ferien: unterschiedlich
40 Plätze + 50 Plätze im Freien
Kreditkarten: AE, CS, DC, MC, Visa; BM
Mittags und abends geöffnet
G

Das Lokal unter der Leitung des Küchenchefs und Fischers Romeo Landi und seiner Frau Stefania Nonini befindet sich im Pian di Spagna genannten geschützten Bereich. Das Menü aus Grundzutaten aus dem See bietet eine breite Auswahl, angefangen vom Antipasto misto (12 €) mit Mousse di lavarello, Luccio marinato, Trota salmonata, Lavarello mit zwei Arten grüner Sauce und Agone in carpione. Sehr interessant ist Timballo di bottatrice (12 €). Ein Muss sind delikater Risotto con pesce persico (10 €) und würzige Ravioli di lavarello al pesto su passata di fagiolini. Bei den Secondi empfiehlt sich eine Kostprobe vom Pescato misto, aber man kann auch zu Lavarello con erbe aromatiche (14 €) greifen. Die gut bestückte Weinkarte nennt auch Tropfen einiger lokaler Winzer.

QUISTELLO (MN)

29 km südöstlich von Mantua, S.S. 496

All'Angelo

Restaurant
Via Catone, 60
Tel. (+39) 03 76 / 61 83 54
Ruhetag: Montag, Oktober–April auch Sonntagabend
Ferien: zweite Januarwoche, ersten 2 Juliwochen
60 Plätze • Preise: 40 €
Kreditkarten: AE, CS, DC, MC, Visa; BM
Mittags und abends geöffnet

Bis das Restaurant All'Angelo wieder an seinen alten Sitz verlegt werden kann, bildet die prachtvolle Villa Rovere aus dem 19. Jahrhundert seinen erlesenen Rahmen. Das gepflegte, elegante Lokal setzt sich aus zwei hellen, gut strukturierten Räumen zusammen. Denis bereitet den Gästen einen herzlichen Empfang, Nadia kocht eine Vielfalt an Gerichten aus sorgfältig ausgesuchten, aber nicht ausschließlich lokalen Zutaten: Sformatino di verdure als Entree und danach **Carpaccio d'oca con rucola e aceto ai lamponi** (11 €), Prosciutto di Parma con salsa tiepida und eine spezielle Wurstselektion. Unter den Primi sind schmackhafte **Ravioli d'anatra ai funghi** (11 €), Maccheroni al torchio con fagioli, Agnoli asciutti und Tagliatelle al petto d'oca. Bei den Secondi gibt Fleisch den Ton an: **Coscia di faraona disossata allo zafferano** (15 €), Guancialino alle mele brasate, **Tagliata di petto d'anatra in saba di vino rosso** (15 €) und Controfiletto d'agnello. Das Menü lässt auch Platz für verschiedene Kombinationen mit weißem Trüffel, der hiesigen Spezialität, die im Antipasto della casa, in den Triangolini ripieni und in Form von Spänen auf zartem Filetto di manzo zu finden ist. Das beachtliche Käsesortiment aus Italien und anderen Ländern beinhaltet einige Slow-Food-Presidi. Unter den Desserts finden sich für Mantua typische Sbrisolona und exquisite Mousse al croccante. Den Schwerpunkt der Weinkarte bilden lokale Lambruschi; interessante Auswahl italienischer und internationaler Etiketten, auch im glasweisen Ausschank.

Im Ortsteil San Rocco (4 km), Via Boscarello 8, züchtet Fiorenzo Soriani teilweise frei lebende Schweine und erzeugt Rohschinken und Salami nach Mantuaner Tradition.

RIPALTA CREMASCA (CR)
Bolzone

42 km nordwestlich v. Cremona, 8 km v. Crema

Via Vai Fratelli Fagioli

Trattoria
Via Libertà, 18
Tel. (+39) 03 73 / 26 82 32
Ruhetag: Dienstag, Mittwoch
Ferien: Juli/August
40 Plätze + 20 Plätze im Freien
Preise: 35–40 €
Kreditkarten: CS, DC, MC, Visa; BM
Abends geöffnet, Sonntag auch mittags

In dem kleinen landwirtschaftlich geprägten Ortsteil Bolzone finden Sie eine ländliche Trattoria, deren Eingang zur Hauptstraße gewandt ist; an der Rückseite des Gebäudes befindet sich eine Laube für den Sommer. Im sehr gepflegten Innenbereich verteilen sich wenige, aber gut angeordnete und schön gedeckte Tische. Patron Stefano Fagioli empfängt mit seinem Team die Gäste und vermittelt ihnen das Gefühl, zu Hause zu sein. Das Speisenangebot richtet sich nach der Jahreszeit und den Grundzutaten, die nicht immer lokaler Herkunft sind. Häufig werden Themenabende organsiert, an denen ein Saisonprodukt die Hauptrolle spielt, in vielen Fällen Meeresfisch. Pasta und Süßspeisen sind hausgemacht. Exzellent sind **Petto d'oca affumicato con paté casalingo** (12 €) und **Sformato tiepido di asparagi con fonduta di salva** (lokale Käsesorte). Bei den Primi tun sich viele Möglichkeiten auf, wie **Risotto con crema di asparagi** (10 €) und Tortelli cremaschi al burro e salvia. Bei den Secondi stehen Hoftiere und anderes Fleisch im Rampenlicht. Wir empfehlen Cosciotto d'anatra arrosto in salsa d'arancia (15 €) und **Polenta aus Storo con brasato di razza romagnola**. Für ein süßes Finale sorgen Tortionata con crema di mascarpone, Tiramisù di sabbiosa und Eis aus Saisonfrüchten oder -gemüse. Stefano wird Sie gerne bei der Auswahl aus den zahlreichen Weinen unterstützen, die der Patron auswählt und im Keller lagert; viele davon gibt es auch glasweise.

RONCOFERRARO (MN)
Garolda

14 KM ÖSTLICH VON MANTUA

Dal Gaia

Trattoria
Strada Ostigliese, 83/3
Tel. (+39) 03 76 / 66 38 15
Ruhetag: Montag, Dienstagabend
Ferien: dritte und vierte Augustwoche
55 Plätze + 20 Plätze im Freien
Preise: 30 €
Kreditkarten: AE, Visa; BM
Mittags und abends geöffnet

Diese einladende Trattoria bietet Geschmacksnoten aus der Gegend, in der die Lombardei und Venetien aneinandergrenzen. In dem angenehmen Lokal sind Tischlerwerkzeuge aus alter Zeit und ein Regal mit einer Sammlung von Edelbränden zu sehen. Außerdem stehen ein paar Tische im Freien, umrahmt vom Grün eines kleinen gepflegten Gartens. Seit langer Zeit kümmert sich Roberto um den Service und seine Frau Cosetta um die Küche. Salami, Coppa und Pancetta haben als lokale Produkte bei den Antipasti ihren Auftritt; daneben gibt es Culatello con cotenna, Mortadella classica (Slow-Food-Presidio), **Petto d'anatra affumicato** (9 €) und Roastbeef di manzo. Hausgemachte Pasta ist das Thema aller Primi, die in großzügigen Portionen serviert werden, von traditionellen Agnoli in brodo über Tortelli di zucca, Maccheroni al cinghiale bis zu **Ravioli con ricotta, asparagi e carciofi** (9 €). Delikat sind Tagliatelle con piccione, gut schmecken Tortelloni di ricotta, melanzane e pomodorini. Die Secondi sind vorwiegend Fleischspeisen: **Cosciotto d'oca all'aceto balsamico** (10 €), Costolette d'agnello ai ferri, Filetto di manzo al pepe verde und eine schön präsentierte Tagliata, serviert mit roten Zwiebeln aus Tropea. Die Zutaten für die Beilagen kommen alle aus dem hauseigenen Gemüsegarten. Unter den Desserts (6 €) sind wohlschmeckender **Budino di zucca al caramello**, Mousse di torroncino und Sbrisolona con zabaione. Die Weinkarte nennt typische Lambruschi aus dem Gebiet und einige andere Etiketten, die teils auch glasweise kredenzt werden.

ROVATO (BS)

22 KM WESTLICH VON BRESCIA, A 4

Trattoria del Gallo

Trattoria
Via Cantine, 10
Tel. (+39) 030 / 724 01 50
Ruhetag: Sonntagabend (im Sommer)
Ferien: 1 Woche im August
50 Plätze
Preise: 39 €
Kreditkarten: AE, CS, DC, MC, Visa; BM
Mittags und abends geöffnet

In einem Gässchen der Altstadt von Rovato erwartet Sie in einem alten Gebäude eine klassische Trattoria mit einem großen Raum mit Gewölbe, Bohlen und Kamin. Die Wirte Alberto und Onofrio erklären freundlich, dass die Franciacorta nicht nur ein Weinbaugebiet ist, sondern auch mit gastronomischer Kultur und ausgezeichnetem Fleisch aufwartet, das in der Nähe erzeugt wird. Als Antipasti bieten sich Tortino di zucchine con crema di pomodoro e basilico (13 €) an, fleischlos gefüllte ***Capù* senz'ali gratinati al forno con bagòss** (14 €), Paniere di affettati nostrani con sottoli e sottaceti und Sardine essiccate del lago d'Iseo (Slow-Food-Presidio) vom Grill, serviert mit Polenta aus Castegnato (12 €). Unter den Primi sind traditionelle **Casoncelli con burro versato, grana e salvia** (9 €), Tortelli con ripieno di mele, amaretti e maggiorana (mit Äpfeln, Amaretti und Majoran gefüllt), die an die Tradition süßsaurer Gerichte erinnern, Gnocchetti verdi und **Tagliolini rossi con gamberi di fiume** (9 €). Bei den Secondi dominieren **Manzo di Rovato all'olio con polenta di Castegnato** (14 €), ein altes Gericht aus dem Ort, Tagliata di pecora con salsa alla menta, pepe verde e fatulì (Slow-Food-Presidio, 17,50 €), Coniglio alla bresciana und Filetto di coregone spadellato con scalogno e zafferano. Sorgfältig zusammengestellte Auswahl an Käse aus den umliegenden Tälern. Das Menü endet mit einer interessanten Vielfalt an Dolci: **flaumige Torta di cioccolato ohne Mehl** (5 €), Crostate con confetture und Tiramisù al caffè. Im Keller lagern nur Weine aus der Franciacorta.

SABBIONETA (MN)

33 km südwestlich von Mantua

La Dispensa

NEU

Osteria
Via della Galleria, 3
Tel. (+39) 03 75 / 22 11 07
Ruhetag: Montag
Keine Ferien
24 Plätze + 12 Plätze im Freien
Preise: 35 €
Kreditkarten: CS, MC, Visa; BM
Mittags und abends geöffnet

Sabbioneta liegt in einer Ebene und wurde stark von der Dynastie Gonzaga geprägt. Im Herzen der Altstadt finden Sie das La Dispensa. Die Leitung liegt in den Händen von Stefano und Sonia. Das Paar empfängt die Gäste mit der für diesen Landstrich typischen Freundlichkeit und Offenheit in seinem kleinen, modernen und komfortablen Lokal im Schatten der monumentalen Galleria degli Antichi. Sonia kennt die bäuerliche Kultur Mantuas sehr gut und ist gerne bereit, interessante Geschichten und Anekdoten über die hiesige Kost zu erzählen. In den saisonalen Menüs herrscht Ausgewogenheit zwischen Traditionsgerichten und fantasievollen Kreationen. Besonderen Wert legt man auf ausgewählte Zutaten, die oftmals lokaler Herkunft sind. Der gastronomische Parcours kann mit typischem **Luccio in salsa** (9 €) oder mit Salumi con crostini di polenta beginnen, sind wir hier doch in den „fetten" Gebieten der Poebene, wo Salami, Coppa, Spalla Cotta und Culatello erzeugt werden. Exzellente Primi sind **Tortelli di zucca burro e salvia** oder alla sabbionetana (9 €), mit einer leichten Tomaten-Zwiebelsauce angerichtet, aber auch Bigoli con pasta di salame schmecken gut. Bei den Secondi reicht die Palette von traditionellem **Stracotto d'asino con polenta** (14 €) über interessanten Tonno di maialino con insalata, pomodoro e mele bis zur Käseselektion mit typischen Mostarde. Bei den Dolci darf **Sbrisolona** nicht fehlen, die sich mittlerweile zu einem Wahrzeichen von Mantua und Umgebung entwickelt hat; eine Alternative wäre Torta elvezia, die trotz ihres Namens („Torte Helvetia") am Hof der Gonzaga kreiert wurde. Zu trinken gibt es regionale Weine, auch im glasweisen Ausschank, und Bier aus Kleinbrauereien.

SAN COLOMBANO AL LAMBRO (MI)
Mostiola

42 km südöstlich von Mailand

Sant'Ambrogio

Traditionelle Osteria
Ortsteil Mostiola, 8
Tel. (+39) 03 71 / 89 86 75
Ruhetag: Montag, Dienstag
Ferien: zeitweise im Januar und August
45 Plätze + 45 Plätze im Freien
Preise: ✚ 35–40 €
Kreditkarten: AE, CS, MC, Visa; BM
Mittags und abends geöffnet

An der südlichen Grenze der Provinz Mailand existiert ein Zipfel Land, der der Urbanisierung Widerstand entgegensetzt und seinen ländlichen Charakter erhalten möchte. Hier befindet sich die Osteria Sant'Ambrogio, in der seelenruhig ein mittlerweile rarer Stil der Küche und Geselligkeit gepflegt wird. Wer Fleisch und Gegrilltes mag, ist hier richtig. Das Lokal mit seinen kleinen Räumen wird von einem mächtigen Kamin beherrscht, auf dem Donato, der geradlinige Patron des Hauses, geschickt beinahe alles zu garen versteht, was auf der Karte angeboten wird. Zu Beginn warten klassische Tripletta mit Pancetta, Salame, Coppa oder Tomino lardellato oder auch Spiedini mit Provolone und Lardo, begleitet von eingelegtem Gemüse. Ivanas Primi aus handgezogenem Teig umspannen schlichte Tortelli ricotta e spinaci, Tortellini di brasato, Ravioli mantovani alla zucca e mostarda und **Pappardelle al ragù di scottona** (10 €). Das Paradegericht sind **Anolini di brasato in brodo** (13 €). Die Speisen vom Grill beinhalten Kostproben von **Costine, Salsiccia und Manzo** (40 € für zwei Personen), Scottona lodigiana (25 €) und hervorragende **Rognoni** (18 €), die, ebenso wie Lumache (nur gegen Vorbestellung), mit Petersilie und Knoblauch verfeinert werden. Den Schlusspunkt setzen opulente Dolci wie Zuppa inglese und *Strachin gelad* (5 €), aber es gibt auch Crostate, Macedonia oder Gelato. Die schlichte Weinkarte nennt italienische Etiketten, darunter einige aus dem zur Provinz Mailand gehörenden DOC-Gebiet San Colombano.

In **Lambrinia di Chignolo Po** (5,5 km) beschäftigt die Sozialgenossenschaft I Germogli (Via Don Sbarsi 14) Jugendliche aus zerrütteten Verhältnissen und bindet sie in die Erzeugung von Wein, Honig und Gemüse ein.

33 KM SÜDÖSTLICH VON PAVIA

Fugazza

Trattoria
Ortsteil Boffalora, 11
Tel. (+39) 03 85 / 751 83
Ruhetag: Donnerstag
Ferien: unterschiedlich
60 Plätze
Preise: 25–30 €
Kreditkarten: CS, DC, MC, Visa; BM
Mittags und abends geöffnet

Den Rahmen der Trattoria bildet ein schönes, heimeliges altes Haus am Beginn des Hügellandes des Oltrepò Pavese. Sie wartet mit einem angenehmen Gastraum und einer Veranda auf, von der man bei entsprechender Wetterlage den Ausblick auf das Tal bewundern kann. Sehr warmherzig gestaltet sich der Empfang von Stefano Fugazzas Frau Luisa Fiorani. Die beiden sind die Erben des Familienlokals, das sich seit einigen Jahren der bodenständigen Küche verschrieben hat. Luisa bedient die Gäste und erzählt sehr gerne von der Geschichte der Speisen, aber auch von den Kunststücken, die sie vollbringen muss, um die Arbeit, die sie liebt, mit ihren Aufgaben als Mutter zu vereinen. Wenn die Zeit es erlaubt, erzählt auch Stefano aus seinem Dasein als Koch, einem Beruf, den er aus purer Leidenschaft erlernt hat. Auf der Karte finden sich auch glutenfreie und vegetarische Gerichte, für die Gemüse aus dem Garten verarbeitet wird. Die Würste reifen im Keller des Hauses. Sehr gute Antipasti sind **Cotechino nostrano e soppressata dell'Oltrepò con purè** (6 €) und Pancetta con cotenna e flan di parmigiano. Unter den äußerst sorgfältig zubereiteten Primi ragen **Gnocchi di zucca di Dorno all'aroma di zenzero con pancetta croccante** (9 €) und Ravioli di cotechino e gorgonzola DOP (10 €) heraus. Bei den Secondi begleitet Polenta aus der Bruciamonti-Mühle diverse Speisen wie **Spezzatino di cinghiale con porcini secchi** (11 €) und **Baccalà in umido con cipolla e uvetta** (11 €). Zum Finale erwarten Sie traditionelle Desserts wie **Brasadé al Moscato di Volpara con zabaione** (5 €). Zu trinken steht eine gute Auswahl an Weinen aus dem Oltrepò bereit.

36 KM SÜDÖSTLICH VON MANTUA

Le Caselle

Ferienbauernhof
Via Contotta, 21
Tel. (+39) 03 76 / 61 63 91,
(+39) 348 / 385 96 22
Ferien: je 15 Tage im Januar und August
50 Plätze + 30 Plätze im Freien
Preise: 30–35 €
Kreditkarten: CS, MC, Visa; BM
Gegen Vorbestellung mittags und abends geöffnet

Nehmen Sie in einem der beiden Räume Platz und probieren Sie Brodo di cappone mit Cappelletti als Suppeneinlage. Sie werden es nicht bereuen, bis zu diesem schönen Bauernhof im Oltrepò vorgedrungen zu ein, wo praktisch alle Grundzutaten aus Eigenerzeugung stammen: Hühnerzucht, Gemüse- und Obstgarten, Wald und See (Fisch) – alle zum Betrieb gehörig. Bei der unbedingt erforderlichen Reservierung können Sie die Speisen vereinbaren, deren Verfügbarkeit untrennbar mit jener der Saisonzutaten verbunden ist. Andernfalls müssen Sie sich mit den mündlich aufgezählten Tagesangeboten – sozusagen – zufriedengeben. Der Eigentümer des Bauernhofs, Gianfranco Contadori, verdankt seinen mittlerweile internationalen Ruhm – an den er anscheinend noch nicht recht glauben kann – vor allem **Cappone in vescica di bue con canna di sambuco** (einem im Herbst und Winter erhältlichen Gericht, das unbedingt vorbestellt werden muss und in ein größeres Menü eingebunden ist). Aus der von seiner Frau Raffaella wunderbar geführten Küche kommen aber auch viele andere Köstlichkeiten. Kapaun, der König in diesem Lokal, hat seinen Auftritt in **Insalata alla Stefani**, in den erwähnten **Cappelletti in brodo**, in der Sauce der Tagliatelle oder als Braten. Daneben gibt es Salumi, Giardiniera di verdure, Ravioli di zucca, **Riso alle ortiche**, Lesso und **Rotolo di coniglio disossato con frittatina**. Selbstverständlich sind auch die Dolci hausgemacht, wie etwa **Crostatine di fichi** und **Zuppa inglese**. Auf der Weinkarte stehen ein paar Dutzend Weine, darunter Lambrusco und Bianco del Vicariato di Quistello.

»
Was andernorts eine Modeerscheinung sein mag, ist hier Familientradition: Null-Kilometer-Zutaten sowie Saison- und Gebietstreue.
«

SAN GIOVANNI BIANCO (BG)
Oneta

29 KM NÖRDLICH VON BERGAMO

Taverna di Arlecchino

Trattoria
Ortsteil Oneta
Tel. (+39) 03 45 / 424 58,
(+39) 338 / 760 08 82
Ruhetag: Montagabend, Dienstag
Ferien: unterschiedlich
30 Plätze + 15 Plätze im Freien
Preise: 28–32 €
Kreditkarten: CS, MC, Visa; BM
Mittags und abends geöffnet

Eine große Harlekinstatue empfängt Sie bereits am Beginn des Val Brembana in einem Kreisverkehr in Villa d'Almè. Wenn Sie aber dorthin gelangen wollen, wo diese berühmte Figur zu Hause ist, müssen Sie bis Oneta di San Giovanni Bianco bergauf fahren. Dass dieses Steinhaus aus dem 16. Jahrhundert das Geburtshaus der bunten Persönlichkeit der Commedia dell'Arte ist, wie es eine jahrhundertelange Tradition besagt, wurde uns immerhin versichert. Ganz sicher sind wir dagegen, dass Sie in der Taverne die authentischen Farben (und Geschmacksnoten) des Bergamasker Umlandes vorfinden. Das Menü wird mündlich vorgestellt, als Weinkarte fungieren die aufgereihten Flaschen auf einer Konsole oberhalb der Theke. Sie können aber volles Vertrauen haben, denn Franco Morettis Küche wechselt zwar mit den Jahreszeiten, enttäuscht aber niemals. Bei unserem Besuch haben wir einen Antipasto mit lokalen Wurst- und Käsesorten (wir sind hier an der Einmündung des Val Taleggio), **Cilindretti di crespelle con formaggio e *parüch*** (mit wildem Bergspinat, 9 €), köstliche Gnocchetti di patate con lo strachitunt, Polenta taragna con uovo e tartufo nero, Magatello con tartufo nero (13 €) und Semifreddo alla fragola (6,50 €) probiert. Die Alternativen? **Casoncelli alla bergamasca con pancetta croccante**, Bocconcini con funghi porcini, Aletta di manzo **brasata al Valcalepio**, Capriolo, Panna cotta, Semifreddo alla menta und Crème brulée. Zu trinken gibt es eine schöne Auswahl an Rotweinen aus dem Valcalepio und weitere gute Etiketten aus Norditalien.

SANTA MARIA DELLA VERSA (PV)
Ruinello

28 KM SÜDÖSTLICH VON PAVIA, 8 KM VON STRADELLA

Al Ruinello

Restaurant
Ortsteil Ruinello di Sotto, 1 A
Tel. (+39) 03 85 / 79 81 64
Ruhetag: Montagabend, Dienstag
Ferien: 12 Tage im Januar, 3 Wochen im Juli
40 Plätze + 20 Plätze im Freien
Preise: 30–35 €
Kreditkarten: CS, DC, MC, Visa; BM
Mittags und abends geöffnet

Nachdem man die durch die Hügel des Oltrepò Pavese verlaufende Hauptstraße hinter sich gelassen hat, fährt man über eine Straßenerhebung und ist am Ziel: ein Lokal in ländlicher Umgebung, dessen Rahmen eine kleine Villa im Herzen des Val Versa bildet. Sobald Sie die Schwelle überschritten haben, tut sich ein großer, von einem Kamin beherrschter Raum auf. Er wirkt, als hätten die Hausleute alles für eine elegante Zusammenkunft mit Freunden bereitgestellt. Alte Möbel, edle Tischwäsche und erlesenes Geschirr harmonieren mit dem aufmerksamen, aber nicht hastigen Service von Piero Bersani und dessen Sohn Cristiano. Ehefrau Donatella hält in der Küche das Ruder in der Hand. Draußen kreuzen sich die Wege von Hühnern, Hähnen, Truthähnen und auch einer Katze, die durch die Beete spaziert und die Goldfische im kleinen See betrachtet. Dieses Restaurant ist seit vielen Jahren auf dem Gipfel des Erfolgs. Das Motto lautete stets Küche aus dem Oltrepò mit ein paar Ausflügen in das (nicht weit entfernte) Piacentino. Die Speisen gehen mit den Jahreszeiten. Stets vorhandene Antipasti sind **Coppa, salame e pancetta con peperoni grigliati e insalata russa** (8 €). An Primi bieten sich **Ravioli al sugo di stufato** (8,50 €) und **Tortelli di zucca** (8 €) an. Die Secondi überraschen mit hervorragendem Arrosto di vitello alle noci und **Stracotto di manzo al Buttafuoco** (13 €). Der König der Desserts ist ***Bonet* con cacao e amaretti** (4,50 €). Die Weinkarte nennt gute lokale Etiketten und ein paar Weine aus dem übrigen Italien.

Il Boscasso in **Ruino** (11 km), Ortsteil Boscasso, bietet vorzüglichen Ziegenkäse von natürlich gefütterten Tieren. Verkauf vor Ort und auf dem Mercato della Terra in Mailand.

SANTA MARIA DELLA VERSA (PV)
Sannazzaro

28 KM SÜDÖSTLICH VON PAVIA

Mondo Piccolo

NEU

Osteria
Ortsteil Sannazzaro, 2
Tel. (+39) 03 85 / 791 69
Ruhetag: Montag
Ferien: 1 Woche nach dem 15. August
50 Plätze + 30 Plätze im Freien
Preise: 27–30 €
Kreditkarten: CS, MC, Visa; BM
Mittags und abends geöffnet

An der Straße, die über die Hügelkämme entlang des Val Versa führt, stößt man im Herzen des Oltrepò Pavese auf diese einfache, vertrauenerweckende Osteria. Hier gab es immer schon eine Gaststätte, aber Valentina Degl'Innocenti und Romano Boccasile, beide aus Mailand und auf der Suche nach Ruhe, sind hierhergezogen und haben sie 2011 in ihr Traumlokal verwandelt. „Sie ist die Chefin. Ich bin in der Küche eingeschlossen", sagt Romano lächelnd und deutet auf seine Frau, die sich leutselig um den Service kümmert; er, der in jungen Jahren in der Fremdenlegion kochen gelernt hat, macht sich am Herd zu schaffen. Das von der Tradition des Oltrepò inspirierte Menü wird mit Zutaten aus dem eigenen Gemüsegarten oder von lokalen Erzeugern zubereitet. Es gibt wenige einfache Gerichte, die jedoch von sehr guter Qualität sind und mit dem Rhythmus der Jahreszeiten gehen. Der reichhaltige Antipasto (8 €) stellt einen Triumphzug heimischer Wurstsorten dar, darunter **Salame cotto** und **Bondiola macerata nel vino**, begleitet von gekochtem und in Öl eingelegtem Gemüse aus dem Garten und hausgemachter Paté di fegato d'oca. Unter den Primi sind ebenfalls **hausgemachte Tagliatelle con ragù di chianina locale** oder di bondiola (8 €), **Risotto con zucchine e taleggio** und Gnocchi ripieni di formaggio morbido del Monte Penice con tartufo nero (mit Weichkäse und schwarzem Trüffel gefüllt). Bei den Secondi überwiegen Fleischgerichte wie **Bistecca di maiale magrone** (Schweinerasse aus dem nahen Hügelland um Piacenza, 10 €) und Carpaccio di chianina. Unter den ausnahmslos hausgemachten Dolci (2,50 €) sticht **Mousse al cioccolato** hervor. Die Weine stammen aus dem Oltrepò und werden von Kellereien in der Umgebung geliefert.

SANTO STEFANO LODIGIANO (LO)
Chiavicone

35 KM SÜDÖSTLICH VON LODI, S.P. 36

Il Barcaiolo

Ferienbauernhof • Ortsteil Chiavicone, 3
Tel. (+39) 03 77 / 37 93 00,
(+39) 389 / 594 99 67
Ruhetag: Montag
Ferien: 2 Wochen Mitte August
40 Plätze + 20 Plätze im Freien
Preise: 28 €
Kreditkarten: AE, CS, DC, MC, Visa; BM
Mittags geöffnet, Freitag und Samstag auch abends

Die gemütliche Osteria, die zum Agriturismo der Brüder Pierangelo und Domenico Emilio Lodigiani gehört, steht in der Nähe einer Flusswindung des Po in einem ländlichen Gebiet, wo das Lombardische schon einen emilianischen Akzent annimmt. Hier kehrten einst die Schiffer ein, um ihren Hunger zu stillen, was dem Lokal seinen Namen gegeben hat. Die beiden Brüder haben die Tätigkeit ihres Landwirtschaftsbetriebs, der immer im Besitz der Familie war und sich heute der Schweinezucht widmet, erweitert. Auf diese Weise entstand ein einfaches, lichtdurchflutetes Lokal mit zuvorkommendem Service. Köchin Rosy Rossi zaubert in der Küche wenige, aber exzellente Gerichte, die den Traditionen verbunden sind und mit den Jahreszeiten gehen. Selbst erzeugte Produkte stehen natürlich im Mittelpunkt der Antipasti wie Wurst mit Gnocco fritto (8 €), auf einem Holzbrett serviert, oder ebenso servierte Käsespezialitäten (8 €) von ausgesuchten Käsereien aus dem Umland. Unter den Primi sind Risotto con asparagi e salsiccia (8 €) und **Tortelli all'ortica**. Aus dem Landwirtschaftsbetrieb kommen die Zutaten für Secondi wie würzige **Lonza di maiale alle prugne e mele renette** con patate al forno (10 €) und **Carpaccio di lonzino** con scaglie di grana e rucola. Unter den häufig wechselnden Dolci sind hausgemachte **Crostate** mit verschiedenen Konfitüren (4 €). Die Weinkarte bietet rund 50 Etiketten zu sehr vernünftigen Preisen, die meisten aus San Colombano, aus der nahen Emilia und dem Oltrepò Pavese. An Wochentagen gibt es mittags ein festgelegtes Menü für 12 €.

SCANDOLARA RIPA D'OGLIO (CR)

15 KM NORDÖSTLICH VON CREMONA

Locanda del Gheppio

Trattoria
Via Umberto I, 28
Tel. (+39) 03 72 / 891 40
Ruhetag: Montagabend, Dienstag
Ferien: 2 Wochen im August
80 Plätze + 10 Plätze im Freien
Preise: 32–35 €
Kreditkarten: CS, DC, MC, Visa; BM
Mittags und abends geöffnet

Dieses Lokal stellt die typische Locanda dar, die man in den kleinen Dörfern der Poebene zwischen der Provinz Cremona und Brescia erwartet. Geführt wird es von Carlo Alvaro, der am Herd steht, seiner Frau Giovanna und der Tochter Laila, einer erfahrenen Sommelière. Das kulinarische Angebot umfasst Fisch- und Fleischgerichte aus vorwiegend lokalen Zutaten, die traditionell oder aber innovativ zubereitet sind. Das Menü wechselt mit den Jahreszeiten und ist klug zusammengestellt. Von den Antipasti kann man **gereifte Culaccia con sfogliatine calde** (12 €) probieren, während Experimentierfreudige sich an die exzellente **Frittata di rane** wagen. Unter den Primi sind köstliche typische **Marubini in brodo di cappone alla cremonese** und Risotto con castelmagno e guanciale fritto (12 €). Weiter geht es mit den Secondi, die wie die anderen Gerichte in großzügigen Portionen und schön angerichtet auf den Tisch kommen. **Tagliata di Barbina nostrana con patate al rosmarino** (14 €) oder Involtino di storione (Roulade mit Stör aus der Zucht in Calvisano) sind ein Muss. Für einen würdigen süßen Abschluss empfehlen wir Crostatina al rabarbaro, Salame di cioccolato oder Semifreddo al torroncino. Wer nur ein Glas Wein oder höchstens zwei trinken möchte, findet einige Tropfen vor, die auch glasweise angeboten werden.

SERLE (BS)
Castello

21 KM ÖSTLICH VON BRESCIA, S.S. 45 BIS

Castello

Trattoria
Via Castello, 38
Tel. (+39) 030 / 690 81 14,
(+39) 030 / 691 00 01
Ruhetag: Dienstag
Ferien: zeitweise im Sommer
100 Plätze + 40 Plätze im Freien
Preise: 35–40 €
Kreditkarten: AE, CS, DC, MC, Visa; BM
Mittags und abends geöffnet

Serle ist für die Bewohner Brescias ein Synonym für Spiedo (Spieß), und dieses Lokal ist sicherlich eine der besten Adressen dafür. Die Familie Zanola ist seit Langem Teil der Geschichte der lokalen Gastronomie. Im Lauf der Zeit hat sie es verstanden, ihre Küche, für die Lorena zuständig ist, zu erneuern und dennoch die Tradition sowie Gebiets- und Saisontreue zu wahren. Nach schmackhaftem Antipasto mit Wurst, Parmigiana di melanzane, Frittata, Pasta lievitata fritta und Bocconcini arrabbiati (10 €) geht man zu den Primi oder direkt zum Spiedo über, den es auch in einer sommerlichen Variante (15 €) gibt. Unter den Primi sind ausgezeichnete Zuppa di porcini e pan biscotto (8 €), **Tagliatelle al sugo di finferli** (9 €) und Casoncelli al bagòss oder alla serlese. Von den Secondi schmecken neben **Spiedo** di Serle auch **Pollo ruspante alla griglia** con salsa di prezzemolo e timo, Puntina di maiale (15 €), Maialino affumicato pere e aceto balsamico tradizionale di Modena, Finferli strapazzati con uova e nostrano della Valle Sabbia und Coniglio ai profumi mediterranei con olive taggiasche (13 €). Wer sein Menü gerne mit Käse beschließt, findet eine Auswahl exzellenter Sorten vor, serviert mit **Mieli di alta montagna** (mit Gebirgshonig, Slow-Food-Presidi, 11 €). Am Ende erwarten Sie Süßspeisen wie Budino al cioccolato con croccante d'amaretto (6 €), Crema di zabaione al Marsala vergine und Gelato alla crema del Castello con riduzione di *vin cot* di Quistello. Das Kellerangebot, um das sich der sehr erfahrene Emilio kümmert, beinhaltet exzellente Tropfen aus Italien und anderen Ländern.

Die Apicoltura del Sampì in **Botticino** (13 km) gehört dem Slow-Food-Presidio für Gebirgshonig an.

SIRMIONE (BS)
Rovizza

44 km südöstlich von Brescia

Clementina

NEU

Trattoria
Piazza Rovizzi, 13
Tel. (+39) 030 / 919 66 63
Ruhetag: Dienstag
Ferien: 3 Wochen im Oktober/November
35 Plätze
Preise: 35 €
Kreditkarten: CS, MC, Visa; BM
Abends geöffnet, an Feiertagen auch mittags

Francesco Targa, der junge Inhaber des Clementina, ist in gastronomischem Umfeld aufgewachsen, da seine Eltern ein Hotel führten. Vor fünf Jahren hat er die Entscheidung getroffen, diese gemütliche Trattoria höchstpersönlich zu betreiben. Sie trägt den Namen seiner Großmutter, die ihn lehrte, gemäß der Tradition zu kochen. Das familiär wirkende Lokal befindet sich an einem kleinen Platz im Ortsteil Rovizza: drei Räume unterschiedlicher Dimension, jedoch nicht groß, mit gepflegter Einrichtung und gut angeordneten Tischen. Die Zutaten werden mit Überzeugung in der Umgebung des Gardasees, Brescias und in Venetien gekauft; Fisch aus dem Gardasee wird von Foggiato geliefert, einem hier ansässigen Fischer. Das Menü wechselt in gut gewählten zeitlichen Abständen. Als Antipasti bieten sich auf einem Holzbrett servierte lokale Wurstsorten mit Gnocco fritto (13 €), **Luccio in salsa verde con verdurine su polenta**, Tartare di manzo con verdure di stagione und Formaggella di Collio (Valcamonica) mit hausgemachten Konfitüren. Unter den Primi sind ***Capunsei* con burro e salvia** (9 €), Tortelli di brasato al burro fuso, **Bigoli con le sarde** (10 €) und Zuppa di cipolle gratinata. Die Secondi umfassen **Coregone gratinato alle erbette** (13 €), Guanciale di manzo al Groppello su polenta, Bocconcini di coniglio alla bresciana und Filetti di trota ai frutti di lago. Käse aus Brescia und Verona darf auch nicht fehlen. Abschließend wartet eine reiche Palette an Desserts wie **Tiramisù al cioccolato** (5 €), Crema bruciata allo yogurt, Tortino di rose tiepido con gelato und Sbrisolona. Gut aufgebaute Weinkarte; einige Weine gibt es auch im glasweisen Ausschank.

STAGNO LOMBARDO (CR)

11 km südöstlich von Cremona, S.P. 59

Lago Scuro

Ferienbauernhof
Via Pagliari, 54
Tel. (+39) 03 72 / 574 87
Ferien: August
40 Plätze
Preise: 30 € (Tagesmenü)
Kreditkarten: AE, CS, DC, MC, Visa; BM
Samstag und Sonntagmittag geöffnet

Ein zauberhafter, allerdings nicht leicht zu findender Ort: An der Straße von Cremona nach Stagno Lombardo sehen Sie vor der Ortseinfahrt auf halber Höhe einer Geraden links eine unasphaltierte Straße und ein Schild mit der Aufschrift „Lago Scuro", dem es zu folgen gilt. Sie gelangen in einen weitläufigen Hof, wo Sie gleich sehen, dass hier fieberhaft gearbeitet wird. Im Hintergrund das Herrschaftshaus, eine große aufgelassene Kirche und ein kleiner Kreuzgang mit drei Gästezimmern. Das ist das tolle Projekt von Fabio und Paola Grasselli, die vor über 25 Jahren beschlossen, einen biologischen, nachhaltig arbeitenden Landwirtschaftsbetrieb zu gründen, um Rinder der Rasse Bruna Italiana, alte Schweinerassen und Leghorn-Hühner zu züchten, Käse zu erzeugen und Gemüse anzubauen. Heute steht ihr Sohn Luca – Küchenchef und Bauer – mit seiner Frau Federica am Ruder. Beim Betreten des Herrschaftshauses erblicken Sie schlicht, aber elegant gedeckte Tische. In der Küche werden nur Produkte aus eigener Erzeugung verarbeitet, zu denen auch Brot, Grissini und Focacce zählen. Das festgelegte Menü variiert mit der Ernte und besteht aus Antipasti, zwei Primi, einem Secondo, Dessert und Kaffee (30 €). Als Vorspeise gibt es Kostproben von Wurst, frischem und gereiftem Käse, Sottoli, Frittatine di verdura und Focaccia ripiena. Wir haben großartige **Lasagne alle verdure** und Farro con verdure probiert, aber es gibt auch Tortelli oder Crespelle mit verschiedenen Saucen. Bei den exzellenten Gerichten mit Fleisch, das natürlich aus dem Betrieb stammt, überzeugt die Küche ebenfalls: **Brasato**, Roastbeef, Arrosto, **Ossobuco** und Magatello, alles mit Gemüse kombiniert. Ausgezeichnete Desserts wie **Torta di ricotta**, Semifreddi und Crostate. Die Weinkarte bietet ein gutes Preis-Leistungs-Verhältnis.

STAGNO LOMBARDO (CR)
Brancere

12 KM SÜDÖSTLICH VON CREMONA

Lido Ariston Sales

Restaurant
Via Isola Provaglio, 8
Tel. (+39) 03 72 / 570 08
Ruhetag: Montagabend, Dienstag
Ferien: Februar
100 Plätze + 40 Plätze im Freien
Preise: 28–32 €
Kreditkarten: MC, Visa; BM
Mittags und abends geöffnet

Dieses Restaurant befindet sich wenige Kilometer von Cremona im Deichvorland des Po, der in einigen Metern Entfernung dahinfließt. Die Atmosphäre des Lokals erinnert an eine Nachkriegs-Osteria. Seit 1958 wird das Lokal von einer Familie geleitet; heute steht Tilde am Ruder. Zu essen bekommen Sie hier unverfälschte und sehr traditionelle Speisen. Salami aus Cremona und die Wurstspezialitäten aus den benachbarten Provinzen dominieren zusammen mit Frittata und Giardiniera die Antipasti (10 €). Alle Teigwaren sind hausgemacht: **Marubini in brodo** (10 €), Tagliolini und Malfatti ricotta e spinaci. Unter den Secondi sind **Faraona ripiena** (10 €), Stracotto und Cotechino. Das Gemüse kommt, soweit möglich, aus dem Garten, das Geflügel von hiesigen Züchtern. Süßwasserfisch steht ebenfalls auf dem Programm. Einst wurde er im Po, seinen Zuflüssen und in den Bewässerungskanälen gefangen, heute kommt er aus sauberen Seen und Flüssen. Daher gibt es bei den Vorspeisen auch Carpione, danach **Storione al forno**, Fritto misto di fiume, Anguilla in umido und, gegen Vorbestellung, ausgezeichnete Zuppa di pesce. Daneben darf natürlich Baccalà mit Polenta nicht fehlen, ein typisches Armengericht aus der Poebene. In das Lido können Sie aber auch kommen, um einfach nur hauchdünnen, duftenden **Gnocco fritto** in großzügigen Portionen mit hervorragendem Wurstmix (12 €) oder Kostproben von lombardischen Käsesorten mit typischer Mostarda aus Cremona zu genießen. Die Desserts sind alle hausgemacht und glänzen durch perfekte Zubereitung. Das Weinangebot ist beschränkt, lässt aber eine umsichtige und persönliche Auswahl erkennen; die Preise sind moderat.

SULZANO (BS)

28 KM NORDWESTLICH VON BRESCIA, S.P. 510

Cacciatore

Trattoria
Via Molini, 28
Tel. (+39) 030 / 98 51 84
Ruhetag: Montagabend, Dienstag
Ferien: 6. Januar–13. Februar, 1 Woche im Oktober
80 Plätze + 40 Plätze im Freien
Preise: 28–35 €
Kreditkarten: MC, Visa; BM
Mittags und abends geöffnet

Der See macht sich nicht nur in Form seiner vielen Schätze bemerkbar, die in der Küche zur Verarbeitung gelangen, sondern ist auch durch die schöne Glaswand der Trattoria zu bewundern. Die Einrichtung des Lokals ist schlicht, die Atmosphäre gemütlich. In diesem Rahmen können Sie Speisen genießen, für die Fisch aus dem See und Fleisch nach schmackhaften und stets traditionellen Rezepten zubereitet werden. Zum Auftakt kann man zwischen Antipasto del cacciatore (mit Salumi, Sottoli, Nidi di polenta con formaggio), Antipasto del pescatore (mit Süßwasserfisch, mariniert, getrocknet, als Carpione und Mousse) oder Antipasto del Sebino (**Fintenfilets mariniert in Zitrusfrüchtesaft** und nativem Olivenöl extra, 8 €) wählen. Unter den Primi (9 €) finden sich klassische Casoncelli, je nach Saison mit zerlassener Butter, Käse, Radicchio trevigiano und vielen anderen Zutaten verfeinert, **Tagliolini all'oca** – die Spezialität des Hauses – und Garganelli al pesce persico. Unter den Secondi mit Fisch ragen Sardine di lago essiccate (Slow-Food-Presidio) con polenta, **Fritto misto di lago** (13 €) und Filetto di salmerino alla piastra heraus. An Fleischgerichten bieten sich Costata di scottona, Filetto di maiale, Costolette d'agnello grigliate und Petto d'anatra con crema di balsamico an. Gutes Käsesortiment und schlichtes Angebot an Desserts (4 €). Die Weinkarte konzentriert sich auf Etiketten aus der Umgebung.

Bei Bonardi in **Iseo** (6 km), Via Mirolte 16 B, gibt es Käse aus Slow-Food-Presidi und Delikatessen.

SUZZARA (MN)

20 KM SÜDLICH VON MANTUA

Mangiare Bere Uomo Donna

Enoteca mit Küche • Viale Zonta, 19
Tel. (+39) 03 76 / 181 93 39
Ruhetag: Dienstag
Ferien: unterschiedlich
25 Plätze + 12 Plätze im Freien
Preise: 30–32 €
Kreditkarten: CS, MC, Visa; BM
Abends geöffnet

Die Begegnung zwischen Ost und West in diesem eleganten und anheimelnden Lokal ist durch die Integration verschiedener Kulturen gegeben, die zusammen einzigartige Synergien erzeugen. Die so entstehenden Früchte kann man – in gastronomischer Hinsicht – in Suzzara ernten. Hier haben der Wirt Corrado Leali (aus Suzzara) und die Köchin Amy Lim (aus Hongkong), die sich an der Universität Pollenzo kennengelernt haben, ihren Traum verwirklicht. Sie haben ein vom Onkel geerbtes Haus aus dem 19. Jahrhundert geschmackvoll renoviert und zu einem ganz besonderen Lokal umgestaltet. Die Gerichte aus Qualitätszutaten, die meist aus dem Umland stammen, entsprechen der Tradition Mantuas und sind manchmal gekonnt mit fernöstlichem Akzent überarbeitet. Corrado erläutert auf schlichte, stilvolle Art die einzelnen Gänge und hat stets ein Auge auf die Gäste, die er aufmerksam und höflich betreut. Als Antipasti kann man Involtini primavera con verdure oder con gamberi oder eine exzellente Wurstselektion (12 €) genießen. An Primi bieten sich Ravioli al vapore oder vorzügliche **Tagliatelle** della Edda **al ragù di anatra** (10 €) an. Weiter geht es mit Secondi wie wunderbarem, in Bier gegartem Polpo murcia aus dem Baskenland (11 €) und fernöstlich angehauchter **Pancetta al forno con cotenna croccante** (12 €). Eine traditionelle Alternative dazu wäre Posteriore di manzo. Torta Pistocchi mit Birnen oder in anderen Geschmackrichtungen (5 €) und typische Sbrisolona runden das Essen ab. Gute Auswahl an Bieren und Weinen, die auch glasweise kredenzt werden.

Die Boutique del Latte (Via Baracca 18) bietet italienischen, französischen und anderen Käse mit Mostarde, Konfitüren und Wein.

TIGNALE (BS)
Gardola

59 KM NORDÖSTLICH VON BRESCIA

La Miniera

Moderne Osteria
Via Chiesa, 9 A
Tel. (+39) 03 65 / 76 02 25
Ruhetag: Dienstag
Ferien: 7. Januar–13. Februar, 3. November–6. Dezember
90 Plätze + 60 Plätze im Freien
Preise: 27 €
Kreditkarten: AE, CS, DC, MC, Visa; BM
Mittags und abends geöffnet

Sobald Sie im Ortsteil Gardola angekommen sind, sollten Sie das Auto in der Nähe der Kirche parken und die letzten Schritte zum La Miniera zu Fuß gehen. Das gemütliche, anheimelnde Lokal entstand aus einer ehemaligen Tischlerei und wartet mit drei kleinen Gasträumen und einer Veranda auf; in der schönen Jahreszeit kann man im Garten vor dem Eingang essen. Silvia und Sergio legen besonderes Augenmerk auf die Qualität der Grundzutaten, die sie zum Teil aus dem Gemüsegarten und Olivenhain der Familie beziehen. Der Fisch aus dem See wird täglich von zwei Fischern aus benachbarten Dörfern geliefert, während Fleisch, Käse und das Mehl für Brot und Polenta von ortsansässigen Erzeugern stammen. Als Antipasti erwarten Sie **Pesce di lago in carpione con polenta grigliata** (8,50 €), Wurstspezialitäten, Bruschette ai sapori del fattore und Tomino alla brace. Mögliche Primi sind hausgemachte *Bigoi* oder Tagliatelle al salmì di lepre oder di cervo und ausgezeichneter **Risotto al profumo di cedro** (9 €). Die Secondi wechseln je nach Tagesfang: **Luccio del Garda *en cunsa* all'extravergine di Tignale**, Coregone alla griglia (11,50 €), Sardine oder Agoni und Trota salmonata. Fleischgerichte dürfen natürlich auch nicht fehlen. Ein herausragendes Gericht in der kalten Jahreszeit ist **Spiedo** alla tignalese **all'olio extravergine con polenta** (11 €). Von der reichen Auswahl an Süßspeisen nennen wir Semifreddo al pistacchio con nocciole pralinate e salsa gianduia (4,50 €). Gutes Weinangebot; nicht ausgetrunkene Flaschen können mitgenommen werden.

TOSCOLANO-MADERNO (BS)

39 KM VON BRESCIA

Agriturismo del Gusto

Ferienbauernhof
Ortsteil Lintrì Montemaderno
Tel. (+39) 331 / 385 38 17
Ruhetag: Mittwoch
Ferien: 15. Oktober–15. Dezember
14 Plätze
Preise: 35 €
Keine Kreditkarten
Abends geöffnet, am Wochenende und an Feiertagen auch mittags

Dieser Agriturismo ist einzigartig wie übrigens auch sein Eigentümer Fiorenzo Andreoli, ein Küchenchef mit langjähriger Erfahrung, der sich dieses Lokal nach Maß geschaffen hat, um es allein zu führen. Auf diese Weise gestalten sich Empfang, Service und Küche als One-Man-Show. In einem großen Salon sind die offene Küche, eine Ölmühle und ein paar kleine Tische für die Gäste untergebracht. In der schönen Jahreszeit steht auch eine kleine Laube zur Verfügung. Als Antipasti (8 €) bieten sich neben den selbst gemachten Wurstspezialitäten **Tartare di coregone** oder Tartare di sarde del Garda. Unter den Primi sind **Tortelloni con spinaci selvatici** (8 €), Ravioli di caprino con tartufo dell'alto Garda oder aus frischem Teig zubereitete Tagliolini con verdure e scorza di limone. Bei den Secondi erwarten Sie neben ausgezeichnetem Coniglio al forno con patate, **Petti di quaglia in crosta di pistacchio** (14 €), **Salmerino marinato con semola di grano duro** oder Carpaccio di Barbina. Den Schlusspunkt setzen exzellentes Eis, das ebenso wie Crostata di fragole (5 €) hausgemacht ist. Die kleine Weinkarte nennt vorwiegend Etiketten aus dem Gebiet des Gardasees. Möglicherweise haben Sie bei Ihrem ersten Besuch Probleme, das Lokal zu finden; zögern Sie also nicht, nach dem Weg zu fragen. Sobald Sie den Weg kennen, werden Sie es nicht erwarten können, mit Ihren Freunden wiederzukommen.

TREVISO BRESCIANO (BS)
Vico

46 KM NORDÖSTLICH VON BRESCIA

Lamarta

Osteria
Via Tito Speri, 36
Tel. (+39) 03 65 / 833 90
Ruhetag: Donnerstag, außer im Sommer
Ferien: unterschiedlich
50 Plätze + 25 Plätze im Freien
Preise: 30 € (Tagesmenü)
Kreditkarten: AE, CS, DC, MC, Visa; BM
Mittags und abends geöffnet

Wer sich nach Essen sehnt, das an die einfache Bauernküche unserer Tradition erinnert, sollte in die Trattoria Lamarta einkehren. Geführt wird sie von Signora Graziella Massari gemeinsam mit ihrer Tochter Rubina und ihrem Sohn Alessio, einem Sommelier. Hier erwarten Sie Gerichte mit authentischen Geschmacksnoten aus saisonalen Zutaten. Der klassische Antipasto sieht **Verdure** (aus dem eigenen Garten oder Glashaus) neben großzügig angerichteten schmackhaften **Salumi** (5 €) vor. Die vorwiegend aus frischem Teig zubereiteten Primi (10 €) werden schön präsentiert. Wir haben **Gnocchi con i pomodorini** und **Casoncelli al burro di malga versato** probiert. Im Frühling feiern Kräuter und Bergspargel einen Triumph und haben in **Frittata** ihren Auftritt. Im Sommer kann man Pilze buchstäblich schlemmen; in der entsprechenden Saison gibt es **Capretto con *tripuline*** (10 €) oder den berühmten **Spiedo della Valsabbia**. Um die Reifung des Käses von den nahen Almen kümmert sich die Signora persönlich. Sehr gut schmecken die Desserts, darunter Torta paradiso und **Crostata** mit frischen Früchten oder **con la marmellata di uva americana** (5 €); im Winter kann man sich überdies von Zuppa inglese, im Sommer von Fruchteis verführen lassen. Das Weinangebot umfasst Etiketten aus ganz Italien. Neben dem Kaffee wird ein hausgemachter Digestif aus fünf Kräutern angeboten. Er ist nach einem geheimen Rezept zubereitet, auf das Graziella stolz ist. Reservierung empfehlenswert.

TRUCCAZZANO (MI)
Albignano

23 km östlich von Mailand

Le Due Colonne

Restaurant
Largo Conti Anguissola, 3
Tel. (+39) 02 / 958 30 25,
(+39) 338 / 936 25 06
Ruhetag: Montag, Dienstagabend
Ferien: 6.–16. Januar, 16. August–2. September
70 Plätze + 50 Plätze im Freien
Preise: 35–40 €
Kreditkarten: AE, CS, DC, MC, Visa; BM
Mittags und abends geöffnet

In diesem typischen ländlichen Ort im Parco dell'Adda Nord erinnert der Palast der Grafen Anguissola aus dem 18. Jahrhundert an den einstigen Prunk des Adels. Sobald man eingetreten ist, umfängt einen die Wärme dieses seit 1956 bestehenden Restaurants. Es wurde kürzlich von der Familie Invernizzi renoviert, wodurch es heller geworden ist, von seinem alten Flair aber etwas eingebüßt hat. Der erste Raum mit zwei eindrucksvollen Säulen, Fußboden im Schachbrettmuster und weiß gefliesten Wänden führt zu einem weiteren Raum, der mit Parkett, blassgrünen Täfelungen und Kamin wärmer wirkt. Für die schöne Jahreszeit gibt es eine ruhigen, schattigen Sitzbereich im Freien. Das Menü beginnt mit Salumi (der Tresen mit der Wurstschneidemaschine ist ein gutes Zeichen; 10 €). Unter den Primi sind **Gnocchi di patate al ragù di cinghiale e mandorle tostate** (12 €), Ravioli al profumo di lavanda ripieni di fonduta di caprino con crema allo zafferano und Spaghetti grezzi sfumati alla birra con cacio podolico e pepe nero. Fleischliebhaber genießen Tagliata di controfiletto und Costata di chianina vom Grill; wer Traditionelles bevorzugt, findet stets **Cotoletta di vitello alla milanese** (16 €) und Cotechino in crosta con puré auf der Karte. Am Donnerstag steht Bollito mit allen Fleischteilen und klassischen Saucen auf dem Programm. Den Abschluss versüßen Desserts (6 €) wie Salame di cioccolato, Semifreddo al caffè und Crostata cioccolato e pere. Vergessen Sie nicht, dem Keller mit seinem preislich korrekten Weinsortiment einen Besuch abzustatten.

La Via Lattea in **Brignano Gera d'Adda** (15 km), eine kleine Käserei, erzeugt und verkauft Käse aus Ziegenrohmilch, frisch, halbgereift und als Edelschimmelkäse.

VARZI (PV)
Bosmenso

57 km südlich von Pavia

Buscone

Traditionelle Osteria
Ortsteil Bosmenso Superiore, 41
Tel. (+39) 03 83 / 522 24
Ruhetag: Montag
Ferien: unterschiedlich
70 Plätze
Preise: 25–30 €
Kreditkarten: AE, CS, DC, MC, Visa; BM
Mittags und abends geöffnet

Die Winde aus Ligurien tragen zur Schaffung eines Klimas bei, das besonders günstig für die natürliche Trocknung der Salami in diesem Winkel des oberen Valle Staffora ist. Wir befinden uns in der Nähe von Varzi, daher sind Wurstspezialitäten im Buscone garantiert. Die Schweine, Tiere von beachtlichem Gewicht, werden von der Familie seit den Dreißigerjahren im Umland ausgesucht. Die Schwestern Ornella und Marina, in der Küche, und Roberta, im Service, schlagen als Einstieg einen Antipasto di salumi (8 €) vor, begleitet von Tortino alle erbe, Insalata russa, Vitello tonnato und Focaccia con lardo. Pasta und Dolci sind hausgemacht. Hervorragend und reichlich bemessen sind **Ravioli al brasato** (8 €). Saisontreue zeigt sich bei den Risotti (mit Pilzen, Kürbisblüten, Sommertrüffel, Sekt und Spargel zubereitet) und in der Sauce der Tagliatelle. Das Restaurant war ursprünglich eine Schutzhütte für Jäger, eine Tradition, die heute noch in den Wildgerichten bei den Secondi zum Ausdruck kommt: **Cinghiale, Capriolo oder Lepre, geschmort** und begleitet von **Polenta** (8 €). Schmackhaft sind Puntine di maiale al forno und Coniglio oder Capretto arrosto con erbe aromatiche. Im Herbst sollte man **Funghi porcini impanati** probieren. Stets vorhandene Süßspeisen sind die typische **Torta di mandorle** aus Varzi (5 €), Bavarese in verschiedenen Versionen (mit Erdbeeren, Johannisbeeren, Waldbeeren oder Mandelkrokant), im Frühling Zuppa di ciliegie (sehr gut ist die lokale Kirschensorte) con crema di rabarbaro und Bignè con salsa al cioccolato. Am Ende wartet eine kleine Selektion an Edelbränden. Die gut gelungene Weinkarte nennt eine gute Auswahl lokaler Tropfen, flankiert von einigen Etiketten aus anderen Gebieten.

VIADANA (MN)

43 km südwestlich v. Mantua, 23 km v. Parma

Da Bortolino

Moderne Osteria
Via al Ponte, 6
Tel. (+39) 03 75 / 826 40
Ruhetag: Donnerstagabend
Keine Ferien
50 Plätze + 70 Plätze im Freien
Preise: 35 €
Kreditkarten: AE, CS, DC, MC, Visa; BM
Mittags und abends geöffnet

Roberto Neldini, sein Sohn Nicolas und der Koch Matteo Stefanelli bringen Leben in dieses sympathische, rustikale Lokal. Es ist ein Bollwerk der hiesigen Küche, die mit einigen Abschweifungen dargeboten wird. Wir befinden uns an einem historischen Ort am Poufer, dessen Ursprung auf das frühe 20. Jahrhundert zurückgeht. Brot, Pasta, Mostarde und Dolci sind hausgemacht. Man kann mit einem respektablen Culatello aus Colorno (nicht aus Zibello) oder mit einem **Teller mit Wurstmix** (9 €) beginnen, sehr beliebt ist aber auch das – nicht bodenständige – Purè di fave con puntarelle. Je nach Saison gibt es als Primi klassische **Tortelli di zucca** (9 €), Trippa, Bigoli al torchio con ragù d'anatra und sehr gefragte Spaghettini acciughe e tartufo nero (13 €). Bei den Secondi dominieren abgesehen von Baccalà alla vicentina Fleischgerichte wie **Stracotto d'asino** (12 €), Coscia d'oca in confit und Guancialino di maiale in umido con polenta (10 €). Eine schöne, ständig wechselnde Käseplatte (12 €) leitet zum Finale über. Unter den Desserts (5,50 €) sind die obligate **Sbrisolona**, Cheesecake sowie Torte di mele oder di cioccolato e pere. Erwähnt sei Zabaione, die Roberto regelrecht kultiviert und auf Wunsch zu diversen Kuchen reicht. Die bemerkenswerte Weinkarte lässt eine passionierte Recherche erkennen, vor allem bei Champagner und Lambruschi. Abschließend warten sehr gute Brände auf die bunte Gästeschar, die die Kühle an Sommerabenden bis in die Nacht genießt, da im lokaleigenen Bed and Breakfast übernachtet werden kann.

Der biologische Landwirtschaftsbetrieb von Valter Cavalli in **Casalmaggiore** (12 km), Ortsteil Valle, Ca' Vecchia, bietet Wasser- und Zuckermelonen, Tomaten, Paprika, Kartoffeln und Kürbis.

VIONE (BS)
Canè

116 km nördlich von Brescia, S.S. 42

Cavallino

Restaurant
Via Trieste, 57
Tel. (+39) 03 64 / 941 88
Ruhetag: Dienstag
Ferien: 1 Woche im Juni
80 Plätze + 12 Plätze im Freien
Preise: 30–35 €
Kreditkarten: CS, DC, MC, Visa; BM
Mittags und abends geöffnet

Seit den Fünfzigerjahren ist diese Trattoria eine stets beliebte Adresse im Tal. Sie befindet sich im Ortsteil Canè etwas oberhalb von Temù, genau gegenüber der Adamello-Gruppe und ist der ideale Ort, um gute Küche aus dem Camonica-Tal zu genießen. Sie können mit Insalatina di mele e speck, Paté di capriolo und Torta salata beginnen oder zu Antipasto Cavallino (14 €) greifen, der sechs oder sieben Kostproben der verschiedenen Gänge beinhaltet. Als Primi stehen **Gnocchetti di patate con speck e rucola** (9 €), Tagliatelle ai funghi porcini, Pizzocheri oder Risotto all'ortica mantecato al silter auf dem Programm. Die Renner, natürlich aus Fleisch zubereitet, sind **Salmì di capriolo** (14 €), **Costatine di cervo ai mirtilli** oder al ginepro, Tagliata di manzo und Scaloppine ai funghi porcini. Zusätzlich oder als Alternative bietet sich ein Käsesortiment mit Mostarde. Die Süßspeisen sind schlicht, wie etwa Torta del paese, verschiedene Crostate und Strudel. Die anständige Weinkarte nennt einige herausragende Tropfen aus dem Camonica-Tal und eine ausgezeichnete Auswahl heimischer Brände. Zum Betrieb gehören kleine Apartments, in denen man übernachten oder auch einen mehrtägigen Aufenthalt verbringen kann; wenn Sie Zeit haben, besuchen Sie das wunderschöne Museo della Guerra Bianca in Temù, das allein schon die Anreise wert ist.

CICOGNOLO (CR)

14 km östlich von Cremona, S.S. 10

Osteria de l'Umbreleèr

Restaurant
Via Mazzini, 13
Tel. (+39) 03 72 / 83 05 09
Ruhetag: Dienstagabend, Mittwoch
Ferien: 1.–20. Juli
100 Plätze + 30 Plätze im Freien
Preise: 44 €
Kreditkarten: AE, CS, DC, MC, Visa; BM
Mittags und abends geöffnet

Dieses Lokal in einem schönen Landhaus wenige Kilometer von Cremona hat sich im Lauf der Jahre zu einer zuverlässigen Adresse in diesem Gebiet entwickelt. Ein Start mit Culatello aus Zibello ist ein Muss. Bei den Primi ist man mit Tortelli di zucca, Marubini in brodo und Gnocchi al ragù di coniglio gut beraten. An Secondi bieten sich vor allem Gerichte aus Hoftieren wie Coniglio arrosto con patate an. Fragen Sie nach einer Kostprobe von Mostarda, und Sie werden allein nur deswegen wieder kommen wollen. Der Keller steht dem Speisenangebot in nichts nach.

CUSANO MILANINO (MI)

10 km n. v. Mailand, Ausf. Cormano Tangenziale

Armonie di Gusto

Traditionelle Osteria
Viale Matteotti, 19
Tel. (+39) 02 / 66 40 97 32
Ruhetag: Sonntagabend, Montag
Ferien: 2 Wochen im August, Weihnachten, Ostern
40 Plätze + 25 Plätze im Freien
Preise: 32–35 €
Kreditkarten: AE, CS, DC, MC, Visa; BM
Mittags und abends geöffnet

Absolute Qualität der Grundzutaten, so lautet die wichtigste Regel der Küche. Wir sind in einem modernen Lokal, in dem jedoch Gemütlichkeit wie in einer alten Osteria herrscht. Die verwendeten Zutaten stammen häufig aus anderen Regionen, daher kommt es nicht selten vor, dass nicht heimische Fischgerichte, Käse, Wurst und Speisen auf dem Programm stehen. Dies vorausgeschickt, können Sie eine Cotoletta alla milanese (24 €) probieren, die zu den besten überhaupt zählt. Unter den weiteren Secondi sind zarte, schmackhafte Guancetta di manzo brasata und ausgezeichneter Baccalà. An Primi gibt es Pasta e fagioli, Pappardelle al ragù oder Zuppa di fagiolini del Trasimeno. Die umfangreiche Weinkarte zeigt Tiefgang.

MILANO

NAVIGLI

Erba Brusca

Moderne Osteria
Alzaia Naviglio Pavese, 286
Tel. (+39) 02 / 87 38 07 11
Ruhetag: Montag, Dienstag
Ferien: unterschiedlich
60 Plätze + 60 Plätze im Freien
Preise: 40–45 €,
Kreditkarten: CS, MC, Visa; BM
Mittags und abends geöffnet

Alice Delcourt ist das lebende Beispiel dafür, dass unterschiedliche Einflüsse zu optimalen Ergebnissen führen können. Sie ist ein bisschen Französin, ein bisschen Italienerin und ein bisschen Amerikanerin. Ihr Lokal befindet sich wenige Minuten von einer der städtischsten Städte, die man sich nur vorstellen kann, und doch bereits auf dem Land. Sie setzt in ihrer Küche auf lokale Produkte, hört aber nie auf, auf Entdeckungsreise zu gehen. Hier kann man bemerkenswerte Gerichte wie Agnello in cassetta con insalata di cavolo rosso oder Risotto di carote con menta e sesamo tostato (12 €) genießen. Falls vorhanden, wählen Sie Couscous, denn Alice bereitet dieses Gericht meisterhaft zu.

MILANO

U-BAHN-STATION GIOIA (LINIE 2)

Ratanà

Moderne Osteria
Via De Castillia, 28
Tel. (+39) 02 / 87 12 88 55
Ruhetag: Montag, Samstagmittag, im Sommer Samstagmittag und Sonntag
Ferien: ersten 10 Januartage, 1 Woche um den 15. August • 50 Plätze
Preise: 45–50 €
Kreditkarten: AE, CS, MC, Visa
Mittags und abends geöffnet

In einem der dynamischsten Viertel Mailands behält das Ratanà seine im Lauf der Jahre erworbene Rolle als sicheres, vertrauenerweckendes und dennoch ständig in Bewegung befindliches Lokal bei. Ein paar Worte mit Cesare Battisti, dem Küchenchef und der Seele dieses Ortes, reichen aus, um das zu verstehen. Und sollte das nicht genügen, kann man die Karte durchblättern, die die Klassiker der Mailänder Küche – Risotto con l'ossobuco (30 €), Ganassino tiepido – mit der gleichen Unbekümmertheit auflistet wie innovativere und frische Gerichte, etwa Gazpacho verde oder Pollo ficatum marinato alle acciughe (24 €). Die endlose Weinkarte liest sich unterhaltsam.

MILANO

U-Bahn-Station Piazzale Corvetto (Linie 3)

Trattoria del Nuovo Macello

Moderne Osteria
Via Lombroso, 20
Tel. (+39) 02 / 59 90 21 22
Ruhetag: Samstagmittag, Sonntag
Ferien: 10.–31. August
50 Plätze • Preise: 45 €
Keine Kreditkarten
Mittags und abends geöffnet

Die Atmosphäre ist wie in den mailändischen Osterien von einst: Wände in warmen Farben, weiße Tischtücher und geflochtene Holzstühle. Und die Küche? Nicht weniger typisch, nur ein bisschen leichter, aber absolut traditionell. Man beginnt mit einer Selektion an Salumi und eingelegtem Gemüse (12 €), *Mondeghili* oder Carpione di temolo con pane fritto. Als Primi stehen Gnocchi, Risotto, alla milanese oder mantecato con cipolla e limone candito, und Ravioli zur Auswahl. Bei den aus Fleisch und Fisch zubereiteten Secondi heißt es Bahn frei für klassische Cotoletta und guten Baccalà. Die umfangreiche Weinkarte ist gut zusammengestellt.

TRESCORE CREMASCO (CR)

48 km nordwestlich von Cremona

Bistek

Trattoria
Via Alcide De Gasperi, 31
Tel. (+39) 03 73 / 27 30 46
Ruhetag: Dienstagabend, Mittwoch
Ferien: erste Januar-, letzte Juliwoche, ersten 3 Augustwochen
90 Plätze • Preise: 38 €
Kreditkarten: CS, MC, Visa; BM
Mittags und abends geöffnet

Wenn man Trescore Cremasco sagt, denken viele in dieser Gegend (und nicht nur hier) an das Lokal, das die Familie Bonetti seit 1968 führt. Wenigen gelingt es, Leidenschaft und Qualität mit einer Intensität wie in dieser Trattoria zu vermitteln. Tortelli cremaschi sind einer der Hauptgründe, die die Anreise lohnen. Für den Einstieg stehen traditionelle Wurstspezialitäten bereit. Die häufig wechselnde Karte ist nach Themenkreisen aufgebaut und bietet Fisch-, Fleisch- oder Gemüsegerichte.

SALÒ (BS)

31 km östlich von Brescia, S.S. 45 bis

Antica Trattoria alle Rose

Restaurant
Via Gasparo da Salò, 33
Tel. (+39) 03 65 / 432 20
Ruhetag: Mittwoch
Ferien: unterschiedlich
65 Plätze + 65 Plätze im Freien
Preise: 40–50 €
Kreditkarten: AE, CS, DC, MC, Visa; BM
Mittags und abends geöffnet

Am Gardasee essen zu gehen, ist kein leichtes Unterfangen, denn Touristenfallen gibt es dutzendweise. Ein paar zuverlässige Adressen existieren aber doch, und die Trattoria alle Rose ist eine davon. 1985 begann die Geschichte dieses Lokals, das heute wie damals einfache Gerichte aus Seefisch (Renken und Finten vom Grill sind eine Kostprobe wert) bietet. Unter den Primi gibt es frische Pasta, ungefüllt (ausgezeichnet sind Pappardelle) und gefüllt. Die Secondi umspannen Fleischgerichte vom Grill und Meeresfisch. Auf der Weinkarte findet sich eine gute Auswahl an Tropfen aus dem Gebiet zu korrekten Preisen.

MORTARA - Guallina

37 KM NORDWESTLICH V. PAVIA, S.S. 35

Guallina

Restaurant
Via Molino Faenza, 19
Tel. (+39) 03 84 / 919 62
Ruhetag: Dienstag
Ferien: 3 Wochen im Juni/Juli
40 Plätze
Preise: 40–60 €
Kreditkarten: CS, MC, Visa; BM
Mittags und abends geöffnet

2016 werden es genau 30 Jahre (wie bei unserem Verein), denn 1986 begannen Elena Desù und Edoardo Fontana ihre Tätigkeit als Gastronomen inmitten der Lomellina. Ambiente und Atmosphäre in den in warmen Farben gehaltenen Räumen mit Regalen voll von Flaschen sind dieselben wie früher. Auch die Küche ist sich treu geblieben und verarbeitet viele Produkte aus dem Gebiet. Für den Einstieg stehen Paté di fegatini d'anatra (12 €), Salumi, Vitello tonnato und einige Fischgerichte zur Auswahl. Unter den Primi sind warme Suppen (die Zwiebelsuppe lohnt allein wohl schon die Anreise), Risotto all'anatra und gefüllte Teigwaren. Die Secondi sind vorwiegend aus Fleisch zubereitet; herausragende Köstlichkeiten sind Rane fritte (16 €), Lumache alla bourguignonne und Rognoncino con Marsala e porri.

MONTECALVO VERSIGGIA (PV)

34 KM SÜDÖSTLICH VON PAVIA

Prato Gaio

Restaurant
Ortsteil Versa, 16, Abzweigung nach Volpara
Tel. (+39) 03 85 / 997 26
Ruhetag: Montag, Dienstag
Ferien: Januar/Februar
60 Plätze
Preise: 45–50 €
Kreditkarten: CS, MC, Visa; BM
Mittags und abends geöffnet

Prato Gaio im Oltrepò Pavese ist eine bewährte Adresse. Ein Mittag- oder Abendessen hier ist eine der besten Arten, die Spitzenprodukte dieses Gebiets kennenzulernen, nämlich Wurst, Käse und insbesondere Wein. Das Menü wechselt häufig. Je nach Saison finden Sie unterschiedliche Gerichte und Grundzutaten vor, die alle mit dem Namen des Erzeugers auf der ersten Seite der Karte angeführt sind. Beginnen Sie mit *Duls e brusc* (12 €), einem für dieses Gebiet typischen süßsauren Hähnchen. Bei den Primi stehen Pappardelle mit leichtem überarbeitetem Pesto, Gnocchi con baccalà und Agnolotti con stufato e burro d'alpeggio zur Auswahl. Bei Secondi sind Collo ripieno di fegato d'oca (18 €) oder zarter Arrosto di coniglio Pflicht. Die Weine kommen selbstverständlich aus der Umgebung und können auch im Rahmen eines schönen Degustationsmenüs für 40 € verkostet werden.

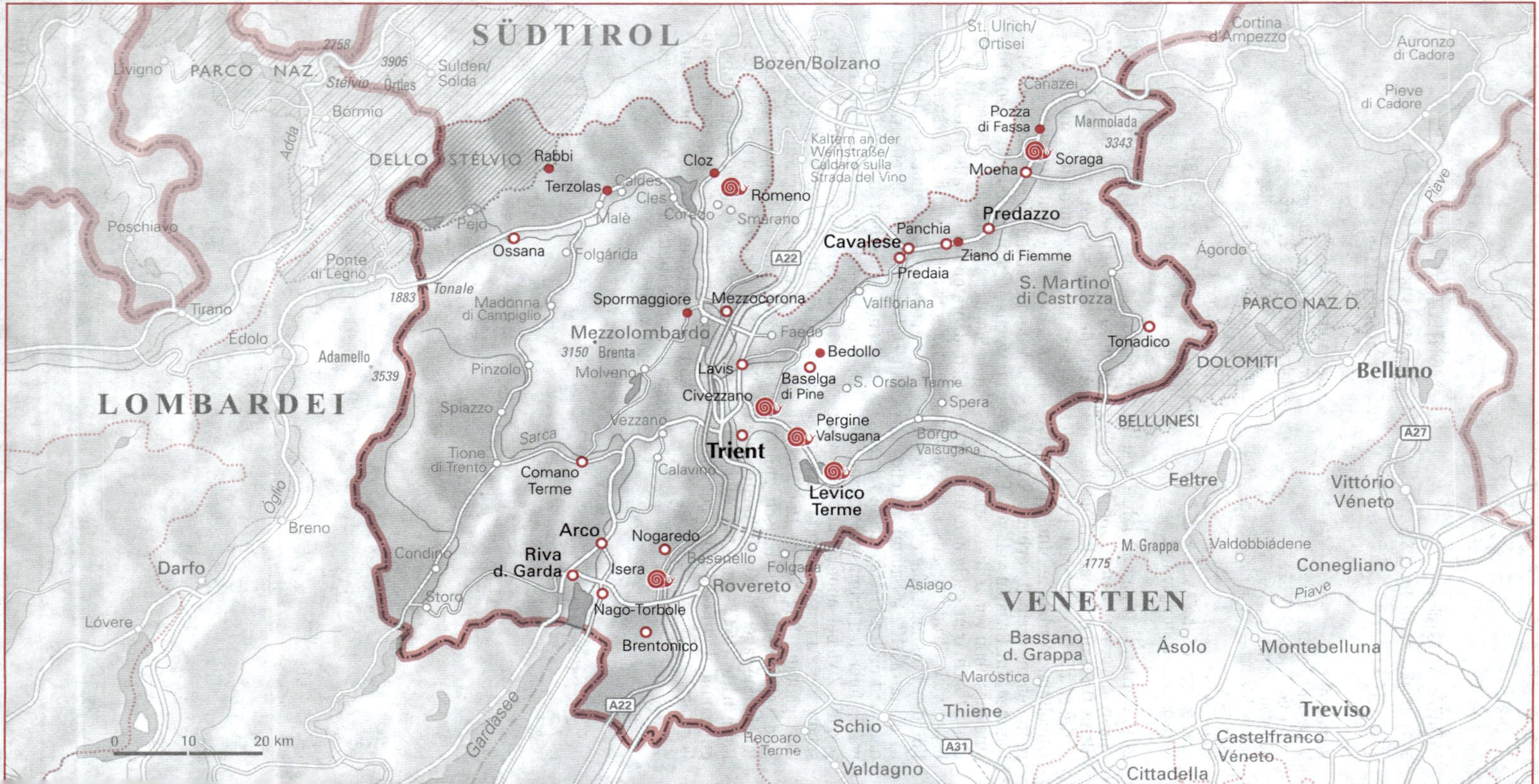
SÜDTIROL
LOMBARDEI
VENETIEN
Livigno
PARCO NAZ. DELLO STELVIO
2758
3905
Sulden/ Solda
Stelvio
Ortles
Bormio
Adda
Poschiavo
Tirano
Ponte di Legno
Edolo
Adamello
3539
1883
Tonale
Breno
Oglio
Darfo
Lovere
Rabbi
Terzolas
Caldes
Cles
Malè
Pejo
Ossana
Folgarida
Cloz
Romeno
Coredo
Smarano
Bozen/Bolzano
Kaltern an der Weinstraße/ Caldaro sulla Strada del Vino
St. Ulrich/ Ortisei
A22
Madonna di Campiglio
Spormaggiore
Mezzocorona
Mezzolombardo
3150 Brenta
Molveno
Pinzolo
Spiazzo
Sarca
Tione di Trento
Comano Terme
Vezzano
Calavino
Faedo
Lavis
Bedollo
Baselga di Pine
S. Orsola Terme
Civezzano
Pergine Valsugana
Spera
Trient
Borgo Valsugana
Levico Terme
Valfloriana
Cavalese
Panchia
Predaia
Predazzo
Ziano di Fiemme
Moena
Soraga
Pozza di Fassa
Canazei
Marmolada
3343
S. Martino di Castrozza
Tonadico
Cortina d'Ampezzo
Auronzo di Cadore
Pieve di Cadore
Piave
Agordo
PARCO NAZ. D. DOLOMITI BELLUNESI
Belluno
A27
Feltre
Vittorio Veneto
M. Grappa
1775
Valdobbiadene
Conegliano
Piave
Condino
Storo
Arco
Riva d. Garda
Nogaredo
Isera
Besenello
Folgaria
Rovereto
Nago-Torbole
Brentonico
A22
Gardasee
Asiago
Bassano d. Grappa
Asolo
Montebelluna
Marostica
Thiene
Schio
Recoaro Terme
Valdagno
A31
Treviso
Castelfranco Veneto
Cittadella
0
10
20 km

TRENTINO

Die Region Trentino ist klein und dennoch außergewöhnlich, was Natur und Kultur betrifft. Auf vergleichsweise bescheidenem Raum konzentrieren sich vielfältige Landschafts- und Landnutzungsformen, Traditionen und Kulturen, die von den Bergen und den dort lebenden Gemeinschaften geprägt sind.
Die hiesige Kulinarik erlebt gerade eine Art Revival. Ursprünglich war es eine Küche, die schlicht das Überleben sicherte, dann wurde sie lange Zeit von einer opulenten Hofküche und den Essgewohnheiten verschiedener durchziehender Völker beeinflusst. Zu verdanken ist dieses Wiederaufleben dem engagierten Wirken vieler Wirte. Sie pflegen enge Beziehungen zu ihrer Heimat und regionalen Erzeugern, verhelfen Traditionen und lokalen Grundprodukten unter Berücksichtigung moderner Gar- und Konservierungstechniken zu neuem Stellenwert.
Um auf die (kultur-)landschaftliche Vielfalt zurückzukommen: Diese kennt vom Gardasee bis zu den höchsten Gipfeln unterschiedlichste Ausdrucksformen, was sich auch in der Esskultur niederschlägt. So gut wie jedes Dorf hat sein eigenes Gepräge, wenn es darum geht, Eigenheiten, Geschmacksrichtungen und Aromen zu betonen.
Der Wald bringt Kostbares hervor: Pilze, die in der Küche als Vorspeise, roh oder gekocht, als Würze für Pasta, Gnocchi oder Risotto, als Beilage zu Hauptgerichten verwendet werden; und natürlich Beeren, die wir von der Vorspeise bis zum Dessert vorfinden können. Wildkräuter verleihen Aufläufen, Omeletts, Cremesuppen, Reisgerichten, frischer Pasta und Gnocchi spezielle Noten. Süßwasserfische wie Barsch, Felchen, Döbel, Hecht und Seesardine, hauptsächlich aus dem Gardasee oder aus Aquakulturen, bereichern das gastronomische Angebot. Und für Carne *salada* – unter Zugabe von Gewürzen und Salz haltbar gemachtes Rindfleisch – hat jede Familie ihr eigenes Rezept.

Für Sie entdeckt

ARCO (TN)
Varignano

37 KM SÜDWESTLICH VON TRIENT

Belvedere

Trattoria
Via Serafini, 2
Tel. (+39) 04 64 / 51 61 44
Ruhetag: Mittwoch
Ferien: Juni–September
80 Plätze
Preise: 28–30 €
Kreditkarten: CS, MC, Visa; BM
Mittags und abends geöffnet

An der Peripherie von Arco gibt es einen Ort, der sich der Carne *salada* – dem Aushängeschild der lokalen Traditionskulinarik – verschrieben hat. Es handelt sich hierbei um ein neben dem Filet geschnittenes Stück vom Rind (italienische Fleischer nennen es Scamone), das in Salz eingelegt und mit einer Gewürzmischung aromatisiert wird. Deren Zusammensetzung und Dosierung wird von Familie Santorum streng geheim gehalten. Diese ihre Tradition ist jahrhundertealt, wie diverse Urkunden belegen, die im Lokal zu bewundern sind, darunter ein auf 1895 datiertes Zertifikat der Gemeinde Arco, das die Wirtsleute zur Erzeugung dieser Spezialität autorisiert. Mamma Silvia und ihre Söhne Giuseppe und Maurizio öffnen die Pforten ihres Landhauses aus dem späten 19. Jahrhundert nur in den kalten Monaten, wenn ihre Spezialität ohnehin am besten schmeckt. In den Sommermonaten widmen sie sich, ihren bäuerlichen Wurzeln entsprechend, ausschließlich der Landwirtschaft. Die unbestrittene Hauptakteurin der Speisekarte ist folglich **Carne *salada***, roh als Antipasto (9,50 €), hauchdünn aufgeschnitten und mit nativem Olivenöl extra aus eigener Erzeugung veredelt, aber auch gegart, zart und würzig, in der glühend heißen Pfanne nur kurz gebraten, mit Borlotti-Bohnen in Zwiebelmarinade als Beilage (12,50 €). Ergänzt wird das Angebot durch Primi piatti nach Hausfrauenart wie **Gnocchi di patate**, Strangolapreti, **Canederli**, Gemüsesuppen, **Orzotto**, die Familie Santorum mit großer und konstanter Freundlichkeit empfiehlt. Und zum Ausklang gibt es Desserts wie Strudel, Tartes oder in Sirup eingelegte Früchte. Für den Weingenuss sind ein paar gute trentinische Tropfen lagernd.

ARCO (TN)
San Giorgio

38 KM SÜDWESTLICH VON TRIENT

Le Servite

Moderne Osteria
Via Passirone, 68
Tel. (+39) 04 64 / 55 74 11
Ruhetag: Montag, 1. Oktober–31. März auch Dienstag und Sonntag
Ferien: zeitweise im Februar und November
60 Plätze + 40 Plätze im Freien
Preise: 35–40 €
Kreditkarten: CS, DC, MC, Visa; BM
Abends geöffnet

Die Osteria befindet sich in wunderschöner Lage, eingerahmt von den Weinbergen und Gemüsebeeten des Hauses. An heißen Tagen kann man problemlos im Freien essen. Der Keller ist bemerkenswert bestückt mit Weinen von Winzern aus der Gegend und aus ganz Italien. Die Küche verwendet ausschließlich saisonale und lokale Rohstoffe, die sie auf leichte, moderne Art verarbeitet. Sie können ein viergängiges Degustationsmenü für 40 € wählen, das sich mit glasweisen Weinbegleitungen kombinieren lässt. Alternativ dazu kann man sich von der Tages- und der Wochenkarte inspirieren lassen. Unter den Antipasti finden wir **Flan di asparagi** (8,50 €), Manzo con salsa verde e cipolle agre (Rindfleisch mit grüner Sauce und sauren Zwiebeln) sowie gemischte Salumi mit Gemüse in agrodolce. Es folgen die Pastagerichte Tagliolini al caffè mit Zucchini und geräucherter Lachsforelle (12 €), ***Bigoi* con le sarde**, Tagliatelle con il ragù di coniglio und – während der Spargelsaison – Risotto con gli asparagi. Herausragend unter den Secondi sind der **Saibling** (**Salmerino alla griglia**, 14,90 €), die Renke (Lavarello del Garda alla trentina), das **Lamm in Kartoffelkruste** (**Agnello in crosta di patate**) und die für die kalte Jahreszeit typischen Gerichte auf Basis von Stockfisch alias Baccalà. Als Nachtisch gibt es Bavarese, Semifreddo, Torta di ricotta, Sbrisolona. Die Bedienung ist schnell und freundlich, die Weinkarte kompetent gestaltet; die edelsten Flaschen werden auf aromaschonende Weise in einem speziellen Schrank unter Schutzgas gelagert. Vor allem in der Winterzeit sollte man rechtzeitig an eine Tischreservierung denken.

18 KM NORDÖSTLICH VON TRIENT

2 Camini

Restaurant
Via del 26 Maggio, 65
Tel. (+39) 04 61 / 55 72 00
Ruhetag: Sonntagabend, Montag (außer in der Hochsaison)
Ferien: unterschiedlich
50 Plätze
Preise: 35 €
Kreditkarten: AE, MC, Visa; BM
Mittags und abends geöffnet

Im Sommerfrischeort Baselga auf dem Pinè-Hochplateau ist Franca Merz, Trentiner Wirtin mit französisch-piemontesischen Wurzeln und erste weibliche Sommelière der Provinz, seit über 40 Jahren in dem familiengeführten Hotelrestaurant tätig, das sie heute mit der Unterstützung durch freundliche, zuvorkommende Mitarbeiter führt. Der Name des Hauses bezieht sich auf die Kamine in den zwei Gasträumen, deren einfache, ein wenig retro anmutende Einrichtung wohlig-wohnliches Flair schafft. Wohlbefinden lässt auch die Küche aufkommen, die mit interessanten Kombinationen experimentiert, doch auf lokale Produkte wie Bergkäse und Gemüse setzt und zudem ein vegetarisches Menü auf Basis trentinischer Produkte (25 €) sowie ein paar vegane Gerichte empfiehlt. Von den Antipasti ist in der Artischockensaison der Tortino con cuori di carciofo (9 €) empfehlenswert. Die Palette der Primi umfasst **Gnocchi di polenta**, *Canederloti* (Knödel), allerlei hausgemachte Nudeln, auch gefüllte, von überraschender Leichtigkeit; kurios die ***Rufioi*** (Teigtaschen der Fersentaler Tradition mit Wirsingfüllung und Zimtaroma, 9 €), obligat die Taglierini mit Pilzen. An Secondi gibt es Vegetarisches wie Linsen- und Kichererbsen-Burger, aber auch Fleisch, etwa Cima di vitello farcita (gefüllter Kalbsbraten, 15 €). Himmlisch die Desserts: Wir raten zu den Sorbetti und dem lauwarm servierten **Tortino di mele** (6 €). Interessantes Angebot an Käse aus der Region, preislich faire Weinkarte, die Trentiner Markenprodukten viel Platz eingeräumt.

In **Bedollo** (9 km), Via Sant'Osvaldo, hält der Bauernhof Le Mandre Grauvieh und Rendena-Rinder, ostfriesische Milchschafe und Ziegen der Rasse „Fersentaler Gescheckte" und erzeugt erstklassigen Käse.

18 KM NORDÖSTLICH VON TRIENT

La Stropaia

Ferienbauernhof
Via della Prestala, 20
Tel. (+39) 04 61 / 55 75 78,
(+39) 349 / 570 32 43
Ruhetag: Montag–Donnerstag
Ferien: je 2 Wochen im Juni und September, Weihnachten–März
25 Plätze • Preise: 28 € (Tagesmenü)
Keine Kreditkarten; BM
Abends geöffnet, Sonntag nur mittags

Mit seiner Mischung aus Tradition und Innovation, Schlichtheit und Eleganz ist das La Stropaia vor allem ein landwirtschaftlicher Betrieb, der Beeren, Gemüse und essbare Blüten erzeugt. Am Wochenende wird dann der hochmoderne, lichtdurchflutete, stilvoll in Weiß und Holz gehaltene Speisesaal geöffnet, um Gäste mit Trentiner Traditionskost zu verwöhnen. Das Tagesmenü (28 €) ist vorgegeben, wechselt monatlich und besteht aus Vorspeise, Primo, Beerensorbet, Secondo und Dessert. Köstlich der Bohnenflan **Tortino di fagioli mit Balsamicoessig-Creme und Gemüse**, die Rote-Bete-Gnocchetti mit Ricotta affumicata, das Biogerstengericht **Orzo biologico con speck e mele**. An Secondi, die stets von Polenta aus heimischem Maismehl und hausgemachtem Sauerkraut begleitet sind, kann es Schmorbraten (**Spezzatino stufato alla birra di Fiemme**), Rippchen (Costine di maiale al forno) oder **Ossobuco al vino rosso** geben. Zum Nachtisch werden Kuchen, Cremes, Salame di cioccolato serviert. Für Kinder gibt es ein eigenes Menü. Neben der vorgegebenen Speisenfolge werden Wurst- und Käseteller sowie Salatkreationen angeboten. Die Weinkarte präsentiert einige Etiketten aus dem Trentino. Das Lokal trägt das Umweltlabel „Ecoristorazione Trentino", da es Produkte aus eigener Erzeugung und aus der Trentiner Produktionskette verwendet, dabei biologische Zutaten bevorzugt und über Initiativen im Sinne eines aktiven Umweltengagements informiert; hierzu zählt auch die Möglichkeit, sich bestellte Portionen, die man nicht aufisst, zum Mitnehmen einpacken zu lassen.

In **Rizzolaga** (3,5 km) erzeugt der landwirtschaftliche Betrieb Maso Prener Käse aus Rohmilch von Kühen der Rasse Grigio Alpina (Slow-Food-Presidio).

BRENTONICO (TN)
Palù

45 KM SÜDWESTLICH V. TRIENT, 20 KM V. ROVERETO

Maso Palù

Trattoria
Via Graziani, 56
Tel. (+39) 04 64 / 39 50 14,
(+39) 335 / 824 17 86
Ferien: unterschiedlich
80 Plätze + 20 Plätze im Freien
Preise: 35 € (Tagesmenü)
Kreditkarten: AE, CS, DC, MC, Visa; BM
Freitag, Samstag, Sonntag sowie vor und an Feiertagen mittags und abends geöffnet

Die Aufmerksamkeit, die Emiliana Amadori, unterstützt von Tochter Camilla und Sohn Tobia, den Grundprodukten widmet, grenzt an Besessenheit. Wir sind im Maso Palù, einem seit 1984 bestehenden charakteristischen Lokal mit Terrasse in Panoramalage knapp außerhalb von Brentonico. Das Menü ist vorgegeben, kostet 35 €, beinhaltet eine Flasche Merlot und sieht eine lange Abfolge von schön präsentierten Speisen in angemessenen Portionen vor, wobei auch die Möglichkeit besteht, den einen oder anderen Gang zu überspringen oder Sonderwünsche zu äußern. Die Bedienung ist höflich und flott und nimmt sich selbst dann, wenn alle Tische besetzt sind, immer noch Zeit, um mit dem Gast zu plaudern. Zu den entsprechenden Zeiten im Jahreskreis gibt es Empfehlungen zu den Themen Spargel, Waldpilze oder Esskastanien, die eine traditionelle Ressource der Gegend sind. Immer präsent ist **Polenta**, die sich mit Trüffel vom Monte Baldo, den Salumi des Hauses, Käse von den nahen Almen, Hering (Aringa) oder Stockfisch (Baccalà) kombinieren lässt. Uns haben die **Gnocchi di zucca** mit Marzemino-Reduktion und Käsesauce zugesagt, Sie können aber auch die **Canederlini con broccolo di Torbole** oder die Bigoli con le sarde probieren. Von den Secondi erwähnt seien der **Kaninchenrollbraten mit Pistazien und Senf** (**Rotolo di coniglio ai pistacchi e senape**) und das Hirschgulasch mit Zirbenaroma (Spezzatino di cervo al cirmolo), von den Beilagen das vorzügliche **Kartoffelrösti** (**Rosticciata di patate**) mit Zwiebel, Käse und Artischocken. Stets hausgemacht sind die Desserts, etwa Vanilleeis mit heißen Waldbeeren (Gelato di vaniglia con frutti di bosco caldi) oder Millefoglie mit Mascarponecreme. Die Weinkarte nennt die besten Etiketten aus der Gegend und ein paar interessante Marken von außerhalb der Region.

CAVALESE

64 KM NORDÖSTLICH VON TRIENT

Costa Salici

Restaurant
Via Costa dei Salici, 10
Tel. (+39) 04 62 / 34 01 40
Ruhetag: Montag, außer in der Saison
Ferien: unterschiedlich
35 Plätze + 25 Plätze im Freien
Preise: 40–45 €
Alle Kreditkarten; BM
Mittags und abends geöffnet

Seit 2014 führt Stefano Tait dieses hübsche, zwischen kleinen Villen und blühenden Wiesen gelegene Restaurant nicht weit vom Zentrum. Er hat es von seinen Eltern Maurizio und Rosalba übernommen, die nach 30 Jahren das Ruder übergeben haben, aber immer noch mithelfen. Über eine steile, schmale Straße erreicht man den großen Privatparkplatz und gelangt durch einen schönen Garten mit Rasen und Rosen, der nach dem Essen zu entspanntem Verweilen einlädt, zum Restaurant. Die Atmosphäre ist anheimelnd und familiär, das Interieur aus Holz. Stefano hat einige Neuheiten eingeführt und das kulinarische Angebot erweitert. So lädt er im Sommer jeden zweiten Donnerstag zum Aperi-Tait, einem informellen Event mit Büfett und (Live-)Musik. Außerdem gibt es nun neben der klassischen Karte (mit Primi in normalen und extragroßen Portionen) die Themenmenüs „Tradizione e gusto", „Sapori di montagna" und „Pausa pranzo" mit Wahlmöglichkeit aus einem knappen Dutzend Speisen zu günstigen Preisen. Aus dem Angebot erwähnt seien **Frittelle mit Valfiemme-Käse und Weißkraut** (9 €), Temolo spadellato (gebratene Äsche) mit Gemüse und Salsa al tè affumicato, **Tartara di trota dei masi di Cavalese affumicata** (Tatar von der Räucherforelle) **mit Briochebrot**, gebratener Käse (Tomino di Santa Libera) mit Auberginen und frischem Oregano, Tortelloni di patate mit Wildkräutern, **Polpette di vitello mit Kartoffelpüree** (12 €), Haselnuss-Semifreddo mit Beerensauce (5 €), Tortino di cioccolato mit weichem Kern und Erdbeereis. Schöne Weinkarte.

Auf dem Maso Santa Libera in **Tesero** (4 km), der auch Ferienbauernhof ist, erzeugt Cristian aus Biorohmilch von Kühen der Tiroler Grauviehrasse guten Käse mit gewaschener Rinde.

CIVEZZANO (TN)
Forte

7 KM NORDÖSTLICH VON TRIENT, S.S. 47

Maso Cantanghel Trattoria da Lucia

Traditionelle Osteria • Via della Madonnina, 33
Tel. (+39) 04 61 / 85 87 14
Ruhetag: Samstag, Sonntag
Ferien: je 2 Wochen im August und Weihnachten/Neujahr • 30 Plätze
Preise: 35 € (Tagesmenü)
Kreditkarten: AE, CS, DC, MC, Visa; BM
Mittags und abends geöffnet

Schlichtheit in Verbindung mit raffinierter Eleganz macht diese Osteria seit vielen Jahren zu etwas ganz Besonderem. Mit schönem Blick auf Gemüsefelder, Weingärten und die nahe gelegene Festung aus der Habsburgerzeit wird der schöne Hof aus dem 18. Jahrhundert seit über 50 Jahren von Lucia Gius in sehr persönlichem Stil geführt. Die zwei behaglichen Gasträume sind mit stilvollen Möbeln eingerichtet, ein Teil der Küche ist für den Gast einsehbar. Das viergängige Menü ist vorgegeben, kostet 35 € (ohne Getränke) und variiert mit den Jahreszeiten bzw. der Verfügbarkeit der Grundprodukte, die hauptsächlich aus Garten und Wald sowie von vertrauenswürdigen lokalen Lieferanten stammen. Beginnen könnten Sie mit einheimischem **Spargel auf Blattsalat (Asparagi di Zambana e insalata di misticanza)**, gebackenen Kürbisblüten (Fiori di zucca) mit Ricottafüllung oder auch mit Pancetta auf Selleriepüree und Weißkraut. Es folgen Tagliatelle con asparagi e zucca, **Risotto ai finferli**, Pasta e fagioli, **Orzotto con le cotiche**. Die frischen Teigwaren sind hausgemacht. Sehr gut von den Hauptspeisen sind der **Kalbsbraten mit Kohlrabi-Kartoffel-Püree (Brasato di vitello con purè di cavolo rapa e patate)**, der Ossobuco vom Kalb und die Salsiccia mit Polenta, für die Maismehl aus Storo verwendet wird. Feine Dolci, z. B. Haselnuss- oder Kaffeeeiscreme, Torrone, Strudel mit Renette-Äpfeln. Zum Kaffee wird traditionelles Feingebäck gereicht. Die Weinkarte hat starken Regionalbezug, enthält aber auch einige internationale Spitzenetiketten. Um Reservierung wird gebeten.

„
Küche mit Köpfchen und Engagement, Augenmerk auf regionale Wertschöpfung, beschwingt und geschmackvoll interpretierte Speisen. Ein Bollwerk der Tradition.
“

COMANO TERME (TN)
Poia

31 KM WESTLICH VON TRIENT

Osteria della Locanda Fiore

Osteria • Via Mazzini, 22
Tel. (+39) 04 65 / 70 14 01
Ruhetag: Montag, außer in der Hochsaison
Ferien: 1.–15. November
45 Plätze + 30 Plätze im Freien
Preise: 28–32 €
Kreditkarten: Visa; BM
Mittags und abends geöffnet

Die Locanda Fiore befindet sich in Poia, einem der vielen kleinen Ortsteile an den Hängen um Comano Terme. Das Gebiet ist für den Anbau von Mais und Gemüse sowie für Viehzucht bekannt, und die von Silvio Salizzoni und Familie liebevoll geführte Osteria bietet davon nur das Beste: Ciuiga del Banale (Slow-Food-Presidio), Salami mit Walnüssen aus der Bleggio-Gegend, diverse Käse- und Kartoffelsorten. Das Gemüse stammt aus dem Hausgarten. Der Speisesaal mit landschaftlichen Eindrücken in Form von Wandmalereien ist schlicht und gepflegt, im Sommer kann man im schönen Garten unter Bäumen essen. Wir raten Ihnen, zum Auftakt den Aufschnitt (Tagliere dei salumi, 12 €) mit Sauerkraut nicht zu versäumen. Im Anschluss daran stehen Kartoffelgnocchi in der Interpretation ***na feta e en gnoc***, Ravioloni mit Ricotta und Kräutern, Strangolapreti in brauner Butter, das in einem Kupferpfännchen servierte Reisgericht mit Wurstbrät und Grana-Käse (**Riso nel *paròl* con pasta di salame e grana**), Canederli in Fleischbrühe (8 €) sowie Risotto al Teroldego oder ai porcini zur Auswahl. An Hauptgerichten gibt es Tagliata vom Rind oder Pferd, gebratene **Carne *salada* mit Bohnen**, Saibling in Form von Rotolo di salmerino al Nosiola mit Püree von violetten Kartoffeln (12 €), gemischte Käseplatte. Für den süßen Abschluss: Tiramisu di patate (4 €), Apfelstrudel, Tronchetto al cioccolato mit Quitte, Zuppetta di frutta al vino cotto. Ein Degustationsmenü für 28 € (ohne Weinbegleitung) ergänzt die Auswahl. Überzeugendes Repertoire an regionalen Weinen.

Der Betrieb Fontanel in **Fiavè** (6 km) erzeugt Käse, Butter und Joghurt aus der Milch von Kühen, die mit Heu und Mais vom eigenen Hof gefüttert werden.

27 KM SÜDWESTLICH VON TRIENT, A 22

Casa del Vino della Vallagarina

Moderne Osteria • Piazza San Vincenzo, 1
Tel. (+39) 04 64 / 48 60 57
Kein Ruhetag
Keine Ferien
120 Plätze + 60 Plätze im Freien
Preise: 34 €
Kreditkarten: AE, CS, DC, MC, Visa; BM
Mittags und abends geöffnet

Die 1996 gegründete Casa del Vino vereinigt 33 Weingüter und hat sich den Schutz und die Förderung des önologischen Erbes, auf dem die Erfolgsgeschichte des Vallagarina beruht, zum Ziel gesetzt. Das Restaurant wird von Luca Bini gemanagt. Chefkoch Carmelo verwendet Grundprodukte von lokalen Erzeugern. Die Auswahl beschränkt sich auf ein Menü zum Festpreis (Vorspeise, Primo, Secondo) oder ein Themenmenü, das häufig im Zeichen von Einflüssen aus anderen Regionen steht und von Weinen lokaler Kellereien begleitet wird. Interessant der „Sabato del Socio", der samstägliche Besuch eines Mitgliedsbetriebs samt Verkostung und Mittagessen mit passenden Weinproben (25 €). An Antipasti gibt es **Löwenzahn mit Speck** (Denti di cane con pancetta), Kartoffelrösti, Carne *salada* mit Apfelsalat. In der Folge ist von den Suppen die **Zuppa di ceci, fagiolini e farro mit Rosmarinöl** erwägenswert. Wenn Sie Teigwaren vorziehen, sind die Gnocchi di ricotta mit Basilikumpesto und die **Strangolapreti mit Brennnesseln und Pancetta** eine gute Wahl. An Secondi gibt es allerlei Tranchen vom Grill, gedämpftes **Saiblingsfilet mit zitronisiertem Kartoffelpüree** (Filetto di salmerino al vapore con purè di patate al limone), in Heu gegarte Schweinerippchen (Costine di maiale) mit Folienkartoffeln, **Baccalà fritto** sowie diverse Empfehlungen mit Krustentieren und Fettfisch. Für die Süßspeisen – Kuchen, Sorbets, Halbgefrorenes – ist Alex verantwortlich. Wir empfehlen, die aktuelle Menükarte auf der Website des Restaurants zu konsultieren, vor allem wenn Sie besondere Bedürfnisse haben.

Der Panificio Moderno, Via al Ponte 10, bäckt Brot mit Sauerteig, Pizzen, Focacce, Grissini und allerlei süße Sachen.

ISERA (TN)

21 KM S. V. TRIENT, A 22 AUSFAHRT ROVERETO NORD

Locanda delle Tre Chiavi

Trattoria • Via Vannetti, 8
Tel. (+39) 04 64 / 42 37 21
Ruhetag: Sonntagabend, Montag
Keine Ferien
60 Plätze + 60 Plätze im Freien
Preise: 38–40 €
Kreditkarten: AE, CS, DC, MC, Visa
Mittags und abends geöffnet

Alles im gastronomischen Angebot der Locanda dreht sich um gute Grundprodukte: Agrarerzeugnisse von kleinen Biobetrieben, Präsenz von nicht nur trentinischen und nicht nur italienischen Slow-Food-Presidi. Das Ambiente ist leger, aber gepflegt, Weinflaschen und regionale Spezialitäten prägen das Bild. Sergio Valentini und seine Partnerin Annarita, die von einem lebhaften Team unterstützt werden, sind unermüdliche Promotoren gastronomischer, kultureller und künstlerischer Initiativen. Neben bewährten Gerichten sind neue Empfehlungen zu entdecken, darunter ein vegetarisches Menü für 25 €. Für den Auftakt Saibling als Salmerino in carpione, **Polenta di mais mit schwarzem Trüffel und zerlassenem Käse** (11,50 €), Carpaccio von Carne *salada*, klassischer ***Tortel di patate*** mit Puzzone di Moena, Grestataler Kraut und Salumi. Es folgen **Canederlotti schiacciati in Salbeibutter** (12 €), Bigoli alle sarde di lago (Pasta mit Seesardinen), Teigtaschen aus Roggenmehl – *Casonzei* – gefüllt mit Ricotta von der Mochena-Ziege und Brennnesseln. Die Secondi: **Baccalà dei frati**, Tranche vom Saibling in Kruste von Taggiasca-Oliven mit gekräuterter Buchweizenpolenta (18 €), Pollo ruspante (Freilandhähnchen) mit Gemüse-Caponata, gegrillte Tagliata vom piemontesischen Fassona-Rind. Interessante Auswahl an unfermentierten Rohmilch**käse**sorten. Für das süße Finale Tortino di grano saraceno mit Preiselbeerkonfitüre und Sahne, Apfelstrudel mit Eiscreme, Tortino di cioccolato mit kleiner Panna cotta (7 €). Sehr überzeugende Auswahl an Wein aus dem Trentino, auch glasweise.

»Exzellente Gerichte als Resultat der Verarbeitung von zumeist biologischen Grundprodukten – präsentiert in einem von Kultur durchdrungenen Ambiente.«

LAVIS (TN)
Sorni

15 KM NÖRDLICH VON TRIENT, S.S. 12

Vecchia Sorni

Trattoria
Piazza Assunta, 40
Tel. (+39) 04 61 / 87 05 41
Ruhetag: Sonntagabend, Montag
Ferien: zeitweise im Februar und März
35 Plätze + 40 Plätze im Freien
Preise: 35 €
Kreditkarten: AE, CS, DC, MC, Visa; BM
Mittags und abends geöffnet

Lorenzo Callegari führt gemeinsam mit seinem Vater Camillo diese Trattoria auf dem mit Rebstöcken bestandenen Hügel von Sorni. Wegen der schönen Aussicht von der Terrasse empfehlen wir für die warme Jahreszeit eine rechtzeitige Tischreservierung im Freien. In den kalten Monaten speist man in einer behaglichen Stube mit schönem Kachelofen. Viele lokale Qualitätsprodukte von Biobetrieben und aus dem Hausgarten prägen die Küche, die sich durch schlichte, schonende Garmethoden auszeichnet. Für den Auftakt würzige, hausgemachte Carne *salada* mit in Fichtenrinde gereiftem Käse, Carpaccio di manzo mit Topinambur-Mousse und Schimmelkäse, Gemüse mit Casolét-Käsesauce und gebratener Nonstaler Mortandela, zarter **marinierter Alpensaibling** – Salmerino alpino – mit Rucolapesto und Zitronen-Briochebrot (11 €). Es folgen köstliche **Brennnesselnocken mit Möhren-Ingwer-Sauce** (Gnocchi di ortica con salsa alla carota e zenzero, 10 €), Ravioli di salmerino auf Leimkrautpesto, in den Wintermonaten **Rote-Bete-Knödel mit Bergbutter** (Canederli di rape rosse con burro di malga). An Secondi gibt es Renke (Filetto di coregone) mit Gewürzsauce und Artischocken-Raviolini, Hase (Controfiletto di lepre) mit Lakritze und Petersilienkartoffelpüree, **Kalbfleisch-Kartoffel Rösti mit Krautsalat** (Rosticciata di patate e vitello con insalata di cavolo cappuccio, 14 €). Feine Dolci (6 €), von **Apfelstrudel** über Joghurtmousse mit Himbeeren und Vanilleschaum bis hin zu Fregolotti mit Holunderblüteneis. Das Weinangebot hat seinen Fokus auf regionalen Etiketten.

Alimentari Paoli in der Via Matteotti 8 ist ein kleiner Käseaffineur und Erzeuger von exquisiten Salumi: Lucanica, Pancetta, Lardo, Coppa, Salami.

LEVICO TERME (TN)

20 KM SÜDÖSTLICH VON TRIENT, S.S. 47

Boivin

Traditionelle Osteria • Via Garibaldi, 9
Tel. (+39) 04 61 / 70 16 70
Ruhetag: Montag, außer im Juli und August
Ferien: 2 Wochen zwischen November und Februar
50 Plätze + 20 Plätze im Freien
Preise: 27–40 €
Kreditkarten: AE, CS, DC, MC, Visa; BM
Abends geöffnet, im Juli und August auch Sonntagmittag

Ein historisches Lokal mit einem gut 400 Jahre alten Weinkeller. Riccardo Bosco, Chefkoch und Patron (seine Familie lebt hier seit fünf Generationen), hat Ess- und Weinkultur mit Leidenschaft zu seinem Lebensinhalt gemacht: Das merkt man an den sorgfältig zubereiteten Speisen und dem gepflegten Weinbestand. Seine Küche ist leicht und der Bodenständigkeit verpflichtet, ohne auf maßvoll kreative Akzente zu verzichten. Zwei Degustationsmenüs stehen zur Auswahl: ein viergängiges für 27 € und ein siebengängiges für 35 €. Wer à la carte wählt, kann mit einer reichhaltigen Wurst- oder Käseplatte beginnen, die die Erzeugnisse kleiner Betriebe aus dem Umland schön zur Geltung bringen und durchaus als eigenständige Mahlzeit in Erwägung zu ziehen sind. Weitere Antipasti: Tatar vom piemontesischen Fassona-Rind mit Fleur de Sal und Blattsalat (12 €) oder Flan von Dicken Bohnen und Erbsen (Sformato di fave e piselli). An Primi erwarten uns dreierlei **Gnocchi di pane** (6 €), Tagliatelle mit Lammragout (9 €), Tagessuppe, **Casoncelli di patate al puzzone e noci** (Kartoffelteigtäschchen mit Käse und Walnüssen). Für danach empfehlen wir Fisch aus dem Gardasee, z. B. Filetto di salmerino mit Pastinakenpüree oder **Coregone al cartoccio** (18 €); wer Fleisch bevorzugt, kann sich für die saftige, mit Rotwein und Vanille geschmorte Rinderwange (Guancia di manzo) entscheiden. Das Brot ist selbst gebacken, die Süßspeisen hausgemacht: Es locken klassischer **Apfelstrudel** und Beerensorbets. Die Weinauswahl beinhaltet Produkte von lokalen (kleinen) Winzern, aber auch interessante „fremde" Tropfen.

Riccardo Bosco hat Ess- und Weinkultur zu seinem Lebensinhalt gemacht: gepflegte, leichte Küche, hochkarätiger Keller.

Ein Ausflug auf die Alm

Die Almen des Trentino werden für das Überleben der Viehzucht wie auch für die Bewahrung der Kulturlandschaft zunehmend wichtig. Auch ihre touristische Bedeutung steigt, bedingt durch die Suche nach jener Unverfälschtheit und Natürlichkeit, die nur die Berge bieten können. Um der rückläufigen Zahl an bewirtschafteten Almen – ein Trend der letzten Jahrzehnte – entgegenzuwirken, hat die Autonome Provinz Trient Fördermaßnahmen gesetzt.
Insbesondere geht es um die Wiederbelebung und Bewahrung der Almen sowie um deren Adaptierung an zeitgemäße Hygienestandards. All das soll dem Wohl der Menschen und dem Weideflächenbestand zugutekommen.
Almen gibt es überall im Trentino, besonders viele in den ausgedehnten Berggegenden. Derzeit werden etwa 300 Hütten bewirtschaftet, auf rund 80 davon wird die Milch direkt verarbeitet, die anderen liefern sie an die Käsereien im Tal. Auf ungefähr 30 Almen werden zudem Gäste bewirtet, zum Teil auch beherbergt. Auf den „Malghe", die wir Ihnen hier vorstellen, können Sie Erzeugnisse vor Ort probieren und auch kaufen.

Denise Eccher

BEDOLLO (TN)
Stramaiolo
Tel. (+39) 320 / 235 79 02,
(+39) 340 / 542 85 31
Keine Kreditkarten

Die Alm wird von Andrea Giovannini betrieben, der die Milch von Kühen der Grauviehrasse (Razza Grigio Alpina) selbst zu Käse verarbeitet. Seine Malga liegt auf über 1.600 Metern und bietet Kost und Logis.

BRENTONICO (TN)
Mortigola
Tel. (+39) 04 64 / 39 15 55
Keine Kreditkarten

Diese Alm auf dem Monte Baldo, in etwa 1.200 Metern Höhe, gehört der Familie Bongiovanni. Und die verarbeitet hier die Milch ihrer Kühe, die sich von Gräsern und Bergkräutern ernähren. Die Erzeugnisse des Betriebs können Sie probieren und zum Mitnehmen kaufen. Darüber hinaus werden einige typische Gerichte angeboten.

CLOZ
Cloz
Tel. (+39) 04 63 / 87 45 37
Keine Kreditkarten

In diesem Winkel der Berge, der fast schon in der Provinz Bozen liegt, dürfen die Kühe frei weiden und werden Schweine gehalten. Die Geschwister Torresani bieten gute regionaltypische Küche: Knödel, Rindergulasch, Käse aus eigener Erzeugung.

POZZA DI FASSA (TN)
Contrin
Tel. (+39) 338 / 622 70 83,
(+39) 334 / 824 44 46
Keine Kreditkarten

Konrad Haselrieder lässt auf seiner Alm im Herzen der Marmolada, die in zwei Stunden Fußmarsch von der Bergstation der Ciampac-Seilbahn zu erreichen ist, Tag und Nacht mehr als 200 Stück Vieh weiden. Aus der Milch erzeugt er Käse und andere Spezialitäten.

RABBI (TN)
Monte Sole
Tel. (+39) 04 63 / 98 53 21,
(+39) 338 / 317 07 15
Keine Kreditkarten

Auf über 2.000 Metern Höhe werden hier etwa 100 Kühe und zahlreiche Schweine gehalten. Die von Guido Casna bewirtschaftete Alm bietet Feriengästen Einblicke in die Arbeit der Senner und die Möglichkeit, Käse (Casolét), Butter und Ricotta zu probieren.

Stablasolo
Tel. (+39) 04 63 / 98 51 09
Keine Kreditkarten

Die Alm zählt zu den ältesten der Gegend, ist an die hiesigen Sitten und Bräuche gebunden. Die zu Fuß oder mit einem von der Gemeinde betriebenen Shuttlebus erreichbare Malga bietet eine schmackhafte regionaltypische Küche, für die Anna Piazzola verantwortlich zeichnet, und ist Ausgangspunkt für einfache Wanderungen.

SPORMAGGIORE (TN)

Spora

Tel. (+39) 04 61 / 65 33 48
Keine Kreditkarten

Wir befinden uns im Herzen des Naturparks Adamello Brenta. In isolierter, spektakulärer Lage – mindestens zwei Stunden Fußmarsch ab Andalo oder von der Grostè-Hütte oberhalb von Madonna di Campiglio sind einzuplanen – wird hier nicht nur die Milch der Kühe zu gutem Bergkäse verarbeitet, sondern auch die Möglichkeit zu übernachten geboten.

TONADICO (TN)

Juribello

Tel. (+39) 348 / 892 58 41
Keine Kreditkarten

Die Malga Juribello ist eine der direkt vom Trentiner Viehzüchterverband bewirtschafteten Almen im Herzen des Naturparks Paneveggio. Um die 140 Milchkühe weiden hier. Außerdem werden Käsereivorführungen veranstaltet, bei denen man erfahren kann, wie die Frischkäsespezialität Toséla und der typische Primiero-Käse entstehen.

Venegiòta

Tel. (+39) 04 62 / 57 60 44
Keine Kreditkarten

Das Val Venegia bietet ein faszinierendes Naturschauspiel, das sich als Filmkulisse mindestens ebenso perfekt eignet wie für grandiose Bergtouren. Die von Giancarlo Depaoli bewirtschaftete Alm ist Ausgangsbasis für Wanderungen zur Segantini-Hütte und lädt ein, typische Gerichte und frisch gemachten Käse zu dampfender Polenta aus dem Kupferkessel zu genießen.

ZIANO DI FIEMME (TN)

Sadole

Tel. (+39) 348 / 712 02 27
Keine Kreditkarten

Die Alm wird von Fabio Vinante vom gleichnamigen landwirtschaftlichen Gut betrieben, der im Sommer seine Milchküche auf etwa 1.650 Metern Höhe weiden lässt. Die Gaststätte bietet Produkte aus eigener Erzeugung sowie ein paar typische Gerichte.

MEZZOCORONA (TN)

21 KM NÖRDLICH VON TRIENT

Maso Oliva

Ferienbauernhof
Via Cesare Battisti, 70
Tel. (+39) 04 61 / 60 56 37,
(+39) 348 / 301 64 21
Ferien: unterschiedlich
30 Plätze + 20 Plätze im Freien
Preise: 28–30 €
Keine Kreditkarten; BM
Samstag und Sonntag mittags und abends geöffnet, Freitag nur abends

1983 beschloss Vater Giovanni, seinen Viehzuchtbetrieb um eine bäuerliche Gaststätte zu erweitern. Heute wird diese von Sohn Paolo (Küche) und seiner ausnehmend freundlichen Frau Elena geführt, die sich um die Gestaltung der Vorspeisen und die Bedienung in der Stube kümmert. Das Lokal befindet sich in einem Bauernhaus inmitten der Weingärten der Rotaliana-Ebene und bietet ein einfaches, rustikales Ambiente. Als Vorspeise immer erhältlich sind der gemischte Käseteller (Misto di formaggi, 8 €) und die Platte mit Salumi aus eigener Erzeugung, saisonabhängig kommen diverse Gemüsevorspeisen hinzu. Die **Tagliatelle** werden **mit Pilzen** (ai funghi), mit Forelle, mit Borretsch oder mit Wachtelei angerichtet, während die **Canederlotti** (9 €) – Knödel sind Paolos Spezialität – mit Brennnesseln, Kräutern, Pilzen oder Fleischsauce serviert werden. An Secondi gibt es Kaninchen als **Coniglio alla trentina**, gebratene oder rohe Carne *salada* mit klassischer Bohnenbeilage sowie verschiedene Empfehlungen zum Thema Saibling (Salmerino) und Forelle, wobei von Letzterer vor allem die **Trota al forno** (12 €) und das Tatar erwägenswert sind. Als Dessert köstliche Panna cotta (3,50 €) aus Sahne von den eigenen Kühen, Mürbeteigkuchen, Strudel, Salame al cioccolato. Begleiten lässt sich die Mahlzeit mit einem Teroldego oder einem Chardonnay, die beide offen ausgeschenkt werden. Eine Reservierung ist ratsam. Nach dem Essen kann man am Nonsbach spazieren gehen oder an dem nahen kleinen See am Fuß des Berges von Mezzocorona entspannen.

In **Mezzolombardo** (2,5 km) bieten die Fratelli Tait, Via De Gasperi, ein breites Wurst- und Käsesortiment. Norwegischen Stockfisch und Klippfisch führt Roat, Via IV Novembre.

MOENA (TN)
Col de Soldai

17 KM NORDÖSTLICH VON TRIENT

El Mas

NEU

Ferienbauernhof
Strada Saslonch, 174
Tel. (+39) 04 62 / 57 42 21,
(+39) 333 / 623 34 71
Ruhetag: Montag
Ferien: 5.–20. Mai, 5.–20. Oktober
35 Plätze + 15 Plätze im Freien
Preise: 25–35 €
Kreditkarten: AE, CS, MC, Visa; BM
Mittags und abends geöffnet

Der neu errichtete schöne Hof besteht aus zwei Gebäuden: auf der einen Seite das Restaurant und darüber die Gästezimmer, auf der anderen der Stall samt Scheune und Räumen für die Milchverarbeitung und die Lagerung von Käse. Wirt Michelangelo Croce ist ein profunder Kenner der hiesigen Böden und Traditionen. Von den Ausgangsprodukten erwähnt seien die Bioforelle aus einer Zucht in Predazzo, die Käsesorten aus eigener Erzeugung und von einer benachbarten Käserei, die Kartoffeln aus dem Grestatal, die von einer kleinen Manufaktur gelieferten Teigwaren. Die Speisekarte wechselt je nach Saison. Beginnen kann man mit einem Brettchen mit gemischten Salumi oder mit Speck und Käse, mit **geräuchertem Bioforellenfilet mit Kräutern (Filetto di trota biologica affumicata alle erbette**, 8,50 €), lauwarmem Kalbskopf mit Zwiebel (Testina di vitello tiepida con cipolla), Kartoffelsalat mit Senf. Es folgen **Kartoffelgnocchi mit Lucanica und Ricotta affumicata**, Canederli mit Käse vom Hof, Spaghettoni mit Pancetta, Wirsing, Pilzen und Käse (8 €), **Zuppa di farina *rostida*** (Brennsuppe) **mit Polenta-Croutons und knusprigem Speck**. Die Hauptspeisen sind vorwiegend Fleischgerichte: Polenta mit Lucanica, Gulasch, Formaggio fuso mit einheimischer Soppressa (14 €), Patate saltate (Kartoffelrösti) mit Ei und Speck, Rinderbacke (Guanciale di manzo) mit Polenta und Gemüse. Die einzige Fischempfehlung: **Baccalà alla trentina mit Polenta**. Als Dessert (4 €) gibt es Joghurt mit Waldbeeren, Apfelstrudel, Sahneeis mit Schokosauce oder Beerenkompott. Trentiner Weine.

In **Pera di Fassa** (5 km) erzeugt und verkauft der Caseificio Val di Fassa Käse mit gewaschener Rinde, Trentingrana, Fontal, Tender de Fasha, Dolomiti.

NAGO-TORBOLE (TN)

43 KM SÜDWESTLICH VON TRIENT

La Terrazza

Restaurant
Via Benaco, 24
Tel. (+39) 04 64 / 50 60 83,
(+39) 335 / 603 43 68
Ruhetag: Dienstag, außer im Juli und August
Ferien: unterschiedlich
20 Plätze + 40 Plätze im Freien
Preise: 40 €
Kreditkarten: AE, CS, DC, MC, Visa; BM
Mittags und abends geöffnet

Die Osteria befindet sich in Torbole am Nordufer des Gardasees. Von diesem Gewässer und seiner Umgebung erzählt auch die Küche – anhand eines reichhaltigen Menüs, das eine Vielzahl von Fischarten (Döbel, Felchen, Hecht, Barsch, Seesardine, Schleie, Forelle) mit nativem Olivenöl extra aus der Gegend und mit zum Teil im eigenen Garten geernteten Gemüse empfiehlt. Die Vorschläge beruhen teils auf zeitgeistig leichten, teils auf deftigeren traditionellen Rezepten. Eingangs können Sie wählen zwischen Polpettine di cavedano (Fischbällchen vom Döbel), ***Sisam*** (lokale Version des venezianischen *Saor*) **nach Art von Torbole mit Polenta**, Carpaccio di lavarello (Felchen) mit frischen Kirschtomaten und Basilikum, Hecht in der Spielart **Luccio ai sapori del Garda** (12 €). Es folgen Ravioli di cavedano mit geräuchertem Lavarello, ***Bigoi* alla torbolana con *aole* salate**, Spaghetti con catalogna e filetto di sarda di lago (9,50 €), **Risotto alla tinca**. Danach gibt es allerlei Grillfisch, Tinca alle erbette (Schleie mit Kräutern, 17 €), Luccio oder Cavedano alla torbolana, mit Salbei gebratene Filetti di pesce persico (Barsch). Auch ein paar Fleischgerichte werden angeboten. Die Dolci sind zumeist Löffeldesserts: Panna cotta, Sorbetto, Mousse al cioccolato (6,50 €) oder Mousse alla frutta, Eisbecher, Halbgefrorenes. Großes, qualitätvolles Weinsortiment. Eine Reservierung ist empfehlenswert, vor allem wenn man einen Tisch auf der verglasten Terrasse mit herrlichem Seeblick haben möchte.

La Capra Felice in **Valle San Felice** (10 km): Agitu, eine junge Frau aus Äthiopien, hält hier Ziegen der Rassen Capra Mochena und Camosciata delle Alpi, deren Milch sie zu Joghurt und Käse verarbeitet.

NOGAREDO (TN)
Sasso

25 km südöstlich von Trient

Locanda D&D

Moderne Osteria
Via Maso, 2
Tel. (+39) 04 64 / 41 07 77
Ruhetag: Dienstag
Keine Ferien
50 Plätze
Preise: 37–40 €
Kreditkarten: AE, CS, DC, MC, Visa; BM
Mittags und abends geöffnet

Wenn man an einem sonnigen Tag hierher kommt, genießt man eine traumhafte Aussicht ins Tal mit der von Berggipfeln gerahmten Stadt Rovereto im Hintergrund. In ihrer schönen Locanda bieten Sandrine und Ivano Dossi eine Küche, die auf Regionalität und Tradition bedacht und mit einer Prise Innovation gewürzt ist. Gewürzpflanzen, roten Marano-Mais und Gemüse bauen die Wirtsleute selbst an, andere Grundprodukte beziehen sie von kleinen Trentiner Betrieben. Das schöne Weinsortiment zeugt von Affinität zu Winzern aus dem Umland, deren Produkte ebenso wie andere Weine auch glasweise ausgeschenkt werden. Brot, Teigwaren und Dolci sind hausgemacht. Man kann zwischen zwei Degustationsmenüs für 25 bzw. 30 € oder à la carte wählen. An Antipasti finden wir Carne *salada*, **hausgeräucherte Forelle** (Petali di trota affumicata, 10 €), Strudel di verdure, Teller mit Salumi oder Formaggi vor. An Primi (12 €) gibt es **Orzotto biologico mantecato al Marzemino e castagne**, handgemachte Strigoli mit Ragout vom Jungrind, **Gnocchetti di ricotta mit Brennnesseln**. Fortsetzen lässt sich der Genuss mit **Schweinerippchen** (Puntine di maiale alla brace, 17 €), Brathähnchen (Galletto alla piastra) mit würzigen Kräutern oder bei niedriger Temperatur gegartem Gebirgssaibling (Salmerino di montagna). Alle Secondi werden mit Gemüse und Polenta aus selbst gemahlenem Maismehl serviert. Herausragend unter den Dolci (6 €) sind die Mousse von dunkler Schokolade, die Süßspeise namens Delizia di mela und die Crema catalana. Die Locanda bietet auch Unterkunft in ein paar komfortablen Zimmern.

Die Brennerei Marzadro, Via per Brancolino 10, erzeugt in dritter Generation nach handwerklicher Tradition mit moderner Technik erstklassige Grappas.

OSSANA (TN)

70 km nordwestlich v. Trient, S.S. 43 u. S.S. 42

Antica Osteria

Restaurant • Via Venezia, 11
Tel. (+39) 04 63 / 75 17 13,
(+39) 338 / 567 92 58
Ruhetag: Mittwoch, außer in der Hochsaison
Keine Ferien
55 Plätze
Preise: 30–33 €
Kreditkarten: CS, DC, MC, Visa; BM
Abends geöffnet, am Wochenende im Sommer und Winter auch mittags

Unterhalb der mittelalterlichen Burg von San Michele entdecken wir die sehr typische Osteria von Mariano Dell'Eva, die uns in ein gepflegtes Ambiente mit alpinem Charme und schlichtem Holzinterieur einlädt. Mariano, der ein achtsamer Kenner der Region ist, erläutert die von Sohn Luca und Tochter Federica zubereiteten Speisen. Eine Karte gibt es nicht, nur Preisangaben: Vorspeisen 7 bis 8 €, Primi 8 bis 9 €, Secondi 13 bis 14 €, Desserts 4 €. Aus dem Hausgarten kommen diverse Gewürzkräuter und Gemüsesorten. Wir beginnen mit Salumi und Formaggi, Kartoffel-Focaccia, Hirschcarpaccio mit Weißkraut, Ananas und Preiselbeersauce oder einem gemischten Teller mit Gemüseküchlein, Zucchini in Blätterteig, Ricotta und Löwenzahnhonig. Facettenreich das Angebot an Primi: **Tagliolini mit Wild**, Risotto mit Kirschen und Zucchiniblüten, Ravioli di patate mit Steinpilzen und geröstetem Sesam, **Brennnesselsuppe (Zuppa di ortiche con farina abbrustolita e casolét)**, Ricotta-Brennnessel-Gnocchi mit brauner Butter und Mohn. Es folgen **gegrilltes Lamm** (Agnello alla brace), Ferkel (Maialino) mit Ingwer und Äpfeln, Entenbrust (Petto d'anatra) mit Orange, **Filet vom Fohlen** (Filetto di puledro) **mit Zwiebel und Lagrein**. Als Nachtisch Strudel mit Vanillesauce, Apfel- oder Birnen-Schoko-Torte, Semifreddo al pistacchio mit Basilikum und weißer Schokolade. Die umfangreiche Weinkarte berücksichtigt die Erzeugnisse der Region und empfiehlt namhafte Etiketten. Eine Übernachtungsmöglichkeit besteht in der angeschlossenen Locanda dei Gentili.

Mezzana (5 km) ist berühmt für Käse: Den nur hier hergestellten Casolèt, aber auch andere einheimische Sorten wie Fontal sowie Ricotta und Butter gibt es im Caseificio Sociale Presanella, Via Bezzi 3.

PANCHIÀ (TN)

74 KM NORDÖSTLICH VON TRIENT

Osteria de l'Acquarol

Moderne Osteria
Via Nazionale, 42
Tel. (+39) 04 62 / 81 30 82
Ruhetag: Montag
Ferien: nach Ostern–Mitte Mai, Mitte Oktober–Mitte November
35 Plätze
Preise: 40 €
Kreditkarten: CS, DC, MC, Visa; BM
Mittags und abends geöffnet

Diese beschauliche Osteria befindet sich im Hotel Rio Bianco, einem der ältesten Hotels des Fleimstals (gegründet 1886). Empfangen werden wir von Perla, die die Empfehlungen der Küche gewandt erläutert: Auf regionalen Produkten basierend, sind es Kreationen in mediterranem, zuweilen auch exotischem Stil. In seinen Gerichten lässt Alessandro Gegensätze in Dialog treten, die einander anziehen: So begegnet das Carpaccio vom geräucherten Grigio-Alpina-Rind mit Apfel und Holunder einem Sorbetto von rosa Grapefruit und weißem Pfirsich (10 €) oder treffen die **Tortelli di agnello alla brace** auf eine Reduktion aus rotem Bier, Limettensaft und Fenchel (12 €) in einem Schmelztiegel der Aromen und Eindrücke. Von den Primi erwähnt seien zudem die Kartoffel-Dinkel-Gnocchetti mit Baccalà agli agrumi und Jungzwiebeljus (13 €) sowie die **Canederli alle erbe**. Danach überzeugen **Fleimstaler Lamm in drei Garweisen** (Agnello in tre cotture), gegrillter Schweinebauch (Pancia di maiale al barbecue) mit Orangen und Rucola (16 €), **Frittüre von Süßwasserfisch** (Fritto misto di acqua dolce, 16 €). Alternativ dazu gibt es eine interessante vegetarische Version des *Smacafam* und – ganz neu – Pizzen, deren Teig aus steingemahlenem Mehl eine lange Gehzeit gegönnt wird. Abschließend eine Selektion von Käse aus der Region mit Chutneys, Schokotorte mit Lavendelschaum, Eiscremes und Sorbets mit Kräutern. Kleine Auswahl an glasweisen Weinbegleitungen, schönes Sortiment an Etiketten aus dem Trentino und von anderswo. Nur ein Hinweis: Erwarten Sie keine allzu großzügigen Portionen!

L'Ònes von Massimo Donei in der Via Costa 32 erzeugt und verkauft handwerklich hergestellte Schnäpse (Zirbelkiefer, Wacholder, Schlehe, Enzian).

PERGINE VALSUGANA (TN)
Canezza

16 KM ÖSTLICH VON TRIENT, S.P. „VAL DEI MOCHENI"

Osteria Storica Morelli

Osteria • Piazza Petrini, 1
Tel. (+39) 04 61 / 50 95 04, (+39) 347 / 444 71 50
Ruhetag: Montag, Dienstagmittag
Ferien: unterschiedlich
30 Plätze • Preise: 38 €
Kreditkarten: MC, Visa; BM
Mittags und abends geöffnet

Das Morelli kehrt zurück zu Altbewährtem: Einmal pro Woche (mittwochs) kann man in der Osteria Frischfisch einkaufen, geliefert von Alberto Rania, dem letzten Trentiner Vertreter seiner Zunft. Mit dieser Belebung der hiesigen Tradition erfährt das hingebungsvolle Tun von Antonella und Fiorenzo eine zusätzliche Bereicherung. Die Gerichte sind, wie immer, schmackhaft und außergewöhnlich, im Vergleich zu traditionellen Rezepten leichter und mit genialen Akzenten versehen, was sich bereits beim kuriosen Entree bemerkbar macht: ein Türmchen aus kaltem Fleisch, darunter gekochte Zunge und Kalbskopf, auf einem Bett aus Agretti und roter Zwiebel; Fiorenzo präsentiert diese Kreation als „unser Dosenfleisch", was von seinem humorvollen Wesen und seiner sympathischen Art der Kommunikation mit dem Gast zeugt. Die Küche basiert fast ausschließlich auf lokalen Produkten: Gemüse aus drei Hausgärten, akribisch ausgesuchte Salumi und Formaggi, Weine u. a. von nach biologischen und biodynamischen Methoden arbeitenden kleinen Winzern. Vier Degustationsmenüs stehen zur Auswahl: zwei für 25 €, eines für 35 €, ein Überraschungsmenü für 50 €. **Carne *salada*** gibt es als Vorspeise mit in Öl eingelegten Pilzen und gehobelter Trentingrana (12 €) oder als Hauptspeise mit ***Fasoi en bronzon*** (Bohnen). Weitere Empfehlungen: **Milzschnittensuppe** (Crostini di milza in brodo, 7 €), Polentagnocchi aus Mais der Sorte Spin mit Ragù casereccio, **Schwarzbrotknödel in Brühe** (Canederli di pane nero in brodo, 8 €), geräucherter Fleimstaler Saibling (Salmerino affumicato) mit Gartensalat (16 €), **Linzer Torte**.

Geschmack, Tradition und ein Touch Genialität: Das Lokal von Antonella und Fiorenzo ist ein Eckpfeiler der Trentiner Gastronomie.

PREDAIA (TN)
Tavon

40 KM NÖRDLICH VON TRIENT, S.S. 12 UND S.S. 43

Alla Pineta

Hotelrestaurant
Via Santuario, 17
Tel. (+39) 04 63 / 53 68 66
Kein Ruhetag
Ferien: 3 Wochen im Juni, November/ Dezember
90 Plätze
Preise: 30 €
Alle Kreditkarten; BM
Mittags und abends geöffnet

Seit 60 Jahren bietet Familie Sicher hiesige Traditionskulinarik auf Basis qualitätvoller, großenteils selbst erzeugter Produkte wie erstklassige geräucherte Wurstwaren und Gemüse aus eigenem Anbau. Die junge Generation mit Mattia in der Küche und Andreas im Saal hat frischen Wind in dieses dezentral organisierte Hotel gebracht, u. a. mit neuen Aktivitäten zum Kennenlernen der Gegend. Die Karte variiert je nach Saison, beinhaltet auch vegetarische Empfehlungen und Kinderteller. Eingangs wählt man zwischen gegrilltem Röllchen von Carne *salada* mit Steinpilzen und Casolét-Käse (6 €), Bocconcini von marinierter Forelle mit Tomaten, Sellerie und Zwiebel in agrodolce, Löwenzahn (Insalatina di tarassaco) mit in Apfelessig gegarter Pancetta und klassischem gemischtem Aufschnitt, auf Wunsch mit *Tortel* di patate. An Primi (8 €) gibt es **Ravioloni aus frischem Eierteig mit Roter Bete und Ricotta affumicata**, originelle Nonstaler Paella (Rollgerste mit Trentiner Fleisch, Mortandela und Pilzen), köstliche **Brennnessel-Ziegenkäse-Knödel** (Canederlini all'ortica e formaggio di capra). Es folgen **Schweinebacke mit Käse-Zwiebel-Talern** (Guanciale di maiale stufato con talleri ripieni di fonduta di cipolle), Millefoglie von Schweinefilet und Coppa nostrana (15 €), **Forellenfilet Müllerinart** (Filetto di trota alla mugnaia). Das Dessert (4 €) sollten Sie sich nicht entgehen lassen: Apfelstrudel mit Vanillesauce, Bavarese alla gianduia mit Kakaobiskuit und Rum-Schoko-Sauce, Eiscreme oder Sorbet. Gute Auswahl an Wein und Bier aus der Region.

Der Name Corrà steht für erstklassige Fleischereien und Wurstwarengeschäfte: in **Coredo** an der Adresse Piazza dei Cigni 6, in **Smarano** (3 km) in der Via Roen 2 C.

PREDAIA (TN)
Smarano

42 KM NÖRDLICH VON TRIENT

Ostaria del Filò

Osteria
Viale Merlonga, 48 A
Tel. (+39) 04 63 / 53 80 57,
(+39) 339 / 22 34 53
Ruhetag: Montag
Keine Ferien
35 Plätze
Preise: 28–30 €
Kreditkarten: CS, DC, MC, Visa; BM
Mittags und abends geöffnet

Wir sind am Ortsrand von Smarano, einer kleinen, von Wäldern, Wiesen und Obsthainen umgebenen Siedlung auf der Ostseite des Nonstals. Das legere, behagliche Lokal befindet sich in der Nähe eines Stellplatzes für Wohnmobile, der ebenfalls von den Inhabern betrieben wird. In der Küche bereitet Paolo Cescatti als profunder Kenner lokaler Produkte und Slow-Food-Presidi einfache, unverfälschte Gerichte zu, die den Ressourcenreichtum der Gegend widerspiegeln und im Speisesaal von seinem Partner Stefano Rizzardi präsentiert werden. Zur Einstimmung empfehlen wir Spargel aus Zambana dargeboten als Asparagi alla bolzanina oder **Gröstl mit Ciuiga del Banale und Weißkraut** (8 €). Fortfahren kann man mit allerlei hausgemachten Teigwaren, etwa Maccheroncini aus Hartweizen mit Ragù bianco und Ricotta affumicata; schmackhaft sind auch die **Crespelle al formaggio e finferli** – Käsecrêpes mit Pfifferlingen vom Monte Roen. Gegen Vorbestellung gibt es den typischen Nonstaler **Tortel di patate**. Unter den Secondi sind hauptsächlich Fleischgerichte zu entdecken, etwa Rouladen – Girelle di lonza – mit Wildkräutern (13 €), aber auch Fisch wird angeboten: Probieren Sie das in Folie gebratene Forellenfilet mit Füllung, sprich **Filetto di trota lacustre farcito in cartoccio**. Lob gebührt der Selektion an Formaggi und Salumi von lokalen Erzeugern. Herausragend unter den Desserts ist der obligate Apfelstrudel (4,50 €). Die Weinkarte beinhaltet lokale und regionale Etiketten mit einem signifikanten Anteil an Erzeugnissen aus autochthonen Rebsorten. Degustationsmenü für 26 €.

Der Betrieb Dal Gran al Pan in **Sarnonico** (19 km), Via Battisti 15, verarbeitet und verkauft steingemahlenes Mehl aus lokalem Getreideanbau.

78 KM NORDÖSTLICH VON TRIENT

Miola

Restaurant • Ortsteil Miola, 1
Tel. (+39) 04 62 / 50 19 24,
(+39) 340 / 376 19 58
Ruhetag: Dienstag, im Frühling und Herbst Montag–Donnerstag
Ferien: unterschiedlich
60 Plätze
Preise: 28 €
Kreditkarten: AE, CS, DC, MC, Visa; BM
Mittags und abends geöffnet

Aus Trient nach Predazzo kommend erblickt man rechts zwischen einer steilen Wiese und dem Waldrand einen Hof aus dem Jahr 1806, der über ein kurzes, von alten Fichten gesäumtes Stück Straße zu erreichen ist. Empfangen wird man von Paolo Brigadoi. Er ist der Ehemann von Betta Dellantonio, der zierlichen, schüchtern wirkenden, aber resoluten Dirigentin eines Ensembles namens Küche. Betta hat die Kunst des Kochens von ihrer Mutter gelernt und führt nun den Taktstock in dem schlichten, gepflegten, behaglichen Restaurant. Interessant das Degustationsmenü (32 €), in dem sich alles um hiesige Formaggi dreht, und der wunderbare Verkostungsteller mit Produkten von vier Käsereien der Strada dei formaggi delle Dolomiti (10 €). À la carte beginnt man mit dem Antipasto der Slow-Food-Presidi (Puzzone, Casolét, Luganega) oder mit **Mousse di trota affumicata con crostini** (8 €). An Primi gibt es Tagliatelle mit Wild (9 €), **Spätzle di castagne al radicchio e ricotta affumicata**, Gnocchi di polenta mit Kaninchenragout, Pfifferlingen und Casolét, diverse Suppen mit Getreide und Hülsenfrüchten wie **Zuppa di farro, legumi, fagioli piattella canavesana di Cortereggio**. Es folgen **Schweinehaxe** (Stinco di maiale al forno), Bioforellenfilet (Filetto di trota biologica) in Haselnusskruste, eine interessante vertikale Verkostung von Puzzone di Moena, **Polenta con il capriolo** (mit Reh) oder mit gemischtem Wild (Piatto misto di selvaggina, 14 €). Zum Nachtisch **Strudel**, Panna cotta mit Beeren, Ziegenjoghurteis mit Erdbeersauce. Gute Auswahl an kompetent präsentierten lokalen Weinen.

Die Macelleria Dellantonio, Via Battisti 2, bietet seit vier Generationen typische Salumi aus Fleisch von Bauernhöfen der Talschaft.

48 KM SÜDWESTLICH VON TRIENT

Sant'Alessandro

Moderne Osteria
Via Sant'Alessandro, 19
Tel. (+39) 04 64 / 55 67 77
Ruhetag: Montag, im Sommer auch Dienstagmittag
Ferien: unterschiedlich
30 Plätze
Preise: 35–40 €
Kreditkarten: CS, MC, Visa; BM
Mittags und abends geöffnet

Ilaria Palma (Service) und Luca Cattoni (Küche) bieten ein saisongerechtes Menü, das auf Grundprodukten von zuverlässigen kleinen Erzeugern basiert. So entdecken wir unter den Antipasti eine Platte mit einheimischen Salumi und Käsesorten begleitet von eingelegtem Gemüse und Konfitüren, ferner **Polenta mit Schnecken nach Trentiner Art** (Lumache alla Trentina), Variation von Lachs- und Bachforelle (Trota salmonata e fario), marinierte Kroketten (Crocchette in carpione di Trento DOC), pochiertes Ei (Ovetto poché) mit Kartoffelcreme, gemischten Pilzen und Ricotta affumicata, entbeintes Kaninchen (Coniglio disossato) mit knuspriger Pancetta, Käsecreme mit Blattsalat (Crema al trentingrana e misticanza, 12 €). An Primi erwarten uns **Wirsingknödel mit zerlassenem Bergkäse** (Canederli di verza con fonduta di formaggio di malga, 10 €), Orzotto mit Brennnesselspitzen, Luganega und Rosmarin, Cremesuppen auf Basis von Wildkräutern und Bergkartoffeln oder Esskastanien und Pilzen, **Bigoli alle sarde di lago marinate** (Pasta mit marinierten Sardinen aus dem See). Es folgen Agnello (vier verschiedene Tranchen vom Lamm der Tingola-Rasse aus dem Fleimstal) mit Knollenselleriecreme, Suinetto arrosto alla senape (Jungschweinbraten mit Senf), Manzetta (einheimisches Jungrind), Salmerino alpino alias **Gebirgssaibling mit nativem Olivenöl extra und Topinambur** (17 €). Als Dessert Esskastanien-Schoko-Mousse mit Joghurt-Khaki-Sauce, Zelten mit Feigeneis (6 €), Tiramisu im Glas, Käse. Die Weinkarte beschränkt sich auf gute Etiketten aus dem Trentino und der Toskana, auch glasweise Bestellmöglichkeit.

Macelleria Bertoldi (im Komplex Agraria Riva del Garda, San Nazzaro 4): Carne salada, Würstel, Lucanica, Cotechino.

ROMENO (TN)
Malgolo

42 KM NÖRDLICH VON TRIENT, S.S. 43 D

Nerina

Hoteltrattoria
Via De Gasperi, 31
Tel. (+39) 04 63 / 51 01 11
Ruhetag: Dienstag, außer im Juli und August
Ferien: letzten 2 Oktoberwochen
50 Plätze
Preise: 32 €
Kreditkarten: CS, Visa; BM
Mittags und abends geöffnet

Dieses Buch führt dich zuweilen in Dörfer und Lokale, die so weit ab vom Schuss liegen, dass du von dir aus nie dorthin kommen würdest. Ein Beispiel dafür ist das Albergo Nerina in dem kleinen Dorf Malgolo im oberen Nonstal, das hauptsächlich von einer auf Apfelanbau spezialisierten Landwirtschaft lebt. Man würde nicht erwarten, hier eine Trattoria zu finden, die köstliche, schlichte, gepflegte Speisen auf der Basis unverfälschter Produkte aus dem Hausgarten und von einheimischen Erzeugern, darunter Slow-Food-Presidi, bietet. Geführt wird sie von Signora Di Nuzzo und ihren vier Kindern; die Bedienung ist aufmerksam und freundlich. An Antipasti (9 €) werden Nonstaler Salumi mit heißer Schiacciatina, Tomino di capra alla piastra (gegrillter Ziegenfrischkäse), **lauwarmer Kalbskopf mit roter Zwiebel** (Testina di vitello con le cipolle rosse) empfohlen. An Primi (9 €) stehen **Pappardelle mit Lammragout** (al ragù d'agnello), Tagliatelle mit Stängelkohl (alle cime di rapa), **Gnocchi aus Mais der Sorte Spin aus dem Valsugana mit Mortandela und Fonduta di Casolét** zur Auswahl. An Secondi (16 €) gibt es **Rinderbacke – Guanciale di manzo brasato al Teroldego**, Forellenfilet – Filetto di trota – mit Knoblauch und Petersilie, Schweinefilet – Filetto di maiale – in Kaffeekruste. Immer erhältlich ist die gepflegte Auswahl an Trentiner **Formaggi** (9 €) aus dem Flachland und den Bergen, lokale Slow-Food-Presidi inklusive. Gut und originell die stets superfrischen Dolci. Die umfangreiche, regelmäßig aktualisierte Weinkarte empfiehlt Produkte aus dem Trentino und aus ganz Italien.

„Geschmack, Schlichtheit, Tradition und gelebte Gastlichkeit – darauf basiert seit je die Philosophie dieses Hauses."

SORAGA (TN)
Fuchiade

96 KM NORDÖSTL. VON TRIENT, S.S. 48 U. S.S. 346

Fuciade

Restaurant-Berghütte
Ortsteil Fuchiade
Tel. (+39) 04 62 / 57 42 81,
(+39) 340 / 819 40 60
Kein Ruhetag
Ferien: unterschiedlich
120 Plätze + 60 Plätze im Freien
Preise: 37–40 €
Kreditkarten: CS, DC, MC, Visa; BM
Mittags und abends geöffnet

Nachdem man Moena und den San-Pellegrino-Pass hinter sich gelassen hat, erreicht man die Berghütte, indem man nach links abzweigt und dann entweder zu Fuß 40 Minuten einen Schotterweg entlangwandert oder ein Stück weiter in eine Straße einbiegt, die nur zu gewissen Zeiten im Jahr befahren werden darf. Im Winter und an Sommerabenden steht ein entgeltlicher Shuttleservice zur Verfügung. All der Aufwand wird reichlich belohnt: Auf 1.982 Metern Höhe, mit Blick auf die Pale di San Martino, führen Sergio und Emanuela mit den Söhnen Martino und Manolo sowie Tochter Nicole die Tradition der Gastlichkeit fort, die dieses herrliche Refugium in den Dolomiten seit je auszeichnet, und bieten zudem sieben Zimmer zum Übernachten. Koch Martino verarbeitet die besten lokalen Produkte zu exzellenten Gerichten, z. B. **Gnocchi di polenta mit Salsiccia und Porcini**, **Spaghetti di patate mit zerlassenem Trentingrana und Steinpilzen** (13 €), **Uovo affogato su crema di patate con puzzone di Moena e salamino piccante** (pochiertes Ei auf Kartoffelcreme mit Käse und pikanter Salami), Saibling in der Komposition **Salmerino di fonte crudo e cotto mit Saiblingskaviar und Caprino** (15 €). In den weniger arbeitsintensiven Monaten kocht Emanuela Obst und Gemüse ein. Das Brot ist selbst gebacken. Große Auswahl an **Formaggi**. Als Dessert köstliche Kuchen und ein paar originelle Kreationen. Sergio hat einen Weinkeller mit verschiedenen Temperatur- und Feuchtigkeitszonen angelegt, in dem beinahe 300 Etiketten lagern. Um Reservierung wird gebeten.

„Ein echtes Refugium. Ziehen Sie sich zurück an diesen zauberhaften Ort – vor allem dann, wenn Sie Fernsehköchen, Kochshows und falscher Regionalküche entgehen wollen."

TONADICO (TN)
Val Canali

110 KM NORDÖSTLICH V. TRIENT, S.S. 47 U. S.S. 50

Cant del Gal

Restaurant
Ortsteil Sabbionade, 1
Tel. (+39) 04 39 / 629 97
Ruhetag: Dienstag, außer in der Hochsaison
Ferien: November
60 Plätze + 20 Plätze im Freien
Preise: 25–30 €
Kreditkarten: AE, CS, MC, Visa; BM
Mittags und abends geöffnet

Im schönen Val Canali gelegen, blickt der Berggasthof Cant del Gal, der schon Leopold III. von Belgien und anderen illustren Gästen als Ausgangspunkt für alpinistische Unternehmungen diente, auf eine lange Geschichte zurück. Vor allem im Winter, wenn der Wald verschneit ist, wähnt man sich in einem Märchenland. Essen kann man in einer der zwei urigen Stuben, im Sommer im Freien mit Blick auf die majestätischen Pale di San Martino. Die Wirtsleute Marzia De Paoli und Nicola Cemin bereiten nur traditionelle Kost zu, die seit Jahrhunderten auf den hiesigen Speisezetteln steht, und verwenden dafür regionale Produkte, darunter viele Slow-Food-Presidi. Das Olivenöl stammt von der Trentiner Seite des Gardasees, die Weinkarte bevorzugt die Provinz Trient und empfiehlt viele interessante Etiketten; Lob gebührt auch den Produkten der nahen Kleinbrauerei. Als Antipasto empfehlen wir Affumicati mit Bergbutter aus dem Primiero (8 €) oder Carne *fumada* aus Siror. Die Teigwaren sind alle hausgemacht: Probieren Sie die **Tagliatelle al ragù di selvaggina** oder die **Gerstensuppe** (Minestra d'orzo alla trentina, 7 €). Es folgen **Braciole di cervo con composta di ribes** (Hirsch mit Johannisbeeren, 12 €), Agnello ai ferri (gegrilltes Lamm) mit Polenta aus Storo-Mais, **Spezzatino vom Kalb alla trentina** (9,50 €), ein gepflegter Teller mit **Formaggi** aus der Region und Honig. Zum Nachtisch Strudel, Torta di ricotta (3,50 €) oder Kuchen mit Äpfeln der Sorte Golden sowie Naturjoghurt mit Waldbeeren.

Ganz hinten im Val Canali erzeugt Gianna Tavernaro auf der gleichnamigen Alm (2 km) Butter und Käse. In **Mezzano** (10 km) kann man im Caseificio Sociale in der Via Roma typischen Käse einkaufen.

TRIENT
Piedicastello

Il Libertino

Restaurant-Enoteca
Piazza di Piedicastello, 4–6
Tel. (+39) 04 61 / 26 00 85,
(+39) 339 / 500 86 72
Ruhetag: Dienstag
Ferien: zeitweise im Juli
45 Plätze
Preise: 35–40 €
Kreditkarten: AE, CS, MC, Visa; BM
Mittags und abends geöffnet

Dieses Restaurant mit Vinothek liegt an der kleinen Piazza von Piedicastello, dem einzigen Stadtviertel am rechten Etschufer. Hier können Sie bei einem guten Glas Wein aus einer umfangreichen, vielfältigen Karte entspannen und/oder geruhsam eine Mahlzeit im Zeichen der hiesigen Tradition mit innovativen Akzenten genießen. Es kocht Assunta Martignoni, während ihr Mann Luca Maurina Sie im Saal empfängt, die Speisen erläutert und dazu die besten Weinbegleitungen empfiehlt. Als Entree marinierter Saibling (Salmerino marinato su insalatina e frutta, 9 €), Tatar von Carne *salada* begleitet von Tosèla-Käse mit Apfelessig, klassischer ***Tortel* di patate** mit typischen Salumi und Salat. An Primi gibt es **Tortelli al mirtillo mit Ziegenkäse aus dem Cavalese und Ricotta nostrana** (10 €), Chicche di patate mit Sauce von Süßwasserfisch, lauwarme Crema di pomodoro mit Gemüsejulienne und Basilikum, ***Tajadele smalzade* mit Pfifferlingen**. Danach Kaninchen als Rollè di coniglio al miele (17 €), **Bocconcini vom Rind al Teroldego mit Beeren**, Filetto di trota salmonata mit Basilikumpesto, **Baccalà alla trentina** mit Polenta aus dem Valsugana. Die Karte mit den Dolci (6 €) empfiehlt Parfait al sambuco e limone mit Moscato-Erdbeeren, Crostata di mais mit Rotweinbirnen, Crema di yogurt al miele mit Obst und Walnussplätzchen; echte Naschkatzen nehmen den Teller mit drei Dessertkostproben. Erwähnenswert die zwei Degustationsmenüs für 27 € bzw. 37 €.

Der Palazzo Roccabruna in der Altstadt beherbergt die Enoteca provinciale del Trentino, in der man die besten Weine aus dem Umland verkosten und kaufen kann. Die Casa del Caffè in der Via San Pietro bietet vorzüglichen Kaffee und feinste Schokolade.

TERZOLAS (TN)

54 KM NORDWESTLICH VON TRIENT

Alla Corte dei Toldi

NEU

Moderne Osteria
Via dei Falidoni, 32
Tel. (+39) 04 63 / 90 10 38
Ruhetag: Dienstag, außer in der Hochsaison
Ferien: je 3 Wochen im Juni und Oktober
35 Plätze
Preise: 45–50 €
Kreditkarten: AE, CS, DC, MC, Visa; BM
Mittags und abends geöffnet

Die Brüder Daprà – Andrea im Service, Alessandro in der Küche – suchen und verarbeiten erlesene Grundprodukte und verbinden Tradition und Innovation. Die umfangreiche Karte beinhaltet diverse vorgegebene Menüfolgen sowie Speisen à la carte. Beginnen Sie mit *Pepa chijauda* (Focaccia aus Hefeteig, dem eine lange Gehzeit gewährt wird, mit Cotechino und Wirsing) in Kombination mit Salumi und Formaggi (13 €), Insalata di riso nero integrale e trota marinata all'aceto di mela (Salat von schwarzem Vollkornreis zu Forelle mit Apfelessigmarinade), Spirale di torta di patate farcita allo speck e casolét con frittura di cavolo cappuccio su crema di Puzzone di Moena (Kartoffelomelett mit Speck-Käse-Füllung und frittiertem Weißkraut auf Käsecreme). Fortsetzen lässt sich der Genuss mit Gnocchi oder Canederli des Tages (12 €) oder mit einem Risotto auf Basis von Reis der Sorte Vialone Nano aus Grumolo delle Abbadesse mit Äpfeln und knusprigem Speck. Als Hauptspeise zu empfehlen sind die legendären Polpettine von Mamma Rosa, die *Rosticini* vom Schaf, der Timballo di filetto di pesce d'acqua dolce (Timbale von Süßwasserfischfilet, 20 €). Zum Abschluss heiße Apfel-Frittelle (7 €), Zuppa di frutta di stagione mit Eis, cremige Panna cotta. Hervorragende Weinkarte.

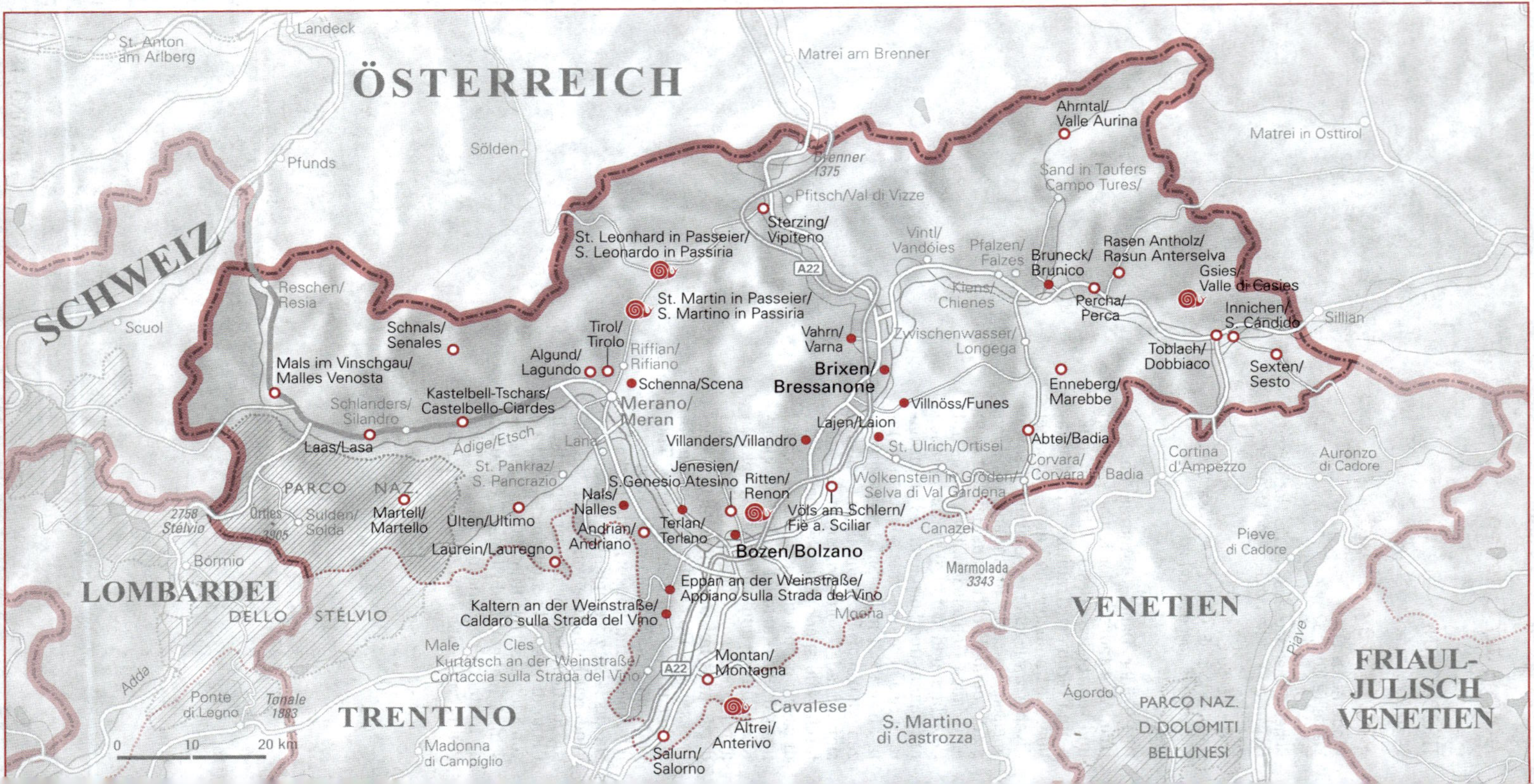

ÖSTERREICH
SCHWEIZ
LOMBARDEI
TRENTINO
VENETIEN
FRIAUL-JULISCH VENETIEN
St. Anton am Arlberg
Landeck
Pfunds
Sölden
Scuol
Matrei am Brenner
Matrei in Osttirol
Brenner 1375
Pfitsch/Val di Vizze
Sterzing/Vipiteno
A22
St. Leonhard in Passeier/S. Leonardo in Passiria
St. Martin in Passeier/S. Martino in Passiria
Reschen/Resia
Schnals/Senales
Mals im Vinschgau/Malles Venosta
Tirol/Tirolo
Algund/Lagundo
Riffian/Rifiano
Schenna/Scena
Merano/Meran
Kastelbell-Tschars/Castelbello-Ciardes
Schlanders/Silandro
Laas/Lasa
Adige/Etsch
Lana
St. Pankraz/S. Pancrazio
PARCO NAZ. DELLO STÉLVIO
Martell/Martello
Ultén/Ultimo
2758 Stélvio
Ortles 3905
Sulden/Solda
Bormio
Laurein/Lauregno
Nals/Nalles
Andrian/Andriano
Jenesien/S.Genesio Atesino
Terlan/Terlano
Ritten/Renon
Völs am Schlern/Fiè a. Sciliar
Bozen/Bolzano
Eppan an der Weinstraße/Appiano sulla Strada del Vino
Kaltern an der Weinstraße/Caldaro sulla Strada del Vino
Kurtatsch an der Weinstraße/Cortaccia sulla Strada del Vino
Male
Cles
Montan/Montagna
Cavalese
Altrei/Anterivo
Salurn/Salorno
Adda
Ponte di Legno
Tonale 1883
Madonna di Campiglio
S. Martino di Castrozza
0
10
20 km
Vahrn/Varna
Brixen/Bressanone
Villnöss/Funes
Lajen/Laion
Villanders/Villandro
St. Ulrich/Ortisei
Wolkenstein in Gröden/Selva di Val Gardena
Canazei
Marmolada 3343
Moena
Vintl/Vandóies
Pfalzen/Falzes
Kiens/Chienes
Zwischenwasser/Longega
Bruneck/Brunico
Ahrntal/Valle Aurina
Sand in Taufers/Campo Tures/
Rasen Antholz/Rasun Anterselva
Percha/Perca
Gsies/Valle di Casies
Innichen/S. Cándido
Sillian
Toblach/Dobbiaco
Sexten/Sesto
Enneberg/Marebbe
Abtei/Badia
Corvara/Corvara in Badia
Cortina d'Ampezzo
Auronzo di Cadore
Pieve di Cadore
Piave
Ágordo
PARCO NAZ. D. DOLOMITI BELLUNESI

SÜDTIROL/ALTO ADIGE

Südtirol weckt Assoziationen von eifrig Ski laufenden Menschen jeder Könnerschaft, bestens ausgerüsteten Wanderfreunden und Liebhabern einer Natur, die vor allem aufgrund der nicht immer einfachen Verbindungen von einem Tal zum anderen noch so gut wie unberührt ist. Doch wie viele Freunde der Region kennen und schätzen die Südtiroler Küche?
Die hiesige Wein- und Esskultur versteht es durchaus zu überraschen: nicht nur mit einer Vielfalt an Gerichten, in denen natürlich, vor allem heutzutage, unterschiedlichste Einflüsse wahrzunehmen sind, sondern auch mit qualitativ exzellenten Grundprodukten. Man denke nur an den durch einen Slow-Food-Presidio geschützten Ahrntaler Graukäse und dessen vielseitige Verwendungsmöglichkeiten in der Küche. Dieser Sauermilchkäse, der ohne Lab hergestellt wird, hat eine unregelmäßige Form, der Geschmack ist intensiv, sein Geruch durchdringend. Man findet ihn häufig als Vorspeise – angemacht mit Essig, Öl und fein geschnittener Zwiebel, oft auch in der Füllung von frischen Nudeln, seien es Tortelloni oder Ravioli aus Buchweizen- oder Johannisbrotmehl.
Ein weiteres traditionelles Südtiroler Produkt sind die Vinschgauer Ur-Paarln, ebenfalls ein Slow-Food-Presidio. Erfunden von den Malser Benediktinermönchen, werden diese Fladenbrötchen heute aus Roggen, Dinkel und Sauerteig angefertigt und mit Fenchel, Wildkümmel sowie Schabzigerklee (*Trigonella caerulea*) gewürzt. Man bekommt die Ur-Paarln zu regionaltypischen Wurstwaren gereicht, doch sie sind auch Grundbestandteil der hiesigen Version der Spätzle sowie eine Basis für Suppen, etwa die mit etwas Fleisch oder Speck angereicherte Lottensuppe.
Apropos Suppen: Häufig zu Knödeln verarbeitet wird eine weitere Zutat der „Arme-Leute-Küche", nämlich die Kalbsleber, die zusammen mit Nieren, Milch, Zwiebel und natürlich wieder altbackenem Brot verarbeitet wird. Diese Innerei ist auch unter den Vor- und Hauptspeisen zu finden: Ein ganz klassisches Gericht ist die mit Mehl bestaubte und in Butter geröstete Leber, zu der man Apfelspalten aus lokalem Anbau reicht.

Für Sie entdeckt

Lebergerichte

195 Tiefthalerhof
Jenesien – San Genesio Atesino (BZ)

201 Fichtenhof
Salurn – Salorno (BZ)

204 Seiterhof
Toblach – Dobbiaco (BZ)

Gerichte mit Graukäse

191 Mösenhof
Ahrntal – Valle Aurina (BZ)

194 Jora
Innichen – San Candido (BZ)

197 Weisskugel
Mals im Vinschgau – Malles Venosta (BZ)

200 Patscheiderhof
Ritten – Renon (BZ)

209 Pitzock
Villnöss – Funes (BZ)

Gerichte mit Vinschgauer Ur-Paarln

198 Waldheim
Martell – Martello (BZ)

204 Roberts Stube
Tirol – Tirolo (BZ)

ABTEI – BADIA (BZ)
Pedratsches – Pedraces

71 KM NORDÖSTLICH V. BOZEN, 30 KM VON BRUNECK

Runchhof

Ferienbauernhof
Runch 11
Tel. (+39) 04 71 / 83 97 96
Ruhetag: Sonntag
Keine Ferien
50 Plätze + 8 Plätze im Freien
Preise: 29 € (Tagesmenü)
Keine Kreditkarten
Mittags und abends geöffnet

Der Ferienbauernhof, der auch über vier komfortable Apartments verfügt, ist über eine Straße zu erreichen, die vom Rathaus von Pedratsches bergan zum Weiler Runch am Fuß des Naturparks Puez-Geisler führt. Das Hauptgebäude des Anwesens ist ein typisches ladinisches Wohnhaus mit zwei Stockwerken, dessen ursprüngliche Merkmale aus dem 18. Jahrhundert unverändert bewahrt worden sind. Das Haus ist einladend und behaglich, verfügt über mehrere Räume, in denen komfortable Tische mit Sorgfalt betont schlicht gedeckt sind. Die gesamte Familie Nagler ist in den Betrieb eingebunden: Um den Service kümmern sich Enrico, Tochter Stefanie und Schwiegertochter Monica; Enricos Frau Maria und Sohn Christian sind für die Küche zuständig. Das Menü ist vorgegeben, umfasst sechs Gänge und kostet 29 €. Die Gerichte sind jene der klassischen bäuerlichen Tradition, wie sie von Generation zu Generation weitergegeben, hier jedoch mit innovativen Akzenten aufgefrischt werden; die Grundlage bilden einfache, unverfälschte Zutaten. Zu den Spezialitäten zählen eine herrlich würzige **Gerstensuppe**, die ***Tultres*** (frittierte Blätterteigteilchen mit Spinat- oder Sauerkrautfüllung), die ***Cajinci arestis*** (Kartoffelpuffer mit einer Füllung aus Spinat und Ricotta oder aus Preiselbeerkonfitüre, Ricotta und Mohn), die Schlutzkrapfen mit Spinat-Ricotta-Füllung, brauner Butter und Parmesan, die Schweinehaxe mit Polenta, die Schweinerippchen mit Sauerkraut, das **Gulasch mit Knödeln** oder Polenta. Als Dessert Apfelstrudel oder Apfelküchlein mit Eiscreme. Gute Weinauswahl.

ABTEI – BADIA (BZ)
Pedratsches – Pedraces

90 KM NORDÖSTLICH V. BOZEN, 30 KM VON BRUNECK

Sotciastel

Ferienbauernhof
Sotciastel 5
Tel. (+39) 338 / 764 01 88
Ruhetag: Sonntag
Ferien: unterschiedlich
20 Plätze
Preise: 16 € (Tagesmenü)
Keine Kreditkarten
Abends gegen Vorbestellung geöffnet

Es gibt mehr als einen guten Grund für einen Besuch des Val Badia: die Skipisten, die jedes Jahr zahlreiche passionierte Gäste und Einheimische anlocken, die schöne Landschaft mit einer wundervollen Natur und – nicht zuletzt – das abwechslungsreiche gastronomische Angebot, in dem alles vertreten ist, von Sterneköchen bis hin zu kleinen bäuerlichen Gastwirtschaften wie dem Sotciastel. Zwei Kilometer außerhalb des Zentrums von Abtei werden Sie an der Straße, die von Pedratsches nach Sankt Leonhard (San Linêrt) führt, die Hinweisschilder zu dem von Hildegard Pitscheider und ihrer Familie geführten Lokal entdecken, wo man Sie auf sehr liebenswürdige Weise willkommen heißt. Der mitten im Grünen gelegene Hof geht zurück auf das 19. Jahrhundert. Eine Voranmeldung ist Pflicht, geboten wird ein dreigängiges Tagesmenü (16 €), das je nach Verfügbarkeit der Grundprodukte wechselt. Den Beginn machen Schlutzkrapfen oder ***Cajnci*** (typische Teigtäschchen mit Kartoffel-Ricotta-Füllung) in Butter, gefolgt von **Gulasch**, das traditionell **mit Knödeln** serviert wird, und zum Abschluss ungemein köstliche, flaumige ***Crafun*** mit Erdbeer- und Preiselbeerkonfitüre. Milch, Butter, Käse und Kalbfleisch sind vom eigenen Hof, die Sirupe und Konfitüren selbst gemacht, die Weine von der Kellerei Schreckbichl. Wer hier länger verweilen möchte, kann sich in einem geräumigen, hellen Apartment einmieten, das mit Massivholzmöbeln eingerichtet ist und vier bis acht Personen Platz bietet.

AHRNTAL – VALLE AURINA (BZ)
Weißenbach – Rio Bianco

100 KM NORDÖSTLICH V. BOZEN, 15 KM V. BRUNECK

Mösenhof

Gasthof
Weißenbach 28
Tel. (+39) 04 74 / 67 17 68
Ruhetag: Dienstag
Ferien: zeitweise im Juni und Dezember
40 Plätze + 40 Plätze im Freien
Preise: 25 €
Keine Kreditkarten
Abends geöffnet

Das wegen seiner vielen Wanderwege in allen Schwierigkeitsgraden bei sport- und naturbegeisterten Menschen beliebte Ahrntal ist auch ein für kulinarische Genüsse bekanntes Gebiet. Im Ortsteil Weißenbach oberhalb von Sand in Taufers gelegen, wird der Mösenhof von Familie Kirchler betrieben. Das Haus fungiert nicht nur als Pension, sondern ist vor allem eine lebendige Gastwirtschaft. Der Käse wird aus der Milch von Kühen aus eigener Haltung hergestellt, so auch der Graukäse, der als Ahrntaler Besonderheit gilt. Für den Beginn zu empfehlen sind die Pressknödel oder die **Speckknödel in Brühe** (6 €), die Graukäse- oder die Kartoffelcremesuppe mit Meerrettich und geröstetem Speck, die mit Spinat gefüllten Schlutzkrapfen, die Frischkäse-Ravioli mit Tomaten und Basilikumpesto (9 €). Als vorzüglich erweisen sich die Gerichte mit einheimischem Fleisch: Rindergulasch mit Knödel und Gemüse (13,50 €), Entrecote vom Grill mit Kräuterbutter, gegrilltes Schweinefilet in Kräuterkruste, Lammfleisch – sprich **Bauernschöpsernes mit Weißkrautsalat** (14 €). Einige Gerichte werden traditionsgemäß auf gesellige Weise verzehrt, indem sich alle an einem Tisch aus einer großen Pfanne bedienen: Zu diesen zählen die für zwei oder vier Personen bemessenen **Graukäsenocken in der Pfanne** und – für mindestens drei Personen – das ***Gibochns***, ein Brei aus Mehl, Milch und Butter, der mit Zucker oder Zimt bestreut wird, als süßer Abschluss; meist wird um die Reste in der Pfanne geradezu gekämpft. Zu den weiteren Dessertempfehlungen des Hauses zählen der karamellisierte Kaiserschmarren, die Topfenknödel mit Zimt und die Eiscreme „Latte macchiato" mit Schokotörtchen. Die Weine sind alle aus Südtirol.

ALGUND – LAGUNDO (BZ)
Vellau – Velloi

35 KM NORDWESTLICH VON BOZEN, 8 KM VON MERAN

Oberlechner

Gasthof
Vellau 7
Tel. (+39) 04 73 / 44 83 50
Ruhetag: Mittwoch
Ferien: Mitte Januar–Mitte März
80 Plätze + 40 Plätze im Freien
Preise: 33–40 €
Kreditkarten: Visa; BM
Mittags und abends geöffnet

Der von Obsthainen und Weingärten umgebene Ortsteil Vellau liegt auf ungefähr 1.000 Metern Höhe oberhalb der Gemeinde Algund. Wer sich den Weg mit dem Auto und damit viele Kurven ersparen möchte, kann (nur tagsüber) die Fahrt mit dem Sessellift genießen und dabei das herrliche Panorama bewundern. Das Restaurant wird wie das dazugehörige Hotel seit Generationen von der Familie Gamper geführt. Peters Küche besticht mit einem ebenso raren wie perfekten Gleichgewicht aus Tradition und Innovation; seine Frau Sabine kümmert sich zusammen mit freundlichem Personal um den Service. Das Restaurant verfügt über drei Gasträume: Einer davon ist eine charakteristische holzgetäfelte Stube, während man durch die großen Fenster des modernsten Raums eine schöne Aussicht hat. Man wählt à la carte oder nimmt das Degustationsmenü für 33 €. Bunt und taufrisch der **Frühlingssalat mit gebratenem Ziegenkäse** (10,50 €). Danach finden wir neben den traditionellen, außergewöhnlich guten **Knödeln** hervorragende hausgemachte **Ravioli mit Ricotta-Kräuter-Füllung** (12 €) vor. Große Auswahl besteht bei den Hauptspeisen, vom klassischen Schnitzel (vom Kalb oder Schwein) nach Wiener Art mit Bratkartoffeln und Preiselbeeren über **Fleischbällchen mit Steinpilzsauce und Kartoffelpüree** (17,50 €) bis hin zum eher ausgefallenen Zanderfilet auf einem Bett aus Gemüse und Fregola (22 €). Wunderbar die traditionellen hausgemachten Kuchen. Aus der Weinkarte kann man Flaschen aus der Region und aus dem gesamtitalienischen Repertoire, u. a. von Biowinzern, wählen; einige Angebote sind glasweise erhältlich.

Der Erzeugerverband Biokistl in **Algund** (7 km) bietet biologisches Obst und Gemüse aus dem Umland.

ALGUND – LAGUNDO (BZ)
Oberplars – Plars di Sopra

37 KM NORDWESTL. VON BOZEN, 11 KM VON MERAN

Schnalshuberhof

Ferienbauernhof • Oberplars 2
Tel. (+39) 04 73 / 44 73 24,
(+39) 335 / 587 88 22
Ruhetag: Montag–Donnerstag
Ferien: 14. Dezember–17. Februar,
26. Juli–12. August
50 Plätze + 30 Plätze im Freien
Preise: 25–30 € (Tagesmenü)
Keine Kreditkarten
Abends geöffnet

100 Meter vom Waalweg finden Sie einen Hof aus dem 13. Jahrhundert, der seit Generationen von Familie Unterweger-Pinggera geführt wird. Biologisches ist hier schon lange eine Selbstverständlichkeit, was für Sirup und Säfte auf Basis von Holunder, Johannisbeeren und Äpfeln ebenso gilt wie für die exzellenten hausgemachten Schnäpse und vor allem die guten Weine aus eigenen Reben der Sorten Weiß- und Blauburgunder, Vernatsch und der seltenen Fraueler-Rebe. Nachdem Sie in einer der beiden Stuben (einzigartig die mit Zeitungen tapezierte) Platz genommen haben, werden Ihnen Vater Hansjörg und Sohn Christian Brettchen mit Speck und anderen hausgemachten Spezialitäten vom Schwein aus Christians Betrieb in Mölten servieren. Mutter Rosa wacht über die Küche und wird unterstützt von Rosi, einer jungen Frau aus Algund, die für die **Knödel** verantwortlich ist: Je nach Saison finden Sie diese in zahlreichen Varianten vor, von Bärlauch über Rote Bete bis hin zu klassischen Spinat- und Käseknödeln. Alternativ dazu sind die mit Ricotta und Spinat gefüllten Schlutzkrapfen eine gute Wahl; im Winter sollte man die Gerstensuppe nicht versäumen. Fein die **Fleischbällchen**, hervorragend die **Schweinerippchen**, nicht minder köstlich das Ossobuco vom Kalb, die Schweinehaxe, das **Hammelfleisch** (sofern im Angebot). Die Kartoffeln und das Gemüse für die Beilagen kommen aus dem eigenen Garten oder von benachbarten Höfen. Das Highlight im Herbst ist die Schlachtplatte bestehend aus geräuchertem Fleisch, hausgemachten Würsten, Blutwurst und Sauerkraut. Im Frühjahr gibt es exzellente Gerichte mit Marlinger Spargel. Zum Nachtisch genießt man mit Mohn und Konfitüre gefüllte Krapfen, Rouladen mit Beerenobst aus dem Garten, Torten und in der entsprechenden Saison Aprikosenknödel. Reservierung unerlässlich.

ALTREI – ANTERIVO (BZ)
Guggal

42 KM S. V. BOZEN, A 22 AUSFAHRT NEUMARKT/EGNA

Kürbishof

Gasthof
Guggal 23
Tel. (+39) 04 71 / 88 21 40,
(+39) 338 / 437 88 17
Ruhetag: Dienstag
Ferien: 4 Wochen nach Ostern, November
25 Plätze
Preise: 38–40 €
Kreditkarten: CS, MC, Visa; BM
Mittags und abends geöffnet

Das hane an einem zum Naturpark Trudner Horn gehörenden Wald gelegene Gebäude besteht seit 1772. Ursprünglich war es eine Scheune. Im Zuge des Umbaus 2005 entstanden zwei urige Bauernstuben, ein Weinkeller mit Gewölbe und drei Doppelzimmer. Geführt wird das Haus von Hartmann mit der Unterstützung durch seine Frau Sara, Tochter Angelika und Sohn Matthias. Kulinarisch gesehen erwarten uns hervorragend gemachte Gerichte der Südtiroler Küche mit ligurischen Einflüssen auf der Basis von saisongerechten Produkten. Sehr gut als Entree ist der Flan von Wildhopfenspargel auf Fontal-Käse-Sauce mit Mandeln (8,50 €) oder die Radieschencremesuppe mit kleinen Ziegenkäseravioli, woraufhin man sich an **Brennnessel-Tagliolini mit Hirschragout** (9,50 €) oder Kartoffel-Kräuter-Nocken mit Sauce vom Trudner Spargel und geräuchertem Saibling erfreuen kann. Das Fleisch wird beinahe ausschließlich beim Dorffleischer eingekauft, der Tiere bei lokalen Zuchtbetrieben auswählt: empfehlenswert das **im Ofen gebratene Lammkarree mit *Roascht* und Kohlrabi** oder das Kaninchen auf ligurische Art mit Kalterer *Plentn* (13,50 €). Unbedingt probieren sollte man den frisch gepflückten Salat aus dem prächtigen Garten hinter dem Haus, den Hartmann täglich pflegt. Gute Auswahl an **Käse** aus Südtirol und dem Trentino mit hausgemachtem Früchtesenf. Die Desserts sind Saras Werk: Kaffeevariation, Lavendeleiscreme mit Apfelkrokant und Nüssen, Topfennocken mit Erdbeeren und Rhabarber (7,50 €). Schöne Wein- und Edelbrandselektion. Eine hiesige Besonderheit, die man am Schluss probieren sollte, ist der Altreier Kaffee.

»*Zauberhaft der Ort, exzellent die Grundprodukte, groß das Traditionsbewusstsein, originell Saras Küche.*«

ANDRIAN – ANDRIANO (BZ)

10 KM WESTLICH VON BOZEN

Schwarzer Adler

Gasthof
Sankt-Urban-Platz 4
Tel. (+39) 04 71 / 51 02 88
Ruhetag: Montag, Dienstagmittag
Ferien: 15. Januar–15. März, erste Julihälfte
70 Plätze + 50 Plätze im Freien
Preise: 30 €
Kreditkarten: AE, CS, MC, Visa; BM
Mittags und abends geöffnet

Sie finden diesen historischen Gasthof mitten im Ort. Es handelt sich um ein renoviertes altes herrschaftliches Wohngebäude mit einem von Säulen getragenen Vordach, einer Außentreppe und einem mit Wappen aus dem Jahr 1599 verzierten Eingang. Das Lokal gehört der Familie Mathà seit 1896. Werner bereitet traditionelle Gerichte zu, die Sie in der Stube oder in den Sommermonaten unter einer schönen Pergola genießen können. In dieser Gegend wie auch im Gebiet um Terlan wird im Frühjahr Spargel der Sorte Margarete geerntet, der hier eine lange bäuerliche Tradition hat. In Hommage daran sind mit der Zeit entsprechende Themenmenüs entstanden: Eine Kostprobe wert sind der gekochte Spargel mit Bauernschinken, Bozner Sauce und Salzkartoffeln, der Spargelrisotto, die Bärlauch-Ravioli mit Bergkäse, Spargelbutter und Tomaten. Unter den Traditionsgerichten finden wir die Klassiker der hiesigen Küche, etwa **Milzschnittensuppe** (5 €), Schlutzkrapfen mit Spinat-Ricotta-Füllung in brauner Butter (die durchaus eine ganze Mahlzeit ersetzen können), **Rindergulasch mit Speckknödeln und gemischtem Salat** (17,20 €), Gröstl mit Krautsalat, **gekochtes Rindfleisch mit Essig und Öl** (11 €), und zum Finale Süßspeisen wie **Kaiserschmarren** mit Preiselbeerkompott, Apfelstrudel, Linzer Torte. Die Weinkarte beinhaltet beinahe alle Etiketten aus der Region.

In **Terlan** (5 km) führt Theo Nigg (Karl-Atz-Platz 3) neben seinem Südtiroler Markenspeck ein beachtliches Wurstsortiment und typische Südtiroler Fleischerspezialitäten.

ENNEBERG – MAREBBE (BZ)
Welschmontal – Mantena

84 KM NORDÖSTL. VON BOZEN, S.S. 12 UND S.S. 49

Garsun

Traditioneller Gasthof
Mantena 9
Tel. (+39) 04 74 / 50 12 82
Ruhetag: Montag
Ferien: Juni, November
30 Plätze
Preise: 24 € (Tagesmenü)
Kreditkarten: Visa
Mittags und abends geöffnet

Das Garsun ist ein authentischer Gasthof, in dem man die kräftigen Aromen der ladinischen Küche genießen kann. Um ihn zu erreichen, biegt man, in Richtung Gadertal fahrend, nach St. Vigil in Enneberg ab. Ist man dann im Ortsteil Welschmontal angelangt, gilt es, auf eine kleine Kapelle auf der rechten Seite zu achten, der gegenüber sich der Vorplatz des Lokals befindet. Der Gasthof zeichnet sich durch die große Leidenschaft und Kompetenz der Familie Obwegs für die Küche ihrer Heimat aus. Der Hausgarten liefert das Gemüse, während Milch, Sahne und Butter aus dem eigenen Stall kommen. Das Menü ist vorgegeben und umfasst vier Gänge: Man beginnt mit ***Panicia***, einer Gerstensuppe mit Gemüse und Kochschinken, begleitet von ***Tultres***, frittierten Teigtäschchen mit Spinatfüllung und Sesamsaat. Es folgen ***Cancì*** – mit Kräutern, Kartoffeln und Ricotta gefüllte kleine Ravioli in brauner Butter, die mit typischem Hartkäse oder einer Mischung aus Mohn und Zucker bestreut serviert werden. Als Hauptgang folgt eine grandiose **Schweinehaxe mit Ofenkartoffeln und Salat** aus fein gehobeltem Weißkraut. Bemerkenswert als Dessert sind die ***Puncerle***, köstliche kleine Pfannkuchen gefüllt mit hausgemachter Früchtekonfitüre, und die ***Crafun*** – Krapfen mit einer Vertiefung in der Mitte, in die Preiselbeerkonfitüre oder Apfelmus gefüllt wird. Wenn Sie danach noch in der Lage sind, sollten Sie ein Stück vom Strudel aus klassischem Teig, der nur aus Mehl, Wasser und Öl besteht, probieren. Fazit: Eine Einkehr in diesem Gasthof lohnt sich auf alle Fälle. Gute Auswahl an Wein aus der Region zu ehrlichen Preisen. Reservierung erforderlich.

GSIES – VALLE DI CASIES (BZ)
Unterplanken – Planca di Sotto

99 KM NÖ. V. BOZEN, S.S. 49 AUSFAHRT WELSBERG

Durnwald

Gasthof
Nikolaus-Amhof-Straße 6
Tel. (+39) 04 74 / 74 69 20
Ruhetag: Montag
Ferien: 15.–30. Juni, 8.–24. Dezember
90 Plätze + 20 Plätze im Freien
Preise: 33–36 €
Kreditkarten: AE, CS, DC, MC, Visa; BM
Mittags und abends geöffnet

Sylvia Mayr versteht es, mit den besonders typischen Produkten einer Gegend zu spielen, die sich nur demjenigen gegenüber freigebig zeigt, der sie liebt und kennt. Auch versteht sie sich darauf, Rezepte aus alter Zeit wieder hervorzuholen und dabei zugleich nach vorne zu blicken und eine moderne Küche zu bieten, die einer achtsamen, ausgewogenen Ernährung gerecht wird. Beginnen kann man mit Wurst- und **Käse**spezialitäten von kleinen lokalen Erzeugern oder mit Hirschcarpaccio im Wacholdermantel (12,50 €). Unter den warmen Vorspeisen sind obligate **Knödel** und **Schlutzkrapfen**, Kartoffelcremesuppe mit Graukäse und Speck sowie pikante **Blutnudeln** mit Graukäse (9,50 €) zu entdecken. Die Stärke des Lokals ist Fleisch: Falls im Angebot, sollten Sie die Rezepte auf Basis von auf der Alm gehaltenen Ochsen und Hammeln sowie die Wildgerichte probieren, etwa das herzhafte **Hirschgulasch** (14 €). Kalbs- und **Schweinsstelze** muss man rechtzeitig vorbestellen. Es fehlt auch nicht an leichteren Kreationen, etwa **Zanderfilet mit Blattspinat und Kartoffeln** (16,50 €) oder Kartoffelblättchen mit Sauerkraut, Wurst und Senfbutter. Kräuter und Gemüse kommen aus dem Hausgarten oder von benachbarten Bauernhöfen. Herausragend unter den zahlreichen Süßspeisen sind das Schokomousse-Dreierlei und ein an Perfektion grenzender Apfelstrudel. Weinfreunde sollten sich von den Wirtsleuten, wenn es deren Arbeit in der Küche erlaubt, den schönen Keller zeigen lassen, in dem viele Südtiroler Winzerprodukte, auch von kleinen Erzeugern, sowie bemerkenswerte Etiketten aus dem übrigen Italien und aus aller Welt lagern.

»*Eine Anthologie der klassischen bäuerlichen Küche, umgesetzt mit ursprünglichen, unverfälschten Zutaten.*«

INNICHEN – SAN CANDIDO (BZ)

110 KM NORDÖSTLICH VON BOZEN, S.S. 49

Jora

Bergrestaurant • Haunold
Tel. (+39) 335 / 656 12 56,
(+39) 340 / 152 40 24
Kein Ruhetag
Ferien: April–Mai, Oktober/Dezember
60 Plätze + 60 Plätze im Freien
Preise: 32 €
Kreditkarten: Visa; BM
Mittags geöffnet, abends gegen Vorbestellung

Einfach ist es nicht, hierher zu gelangen: Die einen marschieren etwa eine Stunde über die Forststraße, die anderen wählen den kürzeren Weg (20 Minuten zu Fuß von der Bergstation der Haunold-Sesselbahn), und im Winter kommt so mancher auf Skiern (das Lokal liegt an der Piste, die vom Haunold nach Innichen hinunterführt). Wenn Sport nicht Ihr Ding ist, sollten Sie im Zuge der Tischreservierung (wir empfehlen Ihnen wärmstens, diese telefonisch zu erledigen) den von den Betreibern angebotenen Taxidienst bestellen. Das Chalet, in dem sich das Lokal befindet, ist sehr charmant und lohnt allein wegen der Holzarchitektur einen Besuch. Der junge Markus Holzer, der das Jora seit 2006 führt, verwendet für seine Küche Erzeugnisse von Bauern aus der Gegend, vorzugsweise Bioprodukte; die Teigwaren sind hausgemacht. Man wählt à la carte oder eines der saisonal variierenden Degustationsmenüs, etwa das vegetarische Menü (17 €) oder das Alm-Menü (27 €). Herausragend von den warmen Vorspeisen sind die **Ravioli aus Johannisbrotmehl mit Graukäsefüllung und Steckrüben**, die Gerstensuppe mit hausgemachten *Tirtlan* (7,50 €), die **Vollkorn-Gerstensuppe**. Es folgen Kartoffel-Steinpilz-Gröstl, **geschmorte Kalbswange mit Polenta und Gemüse** (16 €), **Ricotta aus dem Ofen** mit Salat. Als Dessert gibt es klassische **Strauben** mit Preiselbeerkonfitüre und Schlagsahne (6,80 €), Nougatcreme, selbst gemachte Kuchen. Die Weinkarte mit Fokus auf Südtiroler Biowinzern bietet nur wenige, dafür aber durchweg sehr interessante Etiketten.

Die Vinothek Karadar, M.-Schranzhofer-Straße 2, setzt insbesondere auf biodynamische Produkte und autochthone Rebsorten aus der Region und der ganzen Welt. Großes Edelbrand- und Dessertweinsortiment.

JENESIEN – SAN GENESIO ATESINO (BZ)
Flaas – Valas

20 KM NÖRDLICH VON BOZEN

Lanzenschuster

Berggasthof
Flaas 48
Tel. (+39) 04 71 / 34 00 12
Ruhetag: Montag, außer Mai–Oktober
Ferien: 3 Wochen im Februar/März
50 Plätze + 90 Plätze im Freien
Preise: 25 €
Keine Kreditkarten
Mittags und abends geöffnet

Der Berggasthof Lanzenschuster liegt auf fast 1.500 Metern Höhe auf dem Hochplateau des Salten und ist sowohl von Bozen als auch von Meran mit dem Auto in ungefähr 40 Minuten zu erreichen. Lärchenwälder, grüne Wiesen und Weiden laden zu diversen leichten Wanderungen rund um den Gasthof mit herrlichen Ausblicken auf die Dolomiten ein. Das Lokal besteht aus mehreren Gaststuben und einer großen Terrasse im Freien, wo es für Kinder obendrein einen Spielplatz und einen Streichelzoo gibt. Küchenchef Christian achtet sehr auf die Auswahl der Grundprodukte und überrascht mit so mancher Innovation. Obst und Gemüse sind großteils aus eigenem Anbau, der Käse ist selbst gemacht, das Fleisch stammt aus der hauseigenen Viehzucht. Ein Degustationsmenü für 27,50 € wird ebenso angeboten wie allerlei vegetarische Empfehlungen. Beginnen kann man mit einer klassischen Platte mit Speck, geräucherten Wurstwaren und Meerrettich oder mit einer Kostprobe vom Ziegenkäse. Unter den warmen Vorspeisen zu entdecken sind Apfel- oder **Brennnesselsuppe**, Knödel in Brühe oder in anderer Darbietung, ein Dialog aus **Steinpilzravioli und Bärlauchrisotto** (9,50 €), vegetarisch gefüllte Schlutzkrapfen aus Kamutmehl, Esskastaniennocken, Risotto mit Wurzelgemüse oder mit feinen Kräutern der Saison (8,50 €). An Hauptspeisen gibt es herzhaften **Ochsenbraten** (13 €), Kalbsrippchen, Schweinehaxe (10 €), **einheimisches Ziegenkitz aus dem Ofen mit Röstkartoffeln**. Vorzüglich die traditionellen hausgemachten Torten, klein aber fein die Weinkarte. Reservierung empfohlen.

JENESIEN – SAN GENESIO ATESINO (BZ)
Afing – Avigna

17 KM NÖRDLICH VON BOZEN

Tiefthalerhof

Gasthof • Afing 13
Tel. (+39) 04 71 / 35 40 77,
(+39) 348 / 033 33 91
Kein Ruhetag
Ferien: zeitweise im Juni und August
20 Plätze
Preise: 30–32 € (Tagesmenü)
Keine Kreditkarten
Abends geöffnet, Samstag und Sonntag auch mittags

Achten Sie auf dem Weg hinauf auf das Hochplateau des Salten kurz vor dem Ort Jenesien rechts auf die Abzweigung nach Afing. Fahren Sie ein paar Kilometer weiter und Sie werden zu Ihrer Linken den Tiefthalerhof erblicken. Allerdings sollten Sie ein paar Tage vorher angerufen und die Menüfolge vereinbart haben, denn das Gasthaus ist nur auf Anfrage geöffnet. Annamaria und Corrado werden Sie im sogenannten Rittersaal willkommen heißen, von dem aus man in die Küche sieht und in dessen Mitte ein großer, schön gedeckter Tisch steht, der maximal 20 Personen Platz bietet. Annamaria kümmert sich um die Küche, den Gemüsegarten und die Viehhaltung, während Corrado ihr beim Kochen hilft und für den Grill wie auch den Ausschank des Weines zuständig ist, der von einer kleinen Kellerei aus der Gegend des Bozner Stadtteils Gries stammt. Beginnen kann man mit einem gemischten Vorspeisenteller nach Art des Hauses oder einem reichhaltigen Salatbüfett. An warmen Vorspeisen gibt es neben Suppen köstliche **Teigtäschchen mit Gemüse** der Saison, außerdem Aufläufe mit Pilzen, mit Trevisaner Radicchio und Käse oder mit Artischocken, ferner Speck-, Spinat- oder **Leberknödel**, aber auch **Pappardelle mit** Gemüse-, Fohlen- oder **Eselragout**. Sind dann die Hauptspeisen an der Reihe, hat man Gegrilltes vom Lamm oder Zicklein oder einen gemischten Grillteller ebenso zur Auswahl wie im Ofen gebratene Kalbshaxe oder **Rindergulasch** mit Buchweizenpolenta. Für das süße Finale warten Krapfen, Apfelküchlein, Vanillecreme, köstliche Parfaits. Probieren Sie die mit Enzian, Wacholder, Walderdbeeren, Heidelbeeren aromatisierten Schnäpse, die alle hausgemacht sind. Im Herbst ist der Gasthof eine ideale Törggelen-Station.

KASTELBELL-TSCHARS – CASTELBELLO-CIARDES (BZ)

52 KM NW. V. BOZEN, S.S. 38 VINSCHGAUER STRASSE

Schlosswirt Juval

Gasthof
Ortsteil Juval 2
Tel. (+39) 04 73 / 66 80 56
Ruhetag: Mittwoch
Ferien: unterschiedlich
100 Plätze + 50 Plätze im Freien
Preise: 30 €
Kreditkarten: CS, MC, Visa; BM
Mittags und abends geöffnet, Sonntag–Dienstag nur mittags

Man lässt die Rebgärten des Weingutes Unterortl hinter sich, fährt die kurvenreiche Panoramastraße bergan, bis sich eine berückend schöne Szenerie vor einem auftut. Wir sind wenige Meter unterhalb des Schlosses Juval, das sich in Besitz des bekannten Bergsteigers Reinhold Messner befindet. Der Schlosswirt ist zwar einsam gelegen, doch den Weg kann man nicht verfehlen. Es weht ein frisches Schnalstaler Lüftchen, wir parken das Auto neben einer Schafzucht. Kurz vor dem Eingang zum Lokal sehen wir den Gemüsegarten des Hauses. Wir treten ein und werden in einem großen Raum mit Zirbenholzgebälk empfangen. In der Küche ist Monika Fieg mit Sorgfalt am Werk, bereitet je nach Verfügbarkeit der Zutaten immer wieder andere Gerichte zu. Empfehlenswert ist der reichhaltige gemischte Aufschnitt, der u. a. Hirsch- und Schafsalami sowie Bergkäse (16,50 €) beinhaltet und als Einzelgericht ebenso angeboten wird wie als deftiger Imbiss für hungrige Wanderer. Von den warmen Vorspeisen nicht versäumen sollte man die **Gerstensuppe** (6,50 €), die **Schlutzer mit Spinat, Käse und brauner Butter**, die hausgemachten Bandnudeln mit Lammragout (7 €). Es folgen ein erstklassiger **Schweinsbraten mit Polenta, grünen Bohnen und Spargel** (16 €) und Rippchen vom Milchferkel. Bemerkenswert von den Desserts (4,50 €) sind der üppige **Strudel** und die berühmte Schneemilch, eine geschmacklich ausgewogene Komposition aus Weißbrot, Sahne, Rosinen und Zimt. Dazu trinkt man Weine vom Schloss Juval oder anderen Kellereien der Gegend.

In der Ortschaft **Galsaun** (2,3 km), Brunnenweg 7, erzeugt Walter Klotz Edelbrände. Auf dem Niedermairhof am Trumsberg gibt es Wurstwaren und Fleisch von Rindern der Tiroler Grauviehrasse.

LAAS – LASA (BZ)
Allitz – Alliz

67 KM NORDWESTLICH VON BOZEN, S.S. 38

Sonneck

Gasthof
Allitz 11
Tel. (+39) 04 73 / 62 65 89
Ruhetag: Dienstag
Ferien: unterschiedlich
45 Plätze + 30 Plätze im Freien
Preise: 30 €
Kreditkarten: AE, CS, DC, MC, Visa; BM
Mittags und abends geöffnet

Allitz ist ein kleiner Ortsteil des für den Abbau von kostbarem weißem Marmor und den Anbau der schmackhaften süßen Vinschger Aprikosen bekannten Laas. Der gut zu erreichende Gasthof verfügt über eine Panoramaterrasse, von der man das gesamte Tal überblickt, durch das vor 2000 Jahren die Römerstraße Via Claudia Augusta von der Po-Ebene und der Adria bis zur Donau führte und heute der Radweg entlang der Etsch von Reschen bis nach Meran verläuft. Das Lokal ist schlicht und dennoch anheimelnd eingerichtet. Der erste Gastraum ist der mit dem Schanktresen, aus dem zweiten, intimeren, blickt man durch die Fenster auf das Tal in Richtung Meran. Wirt Herbert Thanei verwendet für die Zubereitung seiner Gerichte ausnahmslos lokale und saisonale Grundprodukte wie Spargel, Lamm, Wild. Im hauseigenen Garten werden verschiedene Sorten Gemüse und Würzkräuter wie Bärlauch kultiviert. Die Teigwaren sind hausgemacht: bemerkenswert die **Bärlauch-Taglioli-ni mit Spargel und Tomaten** (10 €) und die **Tiroler Nocken** mit Käse, Spinat, Steinpilzen oder Roter Bete (6,50 €). Die wichtigsten Empfehlungen unter den Hauptspeisen sind der **Lammbraten mit Wildkräutern, Thymiankartoffeln und gemischtem Salat** (20 €) und das **Rindersteak mit Kräuterbutter und Röstkartoffeln** (21 €). Vielfältige Dessertauswahl, gutes Repertoire an vor allem lokalen Weinen. Eine Tischreservierung ist sehr ratsam.

LAUREIN – LAUREGNO (BZ)
Gassern – Gosseri

60 KM WESTLICH VON BOZEN, S.S. 42

Sonne

Traditioneller Gasthof
Gassern 11
Tel. (+39) 04 63 / 53 02 80
Ruhetag: Mittwoch, außer im August
Ferien: unterschiedlich
30 Plätze + 20 Plätze im Freien
Preise: 25–30 €
Keine Kreditkarten; BM
Mittags und abends geöffnet

Die Ortschaft Laurein liegt auf 1.150 Metern Höhe im südlichsten Abschnitt des Nonstals an der Grenze zwischen Südtirol und dem Trentino. Das von Meran oder von Bozen mit dem Auto in etwa einer Stunde erreichbare Dorf hat nur 400 Einwohner und bietet eine herrliche Aussicht auf die umliegenden Berge, die zu wundervollen Wanderungen einladen. Der Gasthof Sonne unter der Leitung von Rosa Weiss befindet sich mitten im Ort, in der Nähe der Pfarrkirche. Das Ambiente ist sehr familiär; das Lokal besteht aus zwei kleinen Gasträumen, in der schönen Jahreszeit kann man aber auch auf der Terrasse essen. Rosa erobert den Gast mit der Schlichtheit und der Aufmerksamkeit, mit der sie ihre Speisenfolgen gestaltet. Die Auswahl an Gerichten ist nicht sehr groß, jedoch sind sie alle mit Sorgfalt und unter Verwendung von lokalen Produkten verfertigt: Der Speck und diverse Wurstwaren sind aus eigener Herstellung, das Gemüse stammt aus dem Hausgarten, den Käse liefern lokale Erzeuger. Die Küche ist typisch tirolerisch mit gut erkennbaren Einflüssen aus dem Trentino. Man beginnt mit Knödeln, **Strangolapreti**, Crêpes mit Radicchio, **Nocken aus Brot und Spinat** (ein typisches Nonstaler Rezept). An Hauptspeisen haben Sie **Hirschragout mit Kartoffeln und Krautsalat**, geschmortes Kaninchen, **Kartoffelpuffer** zur Auswahl. Die Süßspeisen sind hausgemacht: Semifreddo mit heißen Himbeeren oder **Biskuitroulade** mit Sahne und Erdbeeren. Der Keller birgt Südtiroler und Trentiner Weine.

Auf dem nahen Bäckerhof verkauft die Familie Kessler exzellenten Honig. In **Sankt Felix** (5 km) und **Unsere liebe Frau im Walde** (8 km) gibt es Speck und Würste aus der Erzeugung der Gebrüder Kofler.

MALS IM VINSCHGAU – MALLES VENOSTA (BZ)
Matsch – Mazia

95 KM NORDWESTL. VON BOZEN, S.S. 38 U. S.S. 40

Weisskugel

Restaurant
Matsch 10
Tel. (+39) 04 73 / 84 26 00
Ruhetag: Montag, außer im Juli und August
Ferien: 1. Dezember–30. April
80 Plätze + 16 Plätze im Freien
Preise: 25–30 €
Kreditkarten: CS, DC, MC, Visa; BM
Mittags und abends geöffnet

Bevor man das Restaurant Weisskugel aufsucht, sollte man dem mittelalterlichen Glurns einen Besuch abstatten, das sich trotz seiner überschaubaren Dimensionen seit 1423 als Stadt bezeichnen darf. Planen Sie außerdem eine Besichtigung der Churburg in Schluderns ein. Dann aber ist es höchste Zeit, bei Helene und Gebhard Stecher einzukehren, deren Gasthof (rund 20 Betten) über ein vorzügliches Restaurant und einen eigenen kleinen Gemüsegarten verfügt. Wir sind im Matschertal, das für seinen Gipfel an der Grenze zwischen Österreich und Italien bekannt ist und nach dem das Lokal benannt ist. Die Speisekarte ist nie besonders umfangreich, aber dennoch stets mehr als erfreulich. Zu Beginn lohnt es sich, den gemischten Aufschnitt von Wurstwaren aus eigener Erzeugung, den Hirschschinken, den Speck mit Meerrettich zu probieren. Danach ist die **Matscher Kräutersuppe** (4,50 €) eine Kostprobe wert, für die man sich Zeit nehmen sollte, da sie in der Regel sehr heiß serviert wird; rustikal und richtig gut sind außerdem die Suppe mit Bergkäsenocken (5 €) und die Vinschger Suppe auf Basis von Kräutern, Roggenbrot, Zwiebel und Eigelb. Von den Teigwaren empfehlen wir die **Schlutzer** (aus Kartoffel- oder Dinkelteig, gefüllt mit Ricotta und Spinat) und die **Teigtaschen mit Graukäsefüllung** (12 €). Es folgen Lendenbraten vom Schwein mit Käse und Gemüse bzw. **Schweinefilet mit Polenta** (16 €). Köstlich die Desserts, u. a. Omeletts und Strudel mit Vinschgauer Aprikosen. Die Weinkarte ist klein, aber alles in allem stimmig und preislich fair.

Im Ortsteil **Schleis** (2,5 km), Hausnummer 8, verarbeitet die Familie Agethle die Milch ihrer etwa zehn Kühe zu einigen sehr guten Vinschger Käsesorten.

MARTELL – MARTELLO (BZ)
Hintermartell – Alta Val Martello

73 KM NORDWESTLICH VON BOZEN, S.S. 38

Waldheim

Restaurant
St. Maria in der Schmelz 16
Tel. (+39) 04 73 / 74 45 46
Kein Ruhetag
Ferien: zeitweise im November
80 Plätze + 80 Plätze im Freien
Preise: 30 €
Kreditkarten: CS, MC, Visa
Mittags und abends geöffnet

Das Martelltal ist berühmt für köstliche Erdbeeren und seine wunderschöne Bergwelt, die im Sommer zu ausgedehnten Wanderungen und im Winter zum Langlaufen einlädt. Zwischen dem Dorf Martell und der imposanten Staumauer des Zufrittsees gelegen, ist das als Familienbetrieb geführte Hotelrestaurant Waldheim für seine Spezialitäten zum Thema **Forelle** weithin bekannt: Sie können den köstlichen Fisch gebraten, dampfgegart, gegrillt oder frisch **geräuchert** und **mit Toastbrot, Meerrettich und Butter** (13 €) serviert genießen. Der für die Küche zuständige Hermann setzt die Grundprodukte, die das Tal und der eigene Garten bieten, dank seiner profunden Kenntnis bäuerlicher Rezepte gekonnt ein. Sohn Alexander kümmert sich aufmerksam und freundlich um den Service und einen Weinkeller, in dem hauptsächlich Südtiroler Etiketten lagern, aber auch einige niveauvolle Rotweine aus dem gesamtitalienischen Panorama zu entdecken sind. Zur Einstimmung empfehlen wir den hausgeräucherten lokalen Speck und die diversen Käsesorten von Erzeugern aus dem Tal. Danach sind die hausgemachten **Bandnudeln mit Wildragout** (8 €) und die **mit Quark und Brennnesseln** oder mit Spinat **gefüllten Schlutzkrapfen** (8 €) in Erwägung zu ziehen; vorzüglich schmeckt obendrein die mit Ur-Paarln (Slow-Food-Presidio) zubereitete Bauernsuppe. Von den darauf folgenden Hauptspeisen auf Basis von Fleisch aus der Region empfehlen wir das **Rindergulasch** und den Hirsch mit Rotkraut und Knödeln oder Nocken (18 €). Als Dessert genießt man hausgemachten Kuchen, Strudel, Omelett mit Preiselbeerkonfitüre oder einen Becher mit Martelltaler Erdbeeren.

MONTAN – MONTAGNA (BZ)
Gschnon – Casignano

29 KM SÜDLICH VON BOZEN, S.S. 12 ODER A 22

Dorfnerhof

Gasthof
Gschnon 5
Tel. (+39) 04 71 / 81 97 98
Ruhetag: Montag
Ferien: 5 Wochen im Januar/Februar
55 Plätze + 40 Plätze im Freien
Preise: 30 €
Kreditkarten: MC, Visa; BM
Mittags und abends geöffnet

Durch das Mühlental im Naturpark Trudner Horn gelangt man nach Gschnon. In dem kleinen Ort, der um ein Kapuzinerkloster herum entstanden und Ausgangspunkt für interessante Wanderungen ist, befindet sich der Berggasthof Dorfner, wo man nicht nur nächtigen, sondern auch und vor allem von Küchenchef Anton Dalvai zubereitete köstliche Gerichte genießen kann. Hofeigene frische Produkte wie Fleisch, Gemüse und Obst charakterisieren das breit angelegte Null-Kilometer-Menü. Beginnen kann man mit **Ochsenmaulsalat mit Zwiebel** (9,50 €), einem feinen Tatar vom Ochsen mit getoastetem Brot und Salat oder mit dem geräucherten Saiblingsfilet auf Artischockensalat. Es folgen Kürbiscremesuppe, **Kartoffelteigtaschen mit Hirschfarce und Preiselbeerbutter** (9,50 €), Käseknödel mit kurz gebratenem Lauch. Sehr gut sind der gebratene Saibling mit Kartoffelgröstel und Salat sowie die Lammschnitzel mit glasiertem Radicchio und Polenta. Nicht versäumen sollte man das typische Gericht der Südtiroler Arme-Leute-Küche, das hier auf untadelige Weise interpretiert wird: Die Rede ist vom Bauerngröstel (13 €), bestehend aus gebratenen Kartoffeln, gekochtem Rindfleisch und Zwiebel, begleitet von Speck-Kraut-Salat. Den Nachspeisen zu widerstehen ist fast ein Ding der Unmöglichkeit, zu verführerisch sind die hausgemachte Eiscreme mit Sauerkirschen aus eigener Ernte, das **mit Beeren und Obst gefüllte Omelett** (5 €), die pochierten Aprikosen mit Vanilleeis und Schokosauce. Die Weinkarte legt besonderes Augenmerk auf Erzeugnisse aus dem Umland, das hier praktisch lückenlos repräsentiert ist.

PERCHA – PERCA (BZ)
Oberwielenbach – Vila di Sopra

81 KM NORDÖSTLICH VON BOZEN

Moar

Gasthaus
St.-Nikolaus-Straße 6
Tel. (+39) 04 74 / 40 11 77
Ruhetag: Dienstag, Sonntagabend
Ferien: September, Dezember
60 Plätze
Preise: 25 €
Kreditkarten: AE, CS, MC, Visa; BM
Mittags geöffnet, abends gegen Vorbestellung

Den Hof der Familie Mayr in Percha gibt es seit 1413, auch wenn er „erst" seit dem späten 19. Jahrhundert Gäste verköstigt. Es handelt sich also um ein echtes Denkmal der bäuerlichen Tradition Südtirols, ganz abgesehen davon, dass die beeindruckende, äußerst gelungene Restaurierung dem Gebäude die Atmosphäre alter Zeiten zurückgegeben hat. Das gastronomische Angebot, das Ihnen Peter erläutern wird, beginnt zumeist mit gemischtem Aufschnitt (8,50 €) von durchweg hausgemachten Fleischspezialitäten oder dem würzigen, mit Zwiebel angerichteten Graukäse vom Nachbarhof. Von Peters Frau Edith handgefertigt sind die verschiedenen **Knödel** und die **mit Quark und Kartoffeln gefüllten Schlutzkrapfen**; alternativ dazu gibt es **Bandnudeln mit Rehragout** oder mit Steinpilzen (10 €). Die Grundprodukte für das **Gulasch mit Polenta** (12 €) und das Rauchfleisch mit Sauerkraut und Kartoffeln stammen aus der eigenen kleinen Viehhaltung. Eine weitere wichtige Ressource ist der von Edith bestellte Garten, der nicht nur Gemüse und Kräuter liefert, sondern auch den Rhabarber für einen der vielen köstlichen hausgemachten Kuchen (4 €). Peters feine Edelbrände lassen sich aber auch mit Linzer Torte, Tiramisu auf Joghurtbasis oder Birnen-Schoko-Kuchen kombinieren. Der Weinkeller bietet ein kleines, aber gepflegtes Repertoire an Südtiroler Etiketten. Nach dem Essen können Sie die herrliche Aussicht von der Veranda genießen und die nahe gelegenen spektakulären Erdpyramiden besichtigen.

Der Kräuterhof Hauser im Ortsteil **Wielenberg** (7 km) kultiviert nach strengen Kriterien und mit viel Leidenschaft alpine Heilpflanzen und erzeugt Schnäpse, Liköre, Salatwürzen, ätherische Öle, Kräutertees und Kosmetika.

RASEN ANTHOLZ – RASUN ANTERSELVA (BZ)
Antholz Mittertal – Anterselva di Mezzo

98 KM NORDÖSTLICH VON BOZEN, S.S. 49

Eggerhöfe

Gasthof-Bauernhof
Eggerhöfe 42
Tel. (+39) 04 74 / 49 30 30
Ruhetag: Montag, außer im Juli und August
Ferien: 15. November–30. April
30 Plätze + 20 Plätze im Freien
Preise: 20–25 €
Keine Kreditkarten
Mittags und abends geöffnet

Das Antholzer Tal, das von der Pustertaler Straße zwischen Bruneck und Toblach abzweigt und bis zur österreichischen Grenze in der Nähe des gleichnamigen Sees führt, ist eines der schönsten Naturgebiete dieses Teils von Südtirol. Als Ziel von Langläufern, Radfahrern, Wanderern und Kletterern bietet es viele kleine Lokale mit einfacher Küche, die auf lokalen Produkten von bester Qualität beruht. Nicht weit von Antholz-Mittertal haben Marlies und Christian Leitgeb die alten Eggerhöfe übernommen und zu einem Anwesen gemacht, das Viehzucht und Landwirtschaft mit Gastlichkeit kombiniert. Es gibt vier Ferienwohnungen und zwei Stuben, obwohl im Sommer jeder die Terrasse mit ihrem schönen Ausblick bevorzugt. In diesem Rahmen kann man ein paar wenige, aber dafür umso exquisitere Rezepte auf Basis von hofeigenen Produkten genießen. Traditionsgemäß beginnt man mit hausgeräuchertem Speck oder dem mit Essig, Öl und Zwiebel angerichteten Graukäse (8 €). Fortfahren kann man mit köstlicher **Kartoffelsuppe** (5,50 €) oder verschiedenen Arten von **Knödeln** in Brühe bzw. mit brauner Butter; empfehlenswert die Version mit einheimischen Kräutern und die **Käsepressknödel**, die gebraten und dann mit Krautsalat serviert werden. Herzhaft das **Gulasch** (13 €) mit Knödeln, die Polenta, die wunderbar aromatischen Pilze in der entsprechenden Saison. Südtirolerisch auch die Desserts, allen voran der **Kaiserschmarren mit Preiselbeeren** und die leckeren *Apfelkiechlan* (5 €). Die Weinauswahl ist eher klein; besser beraten ist man mit den biologischen Säften und den großartigen Schnäpsen.

Die Bäckerei Seeber führt süßes Gebäck nach Pustertaler Art, Breatl (Schwarzbrot) und Struzen (Wecken aus Weichweizenmehl und Malz).

8 KM NORDÖSTLICH VON BOZEN, RITTNER STRASSE

Patscheiderhof

Gasthof-Bauernhof
Signat 178
Tel. (+39) 04 71 / 36 52 67
Ruhetag: Dienstag, außer im Juli und August
Ferien: unterschiedlich
35 Plätze + 70 Plätze im Freien
Preise: 30–35 €
Kreditkarten: AE, CS, DC, MC, Visa
Mittags und abends geöffnet

Fährt man über die schöne Panoramastraße von Bozen hinauf auf den Ritten, so stößt man nach wenigen Kilometern auf die Abzweigung nach Signat. Der Patscheiderhof ist ein klassischer, sehr gepflegter Bergbauernhof mit schönen Terrassen und einer alten Stube. In diesem Rahmen kann man der Küche von Luis Rottensteiner zusprechen, der das Gasthaus seit 1983 zusammen mit Ehefrau Edith, seiner Schwester Greti und den Töchtern Doris und Sylvia führt. Das Fleisch wird bei Fleischern in der Umgebung eingekauft, während im eigenen Garten zahlreiche Gemüsesorten angebaut werden, die dann in der Küche Verwendung finden. Beginnen kann man mit Speck und geräucherten Wurstwaren, einheimischen Käsesorten zu klassischem Schüttelbrot und Roggenbrot, sauer angemachtem Graukäse mit Zwiebel, **Kalbskopf**. Unter den warmen Vorspeisen ist mit dem **Knödel-Tris** (10,50 €) ein echter Klassiker zu entdecken. Nicht entgehen lassen sollte man sich die **im Ofen gebratenen Schweinerippchen** (12,50 €) und die **Lammkeule mit Bratkartoffeln und Gemüse** (15 €). Exzellent die Nachspeisen: Neben klassischem Strudel und typischen Krapfen empfiehlt der Küchenchef eine Roulade aus Buchweizenmehl mit Sahne und Heidelbeeren sowie ein Parfait mit knusprigen Haselnüssen (6,50 €). Schöne Auswahl an Südtiroler Weinen. Im Herbst ist der Hof ein ideales Ziel für Freunde des Törggelen.

RITTEN – RENON (BZ)
Signat – Signato

8 KM NORDÖSTLICH VON BOZEN, RITTNER STRASSE

Signaterhof

Gasthof
Signat 166
Tel. (+39) 04 71 / 36 53 53
Ruhetag: Sonntagabend, Montag
Ferien: 10. Januar–10. Februar, 10. Juni–10. Juli
50 Plätze + 20 Plätze im Freien
Preise: 30 €
Kreditkarten: CS, DC, MC, Visa
Mittags und abends geöffnet

Biegen Sie auf halber Höhe des Weges von Bozen auf den Ritten nach links in Richtung Signat ab und fahren Sie noch etwa zehn Minuten weiter die kurvenreiche Straße entlang, bis Sie in dem kleinen Ortsteil angelangt sind. Eindeutig abseits der ausgetretenen Touristenpfade gelegen, bietet dieser ansprechende Gasthof eine äußerst raffinierte Regionalküche, für die Chefkoch Günter mit der Unterstützung durch seine Frau Erika verantwortlich zeichnet. Auf dem Signaterhof hat man zudem die Möglichkeit, in gemütlichen Zimmern zu logieren. Bei Tisch kann man mit Hirsch- und Gämsenwurst zu in Öl eingelegten Steinpilzen, **Kalbskopf mit Zwiebel** (10 €) oder klassischen Milzschnitten in Brühe beginnen. Es folgen **dreierlei Knödel** (Spinat, Käse, Rote Bete) **mit Parmesan und brauner Butter** (9,50 €) oder mit Lammragout, ferner hausgemachte Kartoffelteigtaschen mit Gemüsefüllung, die mit Butter und Parmesan sowie weißem Spargel angerichtet werden. Unter den Hauptspeisen sind ein grandioses Gröstel mit Speck-Kraut-Salat, eine **geschmorte Lammkeule mit frischem Gemüse und Bratkartoffeln** (14,50 €) und – im Frühjahr – viele Gerichte mit einheimischem Spargel zu entdecken: Dieser wird schlicht und ergreifend mit Schinken, Bozner Sauce und Salzkartoffeln serviert oder mit anderen Zutaten kombiniert, beispielsweise als Spargelsuppe mit Brotcroutons und Brunnenkresse. Fantastisch die Nachspeisen, u. a. **Marillenknödel** mit Sorbet, Birnen-Schoko-Kuchen oder mit Konfitüre gefüllte Krapfen. Gute Auswahl an Wein aus lokalem Anbau.

» *Unaufdringlich und charmant die Bedienung in der guten alten Stube, wo ausgezeichnete Regionalküche den Gaumen erfreut.* «

SALURN – SALORNO (BZ)
Gfrill – Cauria

34 km südwestlich v. Bozen, A 22 oder S.S. 12

Fichtenhof

Gasthof
Gfrill 23
Tel. (+39) 04 71 / 88 90 28,
(+39) 338 / 302 86 53
Ruhetag: Montag
Ferien: 6. November–25. Dezember
50 Plätze + 40 Plätze im Freien
Preise: 28 €
Kreditkarten: CS, MC, Visa; BM
Mittags und abends geöffnet

Zu diesem Gasthof gelangt man, indem man vom Ort Salurn den Wegweisern nach Gfrill folgend etwa 20 Minuten bergan fährt, bis die Straße auf Höhe einer Häusergruppe samt Kirchlein endet. Dort scheint die Zeit stillzustehen: Mitten im Grün des Naturparks Trudner Horn, auf 1.330 Metern Höhe gelegen, besteht dieser typische Bergbauernhof seit mehr als 300 Jahren. Ingrid Pardatscher, die an einem nach wie vor holzbefeuerten Herd agiert, versteht sich auf den bedachtsamen Umgang mit den landwirtschaftlichen Ressourcen und bestellt den Gemüsegarten, aus dem sie Kostbares für ihre Küche holt. Für den Auftakt ist der Vorspeisenteller nach Art des Hauses (6,50 €) zu empfehlen, dessen Bestandteile je nach Saison wechseln. Danach kann man sich an **Bandnudeln mit Ragout vom Reh** oder Lamm (10 €) erfreuen oder man probiert die Kurkumanudeln mit Speck und Löwenzahn, die Speck- oder **Leberknödel** in Brühe oder auch die Brennnesselknödel mit Minze und Basilikum. Das Fleisch stammt von Betrieben aus der Umgebung: Wir empfehlen das **Zicklein mit feinen Kräutern** (17,50 €), das Kaninchen mit Gemüse, das **Roastbeef vom Hirsch in Rotwein** mit Preiselbeeren und Spätzle; in der entsprechenden Saison sollte man den Spargel aus Zambana mit Speck und Kartoffeln probieren. Die durchweg hausgemachten Nachspeisen sind in der Vitrine im Durchgang zum Speisesaal zu bewundern: Saisonabhängig locken Apfel-, Aprikosen- oder Zwetschgenstrudel, Buchweizenkuchen mit Preiselbeeren, Holunderbeereneiscreme. Gute Weinauswahl, viele Erzeugnisse aus der Umgebung. Reservierung ratsam.

SANKT LEONHARD IN PASSEIER –
SAN LEONARDO IN PASSIRIA (BZ)
Walten – Vàltina

58 km nordwestlich v. Bozen, 29 km von Meran

Jägerhof

Restaurant
Walten 80
Tel. (+39) 04 73 / 65 62 50,
(+39) 348 / 442 00 38
Ruhetag: Montag, Dienstag
Ferien: 10. November–10. Dezember
80 Plätze + 20 Plätze im Freien
Preise: 35–40 €
Kreditkarten: Visa; BM
Mittags und abends geöffnet

Dieses schöne Hotelrestaurant liegt nur wenige Kilometer vom Jaufenpass entfernt auf 1.300 Metern Höhe mit herrlichem Blick auf das Passeiertal. Das gastronomische Angebot ist schlicht und überschaubar, jedoch stets unverfälscht und saisongerecht. Zu verdanken ist dies Siegfried Augscheller, der die Gerichte der Südtiroler Tradition professionell neu interpretiert Der Service in dem behaglichen Gastraum wird von seiner Frau Irmgard koordiniert, die die Menükarte kompetent und ausführlich erläutert. Beginnen kann man mit dem Vorspeisenteller mit Passeirer Fleisch- und Käsespezialitäten (9,90 €), der u. a. geräuchertes Rindfleisch und frischen Ziegenkäse beinhaltet, um sich danach typische **Knödel in Brühe** oder Graukäseknödel mit Krautsalat (9 €) oder auch Dinkelnudeln mit Ricotta aus Ziegenmilch und Würzkräutern schmecken zu lassen. Im Herbst gibt es **Schüttelbrotnudeln mit Speck und Sauerkraut** zu entdecken. Von den Hauptspeisen nicht unerwähnt bleiben darf die Spezialität des Hauses – das in Folie gegarte **Filet vom Passeirer Saibling auf Bergheu** (17,90 €); sehr gut sind aber auch die Fleischgerichte, etwa die Biohähnchenbrust mit Kräutern oder die Kalbsmedaillons mit Spätzle. Als Nachtisch zu empfehlen ist der Ziegenfrischkäse mit Erdbeeren und Löwenzahnhonig (6,90 €). Einige Degustationsmenüs ergänzen die Auswahl. Die Weinkarte bietet eine ausgewogene Selektion an Südtiroler Etiketten sowie ein paar gute französische Flaschenweine.

»In einem ganz typischen, anheimelnden Südtiroler Ambiente interpretiert Siegfried mit einem Quäntchen Zeitgeist auf solide und professionelle Weise Gerichte der Tradition.«

SANKT MARTIN IN PASSEIER –
SAN MARTINO IN PASSIRIA (BZ)

45 KM NORDWESTLICH VON BOZEN, S.S. 38

Lamm Mitterwirt

Traditioneller Gasthof
Dorfstraße 36
Tel. (+39) 04 73 / 64 12 40
Ruhetag: Sonntagabend, Montag; im Sommer nur Montag
Ferien: 3 Wochen im November
70 Plätze + 25 Plätze im Freien
Preise: 30 €
Kreditkarten: AE, CS, DC, MC, Visa; BM
Mittags und abends geöffnet

Was Ihnen als Erstes auffallen wird, sind die französischen und Tiroler Wappen an der Fassade des Hauses, die an die Zeiten erinnern, als sich hier – im 19. Jahrhundert – der Tiroler Freiheitskämpfer Andreas Hofer gegen die Truppen Napoleons verschwor. Wenn Sie dann die von Arnold und seiner Frau Hildegard geführte historische Gastwirtschaft betreten und die zwei geräumigen Stuben sehen, werden Sie gleich merken, dass es beim Mitterwirt keine Zugeständnisse an gastronomischen Schnickschnack gibt: Bei Tisch wird hier Klartext gesprochen, die Speisen sind geradlinig, man achtet wirklich auf das Wesentliche. Sämtliche Teigwaren sind hausgemacht: empfehlenswert die **Schüttelbrot-Spaghetti mit Kohl, Speck und Käse** (10 €), die Pasta mit würzigen Biobergkräutern und Graukäse (9,50 €), die **Rote-Bete-Knödel mit Biokäse und Lauchsauce** (9 €). Von den Hauptspeisen nicht versäumen sollte man das schmackhafte **gegrillte Filet vom Alpensaibling mit Gemüse, Kartoffeln und Meerrettichsauce** (16,50 €) und die ebenfalls gegrillte Biohähnchenbrust auf hausgemachten Gnocchi mit Rosmarinbutter. Die Auswahl an **Käse** umfasst ein knappes Dutzend Rohmilchsorten von exzellenten kleinen Erzeugern. Schließlich die Süßspeise des Hauses – der herzhafte, üppig gefüllte Apfelstrudel aus „dickem" Teig. In der interessanten Weinkarte sind ausschließlich hiesige Winzerprodukte zu absolut ehrlichen Preisen vertreten.

„Arnold und seine Frau Hildegard bieten eine auf gute Grundprodukte und Tradition bedachte Küche mit innovativen Akzenten."

SCHNALS – SENALES (BZ)
Unser Frau – Madonna

58 KM NORDWESTLICH VON BOZEN, S.S. 38

Oberraindlhof

Restaurant
Unser Frau 49
Tel. (+39) 04 73 / 67 91 31
Ruhetag: Mittwoch
Keine Ferien
80 Plätze + 20 Plätze im Freien
Preise: 37 €
Kreditkarten: AE, CS, DC, MC, Visa
Mittags und abends geöffnet

Wir sind im Schnalstal, das berühmt ist für seine Gletscher und die dort gefundene Mumie vom Similaun, besser bekannt als Ötzi. Der Oberraindlhof ist ein modernes Beispiel für hohe Kochkunst mit Traditionsbewusstsein. Das Lokal ist pittoresk und gemütlich, das viele Holz innen wie außen vermittelt Wohlbehagen. Man kann im modernen Teil oder, falls man einen freien Tisch findet, in den Stuben mit Sitzbänken und bequemen Kissen Platz nehmen und in aller Ruhe aus einer Speisekarte wählen, die wöchentlich wechselt und vom „deus ex machina" Helmuth Raffeiner erläutert wird. Für den Auftakt raten wir zum Tatar von der Räucherforelle mit Biojoghurtterrine und geröstetem Roggenbrot (9 €). Fortsetzen lässt sich der Genuss mit einer Brotsuppe aus lokalen Zutaten oder einer Cremesuppe auf Basis von Riesling aus dem Vinschgau mit Kressenocken (5 €), den **Rote-Bete-Knödeln mit Sauce vom Schnalstaler Graukäse**, den mit Käse aus dem nahen Pfossental gefüllten Ravioli mit frischen Tomaten (11 €) den nach einem geschichtsträchtigen alten Rezept zubereiteten **Schnalser Nudeln** aus Roggenmehl, Kartoffeln und Quark. Das Fleisch stammt von einem Betrieb der Talschaft: unverzichtbar das Lamm – sowohl **die Keule in Thymiankruste mit Kartoffelnudeln und Gemüse** als auch der traditionelle Braten mit Kartoffeln. Zum Finale gibt es exzellenten **Käse** und feine Dolci (5,50 €) wie das Kaiserschmarrenparfait mit Preiselbeersauce oder die köstliche **Schnalser Schneemilch**, eine Süßspeise, die früher nur an Festtagen zubereitet wurde. Gepflegte Weinkarte mit sehr interessanten regionalen und internationalen Empfehlungen zu fairen Preisen.

115 KM NORDÖSTLICH VON BOZEN

Waldruhe

Gasthof • Ausserberg 6
Tel. (+39) 04 74 / 71 05 12,
(+39) 348 / 565 70 27
Ruhetag: Montag
Ferien: Ostern–Ende Mai, November–Mitte Dezember
45 Plätze + 40 Plätze im Freien
Preise: 27–30 €
Keine Kreditkarten
Mittags und abends geöffnet

Hinter der Sextner Pfarrkirche beginnt ein Wegenetz, das bei Wanderern sehr beliebt ist. Doch keiner von ihnen hat bisher unseren Verdacht ausgeräumt, dass die meisten Wanderungen nur eine Ausrede sind, um zu einem der schönsten Wirtshäuser in diesem Teil des Tals zu gelangen. Die beiden blutjungen Gastronomen Stefan Senfter und Melanie Rogger empfangen ihre Gäste in den beiden Stuben oder auf der begehrten Terrasse mit Blick auf die Sextner Dolomiten. Stefan hat von seinen Eltern einen sechsten Sinn dafür geerbt, wie man die besten Grundprodukte einer rauen, aber freigebigen Gegend aufspürt; neben Gemüse aus dem eigenen Garten und selbst geräuchertem Speck wählt er Fleisch, Pilze und Käse aus der Region achtsam aus und empfiehlt sorgfältig gemachte Traditionsgerichte. Nach klassischen Wurst- und Käsetellern als Vorspeise können Sie sich für **Bandnudeln mit Pilzen** oder Reh, für Teigsäckchen mit Pfifferlingen und Ricotta (9 €), für **Schlutzkrapfen** und – natürlich – für verschiedene schmackhafte Knödelvarianten entscheiden. Fleischliebhaber finden eine große Auswahl vor, z. B. typischen **Zwiebelrostbraten** (16 €), **Hirschfilet mit Steinpilzen** oder appetitlichen **Kalbskopf mit Zwiebel**. Besonders köstlich aus dem Repertoire der Tiroler Süßspeisenküche sind der Kaiserschmarren mit Preiselbeeren und die gebackenen Apfelküchlein mit Vanillesauce (6 €). Eine kleine, aber klug zusammengestellte Auswahl an guten Südtiroler Flaschenweinen rundet das Angebot ab. Wer hier übernachten möchte, kann dies in einfachen, gemütlichen Zimmern tun.

Die Fleischerei Villgrater in der Dolomitenstraße 21 bietet das Beste der Pustertaler Wurstmacherkunst und edle Tranchen von Rindfleisch aus regionaler Haltung.

Ried – Novale di Sotto

70 KM NÖRDL. VON BOZEN, 4 KM V. AUSFAHRT A 22

Schaurhof

Gasthof
Ried 20
Tel. (+39) 04 72 / 76 53 66
Ruhetag: Dienstag, außer im Juli und August
Ferien: je 2 Wochen im Frühling und im November
45 Plätze + 30 Plätze im Freien
Preise: 30 €
Kreditkarten: CS, DC, MC, Visa
Mittags und abends geöffnet

An der Brenner-Bundesstraße in Richtung Österreich liegt kurz hinter Sterzing, ein paar Kilometer von der Talstation der Rosskopfbahn entfernt, der Ort Ried. Hier raten wir zur Einkehr in den historischen Schaurhof, der sommers wie winters ein idealer Ausgangspunkt für Aktivitäten im Freien ist. Das Restaurant verfügt über drei Gasträume (zwei urige, in Holz gehaltene Tiroler Stuben und einen Saal mit Gewölbe), in denen Georg Steurer Neuinterpretationen der typischen hiesigen Küche unter Verwendung von frischen lokalen Produkten empfiehlt. Beginnen können Sie mit allerlei Aufschnitt von Speck, Schinken, geräucherter Wurst und einheimischem Käse (10,90 €). Alternativ dazu können Sie Kartoffelküchlein mit Sauerkraut, gepökeltem Fleisch und Senf genießen oder sich an einer **Käsepressknödelsuppe** (6 €) wärmen. Daraufhin könnten Ihnen die mit Quark und Spinat gefüllten Teigtäschchen in brauner Butter oder die Spinat- bzw. Käseknödel munden. Von den Hauptspeisen erwähnt seien das klassische **Rindfleisch-Kartoffel-Gröstel** (13,90 €) mit vorzüglichem Krautsalat, der **Lammbraten mit Polenta**, die Kalbswange mit Selleriepüree und Broccoli, der Schweinebraten mit Kümmel-Bier-Sauce, Kroketten und Gemüse. Probieren Sie als Nachtisch zu einem Glas vom fantastischen Rosenmuskateller den **Apfelstrudel** (3,80 €), das Vanilleeis mit heißen Himbeeren, die Linzer Torte mit Preiselbeeren oder die Crème brulée mit Kaffee; Naschkatzen können einen gemischten Teller mit Kostproben von fast allen Desserts bestellen.

In **Sterzing** (4 km) bietet die Bäckerei Walcher, Weg in die Vill 2, täglich typische Südtiroler Brotsorten. Fleisch und traditionelle Würste gibt es in der Fleischerei Frick (Untertorplatz 5).

TIROL – TIROLO (BZ)

36 KM NORDWESTLICH VON BOZEN, S.S. 38

Roberts Stube

NEU

Gasthof
Zenobergstraße 14
Tel. (+39) 338 / 805 59 56
Ruhetag: Sonntag
Ferien: 2 Wochen im Februar, 2 Wochen im Juli
35 Plätze + 20 Plätze im Freien
Preise: 30–35 €
Keine Kreditkarten
Mittags und abends geöffnet

Es gibt gewisse Gasthöfe, in denen der Genuss von auch nur ein, zwei Speisen die Anreise wert ist: Roberts Stube zählt zu diesen. Robert Steiner ist nicht nur ein prinzipientreuer Kenner und Bezieher von erstklassigen Grundprodukten und Slow-Food-Presidi, sondern hat auch ein großartiges Gespür, kocht mit leichter und dennoch beherzter Hand. Seine wohl köstlichste Kreation ist das mit dem Messer gehackte Tatar vom piemontesischen Rind (10 €). Weitere beglückende Gerichte aus seiner Küche sind die Bresaola vom Hirsch mit marinierten Pfifferlingen und der Carpaccio von leicht geräuchertem Rindfleisch der Grauviehrasse mit mariniertem rohem Spargel (10 €). Eine schöne Verbindung von Tradition und Zeitgeist stellen die **Spätzle aus Ur-Paarl-Brot** (Slow-Food-Presidio) **mit Dörrfleisch vom Grauvieh und Jungzwiebeln** (10 €) dar. Probat sind überdies die Polenta-Gnocchi aus Storo-Mais mit Hirschragout. Von den Hauptspeisen nicht vorenthalten möchten wir Ihnen die **Kalbswangen mit Lagrein-Sauce, Selleriepüree und Gemüse**, die Bocconcini vom Kaninchen aus Carmagnola in einer Sauce auf Basis von traditionellem Balsamicoessig aus Modena mit Rosmarinpolenta, den **gegrillten Gebirgswassersaibling aus Preore mit Zitronen-Ingwer-Sauce** und Gemüse. Verführerisch von den Süßspeisen sind das Topfentörtchen mit marinierten Erdbeeren und mexikanischer Vanille und die ungemein köstliche Crème brulée von grünen Zitronen (5 €). Darüber hinaus können Sie sich für ein drei- oder viergängiges Degustationsmenü nach Wahl für 33 € bzw. 39 € ohne Getränke entscheiden. Die wunderbare Weinkarte empfiehlt Südtiroler Winzerprodukte, aber auch ausgewählte Etiketten aus ganz Italien.

TOBLACH – DOBBIACO (BZ)
Kandellen – Gandelle

100 KM NORDÖSTLICH VON BOZEN, S.S. 49

Seiterhof

Gasthof
Kandellen 7
Tel. (+39) 04 74 / 97 91 14
Ruhetag: Dienstag, außer in der Hochsaison
Ferien: 10.–31. Januar
30 Plätze + 20 Plätze im Freien
Preise: 30–35 €
Kreditkarten: CS, MC; BM
Mittags und abends geöffnet

Folgen Sie von Toblach den Wegweisern ins Silvestertal und achten Sie auf die zahlreichen Hinweisschilder zu einer gastronomischen Erfahrung, die Sie so schnell nicht vergessen werden. Reservieren Sie lange im Vorhinein, denn Einheimische und Gäste stehen hier Schlange, um in den Genuss des famosen Tatars vom Rinderfilet (18 €), das von der charmanten Sieglinde direkt bei Tisch zubereitet wird, oder des von Herbert Kamelger perfekt gegarten gemischten Grillfleisches (15 €) zu kommen. Das Fleisch ist dank der familieneigenen Viehzucht wahrscheinlich das Beste im ganzen Pustertal: Probieren Sie den saftigen **Kalbskopf mit Zwiebel** (8 €), die zarte **Kalbsleber mit Äpfeln**, das ungewöhnlich leichte **Herrengröstl** mit Zwiebeln und Kartoffeln. Liebhaber intensiverer Aromen werden hingegen von den Hirschmedaillons in Bordeauxsauce und den würzigen Lammkoteletts mit Rosmarin begeistert sein. Doch wäre es wirklich schade, den exzellenten **Käse**, die hausgemachten Bandnudeln mit kurz gebratenen Steinpilzen oder die dampfenden Suppen tirolerischer Prägung wie die **Terlaner Weinsuppe** (5 €) oder die **Ultner Bauernsuppe** auf Basis von Schwarzbrot, Speck und Zwiebeln außer Acht zu lassen. Waldbeeren und Äpfel veredeln Eiscremes, Küchlein (4,50 €) und Strudel. Das Dessert lässt sich mit einem der aromatischen Schnäpse begleiten, die in der facettenreichen Weinkarte angeführt sind. Wer nicht gleich wieder aufbrechen möchte, kann sich in einem der ruhigen Zimmer des Gasthofs einquartieren und wird allen Alltagsstress vergessen.

In der Zipfanger Straße 1 bäckt Bernhard Feichter köstliche Brotsorten aus steingemahlenem Mehl, die er mit Kräutern vom Hof seiner Familie auf 1.200 Metern Höhe veredelt.

ULTEN – ULTIMO (BZ)
Sankt Gertraud – Santa Gertrude

57 KM NORDWESTLICH VON BOZEN, S.S. 38

Falschauerhof

Gasthof-Bauernhof
Sankt Gertraud 14
Tel. (+39) 04 73 / 79 01 91,
(+39) 349 / 067 49 75
Ruhetag: Mittwoch, Donnerstag
Ferien: Januar
20 Plätze
Preise: 25 € (Tagesmenü)
Keine Kreditkarten
Mittags und abends geöffnet

Der Falschauerhof liegt ganz hinten im Ultental, auf 1.500 Metern Höhe, kurz vor der Ortschaft Sankt Gertraud, wo sich die berühmten Lärchen befinden, die über 2.200 Jahre alt sein sollen. Am Hof vorbei führt der schöne Ultner Höfeweg (zweieinhalb Stunden Gehzeit), der mit verhältnismäßig geringem Höhenunterschied durch das Tal von Kuppelwies bis nach Sankt Gertraud verläuft. Das Lokal besteht aus zwei behaglichen Stuben mit Holzvertäfelungen. Die in der Küche verwendeten Grundprodukte sind stets saisongerecht, das Gemüse kommt aus dem eigenen Garten, das Fleisch von einheimischen Zuchtbetrieben. Eine Speisekarte gibt es nicht, das vorgegebene Menü für 25 € ohne Wein wird im Zuge der (verpflichtenden) Reservierung erläutert. Die Rezepte sind jene der Tradition. Als kalte Vorspeise gibt es häufig vorzüglichen Speck und diverse hausgeräucherte Fleischspezialitäten (Interessierte können um eine Besichtigung der Räucherkammer bitten), begleitet von Krautsalat und typischem Südtiroler Schüttelbrot. Die warme Vorspeise kann je nach Saison aus unterschiedlich zubereiteten **Knödeln** bestehen: mit Speck, mit Käse, mit Spinat, mit Rüben. Es folgen **Braten vom Lamm**, Kalb, Rind, Schwein oder – in der entsprechenden Saison – vom Wild, jeweils mit sorgsam verfertigten Gemüsebeilagen serviert. Zum süßen Schluss lohnt es sich, die **Apfelküchlein**, die Erdbeerroulade oder die **Krapfen** zu probieren. Wirt Sepp kümmert sich auch um den Wein und empfiehlt interessante Etiketten aus der Region.

VÖLS AM SCHLERN –
FIÈ ALLO SCILIAR (BZ)
Prösler Ried – Novale di Presule

10 KM NORDÖSTLICH VON BOZEN

Alter Fausthof

Gasthof
Prösler Ried 6
Tel. (+39) 04 71 / 60 11 41,
(+39) 333 / 305 73 39
Kein Ruhetag
Ferien: unterschiedlich
30 Plätze + 15 Plätze im Freien
Preise: 32–35 € (Tagesmenü)
Keine Kreditkarten; BM
Abends gegen Vorbestellung geöffnet

Am Fuß des Schlern-Massivs, nur ein paar Kilometer von Völs entfernt, lädt der Ortsteil Prösler Ried dazu ein, Halt zu machen, das Panorama zu bewundern und die Gegend kennenzulernen, auch unter dem gastronomischen Aspekt. Dazu lässt man sich im Alten Fausthof nieder, wo der Tisch mit lokalen Produkten reich gedeckt ist. Eine Voraussetzung ist, dass man vorbestellt, da die Küche nur auf Anfrage öffnet. Das Menü wechselt je nach Saison, bietet Gerichte, die mit frischen, unverfälschten Zutaten gestaltet werden. Martha und ihr Mann Gerhard werden Sie in der schönen Stube oder, wenn es das Wetter erlaubt, auf der Terrasse willkommen heißen, wo Sie hübsch gedeckte Tische vorfinden, die mit frisch gepflückten Blumen dekoriert sind. Das mit verschiedenen Arten von Samen angereicherte Brot und die Grissini sind selbst gemacht. Die Mahlzeit beginnt vielversprechend mit Kostproben von Gartengemüsestrudel oder mit Graukäse, der mit Zwiebel, nativem Olivenöl extra, Essig und Kümmel angemacht ist. Es folgen Kürbissuppe mit Ziegenkäse oder Gerstensuppe, klassische **Speckknödel**, Rote-Bete-Knödel oder Buchweizenknödel, **Schlutzkrapfen** mit Ricotta-Spinat-Füllung und nativem Olivenöl extra. Im Zuge der Reservierung können Sie **Schweinehaxe** oder Kalbshaxe aus dem Ofen mit Gemüse, im Ofen gebratene Schweine- oder Lammrippchen, geschmorte Kalbsbäckchen mit Polenta und Gemüse oder auch, wenn die Grundzutaten gegeben sind, **Kalbsbraten** nach dem Rezept der Großmutter aus dem Holzofen mit Rosmarinkartoffeln bestellen. Als Nachtisch gibt es köstliche Apfel-Mohn-Torte, Krapfen mit hausgemachter Konfitüre, Strudel. Die Weine stammen ausnahmslos von Kellereien aus dem Umland.

Törggelen und einheimische Kost

Tausende Bauernhäuser machen das Landschaftsbild der Dolomiten unverwechselbar. Es handelt sich um Gehöfte, kleine landwirtschaftliche Betriebe, einsam gelegene Stätten, die sich zu einzigartigen bäuerlichen Gastwirtschaften entwickelt haben und nun einfache Gerichte mit Zutaten aus eigener Erzeugung anbieten.

In den als Buschenschenken ausgewiesenen Lokalen kann man gleich nach der Weinlese dem Törggelen frönen. Was bedeutet, dass man von einem Hof zum anderen wandert, Traubenmost und *Nuien* verkostet und dazu geröstete Esskastanien, Speck und andere hiesige Spezialitäten genießt.

BOZEN – BOLZANO (BZ)

Föhrner

Glaningerweg 19
Tel. (+39) 04 71 / 28 71 81
Donnerstag–Sonntag geöffnet (Mitte Januar–Ende Mai, Mitte September–20. Dezember)

Der uralte Hof bietet gute Gerichte (Knödel, saures Rindfleisch, Rippchen) sowie Marenden und ist im Herbst eine beliebte Törggelen-Station. Fruchtsäfte, Weine (Chardonnay, Lagrein, St. Magdalener) und Kuchen sind hausgemacht.

Steidlerhof

Obermagdalena 1
Tel. (+39) 04 71 / 97 31 95
Ruhetag: Montag–Mittwoch
Abends geöffnet (März–Juni, September–Dezember)

Dieser Hof bietet Wurstwaren, Kartoffelstrauben und *Muas* (Brei aus Milch und Mehl). Die Weine – *Nuier*, Vernatsch, Lagrein, Sauvignon – sind selbst gekeltert.

BRIXEN – BRESSANONE (BZ)

Gummererhof

Pinzagen 18 • Tel. (+39) 04 72 / 83 55 53
Mitte September–Weihnachten täglich ab 15 Uhr geöffnet

Auf diesem zwischen Kastanienhainen und Weinbergen gelegenen Hof werden ein Weißwein namens Blatterle und ein interessanter Schaumwein gekeltert. Der neue Wein im Herbst und die angebotene Kost stehen im Einklang mit dem ursprünglichen Flair des Hauses.

Huberhof

Elvas 3
Tel. (+39) 04 72 / 83 02 40
Ruhetag: Montag
Abends geöffnet, am Wochenende nur mittags (September–Anfang Dezember)

Auf diesem Hof aus dem 13. Jahrhundert bekommt man Bauernspeck, Kaminwurzen und Räucherfleisch, Schlutzkrapfen, Suppen und süße Köstlichkeiten. All dies lässt sich mit Kerner oder Zweigelt begleiten. Während der Törggelenzeit wird Traubenmost mit Esskastanien und Nüssen serviert.

EPPAN AN DER WEINSTRASSE – APPIANO SULLA STRADA DEL VINO (BZ)

Burgschenke Hocheppan

Hocheppaner Straße 17
Missian
Tel. (+39) 04 71 / 63 60 81
Mittags geöffnet (Ostern–Anfang November)

In der Burg aus dem 13. Jahrhundert werden feine süße Sachen (Torten und Strauben), pikante Imbisse (probieren Sie die Wurstspezialitäten und den Speck von Schweinen aus eigener Haltung) sowie ein paar regionaltypische warme Gerichte serviert.

Wieser

Perdonig 29
Tel. (+39) 04 71 / 66 23 76
Ruhetag: Mittwoch

Auf diesem Hof werden das ganze Jahr hindurch Wein und bäuerliche Kost angeboten. Man bekommt Speck und andere Fleischspezialitäten, Käse, Pfannkuchen mit Konfitüren, geröstete Esskastanien, Schweinefleisch. Großen Stellenwert hat der als *Suser* bezeichnete gärende Traubenmost.

KALTERN AN DER WEINSTRASSE – CALDARO SULLA STRADA DEL VINO (BZ)

Torgglkeller

Bichl 2
Tel. (+39) 04 71 / 96 34 21
Ruhetag: Sonntag
Geöffnet Ostern–Ende November

Der Hof ist seit 1871 im Besitz der Familie Atz. Hier bekommen Sie vorzügliche Knödel, aus Fässern gezapften Wein, klassische Wurstwaren und Käse, Schweinefleisch mit Sauerkraut. In der Hochsaison sollte man besser reservieren.

KASTELBELL – CASTELBELLO (BZ)
Niedermairhof
Trumsberg 4
Tel. (+39) 04 73 / 62 40 91
Ruhetag: Sonntag
Geöffnet April–Weihnachten

Auf dem Hof von Ernst Kaserer bekommen Sie Blutwurst, Hauswürste, Sauerkraut, Speck und Knödel, alles hausgemacht. Ein Hochgenuss ist die Butter, die zu den Esskastanien gereicht wird, und vorzüglich sind die in Fett gebackenen süßen Küchlein. Gute Weine und Schnäpse.

LAJEN – LAION (BZ)
Buchnerhof
Ried 144
Tel. (+39) 04 71 / 65 58 29
Ruhetag: Montag
Mitte September–Weihnachten mittags und abends geöffnet, Februar–April nur abends

Der Buchnerhof mit seiner historischen Stube aus dem 18. Jahrhundert hat sich dem Wein aus hohen Lagen verschrieben. Auch einige Speisen und Traubenmost werden angeboten. Der Weg hierher führt von Klausen bergan in Richtung Grödnertal.

NALS – NALLES (BZ)
Nalserbacherkeller
Prissianer Straße 1
Tel. (+39) 04 71 / 678 66 11
Ruhetag: Dienstag, Mittwoch; Oktober–Mitte November nur Mittwoch
Abends geöffnet (März–Juni, August–Mitte Dezember)

Dass die Familie Pallweber aus dem Nonstal stammt, spiegelt sich in der Speisekarte. Die beiden Brüder – der eine ist für die Küche zuständig, der andere für den Service – bieten nicht nur klassische Südtiroler Kost (Speck, Knödel, Sauerkraut, Suppen, Blutwurst und andere Würste), sondern auch Bresaola und Carne *salada* (typisches Trentiner Pökelfleisch, roh ebenso wie gebraten). Direktverkauf von Honig und Wein (Gewürztraminer und Vernatsch) aus eigener Erzeugung.

RITTEN – RENON (BZ)
Baumannhof
Signat 6
Tel. (+39) 04 71 / 36 52 06
Ruhetag: Montag
Ferien: Mitte Juli–Mitte August
Mittags und abends geöffnet

Seit 50 Jahren arbeitet Amalia, genannt Mali, auf diesem von Weinbergen umgebenen Hof an der Straße auf den Ritten. Die Grundprodukte sind aus eigener oder lokaler Erzeugung. Bei Mali kann man dem Törggelen frönen, aber auch Wildspinatnocken, Rote-Bete-Knödel, Bauernsuppe und allerlei Fleisch je nach Saison essen.

SCHENNA – SCENA (BZ)
Zmailerhof
Schennaberg 48
Tel. (+39) 04 73 / 94 58 81,
(+39) 331 / 291 88 76
Ruhetag: Freitag
März–November täglich geöffnet

Die Küche dieses Hofes bietet typische Bergbauernkost, etwa Knödel, Braten oder Eierspeisen. Wenn man sich mit Frau Thaler im Vorhinein abspricht, bereitet sie köstliche Menüs zu. Probieren Sie im Frühjahr den Löwenzahnsalat zu den Knödeln.

TERLAN – TERLANO (BZ)
Oberlegar
Möltner Straße 2
Tel. (+39) 04 71 / 67 81 26,
(+39) 334 / 318 95 20
Ruhetag: Dienstag
Mitte März–Ende Dezember abends geöffnet, Sonntag auch mittags

Familie Schwarz bietet schlichte Kost von bester Qualität. Zu feinen Tropfen wie Sauvignon, Vernatsch oder Lagrein gibt es selbst gebackenes Brot, Käse von benachbarten Bauernhöfen, Speck, Kaminwurzen, Gerstensuppe, Kürbisteigtaschen, Käsenocken, Ziegenkitz, herbstliche Schlachtplatte, im Winter Steckrüben.

VAHRN – VARNA (BZ)
Hubenbauer
Schattengasse 12
Tel. (+39) 04 72 / 83 00 51
Montag–Freitag abends geöffnet, Samstag und Sonntag mittags, im Sommer Freitagabend, Samstag und Sonntagmittag

In einem Gebäude aus dem 14. Jahrhundert bietet Familie Stolz edles Fleisch und feine Wurstwaren aus eigener Erzeugung, aber auch Gerstensuppe, Knödel, Schlutzkrapfen, Süßspeisen und hiesige Weine wie Zweigelt und Portugieser. Bemerkenswert ist zudem das obergärige Kellerbier.

Strasserhof

Neustift, Unterrain 8
Tel. (+39) 04 72 / 83 08 04
Ruhetag: Montag
September–Weihnachten geöffnet

Dieser alte Hof gehört zum Weinbaubetrieb von Hannes Baumgartner. Hier bekommen Sie Speck und Käse, Gerstensuppe, Schlutzkrapfen und Braten, gegen Vorbestellung außerdem *Erdäpfelblatteln* (gebackene Kartoffelteigküchlein) mit Sauerkraut, und an Süßem gibt es Esskastanienkuchen.

VILLANDERS – VILLANDRO (BZ)

Röckhof

Sankt Valentin 9
Tel. (+39) 04 72 / 84 71 30
Ruhetag: Montag
September–Ostern geöffnet

Villanders ist eine Berggemeinde oberhalb der Autobahnausfahrt Klausen-Grödnertal. Der Röckhof ist bekannt für seine Weißweine, die Knödel und Gröstl begleiten. Eine Reservierung ist unerlässlich.

Abseits der Osterien

BRUNECK – BRUNICO (BZ)

81 KM NORDÖSTLICH VON BOZEN, A 22 UND S.S. 49

Oberraut

Gasthof • Amaten 1
Tel. (+39) 04 74 / 55 99 77,
(+39) 348 / 229 06 15
Ruhetag: Donnerstag
Ferien: Ende Januar, Ende Juni, Ende September • 40 Plätze + 25 Plätze im Freien
Preise: 46 € • Kreditkarten: AE, CS, MC, Visa; BM • Mittags und abends geöffnet

Von Percha bergwärts fahrend trifft man auf eine kleine grüne Oase mit spektakulärem Blick ins Tal und ist damit auf dem Anwesen Oberraut angelangt, das aus Bauernhof, kleiner Pension und Restaurant besteht. Die Küche von Christof Feichter ist im Zeichen der Südtiroler Tradition konzipiert, hat jedoch einen originellen Touch. Gemüse und Rindfleisch stammen aus eigener Erzeugung, während Lamm, Käse und Wild im Umland eingekauft werden. Typische Wurstwaren dürfen unter den kalten Vorspeisen nicht fehlen, obwohl auch der feine Wildkräutersalat mit Speck und Ei ein gutes Entree abgibt. Fortsetzen lässt sich die Mahlzeit mit Brennnesselcremesuppe oder den mit Quark und Schnittlauch gefüllten Kartoffelteigtaschen (12,50 €). An Hauptspeisen gibt es Hirsch (von Mai bis Dezember), klassisches Rindergulasch mit Knödeln, Schweinefilet mit Senfkruste (18,50 €). Die Desserts sind Augenweide und Gaumenfreude zugleich: ein absolutes Muss die Knödel auf Erdbeersauce. Umfangreiche Weinkarte mit vielen Etiketten aus der Region.

VILLNÖSS – FUNES (BZ)

40 KM NORDÖSTLICH VON BOZEN, S.S. 12 OD. A 22

Pitzock

NEU

Restaurant • Pizack 30
Tel. (+39) 04 72 / 84 01 27, • (+39) 347 / 191 16 04
Ruhetag: Mittwoch, Donnerstagmittag, im August nur Mittwoch • Ferien: je 2 Wochen Ende Januar, Ende Juni und Ende Oktober
35 Plätze + 20 Plätze im Freien
Preise: 45–55 € • Kreditkarten: CS, MC, Visa; BM
Mittags und abends geöffnet

Das Restaurant mit gediegenem Flair bietet eine Küche von überraschendem Qualitätsniveau. Pulsierendes Herz des Hauses ist Oskar Messner, der auch im Slow-Food-Presidio Villnösser Brillenschaf aktiv ist. Dieses wiederum entdecken wir hier in Gerichten von außerordentlichem Wohlgeschmack: lauwarm servierter, leicht geräucherter Lammschinken, Lammwürstchen, Süppchen von Lamminnereien mit Kartoffelschaum (13 €), Lammkeule mit Vialone-Nano-Reis aus Grumolo delle Abbadesse und Petersiliensauce (21 €), Lammragout (das in Gläsern verkauft wird) zu superben hausgemachten Vollkorn-Dinkel-Gnocchi. Weitere Empfehlungen: Cappuccino von Stängelkohl mit Kartoffelschaum und Mandeln, Kürbis-Tortelli mit Pfifferlingsauce, Buchweizennudeln gefüllt mit Ahrntaler Graukäse (12,50 €). Als Dessert Zwetschgenknödel mit Zimteis oder Mohneiscreme mit Rhododendronhonig. Umsichtig gestaltete Weinkarte.

SANKT LEONHARD IN PASSEIER –
SAN LEONARDO IN PASSIRIA

35 KM NW. V. BOZEN, S.S. 44 BIS, RICHTUNG TIMMELSJOCH

Torgglerhof

Restaurant • Saltaus 19
Tel. (+39) 04 73 / 64 54 33
Ruhetag: Freitag
Ferien: 2. November–Ostern
30 Plätze + 40 Plätze im Freien
Preise: 33–38 €
Kreditkarten: CS, DC, MC, Visa; BM
Mittags und abends geöffnet

Im Grün der Apfelhaine entlang der Passer, unterhalb des imposanten Hirzer, entdecken wir das Apfelhotel mit seinem Restaurant. Dieses hat ein Faible für lokale Produkte (vor allem Äpfel, wie schon der Name verrät, die in vielen Rezepten präsent sind) und Slow-Food-Presidi, die mit Elementen der mediterranen Küche kombiniert werden. Der mehrfach ausgezeichnete Küchenchef Christian Pircher empfiehlt u. a. geräucherten Saibling zu Kartoffelsalat mit Sauerrahm, grünen Salat mit Senfdressing, Kartoffel-Petersilie-Gnocchi mit frischen Steinpilzen und Tomaten, Bärlauchravioli mit Spargel und Garnelen (12,60 €), Braten vom Passeirer Lamm mit Gemüse und Rosmarinkartoffeln. Wählen Sie abschließend den Schmarren mit Preiselbeeren (10,50 €) oder mit Äpfeln. In der Spargelsaison sollten Sie sich das entsprechende Themenmenü nicht entgehen lassen. Und für zu Hause können Sie schmackhaftes Apfelchutney einkaufen.

Mals im Vinschgau/
Malles Venosta
Meran/
Merano
Brixen/
Etsch/Adige
SÜDTIROL
St. Ulrich/
Ortisei
2758
PARCO NAZ.
Órtles
3905
Stélvio
Bozen/Bolzano
Bórmio
Adda
DELLO STÉLVIO
Moena
3343
1883
Tonale
Ponte
di Legno
Madonna
di Campíglio
A22
3150
Brenta
Édolo
3539
Adamello
TRENTINO
Tione
di Trento
Sarca
Trient
Óglio
Riva
d. Garda
Arco
Rovereto
Enego
Asiago
Solagna
Romano d'Ezzellino
Velo
d'Astico
Bassano
d. Grappa
Fara
Vicentino
Torrebelvicino
Salcedo
Marostica
Brenzone
Recoaro
Terme
Schio
Bregganze
S. Zeno
di Montagna
Brentino
Belluno
A31
Sandrigo
Valdagno
Cittadella
Selva
di Progno
Altissimo
Cornedo
Vicentino
S. Giorgio
in Bosco
Bréscia
Cavaion
Veronese
Fumane
Arzignano
Vicenza
Affi
Marano di Valpolicella
Gardasee
Negrar
Montecchia
di Crosara
A4
Desenzano
d. Garda
Lazise
S. Ambrogio
di Valpolicella
Arcugnano
Lavagno
Soave
Montegalda
Peschiera
d. Garda
A21
A4
Verona
S. Bonifacio
Grancona
Sommacampagna
Castiglione
d. Stiv.
Villafranca
di Verona
Teolo
Valeggio
sul Mincio
Ronco
all'Adige
Trevenzuolo
Isola
d. Scala
Baone
Sorga
Cerea
Legnago
Este
LOMBARDEI
Villa Bartolomea
Masi
Adige
Mantua
Lusia
Bergantino
Ostíglia
Badia
Polesine
Castelnovo
Bariano
Castelmassa
A22
Polesella
Po
Po
Guastalla
Mirándola
Sécchia
A1
A15
Parma
EMILIA-ROMAGNA

ÖSTERREICH
Innichen/
S. Candido
Comelico
Superiore
Gail
Cortina
d'Ampezzo
Lozzo
di Cadore
Pieve
di Cadore
Borca
di Cadore
Vodo
Cadore
Tarvisio
Tolmezzo
FRIAUL-
JULISCH VENETIEN
Bovec
SLOWENIEN
Canale
d'Agordo
Piave
PARCO NAZ.
D. DOLOMITI
Maniago
A23
Pieve
d'Alpago
Chies
d'Alpago
Belluno
Sedico
Limana
Udine
A27
Vittorio Veneto
Pordenone
Cison di
Valmarino
Tarzo
Follina
Codróipo
Farra di
Soligo
S. Pietro di Feletto
Refrontolo
A34
A28
A4
Sernaglia
Battaglia
Conegliano
Susegana
Cervignano
d. Friuli
Cornuda
Portogruaro
Monfalcone
Nervesa
d. Battaglia
Volpago
d. Montello
S. Michele
al Tagliamento
Aquileia
Piave
Treviso
Monastier
di Treviso
Noventa
di Piave
Grado
Lignano
Sabbiadoro
Quinto
di Treviso
S. Dona
di Piave
Casier
Meolo
Preganziol
Noale
Jesolo
Mestre
Lido di Jesolo
Cavallino-Treporti
Umag/Umago
Mira
VENEDIG
Camponogara
Saonara
Golf
von
Venedig
Chioggia
Sottomarina
Cona
Adria
Rosolina
ADRIA
Po
Porto Tolle
Mesola
Codigoro
0
15
30 km

VENETIEN

Venetiens Küche ist facetten- und traditionsreich. Jede Zutat hat eine Reise hinter sich, ist mit anderen Ingredienzen in Kontakt gekommen. Auch wenn man heute oft gar nicht mehr daran denkt: Das Wesen der venetischen Kulinarik liegt in der Begegnung mit anderen Kulturen. Verschiedene Sorten Mais für gelbe und weiße Polenta, Stockfisch aus dem hohen Norden, Gewürze, Reis, Federvieh: Alles wurde irgendwann von irgendwem ins Land gebracht.

Einige dieser „Importe" sind längst Wahrzeichen der regionalen Küche. Man denke nur an den getrockneten Kabeljau, besser bekannt als Baccalà, der heute von zahlreichen Bruderschaften achtsam gehütet wird, an die Pasta e fagioli oder die dicken spaghettiähnlichen Bigoli, die vorzugsweise all'anatra serviert werden. Andere hiesige Klassiker sind vielleicht weniger bekannt, aber umso stärker in der alltäglichen Esskultur verwurzelt. Dies gilt etwa für Kaninchen als Coniglio al forno oder als Zutat für Pastasaucen, für Ragouts aus Gänse- oder Entenfleisch, die ebenfalls mit Teigwaren kombiniert werden, für Täubchen als Grundbestandteil der *Sopa coada* oder für Hühnerrassen wie die Gallina padovana, die in Form von Hähnchensalat geschätzt wird.

Die venetische Küche zeugt aber auch von dem alten Brauch, nichts wegzuwerfen und bestrebt zu sein, alles haltbar zu machen. So wird die Zubereitungsweise *in saor* – ursprünglich eine ebenso einfache wie effektive Methode zur Haltbarmachung von Fisch auf langen Reisen – heute immer öfter auch für Gemüse verwendet. Und der Reis, der in der Region auf ehemals sumpfigen Böden wächst, wird mit dem kombiniert, was man gerade zur Hand hat: Fleisch- oder Fischreste, Gemüse, Wein.

Doch auch in Venetien ist zu bemerken, dass viel Althergebrachtes und viele Traditionen, die lange Zeit auf immer gleiche Weise nach den Ritualen des Kalenderjahres gelebt wurden, sich langsam verändern. Eine sanfte Brise, die passionierten jungen Gastronomen und Köchen zu verdanken ist, bringt Leichtigkeit in die Küche, ohne die Vergangenheit aus den Augen zu verlieren, und weist neue Wege: Wege zur Osteria von morgen.

Für Sie entdeckt

29 KM ÖSTLICH VON ROVIGO, S.S. 443

Alla Rosa

Trattoria
Ortsteil Possionanza
Strada Treponti, 8
Tel. (+39) 04 26 / 413 00
Ruhetag: Montag
Ferien: zweite Julihälfte
70 Plätze + 30 Plätze im Freien
Preise: 25 €
Kreditkarten: AE, CS, DC, MC, Visa; BM
Mittags und abends geöffnet

Genau so waren die Trattorien von einst: ein großes, unvermutet aus Mais- und Gemüsefeldern ragendes Haus, ringsum Ländlichkeit, so weit das Auge reicht. Lautlos bewegt sich Maria Romana Rigoni, seit mehr als 40 Jahren die gute Seele des Familienbetriebs, durch die schlichten Räumlichkeiten. Ihr zur Seite steht Andrea im Saal, der vor der Sommerhitze und an nasskalten Wintertagen Schutz bietet. Die Menüvorschläge sind von den Jahreszeiten geprägt, viele Zutaten stammen aus eigenem Gemüseanbau, von benachbarten Kleinviehzüchtern und Landwirten. Immer im Angebot sind verlockende Teller mit **Salumi und hausgemachter Giardiniera** sowie spezielle Omeletts (3 €) nach Rezepten, die an alte bäuerliche Bräuche erinnern: **Frittata *de la rogna*** (mit Salsiccia), Frittata mit Salumi oder mit Saisongemüse. Köstlich die **Risotti** (6,50 €) **mit Gemüse**, mit Geflügelleber und im Winter der Risotto del *massìn* („nach Art des Schweineschlächters"), nicht minder interessant die hausgemachten Teigwaren wie **Maltagliati col ragù di nòna** (Sauce mit lokaltypischer Salami), Tagliatelle mit verschiedenen Saucen, Kartoffelgnocchi. An Secondi gibt es *Cunin* (Kaninchen), Ente, ***Polastro de la medanda*** (Hähnchengericht, 9 €), dazu Gemüse der Saison. Von den hausgemachten Dolci (4 €) erwähnt seien die Zuppa inglese, die **Crostate** oder die Miàssa (Kuchen aus Maismehl, Kürbis und Melasse). Neben den Hausweinen sind ein paar Flaschenweine im Angebot, darunter interessante Tropfen aus autochthonen Reben, die auf den nahen Dämmen kultiviert werden.

„Wer das Polesine, seine Kultur und seine Traditionen kennenlernen möchte, wird in diesem Refugium der unverfälschten hiesigen Küche fündig."

22 KM ÖSTLICH VON ROVIGO

Scirocco

Trattoria
Via Voltascirocco, 3
Tel. (+39) 04 26 / 94 95 03
Ruhetag: Montag–Mittwoch
Ferien: Januar/Februar, Juni/Juli
40 Plätze
Preise: 28 €
Kreditkarten: CS, DC, MC, Visa; BM
Abends geöffnet, Samstag und Sonntag auch mittags

Ein schönes Gehöft aus dem 19. Jahrhundert mit noch gut erhaltenen typischen Details aus jener Zeit wie dem Fußboden, den offenen Kaminen und einigen Einrichtungsgegenständen machen dieses Lokal nicht nur zum Restaurant, sondern auch zu einer Locanda mit Gästezimmern und zu einem Museum mit Garten. Herzlich ist die Gastlichkeit von Andrea Vianna, einem der Inhaber, der es gemeinsam mit Koch Mirko Zanella verstanden hat, diese Räumlichkeiten mit viel Begeisterung zu beleben. Auch gelingt es den beiden vortrefflich, diese Begeisterung durch ihre Speisenempfehlungen zu vermitteln. Ein ebenso aufmerksamer wie freundlicher Service bei Tisch begleitet den Gast auf eine Reise in die hiesige Geschmackswelt vergangener Tage, die ihm mit der Passion von heute nähergebracht wird. Tonangebend in diesem Haus ist das Schwein mit seinem edlen Fleisch. Wir entdecken es als Vorspeise in Form von **Salumi tipici**, begleitet von Brot, das wie die Teigwaren hausgemacht ist, und von dem schmackhaften Fladen namens ***Pinza onta***. An Primi bietet die Küche **Bigoli con il ragù di anatra** (Pasta mit Entensauce, 7 €), **Risotto al radicchio**, Risotto mit Spargel oder anderem Gemüse, je nachdem, was die Natur im Jahresverlauf wachsen lässt. An Secondi gibt es ein paar Gerichte mit Geflügel und anderem Kleinvieh, etwa **Galletto** (8 €) oder **Coniglio**, doch als gefragteste Hauptspeise gelten die **Salsicce** (12 €) aus eigener Herstellung. Ebenfalls hausgemacht sind die Dolci (3 €). Die Weinkarte beinhaltet ein paar wenige Etiketten, der Hauswein aus lokalem Anbau ist eine gute Alternative.

ALTISSIMO (VI)

38 KM NORDWESTLICH VON VICENZA

Laita La Contrada del Gusto

Restaurant • Via Laita Righello, 3
Tel. (+39) 04 44 / 42 96 18
Ruhetag: Montag, Dienstag
Ferien: je 2 Wochen im Januar und September
80 Plätze • Preise: 27–35 €
Kreditkarten: AE, CS, DC, MC, Visa; BM
Mittags und abends geöffnet

Bereits die Fahrt über die schmale Straße hinunter ins Tal von Altissimo steigert die Vorfreude auf die Beschaulichkeit und Stille, in die dieses Restaurant eingebettet ist. Gekrönt wird das Wohlgefühl durch die charmante Gastlichkeit der Familie Bertinazzi. Die geglückte Wiederbelebung der Örtlichkeit, die durch Fotografien dokumentiert wird und von der der Hausherr gerne erzählt, zeigt sich auch in der Leidenschaft für das Gute und im unablässigen Streben nach Qualität. Neben der Möglichkeit, sich für ein immer sehr gepflegtes und der Saison entsprechendes Degustationsmenü zu entscheiden, kann man die Mahlzeit mit **Lumache** (Schnecken sind für die Gegend typisch) **und Polenta** (10 €) oder mit **Trota con il *pissacan*** (Forelle mit Löwenzahn, 10 €) eröffnen. An Primi aus hausgemachten Teigwaren gibt es **Gnocchi di fioretta con pancetta e asparagi** (Quarknocken mit Speck und Spargel, 8 €) oder Gnochi di ricotta mit Trüffel und Fenchel sowie köstliche **Pappardelle con ragù di colombino** (Bandnudeln mit Täubchenragout). Unter den Secondi entdecken wir **Faraona ripiena** (gefülltes Perlhuhn, 12 €), Kaninchen in Form von **Bocconcini di coniglio cotto nella birra** und wiederum Schnecken mit Polenta (15 €). Eine Auswahl an Käse aus der Gegend begleitet von hausgemachten Chutneys rundet den Genuss ab. Die feinen Dolci sind alle selbst gemacht, ebenso die exquisite Eiscreme, die in verschiedenen verführerischen Geschmacksrichtungen angeboten wird. Neben dem Restaurant führt die Familie eine Bruschetteria für weniger anspruchsvolle, jedoch stets den Standards des Restaurants entsprechende Mahlzeiten. Die Weinkarte lässt kaum Wünsche offen, zollt heimischen Erzeugern Respekt und bietet glasweise Bestellmöglichkeiten. Gute Biere aus kleinen Brauereien ergänzen das Getränkeangebot.

ARCUGNANO (VI)
Lapio

12 KM SÜDLICH VON VICENZA

Zamboni

Trattoria
Via Santa Croce, 73
Tel. (+39) 04 44 / 27 30 79,
(+39) 333 / 226 89 77
Ruhetag: Montag, Dienstag
Ferien: je 1 Woche im Januar und August
120 Plätze + 70 Plätze im Freien
Preise: 35 €
Kreditkarten: AE, CS, DC, MC, Visa; BM
Mittags und abends geöffnet

Schon 1969, als die Geschwister Zamboni in einem ehemaligen Schulgebäude des Dorfes ihre Tätigkeit als Gastronomen aufnahmen, wurde in der Trattoria nach Vicentiner Tradition mit saisonalen Zutaten gekocht. An dieser Achtsamkeit hat sich nichts geändert, und so ist das Zamboni heute eine zuverlässige Adresse im schönen Hügelland südlich von Vicenza. Seinen Wurzeln treu, feinfühlig und einfallsreich interpretiert Giuseppe traditionelle Gerichte, die man in einem stilvollen, behaglichen Ambiente probieren kann. An Antipasti empfiehlt er **Flan di broccolo fiolaro** (Slow-Food-Presidio) **mit Fonduta di Asiago** (10 €), Petto di quaglia (Wachtelbrust) auf heimischen Steinpilzen und Strudel mit Radicchio rosso aus Asigliano. Es folgen die Primi: fantastische **Bigoli con il baccalà** (10 €), Gnocchi con funghi barboni (die Kartoffeln für den Teig sind aus Pozzolo, bei den Pilzen handelt es sich um Ziegenfußporlinge), Maltagliati mit Trüffel aus den Colli Berici. An Secondi gibt es Fisch- und Fleischgerichte, u. a. Grillspezialitäten. Exzellent der **Hecht in Kräuterkruste** – Luccio in crosta di erbe – **nach Art der Valli di Fimon** (15 €). Lassen Sie noch Platz für Käse, für den das Lokal weithin bekannt ist: herausragend der Probierteller mit Asiago in verschiedenen Reifegraden. Als Dessert Rotweinbirnen mit Zimteis und Sorbets zum Löffeln (alle Dolci 6 €). Der Keller birgt Hunderte Etiketten mit Fokus auf lokalen und regionalen Erzeugern, einiges davon auch glasweise.

»*Bestärkt vom Erbe seines Vorgängers Severino Trentin setzt Giuseppe Zamboni dessen Ruhmestaten mit feinsinnigen Interpretationen der Vicentiner Traditionsküche fort. Eine gelungene Verbindung von Sensibilität und Intuition.*«

ASIAGO (VI)

58 KM NÖRDLICH VON VICENZA

Ca' Sorda Ai Pennar

Ferienbauernhof
Via Cassordar, 55
Tel. (+39) 04 24 / 640 31
Ferien: Mitte Juni–Mitte Juli, Oktober
80 Plätze
Preise: 20–22 € (mit Hauswein)
Kreditkarten: Visa; BM
Geöffnet Freitagabend, Samstag und Sonntag mittags und abends

Der mitten im beschaulichen Grün des Hochplateaus von Asiago gelegene Agriturismo gehört seit Anbeginn der Familie Rigoni. Schon auf den ersten Seiten der Menükarte wird auf die bäuerliche Herkunft verwiesen und betont, dass ein Gutteil der Grundprodukte aus eigener Erzeugung stammt und etwaige andere Zutaten von landwirtschaftlichen Betrieben bezogen werden, die das volle Vertrauen der Rigoni genießen. Besonders erfreulich für den Gast ist es festzustellen, wie sehr Signora Annamaria darin aufgeht, die in der Küche verwendeten Produkte zu erläutern und die Rezepte zu beschreiben. Man speist im Erdgeschoss, wo zwei Räume in warmem Holz gehalten sind, während im Stockwerk darüber ein paar Gästezimmer eingerichtet wurden; jedes von ihnen trägt den Namen einer der Kühe des Hofes, was den großen Respekt vor deren Rolle unterstreicht. Angesichts der üppigen Portionen wäre es ratsamer, den Aufschnitt zu Beginn wegzulassen, obgleich er erstklassig ist, und direkt zu den Primi (6 €) überzugehen: **Zuppa di porcini** (Steinpilzsuppe), Pasticcio nach Art des Hauses, Gemüsesuppen, **Maccheroncini al fumo** (mit geräuchertem Käse, Sahne und Speck), **Bigoli all'anatra** oder **con il *musso*** (Pasta mit Enten- bzw. Eselragout). Die Secondi sind hauptsächlich Fleischgerichte: **Gulasch mit Polenta** (bemerkenswert), **Coniglio al forno** (Kaninchen aus dem Ofen, 8 €), Tagliata di sorana (blättrig geschnittenes Steak vom Jungrind, 10 €), alternativ dazu gebratener Frischkäse (Tosella) von der Käserei Pennar. Gutes Angebot an hausgemachten Dolci. Die Weinauswahl beschränkt sich auf Erzeugnisse von landwirtschaftlichen Genossenschaften.

ASOLO (TV)
Pagnano

38 KM NORDWESTLICH VON TREVISO, S.S. 248

La Trave

Traditionelle Osteria
Via Bernardi, 15
Tel. (+39) 04 23 / 95 22 92
Ruhetag: Montag
Ferien: je 2 Wochen im Sommer und Winter
70 Plätze
Preise: 30–32 €
Kreditkarten: CS, DC, MC, Visa; BM
Mittags und abends geöffnet

Wer eine Reise durch die Provinz Treviso unternimmt, wird feststellen, dass die Hügellandschaft um Asolo zu den schönsten Flecken der Marca Trevigiana zählt, die nicht zu Unrecht „Marca gioiosa et amorosa" („die fröhliche und liebliche Mark") genannt wird. In Pagnano, einem Ortsteil von Asolo, entdecken wir die eingesessene Osteria La Trave. Im Eingangsbereich fallen der gusseiserne Sparherd, wie er in vergangenen Jahrhunderten in Wohnhäusern üblich war, und der klassische Schanktresen auf, der von einem imposanten Balken an der Decke überragt wird. Ebendiesem verdankt das als Familienbetrieb geführte Lokal seinen Namen. Liebenswürdig und diskret empfangen wird man von den Schwestern Franca und Veronica, die dafür sorgen, dass man sich sofort wohlfühlt. In der Küche interpretieren Guido und Paolo die unverfälschteste hiesige Tradition, aber auch klassische venetische Fischrezepte. Die beiden gestalten das Angebot im Wechsel der Jahreszeiten und sind auch dafür zuständig, Wildkräuter in den umliegenden Hügeln zu sammeln und den Garten zu bestellen, aus dem viele der von ihnen verwendeten Gemüsesorten stammen. Ein interessanter Appetizer ist der gedämpfte Spargel (Asparagi al vapore) mit Morlacco-Käse und Brennnesseln. Danach laden wir Sie ein, die klassische ***Sopa coada*** (9 €) oder den **Pasticcio di asparagi, bruscandoli e carletti** (8 €) zu probieren. Traditionell sind auch **Polenta e *scioss*** (Schnecken) und **Baccalà alla vicentina** (13 €). Als Nachtisch hausgemachte Kuchen und Dolci: herausragend die Coppa D'Annunzio, die in der Erdbeersaison zur Coppa Duse wird (die zwei illustren Persönlichkeiten, nach denen diese Desserts benannt sind, hatten einen besonderen Bezug zu Asolo). Die auf das Wesentliche beschränkte Weinkarte zollt lokalen Weingütern angemessenen Tribut.

BADIA POLESINE (RO)

25 KM WESTLICH VON ROVIGO

Osteria del Gallo

Osteria
Via Cigno, 25
Tel. (+39) 04 25 / 59 47 60
Ruhetag: Montag
Ferien: letzten 10 Juli-, ersten 10 Augusttage
40 Plätze + 15 Plätze im Freien
Preise: 28–33 €
Kreditkarten: CS, MC, Visa; BM
Mittags und abends geöffnet

Der Zufall wird Sie nicht in dieses Lokal in der Altstadt von Badia führen, doch lohnt es sich, das Gebäude aus dem 17. Jahrhundert aufzusuchen, dessen antike Ziegelgewölbe ein behagliches Flair schaffen. Werfen Sie am Eingang einen Blick auf die Regale des Ladens der Osteria: Was Sie dort sehen, können Sie nicht nur auf Ihrem Teller wiederfinden, sondern auch für zu Hause kaufen. Ilaria Canali und der junge, aber bereits sehr versierte Koch Alex werden Sie erobern: mit Freundlichkeit, gutem Preis-Leistungs-Verhältnis, ausgesuchten Grundprodukten und moderat zeitgemäß interpretierten Traditionsrezepten. Jeden Tag werden ein paar Flaschen für adäquate glasweise Weinbegleitungen aus dem Keller geholt, der aber noch viel mehr zu bieten hat. Man startet je nach Jahreszeit mit Rohschinken aus Montagnana (9 €) oder gemischten Salumi, **Gallina padovana con insalatina, uvetta e pinoli** (Hähnchensalat, 8 €), Sformato di erbe (Kräuterflan) mit Parmesan und Pancetta. Es folgen nicht nur traditionelle Primi: **Kartoffelgnocchi mit Morlacco-Füllung auf Artischockencreme** (10 €), **Bigoli all'anatra**, Caserecce mit Radicchio und Rotwein, aber auch gedämpfte Fiori di zucca mit Ricotta-Pistazien-Füllung. Bei den Secondi überwiegt Fleisch: **Tagliata di petto d'oca** (Gänsebrust, 14 €), **Girello di vitello in salsa di acciughe** (Kalbsbaten mit Sardellensauce), Filetti ai ferri (mit rosa Pfeffer oder Hopfenspargel). Das Finale: Biscotti di pasta mandorla zu einem Glas Moscato Passito aus den Colli Euganei, **Salame al cioccolato**, Zuppa inglese.

Premiata Pasticceria Sanremo (Via San Giovanni 48): Panettone und Pandoro, Kleinpatisserie, Salzgebäck, handgemachte Eiscreme, Torten sowie Frittelle mit Crema oder Zabaione.

BAONE (PD)

35 KM SÜDWESTLICH VON PADUA

Bar Venier

Trattoria
Piazza XXV Aprile, 26
Tel. (+39) 04 29 / 47 66
Ruhetag: Dienstag
Ferien: unterschiedlich
50 Plätze + 20 Plätze im Freien
Preise: 20–24 €
Kreditkarten: Visa; BM
Abends geöffnet

Im Zentrum des Dorfes Baone, das inmitten der Euganeischen Hügel liegt, beherbergt ein Gebäude aus dem 15. Jahrhundert eine Trattoria, die sich von außen nicht als solche zu erkennen gibt. Erst wenn man das Haus mit dem Schild „Bar Venier" betreten und den Eingangsbereich mit dem Tresen durchquert hat, wird einem klar, dass hier eine klassische italienische Bar und ein Speiselokal unter einem Dach vereint sind. Im Sommer kann man im Freien essen und sich an dem luftigen Ambiente der Pergola erfreuen. Antonio werkt in der Küche, Tochter Valentina bedient im Saal. Es sind schlichte, zuweilen auch ein wenig rustikale Gerichte in stets großzügigen Portionen, die das Wesen der euganeischen Küche mit zahlreichen Produkten aus dem für Landwirtschaft und Viehzucht bekannten Umland schön zur Geltung bringen. Auf einen Antipasto bestehend aus **hausgemachten Salumi und Gemüse** (5 €) folgen ein paar Primi: **Risotto con asparagi selvatici** (mit Wildspargel, 7 €) oder anderem Gemüse, handgemachte Bandnudeln, die im Frühling mit Erbsen aus lokalem Anbau und Gänsefleisch serviert werden (**Fettuccine con piselli di Baone e oca**, 6 €). Die Secondi sind hauptsächlich Fleischgerichte: Tagliata ai ferri, **Grigliata mista** (8 €), Ossocollo al forno, in der Spargelsaison Uova e asparagi. Immer im Angebot sind Gans (Oca) und Esel (Musso). Die Dolci – Mürbeteig- oder Biskuitkuchen (Torta margherita, 3 €) – sind hausgemacht. Obwohl die Gegend für edle Tropfen bekannt ist, erweist sich die Weinauswahl als überschaubar. Ehrlicher Hauswein.

BASSANO DEL GRAPPA (VI)

39 KM NORDÖSTLICH V. VICENZA, S.S. 53 U. S.S. 47

Al Cardellino

Osteria
Via Bellavitis, 17
Tel. (+39) 04 24 / 22 01 44
Ruhetag: Donnerstag
Ferien: zeitweise Ende Juli
50 Plätze
Preise: 25–35 €
Kreditkarten: AE, CS, DC, MC, Visa; BM
Mittags und abends geöffnet

Über 15 Jahre sind vergangen, seit Ettore mit der Unterstützung seiner Familie die visionäre Idee hatte, diese Osteria im Zentrum von Bassano wiederzubeleben, und damit einen Volltreffer landete. Ettores Konzept bestand und besteht darin, Gerichte der Vicentiner Tradition anzubieten, die er höchstpersönlich in seinem Reich, sprich in der Küche, zubereitet, während Ehefrau Patrizia und Sohn Dario den Speisesaal betreuen. Bei der Gestaltung des regelmäßig wechselnden Menüs wird besonderes Augenmerk auf Grundprodukte gelegt, die zum Großteil von lokalen Erzeugern stammen, mit denen Ettore schon lange gut bekannt ist. Unter den Antipasti immer präsent sind das Brettchen mit den Salumi (15 € für zwei Personen), die bemerkenswerten **Sardinen in *saor*** (5 €) und der **Morlacco-Käse mit Zwiebeln auf Polenta**. Unter den Primi finden wir immer einen **Risotto** (9,50 €) mit Gemüse der Saison oder frischen Pilzen vor, außerdem hausgemachte Pasta mit Entenragout – **Bigoli con il ragù di anatra** – oder mit würziger Salsa bassanese (9 €). Traditionsreiches ist auch unter den Secondi zu entdecken, mit **Baccalà alla vicentina**, **Fegato** oder **Seppie alla veneziana**. Probate Alternativen dazu sind Roastbeef, Coniglio, Tagliata oder Bollito misto, der aber nur in den Wintermonaten angeboten wird. Angesichts der generösen Portionen könnte man schweren Herzens gezwungen sein, auf die Nachspeise zu verzichten, obwohl es immer interessante Dolci gibt, von denen stellvertretend das Apfelküchlein – Tortino di mele – erwähnt sei. Die Weine stammen zum überwiegenden Teil aus der Region, doch sind auch ein paar bedeutende Marken aus Anbaugebieten außerhalb Venetiens vorrätig. Gepflegte Auswahl an Edelbränden.

BELLUNO

De Gusto Dolomiti

Moderne Osteria
Via Sagrogna, 35
Tel. (+39) 04 37 / 92 75 03
Ruhetag: Sonntagabend, Montag
Ferien: zeitweise Ende Juni
80 Plätze + 60 Plätze im Freien
Preise: 35 €
Kreditkarten: CS, DC, MC, Visa; BM
Mittags und abends geöffnet

Wir sind am südlichen Stadtrand von Belluno, am Fuße der Dolomiten und nicht weit von der Piave, in einem im 17. Jahrhundert als Sommerdomizil errichteten Haus, das unter Wahrung der typischen Merkmale eines Landsitzes restauriert wurde. Giovanni und Gianluca führen das Lokal seit 2005 und bieten eine von der Belluneser Tradition inspirierte Küche: lokale Produkte wie Fleisch und Wurstwaren, Gemüse aus dem eigenen Garten, ausgesuchte Käsesorten aus den nahen Bergen. Von den Antipasti sind das Tatar De Gusto (9 €) und der **Baccalà mantecato con crostini** (Stockfischcreme mit geröstetem Brot, 8 €) auf jeden Fall einen Versuch wert. An Primi gibt es **Tagliatelle con ragù di selvaggina** (mit Wildragout, 9 €) und den obligaten Risotto alle erbette spontanee (mit Wildkräutern), der mit schön gereiftem Hartkäse – Piave Stravecchio – verfeinert wird. Bei den Secondi angelangt, merkt man, wie intensiv sich die Inhaber mit der Suche nach qualitätvollem Fleisch befassen, etwa wenn man das kurz gebratene Hirschmedaillon (Medaglione di cervo scottato) probiert. Darüber hinaus sind als Hauptspeise klassischer ***Pastin*** (würziges Brät aus Rind- und Schweinefleisch), **Formaggio ai ferri** (gegrillter Käse, 13 €) und die Frischkäsespezialität ***Schiz* mit Polenta** (12 €) zu empfehlen. Ein paar Süßspeisen nach Art des Hauses und ein bemerkenswerter Keller, der mit mehr als 400 ausgesuchten Etiketten die gesamte italienische Weinwelt vom Norden bis in den Süden repräsentiert, runden das Angebot des Lokals ab.

BERGANTINO (RO)

58 KM WESTLICH VON ROVIGO, S.S. 434

Il Portico

NEU

Restaurant
Via Campo, 28
Tel. (+39) 04 25 / 80 51 87
Ruhetag: Montagabend
Ferien: erste Septemberwoche
60 Plätze + 60 Plätze im Freien
Preise: 30 €
Kreditkarten: CS, MC, Visa; BM
Mittags und abends geöffnet

Das obere Polesine – jener Teil der Provinz Rovigo am orografisch linken Ufer des majestätischen Po, der an die Provinz Mantua grenzt – zeichnet sich nicht gerade durch eine hohe Dichte an Gaststätten aus. Umso wohlwollender begrüßen wir daher dieses Lokal, das sich einen hervorragenden Ruf erarbeitet hat. Eigentlich kommt man aus zwei Gründen hierher: wegen des Tris di **tortelli caserecci** (drei Sorten hausgemachte Teigtäschchen, 10,50 €) und wegen der Spezialitäten vom Holzkohlengrill, sprich **Carne alla brace**. Mit seinen Nudelgerichten hat Marco Grossi, der Inhaber des Restaurants, das Vertrauen der Gäste und obendrein einen begehrten Preis bei einem regionalen Wettbewerb gewonnen. Was das Grillfleisch anbelangt, ist zu erwähnen, dass es sich nicht nur bei der Tagliata (13,50 €) um gut abgehangenes Fleisch handelt, das in hauseigenen Kammern reift. Marco teilt seine Leidenschaft für edles Rindfleisch gerne mit dem Gast und erklärt nicht ohne Stolz, dass er sich (und dem Polesine) mit seiner Bistecca fiorentina eine Spezialität aus der toskanischen Maremma zu eigen gemacht hat. Das Lokalinnere ist ruhig und sauber, in manchen Bereichen vielleicht ein wenig dunkel, was aber ein durchaus angenehmes Ambiente zum Schmausen ergibt. Abgesehen von den erwähnten Spezialitäten lohnt eine Kostprobe von einem der fünf **Risotti**, von denen stellvertretend die Varianten del Portico, all'Amarone und alla salsiccia erwähnt seien. Von den frischen Teigwaren überdies zu empfehlen sind die **Tortelli di zucca al pecorino fondente** mit Muskatnuss (8,50 €) sowie die **Fettuccine con sugo di coniglio** (Kaninchensauce). Die Desserts sind hausgemacht und dem kleinen Weinangebot lassen sich passende Speisenbegleitungen entnehmen.

BORCA DI CADORE (BL)

53 KM NÖRDLICH VON BELLUNO, S.S. 51

Cianzia

Restaurant
Via Cavour, 83
Tel. (+39) 04 35 / 48 21 19
Ruhetag: Montagabend, Dienstag (außer in der Hochsaison)
Ferien: zweite Junihälfte
60 Plätze + 20 Plätze im Freien
Preise: 30–32 €
Kreditkarten: CS, DC, MC, Visa; BM
Mittags und abends geöffnet

Die traditionelle Küche des Cadore steht im Mittelpunkt der Kulinarik dieses Hauses in der von den Bergen Pelmo und Antelao gerahmten Ortschaft Borca. Mit Daniela und Bruna, den Inhaberinnen, und ihren Mitarbeiterinnen Alice und Carmen wird das Cianzia von einem reinen Damenteam bespielt und zeichnet sich durch sorgfältig ausgesuchte Grundprodukte aus; das Meiste davon stammt aus den Tälern der Region, einiges kommt direkt aus dem Gemüsegarten, um den sich Bruna persönlich kümmert. Das Lokal ist zudem ein Partnerbetrieb der Kleinbrauerei von Sauris, deren Erzeugnisse man sowohl vom Fass als auch in Flaschen abgefüllt vorfindet. Und aus ebendiesem Ort im friulanischen Bergland kommt auch der Rohschinken, der in etlichen Empfehlungen präsent ist. Die Menüvorschläge folgen dem Rhythmus der Jahreszeiten. Verlässliche Empfehlungen im Winter sind **Cervo in salmì** (Hirschragout) oder **Manzo alla birra integrale**, während der Sommer die rechte Zeit für ***Frico*** (Omelett der friulanischen Tradition) oder frische Quinoa ist – ein Exkurs, den man als Zeichen der Verbundenheit zwischen den Bergvölkern der Alpen und jenen der Anden werten könnte. Zuweilen wird auch **Baccalà** in unterschiedlichen Zubereitungsweisen angeboten. Immer auf dem Speisezettel stehen die klassischen Primi des Cadore: **Canederli con le ortiche** (Brennnesselknödel), süße ***Casunziei* mit Rote-Bete-Füllung** und reichlich zerlassener Butter (10 €), ***Gnoche da dota con spersada*** (mit Kräutern angereicherte Teigwaren, serviert mit Käse und Butter, 9 €). Für den süßen Ausklang kann man zwischen klassischem **warmem Apfelstrudel**, Sorbets und Eisbechern wählen. Recht gute Weinkarte.

20 KM NÖRDL. V. VICENZA, 5 KM V. THIENE, S.S. 349

La Ciacola

Enoteca mit Ausschank und Küche
Via Marconi, 9
Tel. (+39) 04 45 / 30 00 01
Ruhetag: Montag
Ferien: unterschiedlich
40 Plätze
Preise: 25 €
Kreditkarten: AE, CS, MC, Visa; BM
Geöffnet 18–1 Uhr

Im Eingangsbereich empfängt uns klassisches Osteria-Flair am Schanktresen. Enrico, der mit Lorellas Hilfe in der Küche das Lokal seit rund zehn Jahren betreibt, hat seine ursprüngliche Idee, den Geist der Osterien von früher wiederzubeleben und einen Ort der Begegnung im Zeichen der Wein- und Esskultur zu bieten, großartig umgesetzt. All dies nicht einer nostalgischen Reise in die Vergangenheit wegen, sondern um jene Aromen, die den Norden der Provinz Vicenza berühmt gemacht haben, nicht in Vergessenheit geraten zu lassen und auch jungen Menschen nahezubringen. Bevor man in einer der kleinen Gaststuben Platz nimmt, sollte man einen Blick auf die Tafeln im Saal werfen, auf denen die Tagesempfehlungen und die glasweise ausgeschenkten Weine angeführt sind. Kurz nachdem man Platz genommen hat, wird aber ohnehin Enrico auftauchen und mündlich erläutern, was aus der Küche kommt: die warmen Speisen, die Salumi und die **Formaggi**, bei denen es sich zu einem Gutteil um Slow-Food-Presidi handelt. Im Repertoire der Primi (6,50 €) immer vertreten sind **Bigoli mori con le sarde** (Vollkornnudeln mit Sardinen), traditionelle **Gargati col consiero** (Pasta mit Taubenragout), Pappardelle con coniglio e olive und – vor allem in den kalten Monaten – diverse **Suppen**. Typisch für den Sommer ist hingegen das marinierte Hähnchen – **Pollo in *saor*** (8 €). Das schöne Angebot an Dolci für den Nachtisch ist so niveauvoll wie alles andere. Besonderes Lob gebührt der hochkarätigen Weinkarte, die ungefähr 400 Etiketten aus dem regionalen, nationalen und internationalen Panorama, häufig von kleineren Weingütern, zu absolut fairen Preisen präsentiert.

BREGANZE (VI)

20 KM NÖRDL. V. VICENZA, 5 KM V. THIENE, S.S. 349

La Cusineta

Traditionelle Osteria
Via Pieve, 19
Tel. (+39) 04 45 / 87 36 58
Ruhetag: Sonntagabend, Montag
Ferien: unterschiedlich, Anfang Juli
50 Plätze
Preise: 30–35 €
Kreditkarten: AE, CS, DC, MC, Visa; BM
Mittags und abends geöffnet

Traditionsbewusst gibt sich die Küche der Familie Scapin, die ihr Lokal seit mehr als 30 Jahren betreibt und uns mit Tochter Chetti einen familiären Empfang bereitet. Die Eltern, Terenzio und Marzia, widmen sich hingebungsvoll der Umsetzung klassischer Rezepte, ohne auf das eine oder andere Experiment zu verzichten. Stets jedoch sind sie darauf bedacht, die Aromen der Grundprodukte zur Geltung zu bringen und auf harmonische Weise zu kombinieren. An Antipasti können wir **Soppressa nostrana mit Polenta und hausgemachter Giardiniera** (6 €), **Sarde in *saor*** (6 €) oder saisonale Köstlichkeiten wie **Asparagi bianchi di Bassano** und Porcini fritti (gebackene Steinpilze) probieren. Hausgemachte Teigwaren bestimmen das Angebot an Primi, etwa **Bigoli alla breganzese**, mit Täubchenfleisch in eigenem Saft serviert, Fettuccine con salsiccia e porcini (Bandnudeln mit Wurst und Steinpilzen, 9 €) oder Tortelloni ripieni di coniglio e serviti con crema di piselli (Teigtäschchen mit Kaninchenfarce auf Erbsencreme, 9 €). Beim Hauptgang angelangt, überzeugen ***Torresan*** (40 Tage alte Täubchen) **vom Spieß mit Polenta *onta*** (16 €) und – als weitere lokale Spezialität – Stockfisch in den Spielarten **alla vicentina**, **mantecato** und **grigliato**, der als Tris di **baccalà** angeboten wird. Alternativ dazu gibt es mit Thymian gewürzte Lammkoteletts (Braciole d'agnello) oder andere Arten Fleisch vom Holzkohlengrill. Auch das Angebot an Fischgerichten kann sich durchaus sehen lassen. Abschließend lockt die Dessertkarte mit selbst gemachten Dolci, aus der wir Biscotti zu einem Gläschen Torcolato, Eisbecher und diverse Löffeldesserts wählen können. Lokale und regionale Terroirs sind im Weinangebot gut repräsentiert, das aber auch Etiketten aus anderen italienischen Weinbauzonen beinhaltet.

BRENTINO BELLUNO (VR)
Belluno Veronese

41 KM NORDWESTLICH VON VERONA, S.S. 12 ODER A 22

Al Ponte

Trattoria
Piazza Vittoria, 12
Tel. (+39) 045 / 723 01 09
Ruhetag: Dienstagabend, Mittwoch
Ferien: 3 Wochen im Juli/August
75 Plätze
Preise: 23–28 €
Kreditkarten: AE, CS, DC, MC, Visa; BM
Mittags und abends geöffnet

Seit über 50 Jahren interpretiert Familie Bridi die traditionelle Veroneser Küche mit ungebrochener Leidenschaft. Die Osteria befindet sich in Brentino Belluno, einem kleinen Dorf im Etschtal an der Grenze zur Provinz Trient. Vom Barbereich im Erdgeschoss, der ein beliebter Treffpunkt der Einheimischen ist, wird man von freundlichen Mitarbeitern über eine Treppe hinauf in einen gemütlichen Speisesaal mit schlichtem Interieur geleitet. Dort kann man zum Auftakt aus dem Kapitel Antipasti eine exzellente **Trota in carpione** (marinierte Forelle, 7 €) aus der Aquakultur am Rio Molini oder einige schmackhafte Salumi aus lokaler Erzeugung probieren. Die Primi (8 €) basieren auf hausgemachten Teigwaren und werden je nach Jahreszeit mit Kaninchen-, Enten- oder Perlhuhnragout oder auch mit Kräutern aus dem Hausgarten oder Spargel serviert. An Secondi gibt es Eselfleisch in Form von **Stracotto d'asino mit Polenta**, Kaninchen als Coniglio in umido oder Coniglio arrosto, **Carne salata ai ferri** (gepökeltes Fleisch vom Grill, 11 €), im Frühjahr Asparagi con le uova sode (Spargel mit hart gekochten Eiern, 12 €). Auch die Dolci sind hausgemacht, was für die diversen Eiscremes und den **Semifreddo con noci e miele** (Walnuss-Honig-Parfait, 3 €) ebenso gilt wie für die Mürbeteigkuchen mit Früchten und den Apfelstrudel. Die Weinkarte empfiehlt eine interessante Selektion von Erzeugnissen aus lokalen Kellereien.

Der Panificio Zorzi in Brentino (Ortsteil Bra 1) bäckt seit 1960 die herrlich mürben, von Hand gefertigten Grissini Valdadige in den Varianten klassisch und aromatisiert.

BRENTINO BELLUNO (VR)
Belluno Veronese

41 KM NORDWESTLICH V. VERONA, S.S. 12 ODER A 22

Roeno

Osteria
Via Mama, 5
Tel. (+39) 045 / 723 01 10
Ruhetag: Montag
Ferien: Juni/Juli
80 Plätze + 30 Plätze im Freien
Preise: 22–25 €
Kreditkarten: CS, MC, Visa; BM
Mittags und abends geöffnet

Die Locanda Roeno liegt in einem Gebiet, das man als eine Art Mittelerde bezeichnen könnte, nämlich dort, wo Venetien und das Trentino aneinandergrenzen und sich der Gardasee erstreckt. Besser bekannt ist diese traditionsreiche Gegend als Terra dei Forti, Land der Burgen und Festungen. Es ist dies aber auch ein Land wiederentdeckter alter autochthoner Rebsorten wie Enantio oder Foja Tonda, die kräftige, nuancenreiche Weine ergeben. Das Roeno fungiert jedoch nicht nur als Restaurant mit Gästezimmern, sondern auch als Kellerei. Und tatsächlich werden hier erstklassige Weine gekeltert, die auch glasweise ausgeschenkt werden, sodass man zu den Speisen aus der Küche gleich mehrere der feinen Tropfen probieren kann. Apropos Küche: Die Rezepte des Hauses werden in der Familie Fugatti, die das Roeno seit Anbeginn führt, mündlich weitergegeben, nichts wird für die Nachwelt aufgezeichnet. Man beginnt mit **Salumi** aus der Region, die **mit Polenta** und süßsauer eingelegten Paprikaschoten serviert werden (6 €). Zu den Primi nach hiesiger Tradition zählen **Strangolapreti** und **Canederli** in verschiedensten Varianten. Je nach Saison kann es auch noch andere Primi geben, zum Beispiel Tortelli con gli asparagi (7 €). Von den Hauptspeisen erwähnt seien **Carne *salà*** (Pökelfleisch) **gebraten oder roh**, Stinco (Schweinehaxe), **Coniglio arrosto** (Kaninchenbraten) und **Capriolo** (Reh). Mitunter kommt man in den Genuss von weißem Spargel aus dem nahen Rivoli Veronese, zumeist in Kombination mit Eiern (Uova e asparagi). Hervorragende Auswahl an Beilagen, einfache hausgemachte Dolci.

BRENZONE (VR)
Castelletto

52 KM NORDWESTLICH VON VERONA

Alla Fassa

Restaurant
Via Nascimbeni, 13
Tel. (+39) 045 / 743 03 19
Ruhetag: Dienstag, außer im Sommer
Ferien: Mitte Dezember–Mitte Februar
80 Plätze + 80 Plätze im Freien
Preise: 35–40 €
Kreditkarten: AE, CS, DC, MC, Visa; BM
Mittags und abends geöffnet

Wer in diesem Restaurant einkehrt, das auch fünf geräumige Gästezimmer mit Seeblick und eigenem Garten bietet, kommt in den Genuss einer einzigartigen Lage an einem der schönsten Abschnitte am Ostufer des Gardasees. Das vor Kurzem mit Sorgfalt renovierte Lokal direkt am See verfügt über eine wunderschöne Terrasse. Im Mittelpunkt des kulinarischen Angebots steht Fisch aus dem See, immer fangfrisch und vortrefflich zubereitet. Tonino und seine Frau Donatella, die gemeinsam in der Küche agieren, führen das Alla Fassa seit mehr als 25 Jahren. Mittlerweile werden sie von ihren Töchtern Fabiana und Michela (mit Lebensgefährte Alex) unterstützt, die den Fortbestand des Hauses garantieren und sich ebenso freundlich wie professionell um den Gast kümmern. Die Bedienung ist aufmerksam und schnell, selbst im Sommer, wenn das Lokal fast immer voll ist. Das Menü wechselt täglich, je nachdem, was beim Fischhändler eingekauft wurde. Beginnen kann man mit **Luccio in salsa** (Hecht in Sauce, 9 €), Tortino di lavarello (Flan von der Renke) mit Kartoffeln und Oliven, Crudo di lago (roher Gardaseefisch) mit Trüffel vom Monte Baldo und mariniertem Gemüse. Unter den Primi sind vorzügliche **Carbonara di lago** (12 €) ebenso zu entdecken wie **Bigoli con sarde e broccoletti** (9 €), Gnocchetti aus Kartoffelteig mit Ragù di tinca (Schleie) oder Gnocchetti con i sapori dell'orto (mit Gartengemüse); alternativ dazu kann man sich für frische Tagliolini al tartufo entscheiden. Es folgen **Fritto di lago** (Fischfrittüre, 15 €), Filets von Lavarello (Renke) oder Pesce persico (Barsch), Spiedino di gamberi croccanti (Spießchen mit knusprig gebratenen Garnelen). Die Weinkarte erwähnen wir gerne: gepflegt, facettenreich und preislich korrekt, empfiehlt sie zahlreiche Erzeugnisse von noch unbekannten kleinen Winzern.

BRENZONE (VR)
Porto di Brenzone

52 KM NORDWESTLICH VON VERONA

Taverna del Capitano

Trattoria
Via Lungolago, 8
Tel. (+39) 045 / 742 01 01
Ruhetag: Dienstag
Ferien: 8. Dezember–Ostern
60 Plätze + 40 Plätze im Freien
Preise: 32–39 €
Kreditkarten: AE, CS, DC, MC, Visa; BM
Mittags und abends geöffnet

In dieses nette Lokal kehrt man gerne ein, bei jedem Wetter und zu jeder Jahreszeit. Denn der See, auf den man von der Taverne aus blickt, hat immer etwas Magisches an sich. Die großen Fensterfronten, der kleine Hafen nebenan und die Inneneinrichtung tragen dazu bei, dass man sich fast so wie in der Messe eines Schiffes auf großer Fahrt fühlt. Familie Brighenti hütet seit Jahren die Geheimnisse der hiesigen Küche, die vorwiegend auf Fisch aus dem See basiert. Das Personal im Speisesaal wird Ihnen zu jedem Gericht Herkunft, Zubereitung und passende Weinbegleitungen erläutern. Lassen Sie sich beraten, auch wenn unser Tipp für den Auftakt der Antipasto del Capitano (11 €) ist, denn er enthält Kostproben von all dem, was man auch einzeln bestellen kann: Sardinenfilets und **marinierte Sardinen**, **Coregone** (Renke), Hecht als **Luccio in salsa**, Trota salmonata (Lachsforelle), Polpettine di pesce (Fischklößchen). Danach werden neben **Zuppa di pesce** diverse Gerichte mit hausgemachten Teigwaren angeboten: **Spaghetti con le *aole*** (9 €), Maccheroncini con il pesce und **Tagliatelle al pesce persico** (mit Barsch, 9 €). Unter den Secondi ist ein genialer **Fritto misto** (15 €) zu entdecken, doch hat man auch die Möglichkeit, **Trota** (Forelle) oder **Coregone** (Renke) **ai ferri** oder **alla mugnaia** (gegrillt oder Müllerinart, 14,50 €) zu probieren. Die Tagesdesserts werden mündlich präsentiert. Gepflegte, umfassende Weinkarte.

In **Pai di Torri del Benaco** (5 km), Via Carducci 18, verkauft Raffaella Bertoni Pirlo Honig von den eigenen Bienenstöcken, unter anderem Millefiori von der Riviera Gardesana und Miele di castagno vom Monte Baldo.

CAMPODARSEGO (PD)
Sant'Andrea

15 km nördlich von Padua, S.S. 307

Da Nalin

Restaurant
Via Bassa Prima, 117
Tel. (+39) 049 / 556 41 77
Ruhetag: Dienstagabend, Mittwoch
Ferien: 10.–24. August
80 Plätze + 60 Plätze im Freien
Preise: 25–30 €
Kreditkarten: AE, CS, DC, MC, Visa; BM
Mittags und abends geöffnet
♿

Seit mehr als 100 Jahren wird diese Trattoria von ein und derselben Familie geführt und hat sich über die Jahre zu einer zuverlässigen Adresse entwickelt. Hier kann man Kutteln, Baccalà und Gegrilltes mit der absoluten Gewissheit genießen, dass man sich danach satt und zufrieden vom Tisch erheben wird. In der Küche zaubern Maria, Anna und Bernardina saisonale Gerichte (die Karte wechselt alle vier Monate) der Meeres- und der Festlandtradition. Im Saal ist es Nicola, der das Speisenangebot einschließlich der immer interessanten Tagesempfehlungen präsentiert und die jeweils passenden Weine aus einer nicht sehr langen, aber sowohl preislich als auch in puncto Vielfalt überzeugenden Liste vorschlägt. Für eine schnelle Mahlzeit ist man mit einer der harmonisch komponierten Salatkreationen (eine „Insalatona" kostet 9 €) gut beraten. Doch wenn Sie ein wenig mehr Zeit mitbringen, sollten Sie wissen, dass der Grillmeister des Lokals nur darauf wartet, das von Ihnen ausgesuchte Stück Fleisch auf den Punkt zu garen. Um sich die Wartezeit zu vertreiben, kann man die Antipasti (6 €) probieren und sich danach der mehrfach prämierten **Zuppa di verdure e trippa** (Gemüse-Kuttel-Suppe, 9 €), den mit Blattspinat und Burata gefüllten Ravioli (7 €) oder den **Gnocchi di patate al ragù** (8 €) zuwenden. An Secondi gibt es alternativ zum Grillfleisch klassischen **Baccalà alla vicentina** mit gegrillter Polenta (13 €), heimisches Kaninchen als Coniglio al forno oder Leber in der bekannten Spielart **Fegato alla veneziana mit Polenta** (12 €). Die Dolci sind hausgemacht. Unser Tipp: Probieren Sie das **Tiramisu** – hier im Originalrezept.

CAMPONOGARA (VE)

28 km südwestl. v. Venedig, 18 km östl. v. Padua

Al Fogher

Trattoria-Pizzeria
Via Arzerini, 48
Tel. (+39) 041 / 46 21 40
Ruhetag: Mittwochabend
Keine Ferien
100 Plätze
Preise: 30 €
Kreditkarten: CS, DC, MC, Visa; BM
Mittags und abends geöffnet, Samstagmittag gegen Vorbestellung
♿

Die Trattoria liegt auf dem Land, wenige Kilometer von der Riviera del Brenta entfernt. Wie der *Fogher* in der Mitte des Speisesaals vermittelt auch die Gastlichkeit, die Raffaele den Besuchern entgegenbringt, ein Gefühl von Wärme. Lassen Sie sich von ihm erzählen, was Annalisa und Samuele in der Küche zubereiten. Sowohl bei den venetischen Klassikern als auch bei den fantasievolleren Kreationen fällt die Geradlinigkeit auf, mit der hier gekocht wird und dank der jede einzelne Zutat schön herauszuschmecken ist. Die erste Geige spielt **Baccalà** in den drei Versionen **alla vicentina**, **mantecato** und **in umido mit Tomaten** (13 €). Hinzu kommen Baccalà in opera (geräucherter Stockfisch mit Pinienkernen und Taggiasca-Oliven), der wie die anderen Stockfischvariationen von Polenta aus Biancoperla-Mais (Slow-Food-Presidio) begleitet wird, und Baccalà alla birra artigianale (mit Bier aus einer Trevisaner Kleinbrauerei). An Antipasti gibt es neben einer reichhaltigen Selektion an Salumi (8 €) und Formaggi (4 bis 12 €, je nachdem, wie viele Sorten Sie bestellen) einen großartigen Baccalà mantecato al curry. Alternativ zu Baccalà haben Sie Tagliata di manzo mit Rosmarin und schwarzem Salz (14 €), Anatra ripiena, Kutteln in Form von **Trippa alla parmigiana**, ***Risi e bisi*** (Erbsenreis) und Gran fritto di mare (Fischfrittüre) zur Auswahl. Auch der **Risotto al baccalà**, die Zuppa di *roveja* al baccalà (7 €) und die Kartoffelgnocchi mit Curry und Speck aus Sauris (8 €) verdienen Beachtung. Perfekt gebackene und fein belegte Pizzen aus Teig, der lange ruhen darf, ergänzen die Auswahl. An Dolci gibt es hausgemachte Kekse und Kuchen (4 €), Semifreddi, Meringata und Profiteroles. Neben einem kleinen, aber feinen Weinsortiment aus dem nordostitalienischen Raum sind Kleinbrauereien mit ihren Produkten vertreten.

28 KM SÜDWESTL. V. VENEDIG, 18 KM ÖSTL. V. PADUA

Hosteria ai Mitraglieri

Moderne Osteria
Piazza Marconi, 28
Tel. (+39) 041 / 515 08 72
Ruhetag: Montag, im Sommer auch Sonntag
Ferien: 1 Woche im Januar, 2 Wochen im August
40 Plätze + 25 Plätze im Freien
Preise: 35–37 €
Kreditkarten: AE, CS, DC, MC, Visa; BM
Mittags und abends geöffnet

Ein erfolgreiches Team wechselt man nicht aus. Und so treffen wir in der Küche nach wie vor Monica an, die zusammen mit ihrer Großmutter Graziella hiesige Spezialitäten zubereitet, vor allem auf Basis von Fisch, der auf dem nahen Markt in Chioggia eingekauft wird. Im Speisesaal sind es Cristina und Federico, die das Menü kompetent vortragen. Angeboten wird hauptsächlich Meeresküche, Fleischgerichte gibt es nur auf Anfrage. Die Liste der Antipasti empfiehlt klassische **Sarde in *saor*** (13 €), Vorspeisenteller mit rohen Delikatessen, etwa Crudo di scampi e tonno, oder gekochten Meeresfrüchten wie **Lesso di piovra, latticini e cicale** (Oktopus, Tintenfischrogen und Heuschreckenkrebse, 15 €). Die Primi mit Fisch werden mit Gemüse aus dem Hausgarten oder von lokalen Erzeugern kombiniert: **Bigoli in salsa** (Pasta mit Sardellensauce, 13 €), **Gnocchi mit Carletti** (Leimkraut) oder Bruscandoli (Hopfensprossen), Scampi und Jakobsmuscheln, Paccheri con cozze e vongole (Nudeln mit Mies- und Venusmuscheln). Es folgen Klassiker der venetischen Tradition wie **Baccalà alla veneta**, obligate Frittura di mare (Fischfrittüre, 18 €), Tintenfisch in der originellen Version Tagliata di calamaro mit Jungradicchio, Crespella di baccalà mantecato ed erbette (Crêpe mit püriertem Stockfisch und feinen Kräutern). Zum Nachtisch gibt es hausgemachte Dolci wie Zuppa inglese, Tiramisu oder **Zaletti con zabaione**. Das Menü variiert sehr stark mit den Jahreszeiten und dem täglichen Einkauf, der wiederum vom Angebot auf dem Fischmarkt abhängt. Mittags kann man ein zweigängiges Tagesmenü zu festem Preis bestellen. Die Weinkarte ist nicht besonders umfangreich, nennt jedoch interessante Empfehlungen, auch glasweise.

45 KM NORDWESTLICH VON BELLUNO, S.S. 203

Alle Codole

Restaurant • Via XX Agosto, 27
Tel. (+39) 04 37 / 59 03 96
Ruhetag: Montag (außer im Juli, August, zu Weihnachten und Ostern)
Ferien: 3 Wochen Ende Juni/Anfang Juli, November
60 Plätze
Preise: 35–40 €
Kreditkarten: CS, MC, Visa; BM
Mittags und abends geöffnet

Gediegene Gastlichkeit ist seit je das Markenzeichen dieses Lokals, das in all seinen Facetten Behaglichkeit verströmt, angefangen von der warmen Holzvertäfelung im Speisesaal. Geführt wird es von einem Geschwistertrio: Oscar, der unsichtbare gute Geist, dessen Handschrift alles prägt, was aus der Küche kommt; Diego, der unermüdlich zwischen Weinkeller und Gastraum hin- und hereilt; und nicht zuletzt Lidia, die charmant und liebenswürdig den Gast umsorgt. Die Speisekarte hat zwei Kapitel: Das pompösere nennt sich „Alto Gusto", das zweite, unseren Vorstellungen eher entsprechende, trägt den Titel „Piatti della tradizione", anhand deren wir Ihnen das Lokal näher beschreiben möchten. Beginnen kann man mit **Carne *salada* mit Äpfeln, gehobeltem Grana und Balsamicoessig** (10 €) oder mit geräucherter Gänsebrust – Petto d'oca – auf Caponata. Köstlich von den klassischen Primi sind die Gnocchi di patate mit geräucherter Ricotta (8 €) und die **Zuppa di antico orzo delle vallate bellunesi** (Suppe aus einer alten heimischen Gerstensorte, Slow-Food-Presidio, 8 €). Bei den Secondi sind Hirschragout (**Cervo in salmì mit Polenta**, 15 €) oder Käse (Formaggi con mostarda d'uva e fichi, 12 €) eine gute Wahl. Es folgen exzellente hausgemachte Dolci, von denen wir traditionsgemäß den phänomenalen **Apfelstrudel** (5 €) empfehlen. Zudem gibt es spezielle Menüs, z. B. das mittags angebotene Menù della tradizione (20 €) oder das für Kinder (Menù per bambini, 12 €). Die opulente, sehr gepflegte und facettenreiche Weinkarte erweist Venetien Respekt, zeugt aber auch von einem Faible für Frankreich, vor allem das Burgund.

❞ *Eine Osteria, die sich entwickelt, wie es uns gefällt, dabei traditionsbewusst und bodenständig bleibt.* ❝

CASIER (TV)
Dosson

3 KM SÜDÖSTLICH VON TREVISO

Alla Pasina

Restaurant
Via Marie, 3
Tel. (+39) 04 22 / 38 21 12
Ruhetag: Sonntagabend, Montag
Ferien: 28. Dezember–2. Januar
150 Plätze + 50 Plätze im Freien
Preise: ✚ 36–38 €
Kreditkarten: MC, Visa; BM
Mittags und abends geöffnet, im August nur abends

La Pasina – so der Kosename der Frau des Küchenchefs Giancarlo Pasin – empfängt die Gäste in diesem großen, schönen Restaurant, das durch die Restaurierung eines alten venetischen Gehöfts entstanden ist, in dessen ehemaligem Getreidespeicher ein paar Gästezimmer eingerichtet wurden. Die Sprösslinge des Hauses im Service und der Vater am Herd sind spielend in der Lage, Hochzeiten und Bankette über die Bühne zu bringen, ohne die konsolidierte Qualität der Küche aus den Augen zu verlieren. Wir sind hier im Reich des Radicchio trevigiano, der in der entsprechenden Saison das Herzstück des kulinarischen Angebots bildet, welches im Frühling wiederum von Spargel dominiert wird. Generell steht aber Fleisch im Mittelpunkt, wenngleich auch einige interessante Fischgerichte zu entdecken sind. So kann man den Auftakt beispielsweise mit traditionellen Fisch-Antipasti wie **Baccalà**, ***Schie*** und **Sardinen in *saor*** gestalten oder sich an Cappesante e canestrelli (Jakobs- und Kammmuscheln, 10 €) erfreuen. An Primi gibt es je nach Saison **Tagliatelle ai carletti, bruscandoli e petto d'oca** (Bandnudeln mit Leimkraut, Hopfenspargel und Gänsebrust, 11 €), allerlei Risotti und Gerichte mit Teigwaren aus Gragnano. Bei den Secondi wechseln Fleisch – sehr gut die **Tagliata di manzo** – und Fisch ab mit dem Frühlingsklassiker **Uova e asparagi** (Spargel und Ei, 11 €) und der **Frittura di pesce e verdure** (15 €). Die Desserts sind alle hausgemacht, sorgfältig zubereitet und verlockend präsentiert, weshalb nur rein stellvertretend das köstliche Tiramisu erwähnt sei. Die Weinkarte, die sich teilweise international gibt, bietet eine breite Auswahl an Winzererzeugnissen aus dem nordostitalienischen Raum, von denen einige auch glasweise serviert werden.

CASTELFRANCO VENETO (TV)
Treville

28 KM WESTLICH VON TREVISO, S.S. 52

Pironetomosca

Moderne Osteria
Via Priuli, 17 C
Tel. (+39) 04 23 / 47 27 51
Ruhetag: Montag, Dienstag
Ferien: zweite Augusthälfte
60 Plätze + 30 Plätze im Freien
Preise: 29–32 €
Kreditkarten: AE, CS, DC, MC, Visa; BM
Mittags und abends geöffnet

Ein altes Sprichwort sagt: Freude an der Arbeit lässt das Werk trefflich geraten. Dass dies Moreno und seinem Sohn Fabio gelingt, merkt man schon an der Begeisterung, mit der Moreno die in der Karte angeführten Speisen beschreibt. Lassen Sie ihn weiterreden und er wird Ihnen von der unablässigen Suche nach guten Grundzutaten (einige Slow-Food-Presidi, viele Produkte von örtlichen Betrieben) ebenso berichten wie von der Akribie, mit der er und Fabio Gaumenfreuden im Einklang mit den Jahreszeiten kreieren. Nutzen Sie auch die immer überraschenden Themenabende und vertrauen Sie, falls Sie gewisse Lebensmittel nicht vertragen oder Vegetarisches bevorzugen, auf die Sensibilität der beiden. Unter den Antipasti (7 €) sind Moscardini auf Creme von weißen Bohnen, **Sformatino aus Biancoperla-Mais** (Slow-Food-Presidio), **Salame fresco scottato** und (schwarze) Polenta-Crostini mit **Baccalà mantecato** zu entdecken. Von den Primi (10 €) seien das Reisküchlein – Tortino di riso venere – auf Kürbiscreme, die **Zuppa di radicchio mit Crostini** oder die Spaghetti (aus Hartweizen der Sorte Senatore Cappelli) alla carbonara di trota affumicata (mit Räucherforelle) erwähnt. Empfehlenswert als Hauptgang ist ein Klassiker des Hauses, nämlich die Rinderbrust aus dem Ofen (Petto di garronese al forno, 13 €), neben Filetto di maiale im Radicchio-Speck-Mantel oder mit Thymian und Prosecco geschmorten Rinderbäckchen (Guancette di manzo, 13 €). Das selbst gebackene Brot und die ebenfalls selbst gemachten Dolci sind es wert, probiert zu werden. Erstklassiges Weinrepertoire, darunter etliche naturbelassene Wweine.

»

Freude an der Arbeit, qualitätvolle Grundprodukte, große Kochkunst: ein perfekter Mix, ein Hochgenuss für den Gast.

«

CASTELMASSA (RO)

51 KM WESTLICH VON ROVIGO, S.S. 134

Basilico Rosso

NEU

Osteria
Via Matteotti, 15 A
Tel. (+39) 345 / 936 92 34
Ruhetag: Montag
Ferien: unterschiedlich
50 Plätze
Preise: 30 €
Kreditkarten: BM
Mittags und abends geöffnet

Das nördliche Polesine ist ein weites Land zwischen Etsch und Po, ein Land, das immer schon Grenzland war, zwischen den Provinzen Ferrara und Mantua, Verona und Padua. Mit Rezepten, die häufig von den benachbarten Gebieten entlehnt sind, ist die hiesige Küche Abbild eines Neben- und Miteinanders der Geschichte und der Traditionen. Stefania und Michele haben ihre *Hostaria* samt Verkaufsladen in einem in der Gegend ehemals sehr bekannten Restaurant eröffnet. Als Namensgeber und Tischdekor haben sie rotes Basilikum gewählt, eigentlich ein asiatisches Gewächs. Man verweilt sehr angenehm in dem unprätentiös gestalteten Ambiente und genießt Schlichtes in Osteria-Manier, jedoch zeitgemäß interpretiert. Zum Auftakt ein Brettchen mit Salumi (Prosciutto, Mortadella, Coppa, Soppressa und die Salamispezialität **Stortina Veronese**, Slow-Food-Presidio) oder **Formaggi**, dazu jeweils ***Pinzìn*** (typisches Fettgebäck, 8 €). Aus hausgemachtem Teig entstehen Nudelgerichte wie Garganelli mit Spargel und Speck (8 €), zuweilen **Bigoli al torchio** oder **Cappellacci**. Eine Novität ist der Hamburger vom Trentiner Pezzata-Rossa-Rind mit Bacon, Zwiebel, Zucchini und Asiago DOP (12 €) als Alternative zu Tagliata vom Fassona-Rind mit Gemüse (14 €) oder zu Paprikahähnchen – **Galletto indiavolato con peperoni**. Dem Trend der Zeit folgend wird auch Veganes und Vegetarisches angeboten und mit etwas Glück kommt man in den Genuss von **Baccalà** oder **Pesce gatto**. An Dolci (4 €) gibt es Salame al cioccolato und Sbrisolona. Das Weinprogramm: gut kombinierbare Weißweine aus dem Nordosten, woher mit Ausnahme von ein paar Lambrusco-Etiketten auch die Rotweine kommen, Schaumweine aus der Prosecco-Gegend und der Franciacorta, vieles auch glasweise. Biere aus Kleinbrauereien für Passionierte, ausgesuchte Grappas für den Digestif.

CASTELNOVO BARIANO (RO)
Vallona

52 KM W. V. ROVIGO, S.S. 16, S.S. 434 U. S.R. 482

Corte Vallona

Restaurant
Via Cavetto Nappi, 548
Tel. (+39) 04 25 / 876 56,
(+39) 340 / 346 78 51
Ruhetag: Montag, Dienstagmittag
Ferien: 2 Wochen im Juli/August
60 Plätze + 60 Plätze im Freien
Preise: 25–28 €
Kreditkarten: CS, MC, Visa; BM
Mittags und abends geöffnet

Was uns hier erwartet, ist eine Grenzlandküche mit Einflüssen aus den Provinzen Mantua, Ferrara und Verona. Signora Elvira Mantovani, die mit ihrem Sohn Michele gemeinsam kocht, bietet ein Menü, das auch einige Kuriosa beinhaltet. Denn dieses Lokal ist vielleicht das Einzige im gesamten Polesine, in dem man die Tigelle (heiße Brotfladen) extra serviert bekommt und selbst mit Wurstwaren aus der Region, Gemüsesauce oder Frischkäse füllen darf. Große Auswahl besteht bei den **Risotti**, die mit Carnaroli-Reis aus jenem Teil des Po-Deltas, das dem Polesine gegenüberliegt, zubereitet und **con la *salamela*** (mit Wurst, 7 €), mit Kürbis aus Melara, mit Trüffel oder Radicchio verfeinert werden. An hausgemachten Nudeln gibt es **Tagliatelle all'anatra** und **Tortelli di zucca** (7 €), Letztere auch in der Version mit Amaretti. Von den Secondi ist neben den Grillspezialitäten und Spießchen, für die das Lokal bekannt ist, die Schweinewurst namens **Musetto mit Polenta** zu empfehlen. Auch Fischgerichte stehen auf dem Speiseplan, insbesondere Süßwasserfisch (**Pesce gatto** und Anguilla), und sogar ***Batraci* fritti** (frittierte Frösche aus den Bewässerungsgräben des Umlandes, 10 €) sind vertreten. Die Dolci sind hausgemacht: Zur Auswahl hat man **Pazientina** (Mandelbiskuit mit Cremefüllung), Tiramizucca (Tiramisu, bei dem eine Kürbiscreme die Mascarpone-Eier-Masse ersetzt, 4 €), **Zuppa inglese** und **Zonclada**. Wein gibt es im offenen Ausschank und in Flaschen.

CAVAION VERONESE (VR)
Villa

30 KM NORDWESTL. VON VERONA, S.P. 1A OD. A 22

Villa

Trattoria
Strada Villa, 32
Tel. (+39) 045 / 723 54 26
Ruhetag: Montag
Ferien: unterschiedlich
100 Plätze + 80 Plätze im Freien
Preise: 25–28 €
Kreditkarten: CS, DC, MC, Visa; BM
Mittags und abends geöffnet

Im unmittelbaren Hinterland des Gardasees, zwischen Weinbergen und Olivenhainen, begrüßen die Mazzi-Schwestern ihre Gäste in einem gepflegten, luftigen Raum mit gut angeordneten Tischen und großen Fenstern, der sich hinter dem Eingangsbereich mit dem Bartresen befindet. Im Sommer kann man draußen sitzen und von der Veranda bukolische Ausblicke genießen. Das vom Personal im Speisesaal mündlich vorgetragene Menü umfasst warme und kalte Antipasti, von denen wir den traditionellen **Luccio in salsa mit Polenta** (8 €) und den gemischten Aufschnitt mit Wurstwaren aus eigener Erzeugung begleitet von süßsauer eingelegten Paprikaschoten hervorheben möchten. Als Primi gibt es hausgemachte Teigwaren mit saisonal unterschiedlichen Saucen: Lasagne al forno, Tagliatelle con i finferli (mit Pfifferlingen, 7,50 €), **Bigoli con le sarde** (dicke Spaghetti mit Sardinen, 8 €). Zu den Secondi, bei denen es sich zumeist um Fleischgerichte handelt, zählen Lamm aus dem Ofen (Agnello al forno) oder Lammrippchen (Agnello a scottadito, 10 €), aber auch **Baccalà mit Polenta** und Seppioline mit Erbsen. Die meisten Beilagen basieren auf aromatischen Gemüsesorten aus dem eigenen Garten und werden mit Olivenöl vom Gardasee verfeinert. Unter den Dolci sind hausgemachte Kuchen und die typischen Sanvigilini-Kekse zu entdecken. Die Weinkarte bietet eine interessante Selektion von Erzeugnissen lokaler Kellereien.

Lammfleisch, wie es die Trattoria Villa anbietet, bekommen Sie auf dem Schafbauernhof von Elio und Alessandro Pachera in der Strada Villa 25.

CAVALLINO-TREPORTI (VE)

58 KM ÖSTLICH VON VENEDIG, S.S. 14

Antica Trattoria Dal Pupi

NEU

Osteria
Via del Pra, 1
Tel. (+39) 041 / 530 19 89
Ruhetag: Montag
Ferien: Januar, Februar
40 Plätze + 40 Plätze im Freien
Preise: 30–35 €
Kreditkarten: AE, CS, MC, Visa; BM
Mittags und abends geöffnet

Abseits der Touristenpfade, an einem Lagunenkanal, der in den Ortsteil Lio Piccolo (ein beinahe menschenleeres altes Dorf) führt, entdecken wir dieses Lokal, in dem Frauen das Sagen haben: Lucia Zanella, die Besitzerin, und einige treue Mitarbeiterinnen, die sich zwischen Speisesaal und Küche bewegen. Die Osteria gibt es seit zehn Jahren, doch das Haus hat eine lange Familiengeschichte: Gegründet von Lucias Urgroßvater als Tabakladen, wurde es von ihrem Vater – Spitzname Pupi – in eine Bar-Osteria umfunktioniert, die sehr bekannt war, zum Essen aber nur Wurstwaren, allen voran Sopressa, anbot. Heute bietet die Küche ein paar wenige, aber gut zubereitete Speisen nach zwei Leitlinien: einerseits Frischfisch, unter anderem aus der venezianischen Lagune, andererseits Gemüse von den nahen Feldern um Cavallino. Dort und auf der nicht weit entfernten Insel Sant'Erasmo werden übrigens die berühmten Castraure (violette Jungartischocken, Slow-Food-Presidio) angebaut, aber auch *Zizole* (Jujuben), die die von Fischgründen und Salzwiesen geprägte Landschaft zieren. Erwähnenswert von den Antipasti sind die **Sarde in *saor*** (für die die Sardinen zunächst frittiert und dann in eine Essig-Zwiebel-Marinade gelegt werden) und die **Scampi in *savor*** (ebenfalls mariniert, aber ohne Essig). Fortfahren kann man mit **Risotto di *gò*** (mit Grasgrundeln), **Spaghetti con le vongole** oder Spaghetti con le *masenete* (weibliche Krebse während der Paarungszeit), die es leider nur Anfang Oktober gibt, **Frittura mista** (18 €) oder Frittura di pescetti di laguna, geschmortem Aal – Anguilla in umido – mit Polenta (15 €). Für den süßen Ausklang stehen Torta di carote e cioccolato und Tiramisu (4 €) bereit. Recht ordentliche Weinauswahl, auch glasweise Bestellmöglichkeiten, einige Biere aus Kleinbrauereien.

CHIES D'ALPAGO (BL)
San Martino d'Alpago

23 KM NORDÖSTLICH VON BELLUNO

San Martino

Trattoria
Via Don Ermolao Barattin, 23
Tel. (+39) 04 37 / 47 01 91,
(+39) 04 37 / 401 11
Ruhetag: Montag- und Dienstagabend, Mittwoch
Ferien: 2 Wochen im Januar
60 Plätze • Preise: 28–32 €
Kreditkarten: AE, CS, DC, MC, Visa; BM
Mittags und abends geöffnet

Ein reines Damenteam bespielt diese gemütliche Trattoria, die schon immer der Familie Barattin gehört hat. Heute ist der Betrieb den Frauen des Hauses anvertraut, die sich die Aufgaben engagiert und hingebungsvoll teilen. In der Küche regiert Gabriella, ihr zur Hand geht Nichte Giulia. Gemeinsam kreieren sie schmackhafte Gerichte mit originellem Touch, für die sie hauptsächlich Erzeugnisse aus dem familieneigenen Betrieb verwenden, von Gemüse bis hin zu Fleisch. Auf dem Hof werden Alpago-Schafe (das Agnello di Alpago ist ein Slow-Food-Presidio), Schweine, Kühe und Kleinvieh gehalten. Im Speisesaal beraten Norina und Alice zuvorkommend den Gast, die eine empfiehlt die Speisen, die andere die Weine. In einem schlichten, legeren Ambiente können Sie mit Antipasti (10 €) wie Frittata alle spugnole, **Crema di patate** oder Carpaccio di manzo beginnen. An Primi (10 €) erwarten Sie Gnocchi, Risotti und Tortelli mit saisonalen Zutaten (einen Versuch wert im Frühling ist der mit Burrata verfeinerte Kräuterrisotto – **Risotto con erbe novelle**). Bei den Secondi (15 €) haben Sie Gelegenheit nachzuvollziehen, warum Gabriella als Meisterin der Zubereitung des **Agnello di Alpago al forno** gilt. Doch auch die anderen Hauptspeisen, ob **Bracioline scottadito** oder Fegato alla veneziana, sind sehr gut. An Dolci (4 €) gibt es hausgemachte Früchtetartes und Löffeldesserts. Der Weinkeller ist ständig am Wachsen und hütet hauptsächlich Etiketten von venetischen Kleinproduzenten, wobei der Schwerpunkt auf strukturreichen Rot- und Weißweinen liegt.

In **Puos D'Alpago** (8 km), Via Cantore 38, verkauft der Verband Fardjma in Handarbeit gefertigte Decken, Pantoffeln und Kleidung aus der Wolle von Alpago-Schafen.

CHIOGGIA (VE)
Sottomarina

51 KM SÜDLICH VON VENEDIG, S.S. 309 ODER FÄHRE

All'Arena

Restaurant
Via Vespucci, 4
Tel. (+39) 041 / 554 42 65,
(+39) 328 / 918 02 20
Ruhetag: Montag, Dienstag
Ferien: je 1 Woche im Januar und September
35 Plätze
Preise: 35–40 €
Kreditkarten: AE, CS, DC, MC, Visa; BM
Mittags und abends geöffnet

Ein wenig versteckt in der Nähe der namengebenden Veranstaltungsarena befindet sich dieses von außen unauffällige Restaurant, dessen zwei Speisesäle auf mehreren Ebenen in maritimem Stil eingerichtet sind. Sitzt man dann bei Tisch, kommt man in den Genuss einer guten Küche, bei der sich alles um Fisch aus dem Meer vor der sprichwörtlichen Haustüre dreht. Das am Eingang angeschlagene Menü wechselt täglich, abhängig davon, wie viel und was die Fischer an Land gebracht haben. Der Großteil der Gerichte beruht auf typischen Rezepten aus der Lagune. Man tut immer gut daran, auf Diego zu hören, der den Service leitet und die nicht in der Karte stehenden Vorschläge verrät. Um den Appetit anzuregen, können Sie den gemischten Teller mit gekochten und rohen Fischhäppchen (Assaggi bolliti e crudi, 17 €) oder die **Cozze e vongole in brodetto** (sautierte Mies- und Venusmuscheln, 9 €) bestellen oder aber auch der venezianischen Tradition entsprechend die **Sarde in *saor*** probieren. An Primi gibt es Tagliolini mit Scampi und Gemüse (13 €), **Lasagna con ragù di pesce** (16 €), alternativ dazu **Gamberi di laguna** oder eine schmackhafte Suppe. Für den Hauptgang gut beraten ist man mit der Grigliata di mare (gemischter Fisch vom Grill, 20 €) oder einer feinen Frittura (allerlei Frittiertes aus dem Meer, 15 €). In der Saison bereichern ***Moeche*** (Lagunenkrebse während der Häutungszeit) und die für Chioggia typische Knurrhahnspezialität ***Luserna incovercià*** die Auswahl. Eine Selektion an venetischen Weinen, auch glasweise, begleitet die Speisen. Im Sommer und am Wochenende ist eine Reservierung ratsam.

CISON DI VALMARINO (TV)
Rolle

39 KM NORDWESTLICH VON TREVISO, 15 KM V. VITTORIO VENETO

Da Andreetta

Restaurant
Via Enotria, 7
Tel. (+39) 04 38 / 857 61
Ruhetag: Mittwoch (Juli und August nur mittags)
Ferien: erste Januarwoche
100 Plätze + 80 Plätze im Freien
Preise: 28–30 €
Kreditkarten: AE, CS, DC, MC, Visa; BM
Mittags und abends geöffnet

Nicht von ungefähr wird Rolle, der in den von Prosecco-Rebreihen schraffierten grünen Hügeln gelegene kleine Ortsteil von Cison di Valmarino, als eine von den Göttern gesandte Postkartenansicht bezeichnet. Außerdem war Rolle das erste italienische Dorf, das unter den Schutz des FAI (Fondo per l'Ambiente Italiano, eine gemeinnützige Stiftung für Denkmalpflege und Naturschutz) gestellt wurde. Inmitten all der Pracht werden Sie diese Osteria entdecken, in der Sie von Alberto mit einem sympathischen Lächeln empfangen und eingeladen werden, die schöne, herrlich luftige Panoramaterrasse zu genießen. Annamaria hingegen steht in der Küche, um die Kostbarkeiten der hiesigen gastronomischen Tradition zuzubereiten. Einfach und geradlinig in ihren Präsentationen sind der Ricotta-Erbsen-Flan (**Sformatino di ricotta all'erba cipollina e *bisi* di Borso**) und die Entenbrust auf Blattsalat (Misticanza con fragole e petto d'anatra alle erbe aromatiche, 8 €) zum Auftakt. Als bemerkenswerte Primi erweisen sich die Tortelli di fiori di sambuco e pepe rosa (Teigtäschchen mit Holunderblüten und rosa Pfeffer, 8 €) sowie der Erbsenreis (***Risi e bisi***, 9 €). Herausragend von den auf erlesenem Fleisch aus der Region basierenden Secondi sind das Ziegenkitz – **Capretto alle erbe aromatiche** – und das Rindertatar – Battuta di sorana – mit heißen Crostini (18 €). Albertos ganzer Stolz und größte Freude sind seine **Formaggi** (über 30 verschiedene Frisch-, Hart-, Weich- und Schimmelkäsesorten, vor allem regionaler Provenienz) und die Weinselektion. Für den Kenner gleichsam Pflicht ist folglich ein Besuch des Kellers, wo zahlreiche Flaschenweine aus dem In- und Ausland lagern, darunter Produkte von kleinen lokalen Erzeugern und eine Sammlung seltener Spitzenjahrgänge.

COMELICO SUPERIORE (BL)
Padola

73 KM NORDÖSTLICH VON BELLUNO, S.S. 52

Moiè

Ferienbauernhof
Via Valgrande, 54
Tel. (+39) 04 35 / 47 00 02
Ferien: je 3 Wochen im Juni und November
50 Plätze
Preise: 25 €
Kreditkarten: MC, Visa; BM
Mittags und abends gegen Vorbestellung geöffnet

Im Winter ist Comelico häufig mit viel Schnee gesegnet, weshalb das Projekt einer Skischaukel verfolgt wird, die das Comelico-Tal mit dem Hochpustertal (Weltnaturerbe) verbinden soll. Germano De Martin Topranin, der sich für alles begeistert, was mit Natur zu tun hat, hat vor ein paar Jahren begonnen, die Felder neben dem Agriturismo zu bestellen sowie Kühe und Schlittenhunde zu halten. Um diese kümmert er sich persönlich und organisiert im Winter Schlittenhundefahrten für die Gäste. Seine Frau Loretta ist für die Küche zuständig, aus der dampfende Polenta (aus Mais der Sorte Sponcio, ein Produkt der Arche des Geschmacks von Slow Food) als Beilage zu Gerichten kommt, die je nach Ernte im Gemüsegarten und Marktangebot variieren. Nichte Tiziana empfängt die Gäste mit einem Lächeln und erläutert mündlich die Tagesempfehlungen, die nicht in der Karte stehen. Als Antipasti (8 €) empfehlen wir lokale Salumi mit **Gerstensalat**, für den eine alte hiesige Sorte verwendet wird (**Antico orzo delle vallate bellunesi**, Slow-Food-Presidio), aus der Reihe Traditionsgerichte (8 €) die ***Casunziei*** und die **Zuppa d'orzo**. Es folgen **Capriolo mit Polenta** (10 €), ***Krestel*** (Rösti mit gemischtem Fleisch) oder geräuchertes Schweinefleisch – Braciola affumicata – mit Beilagen der Saison (4 €). Die Dolci (4 €) sind zumeist hausgemacht. Vergessen Sie nicht, nach einer Kostprobe von den Formaggi zu fragen (neu ist der Pannone), die in Kooperation mit der Käserei La Genzianella erzeugt werden. Kleine Auswahl an Weinen, die sich jedoch als würdige Speisenbegleiter erweisen.

Die genossenschaftliche Käserei La Genzianella, Adresse Largo Calvi 9, erzeugt aus der Milch lokaler Höfe feine Frisch- und Hartkäsesorten.

CONA (VE)
Conetta

51 km südwestlich von Venedig, S.S. 309

Al Portico

Trattoria
Via Leonardo da Vinci, 14
Tel. (+39) 04 26 / 50 91 78
Ruhetag: Mittwoch
Ferien: 3 Wochen im August
45 Plätze + 25 Plätze im Freien
Preise: 32–35 €
Kreditkarten: AE, CS, MC, Visa; BM
Mittags und abends geöffnet

Ein Ausflug in das ländliche Hinterland Venedigs lohnt sich allein wegen dieser Trattoria, die seit 100 Jahren besteht. Treibende Kraft des Betriebs ist der Familienverband bestehend aus Mamma Maria mit Sohn Giovanni in der Küche, Tochter Francesca im Speisesaal und *Paron* Tiziano, der über allem wacht, Gerichte und Grundprodukte erläutert. Die in der Karte am Eingang mit Preisen angeführten Speisen bietet die Essenz der Aromen und Düfte der Gemüsesorten und Fleischerzeugnisse des Umlands. Man beginnt mit den Antipasti (8 €): 36 Monate gereifter Prosciutto aus Langhirano, Carpaccio di manzo begleitet von Spätradicchio im Winter bzw. Spargel im Frühjahr, Artischocken als Carciofi saltati mit Burrata oder grüner Spargel in der Komposition **Asparagi verdi con uovo mimosa**. Bei den Primi (7 €) spannt sich der Bogen von **Risotto con i bruscandoli** (mit Sprossen von wildem Hopfen) oder con i piselli (mit Erbsen, 9 €) über **Pasta e fagioli** und **Gnocchi al ragù d'anatra** bis hin zu Tagliatelle mit Ragù di carne di cavallo (Pferdefleisch). Danach kann man zwischen Costata, Filetto und **Fiorentina** (15 €) wählen; all diese Rindfleischtranchen werden über der Glut von Steineichen- und Erdbeerbaumholz **gegrillt**. Es fehlt auch nicht an Kutteln (Trippe alla parmigiana oder Trippe in brodo, 10 €), an Spezzatino di manzo und Stockfisch in den Varianten **Baccalà in insalata**, **mantecato** und **alla vicentina**, der ohne Mehl und Milch zubereitet wird. Von Mai bis September ergänzen **Frösche** (als Risotto, Zuppetta di rane und Rane fritte) die Auswahl. Als Nachtisch zu empfehlen sind die leckere **Sfogliatina con crema e fragole** und die Crema di stracchino (6 €). Breit angelegte venetische Weinauswahl, auch glasweise, umfangreiche Selektion an prestigeträchtigen Etiketten aus dem In- und Ausland.

CONSELVE (PD)

30 km südlich von Padua

In Corte dal Capo

Trattoria
Via Padova, 38
Tel. (+39) 049 / 538 40 21
Ruhetag: Montagabend, Dienstag
Ferien: 1–6. Januar, ersten 3 Augustwochen
90 Plätze
Preise: 30–32 €
Kreditkarten: AE, CS, MC, Visa; BM
Mittags und abends geöffnet

Bewahrung und Förderung regionaltypischer Rezepte und lokaler Produkte. So lautet das Credo der seit einem Jahrhundert bestehenden Trattoria besonders seit 1999, als sie von Maurizio und Marina Ostellari übernommen wurde. Er ist für den Service bei Tisch und an der Bar sowie für den Einkauf zuständig, sie für die Küche. Bewahrung traditioneller Rezepte, aber auch Offenheit gegenüber anderen Regionalküchen des Belpaese sind stilbestimmend. Als ungemein köstlich erweist sich beispielsweise die Vollkornpasta (Ziti rigati integrali) mit geräucherter Pancetta, Pecorino und Peperoncino. Alles in allem trifft man hier auf eine achtsame, präzise und vor allem charakterstarke Küche. Knusprig und köstlich duftend die Crostini mit Lardo, der wie alle anderen eingangs servierten Wurstwaren von einem Fleischer des Vertrauens aus vor Ort großgezogenen Schweinen erzeugt wird. Hausgemachtes also, wie die Dolci, die Teigwaren, mitunter auch das Brot. Selbstverständlich fehlt es nicht an Traditionsgerichten wie **Pasta e fagioli** oder Fegato alla veneziana, **Spezzatino d'asino mit Polenta** oder **Bigoli in salsa**, **Baccalà alla vicentina** oder **Baccalà mantecato**. Wer sich für Letzteren begeistern kann, findet ein ganzes Menü zum Thema für 25 € vor. Auf lokale Produkte wie Prosciutto **crudo di Montagnana**, Pollo latte e miele oder **Oca in onto** (Slow-Food-Presidio) vom Betrieb Littamè wird in der Karte hingewiesen. Neben einer vegetarischen Speisenfolge und einem dreigängigen Fleischmenü (20 €) gibt es ein Mittagsmenü für 13 €, das einen Primo, ein Hauptgericht mit Beilage, Wasser und Kaffee umfasst (ein Viertel Wein 2 €). Die umsichtig gestaltete Weinkarte empfiehlt ausgesuchte Produkte aus den Colli Euganei und verweist mit explizitem Regionalbezug auch auf kleine Qualitätsweingüter.

CORNEDO VICENTINO (VI)

27 KM NORDWESTLICH VON VICENZA, S.P. 246

La Corte

Enoteca mit Ausschank und Küche
Via Volta, 2 B
Tel. (+39) 04 45 / 95 29 10
Ruhetag: Donnerstagabend, Sonntag
Ferien: 1 Woche im Januar, 10 Tage im August
40 Plätze
Preise: 28–32 €
Kreditkarten: AE, CS, DC, MC, Visa; BM
Mittags und abends geöffnet

Wer das La Corte betritt, hat das Gefühl, sich in einem typischen Gasthof für Reisende früherer Epochen zu befinden. Dass im Lokal einige alte Kutschen zu bewundern sind, verstärkt diesen Eindruck. Rustikal-familiär ist das Ambiente, das Enrico (Küche) und Marisa (Service) mit schmucken Holzregalen voller interessanter Flaschenweine und ausgesuchter Lebensmittel noch behaglicher gestaltet haben. So kann man während des Essens ganz bequem überlegen, welche Genusswaren man danach eventuell käuflich erwerben möchte. Nach den Antipasti – entweder ein klassischer Kostprobenteller mit allerlei Aufschnitt (9 €) oder **Prosciutto cotto d'oca** (Gänseschinken, 8 €) – entdecken wir unter den Primi hausgemachte Teigwaren wie **Gargati con verza e tastasale** (mit Wirsing und Wurstbrät, 8 €) oder Dinkelpasta mit Radicchio (8 €), aber auch Zuppa di verdure auf Basis von saisonalem Gemüse. Die Liste der Secondi empfiehlt Fleisch vom Bauernhof: Kaninchen als **Coniglio in sella** (11 €), diverse Tranchen vom Rind (Carne di manzo, 14 €) oder **Filetto di maialino** (Filet vom Jungschwein). Die Süßspeisen wechseln im Jahreszeitenkreis und je nach Erhältlichkeit von saisonalen Produkten. Gute Weinauswahl – immerhin sind wir in einer Enoteca – mit dem vollen venetischen Programm, aber auch Etiketten aus dem gesamtitalienischen und internationalen Panorama zu vernünftigen Preisen und mit der Möglichkeit, die eine oder andere Flasche für den Weingenuss zu Hause einzukaufen.

CORNUDA (TV)

28 KM NORDWESTLICH VON TREVISO, S.P. 102

Le Corderie

NEU

Restaurant
Via Canapificio, 1 A
Tel. (+39) 04 23 / 864 29
Ruhetag: Montag
Ferien: unterschiedlich
40 Plätze + 20 Plätze im Freien
Preise: 32–35 €
Kreditkarten: AE, CS, DC, MC, Visa; BM
Mittags und abends geöffnet

Gegenüber der Tipoteca Italiana di Cornuda, einem interessanten und in seiner Art seltenen Museum über die Geschichte des Druckwesens, das sich in einem modernen architektonischen Ambiente aus Stahl, Holz und Glas der Geschichte des Buchdrucks widmet, entdecken wir das Ristorante Le Corderie, dessen Name (dt. Seilerei) an die industrielle Bedeutung des Ortes um 1900 erinnert. 2014 sind Mauro Drago und Cristina Colle mit ihrem Betrieb hierher übersiedelt, nachdem sie rund 15 Jahre die Gastronomie am nahen Montello bereichert hatten. Mauro begrüßt die Gäste im Speisesaal, während Cristina in der Küche auf raffinierte Weise die Schlichtheit der venetischen Tradition interpretiert. Man spürt und schmeckt, wie sorgsam und saisonorientiert hier mit exzellenten Grundprodukten umgegangen wird, die häufig von kleinen lokalen Erzeugern und Slow-Food-Presidi bezogen werden, etwa Mais der Sorte Biancoperla, Reis aus Grumolo delle Abbadesse oder die Gänsefleischdelikatesse Oca in onto. Interessant das Geflügelleber-Entree (Terrina di fegatini e fegato d'oca mit Brioche, 10 €), nicht minder spannend die lauwarm servierte **Crema di fagioli mit Radicchio di Treviso** und knusprigem Speck (8 €). Aus der Reihe der Primi sind die ***Sopa coada*** (Taubenfleischspezialität, 8 €) oder die **Bigoli al torchio con ragù d'anatra** (Pasta mit Entenragout 8 €) erwägenswert. Unter den Secondi entdecken wir vorzügliches Agnello in crosta di erbe (Lamm in Kräuterkruste, 18 €) und Tagliata di sorana (Jungrind aus der Region) mit Fleur de Sel. Auch wer den vegetarischen Weg wählt, findet Genuss und Vielfalt vor. Für das angemessene Finale warten Tiramisu und Tartes mit hausgemachten Konfitüren (6 €). Mauros Neugierde in Sachen Wein offenbart sich in einer Karte mit Empfehlungen aus der landesweiten und regionalen Önologie.

CRESPANO DEL GRAPPA (TV)

43 KM NW. V. TREVISO, 11 KM V. BASSANO DEL GRAPPA

San Marco

Osteria
Piazza San Marco, 12
Tel. (+39) 04 23 / 53 92 17
Ruhetag: Montagabend, Dienstag
Ferien: dritte und vierte Januarwoche
25 Plätze
Preise: 25–28 €
Keine Kreditkarten
Mittags und abends geöffnet

Ein schlicht und heimelig eingerichteter kleiner Gastraum mit nur etwas mehr als 20 Plätzen bildet den Rahmen für die traditionelle Küche, die in dieser hübschen Osteria der Provinz Treviso geboten wird. Am Tresen werden nach typisch venetischem Brauch offen ausgeschenkte Weine und *Cicheti* (Appetithäppchen) serviert, während die Empfehlungen aus Küche und Keller auf zwei Tafeln angeschrieben sind. Die Karte wechselt sehr oft: Roberto wählt jeden Tag nur das Beste, das ihm der Markt bietet, und fabriziert daraus Speisen, die lokalen Gemüse- und Fleischlieferanten Ehre erweisen. Für den Service ist Tosca zuständig, die sich freut, die Wissbegierde ihrer Gäste zu befriedigen. Beginnen kann man mit Frittata di bruscandoli (Hopfenspargel-omelett, nur im Frühling), Polenta con le *schie* (Minigarnelen), **Nervetti con la cipolla** (Knorpelsalat mit Zwiebel, 6 €), einem köstlichen Soufflé di verdure oder **Crostoni con baccalà mantecato** (Stockfischmousse mit gerösteten Brotscheiben, 7 €). Fortsetzen lässt sich der Genuss mit Bigoli con salsiccia e piselli (Pasta mit Wurst und Erbsen, 8 €), **Tagliatelle ai porcini** (mit Steinpilzen), Tortelloni ai finferli (mit Pfifferlingen) oder auch mit Risotto con le ortiche (mit Brennnesseln). Das Angebot an Secondi umfasst Guancette di vitello (geschmorte Kalbsbäckchen), Coniglio al forno (Kaninchen aus dem Ofen), **Seppie in umido** (Tintenfisch in Sauce, 9 €) und – wenn es die Jagdsaison erlaubt – einige Gerichte zum Thema Wild. Einfache, aber gut gemachte Dolci wie Tiramisu, Semifreddo al torrone oder Torta San Marco mit Waldbeeren für den süßen Schluss. Die Weinkarte ist nicht sehr umfangreich, bietet jedoch gute Kombinationsmöglichkeiten.

ENEGO (VI)

81 KM NORDÖSTLICH VON VICENZA

Sette Teste

Restaurant
Piazza San Marco, 20
Tel. (+39) 04 24 / 49 01 12
Ruhetag: Mittwoch, Donnerstag (außer im Sommer)
Ferien: unterschiedlich
30 Plätze
Preise: 25–27 €
Kreditkarten: Visa; BM
Mittags und abends geöffnet

„Wenn ich keine guten Kutteln kriege, stehen auch keine Kutteln auf der Karte.“ Eine klare Aussage, die die Philosophie von Roberto, dem Patron dieses Hotelrestaurants am Rand des Hochplateaus von Asiago, auf den Punkt bringt. In dem kleinen Lokal ist Familie Meneghini vollzählig am Werk, um dem Gast beglückende Momente zu bescheren. Der erste davon ist sicherlich dann gegeben, wenn man die Empfehlungen erläutert bekommt: Es sind nicht viele, doch sind sie alle von einer Substanz, in der hochgradige Erfahrenheit in Verbindung mit Wertschätzung der heimatlichen Böden und der Jahreszeiten zum Ausdruck kommt. Was den Koch nicht daran hindert, mit erfrischender Zwanglosigkeit nach Herzenslust auch klassische Gerichte neu zu interpretieren. Und so gibt es **Gnocchi di ricotta mit Asparagi di monte** (Bergspargel) **und feinen Kräutern**, prächtige Knödel in Milchbrühe (**Canederli in brodo di latte**, 9 €), Spaghetti mit Guanciale di Cinta (Wangenspeck) oder **Pappardelle porcini, mezzano e burro di malga** (Nudeln mit Steinpilzen, Käse und Bergbutter, 12 €). Die Secondi garantieren Fleischgenuss pur. Dass Roberto der Sohn eines Fleischers ist, sieht man: Neben den erwähnten Kutteln (**Trippe**, 13 €) interessant sind Guanciale di scottona (Rinderbäckchen) mit Polenta aus Mais der Sorte Sponcio (15 €), **Filetto di cervo con ridotto di vino rosso** (Hirschfilet mit Rotweinreduktion) und eine grandiose **Sopressa**, die zwar nicht immer im Programm ist, aber eben auch nur dann angeboten wird, wenn die Qualität stimmt. Kleine, aber nicht uninteressante Auswahl an durchweg selbst gemachten Dolci. Als absolut angemessen erweist sich das Weinangebot (einige Flaschenweine werden auch glasweise ausgeschenkt), während das Edelbrandsortiment von bemerkenswerter Kenntnis in- und ausländischer Produkte zeugt.

FALCADE (BL)
Caviola

48 KM NORDWESTLICH VON BELLUNO

Tabià

Restaurant
Ortsteil Feder, 13
Tel. (+39) 04 37 / 59 04 34
Ruhetag: Dienstag, außer in der Hochsaison (Winter)
Keine Ferien
70 Plätze
Preise: 30 €
Kreditkarten: CS, MC; BM
Mittags und abends geöffnet

Stolz und Aufrichtigkeit zeichnen die Familie aus, die dieses Lokal leitet und sich dabei immer treu geblieben ist. Was so weit geht, dass nach wie vor das Degustationsmenü angeboten wird, mit dem hier vor 40 Jahren alles begonnen hat (es nennt sich „El prim menù" und kostet 30 €). Die Empfehlungen entsprechen den Traditionen der Berge, mit herzhaften Vorspeisen wie Salami, Speck, Carne salata und Bergkäse (10 €). Die Primi (8,50 €) sind großzügig bemessen und schmecken gleich noch besser, wenn man die jeweiligen Bezeichnungen im Dialekt hört oder liest (es gibt sogar ein in Reimen abgefasstes Menü namens *Piat de la nona*). Und so entdecken wir eine Art Roulade, den Rotolo (der je nach Saison mit Spinat, Kürbis, Radicchio oder Ricotta gefüllt wird), Teigtäschchen wie Fagottini alle erbette und Saccottini alle pere (mit Birnen), **Gnocchi di patate** und **Gnocchi di ricotta**, Canederli, Tagliatelle al capriolo und anderes mehr. Wer einmal über die Stränge schlagen will, kann es mit dem Teller versuchen, der gleich sechs verschiedene Primi beinhaltet (15 €). Das Kapitel Secondi präsentiert sich so, wie man es in dieser Gegend erwartet: **Polenta** (nach althergebrachter Manier zubereitet) **mit *Schiz*** (frischer Käsebruch, kurz gebraten) oder **mit *Pastim*** (Wurstbrät, 8 €) oder auch Capriolo in salmì (Rehragout, 13,50 €). Besonderes Lob gebührt dem Kotelett vom Hirsch mit Konfitüre (Braciolina di cervo con composta, 13,50 €). Für den süßen Genuss zum Schluss gibt es hausgemachte Kuchen und ein Sortiment von verschiedenen Käsesorten aus dem Agordino. Bescheidenes Weinangebot, auch glasweise. Fazit: Ein Ort zum Verlieben, an dem man bestimmt nicht verhungert!

FARA VICENTINO (VI)
Costalunga

25 KM NÖRDLICH VON VICENZA, S.S. 248

Costalunga

Ferienbauernhof
Via Costalunga, 10
Tel. (+39) 04 45 / 89 75 42,
(+39) 333 / 372 28 54
Ferien: 15. Juli–15. August
70 Plätze + 20 Plätze im Freien
Preise: 20–25 € (mit Hauswein)
Freitagabend, Samstag- und Sonntagmittag geöffnet, wochentags gegen Vorbestellung für Gruppen

Knapp außerhalb des Ortsgebiets von Fara Vicentino, inmitten der beschaulichen Hügellandschaft des Vicentiner Alpenvorlands, hat Familie Pavan vor mehr als zwei Jahrzehnten diese ihre kleine Welt geschaffen. Es handelt sich um einen Agriturismo im wahrsten Sinne des Wortes, ein Lokal, dessen Küche von den Produkten des landwirtschaftlichen Betriebs abhängt, der wiederum auch als Schaubauernhof fungiert. Einmachwaren, Konfitüren, Würste, Fleisch und Mehl sind aus eigener Erzeugung, bemerkenswert das im Holzofen des Hauses zweifach gebackene Brot. Herzlich und familiär empfangen wird man von Rosalina, die mit der Unterstützung ihres Mannes Claudio in der Küche die Leidenschaft, Beharrlichkeit und den Stolz auf all das vermittelt, was sie für die nächste Generation geschaffen hat, die denn auch bereits im Betrieb mithilft. Für den Auftakt gibt es eine Auswahl von Salumi – herausragend die traditionelle **Soppressa** – begleitet von in Essig und Öl eingelegtem Gemüse (3 €). Hausgemachte Teigwaren bestimmen die Primi (6 €): **Bigoli all'anatra**, Caserecce mit Zucchini und Pancetta, Gnocchi mit Lauch oder Kürbisblüten. Bei den Secondi spielt Fleisch von auf dem Hof großgezogenen Tieren die Hauptrolle: **Faraona** (Perlhuhn) oder **Piccione al forno** (gebratenes Täubchen, 12 €), Anatra brasata (geschmorte Ente), Gallina bollita (gekochtes Hühnchen, 8,50 €) oder **Cosciotto di agnello** (Lammkeule). Als Beilagen gibt es Gartengemüse und **Polenta** aus Maismehl, das in der eigenen Mühle gemahlen wird. Ebenfalls Rosalinas Werk sind die Dolci: klassischer **Macafame** (eine Art Brotpudding), Torta alla ricotta, diverse Mürbeteigkuchen. Ein paar Flaschenweine von lokalen Erzeugern sind immer lagernd, doch hauptsächlich wird offener Wein serviert.

FARRA DI SOLIGO (TV)
Col San Martino

32 KM NORDWESTLICH VON TREVISO, S.S. 13

Da Condo

Restaurant
Via Fontana, 134
Tel. (+39) 04 38 / 89 81 06
Ruhetag: Dienstagabend, Mittwoch
Ferien: Juli
80 Plätze + 30 Plätze im Freien
Preise: 25–28 €
Kreditkarten: AE, CS, DC, MC, Visa; BM
Mittags und abends geöffnet

Wir sind in den Hügeln zwischen Conegliano und Valdobbiadene, die dazu einladen, wunderschöne Landschaften zu genießen, wo Weinstöcke in Reih und Glied greifbares Zeichen der örtlichen Wirtschaft sind. Das altehrwürdige Gebäude beherbergt schon lange eine Locanda samt Restaurant. Benannt ist es nach Großvater Giocondo alias Condo, doch dass es heute als pulsierendes Herz der Gegend gilt, verdanken wir Giocondos Sohn Enrico und dessen Frau Beatrice. Bei Tisch erwartet uns ein von der Tradition vorgegebener Parcours, der sich in der warmen Jahreszeit anders gestaltet als im Winter, begleitet von einer recht guten Auswahl an offenen Weinen aus lokalem Anbau bzw. dem einen oder anderen für die Gegend repräsentativen Flaschenwein (auch glasweise). So geht neben dem Dauerbrenner **Salumi mit Gemüse in agrodolce** (6 €) die frische Salami mit Zwiebel – **Salame fresco con cipolla** – einmal mit Polenta, dann wieder mit Süßkartoffeln einher, bis schließlich die Kochwurst mit Püree und Meerrettich – **Musetto con purè e cren** – Einzug hält. Eine schlichte Polenta mit geräucherter Ricotta kündigt die Primi an, zu denen sich **Pasta e fagioli** (6 €), Tagliatelle alle erbe oder **Bigoli al ragù** (6 €) gesellen. Im Sommer fährt man fort mit leichten Fleischgerichten vom Grill oder aus der Pfanne – Hähnchen, Schwein, **Faraona con salsa peverada** (10 €) –, im Winter mit **Bollito**, Stinco di maiale al forno (Schweinehaxe, 10 €) oder Spezzatino. Am Wochenende kommt man zudem in den Genuss von Spiedo (Spieß) mit Polenta aus Biancoperla-Mais (Slow-Food-Presidio). Eine herausragende Stellung im Angebot an regionaltypischen Formaggi (5 €) nehmen jene der nicht weit entfernten Käserei Perenzin ein. Bei den Dolci (6 €) angelangt, raten wir zu Salame al cioccolato oder „Tiramisuper" mit Minilöffelbiskuits.

FUMANE (VR)

17 KM NORDWESTLICH VON VERONA

Enoteca della Valpolicella

Enoteca mit Ausschank und Küche
Via Osan, 45
Tel. (+39) 045 / 683 91 46
Ruhetag: Sonntagabend, Montag
Ferien: unterschiedlich
70 Plätze • Preise: 35 €
Kreditkarten: AE, CS, DC, MC, Visa; BM
Mittags und abends geöffnet

Das Land um Fumane ist fruchtbar. Hier gedeihen Oliven und Reben, die großartige Weine ergeben. Letzteren verleiht die Enoteca della Valpolicella mit einer saisongerechten Regionalküche Nachdruck, für die Wildkräuter, Fleisch vom Bauernhof und Erzeugnisse aus den zahlreichen Gemüsegärtnereien der Gegend Verwendung finden. In den zwei stilvoll schlichten Gasträumen herrscht entspannte Atmosphäre und erläutert freundliches Personal gewandt Speis und Trank. Die Teigwaren sind hausgemacht, das Fleisch wird von einigen lokalen Fleischereien bezogen. Das von Carlotta präsentierte Menü beginnt mit den Antipasti (7 €): Ricotta mit Apfel-Mostarda, Spargel mit Spiegelei, gefüllte Fiori di zucca, **Carré di manzo con fagioli *imbogoná*** (Rindfleisch mit geschmorten Bohnen). Es folgen Primi (12 €) wie **Tagliatelle con il ragù di cortile**, Kräuterravioli (mit Erba papaverina – junger Klatschmohn), Risotto al Recioto della Valpolicella. Unter den Secondi (15 €) immer vertreten sind **Stracotto all'Amarone mit Polenta**, Carré di agnello al forno mit Gartenkräutern, Gans und Ente in Form von **Coscio d'oca** bzw. **Petto d'anatra mit Honig-Recioto-Creme**. Als Nachtisch gibt es Eiscreme auf Basis von Ricotta aus den nahen Bergen und Grappa di Amarone, Millefoglie mit Äpfeln, Mandelgebäck zu einem Glas Dessertwein. Erstklassige Selektion an vorrangig lokalen Formaggi. Die Weinkarte ist, wie es sich an einem Ort wie diesem vermuten lässt, sehr breit gefächert, in Sachen Valpolicella lückenlos und zudem mit exzellenten Produkten aus anderen Anbaugegenden gut bestückt.

In **San Pietro in Cariano** (4 km) verkauft der Panificio Rossignati, Via San Francesco 6, am Dienstagmorgen frisch gebackenes Traubenbrot.

GRANCONA (VI)
Pederiva

24 KM SÜDWESTLICH VON VICENZA

Isetta

Trattoria
Via Pederiva, 96
Tel. (+39) 04 44 / 88 95 21
Ruhetag: Dienstag, Mittwoch
Ferien: unterschiedlich
70 Plätze + 30 Plätze im Freien
Preise: 35–39 €
Kreditkarten: AE, CS, MC, Visa; BM
Mittags und abends geöffnet

In der hügeligen Landschaft der Colli Berici entdecken wir im kühlen, grünen Val Liona wenige Autominuten außerhalb von Vicenza das anno 1950 von Isetta eröffnete Lokal. Die Gründerin war die Mutter des nunmehrigen Inhabers Galdino Gianesin, der den Ball mittlerweile weitergespielt hat an Isettas Enkeltöchter: Manuela im Service und Monica in der Küche. Herzlich der Empfang in einem ruhigen und sehr gepflegten Ambiente, wo der Grill immer angefacht ist und jedes Stück Fleisch – das Lokal ist berühmt für edle Tranchen – vor der Zubereitung dem Gast gezeigt wird. Unter den Antipasti entdeckt man Aromen aus alten Zeiten, etwa **Salame ai ferri con *rampunsoli scotà* con il lardo** (Grillwurst mit in Schmalz sautierten Rapunzeln, 14 €), **Baccalà mantecato** (10 €) oder **Sformatini di broccolo fiolaro di Creazzo** (Brokkoliflan, 13 €). Weiter geht es mit Primi wie Gnocchi al tartufo dei Berici (14 €), **Bigoli all'anitra** (Pasta mit Entensauce) oder **Gargati ai durelli** (Pasta mit Geflügelklein). Die Spezialität des Hauses ist allerlei Grandioses vom Holzkohlengrill: Fiorentina, Filetto di chianina, Koteletts. Köstlich aber auch der **Baccalà alla vicentina** (17 €) und interessant die bei niedriger Temperatur gebratene Coscia d'oca (Gänsekeule) oder der Hase (Lepre alla veneta, 15 €). Von den Dolci unwiderstehlich sind die hausgemachten Eiscremes in den Sorten Pistacchio (Pistazien aus Bronte) und Mandorla. Die Karte mit den Weinen (auch glasweise) ist wohlsortiert und beinhaltet gute Kombinationsmöglichkeiten zu allen Speisen.

»
Mit Schlichtheit und qualitätvollen Grundprodukten gepaarte Gastlichkeit machen diesen schönen Ort zu einem Kernstück der Vicentiner Tradition.
«

GRANCONA (VI)

23 KM SÜDWESTLICH VON VICENZA

Toni Cuco

Traditionelle Osteria
Via Arcisi, 12
Tel. (+39) 04 44 / 88 95 48
Ruhetag: Montag, Dienstag
Ferien: unterschiedlich
90 Plätze
Preise: 38–40 €
Kreditkarten: MC, Visa; BM
Mittags und abends geöffnet

Mitten in den Colli Berici gelegen, verfügt dieses schön renovierte und hübsch eingerichtete Lokal über zwei gemütliche Gaststuben mit doppelseitigem offenem Kamin. Ein dritter, minimalistischer Raum mit großer Veranda und die Sommerterrasse mit Blick ins Grüne ergänzen die Räumlichkeiten. Geführt wird das Haus von Miresa Trentin, deren Söhne Andrea und Martino in der Küche anzutreffen sind. Bei Tisch wird man von der tüchtigen Monica versiert und professionell bei der Wahl des Menüs beraten. Raffinierte Gerichte, die mit jedem Bissen einen ausgeprägten Regionalbezug offenbaren, zeugen von der Leidenschaft und Experimentierfreudigkeit der Köche. Da wir in der Provinz Vicenza sind, darf Stockfisch nicht fehlen, gleich ob als **Baccalà mantecato** oder **Baccalà alla vicentina mit Polenta** (16 €). In der Saison häufig als Vorspeise zu entdecken sind **Flan di broccolo fiolaro di Creazzo** (9 €) oder Tartare di scottona mit Eiercreme und schwarzem Trüffel. Alle frischen Nudeln sind hausgemacht: empfehlenswert die Tortelli alle mandorle, wiederum mit schwarzem Trüffel aus den Colli Berici (12 €), und die **Tagliolini al ragù di faraona e carletti** (mit Perlhuhnsauce und Leimkraut). Das Rindfleisch wird in zahlreichen Varianten angeboten und stammt, wie die Karte verrät, von einem kleinen Bauernhof der Gegend. Gute Alternativen sind **Coniglio lardato di pancetta** (Kaninchen mit Speck, 15 €) und **Petto d'anitra alla melagrana** (Entenbrust mit Granatapfel). An Dolci gibt es karamellisierte Sfogliatina auf Creme mit Tahiti-Vanille, Erdbeeren und Schokostreusel, Sorbets auf Basis von Saisonobst und Gelati (probieren sollte man die Sorte mit Pistazien aus Bronte, Slow-Food-Presidio). Schöne Weinkarte mit fairen Preisen und Augenmerk auf Einheimisches, viele glasweise Angebote.

JESOLO (VE)
Lido di Jesolo

44 KM NÖ. V. VENEDIG, S.S. 14, ABZWEIGUNG IN PORTEGRANDI

Alla Grigliata

Traditionelle Osteria
Via Buonarroti, 17
Tel. (+39) 04 21 / 37 20 25
Ruhetag: Mittwoch, außer im Juli und August
Ferien: Weihnachten–Mitte März
150 Plätze
Preise: 30–32 €
Kreditkarten: MC, Visa; BM
Abends geöffnet, im Frühling an Feiertagen auch mittags

Luigi am Grill und Manola, die sich mit Hilfe von Moreno um das Wohl der Gäste kümmert: So lautet die Besetzung dieses Lokals, das ein echtes Paradies für Freunde von über der Glut gebratenem Fleisch ist. Das Restaurant besteht aus vier Speisesälen mit insgesamt rund 150 Plätzen, was aber keinerlei Einfluss auf die Qualität des Services hat, der selbst an Tagen mit sehr großem Gästeaufkommen gepflegt ist (eine telefonische Tischreservierung empfiehlt sich dennoch). Für die gut zubereiteten und auf den Punkt gegarten Spezialitäten finden ausgesuchtes Fleisch von örtlichen kleinen Viehzuchtbetrieben und Saisongemüse von den nahen Feldern um Cavallino Verwendung. Einen Versuch wert aus dem Reigen der Antipasti sind **Salame fresco cotto alla brace** oder **Salsiccia in crosta** (5 €). Es folgen klassische Primi wie Spaghetti und Gnocchi mit Fleisch- oder Tomatensauce, doch unsere Präferenz gilt den Bohnensuppenvarianten **Pasta e *fasioi*** (6,50 €) und **Radici e *fasioi***. An Gegrilltem gibt es **Costine di maiale** (Schweinerippchen), Salsicce (Würste), Spiedini (Spießchen), Pancetta (Bauchspeck), **Galletto** (Hähnchen, 9 €), Filetto (19 €) sowie Rindersteak in Form von Costata und Tagliata. Pommes frites und Grillgemüse bilden die Beilagen, und Polenta aus hellem Maisgrieß begleitet sämtliche Speisen. Wenn Sie keine Lust auf Fleisch haben, können Sie sich an Käse erfreuen: Formaggio Montasio alla brace (9 €) oder Monte Veronese. Die hausgemachten Süßspeisen können Tiramisu (4 €), Salame di cioccolato oder Zuppa inglese sein. Hauswein, ein paar venetische Etiketten, aber auch eine kleine Auswahl von Bieren aus Kleinbrauereien.

JESOLO (VE)
Cortellazzo

44 KM NÖ. V. VENEDIG, S.S. 14, ABZWEIGUNG IN PORTEGRANDI

La Taverna

Trattoria-Pizzeria
Via Amba Alagi, 11
Tel. (+39) 04 21 / 98 01 13
Ruhetag: Montagmittag, im Winter Montagabend und Dienstag
Ferien: Januar
50 Plätze + 40 Plätze im Freien
Preise: 35–38 €
Kreditkarten: MC, Visa; BM
Mittags und abends geöffnet

Ein paar Kilometer von Jesolo entfernt liegt an der Mündung der Piave das kleine Fischerdorf Cortellazzo. Hier betreibt Familie Bettio seit eh und je dieses Lokal – eine einfache Trattoria, in die man sich begibt, um der traditionellen Lagunenküche zuzusprechen. Dank der Fischer, die täglich ihren Fang im kleinen Hafen an Land bringen, ist der Ort ein beliebtes Ziel von Touristen, die gerne Fisch essen. Das schlichte Angebot der Taverna kann man in Form eines Degustationsmenüs für 20 € oder à la carte probieren. Zum Auftakt empfehlenswert ist der Antipasto della casa (25 € für zwei Personen), bestehend aus warmen und kalten Köstlichkeiten: **Cozze alla marinara** (Miesmuscheln in Sud), **Sarde in *saor*** (Sardinen in Essig-Zwiebel-Marinade), Cappesante (Jakobsmuscheln) und *Gransoporo* (Taschenkrebs). Auch die Primi basieren überwiegend auf Fisch: **Zuppa di pesce** (Fischsuppe), Calamarata con calamari (Nudeln, die aussehen wie Calamari, serviert mit ebendiesen, 12 €). Für den Hauptgang ist man mit allerlei Frittiertem, den obligaten ***Moeche*** (Krebse im Häutungsstadium) und Fisch vom Grill, sprich **Pescato alla griglia**, gut beraten. Auch ein paar Fleischgerichte stehen auf dem Speisezettel. Von den Dolci empfehlen wir das Tiramisu. Die Weinkarte, die in Zusammenarbeit mit dem bekannten venezianischen Gastronomen Mauro Lorenzon gestaltet wurde, besteht hauptsächlich aus einer tadellosen Selektion von Produkten aus dem nordostitalienischen Raum, doch sind darin auch andere italienische Regionen vertreten und einige internationale Erzeugnisse zu entdecken.

LAZISE (VR)

23 KM NORDWESTLICH VON VERONA

Il Porticciolo

Restaurant
Lungolago Marconi, 22
Tel. (+39) 045 / 758 02 54
Ruhetag: Dienstag
Ferien: 23. Dezember–1. Februar
50 Plätze + 90 Plätze im Freien
Preise: 35 €
Kreditkarten: CS, MC, Visa; BM
Mittags und abends geöffnet

In diesem Restaurant gibt Fisch aus dem See den Ton an und ist in praktisch jedem Gericht zu finden. In der Küche regiert Renato Azzi, der als Koch auf über 25 Jahre Erfahrung zurückblicken kann. Dank der bevorzugten Lage des Lokals an der Seepromenade von Lazise kann man hier abends wunderschöne Sonnenuntergänge bewundern. Zum Essen nimmt man in dem behaglichen Innenraum mit dem stets angefachten Grill, auf der großen Veranda oder an heißen Sommertagen im schattigen Patio Platz. Für den Beginn raten wir zum Antipasto di pesce di acqua dolce (15 €), den man sich am Fischvorspeisenbüfett selbst zusammenstellen kann, wobei die Empfehlungen je nach Tagesfang variieren. Alternativ dazu kann man sich für Hecht nach dem klassischen Rezept **Luccio alla gardesana** (11 €) mit gegrillter Polenta entscheiden. Man fährt mit Risotto oder frischer Pasta fort: Empfehlenswert sind der **Risotto con la tinca** (mit Schleie, 11 €), zubereitet nach hiesiger Tradition, und die Pappardelle mit Süßwasserkrebsen und Creme von getrockneten Tomaten. Bei den Secondi besteht große Auswahl an überwiegend Gardaseefisch, der auf dem für den Gast einsehbaren Grill zubereitet wird: Trota salmonata (Lachsforelle), **Lavarello** (Renke, 12 €), Salmerino (Saibling). In den Wintermonaten ist auch der **Baccalà mit Polenta** eine feine Sache. Dieselbe Aufmerksamkeit für lokale Ressourcen ist auch an der Weinkarte zu erkennen, die fast ausschließlich Winzer aus dem Nordosten (Venetien, Trentino und Friaul) präsentiert. Einzige Ausnahme: ein paar Schaumweine aus der Franciacorta.

LIMANA (BL) – Valmorel

17 KM SÜDLICH VON BELLUNO

Al Peden

Osteria
Via Peden, 6
Tel. (+39) 04 37 / 91 80 00
Ruhetag: Montag, Dienstag (außer im Winter)
Ferien: 15. Januar–28. Februar
40 Plätze + 20 Plätze im Freien
Preise: 33–35 €
Kreditkarten: CS, DC, MC, Visa; BM
Mittags und abends geöffnet

In den grünen Hügeln, die dem Schriftsteller Dino Buzzati so lieb waren, liegt nicht weit entfernt von dem kleinen Dorfplatz von Valmorel, wo die letzte im Turnusbetrieb arbeitende Molkerei der Provinz um ihr Dasein kämpft, dieses gut erreichbare Refugium. Nunmehr ist hier die zweite Generation am Werk: Hochprofessionell hat Massimo Cazzaro mit seiner Familie das Erbe seiner Mutter übernommen. Nichts von dem, was angeboten wird, ist trivial, Brot und Nudeln sind hausgemacht, alle anderen Produkte sind das Ergebnis einer achtsamen Suche nach dem Besten, das die Gegend hervorbringt. Köstlich und reichhaltig die Antipasti: **Asparagi all'ostrica** (4,50 €), Ricottina di capra (2 €), **Tartara di melanzane** oder der traditionelle Teller mit Salumi und Gemüse in agrodolce oder frittiert (9 €). Eine Kostprobe wert von den Primi sind die **Stracci di pasta con frattaglie e verdurine** (Teigfleckchen mit Hühnerklein und feinem Gemüse, 12 €), die Gnocchi alle erbe und die mit Brennnesseln gefüllten Cannelloni alle ortiche mit bäuerlichem Ragout und Ricotta von der Alm. An Secondi werden allerlei Fleischgerichte empfohlen: Spezzatino di vitello (Kalbsgeschnetzeltes), Cervo (Hirsch), Kaninchen als **Coniglio al forno** (13 €), jeweils mit Polenta aus Marano-Mais serviert. Interessant und schmackhaft der Formaggio fritto (10 €), der mit zwölf verschiedenen Sorten Rohmilchkäse zubereitet und in den Varianten à la nature, mit Paprikaschoten oder mit Zwiebel bestellt werden kann. Den süßen Schluss bescheren **Crema pasticciera mit Erdbeeren** (6 €), Crème Caramel, Crostate oder Millefoglie. Beachtliche Weinkarte.

LIMANA (BL)
Valmorel

7,5 KM SÜDWESTLICH VON BELLUNO, S.P. 1

Osteria dei Miracoli

Osteria
Valmorel Centro, 11
Tel. (+39) 340 / 303 37 88
Ruhetag: Dienstagabend, Mittwoch
Keine Ferien
50 Plätze + 20 Plätze im Freien
Preise: 25–33 €
Keine Kreditkarten
Mittags und abends geöffnet

Zauberhaft ist die Atmosphäre im Valmorel, jenem Tal, dem der Schriftsteller Diego Buzzati eng verbunden war und wo alles von ihm erzählt. Stefano Trevisson, der Wirt dieses besonderen Lokals, wird Sie bei der Auswahl gut beraten. Wenn Sie die Gegend geschmacklich erfahren möchten, fragen Sie nach dem Teller mit den hiesigen Formaggi (inklusive feiner Ricotta): Bessere werden Sie anderswo kaum finden. Eine Reservierung ist empfehlenswert, da Stefano das Menü ausschließlich mit limitierten Mengen an Produkten von örtlichen Bauernhöfen und saisonalen Zutaten gestaltet. Es gibt Salumi (Rohschinken, Sopressa, Hirschcarpaccio), Tortino di verdure (6 €), Crostino mit Artischocken-Oliven-Sauce, **Risotto alle ortiche**, **Zuppa di cipolle rosse**, **Crema di fagioli gialet** (Slow-Food-Presidio, 7 €), Gnocchi di spinaci mit Taleggio, Orzotto agli spinaci, Pasticcio di funghi e speck (8 €). Als Hauptgericht können Sie **Spiedo di quaglie** (Wachtelspieß) vorbestellen oder Sie wählen zwischen Faraona mit Ofenkartoffeln, Coniglio (12 €), Guancette di manzo und Spezzatino. Eine kulturkulinarische Erfahrung mit Nahrung für Körper und Geist sind die Themenabende mit Musikbegleitung. Die Osteria dei Miracoli bietet ihren Gästen auch eine Leseecke. Die Küche ist großartig, doch den Unterschied zu anderen Lokalen der Gegend machen die Musiker, die Stefano oft einlädt: Da könnten die besten Clubs einer Großstadt neidisch werden. Für den Kunstgenuss sind die Wände der Osteria mit einer Sammlung von Werken des Malers Guglielmo Alfarone tapeziert.

Ein paar Kilometer weiter in der Ortschaft **Valpiana** hält Familie De Toffol auf dem Bauernhof La Schirata Ziegen und erzeugt aus Rohmilch exzellente Frisch- und Schimmelkäsesorten.

LOREGGIA (PD)

22 KM N. V. PADUA, 12 KM S. V. CASTELFRANCO, S.S. 307

Locanda Aurilia

Restaurant
Via Aurelia, 27
Tel. (+39) 049 / 579 03 95
Ruhetag: Dienstag
Ferien: 1.–15. August
60 Plätze
Preise: 30–32 €
Kreditkarten: MC, Visa; BM
Mittags und abends geöffnet

Familie De Marchi führt diese Locanda seit 1952 im Zeichen der Kontinuität. Ihre Erfahrung und Professionalität machen das Lokal zu einem sicheren Hafen. Lassen Sie sich von den drei Geschwistern begleiten: Lucia am Empfang, Ferdinando im Saal, Osorio in der Küche. Die Vorspeisenempfehlungen reichen von **Baccalà mantecato mit Polenta** (für die man hier nur Mais der Sorte Biancoperla – ein Slow-Food-Presidio – verwendet) über **Nervetti mit Kartoffeln und Salsa verde** (7 €), Hähnchen in Form von Straccetti di pollo mit Sellerie und Salsa dolceforte (9 €) bis hin zu Trippa con la menta (Kutteln mit Minze). Bei der Gestaltung der Primi hält man sich an den Lauf der Jahreszeiten: **Risotto mit Spargel**, Pilzen oder Radicchio, Vellutate di verdura (Gemüsecremesuppen), (hausgemachte) **Pasta con sugo d'anatra** (mit Entensauce) oder con i *rovinassi* (mit Innereien von Hähnchen, Kapaun oder Ente). Traditionell die Secondi, z. B. **Baccalà** in verschiedenen Versionen, Lumache alle erbe aromatiche (Schnecken mit Kräutern, 12 €), Rognone trifolato al vino friulano (sautierte Nieren), Fleisch vom Grill und im Herbst und Winter Gerichte auf Basis von Germano reale (Stockente), Oca (Gans) und Cappone (Kapaun): Probieren Sie den **Germano arrosto** oder den **Cappone in canevera**. Großes Lob gebührt den Formaggi, für die Ferdinando ein besonderes Faible hat. Sein Händchen für Qualitätsprodukte macht den Käsewagen zu einem einzigartigen Erlebnis: Ob Bergkäse oder französische Weichkäsespezialitäten – man wird Ihnen alles vortrefflich darbieten. Auch der Keller ist bemerkenswert und wird häufig zu den besten Venetiens gezählt, was ebenfalls dem passionierten Ferdinando zu verdanken ist, der sowohl in- als auch ausländische Spitzenprodukte zu ehrlichen Preisen empfiehlt.

LOZZO DI CADORE (BL)

51 KM NORDÖSTLICH VON BELLUNO, S.S. 51 BIS

La Favorita

Trattoria
Via Giouda, 226
Tel. (+39) 04 35 / 761 42
Ruhetag: Montag, Dienstagabend
Ferien: 1 Woche im Oktober, 2 Wochen im Januar
40 Plätze + 16 Plätze im Freien
Preise: 26–30 €
Kreditkarten: CS, MC, Visa; BM
Mittags und abends geöffnet

Ist man im Herzen des Cadore im oberen Abschnitt des Piave-Tals unterwegs, so gelangt man in die kleine Gemeinde Lozzo, wo seit über 45 Jahren die Familie Forni – heute mit den Brüdern Andrea und Alessandro – diesen Gasthof führt. Ein ehrwürdiges Haus im Dorfzentrum, mit einem alten Weinstock, der sich an der Eingangsfassade hinaufrankt, wird Sie mit gepflegter Einrichtung empfangen, die der alpinen Tradition Respekt zollt. Die in verlockender, moderner Form präsentierten Speisen werden unter Verwendung von Kostbarkeiten aus dem Gemüsegarten und von lokalen kleinen Erzeugern (Mais, Ziegenkäse, Honig, Wurstwaren ...) zubereitet. Die Gegend ist reich an Wildkräutern und Pilzen, die in der Karte den ihnen gebührenden Raum finden. Unser Tipp: Beginnen Sie mit einem schmackhaften Antipasto, beispielsweise dem **Sformato di polenta mit Pilzen und Gorgonzolasauce** (8 €) oder dem Brettchen mit Speck und Käse aus dem Comelico oder aber mit Radicchio begleitet von Meerrettichcreme. Daraufhin könnten Ihnen die je nach Saison und Fantasie variierenden ***Casunziei*** etwa in der Variante **con patate e cipolla** (Teigtäschchen mit Kartoffel-Zwiebel-Füllung, 8 €), die hausgemachten **Tagliolini con ragù di salciccia e scalogno** (8 €) oder die Gnocchi di zucca mit Gorgonzolasauce schmecken. Sind Sie dann bei den Secondi angelangt, ist das geräucherte Schweinekarree – **Carré di maiale affumicato – mit Honig, Äpfeln und Thymian** (15 €) eine gute Wahl, oder Sie entscheiden sich für die ganz typischen Speisen des Cadore, von denen Sie auch mehrere kleine Kostproben als Tellergericht bestellen können. Zum Nachtisch genießt man durchweg hausgemachte Süßspeisen wie Crostata (4 €) oder Tortino di mele (Apfelküchlein). Adäquate Weinkarte mit ein paar glasweisen Angeboten.

LUSIA (RO)
Bornio

9 KM NORDWESTLICH VON ROVIGO, S.S. 499

Al Ponte

Trattoria
Via Bertolda, 27
Tel. (+39) 04 25 / 66 98 90,
(+39) 04 25 / 66 91 77
Ruhetag: Montag
Ferien: 1 Woche im August
80 Plätze + 20 Plätze im Freien
Preise: 32–35 €
Kreditkarten: CS, DC, MC, Visa; BM
Mittags und abends geöffnet

An einer der wichtigsten Straßenverbindungen des Polesine gelegen, hat diese Trattoria seit über 100 Jahren eine Art Brückenfunktion, ist Bezugspunkt für die erwerbstätige Bevölkerung, für die Dorfbewohner und für Durchreisende. Luciano Rizzato – leutseliges Emblem des Lokals – und Tochter Silvia im Saal, Sohn Enrico und Mutter Giuliana in der Küche: Die gesamte Familie widmet sich einem Angebot, das aus Tradition, aber auch aus überraschender Innovation entsteht und in dem Gemüse – die Säule der örtlichen Wirtschaft – fast immer die Hauptrolle spielt. Der Antipasto (7 €) – Scheiben von Haussalami oder Insalata in *saor* – stimmt ein auf hausgemachte Teigwaren wie **Cappellacci di zucca**, **Tagliatelle mit Kaninchen und Saisongemüse** (8 €), Bigoli alla carbonara di verdure. Verlockend die **Zuppa di legumi e cereali** (Hülsenfrüchte-Getreide-Suppe) und der **Risotto di zucca** oder der Risotto al radicchio (7 €). An Secondi gibt es Carne al sale, den Klassiker **Fegato alla veneziana** (13 €), Kutteln als **Trippe alla parmigiana**, aber auch Anatra (Ente, 16 €), Agnello (Lamm) und Maialino (Ferkel). Je nach Verfügbarkeit ergänzen Anguilla (Aal) und Pesce gatto fritto (frittierter Katzenwels) das Angebot. Das Lokal veranstaltet überdies häufig Themenabende, bei denen Spargel, Trüffel oder Käse im Mittelpunkt stehen. Vegetarische und vegane Gerichte sind ebenfalls im Programm. Die Süßspeisen sind oft traditionelle Dolci, etwa **Salame di cioccolato**, und hausgemacht. Die Weinkarte huldigt der Region, macht aber auch Exkurse in andere Gefilde.

Tradition und die von der jungen Generation eingebrachten Neuheiten miteinander zu verbinden, ist nicht immer leicht: Zum Glück gelingt dies Luciano sehr gut.

MARANO DI VALPOLICELLA (VR)
Valgatara

16 KM NORDWESTLICH VON VERONA

Antica Osteria Paverno

Osteria
Via Paverno, 9
Tel. (+39) 045 / 683 71 99
Ruhetag: Donnerstag
Ferien: Ende August/Anfang September
60 Plätze + 40 Plätze im Freien
Preise: 28–30 €
Keine Kreditkarten; BM
Mittags und abends geöffnet

Valgatara ist eine kleine Ortschaft im Herzen des Valpolicella: Fährt man die Straße hinauf, die in die Lessinia führt, erblickt man rechts und links Namen bedeutender Kellereien, die hier ihren Sitz haben. Das Paverno ist eine Osteria mit Tabakladen (eine Kombination, die es noch vor ein paar Jahrzehnten überall auf dem Dorf gab) in einem für die Gegend typischen Gebäude. Das Lokalinnere wurde vor Kurzem renoviert, doch der Eindruck, den man beim Eintreten hat, ist und bleibt jener eines einfachen, vertrauten Ambientes. Das Menü empfiehlt Speisen, die auf Produkten des Umlands und Rezepten der Veroneser Küche beruhen: unter den Antipasti **Polenta *brustolà* mit regionalen Salumi und Giardiniera**, **Polenta und *Bogoni* in umido** (Schnecken in Sauce, 7 €). An Primi gibt es **Pasta e *fasoi*** (Bohnensuppe mit Nudeln) oder **Tortelli mit Monte-Veronese-Käse und Pero Misso** (Letztere ist eine autochthone Birnensorte und ein Slow-Food-Presidio, 8 €). Große Vielfalt besteht bei Carne alla griglia (Fleisch vom Grill), mit der Costata als Prunkstück. Alternativ dazu gibt es Stracotto d'asino (Geschmortes vom Esel) oder Costolette d'agnello (Lammkoteletts). Bemerkenswert von den Dolci ist die Torta sorpresa nach einem Geheimrezept der Köchin – eine süße Freude, die man nicht missen sollte. Beim Wein liegt der Schwerpunkt auf dem Valpolicella in all seinen Ausprägungen: Classico, Superiore, Ripasso und Amarone. Erwähnenswert finden wir die Möglichkeit, die bevorzugte Flasche Wein auszuwählen und nur ein Viertel oder einen halben Liter zu trinken und zu bezahlen: eine wirklich weitsichtige Idee. Und noch ein Lob zum Schluss, das der Freundlichkeit und Aufmerksamkeit des Servicepersonals gebührt.

MAROSTICA (VI)

28 KM NÖ. V. VICENZA, 8 KM V. BASSANO DEL GRAPPA, S.P. 248

Madonnetta

Traditionelle Osteria
Via Vajenti, 21
Tel. (+39) 04 24 / 758 59
Ruhetag: Donnerstag
Ferien: Dreikönig, Ostern, 15. August, 1. November, Weihnachten
40 Plätze + 40 Plätze im Freien
Preise: 22–25 €
Kreditkarten: AE, CS, DC, MC, Visa; BM
Geöffnet 10–15, 18–24 Uhr

Tritt man über die Schwelle dieses historischen Lokals, das nur wenige Schritte von der berühmten Piazza degli Scacchi entfernt liegt, kann man sich gut vorstellen, wie Hemingway hier vor 100 Jahren seine Reportagen über den Ersten Weltkrieg schrieb. Viel Zeit ist seither vergangen, was man auch an den zahlreichen Ziergegenständen, den Fotografien, den Bildern an der Wand merkt. Doch ungebrochen ist der Charme dieser Osteria als angenehmer Ort der Begegnung für einen *Cicheto* (kleiner Imbiss), ein Glas Wein und eine Partie Karten. Das für den Service zuständige Brüderpaar Sandro und Wladimiro gibt immer gerne Empfehlungen zu den Gerichten ab, die Mamma Anna Maria und Schwester Barbara in der Küche zubereiten, wobei sie große Achtung vor Tradition und Saisonalität walten lassen, ihr Augenmerk auf Slow-Food-Presidi richten und sehr aufmerksam auf Bedürfnisse von Gästen eingehen, die Fleischverzehr vermeiden möchten oder gewisse Lebensmittel nicht vertragen. Ideale Starter sind **Oca di Marostica**, **Culatta lardosa mit Gemüse in agrodolce** (5 €) und **Baccalà mantecato** (Stockfischpüree, 5 €). Als empfehlenswert von den Primi zu erachten sind **Zuppa di trippe** (Kuttelsuppe, 5 €), **Pasta e fagioli** (Bohnencremesuppe mit Pasta), Pasta alla Madonnetta. Gut auch das Angebot an Secondi, von **Polpette in rosso** über **Trippe alla parmigiana**, Coniglio al mirto (Kaninchen mit Myrte, 8 €) bis hin zu **Baccalà alla vicentina** (13 €). Hausgemachte Dolci, preislich korrekte Weinkarte mit Fokus auf dem Umland.

»*Die klassische venetische Osteria von anno dazumal, wo man immer noch jene Stimmung verspürt, die durch Freundschaft, Gespräche bei einem Glas Wein und gutes, einfaches Essen entsteht.*«

MASI (PD)

60 km südwestlich von Padua

Alla Nave

Restaurant
Via Garibaldi, 2
Tel. (+39) 04 25 / 517 64
Kein Ruhetag
Ferien: 1 Woche im Januar, 3 Wochen im August
100 Plätze
Preise: 25 €
Kreditkarten: AE, CS, MC, Visa; BM
Mittags und abends geöffnet

Einst Anlaufstelle für jene, die auf der in der Nähe fließenden Etsch ihr Tagwerk verrichteten, ist dieses Lokal, das 2016 sein einhundertjähriges Bestehen feiert, heute das feine Restaurant des Ortes, mit großen Sälen (wie sie früher üblich waren), aber auch intimeren, hübsch gestalteten Räumen. Das dazugehörige Hotel ergänzt die Gastlichkeit. Filippo Rigobello in der Küche – die anderen Familienmitglieder kümmern sich um den Service im Restaurant und den Hotelbetrieb – weiß sehr gut, was Tradition und Heimat bedeuten: Gerichte, die früher ausschließlich auf Fisch, meistens auf Aal basierten, sind heute facettenreicher, einfach weil sich die Gegebenheiten verändert haben. Seine Sensibilität zeigt sich auch in der konstanten Verwendung von Slow-Food-Presidi und am stets präsenten Angebot an vegetarischen Gerichten. Die Antipasti glorifizieren einheimische Salumi (7 €) und das bemerkenswerte Hähnchen (Pollo da passeggio) mit Gemüsemayonnaise, es gibt aber auch **Sardinen in *saor*** (immer frisch frittiert und mariniert). Danach kann man sich an **Tagliatelle** al ragù di lepre, an **Faraona e piselli di Baone** (Perlhuhn und Erbsen), an Anguilla e piselli oder an Spaghetti alla chitarra mit Tintenfisch und Taggiasca-Oliven, zuweilen auch an **Fischrisotto mit Reis aus Grumolo delle Abbadesse** erfreuen. Unter den Secondi sind Pollo fritto con verdure (gebratenes Hähnchen mit Gemüse, 10 €), **Coscia d'oca al forno** (Gänsekeule, 16 €), Ente, Perlhuhn, obligater **Baccalà alla veneta**. Wer Aal mag, kann ihn mit etwas Glück als Anguilla in der Karte entdecken. Hausgemacht die Dolci, etwa Zuppa inglese oder Tiramisu. Die Weinkarte ist nicht sehr umfangreich, zeichnet sich jedoch durch das Augenmerk auf nahe gelegene Anbaugegenden und naturbelassene Weine aus. Für Kaffee gibt es ebenfalls eine eigene Karte.

MEOLO (VE)

37 km nordöstlich von Venedig, S.S. 14

Roma

Trattoria
Riviera 18 Giugno, 24
Tel. (+39) 04 21 / 612 80
Ruhetag: Dienstagabend, Mittwoch
Ferien: 10.–30. Januar
80 Plätze + 50 Plätze im Freien
Preise: 20–25 €
Kreditkarten: CS, DC, MC, Visa; BM
Mittags und abends geöffnet

Holztäfelungen, Dutzende Fotografien und Dokumente tapezieren die Wände dieser alteingesessenen Osteria – der Besitzer hat ganze Briefwechsel aus der Zeit vor dem Ersten Weltkrieg aufgestöbert –, die nun schon seit einigen Jahrzehnten von Familie Pillon geführt wird. Am Eingang ein Tresen mit traditionellen *Cicheti* und der fast rüde, sehr direkte Empfang durch Cristiano und Barbara, während Mutter Rosanna in der Küche das Regiment führt. Man speist in einem der zwei Säle, bei warmem Wetter auch unter der Pergola des Lokals. Das Erscheinungsbild einer traditionellen Osteria harmoniert bestens mit dem vom Umland und somit auch von den nahen Jagdrevieren beeinflussten Menü: Auf die *Cicheti* vom Tresen folgen Primi wie **Tagliatelle** und **Gnocchi** mit verschiedenen Saucen – sehr gut die mit Hase (**Ragù di lepre**, 4 €) – sowie traditionelle oder vegetarische Auflaufgerichte. In der Folge, aber auch als Tellergericht nicht zu versäumen ist die exzellente ***Sopa coada*** (9,30 €), eine Art Auflauf aus Brotscheiben und langsam in der eigenen Brühe gegartem Taubenfleisch. Neben Grillfleisch (Carni alla brace) kann man aus dem Kapitel Wildbret zwischen **Lepre in salmì** (Hasenpfeffer, 12,90 €) und **Anatra selvatica al forno** (Wildente aus dem Ofen) wählen. Die schlichten Süßspeisen des Hauses runden eine ausgesprochen traditionelle Mahlzeit ab, die man mit erlesenen Weinen von hiesigen Erzeugern begleiten kann, etwa einem guten Raboso del Piave.

Mittagspause in Venetien

In unserem hektischen, schnelllebigen Alltag bleibt für die ohnehin meist notgedrungen kurze Mittagspause immer weniger Zeit. So ist es schön zu wissen, dass es nach wie vor Orte gibt, an denen man sich eine Mahlzeit gönnen kann, die mehr als ein banales Brötchen oder einen ordinären Salat beinhaltet.
Und es bereitet Freude, wenn man sich einiger traditioneller Gerichte sicher sein kann, die häufig gerade wegen ihrer Schlichtheit gut geeignet sind für ein Mittagessen, an das man keine großen Ansprüche stellt, das man aber dennoch genießen möchte.
Deshalb stellen wir Ihnen eine Auswahl von Lokalen (Bars, Feinkostläden, Fleischereien) vor, in denen Sie in ungezwungener Atmosphäre ein schnelles Essen zu sich nehmen können, ohne auf Qualität und die Entdeckung regionaler Besonderheiten verzichten zu müssen.

Anita Inverardi

CHIOGGIA (VE)

Il Tavernino

Restaurant mit Bottega
Viale Veneto, 35
Tel. (+39) 041 / 550 08 22
Ruhetag: Montag, im Winter auch Sonntagabend
Ferien: unterschiedlich
25 Plätze
Kreditkarten: AE, CS, MC, Visa; BM
Geöffnet 12–14.30, 19–23.30 Uhr

Dieses kleine Restaurant, das auch Feinkostgeschäft ist, macht Furore. Cristina und Luigi bieten schmackhafte Fischgerichte, auch zum Mitnehmen. Große Auswahl an Antipasti, etwa allerlei rohe Fischspezialitäten, ein paar Pastagerichte und Fisch aus heimischen Gewässern. Sardinen und Scampi in *saor* sowie Baccalà mantecato stehen immer auf dem Speisezettel und lassen sich eventuell mit einer Flasche Wein (auch glasweise) begleiten. Ein paar Desserts, etwa gute Crema catalana, sind ebenfalls zu haben. Richtpreis: 15 bis 25 €, je nach Fischsorte.

CEREA (VR)

La Bottega del Buongustaio

Bottega-Bistro
Via XXV Aprile, 62
Tel. (+39) 04 42 / 312 66
Ferien: August/September
25 Plätze
Alle Kreditkarten; BM
Geöffnet Montag–Freitag mittags, Donnerstag–Samstag abends

Das Konzept des Käseexperten Luca Faggioni ist das der Lebensmittelläden von anno dazumal, in denen man im Hinterzimmer zu einem Glas Wein etwas Gutes zu essen bekam. Und so können alle Produkte aus dem Sortiment der Bottega, darunter mehrere Slow-Food-Presidi, in der eigens eingerichteten Verkostungsstube probiert werden. Einige Beispiele: Spaghetti mit Menaica-Sardellen, Nudeln aus alten Weizensorten mit Parmigiano „Vacche Rosse" oder mit Kirschtomaten und Ricotta (6 €), gemischte Teller mit Wurstwaren oder Käse. Ein Primo mit Wasser, Wein und Brot kostet nicht mehr als 10 €. Die Flasche Wein kann man zum Ladenpreis kaufen, probieren und mit nach Hause nehmen. Diverse Biere von kleinen Brauereien sind ebenfalls im Angebot.

Padua

Antonio Ferrari

NEU

Feinkostgeschäft und Bistrot
Via Umberto I, 15
Tel. (+39) 049 / 66 63 75
Ruhetag: Montag, Sonntagmittag
Ferien: 2 Wochen im August
40 Plätze
Kreditkarten: CS, MC, Visa; BM
Mittags und abends geöffnet

Antonio Ferrari, eine Mischung aus Delikatessengeschäft und Bistrot im Zentrum von Padua, steht für Qualität, Herzlichkeit und guten Geschmack. Man kann hier zu Mittag und zu Abend essen, den kleinen Hunger zwischendurch stillen, ein gutes Glas Wein zur Stunde des Aperitifs oder auch nach dem Abendbrot trinken. Die Empfehlungen der Küche konzentrieren sich auf Regionaltypisches mit Augenmerk auf Althergebrachtes. Neben einer interessanten Selektion an Salumi und Formaggi sowie der Auswahl à la carte sind auf einer Tafel täglich neue Empfehlungen angeschrieben. Einige Ideen für eine Mittagspause, die mit 15 bis 20 € zu Buche schlägt: Rindertatar mit Salat und Robiola, „Formaggi immorali" (sündhafter Käseteller) mit Früchten und Konfitüren, gegrillter Oktopus mit Gemüse, Bis di baccalà (Stockfisch nach Art von Vicenza und als Püree) mit Polenta und Gemüse, gefüllte Gnocchi aus Kartoffeln der Sorte La Ratte, San-Daniele-Schinken, gereifte Ricottina.

Gourmetteria

Bottega-Bistro
Via degli Zabarella, 23
Tel. (+39) 049 / 65 98 30
Kein Ruhetag
Ferien: 1 Woche im August
50 Plätze
Kreditkarten: AE, CS, DC, MC, Visa; BM
Mittags und abends geöffnet

Ein Restaurant in einem Wein- und Delikatessengeschäft, in dem auch einige Slow-Food-Presidi vertreten sind. Das Ambiente ist großzügig und modern. Neben venetischer Traditionskost – sehr gut ist der Hähnchensalat (Insalata di gallina padovana) – werden ein paar innovative Gerichte angeboten. All dies lässt sich mit einem Glas Wein aus der Region oder Bier aus einer Kleinbrauerei begleiten. Mittags kann man den Tagesteller für 10 € mit drei Kostproben plus Dessert oder Kaffee bestellen. Ein komplettes Menü kostet 20 bis 30 €.

ROMANO D'EZZELINO (VI)

Pomo d'oro

NEU

Enoteca mit Küche
Viale Europa, 3
Tel. (+39) 02 42 / 334 41
Ruhetag: Dienstagnachmittag, Sonntag
Ferien: 1 Woche um den 15. August
45 Plätze
Kreditkarten: CS, MC, Visa; BM
Geöffnet Montag–Donnerstag nur mittags, Donnerstag–Samstag auch abends

Betritt man die Vinothek und Feinkosthandlung von Maurizio und Letizia, öffnet sich eine wunderbare Welt. Regale voller Weinflaschen und Delikatessen ziehen die Aufmerksamkeit auf sich, während man an gepflegt gedeckten Tischen Platz nimmt. In Zusammenarbeit mit Valentina betreut und berät Maurizio aufmerksam die Gäste und empfiehlt, was er an feinen Dingen zu kochen vermag. Das Angebot für den preislich moderaten Mittagstisch (10 bis 15 €) beinhaltet abwechslungsreiche, schnelle Gerichte aus qualitätvollen Zutaten. Nicht zu vernachlässigen ist Maurizios Weinrepertoire. Wer Zeit zum Plaudern hat, wird beim Verlassen des Lokals möglicherweise viel von ihm gelernt haben.

ROSOLINA (RO)

Bar Al Monte

Bar-Trattoria
Via Venezia, 32
Tel. (+39) 04 26 / 33 71 55
Ruhetag: Montag
Ferien: 1.–15. November
20 Plätze +10 Plätze im Freien
Keine Kreditkarten; BM
Geöffnet 12–20 Uhr

Zur Mittagszeit in der Bar al Monte, die direkt an der Strada Romea liegt und den gleichen Namen wie das benachbarte Restaurant trägt, ist der Protagonist ohne Zweifel frittierter Fisch, doch fehlt es nicht an großartigen Nebendarstellern unter saisonalen Produkten wie Miesmuscheln, Venusmuscheln, *Moeche*, (zarte Krebse), *Gransoporo* (Taschenkrebs), Jakobsmuscheln, marinierten Sardellen und all dem, was der lokale Markt täglich bietet. Primi piatti werden nicht serviert, doch Sie können zwischen einigen schlichten Dolci wählen und natürlich das passende Glas Wein zu Ihrem appetitlichen Imbiss, für den Sie nicht mehr als 18 € ausgeben werden.

SAN PIETRO DI FELETTO (TV)

PER

Bottega-Bistro
Via Cervano, 77 D
Tel. (+39) 04 38 / 348 74
Ruhetag: Montag
Keine Ferien
80 Plätze + 60 Plätze im Freien
Kreditkarten: AE, CS, DC, MC, Visa; BM
Mittags und abends geöffnet

Der Name dieses Restaurants leitet sich von dem der angrenzenden Käserei Perenzin ab, aus der ein Gutteil der im dazugehörigen Geschäft angebotenen Formaggi, darunter auch einige Biokäsesorten, stammt. PER ist aber auch als ambitioniertes Akronym für „Percorsi Enogastronomici di Ricerca" zu lesen, was sich mit „Entdeckungsstreifzüge in Sachen Lebensmittel und Wein" übersetzen ließe. Familie Perenzin selbst hat die angenehme Einkehrstätte mit einer großteils innovativen Küche konzipiert, die viele Gerichte zum Thema Käse, aber auch an Marktlage und Saison gebundene Kreationen hervorbringt. Es gibt vegetarische Menüs und eigene Empfehlungen für Kinder. Alternativ zu warmen Gerichten bietet die „Cheese Bar" Wurst- und Käseplatten. All das wird von einem guten Angebot an regionalen Weinen begleitet, die auch glasweise serviert werden. Kostenpunkt: 15 bis 30 €, je nach Appetit.

SOAVE (VR)

La Casara e Non Solo …

Bottega-Bistro
Corso Vittorio Emanuele, 42
Tel. (+39) 045 / 619 03 67
Ruhetag: Sonntag, Montagnachmittag
Keine Ferien
14 Plätze
Kreditkarten: AE, CS, DC, MC, Visa; BM
Geöffnet 8–19 Uhr

Es lohnt sich hinzugehen, um staunend zu entdecken, dass man in diesem Geschäft an einem großen Tisch im Hinterzimmer Platz nehmen und das probieren kann, was die Kundschaft normalerweise für zu Hause einkauft. Freundlichkeit und Aufmerksamkeit sind die beiden Markenzeichen der Familie Roncolato, die diese Genusswelt betreibt und darauf Wert legt, dass man auch die selbst erzeugten Käsesorten und Wurstwaren probiert. Auf ein gutes Glas Wein oder Bier ist man auch ohne rechtzeitige Reservierung willkommen. Kosten: 10 bis 20 €.

VENEDIG (VE)

Bar Perla

Bar-Trattoria
Via Mestrina, 28
Tel. (+39) 041 / 97 58 84
Ruhetag: Sonntag
Ferien: 2 Wochen im August
20 Plätze + 28 Plätze im Freien
Kreditkarten: AE, CS, DC, MC, Visa
Geöffnet 6–20 Uhr

Seit mehr als 30 Jahren bietet die Bar Perla ihren Kunden eine breite Auswahl an Tramezzini, die für Frische und Vielfalt der Zutaten längst fast überall in der Provinz berühmt sind: Krebse, Garnelen, traditioneller Aufschnitt, Büffelmozzarella, getrocknete Tomaten, zahlreiche selbst gemachte Saucen. Damit nicht genug, gibt es schmackhafte Panini aller Art, Toasts, gefüllte Piadine, Crêpes, diverse Brötchen. Mittags kann man zudem appetitliche Pastagerichte, Risotti und hausgemachte Lasagne wählen. Neben der klassischen *Ombra* und Bier bietet das Lokal gepresste Säfte und Smoothies aus frischem, naturbelassenem Obst und Gemüse.

Local

NEU

Moderne Osteria
Salizzada dei Greci, 3303
Tel. (+39) 041 / 241 11 28
Ruhetag: Dienstag
Ferien: unterschiedlich
46 Plätze
Kreditkarten: AE, CS, DC, MC, Visa; BM
Mittags und abends geöffnet

Ein kleines Lokal mit moderner Atmosphäre, in dem man sich mittags ein paar *Cicheti* (Tramezzini, Paninetti, Teller mit Salumi) zu einem Glas Wein, der typischen *Ombra*, oder ein einfaches Gericht genehmigen kann, während abends die Möglichkeit besteht, ausgiebiger zu speisen. Luca und Benedetta Fullin, die beiden jungen Betreiber, in deren Adern Gastronomenblut fließt, sind mit diesem Lokal zu neuen Ufern aufgebrochen. Die Zeichen stehen nicht schlecht, dass es ihnen gelingt, sich zu einem festen Bezugspunkt für Freunde gut gemachter Gerichte (vor allem mit Fisch) zu entwickeln. Das Mittagsmenü sieht Gazpacho, Pollo alla diavola (20 €) oder Fisch des Tages vor. Abends gibt es Oktopus mit Bohnen und Ingwer, Fischrisotto, aber auch mit Tomaten, Auberginen und Mozzarella gefüllte Tortelli. Unter den Secondi sind schmackhaftes Schweinefleisch (das Gericht nennt sich Testa coda di maiale) und einige appetitliche Fischspezialitäten zu entdecken.

VERONA

Al Carro Armato

Vicolo Gatto, 2 A
Tel. (+39) 045 / 803 01 75
Ruhetag: Montag
Ferien: unterschiedlich
Kreditkarten: BM
Mittags und abends geöffnet

Annalisa Morandini und ihre Töchter halten den Geist dieser uralten Veroneser Osteria am Leben. Das Al Carro Armato ist ein schlichtes Lokal mit großen Tischen, in dem man gute Traditionsgerichte (Pasta e *fasoi*, Gnocchi, Kutteln, den Pferdefleischklassiker *Pastisada de caval*) oder verlockende Appetithappen (Hackfleischbällchen, Nervetti mit Zwiebel) probieren kann. Ebenso grandios wie gepflegt ist die Auswahl an Wein aus der Gegend um Verona und aus ganz Italien.

Scapin

Bottega-Bistro
Via Diaz, 20
Tel. (+39) 045 / 800 35 52
Kein Ruhetag
Ferien: um den 15. August
60 Plätze
Kreditkarten: AE, CS, DC, MC, Visa; BM
Geöffnet 12.30–14.30, 19–22.30 Uhr

Als Dependance eines sehr gut sortierten Feinkostgeschäfts ist diese Bar mit Küche ein guter Tipp für eine Einkehr am Rand der Altstadt von Verona. De facto handelt es sich um ein hübsch eingerichtetes, behagliches Restaurant mit freundlichem, professionellem Service und einer Karte mit regionaltypischen Gerichten, aber auch interessanten Alternativangeboten wie der schönen Auswahl an Käse aus der Lessinia und von anderswo. All dies lässt sich mit einem Glas Wein oder einem frisch gezapften Bier von einer Kleinbrauerei kombinieren. Zum Abschluss sollte man den fantastischen Kaffee einer Veroneser Rösterei probieren. Abends zahlt man für ein Essen à la carte 25 bis 30 €, mittags gibt es Menükombinationen für 10 bis 15 €.

MIRANO (VE)
Scaltenigo

18 km nordwestl. v. Venedig, A 4 Ausfahrt Dolo

Il Sogno

Traditionelle Osteria
Via Vetrego, 8
Tel. (+39) 041 / 577 04 71
Ruhetag: Sonntagabend, Montag
Keine Ferien
30 Plätze + 80 Plätze im Freien
Preise: 30–32 €
Kreditkarten: MC, Visa; BM
Mittags und abends geöffnet

Il Sogno (dt. der Traum) ist ein bezeichnender Name für eine Osteria, die eine gelungene Symbiose aus Ambiente und gutem Essen verwirklicht. Silvano im Service und Marco in der Küche betreiben seit ein paar Jahren mit Hilfe eines jungen Teams dieses Lokal, das in drei Räume gegliedert ist und sich im Sommer um einen Garten erweitert. Achtung vor der Tradition, vor allem aber viele Produkte der Slow-Food-Presidi charakterisieren ein umfangreiches Menü, in dem Fleisch überwiegt, jedoch auch Fisch Platz findet. Für den Beginn mit dem Messer gehacktes Tatar vom Jungrind, **Gallina padovana in *saor*** (7 €), **Piovra grigliata mit Kartoffeln und Kirschtomaten** (8 €). An Primi, die alle auf frischen Teigwaren basieren, gibt es **Bigoli al ragù di gallina padovana**, Kräuterravioli mit Spuma di parmigiano (7 €), Ravioli di mare mit Garnelen und Tomaten (8 €). Von den Secondi im Winter nicht zu versäumen sind der **Bollito** mit zwölf Sorten Rind- und Schweinefleisch sowie die Grillplatte mit Schweinekamm, Wachtel und Lammkoteletts. Ebenfalls sehr gut: Geflügel-Hamburger mit Barbecue-Sauce (15 €), **Anatra al forno con il ripieno** (gefüllte Ente), **Cartoccio con coda di rospo, gamberi e carciofi** (Seeteufel mit Garnelen und Artischocken). Abwechslung bietet das Couscous mit Fisch und Gemüse (17 €), das es auch in einer rein vegetarischen Version gibt. Von den Dolci (4 €) besonders verlockend sind der Semifreddo all'amaretto mit Bitterschokolade und die Crema bruciata al caffè. Regionale Etiketten zu vernünftigen Preisen, originelle und gepflegte Weinkarte.

»*Kein Traum, sondern Wirklichkeit: Leidenschaft, Kreativität, Forschergeist und erstklassige Produkte ergeben eine denkwürdige Küche.*«

MONASTIER DI TREVISO (TV)
Chiesa Vecchia

15 KM ÖSTLICH VON TREVISO

Il Tirante

Restaurant
Via San Pietro Novello, 48
Tel. (+39) 04 22 / 79 10 80
Ruhetag: Montag, Dienstag- und Samstagmittag
Ferien: 16.–31. August, wichtigste Feiertage
16 Plätze
Preise: 32 €
Kreditkarten: AE, CS, DC, MC, Visa; BM
Mittags und abends geöffnet

Wenn man in diese Gegend kommt, kann man sich kaum vorstellen, dass hier bis 958 alles von Wald und Sumpf bedeckt war. In jenem Jahr wurde die Abtei gegründet und wurden, wie bei den Benediktinern üblich, die Böden urbar gemacht und Siedler herbeigeholt, um das Land zu bewirtschaften. Der Ortsname Monastier ist also auf das lateinische *monasterium* (dt. Kloster) zurückzuführen. Ganz in der Nähe der Abtei entdecken wir die Osteria, die einen kleinen Teil eines Gebäudes des 15. Jahrhunderts einnimmt und dem Dorf früher auch als *Casolin*, als klassische Gemischtwarenhandlung, diente. Diese Vergangenheit ist immer noch sichtbar: Nach wie vor gibt es den Schanktresen und die charakteristischen Regalwände der Läden von einst. Tritt man über die Schwelle, hat man tatsächlich das Gefühl, sich auf eine Zeitreise zu begeben, die dank dem zuvorkommenden Luigi und dem behaglichen Ambiente sehr angenehm verläuft. Die Küche liegt in den passionierten Händen von Caterina, die nur die besten Grundprodukte von lokalen Erzeugern bezieht, um daraus Schmackhaftes zu kochen. So hat man Gelegenheit, **handgemachte Pasta** (mit mit dem Nudelholz gerollt oder einer alten Nudelpresse namens Bigolaro geformt) und im Rhythmus der Jahreszeiten wechselnde Suppen zu probieren. Dass es sich um eine einfache, gehaltvolle Küche handelt, verraten gleich zu Beginn der klassische **Baccalà mantecato** (7 €) oder der Teller mit einheimischen Salumi. Danach kann man sich **Gnocchi con salsa di noci** oder ***Bigoi* al ragù d'anatra** (9 €) schmecken lassen. Empfehlenswerte Secondi sind Carne alla griglia und **Stufato di manzo**, aber auch gebratener Käse mit Artischocken (Asiago cotto sui carciofi, 13 €). Die Dolci sind zumeist traditionell und die Weine, von denen einige auch glasweise serviert werden, stammen von Winzern aus der Region.

MONFUMO (TV)
Castelli

38 KM NORDWESTLICH VON TREVISO

Dall'Armi

Traditionelle Osteria
Via Chiesa Castelli, 1
Tel. (+39) 04 23 / 56 00 10
Ruhetag: Dienstag, Mittwoch
Ferien: 1 Woche im Mai, letzte Augustwoche, ersten 2 Septemberwochen
36 Plätze + 30 Plätze im Freien
Preise: 20–22 € (mit Hauswein)
Keine Kreditkarten; BM
Mittags und abends geöffnet

Authentizität und Schlichtheit sind die Schlüsselwörter, um diese seit 1850 bestehende Osteria zu beschreiben. In der Tat ist das Dall'Armi als Inbegriff eines klassischen Gasthofs anzusehen, der entstand, um Reisende mit einfacher, unverfälschter Kost zu stärken, ohne Eindruck schinden zu wollen. Wenn Ihnen der Sinn nach intensiven Geschmackserlebnissen und venetischer Tradition steht, dann sind Sie hier richtig: ein paar Gerichte, zubereitet mit saisonalen Zutaten unter Wahrung der Originalrezepte. Das Lokal wird seit der Eröffnung von ein und derselben Familie geführt und liegt an einer verkehrsarmen Straße, die Treviso mit Bassano del Grappa verbindet. Das Ambiente ist gemütlich und ruhig und in dem kleinen Gastraum am Eingang sehen Sie eine Art Vorläufer jener Schauküchen, die heute in Gourmetrestaurants en vogue sind. Für den Auftakt bietet Mamma Anna mit ihren Töchtern Elisa und Silvia **Sgombro con cipolla dolce di Tropea** (Makrele mit roter Zwiebel), einen Antipasto bestehend aus zarten, saftigen Tomaten (Pomodori costoluti) mit Kapern oder klassischen Aufschnitt mit Essiggemüse (Affettati con sottaceti, 6 €). An Primi gibt es hausgemachte Tagliatelle mit schlichter Tomatensauce oder mit Sauce aus Saisongemüse (5 €). Die Spezialität des Hauses, die Sie sehr wahrscheinlich wieder hierher in diesen versteckten Winkel der Gaumenfreuden locken wird, ist die **Frittata** (13 € für zwei Personen): ein dickes Omelett, im heißen Pfännchen serviert, in den Varianten **mit Soppressa und Zwiebel** oder **mit Gemüse der Saison**, z. B. Bruscandoli (Hopfenspargel). An Secondi werden zerlassener Asiago-Käse und klassische Braciola di maiale empfohlen, zum Ausklang hausgemachte Desserts. Der Hauswein trinkt sich angenehm.

MONTEGALDA (VI)

17 KM SÜDÖSTLICH VON VICENZA

Da Culata

Traditionelle Osteria
Via Roi, 47
Tel. (+39) 04 44 / 63 60 33
Ruhetag: Sonntag
Ferien: August
50 Plätze + 20 Plätze im Freien
Preise: 28–34 €
Kreditkarten: Visa; BM
Mittags geöffnet, Mittwoch und Freitag auch abends

Es gibt Gäste, die kommen jedes Jahr wieder in dieses Lokal, nur um in die ganz eigene Atmosphäre eines klassischen *Casolin* (ehemals typische Gemischtwarenhandlung) einzutauchen, in dessen alten Holzregalen heute Spitzenprodukte aus der Region ausgestellt sind. Wir befinden uns in einer ländlichen Gegend der Provinz Vicenza, in einer Osteria, deren Schild an den Spitznamen desjenigen erinnert, der hier anno 1932 den Grundstein legte. Heute wird das Haus von den Töchtern Carla und Isetta geführt, die nach wie vor jene Spezialitäten zubereiten, für die das Lokal weithin berühmt ist. Vincenzo im Speisesaal erklärt die Angebote mündlich und erläutert dabei auch gleich seine Philosophie: Man biete wenige, schlichte, aber dafür gut gemachte Gerichte aus Produkten, deren Herkunft man kennt. Und so gibt es zu Beginn **Baccalà mantecato mit Polenta** oder regionaltypischen Aufschnitt, woraufhin man die superben Tagliolini con bottarga e baccalà (9 €) probieren kann. Wer getrocknetem Fischrogen und Stockfisch nichts abgewinnen kann, findet mit **Pasta e fagioli** oder Pasticcio della casa gute Alternativen vor. Gegen Vorbestellung kommt man überdies in den Genuss von **Risotto al baccalà**. Als unverzichtbar von den Secondi erachtet so mancher den traditionellen **Baccalà alla vicentina mit Polenta** (15 €), Verlass ist aber auch auf das Angebot an Fleisch vom Grill und die diversen Braten (Arrosti), die stets von Beilagen der Saison begleitet sind, wobei das Gemüse zu einem guten Teil aus dem eigenen Garten stammt. Für den süßen Schluss warten verlockende hausgemachte Dolci. Bescheidene, aber preislich faire Weinkarte mit größtenteils regionalen Produkten und interessanten Exkursen in die Welt der naturbelassenen Weine.

MONTEGROTTO TERME (PD)

12 KM SÜDWESTLICH VON PADUA

Da Mario

Restaurant
Corso Terme, 4
Tel. (+39) 049 / 79 40 90
Ruhetag: Dienstag, Mittwochmittag
Keine Ferien
80 Plätze
Preise: 38 €
Kreditkarten: AE, CS, DC, MC, Visa; BM
Mittags und abends geöffnet

Die Nutzung von Thermalwasser am Fuß der Euganeischen Hügel reicht zurück in die Eisenzeit und hat sich in späteren Epochen weiterentwickelt, bis in unseren Tagen ein touristisch bedeutender Kur- und Urlaubsort entstanden ist. Ebendort finden wir mit dem Da Mario ein Lokal, in dem man in einem schönen Ambiente angenehm verweilen kann und das auch den zahlreichen Kur- und Wellnessgästen der Region die Möglichkeit gibt, die von den Bernardi-Brüdern dargebotene venetische Kulinarik kennen und schätzen zu lernen. Francesco berät bei der Auswahl der Gerichte, empfiehlt für den Beginn beispielsweise **Insalata di radicchio di Treviso all'aceto balsamico** (10 €). Unter den Primi sind handgemachte **Tortellini in brodo di carne** (10 €) zu entdecken, ein traditionelles Sonntagsessen, oder hausgemachte **Tagliatelle mit Radicchio di Treviso und Salsiccia**. Verführerisch von den Secondi sind das Rindertatar mit heißem Brot und – in der passenden Saison – der **Cotechino mit Linsen, gekochtem Blattgemüse und Meerrettich** (15 €). Nicht fehlen dürfen **Baccalà alla vicentina mit Polenta** und das Brathähnchen – Galletto alla brace – mit Gemüse. Dass Francescos Bruder Marco ein wahrer Meisterkoch ist, zeigt sich nicht zuletzt am Dessertangebot: *Zaeti*-Kekse, Sorbets, hausgemachte Eiscreme mit Sauerkirschen und Waffeln. Besonderes Lob gebührt dem Weinkeller: Zu den Produkten von Bioweinerzeugern aus den Colli Euganei, die auch glasweise probiert werden können, gesellen sich große Namen aus der italienischen und europäischen Winzerwelt.

NEGRAR (VR)
Mazzano

18 KM NORDWESTLICH VON VERONA

Alla Ruota

Restaurant
Via Proale, 6
Tel. (+39) 045 / 752 56 05
Ruhetag: Montag, Dienstag
Ferien: unterschiedlich
80 Plätze
Preise: 29–35 € (Tagesmenü)
Kreditkarten: CS, MC, Visa; BM
Mittags und abends geöffnet

Den Beginn macht ein ofenfrisches Panino, das mit butterweichem, herrlich aromatischem Lardo aus der Lessinia belegt ist. Diesen schönen Gruß aus der Küche genießt man auf der großen Terrasse mit Blick auf die Hügel und die umliegenden Dörfer. Allein die Örtlichkeit macht Lust, immer wieder hierherzukommen. Als noch beeindruckender erweist sich jedoch die Küche, die einfach ist, aber nie trivial, bodenständig, aber nicht schwer und dank kreativem Touch auch noch spannend. Obendrein wird man freundlich und zügig bedient. Von den Antipasti sehr gut sind Culatello (10 €) und *Vinappeso*, ein in Recioto gereifter Schweineschinken. Alles in der Karte dreht sich um Produkte aus dem Umland. Unglaublich schmackhaft die **Straccetti con ragù della gallina grisa della Lessinia** (8 €) – Pasta mit Hähnchenragout, dem Kräuter aus dem Hausgarten Würze verleihen. Alternativ dazu kann man sich für die Vellutata di pomodoro e orzo (Tomaten-Gersten-Creme) oder die **Tortelli di carne all'Amarone** (10 €) entscheiden. Wiederum tonangebend ist der Amarone bei der wunderbar zarten Tagliata di manzo (12 €). Weitere Secondi: **Petto di galletto all'aglio orsino** (Hähnchenbrust mit Bärlauch, 12 €) und Kaninchenragout alias **Coniglio alla cacciatora**. Die Karte empfiehlt zudem einen denkwürdigen Käseteller mit Konfitüren (Piatto di formaggi con marmellate e mostarde, 10 €). Ausgezeichnete, durchweg hausgemachte Dolci, wie auch Brot, Grissini und Crackers selbst gebacken sind. Die Weinkarte hat ihren Fokus auf lokalen Etiketten, schweift aber auch in andere italienische und einige ausländische Anbauzonen ab und überzeugt in allen Kapiteln mit mehr als fairen Preisen. Wer keine ganze Flasche trinken möchte, kann ein Glas oder ein Viertel Hauswein bestellen.

NEGRAR (VR)
Torbe

19 KM NORDWESTLICH VON VERONA

Caprini

Trattoria
Via Zanotti, 9
Tel. (+39) 045 / 750 05 11
Ruhetag: Mittwoch
Keine Ferien
90 Plätze
Preise: 25–30 €
Kreditkarten: CS, MC, Visa; BM
Mittags und abends geöffnet

Außerhalb der Stadt, Ebene und Talboden hinter sich lassend, kommt das Gefühl auf, dem hektischen Alltag entflohen zu sein. Ein Gefühl, das sich verstärkt, wenn man in diese Trattoria einkehrt, die viele historische Zeugnisse des Dorfes Torbe bewahrt. Seit über 100 Jahren führt Familie Caprini das Lokal, in dem Mamma Pierina, die gute Seele des Hauses, lächelnd zwischen Tischen und Küche hin- und hereilt und nicht ohne Stolz gerne ausführlich erläutert, wie einfach hier gekocht wird. Durch das Fenster sieht man frei herumlaufende Hühner, hört den Klang der Kirchenglocken und atmet die frische Luft, die von den Berghängen herabweht. Als Vorspeise ist man mit **Affettati con giardiniera** (Aufschnitt und selbst eingelegtes Gartengemüse) gut beraten, um sich dann den Primi (8 €) zu widmen: **hausgemachte Lasagnette** mit Tomaten, **con lepre** (Hase) oder con coniglio (Kaninchen), ***Paparele* con i fegatini** (Bandnudeln mit Geflügelklein) oder obligate **Trippe in brodo** (Kuttelsuppe). Es folgen die Secondi (10 €): Kaninchen als **Coniglio in *teja***, Rinderschmorbraten (Manzo brasato al Valpolicella), **Baccalà alla vicentina** und – falls auf dem Speiseplan – grandioser **Bollito con la *pearà***. Auch die Dolci sind nach bester Hausfrauenart: Pastafrolla, Tortino al cioccolato und ***Brasadelo broà*** (typischer Osterkuchen). Interessante Weinkarte mit über 100 Etiketten, fast alle von lokalen Erzeugern, wobei der Schwerpunkt auf kleinen Weingütern liegt.

Der Panificio von Silvana Caprini, unterhalb der Trattoria, bäckt Cornéti (Brötchen), samstags Treccia (süßes Brot) und traditionelle Dolci: Pastafrolla gibt es immer, Brasadele broè nur zu Ostern und Nadalin zur Weihnachtszeit.

35 KM NÖRDLICH VON TREVISO

La Panoramica

Restaurant
Via VIII Armata, 28
Tel. (+39) 04 22 / 88 51 70
Ruhetag: Montag, Dienstag
Ferien: 15.–30. Januar,
1 Woche im Juli/August
60 Plätze + 40 Plätze im Freien
Preise: 30–32 €
Kreditkarten: AE, CS, DC, MC, Visa; BM
Mittags und abends geöffnet

Bereits die schmale Straße, die zu dem Restaurant führt, kündigt eine der Besonderheiten der Familie von Eddy Furlan an: gepflegte Rebflächen rechts und links. Von dort stammen die Trauben für den Prosecco, der nach der traditionellen Methode „col fondo" („mit Bodensatz" infolge natürlicher Flaschengärung) erzeugt und als Willkommensaperitif angeboten wird. Allein der Blick in die Ebene, auf den Piave-Fluss und an klaren Tagen bis in die Lagune und nach Venedig ist die Einkehr wert. In alter Zeit war hier alles von Eichen bestanden, war die Domäne der Serenissima unantastbar, denn von hier holten die Venezianer das solide Holz für ihre Kriegs- und Handelsschiffe. Eddy kümmert sich zusammen mit Sohn Giuliano und Tochter Francesca um den Empfang der Gäste, während seine Frau Antonella die Küche leitet. Tradition und Kulinarik zu verbinden bedeutet für die Köchin Wertschätzung für Produkte aus der Umgebung, wenn nicht gar vom eigenen Hof, was in puncto Hähnchenfleisch und Tomaten hier auch der Fall ist. Beginnen kann man mit **Ossocollo vom Montello auf Spargel** oder (je nach Saison) **auf marinierten Pilzen** (8 €). Immer gut ist der Hähnchensalat – **Insalata di gallina con verdurine**. Auch mit den Primi bleiben wir in hiesigen Gefilden: köstlich die Spaghettini di trota e asparagi (mit Forelle aus dem Piave und Spargel) oder der **Risotto con morchelle** (mit Morcheln, 8 €). Für danach gibt es Grillfleisch, Bergkäse und Gartengemüsebeilagen. Herausragend von den hausgemachten Dolci ist das Mandel-Schoko-Semifreddo. Beachtliche Weinselektion mit auch glasweise angebotenen regionalen Empfehlungen.

26 KM NORDWESTLICH VON VENEDIG

Agli Spalti

Restaurant
Via Bregolini, 32
Tel. (+39) 041 / 580 09 93
Ruhetag: Sonntag, Montag, Dienstagmittag
Keine Ferien
20 Plätze + 25 Plätze im Freien
Preise: 28–30 €
Kreditkarten: MC, Visa; BM
Mittags und abends geöffnet

Schlichtheit und Natürlichkeit sind die zwei Säulen, auf denen Leitung und Küche dieser alteingesessenen kleinen Osteria vor den Toren der Stadt solide ruhen. Um die knapp 20 Plätze kümmert sich Mauro, während seine Frau Vania in der Küche Speisen kreiert, die ohne Schnickschnack und übertriebenes Dekor allen Ansprüchen gerecht werden. Damit haben wir auch schon den Grund geklärt, der für eine Einkehr in dieses Lokal spricht. Denn hier ist jede Geschmackskombination überlegt, ausgewogen, nie forciert. Dies gilt für den Gemüseflan mit Gorgonzolasauce ebenso wie – in der Saison – für den Radicchio di Treviso mit knuspriger Pancetta (6 €). Ein Gericht besteht bei Vania nie aus unzähligen Zutaten, nicht einmal bei komplexer erscheinenden Speisen wie den **Tagliatelle mit sautiertem Spargel, süßer Zwiebel aus Noto** (die Sorte heißt Giarratana), **Basilikum und Ricotta salata** (8 €). Ein harmonischer Mix. Die Traditionsküche reicht von **Sardinen in *saor*** über **Bigoli in salsa** (Pasta mit Sardellensauce, 6 €) bis hin zu **Baccalà alla vicentina** (12 €), doch auch Cotoletta alla milanese (15 €) ist vertreten. Unverzichtbar die Dolci, etwa das Tiramisu oder die Biscotti secchi (4 €). Das Gemüse kommt praktisch das ganze Jahr über aus dem eigenen Garten. Durchdachter Weinbestand mit besonderem Augenmerk auf ein gutes Preis-Leistungs-Verhältnis.

In der Via La Bova 6, nahe der Piazza XX Settembre, bietet die Enoteca Al Filò ein großartiges Sortiment an italienischem Wein und Bier sowie Käse- und Wurstspezialitäten, die voller Leidenschaft präsentiert werden.

37 KM NORDÖSTLICH VON VENEDIG, AUSFAHRT A 4

Ca' Landello

Trattoria
Via Santa Maria di Campagna, 13
Tel. (+39) 04 21 / 30 70 10
Ruhetag: Sonntagabend, Montag (im Sommer Sonntag)
Ferien: unterschiedlich
80 Plätze
Preise: ⊞ 36–40 €
Kreditkarten: MC, Visa; BM
Mittags und abends geöffnet

Obwohl es nicht weit von der Autobahnausfahrt entfernt liegt, bietet dieses prächtige Bauernhaus ein Bild der Ruhe und Gelassenheit. Ein idealer Rahmen also, um den Empfehlungen der Küche zuzusprechen, die sich als Inbegriff eines Gebiets erweist, das viele Produkte hervorbringt und eine reiche Wein- und Esskultur hat. In einem minimalistischen, aber dank der Fensterfronten mit wunderschönem Blick auf die zum Haus gehörenden Weinberge sehr ansprechenden Ambiente werden ein schneller, professioneller Service und eine ebenso zuverlässige wie spannende Karte geboten. Letztere wechselt regelmäßig, je nachdem, was an Grundzutaten im Umland aufgespürt werden konnte. Unter den Antipasti entdecken wir **Cosciotto nostrano tagliato al coltello** (11 €), Tartara di scottona (Rindertatar) und Parmigiana di melanzane (Auberginenauflauf) mit Burrata. In der Liste der Primi immer präsent sind die **Bigoli al ragù di carne** (Pasta mit Fleischsauce), die **Maltagliati all'anatra** (Pasta mit Entensauce, 11 €) und der **Risotto con le erbette** (mit feinen Kräutern) oder ein Risotto mit frischem Gemüse. Groß ist das Angebot an den Fleischgerichten für den Hauptgang, etwa **Fegato alla veneziana** (19 €), Guancia di vitello (Kalbsbacke) und eine Vielzahl an Tranchen für den Grill. Am Donnerstag lautet das Motto Gran **bollito**. Darüber hinaus gibt es ein Degustationsmenü und eine eigene Speisenfolge für Vegetarier. Die Dolci sind von bemerkenswerter Machart. Die schöne Weinkarte bevorzugt natürlich die Eigenbauweine, beinhaltet aber auch interessante Etiketten aus dem In- und Ausland.

Antica Osteria dal Capo

Osteria
Via degli Obizzi, 2
Tel. (+39) 049 / 66 31 05
Ruhetag: Sonntag, Montagmittag
Ferien: 1 Woche ab Dreikönig, 2 Wochen Mitte August
25 Plätze
Preise: 25–35 €
Kreditkarten: AE, CS, MC, Visa; BM
Mittags und abends geöffnet

Mittlerweile haben auch Touristen dieses gastronomische Kleinod in der Altstadt entdeckt. Den Einheimischen hingegen ist das Lokal schon lange ein Begriff: Die Behaglichkeit der kleinen, ein wenig engen Gaststätte ist Michele (Wirt und Koch in Personalunion) und seinem zuvorkommenden Team zu verdanken. Die Küche steht natürlich ganz im Zeichen der Tradition und besticht obendrein durch Augenmerk auf Erzeuger aus Padua und Umgebung, insbesondere was Käse und Fleisch anbelangt. Dank der interessanten Selektion an Weinen aus der Region, hauptsächlich aus den Euganeischen Hügeln, findet man zu allen Speisen, die mit den Jahreszeiten wechseln, den passenden Tropfen vor. An Antipasti gibt es **Sarde in *saor*** (9 €) und Sfilacci di cavallo. Das Angebot an Primi reicht von **Pasta e fagioli** über **Bigoli al sugo di asino** (9 €) bis hin zu Gnocchi mit sommerlicher Brunoise und geräucherter Ricotta von der Käserei Morandi di Borgoforte (9 €). Bei den Secondi kann man wählen zwischen **Baccalà alla veneta** (16 €), **Fegato alla veneziana**, Hähnchen in Form von Coscia di pollo in *tocio* und Pferdefleisch (*Straeca* di cavallo, 14 €). Wie die Teigwaren sind auch die Dolci hausgemacht und vielfältig. Das verwendete native Olivenöl extra kommt von der Presse in Valnogaredo, der ältesten in den Colli Euganei.

🍷 Vor dem Palazzo della Ragione führen die jungen Geschwister Max und Barbara die alte Tradition des Straßenessens fort und bereichern die Stunde des Aperitifs durch gekochte kleine Tintenfische, Folpi genannt. Auf dem Piazzale San Giovanni bietet Nereo Andreazzi jeden Nachmittag bis 20.30 Uhr ebenfalls klassische Folpi sowie diverse andere Imbisse mit Fisch für den sofortigen Verzehr.

L'Anfora

Osteria
Via dei Soncin, 13
Tel. (+39) 049 / 65 66 29
Ruhetag: Sonntag
Ferien: 1 Woche um den 15. August
40 Plätze
Preise: 35 €
Kreditkarten: AE, Visa; BM
Geöffnet 9–23 Uhr

Eine echte Osteria, schon auf den ersten Blick: Am Tresen *Ombre* und Spritz, eine Vitrine mit Panini, die mit Wurst und Käse gefüllt sind, und eine weitere mit frittierten Gemüse- und Fischhäppchen, Rührei und Spargel (in der Saison). Die Schar der Stammgäste ist groß und redselig, um sie herum kreist der fidele Alberto Grinzato, Inhaber und Seele des Lokals. Die Küche spricht die Sprache der Tradition und ist, wie die täglich wechselnde Karte verrät, als Markt- und Saisonküche davon abhängig, was die Stände auf dem nahen Mercato und die Geschäfte des Vertrauens bieten. Auf dem Programm stehen Paduaner Klassiker, aber auch Schmackhaftes von anderswo: **Sfilacci di cavallo** (7 €), **Gallina padovana in *saor*** (8 €) und **Sardinen** ebenso wie geräuchertes Makrelenfilet mit roter Zwiebel (Filetto di sgombro con cipolla rossa, 9,50 €) oder Miesmuscheln als Impepata di cozze. An Primi gibt es **Bigoli con polpettine di manzo al sugo** (9 €), aber auch **Pasta e fagioli** (8 €). Die Secondi sehen neben **Fegato alla veneziana** (13,50 €), **Baccalà alla vicentina** und **Trippa alla veneta mit Polenta** feine Bresaola di toro mit Blattsalat und Cacioricotta di bufala aus Kampanien (14 €) vor. Vielfältige Auswahl an Beilagen (4,50 €), Dolci nach Art des Hauses (4 €) und ein Käseteller, der auch als Vorspeise zu empfehlen ist. Neben offen ausgeschenkten Weinen findet man Etiketten von regionalen Erzeugern zu fairen Preisen vor. Große Auswahl an Edelbränden.

Die Pasticceria Biasetto, Via Facciolati 12, gilt als Naschkatzenparadies: Brioches, Torten, Feingebäck, Schokoladespezialitäten. Das historische Caffè Pedrocchi an der zentral gelegenen Via VIII Febbraio ist ein beliebtes Lokal unweit der Universität.

30 KM WESTLICH VON VERONA

Da Luisa

Traditionelle Osteria
Via Frassino, 16
Tel. (+39) 04 57 / 55 07 60
Ruhetag: Dienstag
Ferien: 24. Juni–3. Juli, 24. Dezember–Mitte Januar
30 Plätze
Preise: 30 €
Kreditkarten: AE, CS, DC, MC, Visa; BM
Mittags und abends geöffnet

An der Peripherie des Städtchens Peschiera del Garda mit seiner Festung, die Teil des österreichischen Festungsvierecks war und erst gegen Ende des Risorgimento an Italien fiel, bietet diese Trattoria an der Straße zur Wallfahrtskirche Madonna del Frassino seit über 40 Jahren ein Menü der venetischen Tradition, das aber auch einige sehr spannende Exkurse in andere Gefilde wagt. Küchenchef Paolo Bazzoli und seine Frau Nadia begrüßen die Gäste auf herzliche, sympathische Weise und empfehlen aus dem Kapitel Süßwasserfischvorspeisen (Antipasti delle acque dolci, 8 €) eine vorzügliche Forelle – **Trota alla torresana** – sowie getrocknete Sardinen aus Montisola am Iseo-See (Slow-Food-Presidio) mit Polenta. In der Liste der Primi, die alle auf hausgemachten Teigwaren basieren, finden sich Tortelli di stracchino e zucchine mit Monte-Veronese-Käse und nativem Olivenöl extra aus dem Valpolicella (9 €), **Tortelli di zucca mit brauner Butter** und die bemerkenswerten **Tagliolini** Luisa **mit Schleie und Kräutern** (8 €). An Secondi gibt es Fleisch vom Rost und Fisch aus dem See, etwa **Lavarello del Garda ai ferri** (gegrillte Renke, 13 €). Das exzellente Käserepertoire beinhaltet eine schöne Selektion an Slow-Food-Presidi. Unter den Dolci (5 €) sind unter anderem Crema bruciata al caffè mit Lakritzeeis und Tarte tatin zu entdecken. Als wohlüberlegt gestaltet erweist sich die Auswahl an Wein aus lokalem Anbau und aus der nahen Franciacorta (auch glasweise Angebote).

PIANIGA (VE)

30 KM NW. VON VENEDIG, A 4 AUSFAHRT DOLO

Da Paeto

Traditionelle Osteria
Via Patriarcato, 78
Tel. (+39) 041 / 46 93 80
Ruhetag: Montag, Dienstag
Ferien: zeitweise im August
40 Plätze
Preise: 28–32 €
Keine Kreditkarten
Mittags und abends geöffnet, im August nur abends

Diese einfache Osteria auf dem Land mausert sich zusehends. Mit der neuen Leitung des Service durch Tommaso und dem an Reife gewinnenden Koch Eddy ist das Angebot an Gerichten im Zeichen der Unverfälschtheit und des Respekts vor der Tradition noch solider geworden. Das Menü à la carte widmet sich beinahe ausschließlich Gerichten mit Fisch – einerseits Frischfisch je nach Marktlage, andererseits Baccalà, der immer vertreten ist (außer im Sommer). Eddy kocht nach vielen ursprünglich einfachen Rezepten, die er jedoch mit hochwertigen Produkten, häufig Slow-Food-Presidi, veredelt. Neben den klassischen **Sardinen in *saor*** (6 €) entdecken wir unter den Vorspeisen frittierte Fiori di zucca mit Stockfischfarce, Kichererbsencreme mit gebratenen Scampi (10 €), **Sgombro affumicato** (geräucherte Makrele) **auf Fenchel-Orangen-Salat**. Danach kann die Wahl auf ***Bigoi* in salsa** (6 €), **Spaghettini con gli *zotoi*** (kleine Weichtiere) oder schwarze Tagliolini mit Ragout vom Oktopus und Büffelmozzarella (10 €) fallen, oder man probiert die **Gnocchi con ragù di *secoe*** (mit geschabten Fleischstückchen). Bei den Secondi dominiert **Stockfisch** in vielen Varianten, etwa **Baccalà mantecato** (nach dem Rezept der Baccalà-Bruderschaft Dogale), **alla vicentina** oder **alla veneziana** (13 €). Alternativ dazu gibt es gemischte Fischfrittüre (Pescato misto in frittura, 15 €) oder **Seppie in nero mit Erbsen**. Immer im Programm sind Kutteln – als Suppe oder als Trippe alla parmigiana (9 €). Zum Dessert: Blätterteigteilchen mit Creme, hausgemachte Mousses, Früchtesorbets. Die preislich moderate Weinkarte ist in Entwicklung begriffen.

»

Eine zuverlässige Adresse für gepflegte Küche mit Innovationsgeist und Gespür für Produktqualität.

«

PIEVE D'ALPAGO (BL)
Carota

17 KM NORDÖSTLICH VON BELLUNO

Rifugio Carota

Restaurant
Ortsteil Carota, 2
Tel. (+39) 04 37 / 47 80 33
Ruhetag: Montag, Dienstag (außer im Sommer)
Ferien: 3 Wochen im Januar/Februar
50 Plätze + 15 Plätze im Freien
Preise: 32 €
Kreditkarten: MC, Visa; BM
Mittags und abends geöffnet

Es sei leicht, Gäste anzulocken, wenn man sein Lokal in einer stark frequentierten Umgebung betreibt, sagen die Wirtsleute. Doch wenn es hinauf in die Berge geht, müsse man erst beweisen, dass die gebotene Polenta den Weg wert ist. Zu unserem Glück sind die Pellegrinotti-Brüder (Luca im Saal, Daniele am Herd) Meister darin, ihre Stammklientel bei Laune zu halten, die folglich seit Jahrzehnten gerne hier heraufkommt, um gute Luft, gediegene Gastlichkeit und herzhafte Wildspezialitäten zu genießen. Die Jahreszeiten prägen das Menü bereits bei den Antipasti (8 €): Funghi während der Pilzsaison, ***S-ciòs*** (Schnecken im Belluneser Dialekt) auch nur zu gewissen Zeiten im Jahr, **Baccalà** schon regelmäßiger, **mit Polenta**, versteht sich. Die Empfehlungen im Kapitel Primi (9 €) umfassen Suppen (so gilt beispielsweise die Zuppa di muflone längst als Klassiker), mit Wildbret gefüllte Teigwaren (Paste ripiene di cacciagione), frische Nudeln mit Ente oder Lamm in allen möglichen Spielarten, aber auch köstlichen **Strudel di asparagi** für jene, die sich in Fleischverzicht üben wollen. Allerdings fällt es nicht leicht, den Fleischgelüsten zu widerstehen, denn im Kapitel Hauptspeisen triumphieren **Lamm**, **Reh** als Capriolo in salmì, Cinghiale brasato (Wildschweinbraten), heimisches **Kaninchen** (Coniglio nostrano, 14 €), jeweils mit feiner Polenta als Beilage. Das schöne Weinangebot – vor allem Rot- und Schaumweine – ist von erfahrener Hand auf die Speisen abgestimmt, die köstlichen Desserts sind hausgemacht und die gute Spirituosenauswahl lädt ein, kontemplativ an einem Abschlussgläschen zu nippen und dabei ein Panorama zu betrachten, das so wunderbar ist wie die Küche dieses Hauses.

POLVERARA (PD)

16 KM SÜDÖSTLICH VON PADUA

L'Operaio dei Fornelli

Trattoria
Via Trieste, 16
Tel. (+39) 049 / 585 53 63
Ruhetag: Mittwoch
Ferien: erste Januarwoche, 1 Woche im August
40 Plätze
Preise: 28–30 €
Kreditkarten: CS, DC, MC, Visa; BM
Mittags und abends geöffnet

Mit Leidenschaft und Begeisterung führen zwei Brüder – Federico in der Küche und Edoardo im Speisesaal – seit vier Jahren diese historische Trattoria. Schlicht, aber gepflegt das Ambiente, sympathisch und aufmerksam das Personal. Geboten wird eine Küche der unverfälschten Aromen mit ein paar saisonalen Kreativitätsnuancen: Jeden Tag kann man ein paar kleine Variationen oder das eine oder andere neue Gericht auf der Karte entdecken, was von der Erhältlichkeit der Zutaten und den Eingebungen des Kochs abhängt. Die **Insalatina di gallina padovana** (8 €) und die Salumi (zu gewissen Zeiten im Jahr auch aus eigener Erzeugung) zum Auftakt sind ebenso empfehlenswert wie die mit gemischtem Fleisch gefüllten Tortelli di Toni, die dem früheren Wirt zu Ehren benannt sind und bei so manchem Gast Erinnerungen an opulente Festtagsmahle zu Hause bei Großmutter wachrufen. Weitere Primi sind Fettuccine con ragù alle quattro carni (Sauce aus vier Sorten Fleisch, das mit dem Messer gehackt wird), **Pappardelle al ragù di anitra in rosso** (mit Entenragout, 8,50 €) und Suppen wie Vellutata dell'operaio oder **Pasta e fagioli** mit Radicchio tardivo di Treviso. **Baccalà** steht immer auf dem Speiseplan, ob **in umido** oder alla vicentina (15 €). Doch eigentlich gibt hier Fleisch in verschiedensten Versionen den Ton an, darunter so Ungewöhnliches wie das in einem autochthonen Wein der Gegend geschmorte Eselfleisch (***Musso in tocio al vin Friularo***, 10 €). Auch die Dolci zeichnen sich durch Wohlgeschmack und Qualität aus: Tiramisu mit Bitterschokospänen, Semifreddo al pistacchio (4 €) oder hausgemachte **Salame di cioccolato**. Interessante Weinkarte mit ein paar biologischen und biodynamischen Empfehlungen, auch glasweise. Kleine, aber feine Selektion an Bier aus Kleinbrauereien.

PORTO TOLLE (RO)
Santa Giulia

71 KM SÜDÖSTLICH VON ROVIGO

Arcadia

Trattoria
Via Longo, 29
Tel. (+39) 04 26 / 38 83 34,
(+39) 347 / 747 63 59
Ruhetag: Mittwoch
Ferien: Ende Januar/Anfang Februar
30 Plätze + 10 Plätze im Freien
Preise: 30–35 €
Kreditkarten: AE, CS, DC, MC, Visa; BM
Mittags und abends geöffnet

Die Fahrt hierher scheint ewig, doch sie lohnt sich. Wir sind am Po di Gnocca, ringsum Land, so weit das Auge reicht, eine Bootsbrücke, eine Handvoll Häuser: willkommen im Po-Delta. Eine kleine Dorfosteria als Treffpunkt, ein paar Tische, ein kleiner Laden: Pamela empfängt die Gäste mit Begeisterung und hat stets nützliche Tipps parat, während Mamma Arcadia am Kochen ist. Lokale Produkte sind hier gleichsam obligat und Saisonalität ist eine Konsequenz davon: Im Frühling und Herbst dominieren **Cozze** (die Familie betreibt eine Miesmuschelzucht), aber auch andere Muscheln (Canestrelli und Canocchie, 9 €) sowie Pesce azzurro, etwa Sardinen in den Varianten **Sarde *impanà* e fritte** oder **Sarde *in saore*** (beide 8 €). **Risotto di pesce** oder **Risotto di *gò*** (mit Grundeln, 11 €) aus Reis der Sorte Carnaroli IGP, der im Delta angebaut wird, und hausgemachte Teigwaren wie Pappardelle mit Fisch der Saison eignen sich bestens für danach. Mit etwas Glück bekommt man ***Moeche* fritte** oder Aal, ***Bisato*** genannt, der **arrosto**, fritto oder in umido angeboten wird. An kalten Tagen munden **Polenta aus Mais der Sorte Biancoperla** (Slow-Food-Presidio) **mit Baccalà alla polesana**, wiederum *Bisato* oder **Seppie in umido**. Den Fritto di pesce (18 €) gibt es immer, jedoch in wechselnder Zusammensetzung. Im Herbst und im Winter, wenn im Delta gejagt wird, findet man **Risotto con la folaga** (Blesshuhn), Stockente, Hase und anderes Wild vor. Brot, Kuchen und Sorbets sind hausgemacht. Das schlichte Weinrepertoire (auch glasweise) empfiehlt ein paar gute Etiketten. Interessante Spirituosenkarte.

»*Unverfälschtes Essen, mit Enthusiasmus und Leidenschaft serviert, in einem Winkel des Po-Deltas, der so überraschend ist wie die hiesige Küche.*«

PORTOGRUARO (VE)

60 KM NÖ. V. VENEDIG, S.S. 14, A 4 OD. A 28

Venezia

Trattoria
Viale Venezia, 10–12
Tel. (+39) 04 21 / 27 59 90
Ruhetag: Sonntag
Ferien: August/September, einige Tage nach Weihnachten
45 Plätze
Preise: 35–38 €
Kreditkarten: AE, CS, DC, MC, Visa; BM
Mittags und abends geöffnet

Die dank Ambiente und Empfang durch Claudio und Maria im Speisesaal sehr behagliche Trattoria Venezia befindet sich an der Abzweigung, die von Portogruaro in Richtung der Lagunenstadt führt. Aus kulinarischer Sicht erwartet uns hier Maritimes, weshalb das Menü all das bereithält, was abhängig von Saison und Fangglück an Gutem aus dem Meer zu holen ist. Ein Artischockenboden mit **Baccalà mantecato** oder eine Variation von heimischen Calamaretti sind nur zwei der vielen Möglichkeiten, mit denen man die Mahlzeit eröffnen kann. **Ravioli di branzino**, die in Fischsud gekocht werden, Spaghetti ai canestrelli (mit Kammmuscheln, 13 €) oder all'astice (mit Hummer, 36 € für zwei Personen) lauten beispielsweise die Empfehlungen unter den Primi. Die Auswahl der Secondi wird von der Verfügbarkeit tagesfrischen Fischs diktiert: Ob man Sogliola (Seezunge), ***Moeche*** (zarte Krebse) oder **Cappesante** (Jakobsmuscheln) vorfindet, hängt auch davon ab, zu welcher Zeit im Jahr man die Trattoria besucht. In der Küche agieren Renzo und Lucia (zwei Namen, die jeden Italiener sofort an die beiden Hauptfiguren in dem Romanklassiker *I Promessi Sposi* – dt. *Die Verlobten* – von Alessandro Manzoni denken lassen) und garantieren eine ebenso professionelle wie sorgfältige Umsetzung aller angebotenen Köstlichkeiten. Feine Desserts runden die Mahlzeit ab, etwa klassische Panna cotta mit Waldbeeren (4 €), Bavarese al pistacchio mit Walnüssen und Nougat oder Tortino al cioccolato. Das Weinangebot bevorzugt venetische und friulanische Etiketten, die gut mit der hier angebotenen Meeresküche harmonieren.

PREGANZIOL (TV)

7 KM SÜDLICH VON TREVISO, S.S. 13

El Patio

Restaurant
Via Croce, 35
Tel. (+39) 04 22 / 932 92,
(+39) 04 22 / 63 32 40
Ruhetag: Dienstag, Mittwochmittag
Keine Ferien
100 Plätze + 40 Plätze im Freien
Preise: 32–34 €
Kreditkarten: AE, CS, DC, MC, Visa; BM
Mittags und abends geöffnet

Vor den Toren von Treviso, wo die städtischen Ballungsräume enden und das Landleben beginnt, entdecken wir in einem alten Bauernhaus mit einem großen Patio dieses Lokal, das seit je von Familie Pistolato geführt wird. Alles hier obliegt den Frauen des Hauses. Eine wunderbare Mamma Nori wacht aus der Perspektive ihres ehrwürdigen Alters über die Küche und das Tun ihrer Töchter Giuliana, Marinella und Vanda, die charmant und gewandt die Gäste empfangen und wertvolle Tipps und Hinweise geben. Am Eingang sind Fotos von Rugby-Teams zu sehen (Veneti-en ist diesbezüglich eine Talentschmiede): So hat unter anderem das Team Benetton in diesem Lokal den idealen Ort für ihre dritten Halbzeiten gefunden, denn die Portionen sind hier nie knapp bemessen. Aus der Küche kommen üppige Gerichte, die regionaltypische Rezepte fantasievoll mit den Ressourcen des Umlands verbinden. Saisonalität und Achtung vor den Grundprodukten sind schon beim Blättern in der alle 14 Tage wechselnden Karte zu erkennen, in die Vanda unter Berücksichtigung der Marktlage immer auch ein paar Fischgerichte aufnimmt. An Antipasti (8 €) gibt es Carpaccio mit Spätradicchio, Grana und Pinienkernen oder Sfogliatine alle verdure mit Rohschinken. Unter den Primi ist neben venetischen Klassikern wie ***Sopa coada*** oder **Pasta e fagioli** (8 €) ein köstlicher Sformato di radicchio (8 €) zu entdecken. Danach kann man typischen **Baccalà alla vicentina** (15 €) oder **Petto d'anatra laccato alle pere** (glasierte Entenbrust mit Birnen, 14 €) probieren. Herausragend von den Dolci des Hauses (4 €) ist das Tiramisu. Recht ordentliche Weinkarte mit überwiegend venetischen Etiketten. Interessant sind die Themenabende, die den edelsten Produkten des Umlands gewidmet werden.

RECOARO TERME (VI)
La Guardia

45 km nordwestlich von Vicenza, S.S. 246

Piccole Dolomiti

Berghütte
Strada di Campogrosso, 3300
Tel. (+39) 04 45 / 752 57
Ruhetag: Montagabend, Dienstag
Ferien: unterschiedlich (im Sommer immer geöffnet)
65 Plätze + 30 Plätze im Freien
Preise: 25–28 €
Kreditkarten: MC, Visa; BM
Mittags und abends geöffnet

Die von Adone und Giovanna geführte Berghütte ist ein hervorragendes Speiselokal, das von Wanderern ebenso gerne aufgesucht wird wie von all jenen, die einfach einen Ausflug unternehmen, um im Sommer die Aussicht und die frische Luft und im Winter den Schnee zu genießen. Wohlig-warme Gastlichkeit strömt einem schon beim Eintreten entgegen, freundliches Personal sorgt erklärend und beratend dafür, dass man sich gut aufgehoben fühlt. Im Grunde ist es erstaunlich, wie es diese Osteria auf knapp 1.200 Metern Höhe trotz des großen Gästeaufkommens (vor allem an Wochenenden und Feiertagen) geschafft hat, sich durch Naturverbundenheit, Heimatbezug und Traditionsbewusstsein mit ihrer Küche zu etablieren. Unter den Antipasti sind in der Spargelsaison **Uova e asparagi di Bassano**, ansonsten **Baccalà mantecato** (Stockfischmousse, 8,50 €) und kalte Platte mit Salumi aus der Gegend zu entdecken. Es folgen **Gnocchi di patate mit Löwenzahn und Asiago-Käse** (8,50 €), **Pasta e fagioli** und bemerkenswerte **Gnocchi con la fioretta** (8 €), danach Kaninchen mit Steinpilzen (**Coniglio con i porcini**, 10 €), Gulasch, Costine di agnello (Lammrippchen), **Rotolo di faraona agli asparagi verdi** (Perlhuhnroulade mit grünem Spargel, 10 €). Interessant finden wir die Möglichkeit, für 15 € ein Primo und ein Secondo auf einem Teller probieren zu können. Sehr fein und durchweg hausgemacht die Dolci. Neben dem Hauswein, der in Ordnung ist, gibt es eine recht gute Auswahl an hauptsächlich venetischen Etiketten.

Im Zentrum von **Recoaro** (8 km) verkauft Chiara Perlotto in ihrem kleinen Laden in der Via Lelia köstliches in Essig und Öl eingelegtes Gemüse, Konfitüren und Früchtekompotte. Saisonal wechselnde Öffnungszeiten.

REFRONTOLO (TV)

34 km nördl. v. Treviso, 14 km von Conegliano

Al Forno

Traditionelle Osteria
Viale degli Alpini, 15
Tel. (+39) 04 38 / 89 44 96
Ruhetag: Montag, Dienstag
Ferien: 2 Wochen im Januar, August
40 Plätze + 40 Plätze im Freien
Preise: 32 €
Kreditkarten: AE, CS, DC, MC, Visa; BM
Mittags geöffnet, am Wochenende auch abends

Der Name dieses Lokals auf dem Hauptplatz von Refrontolo erinnert daran, dass sich hier früher die Dorfbäckerei befand. Die aufrichtige Gastfreundschaft von Rosita und Mario Piol, die eine besondere Liebe zu ihrer an außergewöhnlichen Produkten reichen, menschenfreundlichen Heimat verbindet, ist der wahre Mehrwert dieser Osteria, deren Interieur aus der Mitte des 19. Jahrhunderts stammt. Der große *Fogolar* in der Mitte des Speisesaals dient Mario als Bühne, um Qualitätsfleisch von Biobauern seines Vertrauens zu braten. Bei schönem Wetter sollten Sie sich im hübschen kleinen Garten niederlassen. Aus dem von Rosita mündlich vorgetragenen Menü sind die hiesigen Klassiker nicht wegzudenken: ***Pastin***, **Ravioli mit Speck und Heidelbeeren**, **Bigoli all'anatra** (9 €), gefülltes Filetto di maiale, **Faraona** (Perlhuhn). In der Küche probiert der tüchtige Denis immer wieder neue Kombinationen aus, um die Aromen und Düfte des Umlands zur Geltung zu bringen. So kamen wir unlängst in den Genuss von Flan di patate mit karamellisierter Zwiebel auf Taleggio-Creme (8 €), rohem Spargel mit Käse (Asparagi crudi con stravecchio, 8 €), **Ravioli di tarassaco con fonduta al montasio** (Teigtäschchen mit Löwenzahnfüllung und Käsesauce, 9 €), Lonza di maiale (Schweinelende) in Lauch-Trüffel-Mantel auf Esskastaniencreme (15 €). Traditionelle Dolci und – gleichsam Pflicht – Denis' Biscottini, die gut zu einem Glas Marzemino Passito di Refrontolo passen. Weine der besten örtlichen Erzeuger, ein paar Etiketten aus anderen Regionen.

»*Als Interpreten einer entstaubten Traditionsküche begrüßen Rosita, Mario und Denis ihre Gäste. Das behagliche Ambiente lädt ein, sich Zeit zum Genießen ursprünglicher Aromen zu nehmen.*«

RONCO ALL'ADIGE (VR)

26 KM SÜDÖSTLICH VON VERONA

Sofia

Trattoria
Via Baldo, 10
Tel. (+39) 045 / 661 54 07
Ruhetag: Montagabend, Dienstag
Ferien: unterschiedlich
80 Plätze
Preise: 25 € (Tagesmenü)
Kreditkarten: MC, Visa; BM
Mittags und abends geöffnet

Die Trattoria ist nach ihrer Besitzerin benannt, die immer zugegen ist und von ihren Töchtern unterstützt wird. Es ist ein schmuckes Lokal mit großen, schlicht gedeckten Tischen in zwei Gasträumen, in die man durch den Barbereich gelangt. Das von der Küche der Veroneser Ebene inspirierte Traditionsgasthaus verdankt seinen Erfolg dem konstanten Angebot und den ohne Überspitztheiten oder übertriebene Finessen gestalteten Speisen. Konsequent bringt Sofia Jahr für Jahr saisonale Kostbarkeiten auf den Teller: **Spargel und Ei** im Juni, im Juli **Frösche**, im Herbst, wenn die Kürbisse reif sind, **Risotto di zucca gialla** (7 €) und zarte **Tortelli di zucca con amaretti** (7 €), was von eindeutigem Mantuaner Einfluss zeugt. In der feucht-kalten Winterzeit werden **Tortellini in brodo** und Risotti, gefolgt von **Bolliti** serviert. Die Portionen sind immer großzügig, spontane Änderungen und Gerichte gegen Vorbestellung verstärken den Eindruck, in einer „Osteria wie damals" zu sein. An Secondi gibt es gemischtes Fleisch vom Grill (10 €) oder **Carne *salà*** (Pökelfleisch), **gebraten** oder **roh** (5 €). Zum Ausklang sollte man den Piatto dolce della casa (3,50 €) nicht versäumen, der diverse Kostproben von Sofias Desserts beinhaltet. Auch tut man gut daran, sich nach dem aktuellen Angebot zu erkundigen, denn nach alter Tradition gilt, dass es weit weniger Empfehlungen à la carte gibt, wenn das Saisonmenü gekocht wird. Kleine Auswahl an vor allem lokalen Qualitätsweinen.

Cologna Veneta (15 km) ist das Reich des Mandorlato, einer Art türkischem Honig mit gerösteten Mandeln: Gute Marken sind Gli Speziali di Cologna Veneta, San Marco, Rocco Garzotto & Figlio. In **Roveredo di Guà** (18 km) gibt es den Mandorlato Marani.

ROSOLINA (RO)
Volte

50 KM NÖ. V. ROVIGO, 14 KM S. V. CHIOGGIA, S.S. 309

Al Monte

Restaurant
Via Venezia, 34
Tel. (+39) 04 26 / 33 71 32,
(+39) 338 / 999 90 10
Ruhetag: Montag, Dienstag
Ferien: je 2 Wochen im Januar und September
50 Plätze
Preise: 35 €
Kreditkarten: MC, Visa; BM
Mittags und abends geöffnet

Rosolina liegt strategisch günstig, da die Fischereizünfte der venezianischen Ebene und des Po-Deltas nicht weit weg sind und sich ringsum eine nicht enden wollende Abfolge von Gemüsefeldern mit sandigen Böden erstreckt. Diese Ressourcen sind ebenso wie die typischen **Bussolà** (zweifach gebackene Brotkringel) wiederkehrende Elemente der hiesigen Kulinarik. Die alte Strada Romea, die Venedig mit den Besitzungen von Ravenna verband, ist heute eine verkehrsüberlastete Verbindung, entlang der Gewerbezonen und Dörfer mit Restaurants auf beiden Straßenseiten abwechseln. Stefano Grossato, der das Al Monte mit der Unterstützung seiner Familie betreibt, weiß, dass sein Lokal anders ist: schmuck und behaglich im Inneren, immer voller Gäste in Feierlaune, beliebt bei den Einheimischen und bei vielen Touristen. Fischliebhaber werden ihre Freude haben an **Pesce crudo**, an der sämigen **Polenta mit Fritturina** (8 €), zuweilen auch mit ***Moeche***, oder an **Vongole veraci in bianco** (Venusmuscheln in Sud). Bei den Primi dominiert Pasta mit Meeresfrüchten: **Spaghetti alle vongole** (8 €), Ravioli di scampi, Tagliolini al branzino; Fischverweigerer können Nudeln mit Tomaten- oder Fleischsauce bestellen. Danach triumphiert Fisch im Ganzen vom Grill: obligat der **Aal** (Anguilla), ferner Steinbutt, Wolfsbarsch, Dorade und Sonstiges, je nach Saison. Rombo (Steinbutt, 18 €) oder Branzino (Wolfsbarsch) bekommt man auch al forno (im Ofen mit Kartoffeln und Tomaten geschmort), was jedoch eine längere Wartezeit bedingt. Die gute Auswahl an Beilagen umfasst Salate, allerlei gekochtes Gemüse, Patate fritte. Ein paar hausgemachte Dolci, etwa **Tenerina al cioccolato** (5 €), ergänzen das Menü. Neben dem ehrlichen Hauswein gibt es einige gute Flaschenweine aus dem italienischen Nordosten, darunter auch diverse Schaumweine.

Ai Trani

Trattoria
Via Cavour, 30
Tel. (+39) 04 25 / 251 09,
(+39) 340 / 735 86 25
Ruhetag: Mittwoch
Keine Ferien
45 Plätze + 15 Plätze im Freien
Preise: 25–30 €
Kreditkarten: AE, CS, DC, MC, Visa; BM
Mittags und abends geöffnet

Ein langer, immer gut besuchter Tresen mit vielen *Golosessi* (Plätzchen) lädt zu einem guten Glas Wein, das man mit *Cicheti* begleiten kann. Eine Treppe führt in einen gemütlichen Gastraum im Obergeschoss, dessen Ziegelmauern das Alter des Hauses verraten. Familie Conforti führt das Lokal seit mehreren Jahren: Andrea und Fabrizio an der Bar, Mamma Maria Rosa und Ehemann Livio im Saal. Empfehlenswerte Vorspeisen sind **Luccio in *saor*** (4 €) und die Salumi mit Sottaceti begleitet von Fladenbrot namens ***Pinza***. Ein Abschnitt der Karte ist den **Risotti** gewidmet: **con la trippa** (Kutteln), ai fegatini (Geflügelleber), ai piselli (Erbsen), al *tastasal* (Wurstbrät, 9 €). Klassiker wie **Bigoli in salsa**, die es auch con sugo d'anatra gibt, und Pasta e fagioli (7 €) sind ebenfalls vertreten. Genauso schmackhaft die Secondi: Guanciale in umido (9 €), **Fegato alla veneziana**, Baccalà, **Trippa alla parmigiana** oder **Seppie in umido con i piselli** (10 €). Herausragend von den durchweg hausgemachten Dolci sind das Krokantparfait mit Karamellsauce (4 €), die **Zuppa inglese**, das Tiramisu und der für das Polesine typische Kuchen ***Brazadea***. Ein neues Kapitel der Karte nennt sich Burgheria: diverse Burger aus selbst gebackenem Brot, gefüllt mit heimischen Zutaten. Weinkarte mit Etiketten aus dem Umland, ein paar Biere aus Kleinbrauereien.

Gelateria Godot, Via Domenico Piva 1: ein im wahrsten Sinne des Wortes cooler Laden, in dem Elio Eissorten der ungewöhnlichen Art kreiert. Blu Ice an der Piazzetta Caffaratti (hinter dem Postamt) und im Ortsteil Borsea (4 km vom Zentrum), Via XXV Aprile 19: köstliche Eissorten, von Gabriele und Mattia Mercuriali aus frischen Früchten und anderen erstklassigen Zutaten erzeugt.

38 KM NORDÖSTLICH VON VENEDIG, S.S. 14 OD. A 4

Antica Trattoria Da Nicola

Trattoria • Via Sauro, 56
Tel. (+39) 04 21 / 546 24
Ruhetag: Montagabend, Dienstag
Ferien: letzten 2 Augustwochen, 1 Woche im Februar
70 Plätze + 75 Plätze im Freien
Preise: 32–35 € • Kreditkarten: Visa; BM
Mittags und abends geöffnet

Drei einfache, aber behagliche Gasträume mit 1970er-Jahre-Charme, so präsentiert sich diese historische Dorftrattoria. Patron Nicolò Boschin hat das Lokal nach seinem Großvater benannt, der es anno 1902 gegründet hatte. Die Grundprodukte werden sorgfältig ausgesucht: Fisch – der unbestrittene Protagonist – auf den Märkten in Chioggia und Grado, Gemüse bei einem alten Bauern aus dem Ort. In der kalten Jahreszeit stehen auch einige Wildgerichte, das Wägelchen mit den Bolliti (13 €) und der Taubenfleischeintopf *Sopa coada* auf dem Speisezettel. Zum Auftakt immer im Angebot sind Salumi von einem örtlichen kleinen Erzeuger. Der Fisch wird auf sehr schlichte, aber achtsame Weise zubereitet und angerichtet: *Folpeti* (Tintenfisch) und allerlei Muscheln – Cappesante, Vongole veraci, Cappelunghe, Canestrelli – sowie Canocchie (Krebse) als Antipasti, während Butt (Rombo und *Soaso*), Sardinen in *saor*, Dentice (Zahnbrasse) und Baccalà die Hauptgerichte ergeben. Um Süßwasserfisch zu probieren, muss man vorbestellen: **Anguilla *coi amoi*** (Aal mit Wildpflaumen, 15 €) und Tinca rovessà (Schleie mit weißem Speck, Wurst und Kräutern aus dem Ofen). Immer erhältlich sind **Risotto di pesce** oder **Risotto di crostacei** sowie **Tagliatelle con ragù di seppioline** (11,30 €). Das würdige Finale bilden Cremes mit Saisonfrüchten und typischen Keksen (Ferri di cavallo) oder Crema di mascarpone mit hausgemachten Biscotti (4,50 €). In Sachen Wein liegt der Fokus auf dem Nordosten, wobei Winzer aus der nahen Zone Lison-Pramaggiore und aus Valdobbiadene für Prosecco überwiegen. Mittags gibt es ein sehr günstiges Menü zum festen Preis.

„Hier schmeckt man die Tradition bei jedem Bissen. Ein echter Klassiker, der nie enttäuscht."

SAN GIORGIO IN BOSCO (PD)
Sant'Anna Morosina

22 km nördlich von Padua, S.S. 47

Da Giovanni

Restaurant
Piazza XXIX Aprile, 213
Tel. (+39) 049 / 599 40 10
Ruhetag: Dienstagabend, Mittwoch
Ferien: 1 Woche im Januar, 3 Wochen im August
120 Plätze + 100 Plätze im Freien
Preise: 30 €
Kreditkarten: MC, Visa; BM
Mittags und abends geöffnet

Man lasse Padua hinter sich und wage sich vor in die luftige ländliche Gegend um Sant'Anna. Das mitten im Ort gelegene Ristorante der Familie Pettenuzzo bietet viel Platz (und ist daher auch für große Runden geeignet), vor allem aber eine Küche mit einigen sehr ursprünglichen Merkmalen. Giovanni und Anna führen das Haus seit über 40 Jahren. Noch nicht so lange dabei sind Martino und Maria – er in der Küche, sie im Service. Von beeindruckender Größe ist die Arbeitsfläche, auf der der Nudelteig ausgerollt wird, ebenso der winterliche Bratspieß: Pasta und Spiedo sind denn auch die Stärken des Lokals. Die Menükarte, die der Tradition entsprechend im Jahreskreis häufig wechselt, weist einige Konstanten auf: Als Entree Giovannis selbst gemachte Wurstwaren (Trittico dei salumi, 7 €) und Tortino di verdure (im Winter mit Brokkoli oder Kürbis, im Sommer mit Auberginen, 8 €). An Primi gibt es die exzellenten **Tagliatelle** alla Giovanni **mit Sauce aus gemischtem Fleisch** (das mit dem Messer gehackt wird) oder mit Erbsen bzw. Spargel, ferner **Ravioli mit Gemüsefüllung** oder Zuppa aus Gartengemüse, Hülsenfrüchten, Gerste und Dinkel. Unter den Secondi sind **Anatra al forno** (Ente aus dem Ofen, Spezialität des Hauses, 13 €) und Tranchen vom Kalb zu entdecken, die an dem bereits erwähnten Spieß gebraten werden. Es fehlt auch nicht an **Baccalà** – in der kalten Jahreszeit **mit Polenta** (aus Mais der Sorten Maranello oder Biancoperla), im Sommer als Baccalà mantecato (13 €). Viele Gerichte der Paduaner Tradition ergänzen die Karte, die auch Vegetarisches und Veganes empfiehlt. Die Dolci sind hausgemacht, z. B. Mandel-Haselnuss-Krokant. Die Weinkarte deckt ganz Italien ab und nennt einige Spitzenprodukte aus der Region; tadellos die von Giovanni in der Piave-Gegend aufgespürten offenen Weine.

SANDRIGO (VI)

15 km nördlich von Vicenza

Zolin

Moderne Osteria
Via Roma, 14
Tel. (+39) 04 44 / 75 05 42
Ruhetag: Sonntagabend, Montag
Ferien: 1 Woche im August
45 Plätze + 20 Plätze im Freien
Preise: 26–30 €
Kreditkarten: AE, CS, DC, MC, Visa; BM
Mittags und abends geöffnet

Der Chic eines modernen Ateliers im interaktiven Dialog mit Geschmacksnoten und Aromen von einst. Nach dieser Formel ist es Luigi Zolin (dem überaus liebenswürdigen Inhaber, der im Saal zugegen ist) und seiner Schwester Giuseppina (einer begnadeten Köchin) gelungen, ihrer beider Eigenarten in Wechselwirkung treten zu lassen und in ihrer „Genusswarenhandlung" – wie man den Schriftzug „Ferramenta" an der Fassade des Hauses im Zentrum von Sandrigo frei interpretieren könnte – zu vermitteln. Die langen Holztische und die Wandregale, in denen auch einige Slow-Food-Presidi zu entdecken sind, erinnern an eine Locanda aus anderen Zeiten, an ein Haus, in das man einkehrte, um eine Mahlzeit zu sich zu nehmen, wobei man immer auch ein paar herzliche Worte mit anderen Gästen wechseln konnte. Die Menükarte wird täglich neu gestaltet, abhängig davon, was gerade an Grundprodukten und frischem Gemüse erhältlich ist. Von den Primi erwähnt seien Giuseppinas Pasticcio mit Fleischragout, die **Bigoli con ragù d'anatra** (Pasta mit Entensauce, 10 €), die traditionellen **Gnocchi col *pestat*** (12 €) und die diversen Suppen des Tages. Da in dieser Gegend getrockneter Kabeljau der wahre Star auf den kulinarischen Bühnen ist, darf natürlich ein Teller mit **Polenta und Baccalà alla vicentina** (17 €) nicht fehlen. Man kann sich aber auch für heimisches Kaninchen aus dem Ofen (**Coniglio nostrano al forno**, 15 €) oder gefülltes Perlhuhn – **Faraona ripiena** – entscheiden. Von den Dolci erwägenswert sind das **Tiramisu** (6 €), die Bavarese aus weißer oder dunkler Schokolade und das Apfelküchlein (Tortino di mele). Die Weine bieten einen schönen Querschnitt durch die lokale Winzerszene und es besteht auch die Möglichkeit zu glasweisen Verkostungen.

SANT'AMBROGIO DI VALPOLICELLA (VR)
San Giorgio di Valpolicella

20 KM NORDWESTLICH VON VERONA

Dalla Rosa Alda

Trattoria
Strada Garibaldi, 4
Tel. (+39) 045 / 770 10 18
Ruhetag: Sonntagabend, Montag
Ferien: Januar/Februar
60 Plätze + 60 Plätze im Freien
Preise: 35–38 €
Kreditkarten: AE, CS, DC, MC, Visa; BM
Mittags und abends geöffnet

Im Zentrum des Dorfes San Giorgio mit seinen Steinhäusern und dem sehenswerten römisch-langobardischen Kirchenbau stoßen wir auf diese schöne Trattoria, von deren Terrasse man die Hügel des Valpolicella bewundern kann. Lodovico Testi und Familie arbeiten mit Leidenschaft, setzen auf Tradition und Förderung lokaler Produkte wie des Weins aus den mühselig bebauten, für Amarone und Valpolicella berühmten Terrassenweingärten – den *Marogne*. Der unterhalb des Lokals in den Fels gehauene Weinkeller birgt eine breite Palette an Amarone, auch von weniger bekannten Winzern, die Lodovico gerne aufspürt und promotet. Vis-à-vis wurde eine Enoteca eingerichtet, wo man gute Tropfen der Vignaioli delle Marogne zu typischen Produkten der Lessinia und der Monte-Baldo-Gegend probieren kann. Die Karte der Trattoria empfiehlt Salumi, Formaggi und **Arrosticini vom Brogna-Schaf aus dem Valpolicella** (Slow-Food-Presidio). Immer präsent sind ***Paparelle* in brodo con fegatini** (Nudelsuppe mit Hühnerklein) und Tagliatelle mit Trüffel vom Monte Baldo oder mit Salsa di fagioli. Gut sind der **Risotto con i *bruscansi*** (13 €) und der mit Kirschen (con le ciliegie). Neben traditionellen Secondi wie **Brasato all'Amarone** und ***Pastissada de caval*** gibt es in Rote-Bete-Saft marinierte geräucherte Schweinelende (Lonza di maiale, 11 €) und mit Honig glasierten Truthahn (Bianco di tacchino laccato al miele, 11 €). Man schließt mit typischem Hefegebäck namens ***Pissotta***, das mit Olivenöl aus der Region verfeinert ist und gut zu einem Glas Recioto passt.

In **Valgatara**, einem Ortsteil von Marano di Valpolicella (8 km), erzeugt Marco Scamperle im Il Gelato, Via Cadioli 55, köstliche, saisonal variierende Fruchteissorten.

SAONARA (PD)

12 KM ÖSTLICH VON PADUA

Antica Trattoria al Bosco

Trattoria
Via Valmarana, 13
Tel. (+39) 049 / 64 00 21
Ruhetag: Dienstag
Ferien: 10 Tage nach Weihnachten
80 Plätze + 80 Plätze im Freien
Preise: 30–35 €
Kreditkarten: AE, CS, DC, MC, Visa; BM
Mittags und abends geöffnet

Das seit Beginn des 19. Jahrhunderts als Gaststätte fungierende Haus präsentiert sich heute als Trattoria und bietet Typisches der gastronomischen Tradition Paduas, das die sympathische Inhaberin Stefania kompetent erläutert und serviert. Pferdefleisch – die hiesige Spezialität – ist in mehreren Kapiteln der Karte vertreten. Den Auftakt macht **getrocknete, geräucherte und von Hand aufgeschnittene Carne di cavallo** begleitet von **Polenta** (9 €), falls man sich nicht für **Prosciutto dolce di Montagnana** (10 €) oder Soppressa vom einheimischen Schwein, serviert mit zweifach gebackenem Holzofenbrot, entscheidet. Tradition in Reinkultur kommt mit den Primi auf den Tisch: **Pasta e fagioli** (8 €), **Bigoli mit Entensauce** und Trevisaner Spätradicchio oder Bigoli in salsa (mit Sardellensauce), **Tagliolini con ragù di gallina padovana** (Slow-Food-Presidio). Bei den Secondi dominiert Fleisch vom Bauernhof, insbesondere Pferdefleisch: **Spezzatino di cavallo mit Polenta aus Biancoperla-Mais** (Slow-Food-Presidio, 12 €), Faraona con salsa peverada (14 €), Coniglio al forno, diverse Tranchen vom Grill. Verlockend die von Konfitüren begleitete Käseselektion, in der etliche Slow-Food-Presidi vertreten sind. Das Angebot an hausgemachten Dolci wie Biscotti di credenza (4 €) oder **Crostata** kann man mit einem Glas aus dem Dessertweinsortiment begleiten. Die Weinkarte enthält Produkte aus vielen Regionen Italiens und rückt die interessantesten Erzeuger aus den nahen Colli Euganei ins rechte Licht. Die Bierkarte mit Produkten kleiner Brauereien bietet eine gute Alternative.

»*In einen sicheren Hafen wie diesen, der die Traditionen der Paduaner Küche hütet und gediegen darbietet, läuft man immer wieder gerne ein.*«

SCHIO (VI)
Magrè

25 KM NORDWESTLICH VON VICENZA, S.S. 46

All'Antenna

Restaurant
Via Raga Alta, 4
Tel. (+39) 04 45 / 52 98 12
Ruhetag: Dienstag
Ferien: 2 Wochen im August/September
40 Plätze + 15 Plätze im Freien
Preise: 30–35 €
Kreditkarten: Visa; BM
Abends geöffnet

Das Lokal bietet eine schöne Aussicht auf die Kleinen Dolomiten und den Talboden des Val d'Astico, der in der Ferne in tausend Lichtern erstrahlt. Wir sind ein paar Kilometer außerhalb des Zentrums von Schio, an der Straße, die sich in die Hügel hinaufschlängelt. Laura empfängt die Gäste in zwei stilvollen Räumen mit Panoramafenstern – ein adäquater Rahmen, um den von ihrem Mann Giovanni saisongerecht gestalteten Gerichten der Tradition zuzusprechen. Die Trattoria gehört dem Verband Gruppo Ristoratori Scledensi an, der sich für die Bewahrung der hiesigen Esskultur einsetzt. Als Antipasti (7 €) gibt es **Baccalà mantecato mit frittierter Polenta**, heimische Pancetta mit Asiago-Vecchio-Käse, **Polenta und Spargel**. Empfehlenswerte Primi (8 €) sind **Gargati col consiero** (Makkaroni mit Fleisch-Gemüse-Sauce) und die delikaten Gnocchi di ricotta mit Schnittlauch. Es folgen Kaninchen als **Coniglio alla valleogrina** (15 €), Stockfisch als **Baccalà alla vicentina** (17 €) und **Cervella di vitello fritta** (frittiertes Kalbshirn). Zum Nachtisch gibt es Desserts im Miniformat (2,50 €) wie karamellisiertes Ricotta-Semifreddo mit Rosinen oder Spuma di yogurt mit Erdbeercoulis, aber auch Dolci in normalen Portionen (4,50 €), etwa eine exzellente Creme brulée mit Lakritze oder Torta moretta (Schokokuchen). Gepflegte Auswahl an Still- und Perlweinen mit besonderem Augenmerk auf die örtliche Winzerszene.

In **Schio** führt Dolci Pensieri (Via Santissima Trinità 85) ein breites Sortiment an Kleinpatisserie und anderen süßen Sachen, darunter typische Gata aus Maranomais, Butter, Honig, Eiern, Mandeln, Grappa. In **Thiene** (10 km) bietet Enogramma (Via San Simeone 32) eine große Auswahl an in- und ausländischem Wein.

SEDICO (BL)
Mas

11 KM SÜDWESTLICH VON BELLUNO

Alla Stanga

Restaurant
Via La Stanga, 24
Tel. (+39) 04 37 / 876 11
Ruhetag: Montag
Ferien: Juni, November
90 Plätze
Preise: 30–35 €
Kreditkarten: MC, Visa; BM
Mittags und abends geöffnet

Das Val Cordevole bildete einst die natürliche Verbindung zwischen den venetischen Voralpen und den Belluneser Dolomiten. Dieser Weg war so bedeutend, dass in seinem Verlauf schon seit dem frühen Mittelalter gleich fünf Hospize für Reisende gab. Erst zu Beginn des 19. Jahrhunderts wurde eine Straße durch das Tal angelegt, für die Maut zu entrichten war. Folglich gab es eine Schranke – auf Italienisch *la stanga*, womit wir den Namen dieses schönen Restaurants geklärt haben. Patrizia und Luca vertreten die vierte Wirtsgeneration: Sie kümmert sich um den Service und sorgt für Wohlgefühl, er bastelt an spannenden Neuinterpretationen der hiesigen Traditionsküche. Seine Kreationen erzählen von den Ressourcen der Gegend – Forellen aus den Bächen, Käse und Lammfleisch von den Almen, die hier in niedrigeren Lagen *Maiolere* heißen, Pilze und Wildkräuter aus den Wäldern. Gute Appetizer sind mariniertes Kalbfleisch (**Vitello marinato con cipolla**, 6 €) und geräucherte Lachsforelle – **Trota salmonata affumicata – mit Butter und Crostini** (8 €). Von den Primi überzeugen Erbsencreme (Crema di piselli in crosta) und **Tagliatelle con funghi spungarole** (mit Morcheln, 8 €). Es folgen **Costolette di agnello in crosta di senape** (Lammkoteletts in Senfkruste, 14 €) und **Cervo in salmì** (Hirschgulasch). Als Nachtisch Gelato alla noce nostrana (Eiscreme mit heimischen Walnüssen) oder die obligate Zabaione alla brace. Aus dem gut sortierten Weinbestand wird Etliches auch glasweise ausgeschenkt. Wer sich die Qual der Wahl ersparen möchte, nimmt das Menù del Parco (25 €), für das Produkte von Betrieben aus dem Einzugsgebiet des Nationalparks Belluneser Dolomiten Verwendung finden; im Menüpreis inbegriffen sind aus den autochthonen Rebsorten Pavana, Paialonga, Gata und Bianchetta gekelterte Weine.

SELVA DI PROGNO (VR)
Giazza

38 KM NORDÖSTLICH VON VERONA

Ljetzan

Traditionelle Osteria
Piazza Don Domenico Mercante, 6
Tel. (+39) 045 / 784 70 26
Ruhetag: Dienstagabend, Mittwoch (außer im Juli und August)
Keine Ferien
60 Plätze
Preise: 27 €
Kreditkarten: AE, CS, DC, MC, Visa; BM
Mittags und abends geöffnet

Giazza ist ein kleiner Ort zwischen dem Val d'Illasi und dem Val di Revolto. Sofern man keine alpinistischen Ambitionen hat und nicht etwa das Carega-Massiv erklimmen möchte, wird es einen kaum in die Gegend verschlagen. Doch die Osteria, die Familie Boschi hier seit mehr als 50 Jahren führt, ist ein guter Vorwand, sich doch hierher zu wagen. Das Ljetzan befindet sich am kleinen Dorfplatz und Giorgio, der Patron, bemüht sich redlich, die Seele des Hauses zu bewahren, sein Lokal zu einem Ort der Begegnung par excellence zu machen. Die Speisekarte ist nicht sehr umfangreich, doch die Empfehlungen entspringen einer Volksküche, die heimische Produkte nutzt, oft in Verbindung mit wilden Kräutern und Früchten, die je nach Jahreszeit in den umliegenden Wäldern gesammelt werden. Von den Vorspeisen (7 €) empfiehlt sich die Lachsforelle – **Trota salmonata affumicata**, die über Kohle aus eigener Herstellung geräuchert wird, oder man genehmigt sich eine Kostprobe von hiesigen Salumi oder Käse aus der Lessinia begleitet von Mostarde und Konfitüren handwerklicher Machart. Die für die örtliche Tradition typischsten Primi sind sicherlich **Zuppa di fagioli alla catena** und **Gnocchi *sbatui* mit geräucherter Ricotta**, wenngleich im Sommer auch die Vollkorn-Taglierini mit Artischocken und mittelhartem Monte-Veronese-Käse (8,50 €) zu empfehlen sind. Bei den Hauptgerichten angelangt, kann man zwischen Gegrilltem („cotti ai ferri") und Geschmortem („cotti in *tecia*") wählen: **Trota** (Forelle), Costata (Entrecote, 12 €), Braciola (Kotelett) oder Reh alias **Capriolo mit Polenta**. Sämtliche Dolci sind hausgemacht – nach Rezepten, die auf kleinen Wandtafeln beschrieben sind. Die kleine, aber feine Weinkarte empfiehlt Produkte aus der Region.

SEREN DEL GRAPPA (BL)
San Siro

40 KM SÜDWESTLICH VON BELLUNO, 9 KM VON FELTRE

San Siro

Ferienbauernhof
Via San Siro, 8 B
Tel. (+39) 04 39 / 446 28,
(+39) 389 / 679 41 52
Geöffnet Samstagabend, Sonntagmittag
Ferien: Ostern, 25. Dezember–15. Januar
40 Plätze
Preise: 29 € (Tagesmenü)
Keine Kreditkarten

Schon bei der telefonischen Reservierung (die vor allem im Sommer sehr zu empfehlen ist) werden Sie detailliert darüber informiert, was Sie erwartet. Auf der Fahrt zum Hof durchquert man die Wälder und Wiesen, in denen Ivano und Ehefrau Janine Wildkräuter und Pilze sammeln. So gut wie alle Grundprodukte stammen aus dem Wald, dem Gemüsegarten und der Viehhaltung des Agriturismo. Ivano berichtet den Gästen, was Mamma Franca und Janine kochen. Die 15-gängige Speisenfolge ist vorgegeben und besteht aus fünf Antipasti, drei Primi, zwei Secondi und fünf süßen Kostproben (im Schnitt zahlt man 29 €, den offenen Rotwein und/oder Weißwein des Hauses nicht mitgerechnet). Die Gerichte wechseln dem Jahresverlauf entsprechend häufig. Man beginnt beispielsweise mit flaumigem Zucchini-Muffin auf Robiola-Minze-Sauce, köstlichem Fettgebäck – Bignè salato – mit Pfifferlingen und Zucchini-Julienne oder **Löwenzahnstrudel und Fonduta di Vecia Mastella**. Grandiose Primi sind die frischen **Tortelli mit Morlacco del Grappa und Tomaten** und die handgezogenen **Tagliolini al ragù di coniglio e verdure**. Zu den Secondi zählen mit Thymian gewürztes zartes Perlhuhn – **Faraona al forno** – mit Rosmarinkartoffeln und **Arrosto di coniglio disossato** (Kaninchenbraten) mit fantastischen sautierten Wildkräutern (Guter Heinrich, Amarant, Gänsefuß, Brennnesseln, Löwenzahn ...). Von den süßen Häppchen sind die vorzügliche **Crostatina di fragoline di bosco** (Walderdbeertarte) mit Vanillecreme sowie das Himbeereis mit Vanilleplätzchen (**Gelato di lamponi con biscotto profumato alla vaniglia**) zu erwähnen.

”
Naturverbundenheit und Freude an der Arbeit führen zu hervorragenden Ergebnissen, wie in jedem Gericht dieser Osteria zu schmecken ist.
“

31 KM NORDWESTLICH VON TREVISO

Dalla Libera

Restaurant
Via Farra, 24
Tel. (+39) 04 38 / 96 62 95
Ruhetag: Montag
Ferien: 2 Wochen im August
60 Plätze
Preise: 38–40 €
Kreditkarten: CS, MC, Visa; BM
Mittags geöffnet, Donnerstag–Samstag auch abends

Guter Geschmack und die richtige Balance aus Tradition und Moderne sind zusammen mit der leichten Hand von Küchenchef Andrea Stella die Merkmale dieses hübschen, versteckten Restaurants in einem Gebiet, das vor 100 Jahren Kriegsschauplatz war. Während Adela und Sandra für einen herzlichen Empfang sorgen, agiert Andrea in der Küche, wo er – nach Jahren der Zusammenarbeit mit Tante Libera, der Gründerin – nun von Bruder Paolo und Mutter Anna Maria unterstützt wird. Großen Stellenwert unter den durchweg erstklassigen Zutaten hat neben Käse und Fleisch Andreas große Leidenschaft: Kräuter, die er selbst sammelt, verarbeitet, fantasievoll einsetzt. Alle Speisen sind sorgfältig, aber unprätentiös angerichtet. Die Pasta ist wie das Brot hausgemacht, doch dürfen unter den Primi **Risotto mit Reis aus Grumolo delle Abbadesse** (Slow-Food-Presidio, 13 €) und **Kartoffelgnocchi** (12 €) in unterschiedlichen Variationen nicht fehlen. Ansprechend sind die Gerichte, die von der Küche anderer Regionen beeinflusst sind, etwa Zuppa di mozzarella mit violettem Artischockenherz (12 €). Wie in der Gegend üblich, gibt es danach zumeist Fleisch, z. B. Rinderbacke (**Guanciale di sorana in due cotture**, 16 €). Wer dann noch nicht satt ist, kann den Käseteller (16 €) mit ausgesuchten Formaggi hauptsächlich von Almen und Affineuren der Gegend probieren. Von den Dolci sehr gut ist das frisch zubereitete Tiramisu espresso. Großes Lob gebührt dem Wein – eine weitere Leidenschaft Andreas, der auch Sommelier ist: 800 Etiketten, mit Fokus auf hiesigen Produkten zu absolut fairen Preisen.

„Traditionsküche in zeitgemäßer Form zu bieten, ohne deren Charakter zu verändern: eine schwierige Aufgabe, die hier vortrefflich gelingt."

41 KM NÖ. V. VICENZA, 7 KM VON BASSANO DEL GRAPPA

Da Doro

Trattoria
Via Ferracina, 38
Tel. (+39) 04 24 / 81 60 26
Ruhetag: Dienstag
Ferien: unterschiedlich
50 Plätze
Preise: 28 €
Kreditkarten: AE, CS, DC, MC, Visa; BM
Abends geöffnet, Samstag und Sonntag auch mittags

In dem kleinen Dorf Solagna, nur wenige Kilometer von Bassano del Grappa entfernt, führt Familie Scapin seit geraumer Zeit diesen Tempel der guten Küche im Inneren eines Palazzos aus dem 17. Jahrhundert, der vor einer Weile renoviert wurde. Die alten Möbel und die Gerätschaften, die an der Wand im Gang aufgehängt sind, schaffen Flair und stimmen ein auf die Philosophie von Giovanni und Anna: bodenständige Gerichte, mit immer frischen Zutaten lokaler Herkunft, jedoch von ihrer ursprünglichen Deftigkeit befreit, so dass sie zeitgemäß und leicht verdaulich sind. **Forelle** aus dem nahen Fluss ist im Menü immer präsent, angefangen von dem Antipasto **Mousse di trota con zucchine** (6,50 €); alternativ dazu sind Tatar und Hering (**Aringa in bellavista**, 7 €) gute Starter. Fortfahren im Programm kann man mit der köstlichen **Zuppa di cipolle** (Zwiebelsuppe, 9 €), doch bemerkenswert sind auch die Trenette sedano e menta (Pasta mit Sellerie und Minze, 8,50 €), der Risotto – hier mit Hering und Kartoffeln – oder die **Gargati al ragù bianco** (Pasta mit Ragout von weißem Fleisch). Unter den Secondi wiederum Forelle, nun als **Trota al forno** (15 €), aber auch Arista alle mele (Schweinebraten mit Äpfeln, 16 €), Faraona (Perlhuhn), Capretto (Ziegenkitz). Pasta, Brot und Dolci kommen ausnahmslos aus der Küche des Hauses und sind von bester Machart, wie die Torta caprese sehr schön vor Augen führt. Der niveauvolle Weinbestand hat in puncto Weißweine stark regionale Prägung, während die Auswahl im Kapitel Rotweine weiter gesteckt ist.

„Giovanni versteht es, in einer betont schlichten Küche seine ganze Leidenschaft und Heimatverbundenheit zum Ausdruck zu bringen."

SOMMACAMPAGNA (VR)

13 KM WESTLICH VON VERONA, AUSFAHRT A 4

Al Ponte

Osteria
Via Corrobiolo, 38
Tel. (+39) 045 / 896 00 24
Ruhetag: Montagabend, Dienstag
Ferien: Ostern, August und Weihnachten
70 Plätze + 40 Plätze im Freien
Preise: 29 €
Kreditkarten: AE, CS, MC, Visa; BM
Mittags und abends geöffnet

Die einfache Dorftrattoria, deren Stärke geradlinige Hausmannskost ist, wird seit ein paar Jahren von Familie Pedrazzi geführt. Das Lokal im Stil der Siebzigerjahre ist optisch nicht sonderlich attraktiv. Doch geht es hier nicht um Äußerlichkeiten, sondern um das Wesen einer kulinarischen Ursprünglichkeit, die das spartanische Ambiente und den anspruchslosen Service bei Weitem wettmacht. Die Auswahl an Speisen ist zwar beschränkt, aber dafür bietet der Koch tagtäglich ein paar Empfehlungen, die nicht auf der Karte stehen und in großzügigen Portionen aufgetragen werden. Die Antipasti (7 €) basieren hauptsächlich auf Fisch: **Alici marinate** (marinierte Sardellen), **Sardinen in *saor*** oder **Insalatina di seppie** (Tintenfischsalat). Herausragend von den Primi (8,50 €) sind die **hausgemachten Tagliatelle**, die nur mit einem Stückchen Butter verfeinert sind: Die Saucen (Tomaten- oder Fleischsauce) werden separat in einer Sauciere serviert, aus der man sich bedienen kann. Übrigens gibt es die Tagliatelle auch mit frischen Erbsen (con piselli freschi in rosso). Ebenfalls hausgemacht und sehr zu empfehlen sind die **Pappardelle con gli asparagi** (Bandnudeln mit Spargel). Die Secondi stehen ganz im Zeichen der Tradition: Leber in der klassischen Spielart Fegato alla veneziana, Fleisch vom Grill (Steak oder Kotelett, 13 €) und – aus dem Kapitel Fisch – Hecht in der Version **Luccio in salsa** oder **Seppie in umido** (geschmorter Tintenfisch), die beide von dampfender **Polenta** begleitet werden. Rustikal, aber köstlich die Dolci, vor allem die Zuppa inglese und die Crostata di frutta. Die Weinkarte ist überschaubar, empfiehlt jedoch gute Flaschenweine aus der Region.

SOSPIROLO (BL)
Mis

15 KM WESTLICH VON BELLUNO, S.S. 203

Alla Certosa

Traditionelle Osteria
Via Mis, 83
Tel. (+39) 04 37 / 84 31 43
Ruhetag: Montag, Dienstag
Ferien: 1 Woche im Februar
Preise: 22–24 €
Kreditkarten: CS, MC, Visa; BM
Abends geöffnet, Sonntag auch mittags

Casimiro legte die Schürze in sehr jungen Jahren an, er arbeitete schon als Teenager in einer renommierten Patisserie in Santa Giustina. Auf die Hotelfachschule folgten erlebnisreiche Wanderjahre, dann kehrte er zurück in seine Heimatprovinz, nach Meano, wo er mit seinen grandiosen gefüllten Panini der Tosto Bar zu Berühmtheit verhalf. Seinen Lebensmittelpunkt fand er nicht weit weg, in einem Dorf Richtung Valle del Mis. Dort betreibt er nun mit seiner Frau Nadia eine behagliche Osteria, in der alles sehr gepflegt ist, angefangen von den Gerichten, die Casimiro mit Kostbarkeiten aus seinen zwei Gemüsegärten zubereitet. Für alles andere vertraut er auf die Käserei in Camolino, eine bekannte Teigwarenmanufaktur im Val di Fiemme und auf handwerklich arbeitende Produzenten, die er auf seinen kulinarischen Streifzügen kennenlernt. Das Menü folgt einem präzisen Schema: Antipasti-Kostprobenteller (8 €), Primi nach Wahl, aber für die ganze Tischrunde gleich (8 €), keine Hauptspeisen. Casimiro lässt sich von den Jahreszeiten leiten und kocht alles frisch. Von seinen vielen Ideen erwähnt seien Sformatini mit Ei, Ricotta und Holunderblüten, **Polpette di bollito e patate**, Crespelle mit Spargel und Ricotta, **Zuppa di lenticchie**, **Tagliolini integrali di farro con porcini e guanciale** (Vollkornpasta mit Steinpilzen und Speck). Die Desserts (4 €) sind Nadias Werk. Ebenso niveauvoll wie das Käsewägelchen mit italienischen und französischen Sorten ist der Weinkeller. Die gut gegliederte Karte zeigt ein Faible für biologischen und biodynamischen Weinbau.

Im Laden der Latteria Sociale in **Camolino** (1,5 km) kann man Käse, Ricotta und Butter, Honig, Trockenfrüchte, Konfitüren und Fruchtsäfte einkaufen.

STRA (VE)
Paluello

26 KM WESTLICH V. VENEDIG, 14 KM ÖSTL. V. PADUA

Da Caronte

Traditionelle Osteria
Via Dolo, 39
Tel. (+39) 041 / 41 20 91
Ruhetag: Dienstagabend, Mittwoch
Ferien: je 2 Wochen im Januar und August
40 Plätze + 40 Plätze im Freien
Preise: 33–35 €
Kreditkarten: CS, MC, Visa; BM
Mittags und abends geöffnet

An nebeligen Tagen, die an der Riviera del Brenta häufig sind, tut es gut, vom lodernden Kaminfeuer in dieser Osteria empfangen zu werden, die auf mehr als ein Jahrhundert Geschichte zurückblickt. In der warmen Jahreszeit können Sie die Gastlichkeit der Familie Minchio, die das Lokal seit beinahe 30 Jahren führt, am Flussufer genießen. Traditionsbewusstsein charakterisiert das Fleisch- und Fischmenü, das Ihnen präsentiert wird, während Sie ofenwarmes Brot serviert bekommen. Das kulinarische Aushängeschild ist **Misto di *saor*** (15 €) – Gemüse, Fisch und zarte Krebse begleitet von weißer Polenta. Immer im Angebot sind ***Schie* con polenta bianca** (9 €) und **Tris di baccalà** (15 €) sowie einige gute Fleischgerichte. An Primi gibt es Pasticcio alla padovana (9 €) und innovative Taglierini mit Spirulina-Algen, die seit ein paar Jahren in der Lagune kultiviert werden. Eine weitere Innovation, zu der die ganze Familie (Mamma Maria Grazia in der Küche, ihr Mann Roberto im Saal, wo ihm die Söhne Giacomo und Michele helfen) beigetragen hat, ist das Menü „Grappa cibo", das zu diversen Gerichten hochprozentige Begleitungen aus einem großen Sortiment an edlen Grappas vorsieht. Es gibt auch noch andere Degustationsmenüs und werktags ein Mittagsmenü für 15 €. Zum Finale eine feine hausgemachte Süßspeise, z. B. Torta della nonna. Die Weine stammen vorwiegend aus dem nordostitalienischen Raum: gute Etiketten und faire Preise.

In **Dolo** (6,5 km), Via Ca' Tron 31, befindet sich der Torronificio Scaldafero. Seit 1919 erzeugt diese Manufaktur aus natürlichen Grundprodukten (Mandeln und Honig sind die Hauptzutaten) den typisch venetischen Mandorlato, der nach dem Kochen von Hand weiterverarbeitet wird.

SUSEGANA (TV)
Musile

23 KM NÖRDLICH VON TREVISO

Borgoluce

Ferienbauernhof
Via Morgante II, 34
Tel. (+39) 04 38 / 98 10 94
Ruhetag: Montag, Dienstag
Keine Ferien
60 Plätze + 40 Plätze im Freien
Preise: 35 €
Kreditkarten: AE, CS, DC, MC, Visa; BM
Mittags und abends geöffnet

In der grünen Marca Trevigiana leuchtet zwischen Hügeln und Wäldern der Gutshof Borgoluce, der im Besitz der Adelsfamilie Collalto ist. In dem gleichnamigen Speiselokal empfängt Sie Romina mit einem Lächeln in einem angenehmen, gepflegten Ambiente. Ihr Mann Jonny Rui, der Küchenchef, kreiert Speisen aus einfachen Zutaten, die er gekonnt in Szene setzt, geschmacklich wie optisch. Die verwendeten Qualitätsprodukte werden zu einem guten Teil auf dem Hof erzeugt. Unser Tipp: Beginnen Sie mit Bruschetta aus selbst gebackenem Brot mit Büffelmozzarella und marinierten Melanzane (9 €) oder mit dem Aufschnitt, zu dem hausgemachte Giardiniera serviert wird. Es folgen die Vesuvio di Gragnano mit Pesto, kleinen Tomaten und Büffelricotta (9 €), hausgemachte **Tagliatelle con fave e pancetta** oder Kartoffel-Fagottini mit Büffelricottafüllung, die mit Oliven und Kirschtomaten angerichtet werden. Von den Secondi zu empfehlen sind das **Filetto di maiale in salsa con i porcini** (Schweinefilet mit Steinpilzsauce, 17 €), das Lamm – **Agnello di razza alpagota Borgoluce** – oder der Hamburger vom Rind im Sesambrötchen mit Büffel-Caciotta, Pancetta, karamellisierten Zwiebeln und hausgemachter Mayonnaise (15 €). Zum Schluss Crema al limone mit Lakritzeeis und Minzebaiser (6 €), Cupola di cioccolato fondente gefüllt mit Mousse von weißer Schokolade auf Melonensalat oder Bavarese allo yogurt di bufala mit Erdbeerragout. Man trinkt die guten Borgoluce-Weine, obwohl auch einige Etiketten aus Venetien und ganz Italien vorrätig sind.

Im Laden des Gutes Borgoluce (Ortschaft Musile, Hausnummer 2) kann man frischen Käse, Fleisch, Wurstwaren, Wein, Öl, Mehl und Honig für zu Hause einkaufen.

40 KM NORDW. V. TREVISO, 12 KM V. VITTORIO VENETO

Belvedere da Tullio

Restaurant
Ortsteil Arfanta
Tel. (+39) 04 38 / 58 70 93
Ruhetag: Montagabend, außer im Sommer
Ferien: ersten 3 Septemberwochen
60 Plätze + 40 Plätze im Freien
Preise: 26–30 €
Kreditkarten: AE, CS, DC, MC, Visa; BM
Mittags und abends geöffnet

Ein paar Kilometer entfernt von der Abtei Follina liegt in einem der faszinierendsten Winkel der hügeligen Marca Trevigiana die Ortschaft Arfanta, die nicht von ungefähr auch bei dem Dichter Andrea Zanzotto Erwähnung findet. Dort befindet sich das Hotelrestaurant Belvedere da Tullio. Empfangen wird man von Nadia und Roberto, die bei schönem Wetter auf die Terrasse einladen, von der man ein herrliches Panorama genießen kann. In der kalten Jahreszeit nimmt man gerne im Lokalinneren Platz, wo sich der mit allen technischen Finessen ausgestattete Spieß zum Braten von Fleisch befindet, der offensichtlich der ganze Stolz und gleichzeitig das Symbol des Hauses Pilat ist. Beginnen kann die Annäherung an die kulinarischen Freuden mit einem Rindertatar mit Käsecreme (7 €) oder mit den typischen **Lumache al tegamino** (geschmorte Schnecken) oder aber – noch besser, zumindest in der Pilzsaison – mit gegrillten Steinpilzkappen mit Käse, sprich **Teste di porcino grigliate con morlacco**. Danach kann man sich für einen köstlichen Teller Bohnensuppe mit Radicchio (**Radici e *fasoi***, 7 €) oder für **Tagliatelle con porcini** entscheiden. Bei den Secondi begegnen wir der wahren Passion der Gastgeber: gemischtes Fleisch vom Spieß – **Spiedo di carni miste mit Polenta** (10 €). Die hohe Produktqualität, von der man sich bei allen bisher erwähnten Speisen überzeugen konnte, zeichnet auch die beachtliche Selektion an **Formaggi** aus: Geboten werden verschiedene Sorten, vorzugsweise von kleinen lokalen Käsereien. Die Dolci, z. B. Sorbets und Tiramisu, kommen aus der Küche des Hauses. Zu dem schönen Angebot an offen ausgeschenkten Weinen gesellt sich eine ebenso durchdacht zusammengestellte wie auf die Speisenempfehlungen abgestimmte Auswahl an Flaschenweinen.

TARZO (TV)

40 KM NORDW. V. TREVISO, 12 KM V. VITTORIO VENETO

Mondragon

Ferienbauernhof
Via Modragon, 1
Tel. (+39) 04 38 / 93 30 21
Ruhetag: Freitagabend, Samstag, Sonntag
Ferien: 2 Wochen im Juli/August
70 Plätze
Preise: 20–25 €
Kreditkarten: CS, MC, Visa; BM
Mittags und abends geöffnet

1978 kaufen Tina und Roberto zwölf Hektar Land samt Bauernhaus und beginnen nach dessen sorgsamer Restaurierung mit der Haltung von Gänsen, Schafen, Schweinen und Eseln. Es vergehen ein paar Jahre und sie eröffnen die bäuerliche Gaststätte, in der Tina kocht, Roberto als Joker fungiert und die Sprösslinge Giovanni, Andrea und Manuela (mit Ehemann Michael) engagiert mitarbeiten. Die Familie ist stolz darauf, den Hof mit Augenmerk auf das Wohlbefinden des Viehs zu führen, Reben unter Verwendung von umweltfreundlichen Produkten zu kultivieren und all das, was man nicht selbst erzeugt, von Bauern aus der Nachbarschaft zu beziehen. Das ganze Jahr über spielt Ihre Majestät die **Gans** die Hauptrolle: als **Paté d'oca con crostini**, als **Salame d'oca** oder als (leicht geräucherte) Pitina d'oca, als Oca in *saor*, in der Kombination **Rustico di erbe e petto d'oca**, als Ragout für Tagliatelle und Gnocchi, in Form von Coscetta d'oca mit schwarzem Pfeffer und Senf, sowie als **Oca in onto** (Slow-Food-Presidio). Von den weiteren Empfehlungen erwähnten seien die **Zuppa selvatica** (Suppe aus sieben oder acht verschiedenen Kräutern), die Pasticci di verdure (Gemüseaufläufe), die **Crespelle al tarassaco** (Crêpes mit Löwenzahn), das **Agnello al forno** (Lammbraten), der Spiedo misto (Hähnchen-Schweinefleisch-Spieß); an Beilagen bekommt man Polenta, Ofenkartoffeln, Saisongemüse. Zum Nachtisch gibt es beispielsweise Crostate di frutta (Mürbeteigkuchen mit Obst) und hausgemachte Kekse wie die *Zaeti*. Die Weinauswahl beschränkt sich auf einen guten Prosecco und einen Cabernet, die beide aus Trauben der eigenen Weinberge erzeugt werden. Am Sonntagmittag gibt es ein Menü zum festen Preis von 24 € (ohne Getränke). Jedes Jahr im November findet im Mondragon das „Fest der Gans" statt, das immer ein anderes Leitmotiv hat.

TEOLO (PD)

21 km südwestlich von Padua

Da Antonio

Restaurant
Via Molare, 48
Tel. (+39) 049 / 992 51 09
Ruhetag: Donnerstag
Ferien: 2 Wochen im September
100 Plätze + 80 Plätze im Freien
Preise: 24–26 €
Kreditkarten: CS, DC, MC, Visa; BM
Mittags und abends geöffnet

Das seit mehreren Generationen als Familienbetrieb geführte Lokal liegt nur ein paar Schritte vom Zentrum entfernt. Der Speisesaal und die angrenzende Terrasse bieten eine wunderschöne Aussicht auf die Euganeischen Hügel, die Küche empfiehlt eine an traditionellen Gerichten reiche Karte. Herausragend von den Antipasti sind der **Prosciutto di Montagnana** (6 €) und die Salumi caserecci (5 €) begleitet von Brot oder **gerösteter Polenta**. Alternativ dazu gibt es pikante Kuchen, die je nach Saison variieren. Obligat die hausgemachten **Gnocchi** mit zahlreichen verschiedenen Saucen, etwa **Ragù di pollo** (6 €) oder Pilzsauce, sowie die **Bigoli al torchio con sugo d'anatra** (mit einer traditionellen Nudelpresse gefertigte Pasta, begleitet von Entensauce). Auch die Ravioli mit Melanzane, Tomaten und Basilikum wollen probiert werden, die Lasagne ai *carletti* (mit Leimkraut) ebenso. Der von Antonio höchstpersönlich – der Namensgeber des Lokals ist mittlerweile im Ruhestand – gepflegte Gemüsegarten liefert allerlei Gemüse, unter anderem feine Erbsen, die mit hausgemachten Nudeln als Tagliatelle con i piselli auf den Teller kommen. Neben dem traditionellen Grillteller (Grigliata alla brace, 10 €) wird allerlei gebratenes weißes Fleisch angeboten, etwa Kaninchen als **Arrosto di coniglio** oder Perlhuhn als Arrosto di faraona mit Gemüsebeilagen. Im Herbst sollten Sie sich den Fagiano con le ciliegie (Fasan mit Kirschen) nicht entgehen lassen. Unter den Dolci (4 €) sind Crostata con la marmellata di fichi (Gitterkuchen mit selbst gemachter Feigenkonfitüre), Torta di ricotta und **Salame di cioccolato** zu entdecken. Die Weinkarte empfiehlt eine adäquate Auswahl an Etiketten aus der Gegend und darüber hinaus.

TOMBOLO (PD)

33 km nördlich von Padua

Ai Mediatori

Trattoria
Via Roma, 2
Tel. (+39) 049 / 596 95 41,
(+39) 338 / 436 28 32
Ruhetag: Montagabend, Dienstag
Ferien: 1 Woche nach Dreikönig, 2 Wochen um den 15. August
60 Plätze + 40 Plätze im Freien
Preise: 35 €
Kreditkarten: MC, Visa; BM
Mittags und abends geöffnet

Früher einmal war es der Viehmarkt, der den Rhythmus vorgab: buntes Treiben, ein Kommen und Gehen von vermittelnden Händlern, dann ein Teller Kutteln und ein paar Gläser Wein, um das tägliche Geschäft mit dem Vieh zu besiegeln. Seit einigen Jahren ist es Familie Antonello, die das Lokal mit der hübschen Sommerveranda leitet und Gerichte der traditionellen Küche, aber auch anderes empfiehlt. Die Eltern Simone und Stefania sind im Speisesaal anzutreffen, während die Söhne Federico und Fabio in der Küche agieren. Von den Gerichten, denen in den Sommermonaten Gemüse wie Spargel oder Erbsen frische Akzente verleiht, erwähnt seien die **hiesige Soppressa** und die **Pancetta**, die Crostini con baccalà mantecato (getoastetes Brot mit Stockfischaufstrich, 9 €), die sämige **Polenta aus Marano-Mais mit Formaggio fuso und Salame alla brace** (8 €) oder die Nervetti con fagioli (Knorpelsalat mit Bohnen). Fortsetzen lässt sich der Genuss mit **Tagliatelle ai piselli** (Erbsen), mit Tagliatelle con ragù di salsiccia oder auch mit Tortelli ripieni di baccalà (Teigtäschchen mit Stockfischfüllung). Bei den Secondi triumphiert Fleisch, hauptsächlich vom Grill, neben Kutteln in der Version **Trippa alla parmigiana** (12 €) und **Baccalà alla vicentina** (15 €) nach dem Rezept der ehrenwerten Bruderschaft des *Bacalà* alla vicentina mit Sitz in Sondrigo. Zu anderen Zeiten im Jahr ergänzen **Bollito** (verschiedene Sorten Kochfleisch, 15 €), Oca (Gans) und Cappone (Kapaun) die Auswahl. Dem traditionellen Anspruch, dass freitags kein Fleisch gegessen werden sein soll, wird man hier insofern gerecht, als einige Gerichte zum Thema Fisch, der direkt vom Markt in Chioggia kommt, mündlich empfohlen werden. Die Desserts sind hausgemacht, die Weine stammen hauptsächlich aus Venetien und dem Friaul.

TORREGLIA (PD)

16 KM SÜDWESTLICH VON PADUA

La Tavolozza

Restaurant
Via Boschette, 2
Tel. (+39) 049 / 521 10 63
Ruhetag: Mittwoch, Donnerstagmittag
Ferien: Ende Juli/Anfang August
80 Plätze + 70 Plätze im Freien
Preise: 33–35 €
Kreditkarten: CS, DC, MC, Visa; BM
Mittags und abends geöffnet

Das alte Gehöft, das Fabio Del Santo (Küche) und Paolo Putti (Service) renoviert haben und seit über 20 Jahren als Lokal führen, wissen Kunden aus der gesamten Provinz und auch von außerhalb sehr zu schätzen. Der schnörkellosen, professionellen Gastlichkeit entspricht ein Menü, das sich durch eine gute Balance zwischen Tradition und Innovation auszeichnet. Erstklassige Grundzutaten – allein die Polenta aus Marano-Mais spricht für einen Besuch – untermauern das Credo des Chefkochs, enge Verbindungen zum Umland zu wahren. Neben Trevisaner Spätradicchio in Backteig, an dessen Stelle in der entsprechenden Saison weißer Spargel aus Pernumia tritt, ist von den Antipasti die **Insalata di galletto mit knackigem Spargel** oder **mit Puntarelle** (8 €) zu erwähnen. Bemerkenswert von den Primi sind die Bigoli, die **Lasagna croccante con carciofi e asiago** (knusprige Teigblätter mit Artischocken und Käse, 9 €), der Riso mantecato mit Wildkräutern aus den Colli Euganei (11 €). Es folgen gute Fleischgerichte, auch vom Grill, und eine immer tadellose Kalbsleber als **Fegato alla veneziana con polenta di Marano** (12,50 €). Alternativ dazu gibt es ein paar feine Fischgerichte, etwa **Baccalà alla vicentina** (14 €). Zum Ausklang werden leckere Desserts nicht nur traditioneller Machart serviert, z. B. Freschezza alla menta con spuma di liquirizia (Minzecreme mit Lakritzeschaum) oder Frittelle (Fettgebäck). Die preislich faire Weinkarte zollt vor allem den Terroirs der Euganeischen Hügeln Tribut, präsentiert seit Jahren exzellente Produkte und Spitzenwinzer, streift aber auch andere Anbauzonen des norditalienischen Zentralraums.

»*Das Geheimnis des Tavolozza? – Vorzügliches Essen in behaglichem Ambiente.*«

TREVENZUOLO (VR)
Fagnano

22 KM SÜDLICH VON VERONA

Alla Pergola

Trattoria
Via Nazario Sauro, 9
Tel. (+39) 045 / 735 00 73
Ruhetag: Sonntag, Montag
Ferien: 4 Wochen im Juni/August
50 Plätze
Preise: 25–30 €
Kreditkarten: CS, MC, Visa; BM
Mittags und abends geöffnet

Felder, Reis und Viehhaltung sind die prägenden Elemente dieses Landstrichs. Die Straßen und Siedlungen passen sich dem an, wirken vergleichsweise bescheiden. Wir sind an der Grenze zwischen den Provinzen Verona und Mantua, was sich auch kulinarisch bemerkbar macht. Das Lokal unter der Leitung von Familie Bresciani ist ein klassisches Landgasthaus mit einer anspruchslosen Küche, die gleich zur Sache kommt, mündlich vorgetragen wird und einige unveränderliche Bezugspunkte aufweist, etwa Risotto und eine große Auswahl an traditionellem Kochfleisch. Mehr Bedeutung als den Antipasti kommt den Primi (8 €) zu, dem erwähnten **Risotto all'isolana** mit Reis der Sorte Vialone Nano und mit dem Messer gehacktem Schweine- und Kalbfleisch, sowie hausgemachten Teigwaren, beispielsweise Pasticcio di verdure, **Tortellini di carne** oder **Tortelli di zucca**. Danach triumphiert der **Carrello dei bolliti** (gekochtes Rindfleisch, Zunge, Cotechino, Kalbskopf, 12 €), serviert mit klassischer ***Pearà* veronese** (heiße Sauce auf Basis von Semmelbröseln, Pfeffer, Knochenmark, Brühe und Parmigiano Reggiano), Salsa verde, Meerrettich und Chutneys. Perfekt gegart sind die diversen Braten, etwa Arrosto di vitello, die man immer mit gekochtem Gemüse (4 €) kombinieren kann. Hausgemacht die Dolci (4,50 €), zum Beispiel gefüllter Hefekuchen (Pandoro), Crostata mit Birnen und Walnüssen oder Sbrisolona. Ein paar Veroneser Weine und einige Lambrusco-Marken aus der Provinz Mantua bilden den Kern des trotz seiner Schlichtheit nicht uninteressanten Weinangebots.

TREVISO

Il Basilisco

Moderne Osteria
Via Bison, 34
Tel. (+39) 04 22 / 54 18 22
Ruhetag: Sonntag, Montagmittag
Ferien: 2 Wochen im August
40 Plätze + 40 Plätze im Freien
Preise: 37 €
Kreditkarten: CS, MC, Visa; BM
Mittags und abends geöffnet

Der Blick des Basilisken versteinert, sein Atem ist vernichtend. Wie stellen Sie sich die Höhle des mythischen Tieres vor, nach dem dieses Lokal benannt ist? Diego Tomasi, der sich bei der Namenswahl vom Wappen seiner Heimatgemeinde inspirieren ließ, ist ein zurückhaltend freundlicher Wirt, der seinen Gästen ein modernes Ambiente bietet, in dem nur eines zählt: qualitätvolles Essen. Die Verwendung von erstklassigen Produkten ist Prämisse einer Küche, die auch einigen verkannten Ingredienzen wie Schlachtnebenprodukten oder fettreichem Fisch Gerechtigkeit widerfahren lässt. Es braucht Hingabe, Kreativität und Geschick, um aus dem, was nach der Verwertung der edelsten Teile eines Tieres übrig bleibt, Großartiges zu kochen. Pasta, Brot, Süßes und Eingelegtes sind selbst gemacht. Die Antipasti sind appetitlich, doch als noch verlockender erweisen sich die Primi und Secondi: hausgemachte **Bigoli** mit Fleischsauce von der Ochsenwange (10 €), Spaghetti mit Knurrhahnfilets und Frühlingszwiebeln, Tagliata von der Kalbsleber mit Pfeffer und Lyoner Kartoffeln (17 €), geschmorte Schweinebäckchen. Die Gerichte wechseln ständig, da jeden Tag frisch eingekauft und anhand dessen das Menü gestaltet wird. Dass der Gastgeber aus dem Trentino stammt und in Venetien seine Wahlheimat gefunden hat, merkt man auch an der Weinkarte: Das Repertoire an Etiketten aus beiden Regionen ist groß und jeden Tag gibt es eine Auswahl an glasweisen Empfehlungen. Fazit: Hier wird man nicht versteinert und schon gar nicht vernichtet, sondern auf höchst angenehme Weise verwöhnt.

»

Achtsamkeit und Sorgfalt bei der Auswahl der Zutaten für die tägliche Menügestaltung, professionelle Zubereitung, Respekt gegenüber der Tradition.

«

VALDAGNO (VI)
Contrà Maso

45 KM NORDWESTLICH VON VICENZA, S.P. 246

Hostaria A le Bele

Trattoria
Via Maso, 11
Tel. (+39) 04 45 / 97 02 70
Ruhetag: Montag, Dienstagmittag
Ferien: 1 Woche im Januar, 2 Wochen im August
90 Plätze
Preise: 33 €
Kreditkarten: AE, CS, DC, MC, Visa; BM
Mittags und abends geöffnet

Seit etwa 30 Jahren führen Paolo (Service) und Vittorio (Küche) dieses Haus, nicht viel anders als vor ihnen die Schwestern Bice und Giulia. Dass diese beiden Damen, die vor mehr als einem Jahrhundert die historische Poststation übernommen hatten, zwei Schönheiten waren, verrät das Wort *Bele* im Namen des Lokals. Etwas außerhalb des Dorfes strategisch günstig gelegen, ist der Ort im Sommer angenehm kühl und in den kalten Monaten dennoch geschützt. Die Osteria hat über all die Jahre ihres Daseins ihr traditionelles Gepräge sowohl in der Einrichtung als auch im Angebot einiger regionaltypischer Speisen beibehalten. Im Unterschied zu früher bietet die Karte heute nicht zuletzt wegen der veränderten Nachfrage der örtlichen Klientel eine viel größere Auswahl, darunter auch Fisch. Dennoch ist die Absicht, an den Wurzeln festzuhalten, auf denen das Lokal gegründet ist, deutlich zu erkennen, angefangen vom besonderen Augenmerk auf Produkte von Erzeugern aus der Gegend und vom lokalen Markt. Zum Auftakt **Baccalà mantecato** (Stockfischpüree), **Tartare di manzo** (Rindertatar) oder gemischte Antipasti, gefolgt von **Gargati al tastasale** (Pasta mit Wurstbrät, 7 €) oder Vellutata di pomodoro (Tomatencreme). Immer im Programm ist ein Risotto, der saisonal unterschiedlich zubereitet wird, während die traditionelle **Minestra di farina gialla** (7 €) und – unter den Hauptspeisen – **Gallina *imbriaga*** („Betrunkenes" Hähnchen, 12 €) nur im Winter angeboten werden. Weitere Secondi: Galletto alla diavola (pikantes Hähnchen), **Trippe** (Kutteln), Porchetta alla trevigiana, Carni alla griglia und – wie erwähnt – ein paar Fischgerichte. Unter den Dolci des Hauses ist leider viel zu selten die klassische **Crema fritta** zu entdecken. Der Weinbestand ist nicht immens, beinhaltet aber gute Tropfen aus ganz Italien.

VALDOBBIADENE (TV)
Santo Stefano

39 KM NORDWESTLICH VON TREVISO

Salis

Restaurant-Enoteca
Strada di Saccol, 52
Tel. (+39) 04 23 / 90 05 61
Kein Ruhetag
Ferien: Anfang Januar
30 Plätze + 20 Plätze im Freien
Preise: 32–34 €
Kreditkarten: AE, CS, DC, MC, Visa; BM
Mittags und abends geöffnet

Das Salis garantiert eine der schönsten Aussichten auf die Umgebung, denn es hat eine spektakuläre Terrasse hoch über den Weinbergen von Valdobbiadene, auf der man sich vor dem Essen in aller Ruhe einen guten Prosecco aus einer großen Vielfalt an Etiketten (auch glasweise) genehmigen sollte. Die Getränkekarte gewährt zudem Einblick in die wichtigsten Weinbauregionen Italiens und empfiehlt einige Biere aus Kleinbrauereien. Das kleine Lokalinnere ist mit modernem Mobiliar behaglich gestaltet. Beim Lesen der Menükarte merkt man, dass hier viel Wert auf lokale Produkte gelegt wird, die junge Köchin Chiara Barisan aber auch so manchen Exkurs wagt. Beginnen kann man mit Entenbrust und Kräuterflan (Petto d'anatra con morbido ai *rust*) oder Crostatina mit Spargel und knuspriger Pancetta (8 €), Bauletto *coi s'ciopet* (Leimkrautküchlein) oder **Soppressa *e capee*** (Wurst und Steinpilzkappen). Die frische Pasta ist hausgemacht und wird oft in Kombination mit Wildkräutern angeboten. Wunderbar sind der **Risotto con *s'ciopet* e Piave vecchio** (mit Leimkraut und Käse, 8 €) oder der Risotto al basilico mit Prosecco Cartizze, aber auch die **Tagliolini alle ortiche con guanciale affumicato** (Brennnesselnudeln mit geräuchertem Wangenspeck) und die **Pappardelle al ragù di carni bianche** (Bandnudeln mit Ragout von weißem Fleisch). Unter den Secondi sind Lammkeule (Stinco di agnello al forno, 15 €) oder Schweinefilet mit Wildspargel (Filetto di maiale con asparagi selvatici, 14 €) zu entdecken. Alternativ dazu gibt es Kaninchen (**Coniglio al rosmarino con salsa peverada e patate**, 14 €), Perlhuhn in der klassischen Darbietung Faraona con peverada und Stockfisch als Baccalà alla vicentina. Für den Nachtisch stehen traditionelle Dolci nach Art des Hauses bereit.

VALEGGIO SUL MINCIO (VR)

26 KM SÜDWESTLICH VON VERONA

Alla Borsa

Restaurant
Via Goito, 2
Tel. (+39) 045 / 795 00 93
Ruhetag: Dienstagabend, Mittwoch, im Winter auch Sonntagabend
Ferien: Ende Februar, 15. Juli–15. August
200 Plätze + 80 Plätze im Freien
Preise: 35 €
Kreditkarten: CS, MC, Visa; BM
Mittags und abends geöffnet

Im alten Teil des charakteristischen Städtchens gelegen, ist das Alla Borsa eine der Kultstätten der örtlichen Gastronomie, die Rezepte aus Mantua und Verona mit Elementen der typischen Gardaseeküche verbindet und sie weiterüberliefert. Es ist eine bodenständige Kulinarik, in deren Mittelpunkt das bedeutendste Produkt von Valeggio steht: handgemachte **Tortellini nodo d'amore** in diversen Spielarten. Da gibt es diese wundervollen zarten Teigtäschchen mit Fleisch gefüllt und mit Salbeibutter angerichtet, dann die Mantuaner **Tortelli** mit einer Füllung aus Kürbis und zerbröselten Amaretti, die Tortelli mit Spinatfüllung oder aber die schlichten Tortellini in kräftiger Brühe aus Rind- und Kapaunfleisch, sprich **Tortellini in brodo di manzo e cappone** (alle für 11 €). Eine neue Art von Tortelli, deren Füllung der Küchenchef selbst kreiert hat, nennt sich Goccia del Mincio. Dass die Tortellini immer auf den Punkt gegart und geschmacklich perfekt sind, versteht sich quasi von selbst. Doch im Grunde wird alles in diesem Restaurant, das seit mehr als 50 Jahren unter derselben Leitung besteht, mit viel Leidenschaft und handwerklichem Geschick gemacht. Dafür garantiert Signora Albina Stanghellini, die gemeinsam mit ihrer Tochter Nadia Pasquali hingebungsvoll am Werk ist. Dass man sich für die Speisekarte aber auch Anregungen aus ganz Italien holt, zeigen beispielsweise die Bresaola aus dem Valtellina oder die Cotoletta alla milanese (14 €). Ein besonderer Genuss ist das **Carpaccio von der Seeforelle** mit Sellerie, Grana, rosa Pfeffer und Crostini (13 €). Von Montag bis Freitag werden drei Degustationsmenüs (30, 38 bzw. 46 €) inklusive Wasser und Wein serviert. Die achtsam gestaltete Weinkarte hat ihren Fokus auf der näheren Umgebung, lässt ihre findigen Blicke aber auch in andere Gefilde schweifen.

VALEGGIO SUL MINCIO (VR)
Santa Lucia ai Monti

25 KM SÜDWESTLICH VON VERONA

Belvedere

Restaurant
Ortsteil Santa Lucia ai Monti, 12
Tel. (+39) 045 / 630 10 19
Ruhetag: Mittwoch, Donnerstag
Ferien: zeitweise im Februar und November
160 Plätze + 160 Plätze im Freien
Preise: 28–35 €
Kreditkarten: CS, MC, Visa; BM
Mittags und abends geöffnet

Auf einer kleinen Anhöhe zwischen den Weinbergen von Bardolino und Custoza entdecken wir das Dörfchen Santa Lucia ai Monti und das Hotelrestaurant Belvedere unter der Leitung von Familie Bressanelli. In den weitläufigen Räumlichkeiten im Lokalinneren sorgt der große Grill im Eingangsbereich für behagliches Flair, während man in der schönen Jahreszeit im Garten unter uralten Kastanienbäumen angenehm speisen kann. Als Entree zu empfehlen sind **gegrillte Polenta** zu **Luccio in salsa** (Hecht in Sauce, 8,50 €) oder **Salami und Pancetta** aus eigener Erzeugung. Man kann sich auch für die ebenfalls selbst gemachte Pökelfleischspezialität **Carne *salà*** entscheiden. Der Teig für die frischen Nudeln ist von Hand gezogen, weshalb man sich danach die **Tortellini nodo d'amore in Salbeibutter** (9 €) oder in Brühe nicht entgehen lassen sollte. Die Auswahl an Pastagerichten ist riesig: **Tortelli di zucca**, Fettuccine mit Fleisch- oder Gemüsesauce, Tagliatelline in brodo. Die speziellen **Bigoli al torchio**, die mit verschiedenen Saucen angerichtet werden, runden die Palette der Primi ab. Unter den Hauptgerichten gilt **Pollo ai ferri** (Grillhähnchen, 8,50 €) als eine der Spezialitäten des Hauses, doch auf dem Grill werden auch Pferde-, Schweine- und Rindfleisch zubereitet – vom Filet über Florentiner Steak und Entrecote bis hin zu Koteletts. Andere Fleischtranchen, etwa Stinco di maiale (Schweinehaxe, 12 €), werden im Ofen gegart. Große Auswahl an Gemüsebeilagen. Von den Desserts des Hauses sind das Tiramisu und die Millefoglie zu erwähnen. Regionallastige Weinkarte, auch glasweise Angebote. Ein Tagesmenü für 34 € (ohne Getränke) ist ebenfalls erhältlich.

VAS (BL)

40 KM SW. VON BELLUNO, S.R. 348 UND S.P. 1 BIS

Locanda Solagna

Trattoria
Piazza I Novembre, 2
Tel. (+39) 04 39 / 78 80 19
Ruhetag: Donnerstag
Keine Ferien
38 Plätze + 30 Plätze im Freien
Preise: 30 €
Kreditkarten: AE, CS, DC, MC, Visa; BM
Mittags und abends geöffnet

Die schmucke Locanda hat acht komfortable Gästezimmer, einen schattigen Garten, einen kleinen Speisesaal mit Veranda und ist zudem Dorfkneipe samt Tabakwarenverkauf. Alles hier ist von einer gediegener Natürlichkeit, die durch die herzliche Art von Carla und Gerardo gekrönt wird. Nicht minder bemerkenswert die Küche, deren Stärke im Geschick von Anna und Daniele liegt. Die beiden verarbeiten nur ausgesuchteste Zutaten, darunter viele von kleinen lokalen Erzeugern und Slow-Food-Presidi. Die umfangreiche Karte variiert mit den Jahreszeiten. Von den Antipasti nicht verpassen sollte man die Salumi (die **Soppressa** ist hausgemacht), die Frittate mit Kräutern, das Gemüse in Backteig. An Primi gibt es köstliche Suppen, zum Beispiel Zuppa di verdure (8 €), Steinpilz- oder Gerstensuppe (**Zuppa di antico orzo delle valli bellunesi**, Slow-Food-Presidio), verschiedenste **Risotti** (mit Vialone-Nano-Reis aus Grumolo delle Abbadesse, Slow-Food-Presidio), feine Gnocchi, Tagliatelle, hausgemachte gefüllte Nudeln. Bei den Secondi überwiegt Fleisch – **Faraona al forno**, Hase als Lepre alla cacciatora, Rippchen mit Wirsing (Costine con le verze, 15 €). Abwechslungsreiche Alternativen bietet Gartengemüse in zahlreichen Varianten. Mit Torta di mele oder Semifreddo di ricotta lässt sich ein süßer Schlusspunkt setzen. Die interessante Bierkarte zeugt von der Kooperation mit einigen verdienstvollen lokalen Brauereien. Adäquat und vielfältig das Weinangebot, auch glasweise.

»Aufmerksame Gastlichkeit, hervorragende Küche zu fairen Preisen, bewusstes Vermitteln der Slow-Food-Werte, Einklang mit der Umgebung und die Demut, auch nach so vielen Jahren immer noch offen für Neues zu sein.«

46 KM NORDWESTLICH VON VICENZA

Granpasso

Restaurant
Via Velo, 68
Tel. (+39) 04 45 / 71 43 49
Ruhetag: Montag, Dienstag
Ferien: je 1 Woche im Januar und Juli
50 Plätze + 20 Plätze im Freien
Preise: 30–35 €
Kreditkarten: CS, DC, MC, Visa; BM
Mittags und abends geöffnet

Schon sieben Jahre sind vergangen, seit Pietro dorthin zurückgekehrt ist, wo er – nach diversen Erfahrungen in anderen Häusern – als Gastwirt begonnen hatte. Heute wird er in dem Lokal, das früher einmal ein Bahnhof war, am Herd von seiner Frau Maria Rosa unterstützt und hat im Service mit den Söhnen Carlo und Andrea qualifizierte Mitarbeiter. Mit diesem Background kann er seiner Leidenschaft und Einfühlsamkeit freien Lauf lassen – mit Empfehlungen, die stets aus den reichen Ressourcen des Umlands schöpfen. Das Menü, das mindestens einmal im Monat wechselt, lässt die konstante Bemühung erkennen, hiesige Produkte und Rezepte in Szene zu setzen und mit typischen venetischen Weinen zu begleiten. Daraus resultieren zuweilen ungewöhnliche, aber immer sehr gelungene Kombinationen. Pietro bietet zudem spezielle Verkostungen zu Themen wie Forelle, Pilze oder Wildkräuter an. Die Karte verweist nicht nur explizit darauf, dass hier Slow-Food-Presidi Verwendung finden, sondern geht auch insbesondere auf die Bedürfnisse von Vegetariern und von Menschen ein, die unter Lebensmittelunverträglichkeiten leiden. Zur Auswahl stehen Gemüsekreationen wie Melanzana al cucchiaio, peperoni e verdure (9 €), **Trota dell'Astico in carpione** (marinierte Forelle), ferner **Crema di zucchine e mentuccia** (Minze-Zucchini-Creme, 8 €), Pastagerichte wie Paglia e fieno alla fratellanza (9 €), gefolgt von **Carrè d'agnello all'aglio orsino** (Lammkarree mit Bärlauch, 16 €) und Traditionsgerichten wie **Baccalà alla vicentina** oder Trancio di trota all'alloro (Forelle mit Lorbeer). Das Finale lässt sich mit großartigen Dolci versüßen. Die schöne Weinkarte deckt ganz Italien ab, auch wenn ein Faible für Venetien bemerkbar ist. Interessante Karte mit Kaffee- und Teespezialitäten sowie Edelbränden.

VAPORETTO-ANLEGESTELLE CA' D'ORO

Ca' d'Oro
(vulgo Alla Vedova)

Traditionelle Osteria
Cannaregio 3912/Ramo Ca' d'Oro
Tel. (+39) 041 / 528 53 24
Ruhetag: Donnerstag, Sonntagmittag
Ferien: 20. Juli–31. August
50 Plätze • Preise: 28 €
Keine Kreditkarten
Geöffnet 11.30–14.30, 18.30–22.30 Uhr

Über 100 Jahre alt ist diese Osteria im Stadtteil Cannaregio nicht weit von der Ca' d'Oro. Geführt wird sie seit Anbeginn von ein und derselben Familie. Küche und Service sind den Geschwistern Doni, Mirella und Renzo anvertraut, den Nachkommen mütterlicherseits des apulischen Gründers namens Di Giulio. Beim Betreten des Lokals, in dem Holzinterieur und Wände voller Kupferkessel, alter Plakate und Bilder für heimeliges Flair sorgen, fällt der Tresen mit der Glasvitrine auf, in der sich Cicchetti türmen: **Polpette di carne** (Fleischbällchen nach Geheimrezept, 1,50 € pro Stück), ***Folpeti*** (Moschuskraken), **Sardinen in *saor***, **Seppioline arrosto** (Minitintenfische), ***Canoce*** (Heuschreckenkrebse), **Uovo con l'acciuga** (Ei mit Sardelle), Gemüse der Saison. Ergänzt wird die verheißungsvolle Szene durch zwei große Karaffen mit Weiß- und Rotwein. Bei Tisch findet man venezianische Klassiker vor. An Primi sind dies **Bigoli in salsa** (10 €), **Spaghetti alla busara** oder **al nero di seppia** oder auch alle vongole. Unter den Secondi, die oft mit weißer Polenta serviert werden, sind Frittura mista (12 €), Fegato alla veneziana, **Seppie al nero**, ***Schie*** (Minikrebse), ***Folpeti* in umido**, **Baccalà mantecato** und Trippa zu entdecken. An Dolci gibt es *Zaleti*, **Salame di cioccolato**, saisonal variierende Früchtedesserts. Neben Hauswein kann man eine Flasche aus dem auf Nordostitalien fokussierten, preislich fairen Weinbestand bestellen. Kaffee wird nicht serviert, den können Sie draußen auf der Strada Nuova trinken.

In der Calle della Bissa, San Marco 5453, befindet sich eine der besten Gelaterien Venedigs, die Eiscremes handwerklicher Machart aus ausgewählten Grundprodukten ohne künstliche Farbstoffe bietet.

VAPORETTO-ANLEGESTELLE SAN ZACCARIA OD. ARSENALE

CoVino

NEU

Enoteca mit Ausschank und Küche
Castello, 3829 A/Calle del Pestrin
Tel. (+39) 041 / 241 27 05
Ruhetag: Dienstag, Mittwochmittag
Ferien: unterschiedlich
20 Plätze
Preise: 36 €
Kreditkarten: CS, MC, Visa; BM
Mittags und abends geöffnet

Im Herzen des charmanten Stadtteils Castello entdecken wir nicht weit vom Markusplatz das CoVino. Das Lokal ist heimelig und sehr charakteristisch, hat kleine Räumlichkeiten und eine offene Küche. Empfangen wird man vom Inhaber Andrea Lorenzon, der aus einer Gastronomenfamilie stammt und als wählerischer Kenner auf dem Markt und bei den Gemüsegärtnern auf den Inseln und an der Küste Qualitätsprodukte aufspürt (viele Slow-Food-Presidi). Ein Willkommensaperitif mit einer Miniportion Pinzimonio, in den man zartes Saisongemüse dippen kann, ergibt einen verheißungsvollen Auftakt. Die Küche ist schlicht und bietet zahlreiche Gerichte der venezianischen Tradition. Abends gibt es ein dreigängiges Degustationsmenü für 36 €, mittags kann man den Tagesteller für 16 € bestellen. Das Angebot beinhaltet typische **Bigoli in salsa**, den Stockfischklassiker **Baccalà mantecato**, aber auch Carpaccio di carne *salada* (leicht gepökeltes Fleisch vom Rind der Rasse Grigia Alpina) mit Mandeln aus Noto. Weitere Empfehlungen: Salat von Zitrusfrüchten (Misticanza di agrumi) mit Paprikaschoten aus Carmagnola oder aber **Mormora in *bagna caoda* con finocchio croccante** (Marmorbrasse mit Sardellensauce und knackigem Fenchel). Von den Dolci probieren sollte man die Cassata (zubereitet mit Büffelricotta, Mandeln aus Noto, Pistazien aus Bronte, kandierten Früchten, Schokolade, Kaffee und Konfitüre der Saison) oder das köstliche hausgemachte **Tiramisu**. In Sachen Wein sind mehr als 100 Etiketten vorrätig, wobei Bio- und naturbelassene Weine aus dem In- und Ausland überwiegen. Bierfreunde können aus einem Sortiment von Produkten kleiner Brauereien wählen.

VAPORETTO-ANLEGESTELLE PONTE TRE ARCHI

Dalla Marisa

Trattoria
Cannaregio, 652 B/Fondamenta San Giobbe
Tel. (+39) 041 / 72 02 11
Ruhetag: Montag-, Mittwoch- und Sonntagabend
Ferien: August, Weihnachten
30 Plätze + 40 Plätze im Freien
Preise: 20–40 € (Tagesmenü mit Wein)
Keine Kreditkarten
Mittags und abends geöffnet

Wie schön, dass es noch Trattorien gibt, in denen man die Atmosphäre des echten, nicht des touristischen oder kommerziellen Venedig atmet! Das Lokal liegt am Kanal von Cannaregio im gleichnamigen Stadtteil, in einer ruhigen Gegend, obwohl der Bahnhof nur ein paar Gehminuten entfernt ist. Der kleine Speisesaal, zu dem in der warmen Jahreszeit noch einmal so viele Plätze im Freien kommen, ist vor allem werktags ständiges Ziel von Arbeitern, Studenten und Angestellten, die wissen, dass man hier für moderate 15 bis 20 € anständig essen kann. Von Sandra (der Tochter jener Marisa, die hier vor einem halben Jahrhundert als Wirtin begann) erfahren wir, dass diese bunt gemischte Klientel abends und am Wochenende verschwindet und man dann Degustationsmenüs für bis zu 35 €, wenn man sich für Fleisch entscheidet, bzw. für 40 €, wenn die Wahl auf Fisch fällt, vorfindet. In jedem Fall ist Sandras ganze Familie von frühmorgens an mit der Zubereitung einfacher, stark an die Tradition gebundener Gerichte beschäftigt, für die all das verwendet wird, was Saison und Lieferanten des Vertrauens bereitstellen. Und so kommt man in den Genuss von **Moscardini in umido** (geschmorter Tintenfisch), **Branzino marinato** (marinierter Wolfsbarsch), **Baccalà in insalata** (Stockfischsalat), Pasticcio di pesce (Fischauflauf), **Frittura mista** (Fischfrittüre), aber auch **Risotto *cò le secoe*** (mit Fleischstückchen, die von Rinderwirbeln geschabt werden), ***Spienza* bollita** (Milz), Trippe (Kutteln), Castradina (Hammelfleischgericht, das am 21. November anlässlich der Festa della Madonna della Salute serviert wird), gebratenem Geflügel wie Ente oder Perlhuhn und anderem mehr. Die Desserts sind so schlicht wie das Weinangebot, der im Menüpreis inbegriffene Hauswein ist in Ordnung.

Venedig: Bacari, Cicheti und Ombre

Der alte venezianische Brauch des Kneipenbesuchs, um zu plaudern, eine Kleinigkeit zu essen und ein Glas Wein zu trinken (im Dialekt hieße das *far do ciacole gustando un cicheto* e *bevendo un'ombra*) scheint sich langsam zu verlieren. Dem wirken einige aufgeschlossene, engagierte junge Gastronomen entgegen. Ihr Herz hängt an Venedig und sie lassen traditionelle Gewohnheiten der Stadt mit verstärkt modernem Geist und – vor allem – mit mehr Augenmerk auf die Qualität der Produkte (die in der Vergangenheit häufig ignoriert worden ist) wiederaufleben.

Zwar findet man hier nicht immer *Spienza* (Milz) oder *Coradea* (Innereien), doch auch ein halbes Ei mit Sardelle, gekochte *Folpeti* (Moschuskraken), Sardinen in *saor*, Seppioline alla griglia oder Baccalà sind stets genussreiche Erfahrungen. Auch ein Spießchen mit gegrillten Garnelen oder frittiertem Gemüse kann hilfreich sein, um genussvoll zu entschleunigen.

Dies gelingt vor allem dann, wenn man die Gaumenfreuden mit einem der hervorragenden Weine aus dem nordostitalienischen Raum begleitet, die in besonders aufmerksamen *Cichetterie* in meist sehr hoher Qualität längst Einzug gehalten haben.

Für unseren Lokalführer ist es eine Verpflichtung, auch all die Lokale des Typus *Bacari* aufzuspüren, auszuprobieren und zu besprechen, die um die Erneuerung von Traditionen bemüht sind. Den geänderten Ansprüchen an die kleine Mahlzeit in der Mittagspause werden die *Cicheti* sehr gut gerecht. Umso mehr, wenn das Angebot auch einige warme Speisen umfasst: Bigoli in salsa, Spaghetti con le vongole, *Peoci saltai* (sautierte Miesmuscheln), Kuttelsuppe, Knorpelsalat mit Zwiebeln und Lagunenkrebse wie *Masanete conse* oder *Bovoleti agio e ogio* (Schnecken mit Knoblauch und Öl).

Natürlich wird man auch weniger Typisches wie gebackenen Mozzarella oder Brötchen mit Aufschnitt vorfinden. Doch wenn dafür keine Tiefkühlware, sondern gutes Brot sowie qualitätvolle Wurst- und Käsesorten, vielleicht sogar Produkte der Slow-Food-Presidi, verwendet werden, verdienen diese Imbisse denselben Respekt wie Crostini mit Baccalà mantecato oder geröstete Polenta mit einer Scheibe heißer Brühwurst (Musetto). Im Folgenden finden Sie die Lokale, die uns am meisten überzeugt haben.

Rodolfo Agostini

Al Bacareto

San Marco, 3447/San Samuele
Tel. (+39) 041/528 93 36
Ruhetag: Sonntag
Ferien: August
Geöffnet 8–22.30 Uhr

Dieser sehr beliebte *Bacaro* bietet das Beste an urtypisch venezianischen *Cicheti*. Die Palette reicht von Sardinen in *saor* über Polpette, Crostini mit Baccalà mantecato bis hin zu Seppioline ai ferri, doch es gibt auch Fischspießchen und Grillgemüse. Am Tresen oder in den Gaststuben oder aber auch an den Tischen im Freien kann man die *Cicheti* mit einer *Ombra* vom Hauswein oder einem stilvollen Glas Wein aus einem großen Angebot an vorwiegend venetischen und friulanischen Etiketten begleiten. Mittags und abends findet man immer Gerichte der venezianischen Tradition vor: *Bigoi* in salsa, Risotti di pesce, Tintenfisch in Form von Seppie in nero, Leber in der klassischen Version Fegato alla veneziana, Pasta e fagioli, tagesfrischen Fisch als Frittüre.

Al Ponte

Cannaregio, 6369/Calle della Testa
Tel. (+39) 041/528 61 57
Kein Ruhetag
Keine Ferien
Geöffnet 8–22 Uhr

An Ostern 2015 wurde das Lokal von Daniela und Luca übernommen, die hauptsächlich am Tresen und im kleinen Gastraum anzutreffen sind, während sie in der Küche von Fabio unterstützt werden. Die Atmosphäre ist freundschaftlich und leger, Humor und Heiterkeit stimmen ein auf den Genuss von Sardinen in *saor*, Polpette di carne (Hackfleischbällchen), *Folpeti* (Moschuskraken), Stockfisch in Form von Baccalà mantecato oder aber auch von feinen Panini mit Salumi und Formaggi. Zudem findet man ein paar warme Gerichte vor, etwa *Bigoi* in salsa, Fegato alla veneziana, Risotto di pesce. Für den Weinfreund stehen friulanische und venetische Weiß- und Rotweine sowie ein paar toskanische Marken bereit.

Al Portego

Castello, 6015/San Lio
Tel. (+39) 041/522 90 38
Kein Ruhetag
Ferien: unterschiedlich
Geöffnet 10.30–15, 17.30–22 Uhr

Die bunte Vielfalt an *Cicheti*, die dieses Lokal in einer der diesbezüglich wohl eindrucksvollsten Vitrinen der Stadt bietet, ist Augenschmaus und Gaumenfreude in einem. Das Potpourri reicht von Oktopussalat über gegrillte Calamari, *Folpeti*, Sardinen in *saor* und Crostini di baccalà bis hin zu Fleisch- und Fisch-Polpette. Alternativ dazu gibt es Brötchen mit Wurstwaren, Crostini mit Gemüse, Tintenfisch- oder Garnelenspießchen, gratinierte Jakobsmuscheln oder Pesce fritto in typischen Papiertütchen. Wer möchte, kann sich auch für ein Tellergericht entscheiden, etwa *Bigoi* in salsa, Spaghetti alla busara oder Risotto al nero di seppia. Dazu trinkt man die obligate *Ombra* – sprich Hauswein – oder genießt ein Glas Weiß- oder Rotwein aus einer Palette von venetischen und friulanischen Produkten; ein paar Etiketten aus anderen Regionen Italiens sind ebenfalls lagernd.

Al Prosecco

Santa Croce, 1503/Campo San Giacomo dell'Orio
Tel. (+39) 041/52 40 22
Ruhetag: Sonntag, Feiertage
Ferien: Januar, August
Geöffnet 9.30–21 Uhr

Leckere *Cicheti*, qualitätvolle Wurst- und Käsesorten, exzellente Weine, auch von Biowinzern, charakterisieren das gastronomische Angebot dieses ursprünglichen *Bacaro* am Campo San Giacomo dell'Orio. Im Freien sitzend, kann man eine geschäftige, bunte Ecke venezianischen Lebens beobachten, während man sich an Brötchen mit Parmaschinken, Crostini mit Räucherfisch, einer Platte mit ausgesuchten Salumi oder edlen Formaggi mit naturbelassenen Konfitüren gütlich tut. Grillgemüse und reichhaltige Salate ergänzen die Auswahl. In Sachen Wein werden viele Prosecco-Etiketten angeboten, aber auch Weiß- und Rotweine aus dem nordostitalienischen Raum sowie ausgesuchte in- und ausländische Labels.

All'Arco

San Polo, 436/Rialto
Tel. (+39) 041 / 520 56 66
Ruhetag: Sonntag
Ferien: Weihnachten, Ostern, August
Geöffnet 8–14.30 Uhr, April–November Mittwoch–Samstag auch 18–20 Uhr

Das kleine Lokal unweit der Rialtobrücke ist immer gut besucht: Venezianer, aber auch neugierige Besucher der Stadt kommen hierher wegen der *Cicheti*, die Francesco und Matteo mit Achtung vor der Tradition zubereiten, ohne auf Kreativität und Fantasie zu verzichten. Und so kann man Crostini con la *spiensa* (mit Milz, in hauchdünne Scheiben geschnitten) oder mit gekochten Kalbsinnereien und Meerrettich, mit Stockfischaufstrich (Baccalà mantecato), mit Stockfisch in der Spielart Baccalà alla vicentina oder mit Gamberoni in *saor* ebenso wie mit Pilzen probieren. Darüber hinaus gibt es mit Wurst oder Käse gefüllte Panini und kleine Teller mit frittiertem Gemüse. Prosecco, Lison und andere venetische Weine kann man glasweise bestellen. Eine interessante Auswahl von Bieren aus Kleinbrauereien, sowohl vom Fass als auch in Flaschen, ist ebenfalls vorhanden.

Cantinone già Schiavi

Osteria
Dorsoduro, 992/San Trovaso
Tel. (+39) 041/523 00 34
Ruhetag: Sonntag
Ferien: 2 Wochen im August
Geöffnet 8.30–20.30 Uhr

Es gibt weder Sitzgelegenheiten noch Tische, man isst und trinkt im Stehen oder an den Tresen im Lokalinneren bzw. an das Mäuerchen vor der Tür gelehnt, das den Kanal säumt. Man plaudert entspannt und probiert Crostini mit Baccalà, fein ausgeschnittenem Tintenfisch oder Sardinen in *saor*, was nur einige der unzähligen Köstlichkeiten sind, die Signora Alessandra seit mehr als 30 Jahren zubereitet. Auch ein feines Brötchen mit Mortadella oder einer Scheibe von der Brühwurst namens Musetto lässt sich gut mit einem Glas Wein aus einer Vielzahl an glasweisen Angeboten begleiten.

Cavatappi

San Marco, 525–526/Campo de la Guerra
Tel. (+39) 041 / 296 02 52
Ruhetag: Montag
Geöffnet 9–21 Uhr, Freitag und Samstag 9–24 Uhr, Sonntag 9–19 Uhr

Dem in einer touristischen Durchgangszone nicht weit vom Markusplatz gelegenen Lokal gelingt es nach wie vor, neben qualitätvollen Salumi und Formaggi traditionelle *Cicheti* zu bieten. In der Vitrine am Tresen zur Auswahl stehen *Folpeti*, Sardinen in *saor*, gegrilltes Gemüse, Baccalà mantecato auf Schnitten von weißer Polenta, hart gekochte Eier mit Sardellen, frittierter Fisch in Papiertütchen, kleine Teller mit sautierten Venusmuscheln. Immer im Angebot sind Aufschnitt und eine schöne Käseselektion. Mittags gibt es zudem ein paar warme Gerichte der Saison. Für ein Abendessen sind (ohne Getränke) etwa 35 € einzuplanen. Und für ein gutes Glas Wein hat man zahlreiche Etiketten vor allem aus dem nordostitalienischen Raum, aber auch aus anderen Regionen Italiens zur Auswahl.

Codroma

Dorsoduro 2540/Fondamenta Briati
Tel. (+39) 041 / 524 67 89
Ruhetag: Sonntag
Ferien: August
Montag–Mittwoch 8–16 Uhr geöffnet, Donnerstag–Samstag 8–16, 18–23 Uhr

Diese alteingesessene Osteria zu betreten, an einem der großen Tische Platz zu nehmen und zumeist gemeinsam mit Touristen (manchmal auch mit Einheimischen oder Studierenden der nahen geisteswissenschaftlichen Fakultät) zu speisen, führt uns zurück in eine Vergangenheit voller unverfälschter, liebevoll zubereiteter Köstlichkeiten. Auf dem Tresen warten Fleisch- und Fischfrikadellen, Baccalà mantecato, *Folpeti*, Sardinen in *saor*, Calamari vom Grill, Spießchen mit gebackenem Gemüse und eine Vielzahl an belegten Brötchen (Wurst, Käse, Gemüse …). Auch ein paar Tellergerichte wie in eigener Tinte geschmorter Tintenfisch (Seppie col nero) mit Polenta oder Spaghetti alle vongole (Venusmuscheln) werden angeboten. Für den glasweisen Weingenuss stehen einige nordostitalienische Weiß- und Rotweine bereit.

Enoteca Mascareta

Enoteca
Castello, 5183/Calle Lunga Santa Maria Formosa
Tel. (+39) 041 / 523 07 44
Kein Ruhetag
Keine Ferien
Geöffnet 19–2 Uhr

Das kleine, bis spätnachts geöffnete Lokal, in dem Heiterkeit und Humor für gute Stimmung sorgen, ist von der Leidenschaft eines außergewöhnlichen Mannes namens Mauro Lorenzon geprägt. Schon beim Eintreten wird man von seiner jovial-beschwingten Begrüßung überwältigt und gerät gleich darauf ins Staunen angesichts der enormen Vielfalt an Weinen (mehr als 100 Etiketten aus aller Welt), die man glasweise bestellen kann. Salumi und Formaggi von bester Qualität (darunter einige Slow-Food-Presidi) sind immer vorhanden, Sardinen in *saor* und Baccalà ebenso. Darüber hinaus gibt es mitunter Austern, klassische Pasta e fagioli, Seppie in umido, Fischsuppe oder *Saltada de cape* (sautierte Muscheln aus San Piero in Volta).

VAPORETTO-ANLEGESTELLE PIAZZALE ROMA

Hostaria Venexiana

NEU

Trattoria
Santa Croce, 285
Tel. (+39) 041 / 71 07 49
Kein Ruhetag
Keine Ferien
35 Plätze + 40 Plätze im Freien
Preise: 30–35 €
Kreditkarten: CS, MC, Visa; BM
Mittags und abends geöffnet

Bei dieser netten Einkehrstätte nicht weit vom Piazzale Roma handelt es sich um eine Trattoria, die von einem reinen Damenteam bespielt wird. Dieses besteht aus der Inhaberin Antonella und zwei Köchinnen, die seit vielen Jahren hier arbeiten und der traditionellen venezianischen Küche alle Ehre machen. Das charakteristische Lokal mit zahlreichen Plätzen im Freien direkt am Kanal wird von Touristen, aber auch von vielen einheimischen Stammgästen frequentiert. Aus der Glasvitrine im Schankbereich kann man sich Beilagen, gebackenes Gemüse und ein paar *Cicheti* aussuchen. Für das Mittagmenü zahlt man je nach Anzahl der Gänge zwischen 10 und 25 €. Abends hingegen kann man à la carte wählen: Das Angebot ist groß, beinhaltet populäre italienische Klassiker, ein paar Pizzen und eine sehr überzeugende Auswahl an Gerichten mit Fisch aus der Lagune. Wegen Letzteren sei Ihnen eine Mahlzeit hier ans Herz gelegt. Beginnen kann man mit einer Fischvorspeise nach Art des Hauses (Misto di pesce, 15 €), um sich sodann an **Sardinen in *saor***, **Spaghetti** oder **Risotto al nero di seppia** (15 €), **Baccalà mantecato** oder **Frittura mista** (17 €) zu erfreuen. Das Gemüse entspricht stets der Saison, während an Fisch nur das gekocht wird, was der lokale Markt tagtäglich zu bieten hat. Die Desserts, z. B. Mürbeteigkuchen oder Tiramisu, sind hausgemacht. Der Weißwein wie auch der Rotwein, die offen ausgeschenkt werden, erweisen sich als gute Begleiter. Die Bedienung ist hurtig, aber freundlich.

VAPORETTO-ANLEGESTELLE CA' REZZONICO

La Bitta

Osteria
Dorsoduro 2753 A/Calle Lunga San Barnaba
Tel. (+39) 041 / 523 05 31
Ruhetag: Sonntag
Ferien: 1 Woche vor Weihnachten, 2 Wochen im Juli
28 Plätze + 14 Plätze im Freien
Preise: 38–40 €
Keine Kreditkarten; BM
Geöffnet 18.30–24 Uhr

Dieses Restaurant besucht man nicht, um Fisch zu essen, sondern einzig und allein des Fleischgenusses wegen. Das sollte man wissen, denn es besteht die Gefahr, dass man sich ihm nähert, weil man Düfte von frittiertem Fisch wahrnimmt. Diese strömen jedoch aus benachbarten Lokalen, denn wenn man das La Bitta betritt, wird man feststellen, dass sich Einheimische und Touristen hier nur zum Fleischessen einfinden. Nachdem die Ausrichtung der Küche geklärt ist, kann man sich ihr annähern, indem man zum Beispiel das traditionelle Lebergericht **Fegato alla veneziana** (16 €) probiert. Mit seinem gemütlichen, ruhigen Ambiente hat das Lokal mit den kleinen Tischen, die mit Tischtüchern und Servietten aus Papier gedeckt sind, zeitweilig richtiggehend intimes Flair. Im Menü sind ein paar Slow-Food-Presidi zu entdecken (friulanische Pitina mit Polenta aus Biancoperla-Mais, 10 €). Wenn Sie à la carte bestellen, könnte Ihre Wahl auf Carpaccio von geräuchertem Rindfleisch mit Balsamico-Vinaigrette (10 €), auf **Tagliatelle con salsiccia e radicchio** (11 €) oder auf Zuppa di fagioli e orzo (Gersten-Bohnen-Suppe) fallen. An Fleischgerichten sind **Coniglio stufato** (Kaninchen, 18 €) und Stinco di agnello al forno (Lammkeule) vorzufinden. Erwähnenswert ist der Käseteller mit fünf sehr schön präsentierten Formaggi, Mostarda von grünen Tomaten und Kastanienhonig (10 €). Einmal pro Woche kann man sich an Ente in pikanter Sauce – Anatra in peverada – gütlich tun, die als traditionelles Gericht anlässlich der Festa del Redentore gilt. Das ehrwürdige Alter des Hauses ist dadurch belegt, dass es in der Liste der historischen Lokale Venedigs geführt wird: Die erste Erwähnung stammt aus dem Jahr 1570. Interessante Weinkarte mit Produkten aus dem nordostitalienischen Raum, hausgemachte Dolci (6 €).

9 KM VOM ZENTRUM

Moro

Restaurant
Via Piave, 192
Tel. (+39) 041 / 92 64 56
Ruhetag: Sonntag
Ferien: vierte Juliwoche
28 Plätze
Preise: 35–38 €
Kreditkarten: AE, CS, DC, MC, Visa; BM
Mittags und abends geöffnet

Gastlichkeit, Zuverlässigkeit und gleichbleibende Qualität kennzeichnen geglückte Generationenwechsel, mit denen Wissen und Traditionen weitergegeben werden. Genau das ist im Hause Moro, das in den 1950er-Jahren von Francesco gegründet wurde, bestens gelungen. Das einladend unprätentiöse Lokal in Bahnhofsnähe wird von vielen für sein intimes Flair geschätzt. Empfangen wird man auf angenehme Weise von Lino, dem Sohn des Gründers, der den Gast professionell zu beraten weiß. Ehefrau Luisa und Tochter Francesca kümmern sich um den Service, während Federica, die zweite Tochter, in der Küche unterstützt von Marco die Philosophie des Hauses in schmackhaften Speisen zum Ausdruck bringt. Die Grundprodukte, darunter etliche Slow-Food-Presidi, sind achtsam ausgewählt. Unter den Antipasti zeugen das Hähnchengericht **Gallina padovana in *saor*** (10 €) und die typisch venezianischen **Sardinen in *saor*** (7 €) von Traditionsverbundenheit. Aus der großen Auswahl an Primi ragen die schlichten Kartoffelgnocchi mit Fleischsauce und die klassischen **Tagliolini al nero di seppia con il baccalà** (11 €) heraus. Geschmacklich überzeugend von den Secondi sind Piovra ai ferri mit Gemüse und das von Lino persönlich vor den Augen der Gäste meisterhaft zubereitete Tatar. Superfrisch auch die Dolci, was für die Millefoglie ebenso gilt wie für das Tiramisu. Käse und Wein sind die zwei ansteckenden Leidenschaften des Patrons: So sind unter den sorgsam ausgesuchten Formaggi diverse Slow-Food-Presidi vertreten, die in allen Einzelheiten beschrieben werden, und es finden sich in der Weinkarte interessante Angebote.

Auf dem Campo Bella Vienna gibt es ein Delikatessengeschäft, das unter anderem Qualitätskäse aus Venetien führt.

9 KM VOM ZENTRUM

Ostaria Da Mariano

Traditionelle Osteria
Via Spalti, 49/Via Cecchini
Tel. (+39) 041 / 61 57 65
Ruhetag: Samstag, Sonntag
Ferien: letzte Juliwoche–Mitte August
40 Plätze • Preise: 30–35 €
Kreditkarten: CS, DC, MC, Visa; BM
Mittags und abends geöffnet

Qualität und Sympathie zeichnen dieses einfache, aber gepflegte Lokal aus. Eine Vitrine voller erstklassiger Formaggi (die von Antonio zusammengestellte Auswahl umfasst lokale Erzeugnisse und Käse aus anderen Regionen), viele Produkte der Slow-Food-Presidi und eine Wand mit Regalen, in denen vor allem biologische und biodynamische Weine vorwiegend aus dem nordostitalienischen Raum, aber auch aus anderen bedeutenden Weinbaugegenden zu entdecken sind, die man auch glasweise probieren kann. Man spürt sofort, dass hier großes Augenmerk auf hochwertige Grundzutaten, kleine lokale Erzeuger und auf Wertschätzung der venezianischen Traditionsküche gelegt wird. Antonio erläutert die Gerichte à la carte in allen Einzelheiten und freut sich immer, wenn er den Gast bei der Auswahl beraten darf. Für den Auftakt erwägenswert sind ***Cicheti* veneziani** (drei typische Häppchen, 15 €), **Sardinen in *saor*** oder **Baccalà mantecato** mit Polenta. Es folgen ***Bigoi* in salsa**, Tagliolini alle seppie (8 €), Kürbisgnocchi mit Kräutern. An Secondi gibt es Stockfisch in den Versionen **Baccalà mantecato**, **alla veneziana** und **alla vicentina**, Seppie in umido mit Polenta, aber auch **Fegato alla veneziana**, gefülltes Perlhuhn (Faraona disossata e ripiena) und Kaninchen (Coniglio ripieno, 15 €). Zwei Degustationsmenüs – ein Fleischmenü für 35 € und ein Fischmenü für 40 € – runden das Angebot ab. Unter den hausgemachten Dolci: Semifreddo, Erdbeer-Bavarese sowie diverse, immer wieder wechselnde Desserts.

„Antonio vermag es, ein Gericht, einen Wein, einen Käse wie eine spannende Geschichte über Land und Leute zu beschreiben. Und er vermittelt dem Gast das Gefühl, Teil dieser Geschichte, Teil einer Lebensart zu sein."

Al Bersagliere

Trattoria
Via Dietro Pallone, 1
Tel. (+39) 045/800 48 24
Ruhetag: Sonntag, Montag
Ferien: unterschiedlich
60 Plätze + 20 Plätze im Freien
Preise: 30 €
Kreditkarten: AE, CS, MC, Visa; BM
Mittags und abends geöffnet

Wenn man das Bersagliere betritt, hat man den Eindruck, in einer Osteria an der Peripherie gelandet zu sein, in der Freunde in der Kneipe Karten spielen und das Tagesgeschehen besprechen. Familie Ramponi gelingt es in diesem historischen Lokal, die Traditionen der Veroneser Küche zu bewahren, die sie mit gutem Wein und viel Herzlichkeit begleitet. Im Speisesaal schildern Hausherr Leo und sein Sohn Alessandro dem Gast die möglichen Speisenfolgen, für die Signora Marina verantwortlich zeichnet. An Antipasti gibt es **Polenta mit Lardo aus dem Valpolicella** (7 €) oder mit *Sopressa*, die Wurstspezialität **Stortina veronese mit Polenta** (8 €) oder einen schönen Teller mit typischen Salumi. Bei den Primi hat man die Qual der Wahl: **Tortelli di Valeggio in Salbeibutter**, **Pasta e fagioli**, Risotto alla veneta (8 €) oder Risotto all'Amarone, **Ravioli di baccalà** oder Bigoli al torchio mit Entensauce. Im Kapitel Secondi sind geschmorter Esel – **Stracotto di musso – mit Polenta** (14 €), typische ***Pastissada* di cavallo** (Pferdefleisch), Baccalà alla bersagliera (Stockfisch nach Art des Hauses) oder Rinderfilet (Filetto di manzo all'Amarone, 19 €) zu entdecken. Darüber hinaus gibt es einige Empfehlungen vom Grill und ein paar Gerichte mit Fisch aus dem Gardasee. Interessant und facettenreich das Angebot an **Formaggi**, die direkt von Käsern aus den Monti Lessini geliefert werden. Zum Schluss hausgemachte Desserts des Tages oder feine Eiscreme handwerklicher Machart. Die umfangreiche Weinkarte enthält kuriose lokale und regionale Empfehlungen. Zudem gibt es eine sehr schöne Spirituosenkarte.

»
Wer das Musterbeispiel einer venetischen Osteria erleben möchte, ist hier an einer guten Adresse.
«

Al Pompiere

Osteria
Vicolo Regina d'Ungheria, 5
Tel. (+39) 045 / 803 05 37
Ruhetag: Sonntag
Ferien: 1 Woche im Juni, Weihnachten–Dreikönig
50 Plätze
Preise: 38–40 €
Kreditkarten: AE, CS, MC, Visa; BM
Mittags und abends geöffnet

Eine zuverlässige Anlaufstelle und schöne Alternative in einer auf Massenabspeisung ausgerichteten Gastronomie, die in touristischen Städten wie Verona grassiert, so unsere Definition des Pompiere. Mitten in der Altstadt, in unmittelbarer Nähe der bekanntesten Sehenswürdigkeiten gelegen, ist das Lokal ein Garant für Beschaulichkeit, Freundlichkeit und Qualität. Durch die unauffällige Eingangstür gelangt man direkt in den behaglichen, geschmackvoll eingerichteten Hauptraum (links davon befindet sich eine kleinere Gaststube), wo eine antike Aufschnittschneidemaschine, eine staunenswerte Auswahl an Salumi und eine Vitrine mit Dutzenden Käsesorten aus zahlreichen italienischen Regionen zu bewundern sind. Ein exzellenter Keller gewährleistet die passende Selektion an Weinen. Marco Dandrea leitet ein effizientes Team. Obligat zu Beginn ist ein Probierteller mit Lardo aus Camaiore, Prosciutto aus dem Val Vigezzo, Speck aus Viums und anderen Salumi sowie hausgemachtem Einlegegemüse (andere Vorspeisen werden nicht angeboten). Danach raten wir Ihnen zu **Pasta e fagioli** (11 €), **Crema di broccolo fiolaro con baccalà mantecato** (11 €), **Tortelli di agnello con burro e timo** (Teigtäschchen gefüllt mit Fleisch vom Brogna-Lamm in Thymianbutter, 14 €). Vorzüglich die Risotti der Saison, die Rinderbacke **Guancia di manzo brasata all'Amarone**, die Pferdefleischspezialität ***Pastisada de caval*** mit Polenta, die legendäre Frittata con cipollotto (Omelett mit Jungzwiebeln), der **Baccalà alla vicentina**, der in der Pfanne gebratene Merluzzo mit weicher Polenta und Artischocken (16 €). Die Süßspeisen sind so niveauvoll wie der Rest: exquisit das Tiramisu, nicht minder lecker die Zuppa inglese und das karamellisierte Apfelküchlein – Tortino di mele – mit Eiscreme.

All'Isolo

Trattoria
Piazza Isolo, 5/a
Tel. (+39) 045 / 59 42 91
Ruhetag: Mittwochabend
Ferien: 2 Wochen im Juli/August
50 Plätze + 30 Plätze im Freien
Preise: 25 €
Kreditkarten: AE, CS, DC, MC, Visa; BM
Mittags und abends geöffnet

Ganz in der Nähe der Altstadt, am linken Ufer der Etsch und im Herzen des Veronetta-Viertels, das das erste Siedlungsgebiet der Stadt war, finden Genussfreudige auf der Suche nach authentischer Hausmannskost mit dieser Trattoria eine zuverlässige Adresse für unverfälschte Gerichte mit zuweilen sehr prononcierten Aromen, die jedoch stets im Einklang mit der Veroneser Tradition stehen. Das schlicht eingerichtete Lokal wird von der Familie der Besitzerin Silvana Beghini geführt: ein paar makellos gedeckte Tische, an den Wänden alte Ansichten Veronas. Aus der Küche kommen Antipasti (6 €) wie **Soppressa e lardo**, **Luccio in salsa** (Hecht in Sauce) oder **Carne salata** (Pökelfleisch). Es folgen Gnocchi, Ravioli di zucca (mit Kürbis) oder Ravioli al monte veronese (mit typischem Hartkäse), **Bigoli con le sarde** (Pasta mit Sardinen, 6,50 €), Fettuccine mit schwarzem Trüffel aus der Lessinia (7 €), wobei sämtliche Teigwaren hausgemacht sind. An Secondi gibt es **Baccalà** (Stockfisch) oder ***Pastisada* di cavallo** (Pferdefleischragout) **mit gerösteter Polenta**, Scottata di puledro (Steak vom Fohlen, 12 €), Brasato di guancia di vitello (geschmorte Kalbsbäckchen). Im Winter ergänzt **Bollito con la *pearà*** (Kochfleisch mit einer pfeffrigen Sauce aus Brotbröseln, Brühe und Knochenmark) die Auswahl. Als Nachtisch sind die Torta sabbiosa (3 €) oder der Dolce diplomatico (Blätterteig mit Likörcremefüllung) zu empfehlen. Ehrliche Weine von lokalen Erzeugern.

Pane e Vino

Trattoria
Via Garibaldi, 16 A
Tel. (+39) 045 / 800 82 61
Ruhetag: Dienstag
Ferien: 1.–4. Januar
60 Plätze
Preise: 30–38 €
Kreditkarten: AE, CS, MC, Visa; BM
Mittags und abends geöffnet

Diese Trattoria im Herzen der Stadt ist ein Kaleidoskop der Veroneser Agrarproduktion: Wein, Käse, Fleischspezialitäten, diverse saisonale Produkte. Doch Koch Angelo Bonora blickt auch über den eigenen Tellerrand hinaus, versteht sich meisterlich auf Angusrind, Rinderfilet und Meeresfisch. Entsprechend abwechslungsreich gestaltet sich das Menü, aus dem geradezu ein Feuerwerk von Düften und Aromen hervorbricht: der **Risotto mit Amarone, roter Zwiebel und Monte Veronese Ubriaco** (12 €). Beim Betreten des Lokals fällt der Blick unweigerlich auf den Tisch, an dem Angelos Partner Alessandro Ferraro, der für den Service zuständig ist, eine außerordentliche Vielfalt an Salumi aufschneidet: von lokalen Spezialitäten, die beinahe alle in Rotwein affiniert sind (der jeweilige Winzer wird namentlich erwähnt), über Culatello di Zibello, italienische und spanische Rohschinken bis hin zu Ochsenschinken. Alternativ dazu kann man mit ***Cicheti* veneziani di pesce** (drei Fischhäppchen, 10 €) beginnen. Die Speisekarte stellt den Gast vor die Qual der Wahl: Es locken Filetto di cavallo im Speckmantel (17 €), Baccalà alla vicentina, Carrello dei bolliti (gemischtes gekochtes Fleisch), ein reichhaltiger Käseteller mit Sorten aus der Region (**Formaggi del territorio**, 6 €). Das Angebot an Rot- und Weißweinen ist eindeutig veronesisch: Zu empfehlen ist der sogenannte Vino della casa, ein Amarone, bei dem es sich um einen sehr süffigen Tropfen handelt, das Viertel für 8 €. Beachtenswert das Degustationsmenü zum Thema Valpolicella-Weine: drei Gänge und eine Flasche Wein für 50 €.

Auf der Piazza San Zeno bietet Zeno Gelato & Cioccolato Eiscremesorten mit Früchten der Saison und typische Veroneser Produkte. Exzellente Confiserie.

VILLA BARTOLOMEA (VR)
Carpi

52 km südöstlich von Verona

Antica Trattoria Bellinazzo

Trattoria
Via Borgo Chiesa, 20
Tel. (+39) 04 42 / 924 55
Ruhetag: Montagabend, Dienstag
Ferien: August
90 Plätze • Preise: 25–27 €
Kreditkarten: AE, CS, DC, MC, Visa; BM
Mittags und abends geöffnet

Der Begriff „antik" lässt normalerweise an etwas Vergangenes oder Altertümliches denken. Doch im Fall der Trattoria Bellinazzo will dieses Adjektiv zum Glück nur das Engagement und die Achtsamkeit der gleichnamigen Familie unterstreichen, wenn es darum geht, Aromen von einst im Hier und Heute mit Leidenschaft und in neuer Form zu bieten. In dem gepflegten, schnörkellosen Speisesaal werden Sie von Daniele, dem Inhaber, empfangen, der Ihnen, sobald Sie Platz genommen haben, die Tagesempfehlungen schildern wird. An Antipasti (7 €) gibt es beispielsweise Kostprobenteller mit **Prosciutto crudo di Montagnana** und **Monte-Veronese-Käse**, Carpaccio vom Jungrind oder eine Auswahl von Fleisch- und Käsespezialitäten aus der Region begleitet von Mostarda. Die Primi erweisen sich als eine Art Zeitmaschine: **Pasta e fagioli** (7 €), Tortellini in brodo, **Bigoli al torchio al somarino** (Pasta mit Eselragout), wobei die Möglichkeit besteht, einen Teller mit zwei Kostproben von Primi zu bestellen; wenn Sie zumindest zu dritt sind, können Sie sich zudem für den **Risotto alla veneta** (7,50 €) entscheiden. Auch die Secondi laden zu einer wunderbaren Reise in die Geschmackswelt von früher ein: ***Pastizzà de musso*** (Eselragout, 8 €), **Polenta e baccalà** oder Tagliata di puledro (Fohlensteak), stets begleitet von saisonalen Beilagen. Gegen Vorbestellung kommt man in den Genuss von **Bolliti misti con la *pearà*** (verschiedene Sorten gekochtes Fleisch mit pfeffriger Sauce). Gute Auswahl besteht bei den süßen Empfehlungen des Tages, die hausgemacht sind. Die Mahlzeit lässt sich mit Weinen überwiegend lokaler Provenienz begleiten. Wer möchte, kann direkt im Lokal ein paar Flaschen Wein für zu Hause einkaufen.

VILLADOSE (RO)
Canale

12 km östlich von Rovigo

Da Nadae

Trattoria
Via Garibaldi, 371
Tel. (+39) 04 25 / 47 60 82
Ruhetag: Dienstag
Ferien: 6.–15. Januar, 16.–31. August
75 Plätze
Preise: 28–33 €
Kreditkarten: CS, DC, MC, Visa; BM
Mittags und abends geöffnet

Weite Horizonte und von Kanälen durchzogene, extensiv landwirtschaftlich genutzte Flächen prägen den Weg zu dieser Trattoria, die folglich abseits der ausgetretenen Genussreisepfade liegt. Wer einmal hier gewesen ist, kommt immer wieder, infiziert von der sympathischen Art der Schwestern Mariuccia und Gabriella und von der herrlich schlichten Küche des Polesine. Das Lokal ist behaglich, in kleine Räume gegliedert, und zu dem wohligen Gefühl der Vertrautheit trägt nicht zuletzt Mariuccias Lächeln bei. Aus der Küche kommen die Speisen, die Gabriella mit der Wesentlichkeit einer geradlinigen, bodenständigen Tradition interpretiert. Es empfiehlt sich, mit einer klassischen Fischvorspeise wie **Sarde in *saor*** (4 €) oder ***Schie* mit Polenta** zu beginnen. An Primi gibt es **Bigoli con le sarde** (7 €) oder Risotto alla marinara (für den man mindestens zu zweit sein muss). Auf althergebrachten Rezepten basieren **Anguille fritte** (gebackener Aal, für zwei Personen) und Variationen zum Thema Stockfisch: Rotolo arrosto, Baccalà alla Nadae und Baccalà alla polesana, jeweils mit Polenta, sowie Baccalà in *fratòna* (alle à la carte für 12 €). Von den Dolci des Hauses sei das Tiramisu erwähnt. Überschaubar das Weinangebot.

Die Bäckerei La Mesa mit Filialen an den Adressen Via Rizzo 79 und Via Liona 7 bietet traditionelle und kreative Backwaren, u. a. auf Sauerteigbasis. Berühmt ist sie für das doppelt gebackene Holzofenbrot und den Hefekuchen namens Pinza alla munara.

VITTORIO VENETO (TV)
Serravalle

40 KM NÖ. V. TREVISO, S.S. 13 U. S.S. 51 OD. A 27

Hostaria Via Caprera

Traditionelle Osteria
Via Caprera, 23
Tel. (+39) 045 / 865 09 20
Ruhetag: Donnerstag
Ferien: 1 Woche um den 15. August
80 Plätze + 40 Plätze im Freien
Preise: ⊞ 28–36 €
Kreditkarten: AE, CS, MC, Visa; BM
Mittags und abends geöffnet

Die schmucklose Fassade verrät nichts vom behaglichen Inneren dieses Lokals, wo man am Tresen in der Schankstube appetitliche Kleinigkeiten zu einem Glas Wein genießen kann. Die seitlich davon befindlichen Speisezimmer laden nicht nur zum Essen ein, sondern geben auch den Blick auf den in der wärmsten Zeit im Jahr überaus beliebten Garten frei. Seit etwa 20 Jahren führen Giampaolo und Roberto diese Osteria, die sich sehr traditionsverbunden gibt. Die im hiesigen Dialekt verfasste Karte, die der Gast gerne als Souvenir mit nach Hause nehmen kann, präsentiert eine interessante Neuerung: Neben den immer angebotenen Klassikern des Hauses ist in den Kapiteln Primi und Secondi allwöchentlich jeweils ein anderes, stets der Saison entsprechendes Gericht auf der Basis von regionalen Produkten zu entdecken, um deren Wertschätzung man hier sehr bemüht ist. Beim Studieren der Menükarte trifft man auf ***Sardèe in saor*** (9 €), **Nervetti** (Knorpelsalat, 8 €), typische Fleischspezialitäten aus der Gegend, Auberginenquiche. Danach kann man sich an **Pasta e *fasoi*** (Bohnensuppe mit Nudeln, 8 €), ***Bigoi* con ragù** (mit Fleischsauce) oder con verdure (mit Gemüsesauce) oder auch an Gnocchetti di melanzane mit Oktopus und Pancetta (10 €) gütlich tun. Verlockend von den Secondi sind Costata de *caval* und **Spezzatino** espresso – ein Gericht zum Gedenken an den Ersten Weltkrieg. Auch ein Degustationsmenü inklusive drei Weinbegleitungen für 39 € wird angeboten. Schöne Weinkarte mit mehr als 100 Etiketten, vorwiegend aus dem nordostitalienischen Raum. Wer die Flasche nicht austrinkt, kann sie wieder verkorken lassen und mit nach Hause nehmen.

VODO CADORE (BL)

52 KM NÖRDLICH VON BELLUNO, S.S. 51

Il Capriolino

Osteria
Via Nazionale, 108
Tel. (+39) 04 35 / 48 92 07
NEU
Ruhetag: Dienstag, außer
im Februar, August und an Weihnachten
Ferien: Mai, 2 Wochen im November
30 Plätze + 20 Plätze im Freien
Preise: 31–34 €
Kreditkarten: MC, Visa; BM
Mittags und abends geöffnet

2012 gegründet, versteht sich diese Osteria als zwanglosere Variante des renommierten historischen Ristorante Al Capriolo. Beide Lokale befinden sich in demselben alten Haus, in dem Familie Gregori bereits zu Beginn des 19. Jahrhunderts ein Gasthaus an der Straße betrieb, die gebaut worden war, um Venedig mit Österreich zu verbinden. Das Capriolino hat jedoch eigene Räumlichkeiten und Menüfolgen, obwohl in beiden Fällen Francesco Paonessa für die Küche verantwortlich zeichnet. Für die Osteria hat der Küchenchef ein traditionsaffines Konzept mit typischen Rezepten der Berge entwickelt, die er auf angenehm leichte Weise, jedoch unter geschmacklicher Betonung einheimischer Grundprodukte interpretiert. Und so liefern ihm Landwirte aus dem Ort und aus benachbarten Dörfern Milchprodukte und Fleisch, während viele Gemüsesorten aus dem Hausgarten kommen. Auch über die Grenzen des Cadore hinweg verlässt sich Francesco mit Überzeugung auf kleine Handwerksbetriebe und legt Augenmerk auf Slow-Food-Presidi. Das Angebot ist in drei Degustationsmenüs zusammengefasst. Im „Menù della tradizione" (30 €) finden sich Klassiker des Hauses Gregori wie Vollkorn-Spaghettini mit Ragout von weißem Fleisch und Salbei oder Rehragout – **Bocconcini di capriolo alla cacciatora – mit Polenta und Konfitüre**. Das „Menù della montagna" (29 €) empfiehlt ***Casunziei* alle rape rosse** oder **Stinco di maialino al forno**, während das vegetarische Menü (24 €) Kostbarkeiten aus dem Garten, Gerichte wie Ei in Maiskruste mit cremigem Spinat und Käsesauce oder Lasagnetta alle erbette umfasst. Alternativ kann man Antipasti (9 €), Primi (9 €) und Secondi (16 €) à la carte bestellen. Die Weinkarte beinhaltet 70 Etiketten, von denen ein knappes Dutzend immer wechselnd glasweise ausgeschenkt wird.

VOLPAGO DEL MONTELLO (TV)

22 km nordwestlich von Treviso

Bosco del Falco

Ferienbauernhof
X Presa Via Battisti, 25
Tel. (+39) 04 23/61 97 97,
(+39) 335 / 688 34 15
Ferien: 2 Wochen im August, 3 Wochen im Januar • 80 Plätze
Preise: 35 € (Tagesmenü)
Kreditkarten: Visa; BM
Donnerstag–Sonntag mittags und abends geöffnet

In einer grünen Oase auf dem Gipfel des Montello – jenes Hügels, der südlich des Piave-Flusses aus der Landschaft ragt und einst Venedig mit Holz versorgte – beschlossen Elena und Paolo vor 15 Jahren, ihr ganz persönliches Projekt zu starten. Durch die Renovierung eines alten Landhauses schufen sie einen Ort von seltener Behaglichkeit und gründeten einen landwirtschaftlichen Betrieb, um Kleinvieh zu halten, Gemüse anzubauen und aus den Früchten von 200 Olivenbäumen Öl zu erzeugen. Sie, die schon immer gerne kochte, absolvierte die Hotelfachschule und kümmert sich heute um alles, was in der Küche vor sich geht, arbeitet bevorzugt mit eigenen Grundzutaten und Produkten von kleinen Handwerksbetrieben aus der Umgebung. Er ist für all das zuständig, was sich im Freien befindet, vom großen Garten bis hin zum Vieh. Das Degustationsmenü (35 €) erzählt von den Jahreszeiten eines Gebiets zwischen Ebene und Bergen. Nachdem man das köstliche Hausbrot probiert hat, genießt man Gemüsevorspeisen (Spargel mit Salsa mimosa, **Radicchio in *saor***, gebackene Fiori di zucca, Kürbis-Kräuter-Soufflé) oder typische Salumi. Herausragend von den Primi sind die Risotti und die **Tortelli** (aus Hartweizengrieß mit Käsefüllung – **Tortelli di semola di grano duro e ripieno al morlacco**, oder aus Esskastanienmehl – Tortelli di farina di castagne mit Birnen und Walnüssen). Als Spezialität unter den Secondi gilt Geflügel, zum Beispiel **Faraona in salsa peverada** oder **Gallo in *tecia***. Neben dem Prosecco des Hauses, der als Aperitif serviert wird, gibt es eine kleine Auswahl an Etiketten aus dem Umland. Abschließend erfreut man sich an leckeren Desserts wie Bavarese al cioccolato oder Mürbeteigkuchen mit frischen Früchten, bevor Elena aus der Küche noch einen letzten Gruß in Form von Feingebäck zum Kaffee schickt.

ZERO BRANCO (TV)
Scandolara

18 km südwestlich von Treviso

Brunello

Restaurant
Via Scandolara, 35
Tel. (+39) 04 22 / 34 51 06
Ruhetag: Montag
Ferien: zeitweise im Sommer
50 Plätze
Preise: 30–32 €
Kreditkarten: CS, MC, Visa; BM
Mittags und abends geöffnet

In diesem Teil der Marca Trevigiana ist noch immer jene bäuerliche Tradition greifbar, die bis in die Römerzeit zurückreicht. Die Fahrt über Nebenstraßen führt durch eine Kulturlandschaft, die von Feldern, Bewässerungsgräben, Rebzeilen und Pappelhainen geprägt ist. Wer die Osteria Bunello zum ersten Mal aufsucht, könnte meinen, sich in der Adresse geirrt zu haben: Das Lokal ist eine typische italienische Bar der 1970er-Jahre mit vielen Kartenspielern, einem Tresen, an dem *Ombre* ausgeschenkt werden, sowie Postern und Trikots von Champions des Radsports (die Leidenschaft von Andrea) oder der Jagd (die Leidenschaft von Vater Giovanni). Freundlich begrüßt Andrea die Gäste am imposanten Kachelofen, der in den Wintermonaten zuverlässig Wärme spendet. Die Küche unter der Leitung von Mutter Franca bedient sich lokaler und saisonaler Produkte. Sobald Sie Platz genommen haben, werden **Polpettine di manzo** (kleine Bällchen aus Rinderhackfleisch), das formidable Spargelküchlein mit knusprig gebratenem Ei (Tortino di asparagi con uovo croccante, 8 €) und **Baccalà mantecato mit Taggiasca-Oliven und Polenta** aufgetragen. Bei den Primi sind Gaumenfreuden gesichert durch Paccheri di Gragnano mit Wildschweinragout oder **Risotto alle erbe spontanee e burrata** (9 €). Liebhaber von Wildbret können sich an Giovannis Beute erfreuen: Spezzatino vom Wildschwein, Hase als **Lepre in salmì**, gefüllte Stockente alias **Germano reale ripieno**. Tartes und **Tiramisu** sind Francas süße Spezialitäten. Auch Käse ist eine Passion des Hauses: Die Auswahl umfasst Schimmel-, Frisch- und Hartkäse aus Kuh-, Schaf- und Ziegenmilch. Lassen Sie sich in Sachen Wein von Andrea beraten, der aus 300 lagernden Etiketten die Ihrem Geschmack am besten entsprechende Flasche wählen wird.

ASOLO

34 KM NORDWESTLICH VON TREVISO, S.S. 248

Locanda Baggio

Restaurant
Via Bassane, 1
Tel. (+39) 04 23 / 52 96 48,
(+39) 335 / 529 27 16
Ruhetag: Montag
Keine Ferien • 80 Plätze + 40 Plätze im Freien
Preise: 40–45 €
Kreditkarten: AE, CS, DC, MC, Visa; BM
Mittags und abends geöffnet

Gemütlich, wohlig-warm, geschmackvoll eingerichtet und von Familie Baggio mit echter Leidenschaft geführt: Chefkoch und Patron Nino bietet zusammen mit seinen jungen Mitarbeitern und Sohn Guido kulinarische Kreationen, die auf konstanter Recherche und Wertschätzung lokaler Produkte basieren. Im geräumigen Speisesaal, der von großen Tischen dominiert wird, sind Ninos Frau Antonietta und Tochter Cristina anzutreffen. Hier einige der köstlichen Empfehlungen: Ei in knuspriger Maispanade begleitet von grünem Spargel, Tatar vom Burina-Rind, Reh, vorzügliche *Sopa coada*, Tortelli all'uovo mit Löwenzahn und Ricotta von der Alm, Perlhuhn in pikanter Sauce (Faraona con la peverada), Milchferkel (Reale di maialino da latte) mit Topinambur-Püree und Brokkoli der Sorte Fiolaro. Unwiderstehlich Ninos Desserts, etwa die Millefoglie aus karamellisiertem Krokantblätterteig. Ebenso niveauvoll der Weinkeller mit über 500 Etiketten, von denen viele auch glasweise angeboten werden.

BRENZONE (VR)

25 KM NORDWESTLICH VON VERONA

Al Pescatore

Osteria
Via Imbarcadero, 31
Tel. (+39) 045 / 743 07 02
Ruhetag: Montag, im Winter auch Dienstag
Ferien: Weihnachten–Mitte Januar
30 Plätze
Preise: 50 €
Kreditkarten: AE, CS, DC, MC, Visa; BM
Abends geöffnet, Sonntag mittags

Für Liebhaber von Süßwasserfisch und guter Küche ist das Al Pescatore ein Muss. Der Service im Speisesaal ist tadellos. Livio Parisi begrüßt seine Gäste ausnehmend freundlich und liebenswürdig und beschert ihnen, unterstützt von Tochter Sara und Sohn Tito, eine wahrhaft unvergessliche Erfahrung. Das Menü wird tagtäglich von seiner Frau Rosaria, der Köchin, auf der Grundlage des tagesfrischen Fangs festgelegt. Jedes Gericht ist eine Überraschung. Als Vorspeise können Sie das Dreierlei bestehend aus Salmerino con pancetta (Saibling mit Speck), Lavarello con grana e limone (Renke mit Parmesan und Zitrone) sowie Luccio (Hecht) probieren. Es folgen Pasticcio di tinca affumicata (Auflauf von geräucherter Schleie) mit Grillgemüse und Bigoli con le sarde (Pasta mit Sardinen), Carpaccio di salmerino in cartoccio (in Folie gegarter Saibling) und Filetto di pesce persico impanato (paniertes Barschfilet). Als Dessert genießt man Tiramisu all'amaretto. Die Weinempfehlungen werden wie die Speisen mündlich vorgetragen und bestehen hauptsächlich aus Winzererzeugnissen des Umlands.

FOLLINA (TV)

41 km nw. v. Treviso, 17 km v. Vittorio Veneto

Dai Mazzeri

Restaurant
Via Pallade, 18
Tel. (+39) 04 38 / 97 12 55
Ruhetag: Montag, Dienstagmittag
Ferien: letzten 2 Februarwochen
75 Plätze + 35 Plätze im Freien
Preise: 40–45 €
Kreditkarten: AE, CS, MC, Visa; BM
Mittags und abends geöffnet

Im Panorama der Gaststätten des Alpenvorlands der Provinz Treviso sind Mauro (Service) und Vito Mazzero (Küche) seit Jahren ein Fixpunkt für venetische Kulinarik und andere Gaumenfreuden. Der gegebene Rahmen – das Lokal befindet sich in den Nebengebäuden der alten Abtei von Follina – ist ohne jeden Zweifel sehr charmant, der Empfang und die Zuvorkommenheit im Service immer tadellos. Der Antipasto Misto dell'Osteria (18 €) erweist sich als facettenreiches Verkostungspotpourri, doch die Vielzahl der Vorspeisen bietet noch viele andere Versuchungen der Saison, beispielsweise Asparagi *da rust* (Spargel mit Mäusedornsprossen auf Eiersauce). Herausragend von den Primi sind die Ravioli d'anatra e funghi (12 €) – das einzige Gericht, das seit Bestehen des Hauses ohne Unterbrechung offeriert wird –, denen jedoch die frischen Teigwaren mit Bohnen, Spargel oder Pfifferlingen in nichts nachstehen. Dank sorgfältiger Reifung und virtuoser Zubereitungstechniken ist alles zum Thema Fleisch sensationell, vom Zicklein (Capretto al forno, 20 €) bis hin zum Hähnchen (Gallo al Prosecco, 14 €). Lobenswerte hausgemachte Dolci, absolut angemessene Weinkarte.

VENEDIG

Vaporetto-Anlegestelle Rialto

Alle Testiere

Osteria
Calle del Mondo Novo/Castello, 5801
Tel. (+39) 041 / 522 72 20
Ruhetag: Sonntag, Montag
Ferien: 23. Dezember–12. Februar, August
22 Plätze
Preise: 60–70 €
Kreditkarten: CS, DC, MC, Visa; BM
Mittags und abends geöffnet

Dieses kleine Lokal, das von Bruno und Luca geführt wird, bietet das Beste der traditionellen venezianischen Fischküche. Tägliche Marktbesuche garantieren ausnahmslos superfrischen Fisch, der nach alter Schule zubereitet und zuweilen mit aromatischen Noten angereichert wird, was daran erinnert, dass Venedig einst Drehscheibe des weltweiten Gewürzhandels war. Die achtsame und präzise Präsentation der Speisen sowie die Freundlichkeit und Kompetenz, mit denen diese geschildert werden, ergänzen das exzellente gastronomische Angebot und schaffen eine stimmige, angenehm informelle Atmosphäre. Es gibt Venusmuscheln mit Ingwer (Vongole veraci allo zenzero) oder Stockfisch als Baccalà mantecato mit Polenta aus Mais der Sorte Biancoperla – ein Slow-Food-Presidio (18 €), während der entsprechenden Saison *Moeche* in carpione. Weitere Kostbarkeiten: Sardinen in *saor*, Cannolicchi alla griglia, Spaghetti alle *bevarasse* (mit Venusmuscheln, 21 €) und als Krönung die prächtige Grillplatte mit Fisch und Krustentieren (60 € für zwei Personen). Weinauswahl (auch glasweise) mit dem Besten aus venetischer Produktion.

VENEDIG

VAPORETTO-ANLEGEST. SAN ZACCARIA (LINIE 41 OD. 51)

Wildner

Restaurant
Riva degli Schiavoni, 4161
Tel. (+39) 041 / 522 74 63
Ruhetag: Dienstag
Ferien: 10.–31. Januar
60 Plätze
Preise: 50 €
Kreditkarten: AE, CS, DC, MC, Visa; BM
Mittags und abends geöffnet

Der Blick von der Veranda auf die Insel San Giorgio und den regen Bootsverkehr in der Bucht von San Marco ist ein Erlebnis, das dieses Lokal zusätzlich zu gutem Essen bietet. Passioniert und kompetent erläutert der für den Service zuständige Luca die von Alessandro kunstfertig zubereiteten Speisen, für die großes Augenmerk auf die venezianische Tradition gelegt und nur ausgesuchte Grundzutaten, darunter viele Slow-Food-Presidi, verwendet werden. Für den Beginn Baccalà mantecato mit Polenta aus Biancoperla-Mais (Slow-Food-Presidio, 19 €) oder Sardinen und Scampi-Schwänze in *saor*, aber auch Polpo grigliato – gegrillter Oktopus – mit Kartoffeln, grünen Bohnen und Pesto (16 €). Danach gibt es Fischsuppe oder Fischrisotto oder aber Gnocchetti al nero di seppia, Mazzancolle con asparagi (Furchengarnelen mit Spargel, 17 €) und erfrischenden Gazpacho (15 €). Fantastisch die Grigliata mista di mare (gemischter Fisch vom Grill, 30 €), nicht minder köstlich die Seppie in nero con piselli (in eigener Tinte geschmorter Tintenfisch mit Erbsen, 17 €) oder der Leberklassiker Fegato alla veneziana. Herausragend von den Dolci, die Lucas Mutter Donatella zubereitet, ist das Tiramisu. Die vielen Weine, die zum Teil auch glasweise angeboten werden, hat alle Luca auf seinen Streifzügen durch die Keller und Weinberge kleiner Erzeuger ausgesucht, insbesondere solcher, die nach biologischen oder biodynamischen Methoden arbeiten.

0
15
30 km
NATIONALPARK
HOHE
TAUERN
ÖSTERREICH
Gmünd
Lienz
Drau
Spittal
a. d. Drau
Villach
Gail
Forni Avoltri
Rigolato
Cercivento
Paluzza
Prato Carnico
Ovaro
Sutrio
Ravascletto
Sauris
Lauco
Pieve
di Cadore
Moggio
Udinese
Malborghetto
Valbruna
Tarvisio
A23
Kranjska
Gora
TRIGLAVSKI
NARODNI
PARK
Forni
di Sopra
Tolmezzo
Verzegnis
Cavazzo
Carnico
Bovec/
Plezzo
Piave
SLOWENIEN
Clauzetto
Tarcento
Cavasso Nuovo
Castelnovo
del Friuli
Andreis
Cassacco
Pulfero
Grimacco
Tolmin/
Tolmino
Maniago
Pinzano
al Tagliamento
S.Daniele d. Friuli
Stregna
Cividale d. Friuli
San Leonardo
Spilimbergo
Fagagna
Remanzacco
S. Pietro al Natisone
A23
Dolegna
d. Collio
A27
S. Giorgio
d. Richinvelda
Udine
S. Quirino
Vivaro
Cormons
Vittório
Véneto
Campoformido
Buttrio
Mossa
Görz
Caneva
Cordenons
Codroipo
Mariano d. Friuli
Pordenone
Farra d'Isonzo
Palmanova
A28
Fiume
Veneto
Savogna d'Isonzo/
Savodnje ob Soči
Prata di
Pordenone
Bagnaria Arsa
A4
Gradisca
d'Isonzo
Porpetto
Conegliano
Pasiano di
Pordenone
Cervignano
d. Friuli
Monfalcone
Sgonico/
Zgonik
Aquileia
Duino Aurisina/
Devin Nabrežina
Portogruaro
VENETIEN
Isola di
Anfora
Grado
Triest
Treviso
Lignano
Sabbiadoro
Muggia
S. Dorligo
d. Valle/
Dolina
S. Donà
di Piave
Koper/Capodistria
A4
A57
Mestre
Lido di Jésolo
Umag/Umago
Buje/Búie
VENEDIG
Golf
von
Venedig
Novigrad/Cittanova
KROATIEN
Poreč/Parenzo
Chióggia
ADRIA
Rovinj/Rovigno

FRIAUL-JULISCH VENETIEN

Attraktiv an 365 Tagen des Jahres: So könnte eine sehr treffende Synthese der Kulinarik der Region Friaul-Julisch Venetien lauten. Der Schriftsteller Ippolito Nievo hat sie als „kleines Kompendium des Universums" bezeichnet. Tatsächlich vereint sie in einem Umkreis von gerade einmal 100 Kilometern unterschiedlichste Gegebenheiten. Hier findet man maritime Zonen (Lagunen, Strände, Felsklippen), gebirgige Umgebungen (von den Dolomiten im Westen bis zu dem von Karst und Gletschereis geprägten Kanin-Massiv im Osten), aber auch hügelige Landstriche (wo kalte und warme Luftströmungen aufeinandertreffen, was den Reifeprozess des Rohschinkens fördert) sowie weite Ebenen (mit für die Forellenzucht wichtigen sauberen Grundwasserquellen).
Als Besonderheiten anzusehen sind das Grenzgebiet zu Slowenien – ein wahres Kleinod der Verquickung kulinarischer Einflüsse – und jene abgelegenen Sprachinseln, wo durch geografische Isolation anderswo schon längst verschwundene Traditionen und Esskulturen erhalten geblieben sind. Alles in allem ist Friaul-Julisch Venetien eine Region, die eine beneidenswerte Vielfalt an Küchen und Aromen in sich birgt.
Ein Ausflug dorthin wird allen Ansprüchen gerecht, die man an gutes Essen stellt. Und es sei auch gesagt, dass jeder Monat und jede Jahreszeit der richtige Moment für eine erquickende Rast an den Tischen einer Osteria, eines Agriturismo, einer Osmiza ist. Zu einem guten Glas Wein – in der Regel Weißwein – lassen sich Risotti in unzähligen Spielarten probieren, kann man die Düfte aufnehmen, die Gerichte auf Basis von Haar- und Federwild oder Kaninchenfleisch begleiten. Zum Abschluss lässt sich ein Stück Strudel naschen – der in jedem Lokal anders schmeckt, denn jeder hat sein Geheimrezept für die Füllung.

Für Sie entdeckt

BAGNARIA ARSA (UD)
Sevegliano

23 KM SÜDLICH VON UDINE, A 23 ODER A 4

Mulino delle Tolle

Ferienbauernhof
Via Julia, 1
Tel. (+39) 04 32 / 92 47 23
Ruhetag: Montag–Mittwoch
Ferien: Ostern, 15.–30. Juli,
24. Dezember–15. Januar
80 Plätze + 50 Plätze im Freien
Preise: 25 €
Kreditkarten: Visa; BM
Mittags und abends geöffnet

Wenn man haarspalterisch sein möchte, könnte man sich fragen, was dieser schöne weiß getünchte Hof mit Gaststätte und Unterkunft nicht weit von der Festungsstadt Palmanova und nur ein paar Pedaltritte von einem Radweg entfernt, der verspricht, einer der schönsten Europas zu werden, eigentlich sein will: ein Weingut, geführt von Giorgio Bertossi (rühmenswert sein Malvasia), das auch Essig produziert, oder ein auf Fleisch und Gemüse spezialisierter Betrieb? Um Letzteren kümmern sich übrigens Eliseo und Mattia Bertossi (bis auf Käse und Schinken ist alles aus eigener Erzeugung). Doch im Grunde ist die Frage nicht so wichtig. Wenn es einen kritischen Punkt gibt, dann ist es vor allem am Wochenende der, einen Tisch zu bekommen, denn die Küche von Signora Luigia ist sowohl preislich als auch qualitativ einladend. Neben Aufschnitt und kaltem Braten gelten die **Gnocchi con ragù d'oca** (7 €) als ihre Spezialität. Nicht minder interessant der Pasticcio di carne e radicchio (ein köstliches Auflaufgericht), die Crespelle agli asparagi, der Risotto allo *sclopìt*, die **Tagliatelle al ragù di guanciale e pignolo**. Bei den Secondi überwiegt Fleisch: **Stracotto di manzo** (Geschmortes vom Rind), Germano al forno (gebratene Ente, 12 €), Petto d'oca (Gänsebrust) auf gegrilltem Radicchio, Filetto di maiale mit Kräutern. Ebenso beachtenswert die bescheidenen bäuerlichen Gerichte: Uova con gli asparagi, ***Radic cul poc e ûs durs*** (5 €), ***Frico* mit Polenta**. Als Nachtisch: Strudel, Crostata oder Tiramisu.

An der schönen Piazza von **Palmanova** (5 km) ist die mehrfach ausgezeichnete historische Caffetteria Torinese der richtige Ort für einen Aperitif mit regionalen Produkten, die von Nereo und Marina angeboten werden.

CAMPOFORMIDO (UD)

8 KM SÜDWESTLICH VON UDINE, S.S. 13 ODER A 23

A le Patrie dal Friûl

Osteria
Largo Municipio, 24
Tel. (+39) 04 32 / 63 21 16,
(+39) 347 / 246 05 39
Ruhetag: Montag, Dienstagabend
Ferien: 1 Woche Ende Juni, um den
15. August
60 Plätze + 12 Plätze im Freien
Preise: 25 € • Keine Kreditkarten
Mittags und abends geöffnet

Das A le Patrie dal Friûl ist ein typisches Einheimischenlokal, in dem die beiden Inhaber Luciano und Elena, die auch privat ein Paar sind, Gerichte der hiesigen Tradition in mitunter abgewandelten Interpretationen, jedoch stets unter Beachtung der Saisongerechtigkeit der Grundprodukte bieten. Die Atmosphäre könnte informeller kaum sein, ganz gleich, ob man auf ein Glas Wein – auf Friulanisch *Tajut* – einkehrt oder sich zum Essen niederlässt. Die rustikale Einrichtung und die Wappen an den Wänden verleihen dem Ambiente Wohlfühlcharakter. Das in friulanischer Sprache verfasste Menü, das man sich im Falle von Verständnisschwierigkeiten von Luciano erläutern lassen kann, lässt keinen Zweifel an dem Gepräge der Küche: Wir sind im Friaul. Nach einer Kostprobe von erstklassigen Salumi oder einer schönen Vielfalt an Bergkäse (Formaggi di malga, 5 €) können Sie zwischen Risotto con *sclopìt* (Leimkraut) oder Spargel (Risotto agli asparagi, 7 €), Pasta lunga con pitina (Nudeln mit geräuchertem Fleisch, Slow-Food-Presidio), **Gnocchi di mais** (8 €) und Minestrone di fagioli (Bohnensuppe) wählen. Bemerkenswert von den Secondi, die fast alle mit Polenta serviert werden, sind der ***Frico***, die mit Essig gebratene Salami – **Salame cotto nell'aceto** – und der Stockfisch in der Spielart **Baccalà in bianco** (12 €). Der Weinkeller ist vor allem mit Etiketten aus dem nahen Collio bestens bestückt.

CANEVA (PN)
Sarone

17 km nordwestlich von Pordenone, S.S. 13

Trota Blu

Trattoria
Via Santissima, 2
Tel. (+39) 04 34 / 770 27
Ruhetag: Montag, im Winter auch Dienstag
Ferien: letzten 2 Januarwochen
80 Plätze + 50 Plätze im Freien
Preise: 26 €
Kreditkarten: AE, CS, DC, MC, Visa; BM
Mittags und abends geöffnet

Dieses Gebiet am Fuß des Cansiglio-Cavallo-Massivs mit seinen unterirdischen Quellen, deren kristallklares, reines Wasser den Fluss Livenza bildet, ist ein Paradies für Forellen. In diesem Idyll entdecken wir das Trota Blu. Vom Barbereich gelangt man in einen Raum mit großen Fenstern am oder vielmehr über dem Wasser, denn der Fluss verläuft direkt darunter. Der zweite Raum mit Kamin ist kleiner und intimer. Beide sind mit Tischen und Stühlen in Schwarzweiß und großen Lampenschirmen gestaltet. Auf dem langsam fließenden Fluss sind Enten, Gänse und so mancher Schwan, auf dem gegenüberliegenden Ufer Forellenbecken in unberührt wirkender Natur zu sehen. Bei schönem Wetter kann man auf einer kleinen Insel im Fluss essen. Wirt Alberto Corona ist Forellenzüchter aus Leidenschaft: Neben anderen Produkten vom Oberlauf der Livenza und einer gepflegten Auswahl an Pasta handwerklicher Machart dominiert folglich Forelle die Karte. Alberto beliefert auch einige Schulkantinen mit dem schmackhaften Fisch, der hier originell interpretiert wird. Eingangs kann man sich für die Selezione di trote in tre tipologie (lauwarm serviertes Forellendreierlei, 12 €), **Polpettine di trota fritte** (7 €) oder Trota affumicata mit Orange und Fenchel entscheiden. Es folgen **Spaghetti al nero con pomodorini e trota fresca** (10 €), Linguine aus Kamutmehl mit Lauch und Räucherforelle, **Gnocchi al ragù di trota e spinaci**. Danach munden die **Trota al forno** mit Orange (14 €) oder eine wunderbar schlichte Trota ai ferri. Hinzu kommen ein paar Fleischgerichte und ausgesuchte regionale Käsesorten. Die Dolci (5 €) sind hausgemacht: Crostata al *figo moro* (schwarze Feige), Zabaione, Tortino di cioccolato mit Orangensauce. Für zu Hause kann man Forellenspezialitäten, Fertiggerichte und Konfitüren aus der Region einkaufen.

CAVASSO NUOVO (PN)

32 km nördlich von Pordenone, S.S. 552

Ai Cacciatori

Trattoria
Via Diaz, 4
Tel. (+39) 04 27 / 77 78 00
Ruhetag: Sonntagabend, Montag, Dienstag
Ferien: 1 Woche im Januar, 3 Wochen im Juli
35 Plätze
Preise: 30–35 €
Kreditkarten: AE, CS, DC, MC, Visa
Mittags und abends geöffnet

Im Gründungsjahr 1875 hieß das Lokal Al Pizzicagnolo, 1955 wurde es in Alla Colomba umbenannt. Auf das Erdbeben von 1976 folgte die Renovierung, und seit 1992 sind hier Daniele Corte und seine Frau Angelina, die sich hingebungsvoll um die Küche kümmert, am Werk. Daniele empfängt die Gäste und geleitet sie zwischen Dekortellern, Souvenirs und sonstigem Zierwerk zu Tisch. Das Menü wird minuziös vorgetragen, die zu jedem Rezept erläuterten Zutaten zeugen von Achtung vor der Tradition und Augenmerk auf regionale Produkte, darunter auch Slow-Food-Presidi. An Antipasti (à 6 €) gibt es **Sfogliatina di mais mit Kompott von roten Zwiebeln aus Cavasso**, Wildkräuterflan – Tortino di silene e luppolo selvatico – mit Käsesauce und knusprigem Culatello aus Sauris, Wildspargel mit Wachteleiern (Asparagi selvatici con uova di quaglia). Denkwürdige Primi (8 €) sind die ***Blecs* di ortica mit Lammragout**, die Gnocchetti mit zerlassenem Montasio-Käse, Cavasso-Zwiebeln und knuspriger Pitina, die Spargelcreme (Vellutata di asparagi bianchi) mit Schnecken aus dem Meduna-Fluss. Sehr interessant auch die Secondi, etwa bei niedriger Temperatur acht Stunden gebratenes Zicklein (**Capretto di Socchieve al forno**, 13 €) oder köstliche Lammkoteletts (Costicine di agnello) vom Grill mit Minze-Johannisbeeressig-Sauce. Sehr gute Dolci (à 4 €), gepflegte Auswahl an **Formaggi** aus der Region, dazu Gelee aus Trauben der Sorte Traminer oder Ucelut. Der Weinkeller ist vor allem mit Erzeugnissen aus dem Umland sehr gut bestückt, birgt aber auch Etiketten aus ganz Italien und ein paar ausländische Marken.

»
Eine uralte Gaststätte, die Daniele und Angelina Corte mit Respekt und Liebe für ihr Land zu neuem Leben erweckt haben.
«

Die Osmize im Karst

Ein Edikt Kaiser Josephs II. aus dem Jahr 1784 gestattete es den Bauern der heutigen Provinzen Triest und Görz, während eines Zeitraums von acht Tagen landwirtschaftliche Produkte auf ihren Höfen zu verkaufen. So entstand die Osmiza, abgeleitet vom slowenischen Wort für die Zahl acht *(osem)*.
Jahrhunderte sind seitdem vergangen, doch die Tradition der Osmize ist lebendiger denn je und charakteristisch für diese Landstriche, wo viele bäuerliche Betriebe, die zumeist von Familien geführt werden, ihre Tore für Einheimische und Genussreisende öffnen. Die derzeitige Gesetzeslage erlaubt ihnen mehrere Öffnungszeiträume während eines Jahres, was zur Folge hat, dass man in jeder Saison geöffnete Osmize vorfindet.
Häufig sind diese Lokale an pittoresken Orten des Karsthochplateaus zu finden, einige liegen auch in der landwirtschaftlich genutzten Peripherie von Triest. Manche gelten unter Passionierten als echte Kultstätten, wegen der Schönheit des Ortes, der Qualität der Produkte und wegen ihrer Inhaber, die sympathische Ausstrahlung, Wissen und Kultur vermitteln. Anzumerken ist, dass sich in den letzten Jahren einige Osmize im Karst – vor allem jene, die an namhafte Kellereien angeschlossen sind – zu schicken Adressen mit entsprechend hohem Preisniveau entwickelt haben.
Neben Wein ist es der Osmiza gestattet, Brot, Wurstwaren, Käse und Produkte aus dem Gemüsegarten zu servieren, jedoch keine gekochten Speisen: Wenn es eine Karte mit warmen Gerichten gibt, dann deshalb, weil das betreffende Lokal auch eine Lizenz als agrotouristische Gaststätte hat. Die Osmiza ist normalerweise durchgehend geöffnet, vom späten Vormittag bis abends. Da sich die Öffnungszeiträume mitunter ändern können, sollte man zur Sicherheit vorher anrufen oder die Website www.osmize.com besuchen. Auf eine Osmiza verweist vor Ort der charakteristische Strauß.

Nesich Sergio

DUINO-AURISINA – DEVIN-NABREZINA (TS)

Radetic

Ortsteil Medeazza – Medjavas, 10
Tel. (+39) 040 / 20 89 87
Geöffnet 10.–30. Juli
30 Plätze + 50 Plätze im Freien

Medeazza ist ein malerischer kleiner Ort im Triester Karst an der Grenze zur Provinz Görz mit herrlichem Blick auf die Lagune von Grado. Seele des Hauses Radetic, das an den Wochenenden von November bis Mai als bäuerliche Gaststätte auch warme Gerichte anbietet, ist die junge Sidonja. Der offene Wein, gekeltert aus Trauben von den eigenen Weinbergen, begleitet Frischkäse und Käse mitt-leren Reifegrades, die aus Rohmilch von Kühen aus eigener Haltung hergestellt werden.

Skerk

Ortsteil Prepotto – Prapot, 20
Tel. (+39) 040 / 20 01 56
Geöffnet 3 Wochen ab Ostern und 10 Tage im November/Dezember
50 Plätze + 50 Plätze im Freien

Die ganze Familie Skerk ist in den Betrieb ihrer Osmiza eingebunden. Am Schanktresen kann man nicht nur die Eigenbauweine (offen und abgefüllt) bestellen, sondern auch Käse von lokalen Erzeugern, hart gekochte Eier, Brot mit Cotechino und einen vorzüglichen Rohschinken von Hausschweinen, die in der Nähe im Freien gehalten werden. Signora Maria füllt getrockneten Wildfenchel in Döschen und macht aus Terrano-Wein und lokalen Kräutern feine Liköre.

Zidarich

Ortsteil Prepotto – Prapot, 23
Tel. (+39) 040 / 20 12 23
Geöffnet je 3 Wochen ab Karneval und im Juli, letzte November-, erste Dezemberwoche
40 Plätze + 100 Plätze im Freien

Diese immer gut besuchte Osmiza steht insbesondere bei Freunden naturbelassener Weine hoch im Kurs, die mit Beniamino Zidarich einen auch im Ausland bekannten Pionier und Bannerträger haben. Im Sommer sitzt man sich auf der Wiese oder auf der Terrasse oberhalb des in den Fels gegrabenen Weinkellers. Der Innenbereich mit großen Glasfronten besticht mit edlem Marmor aus der Gegend und künstlerischen Fotografien. Man genießt Haus- und Flaschenweine, die man mit köstlichem Brot, Roh- und Bratschinken, Salami und Kuhmilchkäse von Erzeugern aus dem Karst begleiten kann.

SAN DORLIGO DELLA VALLE – DOLINA (TS)

Zahar

Sant'Antonio in Bosco – Borst, 58
Tel. (+39) 040 / 22 84 51
Geöffnet 3 Wochen im Mai/Juni
30 Plätze + 30 Plätze im Freien

Sant'Antonio in Bosco ist ein winziger Ortsteil von Triest mit Blick in das seit alters als Kletterparadies bekannte Valle Rosandra. Schon in den 1960er-Jahren führte Bruno Zahar diese Osmiza, die heute von seiner Enkelin Mitja geleitet wird. Die Haupterzeugnisse des Betriebs sind Wein – hauptsächlich Malvasia und Refosco – und ein erstklassiges natives Olivenöl extra, das Tergeste mit dem Gütesiegel DOP. Für einen Imbiss stehen Würste, Speck und Schinken von Schweinen aus eigener Haltung bereit.

TRIEST

Ferluga

Via dei Molini, 26
Tel. (+39) 040 / 41 76 49
Geöffnet letzten 2 Dezember-, ersten 3 Maiwochen
40 Plätze + 60 Plätze im Freien

Mit dem Auto braucht man vom Stadtzentrum nur ein paar Minuten, um in das Viertel Roiano und die darüberliegende Ortschaft Piscanci zu gelangen: eine grüne Oase der Ruhe, in der einige Bewohner noch von der Landwirtschaft leben. So auch Silvano Ferluga und seine Familie. Silvano ist ein Bauer mit Kultur und Verstand, der als profunder Kenner der hiesigen Böden Reben und Olivenbäume kultiviert, Wurstwaren, Wein und Likör erzeugt. Während der Öffnungszeiten der Osmiza bietet er den Gästen offenen und Flaschenwein zu Schinken, Salami, Pancetta, Gemüse und Sprossen in Öl. Und das in einem landschaftlich überaus reizvollen Rahmen: Von den Terrassen oder durch die Fenster der Verkostungsstube reicht der Blick bis zur istrischen Küste.

CAVAZZO CARNICO (UD)

45 KM NORDWESTLICH VON UDINE, S.R. 512

Borgo Poscolle

Trattoria
Via Poscolle, 21 A
Tel. (+39) 04 33 / 93 50 85
Ruhetag: Dienstag, Mittwoch
Ferien: je 1 Woche im Januar/Februar und im Oktober
40 Plätze + 20 Plätze im Freien
Preise: 34 €
Kreditkarten: CS, DC, MC, Visa; BM
Mittags und abends geöffnet

Von außen ein Fleck in Van-Gogh-Gelb auf der grünen Wiese, im Inneren Bücher, gute Musik, Vintage-Objekte, hervorragende Küche. Das ist die Welt von Rita und Lucio. Die beiden ebenso herzlichen wie passionierten Gastgeber stammen aus der Gegend, sind irgendwann wiedergekommen und haben dieses hübsche Lokal eröffnet. Ein Ort, an dem man sich gern von der Begeisterung der Inhaber mitreißen lässt, etwa dann, wenn sie von der „ceva" erzählen, einer einheimischen Schalottensorte, die sie selbst anbauen, oder von den **Formaggi** (10 €), die alle aus der Carnia stammen, von hausgemachten Nudeln oder Süßspeisen wie ***Rigojancsi***, deren Zubereitung drei Tage in Anspruch nimmt. Auch das Weinangebot ist das Ergebnis umsichtiger Recherchen, bei denen auf den Preis ebenso geachtet wird wie auf ökologisch nachhaltige Produktion. Wer zum ersten Mal hier einkehrt, sollte das Kaninchen (**Coniglio arrosto in carpaccio**, 8 €) oder die ***Fregoloz* alle erbe** (Kräuternocken, 9 €) mit Tomatencreme und *Formadi frant* bzw. mit Walnuss-Speck-Sauce, die ***Jota* carnica** (8 €) oder die Perlhuhnbrust mit knusprigem Speck (Petto di faraona al forno, 15 €) bestellen. Wenn man wiederkommt, kann man auch Ausgefalleneres probieren, etwa Bigoli all'avena (Hafernudeln), ***Blecs* di grano saraceno** (Buchweizenpasta) oder Variationen vom Saibling aus einer benachbarten, mit Quellwasser gespeisten Fischzucht: Der Salmerino fritto in tempura (15 €) schmeckt nicht nur köstlich, sondern zeugt obendrein von küchentechnischer Perfektion. Wofür auch immer Sie sich entscheiden: Das Borgo Boscolle ist immer eine lohnende Erfahrung.

»

Eine klug interpretierte, den Rhythmen der Natur folgende Regionalküche in hinreißend schlichter Darbietung.

«

CERCIVENTO (UD)

64 KM NW. V. UDINE, 16 KM V. TOLMEZZO, S.S. 52 BIS

In Plàit

Osteria
Via di Sot, 51
Tel. (+39) 346 / 598 27 71
Kein Ruhetag
Keine Ferien
20 Plätze
Preise: 30–35 €
Keine Kreditkarten
Mittags und abends gegen Vorbestellung geöffnet

Stefania und William, die auch privat ein Paar sind, betreiben diese entzückende „Buchhandlung mit Küche und B&B". Als sie in den 1970er-Jahren des Stadtlebens müde wurden, kamen sie nach Cercivento, um die alteingesessene (seit 1890 als Familienbetrieb bestehende) Bäckerei zu übernehmen und den dazugehörigen Laden zu revitalisieren. Heute bestellt William den Gemüsegarten, bäckt Brot nur mehr für Osteria, und anstelle des Ladens ist ein gediegener Ort der Gastlichkeit entstanden. Ebendort kreiert Stefania feine Gerichte, für die sie ihre toskanisch-emilianischen Wurzeln mit Neuinterpretationen alter friulanischer Rezepte kombiniert. Man beginnt mit Kostproben von mariniertem Gartengemüse zu ausgesuchten lokalen Salumi oder mit speziellen, kurz überbackenen Ravioli (9 €). Stefania ist stolz auf ihre Teigwaren, die sie alle von Hand macht: So entstehen Ravioli mit Kräuterfüllung (10 €) oder ***Cjarsons*** in vollendeter Balance aus Süß und Pikant. Alternativ dazu munden Gnocchi mit Kräutern und Gemüse, **Minestra di fagioli**, Ribollita oder eine Farinata, die an die Triester *Jota* erinnert. Als Hauptgericht haben wir eine vorzügliche **Polpetta su crema di erbe di campo** (Frikadelle auf Wiesenkräutercreme, 8,50 €) probiert, doch man kann sich auch für Kutteln (Trippa alla fiorentina), Schweinefilet (Filetto di maiale), gefüllte Melanzane bzw. Zucchine oder **Trota** (Forelle) mit delikater Früchtesauce entscheiden. Williams Eiscreme (4 €), Ricotta- oder Apfelkuchen sowie Crema pasticciera ergänzen das Angebot. Die Weinkarte ist nicht sehr umfangreich, aber qualitätvoll und preislich fair. Man verlässt das Lokal zufrieden mit Küche und Gastlichkeit, hat sich von William einige Anekdoten aus der Geschichte des Ortes erzählen lassen und weiß, dass man wiederkommen wird.

CLAUZETTO (PN)

50 KM NÖ. V. PORDENONE, 18 KM N. V. SPILIMBERGO

Ai Mulinars

Restaurant
Via della Val Cosa, 83
Tel. (+39) 04 27 / 806 84
Ruhetag: Montag
Ferien: unterschiedlich
55 Plätze + 45 Plätze im Freien
Preise: 37–38 €
Kreditkarten: AE, CS, MC, Visa; BM
Mittags und abends geöffnet

Inmitten der Natur des Val Cosa bildet ein geschmackvoll renoviertes, überaus gepflegtes Landhaus mit einer prächtigen Terrasse für die warme Jahreszeit den Rahmen für sehr bodenständige, jedoch modern interpretierte kulinarische Genüsse. Küchenchef Ottavio zaubert Kreationen, die Gaumen und Auge gleichermaßen erfreuen und beweist damit, dass man Vergangenes – insbesondere überlieferte Rezepte – bewahren und gleichzeitig in die Zukunft blicken kann – vor allem, was die Präsentation der Speisen anbelangt. Familie Moruzzi ist nach Auslandserfahrungen ins Tal zurückgekehrt und begleitet uns heute mit Ottavio, Ehefrau Angela und Sohn René im Service auf einen ansprechenden lukullischen Parcours. Von den Antipasti empfehlen wir die vortreffliche **Pitina** (Slow-Food-Presidio) **mit Bruschette** (9,50 €), die Terrina di paté d'oca, die Oca affumicata (Geräuchertes von der Gans) mit Crostini; köstlich auch die Insalata di pollo mit Estragondressing und Granatapfel (7,50 €) und die Ricotta di Pradis, die nur ein paar Kilometer weiter hergestellt wird und die Ursprünglichkeit dieser Gegend in sich trägt. Man kann auch einen Kostprobenteller für 12 € bestellen, auf dem sich fast alle Antipasti wiederfinden. Von den Primi empfehlen wir die **Involtini di melanzana con speck e montasio** (9 €) und den Orzotto mit Spargel oder anderem Saisongemüse (10 €). Köstlich von den Secondi sind die **Costicine d'agnello** (Lammchops, 19,50 €) und der Hirschrücken mit Wildpreiselbeeren – **Lombo di cervo con mirtillo selvatico**, den man geschmort (al tegame) oder vom Grill (alla griglia) bekommen kann. Gute Auswahl an Desserts, die Angela alle selbst macht. Im sehenswerten Weinkeller neben einem der Gasträume lagern friulanische Etiketten, die zusätzlich zu dem guten Hauswein angeboten werden.

CORDENONS (PN)

5 KM NORDÖSTLICH VON PORDENONE

Al Curtif

Osteria
Via del Cristo, 3
Tel. (+39) 04 34 / 93 10 38
Ruhetag: Sonntagabend, Montag
Ferien: 1.–10. Januar, 3 Wochen im August
50 Plätze + 50 Plätze im Freien
Preise: 30–32 €
Kreditkarten: AE, CS, DC, MC, Visa
Mittags und abends geöffnet

Die Atmosphäre, die man beim Eintreten spürt, ist die einer Osteria von einst, mit Gästen, die Karten spielen oder am Tresen ein Gläschen trinken, und freundlichen Wirtsleuten wie Michela und Luca. Draußen ein schöner Hof (im hiesigen Dialekt *Curtif*), eine saftige Wiese, eine Laube für Sommerabende. Das Menü umfasst einfache, aber gepflegte Speisen auf Basis von Produkten aus dem Umland und dem großen Gemüsegarten von Vater Onorio. Michela, der in der Küche Schwiegermutter Giuseppina fachkundig zur Hand geht, hat uns unlängst zarten weißen Spargel mit gewürfeltem Speck aus Sauris und Pecorino rosso (8,50 €), elegante Ravioli mit Frühlingskräutern und einen würzigen, geschmacklich ausgewogenen Baccalà alla vicentina (14 €) kredenzt. Vor allem im Winter kommt man aber auch in den Genuss von **Salame all'aceto mit gerösteter Polenta**, *Formadi frant* mit Meerrettich, **Trippe**, **Pasta e fasoi** (8 €) oder **Tortino di polenta mit Montasio-Käse, Pitina und Speck aus Sauris**. Im Frühling gibt es Spaghetti al pesto bianco und Costicine d'agnello mit feinen Kräutern. Luca und Michela sind stolz auf ihren ***Frico*** (10 €), den sie klassisch und in originellen Kombinationen anbieten: Gut sind die Varianten al *grisol* (Leimkraut), alle pere (Birnen) und alla salsiccia (Wurst). Als Desserts überzeugt haben uns das Ricotta-Birnen-Küchlein, der Strudel und die Walnusstorte. Die facettenreiche Weinkarte nennt auch ein paar interessante Etiketten von außerhalb der Region und sieht glasweise Bestellmöglichkeiten vor.

Scian, Via Sclavons 75: Straßenverkauf von handwerklich hergestellter Eiscreme auf höchstem Niveau aus Grundprodukten der besten italienischen Erzeuger, darunter einige Slow-Food-Presidi.

DOLEGNA DEL COLLIO (GO)
Mernico

25 KM NORDWESTLICH V. GÖRZ, S.R. 56 U. S.P. 14

Antica Trattoria Ferreghini

NEU

Traditionelle Osteria-Trattoria
Ortsteil Mernico, 15
Tel. (+39) 04 81 / 605 49
Ruhetag: Donnerstag, Freitagmittag
Ferien: Juli • 120 Plätze
Preise: 30 €
Kreditkarten: AE, CS, MC, Visa; BM
Mittags und abends geöffnet

Am Rand des Collio und in nächster Nähe zu Slowenien entdecken wir in der Ortschaft Mernico mit ihren sanften Hügeln und ihrem ländlichen Charme diese Trattoria, die gleichzeitig mit dem dazugehörigen landwirtschaftlichen Betrieb im Jahr 1861 gegründet wurde und nunmehr von Roberto (Küche) und Daniela (Service) geführt wird. Die beiden empfangen ihre Gäste mit einer Herzlichkeit, wie man sie aus längst vergangen geglaubten Tagen kennt. Gesellschaft leistet häufig auch Vater Giovanni, die Ikone des Lokals und dessen liebevoller „Oberaufseher". Die in ihrer langen Geschichte mehrmals umgebaute Trattoria bewahrt und vermittelt die Leidenschaften, denen man in dieser Gegend nachgeht: Weinbau, Jagd, Erzeugung von Wurst und Schinken. Auch Familie Ferreghini stellt in handwerklicher Machart **Salumi** her, die als Antipasto (5 €) angeboten werden, von Salame a punta di coltello über Prosciutto affumicato bis hin zu Lardo und Ossocollo. Unter den Primi, für die hausgemachte Teigwaren und saisonale Zutaten aus der Region Verwendung finden, entdecken wir die mit Ricotta, Zucchini und Lavendel aus Venzone gefüllten **Panzerotti**, die **mit Butter und Mohn** verfeinert werden, und die traditionellen Heidelbeernudeln mit Wildschweinsauce (**Tagliolini con impasto di mirtillo conditi con sugo di cinghiale**, 8 €). Auch die Secondi sind von überzeugender Authentizität: geschmortes Wild, sprich **Selvaggina in umido**, serviert **mit Polenta** (15 €), oder Fleisch (zum Beispiel gegrillte Entenbrust – **Petto d'anatra alla brace**), das in dem großen offenen Kamin, der im Hauptraum thront, gegart wird. Wein und typische Dolci aus eigener Erzeugung. Sehr gutes Preis-Leistungs-Verhältnis.

DEVIN-NABREŽINA
DUINO-AURISINA (TS)
San Pelagio – Sempolaj

17 km nordwestl. v. Triest, S.P. 35 u. S.P. 6

Gruden

Trattoria
Ortschaft San Pelagio – Sempolaj, 49
Tel. (+39) 040 / 20 01 51
Ruhetag: Montag, Dienstag
Ferien: September
80 Plätze + 80 Plätze im Freien
Preise: 20–25 €
Kreditkarten: AE, CS, MC, Visa; BM
Mittags und abends geöffnet

NEU

In einem kleinen Dorf im Karst gibt es eine ruhige Ecke zum Genuss von Hausmannskost nach Rezepten aus Julisch Venetien und Slowenien. Herzlichkeit und Schlichtheit charakterisieren einen Familienbetrieb, der seit über 100 Jahren besteht und von Vanda Gruden souverän geführt wird. Die Hausherrin ist als gestandene Wirtin, wie sie sich selbst gerne bezeichnet, allzeit bereit für Erläuterungen, Erzählungen, Erinnerungen. Der Service in dem komfortablen Ambiente ist freundlich und effizient, für warme Tage empfiehlt sich die Terrasse im Schatten von Kastanienbäumen. Das Menü sieht nach einer Kostprobe von Wild- und Entenschinken (6 €) als Primi (6 €) allerlei Suppen vor, z. B. ***Jota*** oder in der Pilzsaison Minestra di funghi, aber auch Nocken und Knödel, etwa **Gnocchi di susine** oder Aprikosenknödel, ferner Maltagliati (je nach Saison mit Hopfenspargel oder Pilzen), Tortelloni di ricotta, **Rotolo di spinaci**, Crespelle mit Gemüse. Es folgen bewährte Fleischgerichte der hiesigen Küche: **Pollo fritto** (8 €), **Stinco di vitello**, ***Lubjanska*** (9,50 €), **Guanciale di maiale** (8 €), Kalbsbäckchen, Wild mit Polenta (10,50 €). Nicht versäumen sollte man die Kartoffelbeilagen *Kiffel* und Patate in *tecia* (3,50 €). Als Dessert (3,50 €) **Strudel** (mit Äpfeln, saisonal mit Kirschen), ***Rigojancsi***, ***Gibanica***, Semifreddi, Mousse. Das Weinangebot konzentriert sich auf die wichtigsten Erzeuger aus dem Karst und dem Collio; gute Hausweine. Für Ferienaufenthalte betreibt die Familie in Prepotto die Residence Gruden.

Wer im Triester Karst Käse kaufen möchte, wird bei Dario Zidarich in **Prepotto** und bei Vidali in **Padriciano** fündig; Fleisch und Wurst bekommt man bei Bajta in **Sales**, Honig bei Settimi e Ziani in **Trebiciano**.

DEVIN-NABREŽINA
DUINO-AURISINA (TS)
Slivia – Slivno

14 km nordw. von Triest, S.S. 14 und S.S. 202

Sardoc

Traditionelle Osteria-Trattoria
Ortsteil Slivia – Slivno, 5
Tel. (+39) 040 / 20 01 46
Ruhetag: Montag–Mittwoch
Ferien: unterschiedlich
80 Plätze + 80 Plätze im Freien
Preise: 28–30 €
Kreditkarten: CS, DC, MC, Visa; BM
Mittags und abends geöffnet

Nicht weit von der Bucht von Sistiana entdecken wir einer guten Beschilderung folgend in einem kleinen Karstdorf diese altehrwürdige Trattoria. Nachdem wir den Hof durchquert haben, wo in der warmen Jahreszeit Tische aufgestellt sind, werden wir von Roberta empfangen, die uns die von Mamma Elena (Küchenchefin) und Bruder Ranko (Grillmeister) zubereiteten Gerichte empfiehlt. Die Antipasti in Form von Wurstwaren aus der Region sind verlockend, doch da die Küche gehaltvoll ist, kann man auch gleich mit den Primi beginnen: im Frühling hausgemachte Tagliatelle mit Asparagi selvatici (Wildspargel) oder Crespelle alla rucola mit Bratensaft (7 €), an kühleren Tagen **Gnocchi mit Gulasch**, aber auch **Strudel di spinaci mit zerlassener Butter**, ***Jota*** (Eintopf), Minestre di fagioli (Bohnensuppe). Neben dem über der Holzglut gegrillten Fleisch gilt das herrlich goldbraune, gar nicht fette, wunderbar knusprige und reichlich bemessene Backhähnchen (**Pollo fritto**, 13 €) als absolute Spezialität des Lokals: Sie sollten es allerdings vorbestellen, denn es wird immer frisch frittiert. Eine Kostprobe wert sind aber auch die ***Lubianska*** (Cordon Bleu 10,50 €), der **Stinco al forno** (Haxe aus dem Ofen, 11 €) und die vortreffliche **Grigliata mista** (15 €). Die Dolci variieren häufig: Roberta fabriziert Semifreddi und Torten, Kuchen und *Palacinke*, **Strudel in *straza*** (in ein Tuch gewickelt und gekocht), typisch hiesige Cremeteilchen (Pasta crema carsolina). Neben dem Hauswein aus der Gegend gibt es eine kleine Weinkarte, die vor allem Etiketten aus der Region empfiehlt. Für 2016 sind Änderungen der Ruhetage (voraussichtlich Dienstag bis Donnerstag) und vier Zimmer für Übernachtungsgäste in Planung.

FAGAGNA (UD)

13 KM NORDWESTLICH VON UDINE

Al Castello

Restaurant
Via San Bartolomeo, 18
Tel. (+39) 04 32 / 80 01 85
Ruhetag: Montag
Ferien: zweite Januarhälfte
50 Plätze + 35 Plätze im Freien
Preise: 35 €
Kreditkarten: AE, CS, DC, MC, Visa; BM
Mittags und abends geöffnet

Die Mauern der Burg von Fagagna begrenzen eine wunderschöne Terrasse, die gleichsam das Foyer des Lokals bildet. Dieses ist im Inneren gefällig, geradlinig und freundlich, geradeso wie die Geschwister Negrini, die es seit mehr als 30 Jahren betreiben. Die Küche wurzelt in der Volkstradition und wird Sie mit Ausgewogenheit, Unverfälschtheit und Feinwürzigkeit beeindrucken: In jedem Gericht findet man etwas vor, das den Geschmack einzigartig macht. Bei einem Besuch im Frühling durften wir mit Mousse von Jamar-Käse auf grünem Spargel mit Arganöl beginnen und danach lauwarmen Bergwiesenkräuterflan mit Käsesabayon und Mohn (Sformato alle dodici erbe d'alpeggio, 11 €) sowie *Fillet* (Filetspeck) aus Luincis di Ovaro mit *Sclopìt* (Leimkraut) und Rührei probieren. Von den Primi erwähnt seien die feinen ***Cjalzons*** der Tradition des Valle del But **mit Kräuterbutter** (11 €), die Lasagnette mit Brennnesselpesto, die Kräutergnocchi alla carbonara. Aus dem Kapitel Secondi kann man geschmorte Schweinebacke – **Guanciale di maialino stufato** – mit typischen Gewürzen der lokalen Wurstmachertradition und Patate in *tecia*, Animelle dorate (gebratenes Kalbsbries) mit Trüffelspänen oder **Braciolinе di agnello alla scottadito** (Lammchops) mit Pflaumenchutney wählen. Raffinierte Dolci wie Moscovita auf Kakaowaffel mit Erdbeercoulis oder *Pan di mei* mit Gewürzpflaumensauce (7 €). Auch besteht die Möglichkeit, vier oder sechs **Formaggi** aus einer durchdachten Selektion von Käsesorten aus der Region und aus ganz Italien zu wählen. Die ungemein breit angelegte Weinkarte, aus der man einiges auch glasweise bestellen kann, enthält alle großen Namen der regionalen Winzerszene und eine schöne Auswahl an Etiketten aus dem gesamtitalienischen Panorama. Immer zu haben ist das saisonal variierende Degustationsmenü für 25 €.

FAGAGNA (UD)
Casali Lini

15 KM NORDWESTLICH VON UDINE

Casale Cjanor

Ferienbauernhof
Via Casali Lini, 9
Tel. (+39) 04 32 / 80 18 10
Ruhetag: Montag–Donnerstag
Keine Ferien
80 Plätze + 30 Plätze im Freien
Preise: 28–32 €
Kreditkarten: CS, DC, MC, Visa; BM
Mittags und abends geöffnet

Die Hügel von Fagagna bilden den Rahmen für dieses schöne Beispiel eines friulanischen Bauernhofes, der geschmackvoll renoviert wurde und von vier Schwestern geführt wird. Eine typische Feuerstelle, der *Fogolar*, bereichert den mit Sorgfalt eingerichteten Speisesaal. Im Sommer kann man im Laubengang Platz nehmen. Auf dem Hof haben die Haltung von Kleinvieh und der Anbau von Obst und Gemüse besonderen Stellenwert. Viele Grundzutaten werden vor Ort erzeugt und von einer achtsamen Küche zu vortrefflichen Gerichten verarbeitet. Am bekanntesten ist das Lokal für seine Spezialitäten von der Gans, doch kommt man auch hierher wegen jenes Sorbets aus Trauben der Sorte Clinton, das Familie Missana seit 25 Jahren anbietet: ein wahrer Hochgenuss. Von den Antipasti erwähnt seien die Gänsebrust (Petto d'oca stagionato, 8 €), das geröstete Pestàt di Fagagna (Slow-Food-Presidio) mit Tomatensauce, die Auswahl an Formaggi aus Fagagna mit würzigen Saucen (die ebenfalls auf dem Hof erzeugt und edel verpackt zum Verkauf angeboten werden). Unter den Primi sind köstliche Rotolini di crespelle (gerollte Crêpes) mit Ricotta und Brennnesseln ebenso zu entdecken wie ***Blecs* di grano saraceno con sugo d'oca** (Buchweizenpasta mit Gänsesauce, 9 €). Exquisit die Secondi: Ente als **Anatra in casseruola**, zarte Rinderbäckchen (**Guancette di manzo al Refosco**, 15 €), Kapaun in Form von **Cosciotto di cappone al forno**, dazu Polenta und gekochtes Gemüse. Danach kann man sich neben dem erwähnten Sorbetto di clinton (3 €) für Crostata di uva fragola oder *Cafè golòs* (Espresso mit einer Auswahl an süßen Überraschungen, 6,50 €) entscheiden. Alternativ zum süffigen Hauswein gibt es eine gut bestückte Weinkarte. Professionalität und Gastfreundlichkeit machen den Besuch dieses Hauses zu einer höchst angenehmen Erfahrung.

FARRA D'ISONZO (GO)

9 KM SÜDWESTLICH VON GÖRZ, S.S. 351

Borgo Colmello

Restaurant-Enoteca
Strada della Grotta, 10
Tel. (+39) 04 81 / 88 90 13
Ruhetag: Montag, im Winter auch Sonntagabend, im Sommer auch Samstagmittag • Keine Ferien
50 Plätze + 50 Plätze im Freien
Preise: 33–35 €
Kreditkarten: AE, CS, DC, MC, Visa; BM
Mittags und abends geöffnet

Die Straße, die Gradisca mit Görz verbindet, hat für Freunde guter Weine und guter Küche besondere Strahlkraft, denn sie verläuft zwischen jenen Rebgärten, die das Beste vom Besten der friulanischen Weinbaukunst hervorbringen. Vor diesem Hintergrund liegt ein Besuch des Borgo Colmello sprichwörtlich nahe, handelt es sich doch um einen alten Weiler, der sich generalsaniert als Ensemble aus Vinothek, Locanda, Osteria und Bauernmuseum präsentiert. Abgesehen von ein paar ungewöhnlichen Exkursen zum Thema Fisch bringt die Küche unter der Leitung von Nevio das Terroir schön zum Ausdruck, unter anderem mit Gerichten, die man sich von Gianni Cosetti, ehemals Küchenchef des Ristorante Roma in Tolmezzo und Ikone der friulanischen Küche, „abgeschaut" hat: ***Toc' in braide*** (7 €) und ***File e daspe***. Als Antipasti munden auch der mit dem Messer aufgeschnittene Rohschinken oder der heiße **Prosciutto cotto con cren** (8 €). Die Primi sind von den umliegenden Gemüsefeldern inspiriert: Lasagnetta al forno mit Blattgemüse, frischer Ricotta und Zucchini (8 €), Vellutata di patate mit Käseperlen, Tagliolini mit grünem Spargel alla carbonara. Bei den Secondi reicht die Auswahl vom traditionellen ***Frico* mit Polenta** (10 €) über Costata di chianina bis hin zur exzellenten **Guancia di manzo brasata al Merlot con patate in *tecia*** (14 €). Die Dolci sind wie das Brot hausgemacht, empfehlenswert die Millefoglie con crema pasticciera (6 €). Prächtige Weinkarte mit allen großen friulanischen Marken und ein paar piemontesischen Etiketten; korrektes Preis-Leistungs-Verhältnis, glasweise Kostproben.

»
In der Küche dieser Osteria spiegelt sich die zauberhafte, von Weinbergen geprägte Umgebung in vollendeter Weise wider.
«

FIUME VENETO (PN)
Praturlone

11 KM SÖ. V. PORDENONE, S.S. 13 U. S.P. 60, 47 U. 6

Turlonia

Osteria mit Küche
Corso Italia, 5
Tel. (+39) 04 34 / 56 15 86
Ruhetag: Mittwoch, im Sommer Sonntagmittag
Ferien: unterschiedlich
30 Plätze
Preise: 24–26 €
Kreditkarten: CS, DC, MC, Visa; BM
Mittags und abends geöffnet

Die nach den Grafen Turlonia, die einst in diesem Landstrich an der Grenze zwischen Friaul und Venetien ansässig waren, benannte Osteria wird von Federico, einem jungen engagierten Koch, und seiner Frau Isabella geführt. Letztere wird Sie mit einem Lächeln willkommen heißen und sich professionell um Ihr Wohl kümmern. Die Osteria gehört der Allianz zwischen Köchen und Slow-Food-Presidi an: Was sogleich auffällt, ist der sorgfältige Umgang mit den größtenteils regionalen Ausgangsprodukten und das Wissen um ebendiese – nicht nur seitens des Küchenchefs, sondern auch des Personals. Für den Beginn empfehlenswert sind der **Fagottino di radicchio mit Speck aus Sauris auf Fonduta von *Formadi frant*** (7 €) oder das Brettchen mit Salumi und Formaggi aus dem Umland. Danach gibt es je nach Saison Zuppa di roveja e fagioli (Wilderbsen-Bohnen-Suppe), **Gnocchi di patate al ragù di capriolo** (mit Rehragout, 7,50 €), Ravioloni di asiago e radicchio mit geräucherter Ricotta aus Enemonzo, ***Blecs* mit Entenragout und violetten Artischocken von der Laguneninsel Sant'Erasmo**, Spargel-Orzotto mit Pitina. Unter den Secondi ist der typische ***Frico*** (10 €) mit Käse von einer noch nach alter Manier im Turnusbetrieb arbeitenden Gemeinschaftskäserei ebenso zu entdecken wie Stockfisch in der Variante Baccalà alla friulana, **Pollo alla moda antica** (Hähnchen aus Freilandhaltung nach einem alten Rezept) **mit Polenta** oder auch eine Auswahl an Formaggi mit Zwiebelkonfitüre (Composta di cipolla di Cavasso). Nicht entgehen lassen sollte man sich den Bollito misto (von Oktober bis März), der sieben verschiedene Sorten gekochtes Fleisch und hausgemachte Saucen umfasst. Schließlich die Desserts, darunter hausgemachte Kuchen und Sorbets. Die Weinkarte präsentiert rund 150 Etiketten.

43 KM SÜDWESTLICH VON GÖRZ

Agli Artisti

Restaurant
Campiello Porta Grande, 2
Tel. (+39) 04 31 / 830 81
Ruhetag: Dienstag, außer Mai–September
Ferien: zeitweise im Winter
35 Plätze + 60 Plätze im Freien
Preise: 30–32 €
Kreditkarten: CS, MC, Visa
Mittags und abends geöffnet

Als zuverlässige Adresse bestätigt sich dieses Restaurant in einer der belebtesten charakteristischen Fußgängerzonen der Altstadt von Grado, dort wo sich einst das *Castrum romanum* befand. Das hauptsächlich auf Fisch basierende Menü (es gibt auch Fleischgerichte) bietet insbesondere Rezepte der Gradeser Lagunentradition, die Küchenchef Alessandro Corazza unter Verwendung dessen, was der örtliche Fischmarkt hergibt, technisch einwandfrei, geschmacklich ausgewogen und kreativ umsetzt. Empfohlen und serviert bekommt man die Speisen von dem ebenso kompetenten wie zuvorkommenden Team um Lisa Longo. Unbedingt probieren sollte man den Gradeser Fischeintopf namens *Boreto*, der in verschiedenen Darbietungen überzeugt: So ist er bereits im Kapitel Antipasti als ***Miniboreto* di seppie mit Polenta** (8 €) zu entdecken. Alternativ dazu kann man Appetizer wie **Sarde in *savor* mit Polenta** (9 €), **Sgombro alla mediterranea** (10 €), Insalata di seppie (12 €), in Essig gegarte Alici auf Gemüse (8,50 €) oder diverse warme und kalte Vorspeisen mit Mollusken wählen. Empfehlenswerte Primi sind **Pasta con *boreto*** (12 €), Pasta mit Filets vom Branzin, Kräutern und Pinienkernen, Spaghetti con sardoncini e pomodorini (Sardinen und Kirschtomaten) bzw. mit Venusmuscheln (Spaghetti con le vongole, 12 €). Große Auswahl besteht bei den Secondi, vom klassischen ***Boreto*** (auf Basis von Steinbutt, Tintenfisch oder als gemischter Eintopf) **mit Polenta** bis hin zu gegrilltem und frittiertem Fisch (**Fritture**). Nicht verpassen sollte man, sofern im Angebot, die Goldmeeräsche – **Otragano alla piastra** – mit Rosmarin und Zitrusschalen (12 €). Schönes Angebot an Gemüse (im Frühjahr Spargel), köstliche Desserts. Die Weinkarte wird mit einer facettenreichen Auswahl an Etiketten aus der Region allen Ansprüchen gerecht.

43 KM SÜDWESTLICH V. GÖRZ, MOTORSCHIFF V. GRADO

Ai Ciodi

Ferienbauernhof
Ortsteil Anfora
Tel. (+39) 338 / 956 81 42,
(+39) 338 / 567 98 22
Kein Ruhetag
Ferien: Mitte Oktober–vor Ostern
25 Plätze + 150 Plätze im Freien
Preise: 27–30 €
Keine Kreditkarten
Geöffnet 11.30–19 Uhr

Die im äußersten Westen der Lagune von Grado gelegene Insel Anfora ist vom Festland per Linienschiff, Wassertaxi oder Privatboot erreichbar. In römischer Zeit war sie Teil des Hafens von Aquileia, 1866 diente sie der österreichischen Armee als Außenposten und bis in die Sechzigerjahre des vorigen Jahrhunderts gab es auf ihr ein Fischerdorf samt Grundschule, die heute als Locanda (sechs Zimmer) dient. Vom Herbst bis in den Frühling unbewohnt, wird Anfora für den Rest des Jahres lebendig. Zu verdanken ist dies Mauro, Piero und Cristiano Tognon, die neben der Fischerei in der Gastronomie tätig sind und für ihre Gäste das zubereiten, was sie wenige Stunden zuvor gefangen haben. Sind die Vorräte aufgebraucht, verwenden sie wiederum Fisch lokaler Herkunft. Eingangs gibt es Tintenfisch- oder Oktopus-Kartoffel-Salat, **Sarde in *saor*** (8 €), mariniertes Meeräschenfilet (**Cefalo marinato**, 9 €). Es folgen **Spaghetti con i fasolari** (Herzmuscheln), **Linguine al gransoporo** (12 €), **Maltagliati con le sarde** (11 €), Risotto alla marinara. Als vollwertige Mahlzeit ist der ***Boreto*** (15 €) mit nur einer oder mehreren Sorten Fisch anzusehen, Gleiches gilt für den gemischten Fisch vom Grill und die **Fritture miste**. Der Fisch des Tages – Goldbrasse, Meeräsche, **Steinbutt**, Scholle, Seezunge, Drachenkopf, **Aal** … – wird zumeist **vom Grill** angeboten. Die Dolci (4 €), von Crostata di frutta bis hin zu Torta di ricotta, sind Pieros Werk. Neben offenem Weißwein aus der friulanischen Tiefebene stehen ein paar regionale Etiketten zur Auswahl.

»*Mit dem Boot zu Tisch: Auf dieser autofreien Insel beschert die superfrische Küche der Fischer- und Gastronomenfamilie Tognon stets angenehme Überraschungen.*«

45 KM SÜDWESTLICH VON GÖRZ

Alla Buona Vite

NEU

Trattoria
Via Dossi, 7
Tel. (+39) 04 31 / 880 90
Ruhetag: Donnerstag, außer im Sommer
Keine Ferien
150 Plätze + 150 Plätze im Freien
Preise: 25–35 €
Keine Kreditkarten
Mittags und abends geöffnet

Biegt man kurz vor dem Damm, der nach Grado führt, linker Hand ab, so gelangt man durch einen Pinienhain immer der Lagune entlang zu dieser hübschen Trattoria. Zum selben Komplex gehören ein Ferienhaus mit vier Apartments und ein Weingut, das zwölf verschiedene Weine erzeugt und abfüllt. Geführt wird all dies von der vielköpfigen Familie Girardi – neun Personen, die sich die Aufgaben als Gastgeber und Winzer teilen. Das Restaurant hat trotz seiner Größe ein sehr angenehmes Ambiente und ist sorgfältig eingerichtet. Im Sommer kann man im Freien unter einer Weinlaube speisen. Die Küche bietet Fleisch- und Fischmenüs, die beide sehr gepflegt sind. Beginnen kann man daher einerseits mit einer Granseola oder einem Antipasto gratinato (15 €) oder einer Vorspeise mit gekochtem Fisch, andererseits mit Crostini con petto d'oca (mit Gänsebrust, 10 €) oder einem prächtigen Affettato misto (Aufschnitt). Unter den Primi sind **Gnocchi ai fasolari** (mit Herzmuscheln), **Maltagliati al granchio** (Krabbenpasta), Zuppa di pesce (Fischsuppe, 12 €) oder die als Tellergericht angebotenen **Gnocchi con l'oca** (mit Gänsefleisch, 18 €) zu entdecken. Das Kapitel Secondi der Meeresküche bietet die besten Fischsorten für 5 € pro 100 Gramm, während zum Thema Fleisch klassische Tranchen vom Grill, auch als **Grigliata mista** (10 €), sowie **Gulasch di oca mit Polenta** empfohlen werden. Die Dolci sind hausgemacht: köstlich das Gelato ai mirtilli caldi (Eis mit heißen Heidelbeeren, 5 €). Die zu fairen Preisen angebotenen Eigenbauweine werden auch glasweise ausgeschenkt.

43 KM SÜDWESTLICH VON GÖRZ

Zero Miglia

Moderne Osteria
Riva Dandolo, 22
Tel. (+39) 04 31 / 802 87
Ruhetag: Dienstag, außer 1. Juli–15. September
Ferien: 7. Januar–28. Februar
100 Plätze + 50 Plätze im Freien
Preise: 37 €
Kreditkarten: CS, DC, MC, Visa; BM
Mittags und abends geöffnet

1930 als Verein der Lagunenfischer gegründet, hat die Kooperative 2010 ihre gastronomische Tätigkeit in jenen Räumen aufgenommen, die ursprünglich als Lager neben dem Großfischmarkt dienten, mit Blick auf eine pittoreske Mole, an der Fischerkähne vertäut sind. An den Tischen und am Tresen geht Luisa gewandt und freundlich zu Werke, in der Küche fabriziert Andrea Traditionelles mit originellen Akzenten, was Kombinationen und Präsentation betrifft. Da er ausschließlich Fisch lokaler Herkunft verwendet, variiert das Menü je nach Verfügbarkeit. Verlockend die Antipasti: Tortino di seppie mit Gemüse (12 €), ***Otregan brusao*** (gebratene Goldmeeräsche), Fisch in *savor* (10 €), Cefalo dorato affumicato (hausgeräucherte Meeräsche). Effektvoll das „Gioco del crudo e del freddo" (rohe Meeresdelikatessen), serviert auf Eis in einer Styroporkiste, wie sie die Fischer verwenden. Von den Primi (12 €) erwähnt seien **Gnocchi con ragù di fasolari**, Spaghetti con le sarde bzw. con le vongole, Calamarata mit Minifischen und Weichtieren. Obligat als Hauptgericht der ***Boreto de pesse* alla gradese** (14 €), ein pfeffriger Eintopf mit einer oder mehreren Sorten Fisch. Außerdem: pompöser Fritto misto (Fisch und Gemüse in Tempurateig, serviert im klassischen Schöpfeimerchen namens Sessola, 14 €), Tintenfisch als ***Sepe sofegae* mit Polenta**, gegrilltes Filet von Dorade oder Branzin. Von den Dolci (5 €) empfehlen wir das Schoko-Meringe-Soufflé. Bei den rund 50 Positionen der Weinkarte handelt es sich vorwiegend um friulanische Etiketten. Löblich: Für das Gedeck zahlt man nicht extra.

In der Fischhandlung nebenan kann man von Montag bis Freitag (8.30–12 Uhr) frisch aus den Fischerkähnen ausgeladene Ware kaufen.

GRIMACCO – GARMAK (UD)
Clodig – Hlodic

33 KM NORDÖSTLICH VON UDINE, 15 KM VON CIVIDALE

Alla Posta

Trattoria
Via Roma, 22
Tel. (+39) 04 32 / 72 50 00
Ruhetag: Dienstag, Mittwoch
Ferien: unterschiedlich
40 Plätze
Preise: 25–30 € (Tagesmenü)
Keine Kreditkarten
Abends geöffnet, Sonntag auch mittags

„Cucina creativa" – kreative Küche – ist auf der Visitenkarte dieser historischen Osteria zu lesen, die sich in märchenhafter Lage in den Tälern des Natisone befindet. Maria Gilda Primosig versteht es, ihr Wissen um die örtlichen Traditionen und Bräuche einzubringen, und setzt ihre Rezepte sichtlich mit Leidenschaft um – je nach Saison und Mondphase und abhängig davon, was ihr Gemüsegarten und die Wiesen und Wälder ringsum gerade hergeben. Nicht von ungefähr sind die Speisen daher mit Dekorationen versehen, die sich als kleines Feuerwerk der Farben und Düfte beschreiben lassen. Als Appetitanregung gibt es köstliche bäuerliche Häppchen: ***Skuta*** (Frischkäse), *Pinca*, Frittatine alle erbe, Salumi. Danach Suppen und Eintöpfe mit saisonalen Zutaten: im Herbst Esskastanien und Steinpilze oder gesäuerte Rüben und Kartoffeln – sprich **Brovada e patate**, im Sommer **Möhren, Kürbis und Raute** oder Kartoffeln, Bohnen und weißer Kürbis. Wer es vorzieht, nicht mit dem Löffel zu essen, kann sich für die hausgemachten Gnocchi mit Tomatensauce oder Gnocchi mit roten Kräutern im Teig entscheiden oder bestellt die Nudelspezialität ***Bleki***, die Nocken namens ***Buje*** mit Birnen oder den Riso di montagna, im Sommer den Orzotto mit Kirschen, im Frühling die Ventagli con lo *sclopìt*. Bei den Secondi überwiegt Fleisch – Rind, Kalb, Hase als **Lepre al *most*** –, doch auch der mit Käse, Wurst, Polenta und Ei zubereitete ***Frico*** ist eine gute Wahl. Sogar die Süßspeisen macht Signora Maria selbst, etwa die Crostate mit Saisonobst wie Aprikosen oder Rhabarber oder die klassische **Gubana**. Die Weine sind aus dem nahen Collio. Eine Besonderheit ist der mit Dutzenden Wildkräutern versetzte Vino di San Giovanni, dessen spannende Geschichte man sich erzählen lassen kann. Wer möchte, nimmt das Degustationsmenü für 25 €.

LAUCO (UD)

62 KM NW. V. UDINE, 11 KM V. TOLMEZZO, S.R. 52

Alla Frasca Verde

Hotelrestaurant • Via Capoluogo, 64
Tel. (+39) 04 33 / 741 22,
(+39) 04 33 / 742 91
Ruhetag: Montag
Ferien: 1 Woche im Juni, 3 Wochen im September/Oktober
80 Plätze + 30 Plätze im Freien
Preise: 35–38 €
Kreditkarten: AE, CS, DC, MC, Visa; BM
Mittags und abends geöffnet

Der rote Faden? Die *Cramârs*. Das waren die Krämer aus der Carnia, die seit dem Mittelalter den Kleinhandel (Stoffe, Arzneien, Gewürze) zwischen Venedig und den Gebieten jenseits der Alpen sicherstellten und die, wenn sie dann vermögend waren, zu Hause Kurzwarenhandlungen oder Gasthöfe eröffneten, von denen es heute noch Beispiele gibt. Auch die Vorfahren der Familie Gressani waren *Cramârs*, worauf nicht nur ihr Hotelbetrieb hinweist, sondern auch die Küche von Signora Maria Agnese: Diese zeichnet sich nämlich insbesondere durch die verständige Verwendung von Gewürzen sowie durch gelungene süß-salzige Kombinationen aus (klassisches Beispiel: die ***Cjarsons***, 9 €). Es gibt ein Degustationsmenü mit dem Titel „Carnia in tavola" für 35 €, das allen, die an einem Tisch sitzen, serviert wird. Ansonsten kann man, auf den Preis achtend und weniger regionaltypische Gerichte vermeidend, mit **Crema di castagne e canederlo di verze e mele** (Esskastaniencreme mit Wirsing-Apfel-Knödel, 9 €) oder mit weicher Polentina auf Käsecreme beginnen. Danach munden mit Fasan gefüllte Teigtäschchen – **Tortelli con ripieno di fagiano – mit Birnensauce und Sichuanpfeffer** (9 €), **Gnocchi di susine alla cannella** (Pflaumenknödel mit Zimt) oder Gnocchi di ricotta mit Lauchsauce und knusprig gebratenen Lauchstreifen. Von den Secondi hervorzuheben ist das Hirschfilet – **Millefoglie di filetto di cervo – mit Butteräpfeln und Johannisbeersauce** (19 €), dem jedoch die Medaglioni di maiale (Schweinefilets) mit geräucherter Pancetta und Wildfenchelsauce oder das Filetto di maialino (Filet vom Jungschwein) in der Kruste mit Jungzwiebelsauce in nichts nachstehen. Bemerkenswert von den Dolci ist das Semifreddo al panbiscotto. Besonderes Lob gilt der Weinkarte.

MALBORGHETTO-VALBRUNA
NABORJET-OVCJA VAS (UD)
Malborghetto

76 KM NORDÖSTL. V. UDINE, 12 KM V. TARVISIO, S.S. 54

Antica Trattoria da Giusi

Osteria-Trattoria
Via Bamberga, 19
Tel. (+39) 04 28 / 600 14
Ruhetag: Montag–Mittwoch
Ferien: zweite und dritte Juniwoche
60 Plätze
Preise: 30 €
Kreditkarten: AE, CS, MC, Visa; BM
Mittags und abends geöffnet

Bei Giusi kehrt man gerne ein, etwa nach einem schönen Skitag auf den nahe gelegenen Pisten des Monte Lussari. Valentina wird Sie im Speisesaal mit einem Lächeln empfangen und Ihnen ein reichhaltiges Menü empfehlen, das drei Kapitel umfasst: Kärntner Spezialitäten (wir sind an der Grenze zu Österreich), eines, das sich der Wiederentdeckung der Besonderheiten des Kanaltals widmet, und eines, in dem die Namen der Speisen an ein historisches Ereignis erinnern, nämlich die Schlacht der österreichischen gegen die napoleonischen Truppen, zu der es genau hier in Malborghetto kam. Wenn sie in der Küche abkömmlich ist, erzählt Signora Giuseppina gerne, wie diese Rezepte entstanden sind, und spart dabei nicht mit kuriosen und überraschenden Details. Wenn Sie als Vorspeise nicht die Wurstspezialitäten zu in Öl eingelegten Gemüsedelikatessen probieren, können Sie sich für die „Caccia alla salsiccia“ (8 €) entscheiden. Von den „historischen“ Primi erwähnt seien die Zuppa del capitano (ein leicht pikantes Eintopfgericht aus Getreide und Fleisch, serviert in einem Schüsselchen aus Brot), die Minestra degli eroi (Sauerkraut-Bohnen-Suppe, 7 €), die **Tortelli** dell'arciduca **con ragù di cervo** (Teigtaschen mit Hirschragout, 8 €). Weitere Empfehlungen: Gersten-Bohnen-Suppe, Kartoffelgnocchi mit saisonal wechselnden Saucen, **Nocken mit *Sasaka***, **Aprikosenknödel mit brauner Butter, Zucker und Zimt**. An Hauptgerichten gibt es **Gulasch** (auch vom Wildschwein), geräuchertes Schweinefleisch (9,50 €), gegrillte Salsiccia aus dem Val Aupa mit Polenta. Man schließt mit dem Dessert Valcanale (frische Ricotta aus Ugovizza mit heißen Waldbeeren), **Buchteln mit Aprikosenkonfitüre** (4,50 €) oder Apfelstrudel. Die passable Weinkarte nennt ein paar Etiketten aus den Colli Orientali und dem Görzer Collio.

MARIANO DEL FRIULI (GO)
Corona

12 KM SÜDWESTLICH VON GÖRZ

Al Piave

Osteria-Trattoria
Via Cormons, 8
Tel. (+39) 04 81 / 690 03,
(+39) 380 / 541 81 02
Ruhetag: Dienstag
Ferien: 1.–7. Februar, 1.–7. Juli
35 Plätze + 20 Plätze im Freien
Preise: 30–35 €
Kreditkarten: AE, CS, MC, Visa; BM
Mittags und abends geöffnet

Müsste man das Wesen dieses Lokals mit einem Wort beschreiben, so wäre „Harmonie“ der wohl beste Begriff. Denn harmonisch sind die Darbietung der Speisen und die Gastlichkeit, vor allem aber die Teamarbeit der bestens aufeinander eingespielten Mitglieder der Familie Fermanelli: die charmante Claudia, die den Service leitet, und Patrizio, zu dem sich in der Küche sein Bruder Stefano gesellt hat. Eine lebhafte Osteria-Stimmung ist dank der Schankstube gegeben, denn die ist Treffpunkt der Stammgäste, die auf ein Gläschen und zum Plaudern vorbeischauen. In den anderen Räumen ist es ruhiger, aber deshalb nicht weniger angenehm. Für den Auftakt empfehlen wir den Antipasto misto (San-Daniele-Schinken, Wildschweinschinken, Haussalami, Carpaccio vom Hirsch, geräucherte Gänsebrust, 12 €). Für die nachfolgenden Gänge konzentriert sich die Küche auf die Region, lugt aber auch über deren Grenzen hinaus: **Minestra d'orzo** (Gerstensuppe), **Tagliatelle all'anatra** (Bandnudeln mit Entenragout, 9 €), Rotolo di bruscandoli con fonduta (Hopfenspargelroulade in Käsesauce), **Gnocchi con la lepre** (mit Hase, 8,50 €). Als Klassiker des Hauses bei den Secondi gilt Grillfleisch: Tagliata vom Rind mit Rucola (16 €), **Costine d'agnello** (Lammrippchen), Braciole di maialino (Koteletts vom Jungschwein). Ans Herz legen wir Ihnen aber auch den **Stinco di vitello** (Kalbshaxe, 14 €) und die Coscia di coniglio con purea di patate (Kaninchenkeule mit Kartoffelpüree, 16 €). Für den Nachtisch ist der **Apfelstrudel** eine sehr gute Wahl, kalorienreicher fällt die Crème brulée aus. Schließlich sei auch noch die Weinkarte gebührend gelobt, die angesichts der Lage und der vielen Kellereien ringsum eine Komplettübersicht zu den hiesigen Etiketten bietet und auch glasweise Empfehlungen enthält.

MOSSA (GO)

6 KM WESTLICH VON GÖRZ

Blanch

Trattoria
Via Blanchis, 35
Tel. (+39) 04 81 / 800 20
Ruhetag: Dienstagabend, Mittwoch
Ferien: letzte August-, erste Septemberwoche
120 Plätze + 50 Plätze im Freien
Preise: 27–32 €
Kreditkarten: AE, CS, DC, MC, Visa; BM
Mittags und abends geöffnet

Wir sind in Mossa, am Fuß des Collio, nahe Slowenien. An diesem zauberhaften Ort entdecken wir die Trattoria Blanch, die seit mehr als einem Jahrhundert eine zuverlässige Adresse für all jene ist, die unverfälschte Küche lieben. Der Empfang ist überaus freundlich, die Gerichte werden den Gästen kompetent, professionell und mit häufigen Verweisen auf die Tradition des Lokals beschrieben. Was den netten Nebeneffekt hat, dass man etwas über die kuriose Entstehungsgeschichte der ***Blecs cul gial*** (hausgemachte Nudeln mit Hähnchenragout) erfährt, die im Speisenangebot niemals fehlen. Beginnen können Sie mit klassischen Antipasti (5 €) wie Prosciutto di San Daniele oder **Salame con l'aceto**. Für danach immer im Programm ist eine saisonal variierende Suppe – wir haben die Zuppa di asparagi (Spargelsuppe) für exzellent befunden. Weitere Empfehlungen unter den Primi: Gnocchi con formaggi, Tortellini in brodo und andere hausgemachte Pasta (8 €). Herausragend aus dem breiten Angebot an Fleischgerichten unter den Secondi ist im Winter Wild, sprich **Selvaggina**: Capriolo (Reh), Cinghiale (Wildschwein), aber auch Pernice (Rebhuhn, 18 €) und mitunter Lepre (Hase). Weitere Hauptgerichte: **Stinco di maiale al forno** (Schweinehaxe aus dem Ofen) bzw. Stinco di vitello (Kalbshaxe), im Frühling Capretto (Ziegenkitz, 13 €), im Sommer Pollo impanato (Backhähnchen, 8 €) und Coniglio arrosto (Kaninchenbraten). Im Herbst immer präsent sind **Funghi** (Pilze, 15 €). Auch die Dolci sind hausgemacht: Wir empfehlen insbesondere die Sfogliatine con la crema, den Strudel und die Erdbeer-Bavarese (4 €). Passabler Hauswein und gute Auswahl an Flaschenweinen, vornehmlich von Erzeugern aus dem Umland.

OVARO (UD)
Applis

70 KM NORDWESTLICH VON UDINE, S.S. 13 OD. A 23

Aplis

Restaurant
Ortsteil Applis, 2 C
Tel. (+39) 04 33 / 61 90 08
Ruhetag: Montag, außer im Juli und August sowie zu Weihnachten
Ferien: 2 Wochen nach Dreikönig
100 Plätze
Preise: 32–35 €
Kreditkarten: AE, CS, DC, MC, Visa; BM
Mittags und abends geöffnet

Das aus dem Sägewerk Micoli-Toscano (18. Jh.) hervorgegangene Ökoresort Aplis ist ein erholsamer und gepflegter Ort. Man kann das Museum der karnischen Vogelwelt besuchen und das in den ehemaligen Lager- und Schlafräumen eingerichtete Restaurant der Familie Filaferro: an der Bar Onkel Renato, am Empfang im Speisesaal der liebenswerte Jacopo, in der Küche sein Vater Roberto. Hier wird nicht nur auf ausgesuchte, fast durchweg lokale Grundprodukte geachtet, sondern auch auf die Bedürfnisse von Kindern, Vegetariern und Zöliakiebetroffenen. Den Auftakt machen traditionelle Antipasti der Saison: marinierte Lonza mit karamellisierten Äpfeln (9 €), Salumi mit Gemüse in agrodolce, ***Toc' in braide***, im Frühling Spargelstrudel mit Speck, Ricotta und Formadi frant. Es folgen Primi wie ***Blecs* di saraceno mit Forelle aus Ovaro** (9 €), Gnocchi alle erbette mit Wildschweinragout, ***Cjarsons*** (8 €). Empfehlenswert von den Secondi sind Millefoglie di magatello agli spinaci (zartes Rindfleisch mit Spinat, 14 €), **Cinghiale in agrodolce** oder anderes **Wild**, ***Frico* mit Polenta**, gegrillte Costicine vom Lamm. In der Pilzsaison gibt es ein Menü zum Thema **Funghi**. Gepflegter Käseteller mit Produkten aus der Gegend. Die Dessertauswahl reicht von Strudel alla carnica über Semifreddi bis hin zu Crostata al gianduia (4 €). Der Keller bietet eine ganze Reihe von friulanischen Weinen und eine kleine Auswahl aus dem übrigen Italien.

Der Laden I Salumi di Carnia (ein paar Hundert Meter weiter, gleich nach dem Ortsteil Luincis) bietet Fleisch, Käse und Wurst aus eigener Erzeugung. Im Sommer kann man im angeschlossenen Lokal La Braceria ein Stück Fleisch aus der Vitrine wählen, es grillen lassen und vor Ort verzehren.

PALUZZA (UD)
Timau-Tischlbong

77 KM NW. V. UDINE, S.S. 13 OD. A 23 U. S.S. 52

Matiz da Otto

Restaurant
Via Plozner Mentil, 15
Tel. (+39) 04 33 / 77 90 02
Ruhetag: Dienstagabend (im Winter)
Ferien: Januar/Februar
80 Plätze + 15 Plätze im Freien
Preise: 28–32 €
Kreditkarten: AE, CS, MC, Visa; BM
Mittags und abends geöffnet

Wenige Kilometer vom Plöckenpass entfernt, der Friaul mit Kärnten verbindet, liegt im oberen Valle del But dieser schöne Gasthof, der auch Logis bietet (zehn Zimmer). Familie Matiz, in deren Besitz sich das Haus seit 1870 befindet, ist nunmehr durch Diego vertreten, der das Speiselokal gemeinsam mit seiner Frau Antonietta und Chefkoch Stefano Buttazzoni führt. Die dargebotene Kulinarik erweist sich als wunderbare Fusion aus friulanischer und Kärntner Küche. Beginnen kann man mit einem Antipasto misto (8 €) bestehend aus Forellenmousse, Frico, Kräuterküchlein mit Montasio-Käse-Creme und Culatello aus Sauris auf Rucola gebettet. Danach ist es ein Ding der Unmöglichkeit, die typischen Teigtäschchen – ***Cjalcions* di Timau** (8 €) – außer Acht zu lassen, doch auch der **Sformato alle erbe** und die Gnocchi mit saisonal wechselnden Saucen wollen probiert werden: Zum Glück kann man sich auch für ein Dreierlei dieser Köstlichkeiten entscheiden (Tris di primi, 10 €). Unter den Secondi sind wunderbares Schweinebäckchen (**Guanciale di maiale**, 10 €), ***Frico* con patate** sowie Gerichte von Haar- und Federwild (**Selvaggina**, 12 €) zu entdecken. Von den ausnahmslos hausgemachten Dolci raten wir zu dem gemischten Dessertteller mit fünf Kostproben (Misto di cinque assaggi, 6 €). Die recht ansehnliche Weinkarte nennt vorrangig friulanische Etiketten mit mustergültigem Preis-Leistungs-Verhältnis.

Wenige Meter weiter, in der Via Maria Plozner 42, bietet die Macelleria Mentil Tel. (+39) 04 33 / 77 90 08) eine interessante Auswahl an typischen Tischlbonger Räucherfleischspezialitäten.

PASIANO DI PORDENONE (PN)
Villotta di Visinale

11 KM SÜDWESTLICH VON PORDENONE

Da Carmelo

Traditionelle Osteria-Trattoria
Via Villotta, 41
Tel. (+39) 04 34 / 62 02 59
Ruhetag: Dienstag, Mittwoch
Ferien: zeitweise im Januar, Juni/Juli
70 Plätze + 20 Plätze im Freien
Preise: 30 €
Kreditkarten: MC, Visa; BM
Mittags und abends geöffnet

Im ländlichen Teil der Provinz Pordenone entdecken wir, vom Hauptort der Beschilderung nach Oderzo folgend, ein Kleinod der unverfälschten guten Küche, mit der Gabriele am Herd und seine Frau Lisa im Service die Familientradition weiterführen. Ihr gastronomisches Angebot basiert auf erstklassigen Grundzutaten aus dem direkten Umland, die dank guter Beziehungen zu den Erzeugern erlesener nicht sein könnten. An Antipasti (7 €) gibt es häufig eine herrliche Porchetta arrosto (kalter Schweinebraten) mit Sottaceti, im Frühling und Sommer Frittate mit Blattgemüse, in der kalten Zeit **Cotechino con il cren** (Kochwurst mit Meerrettich). Die Teigwaren sind hausgemacht: Bei unserem Besuch im Frühjahr durften wir eine exquisite Lasagna mit Fasan und Spargel probieren, exzellent sind aber auch die **Tagliatelle al sugo di gallo** (mit Hähnchensauce, 9 €) und die **Gnocchetti di patate con ragù d'anatra** (mit Entenragout). Die Secondi basieren auf Fleisch: Als Spezialität des Hauses gilt **Gallo in umido** (geschmortes Hähnchen, 12 €), alternativ dazu gibt es ein vorzügliches Kaninchen nach Jägerinart – **Coniglio alla cacciatora** – mit Taggiasca-Oliven, aber auch feines Lamm als Agnello al forno mit Minze oder traditionelle Kutteln, sprich **Trippe**. Die Dolci sind in ihrer Schlichtheit einfach himmlisch: unwiderstehlich die Panna cotta mit Orangenmarmelade, nicht minder beachtlich die Crema al mascarpone mit Mürbeteigkeksen, die Schoko-Mandel-Torte, die Torta della nonna mit Äpfeln und Rosinen (5 €). Das Weinangebot hat seinen Fokus auf regionalen, wenn nicht gar lokalen Produkten, die man auch glasweise bestellen kann; ausgenommen davon sind ein paar Flaschenweine aus dem gesamtitalienischen Panorama. Angenehm zu trinken ist der Cabernet des Hauses, ein spezieller Verschnitt, der in Karaffen serviert wird.

PINZANO AL TAGLIAMENTO (PN)
Manazzons

45 KM NORDÖSTLICH VON PORDENONE, S.P. 1

Ivana & Secondo

Osteria mit Küche
Via Manazzons, 62
Tel. (+39) 04 32 / 95 00 03
Ruhetag: Sonntagabend, Montag
Ferien: 3 Wochen im September
50 Plätze + 50 Plätze im Freien
Preise: 30–32 €
Kreditkarten: CS, DC, MC, Visa; BM
Mittags und abends geöffnet

Sie müssen etliche Kurven durch die stillen Wälder des Val d'Arzino bewältigen, um vor Ort zu entdecken, dass es noch andere Gourmets von nah und fern hierher verschlägt. Das als Dorfschenke mit Lebensmittel- und Tabakladen entstandene Lokal wird seit 15 Jahren von Luca Brosolo, dem Sohn von Ivana und Secondo, und seinem Kompagnon Massimo Aviani geführt. Man begibt sich zwischen alten Fotografien und Erinnerungsstücken zu Tisch und bekommt das Menü mündlich vorgetragen. Zunächst wird neben einem guten 18 Monate gereiften San-Daniele-Schinken ein Antipasto mit acht Kostproben (11 €) empfohlen: feinste vegetarische Genüsse der Saison (Spargel, junger Blattspinat, Wildkräuter, Artischocken, Auberginen, Pilze), gebratener Speck und Montasio-Käse, ***Toc' in braide***, weicher ***Frico***, Kräuterflan mit Käsesauce. Die mit Spargel, Auberginen und Tomaten-Confit oder *Sclopìt* gefüllten Nudeln (€ 9) sind hausgemacht, ebenso der Teig für die **Tagliatelle al ragù di cervo** und die **Gnocchi con sugo di coniglio**; sehr gut die **Risotti**, immer im Angebot eine Suppe der Saison. An Secondi gibt es grandiose **Bracioline di cervo con mirtilli rossi** (Hirschsteaks mit Preiselbeeren) und in Bier geschmorte Guancette di maiale (13 €), gegen Vorbestellung Lumache (Schnecken). Die Dolci (5 €) sind Kreationen des geschickten Luca: **Apfelstrudel**, Millefoglie mit Wald- oder Erdbeeren, Semifreddi, Schokosoufflé mit Vanilleeis. Die gepflegte Weinkarte hat mehr als 300 Referenzen, auch slowenische und französische. Schönes Sortiment an friulanischen und venetischen Grappas, originelle hausgemachte Schnäpse.

»
Ein historisches Lokal, in dem die junge Generation umsichtig und professionell die Erinnerung an die Ursprünge bewahrt.
«

PORDENONE

La Ferrata

Trattoria-Enoteca
Via Gorizia, 7
Tel. (+39) 04 34 / 205 62
Ruhetag: Dienstag
Ferien: 1. Juli–20. August
70 Plätze
Preise: 30 €
Kreditkarten: CS, MC, Visa; BM
Abends geöffnet, Samstag und Sonntag auch mittags

In einer ruhigen Seitengasse des Corso Vittorio Emanuele, nicht weit vom Dom und vom Rathaus, weist ein schmiedeeisernes Schild auf diese Trattoria mit entspannt-familiärem Flair hin: Holztische mit Papiersets, Wände voller Gegenstände und Bilder als Zeugnisse des Alltagslebens im vorigen Jahrhundert. Der freundliche Pino erläutert die von Koch Ugo zubereiteten Speisen, für die dieser regionale Grundprodukte achtsam auswählt. Die Karte wechselt mit den Jahreszeiten und der Ernte im Gemüsegarten, nur der **Baccalà in *tecia*** steht immer auf dem Speisezettel. Beginnen kann man mit Aufschnitt nach Art des Hauses (Ossocollo, Fiocco, Speck, Salame, Lardo), mit Schinken aus Ovaro (12 €), mit karnischen Käsesorten begleitet von hausgemachten Mostarde oder mit gratinierten Schnecken. Saison und Regionalität spiegeln sich auch in den Primi wider: Lasagne mit Spargel und Speck (8 €), **Risotto al *grisòl*** (Leimkraut), Crema di bisi (Erbsencreme) mit Garnelen, Bohnensuppe – ***Sòpe di fasui*** – mit köstlichen Crostoni (7 €), Risotto mit Pilzen. Die Secondi: ***Frico* mit Kartoffeln, Speck und Polenta**, Bracioline vom Lamm mit Kräutern (15 €), **Guancette al Refosco**. Schließlich die Dolci (4,50 €): Tortino di mele mit Pistaziensauce, Bavarese alla vaniglia mit Fruchtsauce, Biscòz della Ferrata (feines Gebäck nach Art des Hauses). Angenehmer Hauswein, interessante Auswahl an Flaschenweinen aus dem Friaul, diverse Etiketten aus dem übrigen Italien.

Die Ariston Bar in der gleichnamigen Galleria bietet ausgesuchte Formaggi und Salumi sowie viele Markenweine aus dem Friaul und von anderswo. Wer sich mit handwerklich gefertigten frischen Teigwaren eindecken möchte, wird bei Sfoglia d'Oro, Viale Martelli 37, fündig.

PRATO CARNICO (UD)
Pesariis

72 KM NORDWESTLICH V. UDINE, 27 KM V. TOLMEZZO

Sot la Napa

Ferienbauernhof
Ortsteil Pesariis, 61
Tel. (+39) 04 33 / 69 51 03
Ruhetag: Montag–Freitagmittag, außer 15. Juli–31. August und Weihnachten
Ferien: 3 Wochen im Januar, November
45 Plätze
Preise: 30 €
Kreditkarten: AE, CS, DC, MC, Visa; BM
Mittags und abends geöffnet

Im grünen Val Pesarina in der nördlichen Carnia, wo die Dörfer noch intakt sind und die Uhrmacherkunst seit dem 17. Jahrhundert zu Hause ist, verarbeitet der Hof Sot la Napa zu 70 Prozent zertifizierte Bioprodukte von den eigenen Gemüsefeldern und aus der Kleinviehhaltung der Familie Solari. Das Lokal befindet sich in einem umsichtig restaurierten Herrenhaus (17. Jh.) und hat vier behagliche Gaststuben: Eine zieren Fresken von Malern venezianischer Schule, eine andere ist vom *Fogolar* charakterisiert. Die saisonal geprägte Karte wechselt wöchentlich. An Antipasti gibt es z. B. Kräuterflan mit Käsesauce (7,50 €), Salame della casa mit knusprigem Frico, geräucherten Prosciutto aus Sauris mit *Radìc di mont* (Alpenlattich). Einige Primi verhelfen alten Bohnensorten zu neuem Stellenwert, etwa die Crema di fagioli (7,50 €) oder die ***Blecs* al sugo di fagioli**, wobei diese traditionelle Pasta zuweilen auch **con sugo di anatra** (mit Gänsesauce) oder mit Kaninchenragout serviert wird. Nicht minder köstlich die Sauerampfernocken – **Gnocchetti di *lavaçut* – mit brauner Butter und geräucherter Ricotta**. Von den Secondi empfehlen wir den ***Frico*** auf Kartoffel- oder Apfelbasis **mit Vollkornpolenta** (10 €), das Schweinefleisch mit Sauerkraut – **Maiale con i crauti**, das Capretto al forno, das Capriolo in salmì. Die Dolci sind hausgemacht: Semifreddo ai fiori di tarassaco (mit Löwenzahnblüten, 4 €), Brombeerkuchen (Torta di more), Torta alla ricotta. Begrenztes Angebot an Fass- und Flaschenweinen, große Auswahl an Hochprozentigem, auch aromatisierte Grappas.

Im Ortsteil Avausa (4 km) verkauft die Macelleria Polzot Fleisch, Würste, Käse und Milchprodukte des landwirtschaftlichen Betriebs Val Pesarina.

PULFERO – PODBONESEC (UD)

29 KM NÖ. V. UDINE, 12 KM V. CIVIDALE, S.S. 54

Al Vescovo-Skof

Restaurant
Via Capoluogo, 67
Tel. (+39) 04 32 / 72 63 75
Ruhetag: Mittwoch, im Winter auch Dienstag
Ferien: Februar
110 Plätze + 50 Plätze im Freien
Preise: 30–32 €
Kreditkarten: AE, CS, DC, MC, Visa; BM
Mittags und abends geöffnet

Umgeben von bemerkenswerter Natur liegt Pulfero am Natisone-Fluss auf halbem Weg zwischen Cividale del Friuli und dem slowenischen Städtchen Kobarid (Caporetto). Doch nicht nur Geschichtliches und landschaftliche Reize sprechen für einen Ausflug in die Gegend, sondern auch dieses Lokal, das einlädt, sich an einer von verschiedenen Traditionen, Völkern und Kulturen geprägten Küche, die hier sehr spannend interpretiert wird, zu erfreuen. Mit der wertvollen Unterstützung durch Mamma Bruna als Köchin führt Michela in vierter Generation das Haus der Familie Domenis, das Anfang des vergangenen Jahrhunderts als Gasthof und Dorfschenke entstanden ist. Die Küche des Al Vescovo-Skof ist schlicht und gepflegt, die Bedienung ebenso liebenswürdig wie professionell. Unter den Primi (8 €) sind gefüllte Nudeln (Cuori al montasio in salsa ai formaggi), ***Bleki* al ragù d'anatra** (Teigflecken mit Entensauce), ***Zlicnijaki*** (Ricotta-Rucola-Gnocchi) **mit geräucherter Ricotta**, Orzotto con funghi porcini (Gerste mit Steinpilzen) zu entdecken. An Secondi gibt es abgesehen von Wildbret, das vor allem im Herbst präsent ist, Kaninchen als **Coniglio alle erbe fini mit Polenta** (11 €), **Stinco di vitello al forno** (Kalbshaxe), Forelle vom Grill (Trota grigliata alle erbe aromatiche, 10 €), begleitet von saisonal variierenden Beilagen (3 €). Immer niveauvoll die Desserts (3,50 €): Apfelstrudel, **Gubana** nach Art der Natisone-Täler, Ricotta-Birnen-Kuchen. Weinkarte mit etlichen Etiketten aus ganz Italien, hervorragender Hauswein.

Im Ortsteil Montefosca (13 km) verkauft der Laden der Latteria Sociale allerlei Käse, der nach alten Rezepten mit traditionellen Gerätschaften hergestellt wird.

PULFERO – PODBONESEC (UD)
San Giovanni d'Antro – Svet Ivan u Celè

29 KM NÖ. V. UDINE, 12 KM V. CIVIDALE, S.S. 54

Gastaldia d'Antro

Ferienbauernhof
Via Antro, 179
Tel. (+39) 04 32 / 70 92 47
Ruhetag: Montag, Dienstag
Ferien: Januar
30 Plätze + 30 Plätze im Freien
Preise: 25–28 €
Kreditkarten: AE, CS, DC, MC, Visa; BM
Mittags und abends geöffnet

Was kann die Küche einer Gegend bieten, die von grünen Kastanienwäldern und nahezu menschenleeren kleinen Dörfern geprägt ist und slowenische Wurzeln hat? Viele Wildkräuter und so manche Spezialität vom Wild. Dies ist denn auch die Visitenkarte der Gastaldia, die ihre Gäste in den kleinen Stuben eines schönen Steinhauses (und in einer Laube im Freien) zu Tisch bittet und anlässlich der Festa di San Giovanni am Johannistag eine (reinigende) Verkostung von Wasser aus fünf Quellen, eine traditionelle Suppe als Geschmackssynthese von 16 Kräutern und – vor dem Entzünden des Johannisfeuers – ein Spanferkel (aus eigener Haltung) empfiehlt. Aromen von wilden Kräutern zu kombinieren und diesen Kompositionen Farbe zu verleihen, ist nicht leicht, doch Maurizio im Saal und Marina, die die Küche leitet, beherrschen diese Kunst zweifellos. Das Menü bekommt man mündlich zugeflüstert und zu jeder Empfehlung werden Grundzutaten und Garweisen verraten. An Antipasti (4 €) sind **Rotolo di erbe con ricotta**, Sformatino di zucca mit Fonduta von Käse aus Montefosca, allerlei Kräuterhäppchen und von Maurizio selbst affinierte Formaggi vorgesehen. Unter den Primi (6 €) sind Gnocchi mit Primelblüten, Salsiccia und Ricotta, **Minestra di San Martino** (**Esskastanien-Steinpilz**-Suppe), Vellutata di levistico e matricaria (Cremesuppe von Liebstöckel und Mutterkraut), Crespelle con asparagi di montagna (Crêpes mit Wildspargel), **Tortelli con ripieno di petto d'anatra e tarassaco** (Teigtäschchen gefüllt mit Entenbrust und Löwenzahn) zu entdecken. Es folgen **Brovada**, Costicine di maiale (Schweinerippchen) mit sämiger Polenta, **Cinghiale** oder anderes Wild **in salmì** als Hauptgericht (10 €). Ein Tipp: Lassen Sie sich zu einer Kostprobe eines Verdauungstees verführen. Gute Hausweine, etwa 20 Etiketten aus der Region.

RAVASCLETTO (UD)

75 KM NORDWESTLICH V. UDINE, 23 KM V. TOLMEZZO

Bellavista

Restaurant
Via Roma, 22
Tel. (+39) 04 33 / 660 89
Ruhetag: Donnerstag
Ferien: November
130 Plätze + 40 Plätze im Freien
Preise: 28–35 €
Kreditkarten: MC, Visa; BM
Mittags und abends geöffnet

Das breite Tal zwischen Monte Zoncolan und Monte Crostis vermittelt sommers wie winters eine nicht alltägliche Atmosphäre der Beschaulichkeit. Dank seiner Lage gibt das Hotelrestaurant Bellavista ebendiese Beschaulichkeit an seine Gäste weiter, die das Panorama von der Terrasse oder durch die großen Fenster des Speisesaals bewundern können. Der hauseigene Gemüsegarten und eine Reihe von ausgesuchten kleinen Lieferanten aus der unmittelbaren Umgebung gestatten es Dina De Infanti, herzhafte und dennoch bekömmliche Gerichte aufzutischen. Lassen Sie sich von ein paar allzu „italienischen“ Empfehlungen der Karte nicht in die Irre führen: Das Hotel hat viele Gäste, die sich lieber auf weithin bekannte Nudelgerichte wie Pasta all'amatriciana verlassen. Interessanter sind da schon die regionaltypischen Speisen, beispielsweise als Entree ***Toc' in braide*** (sämige Polenta aus Maisgrieß aus Socchieve mit geräucherter Ricotta, Butter und Milch, 9 €) oder das Brettchen mit Wurstspezialitäten aus der Region, das man sich als Vorspeise teilen kann (20 €). Beeindruckt hat uns die Zartheit der Speckknödel in brauner Butter (**Canederli al burro cotto e speck**), doch als Spezialität des Hauses gelten gefüllte Nudeln, beispielsweise die ***Cjarsons* di Monai** (10 €), die sich in ihrer geschmacklichen Ausgewogenheit von Süß und Pikant als wahres Fest für den Gaumen erweisen. Für den Hauptgang empfehlen wir das **Coniglio al vino bianco** (Kaninchen in Weißwein, 10 €) oder die **Guancialini di maiale** (Schweinebäckchen) **mit Polenta**. Von den durchweg hausgemachten Dolci überzeugt haben uns der Apfelkuchen (***Pita* di mele**, 7 €) und das Tiramisu (5 €). Kleine, aber feine Weinkarte.

REMANZACCO (UD)
Cerneglons

8 KM NORDÖSTLICH VON UDINE, S.S. 54

Ai Cacciatori

Traditionelle Osteria-Trattoria
Via Pradamano, 28
Tel. (+39) 04 32 / 67 01 32
Ruhetag: Montag
Ferien: August
60 Plätze
Preise: 20 €
Kreditkarten: CS, DC, MC, Visa; BM
Mittags und abends geöffnet

In der nicht weit von Udine entfernten Ortschaft Cerneglons, die früher von Bauern bewohnt war und noch heute von ländlichem Grün umgeben ist, besteht seit 60 Jahren diese immer von ein und derselben Familie geführte Osteria mit dem Flair vergangener Zeiten, die zur Stunde des Aperitifs von Stammgästen aufgesucht wird. Zum Essen lässt man sich in einem schlicht eingerichteten großen Saal nieder, von dem man durch eine Glaswand die Küche sehen kann. Das Menü hängt neben der Eingangstür, wird jedoch von Nadia oder Cristiana sehr liebenswürdig auch mündlich erläutert: Es sind schlichte, schnörkellose Gerichte der friulanischen Tradition, für die Erzeugnisse von Gemüsebauern und Viehzuchtbetrieben aus dem Umland Verwendung finden. Den Auftakt machen traditionelle Aufschnitte: Prosciutto di San Daniele, Salame, Pancetta, Ossocollo. Es folgen **Orzo e fagioli** (Gersten-Bohnen-Suppe, 4 €), **Pappardelle con salciccia e radicchio**, während der Jagdsaison Pappardelle con sugo di selvaggina, im Sommer Gerstensalat (Orzotto freddo con verdure). Unter den Secondi ist der ***Frico*** (7 €) eine der bewährten Spezialitäten der Trattoria: verführerisch duftend und prall gewölbt, außen goldbraun und innen mollig weich, ist er schlichtweg ein Gedicht. Doch es gibt auch drei Finger hohe Kräuteromeletts (**Frittata** di erbe, 6 €), **Salame cotto nell'aceto**, Kalbshaxe alias Stinco di vitello, im Winter **Musetto con brovada** (Wurst mit sauren Rüben) und **Trippe** (Kutteln). Wenn Wild Saison hat, kann man Hase oder Wildschwein in salmì, Rebhuhn oder Cervo ai mirtilli (Hirsch mit Preiselbeeren) probieren. Ein Stück Torta di mele (Apfelkuchen, 4,50 €), Crostata oder mit Slibowitz übergossene **Gubana** runden die Mahlzeit ab. Der Hauswein ist von guter Qualität, hinzu kommen ein paar Flaschenweine aus der Region.

RIGOLATO (UD)
Varzella

75 KM NORDWESTLICH VON UDINE, S.S. 355

La Fuêo

NEU

Restaurant
Ortssteil Varzella
Tel. (+39) 329 / 975 45 30
Ruhetag: Montag–Freitagmittag, außer im August und 25. Dezember–6. Januar
Ferien: Mai, November
30 Plätze + 30 Plätze im Freien
Preise: 28–32 €
Kreditkarten: AE, CS, MC, Visa; BM
Mittags und abends geöffnet

La Fuêo – in der hiesigen Variante der friulanischen Sprache „das Blatt" – war ein alter Stavolo (Stall), den sein Besitzer Tiziano Gortan Cappellari in ein entzückendes kleines Restaurant verwandelt hat. Wir entdecken das mit edlen Materialien wie Tischtüchern aus von Hand gewobenem und besticktem Leinen eingerichtete Lokal in den Wäldern des oberen Val Degano am Ende eines bergab führenden Weges, der von der Straße von Ovaro nach Sappada abzweigt. Für die Küche ist Köchin Nerella zuständig, für den herzlichen Empfang im Saal der Hausherr. Das Menü sieht typische Gerichte auf Basis von regionalen Produkten vor, als Vorspeise etwa **Prosciutto aus Sauris mit mürben Käsewaffeln** (7 €), **Ossocollo mit Radicchio di montagna in agrodolce** (Alpenlattich, von Tiziano gesammelt und süßsauer eingelegt) oder Flan alle erbe di campo su crema di montasio (Kräuterküchlein auf Käsecreme). Von den Primi vorzüglich sind die traditionellen ***Cjarsons* mit brauner Butter und Ricotta affumicata** (8,50 €), der frühlingshafte Risotto allo *sclopìt* und der herbstliche Risotto ai funghi, die **Zuppa d'orzo**, die Gnocchetti di patate e castagne, die Gnocchetti di zucca mit Speck und Käse (8 €). Es folgen Secondi wie Costolette di agnello alla griglia (gegrillte Lammkoteletts), **Filetto di maiale in crosta di erbe di campo** (Schweinefilet in Kräuterkruste, 12 €), Hirsch als **Cervo in salmì mit Polenta**. Auch unter den Dolci finden wir Traditionelles vor: Apfelstrudel, Tiramisu und eine wunderbar flaumige Torta di castagne (4,50 €). Die Weinauswahl ist nicht groß, beinhaltet jedoch gute Etiketten aus dem Collio und den Colli Orientali; man kann sich auch für den Hauswein entscheiden. Da sich vor allem im Winter Ruhetage und Öffnungszeiten ändern können, sollten Sie diese durch einen Anruf im Lokal erfragen.

SAN DANIELE DEL FRIULI (UD)

23 KM NORDWESTLICH VON UDINE

Al Cantinon

Restaurant
Via Battisti, 2
Tel. (+39) 04 32 / 95 51 86
Ruhetag: Donnerstag
Ferien: je 1 Woche im Januar und im Sommer
180 Plätze + 20 Plätze im Freien
Preise: 25–35 €
Kreditkarten: MC, Visa; BM
Mittags und abends geöffnet

Die Leitung des Cantinon, die seit sieben Jahren fest in den Händen der Sozialkooperative Cjalderie ist, legt großes Augenmerk auf Grundprodukte: So ist es vor allem der eigene große Biogemüsegarten, der das Restaurant ganzjährig versorgt. Angela Fabris in der Küche wird von Mamma Flavia unterstützt, was Brot, gefüllte Teigwaren und Desserts anbelangt, Schwester Erica serviert, und über allem wacht Pietro. Sie können à la carte oder das Degustationsmenü (drei Gänge, 23 €) bestellen. Unter den Angeboten: ein Menü zum Thema **Prosciutto di San Daniele** (nach allen Regeln der Kunst pariert, weder gepresst noch foliert, seine Erzeugung erfolgt in sämtlichen Phasen garantiert im Umkreis von zehn Kilometern), dazu hausgemachte Sottoli, ein der **Trota di San Daniele** gewidmetes und ein Saisonmenü. Das Sammeln von Wildkräutern und Blüten ist Quell der Inspiration für interessante Traditionsgerichte wie ***Cjarsons*** gefüllt mit *Pulmonaria officinalis* (11 €) oder **Spaghetti al pesto d'aglio orsino** (Bärlauch). An Secondi gibt es Steaks vom Karree mit Öl aus dem Karst oder Coppa di maiale (Schweinekammbraten) mit Kartoffeln (14 €), im Winter **Gulasch** mit Polenta, ***Muset*** (Kochwurst), an Festtagen klassischen Bollito. Immer präsent der flaumige Kartoffel-***Frico*** (8 €), als Alternative eine Auswahl an Käse aus der Region mit hausgemachten Konfitüren. Für den Ausklang Apfelstrudel, Dolce al cioccolato (Schokokuchen ohne Mehl), originelles Tiramisu. Man trinkt Hauswein (Friulano und Cabernet) oder bestellt einen guten Flaschenwein aus dem vorrangig friulanischen Angebot.

Boutique dell'Alimentare von Aldo Garlatti (Piazza Vittorio Emanuele): große Auswahl an friulanischen, in- und ausländischen Spezialitäten.

SAN DANIELE DEL FRIULI (UD)
Aonedis

27 KM NORDWESTLICH VON UDINE

Da Catine

Trattoria
Ortsteil Aonedis, 78
Tel. (+39) 04 32 / 95 65 85
Ruhetag: Montagabend, Dienstag
Ferien: je 1 Woche im Januar und um den 15. August
55 Plätze
Preise: 30 €
Kreditkarten: CS, MC, Visa; BM
Mittags und abends geöffnet

Die kleine Ortschaft Aonedis am Fuß des Hügels von San Daniele erreicht man über eine Landstraße, die von der Strada Statale abzweigt, der entlang alle großen hiesigen Schinkenfabriken zu finden sind. Das Da Catine liegt gleich an der Ortseinfahrt und bietet an der Rückseite einen großen Parkplatz in einem typischen friulanischen Hof, der auch das Speiselokal beherbergt. Es ist eine schlichte Gaststätte mit rustikal eingerichteten kleinen Räumen, das von Familie Zurro seit drei Generationen mit Leidenschaft geführt wird. Schon beim Eintreten spürt man aufrichtige Gastfreundschaft und so fällt es nicht schwer, sich gleich wie zu Hause zu fühlen. Die mit guten lokalen Produkten arbeitende Küche ist traditionell, von kräftigen Aromen geprägt. Köstlich als Vorspeise sind der 19 Monate gereifte **Prosciutto di San Daniele** (6,50 €), die Forellenspezialität **Trota regina** mit Crostini, die Gänsebrust – Petto d'oca – mit heißen gerösteten Brotschnitten; im Frühling sollte man den Strudel di asparagi su crema di montasio (Spargelstrudel auf Käsecreme, 7 €) nicht versäumen. Von den Primi erwähnt seien die **Minestra di orzo e fagioli** (Gersten-Bohnen-Suppe), die **Riccioli di pasta con ragù d'oca** (Nudeln mit Gänseragout, 7 €), die vegetarisch gefüllten Tortelli di patate. Unter den Secondi sind Speisen mit Tradition wie ***Frico*** **mit Kartoffeln und Zwiebeln**, zünftige geschmorte Kalbsbacke – **Guanciale di vitello in umido – mit Polenta** (8 €), Forellenfilet als Filetto di trota ai ferri zu entdecken; zudem gibt es eine gute Auswahl an Fleisch vom Grill. Von den Dolci sollten Sie die typischen Biscotti zu einem Glas vom vorzüglichen hiesigen Ramandolo (4 €) probieren. Kleine, aber feine regionale Flaschenweinselektion; auch die glasweise servierten Weine sind von guter Qualität.

Auf Schinkentour in San Daniele

San Daniele ist in der italienischen Gastronomie Synonym für Rohschinken (und in geringerem Maße für die Forelle – Regina di San Daniele – aus Aquakulturen, die von in der Gegend reichlich vorhandenen kalten Grundwasserquellen gespeist werden). Doch wann und warum ist dieser Primat der gereiften Schweinekeulen entstanden?

Historischen Schriften zufolge wurde hier bereits im 15. Jahrhundert Schinken *(Breciutis* oder *Persutti)* für den venetischen Statthalter von San Daniele hergestellt. Es ist jedoch wahrscheinlich, dass diese Spezialität schon den Römern (und vor ihnen den Kelten) bekannt war: Ein wertvolles Zeugnis hierfür gibt es in Aquileia, wo auf dem Grabstein eines Fleischers unverkennbar eine Schweinepfote in Schinkenform zu sehen ist. Diese Pfote ist übrigens heute das Markenzeichen der San-Daniele-Produktion.

Seinen unvergleichlich zarten Geschmack verdankt der Schinken übrigens dem Mikroklima. San Daniele liegt auf einer reizvollen Anhöhe, die zur Kette der Moränenhügel der nordfriulanischen Ebene gehört. Hier treffen kühle Winde mit harzigen Noten aus den Alpen auf warme, salzhaltige Brisen von der Adria. Das tägliche Wechselspiel von feuchter und trockener Luft wirkt auf die zum Reifen aufgehängten Keulen wie eine ständige, wohltuend sanfte Massage, die der natürlichen Trocknung des Fleisches förderlich ist.

Doch es ist nicht nur das Mikroklima, das dem Schinken zu Ruhm verhilft. Entscheidend sind zudem die Qualität des Fleisches (von Schweinen, die – so verlangt es das Regelwerk, das die Echtheit des Prosciutto di San Daniele bescheinigt – ausschließlich aus nord- und mittelitalienischen Regionen stammen, mindestens neun Monate alt sein und ein Durchschnittsgewicht von 160 Kilogramm aufweisen müssen).

Ein weiterer wichtiger Punkt hin zum unverwechselbaren Geschmack dieses Schinkens ist die strikte Einhaltung der traditionellen Produktionsverfahren (Einreiben nur mit Meersalz, manuelle Vorbereitung der Keulen, Reifezeit von mindestens 13 Monaten).

Doch San Daniele bietet nicht nur Schinken, sondern mit der Biblioteca Guarneriana auch eine wertvolle literarische Fundgrube: Besonders interessant ist die historische Abteilung der Bibliothek mit einem Bestand von rund 12.000 Werken (zahlreiche Handschriften, Inkunabeln und Frühdrucke). Hier kann man sich an der Lektüre von Ernährungsratgebern aus alter Zeit wie *De conservanda sanitate* von Geremia Simeoni oder *Liber dietarum universalium* von Isaac Israelita ergötzen.

Giorgio Dri

Ai Bintars

Via Trento e Trieste, 63
Tel. (+39) 04 32 / 95 73 22
Ruhetag: Mittwochnachmittag, Donnerstag

Schinken, zum überwiegenden Teil von Kleinerzeugern, und eine reichhaltige Auswahl an anderen typischen Wurstwaren, etwa Salame tagliato a punta di coltello, erfreuen die Gaumen jener, die diese historische Osteria aufsuchen. Der Name des Lokals erinnert an einen nicht gerade mustergültigen Lebensstil (die *Bintars* waren saisonale Emigranten, die im Winter in Deutschland arbeiteten und den Rest des Jahres zu Hause dem Müßiggang frönten). In dem sehr geräumigen Lokal gibt es eine Schankstube, in der man im Stehen eine Kleinigkeit essen kann, und einen Speisesaal mit offenem Kamin. In der Sommerzeit kann man im schattigen Innenhof speisen.

Al Baccaro

Via Kennedy, 121
Tel. (+39) 04 32 / 95 50 19
Ruhetag: Donnerstag

Die *Bacheri* waren Läden, die in Norditalien eröffnet wurden, um süditalienischen Wein zu verkaufen. In diesem Lokal am Stadtrand von San Daniele bietet die vor langer Zeit aus Apulien zugewanderte Familie Coradazzi Schinken aus eigener Erzeugung begleitet von frischem und eingelegtem Obst, Gemüse in Öl sowie Burrata und anderen Käsespezialitäten aus ihrer Herkunftsregion. Es gibt einen Gastgarten für die warme Jahreszeit und einen großen Gastraum mit riesigen Fenstern. Dort kann man einerseits die Aussicht bewundern und andererseits das Ritual des Schinkenschneidens oder das Anrichten der Köstlichkeiten auf Servierplatten (sehr gute Bruschette) verfolgen.

Al Paradiso

Via Battisti, 28
Tel. (+39) 04 32 / 95 72 52
Ruhetag: Sonntag

In dieser sympathischen Trattoria (mit Garten für den Sommer) am Fuß des Hügels von San Daniele kann man den Schinken des kleinen Familienbetriebs Bagatto probieren, der auch zum Mitnehmen angeboten wird. Wie in anderen Lokalen des Ortes wird der Schinken von typischen friulanischen Produkten begleitet: Käse unterschiedlichen Reifegrades, in Öl eingelegtes Gemüse. Interessierte können die Betriebsstätte besichtigen, in der die Schinken erzeugt und zum Reifen gelagert werden. Im Winter gibt es neben kalten Gerichten gute Bohnensuppe oder Minestrone, was die Einkehr im Paradiso noch angenehmer macht.

Al Portonat

Piazza Dante, 7–9
Tel. (+39) 04 32 / 94 08 80
Kein Ruhetag
G

Diese Osteria ist leicht zu entdecken, denn sie befindet sich ganz in der Nähe des Stadttors mit dem von Palladio entworfenen großen steinernen Bogen, Portonat genannt. Eine stilvolle moderne Einrichtung bildet den Rahmen für den Prosciutto von Morgante, andere lokale Delikatessen wie die Forellenspezialität Trota regina di San Daniele sowie typische Produkte aus ganz Friaul. Ein paar warme Gerichte auf Basis von Rohschinken oder Forelle runden das Angebot ab. Bemerkenswert ist, dass das Lokal auch glutenfreie Gerichte anbietet, die vom italienischen Zöliakieverband zertifiziert sind.

Enoteca Alla Trappola

Via Cairoli, 2
Tel. (+39) 04 32 / 94 20 90
Ruhetag: Montag

Wir sind in der Nähe des Hauptplatzes von San Daniele. Vor Jahren trug die Enoteca den Namen Spezieria pei Sani – Spezerei als Ort der Regeneration für Körper und Seele. Der historische Charakter des Lokals (im Mittelalter wurden hier Verträge und öffentliche Urkunden notariell beglaubigt) zeigt sich in der Architektur: Kreuzgewölbe aus Ziegeln und unverputzten Quadersteinen. Im Alla Trappola genießt man Rohschinken und andere Fleischdelikatessen (z. B. Pitina aus den Tälern um Pordenone) sowie allerlei Käsesorten. Häufig finden geführte Verkostungen von lokalen Spezialitäten statt. Dabei hat man Gelegenheit, bei einem Teller Prosciutto und einem guten Glas Wein von Erzeugern aus der Region und aus ganz Italien Livemusik zu hören.

L'Osteria

Via Trento e Trieste, 69
Tel. (+39) 04 32 / 94 20 91
Ruhetag: Montag

Tisiot, den Besitzer, dabei anzutreffen, wie er Prosciutto um (handwerklich gefertigte und somit viel bessere) Grissini wickelt oder auf Tellern und Tabletts drapiert, ist nichts Außergewöhnliches: In seiner Osteria sind Verkostungen des berühmtesten Produkts von San Daniele an der Tagesordnung. Begleiten kann man den Prosciutto mit Mozzarella, Pilzen in Öl und anderen eingelegten Köstlichkeiten; exzellent ist übrigens auch der auf heißen Crostini servierte Lardo. Achtung: Da das Lokal nicht sehr groß ist, sollte man besser reservieren.

Prosciutterie Dok Dall'Ava

Via Gemona, 29
Tel. (+39) 04 32 / 94 02 80,
(+39) 04 32 / 95 73 35
Kein Ruhetag

Ein großes Gebäude, dessen Architektur an die Form eines Schinkens erinnert, ist der Ort, an dem man sich vom umfangreichen Sortiment des Schinkenfabrikanten Dall'Ava überzeugen kann: San Daniele in verschiedenen Reifegraden (bis zu 48 Monate), Nebrodok (von jungen Exemplaren des schwarzen Schweins aus den sizilianischen Nebrodi-Bergen), Patadok (vom iberischen Cerdo aus der Estremadura), Hundok (von Schweinen der Mangalica-Rasse aus den ungarischen Steppen, Slow-Food-Presidio). Zusätzlich zu den Schinkenvarianten gibt es eine große und immer wieder neu gestaltete Tageskarte mit vielen warmen Gerichten, von Bohnensuppe bis Tortellini al prosciutto, von Frittata bis Tagliata vom Schwein. Eine mit verpackten Produkten gut bestückte Vitrine erweckt und befriedigt jede gastronomische Neugierde.

SAN DANIELE DEL FRIULI (UD)

23 KM NORDWESTLICH VON UDINE

L'Osteria di Tancredi

Trattoria-Enoteca
Via Monte Sabotino, 10
Tel. (+39) 04 32 / 94 15 94
Ruhetag: Mittwoch
Ferien: unterschiedlich
25 Plätze + 10 Plätze im Freien
Preise: 28–30 €
Kreditkarten: CS, MC, Visa; BM
Mittags und abends geöffnet

Silvia Clochiatti, die früher mit ihrer Schwester Rosanna ein historisches Lokal von San Daniele führte, hat vor 13 Jahren diese Trattoria in der Altstadt eröffnet. Besonderes Merkmal des Hauses sind die fünf Granitsäulen aus dem 16. Jahrhundert, um die herum es errichtet ist. Im vergangenen Jahr war das Lokal drei Monate lang geschlossen und wurde komplett renoviert, wodurch es ein neues Gesicht bekam. Beibehalten wurde indes die überlebensgroße Fotografie von Tancredi – Silvias Vater, der Bergarbeiter in Frankreich war und dem zu Ehren das Lokal benannt ist. Ergänzt wird das Team durch Silvias Tochter Guendalina und Küchenchef Andrea Bassi. Die Mahlzeit darf nicht ohne eine Kostprobe vom 18 Monate gereiften **Prosciutto** beginnen, entweder als Schinkenteller ohne Beiwerk (8 €) oder mit Käse und süßsauer eingelegtem Gemüse (13 €). Weitere vorzügliche Antipasti sind Tartara di trota affumicata (Tatar von geräucherter Forelle) und geschmorte Schnecken – **Lumache in umido** – auf weicher Polenta (8,50 €). An Primi gibt es Tagliolini alla San Daniele, Tagliatelle con gamberi e verdure, ***Cjalsons* della Val Pontaiba** (8,50 €). An Secondi werden neben diversen Fleischgerichten wie Carpaccio vom Rind mit Rucola und Parmesan (14 €) die traditionelle Kartoffel-Käse-Spezialität namens ***Frico*** sowie Frittatine mit Kräutern der Saison angeboten. Man schließt mit einem Stück vom klassischen Hefeteigkuchen, der **Gubana**, oder mit Mais-Rosinen-Biscotti, die man in Verduzzo tauchen kann. Sehr gepflegt die Weinkarte, vor allem das Kapitel mit den Erzeugnissen aus der Region, mit einem guten Preis-Leistungs-Verhältnis und der Möglichkeit, glasweise zu bestellen. Im Lokal hat man übrigens auch Gelegenheit, typische Produkte und Weine zum Mitnehmen zu kaufen.

SAN GIORGIO DELLA RICHINVELDA (PN)
Rauscedo

18 KM NORDÖSTLICH VON PORDENONE

Il Favri

Traditionelle Osteria
Via Borgo Meduna, 12
Tel. (+39) 04 27 / 940 43
Ruhetag: Mittwoch, Sonntagabend
Ferien: unterschiedlich
40 Plätze + 50 Plätze im Freien
Preise: 28–30 €
Kreditkarten: AE, CS, MC, Visa; BM
Mittags und abends geöffnet

Rauscedo: die Wurzeln des Weins. Hier entstand die Tradition der friulanischen Wurzelrebe, die dieses alte Bauerndorf mit den wichtigsten Rebsorten weltweit verbindet. Die Tradition guten Weins in Verbindung mit gutem Essen kann man bei Mauro erleben, der uns dank Verwendung von Produkten aus den Magredi, den charakteristischen Schwemmlandebenen des Meduna-Flusses, seit Jahren höchst angenehme Momente bei Tisch beschert. Das Mittagsmenü ist schlicht und günstig, abends ist die Auswahl an ebenso schmackhaften wie gepflegten Speisen der traditionellen Küche größer. Los geht es mit einer Auswahl an Salumi und Formaggi (9 €) von Erzeugern aus der Gegend, mit Kochschinken (Cotto di Trieste con il cren), in der Saison mit Radicchio (Rosa di Gorizia) begleitet von Caciottina aus Pradis, frischen Früchten, Walnüssen und Balsamico-Sauce (8 €). Es folgen handgemachte Teigwaren mit oder ohne Füllung: **Bigoli con cacio e pepe** (mit der Bronzepresse gewalzte Nudeln mit Käse und Pfeffer), Crespelle mit Zucchini, Speck und Montasio-Käse, **Gnocchi ripieni di formaggio salato** mit gebratenem San-Daniele-Schinken und zerlassener Butter, Gemüsecremesuppen wie Crema di cavolo nero oder Crema di carciofi e patate mit frischer Ricotta (9 €). Zu Secondi wie **Guancialetti di maiale in umido** (Schweinebäckchen), ***Frico* con le patate** oder Salsiccia in padella wird gelbe Polenta gereicht. Ein Kontrastprogramm dazu ist der **Baccalà in bianco** nach Omas Rezept (12 €). Als Dessert gibt es Salame di cioccolato, Blätterteig mit Crème Chantilly und frischen Früchten (5 €), Tartes mit Konfitüren von Früchten aus dem eigenen Garten oder mit Schafricotta und Bitterschokolade. Der hingebungsvoll gepflegte Keller bietet ein breites Sortiment an Weinen aus dem Friaul und ganz Italien, die auch glasweise serviert werden.

SAN LEONARDO (UD)
Clastra

28 KM NÖ. V. UDINE, S.S. 54, 10 KM V. CIVIDALE, S.P. 19

Il Melo Innamorato

Ferienbauernhof
Ortsteil Clastra, 1
Tel. (+39) 04 32 / 72 35 32
Ruhetag: Montag–Donnerstag
Ferien: 7.–31. Januar, 2 Wochen im Juni/Juli
40 Plätze + 40 Plätze im Freien
Preise: 30–35 €
Keine Kreditkarten
Mittags und abends geöffnet

Es ist kein Zufall, dass Luca Coccolo sich im zarten Alter von neun Jahren an seinem ersten eigenen Gemüsegarten versuchen wollte, wie wohl auch seine Begegnung mit der ebenso kochbegeisterten wie weinpassionierten Daniela ein Wink des Schicksals war. Beweis dafür, dass beide Geschichten ein Happy End gefunden haben, ist dieses einladende Lokal, das vor Kurzem sein zehnjähriges Bestehen gefeiert hat. Schon am Beginn der Straße nach Clastra, einem winzigen Ortsteil von San Leonardo, bekommt man Lust, die Hektik des Alltags hinter sich zu lassen, die man zumindest für eine Weile ganz vergisst, sobald man am Ziel angekommen ist. Begrüßt wird man von Hund Re und einem gepflegten Garten samt Gemüsebeeten. Hauptattraktion ist dennoch die Küche mit vielen Kräutern und Gemüsesorten aus eigenem Anbau. Man beginnt mit einem Holunderaperitif zu einem Potpourri aus Aufschnitt, Käse, eingelegtem Gemüse und Kartoffelkipfeln (7 €), dazu gibt es ofenwarmes Brot. Von den Primi empfehlen wir Ihnen die **Crêpes** nach Sennerart – Crespelle del malgaro – **mit Montasio-Käse und frischer Ricotta**, die **Fiori di patata mit Blattspinatfüllung**, den Farrotto (Gerste und Dinkel, zubereitet wie ein Risotto) mit Rucola und Akazienblüten (7 €). Verlockend von den Secondi sind die Frittata mit Lauch und Brennnesseln (8 €), der ***Frico* di patate e montasio** (Kartoffel-Käse-Omelett, 8 €), die **Polentina mit Speck, Montasio und Pilzen**, der Spiedone del norcino (Schweinefleischspieß, 12 €) und der Piatto friulano (Teller mit Kostproben von Frittata, *Frico*, Polenta, Pilzen und Salsiccia, 11 €). Lassen Sie noch etwas Platz für die Dolci: Mousse di ricotta mit Erdbeersauce, gebackene Akazienblüten, Sfogliatina mit Crema pasticciera und Himbeerkompott (4,50 €). Kleine Weinkarte, ehrlicher Hauswein.

SAN PIETRO AL NATISONE –
ŠPIETAR SLOVENOV (UD)

23 KM NORDÖSTLICH VON UDINE

Le Querce

Trattoria
Via del Klancic, 5
Tel. (+39) 04 32 / 72 76 65
Ruhetag: Dienstag
Ferien: 2 Wochen im September
70 Plätze + 15 Plätze im Freien
Preise: 22–25 €
Kreditkarten: AE, CS, DC, MC, Visa; BM
Mittags und abends geöffnet

Wir sind in einem Gebiet mit vielen Zeugnissen aus dem Ersten Weltkrieg, nicht weit weg von der Hauptstraße Richtung Slowenien und nur ein paar Kilometer von Cividale entfernt. Schon auf dem Parkplatz des Lokals am namengebenden Eichenwald werden Sie feststellen, wie angenehm entspannt die Atmosphäre hier ist. Auf dem Weg zum Eingang wird die einzigartige Landschaft der Natisone-Täler, die Sie auch von der Terrasse aus bewundern können, Ihr Herz und Auge erfreuen. Ediliana Coren, die Inhaberin und Köchin, wird Ihnen das Menü schildern: Es sind schlichte Speisen, die dieses Grenzgebiet auf wundervolle Weise interpretieren. An Primi gibt es ***Blecs*** und andere hausgemachte Teigwaren mit Wildragout oder **con ragù di anatra** (6 €), Kartoffelgnocchi, aber auch **Gnocchi di susine** (Zwetschgenknödel nach altösterreichischer Manier), im Frühling Tortelli al tarassaco (Teigtäschchen mit Löwenzahnfüllung, 6 €) und Crema di patate e ortiche (Kartoffel-Brennnessel-Cremesuppe). Die Secondi sind überwiegend Fleischgerichte, die fast alle mit sämiger Polenta serviert werden: **Spezzatino di cervo** (Hirschgulasch), **Cevapcici** aus gemischtem Hackfleisch, Arrosto con asparagi selvatici (Braten mit Wildspargel), **Anatra alle erbe** (Ente mit Kräutern, 8 €). Bemerkenswert von den Dolci sind die Crostata di mirtilli (Heidelbeertarte) und die **Strucchi bolliti** (gekochter Strudel, 4 €). Die Hausweine passen gut zu den Speisen.

La Gubana della Nonna in der Ortschaft **Azzida** (2 km): Feinbackwaren aus erstklassigen Zutaten, mit handwerklichen Techniken nach alten Rezepten hergestellt. Neben der Gubana empfehlen wir die Strucchi (gebackene oder gekochte Strudelteilchen) und die diversen Plätzchen.

SAN QUIRINO (PN)

10 KM NÖRDLICH VON PORDENONE

Alle Nazioni

Traditionelle Osteria
Via San Rocco, 47
Tel. (+39) 04 34 / 910 05
Ruhetag: Sonntagabend, Montag
Keine Ferien
50 Plätze
Preise: 28–30 €
Kreditkarten: AE, MC, Visa; BM
Mittags und abends geöffnet

Wir sind ein paar Kilometer außerhalb von Pordenone, in den steinigen Ebenen der Magredi, deren Dauergrünland vor allem im Spätfrühling einen Spaziergang lohnen. In der adretten Beschaulichkeit des Dorfes San Quirino ist die Ende des 19. Jahrhunderts entstandene Osteria Alle Nazioni seit Jahrzehnten ein wichtiger Bezugspunkt. Dies veranlasste die Inhaber, nebenan das Ristorante La Primula zu eröffnen, mit dem die Osteria seither Küche und Keller teilt. Das Lokal hat drei behagliche kleine Gaststuben, das Interieur ist ein geschmackvoller Mix aus Tradition und Design, Freskomalereien zieren die Wände. Emanuela Canton, Nachfahrin der Gründer, erläutert am Tisch die Gerichte aus der Karte und andere Empfehlungen. Saisonalität und Regionalität sind garantiert. Als Antipasto gibt es Prosciutto di San Daniele (8 €), Salmone selvaggio (Wildlachs – selbst geräuchert und mariniert), Speck d'oca mit in Essig eingelegtem Gemüse. Unter den Primi sind Tagliatelle con funghi gialletti (mit Pfifferlingen) oder con ragù di selvaggina (mit Wildragout), **Gnocchi di patate mit Ricotta affumicata und zerlassener Butter** (7 €) ebenso zu entdecken wie Suppen (Tomaten-, Zucchini- oder Zwiebelsuppe). An Secondi werden beispielsweise **Maialino da latte al forno** (im Ofen gebratenes Milchferkel) mit Kartoffeln, Schmorbraten wie **Brasato al vino rosso** oder Schnecken – **Lumache alla friulana** – **mit Polenta**, im Frühling Asparagi con uova sode (Speck mit hart gekochten Eiern, 12 €) angeboten. Vorzüglich die allesamt hausgemachten Dolci: Bavarese al limone, Biscottini aus Maismehl mit Mascarpone-Schaum (4 €), Semifreddo alla meringa mit Schokosauce. In der imposanten Karte mit Weinen aus Friaul, ganz Italien und dem Rest der Welt findet sich für jeden Geschmack etwas. Überzeugendes Grappaangebot.

SAURIS (UD)
Sauris di Sotto

81 KM NW. V. UDINE, 34 KM V. TOLMEZZO, S.S. 52

Alla Pace

Restaurant • Via Roma, 38
Tel. (+39) 04 33 / 860 10
Ruhetag: Dienstagabend, Mittwoch (außer im Sommer)
Ferien: 2 Wochen vor Weihnachten, 3 Wochen im Juni
40 Plätze + 15 Plätze im Freien
Preise: 27–32 €
Kreditkarten: CS, DC, MC, Visa; BM
Mittags und abends geöffnet

Die Zeugnisse der Kultur und der alten Traditionen von Sauris kennenzulernen, ist ein Erlebnis, das ein Gefühl von Nähe zu den Menschen vermittelt, die es verstanden haben, die Wurzeln ihrer Geschichte unbeirrt zu bewahren. Ein weiteres Erlebnis, das man nicht missen sollte, ist eine Einkehr in dieses hübsche Lokal im steinernen Gemäuer eines kleinen Palazzo aus dem frühen 19. Jahrhundert, das mit handgefertigten Holzmöbeln und Stoffen eingerichtet und ein reiner Familienbetrieb ist. Dass die engagierte Signora Franca eine aus Überzeugung entschleunigte Wirtin mit Faible für selbst gezogenes Gemüse und Wildwachsendes aus Wald und Flur ist, zeigt schon die Präsentation der Speisen, die in ihren Bestandteilen und Zubereitungsweisen beschrieben werden. Gleichsam obligat zu Beginn ist die Komposition „Sauris sul piatto" (Schinken, Speck, Lardo, Salami, alles leicht geräuchert), nicht minder köstlich das Käsekörbchen – Cestino di *frico* – mit gemischten Pilzen (Hallimasche und Pfifferlinge). Unter den Primi sind viele Suppen zu entdecken (**Orzo e fagioli**, Zuppa con *sclopìt* – Leimkrautsüppchen), aber auch **Gnocchi di pane e speck** (7,50 €) oder Brennnessel-Gnocchi, ***Cjalcions* alle erbe**, Lasagnette con zucchine e pancetta. Herzhaft die Fleischgerichte: **Gulasch**, Cervo in salmì (Hirschragout, 13 €) und Salsiccia – jeweils **mit Polenta**, **Cotechino con crauti** (Kochwurst mit Sauerkraut, 8 €). Eine Sünde wäre es, auf die Dolci zu verzichten: Tiramisu mit hausgemachten Löffelbiskuits, Bavarese croccante al caffè (5 €), warme Apfeltorte mit Eiscreme und heißen Waldbeeren. Breit angelegte Weinauswahl vorwiegend friulanischer Provenienz, doch viele Speisen harmonieren auch mit dem Bier aus der örtlichen Kleinbrauerei. Francas Familie betreibt nebenbei eine Frühstückspension mit acht Zimmern.

SAURIS (UD)
Lateis

79 KM NORDWESTL. V. UDINE, 32 KM VON TOLMEZZO

Riglarhaus

Restaurant
Ortsteil Lateis, 3
Tel. (+39) 04 33 / 860 49
Ruhetag: Dienstag, außer im Sommer
Ferien: 15. Januar–15. Februar
50 Plätze + 30 Plätze im Freien
Preise: 28–30 €
Kreditkarten: Visa; BM
Mittags und abends geöffnet

Sauris ist der höchstgelegene Ort im Friaul, die Straße dorthin abenteuerlich. Dennoch lohnt es, den Weg in die Karnischen Dolomiten zu wagen, um sich, in der Ortschaft Lateis angekommen, im Riglarhaus bewirten zu lassen. Der Eingangsbereich mit dem Schanktresen und ein paar Tischen ist Treffpunkt der Einheimischen. In den beiden Speisesälen, wo ein offener Kamin und ein *Fogolar* für wohlige Wärme sorgen, vermitteln die Schwestern Paola und Sonia mit ihrem Speisenangebot das Wesen der karnischen Tradition unter Einbeziehung einiger Besonderheiten der Kärntner Küche. Zum Auftakt einheimische Salumi und Formaggi, Kräuterküchlein, an kalten Tagen ***Mues*** (Brei aus Maisgrieß, Buchweizen und Milch) **mit Käsecreme** (6 €). Der Hausgarten liefert Kräuter und Gemüse der Saison für die Primi: ***Cjarsons*** **mit Blattgemüsefüllung und Ricotta affumicata** (6,50 €), Orzotto mit grünem Spargel, Kürbis oder Pilzen, **Triangoloni al** ***Formadi frant*** **e noci** (Pasta mit typischem Quark und Walnüssen), Gnocchetti nach Art von Sauris mit Speck und Kümmel. Danach raten wir Ihnen zu Schweinefilet – **Filettino di maiale – in Johannisbeersauce auf Blattspinat**, zu Stracotto di manzo mit Pilzen oder zu Guanciale al Refosco (13 €), dazu Weißkrautsalat mit Grieben. Als Nachtisch gibt es **Apfelstrudel** (5 €), Kuchen mit hausgemachten Konfitüren, Löffeldesserts. Die Weinkarte empfiehlt Etiketten aus dem Collio und eine Auswahl an piemontesischen Erzeugnissen, während das Bier aus der ortsansässigen Brauerei stammt. Lob gebührt der Möglichkeit, glutenfreie Menüs zu bestellen.

In **Sauris di Sopra** (9 km) wird das Zahre-Bier gebraut, das man in der Kleinbrauerei und in den Lokalen des Ortes kaufen kann.

SAVOGNA D'ISONZO
SOVODNJE OB SOČI (GO)
San Michele del Carso – Vrh

7 KM SÜDWESTLICH VON GÖRZ

Devetak

Trattoria
Via Brezici, 22
Tel. (+39) 04 81 / 88 24 88
Ruhetag: Montag, Dienstag, Mittwoch- und Donnerstagmittag
Ferien: unterschiedlich
70 Plätze + 25 Plätze im Freien
Preise: 35–40 €
Kreditkarten: AE, CS, DC, MC, Visa; BM
Mittags und abends geöffnet

Ohne eine Einkehr in die Trattoria von Augustin Devetak ist nur schwer zu erfassen, was das Wesen des Karsts in unseren Tagen ausmacht. Denn lässt man die Geschichten über den Monte San Michele beiseite – die historisch wahren von Blut und Schützengräben und die lyrisch düsteren der Qualen eines Ungaretti –, zieht der Karst den Reisenden unverzüglich in seinen Bann. Mit Düften und Farben, die jede Kurve der Straße hinauf zur *Gostilna* erfüllen, aus welcher Richtung man auch kommt, und mit aufrichtiger Gastlichkeit, wie sie Familie Devetak seit fünf Generationen lebt, stets die eigene Geschichte achtend und eine Vision von Zukunft vermittelnd, die über das Kurzfristige hinausreicht. In der Küche bevorzugt Gabriella für Wild und Fleisch langsames Garen bei niedrigen Temperaturen und achtet auf harmonische Geschmackskombinationen. Wer kein Degustationsmenü (ab 38 €) wählt, sollte als Vorspeise ***Bramboraki*** (Kartoffelpuffer der tschechischen Tradition, 7,80 €) oder Kochschinken mit Meerrettich (9 €) probieren. Erwähnenswert von den Primi sind **Risotto mit Tabor-Käse und Kräutern** der Saison (8,50 €), **Gnocchi mit Kaninchenragout** und Ravioli mit Räucherhering (9 €). Hauptspeisen wie aus dem Bilderbuch, allen voran **Wildschweinkeule in Terrano-Wein mit Speckzwetschgen** (16 €) und im Ofen gebratenes **Zicklein vom Bauern aus dem Karst mit Bergbohnenkraut** (20 €). Dolci im Einklang mit Saison und Tradition: ***Buhtelni***, ***Ghibaniza***, Walnuss-Mandel-Torte (6 €). Respektabel die Karte mit den **Formaggi** (alle aus der Gegend), imposant die Weinkarte, die lokale Erzeuger in den Vordergrund rückt und bemerkenswerte Etiketten aus dem In- und Ausland empfiehlt.

»
Zutaten, Zubereitungsweisen, Atmosphäre, Gastlichkeit: Perfekter geht's nicht!
«

SGONICO – ZGONIK (TS)
Sagrado – Zagradec

10 KM NÖRDLICH VON TRIEST

Milic

Ferienbauernhof
Ortsteil Sagrado/Zagradec, 2
Tel. (+39) 040 / 22 93 83,
(+39) 333 / 680 48 74
Ruhetag: Montag–Donnerstag
Ferien: je 1 Woche im Januar und nach dem 15. August
80 Plätze + 20 Plätze im Freien
Preise: 20–25 € • Keine Kreditkarten
Geöffnet 10–22 Uhr

Ein abgeschiedenes Stück Paradies im Triester Karst, eine kleine Welt für sich mit Selbsterzeugtem aus Garten, Weinberg und Stall. Wenn man all dem die Passion von Bernarda Milic für alte hiesige Rezepte und ihre Freundlichkeit wie auch die der übrigen Familienmitglieder hinzufügt, ist der Erfolg dieses Agriturismo schnell erklärt. Von den Antipasti auf Basis von Salumi und Formaggi, die man selbst macht oder von benachbarten Produzenten bezieht, sind der **Prosciutto crudo cotto nel tovagliolo** (gekochter Rohschinken, 4 €) und die Ricottina mit Wein und Minze wahre Delikatessen. An Primi bieten sich **Gnocchi di pane** (Semmelknödel), Kartoffelgnocchi oder unterschiedlich verfeinerte Tagliatelle an, von Bratensaft bis hin zu würzigem Gulasch. Nicht minder interessant die leichte ***Jota*** carsolina und die ***Mlinzi*** (Omelettstückchen) mit Saisongemüse (6 €). Bei den Secondi überwiegt Fleisch vom Grill, auch **Cevapcici** (6 €) oder **Pljeskavice** (6 €), beides aus kräftig gewürztem Hackfleisch mit Paprika und Zwiebeln, sind nicht zu verachten. Unkonventionell, dafür umso schmackhafter sind die in Rotwein gekochte Wurst (**Cotechino lesso nel Terrano**, 4 €) und das geschmorte Schweinefleisch mit Thymian (Stracotto di maiale con il timo, 6 €). Lassen Sie die Beilagen nicht außer Acht, für die ausnahmslos Gemüse aus dem Hausgarten Verwendung findet, etwa verschiedene Sorten Radicchio, Kartoffeln (als Patate in *tecia*) oder Rüben. Das Brot ist selbst gebacken, die Dolci hausgemacht: Wenngleich es schwerfällt, auf das traditionelle Hochzeitsdessert namens **Strucolo** (4 €) zu verzichten, wollen auch die immer präsenten Mousses und Cremes mit saisonalen Früchten oder der eine oder andere Strudel probiert werden. Die Weine sind jene herben, einzigartigen, die die Bauern den rauen Böden des Karsts abtrotzen.

SPILIMBERGO (PN)

35 KM NORDÖSTLICH V. PORDENONE, 33 KM V. UDINE

Al Bachero

Traditionelle Osteria-Trattoria
Via Pilacorte, 5
Tel. (+39) 04 27 / 23 17
Ruhetag: Montagabend, Sonntag
Ferien: Juni/Juli
90 Plätze + 36 Plätze im Freien
Preise: 20 €
Keine Kreditkarten
Mittags und abends geöffnet

Der Archetyp der traditionellen Dorftrattoria: eine über hundertjährige Geschichte (gegründet wurde die Osteria 1897 von dem Seemann Antonio Laurora), eine solide Leitung in Familienhand (die Zavagno führen das Haus seit 40 Jahren unter Wahrung seines ursprünglichen Gepräges), ein in Mobiliar und Architektur typisches Ambiente mit prächtigem Schanktresen und Feuerstelle namens *Fogolar* für wohlige Behaglichkeit wie damals, in der guten alten Zeit. Abgesehen davon ist auch die Lage inmitten der Gassen der Altstadt von Spilimbergo bezaubernd; im Sommer besteht die Möglichkeit, im Freien zu essen. In Einklang mit all dem steht das traditionelle Speisenangebot, das eng an die Geschichte des Lokals gebunden ist und Empfehlungen mit kräftigen, aber immer harmonisch abgestimmten Aromen beinhaltet. Man kommt seit Anbeginn hierher, um vorzüglichen **Baccalà in bianco** oder Baccalà mantecato (9,50 €) mit einer Schnitte Polenta zu essen. Zu Recht berühmt ist die Osteria aber auch für die Kutteln (**Trippa con polenta**, 7,50 €), den **Spezzatino con le patate** und den flaumigen ***Frico*** (6 €). Doch zuvor sollte man sich eine Kostprobe vom erstklassigen Prosciutto crudo gönnen oder die leckeren Crostini mit Sardellen in Sauce probieren. Von den Primi erwähnt seien die Gnocchi al ragù (5 €), die Gnocchi mit Butter und Ricotta affumicata, die spezielle **Polenta pasticciata** (5 €) sowie je nach Jahreszeit die **Minestrone di orzo e fagioli** oder die Tagliatelle mit Spargel bzw. mit Salsiccia und Radicchio. Die süße Auswahl ist nicht groß, doch Strudel und **Strucchi** sind es wert, gekostet zu werden. Begleiten lässt sich die Mahlzeit mit offenen Weinen aus der Region. Einen Abend in einer Atmosphäre wie anno dazumal sollte man nicht ohne ein Gläschen vom Amaro del Bachero ausklingen lassen.

35 KM NORDÖSTLICH V. PORDENONE, 33 KM V. UDINE

Da Afro

Trattoria
Via Umberto I, 14
Tel. (+39) 04 27 / 22 64
Ruhetag: Sonntagabend
Keine Ferien
30 Plätze + 30 Plätze im Freien
Preise: 35 €
Kreditkarten: AE, CS, DC, MC, Visa; BM
Mittags und abends geöffnet

Spilimbergo lohnt zweifelsohne einen Besuch, sei es wegen der reizvollen Umgebung und der schönen Bauten, sei es wegen der renommierten Mosaikschule. Nach einer Besichtigung des Schlosses und des mittelalterlichen Viertels erreicht man mit wenigen Schritten diese Trattoria, wo gutes Essen und guter Wein zu Hause sind. Das Ambiente ist behaglich und warm, man merkt die Liebe zum Detail. Die Küche unter der meisterhaften Leitung von Dario Martina legt großes Augenmerk auf die Auswahl der Grundprodukte, die alle von bester Qualität sind. Zu Beginn Prosciutto di San Daniele (9,50 €), aufgeschnitten auf der imposanten Berkel-Maschine im Saal, sowie andere Wurst- und Schinkenspezialitäten aus dem Umland, begleitet von in Öl oder süßsauer eingelegtem Gemüse. Unübertrefflich die **Risotti** mit saisonalen Zutaten – Wildkräuter, Spargel, Pilze –, die Crespelle, die Gnocchi (7 €), im Winter die **Zuppa di trippe**. Nicht versäumen sollte man ein Gericht, das Dario liebend gerne empfiehlt: Es nennt sich ***Balota*** (8,50 €) und ist ein großer Knödel aus Maismehl mit Käsefüllung. Die Auswahl an Secondi reicht von **Salame cotto nell'aceto** über ***Brovade e muset*** und Frittate alle erbe bis hin zu Fleischgerichten wie Coniglio oder **Piccione ripieno** (gefülltes Täubchen, 13 €), begleitet von Polenta und Gemüse aus dem Hausgarten. Von den Desserts gebührt der in der Bain-Marie gekochten und mit frischen Früchten angerichteten Crema di Afro ein Extralob. Sehr breit angelegtes Weinbrevier mit Empfehlungen aus ganz Italien und insbesondere dem Friaul, die auch glasweise bestellt werden können. Wer anschließend nicht mehr Auto fahren oder den Aufenthalt verlängern möchte, kann sich in einem der acht entzückenden Zimmer des Hauses einquartieren.

»
Das Geheimnis? Familiäre Gastlichkeit und Achtung vor der Tradition.
«

31 KM NORDÖSTL. VON UDINE, 14 KM VON CIVIDALE

Sale e Pepe

Osteria-Trattoria
Via Capoluogo, 19
Tel. (+39) 04 32 / 72 41 18
Ruhetag: Dienstag, Mittwoch
Ferien: unterschiedlich
40 Plätze + 10 Plätze im Freien
Preise: 30–32 €
Kreditkarten: CS, Visa; BM
Abends geöffnet, Samstag und Sonntag auch mittags

Wenn die Aussicht auf Genuss garantiert ist, wird schon der Weg zum Lokal, der uns in diesem Fall an die Grenzen der Region führt, zum Vergnügen. Empfangen werden wir von Franco Simoncig, der den Familienbetrieb mit seiner Frau Teresa (Küche) führt. Hat man in einem der beiden rustikal eingerichteten Speisesäle oder in der Stube mit dem *Fogolar* Platz genommen, schildert Franco das Menü und empfiehlt passende, preislich korrekte Weine aus seinem Keller. Die Küche schöpft aus der Fülle der lokalen Produkte und interpretiert alte Rezepte der Natisone-Täler zurückhaltend modern und nuancenreich im Geschmack. Zunächst Sformatino di erbe con fonduta di montasio (Kräutersoufflé auf Käsesauce, 8 €), gefüllte Kürbisblüten – Fiori di zucca – auf Paprikacreme, **Insalata di baccalà e patate** (9 €). Danach ***Bizna*** (Suppe aus sauren Rüben, Kartoffeln und Bohnen), ***Zlicnjaki*** (Nocken mit zerlassener Butter, Zucker und Zimt, 9 €), Kartoffelnudeln – Fiori di patate – mit Wildfenchel und Pinienkernen, ***Marvice*** **di ortiche** (Brennnesselpasta) **mit Gänseragout**, **Orzetto mit Lustrik** (Bergsellerie) **und** ***Forma-di frant***, Stracci verdi mit Gemüsesalat. In der Saison Wild und Pilze, das ganze Jahr ***Stakanje*** (Kartoffelbrei mit Stängelkohl, Wirsing, Salsiccia und Montefosca-Käse, 12 €). Außerdem kann man sich an ***Ripza*** (Schweinefilet) mit Johannisbeeren, Guancia di vitello (Kalbsbacke) in Bier geschmort oder gratinierten Lammkoteletts erfreuen. Desserts: Minzecreme, nichtkatalanische Crema catalana, Rhabarberküchlein und typische ***Struki*** fritti, gegen Vorbestellung auch Struki lessi.

»
Mit Leidenschaft und Verstand lässt man hier eine fast vergessene, wunderbar schlichte Küche wiederaufleben, die echte Emotionen weckt.
«

SUTRIO (UD)
Noiaris

62 KM NW. V. UDINE, 15 KM V. TOLMEZZO, S.S. 52 BIS

Alle Trote

Trattoria
Via Peschiera
Tel. (+39) 04 33 / 77 83 29
Ruhetag: Dienstag, außer im August
Ferien: 2 Wochen im März, 3 Wochen im September/Oktober
70 Plätze + 30 Plätze im Freien
Preise: 22–24 €
Kreditkarten: AE, CS, MC, Visa; BM
Mittags und abends geöffnet

Wenn Sie Forelle mögen, sollten Sie nach Sutrio streben. Und selbst wenn Sie glauben, dass Forelle nichts für Sie ist, dann werden Sie, wenn Sie erst einmal in dieser Trattoria eine Trota probiert haben, sehr wahrscheinlich Ihre Meinung ändern. Die Sorgfalt bei der Auswahl des Futters in der angrenzenden Aquakultur und das Quellwasser ergeben ein erstklassiges Produkt, das den Vergleich zu Gebirgsbachforellen in keiner Weise scheuen muss. Im Sommer auch im Freien, im Winter in der guten Stube können Sie im Einklang mit den Jahreszeiten die Rezepte von Signora Anna genießen. Wir empfehlen Ihnen, mit einem Tris di antipasti (7 €) zu beginnen, das **frittierte Häppchen von der Forelle**, Crostini mit Räucherforelle und Carpaccio von der Lachsforelle beinhaltet, um sich sodann den **Tagliatelle al ragù di trota** (7 €) zu widmen. Danach sind **Trota in crosta di pane**, **Trota al cartoccio** (11 €) oder gegrillter Hamburger di trota (8 €) zu entdecken. Wer der Forelle nicht hold ist, kann als Vorspeise Carne *salada* mit Äpfeln und Sellerie (7 €) und danach allerlei gegrilltes Fleisch bestellen. Auch der interessante Käseteller mit Apfel-Mostarda soll nicht unerwähnt bleiben. Die Dolci sind alle hausgemacht, vom Apfel- oder Ricottastrudel über die Kuchen bis hin zu den Löffeldesserts. Die Weinkarte empfiehlt gute Etiketten aus der Region zu fairen Preisen und einen absolut akzeptablen Hauswein. Wer von der Qualität der Forellen nicht genug bekommt, kann ein paar frisch gefangene Fische zum Mitnehmen kaufen.

Caseificio Val But (Viale Martiri 1): erstklassige Käsesorten aus heimischer Milch. La Frambule (Via Monte Zoncolan 19): Eingelegtes und Konfitüren aus biologisch kultiviertem Obst und Gemüse.

SUTRIO (UD)

62 KM NW. V. UDINE, 15 KM V. TOLMEZZO, S.S. 52 BIS

Da Alvise

Trattoria
Via I Maggio, 5
Tel. (+39) 04 33 / 77 86 92
Ruhetag: Mittwoch
Keine Ferien
40 Plätze + 25 Plätze im Freien
Preise: 24–30 €
Kreditkarten: CS, DC, MC, Visa; BM
Mittags und abends geöffnet

Wir sind in Sutrio, einem Dorf am Fuß des Monte Zoncolan, dessen gelungen sanierter historischer Kern von engen Gassen und alten Steinhäusern charakterisiert wird. In einem von diesen, das ebenfalls perfekt restauriert wurde, entdecken wir die von der genialen Elena Di Ronco mit Hilfe von Sohn Giacomo in der Küche und Ehemann Enzo im Service geführte Trattoria. Formaggi von der örtlichen Käserei und Salumi, darunter einige, die die Gastgeber selbst herstellen, ergeben den Reigen der überaus verlockenden Antipasti: Achtung, halten Sie sich zurück, um auch noch die anderen Speisen probieren zu können. Ravioli, ***Cjarsons*** in der pikanten Version (8 €), Tagliatelle, Gnocchi – alles hausgemachte Teigwaren, verfeinert mit Kräutern, Bärlauch oder Pilzen – sind nur einige der Primi, die im Frühling und Herbst angeboten werden, während im Winter eine kräftige **Zuppa di fagioli** oder **Ravioli ripieni di cotechino** (mit Wurstfüllung) Wärme spenden. Von den exzellenten Secondi empfehlen wir das gegrillte **Filetto di capriolo** (Reh) oder Filetto di cervo (Hirsch) **mit Preiselbeerkonfitüre und Polenta** aus grobem Maisgrieß aus Socchieve (15 €), das **Gulasch**, die Salsicce, die Tagliata di pollo oder aber auch – als vollwertige Alternative zu Fleisch – das karnische Traditionsgericht ***Frico***, begleitet von Gemüse aus dem eigenen Garten. Hausgemacht sind auch die Dolci: Crostata mit Himbeeren oder Heidelbeeren, Strudel, Torta al cioccolato, Crema di limoni. Der Keller ist hauptsächlich mit Erzeugnissen aus dem Collio und den Colli Orientali, aber auch aus anderen großen italienischen Weinbaugebieten bestens bestückt.

»*In dieser Küche der Erben einer langen Tradition werden Sie das Wesen der Carnia entdecken.*«

TARCENTO (UD)
Segnacco

20 KM NÖRDLICH VON UDINE, S.S. 13 UND S.R. 356

Al Gjal Blanc

Trattoria
Via Alfieri, 18
Tel. (+39) 04 32 / 79 32 60
Ruhetag: Dienstag, Mittwoch
Ferien: unterschiedlich
40 Plätze + 10 Plätze im Freien
Preise: 33–35 €
Kreditkarten: CS, MC, Visa; BM
Mittags und abends geöffnet

Im Udineser Alpenvorland, nur wenige Kilometer entfernt von den für den Anbau der Ramandolo-Rebe bekannten Weinbergen, beherbergt ein hübsches Haus diese schöne Trattoria, die Fabrizio und Bruna Munini seit 1999 betreiben. Es gibt in paar Tische im Freien, ein Foyer mit Schankstube, wo man auf einen Kaffee oder ein Glas Wein willkommen ist, und daran angrenzend einen weiteren hübschen kleinen Gastraum. Dass Fabrizio durch eine gute Schule gegangen ist, merkt man auch an der Präsentation der Speisen und der Saisongerechtigkeit der Ausgangsprodukte. Beginnen kann man mit Salumi aus der Region, mit dem Klassiker **Salame all'aceto auf knusprigem *Frico*** (9 €) oder mit **Rotolo di coniglio al basilico** (Kaninchenroulade mit Basilikum). Daraufhin kann man sich eine feine Minestra di orzo e fagioli (Gersten-Bohnen-Suppe, 7,50 €), klassische ***Cjalzons* mit geräucherter Ricotta** (8,50 €), Agnolotti verdi al montasio (grüne Teigtäschchen mit Käsefüllung), Risotto con gamberoni e *sclopìt* (mit Garnelen und Leimkraut, 11 €) zu Gemüte führen. Von den Secondi haben uns das geschmorte Rinderbäckchen – **Guanciale di manzo brasato** – und das Schweinefilet mit Speck und Wirsing (**Filetto di maiale con pancetta e verza**, 14 €) gut gefallen. Für den Nachtisch: Croccantino, Apfel- oder Birnenkuchen, Tiramisu (4,50 €). Die passable Weinkarte legt angemessenen Wert auf bekannte friulanische Namen, wenn auch die Preise leicht überzogen sind.

In **Tarcento** (2 km), Via Morgante 39, bietet Il Forno di Scialino e Rizzo Brot, Focacce und typisches Feingebäck, von Krapfen bis hin zu Plätzchen.

TARCENTO (UD)
Zomeais

20 KM NÖRDLICH VON UDINE, S.S. 13 UND S.R. 356

Da Gaspar

Trattoria
Via Gaspar, 1
Tel. (+39) 04 32 / 78 59 50
Ruhetag: Montag, Dienstag
Ferien: erste Januarwoche, 4 Wochen im Sommer
50 Plätze + 12 Plätze im Freien
Preise: 30 €
Kreditkarten: CS, Visa; BM
Mittags und abends geöffnet

In abgeschiedener Lage in den Wäldern von Zomeais, mit einer hoch über dem Bach gelegenen Veranda, hat die alte Mühle schon vor langer Zeit ihren zauberhaften Platz der Trattoria überlassen, die Familie Boezio seit nunmehr vier Generationen führt. Familiär ist auch die Gastlichkeit, höflich und charmant der Service unter der Leitung von Valentina. Eindrucksvolle Gemälde und Fotografien an den Wänden, ein offener Kamin und gut angeordnete Tische vermitteln ein Gefühl von Wohlbefinden, in dem an gewissen Abenden ein Hauch von Magie mitschwingt. In Sachen Kulinarik ist es Gabriella, die über alles entscheidet, mit großer Achtung vor der Tradition eifersüchtig über ihren Rezepten wacht und ihre Küchengeheimnisse niemals preisgeben würde. Die Vorspeisen reichen von Crema di Pastorut (Schimmelkäse aus Sutrio) mit Feigen und Mostarda über **Salame all'aceto** und Prosciutto crudo bis hin zu Sformatino mit Gemüse der Saison (8 €). Auch die Primi (9 €) stehen im Zeichen der Tradition, was neben **Tagliatelle salsiccia e funghi** oder Risotto con gli asparagi (für mindestens zwei Personen) vor allem für die in ihrer geschmacklichen Ausgewogenheit exemplarischen ***Cjarsòns*** di Cjabie gilt. Im Kapitel Secondi sind es **Costa di maiale con le verze** (Schweinerippchen mit Wirsing, 13 €) und **Ossobuco di vitello** (14 €), die kräftige Aromen bescheren, während andere Kalbfleischgerichte, etwa Girello di vitello all'arancia oder **Arrosto di vitello alla senape** (Kalbsbraten mit Senf, 13 €), feinere Geschmacksnerven anregen. Abschließend sollte man sich nicht nur mit den Dolci (5 €) nach Art des Hauses, sondern auch mit den **Formaggi** eingehend befassen. Die mittlerweile von Massimiliano gestaltete Weinkarte ist sehr gut sortiert.

TARCENTO (UD)
Pradandons

19 KM NÖRDLICH VON UDINE, S.S. 13 UND S.R. 356

Ostarie di Santine

Osteria-Trattoria
Via Pradandons, 21
Tel. (+39) 04 32 / 78 37 01
Ruhetag: Montag
Keine Ferien
40 Plätze
Preise: 30 €
Kreditkarten: AE, CS, DC, MC, Visa; BM
Abends geöffnet, Samstag und Sonntag auch mittags

Vor ein paar Jahren hat Augusto Pividori diese Osteria neu eröffnet, die er ebenso leidenschaftlich wie professionell führt. Die beschauliche Atmosphäre in den behaglichen Stuben um die Feuerstelle (*Fogolar*) bildet den perfekten Rahmen, um sich an saisonalen Kostbarkeiten und Klassikern der hiesigen Küche (alles auf der Basis von Produkten aus der Region) zu erfreuen. Von Antipasti wie *Golosét* (geröstetes Brot mit Tatar), **Flan di porro con fonduta di montasio** (Lauchküchlein mit Käsesauce, 9 €) oder gebratene Wachtelschenkel – Coscette di quaglia – im Speckmantel geht man über zu gehaltvollen Primi aus hausgemachtem Teig: Ravioli di ricotta mit Wildkräutern, exquisite **Ravioli di coniglio al burro fuso** (8 €) und *Carúi* di Santine als friulanisches Pendant des Pastaklassikers Cacio e pepe, hier mit Montasio und Pecorino. Unter den Secondi gilt neben Grillfleisch der **Spiedo di animali da cortile** (Perlhuhn, Ente, Gans, Kaninchen) als Spezialität des Hauses, die am Sonntagmittag immer in der Karte steht, an anderen Tagen gegen Vorbestellung probiert werden kann. Wir haben eine vorzügliche **Tagliata d'anatra con glassa di miele e aceto** (blättrig geschnittenes Entenfleisch mit Honig-Essig-Glasur, 12 €), Lammrippchen mit Rucolapesto und **Filetto di maialino** (Filet vom Jungschwein) **mit knuspriger Pancetta** probiert. In der jeweils passenden Saison bereichern **Capretto arrosto**, Lumache in umido, Anguilla (Aal), **Trippe** (Kutteln) oder der friulanische Klassiker ***Muset* con la brovada** die Auswahl. Die süße Krönung bilden hausgemachte Desserts wie Tortino al cioccolato mit köstlichem Vanilleeis oder Holunderblüten-Bavarese (5 €). Das mit überwiegend friulanischen Erzeugnissen preislich fair gestaltete Angebot an Flaschenweinen wird vom Wirt kompetent erläutert. Angenehmer Hauswein.

TARCENTO (UD)
Loneriacco

20 KM NÖRDLICH VON UDINE, S.S. 13 UND S.R. 356

Osteria di Villafredda

Trattoria
Via Liruti, 7
Tel. (+39) 04 32 / 79 21 53
Ruhetag: Sonntagabend, Montag, im Januar Montag–Donnerstag
Ferien: letzte Juliwoche, 2 Wochen im August • 80 Plätze + 40 Plätze im Freien
Preise: 30 €
Kreditkarten: AE, CS, DC, MC, Visa; BM
Mittags und abends geöffnet

Vom Städtchen Tricesimo nördlich von Udine nimmt man die Straße nach Fraelacco und erreicht nach ein paar Kilometern den schon in der Römerzeit besiedelten Ort Loneriacco mit seiner noch heute bestehenden befestigten mittelalterlichen Anlage. In unmittelbarer Nähe davon befindet sich die Osteria di Villafredda. Die schöne Hügellandschaft ringsum, das heimelige Ambiente mit offener Feuerstelle und Holzmobiliar sowie die Möglichkeit, sich in der warmen Jahreszeit im Freien unter einer Pergola niederzulassen, steigern den Reiz dieser gastlichen Stätte. Lohnend ist die Einkehr ohnehin wegen der Qualität der Küche unter der Leitung von Luca Braidot, der mit Unterstützung von Ehefrau Barbara Spinato im Service raffiniert zubereitete Traditionsgerichte bietet. An Antipasti gibt es ***Frico*** mit oder ohne Kartoffeln (7 €), Frittata alle erbe, Crostini mit Lardo, Salame in punta di coltello, **Prosciutto al forno con il cren** (Ofenschinken mit Meerrettich, 6 €). Unter den Primi immer zu finden sind **Zuppa di orzo e fagioli** (Gersten-Bohnen-Suppe), die zarten ***Cjarsons*** alla Villafredda (7 €) und Tagliatelle al San Daniele. Die übrigen Empfehlungen in diesem Kapitel basieren auf saisonalen Zutaten: im Frühling Crespelle mit Spargel, Kürbisblüten oder Zucchini, im Herbst frische Pasta mit Pilzen oder Radicchio di Treviso. Von den Secondi empfehlen wir das Filetto di maiale mit Kräutern, die Schweinehaxe aus dem Ofen, sprich **Stinco di maiale al forno** und die Kalbsnieren mit Senfsaat (**Rognone di vitello ai semi di senape**, 12,50 €). Eine interessante Auswahl an Wurstwaren aus der Gegend und feine friulanische **Formaggi** (5,50 €) ergänzen die Auswahl. Köstlich die durchweg hausgemachten Dolci. Guter Hauswein, ansehnliches Angebot an fast ausschließlich regionalen Etiketten.

95 km nordöstlich von Udine, S.S. 13 oder A 23

Hladik

NEU

Traditionelle Osteria
Via Romana, 33
Tel. (+39) 0428 / 64 41 20
Ruhetag: Sonntag, Montag
Ferien: unterschiedlich
30 Plätze
Preise: 22 €
Kreditkarten: CS, Visa; BM
Mittags und abends geöffnet

Das Hladik ist ein gepflegtes kleines Traditionswirthaus mit ungefähr 30 Plätzen in einem gemütlichen Gastraum, in dessen Mitte sich der Schanktresen befindet. Die guten Geister der Osteria sind Rinaldo, der sich um den Service kümmert, und Ehefrau Guia, die unermüdlich in der Küche werkt. Eine große Auswahl an Speisen werden Sie nicht vorfinden, dafür ist alles mit erstklassigen Zutaten und großer Sorgfalt zubereitet. Die Karte wechselt täglich, je nach Saison, Marktlage und Laune der Köchin. Wir raten Ihnen daher, sich vollkommen auf Rinaldo zu verlassen, der Sie sehr professionell und freundlich bei der Auswahl der Speisen und Weine beraten und Ihnen gleichzeitig all seine Liebe für seine Arbeit und seine Heimat vermitteln wird. Beginnen können Sie mit dem Tagliere Hladik (8 €), danach werden Sie immer ein paar Primi vorfinden, etwa **Gnocchi** (auch **Gnocchi di susine**, sprich Zwetschgenknödel), **Ravioli ripieni al formaggio di malga** (Teigtäschchen mit Bergkäse gefüllt, 7,80 €), Crespelle oder eine Gemüsesuppe. Hinzu kommen ein paar Secondi (zum Beispiel der traditionelle ***Frico*** oder eine Tagliata vom Rind) und reichhaltige Salate. Zum Ausklang nicht versäumen sollten Sie die Dolci della casa (5 €) – insbesondere die **Crostate** mit Konfitüren, die die Köchin selbst macht – oder den Käseteller mit ebenfalls hausgemachten Kompotten und Marmeladen (7 €). Tadellos, wenn auch nicht besonders groß ist die Auswahl an überwiegend regionalen Weinen und auch das Angebot an glasweise ausgeschenkten Tropfen überzeugt.

Antica Trattoria Suban

Trattoria
Via Comici, 2 D
Tel. (+39) 040 / 543 68
Ruhetag: Dienstag
Ferien: unterschiedlich
80 Plätze + 80 Plätze im Freien
Preise: 34 €
Kreditkarten: AE, CS, DC, MC, Visa; BM
Abends geöffnet, Samstag und Sonntag auch mittags

Selbst bei einer Reservierung lange im Vorhinein ist es schwierig, einen Platz in dieser wirklich alten Trattoria (gegründet 1865) im Stadtteil San Giovanni zu finden: Gute Küche, große Auswahl an Speisen der julischen und slowenischen Tradition, gesellige Atmosphäre und korrekte Preise machen sie zu einer bei den Triestern beliebten Adresse für große Abendessen und sonntägliche Mittagsgelage. Freundlich betreut durch Mario Suban, der das Lokal mit seinen Töchtern Giovanna und Federica führt, können Sie in einem der beiden Speisesäle oder im Garten mit einer Kostprobe von **Schinken in Brotkruste**, Rohschinken aus dem Karst, Meerrettich und Liptauer, mit Insalata di petto d'oca (geräucherte Entenbrust mit Balsamico und Pinienkernen), Sformato di verdure oder Strudel di formaggi beginnen. ***Jota*** **carsolina** und **Zuppa di cren** wechseln bei den Primi (8 €) mit **Fusi all'istriana con spezzatino di gallina** (Pasta mit Hähnchensauce), ***Palacinke*** **alla mandriera** (mit Basilikum und Ziegenkäse), Fagottino servolano (Kartoffelteigtäschchen gefüllt mit Kalbfleisch, Salsiccia und Spinat). Die gefragtesten Secondi sind **Stinco di vitello al forno**, **Gulasch** und ***Pastizzada*** (dalmatinische Spezialität mit Kalbfleisch, Trockenfrüchten, Gewürzen und Wein, 14 €); außerdem Fegato alla veneziana und Fleisch vom Grill. Traditionell auch die Desserts (5 €): Apfelstrudel, ***Rigojancsi***, süße *Palacinke*. Umfangreiche regional geprägte Weinkarte.

Einige Einkehr- und Einkaufstipps im Zentrum: Vinotheken Malabar (Piazza San Giovanni 6) und Nanut (Via Genova 10), Konditoreien Pirona (Largo Barriera Vecchia 12), Penso (Via Diaz 11), Bomboniera (Via XXX Ottobre 3) und Giudici (Via Oriani 9); Likörmanufaktur Piolo & Max (Via Venezian 11 A).

Triester Büfettküche

Wenn die Bora an Intensität zulegt und Ihnen alle Energie zu rauben scheint, wenn das Gehen gegen den Wind zum Ding der Unmöglichkeit wird und Sie Ihren von einer Böe zerfetzten Regenschirm längst weggeworfen haben, dann ist es Zeit, in einem der vielen Büfetts der Stadt Zuflucht zu suchen. Empfangen werden Sie sogleich von den Düften aus dem Kessel, wo in einer knapp unter dem Siedepunkt gehaltenen Brühe ausgewählte traditionelle Schweinefleischtranchen köcheln, die dann von Könnerhand aufgeschnitten werden.

Die schmackhafteste Spezialität aus dem Kessel und gleichzeitig dessen Symbol ist die Porcina, ein zwei bis drei Kilogramm schweres Stück vom Kamm oder von der Schulter mit der richtigen Menge Fett, um jede Scheibe wunderbar zart zu machen. Zu diesem wunderbaren Geschmackserlebnis tragen natürlich auch die anderen Leckerbissen bei, die ebenfalls im Kessel schwimmen: Cotechino und Zampone, Pancetta und Pökelzunge, geräuchertes Karree (das die Triester nach wie vor Kaiserfleisch nennen), aber auch eine bescheidene, jedoch ungemein saftige Auswahl an Schweinefüßchen und -ohren sowie Teilen des Schweinekopfs. Nicht fehlen dürfen Würstchen, die hier Luganighe di Vienna heißen und ein feineres Brät haben als die Krainer Würstel – Luganighe di Cragno.

Einzig zulässige Beilage ist eine Portion Sauerkraut mit Kümmel. Während die Porcina großzügig mit Salz bestreut serviert wird, vertragen die anderen Tranchen als Draufgabe einen Löffel Senf und eine ordentliche Prise frisch geriebenen Meerrettich. Traditionalisten trinken dazu Bier, doch immer öfter findet man auch Etiketten der namhaftesten Weingüter Friauls oder Weine von rauer Eleganz aus dem Karst vor.

Neben Siedefleisch bieten die Triester Büfetts ein umfangreiches Programm an Imbissen, die zu jeder Tageszeit verlocken, wobei vor allem leckere belegte Brötchen (unschlagbar sind die mit Liptauer oder Stockfischpüree, sprich Baccalà mantecato) oder frittierte Fisch- und Gemüsehäppchen in die engere Wahl zu ziehen sind. Einige Büfetts haben mittags interessante Gerichte der lokalen Küche im Angebot, etwa Gnocchi mit Gulasch oder *Jota* – den traditionellen winterlichen Eintopf aus Bohnen, Kartoffeln und Sauerkraut.

Franco Zanini

Benningan's Pub

Riva Ottaviano Augusto, 2
Tel. (+39) 040 / 30 68 40
Ruhetag: Sonntagmittag
Keine Ferien
Geöffnet Montag–Donnerstag 10–24 Uhr, Freitag und Samstag 10–1 Uhr, Sonntag 18–24 Uhr

Dieses sehr populäre Pub im britischen Stil wird von morgens bis spät in die Nacht von einem immer wechselnden Publikum regelrecht gestürmt. Hauptgrund dafür ist das große Angebot an frischen Speisen, die mit der gesamtitalienischen Gastronomiewelt flirten, ohne je die Saisonalität der Produkte und die Rezepte der hiesigen Regionalküche aus den Augen zu verlieren. Erstklassig die Spezialitäten aus dem Siedekessel, was für die Qualität des Fleisches ebenso gilt wie für die Kunst des Garens, verführerisch der Kochschinken – Prosciutto cotto alla triestina. Da das Pub am Ende der Rive liegt, ist der Sommer die wohl beste Zeit für einen Besuch, um an einem der begehrten Tischen auf der kleinen Piazza die letzten Strahlen der Abendsonne und die leichte Meeresbrise zu genießen, während Ruderer und Segler von ihren Ausflügen zurückkehren.

Da Pepi

Via Cassa di Risparmio, 3
Tel. (+39) 040 / 36 68 58
Ruhetag: Sonntag
Ferien: letzten 2 Juliwochen
Geöffnet 8.30–22 Uhr

Mittlerweile mindestens so berühmt wie Schloss Miramare ist das klassischste und älteste Büfett der Stadt, das sich nach wie vor zu jeder Tageszeit großer Beliebtheit erfreut. Das Speisenangebot beschränkt sich auf Spezialitäten aus dem Siedekessel, zeugt jedoch von hoher Professionalität. Unermüdliche Suche nach den besten Lieferanten für die Ausgangsprodukte, geschickte Mitarbeiter, die für das Garen und Aufschneiden zuständig sind, die hohe Gästefrequenz als Garant für stets superfrische Brötchen und gemischte Teller, viel Liebe zum Detail (frisches Brot, cremiger Senf von ausgewogenem Geschmack, herrlich duftendes Sauerkaut). Die Auswahl an Bier und Wein ist so klein wie das Lokal selbst, aber sehr sorgfältig zusammengestellt. Die Preise sind etwas höher als in anderen Büfetts, aber Da Pepi ist es wert.

Da Siora Rosa

Piazza Hortis, 3
Tel. (+39) 040 / 30 14 60
Ruhetag: Sonntag, Montag
Ferien: unterschiedlich
Geöffnet 8–22 Uhr

Wenn Sie Ihren Imbiss neben einem Studenten, einem Freiberufler oder einem international bekannten Schriftsteller einnehmen, besteht kein Zweifel: Sie sind bei Siora Rosa, in einem der populärsten Büfetts der Altstadt, nicht weit von den Rive und den geisteswissenschaftlichen Instituten der Universität. Geboten werden hier nicht nur Köstlichkeiten aus dem Siedekessel, sondern auch Semmelknödel und Kartoffelgnocchi in unzähligen Zubereitungsweisen, Lasagne mit Saisongemüse (was beweist, dass man hier auch auf vegetarische Küche Wert legt), Kutteln, Baccalà und zahlreiche Beilagen. An den Tischen im Lokalinneren und unter den Bäumen der Piazza Hortis herrscht ein ständiges Kommen und Gehen. Oft sieht man Gäste, die in ihre Lektüre vertieft sind, während sie zur Stärkung ein Brötchen mit Fleischspezialitäten, ein Hackfleischbällchen oder ein belegtes Brötchen zu sich nehmen. Ein paar gute Biere und eine kleine, aber durchdachte Auswahl an Etiketten aus der Region ergänzen das Angebot.

L'Approdo

Via Carducci, 34
Tel. (+39) 040 / 63 34 66
Ruhetag: Samstagnachmittag, Sonntag
Ferien: 2 Wochen im August
Geöffnet 8–20 Uhr

Wie viele Lokale der Stadt beschränkt auch das Approdo sein Angebot an Spezialitäten aus dem Siedekessel auf die kälteren Monate, in denen diese aus hochwertiger Ware achtsam zubereitet werden. Reichhaltig, konstant und vielfältig ist hingegen das Repertoire an Leckerbissen für Imbisse: köstliche Brötchen mit Wurst und Käse von bester Qualität, ein paar frittierte Häppchen, am Freitag Fisch aus heimischen Gewässern. Mittags gibt es eine gute Auswahl an typischen regionalen Speisen, unter anderem grandiose Gnocchi di patate mit Gulasch und wunderbare Spaghetti alla busara mit Scampi aus Istrien. Eine eingeschworene Fangemeinde hat der Ochsenschwanz nach römischer Art – Coda alla vaccinara –, der nur dienstags serviert wird. Immer interessant die Weinkarte, die auch namhafte Etiketten empfiehlt, und die Bierauswahl.

Rudy

Via Valdirivo, 32
Tel. (+39) 040 / 63 94 28
Ruhetag: Sonntag, außer im Dezember
Ferien: letzte Juliwoche, ersten 2 Augustwochen • Geöffnet 9–24 Uhr

Ein Beweis dafür, dass an den Gestaden der Adria immer noch eine gewisse Sehnsucht nach dem Imperium herrscht, ist dieses Büfett, in dem sich die Tradition Triests mit jener Bayerns bestens verträgt. Vormittags bestimmen Gesottenes vom Schwein aus dem Kessel, Aufschnitte und Liptauer das Angebot, um dann Gerichten der italienischen Küche für das schnelle Mittagessen zu weichen. Abends hält Münchener Atmosphäre Einzug: Es werden herzhafte Schweinefleischgerichte sowie allerlei Würste serviert, dazu schmackhafte Beilagen auf Basis von Kohl und Kartoffeln. In Sachen Trinkgenuss dominiert natürlich Qualitätsbier, vorzugsweise vom Fass, auch wenn ein gutes Glas Wein aus der Region nie abzulehnen ist.

Sandwich Club

Via Economo, 10 B
Tel. (+39) 335 / 662 51 30
Ruhetag: Samstag- und Sonntagnachmittag, im Sommer auch Sonntagvormittag
Ferien: unterschiedlich
Geöffnet 7–23 Uhr

Dieses Büfett fällt ein wenig aus der Norm, denn Claudio bietet Gesottenes aus dem Kessel nur dann an, wenn er Schweinefleisch geliefert bekommt, das auch wirklich der Triester Tradition gerecht wird. Dennoch ist es nicht schwer etwas zu finden, mit dem man sich darüber hinwegtrösten kann, etwa köstliche Tartine (unbedingt probieren sollte man die mit Baccalà in bianco und die mit Rindertatar) oder mit qualitätvollen Wurst-waren und Fleischspezialitäten gefüllte Panini. Mittags werden vorbereitete Gerichte angeboten, z. B. gratinierte Muscheln, Sardinen in *savor* oder in Panade, Fischfrittüre. Wenn es Saison und Marktlage zulassen, wird die Pasta mit Pilzen oder Trüffeln verfeinert, und wenn Sie vorher anrufen, wird man Ihnen Spaghetti alla busara (mit Scampi in pikanter Sauce) zubereiten. Beachtliche Weinkarte mit einer langen Liste an Qualitätsetiketten als passende Begleiter zu allen Empfehlungen des Lokals.

Toni da Mariano

Viale Campi Elisi, 31
Tel. (+39) 040 / 30 75 29
Ruhetag: Sonntag
Ferien: letzten 2 Juniwochen, letzte Augustwoche
55 Plätze + 40 Plätze im Freien
Preise: 25–32 €
Kreditkarten: CS, DC, MC, Visa; BM
Geöffnet 8–24 Uhr

Die kleine Vitrine mit allerlei Frittiertem am Eingang lässt erkennen, dass man die Sache hier ernst nimmt. Schon in den frühen Morgenstunden bringt Mariano eine Reihe von unglaublich köstlichen Häppchen mit Fisch und knackigem Gemüse in Stellung. Großartige Panini und Herzhaftes vom Schwein aus dem Siedekessel ergänzen das Imbissangebot dieses beliebten Büfetts, das nicht weit von den Hafenanlagen der Stadt liegt. Mittags diktiert der Markt die Regeln für eine Serie immer wechselnder Tellergerichte auf Basis von Fleisch und Fisch. So findet man Pasta, Polenta und Gnocchi einmal mit Gulasch vor, dann wieder mit Scampi alla busara (in pikanter Tomatensauce) oder aber auch zu Stinco di maiale (Schweinehaxe). Bemerkenswert der Weinkeller: Als umsichtiger Sommelier bietet Mariano immer interessante Etiketten an.

UDINE
Cussignacco

4 km vom Zentrum

Alle Alpi

Traditionelle Osteria
Via Veneto, 179
Tel. (+39) 04 32 / 60 11 22
Ruhetag: Montag
Ferien: 2 Wochen im August
60 Plätze
Preise: 30–35 €
Kreditkarten: AE, CS, DC, MC, Visa; BM
Mittags und abends geöffnet

Nicht mehr in der Stadt, aber noch nicht auf dem Land gelegen, verbindet diese sympathische Osteria auf geschickte Weise das rustikale Ambiente der Schankstube (wo es gleichsam Pflicht ist, ein Gläschen Friulano zu trinken und dazu eine Scheibe Salami zu verzehren) mit dem gediegenen Flair des kleinen Speisesaals samt charakteristischer Feuerstelle. Ebendort kann man sich von Alberto Zilli mit seinen Meisterwerken vom Grill oder den Kreationen aus der Küche verwöhnen lassen. Allein die Auswahl an Antipasti zeugt von Albertos Credo: größtmögliches Augenmerk auf Produkte aus dem Umland und traditionelle Garverfahren, aber auch kulinarische Exkurse in andere Gefilde. Und so finden wir neben einem 24 Monate gereiften San-Daniele-Schinken oder hausgemachten Sottoli einen Pecorino alla piastra mit Honig und Speck oder typisch römische Puntarelle vor. Es empfiehlt sich, den Antipasto „6 sapori" (12 €) zu wählen: Die Saison bestimmt, ob Sie auf diesem gemischten Vorspeisenteller einheimischen Spargel oder schmackhaften Radicchio di Treviso vorfinden. Unter den Primi sind **Tagliolini al San Daniele** (9 €) ebenso zu entdecken wie Fettuccine mit Calamari und Garnelen oder Suppen nach traditionellen Rezepten. Interessant das Kapitel Secondi (sehr gut das Schweinefilet mit Senf – **Filetto di maiale alla senape**), doch wie gesagt kommt man vor allem wegen der Spezialitäten vom Grill hierher. Auch wenn Sie ein paar Euro mehr einplanen müssen, sollten Sie sich dem Genuss einer perfekt gegarten Bistecca fiorentina, eines zarten Rinderfilets oder eines rustikalen **Collo di maiale mit Salsiccia und Polenta** (11 €) hemmungslos hingeben. Reichhaltige Auswahl an rohen und gekochten Beilagen, kleines Süßspeisenrepertoire (vor allem Löffeldesserts), vorwiegend regionale Weine zu interessanten Preisen.

Udine: Weingenuss alter und neuer Manier

Geschäfte besiegelte man in Udine früher, in nicht allzu weit entfernter Vergangenheit, ausnahmslos in der Osteria. Auch politische Strategien wurden hier (in einem abgeschiedenen Winkel) entwickelt und bei einem Glas Wein, dem klassischen *Tajut*, beschlossen. Diese Gewohnheit ist mehr oder weniger unverändert erhalten geblieben, auch wenn Immobiliendeals, Viehhandel oder Parteidiskurse durch die Allgegenwart moderner Technologien viel von ihrem „Kolorit" verloren haben.

Wer heute das Ritual des *Tajut* wiederaufleben lassen möchte, braucht nur eine der historischen Osterien zu betreten. Sofern man Sinn für Weingenuss mitbringt und gerne unter Leuten ist, kann man sich dort wunderbar die Zeit vertreiben, den Debatten der Stammgäste lauschen, am Ende neue Freundschaften schließen.

Natürlich ist nicht mehr alles so wie einst, doch das *Taj* (sprich das knappe Achtel Wein – vor dem Mittagessen „bianco" und abends „nero", ursprünglich in einem randvollen dickwandigen Glas, heute in eleganten Stielgläsern) ist immer noch der beste Vorwand, um Freunde um einen Tisch oder am Tresen zu versammeln. Gleichzeitig ist dies die richtige Gelegenheit, um einen Qualitätswein zu verkosten, mit Weinwissen anzugeben, diesen oder jenen Winzer zu rühmen oder einen Jahrgang mit dem anderen zu vergleichen. Auf diese Weise wird der Kern des Rituals gewahrt: die Konversation mit Freunden, um ein sportliches oder politisches Ereignis zu kommentieren, ein Geschäft zu besprechen oder abzuschließen oder einfach nur, sich in Müßiggang zu üben.

In gewisser Weise ist der Wandel, der sich während des letzten Jahrzehnts um das Ritual des *Tajut* vollzogen hat, ein natürliches Phänomen, das mit der Neugestaltung alteingesessener Weinkneipen einhergeht, aber auch mit der Schließung historischer Osterien und der Eröffnung neuer Lokale mit zeitgemäßem Interieur, oft in Anlehnung an Altbewährtes. Der Wandel hat zudem mit dem Generationenwechsel zu tun, der sich daran zeigt, dass immer mehr Menschen mittags außer Haus essen (müssen) und dass in Sachen Wein verstärkt auf qualitätvolles, bewusstes Genießen Wert gelegt wird. Mit der vor ein paar Jahren noch unvorstellbaren Folge, dass sich das Osteria-Publikum radikal verjüngt hat: Immer mehr junge Frauen und Männer, vor allem Studierende, die Udine als Standort für ihre akademische Ausbildung gewählt haben, diskutieren heute über diesen oder jenen Wein, diese oder jene Marke. Das lässt hoffen, dass das *Tajut* auch an neuen Orten der Begegnung und in neuen Ausdrucksformen als guter Anlass für geselliges Beisammensein weiterhin bestehen wird.

Giorgio Dri

Al Cappello

Via Sarpi, 5
Tel. (+39) 04 32 / 29 93 27
Ruhetag: Montag, Sonntagnachmittag
Ferien: je 2 Wochen im Juni/Juli und Winter
Geöffnet 10–15, 17–23 Uhr

Wenn das moderne Schild nicht Indiz genug dafür ist, dass wir im Cappello sind, reicht ein Blick zu der mit Hüten aller Formen und Epochen tapezierten Decke, um zu verstehen, warum das Lokal so heißt. Von Handwerkern mit Hang zum Design gefertigte Lampenschirme aus Trinkgläsern oder Besteck, Wände voller Bilder, Zeichnungen und Herzen aus Schmiedeeisen unterstreichen den sympathisch altmodischen Charakter des Lokals. Diese historische, immer gut besuchte Osteria spielt im Udineser Weinpanorama eine tragende Rolle. Auf einer Tafel, die eine ganze Wand einnimmt, sind Hunderte von lagernden Etiketten aufgelistet und zahlreiche Weinflaschen stehen zur Verkostung bereit. Nicht minder interessant ist das beachtliche Angebot an Brötchen, Häppchen, Polpette und einfachen kalten und warmen Speisen, die allen Ansprüchen gerecht werden. Einen freien Tisch zu finden, ist kein einfaches Unterfangen, doch da es leger zugeht, kann man sich gerne zu anderen Gästen setzen: So kommt man ins Gespräch und entdeckt mitunter gemeinsame Vorlieben. Sehr gefragt, wenn es das Wetter erlaubt, ist der Außenbereich der Osteria gegenüber dem ehemaligen Fischmarkt (ein wunderschönes restauriertes Jugendstilgebäude, das nun ein Museum für Fotografie beherbergt), wo es zuweilen recht laut zugeht.

Al Fagiano

Via Zanon, 7
Tel. (+39) 04 32 / 29 70 91
Ruhetag: Montagnachmittag, Sonntag
Ferien: 2 Wochen im September
Geöffnet 10–14, 18–22 Uhr

Von der belebten *Plaze dal polam* (dem Platz, auf dem früher der Vogel- und Kleinviehmarkt abgehalten wurde) und von der großen Platane, die von den Udinesern „Platano di Napoleone" genannt wurde, ist nicht viel übrig geblieben. Einzige Ausnahme: das Al Fagiano. Die Osteria bewahrt die Patina vergangener Zeiten in ihren rustikalen Wandtäfelungen – mit einem geglückten Zugeständnis an zeitgenössische Kunst in Form eines Wandfreskos des renommierten Udineser Künstlers Giorgio Celiberti –, in der schlichten Einrichtung und in den Gemälden des Inhabers Giordano Floreancig, die Interieur und Image des Lokals gewissermaßen verjüngen. Giordano, ein gestandener Wirt und wackerer Verfechter des Namens Tocai Friulano (der vielleicht zu voreilig aus dem offiziellen Weinvokabular gestrichen wurde), bietet eine große Auswahl an offen ausgeschenkten Weinen und ein paar kalte Speisen unverfälschter Art, die die Einkehr zum Vergnügen machen. Im Sommer sollte man auf jeden Fall draußen sitzen, um dem leisen Plätschern des Kanals entlang der Via Zanon zu lauschen und die fröhliche Geräuschkulisse der Stadt auf sich wirken zu lassen.

Al Fari Vecjo

Via Grazzano, 78
Tel. (+39) 346 / 224 13 51
Ruhetag: Sonntag
Ferien: 2 Wochen im Juli
Geöffnet 8–22 Uhr

Diese historische Osteria (oder vielmehr *Hostaria*, wie auf dem schönen schmiedeeisernen Schild zu lesen ist) im Stadtteil Grazzano ist nicht schwer zu finden: Tagsüber weist die Gästetraube vor der Tür, abends eine Reihe von in den Bürgersteig integrierten Leuchtspots auf dieses Lokal hin, das seit 1804 besteht. Al Fari Vecjo greift in friulanischer Sprache einen früheren Namen (All'Antico Fabbro – „Zur alten Schmiede") des Hauses wieder auf, das in all den Jahren immer wieder anders hieß, u. a. Alla Fenice oder Ai Due Caporali. Das Lokal besteht aus zwei sorgfältig renovierten Räumen, deren alte Strukturen zur typischen Atmosphäre der immer seltener werdenden authentischen Treffpunkte für das Ritual des *Tajut* beitragen. Die Leitung durch Simone, der für den Service am Tresen und bei Tisch zuständig ist, und seiner Mutter Tiziana in der Küche hat das Angebot weiter verbessert: An Wertschätzung seitens der Gäste mangelt es folglich nicht. Ein gutes Glas Wein, das man aus vielen Etiketten der besten Erzeuger Friauls auswählen kann, und ein breites Sortiment an appetitlichen Häppchen, das sich mittags um Primi und Hauptgerichte erweitert, gewährleisten eine vergnügliche Einkehr zwischen Stammgästen, die Karten spielen, im Udineser Dialekt plaudern, sich an die alten Zeiten erinnern und somit für echtes Osteria-Flair sorgen.

Al Vecchio Stallo

Via Viola, 7
Tel. (+39) 04 32 / 212 96
Ruhetag: Mittwoch, im Sommer Sonntag
Ferien: Ostern, 2 Wochen im Dezember, 3 Wochen im August
100 Plätze + 30 Plätze im Freien
Geöffnet 9–23 Uhr

Entlang den Straßen der Stadtumfahrung gab es mehrere „Stalli" (Ställe), die von all jenen angesteuert wurden, die vom Land in die Stadt kamen und sich selbst und den Pferden eine Pause gönnen wollten. Von diesen Raststätten haben nur sehr wenige überlebt, und das Al Vecchio Stallo erfüllt als Einzige die ursprüngliche Funktion, natürlich angepasst an veränderte Anforderungen. Das Lokal gefällt demjenigen, der die Atmosphäre einer traditionellen Osteria oder einfachen Trattoria sucht: Man kommt hierher, um ein Glas Wein zu trinken (das typische *Tajut*), aber auch, um der friulanischen Küche zuzusprechen (Aufschnitt, Frittate, *Muset e brovade* bis hin zu *Frico*, um nur einige Empfehlungen zu nennen). Gefallen an der Einkehr findet aber auch, wer Karten spielen, die Zeitung lesen oder mit Freunden plaudern möchte.

Caucigh

Via Gemona, 36–38
Tel. (+39) 04 32 / 50 27 19
Ruhetag: Montag
Keine Ferien
Geöffnet 7–24 Uhr (ggf. auch länger)

An das Caucigh von früher erinnern sich nur wenige, denn seit der Umgestaltung des Lokals sind viele Jahre vergangen. Dennoch ist das Flair eines Cafés im Stil der Belle Époque immer noch spürbar. Heute darf sich das Lokal des goldenen Schilds rühmen, mit dem die Region Friaul-Julisch Venetien Lokale auszeichnet, die seit mindestens 60 Jahren bestehen und kulturhistorische Zeugnisse sind. Im Caucigh kann man die beschauliche mitteleuropäische Atmosphäre von einst genießen (mit klassischer Hintergrundmusik), in Studienabschlussfeiern geraten oder (jeden Freitagabend) live Jazzmusik hören. Das Publikum ist bunt gemischt: Studenten und Professoren, Politiker und Intellektuelle, ein paar Künstler und viele Zeitungsleser (die Zeitungen sind auf jene klassischen Zeitungshalter gespannt, wie man sie aus Wiener Kaffeehäusern kennt). Vergangenheitsbezug und Bohemien-Schick spiegeln sich an den Wänden wider, wo neben alten Ansichten immer wieder neue Werke von einheimischen Grafikkünstlern und Malern zu sehen sind. Anständige Weine und appetitliche kulinarische Angebote begleiten mittags die Pause in einem Saal (der nicht ohne Ironie „Refektorium" genannt wird), in dem die Zeit stillzustehen scheint.

Da Pozzo

Piazzale Cella, 2
Tel. (+39) 04 32 / 174 63 50
Ruhetag: Sonntag
Ferien: 2 Wochen im August
Geöffnet 9–22 Uhr

Nachdem sie eine Zeit lang geschlossen war, hat die historische „Osteria mit Kolonialwarenhandlung" Da Pozzo ihren Betrieb wieder aufgenommen und ist zu neuem Leben erwacht. An der Einrichtung und am traditionellen Angebot an Wein und Imbissen (vor allem Salumi, klassischerweise von eingelegten Peperoni begleitet) hat sich nicht viel geändert. Sehr wohl gewandelt hat sich die Klientel: Heute sind es überwiegend junge Menschen, die diese Ecke am Rand der Altstadt mit Leben füllen; in der Nachkriegszeit war das Viertel sehr beliebt, doch in den letzten Jahren hatte es an Strahlkraft verloren. Der Erfolg des Da Pozzo beruht wahrscheinlich auf einem sehr einfachen Rezept: Man behalte das Bild der traditionellen Osteria bei (achten Sie beim Betreten des Lokals darauf, wie abgewetzt der Stein unter der Tür ist – ein untrügliches Zeichen für reges Gästeaufkommen!) und bringe gerade so viel Neues ein, dass man den aktuellen Standards der Branche gerecht wird.

La Ciacarade

Via San Francesco, 6 A
Tel. (+39) 04 32 / 51 02 50
Ruhetag: Dienstag
Ferien: 2 Wochen im Juli
40 Plätze + 20 Plätze im Freien
Preise: 30 €
Kreditkarten: AE, CS, DC, MC, Visa; BM
Geöffnet 7.30–15, 17–24 Uhr

Das nicht weit entfernt von der Piazza della Libertà, dem pulsierenden Herzen der Stadt, neben dem Dom aus dem 14. Jahrhundert gelegene Ciacarade bietet eine sehr gute Auswahl an Wein (aber auch Bier von Kleinbrauereien), den man am Tresen mit appetitlichen Kleinigkeiten oder wöchentlich wechselnden einfachen Mahlzeiten begleiten kann. Wer lieber im Sitzen genießt, kann sich in einer der angrenzenden Gaststuben oder bei schönem Wetter im Garten niederlassen. Die Klientel besteht vor allem aus treuen Stammgästen, die hier Freunde treffen; mittags kommen aber auch Angestellte und Beamte zum Essen. Das morgens angebotene Frühstück basiert auf biologischen Produkten.

Leon d'Oro

Via dei Rizzani, 2
Tel. (+39) 04 32 / 50 87 78
Ruhetag: Sonntag
Ferien: 2 Wochen im August
Geöffnet 9–15, 17–24 Uhr

Den „Goldenen Löwen" kann man kaum übersehen: Ein paar Tische im Freien auf dem kleinen Platz der Via dei Rizzani, zu jeder Tageszeit von Menschen mit einem Glas in der Hand besetzt, weisen auf die Lokalität hin. Wir sind in dem Gebiet, das einst der Parco del Pecile war und in den 1950er-Jahren als Freiluftveranstaltungszentrum namens Arena Italia (Opern, Theater, Kino) diente. Vormittags sind überwiegend ältere Semester anzutreffen, die das Lokal gerne besuchen, um Zeitung zu lesen oder Karten zu spielen. Mittags und abends kommen hauptsächlich junge Leute (wir sind nicht weit weg vom Hauptsitz der Universität), die sich von den appetitlichen Häppchen (Fleisch- und Gemüsebällchen, Knorpelsalat, hart gekochte Eier mit Sardellen, Omeletts, Käse, Wurstwaren) verlocken lassen oder an mit Strohpapiersets gedeckten Tischen zum Essen Platz nehmen. Große Auswahl an warmen Speisen (z. B. Pasta e fagioli, Baccalà, Spargel mit hart gekochten Eiern, Gulasch), begleitet von Weinen aus der Region.

Antica Trattoria ai Frati

Trattoria
Piazzetta Antonini, 5
Tel. (+39) 04 32 / 50 69 26
Ruhetag: Sonntag
Keine Ferien
70 Plätze + 30 Plätze im Freien
Preise: 30–32 €
Kreditkarten: AE, CS, DC, MC, Visa; BM
Mittags und abends geöffnet

Ein schönes schmiedeeisernes Schild mit der Silhouette zweier Mönche weist auf dieses Lokal hin, das seinen Namen seit bald zwei Jahrhunderten bewahrt. Warum die Trattoria „Zu den Brüdern" heißt, ist nicht ganz klar, doch der zuverlässigsten Quelle zufolge wurde das Gasthaus von zwei frommen Männern geführt, die die Sperrstunde verkündeten und die Gäste zum Verlassen des Lokals drängten, sobald der Glockenschlag zur heiligen Messe rief. Dieser alte Brauch ist in Zeiten, in denen der Lärm des modernen Lebens fast überall den Klang von Glocken übertönt, völlig in Vergessenheit geraten. Heute besteht die Geräuschkulisse in der Einkehr der „Brüder" aus dem angeregten Plaudern von Menschen, die ein *Tajut* trinken, auf eine bestandene Prüfung anstoßen (die Universität ist nicht weit weg) und den Weingenuss mit ein paar Leckerbissen begleiten. Wer für eine Mahlzeit Platz nimmt, sollte eingangs ***Toc' in braide*** del norcino (üppig angereicherte Polenta mit Steinpilzen und Ricotta) oder die nicht minder köstliche Variante dieses Polentagerichts mit Asìno-Käse und Salsiccia (9 €), die Teller mit Salumi oder Formaggi und freitags die Frittura di pesce (13 €) in Erwägung ziehen. An Primi gibt es unterschiedlich verfeinerte Tagliatelle (einzigartig sind die mit Kaninchen und Steinpilzen), **Gnocchi al ragù d'anatra**, Pasta al ragù di salsiccia, **Zuppa di orzo e fagioli** (9 €). Es folgen ***Frico* e polenta** (8 €), **Stinco di maiale** (Schweinehaxe), Brasato di vitello (Kalbsbraten) und Stockfisch in den Varianten Baccalà alla vicentina (12 €) und Baccalà mantecato. Exquisit die Dolci (4 €), u. a. Frittelle di mele oder Frittelle di mais, Crostata mit Waldbeeren, Torta con pinoli. Große Weinauswahl mit den besten Etiketten Friauls, sehr anständiger Hauswein.

48 KM NORDWESTLICH VON UDINE, S.S. 13

Stella d'Oro

Traditionelle Osteria
Via Tolmezzo, 6
Tel. (+39) 04 33 / 26 99
Ruhetag: Sonntagabend, Montag (außer im August)
Ferien: 3 Wochen im Februar
50 Plätze + 12 Plätze im Freien
Preise: 28–30 €
Kreditkarten: MC, Visa; BM
Mittags und abends geöffnet

Für einen Abstecher nach Verzegnis gibt es viele Gründe: Archäologie (die Ausgrabungen auf dem Colle Mazeit), zeitgenössische Kunst (der bekannte Art Park von Egidio Marzona), roter Marmor (der vor Ort abgebaut wird und dem das internationale Symposium „Scultura in rosso" gewidmet ist). Einen Ehrenplatz nimmt jedoch dieses historische Lokal ein, das im Zweiten Weltkrieg dem Ataman des Großen Don-Heeres als Hauptquartier diente, als die Kosaken das Friaul von Oktober 1944 bis zur Befreiung besetzt hielten. Setzen Sie sich wenn möglich in die Stube mit dem *Fogolar* und tauchen Sie ein in Erinnerungen an die historische Vergangenheit und das kulinarische Erbe dieses Ortes. Eingangs empfehlen wir (saisonabhängige) Kostproben: kultivierter und wilder Spargel, *Sclopìt* (Leimkraut), mit Birnen oder Äpfeln vergorene Rüben, ***File e daspe***, Insalatina di coniglio mit Kürbiskernen (6,50 €). Von den Primi (8,50 €) probieren sollten Sie die ***Cjarsons* alle erbe**, die Cappellacci alla pernice rossa, die **Ravioli al *formadi frant* mit Birnencreme**, die ***Blecs* mit Wildragout** oder die Bohnensuppe mit Nudeln (oder Gerste). Tradition pur auch bei den Secondi: **Toc' in vora** (9 €), ***Frico* mit Kartoffeln**, geschmortes Wild, Arrosto di faraona, Filetto di trota in crosta di zucchine (Forellenfilet in Zucchinikruste, 12 €). Als Beilage Blattgemüse wie *Radich di camp* oder *Radich di capût* (4 €) mit *Frícias* (Grieben). Gepflegte **Formaggi** aus der Carnia, als Dessert Tiramisu. Sehr guter Hauswein, alternativ zu etwa 50 Etiketten aus der Region.

Ein historisches Lokal. Gerichte der karnischen Tradition in gelungenen Neuinterpretationen aus den besten Produkten der Gegend, darunter vieles aus eigener Erzeugung.

GÖRZ

Rosenbar

Restaurant • Via Duca d'Aosta, 96
Tel. (+39) 04 81 / 52 27 00
Ruhetag: Sonntag, Montag, im Juli und August auch Samstagmittag
Ferien: je 1 Woche im Sommer und Winter
40 Plätze + 40 Plätze im Freien
Preise: 40–50 €
Kreditkarten: AE, CS, DC, MC, Visa; BM
Mittags und abends geöffnet

Mitteleuropäisch ist die Atmosphäre in diesem schönen Restaurant, in dem Michela Fabbro (Küche) und ihr Mann Piero Loviscek (Service) Gerichte auf der Basis hochwertigster saisongerechter Zutaten aus der Region servieren. Der Fokus liegt auf Fisch und Gemüse unter großzügiger Verwendung von Produkten der friulanischen Slow-Food-Presidi: Radicchio rosa aus Görz, Knoblauch aus Resia, Zwiebel aus Cavasso und dem Val Cosa, Pitina, Pestàt di Fagagna, Formadi frant. Zu Beginn gibt es Sardoni in *savor* oder in Panade, marinierte Alici mit Püree von Kartoffeln und roter Zwiebel, im Frühling Frittate mit Kräutern. Es folgen je nach Saison Zuppa di *sclopìt*, Knoblauchsuppe mit Aglio di Resia und Rotbarbe, Radicchio rosa di Gorizia mit Bohnen und *Frizze*, Gnocchi di pesce mit Miesmuscheln und Venusmuscheln *scottadeo* (12 €), Gnocchi di susine (Zwetschgenknödel) mit Butter und Zimt, Pasta e fagioli mit Pestàt und Olivenöl aus dem Karst, gefüllte Sardinen aus dem Ofen, Branzino oder Dorade gebraten, Fritto di pesce e verdure (15 €). Unter den Dolci sind *Gibanica*, Grießkoch und Zuppa di cioccolato mit mürben Keksen zu entdecken. Das fünfgängige Degustationsmenü kommt ohne Wein auf 40 €. In der von Piero gepflegten Weinkarte überwiegen friulanische und slowenische Etiketten, von denen man ein knappes Dutzend auch glasweise bestellen kann.

TRIEST

Scabar

Restaurant
Erta di Sant'Anna, 63
Tel. (+39) 040 / 81 03 68
Ruhetag: Montag
Ferien: unterschiedlich
50 Plätze + 70 Plätze im Freien
Preise: 50 €
Kreditkarten: AE, CS, DC, MC, Visa; BM
Mittags und abends geöffnet

Gegründet 1967 von Bruno und Nerina Scabar, wird das auf einem Hügel mit Blick auf das Val Rosandra gelegene Restaurant heute von deren Nachkommen geleitet: Amalia führt das Küchenteam an, Giorgio ist für Service und Wein verantwortlich. Auf dem Teller begegnen einander Meer und Festland: der Golf von Triest und die obere Adria liefern Fisch, Weich- und Krustentiere, der Hausgarten Gewürzkräuter und ein paar Gemüsesorten, das Karsthochplateau Fleisch, Käse, Pilze und natives Olivenöl extra, die istrische Halbinsel Trüffeln. Beginnen kann man mit dem Misto di pesci crudi (allerlei roher Fisch, 20 €) oder man geht gleich zu den Primi über: Fettuccine oder Maltagliati mit Krustentieren, Ravioli di scampi oder Ravioli di canestrelli (13 €), Paccheri mit Calamari, Risotti di pesce, Kichererbsensuppe mit Garnelen. Unter den Secondi sind Brodetto (Fischeintopf) mit Polenta gialla, gebratene Fischtranchen wie Ombrina al forno, Gebackenes wie Fritto di calamari e verdure, aber auch Trittico di baccalà (dreierlei Stockfisch) zu entdecken. Millefoglie und Eisbecher sind nur einige der Dolci. Selbst gebackenes Brot, Weinkarte mit 150 Etiketten überwiegend aus dem Friaul, Slowenien und Kroatien.

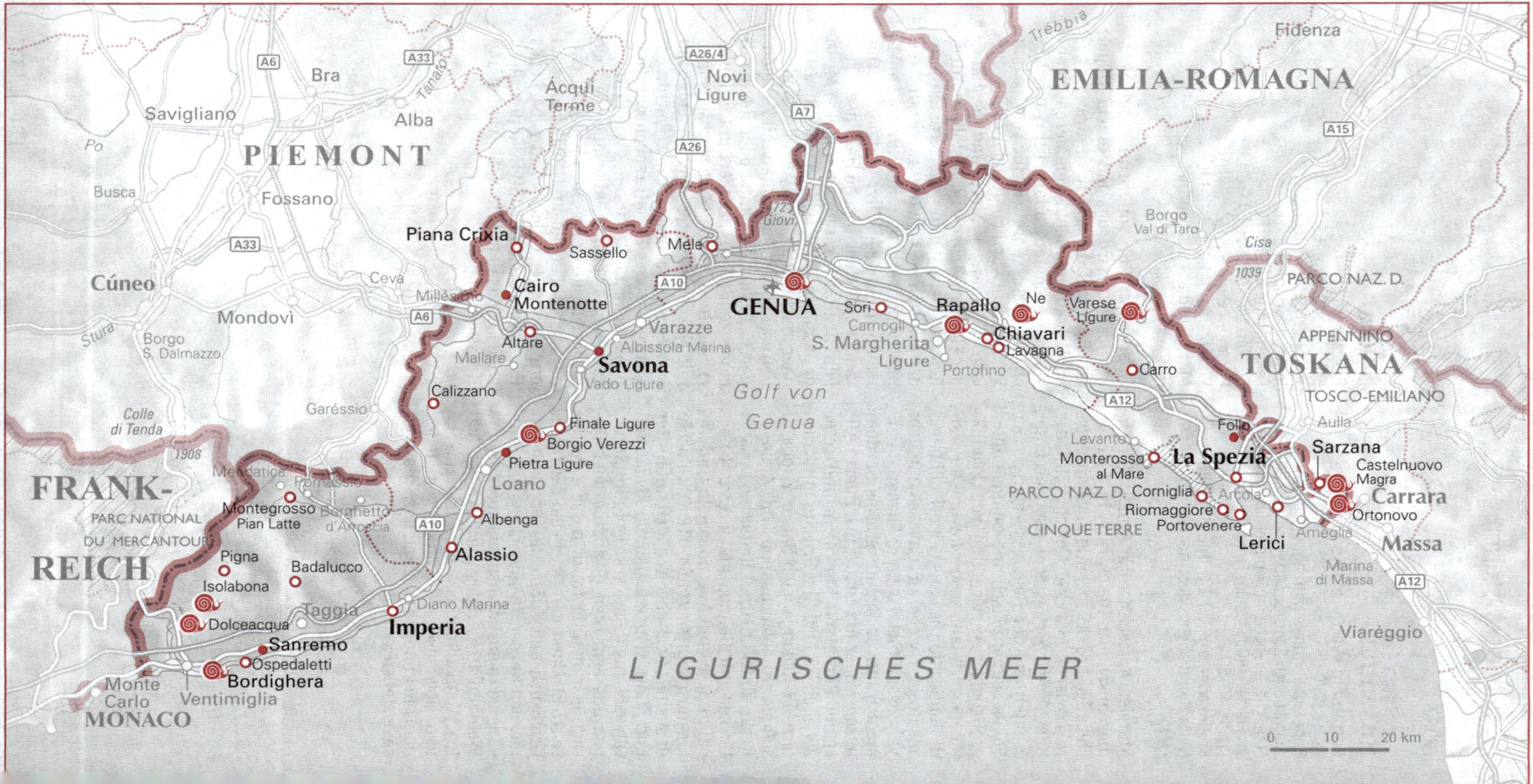
EMILIA-ROMAGNA
PIEMONT
TOSKANA
FRANK-
REICH
MONACO
LIGURISCHES MEER
Golf von
Genua
GENUA
Savona
La Spezia
Imperia
Sanremo
Bordighera
Ospedaletti
Ventimiglia
Monte
Carlo
Dolceacqua
Isolabona
Pigna
Badalucco
Taggia
Montegrosso
Pian Latte
Borghetto
d'Arroscia
Pornassio
Mendatica
PARC NATIONAL
DU MERCANTOUR
Colle
di Tenda
1908
Diano Marina
Alassio
Albenga
Loano
Pietra Ligure
Borgio Verezzi
Finale Ligure
Vado Ligure
Calizzano
Mallare
Altare
Cairo
Montenotte
Piana Crixia
Sassello
Millesimo
Mele
Varazze
Albissola Marina
Sori
Camogli
S. Margherita
Ligure
Portofino
Rapallo
Chiavari
Lavagna
Ne
Varese
Ligure
Carro
Levanto
Monterosso
al Mare
PARCO NAZ. D. CINQUE TERRE
Corniglia
Riomaggiore
Portovenere
Lerici
Arcola
Ameglia
Folio
Sarzana
Castelnuovo
Magra
Carrara
Ortonovo
Massa
Marina
di Massa
Viaréggio
Aulla
PARCO NAZ. D.
APPENNINO
TOSCO-EMILIANO
Cisa
1039
Borgo
Val di Taro
Fidenza
Trébbia
Novi
Ligure
Ácqui
Terme
Alba
Bra
Savigliano
Fossano
Busca
Cúneo
Mondovì
Ceva
Garéssio
Borgo
S. Dalmazzo
Stura
Po
Tanaro
Giovi
472
A6
A33
A26/4
A26
A7
A10
A12
A15
0
10
20 km

LIGURIEN

„Wer Genua betrachtet, denke daran, dass man Genua nur vom Meer aus sieht." Die berühmte Zeile aus einem Lied von Ivano Fossati gilt für einen großen Teil Liguriens: Eng und zerklüftet, wie die Region zwischen den Küsten und der Grenze zum benachbarten Piemont eingebettet liegt, ist es schwierig, sich aus dem Landesinneren heraus einen Gesamteindruck zu verschaffen. Das Gegenteil trifft auf den gastronomischen Aspekt zu: Um Liguriens Küche zu verstehen, die traditionell auf Festlandsgerichte ausgerichtet ist und sich erst in den letzten Jahrzehnten den Meeresspezialitäten geöffnet hat, muss man die Region erleben, sie durchqueren und mit all ihren durchgehend vorhandenen Spezialitäten und den Unterschieden zwischen Osten und Westen genießen.
Eines der Gerichte, das in der ganzen Region präsent ist, ist der Pesto, wenngleich seine Herkunft unbestritten Genua zuzuschreiben ist. Die obligatorischen Zutaten dieser herrlich duftenden Gaumenfreude sind das hiesige Basilikum, das eine geschützte Herkunftsbezeichnung trägt, sowie natives Olivenöl extra, Parmesan und sardischer Pecorino, beide gerieben, Knoblauch, Pinienkerne und grobes Meersalz. Hier gilt Pesto nicht nur als Protagonist bei Pastagerichten, sondern verfeinert auch eine Spezialität, die „arm" in den Zutaten, aber reich an Geschmack ist: die Minestrone. Jeder hat sein eigenes Rezept und die Zusammensetzung variiert natürlich je nach Jahreszeit. Einige Köche fügen Teigwaren in einem speziellen klassischen Format hinzu, *Scuccuzzun* genannt: Das sind kleine zylinderförmige Nudeln, die den Laien an die sardischen Fregule erinnern.
Wenn man bei der fleischlosen Küche bleiben will, darf natürlich Verdura ripiena, gefülltes Gemüse, nicht unerwähnt bleiben. Das Rezept diente ursprünglich der Verarbeitung von Resten, beginnend bei dem in Milch eingeweichten trockenen Brot, wobei mittlerweile auch die Beimengung von Schinken oder Mortadella durchaus als zulässige „Anleihe" aus der Fleischküche akzeptiert wird. Apropos Fleisch: Unseren kulinarischen Streifzug beschließen wir mit einem festen Bestandteil des Hauptspeisen-Repertoires: Coniglio alla ligure, das Kaninchen auf ligurische Art, verdankt seinen feinen Geschmack der Verwendung von Pinienkernen und vor allem den schmackhaften Taggiasca-Oliven.

Für Sie entdeckt

ALASSIO (SV)

51 KM SW. V. SAVONA, 22 KM NÖ. V. IMPERIA, S.S. 1, A 10

I Matetti

Traditionelle Osteria
Viale Hanbury, 132
Tel. (+39) 01 82 / 64 66 80
Ruhetag: Montag, außer im Juli und August
Ferien: unterschiedlich
70 Plätze
Preise: 27–30 €
Kreditkarten: CS, DC, MC, Visa; BM
Mittags und abends geöffnet

Im ligurischen Dialekt bedeutet „Matetti" Kinder: Das Lokal trägt diesen Namen wegen einer Reihe von Schwarz-Weiß-Fotos von Schulkindern aus dem letzten Jahrhundert, die hier die Wände zieren. Der Besuch in dieser Osteria erweckt auch bei einigen Gästen das Gefühl, wieder in die eigene Kindheit einzutauchen. Alle Tagesgerichte sind im lokalen Dialekt an einer großen, gut sichtbar angebrachten Schiefertafel angeschlagen. Man beginnt mit Antipasti, unter denen Carpaccio di polpo und **Torte di verdure** (4 €) aus Zutaten hervorstechen, die aus dem eigenen Gemüsegarten stammen und damit je nach Jahreszeit variieren. Unter den schmackhaften, in großzügigen Portionen servierten Primi verdienen **Gasse** (Teigwaren in Schmetterlingsform) **al pesto** (12 €), Tagliolini alla bottarga (12 €) oder in der Version mit dem appetitlichen Sugo di mare und Gamberoni eine spezielle Erwähnung. Im Kapitel der Secondi ist **Baccalà al forno** (14 €) stets vertreten, im Winter mit Lauch, vom Frühling an mit Tomaten, Kartoffeln und Kapern serviert. Sehr gelungen sind auch Fritto misto di pesce und die klassischen **Acciughe fritte** (12 €). Wer noch Platz für ein Dessert hat, kann zwischen Tiramisu und Budino alla panna wählen. Zum Abschluss werden Frittelle aus Äpfeln angeboten, ein typischer Leckerbissen nach alter ligurischer Tradition. Der angenehme offene Wein stammt aus dem unteren Piemont, es gibt aber auch eine gute Auswahl an Flaschenweinen aus Ligurien.

Dargè, Corso Dante 80: frische Teigwaren aus Ligurien (Ravioli) oder dem Piemont (Agnolotti mit dreierlei Fleisch, Tajarin), Pesto und andere Saucen.

ALBENGA (SV)

44 KM NORDWESTLICH VON SAVONA

Osteria del Tempo Stretto

Restaurant
Regione Rollo Inferiore, 40
Tel. (+39) 01 82 / 57 13 87
Ruhetag: Sonntag, außer im Juli und August
Ferien: unterschiedlich
35 Plätze + 15 Plätze im Freien
Preise: 35–40 €
Kreditkarten: Visa; BM
Mittags und abends geöffnet, Juli und August nur abends

Das Restaurant liegt an einer stark befahrenen Straße, die von Albenga nach Ceriale führt. Es handelt sich um ein sehr gepflegtes Lokal, das auch über einen kleinen Innengarten verfügt, wo man in der warmen Jahreszeit im Freien speisen kann. Die würzigen Kräuter für die Küche stammen aus dem hauseigenen Gärtchen. In der Küche werkt Cinzia, während sich ihr Mann Massimiliano um die Gäste kümmert. Die Speisen sind stets von guter Qualität, mit einigen wahren Bravourstücken: Unter diesen finden Sie in der Saison Tortino mit violettem Spargel aus Albenga, serviert mit Fonduta aus Toma di pecora brigasca, einem Schafkäse (9 €), eine gelungene Kombination zweier Slow-Food-Presidi. Als feine Alternativen bieten sich unter den Antipasti auch Gamberi, unter Dampf gegart, mit Trombetta-Zucchini, **Insalatina di stoccafisso mit Kichererbsen** und Petto d'anatra (14 €) an. Unser Tipp unter den Primi gilt Ravioli ripieni di pesto, serviert mit Sauce aus Pinienkernen, Tagliolini al curry mit Ragù di gamberi (15 €), **Ravioli di ricciola mit Trombetta-Zucchini** sowie Tagliolini mit Creme von Taggiasca-Oliven und Blu del Moncenisio (13 €). Der nächste Gang stellt Sie vor die Wahl zwischen **Polpo verace al vino Rossese** mit Taggiasca-Oliven und Kapern aus Salina, Calamari ripieni (16 €) oder Calamari spadellati (in der Pfanne gebraten) mit Artischocken und dem außergewöhnlichen **Tonno di coniglio** (14 €). In der entsprechenden Jahreszeit kann man ein spezielles Menü vorwiegend auf Basis von Spargel (35 €) oder Artischocken bestellen. Als Desserts verdienen Panna cotta mit Rosensirup, Semifreddo mit Amaretti und der im Ofen gebackene Budino di cioccolato eine besondere Erwähnung. Die Weinkarte zollt den lokalen Betrieben den gebührenden Respekt und erfreut mit einem guten Preis-Leistungs-Verhältnis.

Cian de Bià

Moderne Osteria
Via Silvio Pellico, 14
Tel. (+39) 320 / 662 20 79
Ruhetag: Montag–Donnerstag (gegen Vorbestellung geöffnet)
Ferien: 10.–30. Januar
20 Plätze
Preise: 30 € (Tagesmenü)
Kreditkarten: Visa; BM
Abends geöffnet

Ein winziger Familienbetrieb im historischen Zentrum von Badalucco am Beginn eines der schmalen Gässchen, die das Stadtbild prägen: Das Lokal besteht aus einem kleinen geschmackvoll eingerichteten Gastraum mit unverputzten Steinwänden neben einer ebenso kleinen, aber wie für Franca Lanteri maßgeschneiderten Küche. Die Köchin hat sich hier ihr Reich geschaffen, in dem sie die traditionellen ligurischen Festtagsrezepte umsetzt. Im Saal werden Sie von ihrem Mann Ivo Orengo empfangen, der die Speisen mit Begeisterung erläutert und beflissen Empfehlungen zu den Weinen gibt. Aus dem hauseigenen Gemüsegarten und dem Olivenhain stammt ein Großteil der Zutaten, das Fleisch wird bei Betrieben in diesem Tal oder im nahe gelegenen Piemont erworben. Das feststehende Menü (30 €) folgt dem Lauf der Jahreszeiten und basiert für gewöhnlich auf fünf Antipasti, zwei Primi, zwei Secondi und einem Dolce. Man beginnt mit **Insalata russa**, Vitello tonnato, Frandura (ein Kartoffelkuchen, typisch für das Gebiet von Montalto Ligure), ***Brandacujun***, Lumache mit würzigen Kräutern und Frittelle aus Trombetta-Zucchini. Die wunderbaren, allesamt hausgemachten Teigwaren umfassen **Ravioli di verdura mit Butter und Salbei**, Gnocchi mit frischen Tomaten und Basilikum sowie Tagliolini con zimino di fagioli di Badalucco (mit Bohnen aus Badalucco, ein Slow-Food-Presidio) und Schweinerippchen. Dann folgen Agnello di pecora brigasca mit Artischocken, **Coniglio grigio di Carmagnola** (graues Kaninchen aus Carmagnola, ein Slow-Food-Presidio) **alla ligure mit Bratkartoffeln** sowie der exzellente **Stoccafisso alla baucogna**. Die Desserts sind einfach und hausgemacht, die Weinkarte hält viele erfreuliche Überraschungen bereit, wozu auch die mehr als angemessenen Preise beitragen. Eine Reservierung ist notwendig.

38 KM W. V. IMPERIA, 5 KM V. VENTIMIGLIA, S.S. 1 OD. A 10

Magiargè

Moderne Osteria • Piazza Giacomo Viale, 1
Tel. (+39) 01 84 / 26 29 46
Ruhetag: Montag
Ferien: 1 Woche im Februar, 2 Wochen im November
45 Plätze + 40 Plätze im Freien
Preise: 38–40 €
Kreditkarten: CS, MC, Visa; BM
Mittags und abends geöffnet, im Juli und August nur abends

Parken Sie auf der Piazza del Capo, dann führt ein kurzer Spaziergang zu dem kleinen Platz in der Altstadt, wo diese Osteria seit etwa 20 Jahren mit Geschick und Freundlichkeit von Mauro Benso und seiner Frau Carmen Manfredi geführt wird. Mit dem richtigen Gespür und Können kocht Zaira Sbai Gerichte der mediterranen Küche, die von der Frische der Zutaten profitieren. Man speist in den in warmen Farbtönen gehaltenen gastlichen Räumen oder an Sommerabenden auf der kleinen Piazza vor dem Lokal. Den Auftakt bilden der klassische ***Brandacujun***, ein kleiner Cappon magro alla genovese, Sformato di verdure (11 €), Passata di trombette mit gegrillten Muscoli al salmoriglio, Buridda di seppie mit Artischocken aus Perinaldo (in der Saison) sowie Cima fritta con salsa marò alle fave (mit Bohnencreme). Weiter geht es mit **Tagliolini al ragù bianco di pesce e molluschi** (11 €), Risotto al ragù di moscardini, Trofiette al pesto, dem legendären ***Ciuppin* alla sanremasca**, gefolgt von fangfrischem Fisch, **Bistecca di palamita nostrana** (15 €), Orata aus Aquakultur, im Ofen gebraten. Für Gäste, die keinen Fisch wollen, gibt es Coniglio aus dieser Gegend, ausgelöst und in der Pfanne gebraten, oder Filetto con salsa al Rossese. Zum Abschluss erwarten Sie Gelato di panna mit Traubenmost, Tortino aus Esskastanienmehl mit Birnen und Schokolade, *Biscuteli* aus Vallebona mit Moscadello und Tarte tatin. Mauro präsentiert kompetent die erstklassige Auswahl an Weinen nicht nur italienischer Herkunft, wobei einige Flaschenweine auch glasweise ausgeschenkt werden. Als weiteres Angebot gibt es zwei Degustationsmenüs für 19 und 25 €.

„Ein Lokal, das die Eigenheiten einer ‚armen', aber an Geschmack und Düften reichen Küche ins rechte Licht rückt."

29 KM SÜDWESTL. VON SAVONA, S.S. 1 ODER A 10

Da Casetta

Ferienbauernhof
Via XX Settembre, 12
Tel. (+39) 019 / 61 01 66
Ruhetag: Dienstag
Ferien: unterschiedlich
40 Plätze + 15 Plätze im Freien
Preise: 35–40 €
Kreditkarten: CS, DC, MC, Visa; BM
Abends geöffnet, im Winter Samstag und Sonntag auch mittags

Ein Besuch in diesem reizenden Lokal der Familie Morelli ist stets ein Vergnügen: zwei Räume mit unverputztem Ziegelgewölbe, wo Sie mit großer Herzlichkeit empfangen werden. Seit der Eröffnung vor 30 Jahren hat sich in Bezug auf die exzellente Qualität der Küche und die Gastfreundlichkeit kaum etwas geändert. Die Morellis, nun bereits in dritter Generation vertreten, besitzen auch einen Gemüsegarten und einen Hain, aus denen das Gemüse und die Oliven stammen. Nach den klassischen ligurischen Focaccette, serviert mit einem Glas Prosecco, können Sie zwischen einem erstklassigen **Cappon magro** und einem gemischten Teller mit Torte di verdure, Carpioni und Verdure ripiene (12 €) wählen. Große Auswahl bei den Primi: Auf Nummer sicher gehen Sie mit **Testaroli al sugo di noci** oder Testaroli al pesto, sehr zu empfehlen sind aber auch Ravioli di melanzane mit Tomatensauce (11 €), Corzetti al ragù di carne, Ravioli con il pizzico mit Nusssauce und Minestrone alla genovese. Als Bravourstück folgt **Fritto misto** mit Fleisch und Gemüse. Eine Alternative bieten Fiori di zucca ripieni, *Brandacujun*, **Lumache alla verezzina** und Tortino di patate e acciughe (16 €). Aus exzellenten Zutaten und meisterhaft sind die Crostate und Semifreddi zubereitet: Spezielle Erwähnung verdienen **Gubeletti** mit Marmelade aus Chinotto, einer Zitrusfrucht aus Savona (ein Slow-Food-Presidio), die in Kombination mit einem Glas Pigato hervorragend schmecken. Im Keller lagert eine schöne Auswahl an ligurischen Weinen neben vielen anderen italienischen und einigen interessanten ausländischen Etiketten.

”
Seit drei Generationen ein Ort, der durch aufmerksamen Service und Qualität in der Küche zur Wiederkehr einlädt.
“

56 KM SÜDWESTLICH VON SAVONA

Mse Tutta

NEU

Moderne Osteria
Via Garibaldi, 7
Tel. (+39) 339 / 319 96 48
Ruhetag: Montag
Ferien: unterschiedlich
30 Plätze
Preise: 15–30 € (Tagesmenü)
Kreditkarten: CS, Visa; BM
Mittags und abends geöffnet

Eine Rückkehr zu den Wurzeln: So kann man das neue Abenteuer der Familie Nari-Ravera definieren, die nach zwölf Jahren Tätigkeit in der gehobenen Gastronomie in Millesimo mit einem einfacheren, aber konkreteren gastronomischen Konzept in ihre Heimatgemeinde zurückgekehrt ist. Grazia am Herd, Sandro und der Sohn Eugenio im Saal, alle begeisterte Wanderer, haben sich entschieden, nur Produkte zu servieren, die „zu Fuß innerhalb eines Tagesmarsches“ erreichbar sind. Die Qualität der Zutaten ist sehr hoch, die Gerichte stammen aus der traditionellen lokalen Küche, ergänzt durch Kombinationen und Ideen aus der Haute Cuisine. Das Brot, hergestellt aus Mutterhefe und Mehl aus der Steinmühle, wird in einer lokalen Backstube gebacken. Mittags wird ein Menü für 15 € serviert, wobei man zwischen Speisen wie lauwarmer Minestrone mit Pesto und Tagliatelle, Raviolini di maggiorana, **Gallo disossato alla calizzanese** (ausgelöstes Hähnchen), Fritto di coniglio e verdure (mit Kaninchen und Gemüse), **Buridda di stoccafisso** und selbst geräucherter Trota di torrente (Wildbachforelle) mit Wacholder wählen kann. Das Abendmenü für 30 € mit Hauswein umfasst drei Antipasti, drei Primi, ein Secondo und Dessert: Zur Wahl stehen Vitello tonnato mit Salsa all'antica, **lauwarme Insalata di baccalà mit Oliven, Pinienkernen und Panizza**, Sformatino di toma mit Zwiebelcreme und knuspriger Pancetta, Gnocchetti di patate mit Brennnesseln und Fondo bruno di pecora brigasca (Sauce aus Käse vom Brigasca-Schaf, ein Slow-Food-Presidio), Raviolini di gallina mit Gemüse, **Grive di quaglia nella rete** (Wachteln im Netz), Crostata di ricotta mit Kirschkompott, Mousse al cioccolato bianco mit Kaffeesauce und Zabaione al Pigato. Die Auswahl auf der Weinkarte ist bewusst auf wenige Etiketten aus Ligurien beschränkt.

CARRO (SP)
Pavareto

48 KM NORDWESTLICH VON LA SPEZIA, A 12

Ca' du Chittu

Ferienbauernhof
Isolato Camporione, 25
Tel. (+39) 01 87 / 86 12 05
Kein Ruhetag
Ferien: unterschiedlich
54 Plätze
Preise: 25 € (Tagesmenü)
Keine Kreditkarten
Abends geöffnet, Sonntag und Feiertage auch mittags

Ein richtiger Ferienbauernhof inmitten der Landschaft des Vara-Tals, mit Hühnern und Kaninchen aus Bodenhaltung und einigen Cinta-Schweinen. Empfangen werden Sie von Ennio und Donatella Nardi und deren Sohn Mattia. Beinahe alle in der Küche verarbeiteten Produkte (Obst, Gemüse, Fleisch) stammen aus eigenem Bio-Anbau. Die Speisenfolge, ganz im Zeichen von Einfachheit und Tradition, ist feststehend und variiert je nach Saison. Zum Auftakt bekommen Sie Cuculli (Küchlein mit Kräutern), **Torte di verdure**, Torte di erbi, Insalatina di sedano e mele (mit Sellerie und Äpfeln) und eine kleine Auswahl an Käse, serviert mit Holunderkonfitüre. Die Teigwaren sind hausgemacht: Ravioli mit Fleisch- und Gemüsefülle, **Tagliatelle con il *toccu*** (mit Fleischsauce) oder mit Pilzen, Tagliolini mit Pinienkernen, Basilikum, Nüssen und getrockneten Tomaten sowie Picagge aus Esskastanienmehl. Als Secondi werden Coniglio alla ligure, **Maialino di cinta mit Esskastanien**, Torta di zucca e patate und von November bis Februar **Gallo della val di Vara allo zenzero** (Hähnchen aus dem Vara-Tal mit Ingwer) geboten. Das Brot ist selbst gebacken. Neben dem offenen Wein, einem angenehmen Bianchetta, gibt es auch einige Flaschenweine aus Ligurien. Die Auswahl an Desserts umfasst Torten, Crostate, im Sommer Gelatine di frutta und Eis, verfeinert mit hausgemachtem Rosensirup. Sehr zu empfehlen sind die ebenfalls hauseigenen Edelbrände. Einige Produkte aus dem Obst- und Gemüsegarten sind für den Direktverkauf an der Theke an der Außenseite des Haupthauses ausgestellt.

Silvia Bonfiglio (Ortsteil Sepponi) gehört dem Lebensmittelbündnis der Pilzesammler von Carro an und erzeugt Honig, frische und getrocknete Esskastanien und Mehl.

CASTELNUOVO MAGRA (SP)

25 KM ÖSTLICH VON LA SPEZIA, S.S. 1

Armanda

Trattoria
Piazza Garibaldi, 6
Tel. (+39) 01 87 / 67 44 10
Ruhetag: Dienstag- und Mittwochabend, außer im August
Ferien: 1 Woche im September, Weihnachten
25 Plätze + 16 Plätze im Freien
Preise: 37–40 €
Kreditkarten: AE, CS, DC, MC, Visa; BM
Mittags und abends geöffnet, im Sommer nur abends, Samstag und Sonntag auch mittags

Diese kleine Trattoria, ein Familienbetrieb, der 1908 eröffnet wurde, befindet sich am Eingang des hoch gelegenen Städtchens Castelnuovo Magra. Elena und Giulia, die Töchter des legendären Valerio, der leider im letzten Jahr verstorben ist, tragen charmant die Speisenauswahl vor. In der Küche führt seit eh und je Mama Luciana das Regiment. Man kann dem reichhaltigen Degustationsmenü für 37 € vertrauen oder einem individuell gestalteten kulinarischen Weg folgen, beginnend mit Antipasto misto (15 €), **Frittelle di baccalà**, Verdure ripiene, Salumi wie Prosciutta castelnovese und Lardo aus Colonnata, Insalatina di coniglio mit Oliven und fein gehackter Battuta vom piemontesischen Fassona-Rind. Fortsetzung folgt mit **Lattughe ripiene in brodo** (13 €), Gnocchetti mit Baccalà, Tomaten und Taggiasca-Oliven, Tortelli al ragù di cinghiale, **Pasta e fagioli alla castelnovese** (8 €), Ravioli di carciofi mit Thymian- und Majoran-Pesto und Tagliolini mit Sardellen aus Monterosso, Spargel und getrockneten Tomaten. Das Repertoire an Hauptspeisen sieht Coniglio disossato e farcito, Pancetta di maiale nero, bei niedriger Temperatur gegart, **Trippa in umido** (12 €), Capretto da latte, im Ofen gebraten, und Tagliata vom piemontesischen Fassona-Rind vor. Unter den Desserts (7 €) finden Sie Semifreddo allo zabaione mit Karamell und Pinienkernen, Pere cotte al vino rosso mit Zimteis und Gelato al Passito mit Cantucci. Die Weinkarte empfiehlt die besten Etiketten von Vermentino und Rosso dei Colli di Luni neben anderen italienischen Erzeugnissen. Reservierung empfohlen.

»*Eine historische, familienbetriebene Trattoria, in der man den Geschmack einer soliden Küche aus erstklassigen Zutaten neu entdecken kann.*«

43 km südöstlich von Genua, S.S. 1 oder A 12

Luchin

Traditionelle Osteria
Via Bighetti, 51
Tel. (+39) 01 85 / 30 10 63
Ruhetag: Sonntag und Feiertage
Ferien: zeitweise im Juni und November
80 Plätze + 40 Plätze im Freien
Preise: 25–30 €
Kreditkarten: CS, DC, MC, Visa; BM
Mittags und abends geöffnet

Diese authentische Osteria, die auch nach all den Jahren ein treues Zeugnis von der kulinarischen Tradition Genuas ablegt, blickt auf 108 Jahre durchgehenden Betrieb zurück und wird heute von den jüngsten Generationen der Familien Bonino und Mangiante geführt. Toni und Nicola kümmern sich um den Ausschank und den Service, Luca zeichnet für die Küche verantwortlich. Jeden Morgen wird in den beiden Feuerstellen das Olivenholz angezündet, das über Nacht in den Öfen getrocknet wurde: Der eine ist ein Backofen, auf dem die schmackhafte, innen weiche und außen knusprige **Farinata** aus Kichererbsenmehl, die Verdure ripiene, Torta di riso oder Torta di verdura und Polpettone zubereitet werden. Auf dem anderen, Ronfò genannt, köcheln mindestens drei Stunden lang Minestrone, Suppen und Polenta. Bei den Speisen spannt sich der Bogen von der Meeres- bis zur Festlandküche. Für den Einstieg sind ***Capponadda***, Salumi aus dem Gebiet um Piacenza und Peperoni alle acciughe vorgesehen, gefolgt von Trofiette al pesto (8 €), Ravioli alla Luchin (10 €), **Minestrone alla genovese** und Pansotti. Der Hauptgang lockt mit Baccalà al forno mit Kartoffeln (10 €), Stoccafisso in umido, Polpo mit Kartoffeln, Acciughe fritte, Coniglio, Cima alla Luchin und **Cappon magro**. Unter den Desserts bestechen Torta Luchin aus Esskastanienmehl, Torta di mandorle und **Bonetti** (4 €). Der Weinkeller ist gut bestückt, vorwiegend mit Etiketten aus Ligurien, die zu korrekten Preisen angeboten werden, ergänzt durch einen offenen Hauswein. Kaffee gibt es nicht. Der Service ist flink, aufmerksam und freundlich. Die Spezialitäten des Hauses können Sie auch im angeschlossenen Feinkostladen erstehen.

27 km nordwestlich von La Spezia

A Cantina de Mananan

Trattoria
Via Fieschi, 117
Tel. (+39) 01 87 / 82 11 66
Ruhetag: Dienstag
Ferien: unterschiedlich
25 Plätze
Preise: ■ 35–40 €
Keine Kreditkarten
Mittags und abends geöffnet

Das Lokal besteht aus einem einzigen Raum, der Platz für höchstens 20 bis 25 Personen bietet. Im Winter beherrscht der ligurische Dialekt die Szene, vom Frühling an wird Englisch zur „offiziellen“ Sprache. Dennoch umfängt den Gast gleich bei Betreten des Lokals eine familiäre Atmosphäre. Auf einer Reihe von Tafeln an der Wand sind das Speisenangebot und die zusätzlichen Tagesgerichte, insbesondere Fisch, angeschlagen. Beginnen Sie mit dem Antipasto misto di mare (15 €): Wenn Sie beabsichtigen, es nicht dabei bewenden zu lassen, bedenken Sie, dass eine Portion für zwei Personen ausreicht. Der wunderbare Pesto harmoniert gut mit **Testaroli** oder Trenette (10 €), wie auch die Salsa di noci (Nusssauce) perfekt zu **Pansotti** oder Ravioli passt. Wenn Sie aber Fisch lieben, dann werden Ihnen die großzügig angerichteten Taglierini oder **Fettuccine ai frutti di mare** (15 € pro Kopf, Minimum zwei Personen) zusagen. Das Repertoire an Secondi hängt vom Tagesfang ab. Falls verfügbar, sollten Sie **Spatola** (Degenfisch) probieren, einen Schwarmfisch aus der Arme-Leute-Küche, dem erstklassige Zubereitungsarten Glanz verleihen. Verständlicherweise sind die Alternativen zu Fisch eher rar gesät: **Coniglio alla ligure**, Bistecca und Mozzarella mit Pesto. Zum Abschluss der Mahlzeit gibt es Käse dieses Landstrichs (7 bis 13 €) und hausgemachte Desserts (5 €). Wenn Sie etwas Exklusives probieren wollen, dann bestellen Sie ein Glas Sciacchetrà mit Cantucci. Runden Sie den kulinarischen Genuss durch einen Spaziergang bis zum Aussichtspunkt mit Meeresblick ab.

Auf Hausnummer 123 bietet der Feinkostladen Pan e Vin neben Frühstück mit hervorragendem Feingebäck und Focaccia verschiedene Weine und lokale Produkte.

48 KM WESTLICH VON IMPERIA

A Viassa

Restaurant
Via Liberazione, 13
Tel. (+39) 01 84 / 20 66 65
Ruhetag: Montag
Ferien: 1 Woche im Februar, 2 Wochen im November
35 Plätze + 15 Plätze im Freien
Preise: 32–40 €
Kreditkarten: CS, MC, Visa; BM
Mittags und abends geöffnet

Am Eingang zum Nervia-Tal liegt das Städtchen Dolceacqua, nach dem der DOC-Wein des Gebietes von Rossese benannt ist. Als Wahrzeichen gelten die mächtige Burg – viele Jahre Sitz der Doria – und die malerische Bogenbrücke, die den mittelalterlichen mit dem modernen Teil der Ortschaft verbindet. In Letzterem, wenige Schritte vom Hauptplatz entfernt, hat dieses reizende Restaurant seinen Sitz. Im neuen, minimalistisch gestalteten Speisesaal ist Stefano Cassini zu finden. In der Küche regiert Aimone Cassini, der mit Sorgfalt und Fantasie ligurische Gerichte zubereitet. Zur Einstimmung gibt es Acciughe ripiene, dazu Misticanza und Caprino-Sauce, oder Insalata di carciofi mit Garnelen und leichter Mayonnaise (12 €), Polpo mit Bohnen aus Pigna (ein Slow-Food-Presidio), ***Brandacujun* alla dolceacquina** und *Barbagiuai* mit Kompott von Zwiebeln aus Tropea (11 €). Wer möchte, kann Kostproben von drei Antipasti (16 €) wählen. Zur Fortsetzung empfehlen wir hausgemachte Tagliatelle ai calamaretti mit leichtem Pesto, **Risotto al coniglio e Rossese di Dolceacqua** (11 €), Farfalle con cappesante mit Safran aus Apricale, dann kann man zu gegrillten Calamari mit Bohnen aus Pigna, **Agnello in casseruola mit jungen Kartoffeln** (16 €) und fangfrischem Fisch mit gebratenen Platterbsen übergehen. Zum süßen Ausklang gibt es Gelato mit Michette-Keksen und eingekochtem Rossese, lauwarme Crostatina mit Lavendeleis und Joghurt im Glas sowie Ingwer-Crumble mit roten Beeren. Die Weinkarte nennt eine gute Auswahl der besten Etiketten aus dem Westen Liguriens. Das Lokal bietet auch ein Degustationsmenü für 32 €.

»
Ein Ort, an dem lokale Rezepte, Modernität und Tradition zu einem unvergesslichen Geschmack verschmelzen.
«

DOLCEACQUA (IM)

48 KM WESTLICH VON IMPERIA

Casaebottega

NEU

Restaurant
Piazza Garibaldi, 2
Tel. (+39) 01 84 / 20 50 38, (+39) 340 / 566 53 39
Kein Ruhetag
Ferien: unterschiedlich
45 Plätze + 45 Plätze im Freien
Preise: 34–40 €
Kreditkarten: AE, CS, MC, Visa; BM
Mittags geöffnet, Freitag, Samstag und Sonntag auch abends

Am malerischen Hauptplatz von Dolceacqua, nicht weit von der berühmten romanischen Brücke entfernt, liegt dieses schöne Restaurant, das in einem ungewöhnlichen und originellen Mix von modernem und Vintage-Design mit auf Hochglanz gebrachten alten Küchentischen und -stühlen eingerichtet ist. Wie der Name schon verrät, kann man hier gute Produkte und Wein kaufen, es wird vor allem auch eine Küche geboten, die der Tradition Respekt zollt, sich aber fremden Einflüssen nicht verschließt. Sobald Sie Platz genommen haben, werden eine Kostprobe Sardenaira und eine kleine Schale natives Olivenöl extra aus dieser Gegend zum Eintauchen des delikaten Brotes aus Triora serviert. Man wählt aus der Karte oder eines der drei Degustationsmenüs (Antipasto, Primo oder Secondo, Dolce) für 22, 26 oder 29 €. Zur Wahl des Weins (darunter zahlreiche lokale Etiketten) wird ein dickes Heft vorgelegt. Ein Highlight unter den Antipasti ist ohne Zweifel der ***Gran pistau*** (Suppe mit Weizenkörnern, Wurst und Wirsing), ein einfaches, aber schmackhaftes Gericht, das nur mehr selten zu finden ist. Als Alternativen werden sehr guter ***Brandacujun*** (11 €) und Ceviche di ombrin (mit Adlerfisch) serviert. Bei den Primi hat man die Qual der Wahl: Gnocchi al pesto, Spaghetti alle vongole veraci sowie Scialatielli alla bottarga mit gesalzener Butter und Zitrone (14 €). Dann folgen **Coniglio al Rossese** (14 €), Tagliata di vitellone, Polpo alla griglia und das spezielle Sandwich di ricciola, scarola e patate (mit Bernsteinmakrele, wildem Lattich und Kartoffeln). Im Sommer ist die Granita auf sizilianische Art ein würdiger Abschluss, sonst ist man mit **Stroscia** und *Taccunà* (5,50 €), den beiden klassischen Torten dieser Gegend, gut bedient. Im Sommer ist das Lokal täglich mittags und abends geöffnet.

Die Farinatalokale

Das Rezept für Farinata ist ganz einfach: Kichererbsenmehl, natives Olivenöl extra, Wasser, Salz. Sie wird in großen Backformen aus verzinntem Kupfer mit niedrigem, robust verstärktem Rand gebacken und dann ofenwarm, mit schwarzem Pfeffer bestreut, gegessen. In der kalten Jahreszeit wird Farinata in gehaltvolleren Versionen angeboten: mit Rosmarin, frischen Frühlingszwiebeln oder Artischocken.

Es handelt sich hier aber um keine rein ligurische Spezialität: In Nizza und Umgebung bereitet man aus denselben Zutaten Zocca zu, zwischen Pisa und Livorno dagegen Cecina. Aber für die Ligurier ist *A fainà* (in der Umgebung von Imperia *Frisciolata* genannt) eine echte Institution. Und wenn sie sich schon nicht als ihre Erfinder betrachten, dann zumindest als deren Bewahrer.

Die Lokale, in denen die Farinata angeboten wird, findet man da und dort in der gesamten Region. Viele tragen nicht einmal einen Namen und verfügen oft nur über wenige Tische oder auch nur über ein paar Hocker vor dem Tresen. Man kann einen schnellen Imbiss einnehmen, begleitet (falls angeboten) von einem Gläschen offenen Wein.

Die Farinatalokale sind aufgrund der Konkurrenz durch die Pizzerien und infolge neuer Essgewohnheiten in Bedrängnis geraten und fast von der Bildfläche verschwunden. Da sie jedoch Zeugen einer alten Esskultur sind, gilt es dieses Erbe zu bewahren.

Diego Soracco

ALBENGA (SV)

Puppo

Via Torlaro, 20
Tel. (+39) 01 82 / 518 53
Ruhetag: Montag, außer im August
Ferien: 1 Woche im Februar/März, je 10 Tage im Juni/Juli und November
Geöffnet 12–14, 18–22 Uhr, Sonntag und im Sommer 18–22.30 Uhr

In einer der Gassen der Altstadt finden Sie das Lokal der Familie Ghigliazza. Lassen Sie sich keinesfalls die Farinata di ceci nach Art von Albenga entgehen (gehaltvoller als die Version aus Savona). Daneben dürfen Gemüsetorten, Verdure ripiene, Fritto misto, Pesci in scabeccio, Coniglio alla ligure, Frittelle di baccalà, Carciofi ripieni und Insalata di polpo nicht fehlen. Es gibt eine recht gute Auswahl an lokalen Weinen und Bieren aus kleinen Brauereien.

CAIRO MONTENOTTE (SV)

Da Luciano

Piazza della Vittoria, 54
Tel. (+39) 334 / 800 31 20
Ruhetag: Sonntag
Ferien: unterschiedlich
Abends geöffnet, Mittwoch, Donnerstag und Freitag auch mittags

Das Lokal blickt bereits auf mehr als 60 Jahre Tätigkeit zurück. Mit großer Sorgfalt werden die Zutaten für die Zubereitung der Pizza vom Blech und der Farinata gewählt, die hier in der klassischen Version, unterschiedlich belegt, angeboten wird. Interessant ist auch das Angebot an Biersorten aus kleinen italienischen Brauereien.

GENUA

Antica Sciamadda

Via San Giorgio, 14 R
Tel. (+39) 010 / 246 85 16
Ferien: zeitweise im Juli, August
Ruhetag: Sonntag, Feiertage
Geöffnet 10–15, 17–19.30 Uhr

Ein Lokal mit jahrhundertealter Tradition. Es ist klein, besticht aber durch sein Flair. Die Öfen (darunter ein Holzofen) sind stets in Betrieb. Polpettone, Minestrone, pikante Kuchen, gekochten oder geschmorten Stockfisch, Frittelle di baccalà und Trippe kann man mitnehmen oder im Stehen vor Ort verzehren.

GENUA

L'Angolo della Farinata

Via Boccadasse, 69 R
Tel. (+39) 010 / 376 01 74
Ruhetag: Sonntag, im Juni und Juli auch Samstag
Ferien: August
Geöffnet 11–14.30, 17–20.30 Uhr

Maria und Daniele bieten die typischen Rezepte der Genueser Straßenküche. Also nicht nur Farinata, sondern auch Kuchen aus Reis oder Gemüse, Polpettone, *Frisceu*, Panissa, Verdure ripiene und weitere Spezialitäten aus Genua zum Mitnehmen: Minestrone genovese, Lasagne al pesto, Ceci in zimino, Acciughe fritte, Stoccafisso und Baccalà. Unter den Süßspeisen: Castagnaccio, Frittelle di castagne, Latte dolce und Crème caramel.

LA SPEZIA

Capolinea

Via Rebocco, 57
Tel. (+39) 01 87 / 70 12 50
Ruhetag: Montag
Ferien: zeitweise im August
Mittags und abends geöffnet, im Juli und August nur abends

Alberto führt den Betrieb gemeinsam mit seiner Familie. Das Lokal besteht aus einem großen Bereich am Eingang und zwei komfortablen Gasträumen. Neben Focaccia und Pizza darf natürlich Farinata nicht fehlen, die mit Zwiebeln, Pesto oder Stracchino gefüllt wird. Eine Reservierung wird empfohlen.

Da Luca

Via Michele Rossi, 114
Tel. (+39) 01 87 / 56 41 81
Ruhetag: Dienstag
Ferien: unterschiedlich
Geöffnet 18–22 Uhr

Das kleine Lokal von Luca an der Einmündung der Via Aurelia ist ein tolles Beispiel für junges Unternehmertum. Hier kommt garantiert Farinata von guter Qualität aus dem Ofen. Man kann sie mitnehmen oder in einem kleinen Bereich vor dem Tresen verzehren.

Da Pipeo

Via Genova, 169–173
Tel. (+39) 01 87 / 70 31 00
Ruhetag: Dienstag
Ferien: unterschiedlich
Mittags und abends geöffnet

Die Farinata von Pipeo ist dünn und knusprig und wird auch mit Stracchino, Salsiccia oder Zwiebeln gefüllt. Das Lokal liegt an einer Straße, die der Via Aurelia folgend in Richtung Genua ansteigt. Wenn man Pizza und Farinata zum Verzehr im Stehen oder zum Mitnehmen wünscht, betritt man einen kleinen Raum mit zwei Holzöfen und kann direkt bestellen. Die Gasträume, in denen man Platz nehmen kann, betritt man über einen anderen Eingang.

La Pia

Via Magenta, 12
Tel. (+39) 01 87 / 73 99 99
Ruhetag: Sonntag
Ferien: unterschiedlich
Geöffnet 8–22 Uhr

Die Farinata des La Pia ist ein kulinarisches Manifest der Seele von La Spezia. Man isst sie in gelbes Papier gehüllt im Stehen. Manche lieben es auch, sie in eine Focaccia eingeschlagen zu genießen: In diesem Fall nennen sie die Einheimischen Mezzetta oder Quartino. Es gibt viele Varianten: mit Pesto, Stracchino aus Brugnato oder Salsiccia aus Pignone. Probieren Sie auch Castagnaccio mit Esskastanienmehl aus dem Vara-Tal.

Pagni

Via Sarzana, 12
Tel. (+39) 01 87 / 50 30 19
Ruhetag: Sonntag
Ferien: August
Geöffnet 8–14, 16–21 Uhr

Seit gut 100 Jahren bewährt sich das Pagni als Osteria, Farinatalokal und als Ort zur Einkehr auf einen guten Tropfen und einen kleinen Plausch. Die Farinata können Sie an einem der Marmortische im kleinen angrenzenden Gastraum zusammen mit einem Glas Weißwein genießen.

PIETRA LIGURE (SV)

Da Virginia

Via Mazzini, 70
Tel. (+39) 019 / 61 57 55
Ruhetag: Sonntag, Montagnachmittag (außer im Sommer)
Ferien: unterschiedlich
Geöffnet 17–20 Uhr, an Feiertagen auch 11–13 Uhr

In den Gässchen des Zentrums stößt man auf diesen kleinen historischen Lebensmittelladen. Am späten Vormittag und am späten Nachmittag wird hier im Holzofen eine knusprige Farinata zum Mitnehmen oder zum sofortigen Verzehr auf der Straße gebacken. Farinata aus Kichererbsenmehl ist stets vorhanden. Wenn Sie Farinata in der Größe einer ganzen Backform bestellen, gibt es sie auch in der für Savona typischen Version aus Weizenmehl.

SANREMO (IM)

Pasta Madre

Via Corradi, 54
Tel. (+39) 338 / 355 99 55
Ruhetag: Sonntag
Ferien: 2 Wochen im November
Geöffnet 7–20 Uhr

Die Silvanos, seit 1890 als Bäcker tätig, sind vor einigen Jahren an den alten Standort ihres Lokals zurückgekehrt. Neben dem Straßenverkauf stehen auch komfortable Tische und ein Gastgarten zur Verfügung. Zu empfehlen sind die wunderbare Sardenaira, Focaccia mit nativem Olivenöl extra, Farinata, außerdem saisonale Gemüsetorten und Torta Pasqualina. Das Angebot umfasst auch einige warme Gerichte.

SAVONA

Vino e Farinata

Via Pia, 15 R
Kein Telefon
Ruhetag: Sonntag, Montag, Feiertage
120 Plätze
Ferien: 4 Wochen im August/September
Mittags und abends geöffnet

Das Lokal ist für seine Farinataversionen aus Kichererbsen oder Weizen bekannt, wobei gerade die letztgenannte Art die für Savona typische Spezialität darstellt. Das Vino e Farinata füllt sich mittags wie abends mit Gästen: Einige warten in der Schlange auf ihre Farinata in der Tüte zum Mitnehmen – die perfekte Lösung für einen raschen, aber hochwertigen Mittagssnack, andere suchen einen Platz an einem der Tische. Um zu reservieren, muss man persönlich im Lokal vorbeikommen.

FINALE LIGURE (SV)
Finalborgo

26 km südwestlich von Savona

Ai Cuattro Canti

Traditionelle Osteria
Via Torcelli, 22
Tel. (+39) 019 / 68 05 40
Ruhetag: Montag
Ferien: unterschiedlich
20 Plätze
Preise: 25–31 €
Keine Kreditkarten
Mittags und abends geöffnet

In Finalborgo haben Geschichte, Kultur und Sport ihren Platz: Das Archäologische Museum erzählt vom Ursprung der Menschheit, in den Kreuzgängen von Santa Caterina kommen Konzerte und Theaterstücke zur Aufführung und auf der Piazza Garibaldi können sich die Sportler nach ihren Kletterpartien in der Umgebung stärken. Nicht weit von der Piazza entfernt, trifft man auf diese Osteria unter der Leitung von Patrizio Cirio als Koch und Roberta Drago, die gemeinsam mit der zukünftigen Schwiegertochter Denise den Service betreut. Seit diesem Jahr ist zur Freude der Gäste auch am Sonntagabend geöffnet, wobei ebenfalls ein Cirio am Herd steht, aber in diesem Fall Davide (der Sohn der Besitzer). Die **Farinata di ceci** aus Kichererbsen neben der weißen Version, Torten und Frittate mit saisonalem Gemüse, Tomino und Peperone con l'acciuga sind die Bestandteile des Antipasto misto (9 €). Dann folgen unter anderem **Ravioli *au tuccu***, Spaghetti piccanti al vino, *Mandilli de sea* mit Pesto (9 €), der delikate Fritto di acciughe, Coniglio alla ligure mit Kartoffeln (10 €), **Buridda di stoccafisso** (12 €) und Desserts wie Crema pasticciera mit Pinienkernen, Crostata di ricotta mit Äpfeln und Zimt und Torta rustica, eine Brottorte mit Schokolade. Am Sonntagabend gibt es neben dem Antipasto misto auch frittierte Panissa und Focaccine aus Kartoffeln; unter den übrigen Speisen stechen Testaroli mit Pesto von Taggiasca-Oliven, Pansotti mit Butter und Majoran (9 €), ***Brandacujun***, Tortino di baccalà und ***Bagnun d'anciue*** hervor. Begleitend zum Essen werden offener Wein, einige lokale Etiketten und Biere aus kleinen Brauereien ausgeschenkt.

26 KM SÜDWESTLICH VON SAVONA

La Gioiosa

Restaurant
Via Manie, 55
Tel. (+39) 019 / 60 13 06
Ruhetag: Dienstag, außer im Sommer
Ferien: 15. Januar–15. März, letzten 3 Novemberwochen
30 Plätze + 40 Plätze im Freien
Preise: 35–38 €
Kreditkarten: AE, CS, DC, MC, Visa; BM
Mittags und abends geöffnet

Wenn man von Finale Ligure kommend hinauf zum Hochplateau Altopiano delle Manie fährt, trifft man auf dieses kleine Hotelrestaurant der Familie Ganduglia. Es liegt eingebettet in eine fantastische Landschaft und bietet einen Ausblick auf die ligurische Küste in ihrer gesamten Breite von Osten bis Westen. Im Sommer nimmt man in der kühlen Laube vor der Kulisse des kristallklaren Meeres Platz, an einem Ort, der den Vergleich mit den schönsten exotischen Traumurlaubszielen nicht zu scheuen braucht. Was Sie hier erwartet, ist eine gelungene Verschmelzung von Meeresspezialitäten und ligurischer Küche (die, wie nur wenige wissen, traditionell ihren Schwerpunkt bei Festlandsgerichten hat). Als Entrée wird ein kleiner Pinzimonio mit frischem Gemüse aus dem eigenen Garten mit Olivenpastete serviert. Der Antipasto besteht aus einem Potpourri aus Gemüsetorten, Verdure ripiene und Fischhäppchen (13 €). Bei den Primi kann das Angebot erstklassige **Tripoline con verdure mit Pesto** (9 €) und saftige Ravioli con ragù di coniglio (mit Kaninchensauce) umfassen. Beim Hauptgang dominiert neben **Coniglio alla ligure** (10 €) und **Cima alla genovese** vor allem Fisch (der von einem Berufsfischer, einem Verwandten der Besitzer, geliefert wird). Wunderbar leicht und schmackhaft sind **Fritto misto di pesce e verdure** (mit Fisch und Gemüse) und Calamari, die mit Öl, Knoblauch und Peperoncino in der Pfanne gebraten werden. Die Crostate werden mit hausgemachten Konfitüren aus Früchten serviert, die wie das Gemüse und die Oliven aus eigener Produktion stammen. Der Weinkeller bietet eine auf einige gute lokale Etiketten beschränkte Auswahl, die zur kulinarischen Linie des Lokals passt.

Barisone

Trattoria
Via Siracusa, 2 R
Tel. (+39) 010 / 604 98 63
Ruhetag: Sonntag, Montag
Ferien: August
60 Plätze + 40 Plätze im Freien
Preise: 35–40 €
Kreditkarten: CS, MC, Visa; BM
Mittags und abends geöffnet

Die Familie Barisone führt diese Trattoria seit nunmehr drei Generationen: Lorenzo und seine Frau Francesca bieten eine auf Fischgerichten basierende Küche, die aus der Umgebung stammenden und der jeweiligen Jahreszeit entsprechenden Produkten einen hohen Stellenwert einräumt. Man isst in einem großen Speisesaal und in der schönen Jahreszeit stehen auch einige Tische im eigenen Garten zur Verfügung. Speranza und Cristina sind bei der Auswahl der Gerichte nach ligurischer Tradition behilflich. Im Kapitel der Antipasti sind neben Ostriche und Cappesante der Misto mare della casa (16,50 €) als üppige Alternative aufgelistet. Für den nächsten Gang wählt man verschiedene Arten von frischer Pasta mit klassischen Saucen (Tomaten, Fleischragout, Pesto) oder Fischspezialitäten, darunter ein interessantes Cuscus di mare (12,50 €), **Ravioli di pesce**, Tagliolini con la ricciola (mit Adlerfisch) und Spaghetti con i muscoli (mit Miesmuscheln). Der Hauptgang bietet neben einigen Fleischgerichten zahlreiche Rezepte aus der Fischküche: **Acciughe ripiene** (gefüllte Sardellen), auch in Panade, frittiert, auf der Platte gebraten oder als Carpione, des Weiteren Muscoli, einen hervorragenden **Fritto misto** (16 €), delikate Moscardini und Totanetti novelli, **Frittelle di baccalà** und Scampi. Eine große Auswahl an hausgemachten Desserts (5 €), darunter Bacioni di dama und Crema allo zabaione. Die Weinkarte ist abwechslungsreich und nach regionalen Etiketten geordnet. Auf Wunsch werden vegetarische Speisen und Gerichte für Kinder zubereitet.

Der Betrieb der Brüder Sacco (Via Branega Inferiore 14) ist eine wahre Institution in der Herstellung von Basilikum aus Pra. Direktverkauf von Pesto Genovese.

17 KM VOM ZENTRUM

Da Ö Colla

Osteria
Via alla Chiesa di Murta, 10
Tel. (+39) 010 / 740 85 79
Ruhetag: Montag, Dienstag
Ferien: zeitweise im Januar und Sommer
60 Plätze
Preise: 32–35 €
Keine Kreditkarten
Abends geöffnet, Sonntag nur mittags

Eine Osteria, die sich nach wie vor als Verfechterin der Genueser kulinarischen Tradition von anderen abhebt. Geführt wird sie seit etwa 20 Jahren und mit großem Erfolg von den Brüdern Risso. Der Gast wird mit Herzlichkeit und einem schnörkellosen Service empfangen. In der Küche werden neben dem Gemüse aus dem hauseigenen Garten Produkte von lokalen Herstellern verarbeitet, in der Saison ergänzt durch Pilze aus den umliegenden Wäldern und Wild. Die Basisrezepte richten sich nach der hiesigen Tradition, ab und zu tauchen auf der Karte auch fantasievollere Kreationen auf. Einfach wunderbar die **Minestrone**, hervorragend die Verdure ripiene nach Genueser Art. Der Antipasto misto ist großzügig bestückt (12 €) und besteht aus Gemüseaufläufen, Insalata russa, pikanten Kuchen und Wurst aus lokaler Produktion. Die Primi lassen einem das Wasser im Mund zusammenlaufen: sehr gut der Pesto, aber auch die Saucen auf Basis von Cinghiale (Wildschwein) oder Capriolo (Reh) werden Sie nicht so bald vergessen. Falls vorhanden, ist auch der **Riso arrosto alla genovese** sehr zu empfehlen, den man sonst kaum noch bekommt. Natürlich dürfen **Stoccafisso accomodato** (geschmort) mit Oliven und Kartoffeln oder die Versionen al verde oder in *brandacujon* (13 €) nicht fehlen. Wer Fleisch liebt, wird ohne Zweifel Cinghiale in umido, **Coniglio ripieno**, Battuta di manzo nostrano, Filetti di maiale mit Edelschimmelkäse (im Winter) oder mit Pesto aus Oliven, Pinienkernen und Kirschtomaten (im Sommer) schätzen. Unter den exzellenten Desserts besticht Biancomangiare mit Rosensirup, aber auch die Torta di pesche e amaretti, Caprese und die Crostate mit hausgemachten Konfitüren sind einen Versuch wert. Die gute Auswahl an Rotweinen wird zu korrekten Preisen angeboten, außerdem gibt es einige Biere aus kleinen Brauereien.

16 KM VOM ZENTRUM

Da Pippo

Trattoria
Salita Chiesa di Fontanegli, 13 R
Tel. (+39) 010 / 80 93 51
Ruhetag: Montag, Dienstagabend
Ferien: unterschiedlich
60 Plätze + 60 Plätze im Freien
Preise: 30 €
Kreditkarten: AE, CS, DC, MC, Visa
Mittags und abends geöffnet

Von Genua kommend folgt man der Straße am rechten Ufer des Flusses Bisagno entlang und erreicht dort in einem der grünsten Täler dieser Stadt den Ortsteil Fontanegli. Hier hat seit mehr als einem Jahrhundert die Trattoria der Familie Villa ihren Standort. In der warmen Jahreszeit kann man den großen Garten nutzen. Das Lokal ist komfortabel mit rustikalen Möbeln eingerichtet, die mit Sorgfalt und Geschmack angeordnet sind. Gastfreundlichkeit und ein angenehmer Service erwarten den Gast. Der hauseigene Garten liefert einige der feinen Zutaten. Für den Einstieg ist der Antipasto misto della casa (8,50 €) zu empfehlen, der verschiedene typische Produkte dieser Gegend neben Spezialitäten angrenzender Regionen enthält. Als Alternative sind Tartara di manzo piemontese (9 €) und Vitello tonnato eine gute Wahl. Für den nächsten Gang sind die hausgemachten Teigwaren speziell hervorzuheben: Besonders schmackhaft sind die ***Pansoti* in salsa di noci** und **Ravioli genovesi al tocco**. Unser Tipp bei den Secondi gilt dem **Fritto misto alla genovese** (10 €), ein hervorragendes, üppiges Gericht, das auch eine exzellente süße Frittura di latte umfasst. Ebenfalls einen Versuch wert sind Noce di manzo in umido (10 €), aus dem Rindfleisch, aus welchem die Fleischsauce (Sugo al tocco) hergestellt wird, der traditionelle **Zemino con le seppie** und **Agnello mit frittierten Artischocken**. Alle Speisen werden mit nativem Olivenöl extra aus Taggiasca-Oliven verfeinert. Der Weinkeller ist nicht sehr umfangreich, aber von gutem Niveau. Sehr fein ist die Focaccia mit Salbei, die ebenso wie die einfachen, schmackhaften Desserts hausgemacht ist.

Il Genovese

Restaurant
Via Galata, 35 R
Tel. (+39) 010 / 869 29 37
Ruhetag: Sonntag
Ferien: unterschiedlich
50 Plätze
Preise: 27–30 €
Kreditkarten: AE, CS, DC, MC, Visa; BM
Mittags und abends geöffnet

Das Restaurant der Brüder Roberto und Sergio Panizza hat seinen Sitz in einem ehemaligen Farinatalokal im Zentrum der Stadt, wenige Meter von der Einkaufsstraße entfernt. Die Zutaten werden mit Sorgfalt gewählt und stammen fast ausschließlich von lokalen Produzenten. Man kommt fast nicht umhin, die Mahlzeit mit *Frisceu* (kleine Pfannkuchen, die hier mit Mehl aus alten Weizensorten gebacken werden) zu beginnen, aber auch einige andere typische Gerichte, die man nur mehr selten bekommt, sind sehr zu empfehlen: **Trippa fritta** (4,50 €) oder ***Gattafin***, eine dicke Teigtasche, gefüllt mit Wildkräutern, Zwiebeln, Ricotta, Ei und Käse, eine Spezialität des Gebietes von Levanto. Der nächste Gang verwöhnt mit einem exzellenten hausgemachten Pesto, der zu Gnocchi, Testaroli und Trenette serviert wird. Lob gebührt des Weiteren der **Minestrone alla genovese mit *Scucuzzun*** (ein spezielles Nudelformat aus Ligurien, 8,50 €) und den Pansotti mit Salsa di noci (Nusssauce). Die Teigwaren sind hausgemacht aus Biomehl, das in Steinmühlen gemahlen wird. Weiter geht es mit schmackhaften **Polpette di cabannina** (die einzige autochthone Rinderrasse Liguriens, ein Slow-Food-Presidio) **al *tuccu***, mit jener Sauce, mit welcher auch die Ravioli serviert werden. Weitere Klassiker sind Stoccafisso accomodato alla genovese oder Bollito mit Kartoffeln, Trippe in umido, Baccalà in pastella mit saisonalem Gemüse und **Coniglio alla ligure** (9,50 €), ebenfalls eine Spezialität des Hauses. Unter den Desserts (6 €) sind Crème brulée mit Zitronenkraut und Cheesecake, mit Prescinsêua zubereitet, sehr zu empfehlen. Der Keller bietet eine schöne Auswahl an ligurischen und sonstigen italienischen Weinen, ergänzt durch ein kleines Sortiment an Bieren aus kleinen Brauereien.

La Forchetta Curiosa

Restaurant
Piazza Negri, 5 R
Tel. (+39) 010 / 251 12 89
Kein Ruhetag
Keine Ferien
35 Plätze + 20 Plätze im Freien
Preise: 35–40 €
Kreditkarten: AE, CS, DC, MC, Visa; BM
Mittags und abends geöffnet

Von Jahr zu Jahr stellt diese schöne Osteria im historischen Zentrum die Qualität von Lokal und Küche unter Beweis. Das Konzept ist klar erkennbar und basiert auf Saisontreue und hochwertigen Zutaten. Die Weine stammen alle aus biodynamischem oder natürlichem Anbau und werden zu korrekten Preisen angeboten. Ein Blick auf das Speisenangebot zeigt, dass es auf den traditionellen ligurischen Rezepten basiert, ergänzt durch Anleihen aus der Nachbarregion Piemont. Die Gerichte zeichnen sich durch leichte und ausgewogene Zubereitung aus. Ein großer Teil der Karte ist der Fischküche gewidmet und besticht durch ein Preis-Leistungs-Verhältnis, wie man es anderswo kaum noch findet. Wenn man von den Traditionsgerichten wie **Cappon magro** (16 €) oder **Minestrone** (10 €) Abstand nehmen will, kann man eine der fantasievollen Kreationen wählen, darunter Insalatina di seppie e puntarelle mit Sauce aus Sardellen und Zitronen, ein frisches, angenehmes Gericht. Unter den Primi auf Fischbasis sind Spaghetti di farro mit Totanetti (Tintenfisch) und Brokkoli, **Ravioli ripieni di patate mit Ragù di polpo** (auf ligurische Art, also mit Taggiasca-Oliven und Pinienkernen) zu empfehlen. Falls verfügbar, sollten Sie sich **Totani ripieni di borragine** (16 €) nicht entgehen lassen: Hier sind die Eigenheiten der Meeresküche und der ligurischen Küche meisterhaft in einem einzigen Gericht konzentriert. Wirklich delikat sind auch die Desserts, darunter Cassata mit Chinotto aus Savona (ein Slow-Food-Presidio) und Mousse di prescinsêua (ein typischer Käse aus Ligurien) mit Waldfrüchten (5 €). Mittags können Sie im La Forchetta Curiosa einfache Gerichte genießen, die abends nicht angeboten werden, aber dennoch sehr angenehm und gut zubereitet sind, wobei Sie gerade einmal 10 € zahlen.

15 KM VOM ZENTRUM

Ostaia da U Santu

Osteria
Via al Santuario delle Grazie, 33
Tel. (+39) 010 / 613 04 77
Ruhetag: Sonntagabend, Montag, Dienstag
Ferien: unterschiedlich
40 Plätze + 60 Plätze im Freien
Preise: 30–32 €
Kreditkarten: CS, MC, Visa; BM
Mittags und abends geöffnet

Das U Santu, eine typische ländliche Osteria, hat seinen Sitz in einem Gebäude aus dem ausgehenden 18. Jahrhundert und ist von 94.000 m² Land umgeben, auf dem Weintrauben und die Sorten von Gemüse angebaut werden, die Signora Silvana in der Küche verarbeitet. In den zwei einfachen, klug strukturierten Gasträumen werden die Gäste bedient, die den Weg auf diese Anhöhe auf sich genommen haben: Die Einrichtung ist rustikal und ansprechend. In der schönen Jahreszeit kann man die kühle Laube nutzen, die mit Tischen aus Holz und Schieferplatten inmitten von Zierpflanzen und Kräutern ausgestattet ist und einen schönen Ausblick auf die Stadt und das Meer bietet. Die Familie Barbieri kümmert sich mit unaufdringlicher Herzlichkeit um die Gäste, die Küche hält sich an traditionelle Rezepte aus Genua. Jedes Gericht wird mit großer Sorgfalt aus ganz frischen Zutaten zubereitet: Beginnen kann man mit *Brandacujun* oder Wurstspezialitäten, serviert mit *Frisceu* (5 €), dann geht es weiter mit Trofie al pesto, **Minestrone alla genovese**, Pansotti mit Nusssauce, **Minestra di trippa alla *sbira*** und Tagliatelle all'ortica mit Gemüsesauce (9 €). Der nächste Gang bietet **Stoccafisso mit Nüssen und Pinienkernen**, Coniglio al rosmarino, **Cima genovese** und *Bagnun* di acciughe (13 €). Gegen Vorbestellung und an manchen speziellen Abenden steht ein recht guter Cappon magro auf dem Programm. Zum Abschluss köstliche Desserts: Crostate, Zabaione mit Canestrelli und ein delikater Cheesecake mit Erdbeeren (5 €). Der Keller setzt vorwiegend auf Etiketten aus Ligurien und dem Piemont.

»*Eine typische ländliche Trattoria, wo man völlig entspannt sämtliche Spitzengerichte der Küche Genuas genießen kann.*«

Rosmarino

Moderne Osteria
Salita del Fondaco, 30
Tel. (+39) 010 / 251 04 75,
(+39) 340 / 306 34 65,
(+39) 339 / 830 15 24
Ruhetag: Sonntag
Ferien: je 1 Woche im Juli und Januar, Weihnachten, Ostern
60 Plätze • Preise: 32–35 €
Kreditkarten: CS, MC, Visa; BM
Mittags und abends geöffnet

NEU

Dieses Lokal hat seinen Sitz im historischen Zentrum von Genua, wenige Schritte von der Piazza De Ferrari und vom Palazzo Ducale entfernt, und bietet eine angenehme Interpretation der traditionellen ligurischen Küche. Im Speisesaal empfängt Sie Felice in heimeliger Atmosphäre, während in der Küche Alessandro neben den verschiedenen Gerichten auch Brot und Teigwaren aus Steinmühlenmehl zubereitet. Die Speisenauswahl und das Weinsortiment sind an großen Tafeln an der Wand angeschlagen. Unter den Antipasti (8 €) finden Sie hausgemachte Porchetta, Sformato di funghi porcini (mit Steinpilzen) oder Sformato di carciofi (mit Artischocken), serviert mit Parmesansauce, und einen ausgezeichneten **Baccalà *brandacujun***. Wenn Sie dann zu den Primi (10 €) übergehen, erwarten Sie frische Maccherocini all'amatriciana auf Meeresart, **Taglierini al nero di seppia con carbonara di mare** (Bandnudeln mit Tintenfischtinte), Trofiette mit Pesto, Zuppa di pesce und Lasagne al rosmarino. Auch beim Hauptgang spannt sich der Bogen von der Festland- zur Meeresküche: Sehr zu empfehlen unter den Fleischgerichten sind **Tomaxelle di coniglio** (14 €) und Svizzera di manzo mit Pistazien und Käse auf Auberginenpüree. Die Fischgerichte variieren verständlicherweise je nach Verfügbarkeit, wobei neben Spiedo di calamari (Spieß mit Tintenfischen), Branzino und Fritto misto (15 €) auch die Schwarmfische nie fehlen. Unter den von Alessandro selbst gemachten Desserts (5 €) verdienen Millefoglie, marinierte Ananas und Biancomangiare eine spezielle Erwähnung. Recht gute Auswahl an regionalen Weinen, von denen einige auch glasweise ausgeschenkt werden.

GENUA

Trattoria della Raibetta

NEU

Trattoria
Vico Caprettari, 10–12 R
Tel. (+39) 010 / 246 88 77
Ruhetag: Montag
Ferien: je 2 Wochen im Februar und Juli
40 Plätze
Preise: 35–40 €
Kreditkarten: AE, CS, MC, Visa; BM
Mittags und abends geöffnet

Die Trattoria hat ihren Sitz im ältesten Teil des historischen Zentrums von Genua. Das unverputzte Steingewölbe und eine Säule aus dem 13. Jahrhundert prägen den Speisesaal. Die Küche, ganz im Zeichen der ligurischen Tradition, wird von Carlo mit großer Leidenschaft geführt. Die gastfreundliche, herzliche Atmosphäre ist ein Pluspunkt, der den Genuss der einfachen und schmackhaften kulinarischen Spezialitäten noch angenehmer macht. In der Reihe der Antipasti bestechen der Misto della Raibetta, ein gemischter Vorspeisenteller mit Gemüsetorten (13 €), Insalata di polpo und ***Brandade* di baccalà** (10 €). Für den nächsten Gang sind Trofiette al pesto, **Minestrone alla genovese**, Ravioli di branzino con tocchetto di scorfano (Teigtaschen mit Branzino-Füllung in Drachenkopfsauce), Pansotti di *preboggion* mit Nusssauce und Riso venere ai frutti di mare (mit Meeresfrüchten; für mindestens zwei Personen) zu empfehlen. Das Repertoire an Hauptspeisen umfasst **Coniglio alla ligure**, Fritto misto di pesce, Costine di agnello mit würzigen Kräutern und **Acciughe** (Sardellen), die in den Versionen **fritte** (frittiert), ripiene (gefüllt) oder al verde (in Kräutersauce) angeboten werden (10 €). Man beschließt die Mahlzeit mit guten Formaggi und hausgemachten Desserts, darunter Biancomangiare mit Waldfrüchten und Tortino di mandorle mit warmer Zartbitterschokolade, die man auf Wunsch mit einem Glas Passito kombinieren kann. Im Keller lagern zahlreiche italienische und ligurische Flaschenweine, die Carlos Frau Chiara zusammengestellt hat. Außerdem werden einige Biere aus kleinen Brauereien ausgeschenkt.

IMPERIA
Oneglia

Dalla Padella alla Brace

NEU

Restaurant
Via Ospedale, 31
Tel. (+39) 01 83 / 29 41 59
Ruhetag: Montagabend, Sonntag
Ferien: unterschiedlich
40 Plätze + 20 Plätze im Freien
Preise: 35–40 €
Kreditkarten: AE, CS, MC, Visa; BM
Mittags und abends geöffnet
G

In einer der Einkaufsstraßen (auch mit gastronomischem Angebot) von Imperia führt ein Grüppchen tüchtiger junger Leute dieses kleine Lokal, dem die Mutter des Kochs durch die Leitung des Service einen weiteren Pluspunkt verleiht. Die beiden gastlichen, modernen Räume sind durch einen reizenden Innenhof miteinander verbunden. Die Wahl der Zutaten erfolgt mit großer Sorgfalt: Der Fisch ist lokaler Herkunft, ein Teil des Gemüses stammt aus dem eigenen Garten und es werden einige Slow-Food-Presidi serviert, darunter Toma vom Brigasca-Schaf, Coniglio (Kaninchen) aus Carmagnola und Fleisch von Rindern der piemontesischen Rasse. Eröffnen Sie den Reigen mit Pesce crudo (roher Fisch) aus dieser Gegend, **Cima alla ponentina**, *Brandacujun* (10 €), Polpo mit Bohnen aus Pigna (Slow-Food-Presidio) und in der Saison Fiori di zucca (Kürbisblüten), gefüllt mit Ricotta und Gemüse. Sehr fein und wunderbar duftend sind die hausgemachten **Spaghetti con le vongole e la bottarga** (14 €) und **Gnocchi di patate mit Safran und Trombetta-Zucchini** (13 €). Ebenfalls zu empfehlen sind Tagliolini al ragù di coniglio und Ravioli mit Tomaten und Basilikum. Als Meisterstück unter den Hauptspeisen ist **Pesce alla ligure** (Fisch auf ligurische Art, 16 bis 18 €) einzustufen, in unserem Fall ein erstklassiger Adlerfisch. Als Alternativen werden Coniglio allo Schiacchetrà, Battuta di fassona und ausschließlich abends die Grigliate (Gegrilltes) angeboten: Gemüse, Calamari und Gamberi aus Oneglia, Tagliata vom Fassona- oder vom Chianina-Rind. Es gibt gutes Brot (sowohl jenes aus Triora als auch die selbst gebackene Version) und feine hausgemachte Desserts. Die Weinkarte ist nicht sehr umfangreich, aber korrekt und auf lokale Erzeugnisse bedacht. Man bekommt auch einige Biere aus kleinen Brauereien.

ISOLABONA (IM)
Molinella

61 KM NORDWESTL. V. IMPERIA, 14 KM V. VENTIMIGLIA

La Molinella

Ferienbauernhof
Via Aldo Moro, 10
Tel. (+39) 01 84 / 20 81 63
Ferien: zeitweise im Zeitraum November bis Februar
40 Plätze + 40 Plätze im Freien
Preise: 30 € (Tagesmenü)
Kreditkarten: CS, DC, MC, Visa; BM
Geöffnet Freitag-, Samstagabend und Sonntagmittag, Juni–Oktober täglich abends

Der Ferienbauernhof der Familie Moro mitten in den Wäldern verfügt über zwei komfortable Speisesäle und einen eleganten Garten für die Sommerzeit. Das ländliche Bild wird durch die familieneigenen Ländereien mit Gemüsegarten und Obsthain abgerundet. Nicola bereitet mit großer Leidenschaft die traditionellen Gerichte des Hinterlands, aber auch einige Fischspezialitäten zu, die Piermichele den Gästen erläutert. Die Speisenfolge ist feststehend und umfasst drei oder vier Antipasti, zwei Primi, ein Secondo nach Wahl und ein Dolce. Beginnen kann man mit *Barbagiuai*, **Brandacujun**, *Figassun*, Coniglio marinato, einer kleinen Parmigiana mit Kirschtomaten-Konfit, **Previ**, Tartara di palamita und Verdure ripiene. Die Teigwaren sind hausgemacht: **Cordelle di San Martino mit Pesto**, Gnocchetti di zucca in Butter und Salbei, Pasta sciancata mit Gemüse, Ravioli, gefüllt mit Borretsch und Majoran, sowie Tagliatelle ai funghi porcini. Den nächsten Gang wählt man unter Agnello al forno, **Capra mit Bohnen aus Pigna** (geschütztes Slow-Food-Presidio), Cinghiale mit Polenta, **Coniglio alla ponentina**, Stoccafisso alla frantoiana oder Stoccafisso in insalata. Gegen Vorbestellung werden Anguilla (Aal), mariniert oder in carpione, und Lumache in casseruola in Rotwein zubereitet. Man beendet die Mahlzeit mit Cubaite, Fagottino di mele mit Eis, Semifreddo al torroncino oder alle noci, Torta al cioccolato und Zabaione mit Bugie. Das Weinangebot umfasst eine gute Auswahl an Rossese aus Dolceacqua und andere lokale Weine. Eine Reservierung ist unbedingt notwendig.

»
Ein angenehmer, entspannter Restaurantbesuch im Zeichen einer traditionellen Küche, die auf zahlreichen Zutaten aus eigener Produktion basiert.
«

LA SPEZIA

Da Gianni

Traditionelle Osteria
Corso Cavour, 352
Tel. (+39) 01 87 / 71 79 80
Ruhetag: Sonntag
Ferien: letzte August-, erste Septemberwoche
30 Plätze + 15 Plätze im Freien
Preise: 11–20 € (mit Hauswein)
Keine Kreditkarten
Mittags geöffnet, Ausschank an der Theke bis 20 Uhr

Die Osteria hat ihren Standort im Herzen des alten Stadtviertels Umbertino, wo einst die zahlreichen mit dem Bau des Arsenals von La Spezia beschäftigten Arbeiter einkehrten, wenige Meter von der hübschen, kürzlich erneuerten Piazza Brini und nicht weit vom Bahnhof entfernt. Das Lokal zählt zu den wenigen noch vorhandenen „lebendigen, unprätentiösen" Gastbetrieben, in denen die Arbeiter am Feierabend gerne auf ein Glas Wein und ein paar Sardellen zusammentrafen. Der Wirt Gianni serviert an den mit Papiertüchern gedeckten Tischen ohne große Umstände Gerichte nach alter hiesiger Tradition, begleitet von einem Glas Hauswein oder einem Flaschenwein aus lokaler Produktion. Im Speisenangebot findet man Minestrone di verdure, **Spaghetti con i muscoli** (5 €), Pasta all'amatriciana oder Pasta con le acciughe, ***Mes-ciua***, eine Suppe mit Teigwaren und Kichererbsen, Lasagne al pesto, Trippa in umido (6 €), Stoccafisso mit Kartoffeln (10 €) und Roastbeef (6 €). Wenn Sie Glück haben und diese gerade angeboten werden, können Sie sich **Frittura di alici e paranza** (8 €), Ravioli di carne nach Art von La Spezia, die guten **Acciughe ripiene fritte** und als Anleihe aus der Nachbarregion einen erstklassigen Cacciucco alla livornese schmecken lassen. Stets vorhanden sind Gerichte auf Gemüsebasis, Torte di verdura oder Torte di riso. Für eine komplette Mittagsmahlzeit, das heißt ein Primo, ein Secondo, eventuell mit Beilage, Getränk und Kaffee, geben Sie nicht mehr als 15 € aus.

Artigiano del Cioccolato in der Via Nino Bixio 46 bietet Schokoladetafeln, -pralinen und -trüffeln. Auf der Piazza Brin findet jeden ersten Sonntagmorgen im Monat der Bauernmarkt statt, auf dem man Gemüse, Öl, Obst und Käse kaufen kann.

LA SPEZIA
Marola

3 KM VOM ZENTRUM

Picciarello

Trattoria
Viale Fieschi, 300–302
Tel. (+39) 01 87 / 77 92 37
Ruhetag: Montag
Ferien: zeitweise im Winter
50 Plätze
Preise: 30–35 €
Kreditkarten: AE, CS, DC, MC, Visa; BM
Abends geöffnet, Samstag und Sonntag auch mittags

Marola, eine kleine Ortschaft am Meer, liegt an der Panoramastraße von La Spezia nach Portovenere. Das großräumige Lokal ist einfach eingerichtet, an den Wänden ist eine interessante Auswahl an lokalen und anderen italienischen Weinen, darunter zahlreiche Produkte aus biodynamischem Anbau, und guten Bieren aus kleinen Brauereien ausgestellt. Die Tische verleihen dank einer klugen Aufstellung das Gefühl der Intimität. In der Küche verarbeitet Lara frische Zutaten, die von Fischern aus der Umgebung und zum Teil aus dem eigenen Gemüsegarten stammen. Im Saal erläutert Stefano ebenso charmant wie professionell das Speisenangebot. Zahlreiche schmackhafte Antipasti: Insalata di polpo mit Kartoffeln, Insalatina mit Seppioline und (oder) Totanetti (Tintenfischarten), **Acciughe impanate e fritte**, Frittelle di baccalà und Scabeccio di sgombro. Unser Tipp unter den Primi (12 €) gilt den ausgewogenen, köstlich duftenden **Maltagliati di farro mit Sardellen aus Monterosso**. Als Alternative bekommen Sie klassische Tagliolini allo scoglio mit Mies- und Venusmuscheln, Risotto con gamberi rosa nostrali mit Zucchini und *Mes-ciua*. Als Secondi (16 €) werden eine schmackhafte, leichte **Frittura di paranza**, Muscoli ripieni, ein einzigartiger **Polpo alla diavola**, Calamari a beccafico und Seppioline in zimino angeboten. Zahlreiche hausgemachte Desserts (6 €): Zuppa inglese, Crostata mit Crema pasticciera und Amaretti, Tortino al cioccolato, Panna cotta mit Sciacchetrà und Schokoladesplittern. Degustationsmenü für 25 € ohne Wein.

Odio il Vino (Via Manin 11) bietet eine reiche Auswahl an Weinen im Glas, das Arte Bianca (Via Sapri 79) verkauft Rohmilchkäse, Marocca di Casola (ein Slow-Food-Presidio) und andere Spezialitäten.

LAVAGNA (GE)

40 KM SÜDÖSTLICH VON GENUA

La Bilaia

Ferienbauernhof • San Rocco, 11 A (Privatstraße)
Tel. (+39) 01 85 / 36 25 36,
(+39) 389 / 343 07 79
NEU
Ruhetag: Montag, Dienstag
Ferien: zeitweise im Januar
50 Plätze + 10 Plätze im Freien
Preise: 28–40 €
Kreditkarten: AE, CS, MC, Visa; BM
Abends geöffnet, Samstag und Sonntag auch mittags

Dieser reizende Ferienbauernhof liegt im höhergelegenen Teil der Ortschaft Lavagna, eingebettet zwischen Olivenhainen, vor der zauberhaften Landschaftskulisse der Landzunge von Portofino und der Täler des Flusses Entella. Der Hof La Bilaia verdankt seinen Namen dem angenehmen Lüftchen, das in der Nähe des Restaurants weht, und auch in den Räumen des Lokals ist die gute Luft zu spüren. In der Küche verschmelzen die typischen Rezepte Genuas mit der Erfahrung von Paolo zu einer gelungenen Symbiose. Das Speisenrepertoire basiert auf Überarbeitungen der traditionellen Gerichte, die Frucht von Paolos intensiver Beschäftigung und seiner persönlichen Bindung zu Südamerika sind. Auf das native Olivenöl extra, das ausschließlich aus hiesigen Oliven im eigenen Betrieb hergestellt wird, ist La Bilaia zu Recht sehr stolz, am Hof werden aber auch in Öl eingelegtes Gemüse, Marmeladen und Konfitüren hergestellt. Die Letztgenannten werden in klugen Kombinationen mit lokalen Käsesorten serviert. Zu den häufigsten Gerichten auf der Karte zählen Sformato di verdure (9 €) und **Ravioli „mal di schiena“ mit fünf Kräutern** (16 €), Minestrone, auf dem Holzofen gekocht, Taglierini al ragù bianco di carne e funghi (mit weißem Fleischragout und Pilzen) sowie **Coniglio in umido mit Pinienkernen und Püree** (17 €). Auch das Angebot an Gerichten aus der Meeresküche ist wirklich verlockend, darunter Carpaccio di branzino mit Citronette al maracuja und **Ravioli neri di branzino** aus dem Ligurischen Meer. Zum Abschluß verwöhnen süße Leckerbissen wie Crespelle di castagne, Torta al cioccolato und **Panna cotta mit Rosensirup** (7 €) den Gaumen. Die Weine finden Sie auf einer einfachen, aber gepflegten Karte.

LAVAGNA (GE)
Cavi

40 KM SÜDÖSTLICH VON GENUA

Raieü

NEU

Trattoria
Via Milite Ignoto, 25
Tel. (+39) 01 85 / 39 01 45
Ruhetag: Montag
Ferien: 1 Woche im Februar, November
100 Plätze
Preise: 34–40 €
Kreditkarten: AE, CS, MC, Visa; BM
Mittags und abends geöffnet

Eine einfache Einrichtung in maritimem Stil mit einigen separat abgeteilten Tischen charakterisiert dieses Lokal in einem der Gässchen des alten Ortskerns von Cavi. Seit mehr als 50 Jahren serviert die Familie Bo den Gästen Fisch, den Giulios Neffe Lorenzo mit seinem Boot fängt. Sowohl das Boot als auch die Trattoria tragen Giulios Spitznamen Raieü. Seine Tochter Carla, die derzeitige Besitzerin, kümmert sich um die Küche, während ihr Sohn Emanuele für das Wohl der Gäste sorgt. Die Großeltern Giulio und Maria betreuen den Gemüsegarten, der Zutaten für die traditionellen Gerichte liefert. Das Speisenangebot variiert, da es hauptsächlich auf fangfrischem Fisch beruht, wobei einige Vorschläge sehr häufig auftauchen. Als Antipasti findet man neben dem Misto di mare exzellente Acciughe al limone (9 €) und **Muscoli alla marinara**. Unter den Primi dürfen **Trofie al pesto** und ***Pansoti* al sugo di noci**, Klassiker der Genueser Küche, nicht fehlen, während die Meeresküche mit Spaghetti allo scoglio (13 €) und Ravioli di pesce al ragù di moscardino vertreten ist. Als Alternativen gibt es Suppen, darunter Zuppa di arselle (mit Archenmuscheln), di muscoli (mit Miesmuscheln) oder di pesce (Fischsuppe), was den Preis allerdings steigen lässt. Abwechslungsreich auch die Auswahl an Secondi, darunter neben frischem Fisch, der unterschiedlich zubereitet und nach Gewicht verrechnet wird, eine delikate **Buridda di seppie alla lavagnina** (13 €) und Fritto misto di mare (14 €). Alle Desserts (6 €) sind hausgemacht. Interessante Weinkarte mit verschiedenen nach Regionen geordneten Etiketten.

100 % Naturale in **Sestri Levante** (7,5 km), in der Via XXV Aprile 126, bietet sorgfältig zubereitetes Eis aus Biozutaten.

LERICI (SP)
La Rocchetta

16 KM SÜDÖSTLICH VON LA SPEZIA

La Rosa Canina

Ferienbauernhof
Ortsteil Monti Branzi, 16
Tel. (+39) 01 87 / 96 67 19
Kein Ruhetag
Keine Ferien
30 Plätze + 30 Plätze im Freien
Preise: 30 €
Kreditkarten: AE, CS, DC; BM
Mittags und abends geöffnet

Wenn Sie Momente der Entspannung an einem der stimmungsvollsten Plätze in den Hügeln oberhalb von Lerici, der Perle am Golf der Dichter, erleben wollen, dann wird dieser Ferienbauernhof Ihr ideales Ziel sein. Die Osteria, geführt von Marco Bonvicini, hat ihren Sitz in einem einfachen Ambiente, und auch die Speisen, die man sich hier schmecken lässt, sind schlicht und unverfälscht. Die Speisenfolge ist feststehend: In der Regel sind **Torte di verdura** und die exzellenten ***Sgabei***, eine typische Spezialität dieser Gegend, die zu Wurst und Käse serviert wird, vertreten, während Acciughe (hausgemacht, das heißt in Salz eingelegt, wie es der ligurischen Tradition entspricht) mit Öl und Petersilie angerichtet werden oder den Geschmack der bereits von sich aus sehr schmackhaften Focaccia al formaggio noch verbessern. Die frischen Sardellen sind die wichtigste Zutat für die Saucen, die zu den hausgemachten Teigwaren (aus Dinkel- und Buchweizenmehl) serviert werden, kombiniert mit Kapern, Auberginen oder ganz einfach mit frischen Tomaten. Exzellent sind auch die **Ravioli di *erbi***, serviert mit einem Pesto aus Thymian, Minze und Majoran. Für den nächsten Gang wählt man Arrosto di vitello (Kalbsbraten) oder Arrosto di maiale (Schweinebraten) aus Biofleisch, in Salz gebraten und mit erstklassigen Saucen aus Erdbeertrauben oder Vogelbeeren verfeinert. Wenn Sie jedoch zu Fisch tendieren, wählen Sie die feinen **Muscoli ripieni**. Den Abschluss bilden Crostate mit hausgemachten Konfitüren oder die himmlische Torta al cioccolato. Nicht ausschlagen sollten Sie die hochprozentigen Spezialitäten des Hauses, darunter Limoncino, Nocino oder spezielle Liköre aus Erdbeertrauben oder Baumerdbeeren. Es gibt eine recht gute Auswahl an lokalen Weinen, unter denen der Vermentino aus den Colli di Luni hervorsticht.

MELE (GE)
Fado

27 KM NORDWESTLICH VON GENUA

Baccicin du Caru

NEU

Traditionelle Osteria
Via Fado, 115
Tel. (+39) 010 / 63 18 04
Ruhetag: Montag, Dienstag
Ferien: je 2 Wochen im August und Januar
45 Plätze
Preise: 30 €
Kreditkarten: CS, MC, Visa; BM
Mittags geöffnet, Freitag und Samstag auch abends

Um diese Osteria zu erreichen, fährt man nach Voltri und folgt dann der Staatsstraße zum Turchino-Pass: Sobald Sie Mele und den Tunnel von Fado hinter sich gelassen haben, liegt rechts von Ihnen dieses Lokal. Wenn Sie jedoch aus der Po-Ebene kommen, ist es besser, die Ausfahrt von Masone zu nehmen. Die Familie Bruzzone, Gianni im Saal und seine Schwester Rossella am Herd, bietet hier einen Streifzug durch die kulinarische Tradition Liguriens, wobei hochwertige Zutaten verarbeitet werden. Der Antipasto (10 €) besteht aus Häppchen von Salumi, Flan di carciofi mit Castelmagno-Sauce, Torta baciocca mit Pesto und Formaggetta und Tortino di zucchine mit Sardellen. Unter den durchwegs hausgemachten Primi (8 €) finden Sie exzellente **Ravioli al ragù di carne** und außergewöhnliche **Gnocchi aus Quarantina-Kartoffeln mit Pesto** neben Taglierini mit Pesto oder mit Pilzsauce. Bei den Secondi (9 €) überzeugen zwei Gerichte durch ihre Ausgewogenheit: **Costine di agnello sambucano** (Rippchen vom Sambucano-Lamm, ein Slow-Food-Presidio), **paniert und frittiert**, und **Stracotto**. Das Angebot wird abgerundet durch Agnello sambucano in casseruola, Trippe accomodate (geschmorte Kutteln) und Brasato di fassone piemontese al Nebbiolo. Als Dolce (5 €) werden Duetto di semifreddo mit den zwei Geschmacksrichtungen al torrone und all'amaretto, Canestrelli mit Moscato, Torta di mele antica Genova, Gelato di nocciola mit Ratafià oder Gelato di crema mit Barolo Chinato angeboten. Neben der Osteria befindet sich die dazugehörige Vinothek, wo Gianni, ein fachkundiger Sommelier, Sie dabei unterstützt, unter den zahlreichen Etiketten den richtigen Wein zu Ihrer Mahlzeit zu wählen: Wirklich beeindruckend sind der Stellenwert, der kleinen Weinbaubetrieben eingeräumt wird, und das korrekte Preis-Leistungs-Verhältnis.

MELE (GE)
Acquasanta

21 KM W. V. GENUA, 6 KM V. AUSF. VOLTRI A 10, S.S. 456

Osteria dell'Acquasanta

Trattoria
Via Acquasanta, 281
Tel. (+39) 010 / 63 80 35
Ruhetag: Montag
Ferien: zeitweise im Januar
80 Plätze + 40 Plätze im Freien
Preise: 28–34 €
Kreditkarten: CS, Visa; BM
Mittags und abends geöffnet

Im wahrsten Sinn des Wortes nur wenige Schritte von der Therme von Genua entfernt, hat das Acquasanta seinen Sitz, eine hübsche Trattoria ohne unnötiges Beiwerk, jedoch mit einer gehaltvollen Küche, die durch Einfachheit und Ehrlichkeit besticht. Die Speisen sind dem Lauf der Jahreszeiten angepasst und basieren zum Großteil auf lokalen Zutaten: Die meisterhafte Zubereitung trägt die Handschrift von Alessandro und Marco. Das Ambiente ist schlicht, der Service, den Fabio den Gästen bietet, ist jovial, aufmerksam und kompetent. Der Antipasto misto (10 €) umfasst pikante Kuchen, Pizza, Sardenaira, Insalata di patate, Focacce und einige Wurstspezialitäten. Stets auf der Karte vertreten und exzellent zubereitet sind die Spitzengerichte der lokalen Küche: **Minestrone** (9 €), **Mandilli al pesto** (9 €), Ravioli con il *tuccu* (9 €) und **Coniglio alla ligure** (10 €). Häufig finden Sie auch Tomaxelle und einen erstklassigen **Stoccafisso accomodato**. Unter den weiteren Vorschlägen entdeckt man Fiori di zucca ripieni, Spaghetti alla chitarra mit Pesto aus getrockneten Kirschtomaten und Mandeln, Tagliolini con sugo di puntine (mit Sauce von Schweinerippchen), in Barolo geschmort, Rognoni al Marsala, Sformato di fagiolini mit Scampi und Curry und eine wunderbare Insalata di polpo mit Büffelmozzarella, ein typisches Sommergericht. Die Desserts sollten Sie sich keinesfalls entgehen lassen: In der schönen Jahreszeit empfehlen wir Ihnen Sorbetto di pesche (5 €), sehr gut ist auch Crumble di pesche e albicocche, während im Winter die Torta di castagne mit Gianduia ein absolutes Muss darstellt. Das Lokal bietet eine schöne Auswahl an Weinen zu korrekten Preisen und feine Edelbrände. Es werden auch Biere aus kleinen Brauereien ausgeschenkt.

MONTEGROSSO PIAN LATTE (IM)

34 KM NORDWESTLICH VON IMPERIA

Osteria del Rododendro

Osteria • Via IV Novembre, 4
Tel. (+39) 0183 / 75 25 30,
(+39) 347 / 451 46 31
Ferien: 2 Wochen im September
40 Plätze • Preise: 25 € (Tagesmenü)
Kreditkarten: CS, MC, Visa; BM
Geöffnet Freitagabend, Samstag, Sonntagmittag, an den übrigen Tagen gegen Vorbestellung; im Sommer außer Montag stets geöffnet

Wir befinden uns in der Gemeinde mit der niedrigsten Einwohnerzahl in der Provinz Imperia, wo hauptsächlich Viehzucht und Landwirtschaft auf kleinen Grundstücken mitten in den Wäldern betrieben wird. Die Osteria der Familie Cordeglio ist eine Pflichtetappe, wenn man die typische Küche des oberen Arroscia-Tals kennenlernen will. Diese wird als „weiße Küche" bezeichnet, weil sie auf Zutaten wie Weizenmehl, Milchprodukten, Weißkohl, Lauch, Knoblauch, Rüben und Kartoffeln basiert. Wilde Kräuter und Gemüse aus dem eigenen Garten verleihen den traditionellen Gerichten einen ganz besonderen Geschmack. Das feststehende Menü für 25 € umfasst sechs kleine Antipasti, auf zwei Tellern angerichtet, je drei Kostproben von Primi und Secondi und drei Dolci, oder, wenn Sie das vorziehen, normale Portionen von einzelnen Gerichten. Beginnen kann man mit Tortino di verdure e riso (Gemüse-Reis-Kuchen), Bauletto di bietole (mit Mangold), Sambuco in pastella (Holunder in Backteig), Foglie di tarassaco in pastella (Löwenzahn in Backteig), Fiori di borragine (Borretsch-Blüten), Flan di formaggio und Insalata di baccalà. Der nächste Gang bietet **Ravioli con tredici erbe spontanee** (mit 13 Wildkräutern), Gnocchi aus Hartweizengrieß und Esskastanienmehl mit Sugo di lepre (Hasensauce), **Mezzelune con patate e porri mit Butter und Salbei**, Tagliolini allo stoccafisso, dann folgen **Coniglio alla ligure mit Taggiasca-Oliven** oder Coniglio disossato (ausgelöstes Kaninchen) mit Gemüse, Scamone di vitello, **Lumache al profumo di menta** (Schnecken mit Minze) und eine Auswahl von lokalem Käse. Zum Ausklang wählt man Gelato di castagne, Panna cotta oder Budino. Im Preis inbegriffen ist ein guter, schwefelfrei hergestellter Ormeasco. Als Alternative werden einige Weine aus der Umgebung ausgeschenkt.

MONTEROSSO AL MARE (SP)
Beo

34 KM WESTLICH VON LA SPEZIA

Il Ciliegio

Restaurant
Ortsteil Beo, 2
Tel. (+39) 01 87 / 81 78 29
Ruhetag: Montag
Ferien: November–März
60 Plätze + 60 Plätze im Freien
Preise: 35–40 €
Kreditkarten: AE, CS, DC, MC, Visa; BM
Mittags und abends geöffnet

Die Cinque Terre sind für das dichte Netz von Wegen bekannt, die das Gebiet durchqueren. Auf der Route 509 hinunter nach Monterosso trifft man nach etwa 100 Metern knapp vor einem Tunnel auf eine Straße, die zum Parkplatz dieses Restaurants führt. Im weitläufigen Garten kann man im Freien speisen und den Ausblick auf die Landschaft bis Punta Mesco genießen, bei schlechtem Wetter bietet der helle Speisesaal Platz. Rosanna und Gianni führen das Lokal als Teil ihres Anwesens, wo sie Trauben, Oliven, Obst und Gemüse anbauen, die in der Küche als Zutaten dienen. Nach dem Antipasto misto (12 €) in den Versionen terra (Festlandküche) oder mare (Meeresküche) geht es weiter mit **Spaghetti ai muscoli** (11 €), Risotto ai frutti di mare, hervorragenden **Trofie al sugo di pesce** (€ 14) oder mit Pesto. Der Hauptgang umfasst **Muscoli alla marinara** oder ripieni (13 €), **Tris di acciughe** (Sardellen auf dreierlei Art: gebraten, in Panade, gefüllt), fangfrischen Fisch, im Ofen gebraten, und Frittura di paranza. Gegen Vorbestellung bekommt man Fleischgerichte wie Tagliata oder Coniglio alla ligure. Zum Abschluss wenige, aber vorwiegend hausgemachte Desserts. Die Auswahl an Weinen beschränkt sich auf DOC-Weine aus den Cinque Terre und den Colli di Luni neben italienischen Rotweinen und einem ordentlichen Hauswein. Am Vormittag können Sie an Kochkursen für lokale Spezialitäten teilnehmen. Auf Wunsch bietet Gianni einen Shuttledienst vom und zum Zentrum von Monterosso. In den Monaten April, Mai und Oktober ist das Lokal nur am Wochenende geöffnet.

Die Enoteca Internazionale (Via Roma 62) bietet Imbisse, Weine und ligurische Spezialitäten. Auf Hausnummer 17 gibt es bei Golosone Eis aus eigener Erzeugung.

NE (GE)

53 KM ÖSTLICH VON GENUA, A 12 ODER S.S. 1

La Brinca

Trattoria
Via Campo di Ne, 58
Tel. (+39) 01 85 / 33 74 80
Ruhetag: Montag
Ferien: unterschiedlich
80 Plätze + 20 Plätze im Freien
Preise: 32–40 €
Kreditkarten: AE, CS, DC, MC, Visa; BM
Abends geöffnet, Samstag, Sonntag und Feiertage auch mittags

Die Lage des La Brinca hoch oben am Ende einer engen, kurvenreichen Straße, mehrere Kilometer oberhalb von Lavagna, macht die Anfahrt gar nicht so leicht. Und doch verschwendet man nach einem Besuch in diesem Lokal keinen Gedanken mehr an die Straße. Seit mehr als 30 Jahren empfängt die Familie Circella hier ihre Gäste mit natürlicher, herzlicher Gastlichkeit. Der große Speisesaal des Lokals ist einfach eingerichtet, von den Fenstern aus blickt man auf Wälder und Gemüsegärten, die an die wahre Inspiration der Küche erinnern: Wenn hier eine Zutat eine Vorrangstellung einnimmt, dann ist es ohne Zweifel das Gemüse. Es wundert auch nicht, dass eines der feinsten Gerichte – ein perfektes Beispiel für Schlichtheit und Geschmack – der ***Prebugiun*** ist (eine platt gedrückte Kartoffel mit Schwarzkohl, verfeinert mit etwas Öl). Als Alternative bekommt man Salumi, *Cuniggiun* magro (die Festlandversion des bekannteren Cappon magro) und Testaieu mit Pesto (10 €). Pesto findet man auch als Zutat in der **Minestrone alla genovese** oder bei Gnocchetti di patate (11 €). Wer gefüllte Teigwaren mag, kann unbesorgt sein: Auch darin beweist die Küche wahre Meisterschaft. Unter den Secondi brillieren **Tomaxelle** (15 €), Noce di vitellone mit Sauce aus Pinienkernen, Coniglio ripieno alle erbe und **Fritto misto genovese**. Das Käsesortiment ist groß und reich an Überraschungen. In diesem Lokal erwartet Sie einer der bestbestückten Weinkeller Italiens und Sergio und seine Söhne begleiten Sie mit Geschick durch das Repertoire an Weinen kleiner hiesiger Produzenten und großer Etiketten aus dem In- und Ausland.

»
Die Familie Circella setzt Leidenschaft in Geschmack um. Damit macht sie jeden Besuch zu einem einzigartigen Erlebnis.
«

ORTONOVO (SP)
Nicola

26 KM SÜDÖSTLICH VON LA SPEZIA

Da Fiorella

Traditionelle Osteria
Via per Nicola, 46
Tel. (+39) 01 87 / 668 57
Ruhetag: Donnerstag
Ferien: zeitweise im Januar und September
75 Plätze
Preise: 25–30 €
Kreditkarten: AE, CS, DC, MC, Visa; BM
Mittags und abends geöffnet
G

Von der Abzweigung nach Ortonovo an der Via Aurelia zwischen Sarzana und Carrara führt die Straße hinauf in den reizenden Ortsteil Nicola mit seinem prachtvollen Ausblick auf die Mündung des Flusses Magra. An diesem Fleckchen von Ligurien findet man die alte Osteria Da Fiorella. Trotz kürzlich durchgeführter Renovierung blieben sind die für das Lokal charakteristische Einfachheit und das familiäre Ambiente bewahrt geblieben. Der Wirt Nicola Bertucci hält schmackhafte, traditionsreiche Gerichte für Sie bereit. Die Antipasti (8,50 €) können eine wunderbare Caponata, Polenta incatenata und verschiedene pikante Torten aus Gemüse, Reis und Zwiebeln umfassen. Unter den Primi bestechen **Quadrucci alla crema di ceci** (7,50 €), Ravioli mit Fleischragout oder mit Pesto aus Kräutern und Zucchini und Spaghetti mit Acciughe. Dann folgen zwei Slow-Food-Presidi: das köstliche **Agnello di Zeri** (Lamm aus Zeri) in den Versionen **fritto** oder alla brace (11,50 €) und Coniglio grigio fritto, das graue Kaninchen aus Carmagnola (9 €). Weitere Vorschläge sind Baccalà, **Acciughe al forno**, Cozze ripiene, ein unvergleichlicher **Stocco con la polenta** und Carne alla brace (über der Holzglut gegartes Fleisch). Dazu gibt es frittiertes oder gebratenes Gemüse der Saison und Salate als Beilagen. Zum Abschluss locken hausgemachte Desserts: Tiramisu, Semifreddo al torrone, **Torta di riso** carrarina und Gelato di crema mit Zitronenmarmelade. Zu der guten Auswahl an Weinen aus dem Magra-Tal gesellen sich auch Etiketten aus anderen Gebieten Italiens. Eine Reservierung ist zu empfehlen, vor allem am Wochenende.

»
Schmackkafte, traditionsreiche Gerichte, zusammengestellt aus unverfälschten Zutaten, serviert in familiärer Atmosphäre.
«

32 KM W. V. IMPERIA, 11 KM V. VENTIMIGLIA, S.S. 1 OD. A 10

La Playa

Restaurant
Via XX Settembre, 153
Tel. (+39) 01 84 / 68 80 45
(+39) 328 / 582 38 45
Ruhetag: Dienstag, außer im Sommer
Ferien: Oktober, November
35 Plätze + 40 Plätze im Freien
Preise: 35–40 €
Kreditkarten: MC, Visa; BM
Mittags geöffnet

Am Beginn des Radwegs, der Ospedaletti mit San Lorenzo al Mare verbindet, trifft man auf dieses dem Strandbad angeschlossene Restaurant, das seit 1979 von der Familie Incerti geführt wird und sich inzwischen als wahre Institution in der Gastronomieszene des Gebiets von Imperia etabliert hat. Paola und ihre Schwägerin Liliana Vegetta verarbeiten mit großer Sorgfalt und Einfachheit die frischen Zutaten. Fabrizio empfängt die Gäste freundlich und professionell im Saal und bei passendem Wetter im Garten. Zu seinen Aufgaben gehört auch der tägliche Fischeinkauf. Beginnen kann man mit Insalata di gamberi mit Artischocken und Puntarelle (Blattsalat), Acciughe ripiene alla ligure, **Polpo mit Kartoffeln und Colatura di alici**, Calamari spadellati mit Rosmarin auf Kürbiscreme und **Sformato di** cavolfiore (Auflauf mit Blumenkohl) oder mit **Topinambur auf leichter *Bagna caoda*** (8 €). Dann folgen Ravioli di carciofi mit Parmesancreme (10 €), Paccheri con ragù di pescatrice mit Anglerfisch und Taggiasca-Oliven, Trofie al ragù di pesce, Gnocchetti al pesto und Ravioli di borragine mit Butter und Thymian. Der nächste Gang hält im Ofen gratinierte Ricciola (Bernsteinmakrele) mit Tapenade aus Taggiasca-Oliven und frittierten Zwiebeln aus Tropea, **Stoccafisso accomodato alla genovese**, Parmigiana di pesce lama (Degenfisch), **Fritto misto di paranza** mit fangfrischem Fisch dieser Gegend (18 €) und Ricciola di fondale auf provenzalische Art mit Kartoffeln bereit. Lassen Sie noch etwas Platz für ein Dessert: Crumble di mele mit englischer Creme, Bavarese di ricotta mit Cremoso al cioccolato, Cialda mit Eis und karamellisiertem Traubenmost, Tiramisu und Zabaione freddo mit Erdbeeren. In der kleinen Weinkarte sind Etiketten aus dem Westen Liguriens gut vertreten. Eine Reservierung ist sehr zu empfehlen.

35 KM NORDWESTLICH VON SAVONA, S.P. 29

Tripoli

Trattoria
Via Chiarlone, 2
Tel. (+39) 019 / 57 00 28
Ruhetag: Mittwoch
Keine Ferien
30 Plätze
Preise: 20–25 €
Keine Kreditkarten
Mittags und abends geöffnet

Von Savona kommend, trifft man kurz nach dem Ortsschild an der rechten Straßenseite auf ein kleines rotes Haus mit einem winzigen Eckgarten: Das ist die Trattoria Tripoli, deren Name eine Hommage an einen Vorfahren der Betreiber darstellt, der im Libyenkrieg gekämpft hat. Beim Betreten des Lokals hat man den Eindruck, die Zeit sei stehengeblieben: eine Theke mit den Schnäpsen, ein Kühlschrank für das Eis und ein kleiner Gastraum mit wenigen, einfach gedeckten Tischen. Die Gerichte werden von der Köchin selbst mündlich aufgelistet. Aufgepasst: Wenn man nicht einen Tag im Voraus vorbestellt, läuft man Gefahr, keine Antipasti (5 €) vorzufinden. Zu diesen zählen Peperone al forno mit Sardellen, Frittelle aus saisonalem Gemüse, **Insalata russa** und Vitello tonnato. Als Primi (7 €), die sowohl in Bezug auf Konsistenz des Teigs als auch auf die Qualität der Füllung hervorragend sind, werden **Ravioli** angeboten, die **con burro e salvia**, also mit Butter und Salbei, oder al ragù (mit Fleischragout) serviert werden. Eine gute Alternative stellen die frischen Tagliatelle dar. Übliche Gerichte zum Fortsetzen der Mahlzeit sind die traditionelle **Trippa in umido con le fagiolane** (geschmorte Kutteln mit Bohnen, 7 €), Pollo alla cacciatora, **Coniglio alla ligure** und Spezzatino mit Gemüse. Auch die Desserts (3 €) sind alle hausgemacht, wobei wir besonders den *Bonet* empfehlen. Ausgeschenkt wird ein offener Hauswein, wie es in den Trattorien von anno dazumal üblich war. Es lohnt sich, einen kleinen Spaziergang zum Eishaus des Dorfes zu unternehmen, das nicht weit von der Trattoria entfernt an einem netten ebenen Weg zwischen Bäumen liegt. Nach etwa 20 Minuten Fußmarsch erreichen Sie auch den berühmten Steinpilz von Piana Crixia.

Panigacci und Testaroli

Panigacci und Testaroli: So heißen zwei traditionelle Spezialitäten aus der Lunigiana, dem Gebiet zwischen La Spezia und Massa-Carrara. Das alte Rezept ist für beide Regionen das gleiche: Es handelt sich um dünne Fladen aus einem Teig aus Mehl, Wasser und Salz, die in runden Backformen („Testi" aus Gusseisen oder Ton) gebacken werden.
Der Ursprung der Panigacci soll auf dem Hügel von Podenzana zu finden sein. Dort entstand nun aus dem Zusammenschluss einiger Gastronomen der Umgebung ein Konsortium zum Schutz der Spezialität. In diesem Gebiet gibt es auch einen alteingesessenen Handwerksbetrieb, der die entsprechenden kleinen Backformen aus Terrakotta erzeugt.
Im Magra-Tal ändert sich die Bezeichnung zu Panigazzi. Sie werden in kleinen Backformen aus Gusseisen mit langem Stiel gebacken – die Fladen selbst unterscheiden sich im Prinzip nicht. Testaroli, die in großen Gusseisenformen zubereitet werden (exzellent sind die von Hand gefertigten aus Pontremoli, ein Slow-Food-Presidio), erhitzt man über Buchen- oder Kastanienholzfeuer. Die fertigen Fladen werden in Rautenform geschnitten und vor dem Verzehr kurz in warmes Salzwasser getaucht.
Die Testaroli sind auf den Speisekarten unserer Osterien oft unter den Primi zu finden, vor allem in ländlichen Gasthöfen. Sie werden zu Pilzsauce, Pesto oder mit Öl und Parmesan gereicht. Die Panigacci sind ein Kapitel für sich, da es Lokale gibt, wo nur sie und sonst kaum andere Gerichte zubereitet werden. Die in einem großen Kamin ununterbrochen heiß gehaltenen Backformen werden mit einem weichen Teig gefüllt und so übereinander gestapelt, dass jeweils eine Backform mit der Hitze der anderen bäckt. Die Panigacci genießt man zu Wurst und Käse.

Gabriella Molli

LIGURIEN

FOLLO (SP)

Vecchio Mulino

Via Valdurasca, 16
Tel. (+39) 01 87 / 94 75 10
Ruhetag: Dienstag
Ferien: November
Abends geöffnet, Samstag und Sonntag auch mittags

Inmitten eines in dichtes Grün gebetteten Gebiets steht ein rustikales, doch gepflegtes Lokal mit einem Gastraum und einer lichtdurchfluteten Veranda. Hier kommen duftende Panigacci mit Wurst Stracchino, Gorgonzola und Lardo aus Colonnata auf den Tisch, daneben gibt es sogar eine süße Version. Außerdem bietet die Küche Hausmannskost wie Ravioli al ragù, Tagliatelle ai funghi und über der Holzglut gegartes Fleisch.

LA SPEZIA

Basta Curve

Piazza Chiodo, 35
Tel. (+39) 01 87 / 89 60 37
Ruhetag: Mittwoch
Ferien: unterschiedlich
Mittags und abends geöffnet, im August nur abends

An der im Zentrum gelegenen Piazza, wo sich der Haupteingang zum Arsenal befindet, liegt das Lokal Basta Curve, das uns – wie sein Name („Genug der Kurven") verrät – ermöglicht, Panigacci bequem in der Stadt zu genießen, ohne den Hügel erklimmen zu müssen, auf dem die meisten Panigaccerie, ob alt oder neu, liegen. Die Panigacci werden mit Wurst und Gorgonzola kombiniert oder in Wasser getaucht und mit dreierlei Saucen serviert. Eine Alternative dazu wären die Trofie al pesto, klassische Ravioli aus La Spezia in der Version al ragù und gegrilltes Fleisch. Gute hausgemachte Süßspeisen.

TOSKANA

PODENZANA (MS)

Da Gambin

Via Provinciale, 190
Tel. (+39) 01 87 / 41 01 06
Ruhetag: Donnerstag
Ferien: zeitweise im Juli
Mittags und abends geöffnet

Das Lokal liegt mitten im Grün des Hügels von Podenzana. Der Hauptdarsteller ist hier Panigaccio mit Pesto, nativem Olivenöl extra, Pilzsauce, einer schönen Auswahl an hausgemachten Wurstspezialitäten oder mit Stracchino und Gorgonzola. Daneben gibt es auch verschiedene Rezepte aus der Küche der Lunigiana. Die Dolci sind hervorragend.

Mirador

Via del Gaggio, 22
Tel. (+39) 01 87 / 41 00 64
Ruhetag: Montag
Ferien: unterschiedlich
Mittags und abends geöffnet

Das Mirador liegt an einem der schönsten Aussichtspunkte von Podenzana, denn von hieraus kann man in Richtung des Golfs von La Spezia die Inseln Palmaria und Tino und bei besonders klarem Wetter sogar Korsika erkennen. Neben duftenden, frisch gebackenen Panigacci mit guten Wurst- und Käsespezialitäten kann man Focaccette aus Mais, Gemüsekuchen, hausgemachte Pasta und über der Holzglut gegartes Fleisch genießen.

PIGNA (IM)

53 KM WESTLICH VON IMPERIA, 27 KM VON SANREMO

Terme

Restaurant
Ortsteil Madonna Assunta
Tel. (+39) 01 84 / 24 10 46
Ruhetag: Mittwoch
Ferien: 15. Januar–15. Februar
80 Plätze + 25 Plätze im Freien
Preise: 22–32 €
Kreditkarten: AE, CS, DC, MC, Visa; BM
Mittags und abends geöffnet

Von Camporosso Mare führt die Straße etwa 20 Kilometer talaufwärts durch das Nervia-Tal und man erreicht das mittelalterliche Städtchen Pigna, das wegen seiner alten Therme mit schwefelhaltigem Wasser bekannt ist. Gleich nach dem Durchqueren des Stadtkerns gelangt man zu diesem Hotelrestaurant, das seit langer Zeit und mit großem Geschick von der Familie Lanteri geführt wird. Signora Gloria Rossi beweist ihre Meisterschaft in der Zubereitung der schmackhaften Gerichte, während sich im Saal ihr Mann Silvio und die Kinder Maura und Claudio um die Gäste kümmern. Zu Claudios Aufgaben zählt auch die Betreuung des Weinkellers. Sie können aus der Karte wählen oder sich für eines der beiden Degustationsmenüs (22 und 30 €) entscheiden. Die warmen und kalten Antipasti (acht Kostproben, 12 €) können *Barbagiuai* (frittierte Ravioli, gefüllt mit Kürbis und Bruzzu), *Previ* (gefüllter Lattich), Panissa fritta, Tortino di carciofi und Crêpe agli asparagi umfassen. Dann folgen die traditionellen **Pansotti di ricotta** (10 €), die mit Nusssauce oder mit Butter und Salbei angerichtet werden, Tagliatelle verdi al ragù di coniglio (mit Kaninchenragout) oder in der passenden Jahreszeit al sugo di funghi (mit Pilzsauce), im Winter ***Gran pistau*** (Suppe aus zerstampften Weizen- oder Dinkelkörnern) und die exzellente Zuppa di maltagliati mit weißen Bohnen aus Pigna (ein Slow-Food-Presidio, 12 €). Unter den Secondi verdient **Cosciotto di agnello da latte al forno mit Kartoffeln** (12 €) eine besondere Erwähnung. Gut sind auch **Stufato di capra mit weißen Bohnen aus Pigna** und Coniglio alla ligure mit Rossese-Sauce und Taggiasca-Oliven (11 €). Des Weiteren erwarten Sie hausgemachte Süßspeisen (5 €) und eine Weinkarte mit den besten Etiketten der Westküste Liguriens und anderer Regionen, vor allem Toskana und Piemont.

PORTOVENERE (SP)

13 km südlich von La Spezia

Antica Osteria del Carugio

Traditionelle Osteria
Via Cappellini, 66
Tel. (+39) 01 87 / 79 06 17
Ruhetag: Donnerstag
Ferien: zeitweise im November
60 Plätze
Preise: 20–25 € (mit Hauswein)
Keine Kreditkarten
Mittags und abends geöffnet

Das Städtchen Portovenere mit der Kirche San Pietro und der Palazzata, dem Aussichtspunkt auf der Uferpromenade, bildet eine geschlossene Einheit. Hinter der Palazzata, in der Via Capellini, bietet dieses Lokal seit mehr als 100 Jahren unbeirrbar einfache Gerichte nach hiesiger Tradition. Die Einrichtung der beiden Speisesäle mit Holzverkleidungen und maritimen Dekorgegenständen geht auf die Zeit der Hochblüte der Marine zurück, an den Holztischen und -bänken kommt man zuweilen neben gänzlich Fremden zu sitzen. Der Wirt Antonio Clerici erläutert die Empfehlungen der Speisekarte. Man beginnt mit **Testaroli al pesto**, Spaghetti con i muscoli (10 €) und ***Mes-ciua*** spezzina (6 €), der traditionellen Suppe mit Getreide und Hülsenfrüchten. Für den nächsten Gang sind **Muscoli alla marinara** oder Muscoli ripieni (10 €) sehr beliebt, Sie werden aber auch von Acciughe sotto sale, angerichtet mit Öl, Knoblauch und Petersilie (11 €), begeistert sein. Ebenfalls als guter Tipp gilt **Polpo lesso** (12 €), lauwarm serviert mit Kartoffeln, Petersilie und Öl. Als Alternative bekommt man Fagioli (Bohnen) mit Zwiebeln und Thunfisch oder Tagliere di salumi e formaggi (gemischte Wurst- und Käsespezialitäten). Als Dessert ist eine Scheibe Pandolce genovese verfügbar. Ausgeschenkt werden ein roter und ein weißer Hauswein, daneben umfasst das Angebot aber auch einige Etiketten aus den Cinque Terre. Wir möchten daran erinnern, dass Antonio keine Reservierungen entgegennimmt und dass die Küche abends zeitig schließt. Wenn Antonio besonders gut gelaunt ist, spielt und singt er gerne seine selbst komponierten Lieder, sonst empfehlen wir Ihnen einen kurzen Spaziergang zum Kirchlein San Pietro an der Spitze der Landzunge Le Bocche in Portovenere.

RAPALLO (GE)
San Massimo

31 km östlich von Genua, A 12 oder S.S. 1

U Giancu

Trattoria • Via San Massimo, 78
Tel. (+39) 01 85 / 26 05 05,
(+39) 01 85 / 26 12 12
Ruhetag: Mittwoch, außer im Sommer
Ferien: zeitweise im Januar und Sommer
90 Plätze + 60 Plätze im Freien
Preise: 36–40 €
Kreditkarten: CS, MC, Visa; BM
Abends geöffnet, Sonntag auch mittags (außer im Juli und August)

Seit jeher pflegt Fausto Oneto drei große Leidenschaften: Comicstrips, verrückte Hüte und die gute Küche. Bei einem Besuch in seiner Osteria knapp oberhalb von Rapallo erfreut schon beim Eintreten der Anblick von Dekorziegeln und Wandmalereien das Auge. Im Speisesaal fühlt man sich dann in ein Comicstrips-Museum versetzt, da die Werke der unterschiedlichsten Zeichner die Wände zieren. Wenn es das Wetter erlaubt, nehmen Sie jedoch im kühlen Garten neben dem Spielbereich für Kinder Platz und beginnen Sie Ihre Mahlzeit mit Crostini mit Savoia-Butter und Sardellen aus dem kantabrischen Meer oder mit dem „Gianc'antipasto" (12 €), unter anderem mit Focaccette mit Käse, Frittelline mit Zwiebeln und Bruschetta mit Tomaten und Pesto. Das Gemüse aus dem eigenen Garten spielt bei vielen Gerichten eine Schlüsselrolle, etwa bei **Minestrone**. Als Alternativen bekommt man **Testaroli al pesto** (12 €), Taglierini mit Pilzsauce und **Ravioli mit *Prescinsêua* und Pinienkernen**. Der Hauptgang bietet Tagliata mit *Prebuggion* (Salat aus Kräutern und Blüten), gute **Costine di agnello**, Sformati di verdura (13 €) und Funghi al cartoccio (14 €). Zum Ausklang empfehlen wir die klassische Panera (Kaffee-Semifreddo). Die von Martino betreute Weinkarte nennt 300 Etiketten von mehr oder weniger bekannten Betrieben, auch Produkte aus biologischem und biodynamischem Anbau. Vor einigen Jahren begann Emanuele als Vertreter der jüngsten Generation der Familie Oneto auch mit der Herstellung von Bier in der eigenen kleinen Brauerei.

Die Geschichte des Lokals U Giancu wird geschrieben von gutem Service, Qualität von Speisen und Weinen und Freude an der eigenen Arbeit, ohne jemals den Sinn für Humor zu verlieren.

13 KM WESTLICH VON LA SPEZIA

Ripa del Sole

Restaurant
Via De Gasperi, 282
Tel. (+39) 01 87 / 92 01 43
Ruhetag: Montag
Ferien: Januar, Februar
40 Plätze + 40 Plätze im Freien
Preise: 30–35 €
Kreditkarten: AE, CS, DC, MC, Visa; BM
Abends geöffnet, mittags gegen Vorbestellung

Wir befinden uns hier im oberen Ortsteil von Riomaggiore: Von der weitläufigen Terrasse oder durch die großen Glasfenster bietet sich ein spektakulärer Panoramablick auf das Meer. In diesem modernen, gastfreundlichen Restaurant bekommt man schlicht und gepflegt zubereitete Gerichte der Meeresküche. Sämtliche Zutaten, vom Fisch bis zum Gemüse, einschließlich einiger Slow-Food-Presidi, sind regionaler Herkunft. Miriam empfängt die Gäste mit einem Lächeln auf den Lippen und präsentiert die Speisen, die Daniela geschickt zubereitet. Unter den Antipasti brilliert Cinque Terre (12 €) mit Acciughe (Sardellen) in unterschiedlichen Zubereitungen (in scabeccio, frittiert, gefüllt, in Salz eingelegt und roh mit Zitrone). Als Alternativen verdienen Crudo di scampetti, Gamberi rosa, Palamita oder ein anderer verfügbarer Fisch, serviert mit Himbeer- oder Limetten-Vinaigrette, eine Erwähnung. Unter den Primi (12 €) finden Sie Spaghetti mit frischen Alici, Colatura di alici (mit Sardellen aus Cetara) und Kirschtomaten-Konfit, Paccheri mit Brokkoli und leicht pikantem Baccalà, Ravioli di borragine con il tocco (mit Fleischsauce) und **Trofie con i ricci di mare** (mit Seeigel) in einer ungewöhnlichen Kombination mit Pecorino. Die Secondi erfreuen Auge und Gaumen: Spatola (Degenfisch) in Zitrusfruchtpanade, **Cappon magro** (15 €), Pescato del giorno (frischer Fisch) mit Caponatina di verdure und **Buridda** (Fischsuppe aus Ligurien). Wer keinen Fisch mag, kann **Coniglio alla ligure**, **Agnello di Zeri mit Thymian** oder Biokäse aus dem Vara-Tal wählen. Zum Abschluss gibt es Dolci (6 €), darunter Biscuit alla meringa mit Schokoladesauce, Torta ai limoni (mit Zitronen aus Monterosso) und Millefoglie mit Chinotto aus Savona. Gute Auswahl an vorwiegend ligurischen Weinen, die auch glasweise ausgeschenkt werden.

16 KM ÖSTLICH VON LA SPEZIA

I Maestri

NEU

Traditionelle Osteria
Piazza Matteotti, 59
Tel. (+39) 01 87 / 62 98 00,
(+39) 333 / 928 80 70
Ruhetag: Dienstag
Ferien: je 1 Woche im November und Februar
35 Plätze
Preise: 26–32 €
Kreditkarten: AE, CS, MC, Visa; BM
Mittags und abends geöffnet

Diese Osteria mit schlichtem familiärem Ambiente auf der Piazza gegenüber dem Rathaus wird vom jungen Koch Davide geführt, dem Mama Mariella in der Küche und Papa Domenico im Saal zur Seite stehen. Das Speisenangebot schöpft aus der kulinarischen Tradition Liguriens, Glanzlichter setzen einige Slow-Food-Presidi. Obst und Gemüse stammen vom Mercato della Terra und aus lokalen Betrieben, wie auch der Fisch und das native Olivenöl extra. Gleich zum Einstieg wird während der Wartezeit Panizza serviert, die typische frittierte Kichererbsenpolenta. Unter den Antipasti verdienen **Frittelle di baccalà**, Muscoli und Acciughe ripiene (8 €) und die Auswahl an Wurstspezialitäten dieser Gegend, darunter Marocca aus Casola (ein Slow-Food-Presidio), Ihre Beachtung. Beim nächsten Gang können Sie sich die einzigartigen **Spaghetti alla bagna verde** (11 €), eine Sauce mit Mies- und Venusmuscheln, Petersilie, Knoblauch, Peperoncino und Wein, schmecken lassen. Weitere Vorschläge sind Testaroli aus Pontremoli (ebenfalls ein Slow-Food-Presidio) mit Basilikum, Calamarata mit Tintenfischen, Mies- und Venusmuscheln und Mezze maniche mit Sardellensauce. Die **Ravioli di borragine e ricotta** sind hausgemacht und werden mit Butter und Salbei oder mit Fleischsauce serviert. Interessant sind auch Gnocchi allo zafferano, verfeinert mit Salsiccia dolce und Lauch (11 €). Weiter geht es mit **Stoccafisso alla griglia** oder Stoccafisso in umido (12 €), Frittura von Sardellen aus Monterosso, Tagliata di tonno pinna gialla oder Tagliata di manzo und, falls verfügbar, **Agnello di Zeri** (Lamm aus Zeri, ein Slow-Food-Presidio) **al forno**. Für den Abschluss empfehlen wir Tiramisù al farro (4 €). Die Weinkarte hat ihren Schwerpunkt bei lokalen Erzeugnissen. Als offenen Wein bekommen Sie einen Vermentino und einen Rosso dei Colli di Luni.

16 KM ÖSTLICH VON LA SPEZIA

Il Lupo

Traditionelle Osteria
Via Cisa, 72
Tel. (+39) 01 87 / 62 26 19
Ruhetag: Montag
Ferien: 2 Wochen im September
25 Plätze
Preise: 25–28 €
Keine Kreditkarten
Abends geöffnet

Ausgehend von der Porta Parma, dem Durchgang westlich der Befestigungsmauer, die einst die Stadt Sarzana schützte, folgt man der alten Staatsstraße Strada della Cisa und erreicht so diese einfache kleine Osteria, die mit großer Leidenschaft von Roberta Pelliti geführt wird. Die Küche steht ganz im Zeichen der hiesigen Tradition, die Zutaten stammen zu einem großen Teil vom Slow-Food-Markt Mercato della Terra in Sarzana. Zum Auftakt lassen Sie sich Torta di verdura und Torta di farro, Farinata mit Sardellen, Prosciutta aus Castelnuovo und Flan di verdure schmecken. Weiter geht es mit Ribollita, Pasta e ceci (8 €), Zuppa di borlotti mit Bohnen und Dinkel aus der Garfagnana, Zuppa di muscoli e cannellini (10 €), Testarolo pontremolese (ein Slow-Food-Presidio) mit Basilikum, Lasagne tordellate, Tagliatelle verdi mit Kaninchensauce, Tortelli di spinaci mit Ziegenricotta, ***Bagnun* di acciughe** (10 €), Pancotto ligure, Pasta con patate e cavoli, Lasagnette aus Esskastanienmehl mit Pesto, Tagliatelle mit Borbogion (die letzte Blüte der Zucchini aus Sarzana) und der köstlichen ***Mes-ciua*** (8 €). Übergehend zu den Secondi können Sie **Sella di coniglio farcita**, Cima, Verdure ripiene, **Muscoli ripieni** (10 €), Tortino di acciughe e scarola (8 €), Baccalà marinato, Stoccafisso in umido oder Lattughe ripiene in brodo wählen. Als Desserts werden Crema di limone al Vermentino mit Anicini, Caprese al cioccolato, Torta di riso sarzanese und die klassische **Spungata**, eine Süßspeise nach ganz altem Rezept, bestehend aus doppeltem Blätterteig, gefüllt mit getrockneten Früchten und Gewürzen, aufgetischt. Den Wein wählt man aus einem Sortiment an lokalen Erzeugnissen. Was Sie probieren sollten, ist der Mirto, ein Likör aus selbst gesammelter Myrte, den die zarte, aber energische Wirtin auch selbst herstellt.

25 KM NÖRDLICH VON SAVONA

Palazzo Salsole

NEU

Restaurant
Piazza Concezione, 1
Tel. (+39) 019 / 72 43 59
Ruhetag: Montag; im Winter nur am Wochenende und an Feiertagen geöffnet
Ferien: Januar
50 Plätze + 20 Plätze im Freien
Preise: 30–35 €
Kreditkarten: AE, CS, MC, Visa; BM
Mittags und abends geöffnet

Inmitten der Wälder, auf halbem Weg zwischen Acqui Terme und der Küste von Albisola, liegt Sassello, von jeher die Hochburg von Amaretti und Pilzen. Die Geschwister Ferrando (Michele mit seiner Frau Michela im Service, Daria in der Küche) führen dieses Restaurant mit Sitz in einem historischen Gebäude auf dem Rathausplatz. Die auf drei Ebenen angeordneten Räume sind geschmackvoll eingerichtet. Dank der Ratschläge seitens des befreundeten Kochs Giorgio Dalpian und der wachsenden Achtsamkeit für regionaltypische Zutaten hat sich die Küche im Laufe der Jahre qualitativ stark weiterentwickelt. Aus dem Gemüsegarten der Familie stammt im Sommer das Gemüse für **Minestrone genovese con *scuccusù*** (9 €). Als Alternativen bekommen Sie schmackhaften Risotto al vino rosso, zubereitet mit Dolcetto d'Acqui, **Ravioli lunghi con il tocco** (10 €) und hausgemachte Tagliatelle mit Pilzen, die im Herbst bei zahlreichen Gerichten aus Darias Repertoire auftauchen. Dann folgen Arrosti di carne, ***Sbira***, die klassische Kuttelsuppe, Stoccafisso mit Oliven und Kartoffelpüree, Cima und **Tomaxelle** (10 €), ein typisches, leider rar gewordenes Gericht. Zum Ausklang gibt es *Bonet*, Crostate mit hausgemachten Konfitüren, die vorzüglichen Amaretti, eine Spezialität dieser Gegend, und feines Semifreddo mit Chinotto aus Savona (5 €), ein Slow-Food-Presidio. Im Keller lagern erstklassige ligurische und piemontesische Etiketten, ergänzt durch Anleihen vor allem aus Norditalien. Es gibt auch glasweisen Ausschank. Im Lokal finden regelmäßig Buchpräsentationen und Konzerte statt.

Die Macelleria Giacobbe (Piazza Rolla 7) bietet exzellente Wurstspezialitäten: Testa in cassetta und Prosciutto cotto sollten Sie nicht verpassen.

SORI (GE)
Capreno

16 KM SÜDÖSTLICH VON GENUA, S.S. 1 ODER A 12

Da Drin

Trattoria
Ortsteil Capreno, 66
Tel. (+39) 01 85 / 78 22 10
Ruhetag: Mittwoch
Ferien: Mitte September–Mitte Oktober, Weihnachten
50 Plätze + 20 Plätze im Freien
Preise: 23–26 €
Kreditkarten: CS, MC, Visa; BM
Mittags und abends geöffnet

Die Leute, die in den Tälern, abgeschieden vom Meer, wohnten, hatten im letzten Jahrhundert kein leichtes Leben und mussten, um sich ernähren zu können, mit den kargen Gaben der Erde auskommen. Daraus entstand eine Küche mit einfachen, aber schmackhaften Zutaten, die durch würzige Kräuter ins rechte Licht gesetzt wurden. An Festtagen kamen als besondere Leckerbissen Hoftiere hinzu, insbesondere Kaninchen und Hühner. Die Familie Castagnola greift auf dieses kulinarische Kulturerbe zurück und bereitet es in ihren Gerichte neu auf: Marilva zeichnet für die Küche verantwortlich, die Söhne Gabriele und Gianni wechseln im Service ab. Die Mahlzeit beginnt mit Häppchen von frittierten Focaccine mit Käse und (oder) mit Schinken, Torte di verdura, Verdure ripiene, Insalata di funghi (5,50 €) und dem gemischten Teller mit Salumi. Die Teigwaren für die Primi (6,50 €) sind alle hausgemacht: Wir empfehlen Ihnen ***Mandilli de saèa*** (das bedeutet „Seidentüchlein“ und bezeichnet Lasagne, die wegen der Zartheit der Teigblätter so genannt werden), serviert **mit Pesto**. Als Alternativen werden schmackhafte und delikate **Ravioli di borragine** mit Borretsch aus dem Garten, in der Version **con il *tuccu*** (mit Fleischsauce) angeboten. Dann folgen weitere Gerichte nach hiesiger Tradition, nämlich **Cima alla genovese** (8 €), ein wunderbares **Coniglio disossato impanato e fritto** (ausgelöstes Kaninchen, in Panade frittiert, 9 €) und Fritto misto all'italiana. Zum Abschluss haben Sie die Wahl zwischen Tortino al cioccolato, Crème caramel, Panna cotta, Crostata, Tiramisu, Sfogliatina mit Chantilly-Sauce, warmem Tortino di mele mit Eis, Sorbetto und Affogati. Neben dem offenen Hauswein werden Etiketten aus Ligurien und anderen Regionen Italiens ausgeschenkt.

VARESE LIGURE (SP)

52 KM NORDWESTLICH VON LA SPEZIA, S.S. 523

Gli Amici

Restaurant
Via Garibaldi, 80
Tel. (+39) 01 87 / 84 21 39
Ruhetag: Mittwoch, außer im Sommer
Ferien: 15. Dezember–15. Januar
100 Plätze
Preise: 25–30 €
Kreditkarten: CS, MC, Visa; BM
Mittags und abends geöffnet

Wir befinden uns hier im Vara-Tal, in einem weiten Gebiet, wo seit mehr als 15 Jahren biologischer Anbau betrieben wird. Kleine Landwirte erzeugen Gemüse, Käse, Fleisch und seit Kurzem wird der schwarze Hahn gezüchtet, der jüngste Slow-Food-Presidio, der von November bis März zu bekommen ist. In diesem Restaurant werden Sie in einem großen Speisesaal in familiärer Atmosphäre empfangen. In der Küche zaubert Marco Marcone ein Speisenrepertoire von hoher Qualität, das je nach Jahreszeit variiert und eine Vorliebe für typische Produkte dieser Gegend, das Grenzgebiet zwischen Ligurien und der Emilia, zeigt. Der Antipasto misto (9 €) umfasst eine kleine Auswahl an regionaltypischen Salumi und Formaggi neben Häppchen von Kräuterkuchen. Stets vertreten sind Crostini mit hiesigem Lardo (5 €) und delikate **Acciughe al limone**. Von den Primi empfehlen wir die einfach perfekten Croxetti di Varese mit zerstoßenen Pinienkernen und Majoran, Tagliatelle ai funghi (in der Saison) und **Ravioli al ragù di carne** (8 €). Auch die Secondi (10 €) spiegeln den typischen Charakter des oberen Vara-Tals wider: **Crocchini** (Fleischklößchen, in Backteig gewickelt und frittiert), **Cima alla genovese** mit Zwiebelchutney, Stoccafisso alla ligure und **Stecchi** (gemischte Spießchen). Zum Abschluss gibt es neben der exzellenten Auswahl an Biokäse aus dem Tal (7 €) hausgemachte Desserts, darunter Crostate und Semifreddo all'amaretto, eventuell mit einem Schluck Sciacchetrà. Ausgeschenkt werden Weine von Produzenten dieser Gegend und aus der Toskana sowie ein guter offener Wein aus den Colli di Luni.

» *Die familiäre Gastlichkeit und die Qualität der verwendeten Zutaten machen einen Besuch im Gli Amici zur Pflicht.* «

ALTARE (SV)

13 KM WESTLICH VON SAVONA

Quintilio

Restaurant
Via Gramsci, 23
Tel. (+39) 019 / 580 00
Ruhetag: Sonntagabend, Montag
Ferien: zeitweise im Juli
45 Plätze
Preise: 42–60 €
Kreditkarten: AE, CS, DC, MC, Visa; BM
Mittags und abends geöffnet

Schon allein aufgrund ihrer Lage kann sich die Küche des historischen Lokals der Familie Bazzano dem Einfluss der Region Piemont nicht entziehen: solide Gerichte, gepflegt angerichtet und aufgefrischt durch kreative Kombinationen. Unter den am häufigsten vertretenen Gerichten sind Vitello tonnato, Raviolini al *plin* mit Fleischsauce, Fritto misto alla piemontese (25 €), Agnello in würziger Kräuterkruste, Acciughe fritte, Stoccafisso mantecato mit Cialde al parmigiano und Pastete aus Taggiasca-Oliven (22 €) zu nennen. In der entsprechenden Saison stehen auch Menüs auf dem Programm, die den Pilzen und Trüffeln aus der Umgebung gewidmet sind. Teigwaren und Brot sind hausgemacht, ein großer Teil des Gemüses stammt aus dem familieneigenen Garten. Auf der umfangreichen Weinkarte stehen Winzer mit klingenden Namen neben kleinen Erzeugern. Die Weine können auch glasweise bestellt und in der kleinen Vinothek erstanden werden. Zum Übernachten stehen fünf komfortable Gästezimmer bereit.

LERICI (SP)

13 KM WESTLICH VON SAVONA

I Doria

NEU

Restaurant
Via Carpanini, 9
Tel. (+39) 01 87 / 96 71 24
Kein Ruhetag
Keine Ferien
45 Plätze + 45 Plätze im Freien
Preise: 45–55 €
Kreditkarten: CS, MC, Visa; BM
Abends geöffnet

Schon der erste Eindruck beim Eintreffen in diesem Restaurant wird Sie ganz sicher begeistern. Die Terrasse, auf der man in den warmen Monaten im Freien speisen kann, bietet einen bezaubernden Ausblick auf den kleinen Hafen von Lerici und die monumentale Burg aus dem 13. Jahrhundert. Seit nunmehr 20 Jahren engagiert sich die Familie Beghé mit all ihrer Kraft im Betrieb dieses eleganten, gastfreundlichen Lokals, wo man Fleisch- und Fischgerichte genießen kann, die Davide mit Fantasie zubereitet. Wenn man sich nicht auf das Degustationsmenü (50 €) verlassen will, findet man auf der Karte *Tajnes* di rana pescatrice (Anglerfisch) mit Veilchenkonfitüre und Gemüse (25 €), Spaghetti all'amatriciana mit geräucherten Meerbarben (15 €) und Rollé di coniglio, gefüllt mit Caprino und getrockneten Tomaten auf Creme von Kaiserbirnen (18 €). Erwähnung verdient auch die Weinkarte, die erlesene Etiketten aus fast allen Regionen Italiens anführt.

RIOMAGGIORE (SP)

23 KM WESTLICH VON LA SPEZIA

Cappun Magru in Casa di Marin

Restaurant • Via Volastra, 19
Tel. (+39) 01 87 / 92 05 63
Ruhetag: Montag, Dienstag
Ferien: Mitte Dezember–Mitte Februar
18 Plätze
Preise: 45–50 €
Kreditkarten: AE, CS, MC, Visa; BM
Abends geöffnet, Sonntag auch mittags

Das Restaurant, das Chefkoch Maurizio Bordoni gemeinsam mit seiner Frau Christiane führt, ist winzig (eine Reservierung ist eigentlich Pflicht), romantisch und besitzt Raffinesse. Es befindet sich oberhalb von Riomaggiore auf 200 Metern Höhe an einem Platz, wo die Zeit stehengeblieben ist: ein charakteristisches Haus im Dörfchen Groppo, das von Manarola über die Straße nach Volastra erreichbar ist. Es gibt einen Raum neben dem kleinen Eingangsbereich, im oberen Stockwerk befindet sich ein weiterer Gastraum mit offener Küche. Die Zutaten, die zum Großteil biologisch sind, stammen aus der Umgebung. Sie können à la carte essen oder dem Degustationsmenü für 42 oder 48 € vertrauen. Eine der hier erhältlichen Spezialitäten gibt dem Lokal seinen Namen, nämlich *Cappun magru* (20 €) in absolut authentischer Zubereitung. Bemerkenswert sind auch *Ciuppin* (13 €), Lattughe ripiene, Spaghetti allo zafferano und Muscoli (Miesmuscheln) von der Insel Palmaria. Der gepflegte Service ist tadellos und zugleich familiär.

SANREMO (IM)

23 KM WESTLICH VON LA SPEZIA

Tortuga

NEU

Restaurant
Via Bixio, 93 A
Tel. (+39) 01 84 / 84 03 07,
(+39) 338 / 200 00 41
Ruhetag: Montag, Dienstagmittag
Keine Ferien
45 Plätze
Preise: 45–50 €
Kreditkarten: AE, CS, MC, Visa; BM
Mittags und abends geöffnet

Es ist nicht leicht, in der mondänen Stadt Sanremo Restaurants mit einem guten Preis-Leistungs-Verhältnis zu finden, wie es das Ehepaar Rubino bietet. Walter kümmert sich um den Service im Saal, Teresa beweist in der Küche ihre Meisterschaft bei der Zubereitung von Gerichten nach Tradition des ligurischen Hinterlands und von Fischspezialitäten. Die verwendeten Zutaten sind absolut frisch und von hoher Qualität. Beginnen kann man mit *Brandacujun* (14 €), Julienne von Fisch und Gemüse und *Barbagiuai*. Weiter geht es mit Ravioli di magro mit wilden Kräutern, verfeinert mit Öl, Pinienkernen und Salbei (13,50 €), exzellenten Ravioli di pesce und Linguine mit Gamberetti aus Sanremo. Für den Hauptgang wird das hervorragende Agnello nostrano in casseruola (18 €) oder Fritto misto di pesce angeboten. Man beschließt die Mahlzeit mit interessanten hausgemachten Desserts. Gute Auswahl an lokalen Etiketten und Edelbränden aus eigener Produktion. Reservierung empfohlen.

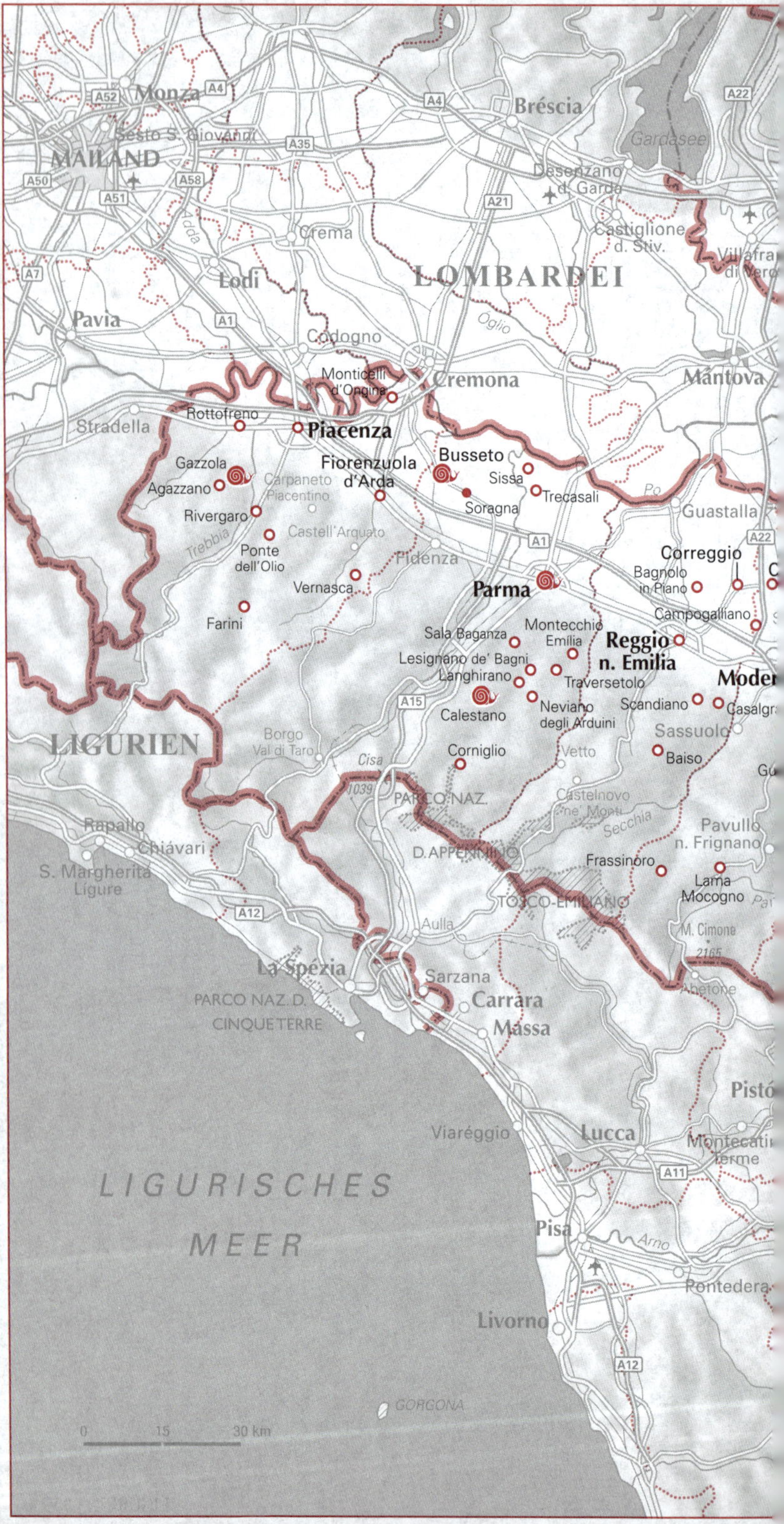

Monza
Bréscia
Sesto S. Giovanni
MAILAND
Gardasee
Desenzano d. Garda
Adda
Crema
Castiglione d. Stiv.
Lodi
LOMBARDEI
Pavia
Codogno
Oglio
Monticelli d'Ongina
Cremona
Màntova
Rottofreno
Piacenza
Stradella
Gazzola
Fiorenzuola d'Arda
Busseto
Sissa
Agazzano
Carpaneto Piacentino
Trecasali
Soragna
Rivergaro
Po
Guastalla
Castell'Arquato
Trebbia
Ponte dell'Olio
Fidenza
Correggio
Bagnolo in Piano
Vernasca
Parma
Farini
Campogalliano
Montecchio Emília
Sala Baganza
Reggio n. Emilia
Lesignano de' Bagni
Langhirano
Traversetolo
Calestano
Neviano degli Arduini
Scandiano
Casalgr
LIGURIEN
Borgo Val di Taro
Sassuolo
Corniglio
Vetto
Baiso
Cisa
1039
PARCO NAZ.
Castelnovo ne' Monti
Secchia
Rapallo
Pavullo n. Frignano
Chiávari
D. APPENNINO
S. Margherita Ligure
Frassinoro
Lama Mocogno
TOSCO-EMILIANO
Aulla
M. Cimone
2165
La Spézia
Sarzana
Abetone
Carrara
PARCO NAZ. D. CINQUETERRE
Massa
Pistó
Viaréggio
Lucca
Montecati Terme
LIGURISCHES MEER
Pisa
Arno
Pontedera
Livorno
GORGONA
0
15
30 km
A52
A4
A22
A35
A50
A58
A51
A21
A7
A1
A15
A12
A11

Vicenza
A31
Mirano
A4
A57
Mestre
Lido
di Jésolo
rona
A4
VENEDIG
Mira
Padua
S. Bonifacio
Golf
von
Venedig
VENETIEN
Monsélice
Chióggia
Legnago
A31
Este
Adige
Rovigo
Adria
Po
A13
Porto Tolle
Mesola
Mirandola
Finale
Emilia
Ferrara
ospero
Panaro
Codigoro
Cento
Bomporto
Comacchio
ADRIA
S. Pietro
in Casale
Nonantola
Reno
Argenta
BOLOGNA
ola
Monte S. Pietro
Bagnacavallo
Lugo
M4dir
Ravenna
amoggia
Savigno
Russi
Pianoro
Imola
A14
Faenza
Cervia
A1
Brisighella
Forlì
Forlimpopoli
Cesenatico
Cesena
Gambettola
Bertinoro
S. Mauro Pascoli
Savignano sul Rubicone
Rimini
Longiano
Santarcangelo
di Romagna
Riccione
Passo
della Futa
Galeata
Roncofreddo
Cattolica
Borgo
S. Lorenzo
PARCO NAZ. D.
Mercato
Saraceno
Sogliano
al Rubicone
S. Marino
S. Sofia
Monte
Colombo
FORESTE CASENTINESI
A14
Prato
M. Falterona
Bagno
di Romagna
S. Leo
S. MARINO
FLORENZ
M. FALTERONA
Casteldelci
C. CAMPIGNA
Verghereto
Urbino
Pontassieve
A1
Arno
Bibbiena
MARKEN
TOSKANA
Montevarchi
Città
di Castello
Poggibonsi
Arezzo
UMBRIEN

EMILIA-ROMAGNA

Es ist schwierig, ein einheitliches gastronomisches Bild zu zeichnen, das der Emilia-Romagna als Region mit tausend kulinarischen Identitäten gerecht wird. Bereits im Namen klingt unterschwellig eine Grenze an. Aber die Unterscheidung zwischen den Bewohnern der Emilia und der Romagna ist nur eine und vielleicht nicht einmal die treffendste.
Die Fülle an Grundzutaten hat im Lauf der Jahrhunderte die Entwicklung eines kulinarischen Schatzes ermöglicht, wie er sich anderswo in Italien kaum finden lässt: von Wild aus dem Apennin bis zum Aal aus dem Po-Delta, von Erbazzone bis Gnocco fritto, den man in den Straßen der Emilia knabbert, bis zu Piadina und Crescioni, die das Straßenbild an der romagnolischen Küste prägen. Eine solche Vielfalt ergibt einen Parcours, auf dem das, was eint, auch zu dem wird, was trennt – Symbol einer gemeinsamen Identität und zugleich Element der Unterscheidung zwischen den verschiedenen Städten, welches lokalpatriotische Erscheinungen fördert.
Da wäre zum Beispiel der Eierteig, den die *Rezdore* (oder *Azdore* = Hausfrauen) nach wie vor mit dem Nudelholz ausziehen und zu Tagliatelle, Lasagne, Tortellini und Tortelloni verarbeiten. Das sind nur einige von vielen Beispiele für eine opulente, im Geist wie in den Saucen großzügige Küche, deren besonders authentische Ausprägung man noch heute in den Gasthäusern findet.

Für Sie entdeckt

AGAZZANO (PC)
Sarturano

24 KM SÜDWESTLICH VON PIACENZA

Antica Trattoria Giovanelli

Trattoria
Via Centrale, 5
Tel. (+39) 05 23 / 97 51 55
Ruhetag: Montag, Mittwoch, Sonntagabend
Ferien: 2 Wochen im Februar, 16.–31. August
55 Plätze + 55 Plätze im Freien
Preise: 30 €
Kreditkarten: AE, CS, MC, Visa; BM
Mittags und abends geöffnet

Die Hügel des Luretta-Tals bilden seit 1946 den Rahmen des Betriebs der Familie Giovanelli, einer beliebten Trattoria, in der die lokalen gastronomischen Traditionen gehütet werden. Das Lokal hat sich im Lauf der Zeit zwar erneuert, ohne aber seinen familiären Ansatz aufzugeben. Marco versieht den Service und schlägt Ihnen den gehaltvollen Antipasto di salumi misti (9 €) vor, der drei vor Ort gereifte DOP-Wurstsorten enthält, und zwar Coppa, Salami und Pancetta. Probieren Sie von Raffaellas hausgemachten Primi die berühmten **Tortelli di erbette e ricotta** (9 €), die mit Butter und Salbei oder mit gelungener Pilzsauce serviert werden, saisonal erhältliche Tortelli ripieni di zucca berrettina, klassische Anolini in brodo ripieni di stracotto, *Pisarei e fasò* und **Tagliatelle al sugo di salciccia** (8 €). Fleisch dominiert unangefochten das Panorama der Secondi und stammt von ausgewählten lokalen Erzeugern. Eine Kostprobe wert sind **Faraona arrosto** (9 €), Stinco di maiale al forno, Tasca di vitello ripiena, Bollito misto (nicht immer erhältlich) und Selvaggina (Wild), das Sie jedoch vorbestellen müssen. Schlichtheit und Tradition sind auch die Kennzeichen der Dolci (4 €), die flaumige Torta di mandorle con zabaione (typisch für die Gegend), Ciambella und Torta sbrisolona al croccantino umfassen. Auf der Weinkarte finden sich einige gute Tropfen aus Piacenza; der offene Hauswein wird in der charakteristischen *Scudlein* kredenzt, einer kleinen weißen Keramikschüssel, die einst in den traditionellen Gasthäusern verbreitet war. In der schönen Jahreszeit kann man sein Essen auf der Veranda genießen.

BAGNO DI ROMAGNA (FC)
San Piero in Bagno

56 KM SÜDWESTLICH VON CESENA, S.S. 71 OD. E 45

Alto Savio

Restaurant
Via Battistini, 76
Tel. (+39) 05 43 / 90 33 97
Ruhetag: Samstag
Ferien: 23. Dezember–8. Januar, 1 Woche nach dem 15. August
90 Plätze + 20 Plätze im Freien
Preise: 25–30 €
Kreditkarten: CS, DC, MC, Visa; BM
Mittags und abends geöffnet

Seit 1975 führt die Familie Bravaccini erfolgreich diese Trattoria an der Ortseinfahrt von San Piero. Im Eingangsbereich befindet sich die Bar, die den Bewohnern des Städtchens als Treffpunkt dient und zum schlichten Speisesaal führt. Alessandro und seine Frau Paola teilen sich die Aufgaben im Service und in der Küchenleitung und werden von den drei (Teig-)Köchinnen Laura, Nadia und Graziella unterstützt. Die sorgfältige Auswahl der Rohstoffe und lokalen Produkte ist das Geheimnis der unverfälschten, schmackhaften Speisen, die unerschütterlich in der Tradition verankert sind. Probieren Sie **Panzanella** (die Romagna grenzt hier an die Toskana), hausgemachte Giardiniera, die zur Platte mit heimischen Wurstsorten (10 €) gereicht wird, und **Crostini ai porcini**, al lardo, ai fegatelli di piccione und di coniglio. Es gibt auch eine Platte mit Käse aus dem Savio-Tal mit Raviggiolo, Ricotta sowie Schaf- und Ziegenkäse. Der Teig für die Pasta wird mit dem Nudelholz ausgezogen. **Tagliatelle** al ragù, **alla cacciagione** (8 €), al tartufo oder ai funghi sind wirklich unverzichtbar. **Tortelletti di spinaci e ricotta** oder di patate, Cappelletti in brodo (9 €), Passatelli, Zuppa imperiale und Ribollita verdienen aber ebenfalls eine Kostprobe. Danach geht es mit Gebratenem weiter, und zwar Piccione nostrano, Coniglio, **Agnello** (10 €), Capretto und **Stinco di maiale** (8 €). Im Winter stehen **Baccalà in umido con i porri**, Trippa alla fiorentina, Cinghiale in salmì (9 €) con verdure di stagione grigliate und, falls erhältlich, Porcini fritti auf dem Programm. Unter den Süßspeisen (5 €) sind Lattaiolo, Semifreddo al croccante, Crème caramel, Mascarpone, Crostata und Ciambella. Die Weinkarte enthält einen lokalen Sangiovese und ein paar italienische Tropfen.

BAGNOLO IN PIANO (RE)
Pieve Rossa

13 KM NORDÖSTLICH VON REGGIO EMILIA, S.P. 3

Da Probo

NEU

Trattoria
Via Provinciale Nord, 13
Tel. (+39) 05 22 / 95 13 00
Ruhetag: Sonntag, Montag- und Dienstagabend
Ferien: je 1 Woche Anfang Februar und nach dem 15. August
100 Plätze • Preise: 25–35 €
Kreditkarten: AE, CS, DC, MC, Visa; BM
Mittags und abends geöffnet

Die Trattoria existiert mehr als 50 Jahren und ist seit 2002 fest in den Händen der Schwestern Mariachiara und Daniela Carboni, die Sie mit Glorias Unterstützung in den drei weitläufigen Gasträumen ebenso höflich wie kompetent empfangen. Küchenchef Nicola Basco bietet streng an der Tradition Reggios orientierte Gerichte aus Zutaten, die zu einem guten Teil aus dem eigenen Garten stammen. Für die lokaltypischen und saisonalen Füllungen der hausgemachten Pasta werden Kürbis, Mangold, Spargel, weißer Trüffel und Pilze (Morcheln, Steinpilze und Pfifferlinge) verarbeitet. Sie beginnen mit vorzüglicher **Culaccia reggiana** (13 €) und Erbazzone mit Spänen von Parmigiano Reggiano oder Tropfen von Aceto balsamico tradizionale. Ein Muss sind **Tortelli di erbette** (10 €), di zucca oder di asparagi, aber auch **Cappelletti in brodo di manzo e maiale** (10 €) und im Sommer Risotto al tartufo bianco, in einem Parmesanlaib verrührt, schmecken köstlich. Bei den Secondi beeindruckt in erster Linie **Carrello di bolliti** (16 €), begleitet von klassischen, aber mit persönlicher Note zubereiteten Saucen (grüner, roter und Meerrettichsauce) und Mostarde. Auf der Karte finden sich aber auch Arrosti di vitello, maiale und faraona oder **Bracioline di agnello alla piastra**. Interessant ist das Degustationsmenü (40 €), das Ihnen einen kulinarischen Parcours durch die Gegend bietet. Es gibt zahlreiche marktabhängige Tagesgerichte und von Montag bis Freitag einen Businesslunch zu einem festgelegten Preis (15 €). Unter den Dolci (5 €) vom Wagen ragt die gute **Zuppa inglese** heraus. Die Weinauswahl reicht von Lambruschi aus dem Umland bis zu Etiketten aus verschiedenen Regionen Italiens.

BAISO (RE)
Lugo di Baiso

29 KM S. V. REGGIO NELL'EMILIA, S.S. 467 U. S.S. 486

Ca' Poggioli

Trattoria
Via Lugo, 7
Tel. (+39) 05 22 / 84 46 31
Ruhetag: Montagabend, Donnerstag
Ferien: 1 Woche im Januar, 10.–31. August
60 Plätze
Preise: 30–32 €
Kreditkarten: CS, DC, MC, Visa; BM
Mittags und abends geöffnet

Nachdem Sie die lange Reihe dicht aufeinander folgender Keramikfabriken hinter sich gelassen haben, gelangen Sie nach ein paar Dutzend Kilometern in Richtung des Passo delle Radici nach Lugo di Baiso. Im Tal sticht das aus Stein errichtete Gebäude ins Auge, das den Rahmen der Ca' Poggioli bildet. In diesem Umfeld, in dem die Zeit stehengeblieben zu sein scheint, verwöhnt Sie die Familie Branduzzi mit den unverfälschten Geschmacksnoten einer frischen, bodenständigen Küche, die von Signora Gianna zubereitet und Ihrem Sohn Gabriele den Gästen präsentiert wird. Den Anfang macht Antipasto misto (8 €), der **Torta fritta al parmigiano**, gute Wurstwaren und unverzichtbare Frittelle di baccalà (auch als Secondo erhältlich) beinhaltet. Bei den Primi kann man nichts falsch machen. Wie immer empfehlen sich **Tortelli ricotta ed erbette** oder Tortelli alla zucca mit gutem Amaretto-Aroma. Alternativen wären schmackhafte **Strichetti ai funghi** (8 €) und Cappelletti in brodo. Weiter geht es mit Fleischgerichten wie **Costolette di agnello**, überaus zarter Tagliata, klassischen **Barzigole** (dünnen Schaffleischscheiben, rasch angebraten und mit Öl, Knoblauch und Rosmarin gewürzt) und sehr gutem Gebratenem wie Faraona und Arista (12 €). Begleiter dazu sind saisonale Beilagen wie Feldradicchio und Bratkartoffeln. Hervorragende **Torta Tagliatella** (3 €), Zuppa inglese, Torta nera oder Panna cotta con frutti di bosco runden das Essen ab. Ein Lob verdient die Weinkarte mit verschiedenen lokalen und italienischen Weinen und gutem, perfekt auf die Wurstspezialitäten abgestimmtem Champagner.

Antica Trattoria della Gigina

Restaurant
Via Stendhal, 1 B
Tel. (+39) 051 / 32 23 00
Kein Ruhetag
Ferien: 3 Wochen im August
100 Plätze
Preise: 32–36 €
Kreditkarten: CS, MC, Visa; BM
Mittags und abends geöffnet

Fast 60 Jahre Geschichte hat dieses Lokal, das eines der authentischsten Gasthäuser Bolognas ist. Seine Seele ist Rosalba Vigorito, die stets auf Details und einen netten Empfang achtet. Lonza in salsa tonnata (10 €) oder **Roastbeef della Gigina con la sua salsa di cottura** (12 €) sind eingangs Pflicht, aber Spuma di mortadella e gelatina di balsamico con pan brioche (8 €) und Carpaccio di filetto con crudità e vele di parmigiano lohnen auch einen Versuch. Wenn Sie Brühe mit Einlage mögen, wählen Sie als Primi Tortellini (12 €) und **Passatelli** (8 €). Wenn Sie Pasta mit Sauce bevorzugen, lassen Sie sich die legendären Tagliatelle al ragù della Gigina (10 €), Ravioli di patate con ricotta fresca, zucca e verze und **Gramignone sporcafaccia con salsiccia al pasticcio** (10 €) schmecken. Von den Secondi dürfen Sie klassische Cotoletta alla petroniana con tartufo (18 €) oder **Cocotte fumante di bolliti** (Rind, Kalbskopf, Zunge und Cotechino) nicht versäumen, aber haben Sie auch ein Auge auf Coniglio al forno (12 €), das Aushängeschild der Trattoria, auf Faraona disossata in arrosto sfumato al vino (12 €) und auf **Costolette d'agnello a scottadito** (15 €). Lassen Sie dann noch Platz für die Desserts (7 €) wie Zuccherino con crema fritta e crema fredda, Zuppa inglese con salsa alla vaniglia, Lingotto di panna cotta con zabaione al Marsala und selbst gemachtes Gelato di crema all'uovo. Die gut bestückte Weinkarte mit mehr als 300 Etiketten lässt Augenmerk auf lokale Erzeugnisse erkennen.

La Caramella von Gino Fabbri (Via Cadriano 27/2) ist eine exzellente Konditorei. Die Salumeria Bruno e Franco (Via Oberdan 16) verkauft italienische Wurst- und Käsespezialitäten und Delikatessen.

BOLOGNA

Meloncello

Trattoria
Via Saragozza, 240 A
Tel. (+39) 051 / 614 39 47
Kein Ruhetag
Ferien: 2 Wochen im August
55 Plätze
Preise: 30–33 €
Kreditkarten: AE, CS, DC, MC, Visa; BM
Mittags und abends geöffnet

Diese historische Trattoria liegt in unmittelbarer Nähe des Dall'Ara-Fußballstadions und des Teatro delle Celebrazioni am Fuß des Arco del Meloncello, der den Arkadenweg in der Ebene mit dem Anstieg zur Wallfahrtskirche San Luca verbindet. Sie ist die Wiege der besten gastronomischen Tradition Bolognas und blickt auf eine fast hundertjährige Geschichte zurück. Diese bezeugen mit Autogrammen versehene Fotos von unzähligen Künstlern und Fußballspielern, die hier ihre Spuren und die Erinnerung an ihren Besuch hinterlassen haben. Von den Primi müssen Sie klassische Passatelli oder **Tortellini in brodo di carne** (10 €), Tagliatelle aus handgezogenem Teig mit klassischem Ragù bolognese (10 €) und Gramigna con il ragù di salsiccia probieren. Unter den Secondi ragen **Zucchine ripiene** con l'impasto dei tortellini (gefüllt mit der Masse der Tortellini-Füllung) **con sugo al pomodoro** (11 €), Polpettine con patate e piselli, **Coniglio disossato alla cacciatora** (12 €) und der unumgängliche Friggione heraus, die für Bologna typische Beilage schlechthin. Abschließend locken **Zuppa inglese** (5 €) und ebenso exquisites und ausgewogenes Fiordilatte. Das Weinangebot kreist ausschließlich um Tropfen aus dem Gebiet und beinhaltet eine große Selektion an Etiketten aus den Colli Bolognesi. Eine Reservierung ist empfehlenswert, vor allem wenn Fußballspiele stattfinden und die Gegend gestürmt wird, wobei sie leider einen Teil ihres natürlichen Zaubers einbüßt.

Le Sfogline (Via Belvedere 7 B): Hier gibt es hervorragende, von Hand erzeugte frische Teigwaren wie Tortellini, Tagliatelle, Lasagne, Gnocchi und Passatelli. Pasquini, Via delle Tofane 38, verkauft hervorragende Wurst aus der Tradition Bolognas.

Osteria Bottega

Traditionelle Osteria
Via Santa Caterina, 51
Tel. (+39) 051 / 58 51 11
Ruhetag: Sonntag, Montag
Ferien: 10 Tage zu Weihnachten/Dreikönig, August
26 Plätze + 10 Plätze im Freien
Preise: 40 €
Kreditkarten: CS, MC, Visa; BM
Mittags und abends geöffnet

Ein authentisches Bollwerk der Küche Bolognas, wie sie ist und sein sollte, um ihren jahrhundertealten Ruhm zu erhalten, dem viele Lokale in der Stadt nicht gerecht werden. Die Anerkennung dafür gebührt dem temperamentvollen, klugen Wirt Daniele Minarelli und seiner Leidenschaft und Kompetenz. Der kleine Gastraum verströmt Heiterkeit, unterstrichen durch den aufmerksamen, höflichen Service von Danieles Frau Valeria. Bei den Primi (das Menü folgt den Jahreszeiten) sei die kompromisslose Auswahl der Zutaten (auch Slow-Food-Presidi) erwähnt. Zu Beginn gebührt den Salumi eine Hommage, allen voran Mortadella (9 €), Prosciutto aus Parma (36 Monate gereift), Culatello aus Zibello und roher Salsiccia. Schwer fällt die Wahl bei den Primi aus frischem Teig: **Tagliatelle al ragù** (14 €), con la cipolla oder in bianco con culatello e asparagi, Tortellini in brodo di cappone, **Stricchetti con le rigaglie** und Lasagne al forno; falls erhältlich, probieren Sie Vellutata di carciofi. Bei den Secondi dominiert Fleisch wie authentische **Cotoletta alla petroniana** (17 €), superber Carrello dei **bolliti**, Faraona arrosto, Piccione und sonstige Fleischgerichte. Auch hervorragender Baccalà aus der Pfanne ehrt die Tradition. Probieren Sie von den Desserts (6 €) **Zuppa inglese**, Torta di riso, Fiordilatte und handwerklich erzeugte Sorbetti di frutta. Hochwertige italienische und französische Schaumweine und die besten regionalen Tropfen begleiten ein denkwürdiges Essen. Reservierung empfehlenswert.

»

In der Bottega zu essen ist eine Reise zu den Geschmacksnoten von einst. Für die Einheimischen ein Wiederaufleben der Erinnerung, für alle anderen ein authentisches Kennenlernen der Geschichte und Küche dieser Gegend.

«

Trattoria Collegio di Spagna

NEU

Moderne Osteria
Via Collegio di Spagna, 15 B
Tel. (+39) 051 / 644 88 25
Ruhetag: Sonntagabend, Montag
Ferien: zweite, dritte und vierte Woche im August
30 Plätze
Preise: 25–33 €
Kreditkarten: BM, CS, MC, Visa
Mittags und abends geöffnet

Hier haben wir es mit einem der interessantesten Betriebe der Bologneser Traditionsgastronomie zu tun. Ein schlichter Ort mit einem Hauch Eleganz, beinahe wie ein Theaterfoyer, mit roten Draperien zur Abtrennung der Eingänge von den Gasträumen. Markante Schlichtheit kennzeichnet die etwas strenge Einrichtung im Salonstil, durchsetzt mit ein paar modernen Details. Das von seiner Größe her gemütliche Lokal gliedert sich in drei kleine Räume, die direkt von der Eingangstür zu betreten sind und zum Arkadengang blicken. Ein familiengeführtes Lokal, hiesige Produkte, Augenmerk auf typische Küche, die geschmackvoll präsentiert wird, und für die Stadt absolut wettbewerbsfähige Preise sind eine Garantie für einen angenehmen Abend. Der Wirt steht in der Küche und stellt ein Menü zusammen, das mit den Primi beginnt. Die frische Pasta stammt von einer Nudelköchin in Monte San Pietro, wo die Lokalbetreiber das Restaurant des Golfklubs führten. Bahn frei also für Tagliatelle gialle al ragù (9 €), **Strichetti alle ortiche con prosciutto**, Gramignone con salsiccia und **Tortelli burro e salvia** (10 €); als Alternative bieten sich klassische Tortellini in brodo an (12 €). Weiter geht es mit Fleischgerichten wie **Coniglio arrosto con patate** und Cotoletta bolognese (16 €), aber auch Zucchine ripiene (12 €), **Tigelle e crescentine** con salumi, squacquerone e cipolline (14 €) und Panzerotti (1,50 € pro Stück) sind erhältlich. Als Beilagen serviert man Friggione, Bratkartoffeln und in der Pfanne sautiertes Gemüse (5 €). Hausgemachte Süßspeisen wie **Torta di riso** oder di mele (4 €), Zuppa inglese und Kekse mit Albana bilden das Finale. Das kleine, aber gut sortierte Weinangebot umfasst Etiketten aus verschiedenen Regionen Italiens.

BOLOGNA

Trattoria di Via Serra

Moderne Osteria
Via Serra, 9 B
Tel. (+39) 051 / 361 23 30
Ruhetag: Montag, Dienstag
Ferien: unterschiedlich
40 Plätze
Preise: 30–35 €
Kreditkarten: CS, DC, MC, Visa; BM
Abends geöffnet, Freitag–Sonntag auch mittags

Wir befinden uns im volkstümlichen Bolognina-Viertel, das sich als Gewerbe- und Industriezentrum am Ende des 19. Jahrhunderts um den Hauptbahnhof entwickelte. Nun lebt die Gegend durch die Entstehung interessanter Lokale wieder auf. Vor drei Jahren ist die ehemalige Osteria del Sole aus Zocca hierher übersiedelt. Im Service treffen Sie Flavio an, der noch immer begeisterter Wirt ist, in der Küche Tommaso. Drei kleine, mit weißem Holz gestaltete Räume und schlichte, schnörkellose Gedecke kennzeichnen das Lokal. Die auf einer Tafel angeführten Tagesgerichte sind eine Erweiterung der klar bodenständig und saisonal orientierten Karte. Unter den Antipasti sind hervorragender **Tosone avvolto in pancetta e cotto al forno** (8 €), verlockende Paté di fegatini con piada romagnola und **Crostini di crescente con funghi misti**. Tradition bestimmt die Primi: **Tortellini in brodo**, Tortelloni di ricotta und rustikale **Gramigna al torchio con salsiccia** (9,50 €). Fleisch ist das Thema der Secondi, darunter gute Noce di manzo al sale und verführerische **Bocconcini di coniglio avvolti in pancetta di suino grigio** (16 €). Es gibt auch eine schöne Wurst- und Käseselektion. In vielen Gerichten finden Sie Zutaten aus Slow-Food-Presidi und von kleinen Erzeugern, die auf der Karte genannt sind. Bei den Dolci darf Zuppa inglese (5 €) nicht fehlen; Alternativen sind Pinza, Raviole, Eis und Cheesecake. Kurz, aber interessant ist die Weinkarte, die vorwiegend nach natürlichen Methoden erzeugte Tropfen und zwei biologische offene Hausweine nennt, die nicht zu verachten sind.

Silvio Scapin, Via Santo Stefano 88 A, erzeugt und verkauft ausgezeichnete Wurstwaren, allen voran klassische Mortadella (Slow-Food-Presidio).

BOMPORTO (MO)
Solara

14 KM NORDÖSTLICH VON MODENA, S.S. 12

La Lanterna di Diogene

Osteria-Trattoria • Via Argine Panaro, 20
Tel. (+39) 059 / 80 11 01
Ruhetag: Montag, Dienstagabend
Ferien: ersten 2 Januarwochen
40 Plätze + 40 Plätze im Freien
Preise: 33 € (Tagesmenü)
Kreditkarten: AE, CS, DC, MC, Visa
Mittags und abends geöffnet

In der Bassa Modenese öffnen Ihnen Giovanni Cuocci und seine Jugendlichen die Tür zu der ein paar Kilometer außerhalb von Modena am linken Ufer des Panaro gelegenen Osteria und zu einem Projekt, das soziales Engagement mit Gastronomie verbindet. Den Großteil der für das Gasthaus benötigten Zutaten selbst zu erzeugen, ist Prinzip in diesem Lokal, wo das Gute, Reine und Richtige zu Hause ist. Im gemütlichen, einladenden Speisesaal bilden Leidenschaft und Liebe zur Tradition den roten Faden, dem Sie auf einer interessanten Reise durch verschiedene kulinarische Erfahrungen folgen werden. Die auf dem Büfett dargebotenen Vorspeisen – hervorragend sind die verschiedenen **salzigen Kuchen** und das in Öl eingelegte Gemüse – leiten das Abendessen ein. Darauf folgen die Primi, alle für 10 €, unter denen **Risotto con l'aceto balsamico tradizionale** (selbst gemacht) und Maccheroni al pettine con sugo di galletto modenese herausragen. Von den Secondi seien **Costine di maiale** (aus eigener Aufzucht) **alla griglia** und Stracotto di bianca modenese erwähnt (je 15 €). Die Desserts (5 €) vom Büfett sind eine Freude für alle, die einen schönen Überblick über das Feingebäck des Hauses möchten. Als Alternative gibt es ein reichhaltiges Degustationsmenü (33 €). Die umfangreiche Weinkarte repräsentiert ausführlich das regionale Angebot und legt Augenmerk auf nach natürlichen Methoden erzeugte Weine.

»*Guttun durch Gutes tun. Dies ist der Motor der Lanterna di Diogene, eines wunderbaren Lokals, in das man immer wieder mit Freude kommt.*«

BRISIGHELLA (RA)
Monteromano

50 KM SW. V. RAVENNA, 20 KM SW. V. FAENZA, S.S. 302

Croce Daniele

Trattoria
Via Monteromano, 43
Tel. (+39) 05 46 / 870 19
Ruhetag: Montag, Dienstagabend;
September–März Samstag und Sonntag
Keine Ferien
120 Plätze + 50 Plätze im Freien
Preise: 20–25 €
Kreditkarten: CS, MC, Visa; BM
Mittags und abends geöffnet

Die Anfahrt ist nicht einfach, lohnt sich aber schon wegen der Landschaft. Nachdem Sie Brisighella hinter sich gelassen haben, fahren Sie rund 20 Kilometer in Richtung Marradi, vorbei am Observatorium von Monte Romano, um dann die Fahrt auf einer nicht sehr bequemen schmalen Straße weiterzufahren, die aber einen schönen Ausblick auf den Apennin und das Lamone-Tal bietet. Sobald Sie Ihr Ziel erreicht haben, finden Sie sich in der historischen Trattoria unter Luciano Gentilinis Führung wieder. Bei entsprechendem Wetter können Sie Ihre Mahlzeit auch auf der Terrasse mit schöner Aussicht genießen. Eine Speisekarte gibt es nicht, aber das Personal wird Ihnen die Tagesgerichte aufzählen, die durchwegs Ausdruck einer auf Tradition und Schlichtheit basierenden Küche sind. Man kann sich mit **Crostini misti** (3,50 €) oder einer Auswahl an Salumi einstimmen. Die Primi (8 €) sind hausgemacht, der Teig dafür wird mit dem Nudelholz ausgerollt. Sie können auf klassische Tagliatelle al ragù oder auf ***Spoia lorda* con salsiccia e radicchio** setzen; ein Muss sind **Tortelli di patate**, die mit Öl aus Brisighella verfeinert werden. Die Secondi sind meist aus Fleisch zubereitet: **Arrosti** aus dem Holzofen, und zwar von Pollo (Huhn), Faraona (Perlhuhn) oder **Coniglio** (Kaninchen, 6 €), und Grigliate, kombiniert mit Saisongemüse oder Bratkartoffeln aus dem Ofen (3 €). Sobald der Zeitpunkt für Süßes gekommen ist, bietet das Haus **Zabaione**, Latte brulé und Semifreddo di ricotta. Zu trinken gibt es eine kleine Selektion romagnolischer Weine und einen guten offenen Sangiovese.

BRISIGHELLA (RA)

50 KM SW. V. RAVENNA, 20 KM SW. V. FAENZA, S.S. 302

Osteria del Guercinoro

Moderne Osteria
Piazza Marconi, 7
Tel. (+39) 05 46 / 804 64
Ruhetag: Dienstag
Ferien: 20. Dezember–7. Januar
30 Plätze + 15 Plätze im Freien
Preise: 30–35 €
Keine Kreditkarten
Abends geöffnet, September–Mai und Feiertage auch mittags

Die Mauern dieser Osteria im alten Zentrum von Brisighella sind direkt in den Fels gehauen. Das schlicht ausgestattete Lokalinnere erinnert an das Bild der alten Gaststätten mit Ausschanktresen und locker im Saal verteilten Tischen. Während der Lokalbetreiber Franco sich um den Einkauf und die Küche kümmert, empfängt Sie Elena und erläutert Ihnen die Tagesgerichte des Menüs. Eine Speisekarte gibt es nicht, aber vor dem Lokal finden Sie eine kleine Tafel mit dem Tagesangebot und den Preisen. Die stark von der nahen Toskana beeinflusste Küche zielt vor allem darauf ab, die Zutaten bestens zur Geltung zu bringen, die in den Gerichten einfach und ohne übermäßige Bearbeitung präsentiert werden. Besonderes Augenmerk gilt Lieferanten aus dem Gebiet. Sie können mit einer Auswahl an Wurstspezialitäten vom Cinta-Senese-Schwein, frischer **Ricotta di pecora con extravergine di Brisighella** (8 €) oder schmackhafter **Panzanella** beginnen. Bei den Primi dominieren geschnittene Teigwaren wie **Tagliatelle con piselli** oder con il ragù di chianina; eine Alternative dazu wären *Gnudi* con olio extravergine di Brisighella e basilico (9 €). Unter den Secondi sind ausgezeichnete **Battuta al coltello di chianina** (15 €), Lombatina di maiale al tegame, Tagliata di manzo und **Costata alla brace**, begleitet von frischem Radicchiosalat. Eine gute Auswahl lokaler Käsesorten steht ebenfalls bereit. Zum Abschluss warten hausgemachte Dolci (5 €), die täglich variieren. Eine Weinkarte ist nicht vorhanden, dafür aber eine gute Sammlung der besten lokalen Tropfen, die Ihnen der Wirt vorstellt.

BUSSETO (PR)
Madonna dei Prati

42 KM NORDWESTLICH VON PARMA, S.S. 558

Campanini

Trattoria
Via Roncole Verdi, 136
Tel. (+39) 05 24 / 925 69
Ruhetag: Dienstag, Mittwoch
Ferien: 2.–15. Januar, 15. Juli–15. August
52 Plätze
Preise: 28–32 €
Kreditkarten: CS, DC, MC, Visa; BM
Abends geöffnet, Feiertage auch mittags

Zwischen den wenigen Häusern von Madonna dei Prati, umgeben von der Bassa (Tiefebene) und den Verdi-Gedenkstätten, liegt diese wunderbare Trattoria mit angeschlossenem Geschäft. Die Familie Campanini (Stefano und Mamma Maria kochen, die Schwester Franca serviert) ist für die Erzeugung von Wurstspezialitäten (10 €) bekannt, die sich zusammen mit **Torta fritta** als Einstieg empfehlen: Spalla cotta, Salami, Coppa, Parmaschinken und Culatello. Der Montag ist ausschließlich dieser Kombination gewidmet. Gegen Vorbestellung werden Vertikalverkostungen von Parmaschinken und Culatello in verschiedenen Reifegraden organisiert. Gefüllte Pasta bildet den Schwerpunkt der Primi. Tortelli di ricotta, Agnolotti di patate, **Ravioli di caprino** (8,50 €), **Caramelle di taleggio e culatello** (9 €) sind immer erhältlich; sonntags gibt es vorzügliche Cappelletti in brodo und in der Saison Tortelli di zucca con amaretto e mostarda. Bei den Fleischgerichten dominiert Schwein, und zwar in Form von **Guancialetti**, Stinco al forno con patate und **Mariola cotta con mostarda di pere e mele con zabaione** (10 €). Alternativen dazu sind knusprige Anatra, Guanciale di vitello und sonntags **Bollito**. Gute Dolci (4 €) wie Torta paradiso e zabaione, *Bisulan* (Kringel), Crema al cioccolato und Gelato alla crema. Auch der Keller enttäuscht nicht: Es erwarten Sie zahlreiche Etiketten von kleinen Champagnererzeugern, gut gewählte italienische Schaumweine, lokaltypische Tropfen wie Fortana und Lambrusco und verschiedene interessante regionale Etiketten.

»
Das Bollwerk der kulinarischen Tradition der Bassa bietet jeden Tag die spannende Möglichkeit, die Aromen und die Geschichte der Region durch ihre Küche und ihre Weine kennenzulernen.
«

CALESTANO (PR)
Fragnolo

36 KM SÜDWESTLICH VON PARMA

Locanda Mariella

Trattoria
Ortsteil Fragno
Tel. (+39) 05 25 / 521 02
Ruhetag: Montag, Dienstag
Ferien: unterschiedlich
60 Plätze + 40 Plätze im Freien
Preise: ⊞ 35–38 €
Kreditkarten: MC, Visa; BM
Mittags und abends geöffnet, im Winter mittags gegen Vorbestellung

„Non solo tartufo" („Nicht nur Trüffel") könnte eine gute Alternative für den Namen des Restaurants von Mariella und Guido lauten, das wegen der lokalen schwarzen Knolle beliebt ist, aber auch hervorragende bodenständige Traditionsküche auf den Tisch zu bringen vermag. Das Lokal wirkt angenehm und einladend und die Inhaber verstehen es, die Gäste mit freundlicher und professioneller Beratung durch das Mahl zu führen. Neben dem saisonalen Menü gibt es immer eine kleine Auswahl an Tagesgerichten, die von der Laune des Küchenchefs und dem Marktangebot diktiert werden. Den Anfang machen zahlreiche Antipasti, darunter unverzichtbare Salumi, **Sformato di patate con crema di zucca** (7 €), Speck d'anatra in salsa balsamica oder **Verzini di magro in umido**. Von den Primi mundet besonders gefüllte Pasta. Probieren Sie also **Tortelli di patate di montagna con burro fuso e parmigiano 30 mesi** (10 €) und Cappelletti in brodo di manzo e gallina. Es gibt aber auch verschiedene Suppen oder Minestre di legumi. An Fleischgerichten bieten sich **Filetto di cavallo con peperonata dolce** (12 €), Guancialino di vitello brasato al vino rosso und **Rollatina di faraona** al vapore **con salsa di tartufo nero di Fragno** an (11 €). Abschließend locken deliziöses Semifreddo al torroncino con cioccolato fuso, Bavarese con amarene tiepide oder Crema di ricotta con salsa di fragole. Groß und umfassend präsentiert sich die Auswahl der Weine, die Sie zu angemessenen Preisen genießen können.

»
Seit einem Vierteljahrhundert verfolgen Mariella und Guido beständig das Ziel, bodenständige Gastronomie, gestützt von nachhaltiger Landwirtschaft und Aufzucht, zu bieten.
«

CAMPOGALLIANO (MO)

9 KM NORDWESTLICH VON MODENA

Laghi

Restaurant
Via Albone, 27 – Laghi Curiel
Tel. (+39) 059 / 52 69 88
Ruhetag: Mittwoch; April–Oktober Montag–Donnerstag
Ferien: Dezember–Februar
90 Plätze + 120 Plätze im Freien
Preise: 28–34 €
Kreditkarten: CS, MC, Visa; BM
Mittags und abends geöffnet

Paolo Reggiani führt seit mehr als 25 Jahren dieses Lokal im Parco Regionale del Fiume Secchia. Für den Empfang zuständig sind die beiden jungen Männer Francesco und Marcello, die Sie bei der Auswahl des Essens und der passenden Weine von der vielfältigen Karte beraten. Der Patron kümmert sich persönlich um die Kontakte zu den lokalen Lieferanten und holt in seiner Küche verloren gegangene Geschmacksnoten wieder hervor, wie jene der **Salsiccia gialla aus Modena**, einer an Gewürzen reichen Wurst, deren Ursprünge auf das Mittelalter zurückgehen. Probieren Sie sie **in padella** (aus der Pfanne) oder in der Sauce für Gramigna oder Tagliatelle. Aus dem angrenzenden Garten kommt das Gemüse, das Sie im schmackhaften Gericht namens **Come orto comanda** (10 €) genießen können. Unter den Antipasti sind eine gepflegte Selektion emilianischer Wurstwaren und verlockende Frittelle di baccalà (10 €). Pflicht bei den Primi sind **Tortelli alle erbette con aglio dolce di Voghera** und die Risotti aus Reis aus Grumolo delle Abbadesse (Slow-Food-Presidio), die je nach Saison in den Versionen con asparagi e tè nero (10 €), con carciofi oder con salsiccia e Lambrusco zubereitet werden. Als Secondi erwarten Sie vorzüglicher Rotolo di coniglio alle erbe, Guancialino di maiale brasato al Grasparossa (14€) und **Carpaccio di anatra con fiori ed erbe**. Vorzüglich ist die Selektion der **Formaggi** (mit einigen Slow-Food-Presidi), die in Kombination mit Mostarde und Konfitüren angeboten werden. Den Schlusspunkt setzen Crema di cioccolato al parmigiano con composta di pere, Salame di cioccolato und selbst gemachtes Eis. Gut zusammengestellte Weinkarte mit Tropfen aus ganz Italien und guter Auswahl an Lambruschi.

CARPI (MO)
Cantone di Gargallo

7,5 KM SÜDWESTLICH VON CARPI, S.P. 468

Trattoria Cantone

Trattoria
Via Fornaci, 36
Tel. (+39) 059 / 66 43 17
Ruhetag: Dienstag, Sonntagabend
Ferien: 1 Woche um den 15. August
50 Plätze + 40 Plätze im Freien
Preise: 20 €
Kreditkarten: CS, MC, Visa; BM
Mittags und abends geöffnet

Vor rund zehn Jahren haben Giorgio und seine Familie eine Trattoria eröffnet und damit auch die Führung der Bar im Circolo Arci in Cantone di Gargallo übernommen, einem kleinen Ortsteil im Herzen der roten Emilia. Das Lokal dient als Treffpunkt für Billard- und Kartenspieler, ist mit Tischen, Stühlen und Tischwäsche der Gasthäuser von einst eingerichtet und mit bäuerlichen Gerätschaften an den Wänden dekoriert. Die Kellner nehmen die Bestellungen der auf einer Tafel angeschriebenen Speisen flink und höflich entgegen. Die Küche liefert deftige, schmackhafte Gerichte der emilianischen Tradition, die auf Teigwaren und Schweinefleisch basiert. Ein stilisiertes Schwein prangt übrigens auch auf dem Lokalschild. Das Ergebnis ist, dass man sich zwischen dem Stimmengewirr der Spieler im Bar- und Billardbereich und der Gäste im Speisesaal und in der an der Rückseite des Gebäudes befindlichen Veranda in einer Atmosphäre „wie früher" wiederfindet, während man sich mit Coppa, **Ciccioli frolli**, **Erbazzone**, Cipolline in agrodolce und Gnocco fritto einstimmt. Dampfend heiß kommen dann Tortellini in brodo, Tortelli burro e salvia oder di zucca, **Tagliatelle al ragù** (7 €), Caramelle con ripieno d'anatra und **Maccheroni al pettine al ragù di costine** (7 €) auf den Tisch. Bei den Secondi Bahn frei für **Arrosti** (8 €) – Punta di vitello, Stinco, Faraona und Anatra – Braciolone, Guanciale in umido, Cotechino und Roastbeef, aber auch für **Baccalà** (oder Pesce gatto – Katzenwels) **fritto**. Die Dolci des Hauses (4 €) runden das Mahl ab, von denen Sbrisolona, Salame di cioccolato, Zuppa inglese, Tiramisu und Mattone am beliebtesten sind. Recht gutes Weinangebot, aber lassen Sie sich den Lambrusco nicht entgehen: Wir sind ja schließlich in der Emilia, oder?

CASALGRANDE (RE)
San Donnino di Liguria

19 km südöstlich von Reggio nell'Emilia

Badessa

Restaurant • Via Casa Secchia, 2 A
Tel. (+39) 05 22 / 98 91 38
Ruhetag: Montag, Samstagmittag; Juli und August auch Sonntag
Ferien: 1 Woche im Winter, 2 Wochen im Sommer
50 Plätze + 20 Plätze im Freien
Preise: ✚ 38–40 €
Kreditkarten: CS, DC, MC, Visa; BM
Mittags und abends geöffnet

Den Rahmen des in der Ebene zwischen Modena und Reggio gelegenen Restaurants bildet ein kurioses Gebäude aus dem Jahr 1853. Die beiden jungen Männer Luca Ferrari und Alberto Ruozzi haben es in ein reizendes, komfortables Lokal umgewandelt, das sich für eine angenehme Einkehr anbietet. Alberto kümmert sich um den Service, während Luca kocht und dabei hochwertige Zutaten aus dem Gebiet mit einem Hauch Kreativität verarbeitet. Man beginnt mit unverzichtbarer **Degustation von Parmigiano reggiano** (24, 32 und 48 Monate gereift), serviert mit Aceto balsamico tradizionale aus Reggio Emilia (10 €); als Alternative bietet sich Prosciutto crudo (aus eigener Erzeugung) mit Gnocco fritto an. Sformato di parmigiano reggiano und Flan di asparagi lohnen ebenfalls eine Kostprobe. Von den Primi nennen wir bemerkenswerte **Tortelli di verza e ricotta** (10 €), Tortelli alle tre zucche, Caramelle della Badessa mit Füllung aus geschmortem Entenfleisch, Cappelletti in brodo und ganz klassische ***Ajeda***, das heißt grüne Tagliatelle mit Walnüssen, Würzkräutern und Knoblauch. Breit gefächert ist die Auswahl der Secondi, angefangen von dem umwerfenden Stinco di maiale alla birra, mit Konfitüre von roten Zwiebeln serviert (14 €), bis zu nicht minder guten Speisen wie **Coscia di coniglio ripiena avvolta nella culaccia**, **Gota di maialino brasata al Lambrusco**, Costolette di agnello fritte und dem appetitlichen Piatto vegetariano. Tris di torte (4 €) – Tagliatelle-Torte, Brot-Schokolade-Torte und eine Crostata –, Zuppa inglese, Tiramisu sowie Sorbetto di mele, saba e mentuccia (4 €) bilden das Finale. Die gut bestückte Weinkarte nennt eine umfangreiche Palette an Lambruschi, Schaumweinen und eine interessante Selektion an Bieren aus Kleinbrauereien.

CASTEL D'AIANO (BO)
Rocca di Roffeno

46 km südwestlich von Bologna, S.S. 64

La Fenice

Ferienbauernhof
Via Santa Lucia, 29
Tel. (+39) 051 / 91 92 72
Ruhetag: Montag–Mittwoch, außer im Sommer
Ferien: Januar, Februar
60 Plätze + 40 Plätze im Freien
Preise: 25–30 €
Kreditkarten: CS, MC, Visa; BM
Mittags und abends geöffnet

Wir sind etwas mehr als 40 Kilometer von Bologna entfernt, aber es scheint, als wären wir viel weiter weg. Dieser Agriturismo hat wenig Konkurrenz, was die Aussicht auf die Hügel und die Atmosphäre angeht, die er bietet: Es handelt sich um ein bezauberndes Gehöft aus dem 16. Jahrhundert im Eigentum der Familie Giarandoni, die nicht nur einen Gastronomie- und Beherbergungsbetrieb führt, sondern auch (zu Recht berühmte) Wurstspezialitäten vom Mora-Romagnola-Schwein erzeugt. Die Empfehlung, sie im Antipasto des Hauses zu verkosten, versteht sich daher von selbst. Es erwartet Sie ein Teller voll Glück, gesteigert von Frittatine, Crescentine, Prugna avvolta nella pancetta, Salame und Prosciutto. Aufgrund der ausgezeichneten Fleischqualität neigt man natürlich dazu, gleich zu den Secondi zu greifen. Probieren Sie klassisches, tadellos zubereitetes Filetto oder noch traditionellere **Grigliata mista**, aber auch **Medaglioni all'aceto balsamico e scalogno** sind nicht zu verachten. Wenn Sie großen Appetit verspüren oder etwas Vegetarisches wünschen, keine Angst, denn es gibt auch hervorragende Primi wie schmackhafte hausgemachte **Tagliatelle alle erbe selvatiche** und Tortelloni al radicchio con crema di parmigiano. Das Menü wird ebenso wie das Weinangebot mündlich erläutert, was aber der Vielfalt beider keinen Abbruch tut. Ein Lob verdient das Brotkörbchen, in dem Sie ausgezeichnetes Dinkelbrot und nicht minder köstliche Rotoli alle patate oder alle verdure finden, die auch in einem gehobenen Restaurant eine gute Figur machen würden. Das vollkommen gebietstreue Weinangebot liegt mit dem Rest auf einer Linie.

Der Landwirtschaftsbetrieb Carboni Lamberto in **Savigno** (7 km) erzeugt und verkauft ausgezeichnete Kartoffeln aus Tolè.

CASTIGLIONE DEI PEPOLI (BO)

58 KM SW. V. BOLOGNA, 6 KM V. MAUTSTATION PIAN DEL VOGLIO

Taverna del Cacciatore

Restaurant
Via Cavanicce, 6
Tel. (+39) 05 34 / 911 43,
(+39) 338 / 125 39 96
Ruhetag: Montag, im Winter auch Sonntagabend
Ferien: unterschiedlich
70 Plätze
Preise: 28–32 €
Kreditkarten: AE, CS, DC, MC, Visa; BM
Mittags und abends geöffnet

Lucia Antonelli ist mittlerweile eine Berühmtheit in der Emilia-Romagna. Wie könnte es anders sein, nachdem sie in zwei aufeinanderfolgenden Jahren den Preis für die besten **Tortellini** in einem (sehr harten) Wettkampf zwischen Modena und Bologna gewonnen hat? Es versteht sich von selbst, dass eine Kostprobe davon empfohlen wird. Aber in diesem letzten Streifen der Region dicht an der Grenze zur Toskana gibt es auch andere Protagonisten in der Küche: Wild (ausschließlich lokaler Herkunft) und Esskastanien. Opulent und vielfältig sind die Antipasti (6 €) wie **Polpettine piccanti**, Crostini caldi di fegato, frische Insalata di porcini und **Cinghiale marinato** con bruschette. Neben den erwähnten Tortellini ragen unter den Primi Pasta e fagioli, in der Saison mit Maltagliati di castagne (9 €) zubereitet, Tre cereali al colombaccio und **Pappardelle al rosmarino con ragù di fagiano** (10 €) heraus. Sehr zufriedenstellend sind die Secondi wie **Colombaccio al forno su crostone di pane toscano** (14 €) und in der Saison die Vielfalt an **Pilzen**, die Sie frittiert, gegrillt, geschmort und auch von Polenta begleitet genießen können. Das Ambiente ist typisch für die Gasthäuser des Apennins, wo die Küchenchefin gerne an den Tisch kommt, um die Grundsätze ihrer Küche zu erläutern. Hier könnte es vorkommen – und wir haben es wirklich erlebt –, dass ein Paar aus dem Dorf am Nebentisch hintereinander drei Teller Tortellini bestellt, für jeden versteht sich, gefolgt von einer Portion Tagliatelle al ragù. Wenn Frau Antonelli nunmehr die Königin des Tortellino ist, könnte sie unserer Ansicht nach denselben Ruhm für **Budino tiepido di castagne con salsa di marroni** (4 €) und Zuccherino montanaro erlangen, der am Ende des Essens Pflicht ist.

CATTOLICA (RN)

26 KM SÜDLICH VON RIMINI, A14 ODER S.P. 50

Osteria dei Murè

NEU

Traditionelle Osteria
Via Lungo Tavollo, 2
Tel. (+39) 05 41 / 83 16 07,
(+39) 333 / 681 30 56
Ruhetag: Montag, außer im Sommer
Keine Ferien
25 Plätze + 30 Plätze im Freien
Preise: 35 €
Kreditkarten: CS, MC, Visa; BM
Abends geöffnet, im Winter Samstag und Sonntag auch mittags

Im Hafen von Cattolica, der im Sommer gedrängt voll ist, befindet sich nicht weit von den zahlreichen Fischerbooten, die zu einer der wenigen bedeutenden Flotten gehören, die es in der Emilia-Romagna noch gibt, diese kleine Osteria mit Sitzbereich im Freien. Sie präsentiert sich gepflegt, mit alten Postkarten und Büchern an den Wänden, die die Liebe zum eigenen Gebiet bezeugen. Das aus wenigen Gerichten bestehende Menü rückt die Geschmacksnoten einer einfachen Meeresküche von einst in den Vordergrund. Der Fisch wird direkt von den Booten oder auf dem Fischmarkt von Cattolica und Rimini gekauft und nach alter Manier zubereitet. Wenn Sie Crudités oder Saucen wünschen, ist das nicht Ihr Lokal. Der Empfang ist freundlich und vermittelt Ihnen das Gefühl, zu Hause zu sein. Francesco steht in der Küche, sein Bruder Giovanni serviert und erläutert Ihnen das Menü mündlich. Sie können mit reichlichem Antipasto freddo (14 €), Lumachine di mare in brodetto und Cozze oder **Vongole alla marinara** (8 €) beginnen. Von den Primi lohnen allein die fantastischen **Cannelloni ripieni di pesce** (12 €) eine Einkehr, aber es gibt auch Spaghetti al sugo di vongole (10 €) und Tagliolini con sughetto rosso di pesce. **Grigliata mista** (18 €) ist bei den Secondi unverzichtbar. Daneben gibt es Calamari alla griglia, Fritto misto (14 €) und Gratiniertes (Jakobs-, Messer-, Kamm- und Miesmuscheln). Gegen Vorbestellung gibt es gutes **Brodetto di pesce** (18 €), Seppie con piselli und Paella di pescato. Im Winter serviert man **Quadrucci con brodo di seppia**. Am Ende des Menüs bietet man Ihnen eine Kostprobe von Crostata, Ciambella und eine Süßspeise des Hauses. Sorbets und Eis wären die Alternativen dazu. Das auf das Wesentliche beschränkte Kellerangebot beinhaltet gute Weißweine aus den Marken. Reservierung empfehlenswert.

CENTO (FE)

25 KM SÜDWESTLICH VON FERRARA, S.S. 255

Antica Osteria Da Cencio

Osteria-Enoteca • Via Provenzali, 12 D
Tel. (+39) 051 / 683 18 80
Ruhetag: Montag, im Sommer auch Sonntag
Ferien: 3 Wochen im August, 20.–31. Dezember
70 Plätze
Preise: 35–40 €
Kreditkarten: AE, CS, DC, MC, Visa; BM
Mittags und abends geöffnet

Marco Bregoli (von allen Billy genannt) begrüßt Sie und erklärt Ihnen die Geheimnisse seiner Osteria und der Gerichte, die Gabriele Ferri kocht. Das hübsche Lokal wartet mit Gewölbedecken, alten Möbeln und Plakaten auf. Die Küche konzentriert sich auf das Gebiet, verschmäht aber ein paar wohl überlegte Ausflüge keineswegs. Das Menü wechselt häufig. Zu Beginn dürfen Sie **Crostini con lardo stagionato in conca** (4 €), ausgewählte Wurstspezialitäten und klassische Mortadella aus dem Slow-Food-Presidio (8 €) sowie Pere cotte nel vino rosso con praline di formaggio nicht versäumen. Bei den Primi haben Sie die Qual der Wahl: **Lasagne con coniglio e olive nere** (10 €), Tagliatelle con ragù di carne und *Pisarei* con ceci, pomodorini e olive taggiasche. Unter den Secondi sind Carne cruda di fassona battuta al coltello, **Piccata di pollo gratinato con carciofi** (16 €), Filetto di manzo all'aceto balsamico di Modena (19 €) und Insalata di pollo con misticanza di arancia e salsa allo yogurt (7 €). Große Vielfalt kennzeichnet die hausgemachten Dolci von Biscotti über Coppa di mascarpone con cioccolato (5 €) bis Budino al melone con salsa alla liquirizia. Es gibt auch eine gute Käseselektion mit Honig und Konfitüren (15 €) und einen reichhaltigen vegetarischen Teller mit **Käse** vom Grill (13 €). Die Weinkarte enthält Weine aus dem Gebiet und anderen Regionen Italiens; gutes Angebot an glasweise ausgeschenkten Weinen.

Die Bäckerei Palladino (Via Donati 7) bietet Brot, Spezialitäten und Produkte für Zöliakiepatienten. Fleischerei Ceresi (Via Ugo Bassi): Wurst und Fleisch. Die Salumeria Bonfatti in **Renazzo di Cento**, Via Alberelli 28, erzeugt Wurst, darunter klassische Mortadella (Slow-Food-Presidio).

CERVIA (RA)
Pinarella

35 KM SÜDLICH VON RAVENNA

Al Deserto

Restaurant
Strada Statale 16 Adriatica, 52
Tel. (+39) 05 44 / 97 61 51
Ruhetag: Montag–Mittwoch
Ferien: Dezember–Februar
60 Plätze + 40 Plätze im Freien
Preise: 35–40 €
Kreditkarten: CS, MC, Visa; BM
Abends geöffnet, Samstag und Sonntag auch mittags

Roberto Bagnolini hat den von seinen Eltern im Jahr 1964 gegründeten Piadina-Stand zwischen dem an der Saline verlaufenden Kanal und der Adriatica-Staatsstraße in ein Restaurant verwandelt, das seit Jahren an vorderster Linie steht und einen einfachen, aber gepflegten Anblick bietet. An der Rückseite des Lokals ist Platz für einen Sitzbereich im Freien, von dem man einen prachtvollen Ausblick auf die Salinen genießt. Hier gibt es Qualität zu ehrlichen Preisen. Das kulinarische Angebot mit originellen, manchmal auch fantasievollen Gerichten lässt Augenmerk auf traditionelle Fischküche und saisonale Produkte erkennen. Bitten Sie Roberto, der zwischen Speisesaal und Küche pendelt, Ihnen die Tagesgerichte zu empfehlen. Beginnen Sie mit Cozze aus Cervia alla marinara oder alla diavola, **Vongole al pesto con ceci neri** (10 €), Mazzancolle al sale con verdure (14 €), **Canocchie con olio extravergine di oliva e limone**, schmackhafter Trippa di manzo con seppie e cicerchie di Serra de' Conti und Insalata di seppia con porro stufato e vellutata di piselli. Bei den Primi greifen Sie zu gutem **Risotto alla marinara** (10 €), Gnocchetti di patate con ragù di scorfano e stridoli (12 €) oder Tagliolini al pesto di spinaci e scampi und Ravioli con frutti di mare. Danach lassen Sie sich **Riccioli di calamari alla griglia** (14 €) oder **Grigliata di pesce azzurro** alla cervese schmecken. Abschließend warten hausgemachte Desserts (6 €) wie Semifreddo di fichi caramellati e squacquerone, Zuppa inglese und typisches Dolce della Zitella (Kringel mit Cremefüllung und Alkermes). Im Keller lagern einige Weine aus dem Gebiet und dem übrigen Italien. Es gibt zwei Degustationsmenüs für 40 und 50 €.

CERVIA (RA)
Castiglione di Cervia

22 KM SÜDLICH VON RAVENNA, S.S. 3 BIS

Emilia

NEU

Trattoria • Via Castiglione, 8
Tel. (+39) 054 4 / 95 05 38,
(+39) 347 / 153 87 63
Ruhetag: Montag
Ferien: 10 Tage im Oktober
35 Plätze + 35 Plätze im Freien
Preise: 20–25 €
Kreditkarten: AE, CS, DC, MC, Visa; BM
Mittags und abends geöffnet, im Juli und August nur abends

Die Trattoria liegt im Zentrum des kleinen Ortes. Silvia und Antonio haben den Stab von seiner Gründerin Emilia übernommen und den Namen des Lokals beibehalten, seine Optik aber merklich verändert. Sie legen viel Wert auf Details, Vintage-Chic aus den Fünfzigerjahren und Wiederverwertung von alten Materialien wie bereits vorhandenem Mobiliar. Antonio kümmert sich um den Service, während seine Frau Silvia mit Unterstützung einiger junger Mitarbeiter kocht. Die Speisen folgen der Tradition, sind aber mit einem Hauch Frische versehen, der sie auf angenehme Weise leichter macht. Das Menü sieht Antipasti wie **Crescentine con spuma di mortadella, stracchino e rucola** (6,50 €), Involtini di melanzane e ricotta su fonduta di pomodoro und Carpaccio di manzo con pesto di olive taggiasche e mandorle vor. Unter den Primi, alle aus hausgemachtem Teig, sind **Cappelletti al ragù** (8 €), Tagliatelle con sugo di pomodori e asparagi, **Gnocchi di patate con pesto di stridoli, squacquerone e scalogno tostato** (8,50 €) und Strozzapreti con stridoli, salsiccia e pomodoro. Als Secondi können Sie Polpette di bollito in umido, Galletto alla diavola, Costine dell'Emilia und **Coniglio fritto con misticanza aromatica** (9 €) probieren, begleitet von Bratkartoffeln (3,50 €), gegrilltem Gemüse oder Feldkräutern. Das süße Programm ist sehr variabel, wobei Crème brulée, Semifreddo croccante und in der Saison Fragole con polvere di liquirizia nicht fehlen dürfen. Auf der Karte stehen auch vegetarische Gerichte. Das Weinangebot ist begrenzt, aber der offene Hauswein aus biologischem Anbau ist ein guter Begleiter zum Essen.

CESENA
San Vittore

6 KM VOM ZENTRUM

Cerina

Restaurant-Pizzeria
Via San Vittore, 936
Tel. (+39) 05 47 / 66 11 15
Ruhetag: Montagabend, Dienstag
Ferien: je 1 Woche im Januar, Juni und August
150 Plätze
Preise: 30 €
Kreditkarten: AE, CS, DC, MC, Visa; BM
Mittags und abends geöffnet

25 Jahre, die man nicht spürt, indem man täglich beweist, dass bodenständige Küche, Achtsamkeit auf gute Zutaten und Saisontreue sowie Aufmerksamkeit gegenüber dem Gast die einzigen Werte sind, die es zu verteidigen gilt. All dies zeichnet das nahe einer Durchgangsstraße gelegene Cerina aus, das für eine gelungene Einkehr bürgt. Graziella, im Service, und ihre Schwester Rosanna, in der Küche, vermitteln Ihnen das Gefühl, in der „echten" Romagna zu Hause sein. Beginnen Sie mit **Squacquerone di romagna, rucola, piadina e fichi caramellati** (7,50 €), **Salumi di mora romagnola** con crostone al lardo e piadina (10 €) oder mit Battuta al coltello di romagnola con verdurine e citronette. Die Primi sind eine Hymne auf die Hausmannskost: **Passatelli oder** Cappelletti **in brodo di carne** (9 €), geschichtsträchtiger *Canolo* della Cerina, seit 1965 auf der Karte, **Tagliatelle al ragù di mora** (10 €) und Ravioloni di ricotta e spinaci al burro e salvia. Fragen Sie in der Saison nach weißem Trüffel zum Verfeinern der Tagliatelle. Vegetarische und vegane Speisen gibt es immer; der Freitag ist dem Fisch aus der nahen Adria gewidmet. Die Secondi sind großzügig angerichtet: Galletto arrosto con pomodori e patate, **Coniglio** aus dem Holzofen **con patate** (10 €), Straccetti di scottona al pomodoro fresco, **Agnello nostrano ai ferri** und Tagliata di manzo ai ferri con sale grosso di Cervia e rosmarino (16,50 €). Aus dem Holzofen kommen auch Pizza und Brot. Crema al mascarpone, Crostate oder Pesche con la crema bilden das Finale. Die Weinkarte mit über 150 Etiketten hat einen Schwerpunkt auf Erzeugnissen der Colli romagnoli.

Der Laden La Delizia, Via Savio 1171, verkauft Käse, Wurst, Kekse und Produkte aus Slow-Food-Presidi.

Michiletta

Trattoria
Via Strinati, 41
Tel. (+39) 05 47 / 246 91
Ruhetag: Sonntag
Ferien: unterschiedlich
90 Plätze + 10 Plätze im Freien
Preise: 27–35 €
Kreditkarten: AE, CS, DC, MC, Visa; BM
Mittags und abends geöffnet

Das Michiletta liegt in der Altstadt von Cesena nicht weit entfernt vom Dom. Den heutigen Rahmen des 1855 eröffneten Betriebs bildet ein von Signora Johanna und Koch Rocco geschmackvoll und elegant renoviertes Lokal. Nur der alte Holztresen beim Eingang erinnert noch an den alten Standort. Morgens wird dort Frühstück mit toskanischem Brot und Schinken serviert. Mittags und abends ist die Küche traditionell ausgerichtet, ergänzt durch einige originelle Gerichte, die aber stets im Zeichen der Bodenständigkeit stehen. Neben dem Menü gibt es Tagesgerichte aus frischen Saisonzutaten. Unter den Vorspeisen sind schmackhafter Antipasto Michiletta mit Artischocken, Oliven und Wurst, aber auch Zucca al gorgonzola oder **Sformato di pan cotto ed erbette** (8 €). An Primi bieten sich **Tagliatelle verdi con ragù di mora romagnola** (9 €) oder als Alternative sommerliche Maccheroni con sugo di melanzane e mozzarella di bufala (9 €) an. Als Secondi erwarten Sie guter Käse (10 €) von lokalen Erzeugern, **Fegatelli** nella loro rete **alla griglia con patate e rosmarino** (9 €) und Coniglio arrotolato al forno con patate. Hervorragend sind die Dolci, darunter **Panna cotta con pan di miele e caramello**, Zuppa inglese, Pere cotte al Sangiovese sowie hausgemachte Kuchen und Crostate. Die interessante Weinkarte nennt das Beste aus der lokalen Produktion und eine Auswahl an Weinen aus dem übrigen Italien und anderen Ländern. Im achtsam renovierten Keller finden Sie auch eine schöne Taverne. Es gibt zwei Degustationsmenüs für 27 und 35 €.

Il Buongustaio in **Gambettola** (13 km), Piazza Cavour 5, verkauft ausgezeichneten Schafkäse.

53 km östlich von Forlì, S.S. 9 und S.S. 304

Osteria del Gran Fritto

Moderne Osteria
Corso Garibaldi, 41
Tel. (+39) 05 47 / 824 74
Kein Ruhetag
Keine Ferien
110 Plätze + 40 Plätze im Freien
Preise: 28–35 €
Kreditkarten: CS, MC, Visa; BM
Mittags und abends geöffnet

Ein Spaziergang am Hafenkanal von Cesenatico vermittelt sofort Urlaubsgefühl. Im Sommer ist die Gegend von vielen Menschen bevölkert, die entlang der dicht aneinandergereihten Lokale und Läden zu beiden Seiten der Mole flanieren. Stefano Bartolinis moderne Osteria ist zu einer Anlaufstelle für puristisch schlichte Meeresküche geworden und präsentiert sich gut durchdacht, sowohl was die Einrichtung als auch die Küche angeht. Reservieren ist nicht möglich, aber wenn das Lokal voll ist, können Sie Ihre Telefonnummer hinterlassen, damit man Sie verständigen kann, sobald ein Tisch frei wird. Wenn Sie Platz genommen haben, können Sie das Menü von einem Papierdeckchen vor Ihnen ablesen: preislich gemäßigte Angebote und einige Gerichte außerhalb des Menüs, die auf einem Karton angeschrieben sind, den Ihnen die Kellner vorlegen. Ein Klassiker ist **Gran fritto di pesce dell'Adriatico** (14,50 €), ein großer Teller mit Fischen, Weichtieren und Gemüse; außerdem gibt es Calamaretti e zucchine croccanti und **Sarda fritta con pomodoro e capperi di Salina** (8,50 €). Abseits des Menüs, aber dennoch häufig auf dem Plan stehen Cozze nostrane alla marinara (11,50 €). Danach folgen frische Pasta wie **Tagliolini al ragù bianco di pesce** (10 €), Risotto alla moda di una volta (9,50 €) und Schmorgerichte wie **Sardoncini all'olio e limone**, Gamberi al sale dolce (16,50 €) und Spiedini di calamari e gamberi sowie guter Fisch in Portionsgröße, der im Ofen oder auf dem Grill zubereitet wird. Am Ende warten verlockende Dolci wie Crema di gelato alle bucce di arancia (5 €), Sorbetti und Terrina di crema e zabaione. Auf der Weinkarte sind Weine aus dem Gebiet gut vertreten; daneben gibt es einige Flaschenweine aus dem übrigen Italien und ein paar Biere. Interessant ist Cono di fritto zum Mitnehmen für 6 €.

COMACCHIO (FE)

52 KM SÜDÖSTLICH VON FERRARA, ANSCHLUSS A 13

Da Vasco e Giulia

Trattoria
Via Muratori, 21
Tel. (+39) 05 33 / 812 52
Ruhetag: Montag, Mittwochabend
Ferien: 7.–31. Januar
40 Plätze
Preise: 30–35 €
Keine Kreditkarten; BM
Mittags und abends geöffnet

Comacchio ist mit seinen Kanälen, Brücken und Lagunen einen Besuch wert. In der Nähe der Trepponti-Brücke und des alten Fischmarkts bietet sich diese Trattoria für eine angenehme Einkehr an. Schon im ersten Moment fällt die Unverfälschtheit der Speisen auf, die Giulia gemeinsam mit ihren Töchtern Irene (im Service) und Elena (mit am Herd) bietet. Sie werden auf herzliche, sympathische Weise in drei einfachen, hübsch eingerichteten und mit alten Fotos und Zeichnungen dekorierten Gasträumen empfangen. Hauptdarsteller bei Tisch sind Aal und frischer Fisch, der jeden Morgen geliefert wird. Gekocht wird nach alten Rezepten aus Comacchio, wobei auch noch der „Focone", der große, mit Holz beheizte Kamin zum Einsatz gelangt, der für die perfekte Garung von **Anguilla** (Aal) wesentlich ist. Aal wird Ihnen gegrillt, mariniert, mit Wirsing, **als Brodetto** (12 €) und im Sugo für guten Risotto aufgetischt. Sie können auch andere traditionelle Gerichte wie schmackhafte **Zuppa di vongole** (9 €) oder Antipasto freddo di pesce wählen. Probieren Sie Risotto rosso di mare, Maccheroncini al ragù di pesce und **Garganelli al pesce** (9 €); als Alternative schmecken Tagliatelle al ragù (7 €). Von den Secondi lohnen Grigliata mit tagesfrischem Fisch und duftendes **Fritto misto di pesce** (12 €) einen Versuch, aber es gibt auch immer einige Fleischgerichte. Von den Dolci (4 €) sollten Sie die klassische **Zuppa inglese** und die hausgemachten Kuchen nicht versäumen. Der Keller bietet diverse Etiketten aus Italien, aber zum Aal empfehlen wir die lokalen roten „Vini di sabbia".

Die Fischhandlung Lidomar verkauft in der Saison den traditionellen marinierten Aal aus dem Slow-Food-Presidio.

CORNIGLIO (PR)
Ghiare

40 KM SÜDWESTLICH VON PARMA

Da Vigion

Trattoria
Via Provinciale, 21
Tel. (+39) 05 21 / 88 81 13
Ruhetag: Montag, Dienstag
Ferien: 10.–20. Juni, 1.–10. September
80 Plätze + 20 Plätze im Freien
Preise: 25–27 €
Kreditkarten: CS, MC, Visa; BM
Mittags und abends geöffnet

Wer Berge mag, vor allem den Apennin um Parma, wird die Fahrt über die Provinzstraße von Parma nach Corniglio als Vergnügen empfinden. Hier finden Sie die Trattoria, die die Familie Rabaglia seit der Nachkriegszeit mit unveränderter Leidenschaft und großer Höflichkeit führt. Die Küche stützt sich seit jeher auf ein solides traditionelles Angebot: Wurst, gefüllte Teigwaren und Fleisch, wie Bolliti, Wild, Braten und Geflügel. Carlo, der auch Fleischer und auf die Verarbeitung von Schwein spezialisiert ist, hat begonnen, Hennen, Kapaune (gekocht und für Suppen) und Hähnchen (für alte Traditionsrezepte) zu verarbeiten. Er züchtet sie selbst, um für seine Küche exzellentes Fleisch zu garantieren. Beginnen Sie mit hervorragenden Wurstspezialitäten (5 €) – Salami, Cicciolata, Coppa (im hauseigenen Keller affiniert), Prosciutto und ausgezeichnetem Spallaccio – oder in der Saison mit Insalata di funghi porcini. Die Primi (9 €) werden Sie nicht enttäuschen: Sehr beliebt sind **Tortelli di patate** (mit Butter und Käse, aber auch mit Pilzsauce), Tortelli di erbette und **Anolini in brodo** (klein, gut gefüllt und würzig); Risotto und Tagliolini ai porcini stehen ebenfalls auf der Karte. Ausgezeichnet ist das Fleisch in unterschiedlichen Zubereitungsarten, wie klassische **Punta di vitello**, Costine di maiale, Bolliti (10 €) sowie **Anatra** oder Faraona **arrosto**. Als Alternativen finden Sie **Cacciatora di agnello**, cinghiale oder capriolo. Hausgemachte Kuchen und Crostate runden das Essen ab. Der Keller bietet mit Lambrusco, Barbera, Malvasia und Sauvignon einen schönen Überblick über die lokale Weinerzeugung; daneben stehen auch einige Etiketten aus dem übrigen Italien zur Auswahl.

17 KM NORDÖSTL. V. REGGIO NELL'EMILIA, S.S. 468

Tre Spade

Trattoria
Via Roma, 3 A
Tel. (+39) 05 22 / 64 15 00,
(+39) 340 / 312 88 29
Ruhetag: Sonntagabend
Ferien: 2 Wochen Mitte August
40 Plätze + 15 Plätze im Freien
Preise: 30–35 €
Kreditkarten: CS, MC, Visa; BM
Mittags und abends geöffnet

Correggio ist vor allem für einen Namen bekannt, nämlich jenen von Luciano Ligabue, der hier geboren ist und auch lebt. Am Eingang des Lokals bezeugen einige Fotos des Sängers, dass dieses wirklich eines seiner Lieblingslokale ist. Hier herrscht eine Atmosphäre wie in den emilianischen Gasthäusern, die von den hiesigen Liedermachern besungen werden: schlichter, fast etwas rauer Empfang, wenig Firlefanz, die Tagesgerichte auf einer Tafel und auf der Karte angeschrieben, die mit Kugelschreiber ausgebessert ist. Während Sie **Erbazzone**, Ciccioli frolli und Schiacciatine von einem Tellerchen knabbern, schenken Sie der Weinkarte genügend Aufmerksamkeit, die erneuert wurde und sich auf Produkte aus dem Umland konzentriert. Lambrusco und einige nach natürlichen Methoden erzeugte Weine stehen im Vordergrund. Zu Recht berühmt sind **Tortelli di zucca**, aber auch Cappellacci verdi al prosciutto (9 €) enttäuschen nicht. Das Tre Spade ist eines der wenigen Lokale, wo Sie Gallina bianca di Saluzzo (Slow-Food-Presidio) und **Stracotto di bufalo** oder di asino bekommen können. Auch beim Fleisch zeigt sich die Suche nach Zuchtbetrieben, die auf Nachhaltigkeit und das Wohl der Tiere achten. Sehr geschätzt sind **Coniglio all'aceto balsamico** (13,50 €) und **Tris di verdure ripiene con formaggio e salumi** (10 €): deftige, sättigende Gerichte, die für alle in der Emilia Geborenen ein Wahrzeichen sind. Probieren Sie auch *Frisaja*, eine Variante von Friggione, die den nicht unwesentlichen Vorteil hat, leichter zu sein. Beenden Sie Ihr Essen mit *Busilan*, einem mürben Kringel in Süßwein getaucht. In puncto Atmosphäre, Geschmack und Preise ist dies eine der authentischsten Trattorien, die Sie in der Emilia finden können.

31 KM SW V. RAVENNA, S.S. 9 OD. AUSFAHRT A 14

Ca' Murani

Restaurant
Vicolo Sant'Antonio, 7
Tel. (+39) 05 46 / 880 54
Ruhetag: Donnerstag
Ferien: je 2 Wochen im Januar und September
50 Plätze
Preise: 31–34 €
Kreditkarten: AE, CS, DC, MC, Visa; BM
Abends geöffnet, Samstag und Sonntag auch mittags

NEU

Nachdem Remo Camurani und Daniela Pompili mehr als 20 Jahre lang die Osteria in Strada Casale geführt hatten, übersiedelten sie 2013 in die Altstadt von Faenza in die Nähe der Piazza del Popolo. Das Restaurant mit einem schönen, weitläufigen Speisesaal mit Holzträgern und -möbeln, Kamin und alten Cottoböden wirkt anheimelnd, elegant und doch schlicht. Remo ist seit jeher ein Verfechter von Qualitätszutaten, die er vorwiegend von lokalen Erzeugern bezieht. Diese Besonderheit, gepaart mit der Verarbeitung von saisonalen Produkten, stellt einen der Pluspunkte des Lokals dar. Da das Menü monatlich oder öfter wechselt, zeichnet es sich durch bemerkenswerte Vielfältigkeit aus. Man kann mit hervorragender Battuta di scottona, asparagi e misticanza, **Mortadella artigianale con crostini di fegatini** und Tortini con verdure di stagione (8 €) beginnen. Unter den Primi sind **Gnocchi di patata con ricotta stagionata e pesto di basilico** (10 €), Tagliolini al ragù di salsiccia e funghi galletti (10 €), im Winter **Cappelletti in brodo**, Lasagne al forno con ragù oder alle verdure und Zuppa di ceci e patate rosse con pancetta e mazzancolle (9 €). Bei den Secondi erwarten Sie vorzügliches **Coniglio nostrano con patate** (14 €), Maialino di mora romagnola con funghi e verdure und ein sublimes **Manzo cotto sulla pietra con erbe aromatiche e patate**. In der kalten Jahreszeit serviert man auch **Trippa con fagioli** und Spezzatino. Für ein süßes Finale bieten sich Kuchen in den Varianten di ricotta al limone (5 €), al cioccolato und al caffè an. Zu trinken kredenzt man eine gute Auswahl romagnolischer Weine, auch von kleinen Winzern, und gestattet sich Ausflüge über die Region hinaus; manche Weine gibt es im glasweisen Ausschank.

31 KM SW. V. RAVENNA, S.S. 9 OD. AUSFAHRT A 14

La Baita

Enoteca mit Küche
Via Naviglio, 25
Tel. (+39) 05 46 / 215 84
Ruhetag: Sonntag, Montag
Ferien: 1.–15. Januar, 2 Wochen Mitte August
55 Plätze + 55 Plätze im Freien
Preise: 30 €
Kreditkarten: CS, MC, Visa; BM
Mittags und abends geöffnet

Im Zentrum von Faenza begrüßen Sie Rosanna Crudeli mit Ehemann Roberto und Sohn Fabio, als wären Sie hier zu Hause. Widmen Sie dem Laden mit Käse und Wurst Zeit und verweilen Sie zwischen den vielen Flaschen in der Vinothek. Das Menü räumt lokalen Produkten viel Platz ein, sodass Sie neben zahlreichen Wurstsorten (6 €), die tagsüber als Imbiss erhältlich sind, auch eine umfangreiche Auswahl an **Formaggi** vorfinden. Die Primi (9 €) entspringen der romagnolischen Tradition und pendeln zwischen Festland und Meer: Tagliatelle ai porcini e lombo affumicato, Gnocchi di spinaci con salsiccia, crema di scalogno e peperone, **Maltagliati di grano e farro con timo e calamari**, Paccheri aus Gragnano con le sarde und ***Strichett* con marinata di pomodoro e petto di pollo all'origano**. Lassen Sie aber noch Platz für die wirklich hervorragenden Secondi und probieren Sie **Tonno di Romagna con contorno di fave, cipolla, olive e sedano** (14 €) – der mit Fisch nichts zu tun hat –, klassisches **Filetto di maiale farcito, con rosmarino, senape e peperoni** (14 €), Tartara di manzo con olive, pomodorini, paprica e basilico (14,50 €), Trancio di colombino arrosto con piselli, cipolla, pancetta e funghi champignon (13,50 €) und **Calamari con ceci, funghi e rosmarino** (13 €). Von den Dolci (5 €) lohnen Zuppa inglese und Torta di mascarpone e ricotta con confettura di frutti di bosco eine Kostprobe. Die außerordentlich reich bestückte Weinkarte gewährt Erzeugnissen aus dem Gebiet viel Platz.

” *Eine authentische, schnörkellose Küche mit reinen Geschmacksnoten, verbunden mit herzlichem, lockerem Empfang.* **“**

FAENZA (RA)

31 KM SW. V. RAVENNA, S.S. 9 OD. AUSFAHRT A 14

Manuëli

Trattoria
Via Santa Lucia, 171
Tel. (+39) 05 46 / 64 20 47
Ruhetag: Sonntagabend, Montag
Ferien: 1 Woche im September, 2 Wochen im Februar
90 Plätze + 90 Plätze im Freien
Preise: 30–33 €
Kreditkarten: CS, Visa; BM
Mittags und abends geöffnet

Diese Trattoria ist eine von jenen, deren Erscheinungsbild zu Verwirrung führen könnte. Der große Salon mit Veranda und eine fast zu große Speisekarte könnten Misstrauen erwecken. Lassen Sie sich von all dem aber nicht abschrecken, plaudern Sie ein bisschen mit Grazia und Alieto oder dem tüchtigen Servicepersonal und Sie werden auf Nummer sicher gehen, wenn Sie die repräsentativsten Gerichte des Gebiets bestellen oder von der kleineren Tageskarte wählen. Kostproben von Wurst und Käse, begleitet von Piadina oder Pizza fritta, **Crostini con i fegatini** (5 €), radicchio e bruciatini und viele Gemüsegerichte machen den Anfang. Unter den Primi sind Strozzapreti pancetta e stridoli, Tortelli all'ortica con il pomodoro fresco, aber auch **Minestra matta con piselli e pancetta** (7 €), ***Curzul* al ragù di castrato** oder Cappelletti in brodo, die es in den Versionen con il ripieno di carne oder di formaggio (8,50 €) gibt. Als Secondi erwarten Sie **Piccione** oder Capretto **al forno** (15 €), unnachahmliches **Lombo Manuëli** (eine Art Bistecca fiorentina vom Schwein), Castrato alla griglia und Fegato di maiale con la rete cotto alla brace (8 €). Sobald Sie bei den Desserts angelangt sind, können Sie zwischen Latte brulé, **Pizza fritta con i fichi caramellati** (5 €) oder Pesche dolci ripiene con crema e cioccolato wählen. Die umfangreiche Weinkarte enthält eine achtsam zusammengestellte Auswahl an Tropfen aus den Colli Faentini und einige Etiketten aus anderen Gebieten der Romagna und Italiens.

FAENZA (RA)

31 km sw. v. Ravenna, S.S. 9 od. Ausfahrt A 14

Marianaza

Trattoria
Via Torricelli, 21
Tel. (+39) 05 46 / 68 14 61
Ruhetag: Dienstag, Mittwoch; Juli und August Mittwoch, Donnerstag
Ferien: zeitweise im August
50 Plätze
Preise: 30–35 €
Kreditkarten: AE, CS, DC, MC, Visa; BM
Mittags und abends geöffnet

Das Schlüsselwort lautet hier Tradition. Das Lokal existiert seit langer Zeit, hat sich aber im Lauf der Jahre nicht verändert, ebenso wenig wie die Familie, die es betreibt: ein rein weibliches Team aus dem Hause Cucchi, gut eingespielt und effizient. Für die Bewohner von Faenza ist das Marianaza eine Art zweites Zuhause, eine bewährte Anlaufstelle im Zentrum und ein sicherer Hafen für diejenigen, die von außerhalb kommen und auf der Suche nach dem klimatischen Wesen der Romagna sind. Das Menü ist altbewährt: Crostini, Wurst mit Sottoli und Piadina als Vorspeise, hausgemachte Pasta, Grillfleisch und ein paar traditionelle Süßspeisen. Bei den Primi (9 €) machen Sie nichts falsch, wenn Sie auf **Tagliatelle** setzen: mit dem Nudelholz ausgezogener Teig, bissfeste Konsistenz, perfekt in den Versionen con il ragù, **con i funghi porcini** oder con prosciutto e piselli. Als Alternative bieten sich Tortelli ripieni di ricotta oder Garganelli an. Bei den Secondi steht der Grill im Vordergrund, ein weiteres Wahrzeichen der romagnolischen Küche, der eine ganze Wand im Gastraum einnimmt. Er ist ständig beheizt, auch im Sommer, aber haben Sie keine Angst – es gibt eine Klimaanlage. Auf dem Rost brutzeln Pancetta, **Salsiccia**, normal oder **matta**, auch *Ciavàr* (9 €) genannt, Coppone, **Fegato di maiale nella rete**, Costate und Fiorentine. Bei Misto di carne ai ferri (16 €) dominiert, ganz im Sinn der Tradition, Schweinefleisch. Die Dolci des Hauses sind Mascarpone, Crostata, Latte alla portoghese und **Zuppa inglese** (6 €), die hier niemals enttäuscht. Die große Weinkarte konzentriert sich vornehmlich auf Etiketten aus dem Gebiet.

FARINI (PC)
Mareto

53 km südwestlich von Piacenza, S.P. 654

Albergo dei Cacciatori

Restaurant
Ortsteil Mareto
Tel. (+39) 05 23 / 91 51 31
Ruhetag: Montag
Keine Ferien
150 Plätze
Preise: 20–25 €
Kreditkarten: CS, DC, MC, Visa; BM
Mittags und abends geöffnet

Die Familie Morandi betreibt dieses Lokal seit der Nachkriegszeit und wertet seitdem das angeschlossene Hotel und das Umland auf, indem sie die kulinarische Tradition des Apennins und die ausgezeichneten Grundzutaten bewahrt, die die Natur und die Geschicklichkeit der Menschen hervorbringen. Renzo, unterstützt von seiner Tochter Eleonora und dem Neffen Alessandro zählt Ihnen das Menü auf, das bereits ab dem Antipasto Genuss verheißt: Wurstspezialitäten aus Piacenza (Coppa, Salami und Pancetta aus lokaler Erzeugung), begleitet von hinreißender **Torta di patate** (mit Kartoffeln aus Mareto) und kleinen hausgemachten Sottoli und Sottaceti (7 €). Unter den Primi ragen **Cannelloni di ricotta e spinaci** (7 €) und *Pin* (eine in kleine Stücke geschnittene Teigschnur aus Ricotta, Kartoffeln, Spinat und Parmesan) al sugo di funghi heraus; stets präsent sind Anolini in brodo, Tortelli d'erbette und *Pisarei e fasò*. Im Herbst sind **Gnocchi di patate** (7 €) und Tortelli di castagne, eines der Paradegerichte der Küche, ein Muss. An Fleischgerichten bieten sich gute Braten an (Coppa di maiale, Faraona und Vitello), **Cinghiale in umido** (10 €), Filetto di maiale con prugne und traditionelle *Picula* di cavallo (gehacktes und gegartes Pferdefleisch). Gegen Vorbestellung serviert man Lepre und Capriolo, die Elena und Mamma Gisella traumhaft zuzubereiten verstehen. Die Mahlzeit endet mit Gelato alla crema di limone, Frullato di lamponi (im Sommer) oder mit traditionelleren Süßspeisen wie Semifreddi und Crostate. Das Kellerangebot beschränkt sich auf einen ehrlichen Hauswein und einige gute Etiketten aus dem Umland.

FARINI (PC)
Groppallo

52 KM SÜDLICH VON PIACENZA, S.S. 654

Fratelli Salini

Trattoria
Viale Europa, 46
Tel. (+39) 05 23 / 91 61 04
Ruhetag: Mittwoch, außer im Sommer
Ferien: unterschiedlich
80 Plätze
Preise: 24–30 €
Kreditkarten: CS, MC, Visa; BM
Mittags und abends geöffnet

Das Fratelli Salini ist nicht nur ein Gasthaus, sondern auch eine prächtige Fleischerei und Imbissstation, wo man einerseits Wurst, andererseits Gerichte nach Traditionsrezepten genießt. Die Geschichte der Familie verläuft seit beinahe 200 Jahren in diesen beiden Geleisen, daher können Sie nicht umhin, die hausgemachten Wurstspezialitäten zu probieren, sobald Sie bei Tisch sitzen. Es erwarten Sie Coppa aus dem oberen Nure-Tal, Mariola (Slow-Food-Presidio), Salami, Pancetta und Guanciale. Der Assaggio misto (8 bis 9 €) wird stets von süßsaurem Gemüse, salzigen Gemüsekuchen und Torta di patate begleitet; daneben gibt es auch Paté di fegato, Nervetti und Coppa di testa. Die frische Pasta (8 €) ist in Handarbeit erzeugt: **Tortelli di ricotta e spinaci**, di zucca, di radicchio, di patate con pasta fresca di salame, aber auch **Ravioli di carne in brodo** oder al sugo di funghi, Chicche della nonna, Gnocchi und Tagliatelle con sugo di funghetti spinaroli, falls erhältlich. Empfehlenswerte Secondi (9 €) sind die hervorragende **Costata di manzo**, Carpacci, Fegato al tegame und eine Kostprobe von verschiedenen Arrosti und Bolliti. Gegen Vorbestellung werden Selvaggina, **Trippa** und sogenannte **Maialata** serviert, die mit Cotechini, Fegato (Leber) und Lombo (Lende) beginnt und mit gekochten Rippen, Füßen und Rüssel fortsetzt, begleitet von hausgemachten Saucen (rot, weiß und gelb). Dolci wie Crostate di frutta, Semifreddi und Cremes runden das Menü würdig ab und glänzen durch gute Zubereitung. Als Begleiter zum Essen bevorzugt man eindeutig Weine lokaler Herkunft.

FERRARA

Da Noemi

NEU

Trattoria
Via Ragno, 31
Tel. (+39) 05 32 / 76 90 70
Ruhetag: Dienstag
Ferien: Ende Juli/Anfang August
48 Plätze
Preise: 30–35 €
Keine Kreditkarten
Mittags und abends geöffnet

Wir befinden uns im mittelalterlichen Teil der Stadt, wenige Meter von der historischen Via delle Volte entfernt. Diese alte Trattoria wurde nach dem Krieg von Noemi eröffnet, der Mutter der heutigen Eigentümerin Maria Cristina Borgazzi, die sich unbefangen zwischen den Tischen bewegt. Gemeinsam mit der Familie und den beiden Söhnen hat sie die Zügel des Lokals in die Hand genommen und bereitet höchstpersönlich den Pastateig, die Füllungen und die Desserts zu. Auch das Brot wird teilweise selbst gebacken, während die typische *Ciupeta* aus einer nahen Bäckerei kommt. Es gibt typische Kost aus Ferrara, der ein großer Teil des Menüs gewidmet ist, ergänzt durch einige saisonale Gerichte. Unter den Antipasti sind neben der traditionellen Wurstplatte mit *Pinzini* (9 €) und **Salama da sugo da taglio** auch gute Fiori di zucca ripieni fritti und Sformatino di zucca e parmigiano. Bei den Primi regiert souverän frische Pasta. Probieren Sie sie in Form von schmackhaften, geschmacklich ausgewogenen **Cappellacci di zucca** (9 €), Cappelletti in brodo und Lasagne al forno; unbedingt erwähnt sei auch der mittlerweile selten anzutreffende, aber absolut traditionelle **Pasticcio di maccheroni ferrarese** (10 €), der hier wie im Lehrbuch zubereitet wird. Bei den Secondi Bahn frei für Fleisch wie Filetto, Tagliata, reichhaltige **Grigliata di carne di maiale** (13 €), Castrato und **Salama da sugo**, traditionell **mit Püree** (12 €) serviert. Tradition und Wohlgeschmack kennzeichnen auch die Desserts (4 €) wie Tenerina al cioccolato, **Torta di tagliatelle**, Zuppa inglese und Salame dolce. Gute Weinkarte; manche Weine sind glasweise erhältlich.

FINALE EMILIA (MO)
Massa Finalese

42 KM NORDÖSTLICH V. MODENA, S.S. 12 U. S.S. 468

Entrà

Trattoria
Via Salde Entrà, 60
Tel. (+39) 05 35 / 971 05
Ruhetag: Montag, Dienstag
Ferien: 7.–14. Januar, 16. August–Anfang September
40 Plätze + 40 Plätze im Freien
Preise: 25–28 €
Kreditkarten: MC, Visa; BM
Abends geöffnet

Ohne Navigationsgerät gestaltet sich die Anfahrt zu dieser Trattoria ziemlich kompliziert, deswegen sollte Sie sich bei der Reservierung nach dem Weg erkundigen. Sobald Sie das Lokal aber betreten haben, überzeugt Sie Antonios freundlicher, warmherziger Empfang sofort davon, am richtigen Ort gelandet zu sein. Die Speisekarte ist am Eingang ausgehängt und Antonio erklärt Ihnen bei Tisch, was seine Schwester Elvira, die die kulinarischen Traditionen des Gebiets hochhält, gerade am Herd zubereitet. Großes Augenmerk gilt den Zutaten, die vorwiegend aus der nahen Umgebung stammen, und Produkten aus Slow-Food-Presidi. Sie können mit einer ausgezeichneten Auswahl an Wurstspezialitäten (5,50 €) beginnen und mit Tagliatelle al ragù tradizionale, sehr guten **Tortelli di zucca** (9,50 €), Risotto con cime di asparagi oder **Maccheroni al pettine al ragù di anatra** fortfahren. Unter den Secondi sind verlockendes **Vitello al forno con patate** (13 €), Galletto alla pellegrina, klassische Faraona arrosto und köstliche **Zucchine ripiene con salsiccia e parmigiano** (11 €). Im Winter können Sie auch Cotechino con i fagioli, **Stracotto di somaro**, Trippa und Baccalà probieren. Abschließend erwarten Sie eine außergewöhnlich gute **Zuppa inglese**, Cassata all'emiliana und Torta di noci e mandorle. Antonios große Leidenschaft und Kompetenz wird in der Weinkarte ersichtlich, die neben einer intelligent zusammengestellten Auswahl an Lambruschi auch Etiketten aus Italien und Frankreich nennt, mit Bedacht ausgewählt und zu korrekten Preisen angeboten.

»
Wenn Schlichtheit ein so hohes Qualitätsniveau erreicht, kann man behaupten, es mit großer Küche zu tun zu haben.
«

FIORENZUOLA D'ARDA (PC)

22 KM SÜDÖSTLICH VON PIACENZA, S.S. 9

Battibue

Ferienbauernhof • Ortsteil Battibue, 278
Tel. (+39) 05 23 / 94 23 14,
(+39) 335 / 589 15 85
Ruhetag: Montag, Dienstagmittag
Ferien: 2 Wochen im September
70 Plätze + 70 Plätze im Freien
Preise: 18–26 € (Tagesmenü)
Kreditkarten: CS, DC, MC, Visa; BM
Abends geöffnet, mittags gegen Vorbestellung

Dieser kürzlich renovierte, schöne Agriturismo im ländlichen Gebiet der Bassa um Piacenza, wenige Kilometer von der Autobahnausfahrt Fiorenzuola entfernt, bietet gutes Essen und eine angenehme Unterkunft. In der kalten Jahreszeit und bei schlechtem Wetter können Sie in der ehemaligen Käserei Platz nehmen, die in einen achteckigen Speisesaal umgewandelt wurde. Wenn es warm ist, besteht die Möglichkeit, im Garten zu speisen, der mit einem winzigen Spielplatz für die Kleinsten und einer Ballspielwiese ausgestattet ist. Geboten werden festgelegte Menüs mit einzelnen Wahlmöglichkeiten für 18, 21 und 26 €. Den Anfang machen stets **Salumi** aus Piacenza, **begleitet von *Chisolino*** (frittiertem Brotteig), gefolgt von salzigen Kuchen mit Gartengemüse und hervorragender **Giardiniera**. Beim zweiten Menü gibt es zusätzlich ein Primo, während das umfangreichste Menü Kostproben von zwei Primi neben einem Secondo vorsieht. Häufig erhältlich sind Tortelli, ***Pisarei e fasò***, köstliche **Anolini in brodo** oder andere frische hausgemachte Teigwaren. Bei den Secondi wechseln Arrosti misti, **Stracotto**, Ganassino und **Costolette di maiale al forno**, zu denen man Beilagen aus selbst gezogenem Gemüse und Bratkartoffeln reicht. Die Menüs sehen auch hausgemachte Süßspeisen vor, darunter Crostate, Torta al cioccolato, Sbrisolona und in der warmen Jahreszeit Eis.

In **Soarza di Villanova** (15 km) erzeugt und verkauft die Cascina Pizzavacca Fruchtsäfte, Sottoli, Sottaceti, Gemüsecremen und Konfitüren aus selbst erzeugten Grundzutaten.

Don Abbondio

Osteria-Enoteca
Piazza Guido da Montefeltro, 16
Tel. (+39) 05 43 / 254 60
Ruhetag: Sonntagabend, Juli–Dezember Samstagmittag, Sonntag
Ferien: 1 Woche im Januar, August
45 Plätze + 20 Plätze im Freien
Preise: 28–34 €
Kreditkarten: AE, CS, MC, Visa
Mittags und abends geöffnet

Das Lokal befindet sich neben dem Museumskomplex von San Domenico. Simone Zoli führt es seit rund 15 Jahren mit Professionalität, Sensibilität und Hingabe. In der Küche verarbeiten die beiden jungen Chefs Franco und Martina mit geschickter Hand lokale Grundzutaten und Produkte aus Slow-Food-Presidi. Beginnen Sie mit hervorragenden **Polpettine fritte di bovina romagnola** (8 €), Raviggiolo aus dem Apennin mit Polenta und gereifter Coppa und **Spiedino di saraghina, pane verde e piadina** (8 €). Zu den Primi zählen ausgezeichnete **Ravioli integrali di asparagi, maggiorana e scaglie di pecorino** (10 €) und Strozzapreti con salsiccia di mora romagnola e radicchio, aber auch **Basotti con crema di parmigiano e scaglie di mortadella** (9 €), die Sie unbedingt probieren müssen. Bei den Secondi ist delikate **Trippa di bovina romagnola con verdure e parmigiano** (12 €) fast immer vertreten, gefolgt von Stracotto di manzo con salsa al Sangiovese e purè di sedano rapa, Spiedone di mora romagnola con patate al forno (16 €) und einer ausgezeichneten Selektion an **Formaggi** mit Konfitüre von der Cocomerina-Birne. Probieren Sie von den Desserts die originelle **Cassata romagnola mit Squacquerone, getrockneten und kandierten Früchten** (6 €), geeiste Zabaione aus Albana Passito und Meringa con crema di yogurt e frutti di bosco. Aus der Weinkarte spricht Simones Kompetenz und Leidenschaft, denn sie nennt nicht alltägliche regionale und italienische Etiketten zu sehr korrekten Preisen. Es gibt zwei Degustationsmenüs, ein Festlands- und ein Gartenmenü, mit drei passenden Weinen für 28 €.

Die Bio-Eisdiele Puro & Bio (Viale Vittorio Veneto 24) bietet köstliche Frucht- und klassische Cremeeissorten.

Petito

Moderne Osteria
Viale Corridoni, 14
Tel. (+39) 05 43 / 357 84
Ruhetag: Sonntag
Ferien: 2 Wochen im August
55 Plätze + 25 Plätze im Freien
Preise: 35–40 €
Kreditkarten: AE, CS, MC, Visa; BM
Mittags und abends geöffnet

Eine familiengeführte Osteria nicht weit vom Zentrum von Forli: Roberto Zondini und sein Sohn Andrea (im Service), Mamma Tina und Francesca Giovanetti (in der Küche) sorgen hier für angenehme kulinarische Erlebnisse. Das Ambiente ist gepflegt, das Menü lässt besonderes Augenmerk auf Produkte lokaler Lieferanten und viele Slow-Food-Presidi erkennen. Einen guten Einstieg, den Sie sich nicht entgehen lassen sollten, bieten die Selektion von **Wurstspezialitäten vom Mora-Schwein** (13 €) mit Piadina, Misticanza con mele, frutta secca e citronette all'arancia e senape, Tartara di bovina romagnola ai profumi del Mediterraneo (13 €) und **Fiori di zucchina farciti** con ricotta e alici di Cetara (10 €). Als Alternative gibt es eine Auswahl an **Formaggi** (14 €), die Kostproben der besten lokalen Käsesorten garantiert, wie Pecorino alle more, allo zafferano und di fossa (höhlengereift, mit Brombeeren und Safran). An Primi finden sich **Tagliatelle al ragù delle due razze romagnole** (9 €), **Tortelli di ricotta e spinaci con pomodoro e pancetta di mora** (12 €) und, wenn Ihnen der Sinn nach Tradition mit einem Hauch Fantasie steht, Passatelli asciutti con prosciutto di mora, stridoli e fonduta di parmigiano (10 €). Vorzüglich ist auch Risotto con *casatella* e crema di peperoni. Nicht minder gut sind die Secondi wie Grigliata mista di mora con verdure e patate al forno (16 €), Tagliata di manzo al sale dolce di Cervia e olio di Brisighella (18 €) und Bistecca di bovina romagnola mit Saisongemüse und Bratkartoffeln. Eine besondere Erwähnung verdienen die Dolci, und zwar Crème brulée (6 €) und Zuppa inglese. Die Weinkarte nennt die besten Tropfen aus der lokalen Produktion, auch im glasweisen Ausschank, flankiert von einer ausgezeichneten Auswahl italienischer Weine.

FRASSINORO (MO)
Fontanaluccia

66 KM SÜDWESTLICH VON MODENA, S.S. 486

Alla Peschiera

Osteria-Trattoria
Via Ponte Volpi, 1
Tel. (+39) 05 36 / 96 82 75
Ruhetag: Montag
Ferien: unterschiedlich
80 Plätze + 20 Plätze im Freien
Preise: 25 € (Tagesmenü)
Kreditkarten: CS, MC, Visa; BM
Mittags und abends geöffnet

Eine einladende, originelle Osteria, die dort entstand, wo die Familie Manni vor Jahrzehnten eine kleine Gaststätte für Forellenfischer gegründet hatte. Valerias Küche ist schlicht und schnörkellos und passt somit zur Linie der gastronomischen Tradition dieses Gebiets im Apennin um Modena. Der Antipasto besteht aus Wurstspezialitäten (hervorragend die heimische Salami, die im Ganzen auf einem Brett serviert wird) und hausgemachtem Essiggemüse. In Handarbeit erzeugt sind auch die Teigwaren wie **Tortellini in brodo**, Tortelloni di ricotta, Lasagne, unverzichtbare **Tagliatelle al ragù** (köstlich mit Maipilzen) und Maccheroni alla chitarra, vorzugsweise mit lokalem Trüffel, der ihren delikaten Geschmack betont. **Trota (Forelle)** in verschiedenen Zubereitungsarten (frittiert, **aus dem Ofen**, vom Grill) ist die unbestrittene Königin der Secondi und für viele Gäste der Grund der Anreise. Patron Franco, ein liebenswürdiger Unterhalter, steht in ständigem Wettstreit mit den Graureihern, um die besten Forellen aus dem Wildbach zu erwischen. Für Freunde von Fleischgerichten gibt es Gebratenes, Geschmortes und weitere Gerichte mit Fleisch von bewährten lokalen Erzeugern. Häufig stehen auch Gerichte mit **Cacciagione (Wild)** auf dem Programm. Von den Dolci verdienen die köstliche **Zuppa inglese** und Gelato con i mirtilli (die Heidelbeeren kommen aus dem nahen Wald) eine besondere Erwähnung. Crostate mit Früchten und einige Löffeldesserts vervollständigen das Angebot, begleitet von einem Glas Likör aus Walnüssen oder Kornelkirschen. Das Weinangebot beschränkt sich auf ehrliche Weine aus eigener Abfüllung und einige Weine aus der Region (vorwiegend Lambruschi) und der Toskana.

GALEATA (FC)
Pianetto

32 KM SÜDWESTLICH VON FORLÌ, S.S. 310

La Campanara

Moderne Osteria
Via Pianetto Borgo, 24 A
Tel. (+39) 05 43 / 98 15 61, (+39) 333 / 407 33 24
Ruhetag: Montag, Dienstag
Ferien: unterschiedlich
40 Plätze + 60 Plätze im Freien
Preise: 30 €
Kreditkarten: CS, MC, Visa; BM
Abends geöffnet, Samstag, Sonntag und Feiertage auch mittags

Roberto und Alessandra sind Herz und Seele eines Projekts zur Wiederbelebung einer Traditionsküche, die keinen Platz für Blendwerk und prätentiöse Modeerscheinungen lässt. Bei ihnen geht es vielmehr um die Substanz der Zutaten, die mit gesundem Menschenverstand und solidem Können verarbeitet werden. Im La Campanara zeigt sich, dass eine schlichte, gepflegte und vielfältige Traditionsküche das Wesen einer Region unübertrefflich zum Ausdruck bringen kann. Seit einiger Zeit verstärkt die tatkräftige Valeria das Team. Sie kümmert sich um den Empfang und erläutert Ihnen die schöne Karte, die eingangs eine Vorspeisenpalette bietet, deren Krönung die duftenden Polpettine al cartoccio (9 €), mittlerweile ein Klassiker des Lokals, und der typische **Tortello alla lastra con sottoli casalinghi** sind. Die Primi räumen mit **Tagliatelle al ragù di bovina romagnola**, Passatelli con pancetta e stridoli (9 €), Ribollita (die Toskana ist sehr nah, 8 €) und ganz klassischen Tortelli alle erbe spontanee den hausgemachten Teigwaren angemessenen Platz ein. Auch die Secondi bleiben in den Spuren der Tradition, und zwar mit **Polpette di lesso rifatte in umido di pomodoro**, delikater **Trippa al sugo** (13 €) und einem unbeschreiblich vielfältigen, köstlichen Angebot an **Käse** lokaler und italienischer Herkunft, wobei lokalem Ziegen- und Schafkäse eindeutig der Vorzug gegeben wird. Hausgemachte Dolci wie herrliche Scroccadenti und Ramarone, eine typische Süßspeise aus Pianetto. Die Weinkarte konzentriert sich auf das Gebiet und hält schöne Überraschungen bereit.

»
Roberto und Alessandra garantieren einen umwerfenden Empfang, spektakuläre Zutaten und so gute Speisen, dass man den letzten Rest am liebsten noch mit Brot auftunken würde.
«

GAZZOLA (PC)
Rivalta

21 KM SÜDWESTLICH VON PIACENZA

Antica Locanda del Falco

Restaurant
Ortsteil Rivalta
Tel. (+39) 05 23 / 97 81 01
Ruhetag: Dienstag
Keine Ferien
80 Plätze + 60 Plätze im Freien
Preise: 35–40 €
Kreditkarten: AE, CS, DC, MC, Visa; BM
Mittags und abends geöffnet

Diese historische Locanda befindet sich im Trebbia-Tal im gut erhaltenen Ortsteil Rivalta, wo auch ein Kastell steht. Der derzeitigen Eigentümerin, Sabrina Piazza, ist es gelungen, die von Mamma Rina im Jahr 1975 begonnene Tradition mit einem Hauch Innovation und Dynamik fortzusetzen, der dem Lokal ermöglicht, auf höchstem Niveau zu bleiben. Zu dieser Entwicklung hat auch ein bewährtes Team beigetragen, und zwar Tomo und Yurika in der Küche, beide äußerst tüchtig, und der unersetzliche Marco im Service. Bei den Antipasti wird Tradition durch die schöne Selektion an Wurstwaren aus Piacenza mit **Giardiniera** und **Sottoli** garantiert, aber auch Insalata di cappone con verdure all'agro (13,50 €) und Lingua salmistrata schmecken wunderbar. Unter den Primi sind unverzichtbare ***Pisarei e fasò*** (11,50 €) und hausgemachte Pasta: Neben Tortelli und Anolini gibt es **Garganelli con coniglio, timo e limoni confit** (14 €) oder in der Saison con asparagi e porcini. Die Secondi räumen Fleisch viel Platz ein, und zwar mit ausgezeichneten Costate und Carpacci, **Maialino con zenzero e miele** (14,50 €) sowie Oca alle mele. Eine Alternative wäre Storione in salsa. Im Herbst und Winter können Sie ein Menü im Zeichen von **Bollito** vorfinden (nur am Donnerstag). An Süßem bieten sich Semifreddi, Tarte tatin alle pere (8 €), Tartelletta di sablè con chantilly und der sehr gefragte Omaggio alla fragola. Reichhaltiges Kellerangebot mit einigen Weinen im glasweisen Ausschank.

❞ *Tradition, Hingabe, Gebietstreue, Leidenschaft, Neugier und Innovation … wir könnten unendlich fortfahren, ohne dass es uns gelingt, die vielen Facetten dieses Lokals zu beschreiben, das zu den besten der Region zählt.* ❝

GUIGLIA (MO)

34 KM SÜDLICH VON MODENA, S.S. 569

Da Giovanni Al Belvedere

Restaurant • Via Roma, 22
Tel. (+39) 059 / 79 24 51
Ferien: 2 Wochen im Oktober
40 Plätze
Preise: 35 € (Tagesmenü)
Kreditkarten: AE, CS, MC, Visa; BM
Freitag–Sonntag sowie gegen Vorbestellung abends geöffnet, Feiertage auch mittags

Giovanni Montanaris Restaurant im gleichnamigen Hotel liegt im Zentrum von Guiglia an der Hauptzufahrtsstraße und ist seit Jahren eine bewährte Adresse für hervorragendes biologisches Essen. Das einfache, schnörkellose Lokal bietet einen prachtvollen Ausblick auf das Panaro-Tal, aus dem der Großteil der in der Küche verwendeten Zutaten kommt. Das kulinarische Angebot besteht aus einem festgelegten Menü für 35 €, das ein verlockendes Vorspeisenbüfett mit Gemüse, Wurst und Käse von ausgezeichneter Qualität einschließt. Bei Tisch ist dann die Entscheidung für ein Primo nicht einfach. Zur Wahl stehen wunderbare **Tortelloni di ricotta**, Tagliatelle al ragù di bianca modenese und **Zuppa di verdure**, zubereitet aus dem gerade verfügbaren Gemüse der Saison. Von den Secondi seien **Stracotto di razza bianca modenese**, **Polpette in umido** und exzellentes helles Fleisch (Huhn oder Kaninchen, je nach Verfügbarkeit) genannt. Die Desserts runden das Menü mit einer guten Auswahl an Löffeldesserts, wie Panna cotta, **Crème caramel** und Zuppa inglese, oder klassischen Crostate würdig ab. Das Weinangebot mit einer schönen Auswahl an lokalen Etiketten ist auf biologische Weine ausgerichtet.

❞ *Biologische Produkte und Achtsamkeit in Bezug auf die Umgebung bringen kompromisslose Qualität und Genuss auf den Tisch.* ❝

33 KM SÜDÖSTLICH VON BOLOGNA, S.S. 9 OD. A 14

Hostaria 900

Moderne Osteria
Viale Dante, 20
Tel. (+39) 05 42 / 242 11
Ruhetag: Samstagmittag, Sonntag
Ferien: 2 Wochen im August
60 Plätze + 60 Plätze im Freien
Preise: 35 €
Kreditkarten: AE, CS, DC, MC, Visa; BM
Mittags und abends geöffnet

Eine reizende Jugendstilvilla im Zentrum von Imola wartet mit angenehmer Atmosphäre aus alten Zeiten und einem flinken, herzlichen Service auf, der an die Romagna der Vergangenheit erinnert. Die Küche dagegen gestattet sich immer wieder den einen oder anderen modernen, mitunter fast poppigen Akzent (was nicht immer im Einklang mit dem traditionellen Grundtenor der Speisen steht). Wir empfehlen Ihnen auf jeden Fall, Ihre Wahl auf Grundlage der Produkte zu treffen. Man findet hier nämlich regionale Speisen, die anderswo kaum mehr anzutreffen sind, und erstklassige Käse- und Wurstspezialitäten. Hervorgehoben sei das umfangreiche Gesamtangebot, das viele Fischgerichte enthält. Wir beginnen mit **Fiori di zucca ripieni di ricotta** (10 €), einer meisterhaften Interpretation des regionalen Klassikers, in Backteig frittiert, der mit Safran aus Bagnara angereichert ist, den ein lokaler Landwirtschaftsbetrieb anbaut. Weiter geht es mit ausgezeichneten **Cappellacci di patate, burrata e carciofo moretto** di Brisighella (10 €) und – ganz im Zeichen solider Tradition – guten **Tagliatelle al ragù**, Cappelletti in brodo di cappone und Tortelli di ricotta. Bei den Secondi ist Aufmerksamkeit für die Erzeugnisse zu erkennen: Fleisch vom Romagnola-Rind wird in Form von **Tagliata**, Filetto oder Tartara interpretiert, die mit Salz und einem Hauch gutem nativem Olivenöl extra verfeinert ist. Wenn man etwas Platz für ein Dessert gelassen hat, wird man mit einer vielfältigen Auswahl belohnt, die sofort Lust auf Süßes weckt. Probieren Sie Soufflè ghiacciato alle arance rosse di Sicilia (6 €) oder **Semifreddo alla vaniglia con croccante e liquirizia** (6 €); es gibt aber auch Sorbetti aus Slow-Food-Presidi oder Eis mit Pistazien aus Bronte. Ausgezeichnete Weinkarte mit gut beschriebenen lokalen Erzeugnissen.

IMOLA (BO)

33 KM SÜDÖSTLICH VON BOLOGNA, S.S. 9 OD. A 14

Osteria del Vicolo Nuovo da Rosa e Ambra

Restaurant • Vicolo Codronchi, 6/
Via Calatafimi, 6
Tel. (+39) 05 42 / 325 52, (+39) 338 / 924 95 55
Ruhetag: Sonntag (November, Dezember nur abends), Montag • Ferien: 20. Juli–20. August
60 Plätze + 40 Plätze im Freien
Preise: 35 € • Kreditk.: AE, CS, DC, MC, Visa; BM
Mittags und abends geöffnet

Wenn Sie durch das Zentrum von Imola spazieren, entdecken Sie viele charakteristische Gässchen; in einem davon, das in der Altstadt gelegen ist, befindet sich dieses Restaurant, das über einen bezaubernden Hof verfügt, in dem man im Sommer essen kann. Das Menü gliedert sich in das Tagesangebot der Chefköchinnen Stefania Baldisarri und Simona Sapori, flankiert von passenden Wein- und Bierempfehlungen einerseits und in eine Reihe von Gerichten, die jeden Morgen je nach dem Angebot auf dem Markt Marktes zusammengestellt wird. Unter den Antipasti sind verlockende **Crostatina con spinaci e squacquerone** (8 €) und traditionelle regionale Wurstwaren, die auf einem Brett serviert werden (10 €); als Alternative gibt es einige Gerichte der Meeresküche wie **Tortino di porri con noci di capasanta su vellutata di ceci** (10 €). Bei den Primi bleibt man mit **Tagliatelle** oder Garganelli al ragù (9 €) der Tradition treu; eine gute Wahl sind aber auch **Strichetti allo zafferano con scalogno di Romagna e pancetta** (9 €) oder Fischgerichte wie Lasagna di seppioline und Pappa al pomodoro. Die Secondi umspannen ebenfalls Festlands- und Meeresgerichte: Roastbeef, knusprige Filetti di sarda gratinati con panzanella, Spiedini di calamari und **Coniglio arrosto con Albana** (12 €). Als Dessert (7 €) seien Mousse allo yogurt con fragole und **Zuppa inglese** empfohlen. Die umfangreiche Weinkarte enthält Etiketten aus ganz Italien und unternimmt einige Ausflüge in andere Länder.

”
Ein historisches Lokal in der Stadt, eine Anlaufstelle für territoriale Küche, die einen Blick auf das Meer riskiert.
“

LAMA MOCOGNO (MO)
La Santona

56 KM SÜDLICH VON MODENA, 30 KM VON ABETONE

Miramonti

Restaurant
Via Giardini, 601
Tel. (+39) 05 36 / 450 13
Ruhetag: Dienstag, außer im Sommer
Ferien: 1 Woche im September/Oktober
40 Plätze + 12 Plätze im Freien
Preise: 20–25 €
Kreditkarten: AE, CS, DC, MC, Visa; BM
Mittags und abends geöffnet

Das „Restaurant Miramonti, traditionelle Küche – Pilzspezialitäten", eingebettet in eine Gebirgslandschaft mit Blick auf den Cimone, verdient einen Besuch, sei es wegen des spontan wirkenden Empfangs, sei es wegen der authentischen Speisen. Das einfach eingerichtete Lokal präsentiert sich mit großen Fenstern, die den Blick auf die imposanten Berge freigeben. Signora Lidia bedient Sie und erklärt Ihnen energisch und sympathisch das Tagesmenü. Bei den Primi (8 bis 9 €) kommt man nicht umhin, **Tagliatelle ai funghi** zu probieren, auch wenn die klassische Variante con il ragù ebenfalls erwähnt sei, die nach einem interessanten Rezept mit höherem Tomatenanteil zubereitet ist. Bei den Secondi haben Sie die Wahl zwischen verschiedenen Fleischgerichten, die alle von schmackhaften Kartoffeln aus dem Ofen begleitet werden. Probieren Sie unbedingt **Agnello oder** köstliche **Faraona al forno** (10 €), die in der Saison mit weißem Trüffel aus dem Umland gefüllt ist. Eine Kostprobe wert sind alle Spezialitäten mit **Trüffeln** und **Pilzen**, wobei Letztere frittiert besonders gut schmecken. Die Dolci stehen mit **Zuppa inglese** oder Torta nera im Zeichen der Tradition; sehr gut schmeckt Gelato con i mirtilli (4 €). Die Weine stammen aus lokaler Produktion, vor allem Lambrusco und Sangiovese; außerdem gibt es einen Pignoletto und einen Barbera des Hauses. Das Essen ruft die Küche der Großmütter in Erinnerung und jene Speisen, die nur sie so gut zuzubereiten verstanden. Allein wegen dieses Gefühls ist eine Einkehr Pflicht.

In **Barigazzo** (10 km) bietet das Delikatessengeschäft La Sorgente del Benessere (Via Nazionale 32) Konfitüren, Kräutertees, Kosmetikprodukte sowie Spezialitäten aus Waldbeeren.

LANGHIRANO (PR)
Pilastro

10 KM SÜDLICH VON PARMA, S.S. 665

Masticabrodo

Osteria-Trattoria
Strada Provinciale per Torrechiara, 45 A
Tel. (+39) 05 21 / 63 91 10
Ruhetag: Sonntagabend, Montag
Ferien: je 2 Wochen im Januar und August
60 Plätze + 70 Plätze im Freien
Preise: 28–32 €
Kreditkarten: AE, CS, DC, MC, Visa; BM
Mittags und abends geöffnet

Wir befinden uns an der Straße, die zu dem schönen Kastell von Torrechiara in der Nähe des Parma-Wildbachs führt. Das Masticabrodo wird von Ida, die sich um den Service kümmert, und Francesco Bigliardi geführt. Vor einigen Jahren beschlossen die beiden Gastronomen, in die Hügel nahe Parma zu übersiedeln, nachdem sie ein bekanntes Lokal im Zentrum von Parma geleitet hatten. Die Küche ist vorwiegend lokal geprägt, jedoch mit einigen Tagesgerichten angereichert, die von der Saison und dem Marktangebot bestimmt sind. In Anbetracht der Nachbarschaft zu Felino dürfen Wurstspezialitäten bei den Antipasti nicht fehlen: 28 Monate gereifter **Parmaschinken** (10 €) und vorzügliche Salami aus dem bekannten Ort sind unumgänglich. Daneben erwähnen wir Cipolla caramellata con mousse di parmigiano und Spalla cotta aus San Secondo. Bei den Primi verdienen traditionelle **Anolini in brodo** (10 €), Tortelli di erbette, Tagliolini con prosciutto und **Gnocchi con pasta di salame** (8 €) eine Erwähnung. Darauf folgen unverzichtbare **Trippa alla parmigiana**, Padellata di guanciali di manzo con polenta croccante (10 €) und die stets beliebte Rosellina del Pilastro (mit Parmesan und Schinken gefülltes Schweinefilet, 14 €). Unter den Dolci ragt die hausgemachte Torta di mele (5 €) hervor; daneben gibt es traditionelle Zuppa inglese, Semifreddo al croccante und Sorbetti di frutta. Gutes Weinangebot mit der Möglichkeit, einige Tropfen auch glasweise zu genießen.

LESIGNANO DE'BAGNI (PR)
Rivalta

31 KM SÜDLICH VON PARMA

Capelli

Trattoria
Via Fossola, 10
Tel. (+39) 05 21 / 35 01 22,
(+39) 335 / 669 42 79
Ruhetag: Donnerstag
Keine Ferien
75 Plätze
Preise: 30–32 €
Kreditkarten: CS, DC, MC, Visa; BM
Mittags und abends geöffnet

Wir befinden uns in den ersten Hügeln des Apennins um Parma zwischen Langhirano und Traversetolo. Sobald Sie den Hof des Landwirtschaftsbetriebs betreten, fällt Ihr Blick auf den Stall und gleich um die Ecke auf die Trattoria im zweiten Stock. Hierher kommt man wegen der köstlichen Wurstspezialitäten, aus denen der Antipasto sich zusammensetzt: Culaccia, Salami, Pancetta, lange gereifter Parmaschinken und der begehrte Schinken vom schwarzen Schwein, das frei lebend gezüchtet wird (12 €). Begleitet werden sie von Polenta fritta, Lardo pesto condito und Cipolline all'aceto balsamico. Als Primi bieten sich exzellente gefüllte Teigwaren an, die Carla täglich zubereitet: **Tortelli di patate in soffritto rosso** oder Tortelli d'erbette con ricotta, burro e salvia (8,50 €). Weitere Möglichkeiten sind deftige **Tagliatelle al ragù di salsiccia** und in der Saison einige Gerichte mit schwarzem Trüffel aus dem Gebiet. Die Secondi zeichnen sich durch eine gute Auswahl an Fleischgerichten aus, von **Lepre alla cacciatora** (13 €) bis zu vielen Braten (Wildschwein, Reh oder Hähnchen). Weiter geht es mit einer reichen Auswahl an Käse (12 €), die dem Dessert vorangehen oder es ersetzen kann. Von den Dolci seien **Zabaione cotto con le visciole** (4,5 €) und Tiramigiù aus Mascarpone, Mandeln, Amaretti und Marsala hervorgehoben. In der Weinkarte wird jeder einzelne Wein nach Farbe, Bukett und Geschmack beschrieben. Gutes Angebot aus ganz Italien und angemessene Auswahl an Erzeugnissen des Umlandes.

Die Bio-Käserei Iris, Via Torchia 12, bietet Ricotta, Caciotta, Butter, Caciocavallo, Parmigiano reggiano und viele andere Spezialitäten.

LONGIANO (FC)

16 KM SÜDÖSTLICH VON CESENA

Il Ristorante dei Cantoni

Restaurant
Via Santa Maria, 19
Tel. (+39) 05 47 / 66 58 99
Ruhetag: Mittwoch
Ferien: 15. Februar–15. März
80 Plätze + 70 Plätze im Freien
Preise: 30–35 €
Kreditkarten: AE, CS, DC, MC, Visa; BM
Mittags und abends geöffnet

Die Straße, die zu dem kleinen Ort Longiano führt, verbirgt ihn bis zum letzten Augenblick, wenn er sich in der letzten Kurve wie ein kleines Juwel vor einem auftut. Wer Zeit hat, sollte das Auto nicht allzu nahe am Restaurant abstellen, sondern durch die Straßen des sehr gut erhaltenen Ortes spazieren. Es ist bis in das kleinste Detail gepflegt, ebenso wie der ganze Ort. Sie nehmen in einem Raum mit großen Steinbögen oder auf der Terrasse Platz und machen die Bekanntschaft mit Teresa (im Service) und ihrem Mann Danilo Bianchi (in der Küche), die das Restaurant seit mehr als 25 Jahren führen. Den Auftakt machen **Fiori di zucca in tempura** con pomodoro, mozzarella di bufala e colatura di alici di Cetara (9 €), Misticanza di radicchio di campo con pancetta calda all'aceto balsamico oder Culatello aus Parma und Salame strolghino, begleitet von Squacquerone und karamellisierten Feigen. Als Primi (8,50 €) stehen **Gnocchi di erbe di campo e patate con salsa di formaggio di fossa** oder Strozzapreti con melanzane saltate, pomodoro, olive taggiasche e burrata auf dem Programm. Weiter geht es mit ausgezeichnetem Fleisch vom Grill wie **Spiedo di mora romagnola avvolto nella pancetta con vinaigrette di scalogno** (11 €), Tagliata di manzo con pomodorino e scaglie di fossa oder auch Coniglio cotto nel coccio con limone, timo e olive. Die Palette der Desserts (5 €) umspannt Zuppa inglese con crema al limone, **Ciambella al rosolio con mantecato di ricotta e saba** und sogenannte Dolci da credenza (ohne Creme zubereitete und daher einige Tage im Küchenschrank haltbare Süßigkeiten). Die Weinkarte bietet eine ausgezeichnete Selektion der besten lokalen Weine mit ein paar Ausflügen über die Region hinaus.

MERCATO SARACENO (FC)
Ciola

33 KM SÜDLICH VON CESENA, S.S. 71 ODER E 45

Allegria

Osteria
Via Ciola, 381
Tel. (+39) 05 47 / 69 23 82
Ruhetag: Sonntagabend, Montag
Ferien: Juni
40 Plätze
Preise: 28–32 €
Keine Kreditkarten
Mittags und abends geöffnet

Über die herrliche Panoramastraße, die an der schönen romanischen Pfarrkirche von Monte Sorbo vorbeiführt, erreichen wir Ciola, acht Kilometer vom Zentrum von Mercato Saraceno entfernt. Hier befindet sich das Allegria, das zu Beginn des vergangenen Jahrhunderts gegründet wurde. Begrüßt werden Sie von der überschwänglichen, spontanen Anna, die mit ihrer Mutter und einigen sehr bewährten Mitarbeitern die langjährige Familientradition fortsetzt. Sie gehen am Bartresen vorbei und nehmen im kleinen, einfach eingerichteten Gastraum Platz, der den Blick in die Küche freigibt. Die Antipasti beschränken sich auf in Handarbeit erzeugte Wurstspezialitäten und Käse (auch lokale Sorten), auf einem Brett serviert, von dem man sich nach Belieben bedienen kann. Bei den Primi steht mit dem Nudelholz ausgezogene Pasta an vorderster Front: **Tagliatelle** al ragù, ai piselli (6 €), **agli strigoli**, con sughi di caccia oder ai funghi; als Alternative bietet sich gefüllte Pasta wie Tortelloni, Agnolotti und Cappelletti an. Das Lokal ist für Spiedo di cacciagione berühmt, im Besonderen mit Drosseln, Tauben und **Schnepfen**, aber an **Castrato** (12 €), Costolette di agnello, Grigliata di carne und im Freiland aufgezogenem **Pollo alla cacciatora** führt dennoch kein Weg vorbei. In der Saison ist Trüffel König bei Tisch. Wenn Sie ihn probieren möchten, sollten Sie reservieren. Zu den Speisen reicht man Saisonbeilagen, immer superbe Pommes frites und Bratkartoffeln. Reinste Tradition kennzeichnet auch die Dolci wie Zuppa inglese (3 €), Mascarpone, Budino und den seltenen **Porcospino**. Die Weinkarte listet Erzeugnisse lokaler Winzer auf, von denen einige auch glasweise verkostet werden können.

MERCATO SARACENO (FC)
Montecastello

29 KM SÜDLICH VON CESENA, S.S. 71 ODER E 45

Da Elena

Trattoria
Via XXX Aprile, 104
Tel. (+39) 05 47 / 915 65
Kein Ruhetag
Keine Ferien
70 Plätze
Preise: 25 €
Kreditkarten: AE, CS, MC, Visa
Mittags geöffnet, abends gegen Vorbestellung

Wo einst der Großvater einen republikanischen Klub (ab 1948) führte, eröffnete Elena vor rund 20 Jahren diese Trattoria und führt sie noch immer mit Leidenschaft und Liebe zur unverfälschten typischen Küche des Gebiets. Das angenehm schlichte Ambiente ist gepflegt und mit historischen Bildern von Garibaldi, Mazzini und Saffi geschmückt. Das Nudelholz spielt hier die Hauptrolle und ist ein unverzichtbares Instrument zur Erzeugung von Eierteigwaren und Piadina, die stets auf dem Tisch steht. Den Auftakt machen **Piadina con squacquerone, salumi e formaggi** (10 €), Crescioncini alle erbe, di zucca e patate, con mozzarella e pomodoro und **Fagiolata con i porcini** (8 €). Danach folgen Primi, der Stolz der Küche, wie winzige **Cappelletti in brodo** oder con il ragù (8 €), Tagliatelle con i porcini und Tortelli alle erbe. Nicht minder gut schmecken Passatelli und Strozzapreti alla salsiccia e peperoni. Unter den Secondi sind vorzügliche Grigliata mista (10 €), **Castrato e la salsiccia ai ferri**, Arrosto di piccione (15 €), Agnello und **Coniglio al tegame** (10 €). Gegen Vorbestellung gibt es Baccalà con i porri. Auch die Desserts verleugnen die fest in der Tradition verankerte gastronomische Linie nicht: Ciambella, Crostata, Mascarpone (5 €), Panna cotta und Crème caramel (4 €) sind die aussagekräftigsten Angebote. Bestellen Sie im Winter die Süßspeise der Süßspeisen dieser Gegend vor, nämlich Porcospino. Der Keller bietet ausgewählte Etiketten lokaler Winzer.

Die Bottega del Pane (Piazza Mazzini) und die Bäckerei Panificio Bertozzi (Piazza Gaiani) verkaufen das Ostergebäck Pagnotta dolce und „Fave dei morti". Die Konditorei Van den Bergh (Via Saffi) erzeugt gutes Feingebäck.

Aldina

Trattoria
Via Albinelli, 40
Tel. (+39) 059 / 23 61 06
Ruhetag: Sonntag
Ferien: 24. Dezember–6. Januar, August, Ostern
70 Plätze
Preise: 18–20 €
Keine Kreditkarten; BM
Mittags geöffnet, Freitag und Samstag auch abends

Das Aldina ist eine Trattoria wie in früheren Zeiten und wird von Einheimischen ebenso frequentiert wie von Reisenden, die nach einem Spaziergang durch die Altstadt einen Happen genießen möchten. Sie ist nur mittags geöffnet (mit Ausnahme von Freitag- und Samstagabend) und wird von Gianluca Ferri und Gaetano Strippoli geführt, die den Namen der Signora beibehalten haben, die das Lokal vor Jahren eröffnete. Es befindet sich im ersten Stock eines Gebäudes, was eher selten ist. Wenn man den Blick hebt, sind die großen Metallschilder an den Fenstern jedoch gut sichtbar. Der einfache, gemütliche Gastraum ist stets von recht vielen Gästen bevölkert. Nachdem Sie Platz genommen haben, präsentiert man Ihnen das Menü, das gleich mit Primi beginnt. Darunter sind klassische, stets geschätzte **Tortellini in brodo** (8 €) und **Gramigna al ragù di salsiccia** (6 €) oder schmackhafte Ravioli di speck e ricotta con burro e timo und Gnocchetti alla mediterranea (mit Kirschtomaten, Ricotta und Mangold). Wenn Sie mit Secondi fortfahren, haben Sie die Möglichkeit, köstliche **Frittelle di baccalà**, guten **Stinco di maiale** (8 €) oder ein ganz besonderes Porcellino all'aceto balsamico zu genießen. Abschließend sollten Sie von den Dolci (3 €) Millefoglie alle fragole con crema chantilly und weitere gute Alternativen wie **Zuppa inglese** und **Crema al mascarpone** probieren. Zu trinken gibt es einige im Wechsel angebotene lokale Weine; man kann mit Lambrusco, Sangiovese und Gutturnio allerdings auch in der Region bleiben.

Ermes

Trattoria
Via Ganaceto, 89–91
Tel. (+39) 059 / 23 80 65
Ruhetag: Sonntag
Ferien: Juli, August; Weihnachten/Neujahr
30 Plätze
Preise: 20 €
Keine Kreditkarten
Mittags geöffnet

Ein Lokal aus anderen Zeiten ein paar Schritte vom Zentrum entfernt, das es mit seinem spartanischen, aber dennoch großzügigen Empfang zu erhalten gilt. Reservieren kann man nicht, man stellt sich am Lokaleingang an und findet sich im einzigen Gastraum häufig neben Unbekannten wieder, mit denen man am Ende immer ins Gespräch kommt. Ermes wacht am Eingang darüber, dass alles geregelt abläuft. Der Service ist flink und effizient, die Atmosphäre laut und heiter wie in den echten Gasthäusern. Hierher kommt man vor allem, um Signora Brunas Gerichte zu genießen, die eine Hüterin der typischen Küche Modenas ist. Auf dem Tisch erwarten Sie bereits Salami und Grieben; danach zählt man Ihnen das häufig wechselnde Tagesmenü aus ganz frischen Zutaten auf. **Tagliatelle al ragù** stehen immer auf dem Plan und dürfen nicht unversucht bleiben, was auch für **Tortellini in brodo** (nur am Samstag) gilt. Außerdem gibt es Passatelli in brodo, Maccheroncini al pettine con piselli und freitags **Pasta e fagioli** oder Spaghetti al tonno. Bei den Secondi wählen Sie zwischen Ossobuco con patate und Bollito misto con salsa verde; Alternativen sind **Faraona al forno**, Zampone und **Costine di maiale** sowie Baccalà am Freitag. Zum Abschluss können Sie Crostata oder Ciambella bestellen. Das Weinsortiment beschränkt sich auf einen Lambrusco oder Pignoletto des Hauses. Und da ist schließlich noch der Preis, der ebenfalls ein großes Plus des Lokals ist. Sie können alles Mögliche probieren, aber es wird schwierig sein, mehr als 20 € auszugeben.

MONTE SAN PIETRO (BO)
Montepastore

35 KM SÜDWESTLICH VON BOLOGNA, S.P. 26

Antica Trattoria Belletti

Trattoria
Via Lavino, 499
Tel. (+39) 051 / 676 70 04
Ruhetag: Montag
Ferien: unterschiedlich
50 Plätze + 40 Plätze im Freien
Preise: 25–30 €
Kreditkarten: AE, CS, DC, MC, Visa; BM
Mittags und abends geöffnet, Januar und Februar nur mittags, Samstag auch abends

Im kleinen Ort Montepastore führen die Bellettis mit Sorgfalt und Hingabe die Trattoria der Familie. Ubaldo und Edvige stehen am Herd, Camilla unterstützt sie im Service. Sie haben ihr kulinarisches Angebot an das Gebiet gebunden, in dem sie leben und arbeiten, da sie hier alles finden, was für authentische, mit der Tradition und den Jahreszeiten gehende Gerichte nötig ist. Der Ursprung der Zutaten wird stolz am Beginn der Karte aufgelistet, eine Deklaration, die die starke Verbindung zwischen Produktion, Küche und Tafel unterstreicht. Es empfiehlt sich, mit den Antipasti zu beginnen, unter denen die ausgezeichnete **Polenta fritta con tartufo nero dei colli** (9 €) und Radicchio di campo con il guanciale herausragen. Von den Primi, alle aus hausgemachter Pasta zubereitet, erwähnen wir Ravioli ai due ripieni, **Tagliatelle ai funghi porcini** (9 €) oder traditionelle Tortellini in brodo. Bei den Secondi dominiert Fleisch. Probieren Sie **Tagliata di manzo al sale grosso e rosmarino** (15 €), Coniglio „saltafosso" al forno und lokale, handwerklich erzeugte Salsiccia vom Grill. Gut ist das Angebot der Beilagen, bei denen Produkte aus dem Wald mit **Funghi porcini fritti** (8 €) oder al tegame Hauptdarsteller sind; außerdem gibt es Kartoffeln und Saisongemüse aus dem hauseigenen Garten. Am Ende kann man eine kleine Käseselektion oder ein Löffeldessert (5 €) wählen, das im Lauf des Jahres wechselt. Gutes Getränkeangebot, das hauptsächlich aus den Kellern der Colli Bolognesi stammt und auch biologische Weine und Biere aus lokalen Kleinbrauereien umfasst.

MONTECCHIO EMILIA (RE)

16 KM W. V. REGGIO NELL'EMILIA, 18 KM V. PARMA

La Ghironda

Restaurant
Via XX Settembre, 61
Tel. (+39) 05 22 / 86 35 50
Ruhetag: Sonntagabend, Montag
Ferien: erste Woche des Jahres, 3 Wochen im Juli/August
15 Plätze
Preise: ■ 35–40 €
Kreditkarten: CS, MC, Visa; BM
Mittags und abends geöffnet

Dieses Restaurant im Zentrum von Montecchio Emilia zwischen den Provinzen Reggio Emilia und Parma stellt seit über zehn Jahren eine bewährte Adresse und ein Pflichtziel für alle dar, die bodenständige Saisonküche schätzen. Daniele, in der Küche, und Camillo, im Service, empfangen Sie auf ihre knappe, reservierte Art und bieten Ihnen eine einzigartige gastronomische Erfahrung. Es gibt nur 15 Plätze und die Atmosphäre ist wirklich „slow". Haben Sie Vertrauen und lassen Sie sich durch die Jahreszeiten führen. Im Herbst regieren **Tortelli di zucca** (11 €), Esskastanien, Ente und Mosto cotto, im Winter heißt es Bahn frei für **Zuppa di carciofi** (11 €), Spätgemüse und Zitrusfrüchte. Der Frühling ist die Zeit für Feldkräuter und Spargel, der Sommer bringt dagegen Trüffel, hochwertiges Gartengemüse und Kirschen aus Vignola. In den Rezepten der Küche häufig vertreten ist das fünfte Viertel in verschiedenen Zubereitungsarten: **Trippa alla parmigiana** (15 €), **Rognoncini trifolati**, Guancialini brasati und hausgemachte gepökelte Lingua di vitello (11 €). Zu den Klassikern des Lokals zählen **Erbazzone alla reggiana**, Bigoli al torchio, Tortelli di erbette und ***Cavàl pist*** (15 €), klassisches Tatar vom Pferd. Falls vorhanden, lassen Sie sich Baccalà con tartufo nicht entgehen. Als Dolci erwarten Sie traditionelle Zuppa inglese con composta d'albicocche (7 €) und Zabaione tiepido e sbriciolata di mandorle. Camillo versteht es, Sie durch das regionale Weinangebot auf der Karte zu führen; Sie können aber auch den Wein von zu Hause mitbringen. Als Entschädigung verlangt man eine „Korkengebühr" von Ihnen, das heißt 5 € pro Flasche.

MONTICELLI D'ONGINA (PC)
Isola Serafini

23 KM NÖ. V. PIACENZA, S.S. 10, 8 KM V. CREMONA

Antica Trattoria Cattivelli

Trattoria
Via Chiesa, 2
Tel. (+39) 05 23 / 82 94 18
Ruhetag: Dienstagabend, Mittwoch
Ferien: 2 Wochen im Juli/August
150 Plätze + 15 Plätze im Freien
Preise: 35–40 €
Kreditkarten: AE, CS, DC, MC, Visa; BM
Mittags und abends geöffnet

Um die guten Speisen der Familie Cattivelli zu genießen, die seit 1947 das gleichnamige Lokal führt, muss man den Po überqueren und nach Isola Serafini fahren. Sobald Sie eingetreten sind, empfängt Sie Luca und begleitet Sie in einen der vier Räume. Zwei davon sind ruhiger, die anderen beiden sind auch für Bankette ausgestattet. Die Schwestern Claudia und Emanuela leiten die Küche mit großer Kompetenz und absolut souverän auch bei vollem Lokal. Das Menü spiegelt die Jahreszeiten und das Gebiet wider, daher bekommt man neben den klassischen Produkten aus der Ebene auch Speisen mit Zutaten aus dem Fluss. Auf der Karte sind die Grundzutaten angeführt, die von lokalen Lieferanten aus der Bassa Piacentina kommen. Man kann mit hervorragender **Anguilla marinata** oder Salumi, darunter vor Ort gereiftem Culatello (13 €), beginnen. Bei den Primi, die beinahe alle aus hausgemachter Pasta sind, variieren viele Gerichte saisonal, aber ***Pisarei e fasò*** (Klößchen aus Brot und Mehl mit Bohnensauce, 10 €) sind absolut denkwürdig. Bei den Secondi kann man zwischen Speisen aus Festlands- und Flusszutaten wählen: **Lumache** (Schnecken), Acquadelle (Kleine Ährenfische), Storione (Stör), Guancialino … die Speisen sind vielfältig; sehr gut ist traditionelle **Anguilla in frittura** (16 €). Ausgezeichnet ist das Feingebäck (7 €), zu dem man ein Gläschen Süßwein oder einen Passito piacentino genießen kann. Die Weinkarte mit edlen Tropfen legt besonderes Augenmerk auf lokale Winzer und nennt auch großartige Brände. An Wochentagen gibt es ein Mittagessen für 13 €.

NEVIANO DEGLI ARDUINI (PR)

30 KM SÜDLICH VON PARMA

Mazzini

Restaurant
Via Ferrari, 16
Tel. (+39) 05 21 / 84 31 02
Ferien: Oktober
50 Plätze + 40 Plätze im Freien
Preise: 35 €
Kreditkarten: CS, MC, Visa; BM
Freitag–Sonntag mittags und abends geöffnet, Juli und August Dienstagabend–Sonntag, Dezember Mittwochabend–Sonntag

Die ehemalige klassische Dorfbar, die die Familie Mazzini seit fast 30 Jahren führt, wurde von Marina (in der Küche) und ihrem Mann Roberto (im Service) in das heutige Restaurant umgewandelt. Zu den sehr gepflegten Räumlichkeiten gesellt sich eine kühle, mit Blumen bepflanzte Terrasse mit schönem Ausblick, auf der man an Sommerabenden speisen kann. Die Küche ist traditionell gehalten: hausgemachte Teigwaren und Fleisch und Wurst von kleinen, auf hohe Qualität bedachten Lieferanten. Man beginnt mit klassischem **Antipasto della casa** (13 €), der sechs Kostproben umfasst. Besonders gut davon sind ausgezeichneter Schinken, Polentina fritta con il lardo, Cipolla fritta, Tortino di patate und ein kleiner Timballo di riso. Als Primi (9 €) bieten sich hervorragende **Tortelli di erbette** – aus Teig in gerade richtiger Stärke und mit Butter und Parmesan angerichtet –, **Anolini in brodo di cappone**, Gnocchi di patate con ragù d'anatra oder als Alternative Tagliatelle di ortica con sugo di verdure und Maltagliati di grano saraceno con radicchio, speck e gorgonzola an. Die Secondi stehen überwiegend im Zeichen von Fleisch: Battuta di chianina, **Cosce d'oca al forno** (16 €), Carpaccio con erbe, capperi e acciughe, **Cotolette di coniglio impanate** und Braciole d'agnello (15 €). Millefoglie alle fragole, Semifreddo di nocciola e gianduia und Zuccotto con rum e cioccolato bilden das Finale. Die eher kleine Weinkarte nennt interessante lokale Tropfen und ein intelligent zusammengestelltes Angebot an Demi-Bouteilles.

Die Piadina – Straßenessen und Sinnbild der Romagna

Die echte Piadina, das muss in Anbetracht ihrer sich ausbreitenden industriellen Erzeugung betont werden, bekommt man an den über die gesamte Romagna verstreuten Ständen und in den Restaurants, die sich der Förderung der besonders authentischen Tradition dieses Gebiets verschrieben haben. Das auf den ersten Blick einfache Rezept sieht Mehl, Wasser, etwas Schmalz, eine Prise Salz, Bikarbonat und/oder Hefe vor. In ihrer territorialen Besonderheit (in den über 100 Varianten) können die Rezepte auch die Beigabe einiger weiterer Zutaten vorschreiben, wie Milch, Honig oder Öl anstelle von Schmalz.

Sie sind aber nicht in der Romagna, wenn Ihnen nicht der Duft von Piadina von einem dieser Stände in die Nase steigt, wo die Rolle der *Piadinaiola* beinahe jene der *Azdora* (Hausfrau) ersetzt hat. Frauen, die ein Wahrzeichen dieser Orte gerettet haben, indem sie zu Beginn der Sechzigerjahre einen neuen Beruf für sich erfunden haben.

Sie werden viele Benennungen hören – *Pieda, Pida, Piè, Piada* –, da sich der Name der Piadina je nach Gegend ändert, ebenso wie der Tonfall des Dialekts und die Art der Zubereitung. Die Unterschiede machen sich in der Dicke, im Durchmesser und Geschmack bemerkbar. Dann zählen noch die über den Daumen gepeilte Backzeit sowie die Geschicklichkeit bei der Zubereitung.

Einst wurde sie auf einer feuerfesten Backform über der Holzglut im häuslichen Kamin gebacken, heute auf einer Metallplatte, aber es bleibt die echte romagnolische Piadina! Das trifft sicher nicht auf die mechanisch erzeugte, lange haltbare abgepackte Industriepiadina zu, die nun sogar ein umstrittenes IGP-Siegel erhalten hat, das sie mit dem traditionellen Produkt der Stände gleichsetzen möchte.

Die Piadina, authentisches Symbol der Romagna und exzellentes Straßenessen, wird mit Wurst und Käse (typisch ist Squacquerone) genossen. Dann gibt es auch noch die Guscioni (auch Crescioni oder Cassoni) aus demselben Teig, traditionell mit Wildkräutern oder mit Kürbis und Kartoffeln gefüllt. Eine Piadina kostet 0,80 bis 0,90 €, mit Schinken gefüllt 3,50 bis 4,00 €, ein Crescione mit Kräutern 2,30 bis 3,50 €. Nachfolgend einige Adressen, bei denen Sie Piadina probieren können.

Gianpiero Giordani

BERTINORO (FC)

La Casa della Piadina

Largo Cairoli, 5 A
Tel. (+39) 340 / 791 49 50
Ruhetag: Montag
Geöffnet wochentags 15–23 Uhr, an Feiertagen 9–23 Uhr

Ein paar Schritte vom mittelalterlichen Viertel bietet Marina neben traditioneller Piadina (auch aus Biomehl) Crescione mit sautierten Wildkräutern (2,50 €) und persönliche Innovationen zu diesem Thema. Es gibt 20 Plätze im Sommer wie im Winter.

CERVIA (RA)

Al Parco da Eleonora

Der Stand verfügt über einige Sitzplätze. Unbedingt sehenswert ist das unglaubliche Panorama bei Sonnenuntergang. Die Atmosphäre an der kleinen angrenzenden Wiese ist nicht nur angenehm, sondern auch eindrucksvoll, denn der Stand blickt auf die historischen Salinen. Die Spezialität des Hauses sind in vielen Varianten zubereiteter Rotolino und knusprige Piada mit Salz und Rosmarin (1,20 €) oder mit Salz aus Cervia und Zwiebeln.

PINARELLA DI CERVIA (RA)

Chiosco della Pineta

Via Mezzanotte – Zona Mare
Tel. (+39) 338 / 325 68 27
Geöffnet 11.30–15/17–22.00 Uhr
Von April bis September geöffnet

Der seit 1963 in Betrieb befindliche Stand wurde von Großmutter Teresina an ihre Tochter Carla übergeben. Heute führt ihn Enkelin Sabina gemeinsam mit ihrem Mann und den Kindern. Wenige Schritte vom Meer entfernt genießt man in einem Pinienhain mit Tischen und Bänken Piadina, die mit Qualitätszutaten gefüllt ist. Außerdem gibt es Crescione alle erbe e mozzarella (4,50 €), Salamella mit Salz aus Cervia, Squacquerone, hiesige Salami und 24 Monate gereiften Prosciutto di Parma.

CESENA (FC)

Giuseppina Ceccaroni

Via Zazzeri, 13 – San Michele
Tel. (+39) 333 / 421 47 98
Ruhetag: Samstag
Geöffnet 16–20 Uhr

Der Stand befindet sich neben einem großen öffentlichen Park mit Spielplatz. Piadina und Crescioni alla mozzarella e pomodoro oder alle erbe (2,50 €) kann man auf einer Bank sitzend verzehren.

L'Antica Piadina della Valdoca

Ortsteil Albertini, 48
Tel. (+39) 333 / 290 68 32
Ruhetag: Dienstag, im Winter auch Samstagvormittag
Geöffnet 11.30–13.30, 16–20 Uhr, im Sommer 17–20.30 Uhr

Ein kleiner Betrieb und Laden in der Altstadt. Eine der Spezialitäten ist eine große, dicke Piadina, auf einer feuerfesten Platte gebacken. Außerdem gibt es Crescioni alle erbe con il lardo (mit Kräutern und Speck, 2,40 €) und di zucca e patate (mit Kürbis und Kartoffeln).

La Mia Piadina Acqua e Farina di Donatella Ricci

Viale Marconi, 300
Tel. (+39) 328 / 713 91 20
Ruhetag: Samstag
Geöffnet 16–20.30 Uhr

Der Stand an der alten Via Emilia verfügt über drei Bänke und zwei Tischchen. Die Spezialitäten sind Rotoli (Rollen) mit Rohschinken und Käse, Sfogliatine (Blätterteiggebäck) mit Wurst (3,50 €), Fricò (geschmortes Gemüse), köstliche Panetti, Piadina al sesamo, al rosmarino, alle olive und in süßer Version.

La Piadina del Chiosco

Via Giardini Savelli, 10
Tel. (+39) 349 / 514 38 18
Ruhetag: im Winter Donnerstag
Geöffnet 11.30–15, 17–1 Uhr, im Winter 11.30–14, 17–21 Uhr

Der Stand bietet verschiedene Sitzgelegenheiten an Tischen im Freien, auf Mäuerchen und Bänken. Zu essen bietet man ausgewählte Affettati (Aufschnitt) und Formaggi, Piadina aus Kamut mit nativem Olivenöl extra, auch ohne Hefe, Salsiccia alla griglia, Piadipizza, Crescioni con verdure alla griglia (mit gegrilltem Gemüse), mozzarella e pomodoro (2,80 €), alle erbe und in der Version con zucca e patate (mit Kürbis und Kartoffeln).

Micamat

Piazzale Ambrosini, 27
Ruhetag: Sonntag, Montag
Geöffnet 9–21 Uhr, im Sommer 9–22 Uhr

Der Stand in der Nähe der Pferderennbahn bietet einen großen Parkplatz und rund 50 Plätze an den Tischen. Innovative und klassische Piadina-Varianten bis hin zu traditionellen Crescioni con bietola (mit Mangold, 2,20 €) und con pomodoro e cipolla (mit Tomaten und Zwiebeln).

Piadina di Loretta e Germano

Via Versilia, 190
San Mauro in Valle
Tel. (+39) 340 / 988 47 94
Ruhetag: Sonntag
Geöffnet 11.00–14, 17–21 Uhr

Ein Stand mit Parkplatz und Tischchen mit insgesamt zehn Plätzen in einem Park mit Bänken und Spieleinrichtungen für Kinder. Die Spezialitäten sind Piadina all'olio extravergine di oliva und Crescioni con verdure fresche di stagione (mit frischem Saisongemüse), darunter Crescione con fagiolini, salsiccia e pomodoro (mit grünen Bohnen, Salsiccia und Tomaten, 3 €).

MACERONE DI CESENA

E' Tulir di Francesco Ricci

Via 18 Agosto 1944, 490
Tel. (+39) 339 / 127 23 39
Ruhetag: Mittwoch
Geöffnet 14.30–22.30 Uhr

Der Stand in einem öffentlichen Park mit Bänken und Spieleinrichtungen für Kinder verfügt über rund 70 Plätze an den Tischen. Die Spezialitäten sind Battilarda (großes Brett) mit Crescioncini di verdure fresche grigliate (mit Grillgemüse) und *Piadaza* mit Kräutern, Käse und Pancetta gefüllt (6,30 €).

PIEVESESTINA DI CESENA (FC)

Maria Cellini

Via Dismano, 4830
Tel. (+39) 333 / 870 32 63
Ruhetag: Montag
Geöffnet 11–14, 16–20.30 Uhr, im Sommer 11–14, 17–20.30 Uhr

Der Stand mit rund 30 Plätzen an Tischen mit Sonnenschirmen und Parkmöglichkeit befindet sich nicht weit von einem Park mit Bänken und Spieleinrichtungen für Kinder. Die Spezialitäten sind Piadina al rosmarino und alle olive und Crescione zucca e patate (mit Kürbis und Kartoffeln, 3 €).

PONTE ABBADESSE DI CESENA (FC)

Tiziana Zanelli

Via Padre Genocchi, 485
Tel. (+39) 347 / 323 53 50
Ruhetag: Montag
Geöffnet 15–20.30 Uhr

Der Stand verfügt über ein paar Tische und Bänke und befindet sich in der Nähe des Parks mit Spieleinrichtungen und Radweg. Die Spezialität sind Crescioni alla cipolla, fricò e salame piccante (mit Zwiebeln, geschmortem Gemüse und pikanter Salami), zucca, patate e salsiccia (mit Kürbis, Kartoffeln und Salsiccia), mozzarella, pomodoro, acciughe e origano (mit Mozzarella, Tomaten, Sardellen und Oregano, 3,30 €).

PONTE PIETRA DI CESENA (FC)

Da Rita di La Porta Rita

Via Cesenatico, 1777
Tel. (+39) 368 / 318 04 83
Ruhetag: Montag
Geöffnet 16–20.30 Uhr, im Sommer 16–20.30 Uhr

Der Stand liegt an der Hauptstraße nach Cesenatico. Es gibt rund 30 Plätze an den Tischen im großen Park mit Bänken und Spieleinrichtungen für Kinder. Geboten werden eine herrliche, schwach gewürzte Piadina und klassische Crescioni mit Gemüse (2,50 €).

SAN CARLO DI CESENA (FC)

Marina Guidazzi

Via Castiglione, 33
Tel. (+39) 349 / 744 81 74
Ruhetag: Montag, Mittwoch
Geöffnet 11.30–13.30 Uhr, Sonntag 9–13.30, 16–21 Uhr

Der Stand liegt an einer frequentierten Stelle der Straße, die von der Kirche zum Savio führt. Es gibt Piadina aus Bio-Dinkelmehl ohne Schmalz und Crescioni alle erbe (2,40 €). Ausgefallen ist „Stendina", eine sehr dünne Piadina aus Maismehl.

SAN GIORGIO DI CESENA (FC)

La Piadina di Gianluca

NEU

Via Montaletto, 3035
Tel. (+39) 348 / 520 89 12
Ruhetag: Donnerstag
Geöffnet 16–20.30 Uhr

Gianluca bereitet Piadina nach dem traditionellen Rezept der Familie zu, das die Verwendung frischer saisonaler Produkte vorsieht. Der Stand befindet sich in einem Park mit Bänken, Tischen und Spieleinrichtungen für Kinder. Die Spezialitäten sind Rotolo con squacquerone, rucola, pomodorini e prosciutto crudo (4,50 €), Crescione di zucca e patate und Crescione di pancetta, radicchio, scamorza e mozzarella.

SANT'EGIDIO DI CESENA (FC)

Acqua e Farina di Andrea Montanari

Via Cerchia di Sant'Egidio, 2365
Tel. (+39) 349 / 317 36 38
Ruhetag: Dienstag
Geöffnet 16–21 Uhr, im Sommer 17–22 Uhr

Dieser Stand bietet rund 40 Sitzplätze im öffentlichen Park mit Bänken und Spieleinrichtungen für Kinder. Die Spezialitäten sind Rotoli (Rollen) mit Squacquerone, Prosciutto crudo und Rucola (4,50 €), Crescioni alle erbe und Spezialitäten aus Dinkel.

TORRE DEL MORO DI CESENA (FC)

La Regina della Piadina di Maria Casadei

Via San Remo, 35 – Torre del Moro
Tel. (+39) 340 / 359 82 63
Ruhetag: Dienstag
Geöffnet 16.30–21 Uhr

Ein paar Tische mit insgesamt 16 Plätzen in der Nähe eines großen Parkplatzes. Einer der wenigen Stände, wo Backformen aus feuerfestem Material verwendet werden. Die Spezialität sind Crescioni mit Füllung aus Kräutern (2,30 €) und Gemüse aus dem Landwirtschaftsbetrieb der Familie.

FORLÌ

Piada 52

NEU

Via Dragoni, 52
Tel. (+39) 340 / 371 25 48
Ruhetag: Montag, im Winter
Geöffnet 7–23 Uhr

Der Stand befindet sich neben einem Park. Man kann an Tischen und Bänken sowohl auf der Veranda als auch im Grünen Platz nehmen. Der Stand wird von einer Sozialgenossenschaft geführt und bietet Piadina und andere Produkte aus lokalen biologischen und glutenfreien Zutaten. Zu den Spezialitäten zählen Crescione salsiccia e cipolla (3,50 €) und con pomodoro, mozzarella e salame piccante (3,50 €). Samstag, Sonntag und Montag ist der Stand von 17 bis 23 Uhr geöffnet.

FORLIMPOPOLI (FC)

Tom & Jerry

Via Armando Diaz/Giardini La Malfa
Tel. (+39) 339 / 131 47 11
Ruhetag: Montag
Geöffnet 16–21 Uhr, an Feiertagen 10–12.30, 16–21 Uhr

Ein paar Schritte von der Geburtsstadt Pellegrino Artusis entfernt können Sie in einer angenehmen Laube mit zwölf Sitzplätzen Platz nehmen. Der große Garten macht eine Einkehr noch verlockender. Empfehlenswerte Spezialitäten, vor allem im Winter, sind Crescioni con fagioli e salsiccia (mit Bohnen und Salsiccia) und con verza e pancetta (mit Wirsing und Pancetta, 4 €).

GAMBETTOLA (FC)

80 Voglia di Piada di Andrea e Roberta

Piazza Cavour, 8
Tel. (+39) 349 / 470 90 80
Ruhetag: Montag
Geöffnet 16.30–21 Uhr

Der Stand befindet sich neben der zentralen Dorfkirche und einem kleinen Park mit Bänken und zwei Tischchen. Die Spezialitäten sind Crescioni und Piadina con salsiccia alla griglia (4 €), Rotoli und Piadipizza.

LONGIANO (FC)

Gradisca di Manuela Bianchi

Piazza 11 Ottobre, 2
Tel. (+39) 333 / 461 14 01
Ruhetag: Montag
Geöffnet 15–21 Uhr

Der Stand befindet sich auf dem Platz neben der Post, innerhalb des großen Parkplatzes davor. An den Tischen sind rund 20 Sitzplätze vorhanden. Die hervorragenden Crescioni gibt es mit Mangold (3 €), mit Kartoffeln und Salsiccia sowie mit Tomaten und Mozzarella. Als Alternative bieten sich frische Tagliatelle an, Cappelletti und Lasagne, deren Teig mit dem Nudelholz ausgezogen wird.

BUDRIO DI LONGIANO (FC)

Box 23

Piazza Aldo Moro
Tel. (+39) 328 / 713 91 15
Ruhetag: Dienstag
Geöffnet 16–20.30 Uhr

Der Stand befindet sich an der Straße, die von der Via Emilia nach Longiano führt, an einem großen Parkplatz neben einem Park mit Bänken und Spieleinrichtungen für Kinder. Die Spezialitäten sind Rotoli gefüllt mit Käse und Wurst sowie Crescioni con erbe e salsiccia (mit Kräutern und Salsiccia, 3 €).

MERCATO SARACENO (FC)

I 7 Vizi

NEU

Via Pertini, 1
Tel. (+39) 347 / 688 11 80
Ruhetag: Montag, Dienstag
Geöffnet 16–21 Uhr, Freitag 12–14, 16–21 Uhr

Der Stand in der Nähe des Schwimmbades und Sportzentrums mit großem Parkplatz und Halteplatz für Campingmobile verfügt über etwa 30 Plätze unter einer Holzlaube. Die jungen Betreiber verarbeiten Biomehle aus lokaler Produktion. Neben traditioneller Piadina gibt es Guscioni alle melanzane (2,30 €), alle erbe oder di zucca e patate.

BORA DI MERCATO SARACENO (FC)

Piadineria Il Minatore

Via Torricelli, 8
Tel. (+39) 05 47 / 32 32 57
Ruhetag: Montag
Geöffnet 11.30–14.40, 19–24 Uhr

Die Piadineria mit Küche war ursprünglich ein Imbissstand. Heute werden auch Gerichte zubereitet, die man mit Piadina und Crescioni genießen kann. Probieren Sie Coniglio arrosto con il latte (gebratenes Kaninchen mit Milch) und Crescione con verze e cotechino (mit Wirsing und Cotechino, 3 €). Es gibt 80 Plätze in der Laube und 80 auf der Sommerterrasse.

PIAVOLA DI MERCATO SARACENO (FC)

L'Oasi della Piadina

Via Pietro Nenni, 55
Tel. (+39) 342 / 593 16 34
Ruhetag: Mittwoch
Geöffnet 16.30–19.30 Uhr, im Sommer 16.30–20.30 Uhr

Der Stand neben dem Fußballplatz und nahe dem Wildbach Borello verfügt über rund 20 Sitzplätze an den Tischen in der Laube. Hervorragend sind Piadina und Crescioni mit Kürbis und Kartoffeln (2,50 €), mit Kräutern sowie mit Salsiccia und Zwiebeln.

RAVENNA

Tradizione Dolce & Sale

Via Cassino
Tel. (+39) 05 44 / 40 06 21
Ruhetag: Montag
Geöffnet 15–20.15 Uhr

Der Stand befindet sich an der Straße nahe am Stadion. Man kann nur auf ein paar Stühlen Platz nehmen, Tische gibt es nicht. Hervorragend sind Piadina und Crescioni con le melanzane und con salsiccia e cipolla (mit Auberginen sowie mit Salsiccia und Zwiebeln, 3 €). Probieren Sie auch knusprige Piada a velo (Sbriciolona). Verarbeitet werden Saisonprodukte und -gemüse.

RIMINI

Bar Ilde Il Baretto della Buona Piadina

Via Covignano, 245
Tel. (+39) 05 41 / 75 32 74
Täglich geöffnet April–Ende September
12–24 Uhr

Der Stand auf dem Hügel von Covignano liegt im Grünen und bietet im Innen- und Außenbereich Sitzplätze für rund 180 Personen. Die Spezialität sind die mit Salaten, Gemüse und Squacquerone gefüllten Piade. Köstlich ist auch Piadina mit Prosciutto crudo, Squacquerone und Rucola (6,50 €).

Doppio Zero

Via Dario Campana, 78 B–C
Tel. (+39) 335 / 657 51 69
Ruhetag: Montag, außer im Sommer
Geöffnet 10.30–21.30 Uhr

Der Stand nicht weit vom Castel Sismondo, vom Zentrum und vom Parco 25 Aprile verfügt über Tischchen im Innen- und Außenbereich und bietet rund 100 Plätze. Hier ist man auf mit erstklassigen Zutaten gefüllte Cassoni spezialisiert. Probieren Sie die Variante mit Mozzarella und Tomaten (2,50 €) und Rotolo con i sardoncini. Mittags kann man zur Piadina auch ein paar Gerichte bestellen.

Nud e Crud

Viale Tiberio, 27–29
Tel. (+39) 05 41 / 290 09
Kein Ruhetag
Geöffnet 12–16, 18–24 Uhr

Piada, Cassoni, Bar und Küche: alles zusammengenommen ergibt das einen innovativen und jungen Ansatz, wobei klassische Piada und Produkte mit nachvollziehbarer Herkunft geboten werden, zum Aperitif, zum Mittagessen wie auch zum Abendessen. Es gibt unter anderem Piada aus Biomehl mit Sardinen (6,90 €) oder Radicchio und Frühlingszwiebeln sowie Cassoni con le rosole (mit jungem Klatschmohn) und mit Kartoffeln und Salsiccia im Angebot.

SAN MAURO PASCOLI –
SAN MAURO MARE (FC)

La Piadina di Bicio e Vale

Via della Libertà, 22
Tel. (+39) 340 / 495 30 02
Geöffnet 11.30–14.30 und 18 Uhr
bis spätabends täglich von März–September

Der im öffentlichen Parco Benelli befindliche Betrieb verfügt über insgesamt 60 Plätze an Tischen und Bänken. Die Spezialitäten sind Crescione con le erbette saltate in padella (mit sautiertem Mangold) und Piadina 9 Colli mit Spänen vom Höhlenkäse, Honig und Oliven (8 €).

SAVIGNANO SUL RUBICONE (FC)

Al Giardinetto di Alessandra Ricci

Via Emilia Ovest
Tel. (+39) 05 41 / 94 64 56
Ruhetag: Dienstag ab 15.30 Uhr und Mittwoch
Geöffnet 12–21 Uhr

An der Via Emilia steht an der Ortseinfahrt eine Laube mit Bänken und Tischen mit rund 40 Plätzen. Weil wir uns in der Nähe von Rimini befinden, ist die Piadina hier dünner. Probieren Sie die Variante mit Squacquerone und Crescioni con erbe e verdure fresche (mit Kräutern und frischem Gemüse).

SOGLIANO AL RUBICONE (FC)

Da Giuli e Stefano Pumdor

Via Montepetra Piolo, 73 B
Tel. (+39) 347 / 278 66 37
Ruhetag: Montag
Geöffnet 14.30–22 Uhr, Samstag und Sonntag 11.30–22 Uhr

Der Stand befindet sich an der Staatsstraße wenige Hundert Meter von der Ausfahrt Montecastello di Mercato Saraceno der Schnellstraße E 45 entfernt. Er bietet rund 30 Sitzplätze. Die Spezialitäten sind Crescioni con zucca e patate, alle erbe (2,30 €) und con salsiccia alla griglia (mit gegrillter Salsiccia).

NONANTOLA (MO)
Rubbiara

12 KM NORDÖSTLICH VON MODENA, S.S. 255

Osteria di Rubbiara

Traditionelle Osteria • Via Risaia, 2
Tel. (+39) 059 / 54 90 19
Ruhetag: Dienstag
Ferien: 15.–31. August, 20. Dezember–10. Januar
35 Plätze + 40 Plätze im Freien
Preise: 25–35 €
Kreditkarten: Visa
Mittags geöffnet, Freitag und Samstag auch abends

Die Schwelle der Osteria di Rubbiara zu überschreiten, bedeutet, eine Institution der Küche Modenas zu betreten. Italo Pedroni, der mürrische, altmodische Wirt – Männer werden vor Frauen bedient, das Mobiltelefon muss am Eingang abgegeben und am Ende der Mahlzeit wieder abgeholt werden –, ist auch die Seele des Lokals, wo er authentische Produkte mit aller Kraft verteidigt, angefangen von dem aus autochthonen Traubensorten erzeugten Aceto balsamico tradizionale aus seiner preisgekrönten Essigfabrik bis zu den nach alten Rezepten des Hauses zubereiteten Gerichten. Am Herd verstärkt seine Frau Franca diesen Einsatz mit geradliniger schnörkelloser Küche. Eingangs gibt es die unverzichtbare **Frittata con aceto balsamico tradizionale** (5 €) und eine ausgezeichnete Wurstselektion. Unter den ausnahmslos in Handarbeit hergestellten Primi ragen **Tagliatelle al ragù** (7 €), Tortellini in brodo (im Winter), Tortelloni di ricotta e spinaci und Strichetti heraus. Das Paradegericht bei den Secondi ist Pollo al Lambrusco, aber auch **Faraona arrosto con patate e aceto balsamico tradizionale** (7 €), Costine di maiale und Coniglio alla cacciatora sind nach allen Regeln der Kunst zubereitet. Die Zutaten für die Beilagen kommen aus dem Garten hinter dem Gasthaus. Abschließend genießt man Torta di tagliatelle, Gelato di crema mit edlem Aceto balsamico tradizionale verfeinert, Crostate und Torta di cioccolato (4 €). Im Keller dominieren Weine aus dem Hause Pedroni, zu denen sich ein achtsam zusammengestelltes Weinsortiment kleiner regionaler Winzer gesellt.

»
Unverfälschte, lokale und authentische Gerichte, wie man sie einst in den Gasthäusern im Umland Modenas bekam, die heute beinahe verschwunden sind.
«

PARMA
Coloreto

7 KM VOM ZENTRUM

Ai Due Platani

Restaurant
Via Budellungo, 104 A
Tel. (+39) 05 21 / 64 56 26
Ruhetag: Montagabend, Dienstag
Ferien: 15. Februar–2. März, 15. August–7. September
65 Plätze + 65 Plätze im Freien
Preise: 30–35 €
Kreditkarten: CS, DC, MC, Visa; BM
Mittags und abends geöffnet

Dieses schöne Lokal wurde 2009 in unser Buch aufgenommen und befindet sich im ländlichen Gebiet nahe Parma. Es ist rasch auf sein Ziel losgesteuert und hat von Anfang an die allgemeine Aufmerksamkeit auf sich gezogen. Matteo Ugolotti leitet die Küche, während Giancarlo Tavani eine kleine, aber effiziente Gruppe von Mitarbeitern dirigiert, die den Service auch bei vollem Lokal locker bewältigen. Das Menü reicht von solider, tadelloser Traditionsküche bis zu innovativen Angeboten. Wir empfehlen zur Einstimmung die Vorspeisenselektion mit lokalen Wurstspezialitäten wie Spaletta cruda und Parmaschinken, die mit Torta fritta und Kompott aus roten Zwiebeln kombiniert werden (10 bis 12 €). Fahren Sie dann mit gefüllter Pasta fort, angefangen von exzellenten **Tortelli d'erbette** oder di zucca bis zu **Ravioli di coniglio** und Ravioli di baccalà con colatura di alici del Cantabrico (10 €). Bei den Secondi reicht die Auswahl von **Petto di faraona**, Costolette di agnello, **Baccalà con crema di patate** bis zu delikater Battuta al coltello di fassona piemontese (mit dem Messer gehacktes Fleisch vom Fassona-Rind), serviert mit knackiger hausgemachter Giardiniera (14 €). Danach kann man den Wagen mit den Dolci nicht an sich vorbeiziehen lassen. Wunderbar ist **frisch gerührtes Gelato alla crema**, kombiniert mit Zabaione oder noch besser mit Aceto balsamico tradizionale (5 €). Neben dem in Flaschen abgefüllten Hauswein (Bonarda und Malvasia) bietet der Keller eine angemessene Auswahl italienischer Tropfen.

»
Engagement, Kompetenz und passionierte Recherche kennzeichnen diese Osteria, in der auf Zutaten und Jahreszeiten geachtet wird.
«

PARMA
Gaione

7 KM VOM ZENTRUM

Antichi Sapori

Restaurant
Via Montanara, 318
Tel. (+39) 05 21 / 64 81 65
Ruhetag: Dienstag
Ferien: 2 Wochen Mitte August
80 Plätze + 80 Plätze im Freien
Preise: 35 €
Kreditkarten: AE, CS, DC, MC, Visa; BM
Mittags und abends geöffnet

Auch wenn die Eigendefinition dieses Lokals „Trattoria" lautet, haben wir es doch mit etwas mehr zu tun: Eleganz bei Einrichtung, Tischgedeck, grafischer Gestaltung der Speisekarte und Service sowie eine persönlich gefärbte Küche wie jene von Davide Censi, der großen Respekt gegenüber Traditionen, Zutaten und Saisontreue zeigt. Der Schlüssel zum Erfolg liegt darin, dass er es versteht, in seinen Gerichten die Titel zu vereinen, die die beiden Degustationsmenüs inspirieren: „Parma nel cuore" („Parma im Herzen", 30 €) und „Passeggiando verso l'innovazione" („Spaziergang Richtung Innovation"). Die Antipasti eröffnen das Menü mit großartigen lokalen Wurstspezialitäten, von gereiftem Prosciutto (9,50 €) bis Culatello, gefolgt von **Torta di cipolle caramellate con crema di parmigiano** (10 €), Tartara di pasta di salame, Verdure croccanti und Spuma tonnata. Von den Primi verdienen **Tortelli di erbetta** (9 €) oder di zucca, Riso mantecato, im Frühling mit Spargel, Hirse und Kaffernlimette, und Anolini di asinina in brodo eine Kostprobe. Unter den Secondi sind **Punta di vitello ripiena al forno**, serviert mit Rosmarin-Bratkartoffeln (12 €), Puntine di maiale con aglio nero e cavolo romanesco und **Medaglione di cavallo con brunoise di verdure**. Verlockend ist die Platte mit einer Degustation von Parmigiano reggiano (12 €). Abschließend gibt es Sbrisolona (6 €), Mousse di zabaione und Vellutata di ricotta con cioccolato fondente. Das vortreffliche Kellerangebot enthält unter anderem eine kleine, aber interessante Selektion emilianischer Weine.

»
Der Genuss einer persönlich gefärbten Küche, die auf Saisontreue, hochwertige Zutaten und lokale Tradition achtet, und das zu gemäßigten Preisen.
«

PARMA
Botteghino

6 km vom Zentrum

Da Romeo

Trattoria
Via Traversetolo, 185
Tel. (+39) 05 21 / 64 11 67
Ruhetag: Donnerstag
Ferien: 1 Woche im Januar, 15. August–7. September
150 Plätze + 150 Plätze im Freien
Preise: ⊞ 35–38 €
Kreditkarten: CS, MC, Visa; BM
Mittags und abends geöffnet

Botteghino, wenige Kilometer von Parma entfernt, ist ein kleiner Ortsteil, in dem man schon den Duft der Provinz atmen kann. Hier befindet sich die historische, bodenständige Trattoria der Familie Zanichelli. Das Lokal wirkt ungezwungen, aber gepflegt (auch was den Service anbelangt) und gliedert sich in zwei Speiseräume, die sich für Mittag- und Abendessen mit Freunden oder der Familie eignen. Die Küche hat sich ganz und gar der hiesigen Tradition verschrieben, und das bereits ab den Primi: unverzichtbare, immer gute **Tortelli d'erbette** (12 €), Tortelli di patate e funghi, Cappelletti in brodo oder al sugo di pomodoro, **Tagliolini al ragù di culatello** und Gnocchi di patate. Bei den Secondi kann man keinen Fehler machen: Lombo di maiale, Faraona arrosto, **Coniglio alla cacciatora** (13 €), Tagliata di manzo und in der wärmeren Jahreszeit Vitello tonnato, Roastbeef und Carpacci. Als Beilagen gibt es frisches Gemüse, Cipolle all'aceto balsamico, Artischocken und vorzügliche Polenta fritta, die auch den Teller mit **Salumi** (Culatello, Salami und Spalla cotta) zu Beginn der Mahlzeit begleitet. Zum Abschluss lockt dann noch ein großes Büfett mit Süßspeisen, das mit deliziösen Crostate (5 €) und Sbrisolona alle zufriedenstellt. Die Weinauswahl ist eher beschränkt, aber es gibt einige Tropfen, die gut zum Essen im Zeichen der Tradition passen.

Torrefazione del Gallo (Piazzale San Bartolomeo): Bei Gianluca Montanari genießen Sie einen der besten Kaffees der Stadt.

PARMA
Castelnovo

11 km vom Zentrum

Le Viole

Trattoria
Strada Nuova di Castelnovo, 60 A
Tel. (+39) 05 21 / 60 10 00
Ruhetag: Montag, Dienstag; Juni und August Sonntag, Montag
Ferien: letzten 2 Januar- und Augustwochen
45 Plätze
Preise: 30–32 €
Kreditkarten: AE, CS, MC, Visa; BM
Mittags und abends geöffnet

Wir entfernen uns nur wenige Kilometer von der Stadt in ländliches Gebiet und finden in Richtung Colorno diese isoliert stehende, reizende Trattoria. Seit mehr als 25 Jahren wird sie von den Schwestern Lucia und Rosanna Petrera geführt, die Sie auch empfangen. Roberto Oppici steht am Herd und lässt seinen Einfällen und seiner Geschicklichkeit freien Lauf. Das einladende Lokal ist mit Liebe zum Detail gestaltet und verfügt auch über einen schönen Garten. Das „historische" Menü wird stets durch ein ansehnliches Sortiment von Tagesgerichten ergänzt (es gibt auch einige Meeresgerichte), deren gemeinsamer Nenner die Verwendung frischer saisonaler Zutaten ist. Unter den Antipasti sind Insalata di anatra, Salame fresco al vino con i fichi und **Nervetti con verdure tiepide** (9 €). Danach reicht die Palette von traditionellen **Tortelli di erbette** (8 €) über Agnolotti di patate con fonduta di cipolle bis zu Lasagnette con montasio e carciofi. Anschließend Bahn frei für Gerichte aus Fleisch von Hoftieren, wie Coniglio con pomodorini, rosmarino e taggiasche (12 €), **Anatra alle ciliegie**, Rotolini di faraona all'uva, und Seiner Majestät, dem Schwein, wie **Lombo** oder **Muscoletti di porchetta** und Coppa al forno. Unter den Dolci sind die sehr beliebte **Crema rovesciata al caffè** (6 €), Torta di mele con salsa ai frutti di bosco und Semifreddo di nocciole con crema di cioccolato bianco e zabaione. Die umfangreiche Weinkarte listet regionale und italienische Weine auf, die auch glasweise erhältlich sind.

Da Marco Osteria del Trentino

Restaurant
Via del Castello, 31
Tel. (+39) 05 23 / 32 42 60
Ruhetag: Sonntag
Keine Ferien
35 Plätze + 20 Plätze im Freien
Preise: 33–35 €
Keine Kreditkarten
Mittags und abends geöffnet

In der Altstadt von Piacenza befindet sich nahe der Piazza Borgo das Lokal von Marco Piazza, das 2010 übernommen, aber bereits 1910 eröffnet wurde. Die Location ist eine der ältesten der Stadt, das kulinarische Angebot basiert auf Gerichten aus dem Gebiet von Piacenza und wird aus Qualitätszutaten zubereitet, durch einige Innovationen belebt und mit großer Achtsamkeit auf jedes Detail präsentiert. Das Ambiente ist sehr gepflegt und bietet sich auch für ein romantisches Abendessen an, das Personal ist höflich und achtet auf jeden Wunsch des Gastes. Im Sommer kann man in einem kleinen Hof unter einer Laube speisen. Unter den Antipasti sind lokale Wurstspezialitäten mit hausgemachter Giardiniera, **Strudel di verdure** (9 €) und opulente **Insalata di coniglio in agrodolce** (13 €). Bei den Primi lautet das Motto: Bahn frei für Typisches wie **Tortelli con la coda**, *Pisarei e fasò* (mit einer Variante, bei der Fleischragout die Schwarte ersetzt), Lasagnetta verde con pesto e zucchine und Casarecce con melanzane e menta (9 €). In der Liste der Secondi finden sich einige Klassiker wie winterliche **Trippa di manzo e fagioli**, Quinto quarto (Innereien), das ganze Jahr über, und für alle, die kein Fleisch mögen, **Storione al forno con verdure croccanti** (16 €). Reichhaltig ist die Auswahl an Süßspeisen, darunter Sablé ai frutti di bosco, Semifreddo al croccantino e zenzero und Crumble alla frutta (6 €). Der Kaffee aus der Mokkamaschine wird mit einer Kostprobe von Torta sbrisolona serviert. Die Weinkarte nennt viele lokale und italienische Etiketten und eine Selektion an Dessertweinen und Champagner.

San Giovanni

Restaurant
Via Garibaldi, 49
Tel. (+39) 05 23 / 32 10 29
Ruhetag: Montagmittag, Mai–September auch Sonntag
Ferien: 2 Wochen im August
40 Plätze
Preise: 30–35 €
Kreditkarten: AE, CS, MC, Visa; BM
Mittags und abends geöffnet

Ein schönes Lokal in einem Palazzo aus dem 16. Jahrhundert in der Altstadt, ein paar Schritte von der Piazza dei Cavalli entfernt. Patron und Koch Roberto Zanetti bietet ausgezeichnete Küche, die das Ergebnis von konstantem Einsatz und beständiger Suche ist und Traditionsgerichte mit moderneren Angeboten vereint. Verarbeitet werden dafür saisonale Zutaten aus dem Gebiet. Seine Frau Carla empfängt die Gäste auf diskrete und freundliche Weise. Unter den Antipasti finden sich vorzügliche, vor Ort gereifte Salumi aus Piacenza (10 €) und **Flan di grana padano e crema di zucca**. Weiter geht es mit ***Pisarei e fasò*** (9 €), Tortelli piacentini con le code, im Frühling mit Brennnesselfüllung, und **Risotto con caprino fresco e asparagi** (12 €), die Sie nicht versäumen dürfen. Von den Secondi sollten Sie Duetto di carni battute al coltello (14 €) mit Pferdefleisch und Tatar vom Rind, Stinchetto di maialino da latte und **Cosciotto di oca con pere alla Bonarda** probieren. Als vegetarisches Gericht schmeckt **Sformato di asparagi piacentini e grana** (12 €). Wer Käse mag, wählt die schöne Käseplatte (13 €) mit sorgfältig ausgewählten lokalen und piemontesischen Erzeugnissen. Von den Dolci (5 €) sei Sbrisolina con zabaione besonders hervorgehoben, aber auch Salame di cioccolato con nocciole und Semifreddo alla crema con mandorla e croccantino sind köstlich. Die große Weinkarte nennt gute lokale, italienische und ausländische Weine mit besonderem Augenmerk auf biologische und biodynamische Tropfen. An Wochentagen gibt es einen Businesslunch für 20 €.

Die Gelateria K2, Corso Garibaldi 12, bietet ausgezeichnetes Eis aus Qualitätszutaten.

PIACENZA

Santo Stefano

Moderne Osteria
Via Santo Stefano, 22
Tel. (+39) 05 23 / 32 78 02
Ruhetag: Sonntag, Montag
Ferien: August
45 Plätze + 30 Plätze im Freien
Preise: 25–30 €
Kreditkarten: CS, DC, MC, Visa; BM
Mittags und abends geöffnet

Das Ambiente des Lokals ist einfach, aber einladend und umfasst auch einen hübschen Hof, der in der warmen Jahreszeit genutzt wird. Tischtücher gibt es nicht, die Tagesgerichte sind auf großen Tafeln angeschrieben und werden überdies auch mündlich detailliert erörtert. Hervorragend ist die Platte mit gut gereiften Wurstspezialitäten der drei DOP-Produkte aus Piacenza: Coppa, Pancetta und Salami (8 €), die mit hausgemachter Giardiniera (3 €) kombiniert werden. Als Alternative bieten sich Fiori di zucchine fritti, Insalata di branzino und **Tonno di coniglio** an. Für Piacenza typische Primi stehen im Vordergrund, wie etwa ***Pisarei e fasò*** und Tortelli; Letztere sind auch mit Guanciale-Füllung erhältlich. Das Santo Stefano ist außerdem eines der wenigen Lokale, in dem es eine der Spezialitäten der adeligen Familien aus Piacenza gibt, das heißt **Bomba di riso**: eine Timbale mit opulenter Farce aus Taubenfleisch und Salsiccia (für zwei oder drei Personen, 30 €). Bei den Secondi tauchen einige Gerichte auf der Karte auf, die in der Gegend eher schwierig zu finden sind, wie Trippa con i ceci, Cervella fritte und ***Picula***, geschmortes gehacktes Pferdefleisch. Es gibt aber auch geläufigere Speisen wie Stinco (10 €), Ziegenkäse und einige Fischgerichte. An Süßem erwarten Sie **Zabaione con sbrisolona** (5 €), Tiramisu und Semifreddo all'amaretto. Die Weinkarte ist gepflegt und lässt eine Tendenz zu biologischen und nach möglichst natürlichen Methoden erzeugten Weinen erkennen. Auch einige Biere aus Kleinbrauereien sind vorhanden. Das Gasthaus befindet sich in einer verkehrsberuhigten Zone, in der ab 19 Uhr die Zufahrt für Autos gestattet ist. Reservierung empfehlenswert.

PIANORO (BO)
Rastignano

13 KM SÜDLICH VON BOLOGNA

Osteria al Numero Sette

Moderne Osteria
Via Andrea Costa, 7
Tel. (+39) 051 / 74 20 17,
(+39) 335 / 32 38 94
Ruhetag: Montag
Ferien: unterschiedlich
30 Plätze
Preise: 31–35 €
Kreditkarten: CS, MC, Visa; BM
Mittags und abends geöffnet

Eine schöne Osteria ein paar Kilometer außerhalb von Bologna. Die Einrichtung ist einfach und ansprechend, modern, aber nicht kühl. Piero Pompili kümmert sich um Sie. Er führt seit 1996 das Lokal gemeinsam mit Arnaldo Laghi, der am Herd steht. Die Auswahl der Zutaten erfolgt sorgfältig, was sich bereits bei den Salumi (im Besonderen Mortadella und Salame rosa) im Antipasto zeigt, die aus der legendären Wursterzeugung Pasquini kommen. Wenn Sie etwas besonders Gutes möchten, probieren Sie Panna cotta di squaquerone e pere (8 €) und mittlerweile klassische **Crostatina di cipolle caramellate**. Unter den Primi sind unverzichtbare **Tagliatelle** al ragù (9 €) oder al **friggione**, Passatelli asciutti con salsa al parmigiano und im Sommer Zuppa fredda di pomodoro con crostoni di pane. Bei den Secondi dominiert Fleisch: **Guanciale di vitello brasato**, mit Püree serviert, und Polpettone con ripieno di tortellini (14 €). Weitere gute Speisen sind Costine di maiale grigliate agli aromi, Arrosto di coniglio con capperi e olive und Battuta di fassona piemontese. Die Desserts glänzen durch gute Zubereitung, wie etwa Semifreddi al mascarpone oder allo zabaione und Mousse di yogurt. Die Weinkarte enthält Tropfen aus den Colli Bolognesi und einige Etiketten aus dem übrigen Italien, die auch im glasweisen Ausschank erhältlich sind. Erwähnt sei auch die Selektion von Bieren aus norditalienischen Kleinbrauereien.

PONTE DELL'OLIO (PC)
Biana

28 KM SÜDLICH VON PIACENZA

Bellaria

Trattoria
Ortsteil Biana, 17
Tel. (+39) 05 23 / 87 83 33
Ruhetag: Donnerstag
Ferien: ersten 3 Septemberwochen
50 Plätze + 30 Plätze im Freien
Preise: 30–33 €
Kreditkarten: CS, MC, Visa; BM
Mittags und abends geöffnet

Wenn Sie das Nure-Tal wieder bergauf fahren und Ponte dell'Olio hinter sich gelassen haben, empfängt Sie der kleine Ortsteil Biana nach wenigen Kilometern in den ersten Hügeln auf der linken Seite des Tales. Hier bürgen die aufrichtige Höflichkeit und die herausragende Gastlichkeit der Familie Trecordi für dieses Lokal, in dem nachweislich seit mehreren Jahrhunderten Gastronomie betrieben wird. Zu Beginn gibt es einen Antipasto mit unverzichtbarer – mittlerweile leider seltener – ***Burtleina*** (traditioneller Fladen aus Wasser und Mehl) mit Salumi aus Piacenza (Coppa, Salami, Pancetta, 6,50 €) von guten lokalen Erzeugern. Wenn Sie etwas Leichteres bevorzugen, können Sie Sformato di carote con crema di parmigiano e salvia oder Terrina di pollo con verza e yogurt alle verdure e senape probieren. Anschließend können Sie sich für die Tradition entscheiden und Tortelli di ricotta e spinaci al burro e salvia und ***Pisarei e fasò*** **nach alter Art** (ohne Tomaten, 9 €) wählen oder zu innovativeren Speisen greifen, wie **Rigatoni di farro al torchio con pancetta, pinoli e menta** (9 €) oder in der Saison Crespelle di riso con asparagi e caprino. Fleisch ist das dominierende Thema der Secondi: Nicht versäumen sollten Sie ***Picula 'd caval*** **con purè di patate** (gehacktes Pferdefleisch, mit Gemüse gedünstet, 9 €), sehr gute Costolette di agnello impanate, Tagliata di manzo al Gutturnio und schmackhaftes **Petto d'anatra alle ciliegie** (14 €). Eine eher kleine Käseselektion und dann geht es mit Desserts (5 €) weiter. Sehr gut sind Semifreddo al mascarpone con cioccolata calda und die stets beliebten Crostate. Im Keller lagert eine gute Auswahl der besten Etiketten aus dem Gebiet.

PORRETTA TERME (BO)

60 KM SÜDWESTLICH VON BOLOGNA

Trattoria delle Tele

Trattoria
Piazza Massarenti, 1
Tel. (+39) 05 34 / 245 75
Ruhetag: Dienstagabend, Mittwoch (außer Juli und August)
Ferien: je 1 Woche im Mai und Oktober
30 Plätze + 16 Plätze im Freien
Preise: 32–35 €
Kreditkarten: CS, DC, MC, Visa; BM
Mittags und abends geöffnet

Die Trattoria delle Tele liegt in Porretta, einer Gemeinde in der Provinz Bologna, die für ihre Thermalwasserquellen bekannt ist. Sie ist das Ergebnis der langen Gastronomietradition der Familie Valdisseri. Das Menü, das mittags ein reduziertes Angebot vorsieht, gliedert sich vor allem bei den Primi in Speisen aus der toskanischen und emilianischen Tradition und weitere Gerichte, die durch verschiedene italienische Regionalküchen inspiriert sind. Überall wird jedoch die Achtsamkeit bei der Auswahl der Grundzutaten deutlich. Ein Beispiel für diesen erweiterten Blick auf andere Traditionen sind bei den Antipasti Battuta al coltello di fassona piemontese (8 €), bei den Primi Spaghetti alla carbonara di asparagi con uovo di Parisi (12 €) und Paccheri aus Gragnano con pomodoro piccante e pecorino romano. Wenn man zur lokalen Tradition zurückkehrt, beginnt man mit **Prosciutto di Parma DOP** aus Langhirano (mit Burrata serviert, 9 €) und geht dann zu „Minestre" über, unter denen klassische **Tortellini in brodo**, **Tagliatelle al ragù** oder Tortelloni montanari con parmigiano reggiano zu finden sind. Unter den Secondi ist eines der Paradegerichte der Bologneser Küche, nämlich **Cotoletta alla petroniana** (14 €), flankiert von **Braciola di grigio del Casentino** und der fleischlosen Alternative in Form von Filetto di baccalà fritto alle erbe aromatiche. Von den Dolci nennen wir Zabaione con i cantucci, Zuppa inglese und Tortino di cioccolato. Die breit gefächerte Weinkarte enthält rund 100 Etiketten aus Italien und einige Champagner.

Osteria dei Battibecchi

Moderne Osteria
Via della Tesoreria Vecchia, 16
Tel. (+39) 05 44 / 21 95 36
Kein Ruhetag
Ferien: 15. Juli–15. August
45 Plätze + 25 Plätze im Freien
Preise: 30–33 €
Kreditkarten: CS, MC, Visa; BM
Mittags und abends geöffnet

Die Osteria dei Battibecchi befindet sich in der Altstadt von Ravenna. Nicoletta Molducci und ihr Servicepersonal empfangen Sie in schlichtem, gepflegtem Ambiente, das den Charakter der Gerichte widerspiegelt, die aus der Küche kommen. Nicht selten trifft man hier auf Touristen, die die schöne Kunststadt besuchen und durch das Lokal ein schönes Kapitel der hiesigen Gastronomie vermittelt bekommen. Das Menü wechselt mit den Jahreszeiten, das Tagesangebot ist stets von Hand auf einer Tafel angeschrieben. Was hier nie fehlt, ist Piadina, die gemeinsam mit Brot auf den Tisch kommt und die Sie auch gefüllt zu Preisen zwischen 2,50 und 7 € bestellen können. Unter den Antipasti sind ein Mix aus Salumi und Formaggi (9 €), **Radicchio con i bruciatini** und schmackhafte Saraghina marinata. Weiter geht es mit den omnipräsenten Tagliatelle al ragù, **Gnocchi di patate** (8 €), Cappelletti oder **Passatelli in brodo** (10 €) und Pasta e fagioli. Bei den Secondi ist die Spezialität des Hauses **Coniglio alla Teresa** con le patate rosse (16 €), aber Sie können auch Castrato, Misto di carne ai ferri oder Squacquerone con fichi caramellati wählen. Von den süßen Köstlichkeiten sollten Sie Tortelli alla mostarda, Crostata della nonna und, falls erhältlich, **Zuppa inglese** (5 €) probieren. Umfangreiche Auswahl an Weinen, wobei Erzeugnisse aus dem Gebiet gut vertreten sind. Da das Lokal nicht sehr groß ist, ist eine Reservierung stets empfehlenswert.

Die Enogastronomia I Grisi (Via Rava) bietet Spezialitäten aus der Romagna und Produkte aus Slow-Food-Presidi.

A Mangiare

Restaurant
Viale Monte Grappa, 3 A
Tel. (+39) 05 22 / 43 36 00
Ruhetag: Sonntag, im Sommer Samstagmittag
Ferien: 1.–8. Januar, 2 Wochen im August
40 Plätze
Preise: 35–40 €
Kreditkarten: AE, CS, MC, Visa; BM
Mittags und abends geöffnet

Das Lokal ist schlicht, lichtdurchflutet und angenehm und präsentiert sich mit gut angeordneten Tischen. Donatella Donati koordiniert den zuvorkommenden Service. Die Besonderheit der Gaststätte ist ihre seit vielen Jahren in Reggio Emilia lebende baskische Köchin Olatz Agoues: Das Ergebnis ist Küche aus Reggio mit iberischen Akzenten. Positiv zu vermerken ist die Verwendung einiger wiederentdeckter Zutaten, wie Schnecken, zu denen sich auch gängigere gesellen, wie Lamm- und Schaffleisch, das im Apennin um Reggio zu *Barzigole* verarbeitet wird, Baccalà und ganz allgemein Fisch, der in der baskischen Küche häufig Verwendung findet. Es gibt ein Degustationsmenü für 30 €, in dem sich die beiden Traditionen verbinden. Von den Antipasti seien klassische Salumi misti con gnocco fritto (10 €), Giardiniera della nonna und Spuma di parmigiano reggiano con mostarda di pere erwähnt. Gute Primi sind **Tortelli verdi con burro e parmigiano reggiano** (10 €), Tagliatelline con julienne di culatello und **Cappellacci ripieni di baccalà** (11 €). Die Secondi zeichnen sich durch erstklassiges Fleisch aus. Probieren Sie daher **Puntine di agnello confit con melanzane arrosto, animelle e sorbetto di lampone agrodolce** (17 €), Tartara di carne di bufala und Bocconcini di baccalà in pastella di aglio, rosmarino e peperoncino. Gepflegte Auswahl an italienischen Käsesorten (12 bis 18 €). An Süßem werden Sbrisolona mit einem Gläschen Passito, Zuppa inglese (7 €) und Gelato con aceto balsamico tradizionale aus Reggio Emilia angeboten.

In der Bioosteria Ghirbia kann man zwischen einem Konzert und einem Indie-„Seminar" Bier aus Kleinbrauereien und nach natürlichen Methoden gekelterte Weine genießen.

Il Pescato del Canevone

Restaurant
Via Luigi Tonini, 34
Tel. (+39) 366 / 354 15 10
Ruhetag: Montag, außer im Sommer
Ferien: während der Fischfangsperre
80 Plätze + 80 Plätze im Freien
Preise: ◼ 35–40 €
Kreditkarten: CS, MC, Visa; BM
Mittags und abends geöffnet, im Sommer nur abends

Die Familie Francioni kennt sich aus mit Fisch, denn es handelt sich um jenen, der mit ihren eigenen Booten gefangen und dann teils auf dem Markt verkauft, teils in ihrer Meerestrattoria im Zentrum von Rimini zubereitet wird. Wenn Sie das schöne mittelalterliche Gebäude betreten, erblicken Sie auf einer gut sichtbaren Tafel im Gastraum die Liste der Tagesgerichte, die von den jeweils verfügbaren Schätzen des Meeres abhängig sind. Hier gibt es gute, einfache Küche, bei der die Gewürze den Geschmack der Grundzutat nicht überdecken. Wundern Sie sich nicht, wenn Sie nach einem Sturm die Pforten des Lokals geschlossen vorfinden. Der Grund dafür ist, dass es keinen frischen Fisch gibt, den man den Gästen vorsetzen kann. Daher schließen Alberto und Arianna getreu ihrer Philosophie das Lokal, wie dies auch während der Fischfangsperre (von Ende Juli bis Anfang September) der Fall ist. Wir beginnen mit dem Pesce azzurro schlechthin, nämlich **Sardoncini fritti con cipolla di Tropea** (9 €); darauf folgen Zucchine ripiene con ricotta, acciughe e mentuccia und Tartara di ricciola (15 €). Unter den Primi sind gute Tagliatelle al ragù di pesce e cicoria (11 €) und nicht weniger köstlicher **Risotto con mazzancolle dell'Adriatico e asparagina** (12 €) oder al nero di seppia. Danach Bahn frei für die Secondi wie Polpo gratinato con erbe di campo (16 €), **Calamari ripieni con funghi chiodini** (16 €) und **Fritto di paranza con verdure croccanti** (17 €). Abschließend locken verschiedene Sorbetti, Mascarpone und Zabaione. Die Weinkarte enthält eine schöne Auswahl italienischer und französischer Schaumweine, vervollständigt durch ein recht gutes Angebot an italienischen Stillweinen.

La Marianna

Trattoria
Via Tiberio, 19
Tel. (+39) 05 41 / 225 30
Kein Ruhetag
Keine Ferien
110 Plätze + 100 Plätze im Freien
Preise: 30–35 €
Kreditkarten: AE, CS, DC, MC, Visa; BM
Mittags und abends geöffnet

Diese schöne Trattoria, die bereits mit den Farben Weiß und Himmelblau vom Meer erzählt, die sich an den Wänden und in der Einrichtung abwechseln, liegt wenige Schritte vom Ponte di Tiberio entfernt, wo die Via Emilia beginnt. Es ist vielleicht kein Zufall, dass unter den charakteristischsten Gerichten von Angelo Iervolinos Küche delikate **Cappelletti ripieni di mazzola in brodo di paganelli** (12 €) sind, eine ideale Synthese der gastronomischen Tradition der gesamten Region: Sie verbinden nämlich hausgemachte Pasta und „unedlen" Fisch aus der Adria (Felsgrundeln, Knurrhahn, Venusmuscheln und Pesce azzurro). Das von Enrica Mancini geführte Lokal bietet das ganze Jahr über Fischküche (der Fisch wird auf dem städtischen Markt gekauft und ist lokaler Herkunft, sofern möglich), darunter auch zwei Degustationsmenüs: ein komplettes Menü für 40 € und ein saisonales Menü für 30 €. Als Antipasti gibt es kalte Gerichte – **Sardoncini marinati all'aceto di vino** (8 €) und Canocchie al vapore con citronelle al lime – und warme Speisen wie **Seppie in umido con verdure** di stagione (12 €) und Canestrelli gratinati al forno con pomodorini. Von den Primi lohnen Tagliatelle con le poveracce, **Passatelli con calamaretti, pomodorini e spinaci** und Strozzapreti con sugo di canocchie (mit Heuschreckenkrebsen) eine Kostprobe. An Secondi finden Sie Spezialitäten vom Grill (**Mazzancolle al sale di Cervia**) und natürlich frittierte Köstlichkeiten. Lassen Sie sich daher Fritto di calamaretti, mazzancolle, zanchetti e verdurine (13 €) nicht entgehen. Die Dolci sind hausgemacht, darunter Zuppa inglese, Crema catalana (5 €) und Tiramisu. Zu trinken gibt es eine gute Selektion lokaler Weine. Reservierung empfehlenswert.

Osteria dë Börg

Moderne Osteria
Via Forzieri, 12
Tel. (+39) 05 41 / 560 74,
(+39) 05 41 / 560 71
Kein Ruhetag
Keine Ferien
90 Plätze + 60 Plätze im Freien
Preise: 30–33 €
Kreditkarten: AE, CS, DC, MC, Visa; BM
Mittags und abends geöffnet

Gleich neben dem Ponte di Tiberio finden wir im alten San-Giuliano-Viertel eine ausgesprochen angenehme Osteria. Wir befinden uns in der authentischsten, bezauberndsten und ruhigsten Gegend der Stadt, weitab des Touristentrubels. Das auf zwei Etagen angelegte Lokal verströmt Wärme und Gemütlichkeit und vermittelt einen schlichten, aber dennoch geschmackvollen Eindruck. Im Sommer lässt es sich herrlich auf dem kleinen Platz davor speisen, der in einer für den Autoverkehr geschlossenen Zone liegt. Zu essen gibt es Festlandsküche, darunter auch Wurst und Käse lokaler Erzeuger und aus Slow-Food-Presidi. Auf den Tisch kommt sofort Piadina, die in der Gegend von Rimini ganz dünn ist, begleitet von Antipasto rustico mit **Salumi** vom Mora-Romagnola-Schwein. Bei den Primi sollten Sie auf **Cappelletti alle carote** (9,50 €), Tagliatelle al ragù tradizionale oder con piselli, **Strozzapreti con salsiccia di mora romagnola** (8,50 €) und Gnocchi di patata con fiori di zucca e zucchine setzen. Bei den Secondi raten wir zu einer Kostprobe von hervorragendem **Galletto al tegame con pomodorini** (11 €); Alternativen wären **Castrato alla brace**, exzellente **Polpette e zucchine ripiene** (10 €), klassische Costata aus dem Marecchia-Tal oder Misto di mora romagnola vom Grill. Gut sind die Dolci wie Zuppa inglese, Crème caramel, Bavarese al cioccolato und Crème brulée. Wenn man mindestens zu zweit ist, kann man auch Degustationsmenüs wählen: ein traditionelles Menü für 28 € oder das Gran menù dell'osteria für 35 €, Wasser und Wein inbegriffen. Die Weinkarte bevorzugt Tropfen aus der Romagna, unternimmt aber auch Ausflüge in andere Regionen. Gutes Angebot an glasweise ausgeschenkten Weinen.

18 KM SÜDLICH VON PIACENZA

Caffè Grande

Restaurant
Piazza Paolo, 9
Tel. (+39) 05 23 / 95 85 24
Ruhetag: Dienstag, im Winter auch Montag
Ferien: 1 Woche Ende September,
3 Wochen im Januar
70 Plätze + 80 Plätze im Freien
Preise: 32 €
Kreditkarten: CS, DC, MC, Visa; BM
Mittags und abends geöffnet

Die kulinarische Tradition von Piacenza erreicht in der Küche des Caffè Grande im Herzen von Rivergaro Vollkommenheit. Das Restaurant steht seit 1875 unter der Leitung der Familie Bertuzzi und ist vielen unter dem Namen *Sugòn* bekannt, dem Spitznamen, den Studenten einem früheren Wirt verliehen. Mit den Jahren hat es ein neues Gesicht bekommen, ist aber kulinarisch den Traditionen Piacenzas treu geblieben und bietet Gerichte von einst, die mit zeitgenössischeren Speisen wechseln. Dafür verantwortlich zeichnet Chefköchin Betti, die sehr auf die Qualität der Grundzutaten und Saisontreue achtet. Bei den Antipasti sollten Sie den **Salumi-Mix**, begleitet von Torta salata und Verdure marinate (10 €), probieren; gut sind auch Sfoglia croccante con verdure di stagione saltate in padella con burrata (8 €). Als Primi stehen traditionelle Anolini in brodo (10 €) und klassische *Pisarei e fasò* (8 €) – Brotklößchen mit Sauce aus Borlotti-Bohnen und Tomaten – auf dem Programm, flankiert von innovativeren Gerichten wie Linguine di kamut con datterini e bottarga di muggine (8 €) und Strozzapreti al pesto di mandorle, pomodorini e basilico. Bei den Secondi dominiert **Manzo** (Rind) in den Versionen **al pepe verde** (18 €) oder als Tartara con capperi e senape di Digione (10 €). Wer helles Fleisch bevorzugt, wählt **Involtini di coniglio farciti con verdure e mandorle** (12 €). Das Finale bilden Torta di cioccolato und – für ausgeprägte Naschkatzen – Zabaione di Zibibbo con lingue di gatto (8 €). Im Keller lagern ein sorgfältig zusammengestelltes lokales Weinsortiment und gute Etiketten aus dem übrigen Italien und dem Ausland.

An derselben Piazza bietet Piacenvino eine hervorragende Auswahl der besten lokalen Weine.

RONCOFREDDO (FC)

48 km südöstlich von Forlì

Osteria dei Frati

Moderne Osteria
Via Romolo Comandini, 149
Tel. (+39) 05 41 / 94 96 49
Ruhetag: Montag, Dienstag
Ferien: unterschiedlich
40 Plätze + 40 Plätze im Freien
Preise: 28–32 €
Kreditkarten: CS, MC, Visa; BM
Abends geöffnet, Samstag und Sonntag auch mittags

Die Osteria dei Frati liegt im oberen Teil des kleinen Ortes Roncofreddo in einem Gebiet, in dem höhlengereifter Käse erzeugt wird. Die Familie Turroni steht hier seit 2012 am Ruder und hat von Beginn an einstimmigen Zuspruch erhalten – wegen der Geschicklichkeit und Kompetenz von Mamma Emanuela, die die Küche zusammen mit Schwiegersohn Giorgio leitet, wegen der Herzlichkeit, mit der Tochter Valentina die Gäste begrüßt, wegen des legeren, aber eleganten Ambientes (schön ist die Veranda für den Sommer) und wegen der warmen, familiären Atmosphäre. Im Frati fühlt man sich einfach wohl. Hier wird auf Zutaten von lokalen Erzeugern und aus Slow-Food-Presidi geachtet; das kulinarische Angebot setzt auf typische, leicht zubereitete Traditionsgerichte, die den Jahreszeiten folgen. Eingangs bieten sich **Salumi und Formaggi** von hiesigen Erzeugern, hausgemachte Giardiniera, Bruschette (7 €) und Polpettine an. Von den Primi erinnern wir uns an **Minestra di primavera**, Tagliatelle con gli stridoli (8,50 €) oder al ragù di mora e bovina romagnola, **Passatelli in brodo** und Zuppa di farro e sedano. Bei den Secondi steht Fleisch im Vordergrund: Roastbeef di manzo con senape e asparagi, **Ossobuco di vitello con purè** (13 €), **Coniglio in porchetta** oder alla cacciatora und Salsiccia di mora romagnola con verza e olive taggiasche. Bemerkenswert sind die große Auswahl an Saisongemüse und die interessanten Käsesorten vom Wagen. Am Ende warten Dolci (5 €), von denen wir Salame di cioccolato, Zuppa inglese und Torta di ricotta nennen. Zu trinken gibt es eine interessante Selektion regionaler und weiterer italienischer Weine.

La Fossa dell'Abbondanza von Renato und Anna Brancaleoni (Piazza Allende) bietet ein hervorragendes Käseangebot.

ROTTOFRENO (PC)
Centora

12 km westlich von Piacenza, S.S. 10

Antica Trattoria Braghieri

Trattoria
Ortsteil Centora, 8
Tel. (+39) 05 23 / 78 11 23
Ruhetag: Montag
Ferien: 1.–15. Januar, 1.–30. August
100 Plätze
Preise: 20–26 €
Kreditkarten: AE, CS, DC, MC, Visa; BM
Mittags geöffnet, Freitag und Samstag auch abends

Centora ist ein Ortsteil von Rottofreno und liegt rund 13 Kilometer von der Stadt entfernt. Hier entstand 1921 die Trattoria Braghieri, die nach wie vor von derselben Familie geführt wird. Sie gliedert sich in zwei Räume, die über den Barbereich zugänglich sind und in denen der etwas altmodische Stil erhalten geblieben ist. Höflichkeit ist hier selbstverständlich und so gewinnt man von Generation zu Generation treue Gäste. Viele junge Leute, die seit ihrer Kindheit hierherkommen, sind an den Tischen der Trattoria zu erblicken und bezeugen ihre Wertschätzung für die Hausmannskost von guter Qualität. Als Antipasto warten klassische **Wurstspezialitäten** (Coppa, Pancetta, Salami und Prosciutto), begleitet von hausgemachter Giardiniera und hervorragendem Zwiebelkompott; gut ist auch Tartara: rohes Fleisch in feine Scheiben geschnitten und mit einer besonderen grünen Sauce angerichtet (7 €). Unter den Primi ist ein Gericht, das viele nachzuahmen versuchen, und zwar **Spugnolata,** ein Nudelauflauf mit Schinken und Pilzen, dessen Rezept aber geheim gehalten wird. Ansonsten können Sie **Tortelli di ricotta e spinaci**, Anolini in brodo und *Pisarei e fasò* (7 €) probieren. Als Secondi haben Sie **Faraona all'albicocca**, **Stracotto di asinina** oder di cinghiale und Coppa di suino al Barolo zur Auswahl (8 €). Hausgemachtes Semifreddo (4 €), bestehend aus Schichten von Kaffee, Sahne und Torroncino, Tiramisu (3,50 €), je nach Saison klassisch oder mit Erdbeeren, Zitrusfrüchten oder Waldbeeren, sind einige der Dolci. Der Keller bietet Weine aus dem Gebiet zu angemessenen Preisen. An Werktagen gibt es ein Menü für 12 €.

Dolce Risveglio (Via Emilia Ovest 16): Erzeugung und Verkauf von Kringeln und Kuchen aus biologischen Zutaten.

RUSSI (RA)
Ponte Vico

15 KM SÜDWESTLICH VON RAVENNA

Da Luciano

Trattoria
Via Montone, 1
Tel. (+39) 05 44 / 58 13 14
Ruhetag: Montagabend, Dienstag
Ferien: zweite und dritte Augustwoche
80 Plätze + 30 Plätze im Freien
Preise: 28–30 €
Kreditkarten: AE, CS, MC, Visa; BM
Mittags und abends geöffnet

Dieses historische Lokal ist ein typisches Beispiel für eine Durchfahrts-Trattoria, in die man einst einkehrte, wenn man die Grenze zwischen der Provinz Forlì und Ravenna überquerte. Das in der Nähe der Brücke über den Fluss Montone gelegene Da Luciano bietet traditionelle Hausmannskost wie mit dem Nudelholz ausgerollte Teigwaren, gegrilltes Fleisch und Braten von Hoftieren. Solide Gerichte, die in der Spur der Tradition bleiben, jedoch ein paar aktuellen Ansätzen nicht abgeneigt sind. Mamma Mina, unterstützt von Tochter Nadia, verarbeitet bevorzugt Produkte aus dem eigenen Garten und saisonale Wildkräuter. Die zweite Tochter, Alessandra, empfängt Sie und bietet Ihnen die Tagesgerichte und Spezialitäten des Hauses an. Man beginnt mit lokalen Wurstwaren, begleitet von Piadina und Squacquerone, um mit **Fritto di fiori di zucca, sambuco e acacia** (8 €) oder Crostini misti fortzusetzen. Bei den Primi dürfen Cappelletti und Tagliatelle al ragù, **Tortelli con ripieno di erbe** (9 €) und in der Saison Gnocchetti verdi con le ortiche nicht fehlen. Darauf folgen gegrilltes Fleisch vom Rind, Schwein und Hammel, Pollo und **Faraona arrosto**, **Coniglio al tegame con patate** (11 €) und sehr gefragte Piccione, die alle fast immer von Beilagen aus Saisongemüse begleitet werden. Den Schlusspunkt setzen ausnahmslos hausgemachte Desserts, angefangen von klassischen Crostate di frutta bis zu Löffeldesserts wie Zuppa inglese und **Semifreddo con ristretto di zabaione** (5 €). Der Keller hält einige gute Weine aus der Romagna bereit.

SALA BAGANZA (PR)

14 KM SÜDLICH VON PARMA

Milla

Trattoria • Via Maestri, 40
Tel. (+39) 05 21 / 83 32 67
Ruhetag: Donnerstag, im Winter auch Montag
Ferien: 1.–15. Januar, 2 Wochen im August
50 Plätze + 40 Plätze im Freien
Preise: 30 €
Kreditkarten: CS, DC, MC, Visa; BM
Abends geöffnet, Samstag und Sonntag auch mittags

Wir sind nicht weit vom Parco dei Boschi di Carrega und von der Rocca Sanvitale in einer Trattoria, die Anfang des 20. Jahrhunderts ins Leben gerufen wurde. Den Namen Milla erhielt sie 1947, als die Stammmutter der heutigen Betreiberfamilie ihren Platz in der Küche einnahm und dort mehr als ein halbes Jahrhundert arbeitete. Hier erwartet Sie konkrete, bodenständige Küche – allein **Torta fritta** (0,40 € pro Stück) ist schon die Anreise wert. Genießen Sie sie mit einer guten Auswahl heimischer **Salumi** (10 €) wie Fiocchetto, Culaccia, 36 Monate gereiftem DOP-Schinken aus Parma, Strolghino, Spalla cotta affumicata und Pancetta. Besonders hervorgehoben sei Spalla cruda (9 €), eine Spezialität, deren Reifung schwierig und die in Restaurants immer seltener zu finden ist. Vervollständigt wird der Antipasto (der allein schon eine ganze Mahlzeit bilden kann) durch hausgemachte Giardiniera sowie Cipolle in aceto balsamico und in agrodolce. Von den Primi seien die frischen gefüllten Teigwaren erwähnt: **Tortelli d'erbette**, di borragine, di ortiche e ricotta (8 €) und **Tagliatelle verdi di ortica con impasto di strolghino**. Als Secondi gibt es vorzügliche, wohlschmeckende Fleischgerichte. Probieren Sie vor allem **Guancialini di maiale con paprica dolce** (12 €) und im Winter **Bollito** mit Saucen. Als Nachspeise genießen Sie Zuppa inglese (5 €) und Sbrisolona mit warmer Zabaione. Die Weinkarte überrascht mit einer guten Auswahl regionaler Etiketten und einem überlegt zusammengestellten Sortiment an Schaumweinen.

26 KM SÜDWESTLICH VON RIMINI, S.P. 258

La Rocca

Restaurant
Via Leopardi, 16
Tel. (+39) 05 41 / 91 62 41
Ruhetag: Montag, außer im Juli und August
Ferien: Januar, Mitte Februar
80 Plätze + 100 Plätze im Freien
Preise: 30 €
Kreditkarten: AE, CS, MC, Visa; BM
Mittags und abends geöffnet

Es ist kaum möglich, sich dem Zauber dieses schönen Ortes abseits der Touristenpfade zu entziehen, in dem sich Radfahrer aus ganz Europa ein Stelldichein geben. Nicht weit vom Zentrum befindet sich an der Straße, die zur Festung führt (wo Graf Cagliostro seine letzten Jahre verbrachte), dieses historische Lokal. Seit 50 Jahren wird es von der Familie Rossi geführt, die nunmehr eine Veteranin in Montefeltros Gastronomieszene ist. Heute steht Anna Lisa am Herd, während Ivo die Gäste bedient. Das gemütliche Lokal besteht aus einem großen Raum mit steinernem Kamin und Holzdecke. Vor allem im Herbst lohnt sich eine Einkehr, wenn Pilze, Trüffeln und Wild in der Küche regieren. Großes Augenmerk gilt lokalen und saisonalen Produkten wie **Prosciutto aus Carpegna** von einem lokalen Fleischer, **Käse**, von Ivo ausgesucht und affiniert, sowie Fleisch lokaler Herkunft. Beginnen Sie mit lokalen Salumi und setzen Sie mit einem Gericht fort, das allein schon die Anfahrt lohnt: **Passatelli asciutti al tartufo** (13 €). Außerdem gibt es Strozzapreti di farro con scalogno e formaggio di fossa (8 €) und **Tortelloni di San Leo** (9 €). Unter den Secondi sind **Costata alla rustica** (10 €) und hervorragendes Agnello in diversen Varianten (exzellent ist Cosciotto al Sangiovese e zenzero). Die große Platte mit lokalen **Formaggi** (12 €) sollten Sie ebenfalls nicht versäumen. Hausgemachte Dolci setzen den Schlusspunkt: Crostata di farro con confetture, Soufflé ghiacciato al torrone in salsa al cacao (5 €) und Mousse di visciole con gelato. Die gepflegte Weinkarte widmet den Erzeugnissen lokaler Winzer viel Aufmerksamkeit.

Panificio Giorgini, Via Leopardi: Brot und Backwaren in ausgezeichneter Qualität.

24 KM NÖRDLICH VON BOLOGNA

Tubino

Trattoria
Via Pescerelli, 98
Tel. (+39) 051 / 81 14 84,
(+39) 347 / 849 70 43
Ruhetag: Montag, Dienstag
Ferien: 1 Woche im Sommer
40 Plätze
Preise: 30–35 €
Kreditkarten: AE, CS, DC, MC, Visa
Mittags und abends geöffnet

Daniela, die gemeinsam mit ihrem Mann, dem Küchenchef Pigi (Pierluigi), das Lokal betreibt, empfängt Sie in einfachem, ungezwungenem Ambiente lächelnd und mit der spontanen Herzlichkeit, die man einem alten Freund zuteilwerden lässt. Das kulinarische Angebot ist an der Tradition orientiert, aber mit ein paar anregenden fantasievollen Ansätzen überarbeitet, die niemals trivial sind. Als Einstieg bieten sich klassische Crescentine con salumi nostrani, **Tigellona con battuta di carne di manzo e verdure** (10 €) und Intingolo di uovo sodo e peperonata an. Von den Primi aus frischer, von Hand ausgezogener Pasta verdienen neben den hervorragenden **Tortellini in brodo di cappone** und klassischen Tagliatelle al ragù auch **Strichetti al pomodoro, melanzane e pecorino** (11 €) und Tortelloni di ricotta, pere e gorgonzola (12 €) eine Kostprobe, die ein perfekt ausgewogenes Geschmackserlebnis bieten. Interessante Secondi sind **Carne marinata di manzo romagnolo con i fagiolini** (15 €), Sella di coniglio arrosto con chutney di verdure piccanti und Braciola di mora romagnola, auf Speckstein serviert. Als Beilage sollten Sie sich **Fritto dolce e salato** nicht entgehen lassen, einen Klassiker der emilianischen Tradition. **Pesche in padella con il gelato di crema** (6 €), Panna cotta con i lamponi und Sorbetto di limone e liquirizia al pepe lungo runden das Essen ab. Das ausgezeichnete, gepflegte Weinangebot wird von Daniela kompetent erläutert.

Der Landwirtschaftsbetrieb Billi, Via Galliera Nord 3325, erzeugt Obst und Gemüse in guter Qualität, die Sie frisch oder zu Konfitüren und Säften verarbeitet kaufen können.

SAN PROSPERO (MO)

19 KM NORDÖSTLICH VON MODENA, S.S. 12

Bistrò

Trattoria
Via Canaletto, 38 A
Tel. (+39) 059 / 90 60 96
Ruhetag: Mittwoch
Ferien: 15.–31. August,
24. Dezember–4. Januar
60 Plätze + 40 Plätze im Freien
Preise: 30–35 €
Kreditkarten: AE, CS, DC, MC, Visa; BM
Mittags und abends geöffnet

Die Familie Fregni führt seit drei Generationen mit echter Hingabe diese einfache, aber gepflegte Trattoria an der Staatsstraße, die von Modena nach Mirandola führt. Die Gäste werden hier mit ehrlichen Gerichten bewirtet, die der Tradition der Bassa Modenese entsprechen, doch in den dortigen Lokalen immer seltener vorzufinden sind. Franco und Fiorella, von Erica und Francesco im Service unterstützt, setzen auf lokale Grundzutaten, die nach Art der häuslichen Küche ganz ungekünstelt zubereitet werden. Man kann mit Lumache alla bourguignonne (7 €) – gegen Vorbestellung –, **Crostini con funghi e lumache**, Polenta arrostita con guanciale und Frittata con aceto balsamico tradizionale di Modena beginnen. Von Hand gezogener Teig ist das beherrschende Thema der Primi: **Tortelli di zucca con sugo di galletto** (8 €), Strichetti con salsiccia e asparagi, Maccheroni al pettine con sugo d'anatra und traditionelle Tortellini in brodo di cappone. Von den Secondi erinnern wir uns an **Trippa alla parmigiana** (12 €), Baccalà in umido, Stracotto d'asino und Arrosti di vitello, die alle von Bratkartoffeln oder Saisongemüse begleitet werden. Abschließend wählt man unter diversen hausgemachten Spezialitäten wie Zuppa inglese, **Torta di tagliatelline al limone** (5 €), Crème caramel und Torta di mele. Das Kellerangebot ist nicht besonders umfangreich und wird von Lambrusco aus Sorbara dominiert (wir sind hier übrigens mitten in seinem Anbaugebiet), aber es gibt doch einige gute Etiketten aus der Region.

SANTA SOFIA (FC)
Campigna

60 KM SÜDWESTLICH VON FORLÌ, S.S. 310

Il Poderone

Ferienbauernhof
Via Poderone, 64
Tel. (+39) 05 43 / 98 00 69
Kein Ruhetag
Ferien: unterschiedlich
80 Plätze
Preise: 28–32 € (Tagesmenü)
Kreditkarten: AE, CS, DC, MC, Visa; BM
Mittags und abends geöffnet

An der Straße, die nach Campigna führt, erblicken Sie das Hinweisschild „Agriturismo Poderone", das Sie einlädt, einen Schotterweg ins Grüne hinabzufahren. Am Ende stoßen Sie auf ein reizendes Landhaus aus Stein. Sobald Sie es betreten haben, bezaubert Sie das warme, für ein Schutzhaus im Gebirge typische Ambiente. Im Eingangsbereich steht ein großer Kamin, ein Stück weiter geht es in den einfachen und gepflegten großen Speisesaal, wo auf jedem Tisch eine Flasche Hauswein und eine Flasche mit toskanischem Öl als Willkommensgruß stehen. Zu diesem schönen Rahmen gesellt sich die Natürlichkeit der Menschen, die Ihnen abwechselnd das Essen bringen, und die Emotionen, die Lorenzina in ihre Erzählungen legt. Für das Mittag- und Abendessen gelten dieselben Regeln: Das Essen wird zu einer bestimmten Uhrzeit serviert, das Menü ist festgelegt und beginnt direkt mit den Primi. Darunter gibt es eine ausgesprochen köstliche Version von Spaghetto aglio, olio e peperoncino mit Roter Bete; probieren Sie auch **Tortelli di patate gratinate**, klassische **Tagliatelle al ragù** und köstliche **Polenta con il sugo matto** (mit gehacktem Schweinefleisch, Pancetta und Tomaten) oder con i fagioli: Rezepte aus der Armenküche, die an Zeiten erinnern, als Fleisch ein wertvolles Gut war. Bei den Secondi können Sie zwischen Fleischgerichten wählen, die auf dem Spieß über der Holzglut zubereitet werden. Probieren Sie **Anatra** und **Piccione**, aber auch Gerichte aus Schweinefleisch wie Costine, Salsiccia und Pancetta lassen nichts zu wünschen übrig. Von den Dolci nennen wir Semifreddo di crema d'uovo e mascarpone und Kekse.

10 KM WESTLICH VON RIMINI

La Sangiovesa

Restaurant-Osteria
Piazza Balacchi, 14
Tel. (+39) 05 41 / 62 07 10
Kein Ruhetag
Ferien: vor Weihnachten, 1. Januar
240 Plätze + 50 Plätze im Freien
Preise: 35–38 €
Kreditkarten: AE, CS, MC, Visa; BM
Abends geöffnet, Sonntag und Feiertage auch mittags

Wer durch die Gässchen der Altstadt kommt und das Lokal nicht kennt, kann sich die Überraschung nicht vorstellen, die ihn erwartet. Der Eingang lässt das verzweigte Netz von Stufen, Gässchen, Grotten, Räumen und kleinen Plätzen nicht erahnen, das sich im Inneren zwischen Fußböden, Bögen, Fotos, Gemälden und Kunstgegenständen auftut. Das Ambiente ist nicht die einzige angenehme Überraschung, denn auch die Entscheidung, den Großteil der in der Küche verarbeiteten Zutaten durch das Landgut Saiano erzeugen zu lassen, ist interessant. Die Linie des Lokals, gerade und leidenschaftlich wie die Bewohner der Romagna, ist dem Gebiet verbunden, wobei auch einige Produkte aus Slow-Food-Presidi zum Einsatz kommen. Aus dem saisonal wechselnden Menü nennen wir **Ricottina di mucca con confettura di pera cocomerina** (6 €), die Wurstselektion, Frittatine di verdura und Sottoli als Einstieg. Unter den Primi sind traditionelle Tagliatelle al ragù, Pasta e fagioli all'antica und **Strozzapreti con guanciale, cipolla e pesto di radicchio** (12 €). Weiter geht es mit **Trippa di scottona** alla contadina, Salsiccia alla griglia con cipolle e patate al forno und, je nach Verfügbarkeit, **Pollo** oder Coniglio **alla cacciatora** (16 €). Dazu gibt es Saisongemüse. Die Liste der Dolci ist lang: Zuppa inglese, Ciambella di Romagna, **Crema in scodella** (7 €), Scroccadenti con mandorle di Noto und Gelati. Es gibt ein vegetarisches Menü (34 €) und ein Menü, das gänzlich aus Produkten des Landguts Saiano zubereitet ist (36 €). Die nach Gebieten sortierte umfangreiche Weinkarte lässt besonderes Augenmerk auf Tropfen lokaler Winzer erkennen.

In der Via Ruggeri 8 bietet Laura mit dem Nudelholz ausgezogene Eierteigwaren.

15 KM SÖ. VON CESENA, S.S. 9, 15 KM VON RIMINI

Trattoria dell'Autista

Trattoria
Via Battisti, 20
Tel. (+39) 05 41 / 94 51 33
Ruhetag: Freitag- und Samstagabend, Sonntag
Ferien: 2 Wochen Ende Dezember, 3 Wochen im August
50 Plätze + 35 Plätze im Freien
Preise: 20–25 €
Kreditkarten: AE, CS, DC, MC, Visa; BM
Mittags und abends geöffnet

Beim Betreten des Lokals, nicht weit vom Zentrum von Savignano sul Rubicone und der stark befahrenen Via Emilia, gewinnen Sie den Eindruck, die Romagna wieder zu erleben, wie sie vor einigen Jahrzehnten war, geprägt von Tradition und klar definierten Geschmacksnoten. Dass dieses Lokal ein Familienbetrieb ist, kommt im herzlichen, schnörkellosen Empfang bestens zum Ausdruck, der zu einer Entdeckungsreise durch dieses großzügige Stück Land überleitet. Nicola und Papà Mario verwöhnen Sie mit einem Menü, das sich durch kompromisslose Saisontreue auszeichnet. Die Antipasti sind einfach und unbestritten von **Piadina** dominiert, die Wurst und Käse begleitet. Probieren Sie von den ausnahmslos haugemachten Primi im Winter **Passatelli in brodo** oder im Sommer in der Version con pomodorini e finocchio selvatico (7,50 €); danach klassische, mit dem Nudelholz ausgerollte **Tagliatelle con ragù**, deren Wohlgeschmack Ihnen Lust machen wird, wiederzukommen. Beim Kapitel Secondi greifen Sie zu im Netz zubereiteter **Fegato di maiale** (8,50 €), Fiorentina di razza romagnola alla brace oder **Galletto alla cacciatora** (10 €), zu denen Sie ganz klassische Beilagen wählen können. Es gibt auch eine gute Auswahl lokaler Käsesorten (4 €), die vom höhlengereiften Käse aus Sogliano bis Squacquerone reicht und auf Wunsch mit hausgemachter Konfitüre serviert wird. Die Nachspeisen sind ebenfalls hausgemacht. Die eher kleine, aber gepflegte Karte mit lokalen Weinen stellt auch die anspruchsvollsten Gaumen zufrieden; der offene Hauswein trinkt sich aber auch nicht schlecht.

SCANDIANO (RE)

12 KM SÜDWESTLICH VON REGGIO NELL'EMILIA

Osteria in Scandiano

Restaurant
Piazza Boiardo, 9
Tel. (+39) 05 22 / 85 70 79,
(+39) 335 / 645 02 09
Ruhetag: Donnerstag, im Sommer Sonntag
Ferien: August, Jahresende–Dreikönig
38 Plätze + 30 Plätze im Freien
Preise: 40 €
Kreditkarten: AE, CS, DC, MC, Visa; BM
Mittags und abends geöffnet

Die Osteria in Scandiano ist eine bewährte Adresse für Küche aus Reggio und überzeugt mit exzellenten Grundzutaten und großer Professionalität. Wenn Sie an den eindrucksvollen, von der Rocca del Boiardo beherrschten Platz kommen, fragen Sie nach dem Lokal von Contrano Medici, denn es ist unter dem Namen des sympathischen, sehr verbindlichen Inhabers bekannt. Contrano, der mit seinem Sohn Simone den Service versieht, sowie seine Frau Nadia und Sohn Andrea am Herd bilden das Team dieses schönen Restaurants. Das schmackhafte, klug zusammengestellte Angebot zeugt von großzügiger bodenständiger Küche, die sich sowohl in den klassischen Rezepten ausdrückt, die in einem Menü aus Reggios Tradition auf den Tisch kommen, als auch in den reichhaltigen Portionen. Einen guten Auftakt bilden die exzellenten, in Handarbeit erzeugten Wurstspezialitäten, die nach lokalem Brauch von **Gnocco fritto** begleitet werden. Zahlreich sind die Primi, die eine Erwähnung verdienen: **Cappelletti in brodo** (13 €), die allein schon die Reise wert sind, Tagliatelle ai due tuorli con ragù, Tortelli verdi, Tortelli di zucca und **Bomba di riso** alla reggiana con ragù tradizionale (13 €). Auch die Secondi sind der pure Ausdruck der hiesigen kulinarischen Gepflogenheiten: **Costolette di agnello fritte** (18 €), Coniglio al forno con patate, **Bollito di lingua e testina** (16 €) und Baccalà. Im Herbst dürfen Gerichte aus Pilzen und Trüffeln aus den Bergen um Reggio nicht fehlen. Zum Abschluss gibt es ausgezeichnete Zuppa inglese (8 €), üppige Cioccoterapia und Dolci sensazioni alla nocciola e al mascarpone. Die bemerkenswerte, umfangreiche Weinkarte listet hervorragende Etiketten aus Reggio, der Region und dem übrigen Italien auf. Man kann auch im Freien mit Blick auf die schöne Piazza speisen.

SISSA (PR)
Gramignazzo

25 KM NÖRDLICH VON PARMA

Laghi Verdi

Trattoria
Via Co' di Sotto, 74
Tel. (+39) 05 21 / 87 90 28
Ruhetag: Montag, Dienstag
Ferien: Dezember–Februar
90 Plätze + 60 Plätze im Freien
Preise: 30 €
Kreditkarten: CS, DC, MC, Visa; BM
Mittags und abends geöffnet

Wenn Sie in diesen Ortsteil an den Dämmen des Po kommen, werden Sie von einer beruhigend vertrauten Landschaft empfangen, wie sie mehrmals in Guareschis Romanen beschrieben wurde und sich dank unvergesslicher Filme wie *Novecento* unserem Gedächtnis eingeprägt hat. Der Fluss fließt langsam dahin und bestimmt mit seinem Auf uns Ab den Rhythmus der verstreichenden Zeit. Das Laghi Verdi wird von der Familie Bergamaschi mit Leidenschaft und Einsatz geführt. Sie können mit klassischem **Pesce gatto** (Katzenwels) beginnen, der in den hauseigenen Becken gezüchtet und **in carpione** mit Zwiebeln aus Tropea (8,50 €) zubereitet wird. Als Alternative können Sie lokale Wurstspezialitäten, Spalla cruda aus Palasone (7,50 €) und Culatello aus Zibello (12 €) genießen. Zu den Primi, die niemals enttäuschen, zählen **Spaghetti al sugo di pesce gatto** (8 €), klassische Tortelli alle erbette con burro chiarificato e salvia und *Pisarei e fasò* al sugo (immer aus Katzenwels). Bei den Secondi ist Fisch ebenfalls Hauptdarsteller in Form von delikaten **Fritture** di pesce gatto (11 €), **di alborelle di lago** (Ukeleie), **di anguilla dorata** (Aal). Es gibt aber auch Pesce gatto in umido con piselli (11 €) oder, wenn Sie Fleisch bevorzugen, guten Guancialino al Barolo (10 €) und Trippa. Das Mahl endet mit selbst gemachter Sbrisolona (5 €) oder Crostata alla frutta (5 €), die Sie auf einen gemütlichen Spaziergang entlang dem nahen Damm einstimmen.

SOGLIANO AL RUBICONE (FC)
Savignano di Rigo

30 KM SÜDLICH VON CESENA

Da Ottavio

Restaurant
Via Savignano di Rigo, 3
Tel. (+39) 05 47 / 960 00
Ruhetag: Dienstag
Ferien: 2 Wochen im Januar
70 Plätze + 12 Plätze im Freien
Preise: 25–28 €
Kreditkarten: CS, MC, Visa; BM
Mittags und abends geöffnet

Das Restaurant wird seit mehr als einem Jahrhundert von der Familie Bernardini geführt, die nach wie vor traditionelle Küche bietet, aufgelockert durch die eine oder andere kleine Innovation. Einfache, vortreffliche Gerichte, die Mariolina und Tiziana nach den alten Rezepten des Ortes aus lokalen Saisonzutaten zubereiten. Beginnen Sie mit einer Selektion aus vier Antipasti (9 €), bei denen Sie zwischen deliziösen Spianate ripiene di verdure, cipolle e zucchine, **Bustrengo** (einem winterlichen Gericht aus Semmelbröseln, Ei, Milch und Käse), Salaten sowie Schinken und Käse, serviert mit hausgemachten Konfitüren, wählen. Von den Primi (8 €) erwähnen wir **Cappelletti in brodo** oder asciutti, Minestre „matte" mit Wildkräutern, Maltagliati con gli stridoli und ***Grateti*** (aus Teig aus Brot, Mehl und Käse) con i fagioli. Probieren Sie auch Cappellettoni di ricotta, Tagliatelle al ragù, Pappardelle, Tortelli alle erbe und Gnocchi al formaggio di fossa. Ausgezeichnet sind die Fleischgerichte wie **Agnello al forno con erbette** (10 €), von Piadina begleitet, Maiale al forno con sale e alloro, Arrosto di manzo con melanzane piccanti, **Faraona alla frutta** (8 €) oder al *savor* und Coniglio in porchetta con finocchio selvatico (8 €). An Desserts (4 €) erwarten Sie **Lattaiolo**, Ciambella, Frittelle povere, Torta all'ananas oder alle pere, Pesche con la crema und österliche Pagnotta dolce. Der Keller bietet gute Weine aus dem Gebiet und einige Etiketten aus dem übrigen Italien.

„*Eine einfache, traditionelle und leichte Küche, die mit ihrer hohen Qualität überrascht und nach feiertäglichem Genuss duftet.*"

TRAVERSETOLO (PR)
Castione de'Baratti

25 KM SÜDLICH VON PARMA, S.P. 513 R

Lo Scalocchio

Moderne Osteria
Via Provinciale, 50
Tel. (+39) 05 21 / 84 25 00
Ruhetag: Montagabend, Dienstag
Ferien: zeitweise im September
40 Plätze + 15 Plätze im Freien
Preise: 30–35 €
Keine Kreditkarten
Mittags und abends geöffnet

Lorenza, im Service, und Manuela, in der Küche, sind die Schöpferinnen dieses schönen Lokals, das eine Entdeckungsreise durch die Traditionsküche und einen weiteren – innovativeren – kulinarischen Parcours bietet, bei dem viele Kräuter, auch Wildkräuter, zum Einsatz kommen. Nicht zufällig gliedert sich die Speisekarte (die mit der Liste der Erzeuger und Lieferanten beginnt) in die sogenannte „sesshafte" („stanziale") und die „Nomadenküche". Sie machen nichts falsch, wenn Sie mit lokalen Wurstspezialitäten beginnen, von denen **Prosciutto di Parma** (8,50 €) und Strolghino di culatello herausragen. Besonders gute Primi sind gefüllte Teigwaren wie **Tortelli di borragine** (8 €) oder alle erbette, Tortelli d'anatra con sfoglia integrale und **Ombelichi con fonduta di parmigiano**. Auch die Tagliatelle mit saisonalen Saucen (limone e melissa, ortica e menta, fegatini di coniglio e acciughe ...) munden. Von den Secondi nennen wir **Scaloppe di petto d'anatra con salsa alle gemme di pino** (15 €), **Agnello cornigliese alla maniera dei lupari** (nach einem alten Rezept aus dem Apennin) und Filetto di maiale affumicato in crosta di pane e pepe verde, con pere, scalogni e salsa di yogurt della casa (Schweinefilet in Kruste aus Brot und grünem Pfeffer mit Birnen, Schalotten und hausgemachter Joghurtsauce). Das Menü endet mit jahreszeitlich unterschiedlichen Desserts wie einfachen Crostate, Cremes und Semifreddi. In der Saison bereichern Schmorbraten, Pilze und Wild das Angebot. Das sehr gute Kellerangebot beinhaltet die besten Weine aus der Region und ein sorgfältig zusammengestelltes Sortiment an Weinen aus dem übrigen Italien und anderen Ländern. Wenn Sie möchten, können Sie auch Wein von zu Hause mitbringen.

TRECASALI (PR)
Viarolo

12 KM NORDWESTLICH VON PARMA

La Porta a Viarolo

Trattoria
Via Provinciale Cremonese, 103
Tel. (+39) 05 21 / 83 68 39
Ruhetag: Mittwoch, Sonntagabend
Ferien: unterschiedlich
45 Plätze + 40 Plätze im Freien
Preise: 28–32 €
Kreditkarten: AE, CS, DC, MC, Visa; BM
Mittags und abends geöffnet

Seit sechs Jahren bilden die nun renovierten und hübsch eingerichteten Räumlichkeiten einer historischen Osteria in der Bassa den Rahmen des La Porta. Giuliano und Paola (in der Küche von Tochter Nicole, im Service von Martina und Simone unterstützt) haben ihre Leidenschaft für Traditionsküche und das Gebiet hierher mitgenommen und das Lokal zu einem Treffpunkt für den Ort gemacht. Der gastronomische Parcours sieht bewährte Gerichte vor, die bei den Gästen sicher gut ankommen. Auf der Karte sind die Allergene angeführt, die in den vielfältigen und in großzügigen Portionen servierten Speisen enthalten sind. Wir beginnen mit den unumgänglichen guten Wurstwaren aus Parma (Prosciutto, Spalla, Salame, Coppa und Pancetta, die von Torta fritta begleitet und im angeschlossen Geschäft zum Verkauf angeboten werden), exzellentem Culatello aus Zibello und **Tortino di asparagi freschi con crema al parmigiano**. Die gefüllten Teigwaren sind alle hausgemacht: traditionelle **Tortelli di erbette** (8,50 €), **Anolini in brodo di cappone** (9 €) und Gnocchi di patate con salsiccia e zucchine; es gibt aber auch Mezze maniche alle ortiche gratinate con crema di peperoni und Maltagliati con asparagi e prosciutto. Die Palette der Secondi umspannt Klassiker der Lokalküche wie **Punta di vitello ripiena** (12 €), Guancialini di maiale in umido, Faraona ripiena, Galletto arrosto und ausgezeichnete **Trippa alla parmigiana** (9,50 €). Wenn Sie dann noch Platz für Süßes haben, können Sie zwischen verschiedenen Kuchen und Semifreddi wählen. Eine Weinkarte ist nicht vorhanden, aber wenden Sie sich an Paola, die Ihnen bei der Auswahl behilflich ist und das im Keller vorhandene Weinangebot präsentiert.

VALSAMOGGIA (BO)
Monteveglio

26 KM WESTLICH VON BOLOGNA

Trattoria del Borgo

Trattoria
Via San Rocco, 12
Tel. (+39) 051 / 670 79 82
Ruhetag: Dienstag
Ferien: 2 Wochen im Januar, 1.–10. September
40 Plätze + 35 Plätze im Freien
Preise: 30 €
Kreditkarten: AE, CS, DC, MC, Visa; BM
Abends geöffnet, Feiertage auch mittags

Eindrucksvoll ist ein ausgesprochen einschränkender Begriff, will man den Ortsteil Monteveglio beschreiben. Der Weg hinauf zur Trattoria lohnt sich schon allein wegen der Aussicht – einem der schönsten Ausblicke über die Hügel der Emilia –, die man von dieser Häusergruppe rund um die mittelalterliche Abtei genießen kann. Wer hier übernachten will, kann sich im angeschlossenen Bed and Breakfast einmieten (es gibt zwei Zimmer und ein Appartement). Sobald man bei Tisch sitzt, wird das Niveau der Küche schon aus dem überaus gepflegten Inhalt des Brotkörbchens ersichtlich. Zu essen gibt es emilianische Traditionsküche mit Einflüssen aus Modena und Bologna. Hier kann man ohne Bedenken Speisen wie **Millefoglie di lingua di vitella** und Terrina di fegatini di coniglio (7 €) wählen. Tadellos in puncto Qualität und Zubereitung sind die Fleischgerichte, angefangen von **Spalla di agnellino da latte con il suo fondo cottura** (13 €) bis zu Maialino con patate di Tolè al forno e vellutata di mele nostrane. Möchte man dagegen eine gute Version eines Bologneser Klassikers, kann man **Strichetti con ragù classico** (8 €), Tagliatelle ai funghi und die klassischen Tortellini in brodo wählen. Interessant ist ein rein vegetarisches Menü. Daneben steht auch Tigellata zur Auswahl, begleitet von Käse und Wurst. Der Service zeichnet sich durch Herzlichkeit und Aufmerksamkeit aus. Zu trinken gibt es gute Biere aus der Region; die Weinkarte legt den Schwerpunkt auf Etiketten aus den Colli bolognesi und biologische sowie biodynamische Weine.

VERGHERETO (FC)
Alfero

63 KM SW. V. CESENA, E 45 AUSF. BAGNO DI ROMAGNA

Lanzi

Restaurant
Via Don Babbini, 10
Tel. (+39) 05 43 / 91 00 24
Ruhetag: Mittwoch, außer im Sommer
Ferien: Februar
70 Plätze
Preise: 32–35 €
Kreditkarten: AE, CS, MC, Visa; BM
Mittags und abends geöffnet

Das Restaurant mit angeschlossenem Hotel liegt im Zentrum von Alfero, bekannt für den Wasserfall des gleichnamigen Wildbachs und das heilsame Apennin-Klima. Das gemütliche, familiäre Lokal verfügt über einen großen Speisesaal und einen kleinen Raum mit steinernem Kamin, der im Winter stets angefacht ist. Begrüßt werden Sie von Giovanni Maria, einem Mann alter Schule mit unendlicher Leidenschaft für Küche und Essen, der Sie durch ein unvergessliches kulinarisches Erlebnis führt. Es gibt Tagesgerichte und ein reichhaltiges Menü aus hiesigen Produkten, die man in fünfzigjähriger Gastronomieerfahrung ausgewählt hat. Die Gegend ist für Pilze und Trüffeln berühmt, die in der Küche in unterschiedlichen Versionen zubereitet werden. Zu den Antipasti, die Sie nicht versäumen sollten, zählen **Crostino di porcino** (7,50 €), Salumi, allen voran Prosciutto aus Carpegna, und in der Saison Insalata di porcini. Weiter geht es mit einer reichen Auswahl an von Hand erzeugter Pasta wie **Tagliatelle** al ragù oder **ai porcini** (7 bis 9 €), ***Canoli*** alla Rossini und Tortelli di patate burro e salvia (8 €). Die Secondi aus lokalem Biofleisch stehen den Primi in nichts nach: Coniglio ai funghi porcini, **Agnello al forno** (13 €) und vor allem köstliche **Faraona al ginepro** (8 €). Es gibt auch ein historisches Gericht, das jedoch vorbestellt werden muss, nämlich **Piccione** (12 €). In der Saison serviert man deliziöse Porcini fritti. Crème caramel (5 €), Crostata di more und Zuppa inglese runden das Essen ab. Gute Weinkarte, die Wert auf Erzeugnisse romagnolischer Winzer legt. Im Winter ist eine Reservierung ratsam.

Nicht weit vom Restaurant bietet La Dispensa della Nonna Konfitüren, Säfte und Kekse aus Esskastanienmehl.

VERNASCA (PC)
Trinità

48 KM SÜDLICH VON PIACENZA, S.P. 6 ODER S.S. 9

Trinità

Trattoria • Ortsteil Trinità, 16
Tel. (+39) 05 23 / 89 81 33,
(+39) 333 / 839 23 31
Ruhetag: Mittwoch, Donnerstagmittag
Ferien: 3 Wochen Mitte August–Anfang September
80 Plätze + 50 Plätze im Freien
Preise: 30 €
Kreditkarten: CS, MC, Visa; BM
Mittags und abends geöffnet

Diese seit vielen Jahren von der Familie Solari geführte Perle in Sachen Wein und Gastronomie liegt an den ersten Hängen des Apennins zwischen Piacenza und Parma. Mamma Ornella und Sohn Cristian stehen in der Küche, Filippo und Papà Giovanni bedienen die Gäste. Bei den Antipasti nehmen die exquisiten Wurstspezialitäten eine Monopolstellung ein; besonders köstlich sind der wunderbare **Prosciutto crudo aus Parma, 30 Monate gereift** (10 €), und die Salami aus eigener Erzeugung. Zu dieser Auswahl passen die für das Gebiet typische Torta fritta und der duftende Lardo con polenta. Die Pasta ist hausgemacht und auf die saisonale Verfügbarkeit der Zutaten abgestimmt. Probieren Sie im Frühling **Agnolotti di spalla cotta agli asparagi e culaccia** (9 €), im Sommer **Gnocchi con i finferli** (10 €), im Herbst Panzerotti al forno und im Winter klassische Anolini in brodo. Die Spezialitäten des Hauses bei den Secondi sind **Pollo fritto** (9 €) und in der kühleren Jahreszeit Cotechino bollito con purè di patate und **Fegato di maiale nella rete**. Falls erhältlich, bestellen Sie auch Cacciagione (besonders Wildschwein und Reh), Pilze und heimische Trüffeln. Unter den Desserts (4 €) sind deliziöse Crostate und Semifreddi in verschiedenen Versionen; als Alternative bietet sich Sbrisolona mit einem Glas Vin Santo aus Vigoleno an, einem Juwel aus dem hiesigen Weinbaugebiet. Interessante Selektion an Käse und Wein. Letztere überzeugt durch Ausgewogenheit zwischen lokalen Etiketten und Weinen aus dem übrigen Italien und anderen Ländern.

VIGNOLA (MO)

23 KM SÜDÖSTLICH VON MODENA, S.S. 623

Trattoria La Bolognese

Trattoria
Via Muratori, 1
Tel. (+39) 059 / 77 12 07
Ruhetag: Samstag, Sonntag
Ferien: zeitweise im August,
24. Dezember–6. Januar
40 Plätze
Preise: 20–25 €
Kreditkarten: CS, MC, Visa; BM
Mittags geöffnet

70 Jahre lang hat sie den Teig ihrer Tagliatelle ausgezogen und es zu einer Perfektion gebracht, die nur durch langjährige Erfahrung zu erreichen ist. Die mit ihren 88 Jahren noch immer mädchenhafte Lara Franchini füllt die Teller nach ihrem Maß (einer Tasse, wie es scheint) mit einer geradezu überwältigenden Ration an Tagliatelle al ragù bolognese, die so gut sind, dass du nicht den Mut hast, etwas davon zurückgehen zu lassen. In Anbetracht des Alters von Lara, in der Küche, und Luisa, im Service, hat das Lokal immer kürzere Öffnungszeiten. Daher lohnt es sich, jede sich bietende Gelegenheit beim Schopf zu packen. Die wenigen Gerichte, alle nach Art von Lara zubereitet, sind kleine Meisterwerke in großzügigen Portionen: Als Primi (6,50 €) gibt es die erwähnten **Tagliatelle al ragù**, aber auch Gnocchi di patate al pomodoro, **Pasta e fagioli** und Bucatini all'amatriciana, die Lara auf einer Reise nach Rom vor 50 Jahren kennengelernt und sofort in ihrer Art nachgekocht hat. Weiter geht es mit **Fegato alla veneziana** oder ai ferri (7,50 €), **Arrosto** di coniglio oder **di faraona** und Scaloppine al limone oder all'aceto balsamico, kombiniert mit Beilagen wie sautiertem Gemüse, Bratkartoffeln und Salaten. Als Dessert (4 €) bieten sich **Crème caramel**, die allein schon die Anfahrt lohnt, Torta tipo Barozzi (aus Kaffee, Schokolade und einigen Geheimnissen) und Crostata an. Der Weiß- oder Rotwein, am besten prickelnd, wird nach konsumierter Menge verrechnet. Reservieren Sie, denn das Lokal ist ständig voll.

Die Pasticceria Gollini (Piazza Garibaldi 1) bietet traditionelle Torta Barozzi aus Schokolade und Kaffee. Von Mai bis August findet am Wochenende an der Piazza Maestri del Lavoro ein Bauernmarkt statt.

ZOCCA (MO)
Missano

48 KM SÜDÖSTLICH VON MODENA, S.P. 623

Il Cantacucco

Restaurant
Via Montalbano, 5500 B
Tel. (+39) 059 / 98 50 67
Ruhetag: Donnerstag
Ferien: je 2 Wochen im Juni und September
60 Plätze
Preise: 32–35 €
Kreditkarten: CS, DC, MC, Visa; BM
Mittags und abends geöffnet

Das Cantacucco ist seit über 40 Jahren ein obligatorisches Ziel für Feinschmecker. Roberto empfängt Sie höflich, seine Frau Carla kocht Traditionsgerichte aus hochwertigen Zutaten. Das reichhaltige Menü beginnt mit Borlenghi (dünnen Pfannkuchen), **Tigelle e salumi** und in einem Körbchen serviertem Blätterteiggebäck mit Spargel, Caciotta und Aceto balsamico aus Modena (7 €). Weiter geht es mit guten Primi, bei denen die Wahl nicht leichtfällt: Pizzicotti di ricotta ai porcini (8 €), Gnocchi di patate al parmigiano e aceto tradizionale, **Tortelloni di ricotta al prosciutto e porcini**, Cordonetti al sugo di lepre oder alla salsiccia und ganz klassische **Tortellini in brodo** sowie Tagliatelle al ragù (oder ai porcini). Mit den Secondi beginnt ein neues bemerkenswertes Kapitel, angefangen von köstlichem **Coniglio nostrano all'aceto di vino bianco** (9 €) und **Pollo alla cacciatora**. Nicht minder gut sind Guancia di vitello brasata con polenta, **Stracotto di capriolo con friggione** (11 €), Tagliata di manzo und Cinghiale in umido. Versuchen Sie, maßvoll zu bleiben, wenn Sie **Käse** mögen, denn Sie finden eine sehr reiche Auswahl an italienischen Käsesorten und großen Parmesanen aus dem Gebiet vor. Zuppa inglese, Crostata (4 €), Crème caramel, Cialda di sfoglia con ricotta e frutti di bosco, Mascarpone und Semifreddi runden das Essen ab. Die gut bestückte Weinkarte stellt eine Reise durch das Umland und ganz Italien dar und lässt besonderes Augenmerk auf Schaumweine und nach natürlichen Methoden gekelterte Weine erkennen. Gepflegte, vielfältige Auswahl an Bränden.

In **Zocca** (Via Rosola 1083) bietet die Verkaufsstelle der Käserei Rosola Milchprodukte vom Bianca-Modenese-Rind und Parmigiano Reggiano.

BOLOGNA

Caminetto d'Oro

Restaurant
Via dei Falegnami, 4
Tel. (+39) 051 / 26 34 94
Ruhetag: Sonntag
Ferien: 6.–20. August, 31. Dezember–10. Januar
40 Plätze + 20 Plätze im Freien
Preise: 50–60 €
Kreditkarten: AE, CS, MC, Visa; BM
Mittags und abends geöffnet

Paolo Carati ist seit vielen Jahren Vertreter einer reinen, klaren bodenständigen Küche, die keine vorübergehenden Modeerscheinungen imitiert, sondern auf fest im Gebiet verankerten Speisen basiert und nach hochwertigen und innovativen Überarbeitungen strebt. Exzellente Grundzutaten und ein tadelloser Service besorgen den Rest. Auf der Karte wechseln Festlandsgerichte mit einigen Angeboten aus der Meeresküche. Probieren Sie Insalata di alici con scorze di agrumi, Lingua di manzo al verde und Paté di fegatini con gelatina di vino e pan brioche. Die frische Pasta ist nach bester emilianischer Tradition hausgemacht. Versäumen Sie Tortellini in brodo oder Tagliatelle al ragù bolognese (14 €) nicht, aber Tortellacci formaggio e pere sind auch eine gute Wahl. Bei den Secondi macht sich erneut ein Wechsel zwischen Festland und Meer bemerkbar: Branzino al forno con agretti, Coniglio alla senape con caponata (18 €) und Cosciotto d'agnello con patate e pomodorini. Das Kellerangebot erfüllt die Erwartungen und beinhaltet eine umfangreiche Selektion an Weinen aus Italien und anderen Ländern. Die Tür neben dem Restaurant führt zum Twinside-Bistrò, in dem Sie in eher ungezwungener Atmosphäre ausgezeichnet speisen können.

SORAGNA (PR)

35 km nordwestlich von Parma, A1

Stella d'Oro

Restaurant
Via Mazzini, 8
Tel. (+39) 05 24 / 59 71 22
Kein Ruhetag
Keine Ferien
45 Plätze
Preise: 60 €
Kreditkarten: CS, Visa; BM
Mittags und abends geöffnet

In einer wunderschönen Locanda im Zentrum, nicht weit vom Hauptplatz, bieten Marco und Maria kreative Küche, die der reinsten Lokaltradition angehört, bereichert durch ein paar Fischgerichte. Eine Küche, die die Tradition des Gebiets erhalten und gleichzeitig leichter sein möchte. Drei elegante kleine Räume mit schönen, bis ins Detail gepflegt gedeckten Tischen und ein Innenhof für die schöne Jahreszeit: Das ist das Porträt des Stella d'Oro. Dieselbe Achtsamkeit zeigt sich in den Speisen und der großen Weinkarte mit einer schönen Champagnerauswahl. Beginnen Sie mit Wurst und Schinken, mit dem Messer geschnitten, in der passenden Saison mit Fiori e frutto di zucchina e asparagi in tempura und mit Animelle dorate. Zu den Primi zählen Savarin di riso con lingua salmistrata e salsa classica, Pappardelle con pasta di salame e fonduta di formaggi und Taglierini al battuto di pesce. Als Secondi finden Sie Supreme di faraona, Piccione alle tre cotture und Baccalà. Zahlreiche, ausnahmslos interessante Desserts von hoher Qualität setzen den Schlusspunkt.

VALSAMOGGIA (BO)

31 km südwestlich von Bologna, S.P. 75

Amerigo dal 1934

Restaurant mit Bottega
Via Marconi, 14–16
Tel. (+39) 051 / 670 83 26
Ruhetag: Montag, Januar–Mai auch Dienstag
Ferien: unterschiedlich
50 Plätze + 30 Plätze im Freien
Preise: 45–50 €
Kreditkarten: AE, CS, DC, MC, Visa; BM
Abends geöffnet, Feiertage auch mittags

Es bestätigt sich immer wieder: Nach Savigno zu fahren und in die historische Osteria Amerigo mit angeschlossenem Laden einzukehren, ist, wie gewohnt, eine überaus angenehme Erfahrung. Alberto Bettini öffnet Ihnen die Tür zu einer Bologneser Küche mit Einflüssen aus Modena und der Toskana, und das bereits mit dem Teller mit Wurst vom Mora-Schwein mit Sottoli und Tigelle (13 €), der Cruda di bianca modenese con tartufo, scalogno, olio e sale di Cervia und der unverzichtbaren Tigella con gelato di parmigiano all'aceto balsamico tradizionale. Von den Primi sind Tortellini in brodo (16 €) und Tagliatelle al ragù zeitlose Klassiker. Probieren Sie in der Saison Lasagna agli asparagi oder Strichetti verdi ai funghi galletti e bottarga di cervo (18 €), aber zwischen Oktober und Januar ist weißer Trüffel Pflicht. Danach warten perfekte Secondi wie die altbewährte Guancia di vitella brasata al Barbera con purè e fritto di cipolla rossa, Controfiletto bovino servito tiepido con tartufo ed extravergine (23 €), außerordentliche Faraona arrosto, Ragù di rigaglie e patate viola fritte und Uovo al tartufo nel cestino di parmigiano con patate, funghi porcini e galletti (20 €). Absolut erwähnenswert sind die Weine und Brände, die beinahe alle glasweise und auch im Laden erhältlich sind.

ADRIA
EMILIA-ROMAGNA
LIGURIEN
S. MARINO
MARKEN
BOLOGNA
Ravenna
Lugo
Cérvia
Forlì
Cesena
Faenza
Ímola
Sassuolo
Vignola
Pavullo n. Frignano
Borgo Val di Taro
Cisa
1039
PARCO NAZ. D. APPENNINO TOSCO-EMILIANO
Castelnovo ne' Monti
Sécchia
Panaro
Reno
Santerno
M. Cimone 2165
Pontremoli
Bagnone
Podenzana
Aulla
Sarzana
La Spezia
PARCO NAZ. D. CINQUE TERRE
Carrara
Massa
Marina di Massa
Pietrasanta
Viareggio
Massarosa
Pieve Fosciana
Castelnuovo di Garfagnana
Barga
Borgo a Mozzano
Abetone
Cutigliano
San Marcello Pistoiese
Sambuca Pistoiese
Passo della Futa
903
Palazzuolo sul Senio
Firenzuola
Marradi
Borgo S. Lorenzo
San Piero a Sieve
Vicchio
Villa Basilica
Pescia
Pistoia
Montale
Prato
Montecatini Terme
Montecarlo
Lucca
Capannori
Carmignano
FLORENZ
Fiesole
Pontassieve
Signa
Scandicci
Bagno a Ripoli
Pelago
Rignano sull'Arno
Montelupo Fiorentino
Empoli
Arno
San Giuliano Terme
Calci
Pisa
Cascina
San Miniato
Montopoli in Val d'Arno
Pontedera
Livorno
S. Casciano in Val di Pesa
Tavarnelle Val di Pesa
Certaldo
San Gimignano
Poggibonsi
Greve in Chianti
Radda in Chianti
San Giovanni Valdarno
Loro Ciuffenna
Terranuova Bracciolini
Montevarchi
PARCO NAZ. D. FORESTE CASENTINESI, M. FALTERONA E CAMPIGNA
M. Falterona
1654
Pratovecchio
Marciano
Bibbiena
Sansepolcro
Anghiari
Arezzo
S. Marino
S. Leo
Città
A1
A11
A12
A14
A15

TYRRHENISCHES MEER
Cecina
Guardistallo
Bibbona
Castagneto Carducci
Suvereto
Campiglia Marittima
Massa Marittima
Montieri
1060
Piombino
Follonica
Gavorrano
Siena
Monteroni d'Arbia
San Giovanni d'Asso
Buonconvento
Trequanda
Lucignano
Torrita di Siena
Montepulciano
Pienza
Montalcino
Castiglione d'Orcia
Civitella Paganico
Chiusi
Sarteano
Cetona
Cortona
Castel del Piano
Arcidosso
M. Amiata
1738
Ombrone
Grosseto
Castiglione della Pescaia
Portoferraio
Rio Marina
Porto Azzurro
ELBA
Marciana
Capoliveri
CAPRAIA
PIANOSA
PARCO NAZIONALE DELL'ARCIPELAGO TOSCANO
MONTECRISTO
GIGLIO
GIANNUTRI
Semproniano
Sorano
Pitigliano
Manciano
Scansano
Orbetello
M. Argentario
635
Ansedonia
PERUGIA
Trasimenischer See
UMBRIEN
Tevere
Todi
Orvieto
Acquapendente
Bolsena
Bolsena-See
Amelia
A1
Montefiascone
Tuscania
Orte
Viterbo
Vetralla
LATIUM
Tarquinia
0 15 30 km

TOSKANA

Die Toskana, Wiege der italienischen Sprache und Kultur, verfügt über einen enormen Reichtum an Kunstschätzen. Jedes Jahr besuchen Millionen Touristen diese Region. All diese Schönheiten werden auf einer Reise von ebenso vielen Gaumenfreuden begleitet.

Die toskanische Küche ist in der ganzen Welt für ihre köstlichen Gerichte bekannt. Sie sind eher einfacher Natur, denn sie wurzeln in einer Vergangenheit, in der Armut nicht selten war. Es gibt vier Grundzutaten: Brot (ohne Salz zubereitet und lange gebacken), natives Olivenöl extra, Fleisch – insbesondere vom Grill oder geschmort – und Wein. Aus Brot, vor allem wenn es hausgemacht ist, entstehen Antipasti wie Fettunta, Crostini mit Hühnerleber oder Waldschnepfe, Crostoni mit Schwarzkohl und Panzanella. An Suppen bietet die Toskana die berühmte Ribollita, die ebenso beliebte Pappa col pomodoro und Acquacotta. Die bekannteste Pastasorte sind wohl Pappardelle, die mit einer Sauce von Wildschwein, Hase oder Kaninchen serviert werden.

Was man von den Secondi probieren sollte, ist sicherlich die Bistecca alla fiorentina, die mindestens drei oder vier Zentimeter hoch sein muss und wenige Minuten über der heißen Glut gebraten wird. Sehr verbreitet und geschätzt ist auch Fleisch vom Wildschwein, das auf vielerlei Arten zubereitet wird: alla cacciatora, mit Pilzen und Polenta, in Saucen. Ebenso gängig ist Hasenfleisch, das man in der Version in dolce forte genießen sollte, also mit Wein, Pinienkernen, Rosinen und Zartbitterschokolade zubereitet. Doch es mangelt auch nicht an Fischgerichten wie Cacciucco, Sardine ripiene, Tonno *briaco*, Baccalà ai porri, alla maremmana oder alla fiorentina und Stoccafisso. An Desserts bietet die Toskana wenige, dafür sehr typische Speisen, darunter Torta di riso mit Cantucci, Panforte und Brigidini.

Für Sie entdeckt

ABETONE (PT)
Le Regine

46 KM NORDWESTLICH VON PISTOIA, S.R. 66

La Locanda dello Yeti

Bar-Trattoria
Via Brennero, 324
Tel. (+39) 05 73 / 60 69 74
Ruhetag: Montagabend, Dienstag
Ferien: je 2 Wochen im Juni und September
20 Plätze + 20 Plätze im Freien
Preise: 35 €
Kreditkarten: Visa; BM
Mittags und abends geöffnet

Einige Kurven und schon erreichen Sie den Ortsteil Regine und den großen Parkplatz, der im Winter von den Bussen und Autos der zahlreichen Skifahrer genutzt wird. Dort kennzeichnet ein Schild den kleinen Eingang der Locanda dello Yeti, wo Sie ein Bartresen und dahinter der Gastraum mit nur 20 Plätzen erwartet (eine rechtzeitige Reservierung ist notwendig). Das Team besteht aus Familienmitgliedern: Elisabetta Burlicchi mit Tochter Giulia im Service, ihr Mann, Chefkoch Vittorio Colò, unterstützt durch Schwiegersohn Pietro Tramu, in der Küche. Elisabetta erläutert mit Leidenschaft die Tageskarte, beginnend mit den Antipasti: Crostoni mit Steinpilzen, Rohmilch-Käse, Pecorino mit Honig und fantastischer **Lardo** (9 €), von einem lokalen Betrieb exklusiv für die Trattoria **mit Sellerie, Möhren und** duftenden **Kräutern** zu einem Aufstrich vermengt. Unser Tipp unter den Primi gilt **Tortelli** al cacao, gefüllt mit frischer **Ricotta** und serviert mit gehobeltem Pecorino und Speck (10 €), **Zuppa di porcini** – diese Suppe enthält so viele Steinpilze, dass man eine Pasta für vier Personen daraus machen könnte! – und **knusprigen Lasagnette con ragù di coniglio**, bei denen die Teigblätter auf dem Grill gegart und dann im Ragout erweicht werden. Bei den Secondi können Sie sich von **Filetto di cervo al vino rosso** (15 €) oder verschiedenen Lombate di manzo mit Steinpilzen oder alla griglia, serviert mit gebratenen Kräutern aus der Umgebung, verführen lassen. Die Küche hält stets unterschiedliche und exzellente Desserts bereit. Sehr gut ist der Hauswein, ein Chianti aus Radda.

Auf dem Hof von Giuseppe Corsin, Ortsteil **La Secchia** (4 km), bekommen Sie Frisch- und Edelschimmelkäse aus Kuhmilch, aber auch Hoftiere.

ANGHIARI (AR)

27 KM NORDÖSTLICH VON AREZZO

La Nena

Restaurant
Corso Matteotti, 10–14
Tel. (+39) 05 75 / 78 94 91
Ruhetag: Montag, außer im Sommer
Ferien: zeitweise im Winter
50 Plätze + 20 Plätze im Freien
Preise: 35 €
Kreditkarten: AE, CS, DC, MC, Visa; BM
Mittags und abends geöffnet

In Anghiari, einem der schönsten Orte Italiens mit Slow-Charakter, liegt auf einem Panoramahügel das Restaurant La Nena. Sergio Cappetti, Palmira Alberti und Paolo Severi verwöhnen Sie dort mit Gerichten nach Tradition von Arezzo, die geschickt mit saisonalen, von lokalen Produzenten stammenden Zutaten zubereitet werden. Zum Einstieg Antipasti: **Crostini di fegatini e milza** (5 €), Carpaccio di chianina mit schwarzem Trüffel und typische Salumi, darunter Prosciutto di grigio, die teilweise im Haus zur Reifung lagern. Unter den Primi verdienen **Bringoli al sugo finto** nach Art von Oma Elvira, **Pappardelle di grano duro al sugo di lepre** (mit Hasensauce) oder mit Wildschwein (14 €) und **Polenta con sugo di chianina**, capriolo o funghi (mit Chianina-Rind, Reh oder Pilzen), aber auch Gnocchetti aus violetten Kartoffeln eine Erwähnung. Stets vertreten sind **Ribollita** oder andere Suppen. Der Hauptgang bietet **Agnello** alla griglia oder **fritto** (15 €), **Bistecca** di vitellone (Jungochse), Grigliata mista und in der Saison Selvaggina. Zu empfehlen ist **Salsiccia** (aus eigener Erzeugung) **con fagioli all'uccelletto**. Als Beilagen werden Sformati di verdure, Fagioli bianchi und Porcini fritti serviert. Zum Ausklang wählt man Panna cotta, Pan di caffè, Crostata oder Macedonia (4 €), alternativ ein gutes Sortiment an **Formaggi**, darunter Caprini einer hiesigen Käserei. Die gepflegte Weinkarte bevorzugt Etiketten aus den Colli Aretini und der übrigen Toskana, ergänzt durch einen guten Hauswein.

Auf der Piazza Mameli 10 befindet sich eine Verkaufsstelle der Vereinigung Strada dei Sapori Valtiberina Toscana. Im Ortsteil Casale produziert und verkauft die Genossenschaft Montemercole Rohmilchkäse, Wurst und Fleisch.

ARCIDOSSO (GR)
Bivio Aiole

58 KM NORDÖSTLICH VON GROSSETO

Aiuole

Restaurant
Ortsteil Bivio Aiole
Tel. (+39) 05 64 / 96 73 00
Ruhetag: Sonntagabend, im Winter auch Montag
Ferien: zeitweise im Januar
80 Plätze
Preise: 29–33 €
Kreditkarten: AE, CS, MC, Visa; BM
Mittags und abends geöffnet

Hier an einer Gabelung, wo die Straße zum Monte Amiata abzweigt, begannen Ugo und Lionella vor knapp 50 Jahren ihre Laufbahn als Gastronomen: Seit damals stellen die beiden mit stets gleicher Leidenschaft die Besonderheiten dieses Landstrichs in den Mittelpunkt ihrer Interpretation der traditionellen Rezepte. Das Lokal mit zwei Gasträumen im Erdgeschoss besitzt das Flair einer klassischen Berghütte. Die von Ugo mündlich vorgetragene Speisenfolge kann mit einem Antipasto (7 €), bestehend aus Crostini und guten Salumi dieser Gegend beginnen, gefolgt von Primi aus hausgemachten Teigwaren: **Tortelli** oder Tagliatelle **al ragù** (10 €), ***Gnudi* di ricotta e ortica** und Gnocchi di ricotta e patate (Ricotta-Kartoffelklößchen, hier auch Fiocchi di neve, also Schneeflocken genannt). In der entsprechenden Jahreszeit bekommen Sie Zuppa di funghi (12 €) oder **Polenta di castagne mit Ricotta und Animelle**. Bei den Secondi feiert das Fleisch seinen Triumphzug: **Maialino al Brunello** oder al forno, Vitella brasata, **Agnellone amiatino ai ferri** oder fritto (12 €) sowie Capriolo oder Cervo in salmì. Als Beilage wird Gemüse aus dem eigenen Garten serviert – Zucchini, Spargel, Radicchio –, auch in Form von vorzüglichen Sformati (Aufläufen). Bei den Desserts spannt sich der Bogen von Latte alla portoghese (4 €) über Crostate mit hausgemachten Konfitüren bis zu Ricotta mit Esskastaniencreme. Der Wein des Hauses ist ein süffiger Rosso di Montalcino, aber es mangelt auch nicht an guten Etiketten der wichtigsten Anbaugebiete der Toskana.

»*Mit großer Erfahrung und Professionalität wählt Ugo Quattrini Spitzenprodukte als Zutaten, die seine Frau Lionella von Meisterhand zu exzellenten Gerichten in der Tradition dieser Gegend verarbeitet.*«

AREZZO

La Torre di Gnicche

Moderne Osteria
Piaggia San Martino, 8
Tel. (+39) 05 75 / 35 20 35
Ruhetag: Mittwoch
Keine Ferien
30 Plätze + 18 Plätze im Freien
Preise: 23–30 €
Kreditkarten: CS, DC, MC, Visa; BM
Geöffnet 12–15, 18–1 Uhr

Gnicche, der legendäre Räuber aus dem 19. Jahrhundert, frequentierte alle möglichen Osterien und es heißt, er habe als Frauenschwarm zahlreiche Geliebte gehabt und sei ein Beschützer der Armen gewesen. Ihm verdankt diese kleine Osteria ihren Namen. Das beschränkte Platzangebot erweitert sich im Sommer, wenn man auch unter den Arkaden von Vasari auf der Piazza Grande speisen kann. Das Ambiente – wenige Holztische, Stühle mit Strohgeflecht – ist zwanglos und wirkt sehr gastfreundlich. Die traditionellen Gerichte, speziell nach Art von Arezzo, werden mit Sorgfalt zubereitet, wobei Jahreszeit, Marktlage, aber auch Lust und Laune des Kochs eine Rolle spielen. Die Wertschätzung guter Zutaten ist bereits bei den Salumi des Antipasto (exzellent sind Spalla, Sbriciolona und Guanciola) und dem Sortiment an Biokäse mit Pecorini und Caprini dieser Gegend deutlich. Die Primi (7 €) umfassen vorwiegend Minestre wie **Zuppa di cipolle infornata**, **Ribollita** oder **Acquacotta**. Tradition regiert auch bei den Secondi, unter denen **Grifi all'aretina** (ein Ragout aus den knorpeligen Teilen des Kälbermauls, 11 €), **Scamerita in porchetta** und Baccalà in umido hervorstechen. Fagioli zolfini aus Montemignaio sind als Beilagen ein guter Tipp. Die Desserts (5 €) sind alle hausgemacht: Wir empfehlen Torta al cioccolato und Crostata mit Birnen und Ricotta. Drei Arten von nativem Olivenöl extra und eine schöne Weinkarte mit mehr als 700 Etiketten und Spirituosen neben einem guten Hauswein und glasweisem Ausschank runden das Angebot der Osteria ab.

Die Macelleria Tonioni (Via Margaritone 35) verkauft Chianina-Fleisch und gute Salumi. Paola Camaiani baut im Ortsteil **Battifolle** 3 (8 km) Safran ohne Einsatz von Chemie an.

BAGNO A RIPOLI (FI)
Grassina

8 KM SÜDÖSTLICH VON FLORENZ, S.S. 222

Osteria del Rosso

Trattoria
Via Costa al Rosso, 20
Tel. (+39) 055 / 64 02 40
Ruhetag: Sonntag
Ferien: 2 Wochen im August
38 Plätze + 40 Plätze im Freien
Preise: 27–30 €
Kreditkarten: AE, CS, MC, Visa; BM
Mittags und abends geöffnet

Man betritt zuerst einen Lebensmittelladen und gelangt dann zu einigen kleinen Räumen, die rund um die Küche, das Reich von Boris, angeordnet sind. Das Ambiente ist angenehm, mit der typischen Ausstattung einer toskanischen Trattoria, zu der auch die gelben Papiertischtücher zählen. In der warmen Jahreszeit kann man im schattigen Hof sitzen. Das Speisenangebot variiert täglich und es besteht ein Unterschied zwischen der Mittagskarte – mit einer beschränkten Auswahl an Gerichten speziell für Gäste in der Arbeitspause – und der Abendkarte mit größerem Angebot. Das Gemüse stammt durchwegs aus der Umgebung, Salumi und Käse sind ausschließlich toskanischer Herkunft. Fisch wird beim hiesigen Fischhändler gekauft, Fleisch auf dem Zentralmarkt von Florenz. Das Brot liefert eine benachbarte Bäckerei, die Desserts sind aus eigener Produktion und das native Olivenöl extra am Tisch wird von einem lokalen Produzenten hergestellt. Das Speisenrepertoire ist von der Jahreszeit geprägt: Je nach Saison finden Sie klassische **Ribollita**, **Pappa col pomodoro**, **Cacciagione**, winterliche Rezepte mit Schwarzkohl oder im Sommer Vorschläge mit Scorzone (Sommertrüffel). Nach dem großen Tagliere del Rosso (Wurst, Käse und Crostini) ließen wir uns im Frühling Spaghetti alla carbonara mit Spargel (7 €) schmecken. Weitere Primi können Rigatoni al ragù di moscardini oder Tortiglioni mit frischem Pesto sein. Ein sicherer Tipp für den Hauptgang ist **Bistecca** (40 € pro Kilogramm), exzellent auch **Coniglio alla cacciatora mit Bohnen** (10 €), **Polpettone** und Frittura di mare mit frittierten Artischocken (15 €). Die Desserts sind in der Kühlvitrine im Laden am Eingang zu sehen. Das Gedeck (1,50 €) wird nur abends verrechnet. Die Weinkarte ist nicht sehr umfangreich, aber von Niveau und enthält vorwiegend Rotweine aus der Toskana.

BAGNO A RIPOLI (FI)
Antella

13 KM SÜDÖSTLICH VON FLORENZ, S.S. 222

Staccia Buratta

Osteria-Trattoria
Via di Pulicciano, 22
Tel. (+39) 055 / 62 16 43
Kein Ruhetag
Ferien: unterschiedlich
20 Plätze + 10 Plätze im Freien
Preise: 27–30 €
Keine Kreditkarten
Mittags und abends geöffnet

Nicht weit von Florenz entfernt, im Ortsteil Antella, hat diese kleine Trattoria mit sympathisch zwangloser Einrichtung ihren Sitz. Es gibt nur wenige Plätze in diesem Lokal, im Sommer wird zusätzlich an einigen Tischen im Freien serviert. Die Antipasti, hier Godenda (Köstlichkeiten) genannt, umfassen neben den klassischen, auf einem Brett angerichteten Wurst- und Käsespezialitäten und Crostini (mit erlesenen Zutaten, darunter Formaggi aus dem Gebiet von Siena und Salumi aus dem Casentino) auch Verdure alla Staccia maniera (Gemüse nach Art des Hauses, 8 €) oder **Aringa marinata nel latte e odori** (in Milch und Kräutern eingelegter Hering). Unter den Primi blieben uns Biospaghetti alla chitarra mit einem Pesto von Kürbisblüten, Mandeln und Frischkäse (9 €) und Ravioli di ricotta mit Lakritze (10 €) in Erinnerung. Im Winter erweitern Vellutate und Zuppe (Creme- und andere Suppen) aus saisonalen Produkten das Repertoire. Bei den Secondi taucht ebenfalls Lakritze auf, und zwar im Rezept der delikaten **Scaloppine finocchio e arancia con sentore di liquirizia** (10 €). Als Alternative steht ein erfrischendes Gericht auf dem Programm: mit Ricotta gefüllte Fiori di zucca auf Zucchinicreme mit Cialda di parmigiano (9 €). Im Winter werden unter anderem **Spezzatino di guancia**, Piccione (Taube) und sonstiges Schmorfleisch sowie **Ossobuco und Polenta** angeboten, im Sommer gibt es kalten **Polpettone**, lauwarmen Baccalà und Parmigiana a crudo. Aus dem eigenen Gemüsegarten stammt eine Vielzahl der verarbeiteten Produkte. Zum Abschluss erwarten Sie Dolci (5 €), darunter Crème brulée, Flan al cioccolato und „Ovo al tegamino". Die Weinkarte zeigt eine eindeutige Vorliebe für lokale Produzenten und Bioerzeugnisse.

BAGNONE (MS)

53 KM NORDWESTLICH VON MASSA, S.S. 62

La Lina

Trattoria
Piazza Marconi, 1
Tel. (+39) 01 87 / 42 90 69,
(+39) 347 / 095 90 26
Ruhetag: Donnerstag
Keine Ferien
50 Plätze
Preise: 22–26 €
Kreditkarte: CS, MC, Visa; BM
Mittags und abends geöffnet

Die Lunigiana, ein Grenzland zwischen Toskana, Emilia und Ligurien, bewahrt Traditionen, nicht nur kulinarischer Natur, die aus einer gelungenen Durchmischung von Einflüssen dieser Regionen entstanden sind. Ein kurzer Abstecher von der Strada della Cisa führt hierher nach Bagnone. Das gepflegte, geschmackvoll eingerichtete Lokal hat seinen Sitz im ersten Stock eines Gebäudes im Ortszentrum. Im Saal trägt Walter mündlich das von Lina diktierte Speisenangebot vor. Sie ist seit den 1960er-Jahren die Inhaberin des Lokals und die Mutter von Francesca, die am Herd steht. Zum Einstieg der üppige Antipasto della casa (10 €) mit **Torta *d'erbi***, gemischten Salumi, **Barbotta** (aus gelbem Mehl und Zwiebeln) und Castagnaccio mit Ziegen-Ricotta. Vorzüglich sind auch ***Soladela***, Fladen aus Wasser und Mehl, warm mit Speck serviert, und Frittelle di baccalà. Dann folgen **Testaroli al pesto** oder all'olio e parmigiano (6 €), aber auch Ravioli di verdura, in der Saison mit Trüffel verfeinert, der seit einiger Zeit auch in dieser Gegend gesucht wird. Unser Tipp unter den Secondi gilt, falls verfügbar, **Coscia di agnello di Zeri al forno** (12 €). Eine exzellente Alternative stellt **Coniglio**, **ausgelöst und fein gefüllt,** oder **in umido con le olive** dar. Die Jagdsaison präsentiert sich häufig mit **Cinghiale** oder Capriolo **mit Polenta** (10 €). Zum Schluss hausgemachte Dolci mit Sorbetto al limone und Panna cotta mit Waldbeeren (4 €). Weine, glasweise ausgeschenkt, und eine gute Weinkarte.

Graziella Ravera produziert in **Villafranca in Lunigiana** (4 km), Via per Mocrone 48, Testaroli ganz nach Tradition. Die Käserei des Gutshofs Capra Campa im Ortsteil **Braia di Licciana Nardi** (8 km) stellt frischen und gereiften Ziegenkäse her.

BARGA (LU)

26./27.8.'16

39 KM NÖRDLICH VON LUCCA, S.S. 445

L'Altana

Pasta al Ragù
Risotto alle Verdure
Gnocchi
Köstlich!

Trattoria
Via di Mezzo, 1
Tel. (+39) 05 83 / 72 31 92
Ruhetag: Mittwoch, Donnerstagmittag
Ferien: Oktober
30 Plätze + 10 Plätze im Freien
Preise: 28 €
Kreditkarten: AE, CS, DC, MC,Visa; BM
Mittags und abends geöffnet

Innerhalb der Mauern des alten Städtchens Barga trifft man auf die Trattoria L'Altana, ein freundliches, bis ins kleinste Detail gepflegtes Lokal mit einer Reihe von Gasträumen und einem Bereich im Freien, wo man in der warmen Jahreszeit Platz nehmen kann. Die Trattoria wird als Familienbetrieb geführt: Camilla steht in der Küche, ihre Töchter Giulia und Angela betreuen die Gäste im Speisesaal. Vor 13 Jahren, als Barga noch nicht zum beliebten Touristenziel avanciert war, wie es heute ist, wollten die drei Frauen eine Trattoria für die Einheimischen eröffnen, das heißt, ein Lokal mit guter Hausmannskost. Die Gerichte, die man hier bekommt, sind die typischen Klassiker nach toskanischer Tradition, ergänzt durch einige spezifische Rezepte dieses Ortes. Nach einem Antipasto mit Tortini di verdura oder der Version mit Prosciutto bazzone aus der Garfagnana (10 €) kann man mit **Maccheroni barghigiani**, wegen ihrer unregelmäßigen Form auch „Pasta strappata" genannt, serviert **con ragù di manzo** (mit Rinderragout, 8 €), fortfahren. Häufig findet man auf der Karte auch **Zuppa di cipolle** (Zwiebelsuppe) in einer neuen Version mit Weichkäse und **Pancotto**, zubereitet mit Tomaten, Knoblauch und altbackenem Brot. Im Kapitel der Secondi erwarten Sie **Spezzatino mit Polenta** (10 €), Bistecchina di cinta senese mit Fenchelsamen und **Polpettine fritte** (8 €). Den Schlussakkord setzen Desserts (je 5 €), darunter Pere caramellate, Crostata al cioccolato oder Torta di mele mit Cremeeis, die allesamt hausgemacht sind. Neben dem süffigen Hauswein wird auch eine Weinkarte angeboten, die einige Etiketten aus dieser Gegend auflistet.

BIBBIENA (AR)

32 KM NÖRDLICH VON AREZZO, S.S. 70 OD. S.S. 71

Il Tirabusciò

Restaurant
Via Rosa Scoti Franceschi, 12
Tel. (+39) 05 75 / 59 54 74
Ruhetag: Montagmittag, Dienstag
Ferien: unterschiedlich
35 Plätze
Preise: 30–32 €
Kreditkarten: AE, CS, MC, Visa; BM
Mittags und abends geöffnet

Geben Sie in Ihrem Navigationsgerät „Piazza Tarlati in Bibbiena" ein, andernfalls landen Sie in der Via Rosa Scoti Franceschi in Partina (einem Ortsteil von Bibbiena): Es gibt wirklich zwei gleichnamige Straßen in knapp 10 Kilometer Distanz, aber das Navigationsgerät ignoriert jene im Zentrum von Bibbiena standhaft. So finden Sie also in der Nähe der Piazza Tarlati dieses reizende Restaurant, das auch in diesem Jahr sein Talent und seine Preise bestätigt. Alberto Degl'Innocenti und seine Frau Marinella bieten die Gerichte auf ihrer Karte aus stets exzellenten Zutaten und in perfekter Ausführung tatsächlich zu exakt den gleichen Preisen wie in den vergangenen beiden Jahren an. Als Antipasto bekommt man hier im Frühling Ricotta infornata mit Spargel und Pecorino (8 €) als gelungene Alternative zu den Salumi mit Crostini neri (12,50 €). Unter den Primi finden Sie Raviolini mit Ricotta, Pecorino und Dicke Bohnen sowie von Hand gefertigte ***Pici* con ragù di anatra** (8,50 €). Die Secondi umfassen Spiedino di trota fario aus dem Casentino und **Muscolo di chianina IGP rifatto con cipolle di Certaldo** (16 €). Zu der kleinen, aber feinen Auswahl an Dolci passt ein Glas Dessertwein: Zu empfehlen sind **Lattaiolo**, die delikate Crème caramel alla casentinese und warmer Tortino di mele mit englischer Creme und Pinienkernen. Die gepflegte Weinkarte mit angemessenen Preisen hat ihren Schwerpunkt bei Produkten aus der Toskana. Es gibt auch glasweisen Ausschank und ein Sortiment an Bieren aus kleinen Brauereien für jeden Geschmack.

»
Die sorgfältige Auswahl der saisonalen Zutaten und der Wunsch, Leidenschaft für die Küche mit der Liebe zum Casentino zu verbinden, führen zu unglaublichen Geschmackserlebnissen.
«

CAMPIGLIA MARITTIMA (LI)
Venturina

75 KM SÜDLICH VON LIVORNO, S.S. 1

Otello

NEU

Restaurant
Via Indipendenza, 1–5
Tel. (+39) 05 65 / 85 12 12
Ruhetag: Montag
Ferien: 10. Januar–10. März
60 Plätze + 60 Plätze im Freien
Preise: 32–35 €
Kreditkarten: AE, CS, MC, Visa; BM
Mittags und abends geöffnet

Die Via Aurelia weckt Erinnerungen an den Film *Il sorpasso* („Verliebt in scharfe Kurven") ... ein Italien, das es nicht mehr gibt. Das Restaurant Otello, das kürzlich seinen 80. Geburtstag beging, hat dieses Italien noch erlebt, als einer der Hauptdarsteller der damaligen Zeit. Der Speisesaal ist mit Fotos tapeziert, die die Geschichte des Otello und der Familie Benvenuti erzählen: eine Geschichte, die mit unserer eigenen eng verwoben ist. Heute betreut Sergio (Otellos Sohn) die Gäste, am Herd steht seine Frau Adriana. Die Karte nennt sämtliche Klassiker von anno dazumal, aber auch moderne Kreationen. Alle Zutaten sind lokaler Provenienz und werden mit Akribie im Cornia-Tal und in der Maremma aufgespürt. Dies gilt auch für die Weine, darunter gute Etiketten aus der unmittelbaren Umgebung, die in einer respektablen Karte aufgelistet sind. Die Küche steht im Zeichen der Maremma (Venturina liegt an der Grenze zu diesem Gebiet), was schon der Antipasto mit hausgemachten pikanten Torten und Sformati (9 €) beweist. Dann folgen **Tortelli maremmani** (10 €), ***Pici* al ragù di cinghiale**, aber auch Spaghetti ai frutti di mare und **Pasta e fagioli**. Bei den Secondi pendelt das Repertoire zwischen Meeres- und Festlandküche: **Cinghiale in umido** (12 €) ist fantastisch, aber auch der Rest kann mithalten, etwa **Fegatelli di maiale al forno**, Pesce alla griglia, **Cozze ripiene** (9 €) und Frittura di calamari (in Streifen, nicht in Ringe geschnitten). Die Desserts, einschließlich der Cantucci zum Eintauchen in Vin Santo, tragen Mamas Handschrift. Hier sind Vergangenheit und Gegenwart vereint durch Leidenschaft und Engagement: ein freundlicher Empfang und perfekte Umgangsformen beim Service. Man verlässt das Lokal mit einem Lächeln auf den Lippen und dem Eindruck, im Familienkreis gespeist zu haben.

CAMPIGLIA MARITTIMA (LI)
Cafaggio

80 KM SÜDÖSTLICH VON LIVORNO, S.S. 1

Trattoria da Ghigo

Trattoria • Via di Casalpiano, 11
Tel. (+39) 05 65 / 84 51 53,
(+39) 334 / 931 58 99
Ruhetag: Mittwoch
Ferien: November
70 Plätze + 30 Plätze im Freien
Preise: 25–35 €
Kreditkarten: AE, CS, DC, MC, Visa; BM
Abends geöffnet, Freitag–Sonntag auch mittags

Die Trattoria von Sergio Righetti, Ghigo genannt, hat ihren Sitz verlegt: Dieser befindet sich nun nicht mehr in San Lorenzo di Suvereto, sondern etwa 9 Kilometer entfernt, im Ortsteil Cafaggio der Gemeinde Campiglia Marittima. Beibehalten wurden jedoch das Team und der Stil der Zutatenbeschaffung und der Küche. Bei Betreten des Lokals kommt man in einen großen Raum mit Kamin und einem Tresen, wo die Vorspeisen angerichtet werden, im Sommer gibt es Plätze im Freien. Die Speisenauswahl variiert gemäß den Jahreszeiten, aber der typische Charakter der Küche von Siena und der Toskana setzt sich stets durch. Ein guter Einstieg gelingt mit Salumi von Slow-Food-Presidi oder dem Antipasto del bracconiere, aber auch gegrillte Polenta mit Speck aus Colonnata kann mithalten Unter den Primi gelten ***Pici*** cacio e pepe (8 €) oder die Version **al ragù di chianina** als sicherer Tipp. Gute Alternativen sind **Pappardelle al ragù di cinghiale** und **Tortelli** di Ghigo (10 €), serviert **mit Ragout vom Chianina-Rind**, mit Butter und Salbei oder mit Tomatensauce. Für den Hauptgang empfehlen wir **Peposo di chianina** dell'Impruneta (15 €), **Cinghiale alla maremmana** und **Bistecca**, auf einem Speckstein serviert, aber auch Tagliata di cinta senese mit Gemüse-Caponata. Dazu als Beilagen **Fagioli cannellini all'olio** (Bohnen), Ceci al rosmarino (Kichererbsen) und Spinaci saltati all'aglio (Blattspinat). Die Dolci sind alle hausgemacht. Für Käsefreunde steht, der Null-Kilometer-Philosophie entsprechend, eine delikate Auswahl an Pecorini aus der Toskana (10 €) bereit. Die Weinkarte umfasst ein gutes Sortiment an Etiketten, aber auch der offene Hauswein mit exzellentem Preis-Leistungs-Verhältnis ist erfreulich. Das Lokal bietet des Weiteren zwei Degustationsmenüs, die traditionelle Variante für 25 € und die vegetarische für 23 €.

CAPANNORI (LU)
Camigliano

10 KM ÖSTLICH VON LUCCA

I Diavoletti

Restaurant • Stradone di Camigliano, 302
Tel. (+39) 05 83 / 92 03 23,
(+39) 328 / 734 06 34
Ruhetag: Mittwoch
Ferien: unterschiedlich
50 Plätze + 40 Plätze im Freien
Preise: 30–35 €
Kreditkarten: CS, MC, Visa; BM
Abends geöffnet, September–Mai und an Feiertagen auch mittags

Von Engeln wird gerne behauptet, sie seien Beschützer. Hier sind es die Landwirte, die sich für die Genossenschaft L'Unitaria stark machen, eine Vereinigung, die für den Schutz und die Wiederaufwertung von typischen Produkten sorgt, in diesem Fall jenen des Gebietes der Lucchesia. Bei ebendieser Genossenschaft beziehen Alda, Ilaria und Paola Bosi verschiedene Arten von Hülsenfrüchten für ihre typischen Gerichte nach lokaler Tradition, zum Beispiel **Passato di fagioli rossi di Lucca** (8 €) oder die originelle Zuppa slow beans, passend zur jeweiligen Jahreszeit. Ein Biobauer liefert das Gemüse für Tortino rustico, die Beilagen und **Coniglio ripieno di cipolle** (11 €). Dies verdeutlicht bereits den hohen Stellenwert, der den Zutaten und deren Einsatz in einer traditionstreuen, aber im richtigen Maße auch innovativen Küche beigemessen wird. Die Karte wird häufig durch Tagesgerichte ergänzt, die Paola mündlich erläutert, und hält verschiedene Slow-Food-Presidi nicht nur dieser Gegend, vegetarische Gerichte sowie hausgemachte Teigwaren und Desserts bereit. So bezeugt sie die Geschichte, die Kultur und die ethische Nachhaltigkeit, die hinter jedem einzelnen Vorschlag stehen. Neben den bereits angeführten Speisen möchten wir **Tordelli di grano saraceno al porro** (9 €), Tortelloni lucchesi al ragù, Neccine mit Castelmagno, **Trippa alla lucchese** (6,50 €) und zum Schluss Tortino di cioccolato hervorheben. Ein Nachsatz betrifft den Prosciutto von Ariosto (9 €): Ariosto ist der Vater der Bosi-Schwestern, der seinem stolzen Alter von 80 Jahre zum Trotz noch Schinken produziert … Chapeau!

»
Die Leidenschaft für das eigene Land und die Liebe zur traditionellen Küche sind die Eckpfeiler eines verdienten Erfolgs.
«

CARMIGNANO (PO)

12 KM SÜDWESTLICH VON PRATO

Su pe' i' Canto

Osteria-Enoteca
Piazza Matteotti, 25–26
Tel. (+39) 055 / 871 24 90
Ruhetag: Montag
Ferien: August
30 Plätze + 20 Plätze im Freien
Preise: 30 €
Kreditkarten: MC, Visa; BM
Mittags und abends geöffnet

Herzlichkeit und absolute Professionalität kennzeichnen den Empfang in diesem Lokal mit qualitativ hochwertiger Küche, die sich strikt an die Jahreszeiten und die Traditionen dieses Gebietes hält. Den nicht sehr großen Räumen (eine Reservierung ist zu empfehlen) verleihen Gewölbedecken und Holzmöbel ihren typischen Charakter. Die Leitung liegt in den Händen der Familie Alderighi: Vincenzo und seine Frau Emma stehen in der Küche, der Sohn Francesco, ein Sommelier, betreut Service und Weinkeller. Die Karte wechselt dreimal pro Woche, wobei Salumi von Produzenten dieser Gegend (einschließlich der Mortadella aus Prato, ein Slow-Food-Presidio), Crostini aus Brot und Polenta, Pecorini aus der Toskana, **Trippa** in verschiedenen Versionen, Baccalà, alternierend Piccione, Pollo oder Coniglio und **Lingua in dolce e forte** stets vertreten sind. Im Frühling können Sie Vellutata di asparagi (8 €), Crespelle di borragine, Tortelli di pecorino mit Birnen, Stufato di baccelli (12 €) und **Lampredotto ai carciofi** (12 €) antreffen, im Sommer Insalata di trippa oder Tagliata mit Steinpilzen, im Herbst **Cacciagione** (Hirsch, Reh) und im Winter **Ribollita**, **Fagiano con le olive** und **Involtini di verza**. Das Brot aus Natursauerteig wird von einem Bäcker im Ortsteil La Serra im Holzofen gebacken. Zum Ausklang empfehlen wir Ihnen eines der Desserts des Hauses (6 €), die Francesco mündlich vorträgt. Die Weinkarte umfasst sämtliche Kellereien von Carmignano und eine recht gute Auswahl an Rotweinen aus der Toskana und anderen Anbaugebieten, während die Weißweine und Spumante meist aus anderen Regionen stammen.

Die Bottega d' Fochi (Via Roma 10) bietet typische Dolci, etwa den Pan di ramerino für die Osterfeiertage.

CARRARA
Colonnata

7 KM VOM ZENTRUM

Locanda Apuana

Trattoria
Via Comunale, 1
Tel. (+39) 05 85 / 76 80 17
Ruhetag: Sonntagabend, Montag
Ferien: Weihnachten–Ende Januar
55 Plätze
Preise: 28–32 €
Kreditkarten: AE, CS, DC, MC, Visa; BM
Mittags und abends geöffnet

Wir befinden uns hier im Herzen der Apuanischen Alpen, in der Ortschaft Colonnata. Diese verdankt ihren Ruhm den Steinbrüchen und der Produktion von Lardo (Speck), der mit Salzlake in Marmorwannen eingelegt wird und auf den Speisekarten dieses Gebietes eine absolute Vorrangstellung einnimmt. Die rustikal, aber adrett eingerichtete Trattoria liegt in der Nähe des Hauptplatzes. Für den Empfang der Gäste ist Dario zuständig, während seine Frau Carla in der Küche zu finden ist. Man beginnt mit einem gemischten Antipasto, der Lardo, Salumi, Bocconcini di cecina fritta (Kichererbsenfladen) und gemischte Crostini umfasst. Sie können aber auch eine Auswahl an Lardo mit Feigenkonfitüre oder Mostarda (7 €) wählen. Stets unter den Primi vertreten sind **Taglierini con fagioli** und Tagliatelle alla pancetta (7 €) neben den hausgemachten **Tortelli**, die mit einer einfachen Tomatensauce (9 €) serviert werden. Ein typischer Secondo dieser Gegend ist **Ciccina del cavatore** (10 €), Schweinefleisch in Streifen, das einst zur Stärkung während der Arbeit im Steinbruch gegessen wurde und nun mit Patate lardellate (Speck-Bratkartoffeln) oder Bohnen serviert wird. In der Saison werden auch andere Speisen auf der Basis von **Cacciagione** (Wild) oder **Funghi** (Pilzen) angeboten. Unter den Desserts finden Sie Klassiker wie **Torta di riso carrarina** (5 €) und im Sommer Sorbets. Der Herbst lockt mit **Crespelle aus Esskastanienmehl mit Ricotta und Äpfeln**. Als Alternative zum offenen Hauswein bietet die Weinkarte ein gutes Sortiment an Etiketten vorwiegend toskanischer Herkunft, insbesondere aus Carrara.

CARRARA
Colonnata

05.09.'16

7 KM VOM ZENTRUM

Venanzio

Restaurant
Piazza Palestro, 3
Tel. (+39) 05 85 / 75 80 33,
(+39) 366 / 563 58 77
Ruhetag: Donnerstag, Sonntagabend (außer im August)
Ferien: 22. Dezember–15. Januar
45 Plätze + 20 Plätze im Freien
Preise: 35 €
Kreditkarten: AE, CS, DC, MC, Visa
Mittags und abends geöffnet

Colonnata besucht man, um Ravaneti (Restgestein aus den Steinbrüchen) aus der Nähe zu sehen und auch um Lardo (Speck) zu probieren, der in den Top-Versionen mindestens ein Jahr lang in 500 Kilogramm schweren Marmorwannen lagert. Wunderbaren Lardo bekommt man bei Venanzio auf dem mit Marmor gepflasterten Hauptplatz oder in einem der reizenden Gasträume, wo Roberto Ferluni Sie bei der Wahl von Speisen und Weinen berät. In der Küche garantiert die Erfahrung von Alessio Lucchetti und Anna hohe Qualität. Zum Auftakt wählt man den appetitlichen Antipasto della casa (12 €), der aus Tortino mit saisonalem Gemüse, Lardo, Verzette ripiene, Carne in salamoia, Flan di formaggi mit Fonduta und im Sommer Parmigiana di melanzane besteht, oder aber einfache warme **Crostini di lardo e acciughe** oder **Polenta lardellata mit Radicchio und Taleggio**. Die hausgemachten Primi werden häufig ganz frisch zubereitet: vorzügliche **Ravioli di carne ed erbette di montagna** mit Tomatensauce (10 €), **Lasagnette verdi mit wildem Borretsch in Wurstragout** oder in der Saison mit Pilzen (8 €), Tagliolini di farro mit Gemüse und Speckstreifen und **Pappardelle alla lepre**. Bei den Hauptspeisen dominiert Fleisch: Ein sicherer Tipp sind **Coniglio farcito al lardo mit Mandelsplittern und Gemüse**, Maialino in Brandy-Sauce mit süßsauer eingelegten Frühlingszwiebeln und **Faraona ripiena**. Dann folgen gute hausgemachte Desserts mit Zabaione al cioccolato und Torta di mele mit Calvados. Die gepflegte Weinkarte bevorzugt toskanische Weine, darunter auch ganz exquisite Tropfen.

Tagliolini al ragu
Crespelle alla verdure
vgl.w. teuer

■ In der Via della Fontana 52, gegenüber den Steinbrüchen, produziert und verkauft Renata Ricci Lardo, Vergazzata (in Marmorwannen gereifte Pancetta) und Crema di lardo.

CASCINA (PI)

6 KM SÜDÖSTLICH VON PISA, S.P. 2

Pasta e Vino

Restaurant
Via Vagelli, 22
Tel. (+39) 050 / 991 11 45
Ruhetag: Montag
Ferien: unterschiedlich
45 Plätze + 25 Plätze im Freien
Preise: 32–35 €
Kreditkarten: CS, DC, MC, Visa; BM
Mittags und abends geöffnet

Das Restaurant von Virgilio und Lucia wurde von San Giuliano Terme nach Cascina verlegt und hat nun seinen Sitz in einem schönen, aus dem Mittelalter stammenden und im 18. Jahrhundert umgebauten Gebäude gleich außerhalb des Zentrums, nicht weit vom Gemeindeamt und der Bibliothek entfernt. Die Karte präsentiert zahlreiche Produkte dieser Gegend, aber auch viele Slow-Food-Presidi aus ganz Italien, die im Tagliere di salumi e formaggi (16 €) wunderbar zusammengestellt sind. Der Chefkoch Virgilio bereitet Gerichte nach hiesiger Tradition und auch andere Kreationen nach maßvoll überarbeiteten Rezepten zu. Im Saal werden Sie das Vergnügen haben, von Lucia betreut zu werden. Unter den Primi sollten Sie jedenfalls **Raviolo aperto mit Fonduta von Pecorino, Miele di spiaggia** (ein Blütenhonig) **und Pinienkernen** (11 €) probieren, zu dem sich andere frische Teigwaren gesellen, darunter ***Pici* al pesto di cavolo nero** (mit Schwarzkohlpesto) oder die Version mit Colatura von Sardellen aus Cetara und Pinienkernen aus Pisa (12 €), Quadrucci, serviert mit saisonalem Gemüse und **Pappardelle al cinghiale** (mit Wildschweinsauce). Unter den Hauptspeisen der Festlandküche findet man **Bocconcini di filetto al Chianti** und Filetto di maiale al caffè, das bei niedriger Temperatur gegart wird (12 €). In der entsprechenden Jahreszeit bekommen Sie Gerichte mit weißem Trüffel aus San Miniato. Die Desserts sind alle hausgemacht (6 €). Das Lokal bietet eine gute Weinkarte, die Produkte aus dem Hügelland um Pisa berücksichtigt. Außerdem stehen Biere aus kleinen lokalen Brauereien zur Wahl.

■ Das Pastificio Infiniti Sapori (Via della Pace 18) stellt frische Teigwaren aus typischen lokalen Zutaten her.

CASTAGNETO CARDUCCI (LI)
Vallone dei Messi

68 km südlich von Livorno, S.S. 1 und S.P. 39

Magona

Moderne Osteria
Via Bolgherese, 199
Tel. (+39) 05 65 / 76 21 73
Ruhetag: Montag
Ferien: 20. Januar–Ende Februar
40 Plätze + 60 Plätze im Freien
Preise: 30–35 €
Kreditkarten: AE, CS, MC, Visa; BM
Mittags und abends geöffnet

Das Magona hat seinen Standort verändert, oder, besser gesagt, es hat sich verdoppelt: Auf der Piazza Ugo, innerhalb der Stadtmauern von Bolgheri, ist ein Lokal im Stil eines Bistrots geblieben, La Magoncina, das rasche, günstige Gerichte bietet, während die zweite „Seele", die zwar zwanglos und gastfreundlich ist, aber dennoch mehr von einem Restaurant hat, nun einige Kilometer entfernt an der Strada del Vino in einer prächtigen Villa mit 7.000 m² Park angesiedelt ist. Küche, Service und Preise sind gleich geblieben und garantieren ein erfreuliches Erlebnis. Die Ciccia, also Fleisch von renommierten Produzenten, bilden den Angelpunkt des gesamten Repertoires, aber, wenn sie den Anblick der monumentalen Rippenstücke ertragen können, die hier an den Tischen serviert werden (im Sommer in einer Laube zwischen den Bäumen), können auch Vegetarier geeignete Gerichte finden, zum Beispiel Fiori di zucca, gefüllt mit Ricotta, **Ribollita** oder Pappa al pomodoro (8 €) und **Ravioli cacio e pepe**. Ein guter Einstieg gelingt mit Kompositionen aus Salumi von Cinta-Senese-Schweinen und Wildschweinen oder Formaggi mit Konfitüren. Als Alternative bekommt man eine Degustation von Tartara, Arrosticini und Bocconcini (10 €). Neben Suppen umfassen die Primi verschiedene hausgemachte Eierteigwaren, darunter **Maltagliati,** serviert **mit Ragout vom Chianina-Rind** (8 €) oder Ravioli mit Ricotta und Kräutern. Der Hauptgang ist ein Triumphzug von Fleisch: **Bistecca**, Quaglia (Wachteln) oder **Piccione alla griglia** (Taube, 15 €) und **Cinghiale al rosso di Bolgheri**. In der entsprechenden Saison bekommen Sie **Funghi** und Tartufi. Die Desserts (5 €) werden mit hausgemachtem Eis kombiniert. In der guten Weinkarte überwiegen verständlicherweise die Etiketten dieses Landstrichs, von denen einige auch glasweise angeboten werden.

CASTEL DEL PIANO (GR)
Montenero

50 km nordöstlich von Grosseto

Antica Fattoria del Grottaione

Moderne Osteria • Via della Piazza, 1
Tel. (+39) 05 64 / 95 40 20,
(+39) 349 / 820 25 75
Ruhetag: Montag • Ferien: Januar/Februar
40 Plätze + 40 Plätze im Freien
Preise: 32–40 €
Kreditkarten: AE, CS, MC, Visa; BM
Mittags und abends geöffnet

Die Terrasse des Grottaione ist der richtige Ort, um die Landschaft des Orcia-Tals (Unesco-Weltkulturerbe) und delikate Gerichte zu genießen. Flavio Biserni und Renzo Galeazzo gelten als Pioniere der hiesigen Küche, nach Art der italienischen Comic-Helden Tex Willer und Kit Carson. Beim ersten Besuch kommt man als Gast, dann kehrt man als Freund wieder. An den Tischen schlagen Flavio und Amanda Centurelli Gerichte nach lokaler Tradition vor, der venezianische Einschlag ist auf Renzos Wurzeln zurückzuführen. Es dominieren lokale Spitzenprodukte: Fleisch von Maremmana-Rindern (Slow-Food-Presidio), natives Olivenöl extra, Esskastanien vom Monte Amiata, Salumi von Cinta-Schweinen und exzellente **Formaggi** ergänzt durch eigenes Gemüse. Der überragende Antipasto toscano della Fattoria (12 €), fast eine ganze Mahlzeit, wird je nach Saison und Fantasie aus pikanten Torten, Spargel mit Ei, toskanischen Crostini, Salumi von Cinta-Schweinen und lokalen Pecorini komponiert. Fleisch von Maremmana-Rindern, fein gehackt (13 €), erinnert an alte Zeiten. Die Primi umfassen eine einfache **Zuppa arcidossina** (10 €) mit Blattspinat und Ricotta und ***Pici* alle briciole**. Als Secondi werden **Peposo di maremmana** und **Brasato di cinghiale al Vermentino** (12 €) angeboten. Zum Abschluss einfache, tadellose Desserts wie Zuppa inglese oder Crema di ricotta mit Vecchiarelle (gekochte getrocknete Esskastanien, 6 €). Zwei Degustationsmenüs für 30 und 40 € inklusive Wein. Der gut bestückte Weinkeller bevorzugt die besten Etiketten aus der Maremma und aus Montalcino neben vorzüglichen Hausweinen.

»

Ein gastfreundliches Lokal, hochwertige Produkte mit kurzen Lieferwegen, Saisontreue und Tradition: für viele die Lieblings-Osteria.

«

CASTELNUOVO DI GARFAGNANA (LU)

im Vorbeifahren gesehen!

49 KM NORDWESTLICH VON LUCCA, S.R. 445

Il Vecchio Mulino

Traditionelle Osteria
Via Vittorio Emanuele, 12
Tel. (+39) 05 83 / 621 92,
(+39) 347 / 366 45 66
Ruhetag: Montag
Ferien: Oktober/November
30 Plätze
Preise: 15–25 €
Kreditkarten: CS, MC, Visa; BM
Geöffnet 11–20 Uhr

Dieses Lokal innerhalb der Stadtmauern von Castelnuovo ist kein Restaurant und keine Trattoria und hat auch keine Ambitionen, eine solche zu sein. Hier bekommen Sie neben wenigen gekochten Gerichten fast ausschließlich kalte Spezialitäten, in denen sich die gastronomischen und kulturellen Besonderheiten der Garfagna jedoch besser widerspiegeln als in den meisten anderen Lokalen. Dies ist Andrea Bertucci zu verdanken, dem Inbegriff eines Gastwirts: monumental, gemütlich und umgänglich. Andrea, ein profunder Kenner dieses Landstrichs, widmet sich mit großer Leidenschaft der Suche nach allem, was den Gaumen der Gäste erfreuen kann: Seit Jahrzehnten spürt er kleine, unbekannte Betriebe auf, sucht nach deren historischen Wurzeln und präsentiert sie auf bestmögliche Weise. Das Ambiente ist das einer Osteria par excellence: ein alter Laden mit Tresen für den Ausschank und großen Tischen mit Bänken, auf denen sich Einheimische und Touristen begegnen, die alle von Andreas Umtriebigkeit und Eloquenz fasziniert sind. Die Regale an den Wänden sind mit zahlreichen guten Tropfen bestückt. Fast den ganzen Tag über bekommen Sie hier alles, was man für einen üppigen Imbiss benötigt (Degustationsmenü für 20 €): **Salumi** (Auswahl für 8 €), darunter Prosciutto bazzone und Biroldo, beides Slow-Food-Presidi, Mondiola und Lardo aus Colonnata, **Carpaccio di manzo di pozza**, Filetti di trota affumicata, **Insalata di farro**, außergewöhnliche **Formaggi**, die der Wirt selbst zur Reifung bringt, und **pikante Torten** (5 €). Dazu werden Pane di patate, Marocca aus Casola und Crostini di polenta aus Ottofile-Mais serviert. Exzellent ist auch das Repertoire an Desserts (Torten mit Äpfeln, Ricotta, Feigen und Nüssen). Unter den Weinen entdecken Sie auch Raritäten und Birre di farro (Dinkelbier) aus der Garfagnana.

CASTIGLIONE D'ORCIA (SI)
Vivo d'Orcia

62 KM SÜDÖSTLICH VON SIENA

La Taverna del Pian delle Mura

Restaurant • Via delle Casine, 12
Tel. (+39) 05 77 / 87 40 09,
(+39) 330 / 28 92 97
Ruhetag: Montag • Ferien: unterschiedlich
36 Plätze + 14 Plätze im Freien
Preise: 33–39 € • Kreditkarten: AE, CS, DC, MC, Visa; BM • Abends geöffnet, Samstag, Sonntag und Feiertage auch mittags

Der Ortsteil Vivo d'Orcia am nördlichen Ausläufer des Monte Amiata entstand aus einer Siedlung von Benediktinermönchen, von der noch heute Spuren erkennbar sind. Im Erdgeschoss eines Gebäudes am Ortsrand eröffneten vor etwa zehn Jahren zwei fleißige, von ihrer Begeisterung für die Gastronomie beflügelte Frauen dieses charakteristische Restaurant. Luisa steht am Herd, Nadia kümmert sich gemeinsam mit Umberto um die Gäste. Die Küche ist einfach und basiert auf hochwertigen lokalen Produkten aus Bio-Anbau, wobei auch die profunden Kenntnisse über Wildkräuter, Pilze und andere Schätze der Natur genutzt werden. Man beginnt mit klassischen Salumi (12 €), Lombetto di maiale oder dem üppigen Tagliere di formaggi mit Schaf- und Ziegenkäse, serviert mit Fruchtkompott. Die Primi aus hausgemachten Teigwaren umfassen Tagliolini oder **Strozzapreti al sugo bugiardo di castagne** oder die Version mit Salsiccia di cinta senese (13 €), ***Pici* all'aglione** und Tortelloni di ricotta. Die Secondi sind typisch und traditionell: **Agnellone amiatino arrosto**, Coscio di cinta senese mit Äpfeln, Faraona mit Vin Santo aus Montepulciano, **Fegatelli di cinta** und **Trippa** (11 €). Als Beilagen gibt es Fagioli del purgatorio oder Bastardoni dell'Antea (Bohnenarten), Sformati di verdura, Bratkartoffeln und saisonales Pfannengemüse. Zum Ausklang empfehlen wir **Caffè in forchetta** mit Zabaione, Tortino di mele mit warmer Creme, Biscotti dei poveri mit Vin Santo und Crema al limone (4 €). Im Keller lagert ein kleines, aber feines Sortiment an lokalen Weinen.

»*Luisa, Nadia und Umberto, exzellente Interpreten der gastronomischen Traditionen dieses Gebiets, verbinden profunde Sachkenntnis mit Leidenschaft und bieten ebenso hochwertige wie schmackhafte Gerichte.*«

46 KM SÜDWESTLICH VON FLORENZ, S.P. 125

La Saletta

Osteria
Via Roma, 4
Tel. (+39) 05 71 / 66 81 88
Ruhetag: Dienstag
Ferien: Weihnachten
20 Plätze + 15 Plätze im Freien
Preise: 33–35 €
Kreditkarten: AE, CS, MC, Visa; BM
Mittags und abends geöffnet

Das kleine, sehr gepflegte Lokal mit zahlreichen Einrichtungsgegenständen, die dem Jugendstil nachempfunden sind, hat seinen Sitz in einer der Hauptstraßen im Zentrum von Certaldo. Neben dem Tresen im Eingangsbereich steht das Ozongerät für den Wein, das den glasweisen Ausschank begünstigt, der als Alternative zur klug strukturierten und gut bestückten Weinkarte angeboten wird. Der aufmerksame, höfliche Inhaber gibt gerne Erklärungen zur Karte ab. Die Antipasti präsentieren sich mit echten Klassikern: Crostini mit Speck aus Colonnata, Pecorino und Mostarde, toskanische Salumi mit in Öl eingelegtem Gemüse und Pecorino. Das Kapitel der Primi hält ***Gnudi* senesi di spinaci in Nuss-Ricotta-Sauce** (10 €), Riso mantecato, mit Pecorino aus Pienza und Pfeffer verkocht (10 €), und eine Tagessuppe (häufig **Zuppa di cipolle** mit Zwiebeln aus Certaldo) für Sie bereit. Das Filetto al Brunello di Montalcino ist wirklich vorzüglich, aber auch **Tonno del Chianti** (18 €) können wir sehr empfehlen. Für Freunde von Fischgerichten schlägt die Osteria **Baccalà al vapore mit Kartoffeln** vor. Natürlich passt sich die Karte dem Lauf der Jahreszeiten an: Im Herbst können Sie Funghi und Tartufi antreffen, im Sommer Panzanella und Cacciucco mit Kichererbsen und Sardellen. Besonderes Lob gebührt den wirklich überragenden Desserts. Das La Saletta hält sich dabei an die familieneigene Konditorei Dolci Follie: Allein für den Genuss des frischen Mürbegebäcks lohnt sich ein Besuch in diesem Lokal.

77 KM SÜDÖSTL. V. SIENA, AUSFAHRT A 1 OD. S.S. 326

Il Grillo è Buoncantore

Restaurant-Pizzeria
Piazza XX Settembre, 10
Tel. (+39) 05 78 / 201 12,
(+39) 335 / 871 62 38
Ruhetag: Montag
Ferien: 10 Tage im November
60 Plätze + 20 Plätze im Freien
Preise: 35–38 €
Kreditkarten: AE, CS, DC, MC, Visa; BM
Mittags und abends geöffnet

Wenn Sie glauben, dass gute Küche nur aus hochwertigen saisonalen Zutaten entsteht, wenn Sie gerne typische Speisen und Traditionen eines Ortes kennenlernen, aber auch einer gesunden Kreativität nicht abgeneigt sind und eine aufmerksame, kompetente Gastlichkeit ohne Firlefanz schätzen, dann ist die Küche von Tiziana im historischen Zentrum von Chiusi goldrichtig für Sie. Ein eigenes Kapitel ist dem Fleisch vom Chianina-Rind (mit ausgestelltem IGP-Zertifikat) und den traditionellen Speisen gewidmet, für die Tiziana saisontreue lokaleZutaten und Slow-Food-Presidi verarbeitet, ergänzt durch ein nicht zu unterschätzendes Pizzeria-Kapitel. Schmackhafte Antipasti, darunter **Sformatino di cipolla di Certaldo, mit Fontina gratiniert, auf Kichererbsenpüree** (9 €) und Ventaglio di guanciola in grüner Sauce mit Kapern aus Salina. Dann bekommen Sie ***Pici* all'aglione** oder **mit Ragout von Chianina-Rind in bianco** (9 €), Gnocchi, ungewöhnlich gefüllt mit Feigen aus Carmignano, und Crespelle di castagne. Die Secondi bestechen mit einem überragenden **Coniglio ripieno** sowie **Bistecca** und **Peposo** (Ragout) mit Zwiebeln aus Certaldo (12 €), zubereitet aus Chianina-Rindfleisch und serviert mit Fagiolina, einer Bohnenart vom Lago Trasimeno. Große Auswahl an Dolci, darunter cremiger Tortino al cioccolato e peperoncino (5 €) und exquisite hausgemachte Cantuccini. Eine Weinkarte von Niveau mit großer Auswahl an lokalen Weinen und Top-Etiketten aus dem In- und Ausland sowie gut gewähltem glasweisem Ausschank.

Ein herzlicher, freudiger Empfang, Augenmerk auf die Entdeckung und Wertschätzung lokaler Produkte der Jahreszeit, kluger Einsatz exzellenter Produkte: Hier kann man es sich wirklich gutgehen lassen.

CHIUSI (SI)

77 KM SÜDÖSTL. V. SIENA, AUSFAHRT A1 OD. S.P. 326

La Solita Zuppa

Osteria-Trattoria
Via Porsenna, 21
Tel. (+39) 05 78 / 210 06,
(+39) 349 / 817 32 86
Ruhetag: Dienstag
Ferien: Januar/Februar
45 Plätze
Preise: 30 €
Kreditkarten: AE, CS, DC, MC, Visa; BM
Mittags und abends geöffnet

Lassen Sie sich vom Namen des Lokals („Die übliche Suppe") nicht auf eine falsche Fährte locken: Hier isst man nicht die üblichen Dinge. Ganz im Gegenteil: Das Vergnügen wurzelt in der Entdeckung der Existenz vieler Suppen, die jeweils der Saison entsprechen. Der Speisesaal mit Segelgewölbe ist hübsch eingerichtet. Die Gäste werden hier sehr aufmerksam betreut, Höflichkeit und ein Lächeln gesellen sich zur Kompetenz bei der Zubereitung der Gerichte, die dem Wandel der Jahreszeiten entsprechend variieren. Fast alle Zutaten stammen aus der Umgebung und werden bei lokalen Produzenten gekauft. Originell und schmackhaft sind die Antipasti (7 €), die mit einem Glas Wein serviert werden: Lingua salmistrata, **Lampredotto in salsa verde** und **Coratella d'agnello**. Zahlreiche gehaltvolle, gut gewürzte Suppen (9 €), wie etwa die **Carabaccia**, die stets unter Einsatz von saisonalem Gemüse zubereitet werden. Die Primi bieten Pasta asciutta (11 €), darunter ***Pici*** (Pasta aus Wasser und Mehl), die in der Küche aus einem in einer handwerklich betriebenen Mühle hergestellten Mehl zubereitet werden, serviert **mit** dem klassischen **Aglione** oder **mit Sugo di anatra** (Entensauce). Die Secondi (11 €) nützen das reichhaltige Angebot an unterschiedlichem Fleisch und bieten ein im Holzofen perfekt gebratenes Roastbeef, **Guancia alle spezie** und Faraona (Perlhuhn) mit Birnen und Orangen. Das Sortiment an Käse umfasst Produkte, die nicht nur aus der Toskana kommen, und wird mit einem edelreifen Wein aufgetischt. Zu den Desserts (7 €) wird ein Glas Wein kombiniert, Kaffee wird mit einem kleinen Dessert serviert. Der Hauswein ist ein Rosso di Montalcino, es gibt aber auch eine Weinkarte, die fest in der Produktion dieses Landstrichs und jedenfalls in der Toskana wurzelt, wobei auch wirkliche Top-Weine vertreten sind.

CIVITELLA PAGANICO (GR)
Civitella Marittima

35 KM NORDÖSTLICH VON GROSSETO, S.S. 223

Locanda nel Cassero

Trattoria • Via del Cassero, 29–31
Tel. (+39) 05 64 / 90 06 80,
(+39) 338 / 303 00 33
Ruhetag: Dienstag, im Frühling und Herbst auch Donnerstagmittag
Ferien: je 2 Wochen im Februar/März und November/Dezember
55 Plätze + 25 Plätze im Freien
Preise: 32 € • Kreditkarten: AE, CS, DC, MC, Visa; BM • Mittags und abends geöffnet

In einem Trakt der Burg von Civitella Marittima ist die Locanda des Chefkochs Alessandro Prosperi untergebracht. Das Gebäude wurde 1999 renoviert und verfügt nun in den oberen Stockwerken über fünf Gästezimmer. Das Lokal im Erdgeschoss, in den Räumen einer ehemaligen Ölmühle, ist im Stil der Arte Povera eingerichtet. Der Chef bietet überarbeitete Rezepte der typisch toskanischen Küche und legt großen Wert auf die Saisontreue der Produkte und auf kurze Lieferwege, wobei dem Fleisch von Rindern der Rasse Maremmana (Slow-Food-Presidio) eine Hauptrolle zukommt. Zum Einstieg gibt es neben dem klassischen Antipasto mit Salumi und Crostini den Rivolto del Cassero (eine Crêpe, gefüllt mit Pancetta und Pecorino). Bei unserem letzten Besuch bekamen wir auch Sformatino di zucca gialla (Auflauf mit gelbem Kürbis) mit Crostini di pane fritto (6,50 €) und gebratenen Radicchio trevisano tardivo mit Cialda di grana und Aceto balsamico. Zu den Primi zählt, abgesehen von den Suppen, auch frische, hausgemachte Pasta: ***Pici* al ragù bianco di cinta senese mit Brokkoli** (11 €), mit Parmesan gratinierte Lasagnette und **Ravioli farciti di anatra brasata** (gefüllt mit geschmorter Ente) mit Ceci saltati al burro e rosmarino (Kichererbsen in Butter). Unter den Secondi, die alle mit Beilage serviert werden, findet man Petto oder **Coscia di faraona arrosto, gefüllt mit Radicchio** und **Brasato di maremmana al Montecucco** (15 €) neben der typischen Costata di vitellone alla griglia. Nach Häppchen von lokalen Formaggi aus Schaf- und Kuhmilch folgen die Desserts, die Millefoglie mit Creme von weißer Schokolade und Erdbeeren in Cointreau, Crema mascarpone e cioccolato (6 €) und Tortino d'arancia semicandita mit geeister Sahne umfassen. Die reichhaltige Weinkarte listet vorwiegend renommierte Etiketten aus der Toskana auf.

30 KM NORDWESTLICH VON SIENA, S.R. 2 UND S.S. 68

Sbarbacipolla Biosteria

Moderne Osteria
Piazza Bartolomeo Scala, 11
Tel. (+39) 05 77 / 92 67 01,
(+39) 339 / 703 03 31
Ruhetag: Montag, Dienstag
Ferien: 2 Wochen im August, zeitweise im Winter • 30 Plätze + 15 Plätze im Freien
Preise: 30–32 €
Kreditkarten: CS, DC, MC, Visa; BM
Abends geöffnet, Sonntag auch mittags

Wenn Sie ein Gebiet durch seine Meisterköche kennenlernen wollen, dann sind Sie hier richtig. Nicola und Chiara haben es sich zur Aufgabe gemacht, die Produzenten der Umgebung zu erfassen, vorzugsweise Betriebe, die nach biologischen und biodynamischen Methoden arbeiten. Sämtliche verwendeten Zutaten stammen von einem Netz von Lieferanten – oft kleinen Familienbetrieben –, mit denen ein direkter Kontakt besteht. Bei den Gerichten spielt Gemüse eine große Rolle, als Tribut an eine roh-vegane Küche, die Nicola gerne als „bio-evolutiv" definiert. Er ist ein wahrer Vulkan an Ideen und Projekten, die zu stetigen Neuerungen in der Karte führen (interessant ist sein Bemühen um Feldkräuter). Zu Beginn gibt es den Sbarbantipasto (10 €), bei dem Sie alle Antipasti des Tages probieren können. Die Pasta wird aus Mehl alter Getreidesorten zubereitet: ***Pici* mit Artischocken, getrockneten Tomaten und Kürbisblüten**, ***Gnudi* di ricotta mit Mangold**. Als Alternative können Sie **Acquacotta** aus Feldkräutern, Gemüse und Roveja vom Slow-Food-Presidio (10 €) wählen. Unter den Secondi sind abgesehen von vegetarischen Gerichten fast immer auch **Fegatelli di cinta senese con cavolata** (13 €) vertreten. Lassen Sie noch ein wenig Platz für das niveauvolle Sortiment an **Formaggi** (12 €). Zum Abschluss gibt es neben Dolci della casa einen interessanten Tagliere di cioccolato crudista (vegane Schokolade), dazu eine außergewöhnliche Auswahl an Dessertweinen und Likören von kleinen Betrieben. Auch die in der Karte angeführten Weine und Biere passen zur Ausrichtung des Lokals.

Der Laden Il Cipollino hinter der Biosteria verkauft einige der Produkte, die Nicola verwendet, und Weine aus biodynamischem und natürlichem Anbau.

28 KM SÜDÖSTLICH VON AREZZO, S.S. 71

Osteria del Teatro

Restaurant
Via Maffei, 2
Tel. (+39) 05 75 / 63 05 56
Ruhetag: Mittwoch
Ferien: 2 Wochen im November
70 Plätze + 16 Plätze im Freien
Preise: 30–35 €
Kreditkarten: AE, CS, DC, MC, Visa; BM
Mittags und abends geöffnet

In einem Gässchen nahe dem Teatro Signorelli führt ein kurzer Treppenabsatz zu diesem Restaurant. Im Inneren dienen Möbel nach altem Stil und Hunderte von Schwarz-Weiß-Fotos als Blickfang. Die Gerichte, die von Emiliano Rossi zubereitet und von seiner Frau Ylenia serviert werden, halten sich an die Tradition dieses Landstrichs und rücken lokale, saisontreue Produkte in den Fokus. Ein ungewöhnlicher Auftakt ist die Dreierkombination von toskanischen Suppen (8,50 €), aber Sie können auch mit Tortino di verdure mit Burrata und Chianina beginnen. Unter den Primi erwarten Sie **Tagliolini al ragù d'anatra e finocchietto**, **Tortelloni verdi di ricotta e spinaci** in einer Sauce mit schwarzem Trüffel und Medaglioni di patate rosse di Cetica mit Fleisch vom Cinta-Schwein und Steinpilzen (9,50 €). Für den nächsten Gang empfehlen wir **Guancia di maiale brado, mit Schalotten geschmort**, Tagliata di chianina mit Sauce von Sardellen und Kirschtomaten, Petto d'anatra all'etrusca oder **Carré d'agnello in crosta**. Die Nachspeise wählt man aus Vorschlägen wie Panna cotta, Millefoglie (5,50 €) und im Winter einem Sortiment an Schokoladen, die Emiliano herstellt. Die Weinkarte präsentiert Hunderte von Etiketten aus fast allen italienischen Regionen. Eine Erwähnung verdient die kleine, vom gleichen Besitzer geführte Fiaschetteria gegenüber der Osteria: Hier gibt es Salumi, Formaggi, Panini und warme Speisen nach toskanischer Tradition zu äußerst interessanten Preisen, ohne auf die Qualität von Emilianos Küche zu verzichten.

»*Einfache, aber qualitativ hochwertige Zutaten, die sorgfältig ausgewählt und mit Leidenschaft und Geschick verarbeitet werden: eines der Paradebeispiele von Bindung einer Küche an die Umgebung.*«

28 KM SÜDÖSTLICH VON AREZZO, S.S. 71

Taverna Pane e Vino

Restaurant-Enoteca
Piazza Signorelli, 27
Tel. (+39) 05 75 / 63 10 10,
(+39) 347 / 349 35 83
Ruhetag: Montag
Ferien: 16.–30. Juni
55 Plätze + 55 Plätze im Freien
Preise: 30 €
Kreditkarten: CS, MC, Visa; BM
Mittags und abends geöffnet

In Cortona, einem zauberhaften Städtchen, das wie von einer Terrasse aus das Chiana-Tal dominiert, trifft man auf die Osteria von Arnaldo Rossi und seiner Frau Debora, die am Herd vom Schwager Oliviero unterstützt werden. Das 1997 eröffnete Lokal hat seinen Sitz in den prächtigen Kellerräumen eines Palazzos aus dem 14. Jahrhundert. Die Wirtsleute empfangen Sie herzlich und erläutern die Karte mit typischen Gerichten dieses Landstrichs, die eng mit der Tradition verbunden sind. Besonderes Augenmerk wird auf die Auswahl der Grundzutaten gelegt, die von guter Qualität sind und häufig dem Null-Kilometer-Prinzip entsprechen. Für den Einstieg können Sie verschiedene Arten von Bruschette, ein reich bestücktes Sortiment an **Formaggi** und Salumi, serviert als Tagliere del fattore oder Piatto del gran pastore (Rohmilch-Schafkäse mit Birnen, 7,50 €), oder eine Auswahl an Prosciutti aus Italien, darunter der Grigio aus dem Casentino mit süßsauer eingelegtem Gemüse, wählen. Was die Primi betrifft, bekommen Sie neben den klassischen Suppen wie **Ribollita** oder **Zuppa di farro e ceci** auch ***Pici* alle molliche**, Tirabaci al pesto di cavolo nero (mit Schwarzkohlpesto und Speck aus Colonnata (8,50 €) und **Tagliolini al ragù bianco d'agnello e carciofi** (in der Saison). Für den Hauptgang stehen Bocconcini di chianina al Syrah di Cortona, **Piccione intero al forno mit Gemüse** (eine ganze Taube, 13 €) und **Spiedino di maiale grigio del Casentino mit Wildäpfeln** auf der Karte. Stets vertreten sind auch einige Fischgerichte, darunter **Baccalà mit Lauch und Kartoffeln** (9 €). Das Kapitel der Dolci lockt mit Cantucci und Dessertwein, Gelato di frutta aus eigener Herstellung oder Lingotto di cioccolato. Der Keller ist gut bestückt und umfasst unter anderem zahlreiche Etiketten dieses Landstrichs.

40 KM NORDWESTLICH VON PISTOIA

Nonno Cianco

Restaurant
Viale Europa, 23
Tel. (+39) 05 73 / 680 41
Ruhetag: Donnerstag
Ferien: 7.–17. Januar, letzte Juniwoche
60 Plätze + 40 Plätze im Freien
Preise: 28–32 €
Kreditkarten: CS, DC, MC, Visa; BM
Mittags und abends geöffnet

In der Ortschaft Cutigliano erwartet Sie das Restaurant Nonno Cianco, das seinen Sitz im Erdgeschoss der Station der Seilbahn hat, die zu den Skipisten der Doganaccia hinaufführt. Das Flair eines Familienbetriebs macht es leicht, einen positiven Zugang zu den Gerichten zu bekommen, die von Andrea Alisi und seiner Mutter Graziella Destefani meisterhaft zubereitet und von Andreas Frau Tatiana mit Kompetenz und Leidenschaft im Speisesaal präsentiert werden. Ein guter Beginn gelingt mit dem Antipasto del Cianco (9 €), der aus vier in ovalen Terrinen servierten Kostproben besteht (in unserem Fall waren das Rocchi di salsiccia mit getrockneten Esskastanien in Öl, Insalatina di farro mit frischem Gemüse, **warmer Castagnaccio mit Pancetta** und Caponata di melanzane). Als Primo bekommen Sie Gonfiate di patate del Melo al gorgonzola (Klößchen aus Kartoffeln aus Melo mit Gorgonzola, 8 €), Tagliolini ai funghi und **Maccheroni pistoiesi al sugo chiaro di anatra** (mit Entensauce, 8 €). Im Kapitel der Secondi dominiert Carne grigliata (Fleisch vom Grill): Unter den Vorschlägen finden Sie Tagliata di manzo, die entweder pur oder mit einem Steinpilz-Hut serviert wird (in diesem Fall nennt sich das Gericht Controfiletto Doganaccia) beziehungsweise im Sommer mit dünn geschnittenen rohen Zucchini. Die Küche bietet des Weiteren **Trippa**, sehr schmackhaftes **Peposo** und **Cinghiale in umido mit Polenta** (12 €). Seine Fähigkeiten als ehemaliger Konditor setzt Andrea bei der Zubereitung exquisiter Desserts ein, unter denen im Sommer Crema di ravaggiolo, serviert in einem Glas mit frischen Himbeeren und Himbeerpüree, und im Herbst und im Winter Mousse di castagne mit Sauce von Lotus hervorstechen. Das Angebot der Weinkarte ist auf das Wesentliche beschränkt, aber der offene Hauswein ist hervorragend.

40 KM NORDWESTLICH VON PISTOIA

Osteria di Cutigliano

NEU

Osteria-Trattoria
Via Roma, 6
Tel. (+39) 05 73 / 686 38
Ruhetag: Montag
Ferien: unterschiedlich
30 Plätze + 20 Plätze im Freien
Preise: 25–28 €
Kreditkarten: CS, MC, Visa; BM
Mittags und abends geöffnet

Seit Mai 2012 steht diese historische Osteria mit Sitz im mittelalterlichen Städtchen Cutigliano unter der Leitung zweier junger engagierter Gastronomen. Luca achtet in der Küche mit großer Sorgfalt auf die Wahl der Zutaten und bevorzugt saisonale Produkte aus der Umgebung. Francesca erläutert im Saal das Speisenangebot, beschreibt die Ingredienzien und deren Herkunft. Die Küche entspricht den Traditionen der Toskana mit allen Spielarten, die auf die typischen Produkte des Berglands um Pistoia zurückzuführen sind, wie zum Beispiel **Funghi porcini** (Steinpilze), die fast immer auf der Karte vertreten sind, und zwar frisch in der entsprechenden Saison und auf unterschiedliche Weise konserviert das restliche Jahr über. Unter den Antipasti entdeckt man Tagliere di salumi e formaggi mit lokalen Wurst- und Käsespezialitäten, darunter Rohmilch-Pecorino aus den Bergen um Pistoia, ein Slow-Food-Presidio (9 €), Sformatino di funghi auf Parmesancreme und Crostone con fagiolo rosso di Lucca (mit roten Bohnen aus Lucca, ebenfalls ein Presidio) und Zwiebel (7 €). Dann folgen hausgemachte Teigwaren: exzellente **Maltagliati con sugo di selvaggina** (8 €), Gnocchi di patate del Melo mit Trüffeln, Ravioli ripieni di pecorino in Sauce aus frischen Tomaten und Basilikum. Als Secondo bekommen Sie **Cioncia** (Kalbsmaul), **Picchiante** (Ragout von Kalbslunge) oder Wild, darunter Cervo (Hirsch) al cioccolato und **Bistecchine di cervo mit Wacholder**. Eine Erwähnung verdient Salmerino di Corno alle Scale (Saibling, ein Slow-Food-Presidio) al cartoccio mit Steinpilzen (13 €). Sehr gepflegte Beilagen. Auch die Desserts, von den Cantucci mit Vin Santo bis zu den Obsttorten und Tortino mit weichem Schokoladekern, sind alle aus eigener Produktion. In Ergänzung zur bescheidenen Weinkarte wird ein guter offener Hauswein kredenzt.

41 KM NORDWESTLICH VON PISTOIA

Silvio La Storia a Tavola

Restaurant
Via Brennero, 181–183
Tel. (+39) 05 73 / 62 92 04
Ruhetag: Dienstag
Ferien: je 2 Wochen im Mai und Oktober
40 Plätze • Preise: 25–30 €
Kreditkarten: AE, CS, DC, MC, Visa; BM
Mittags und abends geöffnet

Pianosinatico liegt auf halbem Weg zwischen Cutigliano und dem Abetone: wenige Häuser, einige Läden, eine Quelle mit frischem Bergwasser und gegenüber dieses Restaurant. In einem gemütlichen Ambiente begleiten Sie Lidia Gaggini und Andrea Vannucci bei der Wahl der Gerichte und Weine. Das interessante Degustationsmenü bietet einen Streifzug durch die Küche von Silvio Zanni im Zeichen lokaler Traditionen. Sie finden einige Slow-Food-Presidi vor, wunderbares Fleisch und Kartoffeln aus Melo (einem Ort in der Nähe). In der entsprechenden Saison brillieren Gerichte mit **Pilzen**, und zwar Porcini (Steinpilzen) oder Dormienti (Schneepilzen). Unter den Antipasti verdienen Noce di manzo mit Öl und Aceto balsamico (6,50 €) und Lonza di maiale in carpaccio Beachtung. Dann folgen **Tortelloni mit Mangold und Schafricotta aus den Bergen**, **Zuppa di funghi** und **Vellutata di ceci e patate mit Pilzen** (7 €). Der Hauptgang lockt mit Filetto oder Tagliata mit Pilzen (12 €) oder mit Kräutern und **Pancetta di vitello arrosto**. Als Beilage bekommen Sie Cappella di porcino alla griglia (gegrillte Steinpilzhüte, 8 €), Porcini trifolati, Fagioli aus Sorana und saisonales Gemüse. Den Reigen beenden Lidias Desserts: Strudel, Cremetorten, Castagnaccio oder Castagne al cioccolato mit Sahne. Falls verfügbar, empfehlen wir Zuppa di ciliegie (4 €). Die exzellente Weinkarte bietet eine gute Auswahl an toskanischen Weinen zu korrekten Preisen und einen Querschnitt der Spitzenprodukte aus ganz Italien neben einem guten offenen Hauswein.

Die Latteria von Tiziana Pagliai in **Cutigliano** (6 km), Via Pacioni 17, verkauft Käse der Produzenten dieser Gegend, darunter Rohmilch-Pecorino aus den Bergen um Pistoia (Slow-Food-Presidio).

FIESOLE (FI)
Pian di San Bartolo

5 KM NORDÖSTLICH VON FLORENZ

Tremoto

Trattoria
Via Bolognese, 16
Tel. (+39) 055 / 40 14 25
Ruhetag: Mittwoch
Ferien: August
50 Plätze
Preise: 24–27 €
Kreditkarten: AE, CS, DC, MC, Visa; BM
Mittags geöffnet

Das Tremoto bestätigt seine Definition als traditionelles Lokal mit soliden Wurzeln in diesem Landstrich. Die Salumeria (der Feinkostladen) und die Trattoria verschmelzen zu einer Einheit und empfangen die Bäuerin, die hier ihren Einkauf tätigt, ebenso wie den Arbeiter der Baustelle aus der Nachbarschaft: Beide kommen wegen des Essens. Piano di San Bartolo, der Ortsteil, auf dessen Territorium der riesige historische Friedhof von Trespiano liegt, bildet die Kulisse dieser kleinen Trattoria, die an der Via Bolognese liegt, jener Straße, die Florenz mit Bologna verbindet. Die beiden Säle mit heller Holzverschalung werden durch die mit rot-weiß karierten Tischtüchern gedeckten Tische belebt, die dem Lokal seinen unverwechselbaren Charakter verleihen: eine einfache Trattoria mit angeschlossenem Laden vor den Toren von Florenz. Es gibt keine große Auswahl, aber die Gerichte sind schmackhaft und stehen ganz im Zeichen der hiesigen Tradition. Die Crostini di fegatini (3 €) des Antipasto in der Version des Tremoto (8,50 €) werden mit Wurstspezialitäten aus der Toskana kombiniert. Unter den feinen Primi finden Sie delikate **Pasta e fagioli** und **Tortelli al ragù** (8 €). Im Reigen der Secondi können Sie **Trippa al sugo**, **Pollo fritto** und **Fegato alla salvia** (10 €) entdecken. Bei den Beilagen verdienen die von Hand geschnittenen Patate fritte eine Erwähnung. Der Hauswein ist ein ordentlicher Chianti aus den Hügeln um Florenz, es gibt aber auch einige Etiketten aus lokalen Kellereien, die in der Vitrine am Eingang zur Schau gestellt werden.

FIESOLE (FI)
Montebeni

10 KM NORDÖSTLICH VON FLORENZ

Tullio

Trattoria

NEU

Via di Ontignano, 48
Tel. (+39) 055 / 69 77 99,
(+39) 055 / 69 73 54
Ruhetag: Montag
Ferien: je 1 Woche im Februar und August
90 Plätze + 25 Plätze im Freien
Preise: 28–30 €
Kreditkarten: CS, MC, Visa; BM
Mittags und abends geöffnet

Um nachvollziehen zu können, wie sich ein Obst- und Gemüseladen zu einem beliebten Restaurant entwickeln kann, muss man nach Montebeni (wenige Kilometer hinter dem berühmteren Ortsteil Settignano) in die Trattoria Tullio fahren und sich die Geschichte vom derzeitigen Betreiber Paolo Bacciotti erzählen lassen. Alles begann Mitte der 1950er-Jahre, als die – zur damaligen Zeit zahlreichen – Jäger begannen, hier im Laden einzukehren und sich zu stärken. Vom einfachen Panino ging man bald zu dem einen oder anderen warmen Gericht über: So entstand das Restaurant. Es erfreut sich nach wie vor regen Zuspruchs seitens der Florentiner, man kann aber auch bekannte Persönlichkeiten aus Kultur, Sport oder Politik antreffen, die hier eine der besten Bistecche in ganz Florenz oder das fabelhafte Fritto di pollo genießen wollen. Die Karte ist sehr einfach und umfasst Gerichte, die ganz nach Tradition und wie zu Großmutters Zeiten zubereitet werden, was sich schon bei den Antipasti mit Crostini di fegatini oder dem Pecorino fritto widerspiegelt. **Ribollita**, Zuppa di farro, **Tortelli alla mugellana** sind einige der Primi (8 €). Fortsetzung folgt mit der bereits erwähnten **Bistecca**, Tagliata con i porcini (mit Steinpilzen, in der entsprechenden Saison), **Peposo** (10 €) oder einer einfachen Frittata alla Tullio (8 €). Was Sie nicht verpassen sollten, sind der **Fritto alla fiorentina** und **Pollo alla brace** (10 €). Die Desserts des Hauses variieren je nach Saison, das native Olivenöl extra auf den Tischen und die Weine (rot und weiß) stammen aus eigener Produktion. Kurz und gut: Diese Trattoria ist ein Ort, den man gezielt aufsuchen muss, denn man gelangt kaum durch Zufall hierher. Hat man ihn jedoch einmal gefunden, vergisst man ihn nicht wieder.

5 KM NORDÖSTLICH VON FLORENZ

Vinandro

Osteria
Piazza Mino da Fiesole, 33
Tel. (+39) 055 / 591 21
Ruhetag: Montag, außer im Frühling und Sommer
Keine Ferien
26 Plätze + 12 Plätze im Freien
Preise: 25–28 €
Kreditkarten: AE, CS, MC, Visa; BM
Mittags und abends geöffnet

Seit zehn Jahren führt Alessandro Corradossi diese kleine charakteristische Osteria auf dem Hauptplatz von Fiesole. In dem rustikal mit Holztischen und Stühlen mit Strohgeflecht eingerichteten Lokal herrscht eine gesellige Atmosphäre, die am Mittwochabend durch zwei sympathische Musiker verstärkt wird, die Ihrer Mahlzeit einen stimmungsvollen Rahmen verleihen. Die Küche folgt der florentinischen Tradition und die Gerichte variieren je nach Verfügbarkeit der saisonalen Produkte. Neben den mündlich vorgetragenen Tagesgerichten gibt es eine Karte, deren erstes Kapitel den unverzichtbaren Antipasto toscano mit Crostini und Salumi (8,50 €), **Lonzino mit Birnen**, Baccalà mantecato und marinierte Alici mit Zwiebeln aus Tropea umfasst. Die frischen Teigwaren der Primi sind alle hausgemacht: Ravioli al ragù di coniglio (mit Kaninchensauce), **Tagliatelle con il ragù di lampredotto** (mit Labmagenragout, 9 €) und Maccheroni salsiccia e verza (mit Wurst und Wirsing). Wenn Sie eine **Zuppa** wählen wollen, dann gibt es die Version **di cipolle** (mit Zwiebeln) oder di ceci (mit Kichererbsen) und auch die klassische **Ribollita** für Sie. Als Secondo dürfen **Peposo**, **Trippa** und Lampredotto, serviert mit grüner Sauce, nicht fehlen, aber auch **Ossobuco** (11 €), **Polpette di manzo al sugo** oder eine der zahlreichen Frittate, zum Beispiel jene mit Zwiebeln und Kartoffeln oder die Version mit Prosciutto und Formaggio (9 €), sind zu empfehlen. Gegen Vorbestellung bekommen Sie auch Bistecca alla fiorentina. Als Beilagen sind Fagioli all'uccelletto, Patate fritte oder Insalata mista vorgesehen. Unter den Dolci, um die sich Alessandro kümmert, finden Sie Torta di cioccolato e arance. Die Weinkarte ist nicht sehr groß, sie bietet aber eine schöne Auswahl an Etiketten aus der Toskana als Alternative zu dem recht guten Sangiovese des Hauses.

Al Tranvai

Trattoria
Piazza Tasso, 14 R
Tel. (+39) 055 / 22 51 97
Ruhetag: Sonntag, Montagmittag
Ferien: 1 Woche zu Weihnachten
40 Plätze
Preise: 30 €
Kreditkarten: AE, CS, DC, MC, Visa; BM
Mittags und abends geöffnet

Ganz in der Nähe der belebten Viale Petrarca, einer der wichtigsten Zufahrtsstraßen zum Stadtzentrum, trifft man auf diese Trattoria, die von Graziano Scorteccia geführt wird. Der Chefkoch stammt aus Umbrien, hat aber Florenz zu seiner Wahlheimat erkoren, wo er nun sein Konzept einer einfachen, auf den Traditionen von Florenz und der Toskana aufbauenden Küche pflegt, das er über viele Jahre konsolidiert hat. Die Karte wechselt fast nie, um die enge Verbindung zur Tradition aufrechtzuerhalten, das Angebot wird aber täglich durch Vorschläge erweitert, mit denen Graziano die Qualität der tagesfrischen Produkte, die er auf den umliegenden Märkten und bei sorgsam ausgewählten Lieferanten besorgt, ins rechte Licht setzt. Betreut durch einen flinken, unaufdringlichen Service können Sie Ihre Mahlzeit mit einem üppigen Antipasto toscano (9 €), Polenta fritta mit Speck, Crostini di fegato oder Carpaccio di carciofi beginnen. Im Kapitel der Primi finden Sie frische Teigwaren wie Maltagliati all'anatra (mit Entensauce) oder Tortellacci ai funghi porcini, aber auch Zuppa di cipolla oder Pappa al pomodoro. Weitere Vorschläge sind **Penne alla chiantigiana** (9 €) oder Linguine all'arrabbiata. Eine wahre Gaumenfreude ist das reich bestückte Sortiment an Secondi, angeführt durch den einmaligen **Lampredotto** (9 €), Trippa und Lesso rifatto, Polpette di carne mit Artischocken, Tagliata di manzo oder Filetto di maiale mit Aceto balsamico. Meisterhafte Zubereitung prägt die hausgemachten Desserts (5 €) wie Crostate di confettura oder Torta di fichi e noci, **Mousse al cioccolato**, das klassische Tiramisu oder die Version con le fragole (mit Erdbeeren). Neben der beschränkten Auswahl an Flaschenweinen gibt es einen recht guten Hauswein, der nach Konsum verrechnet wird.

Da Burde

Trattoria
Via Pistoiese, 154 N
Tel. (+39) 055 / 31 13 29,
(+39) 055 / 31 72 06
Ruhetag: Sonntag
Ferien: 1 Woche um den 15. August
90 Plätze + 30 Plätze im Freien
Preise: 28–30 €
Kreditkarten: AE, CS, DC, MC, Visa; BM
Mittags geöffnet, Freitag auch abends,
andere Abende gegen Vorbestellung

Das Burde ist eine echte Institution, eines der letzten Bollwerke zur Bewahrung der authentischen florentinischen Trattoria. Ohne große Zugeständnisse an eine touristische Klientel bevorzugt das Lokal Einheimische und Stammgäste, was durch die Entfernung vom Zentrum und die Entscheidung, außer am Freitag nur mittags zu öffnen, begünstigt wird. Die Leitung liegt nunmehr schon in vierter Generation in den Händen der Familie Gori, derzeit vertreten durch die Brüder Paolo und Andrea. Hinter dem Tresen des Lebensmittelladens finden Sie Platz in kleinen Räumen, wo das legere Servicepersonal Ihnen mündlich die Gerichte nach Tradition der rustikalen Küche von Florenz vorschlägt. Nach den klassischen Antipasti bekommen Sie als Alternative zur Pasta (aus einem Handwerksbetrieb im Chiantigebiet) traditionelle Minestre und Zuppe dieser Gegend, darunter **Ribollita**, **Carabaccia**, **Farinata mit Schwarzkohl** und **Acquacotta** (7,50 €). Die Secondi (12,50 €) basieren auf sorgfältig gewähltem Fleisch von Rindern der vom Aussterben bedrohten Rasse Calvana: Arrosti, Stracotti, Spezzatino, **Peposo**, **Francesina**, **Trippa** und die hervorragende **Bistecca**. An den Tagen, die fleischlose Vorschläge vorsehen, bekommen Sie auch Fischgerichte: Baccalà (10 €), Seppie in zimino und Cacciucco. Die Desserts sind alle hausgemacht. Besondere Erwähnung verdienen die Weine: Andreas passioniertes Engagement für einen erstaunlichen Querschnitt durch die großen Namen der Toskana mit einem überraschenden Abstecher in die Champagne und, was immer seltener wird, einem schönen Sortiment an Vin Santo.

Der Konditor Claudio Pistocchi (Via del Ponte di Mezzo 20) produziert verschiedene Versionen der Torta fondente di cioccolato.

Del Fagioli

Trattoria
Corso de' Tintori, 47 R
Tel. (+39) 055 / 24 42 85
Ruhetag: Samstag, Sonntag
Ferien: August
50 Plätze
Preise: 30 €
Keine Kreditkarten
Mittags und abends geöffnet

Hier, nahe der Piazza Santa Croce, wo im Kielwasser des Wine-Bar-Booms viele Lokale entstanden sind, gibt es einige Orte, die sich von der Masse abheben. Zu diesen zählt die Osteria del Fagioli, die vor knapp 50 Jahren von der Familie Zacchini eröffnet wurde und noch heute von den Kindern und dem Schwiegersohn des Gründers geführt wird. Das Lokal ist zu einem beliebten Ziel für Einheimische wie auch Touristen geworden, weshalb eine Reservierung notwendig ist. Zum Einstieg gibt es Salumi oder Bruschetta (4 €), wobei wir die Version Fagioli e cipolla empfehlen, dann kann man sich **Ribollita**, Zuppa contadina oder exzellente **Tortelli di patate mit Wurstsauce** (12 €) schmecken lassen. Fleisch dominiert bei den Secondi, unterteilt in Bolliti (gekochtes Fleisch, 9 €), Umidi (Schmorgerichte, 12 €) und Spezialitäten vom Grill und aus dem Ofen. Wenn wir nur ein Gericht aus jeder Kategorie wählen sollten, dann wären das **Bollito misto con salsa verde**, Involtino alla Gigi (Kotelett, gefüllt mit Gemüse-Frittata in Tomatensauce) mit Patate alla campagnola, **Coniglio arrosto** alla contadina (falls verfügbar) und, natürlich, **Bistecca** vom Chianina-Rind. Freitags bekommen Sie auch Baccalà al pomodoro und Totani in zimino. Zum Schluss hausgemachte Dolci mit Torten und klassischen Cantuccini aus eigener Produktion. Im sehr ortsverbundenen Sortiment an Weinen finden Sie einige hochwertige Etiketten, aber auch die Rotweine des Hauses aus Montespertoli und Bolgheri, die nach Konsum verrechnet werden, können mithalten.

Die historische Macelleria Anzuini e Massi (Via de' Neri 84 R) verkauft in schönem Ambiente aus dem späten 19. Jahrhundert hervorragendes Fleisch und Wurst aus eigener Herstellung, darunter Finocchiona.

Il Cibreo Trattoria

Trattoria
Via de' Macci, 122 R
Kein Telefon
Ruhetag: Montag
Ferien: 10 Tage im Januar/Februar, August
36 Plätze
Preise: 30 €
Kreditkarten: AE, CS, DC, MC, Visa; BM
Mittags und abends geöffnet

Im Viertel von Sant'Ambrogio bietet Fabio Picchi ein breit gefächertes Angebot mit dem Restaurant Il Cibreo, dem Teatro del Sale, einer Bar, einem Laden und dieser Trattoria, „Cibreino" genannt. Die Küche ist die gleiche wie jene des Spitzenlokals, hier jedoch im rustikalen Ambiente einer authentischen toskanischen Trattoria serviert. Im Cibreino kann man nicht reservieren, man wartet, bis man an die Reihe kommt, und teilt den Tisch dann bisweilen mit unbekannten Gästen, was aber durch die Qualität der Zutaten und Gerichte kompensiert wird. Im Saal beraten Federigo und Francesco die Gäste professionell bei der Wahl aus der von Hand geschriebenen, wöchentlich oder täglich wechselnden Karte. Zu Beginn Antipasti (7 €) mit Crostini di paté, Salsiccia cruda aus Volterra, **Insalata di trippa**, Sformatino di salsiccia und Pecorino sowie Scordiglià paté del Cibreo. Unter den Primi (8 €) gibt es keine Pasta asciutta, jedoch klassische **Minestra di pane** (im Sommer Pappa al pomodoro), Minestrone all'elbana, Passato di zucca mit zerstoßenen Amaretti, Passato di pesce und **Polenta mit Butter und Parmesan**. **Collo di pollo ripieno** (gefüllter Hähnchenhals) ist eine der Spezialitäten. Weitere häufige Secondi (15 €) sind Terrina di fegato di pollo e coniglio, **Polpettone di anatra mit Pinienkernen, Rosinen und Quittengelee**, **Coratella di agnello alla francesina**, „Mamma" (Artischocke) mit Eigelb in Kartoffelpüree und Terrina di baccalà mantecato. Die Desserts (7 €) variieren täglich. Den Wein wählt man unter glasweise ausgeschenkten lokalen Etiketten oder aus der umfangreichen Weinkarte des Restaurants.

»

Traditionelle Gerichte, großartige Zutaten und die Atmosphäre einer klassischen toskanischen Trattoria.

«

FLORENZ

Il Magazzino

Osteria-Tripperia
Piazza della Passera, 2–3 R
Tel. (+39) 055 / 21 59 69
Kein Ruhetag
Keine Ferien
36 Plätze + 20 Plätze im Freien
Preise: 30–34 €
Kreditkarten: AE, CS, DC, MC, Visa; BM
Mittags und abends geöffnet

Die Osteria Il Magazzino liegt in der Nähe des Palazzo Pitti und des Ponte Vecchio auf einer Piazzetta, die vom Verkehrslärm der Straßen entlang des Arno abgeschirmt, jedoch reich an kulturellen Aktivitäten und an Geschäften ist. Das Magazzino ist ein beliebter Treffpunkt für Freunde des sogenannten Quinto quarto (Innereien). Das Lokal ist eine gelungene Kombination zwischen dem typischen Straßenkiosk der Kuttelverkäufer und einem Restaurant, wo die beiden Partner, Luca Cai und Alessandro Caldini nach alter florentinischer Tradition Gerichte aus Innereien und andere Spezialitäten bieten. Man kann hier die Mahlzeit mit **Polpettine di lampredotto**, Coccoli mit Salumi und toskanischer Hühnerleber oder als Neuheit Susci di lampredotto (9 €) beginnen. Wenn man auf dieser Schiene bleiben will, wählt man dann vorzügliche **Ravioli di lampredotto mit Zwiebeln aus Tropea**, Pennette pajate (10 €) oder, wenn man fleischlose Gerichte bevorzugt, ***Pici* con ragù di cavolo nero** (mit Schwarzkohl, in der Saison). Es wäre zu schade, die **Trippa alla fiorentina** oder **Lampredotto bollito** auszulassen, die ausgiebig wie eine ganze Mahlzeit sind, aber auch auf Spiedino di bollito mit Giardiniera von Brokkoli (12 €) oder **Guancia di vitello mit süßsauer eingelegten Frühlingszwiebeln** kann man schwer verzichten. Als Alternative werden Häppchen von Käse mit Obst und Mostarda oder ein Fischgericht, ebenfalls ganz nach hiesiger Tradition zubereitet, angeboten. Die Desserts (5 €) variieren täglich, je nach Lust und Laune des Kochs. Das Angebot umfasst auch eine exzellente Weinkarte mit Etiketten, von denen einige glasweise ausgeschenkt werden. Der Schwerpunkt liegt auf Produkten aus der Toskana, wobei der als Hauswein kredenzte Chianti durchaus mithalten kann.

„I trippai“ – die Kuttelverkäufer von Florenz

Die Vertreter des Straßenessens nach florentinischer Art schlechthin sind wohl die Kuttelverkäufer. Man besucht sie, um ein Panino mit Lampredotto zu verspeisen. Jeder Trippaio hat sein eigenes Rezept. Ausgangsbasis ist dabei stets der Labmagen (einer der Rindermägen), der mit den klassischen Zutaten – Sellerie, Möhre, Zwiebel – und eingelegten Tomaten in Brühe gekocht wird. Und dann gibt es eben noch die Ingredienzen, die geheim gehalten werden.
Lampredotto kann man in einem Brötchen essen, das mit der Kochbrühe getränkt ist und mit Salz, Pfeffer, grüner Sauce und – für den, der möchte – mit pikantem Öl gewürzt wird, oder in einem Schälchen. Davon gibt es weitere Varianten, etwa jene „in zimino" (mit Mangold), jene mit Fagioli all'uccelletto oder alla puttanesca.
Noch bevor diese Spezialität als Straßenessen galt, gab es die sogenannten Tripperie (Kuttelläden), die in einigen Vierteln jenseits des Arno lagen. Das waren echte Spelunken, mit großen Kesseln über Holzkohle, in denen man die Kutteln kochte. Das Kochwasser wurde an andere Händler mit der Empfehlung weiterverkauft, einen großzügigen Löffel Fett hinzuzufügen.
Die jahrhundertealte Esskultur lebt heute, unter Einhaltung entsprechender Hygienemaßnahmen, an den Kiosken der Kuttelverkäufer von Florenz wieder auf.

Gian Marco Mazzanti

FLORENZ

Aurelio

NEU

Piazza Tanucci
Ferien: August
Montag–Freitag 9.30–19.30 geöffnet,
Samstag 9.30–16 Uhr

Am Kiosk von Aurelio im Stadtviertel Romito bekommen Sie neben Lampredotto und Trippa alla fiorentina auch Stracotto di guancia, Salsicce und viele andere Spezialitäten, darunter Porchetta aus Norcia.

Il Lampredottore

NEU

Largo Brambilla/Via Cecioni
Montag–Freitag 10–18 Uhr geöffnet,
Samstag 10–15 Uhr
Ferien: August

Ein sehr beliebter Kuttelverkäufer vor dem Krankenhaus Careggi (daher das Wortspiel „Lampre-Dottore"), der die Tradition und seine sympathische Art zu seiner Besonderheit macht. Neben den klassischen Brötchen sollte man hier Stracotto probieren.

Il Trippaio di San Frediano

Piazza de' Nerli
Ferien: August
Montag–Freitag 10–19 Uhr geöffnet,
Samstag 10–15 Uhr

Auf einem charakteristischen Platz jenseits des Arno, im historischen Stadtviertel der Kuttelverkäufer, verkauft Simone vorzügliche Brötchen mit Lampredotto, auch in der Version „ubriaca", also getränkt.

Il Trippaio di Sant'Ambrogio

Mercato di Sant'Ambrogio
Piazza Ghiberti
Ferien: 3 Wochen im August
Montag–Samstag 8–15 Uhr geöffnet

Auf dem Markt von Sant'Ambrogio ist der Kiosk der Brüder Giannelli berühmt für Lampredotto und Trippa, aber auch für andere Gerichte nach Hausmannsart, etwa Polpette di patate e carne.

La Tripperia delle Cure

Mercato Rionale delle Cure
Piazza delle Cure
Ferien: 2–3 Wochen im August
Montag–Samstag 8–15 Uhr geöffnet

Luca und Massimo betreiben diesen Kiosk unter den Dächern des Mercato delle Cure. Zu den Panini gesellen sich Gerichte aus Innereien nach bodenständiger Tradition, aber auch in innovativen Versionen mit ungewöhnlichen Kombinationen.

Le Trippaie
Piazza Dalmazia
Ferien: zeitweise im August
Montag–Freitag 8.30–14.30, 17–20 geöffnet, Samstag 8.30–14.30 Uhr, Juni–August Montag–Freitag 8.30–14.30 Uhr

Im Stadtteil Rifredi, nordwestlich vom Zentrum der Stadt, steht ein Kiosk, der neben dem klassischen Panino mit Lampredotto und anderen Brötchen auch Trippa, kombiniert mit Gemüse und Hülsenfrüchten, anbietet.

Leonardo Torrini
Piazzetta del Bandino
Ferien: August
Montag–Freitag 9–14.30, 16–19.30 geöffnet, Samstag 9–14.30 Uhr, Juli 9–14.30 Uhr

Leonardo und seine Frau Silvia teilen sich den Ruhm, die beste Trippa alla fiorentina in der Stadt anzubieten. Exzellent ist auch das Panino mit Lampredotto.

Lupen e Margò
Via dell'Ariento/
Via Sant'Antonino
Ferien: 2 Wochen im August
Montag–Samstag 9–18.30 Uhr geöffnet, Oktober–März auch Sonntag

Touristen aus aller Welt, aber auch zahlreiche Einheimische stehen in der Schlange vor dem Kiosk von Beatrice Trambusti, um sich ein Panino mit Lampredotto oder eines der anderen einfachen Gerichte auf Basis von Innereien zu sichern.

Marco Bolognesi
Via Gioberti (auf Höhe Nr. 133 R)
Ferien: August
Montag–Samstag 8–20 Uhr geöffnet

In der quirligen Via Gioberti parkt Marco mit seinem Lieferwagen am Straßenrand und verkauft dort Lampredotto, Trippa und einen Bollito aus Innereien, den er selbst als „erotisch" definiert.

Mario Albergucci
Piazzale di Porta Romana
Ferien: 3 Wochen im August
Montag–Freitag 8.30–15.30 Uhr geöffnet

Bei Marione können Sie ein authentisches Panino mit Lampredotto und eine exzellente Trippa alla fiorentina bekommen. Auch der Bollito misto verdient eine Erwähnung.

Mario Tato
Piazza Alberti/Via Aretina
Ferien: August
Montag–Freitag 9–19 Uhr geöffnet, Juni und Juli 9–16 Uhr

Bei Mario Tatini, Tato genannt, findet man jeden Tag eine andere Spezialität: Lampredotto und Trippa, kombiniert mit Gemüse und Hülsenfrüchten, als Salat oder Schmorgericht.

Orazio Nencioni
NEU
Loggia del Porcellino
Ferien: Februar
Montag–Samstag 10–19 Uhr geöffnet

Ein echter Florentiner und historischer Kuttelverkäufer: Bei Orazio ist das Panino mit Lampredotto sowohl in der klassischen Version als auch in Kombinationen mit anderen Zutaten eine echte Institution.

Sergio e Pier Paolo Pollini
Via de' Macci/Borgo La Croce
Ferien: August
Montag–Samstag 9–15.30 Uhr geöffnet

Am Kiosk der Familie Pollini wird ein überwältigendes Panino mit Stracotto di guancia angeboten, aber auch die anderen Vorschläge, alle ganz im Zeichen der Tradition, können mithalten.

SCANDICCI (FI)
I' Bambi
NEU
Via Pisana/Via Pestalozzi
Ferien: August
Montag–Samstag 9–18 Uhr geöffnet

Wenige Meter von der Grenze zwischen Florenz und Scandicci steht der historische Stand eines Kuttelverkäufers mit langer Familientradition: exzellenter Lampredotto und Trippa in gelatina mit in Essig eingelegtem Gemüse.

La Casalinga

Trattoria
Via dei Michelozzi, 9 R
Tel. (+39) 055 / 21 86 24
Ruhetag: Sonntag
Ferien: 3 Wochen im August
90 Plätze
Preise: 20–25 €
Kreditkarten: CS, DC, MC, Visa; BM
Mittags und abends geöffnet

Hier passt alles zusammen: Geräusche, Düfte, Farben, Geschmack, alles ganz nach florentinischer Art, überwältigend und faszinierend. Hier, das ist der Bereich jenseits des Arno, im Herzen des alten Florenz, dem charakteristischen Stadtviertel Santo Spirito. Seit mehr als 50 Jahren kümmern sich die Familien Bartarelli und Carrai, mit Ferruccio und Graziella am Herd, Paolo und einem Heer von Mitarbeitern, die mit Bravour von einem Tisch zum anderen schwirren, um eine bunt gemischte Gästeschar, die die bodenständige, volkstümliche Atmosphäre dieser Trattoria gleichermaßen schätzt wie die einfache Küche. Diese vertraut auf alte Rezepte, die sich mit den Jahreszeiten ändern und von der täglichen Verfügbarkeit der Produkte am hiesigen Markt bestimmt werden. Beginnen kann man mit dem gemischten Antipasto della casa (7 €), dann geht es weiter mit **Ribollita**, **Minestrone di riso e cavolo** (6 €) oder **Tagliatelle al sugo di coniglio** (mit Kaninchensauce, 7 €). Für den Hauptgang empfehlen wir Ihnen **Bollito misto mit grüner Sauce** (11 €), **Trippa alla fiorentina**, Baccalà alla livornese, **Lesso rifatto** und die klassische **Bistecca** (38 € pro Kilo). Eine besondere Erwähnung verdient **Arista steccata al forno**. Als Beilagen bekommen Sie frisches in Öl eingelegtes und in der Pfanne gebratenes oder gekochtes Gemüse. Einmal pro Woche wird auch ein vorzügliches Kartoffelpüree zubereitet. Den Abschluss bilden hausgemachte Desserts, wobei sich der Bogen von Torta Fedora über Tiramisu bis zu den klassischen Cantuccini spannt, die man in Vin Santo taucht. Die Weinkarte nennt etwa 30 Etiketten aus der Toskana, aber auch der offene Hauswein aus dem Gebiet von Rufina ist gut.

FLORENZ

Mario

Trattoria
Via della Rosina, 2 R
Tel. (+39) 055 / 21 85 50
Ruhetag: Sonntag, Feiertage
Ferien: August
48 Plätze
Preise: 20–25 €
Kreditkarten: CS, DC, MC; BM
Mittags geöffnet

Wenn Sie für eine Küche mit guter Hausmannskost bereit sind, im Freien zu warten, bis ein Tisch frei wird, oder einen kleinen Tisch mit unbekannten Gästen zu teilen, ohne im Voraus zu wissen, was Sie essen können, dann kehren Sie hier ein. Die handgeschriebene Karte hängt an der Wand und wechselt täglich je nach Jahreszeit und Verfügbarkeit der Produkte auf dem Mercato Centrale. Es wird jedoch versucht, einen bestimmten Tagesrhythmus einzuhalten. So gibt es Montag und Donnerstag Trippa, Dienstag Lampredotto, Dienstag, Donnerstag und Samstag Peposo, Mittwoch Stracotto und Braciola in salsa, Freitag – außer in den heißen Monaten – Baccalà und Samstag Ossobuco. Stets vertreten ist **Bistecca** (die jedoch die Rechnung höher ausfallen lässt), wobei verschiedene Schilder, auch in englischer Sprache, darauf hinweisen, dass man zu dieser kein Coca-Cola serviert und die Version „gut durchgebraten" nicht angeboten wird. Antipasti sind selten vorhanden. Als Primi bekommen Sie im Winter häufig **Ribollita** und **Pasta e fagioli**, aber Sie können auch Penne al ragù di capriolo (mit Rehragout, 7 €), Ravioli maremmani (6,50 €) oder **Tortelli di patate al ragù** antreffen. Die Secondi umfassen **Bollito misto** (8,50 €), **Braciola fritta** und manchmal Fegatelli, in Schmalz gebraten. Dazu werden Patate, Fagioli und grüner Salat serviert. Das Angebot an Desserts ist beschränkt, stets vorhanden sind Cantuccini und Vin Santo (3 €). Es gibt keine Weinkarte, aber Sie können unter einigen ausgestellten Etiketten wählen oder den recht guten offenen Hauswein bestellen.

Bei Perché No! (Via dei Tavolini 19 R) wird köstliches Eis aus hochwertigen naturbelassenen Zutaten angeboten, darunter auch Slow-Food-Presidi.

Die Weinhändler von Florenz

Wein war dank der großen Mengen und der guten Qualität, die seit jeher in den Hügeln rund um die Stadt und im nahe gelegenen Chianti-Gebiet erzielt wurden, stets Teil des Lebens von Florenz. Osterie, kleine Weinläden und Tavernen wurden sehr bald zu Institutionen für alle Bevölkerungsschichten. Man besuchte diese nicht nur, um sich ein Gläschen Wein zu gönnen, sondern auch um das eine oder andere einfache Gericht nach lokaler Tradition zu essen.

Aus diesen alten Ausschänken entstanden die Vinai – auch Vinaini genannt –, wo neben dem Ausschank auch Panini, Crostini und einfache Speisen zubereitet wurden. Die Vinai entwickelten sich zu Orten der Geselligkeit mit anziehender Atmosphäre wie in alten Zeiten. Üblicherweise haben sie ihren Sitz in den populärsten Stadtvierteln (Santa Croce, San Frediano und überall jenseits des Arno), aber auch mitten im Zentrum. Sie werden von Touristen wie auch von Einheimischen besucht, die sich dort einen *Gotto* oder *Rasino* gönnen (so werden im hiesigen Dialekt die Gläser genannt, in denen der Wein ausgeschenkt wird).

Gian Marco Mazzanti

All'Antico Vinaio

Via de' Neri, 65 R
Tel. (+39) 055 / 238 27 23
Ruhetag: Sonntagnachmittag
Keine Ferien
Keine Kreditkarten
Geöffnet 10–21.30 Uhr

Eines der ältesten und bekanntesten Weinlokale von Florenz, das seinen Ruhm vor allem der Schiacciata all'olio verdankt, die mit typischen Salumi wie Sbriciolona gefüllt ist und zu einem an der Theke servierten guten Glas Wein gegessen wird. Panini, Crostini, Polpette, Porchetta und Prosciutto arrosto runden das Angebot ab. Es gibt keine Tische, nur einige wenige Barhocker, und die Warteschlange ist oft sehr lang.

Amorino ... Panino e Vino

NEU

Via dei Servi, 16 R
Tel. (+39) 055 / 28 10 81
Kein Ruhetag
Ferien: unterschiedlich
Keine Kreditkarten
Geöffnet 10–21 Uhr

Ein vor zwei Jahren eröffnetes Weinlokal am Fuße der Kuppel von Brunelleschi, im Inneren des Palazzo Niccolini: eine erstklassige Adresse für ein Gläschen Wein, ein Panino oder einen Teller mit Wurst und Käse, in einem gastlichen, aber zwanglosen Ambiente mit mehr als erschwinglichen Preisen. Dienstag und Freitag gibt es auch Lampredotto. Neben Wein wird auch Bier aus kleinen Brauereien angeboten.

Casa del Vino

Via dell'Ariento, 16 R
Tel. (+39) 055 / 21 56 09
Ruhetag: Sonntag, Juni–September auch Samstag
Ferien: August
Keine Kreditkarten
Geöffnet Montag–Freitag 9.30–18 Uhr, Samstag 9.30–17 Uhr

Dieses Weinlokal, das zu Beginn des 20. Jahrhunderts vom Großvater gegründet wurde, präsentiert sich heute als Vineria, die von Gianni Migliorini mit Geschick geführt wird. Delikat gefüllte, appetitliche Panini begleiten Weine aus dem Keller, wo Etiketten von weniger bekannten Winzern lagern. Das Sortiment ist das Ergebnis eifriger Erkundungstouren im In- und Ausland.

I Fratellini

Via de' Cimatori, 38 R
Tel. (39) 055 / 239 60 96
Ruhetag: Sonntag im Juli und August
Ferien: 1 Woche im August
Keine Kreditkarten
Geöffnet 9–20 Uhr

Ein winziges Weinlokal aus dem Jahr 1875. Auf fünf Quadratmetern bieten Armando und Michele Perini etwa 30 Arten von Panini mit unterschiedlicher Füllung, die man mit einem guten Glas eines Weines kombiniert, den man aus einer großen Palette an Etiketten wählt.

Il Santino

Via Santo Spirito, 60 R
Tel. (+39) 055 / 230 28 20
Kein Ruhetag
Ferien: 1 Woche im August
Keine Kreditkarten
Geöffnet 10–23 Uhr

Das Lokal ist klein und intim: wenige Sitzplätze an Mini-Tischen mit Hockern. Das Grundkonzept ist einfach: ein Glas Wein, kombiniert mit Panini und gemischten Tellern ausschließlich mit Top-Produkten, darunter Salumi aus dem Casentino oder Fleisch von La Granda. Diese Produkte sind auch im Straßenverkauf erhältlich.

Le Volpi e l'Uva

Piazza de' Rossi, 1 R
Tel. (+39) 055 / 239 81 32
Ruhetag: Sonntag
Keine Ferien
Keine Kreditkarten
Geöffnet 11–21 Uhr

Hier im Herzen von Florenz wartet nur einen Steinwurf entfernt ein perfektes Weinerlebnis auf Sie. Seit mehr als 20 Jahren stellt das Team der Vinothek Le Volpi e l'Uva (Emilio, Riccardo und Ciro) ein Sortiment an fantastischen italienischen und französischen Weinen aus weniger bekannten Kellereien zusammen. Etiketten von kleinen Produzenten, die unter besonderer Bedachtnahme auf Qualität, geschmackliche Harmonie und exzellente Preise ausgewählt werden. Dazu bekommt man gemischte Teller mit italienischen und französischen Käsespezialitäten und viele andere Köstlichkeiten.

Zanobili

Via Sant'Antonino, 47 R
Tel. (+39) 055 / 239 68 50
Ruhetag: Sonntag
Ferien: 1 Woche um den 15. August
Keine Kreditkarten
Geöffnet 9–14, 15.30–20 Uhr

Das Weinlokal von Mario Zanobini liegt nur wenige Schritte vom Mercato Centrale von San Lorenzo entfernt. Ein atypisches Lokal: Man kann es nicht als Weinbar bezeichnen, da es mehr an eine Osteria aus alten Zeiten erinnert (wobei es aber hier kein Essen gibt), mit Gästen, die sich hier zu unterschiedlichen Tageszeiten auf einen Plausch bei einem Glas Wein treffen.

Nerbone

NEU

Osteria
Piazza Mercato Centrale,
im Innenbereich des Marktes
Tel. (+39) 339 / 648 02 51
Ruhetag: Sonntag
Ferien: zeitweise im Februar
30 Plätze
Preise: 15–20 €
Keine Kreditkarten
Geöffnet 8–14 Uhr

Trotz seines Alters von 141 Jahren repräsentiert der Markt von San Lorenzo eine Facette des Lebens dieser Stadt, die einen Besuch verdient. Er birgt in seinem Inneren eine Vielzahl an Händlern: Stände für den Verkauf von Obst, Fleisch, Fisch ... Unter diesen befindet sich ein Stand, den es seit 1873 gibt und der nach seinem Gründer, Armando Massini, vulgo Nerbone, benannt ist. Hier kauft man weder Obst noch Fleisch, noch Fisch, sondern hier isst man, und zwar wie in einer Osteria von anno dazumal, dicht an den Nachbarn gedrängt, egal ob Tourist oder Einheimischer, wobei man Hausmannskost nach florentinischer Tradition bekommt. Hier darf man keine Tischtücher und Kellner im weißen Jackett und auch nicht das Niveau einer Gourmetküche erwarten: nicht mehr als einige wenige Gerichte, wie in alten Zeiten aus lokalen Produkten zubereitet, die direkt bei den Händlern hier am Markt erworben werden. Heute steht Fabio Giolli hinter dem Tresen von Nerbone und serviert aus gut sichtbaren, dampfenden Töpfen **Tagliatelle al ragù** (5 €), **Ribollita**, **Stracotto di guancia** (7 €), Stufato di „pelliccia" (viele Kartoffeln, wenig Fleisch), **Bollito misto**, Baccalà alla fiorentina (9,50 €), Seppie in inzimino und andere Gerichte nach hiesiger Tradition, die so gekocht werden wie zu Hause. Wer es eilig hat, kann hier ab 8 Uhr morgens ein Brötchen mit Lampredotto oder Trippa kaufen, aber bereits zu dieser Uhrzeit bietet Fabio auch schon eine schöne Scheibe Stracotto di guancia (3,50 €) und ein Glas Wein an: auch eine Art, um den Tag mit einem Glücksgefühl zu beginnen.

Suchen Sie im Inneren des Marktes den Stand von Baroni: exzellente Auswahl an Käse und Wurst aus dem In- und Ausland.

FLORENZ

Ruggero

Trattoria
Via Senese, 89 R
Tel. (+39) 055 / 22 05 42
Ruhetag: Dienstag, Mittwoch
Ferien: 2 Wochen im Winter, Mitte Juli–Mitte August
40 Plätze
Preise: 30–32 €
Kreditkarten: AE, CS, DC, MC, Visa; BM
Mittags und abends geöffnet

Das Ruggero verströmt mit seiner etwas in die Jahre gekommenen Einrichtung das beruhigende Flair einer toskanischen Trattoria: Zu den speziellen Merkmalen des Interieurs zählen die Jagdtrophäen, die Holzverkleidungen und die zahlreichen Bilder an den Wänden. Die Gerichte nach Hausmannsart, in großzügigen Portionen serviert, legen Zeugnis von 30 Jahren Engagement und Erfahrung ab. Die Kinder von Ruggero Corsi, Paola und Riccardo, schöpfen aus dem Schatz der bodenständigen gastronomischen Tradition der Toskana und bieten täglich eine andere Speisenfolge. Dabei ist stets eine angemessene Anzahl an Gerichten auf Gemüsebasis vorgesehen, die für Vegetarier, aber auch für Gäste geeignet sind, die eine schnelle Mahlzeit konsumieren wollen. Zum Auftakt bekommt man neben den Crostini mit Fleisch und dem Antipasto toscano einige Alternativen wie Puntarelle di cicoria mit Sardellen (7 €) oder, auch wenn dieser im Kapitel der Secondi aufgeführt ist, Tortino di carciofi (7 €). Unter den Primi finden Sie Risotto agli asparagi, **Farinata di cavolo nero** (8 €), **Ribollita** und eine schmackhafte Zuppa di verdura. Freunde von Fleischgerichten können stets mit **Bollito misto di cimalino, lingua, zampa, costoline** (gekochte Stücke von Kalbsbrust, Zunge, Haxe und Rippchen), **Bistecca** alla fiorentina und unter den Schmorgerichten mit Crocchette di filetto (13 €) und **Salsicce e fagioli** rechnen. Wenn Ihr Besuch auf einen Freitag fällt, können Sie auch Baccalà alla livornese und den traditionellen Inzimino bestellen. Die Weinkarte besteht vorwiegend aus toskanischen Etiketten und der Hauswein stammt aus dem familieneigenen Weingarten in Mercatale im Pesa-Tal.

Sabatino

Trattoria
Via Pisana, 2 R
Tel. (+39) 055 / 22 59 55
Ruhetag: Samstag, Sonntag
Ferien: August
70 Plätze
Preise: 18–22 €
Kreditkarten: CS, MC, Visa; BM
Mittags und abends geöffnet

Ein sehr einfaches Lokal unter der Leitung von Ilaria, der Enkelin von Sabatino, der es Ende der 1950er-Jahre eröffnete. Eines der Merkmale ist das Teilen des Tisches: Man setzt sich hin, wo gerade Platz ist, und man isst neben den Gästen, die schon hier sind, und jenen, die später kommen. Das schafft eine Atmosphäre der Herzlichkeit und der Gastlichkeit wie in alten Zeiten. Die Karte wechselt täglich, je nach Verfügbarkeit der Zutaten. An bestimmten Wochentagen gibt es jedoch feststehende Speisen, zum Beispiel Baccalà mit Kichererbsen am Freitag. Die Gerichte werden ohne Schnickschnack präsentiert, wie man es an einem Platz wie diesem erwartet. Als Antipasto bekommen Sie Finocchiona, Prosciutto, Crostini neri, das heißt solche mit Hühnerleber (3 €), und Acciughe alla marinara. Unter den Primi erwarten Sie die Klassiker nach florentinischer und toskanischer Tradition: **Minestrone di pasta e fagioli** (4,30 €), Panzanella (im Sommer), **Pennette su rigaglie di pollo** (mit Hühnerklein), aber auch **Tordelli di patate** oder Tagliatelle **con sugo di carne** (mit Fleischsauce) oder di pomodoro (mit Tomaten). Was nicht fehlen darf, sind **Trippa** (Kutteln, 6 €) und Arrosti di vitello e maiale (Kalbs- und Schweinebraten), serviert mit in der Pfanne geschwenktem oder gekochtem Gemüse, jeweils der Jahreszeit entsprechend, oder Hülsenfrüchten. Eine spezielle Erwähnung gebührt auch **Ossibuchi alla cacciatora** (6,10 €) und **Bracioline** alla livornese, Koteletts vom Rind, **fritte e ripassate in padella con il pomodoro** (frittiert und mit Tomaten in der Pfanne gebraten, 5,80 €). Die Weinkarte beschränkt sich auf einige wenige Etiketten und einen Hauswein im Stil eines „Weins vom Großvater". Die Desserts sind hausgemacht oder stammen aus einer exzellenten Konditorei in der Nachbarschaft.

FLORENZ

Sergio Gozzi

Trattoria
Piazza San Lorenzo, 8 R
Tel. (+39) 055 / 28 19 41,
(+39) 338 / 721 36 18
Ruhetag: Sonntag, Feiertage
Ferien: August
70 Plätze
Preise: 20–25 €
Kreditkarten: CS, MC, Visa; BM
Geöffnet 12–15.30 Uhr

100 Jahre, das entspricht vier Generationen. Diese Trattoria schafft es bis heute, die Leidenschaft für das Essen und die Geselligkeit auf alle Gäste zu übertragen. In dieses lebhafte, charakteristische und laute Ambiente kehrt man immer wieder gerne zurück, sowohl wegen der Küche als auch wegen der Gastfreundlichkeit von Alessandro und Andrea, die den Sinn für den typisch florentinischen Charakter bewahren, wie er in der Familie Gozzi stets von einer Generation auf die nächste überliefert wurde. Mit Ausnahme einiger weniger Gerichte wechselt die Karte täglich, je nach Verfügbarkeit der Produkte auf dem nahe gelegenen Markt von San Lorenzo. Es gibt keine Antipasti, aber während man bei einem Glas Chianti auf die Primi wartet, kann man appetitliche **Polpette fritte** bestellen. Ein Klassiker für die Sommerzeit ist **Pappa al pomodoro** (5 €), die wunderbar nach Basilikum duftet und mit ein paar Tropfen nativem Olivenöl extra aus dem toskanischen Hügelland verfeinert wird. In der kühlen Jahreszeit können Sie sich auf **Ribollita** oder Pasta e fagioli freuen. Unter den Pastagerichten finden Sie **Topini di patate al ragù** und *Pici* alla carrettiera, die schmackhaft und gut gewürzt sind. Große Auswahl herrscht bei den Secondi: **Ossobuco alla fiorentina** (10,50 €), **Lampredotto mit Kartoffeln** (9,50 €) und **Arista di maiale al forno**, zu denen als Beilagen Fagioli all'olio, Insalata di lesso mit Zwiebeln und Kirschtomaten und Zucchini, gefüllt mit Fleisch und Tomatensauce, serviert werden. Zum Abschluss werden Cantucci mit Vin Santo oder Zuppa inglese aufgetischt. Ein guter offener Hauswein (Chianti aus Panzano oder aus der Rufina) und eine kleine Karte mit Etiketten aus der Toskana.

GAIOLE IN CHIANTI (SI)
San Regolo

26 KM NORDÖSTLICH VON SIENA

Il Carlino d'Oro

Restaurant
Ortsteil San Regolo, 33
Tel. (+39) 05 77 / 74 71 36
Ruhetag: Montag
Ferien: letzte Juliwoche
60 Plätze
Preise: 25 €
Kreditkarten: CS, DC, MC, Visa; BM
Mittags geöffnet

Dieser Ort hat so viel zu bieten: die Landschaft (rundherum die Hügel des Chianti-Gebietes, vor Ihnen das Schloss von Brolio), die Herzlichkeit des Service (Fabrizio und sein Vater Carlo) und die erstklassige Küche (Roberta, Fabrizios Frau). Wenn Sie keine Zeit zur Einkehr haben, dann holen Sie sich ein Panino, einen Käse oder etwas anderes aus dem angeschlossenen Feinkostladen (dort finden Sie Marisa, Carlos Frau). An diesen Ort verschlägt es einen nicht per Zufall und es ist nur mittags geöffnet. Jeder wird hier empfangen, als würde er zur Familie gehören, egal ob Touristen, die immer wieder gerne hierher kommen, oder Arbeiter in ihrer Mittagspause und andere Stammgäste. Das Repertoire der Karte, mündlich durch Tagesgerichte ergänzt, bewegt sich von diesem Hügelland nicht weg: Als Antipasti bekommen Sie gemischte Wurstspezialitäten (8 €) oder Crostini. Im Kapitel der Primi finden Suppen-Fans **Ribollita** (5 €), sonst geht man mit Ravioli mit Butter und Salbei oder **Tagliatelle al cinghiale** (mit Wildschwein) und in der Pilzsaison ai porcini (mit Steinpilzen, 7 €) auf Nummer sicher. Die Portionen sind großzügig. Für den Hauptgang können Sie jede Art von gebratenem Fleisch wählen: **Arista**, Vitello (8 €), aber auch **Piccione** (Taube), Coniglio ripieno und Fegato di bove (Rinderleber, 7 €) neben der unvergleichlichen (Super-)**Bistecca**. Gut sind auch die frischen und mittelreifen Pecorini. Unter den Desserts erwarten Sie Panna cotta oder Cantuccini mit Vin Santo. Welchen Wein? Sie sind hier mitten im Chianti-Gebiet: Stöbern Sie nach Lust und Laune, vom Hauswein aufwärts, es wird immer die richtige Wahl sein. Die Rechnung schlägt nicht auf den Magen und um die Verdauung anzuregen, gibt es wohl nichts Besseres als einen Spaziergang. In der schönen Jahreszeit lockt eine Rast im Schatten eines Baumes.

GAVORRANO (GR)
Bagno di Gavorrano

38 KM NORDWESTL. V. GROSSETO, 14 KM V. FOLLONICA

La Vecchia Hosteria

Restaurant
Viale Marconi, 249
Tel. (+39) 05 66 / 84 49 80
Ruhetag: Donnerstag
Ferien: Januar
70 Plätze + 70 Plätze im Freien
Preise: 35 €
Kreditkarten: CS, DC, MC, Visa; BM
Mittags und abends geöffnet

In der Maremma, am Abhang eines Hügels, ganz in der Nähe des Meeres, liegt ein Haus, das noch vor wenigen Jahren das letzte Haus im Dorf war. Hier hat die Vecchia Hosteria mit ihrer Terrasse ihren Sitz. Die rustikale Einrichtung des Lokals stimmt auf die Charakteristik der Küche der Maremma ein, deren einfache Zutaten diesen Landstrich widerspiegeln. Von vielen kleinen Herstellern dieser Gegend stammen die Zutaten für die Gerichte, die Alberto Rabissi kocht und sein Sohn Tommaso mit Leidenschaft im Saal präsentiert. Für den Einstieg können Sie verschiedene Arten von Affettati (Wurstaufschnitt) wählen, auch von Selvaggina (Wild, 8 €), vielleicht begleitet von Polenta fritta mit Frischkäse oder Ricotta. Eine gute Ergänzung ist das in Öl eingelegte Gemüse aus lokaler Produktion. Unter den Primi finden Sie Zuppe (8 €), darunter **Acquacotta** maremmana, **Pappardelle al cinghiale** und Spaghetti oder Gnocchi al carciofo. Bei den Hauptspeisen empfehlen wir Ihnen **Tagliata di maiale brado mit Creme von Kichererbsen und Bohnen** (13 €), Bistecca, Tagliata und Fritto misto di carni. Tradition in seiner schönsten Form bietet **Coniglio alla vecchia**. Die Desserts (4 €) sind hausgemacht, wobei sich der Bogen von Torta di mele bis zu Latte alla portoghese spannt. In der Osteria gibt es einen Raum, der als Weinkeller genutzt wird. Hier wählt man unter den zahlreichen Etiketten dieses Landstrichs und anderer Anbaugebiete, hergestellt von großen und kleinen Kellereien, wobei das Repertoire jedem Anspruch gerecht wird. Aber auch der Hauswein eines Winzers aus Suvereto ist gut. Das Angebot umfasst auch Biere aus kleinen Brauereien und ein Sortiment an Rum.

Die Bäckerei Cambri e Bondani (Via Marconi 85) bietet eine schöne Auswahl an Brot, Schiacce und traditionellen Süßspeisen.

GREVE IN CHIANTI (FI)
Passo del Sugame

30 KM SÜDLICH VON FLORENZ, S.P. 222

Borgo Antico

Restaurant
Via delle Convertoie, 11 A
Tel. (+39) 055 / 85 10 24
Ruhetag: Dienstag
Ferien: 7. Januar–13. Februar
80 Plätze + 50 Plätze im Freien
Preise: 33–35 €
Kreditkarten: AE, CS, DC, MC, Visa; BM
Mittags und abends geöffnet

Das Lokal liegt am Sugame-Paß an der Straße von Greve nach Figline Val d'Arno. Schon beim Eintreten nimmt einen das charakteristische Flair dieser toskanischen Land-Osteria gefangen. Wenn man auf der Terrasse Platz nimmt, kann man während des Essens den prachtvollen Ausblick auf die Hügel des Chianti-Gebietes genießen. Der Wirt Stefano Fissi ist seit vielen Jahren in der Gastronomie tätig, auch wenn er ursprünglich aus einer ganz anderen Branche kam. Gemeinsam mit seiner Frau Patrizia, die am Herd steht, nahm er die Herausforderung an, einen Gastbetrieb an einem Ort fernab der Ballungszentren zu führen. Das Speisenrepertoire ist sehr traditionell, vielleicht ein wenig touristisch (wir sind ja schließlich an den Toren zum Chianti-Gebiet ...), es lässt aber auch Abweichungen zu, wie den delikaten Risotto pere e gorgonzola. Die Mahlzeit wird mit einem Sortiment an Salumi eingeleitet, darunter Porcaloca (Gans und Schwein), Crostini und verschiedene Bruschette. **Pappardelle** und sonstige frische Teigwaren (9 €) sind hausgemacht und werden je nach Jahreszeit **mit** Pilzen, Trüffel oder **Ragù d'anatra** (Entenragout) serviert. Eine Erwähnung verdienen auch die Pappardelle di farina di castagne (aus Esskastanienmehl) mit Ragù di cinghiale (Wildschweinragout). Die Secondi brillieren mit dem klassischen **Peposo** (15 €) und **Cinghiale in dolceforte**, ohne das große **Fritto toscano (mit Kaninchen, Hähnchen und Gemüse)** und **Bistecca** außer Acht zu lassen. Tradition regiert auch bei den sämtlich hausgemachten Dolci (5 €), zu denen die von Patrizia selbst hergestellten Liköre angeboten werden, zum Beispiel die Version mit Lorbeer (all'alloro). In der äußerst gepflegten Weinkarte ist die Dominanz der Toskana nicht zu übersehen. Das Angebot umfasst auch einen guten Hauswein, der aus der Gegend von Montalcino stammt.

GREVE IN CHIANTI (FI)
Panzano

35 KM SÜDLICH VON FLORENZ, S.R. 222

Cantinetta Sassolini

NEU

Moderne Osteria
Piazza Ricasoli, 2
Tel. (+39) 055 / 856 01 42
Ruhetag: Mittwoch
Ferien: 3 Wochen im Januar
40 Plätze + 40 Plätze im Freien
Preise: 28 €
Kreditkarten: AE, CS, MC, Visa; BM
Mittags und abends geöffnet

Im Herzen des Chianti-Gebietes, auf der Piazzetta des alten Städtchens Panzano, thront in der Nähe der Kirche ein Palazzo aus dem 13. Jahrhundert, den man an seinem schönen grünen Tor erkennt. Er verfügt über einen zauberhaften Garten, wo die Gäste in der warmen Jahreszeit im Freien sitzen können. Hier zu parken, wird nicht so leicht sein, wir empfehlen Ihnen daher, einen kleinen Spaziergang einzuplanen. In dem geschmackvoll eingerichteten Speisesaal werden Sie von Giulio empfangen, der ebenso viel Erfahrung wie Leidenschaft besitzt. In der Küche sind seine Tochter und sein Schwiegersohn am Werk. Das Lokal wird von Touristen gestürmt, ist aber auch bei Einheimischen sehr beliebt, was ein untrügliches Zeichen für einen gefestigten Ruf ist. Die Preise sind absolut ungewöhnlich für diese Gegend, die Qualität ist sehr gut und zeigt sich standhaft gegenüber den touristischen Versuchungen. Die Kilometerzahl, die die Produkte zurücklegen, bevor sie hier in die Küche gelangen, mag zwar nicht gleich null sein (nur das Fleisch stammt aus einer Fleischerei genau gegenüber dem Lokal), sie ist aber jedenfalls sehr gering. Als Antipasto wählten wir Parmigianina (6 €), gefolgt von **Tagliatelle al sugo** und **Risotto mit Zucchini** (9 €). Bei den Secondi sind **Filetto di maiale** und **Agnello** (11 €) eine Gaumenfreude. Wenn Sie **Bistecca**, die Spezialität des Hauses, bestellen, wird die Rechnung etwas höher ausfallen, aber es lohnt sich. Die Desserts (5 €) sind hausgemacht. Die Weine auf der Karte werden zu moderaten Preisen angeboten und stammen aus der Kellerei der Familie Sassolini, der der Palazzo gehört.

GREVE IN CHIANTI (FI)
Strada in Chianti

20 KM SÜDLICH VON FLORENZ, S.P. 222

Da Padellina

Restaurant
Corso del Popolo, 54
Tel. (+39) 327 / 178 22 49
Ruhetag: Donnerstag
Ferien: zeitweise im Januar
70 Plätze + 25 Plätze im Freien
Preise: 30–35 €
Kreditkarten: CS, DC, MC, Visa; BM
Mittags und abends geöffnet

Inzwischen liegt die Leitung dieses reizenden Lokals bereits in den Händen der dritten und vierten Generation der Familie Parenti. Eine ganze Wand des Lokals ist mit Bildern, Fotografien, Jagdtrophäen und Texten aus der *Divina Commedia* zugepflastert. Das Ambiente lädt zum Entspannen ein, Empfang und Service sind von Professionalität und Höflichkeit geprägt. Der Ruf des Restaurants basiert in erster Linie auf der **Bistecca** alla fiorentina, es sind aber auch alle anderen Spezialitäten der Küche des Chianti-Gebietes vertreten. Die Antipasti bieten verschiedene Arten von Crostini und Salumi, darunter die ungewöhnliche Mezzone di Giorgio (5 €), eine Mischung aus Salami und Finocchiona. Die Primi, von denen man auch halbe Portionen bestellen kann, umfassen je nach Jahreszeit Tagliatelle primavera, **Pappa al pomodoro**, **Ribollita**, Rigatoni pasticciati mit Pilzen (9 €), **Pasta e fagioli** und **Penne sul gallo**. Das Repertoire an Secondi beinhaltet Involtini di Alvaro (9 €), Stracotto dei Medici, **Fagiano lardellato**, Bistecchine di maiale ai ferri, **Salsicce e fagioli** und **Fegatelli di maiale**. Bei den Dolci (5 €) spannt sich der Bogen vom Castagnaccio über Torta di fichi e noci bis zu Cantuccini, die mit Vin Santo serviert werden. Bis vor Kurzem listete die Weinkarte noch mehr als 180 Etiketten auf. Sie wurde jedoch umstrukturiert, wobei die Anzahl an Weinen reduziert und fast ausschließlich auf Produkte aus der Toskana beschränkt wurde. Das Angebot umfasst auch einen recht guten Hauswein.

Pastificio Fabbri auf der Piazza Landi: Teigwaren aus Hartweizen, der in Panzano in Chianti angebaut wird. Die Pasta wird mit Bronzewalzen hergestellt und bei niedrigen Temperaturen getrocknet.

GREVE IN CHIANTI (FI)

30 km südlich von Florenz, S.P. 222

Mangiando Mangiando

Moderne Osteria
Piazza Matteotti, 80
Tel. (+39) 055 / 854 63 72
Ruhetag: Donnerstag, außer im April und Oktober
Ferien: zeitweise im Januar
30 Plätze + 30 Plätze im Freien
Preise: 40 €
Kreditkarten: CS, MC, Visa; BM
Mittags und abends geöffnet

Das Mangiando Mangiando hat treue Gäste sowohl unter den Einheimischen als auch unter den zahlreichen Reisenden durch das Chianti-Gebiet. Die Osteria erweitert das beschränkte Platzangebot im Inneren in der wärmeren Jahreszeit durch einige Tische auf dem prachtvollen Hauptplatz von Greve. Auf die starke Präsenz von lokalen Produkten, die vom Inhaber Salvatore Toscano mit großer Sorgfalt ausgewählt und verarbeitet werden, wird in der Karte hingewiesen: Schon beim Lesen der Namen der Gerichte und der Beschreibung der Zutaten können Sie ausschließen, in einem der vielen Lokale gelandet zu sein, in denen der Massentourismus das gastronomische Konzept beeinflusst. Die Karte lässt keinen Zweifel an der Art der Küche und stimmt auf ein Geschmackserlebnis ein, das schon von den Antipasti an überwältigt: **Crostone di lampredotto mit Schwarzkohl auf Bohnencreme**, Tartara di vitellone chianino (11 €), Vellutata di patate mit Safran aus dem Chianti-Gebiet und feine Salumi. Dann folgen **Zuppa contadina** (10 €), **Ribollita** und unter den Pastagerichten **Pappardelle al cinghiale** oder **al sugo di guancia di chianina** (mit Rinderbacke), Paccheri mit Sauce von Parmigiano di vacca bianca und Safran aus dem Chianti-Gebiet (13 €) sowie Risotto mit saisonalem Gemüse. Fleisch dominiert bei den Secondi mit **Peposo** (18 €) oder Stracotto di guancia di vitellone, **Coniglio in salsa di vino bianco** sowie Filetto und Bistecca, bei denen die Rechnung etwas höher ausfallen wird. Gutes Sortiment an lokalen Formaggi und hausgemachte Desserts (6 €). Die Weinkarte bevorzugt lokale Kellereien.

»
Ein Loblied auf die gute Esskultur des Chianti-Gebietes: schmackhafte und doch leichte Gerichte, zubereitet aus hochwertigen Zutaten.
«

GROSSETO
Braccagni

10 km vom Zentrum

Oste Scuro

Moderne Osteria
Via Malenchini, 38
Tel. (+39) 05 64 / 32 40 68, (+39) 339 / 878 17 94
Ruhetag: Montag, Dienstag
Ferien: unterschiedlich
20 Plätze + 8 Plätze im Freien
Preise: 38–40 €
Kreditkarten: AE, CS, DC, MC, Visa; BM
Mittags und abends geöffnet

An der nördlichen Peripherie von Grosseto, nahe der hübschen Ortschaft Montepescali, findet man gleich bei der Ausfahrt der Superstrada dieses wunderbare Beispiel einer modernen Osteria mit schlichter, geschmackvoller Einrichtung. Der Wirt, ein Piemonteser, schlägt den Gästen ein kleines, aber abwechslungsreiches Speisenrepertoire mit Ergänzungen durch interessante Leckerbissen vor. Für den Einstieg gibt es neben den unverzichtbaren toskanischen Crostini auch traditionelle Salumi, serviert mit in Öl eingelegtem Gemüse, und exzellente **Formaggi** (12,50 €) mit Saucen aus Produkten von Slow-Food-Presidi. Fischfreunde können Acciughe sotto pesto wählen. Saucen auf Fleischbasis und vegetarische Varianten wechseln bei den Pastagerichten ab: Wir empfehlen **Gnocchi di patate al ragù di chianina** (12,50 €), **Ravioli di cinghiale** (mit Wildschwein) und **Mezze maniche con il sugo finto** (mit fleischloser Sauce). Falls Primi aus der Meeresküche vorhanden sind, sind sie ebenso wie die Tagesgerichte an der Tafel angeschrieben oder werden mündlich vorgeschlagen. Unter den Secondi, vorwiegend auf Fleischbasis, können Sie neben Tagliate auch **Bocconcini di manzo al Morellino**, **Stinco d'agnello al forno** und **Trippa alla maremmana** (12 €) antreffen. Als Beilage wird häufig Cicoria spadellata (in der Pfanne geschwenkte Zichorie) angeboten. Als Desserts (6 €) stehen Crostate, Panna cotta und Crema catalana zur Wahl. In der reich bestückten Weinkarte ist dieser Landstrich gut vertreten, ergänzt durch eine interessante Auswahl an Etiketten aus dem Monteregio, teilweise im glasweisen Ausschank.

»
Ein engagierter, niemals aufdringlicher Service und Gerichte, die eine maßvoll überarbeitete Interpretation der traditionellen Rezepte bieten.
«

ISOLA D'ELBA (LI)
Porto Azzurro

12 KM VON PORTOFERRAIO + FÄHRE VON PIOMBINO

Cecconi

Osteria-Trattoria
Via Ricasoli, 21
Tel. (+39) 05 65 / 950 92
Ruhetag: Mittwoch, im Sommer nur Mittwochmittag
Ferien: unterschiedlich
35 Plätze
Preise: 30 €
Kreditkarten: AE, CS, DC, MC, Visa; BM
Mittags und abends geöffnet

Im historischen Zentrum von Porto Azzurro, inmitten der von Touristen geradezu überrannten engen Fußgängerzone, trifft man auf die Osteria Cecconi, einen Familienbetrieb, für dessen Küche Angela verantwortlich ist, während ihr Sohn Federico sich um das Wohl der Gäste kümmert. Sowohl im Speisesaal, den man über den Vorraum mit dem großen Tresen betritt, als auch im Sitzbereich im Freien sind die Tische schlicht mit Papiertischtüchern gedeckt. Die Speisen sind einfach, aber bodenständig, die Zutaten werden bei Produzenten aus der Umgebung gekauft, zu denen die Wirtsleute ein freundschaftliches Verhältnis pflegen. Die Speisenauswahl steht an einer Tafel am Eingang des Lokals angeschlagen und variiert je nach Verfügbarkeit der Zutaten und Jahreszeit. Als Antipasti (9 €) ließen wir uns Alici marinate, Acciughe salate, Crostone alla tonnina, **Palamita** (Bonito, eine Thunfischart) **mit Zwiebeln und Kirschtomaten** und **Murena scavecciata** (Muräne in einer für Elba typischen Marinade) schmecken. Unter den Primi (10 €) können Sie Minestra di verdure und **Spaghetti con gallinella e uova** oder die Version con seppia in bianco finden. Das Secondo wählt man unter Vorschlägen wie **Seppia mit Zwiebeln**, Sgombro ai ferri (14 €), Pesce del giorno (fangfrischer Fisch) in guazzetto (15 €), **Frittura di paranza** oder Frittura nur mit Acciughe (Sardellen). Wer keinen Fisch mag, kann sich für Salsiccia von einer Fleischerei des Vertrauens oder eine Auswahl an Salumi oder Formaggi entscheiden. Den Schlusspunkt setzt man mit einem guten Sortiment an hausgemachten Desserts (5 €) wie ***Schiaccia briaca***, Cantucci und Panna cotta, zubereitet aus Milch von Kühen, die auf der Insel gezüchtet werden. Kleine Auswahl an Weinen von lokalen Produzenten und aus anderen Anbaugebieten neben einem einfachen Hauswein.

ISOLA D'ELBA (LI)
Porto Azzurro

12 KM VON PORTOFERRAIO + FÄHRE VON PIOMBINO

La Botte Gaia

Traditionelle Osteria
Viale Europa, 5–7
Tel. (+39) 05 65 / 956 07
Ruhetag: Montag, außer im Sommer
Ferien: 1. Dezember–10. Februar
40 Plätze + 30 Plätze im Freien
Preise: 35–40 €
Kreditkarten: CS, MC, Visa; BM
Abends geöffnet

Die Osteria La Botte Gaia, fünf Minuten vom Hafen entfernt, steht unter der Leitung von Riccardo Nelli (verantwortlich für den effizienten Service) und seiner Frau Antonella, die als Köchin auf Qualität, lokale Herkunft und Saisontreue der Produkte achtet und stets auf der Suche nach neuen Ideen ist. Bei der Wahl des Degustationsmenüs zahlen Sie 35 € inklusive Wein, à la carte etwas mehr. Nach einem Begrüßungsschluck erwarten Sie Fantasia di mare mit fünf Häppchen, **Baccalà con ricotta al finocchietto mit einer Creme von Platterbsen** aus Serra de' Conti (Slow-Food-Presidio) oder Polpo in gazpacho mit gebratenen Auberginen und Stracciatella di fior di latte (12 €). Als Alternative gibt es Degustationen von Salumi und Formaggi. Hausgemachte Teigwaren als Primi: Tagliolini al cacao con polpa di riccio, granella di nocciole e stracciatella di burrata pugliese (mit Seeigel, Haselnüssen und Burrata, 16 €), Ravioli di ricotta e pistacchi mit Jakobsmuscheln und Gemüsejulienne, **Pappardelle di grano saraceno mit gebratenem Tintenfisch, Artischocken, Bottarga und Pinienkernen** (13 €) oder con ragù di coniglio (Kaninchenragout mit Kirschtomaten und Schwarzkohl). Das Kapitel der Secondi hält **Totani saltati auf Bordatino toscano** (9 €), **Gratin di gamberoni in Kruste aus Pistazienkernen und Gemüse**, Pesce all'isolana mit saisonalem Gemüse oder all'acquapazza und Filetto di maialino, bei niedriger Temperatur gebraten und mit karamellisierten Äpfeln serviert (19 €), bereit. Zum großen Finale erwarten Sie hausgemachte Desserts (6,50 €): *Schiaccia briaca*, als Semifreddo zubereitet, Gelato al Moscato mit Panficato, Mousse di zabaione mit Amaretti und gerösteten Mandelsplittern und Sorbetto alla pesca mit Aleatico aus Elba. Umfangreiche, sehr gepflegte Weinkarte, in der auch Raritäten vertreten sind.

ISOLA D'ELBA (LI)
Marciana Castello

27 KM VON PORTOFERRAIO + FÄHRE VON PIOMBINO

Osteria del Noce

Traditionelle Osteria
Via della Madonna, 27
Tel. (+39) 05 65 / 90 12 84
Kein Ruhetag
Ferien: Oktober–März
30 Plätze + 45 Plätze im Freien
Preise: 32–36 €
Kreditkarten: AE, CS, MC, Visa; BM
Mittags und abends geöffnet

Den alten Nussbaum, nach dem diese Osteria benannt ist, gibt es leider nicht mehr, geblieben ist aber der prachtvolle Ausblick auf Marciana Marina, das Kap von Piombino und die Küste von Livorno. In Marciana Castello, unterhalb der Fortezza Pisana, führen Alberto und Rita Capello aus Sestri Levante ihr Lokal. Hier können Sie im Saal oder auf der Veranda einen Streifzug durch die harmonisch verschmolzene Meeres- und Festlandküche unternehmen, die von Traditionen der Insel Elba und ligurischen Einflüssen geprägt ist. Die Schiefertafel, auf der die Speisen angeschrieben sind, wird von Tisch zu Tisch gereicht und Sie bekommen bereitwillig Auskunft über die von Marktlage und Jahreszeit abhängigen Gerichte. Feines hausgemachtes Brot, dann wählt man Cozze alla marinara, Crostino di vongole, farro e sgombro, **Insalata di polpo mit Borlotti-Bohnen**, Misto mare (12 €) oder vom Festland Misto campagna del Noce. Fortsetzung folgt mit **Linguine al ragù** antico **di pesce (in bianco**, ohne Tomaten), **Paccheri all'elbana**, Spaghetti ai frutti di mare oder mit Bottarga und Zitrone, **Trofie al pesto e vongole** (11 €), Testaroli con cicale e verdure und **Zuppa di fagioli e farro mit Meeresfrüchten**. Die Secondi umfassen Fritto del pescatore (15 €), **Grigliata di acciughe e sarde**, Sardinata alla genovese, **Polpo a scottadito piccante** (13 €) und fangfrischen Fisch, al forno. Als Alternative zum Fisch gibt es Tagliata di manzo oder Agnello alla piastra. Leckere Dolci (5 €) mit der traditionellen *Schiaccia briaca* und in der Saison Torta alle castagne. Die Weinkarte listet Etiketten aus der Umgebung und aus Ligurien auf.

Il Capepe (Via del Pretorio 2) ist ein kleiner Handwerksbetrieb, bei dem man eingelegte Produkte, Konfitüren und Fruchtcremes probieren und kaufen kann.

ISOLA D'ELBA (LI)
Capoliveri

17 KM VON PORTOFERRAIO + FÄHRE VON PIOMBINO

Summertime

Restaurant
Via Roma, 56
Tel. (+39) 05 65 / 93 51 80
Ruhetag: Montag, Dienstagmittag
Ferien: zeitweise im Winter
30 Plätze + 20 Plätze im Freien
Preise: 35–40 €
Kreditkarten: CS, MC, Visa; BM
Mittags und abends geöffnet, im August nur abends

Capoliveri ist ein kleiner Ort mittelalterlichen Ursprungs auf einem Hügel in Panoramalage. In der Fußgängerzone des historischen Zentrums empfängt die Osteria Summertime ihre Gäste in einem komfortablen Speisesaal oder bei schönem Wetter an den Tischen im Freien. Der Wirt Maurizio Tosi erläutert die Vorschläge der Karte und nennt mündlich die angebotenen Tagesgerichte. Die Speisen repräsentieren eine perfekte Verschmelzung zwischen den besten Produkten des Meeres und den traditionellen Schätzen der Insel, nämlich Gemüse und Obst. Frittino aus Brot und Fisch (10 €), Carpaccio von fangfrischem Fisch, **Guazzetto all'elbana** und **Tortino di acciughe gratinate** findet man unter den Antipasti. Dann folgen Strozzapreti con seppie, calamari e gamberi, **Spaghettoni rustici dorati mit frischen Sardellen** (12 €), Ravioli di pesce, Fedelini alla marinara, Tagliolini al ragù di pesce und für Freunde der Festlandküche Tortelli mit Ricotta und Auberginen und von Hand gefertigte Gnocchi mit Ragù di manzo oder mit Tomaten. Weiter geht es mit **Grigliata di pesce azzurro** (mit Schwarmfischen, 15 €), **Polpo** aus dieser Gegend **in Weißwein**, Gamberoni rossi, fangfrischem Fisch, im Ofen gebraten oder vom Grill, Costata di manzo und Cotoletta di vitello, jeweils mit Gemüsebeilage oder Kartoffeln auf vielerlei Arten. Zum Abschluss gibt es die selbstgemachten Torten des Tages (5,50 €) oder ***Schiaccia briaca*** und Cantucci, ebenfalls selbst gebacken und mit einem Gläschen Aleatico serviert. Gute Auswahl an Weinen dieser Gegend und aus anderen Anbaugebieten der Region.

Cremeria Gori in Capoliveri (Via Gori 28): In einem reizenden Ambiente im Art-déco-Stil bekommen Sie exzellentes, aus hochwertigen Zutaten zubereitetes Eis.

ISOLA DEL GIGLIO (GR)
Giglio Porto

52 KM V. GROSSETO + FÄHRE V. PORTO SANTO STEFANO

La Paloma

Restaurant
Via Umberto I, 48
Tel. (+39) 05 64 / 80 92 33,
(+39) 327 / 532 20 22
Ruhetag: Montag, außer im Juli und August
Ferien: unterschiedlich
20 Plätze + 40 Plätze im Freien
Preise: 35–40 €
Kreditkarten: CS, DC, MC, Visa; BM
Mittags und abends geöffnet

Es ist sehr schwer, die passenden Worte zu finden, um die Schönheit der Isola del Giglio zu beschreiben: Ein Besuch dieses Juwels des toskanischen Archipels ist jedenfalls zu empfehlen. Gegenüber der Mole bietet Claudio Bossini in einem sehr einfachen Ambiente ohne ästhetische Ansprüche eine Küche, in der kurze Lieferwege ein dominantes Merkmal darstellen. Bei einem Blick auf die Fischvorräte in der Küche wird das Auge des Experten weniger verbreitete Fischarten entdecken, die Claudio in seinen Rezepten ins rechte Licht rückt. Seine Leidenschaft gilt dem Pesce povero, auf einfache Weise zubereitet: solide Gerichte, gekennzeichnet vom Geschmack des Meeres. Das Brot ist hausgemacht, Gemüse stammt von der Insel, das native Olivenöl extra vom Monte Amiata. Bereits bei den Antipasti wird klar, dass man, egal was man wählt, richtig liegt: **Sarde dorate**, Marinata di pesce (10 €), **Palle di grongo** oder **Polpette di razza**. Dann folgen vorzügliche Pastagerichte wie **Paccheri con seppioline, zucchine e pecorino** (13 €) und Spaghetti ai frutti di mare oder alle vongole. Unter den Secondi empfehlen wir **Pesce** del giorno (fangfrischen Fisch) **in Brotkruste mit Gemüse** (6 bis 7 € pro Kilogramm) oder Calamari und Kartoffeln, auf gleiche Weise zubereitet. Das sechsgängige Degustationsmenü für 30 € bietet einen Querschnitt durch die Geschmacksvielfalt. Zum Abschluss einfache Desserts (6 €), darunter Zuppa inglese und Sfoglia di mele mit Eis. Ein kleines, aber gut gewähltes Sortiment an Weinen, darunter drei Etiketten von der Insel und andere Abfüllungen von der nahe gelegenen Costa d'Argento.

»
Eine einfache, authentische Küche, die aus 30 Jahren Erfahrung und Wissen um die Produkte des Meeres entstanden ist.
«

LIVORNO
Banditella

6 KM VOM ZENTRUM

Caciaia in Banditella

Moderne Osteria
Via Puini, 97
Tel. (+39) 05 86 / 58 04 03
(+39) 335 / 575 82 75
Kein Ruhetag
Ferien: unterschiedlich
80 Plätze + 40 Plätze im Freien
Preise: 28–30 €
Kreditkarten: AE, CS, DC, MC, Visa; BM
Abends geöffnet, Sonntag auch mittags

Banditella ist ein Wohnviertel von Antignano an der südlichen Peripherie von Livorno. Wenige Meter vom Meer entfernt, führt Rosario Costanzi, Gangio genannt, diese kleine Osteria, deren Einrichtung zwar modern ist, wo jedoch in der Küche die Tradition regiert. Der große Speisesaal, an dessen Ende ein Tresen für den Ausschank thront, ist von Regalen umgeben, auf denen neben zahlreichen Büchern auch Weinflaschen zur Schau gestellt sind. In der Mitte stehen die Tische, die teilweise aus alten Fässern gebaut sind. Die Speisenauswahl ist an einer Tafel am Eingang des Lokals angeschlagen, wird auch bei Tisch vorgelegt und von Gangios Mitarbeitern noch zusätzlich erläutert. Die Küche wurzelt in der typischen Tradition von Livorno, wird jedoch durch einige kleine Überarbeitungen aufgefrischt. Bei den einzelnen (nicht sehr zahlreichen) Gängen stehen Fischgerichte zwar im Mittelpunkt, es werden aber auch Spezialitäten auf Basis von Fleisch angeboten. Als Antipasto (8 €) erwarten Sie **Zuppetta di cozze**, der üppige Misto mare sowie der klassische Antipasto toscano mit Salumi und Crostini. Wenn Sie dann zu den Primi (10 €) übergehen, können Sie sich **Gnocchetti alla polpa di capone** (mit rotem Knurrhahn), Spaghetti sulle pietruzze, Tagliolini alla acciughe, Riso nero (eine der Spezialitäten des Hauses) oder die Version alle verdure und Minestra di pesce al cucchiaio schmecken lassen. Im Kapitel der Secondi (12 €) kann man **Cacciucchino** entdecken, es gibt aber auch Cozze ripiene, Calamari grigliati und **Baccalà mit Lauch**. Neben diesen Vorschlägen darf auch Pescato del giorno al forno (fangfrischer Fisch, im Ofen gebraten) nie fehlen. Eine besondere Erwähnung verdienen die Dolci, die fast alle hausgemacht sind. Den Wein wählt man aus einer recht ordentlichen Karte.

Cantina Nardi

Enoteca mit Ausschank und Küche
Via Cambini, 6–8
Tel. (+39) 05 86 / 80 80 06
Ruhetag: Sonntag, Feiertage
Ferien: 3 Wochen im August
35 Plätze + 32 Plätze im Freien
Preise: 23–28 €
Kreditkarten: AE, CS, DC, MC, Visa; BM
Mittags geöffnet

Das Cantina, ein historisches Lokal im Spektrum der Gastronomieszene von Livorno, das noch immer unter der Leitung der Familie steht, die es damals gründete, feiert in diesem Jahr seinen 50. Geburtstag. Von einem einfachen Ausschank hat es sich schrittweise bis zur heutigen Form weiterentwickelt, die folgendes Konzept umsetzt: mittags Gerichte der Festland- und der Meeresküche, Aperitif und Imbisse am Abend, Ausschank und Vinothek-Betrieb, auch mit Straßenverkauf, den ganzen Tag über. Nora Nardi steht in der Küche, ihr Mann Massimo betreut die Theke und der Sohn Alessandro empfängt die Gäste im Saal dieses kleinen sympathischen Lokals in der Fußgängerzone im Zentrum der Stadt. Das Speisenangebot variiert täglich, je nachdem, was auf dem Zentralmarkt zu bekommen war, und die Gerichte – üblicherweise zwei oder drei pro Gang – sind an Wandtafeln angeschlagen. Stets vertreten sind **Roastbeef mit Kartoffeln** und **Bistecca alla brace**, häufig auch Razza alla livornese (Rochen, 12 €). Bei unserem Besuch umfasste das Angebot gute **Spaghetti con cozze e tonno** (6 €), einen vorzüglichen Teller mit **Pomodori ripieni di baccalà** (Tomaten, gefüllt mit Stockfisch) mit gekochtem Gemüse und **Seppie in bianco mit Gemüse**, verfeinert mit nativem Olivenöl extra aus einer sehr guten Ölmühle, das auf jedem Tisch steht. Gegen Vorbestellung wird auch der klassische Cacciucco zubereitet. Zum Ausklang verführen hausgemachte Dolci, darunter Crostata mit Orangenmarmelade und Schokoladestückchen (4 €) und Torta di mele. Der Keller punktet mit einer großen Auswahl an Etiketten, die man gegen einen geringen Aufschlag im Vergleich zu den Vinothekpreisen bestellen kann. Unterstützt durch die profunden Ratschläge des Kenners Massimo, können Sie Weine auch glasweise probieren.

7 km vom Zentrum

In Piazzetta

Restaurant
Piazza Bartolommei, 1
Tel. (+39) 05 86 / 50 42 01
Ruhetag: Montag
Keine Ferien
55 Plätze + 40 Plätze im Freien
Preise: 30–35 €
Kreditkarten: AE, CS, DC, MC, Visa; BM
Abends geöffnet, im Winter Samstag und Sonntag auch mittags

Von außen betrachtet erscheint das Lokal eher anonym. Der Eingang liegt abgeschieden auf einer Piazzetta an der alten Staatsstraße Aurelia in der kleinen, am Meer gelegenen Ortschaft Antignano. Der Eindruck ändert sich grundlegend, sobald man das Lokal betritt: Es erwarten Sie zwei Gasträume, die kürzlich in einfachem, aber geschmackvollem Stil renoviert wurden, und ein charmanter Empfang durch Silvia Salti, die eifrig Details zu den Gerichten aus der Karte erzählt und mündlich die Speisen ergänzt, die der Koch Cristian Stellati aus täglich fangfrischem Fisch improvisiert. Die Küche verfolgt eine klare Linie, bei der hochwertige Zutaten und frischer Fisch von einer lokalen Genossenschaft, eine enge Bindung an die Tradition dieses Landstrichs und Zurückhaltung bei Überarbeitungen eine bedeutende Rolle spielen. Beginnen können Sie mit dem Antipasto Piazzetta Mare (9 €), der je nach Saison variiert, aber stets eine Gaumenfreude darstellt. Er umfasst lauwarmer Insalata di mare, **Parmigiana di acciughe** (7 €) oder donnerstags und samstags Crudità mit sieben Kostproben von Krustentieren und frischem Fisch. Unter den häufig wechselnden Primi (10 €) blieben uns **Gnocchi polpo e pecorino** und Linguine alle vongole veraci oder alla bottarga in Erinnerung. Dann folgt Pesce del giorno alla griglia, **Frittura di paranza** und die vorzügliche „Confusione di mare" (14 €), eine **Suppe mit Fisch und Krustentieren**, die noch reichhaltiger ist als der Cacciucco. Der Letztgenannte ist nur gegen Vorbestellung erhältlich oder wenn Sie Glück haben. Hausgemachte Desserts, darunter Tarte tatin di mele, Cheesecake, Sfogliatina mit Chantilly-Creme und Erdbeeren. Die gepflegte Weinkarte listet vorwiegend toskanische und ligurische Etiketten auf. Als Alternative gibt es einen guten Vermentino dei Colli di Luni als Hauswein.

Marino

Trattoria • Via del Lavoro, 1
Tel. (+39) 05 86 / 88 73 88,
(+39) 380 / 141 18 11
NEU
Ruhetag: im Sommer Montag und Sonntagmittag, im Winter Montag und Sonntag
Ferien: unterschiedlich
40 Plätze
Preise: 30–35 €
Kreditkarten: CS, MC, Visa; BM
Mittags und abends geöffnet

Die Osteria Marino hat ihren Sitz in der Nähe der Piazza San Marco, an der Ecke der Straße entlang der alten Stadtmauern. Geführt wird sie von den Geschwistern Rugiati: Massimiliano steht in der Küche, Sara betreut die Gäste. Das Lokal ist schlicht eingerichtet, an der Decke sind Haken und Ketten montiert, die an die einstige Nutzung als Fleischerei erinnern. An den Wänden werden wechselnde Bilder von lokalen Künstlern, häufig mit Motiven aus der Seefahrt, ausgestellt. Sara führt die Gäste zu ihrem Platz und erläutert die Gerichte der Karte, die je nach Verfügbarkeit von fangfrischem Fisch, den Massimiliano bei hiesigen Fischern kauft, täglich wechseln. Zum Einstieg Antipasto misto mare (11 €), der zum Beispiel Carpaccio di baccalà mit Aceto balsamico, **Acciughe alla povera**, Impepata di cozze, Crostini all'orata, **Moscardini in cacciucco**, Crema di porri mit Kartoffeln und Tintenfisch und die pikante Crema di ceci mit Garnelen umfasst. Unter den Primi finden Sie Spaghetti allo scoglio oder die Version con pomodorini, cozze e vongole, Gnocchetti orata e pomodoro ciliegino, hausgemachte **Tagliolini con polpa di riccio di mare** (mit Seeigel, 12 €), **al nero di seppia mit Tintenfisch und Gemüse** oder auch in der Version mit Venusmuscheln und Bottarga. Tradition dominiert bei den Secondi: **Baccalà alla ghiotta**, **Acciughe** alla pescatora oder **al limone** (8 €), ein vorzüglicher **Spiedino di acciughe** oder Grigliata mista. Gegen Vorbestellung bekommen Sie Cacciucco, ein Paradegericht der hiesigen Küche. Hausgemachte Desserts (3,50 €) beenden den Reigen. In der nicht sehr umfangreichen Weinkarte dominieren italienische Weine, aber auch der offene Hauswein ist gut.

Osteria del Mare

Trattoria
Via Borgo dei Cappuccini, 5
Tel. (+39) 05 86 / 88 10 27
Ruhetag: Donnerstag
Ferien: Ende August/September
40 Plätze
Preise: 30–35 €
Kreditkarten: AE, CS, MC, Visa; BM
Mittags und abends geöffnet

Wir befinden uns im Herzen von Livorno in der Nähe des alten Hafens. Seitdem Claudio Mazza hier im Jahr 1986 sein Lokal eröffnet hat, ist er sich selbst stets treu geblieben und kümmert sich wenig um wechselnde Moden oder neue Technologien. In der Küche unterstützt durch seine Frau Marila und seine Kinder Alice und Daniele, hält er sich unbeirrbar an seine Idee einer einfachen, bodenständigen Küche, die vom täglichen Fischangebot bestimmt wird, für das er persönlich sorgt. Auch die beiden Säle spiegeln diesen Stil mit der klassischen Einrichtung einer Trattoria am Meer wider, wo kein Element das Bild eines freundlichen, gastlichen Ambientes stört. Der Antipasto Macedonia ai frutti di mare (9 €) mit Mies- und Venusmuscheln, Krustentieren und Austern ist ein guter Einstieg, wie auch die im richtigen Maß pikante **Zuppa di cozze** und die Crostini Osteria del Mare. Unter den Primi erwarten Sie **Riso nero** (8 €) oder die Versionen di mare oder al gambero rosa, vorzüglich zubereitet, ebenso wie die **Spaghetti alle vongole veraci** oder allo scoglio. Die Secondi erfreuen mit **Fritto misto**, Gamberoni alla griglia oder in guazzetto, **Gallinella alla Vernaccia** und dem klassischen **Cacciucco** (18 €), der eine vollständige Mahlzeit ergibt. Die hausgemachten Dolci (4,50 €) wechseln täglich: Falls verfügbar, empfehlen wir Tortino di pere e cioccolato. Es gibt ein kleines, zu den Speisen passendes Sortiment an preislich korrekten Etiketten mit Schwerpunkt bei Weißweinen. Wenn Sie nach der Rechnung fragen, bietet Claudio ein Gläschen zum Abschluss an und nützt die Gelegenheit für einen kleinen Plausch.

Bei Caprilli (Via dei Funaioli 2, Ecke Viale Italia), an der Meerespromenade, gibt es erstklassiges Eis aus natürlichen Zutaten.

5 km vom Zentrum

Antica Osteria di Meati

Bar-Trattoria • Via della Chiesa Ottava, 1245
Tel. (+39) 05 83 / 51 03 73,
(+39) 347 / 723 31 79
Ruhetag: Dienstag
Ferien: 4 Wochen nach Dreikönig
60 Plätze + 70 Plätze im Freien
Preise: 25–30 €
Kreditkarten: CS, DC, MC, Visa; BM
Abends geöffnet, Samstag und Feiertage auch mittags

Die Osteria entstand einst als Poststation, als Anfang des 20. Jahrhunderts durchreisende Fuhrleute in Meati Rast machten. Dann entwickelte sie sich zu einer Bar mit Lebensmittelladen, von der noch der alte Marmor im ersten, der Bauernkultur gewidmeten Raum erhalten ist. Der zweite Raum steht im Zeichen der Musik, der Leidenschaft der derzeitigen Betreiber Fabio und Patrizia. Sie übernahmen das Lokal mit reizendem Garten im Jahr 1997. Die Tradition der Küche von Lucca und der Garfagnana spiegelt sich in der saisontreuen Speisekarte wider. Das Gemüse stammt aus dem eigenen Garten und von Nachbarn, Käse wird direkt bei den Sennern gekauft, Wurst bei Produzenten der Garfagnana und des Gebietes um Lucca. Für den Einstieg bekommen Sie **Fagioli cannellini con carne di bigongio** (6 €) und Antipasto mit toskanischen Salumi und Crostini misti (8 €). Die Primi sind hausgemacht: **Tortelli lucchesi** und **Ravioli di borragine, spinaci e ricotta**, serviert **mit hellem Ragout von Cinta-Schweinen**. Im Frühling wird **Garmugia**, eine Suppe aus Bohnen, Erbsen, Artischocken und Spargelspitzen angeboten. Des Weiteren gibt es **Minestra di farro** (7 €) mit roten Bohnen aus Lucca und Prosciutto bazzone. Für den Hauptgang stehen **Pollo und Coniglio fritto**, Grigliata di maiale, erstklassige Trippa und **Baccalà** in den Versionen alla griglia, fritto oder **su passata di ceci** (auf Kichererbsenpüree, 10 €) auf der Karte. Von Juni bis Oktober bekommen Sie Porcini (Steinpilze) aus der Garfagnana, im Frühling Pioppini (Stockschwämme), der Herbst bringt Cinghiale und anderes Wild (**Cacciagione**). Sehr zu empfehlen sind auch **Bistecca** und Tagliata. Wer Süßes will, wählt Cantuccini mit Vin Santo und Latte alla portoghese (5 €). Als Alternative zum Hauswein werden gute Rotweine dieser Gegend angeboten.

Il Mecenate

Restaurant
Via del Fosso, 94
Tel. (+39) 05 83 / 51 21 67,
(+39) 05 83 / 51 18 61
Kein Ruhetag
Ferien: je 10 Tage im Februar und November
50 Plätze + 35 Plätze im Freien
Preise: 35 €
Kreditkarten: AE, CS, DC, MC, Visa; BM
Mittags und abends geöffnet

Das Il Mecenate, ein Lokal in einem charakteristischen Gässchen der Altstadt, in den Räumen einer ehemaligen Färberei, verdankt seinen Ruf einer exzellenten Küche im Zeichen der Tradition. Die Karte lässt den Stellenwert erkennen, den Stefano De Ranieri und seine Frau Soledad der Herkunft und Saisontreue der Produkte beimessen, darunter auch zahlreiche Slow-Food-Presidi. Unter den Antipasti entdeckt man Salumi eines hiesigen Produzenten, aber auch Marocca aus Casola (9 €), schmackhaftes mariniertes Rindfleisch, im Sommer Budino di peperoni rossi und im Herbst und im Winter Tortino di porri. Im Kapitel der Primi (12 €) stechen die von Hand gefertigten Testaroli aus Pontremoli, serviert mit Pesto, **Ravioli di fagiolo rosso di Lucca**, **Tordelli** lucchesi und die delikate Frühlingssuppe **Garmugia** nach einem Rezept aus dem 18. Jahrhundert hervor. Tradition regiert auch bei den Secondi: Bistecca, **Piccione arrosto** (14 €), **Agnello mit Kartoffeln** (15 €), Spezzatino mit Erbsen, **Trippa**, Baccalà mit Lauch und delikate **Rovelline lucchesi** (13 €), das sind in Ei getauchte Rindfleischstücke, frittiert und dann mit Tomaten und Kapern gebraten. Ein gutes Sortiment an Rohmilch-Käse als Alternative. Die Zutaten für die Fischgerichte werden von einer lokalen Fischereigenossenschaft geliefert. Die Desserts (6 €) sind alle hausgemacht, darunter Budino di pane (ein Dessert aus dem Lucca des 18. Jahrhunderts) und Zuppetta di buccellato. Neben der umfangreichen, gepflegten Weinkarte sind auch die Hausweine aus hiesigen Kellereien zu empfehlen.

»*Eckpfeiler sind der freundliche Empfang, Gerichte nach alter Familientradition und der hohe Stellenwert von lokaler Zugehörigkeit, Saisontreue und Qualität der Produkte.*«

56 KM SÜDÖSTLICH VON GROSSETO, S.S. 322

Da Paolino

Trattoria
Via Marsala, 41
Tel. (+39) 05 64 / 62 93 88
Ruhetag: Montag
Ferien: Januar/Februar, zeitweise im November
40 Plätze + 40 Plätze im Freien
Preise: 35 €
Kreditkarten: AE, CS, MC, Visa; BM
Mittags und abends geöffnet

Der Service in diesem hübschen Lokal wird von Sabrina Benicchi koordiniert, die dabei immer mehr zur Stütze von Marino Pieraccini wird. Die legendären Köchinnen Paola Boscherini und Giuseppa Perugini bereiten saisonale Gerichte aus hochwertigen, fast ausschließlich lokalen Zutaten zu. Ihr Repertoire trägt einen persönlichen Stempel, der die Leidenschaft verrät, mit der gekocht wird. Zu den typischen Antipasti wie Bruschette oder Crostini misti, Salumi und Filetti di cinghiale gesellt sich Carpaccio di petto d'oca mit Grana und Rucola (9 €). Hausgemachte Pasta dominiert bei den Primi: **Tortelli** oder ***Gnudi* di ricotta e spinaci** (eine Prise Zimt im Teig verleiht diesen einen ganz speziellen Geschmack), serviert mit unterschiedlichen Saucen, ***Pici* alla campagnola** oder **Pappardelle al cinghiale**. Weitere Vorschläge sind die klassische **Acquacotta** (9 €) oder Zuppa di farro. Bei den Secondi steht **Cinghiale al finocchio selvatico** (12 €) oder **alla maremmana** im Rampenlicht, Sie bekommen aber auch **Pollo mit Kräutern**, Baccalà alla livornese und Tagliata di manzo mit Rucola, was jedoch die Rechnung etwas höher ausfallen lässt. Käsekenner werden von den lokalen Formaggi begeistert sein. Die hausgemachten Desserts werden abwechselnd angeboten: Stets vertreten sind Mousse di ricotta (5 €) in den Versionen al cioccolato, al caramello, al caffè oder ai frutti di bosco. Die Weinkarte listet etwa 30 Etiketten zu korrekten Preisen auf. Ein sicherer Tipp sind die hervorragenden Hausweine, ein Morellino aus Scansano und ein Weißwein aus Pitigliano.

In der Fleischerei von Raffaele Giannarini am Dorfeingang (Piazza della Pace 5) wird Fleisch von Maremmana-Rindern aus dem Familienbetrieb zu guter Wurst verarbeitet.

22 KM SÜDWESTLICH VON AREZZO

Hosteria la Vecchia Ròta

Traditionelle Osteria
Via XX Settembre, 4
Tel. (+39) 05 75/84 53 62, (+39) 335/591 28 12
Ruhetag: Montag, Dienstag
Ferien: unterschiedlich
60 Plätze + 40 Plätze im Freien
Preise: 35 €
Kreditkarten: Visa
Mittags und abends geöffnet

Was den Charakter dieser reizenden Osteria La Vecchia Rota mit Blick auf die Piazzetta des Dorfes prägt, ist die Leidenschaft des Betreibers Massimo Giovannini für die Geschichte der Wein- und Tischkultur, die ihn bewegt hat, alte Bäuerinnen und einen Historiker in sein Projekt einzubinden, das darauf abzielt, Kultur, Traditionen und bodenständigen Geschmack zu einer harmonischen Einheit zu verschmelzen. Sein Zugang zum Thema Küche entspricht jenem alter Zeiten: Ein Beispiel dafür sind die Pezze della nonna (Pasta aus von Hand gezogenem Teig), serviert mit Birnen und Pecorino (12 €), ein Relikt aus der Zeit des Partisanenwiderstands, als die Lebensmittelknappheit die Leute dazu zwang, auch in der Küche Fantasie walten zu lassen. Weitere Primi, die eine Erwähnung verdienen, sind im Frühling *Gnudi* di borragine mit Prugnoli (Schlehen) und Spargel, **Ravioli di ricotta e ortica** und ***Pici* al ragù di anatra** (mit Entenragout) **oder di lepre** (mit Hase). Tradition dominiert auch bei den Secondi, etwa bei **Spezzatino di *ocio***, ***Nana* in porchetta** und Maialino al forno (13 €). Was nie fehlen darf, sind **Bistecca** und Tagliata, serviert mit einer Sauce aus Sardellen und Kapern. Als Beilagen bekommen Sie Fagioli del purgatorio (4 €) und Cipolle al forno (das Gemüse stammt aus dem eigenen Garten). Auch der Zubereitung der Desserts wird große Sorgfalt gewidmet: Cantucci, Panna cotta, Schiacciata alla fiorentina und Crostate, gefüllt mit Konfitüren von lokalen Herstellern. Die Weinkarte beschränkt sich auf die wichtigsten Etiketten dieses Landstrichs und einen guten Hauswein.

»*Kultur, Tradition, unverfälschter Geschmack: eine Dreierkombination, die aus Massimo Giovannini einen perfekten Gastwirt macht.*«

MARRADI (FI)

64 KM NORDÖSTLICH VON FLORENZ, S.R. 302

Il Camino

Trattoria
Viale Baccarini, 38
Tel. (+39) 055 / 804 50 69
Ruhetag: Mittwoch
Ferien: 1.–10. September
90 Plätze + 50 Plätze im Freien
Preise: 30–35 €
Kreditkarten: AE, CS, DC, MC, Visa; BM
Mittags und abends geöffnet

Diese Trattoria, ein Familienbetrieb (Rita in der Küche mit Tochter Simona, im Saal Schwiegersohn Mirco), feiert in diesem Jahr ihr 50-jähriges Bestehen und gilt nach wie vor als verlässliche Adresse für Personen auf der Fahrt über den tosko-romagnolischen Apennin entlang der Straße von Mugello nach Faenza. Kleine Räume, der hübsche Kamin im Hauptraum und die typische Einrichtung im Berglandstil vermitteln einen angenehmen Eindruck von Intimität. Die Einflüsse beider Regionen zeigen sich schon bei den Antipasti, wo die toskanischen Crostini con i fegatini mit den emilianischen Crescentine fritte mit Prosciutto aus Parma kombiniert werden. Gleiches gilt bei den Primi: **Tortelli di ricotta e spinaci mit Butter und Parmesan**, **Cappelletti in brodo**, **Tagliatelle al cinghiale** und in der Saison der Esskastanien Tortelli di marroni (8 €). Neben den traditionellen Gerichten gibt es auch andere Vorschläge wie Tortellini rosa al mascarpone e gorgonzola (9 €), die mit der inzwischen langen Geschichte des Pilgerwegs verbunden sind. Unter den Secondi finden Sie **Fritto misto** all'italiana (vegetarisch, 18 €), **Filetto in agrodolce** (16 €) und Agnello alla brace. Für die Desserts zeichnet Simona verantwortlich: Probieren Sie Bicchierino (mit Karamellcreme) und in der Saison Budino di marroni. Als Alternative zum ordentlichen Sangiovese des Hauses gibt es eine Karte mit Etiketten aus der Toskana und der Emilia. Im oberen Stockwerk stehen einige Gästezimmer zur Verfügung.

Die Bäckerei Sartoni (Via Fabbrini 22) bäckt Brot im Holzofen, Süßspeisen und Mürbegebäck aus Esskastanienmehl und einen herrlichen Castagnaccio. Wunderbares Esskastanieneis gibt es in der Konditorei Bar Bianco (Piazza Scalelle 19).

MASSA
Castagnetola

5 KM VOM ZENTRUM

Emma

Trattoria
Via Bergiola, 14 A
Tel. (+39) 05 85 / 419 31
Ruhetag: Dienstag
Ferien: 2 Wochen im Januar/Februar
30 Plätze + 50 Plätze im Freien
Preise: 25–28 €
Kreditkarten: AE, CS, DC, MC, Visa; BM
Mittags und abends geöffnet

Diese ansprechende Trattoria, wenige Minuten vom Zentrum von Massa entfernt, liegt inmitten einer stimmungsvollen Landschaft mit Hunderten von Zitronenbäumen, aus deren Früchten ein exzellenter Limoncello hergestellt wird, den wir Ihnen als Digestif empfehlen. Sara begleitet Sie in einen der beiden Speisesäle oder in der schönen Jahreszeit an einen Tisch im Freien, wo Sie das wunderbare Panorama und die würzige Luft genießen können. Sie zählt dann mündlich die Gerichte auf, die unter Einhaltung der kulinarischen Tradition dieses Landstrichs aus Zutaten lokaler Provenienz hergestellt werden (beginnend mit dem Wasser, dessen Quelle im Massiv der Apuanischen Alpen zu finden ist). Zum Auftakt bekommen Sie den Antipasto (8 €) mit gemischten Salumi, gegrilltem Gemüse, Oliven, Käse und Pasta fritta. Die Primi umfassen frische, von Emma zubereitete Teigwaren, darunter die typischen **Tordelli** (9 €), Tagliolini (Pasta e fagioli), **Tagliatelle al cinghiale** oder die Version ai funghi. Für den nächsten Gang empfehlen wir Tagliata oder **Bistecchina di cinta senese** mit Bratkartoffeln, Blattspinat oder anderem saisonalen Gemüse, **Cinghiale in umido**, aber auch **Polpette di patate** (5 €). Donnerstag und Freitag heißt es Bahn frei für Fisch wie Stoccafisso, im Winter serviert mit Polenta, und **Trippa mit Sugo**. Die Dolci sind hausgemacht: Zeppoline mit Chantilly-Creme und Amarena (3 €) und zur Osterzeit Torta di riso alla massese. Guter Hauswein und ein kleines Sortiment an toskanischen Etiketten.

Gastronomia Valeria in Massa (5 km), Via Fermi 1: köstliche Produkte und fertige Speisen. Die Macelleria Daniele Galeotti (Via Aurelia Ovest 42) verkauft Pferde- und Eselfleisch und erzeugt vorzügliche Wurstwaren.

Osteria del Borgo

Restaurant • Via Beatrice, 17
Tel. (+39) 05 85 / 81 06 80,
(+39) 331 / 812 37 39
Ruhetag: Dienstag
Ferien: je 1 Woche Ende Februar und Ende September
30 Plätze + 25 Plätze im Freien
Preise: 30 €
Kreditkarten: CS, MC, Visa; BM
Abends geöffnet, im Winter Sonntag auch mittags

Die Trattoria hat ihren Sitz im historischen Zentrum von Massa zwischen der Piazza degli Aranci und der Porta Martana, also im interessantesten Teil der Stadt, mit Blick auf das darüber liegende Schloss der Malaspina. Ihr Kennzeichen ist jedoch die herzliche, familiäre Atmosphäre, in der hier die einfachen Gerichte nach hiesiger Tradition serviert werden. Die Seele des Lokals ist Mamma Ivana, die beim Vortragen der Tagesgerichte an den Tischen eine gastfreundliche Stimmung verbreitet, während ihr Sohn Alessio Raffaelli in der Küche werkt. Neben dem rustikal eingerichteten Speisesaal steht in der schönen Jahreszeit ein hübscher Garten zur Verfügung. Die Karte variiert je nach Saison, das Repertoire hat aber auch fixe Bestandteile wie zum Beispiel den üppigen Tagliere dell'oste (12 €), der vorwiegend aus lokalen Salumi besteht, begleitet von exzellentem und fantasievollem Brot (mit Feigen, mit Esskastanien und Rotwein, Focaccine nach Art von Genua). Dann folgen die typischen **Testaroli**, Maltagliati mit Salsiccia und Pecorino, appetitliche **Lasagne stordellate** (9 €) und Ravioli di magro in Fonduta aus Höhlenkäse. Stets vertreten ist eine Tagessuppe (7 €), traditionell oder „experimentierfreudiger" wie die Zuppa con funghi e birra (mit Pilzen und Bier). Gehaltvolle Secondi, darunter **Stinco di maiale al forno**, **Stracotto di manzo** mit Bier (13 €), Tagliata und **Tiepido di baccalà** alla Piazza Aranci. Unter den teilweise hausgemachten Dolci finden Sie Flan di cioccolato mit englischer Rumcreme und eine Dessertvariation. Eine Weinkarte gibt es nicht und die Auswahl ist beschränkt, aber der offene Hauswein aus dem Gebiet von Candia ist respektabel. Als Alternative bekommen Sie einige vorzügliche Biere, die von Alessio nach handwerklichen Methoden gebraut werden und auch in der Küche häufig zum Einsatz kommen.

50 KM NORDWESTLICH VON GROSSETO, S.S. 439

Da Tronca

Trattoria
Vicolo Porte, 5
Tel. (+39) 05 66 / 90 19 91,
(+39) 338 / 743 70 73
Ruhetag: Mittwoch, außer im August
Ferien: zeitweise im Winter
50 Plätze • Preise: 30 €
Kreditkarten: CS, DC, MC, Visa; BM
Abends geöffnet, Ostern–September auch mittags

„Ich liebe den Wein so sehr, dass ich alle verdamme, die Trauben essen." So steht es auf einer Tafel am Eingang dieses Lokals, dessen Wände in den Fels gehauen sind. Als Rahmen dient ein Palazzo aus dem Mittelalter im Zentrum der Stadt. Geboten wird ein Ambiente mit rustikaler Note, wo Giancarlo Venturi, „Tronca" genannt, und sein Bruder Moreno die Gäste mit solcher Freundlichkeit und Wärme empfangen, dass sie ihnen das Gefühl geben, in alte Zeiten versetzt zu sein, wo man das Wesen der toskanischen Maremma noch richtig spüren konnte. Auch die Karte legt Zeugnis von der Liebe zur Tradition ab und präsentiert einfache, aber gepflegte Gerichte, die der jeweiligen Jahreszeit und den lokalen Produkten Respekt zollen. Die Antipasti – Crostini, Bruschette, Affettati und Pecorino (11 €) oder Acciughe sotto pesto – stimmen gut auf die traditionellen Primi ein: Unter diesen finden Sie **Tortelli alla maremmana**, bei denen Sie die Anzahl an Teigtaschen wählen können (drei für 8 €), Tagliatelle ai carciofi, **Acquacotta** (8,50 €) oder Zuppa contadina. Für den Hauptgang werden Gerichte wie Tasca di vitellone, **Cinghiale alla cacciatora** (11,50 €), **Coniglio in porchetta**, **Trippa**, **Baccalà alla maremmana**, Sformati und Frittate mit Gemüse angeboten. Die Desserts sind zum Großteil hausgemacht: Crostate, Zuppa inglese und der typische Panpepato ai fichi (4,50 €). Im Weinkeller spiegelt sich das Gebiet der Maremma wider. Der Hauswein, ein Sangiovese aus Montalcino, ist die perfekte Begleitung für die Speisen.

Enoteca Il Bacchino, gleich beim Dom: 800 Etiketten, darunter alle Weine aus dem DOC-Gebiet Monteregio di Massa Marittima, Käse, Wurst und andere Delikatessen (viele Slow-Food-Presidi).

MASSA MARITTIMA (GR)

50 KM NORDWESTLICH VON GROSSETO, S.S. 439

La Tana dei Brilli Parlante

Moderne Osteria
Vicolo del Ciambellano, 4
Tel. (+39) 05 66 / 90 12 74
Ruhetag: Mittwoch
Ferien: November
10 Plätze + 6 Plätze im Freien
Preise: 28–35 € • Keine Kreditkarten
Mittags und abends geöffnet

Die Osteria La Tana, mitten in der Altstadt, ganz in der Nähe des Doms gelegen, ist ein winziges, bis ins kleinste Detail gepflegtes Lokal (eine Reservierung ist unbedingt notwendig). Empfangen werden Sie von der Inhaberin Raffaella Cecchelli, die Ihnen bereitwillig die reich bestückte Karte präsentiert. Eckpfeiler des Repertoires sind Produkte dieses Landstrichs, die stets der Jahreszeit entsprechen. In der Küche werkt Ciro, ein Koch, der sich für Slow-Food-Presidi stark macht und diese in seinen Rezepten verarbeitet. Der erstklassige Antipasto del Brillo (20 €) umfasst Crostini, Salumi und Formaggi, die von der Wirtin mit Sorgfalt ausgewählt werden. Große Auswahl bei den Primi: ***Gnudi* mit Ricotta und Blattspinat in Tomatensauce**, Tortelletti di pecorino in Lauchsauce, ***Pici*** in den Versionen **cacio e pepe, al sugo di cinghiale** oder al fumo. Weitere Vorschläge sind Gigli di farro al guttus oder al blu maremmano (Edelschimmelkäse, 9 €), Chicchi di patate mit Radicchio und Lardo vom Cinta-Senese-Schwein und saisonal variierende Suppen sowie von April bis Juli Tortelletti di borragine. Unter den Secondi besticht **Cinghiale** in Form exzellenter **Bistecchine in salsa**. Interessante Vorschläge unter den Secondi sind auch **Stinco di maiale arrosto** sfumato mit Bier und Kartoffeln, Pernice rossa arrosto mit Frühlingszwiebeln in Aceto balsamico und **Lonzino al forno mit Äpfeln**, serviert mit Cannellini-Bohnen (14 €). Sehr zu empfehlen ist das Sortiment an exzellenten **Formaggi**, die mit Honig oder Frucht-Mostarda angerichtet werden. Hausgemacht und exquisit präsentieren sich die Desserts. Ausgeschenkt wird vorzugsweise der sehr angenehme offene Hauswein aus dem Gebiet von Monteregio. Der Kaffee wird in der Mokkakanne serviert. Es gibt eine eigene Karte für Öle. Service und Gedeck werden nicht verrechnet.

MASSAROSA (LU)
Piano di Conca

23 KM NORDWESTLICH VON LUCCA, S.R. 439

Da Ferro

Restaurant
Via Sarzanese Nord, 5324 A
Tel. (+39) 05 84 / 99 66 22
Ruhetag: Dienstag
Ferien: 2 Wochen im Oktober
150 Plätze + 150 Plätze im Freien
Preise: 28–30 €
Kreditkarten: AE, CS, DC, MC, Visa; BM
Mittags und abends geöffnet

In dem Gebäude, wo der Urgroßvater Ferruccio, „Ferro“ genannt, einen Lebensmittelladen eröffnet hatte, führt nun Vittoriano Ceragioli dieses historische Restaurant. Die weitläufigen Säle und die Veranda für die Sommerzeit sind einfach, aber komfortabel eingerichtet und der Service erfolgt stets pünktlich und freundlich, auch in Momenten des größten Ansturms. Trotz der Nähe zum Meer steht die Küche ganz im Zeichen der Tradition von Lucca und präsentiert sich mit Gerichten, deren Zutaten jeweils der Jahreszeit entsprechen und lokaler Herkunft sind. Gemüse stammt aus dem familieneigenen Garten. Sie können Ihre Mahlzeit mit einer Degustation von Formaggi und Salumi (8 €) beginnen, die Biroldo aus der Garfagnana umfasst, oder mit gegrilltem oder eingelegtem Gemüse. Unter den Primi spielen die hausgemachten Teigwaren die Hauptrolle. Sie bekommen **Tagliolini al cinghiale** und die wunderbaren **Tordelli al ragù** (8 €), Sie können sich aber auch Penne alla boscaiola oder eine **Suppe** (**Zuppa di farro** aus Dinkel oder Zuppa di verdure) schmecken lassen, die stets in der Karte vertreten sind. Für den Hauptgang wird ein beachtliches Sortiment an Fleisch vom Grill angeboten, darunter Galletto, Agnello, Spiedini, die klassische **Grigliata mista** und natürlich **Bistecca**. Als Alternative werden Anatra all'arancia (9 €), **Coniglio fritto** oder in umido, **Trippa** und am Freitag Baccalà oder Stoccafisso in umido angeboten. Als Beilage können Sie Gemüse aus dem Garten, auch frittiert, wählen. Die durchwegs hausgemachten Desserts (4 €) sind die Klassiker dieser Gegend, zum Beispiel Tiramisu und Panna cotta. Der Hauswein ist annehmbar, als Alternative bekommen Sie eine Flasche aus einem kleinen Sortiment an Etiketten, die fast ausschließlich toskanischer Provenienz sind.

MONTALCINO (SI)

41 KM SÜDÖSTLICH VON SIENA

Osteria di Porta al Cassero

Traditionelle Osteria
Via della Libertà, 9
Tel. (+39) 05 77 / 84 71 96
Ruhetag: Mittwoch
Ferien: 1 Woche im November, Januar
40 Plätze
Preise: 33 €
Kreditkarten: AE, CS, MC, Visa; BM
Mittags und abends geöffnet

Die Osteria von Silvia Cecchini befindet sich im Zentrum dieses Städtchens mit Blick auf die historische Festung, wo zahlreiche Ausstellungen zu Themen der Wein- und Tischkultur und der Kunst stattfinden. Silvia hat die Leitung von Piero und Loriana übernommen und empfängt nun Gäste aus aller Welt in einem traditionellen Ambiente im unteren Stockwerk eines Gebäudes, wo einst die Stallungen untergebracht waren. Die beiden Speisesäle im alten Stil sind mit Darstellungen des ländlichen Lebens dekoriert. Die Karte mit typischen Gerichten nach lokaler Tradition bleibt das ganze Jahr über im Wesentlichen unverändert und hält für den Einstieg gemischte Crostini – mit Hühnerleber, Pilzen, Zwiebel, Aglione und Tomaten – und die Salumi des Antipasto toscano (6 €) oder Bruschette al pomodoro bereit. Unter den Primi finden Sie ***Pinci*** und Tagliatelle mit verschiedenen Saucen von Ragout bis zu Steinpilzen, **Passato di ceci**, Zuppe di pane oder Zuppe di funghi und **Pappa al pomodoro** (7 €). Schmackhafte Secondi in großzügigen Portionen: Scottiglia di **cinghiale mit Fagioli all'uccelletto** (11 €), **Coniglio arrosto morto**, Polpette mit Kartoffeln, Fegato mit Zwiebeln und Trippa allo zafferano (9 €) nach altem Rezept. Als Beilage bekommen Sie Fagioli in bianco oder all'uccelletto, gemischte Salate und Gemüse (gegrillt oder im Ofen gebraten). Zum Abschluss gibt es Tiramisu, Panna cotta, Crème caramel und die typischen Cantuccini mit Vin Santo. Der Keller hat seinen Schwerpunkt bei Produkten dieses Landstrichs und bietet eine große Auswahl an Etiketten, teilweise auch im glasweisen Ausschank.

Honig ist ein wichtiges Erzeugnis des Ortes: Eine breite Produkt- und Sortenpalette bietet die Enoteca La Fortezza im Hauptturm der Burg.

MONTALE (PT)
Fognano

13 KM NORDÖSTLICH VON PISTOIA, S.P. 5

Il Fienile

Restaurant
Via Martelli
Tel. (+39) 05 73 / 59 06 24
Ruhetag: Dienstag, außer Juli, August und Dezember
Ferien: unterschiedlich
60 Plätze + 60 Plätze im Freien
Preise: 30–35 €
Kreditkarten: MC, Visa; BM
Mittags und abends geöffnet

Wer Körper und Geist eine Ruhepause gönnen will, ist in diesem alten Heuschober, der von den Brüdern Monticelli (Francesco im Saal, Tommaso am Herd) restauriert wurde, am richtigen Ort. Ein herzlicher Empfang, effizienter Service und eine Küche, die mit den Produkten und Traditionen dieser Gegend und der Toskana im Allgemeinen eng verwoben ist. Zum Einstieg erwarten Sie Antipasti wie Mortadella aus Prato (Slow-Food-Presidio), vorzügliche Salumi (10 €) einer hiesigen Fleischerei und die ungewöhnliche **Arista sott'olio**. Die Primi umfassen das ganze Jahr über verschiedene Zuppe di verdura, auch als Dreierkombination angeboten, und im Sommer Pappa al pomodoro oder Pasta wie **Maccheroni al sugo di anatra** (mit Entensauce) oder di cacciagione (mit Wild) und in den kalten Monaten Orecchiette ai broccoli mit Colatura di alici (10 €). Das Fleisch für die Secondi stammt häufig von Hoftieren (Hähnchen, Kaninchen, **Ente** und **Taube**), **alla griglia** zubereitet. Weitere Vorschläge sind **Peposo** vom Calvana-Rind (falls verfügbar) **al vino di Carmignano**, Guancia di vitello in Aceto balsamico (13 €), **Pentolaccio di maiale**, Faraona all'arancia und Baccalà alla livornese. In den Wintermonaten fährt freitags der Wagen mit dem Bollito misto auf. Als Beilagen sind Cannellini-Bohnen aus San Genese zu erwähnen. Zum Abschluss bekommen Sie ein Stück Torte. Der Preis von 3 € für das Gedeck schließt auch das Wasser ein. Kleine, aber gut sortierte Karte mit ausschließlich aus der Toskana stammenden Weinen. Das Lokal bietet außerdem ein Degustationsmenü für 30 € ohne Weine.

In der Macelleria Meoni, 50 Meter vom Fienile entfernt, kann man die lokalen Wurstspezialitäten kaufen, die auch im Restaurant serviert werden.

MONTE SAN SAVINO (AR)
Bano

20 km südwestlich von Arezzo, S.S. 73

Belvedere

Restaurant
Ortsteil Bano, 226
Tel. (+39) 05 75 / 84 42 62
Ruhetag: Montag, Dienstag, im Winter auch Mittwoch
Ferien: letzten 2 Novemberwochen
80 Plätze + 80 Plätze im Freien
Preise: 35 €
Kreditkarten: AE, CS, DC, MC, Visa; BM
Mittags und abends geöffnet

An der Straße, die hinauf zum Schloss von Gargonza führt, hat im Ortsteil Bano das Restaurant Belvedere seinen Sitz. Es liegt inmitten eines Olivenhains und bietet einen Ausblick auf das Chiana-Tal, den man von der Terrasse oder durch die großen Glasfenster des Lokals genießen kann. Ein Kamin dient der optischen Gliederung des Speisesaals, wo die elegant gedeckten Tische so platziert sind, dass auch große Gruppen Platz finden. Massimo Rossi, der das Team in der Küche dirigiert, und sein Sohn Lucio, der sich um den Service kümmert, hegen eine große Leidenschaft für diesen Landstrich und sind stets auf der Suche nach verlässlichen Lieferanten. In der umfangreichen Karte findet man Gerichte, die mit Gemüse aus dem eigenen Garten zubereitet werden, solche aus Produkten der Slow-Food-Presidi (Zwiebel aus Certaldo, Tarese aus dem Valdarno, rote Bohnen aus Lucca ...) und Speisen, die für Veganer geeignet sind. Als Appetitanreger gibt es Salumi und Crostini, verschiedene Arten von Bruschette und die **Zuppetta di lampredotto mit knusprigem Brot** (8 €). Die Primi umfassen ***Pici*** **all'aglione** (8 €), **Pappardelle al sugo bianco di chianina**, Maccheroni torti mit Wildschweinsauce und saisonale Suppen. Den nächsten Gang wählt man unter Vorschlägen wie Fegatelli di grigio del Casentino, **Grifi all'aretina** (10 €), verschiedenen Tagliate und **Bistecca** vom Chianina-Rind, die die Rechnung etwas ansteigen lässt. Freunde von **Formaggi** sollten sich keinesfalls die Auswahl an Pecorini aus dieser Gegend entgehen lassen. Zum Abschluss gute hausgemachte Desserts (6 €) wie Zuppa inglese und Gnocchi alla savinese. Die sehr gepflegte Weinkarte berücksichtigt Betriebe dieses Landstrichs, beinhaltet aber auch gute Etiketten aus anderen Regionen. Interessant ist die Karte mit etwa einem Dutzend unterschiedlicher Öle.

MONTEPULCIANO (SI)

68 km südöstlich von Siena

Osteria dell'Acquacheta

Trattoria
Via del Teatro, 22
Tel. (+39) 05 78 / 71 70 86
Ruhetag: Montag
Ferien: 1 Woche zu Weihnachten, Mitte Januar–Mitte März
35 Plätze
Preise: 25–30 €
Kreditkarten: AE, CS, MC, Visa; BM
Mittags und abends geöffnet

Das ist kein Ort für Vegetarier oder für ein romantisches Abendessen. Obwohl die Osteria dem Stereotyp der toskanischen Gastlichkeit zu entsprechen scheint, das ausländische Touristen erwarten, wird hier ehrlich auf lokale Traditionen geachtet und der Besuch in diesem Lokal ist jedenfalls unterhaltsam. Die Tische in diesem langen, schmalen Lokal sind eng gestellt, mit Blick auf die Küche am hinteren Ende. Im Raum steht ein Holzkohlenofen, daneben ein enormes Brett, auf dem ein komplettes Rippenstück darauf wartet, in Steaks geschnitten zu werden. Der Wirt, eine eindrucksvolle Persönlichkeit, führt sein Team von effizienten, freundlichen Mitarbeitern mit fester Hand. Den Tisch teilt man mit anderen Gästen, Wasser und Wein trinkt man aus einem Glas. Die Tische werden zweimal pro Mahlzeit belegt, wobei gleichzeitig für alle serviert wird. Sie bekommen hier einfache toskanische Gerichte: keinerlei Schnickschnack, jedoch viel Substanz. Es gibt ein feststehendes Menü und ein stärker strukturiertes Tagesmenü. Beginnen können Sie mit guten Bruschette, einem Teller mit toskanischen Salumi (6 €) oder Pecorino aus Pienza, in der Saison mit Trüffel serviert. Dann folgen ***Pici*** in den Versionen **all'aglione** (6 €), **al sugo di faraona** oder al ragù di cinghiale, Tagliatelle und hausgemachte Gnocchi oder eine Suppe. Das Bravourstück des Hauses ist **Bistecca** (32 € pro Kilogramm), die über der Holzglut (kurz) gebraten wird, wie auch Fegatelli und Salsicce. Als Alternative bekommen Sie **Rosticciana in porchetta** (8 €), **Coniglio ripieno**, Piccione arrosto und, wenn Sie wirklich keine Lust auf Fleisch haben, **Pecorino al forno mit Birnen** (5,50 €). Kleine Karte mit hausgemachten Dolci. Neben einigen wenigen lokalen Etiketten gibt es den in einer Karaffe servierten Hauswein lokaler Provenienz (6 € pro Liter).

MONTEPULCIANO (SI)
Valiano

74 km südöstlich von Siena

Piccola Trattoria Guastini

Trattoria
Via Lauretana Nord, 20
Tel. (+39) 05 78 / 72 40 06
Ruhetag: Mittwoch
Ferien: November
35 Plätze + 35 Plätze im Freien
Preise: 30–35 €
Kreditkarten: AE, CS, DC, MC, Visa; BM
Mittags und abends geöffnet

Ein Besuch in Valiano, einem charakteristischen Ort im Chiana-Tal an der Grenze der Provinz Siena zu Arezzo und Umbrien, sollte nicht ohne Einkehr in der Trattoria von Davide und Emanuela Guastini enden. Das Lokal wurde in den 1930er-Jahren als Osteria eröffnet und besteht aus einem schönen, hellen Speisesaal mit klassischer Einrichtung und einer Terrasse mit Panoramablick auf die Hügel von Montepulciano. Hier wurde immer eine traditionelle Küche angeboten: einfach, doch substanzreich und auf die Qualität der Zutaten bedacht, die dieser Landstrich im Übermaß bietet. Davide und Emanuela widmen sich eifrig der Pflege ihres Netzes von sorgfältig ausgesuchten Lieferanten, insbesondere in Bezug auf Fleisch von Chianina-Rindern und Wurst. Den Auftakt machen gute Salumi vom Cinta-Senese-Schwein mit Torta al testo, exzellentem Carpaccio di chianina oder **Lampredotto di chianina in grüner Sauce** (8 €) oder auch Fegatini spadellati mit Äpfeln und Zwiebeln auf geröstetem Brot oder Creme von Zolfini-Bohnen mit knusprigen Zwiebeln. Unter den Primi erwarten Sie hausgemachte Teigwaren wie ***Pici*** all'aglione, alle briciole oder **al ragù** (8,50 €), **Ravioli di piccione** oder di baccalà mit Mangold, Rosinen und Pinienkernen. Fleisch vom Chianina-Rind taucht auch unter den Secondi bei **Bistecca** (4,50 € pro 100 g), Tagliata und **Peposo** (12 €) auf, man kann sich aber auch Gerichte wie Anatra ai fiori di finocchio selvatico (Ente mit Blüten von wildem Fenchel) oder **Coniglio fritto** schmecken lassen. In der Saison stehen **Funghi** auf dem Programm. Brot und Dolci sind hausgemacht: Unter den Desserts blieb uns ein vorzüglicher Tortino di cioccolato mit Weichseln (4,50 €) in Erinnerung. Im Keller lagern Weine von Kellereien aus Montepulciano und dem nahe gelegenen DOC-Gebiet Cortona, darunter auch Bioweine.

MONTERONI D'ARBIA (SI)
Ville di Corsano

14 km südlich von Siena, S.P. 46

Il Ristoro

NEU

Trattoria-Pizzeria
Via Corsano Grotti, 574
Tel. (+39) 05 77 / 37 79 12
Ruhetag: Montag
Ferien: November
50 Plätze
Preise: 25–28 €
Kreditkarten: MC, Visa; BM
Mittags und abends geöffnet

Ville di Corsano ist ein reizendes Dorf, wenige Kilometer von Siena entfernt, mit prachtvollem Ausblick auf die Stadt und die Crete. Larissa und Elisa haben vor einigen Jahren dieses Lokal übernommen und bieten eine Küche nach lokaler Tradition. Die hochwertigen Zutaten werden mit Sorgfalt ausgewählt, die Lieferanten sind in der Karte angeführt. Das Ristoro liegt an der Hauptstraße des Ortes und dient auch als Bar. Hinter dem Tresen befindet sich der Eingang zu zwei Sälen mit rustikaler Note. Aus der Karte, in der auch die Slow-Food-Presidi angeführt sind, können Sie zum Auftakt Bocconcini millegusti (vier saisonal variierende Bruschette), aber auch **Fettunta** und Salsa di milza wählen. Als Alternativen gibt es die gute Insalata blu (7 €) mit Mandeln, Birnen und Edelschimmelkäse aus Kuhmilch. Zahlreiche Primi bereitet Elisa von Hand zu: **Ravioli maremmani mit Ragout vom Chianina-Rind** (8 €) oder ***Gnudi* di ricotta e spinaci auf Safrancreme** (7,50 €). Unter den Secondi bestechen **Fritto misto di carne** (8,50 €) mit Kaninchen, Hähnchen und Lamm sowie **Tonno del Chianti** (10 €), der nach Art eines Crostone mit Öl bestrichen und mit Blattspinat und anderem kurz in der Pfanne geschwenktem Gemüse belegt wird: ein schön gestaltetes und sehr gutes Gericht. Zum Abschluss können Sie hausgemachte Torten und Crostate genießen. Abends wird auch eine erstklassige Pizza mit saisonalen Zutaten angeboten. Gute Auswahl an Weinen und Bieren aus kleinen Brauereien, ergänzt durch einen ordentlichen Hauswein, hergestellt von einem Winzer in der Umgebung. Der freundliche Service wird von Larissa koordiniert.

■ Santa Margherita in Ville di Corsano ist ein Bio-Betrieb, wo Ziegen gezüchtet und exzellente Formaggi hergestellt werden.

MONTESCUDAIO (PI)

62 KM S. V. PISA, S.S. 206, 10 KM V. CECINA, S.S. 68

Il Frantoio

Restaurant
Via della Madonna, 9
Tel. (+39) 05 86 / 65 03 81,
(+39) 388 / 140 39 89
Ruhetag: Dienstag
Ferien: 10. Januar–10. Februar
40 Plätze • Preise: 35 €
Kreditkarten: CS, MC, Visa; BM
Abends geöffnet, im Winter an Feiertagen auch mittags

In dieser alten Ölmühle bleibt die Zeit stehen, jegliche Hektik verschwindet und der Hang des Inhabers Giorgio Scarpa zum Plaudern bietet eine gute Gelegenheit, Details über die hochwertigen Gerichte zu erfahren, die der Wirt seit 1989 anbietet. Er nützt seine profunden Kenntnis dieses Landstrichs für den korrekten Einsatz der aus der Umgebung stammenden Zutaten, wobei die Palette Brot aus Montescudaio, hiesiges Öl, Produkte der Slow-Food-Presidi und zertifiziertes Fleisch von Chianina-Rindern, Wurst und Käse sowie Teigwaren einschließt, die Sie auf der saisonal variierenden Karte vorfinden. Man beginnt mit Carpaccio di muggine (Meeräsche aus Orbetello), **Insalata di lingua salmistrata** (Pökelzunge, 10 €) oder Caramella mit Pecorino, Sardellen, Datteln und getrockneten Feigen. Der nächste Gang umfasst **Spaghetti sul polpo** (12 €), Tagliatelle al ragù oder *Pici* del pezzente. Unter den Secondi bestechen Fleisch vom Chianina-Rind in Form von **Bistecca**, Tartara oder Brasato und Guazzetto mit Tintenfischen aus dem Gebiet des Argentario. Gut sind auch **Trippa alla quercetana** (mit Ragout und wenig Tomaten) und **Cacciatora di coniglio mit Oliven** (14 €). Als Alternative gibt es eine gute Auswahl an **Formaggi** (15 €) lokaler Provenienz oder aus dem Piemont. Zum Abschluss bekommen Sie hausgemachte Dolci wie Torta di pere al cioccolato oder Sformato di ricotta. Auf der niveauvollen Weinkarte dominieren Rotweine neben einem guten Sortiment an Dessertweinen und einigen Halbliterflaschen.

»*Ein sympathisches, familiäres Ambiente, profunde Kenntnis dieses Landstrichs, erstklassige Zutaten, eine geschickt überarbeitete traditionelle Küche und ein Hang zum Erzählen: Das sind die Zutaten, mit denen Giorgio Sie erobert.*«

MONTIERI (GR)
Boccheggiano

42 KM NORDWESTLICH VON GROSSETO

La Ciottolona

NEU

Moderne Osteria
Piazza Diaz, 11
Tel. (+39) 05 66 / 99 82 16
Ruhetag: Mittwoch, außer im Sommer
Ferien: 2 Wochen im September/Oktober
24 Plätze + 40 Plätze im Freien
Preise: 26–30 €
Keine Kreditkarten
Abends geöffnet, gegen Vorbestellung auch mittags

In Boccheggiano, einem alten Bergbauzentrum in den Colline Metallifere, etwas abseits der Touristenpfade, führt Sandro Frullani, unterstützt durch seinen Sohn Duccio in der Küche, dieses intime, gastliche Lokal in den Räumlichkeiten einer alten Fleischerei mit zwei Speisesälen und Tischen im Freien mit Blick auf das Schwimmbad des darüberliegenden B&B. Das Motto des Betriebs heißt „Qualität zum richtigen Preis", wobei die Produkte, auch die saisonalen Pilze und Esskastanien, in der Umgebung gekauft werden. Die mündlich vorgetragene Speisenauswahl umfasst für gewöhnlich vier Vorschläge für jeden Gang. Sie finden darin **Medaglione di polenta mit Salsiccia vom Cinta-Schwein** oder **Baccalà**, gekocht und **mit geschmorten Zwiebeln, über Dampf gegarten Kartoffeln und einem gekochten Ei** kombiniert. Stets auf der Karte vertreten ist Tartare ai tre sapori, serviert mit Pesto, Tomaten und Oliven (10 €). Dann folgen Ravioli di verdure e ricotta, angerichtet mit Pancetta, Butter und Salbei, Tortelloni di gamberetti e ricotta mit Rosinen und getrockneten Früchten (8 €) oder **Tortello cacio e pepe**. Unter den Secondi dominiert **Tagliata** mit Öl und Rosmarin, in der Saison mit Pilzen oder **all'acciugata** (mit Sardellen-Kapern-Sauce), Sie können aber auch **Filetto di maiale, mit Pancetta gefüllt** (10 €), und Coscio oder **Scamerita di cinta senese mit Fonduta** vorfinden. Wenige, aber gute Dolci, allesamt hausgemacht, darunter Tortino di cioccolato und **Gelato al forno** (4 €). Kleiner Weinkeller mit etwa 15 Etiketten, vorwiegend aus der Toskana, ergänzt durch Weißweine aus dem Veneto.

Der Panificio von Andrea Montomoli (Via della Madonna 18): Brot, auch aus Esskastanienmehl, Schiacce und zahlreiche Süßspeisen.

ORBETELLO (GR)
Giannella

40 KM SÜDLICH VON GROSSETO, S.S. 1

L'Oste Dispensa

Restaurant
Strada Provinciale Giannella, 113
Tel. (+39) 05 64 / 82 00 85,
(+39) 347 / 180 36 79
Ruhetag: Dienstag, außer im Sommer
Ferien: 22. Dezember–15. Februar
40 Plätze
Preise: 35 €
Kreditkarten: MC, Visa; BM
Mittags und abends geöffnet

Die Lagune von Orbetello und die Maremma haben den jungen Küchenchef Stefano Sorci so sehr begeistert, dass er hier, neben dem Hotel seiner Frau Francesca, ein Restaurant eröffnete. Die Speisenauswahl steht an einer Tafel angeschlagen und ist auch am Eingang nachzulesen. Sie umfasst typische Rezepte nach Tradition von Orbetello. Es gibt ein kleines Menù dell'oste für 25 € und ein Menü mit einer Auswahl der frischen Produkte des Tages für 35 €. Stefano achtet sehr auf die Qualität der Zutaten, unter spezieller Berücksichtigung der richtigen Jahreszeit für bestimmte Fischarten und Fangmethoden und sorgt damit für Nachhaltigkeit und Umweltfreundlichkeit. Für den Einstieg bekommen Sie verschiedene Arten von Antipasti, darunter **Filetto di palamita e grano antico**, **Crocchette di gronco**, Scaveccio auf Marocca di Casola, **Anguilla sfumata** und Cestellino di bavosa fritta. Unter den Primi erwarten Sie **Risotto** dell'arcipelago (14 €) und die Version **di cefalotto affumicato**, **Tortelli al ragù di maremmana** (12 €) und Testarolo artigianale pontremolese mit Kräuterpesto. Für den Hauptgang werden Pesce del giorno vom Grill, **Acquapazza** und für Freunde von Fleischgerichten **Peposo di maremmana al Ciliegiolo** angeboten. Gemischte Formaggi aus der Maremma und Gemüse aus dem hauseigenen Garten. Unter den Dolci (4 €) finden Sie Biscottini dell'oste mit Vin Santo oder Sfratto dei goym (Slow-Food-Presidio). Der Weinkeller setzt diesen Landstrich durch typische Abfüllungen wie Ansonaco, Vermentino, Morellino und Ciliegiolo von exzellenter Qualität ins rechte Licht.

»
Stefano interpretiert die traditionellen Rezepte voller Leidenschaft und Fantasie und achtet bei seinem Fischangebot sehr auf Nachhaltigkeit.
«

PALAZZUOLO SUL SENIO (FI)

62 KM NORDÖSTLICH VON FLORENZ

La Bottega dei Portici

Osteria-Enoteca
Piazza Garibaldi, 3
Tel. (+39) 055 / 804 65 80
Ruhetag: Montag
Ferien.: zeitweise im September
30 Plätze + 50 Plätze im Freien
Preise: 28–34 €
Kreditkarten: CS, DC, MC, Visa; BM
Mittags und abends geöffnet

Egal woher Sie kommen, die Strecke ist keinesfalls leicht zu bewältigen und Sie müssen sich auf endlose Serpentinen einstellen, wenngleich der Weg durch eine wunderschöne Landschaft führt. Achten Sie auch auf Rehe, die die Straße queren oder nachts auf tief fliegende Eulen. Sobald Sie Palazzuolo erreicht haben, betreten Sie nach einigen Schritten an der frischen Luft diese Osteria mit dem richtigen Appetit. Francesco Piromallo ist ein sensibler Wirt, der sich den Gästen anpasst: Wortreich antwortet er Personen, die Fragen stellen, fast schüchtern verhält er sich bei Leuten, die Zurückhaltung bevorzugen. Aber auch wenn wenig gesprochen wird, haben Sie gleich beim Betreten des Lokals alles vor Augen: Brot und Focacce, die nach alter Art auf der Kommode aufgetürmt sind, Wurst, Käse und andere Spezialitäten, im Nebenraum zur Schau gestellt, in den Regalen die nach Regionen geordneten Weinflaschen mit vielen namhaften Etiketten, aber auch Weinen aus der Umgebung, einem Grenzland zwischen Toskana und Romagna. Bei mehr als zwei Personen ist für den Einstieg der Antipasto di Bottega (13 €) mit Crostini di fegatelli, Sformatini und Involtini von saisonalem Gemüse zu empfehlen. Unter den Primi erwartet Sie hausgemachte Pasta (umwerfende **Tagliatelle al ragù**), aber auch andere verführerische Vorschläge wie **Passatelli asciutti mit Julienne von Zucchini und Prosciutto**. Typische **Tortelli di patate**, serviert mit Fleischsaucen. Die Palette an Secondi umfasst **Anatra al forno mit Borretana-Zwiebeln**, **Stinco di maiale al forno** (13 €), Tagliata al sale di Cervia oder eine Degustation von **Formaggi** und Salumi (15 €). Das Kapitel der Dolci nennt eine interessante Crostatina di robiola mit Heidelbeerkonfitüre, stets verfügbar sind Biscotti della casa, die mit einem Gläschen Dessertwein oder einem Edelbrand serviert werden.

PESCIA (PT)
Monte a Pescia

28 km südwestlich von Pistoia, S.S. 435

Monte a Pescia Da Palmira

Restaurant • Via del Monte Ovest, 1
Tel. (+39) 05 72 / 49 00 00,
(+39) 338 / 687 40 19
Ruhetag: Mittwoch
Ferien: 3 Wochen im Oktober
80 Plätze + 70 Plätze im Freien
Preise: 30–35 €
Kreditkarten: CS, DC, MC, Visa; BM
Abends geöffnet, Feiertage auch mittags

Die Straße hierher ist eng, steil und kurvenreich, aber für die Mühe der Fahrt wird man durch den spektakulären Blick auf die Ebene von Lucca mehr als belohnt, ein Panorama, das auch und vor allem in der Nacht überwältigt. In diesem gastfreundlichen Lokal fällt der Blick sogleich auf den Kamin hinter dem Tresen und eine Arbeitsplatte, die beide zum Grillen genutzt werden. In der umfangreichen Weinkarte finden Sie eine Auswahl an Etiketten des DOC-Gebietes Colline Lucchesi, die bereits den hohen Stellenwert erkennen lässt, der hier den lokalen Produkten eingeräumt wird. Auch in der Karte bestätigt sich diese Linie in der Präsenz von typischen Gerichten aus Ingredienzen dieses Landstrichs: Öl, Trüffel, Esskastanien und verwandte Produkte, Gemüse und Fleisch. Das Angebot variiert je nach Jahreszeit, viele Gerichte sind von der Verfügbarkeit bestimmter frischer Produkte abhängig. Unter den Primi verdient hausgemachte Pasta eine Erwähnung: Ravioli, Maccheroni, **Maltagliati**, je nach Jahreszeit serviert **mit** Tomaten, Butter und Salbei, **Wildschweinragout**, Spargel und weißem Trüffel. Wir ließen uns die exzellenten **Ravioli con sugo di colombaccio** (mit Taube, 9 €) schmecken. Im Winter finden Sie unter den Secondi **Cioncia** und **Trippa alla pesciatina** (10 €), typische Gerichte der Gerber dieser Gegend, und **Fegatelli di maiale mit Rüben** (13 €). Stets verfügbar ist Fleisch, das über der Holzkohlenglut gebraten wird, darunter Tagliata für mindestens zwei Personen aus hochwertigem Fleisch, auf den Punkt genau gegart. Weitere Vorschläge sind **Fritto di pollo e coniglio**. Als Beilagen bekommen Sie Fagioli (Bohnen) aus Sorana vom Slow-Food-Presidio (5 €). Zum Abschluss sollten Sie **Necci** nicht verpassen, das sind dünne Waffeln aus Esskastanienmehl, die in speziellen Backformen gebacken und mit Ricotta gefüllt werden.

PIEVE FOSCIANA (LU)

52 km nordwestl. v. Lucca, S.S. 445 u. S.S. 324

Il Pozzo

Restaurant-Pizzeria
Via Europa, 2 A
Tel. (+39) 05 83 / 66 63 80
Ruhetag: Mittwoch
Ferien: unterschiedlich
130 Plätze + 130 Plätze im Freien
Preise: 35 €
Kreditkarten: AE, CS, DC, MC, Visa; BM
Mittags und abends geöffnet

Das Lokal ist nicht leicht zu finden. Es liegt versteckt am Rand des Dorfes, aber sobald man es entdeckt hat, kann man bequem auf dem großen Parkplatz parken. Im Speisesaal steht ein Ofen, auf dem Pizza und Focacce gebacken werden (abends von 19 Uhr bis Mitternacht in Betrieb), im Sommer sitzt man auf der kühlen Veranda mit Blick auf den Garten. Man kommt hier kaum umhin, mit dem Antipasto misto (8 €) aus lokalen Wurstspezialitäten zu beginnen. Das Bravourstück ist **Biroldo aus der Garfagnana**, zu der Brot aus Kartoffel- oder Esskastanienmehl serviert wird. Im Kapitel der Primi sind Suppen (**Zuppa di farro** oder in der Saison **di funghi**) und Pastagerichte, auch aus hausgemachten Teigwaren, vertreten: **Tortellacci al ragù** (9 €), **Pappardelle di farro al ragù d'anatra** und Tagliolini, in der passenden Jahreszeit mit Trüffel verfeinert (von Oktober bis Dezember mit weißem Trüffel aus San Miniato). Das Fleisch für die Secondi stammt aus lokalen Zuchtbetrieben und wird perfekt gegart: Wir empfehlen Filetto di manzo (14 €) oder andere Spezialitäten, über der Holzglut zubereitet, **Petto di faraona al forno** und in der Saison Medaglioni al tartufo. Als Beilage bekommen Sie Radicchio rosso lardellato (4 €) oder anderes Gemüse aus dem eigenen Garten. Exzellente Auswahl an **Formaggi** aus diesem Gebiet, serviert mit Konfitüren und Honig aus dem Tal. Als Dessert bekommen Sie Crema alla catalana oder Crostata, die hier als „Squisita" bezeichnet wird (3,50 €). Die Weinkarte listet ein schönes Sortiment an italienischen Etiketten auf: Unser Favorit war ein glasweise ausgeschenkter Merlot.

Bewusst gewählte, saisontreue Zutaten aus der Umgebung und perfekt ausgeführte traditionelle Gerichte: ein Gruß aus der Garfagnana.

PIOMBINO (LI)

82 km südlich von Livorno, S.S. 1

Il Garibaldi Innamorato

Trattoria
Via Giuseppe Garibaldi, 5
Tel. (+39) 05 65/494 10,
(+39) 329/963 47 48
Kein Ruhetag
Ferien: unterschiedlich
45 Plätze
Preise: 33 €
Kreditkarten: AE, CS, DC, MC, Visa; BM
Mittags und abends geöffnet

Wenige Schritte vom Hauptplatz von Piombino entfernt, wo man einen wunderbaren Ausblick auf den Golf und die Insel Elba genießen kann, hat die Trattoria Il Garibaldi Innamorato ihren Sitz. Sie gilt als zuverlässige Adresse für Freunde von hochwertigen Fischgerichten, die hier zu korrekten Preisen angeboten werden. Roberto Filippeschi verarbeitet die Produkte, die von den Fischern der Küste jeden Morgen aus dem Meer geholt werden. Seine Leitlinie ist eine Küche mit einfachen Rezepten, bei denen der unverfälschte Geschmack der Fische im Mittelpunkt steht. Die Gerichte nach Tradition dieses Küstenabschnitts werden in einer zwanglosen Atmosphäre serviert. Das Angebot hängt zum größten Teil vom Tagesfang ab. Einen guten Überblick über den Stil des Lokals bieten die acht Antipasti (20 €), die bei unserem letzten Besuch **Ricciola all'aceto**, **Polpo mit Bohnen**, Baccalà mit Knoblauchmayonnaise, Seppioline fritte, Palamita und Acciughe alla griglia, **Pesce sciabola fritto** und Gamberi alla grappa umfassten. Unter den Primi (10 €) findet man das ganze Jahr über **Zuppa corsa**, es empfiehlt sich aber auch nach den Alternativen zu fragen, um nicht Gefahr zu laufen, andere Spezialitäten wie **Tagliatelle al pesto di pistacchi con nasello** (mit Seehecht) zu verpassen. Wer dann noch Appetit hat, kann mit Fisch vom Grill oder Weichtieren fortfahren, zum Beispiel **Totani alla diavola**. Die Auswahl an Dolci ist auf Lingue di gatto mit warmer Creme (4 €) begrenzt. Gut strukturierte Weinkarte mit interessanten Vorschlägen von glasweise ausgeschenkten Weinen und einem schönen Sortiment an lokalen Etiketten neben niveauvollem Champagner. Der Service war korrekt, aber etwas kühler, als wir ihn in Erinnerung hatten.

PISA

Ferie!

Osteria dei Cavalieri

Restaurant
Via San Frediano, 16
Tel. (+39) 050 / 58 08 58
Ruhetag: Samstagmittag, Sonntag
Ferien: August, 30. Dezember–7. Januar
60 Plätze
Preise: 30–35 €
Kreditkarten: AE, MC, Visa; BM
Mittags und abends geöffnet

Wenige Meter von dem von Vasari entworfenen Platz entfernt, erwartet Sie die Osteria dei Cavalieri, die unterschiedlichen Ansprüchen gerecht wird: für ein schnelles Essen in der Mittagspause (moderate 12 € für ein flott serviertes Tagesgericht) oder ein Abendessen mit allen Raffinessen. Francesco Balloni und sein Team bieten eine traditionelle Küche mit Festland- und Meeresgerichten aus saisonalen Zutaten. Man kann à la carte speisen oder eines der viergängigen Degustationsmenüs im Zeichen von Fleisch (32 €), Fisch (33 €) oder Gemüse (28 €) wählen. Für den Einstieg erwarten Sie Pasta fritta mit Prosciutto toscano (7 €), aber auch Sformati mit Gemüse oder Käse, Pancotto di mare oder Zuppetta di vongole e cozze. Unter den Primi entdecken Sie **Tagliatelle all'anatra mit Möhren und Wacholderbeeren** (10 €), frische Foglie di olivo mit Auberginen und gesalzener Ricotta, **Ravioli di pecorino e pepe nero mit Bohnen in Tomatensauce**, Spaghetti cozze e vongole oder die Version ai cannolicchi, aber auch Suppen wie **Zuppa di farro** oder Passato di ceci. Als Hauptspeisen bekommen Sie Tagliata di manzo mit Rucola und Parmesan, **Coniglio all'origano** (12 €), fangfrischen Pesce del giorno, im Ofen oder auf der heißen Platte zubereitet, und deftigere Gerichte wie **Ossobuco in umido mit Bohnen** oder **Trippa**. Als Nachtisch stehen Crostata di pere e cannella, Bavaresi und Sorbets auf dem Programm. Die umfangreiche Weinkarte umfasst niveauvolle Etiketten aus dem In- und Ausland. Das Angebot wird durch Biere aus kleinen Brauereien und ein gutes Sortiment an Edelbränden abgerundet.

De Bondt, Lungarno Pacinotti 5: exzellente Schokoladeproduktion, besonders gut die Varianten mit Tee, Ingwer und Peperoncino.

6 km vom Zentrum

Re di Puglia

Restaurant • Via Aurelia Sud, 7
Tel. (+39) 050 / 96 01 57,
(+39) 345 / 439 09 31
Ruhetag: Montag, Oktober–Mai auch Dienstag
Ferien: 2 Wochen im Januar
80 Plätze + 70 Plätze im Freien
Preise: 35–40 €
Keine Kreditkarten; BM
Abends geöffnet, Oktober–Mai Sonntag auch mittags

Wenige Minuten vom Zentrum von Pisa entfernt, trifft man an der Via Aurelia auf dieses großzügig angelegte Restaurant mitten im Grünen. Sobald Sie das Lokal betreten, werden Sie vom Wirt Sergio Sperandeo empfangen und können einen Blick auf die Küche auf der rechten Seite werfen. Was jedoch sofort die Aufmerksamkeit auf sich zieht, ist der Speisesaal auf der linken Seite, wo in der Mitte des Raums ein großer Grill steht, auf dem Fleisch und anderes zubereitet wird. Im Sommer nimmt man im Freien Platz und kann auch dort dem Koch bei seiner Arbeit am Grillplatz zusehen. Crostini mit frischer Ricotta oder andere Appetithäppchen bekommen Sie während der Wartezeit auf die Antipasti serviert, unter denen auch eine vegetarische Variante (10 €) zu finden ist, eine Alternative zum Misto di salumi mit von Hand geschnittenen Wurstspezialitäten aus dem Gebiet um Lucca (15 €) und Lardo aus Colonnata. Dann folgen exzellente Primi: **Tordelli di carne in ragù bianco leggero** (10 €), **Pappardelle al montone** (mit Hammel) oder al coniglio e rosmarino (mit Kaninchen und Rosmarin), Testarolo pontremolese (Slow-Food-Presidio) und Zuppa di carciofi e ceci mit Crostino. Das Kapitel der Secondi ist ein wahrer Triumphzug von Fleisch vom Grill – Tagliata, **Bistecca** vom Rind oder vom Schwein, **Piccione**, also Taube (14 €) –, häufig werden aber auch **Montone al pepe nero**, **Coniglio impanato**, **Trippa** und Formaggio alla griglia angeboten. Eine Spezialität des Hauses sind die Desserts auf Kakaobasis wie Bacio al cioccolato und Crostata mit Birnen und Schokolade. Zu empfehlen sind auch Sfogliatina di nocciole mit aufgeschlagener Ricotta und Zitrusfrüchten und Pere al vino mit Mandelcreme. Die Weinkarte nennt Etiketten aus der Umgebung und anderen Anbaugebieten, wovon einige auch glasweise angeboten werden.

La Bottegaia

Moderne Osteria
Via del Lastrone, 17
Tel. (+39) 05 73 / 36 56 02
Ruhetag: Montag
Ferien: 1 Woche um den 15. August
35 Plätze + 60 Plätze im Freien
Preise: 35–40 €
Kreditkarten: AE, CS, DC, MC, Visa; BM
Mittags und abends geöffnet

Die Osteria La Bottegaia hinter der schönen Piazza del Duomo ist ein sicherer Tipp. Die Partnerschaft zwischen Alessandro Olmi, Carlo Malentacchi und dem Koch Cristian Ercolini trägt seit Jahren exzellente Früchte: Speisen aus erlesenen saisontreuen Zutaten, die mit Sorgfalt nach traditionellen Rezepten, aber mit innovativen Garmethoden zubereitet werden, und eine herzliche Atmosphäre. Ein guter Einstieg gelingt mit den klassischen Salumi und Crostini oder Tortino di verdure – zum Beispiel mit Lauch, Kartoffeln und Safran, serviert auf Fonduta von Rohmilch-Pecorino aus den Bergen um Pistoia (8 €) –, fein gehackter Carne cruda und **Formaggi** aus dem hiesigen Bergland. Aus dem Kapitel der Primi sind die traditionellen **frischen Maccheroni pistoiesi all'anatra** (mit Ente, 9 €), im Winter **Taglierini mit Schwarzkohl**, Crespelle di ricotta e spinaci und Zuppa di legumi mit knusprigen Crostini zu empfehlen. Unter den Secondi erwarten Sie Tagliata di manzo mit Kirschtomaten, Pesto von Taggiasca-Oliven und Kapern aus Salina, Baccalà al forno mit würzigen Kräutern und Vellutata di legumi (13 €) und **Trippa alla fiorentina**. Als Beilagen werden Insalate miste, in der Pfanne geschwenkte Kräuter oder Ceci „Piccini" aus dem Chianti-Gebiet serviert. Die feine Dessertkarte verführt mit Tiramisù della Bottegaia (6 €), Torta di mele mit englischer Zimt-Creme und Cantucci mit Mandeln zum Eintauchen in Vin Santo. Die umfangreiche Weinkarte nennt interessante Etiketten, auch im glasweisen Ausschank. Nahe der Osteria bekommen Sie im Feinkostladen I Sapori della Bottegaia hiesige Spezialitäten und Slow-Food-Presidi.

„Der Inbegriff einer modernen Osteria: wunderbare Zutaten, Gastlichkeit, feines Essen und gute Weine."

Trattoria dell'Abbondanza

Trattoria
Via dell'Abbondanza, 10–14
Tel. (+39) 05 73 / 36 80 37
Ruhetag: Mittwoch, Donnerstagmittag
Ferien: je 2 Wochen im Mai und Oktober
40 Plätze + 40 Plätze im Freien
Preise: 30–35 €
Kreditkarten: CS, MC, Visa; BM
Mittags und abends geöffnet
♿

In einem Gässchen im Zentrum trifft man auf das Lokal von Patrizio, „Iccio" genannt. Der Wirt mag auf den ersten Blick etwas mürrisch wirken, wenn Sie ihm jedoch ein Lächeln entlocken können, wird er Sie mit seinen Geschichten erobern. Im Saal oder bei schönm Wetter an den Tischen auf der Straße serviert seine Frau Rossella charmant die Speisen. Das Motto des Lokals ist „Qualität, nicht Quantität", aber keine Sorge: Sie werden nicht hungrig bleiben, ganz im Gegenteil! Auf der Karte stehen etwa zehn Primi und ebenso viele Secondi, ganz nach regionaler Tradition und den Jahreszeiten angepasst. Die Beschreibung der Gerichte auf der Karte ist einfach und klar. Nach dem unverzichtbaren Misto toscano mit Salumi und Crostini mit Hühnerleber, Bruschette und Polentine können Sie zwischen **Farinata di cavolo nero**, **Ribollita** (8 €) oder anderen Suppen wählen oder Sie entscheiden sich für Gnocchi mit Tomaten oder Pesto oder **Maccheroni al ragù**. Wer Innereien mag, sollte sich **Carcerato** (8 €) nicht entgehen lassen (in Rindsuppe gekochte Rinder-Innereien, mit Brot serviert): Der Name soll darauf zurückzuführen sein, dass in Pistoia zwischen dem Gefängnis und dem Schlachthof ein Bach floss, auf welchem Schlachtabfälle vorbeischwammen; die Gefängnisinsassen sollen diese zum Würzen ihrer Speisen verwendet haben. Bei den Secondi tritt der typisch toskanische Charakter der Trattoria ins Rampenlicht: **Trippa alla fiorentina**, **Pollo fritto mit frittiertem Gemüse** (15 €) und **Peposo mit Cannellini-Bohnen** (13 €). Fisch ist mit **Polpettine di baccalà mit frittierter Polenta** und der klassischen Kombination von Polpo und Kartoffeln vertreten. Bei den Dolci dürfen Tiramisu (5 €) und Torta di mandorle mit Schokolade und Kompott von Bitterorangen nicht unerwähnt bleiben. Die preislich korrekte Weinkarte ist gut bestückt.

74 km südöstlich von Grosseto, S.S. 322

Hostaria del Ceccottino

Restaurant
Piazza San Gregorio VII, 64
Tel. (+39) 05 64 / 61 42 73,
(+39) 393 / 979 00 69
Ruhetag: Donnerstag
Ferien: 10. Januar–10. März
30 Plätze + 25 Plätze im Freien
Preise: 30 €
Kreditkarten: AE, CS, MC, Visa; BM
Mittags und abends geöffnet

Das schöne Restaurant von Alessandro Francardi, im Zentrum dieser auf Tuffgestein gebauten Ortschaft gelegen, nimmt als einer der gastronomischen Vorzeigebetriebe der Gegend eine herausragende Stellung ein. Das Fundament der Küche sind Rezepte nach lokaler Tradition, die typisch bäuerlichen Charakter haben, mit starker Einbindung von Gerichten, die aus der jüdischen Küche stammen. Große Aufmerksamkeit wird Bioprodukten, solchen nach Null-Kilometer-Philosophie und jenen der Slow-Food-Presidi geschenkt. Der Antipasto sieht Crostini, auch mit Milz (6 €), und Salumi von Cinta-Senese-Schweinen oder jedenfalls Produkte mit kurzen Lieferwegen vor. Bei den Primi wechseln Suppen – mit Kichererbsen und Linsen, Ricotta und Blattspinat und die unverzichtbare **Acquacotta** – und Pastagerichte: **Tagliatelle al ragù bianco di anatra** (mit Entenragout, 12 €), ***Pici* all'aglione**, **Pappardelle al ragù di cinghiale** (mit Wildschweinragout) und Tortelli di ricotta di pecora, in der Saison mit Trüffel verfeinert. Bei den Secondi steht Fleisch aus Betrieben aus einem Umkreis von 50 km im Mittelpunkt: **Coniglio alle erbette** (13 €), Stinco di maiale, im Ofen zubereitet (12 €), **Cinghiale alla cacciatora**, **Buglione di agnello** nach jüdischer Tradition und Bistecca di manzo – vom Chianina- oder Maremmana-Rind –, auf einem heißen Stein serviert. Der jüdische Einfluss kommt auch in einem der Desserts zum Tragen, dem Sfratto, zu welchem sich Tiramisu, Fagottino del Ceccottino (6 €), Bavarese mit Vin Santo und Mousse von Ricotta aus lokalen Käsereien von Manciano und Sorano gesellen. Die breit gefächerte, niveauvolle Weinkarte umfasst 120 Etiketten, die vorwiegend aus der Maremma stammen. Nur wenige Schritte vom Restaurant entfernt bietet das Ceccottino auch Gästezimmer zum Übernachten.

PONTASSIEVE (FI)
Molino del Piano

21 KM NORDÖSTLICH VON FLORENZ, S.S. 67

Artemide

NEU

Restaurant
Via di Galiga, 21
Tel. (+39) 055 / 831 72 40
Ruhetag: Dienstag
Ferien: unterschiedlich
50 Plätze + 50 Plätze im Freien
Preise: 33 €
Kreditkarten: AE, CS, DC, Visa; BM
Mittags und abends geöffnet

Wenn es einen hierher ins Artemide verschlägt, ein historisches Jagdhaus in den Hügeln zwischen Florenz und Pontassieve, entdeckt man eine Märchenwelt, in der alles noch so zu sein scheint wie in einer fernen Zeit, die längst in Vergessenheit geraten ist. Die kleine Jugendstil-Villa mitten im Wald wurde mit Feingefühl restauriert und seit nunmehr sechs Jahren liegt die Leitung des Restaurants in den Händen der Brüder Simone und Massimiliano Riani, beide erfahrene Küchenchefs und Allrounder. Im wahrsten Sinne des Wortes „Allrounder“, weil sie tagsüber im angrenzenden Garten Gemüse anbauen, Holz für den Kamin hacken, Wildkräuter sammeln, Konfitüren herstellen, Teig für die verschiedenen Arten von Teigwaren zubereiten, Brot backen und die Betriebe der Umgebung besuchen, um Produkte für die Vorratskammer zu besorgen. All diese Tätigkeiten finden ihren Niederschlag in einem Speisenrepertoire, welches aus Gerichten nach toskanischer Tradition zusammengesetzt ist, die Geschmackserfahrungen von anno dazumal neu zum Leben erwecken: **Tortelli di patate alla mugellana** (9 € wie alle Primi), Gnocchi di patate mit Pesto, **Tagliatelle sul coniglio mit wildem Fenchel**, Bocconcini di cinghiale mit Ysop und Zitrone, **Coniglio disossato** (14 €) und **Fagioli al fiasco** „mappeddavvero“. Des Weiteren stehen Tagliata di maiale brado, Battuta di manzo, **Bistecca** (40 € pro Kilogramm) und im Winter **Peposo** (15 €) auf dem Programm. Das Repertoire wird durch eine feine Auswahl an Pecorini und zahlreiche Desserts abgerundet, die alle Simones Handschrift tragen. Die klug zusammengestellte Weinkarte umfasst Etiketten wichtiger Kellereien und solche von kleinen Produzenten. Wenn Ihnen auf dem Heimweg Zeus und Apollo begegnen sollten, wundern Sie sich nicht … auch sie gehen zu Artemis!

PONTASSIEVE (FI)
Doccia

21 KM NORDÖSTLICH VON FLORENZ, S.S. 67

Il Maccherone

Restaurant
Via Doccia, 74
Tel. (+39) 055 / 836 41 94,
(+39) 328 / 647 73 83
Ruhetag: Montag, Dienstag
Ferien: zeitweise im Sommer
40 Plätze
Preise: 25 €
Kreditkarten: AE, CS, DC, MC, Visa; BM
Abends geöffnet, Samstag und Sonntag auch mittags

Rechnen Sie mit einigen Serpentinen bei der Anfahrt und freuen Sie sich auf einen angenehmen Ort in den Hügeln am rechten Ufer des Arno, abseits vom Trubel der Talstraße, und auf eine einfallsreiche Küche: Aldo und Lisetta Somigli bieten fest in der Tradition verankerte Gerichte aus saisonalen Zutaten, denen ungewöhnliche Kombinationen innovative Akzente verleihen. Nach Soprassata und exzellenter hausgemachter Focaccia zur Begrüßung eröffnen Sie den Reigen mit warmen Crostini misti, Tortini di ricotta e basilico mit Zucchini und Mandeln (6 €) oder kleinen Parmigiane als Überleitung zum nächsten Gang, der **Ravioli mit Orangenbutter und Mohnsamen** (8,50 €) oder die Version con burrata e fiori di zucca mit Zucchinipesto und Kürbissamen, **Pappardelle con sugo d'anatra** oder **Tortelli di patate al cinghiale** bereithält. Unter den Secondi finden Sie neben der klassischen **Bistecca** alla fiorentina oder der ebenso klassischen Kombination von **Pollo und Coniglio fritti** auch Steccata (vom Knochen gelöstes Kotelett) al forno mit Rosmarin und grünem Pfeffer (12 €), Boscaiola (Bistecca vom Schwein mit Pilzen in Folie) oder, wenn Sie kein Fleisch möchten, Tomini al forno, in der Saison mit Trüffel. Die Desserts (4 €) sind hausgemacht. Die kleine, aber gepflegte Weinkarte hat ihren Schwerpunkt bei Rotweinen aus der Toskana, insbesondere aus dem Gebiet des Rufina. Eine Anmerkung off-topic: Auch auf der Herren-Toilette befindet sich ein Wickeltisch … Zeichen einer mentalen Offenheit.

Podere Ruggeri I (Via dello Stracchino 9): Rind- und Schweinefleisch, Wurst und Bio-Eier. Die Macelleria Spolveri in **Diacceto di Pelago** (17 km) verkauft Fleisch von lokalen Züchtern und Wurst aus eigener Produktion.

56 KM NW. V. MASSA, 40 KM V. LA SPEZIA, S.S. 330 OD. A 15

Antica Trattoria Pelliccia

Restaurant
Via Garibaldi, 137
Tel. (+39) 01 87 / 83 05 77
Ruhetag: Dienstag
Ferien: Juli
45 Plätze
Preise: ✚ 38 €
Kreditkarten: AE, CS, MC, Visa; BM
Mittags und abends geöffnet

Der Fluss und die Ortschaft, die über diesem thront, wunderbare Ausblicke und rundherum Natur: Das ist Pontremoli, ein Städtchen, das mit kurvenreichen, eleganten Straßen und den mysteriösen Luftbrücken zwischen den Gebäuden fasziniert. Das Pelliccia betritt man wie ein Privathaus, dann führen Treppen hinauf in die Gasträume. Das Lokal wird als Familienbetrieb geführt: Der Vater und die Mutter sind eifrig mit Kochtöpfen und Weinflaschen beschäftigt, ihre Tochter Valentina erklärt den Gästen an den Tischen, was auf der Karte zu finden ist und auch, was nicht auf dieser steht (die guten, frischen Dinge kann man nicht erzwingen ...). Wir empfehlen Ihnen, sich an die traditionellen Gerichte zu halten und die „exotischen" Vorschläge auszulassen, die, zumindest bei unserem letzten Besuch, etwas zu zahlreich waren. Zum Einstieg können Sie Speck aus Colonnata, Mortadella, Culaccia und andere Salumi (10 €), serviert mit Frittelline aus Wasser und Mehl, oder **Torta pontremolese di formaggio** wählen. Ein sicherer Tipp unter den Primi sind **Testaroli al pesto** (9 €), aber auch **Tortelli di verdure**, in unserem Fall mit Mangold und Ricotta (11 €), sind sehr gelungen. Neben **Agnello aus Zeri** (Slow-Food-Presidio) **al forno mit Kartoffeln** (14 €), sicher das populärste Gericht unter den Secondi, verdienen auch Petto d'anatra, mit Honig und Aceto balsamico karamellisiert, **Baccalà mit Speck und Tomaten** (18 €) und der Teller mit Formaggi eine Erwähnung. Und **Funghi**? Sicher, aber nur, wenn die hiesigen Porcini (Steinpilze) Saison haben. Lassen Sie noch etwas Platz für die hausgemachten, häufig variierenden Desserts: Wenn Sie Glück haben, bekommen Sie Castagne al miele und Gelato di crema mit flüssigem Gelée von Bitterorangenschalen. Ein Feuerwerk zum Abschluss mit einem Gläschen China, der in Fivizzano hergestellt wird.

PONTREMOLI (MS)

56 KM NW. V. MASSA, 40 KM V. LA SPEZIA, S.S. 330 OD. A 15

Da Bussè

Trattoria
Piazza Duomo, 31
Tel. (+39) 01 87 / 83 13 71
Ruhetag: Freitag
Ferien: 2 Wochen im Juli
45 Plätze
Preise: 25–28 €
Kreditkarten: CS, MC, Visa; BM
Mittags geöffnet, Samstag und Sonntag auch abends

Wenn wir bei Bussè einen Film drehen wollten, dann hieße dieser wohl „Essen wie daheim". Die Trattoria, die über Jahrzehnte ihren Stil als populäre Gaststätte bewahrt hat, liegt in einem Gässchen neben dem Dom. Der Eingang ist kaum zu erkennen, aber jeder hier in der Gegend kann Ihnen den Weg weisen. Alles ist noch so, wie es vor mehr als 40 Jahren war, als Luciano Bertocchi mit seinen Schwestern Antonietta und Isa dieses Abenteuer begann, und noch heute widmen sich die drei ihrer Arbeit mit der gleichen Leidenschaft wie zu Beginn. Ebendiese Leidenschaft dient als Impuls, wenn sie den Gästen mündlich die Gerichte vortragen, Ratschläge zur Wahl der Speisen erteilen, Informationen zu typischen Produkten oder Essensgewohnheiten dieses Landstrichs geben und über persönliche Erfahrungen berichten. Die Gerichte sind sehr einfach, eine Quintessenz der Tradition des Gebietes der Lunigiana. Besondere Erwähnung verdienen die einzigartigen **Testaroli**, angerichtet mit Öl und Parmesan oder **mit Pesto** (dem echten Pesto: Wir sind hier nur wenige Kilometer von Ligurien entfernt), Zuppa del pellegrino (5 €), **Torta *d'erbi***, fabelhafte **Cima ripiena** (10 €), Cotechino nostrano (gewürzt mit Honig aus der Lunigiana), Arrosto di vitello (9,50 €) und **Coniglio alla cacciatora**. Dazu gibt es typische Beilagen wie Radici amare (Bitterwurzeln). Als Dessert können Sie die traditionelle **Spongata** oder Torta „sexy" (5 €) wählen, die Luciano frisch zusammenstellt. Recht gut ist der offene Hauswein, den Kaffee müssen Sie jedoch in der Bar nebenan einnehmen: Hier wurde und wird auch in Zukunft kein Kaffee angeboten ...

»
Eine Küche nach Hausmannsart, ganz im Zeichen der Tradition: der Inbegriff einer volkstümlichen Trattoria.
«

Cibbè

Trattoria
Piazza Mercatale, 49
Tel. (+39) 05 74 / 60 75 09
Ruhetag: Sonntag
Ferien: August, Weihnachten/Neujahr
45 Plätze
Preise: 28–30 €
Kreditkarten: MC, Visa; BM
Mittags und abends geöffnet

Die Piazza Mercatale ist ein riesiger Parkplatz, der vor allem mittags stark frequentiert ist. Beim Betreten der Trattoria sehen Sie als Anschlag am alten Ziegelgewölbe eine Darstellung der Regeln des Spiels Cibbè aus dem 16. Jahrhundert, nach welchem das Lokal der Familie Monticelli benannt ist. Die Mahlzeiten beginnen mit Spartacos mündlicher Präsentation der Tagesgerichte. Die Karte wurzelt im Rezeptschatz der toskanischen Tradition, die Speisenfolge wird mit einem klassischen gemischten Teller mit Salumi und Crostini (an deren Stelle auch Gallette di riso treten können) eingeleitet. Für die Teigwaren der Primi zeichnet Mama Giuseppina verantwortlich: Wir probierten **Tagliatelle con sugo bianco di coniglio e faraona** (mit Kaninchen und Perlhuhn) und exzellente **Gnocchetti di farro mit Gemüse und gereiftem Ricotta** (9 €), aber auch die Suppen, etwa die sommerliche **Pappa al pomodoro**, können mithalten. Involtini und Polpette repräsentieren unter den Secondi das Repertoire der traditionellen Küche nach Hausmannsart, ergänzt durch **Peposo**, Coniglio alla ghiotta (mit dem Wein Barco Reale di Carmignano und Gemüse gekocht), **Trippa alla fiorentina** und **Lampredotto**, in Stücke geschnitten und **mit grüner und pikanter Sauce sowie süßsauer eingelegtem Gemüse** serviert (12 €). Giuseppina bereitet auch die Desserts zu, darunter eine spezielle Torta di farro mit Rosinen und Nüssen (5 €). Als Alternative zum offenen Hauswein gibt es eine kleine Weinkarte, die einige exzellente Etiketten nennt.

Bozza di Prato, ungesalzenes Brot aus Natursauerteig, gibt es bei Loggetti (Via Matteotti 11). Pasticceria Nuovo Mondo (Via Garibaldi 23): süße Spezialitäten wie Pesche di Prato, Sfogliatine alla crema, Cremini und Millefoglie.

PRATO

La Vecchia Cucina di Soldano

Trattoria
Via Simintendi, 1
Tel. (+39) 05 74 / 346 65
Ruhetag: Sonntag
Ferien: August
70 Plätze
Preise: 23–26 €
Kreditkarten: CS, MC, Visa; BM
Mittags und abends geöffnet

Knapp außerhalb des historischen Zentrums der Stadt führen Lisa Mattei und Alessandro Ranfagni dieses Lokal – den Nachfolger einer volkstümlichen Osteria mit fast 100-jähriger Geschichte –, wobei sie ihre Aufgabe mit Effizienz, Charme und besonderer Aufmerksamkeit auch für die kleinsten Gäste erfüllen. Die von Hand geschriebene Karte listet die zahlreichen (vielleicht sogar zu zahlreichen) Gerichte auf, die die Küche vorschlägt, wobei einige täglich wechseln. Der klassische Antipasto toscano zeigt sich in vielen Varianten, darunter Antipasto pratese (4,50 €) mit **Mortadella aus Prato**, ein Slow-Food-Presidio, Fettunta mit Tomaten und Sardellen und in der Saison Crostini mit Pilzen. Häufig werden auch Alici marinate angeboten. Unter den Primi finden Sie **Tortelli di patate al ragù** (5 €), **Tagliolini sui fagioli**, ***Pici*** al ragù oder **al capriolo**, Zuppa di verdura, **Acquacotta** und einen guten Risotto di mare. Große Auswahl herrscht auch bei den Secondi: Fleisch vom Grill, **Bollito misto mit grüner Sauce** (7 €), **Stracotto alla fiorentina**, **Arista al forno**, Coniglio fritto und Collo di pollo ripieno. Wer lieber Fisch möchte, kann Sgombro al pepe nero (7,50 €) und Baccalà alla livornese wählen. Zu allen Hauptgerichten werden Fagioli (Bohnen) oder Ceci (Kichererbsen) all'olio (3 €), Bietole saltate (Mangold), Gemüse und Salate der Saison angeboten. Zum Abschluss bekommen Sie hausgemachte Dolci oder solche aus der Konditorei, darunter Pesche di Prato. Als Alternative zum guten Hauswein werden einige Etiketten, darunter auch Halbliterflaschen, angeführt.

Biscottificio Mattei (Via Ricasoli 20–22): Biscotti di Prato, Brutti e buoni, Mantovana di Prato und Schiacciata fiorentina.

Su Santa Trinita

NEU

Moderne Osteria
Via de' Neroni/Via Santa Trinita
Tel. (+39) 05 74 / 60 58 99,
(+39) 349 / 295 68 77
Ruhetag: Sonntag
Ferien: im August
80 Plätze
Preise: 28 €
Kreditkarten: CS, MC, Visa; BM
Abends geöffnet

In Prato verbindet die Via Santa Trinita das gleichnamige Tor der alten Stadtmauern mit der zentral gelegenen Piazza del Duomo. An dieser Straße trifft man auf zahlreiche Gaststätten: von einfachen Bars bis zu Pubs, von Pizzerien mit Straßenverkauf bis zu Trattorien. Ein gut eingeführtes, populäres Lokal aufzugeben, sich hier niederzulassen und den harten Konkurrenzkampf mit einer bestehenden Lokalszene aufzunehmen, zeugt von enormem Mut. Diesen Mut bewiesen Vladimiro und seine Frau Benedetta, als sie, möglicherweise dank ihrer Jugend und ihrer ehrlichen Leidenschaft für die Küche, vor einigen Jahren diese Osteria eröffneten, die für die Via di Santa Trinita von eher gehobenem Niveau ist. Benedetta empfängt die Gäste mit einem aufrichtigen Lächeln auf den Lippen, während Vladimiro häufig aus der Küche in den Speisesaal kommt, um einen kleinen Plausch mit den Gästen zu halten. Die Karte hält sich streng an die toskanische Tradition, insbesondere jene von Prato. Unter den Gerichten können wir daher **Penne al ragù di pecora** (mit Schafragout, 8 €), Risotto al vino di Carmignano, **Sedani ripieni di carne** (9 €) und **Polpette di sedano** antreffen, in denen die kulinarischen Gepflogenheiten dieser Gegend deutlich zu erkennen sind, aber auch **Pollo al mattone** (10 €), der nach einer Technik gekocht wird, die in den Küchen von Gastbetrieben kaum mehr üblich ist, **Peposo**, **Lampredotto mit grüner Sauce und in Essig eingelegtes Gemüse** und **Rosticciana**, gefüllt mit Salsiccia und Blattspinat (9 €), Gerichte, die von der Bauernküche der Toskana inspiriert sind. Hausgemachte Desserts und eine schöne Weinkarte mit zahlreichen lokalen Etiketten runden das Angebot dieser Osteria ab, wo man isst wie bei der Oma und als Zugabe die mitreißend sympathische Art von Benedetta und Vladimiro genießen kann.

46 KM NÖRDLICH VON AREZZO, S.S. 71 U. S.S. 310

La Tana degli Orsi

Osteria-Enoteca
Via Roma, 1
Tel. (+39) 05 75 / 58 33 77,
(+39) 329 / 898 14 73
Ruhetag: Dienstag, Mittwoch
Ferien: 1 Woche im Frühling, 1.–15. Juli
18 Plätze + 18 Plätze im Freien
Preise: 30–35 €
Kreditkarten: CS, DC, MC, Visa; BM
Abends geöffnet

Im historischen Zentrum der reizenden Ortschaft Pratovecchio im Naturpark Foreste Casentinesi lockt die Osteria La Tana mit stimmungsvollem Ambiente, geprägt von Holz, Gewölbedecken und Plüschbären, wohin man schaut. Caterina Caporalini führt das Lokal seit 1987 gemeinsam mit dem Koch Simone Maglioni. Geschickt begleitet sie die Gäste bei der Wahl der Speisen und Weine für das Abendessen oder für einen späten Imbiss. Die Karte ist in historische und moderne Gerichte unterteilt. Die Zutaten stammen aus erlesenen lokalen Betrieben, dem eigenen Garten und von Slow-Food-Presidi. Wir begannen mit warmer Brioche mit Spargel, Taleggio und Rohschinken. Andere Jahreszeiten bieten Flan di porri mit Carpaccio di baccalà und Sformatino von Höhlenkäse und Lardo aus Colonnata mit Birnen (7,50 €). Die Primi punkten mit **Tortelli aus Esskastanienmehl mit Ragù di anatra**, Ravioli di porri e ricotta mit Sugo von Baccalà alla livornese, exzellenten **Gnocchi mit Rigatino vom Grigio-Schwein** und Ravioli di trota fario (8 €). Wer Fleisch möchte, wählt „Null-Kilometer-Hamburger" (12 €), Tagliata di cervo und **Scaloppa di baccalà al cartoccio**. Danach appetitliche gebratene Bocconcini von Büffel-Mozzarella im Pancetta-Mantel (6 €) und **Formaggi**. Delikate hausgemachte Dolci: Bignè mit Orangencreme, mit warmer Schokolade übergossen (5 €). Unter den etwa 300 Etiketten der gepflegten, interessanten Weinkarte stammen mehr als 50 Flaschen aus der Toskana, einige davon glasweise ausgeschenkt, neben Bieren aus kleinen Brauereien.

»

Tradition in neuem Kleid, die die Besonderheiten des Landstrichs betont, und große Sensibilität in Bezug auf Küche und Keller machen das La Tana zu einer kulinarischen und kulturellen Hochburg.

«

RADDA IN CHIANTI (SI)
Lucarelli

40 KM NÖRDLICH VON SIENA

Le Panzanelle

Trattoria
Ortsteil Lucarelli, 29
Tel. (+39) 05 77 / 73 35 11
Ruhetag: Montag
Ferien: 10. Januar–Ende Februar
60 Plätze + 20 Plätze im Freien
Preise: 26 €
Kreditkarten: CS, DC, MC, Visa; BM
Mittags und abends geöffnet

Nada und Silvia, das sind die Mädchen aus Panzano, einem Ortsteil von Greve in Chianti (die „Panzanelle"), die 2002 gemeinsam mit Paolo und Luigi ein einfaches, aber mutiges Projekt begannen: ein Lokal mit zwanglosem Ambiente und Gerichten nach lokaler Tradition, zubereitet nach Art ihrer Großmütter. Das Team ist größer geworden, aber die Leitung blieb in Familienhand und ein wachsender Erfolg bestätigt die Richtigkeit des Konzeptes. Der tägliche Einkauf erfolgt bei lokalen Lieferanten, die Produkte sind stets von hoher Qualität, häufig aus Biobetrieben, und werden in der Küche mit großem Geschick verarbeitet. Zu den Gerichten in der Karte gesellen sich monatlich wechselnde Tagesgerichte. Beginnen kann man mit typischem toskanischen Aufschnitt oder gemischten Crostini, warmen Involtini di melanzane, mit Ricotta gefüllt (5,50 €) und Sformati mit saisonalem Gemüse. Dann folgen die Primi mit hausgemachter Pasta wie **Lasagne ai carciofi** oder al ragù (8 €), **Gnocchi di patate mit Lauch und Kürbis**, ***Pici* all'aglione** (ohne Tomate) und Stracci di Pesticcia, serviert mit Salsiccia und Pilzen. Wenn Sie trotz der großzügigen Portionen noch Platz für eine Hauptspeise haben, dann empfehlen wir Tasca, gefüllt mit Lauch oder anderem Gemüse, **Bistecca** oder Tagliata di manzo, **Peposo**, **Fritto di pollo e coniglio** und **Involtini di verza** (12 €). Freitags gibt es Fischgerichte. Gute hausgemachte Desserts (3,50 €): Torta di mele, Panna cotta und Gelato al Vin Santo. Die reich bestückte Weinkarte hat eine Vorliebe für die vielen kleinen Kellereien des Chianti-Gebietes, ergänzt durch gute Etiketten aus ganz Italien.

Ein herzlicher Empfang und eine Küche nach Hausfrauenart, mit Geschick aus hochwertigen Zutaten zubereitet.

RIGNANO SULL'ARNO (FI)
Rosano

19 KM SÜDÖSTL. V. FLORENZ, S.P. 34, S.S. 67 OD. A 1

La Bottega a Rosano

Trattoria
Via I Maggio, 10
Tel. (+39) 055 / 830 30 13
Ruhetag: Montag
Ferien: 10 Tage zu Weihnachten, 3 Wochen im August
60 Plätze + 60 Plätze im Freien
Preise: 27–30 €
Kreditkarten: CS, DC, MC, Visa; BM
Mittags geöffnet, Freitag und Samstag auch abends

Die Geschichte des Betriebs begann vor 25 Jahren als Krämerei. Noch heute bietet das Lokal in einem gastlichen, freundlichen Ambiente einen „Mischmasch": einen Feinkostladen mit Theke, wo Wurstspezialitäten (Salame, Finocchiona, Soppressata ...), Käse, Sottoli und hausgemachte Dolci zur Schau gestellt sind, und die Trattoria. Für einen raschen Imbiss kann man an einem der kleinen Tische an der Theke Platz nehmen, um ein Panino (exzellent ist die Schiacciata mit Prosciutto und in Öl eingelegten Artischocken) oder eine Kombination von Wurstaufschnitt und Käse, begleitet von einem Glas Chianti. zu genießen. Im Raum hinter dem Laden und auf der Veranda stehen die Tische der Trattoria, wo mittags Leute in ihrer Arbeitspause und freitags und samstags – wenn das Lokal auch abends geöffnet ist – Familien und Gruppen von Freunden sitzen. Es ist fast obligatorisch, die Mahlzeit mit dem Antipasto mit Salumi und Crostini di fegatini (6,50 €) zu beginnen, zu denen sich Carciofi grigliati, in Öl eingelegt, und frischer Pecorino gesellen. Die Primi sind einfach und schmackhaft: **Gnocchi al ragù** (9 €), ***Gnudi* di ricotta e spinaci**, Pappa rustica mit Tomaten oder andere Suppen. Unter den Secondi taucht häufig ein Gericht auf, das man in Restaurants nur mehr selten findet, nämlich **Cibreo** (13,50 €), ein Gericht aus Hühnerklein nach altem Rezept. Eine weitere traditionelle Spezialität ist der **Fritto misto mit Fleisch, Innereien und Gemüse**. Wir wählten den zarten **Tronchetto di maiale arrosto**, serviert mit knusprigem frittiertem Gemüse. Die rustikalen Desserts sind hausgemacht und können mit einem Gläschen von Vin Santo oder dem „Cordiale" des nahe gelegenen Klosters von Rosano serviert werden. Die interessante Weinkarte umfasst eine erlesene Auswahl an Weinen des Konsortiums des Chianti Rufina.

27 KM NORDÖSTLICH V. PISTOIA, ANSCHLUSS S.S. 64

Caciosteria dei Due Ponti

Osteria-Trattoria
Ponte della Venturina, 47
Tel. (+39) 05 73 / 89 25 20
Ruhetag: Samstag, im Sommer auch Freitagabend • Ferien: unterschiedlich
60 Plätze • Preise: 28–33 €
Kreditkarten: AE, CS, DC, MC, Visa; BM
Mittags und abends geöffnet

Eine endlose Folge von Kurven und Abschnitte mit märchenhafter Landschaft: Wir befinden uns hier zwischen Pistoia und Bologna, auf der Porrettana, einer Straße, die mittlerweile nur mehr eine langsame Alternative zur A1 darstellt, wo flotte Fahrer hart auf die Probe gestellt werden, oder – wie das bei uns der Fall ist – als Mittel zum Zweck einer wunderbaren kulinarischen Erfahrung. Die Caciosteria dei Due Ponti, der Lebensmittelladen der Ortschaft, hat sich weiterentwickelt: Zu dem Laden haben sich die Trattoria – mit Tischen im großen Saal wie auch auf der reizenden Veranda – und zwei Gästezimmer zum Übernachten gesellt. Die Angelpunkte des Angebots sind nach wie vor das Sortiment an Formaggi und DOC-Salumi sowie Fleisch der berühmten Fleischerei aus der Nachbarschaft, die dem Lokal ein hohes Qualitätsniveau verleihen. Den Gästen wird unaufdringliche Aufmerksamkeit im richtigen Maß geschenkt: Man spürt die Leidenschaft bei allem, was hier gemacht wird. **Salumi**, auch **von der Gans**, und **Formaggi** für den Einstieg (13 €), dann die Primi wie **Cacio e pepe mit Höhlen-Pecorino** (9 €), Tortelli di burrata und exzellente ***Gnudi* di ricotta di bufala mit Pesto**. Fleisch wird vorwiegend alla brace zubereitet – Filetto, **Bistecca** vom Rind oder **vom Cinta-Senese-Schwein** (15 €) –, man kann aber auch **Arista al forno** oder Roastbeef probieren. Wer beim Käse bleiben will, kann **Tomino alla brace** bestellen. Auch die Desserts schöpfen aus dem üppigen Repertoire der Milch- und Käseprodukte: Mousse di ricotta und Cheesecake. Ausgeschenkt werden feine Tropfen, die zu korrekten Preisen und auch glasweise als Kombination zu den Speisen angeboten werden. Häufig sitzt der aus Pavana stammende und hier ansässige Liedermacher Francesco Guccini zufrieden an einem der Tische: Er passt perfekt in dieses Ambiente.

16 KM SW. V. FLORENZ, S.S. 2 OD. AUSF. SUPERSTRADA

Cantinetta del Nonno

Trattoria
Via IV Novembre, 18
Tel. (+39) 055 / 82 05 70
Ruhetag: Mittwoch
Ferien: Januar/Februar
40 Plätze + 20 Plätze im Freien
Preise: 25–30 €
Kreditkarten: MC, Visa
Mittags und abends geöffnet

Der alte Weinausschank, der heute auch als Trattoria geführt wird, hat seinen Sitz in der Hauptstraße der Ortschaft. Die von Gianna zubereiteten guten Gerichte nach lokaler Tradition und der freundliche Empfang durch Giuseppe machen die Einkehr in diesem traditionellen Ambiente zu einem Vergnügen. Die Karte bietet saisonale Speisen, gelegentlich ergänzt durch seltene Gerichte wie Colombacci, wilde Kräuter und Pilze. Den Antipasto wählt man unter Sformatino di porri selvatici in Pecorino-Sauce (6 €), **Insalata di soppressata mit Bohnen** und exzellentem Prosciutto mit Crostini. Dann folgen **Gnocchetti di patate mit Schwarzkohl** (8 €), Pappardelle con i sughi di cacciagione (mit Wild), Ravioli alla crema di zucca gialla (mit gelbem Kürbis), eine schmackhafte Minestrone (6,50 €) oder **Ribollita**. Unter den Secondi bestechen **Peposo alla fornacina** und **Fegatelli di maiale** (10 €). Stets verfügbar sind Fleisch vom Rind und vom Schwein, alla griglia, und Gemüsetorten. Fisch wird fast ausschließlich als Baccalà in den Versionen con i porri (mit Lauch) oder alla livornese (10 €) angeboten. Als Beilage bekommen Sie Fagioli in bianco oder saisonales Gemüse. Der Teller mit Formaggi besteht aus Pecorini und Caprini aus dieser Gegend und auch aus Sardinien, in Hommage an Giuseppes Herkunft. Zum Abschluss erwarten Sie hausgemachte Desserts: Torten mit Früchten, Crème caramel oder Pere cotte in forno mit Vin Santo (5 €). Der Keller bietet vorzügliche klassische Rotweine aus der Toskana, teilweise mit glasweisem Ausschank.

In **Mercatale** (6 km) verkauft Il Panaio di Giuseppe Scialabba (Via Gramsci 12) zahlreiche Arten von Brot, Imbisse und Süßspeisen, häufig aus Mehl einer lokalen Getreidesorte.

SAN GIMIGNANO (SI)

38 KM NORDWESTLICH VON SIENA

Osteria del Carcere

Moderne Osteria
Via del Castello, 13
Tel. (+39) 05 77 / 94 19 05
Ruhetag: Mittwoch, Donnerstagmittag
Ferien: Mitte Januar–Mitte März
30 Plätze
Preise: 35 €
Keine Kreditkarten
Mittags und abends geöffnet

Die Osteria im Zentrum des mittelalterlichen Städtchens San Gimignano bietet, so klein sie sein mag, eine heimelige, gastliche Atmosphäre. Elena und Ribamar führen das Lokal mit großer Leidenschaft und Kompetenz. Das Speisenrepertoire, das sie vorschlagen, schöpft auch aus dem Schatz alter Rezepte aus der Renaissancezeit: Anstelle von Pastagerichten bekommen Sie hier nur ein gutes Sortiment an **Suppen**, darunter **Zuppa di farro e fagioli** (mit Dinkel und Bohnen) oder di ceci (mit Kichererbsen), **Frantoiana** und die klassische **Ribollita** (9 €). Eine Spezialität unter den Antipasti sind die **Terrinen**, die aus Carne **di agnello** (Lammfleisch, 10 €) oder anderem Fleisch zubereitet werden und mit dem exzellenten von Elena selbst gebackenen Brot serviert werden. Wenn Sie **Formaggi** und Salumi lieben, dann werden Sie von den Degustationen von Caprini und Pecorini aus dieser Gegend und von den Affettati (Aufschnitt) aus dem Chianti-Gebiet begeistert sein: Soppressata, Prosciutto und Salame. Auch Fettunte und Crostoni dürfen nicht fehlen. Unter den Secondi werden für gewöhnlich **Arista all'aretina mit Bohnen**, **Faraona mit Esskastanienpüree** und **Tacchino, gefüllt mit Pistazien und Orangen**, (16 €) genannt, ein ungewöhnliches, aber sehr ausgewogenes Gericht. Die Terrinen tauchen nochmals – in den Versionen allo zafferano und al Vin Santo – unter den Desserts auf, doch auch Elenas wunderbare Torta al formaggio und Zuppa inglese sind sehr zu empfehlen. Die Weinkarte bietet eine gute Auswahl an Etiketten aus diesem Landstrich (Vernaccia als Weißwein und Chianti aus den Colli Senesi als Rotwein). Das Angebot umfasst aber auch Flaschen aus anderen Anbaugebieten der Toskana, vom Chianti Classico bis zu Brunello, ergänzt durch einige Etiketten aus anderen italienischen Regionen.

SAN GIOVANNI D'ASSO (SI)
Montisi

47 KM SÜDÖSTLICH VON SIENA, S.S. 2

Da Roberto Taverna in Montisi

Trattoria • Via Umberto I, 3
Tel. (+39) 05 77 / 84 51 59
Kein Ruhetag
Ferien: Mitte November–Mitte März
25 Plätze + 15 Plätze im Freien
Preise: ✚ 40 €
Kreditkarten: AE, CS, DC, MC, Visa; BM
Mittags und abends geöffnet

Im reizenden Gebiet am Übergang zwischen den Crete Senesi und dem Orcia-Tal liegt das kleine Dorf Montisi, wo Roberto Crocenzi aus seiner Lebensvision ein gastronomisches Konzept entstehen ließ, das aus Jahreszeitentreue, einer stetigen Suche nach lokalen Produkten und Bemühen um die Gäste besteht. Bei Roberto ist Essen nicht nur Genuss, sondern ein Erlebnis. Das angenehm rustikale Lokal ist in ehemaligen Stallungen aus dem 16. Jahrhundert untergebracht. Bei den Menüs gibt es einige feststehende Punkte und zahlreiche Variablen, die von saisonalen Zutaten abhängen. Roberto achtet sehr auf die Präsenz natürlicher und biologischer Lebensmittel, darunter auch zahlreiche Produkte von Slow-Food-Presidi. Beginnen können Sie mit kalter Insalata di legumi mit Rohmilch-Pecorino, Kapern und würzigen Kräutern (9 €) oder Wurst von Cinta-Senese-Schweinen. Die ***Pici*** und andere Pastaformate – hergestellt aus Mehl von alten Getreidesorten, in der Steinmühle gemahlen – werden **mit Aglione** oder mit Gemüse, Salsiccia von Cinta-Senese-Schweinen und **Ragù di maremmana** (12 €) serviert. Gute Auswahl bei den Secondi, kombiniert mit der Beilage des Tages: **Polpette di cinta senese** (16 €), **Spezzatino di maremmana mit Zwiebeln** (18 €), **Bistecca** vom Chianina- oder vom Maremmana-Rind, Coscia oder Petto di pollo ruspante. Wer kein Fleisch möchte, kann das Sortiment an **Formaggi** mit Rohmilch-Pecorino (18 €) wählen. Zum Abschluss bekommen Sie Panna cotta, Tiramisu und Cantuccini aus der Bäckerei von Montisi mit Vin Santo. Sehr umfangreiche Auswahl an toskanischen Weinen, mit Schwerpunkt bei den hiesigen Etiketten wie Montalcino, Orcia und Montepulciano, die auch glasweise ausgeschenkt werden. Das Angebot umfasst außerdem Biere aus kleinen Brauereien aus den Crete. Gedeck, Brot und Service werden nicht verrechnet.

SAN GIOVANNI VALDARNO (AR)

40 KM NORDWESTLICH VON AREZZO, S.P. 85 OD. A 1

Osteria dell'Angelo

Traditionelle Osteria
Via della Madonna, 3–5
Tel. (+39) 055 / 94 37 99
Ruhetag: Sonntagabend (Juli und August auch Sonntagmittag), Montag
Ferien: 1 Woche um den 15. August
35 Plätze + 20 Plätze im Freien
Preise: 32 €
Kreditkarten: AE, CS, MC, Visa; BM
Mittags und abends geöffnet

Im Zentrum von San Giovanni Valdarno, in einem kleinen Gässchen, zu dem man nur zu Fuß gelangt, führt Rosanna Capaccioli diese kleine Osteria, die in typisch toskanischem Stil eingerichtet ist. Man speist in einem der beiden Gasträume oder auf der Veranda mit Blick auf die Gasse. Der herzliche Empfang, den Alberto Ihnen bereitet, schafft eine richtige Wohlfühlatmosphäre. Rosanna setzt auf die Saisontreue der Zutaten und variiert einige Speisen der Karte alle zwei Monate. Als Antipasto bekommen Sie neben den gemischten Crostini mit Hähnchenleber, Speck und Zwiebeln und einer kleinen Auswahl an Formaggi (8 €) auch Speisen wie **Involtini di coniglio auf Lauchsauce** oder Tartara di branzino mit Rübenpüree. Einige Primi bestehen aus hausgemachter Pasta: Ravioli mit Speck, Birnen und Nüssen, **Maltagliati al sugo toscano, mit dem Messer gehackt** (9 €) und ***Pici* al sugo di faraona** (mit Perlhuhnsauce). Das Angebot hält außerdem Spaghetti alla chitarra al gorgonzola, **Mezze maniche mit Radicchio und Pancetta**, Risotto al lardo di Colonnata mit Jakobsmuscheln, im Winter Ribollita und im Sommer Pappa al pomodoro für Sie bereit. Als Hauptspeise bekommen Sie **Stufato alla sangiovannese**, **Bistecca**, **Trippa** oder **Animelle con crema di sedano rapa** (Bries mit Creme von Knollensellerie) und Filetto di baccalà in Olivenkruste (15 €). Als Beilage werden Insalata mista, kurz angebratener Blattspinat oder Bratkartoffeln angeboten. Vorzügliches Brot. Die Desserts (6 €) sind alle hausgemacht. Neben dem offenen Hauswein wird eine Weinkarte präsentiert, deren Schwerpunkt auf lokalen Etiketten liegt, ergänzt durch sonstige toskanische Weine und einige gute Tropfen aus anderen Regionen wie dem Veneto, Sizilien und dem Piemont.

SAN MARCELLO PISTOIESE (PT)
Maresca

23 KM NORDWESTL. V. PISTOIA, S.S. 632 U. S.S. 66

La Vecchia Cantina

Trattoria
Via Risorgimento, 4
Tel. (+39) 05 73 / 641 58
Ruhetag: Montag, außer im Sommer und zu Weihnachten
Ferien: unterschiedlich
40 Plätze + 20 Plätze im Freien
Preise: 28 €
Kreditkarten: AE, CS, DC, MC, Visa; BM
Mittags geöffnet, Freitag–Sonntag auch abends

Eine Küche im Zeichen der toskanischen Tradition, in die Duft- und Geschmacksnuancen aus Norditalien einfließen. Der Betreiber Marco Giovannetti stammt aus Maresca und hat sich vor fünf Jahren hier niedergelassen. Im Saal bedient seine Frau Daniela, die aus Südtirol stammt, die Gäste. Die Jahreszeiten bestimmen das Speisenrepertoire. Teigwaren und Desserts sind hausgemacht, Fleisch und Biowurst werden von einem hiesigen Betrieb bezogen, Dinkel und Mehl (auch von Esskastanien) von einem benachbarten Hof, die Formaggi von lokalen Sennern und das Gemüse wird von Bauern aus Cutigliano und im eigenen Garten angebaut. Sommer und Herbst ist Saison für **Funghi**, serviert zu Fettuccine oder Tagliata und als **Cappella di porcino ripiena** (gefüllter Steinpilzhut), **im Ofen gratiniert**, eines der Lieblingsrezepte des Kochs. Bei Antipasto mit Wurst und Rohmilch-Käse (8 €) und Lardo con la fettunta mit Cannellini-Bohnen brilliert das Cinta-Senese-Schwein. Zu empfehlen ist der Antipasto misto mit Frittella di castagne, Crostino mit Speckcreme, Ravioli di sfoglia mit unterschiedlichen Füllungen und anderen saisonalen Speisen. Unter den Primi verdient **Zuppa di farro** aus den Bergen um Pistoia besondere Erwähnung, aber auch **Farfalle aus Esskastanienmehl** (8 €), serviert **mit Salsiccia** aus Maresca, sind vorzüglich. Für den Hauptgang werden Tagliata ai profumi di bosco (12 €), Filetto di manzo, **Cinghiale in umido** oder anderes Wild und **Baccalà mit Lauch und gegrillter Polenta** angeboten. Unser Tipp für den Nachtisch gilt dem **Soufflé di castagne** (5 €) aus gekochten getrockneten Esskastanien und Schokolade oder Strudel di mele, beide serviert mit Schlagsahne. Im Keller lagern vor allem Rotweine aus der Toskana, aber auch der Hauswein ist ein guter Tropfen. Gegen Vorbestellung ist Dienstag bis Donnerstag auch abends geöffnet.

SAN MINIATO (PI)
San Miniato Basso-Catena

40 KM SÖ. V. PISA, 40 KM SW. V. FLORENZ, AUSF. SUPERSTRADA

Antico Ristoro Le Colombaie

Restaurant
Via Montanelli 22
Tel. (+39) 05 71 / 48 42 20
Ruhetag: Montag
Ferien: 3 Wochen im Januar
32 Plätze + 40 Plätze im Freien
Preise: 30 € • Kreditkarten: CS, Visa; BM
Abends geöffnet, Sonntag auch mittags

„Daniele Fagiolini verbürgt sich dafür." So verheißen Tafeln in diesem Lokal, einem alten, schön restaurierten Heuschober. Der Inhaber und Koch Daniele legt größten Wert auf die Auswahl der Zutaten, die, soweit möglich, der Idee der kurzen Lieferkette entsprechen, stets zur jeweiligen Jahreszeit passen und vor allem unverfälscht sind. Daniele verarbeitet die Produkte – einige auch aus Slow-Food-Presidi – nicht nur nach klassischen Rezepten, berücksichtigt aber stets die Merkmale und den authentischen Geschmack. Die Tortini di verdure mit saisonalem Gemüse (9,50 €) sind ein sicherer Tipp unter den Antipasti, die auch Kombinationen von Formaggi und Salumi sowie gemischte Crostini umfassen. Unter den Primi finden Sie vorzügliche **Carbonara di guanciale di cinta senese** (10 €) und **Tagliolini**, in der entsprechenden Jahreszeit **mit Tartufo** bianco oder Frühlingstrüffeln verfeinert. Wenn Sie etwas Besonderes probieren wollen, dann bestellen Sie **Raviolo fritto ripieno di mallegato** (mit Schlachtwurst gefüllt) **auf Pecorino-Creme** (9,50 €). Das Angebot an Secondi kann neben Filetto oder Controfiletto alla griglia auch **Scamerita di cinta senese** (12 €) und **Peposo** umfassen. Ein delikates Dessert ist die Crema di ricotta mit Feigen-Mandel-Kompott. Die umfangreiche Weinkarte nennt Etiketten aus der Toskana und dem übrigen Italien und den einen oder anderen Champagner. Die interessantesten Vorschläge macht der Chef persönlich: Vertrauen Sie seinem Rat und probieren Sie auch weniger bekannte Etiketten.

»
Verbinden Sie Ihre Augen und probieren Sie irgendein Gericht: Sogar blind sind die Hauptzutaten herauszuschmecken. In der Küche von Daniele steht der respektvolle Umgang mit Grundzutaten an erster Stelle.
«

SAN MINIATO (PI)
Corazzano

42 KM SÜDÖSTLICH VON PISA, S.S. 67

La Taverna dell'Ozio

Trattoria
Via Zara, 85
Tel. (+39) 05 71 / 46 28 62
Ruhetag: Montag
Ferien: unterschiedlich
30 Plätze + 15 Plätze im Freien
Preise: 30–32 €
Keine Kreditkarten
Mittags und abends geöffnet

Der ideale Zeitpunkt für einen Besuch in diesem Lokal ist die Pilzsaison oder, noch besser, die Trüffelsaison, insbesondere jene des edlen weißen Trüffels, der hier in San Miniato eine Heimat hat: Der Duft der edlen Erdknollen umfängt den Gast gleich beim Betreten der Taverna des Chefkochs und erfahrenen Trüffelsammlers Simone Fiaschi. Ein perfekter Auftakt gelingt mit dem Antipasto dell'Ozio (8 €), der ein Dutzend Leckerbissen umfasst: Crostini di pane oder Polenta mit verschiedenen Saucen, gegrilltes Gemüse, süßsauer eingelegt oder pikant, **Insalata di trippa**, Aringa affumicata, Rotolino di speck mit Käse und weitere Salumi. Unter den Primi sind Gnocchetti alla cipolla bionda, Panzerotti al forno und leckere **Tortelli di burrata ai prugnoli** (10 €) zu empfehlen. Von Oktober bis Dezember, in der Hochsaison der weißen Trüffeln, sollten Sie die einfachen, aber delikaten **Taglierini al tartufo** probieren. Trüffeln aller Art tauchen auch unter den Secondi auf, zum Beispiel bei **Fagiano al tartufo**. Weitere Gerichte sind Filetto di cinta mit grünem Pfeffer (12 €), Tagliata di manzo, **Cosce di rana fritte** (Froschschenkel) und **Storni in umido** (geschmorter Star) **mit Oliven**. Unter den hausgemachten Dolci verdient Flan al cocco eine Erwähnung. Das brasilianische Rezept stammt von Simones Frau Ina Grey, die sich um die Gäste im Saal kümmert. Bezüglich der Weine lassen Sie sich von Sommelier Giorgio beraten, der auch weniger bekannte, aber interessante lokale Etiketten vorschlägt.

Die historische Macelleria Falaschi in San Miniato Alto (10 km), Via Contini 18–20, verkauft Fleisch vom Chianina-Rind und vom Cinta-Senese-Schwein, frisch und konserviert, sowie weitere Spezialitäten aus eigener Herstellung.

26 KM NORDÖSTLICH VON FLORENZ, S.R. 65

Osteria di San Piero

Enoteca mit Ausschank und Küche
Piazza Cambray Digny, 6
Tel. (+39) 055 / 848 71 09
Ruhetag: Montag, Dienstag
Keine Ferien
25 Plätze + 10 Plätze im Freien
Preise: 30–33 €
Kreditkarten: CS, DC, MC, Visa; BM
Abends geöffnet

Seit etwa zehn Jahren führen Elisabetta (Küche) und Roberto (Service) diese Enoteca und Osteria. Engagement und Leidenschaft sind hier garantiert wie auch Kompetenz in der Küche und im Service, die sich im Umgang mit den Gästen und in den Gerichten niederschlägt. Trotz schlichter Einrichtung und einfach gedeckter Tische besitzt das stimmungsvolle Ambiente Flair. Neben den Produkten aus dem eigenen Garten werden sorgfältig gewählte Zutaten aus dem Umland (dem Mugello) verarbeitet. Die Karte nennt etwa zehn Gerichte, die je nach Verfügbarkeit der saisonalen Zutaten täglich variieren. Schon ab 18 Uhr können Sie hier speisen, auch nur Einzelgerichte. Für den Auftakt werden stets Salumi und Formaggi als Alternative zu Sformato oder Tortino (9 €) mit saisonalem Gemüse angeboten. Die Primi umfassen meistens eine Creme- oder eine andere Suppe und eine weitere Konstante sind **Lasagne**, zum Beispiel **mit Emmentaler und Artischocken** (10 €). Als Secondi bekommen Sie neben Carpaccio oder fein gehackter Battuta di manzo auch **Peposo al Sangiovese**, Cinghiale in umido und Filetto di maiale mit Senf. Wir probierten **Francesina** und **Polpettone** (14 €). Leckere Desserts sind Zuppa inglese, Torta al cioccolato und Flan di ricotta. Nur wenige Restaurants haben eine eigene Kaffee-Karte: ein Extra-Lob für diese Idee. Da die Osteria auch als Enoteca geführt wird, bietet die gut bestückte Weinkarte einen Streifzug durch diesen Landstrich. Glasweise ausgeschenkt werden für gewöhnlich drei Arten von Spumante, zwei Weißweine und fünf oder sechs Rotweine: Lassen Sie sich von Roberto beraten.

”
Leidenschaft, Kompetenz, Freundlichkeit, eine Küche mit erstklassigen Zutaten und ein einfaches, gepflegtes Ambiente.
“

38 KM NORDÖSTLICH VON AREZZO, S.S. 73

Fiorentino

Restaurant
Via Pacioli, 60
Tel. (+39) 05 75 / 74 20 33
Ruhetag: Mittwoch
Ferien: letzte Januarwoche, November
90 Plätze + 20 Plätze im Freien
Preise: € 28–30
Kreditkarten: CS, DC, MC, Visa; BM
Mittags und abends geöffnet

Dieses Restaurant ist mit 208 Jahren der Doyen der hiesigen Lokalszene. Die schön eingerichteten Speisesäle mit edler Decke aus dem späten 16. Jahrhundert, kombiniert mit Art-déco-Rosen, liegen im ersten Stock. Dieses Geflecht von Geschichte, Kultur und gastronomischer Tradition wird nun von den Geschwistern Alessia und Alessandro Uccellini weitergetragen. Alessia findet man in der Küche, unterstützt durch zwei Köchinnen, und auch im Saal neben Alessandro. Als leidenschaftliche Sommelière empfiehlt sie gerne lokale Weine. Man wählt unter 150 Etiketten hauptsächlich von der Weinstraße um Arezzo und aus Umbrien. Zum Auftakt gibt es Salumi, Crostini und Formaggi mit feinen Konfitüren. Bei unserem Besuch wurde **Tortino di riso nero mit Fonduta von Ricotta und schwarzem Trüffel** (12 €) serviert. Von Hand gezogen ist die Pasta für die vorzüglichen **Ravioli di castagne mit Ricotta und Basilikum** (9 €), Agnelotti und Taglierini, in der Saison mit Trüffeln, sowie **Pappardelle al cinghiale**. Im Sommer werden Insalata di passatelli (8 €), Ravioli mit Pecorino abbucciato und Kirschtomaten und Tagliatelle mit Gans angeboten. Als Alternative bekommen Sie Zuppa di cicerchie e farro und Brodo di carne. Dann die Secondi: Fleisch vom Grill (Tagliata mit würzigen Saucen, Filetto – vorzüglich jenes vom Schwein mit Feigen), **Involtini di vitello mit Artischocken** (9,50 €), **Piccione alle olive** und Coniglio alle mele. Dazu gibt es als Beilagen Patatine mit Fenchelblüten und Verdure pastellate (in Reismehl gebacken). Zum Ausklang ein Wagen mit Dolci, darunter Crostate, Bavaresi und Cremedesserts.

In **Valtiberina**, Piazza Gramsci, bekommen Sie die gastronomischen und handwerklichen Spitzenprodukte des Tals.

87 KM SÜDÖSTLICH VON SIENA, S.S. 2

Da Gagliano

Trattoria
Via Roma, 5
Tel. (+39) 05 78 / 26 80 22
Ruhetag: Dienstag, Mittwoch; im Winter nur am Wochenende geöffnet
Ferien: zeitweise im Winter
24 Plätze
Preise: 30–32 €
Kreditkarten: AE, CS, DC, MC, Visa
Mittags und abends geöffnet

Sarteano liegt im Grenzland zwischen dem Chiana- und dem Orcia-Tal, zwischen Toskana und Umbrien. Die Osteria von Gagliano, der eigentlich Giuliano Gonnelli heißt, und seiner Frau Angela Olmi hat ihren Sitz in einem alten Gebäude im Zentrum. Zum gastlichen Flair des rustikalen Lokals tragen die geringe Größe und das überschwängliche Temperament des Wirtes bei. Die Hauptmerkmale von Angelas Speisen sind die Traditionsverbundenheit, die lokalen Produkte (Gemüse stammt aus dem eigenen Garten oder von Biobetrieben) und die Saisontreue. Unter den Antipasti brillieren der exzellente **Cibreo** (aus Hühnerklein, 6 €) nach altem Rezept, Terrina di paté di petto d'anatra mit geschmorten Birnen (die kleinen Birnen vom Monte Amiata) und Tartara di chianina mit schwarzen Oliven. Die Primi umfassen **Stringozzi al ragù bianco vom Chianina-Rind**, **Maltagliati con ragù di coniglio** (9,50 €) und Zuppa rustica mit Hülsenfrüchten, Getreide und Lauch. Als Secondo können Sie **Spezzatino di maiale mit Äpfeln und Fenchel** (11 €), Coccio di melanzane mit Pecorino dolce, Tomaten und Oregano und **Coniglio, gefüllt mit Vin Santo und Thymian,** wählen, dazu feine **Cipollata in salsa di agresto e noci** (5 €) als Beilage. Gebietstreue dominiert bei den nativen Olivenölen extra – drei Arten auf jedem Tisch – und Weinen: Die Karte beschränkt sich auf Chianti und Montepulciano, die auch als Hausweine ausgeschenkt werden (darunter ein Montepulciano aus Bio-Anbau). Zum Schluss Cremedesserts oder Cantuccini mit einem Glas Dessertwein (Angela verrät Ihnen gerne das Rezept des „Vino agrumato").

„Qualität, Einfachheit und Freundlichkeit machen diese kleine Osteria von Angela und Gagliano zu einem Spitzenbetrieb der toskanischen Gastronomie."

7 KM SÜDWESTLICH VON FLORENZ

Bistrot del Mondo Da Bobo all'Acciaiolo

Moderne Osteria
Via Pantin/Via Scarlatti
Tel. (+39) 055 / 735 16 20, (+39) 346 / 885 74 47, (+39) 348 / 286 56 59
Ruhetag: Samstagmittag, Sonntagabend
Keine Ferien • 80 Plätze + 80 Plätze im Freien
Preise: 35 € • Kreditkarten: MC, Visa; BM
Mittags und abends geöffnet

Ein Park zwischen hohen Wohnhausanlagen aus den 1960er-Jahren nahe der Straßenbahn nach Florenz und mitten im Grünen – völlig unvermittelt – ein Schloss. In den hellen, schön restaurierten Räumen des Restaurants spricht einfach alles die Sprache von Slow Food: Hier werden die Prinzipien und viele Projekte der Vereinigung umgesetzt, worüber das Servierpersonal mit Leidenschaft berichtet und was man in allem, was „dahinter und drinnen" steckt, erkennt: Gebietstreue, die gezielte Suche nach Zutaten und Herstellern (Fleisch, das native Olivenöl extra in der Küche und im Speisesaal, Brot, Teigwaren, eigene Gärten...), Slow-Food-Presidi und die preislich korrekte Weinkarte mit Spitzenprodukten dieses Landstrichs. Francesca Cianchi und ihr Team bieten ein Speisenrepertoire mit fünf oder sechs saisonal variierenden Vorschlägen pro Gang. An einem Abend im März ließen wir uns zum Auftakt Crostini mit Kapern aus Salina, marinierte Tomaten und Artischocken (9 €) und Salumi vom Cinta-Senese-Schwein und dann **Crespelle di castagne mit Ricotta und Blattspinat** (12 €) und **Gnocchetti** dell'Acciaiolo **mit Zichorie, Gorgonzola und Nüssen** schmecken. Für den Hauptgang wählten wir den exzellenten **Lampredotto di toro in umido mit Kartoffeln und Lauch** (14 €), **Coniglio ripieno** und Baccalà mit Zitrusfrüchten. Gute Desserts (6 €), insbesondere Cheesecake, der ein wenig zu flüssig oder auch nur atypisch war, und Zuppa inglese. Ein Tipp: Wenn Platz ist, wählen Sie einen Tisch im linken Raum, wo Sie einen Blick in die schöne Küche werfen können ... dort ist es intimer, was zum Ambiente und den Gästen passt.

„Eine kurze Lieferkette, Saisontreue und Tradition in einer Karte, die Spitzenprodukte und -hersteller in den Mittelpunkt rückt."

SCANDICCI (FI)
San Colombano

15 KM WESTLICH VON FLORENZ

Dino

Trattoria
Via San Colombano, 78
Tel. (+39) 055 / 79 00 05,
(+49) 393 / 872 02 19
Ruhetag: Montag, außer im Sommer
Ferien: zeitweise im Winter
50 Plätze + 20 Plätze im Freien
Preise: 35 €
Kreditkarten: MC, Visa; BM
Mittags und abends geöffnet

Das Lokal, Ende des 19. Jahrhunderts vom Urgroßvater als Feinkostladen mit Ausschank gegründet, wurde in der Zwischenkriegszeit von Großvater Dino übernommen und dann Ende der 1950er-Jahre vom Vater in eine Trattoria umgewandelt. Heute ist bereits die vierte Generation am Ruder: Paolo Raveggi in der Küche, seine Schwester Annamaria und seine Frau Sabrina im Saal. Die Karte nennt alle Speisen, die das ganze Jahr über verfügbar sind, die Tagesgerichte werden mündlich hinzugefügt. Abgesehen vom Grill, der stets in Funktion ist, gibt es donnerstags Spezzatino und freitags Baccalà alla fiorentina. Man beginnt mit dem Antipasto misto toscano (9 €), dann geht es weiter mit Suppen wie **Ribollita** (9 €), **Pappa al pomodoro** oder Pasta e fagioli oder mit den vorzüglichen **Pappardelle al cinghiale** (9 €) oder alla lepre, Ravioli und Medaglioni. Unter den Secondi sind **Stracotto**, **Peposo** und **Trippa alla fiorentina** (8 €) zu erwähnen. Wenn Sie gerne Fleisch vom Grill essen, dann ist das der richtige Ort: Pollo, Bistecca vom Schwein, **Rostinciana**, Salsiccia, Braciola, aber auch Lombatina, Filetto und Fiorentina. Von den Beilagen möchten wir das vorzügliche **Fritto di verdure** erwähnen. Wenige, aber gute Desserts des Tages, darunter Cantucci mit Vin Santo, Crema catalana und Torta di mele. Die Weinkarte listet etwa 30 Etiketten auf, vorwiegend Chianti, mit einem in der Karaffe servierten Rosso di Montespertoli, der hervorragend zu den Speisen passt.

Bei Urzì in Scandicci (6 km), Via Monti 14, gibt es feine, handwerklich gefertigte Schokolade. La Volpe e la Volpe in der Via della Pieve (6 km vom Zentrum): Käse, Wurst, Wein, Schnäpse, eingelegte Produkte, Teigwaren, Reis, Brot und Schiacciate.

SEMPRONIANO (GR)
Catabbio

65 KM SÜDÖSTLICH VON GROSSETO, S.S. 322

La Posta

Trattoria
Via Verdi, 13
Tel. (+39) 05 64 / 98 63 76,
(+39) 338 / 395 31 77
Ruhetag: Montag
Ferien: 7. Januar–28. Februar
60 Plätze + 20 Plätze im Freien
Preise: 30–35 € • Kreditkarten: MC, Visa; BM
Mittags und abends geöffnet, im Winter Montag–Freitag nur abends

Die alte Poststation der Familie Zammarchi wird heute von Antonella (Küche) und ihren Söhnen Danilo und Giulio (Saal) geleitet: Der Service ist freundlich und offen und spiegelt den bodenständigen Charakter der Küche wider. Die Karte schlägt typische Gerichte nach Tradition der Maremma vor. Als Antipasto bekommen Sie Crostini und Bruschette, toskanische Salumi, auch vom Cinta-Senese-Schwein, in Öl eingelegtes Gemüse und gemischtes Gemüse in Backteig (4 €). Unter den Primi bestechen die hausgemachten Teigwaren (***Pici***, **Pappardelle**, Tagliatelle, **Tortelli**, Gnocchi), serviert **con ragù di manzo** (mit Rinderragout) oder cinghiale (Wildschwein) oder aber **con funghi** (mit Pilzen). Sehr zu empfehlen ist **Acquacotta** (9 €). Umfangreiches Angebot an Secondi: Agnello und Pollo, sowohl vom Grill als auch frittiert, **Cinghiale in umido mit Oliven** (12 €) oder Pflaumen, Cinghiale mit Polenta, Tagliata di manzo und Filetto macinato vom Cinta-Senese-Schwein. Als Beilage gibt es saisonales Gemüse oder Bohnen und Kichererbsen in bianco (ohne Tomaten). Gegen Vorbestellung bekommen Sie Buglione di agnello (Lammragout, 12 €), das eine ganze Mahlzeit ergibt. Reichhaltige und erlesene Auswahl an Pecorini, unter denen die Produkte nach dem Null-Kilometer-Prinzip hervorstechen. Zum Abschluss bekommen Sie von Antonella zubereitete Desserts: Ricotta mit Waldfrüchten, Tiramisu, Crema catalana, Crema La Posta mit Rum und Zuppa inglese. Gute Auswahl an lokalen Etiketten und anständige Hausweine.

Der Caseificio Il Fiorino in **Roccalbegna** (20 km), Ortsteil Paiolaio, ist bekannt für die Erzeugung von toskanischem Pecorino und Marzolino. Im Laden kann man neben Käse weitere lokale Produkte probieren und kaufen.

Babazuf

NEU

Moderne Osteria
Via Pantaneto, 85–87
Tel. (+39) 05 77 / 22 24 82
Ruhetag: Montag
Ferien: zweite Januarhälfte
45 Plätze
Preise: 30 €
Kreditkarten: CS, MC, Visa; BM
Mittags und abends geöffnet

In der Via Pantaneto im Universitätsviertel sind in den letzten Jahren zahlreiche Gastbetriebe entstanden, aber, wie es oft in Touristengebieten passiert, sind Qualität und Höflichkeit leider in den Hintergrund gerückt. Nicht so bei dieser sympathischen Osteria, die im mittleren Teil der Straße ihren Sitz hat. Tiziana und Marco empfangen Sie freundlich in einem Speisesaal mit traditioneller Einrichtung, wo Sie die von Giovanni zubereiteten Gerichte genießen können, bei denen sich der Bogen von überarbeiteten historischen Rezepten bis zu Neukreationen spannt. Die Speisen basieren zum Großteil auf Fleisch, aber wenn guter frischer Fisch auf dem Markt zu bekommen ist, dann werden auch Spezialitäten der Meeresküche zubereitet. Lassen Sie sich von Tiziana die Geschichte des **Tortino di fiori** nach einem Rezept aus der Renaissancezeit erzählen, den Sie als Antipasto alternativ zu dem vorzüglichen Timballo di alici (5 €) genießen können. Unter den Primi finden Sie neben den traditionellen ***Pici* alle briciole** auch Trine alla carbonara mit Spargel oder mit Artischocken oder **Tortelloni di patate e porri** mit Bottarga di branzino (12 €). Das Speisenrepertoire sieht für den nächsten Gang **Filetto di maiale in Kruste mit geschmortem Rotkohl** (11 €) und **Baccalà al forno mit Kirschtomaten** vor. In der Saison werden dem weißen und dem Frühlingstrüffel spezielle Menüs gewidmet. Von hoher Qualität sind auch die Desserts mit aufgeschlagener Ricotta und karamellisierten Orangenzesten oder die **Torta in balconata** (5 €) mit Äpfeln, Nüssen, Rosinen, Mandeln und Gewürzen, eine Überarbeitung eines mittelalterlichen Rezeptes. Marco kann Ihnen eine gute Flasche Wein oder auch eine der glasweise ausgeschenkten Etiketten empfehlen.

Grotta di Santa Caterina da Bagoga

Restaurant
Via della Galluzza, 26
Tel. (+39) 05 77 / 28 22 08
Ruhetag: Sonntagabend, Montag
Ferien: 15.–31. Januar, letzte Juliwoche
60 Plätze + 24 Plätze im Freien
Preise: 30–33 €
Kreditkarten: AE, CS, MC, Visa; BM
Mittags und abends geöffnet

Bagoga ist der Name, unter welchem Pierino Fagnani einige Male den Palio geritten war, bevor er erkannte, dass seine wahre Bestimmung die Küche dieses Lokals sein sollte, das zwar etwas abgelegen, aber doch ganz in der Nähe der Piazza del Campo liegt. Die von Pierino und Raffaele Mele zusammengestellte Karte nennt zum Auftakt einen gemischten Antipasto (8 €), der am Abend unseres Besuchs aus Lasagna di cipolla, Crostino toscano, Tonno dei colli senesi (in Öl eingelegtes Schweinefleisch) auf Kichererbsencreme und einem exzellenten Tortino di formaggio mit warmer Nusscreme bestand. Als Alternative gibt es **Collo di pollo ripieno** (gefüllten Hähnchenhals, 7 €). Die Primi umfassen ***Pici* al ragù bianco vom Cinta-Senese-Schwein** oder all'aglione, **Pappardelle al cinghiale**, **Zuppa di fagiano e lenticchie** (8 €), Rigatoni alla zozzona oder im Frühling Tagliolini alla Pierino (7 €). Fleisch dominiert bei den Secondi: Wir empfehlen **Gallo indiano** – in Wein gekochter Truthahn mit Zimt und Gewürznelken – nach einem Rezept aus der Renaissancezeit, Fagianella nach Art von Pia (9 €) – gemeint ist natürlich Pia de' Tolomei –, Filetto di cinta mit fein zerstoßenen Kräutern und Lardo aus Colonnata und **Spezzatino di chianina** nach alter Art. Als Desserts gibt es neben dem typischen Mürbegebäck aus Siena auch verschiedene Torten und Bavarese al panforte (5 €), der uns vorzüglich geschmeckt hat. Ein Degustationsmenü für 35 € (mit Weinen 50 €). Francesco Fagnani, Pierinos Sohn, beweist Kompetenz beim Service und begleitet Sie bei der Wahl des Weins aus einer umfangreichen Karte, in der neben drei Arten von Spumante (Asti, Prosecco und Franciacorta) die Spitzenprodukte aus der Toskana vertreten sind, die man auch glasweise bestellen kann. Hervorragende Hausweine aus dem familieneigenen Weingarten in Montalcino.

SIGNA (FI)
Poggio a Caiano

16 KM WESTLICH VON FLORENZ, S.S. 66

Antica Trattoria di' Tramway

Trattoria • Via Pistoiese, 353–357
Tel. (+39) 055 / 877 82 03,
(+39) 333 / 463 60 68
Ruhetag: Sonntagabend, Montag
Ferien: zeitweise im August
75 Plätze + 25 Plätze im Freien
Preise: 25–30 €
Kreditkarten: AE, CS, DC, MC, Visa; BM
Mittags und abends geöffnet

Der englisch klingende Name des Lokals mag erstaunen, aber Morando, „Stoppino" genannt, der die Trattoria seit 1961 führt, gibt uns die Erklärung: Bis zum Jahr 1921 befand sich hier die Endstation der „Tramway", die Poggio a Caiano mit Florenz verband. Die Leitung des Lokals mit Feinkostladen liegt nun in den Händen von Margherita, Morandos Schwiegertochter, der Seele der Küche, und seines Sohnes Paolo. Sandro betreut die Gäste im Saal und bereitet die Desserts zu. Die Faszination der Geschichte des Lokals spiegelt sich im saisonalen Speisenrepertoire aus lokalen Produkten und in der Gastfreundlichkeit wider. Im Sommer lockt ein hübscher Garten. Die Küche schöpft aus dem Rezeptschatz der Familie und den Klassikern dieser Gegend: **Pecora** (Schaf) steht im Rampenlicht, **als Ragout**, **in umido** (geschmort, 10 €) oder alla griglia. Wir sind hier in der Hochburg von **Bistecca** und **Trippa alla fiorentina**, die stets auf der Karte stehen. Weitere Vorschläge sind **Lampredotto, Cotolette d'agnello fritte** und als Anleihe aus der Meeresküche **Baccalà alla livornese**. Als Beilage sollten Sie **Fagioli all'uccelletto** nicht verpassen. Im Winter gibt es Bolliti sowie **Pollo und Coniglio fritti** mit Gemüse, in der Saison auch Funghi. Formaggi und Salumi aus der Toskana sind auch unter den Antipasti zu finden, zum Beispiel im Tagliere di cinta senese (12 €). Als Primo gibt es die traditionelle **Ribollita** (7 €), aber auch **Tortelli di patate al ragù**. Zum Abschluss Cantuccini di Prato mit Vin Santo (4 €), Panna cotta und Crostate mit Konfitüren. Einige schöne Etiketten neben einem guten Hauswein.

Caseus in **Scandicci** (10 km), in der Via Aleardi 27–29: hervorragende Auswahl an italienischen und ausländischen Käsesorten.

SUVERETO (LI)

82 KM SÜDÖSTLICH VON LIVORNO, S.S. 1

I' Ciocio

Moderne Osteria
Piazza dei Giudici, 1
Tel. (+39) 05 65 / 82 99 47
Ruhetag: Montag
Ferien: 1 Woche im November, 3 Wochen im Februar
50 Plätze + 50 Plätze im Freien
Preise: 35–40 €
Kreditkarten: AE, CS, MC, Visa; BM
Mittags und abends geöffnet

In diesem charakteristischen Lokal in einer Ölmühle aus dem 17. Jahrhundert lädt Fabrizio Caponi seine Gäste zu einem kulinarischen Streifzug durch die Festland- und Meeresküche ein. Im Speisesaal mit Steinmauern beantwortet seine Frau Deanna Bezzini unaufdringlich alle Fragen. Für seine saisonalen Gerichte verwendet Fabrizio so viele hochwertige lokale Produkte, dass diese auf den ersten Blick fast konstruiert wirken, aber beim Essen und Genießen erkennt man, mit welcher Sorgfalt und Liebe sie zubereitet sind. Neben dem stets vertretenen historischen Menü informiert eine Tafel, die an den Tisch gebracht wird, über die Tagesgerichte. Das Angebot umfasst auch ein Degustationsmenü mit Festlandsgerichten für 35 € und ein Menü aus der Meeresküche für 45 €. Nach dem Appetithäppchen zur Begrüßung kann man mit den rustikalen warmen Stuzzichini oder dem großen Piatto di pesce (15 €) beginnen, die jeweils aus sechs Leckerbissen zum Thema Festland oder Meer bestehen. Die Primi, das sind hier vorzügliche **Tortelli con foglie di grana mit Stufatino di cinghiale brasato** (Wildschweinsauce, 9 €) oder Spaghetti mit Tintenfisch, Zucchini und Auberginen. Unter den Secondi verdient **Maiale toscano nei sette tagli** (16 €) eine Erwähnung. Als Alternative bekommen Sie geschmortes Wildschwein mit Preiselbeeren oder **Agnello marinato al mirto auf Brot** (16 €). Schöne Auswahl an Formaggi, serviert mit Feigenkonfitüre aus eigener Herstellung und Honig aus dem Cornia-Tal. Vor den hausgemachten Dolci wird als eine Art „Vor-Dessert" Crespella al mascarpone, Salsa di arancia mit Pinienkernen oder Sorbetto von Passionsfrucht mit Absinth serviert. Die Weinkarte setzt auf lokale Produkte und bietet die Möglichkeit des glasweisen Ausschanks. Es gibt auch eine Karte mit Dessertweinen und verschiedenen Arten von Grappa.

TAVARNELLE VAL DI PESA (FI)

30 KM SÖ. V. FLORENZ, S.S. 2 OD. SUPERSTRADA FLORENZ-SIENA

La Gramola

Osteria-Enoteca
Via delle Fonti, 1
Tel. (+39) 055 / 805 03 21,
(+39) 338 / 603 93 56
Ruhetag: Dienstag, außer im Juni und Juli
Keine Ferien
70 Plätze + 30 Plätze im Freien
Preise: 32–35 €
Kreditkarten: AE, CS, DC, MC, Visa; BM
Mittags und abends geöffnet

Das Lokal wird sowohl von Einheimischen als auch von Touristen besucht und kann als Beweis dafür gelten, dass es etwas gibt, was alle schätzen. Im gastlichen großen Speisesaal thront ein großer Tisch, auf dem die Desserts des Tages zur Schau gestellt sind. Massimiliano kümmert sich hauptsächlich um den Service, während Cecilia in der Küche tätig ist. Die gut strukturierte Karte präsentiert die Tagesgerichte, die Degustationsmenüs (für 35 und 45 €: die teurere Variante umfasst auch die Weine), den Piatto contadino und La Gramola Burger's, eine Reihe von hausgemachten Hamburgern aus lokalen Produkten. Bei der Zusammenstellung der Karte wurde auch nicht vergessen, die Lieferanten als Garantie für Qualität, Unverfälschtheit und Gebietstreue anzuführen. Nun zurück zur Tageskarte: Bei unserem Besuch im Sommer bekamen wir als Antipasti **Panzanella** (5 €) und Pomodori al forno, gefüllt mit Dinkel auf Creme von gelben Paprikaschoten neben Aufschnitt, Käse und Crostini. Die Primi sind abwechslungsreich, wobei sich der Bogen von der einfachen **Pappa al pomodoro** (8 €) bis zu den aufwendigeren Taglierini mit Trüffeln und Steinpilzen (15 €) spannt. Tradition regiert auch bei den Secondi: Es gibt **Maiale ubriaco** (15 €) und **Peposo dell'Impruneta**, beide serviert **mit Bohnen in nativem Olivenöl extra**, Tagliata, Rosticciana und **Bistecca** alla fiorentina. Zum Abschluss erwarten Sie Gelati oder hausgemachte Desserts. Die umfangreiche, niveauvolle Weinkarte bietet auch die Möglichkeit des glasweisen Ausschanks.

TERRANUOVA BRACCIOLINI (AR)
Penna Alta

37 KM NORDWESTLICH VON AREZZO, S.S. 69 OD. A 1

Il Canto del Maggio

Moderne Osteria
Ortsteil Penna Alta, 30 D
Tel. (+39) 055 / 970 51 47,
(+39) 339 / 264 16 72
Ruhetag: Montag
Ferien: unterschiedlich
30 Plätze + 40 Plätze im Freien
Preise: 33–35 €
Kreditkarten: CS, MC, Visa; BM
Abends geöffnet, Feiertage auch mittags

Die Atmosphäre, die man in dieser Osteria in der stimmungsvollen Ortschaft Penna Alta spürt, ist nicht jene eines klassischen Restaurants, sondern entspricht der eines angenehmen Landhauses. Die Gäste nehmen in den kleinen Räumen Platz und können sich ruhig unterhalten, auch wenn das Lokal voll ist. Das Konzept von Simona Quirini ist leicht zu erkennen, sobald man der Karte entnimmt, dass das Gemüse aus dem eigenen Garten stammt, Brot und Eierteigwaren hausgemacht sind und die Produkte, darunter auch Slow-Food-Presidi, von den angeführten Lieferanten bezogen werden. Das Angebot bewegt sich ausgewogen zwischen Antipasti, Primi und Secondi. Die zahlreichen Speisen mit Gartengemüse eignen sich vorzüglich für Vegetarier. Die Gerichte sind aus unterschiedlichen, aber gut aufeinander abgestimmten Zutaten komponiert und entbehren auch nicht einer gewissen Originalität. Wir probierten **Sformatino di topinambur mit einer Creme aus Pecorino und Safran** (10 €) als Antipasto sowie Paccheri mit Artischocken und Tarese aus dem Valdarno (10 €), **Tagliatelle mit Gänseragout** und Spaghetti mit würzigen Kräutern und Kirschtomaten unter den Primi. Als Secondo wählten wir **Pollo del Valdarno alla birra** (17 €) und **Coniglio ripieno mit Ricotta und Blattspinat**. Exzellentes Sortiment an **Formaggi** dieser Gegend. Unter den hausgemachten Dolci verdient die Schokoladetorte besonderes Lob. Die Weinkarte schließt eine erlesene Auswahl an Etiketten dieses Landstrichs ein, insbesondere Rotweine, ergänzt durch gute Flaschen aus anderen Teilen der Toskana, des übrigen Italien und dem Ausland.

»
Die Sorgfalt, mit der Simona die hochwertigen Produkte auswählt und verarbeitet, können Sie in allen Gerichten auf der Karte erkennen.
«

TERRANUOVA BRACCIOLINI (AR)
Cicogna

37 KM NORDWESTLICH VON AREZZO, S.R. 69 OD. A 1

L'Acquolina

Restaurant
Via Setteponti di Levante, 26
Tel. (+39) 055 / 97 74 97
Ruhetag: Montag
Keine Ferien
80 Plätze + 60 Plätze im Freien
Preise: ⊞ 38–40 €
Kreditkarten: CS, DC, MC, Visa; BM
Mittags und abends geöffnet

Seit dem ersten Mal, als dieses Restaurant in unserem Buch erwähnt wurde, ist viel Wasser den Fluss hinuntergeflossen (eine Metapher, die gut zum Namen des Lokals passt). Es ist tatsächlich viel Zeit vergangen und das Lokal hat vor einigen Jahren seinen Sitz aus einem Bauernhaus in ein schönes Gebäude inmitten eines Olivenhains verlegt und präsentiert sich nun in einem deutlich moderneren Kleid: Der Speisesaal ist durch Trennelemente und Säulen gegliedert, zahlreiche Bilder schmücken die Wände. Bevor man das Lokal betritt, sollte man nicht vergessen, einen Blick auf die Karte und die Preise zu werfen, weil diese bei Tisch nicht aufliegen. Die Struktur ist jedenfalls einfach: Es gibt einen einzigen Antipasto für 12 €, die Primi kosten ebenso viel und auch die Secondi (nur die Ente kostet 14 €), die Beilagen 4 € und die Desserts 5 €. Dies vorausgeschickt, nun zu den Details: Verzichten Sie nicht auf den Benvenuto dell'Acquolina, der sich aus Sformato di ricotta mit Parmesan-Fonduta, Melanzana primavera, **Neccio di farina di castagne mit Ricotta**, Polpettina di bollito mit Zitrone und toskanischem Crostino nero zusammensetzt. Die Wahl kann bei den Primi auf **Ravioli di ricotta e ortica in Sauce mit Gorgonzola und Nüssen** (eine Freude für Gaumen und Augen) oder ***Pici* alla scamerita** fallen. Unter den Secondi ist **Anatra in porchetta** (Ente) **mit Cipolle ramate al forno** (Achtung: Die Zwiebeln müssen Sie als Beilage bestellen, sonst werden sie nicht serviert) zu nennen. Etwas Besonderes ist **Trippa alla fiorentina** mit wenig Tomaten und reichlich gehobeltem Parmesan. Zum Abschluss Delizia al cioccolato und Crema di latte al rum: Ersteres ist ein mit Schokolade gefüllter Kuchen, das zweite ein Cremedessert in der Art des Spumone. Gute Weiß- und Rotweine des Hauses von einem Betrieb aus Setteponti.

TORRITA DI SIENA (SI)
Montefollonico

51 KM SÜDÖSTL. V. SIENA, 6 KM V. PIENZA, S.S. 326

La Botte Piena

Moderne Osteria
Piazza Cinughi, 12
Tel. (+39) 05 77 / 66 94 81
Ruhetag: Mittwoch, Donnerstagmittag
Ferien: zeitweise im Januar, Juli/Juli
45 Plätze + 25 Plätze im Freien
Preise: 30–35 €
Kreditkarten: AE, CS, DC, MC, Visa; BM
Mittags und abends geöffnet

Das Botte Piena ist ein fröhlicher, heller Ort, auch im übertragenen Sinn, weil man in den hier arbeitenden Personen die Kraft der Professionalität und der Kreativität erkennt. Zur traditionellen Küche tragen die erlesenen saisonalen Produkte dieser Gegend bei, es wird aber auch mit dem richtigen Maß an Neugierde und Feingefühl experimentiert. Der Charme der beiden Säle im Erdgeschoss und im ersten Stock liegt in deren Einfachheit. Ein Lächeln und die Kompetenz, in der sich die Sorgfalt und Korrektheit der Zubereitungen widerspiegelt, erobern die Herzen der Gäste. Die Speisekarte ist in neun Abschnitte und ein Menü des Monats unterteilt, das im April unter anderem Panzanella di baccalà (6,50 €), Polpettine di coniglio und **Agnello a scottadito**, im Juni Ravioli mit Ricotta und Basilikum und **Pollo alla cacciatora** enthalten kann. Zum Auftakt gibt es Fegatini di pollo in Vin Santo (8,50 €), Salumi und Bruschette. Dann folgen vorzügliche ***Pici*** nach Hausfrauenart (8,50 €) mit Sugo finto, alle briciole oder all'aglione, und Suppen wie die delikate **Pappa al pomodoro**. Beim Hauptgang dominiert Fleisch vom Grill – **Bistecca**, Filetto, Tagliata – und aus der Pfanne, etwa die exzellenten **Fegatelli** und **Salsiccia di maiale mit Fagioli all'uccelletto** (8,50 €). Große Auswahl an **Formaggi** unterschiedlicher Art und Reifung, mit Pecorino aus Pienza, auch im Ofen zubereitet. Faszinierende, preislich korrekte Karte mit Weinen (Etiketten aus dem In- und Ausland, mit glasweisem Ausschank) und Edelbränden.

»*Größtmögliche Sorgfalt bei der Auswahl der Hersteller, der Zubereitung der Gerichte und der Begleitung der Gäste durch ein Speisenrepertoire, das der Tradition Ehre erweist, ohne sie in Stein zu meißeln.*«

44 km südöstlich von Siena

Il Conte Matto

Restaurant
Via Taverne, 40
Tel. (+39) 05 77 / 66 20 79
Ruhetag: Dienstag, im Sommer Montag und Dienstagmittag
Ferien: zeitweise im Winter
60 Plätze + 50 Plätze im Freien
Preise: 25–35 €
Kreditkarten: MC, Visa; BM
Mittags und abends geöffnet

In Trequanda, einer hübschen Ortschaft in den Crete Senesi, führt ein schöner Hof zum Restaurant von Davide Arrigucci. Die Einrichtung nach Art der typischen toskanischen Osterien von anno dazumal ist einfach, aber gepflegt. In der warmen Jahreszeit kann man auf der Panoramaterrasse Platz nehmen. Die saisonalen Gerichte basieren auf sorgfältig ausgewählten Zutaten und Produkten von Slow-Food-Presidi. Beginnen kann man mit einer Degustation von Crostini neri mit karamellisierten roten Zwiebeln (7 €), dem Sortiment an Prosciutti, zwölf oder 24 Monate gereift, und fein gehackter Battuta di chianina auf Feldsalat, serviert mit Tomaten, Frühlingszwiebeln und Acciughe sotto pesto (12 €). Unter den Primi sind Lunghetti (***Pici***) **con le briciole** (8 €) mit Ragù di vitellone (Jungochsenragout) oder di anatra (Ente), aber auch Spaghettini all'uovo mit Pecorino-Creme und eingelegten Birnen zu erwähnen. Ein sicherer Tipp für den Winter ist **Ribollita**. Was die Secondi betrifft, die alle mit Beilage serviert werden, empfehlen wir Ihnen **Cinghiale in dolceforte** (11 €), ein Rezept aus der Renaissancezeit, **Anatra disossata in porchetta**, Carré di agnello alla senape in Brotkruste (15 €) und **Bistecca** alla fiorentina. Eine gute Wahl ist auch das Sortiment an **Formaggi** mit verschiedenen Arten von hiesigem Pecorino. Hausgemachte Dolci: Cantuccini mit Vin Santo, aber auch „La Morbidezza" und ein exquisites Parfait. Die Weinkarte ist eine Hommage an diesen Landstrich und bietet eine große Auswahl an glasweise ausgeschenkten Weinen und einige gute Biere aus kleinen Brauereien. Ein Degustationsmenü ist für 28 € inklusive Getränke erhältlich.

» *Tradition, erstklassige saisonale Zutaten und ein herzlicher Empfang in einem faszinierenden Ambiente.* «

29 km nordwestl. von Lucca, S.S. 439 od. A 11

Buonumore

Trattoria • Viale Capponi, 1/Via Marco Polo
Tel. (+39) 339 / 692 09 36
Ruhetag: Montag, Dienstag (außer im Sommer)
Ferien: während der Fischfangsperre
25 Plätze + 60 Plätze im Freien
Preise: 35 € (Tagesmenü)
Keine Kreditkarten
Mittags und abends geöffnet, im Winter Mittwoch und Donnerstag nur abends

Die Trattoria Buonumore hat ihren Sitz in einem maritim gestalteten Chalet mit großem Garten in Viareggio, im Pinienwald an der Ostküste, nicht weit von der Strandpromenade. Geführt wird sie von Amelio Fantoni, der seit 40 Jahren in der Gastronomie tätig ist und nun durch seine Tochter Simona in der Küche unterstützt wird. Sein Anliegen ist es, den Gästen seine Liebe zu diesem Landstrich und vor allem zum Meer zu vermitteln. Mit Kompetenz und Leidenschaft erläutert er seine Gerichte, mit denen er hiesigen Fischen in allen Varianten zu Bekanntheit verhelfen will. Daher bekommt man im Buonumore keine Karte im klassischen Sinn, sondern man isst täglich die Fische, die von den Fischern jeweils frisch an Land gebracht wurden. Amelio schlägt die Gerichte in einer bestimmten Abfolge vor und erzählt dazu Geschichten vom Meer. Sie bekommen auch Fischarten, die üblicherweise vernachlässigt werden, aber deshalb nicht weniger schmackhaft sind, und auch Teile wie die Innereien, die anderswo als Abfall angesehen werden: Das ist der Fall bei **Crostino di fegato di triglia** (mit Meeräschenleber), die wir uns zum Auftakt unseres Abendessens schmecken ließen. Die Liebe zum Fisch ist auch in der Art der Zubereitung zu erkennen, wobei schlichte Garmethoden und Ingredienzen zum Einsatz kommen, die den Geschmack nicht verfälschen. Häufig umfasst das Angebot auch Pesce crudo (in unserem Fall Rochen, Meeräsche, Schildmakrele, Adlerfisch und Riesengarnele). Je nach Verfügbarkeit finden Sie Rezepte nach Tradition von Viareggio: **Cacciucco, Pancotto, Pasta con le acciughe** und Muscoli. Stets leicht und duftend ist die **Frittura**, zum Beispiel jene mit **Gamberi und Totani**. Zum Abschluss bekommen Sie eines von Simonas Desserts. Die Weinkarte ist nicht umfangreich, aber gepflegt.

40 km nordöstlich von Florenz, S.R. 65

Giotto

Trattoria
Via del Popolo, 63
Tel. (+39) 055 / 84 41 95
Ruhetag: Mittwoch
Ferien: unterschiedlich
40 Plätze
Preise: 23 €
Kreditkarten: CS, DC, MC, Visa; BM
Mittags geöffnet

Wenn Sie Lust haben auszugehen, um zu essen wie zu Hause, dann wird diese schlichte Osteria Sie zufriedenstellen. Sie ist einfach, was die mündlich vorgetragene Speisenauswahl betrifft, die gerade einmal zehn bis 15 Gerichte umfasst, aber beachtlich in Bezug auf die Leidenschaft, die Mama Rosa (obwohl sie schon einige Jährchen hinter sich hat) und ihr Sohn Massimo in ihre Tätigkeit und die Erfüllung aller Anforderungen stecken (erst kürzlich wurde umgebaut), die ein Betrieb, und sei er noch so klein, heute mit sich bringt. Wir befinden uns hier mitten im Mugello, deshalb sind das Paradegericht die hausgemachten **Tortelli di patate**, die mit unterschiedlichen Saucen serviert werden, auch wenn sie am besten **mit Fleischragout** sind. Den Reigen der Vorschläge an durchwegs hausgemachten Primi runden **Tagliatelle** und **Lasagne** ab. Als Secondo sollten Sie nicht auf den Spiedo verzichten (darunter versteht man hier in der Toskana den echten Bratspieß, auf welchem Hähnchen, Kaninchen, Lendenstücke, Hühnerleber und anderes gebraten werden). Schade, dass dies nur am Sonntag und in reduzierter Form am Donnerstag angeboten wird. Unter den frisch zubereiteten Gerichten verdienen das **Fritto misto dell'aia** und **Bracioline impanate e fritte** eine besondere Erwähnung. Dazu wird stets saisonales Gemüse (köstlich sind die frittierten Blüten) oder aber Patate arrosto oder fritte serviert. Zwei oder drei Wahlmöglichkeiten auch bei den Desserts: Cantucci mit Vin Santo, Crostate und ein angenehmes Tiramisu. Recht guter Hauswein neben einigen Etiketten dieser Gegend.

La Casa del Prosciutto (Via Ponte a Vicchio 1): Verkauf und Verkostung von lokalen Salumi und Formaggi, Brot, Schiacciate und typischen hausgemachten Süßspeisen.

66 km südöstlich von Pisa, S.S. 68 und S.S. 439

Da Badò

Trattoria
Borgo San Lazzero, 9
Tel. (+39) 05 88 / 804 02,
(+39) 342 / 395 83 85
Ruhetag: Mittwoch
Keine Ferien
40 Plätze
Preise: 35 €
Kreditkarten: CS, DC, MC, Visa; BM
Mittags und abends geöffnet

In dieser Trattoria vom alten Schlag, etwas außerhalb des historischen Zentrums, bietet Giacomo Nencini eine einfache Küche, für die seine tüchtige Mama Lucia verantwortlich zeichnet. Sie lässt die Tradition dieses Teils der Toskana, wo Wild im Rampenlicht steht, neu erstrahlen. Giacomos Interesse konzentriert sich darauf, möglichst viele Produkte in der Umgebung aufzutreiben, insbesondere Öl und Käse. Neben den Gerichten der saisonalen Karte werden mündlich die Tagesgerichte (mindestens ein Dutzend) genannt, die von der täglichen Marktlage abhängen. Die Antipasti bestehen aus Crostini oder lokalen Salumi. Die beste Wahl ist der Misto (12 €) mit Crostini, Salumi, Pappa al pomodoro und Frittatina di cipolle. Die Primi umfassen neben dem Risotto der Saison interessante **Tortelloni al pecorino erborinato** (12 €), serviert mit heller Sauce, **Pappardelle alla lepre** oder die klassische **Zuppa volterrana**. Dann folgen Filetto di maiale alla griglia, **Trippa** (13 €), **Cinghiale in umido** oder Baccalà rifatto. Vorzüglich ist **Tagliata di anatra** (13 €). Wer möchte, kann sich auch Tagliata di manzo und **Bistecca** di vitellone schmecken lassen. Wenn Sie dann noch Appetit haben, probieren Sie die Pecorini oder gehen Sie zu Lucias Dolci über: Abgesehen von Cantucci mit Vin Santo kann es Semifreddo mit grünem Apfel oder Erdbeertrauben, Panna cotta oder Crema calda geben. Die Weinkarte nennt etwa 30 Etiketten, alle von kleinen lokalen Produzenten, aber auch der offene rote Hauswein aus Certaldo passt perfekt zu den Speisen.

La Vena di Vino (Via Don Minzoni 30) ist eine Vinothek mit vielen toskanischen und weiteren italienischen Weinen, die man zusammen mit den besten lokalen Käse- und Wurstsorten genießen kann.

VOLTERRA (PI)

65 km südöstlich von Pisa

La Carabaccia

Traditionelle Osteria
Piazza XX Settembre, 4–5
Tel. (+39) 05 88 / 862 39
Ruhetag: Montag
Ferien: zeitweise im November
38 Plätze + 25 Plätze im Freien
Preise: 24 €
Kreditkarten: AE, CS, DC, MC, Visa; BM
Mittags und abends geöffnet

Die Carabaccia, die Zwiebelsuppe nach altem Rezept, gibt dieser kleinen Osteria von Patrizia Boldrini und Sara Gremigni in der Altstadt von Volterra ihren Namen. Das Ambiente ist einfach und gepflegt: Gleich am Eingang eine Theke, einige Tische und eine Tafel, auf der die Speisenauswahl angeschlagen ist. Weitere Tische stehen im anschließenden Saal. Die Gerichte (zwei Primi und zwei Secondi, die täglich wechseln) halten sich meistens an die lokale Tradition und werden mit großer Sorgfalt bei der Wahl der stets frischen und aus diesem Gebiet stammenden Zutaten zubereitet. Die würzigen Kräuter und ein Großteil des Gemüses stammen aus dem hauseigenen Garten. Beginnen kann man mit Salumi, Formaggi und verschiedenen Crostini, dann geht es weiter mit den Primi: **Tagliatelle con sugo di agnello e carciofi** (Sauce mit Lamm und Artischocken, 8 €), ***Pici* all'aglione** oder al ragù, Risotto con galletti (mit Pfifferlingen) und natürlich **Carabaccia** (6,50 €). Unter den Secondi, die alle mit Beilage serviert werden, finden Sie **Coniglio** mit Kapern oder **alle erbe** (9,50 €), **Peposo**, Trippa alla fiorentina, **Piccione al Vin Santo**, Capriolo in umido und Verdure di stagione ripiene. Freitags werden nur Fischgerichte gekocht: Baccalà alla livornese, Acciughe fritte und Sgombro alla griglia. Unter den sämtlich hausgemachten Dolci (4 €) finden Sie Gelato al fiordilatte oder Crostate mit selbst gemachten Konfitüren. Neben dem Hauswein, einem angenehmen Sangiovese di Montaione, werden auch andere Etiketten aus der Toskana und Biere aus kleinen Brauereien angeboten. Das Gedeck wird nicht verrechnet.

FIRENZUOLA (FI)

63 KM NÖRDLICH VON FLORENZ, A1, S.P. 120 U. 59

Bibo

NEU

Restaurant
Via Traversa, 454
Tel. (+39) 055 / 81 52 31
Ruhetag: Montag und Dienstag
Ferien: unterschiedlich
35 Plätze + 20 Plätze im Freien
Preise: 45–50 €
Kreditkarten: AE, CS, MC, Visa; BM
Mittags und abends geöffnet

Egal ob man von Florenz oder Bologna kommt, Traversa ist nicht eben um die Ecke, aber ein Besuch bei Bibo wird Sie voll zufriedenstellen, nicht nur wegen der exzellenten Gastlichkeit, sondern auch wegen der Qualität der Küche, insbesondere wenn man das Preis-Leistungs-Verhältnis betrachtet. Man kommt in einen Eingangsbereich – ein Saal mit einer Theke für den Ausschank und den Verkauf von typischen Produkten –, dann gelangt man in einen Salon im Stil einer Gaststube und in den dahinter befindlichen Speisesaal. Die Karte liegt zwar in Papierform vor, wird aber dennoch mit allen Details von Teresa erläutert und auch der Chefkoch Alessandro Cianti, ein großer Experte in Sachen Fleisch, lässt es sich nicht nehmen, Erklärungen zu liefern. Unter den Antipasti bestechen Acciughe mit Burrata und eine überragende Battuta. Erstklassig sind die Tortelli di patate al ragù (8 €), *Gnudi* mit Butter und Salbei und Ribollita. Für den Hauptgang bekommt man Fleisch von Chianina-Rind (Bistecca für 43 € pro Kilogramm), aber auch Bavarese, drei Wochen gereift und perfekt zubereitet, Stracotto und Coniglio alle erbette. Als Desserts verdienen Pere (Birnen), in Heidelbeerextrakt gekocht, mit Ricotta-Schaum und Tronchetto mit Creme und Schokolade eine Erwähnung. Die niveauvolle Weinkarte und die Auswahl an Whiskys lassen so manche Vinothek vor Neid erblassen. Ganz zu schweigen von Ölen, Salz und Tee. Bibo: Wenn ein Lokal die Fahrt wert ist, dann dieses.

LIVORNO

In Vernice

Restaurant
Via Sproni, 32
Tel. (+39) 05 86 / 21 95 46
Ruhetag: Sonntag
Ferien: zeitweise im Sommer
50 Plätze
Preise: 35–40 €
Kreditkarten: CS, DC, MC, Visa; BM
Mittags und abends geöffnet

Ein Quartett leidenschaftlicher Gastronomen hat die in Rosignano Marittimo gesammelten Erfahrungen in dieses Lokal eingebracht, das einen Hauch von Ethno-Flair besitzt und früher der Sitz der Pubs Vernice Fresca war. Im Eingangsbereich kann man einen Aperitif an der Theke trinken und dann im ersten Stock Platz nehmen, um die Speisen zu genießen, bei denen die Festlandküche gegenüber den Meeresspezialitäten überwiegt. Die Küche zeigt innovative Ansätze, vor allem in Bezug auf die Garmethoden, bleibt aber dennoch der Tradition treu. In der Vorratskammer lagern die von Claudio Corrieri mit Sorgfalt ausgewählten Produkte von hoher Qualität (darunter viele Slow-Food-Presidi), die das Team in der Küche meisterlich zubereitet. Was Sie probieren sollten, sind Tortino di melanzane, *Gnudi* mit Ricotta und Blattspinat in Käsesauce, Tagliatelle, serviert mit Gemüse oder Frutti di mare (14 €), und Involtini di coniglio in pasta fillo (16 €). Weinkarte von Format mit Etiketten aus der Toskana, dem übrigen Italien und aus Frankreich. Manche Weine werden glasweise ausgeschenkt und es gibt ein großes Angebot an Bieren aus kleinen Brauereien.

LUCCA

Vigna Ilaria

Restaurant
Via della Pieve Santo Stefano, 967 NEU
Tel. (+39) 05 83 / 33 20 91
Kein Ruhetag
Ferien: unterschiedlich
45 Plätze + 50 Plätze im Freien
Preise: 50 €
Kreditkarten: AE, CS, MC, Visa; BM
Mittags und abends geöffnet

Wenn man in die Hügel knapp außerhalb von Lucca fährt, trifft man am Ende einer Allee auf diese Locanda, eine schöne Villa mit Garten, wo man im Sommer in Freien sitzen kann. Das Restaurant schlägt ein Speisenrepertoire vor, das fast ausschließlich auf Fisch basiert (auch roh: bis zu 15 Arten, die alle im hiesigen Meeresabschnitt gefangen werden), aber auch Vegetarier und Freunde von Fleischgerichten kommen nicht zu kurz. Der Chefkoch Maurizio Marsili, ein Schüler von Angelo Paracucchi, beweist seine Meisterschaft in einer Küche, die auf den ersten Blick einfach scheint, aber doch sehr komplexe Räucher-, Marinier- und Garmethoden vorsieht. Unter den Primi möchten wir Tagliolini neri essiccati con bocconcini di mare (18 €), gefüllte Teigwaren (Ravioli, Tortelli), serviert mit Fisch oder Trüffel, und Carbonara di mare hervorheben. Bei den Secondi erwarten Sie neben dem fangfrischen Fisch auch Cacciucco in einer modernen Version, unter Dampf gegart (25 €), und Maialetto, bei niedriger Temperatur gebraten. Die süße Spezialität des Chefs ist Semifreddo alla vaniglia mit karamellisierten Früchten. Im Keller lagern mehr als 600 Etiketten: Die Toskana ist gut vertreten, aber auch andere Regionen Italiens und die wichtigsten Anbaugebiete verschiedener europäischer und weiterer Länder.

MANCIANO (GR)

56 KM SÜDÖSTLICH VON GROSSETO, S.S. 322

La Filanda

Restaurant
Via Marsala, 8 NEU
Tel. (+39) 05 64 / 62 51 56
Ruhetag: Dienstag
Ferien: unterschiedlich
40 Plätze
Preise: 50 €
Kreditkarten: CS, MC, Visa; BM
Abends geöffnet, Freitag, Samstag und Sonntag auch mittags

In diesem Gebäude (einer einstigen Spinnerei) ist im Erdgeschoss ein Laden untergebracht, in dem Weine und andere typische Produkte dieses Landstrichs verkauft werden, im ersten Stock befindet sich das Restaurant mit einem Vinothek-Bereich. Betrieben wird es von Chefköchin Barbara und Gian Paolo. Die Küche, ganz nach toskanischer Prägung, achtet mit großer Sorgfalt auf die Saisontreue und den typischen Charakter der Produkte, wobei die traditionellen Gerichte oft mit einem kreativen Ansatz interpretiert werden. Brot, Focacce, Teigwaren und Desserts sind hausgemacht. Unter den Antipasti finden Sie Salumi vom Cinta-Senese-Schwein und vom Wildschwein, aber auch Scaloppa di fegato d'anatra mit Feigensauce. Dann folgen traditionelle Pappardelle al ragù di cinghiale (mit Wildschweinragout, 12 €) und eine innovative Pappa al pomodoro mit Jakobsmuscheln. Weiter geht es mit Fleisch von Rindern der Rasse Maremmana, zum Beispiel Tagliata di manzo, auf dem heißen Stein serviert. Eine Erwähnung verdient auch Piccione alla griglia con battuto di sale e rosmarino (18 €) und Filetto di maialino mit Apfelpüree. Überragend zum Abschluss Fagottino mit Birnen und Pecorino mit Honigsauce und Vin Santo. Sehr gute Weinkarte.

MONTOPOLI IN VAL D'ARNO (PI)

35 km ö. v. Pisa, Superstrada Florenz–Pisa–Livorno

Quattro Gigli con Trattoria dell'Orcio Interrato

Restaurant • Piazza Michele de Montopoli, 2
Tel. (+39) 05 71 / 46 68 78
Ruhetag: Montagmittag
Ferien: unterschiedlich
50 Plätze + 50 Plätze im Freien
Preise: 50 € • Kreditkarten: AE, CS, DC, MC, Visa; BM • Mittags und abends geöffnet

Seit den 1930er-Jahren führt die Familie Puccioni dieses schöne Hotel-Restaurant in einem Palazzo aus dem 15. Jahrhundert. Die Karte pendelt zwischen Festland- und Meeresküche: Crudo di gamberi und Sformato mit Pecorino und Kartoffeln unter den Antipasti, Ravioli mit Kichererbsen und Sardellen (13 €) oder sonstige Primi aus hausgemachten Teigwaren, Guazzetto di rana pescatrice (mit Seeteufel), Millefoglie di spigola mit Polentina und Lauch, Tempura di cinta senese e gamberi in Kürbissauce (18 €) sowie Rollè di coniglio farcito in Sauce mit Blumenkohl und Esskastanien. Man kann auch Pizza wählen, die in vier Versionen angeboten wird (im Herbst und im Winter auch Pizza bianca mit Ei und Trüffeln aus San Miniato). Recht gute Auswahl an Formaggi und hausgemachten Desserts. In der darunterliegenden Vinothek gibt es exzellente Weine aus der Toskana, aus anderen italienischen Regionen und aus der ganzen Welt.

SIENA

Le Logge

Restaurant
Via del Porrione, 33
Tel. (+39) 05 77 / 480 13,
(+39) 339 / 749 47 95
Ruhetag: Sonntag
Ferien: 2 Wochen nach Dreikönig
70 Plätze + 40 Plätze im Freien
Preise: 50–55 €
Kreditkarten: AE, CS, DC, MC, Visa; BM
Mittags und abends geöffnet

Dieses Restaurant ist einer der Lieblingsorte der Einheimischen, wenn sie eine Mahlzeit zu einem besonderen Anlass genießen wollen, aber da es mitten im historischen Zentrum liegt, wenige Schritte von der Piazza del Campo entfernt, ist die Gästeschar international. Das Lokal ist charakteristisch: Neben der offenen Küche befindet sich der Speisesaal, eingerichtet mit Möbeln und Dekorgegenständen aus dem 19. Jahrhundert (damals hatte in diesem Gebäude ein Lebensmittelladen seinen Sitz), im oberen Stock ist ein weiterer Saal untergebracht und auf der Straße ist ein kleiner Gastgarten für die schöne Jahreszeit eingerichtet. In der Küche werden Produkte von hoher Qualität verarbeitet, häufig solche aus Bio-Anbau, die nach traditionellen Rezepten, jedoch mit innovativen Garmethoden (zum Beispiel Baccalà in tempura) und unter Anwendung neuer, auch gewagter Kombinationen (zum Beispiel Kaffeepulver auf dem Risotto) verarbeitet werden. Die kreativen Ansätze gleiten jedoch nicht ins Exzessive ab. Zum Einstieg sollten Sie das einfache Uovo poché oder Tartare probieren, dann *Pici* cacio e pepe oder die Version al cinghiale (13 €), Ravioli di patate con ragù di faraona (mit Perlhuhn), Ossobuco, Stracotto und Coda di bue in terrina (24 €). Die monumentale Weinkarte schöpft aus dem Keller, der im Untergeschoss eines benachbarten alten Gebäudes untergebracht ist. Hier hat auch Un Tubo seinen Sitz, ein Lokal für Degustationen, Aperitifs und musikalische und künstlerische Veranstaltungen.

0 10 20 km
EMILIA-ROMAGNA
Rímini
Riccione
S. MARINO
S. Marino
Pésaro
ADRIA
PARCO NAZ. D. FORESTE CASENTINESI, M. FALTERONA E CAMPIGNA
S. Leo
A14
Fano
Urbino
Senigállia
Arno
Bibbiena
MARKEN
Falconara Maríttima
Jesi
Arezzo
Citta di Castello
A1
Gubbio
Tevere
TOSKANA
Fabriano
Umbertide
Cortona
Tolentino
Nocera Umbra
Trasimenischer See
Corciano
PERUGIA
Assisi
Castiglione d. Lago
Magione
PARCO NAZ. D. MONTI SIBILLINI
Spello
Torgiano
Cannara
Panicale
Deruta
Foligno
Cetona
Bevagna
Visso
Montefalco
Trevi
Preci
Vettore 2476
Giano dell'Umbria
Castel Ritaldi
Campello sul Clitunno
Norcia
Acquapendente
Massa Martana
Orvieto
Todi
Spoleto
Scheggino
Porano
Montecchio
Acquasparta
Baschi
Avigliano Umbro
Ferentillo
Bolsena
Terni
Bolsenasee
A1
Amélia
Montefiascone
Narni
Stroncone
Terminillo 2216
Tuscania
Orte
Viterbo
Rieti
Vetralla
Tarquínia
LATIUM
A24
Civitavécchia
Bracciano-See
Bracciano
A12
A1dir
ABRUZZEN
A1

UMBRIEN

Die Schönheit und Vielfalt der umbrischen Landschaft ist der Beleg für einen gelungenen Bewässerungs- und Kultivierungsprozess. Trotz aller Veränderungen hat man es verstanden, die Diversität des Gebietes zu erhalten und sich an das geomorphologische Profil der Naturlandschaften, bestehend aus Wäldern, Seen und Flüssen, anzupassen, zugleich aber Täler und Hügel zu besiedeln. Diese beständige, uralte Tätigkeit der Menschen, zu der die Mönchsorden stark beigetragen haben, zeigt sich in der noch sehr lebendigen und starken Verbindung zwischen der Bauerntradition und der Gastronomie: Einfache Gerichte, deftig und mitunter etwas karg, wechseln sich mit gehaltvollen und aufwendigen Speisen ab, die aus der urbanen Kultur der mittelalterlichen Orte und Städte stammen.
Olivenbaum, Weinrebe und Getreide bleiben die Fundamente der in der Küche verwendeten Ausgangsprodukte. Mit nativem Olivenöl extra verfeinerte Getreide- und Hülsenfrüchtesuppen und Pasta aus Wasser und Mehl (Strangozzi, Umbricelli, Gnocchi, Ciriole) oder Ei (Tagliatelle, gefüllte Teigwaren) verbinden sich mit Saucen aus Gemüse und Fleisch von Hoftieren, Rind und Schaf. Die populärste und am meisten verbreitete Tradition ist jedoch die Schweinezucht samt der Erzeugung von frischem Fleisch und Wurstwaren. Eine Tradition, die ihren volkstümlichen Charakter dank der allgegenwärtigen und zu jeder Jahreszeit geöffneten Stände beibehält, an denen Porchetta (Spanferkelbraten) als Straßenessen angeboten wird.
Auch der Wald leistet seinen Beitrag und liefert Pilze sowie schwarzen und weißen Trüffel. Der Trasimenische See, der Piediluco-See und der Tiber bringen mit ihrer Fauna Frische und Vielfalt ins Geschehen: See- und Flusskrebse, Bachforelle, Karpfen, Hecht, Aal und Barsch bereichern die Kulinarik einer Region, der einzig und allein das Meer fehlt.

Für Sie entdeckt

Carni suine

505 Antica Cantina
Orvieto (Tr)

513 Lillero
Terni

514 Il Merollo
Todi (Pg)

Zuppe

494 Malvarina
Assisi (Pg)

502 Osteria del Teatro
Foligno (Pg)

503 Alcatraz
Gubbio (Pg)

512 Taverna la Mola
Stroncone (Tr)

Funghi e tartufi

499 Lea
Città di Castello (Pg)

502 4 Piedi & 8.5 Pollici
Giano dell'Umbria (Pg)

514 Pane e Vino
Todi (Pg)

515 I Birbi
Torgiano (Pg)

Strangozzi o stringozzi

500 Taverna dei Sapori
Corciano (Pg)

504 Fontana delle Pere
Massa Martana (Pg)

512 La Cantina di Spello
Spello (Pg)

516 Locanda di Nonna Gelsa
Umbertide (Pg)

25 KM WESTLICH VON TERNI

La Gabelletta

Restaurant
Via Tuderte, 20
Tel. (+39) 07 44 / 98 17 75
Ruhetag: Dienstag
Keine Ferien
100 Plätze + 60 Plätze im Freien
Preise: 30–35 €
Kreditkarten: AE, CS, DC, MC, Visa; BM
Mittags und abends geöffnet

Das La Gabelletta ist eine von Steineichenwäldern umgebene ländliche Locanda aus dem 18. Jahrhundert und ein zauberhafter Ort zum Essen und Übernachten. Der Weg dorthin führt über eine der schönsten Panoramastraßen Südumbriens. Das gepflegt eingerichtete Restaurant wartet mit einem jahreszeitlich angepassten bodenständigen Menü auf, das sich aus traditionellen Rezepten in aktueller Lesart zusammensetzt. Küchenchef Andrea Taddei beschafft die Zutaten bei lokalen Erzeugern und bietet als Antipasti **Uova con tartufo e cialda di pecorino croccante**, Selezione di crudo, salumi e formaggi mit Focaccia sowie hausgemachte Crostini und Sottoli (16 € für zwei Personen) an. Weiter geht es mit **Stracci con ricotta ovina e fiori di zucca** saltati **al pesto** (12 €) – Sauce und Füllung variieren saisonal –, Tagliatelle agli asparagi selvatici und im Winter **Pasta e ceci al rosmarino** (9 €). Was die Secondi angeht, gibt es ganz traditionelles Fleisch, wie Schwein, Wildschwein und **Faraona alla leccarda** (14 €), aber auch Agnello al tartufo und in der warmen Jahreszeit **Pollo a spezzatino con i peperoni** lassen keine Wünsche offen. Pollo (Hähnchen), Piccioni (Taube) und Faraona (Perlhuhn) werden auch am Spieß zubereitet. Stets auf dem Plan stehen vegetarische Speisen wie Patate con spiedino di pomodori e riso und **Padellaccia** (9 €) mit Dicken Bohnen, Erbsen, Artischocken und Lattich. Dazu gibt es saisonale Beilagen. Die hausgemachten Desserts umspannen Zuppa inglese, Tozzetti mit ausgezeichnetem Aleatico lokaler Herkunft und Bavarese con fragole. Das Kellerangebot repräsentiert die hiesige Weinproduktion gut und wird durch Erzeugnisse aus dem übrigen Italien und Frankreich bereichert. Ausgewählte Biere aus Kleinbrauereien und Brände vervollständigen das Angebot.

24 KM ÖSTLICH VON PERUGIA

Malvarina

Ferienbauernhof
Via Pieve di Sant'Apollinare, 32
Tel. (+39) 075 / 806 42 80
Kein Ruhetag
Ferien: unterschiedlich
65 Plätze + 65 Plätze im Freien
Preise: 30 € (Tagesmenü)
Kreditkarten: AE, CS, MC, Visa; BM
Abends geöffnet, mittags gegen Vorbestellung

Dieser einladende Ferienbauernhof mit schönen Zimmern und Schwimmbad besteht seit 26 Jahren und liegt im franziskanischen Herzen Umbriens. Sein Name leitet sich von einer Quelle aus dem 15. Jahrhundert ab, die sich nicht weit von dem Betrieb befindet, in dem Olivenbäume, Gartengemüse und Kräuter angepflanzt und Hoftiere gezüchtet werden. Claudio Fabrizi und seine Frau Patrizia, die über die Küche wacht, empfangen Sie auf gastfreundliche, vertrauliche Art. Setzen Sie auf das Tagesmenü, das auch einen guten biodynamischen Rotwein aus dem Betrieb einschließt. Man beginnt mit hausgemachten Wurstspezialitäten und Käse aus dem Umland, die von deliziösen Kompotten begleitet werden (hervorragend die Varianten aus Zwiebeln aus Cannara, aus wilden Mispeln und aus Peperoni), Crostini al paté umbro (milder und cremiger als die toskanische Pastete) oder mit Fagioli con le cotiche. Auch die Teigwaren sind handwerklich erzeugt: Strangozzi con germogli di aglio e barbozza di maiale, Pasta con fave e pecorino und **Pappardelle con sugo d'oca**; im Winter gibt es **Zuppe di legumi**, die mit einem Schuss nativem Olivenöl extra aus eigener Erzeugung verfeinert werden. Das Fleisch stammt aus eigener Aufzucht. Daher Bahn frei für **Coniglio ripieno**, Oca arrosto, Cosciotto di agnello a scottadito und **Piccione al tegame**. Dazu serviert man Saisongemüse in Form von Conchiglie di patate, Parmigiana di melanzane oder di zucchine und verschiedene Salate. Die Dolci sind mit Zuppa inglese, typischer **Rocciata** (Gebäck mit trockenen und frischen Früchten gefüllt, im Winter erhältlich), Semifreddi, Löffeldesserts und Crostate mit selbst gemachten Konfitüren traditionell gehalten. Im hauseigenen Laden kann man Produkte aus dem Betrieb kaufen, wie Öl, Konfitüren, Kompotte, Honig und Hülsenfrüchte aus dem Umland.

24 KM ÖSTLICH VON PERUGIA, S.S. 147 UND S.S. 75

Pallotta

Trattoria
Via Volta Pinta, 2
Tel. (+39) 075 / 81 26 49
Ruhetag: Dienstag
Ferien: Ende Februar/Anfang März
80 Plätze
Preise: 30–35 €
Kreditkarten: CS, MC, Visa; BM
Mittags und abends geöffnet

Sie finden dieses historische Lokal der Stadt, wenn Sie an der Piazza del Comune sind und gegenüber dem majestätischen Stadtturm ein paar Stufen hinabsteigen. Es wird seit Langem von der Familie Balducci geführt und bietet trotz seiner Lage in einer Gegend mit hohem Touristenaufkommen unverfälschte, vertrauenswürdige Speisen. Das Erfolgsrezept ist in diesem Fall einfach: orthodoxe Tradition bei den Gerichten, Achtsamkeit bei der Wahl der Ausgangsprodukte – alle lokaler und regionaler Herkunft, darunter auch Slow-Food-Presidi wie Fagiolina del Trasimeno –, und der Stolz darauf, dass man der Versuchung widersteht, sich auf den Lorbeeren auszuruhen, und weiterhin authentische, niemals triviale und von unermüdlicher Suche und ständigem Einsatz gekennzeichnete Küche bietet. Beginnen Sie mit umbrischen Salumi, Crostini, Antipasto misto della casa (9 €), Supplì allo zafferano oder auch mit Parmigiana di melanzane. Danach folgen klassische Strangozzi al tartufo oder alla Pallotta, **Tagliatelle al ragù bianco di agnello e pistacchi** (10 €) und **Gnocchi con pancetta, fave e pecorino**, so gut, dass einem der Mund offen bleibt. Als Secondi schmecken neben dem obigaten Grillfleisch auch **Piccione ripieno alla ghiotta** su crostone und Polpette di baccalà (14 €). Die Desserts sind hausgemacht, einschließlich der traditionellen Rocciata aus Assisi (6,50 €) und Klassikern wie Tiramisu, Zuppa inglese und Torta di mele. Es gibt zwei Degustationsmenüs: vegetarisch für 26 € und territorial für 28 €. Im reich bestückten Keller lagern gute regionale und italienische Weine, die es auch glasweise gibt.

Die Käserei Brufani in **Santa Maria degli Angeli** (4 km) verkauft gereiften und frischen Käse.

29 KM NORDWESTLICH VON TERNI, S.S. 3 BIS

La Casareccia

Trattoria
Strada Pian dell'Ara, 69
Tel. (+39) 07 44 / 93 34 82
Ruhetag: Montag
Ferien: unterschiedlich
100 Plätze + 25 Plätze im Freien
Preise: 30 €
Kreditkarten: AE, CS, DC, MC, Visa; BM
Mittags und abends geöffnet

Es wird immer schwieriger, eine echte Trattoria zu finden, wo man ordentlich zubereitete Lokalprodukte genießen kann. Zum Glück sind da noch Lokale wie das La Casareccia, wo aus allem Tradition spricht, obwohl kürzlich der Küchenchef gewechselt hat. Sobald Sie eingetreten sind, erblicken Sie auf einer schwarzen Tafel die Tagesgerichte, während die gut bestückte, saisonal angepasste Karte eine umfangreiche Auswahl an hiesigen kulinarischen Spezialitäten bietet. Als Antipasto empfehlen wir Ihnen **unter der Asche gebackene Pizza** con salumi misti oder **con verdure e salsiccia** oder auch duftendes, reichhaltiges Fritto misto (10 €). Beachtlich ist die Palette der Primi, die von **Gnocchi con sugo di castrato** oder con il pesto di basilico, uvetta e salsiccia bis zu klassischen **Manfricoli con sugo rosso** oder con sugo bianco (6 €) reicht; im Sommer gibt es aber auch frische Pasta al pomodoro e basilico und im Winter Fettuccine al tartufo. Bei den Secondi raten wir zu **Agnello tartufato**, **Trippa al sugo** (10 €) oder Arrosto di tacchino; außerdem gibt es über der Holzglut zubereitete Gerichte wie Scottadito di agnello (10 €), Grigliata mista und Tagliata, einfach oder mit Trüffeln. Alternativen dazu wären Spezzatino di cinghiale (8 €) und **Coratella di agnello**. Die klassischen Beilagen umspannen Patate fritte und Saisongemüse, geschmort, gegrillt oder als Salat. Die Dolci wie Tiramisu, Zuppa inglese und Panna cotta sind hausgemacht. Das eher kleine Weinangebot beinhaltet ausschließlich regionale Qualitätsweine, die gut mit dem Essen in dieser schönen umbrischen Gaststätte harmonieren.

AVIGLIANO UMBRO (TR)

29 KM NORDWESTLICH VON TERNI, S.S. 3 BIS

La Posta

Restaurant
Via Matteotti, 21
Tel. (+39) 07 44 / 93 39 27
Ruhetag: Montag, an Feiertagen mittags
Ferien: unterschiedlich
45 Plätze + 45 Plätze im Freien
Preise: 30–35 €
Kreditkarten: AE, CS, DC, MC, Visa; BM
Mittags und abends geöffnet

Das in hügelige Landschaft eingebettete La Posta stellt eine Konstante in der Qualitätsgastronomie dar und zeichnet sich durch große Achtsamkeit auf die Zutaten und deren jahreszeitliche Verfügbarkeit aus. Als Einstieg empfehlen wir Crocchette di verdure di stagione (aus Saisongemüse), di patate, di baccalà und **Supplì al ragù** oder ai fiori di zucca e alici (6 €) sowie saisonale Köstlichkeiten wie Terrina di maialino e pistacchi, gedämpften Prosciutto vom Cinta-Senese-Schwein oder **Trippa al sugo**. Niemals fehlen darf eine Platte mit Wurstspezialitäten, die Küchenchef Piero sorgfältig affiniert. Brot und Focacce werden aus Biomehl und Sauerteig selbst gemacht. Mittags gibt es auch hochwertige Pizzaschnitten. Unter den Primi finden Sie immer eine Suppe aus Saisonzutaten wie Dicken Bohnen, Linsen und frischen Borlotti-Bohnen, die mit Kräutern aus dem Garten verfeinert werden. Probieren Sie Tagliatelle oder **Tonnarelli al tartufo** (14 €), al ragù di gallina oder di oca, Maltagliati con sugo di stagione – im Frühling unverzichtbar mit Spargel – und Paccheri con pomodoro, guanciale e cacioricotta di capra (8 €). Gut sind auch Sformati di verdure, die eine gelungene vegetarische Mahlzeit ergeben. Als Secondi munden Tagliata di vitello, Coniglio con salsa al limone, Piccione arrosto (gegen Vorbestellung), vor allem aber **Pollo fritto con tempura di verdure** (12 €). Von den Beilagen erwähnen wir Fave cottòra dell'Amerino (Dicke Bohnen, Slow-Food-Presidio), Verdure di campo und Carciofi fritti. Crostata di arance, Gelati und **Terrina di pesche** (5 €) versüßen den Abschied. Die Weinkarte ist stets auf dem neuesten Stand und nennt ausgewählte Tropfen aus den besten regionalen Winzerbetrieben.

BEVAGNA (PG)

38 KM SÜDÖSTLICH VON PERUGIA

Antiche Sere

Osteria
Piazza Garibaldi, 10
Tel. (+39) 07 42 / 36 19 38
Kein Ruhetag
Ferien: unterschiedlich
16 Plätze + 20 Plätze im Freien
Preise: 30–35 €
Kreditkarten: AE, CS, DC, MC, Visa; BM
Mittags und abends geöffnet

Bevagna, einst berühmt für kostbares Tuch, ist heute eher für die Erzeugung von Wein der Sorte Sagrantino und den Mercato delle Gaite bekannt, eine äußerst eindrucksvolle Neuauflage eines historischen Marktes. Wenn Sie die Stadt über die Porta Cannara betreten, stoßen Sie auf der linken Seite sofort auf die Osteria Antiche Sere unter der Leitung von Luciano Sabbatini. Sie können im kleinen Gastraum mit einfacher, aber gemütlicher Einrichtung Platz nehmen und ein Flair wie früher genießen oder in der schönen Jahreszeit auf der Veranda des Lokals mit direktem Blick auf die Piazza speisen. Der Wirt schenkt Produkten aus dem Umland und deren jahreszeitlicher Verfügbarkeit große Aufmerksamkeit. Das Gemüse kommt daher aus seinem biodynamischen Garten. Daraus ergibt sich, dass das Menü, obwohl einige Gerichte immer vorhanden sind, täglich wechselt. Man kann sich mit sehr guter Platte mit Schinken, Wurst und Käse (10 €) oder mit Caprino di grotta, Panzanella und Frittata al tartufo einstimmen. Danach bleibt man mit klassischen **Strangozzi al tartufo**, Gnocchi al Sagrantino Passito (10 €) und von Hand erzeugten apulischen Orecchiette con pomodoro e cacioricotta (10 €) auf den Pfaden der Tradition. Von den Secondi empfehlen wir schmackhaftes **entbeintes Coniglio in porchetta** (12 €), **Piccione arrosto** und reichhaltige Parmigiana. Am Ende locken gute hausgemachte Dolci wie Tiramisu, Biscottini al Sagrantino und Tortino al cioccolato con le visciole. Die Weinkarte zeigt eine Vorliebe für Tropfen aus dem Umland, die zu einem guten Preis-Leistungs-Verhältnis angeboten werden.

BEVAGNA (PG)

38 KM SÜDÖSTLICH VON PERUGIA

La Tavernetta di Porta Guelfa

Restaurant • Via Raggiolo, 2
Tel. (+39) 333 / 430 07 22
Ruhetag: Montag
Ferien: unterschiedlich
25 Plätze + 15 Plätze im Freien
Preise: 20–25 €
Keine Kreditkarten
Abends geöffnet, mittags gegen Vorbestellung

Das Lokal ist nach einem der vier alten Stadttore benannt, die die hier als „Gaite" bezeichneten Stadtviertel begrenzen. Die alljährliche Neuauflage des historischen Mercato delle Gaite, der sich über die gesamte Altstadt ausdehnt, ist ein Ereignis, das man nicht versäumen sollte. Wenn Sie also Mitte Juni nach Bevagna kommen, empfehlen wir Ihnen, rechtzeitig zu reservieren, denn das Städtchen ist dann auf dem Höhepunkt des mittlerweile sehr bekannten Fests. Das Gasthaus ist klein und steht unter Familienführung: Annarita kümmert sich um die Auswahl der Zutaten und um die Küche, während ihr Mann Silvestro Taccucci die Gäste bedient. Das Menü ändert sich im Hinblick auf Jahreszeit und Marktangebot häufig. Lassen Sie sich führen, indem Sie verschiedene Kostproben und Kombinationen probieren, die die Küche vorschlägt. Der Antipasto beginnt mit einer Vielfalt an Gerichten, bei denen Wurst und Käse, Insalate di farro, delikate **Crostini con paté di fegato**, **Mortadella alla brace** und viele andere Köstlichkeiten nicht fehlen dürfen. Ravioli ripieni di ricotta con zucchine e pomodorini, **Gnocchetti al Sagrantino** und Tagliatelle al ragù bianco di chianina sind einige der Primi (10 bis 13 €), die Sie bestellen können. Fleisch ist bei den Secondi Hauptdarsteller. Gut sind Hamburger di chianina, **Arrosticini di agnello** (12 €), **Lumache in umido**, Trecciola d'agnello und Wild (gegen Vorbestellung). Das Menü endet mit einem der ausgezeichnet zubereiteten Desserts. Zu trinken gibt es fast ausschließlich offenen Wein von guter Qualität, der in lokalen Kellereien erzeugt wird. Der Preis schließt Getränke und Gedeck ein.

CAMPELLO SUL CLITUNNO (PG)
Fonti del Clitunno

54 KM SÜDÖSTL. V. PERUGIA, 10 KM V. SPOLETO, S.S. 3

La Trattoria

Trattoria
Strada Statale Flaminia, km 137
Tel. (+39) 07 43 / 27 57 97
Ruhetag: Sonntagabend, Montag
Ferien: Januar
70 Plätze + 70 Plätze im Freien
Preise: 30–35 €
Kreditkarten: CS, DC, MC, Visa; BM
Mittags und abends geöffnet

Die Trattoria von Donatella De Angelis bietet einen wundervollen Ausblick auf die Fonti del Clitunno, einen einzigartigen, faszinierenden Ort an der alten Via Flaminia, die sich durch das gesamte umbrische Tal zieht. In der schönen Jahreszeit kann man auf der Veranda des Lokals essen, aber es ist ebenso angenehm, sich im kürzlich renovierten, schön und anheimelnd eingerichteten Speisesaal zu Tisch zu setzen. Die Speisen, die die Küche verlassen, sind, soweit möglich, aus lokalen Zutaten im Einklang mit den Jahreszeiten und dem Marktangebot zubereitet. Das Flaggschiff sind die nativen Olivenöle extra aus Campello und dem nahen Trevi, die zu den besten der Region zählen und hier in vielen Gerichten Verwendung finden. Tochter Dalila heißt Sie willkommen und erläutert Ihnen das jeden Morgen neu ausgearbeitete Menü. Wir raten auf jeden Fall zu einem Einstieg mit dem Antipasto della Trattoria, **Parmigiana di melanzane** (8 €) oder mit Strapazzata al tartufo. Danach geht es weiter mit verschiedenen Gerichten aus getrockneter Pasta wie Rigatoni al rancetto (7 €), **Spaghetti con zucchine e trota al profumo di limone oder** con gamberi di fiume (12 €) und, für Freunde von hausgemachten Pastaformaten, mit unübertrefflichen Strangozzi al tartufo. Unter den Secondi sind exzellente **Lumache in umido con finocchietto**, **Piccione ripieno arrosto** con bruschetta al tartufo e patate und **Trota alla brace** con rosmarino (8 €). Hervorragende hausgemachte Süßspeisen wie Salame al cioccolato und Crostate bilden das Finale. Die Weinkarte hat eine Vorliebe für Tropfen aus dem Umland, die zu einem guten Preis-Leistungs-Verhältnis angeboten werden.

31 KM SÜDÖSTLICH VON PERUGIA

Perbacco

Moderne Osteria
Via Umberto I, 14
Tel. (+39) 07 42 / 72 04 92
Ruhetag: Montag
Ferien: Ende Juni/Anfang Juli
50 Plätze
Preise: 30–35 €
Kreditkarten: CS, DC, MC, Visa; BM
Abends geöffnet, Sonntag und Feiertage auch mittags

Dieses Lokal wartet mit geschmackvoll eingerichteten Räumen auf, deren Wände mit witzigen Silhouetten von Musikern verziert sind, die die zweite Leidenschaft des Eigentümers Ernesto Parziani enthüllen, den Jazz. In der Küche ist neben dem Patron auch Signora Annarita Balestrini anzutreffen, die vor Ihren Augen Pasta der umbrischen Tradition zubereitet und für ihre Gerichte erstklassige lokale Rohstoffe verarbeitet, wie zum Beispiel die berühmten Zwiebeln aus Cannara, die sich durch ihr süßes Aroma auszeichnen und angenehm knackig sind. Und da gerade davon die Rede ist: Unter den Antipasti finden Sie **Sformato di cipolle con crema al parmigiano e crostini di cipollata** (Zwiebelauflauf mit Parmesancreme und Crostini mit Zwiebelsauce, 8 €) neben Insalata di nervetti di vitello, Lumache in umido und Fiori di zucca farciti, die von Crostini di fave e piselli alla mentuccia begleitet werden. Von den Primi empfehlen wir **Frascarelli allo zafferano e tartufo scorzone** (9 €), Gnocchi di patate con pesto di mentuccia selvatica e noci, Cannelloni di chianina (10 €) oder **Ravioli con funghi porcini**. Bei den Secondi ist die Auswahl wirklich breit gefächert: Der Bogen spannt sich von **Baccalà in umido con prugne e uvetta** über Filetto di maiale in padella con ciliegie bis zu **Tordi finti** (Rouladen mit Hühnerklein gefüllt) **su crema di lenticchie**. Das Gemüse kommt aus Ernestos Garten, die Dolci sind hausgemacht: Coppetta di crema inglese con biscottini all'arancia (5 €), Salame del re und Semifreddo alle fragole e cioccolato. Sehr gut ist der Kaffee und sehr umfangreich die Weinauswahl mit regionalen und italienischen Etiketten.

44 KM W. V. PERUGIA, ZUBRINGER ZUR A 1 OD. S.S. 559

L'Acquario

Restaurant
Via Vittorio Emanuele II, 69
Tel. (+39) 075 / 965 24 32
Ruhetag: Mittwoch
Ferien: Januar, Februar
50 Plätze + 20 Plätze im Freien
Preise: 30–35 €
Kreditkarten: AE, CS, DC, MC, Visa; BM
Mittags und abends geöffnet

Dieses alteingesessene Lokal im Zentrum des wunderschönen Ortes liegt an der Hauptstraße und bietet nach wie vor Traditionsküche, die in Sachen Qualität keine Schwäche zeigt. Die Erfahrung und die Traditionen der Fischer und Bauern am Trasimenischen See bilden das Rückgrat eines Menüs, das obendrein durch tadellose Rohstoffe besticht, die in der Küche meisterhaft verarbeitet werden. Von den Antipasti erinnern wir uns an **Caviale del Trasimeno** auf warmen Crostini, Gamberi di lago con porro e mandorle und Mousse di tinca affumicata (7,50 €). Köstlich sind die Primi, die alle aus hausgemachter Pasta zubereitet sind. Probieren Sie also Cappellacci oder **Spighe di pecorino e ricotta con salsa di luccio e tartufo**, Chitarrini con tinca affumicata ed erbette (9,50 €) und *Pici* con sugo d'oca. Weiter geht es mit schmackhaften Secondi, die zwischen See und Festland pendeln: Probieren Sie unbedingt Filetti d'anatra con salsa di fichi all'aceto di lamponi (14,50 €), **Grigliata mista di lago** und **Filetto di persico con tartufo, timo, pinoli, frutta e roveja** di Civita di Cascia (Slow-Food-Presidio); eine Alternative wäre guter Carpa regina in porchetta (Karpfen; 12,50 €), eines der charakteristischsten Gerichte der Seeküche. Interessant und vielfältig ist die saisonale Käseselektion. Die Desserts schmecken ebenfalls gut. Die gepflegte Weinkarte räumt Tropfen aus dem Umland einen angemessenen Platz ein.

»*Der gekonnte Umgang mit der Fülle der hiesigen Rohstoffe, sowohl vom Festland wie aus dem See, bildet die Essenz dieses einladenden Lokals. Traditionsküche und Gebietstreue versteht man mit leichter und erfahrener Hand zu verbinden.*«

54 KM NÖRDLICH V. PERUGIA, S.S. 3 BIS U. S.S. 257

La Miniera di Galparino

Ferienbauernhof • Vocabolo Galparino, 34
Tel. (+39) 075 / 854 07 84,
(+39) 347 / 614 07 98
Keine Ferien
40 Plätze + 25 Plätze im Freien
Preise: 28 € (Tagesmenü) • Keine Kreditkarten
Donnerstag–Samstag abends geöffnet, Frühjahr–Herbst auch Sonntagmittag

Der Name des Lokals leitet sich von den Braunkohleminen in der herrlichen Hügellandschaft im oberen Umbrien ab, die heute stillgelegt sind. Der biologische Landwirtschaftsbetrieb liefert den Großteil der Produkte für Chiaras Küche. Sie respektiert die Traditionen, ist aber einer umsichtigen Neuinterpretation der Speisen nicht abgeneigt. Das festgelegte Menü folgt den Jahreszeiten. Eingangs warten **Fiori di acacia fritti**, Gonfiotti di borragine, gegrillte Mortadella und im Herbst auch Trüffelgerichte. Alternativen wären Insalata di riso venere al rabarbaro und Panzanella al papavero. Die Primi sind fantasievoll, wurzeln aber in der Tradition: Ravioli con mozzarella di bufala (aus lokaler Erzeugung), ***Pici* con porcini e fiori di zucca**, Gnocchi mit Mazzafegato aus dem oberen Tibertal (Slow-Food-Presidio), **Polenta di farro con cinghiale in bianco** und Tagliatelle al sugo di rose. Die Secondi sind zahlreich: Prosciutto arrosto, **Faraona in salmì**, Pollo alla cacciatora, **Mazzafegato**, Stufato con orapi, Capriolo al ginepro und, wenn Sie Glück haben, **Crostini con beccaccia**. Die Zutaten für die Beilagen gedeihen im Garten. Es gibt auch eine hervorragende Selektion an **Formaggi**. Abschließend locken Crostata di mirtilli e cannella, Zuccotto all'albicocca und im Sommer hervorragendes selbst gemachtes Eis aus Thymian, schwarzem Basilikum, Rose und Lavendel. Zu trinken gibt es prestigeträchtige italienische und hochwertige umbrische Weine, darunter einige interessante Entdeckungen; die Preise sind fair.

»*Chiara überarbeitet ihre Gerichte aus hauseigenen Grundzutaten mit Respekt gegenüber der Tradition und beweist, dass Innovation möglich ist, auch wenn man mit beiden Füßen fest auf dem Boden steht.*«

CITTÀ DI CASTELLO (PG)

54 KM NÖRDLICH V. PERUGIA, S.S. 3 BIS U. S.S. 257

Lea

Trattoria
Via San Florido, 38
Tel. (+39) 075 / 852 16 78
Ruhetag: Montag
Ferien: Mitte Juli–Mitte August
50 Plätze
Preise: 20–25 €
Kreditkarten: AE, CS, DC, MC, Visa; BM
Mittags und abends geöffnet

Wenn Sie in Città di Castello einen Ort suchen, wo Sie in nettem, komfortablem Ambiente gut essen können, wird diese Trattoria Sie nicht enttäuschen. Um den Empfang kümmert sich Cristiano, während sein Bruder Marco und Mamma Lea für die Küche zuständig sind, aus der unverfälschte umbrische Speisen mit einigen Exkursen in die nahe Toskana kommen. Das vielfältige Menü beginnt mit gutem mit dem Messer geschnittenen Prosciutto lokaler Herkunft und Bruschette, auch in der klassischen Version mit nativem Olivenöl extra aus Umbrien. Weiter geht es mit **Panzanella** mit verschiedenem Gemüse (4 €), aber auch Salumi wie Salsicce, Capocollo und Finocchiona schmecken köstlich. In der Saison gibt es überdies Speisen mit **Trüffeln**, zum Beispiel hausgemachte **Tagliatelle** (12 €), die allein schon die Anreise lohnen. Eine weitere Spezialität sind **Porcini** (Steinpilze), die auch die hausgemachte Pasta verfeinern. Als Alternativen bieten sich schmackhafte Passatelli und Agnolotti di carne mit verschiedenen Saucen an. Fleisch ist das Thema der Secondi: Tagliata di manzo (9,50 €), Agnello a scottadito (9 €), Filetto con i funghi porcini oder al tartufo schmecken ausnahmslos köstlich. Als Beilage gibt es Gemüse aus dem Garten, wie grüne Bohnen und Salate. Gutes lokales Käsesortiment mit Honig und hausgemachten Konfitüren. Einfache, gut zubereitete Dolci wie Tiramisu und Panna cotta vervollständigen das Angebot. Die Weinkarte enthält Tropfen aus ganz Italien, achtet aber auch auf Weine aus dem Gebiet; außerdem gibt es Biere aus Kleinbrauereien. Das Preis-Leistungs-Verhältnis ist hervorragend.

Sergio Bendini, Piazza Fanti 8 C, verkauft ausgewählte Wurstsorten, Weine, Öle und andere lokale Spezialitäten.

CORCIANO (PG)
Mantignana

13 KM NORDWESTLICH VON PERUGIA

Taverna dei Sapori

Osteria
Via Alighieri, 12
Tel. (+39) 075 / 60 57 20
Ruhetag: Dienstag
Keine Ferien
30 Plätze + 10 Plätze im Freien
Preise: 25–30 €
Kreditkarten: AE, CS, DC, MC, Visa; BM
Abends geöffnet

Der Keller des Kastells bildet den Rahmen des Lokals von Signora Francesca in diesem kleinen Ortsteil nicht weit von Corciano. Von der Straße, die Sie an die Spitze des Hügels führt, tut sich eine herrliche Aussicht auf das ausgedehnte Tal auf, das bis zum nahen Trasimenischen See reicht. Das kleine, familiäre Lokal besteht aus einem einzigen Gastraum, der in minimalistischem Stil eingerichtet ist. Das Menü ist von der umbrischen Traditionsküche geprägt, in der Grillfleisch eine Vorrangstellung einnimmt. Jeden Morgen wird das Abendmenü je nach den verfügbaren Zutaten festgelegt. Es beginnt mit klassischem Antipasto umbro mit Wurst, **Bruschette** – sehr gut in der Version **con crema di fave e barbozzo** – und klassischem Arvoltolo salato. Tagliatelle al ragù sind als Primo stets vorhanden, aber **Stringozzi con sugo di piccione** (12 €), Zuppa di lenticchie con crostoni di pane tostato und Gnocchi con asparagi di bosco e salsiccia (8,50 €) lohnen ebenfalls einen Versuch. **Torta al testo**, gefüllt mit Schinken oder mit Mangold und Salsiccia, ist eine weitere Konstante im Angebot, ebenso wie **Grigliata mista di carne** (12 €). Als Alternative bieten sich Hamburger di chianina, Pollo al limone e salvia und Frittata di patate alle erbe an, begleitet von gegrilltem oder gefülltem Gemüse. Wer guten Fisch aus dem See schätzt, bekommt gegen Vorbestellung **Tegamaccio** und Carpa in porchetta. Die kleine Weinkarte nennt nur lokale Tropfen; der offene Wein trinkt sich gut. Die Desserts sind hausgemacht und variieren täglich. Ein Lob verdient der Kaffee aus einer lokalen Rösterei.

FERENTILLO (TR)

18 KM NORDÖSTLICH VON TERNI

Piermarini

Restaurant
Via Ancaiano, 23
Tel. (+39) 07 44 / 78 07 14,
(+39) 335 / 545 61 28
Ruhetag: Sonntagabend, Montag
Ferien: unterschiedlich
50 Plätze
Preise: 35 €
Kreditkarten: AE, CS, DC, MC, Visa; BM
Abends geöffnet, Sonntag auch mittags

Das Lokal der Familie Piermarini ist ein bis ins kleinste Detail gepflegtes Schmuckkästchen. Es erwarten Sie ein prachtvoller Garten für kühle Sommerabende, schlichte, schöne Einrichtung, aber vor allem eine Küche, die niemals „danebenschießt". Mit Stolz verarbeitet man hier nämlich exzellente Zutaten aus dem eigenen Betrieb und bildet eine wahrhaft lobenswerte geschlossene Versorgungskette. Es versteht sich von selbst, dass das Menü den Jahreszeiten folgt, obwohl einige Spezialitäten immer verfügbar und gleichsam zum Aushängeschild des Restaurants geworden sind: **Uovo alla coque con salsa al tartufo e crostini dorati** ist zum Beispiel ein optimaler Einstieg. Weitere Möglichkeiten sind das gute Carpaccio di lonzino con sformatino, **Verdure fritte con arancini** (9 €) und Formaggio al tartufo. Bei den Primi herrscht Ausgewogenheit zwischen getrockneten und frischen Teigwaren: Pennette con porcini e tartufo (12 €), Stringozzi alle erbette e asparagi, **Risotto ai fiori di zucca** und klassische Spaghetti al tartufo nero pregiato. Fleisch bestimmt das Angebot der Secondi mit **Filetto di vitellone**, **Maialino arrosto con purè di mele** (10 €), köstlichem gebratenen Agnello und weiteren Fleischstücken. Die Desserts garantieren ungetrübten Genuss. Freuen Sie sich auf zahlreiche aus Saisonzutaten hausgemachte Köstlichkeiten. Die Weinkarte nennt viele, nicht nur italienische Etiketten, die das Essen würdig begleiten und eine kompetente, sorgfältige Auswahl erkennen lassen, die nie banal ist. Viele Weine gibt es auch glasweise.

„Netter Empfang und exzellente Küche sind die Gebote, die man mit absoluter Natürlichkeit befolgt – diese gehört zur DNS des Angebots."

40 km südöstlich von Perugia, S.S. 75

Cucinà

Vinothek mit Ausschank und Küche
Viale Firenze, 138 A
Tel. (+39) 07 42 / 220 35
Ruhetag: Sonntag
Ferien: unterschiedlich
40 Plätze + 30 Plätze im Freien
Preise: 33–35
Kreditkarten: AE, CS, DC, MC, Visa; BM
Mittags geöffnet, Freitag und Samstag auch abends

NEU

Drei Freunde, Marco Gubbiotti, Ivan Pizzoni und Andrea Santilli, die sich in der gehobenen umbrischen Gastronomie bereits einen Namen gemacht hatten, haben beschlossen, dieses vielseitige Lokal ins Leben zu rufen. Ab 7 Uhr kann man süßes Gebäck aus Ivans Bäckerei genießen, aus der auch die große Auswahl an Brot aus Sauerteig, Vollkornmehl und alten Getreidesorten kommt, die Sie in der Brotecke vorfinden. Der Delikatessenladen bietet ein ausgezeichnetes Sortiment an Käse, Wurst und Speisen, die mitgenommen oder mittags an einem der Tische verzehrt werden können. In dem für die Vinothek vorgesehenen Bereich finden Sie eine gute Auswahl an Weinen und Bränden. Das Lokal wirkt ungezwungen, doch stilvoll. Nichts wurde hier dem Zufall überlassen, wie etwa der schön zur Schau gestellte Bratenspieß, auf dem ständig Hähnchen und anderes Fleisch brutzeln. Mittags – Reservierung empfehlenswert – lässt Küchenchef Marco mit Unterstützung des Teams seiner Kreativität freien Lauf und kocht den Jahreszeiten angepasste Gerichte, die niemals trivial sind. Den Auftakt machen **Alici marinate con fegatelli di pollo**, Tartara di chianina, Carciofi alla menta und **Guazzetto di lenticchie**, gefolgt von **Pasta, ceci e baccalà**, Lasagne con ragù di chianina, **Stringozzi con guanciale e fave** und Pappardelle alla lepre. An Secondi erwarten Sie ausgezeichneter **Baccalà confit all'olio**, Piccione in diversen Zubereitungsarten, Polpette di chianina und **Stracotto di guancia**. Zuppa inglese, Tiramisu und Tortino di cioccolato runden das Essen ab. Die Preise sind festgelegt: 10 € für die Antipasti, 10 € für die Primi und 13 € für die Secondi. Wochentags schließt das Lokal nach dem Aperitif; freitags werden Themenabende organisiert, samstags kann man à la carte speisen.

37 südöstlich von Perugia, S.S. 75

Lu Centru de lu Munnu

Restaurant-Pizzeria
Via Bevagna, 6
Tel. (+39) 07 42 / 247 62,
(+39) 339 / 425 72 70
Ruhetag: Dienstag
Ferien: 1 Woche im September
60 Plätze + 40 Plätze im Freien
Preise: 30–35
Kreditkarten: AE, CS, DC, MC, Visa; BM
Mittags und abends geöffnet

NEU

Dieses familiengeführte Restaurant mit Pizzeria steht an der Straße, die Foligno mit Bevagna verbindet, im Ortsteil Fiamenga, der für seine beeindruckende religiöse Veranstaltung am Karfreitag bekannt ist. Hausmannskost ist hier die unbestrittene Hauptdarstellerin. Das Lokal verfügt auch über eine weitläufige, komfortable und bestens ausgestattete Terrasse, dank der man im Sommer die Gastlichkeit, die einem entgegengebracht wird, noch mehr genießen kann. Die Teigwaren sind hier hausgemacht, ebenso wie die Süßspeisen und das Brot, das aus dem Holzofen im Speisesaal kommt. Der Einkauf erfolgt täglich und konzentriert sich auf hiesige Produkte, wie ausgewähltes Fleisch, Null-Kilometer-Gemüse und hochwertiges Öl lokaler Herkunft. Zu Beginn empfehlen wir den opulenten Antipasto della casa (14 €), der Coratella, **Lumache in umido**, Frittatina al tartufo und Saisongemüse beinhaltet; Alternativen dazu wären Tartara di chianina, Wurstspezialitäten oder eine Käseplatte. Bei den Primi spannt sich der Bogen von traditionellen Cappelletti bis zu **Tagliatelle con rigaglie di pollo**, während bei den Secondi das bemerkenswerte Fleischangebot hervorgehoben sei: klassische zarte, würzige *Pajata* (13 €), schmackhaftes, leicht pikantes **Galletto alla diavola** (10 €), aber auch andere gute Speisen wie Scottadito di agnello, Costate alla brace und ganz traditionelle **Fegatelli allo spiedo**, die Sie im Winter auf der Karte finden. Die Desserts (4 €) sind hausgemacht und wechseln häufig. Probieren Sie Zuppa inglese, Panna cotta und Mascarpone, alle begleitet von gutem Eis. Zu trinken gibt es eine gepflegte Selektion von Bieren und Weinen, wobei Etiketten aus dem Montefalco und der übrigen Region stark vertreten sind.

FOLIGNO (PG)

37 KM SÜDÖSTLICH VON PERUGIA, S.S. 75

Osteria del Teatro

Osteria
Via Petrucci, 8
Tel. (+39) 347 / 340 17 78
Ruhetag: Sonntagabend, Montagmittag
Keine Ferien
40 Plätze + 30 Plätze im Freien
Preise: 27–32 €
Kreditkarten: CS, MC, Visa; BM
Mittags und abends geöffnet

Die Osteria del Teatro liegt in einem pittoresken Gässchen im Zentrum von Foligno und zeichnet sich durch angenehmes Flair und elegante, geschmackvolle Einrichtung aus. Die gut strukturierte, umfassende Speisekarte erzählt von bodenständiger Küche, zubereitet von dem robusten Piero De Mai, einem Wirt und Koch mit langer Erfahrung. Unterstützt von Signora Roslana, kümmert sich Piero auch um die Bedienung und erläutert Ihnen das Speisenangebot, das mit Antipasti wie Caponata, **Insalata di farro** (5 €), Verdure grigliate, Salumi und Pecorino beginnt. In der Saison dürfen Sie sich Carciofi alla giudia und alla romana, Fiori di zucca fritti, **Frittata al tartufo** oder agli asparagi und auf Anfrage erhältliches Tris di bruschette nicht entgehen lassen. Bei den Primi sind von Hand gezogene **Tagliatelle con zucchine, guanciale e pecorino** (8 €) oder con funghi porcini, tartufo nero oder bianco die Spezialität des Hauses. Erwähnt seien auch **Zuppa di orzo e patate** und Matrigialla (Amatriciana mit Kürbis). Die Secondi gewähren dem ausgezeichneten Fleisch aus dem Gebiet angemessenen Platz: **Agnello a scottadito** (10 €), *Pajata* di vitellina al latte, Coniglio in casseruola und **Piccione ripieno** alla folignate (10 €). Auch Gerichte aus dem „fünften Viertel" wie Coratella, Trippa und Coda alla vaccinara stehen auf der Karte. Die Dolci sind hausgemacht: Biscottini con vino passito (4 €) und exzellente Zuppa inglese con cannella (4 €), die Sie in das barocke Foligno der Giostra della Quintana zurückversetzt. Das umfangreiche Weinangebot besticht durch faire Preise; auch der offene Hauswein sorgt für eine angenehme Überraschung. Auf der Karte sind auch vegetarische und vegane Speisen angeführt.

GIANO DELL'UMBRIA (PG)
Bastardo

40 KM SÜDÖSTLICH VON PERUGIA

4 Piedi & 8.5 Pollici

Moderne Osteria • Piazza del Mercato, 10
Tel. (+39) 07 42 / 999 49,
(+39) 333 / 997 99 58
Ruhetag: Sonntag
Ferien: unterschiedlich
25 Plätze
Preise: 27–35 €
Kreditkarten: CS, MC, Visa; BM
Mittags geöffnet, abends und Sonntag gegen Vorbestellung

Diese in den Monti Martani im Herzen Umbriens gelegene Osteria könnte wegen ein paar Eigenwilligkeiten anfänglich etwas Verwunderung bei Ihnen hervorrufen, und zwar wegen ihres Namens und ihres Standorts an dem eher gesichtslosen Platz auf dem Markt von Giano dell'Umbria. Sobald Sie das Lokal aber betreten haben, sorgen Laura (in der Küche) und Viviana (im Service) mit einem stets aufmerksamen Service und optimal ausgewählten Ausgangsprodukten von lokalen Erzeugern und Viehzüchtern dafür, dass Sie sich wohlfühlen. Interessant sind die Antipasti, die lokale Wurstspezialitäten mit heller Focaccia, herrlichen Käse, begleitet von hausgemachten Konfitüren (aus Rosen oder aus Aprikosen und Zimt, alle sehr köstlich), und **Bruschette con uova strapazzate, con tartufo nero dei Martani** und **con paté di fegatini** (12 €) beinhalten. Die Pasta (10 €) ist hausgemacht, die Saucen dazu sind auf die Jahreszeiten abgestimmt. Probieren Sie Pasta con gli asparagi di bosco, tartufo nero e funghi dei Martani (mit Waldspargel, schwarzem Trüffel und Pilzen), **Strangozzi con pomodoro, capperi e guanciale** und Maltagliati alle melanzane e ricotta salata. Unter den Secondi ragen Gerichte aus Fleisch vom Chianinarind hervor, wie Tartara, Tagliata, Costata oder **Straccetti al tartufo** (12 €), Stracotti und verschiedene Fleischstücke vom Grill. Die Dolci (4 €) variieren, aber Torta sbrisolona, Zabaione caldo, Crostate und Semifreddo alla vaniglia, begleitet von hausgemachtem Sirup und Rosenkonfitüre, stehen häufig auf dem Plan. Neben einem guten offenen Wein gibt es einige andere Tropfen, die alle aus dem Umland stammen.

GUBBIO (PG)
Santa Cristina

45 KM NÖ. V. PERUGIA, S.S. 3 BIS OD. E 45 AUSF. PONTE PATTOLI

Alcatraz

Moderne Osteria
Ortsteil Santa Cristina
Tel. (+39) 075 / 922 99 11
Keine Ferien
60 Plätze + 60 Plätze im Freien
Preise: 25 € (Tagesmenü)
Kreditkarten: AE, CS, DC, MC, Visa; BM
Gegen Vorbestellung täglich mittags und abends geöffnet

Dem Begriff Qualität auf den Grund zu gehen, war der Impuls, der Jacopo Fo vor 30 Jahren auf seiner Reise nach Umbrien leitete, getrieben von der Suche nach innerem Frieden und damit verbundenem Wohlbefinden, weit weg von Stress und Hektik. Und genau dieses Flair umfängt Sie, sobald Sie die Schwelle der Libera Università di Alcatraz überschritten haben, die umgeben von Kunstwerken und Skulpturen im Grün der Wälder im Herzen des mittelitalienischen Apennins liegt. Ein Ort mit einzigartiger Atmosphäre in eindrucksvoller Landschaft, wo eine Küche, in der biologische, saisonale und vor allem nachhaltige Zutaten verarbeitet werden, eine Konstante darstellt. Diese Philosophie finden wir in Angelas Gerichten wieder, die getreu dem Leitgedanken des Teilens und der Beteiligung, der vom Garten bis zum Teller verpflichtend ist, auf dem Büfett serviert werden. Sie finden bei Tisch viel und stets frisches Saisongemüse vor, das im Alcatraz angebaut wird. Aufläufe, kalte Salate, Frittelle, Pizzette und gefüllte Tortini vervollständigen das Angebot der Antipasti mit traditioneller **Torta al testo** und Wurst, die wie der Käse von kleinen lokalen Viehzüchtern erzeugt wird. Unter den Primi sind **Zuppe di legumi e cereali**, Spaghetti al pesto con fagiolini e patate, Polenta und **Lasagne al radicchio**. Danach folgen Frittatine, **Fegatelli all'alloro**, Agnello al tegame, Spezzatino und **Trippa in umido**, die das Programm der Secondi bilden. Sehr gut sind die Süßspeisen, von denen Crostate alla frutta, Torte di pane con uvetta e cioccolato fondente, Torte di noci und **Zuppa inglese** hervorstechen. Eine Auswahl an biologischen Weinen kann Ihre Mahlzeit begleiten.

MAGIONE (PG)
San Feliciano

20 KM NORDWESTLICH VON PERUGIA, S.S. 75 BIS

I Bonci

Trattoria
Via Lungolago Alicata, 31
Tel. (+39) 075 / 847 93 55
Ruhetag: Mittwoch, außer im Sommer
Ferien: Januar/Februar
35 Plätze + 60 Plätze im Freien
Preise: 35 €
Kreditkarten: AE, CS, DC, MC, Visa; BM
Mittags und abends geöffnet

Der Trasimenische See ist wegen seiner landschaftlichen Schönheit und seiner an Kunstwerken reichen Umgebung sommers wie winters ein beliebtes Touristenziel. Wir empfehlen, in das kleine Fischerdorf San Feliciano wegen der guten Küche der Trattoria zu fahren, die Sie ein paar Dutzend Meter vom Seeufer entfernt finden. Sabrina und Matteo bieten mit der traditionsverbundene Speisen aus Zutaten aus dem See, die Alessandro Ihnen bei Tisch erläutert. Hervorragend sind **Gamberi in salsa verde** (9 €), die nach einem von Sabrina eifersüchtig gehüteten Rezept zubereitet sind, Crostini con il caviale del Trasimeno (Karpfenrogen) und Insalatina di filetti di persico con fagiolina del Trasimeno (Slow-Food-Presidio). Unter den Primi finden sich **Tagliolini con il ragù di persico** oder con la tinca affumicata (10 €). Auch bei den Secondi hat Fisch aus dem See seinen Auftritt. Persico (Barsch) gibt es in verschiedenen Zubereitungsarten – in Kartoffelkruste, am Spieß oder aus dem Ofen –, aber **Anguilla al forno** (18 €) darf auch nicht fehlen; gelegentlich werden auch Meeresgerichte serviert wie Polpo, mit nativem Olivenöl aus den Colli del Trasimeno verfeinert, oder Cozze nere und Vongole acqua e pepe. Eine Alternative dazu wären gute **Crostini in salsa agrodolce di cipolle di Cannara e alici** (7 €). Das Angebot des Meeresmenüs könnte auch Taglierini allo scoglio, Calamari und Scampi alla griglia sowie Orata al forno beinhalten. Ausgezeichnet ist die Auswahl der Süßspeisen wie Tiramisu, Tozzetti con Vin Santo und selbst gemachtes Eis. Das Angebot auf der Weinkarte reicht von Norden bis Süden, legt aber einen besonderen Akzent auf umbrische Erzeugnisse.

MASSA MARTANA (PG)

57 KM SÜDÖSTLICH VON PERUGIA, A 14

Fontana delle Pere

Ferienbauernhof • Vocabolo Perticara, 138 B
Tel. (+39) 075 / 88 95 06,
(+39) 348 / 692 98 26
Ruhetag: Sonntagabend
Ferien: zweite Januarhälfte
45 Plätze
Preise: 24–33 € (Tagesmenü)
Keine Kreditkarten
Mittags und abends gegen Vorbestellung geöffnet

Der Ferienbauernhof am Fuß der Monti Martani liegt an der Straße zum Gipfel, der eine prachtvolle Aussicht auf zwei herrliche umbrische Täler bietet, und ist eng mit der Tradition verbunden. Alessia und Alessandro empfangen Sie im Winter im Speisesaal, im Sommer am Rand des Schwimmbeckens und verwöhnen Sie mit den Farben und Düften dieses Landstrichs. Rossella und Serenella stehen am Herd und verarbeiten ausschließlich im Betrieb erzeugte Zutaten. Das festgelegte Menü, das normalerweise nicht mehr als 30 € pro Person kostet, bietet ein vollständiges Panorama der hauseigenen Produktion. Man beginnt mit Salumi und Formaggi, begleitet von duftender Schiacciata al rosmarino, fährt mit anderen warmen Focacce al pomodoro und alla cipolla fort, greift dann zu Ceci und Fagioli mit einem Hauch Öl und schließt mit **Zucchine marinate all'aceto bianco.** An Primi (alle Teigwaren sind hausgemacht) finden Sie je nach Saison vorzügliche **Strangozzi** con pomodoro fresco oder **al tartufo** locale und als Alternative Fettuccine al sugo di carne vor. Wählen Sie anschließend Arrosto misto, aromatische **Fettine di capocollo** di maiale **pastellate alle erbe**, Faraona arrosto oder **Coniglio ripieno in porchetta**. Ein Muss sind Agnello arrosto (Lamm), Piccioni (Taube) und Oca (Gans). Die Zutaten für die Beilagen gedeihen im Garten. Die Dolci wie Crostate, Bignè alla crema oder Tiramisu sind hausgemacht. Der Wein aus eigener Erzeugung ist im Preis inbegriffen.

MONTECCHIO (TR)
Melezzole

63 KM NW. VON TERNI, A 1 AUSFAHRT ATTIGLIANO

Semiramide

Restaurant-Pizzeria
Via Pian dell'Ara, 1
Tel. (+39) 07 44 / 95 10 08
Ruhetag: Dienstag, im Winter auch Mittwoch
Ferien: unterschiedlich
40 Plätze + 40 Plätze im Freien
Preise: 30 €
Kreditkarten: AE, SC, DC, MC, Visa; BM
Mittags und abends geöffnet

Ein Besuch im Restaurant Semiramide kommt einem Sprung in die Geschmacksnoten der umbrischen Berge gleich. Das Lokal wird von den Kindern seiner Gründerin – Pierluigi in der Küche und Chiara im Service – umsichtig geführt und bietet einen Querschnitt durch die Traditionsküche, die strikt an den Wechsel der Jahreszeiten gebunden ist. Unter den Antipasti finden sich hervorragende Salumi und Prosciutto, die Spezialitäten wie Pilze oder Spargel begleiten, **Frittelle di fiori di zucca** und Cicoria pastellata. Wenn Sie viele Kostproben möchten, bestellen Sie den Antipasto misto. Außerdem gibt es eine reichhaltige Käseplatte (8 €) mit Brot aus dem Holzofen. Im Oktober regieren die Esskastanien, daher zählen **Minestra castagne e ceci** und die zahlreichen daraus zubereiteten Dolci zu den unverzichtbaren Köstlichkeiten. Die Pasta wird von Hand erzeugt: Pappardelle al sugo di castrato, Ciriole (Pasta aus Wasser und Mehl) und Tagliatelle ai funghi oder al tartufo nero, die auch in den Versionen al pomodoro oder al sugo di carne ausgezeichnet schmecken. Probieren Sie unbedingt auch **Maltagliati di borragine al pomodoro con guanciale** (8 €). Die Secondi sind aus Fleisch lokaler Herkunft zubereitet: **Bistecche di chianina** (15 €), Bistecche di castrato und vorzügliches helles Fleisch wie Coscio di tacchino mit Kräutern und exzellentes **Pollo ruspante alla cacciatora**. Gegen Vorbestellung werden Spezzatino di cinghiale al ginepro e alloro und Spiedi di pollo, maiale, salsicce e coniglio serviert. Eine Alternative dazu wären die wohlschmeckenden Uova strapazzate con tartufo. Unter den Beilagen ist Misticanza dell'orto (4 €). Crostate, Semifreddi (ausgezeichnet die Varianten mit Torrone und Amaretto) und Ciambelline al vino oder all'anice sind hausgemacht. Die Weinkarte nennt gute umbrische Etiketten.

NARNI (TR)
Schifanoia-Moricone

22 km südwestlich von Terni, S.S. 3

Da Sara

Trattoria
Strada Calvese, 55–57
Tel. (+39) 07 44 / 79 61 38
Ruhetag: Mittwoch
Ferien: unterschiedlich
60 Plätze + 25 Plätze im Freien
Preise: 20–25 €
Kreditkarten: CS, DC, MC, Visa; BM
Mittags und abends geöffnet

Wenn Sara Cianchinis Trattoria seit 1927 besteht, wird das wohl gute Gründe haben. In erster Linie wäre da die Qualität der Rohstoffe zu nennen: Das Gemüse stammt von Bauern des Vertrauens oder aus dem Garten des Restaurants. Dann ist da noch ihre geschickte Verarbeitung zu klassischen, niemals banalen Gerichten, die in der Saison mit Wildkräutern angereichert werden, wie beispielsweise Raponzoli (Rapunzel-Glockenblumen). Diese könnten Sie auf der Karte auch in Kombination mit Sardellen vorfinden. Catia und Lorella verarbeiten in der Küche Öl, Wein, Fleisch und Mehl, das zur Herstellung von frischer Pasta in unterschiedlichen Formaten dient. Die Erzeuger der Produkte sind im Umland zu finden. Beginnen Sie mit dem Antipasto piccante della suocera (7 €), der halb gereiften Pecorino, Coppa di maiale, Salsiccia secca und Verdure sott'olio vorsieht. Als Primi bieten sich **Manfricoli con tartufo e verdure** (8 €) oder klassische Ravioli con ricotta e spinaci oder con burro e salvia an. Im Winter lohnen **Pappardelle al cinghiale** oder alla lepre (7,50 €) und Polenta con funghi selvatici eine Kostprobe. Die Auswahl der Secondi kreist um Fleisch. Lassen Sie sich nicht die Gelegenheit entgehen, gute Palombaccio oder **Faraona alla leccarda** (10 €) zu probieren, aber auch **Piccione** am Spieß oder **gefüllt** und in der Tonpfanne gegart (9 €) wird Ihnen schmecken. Weiter geht es mit Agnello a scottadito, Salsicce, Fegatelli und Costine di maiale arrosto (9 €). Während der Jagdsaison steht auch Federwild auf dem Programm, wie Tordi und Allodole allo spiedo. Tiramisu, Zuppa inglese, Pizza di Pasqua oder klassische Crostata runden das Essen ab. Die Weinkarte ist einfach, zeigt aber große Sensibilität für das Gebiet; auch der offene Wein ist gut. An Feiertagen ist eine Reservierung empfehlenswert.

ORVIETO (TR)

72 km nordwestlich von Terni, S.S. 71 Ausf. A 1

Antica Cantina

Osteria
Corso Cavour, 212
Tel. (+39) 07 63 / 34 47 46
Ruhetag: Sonntagabend, Montag
Ferien: unterschiedlich
45 Plätze + 14 Plätze im Freien
Preise: 30–35 €
Kreditkarten: CS, DC, MC, Visa; BM
Mittags und abends geöffnet

Das Lokal bietet seit jeher eine mit dem Gebiet verbundene Traditionsküche, in der besonders auf die Rohstoffe geachtet wird. Cecilia, im Service, und Ludmila, in der Küche, stehen in dieser Osteria am Ruder. Sie war immer schon ein Treffpunkt für verschiedene Theatertruppen – wir sind hier ein paar Schritte vom Teatro Mancinelli entfernt –, wovon zahlreiche Programmzettel an den Wänden zeugen. Das Menü ändert sich saisonal und beinhaltet eine umfangreiche Auswahl vegetarischer und glutenfreier Gerichte. Unter den Antipasti finden sich Sella aus San Venanzo, Carpaccio di pere, rucola, noci, pecorino scoperino e crema di aceto balsamico, den obligaten Bruschette, **Crostini di cinta senese con fagioli cannellini** oder al tartufo (9 €) und Antipasto pasquale. Als Spezialitäten bieten sich die hiesigen Wurstwaren aus Schweinefleisch an und, wenn Sie Glück haben, hervorragende Lingua di vitellone con salsa verde all'orvietana (mit Kapern, hart gekochtem Ei, Knoblauch, Zitrone und Öl). Getrocknete Pasta aus Gragnano ist die Hauptdarstellerin bei den Primi, angefangen von Spaghetti pomodoro e basilico bis **Rigatoni** all'aglione oder **al rancetto** (Amatriciana mit Majoran, typisch für Orvieto, 10 €); eine weitere Möglichkeit sind klassische **Tagliatelle** ai funghi porcini, al tartufo oder **al coregone**. Von den Gerichten mit Fleisch lokaler Herkunft erinnern wir uns an **Stinco di maiale con le prugne**, Costolette al timo, Pollo al tegame, Coniglio fritto und **Faraona in salmì** (13 €). Wenn Sie Käse mögen, lassen Sie sich die Selektion an Ziegenkäse (10 €) von einem Biobauernhof aus der Umgebung nicht entgehen. Probieren Sie dann von den Desserts Torta di pane con pere, cacao e cannella. Großer Wert wird auf Weine aus der Umgebung gelegt.

72 KM NORDWESTL. V. TERNI, S.S. 71, AUSFAHRT A 1

La Grotta

Trattoria
Via Signorelli, 5
Tel. (+39) 07 63 / 34 13 48
Ruhetag: Dienstag
Ferien: unterschiedlich
60 Plätze
Preise: 30–35 €
Kreditkarten: AE, CS, DC, MC, Visa; BM
Mittags und abends geöffnet

Franco Tittocchia führt mit seinen Mitarbeitern seit 50 Jahren diese lichtdurchflutete Trattoria in einem mittelalterlichen Gebäude unweit der berühmten Piazza del Duomo. Das aufmerksame und liebenswürdige Personal stellt sicherlich einen wesentlichen Mehrwert dar, aber die wahre Substanz des Lokals liegt in der akribischen Auswahl der lokalen Zutaten, die geschickt zubereitet werden. Hier bekommen Sie exzellente Salumi, Fleisch und Gemüse, die der Lokaleigentümer bei Viehzüchtern und Landwirten des Vertrauens auswählt. In der Küche entstehen daraus markant typische Speisen. Zum Einstieg Antipasti wie ein guter Teller Schinken, eeine Auswahl an Salumi mit Crostini und eine qualitätvolle Bruschetta mit ausgezeichnetem nativen Olivenöl extra lokaler Herkunft. Weiter geht es mit Primi wie Umbrichelli all'arrabbiata (9 €), **Tagliolini al ragù di anatra**, Gnocchi ai carciofi und saisonalen Zuppe, von denen eine meisterhaft zubereitete **Minestrone di verdure** (9 €), reich an Aromen und Gemüsesorten, hervorgehoben sei. Bei den Secondi kann man einer Kostprobe von Bistecche und Costate alla griglia kaum widerstehen, aber man sollte auch zartes **Agnello alla cacciatora** (16 €), Coniglio in salsa verde und als Alternative dazu Omelette al formaggio oder al prosciutto (10 €), Bocconcini di cinghiale und Salsicce con i fagioli nicht außer Acht lassen. Die Dolci entsprechen der italienischen Tradition. Das Kellerangebot geht Hand in Hand mit der Fülle des Weinangebots aus dem Gebiet von Orvieto, aber es findet sich auch eine würdige Auswahl italienischer Tropfen.

Die Gelateria Pasqualetti an der Piazza Duomo 14 bietet Creme- und Fruchteis sowie einige originelle Kreationen.

ORVIETO (TR)

72 KM NORDWESTL. V. TERNI, S.S. 71, AUSFAHRT A 1

La Palomba

Trattoria
Via Manente, 16
Tel. (+39) 07 63 / 34 33 95
Ruhetag: Mittwoch
Ferien: zeitweise im Juli
50 Plätze
Preise: 30–35 €
Kreditkarten: AE, CS, DC, MC, Visa; BM
Mittags und abends geöffnet

Zu ihrem 50. Geburtstag bewährt sich die Trattoria der Geschwister Cinti in der Altstadt von Orvieto als sicherer Hafen für alle, die schmackhafte, würzige Küche suchen. In dem einfachen, aber einladenden Lokal werden Sie von Giampiero begrüßt, der stets bereit ist, Sie mit einem Lächeln durch die Auswahl der Speisen zu leiten, die seine Schwester Giovanna kocht. Tradition und hochwertige Zutaten sind hier die großen Pluspunkte. Den Auftakt machen Vorspeisen wie der Antipasto della casa (10 €) mit ausgezeichneter Wurst vom Schwein und Wildschwein und **Bruschette** in verschiedenen Versionen, unter denen jene mit Trüffel oder **mit Salsiccia vom Schwein** herausragen. Von den Primi sollten Sie die hausgemachten Teigwaren probieren: **Umbrichelli** und **Tagliatelle**, mit reichlich Trüffel verfeinert, **con funghi porcini**, **con le rigaglie di pollo** (10 €), con il cinghiale oder alla Zi Giovanna (mit Lammfleischsauce). Die Palette der Secondi reicht von Frittata al tartufo bis Bocconcini di cinghiale (9,50 €), aber besonders gut sind **Trippa**, Palomba (Ringeltaube), das Gericht, das dem Lokal seinen Namen gibt, und **Piccione alla leccarda** (16 €), die mit einer deliziösen Sauce aus Leber, Rotwein und Oliven zubereitet werden. Abschließend stehen lokale Käsesorten und hausgemachte Tozzetti mit einem Glas Passito aus Orvieto zur Auswahl. Die mit vor allem lokalen Etiketten und einigen alten Jahrgängen reich bestückte Weinkarte ist gut zusammengestellt und zeichnet sich durch mehr als ehrliche Preise aus.

Il Dolce Forno (Via Manente 20) bietet Sauerteigbrot, Focacce und die typischen süßen und salzigen Lumachelle.

72 KM NORDWESTL. V. TERNI, S.S. 71, AUSFAHRT A 1

La Pergola

Trattoria
Via dei Magoni, 9 B
Tel. (+39) 07 63 / 34 30 65
Ruhetag: Mittwoch
Ferien: Februar, 3.–30. November
30 Plätze + 45 Plätze im Freien
Preise: 30–35 €
Kreditkarten: CS, Visa; BM
Mittags und abends geöffnet

Wenn Sie von der Via Duomo aufwärtsgehen, reicht ein Blick in das charakteristische Gässchen, das auf der rechten Seite bergab führt, um das Schild dieses alteingesessenen Lokals zu erblicken. Die höfliche Art der Familie Materazzo, mittlerweile in der zweiten Generation, und die schöne Holzeinrichtung machen Ihre Einkehr noch angenehmer. Das auf der Karte angeführte Menü wechselt saisonal und ist mit ein paar fantasievollen Akzenten von Enrico versehen, der gemeinsam mit seiner Mutter Orietta die Küche leitet und ab und zu auch ein paar gute ausländische Produkte verarbeitet. Den Anfang machen klassische gemischte Bruschette in den Versionen al lardo di pata negra oder al burro e alici del Cantabrico. Sehr köstlich ist auch **Uovo biologico strapazzato con tartufo nero estivo**. Die Tagliatelle alla Pergola werden mit gemischtem Saisongemüse, aber ohne Tomaten angerichtet; weitere Primi sind klassische **Umbrichelli all'amatriciana** oder all'arrabbiata (8 €). Die Renner bei den Secondi sind **Trippa in umido con le erbette** (12 €), Animelle d'agnello al vino und **Baccalà all'orvietana** con pomodoro, sedano e uvetta (15 €). Von den Fleischgerichten vom Grill sollten Sie **Agnello a scottadito** (14 €) probieren. Es gibt auch eine gute Selektion an Ziegenkäse, der in kleinen Käsereien aus der Umgebung hergestellt und mit handwerklich erzeugten Konfitüren serviert wird. Zum Abschluss empfehlen wir Ihnen eine Kostprobe von Zuccotto di ricotta, cioccolato e alchermes. Die Weinkarte konzentriert sich auf lokale Erzeugnisse, aber Sie finden auch interessante Flaschen aus dem übrigen Italien.

34 KM SÜDWESTLICH VON PERUGIA

Lillo Tatini

Restaurant
Piazza Umberto I, 13
Tel. (039) 075 / 83 77 71,
(+39) 329 / 076 46 14
Ruhetag: Montag
Ferien: Januar/Februar
30 Plätze + 20 Plätze im Freien
Preise: 35 €
Kreditkarten: AE, CS, DC, MC, Visa; BM
Mittags und abends geöffnet

Panicale, einer der schönsten Orte Italiens, liegt auf einem Hügel am Fuß des Monte Petravalle. An dem von historischen Gebäuden, Monumenten und kleinen Handwerksläden umrahmten Hauptplatz finden Sie dieses kleine Restaurant, das bis ins kleinste Detail gepflegt ist. Die Wirtin, Patrizia Spadoni, und ihr Mann Vittorio, genannt Lillo Tatini, empfangen Sie auf freundliche, ja herzliche Weise. Das Menü, bei dem sehr auf die Präsentation und Qualität der Speisen geachtet wird, lässt die Leidenschaft erkennen, mit der die Gerichte ersonnen werden, die man den Gästen hier serviert. Viele Traditionsgerichte stehen auf dem Programm, wie **Coratella di agnello**, Melanzane alla parmigiana (14 €), der sehr beliebte **Baccalà alle prugne** (10 €) und klassische Crostini al paté di fegatini. Unter den Primi ragen **Tagliatelle con ragù di cinghiale** oder di cinta senese (12 €), Paccheri alla norcina und wunderbare Cappelletti (12 €) heraus, die für Winterabende besonders passend sind. Gezielt ausgewählt ist das verlockende Fleischangebot mit **Piccione ripieno con patate al forno** (16 €) und Cinghiale speziato con cipolle. Eine Karte mit Nachspeisen darf natürlich auch nicht fehlen, von denen wir Zuppa inglese und Rocciata aus Assisi nennen, die warm mit Eis serviert wird. Die von Patrizia zusammengestellte Weinkarte nennt eine reichhaltige Auswahl der besten italienischen und umbrischen Etiketten. Ein Degustationsmenü ist für 25 € erhältlich. Wenn Sie nach dem Essen ein Andenken aus der Region mitnehmen möchten, können Sie typische Produkte wie Fagiolina del Trasimeno (Bohnensorte, Slow-Food-Presidio) im kleinen angeschlossenen Laden kaufen.

Al Mangiar Bene

Osteria-Pizzeria
Via della Luna, 21
Tel. (+39) 07 55 / 73 10 47
Ruhetag: Sonntag, Montagmittag
Ferien: Mitte Juli–Anfang August
60 Plätze
Preise: 30–35 €
Kreditkarten: CS, MC, Visa; BM
Mittags und abends geöffnet

Das Al Mangiar Bene liegt in der Altstadt am Ende einer engen Straße, ein bisschen versteckt, aber gut gekennzeichnet. Hinter dem langen Tresen im Eingangsbereich steht der Wirt Davide Bortolo, der Sie zu einem der Tische in den beiden Räumen mit Kreuzgewölbe und Einrichtung in traditionell umbrischem Stil geleitet. Hier wird nichts dem Zufall überlassen: Jedes Gericht entspringt der Verarbeitung von überwiegend lokalen und biozertifizierten Produkten. Am Herd stehen Marcella und Enrico und garantieren für eine einfache, saisongebundene und traditionelle Küche, ermöglicht durch konstante Suche nach hochwertigen Rohstoffen: Dies gilt zum Beispiel für den Sauerteig, der für das Brot und auch die Pizza verwendet wird, die im abendlichen Programm enthalten ist. Wir empfehlen, mit dem guten Antipasto della casa zu beginnen, der Ihnen die Möglichkeit bietet, lokale Wurst- und Käsespezialitäten, Bruschette und warme **Torta al testo** (11 €) zu probieren. Darauf folgt hausgemachte Pasta in verschiedenen Formaten (**Umbricelli**, Tagliatelle, Fusilli und Rigatoni), die unterschiedlich angerichtet wird, und zwar in den Versionen **con sugo di cinghiale**, con sugo d'oca (9,50 €), mit Rancetto (Guanciale und Tomaten), Tartufo und Cacio e pepe. Als Secondi sind gegrilltes Fleisch mit diversen Beilagen, **Trippa al sugo**, **Fagioli con le cotiche**, Coratella (8 €) und Scamorza al coccio con scaglie di tartufo e formati di verdure vorgesehen. Am Ende warten das Dolce des Tages oder weitere, sämtlich handwerklich erzeugte Desserts (5 €). Die achtsam zusammengestellte Weinkarte konzentriert sich auf Erzeugnisse kleiner und biologischer Winzerbetriebe; außerdem steht eine gute Selektion an Bieren aus Kleinbrauereien bereit.

Altromondo

Restaurant
Via Caporali, 11
Tel. (+39) 075 / 572 61 57
Ruhetag: Sonntag
Ferien: 1 Woche zu Weihnachten
80 Plätze
Preise: 35 €
Kreditkarten: AE, CS, DC, MC, Visa; BM
Mittags und abends geöffnet

Wir befinden uns in Perugias Zentrum unter den Palästen der „politischen Macht“ (Region, Präfektur, Provinz), weswegen die Gästeschar zu Mittag vor allem aus Angestellten und Gewerbetreibenden besteht. Sie finden sich Tag für Tag hier ein und bringen Schwung in dieses alte Lokal, das sich durch Ausgewogenheit zwischen Vertraulichkeit und Professionalität auszeichnet. Das flinke Personal bietet Ihnen ein unerschütterlich in der Tradition verankertes Menü, abgesehen von einigen Fischspezialitäten, die wie der Rest der Speisen vom Marktangebot abhängig ist. Von den Antipasti empfehlen wir **Crostini alla perugina** und Prosciutto vom Cinta-Schwein, während von den Primi **Risotto con scamorza e tartufo** (11 €), Maccheroni al sugo estivo e ricotta salata della Valnerina (mit sommerlicher Sauce und salzigem Ricotta), Pappardelle al sugo di cinghiale, **Zuppa di lenticchie** di Castelluccio di Norcia (10 €) und Zuppa di verdure eine Kostprobe lohnen. Die Liste der Secondi ist gut zusammengestellt: **Torello perugino alla ghiotta** (12 €), Girellone al rosmarino, Tagliata al pepe verde oder al rosmarino und **Trippa**. Als Alternative bieten sich zwei große Klassiker an, nämlich **Agnello fritto** und Baccalà dorato in pastella. Wer kein Fleisch mag, greift zu Parmigiana di melanzane. Die Auswahl der Beilagen umspannt Verdure grigliate, Peperonata, Bandiera di zucchine oder klassische hausgemachte Pommes frites. Wenn Sie dann noch ein bisschen Platz haben, raten wir Ihnen zu herrlicher Spuma di zabaione (5 €), aber auch die Tages-Crostate und Zuppa inglese schmecken köstlich. Die Weinkarte nennt verschiedene lokale Etiketten; der glasweise kredenzte Hauswein trinkt sich recht gut.

Civico 25

Moderne Osteria
Via della Viola, 25
Tel. (+39) 075 / 571 63 76
Ruhetag: Sonntag
Ferien: Januar, Februar
40 Plätze + 15 Plätze im Freien
Preise: 35 €
Kreditkarten: AE, CS, DC, MC, Visa; BM
Abends geöffnet

In Perugias Altstadt finden Sie diese Osteria mit Ausschank, die von einem jungen kosmopolitischen Publikum besucht wird, das sich zum Großteil aus Studenten der hier ansässigen berühmten Università per Stranieri zusammensetzt. Die Einrichtung im Bistro-Stil, die Papiertischtücher, eine schöne Galerie und einige im Freien aufgestellte Tische verleihen diesem Lokal eine sehr angenehme Ausstrahlung. Das Menü folgt den Jahreszeiten und lässt Achtsamkeit in Bezug auf die Qualität der Zutaten erkennen, was der Kompetenz der Betreiber zu verdanken ist, die sich in Sachen Essen und Wein gut auskennen. Im Lokal prangt stets ein schöner Schinken lokaler Herkunft, der mit dem Messer aufgeschnitten wird; nicht minder köstlich sind die Käseplatte und Tartara di chianina mit verschiedenen Saucen. An Primi finden wir im Winter dampfend heiße Suppen, **Lasagne ai porcini e salsiccia** und Gnocchi al ragù d'agnello, während im Frühling **Strangozzi** con fave fresche e pancetta (10 €) oder con **pomodori, guanciale e pecorino** auf den Plan treten. Von den Secondi erinnern wir uns an **Strapazzata d'uova** con asparagi oder **con tartufo estivo**, Ossobuco di vitello, Stinco di maiale und, nicht immer erhältlich, **Brasato al Sagrantino** (14 €), auch von Feldradicchio begleitet. An Süßem bieten sich Tortino al cioccolato fondente und Millefoglie con ricotta e fragole an. Die große Weinkarte nennt das Beste aus dem Gebiet und zeigt Augenmerk auf kleine Winzerbetriebe. Überdies gibt es eine hervorragende Auswahl an italienischen und ausländischen Weinen, die professionell und zu ehrlichen Preisen angeboten werden.

PERUGIA

Hosteria Wine Bartolo

Moderne Osteria
Via Bartolo, 30
Tel. (+39) 075 / 571 60 27
Ruhetag: Mittwoch
Ferien: unterschiedlich
40 Plätze
Preise: 30 €
Kreditkarten: CS, MC, Visa; BM
Abends geöffnet, Sonntag auch mittags

Sie finden diese reizende Osteria, deren Philosophie bereits aus dem Wortspiel in ihrem Namen ersichtlich ist, hinter dem Dom am Beginn der Straße, die zum Arco Etrusco führt. Tonnengewölbe, unverputzte Ziegel und Holzregale voll von Flaschen machen Ihnen das Konzept noch deutlicher, sobald Sie in den netten Räumen bei Tisch Platz genommen haben. Die Küche verarbeitet Rohstoffe aus dem Gebiet, die so wenig wie möglich bearbeitet sind, um die Echtheit der Geschmacksnoten und eine Zubereitungslinie zu erhalten, die zu einem Gasthaus ohne Schnickschnack passt, als das sich das Lokal immer verstanden hat. Es geht los mit Girello di vitellone chianino marinato sotto sale con salsa agli agrumi (8 €), **Uova strapazzate con tartufo** estivo, Tartara di chianina con burro e senape und ein paar Tagesgerichten. Frische Pasta ist bei den Primi Hauptdarstellerin, und zwar in Form von **Ravioli di persico reale, mollica e prezzemolo** (11 €), Tagliatelle con ragù bianco di chianina und **Triangoli con cuore di bufala, pomodoro e salsa al basilico**. Von den Secondi empfehlen wir Grillfleisch, **Stracotto di vitellone** (13 €) und Coscia di pollo farcita (12,50 €). Interessant ist die Käseselektion. Die Desserts wechseln täglich und sind auf einer hübschen kleinen Tafel im Gastraum angeschrieben. In der Zeit, in der die Eurochocolate stattfindet, sind sie natürlich dem Thema Schokolade gewidmet. Das Brot ist selbst gebacken. Es gibt ein Degustationsmenü für 20 €. Das Kellerangebot mit den besten Tropfen aus Umbrien und dem übrigen Italien wird allen Erwartungen gerecht.

La Lumera

Trattoria
Corso Bersaglieri, 22
Tel. (+39) 075 / 572 61 81
Ruhetag: Montag
Ferien: je 1 Woche im Januar, Juni und September
60 Plätze + 20 Plätze im Freien
Preise: 30–35 €
Kreditkarten: AE, CS, DC, MC, Visa; BM
Abends geöffnet, mittags gegen Vorbestellung

Die alte Tradition der Trattorien und Osterien, die sich einst auf diesen Teil der Stadt konzentrierten, wird heute vom La Lumera verkörpert. Roberto Sammartano, in der Küche, und Antonio Startari Ferraro, im Service, führen dieses von Touristen, Künstlern und Stammgästen besuchte Lokal. Das Menü hat ein solides traditionelles Fundament, verschmäht aber auch nicht Einflüsse aus der sizilianischen und kalabrischen Tradition und enthüllt damit die Herkunft der Betreiber. Das saisonale Angebot ist solide, konkret und von der Verwendung diverser Produkte aus Slow-Food-Presidi gekennzeichnet. Man beginnt mit **Paté alla perugina con mela verde e pane tostato**, Insalatina di baccalà con fagiolina del Trasimeno und Bruschette miste (7,50 €). Bei den Primi spannt sich der Bogen von **Umbricelli con guanciale e pecorino** (8,50 €) über Maltagliati al ragù bianco di manzo bis zu Orecchiette con pomodorini, fagiolini, basilico e ricotta forte. Unter den Secondi sind **Coniglio in salsa di capperi e alici con patate e verdure** (15 €), Filetto di maiale avvolto da sella di San Venanzo con riduzione di rosso di Montefalco, verdure e patate, Cuscus vegetariano (12 €) und Stracciatella di bufala con pomodori secchi e verdure. Als Alternative steht Polpo alla griglia con patate e caponata siciliana auf dem Programm. Die Zutaten für die Beilagen kommen aus dem Garten, aber die Speisen werden bereits mit Gemüsegarnitur serviert. Die Desserts sind hausgemacht: **Semifreddo di borlotti in salsa di pinoli tostati** (6 €) und Torta di mele con noci, cannella, uvetta, panna e gelato alla vaniglia. Die schöne Weinkarte nennt umbrische und italienische Tropfen zu ehrlichen Preisen und einen guten offenen Wein.

4 KM VOM ZENTRUM

Stella

Restaurant-Enoteca
Via dei Narcisi, 47 A
Tel. (+39) 075 / 692 00 02
Ruhetag: Dienstag
Ferien: 2 Wochen im August
35 Plätze + 20 Plätze im Freien
Preise: 35 €
Kreditkarten: AE, CS, DC, MC, Visa; BM
Abends geöffnet, an Feiertagen im Winter auch mittags

Beim Betreten dieses Lokal etwas außerhalb von Perugias Zentrum umfängt Sie ein Gefühl des Wohlbefindens, was der herrlichen Landschaft und der aufrichtigen Gastfreundschaft von Silvia und Arek zu verdanken ist. Das Restaurant verfügt über einige Gästezimmer, entfaltet seine wahre Stärke aber in der bodenständigen Küche aus biologischen Zutaten und der Auswahl der natürlich vinifizierten Weine. Das Brot ist aus Sauerteig gebacken, die Wurst enthält keine Konservierungsmittel, der Käse ist aus Rohmilch erzeugt, die Pasta von Hand gezogen, das Fleisch kommt von kleinen Erzeugern. Mit speziellen Gerichten achtet man auch sehr auf die Bedürfnisse von Gästen mit Zöliakie. An Antipasti bieten sich **Latterini fritti**, Carpaccio di chianina con misticanza (7 €), Salumi und Rohmilchkäse. Bei den Primi wählen Sie zwischen **Linguine con tinca affumicata del Trasimeno** (9,50 €), Stringhetti con zucchine, fiori di zucca e zafferano und Riccioli al sugo di melanzane. Bei den Secondi triumphieren Fleisch und Fisch aus dem See in Form von **Tronchetti di anguilla all'alloro** (11,50 €), Coniglio in porchetta, Salsiccia **mazzafegato aus dem oberen Tibertal** (Slow-Food-Presidio) und Fagottini di chianina con pecorino e salvia (11,50 €). Exzellent sind die Speisen aus dem „fünften Viertel“ wie **Lingua di vitello**, Cuore di bue und Trippa, die durchwegs meisterhaft zubereitet sind. Als Beilage gibt es Saisongemüse aus dem Garten und Produkte aus lokalen Slow-Food-Presidi. Zum Abschluss genießt man hervorragendes hausgemachtes Eis in den Geschmacksnoten Lavendel, Rose und Lakritze.

”
Überaus angenehmer Empfang, große Kompetenz bei der Auswahl der Grundzutaten und konstant hohes Qualitätsniveau.
“

PORANO (TR)

77 km nordwestlich v. Terni, 9 km s. v. Orvieto

La Locanda di Colle Ombroso

Ferienbauernhof
Stada Provinciale 55, km 4,800
Tel. (+39) 07 63 / 61 65 88
Ruhetag: Montag
Ferien: zeitweise im November
12 Plätze + 20 Plätze im Freien
Preise: 25–30 € • Keine Kreditkarten
Mittags und abends geöffnet

Die sympathischen Wirtsleute Eleonora und Ivan – sie steht am Herd, er bedient die Gäste – führen die Locanda di Colle Ombroso, deren Rahmen ein renovierter alter Keller bildet. Alle Zutaten sind aus eigener Erzeugung oder stammen von kleinen lokalen Betrieben, mit denen die Lokalbetreiber in einem Partnerschaftsprojekt zusammenarbeiten. Den Anfang macht Antipasto misto (16 €, für zwei Personen) mit Wurst aus Fleisch vom grauen Schwein und Sopravissana-Schaf, Farinata, Frittatine, frischem Ziegenkäse und gereiftem Schafkäse in Kombination mit Konfitüren aus Obst und Gemüse aus dem Garten; dazu reicht man selbst gebackenes Brot aus alten, in einer Steinmühle gemahlenen Getreidesorten aus eigenem Anbau. Das Menü ist saisonal: Im Winter gibt es **Vellutata di ceci con caprino e noci** oder Pasta al guanciale croccante con crema di latte di capra (8,50 €), im Sommer **Pasta** con zucchine e zafferano (9 €) oder **con pesto di erbe aromatiche**, pepe, mandorle e olio al lime. Fleisch lokaler Herkunft ist Hauptdarsteller bei den Secondi wie **Filetto di chianina con uova di quaglia e mosto cotto** und **Involtino di pollo ruspante con peperoni rossi e menta** (8 €), aber es gibt immer vegetarische Gerichte wie Tortino di pomodorini e basilico oder di patate e zafferano. Als Beilagen (4 €) bieten sich Caponata, Verza al vino rosso und Patate al burro e olio an. Gut ist die Auswahl der durchwegs hausgemachten Süßspeisen: Torta al cacao e panna acida, Coppa di campagna (aus Konditorcreme, Sahne, Karamell und Baisers), Semifreddo alla vaniglia, Crème brulée und Panna cotta alla lavanda. Zu trinken gibt es eine interessante Selektion natürlich vinifizierter, biologischer oder biodynamischer Weine aus kleinen lokalen Winzerbetrieben; das Bier wird handwerklich aus alten Getreidesorten aus dem Betrieb gebraut.

SCHEGGINO (PG)

88 km südöstlich von Perugia, 31 km von Terni

Baciafemmine

Osteria
Vicolo Baciafemmine
Tel. (+39) 07 43 / 61 83 11
Ruhetag: Mittwoch
Ferien: unterschiedlich
60 Plätze
Preise: 28–32 €
Kreditkarten: CS, DC, MC, Visa; BM
Mittags und abends geöffnet

Die Osteria liegt im Herzen der Stadt in einer Locanda aus dem 15. Jahrhundert, die heute noch das Flair von einst verströmt. Die Zutaten kommen zum Großteil aus dem Betrieb der Familie, Käse und Wurst sind aus eigener Erzeugung und reifen im Keller des Lokals. Wenn Sie sie probieren möchten, wählen Sie den Antipasto dell'oste oder den Antipasto del pecoraro. Sollten Sie Fisch bevorzugen, bietet sich der köstliche Antipasto del Nera an (Bachforelle und Flusskrebse in grüner Sauce, 8 €). Die hausgemachte Pasta wird mit dem Nudelholz ausgezogen: Probieren Sie **Strangozzi al tartufo** (13 €), al rancetto (mit Guanciale, Kirschtomaten und salziger Ricotta) oder, falls erhältlich, al ragù bianco di cinghiale. Sehr schmackhaft sind **Gnocchi con zafferano e tartufo** und im Winter eine der vielen appetitlichen Zuppe di legumi (Hülsenfrüchtesuppen), die Sie auf der Karte finden. Das Schaffleisch aus dem eigenen Betrieb wird **a scottadito** (kurz gebraten) angeboten. Lassen Sie sich das Fleisch vom Lamm und Schaf daher nicht entgehen. Wohlschmeckende Alternativen sind Maiale alla birra con mele e miele, **Trota fario** arrosto oder **tartufata** (12 €) und Uovo strapazzato al tartufo. Die Beilagen sind saisonabhängig: Zichorie, Salat, Tomaten, Zucchini und gelber Kürbis (aus dem man auch eine deliziöse Konfitüre mit Zimt und Orangen zubereitet, die zum Schafkäse gereicht wird). Von den Dolci erwähnen wir Crostate, Crema classica, Semifreddo alla ricotta (4 €) und traditionelle Tozzetti. Im Keller lagern eine gute Selektion umbrischer und italienischer Weiß- und Rotweine und ein ausgezeichneter Hauswein.

31 KM SÜDÖSTLICH VON PERUGIA, S.S. 75

La Cantina di Spello

Restaurant
Via Cavour, 2
Tel. (+39) 07 42 / 65 17 75
Ruhetag: Montagabend
Keine Ferien
60 Plätze + 30 Plätze im Freien
Preise: 35 €
Kreditkarten: AE, CS, DC, MC, Visa; BM
Mittags und abends geöffnet

Das La Cantina di Spello ist ein schöner Genossenschaftsbetrieb, der von drei gesellschaftern geführt wird: Paolo, Luciano und Efisio, der das Bindeglied zwischen landwirtschaftlicher Erzeugung und Küche darstellt, in der hauptsächlich im Betrieb hergestellte Produkte zur Verarbeitung gelangen. Trotz der starken Touristenpräsenz in der Stadt gelingt es dem Lokal lobenswerterweise, strikten Kurs auf bodenständige Qualitätsküche zu halten. Das genaue, effiziente Bedienungspersonal präsentiert Ihnen eine Karte, die fest in der Tradition Spellos verankert ist. Wir empfehlen als Einstieg Frittata al tartufo, **Paté di fegato di piccione**, **Pappa al pomodoro**, Coratella di agnello (8 €) und Parmigiana di melanzane. Wählen Sie danach als Primo Pappardelle al cinghiale, **Stringozzi con verdure e ricotta salata** (12 €), Zuppa di legumi, **Gnocchi di patate al tartufo nero di Norcia** (14 €) oder Mezze maniche al rancetto. Als Secondi erwarten Sie Piccione alla diavola, Agnello a scottadito, **Guanciale di vitello brasato al Sagrantino** (14 €), Grigliata mista und **Spiedini di lumache con guanciale** (12 €). Die Zutaten für die Beilagen kommen alle aus dem Garten: Patate al rosmarino, Fagiolini all'agro, Verdura ripassata oder Verdura mista al forno. Lassen Sie sich abschließend von Süßspeisen wie guter Zuppa inglese, Crostata con confettura di frutta und selbst gemachten Keksen mit einem Glas Sagrantino Passito verführen. Die endlos lange Weinkarte bietet das Beste aus der lokalen und italienischen Weinerzeugung; die Preise sind ehrlich.

6 KM SÜDLICH VON TERNI, S.P. 16

Taverna la Mola

Restaurant
Via del Sacramento, 2
Tel. (+39) 07 44 / 60 81 00,
(+39) 328 / 328 33 01
Ruhetag: Donnerstag
Ferien: zeitweise im Juli
100 Plätze
Preise: 30–35 €
Kreditkarten: AE, CS, DC, MC, Visa; BM
Abends geöffnet, an Feiertagen auch mittags

Bei der Ankunft in diesem kleinen Ort genießen Sie einen Ausblick, der von Narni bis zu den Bergen des Terminillo reicht. Die in einer alten Ölmühle eingerichtete Osteria erinnert mit ihrer gesamten Ausstattung an das ländliche Leben, das historische Erbe dieses Ortes. Das familiengeführte Lokal zeichnet sich durch besonderes Augenmerk auf gute Bewirtung aus. Das Menü wird durch eine reichhaltige Auswahl an Vorspeisen eröffnet, von denen wir Ihnen Antipasto della casa mit lokalen Wurstsorten und kleinen Kostproben von Bohnen, Coratella, Paté di fegato zum Aufstreichen auf warmes Brot und Panzanella empfehlen; eine weitere Möglichkeit wären frisch zubereitete Crostini misti. Bei den Primi wählt man zwischen Suppen mit Pastaeinlage wie **Zuppa** medievale **di ceci** und Zuppa del nonno (8 €) oder Pastagerichten wie Maltagliati della nonna (9 €), **Tagliatelle con coratella di agnello** (10 €), Taglierini Anna Maria (Geheimrezept), **Ciriole profumate** (9 €) oder den stets beliebten Pappardelle al cinghiale. Ebenfalls umfangreich ist die Auswahl der Secondi, angefangen von gegrilltem Fleisch (Steak und Bruststück von der Färse), Tagliata und Arrosto bis zu **Filetto di maiale** in verschiedenen Zubereitungsarten: **con lamelle di tartufo** (11 €), radicchio, funghi trifolati oder con pecorino fuso e tartufo (13 €). Probieren Sie typische **Pizza sotto il fuoco**, kombiniert mit lokalen Wurstsorten oder gekochtem Gemüse. Die hausgemachten Desserts sind fachgerecht zubereitet. Die Weinkarte ist schlicht, aber aussagekräftig.

La Mora

Trattoria
Strada San Martino, 44
Tel. (+39) 07 44 / 42 12 56
Ruhetag: Dienstag
Ferien: Ende Juli
60 Plätze + 40 Plätze im Freien
Preise: 25–30 €
Kreditkarten: AE, CS, DC, MC, Visa; BM
Mittags und abends geöffnet

Die seit 1904 bestehende Trattoria La Mora ein Stück außerhalb von Ternis Zentrum liegt weit entfernt vom städtischen Verkehr in der Nähe des Flusses Nera. An ihren Tischen haben sich schon ganze Generationen niedergelassen, um gute Traditionsküche zu genießen. Andrea und Mamma Giuliana bieten gepflegt zubereitete Gerichte, die den Zutaten Reverenz erweisen. Im Sommer können Sie im Freien sitzen, im Winter erwarten Sie zwei gemütliche Innenräume. Die Empfehlung lautet, mit lokalen Wurstspezialitäten, **Barbazza di maiale con aceto e salvia** (7,50 €), Frittatina morbida con tartufo oder in der Saison mit **Fiori di zucca fritti** zu beginnen. Von den Primi empfehlen wir **Ciriole alla ternana** (mit Knoblauch, Öl und Tomaten, 6,50 €), die es auch mit Trüffel oder wildem Spargel gibt. Eine andere Möglichkeit wären gefüllte Teigwaren, **Gnocchi di patate rosse di Colfiorito al sugo di castrato** (9 €), Tagliatelle di farro con lenticchie di Castelluccio e salsiccia oder winterliche Zuppa di cavolo nero e legumi. Als Secondi bieten sich spezielle **Trippa di bovino** (8 €), aber auch schmackhafte Köstlichkeiten wie *Pajata* di vitellina und Faraona alla leccarda. Sehr gut sind das gegrillte Fleisch, Lumache (16 €) und das Saisongemüse wie Salat, Feldzichorie und unter der Asche gegarte Kartoffeln. Neben einer kleinen Käseselektion aus dem nahen Nera-Tal gibt es hausgemachte Desserts wie Zuppa inglese und Crostate. Zu trinken gibt es einen offenen Wein aus einer lokalen Kellerei, aber auch eine recht gute Auswahl regionaler Tropfen.

L'Angolo Divino, Via Roma 99: Weine, Slow-Food-Presidi und einige Qualitätsspeisen.

TERNI

Lillero

Trattoria
Via De Filis, 8
Tel. (+39) 339 / 591 41 40
Ruhetag: Sonntagabend
Ferien: unterschiedlich
Preise: 35 €
Kreditkarten: AE, CS, DC, MC, Visa; BM
Mittags und abends geöffnet

Die Trattoria Lillero in einer Querstraße des Corso Vecchio im Zentrum ist eine verlässliche Adresse für Freunde guter, einfacher und authentischer Küche. Das im Retro-Stil gehaltene Lokal ist sehr gemütlich und lässt Liebe zum Detail erkennen. Es ist unwahrscheinlich, zweimal dasselbe Menü zu finden, das aus Saisonzutaten zubereitet und oft, so erzählt Koch und Gesellschafter Paolo, mit kleinen Varianten entsprechend der umbrischen Hausmannskost abgewandelt wird, um dem Geschmack der Stammgäste aus Terni entgegenzukommen. Ausgezeichnet ist Insalata di aringa sciocca, serviert auf einem Bett aus Kartoffeln und roten Zwiebeln; ebenso gut schmeckt **Sformato di zucchine e fiori con fonduta di parmigiano** (8 €). An Primi finden sich **Bombolotti alla Lillero** (Mezze maniche mit Cacio, Pfeffer und Zusatz von Pancetta), Tagliolini gamberi e pistacchio con pomodorino fresco dell'orto e maggiorana (12 €) und Busiate al pesto trapanese e sgombro. Probieren Sie unbedingt **Ciriole alla ternana con pomodoro fresco e basilico** (7 €). Aus dem umfangreichen Angebot der Secondi ragen traditionelle **Polpette al sugo** (10 €) und klassische Parmigiana heraus; als Alternativen bieten sich gute **Faraona alla leccarda** (12 €) und **Tagliata di maiale nero** locale an. Im Sommer tauchen auch Insalata di polpo und andere Fischgerichte auf. Die Dolci sind hausgemacht und beinhalten unter anderem Tiramisu, Zuppa inglese und Cheesecake al lampone. Sehr interessant und gut zusammengestellt ist die Karte mit biologischen und biodynamischen Weinen, unter denen sich gewiss ein guter Tropfen finden lässt, aber es stehen auch Etiketten aus anderen Regionen bereit.

58 KM SÜDL. V. PERUGIA, 14 KM V. TODI, S.P. 379

Il Merollo

Trattoria • Ortsteil Pesciano, 42
Tel. (+39) 075 / 894 70 79,
(+39) 334 / 502 33 78
NEU
Ruhetag: Montag, Dienstag, im Winter auch Mittwoch • Ferien: unterschiedlich
50 Plätze + 50 Plätze im Freien
Preise: 20–35 €
Kreditkarten: AE, CS, DC, MC, Visa; BM
Abends geöffnet, Samstag und Sonntag auch mittags

Carlo Rossi, der Eigentümer des Lokals, bezeichnet es lieber als „Landgaststätte" denn als Trattoria; sein Name, der im Dialekt „Heuschober" bedeutet, spiegelt diesen Gedanken wider. Den Rahmen des familiengeführten Merollo bildet ein biologischer Landwirtschaftsbetrieb, in dem Dinkel, Gemüse und natives Olivenöl extra erzeugt sowie Schweine, Hühner, Tauben, Gänse und Kaninchen frei lebend gezüchtet werden. Zu essen gibt es hier Rezepte aus der bäuerlichen Tradition Umbriens, die bisweilen gelungen abgewandelt sind. Catia verarbeitet in der Küche fast ausschließlich Produkte aus dem Betrieb und bereitet daraus schmackhafte Antipasti zu, die je nach Saison Wurst, Crostini con crema di legumi oder con fegatini di pollo, Panzanella con pane di farro e verdure dell'orto, Fagioli con le cotiche und **Coratella** beinhalten. Vorzüglich sind die hausgemachten Primi, von denen wir Tagliatelle alla contadina, con guanciale, pomodorini, rucola, ricotta salata e pepe und **Gnocchi al ragù di cinta** (10 €) oder als Alternative in den Versionen con sugo all'ortolana oder al tartufo empfehlen. Probieren Sie als Secondo **Pancetta di maiale al forno** und **Capocollo in crosta di sale** (11 €); ebenfalls exzellent sind Fleisch vom Grill, Salsiccia alla brace, **Pollo** und Piccione **allo spiedo** (12 €) sowie **Palombe alla todina** oder alla ghiotta (14 €). Auch Spezzatino und Tagliata di chianina alle erbe aromatiche oder al tartufo (13 €) dürfen nicht fehlen. Unter den hausgemachten Dolci finden sich Tozzetti di farro und Crostate. Zu trinken gibt es einen ordentlichen offenen Wein, ergänzt von rund 30 guten Etiketten auf der Weinkarte und einer winzigen Auswahl an Bieren aus Kleinbrauereien.

45 KM SÜDLICH VON PERUGIA, S.S. 3 BIS

Pane e Vino

Osteria-Enoteca
Via Ciuffelli, 33
Tel. (+39) 075 / 894 54 48
Ruhetag: Mittwoch
Ferien: unterschiedlich
50 Plätze + 40 Plätze im Freien
Preise: 25–30 €
Kreditkarten: AE, CS, DC, MC, Visa; BM
Mittags und abends geöffnet

In der Osteria Pane e Vino verbinden sich Einfachheit und Qualität mit ausgesuchten Zutaten und großzügigen Portionen. Loredanas Menü folgt den Jahreszeiten, Fabios liebenswürdiger Empfang sorgt für den Rest. Den Auftakt macht der Antipasto della casa (16 €) mit Crostini, Aufschnitt, Käse und Involtini; ansonsten können Sie Wurst vom Cinta-Senese-Schwein, Carpaccio di petto d'oca affumicato, Bruschette mit umbrischen Ölen und eine Platte mit lokalen Käsesorten wählen. Unter den Primi sind **Zuppa di ceci e porcini** (8,50 €) oder Zuppa di roveja (Slow-Food-Presidio), **Strangozzi** con gli strigoli e gli asparagi selvatici (im Frühling) und von Mai bis August **con il tartufo scorzone**. Probieren Sie im Winter Polenta con le spuntature di maiale oder con i funghi e il formaggio fuso. Wunderbar sind die Fleischgerichte wie Crostone di maiale affumicato con tartufo e funghi porcini, **Agnello al tartufo** (15 €), Coratella und **Palomba alla ghiotta** (gegen Vorbestellung). Unter den Beilagen sind Melanzane a beccafico (gegrillt mit Rosinen, Pinienkernen und Spänen von salziger Ricotta) und Saisongemüse. Die Dolci wie Cremes, Mousse di frutti di bosco, Amor polenta con crema calda e frutti di bosco (5 €) und Tozzetti mit Sagrantino Passito sind gut zubereitet. Die Weinkarte listet eine gute Anzahl italienischer und hiesiger Tropfen auf. Abschließend genehmigt man sich eine Kostprobe vom hausgemachten Kräuterbitter aus Sandthymian.

Die Salsamenteria Principi, Piazza del Popolo, verkauft sehr gutes Brot, Wurst, native Olivenöle extra und lokale Weine. Die Käserei Montecristo in **Pian di Porto** (6 km), Via Campette, bietet erstklassigen Schaf-, Ziegen- und Kuhmilchkäse, teilweise aus Rohmilch.

TORGIANO (PG)
Miralduolo

14 km südlich von Perugia, S.S. 3 bis

I Birbi

Restaurant
Ortsteil Le Casacce
Tel. (+39) 349 / 869 82 53
Ruhetag: Montag
Ferien: unterschiedlich
80 Plätze + 80 Plätze im Freien
Preise: 30–35 €
Kreditkarten: MC, Visa; BM
Abends geöffnet, Samstag, Sonntag und Feiertage auch mittags

Das schöne Landhaus von Luca Ciabatti besteht aus mehreren Räumen und einer prächtigen Terrasse für den Sommer. Man lässt Ihnen hier einen freundlichen Empfang zuteilwerden und verwöhnt Sie mit Signora Amandas solider bodenständiger Küche, die, angereichert mit ein paar fantasievollen Akzenten, den besten umbrisch-toskanischen Einflüssen unterliegt. Zu Beginn wartet gleich ein Klassiker, nämlich Antipasto del birbone mit einem Sortiment aller Spezialitäten des Hauses; als Alternative bieten sich Tagliere di cinta oder **Patate alla brace con tartufo** (11 €) an. Wir empfehlen Ihnen, mit Tagliatelle al tartufo nero scorzone, **Pappardelle al ragù bianco di maialino e timo** (10 €) und Cappellacci con crema di zucchine, zafferano e fiori di zucca fortzufahren. Interessant ist Tris di Zuppe, bestehend aus Ribollita, Zuppa di patate viola con porcini und Crema di fagiolina con salsiccia. Die Secondi stehen mit entbeinter **Faraona ripiena ai carciofi** (16 €), Coniglio fritto in salsa, Costine di agnello **a scottadito** und verschiedenen Tagliate im Zeichen von Fleisch. Verlockend ist **Tris al tartufo** mit getrüffeltem Ei, Käsecreme mit edlem weißem Trüffel und unter Asche gegarten Kartoffeln mit schwarzem Trüffel. Als Alternative finden Sie traditionellen Baccalà fritto (9 €) mit verschiedenen Saisonbeilagen. Mousse di cioccolato bianco e frutti di bosco, Tartellette con crema di limone e ciliegie und eine Auswahl verschiedener Kostproben setzen den Schlusspunkt. Die Weinkarte ist einfach, aber umfassend und nennt Jahrgangsschaumweine sowie eine schöne Auswahl umbrischer Weine, die eine solide Kenntnis des Gebiets erkennen lässt. Die Weine sind auch glasweise erhältlich, die Preise moderat.

TREVI (PG)

50 km südöstl. v. Perugia, 52 km v. Terni, S.S. 3

La Vecchia Posta

Restaurant
Piazza Mazzini, 14
Tel. (+39) 07 42 / 38 16 90,
(+39) 393 / 901 00 99
Kein Ruhetag
Keine Ferien
40 Plätze + 25 Plätze im Freien
Preise: 30–35 €
Kreditkarten: AE, CS, DC, MC, Visa; BM
Mittags und abends geöffnet

Das La Vecchia Posta an der Piazza von Trevi befindet sich unter dem alten Stadtturm und bietet auch Übernachtungsmöglichkeit in einigen Zimmern im benachbarten Renaissancepalast. Marco Morosini steht mit Unterstützung der Familie am Ruder dieses schönen Betriebs, der Spezialitäten aus der Küche Trevis und Umbriens bietet. Von den Antipasti sollten Sie Focaccia con verdure di campo, traditionelle Salumi mit **Torta al testo** (9 €), frische Ricottina di capra con pomodorini al basilico e bruschette all'olio, Paté di fegato und **Patata al cartoccio con il lardo** probieren. Als Primi erwarten Sie **Strangozzi alla trevana** con pomodoro fresco e peperoncino (6,50 €) oder al tartufo oder auch agli asparagi selvatici (im Frühling) und **Pappardelle con sugo di cinghiale**. Die Palette der Secondi beinhaltet unverzichtbare **Fegatelli di maiale caramellati** al forno **con patate** (11 €), Spezzatino di cinghiale in bianco, Pancetta di maiale in porchetta, **Frittata al tartufo** oder Scamorza al forno, ebenfalls mit Trüffel verfeinert. Im Herbst kann man schwarzen Sellerie aus Trevi (Slow-Food-Presidio) genießen, der nach einem alten lokalen Rezept gefüllt angeboten wird. Die diversen Beilagen variieren saisonal: Insalatina di farro con pomodorini e rucola, Verdure di campo ripassate oder lessate (sautiert oder gekocht) und Insalata di carciofi lessi. Hervorragend sind die hausgemachten Dolci wie Tortino di mele in crema calda, Tozzetti alle mandorle con Sagrantino Passito (7 €) und Cialda con gelato artigianale e amarene. Die gut sortierte Weinkarte hat eine Vorliebe für lokale Tropfen.

UMBERTIDE (PG)
Niccone

34 KM NÖRDLICH VON PERUGIA

Locanda di Nonna Gelsa

Restaurant
Via Caduti di Penetola, 31
Tel. (+39) 075 / 941 06 99
Ruhetag: Dienstag
Ferien: Januar/Februar
60 Plätze + 80 Plätze im Freien
Preise: 27–32 €
Kreditkarten: AE, CS, MC, Visa; BM
Mittags und abends geöffnet

An der Straße, die von Umbertide zum Trasimenischen See führt, stoßen Sie im Ortsteil Niccone auf dieses angenehme, gemütliche Lokal mit weiten Rundbögen, welche die mit schönen Gemälden geschmückten Räume auflockern. Signora Chiaras herzlicher Empfang ermutigt, sich auf die Köstlichkeiten der Küche einzulassen, die traditionell geprägte Gerichte mit ein paar modernen Noten bietet. Das beste Fleisch und Gemüse aus der Umgebung werden täglich eingekauft, um den treuen Gästen erstklassige Qualität zu bieten und dabei zu lange Versorgungswege zu vermeiden. Zur Einstimmung wählen Sie zwischen Antipasto Terramadre (8,50 €) mit Käse und Wurst, Misto di Nonna Gelsa, der auch Torta salata enthält, Frittata e verdure und **Arvoltolo** – typischem frittiertem Fladen aus Wasser und Mehl –, mit Wurst gefüllt (5 €). An Primi erwarten Sie ausgezeichnete **Strangozzi** al tartufo oder **con fagiolina del Trasimeno** (Slow-Food-Presidio) **e persico** reale (10 €) sowie **Tortelli con salsa allo zafferano e pomodori secchi** (9 €). Die Secondi folgen der lokalen Tradition und sind hauptsächlich aus Fleisch zubereitet: Grigliata mista, Petto d'anatra ai funghi und unübertreffliches **Coniglio all'arrabbiata** (8 €), ein Klassiker des Hauses. Die Beilagen sind auf die Jahreszeiten abgestimmt, die hausgemachten Dolci schmecken gut. Das ehrliche Kellerangebot überzeugt mit vielen umbrischen und einigen italienischen Tropfen, die körperreich und von guter Struktur sind.

UMBERTIDE (PG)

34 KM NÖRDLICH VON PERUGIA

San Giorgio

Restaurant
Via Mancini, 3
Tel. (+39) 075 / 941 29 44
Ruhetag: Dienstag
Keine Ferien
30 Plätze + 16 Plätze im Freien
Preise: 35 €
Kreditkarten: CS, DC, MC, Visa; BM
Mittags und abends geöffnet

Das Lokal an einem kleinen Platz in der Altstadt in der Nähe der Festung aus dem 14. Jahrhundert besteht aus mehreren Räumen mit Holzträgern und an den Wänden gestapelten Weinflaschen. Duftendes selbst gebackenes Brot zur Begrüßung ist der erste Eindruck, den Sie gewinnen. Für den Rest sorgen Mirko und sein Team und verwöhnen Sie mit wohlbedacht abgewandelten Gerichten aus ausgesuchten, erstklassigen Zutaten. Unter den Entrees sind **Tartara di chianina, crema d'uovo con parmigiano e tartufo nero**, Parmigiana di melanzane scomposta (9,50 €) und **Tortino di ricotta di bufala con pomodoro e guanciale**. Bei den Primi spannt sich der Bogen von **Paccheri al ragù bianco di chianina** (8,50 €) bis zu Mezzelune ripiene di carbonara con asparagi, während bei den Secondi dem Fleisch ein Ehrenplatz gebührt. Probieren Sie Tagliata di chianina (16 €), **Reale ai funghi porcini** und traditionelles Petto di piccione scottato in origineller Abwandlung. Seppia nera e piselli und Minestrone di verdure con moscioli di Portonovo (9,50 €) verleihen dem Menü auch ein paar maritime Akzente. Unter den Dolci sind ein himmlisches Semifreddo di tozzetti con ristretto di Vin Santo, Crema bruciata al rum con spuma di banane, Torta alle mele und Gelato profumato alla cannella. Zu trinken gibt es eine umfangreiche Weinauswahl mit vielen guten Tropfen aus Umbrien und interessante Biere aus teils lokalen Kleinbrauereien. Es empfiehlt sich zu reservieren, da es nur wenige Plätze gibt.

PERUGIA

Giò Arte e Vini

Restaurant
Via Ruggero d'Andreotto, 19
Tel. (+39) 075 / 573 11 00
Ruhetag: Sonntagabend
Keine Ferien
200 Plätze
Preise: ⊞ 35–45 €
Kreditkarten: AE, CS, DC, MC, Visa; BM
Mittags und abends geöffnet

Das Giò Arte e Vini besticht mit Gastlichkeit, Weinen und Essen von stets sehr hohem Niveau sowie Aufmerksamkeit gegenüber den Gästen, die hier mit einer Mischung aus traditioneller und innovativer Küche verwöhnt werden. Die umbrische Tradition der Schweinefleischverarbeitung tritt mit Reale di prosciutto di Norcia e ortaggi in agrodolce (8 €) zutage, aber auch Flan di pecorino und Uovo morbido al tartufo alla cabonara sind eine gute Wahl. Darauf folgen Suppen wie Crema di ceci e porri (9 €), hervorragende Taglierini con pesto delicato al tartufo und traditionelle Strangozzi con rancetto e maggiorana. Neben exzellenter Grigliata di ortaggi, verdure e porcini (gegrilltem Gemüse und Steinpilzen) gibt es viel Fleisch zum Hauptgang, wie Coniglio in porchetta (16 €), Scottadito und Trecciola di agnello; Baccalà alla perugina con prugne e uvetta steht jedoch auch auf dem Programm. Die Dessertkarte wechselt häufig und nennt eine reichhaltige Auswahl edler Köstlichkeiten.

BASCHI (TR)

74 KM NORDWESTLICH VON TERNI

Trippini

Restaurant
Via Italia, 14
Tel. (+39) 07 44 / 95 03 16
Ruhetag: Montag
Ferien: 22.–28. März
25 Plätze
Preise: ⊞ 35–50 €
Kreditkarten: AE, CS, DC, MC, Visa; BM
Mittags und abends geöffnet

Das Restaurant Trippini, eine bewährte Adresse für umbrische Gastronomie, bietet eine angenehme kulinarische Reise. Sobald Sie an einem Tisch in romantischem, ein bisschen altmodischem Ambiente Platz genommen haben, können Sie zwischen drei Menüs wählen, und zwar „Menu della storia“ für 70 €, „Proposta dello Chef“ für 48 € und „La Tradizione“ für 38 €, die ebenso viele Interpretationen der umbrischen Küche bieten. Ein Lob verdienen Umbrichelli al pepe con porri stufati al latte, guanciale croccante e nocciole, Faraona con patate mantecate all'olio, insalatina di campo e agrumi, Quaglia farcita alle castagne con cremoso di bruschetta und Piccione rosato e in salmì con tartufo e rissola di interiora. Das historische Menü enthält die für die Küche dieses Restaurants charakteristischsten Speisen wie Supplì di coda alla vaccinara con crema di cipolle e aceto balsamico, Tagliatelle con le rigaglie di pollo und Guanciola di vitello stufata al cacao con purea di rapa bianca.

0 15 30 km
ADRIA
Ravenna
Cérvia
EMILIA-ROMAGNA
A14
Cesena
Rímini
Riccione
Gabicce Mare
S. Marino
S. MARINO
Tavúllia
Pesaro
A14
Fano
Vallefoglia
Colbordolo
Sassocorvaro
Serrungarina
Frontino
Urbino
Piandimeleto
Mondolfo
Senigallia
Fossombrone
Falconara Marittima
Urbania
Acqualagna
Mondavio
Morro d'Alba
ANCONA
M. Cónero
572
Sirolo
Serra de' Conti
Cagli
Frontone
Jesi
Arcevia
Città di Castello
Genga
Stáffolo
Filottrano
Loreto
Porto Recanati
Recanati
Potenza Picena
Cingoli
Fabriano
Gúbbio
Macerata
Morrovalle
Civitanova Marche
Tevere
S. Severino Marche
Matelica
Tolentino
Monte S. Giusto
Porto S. Giorgio
Castelraimondo
Colmurano
Loro Piceno
Fermo
Serrapetrona
PERÚGIA
Camerino
S. Angelo in Pontano
Magliano di Tenna
Pedaso
Assisi
Petrítoli
Cupra Marittima
PARCO NAZ. D. MONTI SIBILLINI
Ortezzano
Ripatransone
Grottammare
Montalto d. Marche
Offida
Foligno
Comunanza
Visso
Appignano d. Tronto
S. Benedetto d. Tronto
Venarotta
UMBRIEN
M. Vettore 2476
Ascoli Piceno
Maltignano
Nórcia
Acquasanta Terme
Giulianova
Todi
PARCO NAZ.
Orvieto
Spoleto
Téramo
DEL
Amelia
Terni
GRAN SASSO
A24
A1
Terminillo 2216
Gran Sasso d'Italia 2912
E MONTI
Orte
Rieti
D. LAGA
Viterbo
L'ÁQUILA
ABRUZZEN
LATIUM
A24

MARKEN

Statt der mysteriösen Kategorie des „armen Fisches", zu der der Blaufisch gerechnet wird (zumal wir ja auch den Roten Knurrhahn oder die Furchengarnele nicht als „wohlhabend" bezeichnen), sollte man vielleicht besser das Adjektiv „günstig" benutzen. Schließlich ist der Blaufisch ist alles andere als „arm" an Nährwerten und kulinarischem Potenzial. Von einfach mariniert bis „a scottadito" zubereitet, aber auch in überraschenden Kombinationen mit Gemüse und sogar Milchprodukten (ist nicht ein Butterbrot mit Sardellen ein ganz traditioneller Beweis dafür, dass es kein Tabu sein kann, Fisch mit Erzeugnissen aus Milch zu verbinden?): Überall an der Küste der Marken finden Makrelen, Sardellen und andere Arten von Blaufisch großen Anklang.
Ein weiteres besonderes Kapitel ist das der Miesmuscheln, mit Augenmerk auf die wilden Moscioli di Portonovo (die man jedoch in der Umgebung von Ancona nicht „Cozze", Miesmuscheln, nennen darf, ohne dafür kritische Blicke zu ernten – nennen Sie sie einfach „Moscioli"). Der Meeresgrund zwischen Passetto und Numana begünstigt die Ernte, denn sie haften gut an den Felsen.
Ebenfalls in Ancona, aber nicht nur, sind Murici (Stachelschnecken – auch unter dem Namen Crocette bekannt) verbreitet. Die Weichtiere werden aus ihren gezackten Gehäusen geholt und dann mit Wildfenchel gekocht. Weiter unten im Süden kann man oft die Meeresschnecken Lumachine di mare (oder Bomboletti) finden, eine wichtige Ressource für den kleinen, traditionell ausgeübten Fischfang, der auch Verkaufsstellen direkt am Strand betreibt.

Für Sie entdeckt

Alici, sgombri, altro pesce azzurro

539 El Gatt
Mondolfo (Pu)

542 Pennesi
Pedaso (Fm)

544 Il Diavolo del Brodetto
Porto Recanati (Mc)

Lumachine di mare

545 Lorè
Porto San Giorgio (Fm)

547 Caserma Guelfa
San Benedetto del Tronto (Ap)

Moscioli selvatici

520 Da Marcello
Ancona

521 Emilia da Marisa
Ancona

521 Il Molo
Ancona

ACQUASANTA TERME (AP)
San Martino

24 KM SÜDWESTLICH VON ASCOLI PICENO

Mini Ranch

Bar-Trattoria
Ortsteil San Martino
Tel. (+39) 07 36 / 80 71 43
Ruhetag: Mittwoch, außer im Sommer
Keine Ferien
30 Plätze + 20 Plätze im Freien
Preise: 25–30 €
Keine Kreditkarten
Mittags und abends geöffnet

Die Mini Ranch ist ein Treffpunkt im kleinen Ortsteil San Martino, an dem sich Waldarbeiter, Pilzesammler oder Bewohner des Ortes einfinden, um ein wenig zu plaudern, über die Ernte zu sprechen und ein Gläschen in Gesellschaft zu trinken. Das kleine Lokal liegt abseits der wichtigsten Touristenrouten und die Anreise ist nicht ganz einfach, doch es ist schön, wie in einem Märchen in die unberührte Landschaft der Monti della Laga einzutauchen und für ein paar Stunden die Hektik der Stadt hinter sich zu lassen. Dann setzt man sich an einen der netten Tische bei Emma und Rosella, wo **Pilze** jeder Art je nach Jahreszeit angeboten werden, und ist dankbar, dass man es hierher geschafft hat. Im Speisesaal oder im Sommer im Freien kann man dann mit einem Antipasto mit lokalen Salumi und Käse beginnen, darunter Omeletts, hausgemachtes in Öl eingelegtes Gemüse und Crostini mit Pilzen. Es folgen köstliche von Hand gezogene **Tagliatelle**, zum Beispiel mit Steinpilzen, Pfifferlingen oder Maipilzen, als Alternative Sugo di amatriciana. Ebenso gut sind Polenta oder **Gnocchi con ragù di cinghiale**. Anschließend üppiger Arrosto misto und **Agnello alla brace**, eventuell **mit Steinpilzen vom Grill** oder frittierten Steinpilzen. Zum Abschluss die empfehlenswerten kleinen Süßspeisen von Emma mit Vino cotto oder dem hausgemachten Enzian-Likör. Der gute Hauswein wird im Krug serviert und manchmal sind auch einige Flaschen von lokalen Rotweinen vorhanden. Sonntags, wenn es viele Gäste gibt, ist ein Degustationsmenü vorgesehen: Antipasto, zwei Primi, Arrosto (gebratenes Fleisch) und Dessert für 30 €. Reservierung empfohlen.

ANCONA (AN)
Portonovo

12 KM VOM ZENTRUM

Da Marcello

Restaurant
Ortsteil Portonovo
Tel. (+39) 071 / 80 11 83
Ruhetag: Mittwoch, außer im Sommer
Ferien: 15. Januar–März, 2 Wochen im November
80 Plätze + 40 Plätze im Freien
Preise: 35–40 €
Kreditkarten: AE, CS, MC, Visa; BM
Mittags und abends geöffnet

Marcello ist nicht nur der Schöpfer seines gemütlichen Lokals, sondern auch verschiedener Projekte, die einen Bezug zu Portonovo haben: von der Vereinigung der Gastronomen bis zu Projekten für die Aufwertung und den Schutz des Mosciolo, der wilden Miesmuschel. Er kümmert sich persönlich um die Besucher, auch wenn es im Sommer sehr viele sind – und eine Reservierung unumgänglich ist –, und versucht für jeden einzelnen Gast die richtige Empfehlung zu finden. Gran teoria di antipasti (19 €) können Sie entweder in ihrer Vollständigkeit kennenlernen oder in reduzierter Form von der Karte wählen, der Bogen spannt sich von den unwiderstehlichen **Moscioli scoppiati** oder **con le molliche** (mit Brotkrumen) bis zu **Raguse in porchetta** (ein anderes Pflichtgericht aus dem Gebiet des Conero, Mittelmeerschnecken mit Wildfenchel), von Sardinen oder anderem Blaufisch, a scottadito zubereitet, bis hin zu Cicale di mare (Krebs), Scampi und, wenn verfügbar, zu den zarten, butterweichen **Calamaretti scottati**. **Ciavattoni allo scoglio**, **Spaghetti con i moscioli** (je 10 €), Chitarrine alle vongole und Risotto alla marinara gehen **Grigliata del pescato del giorno** (19 €), Frittura mista oder nur frittierten Kalmaren, gedämpftem Fisch mit Salz aus Cervia (19 €) oder dem Fisch des Tages aus dem Ofen sowie **Rospo in potacchio** (Seeteufel) voraus. Zum Abschluss Ginas **Ciambellone** con Varnelli oder einfach Sorbetto al limone (3,50 €) sowie Semifreddo al caffè. Die Weinkarte ist angemessen und aktuell, zu Recht werden die besten Produkte aus den Marken bevorzugt. Immer vorhanden sind Angebote für Kinder, Vegetarier und Menschen, die keinen Fisch mögen.

Nur ein paar Schritte vom Restaurant entfernt verkauft Portonovopesca von Mai bis Oktober die wilden Miesmuscheln Moscioli (Slow-Food-Presidio).

12 KM VOM ZENTRUM

Emilia da Marisa

Restaurant
Ortsteil Portonovo
Tel. (+39) 071 / 80 11 09
Ruhetag: Montagmittag
Ferien: Ende Oktober–Mitte April
40 Plätze + 40 Plätze im Freien
Preise: 35–40 €
Kreditkarten: AE, CS, MC, Visa; BM
Mittags und abends geöffnet

Wenn es einen Archetyp der Küchengeschichte der Marken gibt, dann sollten Sie ihn an dieser Adresse suchen. Beginnend bei Emilia in den 1920er-Jahren über Marisa bis hin zur jetzigen Inhaberin Federica haben hier drei Generationen von Frauen das kulinarische Wissen der Familie weitervermittelt. Eine matrilineare Abfolge, die von Dutzenden Schwarz-Weiß-Fotografien an den Wänden des Lokals dokumentiert wird. Das beste Ergebnis dieser Geschichte sind **Spaghetti con i moscioli** (10 €), die auch heute noch nach dem Rezept von Emilia zubereitet werden. Die wilden Miesmuscheln Moscioli selvatici di Portonovo (Slow-Food-Presidio) sind die absolute Spezialität des Lokals und man kann sie auch als Antipasto bestellen, alla marinara oder gratiniert. Alternativ dazu gibt es Insalata di seppie, **Alici con i paccasassi** (Sardellen mit Meerfenchel, einem sehr schmackhaften Wildgemüse aus dem Gebiet des Conero), Austern und Jakobsmuscheln. Wer möchte, wählt einen reichhaltigen Teller mit Kostproben für 19 €. Anschließend **Linguine con sardoncini e pomodorini** (9 €), Calamarata alle vongole e purè di cicerchia (mit Miesmuscheln und Püree aus Platterbsen), Risotto alla marinara und Gnocchetti con calamari e scampetti. Es folgen Grigliata und **Frittura mista dell'Adriatico** (15 €), der Fisch des Tages aus dem Ofen, **Sardoncini scottadito** (10 €), Bollito misto mit Gemüse und hausgemachter Mayonnaise sowie Stoccafisso all'anconetana. Zum Dessert Sorbets mit Obst, Zuppa inglese und Tiramisu. In der Weinkarte wird dem Gebiet der Castelli di Jesi Tribut gezollt, doch auch Produkte von bekannten italienischen Betrieben und ein offener Hauswein sind vorhanden. Wenn Sie das zauberhafte Panorama von einem Tisch in der Veranda aus genießen möchten, sollten Sie unbedingt reservieren.

ANCONA (AN)
Portonovo

12 KM VOM ZENTRUM

Il Molo

Restaurant
Ortsteil Portonovo
Tel.: (+39) 071 / 80 10 40
Ruhetag: Dienstag, außer im Sommer
Ferien: November–März
80 Plätze + 20 Plätze im Freien
Preise: 35 €
Kreditkarten: AE, CS, MC, Visa; BM
Mittags und abends geöffnet

Das Il Molo liegt direkt an der Spitze der Landzunge, die sich für ein paar Dutzend Meter in die Adria hinauszustrecken scheint, und der Blick über die Bucht von Portonovo ist bezaubernd. Das äußere Erscheinungsbild hat immer noch den Charakter einer Strandhütte, doch im Inneren finden Sie ein zeitgemäßes, angenehmes Ambiente. Das Angebot, das Fabrizio Giacchetti – der das Lokal zusammen mit seinem Sohn Giacomo leitet – für seine Gäste zusammenstellt, bietet verschiedene Möglichkeiten, beginnend bei einem kleineren Menü für 20 € bis zu einem reichlicheren mit Antipasti, Primo, Secondo, Dessert und Kaffee für 40 €. Bei unserem letzten Besuch haben wir eine Reihe ausgezeichneter kalter und warmer Antipasti (13 €) mit dem lokalen Fischfang probiert, darunter die unverzichtbaren wilden Miesmuscheln **Moscioli** (Slow-Food-Presidio) **e paccasassi** (mit Meerfenchel). Anschließend Spaghetti – wieder mit Mosciolo selvatico di Portonovo (11 €) und Wildfenchel – sowie ausgezeichnete **Carbonara di pesce** (12 €). Unter den Secondi die nie enttäuschende **Frittura dell'Adriatico**, doch auch **Zuppa del Molo** (12 €) lohnt eine Kostprobe. Ebenbürtige Alternativen sind Moscioli selvatici gratinati, Grigliata mista und Tagesfisch aus dem Ofen mit Gemüse. Bei den Desserts angelangt, könnten Sie **Semifreddo** al Varnelli con scaglie di croccante (5 €), Mousse di cioccolato bianco con cuore di frutto della passione sowie Zitronen- oder Kaffeesorbet wählen. Beachtliche Weinkarte mit Bezugnahme auf die Marken, aber auch darüber hinaus, und mit wirklich annehmbaren Preisen. Auch ein glutenfreies Menü ist erhältlich.

Osterien und Trattorien des „Stoccafisso all'anconetana"

„Stoccafisso all'anconetana" ist ein Symbol für den regen kulturellen und kommerziellen Austausch der Stadt Ancona. Es ist eine weit verbreitete Gewohnheit, diese Speise, wenn schon nicht als Straßenessen, so doch als Gericht zum Mitnehmen zu betrachten. All diese Umstände ließen eine Tradition entstehen, die wir an dieser Stelle gerne vorstellen möchten.

Als historische Grundlage der Speise gilt die Aufnahme der Handelstätigkeit, die die Flotte von Ancona an die Ostsee führte. Während bei den nordischen Völkern der Stockfisch seine Identität als Essen für Notzeiten behalten hat, wurde er in den Mittelmeerhäfen von Venedig bis Genua und eben Ancona mit größerem Enthusiasmus willkommen geheißen.

Wie auch bei anderen Gerichten (zum Beispiel bei Brodetto), sind wir vorsichtig, wenn jemand behauptet, das einzige und wahre Rezept für den „Stocco all'anconetana" zu kennen. Wir würden dazu raten, die subtilen Unterschiede zwischen verschiedenen Köchen zu vergleichen und auch, nach Möglichkeit, zwischen Familien aus unterschiedlichen Vierteln Anconas. Auf jeden Fall lohnt es sich, das Gericht – außer in den Lokalen, die wir im Folgenden vorstellen – auch im Restaurant des Hotels Fortino Napoleonico in Portonovo zu probieren, dem Entstehungsort und Sitz der Accademia dello stoccafisso all'anconitana. Hier wurde festgelegt, was wir als das offizielle Rezept bezeichnen könnten.

Sicherlich kann man in der Tradition all'anconetana Eigentümlichkeiten feststellen, die auch heute noch lebendig sind. Gemeint sind Besonderheiten, die den langsamen, etwa zwei Stunden dauernden Kochvorgang betreffen, oder die trockenen Schilfrohre, die auf den Boden eines großen Topfes gelegt werden, um zu verhindern, dass die Stockfischstücke sich anlegen, weiter die großzügige Verwendung von Weißwein, vor allem Verdicchio.

Zu Beginn des letzten Jahrhunderts gab es in Ancona etwa 200 Trattorien, die Stockfisch mehr oder weniger regelmäßig auf die Speisekarte setzten. Heute ist die Anzahl geringer, bleibt jedoch beachtlich. Stockfisch gilt in Ancona hauptsächlich, wenn nicht ausschließlich, als Wintergericht, deshalb findet man ihn meistens zwischen Mitte September und Mai, fast immer freitags.

Antonio Attorre

Gino

Restaurant
Piazza Rosselli, 26
Tel. (+39) 071 / 433 10
Ruhetag: Sonntagabend
Keine Ferien
100 Plätze
Preise: 30 €
Kreditkarten: AE, CS, MC, Visa; BM
Mittags und abends geöffnet

Schnörkel gibt es nicht, auch nicht im äußeren Erscheinungsbild dieses Lokals genau gegenüber vom Bahnhof, beliebt bei Reisenden, aber noch mehr bei den Bewohnern Anconas wegen seiner Meeresspezialitäten, besonders des „Stoccafisso all'anconetana", der hier immer gekocht wird und den Sie auch zum Mitnehmen kaufen können. Umberto Polverini hat mit diesem Gericht zahlreiche Wettbewerbe gewonnen und gilt als Autorität auf dem Gebiet. Der Patron wählt mit Sorgfalt die Zutaten aus, vor allem lokale Produkte.

Il Giardino

Restaurant
Via Filzi, 2
Tel. (+39) 071 / 207 46 60
Ruhetag: Montag
Keine Ferien
100 Plätze
Preise: 30 €
Kreditkarten: AE, CS, MC, Visa; BM
Mittags und abends geöffnet

In der Nähe der Piazza Diaz und des Passetto-Strandes, mitten im Zentrum, gelingt es diesem Restaurant, große Besucherzahlen mit guter Qualität und niedrigen Preisen in Einklang zu bringen. Man isst in einer schönen Veranda mit Klimaanlage. Das Angebot ist breit gefächert und beinhaltet Fleisch- und Fischgerichte. Gut ist die hausgemachte Version des „Stoccafisso all'anconetana", er ist täglich erhältlich, aber eine Vorbestellung schadet nie, vor allem wenn Sie ihn zum Mitnehmen kaufen wollen.

La Botte

Trattoria-Pizzeria
Via Tavernelle, 14
Tel. (+39) 071 / 853 25
Kein Ruhetag
Keine Ferien
Preise: 35 €
Kreditkarten: CS, MC, Visa; BM
Abends geöffnet, Sonntag auch mittags

Dieses Restaurant im dicht besiedelten Viertel Tavernelle am Stadtrand ist ein beliebtes Ziel, nicht nur wegen der guten Pizza, sondern auch wegen der Fleisch- und Fischgerichte, die zum Großteil eng mit den Produkten und Rezepten der Umgebung verknüpft sind. Hier wird der „Stoccafisso all'anconetana" nicht mehr wie üblich freitags zubereitet, sondern am Sonntag, als allseits geschätztes Festtagsgericht. Natürlich können Sie ihn nach Vorbestellung auch zum Mitnehmen bekommen.

La Bottega di Pinocchio

Bottega-Bistro
Via Pinocchio, 48
Tel. (+39) 071 / 89 80 10,
(+39) 338 / 444 05 43
Ruhetag: Sonntag
Ferien: 3 Wochen im August
60 Plätze
Preise: 25 €
Kreditkarten: AE, CS, MC, Visa; BM
Mittags sowie gegen Vorbestellung geöffnet, September–Juni auch Freitag- und Samstagabend

Diese an ein gut bestücktes Delikatessengeschäft angeschlossene Trattoria ist beliebt wegen ihrer für Ancona typischen Fleisch- und Fischgerichte, die sich durch ein gutes Preis-Leistungs-Verhältnis auszeichnen. Neben dem hervorragenden „Stoccafisso all'anconetana" gibt es auch einige weitere Fischgerichte, eine mit Sorgfalt getroffene Auswahl an Käse und Salumi und ein paar interessante Etiketten aus den Marken. Stoccafisso bekommen Sie hier dienstags und freitags, auch zum Mitnehmen, es ist jedoch immer ratsam, vorzubestellen.

Trattoria del Piano

Bar-Trattoria
Piazza d'Armi, 2
Tel. (+39) 071 / 89 43 39
Ruhetag: Sonntag
Ferien: 2 Wochen im August
25 Plätze + 20 Plätze im Freien
Preise: 20 €
Kreditkarten: CS, MC, Visa; BM
Mittags geöffnet

Mittags herrscht im einzigen Raum, aus dem das Lokal besteht – gegenüber dem lebhaften Mercato del Piano – ein ständiges Gehen und Kommen von Kaufleuten, Arbeitern, Stammkundschaft und seit einiger Zeit auch neuen Gästen, die an der ausgezeichneten lokalen Küche mit volkstümlichem Einschlag interessiert sind. Die Gerichte wechseln täglich nach Wochentagen. Die besten Angebote sind mit den Meeresprodukten verbunden und „Stoccafisso all'anconetana" ist darunter zweifellos die Spezialität. Gegen Vorbestellung kann man ihn auch mitnehmen.

ANCONA (AN)
Torrette

5 KM VOM ZENTRUM

La Tavola del Carmine

Moderne Osteria
Via del Carmine, 51
Tel. (+39) 071 / 88 94 03
Ruhetag: Montagabend, Samstagmittag, Sonntag
Ferien: je 2 Wochen im Januar und September
35 Plätze + 20 Plätze im Freien • Preise: 35 €
Kreditkarten: CS, DC, MC, Visa; BM
Mittags und abends geöffnet

Unweit vom Stadtzentrum Anconas liegt dieser Ferienbauernhof mit Schwimmbecken und Aufzucht von Hoftieren neben der betriebseigenen Ölpresse inmitten von 26 Hektar Olivenbäumen, der Grundlage für ein renommiertes natives Olivenöl extra. Wir empfehlen, das Menü „a b o" für 35 € zu probieren, das ganz ums Öl kreist: Zwei Antipasti, ein Primo, ein Secondo und ein Dessert werden jeweils vom passenden Olivenöl, entweder aus nur einer Olivensorte oder einer Mischung, begleitet, alle passend und hübsch präsentiert. Dies sollte den zahlreichen Gastwirten, die natives Olivenöl extra als Option ansehen, die man auch weglassen kann, als Beispiel dienen. Alternativ können Sie zwischen verschiedenen Antipasti wählen, zum Beispiel Insalata di carciofi e pecorino, lokale Salumi oder eine Käseauswahl (10 €). Anschließend **Tagliolini alla chitarra con ragù di pomodoro nostrano**, Spaghetti del Carmine con crema di asparagi, ciauscolo croccante e parmigiano stagionato oder Risotto ai piselli con crema di burrata e pane aromatico (jeweils 10 €). **Petto di pollo del Carmine** (12 €), Carciofo allo spiedo con fonduta di mozzarella di bufala (Artischocke am Spieß mit geschmolzenem Büffelmozzarella) sowie **gegrilltes gemischtes Fleisch** oder nur von Lamm oder Kalb (15 €) und Bistecca alla fiorentina sind einige der Secondi. Selbstverständlich hausgemacht – und einen Versuch wert – ist **Zuppa inglese con cioccolato all'extravergine** (6 €). Auf der Speisekarte finden Sie ein vollständiges Verzeichnis der Lieferanten, auf der Weinkarte neben den Weinen des Betriebs Borgo Paglianetto di Matelica eine gut zusammengestellte Auswahl an Etiketten, die zum Teil auch glasweise ausgeschenkt werden. Mittwochs gibt es einen Themenabend mit traditionell erzeugtem Bier oder passenden Weinen.

APPIGNANO DEL TRONTO (AP)

17 KM NORDÖSTLICH VON ASCOLI PICENO

Santa Lucia

Restaurant-Pizzeria
Valle Chifenti, 93
Tel. (+39) 07 36 / 81 71 77
Ruhetag: Montag
Ferien: 2 Wochen im November oder Dezember
50 Plätze + Festsaal
Preise: 25–28 €
Kreditkarten: CS, MC, Visa; BM
Mittags und abends geöffnet

Fahren Sie von Ascoli Piceno auf der Provinzstraße hinauf nach Appignano, dann erreichen Sie das Lokal der Brüder Graziano und Nazzareno Simonetti, die eine hervorragende Küche der Umgebung bieten, ohne dabei auf die Bewirtung großer Festgesellschaften zu verzichten. Unter den verschiedenen Angeboten – von denen einige im Degustationsmenü für 25 € oder etwas mehr, wenn man Trüffel wählt, zu finden sind – haben wir **Galantina di tacchinella**, **Insalata di farro**, Flan di funghi porcini con fonduta di formaggio, Carpaccio marinato alle erbe e vinaigrette, Uovo in camicia con tartufo nero (pochiertes Ei mit schwarzem Trüffel), tadellose **Frittura mista ascolana** – mit Lamm, gefüllten Oliven, Artischocken und Cremino-Käse (10 €) – sowie Vellutata di patate con crema di mascarpone probiert. Die Primi sind bemerkenswert und doch schlicht zubereitet, als Beispiele erwähnen wir **Ravioli di ricotta al pomodoro** (mit Ricotta gefüllte Ravioli in Tomatensauce) oder einfach mit Butter und Salbei servierte Ravioli (6 €) sowie **Tagliatelle al tartufo** (mit Trüffel) oder mit Pilzen (von Graziano selbst gesammelt). Des Weiteren Tagliatelle al sugo di piccione und Gnocchi di ricotta e patate. Auffallend ist die sorgfältige Fleischauswahl bei den Secondi, die Rinder stammen aus eigener Aufzucht. Neben der bereits erwähnten Frittura all'ascolana empfehlen wir **Filetto alle erbe aromatiche** (12 €), **Agnello a scottadito** (12 €), Galletto in tasca di ricotta con erbe aromatiche und Rollè di coniglio ripieno (gefüllte Kaninchenroulade). Weitere Angebote wie Grigliata alla brace sind ebenfalls interessant. Ebenbürtige Qualität der Desserts von Tiramisu bis zu Tortino al cioccolato, Panna cotta und **Frutta caramellata**. Bemerkenswerte Vielfalt an Weinen aus Italien und der Umgebung zu günstigen Preisen.

ARCEVIA (AN)
Costa

65 KM SÜDWESTL. V. ANCONA, 26 KM V. FABRIANO

La Baita

Restaurant
Via Monte Sant'Angelo, 115
Tel. (+39) 07 31 / 94 24
Ruhetag: Donnerstag, außer im Sommer
Ferien: November
400 Plätze + 40 Plätze im Freien
Preise: 32–35 €
Kreditkarten: AE, CS, MC, Visa; BM
Mittags und abends geöffnet

Der Ortsteil Monte Sant'Angelo ist ein beliebtes Ausflugsziel, kann man doch vom Gipfel aus an klaren Tagen einen herrlichen Rundblick vom Apennin bis zum Meer genießen. Auf halbem Weg stößt man auf das La Baita, was eigentlich Berghütte bedeutet. Der Bezug geht allerdings über den Namen nicht hinaus, denn das Ambiente ist eher bäuerlich. Die Inhaber sind bemüht, die Bewirtung von Hochzeits- und anderen Festgesellschaften mit den Ansprüchen der auf Geschmack bedachten Gäste zu vereinen, und es sieht aus, als wäre das Unterfangen geglückt: Auf der Karte finden Sie Slow-Food-Presidi wie Salame di Fabriano, Cicerchia (Platterbse) und Lonzino di fichi di Serra de' Conti neben Zutaten, die auf eine sorgfältige Suche in der Umgebung schließen lassen, die Maissorte Ottofile und Lamm der Fabriano-Rasse sind Beispiele dafür. Spezialität der Küche sind Primi mit traditionell gefertigten, hausgemachten frischen Teigwaren. Bewundernswert die Auswahl an nativen Olivenölen extra und der hochwertige Weinkeller. Alles in allem die gute traditionelle Küche der Marken an einem angenehmen Ort. Wir haben die empfehlenswerte **Crescia di polenta di mais ottofile con affettati** (8 €) probiert, köstliche **Battuta di agnello fabrianese** (Tatar vom Fabriano-Lamm, 9 €), die guten typischen frischen Teigwaren mit verschiedenen Saucen sowie **Spaghetti con agnello ed erbe aromatiche** (8,50 €). Fleisch vom Grill bei den Secondi, köstliches **Agnello alla brace** (14 €) und ebenso gelungenes **Coniglio in porchetta** (Kaninchen mit Kräutern) mit in der Pfanne gewürztem Wildgemüse. Zum Abschluss **Pizza farcita alle creme** (4 €).

ASCOLI PICENO (AP)
Piagge

6 KM VOM ZENTRUM

C'era una Volta

Trattoria
Ortsteil Piagge, 336
Tel. (+39) 07 36 / 26 17 80
Ruhetag: Mittwoch
Ferien: während der Weinmesse Vinitaly und zeitweise im September
40 Plätze + 40 Plätze im Freien
Preise: 25 €
Kreditkarten: CS, MC, Visa
Mittags und abends geöffnet

Wenige Kilometer vom Stadtzentrum von Ascoli Piceno entfernt finden Sie an der Panoramastraße nach Colle San Marco im Ortsteil Piagge diese moderne Land-Trattoria. Es handelt sich um das kleine Reich von Marco Vitelli und seiner Familie, einen Ort, an dem die traditionellen Spezialitäten des Gebiets des Piceno zu Hause sind. Eine Speisekarte gibt es nicht, lassen Sie sich einfach von Marco bei der Auswahl aus den Tagesgerichten beraten. Was es zu essen gibt, hängt davon ab, was er an frischen Zutaten auf den lokalen Märkten gefunden hat. Immer vorhanden und unverzichtbar ist das Aushängeschild dieses Gebiets in Gestalt der hausgemachten **Olive ascolane ripiene** (mit der wertvollen Sorte der Olive Tenera Ascolana, 6 €), dazu der klassische frittierte Cremino-Käse und frittiertes Gemüse. Sie bekommen die gefüllten Oliven als einzelnes Gericht oder im Antipasto zusammen mit hausgemachten Salumi und lokalem Käse sowie mit dem Messer geschnittenem **Prosciutto di Montemonaco**. Unter den ausgezeichneten Primi sind **Maltagliati con carciofi e guanciale**, Gnocchi di patate, mit Fleisch oder Ricotta gefüllt, und **Maccheroncini di Campofilone con ossobuco** (je 7 €). Secondi mit Fleisch: Involtini di girello con verdura saltata (Roulade vom Nussstück mit in der Pfanne gewürztem Gemüse), **Coniglio in porchetta**, Capocollo di maiale con arancia e mele oder ein Gericht mit dem witzigen Namen ***Zitt' e magna*** (Sei still und iss), dabei handelt es sich um Lammragout mit Schweinerippchen, in Wein mit Knoblauch, Rosmarin und Chili aromatisiert. Freitags gibt es gegen Vorbestellung **Baccalà** in einem eigenen Menü für 25 €. Desserts nach Hausfrauenart: Zuppa inglese (3 €), Panna cotta, Crema catalana und Crostata. Der Hauswein ist durchaus eine Alternative zu den verschiedenen Flaschenweinen aus der Umgebung.

Ascoli Piceno – die Olive Tenera Ascolana

Obwohl es sich um ein aufwendiges und ausgefeiltes Gericht handelt, bewahrt die gefüllte und frittierte Olive Tenera Ascolana den gefälligen Charakter eines Straßenessens, das man gerne bei einem Spaziergang durch die Stadt verzehrt, aus einer Tüte, die man in der Hand hält. Das raffinierte und vermutlich aus dem Bürgertum stammende Rezept (auch wenn einige Forscher meinen, der Gedanke der Resteverwertung liege ihm zugrunde) ist, schon allein, was die Zubereitung betrifft, als barock zu bezeichnen: Die spiralförmige Entkernung, die den Platz für die üppige Füllung schafft, lässt eher an die erfindungsreichen und dekorationsverliebten Methoden der französischen Kochkunst denken als an spartanische volkstümliche Fleischbällchen.

Das traditionelle Rezept – aber jede Familie in Ascoli führt dabei eine kleine geheime Variante aus – sieht als Zutaten Fleisch vom Rind, Schwein und Hähnchen vor, zu unterschiedlichen Teilen, in Würfel geschnitten und mit Möhren, Staudensellerie und Zwiebeln angebraten. Danach wird das Ganze durch den Fleischwolf gedreht und mit Ei, Muskat und Parmesan versehen. Diese weiche Masse kommt in die zuvor entkernten Oliven. Dann werden sie in Mehl, verquirltem Ei und Semmelbröseln gewälzt, in ausreichend nativem Olivenöl extra frittiert und als Hauptgericht serviert. Möglich ist auch die Kombination mit anderem Frittierten wie Artischocken, Zucchini, Crema-Käse und Lammrippenstücken, die zusammen das traditionelle Fritto Misto all'ascolana ergeben.

Basis und Hauptbestandteil dieser Köstlichkeit ist die Olive der Sorte Tenera Ascolana mit ihrem leicht bitteren Nachgeschmack. Sie wird im Gebiet der Provinzen Ascoli Piceno und Teramo angebaut. Die Oliven der Sorte Tenera Ascolana kann man dank der traditionellen Konservierung in Salzlake praktisch das ganze Jahr über finden, auch wenn sie ihren Ruf der frittierten Version zu verdanken haben. Doch trotz ihres Bekanntheitsgrades befand sich die Olive Tenera Ascolana bis vor ein paar Jahren in einer Krise und drohte durch andere Oliven, mit denen man das berühmte Rezept umsetzte, verdrängt zu werden. Die Resultate reichten an das Original nicht heran. Dieser negative Effekt betraf natürlich auch die Arbeit derjenigen, die die Olive gewissenhaft weiter produziert, sie vor dem Verschwinden gerettet und sogar die Anerkennung des DOP-Gütesiegels erreicht haben. Die Lokale, die wir Ihnen hier empfehlen, verwenden während des Großteils des Jahres für ihre Gerichte garantiert die Olive Tenera Ascolana.

Antonio Attorre

ASCOLI PICENO

Case Rosse

Ferienbauernhof
Ortsteil Case Rosse-Poggio di Bretta
Tel. (+39) 07 36 / 40 39 95
Ferien: unterschiedlich
75 Plätze
Preise: 25 €
Keine Kreditkarten
Samstag und Sonntag geöffnet, für Gruppen über 15 Personen täglich gegen Vorbestellung

Vom Zentrum von Ascoli aus folgen Sie den Schildern nach Poggio di Bretta und erreichen so diesen Agriturismo. Die Kooperative mit ihrem Vorsitzenden Ugo Marcelli betreut etwa 100 Hektar Land mit vielen Olivenbäumen. In dem renovierten alten Bauernhaus werden Gerichte aus der Umgebung serviert, manchmal echte Seltenheiten wie Lammschulter mit Bohnen oder Pasta di ricotta in brodo di pecora, die aus alten Zeiten der Transhumanz überliefert sind. Normalerweise gibt es zu Beginn Salumi, frische Ricotta, Gemüse, die Olive Tenera in Salzlake und *Caccia' nnanza* zu einer schmackhaften Focaccia. Anschließend Gnocchi, Rigatoni al sugo di pecora, gefüllte Oliven mit leichter Panade, Fleisch vom Lamm, Schwein und Kaninchen aus dem Holzofen.

Kursaal

Restaurant-Enoteca mit Küche
Via Luigi Mercantini, 66
Tel. (+39) 07 36 / 25 31 40
Ruhetag: Sonntag
Keine Ferien
80 Plätze
Preise: 20–25 €
Kreditkarte: AE, CS, MC, Visa; BM
Mittags und abends geöffnet

Viele Themenabende, aber auch alltägliche Bewirtung, in traditioneller oder auch schlankerer Form, charakterisieren dieses Lokal, das vom Doyen der Sommelier-Zunft Lucio Sestili gegründet wurde. Zur Seite steht ihm seine Tochter Simona. Als tüchtige Expertin auf dem Gebiet des nativen Olivenöls extra gibt sie Tipps zur richtigen Verwendung und zur Kombination verschiedener Sorten. Das Rezept für die gefüllte Olive der Sorte Tenera Ascolana ist einer der Stützpfeiler des Lokals, Sie finden die Oliven vor allem im Fritto zusammen mit Lamm, Cremino-Käse und Artischocken. Doch es gibt auch andere lokale Spezialitäten wie Spaghetti di magro con tonno e olive und verschiedene weitere Gerichte der Tradition mit Fleisch, Pilzen und Trüffeln.

Migliori

Enoteca mit Küche
Piazza Arringo, 2
Tel. (+39) 07 36 / 25 00 42
Ruhetag: Montag
Keine Ferien
50 Plätze + 25 Plätze im Freien
Preise: 20–25 €
Keine Kreditkarten
Mittags und abends geöffnet

Auf der zentral gelegenen Piazza Arringo ist die Trattoria mit Lebensmittelverkauf von Nazzareno Migliori, sein Künstlername lautet Zé, aus verschiedenen Gründen eine Institution in der Stadt, nicht zuletzt wegen der Aufwertung der Olive Tenera Ascolana. Die *Olea europaea sativa* wird nach dem klassischen Rezept gefüllt und frittiert angeboten, auch in der „Liva concia“ genannten Version, das heißt in Salzlake, und in weiteren Varianten, doch immer in der Version von Zé. Sie bekommen die Oliven auch in der Tüte und können sie unterwegs essen. Außer der Theke mit Speisen zum Mitnehmen gibt es auch eine kleine Trattoria mit Gerichten aus der Umgebung, bei denen die Oliven Trumpf bleiben.

Villa Cicchi

NEU

Ferienbauernhof
Via Salaria Superiore, 137
Tel. (+39) 07 36 / 25 22 72
Ruhetag: Sonntagabend, im Winter Montag–Donnerstag (gegen Vorbestellung geöffnet)
Ferien: einige Tage zwischen Januar und März
Preise: 30–35 €
Kreditkarten: AE, CS, MC, Visa; BM
Mittags und abends geöffnet

Die besten Oliven in der Stadt – besser gesagt, knapp außerhalb der Stadt – finden Sie in der Villa Cicchi, dem Lokal von Maria Elena Cicchi und Sergio Federici mit Chefkoch Roberto Piccioni. Aus eigenem Anbau stammen Olivenöl, Oliven und Gemüse, aus dem Konfitüren und anderes haltbar Gemachtes erzeugt wird, das zu Käse passt, zum Beispiel Gelee aus Birnen und Lavendel und Kompott aus Tomaten oder Paprikaschoten mit Vanille. Aus der Küche kommt Fantasia di fritti ascolani: frittierte Oliven und Cremino-Käse, Zucchini-Rouladen, frittiertes Saisongemüse (Spalten von Artischocken, Zwiebel- oder Paprikaringe, Auberginenstäbchen, Salbeiblätter) und ebenso, in der entsprechenden Jahreszeit, Agnolotti al tartufo, hausgemachte Salumi und Arista di maiale al vino cotto.

MALTIGNANO

L'Arco

Trattoria-Pizzeria
Via IV Novembre, 63–65
Tel. (+39) 07 36 / 30 44 90
Ruhetag: Mittwoch
Ferien: 15.–30. Juli
60 Plätze
Preise: 20–25 €
Kreditkarten: AE, CS, MC, Visa; BM
Mittags und abends geöffnet

Von Ascoli Piceno nehmen Sie die Straße ins Val Vibrata und in die Provinz von Teramo, um in diesem bescheidenen, aber gern besuchten Lokal auf der Hauptstraße von Maltignano zu essen. Dass das Lokal von einer Familie geführt wird, werden Sie schon daran merken, dass die frittierten Oliven von Hand gefüllt sind. Sie bekommen sie zur Eröffnung, als Beilage oder im Fritto misto all'ascolana. Die eigentliche Spezialität des Lokals ist und bleibt das komplette Menü, das dem Baccalà gewidmet ist und immer freitags auf dem Programm steht. Zum Abschluss hausgemachte Zuppa inglese. Die Weine stammen aus den Marken und den Abruzzen.

VENAROTTA

Il Casolare

Restaurant
Via Case Sparse, 31
Tel. (+39) 07 36 / 36 21 62
Ruhetag: Montag, Dienstag
Ferien: zeitweise im Winter und Spätsommer
100 Plätze
Preise: 35 €
Kreditkarten: AE, CS, MC, Visa
Mittags geöffnet, Freitag und Samstag auch abends

Signora Rita und ihre Tochter Laura setzen nach dem allzu frühen Tod des Ehemanns und Vaters Tonino, des Gründers des Restaurants, sein Werk fort und bestätigen ihre Küche als eine der besten der Provinzhauptstadt Ascoli Piceno (oder ein wenig außerhalb, um genau zu sein). Warme Pfannküchlein mit im haus zur Reife gebrachtem Prosciutto, Gemüse im Backteig, Polentina und der traditionelle Fritto misto all'ascolana (Lammrippenstücke, gefüllte Oliven und Cremino-Käse) gehören zu den Spezialitäten des Lokals. Von den Primi sollten Sie Tagliatelle al tartufo bianco (mit weißem Trüffel, von Oktober bis November) oder mit dem wertvollen schwarzen Trüffel probieren, sowie Pasta e ceci. Anschließend Scottadito di agnello nostrano alla brace, Stinco di vitello und Porcini arrosto. Gute Auswahl an Flaschenweinen, aber auch der Hauswein ist beliebt.

ASCOLI PICENO (AP)

Ristorante del Corso

Restaurant
Corso Mazzini, 277
Tel. (+39) 07 36 / 25 67 60
Ruhetag: Sonntagabend, Montag
Ferien: 1 Woche zu Weihnachten, je
2 Wochen im August und Oktober
30 Plätze
Preise: 35–40 €
Kreditkarten: CS, MC, Visa
Mittags und abends geöffnet

Die Arbeiten zur Neupflasterung des Corso Mazzini im letzten Jahr ließen den Eindruck entstehen, als wären dadurch Betriebe wie dieser – eine kleine, aber solide Fisch-Enklave in der Stadt der Olive Tenera Ascolana –, den man nur über einen Holzsteg balancierend erreichte, in Mitleidenschaft gezogen worden. Doch die Ängste waren unbegründet: Gino D'Ignazi und seine Frau haben ihre Stammkundschaft und die Besucher, die Ascoli entdecken wollen, ganz ohne Schwierigkeiten empfangen. Das in einem schönen Palazzo aus dem 16. Jahrhundert beheimatete gemütliche Lokal setzt weiterhin auf die Grundzutaten, die der aus San Benedetto del Tronto stammende Gino jeden Morgen auf dem dortigen Fischmarkt einkauft. **Lumachine di mare in porchetta** (Meeresschnecken mit Kräutern), Cicale di mare bollite, Insalatina di seppie, **Scampi al vapore**, kleine **Rane pescatrici al vino bianco** (Seeteufel in Weißwein), gekochter Lachs, **Zuppa di polpi con fagioli** sowie **Alici marinate** könnten den Ablauf des Antipasto completo (17 €) darstellen oder nur einen Teil, vielleicht in kalte und warme Kostproben gegliedert. Es folgen **Spaghetti al nero di seppia**, Risotto alla marinara, Mezze maniche ai granchi oder agli scampi (je 12 €) oder **Tagliatelline alla spigola**. Wer nun noch nicht durch den vollständigen Antipasto gesättigt wurde, fährt mit **Frittura mista** (15 €) fort oder mit Frittura **di soli calamari e gamberi**. Außerdem gibt es Grigliata mista alla brace, Sogliola oder Rana pescatrice al vino bianco sowie **Guazzetto**. Nur gegen Vorbestellung bekommen Sie Brodetto. Abschluss mit Sorbet. Sie haben die Auswahl zwischen Weinen aus der Umgebung und der gesamten Region. Eine Reservierung ist wegen der wenigen Plätze ratsam.

Libreria Rinascita (Piazza Roma 7): kleine Weinbar mit einem gut sortierten Regal der besten öno-kulinarischen Bücher.

CAMERINO (MC)
Polverina

40 KM SÜDWESTLICH VON MACERATA, S.S. 77

Il Cavaliere

Restaurant
Via Mariani, 33–35
Tel. (+39) 07 37 / 461 28
Ruhetag: Montag
Keine Ferien
65 Plätze
Preise: 23–26 €
Kreditkarten: AE, CS, MC, Visa
Mittags und abends geöffnet

Polverina, nur zehn Kilometer von Camerino entfernt, ist ein beschaulicher kleiner Ort mit ein paar Dutzend Einwohnern an der Staatsstraße 77, der Verbindung zwischen den Marken und Umbrien. Vor einigen Jahren schien das Dorf nach der Umleitung der Staatsstraße unvermeidlich dem Untergang geweiht, doch der reizende gleichnamige See, Ziel für Fischer, und dieses legendäre Hotelrestaurant, das Familie Moreni gegründet hat und beispielhaft am Leben erhält, haben den Ort gerettet. In Räumen mit frei liegenden Ziegelwänden und schlichter Einrichtung wird die Speisekarte mit erprobtem, kaum wechselndem Angebot mündlich vorgestellt. Der Antipasto (8 €) setzt auf selbst erzeugte Wurstwaren zu Bruschetta (mit dem ausgezeichneten Olivenöl der Sorte Coroncina beträufelt): **Ciauscolo**, Lonza, Coppa di testa, Salsiccia, Salame, Prosciutto und auch Pecorino. Danach üppige Teller mit **Tagliatelle**, Ravioli oder Gnocchi al ragù di carne oder **al tartufo nero** dei Sibillini. Exzellent gemacht sind **Cappelletti** (6 €) **in brodo di vitello**, der Sonntag bleibt traditionell den **Vincisgrassi** vorbehalten. Als Secondo köstliches Fleisch alla brace (6,50 €): Braciole di **agnello**, Bistecche und Spieße mit Kalbfleisch sowie Schweineleber mit Lorbeer. Manchmal bekommen Sie auch geschmortes Wildschwein oder **Maiale in porchetta**. In der Pfanne gewürztes Gemüse ist immer vorhanden. Die hausgemachten Süßspeisen (2 €) wie Zuppa inglese oder Crostata mit Konfitüre sind vielleicht ein wenig zu süß. Ein gut bestücktes Angebot an Weinen aus den Marken wird von den offenen Hausweinen Bianco Falerio und Rosso Piceno vervollständigt. Statten Sie auch gleich der nahe gelegenen Spirituosenerzeugung Varnelli einen Besuch ab und natürlich der wunderbaren, geheimnisvollen Wallfahrtskirche im 15 Autominuten entfernten Ortsteil Macereto.

CASTELRAIMONDO (MC)
Castel Sant'Angelo

40 KM SÜDWESTLICH VON MACERATA

Il Giardino degli Ulivi

Ferienbauernhof
Via Crucianelli, 64
Tel. (+39) 07 37 / 64 21 21
Ruhetag: Dienstag, außer im August
Ferien: 2 Wochen im September
60 Plätze + 60 Plätze im Freien
Preise: 35 €
Kreditkarten: CS, MC, Visa; BM
Mittags und abends geöffnet

Die Schönheit des Ortes im Sommer wie im Winter, die liebenswürdige Gastlichkeit und die köstlichen Gerichte machen dieses Lokal besonders empfehlenswert für die Leser unseres Buches. Schauplatz ist der kleine abgelegene Ort Castel Sant'Angelo mit wenigen Einwohnern an den Hängen des Monte Gemmo, perfekter Zeuge einer ländlichen Vergangenheit, die man immer seltener antrifft. Francesco im Service und seine Frau Dori am Herd setzen unbeirrt und auf die beste denkbare Weise die Familientradition in einem alten, intelligent renovierten Bauernhaus fort, wo sie eine Küche aus den vorzüglichsten in der Umgebung verankerten Zutaten bieten. Die Antipasti (13 €) sehen ein Brett mit Salumi und Käse vor, die von kleinen Erzeugern stammen und von Francesco persönlich zur Reife gebracht werden. Dazu gibt es eine leckere **Frittata con i carciofi**, Parmigiana di gobbi (Auflauf mit wilden Kardonen) und einen erfrischenden Salat aus Fenchel mit schwarzen Oliven und Orangen. Unter den Primi (10 €) **Ravioli ripieni** (mit Ricotta und Mangold, Steinpilzen oder Wildschwein gefüllte Ravioli) oder **Penciarelle** – traditionelle, von Hand gezogene Teigwaren – mit Sugo all'amatriciana. Im Anschluss die klassische Faraona all'aceto nero (Perlhuhn mit schwarzem Essig), Cinghiale alle bacche oder **Stinco al forno** (15 €), mit Beilagen aus Saisongemüse wie der köstlichen **Verza con patate** (Wirsing und Kartoffeln). Mousse al cioccolato (5 €), Tiramisu und kleines hausgemachtes Trockengebäck beenden das Menü. Auf der Weinkarte ist eine schöne Auswahl an Etiketten aus Kampanien vorgesehen, die Preise sind mehr als korrekt.

»
Die Schönheit des Ortes, die liebenswürdige Gastlichkeit und die präzise Interpretation der Küche des Hinterlands von Macerata sind es, die dieses Lokal so außergewöhnlich angenehm machen.
«

CIVITANOVA MARCHE (MC)

27 KM ÖSTLICH VON MACERATA, S.S. 485

Chalet Galileo

Restaurant
Via IV Novembre
Tel. (+39) 07 33 / 81 76 56
Ruhetag: Dienstag
Ferien: unterschiedlich
44 Plätze + 15 Plätze im Freien
Preise: 35–40 €
Kreditkarten: CS, DC, MC, Visa; BM
Mittags und abends geöffnet

Am Meer essen – in gewisser Hinsicht eine Rückkehr zu den Wurzeln für dieses Restaurant in Civitanova, doch in Wirklichkeit eine Ausweitung „des Service" –, das bedeutet einen kleinen Stand am Strand zwischen den Sonnenschirmen, während man im hübschen Saal und an den üblichen Plätzen im Freien auf das gewohnte Angebot zählen kann, das uns jedes Jahr aufs Neue gefällt. Zugegeben, Sie könnten die Preisgrenze ein wenig überschreiten, vor allem wenn Sie große Fische wählen, doch der Rahmen des Korrekten wird nie gesprengt und Sie haben die Möglichkeit, immer interessante frisch gemachte Gerichte kennenzulernen, die mit großer Transparenz (alle Lieferanten sind auf der Karte angegeben) und günstig angeboten werden. Der Bogen spannt sich vielleicht von **Ostriche adriatiche** für 3 € zu einer Reihe an Antipasti von 12 € (vier Kostproben) über 16 € (Gemüse und Meeresprodukte) bis 22 €. Erfreulich ist die echte Aufmerksamkeit für das native Olivenöl extra, von dem es eingangs immer eine Kostprobe gibt. Je nach Jahreszeit geht es dann mit **Paccheri con asparagi** (oder mit Dicken Bohnen) **e vongole** weiter, mit Spaghetti alici, capperi e pinoli, Chitarrine alla marinara, Mezze maniche con carciofi e mazzancolle (mit Artischocken und Furchengarnelen) oder mit **Passatelli asciutti** und Risotto (10–12 €). Möglicherweise gibt es danach köstlichen zarten **Bollito misto con verdure** (23 €), duftende **Frittura** und **Grigliata mista** (22 €), andernfalls Fisch in Form von Guazzetto oder Sanktpetersfisch mit Gemüse. Einladend und mit persönlicher Note die Desserts, im Zeichen der – modernen – Marken, mit Anisgeschmack als rotem Faden. Die Weinkarte ist groß, aktuell und ausgewogen.

»
Ausgezeichnet wegen der Liebe zum Detail und dem beständigen Augenmerk auf die Qualität, auch in Bezug auf die Preise.
«

27 km östlich von Macerata, S.S. 485

Locanda Fontezoppa

Moderne Osteria
Ortsteil San Domenico, 38
Tel. (+39) 07 33 / 80 15 51
Ruhetag: Sonntagabend, Montag
Ferien: unterschiedlich
60 Plätze
Preise: 30–35 €
Kreditkarten: AE, CS, DC, MC, Visa; BM
Mittags und abends geöffnet

Durch ihr Angebot verschiedener attraktiver Möglichkeiten (ein sonntägliches Mittagsmenü, auch für Kinder, für 28 bzw. 10 €, ein sonntäglicher Imbiss für 15 € und ein Mittagsmenü mit frisch gekochten Speisen ab 10 €), die gleichzeitig qualitativ hochwertig sind, zeigt die Locanda Vitalität und die Fähigkeit, auf die Bedürfnisse einer Gastronomie des Alltags einzugehen. Wenn Sie von der Autobahn abfahren und sich in Richtung Civitanova Alta begeben, werden die Schilder der Cantina Fontezoppa Sie auch zur Locanda führen, einem architektonisch einwandfrei renovierten Gebäude. Im Sommer können Sie auf einer Terrasse mit Blick auf die Weinpflanzungen des Betriebs speisen. Bei den Antipasti finden Sie immer lokale, traditionell erzeugte Salumi und Käse, von **Ciauscolo** bis zu gereiftem Prosciutto, von Pecorino zu verschiedenem Käse aus Kuh- und Ziegenmilch, begleitet von Brot und Focaccia aus Sauerteig. Einfach und gut gemacht sind die Primi, bestellen Sie **Ravioli al pomodoro** (9 €), in der entsprechenden Saison **Tagliatelle mit Trüffeln** oder **Pilzen** (14 €), aber auch mit Fleischsaucen oder mit Spargeln oder Artischocken. **Cappelletti in brodo** macht Signora Agata, die Mutter von Francesco Pettorossi. Gutes Fleisch bei den Secondi: **Agnello a scottadito** (12 €), **Coniglio in porchetta**, Tagliata, **Filetto con ginepro e vino** (Filet mit Wacholderbeeren und Wein), dazu Gemüse der Saison. Ciambellone, Crostata, Zuppa inglese und hausgemachtes Eis zum Abschluss. Das native Olivenöl extra stammt aus eigener Produktion wie auch die verschiedenen, sämtlich interessanten Sorten Wein. Fünf Zimmer stehen für einen längeren Aufenthalt zur Verfügung, sie tragen die Namen von fünf Produkten aus der nebenan gelegenen Winzerei.

20 km südlich von Macerata, S.S. 77 u. S.S. 78

Agra Mater

Ferienbauernhof
Ortsteil Monti, 3
Tel. (+39) 339 / 376 93 57
Ruhetag: Montag–Donnerstag, im Sommer Montag
Ferien: unterschiedlich
40 Plätze + 20 Plätze im Freien
Preise: 32–35 € • Kreditkarten: MC, Visa; BM
Abends geöffnet, am Wochenende und vor Feiertagen auch mittags

Wenn man in die Monti Sibillini hinauffährt, erreicht man nach Urbisaglia bald den Ort Colmurano. Unverzichtbar ist dort ein Besuch des Klosters Chiaravalle di Fiastra und des römischen Amphitheaters Urbs Salvia und anschließend – ein wenig außerhalb des Ortes – bei Agra Mater in einem hübsch renovierten Bauernhaus. Der Empfang ist herzlich, die Atmosphäre entspannt, man bewundert die milden Hügel und genießt das Wildgemüse als Willkommensgruß aus der Küche. Dann wählt man einen der ausgestellten Weine einer kleinen, aber persönlichen und gepflegten Sammlung vor allem aus den Marken. Die wöchentlich wechselnde Speisekarte stützt sich auf Gemüse und Kräuter aus dem Garten und auf Fleisch, das bei Zuchtbetrieben in der Nähe gekauft wird. Wählen Sie ein mit Sorgfalt zusammengestelltes saisonales vegetarisches Menü oder aber aus den anderen appetitanregenden Antipasti (7 €). Uns hat **Insalatina di coppa di testa, arance, puntarelle e mandorle** geschmeckt, aber auch Baccalà mantecato con verdure in agrodolce e pane ai porri und **Polpettina di scarola con olive e capperi**. Eine Degustation von allen fünf Antipasti wird für 14 € angeboten. Von den Primi (10 €) empfehlen wir **Cannoli di pane e ricotta con crema di spinaci e arancia**, wie auch Polenta di mais ottofile con salsiccia, verza e costine. Bei den Secondi mit Fleisch verdient **Manzo in arrosto morto con cipolline e patata schiacciata** (14 €) eine Erwähnung, der hervorragende Rinderbraten wird nach einem traditionellen, beinahe vergessenen typischen Rezept aus den Marken geschmort. Auch das Finale mit den guten hausgemachten Dolci (6 €) enttäuscht nie.

» *Wir schätzen dieses Lokal wegen seiner harmonischen Konzeption, welche Ort, Gastlichkeit und Küche nachhaltig miteinander verbindet.* «

COMUNANZA (AP)

33 KM NORDWESTLICH VON ASCOLI PICENO, S.S. 78

Da Roverino

Trattoria
Via Ascoli, 10
Tel. (+39) 07 36 / 84 42 42
Ruhetag: Sonntag
Ferien: September oder Oktober
100 Plätze
Preise: 25–30 €
Kreditkarten: AE, CS, MC, Visa
Mittags und abends geöffnet

Dieses große Lokal in einem Beherbergungsbetrieb mit Zimmern (im Gebäude selbst sowie im gegenüber liegenden Palazzo), ist in der Lage, auch große Festgesellschaften zu bewirten, ohne dabei seine bekannt gute Qualität zu opfern. Nehmen Sie Platz und beginnen Sie die Speisekarte zu lesen, die auch ins Englische übersetzt wurde (die Monti Sibillini werden seit einigen Jahren auch von internationalen Touristen gern besucht), doch es wäre besser, einfach den Ratschlägen von Peppe Cutini zu vertrauen, der mit herzlicher Direktheit und im lokalen Dialekt die Tagesgerichte empfiehlt: **Crostini con guanciale**, **Frittata con funghi porcini o tartufo nero** (Omelett mit Steinpilzen oder schwarzem Trüffel, 6 €), Carpaccio di manzo olio e limone oder eine Auswahl an Salumi und Schafkäse. Einfache, doch keineswegs banale Primi wie Penne all'arrabbiata und Spaghetti pomodoro e basilico (6 €), aber auch handgemachte Teigwaren wie Tonnarelli cacio e pepe oder **Pappardelle al cinghiale** und **Ravioli di carne al ragù** (8 €). Als Secondo sollten Sie die exklusiven **Tordi matti** (8 €) nicht versäumen, das sind Schweinemedaillons, die im Netz der Leber mit lokalen Wacholderbeeren gebraten werden. Eine Kostprobe von **Agnello alla cacciatora** (9 €) ist ebenso zu empfehlen wie Fleisch alla brace, zum Beispiel Grigliata mista, Agnello a scottadito oder Tagliata, Letztere gibt es auch in der Version mit grünem Pfeffer, mit Steinpilzen oder schwarzem Trüffel. Immer vorhanden sind Beilagen und Obst der Saison und nicht zuletzt gute hausgemachte Desserts. Auffallende Sorgfalt bei der Auswahl der Grundzutaten, sämtlich lokaler Abstammung. Kleine Weinauswahl, vor allem aus den Marken.

CUPRA MARITTIMA (AP)

46 KM NORDÖSTL. V. ASCOLI PICENO, S.S. 4 OD. A 14

Pepenero

Moderne Osteria
Via Castello
Tel. (+39) 335 / 611 55 34
Ruhetag: Montag, Dienstag (nur im Winter)
Ferien: unterschiedlich
40 Plätze + 30 Plätze im Freien
Preise: 25 € (Tagesmenü)
Kreditkarten: AE, CS, MC, Visa; BM
Abends geöffnet, im Winter auch Sonntagmittag

Michele Alesiani hat viele Erfahrungen im Bereich der hochstehenden Gastronomie gesammelt, bevor er sein Abenteuer in den engen Gassen des Ortes Cupra Alta, einst eine Festung zur Verteidigung der Küste, begonnen hat. Das Lokal wurde in einem ehemaligen Weinkeller mit schönem Gewölbe eingerichtet; Möbel, Bilder und Dekorationsgegenstände schaffen eine zwanglose und ausgesprochen angenehme Atmosphäre. Das feststehende Menü für 25 € wird mündlich vorgetragen – der Preis kann bei der Wahl von sehr hochwertigen Produkten auch um ein paar Euro höher ausfallen –, es wechselt häufig und orientiert sich an dem, was die Saison an Ausgangsmaterial zu bieten hat. Zubereitet werden die Gerichte mit Sorgfalt vom jungen Koch Patrizio Palmieri. Eingangs Salumi aus Sarnano und Gnocco fritto, **Crostino di paté di vitello con tartufo nero**, Frittelle di cavolfiore (Pfannkuchen mit Blumenkohl), Tortino di caprino con topinambur, Fonduta con uovo e tartufo bianco (geschmolzener Käse mit Ei und schwarzem Trüffel) und **Vitello tonnato**. Fortgesetzt wird mit zwei Primi, etwa mit den leckeren **Tortelli con rapa rossa, ricotta e provolone** und Lasagnetta con finferli e porcini (mit Pfifferlingen und Steinpilzen). Als Secondi zum Beispiel Brasato di manzo, **Rollè di agnello dei Sibillini** oder Faraona ripiena (gefülltes Perlhuhn). Dazu Beilagen der Saison. Erfreuliche Kostproben von hausgemachten Dolci mit Crostata di crema catalana und **Torta di mele e noci**. Am Eingang des Lokals steht geschrieben: „Den Wein könnt ihr selbst mitbringen." Dieser Empfehlung sollten Sie unbedingt folgen, denn es gibt nur einen offenen Rot- und Weißwein.

10 KM NORDWESTLICH VON ANCONA

L'Arnia del Cuciniere

Restaurant
Via Baluffi, 12
Tel. (+39) 071 / 916 00 55
Ruhetag: Montag, Samstagmittag
Ferien: unterschiedlich
120 Plätze
Preise: 30–40 €
Kreditkarten: AE, CS, MC, Visa; BM
Mittags und abends geöffnet

Dieses im Ortsteil Falconara Alta gelegene Lokal kann sich seines schönen Blicks über den Golf von Ancona rühmen, den man auf angenehme Weise vom oberen Speisesaal aus genießen kann. Die Küche unter der Leitung von Claudio Api ist stets der Umgebung verpflichtet. Das Angebot ist wirklich breit gefächert, es gibt Fisch und Fleisch und zusätzlich gute, lange Zeit aufgegangene **Pizza** (8 €) aus bestem Mehl, das in einer nahe gelegenen Mühle gemahlen wird. Die Speisekarte verzeichnet unter den Antipasti **Crema di patate affumicata, calamari e cappesante arrostiti, guanciale croccante** (8 €), frittierten, mit Haselnüssen panierten Baccalà mit Konfitüre aus grünen Tomaten und Crudità di mare. Außerdem eine reichhaltige Verkostung an warmen und kalten Antipasti vom Meer namens „Sinfonia di mare" (19 €). Fortgesetzt wird mit der köstlichen **Padellata di chitarrine con crostacei e molluschi** (10 €) oder mit **Gnocchi di patate al ragù di brodetto**. Als Secondi Tagliata di ricciola con tortino di melanzane alla parmigiana e pesto di basilico e nocciole (Steak von der Bernsteinmakrele mit Auberginenauflauf und Pesto aus Basilikum und Haselnüssen) und der verschieden zubereitete Fisch des Tages sowie **Frittura mista dell'Adriatico** (14 €). Wenn Sie Fleisch bevorzugen, empfehlen wir die Selektion der ohne Konservierungsmittel hergestellten Salumi, serviert mit dem Fladenbrot Crescia (8 €), des Weiteren Agnolotti di carne con asparagi, guanciale croccante e scamorza oder Marchigianotto, das ist ein Hamburger aus Fleisch vom Jungstier mit Steinpilzen, Sacamorza-Käse und knusprig gebratenen Kartoffeln (10 €). Zum Abschluss Sorbetto all'arancia rossa, **Tiramisu** (4 €) und einige Tagesangebote, die nicht auf der Karte stehen. Gute Auswahl an Weinen und viele traditionell erzeugte Biere.

12 KM SÜDÖSTL. V. PESARO, S.S. 16 OD. AUSF. A 14

Da Maria

Trattoria
Via IV Novembre, 86
Tel. (+39) 07 21 / 80 89 62
Ruhetag: Sonntag, außer im Sommer
Ferien: Ostern, Weihnachten
30 Plätze + 20 Plätze im Freien
Preise: 40 €
Keine Kreditkarten
Abends geöffnet, mittags gegen Vorbestellung

Um Missverständnisse zu vermeiden, weisen wir Sie darauf hin, dass das Da Maria nur abends geöffnet hat, aber wenn Sie anrufen, kann es sein, dass auch mittags geöffnet wird. Außerdem sollten Sie wissen, dass, wenn der Fischfang unergiebig ist, das Lokal geschlossen bleibt – oder auch nicht: Was es gibt, werden Sie bekommen. Sie sollten sich allerdings darauf einstellen, dass es keine wirkliche Auswahl gibt und Sie essen dürfen, was auf den Tisch kommt. Aber was hier auf den Tisch kommt …! Die Küche, unvergesslich und undefinierbar – außer in Begriffen, die man für die Ästhetik des Zen-Buddhismus verwendet –, beruht auf dem Wesentlichen, das für beinahe noch lebende Fische vorgesehen ist, und für die wenigen Minuten, in denen diese so gedämpft werden, dass ihre Qualität optimal zur Geltung kommt. Der Ablauf: handgemachte **Tagliatelle con sugo di sogliole**, **Triglie al sugo**, **Rana pescatrice arrosto**, **Brodetto**, den Maria auf ihre Art mit Tomatensauce in einem Tontopf zubereitet, **Polenta gratinata al sugo di vongole e sogliole**, gedämpfte Plattfische und mehr. Ein wichtiger Faktor ist die Sorgfalt, mit der Marias Tochter Domenica die besten nativen Olivenöle extra auswählt, die die Küche bereichern. Alles in allem wird Ihnen nun bewusst sein, dass die Anziehungskraft der Gerichte in den Nuancen und in den wunderbaren Zutaten liegt. Auch wenn wir verstehen können, dass man enttäuscht ist, wenn man die Beschränktheit des Angebots nicht schätzt oder die Unsicherheit in Bezug auf die Öffnungszeiten oder auch den Preis, der leicht 50 € erreichen kann, müssen wir einfach unsere Sympathie für diese außergewöhnliche Küche ausdrücken.

Wir schätzen das Außergewöhnliche und das Essenzielle dieser unnachahmlichen Meeresküche in einer unüblichen und auch ein wenig bizarren Umgebung.

L'Enoteca Bar a Vino

Moderne Osteria
Via Mazzini, 1
Tel. (+39) 07 34 / 22 80 67
Ruhetag: Montag, Dienstagmittag (außer im Sommer)
Ferien: unterschiedlich
35 Plätze + 35 Plätze im Freien
Preise: 40 €
Kreditkarten: CS, MC, Visa
Mittags und abends geöffnet

Das gemauerte klimatisierte Weinlager aus Glas und Holz, die Ausstellung von Fotografien, Postkarten und Plakaten und dann die Tische im Freien unter dem Laubengang von San Rocco, der auf eine der schönsten Plätze der Marken geht, sind nur einige der Details, die die Anziehungskraft dieser Vinothek von Peppe und Roberta ausmachen. Wir befinden uns mitten in der Altstadt und man kann hier, angesichts des großen Sortiments an Wein, hausgemachten Salumi und dem lokalen und italienischen Käse auch einfach einen Aperitif einnehmen und ein wenig plaudern (eine Auswahl kostet 15 oder 8 €). Das Angebot der Küche richtet sein Augenmerk auf die immer frischen Produkte der Saison und beinhaltet im Degustationsmenü für 40 € auch Kostproben von drei Weinen (Weiß-, Rot- und Dessertwein). Unter den Antipasti finden Sie die schmackhafte Panzanella mit Sellerie, Sformato di ricotta e verdure, **Zuppa di ceci e piselli**, **Coniglio disossato con taccole e giardiniera agrodolce** sowie das Brett mit hausgemachtem Aufschnitt (Ciavuscolo, Lonzino, Prosciutto, Wurst aus Leber). Weiter geht es mit Timballino mit Saisongemüse, dem Klassiker **Vincisgrassi** oder **Maccheroncini di Campofilone al ragù**. In der entsprechenden Jahreszeit könnten Sie auch Primi mit frischen Steinpilzen bekommen. **Coniglio al forno con funghi** bei den Fleischspeisen, ebenso Spalla di maiale arrosto (gebratene Schweineschulter), **Pollo** oder **Agnello in padella**. Zum Abschluss Törtchen mit Creme und Schokolade, Zuppa inglese und **Crostatina alla frutta**. Interessant und mit Sachverstand erstellt ist die Wein- und Champagnerkarte.

32 KM SÜDWESTLICH VON ANCONA, S.P. 316

Gallo Rosso

NEU

Trattoria
Piazza XI Febbraio, 4 bis
Tel. (+39) 071 / 722 34 06
Ruhetag: Dienstag
Ferien: unterschiedlich
35 Plätze
Preise: 28–33 €
Kreditkarten: CS, MC, Visa; BM
Mittags und abends geöffnet

Die Versorgung mit den besten, großenteils biologischen Zutaten bei Bauern und lokalen Handwerkern ist das Aushängeschild dieser modernen Trattoria, in der Andrea Tantucci, der Gründer des Lokals, sich an einer Küche orientiert, die als hausgemacht definiert werden könnte und deren Interpretation mit Schlichtheit und Sorgfalt erfolgt. Die große, gut gegliederte Speisekarte ermöglicht einen dynamischen Rundgang durch Antipasti, Suppen, Primi und Secondi, Salumi und Käse. Dabei stoßen Sie auf ein interessantes Degustationsmenü für 35 € mit fünf Gängen, die auch auf der Karte zu finden sind. Bemerkenswert die Gerichte **Piccolo bollito di marchigiana ripassato in padella con patate, capperi e senape** (8 €) und **Coratella di agnello in umido** (8 €), Zuppa di cicerchia, Quadrucci all'uovo e pollo sowie **Ciavarro** – Bohnen, Kichererbsen, Platterbsen, Linsen und Salsiccia (10 €) – und **Tagliatelle con ragù di salsiccia**. Anschließend **Agnello al forno** (15 €) und Guancia di vitello brasata (geschmorte Kalbswange, 16 €). Je nach Jahreszeit könnten Sie außerdem Girello di marchigiana al sale mit Gemüse, Oliven und Kapern probieren, ebenso Ravioli di culatta di marchigiana con broccoletti (mit dem Fleisch des Schwanzstücks vom Rind der Marchigiana-Rasse und Brokkoli gefüllte Ravioli), Brasato di razza marchigiana al vino Rosso Piceno oder einfach eine Auswahl von Salumi und Käse. Torta di farro con crema al caffè (Dinkeltorte mit Kaffeecreme) sowie Gelatina di caffè e pan di Spagna zum Dessert. Viel Platz räumt die Weinkarte nach biologischen Methoden arbeitenden Winzern ein und bietet dabei ein breites Spektrum aus den Marken sowie interessante Vorschläge aus anderen Regionen Italiens. Die aufs Wesentliche reduzierte Einrichtung und die zwanglose Atmosphäre sind ein zusätzlicher Pluspunkt.

FRONTINO (PU)
Mulino di Pontevecchio

62 km südwestlich von Pesaro, S.P. 3

Particolari Nostrani

NEU

Moderne Osteria
Ortsteil Mulino, Strada Provinciale
Tel. (+39) 07 22 / 711 27
Ruhetag: Dienstag, September–April auch Montag
Ferien: zeitweise im Februar
35 Plätze + 15 Plätze im Freien
Preise: 19–22 €
Keine Kreditkarten
Mittags und abends geöffnet

Die knapp über 30-jährigen Alessandro Cesaretti und Elia Mellini, er als Wirt und sie als Köchin in diesem kleinen Lokal, benutzen auf kluge Weise ihre Facebook-Seite, um denjenigen, die in diese Hügelzone des geschichtsträchtigen und landschaftlich sehenswerten Gebiets des Montefeltro kommen, die Tageskarte vorzustellen. Diese wechselt im Lauf der Jahreszeiten und gewährt einen ausgezeichneten Einblick in die Küche der Umgebung. Von den Antipasti, an die wir von unserem Besuch im Winter her erinnern, haben wir eine wärmende **Vellutata di lenticchie e pomodori appassiti** (Linsencremesuppe mit getrockneten Tomaten, 4 €) gewählt, eine Kostprobe von **Polenta al cinghiale**, die leichte Frittura di carciofi sowie Lingua bollita in salsa. Fortgesetzt wurde mit handgemachten **Garganelli con ragù bianco di vitello** (mit Sauce vom Kalbfleisch, ohne Tomaten, 6,50 €), doch auch die anderen Teigwaren sind empfehlenswert. Bei den Secondi haben wir uns für den guten Schmorbraten **Brasato di manzo con patate** (7 €) entschieden. Immer verfügbar sind lokale Salumi und Käse, zu denen **Crostolo sfogliato** (6,50 €) serviert wird, ein dünnes, auf dem Plattengrill gebackenes Fladenbrot aus Ei und Mehl, im Montefeltro die Alternative zur Piadina. Abschluss mit Crostata ai frutti di bosco oder anderen Desserts nach Hausfrauenart. Klein, doch gelungen ist die Karte mit lokalen Weinen und Bieren. Die Salumi und Käse, die an den Tisch kommen, werden im Lokal auch zum Mitnehmen verkauft. Die Osteria befindet sich in einem Teil einer alten Wassermühle, die Sie zum Abschluss unbedingt besuchen sollten.

GENGA (AN)
Pierosara

65 km südwestlich von Ancona, S.S. 76

Da Maria

NEU

Restaurant
Ortsteil Pierosara, 67
Tel. (+39) 07 32 / 900 14
Ruhetag: Donnerstag, außer im Frühling und Sommer
Ferien: 8.–31. Januar
120 Plätze
Preise: 25–35 €
Kreditkarten: CS, MC, Visa; BM
Mittags und abends geöffnet

Die Schlucht und die Grotten von Frasassi, eine bedeutende Touristenattraktion, laden zu einem Besuch in Pierosara ein. Der Legende zufolge geht der Name dieses kleines Ortsteils der Gemeinde Genga auf die Geschichte von zwei Liebenden zurück, die bei einem tragischen amourösen Streit ums Leben kamen. Der Ort selbst ist mit seinen Resten der Stadtmauer, dem antiken Kastell und der wunderbaren romanischen Kirche San Vittore alle Chiuse schon eine Sehenswürdigkeit an sich. Im obersten Teil des Dorfes steht das Restaurant Da Maria, das bereits auf einer Karte am Eingang die Fleischlieferanten ausweist. Der Geruch der Holzkohlenglut, die etwas altmodische Einrichtung, die Heiligenbildchen und Fotos erinnern an die Gasthäuser von früher, doch man sieht auch Zeugnisse der Ausbildungen als Maître und Sommelier, welche erwiesenermaßen die Erwartungen nicht enttäuschen. Professionalität, Liebenswürdigkeit und gute Organisation sind der hervorragenden Küche ebenbürtig. Nach den Antipasti mit Bruschette und lokalen Salumi und Käse sollten Sie die von Hand gezogenen dicken **Tagliatelle** mit ihrer unregelmäßigen Form versuchen, serviert werden sie **mit frischem Trüffel** oder Steinpilzen (12 €). Ebenso interessant sind **Pappardelle al cinghiale** oder **Tagliolini ai gamberi di fiume** (mit Flusskrebsen, 9 €) sowie Gnocchi di patate al ragù. Unter den Secondi **Agnello a scottadito**, **Fegatelli di maiale** (7,50 €), Tagliata vom Rind der Marchigiana-Rasse, aber auch **Lumache di terra** (Schnecken, 11 €), Cinghiale alla cacciatora und das Omelett **Frittata al tartufo** (10 €). Als Beilagen gekochtes oder rohes Gemüse. Die Desserts sind hausgemacht, die Weinkarte ist vielfältig und gewissenhaft zusammengestellt. Ebenfalls vorhanden ist eine gepflegte Karte mit traditionell erzeugten Bieren.

GROTTAMMARE (AP)

40 KM NORDÖSTL. V. ASCOLI PICENO, S.S. 16 OD. A 14

Don Diego

Restaurant
Via Lungomare De Gasperi,
Consessione 25
Tel. (+39) 07 35 / 58 82 57
Kein Ruhetag
Ferien: November–März
40 Plätze
Preise: 30–35 €
Kreditkarten: AE, CS, DC, MC, Visa; BM
Mittags und abends geöffnet

Die Einladung – in einigen Fällen –, ohne Besteck zu essen, und der Hinweis, dass das Fischangebot aus einer Entfernung von 0,5 Kilometern kommt, der deutlich an den Wänden zu ersehen ist, legen Zeugnis für den Geist ab, mit dem Inhaber Giuseppe De Santis (für Freunde Zio Peppe) sein Lokal führt, nämlich die Bedeutung detaillierten Wissens über ein absolut frisches Produkt und eine damit verbundene Sinneserfahrung. Fisch, aber auch Kräuter: Die eigentliche Spezialität ist der kleine Kräutergarten, mit 70 verschiedenen, in der Küche mit immer überzeugenden Ergebnissen verwendeten Sorten. Beginnen können Sie mit lokalen Crudità, nämlich rohen Cannelli (Muscheln), Hummer, Garnelen, Krebsen und Austern, und mit einer Reihe an Antipasti mit drei, fünf, sieben und zehn Kostproben (15, 20, 25 und 30 €), in denen Galantina di polpo con carote e sedano vorgesehen ist, **Guazzetto di cicale di mare con rosmarino**, Alici scottadito, **Bomboletti in bianco con finocchietto** und Zuppetta di cozze con santoreggia. Danach **Spaghetti mit Venusmuscheln** oder **mit der Tinte des Tintenfischs und Schnittlauch** (11 €), Gnocchetti con alici und Mezze maniche con cicale di mare e foglie di salvia (mit Krebsen und Salbeiblättern). Vielleicht haben Sie noch Lust auf gute **Frittura di paranza** (16 €) oder einen schön zusammengestellten Grillteller (was jedoch zu einer Erhöhung des Preises führt, der sich für ein Menü zwischen 25 und 40 € bewegt.) Freuen Sie sich dann auf Cuore caldo di cioccolato con gelato al pistacchio oder das ganz besondere Sorbetto al limone con foglie di menta (4 €). Auf der Weinkarte finden Sie Produkte aus der Umgebung und den Marken.

Etwa 1 km weiter südlich verkauft Giorno dopo Giorno Bio, Via Ferri 84, ein schönes Sortiment an frischen und haltbar gemachten biologischen Produkten.

GROTTAMMARE (AP)

43 KM NÖ VON ASCOLI PICENO, S.S. 16 ODER A 14

Frangipane

NEU

Moderne Osteria
Via Sant'Agostino, 36
Tel. (+39) 07 35 / 73 61 11
Ruhetag: Montag
Ferien: unterschiedlich
30 Plätze + 6 Plätze im Freien
Preise: 15–25 €
Kreditkarten: CS, DC, MC, Visa; BM
Abends geöffnet

Eingefasst von den Mauern, die zum schönen alten Ortskern Vecchio Incasato von Grottammare führen, finden Sie das Lokal von Luca Traini gleich hinter der Kirche Sant'Agostino. Unterstützt von seinen Eltern führt Luca das Frangipane mit Passion und großem Augenmerk auf die Herkunft der Zutaten. Zu Hilfe kommt ihm auch sein persönlicher Geschmack, mit dem er Gegenstände aus den Bereichen Design, Antiquariat und Recycling zur Einrichtung der beiden kleinen Speisesäle in einem ehemaligen Heuschober verwendet. Es gibt nur etwa 30 Plätze, reservieren Sie daher rechtzeitig. Typischerweise wird das Essen mit „Stuzzicheria del giorno" (Appetithäppchen des Tages, 7 €) eröffnet, zum Beispiel Insalata di miglio e verdure (Hirse und Gemüse als Salat), **Crostino di verdure in agrodolce**, **Sformatino di ricotta e spinaci** und anderem, je nach Jahreszeit. Gemüse begegnet uns auch bei den Primi (8 €): köstliche vegetarische **Pasta di Campofilone alla carbonara di asparagi**, hausgemachte Teigwaren namens Bagatelle aus Weichweizen mit Pesto aus Sellerie und Sprossen sowie Riso vialone bio ai fiori di malva. Unter den Secondi **Tacchino con zucchine e mandorle**, Fleisch vom Kalb der Marchigiana-Rasse mit dem IGP-Zertifikat und biologischer Käse (8 €). Auf der Dessertkarte (4 €) Crostata und andere hausgemachte Süßspeisen. Die Weinkarte verzeichnet eine schöne Auswahl aus der Umgebung und den Marken mit korrekten Preisen und angemessener Aufmerksamkeit für biologische Produkte.

Im Zentrum von **San Benedetto del Tronto** (5 km) führt Luca in der Via Balilla 44 das Geschäft Senduiccerì, in dem Sandwiches mit Produkten aus biologischem Anbau, die der Null-Kilometer-Philosophie folgen, und den Zertifikaten DOP und IGP zubereitet und traditionell erzeugte Biere und lokale Weine verkauft werden.

29 KM SÜDWESTLICH VON ANCONA, S.S. 76

Antonietta

Trattoria
Via Garibaldi, 19
Tel. (+39) 07 31 / 20 71 73
Ruhetag: Sonntag
Ferien: 3 Wochen im August
45 Plätze
Preise: 25 €
Kreditkarten: CS, MC, Visa; BM
Mittags geöffnet, Freitag und Samstag auch abends

Lokale zu finden, die ausschließlich mittags geöffnet sind (und nicht nur abends, was eher üblich ist), beruhigt uns. Und zwar nicht wegen eines unverbesserlichen Snobismus oder der Freude am Vintage, sondern weil die gastronomische Geschichte Italiens, die sich auf die Trattorien stützt, auf Betriebe baut, die aufgrund einer familiären Dimension oder zur Arbeitsplatzbeschaffung manchmal diese Öffnungszeiten bevorzugt haben. Antonietta ist der Name der ehemaligen Inhaberin, heute führt Roberta Castaldi, eine junge Köchin aus Jesi, der die Gastronomie im Blut liegt, die jahrhundertealte Trattoria ganz in der Nähe der Porta Garibaldi. Freitags und samstags ist das Lokal auch am Abend geöffnet. **Vincisgrassi** sind hier das Aushängeschild, aber auch **mit Fleisch gefüllte Cannelloni** aus dem Ofen, Cappelletti in brodo, **Tagliatelle** al ragù tradizionale oder **mit Sauce vom Kaninchen ohne Tomaten** (je zwischen 7 und 8 €) sowie Vellutata di porri e patate con crostini ergeben zusammen mit dem Saisongemüse, das täglich die schlanke, ausgewogene Speisekarte bereichert, verlässliche Gerichte. Das Brett mit Salumi und Käse, dazu Crescia aus Polenta und Bruschetta (13 €) ist eine würdige Alternative zu den Secondi mit Fleisch: **Coniglio alla cacciatora** (12 €), Vitello arrosto, Grigliata mista di carne, als Beilage in der Pfanne gewürztes Wildgemüse, gratiniertes Gemüse der Jahreszeit und **Verza profumata al rosmarino** (4 €). Auf derselben Wellenlänge liegt Crostata mit Konfitüre (5 €). Der offene Wein, ein Verdicchio dei Castelli di Jesi, ist annehmbar, doch in der kleinen, gut sortierten Weinkarte finden Sie ausgezeichnete lokale Flaschenweine zu sehr gemäßigten Preisen. Ein Lob für den angenehmen, präzisen und freundlichen Service.

Osteria dei Fiori

Moderne Osteria
Via Lauro Rossi, 61
Tel. (+39) 07 33 / 26 01 42
Ruhetag: Sonntag
Ferien: Weihnachten–Neujahr
30 Plätze + 20 Plätze im Freien
Preise: 30 €
Kreditkarten: AE, CS, MC, Visa; BM
Mittags und abends geöffnet

Den drei Geschwistern Carducci, seit mittlerweile 35 Jahren geradlinige Interpreten der Küche von Macerata, gebührt uneingeschränktes Lob für den Erfolg dieses Lokals. Die Blumen, die im Namen vorkommen, mögen als Symbol für Gastlichkeit gelten. Die dynamische Letizia begleitet Sie bei einer immer anregenden gastronomischen Erfahrung, dem Ergebnis des permanenten Durchforstens und der Neubearbeitung der kulinarischen Schätze von Macerata. Der Rest wird den geschickten Händen von Iginia und Paolo in der Küche anvertraut. Die Speisekarte, ganz den Jahreszeiten verpflichtet, könnte zu Beginn **Carciofi al cartoccio con prosciutto e pane alle erbe** (Artischocken aus der Folie mit Prosciutto und Kräuterbrot) vorsehen oder das schmackhafte Püree aus roten Kartoffeln aus Colfiorito mit einem pochierten Ei mit Trüffel (7 €). Anschließend ein klassisches Gericht der Tradition: ***Tagliulì pelusi*** (7 €) al sugo finto di fave e guanciale. Außerdem Tagliatelle al ragù bianco di anatra e timo und duftende **Calcioni di ricotta alle erbe aromatiche e petali di fiori** (8 €). Lokales Fleisch ist der Protagonist der Secondi, die mit Beilagen serviert werden. Als Beispiele führen wir **Bocconcini di agnello in fricassea con carciofi** (14 €) oder Filetto di maiale con riduzione di vino cotto e cestino di borlotti an. Bei den Desserts liegen Sie mit Mousse alla cannella con pera al vino rosso oder **Semifreddo al caffè e mistrà** (6 €) sicher richtig. Die Weine kommen ausschließlich aus den Marken, die Preise sind annehmbar.

MAGLIANO DI TENNA (FM)

16 KM WESTL. V. FERMO, 62 KM N. V. ASCOLI PICENO

Osteria dell'Arco

Moderne Osteria
Piazza Gramsci, 27
Tel. (+39) 07 34 / 63 16 30
Ruhetag: Montag- und Dienstagmittag, Mittwoch
Ferien: 10.–20. Januar, 1.–15. Juli
35 Plätze + 30 Plätze im Freien
Preise: 33–35 €
Kreditkarten: AE, CS, MC, Visa; BM
Mittags und abends geöffnet, im Sommer abends

Wir könnten es so ausdrücken: Der große Kamin thront im Saal, stets bereit, die Lendenstücke, Steaks nach Florentiner Art, Lamm und anderes Fleisch aufzunehmen, welche Tiziano Natali und vor allem seine Frau Natalyia Hayrish täglich vorbereiten. Auf der kleinen Piazza im Zentrum dieses reizenden Ortes im Landesinneren bei Fermo befindet sich das Lokal genau unterhalb des Uhrturms. Es verfügt über zwei gemütliche kleine Säle (einer davon wird als Vinothek genutzt) und Plätze im Freien, von denen aus man den Blick über das wunderbare Valle del Tenna schweifen lassen kann. Im Angebot finden Sie das unverzichtbare **Coniglio in porchetta**, hausgemachte **Galantina con insalata russa** (je 8 €), **Campofiloni** (dünne Nudeln) **al ragù** (9 €), Ravioloni di magro di scottona e tartufo nero, **Costolette di agnello a scottadito** (14 €) und Tagliata vom Scottona-Rind mit Bratkartoffeln. Wenn Sie die Speisekarte genauer anschauen, entdecken Sie auch den üppigen Antipasto misto dell'Osteria (14 €), Tagliatelle al ragù bianco di cinghiale (mit Sauce vom Wildschwein ohne Tomaten), Spaghetti cacio e pepe und Fiorentina di scottona (5 € pro 100 Gramm). Auf Anfrage bekommen Sie vegetarische Gerichte. Zum Abschluss ein erfrischendes Sorbet mit Mandarinengeschmack oder Tortino caldo al cioccolato con gelato di crema. Auf der Weinkarte ein umfassendes Panorama an Etiketten aus den Marken und hochwertige Exemplare aus ganz Italien, die der erfahrene Sommelier Tiziano mit Kompetenz und Passion aussucht. Der Service ist informell, doch sorgfältig und aufmerksam. Die kleinen Dimensionen des Lokals legen eine Reservierung nahe, vor allem am Wochenende.

In **Belmonte Piceno** (8 km), im Ortsteil Castellano d'Ete, erzeugt der Caseificio Fontegranne ausgezeichneten Käse.

MONDAVIO (PU)
Cavallara

39 KM SÜDÖSTLICH VON URBINO, S.S. 73 BIS

Maria

Trattoria
Ortsteil Cavallara, 2
Tel. (+39) 07 21 / 97 62 20
Ruhetag: Sonntagabend, Montag, im August nur Montag
Ferien: 1 Woche im März, 3 Wochen im Juli
80 Plätze + 20 Plätze im Freien
Preise: 25–35 €
Kreditkarten: CS, MC, Visa
Mittags und abends geöffnet

Sie erreichen das Restaurant bequem von Fano aus, doch wenn Sie Zeit haben, fahren Sie über Marotta, nehmen die Straße Richtung Pergola und biegen nach Mondavio in Richtung Calcinelli ab – den Ausflug werden Sie nicht bereuen. In beiden Fällen folgen Sie dann den Wegweisern zur Motocross-Rennstrecke Cavallara und so kommen Sie in diesen Ortsteil mit seinen wenigen Häusern im dichten Grün, in dem die Trattoria beheimatet ist. Im einzigen großen Speisesaal beginnen Sie mit lokalen Salumi und Käse sowie **Bruschette all'olio di Cartoceto** oder aber mit **Nocette di maiale marinate**, dazu Salat aus Zitrusfrüchten und Meerrettichsauce, (8 €). Außerdem **Polentina di granoturco, ragù bianco di maiale e asparagi** (Maispolenta mit Sauce vom Schweinefleisch, ohne Tomaten, und Spargel). Unter den Primi (8 €) **Passatelli con coriandoli di verdure e funghi**, mit Kartoffeln und Lauch gefüllte Tortelli mit Spargelspitzen und Cappelli ripieni di tacchino con passatina di ceci (mit Truthahn gefüllte Teigtäschchen auf Kichererbsencreme). Danach gutes Fleisch in Form von Tagliata di controfiletto di razza marchigiana alla griglia (15 €), **Agnello al forno con patate**, Coscio di vitello al forno con erbe aromatiche (Kalbskeule mit Kräutern aus dem Ofen) oder **Faraona alle olive** (12 €). Auf die Dolci (6 €) sollten Sie nicht verzichten, vor allem Tortino di cioccolato con cuore fondente e salsa di lamponi und **Semifreddo di moretta con caramello all'anice** sind zu empfehlen. Die Weinkarte stützt sich auf die Produktion der Umgebung, die Preise sind korrekt.

MONDOLFO (PU)
Marotta

26 KM S. V. PESARO, S.S. 16, 60 KM Ö. V. URBINO

El Gatt

Restaurant
Lungomare Colombo, 10
Tel. (+39) 07 21 / 96 73 07
Ruhetag: Mittwoch
Ferien: Dezember–März
35 Plätze + 30 Plätze im Freien
Preise: 35 €
Kreditkarten: AE, SC, DC, MC, Visa; BM
Mittags und abends geöffnet

Dieses Lokal an der Strandpromenade von Marotta, das zwei junge Schwestern vor Jahren nach dem Tod des Eigentümers und Gründers übernommen haben, hat äußerlich seinen ursprünglichen Charakter beibehalten. Seine Geschichte geht auf eine Fischerfamilie zurück, die die Bewirtung bei sich zu Hause begonnen hatte, und auf einen Kater, der im Namen verewigt ist und der Legende nach immer am Ufer auf die Rückkehr des Fischerbootes gewartet haben soll. Zur Eröffnung des Essens im hübschen, schlicht geführten Lokal mit maritimer Einrichtung der Antipasto mille delizie (20 €) mit **Lumachine in porchetta**, Carpaccio di polpo con olive e patate, Padellata di crostacei e molluschi, **Insalata di seppie**, Alici marinate all'arancia und anderes mehr. Selbstverständlich können Sie auch einzelne Gerichte bestellen, zum Beispiel Sformatino di baccalà e olive oder andere üppige Antipasti. Der Bogen bei den Primi (10 €) spannt sich von Gnocchi con melanzane e pesce zu Risotto alla marinara, von **Pasta e ceci con le vongole** zu **Tagliatelle allo scoglio** oder Tortiglioni scampi e zenzero (mit Hummer und Ingwer). Gut zubereitet wird die traditionelle ***Rustita***, das ist gegrillter Blaufisch (11 €), wie auch **Sardoncini a scottadito**, **Fritto misto** (11 €) und Pescatrice in porchetta (Anglerfisch mit Kräutern). Gegen Vorbestellung und für mindestens zwei Personen Guazzetto und Brodetto (32 €), die unverzichtbaren reichhaltigen Hauptgerichte. Wenige, doch ausgewogene Flaschenweine begleiten das Essen, welches mit hausgemachtem **Tiramisu** (4 €) zu Ende geht. Ein vollständiges Degustationsmenü wird für mindestens zwei Personen für 40 € zubereitet.

MONTALTO DELLE MARCHE (AP)
Porchia

32 KM NORDÖSTLICH VON ASCOLI PICENO, S.P. 24

Fattoria Marchetti

Ferienbauernhof
Ortsteil Maliscia di Porchia, 50/1
Tel. (+39) 07 36 / 82 90 01
Ferien: Februar
40 Plätze
Preise: 35 €
Kreditkarten: AE, CS, MC, Visa; BM
Freitag und Samstag mittags und abends sowie Sonntag gegen Vorbestellung geöffnet

Eine Reservierung in dem von Giovanni Luccis Familie geführten Agriturismo ist immer empfehlenswert. Er kümmert sich um die landwirtschaftlichen Aktivitäten, seine Frau um die Küche, wo sie von einigen erfahrenen Damen unterstützt wird. Manchmal, wenn sie gerade nicht lernen müssen, helfen die Töchter im Service mit. Luiginas Gerichte sprechen von der Liebe zur Tradition und den Zutaten sowie von der unauflöslichen Verbindung mit der Umgebung. Alle in der Osteria verwendeten Produkte stammen aus eigenem Anbau und aus der Aufzucht im nach biologischen Methoden arbeitenden Bauernhof. Das Menü ist feststehend und sehr reichhaltig. Man beginnt mit einem traditionellen Antipasto (7 €) mit Aufschnitt, **Fritto all'ascolana** (frittierte Oliven, Cremino-Käse, Artischocken und Spinat), Schafkäse, Bruschette mit Gemüse und selbst gemachter Salsiccia. Nie fehlen dürfen hier **Maccheroncini di Campofilone con sugo rosso di fegatini** (8 €), Ravioli di ricotta e salsiccia con burro e salvia, **Polenta con costatelle di maiale in umido** (mit geschmorten Schweinerippchen) und **Tagliatelle casarecce** con ragù. Unter den Secondi Lamm, Perlhuhn, Kaninchen in der Pfanne mit Oliven, Coscio di maiale con patate (13 €), **Pollo alla *'ncip e 'nciap***, Tagliata di manzo oder Arrosto di vitello (Kalbsbraten mit Rosmarinkartoffeln). Als Beilage in der Pfanne gewürztes Wildgemüse oder ganz frische Salate. Hausgemachte Dolci wie Cantuccini con vino cotto, Zuppa inglese und **Crostata** (4 €) mit Creme oder Konfitüre zum Abschluss. Den Hauswein gibt es nur offen, doch es sind auch einige Etiketten von lokalen Winzern vorrätig.

29 KM WESTLICH V. ANCONA, 11 KM NÖRDL. V. JESI

Dal Mago

Restaurant
Via Morganti, 16
Tel. (+39) 07 31 / 630 39
Ruhetag: Mittwoch
Ferien: 2 Wochen im Januar/Februar
70 Plätze + 40 Plätze im Freien
Preise: 35 €
Kreditkarten: AE, CS, DC, MC, Visa; BM
Mittags und abends geöffnet

Oft kommt man nach Morro d'Alba, weil einen der wachsende Ruf des Lacrima, des duftenden Rotweins aus den gleichnamigen Trauben, neugierig gemacht hat. Sollte dies auch in Ihrem Fall zutreffen, so sind Sie in diesem Lokal richtig. Denn der Lacrima ist nicht nur Protagonist der Weinkarte mit den besten Exemplaren der Umgebung, sondern auch Zutat verschiedener Gerichte der Küche von Familie Romiti, an deren Spitze nun schon seit Jahren Lorena steht. Vor allem während des jährlichen Weinfests für den erwähnten Wein und des Trüffelfestes, das im Mai stattfindet, wird die Speisekarte um viele entsprechende Angebote bereichert. Dann könnten Sie außer dem klassischen Brett mit gemischten Salumi und Käse (10 €) auch Carpaccio di manzo con scorzone (Carpaccio vom Rind mit Sommertrüffel, 12 €) oder Frittata con carciofi e asparagi (Omelett mit Artischocken und Spargel) finden. Als Primo **Gnocchi al Lacrima** mit knusprig gebratener Lonza, Pecorino und Pfeffer neben der Spezialität des Hauses, **Ciavattoni al ragù di selvaggina** (mit Sauce vom Wild, 8 €) und Ravioli ripieni di ricotta al ragù della nonna. Neben dem Wein ist **Wild** das Aushängeschild des Restaurants. Unter den Secondi sind Bistecca di marchigiana und der ganz besondere **Galletto in potacchio** (12 €), aber Sie bekommen auch immer gefülltes Kaninchen und Wachtel mit dem Gemüse der Saison. Gut bestücktes Sortiment an Dolci, alle von bester Qualität: **Ciambellone al cioccolato con gelato di Lacrima** (4 €), Crostata mit Konfitüre, Trockengebäck, Mousse di yogurt con fragole (in einem Glasdöschen serviert). Natürlich finden Sie neben der Auswahl an lokalen Etiketten einen guten offenen Lacrima, der zum Essen passt. Auf dem Tisch steht ausgezeichnetes natives Olivenöl extra.

14 KM ÖSTLICH VON MACERATA

Ponterosa

Ferienbauernhof
Ortsteil Montigliano, 14
Tel. (+39) 392 / 910 58 10
(+39) 328 / 085 19 08
Ruhetag: Montag–Donnerstag, außer im Sommer
Ferien: zeitweise im Februar und November
25 Plätze • Preise: 33–36 €
Kreditkarten: CS, MC, Visa; BM
Abends geöffnet, Samstag und an Feiertagen auch mittags

Nur 25 Plätze sind hier in einem einzigen großen Speisesaal verteilt, betreut werden die Gäste von Fabrizio und Iolanda, den Betreibern dieses Agriturismo mit vier Gästezimmern in ein paar Kilometern Entfernung vom Zentrum von Morrovalle. Die Küche hat jene Substanz, in der Geschmack und Gedächtnis sich mit einer sorgfältigen Suche nach Zutaten verbinden, welche entweder aus der eigenen biologischen Landwirtschaft stammen oder von kleinen lokalen Erzeugern und aus fairem Handel. Fabrizio und Iolanda sind außerdem am Projekt Cuochi di Campagna (Landköche) beteiligt, in dem besonderer Wert auf die Umgebung, die Traditionen und die Jahreszeiten gelegt wird. Zu Beginn kommen gute, selbst gemachte Salumi, **Insalata di puntarelle e cicerchia** (mit Zichoriensprossen und Platterbsen), Carpaccio di vitello marinato con misticanza, **Polenta di roveja** (aus einer Hülsenfrucht, die einer kleinen Erbse ähnelt und früher in der Gegend der Monti Sibillini stark verbreitet war) **con salvia e acciuga** (6 €) auf den Tisch. Das Angebot der Primi richtet sich nach der aktuellen Verfügbarkeit, doch **Vincisgrassi** und **Pappardelle al sugo di agnello** (9 €) fehlen nie. Alternativen sind Cannoli di pane, ricotta e carciofi oder Chitarrina con pecorino profumato. Bei den Secondi spannt sich der Bogen von Agnello in padella con carciofi über **Coniglio in porchetta** (13 €) zu **Faraona all'agro e agretti** und anderen Gerichten, stets hervorragend zubereitet. Unter den guten Dolci sticht **Semifreddo di fichi e noci caramellate** (6 €) hervor. Auf der gepflegten Weinkarte finden Sie eine zufriedenstellende Auswahl an Etiketten aus den Marken, oft aus biologischem Anbau.

Uns beeindruckt hier die hervorragende Interpretation der Küche und der Schätze dieser Gegend sowie die Verbundenheit mit der Umgebung.

28 km nö v. Ascoli Piceno, S.P. 1 bis und S.P. 43

Ophis

Moderne Osteria
Corso Serpente Aureo, 54 C
Tel. (+39) 07 36 / 88 99 20
Ruhetag: Montagabend, Dienstag
Ferien: letzte November-/erste Dezemberwoche
35 Plätze + 15 Plätze im Freien
Preise: 30–35 €
Kreditkarten: AE, CS, DC, MC, Visa; BM
Mittags und abends geöffnet

Über einen Innenhof am Corso, der zur einzigartigen Piazza des Ortes führt, betreten Sie das kleine Lokal mit seiner Einrichtung aus Holz, das an eine Dorftrattoria aus einem Roman von George Simenon denken lässt. Und tatsächlich ist die Küche von Daniele Citeroni von traditionellen Gerichten geprägt, welche mit Sorgfalt und Charme vorgestellt werden, auf der Speisekarte finden Sie auch die Hersteller der Zutaten angegeben. Das Menü „De-gustando Offida" (25 €) ist eine Art Spaziergang durch die Sonntags- und Feiertagsspeisen: lokale Wurst, Ciauscolo und *Caciù* (mit Käse gefüllte Teigtäschchen), Pizza di formaggio, Coratella d'agnello, Timballo, Agnello e carciofi und Dessert. Eine Alternative stellt das „etwas andere" Degustationsmenü namens „Un po' diverso" (30 €) dar, in dem der Chefkoch mehr Fantasie einbringt, ohne jedoch zu übertreiben. Wenn Sie à la carte wählen, können Sie mit Kostproben von Salumi und Crostino con lardo di casa (12 €) beginnen, mit einer Auswahl an lokalem und italienischem Käse oder mit **Galantina con giardiniera** (Pastete mit hausgemachtem eingelegtem Gemüse, 10 €). Danach lohnt es sich, ***Taccù*** zu probieren (traditionelle Teigwaren aus Mehl und Wasser), serviert mit frischen Tomaten und Pancetta (9 €), oder aber **Maccheroncini di Campofilone al sugo tradizionale**. Von den Secondi empfehlen wir vor allem **Costata di vitellone bianco** oder **Piccione** (Täubchen, 13 €) in drei Versionen: Paté di fegatini, Coscette arrostite und Petti brasati con cottura al sangue. Unter den hausgemachten Desserts warten köstliche **Biscottini all'anice verde di Castignano**. Die Weinkarte bietet einen umfassenden Überblick über die Etiketten aus dem Gebiet des Piceno und der Marken zu Preisen, die auch die Wahl einer zweiten Flasche ermöglichen.

27 km sw. v. Fermo, 45 km n. v. Ascoli Piceno

I Piceni

Restaurant • Piazza Savini, 1
Tel. (+39) 07 34 / 77 80 00
Ruhetag: Dienstag
Ferien: 1 Woche im September/Oktober, 2 Wochen im Januar/Februar
35 Plätze + 30 Plätze im Freien
Preise: 33 €
Kreditkarten: AE, CS, MC, Visa
Abends geöffnet, Samstag und an Feiertagen auch mittags

Giampiero Giammarini, Inhaber und Chefkoch dieses Lokals in dem Ort auf den Hügeln des Valdaso, das bekannt für seine Gemüse- und Obstgärten ist, bedenkt jeden einzelnen Aspekt seines Unternehmens, vom Menü bis zur Weinkarte und vom Personal bis zu den Gästezimmern. Die Qualität seines Angebots verbessert sich dabei kontinuierlich. Das Restaurant verfügt im Sommer auch über Plätze auf einer angenehmen Veranda, Sie finden es in einem Winkel des von einer Mauer umgebenen Stadtkerns von Ortezzano. Probieren Sie zur Einstimmung unbedingt **Olive fritte all'ascolana**, gefolgt von einem Teller Salumi mit Focaccia al rosmarino (8 €) und lokalem Käse aus Rohmilch. Oder aber Carpaccio di anatra con riduzione di arance, Scalogno glassato con pistacchi und kleine Stücke von Baccalà in Tempura mit Artischocken und Brokkoli. Bei den Primi sollten Sie auf **Gnocchi di patate con ragù d'agnello e menta** (8 €) setzen, auf Agnolotti con patate, pecorino, cipolle, fave e guanciale croccante und auf **Maccheroncini di Campofilone con ragù tradizionale**. Anschließend **Agnello dei Monti Sibillini a scottadito con erbette** (15 €), **Maialino croccante con cavolfiore**, Coniglio panato und hervorragende Tagliata di manzo con chips di patate e riduzione di vino rosso. Fischliebhaber werden mit einem kleinen Menü zufriedengestellt: Rigatoni cacio e pepe al limone con bottarga di muggine (mit Rogen von der Meeräsche) sowie Spigola al vapore con salsa orientale (gedämpfter Seebarsch). Gut gemachte Dolci (6 €): **Semifreddo al mistrà con salsa all'orzo** oder **Fagottino di mela rosa** dei Monti Sibillini (die roten Äpfel sind ein Slow-Food-Presidio) **con gelato alla cannella**. Außerdem gibt es hausgemachtes Eis (5 €). Sorgfältig zusammengestellte Weinkarte.

17 km sö. v. Fermo, 50 km v. Ascoli Piceno, Ausf. A 14

Pennesi

Trattoria
Via Battisti, 50
Tel. (+39) 07 34 / 93 13 82
Ruhetag: Sonntagabend, Montag
Ferien: unterschiedlich
35 Plätze + 35 Plätze im Freien
Preise: 25–30 €
Kreditkarten: AE, SC, MC, Visa
Mittags und abends geöffnet

In Pedaso, das sein Erscheinungsbild eines alten Fischerdorfes beibehält, zeigt Familie Pennesi ihren Respekt für die Natur der Umgebung durch ihre ganz und gar vertrauenswürdige Küche, die der Meerestradition und dem lokalen Fischfang verbunden ist. Schauplatz ist eine der kleinen Straßen im Zentrum, nicht weit von der Autobahnausfahrt entfernt. Mutter Albina hat die Aufgabe, die Fische auszusuchen und zuzubereiten, während Sohn Massimo die Gäste betreut und sie bei der Auswahl des Weins berät. Den Beginn der schnörkellosen, aufs Wesentliche konzentrierten Speisekarte machen kalte und warme Antipasti (9 €): marinierte Alici, **Mammelle di seppia**, Insalata di mare, **Carpaccio di cefalo** (von der Meeräsche), eine originelle **Parmigiana di pesce**, Scottadito di alici, Cozze alla marinara, **Cannelli nostrani gratinati** (gratinierte lokale längliche Muscheln) und Cappesante al forno (Jakobsmuscheln aus dem Ofen). Spaghetti al nero di seppia, **Maccheroncini di Campofilone alla marinara**, Linguine al battuto di alici (mit gehackten Sardellen) sind einige der Primi (zwischen 8 und 9 €), gefolgt von traditioneller **Grigliata di pesce dell'Adriatico** (16 €), den Fischen des Tages aus dem Ofen mit Kartoffeln und Saisongemüse, **Frittura di paranza** (13 €) sowie **Guazzetto**. Zum Abschluss Pizza dolce oder Crostata mit Konfitüre und Ricotta (4 €), Sorbetto oder Ciambellotto. Die Weinkarte widmet sich vor allem der lokalen Produktion.

PEDASO (FM)

17 km sö. v. Fermo, 50 km v. Ascoli Piceno, Ausf. A 14

Tilt 2

Trattoria
Via Dante Alighieri, 13
Tel. (+39) 07 34 / 93 19 16
Kein Ruhetag
Ferien: unterschiedlich
30 Plätze
Preise: 15–25 €
Kreditkarten: CS, MC, Visa; BM
Mittags geöffnet, am Wochenende und im Sommer auch abends

Diese Trattoria ist normalerweise mittags geöffnet, doch im Sommer öffnet sie auch abends ihre Pforten, ebenso zu anderen Zeiten, wenn sie vorbestellen. Sie finden sie im Zentrum von Pedaso, direkt hinter der Kirche. Man betritt sie über eine unauffällige Bar, links befindet sich der kleine Speiseaal mit sechs oder sieben Tischen, bescheiden und „alltäglich" eingerichtet mit einer Anrichte und einem Backtrog, die nicht nur dekorativ sind, sondern auch die nötigen Utensilien enthalten. Die Zusammensetzung der Gäste – Arbeiter, Stammgäste, ein paar Engländer auf der Durchreise sowie das gesamte Team eines Büros aus der Umgebung – bestätigt den Eindruck, dass es sich um eine echte Trattoria handelt. Und tatsächlich finden wir in der nun folgenden mündlichen Aufzählung der Tagesgerichte vertrauenerweckende Speisen wie Minestrone, „Steak, wenn Sie wollen", **Polpette** (sowohl mit Fleisch als auch mit Fisch) und daneben andere Angebote vor allem mit Fisch (aus der Umgebung und günstig): **Sardoncini scottati con cipolla**, **Calamari ripieni** (je 7 €), **Alici marinate** (5 €), kalter oder warmer Antipasto di mare (10 bzw. 12 €, 20 € das gesamte Sortiment). Danach kommen **Maltagliati con sugo di pesce**, Paccheri allo scoglio sowie **Spaghetti alle vongole** (je 7 oder 8 €) und als Secondo Spiedini di calamari e gamberi, **Frittura mista** (7 €) oder Grigliata di pesce. Die Zusammenstellung der Letzteren, begleitet von gekochtem Gemüse der Saison, ist nie vorauszusehen, sie ist vom lokalen Fischfang des Tages abhängig, jedoch in keinem Fall teuer. Zum Essen passen der offene Hauswein oder eine der guten Etiketten.

Taverna Zongo

Osteria
Via Zongo, 15
Tel. (+39) 07 21 / 670 42,
(+39) 347 / 750 52 42
Ruhetag: Sonntag (im Sommer nur abends)
Ferien: ersten 10 Junitage
20 Plätze + 20 Plätze im Freien
Preise: 20–25 €
Kreditkarten: AE, CS, MC, Visa; BM
Mittags und abends geöffnet

In dem Gebäude, in dem sich diese gemütliche Osteria befindet, kam es nicht selten vor, so erzählen die Bewohner Pesaros, dass nach einem Opernabend der Star-Tenor, den der Applaus der Besucher von der Straße aus noch in seinem Hotelzimmer erreichte, aus dem Fenster schaute und seinen Fans einen letzten hohen Ton zugestand. Heute befindet sich kein Hotel mehr in dem Haus, die Liebe zur Oper allerdings besteht immer noch. Fabrizio Tartaglia und seine Frau Sabrina Pecchia betreiben die Osteria, ein einfaches Lokal, von dessen Angebot Sie sich kein Feuerwerk erwarten dürfen, vielmehr unverfälschte Gerichte aus lokalen, biologisch erzeugten Produkten. Auf der täglich neu beschriebenen Tafel stehen **Caserecce con acciughe e finocchietto**, **Rigatoni fave e pecorino**, Ravioli mit Höhlenkäse oder Fischsauce, Penne di farro con melanzane e ricotta salata (Teigwaren aus Dinkel mit Auberginen und gereifter Ricotta) sowie **Tagliatelle con ragù di vitellone marchigiano** (je 8 €). **Pollo agli agrumi** und **Coniglio in porchetta** (10 €) haben uns als Fleischgerichte bei den Secondi am besten geschmeckt. Was Fisch betrifft, so ist das Lokal für seine ***Rostita*** (15 €) bekannt, mittelgroße und kleine gemischte Fische, die im Ofen gebraten, mit Zitronensaft beträufelt und unter einem Mantel aus unterschiedlich gewürztem Semmelmehl versteckt werden, woher der Name „Arrosto segreto", geheimer Braten, rührt. Salat und Gemüse der Saison als Beilagen (4 €). Zum Abschluss Crema catalana, Semifreddo al caffè oder andere hausgemachte Desserts (3 €). Einige Flaschenweine, großenteils aus der Umgebung, sowie ein bodenständiger biologischer Wein passen zum Essen, das Sie im kleinen Speisesaal oder im Sommer im Freien einnehmen. Der Saal im Untergeschoss wird gegen Vorbestellung geöffnet.

18 km südl. v. Fermo, 48 km von Ascoli Piceno

Osteria de le Cornacchie

Traditionelle Osteria
Via del Forno, 10
Tel. (+39) 07 34 / 65 87 07
Ruhetag: Dienstag, außer im Sommer
Ferien: unterschiedlich
35 Plätze + 10 Plätze im Freien
Preise: 23 € (Tagesmenü mit Hauswein)
Kreditkarten: AE, CS, MC, Visa; BM
Abends geöffnet, im Winter an Feiertagen mittags

Nachdem Sie die drei Bögen aus dem 19. Jahrhundert durchschritten haben, die den Eingang in die Altstadt von Petritoli markieren, und ins Zentrum gelangt sind, müssen Sie über eine enge Treppe aus Ziegeln nach unten gehen und kommen zu dieser authentischen, im Lauf der Zeit unverändert gebliebenen Osteria. Der dynamische Inhaber Sergio Federici bietet Ihnen an einem der beiden langen Tische einen Platz an, vielleicht neben anderen Gästen. Im Speisesaal hängen vielversprechend Salumi und Käse zum Reifen. Der Hausherr beginnt nun die erprobten, immer gepflegten und reichhaltigen Gänge der Osteria zu servieren, es erwartet Sie einfacher, doch unverfälschter Geschmack. Das feststehende Menü für 23 €, Getränke inbegriffen, beginnt mit den Antipasti: Lardo, Prosciutto, Lonza und **Coppa di testa al profumo di arancia e mandorle**, Salsiccia und **Ciauscolo**, die auf Brettern aufgeschnitten werden. Es folgen Zuppa di fagioli con „grasso e magro" (Bohnensuppe mit fettem und magerem Fleisch), in der Pfanne gewürztes Wildgemüse mit Kartoffeln, **Trippa** und **Porcini con uova strapazzate** (Steinpilze mit Rührei, eine köstliche Abwandlung von Leber mit Ei). Nun kommt auf einem langen Holzbrett aufgestrichene **Polenta con sugo di costatelle di maiale** (mit Sauce von Schweinerippchen) und als Secondo der im Ofen genau auf den richtigen Punkt knusprig gebratene Stinco di vitello (Kalbshaxe). Hausgemachter Ciambellone und Mistrà, der typische Digestif aus den Marken, beenden das Essen.

In **Monte Vidon Combatte** (4 km) in der Via Leopardi erzeugt und verkauft die Fleischerei Passamonti ausgezeichnete Salumi und Fleisch.

PIANDIMELETO (PU)

38 KM WESTLICH VON URBINO

Le Contrade

Trattoria-Pizzeria
Via IV Novembre, 37
Tel. (+39) 07 22 / 72 17 97
Ruhetag: Montag
Ferien: zeitweise im Juni/Juli
40 Plätze + 25 Plätze im Freien
Preise: 35 €
Kreditkarten: AE, SC, MC, Visa; BM
Mittags und abends geöffnet

Ein Grenzland, seit der Antike ein Kreuzungspunkt zwischen den Marken und der Toskana, ist dieser Ausläufer des Montefeltro. Das Gebiet ist eine Schatztruhe von Naturschönheiten und, was uns interessiert, Zeuge einer kulinarischen Kultur, die sich auf die beiden wertvollen Produkte dieser Gegend stützt: Pilze und Trüffeln. Das Restaurant von Marcello Rivi ist der richtige Ort für diese Köstlichkeiten, die im Übrigen zu erschwinglichen Preisen angeboten – eine echte Seltenheit – und von seiner Frau Norina immer gut zubereitet werden. Nehmen Sie Platz, lauschen Sie Marcellos feierlicher Beschreibung der Gerichte und beginnen Sie mit einer der drei Degustationen der Antipasti – „dell'aretino", „del toscano" oder „al tartufo" –, unter anderem mit bestem Käse, Fondente di ceci ai funghi di bosco misti, **Crema di fagioli ai porcini** und Frittatina strapazzata di funghi, salsiccia e tartufo. Nun kommen Primi wie **Tagliatelle** mit Spargel und Pancetta (8 €) oder **mit frischen Maipilzen** (10 €) sowie **Strozzapreti con fonduta di formaggio e porcini** (8 €). Bei den Secondi ist eine große Auswahl an Tagliata (15 €) und Filets vom Schwein vorgesehen, dazu hervorragende Beilagen. Wenn Sie möchten, bereichern Sie die Fleischgerichte um ein wenig Trüffel. Außerdem können Sie köstliches **Carpaccio di vitellone ai funghi** misti (Carpaccio vom Jungstier mit gemischten Pilzen, 11 €) bestellen. Zum Abschluss Cremuovo al profumo di caffè e cioccolato nero (5 €) oder Tagliata di crema alle arance amare. Die Weinkarte ist stark von den Marken geprägt.

PORTO RECANATI (MC)

30 KM NÖ. V. MACERATA, 18 KM S. V. ANCONA

Il Diavolo del Brodetto

Restaurant
Via Emilio Gardini, 10
Tel. (+39) 071 / 979 92 51
Ruhetag: Sonntagabend, Montag
Ferien: 15. Oktober–15. November
40 Plätze
Preise: 38–40 €
Kreditkarten: CS, MC, Visa; BM
Mittags und abends geöffnet, im Winter nur mittags, Freitag und Samstag auch abends

Nur ein paar Schritte vom Meer entfernt befindet sich dieses gemütliche Lokal, das in einen Speisesaal und eine im Winter geschlossene Veranda unterteilt ist. Die Geschwister Giri, Giuseppe in der Küche und Piera im Service, setzen mit Meisterschaft und Engagement die gefestigte Familientradition einer Meeresküche fort, die den grundlegenden lokalen Gerichten einen besonderen Wert beimisst, von denen jedes einzelne als Hauptgang gelten kann: **Grigliata di pesce**, nie banal und immer bestens geeignet, den Geschmack der einzelnen Fischarten zur Geltung zu bringen, und vor allem **Brodetto alla portorecanatese**, eine der vielen Varianten der Marken, die in Fano ihren Ausgang nehmen und in San Benedetto enden. Gästen, die nicht zur Stammkundschaft zählen, legen wir ihn besonders ans Herz, denn er zeichnet sich durch weniger bekannte Fische aus – abhängig vom Tagesfang – und durch die rosa Farbe der Flüssigkeit, in die man, wie Sie feststellen werden, einfach das Brot tauchen muss. Bedenken Sie, dass diese Speise ein ganzes Menü darstellt. Wir haben ein wenig übertrieben und auch einen Antipasto mit Insalata di mare, Alici marinate in casa (5 €), Lumachine und **Raguse in porchetta** (7 €) bestellt, doch dann hatten wir Mühe, den Brodetto aufzuessen! Außerdem könnten Sie zwischen Risotto, Spaghetti oder **Tagliatelle allo scoglio** (13 €) oder auch alle vongole wählen sowie die garantiert gute **Frittura di paranza** (20 €). Zitroneneis oder Tiramisu zum Dessert. Zu trinken gibt es gute offene Weine und einige Etiketten aus den Marken. Eine Reservierung ist ratsam.

PORTO SAN GIORGIO (FM)

7 KM ÖSTLICH VON FERMO

Lorè

Trattoria
Via Giordano Bruno, 271
Tel. (+39) 07 34 / 67 38 70
Ruhetag: Montag
Ferien: zeitweise im Januar und September
40 Plätze + 15 Plätze im Freien
Preise: ⊞ 35–38 €
Kreditkarten: AE, CS, MC, Visa; BM
Mittags und abends geöffnet

Im Zentrum des alten Fischerdorfes in der Nähe der Staatsstraße Adriatica finden Sie diese Trattoria mit einem größeren und einem kleinen Speisesaal, beide einfach und hell, ohne den üblichen Kleinkram, der oft an den Wänden der Meeresrestaurants hängt. Die Küche ist das Reich von Maria Zazzera, die sich nicht darauf beschränkt, die traditionellen Fischgerichte der Adria anzubieten, sondern gewissenhaft nach Zutaten aus der Umgebung sucht. Unterstützt wird sie dabei von ihren Kindern, die den Service versehen und stets offen sind für Kritik und Vorschläge von Stammgästen. Einer von diesen hatte die Idee zum Öl mit Basilikum, das die Tomatensauce zu den Ravioli di pesce ersetzt. Apropos Kräuter: Die außergewöhnlichen **Bomboletti** (Meeresschnecken) **in bianco** (7 €) werden mit einer Sauce aus lokalen Kräutern verfeinert. Vom reichhaltigen Angebot an Antipasti empfehlen wir auch **Insalata di seppie con verdure** (8 €), dabei machen wir auf die Auswahl des guten Olivenöls aufmerksam, von der lokalen und seltenen autochthonen Sorte Piantone di Falerone bis zu einem reinsortigen Öl der Sorte Coroncina von einem Erzeuger aus San Giorgio. Es folgen **Tagliatelle alla marinara**, **Spaghetti allo sgombro** (9 €), **Calamaretti fritti** und **Frittura di paranza** (18 bzw. 13 €), der Fisch des Tagesfangs gegrillt, außerdem **Guazzetto di pesce** (18 €) sowie bemerkenswerter Bollito di mare con verdure und natürlich Brodetto, allerdings nur gegen Vorbestellung. Aus einer lokalen Pasticceria kommen die exzellenten Desserts (4 €), von denen wir besonders Zabaione empfehlen. Gute Auswahl an Weinen, vor allem an Weißweinen und lokalen Erzeugnissen.

POTENZA PICENA (MC)

18 KM NORDÖSTLICH VON MACERATA

Osteria del Vicolo

Moderne Osteria
Via Battisti, 1
Tel. (+39) 07 33 / 67 23 40
Ruhetag: Donnerstag
Ferien: 3 Wochen im Juni
35 Plätze
Preise: 25–30 €
Kreditkarten: CS, MC, Visa; BM
Mittags und abends geöffnet

Der Name Vicolo bedeutet Gasse und es handelt sich im konkreten Fall um jene, die von der Via Battisti zur Piazza Matteotti mit ihrem schönen Panoramablick führt. Das Lokal ist einladend, die Räume sind durch Ziegelbögen getrennt, hübsche Zeichnungen von Dorfansichten zieren die Wände. Riccardo Carestia gibt nach wie vor zwei Degustationsmenüs den Vorzug, eines bezieht sich auf die Tradition, das andere auf die jeweilige Jahreszeit (23 € – fünf Antipasti, zwei Primi und ein Dessert, 28 €, wenn Sie noch zwei Secondi dazunehmen, zusätzlich werden 2 € für das Gedeck verrechnet). Wir haben uns an das vollständige Menü gewagt, das bedeutet verschiedener Aufschnitt mit Pecorino und Konfitüre aus grünen Tomaten, **Galantina di faraona** mit russischem Salat, gedämpfte Ricotta mit Trüffel und Honig, **Frittatina con carciofi e lavanda** mit einem Stück Karottentorte sowie **Mousse di fegatini di pollo** su fetta di biscotto di mosto con riduzione di vino rosso als Antipasti. Bereits beinahe satt, haben wir mit **Frascarelli al sugo finto** und Tagliatelle in bianco con sugo di lepre (mit Sauce vom Wildhasen ohne Tomaten) fortgesetzt. Anschließend gab es **Coniglio in porchetta con cicoria** und Cinghiale in salmì con polenta und als Abschluss eine Kostprobe von drei Desserts: Panna cotta allo zafferano, Mousse di frutti di bosco sowie **Crostata con confettura di fichi**. Ein richtiges Abenteuer, denn die Portionen sind wirklich mehr als nur einfache Kostproben. Sie können auch à la carte wählen – unter den Primi des Tages für 8 € oder 13 €, wenn Sie Trüffel dazunehmen –, danach Schwein, Lamm oder Rind vom Grill (12, 14 und 16 €). Bei der Weinauswahl spürt man einen angemessenen Respekt gegenüber den Etiketten aus den Marken.

RECANATI (MC)

20 KM NORDÖSTLICH VON MACERATA, S.P. 571

Osteria di Via Leopardi

Moderne Osteria
Via Leopardi, 7
Tel. (+39) 071 / 757 43 74
Ruhetag: Mittwoch
Ferien: zeitweise im Herbst/Winter
60 Plätze + 30 Plätze im Freien
Preise: 35–40 €
Kreditkarten: AE, CS, MC, Visa; BM
Mittags und abends geöffnet

Der verdientermaßen große Erfolg des Films *Il giovane favoloso* hat zusätzliches touristisches Interesse am Geburtsort des Dichters Giacomo Leopardi hervorgerufen. Das Dorf liegt wie eine natürliche Terrasse zwischen Meer und Hügel, gleich hinter dem Ortseingang finden Sie diese moderne Osteria. Empfangen werden Sie von Lidia Sagni und ihrem Mann Mauro Mengoni, er dirigiert das Orchester in der Küche: vor allem traditionelle Gerichte, die in moderner Form interpretiert werden, sowie ganz persönliche Kreationen, von denen einige überzeugen, andere weniger. Einige Beispiele von der Karte sind **Carne salata con puntarelle e arancia** (10 €), Panzanella con maionese, pomodoro e burrata pugliese sowie lokale Salumi und Käse. Danach von Hand gezogene Teigwaren aus biologischem Mehl wie Orecchiette con cavolfiore all'aroma di arancia e alloro, Spaghettoni alla quasi amatriciana con crema di cipolle e pomodori und **Cacio e pepe con guanciale caramellato** (10 €). Das Menü mit Baccalà bleibt die Spezialität der Osteria, doch auch aus diesem können Sie einzelne Gerichte wählen, zum Beispiel **Baccalà in guazzetto con carciofi**. Als Alternativen Petto di anatra al vino cotto con gelato di mele al forno, **Coniglio in casseruola con caponata e olive verdi** (15 €) und verschiedene weitere Gerichte. Wählen Sie ein Dessert und Sie werden einen Dreiervorschlag bekommen, in dem sich zum ausgesuchten Dolce noch zwei Kostproben gesellen, vielleicht Mousse al pistacchio con gelato di carote e arancia (8 €), Crème brulée mit Banane oder Ananas, Crumble di pere affogato nel cioccolato und Zuppa inglese. Auf der Weinkarte stehen schöne Etiketten aus der Umgebung und ganz Italien. Gegen Vorbestellung werden Themenabende mit Gerichten aus dem 18. Jahrhundert vorbereitet.

RIPATRANSONE (AP)

38 KM NORDÖSTLICH VON ASCOLI PICENO

Iervasciò

Ferienbauernhof
Ortsteil San Michele, 18
Tel. (+39) 07 35 / 979 36
Ferien: zur Weinlese
50 Plätze
Preise: 22–25 € (mit Hauswein)
Kreditkarten: Visa; BM
Freitag und Samstag abends, Sonntag mittags geöffnet

Wenn man zu den Brüdern Giannetti will, fährt man von der Staatsstraße Adriatica auf der Höhe von Cupra Marittima in Richtung Ripatransone und dann etwa zwei Kilometer lang über eine Serpentinenstraße, neben der bewirtschaftete Felder liegen, Weinstöcke in dichten reihen und Olivenpflanzungen. Auf dem Bauernhof wird nach biologischen Methoden fast alles erzeugt, was in der Küche zur Verarbeitung kommt, Produkte von lokalen Erzeugern werden zur Ergänzung eingekauft. Massimo und Attilio, Befürworter einer neuen Ökologie des Essens, beleben nahezu ausnahmslos authentische Gerichte der traditionellen lokalen Küche der Halbpächter. Zu Beginn **Fegatini di pollo con le uova**, hausgemachte Salumi, gegrilltes Gemüse und **Olive fritte all'ascolana**. Hausgemachte Teigwaren wie ***Li 'ttaccù*** (sehr dicke Spaghetti aus Wasser und Mehl) werden mit Gemüse oder **Sugo di coniglio in bianco** (Kaninchensauce ohne Tomaten) serviert, weitere Primi sind **Maccheroncini con *lu sugo de lu macchenà*** (der Name der Sauce nimmt Bezug auf die Getreideernte, 8 €) sowie **Vincisgrassi aus dem Holzofen**, in dem auch Fleisch vom **Kaninchen, Schwein und Lamm** (11 €) gebraten wird. Außerdem gibt es Pollo in tegame, Hammel und Taube. Nur gegen Vorbestellung bekommen Sie **Stoccafisso in salsa** (23 €) und im Winter *'Mbignata* (Schwanz, in Schmalz eingelegte Stücke vom Kopf und andere Teile vom Schwein). Von Ende Juni bis zur Weinlese können Sie Schnecken unter dem Namen ***Li cuccelò*** (17 €) probieren. Der Service ist auch dann herzlich und aufmerksam, wenn der Speisesaal voll ist. Zum zufriedenstellenden Hauswein gesellt sich eine kleine, doch vertrauenswürdige Auswahl an Erzeugnissen lokaler Produzenten. Die hausgemachten Dolci werden von einem Gläschen Mistrà begleitet.

SAN BENEDETTO DEL TRONTO (AP)
Porto d'Ascoli

33 km östl. von Ascoli Piceno, S.S. 16 od. A 14

Caserma Guelfa

Moderne Osteria
Via Caserma Guelfa, 5
Tel. (+39) 07 35 / 75 39 00
Ruhetag: Montag
Ferien: August/September, 1 Woche nach Dreikönig
60 Plätze + 30 Plätze im Freien
Preise: 35–40 €
Kreditkarten: AE, CS, MC, Visa
Mittags und abends geöffnet, im Juli nur abends

Federico Palestini, ein ehemaliger Fischer mit beachtlicher Kompetenz, ist Gründer und Inhaber dieser Osteria in Räumen, die im 16. Jahrhundert einer Zollstation dienten, an der damaligen Grenze zwischen dem Kirchenstaat und dem Königreich beider Sizilien. Mit der Unterstützung von Amelia Scipioni und einigen jungen Leuten in der Küche ist es ihm gelungen, sich mit einer Meeresküche durchzusetzen, der eine bedeutende Tradition in Verbindung mit einem der wichtigsten Fischerhäfen und Fischmärkte Italiens zugrunde liegt: San Benedetto del Tronto. Ein Überblick über die Spezialitäten des Lokals kann also nur bei einem Hauptgericht wie **Brodetto sambenedettese** (25 €) beginnen, das Sie meistens vorbestellen müssen. Ebenso repräsentativ sind **Triglie marinate** oder **Trippa di rana pescatrice** (Kutteln vom Anglerfisch, 5 €), Tortino di alici con verdure und Insalata di calamaretti. Bei den Primi Spaghetti oder **Paccheri con cozze e pesto di basilico**, **Linguine al battuto di coda di rospo** (12 €), mit Seebarsch gefüllte Ravioli und die seltene Minestra in brodo di pesce (im Winter). Als Secondo erwarten Sie Fritture und Grigliate. Immer vorhanden ist ein Menü für 35 €, in dem das oben Erwähnte zusammengefasst wird, in dem kleinen Raum neben dem Hauptsaal steht jedoch auch ein weniger vielfältiges und günstigeres Angebot zur Verfügung. Wenn man à la carte bestellt oder Gerichte, die nicht auf der Tageskarte stehen, kann die Rechnung höher ausfallen, besonders, wenn man einen größeren Fisch wie gekochten Sanktpetersfisch mit Gemüse oder Rombo al forno con patate wählt. Semifreddo und hausgemachte Desserts zum Abschluss. Weinauswahl mit verschiedenen guten Etiketten, nicht nur aus den Marken.

Gutes Brot und Süßspeisen aus Sauerteig und sorgfältig ausgewähltem Getreide bei Pane Antico, Via Voltattorni 10.

SAN BENEDETTO DEL TRONTO (AP)

33 km östl. von Ascoli Piceno, S.S. 16 od. A 14

Vinicio

Restaurant
Via Colleoni, 40
Tel. (+39) 07 35 / 65 96 32
Ruhetag: Sonntagabend, Montag
Ferien: 1.–10. Januar, 1.–15. September
30 Plätze + 15 Plätze im Freien
Preise: 30–35 €
Kreditkarten: CS, MC, Visa; BM
Mittags und abends geöffnet

An der Peripherie, genauer gesagt zwischen der Autobahnausfahrt und dem nahen Naturschutzgebiet Sentina, finden wir einen Winkel der Tradition von San Benedetto, in dem ausnahmslos frischer lokaler Fisch in bescheidenem, doch einladendem Ambiente zum Einsatz kommt. Die beiden Inhaber, Mimmo und Luca, der Erste im Service, der Zweite am Herd, bieten eine Speisekarte, die täglich wechselt und zum Großteil mündlich vorgestellt wird, vor allem wenn es um die Antipasti geht. Wir zum Beispiel haben Merluzzo nostrano in salsa verde e cipolla caramellata (lokalen Kabeljau in grüner Sauce mit karamellisierten Zwiebeln) probiert, **Suri con menta e limone gratinati in padella** (5 €), Hamburger di totani und hausgemachtes Ketchup aus der Tinte des Tintenfischs, **Calamari alla griglia olio, prezzemolo e limone** sowie **Occhialone e mazzolina brodettati** (mit Brühe zubereitete Meerbrassen und ein stacheliger Meerfisch). Als Primo waren an diesem Tag **Mezze maniche allo scoglio** vorgesehen, Spaghetti alle vongole con birra e zenzero sowie Linguine agli scampi cacio e pepe (je 10 €). Großartige **Mazzolina in guazzetto** (18 €), doch auch Rombo al forno, Rana pescatrice pomodoro, olive e zucchine (Anglerfisch mit Tomaten, Oliven und Zucchini, im Sommer) und die klassische und immer perfekte **Frittura di pesce** (15 €) können mithalten. Zum Abschluss des Essens Sorbetto al limone oder eines der gepflegten hausgemachten Desserts. Die Weinkarte wurde erweitert und umfasst nun etwa 30 Etiketten, vorwiegend aus der Umgebung. Die Preise hingegen haben sich löblicherweise im Vergleich zum Vorjahr nicht verändert.

28 KM SÜDLICH VON MACERATA

Da Pippo e Gabriella

Trattoria
Viale L'Immacolata, 33
Tel. (+39) 07 33 / 66 11 20
Ruhetag: Montag
Ferien: 10. Januar–Anfang Februar, 1 Woche im Juni
70 Plätze
Preise: 26–30 €
Kreditkarten: CS, MC, Visa; BM
Mittags und abends geöffnet
♿

Das Da Pippo e Gabriella ist eine ruhige Trattoria in einem renovierten alten Landhaus, schön gelegen im Hügelpanorama des Gebiets um Macerata. Herzlicher Empfang und eine an die Umgebung gebundene Küche, wie es für die Marken typisch ist, kennzeichnen das Lokal, das sich mittlerweile seiner Linie sicher sein kann, denn diese wurde von zahlreichen Gästen bestätigt und nicht nur von Stammkunden. Eine Speisekarte gibt es nicht, das heißt, die Gerichte werden mündlich aufgezählt. Beginnen Sie mit **Salumi** – Prosciutto, **Ciauscolo** und Lonza wurden selbst erzeugt, das Fleisch stammt von Schweinen, welche von vertrauenswürdigen Bauern der Umgebung aufgezogen wurden – dazu immer Gemüse, in Öl eingelegt oder gegrillt. Breitgefächerte Auswahl an Primi, vor allem von Hand gemachte Teigwaren wie **Tagliatelle al ragù**, Agnolotti ai funghi porcini (mit Steinpilzen gefüllte Teigtaschen, 8 €), Crespelle di ricotta alla crema di spinaci, **Cannelloni di carne gratinati al forno** und im Winter **Polentone al forno**. Große Auswahl an Fleisch bei den Secondi: Lombate di vitello, **Braciole** und **Costine di maiale** (Rouladen und Rippenstücke vom Schwein, 7 €), Filetto di manzo, Agnello (12 €) und gegrilltes Fleisch vom Kamin in der Mitte des Speisesaals. Der traditionelle **Ciambellone**, die Süßspeise der Marken schlechthin, ist neben Tiramisu und der guten Zuppa inglese ein optimaler Abschluss. Zum Essen passen natürlich vor allem Rotweine wie der anständige offene Hauswein, doch Sie bekommen hier auch einige gute Flaschen, vor allem Rosso Piceno.

26 KM NORDWESTL. V. ANCONA, S.S. 16 OD. AUSFAHRT A 14

Cibo e Vino

Osteria
Via Fagnani, 16–18
Tel. (+39) 071 / 632 06
Ruhetag: Montag
Ferien: unterschiedlich
20 Plätze + 15 Plätze im Freien
Preise: 25–33 €
Kreditkarten: CS, MC, Visa; BM
Mittags und abends geöffnet

Nehmen Sie an einem der wenigen Tische dieser Osteria in der Nähe der zentral gelegenen Piazza Roma und des Rathauses Platz und freuen Sie sich auf eine einfache, schmackhafte Meeresküche. Diese ist hier oft mit „weniger wertvollen" Fischsorten verbunden, was uns das Cibo e Vino besonders sympathisch macht, denn es ist schwieriger, einen guten Eindruck mit Makrelen und Grundeln als mit Scampi und Seebarsch zu erzeugen. Die zwanglose Atmosphäre und die Tatsache, dass man mit anderen Gästen gemeinsam an einem der vier Tische zu sitzen kommen kann (im Sommer gibt es auch einige Plätze im Freien), verstärken den Geist der Geselligkeit. Die mittels einer Malpalette-Speisekarte erläuterten Gerichte können in jeder beliebigen Reihenfolge bestellt werden, zubereitet werden sie von sicherer Hand und mit großer Kenntnis der Fischsorten. Anschauliche Beispiele dafür bieten **Crostone di sgombro e pomodori** (8 €), wahlweise mit Sugo di brodetto oder mit Guazzetto di spigola, des Weiteren **Trippe di baccalà** (14 €), Tagliolini ai cannelli (Nudeln mit Muscheln, 10 €), **Calamaretti spillo al pane aromatico** (16 €) und **Cappellini in brodo di scorfano, mazzola e bocca in cava** (feine Nudeln in der Brühe des Drachenfischs, eines stacheligen Meerfischs und des Himmelsguckers). Im Lauf des Jahres könnten Sie Rührei mit Rogen der Meeräsche probieren, **Mazzancolle al vapore** (14 €), Spaghetti alle vongole, Sardoncini scottadino oder **Polenta con il baccalà**. Einige Fleischgerichte sind ebenfalls vorgesehen. Interessantes Weinsortiment, vor allem aus den Marken, mit angemessenen Preisen und der Möglichkeit zur glasweisen Verkostung. Die wenigen Plätze im Lokal legen eine Reservierung nahe.

Die Fleischerei Furcinon in der Via Cavour 19 verkauft hervorragendes frisches Fleisch und Salumi.

26 KM NORDWESTL. V. ANCONA, S.S. 16 OD. AUSFAHRT A 14

Palazzo Barberini

Moderne Osteria
Via Mastai Ferretti 17–18
Tel. (+39) 071 / 792 67 03
Ruhetag: Montag
Ferien: unterschiedlich
25 Plätze
Preise: 25–30 €
Kreditkarten: CS, Visa; BM
Mittags und abends geöffnet

Was die Gastronomie betrifft, zeigt der Fall von Senigallia, wie die Präsenz großer Lokale – Cedroni und Uliassi – und das Interesse, das durch diese geweckt wird, eine Quelle für das Wachstum der Bewirtungsbetriebe auf allen Ebenen, mit unterschiedlichstem Angebot sein können. Unter den nicht gerade wenigen Adressen in der Altstadt zeichnet sich der Palazzo Barberini mit einer für Helligkeit sorgenden Fensterfront auf die Via Mastai Ferretti nicht als ambitionierter Gourmettempel aus, sondern als ursprüngliche Osteria, die in ihren Gerichten auf lokale biologische Zutaten baut. Ein kleiner gemütlicher Saal, Speisen vom Land und vom Meer, dabei auch Gemüse der Jahreszeit und hervorragendes Brot (sogar aus Hanf oder Roggen) von einem Biobäcker aus Scapezzano – das ist das Fundament des Lokals. Ein Überblick über die Gerichte: Parmigiana di melanzane und **Asparagi di mare con pomodori e alici marinate** (je 7 €) zum Einstieg, dann **Paccheri con sugo di campagna** (mit Salsiccia in der Tomatensauce, 10 €), Gnocchi al sugo di canocchie (Heuschreckenkrebse), kräftige Tagliolini mit Bohnen, Vincisgrassi, Ravioli con sugo di carne und ***Cresc' tajat*** (unregelmäßig geschnittene, dicke Teigwaren aus Weizenmehl) **con ceci e mazzancolle** (mit Kichererbsen und Furchengarnelen, 12 €) unter den Primi. Anschließend **Sardoncini a scottadito**, gegrilltes Fleisch (14 €) und gutes **Kaninchen mit Pflaumen** (12 €). Außerdem Biohähnchen „all'usanza" (das bedeutet: „Wie es der Brauch will" und steht meistens am Sonntag auf der Karte) oder Spiedino di pollo al limone, verschiedene vegetarische Gerichte wie Seitan mit Saisongemüse oder veganer Hamburger aus Mangold und Kartoffeln sowie ab und zu **Brodetto di pesce**. Die Portionen sind großzügig, die Weinauswahl der Küche entsprechend.

26 KM NORDWESTL. V. ANCONA, S.S. 16 OD. AUSFAHRT A 14

Rimante

Osteria
Via Pisacane, 59
Tel. (+39) 071 / 792 93 84
Ruhetag: Mittwoch
Ferien: 2 Wochen im Mai/Juni, Ende September
50 Plätze + 25 Plätze im Freien
Preise: 25–30 €
Kreditkarten: CS, MC, Visa
Abends geöffnet

In seinem gleich beim Theater La Fenice gelegenen Lokal bietet Cesare De Rocco ausgezeichnete Küche im Stil der Marken, die Sie im Sommer auch an Tischen im Freien kennenlernen können. Eine handgeschriebene Speisekarte wird zusammen mit dem guten hausgemachten Brot an den Tisch gebracht. Zu Beginn gibt es mit dem Messer geschnittenen Prosciutto und hausgemachte Salumi zu den Fladenbroten Focaccia und Crescia (11 €), des Weiteren **Porchetta di coniglio** al forno **con verza** saltata in padella (9 €) und Ricotta di bufala con pistacchi e gelatina di scalogno. Unter den Primi sind **Boccolotti della frasca** (7 €), Tagliatelle al matterello con ragù di carne, Menestrelli al radicchio e pecorino di fossa sowie Passatelli alla crema di ortiche e casciotta di Urbino (mit Brennnesselcreme und dem Schnittkäse mit dem DOP-Zertifikat, 9 €). Als Alternative zur Spezialität **Spiedo del Rimante** – gegrilltes Fleisch mit Konfitüre von grünen Tomaten – bekommen Sie Tagliata di vitellone marchigiano con cipolla rossa brasata, Filetto di maiale al millefiori con uva nera e vernaccia (Schweinefilet in Blütenhonig mit roten Trauben und Vernaccia), köstlichen traditionellen **Fritto con verdure croccanti, olive e cremini** (15 €) sowie Agnello di montagna disossato al forno con carciofi. Dazu gibt es Beilagen der Saison wie ***Foje di campo strascinate*** (in der Pfanne mit Knoblauch und Chili gewürztes Wildgemüse, 5 €). Unter den Dolci ragt **Moretta** hervor, ursprünglich ein heißes Getränk, das die Fischer gerne zu sich nahmen, hier in einer essbaren Form. Außerdem Zuppa inglese und Tortino caldo al fondente con crema di fragole. Gute Weinauswahl, vor allem aus den Marken, auch glasweise zu bestellen ist möglich.

Neben dem Lokal finden Sie Ser Caramello, Simonetta De Roccos herrlichen Teesalon mit Konditorei.

SERRA DE' CONTI (AN)

52 KM W. V. ANCONA, 29 KM V. SENIGALLIA, S.S. 360

Coquus Fornacis

Moderne Osteria
Via Fornace, 7
Tel. (+39) 07 31 / 87 80 96
Ferien: unterschiedlich
50 Plätze + 35 Plätze im Freien
Preise: 30–35 €
Kreditkarten: AE, CS, MC, Visa; BM
Freitag–Sonntag, vor und an Feiertagen mittags und abends geöffnet

Eine alte, beispielhaft renovierte Ziegelbrennerei, in deren Innerem sich ein moderner Speisesaal befindet – diesen Raum hat Marco Giacomelli, ein überzeugender Fürsprecher der Zutaten aus der Umgebung und aus Serra de' Conti, für sich geschaffen. Auf der Speisekarte stehen vor allem Gerichte der lokalen Küche sowie einige Slow-Food-Presidi aus den Marken und ganz Italien. Natürlich sollten Sie **Zuppa di cicerchia** di Serra de' Conti **in pagnotta di farro** (7 €) probieren, die Platterbsen stammen aus dem Ort, die Suppe wird in einem Brotlaib aus Dinkel serviert. Eine weitere lokale Spezialität ist Vitello alla mela rosa dei Monti Sibillini, von außerhalb der Marken stammt Risotto di Grumolo delle Abbadesse con zucca e pecorino di fossa. Doch werfen wir einen Blick in die Speisekarte und entdecken bei den Antipasti den interessanten Fritto del Coquus sowie Bocconcini di coniglio in porchetta su crema di zolfino. Anschließend **Tagliatelle al sugo *de nà volta*** (8 €) – eine erfreuliche Interpretation der lokalen Sauce mit Fleisch – und **Passatelli asciutti con i carciofi** (8 €). Unter den Secondi sind sowohl **Agnello al forno** als auch **Coniglio in porchetta** (10 €) zu empfehlen. **Mousse al mistrà con salsa al caffè** (6 €) oder Torta di mele und Crostata di crema sind Desserts, die Sie unbedingt probieren sollten. Die Weinkarte mit ihrer großen Auswahl an lokalen Etiketten räumt dem Verdicchio viel Platz ein, zu korrekten Preisen. Wer eine Alternative zum Fleisch möchte, findet normalerweise einige Fischgerichte. Im Sommer können Sie angenehm im Freien unter dem Laubengang der ehemaligen Brennerei essen.

»
Respekt für die Entschlossenheit, eine Küchenphilosophie beizubehalten, die sich mit Intelligenz an der Umgebung orientiert und bereit zum Dialog auch mit nicht-lokalen Gaumen ist.
«

SERRAPETRONA (MC)
Borgiano

30 KM SÜDWESTLICH VON MACERATA, S.S. 77

Osteria dei Borgia

Traditionelle Osteria
Via Cameraldo, 3
Tel. (+39) 07 33 / 90 51 31
Ruhetag: Montag, im Winter auch Dienstag
Ferien: letzte Juni-, erste Juliwoche
60 Plätze + 50 Plätze im Freien
Preise: 30 €
Kreditkarten: CS, MC, Visa; BM
Abends geöffnet, Sonntag ab 16.30 Uhr

Die einfache und herzliche Geste von Sandro Quadraroli, zu Beginn des Essens mit seinen Gästen anzustoßen, bezeugt seine Leidenschaft für guten Wein – auch auf der Weinkarte wird diese durch die Konzentration auf interessante (auch nach biologischen Methoden arbeitende) Erzeuger aus den Marken deutlich – und für ursprüngliche Gastlichkeit, typisch für das Gebiet oberhalb von Macerata. In dieser schönen Dorftrattoria, die wenige Kilometer vom Stausee Lago di Caccamo entfernt ursprünglich als Osteria mit Ausschank entstanden war, ist es die große Aufmerksamkeit für die Saisonalität der Grundzutaten, die Sandros Schwester Stefania in der Küche zu häufigen und erfreulichen Veränderungen der Speisekarte veranlasst. Im Frühling könnte die Degustation von drei Antipasti (16 €) Pollo in crosta di arachidi con crudità di carciofi e arancia (Hähnchen in Erdnusskruste mit rohen Artischocken und Orangen) vorsehen sowie **Polentina di piselli secchi con fave, ciauscolo e pecorino dolce** und Crostata di zucchine con fiori di zucca ripieni di ricotta e pomodoro fresco. Unter den Primi (7,50 €) mit frischen hausgemachten Teigwaren finden Sie Ravioli con prosciutto e asparagi und **Maltagliati al farro con *ratatuia* di verdure e pesto di rucola selvatica**. Schmackhafte **Costarelle di maiale in porchetta con patate arrosto** (10 €) als Secondo oder aber ein üppiger Teller mit Salumi, Sottoli und **Käse**, Letzterer immer verfügbar und unter den besten Erzeugnissen der Marken und des Piemont ausgewählt. Unter den Dolci (4,50 €) fällt die gute **Crema aromatizzata al mistrà con caffè e meringhette** auf wie auch Mousse di zabaione. Gegen Vorbestellung wird ein vegetarisches Menü aus den Erzeugnissen des eigenen Gartens vorbereitet.

SERRUNGARINA (PU)
Bargni

34 KM SW. V. PESARO, S.S. 16 U. 73 BIS, 35 KM V. URBINO

Da Gustin

Traditionelle Osteria
Via Castello, 27
Tel. (+39) 07 21 / 89 15 17
Kein Ruhetag
Ferien: zeitweise im November
12 Plätze + 24 Plätze im Freien
Preise: 35–40 €
Kreditkarten: CS, MC, Visa; BM
Mittags und abends geöffnet

Sie haben richtig gelesen: Es gibt nur wenig mehr als ein Dutzend Plätze und im Sommer etwa 20 Plätze im Freien. Eine Gastwirtschaft abseits von allem, auf dem Kamm der sanften Hügel über dem Val Metauro, mit Blick auf das einstige Schlachtfeld zwischen den Karthagern und den Römern, heute ein friedliches Mosaik aus Weingärten, Olivenpflanzungen und Feldern. Fahren Sie nach dem Ort Serrungarina die steile Straße hinauf in den winzigen Ortsteil Bargni, parken Sie außerhalb des Ortskerns und nach ein paar Schritten erreichen Sie das Lokal Da Gustin, benannt nach dem Großvater des derzeitigen Inhabers, der die Osteria in der Nachkriegszeit gegründet hat. In dieser Oase mit wenigen Tischen nahe der Theke, einem Kamin und einer gigantischen Schneidemaschine präsentieren Ihnen Virginio und Catia die von der jeweiligen Jahreszeit diktierte Speisekarte. **Frittatine agli asparagi** (kleine Omeletts mit Spargel), **Crostuovo al tartufo estivo** und das Brett mit Käse und Salumi (14 €) kommen vor Primi (10 €) wie **Tagliatelle** – auch aus Dinkelmehl – **al matterello con porcini o al sugo**, **Passatelli con scorzone** (mit Sommertrüffel), mit Pecorino gefüllten Tortelli und *Cresc' tajat* al ragù di cinghiale. **Coniglio alla cartocetana**, Galletto con pancetta e aromi, **Baccalà arrosto** oder Agnello del Monte Nero sind beliebte Secondi (13–14 €), als Beilage in der Pfanne gewürztes Wildgemüse (3 €), natürlich mit dem Olivenöl aus Cartoceto beträufelt. Die überwiegend lokalen Weine können Sie auch glasweise verkosten. Die Preise sind seit dem letzten Jahr ein wenig gestiegen und auch die manchmal etwas aufdringliche Musikauswahl können wir leider nicht mit Schweigen übergehen.

Im Ortsteil Tavernelle, Via Flaminia 11, verkauft die Fleischerei Spendolini frisches Fleisch und Salumi sowie Spezialitäten zum Mitnehmen.

SIROLO (AN)

20 KM SÜDLICH VON ANCONA

Il Ritorno

Ferienbauernhof • Via Piani d'Aspio 12
Tel. (+39) 071 / 933 15 44,
(+39) 333 / 149 61 65
Ruhetag: Montag, im Winter Montag–Donnerstag
Ferien: Februar, 2 Wochen im November
70 Plätze + 100 Plätze im Freien
Preise: 30–35 €
Kreditkarten: CS, MC, Visa; BM
Mittags und abends geöffnet

Unter den Zutaten, die Familie Clementi selbst erzeugt, sticht das Fleisch der wild lebend aufgezogenen Bio-Rinder hervor, das mit dem Gütesiegel „VitelloBradodelConero" ausgezeichnet ist und als **Spezzatino**, Steak oder köstliche **Trippa in bianco con patate** (8 €) zubereitet wird. Die Brüder Federico und Mirco haben nach vielen Jahren Leidenschaft für das Reiten ins Fach der Gastronomie gewechselt und dies auf höchstem Niveau. Sie stützen sich dabei auf das native Olivenöl extra und das oben genannte Fleisch, aber auch auf Gemüse aus dem Garten, hausgemachte Teigwaren und Desserts. Zusätzlich liefert die lokale Kooperative Terre del Conero Brot, Hülsenfrüchte und Mehl. Nach einem Antipasto mit Salumi, Käse, Gemüse und vielleicht einer Kostprobe der schmackhaften **Coratella di agnello** (6 €) fahren Sie mit über den Bronzestab gerollten **Spaghetti** marchigiani **con pancetta, salsiccia, pomodori, ricotta e ceci** (8 €) fort oder mit **Gnocchi ripieni di carne con pendolini e timo** (mit Fleisch gefüllte Gnocchi mit Kirschtomaten und Thymian). Unter den Secondi finden Sie Fleisch vom Holzkohlengrill (13 €) oder gutes **Carpaccio tiepido di vitello con caponata di verdure** (12 €), dazu Gemüse und Wildgemüse der Saison. **Ciambellone** und Crostata (3 €) zum Abschluss, wie es die Tradition verlangt. Der unverfälschte offene Hauswein, sowohl rot als auch weiß, stellt durchaus eine Alternative zu den Flaschenweinen einiger Erzeuger von Rosso Conero dar. Und vielleicht entscheiden Sie sich sogar für einen längeren Aufenthalt in einem der Zimmer des Agriturismo, den die Mutter der Brüder Clementi seit vielen Jahren führt.

STAFFOLO (AN)

46 KM SÜDWESTLICH VON ANCONA, S.S. 76

Vino e Cucina

Trattoria
Via XX Settembre, 54
Tel. (+39) 07 31 / 77 97 83
Ruhetag: Montag
Ferien: 2 Wochen im Juli
50 Plätze
Preise: 27–35 €
Kreditkarten: AE, CS, MC, Visa; BM
Abends geöffnet, Samstag auch mittags, Sonntag nur mittags

Im Zentrum des Städtchens gelegen, von wo aus Sie das herrliche Panorama der Castelli di Jesi betrachten können, ist diese kleine Trattoria genau richtig für Sie, wenn Sie die lokalen Gerichte kennenlernen wollen, denen es nie an kräftigem Geschmack mangelt. Gabriella Scortichini, früher im Bereich Verwaltung und Handel tätig, wollte ihre Leidenschaft für die Küche auch beruflich nutzen, und so bereitet sie heute während des Tages die Gerichte zu und stellt diese anschließend im Speisesaal vor. Beginnen Sie mit dem reichhaltigen Antipasto della casa mit Gemüse der Saison oder mit lokalen Salumi und Käse (7 €), doch die Hausherrin selbst rät Ihnen, dabei nicht zu übertreiben, damit Sie auch den Rest des Menüs genießen können. Und sie hat recht, denn die ausnahmslos von Hand gezogenen Teigwaren sind allein schon die Reise wert. Tagliatelle, **Ravioli di ricotta fresca** oder **Gnocchi**, Sie haben die Qual der Wahl zwischen Saucen wie **Ragù d'anatra** (8 €), mit Steinpilzen (in der entsprechenden Jahreszeit) oder mit Blättchen von frischem Trüffel (11 €). Im Winter sollten Sie **Cappelletti in brodo** (10,50 €) nicht versäumen, gegen Vorbestellung bekommen Sie Polenta con lo stoccafisso. Auch unter den Secondi fällt die Entscheidung zwischen **Coniglio in porchetta**, **Oca in potacchio** (geschmorte Gans, 10 €) und Faraona al prosciutto nicht leicht. Alle Gerichte zeichnen sich durch ihren guten Geschmack und die hohe Qualität des Fleisches aus. **Trippa**, **Coratelle di agnello** und Fagioli con le cotiche (Bohnen und Schwarten) müssen vorbestellt werden. Tiramisu, hausgemachte kleine Süßspeisen und Zuppa inglese zum Abschluss. Im Keller lagert eine kleine, aber interessante Auswahl an Etiketten aus der Gegend, vor allem aus dem Ort Staffolo.

TAVULLIA (PU)
Rio Salso-Case Bernardi

19 KM SÜDLICH V. URBINO, 23 KM WESTL. V. PESARO

Agri Rio

Ferienbauernhof
Via Ofanto 4
Tel. (+39) 07 21 / 47 82 39
Ruhetag: Samstagmittag, Sonntagabend, Montag
Ferien: unterschiedlich
45 Plätze
Preise: 30–34 €
Keine Kreditkarten
Mittags und abends geöffnet

Zwei Hektar Fläche werden hier als Garten für Bio-Anbau genutzt, die Erzeugnisse dienen dem Agriturismo und B & B mit seinem schönen, mit Salz geklärtem Schwimmbecken und dem Agrinido, einem Kindergarten, in dessen Mensa Erzeugnisse des Betriebs verarbeitet werden. Das Ganze liegt in einer grünen Oase, die bis zu den Dämmen des Flusses Foglia reicht. Der Bauernhof beliefert auch den lokalen Markt mit Gemüse, Mehl und Salumi wie auch mit kleinen Hoftieren. Sicherlich ein schönes Beispiel für einen Ferienbauernhof und für Menschen, die ihre Arbeit gut machen wollen. Ein positiver Eindruck von der Küche entsteht bereits bei den Antipasti: Salumi, Pecorino und Honig aus eigener Erzeugung, **Cascione con la verza** (kleine Teigtasche mit Wirsing), Tortino di spinaci sowie Crocchette di cicerchia e farro primavera. Danach von Hand gemachte Teigwaren, zum Beispiel **Gnocchi ripieni di ricotta con coniglio e porcini** (10 €), Tagliatelle con ragù di maialino (8 €) und Tortelli di patate e tartufo nero con burro fuso. Bei den Secondi kommt die hervorragende Qualität des Ausgangsmaterials, also der im Betrieb aufgezogenen Tiere, zur Geltung: **Coniglio disossato con guanciale croccante e cipollotti fritti** (gegrilltes ausgelöstes Kaninchen mit knusprig gebratenem Guanciale und frittierten Jungzwiebeln, 12 €), bei Niedrigtemperatur gegartes Schweinefilet mit grüner Sauce oder Tagliata con rosmarino, fiocchi di sale e olio Dop Cartoceto. Eine andere Möglichkeit stellt Grigliatona mista dar, der große Grillteller mit Kaninchen, Schweinefilet, Lamm, Salsiccia und Pancetta. Hausgemachte Desserts und zufriedenstellende Weinkarte mit Vorliebe für lokale Etiketten. Interessant ist das Mittagsmenü, bei dem Sie Primi für 6 € wählen können, Secondi mit Beilage für 9 € und außerdem vegetarische Gerichte.

TAVULLIA (PU)

19 KM SÜDLICH V. URBINO, 23 KM WESTL. V. PESARO

Da Rossi

Osteria-Pizzeria
Via Battisti, 1 A
Tel. (+39) 07 21 / 47 67 65
Kein Ruhetag
Keine Ferien
80 Plätze + 100 Plätze im Freien
Preise: 20–35 €
Kreditkarten: AE, CS, MC, Visa; BM
Mittags und abends geöffnet

Tavullia ist untrennbar mit den Geschicken des Motorradsportlers Valentino Rossi verbunden und die Osteria hat beschlossen, ihren Namen zu Ehren des Stammgastes, der berühmtesten Nummer 46 Italiens, zu ändern. Das Lokal befindet sich im Zentrum des Ortes und zeichnet sich durch schlichte, doch einladende Räume aus sowie Plätze im Freien, von denen aus Sie das Meer und die Strände der Romagna sehen können. Hier in diesem Grenzland ist es nur verständlich, dass die Speisekarte eine enge Verbindung mit der benachbarten Region widerspiegelt, auch wenn eine „verwaltungsmäßige“ Trennung besteht. Zu Beginn gibt es **Giardiniera di verdure** (3,50 €), **Carpaccio di capocollo marinato con erbe aromatiche** und das unverzichtbare Fladenbrot **Crescia sfogliata** mit Salumi, Käse und Lonzino di fico. Bei den Primi haben wir die bissfesten **Ravioli di mora romagnola** (9 €) und Maccherone alla carbonara di uvetta sultanina probiert, doch auf der Speisekarte finden Sie auch einen interessanten Panzerotto di carciofi gratinato (gratinierte, mit Artischocken gefüllte Teigtasche, 9 €). Als Secondi werden am liebsten Grillteller bestellt, doch wir empfehlen ebenso die exzellenten **Polpette di mora romagnola al sugo** (13 €). Genauso attraktiv ist das Rippenstück vom Schwein der Mora-Romagnola-Rasse. Zum Dessert traditionell erzeugtes Eis, Cheesecake di ricotta alle fragole und **Spuma di mascarpone alle visciole di Cantiano** (5 €). Die Weinkarte wurde vor Kurzem erweitert und beinhaltet nun etwa 30 Etiketten, vor allem, aber nicht nur aus der Umgebung. Zeugnis für die Ressourcen dieser Gegend legen einige Slow-Food-Presidi ab, die hier zum Einsatz kommen (und die Sie auf den Pizzen probieren sollten).

URBANIA (PU)

71 KM SÜDWESTLICH V. PESARO, 27 KM V. URBINO

Casa Tintoria

Moderne Osteria
Via Porta Molino 4
Tel. (+39) 07 22 / 31 74 12
NEU
Ruhetag: Montag, im Winter auch Sonntagabend und Dienstag
Ferien: 2 Wochen im Januar
35 Plätze + 15 Plätze im Freien
Preise: 28–30 €
Keine Kreditkarten
Mittags und abends geöffnet

Wenn Sie Urbania erreicht haben, genießen Sie einen Spaziergang durch die Altstadt und dann wird Sie in der Nähe der öffentlichen Gärten der Stadt ein Fußgängerweg nach unten zu dieser Osteria führen, die in einer ehemaligen Färberei am Ufer des Flusses Metauro untergebracht ist. Die Einrichtung besteht aus Möbeln und Tellern, die aus alten Bauernhäusern gerettet wurden, und bildet eine Synergie mit den Gerichten, die Inhaberin Dodi nach ländlichen Rezepten zubereitet. Dabei verwendet sie viel Saisongemüse, vor allem aus dem angrenzenden Garten, sowie Kräuter und essbare Blüten. Die Degustation der Antipasti (sechs Gänge 15 €, einzelne Gerichte 3 €) ist der beste Weg, die Philosophie des Lokals kennen und die Aufmerksamkeit für die Jahreszeiten und den hohen Stellenwert, den Gemüse hier hat, schätzen zu lernen. Besonders gut haben uns **Canestrino con baggiana** (mit einer Sorte Dicker Bohnen) geschmeckt, **Carpaccio alle fragole** und Törtchen mit Käse und Obst der Saison. Bei der Wahl der Primi (10 €) entscheiden Sie sich am besten für die einfachen, aber guten **Ravioli al pecorino di fossa** oder die hausgemachten **Tagliatelle al finocchietto** (mit Wildfenchel). Sie haben natürlich auch die Option, eines der Secondi mit lokalem Fleisch zu bestellen (13–15 €), von denen wir besonders das saftige **Coniglio ripieno alle fave fresche** (gefülltes Kaninchen mit frischen Dicken Bohnen) empfehlen. Zum Abschluss die rustikale **Torta di pane e frutta**, mehr als nur ein Verweis auf die ursprünglichen Süßspeisen der bäuerlichen Tradition (das süße Brot der Feiertage) oder ein erfrischendes Semifreddo alle fragole (6 €). Eine kleine Weinkarte mit lokalen Etiketten und ein durchaus ebenbürtiger offener Wein begleiten die Speisen in kongenialer Weise.

URBINO (PU)
Gadana

6 KM VOM ZENTRUM

Ca' Andreana

Ferienbauernhof
Via Gadana, 119
Tel. (+39) 07 22 / 32 78 45
Ruhetag: Montag
Ferien: zeitweise im Januar/Februar
35 Plätze + 25 Plätze im Freien
Preise: 30–35 €
Kreditkarten: CS, MC, Visa; BM
Abends geöffnet, mittags gegen Vorbestellung

Um den ein paar Kilometer vom Zentrum von Urbino entfernten landwirtschaftlichen Betrieb zu erreichen, müssen Sie nach Gadana hinunterfahren, die Abzweigung nach Pieve di Cagna nehmen, nach einigen Kilometern in ein nicht asphaltiertes Straßenstück einbiegen und diesem etwa einen Kilometer lang folgen. Am Eingang des von Grün umgebenen Lokals begrüßt Sie die Inhaberin herzlich in schlichter und freundschaftlicher Atmosphäre. Die Küche arbeitet mit den Produkten der Umgebung und mit eigenen Erzeugnissen. Zu Beginn haben Sie die Wahl zwischen einem Brett mit Käse, Salumi und dem Fladenbrot Crescia sfogliata oder dem vollständigen Antipasto mit frittierten Kürbisblüten, Gnocco fritto, Culatello und Gemüseaufläufen mit geschmolzenem Käse (22 € für zwei Personen). Große Auswahl bei den Primi, unter anderem empfehlen wir **Cappellacci ripieni di pere e formaggio con fonduta di parmigiano** (mit Birnen und Käse gefüllte Teigtäschchen mit geschmolzenem Parmesan, 10 €), Tagliatelle con funghi porcini e zafferano sowie Gnocchi di patate und **Cappelletti in brodo**. Von den Secondi ragen **Coscio di maialino in salsa di mele** (Keule vom Ferkel in Apfelsauce, 13 €), Faraona con cipolle in agrodolce (süß-saures Perlhuhn mit Zwiebeln), Arrosto di coniglio und **Piccione** (im Dialekt Urbinos wird das Täubchen *Pistacopp* genannt) **alla griglia** (12 €) hervor. Bei den Desserts gibt es stets **Crostata mit Konfitüren** aus biologisch angebautem Obst, daneben Torta al cioccolato con panna (5 €) und Semifreddo al torroncino. Bei der Weinauswahl wird guten Etiketten aus den Marken der Vorzug gegeben.

URBINO (PU)
Montesoffio

9 KM VOM ZENTRUM

La Valle del Vento

Ferienbauernhof
Via Monte Olivo 12
Tel. (+39) 07 22 / 572 15,
(+39) 329 / 353 80 59
Ruhetag: Montag
Ferien: 2 Wochen im Oktober
60 Plätze + 60 Plätze im Freien
Preise: 28–30 € • Kreditkarten: MC, Visa; BM
Abends geöffnet, Sonntag und Feiertage auch mittags

Gestatten Sie ein paar Hinweise: Auf der Panoramastraße, die Urbino mit Urbania verbindet, kommen Sie nach Montesoffio, dort nehmen Sie die Abzweigung nach Monte Olivo und folgen den Schildern zum Valle del Vento, so erreichen Sie den Agriturismo von Francesco und Sara. Bald stellen Sie fest, dass die verwendeten Zutaten zum Großteil von den Feldern und aus dem Wald neben dem Lokal stammen. Beginnen Sie dann mit dem leckeren Antipasto della casa (12 €), der je nach Saison unterschiedlich ist. Bei unserem Besuch enthielt er Ricotta al limone, Frittata con le vitalbe, Carpaccio di vitello und einige Salumi. Ein weiterer Vorschlag für den Einstieg sind Käse und Salumi aus der Umgebung, natürlich mit dem unverzichtbaren Fladenbrot Piadina, hier in der Version von Urbino. Anschließend Primi mit frisch gemachten Teigwaren, darunter **Passatelli con asparagi e zafferano del Montefeltro** (10 €), Tagliatelle aus Dinkelmehl mit Saisongemüse und Gnocchi mit Kartoffeln aus Sompiano und Sauce vom Wildschwein. Letzteres bekommen Sie auch als Secondo, in Form von **Cinghiale del Montefeltro brasato alla birra agricola** (16 €). Außerdem können Sie den Schafkäse Primo sale di pecora vom Holzkohlengrill mit Radicchio in Sapa (eingekochtem Most) wählen sowie Filetto di maiale brado al sale dolce di Cervia e rosmarino (Filet vom frei lebenden Schwein). Zum Abschluss einige hausgemachte Dolci wie Crostata, Crema di latte crudo con le fragole und mehr. Die Weinkarte ist gut gegliedert, Sie haben die Möglichkeit, zwischen den besten Etiketten aus der Provinz und den Marken zu wählen, dasselbe gilt für Bier. Statt einem Menü können Sie auch verschieden gefüllte Piadine di Urbino, Crostoli und am Wochenende Pizzen aus Sauerteig bestellen. Der Preis für das Degustationsmenü liegt zwischen 20 und 25 €.

VALLEFOGLIA (PU)
Capponello

16 KM NÖ. V. URBINO, 20 KM SW. V. PESARO, S.P. 30

Locanda Montelippo

Ferienbauernhof
Via Canarecchia 29–31
Tel. (+39) 07 21 / 41 67 35
Ruhetag: Montagmittag, Dienstag
Ferien: unterschiedlich
50 Plätze + 20 Plätze im Freien
Preise: 28–30 €
Kreditkarten: CS, MC; BM
Mittags und abends geöffnet

Auf halbem Weg zwischen Pesaro und Urbino befindet sich der Bauernhof von Familie Aiudi, ein landwirtschaftlicher Betrieb mit Restaurant und Zimmern für einen längeren Aufenthalt. Die Geschwister Andrea und Alice, er am Herd, sie im Service, betreuen die Gastwirtschaft, während die Eltern die Aufzucht von Schafen und Hoftieren wie auch den Anbau von Obst und Gemüse betreiben und Wildgemüse sammeln. Ausgewählte qualifizierte Erzeuger aus der unmittelbaren Umgebung ergänzen die Zutaten mit Fleisch, Salumi und Käse. Das Obst wird verarbeitet und den Gästen der Locanda sowie auf lokalen kleinen Märkten verkauft. Im Angebot fallen **Strozzapreti con carciofi, pancetta e salsiccia**, Vellutata di piselli freschi con riso venere e ricotta salata (je 8 €) ins Auge, desgleichen **Cappelletti in brodo** (von Hand verschlossene Teigtäschchen in Brühe, 9 €) und bei den Secondi **Filetto di maiale avvolto in pancetta con mele e miele** (in Pancetta gewickeltes Schweinefilet mit Äpfeln und Honig, 14 €) sowie Sformatino di verdure con fonduta di parmigiano – ein Gemüseauflauf, der je nach Jahreszeit unterschiedlich ist – und abschließend selbst angebaute Erdbeeren mit Sahne, Tiramisù al pistacchio di Bronte und **Semifreddo allo zabaione con cioccolato e Marsala** (5 €). Sie können ein Degustationsmenü mit fünf Gängen für 27 € bestellen. Die schlichte, doch gepflegte Weinkarte verzeichnet vor allem Etiketten aus dem Gebiet von Pesaro mit einigen Ausflügen in Gebiete außerhalb der Marken.

ANCONA

Mandracchio

Restaurant
Largo Fiera della Pesca, 11
Tel. (+39) 071 / 20 29 90
Ruhetag: Sonntagabend, Montag, im Sommer auch Sonntagmittag
Ferien: August, während der Fischfangsperre
60 Plätze
Preise: 40–50 €
Kreditkarten: AE, CS, DC, MC, Visa
Mittags und abends geöffnet

In der Hafengegend, im ersten Stock eines neben dem Messegelände gelegenen Gebäude, befindet sich dieses Restaurant mit großen Fensterfronten, die auf den Hafen gehen und einen schönen Ausblick auf den oberen Teil der Stadt gewähren. In der einsehbaren Küche hinter der Holztheke gibt nach dem Abschied von Mariano Francesco Codispoti da Ton an, während die Inhaber, vor allem Teresa Antonelli, sich um den Wein und den Service kümmern. Von den Booten, die eben erst am wenige Meter vom Lokal entfernten Ufer angelegt haben, kommen schön sortierte rohe Fische ins Lokal und auch rasch an den Tisch. Sie werden in verschiedenen Degustationen angeboten, als Einstimmung auf Calamari e puntarelle, Totanetti scottati alla griglia, Spaghetti con vongole e uova di pesce, Calamarata con tonno e olive taggiasche, Grigliate und Fritture mit Gemüse. Sie können ein Degustationsmenü für 45 € wählen oder andere Angebote, darunter auch ein vegetarisches, und im Winter eine Hommage an den Stoccafisso all'anconetana. Die Dessertkarte ist gepflegt, ebenso die Weinkarte, die schöne Vorschläge für Verdicchio und interessante Weißweine aus ganz Italien enthält.

LORETO (AN)
31 km südlich von Ancona

Andreina

Restaurant
Via Buffolareccia, 14
Tel. (+39) 071 / 97 01 24
Ruhetag: Dienstag, Mittwoch
Ferien: 1 Woche im Juli
150 Plätze
Preise: 50–70 €
Kreditkarten: AE, CS, MC, Visa; BM
Mittags und abends geöffnet

Von der Gründerin, der legendären Andreina, ist der Name geblieben. Die Leitung des Lokals hat sie ihrem Verwandten Errico Recanati übergeben, einem der besten Chefköche Mittelitaliens und Meister der Verbindung von Tradition mit sinnvoller Innovation. Und wenn man einerseits sagen kann, dass dieses Lokal beinahe das gesamte 20. Jahrhundert erlebt hat und dies mit neu interpretierten volkstümlichen Gerichten wie Frascarelli, Ravioli di pollo in potacchio, dem wunderbaren Uovo croccante con pomodoro in trippa, Faraona sopra e sotto la cenere (beachten Sie das verlockende Menü namens „Brace") zeigt, so muss man andererseits auch festhalten, dass man sich im Lokal nicht vor der Zukunft scheut. Ausdruck findet diese in den Kochtechniken und in neuen Zubereitungsmethoden; als Beleg dafür möchten wir Cartoccio di quaglia ripiena di fegato grasso, „La nostra idea di fritto marchigiano", Animelle ricotta e ricci di mare sowie Insalata di storione marinato con cardo affumicato e aglio dolce anführen. Das Angebot ist stets gut gegliedert und wird durch Weine und Spirituosen ergänzt.

MACERATA

Enoteca Le Case

Enoteca-Restaurant
Ortsteil Mozzavinci, 16–17
Tel. (+39) 07 33 / 23 18 97
Ruhetag: Montag, Dienstag
Ferien: 10 Tage im Januar, 2 Wochen im August
40 Plätze
Preise: 50–70 €
Kreditkarten: AE, CS, DC, MC, Visa; BM
Abends geöffnet, Sonntag nur mittags

Signora Elvia Giosué, die diese Anlage 1993 eröffnet hat, ein kleines bäuerliches Dorf mit drei Gebäuden – Restaurant, Hotel und Enoteca –, war immer schon eine leidenschaftliche Kräuterexpertin wie auch Befürworterin der Qualität der Zutaten. Dies sind die Grundfesten, auf denen das Le Case mit seinem 20 Hektar großen Park mit Pflanzungen und Viehzucht nach wie vor steht. Chefkoch Michele Biagiola, ein ehemaliger Schüler von Marc Veyrat und Pietro Leemann, leitet mit großer Sensibilität, Technik und Kreativität das Küchenteam mit Francesca Giosué und zahlreichen Mitarbeitern. Vom Land und vom Meer kommen die Gerichte – beginnend bei Gemüse mit dem mittlerweile klassischen „Orto nel piatto" –, brillante Interpretationen der Tradition der Marken von Ravioli di coniglio con finocchietto e fave bis hin zu Pistacopp ripieno (gefülltes Täubchen), Filetto und Frattaglie di agnello con rape e vino cotto (Lamminnereien mit Rüben und eingekochtem Wein), Costoletta di maiale con torta di mela und Gelato allo zenzero (Ingwereis), um nur einige Optionen der Speisekarte zu nennen. Bemerkenswerte Pizza aus Sauerteig.

PORTO SAN GIORGIO (FM)

7 KM ÖSTL. VON FERMO, 60 KM VON ASCOLI PICENO

Damiani e Rossi Mare

Restaurant • Lungomare Gramsci Concessione 29
Tel. (+39) 07 34 / 67 44 01, (+39) 335 / 522 44 54
Ruhetag: Montag, Dienstag (nur im Winter)
Ferien: zeitweise im Winter
30 Plätze + 40 Plätze im Freien
Preise: 50–60 € • Kreditk.: CS, MC, Visa; BM
Mittags und abends geöffnet, Oktober–April nur abends, an Feiertagen auch mittags

Wir können es nur immer wiederholen: Aurelio Damiani war und ist entscheidend für die Gastronomie der Marken, als Chefkoch ein Pionier, der vielleicht weniger bekannt ist, als ihm zustehen würde (was auch an seinem zurückhaltenden Charakter liegen mag). In Porto San Giorgio hat er vor einigen Jahren eine alte Badeanstalt umgebaut und ein äußerst einladendes Restaurant am Meer geschaffen. Davor hatte er einen Betrieb im Hügelland, von dem er die Küche beibehalten hat, die sich am täglichen Marktangebot orientiert und durch Karten für Weine, Spirituosen und hochwertiges Olivenöl ergänzt wird. Zahlreich und immer inspirierend sind die Angebote, jahreszeitlich und thematisch zusammengestellt. Als Beispiel führen wir das Menü „Azzurro e nero" für 50 € an, mit Blaufisch und Erzeugnissen der Monti Sibillini, in erster Linie schwarzem Trüffel, daneben Filetti di sogliola dorati in pastella di borragine con salsa di cipolla rossa, uvetta e pinoli, Stracci di pasta all'uovo con pomodoro fresco, melanzane, basilico e tonno fresco, Brodetto und vieles mehr.

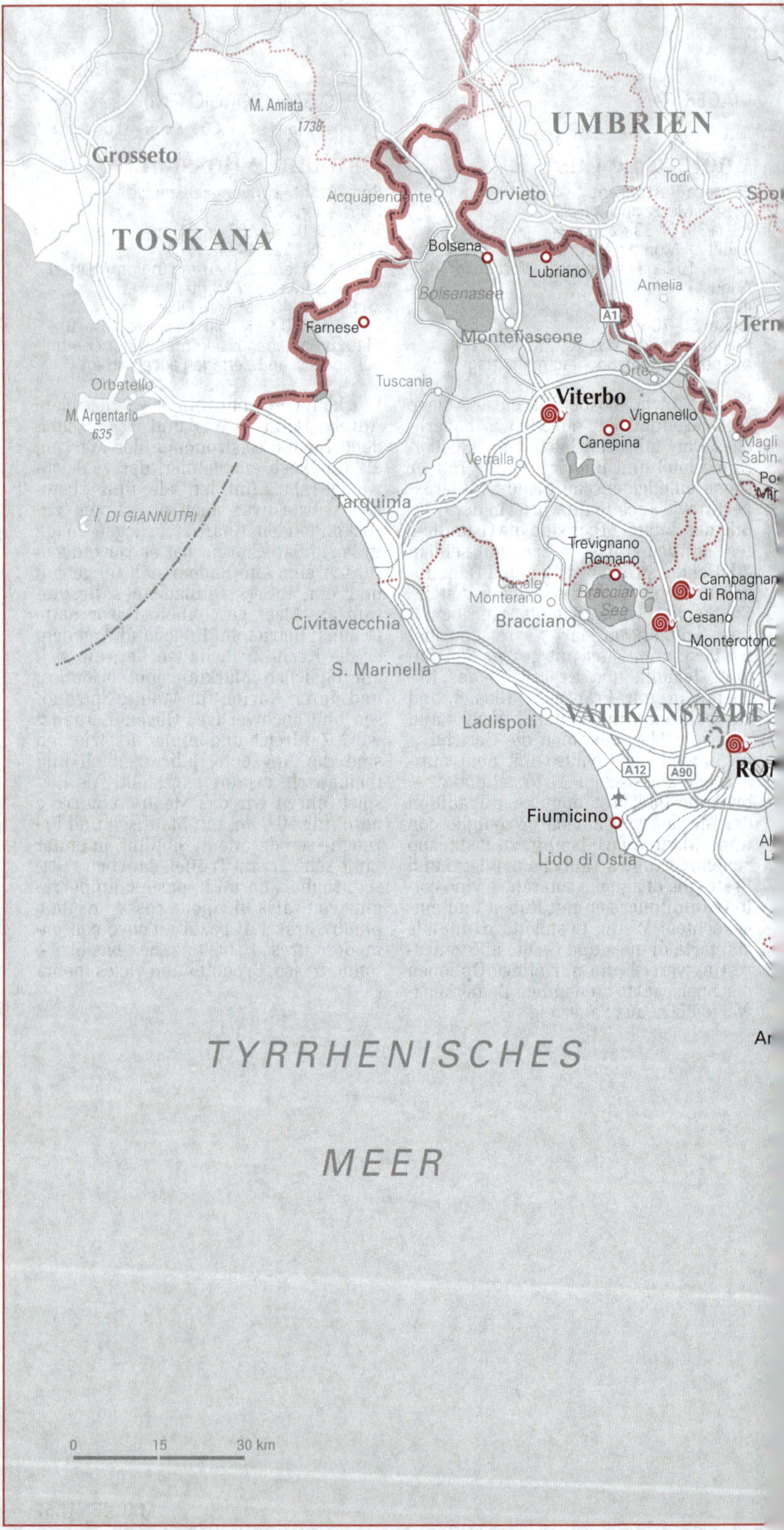

M. Amiata
1738
UMBRIEN
Grosseto
Todi
Acquapendente
Orvieto
TOSKANA
Bolsena
Lubriano
Bolsenasee
Amelia
A1
Farnese
Montefiascone
Orte
Orbetello
Tuscania
M. Argentario
635
Viterbo
Vignanello
Canepina
Vetralla
I. DI GIANNUTRI
Tarquinia
Trevignano
Romano
Campagnano
di Roma
Canale
Monterano
Bracciano-
See
Cesano
Civitavecchia
Bracciano
S. Marinella
VATIKANSTADT
Ladispoli
A12
A90
Fiumicino
Lido di Ostia
TYRRHENISCHES
MEER
0
15
30 km

MARKEN
ADRIA
Nórcia
Giulianova
PARCO
NAZ.
DEL
GRAN SASSO
E
MONTI
D. LAGA
Téramo
Roseto d. Abruzzi
Amatrice
A24
A14
Pescara
Labro
Cantalice
2216 Terminillo
Gran Sasso d'Itália 2912
Rieti
Contigliano
L'ÁQUILA
ABRUZZEN
Chieti
Poggio Moiano
Orvinio
PARCO
NAZ.
D. MAIELLA
la Maiella 2793
Sulmona
A25
Avezzano
Olevano Romano
Arcinazzo Romano
Colonna
S. Cesareo
Paliano
Piglio
M.te Porzio Catone
Artena
A1
Anagni
Alatri
Ferentino
PARCO NAZ.
D'ABRUZZO,
LAZIO E MOLISE
MOLISE
Sora
Casalvieri
Picinisco
Frosinone
Arpino
Isérnia
Cori
Carpineto Romano
Supino
Ceprano
Sezze
Prossedi
Castro d. Volsci
Cassino
Latina
Priverno
Amaseno
Campodimele
Monte S. Biagio
A1
Fondi
PARCO NAZ.
D. CIRCEO
Sabaudia
Terracina
Sperlonga
Formia
Minturno
Castelforte
KAMPANIEN
Capo Circeo
Gaeta
Golf von Gaeta
Cápua
PONTINISCHE INSELN
PONZA
Ponza
VENTOTENE
Ventotene
A56
NEAPEL

LATIUM

Die Primi nach Tradition von Rom und der Region Latium stellen ein Konzentrat von Geschmacksnuancen und Geschichten dar, das hinsichtlich Vielfalt und Identität seinesgleichen sucht. Ohne einige alte, bedeutende Rezepte für Suppen oder Minestre außer Acht lassen zu wollen, etwa Minestra di broccoli con l'arzilla (Brokkolisuppe mit Rochen) oder Pasta e ceci, ein typisches Freitagsgericht, ist es doch die Pasta asciutta, die in der langen Reihe an möglichen Vorschlägen dominiert.
Die berühmteste Zubereitungsart dieses Gerichts ist wohl die Variante Amatriciana. In zahlreichen Statistiken erscheint sie unter den drei weltweit bekanntesten Bezeichnungen aus der italienischen Küche. In Amatrice wurden stets Spaghetti verwendet, dann kamen die Bucatini, die mehr Substanz bei jedem einzelnen Bissen ermöglichen, während heute die Mezza manica triumphieren, die allerorts als vereinfachte Alternative angeboten werden, auch wenn sie nicht das Gleiche darstellen. Woher der Name der originalen Version – Gricia – kommt, ist nach wie vor eine Streitfrage zwischen vielen Experten dieses Fachgebiets. Der Unterschied zwischen Gricia und Amatriciana liegt im Wesentlichen im Einsatz von Tomaten und hängt mit einem klar definierten historischen Umfeld zusammen. Außer Zweifel steht hingegen die ausschließliche Verwendung von guter Guanciale (niemals Pancetta) und Pecorino (niemals Parmesan oder Sonstiges) – eine überzeugende Mischung, die eine wahre Geschmacksexplosion am Gaumen hervorruft.
Im Landstrich um Rom gibt es auch heute noch ausreichend Weiden und Herden, um qualitativ hochwertigen Käse erzeugen zu können, sodass sein Einsatz in Rezepten wie Cacio e pepe, für die er essenzielle Bedeutung hat, gesichert ist. Gleiches gilt für Guanciale bei der Carbonara, einer Pasta, die praktisch als komplette Mahlzeit gewertet werden kann. Nicht zu vergessen die Pastagerichte mit Produkten des Quinto quarto, also Innereien, einem Symbol der Verwertung von Lebensmitteln. Beispiele dafür sind Rigatoni con la *pajata*, deren Verwendung endlich freigegeben wurde, oder Fettuccine con le *regaje* di pollo, die in den Castelli Romani noch so zubereitet werden, wie es sich gehört. Aus dieser Gegend mag auch die Anregung stammen, den wiederentdeckten Frascati als Begleiter zu wählen, aber auch einige Weine auf der Basis von Cesanese passen gut zu diesem Gericht.

Für Sie entdeckt

Fettuccine con le regaje

570 Osteria del Contadino
Cori (Lt)

574 Osteria e Cucina Pelliccione
Genzano di Roma (Rm)

576 Taverna Mari
Grottaferrata (Rm)

587 Da Armando al Pantheon
Rom

Rigatoni con la pajata

590 Flavio al Velavevodetto
Rom

594 Osteria dell'Angelo
Rom

595 Roberto e Loretta
Rom

596 Velavevodetto ai Quiriti
Rom

66 KM NORDÖSTLICH VON RIETI

Lo Scoiattolo

Restaurant
Via Ponte Tre Occhi Sud, km 1,5
Tel. (+39) 07 46 / 82 50 86
Ruhetag: Montag, außer im Frühling und Sommer
Keine Ferien
140 Plätze + 60 Plätze im Freien
Preise: 25 €
Keine Kreditkarten; BM
Mittags und abends geöffnet

Amatrice hat weit mehr zu bieten als bloß die Amatriciana: Davon ist man hier im Hause Berardi zutiefst überzeugt. Die Familie gründete diesen hübschen Gastbetrieb am Fuße der Monti della Laga, den sie nun seit mehr als 40 Jahren führt. Das Restaurant hat seinen Sitz im Haupthaus inmitten eines Feriendorfes mit weitläufigen, von einem Wildbach durchzogenen Grünflächen und einem See: eine kleine Oase im Bergland. Bei Tisch regiert die lokale Tradition, die hier sehr bodenständig unter Einsatz eigener Produkte oder solcher nach „Null-Kilometer-Philosophie" interpretiert wird. Ernesto ist ein tüchtiger Fleischer, man kann daher zum Einstieg einen großen Antipasto (7 €) mit Salumi aus Poggio Cancelli (darunter die Mortadella aus Campotosto, ein Slow-Food-Presidio) und einigen Sorten von Rohmilch-Käse wählen. Dann halten die Primi (9 €) Hof: an der Spitze die Königin **Amatriciana**, oder, wenn Sie diese vorziehen, Prinzessin **Gricia**, die beide mit authentischem Guanciale amatriciano und Pecorino della Laga als unverzichtbare Zutaten zubereitet werden. Wenn Ihnen aber der Sinn nach etwas anderem steht, mangelt es nicht an Alternativen, so zum Beispiel Spaghetti „al laghetto", **Minestra di farro mit Bohnen, Lauch und Schwarten** oder die typische Pasta e patate. Die umliegenden Weiden sorgen für die Verfügbarkeit von vorzüglichem Fleisch, das bei den Secondi (12 €) seinen großen Auftritt hat: **Punta di petto alla fornara** und **Arrosto di maiale al vino Passerina**. Eine besondere Erwähnung verdient auch **Trota** (10 €), die Forelle, die in den Gewässern des nahen Lago di Campotosto ohne Zusatz von Futter gezüchtet wird. Gemüse stammt aus dem hauseigenen Garten oder von Bauern der Umgebung. Hausgemachte Desserts (3 €) wie der exzellente Moretto al cioccolato oder Sbriciolata mit feinen Konfitüren zum Ausklang.

57 KM SÜDÖSTL. V. ROM, S.S. 207 OD. S.S. 601

Fraschetta del Mare

Osteria
Corso del Popolo, 38
Tel. (+39) 06 / 984 62 40
Ruhetag: Montag
Ferien: zeitweise im Januar und November
50 Plätze + 40 Plätze im Freien
Preise: 16 € (Tagesmenü)
Kreditkarten: CS, DC, MC, Visa; BM
Mittags und abends geöffnet

Von den zahlreichen Lokalen, die auf den Hafen von Anzio blicken, hebt sich die Trattoria Fraschetta del Mare wegen ihres originellen Angebots ab. Nicht nur wegen eines feststehenden Menüs für 16 €, sondern auch wegen des gelungenen Einsatzes von fangfrischem Fisch, der in die Kategorie der Arme-Leute-Küche fällt: Mazzama, also Fisch, der nicht versteigert werden kann, weil er unterhalb der Mindestgröße liegt. Auf den Tellern finden Sie demnach Alici (Sardellen), Sgombri (Makrelen), Polpi und Totani (Oktopusse und Tintenfische), Coccetti (Meerhennen), Sciabola (Degenfisch), Melù (Wittlinge), Sugheri (Bastardmakrelen) und was sonst die Fischer am jeweiligen Tag aus dem Meer gefischt haben, mit Geschmack und Fantasie in der Küche zubereitet. Der Service liegt in den Händen sehr tüchtiger junger Kellner und erfolgt flink, aber nicht hektisch, die Betreuung ist stets freundlich und aufmerksam. Das einfache Lokal kann, wenn es zu Spitzenzeiten voll belegt ist, ziemlich laut sein, mittags bietet es auch die Möglichkeit, auf einer hellen Veranda zu speisen. Ein typisches Menü beginnt mit vier kleinen Antipasti, zum Beispiel **Polenta grigliata mit Meeresragout**, Polpo in insalata, Polpettina di merluzzo und Cuscus mit Baccalà in umido. Dann folgt eine üppige Portion **Spaghetti con sugo di polpo e pecorino** (mit Tintenfisch und Pecorino), ein schmackhaftes Gericht, ganz im Zeichen der Tradition, und eine Dreierkombination an Secondi mit Pesce sciabola al gratin, **Cefalo** (Meeräsche) **mit Paprikaschoten** und **Moscardini mit Salsa verde**. Den Wein wählt man aus einer recht ordentlichen Weinkarte, darunter auch gute Etiketten aus der Umgebung.

57 KM SÜDÖSTLICH V. ROM, S.S. 207 OD. S.S. 601

Il Grecale

Restaurant
Riviera Zanardelli, 57
Tel. (+39) 06 / 984 68 22
Ruhetag: Mittwoch
Ferien: unterschiedlich
48 Plätze + 50 Plätze im Freien
Preise: 33–35 €
Kreditkarten: AE, CS, MC, Visa; BM
Mittags und abends geöffnet

Der Hafen von Anzio hat nichts von seiner Faszination verloren. Das in einem kleinen Gässchen gleich hinter dem Hafen angesiedelte Restaurant Il Grecale bietet zwar keinen Ausblick auf das Meer, verfügt jedoch über ein angenehmes, ruhiges Ambiente. Die solide Küche von Severina und Silvestro basiert auf lokalem Fisch in naturbelassener Form, der vom stets herzlichen und bemühten Personal mit größtem Respekt beschrieben und sehr gut präsentiert wird. Die Speisenauswahl ist sehr vielfältig. Nicht verpassen sollten Sie die Antipasti misti in zwei Varianten, eine mit acht, die andere mit elf Kostproben für 11 bzw. 15 €. Einige Beispiele unter den zahlreichen Häppchen sind **Pesce spatola fritto** (frittierter Degenfisch) **mit** delikater **Crema di pecorino**, frittierte Calamaretti di paranza, ein zarter Polpo mit Kartoffeln, Sauté di cozze und Alicetta ripiena: Alle diese Gerichte sind gut ausgeführt, insbesondere die frittierten Spezialitäten sind schön trocken und wunderbar duftend. Was nicht fehlen darf, sind die delikaten, verlässlichen Crudi, die es als große und als kleine Portion gibt und die natürlich vom Tagesfang abhängig ist. Die Primi hingegen sind ein Mix aus den großen Klassikern dieser Region und der einen oder anderen Neuheit: Es gibt sehr leckere **Tonnarelli cacio e pepe e alici** nach einem Rezept des Küchenchefs (9 €), exzellent sind die Sauce der Linguine al coccio und jene mit Gorgonzola und Mazzancolle, die zu den Gnocchetti serviert wird. Wir ließen uns von einem nicht auf der Karte angeführten Tagesgericht verführen, das der Saison entsprach, nämlich **Maltagliati mit Vongole, Calamari und frischer Bottarga** (12 €). Solide Secondi wie Orata alla nizzarda, **Rombo al gratin** und **Fritto di paranza** (14 €) – was wir Ihnen aber wirklich ans Herz legen, ist fangfrischer Fisch.

28 KM NORDWESTLICH VON LATINA

Ènosteria

NEU

Moderne Osteria
Via delle Regioni, 20
Tel. (+39) 06 / 92 70 48 07
Ruhetag: Sonntagabend, Montag; im Sommer Montag, Dienstag
Keine Ferien
40 Plätze + 20 Plätze im Freien
Preise: 35 €
Kreditkarten: DC, MC, Visa; BM
Mittags und abends geöffnet

Schon der Name Ènosteria, das heißt „è n'osteria" („Das ist eine Osteria"), weist darauf hin, welcher Geist hinter dieser jungen Initiative steckt. Der angenehme Garten bietet Platz für etwa 20 Personen; im freundlichen, funktionellen Speisesaal wird der Blick von den schön präsentierten Weinkisten angezogen, die als Tresen fungieren, ergänzt durch Einrichtungselemente nach Art der Tavernen aus früheren Zeiten. Bevor man vom unaufdringlichen, sehr bemühten Personal empfangen wird, schlägt dem Gast der wohlbekannte Duft der Meeresküche entgegen, der wunderbar mit dem Ambiente harmoniert und schon auf die Speisen einstimmt, die man auf der Karte findet. Die Tagesgerichte sind an den Tafeln der zwei Gasträume angeschlagen. Als Antipasto (8 €) erwarten Sie **Insalata di polpo e orzo**, Pesce marinato mit Sorbet aus Gurken, Limette und rosa Pfeffer, ergänzt durch weitere Vorschläge wie Patanegra al taglio, **Frittura** und Crudo di pesce (im Winter gegen Vorbestellung, im Sommer stets vertreten) und weitere saisonale Spezialitäten. Die Primi richten sich nach der Verfügbarkeit der Produkte auf dem Markt: **Tagliolini triglie e finferli** (mit Meerbarben und Pfifferlingen), Fusilli mit Zucchini, Guanciale und Burrata und Spaghetti neri alla marinara mit Datterino-Tomaten (9 €). Dann folgen vorzügliche Secondi auf Fleisch- wie auch auf Fischbasis: **Filetto di ombrina in guazzetto** (Adlerfisch) **mit Kartoffeln und Oliven** (14 €), **Agnello al tegame mit Brokkoli** (13 €) und Tagliata di manzo mit Rucola und Kirschtomaten. In Bezug auf die Weine ist lobend zu erwähnen, dass vor allem lokale Etiketten glasweise ausgeschenkt werden. Das Kapitel der Dolci birgt zwar keine großen Überraschungen, bietet aber eine gute Qualität. Auf Anfrage gibt es glutenfreies Brot und Teigwaren.

ARCINAZZO ROMANO (RM)
Altipiani di Arcinazzo

90 KM ÖSTLICH V. ROM, 49 KM NW. V. FROSINONE

Da Silvana

Osteria
Via Sublacense, 33
Tel. (+39) 07 75 / 59 80 02
Ruhetag: Dienstag
Keine Ferien
80 Plätze + 20 Plätze im Freien
Preise: 28 €
Kreditkarten: AE, CS, MC, Visa; BM
Mittags geöffnet, im August auch abends

In der Talebene der Altipiani di Arcinazzo, wenige Kilometer von der Wallfahrtskirche der Santissima Trinità entfernt, erwartet Sie dieses einfache, aber mit Geschmack eingerichtete Lokal. Im Sommer können Sie den Garten nutzen, der auch einen Kinderspielplatz umfasst. Neben dem Speisesaal des Restaurants zählt zu den Räumlichkeiten auch ein reizendes kleines Gastzimmer mit Weinkeller für Gäste, die Ruhe und Intimität suchen. Giovanna, die Wirtin und Sommelière, hegt eine große Leidenschaft für Liköre, die sie selbst herstellt und am alten Tresen ausschenkt. Der Einkauf wird täglich direkt bei lokalen Produzenten getätigt, die Teigwaren und das Brot sind hausgemacht. Man beginnt mit Antipasti wie Prosciutto aus Guarcino und gegrilltem Provola oder **Salame piccante ciociaro mit Formaggio di pecora** (7 €). Unter den Primi finden Sie Tagliolini primavera (7 €), **Ravioli** nach Art des Hauses (8 €), Gnocchi di patate mit Tomaten und **Rigatoni cacio e pepe**. Eine gute Wahl bei den Secondi sind **Coniglio** di Silvana (9 €), aber auch **Arrosto al forno**, serviert mit Kartoffeln und Paprikaschoten und **Maialino al Cesanese**. Von den Dolci sollten man sich das selbst gemachte Gelato ai marroni nicht entgehen lassen, aber auch die Torta di mele, die ebenfalls mit ein wenig Eis serviert wird, und die allesamt hausgemachten Crostate sind einen Versuch wert. Die Weine stammen aus diesem Landstrich und werden auch glasweise kredenzt. Breit gefächert ist auch das Angebot an Likören und Edelbränden.

ARPINO (FR)
Collecarino

28 KM ÖSTLICH VON FROSINONE

Il Laureto

Ferienbauernhof
Via Campostinelli
Tel. (+39) 07 76 / 88 33 10,
(+39) 335 / 589 96 75
Ruhetag: Dienstag, außer im Sommer
Ferien: zeitweise im Winter
60 Plätze + 40 Plätze im Freien
Preise: 30–35 €
Kreditkarten: CS, DC, MC, Visa; BM
Abends geöffnet, im Sommer auch mittags

Eine Oase des Friedens und der Stille inmitten der hügeligen Landschaft von Collecarino, eines Ortsteils, der nur wenige Schritte vom historischen Zentrum von Arpino entfernt liegt. Eckpfeiler der Küche sind die Zutaten, die der kleine Betrieb selbst produziert, darunter Eier, Gemüse, natives Olivenöl extra, wie auch Fleisch von Geflügel und Schwein. Alle anderen Produkte, die zugekauft werden, stammen von landwirtschaftlichen Betrieben und kleinen Produzenten aus der Umgebung. Das Speisenrepertoire hält sich an die Tradition und folgt der von der Geschichte diktierten Leitlinie, die ein enges Band zwischen Orten und Zutaten knüpft. Die Antipasti variieren jede Woche, einen festen Platz auf der Karte hat jedoch die Auswahl an Formaggi und Salumi aus dieser Gegend. Die Primi: **Croccante di tagliolini mit Ragout von Auberginen und gereiftem Marzolina di capra** (8,50 €), Ravioli aus schwarzem Teig mit Stufato di carne di bufalo in zerlassener Butter und wildem Thymian, **Fazzoletti al carbone vegetale mit Creme von Zucchini und knuspriger Guanciale** (8,50 €). Die Secondi sind ein Loblied auf die typischen Produkte der Ciociaria wie die äußerst beliebte Entrecôte di vitellone in Steinpilzkruste und Corona di patate mit schwarzem Trüffel aus Campoli Appennino. Wer etwas Leichteres wählen will, der wird an dem gelungenen **Filetto di maiale mit Bergkräutern und Kartoffeln** (12 €) Gefallen finden. Die Desserts sind eine Hommage an die lokale Tradition, die eine Vorliebe für gebackene Spezialitäten hegt. Der gut bestückte Keller bietet eine große Auswahl an Etiketten dieses Landstrichs, darunter große Weine wie Cesanese del Piglio DOCG und Atina DOC, ohne die anderen renommierten Produkte aus dem Latium und weiteren Regionen Italiens zu vernachlässigen.

ARPINO (FR)

28 km östlich von Frosinone

Le Delizie di Maria

Osteria
Via Scaffa, 84
Tel. (+39) 07 76 / 88 21 37,
(+39) 349 / 367 26 19
Ruhetag: Montag
Ferien: unterschiedlich
50 Plätze + 50 Plätze im Freien
Preise: 35 €
Kreditkarten: CS, MC, Visa; BM
Mittags und abends geöffnet

Le Delizie di Maria, ursprünglich als Konditorei gegründet, hat sich dank der Leidenschaft für die gute Küche zu einer Osteria entwickelt. Maria Martino bereitet schmackhafte, saisontreue Gerichte nach hiesiger Tradition zu, im Saal bemüht sich ihr Mann Giammarco gemeinsam mit Mirella um das Wohl der Gäste. Die Speisen: Beginnen wir mit dem Brot, das aus Steinmühlen-Mehl und Sauerteig selbst gebacken wird, während als Antipasti (8 €) **Tortino di patate di Avezzano mit Trüffeln aus Campoli Appennino, Parmesan und nativem Olivenöl extra**, Flan di marzolina e sambuco mit Kürbisblüten und gehobeltem Marzolina (ein Slow-Food-Presidio), gewürzt mit Peperoncino, **Terrina di pan brioche mit Tomaten und Paprikaschoten aus Pontecorvo**, **Battuta di trota aus dem Fluss Fibreno** und Crostoni di broccoletti mit Pecorino di Picinisco beeindrucken. Unter den Primi (9 €) verdienen Riso con asparagi e ricotta und **Tagliolini con uova di trota und Fonduta von Parmesan** eine besondere Erwähnung. Das Kapitel der Secondi (10 €) enthält **Spezzatino con stracotto di bufala, pecora** oder capra **al sugo** und Baccalà mit Kichererbsen. Ein ganzes Sortiment an Desserts versüßt den Abschluss: Mini-Torten, Kekse, Eis und als spezieller Tipp die „uova stregate" nach einem Geheimrezept des Hauses. Im Keller lagern etwa 170 Etiketten aus dieser und anderen Regionen Italiens, wobei den Weinen aus biologischem und biodynamischem Anbau spezielle Aufmerksamkeit geschenkt wird. Ergänzt wird das Angebot durch Biere aus kleinen Brauereien.

»

Die Wahl der Zutaten und der respektvolle Umgang mit diesen, das Sortiment an lokalen Produkten und die aufmerksame Betreuung der Gäste machen das Lokal einzigartig.

«

ARTENA (RM)

43 km sö. v. Rom, A 1 Ausfahrt Valmontone

La Locanda del Principe

Osteria
Via Principe Amedeo, 4
Tel. (+39) 06 / 951 77 12
Ruhetag: Montag
Ferien: letzten 2 Augustwochen
60 Plätze
Preise: 33–35 €
Kreditkarten: AE, CS, DC, MC, Visa; BM
Mittags und abends geöffnet

Im historischen Zentrum von Artena, einem stimmungsvollen alten Städtchen inmitten der Ausläufer der Monti Lepini, findet man in einem Gewirr von Gässchen, Bogengängen und gepflasterten Straßen die Locanda del Principe. Drei kleine in den Fels gehauene Gastzimmer bilden ein einfaches Ambiente, das durch bunte Keramikteller aufgefrischt wird. Empfangen werden Sie von Fabio Pomponi, während seine Frau Rossana die Arbeit am Herd überwacht. Eine bodenständige, geradlinige Küche, bei der große Sorgfalt auf die Qualität der Zutaten gelegt wird, beginnend mit einem vorzüglichen Brot, das hier in der Umgebung in einem Holzofen gebacken wird. Ein guter Einstieg gelingt mit dem Antipasto rustico della casa (10 €) oder, wenn es die Jahreszeit erlaubt, mit Insalata di porcini (12 €). Die hausgemachte Pasta umfasst **Fettuccine** (12 €), Gnocchi di patate und **Gnocchi lunghi** – aus Wasser und Mehl von Hand geformt – serviert **mit Ragù di lepre** (Hasenragout) oder Ragù di cinghiale (Wildschweinragout) oder auch **mit Zucchini, Guanciale und römischer Minze**. Häufig wird auch **Polenta** angeboten. Für den Hauptgang stehen **Cinghiale al vino rosso** und **Abbacchio scottadito** (15 €) auf dem Programm, als Beilage bekommen Sie gebratene Zichorie, **Puntarelle** (4 €), Carciofi dorati (gebratene Artischocken) oder frisch geschnittene und frittierte Kartoffeln. Unter den hausgemachten Desserts verdient Fagottino di mele e cioccolato (6 €) besonderen Applaus. Die Portionen sind wirklich üppig und die Wartezeiten dadurch gerechtfertigt, dass jedes Gericht frisch zubereitet wird. Die Weine des Hauses, die auch glasweise angeboten werden, beschränken sich auf ein kleines Sortiment an Etiketten, darunter ein angenehmer Cesanese aus Olevano Romano.

BOLSENA (VT)
Montesegnale

31 KM NÖRDLICH VON VITERBO, S.S. 2 „CASSIA"

La Tana dell'Orso

Trattoria
Ortsteil Montesegnale, 162
Tel. (+39) 07 61 / 79 81 62
Ruhetag: Donnerstag, Sonntagabend
Keine Ferien
25 Plätze + 25 Plätze im Freien
Preise: 27–30 €
Kreditkarten: CS, MC, Visa; BM
Mittags und abends geöffnet

Von der Via Cassia fährt man auf der Höhe der Ausgrabungsstätte „Le pietre lanciate" („Die geworfenen Steine") vorbei an Olivenhainen bis zu einem Kastanienwald, wo die von Bruno und Rossella Parrino geführte Trattoria ihren Sitz hat. Die Aufgaben sind klar aufgeteilt: Er erläutert im Saal die Gerichte, die sie in der Küche nach Rezepten und aus Produkten dieses Landstrichs zubereitet. Die Pluspunkte sind der prachtvolle Panoramablick auf den Bolsenasee, ein freundlicher Empfang und die mit Sorgfalt gewählten Zutaten. Zu Beginn Coppa di cinta senese (7 €), exzellente **Formaggi**, serviert mit Kastanienhonig aus Bolsena, Crostini mit Crema di lenticchie di Onano (Linsenpüree) und Fenchel. Unter den Primi (7 €) entdeckt man Spaghetti oder **Straccetti al germe di grano mit Battuto di pesce del lago** (mit Fisch aus dem Bolsenasee) sowie Gnocchi di patate mit Ragù dell'Orso. Sehr zu empfehlen sind auch die Zuppe, vor allem die Versionen Zuppa di farro e legumi und gegen Vorbestellung Minestra di tinca und **Sbroscia**. Weiter geht es mit Hülsenfrüchten aus diesem Landstrich – Cece del solco dritto, eine Kichererbsenart aus Valentano, und Fagioli del purgatorio, Bohnen aus Gradoli, serviert mit Olivenöl aus eigener Produktion –, **Anguilla alla cacciatora**, **Filetti di pesce persico alle erbe** (12 €) und **Lenticchia di Onano mit Salsiccia aus Bolsena**. Aus dem gegenüber der Terrasse liegenden Garten stammt das Gemüse: Probieren Sie **Tallo**, Knoblauchsprossen, **alla griglia**. Zum Abschluss lassen Sie sich Ricotta di pecora lavorata mit Zucker, Zimt und Kastanienhonig oder Panna cotta mit hausgemachten Konfitüren schmecken (5 €). Dazu trinkt man einen offenen Wein dieser Gegend, Sangiovese und Trebbiano, oder man wählt eines der Etiketten aus der Weinkarte, die Produkte dieser und anderer Regionen Italiens enthält.

CAMPAGNANO DI ROMA (RM)

34 KM NÖRDLICH VON ROM

Iotto

Moderne Osteria
Corso Vittorio Emanuele, 96
Tel. (+39) 06 / 904 17 46
Ruhetag: Sonntagabend (im Sommer auch Sonntagmittag), Montag
Ferien: 23. Dezember–2. Januar
30 Plätze + 12 Plätze im Freien
Preise: 30 €
Kreditkarten: CS, DC, MC, Visa; BM
Mittags und abends geöffnet

Die Seele des Iotto ist Marco Pasquali, der von seiner Frau Ines tatkräftig unterstützt wird. Die meisten in der Küche verwendeten Produkte werden vom Familienbetrieb geliefert, der nach biodynamischen Methoden geführt wird. Alles andere stammt von lokalen Produzenten. Das Speisenrepertoire wurzelt in der römischen Tradition und es bereitet Freude, Marco zuzuhören, wenn er über die Gerichte, deren Zubereitung und die Herkunft der Zutaten erzählt. Unter den Antipasti besticht **Fritto** di mele e pere mit Pecorino, Möhren, Kroketten und Kartoffelteigtäschchen mit Mortadella. Als Alternative bekommt man Alici fritte oder Pepata di cozze. Neben der klassischen **Gricia** enthält das Kapitel der Primi auch **Tagliatelle mit frischen Tomaten, Alici und Colatura** (9 €), Strozzapreti mit Spargel und geräuchertem Hering und Mezzi paccheri mit Tomaten, Mozzarella di bufala und Basilikumpesto. Die Secondi umfassen **Baccalà alla romana** (15 €), **Coda alla vaccinara**, goldbraun frittierte Costicelle di abbacchio, Coratella, Trippa und Ossobuco, **Coniglio** (Bio-Kaninchen) **alla cacciatora** (11 €) und Moscardini bianchi in guazzetto. Als Beilage wird Gemüse aus dem eigenen Garten serviert. Die Desserts sind das Werk von Ines: Crostata mit Konfitüre und Schokolade, Tiramisù al caffè und Spumoni. Im Keller lagern Etiketten aus ganz Italien, vorwiegend biologische oder naturbelassene Weine, im angrenzenden Laden (eine Enoteca mit Verkauf von Käse- und Wurstspezialitäten) finden Sie auch alte Jahrgänge. Das Vergnügen, sich hier verwöhnen zu lassen, ist den Ausflug ins Grüne wert.

»*Wenn Sie die Küche des Latium in ihrer authentischsten Form suchen, dann sind Sie hier richtig: perfekt zubereitete, gehaltvolle Gerichte.*«

CAMPODIMELE (LT)
Taverna

87 KM SÜDÖSTLICH VON LATINA, S.S. 7 UND S.S. 82

Lo Stuzzichino

Restaurant-Pizzeria
Via Taverna, 14
Tel. (+39) 07 71 / 59 81 31,
(+39) 349 / 367 84 86
Ruhetag: Mittwoch
Ferien: unterschiedlich
50 Plätze + 60 Plätze im Freien
Preise: 30–32 €
Kreditkarten: CS, DC, MC, Visa; BM
Mittags und abends geöffnet

Die Osteria im unteren Teil des Ortes umfasst einen Speisesaal und einem großen Laubengang. Das ist das Umfeld, in welchem der junge, leidenschaftliche Koch Francesco Capirchio tätig ist, der in der Küche von seiner Mutter Pina und im Saal von seinem Bruder Roberto unterstützt wird. Es kommen zahlreiche exzellente Produkte dieses Landstrichs zum Einsatz: die kleine Spalterbse, die alte Getreidesorte Serena, in der Saison **Pilze** und **Trüffeln**, die teilweise selbst gesammelt werden. In diesem Ort der langen Lebenserwartung (hier leben die Leute im Durchschnitt länger als im übrigen Italien) wird auf gesunde Ernährung geachtet, wofür sich auch Francesco mit großem Erfolg engagiert. Tradition und Innovation prägen die Gerichte: **Zuppa di cicerchie mit Spalterbsen aus Campodimele** (5 €), Carpaccio scottato mit Trüffel und Marzolino-Käse, **Baccalà auf Püree von Cannellini-Bohnen**, Uovo morbido al tegamino mit Kartoffeln und Trüffeln, *Laina* (traditionelle Pasta aus Wasser und Mehl) mit Bohnen (6 €), Tortello rosso rapa, gefüllt mit Wildschwein und Steinpilzpulver, **Chitarrina con funghi galletti mit Torpedino-Tomaten**, **Trippa in umido** (8 €), Lumache *ammuccate* (11 €) und Agnello, bei niedriger Temperatur mit Bier gegart, serviert auf Kartoffeln mit Sorbet von Paprikaschoten. Unser Tipp unter den delikaten Desserts gilt „Omaggio a Campodimele", einem Käsekuchen. Ein großes Sortiment mit zehn Sorten von **Formaggi**. Zwei Degustationsmenüs, „A tutto baccalà" und „Giocando con i nostri tartufi" für 30 bzw. 35 €. Die Weinkarte berücksichtigt die besten Etiketten der Provinz.

Ein schönes Beispiel für eine Küche der Vergangenheit, die sich dank einer Prise Fantasie und exzellenten Zutaten zukunftsorientiert zeigt.

CANEPINA (VT)

27 KM ÖSTLICH VON VITERBO, S.P. 1

Il Calice e la Stella

Moderne Osteria
Piazza Garibaldi, 9
Tel. (+39) 328 / 902 47 61
Ruhetag: Montag–Donnerstag
Ferien: 25. Juni–15. Juli
50 Plätze
Preise: 28 €
Kreditkarten: AE, CS, DC, MC, Visa; BM
Mittags und abends geöffnet

Canepina verdankt seinen Namen der *Canapa sativa*: Bis in die 1950er-Jahre wurde in diesem Dorf Hanf angebaut und zu Garn verarbeitet und die Pflanze fand sogar in der Küche Einsatz. Darüber wissen auch die Geschwister Arletti Bescheid, die ihre Leidenschaft für die Küche zu ihrem Leitstern gemacht haben. Auf dem Hof Selva Cimina bewegen sich Felice und Giuliano in den Spuren ihrer Eltern und betreiben Anbau und Verarbeitung von Esskastanien, Haselnüssen und Oliven. Nun ist auf der Karte auch Hanf aufgetaucht, wodurch in Vergessenheit geratene alte Traditionen und Gebräuche wieder zu neuen Ehren kommen. „Pane amore e canapina" gesellt sich nun zum Menü „Presi in castagna", welches knusprige Guanciale, Esskastanien mit Aceto balsamico und Rucola, **Raviolacci di castagna mit Speck und Lorbeer** (10 €) und die mit Haselnusspesto servierten Maccarone **canepinese** von Mama Rosa, auch **Fieno** genannt, eine traditionelle Pasta – gegen Vorbestellung auch glutenfrei zubereitet – mit einem Zusatz von Bio-Hanfmehl vorschlägt. Auch die Antipasti tragen originelle Namen: Selva Cimina, Pane amore e fantasia (Bruschette und gratiniertes Gemüse mit Hanf), Calice (Salumi aus Viterbo und Slow-Food-Presidi), Stella (hiesige Formaggi mit Saucen und Konfitüren aus der Tuscia). Unter den Primi entdeckt man **Canepinesi** (dünne Nudeln) oder **Ceciliani** (Pasta ohne Ei) in den Versionen **al ragù** oder ai funghi, aber auch Suppen (mit Pilzen und Kartoffeln oder mit Kichererbsen und Esskastanien). Von den Hauptspeisen ist **Coniglio leprino viterbese in salmì** (halb wild aufgezogenes Kaninchen, 12 €) zu empfehlen. Als Dessert bekommen Sie Torta amore e fantasia (mit Schokolade und Hanf) oder Mattone della nonna mit Haselnusscreme (4 €). Dazu gibt es lokale Weine, die auch glasweise ausgeschenkt werden.

45 KM ÖSTLICH VON FROSINONE

Osteria del Tempo Perso

Moderne Osteria • Piazza San Rocco, 13
Tel. (+39) 07 76 / 63 80 39, (+39) 329 / 403 12 23, (+39) 340 / 253 22 07
Ruhetag: Montag • Ferien: 1 Woche im Juli, 2 Wochen im September
60 Plätze + 20 Plätze im Freien
Preise: 30 € • Kreditkarten: CS, MC, Visa; BM
Abends geöffnet, Sonntag und Feiertage auch mittags

Eine typische Osteria, die als Familienbetrieb geführt wird und ihren Sitz im Zentrum dieses kleinen, stimmungsvollen Ortes im Comino-Tal hat. Seit diesem Jahr erlaubt eine Terrasse mit Blick auf den Hauptplatz den Gästen, die lauen Sommerabende im Freien zu genießen. Das Ambiente ist charakteristisch, ordentlich und adrett, den Gästen wird hier ein zwangloser, doch herzlicher Empfang bereitet. Dank des eigenen landwirtschaftlichen Betriebs stehen stets frische Zutaten zur Verfügung. Die Karte ist reich an unverfälschten Gerichten, die Pasta wird aus Mehl dieser Gegend selbst gemacht, Fleisch wählt man mit großer Sorgfalt aus und lässt es abhängen. Legen Sie gleich los mit dem Antipasto del Tempo Perso mit sechs warmen Gerichten, einer Wurst und einem Käse (10 €). Als Alternative bekommen Sie Degustationen von **Formaggi** und Salumi für mehrere Personen. Unter den Primi entdeckt man **Malfatti mit DOP-Cannellini-Bohnen aus Atina und Guanciale di maiale nero casertano** (9 €), Fettucce cacio e pepe dell'osteria (mit gereiften Pecorini aus dem Comino-Tal). Für den Hauptgang empfehlen wir Ihnen **Polpettone al forno** (nach einem alten Rezept der Großmutter Maria), den klassischen Abbacchio a scottadito (12 €), Tagliata di manzo aus Rindfleisch dieser Gegend, Coniglio in padella oder Pecorino fuso mit Honig und Nüssen (9 €). Eine Seite der Speisekarte ist den originellen Burgern aus lokalem Fleisch gewidmet. Die Weinkarte reicht von lokalen Erzeugnissen bis zu Etiketten aus ganz Italien.

»*Eine Familie, die die gute Küche und die exzellenten Produkte dieses Landstrichs zu ihrer Stärke gemacht und sich dadurch nicht nur in diesem Landstrich, sondern bis ins Ausland einen Ruf erworben hat.*«

100 KM SÜDÖSTLICH V. LATINA, S.S. 7

Bacchettone e Zazzà

Restaurant
Via delle Terme, 77
Tel. (+39) 07 71 / 60 70 15, (+39) 07 71 / 190 73 30
Ruhetag: Mittwoch
Keine Ferien
60 Plätze + 40 Plätze im Freien
Preise: 35 €
Kreditkarten: AE, CS, DC, MC, Visa; BM
Mittags und abends geöffnet

Das Bacchettone e Zazzà beschert uns eine Zeitreise in die Vergangenheit: mit der Einrichtung im Stil der alten Osterien, dem stets angefachten Kamin, wo Fleisch gegrillt wird und Suppen in Tontöpfen köcheln, und mit den Speisen, in denen sich die Tradition in Reinkultur widerspiegelt. In dieser Ecke ganz im Süden des Latium, die der ganz in der Nähe verlaufende Fluss Garigliano schon fast mit Kampanien verbindet, hat die Küche einen ausgeprägten Charakter, wie die Leute, die hier leben. Das erfahren wir gleich beim Einstieg mit dem Stuzzicariello di Bacchettone (13 €), einer Art Parade, bei der sich alle – oder fast alle – Spezialitäten des Hauses präsentieren. Gut sind auch die Degustationen von Formaggi oder Salumi mit einigen Produkten dieses Landstrichs. Wenn der Sommertrüffel verfügbar ist, den die Wirtsleute an den Hängen der Monti Aurunci sammeln, lassen Sie sich Uovo allo scorzone schmecken, oder zu anderen Jahreszeiten, wenn den Trüffelsuchern das Glück hold war, Uovo al tartufo bianco (Ei mit weißem Trüffel). Unter den Primi sind **Lainella** (Pasta aus Wasser und Mehl) **con fagioli** (mit Bohnen) oder **con ceci** (mit Kichererbsen, 9 €), **Tagliolini** oder **Ravioli al tartufo**, **Rigatoncini di grano bruciato mit Fleisch vom schwarzen Casertano-Schwein und Annurche-Äpfeln** zu finden. Bei den Gerichten mit dem wunderbar über der Glut gegarten Fleisch gilt unser Tipp den lokalen Varianten auf der Basis von **Maiale nero casertano** oder ***Ciammaruche*** (Schnecken) **alla foremara** (9 €), **Trippa**, **Pariatella d'*aino*** (gebratene Lamminnereien) und frittierten Anguille (Aale) aus dem Fluss Garigliano. Die Beilagen profitieren vom Reichtum des Gemüseanbaus dieser Gegend. Zum Abschluss Crostate mit hausgemachten Konfitüren und Marmeladen. Die Weinkarte widmet den Produkten aus dem Latium und aus Kampanien die gebührende Aufmerksamkeit.

24 KM SÜDÖSTLICH VON FROSINONE, A 1 AUSF. CEPRANO

Il Ruspante

Ferienbauernhof
Via Pozzotello, 18
Tel. (+39) 07 75 / 68 67 50,
(+39) 335 / 823 86 47
Ruhetag: Dienstag, Mittwoch, Sonntagabend
Ferien: letzte August-, erste Septemberwoche
60 Plätze
Preise: 28–30 € (mit Hauswein)
Kreditkarten: AE, CS, DC, MC, Visa; BM
Mittags und abends geöffnet

Ein weitläufiger Park mit Maulbeerbäumen und eine Veranda mit einem kleinen Kinderspielplatz bilden den Eingangsbereich zu diesem Lokal. Jahreszeitentreue bei den Gerichten, Sorgfalt bei der Zubereitung und bei der Gestaltung des Ambientes, das sind die Merkmale, die diesen als Familienbetrieb geführten Ferienbauernhof kennzeichnen. Antonella bekundet in ihrer Küche eine Vorliebe für traditionelle Rezepte, die mit Zutaten aus eigener Produktion oder, falls diese nicht ausreichen, mit solchen anderer Produzenten dieser Gegend zubereitet werden. Es gibt keine gedruckte Speisekarte, die Tagesgerichte werden den Gästen vom Hausherrn Diego erläutert, der dabei von seinem Sohn Pasqualino unterstützt wird. Der Antipasto ist reich bestückt mit **Salsiccia di Castro dei Volsci** und **Marzolina aus Ziegenmilch** neben gegrilltem Gemüse und Feldzichorie (12 €). Unter den Primi findet man exzellente Zuppe di legumi, **Pasta e fagioli mit Schweineschwarten**, Tagliolini, serviert mit Pancetta und in der entsprechenden Saison mit Asparagi selvatici (wilder Spargel, 9 €) und **Tonnarelli al sugo di cinghiale** (mit Wildschweinsauce). Dann folgen Coniglio arrosto, **Coratella di abbacchio** (Innereien vom Milchlamm) und **Lumache al sugo** (Schnecken in Sauce, 10 €). Gegen Vorbestellung kann man Faraona (Perlhuhn), im Tongeschirr gegart, genießen. Eine große Vielfalt an Fleisch, das über der Glut gebraten wird, komplettiert den Reigen der Secondi. Das Weinsortiment ist lokaler Provenienz. Zum Abschluss gibt es hausgemachte Crostate, **Ciambelline al vino** und Amaretti.

CASTRO DEI VOLSCI (FR)

24 KM SÜDÖSTLICH VON FROSINONE, A 1

Locanda del Ditirambo

Restaurant
Via dell'Orologio, 11
Tel.(+39) 07 75 / 66 20 91
Ruhetag: Montag–Mittwoch
Ferien: Ende Januar
45 Plätze + 50 Plätze im Freien
Preise: 35 €
Kreditkarten: CS, MC, Visa; BM
Abends geöffnet, Sonntag nur mittags

Das Restaurant liegt innerhalb der mittelalterlichen Stadtmauern im Zentrum des Städtchens, verfügt aber über einen Garten, von dem aus man einen Ausblick auf das Sacco-Tal genießen kann. Das Servicepersonal und die Wirtin Daniela Accolla bereiten den Gästen einen freundlichen Empfang. Die jungen Geschwister Talocco verarbeiten mit Meisterhand qualitativ hochwertige Produkte, darunter einige Slow-Food-Presidi, die in der Karte angeführt sind. Fünfmal pro Jahr variiert Chefkoch Antonello die Zusammensetzung seines Repertoires. Beginnen Sie mit Kostproben von vier Antipasti (12 €), zum Beispiel Mousse di baccalà aus karamellisierten roten Zwiebeln, Caprese mit Burrata und Alici aus Cetara, Tortino di patate und Carpaccio di bufaletto. Im Kapitel der Primi erwarten Sie **Pasta e patate mit Pancetta und geräucherter Scamorza**, Zuppa di cicerchie di Serra de' Conti mit knusprigem Prosciutto, schmackhafte **Tonnarelli cacio e pepe** di Rimbàs und delikate Mezzi paccheri mit Baccalà und Kürbisblüten. Unter den jeweils mit Beilagen servierten Secondi ist **Baccalà alla pofana** (14 €) zu erwähnen, ein Stockfisch-Gericht, das eine alte Ostermontag-Tradition des Städtchens Pofi weiterführt. In der Sommerzeit wird **Agnello** durch **Bollito mit drei Saucen** und geräucherte Costine di maiale in Paprikasauce ersetzt. Wirklich vorzüglich ist auch **Stufato di bufaletto al rosmarino** (15 €). Wer seinen Gaumen mit Süßem verwöhnen will, der kann hausgemachte Semifreddi, Spuma di cioccolato und Biancomangiare, ein leichtes Tiramisu, genießen. Das Angebot umfasst auch zwei Themenmenüs, eines mit Baccalà für 30 € und eines im Zeichen der Bufala (Büffel) für 35 €, und alternative Speisen für Personen mit Glutenunverträglichkeit und Vegetarier. Gute Weinauswahl mit Produkten dieser und anderer Regionen.

21 KM SÜDÖSTLICH VON FROSINONE, A 1

Enoteca Federici

Enoteca mit Küche
Piazza Martiri di Via Fani, 8
Tel. (+39) 07 75 / 91 40 48
Ruhetag: Dienstag
Ferien: unterschiedlich
30 Plätze + 40 Plätze im Freien
Preise: 25–30 €
Kreditkarten: CS, DC, MC, Visa; BM
Mittags und abends geöffnet

Sobald Sie die Autobahn Rom-Neapel verlassen, benötigen Sie nur mehr wenige Minuten, um zu diesem zauberhaften kleinen Platz im historischen Zentrum von Ceprano zu gelangen, wo Sie auf ein vielseitiges Lokal stoßen: Bar, Konditorei, Vinothek, Restaurant und im Sommer Pizzeria. Der Empfang ist herzlich und allein die Lektüre der Karte lässt den Gast erkennen, dass hier mit Produkten gearbeitet wird, die eng mit diesem Landstrich verbunden sind, wobei auch Vegetarier und Veganer nicht zu kurz kommen. Die Karte ist nicht sehr umfangreich, das ist aber absolut kein Problem, weil Luca stets Alternativen vorschlägt, je nachdem, was er bei seinem täglichen Einkauf erwirbt. Beginnen können Sie mit einem Antipastino della tradizione (8 €) oder mit Bruschette mit Salsiccia ciociara und Büffelmozzarella. Als Primi werden **Paccheri all'amatriciana** (9 €) und **Gnocchi al cacio di Morolo** angeboten und freitags bekommt man Spaghetti mit Sardellen aus Gaeta (9 €). Die Secondi halten sich an die Tradition, nennen jedoch neben **Pollo al Cesanese** (8 €) und **Agnello alla griglia** (12 €) auch kreativere Gerichte wie Straccetti di manzo mit Äpfeln, Radicchio und Balsamico. Die Desserts sind hausgemacht, wobei die Gelati eine besondere Erwähnung verdienen: nicht viele Geschmacksrichtungen, aber hohe Qualität. Da es sich um eine Vinothek handelt, ist es fast überflüssig zu erwähnen, dass dieses Lokal über eine erlesene Auswahl an Weinen aus dem Latium und anderen Regionen verfügt, die teilweise glasweise ausgeschenkt werden.

Die Fattoria Maiuri (Via delle Cese 8) erzeugt Käse aus biologischer Kuhmilch. Die Käserei Valle del Liri (Ortsteil Carlesimo, Via Campo Stefano 223) verkauft Mozzarella und Käse aus Büffelmilch.

12 KM WESTLICH VON RIETI

Le Fontanelle

Ferienbauernhof
Via Madonna del Piano, 6
Tel. (+39) 07 46 / 70 71 43,
(+39) 339 / 134 60 68
Ruhetag: Montag–Donnerstag, außer im Sommer • Ferien: unterschiedlich
100 Plätze + 30 Plätze im Freien
Preise: 30 €
Kreditkarten: CS, DC, MC, Visa; BM
Mittags und abends geöffnet

Es gibt viele Orte hier im Landstrich der Sabina, für die sich die Fahrt lohnt, aber der Betrieb Le Fontanelle liegt in einem der schönsten und interessantesten Teile der Provinz, sowohl was die Landschaft (Wälder und nahe Berge) als auch was die Landwirtschaft betrifft. Hier werden seit langer Zeit mit Leidenschaft Tiere lokaler Rassen halb wild aufgezogen und Gemüse angebaut. Dies bildet den Grundstein des Speisenrepertoires, das im hübschen sommerlichen Garten (die warme Jahreszeit ist hier häufig sehr lang) oder im charmanten Speisesaal im ehemaligen Heuschober serviert wird. Wirklich gut sind sämtliche Teigwaren, darunter **Tagliatelle**, die von Hand geformt und **mit Gemüse** (mit angebautem oder wildem Spargel, Bohnen, Pilzen) serviert werden. Sehr schmackhaft sind auch **Gnocchi al sugo di agnellone** (8 €) und **Stringozzi alla gricia**. Prosciutto und andere Wurstspezialitäten aus eigener Produktion bereichern den Antipasto della casa (10 €), der auch frittiertes Gemüse beinhaltet. Das gesamte Fleisch, das man als Gast wählen kann, bevor es über der Glut gebraten wird, wird in der angeschlossenen Fleischerei des Betriebs verkauft: **Salsicce**, Braciole (Koteletts) und **Spuntature di maiale** (Schweinerippchen). Zum Abschluss bekommen Sie Crostate mit hausgemachten Konfitüren (4 €) oder Eis aus einem nahen traditionell arbeitenden Betrieb. Das Weinsortiment ist ziemlich umfangreich und enthält eine Auswahl an Etiketten aus dem Latium (insbesondere aus dem Gebiet der Sabina) und der nahe gelegenen Region Abruzzen. Auch eine schöne Auswahl an Bieren aus kleinen Brauereien ist vorrätig.

CORI (LT)
Giulianello

26 KM NÖRDLICH VON LATINA

Osteria del Contadino

Osteria
Via Anita Garibaldi, 55
Tel. (+39) 06 / 966 54 14
Ruhetag: Dienstag
Ferien: 15.–31. August
50 Plätze + 20 Plätze im Freien
Preise: 25 €
Kreditkarten: AE, CS, DC, MC, Visa; BM
Mittags und abends geöffnet

Die leicht zu erreichende Osteria liegt wenige Schritte vom Zentrum von Giulianello und einige Minuten von Cori entfernt. Sie hat sich zu einem der wichtigsten Referenzpunkte entwickelt, wenn man den Landstrich rund um Rom erkunden will. Hier gibt es noch Schätze, die es zu entdecken gilt. Die Wirtsleute Tonino und Simonetta, die sich seit jeher mit Sorgfalt der Suche nach Zutaten aus der Umgebung gewidmet haben, beweisen großes Geschick darin, ihre Küche zu einem Aushängeschild der lokalen Tradition zu machen. Überflüssig zu erwähnen, dass die Speisenauswahl mit den Jahreszeiten und der Verfügbarkeit der Zutaten aus dem Garten und der lokalen Produkte variiert. So können Sie im Sommer **Zuppa di fagioli e cavolo nero** (Suppe mit Bohnen und Schwarzkohl) genießen, nachdem Sie die Mahlzeit mit einem Misto dell'orto in pastella (Gemüse in Backteig, 8 €) oder einem Sortiment an Formaggi und Salumi dieser Gegend eröffnet haben. Die Primi umfassen das Beste, was die traditionelle römische Küche zu bieten hat, von **Fettuccine con sugo di rigaglie di pollo** (mit Sauce aus Hühnerklein, 8 €) bis zu **Cacio e pepe**, ohne dabei Gerichte mit deftigerem Geschmack wie **Paccheri al sugo di pecora** (8 €) zu vernachlässigen. Was die Nähe zur Tradition betrifft, können die Secondi jedenfalls mithalten: **Saltimbocca alla romana** (10 €), **Trippa** (10 €), **Coratella di abbacchio**, Coniglio al finocchietto und natürlich Baccalà in guazzetto. Das Repertoire der Desserts reicht von den klassischen Crostate mit den von Simonetta zubereiteten Konfitüren bis zu Feingebäck lokaler Tradition. Die Weinkarte konzentriert sich auf die Umgebung und bietet ein gutes Sortiment an Produkten hiesiger Kellereien, sie erlaubt sich aber auch, Produkte aus anderen Anbaugebieten zu integrieren.

FARNESE (VT)

44 KM NORDWESTLICH VON VITERBO

La Piazzetta del Sole

Trattoria
Via XX Settembre, 129
Tel. (+39) 07 61 / 45 86 06,
(+39) 328 / 690 74 93
Ruhetag: Montag
Ferien: unterschiedlich
35 Plätze
Preise: 27–33 €
Kreditkarten: CS, MC, Visa; BM
Abends geöffnet, Samstag und Feiertage auch mittags

Ein typischer Sonntagsausflug hinaus zu den Dörfern und Städtchen, auf den Spuren der bodenständigen Küche und des guten Weins: Farnese ist eine charmante kleine Ortschaft im oberen Latium, aus deren reizvollem Labyrinth enger Gässchen die Autos verbannt sind. Auf einem kleinen Platz trifft man auf dieses Lokal, wo Antonella die Gäste im ersten Stock eines alten Gebäudes mit einem von ihr selbst zubereiteten Appetithäppchen empfängt, während Miriam den passenden Wein empfiehlt. Auf der reich bestückten, preislich korrekten Weinkarte ist das Latium gut vertreten, ergänzt durch Schaumweine aus Frankreich und Etiketten aus Slowenien. Zum Sortiment an Salumi und der **Paté di fegatini e verza marinata** (Hühnerleberpastete mit Wirsing, 8 €) gesellen sich je nach Jahreszeit Baccalà sfilettato mit Kichererbsenpüree oder **Polenta mit Äpfeln, Speck und Zimt** (im Winter) beziehungsweise Millefoglie mit Artischocken, Römischer Minze und Pecorino-Fonduta oder **Fave stufate** (geschmorte Saubohnen) **mit Guanciale, Minze und Giuncata-Käse** (im Frühling). Abwechslung herrscht auch bei den Primi: **Tagliatelle con salsiccia, arancia e finocchietto**, Zuppa di ceci e castagne und Cannelloni di pollo mit Linsensauce (8,50 €). Als Alternativen gibt es Lasagna mit geräucherter Büffel-Provola und Spargel oder **Tagliatelle alla vignarola**. Bei den Secondi stehen Tagliata und **Coniglio** (Kaninchen) im Mittelpunkt, wobei das Letztgenannte in den Versionen **porchettato mit Füllung aus Kartoffeln und Fenchelblüten**, in agrodolce (süßsauer) oder al bujone (12 €) angeboten wird. Exzellent im Geschmack sind **Baccalà in agrodolce** oder Arrosto mit Fenchelblüte. Gelatina di cachi mit Vanillesauce, Crema di cioccolato mit Haselnüssen und Gelatina di melone mit Joghurt sind Beispiele für Antonellas Desserts (6 €).

FIUMICINO (RM)
Isola Sacra

31 KM SÜDWESTLICH VON ROM

Pinzimonio

Restaurant
Via Formoso, 95
Tel. (+39) 066 / 502 97 64
Ruhetag: Donnerstag, außer im Sommer
Keine Ferien
85 Plätze
Preise: 30–35 €
Kreditkarten: AE, CS, DC, MC, Visa; BM
Mittags und abends geöffnet

Es ist stets ein Vergnügen, nach Fiumicino zu fahren, um dort auf einem Spaziergang zwischen Booten Meeresluft zu atmen, ein paar Sonnenstrahlen einzufangen oder auch an einem der richtigen Plätze etwas Gutes zu essen. Zum Gelingen des letztgenannten Vorhabens trägt seit Jahren Carmine Di Bianco bei, ein Koch mit Leib und Seele, der nicht müde wird, seine kulinarischen Ideen umzusetzen. Als überzeugter Vertreter des Slow-Gedankens beweist er sein Interesse an Fisch bereits bei den Antipasti (8 €), darunter Tortino di polpo verace mit Rucola, **Parmigiana di pesce azzurro** oder die formidablen **Polpette di alici**. Wenn Sie von allem ein wenig probieren wollen, dann wählen Sie den üppigen Antipasto misto (14 €). Unter den Primi (12 €) besticht das Bravourstück der hiesigen Tradition, die **Spaghetti con le telline** (mit Telline-Muscheln). Wenn es das Fangglück erlaubt, können Sie diese kleinen Weichtiere, ein Slow-Food-Presidio der römischen Küste, auch auf einer knusprigen Bruschetta genießen. Weitere saisonale Vorschläge sind **Minestra di arzilla e broccolo romanesco** und **Pasta con sarde, pinoli, uvetta e pangrattato** neben Orecchiette con pesce e melanzane fritte. Die Verfügbarkeit der Produkte bestimmt das Angebot an Secondi (14 €): Zu diesen zählen der klassische **Fritto di paranza** oder Calamari und verschiedene **Guazzetti** mit fangfrischem Fisch, aber auch **Pesce sciabola alla cacciatora** und der große Arrosto misto di mare. Zum Ausklang kann man sich ein schönes Tiramisu oder Semifreddo al pistacchio gönnen. Erwähnung verdient die Wiederaufnahme von Pizza in das Repertoire, wobei diese im Holzofen gebackenen, aus erlesenen Zutaten zubereiteten Leckerbissen mit Leichtigkeit und Geschmack punkten. Die Weinkarte berücksichtigt auch Produkte aus Bio-Anbau und Etiketten aus lokalen Kellereien.

FORMIA (LT)

76 KM SÜDÖSTLICH VON LATINA, S.S. 7 OD. S.S. 213

Il Gatto & la Volpe

Restaurant
Via Abate Tosti, 83
Tel. (+39) 07 71 / 213 54
Ruhetag: Mittwoch, außer im Sommer
Ferien: Weihnachten/Dreikönig
70 Plätze + 50 Plätze im Freien
Preise: 30–35 €
Kreditkarten: AE, CS, DC, MC, Visa; BM
Mittags und abends geöffnet

In dieser Stadt, deren Name wahrscheinlich vom Wort *Hormiae* abstammt, das im Griechischen Landeplatz bedeutet, finden wir in einem kleinen Gässchen ein Lokal, in dem wir tatsächlich sicher „landen" können. Hinter der Theke mit der Kasse hat ein alter Ofen seinen Platz, auf dem im Winter die typischen, in Tontöpfen zubereiteten Gerichte köcheln. Der Speisesaal ist ziemlich weitläufig, es gibt aber auch einen schönen Garten, in dem man an Sommerabenden im Freien speisen kann. Beginnen können Sie mit verschiedenen Antipasti auf Fischbasis, darunter der Antipasto della casa (12 €) mit einer Auswahl von sieben Kostproben, ein exquisiter **Guazzetto di tellina laziale** (10 €), Alicette marinate oder die mit der Tinte gebratenen Seppioline. Unter den Primi sind **Pasta mischiata mit Bohnen aus Controne und Cozze** (10 €), Spaghettone di Gragnano mit der traditionellen Colatura di alici mit Sardellen aus Cetara, Spaccatelle con gli sconcigli (mit Stachelschnecken) und **Zuppa di farro** zu erwähnen. Lassen Sie sich bei den Hauptspeisen die vorzügliche **Frittturella di paranza** und die gerösteten **Seppie di rezzella**, auch in der Version con le cicerchie (mit Spalterbsen, 11 €) nicht entgehen. Ein Besuch in diesem Lokal lässt erkennen, dass hier auf die Zutaten großer Wert gelegt wird, und so sind die Gerichte in der Speisekarte detailliert beschrieben, unter spezieller Erwähnung der verwendeten Slow-Food-Presidi. Für die Weine gibt es eine hervorragende, abwechslungsreiche Karte, die den Winzern der Regionen Latium und Kampanien viel Platz einräumt, ohne jene aus anderen Landesteilen zu vernachlässigen.

In **Itri** (Via Appia, bei Kilometer 136,30) bekommt man delikate, von Enzo Recco veredelte Käsespezialitäten.

Die Wirte von Frascati

Seit einigen Jahren ist hier in Frascati eine „Gemeinschaft des Essens" aktiv: eine Verbindung zwischen einem Wein mit tausendjähriger Tradition und den Orten, an denen er ausgeschenkt wird. Hier geht es darum, die authentische und anerkannte hundertjährige Gepflogenheit der Gastlichkeit und der Kultur des Essens zu bewahren.

Die Figur des Gastwirts steht für das Modell der eigenen Erzeugung und des lokalen Konsums und ist seit jeher mit nicht zu unterschätzenden sozialen Werten verbunden. Heute geht es unseren „Marketendern" darum, die Würde ihrer Rolle wieder aufleben zu lassen. Ihrem Wunsch nach einer Renaissance des alten Konzepts der Gastlichkeit verleihen sie Ausdruck, indem selbst produzierten Produkten innerhalb des kulinarischen Angebots großer Wert beigemessen wird.

Das Gewerbe dieser Wirte zeichnet sich folglich dadurch aus, dass in ihren saisonalen oder ganzjährig geöffneten Lokalen stets Wein aus eigener Erzeugung oder aus lokalen Winzerbetrieben angeboten wird. Bei den sogenannten Tinelli, Fraschette und Osterien geht es im Grund genommen nicht um die Küche, auch wenn einige dieses Metier ausgezeichnet beherrschen, sondern um den Ausschank. Diesem schließen sich nach Möglichkeit einige Speisenangebote an, in einigen Fällen können die Gäste nach wie vor ihr eigenes Essen mitbringen.

Diese Gemeinschaft ist das beste Sinnbild für die volkstümliche Geselligkeit und Gastfreundschaft gegenüber dem Durchreisenden oder Touristen, ganz zu schweigen von dem großen sozialen Wert, den der tägliche Besuch einer Gaststätte für ganze Generationen aus der Umgebung dargestellt hat. An diesen Orten wurden oftmals Arbeit, Freundschaft, Trost, Rat und manchmal sogar eine Familie gefunden.

Der offene Wein für den Verkauf muss aus eigener Erzeugung stammen. Die Trauben müssen im Gebiet des Frascati DOC oder in unmittelbar angrenzender Umgebung wachsen und auch verarbeitet werden. Die Zutaten für das Essen sollen überwiegend aus eigenen Gemüsegärten, Obst- und Weinpflanzungen kommen oder von lokalen, nach handwerklichen Methoden arbeitenden Erzeugern, die Brot, Honig, Käse und Salumi liefern. Der Wirt ist unbestritten eine Figur des Vertrauens, eine Bezugsperson, die in ihrem Lokal mit Leidenschaft und Respekt über die eigene Umgebung und das, was diese bietet, zu sprechen weiß: Während des Essens dürfen Sie also auch mit Erzählungen zum Leben und zum Wein rechnen, mit Anekdoten und persönlichen Erinnerungen.

In der Folge finden Sie eine Liste der an der Gemeinschaft der Wirte von Frascati teilnehmenden Lokale.

Stefano Asaro

Cantina Bucciarelli

Viale Regina Margherita, 27
Tel. (+39) 06 / 94 01 08 71
Ruhetag: Dienstag, außer im Sommer

Dieses Lokal am Belvedere des sommerlichen Spazierwegs hebt sich von den vielen anderen Lokalen durch seine Qualität ab und durch die charakteristischen Rezepte, die in der Küche täglich realisiert werden. Der freundliche Empfang durch Enzo Bucciarelli und seine Frau ist die Fortsetzung einer alten Familientradition.

Cantina Ceccarelli

Via Fontana, 61
Tel. (+39) 06 / 941 94 41
Täglich geöffnet (nur im Sommer)

Eine Osteria, die nur im Sommer geöffnet ist. Dann werden auf der nahe gelegenen Piazza San Rocco Tische aufgestellt und der Wein aus Familienproduktion ausgeschenkt. Luca und sein Vater Giancarlo sind Wirte alter Tradition, sie erlauben den Gästen, eigene Speisen mitzubringen, aber sie bieten auch ein anständiges Sortiment an lokalen Spezialitäten.

Cantina da Santino

Via Campana, 15
Tel. (+39) 06 / 94 29 81 10
Kein Ruhetag

Hier kann man auch mit mitgebrachtem Essen Platz nehmen und Hauswein bestellen. Das Ambiente ist für die Umgebung typisch und höchst angenehm. Felice Ramaccia ist in die Fußstapfen seines Vaters Santino getreten, dem es ein halbes Jahrhundert lang stets gelungen ist, einen Tisch für die vielen Tagesgäste aus Rom zu finden.

Cantina del Principe

Via del Castello, 25
Tel. (+39) 335 / 813 25 76
Kein Ruhetag

Diese Fraschetta existiert seit etwa zwölf Jahren, aber die Berufserfahrung von Inhaber Ennio De Luca (Vizepräsident der Vereinigung der Weinbauern der Frascati-Traube) reicht viel weiter zurück. Das Lokal befindet sich genau unterhalb des „Muro di Via Pensa" und bietet guten Wein und selbst gemachtes Essen.

Cantina Grappolo d'Oro

Piazza Filzi, 5
Tel. (+39) 06 / 942 20 14
Kein Ruhetag

Familie Vanelli hat die Osteria zu Beginn des 20. Jahrhunderts gegründet, heuten leiten sie Stefano und Isabella mit Sachverstand. Neben Käse, Salumi und eingemachtem Gemüse werden auch ein paar warme Gerichte angeboten. Plätze gibt es auch im Freien, in einem gemütlichen, dem Lokal vorbehaltenen Bereich.

Cantina Martini

Via delle Fratte, 5
Tel. (+39) 347 / 717 65 46
Kein Ruhetag

Mauro Martini begrüßt Sie mit seiner üblichen guten Laune zu einer Einkehr zwischen Fässern und schön präsentierten Flaschen. Ohne großen Wert auf Formalitäten zu legen, bietet er stolz seinen guten Rot- und Weißwein an und erzählt gerne Geschichten aus der Umgebung.

Osteria dell'Olmo

Piazza dell'Olmo, 5
Tel. (+39) 347 / 404 52 73
Kein Ruhetag

Vielleicht ist das die Osteria von Frascati schlechthin. Sie befindet sich an einer kleinen Piazza in der Altstadt. Es ist nicht leicht, ein Gründungsdatum anzugeben. Rita Reggi mit ihrer witzigen, geselligen Art stand immer schon am Ruder und oft bringt sie Obst und Gemüse aus ihrem Garten mit. Im Sommer können Sie auch an einem Tisch im Freien sitzen.

Vinoteca Trinca

Viale Balilla, 14
Tel. (+39) 06 / 94 01 02 66
Ruhetag: Montag

Familie Trinca hat eine langjährige Erfahrung im Weinanbau und im Ausschank mit Bewirtung. In diesem eindrucksvollen renovierten Lokal bieten Andrea und Luca zusätzlich ein Büfett, das stark von der Käse- und Wursterzeugung des Gebiets der Castelli Romani geprägt ist.

21 KM SÜDÖSTLICH VON ROM

Zarazà

Restaurant
Via Regina Margherita, 45
Tel. (+39) 06 / 942 20 53
Ruhetag: Montag
Ferien: zeitweise im August
50 Plätze + 30 Plätze im Freien
Preise: 32 €
Kreditkarten: AE, CS, MC, Visa
Mittags und abends geöffnet

Eine Terrasse mit Blick auf Rom, erstklassige Zutaten und eine exzellente Küche: Das allein würde genügen, um das Zarazà zu einem der schönsten Betriebe in der Gastronomieszene von Frascati zu machen. Aber den Unterschied macht der Wirt, der die Gäste empfängt und mit seinen Erläuterungen der Gerichte nicht nur auf deren Geschmack, sondern auch auf das Engagement einstimmt, mit welchem sie angeboten werden. Bruno und Piera haben ihre Söhne Raffaele und Michele in dieses Abenteuer eingewiesen, bei dem auch alte Passionen eine Rolle spielen. Zum Einstieg Stuzzichino della casa (5,50 €): Schiacciata romana, Frittata di borragine und Tortino di cavolacci mit Kartoffeln. Dann folgen traditionelle Primi wie die perfekten **Tagliolini con ragù di coda** (11 €), **Cacio e pepe**, **Amatriciana** oder fantasievollere Gerichte wie Timballo di zite mit Romanesco-Brokkoli und geräuchertem Provola sowie Mezze maniche alla carbonara non carbonara in Anspielung auf den Namen des Küchenchefs, Terenzio Carbonari. Unter den Secondi finden Sie **Coratella di abbacchio**, Trippa alla romana, **Coda alla vaccinara**, Petto di vitella alla fornara (12 €), saftigen **Stinco di maiale al forno**, **Tortino di patate con interno di coda**, Abbacchio cacio e pepe und die Version a scottadito. Dazu saisonale Beilagen: Carciofo alla romana, Puntarelle und Ramoracce, kurz gebraten. Freitags stehen Fischgerichte auf dem Programm. Zum Abschluss Signora Pieras Desserts (4,80 €): Delikat ist die **Crostata con marmellata di limoni e mandorle**. Raffaeles Weinkeller mit Schwerpunkt auf der Region Latium nennt mehr als 100 Etiketten.

„Eine gemütliche, gastliche Osteria, in der man spürt, dass auf Tradition und Gebietstreue geachtet wird."

28 KM SÜDÖSTLICH VON ROM, S.P. 217

Osteria e Cucina Pelliccione

NEU

Trattoria
Piazza Mazzini, 13–14
Tel. (+39) 06 / 936 44 80
Ruhetag: Dienstag
Ferien: 2 Wochen im September
Preise: 32–35 €
Keine Kreditkarten
Mittags und abends geöffnet

Ein Wandel durchzieht die Restaurantszene der Castelli Romani: neue Lokale, ein Wechsel im kulinarischen Angebot und gleichzeitig ein Verlust an Identität. Das Pelliccione hingegen bleibt fest mit der Tradition und der authentischen römischen Küche verbunden. Drei Generationen der Familie Mancini – Armando, Marcello und nun Massimo – haben die Entwicklung der Osteria mitbestimmt: anfangs Weinausschank, dann Land-Trattoria, als sich 1954 Mama Anna Maria an den Herd stellte. Beginnen Sie mit klassischen Antipasti oder einer der beiden Kombinationen: Misto di cucina romana (11 €) oder Misto di montagna. Die Primi umfassen **Gricia**, Carbonara, Bucatini alla amatriciana, **Fettuccine con *regaje* di pollo** oder **Rigatoni con *pajata*** (13 €). Als Alternative gibt es Minestre: Maltagliati, **Pasta e ceci** oder Pasta e patate. Die Secondi sehen neben Fleisch vom Grill auch Coda alla vaccinara (13 €), **Coratella d'abbacchio**, Zampetto di suino, Fagioli con le cotiche, **Trippa alla romana** und **Pannicolo** (Rinderzwerchfell) vor. Wer Coregone (Renken) aus dem Lago di Nemi oder Baccalà in den Versionen mantecato oder alla romana möchte, muss bis zum Freitag warten. Der Garten liefert die Zutaten für exzellente Beilagen: Puntarelle, **Borragine in pastella con alici** und sautierte Ramoracce. Nach den Desserts – Panna cotta, Tiramisu und andere – fragen Sie nach einer Besichtigung der „Grotta": Hier lagern zahlreiche Weine, Edelbrände und einige von Massimo erzeugte Biere.

Die Fleisch- und Wursterzeugung Placidi (Via Ronconi 19) verkauft seit mehr als einem halben Jahrhundert erlesenes Fleisch aus Italien und erzeugt traditionelle Salumi wie Guanciale, Coppiette, Salsicce und Porchetta, auch im Holzofen gebraten.

25 KM SÜDLICH VON ROM

Pietrino e Renata

Traditionelle Osteria
Via Generale Lordi, 70
Tel. (+39) 06 / 97 24 94 78
Ruhetag: Montag
Ferien: unterschiedlich
120 Plätze + 100 Plätze im Freien
Preise: 30 €
Kreditkarten: CS, MC, Visa; BM
Mittags und abends geöffnet

In Genzano, im Gebiet der Castelli Romani, empfängt Sie die Osteria von Pietrino und Renata mit einem Repertoire von zahlreichen traditionellen Speisen, die in großzügigen Portionen aufgetischt werden. Die Leitmotive des Lokals sind Saisontreue, Frische und Substanz. Die mannigfaltigen Antipasti (10 €) wechseln laufend und passen sich der jeweiligen Jahreszeit an: **Fritti in pastella** (Kürbisblüten, Zucchini und Paprikaschoten), gemischte Affettati (Wurstaufschnitt), Brot mit Alici e verza (Sardellen mit Wirsing) und Friggitelli ripieni. Eine große Auswahl herrscht bei den Primi: Ganz im Zeichen der Tradition stehen **Rigatoni con la *pajata***, Bucatini all'amatriciana, Fettuccine al ragù antico, **Strozzapreti al castrato**, Pappardelle al sugo di lepre und **Strangoli alla pecora** (10 €). Unter den Speisen mit kreativerer Note sind Tagliolini al ragù di coregone (Renken aus dem nahe gelegenen Lago di Nemi) zu nennen. Nach Rezepten der typischen Küche sind auch die Secondi (13 €) zubereitet: Guancia di manzo alla picchiapò, **Trippa alla romana**, ***Pajata* di vitella al forno** und Animelle di vitello mit Fenchel. Etwas wirklich Besonderes ist **Pannicolo con finocchiona** (Rinderzwerchfell mit Fenchelsalami). Wie es sich für eine Osteria gehört, wird jedes Hauptgericht mit einer Beilage serviert: Broccoletti, Cicoria, Patate al forno, Indivia und Scarola mit Sardellen, Carciofi alla romana, **Puntarelle**, Stecconi mit Minze und Pecorino, Steinpilze und Pfifferlinge … In der kühleren Jahreszeit sind Suppen, insbesondere la Zuppa di fave, auf die Pietrino sehr stolz ist, geradezu ein Muss. Große Auswahl an Weinen, die zu äußerst korrekten Preisen angeboten werden.

20 KM SÜDÖSTLICH VON ROM, S.S. 511

L'Oste della Bon'Ora

Restaurant
Via Vittorio Veneto, 133
Tel. (+39) 06 / 941 37 78
Ruhetag: Montag
Ferien: 20. Juni–10. Juli
35 Plätze + 15 Plätze im Freien
Preise: 35 €
Kreditkarten: AE, CS, DC, MC, Visa; BM
Mittags und abends geöffnet

Den Oste (Wirt) kennt wirklich jeder: Die Leidenschaft und Energie, die Massimo in seine Auffassung von Gastlichkeit und Tafelfreuden steckt, haben Schule gemacht. Sein winziges Lokal ist geschmackvoll mit Einzelstücken eingerichtet, die eine entspannte, angenehme Atmosphäre schaffen. Hierher zieht es viele Freunde der authentischen römischen Küche und auch Gourmets, die an eine Sterneküche gewöhnt sind. Zum Team gehören Maria Luisa, Massimos Gattin und Chefköchin, sowie die Söhne Flavio und Marco, die, durch Martina unterstützt, gemeinsam mit Massimo einen kompetenten Service bieten. Hier regiert Vielfalt: Zur Wahl stehen Degustationsmenüs zu interessanten Preisen, vegetarische, vegane und glutenfreie Speisen und natürlich Spezialitäten, die in der römischen Tradition wurzeln. Unter den Antipasti verdienen der erstklassige **Carcotto** (Kalbsbrust mit Kräutern), Crema di ceci mit knusprigem Baccalà (12 €) und Carpaccio di baccalà eine besondere Erwähnung. Unser Tipp bei den Primi gilt der einzigartigen **Amatriciana in cornucopia**, die Feinschmecker aus ganz Italien anlockt, und **Tagliolini pane burro e alici**. Für den Hauptgang gibt es **Fegatelli di maiale avvolti nella rete** (Schweineleber im Netz), ein saftiges, perfekt gegartes Gericht. Wer keine Innereien („Quinto quarto") mag, der kann **Saltimbocca** della Granda mit knackigem Blattspinat und roten Strauchtomaten wählen. Das Angebot umfasst auch eine große Auswahl an **Formaggi** und Salumi sowie ein ungewöhnliches Weinsortiment mit Etiketten von hoher Qualität, die stilvoll ausgeschenkt werden.

"
Leidenschaft, Gastlichkeit und Liebe zur römischen Küche sind die Eckpfeiler eines Lokals, das unterschiedliche Gäste und Geschmacksvorlieben zufriedenzustellen vermag.
"

20 KM SÜDÖSTLICH VON ROM, S.S. 511

La Briciola di Adriana

Restaurant
Via D'Annunzio, 12
Tel. (+39) 06 / 945 93 38
Ruhetag: Sonntagabend, Montag
Ferien: zeitweise im August
35 Plätze + 15 Plätze im Freien
Preise: 35 €
Alle Kreditkarten; BM
Mittags und abends geöffnet

Das Interieur dieser Osteria im Erdgeschoss eines alten Gebäudes mit Balken an der Decke versetzt den Gast in vergangene Zeiten. Adriana führt das Lokal gemeinsam mit Alberto und ihrem Sohn Raul und erläutert mit Stolz und großer Souveränität die saisonal variierenden Gerichte auf der Basis hochwertiger Zutaten aus dem Gebiet der Castelli Romani. Als Antipasto bekommen Sie **Zucchine alla velletrana** (10 €), **Vignarola**, **Porchetta di Ariccia** (Stücke von Schweinekeule, deren klassische Aromen als Reminiszenz zelebriert werden, serviert auf Misticanza mit Aceto balsamico). Unter den Primi bestechen **Pappardelle al ragù** (10 €): Die Sauce köchelt drei Stunden lang, wie es die Großmutter gelehrt hat. Das Angebot umfasst noch andere hausgemachte Teigwaren, auch mit Füllung, und Zuppe di legumi. Tradition in Reinkultur gibt es bei den Secondi, darunter **Spezzatino di vitello mit Paprikaschoten**, Fagottini di vitella und **Coda alla vaccinara** (15 €): ein perfekt zubereitetes, bekömmliches Gericht, weil in Adrianas Küche auch bei komplexen Rezepten die Leichtigkeit dominiert. Dem Meer wird ebenfalls Platz eingeräumt, insbesondere den weniger edlen Fischen: Lassen Sie sich von **Tegamino di alici e indivia** oder **Involtini di spatola** (14 €) in Panier von Zitrusfrüchten verführen. Als Begleitung zu den feinen Desserts wie Millefoglie oder Zabaione serviert Adriana einen eleganten hausgemachten Liquore di visciole aus Wildkirschen. Die Weinkarte bietet einen Streifzug durch dieses besonders begnadete Anbaugebiet. Sehr süffig ist auch der Cesanese des Hauses.

»*Ein Restaurant, das seit langem schon durch Qualität des kulinarischen Angebots und Sorgfalt bei der Präsentation der Gerichte und im Service erfreut.*«

20 KM SÜDÖSTLICH VON ROM, S.S. 511

Taverna Mari

Restaurant
Via Piave, 29
Tel. (+39) 06 / 93 66 82 61,
(+39) 340 / 104 24 66
Ruhetag: Mittwoch
Ferien: zweite Augusthälfte
60 Plätze + 60 Plätze im Freien
Preise: 32 €
Kreditkarten: AE, CS, DC, MC, Visa; BM
Mittags und abends geöffnet

Die Familie Mari steht für Qualität, Produkte und Rezepte dieses Landstrichs, gastfreundlichen Empfang und Höflichkeit. Dies galt schon im kleinen Lokal in Marino und setzt sich nun auch am Standort in Grottaferrata fort, wo eine größere Anzahl an Gästen bewirtet werden kann, aber dennoch jeder einzelne Stammgast oder Durchreisende verwöhnt wird. Fabrizio empfängt die Gäste mit Unterstützung durch seine Frau Marianna und seinen Vater Enzo, während in der Küche Mama Iole das Regiment führt. Die umfangreiche, gut strukturierte Karte wurzelt tief in der Tradition von Rom und des Gebiets der Castelli Romani. Als Antipasto können Sie **Trippa alla romana** (10 €), die Auswahl an **Formaggi** oder Assaggi della campagna romana, eine Kombination von Kostproben, bestellen. Die Liste der Primi (10 €) ist sehr lang: **Fettuccine con *regaje* di pollo**, **Tonnarelli alla gricia** oder Cacio e pepe, Bucatini all'amatriciana, Rigatoni alla carbonara und **Pappardelle al ragù di agnello**. Weiter geht es mit **Bollito alla picchiapò** (12 €), Abbacchio alla cacciatora oder in der Version alla scottadito, Saltimbocca alla romana und Tagliata di manzo mit Rosmarin. Als Beilagen (5 €) werden **Puntarelle con battuto di alici** (Blattsalat mit Sardellentartar), Cicoria, in der Pfanne gebraten, und Feldgemüse mit Kartoffeln angeboten. Zum süßen Ausklang erwarten Sie Crema catalana, Millefoglie und Tiramisu, aber auch Obst der Saison. Das Angebot wird durch interessante Degustationsmenüs für 25, 30 und 35 € ergänzt. Umfangreiche, gut ausgewogene Weinkarte.

»*Gerichte ganz im Zeichen der Tradition von Rom und der Castelli Romani, serviert in einem Lokal, das auf exzellenten Zutaten basiert und mit herzlicher Gastlichkeit besticht.*«

ISOLA DI PONZA (LT)
Ponza

FÄHRE V. ANZIO, FORMIA, TERRACINA, S. FELICE CIRCEO

A Casa di Assunta

Restaurant
Via Panoramica
Tel. (+39) 07 71 / 82 00 86,
(+39) 338 / 804 17 66
Kein Ruhetag
Ferien: November–März
60 Plätze
Preise: 40 €
Kreditkarten: CS, DC, MC, Visa
Abends geöffnet

Ponza steht für Vulkangestein, Sonne und kristallklares Meer, aber es ist nicht immer leicht, Gerichte wie in alten Zeiten und authentische Rezepte zu finden. Dieses Lokal mit prachtvollem Hafenblick ist eine zuverlässige Adresse für eine einfache, ursprüngliche Küche. Ein reiches Angebot an frischem Fisch und Gemüse dominiert die Karte, die je nach Fangergebnis variiert. Die einleitenden Worte sind den Eltern Ferdinando und Ida gewidmet, die Assunta in die Geheimnisse des Meeres und dieses Landstrichs eingeweiht und in ihr eine unendliche Liebe zu dieser Insel erweckt haben. Als Antipasto (9 €) probierten wir Parmigiana di melanzane, ***Cucuzzella*****, den typischen Sommer-Kürbis mit Kartoffeln, Tomaten und Basilikum**, Tortino di fiori di zucchine und Insalata di calamari mit Oliven aus Gaeta, Tomaten und Kartoffeln. Unter den Primi (14 €) sind **Fusilli al ferretto mit der** klassischen **Messinese** (Alalunga, eine Thunfischsorte, Tomaten, Kapern, Oliven, Oregano) oder **mit gefüllten Calamari** alla zio Vittorio (mit Adlerfisch und getrockneten Tomaten) angeführt. Dann die Secondi (16 €): **Bistecca di alalunga**, gegrillte und gefüllte Calamari al verde, Nasello alla piastra, mit Orangen mariniert, **Frittura di paranza** oder Frittura di alici, Pezzogne und exzellente lokale **Gamberoni**. Große Auswahl an Desserts (6 €): Crostata, Dolce di nonna Chiatta (Mürbeteignest, gefüllt mit Konditorcreme, Schokoladecreme und weichem Baiser) und Ghiacce alla crema. Die Weinkarte steht ganz im Zeichen der Region Latium, wobei die Weine der Insel gebührend vertreten sind.

„Geschmack wie in alten Zeiten, authentische Rezepte, kurze Lieferwege und hochwertige Produkte sind die Stärken dieser einfachen, ursprünglichen Küche.“

LABRO (RI)

22 KM NÖRDLICH VON RIETI

Boccondivino

Enoteca mit Ausschank und Küche
Via Garibaldi, 9
Tel. (+39) 07 46 / 63 60 86
Ruhetag: Montag
Ferien: 15. Januar–15. Februar
25 Plätze + 12 Plätze im Freien
Preise: 28 €
Kreditkarten: AE, CS, DC, MC, Visa; BM
Abends geöffnet, Sonntag und Feiertage auch mittags

Der erste Ort, auf den man an der schönen Panoramastraße vom Valle Santa, dem „Heiligen Tal“ von Rieti, in Richtung Leonessa und Cascia trifft, ist Labro. Das mittelalterliche Städtchen mit vielen Treppen und autofreien Gässchen liegt friedlich inmitten grüner Wälder. In der Nähe der Porta Reatina befindet sich die kleine Vinothek von Mauro und Valeria. Das Konzept der Küche sieht einen großzügigen Antipasto (10 €) mit Salumi und Formaggi aus lokaler Produktion vor, zu denen sich Gemüse und Wildkräuter gesellen (manchmal auch Lingua salmistrata, eine Pökelzunge). Dazu wird knuspriges Brot und Pane carasau serviert, ein Zugeständnis an die sardischen Wurzeln der Köchin. Dann folgen die Primi (7,50 €), darunter **Fusilli di farro con salsiccia, menta e grana**, Ciriole con peperoni, zucchine e roquefort oder die vorzügliche **Girella di pasta ripiena** (gefüllte Teigroulade) **mit Kartoffeln, Pecorino und Rucola-Pesto**. Unter den Secondi verdient die **Tasca umbra di chianina mit Ofenkartoffeln, Thymian und Heiligenkraut** (9 €) besonderen Applaus. Freitags steht Baccalà al finocchietto mit schwarzen Oliven und Rosmarin auf dem Programm. Unter den Desserts (4 €) erwarten uns Neuheiten wie Crostata con amaretti e banane neben Panna cotta con ganache di cioccolato, Tiramisu und Torta frolla mit Ricotta und Schokolade. Mauro serviert an den Tischen des Speisesaals, dessen Blickfang ein Kamin ist, oder draußen im Sitzbereich an der kleinen Straße aus weißem Stein, die hinauf zur Burg führt. Im Keller lagern gute Weine, die auch glasweise ausgeschenkt werden.

5 KM VOM ZENTRUM

Teresa

Trattoria
Strada Statale 148 Pontina, km 76,100
Tel. (+39) 07 73 / 24 17 54
Ruhetag: Samstagmittag, Sonntag
Ferien: 2 Wochen im August
42 Plätze + 30 Plätze im Freien
Preise: 28–35 €
Kreditkarten: AE, CS, MC, Visa; BM
Mittags geöffnet, Freitag und Samstag auch abends

Dieses Lokal, perfekt geeignet, wenn man auf der Pontina-Straße unterwegs ist, liegt wenige Kilometer vom Zentrum von Latina entfernt. Es gilt als exzellentes Beispiel für einen Gastbetrieb, der auf hochwertige Produkte dieser Gegend setzt, insbesondere auf Büffelfleisch. Gleich am Eingang sind an der Wand Vorschläge von Weinen dieser Gegend und anderer italienischer Anbaugebiete angeführt, ergänzt durch einige wenige Anleihen aus Frankreich. Zum stimmungsvollen Ambiente im hintersten Gastraum trägt ein großer Kamin bei, in dem Eichenholz zur Holzkohlenglut wird. Das Lokal wird als Familienbetrieb geführt: Ornella und Alice empfangen die Gäste ebenso herzlich wie professionell und erläutern das Speisenangebot. Für die Küche zeichnet Teresa verantwortlich, die seit Jahren mit Leidenschaft das Lokal führt und eine wahre Meisterin in der Zubereitung exzellenter Teigwaren ist, während ihr Mann Francesco sich um den Grill kümmert. Beginnen kann man mit Antipasti (6 €), darunter Bresaola mit Rucola-Pesto und gehobeltem Grana, Bruschettoni mit warmer Mozzarella und Steinpilzen sowie Crostino di formaggio mit Trüffel, Honig und Pfirsichen. Unter den Primi (10 €) erwarten Sie **Panzerotti** nach Art des Hauses, **gefüllt mit Büffelfleisch, Ricotta al burro di fattoria und Salbei**, **Tagliatelle alla gricia** mit Guanciale, Pecorino und Grana, Gnocchi di patate mit Speck, Gorgonzola und Nüssen und Spaghettoni monograno mit Pachino und Pecorino. Für die Secondi (12 €), die über der Holzkohlenglut braten, werden vorwiegend unterschiedliche Stücke – von **Bistecca** bis zum **Filetto** – und **Salsicce vom Büffel** verarbeitet, aber der Kamin liefert auch Hähnchenkeulen. Den Abschluss bilden Desserts (5 €) wie **Cheesecake con salsa mou di bufalina**, das cremige Tiramisù all'amaretto und Semifreddo alla liquirizia.

LATINA

Uva Fragola

Moderne Osteria
NEU
Via Massimo d'Azeglio, 15
Tel. (+39) 07 73 / 176 19 86
Ruhetag: Montag
Keine Ferien
30 Plätze + 45 Plätze im Freien
Preise: 25 €
Kreditkarten: CS, DC, MC, Visa; BM
Abends geöffnet, Sonntag auch mittags

In ihrem Lokal in der Nähe des Stadtzentrums teilen Matteo und Chiara ihre Leidenschaft für lokale Produkte, Bodenständigkeit und Qualität der Zutaten. Im Uva Fragola, benannt nach einer alten Rebsorte, treffen Gebietstreue, Respekt vor den Jahreszeiten und Tradition aufeinander. Sobald man eintritt, umfängt einen die angenehme Atmosphäre eines intimen, gepflegten Ambientes. In den warmen Monaten kann man im Garten sitzen. Matteo und Chiara kümmern sich um das Wohl der Gäste, Chiara findet man jedoch auch in der Küche, in deren Repertoire die Produkte von Betrieben aus der Umgebung dominieren, die von den Wirtsleuten gemeinsam ausgesucht werden. Die Antipasti (7 €) sehen verschiedene Kostproben von Formaggi aus Ziegen- und Büffelmilch vor, die mit eingelegten Früchten und lokalen Wurstspezialitäten serviert werden. Unter den Primi (10 €) sind **Spaghetti con telline** (ein Slow-Food-Presidio), **mit Zitrone aromatisiert, Gnocchi all'amatriciana mit Guanciale aus Bassiano und römischem Pecorino** und Tonnarelli mit Creme von Ricotta, würzigen Kräutern und Zitronenschale angeführt. Die Secondi (14 €) umfassen Carpaccio di bufala affumicato mit Zitronendressing, Pfirsichen und Feldsalat, **Straccetti di bufala saltati mit Kirschtomaten** und Millefoglie caprese (Büffelmozzarella, Brot aus Lariano, Creme von Torpedino-Tomaten und Pesto). Als Desserts (5 €) werden Gelato aus Büffelmilch mit Pesche al Moscato di Terracina, Tiramisu mit Erdbeeren aus Terracina oder **Biscotti secchi aus Cori** angeboten, dazu gibt es lokalen Passito. Die Karte hält sich an die Jahreszeiten und spezifiziert die Herkunft aller Produkte durch Nennung der Hersteller. Die Tagesgerichte sind an einer Tafel angeschlagen. Die Karte lässt eine Vorliebe für lokale Weine erkennen, ergänzt durch Biere aus kleinen Brauereien.

LUBRIANO (VT)

33 KM NÖRDLICH VON VITERBO

Il Vecchio Mulino

Trattoria
Via Marconi, 25
Tel. (+39) 07 61 / 78 05 05
Ruhetag: Mittwoch
Ferien: unterschiedlich
28 Plätze + 8 Plätze im Freien
Preise: 28 €
Kreditkarten: AE, CS, DC, MC, Visa; BM
Mittags und abends geöffnet

Lubriano ist sicher einen Besuch wert, um den fantastischen Panoramablick auf Civita und das Valle dei Calanchi auf sich wirken zu lassen. Gleich am Eingang der kleinen Ortschaft im Gebiet um Viterbo treffen Sie auf die Trattoria Vecchio Mulino, Anziehungspunkt für Freunde der guten Küche und insbesondere – wenn es die Saison erlaubt – von **Funghi** (Pilzen), die in den umliegenden Wäldern gesammelt werden. Die Küche von Barbara Pettinelli ist fest in der Tradition verankert und bietet ein Spiegelbild dieses Landstrichs, des Grenzgebietes zwischen den Regionen Toskana, Umbrien und Latium. Die Grundpfeiler, auf denen sie basiert, sind die sorgfältige Auswahl der Zutaten und der Respekt vor dem Wandel der Jahreszeiten. Die Antipasti sehen Pappa al pomodoro, verschiedene Crostini und die traditionelle **Trippa in insalata** (9 €) vor. Stets unter den Primi vertreten sind die hausgemachten Teigwaren, die in der passenden Saison mit Funghi porcini (Steinpilzen, 12 €) angerichtet werden. Wunderbar schmecken auch **Ravioli di burrata all'ortolana**, Maltagliati mit Bohnen und knuspriger Pancetta, **Pappardelle al ragù bianco di cinghiale** (mit Wildschweinragout) und Tortelli di ortica (mit Brennnesseln, Ricotta und Schwarzkohl). Im Winter bekommt man Suppen wie **Ribollita** und **Carabaccia mit Kichererbsen und Esskastanien** (8 €). Als Secondi stehen **Coniglio in porchetta**, **Coda alla vaccinara** (12 €), Pollo alla viterbese, Stracotto al Chianti (12 €) und verschiedene Arten von exzellentem Fleisch, auf dem Grill zubereitet, zur Auswahl. Die Desserts, darunter Torta di ricotta und Amaretti, Crostate, Zuppa inglese und Tiramisù al limone, sind hausgemacht. Neben dem guten offenen Hauswein können Sie aus einem Sortiment an Etiketten der Umgebung wählen.

MONTE PORZIO CATONE (RM)

25 KM SÜDÖSTLICH VON ROM

Il Monticello

Restaurant
Via Romoli, 27
Tel. (+39) 06 / 944 93 53
Ruhetag: Montag, im Winter auch Sonntagabend
Ferien: 16.–22. August
120 Plätze + 120 Plätze im Freien
Preise: 28–32 €
Kreditkarten: AE, CS, MC, Visa; BM
Mittags und abends geöffnet

Der Bio-Garten unterhalb des Hauses gibt vor, welches Gemüse auf der Karte des Restaurants auftaucht, das die Familie Intreccialagli seit etwa 30 Jahren auf dem Land am Osthang der Castelli Romani führt. Das Lokal verfügt über einen Sitzbereich im Freien unter Bäumen mit einem einladenden Ausblick auf Weinberge, soweit das Auge reicht. Für den Einstieg dürfen **Supplì con ragù di *regaje*** oder die Version mit Formaggio und Guanciale und im Frühling Fiori di zucca in pastella, gefüllt mit Mozzarella und Alici (2 €), nicht fehlen. Erwähnung verdient auch der Teller mit Salumi des Hauses. Bei den Primi schlägt die Stunde für frische Teigwaren mit **Ravioli di ricotta e melanzane mit Kirschtomaten und Römischer Minze** oder Tagliolini mit schwarzem Trüffel (13 €), Sie können sich aber auch von **Spaghetti con alici, finocchiella, pomodorini e pecorino** (12 €) verführen lassen, ein Gericht, bei dem es perfekt gelingt, ein Gleichgewicht zwischen Geschmacksnuancen und Düften der lokalen Zutaten herzustellen. Diese Ausgewogenheit findet man auch bei anderen Spezialitäten nach hiesiger Tradition, etwa bei **Trippa alla romana** (13 €), wo Tomatensauce, Minze und Pecorino, abgerundet durch eine Prise Peperoncino, miteinander in ein gelungenes Wechselspiel treten. Eine wunderbare Verbindung zwischen zart und knusprig ist das Erfolgsrezept der **Polpette di bollito**. Die Karte bietet auch eine Auswahl an Fleisch vom Grill und Meeresgerichten. Je nach Jahreszeit können Ihnen **Funghi** aus dem Gebiet der Castelli als Entscheidungshilfe dienen. Im Kapitel der Dolci entdeckt man neben den Gelati della casa eine schöne Crostata mit Konfitüren von Walderdbeeren aus den Wäldern des Monte Porzio Catone (7 €). Die Weine dieses Landstrichs sind sehr gut vertreten, ergänzt durch Etiketten aus fast ganz Italien, die eine große Leidenschaft bezeugen.

MONTEROTONDO (RM)

29 KM NORDÖSTLICH VON ROM

La Rocca del Gusto

Restaurant
Via della Rocca, 36
Tel. (+39) 333 / 924 37 53
Ruhetag: Sonntag, Montag
Ferien: August
24 Plätze
Preise: 30–35 €
Keine Kreditkarten
Abends geöffnet

Diese alte Ortschaft liegt zwischen den Gebieten der Salaria und der Nomentana, wenige Kilometer nördlich von Rom, auf dem Gipfel eines Hügels: Kleine Gässchen führen hinauf zum Hauptplatz, wo Sie dieses Restaurant finden, das von Maria Luisa Conrado konzipiert und geführt wird. Die Karte wechselt alle zwei Monate und setzt fast ausschließlich auf Produkte dieser Gegend, ergänzt durch Spezialitäten aus dem übrigen Italien und verschiedene Slow-Food-Presidi. Maria Luisa empfängt die Gäste in einem kleinen, schön eingerichteten Saal, wo man sich sofort wie zu Hause fühlt, und gibt bereitwillig Auskunft über Zutaten und Rezepte. Als Antipasto können Sie eine Auswahl an Formaggi aus kleinen lokalen Betrieben, serviert mit Miele di ape sicula (Honig von sizilianischen Bienen, Slow-Food-Presidio), oder Salumi (11 €) wählen. Als Alternative bekommen Sie Spiedini di verdure auf einer Creme aus Caprino dieser Gegend. Von den Primi möchten wir **Trofie al pesto rosso mit Rucola und Höhlen-Pecorino** (9 €), Trofie mit Zitrone, Speck und einem „kleinen Geheimnis" sowie Cupola di cuscus mit Zucchini anführen. Als Secondi erwarten Sie **Roastbeef di vitello mit würzigen Kräutern** (14 €), **Bistecca di vitellone di Casperia** oder frischer Pecorino aus Monterotondo ai ferri. Als Beilage wird vorwiegend in der Pfanne geschwenktes Gemüse der Saison serviert. Zur Abrundung der Mahlzeit gibt es hausgemachte Desserts, darunter Biancomangiare mit Erdbeersauce, Miniricotta di Monterotondo mit Rosenkonfitüre und erstklassiges Feingebäck, serviert mit Passito. Klein, aber interessant ist die Weinauswahl, darunter zum Großteil naturbelassene Produkte, mit Etiketten dieser Gegend. Ergänzt wird das Angebot durch hochwertige Biere aus kleinen Brauereien, deren Preise mehr als korrekt sind.

NETTUNO (RM)
Acciarella

66 KM SÜDLICH VON ROM

La Nuova Fattoria

Ferienbauernhof • Via di Valmontorio, 11
Tel. (+39) 077 / 364 41 11,
(+39) 339 / 472 90 76
Ruhetag: Montag–Mittwoch, im Sommer nur Mittwoch
Keine Ferien • 80 Plätze + 50 Plätze im Freien
Preise: 32–35 € (Tagesmenü)
Kreditkarten: CS, DC, MC, Visa; BM
Abends geöffnet, Samstag und Sonntag auch mittags

Hier haben wir ein exzellentes Beispiel für einen typischen Gastbetrieb dieser Gegend, der auf einer Küche mit einfachen, ehrlichen und täglich frischen Gerichten basiert. Im Speisenrepertoire ist auch die Ernte aus dem eigenen Gemüsegarten vertreten. Wir befinden uns hier im Ortsteil Acciarella, an der Straße zwischen Latina und Nettuno, inmitten von jahrhundertealten Olivenbäumen. Sehr herzlich empfängt Michela gemeinsam mit ihrem Schwager Emiliano die Gäste, die im Sommer im Garten und im Winter im Speisesaal Platz nehmen. Alessandra führt in der Küche das Regiment. Zum Einstieg gehen wir mit dem Antipasto della casa auf Nummer sicher: Zeppola aus Sauerteig, Prosciutto aus Bassiano, Mozzarella di bufala und gelbe Tomaten, Pecorino romano mit Pfirsichkompott und Kirschtomaten, Ricotta di bufala, Caponata, Parmigiana, Chips di fritti, Cipolle con il miele und **Verdure in pastella** (Gemüse in Backteig). Weiter geht es mit den Primi (12 €): **Ravioli con ricotta di bufala mit Basilikum, Kirschtomaten und Zitronenschale**, **Gnocchi al pomodoro giallo**, Crespella mit Büffel-Ricotta und Zucchini aus dem Garten. Unter den Secondi (15 €) finden Sie **Tagliata di manzo** mit Öl dieser Gegend und Hamburger aus Fleisch vom Chianina-Rind mit Auberginen und Chips. Fein zubereitete hausgemachte Desserts (5 €): **Crostata di confettura di fragola**, Millefoglie con crema, Tortino di pasta sablée mit Mandeln, Mele marinate alla cannella (Apfel mit Zimt) und hausgemachte Konfitüre aus Fragola-Trauben. Die interessante Weinkarte, die etwa 20 lokale Etiketten auflistet, wird durch Biere aus lokalen Brauereien bereichert. Das Angebot umfasst auch ein Degustationsmenü für 35 €. Wer seinen Aufenthalt verlängern möchte, kann in einem der Apartments oder im charmanten Baumhaus nächtigen.

67 km südöstlich von Rom, S.S. 148

Zero Miglia

NEU

Restaurant
Piazza Marconi
Tel. (+39) 06 / 980 30 30
Ruhetag: Montag
Ferien: Januar
90 Plätze + 40 Plätze im Freien
Preise: 20–23 €
Kreditkarten: AE, CS, MC, Visa; BM
Mittags und abends geöffnet

In der Nähe des schönen Brunnens des Meeresgottes befindet sich der Eingang zu diesem Restaurant im alten Palazzo Orsini. Massimo und Roberto Naciti, die auf eine lange Familientradition in der Gastronomie zurückblicken, präsentieren sich hier mit einem neuen, interessanten Angebot, das auf den Fischen basiert, die bei den Versteigerungen im nahe gelegenen Anzio keinen Käufer finden: lokalen Produkten also, die zwar nicht so geschätzt werden, die es aber bei guter Zubereitung ermöglichen, zahlreiche wunderbare Gerichte zu moderaten Preisen auf den Tisch zu bringen. So wie die beiden immer gerne betonen: „Was in unsere Küche gelangt, hat keinen langen Weg zurückgelegt … es kommt aus dem Meer hier unterhalb unserer Mauern." Es gibt zwei Degustationsmenüs für 20 und 23 €, mit sechs unterschiedlichen Antipasti – beim ersten Menü gekocht, beim zweiten roh –, einem Primo und drei Secondi, die täglich je nach Verfügbarkeit der Produkte variieren. Alle Speisen werden auf großen Platten in die Mitte des Tisches gestellt. Hülsenfrüchte und Gemüse, natives Olivenöl extra von guter Qualität als Dressing und ein Maximum an Frische bei den Ausgangsprodukten: Diese Elemente, exzellent eingesetzt, ermöglichen ein Repertoire an wahrhaft schmackhaften Speisen, darunter **Insalata di palamita mit Bohnen**, **Melanzane al forno con cefalo e pomodorini** oder **Rana pescatrice al rosmarino mit Linsen**. Sie können auch Gerichte aus der Karte wählen, auf der vorzüglich zubereitete Primi (10 €) wie **Spaghetti con le vongole** und Risotto alla pescatora, als Secondi **Frittura mista** (12 €) oder Frittura di calamari und zum Beispiel **Rana pescatrice con battuto di burro e acciughe** vertreten sind. Die Weinkarte mit einem breiten Spektrum an Weinsorten in unterschiedlichen Preissegmenten ist durchaus erfreulich.

56 km östlich v. Rom, A 1 Ausfahrt Valmontone

Il Boschetto

Moderne Osteria
Viale San Francesco d'Assisi, 95
Tel. (+39) 06 / 956 40 25
Ruhetag: Montag
Ferien: zeitweise im Herbst
50 Plätze + 20 Plätze im Freien
Preise: 30 €
Kreditkarten: AE, CS, DC, MC, Visa; BM
Mittags und abends geöffnet

Große Neuerungen: Das Hotel und das Restaurant wurden einem anderen Verwendungszweck zugeführt und die Familie Ciolli ist in das Erdgeschoss in eine schöne, gemütliche Osteria übersiedelt, deren Gastgarten mit recycelten Elementen wie Palletten ausgestattet und von einem kleinen Gemüsegarten umgeben ist. Es ist ein Vergnügen, Silvestro zuzuhören, der unaufdringlich über sein Engagement berichtet, die besten Zutaten auf den Tisch zu bringen, und vor allem dann, wenn er Erklärungen zu den Weinen abgibt, nicht nur zu jenen aus seinem Betrieb namens Compagnia di Ermes. Dieser produziert auch Öl und verfügt über einen großen Gemüsegarten, der die Küche versorgt. Die Karte schöpft aus dem Rezeptschatz dieses Landstrichs, darunter die typischen **Gnocchetti a coda *de soreca***, die aus Wasser, Cesanese und Mehl zubereitet werden, serviert **mit Guanciale, Tomaten und Pecorino romano**. Sobald Sie Platz genommen haben, wird ein Appetithäppchen angeboten, in unserem Fall eine vorzügliche gefüllte Kürbisblüte in Backteig. Bei unserem Besuch ging es dann weiter mit Parmigiana mit grünem Spargel, Guanciale und Wachtelei. Als Alternativen bekommen Sie Prosciutto crudo aus Bassiano und Bufala di Amaseno oder Salumi aus der Umgebung (7 €). Die frischen Teigwaren sind hausgemacht: **Cannelloni di carne al ragù e bufala** (10 €), **Fettuccine al ragù bianco di coniglio** und Tortelli di chianina mit Spargel, Frühlingszwiebeln und Trüffeln. Unter den Secondi locken **Costine di agnello di Pereto *mpanate***, Baccalà fritto, und wer ein Gericht wie in alten Zeiten genießen will, dem empfehlen wir **Pollo** ruspante **alle erbette mit Taggiasca-Oliven** (12 €). Als Beilage wird Gemüse aus dem eigenen Garten serviert. Zum Abschluss gibt es Zuccotto di frutta (6 €), Tiramisù al caffè oder Mousse al fondente mit Orangen und karamellisiertem Ingwer.

56 KM ÖSTLICH V. ROM, A 1 AUSFAHRT VALMONTONE

Sora Maria e Arcangelo

Restaurant • Via Roma, 42
Tel. (+39) 06 / 956 40 43
Ruhetag: Montagabend, Mittwoch
Ferien: 10.–30. Juli
80 Plätze
Preise: 35 €
Kreditkarten: AE, CS, DC, MC, Visa
Mittags und abends geöffnet

In Olevano, etwa 30 Minuten Autofahrt von Rom entfernt, führt Giovanni Milana seine historische Osteria als Familienbetrieb. In der Küche unterstützt ihn seine Mutter, die die Pasta nach wie vor von Hand herstellt. Bei Giovanni wird die Auslese der Zutaten beinahe zur Manie, sodass bei seinen in einem zwanglosen, aber gepflegten Ambiente servierten Gerichten die Gebietszugehörigkeit einen hohen Stellenwert hat. Den Antipasto (10 €) wählen Sie unter **Polpette di allesso di manzo alla picchiapò mit Piennolo-Tomaten** (Slow-Food-Presidio), Animelle di vitella scaloppate mit frischen Jungzwiebeln und jungen Erbsen und Spinaci selvatici vom Monte Autore in der Version Cacio e ovo. Unter den Primi (10 €) finden Sie Klassiker wie **Cannelloni** della sora Maria, **gefüllt mit Pastete vom Jungstier**, und **Pappardelle alla bifolca** (Ragout von hellem Fleisch mit Wacholder und Zitrusfrüchten), ein Gericht, das die Osteria seit 1950 anbietet. Von den saisonalen Primi empfehlen wir **Spaghettoni cacio e pepe mit Sommertrüffeln aus den Monti Simbruini und Kürbisblüte** und köstliche **Ravioli olevanesi mit Ziegenricotta**, verrührt mit salziger Butter, würzigen Kräutern und sommerlichen Blüten. Unter den Secondi (15 €) verdienen Abbacchio romano IGP, auf zwei Arten gegart, und **Galletto biscottato alla diavola in Barbecue-Sauce** eine Erwähnung. Als Dessert (9 €) ließen wir uns Torta semifreddo mit Favetta-Erdbeeren aus Terracina schmecken. Gut bestückte Weinkarte mit Abfüllungen aus dieser Gegend zu angemessenen Preisen.

»
Dank einer Küche, die auf Zutaten von hoher Qualität achtet, die bei kleinen Betrieben in der Umgebung gekauft werden, hat Giovanni Milana den Ort Olevano Romano zu einem Feinschmeckerziel gemacht.
«

41 KM SÜDÖSTLICH VON RIETI

Vini e Cucina

Moderne Osteria
Via Roma, 7
Tel. (+39) 07 65 / 93 30 02
Ruhetag: Montag
Keine Ferien
40 Plätze
Preise: 25 €
Kreditkarten: CS, DC, MC, Visa; BM
Mittags und abends geöffnet

Orvinio ist eine kleine Ortschaft im Parco dei Monti Lucretili, abseits der am stärksten frequentierten Touristenpfade. Es lohnt sich, einen Umweg zu machen und im Vini e Cucina Einkehr zu halten: Es handelt sich um eine typische Osteria, geführt als Familienbetrieb, die eine bodenständige, geschmacklich klar definierte Küche bietet, welche sich dem Lauf der Jahreszeiten anpasst und vorzugsweise Produkte aus dieser Gegend verarbeitet. Der Antipasto misto (10 €) umfasst Formaggi, Salumi, Gemüse und in der entsprechenden Jahreszeit **Lumache** (Schnecken) und **Funghi** (Pilze). In den kühlen Monaten dürfen **Suppen** nicht fehlen: **Zuppa di cicerchie**, di fave, di cicoria (mit Spalterbsen, Saubohnen, Zichorie, 7,50 €). Als weitere Primi können **Ravioli mit Ricotta und Borretsch**, **Fettuccine ai funghi porcini** oder in der Version all'arrabbiata sowie Gnocchi mit Butter und Salbei angeboten werden, während man in den kühlen Monaten Polentone bestellen kann, was durchaus als komplette Mahlzeit ausreicht. Für den Hauptgang gibt es Fleisch, über der Holzglut oder auf dem Grill zubereitet (10 €), ein schmackhaftes **Coniglio** mit Tomaten oder **alla cacciatora** und gegen Vorbestellung Coda alla vaccinara (geschmorter Ochsenschwanz, 8,50 €). Die Auswahl an Beilagen (3,50 €) ist von hohem Niveau: **Cicoria di campo** (Feldzichorie)**, in der Pfanne gebraten**, Insalata di zucchine e pecorino, gegrilltes Gemüse und Kartoffeln in verschiedenen Varianten. Den Abschluss bilden hausgemachte Desserts wie Millefoglie oder Tiramisu. Ausgeschenkt wird ein ordentlicher offener Hauswein, der aus der unteren Toskana stammt.

37 KM NORDWESTLICH VON FROSINONE

La Polledrara

Ferienbauernhof • Via Polledrara
Tel. (+39) 07 75 / 53 32 77,
(+39) 339 / 868 09 93
Ruhetag: Montag–Donnerstag, Mai–September Montag und Dienstag
Ferien: Januar
50 Plätze + 100 Plätze im Freien
Preise: 27 €
Kreditkarten: CS, MC, Visa; BM
Mittags und abends geöfnet

Es ist stets ein Vergnügen, Enzo D'Amato und Francesca Litta in diesem Ferienbauernhof auf dem Gipfel eines sanften Hügels mit Blick auf Paliano zu besuchen. Francesca empfängt die Gäste und erläutert mit großer Geduld die Speisen und Zutaten, sie widmet sich aber auch der Suche nach Neuheiten zur Aufnahme in die Einkaufsliste und in die Weinkarte, nicht nur zum Zweck der Ausweitung des Angebots, sondern um die Umgebung kulinarisch aufzuwerten. Enzo setzt auf eine saisonale Küche aus Grundzutaten, die aus dem eigenen Gemüsegarten, von ausgewählten Produzenten dieser Gegend, aus Presidi und von den Mercati della Terra von Slow Food stammen. Wer à la carte isst, kann mit lokalen Salumi und Formaggi (10 €) oder mit Verdure beginnen. Dann folgen fantastische **Spaghetti alla chitarracon mit Zucchini und geräucherter Guanciale**, **Pataccacce mit Kürbisblüten und Safran** (8 €) und Tortelli, gefüllt mit Gran Cacio aus Morolo mit Auberginen. Evergreens unter den Secondi sind **Pollo con i peperoni**, **Arrostino di vitella mit grüner und roter Sauce** (13 €), der außerordentliche **Polpettone** mit Tomaten aus dem Garten und Misticanza. Zum Abschluss werden saisonales Obst, hausgemachtes Eis oder Bavarese di vaniglia mit Waldfrüchten (4 €) vorgeschlagen. Zu empfehlen ist das Degustationsmenü für 27 €. Die Weinkarte bietet einen Streifzug durch das Gebiet des Cesanese, ergänzt durch erlesene Anleihen aus anderen Teilen der Region. Donnerstags bekommen Sie im „Country Bistrot" appetitliche Speisen der typischen Straßenküche.

»*Leidenschaft, Gastfreundlichkeit, Aufmerksamkeit für die Zutaten und direkte Kontakte mit den lokalen Lieferanten prägen ein Konzept, das weit mehr als nur die gastronomische Qualität umfasst.*«

60 KM ÖSTLICH VON FROSINONE, S.R. 509

La Locanda di Arturo

Trattoria • Piazza Capocci
Tel. (+39) 347 / 831 43 88,
(+39) 333 / 384 47 28
Ruhetag: Dienstag, Januar–April auch Mittwoch
Ferien: zeitweise im November
Plätze: 40
Preise: 25–30 €
Kreditkarten: AE, CS, DC, MC, Visa; BM
Mittags und abends geöffnet

Die Locanda befindet sich auf der Piazzetta im Zentrum der Ortschaft, von wo aus der Blick über das prächtige Comino-Tal mit seinen Wäldern und Weiden streifen kann. Ein Landstrich, der reich an hochwertigen Produkten und kleinen Betrieben ist, die diese meisterhaft verarbeiten. In Davide Gargaros Küche spielen Gemüse, Fleisch und Käse von Lieferanten seines Vertrauens eine wichtige Rolle: Er selbst züchtet Rinder der Marchigiana-Rasse und halb wilde Pferde. Ein guter Einstieg gelingt mit Fantasie di Arturo (12 €): 20 Kostproben von Gemüse, Käse, Wurst, geschmortem Fleisch und Leckerbissen der jeweiligen Saison wie **Lumache** (Schnecken) und **Funghi**. Unter den Primi überzeugen **Gnocchi di patate con orapi** (mit wildem Spinat) **und Safran aus Casalvieri** (10 €), **Tagliolini mit Cannellini-Bohnen aus Atina**, **Zuppa di cicerchie** (mit Spalterbsen) oder Zuppa di farro e ceci (mit Dinkel und Kichererbsen) und **Pasta e fagioli**. Auf dem Grill werden Rind- und Pferdefleisch perfekt auf den Punkt gegart. Als Alternative und je nach Jahreszeit können Sie sich **Capra al sugo**, **Stracotto di asino** (12 €), Spiedini di capretto, Funghi porcini und Carpaccio di cavallo schmecken lassen. Weitere Tagesspezialitäten sind an einer Tafel angeschlagen. Zum Ausklang empfiehlt sich eines der Desserts, die Davids Schwester Martina selbst zubereitet: Babà, Crostata di crema und Semifreddo al cioccolato. Die kleine Weinkarte listet interessante Etiketten dieses Gebiets auf, unter denen der DOC-Wein Atina hervorsticht.

Auf dem Hauptplatz von **Casalvieri** (20 km) verkauft La Bottega del Macellaio von Roberto Mazzola frisches Fleisch von lokalen Züchtern, auch vom schwarzen Schwein aus Arpino, sowie Salumi und Käse aus kleinen Betrieben.

42 KM NORDWESTLICH VON FROSINONE

Osteria del Vicolo Fatato

Moderne Osteria
Vicolo del Forno Fatato, 11
Tel. (+39) 320 / 965 34 64
Ruhetag: Mittwoch; Sonntag und Feiertage abends
Ferien: 2 Wochen im September
25 Plätze
Preise: 30 €
Kreditkarten: CS, DC, MC, Visa
Mittags und abends geöffnet

Sobald man das Herzstück dieser reizenden Ortschaft erreicht, die als Hauptstadt des Cesanese-Weins bekannt ist, entdeckt man dieses Gässchen, das zum kleinen Lokal von Pompeo Domenico De Bellis führt. Eine Gaststätte, in der zahlreiche Gerichte angeboten werden, die aus dem reichen Schatz der Produkte des Gebietes der Ciociaria schöpfen. Die Atmosphäre stimmt gleich auf den üppig bestückten Antipasto della casa (12 €) ein, der aus feinen Salumi, frittiertem Gemüse und sonstigen gekochten Leckerbissen besteht, die man in aller Ruhe genießen kann. Sehr interessant ist die Vielfalt an Primi (5 €), darunter exzellente **Zuppe di legumi** dieser Gegend (Kichererbsen, Spalterbsen, weiße Bohnen aus Atina und Dicke Bohnen aus Vallepietra, ein Slow-Food-Presidio), die in den rauen Wintermonaten dominieren, während unter den hausgemachten Teigwaren stets die typischen **Gnocchetti ciociari con ragù di castrato al coltello** (mit Hammelragout) oder **Tagliolini al sugo d'agnello** (mit Lammsauce) vertreten sind. Wenn Sie Lust auf einen weiteren Gang haben, dann erwarten Sie Fleischgerichte nach lokalen Rezepten wie **Coscio di capra in salsa di vino rosso e cacao** (Ziegenkeule in Rotweinsauce mit Kakao), **Maialino arrosto speziato** und Freiland**hähnchen alla cacciatora**, serviert mit saisonalen Beilagen, roh oder gekocht. Auch bei den Dolci (5 €) hält sich die Küche an die hiesige Tradition. Es gibt **Crostata di crema e visciole** oder Tiramisu mit Ciambelle al vino. Ein Wein, um den man kaum herumkommt, ist wohl der Cesanese del Piglio DOCG. Wenn Sie aber lieber einen Weißwein möchten, wählen Sie Passerina, der Sie nicht enttäuschen wird: Der Keller bietet eine recht gute Auswahl an Etiketten zu angemessenen Preisen. Ein Rat: Reservieren Sie rechtzeitig, denn es gibt nur einen Speisesaal, aber zahlreiche Stammgäste.

45 KM SÜDWESTLICH VON RIETI

La Chianina

Moderne Osteria
Via Matteotti, 235
Tel. (+39) 07 65 / 221 97
Ruhetag: Sonntag
Ferien: letzten 2 Juliwochen
30 Plätze + 20 Plätze im Freien
Preise: 30–32 €
Kreditkarten: AE, CS, DC, MC, Visa; BM
Mittags geöffnet, Samstag auch abends

Fleisch nach „Null-Kilometer-Philosophie" im wahrsten Sinn des Wortes: von lokalen Zuchtbetrieben zur Theke der Fleischerei und dann auf den Herd. Die Osteria ist an die gut bestückte Macelleria von Stefano Facioni angeschlossen, der mit Meisterhand das Fleisch von halb wild gehaltenen Cinta-Senese-Schweinen und von IGP-Chianina-Rindern verarbeitet, die in der Umgebung erworben werden. Stefano verkauft in seinem Geschäft eine Produktreihe von Teigwaren aus Weizen der Sorte Senatore Cappelli aus eigener Herstellung, die Sie auch auf der Karte der Osteria finden. Der Speisesaal des Lokals hat einen originellen Eichenboden, die Wände sind mit duftenden Schinken und Weinflaschen dekoriert und in der warmen Jahreszeit kann man auch die kühle Laube im Freien nutzen. Die Küche setzt auf Hausmannskost, die Portionen sind üppig und der Geschmack klar definiert. Die Karte hält sich an die Jahreszeiten und legt großes Augenmerk auf die sorgfältige Beschreibung der Zutaten. Man beginnt mit dem Antipasto della casa „a sorpresa" oder mit einem Brett mit Salumi und Formaggi, dem exzellenten Prosciutto vom Schwein der Cinta-Senese-Rasse oder dem schmackhaften Carpaccio-Tartar vom Rind der Chianina-Rasse (8 €). Unter den Primi findet man **Rigatoni alla carbonara** (9 €) und lokale Spezialitäten wie **Frascarelli sabinesi mit Bio-Tomaten, Crudo-Öl und Pecorino aus Leonessa**, Tagliatelle mit Steinpilzen und Trüffeln und **Sagna sabina al ragù di chianina** (9,50 €). Gehaltvolle Secondi, darunter acht Varianten von Tagliata di chianina IGP, Grigliata mista (13 €) und **Costolette di abbacchio alla gricia**. Die traditionellen hausgemachten Dolci (4 €) sind ebenfalls vorzüglich. Die Weinkarte bietet interessante Etiketten aus Italien, wobei der Schwerpunkt auf diesem Landstrich liegt.

45 KM SÜDÖSTLICH VON RIETI

Terra Sabina

Ferienbauernhof
Via Santa Lucia, 5
Tel. (+39) 07 65 / 44 60 37
Ruhetag: Montag, Dienstag
Ferien: unterschiedlich
50 Plätze + 50 Plätze im Freien
Preise: 28 € (Tagesmenü)
Kreditkarten: CS, MC, Visa; BM
Mittags geöffnet, Samstag und Sonntag auch abends

Dieser Ferienbauernhof liegt an der alten Via Ternana, die von Rom nach Terni führt und die gesamte Sabina durchquert. Wenige Kilometer von Poggio Mirteto Scalo entfernt zweigt eine kleine Straße zu diesem Betrieb ab. Vom weitläufigen Garten aus kann man den wunderbaren Panoramablick auf die Umgebung genießen, am besten bei einer Rast auf einer der dort aufgestellten Bänke. Serena ist die Inhaberin und empfängt Sie voll Sympathie und Herzlichkeit. Sobald das Glöckchen ertönt, weißt man, dass die Mahlzeit aufgetragen wird. Der Speisesaal erinnert mit seinen Holzbalken und breiten Fenstern, Bücherregalen und einem bequemen Ledersofa, Holztischen und karierten Tischtüchern an alte Landhäuser. Angeboten wird ein feststehendes Menü für 28 €, als Varianten die Grigliata mista für 23 €, das vegetarische Menü für 20 € und das Kindermenü für 15 €. Sämtliche verwendeten Produkte stammen aus dem eigenen landwirtschaftlichen Betrieb oder von Lieferanten aus der Umgebung, wie etwa Fleisch und Käse. Unser Mittagessen begann mit einer Auswahl an feinen Salumi und lokalen Formaggi, serviert mit hausgemachten Konfitüren, **Bruschette** und marinierten Zucchini. Dann ließen wir uns **Tagliatelle**, verfeinert **mit Guanciale und Gemüse**, und zwei Secondi schmecken, nämlich **Abbacchio al forno mit Kartoffeln** und **Salsicce alla griglia**. Häufig wird auch **Pollo con i peperoni** (Hähnchen mit Paprikaschoten) gekocht. Als Beilage bekommt man Insalata dell'orto, gedämpftes Gemüse oder Bratkartoffeln. Kleine Auswahl an hausgemachten Desserts, darunter Crostata und die zarte Cremetorte mit Früchten. Neben den auf dem Hof abgefüllten Etiketten wird ein offener Hauswein ausgeschenkt, der ebenfalls aus den eigenen Weingärten stammt. Brot wird im Holzkohlenofen gebacken, das Biomehl für Polenta kommt aus einer Steinmühle.

30 KM SÜDLICH VON RIETI

Da Maria Fontana

Osteria
Viale Manzoni, 13
Tel. (+39) 07 65 / 87 61 69
Ruhetag: Montag
Ferien: 1 Woche im August
70 Plätze
Preise: 25–30 €
Kreditkarten: Visa; BM
Mittags geöffnet, abends gegen Vorbestellung

Die Kinder von Maria Fontana haben das Steuer und den Erfahrungsschatz von ihrer Mutter übernommen und bieten hier Gerichte, für die sich die Fahrt lohnt, etwa **Ravioli ripieni di ricotta locale e borragine** (8 €). Anna Rosa leitet die Küche, bereitet den Teig für die Pasta von Hand zu und übermittelt den jungen Mitarbeiterinnen ihr Wissen. Rodolfo sammelt auf den Feldern der Monti Lucretili Wildkräuter, zum Beispiel Farinello (auch Orapo genannt), einen wilden Spinat, oder im Sommer Porcacchia (Portulak), und kümmert sich höflich, charmant und aufmerksam um die Gäste. Die Karte wechselt mit der Jahreszeit und umfasst auch Gerichte, die man vorbestellen kann, zum Beispiel Fritto misto di carne e verdura und Cacciagione (Wild). Donnerstags stehen Gnocchi auf dem Programm, freitags Baccalà und samstags Trippa. Für Freunde des sogenannten „Quinto quarto", also der Innereien, gibt es vorzügliche **Coratellina d'agnello** (Lammgekröse, 7,50 €), die zum Auftakt serviert wird. Weitere Wahlmöglichkeiten sind Antipasto misto (Salumi und Formaggio dieser Gegend, Kräuteromelett, in Öl eingelegtes Gemüse und Coratella in umido) oder Fagioli mit Öl aus der Sabina. Zu den winterlichen Varianten der Primi zählen Suppen und Polenta. Stets vertreten sind die typischen **Maccheroncini**, sehr dünn geschnittene Eiernudeln, serviert mit saisonal wechselnden Saucen. Fleisch vom Rind, Lamm und Schwein – sämtlich aus Biobetrieben der Umgebung – wird über der Holzglut gebraten, man kann aber auch **Maialino alla cacciatora** (8 €), Scaloppine und Straccetti wählen. Die Desserts sind hausgemacht, wie auch die Konfitüren, die sie begleiten: Im Sommer gibt es Crostata und **Panna cotta alle visciole** (3 €), fast immer Tiramisu und Torta moretta. Ein offener Wein, Biere aus kleinen Brauereien und eine Weinkarte im Aufbau.

30 KM ÖSTLICH VON LATINA, S.S. 7

Glio Montano

Restaurant
Via Majo, 10
Tel. (+39) 07 73 / 90 38 38
Ruhetag: Montag, Dienstag
Ferien: 2 Wochen im Juli/August
70 Plätze
Preise: 32 €
Kreditkarten: CS, DC, MC, Visa; BM
Mittags und abends geöffnet

Das Restaurant Glio Montano ist hier im historischen Zentrum von Priverno entstanden und so basieren die Gerichte, die die Cousins Lia und Luigi Ines aus Produkten dieses Landstrichs und Spezialitäten aus dem Gebiet des Pontino kreieren, auf den Traditionen dieser Stadt. Die Hauptrolle unter den Ingredienzen spielen der Büffel und seine Produkte, die von den beiden eingesetzt werden, um den Gaumen der Gäste zu erfreuen, und sich wie ein roter Faden durch die gesamte Mahlzeit ziehen, von den Vorspeisen bis zu den Desserts. Eine wahre Geschmacksexplosion erlebt man bei Carpaccio mit in Essig eingelegten Artischocken aus dem Garten, und Marzolina (Ziegenfrischkäse, ein Slow-Food-Presidio), das zum Einstieg angeboten wird, und bei den delikaten **Ravioli di ricotta di bufala mit Pilzen, Pinienkernen und Kirschtomaten**, die sich im Kapitel der Primi zu **Tagliolini mit Guanciale, Pachino und gehobeltem Pecorino romano** (8 €) gesellen. Einen wertvollen Beitrag zum Betrieb liefern auch die jeweiligen Väter (Giacinto und Titta), die voll Eifer den Garten betreuen und bei den aus dem Boden stammenden Produkten eine Auslese treffen. Diese werden dann häufig zu den Secondi wie **Tagliata di bufalina** (12 €) oder **Spiedini di bufalina e provola** (10 €) serviert. Auch bei der Wahl der traditionellen Fleischgerichte können Sie mit wohlschmeckenden Überraschungen rechnen, zum Beispiel mit Costata di scottona und dem Misto di carni, dessen Fleischstücke auf einem Speckstein gebraten werden. Zum Abschluss entdeckt man unter den Desserts neben Gelato di bufala auch eine Coppetta mit Cantucci al Vin Santo, Schokolade und Mascarponecreme. Den Wein zur Mahlzeit wählen Sie aus einer Karte mit einem recht netten Sortiment an Etiketten dieser Region.

38 KM NORDÖSTLICH VON LATINA, S.S. 156

Persei

Osteria • Vicolo del Montano, 3
Tel. (+39) 07 73 / 95 73 51,
(+39) 339 / 233 19 30
Ruhetag: Montag–Mittwoch, außer im August
Ferien: unterschiedlich
45 Plätze
Preise: 30–32 €
Kreditkarten: Visa; BM
Abends geöffnet, Sonntag auch mittags

Man parkt außerhalb der Stadtmauern und erklimmt dann ein paar Stufen, um zu diesem Lokal zu gelangen – ein Weg, der sich jedenfalls lohnt. Das in Stein und Holz gestaltete Ambiente ist sehr einladend und behaglich, einer der beiden Säle wird von einem Kamin erwärmt. An der Seite des Hauses liegt eine blumengeschmückte, überdachte Terrasse mit Blick auf das Amaseno-Tal. Die Speisenauswahl variiert je nach Jahreszeit und schlägt folgende Antipasti vor: Carpaccio di bufala di Amaseno (7,50 €), gemischte Crostini und Bruschette, Crostini di polenta fritta mit Lardo und Pachino, Delizie di bufala (Wurst und Käse vom Büffel), Fritti misti von Gemüse, Pancetta steccata mit lokalem Trüffelkäse, Mozzarelle di bufala mit Prosciutto und Filetto di tacchino, über Dampf gegart, geräuchert und mit Honig aromatisiert. Weiter geht es mit den Primi: **Fini fini mit geräuchertem Büffelspeck und Pachino**, **Ravioli al brasato di bufala mit Ragout von Gartengemüse** (8 €), **Bucatini cacio e pepe**, Cappellacci mit Hackfleisch, frischen Kräutern, Pistazien und Pachino sowie Maccaroni mit Ragout von getrockneten Steinpilzen und Guanciale. Unter den Secondi erfreuen Vorschläge wie **Bufalina alla cacciatora** (14 €), Ciambella di Morolo affumicata, auf der heißen Platte gebraten, Grigliata di carne mista, **Filetto di maiale alle prugne**, Stracci di bufala mit Kirschtomaten, Rucola und Büffelmozzarella auf Kartoffelbett, Lombata di bufalino alla brace, **Abbacchio a scottadito** (13 €) und Agnello fritto panato. Zum Schluss die Desserts: Croccante di mandorle mit Chantilly-Creme und Himbeeren, Torta di frolla, Crema al cioccolato mit Birnen und Zimt, Fruchtsorbets und Zuppa inglese in coppa mit weichem Kern von Zartbitterschokolade. In der wirklich guten Weinkarte stehen Etiketten aus der Umgebung im Mittelpunkt.

Antonietta

Moderne Osteria
Via San Rufo, 12
Tel. (+39) 07 46 / 20 21 05
Ruhetag: Sonntag
Keine Ferien
50 Plätze
Preise: 22 €
Kreditkarten: CS, MC, Visa; BM
Mittags geöffnet

Wenn man das historische Zentrum von Rieti von der römischen Brücke aus betritt und der eleganten Via Roma bis fast hinauf zum Rathaus folgt, trifft man auf der rechten Seite in der kleinen Via San Rufo auf dieses Lokal, das von Guido und Stefania als Familienbetrieb geführt wird. Seit vielen Jahren gilt es als sicherer Bezugspunkt für Gäste, die sich die Küche von Rieti zu vernünftigen Preisen schmecken lassen wollen. Zu stets verfügbaren Gerichten wie **Polpettone in bianco** (Hackbraten ohne Tomaten) **mit Zwiebeln und Rosinen** gesellen sich Primi und Secondi, die je nach Wochentag und Ernte im hauseigenen Garten variieren. Es gibt keine Antipasti, aber eine große Auswahl an Primi mit traditionellen, für das Gebiet der Sabina typischen Teigwaren in langen oder kurzen Formaten, die Stefania selbst zubereitet – **Pizziconi**, **Stringozzi**, Stracci – und die häufig mit Gemüse (zum Beispiel Zucchini) und Pancetta serviert werden, oder andere Vorschläge wie Gnocchi di patate, Timballi und Crêpe mit Pilzen oder Blattspinat (6 €). Unter den Secondi erwarten Sie **Coniglio in salmì**, **Piccione arrosto** (ein halbes Täubchen für 5 €), Trippa alla romana und ein hervorragendes **Spezzatino alla picchiapò**. Wer Fisch mag, kann freitags zwischen Baccalà und gratinierten Alici (7 €) wählen. Was nicht fehlen darf, ist frisches Obst und hausgemachte Desserts wie Tiramisu, **Ciambellone tricolore mit Chantilly-Creme, Sahne und Schokolade** und im Sommer Mantovana mit Himbeeren (4 €). Das Lokal bietet ein Degustationsmenü für 20 €, mit Spezialpreis von 18 € für Pilger, die den Franziskus-Weg entlangwandern. Beschränkte, aber recht gute Auswahl an Weinen, ergänzt durch einen anständigen offenen Hauswein.

Strassenbahn-Haltestelle Argentina (Linie 8)

Da Armando al Pantheon

Moderne Osteria • Salita de' Crescenzi, 31
Tel. (+39) 06 / 68 80 30 34
Ruhetag: Samstagabend, Sonntag
Ferien: August
35 Plätze
Preise: 38–40 €
Kreditkarten: AE, CS, MC, Visa; BM
Mittags und abends geöffnet

Wir sind hier in der Nähe des Pantheons mit 2.000 Jahren Geschichte und zahlreichen Touristen auf der Suche nach authentischer römischer Küche. Ein Wunsch, der häufig durch eine Gastronomie mit Service „auf die Schnelle" zunichte gemacht wird. Armando mit seiner gepflegten Küche aus hochwertigen Zutaten ist eine glückliche Ausnahme. Der Koch Claudio und Fabrizio im Saal präsentieren Gerichte aus alten Zeiten in modernisierter, leichterer Form, die den Bezug zur authentischen römisch-jüdischen Küche bewahren. Der intime, gepflegte Speisesaal bildet den Rahmen für den höflichen, aufmerksamen Service. Beginnen Sie mit Antipasti wie Bruschette, **Coratella d'abbacchio**, Aringhe mit Verdolini-Bohnen aus Viterbo und knackigen **Fiori di zucca fritti** (10 €). Die Primi umfassen Zuppa di farro, Stracciatella romana und freitags Pasta e ceci. Klassische Teigwaren (10,50 €) wie **Cacio e pepe**, Gricia, Amatriciana und Carbonara gesellen sich zu Fettuccine con le rigaglie di pollo, Tagliolini con ragù di baccalà und hausgemachten Ravioli alla Armando mit Ricotta und Blattspinat in Pilzsauce. Dann folgen Abbacchio a scottadito, Trippa, Coda, Saltimbocca alla romana, Aliciotti all'indivia (14 €) und Rezepte aus dem alten Rom, inspiriert durch das Kochbuch des Apicius: Anatra alle prugne und **Faraona ai funghi porcini e birra nera**. Zum Schluss hausgemachte Desserts wie Torta antica Roma und **Semifreddo di cantucci e Vin Santo** (7,50 €). Die schöne Weinkarte wird von der Nichte Fabiana, einer Sommelière, betreut und umfasst mehr als 200 Etiketten und Halbliterflaschen.

„Ein wahres Bollwerk der traditionellen römischen Küche im Herzen der Hauptstadt, geführt von einer Familie, die ihre Arbeit als Berufung sieht."

STRASSENBAHN-HALTESTELLE CASALETTO (LINIE 8)

Da Cesare

Osteria
Via del Casaletto, 45
Tel. (+39) 06 / 53 60 15
Ruhetag: Mittwoch
Ferien: zeitweise im Herbst
60 Plätze + 80 Plätze im Freien
Preise: 32 €
Kreditkarten: CS, MC, Visa; BM
Mittags und abends geöffnet

Es heißt, die römische Küche sei wie die Pflastersteine in Rom: manchmal rau und schwer wie lose Steine, dann wieder faszinierend, wenn man die Meisterschaft erkennt, mit welcher sie verlegt wurden. Das gilt auch bei Cesare: sehr akzentuierte, aber niemals schwere Geschmacksnuancen durch überlegten Einsatz der Zutaten und Garmethoden. Das Ambiente: ein schlichter, heller Speisesaal, freundliches, aufmerksames Personal und im Sommer eine weinumrankte Laube. Leonardo Vignoli und seine Frau Maria Pia haben das Erbe der alten Trattoria von Cesare übernommen und setzen auf längst in Vergessenheit geratene Werte. Unter den Antipasti verdient Frittiertes spezielles Lob: Crocchette di melanzane all'arrabbiata (6 €), **Gnocchi fritti con crema cacio e pepe**, **Polpette di bollito** mit Basilikum-Pesto und, falls verfügbar, Totanetti fritti. Großzügige Portionen bei den Primi mit hausgemachter Pasta aus Hartweizengrieß mit klassischen Saucen: **Ravioli con ricotta e spinaci all'amatriciana**, Rigatoni alla carbonara (8,50 €), Fettuccine alla gricia und Cacio e pepe. Stets vertreten sind Minestra di broccoli e arzilla und andere Rezepte mit frischem Fisch. Dann die Secondi mit Trippa, Coda, Spezzatino di vitello alla cacciatora, Bistecca, Abbacchio alla cacciatora, Baccalà alla romana und **Cotolette panate e fritte** (14 €), außen knusprig, innen weich und vor allem nicht von Fett triefend. Die hausgemachten Desserts (6 €) umfassen Zuppa inglese, Tiramisu und Crostata di visciole. Ein schöner Weinkeller mit Etiketten zu angemessenen Preisen, darunter auch naturbelassene Weine.

»

Leidenschaft für die traditionelle Küche, die durch Einsatz hochwertiger Zutaten und durch sorgfältige Wahl der Garmethoden veredelt wird.

«

STRASSENBAHN-HALTESTELLE BELLI (LINIE 8)

Da Enzo al 29

NEU

Trattoria
Via dei Vascellari, 29
Tel. (+39) 06 / 581 22 60
Ruhetag: Sonntag
Ferien: zeitweise im August
25 Plätze + 15 Plätze im Freien
Preise: 30–35 €
Kreditkarten: AE, CS, DC, MC, Visa; BM
Mittags und abends geöffnet

Die Substanz siegt über die Form in dieser Trattoria wie aus alten Zeiten, die nicht weit von der Tiberinsel entfernt ist. Einfaches Gedeck, zwangloser Service, spartanische Einrichtung, aber wenn die Gerichte aufgetragen werden, dann versteht man, woher der Erfolg dieses Lokals rührt: hervorragende Zutaten und gepflegte Rezepte nach römischer Tradition. Der Stolz auf das typisch Römische zeigt sich auch in der freundlichen Art des Personals, das kompetent die Gerichte und exzellenten Weine präsentiert, die ausschließlich aus dem Latium stammen. Seit einigen Jahren führen Roberto Di Felice und seine Brüder das Lokal der Familie. Nach ihrer Auffassung besteht die Arbeit aus Leidenschaft und Freude beim Aufstöbern hochwertiger Produkte. Die Reservierung gilt nur für den ersten Abendzyklus, sonst wartet man in der Schlange und teilt dann eventuell seinen Tisch mit anderen Gästen. Auf der Karte stehen vier Primi und vier Secondi nach hiesiger Tradition, täglich ergänzt durch Gerichte je nach Marktlage und Wochentag: In unserem Fall waren das **Fettuccine al castrato** mit Hammelfleisch aus einem kleinen Betrieb des oberen Latium. Hervorragendes Brot aus Mutterhefe oder Sauerteig. Der Reigen beginnt mit Burrata aus Andria, Panzanella und Palla al 29 (4 €), einer schmackhaften Krokette aus Kartoffeln, Baccalà und Mozzarella, und in der Saison mit **Carciofi alla giudìa**. Unter den Primi sind die Klassiker **Gricia** (9 €), **Matriciana**, Carbonara und **Cacio e pepe** (11 €) zu erwähnen. Weiter geht es mit **Abbacchio a scottadito** (15 €), Coda alla vaccinara, **Trippa alla romana** und exzellenten **Polpette al sugo**. Der Garten des Vaters liefert das Gemüse für die Beilagen, etwa für die vorzüglichen Patate fritte (5 €). Zum süßen Ausklang gibt es **Torta di ricotta e pere**, feines Gelato und Tiramisù al bicchiere.

BUSHALTESTELLE PARLAMENTO (LINIE 116)

Dal Cavalier Gino

Trattoria
Vicolo Rosini, 4
Tel. (+39) 06 / 687 34 34
Ruhetag: Sonntag
Ferien: August
45 Plätze
Preise: 25–30 €
Keine Kreditkarten
Mittags und abends geöffnet

Was gleich erwähnt werden muss: Eine Reservierung ist Pflicht. Der zweite Punkt ist die Tatsache, dass das Lokal – ein klassisches, volkstümliches Ambiente – klein ist, mit eng gestellten Tischen, die stets dicht besetzt sind. Das dritte Merkmal ist die Authentizität der Trattoria des Cavalier Gino, wo das wahre Flair der Ewigen Stadt zu spüren ist. Die typische Gastlichkeit, die Schlagfertigkeit des Personals, die Geduld gegenüber Unentschlossenen und eine fast mütterliche Großzügigkeit bei den Portionen können das belegen. Was es hier nicht gibt, ist die sonst übliche Trägheit, denn hier bekommen die Gäste einen aufmerksamen und flotten Service durch das Personal, das kompetent und charmant von Fabrizio, dem Sohn des Cavaliere, geführt wird. Dies vorausgeschickt, können wir zum Essen übergehen: beeindruckende Primi ganz im Zeichen der römischen Tradition, wobei Guanciale, die zarte Schweinebacke, alles andere überragt. Den Klassikern **Matriciana** (10 €), Carbonara und Gricia gebührt ein Adelsprädikat. Vorzüglich auch **Tonnarelli cacio e pepe**, Pasta e fagioli, Pappardelle alla vaccinara und **Rigatoni con la *pajata***, ein Gericht, das seit Kurzem wieder salonfähig ist. Als Secondi probierten wir eine schmackhafte Coda alla vaccinara (12 €), perfekt zubereitet mit Pinienkernen, Rosinen und Edelbitter-Kakao, Involtini di manzo mit Tomaten, **Trippa alla romana**, hervorragende **Polpette e zucchine ripiene**, klassischen Abbacchio alla cacciatora, Baccalà in guazzetto und **Alici e indivia gratinate** (10 €). Weitere saisonale Vorschläge erweitern das Angebot. Zum Abschluss eine kleine Auswahl an Desserts mit Tiramisu, Crème caramel und der delikaten Crostata di visciole (5 €). Ausgeschenkt wird ein ordentlicher offener Hauswein, es warten aber auch einige hochwertige Etiketten darauf, entkorkt zu werden.

STRASSENBAHN-HALTESTELLE PIAZZALE PRENESTINO

Dar Parucca

NEU

Osteria
Via Macerata, 87–89
Tel. (+39) 324 / 086 83 61
Kein Ruhetag
Ferien: 10 Tage um den 15. August
50 Plätze
Preise: 25 €
Keine Kreditkarten
Abends geöffnet, Sonntag auch mittags

In der Nähe des Piazzale Prenestino hat eine historische Osteria des Stadtviertels Pigneto, die 90 Jahre lang unter dem Namen Ucci und später Antichi Sapori bekannt war, ihre Tore wieder geöffnet. Aus dem Zusammenschluss zweier ehemaliger Grafiker, Luca und Alessandro, mit langer Erfahrung in der Gastronomieszene Roms entstand das Dar Parucca, das sich zwar im Kielwasser der römischen Tradition bewegt, aber dennoch den Anforderungen der modernen Zeit gegenüber offen ist, die nach vegetarischen und veganen Alternativen und hochwertigen Zutaten verlangt. Die Karte ist reich an Bioprodukten aus dem Latium und der unteren Toskana. Unter den Antipasti findet man die frischen, duftenden Quenelle di ricotta mit Öl, Salz, Pfeffer und Zitronenschale, delikate Involtini di melanzane e verdure mit süßen roten Zwiebeln und **Pizzotti fritti**, gefüllt mit Ricotta, Gemüse und *'nduja*. Unter den Primi (8 €) erwarten Sie neben den Klassikern **Amatriciana**, Carbonara und Gricia, die auch mit Spargel angeboten wird, vorzügliche **Spaghetti mit Minze, Pecorino und Zucchinicreme** (9 €). Ein gutes Brot aus Lariano gesellt sich zu den saisonalen Beilagen (4 €): marinierte Paprikaschoten, gebratene Zichorie und gegrillte Auberginen. Für den Hauptgang wird Biofleisch aus der Maremma von halb wild gehaltenen Tieren zu Tagliate, Bistecche, **Spezzatino mit Erbsen** (12 €) und Straccetti mit Rucola verarbeitet. Als Alternativen stehen die vegane Frittata mit Zucchini und eine exzellente **Crema di cannellini e zucchine mit Crostini** (7 €) auf dem Programm. Wenige, aber gute Desserts, darunter Tiramisu und Panna cotta mit Erdbeersauce (4 €). Saisonales Obst wie Cocomero (Wassermelone) und Fragole (Erdbeeren) aus Agro Pontino runden die Mahlzeit ab. Der Weinkeller ist bescheiden, der offene Hauswein ist jedoch sehr gut.

U-BAHN-STATION PIRAMIDE (LINIE B)

Flavio al Velavevodetto

Traditionelle Osteria
Via di Monte Testaccio, 97
Tel. (+39) 06 / 574 41 94
Kein Ruhetag
Ferien: um den 15. August
100 Plätze + 110 Plätze im Freien
Preise: 35 €
Kreditkarten: AE, CS, DC, MC, Visa; BM
Mittags und abends geöffnet

Flavio De Maio und sein Team von jungen Mitarbeitern empfangen Sie mit jovialer Höflichkeit im Stadtviertel Testaccio in dieser charakteristischen Osteria, die in einer der ältesten Höhlen im Monte dei Cocci ihren Sitz hat. Wenn man hier über die Wände streicht, kann man die Scherben alter Amphoren fühlen, in denen die Römer einst Öl und Wein aus der Provinz in die Hauptstadt transportierten. In der schönen Jahreszeit laden ein Innenhof oder die Terrasse zwischen den Dächern zum Speisen im Freien ein. Flavio hält die gastronomische Tradition Roms hoch, die er in Form einer Küche mit familiärer Note und üppigen Portionen anbietet. Neben den Klassikern umfasst die Karte saisonal variierende Tagesgerichte, wobei immer die Herkunft der Zutaten angeführt wird. Im Sommer gibt es Antipasti mit Zucchine alla *scapece*, Caponata di melanzane (6 €) und Stracciatella di burrata mit Sardellen aus dem kantabrischen Meer. Große Meisterschaft lassen die Primi erkennen: Amatriciana, **Gricia**, Carbonara, **Cacio e pepe** (9 €), Rigatoni con *pajata*, Fettuccine con *regaje* di pollo (mit Hühnerklein), Ravioli mit Büffelricotta und in Würfel geschnittenen Kirschtomaten sowie **Fettuccine con burro, alici e scorzone** (13 €). Bei den Secondi bestätigt sich die Qualität und sorgfältige Zubereitung: **Involtone al sugo**, Coda alla vaccinara, Trippa alla romana, **Polpette di bollito**, Coniglio alla cacciatora (14 €) und **Fritto di alici e di baccalà in Backteig**. Frischen Fisch direkt aus Ladispoli gibt es am Wochenende, das saisonale Gemüse hingegen wird im familieneigenen Garten geerntet. Delikate hausgemachte Desserts: Tiramisu, Crostate, Semifreddi (6 €). Es gibt keine Weinkarte, aber Sie können Ihren Lieblingswein selbst im Keller aus wählen, in dem zahlreiche Etiketten aus dieser und anderen Regionen Italiens lagern.

BUSHALTESTELLE ARGENTINA

Grappolo d'Oro

Neu eröffnete Osteria
Piazza della Cancelleria, 80–84
Tel. (+39) 06 / 689 70 80
Ruhetag: Mittwochmittag
Ferien: um den 15. August
85 Plätze + 30 Plätze im Freien
Preise: 35 €
Kreditkarten: AE, CS, MC, Visa; BM
Mittags und abends geöffnet

Campo de' Fiori, die Hochburg der Touristenmenüs, kann seit einigen Jahren auf diese Osteria mit Sitz im Palazzo della Confraternita de' Macellai verweisen. Sie hat sich zu einem Bezugspunkt für Gäste entwickelt, die auch hier mitten im Herzen der Stadt nicht darauf verzichten wollen, gut zu essen und zu trinken. Das Lokal wird perfekt von Antonello Magliari geführt und verfügt über zwei helle Räume und einen reizenden Garten für den Sommer. Hier bekommt man traditionelle und überarbeitete Gerichte aus saisonalen Zutaten von kleinen lokalen Produzenten. Unter den Antipasti bestechen Millefoglie di burrata e alici (10 €), Baccalà mantecato mit Spargel-Julienne und **Polpette di bollito mit grüner Sauce** (10,50 €). Die traditionellen Primi umfassen Spaghetti alla carbonara (10 €) und **Rigatoni alla matriciana**. Unter den saisonalen Gerichten empfehlen wir die schmackhaften Mezzi paccheri mit Sardellen, gebratenen Tomaten, getoasteten Brotkrumen, Fenchel und Pecorino (11,50 €) und die hausgemachten Taglioni alla vignarola. Die Secondi sind die Quintessenz der lokalen Küche, daher Bahn frei für das schmackhafte **Agnello alla romana** (17 €), **Costolette di agnello a scottadito**, hausgemachte Polpette al sugo und den saftigen **Baccalà alla romana**. Unter den zahlreichen hausgemachten Desserts empfehlen wir Crostata di ricotta e cioccolato (6 €) und Coppa di zabaione al Marsala mit Mandelkrokant. Die gut bestückte Weinkarte setzt auf Produkte dieses Landstrichs zu angemessenen Preisen.

»*Eine Osteria abseits des kulinarischen Mainstreams im (schwierigen) historischen Zentrum der Hauptstadt. Hier wird die römische Küche auf hohem Niveau in einer Verbindung von Tradition und Modernität interpretiert.*«

U-BAHN-STATION CAVOUR

L'Asino d'Oro

Moderne Osteria
Via del Boschetto, 73
Tel. (+39) 06 / 48 91 38 32
Ruhetag: Sonntag, Montagmittag
Ferien: 16.–30. August
40 Plätze + 20 Plätze im Freien
Preise: 35 €
Kreditkarten: AE, CS, DC, MC, Visa
Mittags und abends geöffnet

Ein modernes Ambiente, minimalistisch und hell gehalten. Den Chefkoch Lucio Sforza hat es von Orvieto hierher nach Rom verschlagen, wobei er die Liebe zu einfachen Gerichten nach alter lokaler Tradition mitgebracht hat, die an zu Hause erinnern. In seiner Osteria werden Sie von einer Gruppe junger dynamischer Leute empfangen, die Ihnen während der Wartezeit kompetent und herzlich ein delikates Appetithäppchen servieren. Zu den saisonal variierenden Gerichten können Sie sich ein Bier aus einer kleinen Brauerei oder einen Wein aus Mittelitalien schmecken lassen. Auf der Karte finden Sie neben den zahlreichen Fleischgerichten immer auch vegetarische Vorschläge. Wir konnten nicht umhin, eines der typischsten Gerichte der römischen Küche zu probieren, nämlich **Trippa di vitello alla menta romana** (11 €), in einer so großzügigen Portion angeboten, dass diese Spezialität auch als Hauptgericht ausreichen würde. Dann wählten wir Polpo saltato mit Panzanella und Melone. Unter den verschiedenen frischen Teigwaren verdienen die **Chitarre con pesto di fichi acerbi e basilico** (14 €) eine Erwähnung. Als Secondo gibt es ein Gericht, das auch von Kindern sehr geschätzt wird, nämlich Polpette di agnello mit Blu di pecora und Birnen (16 €). Weitere Vorschläge sind **Cinghiale in dolceforte** und karamellisierte Costine di maiale all'aspretto mit Frühlingszwiebeln. Am Ende der Mahlzeit darf ein Dolce nicht fehlen: Einzigartig ist das **Tiramisù di pane** nach Art des Hauses. Auch die Crema ferma al cioccolato fondente mit Minze und Ingwer kann mithalten.

» *Die Gerichte von Lucio Sforza sind stets eine Überraschung, wenngleich sie in der Tradition und den Gepflogenheiten dieses Gebietes verankert sind.* «

STRASSENBAHN-HALTESTELLE GIANICOLENSE-S. CAMILLO (L. 8)

L'Osteria di Monteverde

Moderne Osteria
Via Pietro Cartoni, 163–165
Tel. (+39) 06 / 53 27 38 87
Ruhetag: Montagmittag
Ferien: unterschiedlich
40 Plätze
Preise: 25–30 €
Kreditkarten: CS, MC, Visa
Mittags und abends geöffnet

Es bedarf großer Geduld, um hier einen Parkplatz zu finden. Aber alle Unannehmlichkeit ist schnell vergessen, sobald man dieses einfache Lokal betritt, wo man vom aufmerksamen und kompetenten jungen Personal mit Herzlichkeit empfangen wird. Bei der Lektüre der Karte sind die Wurzeln von Roberto Campitelli und Fabio Tenderini in der römischen Tradition klar ersichtlich: zum Auftakt traditionelle Primi (9 €) – **Amatriciana**, Gricia, Carbonara, **Cacio e pepe** – und im Frühling **Vignarola** (8 €). Aber auch andere Erfahrungen aus dem beruflichen und persönlichen Lebensweg der beiden haben zum interessanten Konzept einer zeitgenössischen Osteria beigetragen, keiner kreativen Küche als Selbstzweck, sondern moderner Überarbeitungen von Rezepten des „Quinto quarto" (Innereien) und der hiesigen Tradition, mit innovativen Kombinationen. Ohne großes Aufheben werden hier Animella glassata e tartufata (glasiertes, getrüffeltes Bries) mit Zucchina romanesca alla mentuccia und Crema inglese alla carbonara, Piovra rosticciata mit Panzanella aus grünen Tomaten, Mönchskraut, Joghurt und marinierter Zwiebel, **Raviolone ripieno di coratella** (Teigtasche mit Lamminnereien) **con uova di quaglia cacio e pepe e carciofi** (9 €), **Cosciotto di abbacchio Igp del Lazio** (Lammkeule) in der Version cacio e uova mit gebratenen Artischocken, süßem Knoblauch und Minze (15 €) und Saltimbocca di cappasanta mit Mayonnaise, Kartoffeln, Rote Beete und Chips von Kürbisblüten serviert. Zum Abschluss Tiramisù nel barattolo oder Fruchtsorbets mit einer kleinen Macedonia (5 €). Die Karte wechselt häufig, die Zutaten der ausgewogenen Gerichte sind stets von hoher Qualität. Das Degustationsmenü bietet Fisch aus nachhaltigem Fischfang zu korrekten Preisen. Die umfangreiche Weinkarte wird durch Biere aus kleinen Brauereien ergänzt.

Bushaltestelle Largo Maresciallo Diaz (Linie 168)

Lo'steria

Moderne Osteria
Via dei Prati della Farnesina, 61
Tel. (+39) 06 / 33 21 87 49
Ruhetag: im Winter Montag, im Sommer Sonntag
Ferien: 2 Wochen im August
60 Plätze + 40 Plätze im Freien
Preise: 26–31 €
Kreditkarten: AE, CS, DC, MC, Visa; BM
Abends geöffnet, Juli und August auch Sonntagmittag

Eine friedliche gastronomische Oase in einem der angesagtesten Viertel der Hauptstadt, das ansonsten vor ewig gleichen Restaurants nur so strotzt. Die Leitung liegt in den Händen zweier Brüder – Andrea im Saal und Luca in der Küche –, die hier entschlossen eine Osteria mit authentischer römischer Küche als Bezugspunkt für das Stadtviertel bieten. Sämtliche Zutaten werden mit großer Akribie ausgesucht. Am Markt von Ponte Milvio gibt es unter den wenigen verbliebenen Verkäufern zwei alte Bäuerinnen, bei denen Andrea einen Großteil des Gemüses kauft, einschließlich einer exzellenten Misticanza (in der Saison). Der Umgang mit den Gästen ist sehr direkt, aber stets mit einem Lächeln verbunden, perfekt passend zum einfachen, zwanglosen Ambiente: Die Grundidee ist es, die Gerichte für sich sprechen zu lassen und Erinnerungen an die Osterien zu wecken, die einst Symbol dieser Stadt waren und denen man heute nachweint. Zu Beginn vorzügliche Supplì, frittierte Kürbisblüten, Prosciutto aus Bassiano oder Susianella (Wurst aus Viterbo, ein Slow-Food-Presidio), **Bruschetta con burro e alici** oder die Version mit Guanciale, in Wein gekocht (6 €), und erlesene Formaggi dieser Region. Das Angebot an Primi (8 €) kreist um Klassiker nach römischer Tradition: Gricia, **Carbonara**, Amatriciana, Cacio e pepe und stets auch mindestens ein Pastagericht mit einer saisonalen Sauce. Die Secondi (12 €) zeigen eine Vorliebe für weniger edle Fleischteile in tadelloser Zubereitung: Coda alla vaccinara, Polpette in bianco, Trippa alla romana und **Coniglio alla cacciatora**. Vielfalt bei den Desserts (5 €): **Crostata ricotta e visciole**, Crema bruciata oder Ciambelline al vino mit Zimt. In der Karte sind wenige, doch erlesene Etiketten angeführt, mit Schwerpunkt auf kleinen Kellereien dieses und anderer Anbaugebiete.

ROM

Strassenbahn-Haltestelle Gianicolense (Linie 8)

Mangiafuoco

NEU

Osteria
Via Poerio, 27 A
Tel. (+39) 06 / 58 33 28 51
Kein Ruhetag
Ferien: zeitweise im August
62 Plätze
Preise: 32–35 €
Kreditkarten: AE, CS, MC, Visa; BM
Mittags und abends geöffnet

Vor einiger Zeit hat Carlo Fiori die Leitung dieses Lokals im Herzen des stimmungsvollen Stadtviertels Monteverde Vecchio übernommen. Sie werden erstaunt sein, mit welchem Enthusiasmus er Sie in dieses faszinierende kulinarische Abenteuer einbeziehen wird, das er dank der Leidenschaft seiner Mutter Marisa und der tatkräftigen Unterstützung durch seine Frau Simonetta und die Söhne Lorenzo und Francesco ins Leben gerufen hat. Die Formel ist einfach: eine Küche territorialer Prägung mit lokalen Zutaten, Saisontreue und Rezepte nach hiesiger Tradition, die mit Fantasie und gutem Geschmack überarbeitet wurden. Man beginnt mit einer Bruschetta mit Zichorie und Guanciale aus Campotosto mit Brandy und Zimt oder mit **Polpette di baccalà** (9 €). Als Alternative wird ein reich bestückter Teller mit Salumi und DOP-Käse der umliegenden Gebiete vorgeschlagen. Dann folgen Klassiker wie **Rigatoni alla carbonara mit Guanciale** (10 €), Paccheri rigati mit geräuchertem Cacio aus Morolo, Kürbisblüten und Bottarga oder Pasta e lenticchie (mit Linsen) mit Sternanis. Unter den Secondi sind Polpette al sugo, **Guanciola di manzo, in Bier geschmort**, mit getrüffelter Kartoffelcreme (15 €) und Baccalà alla monticiana mit Kapern, Taggiasca-Oliven, Tomaten aus Pachino und Gartenkräutern angeführt. Die Desserts (7 €) sind hausgemacht, darunter Cestino di mandorle croccanti mit Creme und Waldbeeren, Crumble aus Äpfeln und Heidelbeeren und Zabaione al Passito. Carlo, der auch Sommelier ist, kümmert sich mit Hingabe um den gepflegten Weinkeller: Dieser bietet ein großes Sortiment an Etiketten aus ganz Italien, von denen man einige auch glasweise bestellen kann. In der Karte sind außerdem einige Biere kleiner Brauereien, Liköre und edle Spirituosen angeführt.

40 KM VOM ZENTRUM

Osteria del Borgo

Moderne Osteria
Via Borgo di Sopra, 21
Tel. (+39) 06 / 30 43 00 23
Kein Ruhetag
Keine Ferien
45 Plätze
Preise: 30–35 €
Kreditkarten: AE, CS, DC, MC, Visa; BM
Mittags und abends geöffnet

Außerhalb von Rom erwartet uns im Gebiet Agro Romano eine Überraschung in der Überraschung: ein kleiner mittelalterlicher Ort und eine moderne Osteria in reizender ländlicher Umgebung mit exzellenten regionalen Gerichten zu moderaten Preisen. Ein charmanter, fröhlicher Empfang und tadellos ausgeführte Rezepte nach hiesiger Tradition sind das Beste, das Andrea Boscatti in der Küche und Stefano Gismundi im Saal zu bieten haben. Die Auswahl an Antipasti ist originell: **Pane e olio** (2,50 €) mit Pilgerbrot aus dem Holzofen und nativem Olivenöl extra DOP aus Blera, schmackhafte Bohnen aus Sutri mit Cotichelle, Caciofiore aus Columella und feiner Prosciutto, von Hand geschnitten (bei „Di tutto un po'" können Sie fünf Antipasti für 9 € probieren). Dann folgen Matriciana mit Guanciale di cinta senese, **Cacio e pepe**, Carbonara und Gricia, donnerstags Gnocchi di patate und samstags Trippa. In der Saison gibt es Tagliolini mit schwarzem Trüffel aus Norcia (12 €). Die Secondi umfassen Baccalà, Pizzaiola (die Soße mit Brot auftunken!) und **Coniglio porchettato mit Fenchel** (10 €). Auf dem Grill werden Costolette d'agnello, saftige Bistecche und **Salsicce del norcino mit gedämpfter Zichorie** (9 €) zubereitet. Saisonale Beilagen – Steinpilze aus der Pfanne, Carciofo alla romana mit Feldminze, **Caponata alla cesanese** (5 €) – und hausgemachte Desserts: Sbriciolata, Mousse und Crostata mit hausgemachten Konfitüren (5 €). Erlesene native Olivenöle extra aus der Tuscia und eine Weinkarte mit den repräsentativsten Etiketten der Region Latium neben ausgesuchten, raren Abfüllungen aus ganz Italien.

Das Flair von anno dazumal spricht aus der Atmosphäre, den Gerichten und der wahren Leidenschaft, die der Wirt hier an den Tag legt.

U-BAHN-STATION COLLI ALBANI

Osteria del Velodromo Vecchio

Moderne Osteria • Via Genzano, 139
Tel. (+39) 06 / 788 67 93
Ruhetag: Sonntag
Ferien: 3 Wochen im August
65 Plätze • Preise: 35 €
Kreditkarten: AE, CS, DC, MC, Visa; BM
Mittags geöffnet, Donnerstag–Samstag auch abends

Diese typische Osteria des Stadtviertels ist authentisch und seit langem aktiv. Ihre historische Präsenz in diesem Buch verdankt sie der herzlichen Gastlichkeit und dem typischen Angebot. Von außen ist die Bodenständigkeit des Lokals leicht zu erkennen, im Inneren präsentieren sich die beiden Säle gepflegt und einladend, wenngleich sehr einfach. Die Karte basiert auf saisonalen Zutaten und Rezepten nach römischer oder jüdisch-römischer Tradition, ergänzt durch Anleihen aus anderen italienischen Regionen. Hinein in das Vergnügen mit dem Antipasto misto (11 €), der zum Einstieg **Tortino di aliciotti mit Endivie**, Lonza und Formaggio di pezzata rossa, abgerundet durch Melanzane sott'olio und verschiedene Bruschette, vorsieht. Originell und schmackhaft sind **Paccheri con galletti** (10 €) neben anderen Primi nach hiesiger Tradition, nämlich Rigatoni alla carbonara, exzellenter Pasta e broccoli con brodo d'arzilla, **Gnocchi al sugo di coda alla vaccinara** und Pasta e ceci. Die Vorschläge in der Karte halten sich an Jahreszeiten und Marktlage. Der Hauptgang bietet zarte, perfekt frittierte **Polpette di bollito di manzo** (12 €) neben Trippa alla romana, Abbacchio und Coratella con i carciofi, die zu den besten in der ganzen Stadt gehören. Dazu gibt es gute Beilagen wie Vignarola, Cicoria und Puntarelle. Unter den Desserts (5 €) verdient **Crostata di visciole**, die Spezialität des Lokals, eine Erwähnung. Exzellente Auswahl an Weinen, unter besonderer Berücksichtigung regionaler Etiketten, die mit Sorgfalt und Kompetenz ausgeschenkt werden.

Eine römische Küche mit frisch zubereiteten Gerichten, die Geschichte schreibt und auf der Höhe ihrer Zeit ist. Ein überzeugendes Beispiel für Authentizität und Gebietstreue.

U-Bahn-Station Ottaviano-San Pietro

Osteria dell'Angelo

Osteria
Via Giovanni Bettolo, 24
Tel. (+39) 06 / 372 94 70
Ruhetag: Montag- und Samstagmittag, Sonntag
Ferien: August
60 Plätze + 20 Plätze im Freien
Preise: 25 €
Keine Kreditkarten; BM
Mittags und abends geöffnet

Der Aufdruck in römischem Dialekt auf den Strohpapier-Sets in der Osteria dell'Angelo, die zwischen Viale Angelico und Via Trionfale liegt, verrät bereits einige Besonderheiten: Mittags zahlt man nichts für Gedeck und Brot, am Abend bekommt man für 25 € ein feststehendes Menü, das Menü mit Bistecca gibt es für 35 €, Kaffee und Getränke zahlt man extra. Drei Eingänge führen in das Innere dieser klassischen römischen Trattoria. In diesem aus Holz und rotem Marmor gestalteten Ambiente riecht man die typischen Düfte der hiesigen Küche und verspürt die gastliche Atmosphäre wie in alten Zeiten. Ein großer Kamin, in dem stets ein Feuer flackert, ist der Blickfang im Hauptsaal, wo Fleisch über der Holzkohlenglut brät: Salsicce, ausgelöste Stücke vom Hähnchen (10 €) und **Bistecca** (15 €). Delikate Antipasti (8 €) mit warmen Focaccine, gefüllt mit Mortadella, Kartoffeln, Kapern und Mayonnaise, und Scodella di fagioli mit Tomaten, jeweils mit frischem Brot serviert. Unter den Primi erwarten Sie Amatriciana, **Cacio e pepe**, Carbonara (10 €) und **Rigatoni con la *pajata***, ein typisches, historisches Gericht von exzellenter Güte, das hier in einer etwas überarbeiteten Form angeboten wird. Sehr schmackhaft ist **Spezzatino alla picchiapò** (8 €). Zum Abschluss bekommen Sie das Dessert „Friccicarello": süße Tarallucci (Kekse), auch mit Schokoladesplittern und Wein (dem süßen Wein von Olevano Romano für 4 € pro Viertelliter). Das sympathische Personal überzeugt durch Herzlichkeit.

In der Via dei Gracchi 272 bietet die nach traditionellen Methoden arbeitende Gelateria dei Gracchi eine schöne Auswahl an Frucht- und Sahneeis.

Strassenbahn-Haltestelle San Giovanni di Dio (Linie 8)

Osteria Palmira

Traditionelle Osteria
Via Abate Ugone, 29
Tel. (+39) 06 / 58 20 42 98
Kein Ruhetag
Ferien: Januar
70 Plätze
Preise: 30–35 €
Kreditkarten: AE, CS, DC, MC, Visa; BM
Mittags und abends geöffnet

Im Stadtviertel Monteverde, fast an der Grenze zwischen dem „alten" Teil und dem „neuen" Viertel, in einer Gegend, in der sich auf kulinarischem Gebiet mittlerweile einige gute Adressen etabliert haben, finden Sie das Palmira, ein Lokal, in dem die regionale Tradition, insbesondere die Küche des oberen Latium, im Mittelpunkt steht. An der Außenwand im schönen Garten macht dies ein Schild deutlich, auf dem Folgendes zu lesen ist: „Willkommen in Amatrice, 940 Meter über dem Meeresspiegel, im Parco Nazionale del Gran Sasso e Monti della Laga." Die unbekümmerte, gesellige Atmosphäre ist genau jene, die eine typische römische Trattoria ausmacht, und das Speisenangebot umfasst neben den klassischen Eckpfeilern der Tradition, darunter **Spaghettoni all'amatriciana** (9 €), Bombolotti alla gricia (die alte Version der Amatriciana, ohne Tomaten), Tonnarelli cacio e pepe, Coda alla vaccinara und **Animelle di vitella**, auch einige kreativere Abwandlungen, die jedoch ebenfalls in den hiesigen Gepflogenheiten wurzeln. Als Beispiel wollen wir die originellen Agnolotti con il sugo di coda (12 €) und Fettuccine alla cacciatora con i durelli (10 €) unter den Primi und Stinco di maiale al forno mit Kartoffeln und Coratella, in unserem Fall mit Paprikaschoten serviert, als Secondi anführen. Einige Gerichte werden auch auf dem Grill zubereitet, etwa **Costine di maiale** und Salsicce. Dazu gibt es gute Beilagen: **Misticanza di verdure, in der Pfanne gebraten** (5 €) und vor allem Zichorie. Die Weinauswahl ist nicht sehr groß, aber allein der offene Hauswein ist mehr als gut. Traditionelle Desserts und Gelati, die nach handwerklichen Methoden zubereitet werden, beenden die Mahlzeit.

ROM

AUTOBUSHALTESTELLE CENTOCELLE

Pro Loco D.O.L.

Osteria
Via Panaroli, 35
Tel. (+39) 06 / 24 30 07 65
Ruhetag: Sonntag
Ferien: 2 Wochen im August
45 Plätze
Preise: 27 €
Kreditkarten: AE, CS, DC, MC, Visa; BM
Mittags und abends geöffnet

Das Projekt Pro Loco D.O.L. (Ursprungsgebiet Latium) entstand aus der Leidenschaft von Vincenzo Mancino für Käse, besser gesagt für „Cacio". Mancino, ein zugewanderter Römer, steckt viel Engagement in die Weiterentwicklung dieses Gebietes, er betreibt eine intensive Suche nach seltenen Wurst- und Käsespezialitäten wie etwa dem Conciato romano und unterstützt die entsprechenden Betriebe. Sobald man das Lokal betritt, fällt der Blick auf die große Theke mit Wurst und frischen Teigwaren, deren Hersteller und Verarbeitungsmethoden dem Wirt persönlich bekannt sind: Alle Grundzutaten können entweder hier wie auf dem Markt gekauft oder in der Küche verarbeitet werden. Der Speisesaal ist gemütlich, auf einem großen Schwarzen Brett sind die häufig wechselnden Speisen angeführt. Neben diesen Gerichten wird auch eine exzellente Pizza vom Blech angeboten, die man eventuell zu einem Bier aus einer kleinen Brauerei oder einem der Weine aus der schönen Karte genießen kann (fein ist auch der offene Hauswein). Ein guter Einstieg gelingt mit dem üppig bestückten Teller mit regionalen Raritäten (12 €): eine Reihe von Formaggi unterschiedlichster Natur, was Herkunft der Milch, Reifung und Konsistenz betrifft, Prosciutto aus Bassiano, Spezialitäten vom Schwein der Rassen Nero Reatino und Mangalica und eine Mortadella aus eigener Produktion. Dann folgen gute Fusilli aus Wasser und Mehl, serviert mit einem hellen Ragout aus Schweinefleisch mit Zucchini, und vorzügliche **Ravioli di ricotta mit Spargel und Baccalà** (12 €). Im Kapitel der Secondi steht Fleisch im Rampenlicht: zarter Stinco di maiale alla birra und das schmackhafte, ausgewogene **Ossobuco in umido** (15 €), die beide mit Bratkartoffeln angeboten werden. Unter den Desserts (5 €) erfreut besonders die leichte Mousse di ricotta mit Weichseln und Granella di nocciola.

U-BAHN-STATION RE DI ROMA

Roberto e Loretta

Restaurant
Via Saturnia, 18–24
Tel. (+39) 06 / 77 20 10 37
Ruhetag: Montag
Ferien: 2 Wochen im August
100 Plätze
Preise: 35 €
Kreditkarten: AE, CS, DC, MC, Visa; BM
Mittags und abends geöffnet

Ein klassisches Restaurant und zugleich eine authentische römische Trattoria: Dieses historische Wahrzeichen, nicht weit von der Basilika San Giovanni in Laterano entfernt, vereint beides in sich und spricht die unterschiedlichsten Gäste und Geschmäcker an. Der Betrieb wird von einer Familie geführt und auch der Empfang in diesem Lokal hat familiären Charakter. Das Ambiente ist weitläufig und gemütlich, die Tische stehen in angenehmem Abstand voneinander. Sie treffen hier auf Stammgäste seit ewigen Zeiten und auch auf bekannte Persönlichkeiten: Sie alle erwarten eine Küche im Zeichen der römischen Tradition, ergänzt durch Spezialitäten anderer Regionen, jedoch stets unter Einhaltung der Saisontreue der Grundzutaten. Auf der Karte können Sie zum Einstieg **Sformatino di baccalà in bianco mit gedämpften Kartoffeln und roten Zwiebeln** (11 €), Vignarola (in der Saison) oder Bruschetta mit Endivie, Pinienkernen, Rosinen und schwarzen Oliven (7,50 €) vorfinden. Unter den Primi erwarten Sie gute **Rigatoni con la *pajata***, **Spaghetti cacio e pepe** mit Pecorino Romano DOP und schwarzem Pfeffer aus Sarawak (10 €) oder Fettuccine mit Ragout aus hellem Fleisch und Jagdkräutern. Das Kapitel der Secondi enthält feine Melanzane alla parmigiana (14 €), Coniglio disossato mit schwarzem Trüffel und einige Gerichte mit Carne alla brace (über der Holzglut gebratenes Fleisch), zum Beispiel eine delikate **Bistecca**. Zum Schluss gibt es traditionelle Desserts wie **Zuppa inglese in coppa**, Cremolato alle fragole, Panna cotta al cioccolato und Meringhe mit Sahne. Die klassische Weinkarte bietet gute Wahlmöglichkeiten. Charmanter, professioneller Service.

ROM

U-BAHN-STATION LEPANTO

Velavevodetto ai Quiriti

Trattoria
Piazza dei Quiriti, 4
Tel. (+39) 06 / 36 00 00 09
Kein Ruhetag
Ferien: um den 15. August
70 Plätze + 30 Plätze im Freien
Preise: 35 €
Kreditkarten: AE, CS, DC, MC, Visa; BM
Abends geöffnet, Feiertage auch mittags

Bei Ankunft auf der Piazza dei Quiriti fällt der Blick auf den berühmten Brunnen Fontana delle Cariatidi, der wegen der Darstellung nackter Körper bei seiner Entstehung in den 1930er-Jahren für Aufregung sorgte. Dahinter hat in einem historischen Palast das Velavevodetto seinen Sitz, ein gelungenes gastronomisches Abenteuer von Flavio De Maio. Im Saal empfängt Sie Chef Michele Nusdeo, ein wahrer „Kenner" der Gastronomie (die Italiener wissen das, weil er sich in einem populären Werbespot als solcher zu erkennen gab!). In dem hübsch eingerichteten Lokal dominiert das Spiel der Spiegel, das Sie auch einen Blick in versteckte Winkel werfen lässt. Die Gerichte stehen im Zeichen der römischen Tradition, ergänzt durch Anleihen aus anderen Teilen Italiens. Den Reigen eröffnen ein exzellenter **Tortino di ricotta e alici** (8 €), Polpette di ceci und Stracciatella di burrata mit Sardellen aus dem kantabrischen Meer. Als Primi finden Sie schmackhafte **Tonnarelli cacio e pepe**, **Vignarola mit Guanciale**, klassische Rigatoni (9 €), Amatriciana, Carbonara und Rigatone con la *pajata*. Fleisch dominiert bei den Secondi: Tris di umido, ein Dreierlei an typischen Schmorgerichten (Ochsenschwanz, Fleischbällchen, Roulade), gutes Abbacchio, unterschiedlich zubereitet, und klassisches **Pollo con peperoni** (13 €). Das Angebot umfasst auch interessante Fischgerichte. Zu den hausgemachten Desserts (6 €) zählen **Tiramisù al bicchiere**, Millefoglie, Fondente al cioccolato und Crostate. Gute Weinauswahl mit Schwerpunkt auf Kellereien aus dem Latium. Lob verdient die Nennung der Herkunft der Produkte in der Karte: Fleisch stammt von einem Hof aus Pescia Romana in der Provinz Viterbo, Fisch aus Ladispoli, das Gemüse wächst im betriebseigenen Garten in Cerveteri und Brot wird in Lariano aus Mutterhefe zubereitet.

SEZZE (LT)

21 KM NORDÖSTLICH VON LATINA, S.S. 156

Santuccio

Restaurant
Via Santi Sebastiano e Rocco, 95
Tel. (+39) 07 73 / 88 85 73,
(+39) 320 / 033 21 22
Ruhetag: Mittwoch
Ferien: Januar/Februar
90 Plätze + 50 Plätze im Freien
Preise: 35 €
Kreditkarten: AE, CS, DC, MC, Visa; BM
Mittags und abends geöffnet

Sezze ist wahrscheinlich das Herzstück der Monti Lepini, eines Landstrichs, bedeckt von Olivenhainen und Pflanzungen der echten Artischocken, also jener der Sorte Cimarolo mit dichtem Blütenkopf, die in legendären Rezepten der Hauptstadt Verwendung finden. Wenn Ihr Besuch in die ersten Monate des Jahres fällt, wartet ein einmaliges Erlebnis auf Sie: Bei dem gewaltigen Antipasto (18 €), bestehend aus etwa zwölf Gerichten, kreisen die meisten Rezepte um das Thema **Carciofo**: Die Artischocken gibt es dabei gebraten, goldgelb frittiert, als Chips, im Ofen gebacken, roh im Salat, in Auflaufform … Wenn Sie aber zu einer anderen Jahreszeit kommen, können Sie dennoch Spezialitäten nach hiesiger Tradition zum Einstieg wählen, darunter frische **Ricottine di bufala**, Prosciutto aus Bassiano, Pilze und vieles mehr. Wenn Sie Primi (10 €) lieben, dann fragen Sie, ob die typische **Bazzoffia** und der überragende **Raviolone di ricotta con carciofi** verfügbar sind – neben Strozzapreti all'amatriciana –, erkundigen Sie sich jedoch auch nach den Tagesgerichten. Eine große Feuerstelle im Eingangsbereich weist darauf hin, wie stark Fleisch bei den Secondi (15 €) dominiert: Es gibt gut abgehangene Tagliate und Bistecche, aber der Ehrenplatz gebührt dem prachtvollen **Filetto *'gnorante*** mit Trüffel und Lardo dolce (18 €). Erwähnen möchten wir auch das klassische Abbacchio a scottadito und die unwiderstehlichen **Cotolette panate**. Zum Abschluss hält die Küche einfache, aber gut zubereitete süße Vorschläge (5 €) wie Tiramisu, Panna cotta und **Bocconcini di sfoglia mit Creme und frischen Früchten** für Sie bereit. Die Weinkarte ist sowohl in Bezug auf die Vielfalt als auch auf die Preise wohldosiert und präsentiert einige Abfüllungen aus dieser Region und verschiedene Flaschen aus anderen Teilen Italiens.

SPERLONGA (LT)

55 KM SÜDÖSTLICH VON LATINA, S.S. 7

Ricciola Saracena

Moderne Osteria
Via Porta Piccola della Chiesa
Tel. (+39) 333 / 214 68 44
Ruhetag: Montag–Donnerstag, außer im Sommer • Ferien: zeitweise im November, 15. Februar–15. März
25 Plätze + 10 Plätze im Freien
Preise: 25–35 €
Kreditkarten: AE, CS, DC, MC, Visa; BM
Abends geöffnet

Sperlonga ist und bleibt ein Kleinod der Seefahrer-Architektur und bewahrt mit Stolz wertvolle lokale Traditionen und Gebräuche. Was die gastronomischen Schätze betrifft, kann man auf das Engagement von Irene Chinappi zählen, die in ihrem entzückenden Lokal ihren Ehrgeiz daran setzt, Elemente aus der Küche ihrer Familie in das Puzzle des Speisenrepertoires lokaler Prägung einzufügen. Die Seele dieses Landstrichs, wo sich bäuerliche Geschichte mit jener der Küste verbindet, spiegelt sich in den Degustationen vom Meer (12 €) und vom Festland (10 €) mit jeweils drei Kostproben wider, die allein schon als komplette Mahlzeit ausreichen. In der ersten Zusammenstellung finden Sie stets Crudo di pesce (roher Fisch) oder fangfrische Crostacei (Krustentiere), es können aber auch **Alici alla *scapece*** oder **Tiella con il polpo** (Tintenfischauflauf) vertreten sein. In der Festland-Variante dürfen **Mozzarelle** oder Caciottina di bufala, **Salsiccia asciutta** lokaler Provenienz und Produkte aus dem Garten nicht fehlen. Die Vorschläge an Primi und Secondi wechseln täglich. Unter den Primi (13 €) kann man **frische Pasta mit Moscardini und Itrana-Oliven**, Tagliolini al ragù bianco di ricciola e limone (Sauce von Bernsteinmakrele und Zitrone) oder **Tonnarelli all'amatriciana di mare** entdecken. Im Kapitel der Secondi hingegen bestechen die traditionellen **Polpettine di alici alla sperlongana** (13 €), schmackhafte **Parmigiana di zucca mit Sardellen und Provola** und, falls verfügbar, der hiesige Palamita (eine Thunfischart) ai ferri. Einige wohl überlegte Weinangebote gesellen sich zu den interessanten Bieren aus kleinen Brauereien, die auch aus lokalen Zutaten gebraut werden. Während Ihr Blick vom Golf gefangen gehalten wird, gönnen Sie sich zum Abschluss noch zwei Ciambelline oder ein hausgemachtes Dolce.

TERRACINA (LT)

40 KM SÜDÖSTLICH VON LATINA, S.S. 148

Borgo Pio

Osteria
Via Marconi, 10
Tel. (+39) 07 73 / 70 37 69, (+39) 338 / 227 16 63
Ruhetag: Dienstag
Ferien: je 10 Tage im Januar und November
40 Plätze + 30 Plätze im Freien
Preise: 25–35 €
Kreditkarten: AE, CS, DC, MC, Visa; BM
Mittags und abends geöffnet, 30. Juni–31. August nur abends

Die Schöpfer dieser Osteria, die es innerhalb kürzester Zeit zu verdientem Ruhm gebracht hat, sind Pier Paolo Rossi, ein gastronomiebegeisterter ehemaliger Schiedsrichter, und die aus einer Gastronomenfamilie stammende Roberta Palazzi. Sie kümmern sich um den Service und gehen auch als Paar durchs Leben. Ein Besuch bei diesen Wirtsleuten und in ihrem Lokal ist eine erfreuliche Erfahrung und vermittelt den Eindruck, als würde man einen belebten Meereshafen in aller Ruhe von einer Seitenstraße aus betrachten. Zum Einstieg können Sie schmackhafte Supplì, appetitliche **Insalata di sconcigli** (8 €) oder einen der Evergreens wählen: Carpaccio di bufala oder exzellente Wurstspezialitäten. Dann folgen Paccheri con granchi (mit Krabben) oder Tagliolini mit Rucola, Ricotta und Büffelspeck. Vorzüglich sind die Spaghetti Borgo Pio (frische Sardellen, Kapern, Kirschtomaten und gesalzene Ricotta, 12 €). Interessante Secondi, darunter Pesce sciabola (Degenfisch) alla cacciatora, ***Sugheri*** (auch Suri genannt, Bastardmakrelen) **in padella mit Kirschtomaten und Oliven aus Gaeta** (10 €), Zuppa di cozze mit Safran und frittiertem Brot oder Straccetti di bufala mit Rucola und gehobeltem Parmesan. Als Desserts können Sie **Cheesecake mit Favetta-Erdbeeren aus Terracina** (5 €), Crostata mit hausgemachter Marmelade, Torta di mele und Amaretti bekommen. Pier Paolos große Leidenschaft für Käse ermöglicht auch häufig einen Ausklang der Mahlzeit nach französischer Art. Gut durchdachtes Weinangebot mit hochwertigen Produkten dieser Gegend.

»
Enthusiasmus für gelungene Produkte und ein Team, das sich ungezwungen zwischen Meeres- und Festlandküche bewegt: eine zuverlässige Adresse, die man sich merken sollte.
«

40 km südöstlich von Latina, S.S. 7

Feronia Bistrot

Moderne Osteria
Via del Rio, 10
Tel. (+39) 07 73 / 70 11 12
Ruhetag: Mittwoch, außer im Sommer
Ferien: unterschiedlich
35 Plätze + 35 Plätze im Freien
Preise: 30–35 €
Kreditkarten: AE, CS, DC, MC, Visa; BM
Mittags und abends geöffnet

NEU

In der Nähe des Hafens, gegenüber dem alten Markt, haben Michela und Giampiero ein Lokal eröffnet, das ihren (kulinarischen) Leidenschaften Rechnung tragen soll: Sie änderte dafür von Grund auf ihr Leben, er revidierte seine bisherige Auffassung des Berufes als Wirt. Die beiden sind davon überzeugt, dass die Gastronomie ein tägliches Schaufenster für gute Landwirtschaft und nachhaltigen Fischfang sein kann. Das Lokal ist intim, räumlich gut aufgeteilt und schafft eine familiäre Atmosphäre, die sich aus dem Gleichgewicht zwischen dem ansteckenden Enthusiasmus von Michela und der beruhigenden Gelassenheit von Giampiero ergibt. Das Angebot wurzelt in der Tradition von Terracina und wird durch die intensive Zusammenarbeit mit ausgewählten Fischern und lokalen Landwirten geprägt, insbesondere mit jenen des Mercato della Terra, denen Michela jeden ersten Sonntag im Monat, wenn der Markt direkt vor der Osteria abgehalten wird, ein eigenes Menü widmet. Beginnen Sie mit Antipasto di terra (8 €) oder di mare oder mit **Alici alla *scapece***, Tartare di gamberi bianchi auf Venere-Reis oder Carpaccio di pesce bianco. Weiter geht es dann unter anderem mit *Scialatielli* al gran cacio di Morolo, **Risotto ai gamberi bianchi di Terracina mit Safran aus Campo Soriano** und Ravioli ripieni di ricotta e spinaci mit Tomaten und Basilikum (10 €). Unter den Secondi sind Calamaro oder das exzellente **Fragolino alla griglia** (Rotbrasse) mit saisonalem Gemüse (16 €) zu nennen. Klassisch und gut ausgeführt ist die **Frittura di paranza**. Zum Abschluss dürfen in der Saison die Favetta-Erdbeeren aus Terracina und die überragende Auswahl an traditionellen lokalen Dolci (4 €) nicht fehlen. Nicht sehr groß, aber niveauvoll präsentiert sich das preislich korrekte Weinsortiment mit Vorliebe für lokale Etiketten.

40 km südöstlich von Latina, S.S. 7

Il Bistrot del Granchio

Moderne Osteria
Via San Francesco Nuovo, 80
Tel. (+39) 07 73 / 70 96 96
Ruhetag: Montag
Ferien: 1 Woche im Februar oder November
40 Plätze
Preise: 35 €
Kreditkarten: AE, CS, DC, MC, Visa; BM
Abends geöffnet, Sonntag auch mittags

Der prachtvolle Ausblick auf die gesamte Küste von Terracina bis zum Monte Circeo ist die ideale Einstimmung auf den Besuch im Bistrot del Granchio, schon bevor man an einem der Tische Platz genommen hat. Die guten lokalen Produkte vom Festland und aus dem Meer werden durch die Danielas Können ins rechte Licht gesetzt, sodass die Arme-Leute-Küche der Bauern und Fischer hier ein Adelsprädikat erhält. Beginnen wir mit Alici marinate und **Gamberi bianchi fritti**, begleitet von rustikaler Panzanella di pomodoro (13 €), oder mit **Arancini di alici e pecorino** (8 €) und Zuppa di cicoria e fagioli cannellini (Suppe mit Zichorie und Cannellini-Bohnen). Der nächste Gang erfreut mit den üppigen **Maccheroncini di Gragnano con sgombro, basilico e olive** (mit Makrele, Basilikum und Oliven, 14 €) oder mit Mezzi paccheri al sugo di salsiccia (mit Wurstsauce). Die Minestra di *sparaglioni* (mit kleinen Fischchen) kann als Sinnbild der Philosophie gelten, die hier vertreten wird, nämlich zu beweisen, wie gut und lecker das einfachste Gericht der hiesigen Meeresküche sein kann, auch wenn es aus Fisch der niedrigsten Preisklassen zubereitet wird. **Polpettine di pollo e peperoni** (9 €), Cuscus di miglio mit Zuppetta von lokalem Fisch und **Palamita alla cacciatora** (eine Thunfischart, 15 €) sind Beispiele für Secondi, die Luca unter Einhaltung der saisonalen Zugehörigkeit und je nach Verfügbarkeit von Fisch vorschlägt. Verführerisch und sehr abwechslungsreich ist das Angebot an Desserts. In der Saison lassen wir uns die Spezialitäten auf Basis der typischen Favetta-Erdbeeren nicht entgehen, die ein Spitzenprodukt der hiesigen Landwirtschaft sind. Die Karte für Weine und Biere schöpft aus dem Angebot des angeschlossenen Restaurants von gehobenem Niveau und ist daher sehr umfangreich und gut sortiert.

40 KM SÜDÖSTLICH V. LATINA, S.S. 148

Saint Patrick

Enoteca mit Ausschank und Küche
Corso Anita Garibaldi, 56
Tel. (+39) 07 73 / 70 31 70
Ruhetag: Dienstag
Ferien: November/Dezember
45 Plätze + 60 Plätze im Freien
Preise: 30 €
Kreditkarten: CS, Visa; BM
Abends geöffnet

Wir befinden uns hier im oberen Teil von Terracina. In diesem zauberhaften, gepflegten Lokal werden Sie von Ivana und Massimo Masci empfangen, einem eingespielten Team, das sich seit jeher bemüht, den meist aus Nordeuropa stammenden Gästen kulinarische Tipps zu geben und sie zu Botschaftern der lokalen Küche in Norwegen zu machen. Die Karte setzt auf wenige exzellente Gerichte. Für den Einstieg sollten Sie das Sortiment an **Formaggi**, serviert mit Honig und Konfitüren (16 €), nicht verpassen, ein Streifzug durch die in- und ausländische Käseproduktion, auf dem Massimo Sie gerne begleitet. Sehr erlesen ist auch die Auswahl an Salumi. Unter den Antipasti findet man zudem eine große Auswahl an Bruschette (2,50 €), unterschiedlich zubereitet, stets ergänzt durch zwei Tagessuppen. Sehr zu empfehlen sind **Involtino di melanzane ripieno di tagliolini** (10 €), wie auch Tonnarelli mit Gemüse-Julienne, Kapern und Basilikum. Die Secondi bieten **Spezzatino di bufala mit Polenta** (15 €), Trittico di carne di maiale, Carpaccio di zucchine mit gehobeltem Parmesan und Aceto balsamico und Filetto di manzo mit Beilage. Sehr gut ist die Grigliata di verdure (8 €). Die Desserts (5 €) verdienen besonderes Lob und tragen die Handschrift von Ivana: Gelato di ricotta di bufala mit Schokoladesplittern, Bananacake und **Budino di pane**. Die Weinkarte ist reich bestückt, was auch klar ist, da das Lokal als Vineria und Enoteca gegründet wurde. Gehen Sie nicht, bevor Sie den wunderschönen Keller besichtigt haben.

» *Gastlichkeit, Kompetenz und Grundzutaten von hoher Qualität sind die Ingredienzen, die die Wirtsleute täglich einsetzen, wodurch sie der authentischen Küche dieses Landstrichs einen starken Impuls verleihen.* «

TERRACINA (LT)

40 KM SÜDÖSTLICH VON LATINA, S.S. 148

Vineria Cesare 1963

Vineria mit Küche
Via San Francesco Nuovo, 5
Tel. (+39) 07 73 / 70 39 21
Ruhetag: Mittwoch
Ferien: 2 Wochen im November
35 Plätze + 70 Plätze im Freien
Preise: 35 €
Kreditkarten: CS, MC, Visa; BM
Abends geöffnet, Sonntag auch mittags

Unter den stolzen Köchen aus Terracina, die sich für interessante kulinarische Projekte engagieren und auf die Qualität der Zutaten achten, ist Massimo Cappellanti wohl einer der aktivsten. Der Sohn von Cesare, der 1963 dieses Lokal im Herzen der Stadt eröffnete, nimmt täglich an der Fischauktion teil, kontrolliert das frisch von Fondi stammende Gemüse und aktualisiert seine Karte gemäß den verfügbaren Zutaten. Seine Frau Simona und das Team unterstützen ihn in der Küche und im Saal, wo die Gäste mit Herzlichkeit und Professionalität betreut werden. Los geht es mit kleinen Antipasti (8 €), darunter **Polpette di pesce** oder **„Gamberina" fritta**, aber auch Carpaccio di carne bufalina (10 €) oder **Insalata tiepida di calamari e arance**. Die vielfältigen Primi sehen vorzügliche **Tagliatelle al nero di seppia con scampetti** (16 €), frisches Couscous mit Gemüse und weißen Gamberi bianchi und elegante Trecce di Gragnano mit Minzepesto und Vongole vor. Im Winter sollten Sie **Zuppa di patate mit Platterbsen und Calamaretti** (8 €) nicht verpassen. Unter den Secondi sind auch Fleischgerichte vertreten, darunter **Filetto di manzo al Moscato di Terracina** (18 €), aber das Meer ist und bleibt im Zentrum, wie **Parmigiana di alici** und **Baccalà con passata di ceci e broccoli romaneschi** (12 €) beweisen. Die Auswahl an Weinen auf der Karte ist angemessen.

Der Markt Mercato della Terra e del Mare, der jeden ersten Sonntag im Monat in der Via del Rio stattfindet, ist nicht irgendein Markt, sondern der richtige Ort, um die Produkte der Umgebung kennenzulernen und zu kaufen.

58 KM NORDWESTLICH VON ROM, S.R. 2

Il Porticciolo

Restaurant
Via Settevene Palo Est, 197
Tel. (+39) 06 / 999 96 04,
(+39) 335 / 540 57 70
Ruhetag: Montag
Ferien: Weihnachten
30 Plätze + 55 Plätze im Freien
Preise: 35 €
Kreditkarten: AE, CS, DC, Visa; BM
Mittags und abends geöffnet

Carla Berti hat zusammen mit ihrem Mann und den Söhnen Fabrizio und Enrico ihren Traum verwirklicht und an dem Platz, wo sich früher der Garten und das Bootshaus befanden, ein Restaurant eröffnet. Dass man hier großen Wert auf Fisch aus dem See legt, ist dem als Fischer tätigen Vater und der Mutter zu verdanken, die traditionelle Rezepte und das Wissen weitergegeben hat, wie man zum Beispiel Anguilla bionda (den blonden Aal), eine nur im Lago di Bracciano anzutreffende Gattung, verarbeitet. Freunden von Fisch empfehlen wir zum Einstieg Sfizio del lago, anderenfalls Antipasto del porticciolo (10 €) mit frittiertem Gemüse in Backteig, Bruschetta und Gemüse aus dem Garten. Die Primi mit Eierteigwaren sollten Sie keinesfalls auslassen: Pasta e fagioli con quadrucci, **Tagliolini alle rape rosse mit Salbei**, Primo sale und Pistazien (10 €), **Cannelloni di pesce, gefüllt mit Ricotta und Barsch** (12 €) und Ravioli di ricotta e borragine mit Tomaten, Renke und Auberginen. Die zahlreichen Secondi werden frittiert, auf der Platte gebraten, im Ofen gebacken oder in der Pfanne geschmort: **Filetti di coregone gratinati** (11 €) oder alla trevignanese – auf der Platte gebraten und mit grüner Sauce serviert –, und Filetti di luccio alla piastra mit Bärwurz und nativem Olivenöl extra. Danach hilft Enrico gerne bei der Wahl eines der zahlreichen, von seiner Mutter zubereiteten Desserts (5 €): Tiramisu, Crostata mit Brombeermarmelade und Zuppa inglese. Fabrizios Weinkarte ist gut strukturiert und enthält auch zahlreiche Vorschläge für den glasweisen Ausschank.

Im landwirtschaftlichen Betrieb Acquaranda (Via dello Sboccatore 8) bekommen Sie Schafkäse, vor allem Caciofiore della campagna romana (Slow-Food-Presidio).

18 KM SÜDÖSTLICH VON VITERBO

Ristorante Il Vicoletto 1563

Restaurant • Piazza della Repubblica, 18
Tel. (+39) 07 61 / 75 40 73
Ruhetag: Dienstag, Mittwoch
Keine Ferien
36 Plätze + 20 Plätze im Freien
Preise: 30–35 €
Kreditkarten: AE, CS, DC, MC, Visa; BM
Mittags und abends geöffnet

Wir befinden uns hier in Vignanello, einem ruhigen Ort, wenige Kilometer von Viterbo entfernt im Herzen der Tuscia. Hier hat der von Enthusiasmus beseelte Ezio Gnisci vor einigen Jahren in einem Palazzo aus dem 16. Jahrhundert (die Arbeiten für den Bau begannen 1563) ein Lokal eröffnet, wo ihn seine charmante junge Partnerin Agnieszka im gastfreundlichen Speisesaal beim Service unterstützt. Das Speisenangebot spiegelt den Wandel der Jahreszeiten wider und achtet auf territoriale Zugehörigkeit, wozu die laufende Suche nach kleinen Betrieben in der Umgebung beiträgt. Zum Auftakt gibt es einladende Antipasti mit dem großzügig auf einem Brett angerichteten Sortiment an hochwertigen Salumi und **Formaggi** dieser Gegend, darunter auch Slow-Food-Presidi wie Susianella aus Viterbo. Als Alternative bekommen Sie schmackhaften Crostone al forno mit Formaggio Colonna und Salsiccia al finocchietto (8 €). Das Kapitel der Primi umfasst hausgemachte Pasta wie die vorzüglichen Fettuccine aus Esskastanienmehl und Bitterkakao, serviert mit Ragù bianco di maiale, mit Parmesan verkocht (10 €), und **Tagliolini mit Artischocken, Guanciale und Pecorino**. Wie üblich, gibt es auch hier eine große Auswahl an Suppen für die Winterzeit. Dann folgen die Secondi, stets begleitet von saisonalen Beilagen: Medaglione di pollo in Brotkruste mit Sauce von Salbei, Zitrone und geschmortem Wirsing (15 €) und das allgegenwärtige **Coniglio leprino porchettato**. Zum Abschluss einige hausgemachte Desserts, wobei das Tiramisu, zubereitet mit Eiern, Biscotto Giglietto von Farnese und Kaffee aus dem Hochland von Huehuetenango, ein Slow-Food-Presidio (5 €), Erwähnung verdient. Der Weinkeller bietet einen umfangreichen Querschnitt durch die Produktion dieser und anderer Regionen Italiens; die Weine werden auch glasweise ausgeschenkt (3 €).

VITERBO

Al Vecchio Orologio

Traditionelle Osteria-Pizzeria
Via Orologio Vecchio, 25
Tel. (+39) 335 / 33 77 54
Kein Ruhetag
Ferien: 10.–20. August
40 Plätze
Preise: 30 €
Kreditkarten: AE, CS, MC, Visa; BM
Abends geöffnet, Samstag und Sonntag auch mittags

Paolo Bianchini ist der Wirt in diesem Lokal, das sich durch sein Bekenntnis zu einer Küche auszeichnet, die sich mit den Themen einer Landwirtschaft mit kurzen Lieferketten und saisontreuen Produkten befasst und Betriebe aus der Umgebung bevorzugt behandelt. Unter den Antipasti (8 €) bestechen die vorzüglichen Fritti (Gemüse in Backteig), die wunderbar schmackhaft und knusprig sind (sehr zu empfehlen ist **Cicoriella**). Dazu passt ganz hervorragend das auf einem Brett angerichtete Sortiment an lokalen Formaggi, auch aus Büffelmilch, und Salumi, darunter als Spitzenprodukt Susianella viterbese, ein Slow-Food-Presidio. Weiter geht es mit delikaten Primi (9 bis 10 €), wobei sich der Bogen vom Gemüse bis zu Fisch spannt: Tagliolini al brodo di tinca oder die Version al ragù di coregone, **Gnocchi viola con ragù di persico**, Lombrichelli cacio e pepe mit Kürbis- und Zucchiniblüten, Carbonara di carciofi, riso e lenticchie und in der Saison **Zuppa di ceci e castagne**. Von den Secondi (9,50 €) sollten Sie, falls verfügbar, Fisch aus dem See nicht verpassen: **goldgelb gebratene Filetti di persico** und Coregone marinato. Als Alternative bekommen Sie Broccoli strascinati, Fagioli con le cotiche (mit Schwarten), **Pollo alla viterbese** und Carne alla griglia. Das Angebot umfasst auch zwei Arten von Pizza, deren Teig 24 Stunden lang gesäuert wird: die runde, mit dem Nudelholz ausgewalzte Pizza oder die Version mit Doppelteig, wie in Neapel üblich. Das Lokal bietet bei Tisch natives Olivenöl extra von zwei Betrieben aus der Umgebung an. Besondere Erwähnung verdient der Weinkeller, den Paolo ganz bewusst auf das hiesige Anbaugebiet beschränkt: Sie können hier fast alle Weine aus der Alta Tuscia probieren, auch glasweise. Darüber hinaus werden einige Biere aus kleinen Brauereien angeboten.

VITERBO
Bagnaia

6 km vom Zentrum

I Giardini di Ararat

Ferienbauernhof
Strada Romana, 30
Tel. (+39) 07 61 / 28 99 34,
(+39) 328 / 648 44 84
Ruhetag, Montag, Dienstag
Keine Ferien
80 Plätze + 60 Plätze im Freien
Preise: 30–35 €
Kreditkarten: AE, CS, DC, MC, Visa; BM
Mittags und abends geöffnet

Im Herzen der Monti Cimini ist dieser Ferienbauernhof der ideale Ort für Leute, die auf der Suche nach der authentischen Küche dieses Landstrichs sind. Der alte Hof, umgeben von einigen Hektar Land, wird von Emanuela geschickt betreut und mit stilvoller Schlichtheit geführt. Es ist jedoch die Küche, wo Laura Belli, die Königin von Ararat, wie sie sich scherzhaft selbst bezeichnet, das Herzstück dieses Betriebs geschaffen hat: Hier werden unverfälschte Gerichte zubereitet, deren Rezepte einer konstanten Recherche zu verdanken sind und die ihre Inspiration aus alten Traditionen beziehen oder einem Anreiz zu interessanten Experimenten folgen. Ausgangspunkte sind stets Qualität und Saisontreue der Produkte, egal ob diese vom eigenen Hof oder von lokalen Betrieben stammen. Beginnen können Sie mit **Bruschette al leprino viterbese** (10 €), zubereitet mit Kaninchen, das halb wild hier am Hof aufgezogen wird, mit einer Auswahl an Salumi und Formaggi dieser Gegend, oder Pastellata mit Gemüse aus dem Familiengarten. Von den Primi sollten Sie die traditionellen **Stracci con asparagina di campo, nocciola gentile romana e marzolina** (12 €), Ravioli, mit dem Nudelholz geformt und mit Ricotta und Blattspinat all'ortolana gefüllt, und **Scafata**, eine Suppe mit Dicken Bohnen, Erbsen und frittiertem Brot, nicht verpassen. Unter den Secondi möchten wir **Pancia di bue mit frischen Frühlingszwiebeln, süßsauer eingelegt** (15 €), Tacchino prosciuttato in Blätterteig (13 €) und Sformato di carote e cardoncelli mit Erbsencreme erwähnen. Als Beilagen bekommen Sie vorzügliche **Patate alla *paracula*** (4 €). Zum süßen Ausklang werden **Sformatino di ricotta e lamponi** (5 €) und das typische Feingebäck, eventuell begleitet von hausgemachten Kräuter- und Fruchtlikören, angeboten.

16 KM VOM STADTZENTRUM

Il Casaletto

NEU

Ferienbauernhof
Strada Grottana, 9
Tel. (+39) 07 61 / 36 70 77,
(+39) 338 / 976 00 16
Ruhetag: Dienstag
Keine Ferien
80 Plätze
Preise: 35 €
Kreditkarten: AE, CS, DC, MC, Visa; BM
Mittags und abends geöffnet

Ein Ferienbauernhof, als Familienbetrieb geführt, der im Laufe der Jahre an Größe und Substanz gewonnen hat und auf eine unverfälschte Küche und die Rückbesinnung auf alte Bauerntraditionen setzt. Das ist Il Casaletto, ein Hof, der nicht weit von Viterbo entfernt in den sanften Hügeln des Teverina-Tals seinen Sitz hat. Neben der gastronomischen Tätigkeit werden hier Schweine halb wild gehalten und Wurst und Gemüse erzeugt. Die Leitung des Betriebs liegt in den Händen der Brüder Marco und Stefano Ceccobelli, die durch den unermüdlichen Vater Sauro unterstützt werden. Jedes Jahr wird hier wie in alten Zeiten die Maialata, das Schlachtfest, organisiert, das ganz im Zeichen des Schweinefleisches steht. Die Leidenschaft und das Engagement, das in diesen Bereich gesteckt wurde, haben kürzlich Früchte getragen und der Hof wird nun als Hersteller von Susianella di Viterbo, ein Slow-Food-Presidio, anerkannt. Bei Tisch erwartet Sie der Geschmack einfacher, bodenständiger Gerichte. Zum Einstieg gibt es Antipasto del Casaletto (9 €) mit einer üppigen Zusammenstellung von Salumi, Gemüse und Käse aus lokaler Produktion oder Antipasto vegetariano mit gegrilltem Gemüse in grüner Sauce. Unter den Primi (9,50 €) möchten wir Fettuccine mit Guanciale sgrassato und Spargel und **Lombrichelli al ragù bianco di manzo** hervorheben. Für den Hauptgang werden **Spezzatino di coniglio leprino** mit Granella di nocciole aus dem Gebiet der Monti Cimini (12 €), **Spalla di abbacchio cotto al forno** mit würzigen Gartenkräutern und Kartoffeln (12 €) sowie Carne di manzo, maiale o agnello (Rind, Schwein oder Lamm) alla brace angeboten. Die Desserts sind hausgemacht und abhängig von der jeweiligen Jahreszeit. Der Weinkeller ist gut bestückt, nicht nur mit Erzeugnissen dieses Landstrichs.

5 KM VOM ZENTRUM

Il Moderno

Restaurant-Pizzeria
Piazza Buratti, 22
Tel. (+39) 07 61 / 37 99 52
Ruhetag: Dienstag
Ferien: 15.–30. Juni, Weihnachten
70 Plätze + 70 Plätze im Freien
Preise: 30–35 €
Kreditkarten: CS, MC, Visa; BM
Mittags und abends geöffnet

Der kleine mittelalterliche Ort San Martino, wenige Kilometer vom Naturreservat Lago di Vico entfernt, ist ein ideales Ziel, wenn man für einen Tag ins Grüne fahren und Überreste alter Kulturdenkmäler erkunden will. Schon bei den Antipasti erkennt man eine Besonderheit des Moderno: Man bekommt Zusammenstellungen (10 bis 15 €) von **Formaggi** und Salumi dieser Gegend, bereichert durch Produkte, die auf dem eigenen Hof veredelt wurden, und ab und zu mit Slow-Food-Presidi. Als Alternative finden Sie Gemüse der Saison, in Backteig frittiert (8 €): Was wir Ihnen hier sehr ans Herz legen, sind **Frittelle di fiori di acacia** (frittierte Akazienblüten) und Baccalà in pastella. Dann folgen gehaltvolle Primi (9 €), darunter Pappardelle al cinghiale, Fettuccine oder Lombrichelli mit Steinpilzen, Artischocken oder **mit Dicken Bohnen, Kirschtomaten und Pecorino** sowie Spaghetti di nonno Giovanni mit Salbeipesto, Haselnüssen und Guanciale. In der Wintersaison sind **Zuppe** (Suppen) **mit Esskastanien**, Pilzen, Gerste und Haselnüssen im Repertoire angeführt. Kräftiger Geschmack bei den Secondi (9 bis 10 €), wobei Fleisch im Rampenlicht steht: Cinghiale alla cacciatora und Maialino porchettato al finocchietto. Als Reminiszenz an die Jahre, die Aldo in Restaurants in Rom gearbeitet hat, werden **Trippa alla romana** und Coda alla vaccinara und in der entsprechenden Saison **Funghi porcini arrosto con patate** (13 €), Frittate allo scorzone oder mit Feldkräutern angeboten. Die Desserts des Hauses (5 €) tragen eine weibliche Handschrift: Tiramisù alle fragole, all'amaretto oder in der klassischen Variante, Balocchi della mamma und Biscotti aus Haselnüssen, Rosinen und Pinienkernen. Der Keller enthält Weine vorwiegend lokaler Provenienz, die gut zu den angebotenen Speisen passen, und einige Biere aus kleinen Brauereien.

Tredici Gradi

Traditionelle Osteria
Via Cardinal La Fontaine, 28
Tel. (+39) 07 61 / 30 55 96
Ruhetag: im Winter Montag, im Sommer Sonntag
Ferien: 2 Wochen im Januar
45 Plätze + 30 Plätze im Freien
Preise: 30 €
Kreditkarten: CS, MC, Visa
Mittags und abends geöffnet

Diese Osteria liegt innerhalb der Stadtmauern von Viterbo, ganz in der Nähe des bekannten Stadtviertels San Pellegrino. Empfangen werden Sie von einem der drei Brüder – Luca, Angelo und Massimiliano –, der Sie an einen Tisch führt und die Speisenauswahl vorträgt, die täglich mit Leidenschaft und Sorgfalt zusammengestellt wird. Die Zutaten stammen aus kleinen Betrieben dieser Gegend und gehören, wie auch die Teigwaren, zum Besten, was dieser Landstrich zu bieten hat. Wir empfehlen für den Einstieg gemischte Salumi und **Formaggi** (14 €), darunter Susianella di Viterbo und Caciofiore della campagna romana, zwei Slow-Food-Presidi. Zu den Primi zählen die traditionellen **Zuppe** (9 €): **mit Bohnen und Wildfenchel**, mit Linsen und Esskastanien, mit Kichererbsen oder die delikate **Acquacotta della Tuscia mit Ei**. Die Pastagerichte (10 €) umfassen exzellente **Maltagliati mit pikanten Tomaten und Thymian** und Lombrichelli mit Kürbisblüten und Prosciutto aus Norcia. Bei den Secondi dominiert Fleisch mit schmackhaften **Involtini di manzo agli odori** (14 €) und **Coniglio leprino alle erbe**, nach alter Tradition zubereitet. Manchmal gibt es auch köstliche Gerichte mit Meeres- oder Seefisch. Unter den hausgemachten Dolci (4 €) sind Panna cotta, **Semifreddo di nocciole** und Crostate angeführt. Der Weinkeller hat für die als Vinothek entstandene Osteria eine grundlegende Bedeutung: Der Schwerpunkt liegt auf lokalen Etiketten, darunter auch Weine aus biologischem Anbau, es sind aber auch andere gute Marken aus ganz Italien vertreten.

»*Die Leidenschaft und Bodenständigkeit der Betreiber, verbunden mit Professionalität und Seriosität, machen diese Osteria zu einem Lokal, in dem das Essen noch Emotionen weckt.*«

ALBANO LAZIALE (RM)

24 KM SÜDÖSTLICH VON ROM

La Galleria di Sopra

Restaurant
Via Leonardo Murialdo, 9
Tel. (+39) 06 / 932 27 91
Ruhetag: Montag
Ferien: 15.–30. August
35 Plätze
Preise: 40–50 €
Kreditkarten: CS, DC, MC, Visa; BM
Abends geöffnet, Sonntag auch mittags

Das Lokal der Geschwister Carfagna hat in den zehn Jahren seines Bestehens weder seine Identität eingebüßt noch sein Ziel einer hoch entwickelten Gastronomie, die jedoch auf lokalen Zutaten beruht. Die Räumlichkeiten sind überaus angenehm und einladend. Andrea betreut die Gäste und erläutert die Details der Tageskarte, deren Gerichte Claudio mit offensichtlicher Souveränität und sinnlichen Eingebungen folgend zubereitet. Beide legen Wert auf die familiären Wurzeln, den Gemüsegarten, aus dem sie beziehen, was die Jahreszeiten zu bieten haben, und auf die Auswahl des frischen Fisches. Einige typische Speisen helfen uns, das Bild zu vervollständigen: Pomodori (vier Sorten Tomaten, ebenso viele Zubereitungsarten), Cannelloni di melanzane e cacio di Morolo (12 €), Triglia in cartoccio di timo (13 €), Agnello in due cotture (geschmorte Lammkeule und bei niedriger Temperatur gegarter Lammrücken) sowie Crema brunita alla genziana con gelato alla liquirizia. Klug zusammengestellte Weinkarte mit einigen besonderen Jahrgängen für die auf diesem Gebiet bewanderten Gästen.

ROM (RM)

BUSHALTESTELLE CICERONE-CAVOUR

Arcangelo

Moderne Osteria
Via Belli, 59
Tel. (+39) 06 / 321 09 92
Ruhetag: Samstagmittag, Sonntag
Ferien: 3 Wochen im August
40 Plätze
Preise: 50–60 €
Kreditkarten: AE, CS, MC, Visa; BM

Das Konzept, das Arcangelo Dandini für sein Lokal gewählt hat, ist bei vielen Römern gut angekommen: eine Osteria, geprägt von Raffinesse. Das Ambiente ist schlicht wie auch die Art des Gedecks, aber die Küche bietet einige Klassiker der hiesigen Tradition, die mit akribischer Sorgfalt zubereitet werden. Das gilt zum Beispiel für Supplì: eine meisterhafte Version eines einfachen Gerichts, das der Straßenküche zuzurechnen ist. Und auch für Matriciana, Carbonara und Trippa (mit römischer Minze und Pecorino), die zu den besten Kutteln zählen, die man in der ganzen Stadt (und nicht nur dort) finden kann, ausgeführt mit perfekter Garzeit und tadelloser Konsistenz. Falls verfügbar, lassen Sie sich Animelle (Bries) und Baccalà nicht entgehen, die in Originalversionen angeboten werden, aber auch Elemente der historischen Küche aufgreifen. Ein charmanter Service und eine hochinteressante Weinkarte, die sich aufgrund langer Recherchearbeit entwickelt hat und aus der einige Weine glasweise angeboten werden.

SAN CESAREO (RM)

30 KM SÜDÖSTLICH VON ROM

Osteria di San Cesario

Osteria
Via Corridoni, 60
Tel. (+39) 06 / 958 79 50
Ruhetag: Sonntagabend, Montag
Ferien: ersten 2 Augustwochen
50 Plätze
Preise: 50 €
Kreditkarten: AE, CS, MC, Visa; BM
Mittags und abends geöffnet

Anna Dente, die an mehreren Fronten in ihrer Osteria, aber auch außerhalb aktiv ist, präsentiert sich als wahre Botschafterin der ländlichen römischen Küche. Neben den frittierten Antipasti gelten ihre Rigatoni *ar sugo de coda a la vaccinara* oder die Version mit *pajata de vitella* weiterhin als Aushängeschilder ihres Betriebs, wie auch die *Lane* und Fettuccine con il castrato in bianco (mit Hammelfleisch). Beachtlich ist die Qualität des Fleisches (die Inhaber besaßen eine Fleischerei), die hier in den drei traditionellen Zubereitungsarten angeboten werden: ai ferri, al forno e al tegame (gegrillt, im Ofen gegart oder in der Pfanne gebraten). Es gibt immer Gerichte des „Quinto quarto" (Innereien) und einladende Beilagen aus Wildkräutern, die in der Gegend gesammelt werden. Ein offener Hauswein und einige gute Etiketten.

ISOLA DI VENTOTENE (LT) - Ventotene

76 KM V. LATINA + 18 MIN. FÄHRE V. ANZIO, FORMIA, TERRACINA

Il Giardino

Restaurant
Via Olivi, 43
Tel. (+39) 07 71 / 850 20
Ruhetag: Montagmittag
Keine Ferien
80 Plätze
Preise: 55 €
Kreditkarten: CS, DC, MC, Visa
Mittags und abends geöffnet

Dieses Restaurant, das von der Familie Impagliazzo geführt wird, ist das ganze Jahr über mit Passion geöffnet und bietet den Gästen einen gepflegten Empfang und ein Ambiente, in welchem der Charme und die Identität der Insel Ventotene in einfachen, perfekten Gerichten zum Ausdruck kommen. Die Unterscheidungsmerkmale sind die Verwendung hochwertiger Zutaten (sowohl Fisch als auch Gemüse) und die geschickte Hand einer Köchin (der Mutter), die stets zu überzeugen vermag: Polpo mit Lattich und Linsen von der Insel, Paccheri al sugo di pesce di scoglio (als komplette Mahlzeit), Pesce al limone und, falls verfügbar, auch Murena (Muräne). Die Weinkarte ist reich an interessanten Vorschlägen zu mehr als moderaten Preisen. Der Garten, nach dem das Lokal benannt ist, lädt dazu ein, im Schatten wunderschöner Bäume im Freien zu speisen.

0
15
30 km
ADRIA
Loreto
Recanati
Civitanova
Marche
Macerata
Tolentino
MARKEN
Fermo
A14
PARCO NAZ. D.
MONTI SIBILLINI
S. Benedetto
d. Tronto
Visso
Áscoli
Piceno
Colonnella
Alba Adriatica
M. Vettore
2476
UMBRIEN
Mosciano
S. Angelo
S. Omero
Giulianova
Nórcia
PARCO
NAZ.
Campli
Castellalto
Roseto d. Abruzzi
Teramo
DEL
Notaresco
Canzano
Pineto
GRAN SASSO
A24
Città
S. Angelo
Castilenti
Montesilvano
Isola d.
Gr. Sasso d'Italia
Picciano
Pescara
E
Spoltore
Gran Sasso
d'Italia
2912
MONTI
Penne
Terminillo
2216
Farindola
Loreto
Aprutino
Moscufo
S. Giovanni
Teatino
Villa Celiera
Pianella
Poggio
Picenze
D. LAGA
Civitella Casanova
Ortona
L'AQUILA
Chieti
Ofena
S. Vito Chietino
Lucoli
Carpineto
della Nora
Rocca S. Giovanni
Prata
d'Ansidonia
Guardiagrele
Lanciano
PARCO
Castel
Frentano
Caramanico
Terme
Vasto
A24
Scurcola
Marsicana
NAZ.
Carsoli
Sulmona
2793
la Majella
S. Salvo
A1
A25
Pacentro
Bomba
Cappadocia
Avezzano
Anversa
d. Abruzzi
D. MAJELLA
Rosello
Rivisondoli
LATIUM
PARCO NAZ.
Schiavi
di Abruzzo
Pescasseroli
D'ABRUZZO
LAZIO E MOLISE
MOLISE
Alatri
Sora
2247
M.ti della
Meta
Pescolanciano
Frosinone
Isérnia
CAMPOBASSO
Cassino
Latina
A1
PARCO NAZ.
Fórmia
KAMPANIEN
Sabáudia
Terracina
D. CIRCEO
Gaeta
Golf von
Gaeta
S. Maria
Cápua
Cápua Vetere
Caserta
TYRRHENISCHES
MEER

ABRUZZEN

In den Abruzzen haben nach wie vor jene Tätigkeiten einen hohen Stellenwert, die mit dem Fischfang, der Land- und der Weidewirtschaft in Zusammenhang stehen. Sie garantieren zu jeder Jahreszeit die Grundlagen der hiesigen Küche und sorgen so auch für den Erhalt der Traditionen. Die Kulinarik ist eng verbunden mit dem Brauchtum und den Ritualen der Feiertage. Traditionen haben ihren Weg aus den Küchen hinaus in die Restaurants gefunden, in denen man nicht selten zwei oder drei Generationen Schulter an Schulter arbeiten sieht, im Bemühen, diese Kultur auch in einer zeitgenössischen Form vorzustellen.
Zu den bekanntesten Gerichten der Abruzzen gehören zweifellos Maccheroni alla chitarra, deren Wurzeln bis in die Mitte des 18. Jahrhunderts zurückreichen, wie der „Ritterorden der Maccheroni alla chitarra" recherchiert hat. Ihren Namen verdanken sie der Ähnlichkeit zwischen dem Gerät zur Herstellung des Teigwarenformats und dem Musikinstrument: Es handelt sich um einen Holzrahmen (auch „Carraturo" oder *Maccarunare* genannt), in dem im Abstand von zwei oder drei Millimetern Stahlfäden gespannt sind. Darauf wird ein Teigblatt aus Weichweizenmehl und Ei ausgebreitet und dann mit einem Nudelholz über die Saiten gedrückt, sodass aus dem Teig länglich geformte Nudeln entstehen. Heute werden dazu zahllose Saucen gereicht, darunter Varianten mit Fleisch wie auch mit Fisch.
Eindeutig noch älter als die Kunst der Teigwarenerzeugung ist das Garen alla brace (über der Holzkohlenglut). Berühmt geworden sind in den Abruzzen die Arrosticini, die Spieße mit Schaffleisch. Fleisch und Fisch nehmen hier gleichen Rang ein. Ihren besten Ausdruck findet diese Zubereitungsart in den Arrosti misti. Im Falle von Fleisch werden Lamm, Schwein, Kalb sowie Salsiccia aus Fleisch und Leber vom Schwein bevorzugt. Was den Fisch betrifft, besteht die typische Zusammenstellung aus Seezunge, Kabeljau, Meerbrasse und Scampi, beliebt sind auch Spießchen mit Tintenfischen oder Kalmaren.
Für einen guten Abschluss des Essens zu sorgen, obliegt der Pizza *dolce* (im hiesigen Dialekt Pizza *doce)*, dem Feiertagsdessert schlechthin. Die Version dieser Region besteht normalerweise aus drei Schichten von weichem, in Alchermes getauchten Biskuit, auf die schichtweise Schokolade, Konditorcreme und Sahne gestrichen werden. Manchmal kommt auf die fertige Süßspeise noch eine Dekoration aus Mandelsplittern.

Für Sie entdeckt

Arrosto misto di carne o di pesce

618 La Bilancia
Loreto Aprutino (Pe)

623 Il Corallo
Pescara

625 Plistia
Pescasseroli (Aq)

628 Da Giocondo
Rivisondoli (Aq)

Maccheroni alla chitarra

611 Pervoglia
Castellalto (Te)

621 San Domenico
Ortona (Ch)

624 Locanda Manthonè
Pescara

629 Marina
San Salvo (Ch)

Pizza dolce

610 La Locanda del Barone
Caramanico Terme (Pe)

619 Borgo Spoltino
Mosciano Sant'Angelo (Te)

631 La Valletta
San Vito Chietino (Ch)

ALBA ADRIATICA (TE)

40 km nordöstlich v. Teramo, S.S. 80 u. S.P. 16

Caraibi

NEU

Restaurant
Lungomare Marconi, 346
Tel. (+39) 08 61 / 71 16 21
Ruhetag: Sonntag- und Montagabend
Ferien: Oktober
60 Plätze + 40 Plätze im Freien
Preise: 35–40 €
Kreditkarten: CS, MC, Visa
Mittags und abends geöffnet

Ein „Beach-Restaurant" im wahrsten Sinne des Wortes, schließlich isst man hier praktisch am Strand, inmitten der heiteren Farben des Sommers oder des romantischen Helldunkels des Meers im Winter. Das junge motivierte Team stützt sich auf den erprobten Erfahrungsschatz von Mutter Delfina, die dieses gepflegte Lokal am Südeingang von Alba mit sicherer Hand leitet. Fantasie und Tradition finden das richtige Gleichgewicht in einer lebendigen, nie banalen Küche, in der die Auswahl der Zutaten mit größter Sorgfalt geschieht. Überaus delikate Antipasti di mare, dabei eine intelligente Auswahl an rohem Fisch, der von der täglichen Verfügbarkeit auf dem Markt bestimmt ist, neben gekochten Angeboten. Im Zeichen des Leichten stehen auch die Primi, vor allem die stets beliebten **Spaghetti con le vongole** (9 €) oder die duftenden **Trofie alla pescatora**. Kräftiger, doch nicht weniger überzeugend, präsentiert sich der Geschmack bei den Secondi, unter denen der prächtige **Guazzetto** (25 €) einen Ehrenplatz einnimmt und durchaus als Hauptgericht gewählt werden kann. Eine besondere Erwähnung für lokale **Scampi all'arrabbiata** oder al rosmarino. Auf der Karte stehen einige bemerkenswerte **Fritture** und **Grigliate miste**. Den Abschluss bildet eine einfache Auswahl an Dolcetti della casa (Süßspeisen des Hauses, 3 €). Gut sortierter Weinkeller mit Augenmerk auf die Produkte aus den Abruzzen, die stets mit der richtigen Temperatur serviert werden.

ANVERSA DEGLI ABRUZZI (AQ)

75 km sö. v. L'Aquila, 15 km v. Sulmona, S.S. 479

La Fiaccola

Trattoria
Corso Raynaldo D'Anversa, 79
Tel. (+39) 08 64 / 494 74,
(+39) 329 / 852 89 58
Ruhetag: Dienstag, außer im Sommer
Ferien: unterschiedlich
70 Plätze
Preise: 22–27 €
Kreditkarten: CS, MC, Visa; BM
Mittags und abends geöffnet

Das Dorf erreichen Sie über die kurvenreiche Regionalstraße 479 Sannite, die zum Lago di Scanno führt. Es handelt sich um eine der schönsten Straßen in den Abruzzen, mit ihren schönen, in den Stein geschlagenen Tunnels, dem spektakulären Blick auf den Ort Castrovalva, der auf einem Felssporn liegt, und über das üppig grüne Naturreservat Gole del Sagittario. Die authentische, von einer Familie geführte Trattoria verdankt ihren Namen der Tragödie *La fiaccola sotto il moggio*, die der in Pescara geborene Dichter und Schriftsteller Gabriele D'Annunzio im Jahr 1905 schrieb und in diesem Ort ansiedelte. Der für Anversa typische Antipasto (8 €) sieht einige Spezialitäten wie **Salame di pecora** (Wurst aus Schaffleisch) vor, doch vor allem die Auswahl an biologischem Käse – von Blauschimmelkäse über gereiften Schafkäse zu aromatisierter Ricotta, alle von einer lokalen Kooperative erzeugt – besticht durch ihre Frische und Qualität. Unter den Primi sind **Gnocchi del pastore** (7 €) mit Creme aus Käse, Basilikum und Nüssen sowie **Fettuccelle con ricotta, tartufo nero e pecorino**. Überwiegend Fleisch bei den Secondi (**Agnello**, Salsicce di maiale, **Arrosticini di pecora**), doch an dem Gericht mit Zichorien, Kartoffeln und Bohnen (4 €), dem Gemüse der Saison und dem Gemüseeintopf *Ciabot* werden auch die Vegetarier ihre Freude haben. Schön sortierte Desserts zum Ausklang, zum Beispiel die leichte **Crema di ricotta all'amaretto** (4 €). Neben dem offenen Hauswein und einigen Flaschen aus den Abruzzen gibt es eine Karte für traditionell erzeugtes Bier, auch aus dem Ausland.

Nicht weit von der Trattoria entfernt erzeugt die biologisch arbeitende Trattoria Porta dei Parchi ausgezeichneten Schaf- und Ziegenkäse, frische und geräucherte Ricotta und Wurst aus Schaffleisch.

CANZANO (TE)

15 KM ÖSTLICH VON TERAMO

La Tacchinella

Trattoria • Via Roma, 18
Tel. (+39) 08 61 / 55 51 07,
(+39) 333 / 663 31 25
Ruhetag: Sonntag, Montag, Dienstagabend (außer im Sommer)
Ferien: 1.–15. September
50 Plätze
Preise: 28–30 €
Kreditkarten: AE, CS, MC, Visa; BM
Mittags und abends geöffnet

An der Straße, die das Valle del Vomano Richtung Gran Sasso hinaufführt, bringt Sie eine kleine Abzweigung in diesen geschichtsträchtigen Ort, der auch für ein besonderes Gericht bekannt ist, nämlich den Truthahn Tacchino alla canzanese. Die seit mehr als 40 Jahren von ein und derselben Familie geleitete Trattoria hütet diesen traditionellen kulinarischen Schatz. Die Gäste werden von Dario und den Töchtern Antonietta und Daria begrüßt. Darios Frau Aurora steht in der Küche, in der auch beinahe täglich Urgroßmutter Aurora (Jahrgang 1923) und Großmutter Antonietta vorbeischauen – nicht nur zum Plaudern. Zu Beginn natürlich **Tacchino alla canzanese** (7 €), der nach langer Kochzeit im Ofen ausgelöst und mit der Gelatine aus seiner Brühe serviert wird. Sie können ihn auch als Secondo bestellen und stattdessen einen Antipasto mit Prosciutto und einigen lokalen Schafkäsesorten. Die Primi entsprechen der Küche von Terama – **Chitarra con polpettine di carne** (7 €) und Timballo. Im Mai lernen Sie **Virtù** kennen, ein reichhaltiges Gericht mit verschiedenen Teigwaren, Hülsenfrüchten, Gemüse und Gewürzen (die man nie Minestra oder Minestrone nennen sollte …) nach einem bewährten Rezept, das von Familie zu Familie verschieden interpretiert wird. Unter den Secondi Fleisch alla brace (12 €) oder die typischen **Mazzarelle**, in Endivienblätter gerollte Lamminnereien, die mit oder ohne Tomaten geschmort werden. Wegen ihrer langen Vorbereitungszeit muss man die traditionelle Süßspeise **Storione** vorbestellen, als Alternative bekommen Sie gute Löffeldesserts (3 €). Zum Essen gibt es einige wenige, aber gute lokale Weine.

Den Truthahn Tacchino alla canzanese kann man vakuumverpackt im nahen Geschäft von Familie Michini oder gegen Vorbestellung bei Eraldo Di Battista im Ortsteil Santa Maria kaufen.

CAPPADOCIA (AQ)

68 KM SÜDLICH VON L'AQUILA, A 24

C'era Una Volta

NEU

Restaurant
Via Don Calabria, 3
Tel. (+39) 08 63 / 67 06 41
Ruhetag: Mittwoch
Ferien: zweite Septemberwoche
40 Plätze
Preise: 30–35 €
Kreditkarten: CS, MC, Visa; BM
Mittags und abends geöffnet

In der kleinen, auf 1.100 Metern Höhe in den Wäldern an der Grenze zwischen den Abruzzen und dem Latium gelegenen Gemeinde Cappadocia befindet sich seit dem Jahr 2005 dieses Restaurant. Schon seine Fassade mit Stein und Ziegeln wirkt einladend, im Speisesaal im ersten Stock herrscht familiäre Atmosphäre. Mutter Anna ist das Gedächtnis der Küche von anno dazumal, Schwiegertochter Cristina und die Brüder Salvatore und Marcello Lilli betreuen professionell die Gäste, auch an Tagen mit großem Andrang (am Wochenende sollten Sie reservieren), wenn der Service zwar unverändert höflich, doch notgedrungen etwas eiliger wird. Im Antipasto „C'era una volta" (10 €) finden Sie eine ausgezeichnete Auswahl an typischen Salumi und lokalem Käse, während **Fantasia di formaggi** (12 €) vier Sorten Schafkäse und drei italienische Käsespezialitäten mit verschiedenen Saucen vorstellt. Sehr interessante Primi: Hausgemachte Eierteigwaren werden von Hand gezogen für **Fettuccine ai porcini** (flache Nudeln mit Steinpilzen, 8 €) und **Tagliolini con pesto mediterraneo** mit Pachino-Tomaten und Sommerkräutern aus dem Garten. Außerdem gibt es immer eine Minestra des Tages, normalerweise mit Hülsenfrüchten und Pasta. Bei den Secondi sollten Sie das außergewöhnliche Gericht mit Lamm **Agnello panato** (12 €) mit panierten und frittierten Rippenstücken probieren, wie auch Fleisch von der Holzkohlenglut, darunter die klassische **Grigliata mista** (10 €). Unter den guten hausgemachten Desserts finden Sie originelle **Gelatini di frutta** (6 €). Respektable Etiketten von bekannten Erzeugern aus den Abruzzen unter den Weinen.

CARAMANICO TERME (PE)
San Vittorino

53 KM SW. V. PESCARA, A 25 AUSF. ALANNO-SCAFA U. S.S. 487

La Locanda del Barone

Restaurant
Ortsteil Case del Barone, 1
Tel. (+39) 085 / 925 84,
(+39) 340 / 510 45 09
Ruhetag: im Winter Montag
Keine Ferien
60 Plätze
Preise: 29–33 €
Kreditkarten: AE, CS, MC, Visa; BM
Mittags und abends geöffnet

In einem Szenario von außergewöhnlicher Schönheit an den Ausläufern des Monte Morrone im Herzen des Parco Nazionale della Majella liegt diese einladende Locanda, die von einem besonders motiviertem Team geleitet wird. Die Küche bewegt sich zwischen Tradition und moderater Kreativität, der Geschmack ist grundsätzlich ausgewogen. Es ist die Umgebung mit ihrem unbestrittenen Reichtum, die den Ton angibt, besonderes Augenmerk liegt auf der Vielfalt hochwertiger Erzeugnisse der Land- und Weidewirtschaft. Einige Produkte der „Agricoltori custodi", einer Vereinigung zur Erhaltung vom Aussterben betroffener Lebensmittel, zur Eröffnung: Salumi, Käse, Gemüse, Honig und noch viel mehr aus der Umgebung garantieren einen guten Beginn. Doch zur Sache kommt man erst richtig, wenn man zum reichhaltigen Angebot an Primi übergeht: **Gnocchi di patate con broccoli e salsiccia**, Ravioli di ricotta, fave e guanciale di maiale nero (7 €) und **Maccheroni allo stracotto di cervo** (mit geschmortem Hirschfleisch). Lokales Fleisch steht bei den Secondi im Rampenlicht, viel **Lamm** (alla brace oder **in casseruola**), ebenso Geflügel und die außergewöhnlichen **Medaglioni di capretto** (Medaillons vom Zicklein, 13 €) erfreuen den Gaumen zusammen mit Saisongemüse von einzigartiger Frische. Auch die Auswahl an Süßspeisen enttäuscht nicht, darunter die unverzichtbare Pizza dolce abruzzese und eine **Mousse di ricotta con miele di lupinella** (4 €) von seltener Qualität. Die Weinkarte gibt den besten Etiketten aus den Abruzzen Vorrang. Sie bekommen hier auch ein vegetarisches und ein glutenfreies Menü.

CASTEL FRENTANO (CH)

40 KM SÜDÖSTLICH VON CHIETI, S.S. 81 ODER A 14

Da Peppone

Traditionelle Osteria
Via Ripitelli, 1
Tel. (+39) 08 72 / 561 52,
(+39) 348 / 511 48 70
Ruhetag: Dienstag, außer im Juli und August
Ferien: 1.–7. September
30 Plätze + 30 Plätze im Freien
Preise: 35 €
Kreditkarten: CS, MC, Visa; BM
Mittags und abends geöffnet

Peppone Di Donato ist ein großer Mann von beeindruckender Statur, der einem sofort sympathisch ist, und das Letztere gilt auch für seine Frau Patrizia, welche sich herzlich um die Gäste kümmert. Die Atmosphäre ist einfach und rustikal, mit einem Anflug von keineswegs unangenehmem Durcheinander an den Tagen großen Andrangs. Im Sommer gibt es auch einige Tische im Freien. Castel Frentano ist bekannt als Hauptstadt des Bocconotto (ein Mürbeteigtörtchen mit einer leckeren Füllung aus Mandeln und Schokolade), doch man bekommt hier auch ausgezeichneten **Baccalà** und **Stoccafisso**. Sie können ein Degustationsmenü für 30 € bestellen oder à la carte. Zu Beginn Lingue di stoccafisso in agrodolce, cipolla e uvetta (7 €) und **Trippa di stoccafisso con fagioli cannellini**, oder aber Baccalà: als Carpaccio mit Olivenöl und Zitronenschale, im Backteig oder mit Paprikaschoten gebraten (7 €). Ein Hauptgericht, das Sie vorbestellen müssen, ist **Stoccafisso ragno con pomodori, patate e olive** (20 €), der in einem Tontöpfchen gekocht wird, in das am Ende nahezu unweigerlich noch ein paar Spaghetti geworfen werden, die in der verbliebenen Sauce besonders gut schmecken. Unter den Primi finden Sie Linguine con la bottarga, Sagnette con i ceci und **Mezze maniche con i broccoli**. Als Secondi Testa di stoccafisso und Baccalà gratinato al forno. Im Wechsel werden weitere Gerichte aus der Tradition von Chieti angeboten: Pallotte cacio e uova, Coniglio cotto sotto il coppo, Pollo spezzato a *lu tijane* sowie der unverzichtbare Brodetto. Zufriedenstellende Auswahl an Flaschen und offenem Wein aus den Abruzzen.

Den Bocconotto kaufen Sie bei Pierino Bucci in der Bottega del Bocconotto (Via dei Peligni 6), bei Rosa Lo Bosco im Ortsteil Clementi 4 und bei Il Bocconotto di Liliana (Via Trastulli 7).

CASTELLALTO (TE)
Castelbasso

20 KM ÖSTLICH VON TERAMO

Pervoglia

Moderne Osteria • Via XXIV Maggio
Tel. (+39) 08 61 / 50 80 35,
(+39) 08 61 / 579 70
Ruhetag: Sonntagabend, Montag (außer im Sommer)
Ferien: Mitte Oktober–Mitte November
50 Plätze + 30 Plätze im Freien
Preise: 30–32 €
Kreditkarten: AE, CS, DC, MC, Visa; BM
Mittags und abends geöffnet

Vor ein paar Jahren hat sich das Pervoglia verdoppelt. Zum historischen Lokal kam in ein paar Dutzend Metern Entfernung das Osteria-Bistro mit 20 Plätzen, wohin das Restaurant immer zwischen Oktober und Februar übersiedelt (das jedoch gegen Vorbestellung vielleicht auch zu anderen Zeiten des Jahres öffnet). Eine Entscheidung, die sich als notwendig erwies, um dem Rhythmus des Ortes entgegenzukommen, der im Sommer, wenn es vor kulturellen Aktivitäten nur so brodelt, gern besucht wird, während es in den Wintermonaten deutlich ruhiger ist. Die Küche wird von der tüchtigen Elenia Alcantarini betreut, sie und ihr Mann Marco Di Stefano sind die Inhaber des Lokals, das sich der Tradition von Teramo und den lokalen Grundzutaten verschrieben hat. Der reichhaltige Antipasto misto mit den schmackhaften Pfannküchlein setzt ein Gegengewicht zur leichten **Vellutata di ceci con baccalà** (5 €). Außerdem beinhaltet er Salumi aus L'Aquila, aufs Brot gestrichene Ventricina teramana, eine Kostprobe von Tacchino alla canzanese und **Mazzarelle alla teramana** (Rouladen aus Lamminnereien, 10 €), Letztere auf Wunsch auch als Secondo bestellbar. Fahren Sie fort mit hausgemachter Pasta (8 €) wie **Gnocchi al sugo di papera in bianco**, Chitarrina alla teramana con polpettine di carne und **Taglierini al ragù di agnello** (dünne Nudeln mit Lammragout). Fleisch vom Lamm auch bei den Secondi, vor allem von der Holzkohlenglut (12 €) oder in Form von **Cosciotto al forno con le erbe** (13 €). Finale mit der klassischen Pizza dolce, Millefoglie oder **Crema bruciata** (4 €). Die Weinkarte ist gut mit zahlreichen Erzeugnissen aus den Abruzzen bestückt, doch auch eine Auswahl an anderen Regionen Italiens ist vorhanden.

CHIETI (CH)
Chieti Scalo

5 KM VOM ZENTRUM

Osteria delle Piane

Osteria
Viale Benedetto Croce, 496–498
Tel. (+39) 08 71 / 55 18 04
Ruhetag: Sonntag, Montagabend
Ferien: 2 Wochen zu Weihnachten,
3 Wochen im August
35 Plätze
Preise: 32–35 €
Kreditkarten: CS, MC, Visa; BM
Mittags und abends geöffnet

Im Jahr 2015 hat diese Osteria ihr zehnjähriges Jubiläum gefeiert. Sie befindet sich in der Nähe der Universität und des Gewebegebietes, einer Gegend, in der es an Lokalen für die schnelle Bewirtung nicht mangelt und in der niemand an den Erfolg einer Fisch-Trattoria geglaubt hätte. Und doch hat sich Familie Di Girolamo der Herausforderung gestellt und sie dank dem guten lokalen Fisch und der Begabung von Gianfranco mit seiner Liebe zu frisch gemachten Gerichten gemeistert. Seine Frau Valeria betreut zusammen mit den jungen Pina und Federica den Service. Das native Olivenöl extra aus einer nur biologische Produkte verarbeitenden Ölpresse passt ausgezeichnet zu **Sgombro** in pastella (Makrele im Backteig) oder **in Salat mit grünen Bohnen**, gefolgt von **Sformato di alici** (Auflauf mit Sardellen) oder Seebarben, Polpette di merluzzo, Seppie con i carciofi (Tintenfische mit Artischocken) oder gefüllt sowie zu Polpo bollito (Oktopus gekocht) oder mit Kirschtomaten und Oliven verfeinert (5 €). Anschließend ausgezeichnete Spaghetti con le alici und **Paccheri con ragù di sgombro** (8 €), als Alternative Gnocchi al sugo di razza (10 €) und klassische Linguine allo scoglio. Zur köstlichen Frittura und zum **Brodetto** (auf Vorbestellung) gesellen sich Knochenfische, Scampi und Furchengarnelen aus dem Ofen, alla brace oder all'acquapazza, allerdings könnte die Rechnung hier höher ausfallen. Verschiedene Degustationsmenüs, auch mit ausschließlich Blaufisch, für 16 bis 38 €. Danach Löffeldesserts und hausgemachtes Semifreddo. Zufriedenstellender Weinkeller mit lokalen Produkten und anständigen offenen Weinen aus den Abruzzen.

In der Via Pescara kaufen Sie gute Süßspeisen in der Pasticceria Veronese. Piccola Salumeria, Via Ravizza 28, bietet eine sorgfältige Auswahl an Salumi, Käse und Slow-Food-Presidi.

COLONNELLA (TE)
Rio Moro

46 KM VON TERAMO, 10 KM VON S. BENEDETTO D. TRONTO

Zenobi

Restaurant
Ortsteil Rio Moro, 132
Tel. (+39) 08 61 / 705 81
Ruhetag: Dienstag, außer im August
Ferien: 3 Wochen nach Dreikönig
80 Plätze + 60 Plätze im Freien
Preise: 32–35 €
Kreditkarten: AE, CS, MC, Visa; BM
Mittags und abends geöffnet

Patrizia Corradettis Lokal in schöner ländlicher Umgebung mit Weingärten, Olivenbäumen und Wasserläufen ist mittlerweile zu einer Institution geworden, dem idealen Ort, um ein paar Stunden in Ruhe zu verbringen und dabei die gute Küche von Teramo kennenzulernen. Mit bewundernswerter Geduld und Sorgfalt wählt sie die Zutaten aus – von denen viele aus dem Familienbetrieb stammen – und verarbeitet sie zu authentischen Gerichten mit starker Identität. An ihrer Seite stehen die Kinder Cristiana, am Herd, und Marcello, die Seele des Speisesaals und des Weinkellers (in dem eine hervorragende Auswahl lagert). Gelungener Beginn mit dem Antipasto (13 €), einer Auswahl an lokalen Salumi und Käse zu Focaccine und Panzerotti, sowie kleinen warmen Speisen, darunter die klassischen **Pallotte *cac' e ova***, Rape con la burrata, Coratella di agnello und Spargel mit Guanciale. Ausgezeichnete Primi (8 €) wie der typische **Timballo alla teramana**, Chitarra con le polpettine, aber auch Dinkelsuppe mit Poverelli-Bohnen oder **Paccheri al ragù bianco di agnello, con carciofi e zafferano**. Als Secondo empfehlen wir Coniglio alle olive, **Agnello *cac' e ova*** (10 €), Spezzatino di maiale con cipolle caramellate e prugne (Ragout vom Schwein mit karamellisierten Zwiebeln und Pflaumen) sowie Capretto alla neretese. Der Freitag ist dem Baccalà gewidmet. Am besten, Sie bestellen ihn vor, dann können Sie auf seine Varianten als Salat mit Puntarelle (Zichoriensprossen), all'aragonese (in Mandel-Kruste mit Sardellensauce) und geschmort mit Ei, Stängelkohl und Kartoffeln rechnen. Pizza dolce und **Tiramisu** unter den Dolci (4 €).

»
Eigenwilligkeit, Leidenschaft und Kompetenz sind die Ingredienzen, die Patrizia in das einbringt, was sie gern ihre mütterliche Küche nennt.
«

GIULIANOVA (TE)

25 KM SÜDLICH VON CHIETI, S.S. 81

L'Arcobaleno

NEU

Restaurant
Lungomare Spalato Sud
Tel. (+ 39) 085 / 793 29 56
Ruhetag: Montag, außer im Sommer
Ferien: 1 Woche im November
70 Plätze + 60 Plätze im Freien
Preise: 28–36 €
Kreditkarten: CS, MC, Visa; BM
Mittags und abends geöffnet

Roger Di Pietro hat diesen Betrieb erst 2013 übernommen, doch durch die Erfahrung, die er in bekannten Restaurants der Umgebung gesammelt hat, ist er zu einem klassischen Stil gelangt, der sich durch geringfügige Veränderung des ganz frischen Ausgangsmaterials aus lokalem Fischfang sowie die Verwendung möglichst weniger bekannter Sorten auszeichnet. Das Lokal ist einer der seltenen Fälle, in denen die Bewirtung in einer Badeanlage wirklich einem Restaurant ähnelt, es ist gemütlich, die Küche ist einsehbar und ab und zu kommt Roger heraus, um die Gäste im Speisesaal zu begrüßen. Ansonsten liegt der Service in den Händen seiner lang vertrauten netten und professionellen Kellnerinnen Gjoweica und Sonia. Wählen Sie unbesorgt das Degustationsmenü (35 €) oder beginnen Sie mit einem Antipasto misto (18 €), einem reichhaltigen Panoptikum von warmen und kalten Kostproben, das von rohen und marinierten Fischen über **Totani e ceci al sugo** (Tintenfische und Kichererbsen in Tomatensauce) bis zu Cannolicchi gratinati und **Alici scottadito** reicht. Probieren Sie anschließend **Gnocchi con vongole nostrane** (mit lokalen Venusmuscheln, 9 €) und **Maltagliati alla pescatora** mit hausgemachter Pasta. Bei den Secondi erwartet Sie guter Knochenfisch, er wird geschmort, im Ofen oder alla brace zubereitet. Darüber hinaus sollten Sie sich den aufs Wesentliche konzentrierten Geschmack von **Sogliola in guazzetto** oder alla brace (10 €) sowie die schmackhaften **Triglie alla giuliese** (Meerbarben mit Tomaten, 12 €) nicht entgehen lassen. Zum Dessert eines der täglich frisch selbst gemachten Dolci (3 €). Im Keller gibt es einige wenige, doch interessante Etiketten aus den Abruzzen.

Die Arrosticini

Wenn die Hirten während der Transhumanz von den Bergen in Richtung Meer zogen, bildete Schaffleisch die Basis ihrer Ernährung. Gerichte vom Lamm, Schaf, von Hammel und Zicklein sind in den Abruzzen traditionellerweise stark verbreitet.

Vor allem am Fuße des Osthangs des Gran Sasso finden wir eine schmackhafte Spezialität: die Arrosticini oder *Rustelle*. Dafür wird Fleisch vom Hammel (heute fast ausschließlich vom erwachsenen Schaf) in kleine Stücke geschnitten, auf Holzspieße gesteckt und auf einen speziellen schmalen, langen Holzkohlengrill (*Furnacella*) gelegt.

Einer traditionellen Erzählung zufolge wurden zwei große Herden einmal von einem Schneesturm auf der Hochebene des Voltigno überrascht. Die Hirten waren gezwungen, sich ein paar Tage lang vom Fleisch der ältesten Schafe zu ernähren. Sie schnitten es in kleine Stücke und brieten es, auf Zweige gespießt, über der Holzkohlenglut. Der Duft des Fleisches war so einladend, dass viele Bewohner dieser Gegend die Technik übernahmen, und so hat sich der Brauch bis heute erhalten.

Probieren kann man die Spieße (etwa zehn Arrosticini pro Person) auf bäuerlichen und kirchlichen Festen, an den Markt- und Messeständen, am besten jedoch in einfachen Lokalen auf dem Land oder in den Bergen. Wir empfehlen hier Lokale, in denen besonderes Augenmerk auf gute Zutaten und eine Verarbeitung von Hand gelegt wird.

Massimo Di Cintio

CASTILENTI (TE)

Perilli

Ortsteil Casabianca, Via Quote, 1
Tel. (+39) 08 61 / 99 92 20
Ruhetag: Montag, außer im Juli und August
Ferien: 3 Wochen im Dezember
100 Plätze • Preise: 15–20 €
Keine Kreditkarten
Abends geöffnet

Die Familie Perilli führt ihre Bar-Tabacchi und Rosticceria nun schon seit 30 Jahren. Das Lokal ist einfach und wird immer noch vom Familienoberhaupt Camillo und seiner Frau Annamaria betrieben, die Kinder stehen ihnen zur Seite. Junge Schafe der Bergamasca-Rasse werden gekauft, das Fleisch von Hand verarbeitet, mit einem hauchdünnen Streifen Fett belegt und mustergültig gegart – das Ergebnis ist ein wirklich zarter und schmackhafter Arrosticino. In der Wartezeit können Sie Salumi und Käse probieren, in Öl eingelegtes Gemüse und Bruschette. Einige gute Weine aus den Abruzzen begleiten das Essen.

CIVITELLA CASANOVA (PE)

Macalusa

Piazza del Borgo, 57
Tel. (+39) 085 / 84 67 31
Ruhetag: Dienstag
Ferien: unterschiedlich
50 Plätze • Preise: 10–25 €
Abends geöffnet

Dieses schöne Lokal am Ortseingang war ursprünglich eine von einem Maultier angetriebene Ölmühle. Marco im Service und seine Frau Sonia in der Küche sind seit ein paar Jahren zu einem der Bezugspunkte für Arrosticini in der Gegend geworden. Fleisch und Leber werden von Hand geschnitten und nach allen Regeln der Kunst alla brace gegart. Über der Holzkohlenglut werden auch Steaks vom Jungstier der Marchigiana-Rasse gegrillt, außerdem bekommen Sie Pecora alla callara (geschmortes Schaffleisch) und Trippa. Das Fleisch (vom Schaf) stammt jedoch nicht aus den Abruzzen, sondern aus Frankreich (was andere Gastwirte aus Mangel an Ehrlichkeit einfach nicht zugeben). Zu trinken gibt es einen respektablen offenen Wein und Bier vom Fass, das in eiskalten Tonkrügen serviert wird.

Lu Strego

Strada Provinciale per Rigopiano
Tel. (+39) 085 / 82 31 04,
(+39) 333 / 305 47 80
Ruhetag: Mittwoch, außer im August
Ferien: unterschiedlich
120 Plätze • Preise: 15–18 €
Keine Kreditkarten
Abends geöffnet, Sonntag und im Sommer auch mittags

In dem Lokal, das seit 40 Jahren in Betrieb ist, verkörpert der sympathische Franco Marzola die dritte Generation in der Zubereitungskunst des Arrosticino aus Schaffleisch und seiner Variante mit Leber. Probieren Sie die Sottoli von Signora Maria, die mit lokalem Prosciutto und Pecorino di Farindola serviert werden. Außerdem gibt es einige gute Primi und andere Fleischspezialitäten.

FARINDOLA (PE)

Villa Cupoli

Ortsteil Villa Cupoli/Farindola
Tel. (+39) 085 / 82 33 81,
(+39) 338 / 742 13 45
Ruhetag: Montag
Ferien: unterschiedlich
70 Plätze + 70 Plätze im Freien
Preise: 15–18 €
Keine Kreditkarten
Abends geöffnet, mittags gegen Vorbestellung

Die von Modestino Mascia und seinem Sohn Domenico geführte Osteria bleibt eine Autorität im Bereich der Arrosticini. Das exzellente Fleisch stammt von kleinen lokalen Züchtern und wird höchst professionell zubereitet. Brot, natives Olivenöl extra und in Öl eingelegtes Gemüse sind hausgemacht und werden zu Salumi und dem unverzichtbaren Pecorino di Farindola gereicht. Im Sommer – und im Winter gegen Vorbestellung – gibt es auch mit Schafricotta gefüllte Ravioli, Chitarra al ragù oder mit Tomatensauce sowie Strapezzoni (Teigwaren aus Wasser und Mehl) aglio e olio. Zu trinken gibt es offenen Wein und einige Etiketten aus den Abruzzen.

PESCARA

Il Signore delle Pecore

Via Marco Polo, 12
Tel. (+39) 085 / 793 00 67
Ruhetag: Dienstag, außer im Sommer
Ferien: unterschiedlich
15 Plätze + 30 Plätze im Freien
Preise: 8–20 €
Keine Kreditkarten
Abends geöffnet

Eine gute Idee von Brunella Spinozzi, Mitinhaberin einer in der Stadt bekannten Fleischerei („Il Signore delle Pecore“ – Herr der Schafe), ein kleines, aber funktionelles Lokal (Untertitel: „Bello di Notte“) zu eröffnen, in dem man ausgezeichnete Arrosticini probieren, mitnehmen oder gleich essen kann. Für die perfekte Vorbereitung und das Garen zeichnet der ebenso professionelle wie liebenswürdige Gianluca Curti verantwortlich. Es gibt ein paar Tische und im Sommer traditionellerweise auch ein paar Plätze vor dem Lokal. Vervollständigt wird das Angebot von Arrosticini di fegato (Spießen mit Rinderleber), Salsicce aus Fleisch und Leber, Bruschette, Focacce und Panini. Kleine, doch bemerkenswerte Auswahl an Wein und Bier aus den Abruzzen.

PIANELLA (PE)

La Quercia

Via San Martino, 2
Tel. (+39) 085 / 97 11 07
Ruhetag: Dienstag, Mittwoch (außer im Sommer)
Ferien: unterschiedlich
45 Plätze + 40 Plätze im Freien
Preise: 20–23 €
Keine Kreditkarten
Abends geöffnet, mittags gegen Vorbestellung

Nevio Fidanza und seine Frau Violetta führen diese Trattoria, eines der zuverlässigsten Lokale, was die Qualität des Fleisches vom Holzkohlengrill betrifft. Neben den Arrosticini und anderem Fleisch gibt es Kostproben von täglich wechselnden kleinen Gerichten sowie von unterschiedlich gereiften Salumi und Käse. Im Winter auch gute Primi und Suppen. Trinken können Sie den offenen Hauswein oder einige gute regionale Etiketten.

Osteria Margherita

Via Regina Margherita, 3
Tel. (+39) 085 / 97 22 04
Ruhetag: Montag
Ferien: 23. August–5. September
70 Plätze + 20 Plätze im Freien
Preise: 15–18 €
Keine Kreditkarten
Abends geöffnet

Eine historische Osteria und ein Bezugspunkt für Generationen von Liebhabern der Arrosticini aus Schaffleisch – am Dienstag gibt es die seltene Version mit Leber –, gekonnt gegart und begleitet von Brot und gutem lokalen nativen Olivenöl extra. Gemischte Bruschette, hervorragende Salsiccia aus Fleisch und aus Leber sowie gute Weine aus den Abruzzen vervollständigen das Angebot. Reservieren Sie immer rechtzeitig, denn an gut besuchten Tagen müssen Sie mit längeren Wartezeiten rechnen.

SAN GIOVANNI TEATINO (CH)

Zaff

Via Chieti, 2
Tel. (+39) 085 / 446 90 48,
(+39) 333 / 954 71 37
Ruhetag: Montag
Ferien: unterschiedlich
100 Plätze • Preise: 16–18 €
Keine Kreditkarten
Abends geöffnet

„Nicht nur Arrosticini“ könnte der Slogan dieses Lokals lauten, geführt von Romolo Chiacchiaretta in den Hügeln des Val Pescara. Außer den von Hand gemachten Spießen aus Schaffleisch gibt es eine Reihe an Häppchen: reichhaltige Bruschette (mit Tomaten, Salsiccia oder Paprikaschoten und Ei), Zichorienspitzen, fleischige, in Öl eingelegte Auberginen, gebratene Paprikaschoten, Tomaten, mit dem Messer geschnittener Prosciutto und Pecorino. Ebenso von der Holzkohlenglut können Bistecca di vitello, Salsiccia, Spezzatino di pecora oder Trippa kommen. Es gibt auch einige Pastagerichte und als Getränke offenen Wein und Bier.

VILLA CELIERA (PE)

Delle Querce

Ortsteil Santa Maria, 202
Tel. (+39) 085 / 84 62 11,
(+39) 333 / 411 57 69
Ruhetag: Dienstag
Keine Ferien
80 Plätze + 10 Plätze im Freien
Preise: 12–15 €
Keine Kreditkarten
Abends geöffnet, Sonntag auch mittags

Maria setzt die gemeinsam mit ihrem Ehemann begonnene Tradition fort, Schwiegersohn Serafino steht ihr nun zur Seite. Wenig Formalitäten bestimmen den schlichten und spartanischen Service, große Kunst herrscht dagegen bei der Auswahl und Vorbereitung der Fleischstücke vom Schaf, die auf die Spieße gesteckt werden. Antipasto mit Brot und nativem Olivenöl extra, Prosciutto und lokalem Käse. Der offene Wein ist von guter Qualität, zusätzlich gibt es Bier und ein paar andere Getränke. Gegen Vorbestellung bekommen Sie Arrosticini di fegato (mit Leber).

GIULIANOVA (TE)
Lido

25 KM NORDÖSTL. V. TERAMO, S.S. 16 OD. AUSF. A 14

La Stracciavocc

Restaurant
Via Trieste, 159
Tel. (+39) 085 / 800 53 26
Ruhetag: Sonntagabend, Montag
Ferien: unterschiedlich
50 Plätze + 30 Plätze im Freien
Preise: ⊞ 37–39 €
Kreditkarten: CS, MC, Visa; BM
Mittags und abends geöffnet

Das Stracciavocc, seit 20 Jahren aktiv, ist eine der zuverlässigsten Trattorien für alle, die die Meeresspezialitäten dieses Küstenabschnitts kennenlernen wollen. Zu jeder Jahreszeit wählt Fabio Spitilli nach dem Einlaufen der lokalen Flotte den frischen Fisch aus, den seine Frau Monia und Schwiegermutter Maria nach einfachen Rezepten zubereiten. Die Speisekarte wird mündlich beschrieben, dadurch erfahren Sie auch die Tagesgerichte, die sich zur Karte gesellen und im hellen Speisesaal oder an den Tisch im Freien serviert werden – ein wenig eilig an Tagen mit großer Besucherzahl. Gelungener Antipasto della casa (19 €) mit gut zwölf Kostproben, eine Zusammenstellung der einzelnen Angebote von rohem Fisch sowie der kalten und warmen Speisen, darunter Scampetti, Austern, marinierte Sardellen, Filets von Seebrasse und Makrele, Kalmare, gratinierte Miesmuscheln, Guazzetto di vongole und die unverzichtbaren **Cicale di mare** – Meerzikaden, im hiesigen Dialekt *Stracciavocc'* –, denen das Lokal seinen Namen verdankt. Fortgesetzt wird mit reichhaltigen Primi mit hausgemachten Teigwaren: **Maltagliati con scampetti e zucchine** (10 €), **Spaghettone allo scampone** (mit Hummer, 20 €) und Chitarrina con pescatrice, granchio e panocchie (mit Seeteufel, Krebs und Heuschreckenkrebsen). Sollten Sie noch Platz für ein Secondo haben, so empfehlen wir Rombo al forno con patate e olive nere (18 €), Millefoglie di pesce spada (Tausendblätterteig mit Schwertfisch, 16 €), Spigola al sale (18 €) oder **Frittura di paranza** (9,50 €). Außer zahlreichen Etiketten aus den Abruzzen finden Sie Weißweine der wichtigsten Anbaugebiete auf der Karte.

GUARDIAGRELE (CH)
Comino

25 KM SÜDLICH VON CHIETI, S.S. 81

La Grotta dei Raselli

Restaurant
Via Raselli, 146
Tel. (+39) 08 71 / 80 82 92,
(+39) 347 / 869 46 93
Ruhetag: Dienstagabend, Mittwoch
Ferien: je 10 Tage im Januar und Juli
55 Plätze
Preise: 30–33 €
Kreditkarten: AE, CS, DC, MC, Visa; BM
Mittags und abends geöffnet

Im kleinen Ortsteil Comino am Fuß des Majella-Gebirges finden Sie diese angenehme Osteria mit einem langgestreckten gemütlichen Speisesaal, welcher in eine kleine Grotte mündet, in der von vielen Flaschen umringt ein paar Tischchen stehen. Zahlreich sind auch die Angebote von Franco und Anna Spadaccini: verschiedene Degustationsmenüs (vegetarisch, mit Baccalà, Pastagerichte und die Klassiker des Lokals) sowie die Speisen auf der Karte. Bei den Antipasti gesellen sich zur Auswahl an Salumi und lokalem Käse Battuta di manzo con tuorlo di gallinella nostrana in salamoia di lamponi (12 €), Carpaccio di baccalà, coriandolo e olio al cedro sowie **Lumache alla guardiese** (Schnecken, 10 €). Als Primo bereitet Franco oft die traditionellen **Laganelle con ragù di cinghiale** (7 €) zu, außerdem verschiedene frische Teigwarenformate mit saisonalen Saucen, zum Beispiel köstliche Chitarrina al limone, zafferano e fiori eduli (mit Zitrone, Safran und essbaren Blüten), **Strozzapreti con carciofi nostrani e salsiccia**, Anellini alla pecorara mit Gemüse und frischer Ricotta sowie Gnocchi con asparagi e uovo d'oca (mit Spargel und Gänseei, 8 €). Das Zugpferd des Lokals ist jedoch nach wie vor das Gericht **Ravioli di ricotta, formaggio gregoriano fuso e tartufo locale**. Secondi vor allem mit rotem und weißem Fleisch, unterschiedlich zubereitet und mit verschiedenen Saucen, besonders empfehlenswert sind **Stinco di vitellino con erbette della Majella e senape in grani** (Kalbshaxe mit lokalen Bergkräutern und Senfkörnern, 12 €) sowie Controfiletto di cervo al vino rosso, *scrucchiata* d'uva e cipolla caramellata. Der Abschluss mit Mousse, Semifreddo und kleinen Konditorwaren ist dem Essen ebenbürtig. Angemessene Weinkarte mit einer gepflegten Auswahl an Etiketten aus den Abruzzen und ganz Italien.

ISOLA DEL GRAN SASSO D'ITALIA (TE)
San Pietro

40 KM SÜDLICH VON TERAMO, S.S. 81, 150, 491

Il Mandrone

Restaurant
Ortsteil San Pietro
Tel. (+39) 08 61 / 97 61 52
Ruhetag: Dienstag, im Winter auch Mittwoch; im August kein Ruhetag
Ferien: 15.–31. Januar, 15.–30. November
45 Plätze
Preise: 20–26 €
Kreditkarten: AE, CS, MC, Visa; BM
Mittags und abends geöffnet

Man kommt nicht einfach zufällig in diese historische Locanda auf etwa 800 Metern Höhe, abgelegen in einem der Gässchen des letzten bewohnten Ortsteils von Isola. Diese Umgebung, grüne oder schneebedeckte Bergspitzen und Wälder, soweit das Auge reicht, bezauberten bereits den englischen Schriftsteller Edward Lear, der 1843 das Buch *Viaggio attraverso l'Abruzzo pittoresco* veröffentlichte. Nada Canuti beschreibt Ihnen die Angebote des Tages, beginnend beim Antipasto misto (6 €) mit einer schönen Auswahl an unterschiedlich gereiftem Käse und Salumi aus der Umgebung, dem unverzichtbaren Crostino con ventricina teramana und einigen köstlichen Überraschungen wie **Crocchette calde di melanzane e ricotta** oder den einzigartigen Peschette acerbe – unreifen kleinen Pfirsichen, die in Form, Farbe und Größe Oliven ähneln –, in Öl mit Trüffel eingelegt. Brot und Teigwaren machen Mutter Assunta und die andere Tochter Loredana selbst. Spezialität des Hauses sind zu Recht die duftenden **Strongole alla barcarola** (6,5 €), serviert mit einer Sauce aus Hackfleisch, Pilzen und gleich 18 verschiedenen Kräutern, die an den Hängen des Gran Sasso und im Garten gesammelt werden. Doch unterschätzen Sie nicht die Qualität von Chitarra al sugo, **Ceppe ai funghi porcini** (6 €) oder **Ravioli ripieni di carne con tartufo** (6,5 €). Bei den Secondi überwiegt Fleisch, darunter **Costolette di agnello panate e fritte** (€ 9), **Pecora alla callara** und gemischter Teller mit Fleisch von Lamm, Schwein und Rind alla brace. Ein vegetarisches Menü kann ad hoc zusammengestellt werden. Glasweise wird der angenehme offene lokale Wein serviert, ebenso das kristallklare Wasser aus der nahen Quelle des Flusses Ruzzo. Wer länger bleiben möchte, kann in einem der komfortablen Zimmer übernachten. Eine Reservierung ist immer ratsam.

Antiche Mura

Traditionelle Osteria
Via XXV Aprile, 2
Tel. (+39) 08 62 / 624 22
Ruhetag: Sonntag
Ferien: unterschiedlich
40 Plätze
Preise: 30 €
Kreditkarten: AE, CS, DC, MC, Visa; BM
Mittags und abends geöffnet

Wir befinden uns am Westeingang in die Hauptstadt der Abruzzen, am Beginn der Via XX Settembre, bei der antiken Stadtmauer um die schöne Altstadt, welche die Bewohner nach der schrecklichen Nacht im April 2009 wieder aufzubauen versuchen. Hier haben Antonello und Maurizio die schwierigsten Jahre nach dem Erdbeben durchgestanden, als alle kommerziellen Aktivitäten außerhalb des Stadtkerns verlegt wurden. Sie haben ausgehalten und so möglicherweise einen der Gründe dafür geschaffen, dass das Leben ins ursprüngliche Zentrum von L'Aqulia zurückkehrt. Eine geschriebene Speisekarte werden Sie hier kaum finden, doch Antonellas passioniert vorgetragene präzise Aufzählung der Gerichte scheint auch die anspruchsvollsten Gäste zufriedenzustellen. Eine verlockende Käseauswahl oder schönes gegrilltes Gemüse für einen Beginn im Zeichen des Schlichten, danach die sehr klassische Pasta all'amatriciana oder eine wunderbare **Zuppa di ceci e castagne** (10 €). Dies alles ist nur der Anfang eines schmackhaften Reigens der Tradition, von einer immer aufmerksamen Küche mit Intelligenz neu interpretiert, wie die Zubereitung von **Gallo al tegame**, Agnello scottadito und dem Zugpferd des Lokals **Polpettine di vitello al pomodoro e basilico con parmigiana di melanzane** (9 €) beweist. Auch das Angebot an Süßspeisen ist keine Enttäuschung, alle schmecken besonders gut mit der leckeren **Crema della nonna** (4 €). Die Weinkarte schenkt den besten Erzeugnissen aus den Abruzzen besondere Beachtung. Degustationsmenüs für 30, 35 und 40 €.

Im nahen Viertel Torrione bietet das neu renovierte Geschäft von Manetta, Via Cardinale Mazzarino 4, ausgewählte Spezialitäten aus den Abruzzen und darüber hinaus.

La Rupe

Traditionelle Trattoria
Via San Giacomo, 7
Tel. (+39) 08 62 / 274 81,
(+39) 347 / 904 40 84
Ruhetag: Sonntagabend, Montag
Ferien: ersten 2 Juliwochen
80 Plätze
Preise: 25 €
Kreditkarten: AE, CS, MC, Visa; BM
Mittags und abends geöffnet

Nach dem Erdbeben von 2009 haben in L'Aquila wenige historische Lokale ihren ursprünglichen Standort beibehalten, doch eines von diesen ist La Rupe, das seit mehr als 40 Jahren seinen Stammgästen die Gerichte der Tradition serviert. Sie finden das Lokal direkt am Stadtrand, nach ein paar Hundert Metern an der Straße in den Ortsteil San Giacomo. Die Trattoria wird von einer Familie geführt, an der Spitze steht ihr Gründer Peppe Brocchella, der sowohl den Einkauf überwacht als auch die Küche betreut, während für den Service Sohn Marco und dessen Frau Bruna zuständig sind. Am Herd bereiten Anna und Tochter Roberta köstliche Gerichte in gleich bleibender Qualität zu, die im Einklang mit dem überlieferten Geschmack einer Küche aus der Umgebung stehen. Beginnen wir mit der leckeren **Coratella di agnello** (5 €) und **Trippa al sugo** und setzen dann mit einem der zahlreichen Angebote an Primi (6 €) fort: Neben der frühlingshaften **Chitarrina al ragù di verdure** oder den Suppen mit Hülsenfrüchten finden Sie das Aushängeschild des Lokals, nämlich **Fregnacce**, handgemachte Teigwaren mit einer Sauce aus Tomaten, Pancetta, Guanciale und Pecorino. Im Anschluss Carpaccio di manzo aromatizzato (8 €), Arrosto misto (10 €) mit Fleisch vom Schwein, Rind und Lamm, Scamorza alla brace und **Salsiccia di fegato** (Wurst mit Leber). Zu allen Secondi gibt es Beilagen aus Saisongemüse. Ausgezeichnete hausgemachte Desserts wie **Tortino di ricotta e nocciole** (4 €). Gute Weinauswahl, Etiketten aus den Abruzzen wird der Vorzug gegeben.

In einem Winkel der zentral gelegenen Piazza Duomo lohnt ein Besuch in der historischen Bar Fratelli Nurzia, um den berühmten, hier seit 1835 hergestellten Torrone tenero al cioccolato mit Haselnüssen zu kaufen.

24 KM WESTLICH VON PESCARA, S.S. 51

La Bilancia

Restaurant
Ortsteil Palazzo, 11
Tel. (+39) 085 / 828 93 21
Ruhetag: Montag
Ferien: zeitweise im Januar
100 Plätze
Preise: 25–28 €
Kreditkarten: AE, CS, DC, MC, Visa; BM
Mittags und abends geöffnet

Ein wirklich historisches Lokal, mit großen Speisesälen, in denen die von der Decke baumelnden, hübsch anzusehenden Salumi und Käse vor der Küche, der riesige Holzkohlengrill und die rustikale, leicht altmodische Einrichtung die Atmosphäre bestimmen. Wir befinden uns im Herzen der Berggemeinde Vestina, in der Nähe des Passo Cordone, im Gemeindegebiet von Loreto Aprutino, wo die Familie seit über 40 Jahren unter der Schirmherrschaft von Sergio Di Zio und Signora Antonietta, in der Küche ihre gastronomische Aktivität aufrechterhält. Ein Aufmarsch an Antipasti als Eröffnung: lokale Salumi und Käse, hausgemachte Giardiniera, Pallotte cacio e uova sowie **Coratella d'agnello** (8 €). Getrocknete und frische Pasta mit saisonalen Saucen als Primi: **Cavatelli alla trappetana**, **Maccheroni alla mugnaia** mit Knoblauch, Öl, getrockneten milden Paprikaschoten oder mit Sauce von verschiedenem Fleisch sowie Gnocchi di patate mit Tomatensauce oder Sauce von Ziegenfleisch (5 €). Anschließend geschmortes weißes Fleisch oder ein exzellentes **Misto di carni alla brace**: Wählen Sie zwischen Lamm, Kalb, Schwein und Kaninchen von der Holzkohlenglut (7,5 €) sowie Salsiccia aus Fleisch und Leber. Als Alternative bekommen Sie Käse, nämlich **Scamorza appassita** sui carboni, oder das üppige Omelett **Frittata** contadina **con salsiccia, peperoni e patate**. Zum Abschluss ein „Dolce della casa". Das Weinangebot ist passend, neben einem guten Hauswein stehen Etiketten aus den Abruzzen zur Verfügung.

Im Ortsteil Salmacina erzeugt und verkauft der Betrieb Del Proposto hervorragende Ricotta, Schafkäse und Fleisch von Hoftieren.

15 KM SÜDWESTLICH VON L'AQUILA, S.S. 584

Pasqualina

Trattoria
NEU
Via S. Luca, 32
Tel. (+39) 08 62 / 735 48
Ruhetag: Mittwoch, Sonntagabend
Ferien: 2 Wochen im Oktober
50 Plätze
Preise: 26–32 €
Kreditkarten: CS, MC, Visa; BM
Mittags und abends geöffnet

Auf 1.400 Metern Höhe, im letzten Ortsteil von Lucoli, bevor man in den Skiort Campo Felice kommt, ist das Pasqualina ein Bezugspunkt für die Hausmannskost der Bergtradition. Im Winter brennt immer ein Feuer im Kamin, doch auch die ursprüngliche Gastlichkeit der Hausherrin ist wärmend. Sie pendelt zwischen Service (am Wochenende hilft ihr Jessica) und Küche, in der ihr Sohn Giuseppe Petricone – nach seiner Ausbildung in einer renommierten Kochschule Initiator einiger Neuentwicklungen – auf ihre Hilfe zählt. Beginnen Sie mit dem Antipasto completo (12 €), darunter Fagioli e cotiche, Trippa di vitello und eine unvergessliche **Coratella di agnello**, alle auch einzeln zu bestellen. Probieren Sie anschließend Gnocchi di patate con asparagi, pomodorini e guanciale croccante (7 €) und vor allem die originellen **Pinnicchi** (9 €), dicke, von Hand gezogene Spaghetti aus Wasser und Mehl – die Spezialität dieses kleinen Ortes –, normalerweise mit Sugo all'amatriciana serviert. Unter den Secondi **Scamorza arrostita** (7 €) mit Steinpilzen oder Honig, das unverzichtbare, köstliche Lamm **Agnello scottadito** (9 €) und der überraschend schmackhafte und knusprige Stinco di maialino (Schweinshaxe, 12 €). Von den ausnahmslos hausgemachten und guten Dolci sollten Sie **Croccante di cantucci** (4 €) auf Mousse von traditionell erzeugtem Joghurt probieren. Wer es eilig hat, wird mit dem Menù del viandante (dem Menü für den Durchreisenden) für 15 € zufriedengestellt. Zu trinken wählen Sie aus einigen Etiketten aus der Region.

Am Beginn des Ortsteils Collimento erzeugt an der Staatsstraße 584 der Caseificio Campo Felice der Geschwister Di Carlo ausgezeichneten Käse und Milchprodukte. Eine weitere Verkaufsstelle befindet sich in der Holzhütte auf der Hochebene von Campo Felice.

MOSCIANO SANT'ANGELO (TE)
Selva de' Colli

25 KM NÖ. V. TERAMO, A 14, S.S. 80 U. S.S. 262 D

Borgo Spoltino

Restaurant
Strada Selva Alta
Tel. (+39) 085 / 807 10 21
Ruhetag: Sonntagabend–Dienstag
Ferien: November
45 Plätze + 45 Plätze im Freien
Preise: 30–37 €
Kreditkarten: CS, DC, MC, Visa; BM
Abends geöffnet, Sonntag nur mittags

Ein wunderbares Landhaus inmitten eines Olivenhains und eines Gemüsegartens ist der Ort, der Gabriele Marrangoni und Mauro Angeloni, Köche und seit Langem Geschäftspartner, inspiriert, wenn sie auf der Suche nach neuen Ideen sind, die sie unter Verwendung von vorwiegend lokalen Produkten in die bei jedem Jahreszeitenwechsel erneuerte Speisekarte einbringen. Lassen Sie sich von der kleinen Kirche und dem Konferenzraum nicht abschrecken, denn auch wenn Feste oder Konzerte stattfinden sollten, tut dies dem Service und der Qualität keinen Abbruch, ein Verdienst der engagierten Arbeit von Adriana Lo Nigro und Gabriele Ruffini im Speisesaal. Unfehlbar beraten Sie die beiden bei der Auswahl und beschreiben die Degustationsmenüs „Tradizione e territorio" und „Vegetariano" für 35 € sowie „A modo nostro" mit kreativeren Gerichten für 45 €. Einige Empfehlungen von der Karte: **Crema di piselli allo zenzero** con guanciale croccante (Erbsencreme mit Ingwer und knusprig gebratener Guanciale, 9 €), Crudo di baccalà con carciofo candito e barbabietola (10 €) sowie **Minestra di pappicci**, kurze, schmale Nudeln aus Solina-Weizen, deren Teigblatt dick ausgezogen wird, mit Erbsen und Tomaten oder mit Stängelkohl und Linsen. Des Weiteren Gnocchetti di patate con baccalà e carciofi al ragù di pecora und **Linguine** aus lokalem Weizen **mit Räucherforelle und Spargel** (10 €). Danach **Cosciotto d'agnello** brasato alla menta con purè di fave e spinaci oder Guanciola di vitellone con zucca e verza (14 €). Abschluss mit **Pizza *doce*** teramana. Passendes Sortiment an Weinen aus den Abruzzen und darüber hinaus, die auch glasweise ausgeschenkt werden.

»
Große Leidenschaft für die eigene Arbeit und Umgebung beseelt ein eingespieltes Team, das die Qualität und die Gastlichkeit zu seiner Mission macht.
«

MOSCUFO (PE)

20 KM WESTLICH VON PESCARA, S.P. 13 UND 45

Torre Antica

Trattoria
Ortsteil Pischiarano, 2
Tel. (+39) 085 / 97 93 46,
(+39) 328 / 783 42 56
Ruhetag: Dienstag • Ferien: unterschiedlich
80 Plätze + 100 Plätze im Freien
Preise: 8–25 €
Abends geöffnet, September–Mai auch Sonntagmittag

Der Turm – Emblem des Lokals der Familie Cilli am Ortsrand von Moscufo – stammt aus dem „Jahrhundert der Lumi", der Epoche der Aufklärung. Nach einer gelungenen Renovierung beherbergt er nun die Trattoria mit drei Zimmern im oberen Stock, von dem aus der Blick über Berge und Hügel, die allmählich zum Meer abfallen, reicht. Ursprünglich wegen seiner Arrosticini beliebt, hat das Lokal vor ein paar Jahren sein Angebot erweitert, dabei seinen Erfolg bestätigt und die Qualität wie auch die lobenswerten Preise beibehalten. Dies ist das Verdienst von Signora Pina, die in der Küche den Ton angibt, und ihrem Mann Enzo am Holzkohlengrill wie auch von Sohn Francesco im Service und dem zweiten Sohn Marco, verantwortlich für die Vorbereitung des Fleisches. Im Sommer gibt es genug Plätze in der Veranda im großen Garten. Der Antipasto tradizionale (9 €) besteht aus gemischtem Aufschnitt, Käse und vier warmen kleinen Gerichten, darunter immer die exquisite **Cipollata** und **Polpette al sugo**, die anderen beiden Speisen sind saisongebunden. Unter den von Hand gezogenen Teigwaren ragen **Maccheroni alla mugnaia** (5 €), **Ravioli di ricotta con funghi porcini e tartufo** (7 €) und Chitarrina abruzzese al sugo di pomodoro (5 €) hervor. Unwiderstehlich die handgemachten **Arrosticini di pecora**, doch auch Salsiccia mit Fleisch und mit Leber sowie Lamm – **Agnello alla brace** (9 €) oder aus dem Ofen – sollten Sie in Betracht ziehen. Gegen Vorbestellung bekommen Sie ein Menü mit Baccalà. Außerdem können Sie täglich ein Abendessen mit einem Primo und einem halben Liter Wein für 8 € bekommen. Zum Abschluss Tiramisu und Panna cotta, beide hausgemacht. Auf der Weinkarte stehen die wichtigsten Etiketten der Abruzzen neben einem guten offenen Montepulciano d'Abruzzo.

NOTARESCO (TE)

36 KM NORDÖSTLICH VON TERAMO

Osteria dei Sani

Restaurant
Via Martiri della Libertà, 24
Tel. (+39) 085 / 895 80 31
Ruhetag: Montag
Ferien: unterschiedlich
60 Plätze + 50 Plätze im Freien
Preise: 20–30 €
Kreditkarten: CS, Visa; BM
Mittags und abends geöffnet

Es gibt die typischen Gerichte der Küche von Teramo, aber man folgt auch der durchaus legitimen Nachfrage der Gäste nach neuen Angeboten in diesem Lokal, das Luca Mettimano nach 20 Jahren aus der Altstadt an den Stadtrand verlegt hat. Abgesehen von dem barrierefreien Zugang, der besser sein könnte, besticht das Lokal mit seinem Blick über die Hügel von Teramo und seinen angenehmen, minimalistisch eingerichteten Räumen. Am Herd steht Annamaria Ferrara, Lucas Frau. Er begrüßt die Gäste im Speisesaal und erklärt die Tageskarte mit nicht besonders vielen, doch im Lauf der Jahres immer wieder wechselnden Gerichten. Der Antipasto dei Sani ist üppig und sieht Käse, Salumi und Terrinen mit warmen Gerichten vor (15 €), doch Sie können auch einfach ein Gemüsetörtchen oder **Carpaccio di baccalà** (8 €) für den Beginn wählen. Von den Primi empfehlen wir besonders **Chitarrone con carne fassona e asparagi** (mit Fleisch vom Fassone-Rind und Spargel) und **Tagliatelle con trippa di baccalà**, des Weiteren **Chitarra** teramana **con sugo di pallottine di carne** (6 €). Unter den Secondi finden Sie Rezepte für getrockneten Kabeljau, darunter der köstliche **Baccalà alla portoghese** (9 €), sowie Fleischgerichte – die Klassiker der Tradition mit Lamm und Schwein oder schmackhafte Tagliata di manzo (vom Rind der Marchigiana-Rasse) dürfen nicht fehlen. Das Angebot an Desserts ist beschränkt, doch sie sind hausgemacht. Die Weinkarte wurde bewusst auf wenige lokale Etiketten reduziert, darunter guter Montepulciano d'Abruzzo Colline Teramane mit dem DOCG-Zertifikat. Gegen Vorbestellung können Sie ein komplettes Menü mit Baccalà bekommen, immer vorhanden ist das Degustationsmenü des Tages für 25 €. Dem Restaurant ist eine Pizzeria angeschlossen.

OFENA (AQ)

48 KM ÖSTLICH VON L'AQUILA, S.S. 17 U. S.S. 153

Sapori di Campagna

Ferienbauernhof
Ortsteil Colonia Frasca, km 7,800
Tel. (+39) 08 62 / 95 42 53,
(+39) 348 / 480 47 73
Ruhetag: Donnerstag, an Feiertagen abends
Ferien: je 1 Woche im Mai/Juni und November
30 Plätze + 20 Plätze im Freien
Preise: 31–40 €
Kreditkarten: AE, CS, MC, Visa; BM
Mittags und abends geöffnet

Hier kommt man nicht einfach auf der Durchfahrt vorbei, doch das Lokal ist einfach zu erreichen, wenn Sie erst den Schildern nach Ofena und dann nach Strada delle Vigne und Colonia Frasca folgen. Nach einigen Kilometern taucht das schöne Steinhaus von Familie Di Battista auf, ein Agriturismo, der das ideale Ziel für alle ist, die authentische und schlichte Gastlichkeit schätzen. Die Räume sind informell und gemütlich, bei schönem Wetter können Sie im kleinen Innenhof Platz nehmen. Begrüßt werden Sie von den Damen des Hauses, den sympathischen und (auch bei der Weinauswahl) kompetenten Töchtern Livia und Serenella, die mit Geschick und Geschmack die Tische dekorieren und Ihnen beschreiben, was aus Gabriellas Küche kommt, nämlich leicht zubereitete traditionelle Gerichte mit vielen Zutaten aus der eigenen Landwirtschaft, mit einem Hauch Fantasie neu interpretiert. Der Antipasto misto (18 €) zu Beginn bietet ausgezeichnete und appetitanregende **Salumi**, Ricotta und Canestrato, Crostini, **Frittatine**, Hülsenfrüchte und vieles mehr. Wenn Sie ihn sich zu zweit teilen, brauchen Sie nicht auf einen weiteren Gang zu verzichten. Köstliche Primi (10 €), unter denen **Ravioli con ricotta** und ***Sagnette*** aus Solina-Weizen **mit Safran aus Navelli** und Kichererbsen eine besondere Erwähnung verdienen, ebenso Cordicelle di patate di montagna con canestrato e cicoria croccante. In der Rubrik Secondi finden Sie immer **Agnello**, alla brace oder **panato con erbe** (16 €) sowie Porchetta (12 €). Zum Abschluss entweder die Käseauswahl oder Crostata, Tiramisu und **Pera cotta nel vino con crema alla vaniglia** (4 €).

„Eine besondere Osteria, ein Beispiel für stilvolle Gastlichkeit und für Konzentration auf die Zutaten und ihre Verarbeitung in der Küche."

29 km östlich von Chieti, S.S. 649 und S.S. 16

Al Vecchio Teatro

Restaurant
Largo Ripetta, 7
Tel. (+39) 085 / 906 44 95
Ruhetag: Mittwoch, außer im Sommer
Keine Ferien
35 Plätze + 30 Plätze im Freien
Preise: 30–40 €
Kreditkarten: AE, CS, DC, MC, Visa; BM
Mittags und abends geöffnet

Die lebhafte Kleinstadt Ortona kann wie viele andere Küstenorte auf die mit dem Meer verbundenen Tätigkeiten zählen, wie auch auf ein Hinterland mit einer hoch entwickelten Landwirtschaft. Nachvollziehen können Sie die Kultur und Geschichte dieses Gebiets in der Enoteca regionale und dem Museum, das dem Musiker Francesco Paolo Tosti gewidmet ist, wie auch im Museum zur Schlacht um Ortona. In geringer Entfernung, an der Promenade an der Ostseite Ortonas, die von oben herab den modernen Adriahafen überblickt, finden Sie dann das Lokal von Familie Carusi. Armando führt es mit Leidenschaft und Kompetenz zusammen mit seiner Frau Daniela und den Töchtern Leonora und Valentina. Immer freundlich und nie um Empfehlungen verlegen beschreibt er Ihnen die um den Tagesfischfang kreisende Speisekarte, beginnend bei den Antipasti von denen wir **Polpo di scoglio con patate** (15 €), **Triglie marinate al mosto cotto**, Tartara di spigola und Carpaccio di ricciola erwähnen möchte. Es folgen köstliche Primi mit hausgemachter Pasta wie **Trinciatelli di farro e solina alla pescatora con verdure** (die Teigwaren sind aus Dinkelmehl und Solina-Weizen, 12 €), Gnocchi di patate con le cozze, **Pasta stracciata al sugo di alici e olive** sowie Chitarrina con polpo, pomodorini e olive nere. Als Secondi Ombrina (Schattenfisch), Corvina (Meerrabe), Sarago (Meerbrasse), Rombo (Steinbutt) und Pescatrice (Seeteufel) aus dem Ofen oder al sale, außerdem **Frittura di paranza**, gegrillte Filets vom Fisch des Tages (16 €) und **Mormore all'ortonese** (Marmorbrassen). Als Alternative ein hervorragendes Menü mit traditionellen Spezialitäten vom Hinterland von Chieti für 25 €. Süßer Ausklang mit **Nevole** ortonesi **con gelato alla vaniglia** (4 €) und einem guten Gläschen Vino cotto. Respektable Weinauswahl, vor allem aus den Abruzzen.

ORTONA (CH)

29 km östlich von Chieti, S.S. 649 und S.S. 16

San Domenico

Trattoria
Vicolo San Domenico,1
Tel. (+39) 085 / 906 64 42
Ruhetag: Sonntagabend, Montag; im Sommer Montag, Sonntagmittag
Ferien: unterschiedlich
30 Plätze + 30 Plätze im Freien
Preise: 35 €
Kreditkarten: AE, CS, MC, Visa; BM
Mittags und abends geöffnet

Egal ob Sie drinnen essen, im Speisesaal mit den Ziegelbögen, oder im Freien mit Blick auf das eindrucksvolle Kastell aus der Zeit des Königreichs von Neapel, die Atmosphäre hier erinnert, was die Qualität und die schlichte Gastlichkeit betrifft, an die Osterien früherer Zeiten. Die Speisekarte wird auf ein Blatt und auf eine Tafel beim Eingang geschrieben, sie erzählt von der Erfahrung und dem Können von Sergio D'Ottavio, dem Patron und weitgereisten Koch. Vor Jahren ist er in seine Stadt zurückgekehrt und bereitet hier mit Persönlichkeit und auf immer neue Art und Weise den Fisch zu, der täglich frisch von der Fischerflotte von Ortona gebracht wird. Schwerlich werden Sie hier zweimal die gleichen Gerichte finden, unsere Erfahrung bezieht sich auf überaus frische **Palamita marinata** (Thunfisch), Polpo scottato con i peperoni (6 €), Totani mollicati sowie schmackhafte Primi wie **Chitarrina al nero di seppia e gamberetti** (mit der Tinte des Tintenfischs und kleinen Garnelen) oder mit Scampi und Garnelen, sowie Spaghetti mollicati alle alici (10 €). Neben den Fischen des Tages (geschmort oder aus dem Ofen) bekommen Sie stets **Frittura di paranza** (18 €), Arrosto misto und **Brodetto dell'Adriatico spinato** (20 €). Bevor Sie das Essen mit den leckeren kleinen Dolcetti (2 €) zum Kaffee, der mit der Espressomaschine auf dem Herd zubereitet wird, beenden, beachten Sie die traditionellen Süßspeisen **Nevole** ortonesi **al mosto cotto**, Amaretti, Mostaccioli sowie Crostata. Neben dem Hauswein können Sie aus einer kleinen Auswahl an Etiketten aus den Abruzzen wählen. Verschiedene Menüs für 18, 25 und 35 € stehen zur Verfügung.

Auf dem Corso Matteotti ist die Enoteca Regionale d'Abruzzo der ideale Ort, um sämtliche Weine und Liköre aus den Abruzzen zu probieren und einzukaufen.

70 KM SÜDÖSTL. V. L'AQUILA, 8 KM ÖSTL. V. SULMONA

Taverna de li Caldora

Restaurant • Piazza Umberto I, 13
Tel. (+39) 08 64 / 411 39
Ruhetag: Dienstag, Sonntagabend, im Winter auch Montag
Ferien: unterschiedlich
100 Plätze • Preise: 28–39 €
Kreditkarten: AE, CS, MC, Visa; BM
Mittags und abends geöffnet

Wenn man über die zentrale Piazza des mittelalterlichen Ortskerns von Pacentro geht, kommt man zu diesem Haus aus dem 16. Jahrhundert, in dem die Taverna de li Caldora ihren Sitz hat. Über die Jahre hinweg setzt Carmine Cercone seine unermüdliche sorgfältige Suche nach den besten Zutaten fort, die seine Frau Teresa in Gerichte mit unnachahmlichem Geschmack und Duft verwandelt. Es gibt zwei schöne Neuheiten, die eine ist die zunehmende Präsenz der Töchter Gabriella, im Service, und Margherita, in der Küche, die zweite die Renovierung der Veranda mit dem wunderschönen Blick über das Tal. Carmine beschreibt Ihnen die Gerichte des Tages, beginnend bei den Antipasti: „Piccolo" mit Aufschnitt und Ricotta (8 €), „Medio", zusätzlich mit frittierten Häppchen und Gemüse, oder aber „Completo" (15 €), angereichert um Speisen wie Battuta di carne cruda di agnello con pecorino e noci oder dem spektakulären **Bollito di baccalà con prezzemolo, aglio rosso di Sulmona e cipollina**. Bei den Primi sollten Sie **Ravioli di ricotta di capra** (10 €) nicht versäumen, ebenso wenig *Sagne* con fagioli di Monticchio (8 €) und Pappardelle mit Spargel und Steinpilzen. Fällt Ihnen die Auswahl aus den zahlreichen Teigwaren und Suppen mit Zutaten der Saison schwer, so wählen Sie drei Kostproben (12 €). Sicher richtig liegen Sie danach mit Fleisch alla brace, doch Sie können auch **Filetto di maiale con funghi e pane fritto** sowie Wild je nach Jahreszeit aus der Pfanne oder dem Ofen probieren (14 €) und nicht zuletzt eine schöne Käseauswahl. Breit gefächerte Karte mit Weinen und Spirituosen aus den Abruzzen und ganz Italien, von denen einige auch glasweise ausgeschenkt werden.

»
Eine der besten Interpretationen der Küche der Weide- und Landwirtschaft mit besonderem Augenmerk auf lokale Produkte.
«

PENNE (PE)

33 KM WESTLICH VON PESCARA, S.S. 151

Osteria del Leone

Trattoria
Piazza XX Settembre
Tel. (+39) 085 / 821 32 24,
(+39) 328 / 773 21 68
Ruhetag: Montag
Ferien: 1 Woche im November
50 Plätze
Preise: 25–30 €
Kreditkarten: AE, CS, MC, Visa; BM
Mittags und abends geöffnet

Es ist eine angenehme Erfahrung, in diesem Lokal zu essen, in dem sich die Atmosphäre einer authentischen Dorftrattoria erhalten hat (sieht man von der orientalischen Hintergrundmusik ab). Es befindet sich in der Altstadt von Penne, in einem kleinen Palazzo aus dem späten 18. Jahrhundert vor einem Bronzelöwen, der dem Lokal zu seinem Namen verholfen hat. Antonio Catone wird die Küche nicht vor Ende des Essens verlassen, doch dann kommt gerne an die Tische, um Kommentare und Empfehlungen entgegenzunehmen. In der Zwischenzeit betreut sein Sohn Silvio kompetent und liebenswürdig den Saal, an seiner Seite ein tüchtiger Mitarbeiter. Zur Auswahl stehen drei Degustationsmenüs für 20, 25 (vegan) und 28 €. Zu Beginn ein leckerer warmer Antipasto (10 €), je nach Saison mit Millefoglie di verza, Pallottine *cac'e ove*, Brennnesseltörtchen, knusprig gebratenen Zwiebeln, Käse im Backteig, gefüllten Pilzen, Gemüseomeletts, frittierten Kürbisblüten und Paprikaschoten mit Ei. Im Frühling bekommen Sie danach eine köstliche **Zuppa di *sagne* e fave** (8 €), Gnocchi con zucchine e zafferano und **Fettuccine di saraceno** (aus Buchweizenmehl) con pesto di verdure. Das Gemüse wie auch die anderen Zutaten stammen von lokalen Betrieben, die mittwochs auf dem Markt auf der Piazza vor der Osteria anzutreffen sind. Unter den Secondi **Pecora porchettata con peperoni arrosto** (10 €), Tagliata di controfiletto al Montepulciano oder, als Alternative, der Käse Primo sale gegrillt. Wohlschmeckende Löffeldesserts (4 €). Auf der Weinkarte stehen vor allem Etiketten aus den Abruzzen.

Im Ortsteil Sant'Angelo 27 können Sie im landwirtschaftlichen Betrieb Pasqualone eingekochte Tomaten der Sorte „Pomodori a pera", in Öl eingelegtes Gemüse, Konfitüren und anderes haltbar Gemachtes einkaufen.

Acquapazza

Trattoria
Via Italica, 94
Tel.: (+39) 085 / 451 44 70
Ruhetag: Samstagmittag, Sonntag
Ferien: unterschiedlich
35 Plätze + 12 Plätze im Freien
Preise: 32–38 €
Kreditkarten: AE, CS, DC, MC, Visa; BM
Mittags und abends geöffnet

In Gehweite vom Bahnhof Porta Nuova und dem Viertel, in dem das Nachtleben von Pescara Vecchia stattfindet, ist das Acquapazza ein angenehmes Lokal, um eine einfache und unverfälschte Meeresküche zu genießen. Im Sommer isst man gerne im kleinen Garten, der gemütliche Speisesaal ist hübsch minimalistisch eingerichtet. Ernesto Vianello und Paola Cetrullo bieten eine Tageskarte, die vom Markt abhängig ist, mit Vorliebe für kleine Fische und weniger teure Sorten, kombiniert mit verschiedenstem Gemüse. Der Antipasto ist eigentlich vollständig, er besteht aus sieben Gängen (20 bis 22 €), kann aber auch aus einzelnen Gerichten bestehen (je 6 €), zum Beispiel Insalata di polpo e patate, Alici marinate oder a scottadito, geschälte kleine Hummer mit Artischocken oder Zucchini, **Totanetti al pomodorino piccante** und Rospetti al rosmarino (kleine Seeteufel) – die warmen Speisen werden in der Pfanne serviert, dazu gibt es geröstete Brotscheiben. Von den Pastagerichten (10 €) empfehlen wir Fusilli con crema di fave e vongole, **Chitarrina con vongole, zafferano e fiori di zucchine**, Tagliatelle con asparagi e gamberi sowie ***Sagne* con ceci e frutti di mare**. Bei den Secondi ist die köstlich duftende Frittura beliebt, doch Seezunge mit Saisongemüse, Filetti di triglie alla livornese (15 €) und Fische wie Sanktpetersfisch oder **Rombo all'acquapazza** (20 €) stehen ihr um nichts nach, wiewohl die Rechnung natürlich steigt, wenn man die Letzteren wählt. Zum Abschluss hausgemachte Semifreddi und Sorbets. Zur Begleitung des Essens wählen Sie aus einer begrenzten, doch intelligent zusammengestellten Auswahl an Weinen, vor allem aus den Abruzzen, und einigen Etiketten aus dem übrigen Italien.

Auf der nahen Piazza Garibaldi befindet sich die Bar-Pasticceria Caprice: Semifreddo, Konfekt und eine große Auswahl an Eis aus lokalen Produkten.

PESCARA

Il Corallo

Trattoria
Via Primo Vere, 71
Tel. (+39) 085 / 451 44 90
Ruhetag: Sonntagabend, Montag, im Sommer Sonntag und Montagabend
Ferien: nach Weihnachten
90 Plätze + 90 Plätze im Freien
Preise: 38–40 €
Kreditkarten: CS, Visa; BM
Mittags und abends geöffnet

Am Meeresufer gelegen, direkt an der Grenze zwischen Pescara und Francavilla, ist diese Badeanlage seit Jahren ein Bezugspunkt für Fischküche, beliebt wegen des guten Preis-Leistungs-Verhältnisses und der sorgfältigen Auswahl der Zutaten. Schließlich sind wir hier bei den Pacchione, einer der bekanntesten Fischerfamilien, von der ein Teil noch als solche arbeitet. Großzügig sind sowohl der Speisesaal als auch die Veranda und die im Sommer geöffnete Terrasse. Der rasche, zwanglose Service behält stets einen konstanten Rhythmus bei, auch an Tagen mit starkem Andrang, wenn Sie unbedingt reservieren müssen. Die jungen Familienmitglieder Maria, Ennio und Mattia sind im Speisesaal, Stefania und Rosaria in der Küche anzutreffen. Der vollständige Antipasto mit rohem und gegartem Fisch (etwa 10 Gänge, 26 €) ist eigentlich schon ein ganzes Menü, doch Sie können auch einzelne Gerichte wählen: Seppie, Triglie, Calamaretti, Mitili (lokale Miesmuscheln), Sogliole, Ricciole, Gamberi und rohe Meerzikaden, anschließend **Alici marinate**, Insalata di mare, Scampi al limone, Sgombro con i peperoni, Polpette di merluzzo fritte, Guazzetto di cozze e vongole und Lumaconi al pomodoro (Meeresschnecken mit Tomaten). Die Primi folgen den Jahreszeiten, immer verfügbar sind **Chitarrina allo scoglio**, Paccheri con battuto di alici, Bucatini con sugo di seppie sowie Gnocchetti con scampi. Alla brace bekommen Sie einzelne Fische oder **Arrosto misto** (18 €), die Meister der Holzkohlenglut sind Paolo und Massimiliano. Unterschätzen Sie jedoch nicht **Frittura di paranza** (10 €), Razza al sugo di pomodoro (Rochen in Tomatensauce), San pietro oder Sogliole in guazzetto di patate sowie **Rana pescatrice alla cacciatora**. Wenige, aber gute Desserts. Zufriedenstellende Weinauswahl, nicht nur aus den Abruzzen.

Locanda Manthoné

Moderne Osteria
Corso Manthoné, 58
Tel. (+39) 085 / 454 90 34
Ruhetag: Sonntag
Ferien: unterschiedlich
70 Plätze + 25 Plätze im Freien
Preise: 35–39 €
Kreditkarten: AE, CS, DC, MC, Visa; BM
Mittags und abends geöffnet, Samstag nur abends

Geschichte und Leben im Herzen der Altstadt. Tagsüber kann man die Spuren der Vergangenheit zwischen dem Geburtshaus von Gabriele D'Annunzio und dem nahen Museo delle Genti d'Abruzzo im einstigen Gefängnis „Bagno Borbonico" verfolgen, abends hingegen, vor allem im Sommer, beleben die Stühle und Tische der Dutzenden von Bars, Restaurants und Pizzerien das Viertel. Unter so vielen Möglichkeiten ist diese Osteria eine besonders vertrauenswürdige Adresse. Das Degustationsmenü für 37 € besteht aus fünf Gängen. Auf der Karte hingegen finden Sie unter dem Titel „Assaggio dello chef" (12 €) Enzo D'Andreamatteos Antipasto mit Cacigni e fagioli tondini del Tavo, **Pallotte *cac' e ova***, mit Schafricotta und Safran aus Navelli gefüllten Kürbisblüten, Pecorino di Farindola – kurz gesagt: einen Überblick über die Geschmacksnoten der Gegend. Unter den Primi, die durch leichte Würze und Saucen ins beste Licht gerückt werden, finden Sie Gnocchi di ricotta con zafferano e asparagi (11 €) und **Fusilli con fave fresche e stracciata di Tornareccio** (10 €). Die Auswahl der Secondi reicht, abgesehen vom immer präsenten **Lamm**, von Tacchino alla canzanese su letto di insalata al mosto cotto (16 €) bis zu Hamburger vom Rind (15 €) begleitet von hausgemachtem Senf und Mayonnaise. Auch Vegetarier kommen auf ihre Kosten. Gute Dolci (6,50 €) wie Mousse di cioccolato und **Millefoglie con crema**. Die Weinkarte wird persönlich vom Mitinhaber, dem Sommelier Luca Panunzio, betreut, es gibt auch die Möglichkeit, glasweise zu bestellen.

In der Via Trento 84 finden Sie im Lebensmittelladen Cicchelli eine breite Auswahl an Salumi, Käse, Brot, Olivenöl und in Öl eingelegtes Gemüse. Auf Nummer 111 verkauft Chitarra Antica Süßspeisen und hervorragende (auch gefüllte) Pasta.

Nonna Bruna

Osteria
Via Michelangelo Forti, 34
Tel. (+39) 085 / 240 19 23,
(+39) 338 / 489 09 05
Ruhetag: Sonntag, Montag; im Winter Sonntagabend, Montag
Ferien: Ostern, 3 Wochen im August
25 Plätze • Preise: 33–35 €
Kreditkarten: AE, CS, DC, MC, Visa; BM
Mittags und abends geöffnet

Mitten im Zentrum, in Gehweite vom Bahnhof, in einem Viertel, in dem sich in den letzten Jahren ein Teil des neu entstandenen Nachtlebens der Stadt angesiedelt hat, befindet sich die kleine Osteria der Familie Cigliano. Signora Bruna und ihr Mann Antonio stehen am Herd, während die Kinder Lorenzo und Simona im Speisesaal die Tageskarte erläutern, die sich an der Meerestradition von Pescara orientiert, doch auch über sie hinausblickt. Sorgfalt bei der Auswahl der Zutaten: die Weizensorte Grano arso für Orecchiette pugliesi, mit Mühlsteinen gemahlenes Solina- oder Saragolla-Mehl, hausgemachtes Brot mit sieben verschiedenen Getreidesorten, Kichererbsen aus Pianella und Miesmuscheln aus Casalbordino. Normalerweise kann man zwischen vier Gerichten pro Gang wählen. Bei den Antipasti (4 €) probieren Sie **Fracchiata di fave**, ceci e cicerchie conditi con ferfellone (Dicke Bohnen, Kichererbsen und Platterbsen mit knusprig gebratenen Paprikaschoten und Sardellen) sowie Polpettine di pesce und Crudi dell'Adriatico (roher Fisch, immer freitags). Als Primo (10 €) empfehlen wir besonders **Chitarrina rossa** (Pasta, in deren Teig rote Rüben eingearbeitet wurden) **con pesci e mitili di scoglio**, doch ebenso gut schmeckt Spaghettone quadrato alle alici e pangrattato. **Coda di rospo alla cif' e ciaf'** (15 €), Frittura di paranza (14 €) und **Brodetto sbagliato**, eine Variante des Klassikers von Pescara (18 €) als Secondo. Einige hausgemachte Dolci zum Abschluss sowie eine kleine Weinauswahl mit einigen Etiketten, die nicht aus den Abruzzen stammen.

Wenige Schritte entfernt können Sie in der Enoteca Don Gennaro gut einkaufen oder einen Aperitif einnehmen, ebenso in den nahe gelegenen Papille, Zolfo und Caracò sowie in der Bar Excelsior, berühmt für den Espresso im Glas und die Sandwichs.

Taverna 58

Restaurant • Corso Manthoné, 46
Tel. (+39) 085 / 69 07 24
Ruhetag: Freitag- und Samstagmittag, Sonntag
Ferien: 1 Woche zu Weihnachten/Neujahr, August
50 Plätze
Preise: 34–40 €
Kreditkarten: AE, CS, MC, Visa; BM
Mittags und abends geöffnet

Eine Geschichte, die vor mehr als 35 Jahren begonnen hat. Eine Geschichte der guten Küche und der ehrlichen Gastlichkeit, die in der schönen und lebhaften Altstadt der Provinzhauptstadt an der Adria geschrieben wird, in der auch Gabriele D'Annunzio und Ennio Flaiano ihre ersten Schritte als Schriftsteller getan haben. Ein Lokal abseits der Stereotypen und doch nicht allzu fremd, das Giovanni Marrone, der fröhliche Interpret der „Mattità pescaresi", der Verrücktheiten Pescaras, unter die wenigen verlässlichen gastronomischen Adressen der Abruzzen einreihen konnte. In ursprünglicher, gemütlicher Atmosphäre werden Sie eine kulinarische Reise zu den Traditionen der regionalen Kochkunst unternehmen, die vom Apennin bis zum Meer reicht, eine Prise Kreativität veredelt dabei die Gerichte von einst. Beginnen Sie mit der vielfarbigen **Fellata abruzzese** (9 €), einer köstlichen Auswahl an Käse, Salumi und Pasteten, die zum unverfälschten Geschmack der Primi überleitet: Ceci e baccalà (9 €), **Chitarrina ai funghi e tartufo** und Linguine con lumache di terra al sugo (mit Schnecken). Großen Genuss bereiten die Fleischgerichte, zum Beispiel das originelle Hähnchen **Pollastrello di fattoria** (16 €) oder das immer beliebte Gericht **Pecora della Majella**. Was Meeresgerichte betrifft, so können Sie auf **Baccalà con patate, cipolle e olive** zählen. Unter den Desserts die legendäre **Zabaione al Marsala**, die Giovanni auf einem Wägelchen express zubereitet und die allein schon die Reise wert ist. Eine breit gefächerte Auswahl an Etiketten lagert im gepflegten Keller. Degustationsmenü für 32 €.

„*Zur Einzigartigkeit gelangt man, indem man professionell die Erzeugnisse der Umgebung aufwertet, und mit jener Prise Ironie, die im Lokal für gute Stimmung sorgt.*"

100 KM SÖ. V. L'AQUILA, 36 KM V. SULMONA, S.S. 83

Plistia

Restaurant
Via Principe di Napoli, 28
Tel. (+39) 08 63 / 91 07 32
Ruhetag: Montag
Ferien: 1 Woche im Mai
35 Plätze
Preise: 35–38 €
Kreditkarten: AE, CS, DC, MC, Visa
Mittags und abends geöffnet

In der symbolischen Hauptstadt des Parco Nazionale d'Abruzzo, Lazio e Molise sollten Sie es wie die Reisenden in früheren Zeiten halten und sich, sobald Sie den Ort erreicht haben, mit einer Einkehr stärken. Um eine gute Bergküche in gemütlicher und familiärer Atmosphäre zu genießen, ist das Plistia immer eine gute Wahl. Der plötzliche und viel zu frühe Tod des legendären Besitzers Cicitto hat eine Leere im Herzen der vielen Freunde hinterlassen, die seinen geselligen und sympathischen Charakter schätzten, doch wir sind sicher, dass das nun ausschließlich weibliche Team des Lokals auf dem eingeschlagenen Weg weitergeht, an erster Stelle Cicittos Frau Laura, die für die Küche verantwortlich ist. Von den nahen Weiden kommt die exzellente **frische Ricotta**, die mit ihrer Zartheit auf den kräftigeren Geschmack der Primi aus der Bergtradition vorbereitet, zum Beispiel auf die unnachahmliche **Pasta agli spinaci selvatici** (mit wildem Spinat, im Sommer) oder auf die duftenden **Suppen mit Hülsenfrüchten** (10 €). Die Holzkohlenglut ist hier stets für die guten Fleischstücke aus lokaler Abstammung vorbereitet, vor allem **Lamm** (12 €) wird in mehreren Versionen, je nach Jahreszeit, angeboten. Verzichten Sie nicht auf **Patate maritate** (mit Pecorino und Salsiccia „verheiratete" Kartoffeln, 8 €), eines der überlieferten Gerichte des Ortes. Zum Abschluss eine zufriedenstellende Auswahl an Trockengebäck und Löffeldesserts. Zum Essen passend lagern im Keller einige gute Flaschenweine aus den Abruzzen.

In der Via della Chiesa 83 können Sie bei Bottega del Formaggio frischen oder gereiften Käse aus Schaf-, Ziegen- oder Kuhmilch kaufen. Täglich guter handwerklich erzeugter Joghurt.

PICCIANO (PE)

24 KM WESTLICH V. PESCARA, S.S. 16 BIS U. S.S. 151

Font'Artana

Trattoria
Piazza Duca degli Abruzzi, 8
Tel. (+39) 085 / 828 54 51
Ruhetag: Dienstag
Ferien: unterschiedlich
40 Plätze + 15 Plätze im Freien
Preise: 32–37 €
Kreditkarten: AE, CS, MC, Visa; BM
Abends geöffnet, Feiertage auch mittags

Picciano ist einer der besterhaltenen Orte des Hinterlands von Pescara, in ländlicher Umgebung, genau in der Mitte zwischen der Adria und dem Bergmassiv des Gran Sasso. Eine der Sehenswürdigkeiten des Orts ist zweifellos die Trattoria von Familie Di Giovacchino im Erdgeschoss eines alten, schön renovierten Hauses mit charakteristischen Räumen mit Bögen und frei liegenden Ziegelwänden. Im Sommer isst man gern im Garten. Antonio ist für den Service und die Küche zuständig, dort übernimmt auch seine Frau Cristina Verantwortung, die Söhne Filippo und Saverio unternehmen ihre ersten Versuche und nicht zuletzt leistet die Großmutter ihren Beitrag. Typische Gerichte und Saisonalität sind die Schlagworte, doch über mangelnde Lust an Neuheiten lässt sich nicht klagen. Der Antipasto rustico (12 €) ist am reichhaltigsten, er kann aber geteilt werden, in „Classico“, also Salumi und Käse, und in fünf verschiedene warme Gerichte wie Farro allo zafferano, **Polpette di broccoli**, Frittatina con tolle di aglio rosso, Insalata di orzo con fagiolini e mentuccia und Purè di fagioli tondini del Tavo. Danach absoluter Genuss mit Fracchiata con sarde fritte (Polenta aus Kichererbsen- und Spalterbsenmehl mit frittierten Sardinen) und ***Tajarill* con verza e pancetta** (10 €), außerdem Timballino di scrippelle agli asparagi oder **Cordoni di frate al sugo di capra**. Unter den Secondi finden Sie Petto di papera all'arancia, Lonza di maiale alle castagne (12 €), Spieß mit Hammelfleisch, **Fegato avvolto nella rizza arrostito all'alloro** und Coniglio disossato con olive nere e rape. Zum Abschluss **Pizza dolce**, Lattarola all'arancia oder Crema di ricotta e pistacchi.

„Hier hat sich der Ursprung der Dinge erhalten: in der schlichten Gastlichkeit, der Auswahl der Zutaten und dem Geschmack der unverfälschten Gerichte.“

PINETO (TE)
Mutigano

48 KM SÜDÖSTLICH VON TERAMO, S.S. 16 OD. A 14

Bacucco d'Oro

Trattoria
Via del Pozzo, 8
Tel. (+39) 085 / 93 62 27
Ruhetag: Mittwoch, außer im Sommer
Ferien: zeitweise im November
30 Plätze + 100 Plätze im Freien
Preise: 28–32 €
Kreditkarten: CS, MC, Visa; BM
Mittags und abends geöffnet

Der Wunsch, die kulinarischen Schätze der Abruzzen, vor allem jene aus Teramo, mit seinen Gästen zu teilen, ist für Francesco Santarelli sozusagen eine Berufung. Er kann nicht nur auf seine Kunst des mitreißenden Erzählens bauen, sondern auch auf sein Können bei der Suche nach guten Erzeugnissen der Umgebung, die seine Mutter Isolina mit solider Erfahrung verarbeitet. Wenn Sie von der Staatsstraße 16 unweit der Autobahnausfahrt Pineto abfahren und die kurvenreiche Straße in die Hügel des Cerrano-Gebiets nehmen, erreichen Sie in wenigen Minuten das einfach eingerichtete Lokal mit einer angenehmen Veranda mit Aussicht über das Tal bis hin zum Meer. Die kalten Antipasti (7 €) geben einen ausgewogenen Überblick über die Produktion von Käse und Salumi der Abruzzen, einiges wird von der Familie selbst erzeugt. Als warme Vorspeisen kleine Kostproben von traditionellen Gerichten wie **Frittatine di zolle di aglio** (Omelett mit Knoblauchsprossen), **Polpette di melanzane** und Sformatini di zucchine – das Gemüse stammt aus dem eigenen Garten. „Primi piatti del periodo“, dieser Name verweist auf die Saisonalität als Kriterium für Pastagerichte wie Tagliatelle imbacuccate (mit Salsiccia, Ricotta und Steinpilzen, 8 €), **Pecorara**, kleine Teigscheiben aus Wasser und Mehl, dazu eine Sauce mit Paprikaschoten, Auberginen und Ricotta, und *Surge e spinarule*, eine Art Gnocchi mit Maipilzen (ohne Tomaten). Die Tradition beim Fleisch drückt sich in **Arrosticini** aus, in Mazzarelle (Rouladen mit Lamminnereien) oder in Agnello und **Capretto arrosto con patate** (12 €). Sie bekommen jedoch auch andere Versionen von rotem oder weißem Fleisch, zum Beispiel geschmort oder alla brace. Die Süßspeisen sind hausgemacht wie auch die dazu gereichten Liköre, darunter Cedrino, Nocino und Centauria (4 €).

POGGIO PICENZE (AQ)

15 KM SÜDÖSTLICH VON L'AQUILA

Paneolio

Restaurant
Via Umberto I, 89–91
Tel. (+39) 0862 / 801 01,
(+39) 347 / 401 47 65
Ruhetag: Dienstag
Ferien: 2 Wochen im November
50 Plätze
Preise: 25–30 €
Kreditkarten: CS, DC, MC, Visa; BM
Mittags und abends geöffnet

In nur 15 Minuten Entfernung vom Zentrum von L'Aquila, wenn Sie von der Staatsstraße nach Pescara abfahren, befindet sich das Lokal des jungen Chefkochs Eugenio Masci. Er hat der bereits existierenden Locanda seiner Familie mit einer gelungenen Renovierung der Räume und einem frischen Geist am Herd neues Leben verliehen. Der herzliche Empfang, die Aufmerksamkeit für die lokalen Erzeugnisse und die Kunst, diese in Gerichte mit Fantasie umzusetzen, tragen zu einem besonders angenehmen Aufenthalt bei. Sie könnten mit dem von Saison zu Saison unterschiedlichen, immer reichhaltigen Anipasto Paneolio (15 €) beginnen oder aber mit einem weniger üppigen Angebot, nämlich einfach einem Brett mit Salumi (7 €) oder lokalem Käse, dazu selbst gemachtes Kompott oder Konfitüre. Neben Suppen mit Hülsenfrüchten, die den hochwertigen Sorten von Kichererbsen, Bohnen und Linsen aus dem Gebiet um L'Aquila die Ehre erweisen, sowie **Gnocchi con crema di pomodoro, asparagi e ricottina al ginepro** (8 €) sollten Sie **Spizzico di solina** (7 €) probieren, Teigwaren aus Wasser und Mehl aus Solina-Getreide, typisch für die Berge, serviert mit Gemüse der Jahreszeit oder schwarzem Trüffel. Unter den Secondi das exzellente Lamm **Agnello di Castel del Monte** (15 €) und Brasato di manzo al Montepulciano oder auch **Filetto di baccalà** (13 €) con riduzione di frutti rossi, crema di ceci, cialda di peperoni e croccante di polenta. Originell sind die Desserts, zum Beispiel **Pera al Montepulciano** (4 €) su crema spumosa di ricotta. Interessanter Keller mit vielen Etiketten aus den Abruzzen.

Im Ortsteil **San Gregorio** von L'Aquila (4 km) erzeugt die nach traditionellen Methoden arbeitende Bäckerei Agriforno La Spiga, Via della Riga 1, verschiedene Brotsorten und Kekse, auch aus lokalem Mehl.

PRATA D'ANSIDONIA (AQ)

23 KM SÜDÖSTL. V. L'AQUILA, S.S. 261 UND S.S. 17

Il Borgo dei Fumari

Restaurant
Via 25 Aprile, 14
Tel. (+39) 08 62 / 93 14 56,
(+39) 347 / 271 85 89
Ruhetag: Sonntagabend, Montag
Ferien: 10 Tage im Oktober, 1 Woche im Juli/August
40 Plätze
Preise: 35 €
Kreditkarten: CS, DC, MC, Visa; BM
Mittags und abends geöffnet

Dass jeder Winkel der Abruzzen etwas Besonderes zu bieten hat, beweist dieses Restaurant in Prata d'Ansidonia, einem Ort mit 500 Einwohnern, in dem die Schäden durch das Erdbeben von 2009 noch zu sehen sind. In der Nähe der Ausgrabungsstätten des antiken Peltuinum aus dem 1. Jahrhundert v. Chr. und dem Castel Camponeschi hat Lino Marascio, Eigentümer, Chefkoch und Seele des Lokals, mutig fünf Bauernhäuser aus dem 16. Jahrhundert renoviert und zusammengelegt und so dem Anwesen eine vieleckige Gestalt verliehen. Viele der hier angebotenen Gerichte kreisen um die wichtigsten Produkte der Berge um L'Aquila: Safran aus Navelli, schwarzer Trüffel, Hülsenfrüchte und Käse aus Castel Del Monte. Der Antipasto della casa (15 €) ist üppig und vielfältig: kleine Salate, **Suppen mit Hülsenfrüchten**, kleine Portionen Polenta, Aufläufe und mit Sorgfalt in der Umgebung ausgewählte Salumi und Käse. Dazu gibt es leckere, frisch gemachte **Pizza fritta**. Unter den Primi (12 €) ausgezeichnete gefüllte Pasta wie **Ravioli lune di miele con ricotta e zafferano** und mit Ricotta, Mozzarella und Artischocken gefüllter Scrigno di crêpe (Pfannkuchentäschchen) mit Trüffel und den Stempeln von Safran bestreut, eine Neuinterpretation aus der kulinarischen Tradition des Landesinneren der Abruzzen. Secondi mit zartem, schmackhaftem Fleisch wie Entrecôte con tartufo e schiacciata di pepe verde (16 €), **Filettino di maialino ristretto al Montepulciano** con pancetta semistagionata e radicchio (14 €) und Tagliata di vitello con bacche di ginepro e rosmarino, serviert mit Kartoffeln und in der Pfanne gewürzten Zichorien (4 €). Von den Dolci (5 €) zum Abschluss finden wir Tortino di grana e pere und **Semifreddo di spuma d'arancia** originell. Gute Etiketten aus den Abruzzen.

RIVISONDOLI (AQ)

96 KM SÖ. V. L'AQUILA, 32 KM SÖ. V. SULMONA, S.S. 17

Da Giocondo

Trattoria
Via del Suffragio, 2
Tel. (+39) 08 64 / 691 23
Ruhetag: Dienstag, außer im August und Dezember–April
Ferien: unterschiedlich
40 Plätze
Preise: 32–35 €
Kreditkarten: AE, CS, MC, Visa; BM
Mittags und abends geöffnet

Rivisondoli ist eine der drei Schwesterstädte auf der Hochebene der Cinque Miglia, zusammen mit Pescocostanzo und Roccaraso, Touristenorten – doch nie überfüllt – mit vielen Wegen zum Wandern, Radfahren oder Reiten im Sommer und Skipisten im Winter. Die Bergweiden regen den Appetit an und da gibt es nichts Besseres als einen Besuch bei dieser verlässlichen Adresse. Der Empfang der freundlichen Elisabetta Gasbarro, der Tochter des verstorbenen Gründers Giocondo, macht den von Mutter Giovanna täglich frisch zubereiteten Speisen alle Ehre. Auf Nummer sicher gehen Sie mit dem Antipasto (12 €) mit Kostproben von Prosciutto crudo und Prosciutto von der Gans, Salame di pecora (Wurst aus Schaffleisch), Mortadella aus Campotosto, Käse und Milchprodukten aus der Umgebung und dem nahen Molise sowie der ausgezeichneten Giardiniera di nonna Elisabetta. Teigwaren sind die Spezialität des Lokals, wie die Süßspeisen sind sie hausgemacht: **Chitarra abruzzese al sugo di agnello con polpettine** (10 €), **Anellini alla Giocondo** mit Tomaten, Auberginen, Zucchini und Paprikaschoten, Gazzarielli (kleine Nocken) mit Bohnen, Tagliatelle alla morronese sowie Cordicelle con prosciutto, pancetta, salsiccia e pecorino. Der Geruch der Holzkohlenglut verheißt bereits zarte **Bistecca di scottona**, **Agnello arrosto** (jeweils 15 €), Salsiccia oder Rippenstück vom Schwein, aber auch Scamorza. Verzichten Sie nicht auf die unvergesslichen von Hand geschnittenen Pommes frites. Zum Abschluss Crema cotta oder Crostata con confettura di Montepulciano d'Abruzzo (4 €). Auf der schlichten Weinkarte finden Sie die besten Etiketten der Abruzzen.

Ein paar Schritte weiter verkaufen dieselben Inhaber im Laden Enogiò Wein und lokale Spezialitäten wie Käse, Salumi, Safran, Honig und Konfitüren.

ROSELLO (CH)

77 KM SÜDLICH VON CHIETI, S.S. 81 UND S.S. 652

Lo Scamorzaro

Ferienbauernhof
Ortsteil Fonte Ginepri, 4
Tel. (+39) 08 72 / 94 84 41, (+39) 340 / 071 07 73, (+39) 333 / 182 59 05
Ruhetag: Mittwoch
Keine Ferien
50 Plätze + 20 Plätze im Freien
Preise: 25 €
Kreditkarten: AE, CS, MC, Visa; BM
Mittags und abends geöffnet

„Das Schöne ist immer am schwersten zu erreichen" ist der passende Satz für alle, die in diesem Agriturismo den unverfälschten Geschmack von einst kennenlernen wollen. Er liegt noch im Gebiet der Abruzzen, doch an der Grenze zum Molise. Zufällig werden Sie nicht an diesen Ort abseits der größeren Gemeinden kommen, die Straße hier hinauf ist kurvenreich und nicht in bestem Zustand, doch auf der Fahrt haben Sie einen Ausblick von überwältigender Schönheit auf die unberührte wilde Berglandschaft. Im Bauernhof werden Kühe, Schweine und Schafe aufgezogen, auf den Tisch kommen Milchprodukte, Käse und Salumi aus eigener Erzeugung – die Sie auch zum Mitnehmen kaufen können – sowie Fleisch und frische Teigwaren. Geleitet wird der Betrieb von Mutter Dina, ihr zur Seite stehen die Töchter Carmela und Pina und Schwiegertochter Concetta. Der Antipasto (10 €) beeindruckt durch Quantität und Qualität, als warme Gerichte kommen **Coratella di agnello** und **Pallotte *cac' e ova***, daneben gibt es Milchprodukte und Salumi. Alle Gerichte aus der Tradition der Abruzzen bei den Primi, beginnend bei **Tacconelle al sugo di agnello** (6 €) bis hin zu Ravioli (mit Ricotta und frischem Gemüse gefüllt) und **Zuppe con le *sagne*** mit von Hand gezogenen Pastastücken und wahlweise Bohnen, Kichererbsen und Linsen. Fast immer können Sie mit weißem oder schwarzem Trüffel rechnen. Die Secondi werden vor allem am Holzkohlengrill gegart und zeichnen sich durch kräftigen Geschmack aus – probieren Sie **Agnello** (8 €) und den Käse Scamorza (6 €). Zum Abschluss Torte und hausgemachte **Crostata** (2 €).

In **Agnone** (10 km) erzeugt der alteingesessene Caseificio Di Nucci Milchprodukte und Käse wie Filo di mozzarella, den Knetkäse Stracciata sowie Caciocavallo.

ROSETO DEGLI ABRUZZI (TE)

32 KM ÖSTLICH VON TERAMO, S.S. 81 UND S.S. 150

Vecchia Marina

Restaurant
Lungomare Trento, 37
Tel. (+39) 085 / 893 11 70
Ruhetag: Sonntagabend, Montag
Ferien: unterschiedlich
45 Plätze + 60 Plätze im Freien
Preise: 40 €
Kreditkarten: AE, CS, MC, Visa; BM
Mittags und abends geöffnet

Das Lokal der Geschwister Gennaro und Loredana d'Ignazio ist, was Fisch betrifft, eines der besten an der Küste. Gennaro ist ein Experte für alles, was mit dem Meer zu tun hat, und kauft nur das Beste bei den Fischerbooten der Gegend (und darüber hinaus). Nehmen Sie in einem der hellen Speisesäle oder im Sommer im Garten nahe am Meer Platz. Sofort kommen Brot und eine Flasche natives Olivenöl extra aus den Abruzzen (ein nicht zu vernachlässigendes Detail) an den Tisch. Wollen Sie mit einer Reihe an rohen und gekochten Antipasti beginnen (32 €), so könnte dies auch als ganze Mahlzeit gelten, denn es handelt sich um eine Abfolge von mehr als zehn Gerichten, darunter Filetti di gallinella und Filetti di triglia (einfach mit Olivenöl beträufelte Filets von Schwalbenfisch und Seebarben), rohe Scampi und Garnelen, **Cozze al vapore**, duftend frittierter Kabeljau, mit Garnelen gefüllte Olive all'ascolana, Venusmuscheln und Rochenflügel aus der Pfanne sowie **Scampi all'arrabbiata**. Wenn Sie nun aufhören, werden Sie gewiss satt und zufrieden sein, Sie können jedoch auch mit einer Portion der zahlreichen, zum Teil frisch gemachten Teigwaren fortsetzen, serviert mit wohlschmeckenden Saucen, selbstverständlich mit Fisch. Darunter sind ausgezeichnete **Spaghetti allo scoglio** (mit Tintenfischen, Venusmuscheln und Miesmuscheln, 12 €) oder Paccheri con sogliola e gamberi. Fisch aus dem Ofen oder vom Grill und knusprige Fritture bei den Secondi. Eigentlich ein Hauptgericht stellt **Guazzetto alla rosetana** (25 €) dar. Gut gemachte Desserts. Weinkarte mit Etiketten aus der Umgebung und darüber hinaus, zu wirklich interessanten Preisen.

»

Die Geschwister D'Ignazio kennen praktisch alles, was das Meer und seine Erzeugnisse betrifft. Daraus entstehen Gerichte mit ausgezeichnetem und präzise getroffenem Geschmack.

«

SAN SALVO (CH)
Marina

91 KM SÜDÖSTLICH VON CHIETI, 11 KM VON VASTO

Marina

Restaurant
Via Pigafetta, 21/Strada Statale 16/
Piazzale Agip
Tel. (+39) 08 73 / 80 31 42
Ruhetag: Montagabend, Sonntag
Ferien: 1 Woche im September, erste Januarwoche
50 Plätze • Preise: 35–38 €
Kreditkarten: AE, CS, DC, MC, Visa; BM
Mittags und abends geöffnet

In der Küche stehen Adele, Vanna und Patrizia, das sind die Mutter, Schwester und Frau von Michele Raspa, der sich – obwohl er eigentlich eine Karriere in der Justiz plante – vor 25 Jahren entschloss, sich dem Restaurant seiner Familie an der Grenze zwischen den Abruzzen und dem Molise zu widmen. Die Speisekarte wird vom Fischfang des Tages bestimmt, welcher mit Bedacht von Gennaro, Micheles Vater, ausgewählt wird. Bei Sonnenaufgang kauft er das Beste von den gerade vom Meer kommenden lokalen Fischerbooten, später schaut er auch gerne bei den Gästen vorbei, um in seiner charmanten Art die eine oder andere Anekdote zum Besten zu geben. Zu Beginn **Seppioline in bianco con cipolle dorate**, Alici marinate (6 €), roher Fisch, Carpaccio oder **Guazzetto di frutti di mare** (Menge und Fischsorte können natürlich den Preis um einige Euro erhöhen). Unter den Primi (10 €) viele Gerichte mit frischer hausgemachter Pasta, **Chitarrina allo scoglio**, Gnocchetti di patate con calamari, köstlicher Riso carnaroli al Marina und Fusilli con la ricciola. Bei den Secondi bestechen **Pesci di spina al forno con patate velate** (Knochenfische aus dem Ofen mit Kartoffeln, 15 €) oder all'acquapazza (16 €). Ebenso können Sie immer auf gebratene oder frittierte Garnelen und Kalmare zählen, wie auch auf **Fritto misto di paranza** mit kleinem Kabeljau, Seebarben und den hier als Cianghette bekannten Plattfischen (12 €), außerdem natürlich auf den klassischen Brodetto alla vastese. Unter den von Patrizia zubereiteten Desserts nimmt Sbriciolata (3 €) den ersten Platz ein. Die Weinkarte erlaubt eine Auswahl unter guten Etiketten aus den Abruzzen, einigen Exemplaren aus dem Molise und anderen Regionen Italiens. Tiere willkommen? Ein Tier am Tag – das erste kann mitkommen, die anderen müssen draußen bleiben.

91 KM SÜDÖSTLICH VON CHIETI, 11 KM VON VASTO

Osteria delle Spezie

Moderne Osteria
Corso Garibaldi, 44
Tel. (+39) 08 73 / 34 16 02
Ruhetag: Mittwoch, Sonntagabend
Ferien: zeitweise im Winter
35 Plätze
Preise: 32–35 €
Kreditkarten: CS, MC, Visa; BM
Mittags und abends geöffnet

Als Verteidiger und Fürsprecher von Zutaten der Null-Kilometer-Philosophie wählt Giancarlo Cilli diese mit Sorgfalt bei lokalen Erzeugern aus dem Gebiet der Berggemeinde Alto Vastese und dem nahen Molise aus. Seit 22 Jahren leitet er gemeinsam mit seiner Frau Giulia diese Osteria in seinem ruhigen, zurückhaltenden Stil. Er ist sowohl in der Küche als auch im Service tätig und gibt gerne Auskunft über Zubereitungsmethoden und Ingredienzen, wenn er Sie über die Tageskarte informiert. Rezepte der Tradition bilden die Grundlage der Gerichte vom Land, die Interpretation folgt einer neuen Lesart, die Verwendung von Gemüse und natürlich „Spezie" (Kräutern) ist eine Konstante. Der reichhaltige Antipasto (10 €) stellt Salumi aus den Abruzzen vor (darunter immer **Ventricina vastese**) und interessanten frischen oder gereiften **Käse**, aber auch Cremesuppen, Aufläufe und das leichte, leckere Gericht Cappuccino di funghi porcini freschi e tartufo nero. Unter den Primi Raviolini dell'osteria mit Safran, Ricotta, dem Frischkäse Stracciata und Wildgemüse (12 €), Tagliatella di sfoglia grezza al tartufo nero abruzzese e funghi porcini und Mezzi paccheri con filetti di melanzane. Es folgen Prosciutto di maialino al miele e ginepro con patata arrosto, Bocconcini d'**agnello a cif e ciaf** (15 €) und Capocollo vom Ferkel mit Wildfenchel. Außerdem Tagliata, Filets und der Käse Scamorza molisana alla fiamma con verdure grigliate (12 €). Bei den Desserts traditionelle **Pizza dolce**, Mousse di cachi (mit Kakifrüchten) und Millefoglie con crema allo zabaione. Passende Vorschläge auf der gepflegten Weinkarte, auch für Weine von außerhalb der Region.

In der Via Istonia 31 stellt Familie Roberti in ihrer Fleischerei die traditionelle Ventricina del Vastese und köstliche Porchetta arrosto her.

SAN VITO CHIETINO (CH)

39 KM SÜDÖSTLICH VON CHIETI A 14, S.S. 16

Essenza

Moderne Osteria
Largo Olivieri, 3
Tel. (+39) 08 72 / 612 13
NEU
Ruhetag: Sonntagabend, Montag
Ferien: 2 Wochen im November, 1 Woche im Januar
40 Plätze + 20 Plätze im Freien
Preise: 32–38 €
Kreditkarten: AE, CS, MC, Visa; BM
Mittags und abends geöffnet

Filippo De Santis, Abkömmling einer in der Gastronomie tätigen Familie, liegt die Gabe zur Bewirtung schon im Blut. Das Lokal folgt einem durchaus modernen Stil, es ist minimalistisch eingerichtet, hell und bietet einen Ausblick über die Costa dei Trabocchi. Die Gerichte, die Francesco D'Angelo in der Küche zubereitet, reichen von Klassikern der Tradition bis zu eigenen Ideen. Beginnen Sie vielleicht mit **Polpetto in umido con crema di patate** (geschmortem Oktopus mit Kartoffelcreme), Millefoglie di spada con carciofi (Tausendblätterteig mit Schwertfisch und Artischocken, 8 €), **Tortino di alici con bufala e pesto** (10 €), Suri con peperoni arrosto oder der originellen Meeres-Variante von *Pizz' e foje*, die zu Guazzetto di triglie serviert wird. Natürlich gibt es auch eine Reihe an Antipasti (neun kleine Gänge für 16 €), zu denen man auf Wunsch auch rohen Fisch oder Meeresfrüchte bekommt, was allerdings den Preis erhöht. Gehen wir nun zu den Primi (10 €) über: Strettine al nero di seppia con calamaretti e broccoli, Paccheri con rombo e cicoria und hausgemachte Teigwaren wie Cavatelli con frutti di mare, **Chitarrina con scorfano, peperoni e zucchine** und **Gnocchi al nero di seppia con gamberi e carciofi** (mit der Tinte des Tintenfischs, Garnelen und Artischocken). Ganzjährig vorhanden ist das legendäre Familiengericht Tacconcini alla Filippo. Es folgt köstlich zarte **Frittura accompagnata** (12 €), aber Sie können auch Knochenfische alla griglia, al cartoccio oder all'acquapazza, jeweils mit Saisongemüse (16 €) bestellen. Zum Abschluss leckere hausgemachte Löffeldesserts. Große Auswahl bei Wein und Schaumwein, nicht nur aus den Abruzzen. Von Dienstag bis Freitag gibt es günstige Mittagsmenüs (15 bis 20 €).

SAN VITO CHIETINO (CH)
Sant'Apollinare

39 km südöstlich von Chieti, A 14 und S.S. 16

La Valletta

Trattoria
Largo Colle Fonte, 30
Tel. (+39) 08 72 / 585 87,
(+39) 380 / 306 47 41
Ruhetag: Dienstag
Ferien: Januar/Februar
100 Plätze
Preise: 25–30 €
Kreditkarten: AE, CS, DC, MC, Visa; BM
Abends geöffnet, Sonntag auch mittags

Sant'Apollinare inmitten der Olivenhaine des Hinterlandes von San Vito Chietino ist sicherlich kein Ort der Durchreise, doch unter Feinschmeckern für seine erprobten Traditionsgerichte bekannt. Hier bekommen Sie das für die Gegend typische Essen nach Rezepten von früher, verankert im Gedächtnis von Signora Anna, die dieses Lokal seit 30 Jahren betreibt. Heute werden die Gerichte mit Hilfe der Schwiegertochter zubereitet, die ebenfalls Anna heißt. Der Service hingegen liegt in den Händen von Sohn Carlo – auf einfache, informelle Art beschreibt er Ihnen die Gerichte des Tages. Die Auswahl ist begrenzt und doch genau richtig. Immer vorhanden sind die berühmten Bällchen aus den Abruzzen, bestehend aus Brot, Käse, Ei und Tomatensauce, ihr offizieller Name lautet ***Pallott cac' e ova*** (5 €), ein durchaus würdiger Beginn. Weiter geht es mit unverfälschten Primi (8 €) wie **Linguine con baccalà**, Pappardelle al coniglio, Tacconi e fagioli und den wunderbaren **Rentròcele**, dicken, aus Wasser und Mehl von Hand gemachten Spaghetti, die mit Tomatensauce mit Hammelfleisch verfeinert werden. Die Secondi reichen von der köstlichen **Zuppa di baccalà in umido**, die im Terracotta-Topf zubereitet und mit Pizza aus Maismehl serviert wird, (15 €) zu Cif' e ciaf' von Schwein und Huhn, von Coniglio cotto sotto il coppo bis zu Carne mista alla brace (verschiedenes Fleisch vom Holzkohlengrill). Süßer Abschluss mit Pizza dolce (4 €), von der Hausherrin selbst gemacht. Neben dem offenen Wein gibt es auch eine kleine Auswahl an lokalen Flaschenweinen.

In **San Vito Marina** (7 km) können Sie bei L'Arte del Pane von Venceslao Ruccolo (Via San Rocco 232 und Via Sauro 31) hausgemachtes Sauerteigbrot kaufen. In der Via Nazionale Adriatica kaufen Sie auf Nummer 17 bei Rocco frischen Fisch, auf Nummer 10 bei Copa de Dora Eis.

SANT'OMERO (TE)

25 km nordöstlich von Teramo

La Piazzetta

Restaurant
Via alla Salara, 9
Tel. (+39) 08 61 / 885 30
Ruhetag: Sonntag
Ferien: 2 Wochen im August
35 Plätze + 20 Plätze im Freien
Preise: 30 €
Kreditkarten: CS, DC, MC, Visa; BM
Mittags und abends geöffnet

Drei Generationen von Importeuren der hochwertigsten Sorten Baccalà haben diese kleine Gemeinde im Hinterland von Teramo geprägt. Das Fest für den Baccalà, das mittlerweile zum 35. Mal stattgefunden hat, ist also nur eine logische Konsequenz, wie auch das Entstehen einiger Lokale, in denen der berühmte Kabeljau aus der Nordsee im Mittelpunkt steht. Die im Jahr 2000 eröffnete Osteria von Roberta Nepa und ihrem Sohn Nico Cristofori konnte sich von Anfang an wegen ihrer guten Küche und ihrer schlichten, familiären Gastlichkeit behaupten. Natürlich gibt es auf der Speisekarte auch andere köstliche Gerichte der Küche von Teramo wie **Mazzarelle** (in Endivienblätter gewickelte Lamminnereien), **Capra alla neretese** (10 €), Pappardelle al sugo di papera und mit verschiedenem Fleisch gefüllte Ravioli mit Guanciale und Pecorino. Was nun **Baccalà** betrifft, so können Sie mit einem reichhaltigen vielfältigen Antipasto (15 €) beginnen: Baccalà als Carpaccio mit Ingwer, alla catalana mit gegrillten Kirschtomaten, frittiert auf Creme aus Dicken Bohnen oder in der Pfanne mit Kartoffeln und Ei. Bei den Primi (8 €) finden wir den Fisch in Tomatensauce auf den klassischen Linguine, **alla carbonara mit Mezze maniche** sowie in der Füllung der Ravioli, die mit Tomaten und Basilikum serviert werden. Anschließend **Baccalà in potacchio** (mit Tomaten, schwarzen Oliven, Knoblauch und Rosmarin geschmort), in Tomatensauce mit Kartoffeln oder gegrillt (je 10 €). Gute traditionelle Dolci (4 €) wie Pizza dolce und Loffe delle monache zum Abschluss. Bei der Weinauswahl wird Sie Nico beraten, er ist ein geübter Verkoster, der mit Kompetenz und Passion eine nicht sehr große, doch überaus interessante Karte zusammenstellt.

SCHIAVI DI ABRUZZO (CH)

99 KM SÜDL. V. CHIETI, 58 KM V. VASTO, S.S. 650

Antica Trattoria Vittoria

Trattoria • Ortsteil Valloni, 5
Tel. (+39) 08 73 / 97 02 50,
(+39) 338 / 353 24 84
Ruhetag: Donnerstag, außer im August
Ferien: unterschiedlich
50 Plätze + 20 Plätze im Freien
Preise: 25 €
Kreditkarten: CS, MC, Visa; BM
Mittags und abends geöffnet, im Winter Montag–Mittwoch nur gegen Vorbestellung

Gastwirt wird man nicht ohne Grund und Vittorio Di Carlo, Enkel der legendären Vittoria Di Bello, die 1929 diese Trattoria eröffnete, bekam seine Berufung schon in die Wiege gelegt. Sie werden sich vielleicht fragen, was ein Restaurant an einem so grünen, abgelegenen und beinahe unauffindbaren Ort auf über 1.100 Metern Höhe zu suchen hat, doch wenn Sie eintreten und den Geruch aus der Küche wahrnehmen und die bereits zahlreich vorhandenen Gäste sehen, werden Sie alles verstehen. Die einfache Küche und die schlichten Räume, die rigorose Auswahl lokaler Grundzutaten und die unverfälschte ländliche Gastlichkeit sind hier die siegreichen Elemente. In vielen Gerichten ist der leicht pikante Geschmack der Ventricina vastese auszumachen, der typischen Wurst aus der Gegend, die Familie Di Carlo seit über 50 Jahren selbst herstellt. Passend zum Charakter des Lokals gibt es weder eine Speise- noch eine Weinkarte, doch Sie müssen sich keine Sorgen machen, die Preise sind gemäßigt. Im Antipasto misto (9 €) finden Sie Prosciutto, **Ventricina**, Auberginen, Omelett, Paprikaschoten und in Öl eingelegtes Gemüse. Unter den Primi sind stets ***Sagne appezzate*** – Teigflecken – mit einfacher Tomatensauce, mit Ventricina oder **mit Ricotta** vorgesehen, daneben Ravioli di ricotta con tartufo, Chitarra asparagi e ricotta und **Gnocchi con il sugo di ventricina** (5 €), ein Gericht, das allein schon die Fahrt hierher wert ist. Spezialität des Hauses ist das knusprige, wohlschmeckende Huhn **Pollo al mattone** (5 €), doch bestellen Sie ruhig auch Baccalà al sugo con patate (9 €), köstliche Pallotte *cac' e ova* (3 €), in denen der schmelzende Käse Fäden zieht, oder Lamm. Den guten Hauswein können Sie gerne mit ein wenig Gazzosa (kohlensäurehaltiger Limonade) mischen, was dann „Champagnino" genannt wird.

SCURCOLA MARSICANA (AQ)

62 KM NORDWESTLICH VON L'AQUILA, S.S. 696

Antica Osteria Tiro a segno

NEU

Restaurant
Strada Statale 5 Tiburtina Valeria km 112,00
Tel. (+39) 08 63 / 44 80 13
Ruhetag: Sonntag
Ferien: ersten 2 Augustwochen
45 Plätze + 25 Plätze im Freien
Preise: 28–30 €
Kreditkarten: CS, MC, Visa; BM
Mittags und abends geöffnet

Trotz ihrer Lage im Gewerbegebiet – der Eingang befindet sich hinter dem Gebäude, wo es auch eine Grünfläche mit Parkplatz und Garten gibt – ein wenig außerhalb des Stadtzentrums von Avezzano können Sie in dieser Osteria garantiert eine ruhige und entspannende Zeit verbringen. Entstanden ist sie 2009 nach einer sorgfältigen Renovierung eines Häuschens, in dem man Darts spielen konnte, geleitet wird sie von Rodolfo De Angelis und Stefano Rossi, die abwechselnd in herzlicher Gastfreundschaft den Speisesaal betreuen. Beginnen Sie mit dem Antipasto dell'antica osteria (12 €), bestehend aus Salumi, Käse und warmen kleinen Gerichten mit Fleisch und Gemüse der Saison, oder aber mit „Tagliere di Gregorio" (9 €), einer schönen Käseauswahl von einem bekannten Betrieb aus der Gegend von L'Aquila und einem leckeren Omelett mit Artischocken. Die klassische **Chitarrina con i porcini** (9 €), Cordicelle con guanciale e zafferano und die originellen im Tontopf gekochten und servierten **Gnocchi ai gamberi di fiume e fiori di zucca** (mit Flusskrebsen und Kürbisblüten) sind die beliebtesten Primi. Danach gibt Fleisch den Ton an. Neben Filetto, Tagliata und Bistecca finden Sie das köstliche Lamm **Agnello nostrano** (12 €) vom Grill, doch auch den gebratenen Käse Scamorza mit Honig und Nüssen. Anregende Beilagen (4 €), jeweils der Jahreszeit entsprechend, und zum Abschluss ausnahmslos hausgemachte Dolci (4 €) wie **Sfogliatina con crema pasticciera e scaglie di cioccolato fondente** und Cestino alla crema chantilly, das entweder mit frischem Obst oder mit zwei verschiedenen Schokoladesorten vervollständigt werden kann. Die Weinauswahl ist repräsentativ für die Abruzzen, außerdem gibt es italienische Schaumweine und einige traditionell erzeugte Biere.

SPOLTORE (PE)
Villa Raspa

9,5 KM W. V. PESCARA, S.S. 16 BIS OD. RA 12 U. S.S. 16

La Corte

Moderne Osteria
Via Montani
Tel. (+39) 085 / 415 97 87
Ruhetag: Dienstag, im Winter auch Sonntagabend, im Sommer auch Sonntagmittag
Ferien: unterschiedlich
80 Plätze
Preise: 35–38 €
Kreditkarten: AE, CS, DC, MC, Visa; BM
Mittags und abends geöffnet

Das schön renovierte Landhaus mit seinem großen gepflegten Garten ist einer der wenigen Zeugen einer ländlichen Vergangenheit, die heute in dieser gänzlich dem Handel gewidmeten Gegend lang vergangen scheint. Eine Oase des guten Geschmacks, in der im Sommer auch Konzerte und Verkostungen stattfinden. Chefkoch Maurizio Della Valle und Rocco Cardone, für den Service verantwortlich (beide sind Kompagnons der Familie Spadone, der auch das Restaurant La Bandiera in Civitella Casanova gehört), setzen auf Salumi und Käse von höchster Qualität, eine große Bandbreite an Weinen aus den Abruzzen zu fairen Preisen und eine Reihe von Antipasti, die in kleinen Pfannen serviert werden. Diese Kostproben (14 €) reichen von Pallotte *cac' e ova* zu *Pizze e foje*, von Omeletts mit frischem Trüffel bis zu kleinen Gerichten mit Fleisch und Gemüse. Oder aber Sie bestellen eine Auswahl an Käse oder Salumi (10 €). Danach Fusilloni al ragù di baccalà e pane fritto, **Ravioli di Nonna Anna** (10 €), gefüllt mit zarter Ricotta und serviert mit Tomatensauce, sowie **Chitarra con pallottine di carne**. Bei den Secondi fehlt nie Lamm oder **Gallo alla brace** (13 €), doch auch **Ricotta incamiciata** und **Cosciotto di maialino alle erbe aromatiche** (Keule vom Ferkel im Ganzen, für mindestens drei Portionen, 14 €) sollten Sie probieren. Auf der Dessertkarte nimmt **Tortina di pizza dolce** (4 €) den ersten Platz ein. Mittwochs gibt es ein Menü mit Fisch, freitags gegen Vorbestellung mit Baccalà (40 €), täglich verfügbar ist das Degustationsmenü La Corte (38 €).

Die Bäckerei Da Maria in der Via Pescarina 46 bäckt im Holzofen Brot, Pizza sowie köstliche Fiadoni al formaggio (eine Art Käsekuchen). Hervorragendes Fleisch kaufen Sie in der Fleischerei Fabio (Viale Europa 100) und bei Pompa in der Via Italia 64.

SULMONA (AQ)

56 KM SÜDÖSTLICH VON L'AQUILA, S.S. 17

Clemente

Restaurant
Piazza Solimo
Tel. (+39) 08 64 / 21 06 79
Ruhetag: Donnerstag, Sonntagabend
Ferien: ersten 2 Juliwochen
90 Plätze + 60 Plätze im Freien
Preise: 30–35 €
Keine Kreditkarten
Mittags und abends geöffnet

Der Name ist geblieben, doch der Gründer Clemente Maiorano hat andere berufliche Wege eingeschlagen und die Leitung an Isabella Cianferra übergeben. Sie kann auf ihre drei Söhne zählen, die alle Chefköche sind. Die ersten beiden sind gerade in Berlin und Rom beschäftigt, der Jüngste hat seine Ausbildung in der Hotelfachschule von Villa Santa Maria abgeschlossen. Den Speisesaal betreut nach wie vor Gianfranco. Die Herausforderung, ein Bistro an das Restaurant anzuschließen, wurde gemeistert und auch die Richtung der Speisekarte mit saisonalen Produkten und Gerichten aus der Umgebung (nicht ohne eine persönliche Note einzubringen) hat Erfolg. „Elogio del porco" (12 €) stellt gleich zu Beginn Wurstwaren wie den schmackhaften, mit dem Messer geschnittenen Prosciutto crudo vor, Salsiccia aus Fleisch und Leber, **Mortadella di Campotosto** (Slow-Food-Presidio) und eine zarte gereifte Guanciale, dazu Bruschette, Frittelle di pane und gegrilltes Gemüse. Anschließend **Chitarrina verde con asparagi e zafferano** (8 €), **Maltagliati aus Vollkornmehl mit Erbsen, Dicken Bohnen und Artischocken** (8 €), Risotto alle cinque erbe und die berühmten Orecchiette alla pastora. Üppige Portionen auch bei den Secondi, bei denen Fleisch von der Holzkohlenglut, vor allem Lamm, dominiert. Doch auch Filetto di maiale alle pesche e pepe und **Spalletta di agnello brasato al Montepulciano con purea all'aglio rosso di Sulmona** (13 €) sind verlockend. Die Desserts werden wie die Teigwaren selbst gemacht. Auf der Weinkarte stehen die besten Etiketten aus den Abruzzen.

Kaufen Sie in Sulmona Confetti und Torrone bei Pelino, William Di Carlo und Rapone, Milchprodukte bei Reginella d'Abruzzo, Salumi und roten Knoblauch bei Pingue. In **Pratola Peligna** (9 km) bekommen Sie Honig bei Colle Salera von Walter Pace.

VASTO (CH)

75 KM SÜDÖSTLICH VON CHIETI, S.S. 16 ODER A 14

Cibo Matto

NEU

Restaurant
Via Crispi, 36
Tel. (+39) 08 73 / 37 06 25
Ruhetag: Dienstag
Ferien: je 1 Woche im November und Januar
40 Plätze
Preise: 28–40 €
Kreditkarten: AE, CS, MC, Visa; BM
Mittags und abends geöffnet

Probleme mit der Bürokratie machen es derzeit noch unmöglich, sich im Sommer an die schönen Plätze vor dem Lokal zu setzen, nehmen Sie daher in den exquisit, aber zwanglos eingerichteten Räumen dieses modernen Lokals neben dem Bogen Arco di Porta Nuova Platz. Jean Pierre Soria stammt trotz seines Namens aus Vasto und ist als Koch Autodidakt. Er ist der Sohn von Mario – dem Botschafter des Brodetto mit einer lebenslangen Erfahrung auf Kreuzfahrtschiffen – und Enkel eines legendären „Traboccante", eines Fischers, der auf einem „Traboccho" genannten Pfahlbau an der Küste seine Netze auswarf. Seine Mutter Annamaria betreut die Gäste, während er in der Küche den lokalen Fisch nach traditionellen Rezepten und mitunter in originellen Kombinationen verarbeitet. Zu Beginn warme (10 €) oder kalte Antipasti (8 €), marinierte Fische und Tatar aus rohem Fisch, danach **Fusilli con alici e sugherello** (12 €), **Paccheri ripieni di triglie e pesto** (mit Meerbarben und Pesto gefüllte Teigwaren) sowie Tortellone con crostacei e asparagi. Unter den Secondi **Battuto di sgombro con erbe aromatiche e agrumi**, (8 €), ein Stück vom Fisch des Tages mit Gemüse und Ofenkartoffeln, Frittura di paranza (15 €) oder – als Hauptgericht – ***Lu vrudett*** (35 €), eben Brodetto mit Fisch, natürlich nach Art von Vasto. Zum gleichen Preis können Sie ein Degustationsmenü mit Getränken bestellen. Leckere Desserts und gut bestückter Keller mit einer gepflegten Auswahl an Schaumweinen.

VASTO (CH)
Punta Penna

75 KM SÜDÖSTLICH VON CHIETI, S.S. 16 ODER A 14

Da Ferri

Trattoria
Via Osca, 58
Tel. (+39) 08 73 / 31 03 20,
(+39) 334 / 120 30 17
Ruhetag: Sonntagabend, Montag
Ferien: unterschiedlich
80 Plätze + 30 Plätze im Freien
Preise: 38 €
Kreditkarten: CS, MC, Visa; BM
Mittags und abends geöffnet

Die Trattoria Da Ferri ist ein gutes Beispiel dafür, wie sich durch verantwortungsvolle Leitung die auf Traditionsgerichten und Produkten der Umgebung gründende Authentizität eines Familienbetriebes über 40 Jahre und mehrere Generationenwechsel hinweg bewahren lässt. Sicherlich, im Lauf der Zeit hat das Lokal sein Äußeres verändert, der Service wird immer präziser, die Weinkarte immer größer und die Einrichtung wie die Gedecke wurden modernisiert, doch der Kern – nämlich die auf dem täglichen Fischfang basierenden Gerichte – ist gleich geblieben, dank der Arbeit von Italo Ferri und seiner Frau Patrizia. Köstliche Antipasti (10 €) mit Insalata di polpo, ***Scapece di alici*** (frittierte und in eine Marinade mit Essig eingelegte Sardellen) oder Meeräschen, Fave con le seppie, gefüllte Miesmuscheln, Lumache di mare und Parmigiana di pesce. Ausgewogen im Geschmack sind die Primi wie Spaghetti con vongole e bottarga (13 €), **Linguine ai ricci di mare**, Calamarata con i crostacei sowie Paccheri all'astice. **Brodetto alla vastese** (29 €) bleibt die Spezialität des Lokals – ein Gericht mit verschiedenen Knochenfischen, Krustentieren und Muscheln, die in einer schmackhaften Sauce aus Tomaten und milden Paprikaschoten gekocht und in einem typischen Tontopf serviert werden. Von den übrigen Secondi empfehlen wir die zarte Frittura di paranza (12 €), die über der Holzkohlenglut auf den Punkt gebratene **Grigliata di pesce** und außerdem Schattenfisch, Seebrasse und Meerraben, je nach Verfügbarkeit. Zum Abschluss hausgemachte Dolci wie Crostata mit selbst erzeugten Konfitüren, Crema catalana sowie einige Löffeldesserts (4 €). Bedenken Sie, dass nach 21.30 Uhr nur noch Brodetto serviert wird.

75 km südöstlich von Chieti, S.S. 16 oder A 14

Vineria per Passione

Enoteca mit Küche • Via Santa Maria, 9
Tel. (+39) 08 73 / 39 19 07,
(+39) 366 / 574 97 18
Ruhetag: Montag, außer im August
Ferien: unterschiedlich
30 Plätze + 20 im Freien
Preise: 20–25 €
Kreditkarten: CS, DC, MC, Visa; BM
Abends geöffnet, mittags gegen Vorbestellung

Vor fünf Jahren haben Giorgio und Silvia beschlossen, ihr Leben zu verändern und sich einem Projekt zu widmen, in dem sie ihre Leidenschaften ausleben können. Die Vineria ist in kurzer Zeit zu einem gemütlichen, angenehmen Ort in der Altstadt von Vasto geworden, an dem man eine unglaubliche Auswahl an verschiedenen Produkten kennenlernen kann. Auf der Suche nach diesen ist Giorgio, wöchentlich erneuert er das Angebot an Salumi und **Käse** aus ganz Italien, aber auch Frankreich, England und Spanien. Gegliedert wird dieser Reichtum in drei verschiedene Antipasti, abhängig von der Herkunft – lokale Erzeugnisse finden in „Transumanza" (10 €) Eingang, internationale in „Terre Lontane" (12 €), während „Oste" (11 €) Verschmelzungen aufweist. Den Service betreut die ebenso hübsche wie tüchtige Silvia, in der Küche zeigt der junge Matteo D'Elia sein Können bei einfachen, wohlschmeckenden Gerichten aus den besten Grundzutaten. Der Bogen spannt sich von **Carpaccio vom Baccalà** oder Chianina-Rind zu knusprig gebratener Guanciale (9 €), von Chitarra al peperone rosso dolce con asparagi zu **Gnocchetti con cozze, menta e pecorino** (8 €). Unter den Secondi (11 €) sind Filetto di maiale in crosta, **Trancio di baccalà in crosta** di nocciole sfumato al rum sowie Straccetti di vitello al Montepulciano con rucola e pecorino zu finden. Dazu gibt es ganz frischen Mangold, Zichorien und Stängelkohl als Beilage. Bemerkenswerte Dolci sind Cantuccini alle mandorle und **Ferratelle** abruzzesi. Es macht Freude, die große Weinkarte mit ihren etwa 200 Etiketten durchzusehen, erkennbar ist die Vorliebe für naturbelassene und biologische Weine.

Tradition und Innovation in der guten Pasticceria Pannamore, Via Marco Polo 7, und bei La Vastese, Via Ciccarone 98 A.

41 km südwestlich von Pescara

Nonno Liborio

Trattoria
Via Sant'Egidio, 64
Tel. (+39) 085 / 84 61 55
Ruhetag: Donnerstag, außer im Sommer
Keine Ferien
45 Plätze
Preise: 22–24 €
Kreditkarten: AE, CS, DC, MC, Visa; BM
Mittags und abends geöffnet

Die unter dem Namen „Merletti di Villa Celiera" bekannten Spitzen, die gleichmäßig aus dem Felskamm auf der Hochebene des Voltigno ragen, sind nur wenige, doch kurvenreiche Kilometer vom Ortszentrum entfernt und liegen beinahe 700 Meter höher. In diesem Dorf mit Blick auf die südöstlichen Ausläufer des Gran Sasso haben im Jahr 1928 die Eltern von Liborio Violante beschlossen, einen Familienbetrieb ins Leben zu rufen, der sich später zu einer Trattoria entwickelte, die heute in vierter Generation von Enkelin Alessandra geführt wird. Einfache Gerichte von absoluter Ursprünglichkeit auf einer Speisekarte, die mündlich vorgetragen wird und im Rhythmus der Jahreszeiten wechselt. In der anfänglichen langen Abfolge von warmen und kalten Antipasti (5 bis 7 €) gibt es je nach Verfügbarkeit Gemüse gegrillt oder im Backteig, Dinkel und Ei sowie **Zuccotto di ricotta con funghi spinaroli**. Im Anschluss sollten Sie bei den Primi **Maccheroni alla molinara** – die eigentliche Spezialität des Lokals – nicht versäumen, sowohl in der klassischen Version (8 €) mit Tomatensauce, Lamm- und Kalbfleisch als auch in ihrer ursprünglichen Version nämlich ohne Tomaten und **mit getrockneten Paprikaschoten, Knoblauch und Lorbeerblättern**. Im Winter können Sie in den Genuss von *Sagnette* aus Dinkelmehl mit Paprikaschoten und Guanciale (6 €) kommen oder von Maltagliati con funghi e castagne. Bei den Secondi reicht die Auswahl von **Capretto al coppo** bis zu Agnello alla brace (7 €), dazu vielleicht die schmackhaften Kartoffeln **Patate del Voltigno alla cellarotta**. Trockengebäck aus der Tradition der Abruzzen und die klassische **Pizza dolce** zum süßen Ausklang. Zu trinken wählen Sie aus wenigen, doch qualitätvollen Etiketten aus den Abruzzen oder den bemerkenswerten offenen Hauswein.

AVEZZANO (AQ)

55 KM SÜDLICH VON L'AQUILA, A 24 UND A 25

Mammaròssa

Moderne Osteria
Via Giuseppe Garibaldi, 388
Tel. (+39) 08 63 / 332 50
Ruhetag: Sonntag
Ferien: 10 Tage im Januar
60 Plätze + 40 Plätze im Freien
Preise: 35–45 €
Kreditkarten: AE, CS, DC, MC, Visa; BM
Abends geöffnet

Mammaròssa war der Spitzname der Großmutter mütterlicherseits von Franco und Daniela Franciosi, die seit einigen Jahren diese moderne Osteria nicht weit vom Zentrum von Avezzano entfernt leiten. Im hellen, schön eingerichteten Speisesaal oder im Sommer im elegant gestalteten Garten lernen Sie eine Küche kennen, die den Geschmack des Landesinneren der Abruzzen mit einem Seitenblick aufs Meer vorstellt. Es gibt vier thematisch zusammengestellte Degustationsmenüs für 35, 45, 55 und 65 €. Zu Beginn Sandwich di mare (16 €) und Uovo con tartufo e patate, danach das interessante Primo Spaghettone aglio, *ojio* & Co. (18 €) mit Bärlauchcreme. Des Weiteren Gnocchi con tartufo estivo, acciughe e fiori di zucca (mit Sommertrüffel, Sardellen und Kürbisblüten) und Tortello ripieno di caciocavallo stravecchio con purè di melanzana e mosto cotto (16 €). Unter den Secondi Capocollo di maiale con cicoria e patate, Pollastrella con peperone e limone und Stracotto di maiale (20 €). Als Dessert (10 €) Millefoglie, Tiramisu und Cannoli croccanti di ricotta con agrumi e ciliegia. Die Weinkarte ist nicht sehr groß und bietet überwiegend Weine aus den Abruzzen.

CARSOLI (AQ)

58 KM SÜDÖSTLICH VON L'AQUILA, A 24

L'Angolo d'Abruzzo

Restaurant
Piazza Aldo Moro, 8–9
Tel. (+39) 08 64 / 99 74 29
Ruhetag: Mittwoch
Keine Ferien
70 Plätze
Preise: 45–50 €
Kreditkarten: AE, CS, DC, MC, Visa; BM
Mittags und abends geöffnet

Eine unzertrennliche Einheit ist die Familie Centofanti, ebenso fest verbunden ist ihr Name mit der Gastronomie der Abruzzen. Seit beinahe 30 Jahren liegt die Philosophie dieses Restaurants im Respekt gegenüber der Erde, der Weidewirtschaft und der nachhaltigen Landwirtschaft. Lanfranco Centofanti und die leider verstorbene Maria Teresa haben ihre Kinder Valentina und Valerio nach diesem Prinzip erzogen. Weide- und Ackerbau sind die Worte, die am besten das Angebot des Angolo d'Abruzzo charakterisieren: Funghi porcini alla brace, Pappardelle al castrato di laticauda (18 €), Rigatoni risottati alla *gricia*, Scamorza alla brace und Galletto al forno con patate (13 €) als Beispiele für die zahlreichen Gerichte. Die Dolci – wie Nuvola di meringa mit frischem Obst je nach Saison (8 €) – sollten Sie keinesfalls verpassen. Sehr gut bestückter Keller, täglich werden andere Weine glasweise ausgeschenkt.

CIVITELLA CASANOVA (PE)

42 KM SÜDWESTLICH VON PESCARA

La Bandiera

Restaurant
Ortsteil Pastini, 4
Tel. (+39) 085 / 84 52 19
Ruhetag: Mittwoch, Sonntagabend
Ferien: 3 Wochen im Januar
80 Plätze + 30 Plätze im Freien
Preise: 45 €
Kreditkarten: AE, CS, DC, MC, Visa; BM
Mittags und abends geöffnet

Das Restaurant La Bandiera ist seit jeher berühmt für seine raffinierte Interpretation der Küche der Abruzzen. Geleitet wird es von Marcello und Bruna Spadone und den perfekt integrierten Söhnen Alessio und Mattia. Durch Können und Kreativität wird der Tradition hier ein zeitgenössischer Akzent verliehen, als Beispiele mögen der herbstliche Salat mit Wildgemüse und Ziegenkäse sowie Tagliolini agli ortaggi con sesamo tostato e pistilli di zafferano dell'Aquila (12 €) gelten, ebenso Ravioli di baccalà con passatina di ceci und Maccheroni alla mugnaia con sugo di pomodori arrostiti. Unter den Secondi Animelle con carciofi e mosto cotto (16 €) sowie „Il signore degli agnelli 2015" (glasierte Keule, paniertes Rippenstück, Kroketten mit Mais und Mandeln sowie Pancetta mit sonnengetrockneten Tomaten, 20 €). Zum Abschluss Millefoglie con crema all'Aurum (8 €) oder Dolce orto. Es gibt drei Degustationsmenüs für 35, 45 und 65 €.

GUARDIAGRELE (CH)

25 KM SÜDLICH VON CHIETI, S.S. 81

Villa Maiella

Restaurant • Via Sette Dolori, 30
Tel. (+39) 08 71 / 80 93 19,
(+39) 08 71 / 80 93 62
Ruhetag: Sonntagabend, Montag
Ferien: 10 Tage im Februar, 2 Wochen im Juli
60 Plätze + 20 Plätze im Freien
Preise: 45 €
Kreditkarten: AE, CS, MC, Visa; BM
Mittags und abends geöffnet

Ein Restaurant mit starker Identität, das im Lauf der Jahre zum Emblem der Gastronomie der Abruzzen geworden ist. Einen weiteren Qualitätszuwachs bringt nun der eigene kleine landwirtschaftliche Betrieb. Es freut uns, hier die Generationen nebeneinander zu sehen: Arcangelo in der Küche an der Seite von Mamma Angela und Großmutter Ginetta, während Pascal den Service gemeinsam mit Patron Peppino Tinari betreut. Das ausgezeichnete Ergebnis dieses Zusammenspiels spiegelt sich in den beiden Degustationsmenüs – „Territorio" für 45 € und „La nostra proposta" für 60 € – sowie in den Gerichten, die Sie à la carte wählen können, zum Beispiel Salumi aus eigener Erzeugung oder Carciofo alla griglia con pesto di erbe e ricotta (gegrillte Artischocke mit Kräuterpesto und Ricotta, 14 €) unter den Antipasti. Danach Zuppa di frascarelli con castagne e ricotta, Chitarra al ragù d'agnello e ricotta affumicata al ginepro (14 €) oder Ravioli di burrata allo zafferano dell'Aquila e lenticchie di Santo Stefano di Sessanio und als Secondo Maialino nero „della nostra fattoria" (Ferkel vom schwarzen Schwein aus eigener Aufzucht, 22 €) und Stinchetto d'agnello allo zafferano dell'Aquila. Süßer Ausklang mit Semifreddo al parrozzo (6 €). Breit gefächerte Weinkarte.

RIVISONDOLI (AQ)

96 KM SÖ. V. L'AQUILA, 32 KM V. SULMONA, S.S. 17

Spazio

Moderne Osteria • Via Regina Elena, 49
Tel. (+39) 393 / 463 68 41
Ruhetag: Montag–Donnerstag, außer im Sommer und zu Weihnachten
Ferien: Ostern, Juli, 1. November–8. Dezmber
40 Plätze
Preise: 37–43 €
Kreditkarten: CS, DC, MC, Visa; BM
Abends geöffnet, Samstag und Sonntag auch mittags

Das Spazio ist ausschließlich den Schülern der Kochschule „Niko Romito Formazione" gewidmet, die der Chefkoch mit den drei Sternen im nahen Castel di Sangro eröffnet hat. 15 Schülern wird am Ende des Kurses hier die Möglichkeit gegeben, ihre Künste zu erproben. Es gibt keine Gedecke und keine Weinkarte (zur Auswahl stehen etwa 15 Etiketten). Die Grundlage bilden die Verwendung saisonaler Zutaten und Kreativität in Maßen. Unter den Antipasti (10 €) Manzo marinato con salsa tonnata, Burrata con acciughe, arancia e misticanza und Coniglio croccante in agrodolce di pomodoro. Anschließend Fettuccelle con cime di rapa, peperoncino e acciughe (mit Stängelkohl, Chili und Sardellen, 12 €), Minestra di cazzarielli con piselli e vongole oder Zuppa di porro, patate e pane. Bei den Secondi (15 €) spannt sich der Bogen von Agnello brasato con friggitelli e spezie zu Polletto croccante con spinaci e maionese und von Baccalà al vapore con fagioli bianchi e olio zu Vitello alla pizzaiola. Castagne, meringa e panna (6 €), Crostatina al limone e amarene sciroppate sowie Crêpe con crema e miele millefiori Casadonna zum Abschluss. Denken Sie daran, dass es sich lohnt, zu reservieren und sich dabei der Öffnungszeiten zu versichern, da diese vom Kalender der Kochkurse abhängen.

SAN SALVO (CH)

83 KM SÜDÖSTLICH VON CHIETI, A 14

Al Metrò

Restaurant
Via Magellano, 35
Tel. (+39) 08 73 / 80 34 28
Ruhetag: Sonntagabend, Montag; 1. Juli–15. August Montag, Dienstagmittag
Ferien: unterschiedlich
40 Plätze
Preise: 40–45 €
Kreditkarten: AE, CS, DC, MC, Visa; BM
Mittags und abends geöffnet

Nicola Fossaceca ist einer der besten Vertreter der neuen Generation der Köche in den Abruzzen. Der gerade 30-Jährige hat in der Küche bereits eine bemerkenswerte Reife erlangt, gewürzt wird diese mit der richtigen Dosis an Bescheidenheit und Sympathie, alles in allem ein Vorbild für die kommenden Jahrgänge. Unzertrennlich ist er von seinem Bruder Antonio, der den Service – das Lokal wurde vor Kurzem ein wenig modernisiert – und die Weinauswahl betreut und die Gerichte auf eine Art erklärt, die deren Stil und Persönlichkeit offenbart: Sgombro arrosto con erbe spontanee e salsa all'aglio rosso di Sulmona (15 €), Ravioli ripieni di seppia con succo di spinaci (16 €), Baccalà mit Kartoffeln und Paprikaschoten oder Rombo laccato con mele e cipolla (20 €). Passender Abschluss mit dem traditionellen Parrozzo (7 €). Die beachtliche Weinkarte folgt dem Trend zu biologischem und naturbelassenem Wein. Degustationsmenüs für 50 und 70 €.

SAN VITO CHIETINO (CH)

40 KM SÜDÖSTLICH VON CHIETI

Bottega Culinaria Biologica

Moderne Osteria • Ortsteil Pontoni, 72
Tel. (+39) 08 72 / 616 09,
(+39) 339 / 142 11 11
Ruhetag: Montag
Ferien: unterschiedlich
35 Plätze + 35 Plätze im Freien
Preise: 35–38 €
Kreditkarten: AE, CS, MC, Visa; BM
Abends geöffnet, Sonntag nur mittags

Das kleine Restaurant von Cinzia Mancini, einer talentierten autodidaktischen Köchin aus den Abruzzen, befindet sich im unmittelbaren Hinterland der Costa dei Trabocchi, umgeben von Natur und einem eigenen Gemüsegarten. Es gibt wenige, bravourös betreute Tische (im Sommer werden sie im Freien gedeckt) und Gerichte von einer kreativen Köchin, die nach ihren Lehrjahren an verschiedenen Orten in Europa beschlossen hat, sich dem Guten zu widmen, das ihr Herkunftsort zu bieten hat. Und so kommen aus der Küche je nach Jahreszeit Zucca con tuorlo e cipolla, Gnocchi di patate e lardo (10 €), Spaghetti al nero di seppia con aglio e olio, Cremosi al pecorino in brodo speziato e zafferano, Coniglio laccato, Agnello affumicato (geräuchertes Lamm) oder Lamm mit Wirsing und Granatapfel (12 €). Ausgewogene Weinauswahl. Es gibt zwei Degustationsmenüs zum feststehenden Preis von 35 € für „In viaggio nella mia terra“ und 38 € für ein Menü mit sechs Gängen mit kreativen Gerichten.

0 10 20 km
A14
Pescara
Francavilla al Mare
Ortona
ADRIA
Chieti
A25
Lanciano
PARCO
Orsogna
ABRUZZEN
Vasto
NAZ.
Cásoli
la Maiella
2793
Bomba
S. Salvo
A14
Termoli
D. MAIELLA
Campomarino
Guglionesi
Montecilfone
Roccaraso
Capracotta
Larino
PARCO NAZ.
Trivento
Castèl di Sangro
Agnone
Montelongo
D'ABRUZZO,
Casacalenda
M.ti della Meta
Carovilli
2247
Pescolanciano
LAZIO E MOLISE
APULIEN
Isernia
CAMPOBASSO
Venafro
Vinchiaturo
Bojano
S. Bartolomeo in Galdo
A1
Morcone
KAMPANIEN
Teano
Ariano Irpino
Benevent
Grottaminarda
Cápua
Caserta
S. Maria Cápua Vétere
Maddaloni
Aversa
A1
A30
A16
Nola
Avellino
TYRRHENISCHES MEER
NEAPEL
PARCO NAZ. D. VESÚVIO

MOLISE

Mit Ausnahme eines kleinen Küstenstücks erstreckt sich das Molise über eine Hügelzone, die nach und nach immer gebirgiger wird. Zu den Ortschaften der Region und zu ihren Traditionen gibt es noch vieles zu entdecken. Der Wert ihrer Produkte und ihrer unverfälschten Küche jedoch wurde in den letzten Jahren bereits vielfach ins Licht gerückt.
Die Gerichte haben ihren Ursprung in der Arbeit der Bauern und Viehzüchter, einer Kultur, die die Region mit den Abruzzen und zum Teil mit Apulien und Kampanien gemeinsam hat. Zur Aufzucht von Rindern, der Grundlage für die wichtige Produktion von Filata-Käse (Stracciata, Fiordilatte, Scamorza, Caciocavallo), kommt der altüberlieferte Brauch, mit den Schafherden durch naturbelassene Täler zu ziehen. Dass dies möglich ist, liegt an der auch zu touristischen Zwecken erfolgten Wiederbelebung der Trifte, der Herdenwege der Transhumanz in die historische Capitanata, die heutige Provinz Foggia.
Auf diese Weise entstehen Milch für Hartkäse und exzellentes Fleisch – stammt es doch von Tieren, die auf nährstoffreichen Weiden aufgezogen wurden, und es wird auf einfache und daher umso schmackhaftere Weise zubereitet. Vom Lamm wird nichts weggeworfen, ebenso wenig vom Schwein. Mit verschiedenen Fleischstücken wird die Sauce für die Teigwaren veredelt (manchmal ohne, häufiger jedoch mit Tomaten). Als Secondo kommt Fleisch meistens „alla brace" auf den Tisch, oder es wird im Ofen bzw. in der Pfanne mit Gemüse und Kartoffeln zubereitet, wobei man am Ende der Kochzeit mit Käse verquirltes Ei (den berühmten *Cac' e ove*) hinzufügen kann.
Dann gibt es Fleischteile, die als weniger wertvoll gelten, doch ihre Liebhaber in Entzücken versetzen: Lammköpfe, die im Ofen mit leichter Panade gebacken werden, oder die Innereien für die aufwendige Zubereitung von Torcinello, einer Roulade aus den mit Salz, Pfeffer und Lorbeer gewürzten Innereien des Lamms, die eingerollt, mit dem Darm zusammengebunden und anschließend auf Holzkohle gegrillt oder in Tomatensauce geschmort werden.

Für Sie entdeckt

Agnello

643 Da Nonna Rosa
Campomarino (Cb)
644 Guado Cannavina
Capracotta (Is)
645 Da Adriano
Carovilli (Is)

Torcinelli

642 Aciniello
Campobasso
642 Da Filomena
Bojano (Cb)

24 KM SÜDWESTLICH VON CAMPOBASSO, S.S. 17

Da Filomena

Trattoria
Ortsteil Limpilli, 199
Tel. (+39) 08 74 / 77 30 78
Ruhetag: Montag
Ferien: 2 Wochen im Juli
70 Plätze
Preise: 27 €
Kreditkarten: CS, MC, Visa; BM
Mittags geöffnet, abends gegen Vorbestellung

Sollten Sie die Region Molise durchqueren, könnte dieses Lokal auf Ihrer Route liegen. Dann nehmen Sie einfach an der Staatsstraße, die Isernia und Campobasso verbindet, die Ausfahrt Bojano und nach fünf Minuten erreichen Sie den Ortsteil Limpilli. Hierher ist die im Jahr 1969 im Zentrum von Bojano eröffnete Trattoria übersiedelt. Signora Domenica, die Gründerin, ist nach wie vor in der Küche anzutreffen. Für die Weiterführung der Tradition ist heute Filomena verantwortlich, den Service betreuen ihr Mann Teodoro und ihr Sohn Stefano. An Winterabenden, wenn man in der Nähe des Kaminfeuers essen kann, ist das Lokal besonders heimelig. Vergessen Sie dann nicht zu reservieren. Klassischer Antipasto (8 €) mit Salumi, Käse, hausgemachtem in Essig und Öl eingelegtem Gemüse sowie **Fior di latte**. Einen Einblick in die lokale Tradition gewähren **Zuppa di taccozze e fagioli** (6 €), mit oder ohne Tomaten zubereitet, und die köstliche **Frufola** (8 €), eine cremige Minestrone mit verschiedenem Gemüse, Hülsenfrüchten und Kartoffeln, gut gewürzt und mit getrocknetem Brot serviert. Im Anschluss Agnello alla brace (12 €). Keinesfalls sollten Sie sich den kräftigen Geschmack von **Torcinello** (6 €) entgehen lassen, es handelt sich um mit Innereien gefüllte und eingerollte Lammdärme, die auf der Holzkohlenglut gebraten werden. Zum Abschluss Torten, Crostata und **Tiramisu**, alles hausgemacht (3 €).

Fior di latte und Scamorza aus Bojano können Sie in den Käsereien Biferno, Via San Bartolomeo 31, und La Molisanella, Via Calderari 109, kaufen.

Aciniello

Trattoria
Via Torino, 4
Tel. (+39) 08 74 / 940 01,
(+39) 328 / 558 54 84
Ruhetag: Sonntag
Ferien: 9.–23. August
50 Plätze + 20 Plätze im Freien
Preise: 23–28 €
Kreditkarten: AE, CS, MC, Visa; BM
Mittags und abends geöffnet

Aciniello war der Spitzname des ersten Eigentümers. Nicht nur der Name ist geblieben, sondern auch der schlichte, Vertrauen erweckende Stil der regionalen Gerichte, die von Signora Maria zubereitet werden. Ab und zu wirft sie auch einen Blick in den Speisesaal, in dem die Söhne Christian und Raffaele die Gäste herzlich empfangen und ihnen geduldig die zahlreichen Tagesgerichte beschreiben. Nehmen Sie entweder im ersten Speisesaal mit dem Barbereich Platz, in dem ein großer Fernsehapparat einsamen Reisenden Gesellschaft leistet, oder im ruhigeren zweiten Saal. Auf der Speisekarte finden Sie verschiedene Vorschläge: ein Menü für 15 €, einen interessanten Rundblick zum Thema Baccalà für 25 € sowie ein Repertoire der Tradition des Molise mit vier Gerichten, das bei 25 € beginnt und bis zu 33 € geht, wenn Sie dazu einen Wein aus der schönen Auswahl an Etiketten der Umgebung bestellen. Reichhaltig und voller Geschmack präsentiert sich der warme Antipasto (8 €): Milchprodukte, Gemüse im Backteig und Gemüseomeletts sowie die köstlichen **Pallotte *cac' e ova***. Lokale Tradition regiert bei den Primi mit Zuppa di fagioli cannellini, rape e crostini di pane, Pantacce con ceci o fagioli und der unverzichtbaren ***Pizz' e* minestra** (7 €). Probieren Sie bei den Secondi die schmackhaften von Hand gemachten **Torcinelli** oder Trippa di agnello alla molisana (Lammkutteln, 8 €). Große Auswahl an Beilagen (3 €), darunter auf der Holzkohlenglut gebratenes Saisongemüse. Qual der Wahl auch bei den großteils hausgemachten Desserts, zum Beispiel **Coppa di mascarpone con amaretti e caramello** (3 €).

Gutes Fleisch und Salumi gibt es in der Fleischerei Roselli, Via XXIV Maggio 165. In **Matrice** (11,5 km) erzeugt die Bäckerei Petrella Laurino, Via Calvario 55, ausgezeichnetes Sauerteigbrot aus Hartweizenmehl.

La Grotta da Concetta

Trattoria
Via Larino, 9
Tel. (+39) 08 74 / 31 13 78
Ruhetag: Samstag, Sonntag, Feiertage
Ferien: zeitweise im August
40 Plätze • Preise: 25–30 €
Keine Kreditkarten
Mittags und abends geöffnet

Das Lokal ist für alle einfach "Da Concetta", nach dem Namen der klugen, erfahrenen Dame, die in der Küche den Ton angibt und auch die Mutter von Fabio und Lucia Gianfelice ist. Die Trattoria entstand vor 60 Jahren als Weinausschank und Treffpunkt der Stadt, später wurde sie zu einem Bezugspunkt für die typischen Gerichte des Molise. Die einfachen, gemütlichen Räume spiegeln den familiären Charakter des Lokals und sind sowohl mittags als auch abends gut besucht. Die Tradition wird in den mündlich aufgezählten, täglich wechselnden Gerichten erfahrbar, die immer schlicht und schmackhaft sind und mit der Identität der Region verbunden. Zu Beginn Antipasti (8 €) wie Artischocken im Pfännchen, Ei mit Ciambotta (Gemüseeintopf), **Melanzana fritta con caciocavallo** und Rucoletta e pomodoro sowie gekochtes Rindfleisch als Salat. Anschließend die Primi (8 €) mit **Pizza e minestra**, Spaghetti spezzati con fave, Tagliolini con fagiolini verdi, pomodoro, basilico, origano und vor allem hausgemachten Teigwaren mit Hülsenfrüchten von lokalen Bauern. Danach in Tomatensauce gekochtes Fleisch, Copertella di vitello (Ragout vom Kalbsbauch), Schweineleber im Netz, **Agnello cacio e uovo**, Kaninchen oder Hühnchen alla cacciatora und gebratener Scamorzakäse mit Birnensalat. Das Angebot folgt den Jahreszeiten und wenn Feigen Saison haben, sollten Sie Pancetta arrosto con fichi e mosto cotto nicht verpassen. Zum Abschluss ist **Panzerotto fritto con crema di ricotta** die beste Wahl.

„Eine echte Trattoria, in der man jenes Molise, das bis in die Antike zurückblickt, erforschen kann."

69 KM NORDÖSTLICH VON CAMPOBASSO, S.S. 647

Da Nonna Rosa

Trattoria
Via Biferno, 41
Tel. (+39) 08 75 / 53 99 48,
(+39) 348 / 904 00 59
Ruhetag: Dienstag
Ferien: 10 Tage im September, Weihnachten
25 Plätze
Preise: 35 €
Kreditkarten: AE, CS, MC, Visa; BM
Mittags und abends geöffnet

Es mag erstaunen, dass man in diesem hübschen Ort an der Adriaküste, einem beliebten Ziel für Badeurlauber, auf eine kleine Trattoria trifft, die eine raffinierte traditionelle Küche vom Land bietet. Wenn Sie auf der Suche nach hervorragendem lokalem Fleisch wie **Rinderfilet** und **Lamm** sind, das perfekt abgehangen ist und über der immer glühenden Holzkohle auf den Punkt gebraten wird, können wir Ihnen versichern, dass das Lokal von Giuseppe Labbate das Richtige für Sie ist. Doch gehen wir der Reihe nach vor und beginnen wir bei einer von Saison zu Saison variierenden Abfolge an Antipasti (18 €). Besonders empfehlenswert sind Pallotte (Bällchen) mit Mangold und Mozzarella auf Schiacciatina di patate, eine kleine Portion von Spezzatino di vitello (Kalbsragout), dazu verführerisch duftendes Gemüse, sowie Involtino di verze e riso con cacioricotta e salsa di pomodorini. Alternativ gibt es eine gute Auswahl an lokalen Salumi und **Käse** sowie den verlockenden mit dem Messer geschnittenen Prosciutto. Nach den Antipasti ist man oft der Meinung, man sollte die Primi überspringen, in diesem Fall aber sollten Sie eine Ausnahme machen und zumindest eine Kostprobe der hervorragenden hausgemachten Teigwaren bestellen. Es erwarten Sie **Chitarrina mit Spargel** oder mit Zucchini und Mandelpesto (9 €) oder aber **Orecchiette al ragù bianco di agnello**, pomodori secchi e finocchietto. Ebenso erfreut werden Sie über **Purè di fave con le cicorie** (7 €) oder Zuppa di cicerchie sein. Zum Abschluss wählen Sie zwischen Semifreddo alla liquirizia, Crema catalana und Mousse al mascarpone. Im Weinkeller lagert eine schöne Auswahl an regionalen Weinen, bereichert um ein kleines, klar zusammengestelltes Angebot an italienischen Etiketten.

43 KM NÖRDLICH VON ISERNIA

Guado Cannavina

Ferienbauernhof
Ortsteil Macchia, 11
Tel. (+39) 08 65 / 94 91 35
Ruhetag: Donnerstag
Keine Ferien
65 Plätze
Preise: 18–24 €
Kreditkarten: AE, CS, DC, MC, Visa; BM
Mittags und abends geöffnet

Der kleine Ort Capracotta ist für seine schneereichen Winter ebenso bekannt wie für seine weit zurückreichende Tradition in Weidewirtschaft und Ackerbau und vor allem für die Käseerzeugung. Die Käsespezialitäten können Sie in diesem Lokal kennenlernen, einem echten Ferienbauernhof, der alle Kriterien erfüllt: eine einfache Küche, die auf Saisonalität achtet und sich durch Aufmerksamkeit für die Produkte von Mutter Natur und Bedacht auf die Frische der Zutaten aus eigener oder lokaler Erzeugung auszeichnet. Es gibt nur ein einziges Menü, das mit einem reichhaltigen Antipasto della casa (6,50 €), basierend auf Salumi, Käse und gegrilltem Gemüse beginnt, Hauptattraktion ist die im Betrieb erzeugte **Ricotta**. Großzügige Portionen bei den schmackhaften Primi, so wie es auf dem Land an Feiertagen früher üblich war. Es gibt Tagliatelle al tartufo, Sagne al sugo di agnello und **Gnocchi al ragù di cinghiale** (4,50 €). Über der Holzkohle brät stets verschiedenes Fleisch, vor allem **Lamm**, das von den nahe gelegenen Weiden stammt, aber auch der köstliche Käse **Scamorza arrosto** (5,50 €). Zu allem gibt es hervorragende Beilagen. Zum Abschluss ein paar hausgemachte Desserts, doch als Ausklang eignet sich vielleicht noch besser eine Kostprobe des unverwechselbaren lokalen **Caciocavallo** in verschiedenen Reifegraden. Der Weinkeller könnte besser werden, doch das schlichte Angebot ist das Ergebnis einer bewusst getroffenen Entscheidung.

46 KM NÖRDLICH VON ISERNIA

L'Elfo

Restaurant
Via Campanelli
Tel. (+39) 08 65 / 94 91 31
Ruhetag: Montag
Ferien: je 2 Wochen im Mai und November
60 Plätze + 20 Plätze im Freien
Preise: 28–30 €
Kreditkarten: CS, Visa; BM
Mittags und abends geöffnet

Im Herzen des Apennin des Molise, auf einer Höhe von 1.400 Metern, liegt Capracotta, zweifellos ein Paradies für Skiläufer, aber auch empfehlenswert für Liebhaber der Natur und der lokalen Wälder, in denen ein hervorragender weißer Trüffel wächst. Er zeichnet sich durch seine Menge und Qualität aus und die Preise sind eindeutig günstiger als durchschnittlich in Italien. Die Küche in diesem Gebiet ist eng mit den Aktivitäten der Land- und Weidewirtschaft verbunden. L'Elfo befindet sich am Ortseingang, in einer Straße, die für Autos nicht befahrbar ist. Koch Michele Sozio und seine Frau Franca – die herzlich und charmant den Service betreut – bieten Ihnen Traditionsgerichte mit modernem Einschlag. Von den Antipasti sollten Sie **Carpaccio di vitello con scaglie di caciocavallo e tartufo nero** (9 €) probieren, bei den Primi mit frischen Teigwaren (8 €) gebührt **Tagliolini con orapi** al profumo di limone sowie Zuppa di lenticchie di Capracotta con patate e cicoria selvatica ein besonderes Lob. Spezialitäten bei den Secondi sind Cosciotto di **castrato brasato agli agrumi** (mit dem Saft von Zitrusfrüchten geschmorte Hammelkeule, 9 €), Pezzata (mit Kräutern gekochte Fleischstücke), Bocconcini di cinghiale oder ein Teller mit Käse aus dem Molise (8 €), der Sie mit seinen sechs oder sieben lokalen Sorten nicht enttäuschen wird. Verzichten Sie zum Abschluss nicht auf eine Kostprobe von Crostata al semifreddo di ricotta. Im Weinkeller lagert neben Etiketten aus dem Molise eine gute Auswahl an italienischen Weinen.

Spezialitäten aus dem oberen Molise finden Sie in der Käserei Pallotta, Via Falconi: Stracciata, Ricotta, Scamorza und Caciocavallo. In der Via Santa Maria di Loreto 13 bringt der Betrieb Trotta ausgewählten Caciocavallo und Pecorino zur Reife.

CAROVILLI (IS)

25 KM NÖRDLICH VON ISERNIA

Da Adriano

Osteria
Via Napoli, 14
Tel. (+39) 08 65 / 83 86 88,
(+39) 338 / 888 75 78
Ruhetag: Dienstag
Keine Ferien
40 Plätze
Preise: 30 €
Kreditkarten: AE, CS, DC, MC, Visa; BM
Mittags und abends geöffnet

Eigentümer und Faktotum der Osteria ist der temperamentvolle Adriano Scarpitti. Er macht auch in der Küche keine schlechte Figur, wenn seine Frau einmal nicht da ist, was allerdings selten vorkommt. Normalerweise ist er daher im Speisesaal zu finden, wo er seine Gäste auf freundschaftliche und vertraute Weise begrüßt, als ob er sie immer schon kennen würde, selbst wenn sie keine Stammgäste sind. Es kann vorkommen, dass er Sie während der Wartezeit in die Küche zum Plaudern einlädt oder sich an Ihren Tisch setzt, um ein Glas Wein zu trinken und mitreißend zu erzählen: Geschichten aus einem Leben, das der Gastwirtschaft im Molise gewidmet ist, von traditionellen Gerichten und Zutaten. Alles in allem ein Wirt aus vergangenen Zeiten und eine Osteria, die absichtlich nicht mit Hinweisschildern beworben wird. Wenn Sie im Zentrum von Carovilli angekommen sind, fragen Sie einfach, denn alle können Ihnen sagen, wie Sie die Osteria erreichen. Der Antipasto (10 €) ist eine gelungene Abfolge von nie banalen warmen und kalten typischen Vorspeisen aus dem Molise. Bei den Primi (7 €) müssen Sie einfach die hausgemachte, von Hand gezogene Pasta bestellen, zum Beispiel **Pappardelle al cinghiale** oder Fettuccine mit Wildzichorien. Unter den Secondi finden Sie köstliches **Agnello alla brace** (11 €) und lokalen Käse aus Knetteig wie Scamorza und **gereiften Caciocavallo**. Abschließend hausgemachte Dolci, darunter die hervorragende **Torta di ricotta** (2 €). Der Hauswein im Krug ist nicht schlecht, aber es gibt auch eine kleine Auswahl an Flaschen aus dem Molise und den Abruzzen.

In der Via Roma erzeugt der Caseificio Santo Stefano von Roberto D'Andrea außerordentliche Sorten von Stracciata, Ricotta, Manteca und Caciocavallo aus Rohmilch.

LARINO (CB)

56 KM SW. V. CAMPOBASSO, S.S. 647 U. S.S. 87

Osteria del Borgo

Osteria
Via Cluenzio, 44
Tel. (+39) 349 / 392 80 13
Ruhetag: Sonntagabend, Montag
Ferien: letzten 2 Januarwochen
30 Plätze + 15 Plätze im Freien
Preise: 28–32 €
Keine Kreditkarten
Mittags und abends geöffnet

Der Ort Larino im beginnenden Hügelland des Molise beeindruckt durch seine gut erhaltenen Gebäude aus verschiedenen Epochen und seine immer noch ursprüngliche Gastlichkeit. Die zentral gelegene Via Cluenzio ist eine lebhafte, stark frequentierte Fußgängerzone. Auf diese Straße geht die Osteria, die im Jahr 2011 dank dem Enthusiasmus von Assunta D'Ermes und ihrem Mann Domenico Starinieri entstanden ist. Die Küche ist einfach und traditionell. Am besten genießen können Sie sie, wenn Sie mit einer Kostprobe der Antipasti (10 €) beginnen, nämlich Pallotte *cac' e ova*, Bruschetta mit milden Paprikaschoten, Omeletts und anderen Häppchen. Weiter geht es dann mit ausgezeichnetem Käse aus der Tradition des Molise (8 €). Die Teigwaren sind hausgemacht, versuchen Sie **Chitarrina** a modo nostro (7 €) **con pomodorino al forno, melanzane, provola e basilico** oder die originellen Foglie di olivo ai dolci sassi (7 €), eine kurze Pasta aus Wasser und Mehl mit wilder Rucola, Mandeln und Pinienkernen. Bei den Secondi **Grigliata** mista vom Käse mit Scamorza, Caciocavallo und Primo sale oder klassisches – doch exzellentes – **gegrilltes Fleisch** (12 €). Ebenso hervorragend Tagliata di manzo (15–17 €). Oft gibt es auch Gerichte mit **Baccalà**. Von den mit Sorgfalt zubereiteten Dolci des Hauses empfehlen wir eine Kostprobe von **Semifreddo di yogurt con amarena e pasta frolla sbriciolata** (4 €). Im Weinkeller lagern wenige, aber repräsentative Etiketten von Weinen aus dem Molise. Ein Menü für 27 € beinhaltet Antipasti, Kostproben nach Wahl von Primo und Secondo sowie ein Glas Wein.

In **Ururi** (12 km) finden Sie in der Fleischerei Facchino Michele, Via Dei Giochi Olimpici 10, ausgezeichnetes lokales Fleisch, hausgemachte Salumi und gegen Vorbestellung die typischen Torcinelli di agnello (gefüllten Lammdärme).

68 KM NORDÖSTLICH VON CAMPOBASSO, S.S. 647

Osteria Dentro le Mura

Osteria • Via Federico II di Svevia, 3
Tel. (+39) 339 / 502 49 32,
(+39) 349 / 196 94 70
Ruhetag: Mittwoch, im Sommer Sonntag
Ferien: 10 Tage zu Weihnachten/Neujahr
28 Plätze + 30 Plätze im Freien
Preise: 35–38 €
Kreditkarten: CS, DC, MC, Visa; BM
Abends geöffnet, September–März auch Sonntagmittag

Meeresspezialitäten, mit Geschmack und Fantasie aus besten und garantiert frischen Zutaten zubereitet: Das ist die Stärke dieses Lokals in der Altstadt von Termoli. An der neuen Adresse in der Nähe der Kathedrale und der Stauferburg, die den normannischen Ursprung des Orts bezeugen, blickt die Osteria von der Höhe der Stadtmauer aus über den Strand der Südküste. Antonio und Lina Terzano sind Kopf und Herz einer von den lokalen kulinarischen Traditionen inspirierten Küche, die sich auf den täglichen Fischfang stützt, wobei weniger bekannte Sorten bevorzugt werden. Unter den weiteren Produkten finden Sie auch oft Slow-Food-Presidi. Sorgfalt bei den Details, akribische Suche nach Qualität und liebenswürdiger Service sowie ein ständig erneuertes Angebot sind das Ergebnis einer von Jahr für Jahr stattfindenden Weiterentwicklung, die – dessen sind wir sicher – fortgesetzt werden wird. Duftend und reich an Geschmack sind die Antipasti di mare, darunter ein appetitanregender **Brodetto di vongole** (6 €) als „warmer" Übergang nach den außergewöhnlichen Speisen mit rohem Fisch (wenn vorhanden). In der belebten einsehbaren Küche werden in der Zwischenzeit die Primi zubereitet, abhängig von der Saison: **Fusili alla pescatrice**, Chitarrina con seppia ripiena al sugo (mit gefüllten Tintenfischen, 16 €) und die klassischen **Tagliolini allo scoglio**. Dann kommt der Auftritt der Meeresspezialitäten, die in **Zuppa di pesce** (22 €) und der duftenden Frittura mista zur Perfektion gelangen. Eine schöne Auswahl an Dolci zum Abschluss. Begrenzte, aber intelligente Auswahl im Weinkeller. Zwei Degustationsmenüs für 35 und 45 €.

Gutes Essen, Ursprünglichkeit, Gastlichkeit, Charme. Das ist das einfache Rezept dieses überaus erfolgreichen Lokals.

VINCHIATURO (CB)

12 KM SÜDW. V. CAMPOBASSO, S.P. 53 U. S.S. 87

Casale Rosa

NEU

Ferienbauernhof
Ortsteil Monteverde, 4 A
Tel. (+39) 08 74 / 343 82
(+39) 338 / 284 61 96
Kein Ruhetag • Keine Ferien
50 Plätze + 20 Plätze im Freien
Preise: 30–32 €
Kreditkarten: CS, MC, Visa; BM
Mittags geöffnet, abends gegen Vorbestellung

In einer ganz und gar ländlichen Umgebung, unweit des Hauptorts der Region, ist dieser Ferienbauernhof angesiedelt. Er gehört zu einem landwirtschaftlichen Betrieb mit Viehzucht, den Familie Felice seit 1964 führt. Dieser besteht aus mehreren Gebäuden: Es gibt einen auf die Straße gehenden Verkaufspunkt, in dem man Käse aus Kuhmilch, hochwertige Salumi, in Öl eingelegtes Gemüse und Konfitüren aus eigener Erzeugung kaufen kann. Hundert Meter weiter befindet sich der Speisesaal mit herrlichem Blick auf das Tal und die Berge des Matese-Massivs. Pasquale, seine Frau Maria Luisa und die ältesten Kinder Luca und Federica begrüßen Sie charmant und beschreiben die Tagesgerichte. Beginnen Sie mit einem reichhaltigen Antipasto misto (13 €), der neben ausgezeichnetem Käse und Salumi aus eigener Erzeugung Coratella d'agnello, **Baccalà in pastella**, Cremesuppe aus Kürbis oder Kichererbsen und Polenta mit Trüffel beinhaltet. Die Primi (7 €), alle mit hausgemachten Teigwaren, reichen von den klassischen **Cavatelli al sugo alla molisana** zu Ravioli di ricotta e patate, von Pappardelle con zucca e porcini zu Trenette ai fiori di zucca e zucchine. Aus dem lokalen Fleisch – vom Kalb, Lamm, Hähnchen oder Schwein – kann man einen klassischen Arrosto misto (10 €) zusammenstellen oder aber ***Pullastr' arichin'*** (mit seinen eigenen Innereien sowie Käse, Ei und Kräutern gefülltes Hähnchen) wählen. Eine weitere Option ist köstliches **Cosciotto di agnello farcito** (gefüllte Lammkeule). Süßer Ausklang mit Torta al cioccolato e vino rosso (4 €), Crostata und Biscotti al vino bianco. Kleiner Weinkeller, gut vertreten sind die Weine des Molise.

GUGLIONESI (CB)

58 km nordöstlich von Campobasso, S.P. 157

Ribo

Restaurant
Ortsteil Malecoste, 7
Tel. (+39) 08 75 / 68 06 55
Ruhetag: Montag
Ferien: unterschiedlich
55 Plätze
Preise: 45 €
Kreditkarten: AE, CS, DC, MC, Visa
Mittags und abends geöffnet

In ihrem Restaurant auf einem Hügel mit Blick auf die Küste bei Termoli leben Bobo Vincenzi und Rita ihre große Leidenschaft für eine Küche, die versucht, ein Gleichgewicht zwischen Kreativität und Territorialität herzustellen. Ihr Betrieb ist eine kleine Siedlung, zu der ein Restaurant, die Enoteca Terramia und einige Gästezimmer gehören. Cartoccio di ortaggi, scampetti, pomodori e mozzarella zu Beginn. Probieren Sie danach Tagliatelle con fiori di zucca e scampi (12 €) und Spaghetti con rombo e tartufo wie auch Crostacei cotti al panno (12 €), einen echten Leckerbissen. Knochenfische werden je nach Größe geschmort, im Ofen oder alla brace gegart, in jedem Fall können Sie auch auf die traditionelle Zuppa con pesce misto zählen. Unter den Löffeldesserts gibt es eine ganz besondere Mousse di melanzane.

TREMITI-INSELN
PARCO NAZ. D. GARGANO
Térmoli
Rodi Garganico
Peschici
Vieste
Lesina
San Nicandro Garganico
PARCO NAZ.
Vico del Gargano
D. GARGANO
A14
MOLISE
S. Giovanni Rotondo
1055
Monte S. Angelo
Golf von
S. Severo
Manfredonia
Manfredonia
Lucera
Foggia
Margherita di Savoia
Barletta
Trani
Orsara di Puglia
Andria
Bisceg
Cerignola
A14
Bovino
Canosa di Puglia
Corato
Minervino Murge
Ruvo di Puglia
Bito
A16
PARCO NAZ.
Spinazzola
DELL'ALTA MURGIA
Melfi
S. Ángelo d. Lomb.
Gravina in Puglia
Altamu
Muro Lucano
KAMPANIEN
POTENZA
Matera
Basento
Éboli
Salerno
Miglio
Battipáglia
PARCO NAZ.
Laurenzana
DELL'APPENNINO
Pisticci
PARCO
Sala Consilina
LUCANO
BASILIKATA
Agrópoli
NAZ. D. CILENTO
Agri
EVALLO DI DIANO
A3
VAL D'AGRI
S. Arcángelo
Poli
Vallo d. Lucánia
LAGONEGRESE
PARCO NAZ.
Amend
Palinuro
Sapri
Capo Palinuro
Golf von Policastro
Camerota
Treb
D. POLLINO
Castrovillari
Scalea
KALABRIEN
TYRRHENISCHES MEER

0
15
30 km
A D R I A
BARI
Mola di Bari
Monopoli
viva d. Fonti
Sammichele di Bari
Castellana Grotte
Fasano
Putignano
no d. Murge
Alberobello
Noci
Cisternino
Carovigno
Locorotondo
Ostuni
Brindisi
Martina Franca
S. Vito d. Normanni
Ceglie Messapica
A14
Castellaneta
Crispiano
Villa Castelli
Mesagne
S. Pietro Vernotico
Massafra
Latiano
Palagiano
Grottaglie
Francavilla Fontana
S. Cataldo
Taranto
Lecce
Manduria
Cavallino
Lido di Metaponto
Otranto
Nardo
Corigliano d'Otranto
Maglie
Golf von Tarent
Poggiardo
Alezio
Gallipoli
Taviano
Tricase
Patu
IONISCHES MEER
S. Maria di Leuca
C. S. Maria di Leuca
f von
gliano

APULIEN

Apulien birgt unterschiedliche Landschaften und bringt entsprechend facettenreiche Essgewohnheiten hervor. Diese Kulinarik ist von den Kulturen des Meeres wie auch des Landesinneren geprägt, die in traditionellen Rezepten häufig aufeinandertreffen. Apulische Küche bedeutet Hausmannskost, die vor allem auf vielen frischen Teigwaren (zuweilen aus einem speziellen dunklen Mehl – Farina di grano arso), allerlei Wildgemüse, nativem Olivenöl extra und Tomaten basiert. Es ist eine geradlinige, schnörkellose Küche mit kräftigen, gut wiederzuerkennenden Aromen, die sich angesichts der großzügigen Verwendung von Gemüse, Hülsenfrüchten und Getreide vielfach auch für Vegetarier eignet.
Fisch ist ein wichtiges Kapitel in der Ernährung der Apulierinnen und Apulier. Die Gaben des Meeres werden seit jeher sowohl roh als auch gekocht verspeist. Außer diesem Kult rund um den Rohverzehr ist als weiterer interessanter Aspekt festzuhalten, dass für viele Rezepte auch weniger edle Fischarten, insbesondere Fettfisch (Pesce azzurro), Verwendung finden.
Fleischgerichte haben, was Schaf und Ziege betrifft, ihre Wurzeln in der Kultur der Transhumanz, in Sachen Schwein hingegen in der Nutztierhaltung für die Selbstversorgung. In manchen Gegenden wird mit einer gewissen Regelmäßigkeit Pferdefleisch verarbeitet, Gerichte auf Basis von Rindfleisch hingegen sind in den apulischen Rezeptesammlungen nur selten zu finden. Von der Murgia bis ins Salento wird die Tradition der Fornelli nach wie vor hochgehalten: Es handelt sich um Fleischereien, die zugleich Gaststätten sind. Gleichsam im Hinterzimmer wird Fleisch (Lamm, Zicklein, Schwein) gebraten, das der Gast vor Ort verspeisen kann.
An die Transhumanz sind auch viele Käsesorten aus Schaf- und Ziegenmilch gebunden. Einst dienten sie den Hirten als Tauschware. Ölbäume und Weinstöcke sind neben dem Weizen jene Pflanzen, die das landwirtschaftliche Panorama der Region charakterisieren. Die am stärksten vertretenen Olivensorten für Öl sind die Peranzana, die Ogliarola, die Coratina und die Cima di Bitonto im Norden, die Cellina di Nardò und die Ogliarola Salentina im Süden. Die drei wichtigsten Rebsorten sind die Troia-Traube, Negroamaro und Primitivo.

Für Sie entdeckt

Orecchiette con ragù di brasciole di cavallo

658 La Bottega dell'Allegria
Corato (Ba)

681 Antica Cucina 1983
Barletta

Sagne 'ncannulate

658 Olo Kalò
Corigliano d'Otranto (Le)

674 Rua de li Travaj
Patù (Le)

Tiella di agnello

652 Antichi Sapori
Andria

672 Medioevo
Monte Sant'Angelo (Fg)

Zuppa di pesce

669 Canneto Beach 2
Margherita di Savoia (Bt)

678 La Costa
San Nicandro Garganico (Fg)

55 KM SÜDÖSTLICH V. BARI, S.S. 100 U. 172 OD. 634

L'Aratro

Restaurant
Via Monte San Michele, 25–29
Tel. (+39) 080 / 432 27 89
Kein Ruhetag
Keine Ferien
50 Plätze + 50 Plätze im Freien
Preise: 35–40 €
Kreditkarten: AE, CS, DC, MC, Visa; BM
Mittags und abends geöffnet

Alberobello ist eine kleine Stadt mit großer touristischer Anziehungskraft. Am Beginn der Treppe, die ins Trulli-Viertel führt, entdecken wir die Osteria von Domenico Laera, die sich in einem baulichen Ensemble von gut erhaltenen Trulli befindet; ein weiterer Gästebereich ist durch die Überdachung des kleinen Innenhofs entstanden. Der Service ist freundlich und professionell, die Küche verwendet gute Produkte, darunter viele Slow-Food-Presidi. Man wählt à la carte oder zwischen zwei Degustationsmenüs: Das eine gewährt von der Vorspeise bis zum Dessert (35 €) einen schönen Einblick in die hiesige Kulinarik, das andere ist die perfekte Lösung, wenn man ein Primo und ein Secondo mit einer Kostprobe von der Focaccia kombinieren möchte (16 €). Der Antipasto della casa (18 €) umfasst zwölf Appetithäppchen von Wurstwaren, Frischkäse, Gemüseaufläufen und allerlei Frittiertem; alternativ dazu gibt es einheimische Salumi, Capocollo aus Martina Franca oder den Antipasto di mare. Große Auswahl besteht bei den Primi: Cavatelli mit Tomaten und Cacioricotta (9 €), **Orecchiette al ragù di *frizzl* e cime di rape** (mit Schweinebauch und Stängelkohl), Fricelli con cavolfiori e pomodoro fiaschetto (mit Blumenkohl und Rispentomaten), **Grano con frutti di mare** (Weizen mit Meeresfrüchten). Verschiedene Tranchen von gegrilltem Fleisch (Carne alla brace, 12 €) machen den Löwenanteil bei den Hauptspeisen aus, unter denen aber auch Salsiccia (9 €), Filetto di vitello (Kalbsfilet), Formaggi und **Tiella paesana** (ein prächtiges, im Ofen geschmortes Gericht aus Lammfleisch, Kartoffeln und Lampascioni-Zwiebeln, 20 €) zu entdecken sind. Je nach Marktlage werden zudem ein paar Fischgerichte angeboten. Kleine Dessertauswahl, regionale Weinkarte, ein paar Biere aus Kleinbrauereien.

ALBEROBELLO (BA)

55 KM SÜDÖSTLICH V. BARI, S.S. 100 U. 172 OD. 634

La Cantina

Osteria
Vico Lippolis 9
Tel. (+39) 080 / 432 34 73,
(+39) 347 / 740 15 88
Ruhetag: Dienstag
Ferien: je 2–3 Wochen im Februar und Juli
32 Plätze
Preise: 30–35 €
Kreditkarten: AE, CS, DC, MC, Visa; BM
Mittags und abends geöffnet

200 Meter von der denkmalgeschützten Kernzone von Alberobello entfernt liegt an der Hauptstraße der Stadt dieses entzückende kleine Restaurant mit einsehbarer Küche: Während Sie gemütlich bei Tisch sitzen, können Sie Wirt Francesco beobachten, wie er an seinem blitzsauberen Marmortresen zu Werke geht. Als Familienbetrieb mit Leidenschaft und Professionalität geführt, handelt es sich bei diesem Lokal um eine der besten gastronomischen Adressen der Stadt. Für den Auftakt empfehlen wir Ihnen auf jeden Fall den Antipasto della cantina (15 €) – eine reichhaltige Vielfalt an einheimischen Wurst- und Käsesorten, in Öl eingelegtem Gemüse, frittierten Paprikaschoten und anderen vegetarischen Gerichten. Bei den Primi piatti, die je nach Saison variieren, hat man die Qual der Wahl: **Orecchiette al ragù pugliese** (8 €) oder Orecchiette mit Fave novelle (junge Dicke Bohnen), Capocollo di Martina Franca und mittelhartem Pecorino di Foggia (11 €), Timballo di verdure mit Mozzarella, Käse und Ei (9,50 €), **Orecchiette integrali mit Salsiccia, Zucchini und Pomodorini** (8 €). Zu den Secondi übergehend, entdeckt man **Filetto di maiale con asparagi selvatici e pomodorini appassiti in forno** (Schweinefilet mit Wildspargel und Schmelztomaten, 14 €), allerlei Fleisch vom Grill und – nur gegen Vorbestellung – **Trippa soffocata** (10 €), sprich langsam gegarte Kutteln mit Sellerie, Möhren, Zwiebeln und kleinen Tomaten. Für den Nachtisch stehen vorzügliche hausgemachte Dolcetti di mandorla (Mandelfeingebäck) und andere, regelmäßig wechselnde süße Köstlichkeiten bereit. Schöne Weinkarte mit hauptsächlich regionalen Produkten, darunter auch einige Bioweine. Ein paar Biere von apulischen Kleinbrauereien ergänzen die Getränkeauswahl. Eine Reservierung ist ratsam.

ALEZIO (LE)

39 KM SÜDWESTLICH VON LECCE

Le Macare

Trattoria-Pizzeria
Via Mariana Albina, 140
Tel. (+39) 08 33 / 28 21 92
Ruhetag: Dienstag, außer im Sommer
Ferien: Oktober/November
45 Plätze + 50 Plätze im Freien
Preise: 25–35 €
Kreditkarten: AE, CS, DC, MC, Visa; BM
Mittags und abends geöffnet, im Winter nur abends

Wir befinden uns in der Messapier-Stadt Alezio, wenige Kilometer von Gallipoli entfernt. Hier ist aus der bewährten Freundschaft zwischen der sympathischen Annarita, die sich professionell um den Service kümmert, und der temperamentvollen Daniela, die in der Küche agiert, das Le Macàre (die Hexen) hervorgegangen. Bei Tisch im behaglichen Gastraum wird Ihr Genussparcours mit ofenwarmem Brot zu einer Kostprobe von dem in der Gegend erzeugten hocharomatischen Olivenöl beginnen. Die Gerichte basieren auf lokalen Produkten, die täglich frisch von vertrauenswürdigen Lieferanten bezogen werden. Schon beim reichhaltigen Antipasto (12 €) spannt sich der Bogen vom Festland bis zum Meer: Rustico mit Paprikaschoten, Zucchini und Grana-Käse, Crostini mit roter Zwiebel, Pitta di patate, Sgonfiotti (Fettgebäck) mit Capocollo, Auberginen mit Basilikum und Schmortomaten, **Tortino di alici**, Insalata di mare. Es folgen Cappellacci mit Mortadella und Kartoffeln auf geschmolzenem Parmigiano stravecchio (12 €), **Paccheri con ragù bianco di agnello**, Orecchiette aus Weizen und Gerste mit Tomaten, Capocollo und Canestrato pugliese (10 €), **Linguine allo scoglio** (mit Meeresfrüchten). An Secondi gibt es Makrele als Filetto di sgombro all'acquapazza (12 €) oder Filetto di orata (Goldbrasse) mit Kapern, Oliven und Colatura di alici, Agnello (Lamm) oder **Capretto al forno** (Ziegenkitz) sowie Filetto di scottona pugliese (Rinderfilet). Danielas Fähigkeiten offenbaren sich auch bei den Desserts (5 €): Spumone mit Pistazien aus Bronte, Crostata mit Schokolade und Marmelade von Orangen aus dem angrenzenden Garten, Millefoglie, Mousse. Regionale Weinkarte; wir empfehlen den vorzüglichen Rosato, der in Alezio erzeugt wird. Alternativ dazu gibt es Bier aus apulischen Kleinbrauereien. Das Lokal ist auch Pizzeria.

ANDRIA
Montegrosso

15 KM VOM ZENTRUM

Antichi Sapori

Trattoria
Piazza Sant'Isidoro, 10
Tel. (+39) 08 83 / 56 95 29
Ruhetag: Samstagabend, Sonntag
Ferien: 1 Woche im Dezember, 3 Wochen im Juli
40 Plätze
Preise: 35–38 €
Kreditkarten: AE, CS, DC, MC, Visa
Mittags und abends geöffnet

Seit 22 Jahren repräsentiert Pietro Zito auf vortreffliche Weise die apulische Küche: Er betreibt akribische Recherche, setzt auf lokale Erzeuger, verwendet Wildkräuter, die ihm ältere Einheimische liefern, hat einen großen Gemüsegarten in der Nähe des Lokals angelegt und viele junge Köche ausgebildet. Bei ihm zu essen ist ein Erlebnis für alle Sinne: Farbkombinationen, betörende Düfte, klare Aromen, geschmackliche Ausgewogenheit. Das auf der Tafel am Eingang angeschriebene Menü wechselt häufig, je nachdem, welche Gemüsesorten verfügbar sind. Von den fantastischen Antipasti (12 €) erwähnt seien die gefüllten Kürbisblüten – **Fiori di zucca ripieni di ortaggi e ricotta**, der Artischockenauflauf – Sformato di carciofi – mit Scamorza und Brotbröseln, der Caprino mit süßen Möhren aus Margherita di Savoia. Herausragend von den Primi (8 €) sind **Purè di fave con cicorietta selvatica** (pürierte Dicke Bohnen mit Wildzichorie) und **Orecchiette al ragù di agnello e maialino** mit Caciocavallo und Gewürzen aus der Murgia. Danach gibt es köstliches, bei niedriger Temperatur gegrilltes Schweinefleisch (Reale di maialino, 12 €) mit sämtlichen Gewürzen der Murgia oder langsam geschmorte **Tiella di agnello** mit Lamm, Artischocken, Kartoffeln und Tomaten. Erstklassige Käseselektion. Wenn Sie danach noch können, sollten Sie die himmlischen Dolci probieren, z. B. Cassata di ricotta. Zum Schluss kann man karamellisierte Mandeln zu hausgemachten Rosoli knabbern. Gepflegtes Sortiment an regionalen Weinen zu sehr fairen Preisen. Reservierung ratsam.

»*Die unzähligen Verdienste von Pietro Zito zu beschreiben ist nicht leicht: Man begebe sich daher besser zu Tisch und lasse seine Kulinarik für sich sprechen.*«

Il Turacciolo

Enoteca mit Ausschank und Küche
Piazza Vittorio Emanuele, 4
Tel. (+39) 388 / 199 88 89
Ruhetag: Sonntag
Ferien: zweite Julihälfte
30 Plätze + 25 Plätze im Freien
Preise: 20–25 €
Kreditkarten: MC, Visa; BM
Abends geöffnet

Im Erdgeschoss eines Palazzos aus dem 19. Jahrhundert an der großen Piazza Vittorio Emanuele II, nicht weit von der romanischen Kathedrale, befindet sich eines der interessantesten Lokale der Stadt. Das Ambiente ist schlicht und behaglich, es gibt nur wenige Tische, deren Zahl sich im Sommer dank der Plätze im Freien fast verdoppelt. Neben einem „kleinen" regionaltypischen Degustationsmenü (13 €) kann man à la carte wählen. Von den Antipasti (7 €) empfehlen wir Salumi und Formaggi von örtlichen Handwerksbetrieben, u. a. Capocollo di Martina Franca und Burrata mit Feigen und Oliven. Hervorragende Primi sind die Vellutata di melanzane mit Ofentomaten, Thymian und Burrata (7 €) und der **Orzotto mantecato mit Caciocavallo podolico** vom Gargano **und Sommertrüffel aus der Murgia** (8 €). Die Auswahl an Secondi (9 €) umfasst Stockfisch in der Spielart **Baccalà al vapore** mit Coulis von Tomaten und Zwiebeln aus Acquaviva, bei niedriger Temperatur gegartes Carpaccio vom Podolica-Rind mit Gemüse, gebratene Schweinerippchen, sprich **Costine di maialino mit Misticanza und Kartoffeln aus Margherita di Savoia**, Tagliata vom Podolica-Rind mit Olivenöl, Pfeffer und grobem Salz (14 €). Auf die Dolci (4 €) sollte man nicht verzichten, denn der Aprikosen-Zitronen-Crumble, das Pistazien-Semifreddo oder die **Cassata di ricotta mit Pistazien aus Bronte** sind göttlich. Die intelligent zusammengestellte Weinkarte mit den besten Etiketten aus Apulien und anderen italienischen Regionen resultiert aus großer Leidenschaft, profunden Kenntnissen und der ständigen Suche nach neuen Erzeugern.

Antica Fabbrica di Confetti Mucci, Via Gammarota 12: traditionelle Naschereien, Gratisverkostungen, Konfektmuseum.

Le Giare

Restaurant
Corso Alcide de Gasperi, 308 F
Tel. (+39) 080 / 501 13 83,
(+39) 328 / 025 61 68
Ruhetag: Sonntag
Ferien: 3 Wochen im August
40 Plätze + 40 Plätze im Freien
Preise: 35 €
Kreditkarten: AE, CS, DC, MC, Visa; BM
Mittags und abends geöffnet

Von einem „Florentiner in Bari", der ein Restaurant außerhalb des Zentrums der apulischen Hauptstadt betreibt, würde man eigentlich Chianina-Steak, Pappardelle mit Hasenragout, Finocchiona und Chianti in Strömen erwarten. Doch nichts von all dem wird hier aufgetischt: Massimo Lanini und seine Frau Flora bieten eine Küche mit typischen apulischen Aromen und durchaus innovativen Akzenten auf der Basis unverfälschter lokaler Spitzenprodukte, die Chefkoch Giovanni Liuzzi gekonnt verarbeitet. Die Palette der Antipasti umfasst Eselfleisch in Form von **Stracotto d'asino**, Carpaccio di pesce, Melanzana arrosto mit Basilikum (9 €), **Marro** (Roulade mit Lamminnereien) **auf Crema di ricotta**. Es folgen Risotto al gambero rosso, Sedanini spaccati (kurze Nudeln aus einer alten Weizensorte) mit Käse, Pfeffer und Würzsauce auf Sardellenbasis, riesige Orecchiette aus Hartweizen der Sorte Senatore Cappelli mit Broccoli, Grilltomaten und Pecorino, **Ruote pazze con peperone crusco e sfilaccetti di carne equina** (radförmige Pasta mit Paprikaschoten und Pferdefleisch, 11 €). Die Secondi der Meeresküche wechseln je nach Verfügbarkeit an Frischfisch; an Fleischgerichten gibt es Jungrind (Scottona) mit Thymian, dampfgegarter Roter Bete und Kartoffeln in Salzkruste, in Milch geschmorte Rinderbäckchen (Guancetta podolica) mit gestampften Kartoffeln und Blattspinat (12 €) sowie Eselfleisch (Costata di asino). Alternativ dazu steht eine schöne Auswahl an feinen Formaggi bereit. Zum Nachtisch kann man sich an der vorzüglichen Marzipan-Cassatina mit Ricotta aus Schafmilch (5 €), an gekochten Birnen mit Cremefüllung oder an einem Semifreddo von getrockneten Feigen mit Vincotto erfreuen. Unglaublich großes Weinangebot mit regionalen, nationalen und internationalen Etiketten zu wirklich fairen Preisen.

Perbacco

Restaurant
Via Abbrescia, 99
Tel. (+39) 080 / 558 85 63,
(+39) 347 / 895 77 37
Ruhetag: Samstagmittag, Sonntag
Ferien: Juli, August
35 Plätze
Preise: 35–38 €
Kreditkarten: AE, CS, DC, MC, Visa
Mittags und abends geöffnet

Das hinter dem Teatro Petruzzelli in Richtung Lungomare Nazario Sauro gelegene Perbacco ist eine zuverlässige Adresse für Genießer. Beppe Schino verwöhnt den Gast von Anfang an in dem kleinen entspannten Gastraum auf zwei Ebenen mit optisch wie auch geschmacklich ansprechenden Kreationen. Exzellente Grundprodukte, Traditionsverbundenheit und originelle Anflüge von Raffinesse kennzeichnen die Küche von Claudio Mirko. Beginnen kann man mit köstlichem Sformato di baccalà auf Creme von Paprikaschoten und Peperone crusco oder **gegrilltem Oktopus** – Polpo grigliato – **mit Püree von Dicken Bohnen, karamellisierten roten Zwiebeln und Chili-Öl** (8 €). Empfehlenswert für danach sind die **Orecchiette di grano arso mit Salsiccia, Esskastanien und Caciocavallo** (10 €) und die Zuppa di cereali mit Artischocken, Cardoncelli-Pilzen und Rosmarin-Crostini. Neben traditionellen Primi gibt es auch leichtere Gerichte auf Basis von frischem Gemüse, Trockenfrüchten, Würzkräutern. Bei den Secondi – man wählt zwischen Fleisch und Fisch – reicht die Auswahl vom urtypischen **Coniglio ai funghi** (Kaninchen mit Pilzen, 12 €) über **Bocconcini di pescatrice lardellati** (Seeteufel mit Speck) bis hin zu saftigen Schweinemedaillons – Medaglioni di maiale – mit Pistazien-Pilz-Füllung und Balsamico-Reduktion. Als Dessert Millefoglie mit Ricotta-Zimt-Creme und Calvados-Äpfeln, Haselnusstörtchen mit Salsa di caffè corretto, Semifreddo al torrone mit Bitterschokolade (6 €). Die Weinkarte nennt viele apulische, sonstige italienische und internationale Etiketten; Experte Beppe wird Sie bestens beraten.

» *Beppes Leidenschaft für edlen Wein und gutes Essen wirkt ansteckend: Bei ihm einzukehren ist quasi Pflicht.* «

37 KM SÜDWESTLICH VON FOGGIA, S.S. 90

La Cantina

Moderne Osteria
Via Giovanni Barone, 1
Tel. (+39) 08 81 / 96 18 49,
(+39) 389 / 789 79 56
Ferien: September/Oktober
20 Plätze + 10 Plätze im Freien
Preise: 25–30 €
Kreditkarten: MC, Visa; BM
Samstag und Feiertage geöffnet, sonst nur gegen Vorbestellung

Bovino liegt im Hügelland der Monti Dauni, einem landschaftlich reizvollen Gebiet mit jahrhundertealten Traditionen. Mit seiner Burg, der Kathedrale und den Palazzi zählt der Ort zweifelsohne zu den schönsten Italiens. In einer Gasse der Altstadt entdecken wir das behagliche kleine Lokal von Nicola Consiglio und seiner Frau Agata D'Alessandro. Fleisch und Käse stammen aus der eigenen Landwirtschaft, das Gemüse wird im Hausgarten geerntet. Der reichhaltige, exzellente Antipasto (15 €) umfasst Salsiccia vom schwarzen Schwein, Caciocavallo, aromatisierte Kuhmilchkäsesorten, gebratene Auberginen mit Minze und Vincotto, Zucchiniröllchen mit Käsefüllung, Polpette aus Brot und Ricotta, gefüllte Kürbisblüten, gebratene Kartoffelwürfel mit Brotbröseln. Im Frühling bekommen Sie **Favette** – junge Dicke Bohnen – **mit Primo-Sale-Käse und Fiori di pane e vino** (Blüten vom Judasbaum), im Winter Involtini di verza – Wirsingrouladen – mit Salsiccia, Rosinen und Pinienkernen, aber auch Suppen mit Gemüse, Hülsenfrüchten und Pilzen. An Nudelgerichten (7 €) gibt es Fusilloni mit Pistazien aus Bronte und Caciocavallo, ***Pizzedd' e 'acc*** (rautenförmige Pasta mit Sellerie), Cavatelli di grano arso mit Ziegenkäse und Rucola, Paccheri al ragù di cinghiale con talli di zucca (mit Wildschweinragout sowie Kürbisblüten und -blättern). Es folgt allerlei Fleisch al forno (Nicola grillt nicht gerne), Kaninchen als **Coniglio in coccio**, Lamm als Agnello con cicorie, im Winter **Soffritto di maiale** (Schweinefleischeintopf). Vorzüglich die Dolci des Hauses: Semifreddo di ricotta mit kandierten Früchten, Schokolade und Erdbeerkonfitüre oder Pera caramellata (karamellisierte Birne) mit Ricotta und Orangenschalen. Ein paar gute Weine aus der Gegend sind vorrätig, die man auch glasweise bestellen kann.

Antica Osteria La Sciabica

Osteria-Pizzeria
Via Tahon De Revel, 29–33
Tel. (+39) 08 31 / 56 28 70
Ruhetag: Samstagmittag
Keine Ferien
50 Plätze + 80 Plätze im Freien
Preise: 35 €
Kreditkarten: AE, CS, DC, MC, Visa; BM
Mittags und abends geöffnet

Die Osteria befindet sich in einem vornehmen Palazzo aus dem 19. Jahrhundert am Lungomare von Brindisi, nicht weit von der Festungsanlage des Castello Svevo am Hafen, und ist ein charakteristischer Ort, um die Besonderheiten einer reinen Meeresküche in einem wahrlich einzigartigen Rahmen zu genießen. Man kann sich im Erdgeschoss zwischen altem Schiffszubehör niederlassen oder begibt sich in den dritten Stock, um die Aussicht auf den Hafen mit dem Marine-Ehrenmal und dem Castello Aragonese zu bewundern. Im Sommer kann man im Freien direkt am Wasser essen. Die Bedienung ist freundlich und kompetent. Neben der Speisekarte gibt es immer ein paar Tagesempfehlungen auf Basis dessen, was an Frischfisch verfügbar ist. Beginnen kann man mit dem reichhaltigen Potpourri von rohem und gekochtem Fisch (Antipasto La Sciabica, 15 €, für zwei Personen mehr als ausreichend), oder man wählt nur eine oder ein paar der vielen Vorspeisen. Möchte man sich danach den Nudelgerichten zuwenden, so locken schmackhafte **Laganari alle vongole** (11 €), hausgemachte Spaghetti mit Salsa di scampi, **Spaghettoni con cozze e bottarga** (mit Miesmuscheln und getrocknetem Rogen, 12 €). Fortsetzen lässt sich der Genuss mit **Frittura di paranza** (gemischte Fischfrittüre, 11 €), Grigliate miste di mare (gemischter Fisch vom Grill), gedämpften Gamberi rossi aus Gallipoli oder **Zuppa di pesce con crostoni all'aglio** (Fischsuppe mit Knoblauchbrot, 15 €). Die ebenfalls angebotenen guten Pizzen aus steingemahlenem Mehl sind mit hochwertigen Produkten, u. a. von Slow-Food-Presidi, belegt und in einem mit Olivenholz befeuerten Ofen gebacken. Zum Abschluss nicht verpassen sollte man eine der vom Küchenchef kreierten süßen Köstlichkeiten. Recht ordentliche Auswahl an apulischen und weiteren italienischen Weinen.

27 km nordwestlich von Brindisi, S.S. 16

Casale Ferrovia

Restaurant-Winebar
Strada Provinciale 34, Via Stazione, 1
Tel. (+39) 08 31 / 99 00 25
Ruhetag: Montag, außer im Sommer
Ferien: unterschiedlich
35 Plätze + 35 Plätze im Freien
Preise: 30–35 €
Kreditkarten: AE, CS, DC, MC, Visa; BM
Mittags und abends geöffnet

An einer der von jahrhundertealten Ölbäumen gesäumten Straßen, die nach Carovigno führen, werden Sie in dieser ehemaligen Ölpresse, die Familie Galeone in ein Restaurant verwandelt hat, freundlich und charmant empfangen. In der Küche herrscht Aufbruchsstimmung und wird Traditionelles auf ausgewogene, zurückhaltende Weise lustvoll neu interpretiert, ohne je Verrat an Altbewährtem zu begehen. Das Ergebnis kann sich sehen lassen. Herausragend unter den zahlreichen Antipasti (12 €) sind der Artischockenflan – Tortino di carciofi – mit Erbsencreme und der **Makrelensalat (Insalata di sgombro e pomodori)**. Ein besonderes Lob gebührt der großen Auswahl an Brot aus verschiedenen Sorten Mehl und Samen. Von den Primi empfehlen wir die **Kichererbsensuppe** – Zuppa di ceci – **mit Oktopus und Crostini** (11 €), die Gnocchi al mandarino con totani, coccioli di mare e rucola (12 €) – eine spannende Kombination, in der die Frische der Mandarinen wunderbar mit den Aromen des Meeres (Pfeilkalmar, Stachelschnecken) harmoniert. Danach kann man abgesehen vom Fisch des Tages Gerichte mit ausgewähltem Fleisch von Betrieben aus dem Umland probieren. Wir raten zu **Kalbsfilet** – Filetto di vitello – **mit Burrata und Blattspinat** (16 €) oder **Kaninchenroulade** – Rotolo di coniglio – **mit Wildzichorie** (13 €). Ohne die köstlichen Dolci infrage zu stellen, empfehlen wir zum Ausklang die guten hiesigen Formaggi (11 €). Niveauvolle Selektion an italienischen und europäischen Flaschenweinen, die in einem unterirdischen Raum der Ölpresse ideale Lagerbedingungen vorfinden.

»*Familie Galeone setzt ihren Weg der Neuinterpretation traditioneller Gerichte fort, ohne sich je vom gastronomischen Erbe dieses Landstrichs loszusagen.*«

5 KM SÜDLICH VON LECCE

Osteria del Pozzo Vecchio

Osteria-Pizzeria
Via Silvestro, 16
Tel. (+39) 08 32 / 61 16 49
Ruhetag: Montag
Keine Ferien
100 Plätze + 100 Plätze im Freien
Preise: 25–30 €
Kreditkarten: AE, CS, DC, MC, Visa; BM
Mittags und abends geöffnet, im Sommer nur abends

Der alte Brunnen im angrenzenden Zitrusgarten ist Namensgeber für dieses Lokal, bei dem es sich um die stilvolle Weiterentwicklung einer vor über 20 Jahren eröffneten *Putea* (Laden) mit Weinausschank handelt. Was sogleich auffällt, sind das gepflegte, schlichte Interieur und der herzliche Empfang durch Adelaide Della Monica. Sie, die Hausherrin, ist darauf bedacht, ihren Gästen eine von der besten Tradition des Salento geprägte Küche zu bieten. Lokale und saisonale Grundprodukte charakterisieren auch das Angebot an feinen Pizzen aus dem Holzofen. Die breite Palette an Antipasti (7 €) beinhaltet frittiertes, gegrilltes oder in der Pfanne sautiertes Saisongemüse mit Tomaten und nativem Olivenöl extra, die obligaten *Pittule* (frittierte Hefeteigbällchen), allerlei Käse, **Involtini di melanzane**, Polpettine di cavallo, **Polpo *a pignatu*** (geschmorter Oktopus). Unter den Primi finden wir klassische Nudelgerichte der Festlandküche wie ***Sagne 'ncannulate* mit pikanter Ricotta und Fleischsauce** oder mit frischen Tomaten (8 €) und ***Ciceri e tria*** (Pasta mit Kichererbsen) ebenso vor wie vom Meer inspirierte Pastaspezialitäten: Spaghetti con le cozze (Miesmuscheln), Linguine con vongole veraci (Venusmuscheln) oder con i ricci di mare (Seeigelfleisch), **Pasta e fagioli con le cozze** (Bohnensuppe mit Nudeln und Miesmuscheln), Tubettini con la cernia (Zackenbarsch). An Secondi gibt es Gegrilltes vom Pferd, Lamm, Zicklein, Salsiccia, ***Turcinieddhi*** (Lamminnereien), aber auch geschmortes Pferdefleisch (Pezzetti di cavallo *a pignatu*, 7 €). Je nach Verfügbarkeit ergänzen ein paar Fischempfehlungen das Angebot. Die Dolci (3,50 €) entsprechen ebenfalls der Tradition: Torta pasticciotto, Spumone, Crostate. Hochinteressante Auswahl an Wein aus Apulien und ganz Italien; eigene, umfangreiche Olivenölkarte.

49 KM WESTLICH VON BRINDISI, S.S. 16 UND 581

Cibus

Restaurant
Via Chianche di Scarano, 7
Tel. (+39) 08 31 / 38 89 80
Ruhetag: Dienstag
Ferien: 1.–15. Juli
80 Plätze + 40 Plätze im Freien
Preise: 35–45 €
Kreditkarten: AE, CS, DC, MC, Visa
Mittags und abends geöffnet

Lillino und seine Frau Angela, die mittlerweile von den Söhnen Diego und Camillo unterstützt werden, setzen ihr kulinarisches Konzept – Saisonalität und Tradition mit einem Touch Fantasie – stimmig und stolz fort. Nach spezialisierten Erzeugern zu suchen, zu diesen dauerhafte Beziehungen aufzubauen und sie anzuregen, nach den Prinzipien einer gesunden Landwirtschaft zu arbeiten, ist Lillinos tägliche Arbeit; was Wurstwaren und Käse anbelangt, überwacht er selbst deren Reifung im Keller. An Antipasti (8 €) kann es Involtini di verza mit Baccalà, Insalata di grano mit Gemüse, Burratina di podolica mit hiesigem schwarzem Trüffel, Sformato von Cardoncelli-Pilzen geben. Die Nudeln sind hausgemacht: ***Sagna penta* mit frittierten Brotbröseln, Ricotta forte und Fleischsauce** (10 €), Fettucce mit Lammragout und geräucherter Scamorza, Orecchiette aus Hartweizengrieß Senatore Cappelli mit Tomaten aus Torre Guaceto (Slow-Food-Presidio) und Cacioricotta; alternativ dazu **Zuppa di fagioli con piedini di maiale** (Bohnensuppe mit Schweinefüßchen, 10 €) und köstliches **Purè di fave in terracotta** (10 €). Die Tradition des Fornello und lange Garzeiten charakterisieren die Fleischgerichte: Bollito misto mit Feldzichorie, Asino stufato in terracotta, Lamminnereien als **Marretto di agnello con patate al forno** (12 €). Die feinen apulischen Formaggi (10 €) sollte man unbedingt probieren. An Dolci gibt es Ricotta di capra mit Feigensirup, Biscotto cegliese (Slow-Food-Presidio), karamellisierte Feigen. Gut sortierter Weinkeller mit vielen Produkten aus Apulien und ganz Italien; schöne Olivenölselektion.

»*Heimat achten, Traditionen hüten, Bauern wertschätzen: So lautet das Credo von Lillino und Angela.*«

37 KM SÜDÖSTLICH VON FOGGIA, A 14 ODER A 16

'U Vulesce

Restaurant
Via Battisti, 3
Tel. (+39) 08 85 / 42 57 98
Ruhetag: Sonntagabend, Montag; im Sommer Sonntag, Montagmittag
Ferien: 2 Wochen im August
40 Plätze + 35 Plätze im Freien
Preise: 30–35 €
Kreditkarten: AE, CS, DC, MC, Visa; BM
Mittags und abends geöffnet

Als großartige Interpretin der hiesigen gastronomischen Tradition führt Familie Di Donna seit 2001 dieses schöne, anheimelnde Restaurant. Signora Pina, die Säule der Küche, verarbeitet mit viel Geschick erstklassige lokale Produkte; ihr zur Hand gehen Gerardo Cariello und der blutjunge Antonio Romano. Im Speisesaal wird Ihnen Rosario die Tagesempfehlungen erläutern und die Geschichte jedes einzelnen Gerichts erzählen. Das auf eine Tafel geschriebene Menü umfasst Gerichte der Festlandküche und Fisch, wobei Letzterer im Sommer überwiegt. Sehr interessant der **Pancotto di mare** – ursprünglich ein Arme-Leute-Essen, hier mit Mies- und Venusmuscheln veredelt; schmackhaft die Kartoffel-Miesmuschel-Bällchen – **Polpette di patate e cozze** – **mit Zitrone und Fonduta di canestrato** (4,50 €) und der Fagottino di zucchine mit Burrata und frischen Minitomaten. Würzig die Primi: Risotto mit Datteltomaten, Basilikum und Garnelen (12 €), **Cicatelli di grano arso mit Basilikumsauce und Cacioricotta di bufala** (8 €), Paccheri mit Scampi und Seeigelfleisch. Der täglich aus Manfredonia angelieferte Fisch wird nach klassischen Rezepten zubereitet; wenn Sie Fleisch bevorzugen, probieren Sie die Tagliata mit Salzflocken, gehobeltem Podolico und Vincotto-Reduktion (14 €) oder das Tatar mit hausgemachtem eingelegten Gartengemüse (Tartara con giardiniera). Zum Schluss gibt es klassische und kreative Dolci: **Sporcamusi**, Pizza sette sfoglie, Ricotta al limone mit Schokolade (2,50 €), Mattonella di ricotta mit Bitterschokostreusel. Erstklassige Selektion an Wein aus der Region und ganz Italien, große Spirituosenauswahl.

»
Familie Di Donna interpretiert die gastronomischen Traditionen ihrer Heimat mit echter Leidenschaft.
«

49 KM NORDWESTLICH VON BRINDISI, S.S. 16

Taverna della Torre

Restaurant
Via San Quirico, 3
Tel. (+39) 080 / 444 92 64
Ruhetag: Dienstag
Ferien: Januar
40 Plätze + 40 Plätze im Freien
Preise: 28–35 €
Kreditkarten: AE, CS, DC, MC, Visa; BM
Mittags und abends geöffnet

Im historischen Teil eines der schönsten Dörfer des Valle d'Itria werden Sie in der Nähe des alten Turms die Osteria von Mario Lorusso entdecken, der Sie auf ungezwungene Weise empfangen und bei der Auswahl aus dem Repertoire an Traditionsgerichten gerne beraten wird. Viele Gemüsesorten stammen aus dem Garten, den Mario liebevoll pflegt. Während man darauf wartet, bedient zu werden, kann man sich an dem überaus netten Gruß aus der Küche bestehend aus einem Glas Spumante und **Polpette di pane e mentuccia** (Brotbällchen mit Minze) erfreuen. Der Auftakt der Mahlzeit lässt sich mit einem Potpourri von Gemüse-Antipasti, einem Brettchen mit bäuerlichen Wurstwaren oder mit knusprigen Garnelen und frittiertem Gemüse (Gamberi croccanti e verdure in tempura, 10 €) gestalten. Von den Primi erwähnt seien die **Laganari di grano Senatore Cappelli mit frischer Ricotta aus Kuhmilch und Sauce von grünen Tomaten** (9 €), die klassischen **Orecchiette mit frischen Tomaten und Cacioricotta**, aber auch der vorzügliche Risotto con gamberetti e fiori di zucca (mit Garnelen und Kürbisblüten). Für danach ist neben dem schmackhaften Arrosto misto das einheimische **Kaninchen mit Fenchel und Oliven** (**Coniglio della valle d'Itria con finocchietto e olive leccine**, 13 €) erwägenswert. Die Dolci sind hausgemacht: Crostata di ricotta, Mousse di Tiramisu, Tartufi al torroncino e cioccolato. Das Degustationsmenü wird für 28 € (ohne Wein) angeboten. Schöner Weinbestand mit zahlreichen Etiketten aus der Region zu einem hervorragenden Preis-Leistungs-Verhältnis. Jeder Gast, der angibt, aufgrund des Lokalführers *Osterie d'Italia* gekommen zu sein, erhält eine Gratis-Eintrittskarte für das archäologische Museum „Dal Buio alla Luce" unterhalb der örtlichen Kirche San Nicola.

45 KM WESTLICH VON BARI, S.S. 98

La Bottega dell'Allegria

Osteria-Enoteca
Via Matteo Renato Imbriani, 49
Tel. (+39) 080 / 872 28 73,
(+39) 334 / 113 76 60
Ruhetag: Montag
Ferien: 2 Wochen im Juli
40 Plätze
Preise: 30–35 €
Kreditkarten: CS, DC, MC, Visa; BM
Mittags und abends geöffnet

Diese nicht weit von der Altstadt entfernte ursprüngliche Osteria wird von Patron Savino Di Bartolomeo mit echter Leidenschaft geführt. Dem ersten Gastraum geben die zahlreichen Weinflaschen, die in der Vinothek käuflich erworben werden können, sein Gepräge, während der zweite Raum dank des hohen Tuffsteingewölbes, der Keramikwaren und alten Gerätschaften an den Wänden rustikales Flair hat. Gerne lauscht man der Präsentation der Speisenempfehlungen (zusammengestellt von Savinos Frau Cinzia Piccarreta), die bis ins kleinste Detail geschildert werden und einer traditionellen Küche entspringen. Ebendiese variiert bei Savino mit den Jahreszeiten und basiert auf zahlreichen Wildgemüsesorten und -kräutern aus der Murgia, u. a. Distelgewächse wie Cardi oder Sivoni. Der ebenso appetitliche wie reichhaltige Antipasto della casa (10 €) beinhaltet einheimische Ricotta aus Schafmilch, Salsiccia, Pecorino, Friggitelli, typischen **Pancotto**, klassische **Polpetta di pane al sugo** (Brotbällchen in Sauce). Unter den Primi (8 €) entdecken wir würzige Spaghetti con fiori di zucchina e pecorino, Paccheri mit Fiaschetto-Tomaten aus Torre Guaceto (Slow-Food-Presidio) und Ricotta dura, **Orecchiette con ragù di *brasciole* di cavallo** (mit Pferdefleischrouladen in Sauce – ein echter Klassiker der Gegend). Pferdefleisch gibt auch bei den Secondi (9 €) den Ton an, doch es fehlt nicht an schmackhaften Alternativen wie Arrosto misto, **Capretto con cardo spinoso** (Ziegenkitz mit Gänsedisteln) oder Bistecca di vacca podolica. Von den Dolci (3 €) empfehlen wir die Crostate mit Früchten der Saison und das Schokotörtchen (Tortino al cioccolato). In der großen Auswahl an apulischen und anderen italienischen Flaschenweinen ist ein Faible für Erzeuger von Nero di Troia zu bemerken.

23 KM SÜDÖSTLICH VON LECCE, S.S. 16

Olo Kalò

Trattoria
Via Umberto I, 5
Tel. (+39) 08 36 / 47 10 04,
(+39) 333 / 846 63 67
Ruhetag: Dienstag
Ferien: je 2 Wochen im Mai und November
50 Plätze + 70 Plätze im Freien
Preise: 25–33 €
Kreditkarten: CS, DC, MC, Visa; BM
Mittags und abends geöffnet

Auf Griko, im lokalen Dialekt der Grecìa salentina, bedeutet *Olo kalò* „Nur das Beste". Und genau das versuchen Vincenzo Potenza, der sich um den Service kümmert, und seine Frau Annamaria, die für die Küche zuständig ist, ihren Gästen zu bieten. Man wird herzlich empfangen und darf sich auf achtsam ausgesuchte und verarbeitete Grundprodukte im Rahmen eines Menüs freuen, das von den gastronomischen Traditionen dieses Landstrichs erzählt. Den Anfang macht ein Antipasto misto (9 €) bestehend aus *Pittule*, *Pitta* di patate, frittierten Fleischklößchen, Kartoffelkroketten, überbackenen Auberginen und anderen Gemüsegerichten, die je nach Saison variieren. Wunderbar die Auswahl an Primi: ***Ciciri e tria*** (7 €), Orecchiette mit Polpettine al sugo oder mit Salsiccia und Melanzane, *Sagne 'ncannulate* mit Kirschtomaten, Guanciale und Cacioricotta, Spaghetti ai frutti di mare, Cavatelli con ceci e cozze (Pasta mit Kichererbsen und Miesmuscheln), klassische ***Taieddha* mit Kartoffeln, Zucchini und Miesmuscheln**. Die Fleischgerichte zum Hauptgang basieren hauptsächlich auf Pferdefleisch: Empfehlenswert sind die typischen **Pezzetti al sugo** (8 €) und die Tagliata. Alternativ dazu gibt es gebratene Salsiccia, Agnello alla griglia (gegrilltes Lamm) und ein paar Fischgerichte, die je nach Verfügbarkeit von Frischfisch wechseln. Als Nachtisch gibt es Pasta sfoglia mit Creme und Äpfeln, ***Liccamusi*** (5 €), Spumone di gelato. Schöne Auswahl an regionalen Weinen zu angemessenen Preisen, guter Hauswein aus lokalem Anbau. Im Sommer speist man in einem lauschigen kleinen Innengarten und seit ein paar Jahren bietet die Trattoria Gästen, die länger bleiben möchten, eine Übernachtungsmöglichkeit in einigen komfortablen, stilvoll eingerichteten Zimmern.

Der Fornello in der Murgia

Seit einigen Jahren ist Ernährung ein viel diskutiertes Thema. Wenn auch noch von Fleisch die Rede ist, wird die Sache besonders heikel und diffizil. Wir möchten uns nicht anmaßen, diese Sensibilisierung in irgendeiner Weise anzuprangern, sondern fühlen uns vielmehr dazu angespornt, ein Metier, das mittlerweile ein Nischendasein fristet, zu ehren und zu unterstützen.

Die Rede ist von jenen Betrieben, die mit ihrer täglichen Arbeit den Verbraucher schützen. Denn sie unterziehen die Produkte, die sie anbieten, einer achtsamen Selektion. Konkret meinen wir damit natürlich die Fleischereien der Murgia und des Valle d'Itria, die traditionsgemäß seit mehr als einem Jahrhundert tagsüber Fleisch verkaufen und sich bei Sonnenuntergang in kleine Osterien verwandeln. Die Spezialitäten, die von diesen Fleischern und Köchen in Personalunion zubereitet werden, sind jene, die wir heute als *Street Food* bezeichnen würden, auch weil es früher Usus war, diese bescheidene Mahlzeit auf dem Nachhauseweg von der Arbeit auf der Straße zu konsumieren: Dazu zählen Salsiccia mit feinem oder gröberem Brät, *Gnumirieddi* (in Därme gefüllte Lamminnereien), Animelle (Bries), Lammkoteletts, Bombette (zarte Rouladen vom Schweinenacken, gefüllt mit apulischem Canestrato-Käse, Salz, Pfeffer und Petersilie, die es in verschiedenen Versionen gibt, u. a. pikant gewürzt oder in Panade, um nur einige der typischen Zubereitungen zu nennen).

Die schmackhaften Happen kann man zum Mitnehmen kaufen, in manchen Fällen aber auch in charakteristischen Räumlichkeiten essen, die gleich neben der eigentlichen Fleischerei liegen. Zunächst wird das Fleisch auf lange Metallspieße gesteckt und dann bei indirekter Hitze im Fornello gegart – einem charakteristischen Steinöfchen, das mit wohlriechendem hartem Olivenholz befeuert wird.

Kleine Dorffleischereien, die mit geradezu starrköpfigem Stolz ihr tägliches Tun fortsetzen, garantieren damit Stammgästen und Laufkunden den Genuss von unverfälschtem, frischem Fleisch, das ausnahmslos von einheimischen Betrieben stammt.

Francesco Biasi, Carmela Angiulli, Salvatore Pulimeno

ACQUAVIVA DELLE FONTI (BA)

La Grigliata

Via Ciro Menotti, 57
Tel. (+39) 080 / 75 76 77,
(+39) 349 / 560 77 50
Ruhetag: Sonntag, Montag

Neben einer ganzen Reihe von klassischen Köstlichkeiten aus dem Fornello bieten Rosa und Michele seit ein paar Jahren die von ihnen selbst erfundenen, wunderbar saftigen Panzerotto di carne – eine Art Hacksteak für Schlemmer und Kenner, das mit Schinken und Mozzarella gefüllt ist.

Macelleria dell'Arco

Via Sant'Agostino, 3
Tel. (+39) 080 / 76 78 62
Ruhetag: Donnerstag, Sonntag

Gleich zu Beginn, noch vor seinen Spezialitäten aus dem Fornello, wird Ihnen der gute Vincenzo selbst eingelegtes Gemüse in Öl, Hausbrot und eine schmackhafte, wohlriechende Pancetta empfehlen. Diese Häppchen passen wunderbar zu einem guten Glas vom offenen Rotwein und stillen den ersten Hunger, damit man dann mit mehr Muße die *Brasciolette* (kleine Kalbsrouladen), die Salsiccia mit feinem oder gröberem mit dem Messer gehackten Brät und die vielen anderen Spezialitäten des Hauses genießen kann.

ALBEROBELLO (BA)

La Fontana 1914

Largo Martellotta, 55
Tel. (+39) 380 / 369 69 69
Ruhetag: Sonntag, außer im Sommer

Das Lokal ist ein wahres Juwel, allein wegen seiner Lage am Fuß einer der berühmten Treppen von Alberobello, inmitten pittoresker Trulli und typischen Kalksteinpflasters. Mimmo, der Patron der Fleischerei, wird Sie mit herzhaften Lammkoteletts, *Gnumarieddi*, würziger Salsiccia und Bries verwöhnen. Im Sommer können Sie Ihre Mahlzeit auf dem kleinen Platz vor dem Lokal verzehren, wo sich der namengebende Brunnen 1914 befindet, der als Zierde der apulischen Wasserbaukunst gilt.

CASSANO DELLE MURGE (BA)

Rizzi

Via Toti, 33
Tel. (+39) 080 / 76 45 20
Ruhetag: Donnerstag, Sonntag

Bis vor einem Jahrhundert, als moderne Kühlmethoden noch unbekannt waren, war es unter Viehhirten Brauch, das Fleisch an der Sonne zu trocknen, um es für den Verzehr im Winter haltbar zu machen. Auf dieser Technik beruht eine Spezialität namens *Misciska*, bei der es sich um feine Streifen aus getrocknetem Pferdefleisch handelt, die in dieser schönen Macelleria zu köstlichem Brot aus dem Holzofen und einem Glas vom ehrlichen lokalen Rotwein angeboten werden. Natürlich können Sie hier auch alle anderen Fornello-Spezialitäten der Murgia probieren.

CASTELLANA GROTTE (BA)

Carlo Pinto

Via Mater Domini, 51
Tel. (+39) 080 / 496 17 37
Ruhetag: Sonntag–Dienstag

Mit ihrem liebenswürdigen Lächeln wird Rossella Sie beim Betreten des kleinen Gastraums neben der Fleischerei empfangen, wo Einkehrende die Möglichkeit haben, die von Carlo im Fornello zubereiteten Köstlichkeiten zu probieren. Das Fleisch müssen Sie traditionsgemäß direkt aus der Vitrine wählen: Als tüchtiger Fleischer wird Ihnen Carlo die besten Tranchen empfehlen. Wehe dem, der ihn in den heißen Sommermonaten nach Schweinefleisch fragt! Denn auch das Vieh hat ganz bestimmte Saisons, und ein Fleischer, der sein Handwerk versteht, weiß diesbezüglich genau Bescheid. Neben dem Hauswein sind übrigens auch ein paar Flaschenweine aus der Region vorrätig.

CISTERNINO (BR)

Al Vecchio Fornello

Via Brasiliani, 18
Tel. (+39) 080 / 444 64 31
Ruhetag: Montag, außer im Sommer

Die engen Gassen des malerischen Cisternino verwandeln sich an lauen Sommerabenden in eine einzige Osteria. Unter den vielen Lokalen, die ihre Tische im Freien aufstellen, ragt diese Fleischerei hervor, in der die als Fleischroulade bekannte Bombetta zum Gesamtkunstwerk wird und in ihrer einfachen oder panierten Variante Touristen auf der Suche nach neuen gastronomischen Erfahrungen ebenso anlockt wie Stammgäste. Der gute Hauswein schmeckt auch zu allen anderen Leckerbissen aus dem Fornello.

Pietro De Mola

Via Duca D'Aosta, 3
Tel. (+39) 080 / 444 83 00
Ruhetag: Montag, Dienstag, Donnerstag, außer im Sommer

Jeder im Ort kennt „Onkel“ Pietro, der längst als Institution gilt. Seine Fleischerei lockt allabendlich Menschen an, die für den Genuss von Pietros Köstlichkeiten – butterweiche, saftige Kalbssteaks, *Gnummarieddi*, Bries, allerlei Salsicce – bereit sind, auch eine gute Stunde oder länger Schlange zu stehen. Um Wartezeiten zu vermeiden, rufen Sie am besten vorher an und verlangen Sie nach Pietros Sohn Vincenzo, der Ihnen umgehend einen Tisch reservieren wird.

Rosticceria L'Antico Borgo

Via Tarantini, 48
Tel (+39) 080 / 444 64 00,
(+39) 346 / 132 30 00
Ruhetag: Sonntag, außer im Sommer

Die Atmosphäre ist die eines überaus stilvollen Restaurants, doch die Qualität der hier servierten Speisen ist zweifelsohne die gleiche wie in den authentischsten Fleischereien. Neben den Klassikern aus dem Fornello wie Lamm, Bombette in Panade und in Weißwein gekochter Salsiccia gibt es hier eine ganz besondere Spezialität: geschmorte Eselfleischrouladen (Involtini d'asino in umido).

CRISPIANO (TA)

Bello
Carni, Salumi e Fornello

Via Gravina, 40
Tel. (+39) 099 / 61 63 80
Ruhetag: Donnerstagnachmittag, Sonntag

Was Fabio bietet, ist *Street Food* par excellence. In seinem Lokal gibt es keine Bedienung bei Tisch, man bestellt an der Theke, wonach einen gelüstet, wartet die Garzeit ab, schnappt dann die schmackhafte „Beute“ und macht sich wieder auf den Weg. Seinen jungen Kunden und all jenen, die zur Abwechslung einfach Lust auf Straßenessen haben, bietet Fabio ungemein köstliche Brötchen, die er mit panierten Bombette oder mit Salsiccia aus Kalbsbrät oder aus grob mit dem Messer gehacktem Schweinefleisch füllt: eine Gaumenfreude der einfachen Art, die man durch die Straßen der Stadt flanierend verzehrt.

La Villa

Piazza della Libertà 23-25
Tel. (+39) 099 / 61 64 20
Ruhetag: Sonntag

NEU

Wer in Crispiano kennt nicht den historischen Fornello von Franco? Seine Fleischerei ist in puncto Spezialitäten aus dem Steinöfchen eine wahre Hochburg und man muss sagen, dass sich Franco diese seine Spitzenstellung Tag für Tag aufs Neue erobert. Die achtsame Auswahl des Fleisches für das Braten im Fornello ist zweifelsohne die beste Garantie für ein geschmacklich umwerfendes Produkt: Probieren Sie die Salsiccia fine und die Salsiccia a punta di coltello, die Fegatini, die Bombette, die Costolette di agnello (Lammkoteletts) und die Spezialität von der Rinderlende namens *U galluzz*.

GINOSA (TA)

Franco Dragone

Via Roma, 117
Tel. (+39) 099 / 824 57 08
Ruhetag: Donnerstag, Sonntag; gegen Vorbestellung immer geöffnet

Groß ist die Zahl der Köstlichkeiten, die Franco in seinem Lokal anbietet: Beginnen kann man mit einer Kostprobe von der Focaccia aus dem Holzofen, den Polpette al sugo oder den Involtini in umido. Während man zu diesen Häppchen ein gutes Glas vom offenen Rotwein trinkt, wartet man – im Sommer auf der Veranda, im Winter im Souterrain – darauf, dass Franco oder einer seiner Mitarbeiter Salsicce, Lammkoteletts, Geflügelleber, Kalbsbries und Bombette servieren.

Vito Ribecco

Via Lucania, 43
Tel. (+39) 099 / 824 57 31,
(+39) 347 / 231 28 38
Ruhetag: Donnerstagabend,
Sonntag

Es sind die Rezepte der Tradition, mit denen sich Vito von seiner besten Seite zeigt: Neben typischen Fornello-Spezialitäten bereitet der eklektisch arbeitende Fleischer einen wunderbaren Marro al forno (große Roulade von Lamminnereien) mit Kartoffeln ebenso sorgfältig zu wie Trippa in umido (Kutteln) oder Involtini al sugo (kleine Rouladen in Sauce). Guter Hauswein. Der obligate Digestif? Limoncello und Kaffee. Exzellentes Brot aus feinem Hartweizenmehl.

LATERZA (TA)

Rizzi

Via Giannone, 45
Tel. (+39) 099 / 821 39 17
Ruhetag: Sonntag

Schöne Fleischerei mitten in der Altstadt, in der Nähe der Piazza. Nach Ladenschluss widmet sich Dino Rizzi seinem Fornello im Hinterzimmer. Zum Essen kann man sich in der angrenzenden Stube niederlassen, die 35 Plätze bietet, oder man begibt sich in den wunderschönen Räumlichkeiten mit Deckenmalereien im ersten Obergeschoss zu Tisch. Lammkoteletts, Salsicciotti, Bombette und *Gnummarieddi* sind die Hauptempfehlungen. Während man auf diese wartet, kann man Wurstwaren, Carpaccio vom Kalb mit Käse und Rucola, apulischen Canestrato-Käse, Oliven und in Öl eingelegtes Gemüse begleitet von köstlichem Brot und ortstypischer Focaccia, die in mit Holz befeuerten Induktionsöfen gebacken werden, genießen.

Tamborrino

Via Roma, 58
Tel. (+39) 099 / 821 61 92
Ruhetag: Sonntag

Im Hinterzimmer der Fleischerei gibt es etwa 60 Sitzplätze. Doch wenn Sie an einem Samstagabend Lust auf Domenicos Spezialitäten wie Fegatelli, Salsiccia aus Schweine- oder Kalbsfleisch, Lamm oder Bombette bekommen, raten wir Ihnen, unbedingt zu reservieren. Ohne Aufforderung wird Ihnen Stella zunächst Salsiccia secca, in Öl eingelegtes Gemüse, Oliven in Salzlake, Brot und Focaccia servieren. Abgesehen von dem respektablen Hauswein hat man die Möglichkeit, aus etwa 30 apulischen Etiketten zu wählen.

LATIANO (BR)

La Taverna di Pascalone

Via Roma, 82
Tel. (+39) 08 31 / 72 68 69
Ruhetag: Mittwoch

Wenn ein Lokal von einem so offensiven Team wie dem bestehend aus Meggie und dem legendären Pasquale betrieben wird, kann das, was dabei herauskommt, nur von Erfolg gekrönt sein. Meggie ist für die Zubereitung der Involtini in *pignata* (Fleischrouladen), der Polpette (Fleischbällchen) und der frittierten Crostini zuständig und macht die Dolci, während Pasquale (Spitzname Pascalone) die unterschiedlichsten, stets perfekt gegarten Köstlichkeiten aus dem Fornello holt. Es mag eigenartig klingen, doch hier finden sogar Veganer und Vegetarier Gerichte vor, die ihren Vorlieben gerecht werden.

LOCOROTONDO (BA)

Da Nicola Semeraro

Ortsteil Lamie di Olimpia, 217
Tel. (+39) 080 / 443 42 38
Ruhetag: Montag

Dieser Fornello befindet sich nicht im Zentrum, sondern in einem der über 100 hübschen Ortsteile der Gemeinde Locorotondo. Nutzen Sie die Gelegenheit, um die wunderschöne Landschaft des Valle d'Itria zu kennenzulernen. Am Ziel angekommen wird man Ihnen, während Sie auf die Fleischesfreuden warten, erstklassige hausgemachte Wurstwaren und den feinen Rohschinken aus Faeto servieren. Würste, Lammkoteletts, Fleischrouladen und appetitliches Bries lassen sich mit guten Flaschenweinen begleiten.

I Piaceri della Carne

Traversa Maestro Curri, 68
Tel. (+39) 328 / 468 07 43,
(+39) 320 / 387 53 62
Geöffnet Mittwoch, Samstag, Sonntag,
Juli–September täglich

Der Name (wörtlich: „Fleischeslüste") ist Programm. Sie sind zu dritt: Francesco, Giacomo und Corrado. Jeder hat seine klar definierte Rolle – von der achtsamen Auswahl des ausnahmslos in der Region aufgezogenen Viehs über die Fleischverarbeitung bis hin zum langsamen Garen im legendären Fornello. Während Sie darauf warten, in den Genuss dieser Spezialitäten zu kommen, sollten Sie sich den Antipasto della casa servieren lassen: Capocollo di Martina Franca (Slow-Food-Presidio), feine Soppressata und köstliche Pagnottella (Salami in einem Mantel aus Kleie vom Weizen der Sorte Senatore Cappelli).

MARTINA FRANCA (TA)

Granaldi

Via Bellini, 108
Tel. (+39) 328 / 321 83 71,
(+39) 347 / 683 32 10
Kein Ruhetag

In einem kleinen, aber schmucken Raum neben der Fleischerei werden zu einem guten trockenen oder vollmundigen Rotwein die sogenannten *Gingumm* serviert, die man als Spezialität und Besonderheit dieses Fornello bezeichnen kann: Es handelt sich um saftige kleine Kalbslungenrouladen von gummiartiger Konsistenz. Bemerkenswert das Kalbsfilet, die Straccetti mit Rucola und der gebratene Capocollo.

Vito Serio

Via Ferrucci, 20
Kein Telefon
Geöffnet Dienstag und Samstag

Mit wenigen Worten eine echte Institution zu schildern, ist nicht leicht, denn dieses Lokal schrieb und schreibt die Geschichte des Fornello nicht nur in Martina Franca, sondern wahrscheinlich im gesamten Bezirk. Der gute Vito wird Sie an zwei Abenden pro Woche – ganz so, wie es früher Tradition war – mit seinen Spezialitäten erobern: *Gnumirieddi*, Bombette, Lammkoteletts und Sigarette (Würste aus Kalb- und Schweinefleisch). Man isst im Stehen und da keine Getränke ausgeschenkt werden, darf man auch einen guten Wein mit ins Lokal bringen.

NOCI (BA)

Domenico Scarano

Via Vittorio Emanuele, 15
Tel. (+39) 080 / 497 73 15
Mittwoch und Freitag geöffnet, gegen Vorbestellung auch Dienstag, Donnerstag und Samstag

Domenicos schöne Fleischerei mitten im Ort bietet ihrer Kundschaft die Möglichkeit, die im Fornello zubereiteten Spezialitäten in einem hübschen kleinen Raum neben dem Verkaufsbereich zu verzehren. Von den Köstlichkeiten erwähnt seien die Kalbs- und Schweineschnitzel (Nodini), die Lammfleischrouladen, die Kalbskoteletts, der Kaninchenbraten. Begleiten lässt sich all das mit einem angenehmen offenen Rotwein.

PALAGIANO (TA)

L'Amico Rosticciere

Via Bernini, 29
Tel. (+39) 099 / 888 31 23
Ruhetag: Sonntag, Montag

Franco Lazzaro bezieht sämtliches Fleisch, das er in seiner Fleischerei verkauft und im Fornello brät, von Viehzuchtbetrieben aus der nahen Murgia. In dem Raum neben dem Verkaufslokal kann man sich zunächst bei Oliven, Wurstwaren, Käse und köstlichen in Asche gegarten Kartoffeln mit nativem Olivenöl extra Appetit holen. Als Weinbegleitungen stehen ein paar Etiketten aus der Region und ein guter offen ausgeschenkter Primitivo bereit. Palagiano gilt übrigens als die Stadt der Klementinen: Lassen Sie daher während der entsprechenden Saison Ihre Mahlzeit mit diesen köstlichen süßen Zitrusfrüchten ausklingen.

PUTIGNANO (BA)

Marchio Murgia

Via Noci, 119
Tel. (+39) 080 / 405 54 43
Ruhetag: Sonntag, Montag

Das in diesem Lokal angebotene Fleisch kommt direkt aus dem hauseigenen Viehzuchtbetrieb. Neben den klassischen kleinen Köstlichkeiten aus dem Fornello sind die Costata vom Podolica-Rind und die Tagliata di manzo (Rindersteak, blättrig geschnitten) eine Kostprobe wert. Der gute offene Primitivo stammt aus dem nahen Gioia del Colle; alternativ dazu sind ein paar Flaschenweine aus der Region vorrätig.

SAMMICHELE DI BARI (BA)

La Tradizione

Via della Resistenza, 68
Tel. (+39) 080 / 891 84 67
Ruhetag: Montag

Dieses nur ein paar Kilometer von Bari entfernte Städtchen ist berühmt für seine *Zampina* – eine dünne Wurst aus mit Wein und Gewürzen aromatisiertem Rind- und Schweinefleisch, der im Sommer ein Fest gewidmet wird. Der junge Lorenzo, der sich auf das Wissen seines Vaters Franco berufen kann, verfügt über ein gepflegtes Lokal, in dem er erstklassiges Fleisch vortrefflich zubereitet. Probieren Sie die gut abgehangene Costata vom Podolica-Kind, das Lamm aus dem Ofen (Agnello al forno) und – in der warmen Jahreszeit – das langsam geschmorte Schaffleisch (Pecora in *pignata*). Gute Auswahl an apulischen Weinen.

SANTERAMO IN COLLE (BA)

Casa del Puledro

Corso Roma, 142
Tel. (+39) 080 / 302 62 24,
(+39) 388 / 793 31 96
Ruhetag: Sonntag

Die Fleischereien dieses Städtchens sind bekannt für Pferdefleisch. Wen wundert's also, dass auch im Fornello Spezialitäten dieser Art zubereitet werden. Köstlich das Carpaccio, das langsam geschmorten Brasciole in *pignata*, der herrlich würzige Spezzatino mit Kräutern, die über der Glut gebratenen Schnitzelchen vom Esel (Fettine di asino).

Da Mimmo e Valeria

Via Iacoviello, 47–49
Tel. (+39) 080 / 303 96 36
Ruhetag: Sonntag

Seinen Stil hat dieses Lokal sicherlich größtenteils der Professionalität und Kompetenz seiner Besitzer zu verdanken. Mimmo ist seit ein paar Jahren diplomierter Sommelier und wird Sie auf Wunsch bei der Auswahl des jeweils passendsten Tropfens zu seinen erlesenen Gaumenfreuden gerne beraten. Exquisit sind die geschmorten *Brasciole* vom Pferd, nicht minder köstlich die Eselsalami (Salame d'asino) und das Carpaccio. In dieser Gegend regiert die Pferdefleischtradition: beinahe alle Spezialitäten sind „di cavallo".

VILLA CASTELLI (BR)

Pietro Alò

Via San Carlo Borromeo, 71
Tel. (+39) 08 31 / 86 60 58
Gegen Vorbestellung geöffnet

Pietro ist ein tüchtiger, kompetenter Fleischer. Doch wenn er abends in die Rolle des Wirts schlüpft, scheint er seine wahre Erfüllung zu finden und schildert die angebotenen Köstlichkeiten detailliert – von der Aufzucht und Auswahl der Tiere über die Schlachttechniken bis hin zu den Garweisen. Seine Spiedi di agnello (Lammfleischspieße) und die Salsicce a punta di coltello (Würste mit grobem Brät) sind erstklassig. Bis diese aufgetischt werden, kann man sich Käse aus der Gegend und Salumi aus eigener Erzeugung schmacken lassen. Der offene Wein ist ein würdiger Begleiter.

CRISPIANO (TA)

17 KM NÖRDLICH VON TARENT

La Cuccagna

Restaurant-Enoteca • Corso Umberto, 168
Tel. (+39) 099 / 61 60 87,
(+39) 349 / 873 31 38
Ruhetag: Dienstag
Ferien: 10.–20. Januar, 20.–30. Juni
60 Plätze + 40 Plätze im Freien
Preise: 35 €
Kreditkarten: AE, CS, DC, MC, Visa; BM
Abends geöffnet, Sonntag und Feiertage nur abends

In dem Städtchen Crispiano wird die Tradition des apulischen Fornello immer noch gewahrt und gepflegt. Als Fornello hat auch die Geschichte des La Cuccagna anno 1969 begonnen. Ohne seine Wurzeln zu verleugnen, hat Gianni Marsella in den letzten Jahren die Philosophie des Lokals einer Frischekur unterzogen – von den Lieferanten der Grundprodukte über den Küchenstil bis hin zu den Weinbegleitungen. Bestätigung dafür finden wir beim Antipasto (13 €) – eine Auswahl an (selbst gemachten) Salumi und Formaggi, die in der Region ihresgleichen sucht. Superfrisch und schmackhaft die **Zuppetta con friselle, pomodori, stracciatella e friggitelli**, delikat das gebackene Ei – Uovo in cocotte – mit Spargel. Von den Primi schmecken uns besonders die Mezze maniche con carbonara di asparagi (10 €) und die klassischeren **Orecchiette al ragù bianco di agnello** (9 €). Die Fleischauswahl ist Giannis erfahrenem Vater zu verdanken, der die Viehzuchtbetriebe der Gegend regelmäßig auf der Suche nach den besten Stücken durchforscht. Dies beweist der im alten Fornello perfekt gegarte, saftige **Arrosto misto** (Fleischrouladen, Würste, Lamm, Geflügelleber). Ebenfalls zu empfehlen sind das Filetto di scottona und die klassischen ***Brasciole* al sugo** (8 €). Unübertrefflich von den Dolci der Cannolo di ricotta scomposto (6 €). Der Keller birgt rund 600 Etiketten verschiedener Jahrgänge, hauptsächlich naturbelassene Weine, die Gianni als wahrer Pionier seit etwa 20 Jahren selektiert und nach Apulien bringt. Es gibt auch ein Degustationsmenü für 35 €.

»

Gianni ist ein Wirt wie aus dem Bilderbuch, der es versteht, die Produkte des Umlands ins rechte Licht zu rücken und das traditionelle gastronomische Angebot auf intelligente Weise neu zu gestalten.

«

44 KM NORDWESTL. V. BRINDISI, S.S. 16 U. S.S. 379

Il Cortiletto

Osteria
Via Lecce, 91
Tel. (+39) 080 / 481 07 58,
(+39) 349 / 133 37 85
Ruhetag: Sonntagabend, Montag (außer März–Ende Oktober)
Ferien: 7.–31. Januar
30 Plätze + 50 Plätze im Freien
Preise: 30 €
Kreditkarten: AE, CS, MC, Visa; BM
Mittags und abends geöffnet

NEU

In dem kleinen Ort Speziale zwischen Ostuni und Fasano erblickt man inmitten von weißen Häusern ein Schild im alten Stil mit dem Schriftzug Osteria. Beim Eintreten fällt der Blick sogleich auf eine Anrichte, in der Säckchen mit Mandeln und Hülsenfrüchten, Weinflaschen und Liköre aufbewahrt sind. Pasquale Laneve, der Inhaber, wird Sie empfangen und in den Innenhof geleiten, um den herum kleine Räume mit Sterngewölben angeordnet sind, ehemalige Unterstände für das Vieh. Wahrscheinlich wird er Ihnen stolz erzählen, dass die in Bündeln, den *Ramasole*, in den Gewölben aufgehängten Regina-Tomaten selbst geerntet sind, während er die übrigen Grundprodukte von lokalen Erzeugern und Bauern bezieht. Das Tagesmenü ist auf einer Tafel angeschrieben. Der Antipasto misto für zwei Personen (12 €) umfasst acht oder neun Kostproben, z. B. Artischockenflan, frittierten Borretsch, **Polpette di pane**, Paté di fegato. Interessant die Primi, etwa die Nudeln namens Ruote pazze mit Püree von Dicken Bohnen, karamellisierter Zwiebel und Pomodorini (10 €), die **Gnocchi di grano con fonduta di caciocavallo e funghi**, die Paccheri mit Pomodorini, Crema di peperoni, Sardellen und Kapern (10 €). Der einsehbare Grill lässt darauf schließen, in welche Richtung es bei den Secondi geht: **Costolette di agnello** (Koteletts vom einheimischen Lamm), Salsicce a punta di coltello, **Bombette** (Fleischrouladen), Fegatini, Arrosto misto (10 bis 15 €, je nach Menge); alternativ dazu gibt es Maialino arrosto mit Pistaziencreme oder Medaglioni di coniglio mit Möhren-Ingwer-Flan (12 €). Die Dolci (5 €) runden eine aus Geschichte und Tradition komponierte Mahlzeit ab: Crostata di ricotta mit Sauerkirschen, Mousse von Mandelmilch und Kaffee. Schöne Weinauswahl; alle Spitzenwinzer der Region sind vertreten.

Da Pompeo

Restaurant
Vico al Piano, 14
Tel. (+39) 08 81 / 72 46 40
Ruhetag: Sonntag
Ferien: zeitweise im August
60 Plätze
Preise: 30 €
Kreditkarten: MC, Visa
Mittags und abends geöffnet

In der Nähe des Teatro Umberto Giordano entdecken wir dieses behagliche Restaurant, das 1966 von Familie Pillo – großen Kennern der Traditionen der Capitanata – eröffnet wurde. Es besteht aus drei Gasträumen und einer Schauküche mit Kamin und Grill. Das Lokal ist immer sehr gut besucht, vor allem mittags, weshalb Sie reservieren sollten. Die Speisenempfehlungen reichen von traditionellen Rezepten bis zu Fisch, der im nahen Hafen von Manfredonia eingekauft wird. Große Auswahl besteht bei den Antipasti, von duftenden Gerichten mit Saisongemüse über **Tortino di alici con pomodori e capperi** (Sardellenküchlein mit Tomaten und Kapern, 7 €) bis hin zu Filetti di sgombro alla catalana (Makrelenfilets katalanische Art). Die frischen Teigwaren werden von Assunta und Ida zubereitet: Probieren Sie die **Orecchiette con pomodoro e cacioricotta** und – wenn Wildspargel Saison hat – die Troccoli con asparagi selvatici; auch das **Purè di fave con le cicorie** (Püree von Dicken Bohnen mit Zichorie) mit vortrefflichem nativem Olivenöl extra der Sorte Peranzana (8 €) ist zu empfehlen. Es folgen erstklassige Tranchen von Fleisch aus der Gargano-Gegend, das zumeist gegrillt angeboten wird, sowie schmackhafte ***Brasciola* al sugo** (9 €): Die Sauce zu dieser Roulade muss man einfach mit Brot auftunken, so gut ist sie! Wenn Sie Fisch bevorzugen, empfehlen wir die vorzüglichen Polpetti di scoglio alla brace (13 €). Exzellente Auswahl an Salumi und Formaggi aus dem Umland, wobei aus dem Käsesortiment der Caciocavallo podolico (4 €) und der Canestrato herausragen. An Dolci (4 €), übrigens alles Eigenkreationen, gibt es Mousse, Cannolo di ricotta, Crostata mit hausgemachter Konfitüre, Pizza di ricotta. Gute Auswahl an hauptsächlich regionalen Weinen.

58 KM SÜDWESTLICH VON BARI, S.S. 96

La Murgiana

Restaurant
Via XXIV Maggio, 25
Tel. (+39) 080 / 325 03 42,
(+39) 331 / 739 64 18
Ruhetag: Sonntagabend, Montag
Ferien: 2 Wochen im Juli
70 Plätze + 20 Plätze im Freien
Preise: 30–35 €
Kreditkarten: AE, CS, DC, MC, Visa; BM
Mittags und abends geöffnet

Wenige Schritte außerhalb des historischen Zentrums der Stadt Gravina, die zwischen den Ausläufern des lukanischen Apennin und der Murgia liegt, entdecken wir das gemütliche Lokal von Francesco Capozzo, einem jungen innovativen Koch, der immer im Speisesaal anzutreffen ist, um seine Kreationen zu schildern und zu präsentieren. Fragen Sie nicht nach der Karte, lassen Sie sich beraten: Sie werden es nicht bereuen. Besonders angenehm überrascht sein werden Sie von den Trüffeln, die in dieser Gegend fast das ganze Jahr über zu finden sind und hier auf verständige Weise verwendet werden, um diverse Gerichte zu veredeln: das klassische Uovo al tegamino, die Tagliolini alle bietole, das Filetto; im Sommer gibt es auch Fiori di zucca mit Trüffel. Wenn Sie Traditionelleres bevorzugen, sollten Sie – allerdings ohne zu übertreiben, wenn Sie es bis zum Dessert schaffen wollen – mit der Abfolge der vielen Antipasti (12 €) beginnen: Paprikaschoten als Composta di peperoni, Auberginen in Form von Parmigiana di melanzane, klassische ***Cialledda*** (Brotsalat), lokale Wurst- und Käsespezialitäten, Filetto di maiale im Speckmantel, Sformatino di ricotta. Danach munden die **Orecchiette di grano arso con cicorielle campestri e mollica fritta** (8 €), die herbstlichen Cavatelli con cardoncelli e salsiccia, die Vellutata di ceci (Kichererbsencreme) mit Wildmangold, Cardoncelli-Pilzen und geröstetem Brot. Von den Secondi (12 €) nicht versäumen sollten Sie das Agnello (Lamm), der Misto di carne alla brace (gemischtes Grillfleisch), das klassische Schaffleischgericht ***Callaridd***, die vorzügliche Tagliata. Zum Schluss genießt man Dolcetti di pasta di mandorle (4 €), Crostate mit Obst, Mousse di ricotta. Weine aus der Region und aus ganz Italien zu absolut ehrlichen Preisen, gute hausgemachte Liköre.

Cucina Casereccia Le Zie

Trattoria • Via Costadura, 19
Tel. (+39) 08 32 / 24 51 78
Ruhetag: Sonntagabend, Montag
Ferien: Ostern, Ende August/Anfang September, Weihnachten
50 Plätze • Preise: 25–30 €
Kreditkarten: AE, CS, DC, MC, Visa; BM
Mittags und abends geöffnet

Mit seiner schönen Barockarchitektur hat sich Lecce den Beinamen „Florenz des Südens" verdient. Mitten im Zentrum, nicht weit vom Stadtpark, befindet sich diese schmucke Trattoria. Die zwei Speisezimmer wahren die Atmosphäre von einst, die auf das Wesentliche beschränkte Einrichtung besteht aus geschmackvollen Elementen. Dank der Speisen, die Anna Carmela Perrone – sie leitet die Trattoria seit rund 50 Jahren – mit viel Liebe zubereitet, erwacht die alte Esskultur des Salento zu neuem Leben. Beginnen Sie mit dem reichhaltigen Antipasto della casa (6 €), der frittiertes Gemüse, *Pitta* di patate, *Pittule*, gefüllte und gebackene Zucchiniblüten, Frittelle mit Oliven, Kapern und Tomaten beinhalten kann. Es folgen Ciambotto (Gemüsesuppe), **Purè di fave con cicoria** (Dicke-Bohnen-Püree mit Zichorie, 8 €), das Gemüseschichtgericht *Tajeddra* mit Miesmuscheln, ferner Orecchiette oder *Sagne incannulate* mit Tomaten und Cacioricotta oder Ricotta forte, ***Ciceri e tria*** (8 €). An Secondi gibt es **Polpettoncini al vino bianco ripieni di formaggio** (Fleischbällchen in Weißwein mit Käsefüllung, 9 €), Involtini di cavallo (Pferdefleischrouladen) in pikanter Sauce, Lamm als Agnello al forno mit Kartoffeln, Kutteln in der Spielart Trippa al pomodoro. Zum Thema Fisch sind Oktopus als **Polpo in *pignata***, Calamaro ripieno und Baccalà mit Ofenkartoffeln zu entdecken; die Auswahl an Beilagen umfasst rohes und gekochtes Gemüse. Als Dessert sind Cassata, Soufflé al cioccolato, Spumone und typische **Torta pasticciotto** vorgesehen. Die Weinkarte enthält gute Etiketten aus der Region, auch glasweise.

» *Die Osteria von Anna Carmela Perrone versinnbildlicht Leidenschaft, Traditionsverbundenheit, familiäres Ambiente.* «

LESINA (FG)

58 KM NÖRDLICH VON FOGGIA

Le Antiche Sere

Traditionelle Osteria
Via Micca, 22
Tel. (+39) 08 82 / 99 19 42,
(+39) 347 / 355 10 79
Ruhetag: Montag, außer im August
Ferien: ersten 2 Septemberwochen
35 Plätze + 30 Plätze im Freien
Preise: 30–35 €
Kreditkarten: CS, DC, MC, Visa; BM
Mittags und abends geöffnet

Die romantische, behaglich-legere Atmosphäre dieser Osteria ist sicherlich eines der Merkmale, das Ihnen gleich beim Eintreten auffallen wird. An Sommerabenden können Sie von der Veranda die Aussicht auf den Lago di Lesina genießen. Wenn Sie dann einen kurzen Blick in die Karte werfen, wird Ihnen klar, dass dieser See für den Patron täglicher Quell der Inspiration und Versorgung ist. Die eher eklektische Küche erweist sich als ständige Abfolge von Tradition und gekonnt gesetzten innovativen Akzenten. Bereits die Antipasti sind eine Aneinanderreihung von Köstlichkeiten, die den hiesigen Fisch zum unbestrittenen Hauptakteur machen: frittierte Gamberetti di laguna auf Creme von grünen Tomaten (8 €), Lupini in Sauce aus Montepulciano-Wein und Zwiebeln, Involtino ripieno di anguilla (Roulade mit Aal) zu Wirsingflan auf Tomaten-Mandelsauce (8 €), Carpaccio di cefalo labbrone (Dicklippige Meeräsche) mit Meeresspargelsalat, Minifische aus der Lagune als ***Crugnaletti* arraganati**. An Primi gibt es **Tagliatelle di grano arso e anguilla in Tomatensauce** (10 €), Fricelli mit Salicornia, Scampetti und pürierten Kichererbsen, **Maltagliati con cime di rapa, cefalo e bottarga**. Bei den Secondi wechseln kräftige Noten wie im Fall des Aals (**Anguilla al forno** begleitet von Lampascioni und Kartoffeln, 16 €) mit zarteren Aromen, wie etwa bei der Dorade (Orata di laguna) in Brotkruste mit Dicken Bohnen und Zichorie (15 €). Zum Abschluss dieser lukullischen Mahlzeit sollte man sich eine Dessertkreation des Küchenchefs gönnen: Tiramisu aus Ricotta und karamellisiertem Brot oder **Croccante alle mandorle mit Bitterschokolade**. Die nicht sehr große, aber gepflegte Weinkarte bevorzugt apulische Kellereien, nennt aber auch ein paar Etiketten aus dem gesamtitalienischen Panorama und aus Frankreich.

LOCOROTONDO (BA)

65 KM SÜDÖSTLICH V. BARI, S.S. 16 ODER S.S. 172

La Taverna del Duca

Trattoria • Via Papadotero, 3
Tel. (+39) 080 / 431 30 07,
(+39) 388 / 940 83 39
Ruhetag: Sonntag, Montagabend (außer im Sommer)
Ferien: zeitweise im Januar
35 Plätze + 30 Plätze im Freien
Preise: 25–30 €
Kreditkarten: CS, DC, MC, Visa; BM
Mittags und abends geöffnet

Antonella Scatigna ist eine Frau von wenigen Worten, die mit fast schon manischer Präzision die Gerichte bis in die kleinsten Einzelheiten gestaltet, welche täglich in ihrer Trattoria anbietet. Die Liebe zum Detail ist auch in der Einrichtung des Lokals erkennbar: Elemente wie die speziellen Lampenschirme aus bunten Glasflaschen verleihen dem rustikalen Ambiente ein sehr schickes Flair. Eine auf Papier geschriebene Karte gibt es nicht, sehr wohl aber eine gut sichtbare kleine Tafel, die jeden Tag abhängig vom Angebot auf den nahen Märkten aktualisiert wird. Im Sommer kann man die **Acquasala** probieren, ein einfaches Gericht der bäuerlichen Tradition aus altbackenem Brot, das in Wasser eingeweicht und mit kleinen Tomaten, Oregano, nativem Olivenöl extra und einer Prise Salz vermischt wird. Von den verschiedenen Antipasti erwähnt seien die feinen **Polpette di pane e uova al sugo** (Brotbällchen in Sauce), die Involtini in umido di trippa di agnello (Rouladen mit Lammkuteln) sowie die obligaten Brettchen mit lokalen Formaggi und Salumi, unter denen der Capocollo di Martina Franca (Slow-Food-Presidio) herausragt. Unnachahmlich die **Orecchiette al ragù misto** (7 €): Die Zubereitung der Sauce aus gemischtem Fleisch, mit der diese Pasta serviert wird, nimmt einen halben Tag in Anspruch. Ein weiteres Primo, das das Lokal berühmt gemacht hat, ist sicherlich die **Incapriata di fave e cicoria** (6 €). Von den Secondi überaus schmackhaft sind die Kalbswange, sprich **Guancia di vitello con riduzione al vino Primitivo** (12 €), und der Arrosto misto. Lassen Sie sich zum Nachtisch von der apulischen Interpretation des Cheesecake (4 €) überraschen, der aus exzellenter Ricotta aus Milch vom Podolica-Rind gemacht wird. Die gute Weinkarte empfiehlt hauptsächlich Produkte aus der Umgebung.

19 KM WESTLICH VON FOGGIA

Palazzo d'Auria Secondo

Restaurant-Pizzeria
Piazza Oberdan, 3
Tel. (+39) 0881 / 53 04 46,
(+39) 333 / 918 84 72
Ruhetag: Montag
Ferien: zeitweise im Winter
80 Plätze + 50 Plätze im Freien
Preise: 30–35 €
Kreditkarten: AE, CS, MC, Visa; BM
Mittags und abends geöffnet

In der Altstadt von Lucera, in einem Palazzo aus dem 17. Jahrhundert, der einer alten Adelsfamilie gehörte, begrüßt Alberto mit gebührender Aufmerksamkeit die Gäste seines Restaurants, das auch Pizzeria ist. Die Grundprodukte aus der Region werden achtsam ausgesucht, der Kochstil ist das Ergebnis eines subtilen Balanceakts zwischen daunischer Tradition und der Kreativität des Küchenchefs. Wir empfehlen Ihnen, mit den köstlichen Antipasti (6 €) zu beginnen und – während Sie auf diese warten – die wunderbaren **Pettole fritte** zu probieren. Sehr fein der Carpaccio vom Podolica-Rind mit Zucchini und Mandeln, die Burratina mit Tomatencoulis und Blüten, die Lasagnetta di *sponsali* (typische Jungzwiebeln) mit Ricotta di bufala. Bei den Primi (7 €) angelangt, kann man zwischen erztypischen Suppengerichten und frischen hausgemachten Nudeln wählen, z. B. **Orecchiette di grano arso con salsiccia a punta di coltello e finocchietto** (mit Wurst und Fenchel), Ruote pazze mit Rucolapesto und Ricotta aus der Milch von Schafen der Rasse Gentile di Puglia, **Troccoli al ragù di maialino da latte** (mit einer Sauce vom Milchferkel). Es folgen Stockfisch in der Version Baccalà con pomodorini e olive nasuta (13 €), ***Misciska* di maiale nero con erbe spontanee** (Fleischspezialität vom schwarzen Schwein mit Wildkräutern, 9 €), Torcinelli mit Kürbis vom Grill (10 €). Für das süße Finale erwarten uns Torta passionata von einer bekannten Pasticceria aus Troia oder auch Babà mit Creme von Zitronen vom Gargano. Neben einer guten Auswahl an Wein gibt es ein paar Biere aus Kleinbrauereien. Das Lokal eignet sich perfekt, um einen Abend mit Freunden zu verbringen und die zahlreichen Musikveranstaltungen im entzückenden Innenhof des Palazzos zu genießen.

39 KM NORDÖSTLICH VON FOGGIA, S.S. 89

Il Baracchio

Trattoria
Corso Roma, 38
Tel. (+39) 08 84 / 58 38 74
Ruhetag: Donnerstag
Keine Ferien
70 Plätze
Preise: 30–35 €
Kreditkarten: CS, MC, Visa; BM
Mittags geöffnet, Samstag auch abends

Diese ansprechende Osteria befindet sich in den Gässchen der Altstadt, ein paar Gehminuten vom Hafen von Manfredonia entfernt. Hat man im Speisesaal Platz genommen und die Menükarte aufgeschlagen, wird man vor der Schlichtheit den Hut ziehen, mit der Florenzo, der „Ristoratore" (wie er sich selbst gerne bezeichnet), auf der letzten Seite die Geschichte seines Lokals beschreibt. Der Stil von Florenzos Frau Nella, die in der einsehbaren Küche unangefochten regiert, entspricht der hiesigen Meerestradition und variiert hauptsächlich je nach Verfügbarkeit von fangfrischem Fisch. Man beginnt mit rohen Meeresfrüchten (Frutti di mare crudi, 10 €), marinierten Sardellen (Alici marinate, 7,90 €), **gefüllten Miesmuscheln (Cozze ripiene**, 10 €) oder der gemischten Fischvorspeise (Tavolozza di antipasti di mare), die zumeist gefüllte Muscheln, Sardellen in Marinade oder Backteig, Oktopussalat, *Capirroni* (Stachelschnecken) und Seppioline in eigener Tinte umfasst. Die Auswahl an Primi (9,50 €) beinhaltet u. a. Orecchiette mit Scampi, Meereszikaden und Rucola, **Troccoli ai frutti di mare** oder Troccoli al nero di seppia. Von den Secondi sind die Rotbarben in der Spielart Triglie al limone e origano, die Marmorbrasse als **Mormora all'acquapazza**, die Grigliata mista (Fisch, Krustentiere und Seppioline vom Grill) sowie die klassische **Frittura di pesce** (Fischfritüre) zu empfehlen. Zum Schluss genießt man Ostia ripiena (4,50 €), Torroncini, Cheesecake mit Erdbeeren, Sorbets und Eiscremes handwerklicher Machart. Neben der Möglichkeit, à la carte zu bestellen, hat man vier Degustationsmenüs für 11, 14, 21 und 36 € zur Auswahl. Limitierte Weinkarte. Auf eine Kostprobe von den hausgemachten Rosoli kann man einen Verdauungsspaziergang am schönen Lungomare folgen lassen.

14 km nordwestlich von Barletta, S.S. 159

Canneto Beach 2

Restaurant
Via Amoroso, 11
Tel. (+39) 08 83 / 651 09,
(+39) 392 / 894 47 99
Ruhetag: Montag, außer März–September
Ferien: je 1 Woche im Januar und November
80 Plätze + 40 Plätze im Freien
Preise: 35 €
Kreditkarten: AE, CS, DC, MC, Visa; BM
Mittags und abends geöffnet

Der Bade- und Kurort Margherita di Savoia ist von den größten Salinen Europas und extensivem Gemüseanbau geprägt. Salvatore Riontino, Koch aus Notwendigkeit (nachdem seine Frau der Küche den Rücken gekehrt hat, um sich der Familie zu widmen), hat sich als echtes Talent entpuppt und kreiert mit Leidenschaft und Geschick geschmacklich ausgewogene Speisen. Der in einer schönen Theke am Eingang zu begutachtende Fisch stammt größtenteils aus dem Meer vor der Haustür. Viele Gerichte basieren auf weniger edlen Fischarten. Die Rezepte sind zwar in der traditionellen Küche verwurzelt, doch verzichtet Salvatore nicht auf einen wohldosierten innovativen Touch. Die Antipasti gliedern sich in rohe und gekochte Delikatessen (wie in der detaillierten Karte erwähnt, kommt Pesce crudo den Gast empfindlich teurer zu stehen). Wir empfehlen eingangs den marinierten Pesce povero mit Thymian, Meersalz, Zitrusfrüchten und Roter Bete, den Pesce azzurro gratinato su stracciatella andriese (gratinierter Fettfisch auf Frischkäse, 8 €), den **Tortino di patate mit Primo-Sale-Herz und Sauce von Caciocavallo podolico** (5 €). An Primi gibt es z. B. Spaghetti alle cicale (mit Heuschreckenkrebsen) oder **Calamarata al polpo salinaro** (10 €). Die Secondi wechseln mit der Verfügbarkeit an tagesfrischem Fisch: köstlich die **Frittura di paranza** (Fischfritture) und die **Zuppa di pesce** (Fischsuppe, 3 € pro 100 g). Zum Käse bekommt man eine schmackhafte Zwiebelkonfitüre serviert. Abends werden gute Pizzen aus Hartweizenmehl der Sorte Senatore Cappelli gebacken. Und für den süßen Schluss steht eine schöne Auswahl an Dolci (5 €) bereit: Probieren Sie die Cassata di ricotta. Die umfangreiche Weinkarte beinhaltet vorwiegend regionale Produkte zu adäquaten Preisen; gepflegte Spirituosenselektion.

30 km nördlich von Tarent, S.S. 172

La Tana

Restaurant
Via Mascagni, 2–4–6
Tel. (+39) 080 / 480 53 20,
(+39) 339 / 249 53 03
Ruhetag: Donnerstag, außer im Sommer
Keine Ferien
40 Plätze + 20 Plätze im Freien
Preise: 25–35 €
Kreditkarten: CS, MC, Visa; BM
Mittags und abends geöffnet

Wenn von diesem Restaurant die Rede ist, muss zunächst die Örtlichkeit erwähnt werden: Es befindet sich nämlich in den ehemaligen Kornspeichern des Palazzo Ducale. Angesichts eines so außergewöhnlichen Rahmens sind die Erwartungen naturgemäß hoch, doch schon allein dadurch, dass Signora Rosa, die Frau des Besitzers Nicola Colucci, ihren Gästen einen sehr freundlichen Empfang bereitet, werden Sie gewiss nicht enttäuscht sein. Lassen Sie sich in den komfortablen Räumlichkeiten nieder, und es werden Ihnen sofort die witzigen Sprüche im hiesigen Dialekt auffallen, die an den Wänden zu lesen sind. Die fröhliche Atmosphäre stimmt Körper und Geist ein auf eine lukullische Mahlzeit, die mit Zwiebel-Focaccia, Frittata mit Wirsing und Capocollo di Martina Franca (Slow-Food-Presidio), Baccalà al latte, gratinierten Cozze, lokalen Formaggi und Salumi (12 €) beginnen kann. Sämtliche Teigwaren sind hausgemacht und so finden wir unter den Primi traditionelle, aus steingemahlenem Vollkornmehl hergestellte **Orecchiette con le cime di rapa** ebenso vor wie vorzügliche *Nocche* (Ravioli) gefüllt mit Caciocavallo podolico und Pesto (13 €) oder **Tagliatelle con funghi cardoncelli e tartufo nostrano** (mit Kräuterseitlingen und einheimischem Trüffel). Die Secondi sind, wie in jedem guten Restaurant des apulischen Hinterlandes, meist Fleischgerichte: außergewöhnlich der **Stracotto di maialino con le prugne** (Geschmortes vom Jungschwein mit Pflaumen, 15 €), bemerkenswert der Arrosto misto und die Tagliata vom Rind. Um Ihre Mahlzeit würdig zu begleiten, können Sie aus einer gepflegten Selektion von apulischen Flaschenweinen wählen. Zum Nachtisch sollten Sie das Highlight unter der hiesigen Süßspeisen nicht verpassen – den mit heißer Creme und Sauerkirschen gefüllten **Bocconotto martinese** (5 €).

16 KM NORDWESTLICH VON TARENT

Falsopepe

Restaurant-Enoteca
Via II Santi Medici, 45
Tel. (+39) 099 / 880 46 87
Ruhetag: Montag–Mittwoch
Ferien: 3 Wochen im November
35 Plätze + 30 Plätze im Freien
Preise: 30–35 €
Kreditkarten: AE, CS, DC, MC, Visa; BM
Abends geöffnet, im Winter und an Feiertagen auch mittags

Anna Maria und Vincenzo, Mutter und Sohn, haben ihr Lokal vor gut zehn Jahren eröffnet. Es befindet sich in einem typischen zweigeschossigen Haus der Altstadt. Nehmen Sie wenn möglich auf einer der kleinen Terrassen Platz, von denen der Blick über die weißen Dächer und eine Ebene mit Zitrusplantagen bis zum Golf von Tarent reicht. Anna Marias Küche folgt den Jahreszeiten, die achtsame Auswahl der Grundprodukte aus dem eigenen Gemüsegarten, von Lieferanten des Vertrauens und vielen Erzeugern der Slow-Food-Presidi ist offensichtlich. Man kann eines der zwei Degustationsmenüs für 25 bzw. 35 €, ein veganes Menü für 24 € oder à la carte wählen. Das große Angebot an Antipasti beinhaltet **Purè di fave di Carpino** (6 €), Polpo in umido mit Crema di pane all'origano (9 €), gebackene Costolette di agnello, Salumi aus dem Umland, erstklassige Frischkäsesorten, darunter hausgemachte Pampanella, sowie allerlei Frittiertes: Ein Hochgenuss während der Feigensaison sind die **Fichi avvolti nella pancetta e pastellati**. Rezepte der Festland- und der Meeresküche bestimmen die Primi (10 €) ebenso wie die Secondi: **Maccheroni al ferretto mit Spargel, Polpettine vom Lamm mit Caciocavallo**, Tagliatelle con fave novelle al profumo di limone, **Foglie di olivo con patate, cozze e ricciola**, Guancia di maiale alla birra, **Bocconcini di agnello** (14 €), Filetto di San Pietro mit Minzegemüse (16 €). Köstliche hausgemachte Dolci, durchdachtes Sortiment der besten Weine aus der Region und von anderswo, auch naturbelassene Weine, ein paar Biere von Kleinbrauereien, faire Preise.

»
Mit untadeliger Gastlichkeit und vorzüglicher Küche vermitteln Anna Maria und Vincenzo ihren Gästen Heimatverbundenheit und Traditionsbewusstsein.
«

MASSAFRA (TA)

16 KM NORDWESTLICH VON TARENT

La Volpe e L'Uva

Restaurant • Vico IV SS. Medici, 12
Tel. (+39) 099 / 400 43 37,
(+39) 340 / 845 27 19
Ruhetag: Dienstag
Keine Ferien
35 Plätze + 20 Plätze im Freien
Preise: 25–35 €
Kreditkarten: Visa; BM
Abends geöffnet, im Sommer und an Feiertagen auch mittags

Das Gebiet um Massafra ist von zahlreichen Gravine gekennzeichnet – faszinierende Schluchten, die als beliebte Ausflugsziele gelten. In Massafra selbst lohnt es die über eine eindrucksvolle Treppe zu erreichende Gravina mit der Wallfahrtskirche der Madonna della Scala, der Schutzpatronin der Stadt, zu besichtigen. Weiter westlich, in der Nähe der malerischen Gravina San Marco, befindet sich das Ristorante La Volpe e l'Uva, bei dem es sich um ein charmantes, in den Fels gehauenes Lokal mit schlichtem Interieur handelt. Empfangen werden Sie von Antonio Volpe, dem Inhaber und Chefkoch, der in der Küche von seiner Mutter Maria unterstützt wird. Beginnen kann die Mahlzeit mit Capocollo di Martina Franca, **Zucchine alla poverella**, einer Selektion von lokalen Formaggi begleitet von Konfitüren, Oktopus als Insalata di polpo, **Involtini di cavallo** (Pferdefleischrouladen, 10 €). Es folgen Nudelgerichte wie **Strascinate di grano arso mit Steinpilzen, frischer Salsiccia, getrockneten Tomaten und Dicke-Bohnen-Creme** (8 €), Mezzelune di patate gefüllt mit Burrata affumicata und Pesto von krausem Basilikum auf Vellutata di pomodorini mit Ricotta überbacken (9 €), **Tagliolini al limone mit Meeresfrüchten und Colatura di alici auf Creme von Büffelmozzarella** (10 €). An Secondi gibt es gegrillte Bistecca vom Jungrind aus der Murgia, tagesfrischen frittierten Fisch als Frittura di pesce del giorno alle tre farine (12 €), Entrecote vom Rind. Neu im Angebot sind seit diesem Jahr die leckeren Pizzen aus dem Holzofen. Als Dessert genießt man Sandwich al mascarpone e caffè, Semifreddo all'amaretto mit gehackten Haselnüssen und Sauerkirschen (4 €), Cuore tenero mit Bitterschokolade. Gute Selektion an regionalen Weinen, Biere aus Kleinbrauereien.

29 KM SW. V. ANDRIA, 34 KM V. BARLETTA, S.S. 98

La Tradizione Cucina Casalinga

Trattoria • Via Imbriani, 11–13
Tel. (+39) 08 83 / 69 16 90
Ruhetag: Donnerstag
Ferien: 1.–15. März, 1.–15. September
40 Plätze + 16 Plätze im Freien
Preise: 25–30 €
Kreditkarten: AE, CS, DC, MC, Visa
Mittags und abends geöffnet

Im Herzen der Murgia, einer der in puncto Wein- und Esskultur interessantesten Gegenden Apuliens, wo Wildkräuter, Gemüse, Pilze, Fleisch und Käse von hoher Qualität sind, betreiben die Geschwister Di Noia seit Jahrzehnten diese einfache und behagliche typische Trattoria, in der Sie alle traditionellen Spezialitäten der Gegend in großzügigen Portionen genießen können. Die Speisenfolge beginnt mit diversen Antipasti (9 €), z. B. Schnecken – Lumache – mit Tomate und Minze, Wildpilzen – Funghi cardoncelli selvatici – vom Grill, aus dem Ofen oder frittiert, Wurstwaren und Pecorino-Käse aus der Murgia, einer neu interpretierten Panzanella, Ricotta fritta, vorzüglicher hausgemachter **Giardiniera**. Weiter geht es mit Troccoli alla murgese mit Kirschtomaten und Ricotta dura, Maccheroncini mit Auberginen und Baccalà in feinen Streifen (6 €), **Cavatelli con ceci, fagioli e cicerchie** (mit dreierlei Hülsenfrüchten), Pasta ripiena di ricotta, Strascinati mit Zucchinistängeln, Tomaten und Ricotta dura, **Maccheroncini di grano arso con cardo spinoso, purè di fave e cicerchie** (Nudeln aus dunklem Mehl mit Wildartischocken, pürierten Dicken Bohnen und Platterbsen). Bei den Secondi (8 €) überwiegt gegrilltes Fleisch aus der Region (Salsiccia, Lamm- oder Hammelkoteletts, Costata vom Pferd oder Schwein); gut sind aber auch das Kaninchen in der Spielart Coniglio alla cacciatora und – gegen Vorbestellung – ***U' cutturrid*** (geschmortes Lamm mit Stängelkohl). Die Desserts des Hauses sollten Sie sich nicht entgehen lassen: Torta di ricotta, Sfogliatine alla crema, Dolci di mandorle, dazu vielleicht eine Kostprobe von den hausgemachten Rosoli (Liköre). Die Weinkarte ist zum überwiegenden Teil von der näheren Umgebung geprägt, der Hauswein kein schlechter Tropfen. Tischreservierung ratsam.

MINERVINO MURGE (BT)

29 KM SW. V. ANDRIA, 34 KM V. BARLETTA, S.S. 98

Masseria Barbera

Ferienbauernhof
Strada Provinciale 230 (vormals S.S. 97), km 5,850
Tel. (+39) 08 83 / 69 20 95
(+39) 368 / 370 57 25
Ruhetag: Sonntagabend, Montag
Ferien: 1.–20. November
120 Plätze • Preise: 30–35 €
Kreditkarten: AE, CS, MC, Visa
Mittags und abends geöffnet

Inmitten des Nationalparks Alta Murgia entdecken wir das Anwesen von Familie Barbera. Der alte Gutshof, der übrigens auch über gemütliche Zimmer für Übernachtungsgäste verfügt, hat seinen ländlichen Charme unverändert bewahrt. Die Küche ist untrennbar mit den hiesigen Böden verbunden, huldigt alten Traditionen und der Wiederentdeckung einiger vergessen geglaubter Rezepte. Wir beginnen mit den Antipasti (13 €), die etliche Spezialitäten wie Salsiccia und Pecorino aus Montemilone, Gemüse aus eigenem Anbau in zahlreichen Zubereitungsweisen und **Baccalà mantecato con peperoni** (pürierter Stockfisch mit Paprikaschoten) umfassen. Von den Primi, die alle köstlich sind, empfehlen wir die Paccheri al baccalà (14 €), die **Orecchiette con verdure e peperone crusco** (9 €), den **Spaghettone al pesto murgiano** (12 €). Die Secondi basieren ausnahmslos auf ausgesuchtem lokalem Fleisch: Wir raten Ihnen zum Gegrillten (Grigliate sui carboni, 13 €). Ein Gericht, dessen intensiver, ungewöhnlicher Geschmack alleine die Anreise lohnt, ist das gegrillte Filet vom Esel – **Filetto d'asino alla brace** (18 €). In Sachen Dolci bevorzugen wir die Frische des Gelato alla frutta (3 €) und die Üppigkeit des Tiramisu mit Gerstenmalz und gehackten Pistazien (5 €). Umfangreiches Sortiment an Flaschenweinen aus der Region. Ein Degustationsmenü für 35 € und eine Empfehlung für den Mittagstisch für 20 € ergänzen die Auswahl.

» *Riccardo Barbera bestätigt sich als Hüter der althergebrachten gastronomischen Tradition der Murgia.* «

44 KM SÜDÖSTLICH VON BARI, S.S. 16

Il Guazzetto

NEU

Moderne Osteria
Via dell'Erba, 39
Tel. (+39) 080 / 410 71 75,
(+39) 320 / 577 55 90
Ruhetag: Mittwoch, außer im August
Ferien: je 2 Wochen im Februar und November
55 Plätze + 15 Plätze im Freien
Preise: 25–30 €
Kreditkarten: CS, MC, Visa; BM
Mittags und abends geöffnet

Nach diversen Erfahrungen in Restaurants an der Küste der Emilia-Romagna haben die beiden miteinander befreundeten Köche Francesco Fiume und Mario Dormio beschlossen, in ihre Heimatstadt Monopoli zurückzukehren, um ein gemeinsames Gastronomieprojekt zu starten, in dessen Mittelpunkt die Förderung einheimischer Produkte steht. Das in den Gassen der Altstadt gelegene gemütliche „Ristorantino", wie es von seinen Fans gerne bezeichnet wird, besteht aus zwei Räumen mit Tonnengewölben. Empfangen werden Sie von Paolo und Daniele, die Ihnen auf unprätentiöse, kompetente Weise die Tagesempfehlungen erläutern: stets ehrliche Gerichte auf Basis von Fisch, der tagtäglich bei lokalen Fischern eingekauft wird. „Für Gedeck und Brot zahlt man hier nicht", entnehmen wir der Karte, die uns zunächst den Antipasto della casa (15 € für zwei Personen) vorschlägt: Carpaccio vom Oktopus, Zucchini alla poverella, marinierte Sardellen, Riesengarnelen, Stockfischfilet, **Meeresfrüchtesalat**. Die Pasta mit Venusmuscheln und Kirschtomaten (**Tagliolini con vongole e pomodorini**, 8 €) ist überaus schmackhaft und bringt die Aromen der Adria mindestens ebenso gut zur Geltung wie der **Risotto ai frutti di mare** (10 €). Danach lockt die gemischte Fischfrittüre – **Frittura mista** – mit knusprigem Gemüse (10 €); je nach Verfügbarkeit an frischen Zutaten aus dem Meer gibt es außerdem verschiedene Sorten Fisch, die in der Salzkruste gegart oder gegrillt und mit Gemüse und Kartoffeln serviert werden. Herausragend von den durchweg feinen Dolci (4,50 €) sind die Semifreddi und das Schokotörtchen – Tortino al cioccolato. In der gepflegten Weinkarte überwiegen apulische Weiß- und Roséweine.

55 KM NORDÖSTLICH VON FOGGIA, S.S. 272

Medioevo

Restaurant • Via Castello, 21
Tel. (+39) 08 84 / 56 53 56,
(+39) 348 / 823 61 62
Ruhetag: Montag, außer im Sommer
Ferien: 15.–30. November
60 Plätze
Preise: 30–35 €
Kreditkarten: AE, CS, DC, MC, Visa; BM
Mittags und abends geöffnet, im Winter nur mittags

Die auf 800 Metern Höhe, in Luftlinie nur wenige Kilometer vom Meer entfernt gelegene UNESCO-Weltkulturerbestadt Monte Sant'Angelo hat ein spezielles, auch im Sommer luftiges Klima und bietet an klaren Tagen eine atemberaubende Aussicht auf die apulische Küste. Nicht weit von der Grottenkirche San Michele Arcangelo, auf dem Weg hinauf zum Castello, setzt Pasquale Mazzone, seines Zeichens seit mehr als 20 Jahren passionierter Wirt, seinen löblichen Weg der Suche nach guten Grundprodukten zusammen mit Küchenchef Tonino Palumbo fort. Man beginnt mit marinierten Sardellen, Saisongemüsevorspeisen und außergewöhnlichen Salumi (10 €), die aus Fleisch von wild gehaltenen Schweinen handwerklich hergestellt und in Höhlen gereift sind. Sehr bodenständig das Angebot an Primi: Wir raten zu ***Lajine*** (Bandnudeln) **mit Kichererbsen und Ragù di baccalà** (9 €) oder Troccoli al ragù di seppia (Tintenfisch) mit Wildfenchel. Von den Zuppe (8 €) nicht versäumen sollte man die Zuppa di fave e cicoria und den **Pancotto con verza, patate e fave** (Auflauf aus Brot, Wirsing, Kartoffeln und Dicken Bohnen). Die weiteren Empfehlungen: Lamm als Agnello alla griglia oder Agnello al profumo del Gargano, Capretto in umido (geschmortes Ziegenkitz) und die unnachahmliche **Tiella di agnello e torcinelli con patate** (Lammschmorfleisch mit Innereien und Kartoffeln, 16 €). Die bei lokalen Erzeugern achtsam ausgesuchten **Formaggi** sind von hoher Qualität: erstklassig der Caciocavallo alla griglia (7 €). Zum Nachtisch gibt es für Monte Sant'Angelo typisches Feingebäck: **Ostie ripiene di mandorle**, Mostaccioli und Peperati, die sich mit aromatisierten Likören (Granatapfel, Apfel, Olive, Orange, Nuss) kombinieren lassen. Schöne Karte mit guten, vorwiegend regionalen Flaschenweinen zu fairen Preisen, auch glasweise.

49 km südöstlich von Bari, S.S. 100 u. S.S. 634

L'Antica Locanda

Traditionelle Osteria
Via Santo Spirito, 49
Tel. (+39) 080 / 497 24 60
Ruhetag: Dienstag, Sonntagabend
Keine Ferien
70 Plätze + 30 Plätze im Freien
Preise: 30–35 €
Kreditkarten: AE, CS, DC, MC, Visa
Mittags und abends geöffnet

Wenn Sie der zauberhaften Altstadt von Noci einen Besuch abstatten, sollten Sie nicht auf eine Einkehr in diese Osteria verzichten. Empfangen werden Sie von Pasquale Fatalino, dem Deus ex machina des Lokals: Seine gastronomische Philosophie beruht auf der Wiederentdeckung einiger Produkte der Arme-Leute-Küche, wovon bereits der Antipasto (12 €) zeugt. Dieser überrascht uns nämlich mit Insalata di sporchia (Blütenstände der Dicke-Bohne-Pflanze) und den noch selteneren **Cime di vigna marinate** – zarte Weinblätter, die heute als Delikatesse gelten, jedoch für die Einheimischen früher einmal Grundbestandteil der Ernährung waren. Die Teigwaren sind handgemacht: Wir raten zu den Cavatelli Terra Madre (8 €) – eine Hommage an Apulien, die die wichtigsten Slow-Food-Presidi der Region auf einem Teller vereint: Capocollo aus Martina Franca, rote Zwiebel aus Acquaviva, Tomaten aus Torre Guaceto, Dicke Bohnen aus Carpino. Exzellent umgesetzt sind auch die anderen Primi der unverfälschtesten Tradition, etwa **Fave e cicorie** (Dicke Bohnen und Zichorie) oder Orecchiette al ragù. Die Secondi (12 €) basieren auf achtsam ausgesuchtem Fleisch von lokalen Viehhaltungsbetrieben: Stracotto vom Rind, **Zampina** (typische Wurst), Arrosto di agnello (Lammbraten), ***Gnumeredd'*** (Rouladen mit Innereien). Die gepflegte Weinkarte widmet den Kellereien des Umlands besondere Aufmerksamkeit. Ein komplettes Degustationsmenü für 35 € wird ebenfalls angeboten.

„Mit Beharrlichkeit und Leidenschaft widmet sich Pasquale der Wiederentdeckung vergessener Zutaten seiner Heimat, um daraus exzellente Gerichte zu kreieren."

44 km südwestlich von Foggia, S.S. 90

Peppe Zullo

Restaurant
Via Piano Paradiso, 11
Tel. (+39) 08 81 / 96 47 63,
(+39) 320 / 747 00 93
Ruhetag: Dienstag
Ferien: November
40 Plätze + 40 Plätze im Freien
Preise: 35 € (Tagesmenü)
Kreditkarten: AE, CS, DC, MC, Visa; BM
Mittags geöffnet

Orsara di Puglia, das malerische Städtchen in den Monti Dauni, ist ein Wahrzeichen der lokalen Gastronomie. Zu verdanken ist dies Peppe Zullo, dem sprühenden, umgänglichen Patron und Koch. Ihm zu begegnen und seinen Geschichten zu lauschen, ist immer ein Erlebnis. Produkte aus eigener Viehhaltung und aus dem „Garten der Wunder" bilden die Basis seiner Arbeit. Man hat drei Degustationsmenüs à 35 €, darunter ein vegetarisches, zur Auswahl. Eingangs könnten Ihnen Fiore di lampascione mit Caprino und Mosto cotto oder Giuncata dei Monti Dauni mit pürierten jungen Dicken Bohnen und schwarzem Trüffel, Cestino di melanzane mit Caciocavallo dei Monti Dauni, Cardoncelli-Pilze mit leicht bitterem Wildkraut namens Marasciuolo, **Parmigiana di borragine** serviert werden. An Primi kann es *Lagane* aus Senatore-Cappelli-Weizen mit grünen Bohnen und Minze, **Orecchiette di grano arso mit Kürbissprossen und knuspriger Guanciale**, Paccheri mit Kaninchenragout und gelben Tomaten, Ruote pazze mit frischen Platterbsen und Kürbisblüten geben. Es folgen Coscia di agnello mit Spargel und gebratenen Tomaten, **Filetto di maiale nero mit Salzkartoffeln und gebratenen Sponsali**, Zuppa di legumi mit Crostini. Bemerkenswert sind überdies der Culatello vom schwarzen Schwein aus den Monti Dauni und die mit hausgemachten Konfitüren kombinierbaren erstklassigen Formaggi. Als Dessert gibt es Millefoglie di grano arso mit Zitruscreme und Sauerkirschsauce, originelles **Tiramisud**, Pizza di ricotta. Respektable Weinauswahl, darunter ein paar Spitzenprodukte und ein interessanter Rotwein aus Tuccanese-Trauben.

„Exzellente Zutaten, verarbeitet zu überraschenden Gerichten, machen jeden Besuch bei Peppe zu einem denkwürdigen Sinneserlebnis."

30 KM WESTLICH VON TARENT

Masseria Petrino

NEU

Restaurant
Zona Petrino
Tel. (+39) 099 / 843 40 65,
(+39) 348 / 707 84 45
Ruhetag: Montag
Ferien: November
40 Plätze + 80 Plätze im Freien
Preise: 32–35 €
Kreditkarten: CS, MC, Visa; BM
Abends geöffnet, Sonntag und Feiertage auch mittags

Im kleinsten der Dörfer der Terra delle Gravine entdecken wir in der Zona Petrino, wenige Hundert Meter vom Gemeindestadion entfernt, ein vor Kurzem renoviertes Bauernhaus aus dem späten 19. Jahrhundert. Das in eine dank antiker Höhlensiedlungen und jahrhundertealter Olivenhaine landschaftlich überaus reizvolle Gegend eingebettete Restaurant wird von Michele Rotondo stilsicher geführt. Er persönlich wird Sie herzlich begrüßen und Ihnen mit Leidenschaft all die Gerichte erläutern, die er als profunder Kenner der lokalen Produkte täglich mit viel Geschick und Fantasie variiert. Tradition gepaart mit Kreativität kommen in Form von Acquasale con filetti di pesce del giorno (8 €), Polpetta fritta mit Miesmuscheln und Pecorino in Tomatensauce, Insalata di podolica mit Caciocavallo und Lattich auf den Tisch. An Primi gibt es **Orecchioni mit Miesmuscheln, Peperoncino und Brotbröseln**, Spaghetti spezzati con brodo di scorfano (mit Sauce vom Drachenkopf), Parmigiana di melanzane mit Burrata und Basilikum (10 €). Unter den Secondi sind **Zuppa di pesce** (Fischsuppe), Tagliata vom Rind aus der Murgia tarantina mit Gartengemüse (12 €), aber auch frittierter Kabeljau – **Merluzzo fritto** – **mit Lattich und Burrata** zu entdecken. Von den diversen Dolci empfehlen wir die klassischen **Sporcamusi** (5 €), die Millefoglie mit Rosmarin und karamellisierten Plattpfirsichen, die Spuma di ricotta mit Feigensirup. Interessante Auswahl apulischer Weine.

65 KM SÜDÖSTLICH VON LECCE, S.S. 275

Rua de li Travaj

Osteria
Piazza Indipendenza
Tel. (+39) 349 / 058 45 31
Ruhetag: Mittwoch, außer im Sommer
Ferien: Oktober
35 Plätze + 40 Plätze im Freien
Preise: 25–30 €
Kreditkarten: AE, CS, DC, MC, Visa; BM
Abends geöffnet, November–Juni an Feiertagen nur mittags

Patù ist eine kleine Stadt im Hinterland des südlichsten Gebiets der Provinz Lecce: Hier befindet sich die entzückende, sehr typische Osteria von Gino De Salve, der mit seinem Kommunikationstalent die Rolle des Gastwirts mit viel Leidenschaft verkörpert. In der Küche bereitet seine Schwiegermutter Fiorina Musso, die aus dem Piemont stammt, mit Sorgfalt die Gerichte der Tradition des Salento zu. Das mündlich vorgetragene Menü kann nicht anders beginnen als mit dem ebenso reichhaltigen wie vielfältigen Antipasto (15 €): ein knappes Dutzend Köstlichkeiten wie *Pittule*, *Pitta* di patate, überbackene Auberginen, frittierte Paprikaschoten und Peperoni *ammollicati*, Kartoffelsalat, **Polpette di melanzane**, Fave e cicorie und andere appetitliche Häppchen, die in Summe problemlos eine komplette Mahlzeit ergeben. Dennoch sollte man die Primi piatti nicht versäumen: sehr empfehlenswert die ***Scurdijata*** (8 €) aus frittiertem altbackenem Brot, gelben Erbsen und Feldzichorie, überaus schmackhaft die ***Ciciri e tria***, die *Sagne 'ncannulate* (gezwirbelte Nudeln) mit Tomatensauce und Ricotta forte, die ***Fae e fogghie*** (Dicke Bohnen und Gemüse). Unter den Secondi entdecken wir **Pezzetti di carne di cavallo al sugo** (Pferdefleisch in Sauce, 8 €), Coniglio oder Pollo alla cacciatora und einen ungewöhnlichen, aber köstlichen **Brasato al Negroamaro** in Hommage an die piemontesischen Wurzeln der Köchin. Zum Finale gibt es ein Tellerchen mit den Dolci della casa (5 €): getrocknete Feigen, Mandorle *'nturrate* (karamellisierte Mandeln), Mürbeteiggebäck und Dolcetti di pasta di mandorla (Marzipan) begleitet von wunderbaren hausgemachten Rosoli. Zum Essen kann man den sehr guten Hauswein trinken oder eine Flasche aus der keinen, aber durchdacht zusammengestellten Selektion von lokalen Winzerprodukten wählen.

32 KM SÜDÖSTL. VON LECCE, S.S. 16 UND S.S. 275

La Piazza

Trattoria • Piazza Umberto I, 13
Tel. (+39) 08 36 / 90 19 25,
(+39) 339 / 777 70 73
Ruhetag: Montag, außer im Sommer
Ferien: November
35 Plätze + 60 Plätze im Freien
Preise: 30–35 €
Kreditkarten: AE, CS, DC, MC, Visa; BM
Abends geöffnet, Sonntag und Feiertage auch mittags

Auf dem Hauptplatz der kleinen Gemeinde Poggiardo, in einem schönen und luftigen, entspannten und behaglichen Lokal, bietet Stefano Nuzzo mit Unterstützung durch seine stets zuvorkommende, herzliche Frau Klejda eine Küche, die sich durch akribisch ausgesuchte, ausnahmslos lokale und saisonale Grundprodukte auszeichnet. Stefanos Gastronomieerfahrung spiegelt sich in sämtlichen Gerichten, die mit Liebe zum Detail gestaltet sind und auf profunden Kenntnissen der hier mit Fingerspitzengefühl und Respekt zelebrierten Traditionen beruhen. Der Antipasto des Hauses (13 €) überzeugt durch facettenreiche Aromen vom Land bis zum Meer: mit Ziegenricotta gefüllte Totani, Impepata di cozze mit Püree von Dicken Bohnen, gebackener Baccalà mit Kürbissalat, Polpette di polpo, ***Pittule*** (frittierte Teigbällchen mit Gemüsefüllung), Tortino di verza mit Garnelen. An Primi aus hausgemachten Nudeln gibt es **Linguine con cozze e patelle**, Vollkorn-Orecchiette mit Burrata, Stängelkohl und Orangenschale (9 €), **Taglioli-ni con ragù bianco di agnello e carciofi** (mit Lammragout und Artischocken). Die Secondi sind alle sehr gut, vor allem die **Gamberi saltati con purè di fave e cicorie** (14 €) und die Tagliata vom Kalb alla salentina mit Caciocavallo podolico (13 €). Vortrefflich die Dolci: Semifreddo, *Cupeta* (5 €), Fazzoletto di pasta di mandorla, Tortino di cioccolato mit Erdbeersorbet. Die von Klejda zusammengestellte Weinkarte beinhaltet die besten Etiketten aus der Region und eine erkleckliche Anzahl von Flaschenweinen aus ganz Italien.

»

Qualitätvolle Grundprodukte und eine geschickte, gelassene Interpretation der Tradition machen das La Piazza zu einem virtuosen Beispiel von großem Wert für das Gebiet des Salento.

«

42 KM SÜDÖSTL. VON BARI, S.S. 100 UND S.S. 172

A' Cr'janz

Osteria
Via Goito, 22–24
Tel. (+39) 080 / 405 57 45,
(+39) 320 / 899 93 44
Ruhetag: Mittwoch-, Sonntagabend
Ferien: 1 Woche im September
40 Plätze
Preise: 23–28 €
Kreditkarten: MC, Visa; BM
Mittags und abends geöffnet

Jeden Tag besucht Rino Barletta lokale Betriebe und Bauernhöfe, um die besten Grundprodukte für die Küche seiner Osteria aufzuspüren: Diese intensive Auseinandersetzung mit den Erzeugern ist für ihn fast schon eine Art Lebensstil geworden. Bereits beim Betreten des Lokals verspürt man ein angenehmes Wie-zu-Hause-Gefühl: ein paar Tische, die einsehbare Küche, das auf eine schöne Tafel geschriebene Menü, wodurch sich die Tagesempfehlungen leicht aktualisieren lassen. Der Antipasto della casa (14 €) besteht aus zehn Kostproben und ist an sich schon ein Manifest von Rinos Philosophie: viel Biologisches und Vegetarisches, zahlreiche Slow-Food-Presidi. Wir entdecken **Macco di fave di Carpino**, Polpettine di pane e lenticchie (kleine Bällchen aus Brot und Linsen), Käse mit Konfitüre von roten Zwiebeln aus Acquaviva, allerlei Saisongemüse in Backteig, Tortino di ceci neri con il polpo (Flan von schwarzen Kichererbsen mit Oktopus). Von den Primi sind die Vollkorn-Strascinati aus Hartweizen der Sorte Senatore Cappelli mit Fonduta di caciocavallo, die Straccetti mit Eselfleisch und Fiaschetto-Tomaten aus Torre Guaceto, die **Paccheri al forno con fiori di zucchine e cozze** (mit Zucchiniblüten und Miesmuscheln, 7 €) empfehlenswert. Die Secondi sind beinahe alle Schmorfleischgerichte in *pignata*: Coniglio in crema di soia alle cinque spezie (Kaninchen in Sojacreme mit fünf Gewürzen, 10 €), Esel in Form von **Asino alle erbette del territorio** oder als Ragout; darüber hinaus gibt es Costate di podolica alla brace (Grillkoteletts, 15 €) und Cosciotti di pollo – Hähnchenschenkel – mit Zitrone. Nicht außer Acht zu lassen sind die Dolci (4 €), etwa heiß servierte **Sporcamusi** oder Soufflé di cioccolato. Sorgfältig getroffene Auswahl an Wein durchweg regionaler Provenienz.

42 KM SÜDÖSTLICH V. BARI, S.S. 100 U. S.S. 172

Botteghe Antiche

Osteria
Piazza Plebiscito, 8-10
Tel. (+39) 080 / 491 18 13,
(+39) 334 / 791 57 05
Ruhetag: Mittwoch, Sonntagabend
Ferien: unterschiedlich
40 Plätze + 30 Plätze im Freien
Preise: 30 €
Kreditkarten: CS, MC, Visa; BM
Mittags und abends geöffnet

NEU

Stefano D'Onghia, vormals Partner der Osteria A' C'rianz, hat nun dieses Lokal in einem Steingebäude aus dem 14. Jahrhundert in der Altstadt von Putignano eröffnet. Seine Alleinstellungsmerkmale: eine funkelnde Berkel-Maschine Baujahr 1949, ein großer Tisch für gesellige Runden und ein vertikaler Garten, der den Außenbereich des Lokals rahmt. Seine Frau Valentina lädt die Gäste ein, auf schönen Stühlen aus den 1930er-Jahren Platz zu nehmen, und schildert die Tagesempfehlungen; Stefano bereitet in seiner Schauküche das Essen zu und plaudert mit jenen, die ihre Mahlzeit am Tresen (ein alter Schrank für die Aufbewahrung von Hülsenfrüchten) einnehmen. Sämtliche Grundprodukte stammen von lokalen Erzeugern. Der Antipasto (10 €) kann geröstetes Pane di Altamura mit Burratina, Stängelkohl und Sardellen, Capocollo aus Martina Franca mit Creme von roten Zwiebeln aus Acquaviva, Borretsch-Frittatina, Provola vom Grill, **Insalata di sporchie con aceto** (Salat von Blütenständen der Dicke-Bohne-Pflanze) umfassen. Von den bemerkenswerten Suppengerichten der Saison (6 €) erwähnt seien die Zuppa di **cicerchie con cardoncelli in terrina** (mit Platterbsen und Pilzen) und die Zuppa di fagioli mit Speck; wenn Sie ein Nudelgericht bevorzugen, sind Sie mit den Spaghettoni mit Wildspargel, Tomaten und Cacioricotta (8 €) gut beraten. Die Secondi sind allesamt Fleischgerichte: **Brasato di guancia di manzo al Negroamaro** (10 €), klassische **Brasciola di asino al ragù** (8 €), Gegrilltes vom Podolica-Rind, vom Altamura-Lamm oder vom Esel (Asino). Von den Dolci (4 €) unwiderstehlich die ***Sporcamuss***; alternativ dazu gibt es Crostata mit Feigenkonfitüre, Creme und gehackten Nüssen oder Khaki-Mousse mit Schokotröpfchen. Regionale Weinkarte; ein Primitivo aus Gioia del Colle wird von einer nahen Kellerei eigens für das Restaurant abgefüllt.

33 KM WESTLICH VON BARI, S.S. 98

U.p.e.p.i.d.d.e.

Restaurant
Via Sant'Agnese, 2
Tel. (+39) 080 / 361 38 79
Ruhetag: Montag
Ferien: 15. Juli–15. August
70 Plätze
Preise: 30–35 €
Kreditkarten: CS, DC, MC, Visa; BM
Mittags und abends geöffnet

U pepidde ist ein hiesiger Dialektausdruck, der sich mit „etwas Kleines, Adrettes" übersetzen lässt, aber auch das lange Akronym für „Unico Posto Esclusivo Per Individui Di Doppia Esigenza", sprich „exklusiver Ort für zweifach anspruchsvolle Menschen". Mit dem zweifachen Anspruch sind natürlich gutes Essen und Trinken gemeint. Die behagliche Osteria befindet sich in einem noblen Palazzo des 16. Jahrhunderts nicht weit von der romanischen Kathedrale. Das Kaleidoskop der Antipasti (13 €) umfasst gefüllte Paprikaschoten, Kartoffelauflauf mit Käsecreme sowie eine gute Auswahl an Wurst- und Käsespezialitäten aus der Region. Es folgen zwei Primi, wie sie unterschiedlicher nicht sein könnten: einerseits die delikaten **Cavatelli con cardoncelli e purè di fave** (7,50 €), die sich als überaus harmonisch abgestimmter Mix der Ingredienzen (Kräuterseitlinge und Püree von Dicken Bohnen) erweisen, andererseits die historische Spezialität des Hauses, nämlich **Orecchiette alla pastora** (7 €) – ein wahres Feuerwerk der für das Terroir der Murgia typischen Aromen. Für danach können wir nicht anders, als Ihnen die vorzügliche Grigliata mista von einheimischem Fleisch (10 €) zu empfehlen, aus der kräftige Geschmack des Lamms und die Zartheit der **Torcinelli** hervorstechen. Eine Delikatesse für sich sind die **Funghi cardoncelli alla brace** (7 €). Auch die gepflegte Auswahl an **Formaggi** darf nicht unerwähnt bleiben. Von den Desserts (4 €) sollte man den Semifreddo al torroncino probieren, der sehr gut zu den hausgemachten Bitterlikören passt. Die Tische sind gepflegt gedeckt, die Bedienung flott und nie aufdringlich. Im wohlsortierten Weinkeller, den Patron Dino Saulle liebevoll pflegt, lagern große Jahrgangsweine: Bitten Sie um eine Besichtigung.

41 KM NORDÖSTLICH VON FOGGIA

Antica Piazzetta

NEU

Moderne Osteria
Viale Aldo Moro, 161
Tel. (+39) 08 82 / 45 19 20
Ruhetag: Mittwoch
Ferien: 2 Wochen im Juli
60 Plätze
Preise: 30–35 €
Kreditkarten: AE, CS, MC, Visa; BM
Mittags und abends geöffnet

Nur wenige Meter entfernt vom Eingang zur neuen Wallfahrtskirche San Pio, im modernen Teil von San Giovanni Rotondo, wird diese Osteria von Michele mit Sorgfalt und Leidenschaft geführt. Anders als an ihrer früheren Adresse, einem ehemaligen Kino in den Gassen der Altstadt, präsentiert sich der Gastraum nun modern und behaglich. Der Stil der Küche ist hingegen nahezu unverändert geblieben: achtsam ausgesuchte Grundprodukte und Vorliebe für die traditionelle Küche des Gargano sind die Eckpunkte des Angebots, das Elemente der Meeres- und der Festlandküche miteinander kombiniert. Der Wirt, der sich auch um den Service kümmert, wird sich um Ihr Wohl bemühen, ohne je aufdringlich zu sein. Bereits unter den Antipasti sind zwei Klassiker zu entdecken: einerseits einheimischer Büffelmozzarella mit Salumi, andererseits die gemischte Fischvorspeise – Antipasto di mare. Geht man dann über zu den Nudelgerichten, so sind die Pappardelle con funghi e vongole (mit Pilzen und Venusmuscheln), die **Orecchiette di grano arso mit Broccoli, Sardellen und Canestrato-Käse**, die Panciotti ripieni di pesce spada (mit Schwertfischfüllung) oder auch die Maltagliati con branzino, bietola, ricotta e purè di cavolfiore (mit Wolfsbarsch, Mangold, Ricotta und Püree von Blumenkohl) in Erwägung zu ziehen. Groß und abwechslungsreich die Palette der Secondi: Tagliata vom Rind, **Costolette di agnello** (Lammkoteletts), Spigola sotto sale (Seebarsch, in der Salzkruste gegart), Steinbutt als **Rombo al forno**, Goldbrasse in der Version Orata all'acquapazza. Von den Dolci seien die Millefoglie mit Creme Chantilly, die Panna cotta mit Waldbeeren, die Mousse di ricotta erwähnt. Interessante Weinkarte.

SAN GIOVANNI ROTONDO (FG)

41 KM NORDÖSTLICH VON FOGGIA

Opus Wine

Restaurant-Enoteca
Traversa Castellana, 12
Tel. (+39) 08 82 / 45 64 13,
(+39) 333 / 657 44 96
Ruhetag: Sonntag
Ferien: unterschiedlich
35 Plätze + 25 Plätze im Freien
Preise: 25–30 €
Kreditkarten: AE, CS, DC, Visa
Mittags und abends geöffnet

In den Gassen der Altstadt, nahe der ruhigen Larie de Taccogna (ein im Sommer überaus angenehmer kleiner Platz), befindet sich dieses gemütliche Lokal unter der Leitung von Pietro Placentino und Matteo Melchionda, die auf professionelle Weise Menüs aus lokalen Grundprodukten, darunter einige Slow-Food-Presidi, empfehlen. Eröffnen lässt sich die Mahlzeit mit gemischten Brettchen (7 oder 15 €) von Salumi wie Capocollo di Martina Franca und erstklassigen Käsesorten aus der Gegend (Büffelmozzarella, Stracciatella, Caprino, Caciocavallo podolico) oder auch mit Gemüsegerichten wie **Cicoriette e purè di fave di Carpino**, Cime di rape stufate, **Sponsali al forno**, Parmigiana di melanzane oder Parmigiana di zucchine. An Primi (8 €) gibt es Paccheri con porcini oder **Paccheri con cardoncelli e puntarelle**, Orecchiette alle cicoriette e pomodoro, Cavatelli mit Gemüsepüree und geräucherter Guanciale, Fusilli al pomodoro secco mit Mandeln Fusilli mit Paprikacreme und Colatura di alici di Cetara, im Winter Hülsenfrüchtesuppen. An Secondi (15 €) werden Filetto di vitello garganico (Kalbsfilet) und Salsicce alla brace ebenso angeboten wie Schweinehaxe – **Stinco di maiale** – oder Stinco di agnello (Lammkeule). Dolci handwerklicher Machart (4 €): Millefoglie alla crema, Crema di ricotta mit Schokolade, Biscotti di pasta frolla con crema diplomatica (Mürbeteigkekse mit Sahne-Vanille-Creme). Als bemerkenswert und breit gefächert erweist sich die Wein- und Spirituosenkarte, die erstklassige Flaschenweine aus der Region ebenso empfiehlt wie eine Reihe von Hausweinen, wobei auch glasweise Bestellmöglichkeit bestellt; ein paar gute Biere aus Kleinbrauereien ergänzen das Getränkesortiment. Auch ein komplettes vegetarisches Menü wird angeboten.

57 km nördlich v. Foggia, A 14 Ausfahrt Lesina

La Costa

Restaurant
Via Magenta, 11–15
Tel. (+39) 08 82 / 47 17 68,
(+39) 329 / 209 81 39
Kein Ruhetag
Keine Ferien
40 Plätze + 25 Plätze im Freien
Preise: 25–30 €
Kreditkarten: AE, CS, DC, MC, Visa
Mittags und abends geöffnet

Die Identität von San Nicandro Garganico ist – auch gastronomisch – vom Festland und den hiesigen Seen geprägt. Sehr authentisch zum Ausdruck gebracht wird dies von Franchino Sticozzi, der in einer Fischer- und Bauernfamilie aufgewachsen und ein profunder Kenner der lokalen Kultur ist. Wenn er darüber spricht, sind seinen Augen die Leidenschaft für sein Tun und der Stolz auf seine Wurzeln abzulesen. Franchino widmet sich gleichzeitig der Leitung der Küche und dem Service im Speisesaal, den hübsche, von einer lokalen Künstlerin gestaltete Wandleuchten aus Terrakotta mit ländlichen Motiven zieren. Unter den Antipasti zu entdecken: **Tortino di alici e ricotta con fave e salicornia** (Sardellen-Ricotta-Flan mit Dicken Bohnen und Meeresspargel – intensive Aromen in großartiger Harmonie, 8 €), feine Melanzana ripiena di cozze (Aubergine mit Miesmuschelfüllung), Talli di zucchine mit rosa Garnelen, Carpaccio di cefalo (10 €). Es folgen Cavatelli alla boscaiola mit Wurst, Pilzen und Esskastanien oder Cavatelli con salicornia e anguille di Lesina (mit Meeresspargel und Aal, 8,50 €), Mafaldine con salicornia e cozze, **Pancotto con le verdure di campo**. An Secondi gibt es Fleisch wie auch Fisch: Agnello oder **Capretto al forno mit Spargel und Wildfenchel**, **Tiella di polpo mit Kartoffeln und Wildzwiebeln** (12 €), einheimischen Aal (Capitone dei laghi alla pescatora), gegen Vorbestellung gegrillte Meeräsche (Cefalo alla brace) mit Wildfenchelsamen und Fischsuppe (Zuppa di pesce in terracotta). Gute Auswahl an Käse aus der Region, z. B. Caciocavallo podolico und Cacioricotta. Kleine traditionelle Dessertauswahl: Pupurati mit Feigensirup und Millefoglie di crostini di pane e ricotta. Man schließt mit einem wunderbaren Schnaps aus Wurzeln der Wildzichorie. Regionale Weinkarte.

29 km nw. v. Foggia, S.S. 16, Ausfahrt A 14

La Fossa del Grano

Trattoria
Via Minuziano, 63
Tel. (+39) 08 82 / 24 11 22
Ruhetag: Sonntagabend, Montag
Ferien: 10 Tage im August, Weihnachten, Neujahr
35 Plätze + 35 Plätze im Freien
Preise: 30–35 €
Kreditkarten: CS, DC, MC, Visa; BM
Mittags und abends geöffnet

Das Lokal befindet sich im alten Teil von San Severo, einer Stadt der Capitanata in der nördlichen Ebene des Tavoliere. In dieser Gegend wurde Getreide einst in Gruben gelagert, worauf der Lokalname Bezug nimmt. Bei dem schlichten, einladenden Ambiente handelt es sich um einen alten Stall mit Gewölbedecke und Sichtziegeln. Die Küche ist im Wesentlichen ländlich geprägt, doch ist auch Fisch vertreten, da das Meer nicht allzu weit weg liegt. Die Anzahl und Vielfalt der Kostproben, die den Antipasto (20 €) ergeben, rechtfertigen dessen Preis und bedingen mitunter, dass man sich danach mit einem Nudelgericht oder einer Hauptspeise begnügt; bemerkenswert sind die Parmigiana di melanzane, die kreativ abgewandelte Insalata di polpo, der köstliche lokale Büffelmozzarella, der Sformato di ricotta di bufala. Gutes Angebot an Primi (10 €): Paccheri con pescatrice, **Tortelli al caciocavallo podolico del Gargano**, Orecchiette al sugo di salsiccia, **Troccoli con seppioline**. Von den Secondi (15 €) erwähnt seien die üppige **Grigliata di torcinelli, agnello garganico e salsiccia** (Innereien, Lamm, Wurst), das Filetto di spigola mit Spargel, die **Tranci di baccalà al pomodoro** (Stockfisch mit Tomaten). Planen Sie etwas Platz für die Dolci (4 €) ein: Croccante al cioccolato e mascarpone, Torta al cioccolato, Crostata mit Quittenkonfitüre. Die Weinkarte präsentiert einen schönen Querschnitt durch die lokale und regionale Winzerwelt, nennt aber auch Etiketten aus dem italienweiten Panorama zu fairen Preisen.

»

Das richtige Gleichgewicht aus Innovation und Tradition, vielfältige und nie triviale Empfehlungen von stets bester Qualität, zu genießen in gemütlicher Atmosphäre.

«

21 KM WESTLICH VON BRINDISI, S.S. 16

La Locanda di Nonna Mena

Trattoria • Via Edison, 30
Tel. (+39) 349 / 672 42 04
Ruhetag: Mittwoch
Ferien: 2 Wochen im November
28 Plätze + 10 Plätze im Freien
Preise: 25–30 €
Kreditkarten: AE, CS, DC, MC, Visa; BM
Mittags und abends geöffnet

In der Nähe des Postamts, in einer schmalen Straße, wo man im Sommer auch im Freien essen kann, hat Familie Errico 2008 das alte Haus von Nonna Mena in eine entzückende kleine Locanda verwandelt. Luigi und seine Schwester Mariella empfangen die Gäste in einem intimen Raum mit schlichtem Interieur und alten Ansichten. Die Küche wird von Bruder Toni geleitet. Die Atmosphäre ist familiär, die Gerichte sind einfach und unverfälscht. Das Menü wechselt häufig, doch unter den Antipasti (9 €) immer präsent sind Capocollo di Martina Franca, Käse von der Erzeugergemeinschaft Alto Salento, pürierte Dicke Bohnen mit Zichorie (Purè di fave e cicorie), Schmor- oder Grillgemüse, heiße **Polpette di carne** oder frisch frittierte Polpette di pane. Es folgen Zuppa di legumi (Hülsenfrüchtesuppe), **Orecchiette di grano senatore Cappelli mit Stängelkohl**, Fusilli mit Pesto von jungen Dicken Bohnen und gehackten Mandeln (8 €), Cavatelli con cozze e salicornia (Miesmuscheln und Meeresspargel). Empfehlenswerte Secondi sind die Pferdefleischroulade in Sauce – **Involtino di carne di cavallo al sugo**, das gefüllte Kaninchen (**Coniglio disossato e farcito con verdure di stagione e capocollo**, 9 €) und der je nach täglicher Verfügbarkeit angebotene gegrillte Fisch aus dem nahen Meeresschutzgebiet Torre Guaceto. An Desserts (3,50 €), zu denen man hausgemachte Liköre probieren kann, gibt es köstliches Feingebäck, Tarallini dolci, Trockenfeigen mit Mandeln, Biscotti di Ceglie Messapica (Slow-Food-Presidio). Die Weinkarte profitiert von den hervorragenden Kellereien des Umlands.

Bei der Comunità dei Produttori Caseari dell'Alto Salento, Via Vito Oronzo Errico 33, bekommt man alle typischen hiesigen Käsesorten.

47 KM SÜDÖSTLICH V. ANDRIA, S.P. 230 U. S.P. 231

Il Grottino

NEU

Trattoria
Corso Umberto I, 61
Tel. (+39) 08 83 / 68 18 53
Ruhetag: Mittwoch
Ferien: 1.–15. Juli
90 Plätze
Preise: 25–28 €
Kreditkarten: AE, CS, MC, Visa; BM
Mittags und abends geöffnet

Die Murgia ist nicht nur eine Karsthochebene im Herzen Apuliens, sondern auch eine der gastronomisch gesehen interessantesten Gegenden Italiens: Brot, Pilze, Wildkräuter, Käse, Schaf- und Rindfleisch sind von hervorragender Qualität und die Betreiber des Grottino schöpfen aus diesem Schatz autochthoner Produkte, die sie direkt von den Erzeugern beziehen. An der Grenze zwischen Apulien und der Basilikata, in einem Gebiet alter bäuerlicher Traditionen angesiedelt, bietet diese Trattoria seit Jahrzehnten eine ausgesprochen bodenständige, stets saisongerechte Küche. Den Auftakt macht ein typischer Antipasto (8 €) bestehend aus Salsiccia secca, einheimischem Pecorino, Bruschette, gefüllten Zucchini und Paprikaschoten. Geht man über zu den Primi (6,50 €), sind vor allem im Winter Hülsenfrüchte tonangebend: Immer auf dem Speisezettel steht das hervorragende **Purè di fave con le cicoriette selvatiche**; alternativ dazu gibt es Cavatelli oder **Strascinati con il sugo di cardoncelli** (mit einer Sauce aus für die Gegend typischen Pilzen, die ihren Namen der Tatsache verdanken, dass sie in der Nähe von Wildkardonen wachsen). An Secondi (9 €) gibt es gutes Fleisch aus der Murgia: Genießen Sie Salsiccia di maiale, **Marro** (Roulade mit Eingeweiden und Innereien vom Lamm), Vitellino al forno (im Ofen gebratenes Kalbfleisch); wenn gerade im Angebot, sollten Sie den ***Cutturid'* di agnello con le cime di rape** (Schmorfleisch vom Lamm mit Stängelkohl) nicht versäumen. Dolci nach Hausfrauenart (3,50 €): Pastiera, Cassata, handwerklich gefertigte Eiscreme. Neben einem anständigen Hauswein aus der Gegend hat man einige Flaschenweine von lokalen und regionalen Kellereien zur Auswahl.

TARENT

Al Gatto Rosso

Restaurant
Via Cavour, 2
Tel. (+39) 099 / 452 98 75,
(+39) 340 / 533 78 00
Ruhetag: Montag
Ferien: 2 Wochen im September
45 Plätze + 40 Plätze im Freien
Preise: 35–38 €
Kreditkarten: AE, CS, MC, Visa
Mittags und abends geöffnet

Tarent, die Stadt der zwei Meere, besteht aus den neuen Stadtteilen auf dem Festland und der auf einer Insel gelegenen Altstadt. Im Borgo, dem zentralen Bezirk der Neustadt, entdecken wir ein paar Schritte vom nationalen Archäologischen Museum entfernt dieses Restaurant, das seit 65 Jahren und drei Generationen von Familie Bartoli geführt wird. Die Küche des Hauses basiert auf den Fischressourcen des Ionischen Meeres. Nehmen Sie Platz in einem der beiden Gasträume, im Sommer auch im Freien, und lassen Sie sich vom Hausherrn und Küchenchef Agostino beraten. Als Entree gibt es Oktopus in Form von **Polpo al Negroamaro mit pürierten Dicken Bohnen** (10 €), warm servierte Meeresfrüchte als Insalata di mare, rohe Gamberi viola (exquisite Garnelenart, die als Spezialität des Golfs von Tarent gilt). Es folgen Orecchiette con cozze, fiori di zucca e caciocavallo podolico (Miesmuscheln, Kürbisblüten und Käsesplitter), Strascinati con cozze, pomodorini e passata di fagioli (Miesmuscheln, Kirschtomaten und Bohnenpüree), Risotto con asparagi e gamberi bianchi (Spargel und Garnelen) oder ganz traditionelle **Spaghetti con vongole tarantine** (mit hiesigen Venusmuscheln, 10 €). Bei den Secondi ist natürlich tagesfrischer Fisch der Hauptakteur: **Trancio di pesce in guazzetto di gamberi viola** (15 €), Spiedino di pesce misto, gegrillte Calamaretti, obligate Fischfrittüre – sprich **Fritto misto di paranza**. Zum süßen Schluss genießt man Budino di ricotta mit Karamellsauce (6 €), Frutta spadellata mit Vanilleeis, Semifreddo ai fichi fioroni mit Reduktion von Vin cotto. Die Weinkarte entwickelt sich zusehends weiter, achtet auf regionale Erzeuger und empfiehlt edle Tropfen aus ganz Italien; ein paar Biere aus Kleinbrauereien und einige Edelbrände ergänzen das Angebot.

VICO DEL GARGANO (FG)

101 KM NORDÖSTL. V. FOGGIA, S.S. 89 U. S.S. 528

Il Trappeto

Enoteca mit Küche
Via Casale, 168
Tel. (+39) 327 / 006 96 14
Ruhetag: Montag–Donnerstag, außer im Sommer
Ferien: je 2 Wochen im März und Oktober
120 Plätze
Preise: 20–33 €
Kreditkarten: AE, CS, DC, MC, Visa; BM
Mittags und abends geöffnet

Edoardo Tomaiuoli hat neuerlich das Ruder dieses Lokals übernommen, das er mit viel Enthusiasmus und Liebe eröffnet und drei Jahre lang seinem Neffen Simone überlassen hatte. Nun ist er mit neuer Leidenschaft und Energie wieder da. Das Restaurant in der Altstadt von Vico del Gargano befindet sich in einer wunderschönen unterirdischen Ölpresse, die in den Kalkstein gehauen wurde und bereits im Jahr 1307 urkundlich Erwähnung fand. Im Sommer kann man auch den Außenbereich des Lokals nutzen, der sich Orto del Conte nennt und ein von Mauern aus dem 15. Jahrhundert umgebener botanischer Garten ist. Das gastronomische Angebot folgt dem Lauf der Jahreszeiten und zeichnet sich durch großzügige Verwendung von Wildkräutern aus; das Gemüse kommt aus dem eigenen Biogarten. Man beginnt mit *U caudedd* (Bruschetta mit Öl oder Lardo), frittierten schwarzen Oliven mit Knoblauch und frischer Petersilie (5 €), feinen Frittate aus dem Holzofen, lokalen Salumi und Formaggi; im Antipasto di terra (15 €) sind all diese Köstlichkeiten vereint. Von den Primi (8 €) empfehlen wir die **Troccoli con i fagioli**, die Orecchiette alla vichese, die Orecchiette mit Zucchini, Zucchiniblüten und Cacioricotta, die **Fave di Carpino e cicorie**. Es folgen **Stracotto di cinghiale** (Wildschweinragout, 13 €), **Torcinelli arrostiti** (Rouladen mit Innereien), überbackener Caciocavallo podolico in terrina, erstklassiges Fleisch vom Grill; gegen Vorbestellung werden Fischgerichte zubereitet. Die Dolci (5 €) stehen im Zeichen der Tradition des örtlichen Schutzheiligen San Valentino: Sospiri, Bocche di dama und Spumette – zubereitet von Edoardos Schwester. Im Weinkeller lagern etliche Etiketten vorwiegend regionaler Herkunft. Ergänzend zur Auswahl à la carte gibt es zwei Degustationsmenüs für 25 bzw. 30 €.

BARLETTA

Antica Cucina 1983

NEU

Restaurant
Piazza Marina, 4-5
Tel. (+39) 08 83 / 52 17 18
Ruhetag: Sonntagabend, Montag
Ferien: unterschiedlich
80 Plätze
Preise: 30–45 €
Kreditkarten: CS, MC, Visa; BM
Mittags und abends geöffnet

Nicht weit entfernt von der Porta Marina finden Sie dieses schmucke Restaurant, das von Lello und seinem Partner Pino (Küche) geführt wird; im Service werden die beiden von Ciccio und Nicola unterstützt. Das gastronomische Angebot hat seine Wurzeln im Umland und erweist sich als gelungene Kombination von Festland- und Meeresküche. Man kann à la carte bestellen oder sich für eines der zwei Degustationsmenüs (30 bzw. 45 €) entscheiden. Der Spaghettone al ragù di cavallo con *brasciola* (dicke Spaghetti mit Pferdefleischrouladen in Sauce, 25 €) ist so üppig, dass er beinahe eine vollständige Mahlzeit ergibt. Von den Antipasti vortrefflich sind Gambo di zucchine e salicornia (Zucchinistängel mit Meeresspargel), Cappesante con la bottarga (Jakobsmuscheln mit getrocknetem Fischrogen), Capocollo di Martina Franca, Prosciutto crudo aus Faeto, allerlei Frischkäse. Im Kapitel Primi raten wir zu den Ruote pazze con battuto di piccolo pesce (rädchenförmige Pasta mit einer Art Fischtatar) und zu den Mezze maniche al ragù di crostacei (kurze Nudeln mit Sauce von Krustentieren). Es folgen Fritto di paranza (gemischte Fischfrittüre), Branzino al vapore con cialda di pomodoro e arance del Gargano (gedämpfter Wolfsbarsch mit Tomatenwaffel und Orangen, 16 €), Costolette di agnello in cartoccio (Lammkoteletts, in Folie gebraten). Zum süßen Schluss kann man Cassata di ricotta oder heiß servierten Sformato di mandorla (Mandelflan) mit Orangenspalten naschen. Die Weinkarte ist mit überwiegend regionalen Etiketten gut bestückt.

PESCHICI (FG)
104 KM NORDÖSTLICH VON FOGGIA

Porta di Basso

Restaurant
Via Colombo, 38
Tel. (+39) 08 84 / 35 51 67
Ruhetag: Donnerstag, außer im Sommer
Ferien: Dezember/Januar
40 Plätze + 10 Plätze im Freien
Preise: 35–60 €
Kreditkarten: CS, DC, MC, Visa; BM
Mittags und abends geöffnet

Domenico Cilenti widmet den Qualitätsprodukten des Gargano eine geradezu engelsgleiche Aufmerksamkeit, und so spiegeln die angebotenen Gerichte die zwischen Land und Meer verortete hiesige Kultur sehr schön wider. Man beginnt mit Carpaccio di pesce mit schwarzem Salz, Borretsch in Backteig und Bottarga (16 €), mit Acqua di pomodoro con calamari e gamberi, capperi e arancia (leichte Tomatensauce mit Meeresfrüchten, Kapern und Orange) oder der köstlichen Zuppetta di fave con salicornia e seppie (Dicke-Bohnen-Süppchen mit Meeresspargel und Tintenfisch). Appetitlich die Primi: Tubetti in zuppetta di ricci e gamberi scottati (Pasta mit einer Sauce von kurz gebratenen Seeigeln und Garnelen), traditioneller Pancotto mit Gemüse und Ei, Spaghetti con zenzero e crostacei (mit Ingwer und Krustentieren). Es folgen Zuppa di pesce (Fischsuppe), Pavè di pesce azzurro in tempura (Fettfisch in Tempurateig) mit im Ofen gebratenen Jungzwiebeln und Artischocken in *scapece* di zucchine (22 €), Maialino (zartes Ferkel) mit Auberginen, Apfelchips und Salsa al carrubo (Sauce auf Basis von Johannisbrotkernmehl). Zum Schluss genießt man Mousse di melanzana mignon mit Bitterschokolade und Mandeln, Semifreddo all'ananas mit karamellisiertem Apfel und Mandelkrokant. Gutes, überwiegend regionales Weinsortiment. Es gibt zwei Degustationsmenüs für 50 bzw. 60 €.

LATIUM
MOLISE
CAMPOBASS
Arce
Isérnia
Cassino
Venafro
Bojano
Letino
A1
Vairano
Patenora
Piedimonte
Matese
Morcone
Cerreto
Sannita
Caianello
San Salvatore
Telesino
Fórmia
Minturno
Sessa
Aurunca
Teano
Puglianello
Ponte
Castel
di Sasso
Telese
Terme
Cellole
Golf von
Gaeta
Gaeta
Carinola
Caiazzo
Paupisi
Bellona
Beneven
Castel Morrone
Capua
Montesarchio
Mondragone
S. Maria
Capua Vetere
Caserta
Arpaise
A30
Capriglia
Frattamaggiore
Pomigliano
d'Arco
Ospedaletto d'Alpinolo
A16
Giugliano
in Campania
Mercoglia
Somma Vesuviana
Quarto
NEAPEL
S. Anastasia
Forin
Cercola
Sarn
S. Giorgio
a Cremano
PARCO NAZ.
D.VESÚVIO
Vesuvio
1281
Pozzuoli
Noc
Infer
Bacoli
Ercolano
Boscoreale
Torre d. Greco
Pompei
Scafati
No
Sup
Castellammare
di Stabia
Ischia
Tramonti
Barano d'Ischia
ISCHIA
Vico Equense
Atrani
Meta
Sorrento
Amalfi
Massa Lubrense
CAPRI
TYRRHENISCHES
MEER
0
10
20 km

ADRIA
L. di Occhito
Lucera
Fóggia
APULIEN
Tróia
Orta Nova
Cerignola
Canosa di Púglia
A16
Marco
avoti
Molinara
Ariano Irpino
Melito Irpino
an Giorgio
el Sannio
Scampitella
Vallesaccarda
Gesualdo
Frigento
Bisaccia
Melfi
Venosa
Paternopoli
Rocca S. Felice
S. Angelo dei Lombardi
Rionero in Vúlture
Atripalda
Montemarano
Lioni
ellino
Santo Stefano del Sole
San Michele di Serino
BASILIKATA
Muro Lucano
Giffoni Sei Casali
Valva
Oliveto Citra
POTENZA
Basento
Buccino
alerno
Campagna
A3
Eboli
Battipaglia
PARCO NAZ.
Laurenzana
DELL'APPENNINO
PARCO
Sala Consilina
Trentinara
Padula
LUCANO
Agropoli
Valle dell'Angelo
Cicerale
NAZ. D. CILENTO
A3
VAL D'AGRI
Castellabate
Vallo d. Lucania
Caselle in Pittari
S. Mauro Cilento
Montecorice
Novi Velia
LAGONEGRESE
Morigerati
Casal Velino
E VALLO DI DIANO
Torre Orsaia
S. Marina
Lagonegro
Pisciotta
Sapri
PARCO NAZ.
Palinuro
Camerota
Capo Palinuro
Golf von Policastro
Maratea
D. POLLINO

KAMPANIEN

Es ist nicht weiter erstaunlich, dass zahlreiche grundlegende Elemente der kulinarischen Kulturen weit entfernter Völker nach Neapel gelangt sind – war die Stadt doch viele Jahre lang einer der wichtigsten Orte einer eurozentristischen Epoche. Ergebnis war eine fruchtbare gegenseitige Beeinflussung und Ergänzung von Küchen unterschiedlichsten Ursprungs. Diese Verschmelzung ergab Neues und Überraschendes und bestätigte die Theorie, dass einer Mischform ein dominanter Charakter innewohnt, deren „Schönheit" in der Vielfalt liegt.

Das Phänomen gehört noch lange nicht der Vergangenheit an, denn die Globalisierung und die neuen Kommunikationsmöglichkeiten vervielfachen die Einflüsse und Stimuli in hohem Maß. Schließlich ist der ganze Planet in die Vorgänge des „Teilens" einbezogen, das beginnt bei Social Networks und geht bis hin zur Küchenpraxis. Zutaten, Zubereitungsarten, Rezepte und (leider) auch Küchenchefs durchqueren den gesamten Planeten auf der Suche nach kompatiblem Neuen. Daher scheint es uns interessant, hier der gegenseitigen Einflussnahme, den Verbindungen und vielleicht auch den Herausforderungen nachzugehen, welche zwischen den regionalen Rezepten und den „Ethno"-Gerichten aus dem Rest der Welt bestehen.

Wir möchten Sie zu einem Rundgang einladen, der durchaus mit dem Gaumen zu tun hat, aber auch als bildhafte Reise gelten kann, in der sich die Wege des Baccalà und des Stocco aus dem Atlantik mit den gewundenen Routen im Landesinneren verflechten. Innereien und das „fünfte Viertel" werden zu Beispielen der allseits verbreiteten Bemühungen, Verschwendung zu vermeiden. In Suppen und Eintöpfen wird der Zusammenhang zwischen Land, Meer und Jahreszeiten sichtbar und das Straßenessen verweist sowohl auf die Tradition des Frittierten wie auch auf Tempura, die es in jedem Winkel des Erdballs gibt. Dieses Gedankenspiel bestätigt, dass auch für die Küche gilt, was Pessoa ausdrückt (und hier kommt wieder der *Bacalhau* ins Spiel ...): „Existieren ist reisen genug."

Für Sie entdeckt

'E zupp'

689 Il Contadino
Caianiello (Ce)

694 Masella
Cerreto Sannita (Bn)

728 Osteria dei Briganti
Scampitella (Av)

'U suffritt'

688 Grillo d'Oro
Bisaccia (Av)

693 Le Campestre
Castel di Sasso (Ce)

714 La Chitarra
Neapel

'O stocc'/'o baccalà

688 Nunzia
Benevent

706 A' Taverna do' Re'
Neapel

724 La Locanda della Luna
San Giorgio del Sannio (Bn)

727 O' Romano
Sarno (Sa)

Panzarotti, past' cresciut' e pall' e' riso

709 Da Concettina ai Tre Santi
Neapel

709 Di Matteo
Neapel

711 La Masardona
Neapel

711 Pellone
Neapel

49 KM NORDÖSTLICH VON AVELLINO

La Pignata

Restaurant
Viale dei Tigli, 7
Tel. (+39) 08 25 / 82 85 53,
(+39) 392 / 654 65 28
Ruhetag: Dienstag
Ferien: 10 Tage im Juli
60 Plätze
Preise: 35 €
Kreditkarten: AE, CS, DC, MC, Visa; BM
Mittags und abends geöffnet

Ariano war ein wichtiger Verkehrsknoten im Römischen Reich, da die antike Via Appia Traiana den Ort durchquerte. Die Rolle als Kreuzung und Verbindungspunkt zwischen Apulien und Kampanien spiegelt sich in den Speisen, die im La Pignata serviert werden. Ezio Ventre hat die Leitung des Restaurants von seinem Vater Guglielmo übernommen, Ezios Mutter Carmela bereitet die Gerichte zu. Eingerichtet ist das gemütliche Lokal mit Gegenständen des bäuerlichen Lebens. **Cannolo di baccalà** con peperone crusco su vellutata di broccoli (8 €) oder Pancotto di cicoria sind zwei Beispiele für Antipasti. Unter den Primi sollten Sie die hervorragenden **Cacio e pepe alla pastora** con cipolla ramata di Montoro e pancetta und Tagliolini con le ortiche e tartufo nero di Bagnoli Irpino (9 €) wählen. **Agnello laticauda** nimmt unter den Secondi den Spitzenplatz ein, serviert wird das Lamm **mit Artischocken** (16 €) oder aber in Aglianico und Kräutern gekocht. Außerdem gibt es Wild, zum Beispiel **Quaglia alla cacciatora con bacche di ginepro** (Wachtel). Sollten Sie das Lokal in der Weihnachtszeit besuchen, können Sie **Cardone** kennenlernen, ein Gericht, das von der Transhumanz auf dem hier vorbeiführenden Trift „Regio Tratturo" abstammt, es besteht aus in Kapaunbrühe gekochtem Fleisch und Bällchen aus Kalbshackfleisch sowie Stracciatella (Ei und geriebener Käse in Brühe). Zum Abschluss eine breite Auswahl an lokalem und italienischem **Käse** neben den hausgemachten Desserts. Reich bestückte Weinkarte. Probieren Sie von den verschiedenen Digestifs Acquavite und Brandy aus der Irpinia.

» Die leidenschaftlich betriebene Forschungsarbeit, die den Gerichten der Familie Ventre zugrunde liegt, konzentriert sich auf die Geschichte eines Ortes, der immer schon Kreuzungspunkt von Rezepten und Traditionen war. «

15 KM SÜDLICH VON BENEVENT

Buca dei Ladroni

Traditionelle Osteria
Corso Capone, 1
Tel. (+39) 08 24 / 466 99
Ruhetag: Sonntagabend, Montag
Ferien: 10 Tage in der zweiten Julihälfte
35 Plätze + 20 Plätze im Freien
Preise: 32–35 €
Keine Kreditkarten
Mittags und abends geöffnet

Nur wenige Kilometer von Benevent entfernt, an der Grenze zur Provinz von Avellino, liegt Arpaise. An der Hauptstraße des Dorfes befindet sich in einem reizenden Palazzo aus den Anfängen des letzten Jahrhunderts die Osteria, die Giuseppe Puglisi seit dem Jahr 2006 leitet. Die Räume sind gemütlich und rasch werden Sie sich wie zu Hause fühlen, nicht nur wegen des heimeligen Kaminfeuers. Im Speisesaal berät Sie Pino mit seiner beruhigenden Ausstrahlung bei der Auswahl der Gerichte, indem er über die Geschichte und den Ursprungsort jeder einzelnen Zutat berichtet. Der Antipasto (9 €) besteht aus Salumi, Prosciutto di Venticano, **Ricottine di fuscella** (im Weidenkörbchen), Omeletts und **Zuppa di cannellini con pezzente** (mit weißen Bohnen und einer Salsiccia, die aus den weniger edlen Teilen des Schweins hergestellt wird und die Sie auch mit **Polenta** bekommen). Unter den Primi **Paccheri** al ragù oder **con polpette, salsiccia e caciocavallo** (9 €), Cavatelli con pistacchio, lardo e pecorino (im Winter) oder mit dem Käse Provola und wilder Rucola (im Sommer). Die Secondi reichen von Fleisch alla brace zu Schmorgerichten wie Lammkoteletts in Weißwein und **Polletto al Barbera**. Gönnen Sie sich auch eine Kostprobe von Carpaccio con gocce di caciocavallo. Gute Desserts mit dem Geschmack des Hausgemachten, zum Beispiel Biscotti ceppalune (Kekse in Halbmondform), verschiedene Torten, Crostata und **Cassatine di San Marco dei Cavoti**. Die Weine wählt Pino mit Sorgfalt aus den wichtigsten Etiketten der Umgebung, aber auch darüber hinaus.

ATRIPALDA (AV)

4 KM ÖSTLICH VON AVELLINO

Valleverde Zi' Pasqualina

Trattoria • Via Pianodardine, 112
Tel. (+39) 08 25 / 62 61 15
Ruhetag: Sonntag
Ferien: Ostern, letzten 2 Augustwochen, Weihnachten
100 Plätze + 15 Plätze im Freien
Preise: 30–38 €
Kreditkarten: CS, MC, Visa; BM
Mittags und abends geöffnet

Gegenwart und Vergangenheit gehen Hand in Hand in dieser Trattoria, die bereits in den 1950er-Jahren die ersten Schritte der Irpinia auf dem Weg ihrer Entwicklung mitgemacht hat. Die legendäre Zia Pasqualina, die Gründerin des Lokals, war die Prophetin des Beginns, ihr Neffe Sabino Alvino, der jetzige Inhaber, ist ihr treuer Jünger. Eine Gastwirtschaft, die eine bunt gemischte Gästeschar anzieht, da sie auf Tradition, Qualität bei den Zutaten, Schlichtheit, Regionalität und ehrliche Preise setzt. Das Lokal verfügt über drei Speisesäle, einer davon wird gegen Vorbestellung geöffnet. Die Betreuung der Gäste ist immer professionell und unaufdringlich, selbst wenn das Lokal voll ist. Zu Beginn des Menüs als Antipasto (12 €) eine Abfolge an kleinen Gerichten wie Sformato di ricotta al forno und **Patate e peperoni ripassati in padella** sowie Salumi aus der Irpinia und kampanischer Büffelmozzarella. Von den Primi mit hausgemachter Pasta erwähnen wir Tagliatelle con crema di zucchine, porcini e pecorino (10 €) und **Fusilli avellinesi al ragù antico** mit geriebenem Pecorino aus Lioni. Schmackhafte Suppen, vor allem jene mit Kichererbsen und Berg-Oregano, beträufelt mit nativem Olivenöl extra der Sorte Ravece (8 €). Lokales Fleisch bei den Secondi, darunter köstliche Bistecca di vitello alla brace (15 €) und **Misto al ragù antico**. Als Alternative der Käse Provola alla brace. Hausgemachte Dolci von klassischem Babà con crema pasticciera zu **Torte** (mit Schokolade oder **mit Ricotta und Birnen**). Breit gefächerte Vinothek mit vielen lokalen und italienischen Weinen. Der Hauswein ist ebenso empfehlenswert.

»
Eine konkrete, vertrauenswürdige, einfache und geschmackvolle Küche, die sich selbst und einer Tradition treu bleibt, welche mit den besten Erfolgsaussichten in die Zukunft geht.
«

BACOLI (NA)
Casevecchie

25 KM WESTLICH VON NEAPEL

Da Fefè

Trattoria
Via della Shoah, 15
Tel. (+39) 081 / 523 30 11,
(+39) 331 / 981 11 74
Ruhetag: Sonntagabend, Montag (außer im Sommer) • Ferien: 10 Tage im Januar
40 Plätze + 80 Plätze im Freien
Preise: 38–40 €
Kreditkarten: AE, CS, MC, Visa; BM
Mittags und abends geöffnet, im Sommer nur abends

In der kleinen, von den Römern der Antike im Gebiet der Campi Flegrei gegründeten Stadt Bacoli führt Bruno Esposito dieses kleine typische Meeresrestaurant mit einfacher Einrichtung, das im Sommer sein Äußeres verändert und sich im Freien an der Mole des Hafens von Miseno ausbreitet. Dann kann man bei Kerzenlicht zu Abend essen, unter dem Schutz von Schirmen an Tischen, die nur wenige Meter vom Meer entfernt sind. Die Gerichte gehen mit den Jahreszeiten und der kleine lokale Fischfang ist der einzige Protagonist des ganzen Angebots. Von den Antipasti empfehlen wir **Insalata di polpo, fagiolini e patate** (12 €) oder den gehaltvolleren Teller mit Kalmaren und Bohnen. Ebenso einen Versuch wert sind **Polpette di alici** oder, wenn man Lust auf Gemüse hat, Frittura di sciurilli (mit Ricotta gefüllte frittierte Kürbisblüten). Unter den ausnahmslos interessanten Primi fällt die Wahl schwer. Uns haben **Spaghetti con alici fresche, peperoncini verdi e pomodorini** (11 €) geschmeckt. Sie können außerdem Fusilli ai frutti di mare oder mit Zucchini und Miesmuscheln probieren, wie auch das Kultgericht des Lokals, **Risotto alla pescatora**. Unter den Secondi eine köstliche **Millefoglie di pesce bandiera con melanzane** (13 €), Filetto di sgombro scottato oder Klassiker wie Frittura di fragaglia und Soté di frutti di mare. Caprese al cioccolato (4 €) oder Panna cotta al caramello verlocken als Dessert. Verzichten Sie nicht auf einen Schluck der diversen selbst gemachten Rosoli. Als Wein steht Ihnen ein durchaus annehmbarer lokaler Falanghina zur Verfügung, Sie können jedoch auch aus einer zufriedenstellenden Auswahl an Etiketten aus Kampanien wählen.

In **Pozzuoli** (7 km) können Sie bei Dolci Qualità (Via Carlo Rosini 45) sehr guten Honig und andere lokalen Spezialitäten kaufen.

23 KM WESTLICH VON NEAPEL

La Catagna

Trattoria • Via Pennata, 50
Tel. (+39) 081 / 523 42 18,
(+39) 328 / 167 94 31
Ruhetag: Sonntagabend, Montag
Ferien: 1 Woche im August, 2 Wochen zu Weihnachten/Neujahr
32 Plätze + 20 Plätze im Freien
Preise: 35–40 €
Kreditkarten: MC, Visa; BM
Abends geöffnet, Samstag, Sonntag und Feiertage auch mittags

Über steile enge Straßen gelangen Sie an den höchsten Punkt von Bacoli, einem ruhigen Städtchen in den Campi Flegrei, und zu diesem Lokal mit Blick auf die kleine Insel Punta Pennata. Vor Ihnen liegt ein atemberaubendes Panorama mit dem Capo Miseno. Das Klima hier ist so mild, dass man selbst im Winter oft im Freien speisen kann. Der Name des Lokals bedeutet Kluft; das kulinarische Angebot dieser reizenden kleinen Felsspalte basiert auf dem Tagesfischfang, daher gibt es keine geschriebene Speisekarte. Man empfiehlt Ihnen zwar ein feststehendes Menü für 40 €, Sie können jedoch immer aufhören, wenn Sie genug haben. Verantwortlich für alles zeichnet Crescenzo Della Ragione mit seiner Mutter Amalia in der Küche und seinem Bruder Elio im Service. Der reichhaltige Antipasto (15 €) ist eine schöne Abfolge an kalten und warmen Gerichten wie **Totani e patate**, Hummus mit Tintenfisch, Bruschette con la genovese di polpessa oder mit Butter und Alici aus Cetara, Zuppetta di alici und **Polpette di baccalà**. Unter den Primi **Linguine alghe e ricci di mare** (12 €) oder mit lokalem Krebs und Kirschtomaten, Mezzi paccheri al ragù di cernia e granchi rossi und Spaghetti al nero di seppia. Als Secondo wählen Sie **Frittura di paranza** oder Fittura di pinterrè (12 €), alternativ eine Tranche von der Bernsteinmakrele (10 €) oder von **Cernia bianca scottata con verdure grigliate** (Zackenbarsch). Gute hausgemachte Dolci: Profiterole al pistacchio, Charlotte mit Crema chantilly und frischem Obst, Cassata, **Babà** und Millefoglie. Kleine Weinkarte mit Produkten aus den Campi Flegrei und ganz Italien.

In der Umgebung des Fusaro-Sees, Via Cuma 124, bietet Giovanni Quadrano eine gepflegte Auswahl an Salumi und Käse aus Kampanien und dem übrigen Italien sowie selbst gemachte Büffelmilchprodukte.

19 KM NW. V. CASERTA, A 1 NEAPEL-ROM AUSF. CAPUA

’A Luna Rossa

Restaurant-Pizzeria
Via Vinciguerra, 106
Tel. (+39) 08 23 / 96 68 58,
(+39) 333 / 256 17 02
Ruhetag: Montag
Ferien: Juli
80 Plätze + 30 Plätze im Freien
Preise: 30–32 €
Kreditkarten: AE, CS, MC, Visa; BM
Abends geöffnet, Sonntag auch mittags

Bellona liegt im Gebiet der Terra di Lavoro, in einem Tal, in dem der Fluss Volturno und andere Quellen im Ortsteil Triflisco der Landschaft einen besonderen Reiz und ein angenehmes Klima verleihen. Das Lokal befindet sich im Ortszentrum. Begrüßt werden Sie von Sabatino Pascarella, dem Vater des dynamischen Küchenchefs und Sommeliers Lorenzo. Diesem stehen weitere Familienmitglieder zur Seite, darunter seine Schwester Antonella, die den flotten, effizienten Service koordiniert. Die Einrichtung beschränkt sich aufs Wesentliche, Utensilien aus alten und neuen Küchen zieren die Wände, Geschirr und Tischdecken sind in freundlichen Farbtönen gehalten. Die Speisekarte zeichnet sich durch gepflegt zubereitete und präsentierte Gerichte aus. Dinkelsalat mit Bohnen und Artischocken unter den Antipasti, Composizione di carciofi (9 €) oder „Degustation“ von Slow-Food-Presidi. Als Primi (9 €) Tortelli di ricotta con fave e pecorino, **Pasta mista con colatura di alici e provola** und Mafaldelle al ragù di coniglio (mit Ragout vom Kaninchen). Überwiegend Fleisch bei den Secondi, darunter Rotolo di agnello con verdure (14 €), **Maiale casertano con prugne e miele** sowie Fleisch vom Büffel, roh, gekocht und geschmort. Conciato romano (Slow-Food-Presidio) und ein einzigartiger Blauschimmelkäse aus Büffelmilch stechen aus der Auswahl an **Käse** hervor. Gute Dolci mit **Parfait di pistacchio con cioccolato e biscottino al nocillo** (6 €) und Millefoglie con crema chantilly e amarene. Die Weinkarte ist reich mit hochwertigen, auch internationalen Etiketten bestückt, besonderes Augenmerk liegt auf den besten Winzereien Kampaniens. Das Brot ist hausgemacht und wird im Holzofen gebacken. Das Degustationsmenü kostet 35 €.

Nunzia

Traditionelle Osteria
Via Annunziata, 152
Tel. (+39) 08 24 / 294 31
Ruhetag: Sonntag
Ferien: August
60 Plätze
Preise: 22–25 €
Kreditkarten: AE, CS, MC, Visa; BM
Mittags und abends geöffnet

In der interessanten Altstadt von Benevent, wenige Schritte von den Baudenkmälern und der in die Liste des UNESCO-Welterbes aufgenommenen Kirche Santa Sofia finden Sie dieses seit 1927 bestehende Lokal, das gern besucht wird, nicht nur von lokalen Gästen. Die Speisesäle sind einfach und mit dem Sinn fürs Wesentliche eingerichtet. Die familiäre Atmosphäre ist der zuvorkommenden Präsenz von Nunzia zu verdanken. Die Gerichte werden mit viel Liebe aus lokalen Zutaten zubereitet. Unter den Antipasti **Bruschetta con fagioli biondi del Fortore ed extravergine**, Salumi aus Betrieben des Sannio-Gebiets und Ceci e baccalà (3,50 €). Probieren Sie zur Weihnachtszeit das für Benevent traditionelle Gericht **Cardone**. Spezialität des Hauses ist die Pasta *Scarpariello* (6 €), außerdem gibt es Paccheri al baccalà und in der entsprechenden Jahreszeit Fettuccine con carciofi (mit Artischocken) oder **Lagane e ceci** (mit Kichererbsen). Bei den Secondi empfehlen wir vor allem Fleischbällchen und **Involtini al ragù** sowie Salsiccia rossa di Castelpoto, gegrillt mit Zichorien oder mit Provola (10 €) und Provola arrostita. Ebenso vorhanden sind einige Secondi mit Fisch, zum Beispiel **Seppie ripiene con patate**. Gute Auswahl an **Käse**, darunter Caciocavallo aus Castelfranco in Miscano und verschieden gereifter Schafkäse. Die Dolci sind hausgemacht: Babà, **Sbriciolata ricotta e cioccolato** (3,50 €), Mela allo Strega und Cassatina aus dem nahen San Marco dei Cavoti. Die Weinkarte wird von Sohn Antonio betreut und bietet eine sorgfältige Auswahl der besten Etiketten Kampaniens mit einer Vorliebe für die Weine aus dem Sannio-Gebiet.

„Das Nunzia ist Bewahrerin und Hüterin des Geschmacks der häuslichen Küche. Aus Passion für ihre Umgebung wurde sie zur Zeugin und Interpretin der lokalen kulinarischen Kultur.“

68 KM NORDÖSTLICH VON AVELLINO

Grillo d'Oro

Trattoria
Via Orto del Convento
Tel. (+39) 08 27 / 892 78,
(+39) 328 / 025 66 06
Ruhetag: Montag- und Sonntagabend
Ferien: 1 Woche im Juli
60 Plätze
Preise: 30–35 €
Kreditkarten: CS, DC, MC, Visa; BM
Mittags und abends geöffnet

Wenn Sie Bisaccia, den reizenden Ort im kampanischen Apennin an der Grenze zu Apulien erreichen, brauchen Sie nur nach dem Grillo d'Oro zu fragen und alle werden Ihnen den Weg weisen. Die alte Osteria, die von Don Luigi Arminio gegründet und mit Passion geführt wurde, hat der neuen Platz gemacht: Sie befindet sich in einem kürzlich erbauten Gebäude in der Altstadt, zeichnet sich durch Geschmack aus und wird mit ebenbürtigem Engagement von Vito geleitet. Ihm obliegt auch die Aufgabe, den neuen Generationen die Prinzipien einer wahren Küche der Umgebung zu vermitteln, in der sich die Zutaten und Aromen des althergebrachten Geschmacks vereinen. Salumi und Käse im Antipasto (15 €), daneben **Zucca marinata**, Melanzane arrostite und anderes Saisongemüse als Beilagen zu Spezialitäten wie **Trippa alla pizzaiola**, Fegatini di agnello in umido (geschmorte Lammleber), Omeletts und **Peperoni ripieni**. Hausgemachte Pasta in bester Qualität wie **Gnocchi con fagioli**, Ravioli di ricotta und in der entsprechenden Jahreszeit **Spaghetti agli asparagi** (mit Spargel, 8 €). Fleisch dominiert bei den Secondi, sowohl in der Version alla brace als auch gebraten oder geschmort wie im Fall des **Piccione** (Täubchen, 15 €), gegen Vorbestellung, das Sie auch als historisches Gericht, nämlich gefüllt, bekommen. Vom Käse aus der Hochebene von Laceno empfehlen wir Ricotta und Caciocavallo. Desserts (5 €) wie **Sbriciolata**, Crostata mit Weichselkonfitüre oder bestes Obst der Jahreszeit. Mehr als anständig ist der Hauswein, zur Verfügung stehen auch Etiketten aus Kampanien.

In der Bäckerei Masucci in der Altstadt, Via Cavallerizza 65, kaufen Sie Brot und Pizza moscia, ausgezeichnete Scaldatelli, Kekse mit Mandeln und Schokolade sowie Taralli. Zu Ostern gibt es Pastiera und Squarciarella.

30 KM SÖ. VON NEAPEL, S.S. 268, A 3 ODER A 30

La Locanda da Alfonso

Restaurant • Via Passanti Flocco, 344
Tel. (+39) 081 / 859 31 56,
(+39) 320 / 317 25 42
Ruhetag: Sonntagabend, Montag
Ferien: je 10 Tage im August und zu Weihnachten/Neujahr
30 Plätze + 30 Plätze im Freien
Preise: 38–40 €
Kreditkarten: CS, MC, Visa; BM
Mittags und abends geöffnet

Diese Gemeinde im Parco Nazionale del Vesuvio – ein Gebiet, das zur Landwirtschaft im Allgemeinen berufen ist und zum Weinanbau im Besonderen, bekannt vor allem für den Wein Lacrima Christi mit dem DOC-Zertifikat – erlebt eine Phase wiedererstehender Pracht. Boscoreale befindet sich in der Nähe der Ausgrabungsstätten von Pompeji und des Kraters des Vesuvs; der Name geht auf ein berühmtes Jagdreservat der Könige von Neapel zurück. Der Patron der Locanda, Alfonso Cirillo, ein Experte der Meeresküche, bietet tagtäglich Gerichte mit dem Fang aus dem nahen Hafen von Torre Annunziata. Die Zusammenstellung des Antipasto hängt von Verfügbarkeit und Saison ab, er kann eine exklusive Auswahl an rohem und gekochtem Fisch beinhalten – Venusmuscheln, Taratufi (Venusmuschelart) und Austern –, Zucchine alla julienne, **Gattò di pesce bandiera**, gedämpfte Garnelen und Kalmare mit Kartoffeln und Erbsen (15 €). Unter den Primi (12 €) **Paccheri con pescatrice e zucca** (mit Anglerfisch und Kürbis), Linguine con gamberi e radicchio, Vermicelloni con taratufi e zucchine sowie Fettuccine con seppie e carciofi. Von den Secondi empfehlen wir **Seppie con patate e piselli** (12 €), Zuppa di pesce und Polpette di tonno (Thunfischbällchen, 13 €). Desserts aus einer hervorragenden kleinen Pasticceria, darunter die bemerkenswerte **Cassata siciliana**. Im Weinkeller lagern gute lokale und italienische Etiketten. Die Speisekarte wird mündlich vorgetragen, der Service ist angenehm.

In der Via Brancaccio 75 A stellt die Cooperativa Arte & Pasta über den Bronzestab gerollte und langsam getrocknete Pasta her.

40 KM NORDWESTLICH VON CASERTA, A 1

Il Contadino

Ferienbauernhof
Via Starze
Tel. (+39) 08 23 / 92 20 43,
(+39) 339 / 592 86 49
Ruhetag: Sonntagabend, außer im Sommer
Keine Ferien
60 Plätze + 60 Plätze im Freien
Preise: 30–35 €
Kreditkarten: CS, DC, MC, Visa; BM
Mittags und abends geöffnet

An der Kreuzung der Staatsstraße Telesina mit der Ausfahrt Caianello der Autobahn A 1 müssen Sie Richtung Starze fahren und sehen dann bereits nach wenigen Metern das Lokal auf der rechten Seite. Gleich nach dem Eintreten begegnen Sie dem magnetischen Blick von Berardino Lombardo, dem „Contadino“, dem Bauern also. Der bärtige Mann ist sicherlich bei der Holzkohlenglut beschäftigt, denn gemeinsam mit den Produkten des Gemüsegartens – hier haben wir es mit den Elementen Erde und Feuer zu tun – ist gebratenes Fleisch Hauptdarsteller der Speisekarte. Nadia berät Sie im Speisesaal oder im Sommer im schönen Innenhof bei der Auswahl der Gerichte. Das Angebot ist einfach, doch nicht banal und sieht viel Gemüse vor. Sie finden also Panzanella und Ciambotta oder **Panecotto** sowie der Jahreszeit entsprechende Suppen mit Hülsenfrüchten. Wir empfehlen Ihnen außerdem eine Kostprobe von **Uovo a *sciusciello*** (10 €), das ist ein kunstvoll, nach einer überlieferten Methode zubereitetes Ei mit Wildkräutern und Stücken von Salumi. Versäumen Sie bei den Primi (8 €) keinesfalls **Ziti spezzati alla genovese** oder al ragù und im Sommer Pasta con la colatura di alici. Von den Secondi (10 €) empfehlen wir Pollo allo spiedo oder ***Tracchiolelle* di maiale** (Rippenstücke vom Schwein). Als Dessert (5 €) gibt es verschiedene gute Torten und Crostata. Begleitet wird das Essen von einem offenen Wein und einigen Etiketten aus der Umgebung.

CAIAZZO (CE)

15 KM NORDÖSTLICH VON CASERTA

Il Generale

Restaurant • Largo Plebiscito Veneto
Tel. (+39) 08 23 / 86 26 06,
(+39) 335 / 685 43 94
Ruhetag: Montag, Dienstag
Ferien: August
35 Plätze
Preise: 25–30 €
Kreditkarten: AE, CS, DC, MC, Visa; BM
Abends geöffnet, Samstag und Sonntag auch mittags

Stefano De Matteo steht seit über 20 Jahren am Steuer dieses Lokals, das sich in einer alten Zisterne aus Tuffstein, dem Teil eines Bauernhauses aus dem 18. Jahrhundert, befindet. Er begrüßt Sie und berät Sie bei der Auswahl aus den Gerichten, bei deren Zubereitung die Tradition auf brillante Weise mit ein wenig Innovation verbunden wird. Wichtig ist ihm, dass der Geschmack und die Würze immer aus der eigenen Umgebung stammen. Gemüse und Kräuter kommen überwiegend aus dem Anbau, den die Familie betreibt. Im Antipasto della casa (7 €) Büffelricotta, Stücke von Gemüsetorten und Aufläufen, nach Saison variierend, sowie Kostproben von Salumi. **Gnocchi di cicoria e ricotta salata** unter den Primi (7 €), im Frühling Pennette alle erbe del Volturno und Involtino di pasta ripieno di baccalà (mit Baccalà gefüllte Teigrolle), wenn es kühler wird. Auch die traditionellen **Suppen mit Kichererbsen und Zichorien** sowie die Suppe von Nonna Bianca – mit Endivien und Crostini, beträufelt mit Olivenöl aus Caiazzo – sollten Sie probieren. Verschiedene Fleischstücke bei den Secondi, zum Beispiel klassisches **Filetto di vitellone al rosmarino** (Filet vom Jungstier mit Rosmarin, 9,50 €), Costata di maiale alla brace und **Trancio di baccalà** mit Oliven aus Caiazzo, dazu Beilagen (2,50 €) oder Gemüseaufläufe. Probieren Sie anschließend Molle di bufala a crosta fiorita (5 €), einen Weichkäse aus einem kleinen Caseificio der Umgebung. Als süßer Ausklang **Semifreddo di morselletti e miele** (3,50 €) oder Torroncino allo Strega. Zufriedenstellende Weinkarte, hauptsächlich Etiketten aus der Gegend von Caserta und einige Biere aus kleinen Betrieben.

Die Pasticceria Sparono in der Via Cattabeni 34–36 erzeugt eine einzigartige Süßspeise namens Sospiro d'angelo.

CAMEROTA (SA)
Marina

121 KM SÜDÖSTLICH VON SALERNO, S.S. 562

La Cantina del Marchese

Traditionelle Osteria
Via del Marchese, 13
Tel. (+39) 09 74 / 93 25 70,
(+39) 393 / 965 99 68
140 Plätze • Preise: 20–25 €
Kreditkarten: AE, CS, DC, MC, Visa; BM
Juni–September täglich geöffnet, März–Mai und Oktober nur am Wochenende
Abends geöffnet, mittags und im Winter gegen Vorbestellung (November geschlossen)

Ciccio Fiore ist – mit Hilfe seiner Kinder Antonio und Daniela – der Patron dieses historischen „Weinkellers" in einer kleinen Straße in der Nähe des Hafens von Camerota. Das Lokal mit seiner ursprünglichen Struktur in Stein strahlt durch seine Einrichtung und die traditionelle Bekleidung des Personals einen bäuerlichen Stil aus, der auch in der Küche hochgehalten wird. Die Zutaten stammen zum Großteil aus dem Betrieb der Familie und werden in Gerichte mit der authentischen Note des Cilento verwandelt. Bestes Beispiel dafür ist ***Maracucciata*** (7,50 €), eine dunkle Polenta aus dem Mehl einer seltenen, althergebrachten Hülsenfruchtsorte, die im Ortsteil Lentiscosa angebaut wird. Eingangs bekommen Sie Kostproben von ausgezeichneten Salumi aus eigener Erzeugung, von gutem Prosciutto del Potentino, Käse aus dem Vallo di Diano und außerdem *Sciambielle* (gefüllte Auberginen), Pizza *'rianata* aus Vollkornmehl mit Knoblauch, Oregano, Tomaten oder einer Füllung aus dem Käse Toma und Ricotta. Lina und Rosalia machen die Pasta selbst und kochen Gerichte wie **Lagane e ceci** (7,50 €), Fusilli und *Cavatielli* al ragù oder *Triiddi* mit Steinpilzen. Als Secondo empfehlen wir **Capretto al forno** (9 €) und Coniglio alla cacciatora neben einigen Speisen mit Fisch wie Baccalà oder **Alici in tortiera**. Zur Auswahl stehen auch einige Gemüsegerichte der Saison, zum Beispiel **Ciambotta** oder Ciaurella, eine Suppe mit Dicken Bohnen und Kartoffeln. Danielas Dolci (2,50 €) reichen von traditionellen *Scauratielli* und Cannoli cilentani bis zu persönlichen Kreationen wie **Sbriciolata con ricotta e cioccolata**. Dem durchaus anständigen offenen Hauswein können Sie auch eine Flasche von der kleinen, aber durchdachten Karte vorziehen.

43 km südöstlich von Salerno, A 3 und S.S. 91

'A Bersagliera

Traditionelle Osteria
Largo della Memoria
Tel. (+39) 08 28 / 461 88,
(+39) 333 / 362 57 83
Ruhetag: Mittwoch- und Sonntagabend, außer im Sommer
Ferien: 10 Tage im September
50 Plätze + 15 Plätze im Freien
Preise: 20 € • Keine Kreditkarten
Mittags und abends geöffnet

Wenige Kilometer von der gleichnamigen Ausfahrt der Autobahn Salerno-Reggio Calabria entfernt liegt das Dorf Campagna, bekannt wegen des im Sommer stattfindenden Festes *'A chiena*, bei dem der Fluss durch die Straßen der Altstadt geleitet wird. Im Januar dagegen feiert man das Fest des Heiligen Antonio Abate mit *Fucanoli*, im ganzen Dorf angezündeten Lagerfeuern. Wasser und Feuer, Elemente reinigender Rituale, sind heute Touristenattraktionen. Ein einfacher, essenzieller Stil zeichnet diese rustikale Trattoria in der Nähe des Rathauses aus. Köchin Palmira Ruggia, genannt 'A *Bersagliera* (wie die Scharfschützen der italienischen Infanterie), interpretiert die besten Traditionen einer kräftigen Küche vom Lande. Sie versorgt das Lokal auch je nach Saison mit Zucchini, Kürbisblüten, Auberginen, Mangold, Endivien und Brokkoli aus dem Garten der Familie und anderen Zutaten von vertrauten Lieferanten am Ort. Die Antipasti bestehen aus Aufschnitt von Salsiccia, Capocollo und Soppressata, aus Schaf- und Kuhmilchkäse sowie Gemüse. Die Meisterschaft der Köchin findet ihren Ausdruck in der Herstellung der **Matasse**, einer typischen hausgemachten Pasta, die **mit Kichererbsen** oder Fagioli occhio nero dell'alta valle del Sele (Augenbohnen, 4 €) serviert wird. Von Hand gemacht sind auch Cavatelli mit Kichererbsen und Steinpilzen (5 €), ebenso Ravioli und Fusilli al sugo. Probieren Sie als Secondo neben dem Fleisch von der Holzkohlenglut Soffritto, **Cotica ripiena di salsiccia** (mit Salsiccia gefüllte Schwarten) und Costariccia di maiale con patate e papaccelle (5 €). Ein Teil der Speisekarte ist dem **Baccalà** gewidmet. Zum Dessert klassische Feiertagssüßspeisen wie **Zeppole**, Struffoli und Pastiera (2 €). Das Essen wird von einem zufriedenstellenden selbst gemachtem Rotwein begleitet.

80 km südlich von Salerno

I Moresani

Ferienbauernhof • Ortsteil Moresani
Tel. (+39) 09 74 / 90 20 86,
(+39) 347 / 360 55 86
Ferien: 10. Januar–28. Februar
60 Plätze + 30 Plätze im Freien
Preise: 25 €
Kreditkarten: AE, CS, DC, MC, Visa; BM
Täglich mittags und abends geöffnet, November–Februar nur am Wochenende gegen Vorbestellung

Im Herzen des Parco Naturale del Cilento, ein paar Kilometer vom Meer entfernt, befindet sich inmitten von Oliven- und Zitronenbäumen der Betrieb I Moresani, ein echter Ferienbauernhof, in dem die Gäste mit schlichter Herzlichkeit empfangen werden. Der biologische, an Gemüse- und Kräutersorten reiche Garten und die Aufzucht von Ziegen, Schweinen und Rind der Podolica-Rasse bilden die Grundlage der Gerichte. Beginnen Sie mit dem Geschmack der Tradition im Antipasto (10 €) in Form der unverzichtbaren selbst erzeugten Salumi – Soppressata, Prosciutto, Pancetta. Ausgezeichnet sind auch **Cacioricotta** (Slow-Food-Presidio) und andere Arten von im Betrieb erzeugtem Schafkäse, zu denen hervorragend die hausgemachten Konfitüren passen. Das Gemüse wird auf mannigfaltige Weise, je nach Saison und Verfügbarkeit, zubereitet und serviert. Von den Primi, unter denen auch einige hausgemachte Teigwaren zu finden sind, empfehlen wir Spaghetti al pesto di fave (7 €), Cavatelli agli asparagi, **Ravioli di ricotta e fiori di zucca** und *Fusiddi* al ragù, bestreut mit geriebenem Cacioricotta. Die Qualität des Fleisches kommt in Gerichten wie **Capretto al forno**, Maiale alla brace (7 €) und **Braciola di vitello podolico al sugo** (Rouladen vom Kalb der Podolica-Rasse in Tomatensauce, 12 €) vorzüglich zur Geltung. In verschiedenen Varianten zubereitetes Gemüse des Hauses als Beilage (3 €). Hausgemacht sind auch die diversen Dolci (3 €) wie das gute **Tiramisù di ricotta** und Torta all'arancia e cioccolato. Probieren Sie die duftenden selbst gemachten Liköre mit Wildfenchel oder Myrte sowie Limoncello. Zum Essen können Sie den angenehmen Hauswein trinken oder aus einer Selektion der besten Flaschen des Cilento wählen.

80 KM SÜDLICH VON SALERNO

Tre Sorelle

Restaurant • Via Roma, 48
Tel. (+39) 09 74 / 90 20 24,
(+39) 366 / 480 24 52
Ruhetag: Montag–Donnerstag, außer
15. Juni–15. September
Ferien: 15. Oktober–Ostern
30 Plätze + 30 Plätze im Freien
Preise: 35–38 € • Kreditk.: AE, CS, DC, MC, Visa; BM • Abends geöffnet, Sonntag und Feiertage sowie vor Feiertagen auch mittags

Das ausgesprochen schöne Panorama, das man von der Terrasse des Lokals aus genießt, bietet einen Ausschnitt des Cilento, der sich in den Gerichten Franca Feolas widerspiegelt. Schauplatz ist Casal Velino, dessen Strand mit dem Umweltzeichen der Blauen Flagge ausgezeichnet wurde, ein vor allem im Sommer gut besuchter Ort. In Francas Küche ist der Cilento in tausend verschiedenen Formen repräsentiert, sie bedient sich dabei ihrer Familiengeschichte, der traditionellen Rezepte sowie des Reichtums und der Qualität der hiesigen Erzeugnisse. Alle Zutaten kommen aus lokalen Gemüsegärten und von Fischern. Beginnen Sie mit **Pizza fritta** con acciughe, pomodorino e origano oder Pizza **alle tre alici** (10 €). Als Alternative Gamberoni in crocchetta di patate, ricotta e salsa di piselli (14 €) und Parmigiana di melanzane in crosta di pane (Auberginenauflauf in Brotkruste). Bei den Primi warten Spaghetti con polpetti veraci, fagioli bianchi e pomodorini gratinati (11 €) auf Sie, Tagliolini con seppie, **Risotto cozze, puntarelle e bottarga** (mit Miesmuscheln, Zichoriensprossen und Thunfischrogen) sowie Tagliolini (aus Dinkelmehl) con capocchielle e peperoncini verdi. Als Secondo ein schöner ***Cuoppo fritto*** (gemischter frittierter Fisch, 12 €), schmackhafte gefüllte Seebarbe mit Endivien, Kirschtomaten, Oliven und Kapern, **Palamita alla marinara**, ebenfalls mit Oliven und Kapern, und Seppia gratinata con crema di fave sowie Baccalà in crosta di pane. Als Dessert empfehlen wir **Semifreddo alla nocciola con pasta frolla al cacao** (4 €) neben der klassischen Torta con pan di Spagna e naspro. Gepflegte Weinkarte mit Ausflügen über die Alpen hinaus.

»Respekt für vergangene Zeiten, Liebe zum Detail, ein Blick für das Schöne sowie grenzenlose Leidenschaft: Das sind Franca Feolas hervorstechenden Merkmale.«

130 KM SÜDÖSTLICH V. SALERNO, 25 KM NÖ. V. SAPRI

Zi' Filomena

Traditionelle Osteria
Viale Roma, 11
Tel. (+39) 09 74 / 98 80 24,
(+39) 393 / 844 83 70
Ruhetag: Mittwoch, außer im Sommer
Ferien: zeitweise im Winter
60 Plätze + 20 Plätze im Freien
Preise: 30–35 €
Kreditkarten: CS, MC, Visa; BM
Mittags und abends geöffnet

An den äußersten Ausläufern Kampaniens, in einem geschichts- und traditionsreichen Ort, ist diese Osteria nunmehr seit einem Jahrzehnt Bannerträgerin der lokalen Küche im Stil des Landesinneren. Wir sind bei der vierten Generation angekommen, seit Zia Filomena das Lokal eröffnete, in dem sie damals den Hunger der Carabinieri des lokalen Kommandos und der Waldarbeiter stillte. Zu Beginn ein reichhaltiger Antipasto (15 €) mit selbst gemachten Salumi, Käse von lokalen Erzeugern und viele Gerichte mit Gemüse aus dem eigenen Garten. Daher gibt es Gateau di patate, **Parmigiana di melanzane**, Fagiolini e zucca (grüne Bohnen mit Kürbis) und Fave e cipolla (Dicke Bohnen mit Zwiebeln). Von Hand gemacht sind die Teigwaren, darunter die klassischen Fusilli al ragù, **Cavatelli ai fagioli** (6 €) und für alle, die sich ein wenig Luxus gönnen möchten, Tagliolini mit lokalem Trüffel. Außerdem Suppen mit Bohnen oder mit Baccalà und Spalterbsen (9 €). Vom Grill kommen den Secondi, darunter **Salsiccia e tracchie di maiale**, Bistecca di vitello (12 €) und, gegen Vorbestellung, Hähnchen. Versäumen Sie nicht die von Hand geschnittenen und im ausgezeichneten lokalen nativen Olivenöl extra gebratenen Kartoffeln (2,50 €). Je nach Jahreszeit finden Sie zusätzlich zur Karte auch Suppen mit Hülsenfrüchten und Secondi mit Wild. Zum Abschluss hausgemachte Crostata (3 €), **Torta di ricotta e amarene** und einfache Kekse aus Mürbeteig, passend zum hausgemachten von Mario angebotenen Myrtenlikör. Eine ordentliche Auswahl an kampanischen Weinen und Ölen von den besten Produzenten des Cilento steht zur Verfügung.

Das Art Cafè, Via Roma 15, ist Café, Vinothek und Kunstgalerie. Verkauft werden Flaschenweine der wichtigsten Kellereien des Cilento, an der Bar werden hervorragende Cocktails gemixt.

CASERTA
Caserta Vecchia

10 km vom Zentrum

Gli Scacchi

Restaurant
Strada Provinciale per Caserta Vecchia
Tel. (+39) 08 23 / 37 10 86,
(+39) 347 / 826 01 55
Ruhetag: Montag, Dienstag
Ferien: zeitweise im Sommer
70 Plätze + 70 Plätze im Freien
Preise: 32–35 €
Kreditkarten: CS, MC, Visa; BM
Mittags und abends geöffnet

Nach Caserta Vecchia fährt man hinauf, um im mittelalterlichen Ortskern spazieren zu gehen und die Säulen des Doms zu bewundern, die der Legende nach von den Feen der Monti Tifatini hierher gebracht wurden. Familie Della Valle empfängt die Gäste ihres Lokals mit unaufdringlicher herzlicher Gastfreundschaft. Vor dem Kamin im Winter und im Sommer im kühlen Garten genießen Sie eine Küche, die untrennbar mit der Tradition verbunden ist und mit Sorgfalt präsentiert wird. **Tortino di borragine e zucca** ist einer der Antipasti wie auch Crêpe di piselli e fave und Crudo di suino di razza casertana (rohes Fleisch vom Schwein der Casertano-Rasse, 9 €). Im Winter wärmen **Zuppa di castagne e fagioli** mit Streifen von Lardo oder die cremige Polenta bianca con ragù di maiale casertano (8 €). Versäumen Sie nicht die Spezialität Risotto con caprino di Giano Vetusto e mele annurche. Anschließend **Coniglio in pastella con aceto di mele** und der klassische Grillteller vom Lamm der Laticauda-Rasse. Entsprechend der lokalen Tradition gibt es auch **Baccalà**, mit Bohnen aus Controne oder schwarzen Kichererbsen aus dem Sannio-Gebiet. Unwiderstehlich die Auswahl an hochwertigem **Käse**, der auf Geschichten aus der Vergangenheit verweist, die in mühsamer Kleinarbeit von den Leuten aus dem Gebiet der Terra di Lavoro gesammelt wurden. Unter den Desserts **Crostata con fichi** (mit Feigen) oder mit Orangen, Torta alle mele annurche oder Semifreddo all'albicocca (mit Aprikosen, 6 €). Die Weinkarte beinhaltet die besten Etiketten Kampaniens und die wichtigsten italienischen Weine.

»

Aufmerksamkeit dem Gast gegenüber, hochwertige Zutaten, heimelige Atmosphäre und Liebe zur Umgebung: Dies sind die Zutaten, die Gino, Marilena und ihre Tochter Valentina für ihre neapolitanische Landküche verwenden.

«

CASTEL DI SASSO (CE)
Le Campestre

27 km nördlich von Caserta, S.S. 87

Le Campestre

Ferienbauernhof • Via Strangolagalli, 2
Tel. (+39) 08 23 / 87 82 77,
(+39) 347 / 058 00 14
Kein Ruhetag
Ferien: 24., 25. und 31. Dezember
80 Plätze + 40 Plätze im Freien
Preise: 30 € (Tagesmenü)
Kreditkarten: CS, MC, Visa; BM
Mittags und abends gegen Vorbestellung geöffnet

Ein authentischer Ferienbauernhof abseits der Touristenpfade. Wer bis hierher kommt, gerät in eine ländliche Szene aus Stille, Farben, Gerüchen, ursprünglichen Menschen und unverfälschtem Essen. „Hausherr" ist Conciato romano (Slow-Food-Presidio), ein antiker Käse, der in diesem Bauernhof nicht nur den Angriffen aller hochtrabenden und aus den verschiedensten Orten stammenden Namen trotzen konnte, sondern dank der harten Arbeit von Livia, Liliana und Manuel Lombardi zu einem echten Protagonisten der italienischen Käseerzeugung wurde. Bei der (unumgänglichen) Reservierung wird man Sie nach Ihren Vorlieben für das Menü fragen, das beinahe vollständig aus saisonalen Produkten besteht sowie aus Teigwaren und Brot, für die das Mehl aus selbst angebautem Weizen in einer Steinmühle gemahlen wird. Nach einem appetitanregenden Antipasto mit frischem oder **in Öl eingelegtem Gemüse** zu Salumi vom schwarzen Schwein der Casertano-Rasse werden großzügige Portionen an Pasta serviert. Im Winter **Scialatiello con vellutata di zucca** (mit Kürbiscreme), im Frühling mit Pesto aus Melisse mit Conciato, im Sommer ai profumi della Campestre (mit Basilikum, frischen Tomaten, Oregano, nativem Olivenöl extra und Pecorino). Auch die Suppen sind von den Jahreszeiten abhängig, dabei werden die im Betrieb angebauten Hülsenfrüchte mit den vielen Wildkräutern aus den umliegenden Feldern verfeinert. Kaninchen, Hähnchen, **Lamm (aus dem Ofen mit Kartoffeln)** und schwarzes Schwein der Casertano-Rasse sind die Basis der Secondi, die alle nach traditionellen Rezepten zubereitet werden. Ein unvergessliches Dessert ist **Mela annurca al forno**, auch in diesem Fall werden die Äpfel mit Conciato romano kombiniert. Ausgezeichneter Hauswein.

CELLOLE (CE)

54 KM NORDWESTLICH VON CASERTA, S.S. 7

Locanda del Falerno

Ferienbauernhof
Via Domitiana, 18
Tel. (+39) 08 23 / 93 20 88
70 Plätze + 50 Plätze im Freien
Preise: 30–35 €
Kreditkarten: AE, MC, Visa; BM
Juli–September täglich mittags und abends geöffnet, Oktober–Juni nur mittags

Die Locanda liegt inmitten von Weingärten und Olivenpflanzungen und ist Bestandteil des Weinguts Villa Matilde, in dem gute Weine aus den Gebieten oberhalb von Caserta, dem Sannio und der Irpinia erzeugt werden. Bei den drei Degustationsmenüs für 35 € wird zu jedem Gericht ein Glas Wein des Betriebs serviert, um die Bedeutung des Weins in Verbindung mit dem Essen zu unterstreichen. Im Menü „Roccamonfina" werden Weine aus dem oberen Gebiet um Caserta präsentiert, im „Altavilla" jene aus der oberen Irpinia und im „Rocca dei Leoni" Etiketten aus dem Sannio. Die Menüs bestehen aus Antipasto, Primo, Secondo und Beilage sowie Dessert (man kann aber auch einzelne Gerichte aussuchen). Je nach Saison bekommen Sie zu Beginn Gemüsestreifen im Backteig mit Petersiliensauce, **Fagottini di frittata con blu di bufala ed erba cipollina** (10 €) und kleine Omeletts mit Spargel oder Zucchini mit Oliven aus Sessa Aurunca. Von den Primi (10 €) empfehlen wir Trofie con zucchine e mandorle, **Tagliatelle con crema di zucca e guanciale**, Pettole con ceci e baccalà, **Ravioli di melanzane e ricotta con pomodorini** sowie Risotto all'Eleusi (einem großartigen Dessertwein des Betriebs) mit Kürbis und Blauschimmelkäse. Als Secondo (15 €) sollten Sie eine Kostprobe von **Agnello al Cecubo** wählen. Nicht weniger empfehlenswert sind jedoch Kalbsfilet mit Annurca-Äpfeln, Pflaumen und Gelatine aus Aglianico-Wein sowie Manzo in crosta di pistacchio e ridotto di Falerno bianco. Außerdem gibt es köstlichen Schweinebraten: **Arista di maiale nero casertano al latte**. Die Dolci (4 €) reichen von einer Reihe an Sorbets mit Obst der Saison zu Torta al vino, von Delizia di castagne zu **Torta alle rose con crema chantilly**.

CERRETO SANNITA (BN)

33 KM NORDWESTLICH VON BENEVENT, S.S. 372

Masella

Restaurant
Ortsteil Pezzalonga, 32
Tel. (+39) 08 24 / 86 19 75,
(+39) 328 / 663 05 76
Ruhetag: Sonntagabend, Donnerstag
Keine Ferien
110 Plätze + 20 Plätze im Freien
Preise: 20–25 €
Kreditkarten: CS, MC, Visa; BM
Mittags und abends geöffnet

Wenn man die im 18. Jahrhundert vollständig neu errichtete Altstadt von Cerreto Sannita hinter sich gelassen hat, fährt man Richtung Monte Coppe hinauf. Unter dem aufmerksamen Blick der Leonessa, des eindrucksvollen Felsens, der über der Valle Telesina steht, öffnet sich die Hochebene, auf der Familie Masella seit drei Generationen ihre Gäste beherbergt. Die Rezepte sind immer noch diejenigen von Großmutter Filomena. Der Antipasto della masseria (8 €) besteht aus den von der Familie erzeugten Salumi. Interessantes Angebot an **Suppen** je nach Jahreszeit, wir empfehlen **Zuppa di *fasul' a cera* e castagne di Civitella** (5 €). Von den Primi mit Pasta sollten Sie *Curiul'* wählen, im Sommer mit grünen Bohnen und Caciocavallo serviert, oder **Quagliatella con i virni** (7 €), das sind lange Nudeln aus Wasser und Mehl mit Maipilzen. Die Secondi werden vorwiegend alla brace zubereitet, an erster Stelle steht Bistecca vom weißen Jungstier aus dem Apennin, der im Fortore-Gebiet aufgezogen wurde. Gut schmeckt auch das fast immer vorhandene Gericht **Agnello in casseruola con patate** (8 €). Die Süßspeisen werden den religiösen Festen folgend zubereitet, Filomena erzählt gerne die Geschichte, die mit jeder einzelnen in Zusammenhang steht. Zu Ostern gibt es *Pizza dolce* und Pigna di mamma Maria, zu Weihnachten Favette und **Struffoli** napoletani. Im Keller lagert eine schöne Auswahl an Weinen aus dem Sannio-Gebiet der Provinz von Benevent. Die Besitzer der Trattoria betreiben auch eine Tierzucht und verarbeiten Produkte, die Sie in der angeschlossenen Verkaufsstelle kaufen können.

50 Meter von der Trattoria entfernt verkauft der Forno Guarino Morsette und Pastorella della sposa, Mürbeteiggebäck, das früher von den Frauen kurz vor der Hochzeit gemeinsam mit Confetti verschenkt wurde.

8 km westlich von Salerno

Al Convento

Restaurant
Piazza San Francesco, 16
Tel. (+39) 089 / 26 10 39
Ruhetag: Mittwoch, außer im Sommer
Keine Ferien
80 Plätze + 60 Plätze im Freien
Preise: 35–40 €
Kreditkarten: AE, CS, DC, MC, Visa; BM
Mittags und abends geöffnet

Ein Bezugspunkt für die Liebhaber der Meerestraditionen dieser Küste. Das Restaurant befindet sich im kleinen Dorf Cetara, einem ursprünglichen Fischerort. Wie schon der Name sagt, ist das Gebäude, in dem es untergebracht ist, ein Kloster aus dem 17. Jahrhundert, das sich in die Wohnhäuser des Ortes einfügt. Wenn das Wetter gut ist, können Sie auf der angenehmen Terrasse Platz nehmen und den schönen Blick aufs Ortszentrum genießen. Auch im Speisesaal ist es angenehm und die hohen Räume bedeuten nicht, dass die Atmosphäre ungemütlich ist. Familie Torrente, die in Pasquale ihren vielseitigen Vertreter gefunden hat, bietet eine traditionelle Meeresküche, die durchaus auch einen Blick auf die Gerichte des Landesinneren wirft. Thunfisch und Sardellen bleiben auf jeden Fall unumstrittene Protagonisten. Unter den Antipasti finden Sie **Tortino di scarola con bottarga di tonno**, Parmigiana di pesce azzurro und Misto di alici (9 €). Von den Teigwaren empfehlen wir die beiden Spezialitäten des Lokals, Genovese di tonno und **Spaghetti con colatura di alici** (10 €). Wer unverfälschten Geschmack liebt, sollte Spaghettini con burro, alici e bottarga probieren (15 €). Bei den Secondi haben Sie die Auswahl zwischen Tagliata di tonno, **Ricciola al forno con patate** (15 €) und gutem Fritto misto del golfo (12 €). Zum Abschluss klassische Dolci (5 €) aus der neapolitanischen Schule wie Babà, Delizia al limone und **Torta ricotta e pera**. Das Weinangebot geht von der kampanischen Tradition aus und bietet außerdem eine zufriedenstellende Auswahl an italienischen Etiketten.

„Familie Torrente bietet nach wie vor gute Meeresküche aus den wichtigsten hiesigen Zutaten, sie sind Garanten der lokalen Traditionen."

CETARA (SA)

8 km westlich von Salerno

San Pietro

Restaurant
Piazza San Francesco, 2
Tel. (+39) 089 / 26 10 91,
(+39) 333 / 829 62 51
Ruhetag: Dienstag, außer im Juli und August
Keine Ferien
40 Plätze + 35 Plätze im Freien
Preise: 38–40 €
Kreditkarten: CS, DC, MC, Visa; BM
Mittags und abends geöffnet

Franco Tammaro ist ein Mann von wenigen Worten, aber er kennt das Meer und seine Bewohner, kann die Frische des Fischs beurteilen und vor allem kann er Fisch zubereiten. Seit über 30 Jahren leitet er dieses Lokal in Cetara, einer kleinen Stadt an der Amalfi-Küste, die allerorten wegen der Colatura di alici bekannt ist. Gemeinsam mit Franco in der Küche steht sein Schwager Bruno Milano, ein weiterer Experte der Meeresküche. Zusätzlich zur Karte bekommen Sie einige vom Tagesfang abhängige Speisen. Beginnen Sie mit Composizione cetarese (9 €): Thunfisch und **marinierte** sowie in Salz eingelegte **Sardellen**, alles hausgemacht. Auf der Karte stehen auch warme Insalata di mare und Panzanella con alici e tonno. Falls verfügbar, probieren Sie **Gamberetti di nassa padellati**. Unter den Primi exzellenter **Risotto con alici fresche e provolone del monaco** (10 €) oder Risotta alla pescatora. Ebenbürtige Alternativen sind schmackhafte *Scazzuoppoli* aus Kartoffeln mit Latticello di provola und Bottarga (12 €). Fortgesetzt wird mit **Totani e patate affumicati in foglia di limone** (12 €) oder mit Tonno scottato con olio di lentisco. Immer verlockend sind gemischter gegrillter oder frittierter Fisch sowie der Tagesfischfang aus dem Ofen. Traditionelle Dolci wie **Pasticciotto con crema di amarena e limone** und Scomposta di sfogliatella (5 €). Ein Schlückchen Limoncello aus den hervorragenden lokalen Zitronen zur Abrundung. Auf der Weinkarte befinden sich viele Etiketten der Küste und aus ganz Italien. An Wochenenden im Sommer sollten Sie reservieren.

Bei den nach traditionellen Methoden arbeitenden Betrieben Nettuno (Corso Umberto I 64), Sapori Cetaresi (Corso Garibaldi 44) und Cetarii (Largo Marina 48–50) können Sie Colatura di alici und andere Meeresspezialitäten kaufen.

ERCOLANO (NA)

9 KM SÜDLICH VON NEAPEL, A 3 AUSFAHRT ERCOLANO

Viva lo Re

Restaurant mit Übernachtungsmöglichkeit
Corso Resina, 261
Tel. (+39) 081 / 739 02 07
Ruhetag: Sonntagabend, Montag
Ferien: August
50 Plätze + 20 Plätze im Freien
Preise: 35–38 €
Kreditkarten: CS, MC, Visa; BM
Mittags und abends geöffnet

Nach der Zerstörung des antiken Herculaneum durch den Vulkanausbruch im Jahr 79 n. Chr. entstand an der Küstenstraße ein Ort namens Resina, damals und auch heute noch bekannt wegen seines reichhaltigen Markts für gebrauchte Bekleidung. An dieser Straße, der „Goldenen Meile", finden Sie das Restaurant Viva lo Re, dessen Angebot das Beste aus der Umgebung präsentiert, die vom Meer bis zu den fruchtbaren Gebieten um den Vesuv reicht. Inhaber Maurizio Focone trifft persönlich die Auswahl der Zutaten. Der Großteil der Speisekarte wechselt wöchentlich. Viele Erzeugnisse werden im eigenen Gemüsegarten geerntet oder in der Gegend gekauft. Zu Beginn empfehlen wir den Antipasto della casa (12 €) mit sechs Kostproben saisonaler Gerichte. Köstlich schmeckt auch **Carpaccio di baccalà** (15 €). Bei den Primi sollten Sie **Timballo di pasta alla genovese** (10 €), ebenso das klassische Ragù und Zuppetta di fagioli di Controne con cozze e bottarga nicht verpassen. Unter den Secondi vom Meer Polpo verace con patate e scarole (14 €), **Baccalà fritto** und unterschiedlich zubereiteter Blaufisch. Fleischliebhaber wählen Cosciotto di coniglio farcito (gefüllte Kaninchenkeule) und **Stracotto all'Aglianico**. Zum Abschluss klassischer **Tortino di mele annurche**, der spezielle Budino al caffè espresso con gelatina di anice oder Mousse di ricotta e gelsi (Ricottamousse mit Maulbeeren, 5 €). Ein Degustationsmenü mit sechs Gängen für 35 Euro steht zur Verfügung. Gute Auswahl an italienischem und insbesondere kampanischem Käse. Im Weinkeller lagern etwa 1.400 Etiketten, die Sie auch zum Mitnehmen kaufen können.

FORINO (AV)
Celzi

49 KM SÜDWESTLICH VON AVELLINO, S.S. 400

Tenuta Montelaura

Ferienbauernhof
Via Due Principati, 101
Tel. (+39) 08 25 / 76 25 00,
(+39) 347 / 565 21 64
Ruhetag: Montag
Keine Ferien
60 Plätze
Preise: 30 €
Kreditkarten: CS, MC, Visa; BM
Mittags und abends geöffnet

Der Ferienbauernhof Montelaura, einst Sommerresidenz des lokalen Adels, umfasst 22 Hektar Landwirtschaft, die überwiegend dem Esskastanien- und Haselnussanbau sowie einem botanischen Garten und einem Gemüsegarten gewidmet ist. Das Gut befindet sich am Ortsbeginn von Forino, auf 400 Metern Höhe. Während im Winter ein Feuer im Kamin brennt, erfrischt im Sommer eine leichte Brise. Lello Tornatore betreut den Service, seine Frau Flavia verarbeitet auf raffinierte Weise die Produkte vom Land, stets bemüht, den richtigen Kompromiss zwischen dem kräftigen Geschmack früherer Zeiten und der richtigen Dosis Innovation zu finden. Wenn Sie vorbestellen, können Sie die Tagesgerichte kennenlernen. Das Menü (30 €) beginnt mit Antipasti, die in die Mitte des Tisches gestellt werden: Salumi aus eigener Erzeugung, Beilagen der Saison, **Frittelle di sambuco** (Pfannkuchen mit Holunderblüten), Omeletts mit Saisongemüse oder mit Kartoffeln oder Zwiebeln. Bei den Primi mit hausgemachter Pasta finden wir *Zuzzeri* mit Kürbis, Prosciutto und Haselnüssen und ***Maccaronara* con chiodini, finocchietto e mela** (mit Hallimasch, Wildfenchel und Apfel). Vorbestellen müssen Sie **Minestra maritata** con il quarantino di Volturara (lokalen Bohnen) sowie Pastiere montorese, mit großen Röhrennudeln namens Candele, Schafmilchricotta, verschiedenem Käse und Wurstwürfelchen. Von den Fleischgerichten empfehlen wir **Lamm** in diversen Varianten – ausgezeichnet jene **mit Stracciatella di uovo** –, Hähnchen aus Freilandhaltung sowie Schwein mit Kartoffeln und Esskastanien. Weitere gern verwendete Produkte sind Broccolo aprilatico und die Zwiebel Cipolla ramata di Montoro. Hausgemachte Torten und **Crostata mit Obst** beenden das Mahl. Bemerkenswerter Hauswein und gutes Angebot an Flaschenweinen aus Kampanien und darüber hinaus.

FRATTAMAGGIORE (NA)

15 KM NÖRDLICH VON NEAPEL

Mirù Cantina Nova

Restaurant
Via Padre Mario Vergara, 216
Tel. (+39) 081 / 19 25 55 29,
(+39) 347 / 534 05 10
Ruhetag: Sonntagabend, Montag
Ferien: 3 Wochen im August
43 Plätze
Preise: 28–30 €
Kreditkarten: Visa; BM
Mittags und abends geöffnet

In Frattamaggiore, einer der größten Gemeinden der Provinz von Neapel, befindet sich dieses Lokal, dessen Name sich aus den Anfangsbuchstaben der Namen der beiden Eigentümer, Michele und Ruggero, zusammensetzt. Mit großem Enthusiasmus und ebenso viel Kompetenz stellen die beiden eine interessante, schmackhafte Küche mit innovativem Charakter zu mehr als nur ehrlichen Preisen vor. Von den Gerichten werden sowohl die Zubereitungsarten beschrieben als auch die Zutaten, die stets mit Sorgfalt und Professionalität unter den klassischen Produkten der Umgebung ausgewählt werden. Zu Beginn Kostproben von verschiedenen Antipasti (10 €): Bruschette mit Mozzarella, Tomaten und Basilikum, **Involtino di pane fritto con alici** (Roulade aus frittiertem Brot mit Sardellen), Lasagnetta mit Gemüse und Kalmaren, gebratener Oktopus mit Kartoffeln sowie Gemüseomeletts. Bei den Primi (10 €) werden die Ingredienzen oft auf ungewöhnliche Weise kombiniert, doch das Ergebnis ist immer mehr als erfreulich: **Spaghettoni scarole lupini e pecorino** (dicke Nudeln mit Endivien, Muscheln und Schafkäse), Sedani rigati lardo e cozze, Tonnarelli cacio e pepe, fave e pancetta croccante sowie Pasta con le sarde. Auch die Secondi halten mit, es gibt Quaglia al lardo, porro e purea di fave (Wachteln in Lardo mit Lauch und Püree aus Dicken Bohnen, 10 €), Polpettine di stocco con salsa ai pomodorini del piennolo, Coniglio di fossa con crema di patate e salsa piccante (Höhlenkaninchen mit Kartoffelcreme und scharfer Sauce, 12 €), Scottona alla griglia sowie **Baccalà fritto in tempura**. Ausgewogene Dolci wie Cheesecake all'arancia, **Tiramisu** und Crostata mit Obst zum Abschluss. Gut bestückter Weinkeller mit über 130 qualitätvollen Etiketten aus Kampanien und Italien.

FRIGENTO (AV)
Fontana Madonna

48 KM NÖ V. AVELLINO, A 16 OD. S.S. 303 MAUTST. GROTTAMINARDA

Fontana Madonna

Ferienbauernhof
Ortsteil Fontana Madonna
Tel. (+39) 08 25 / 44 46 47,
(+39) 333 / 796 97 93
Ruhetag: Dienstag
Ferien: 1 Woche im Juli, Weihnachten
40 Plätze + 100 Plätze im Freien
Preise: 30 €
Kreditkarten: AE, CS, DC, MC, Visa; BM
Mittags und abends geöffnet

Auf über 900 Metern Höhe bietet dieser Ferienbauernhof seinen Gästen nicht nur einen herrlichen Rundblick über das Tal, er kann auch als gelungenes Beispiel für Unverfälschtheit, Qualität und Professionalität gelten. Eigenschaften, die man sowohl in der Produktion als auch bei der Bewirtung feststellen kann. In der großen Anlage mit geschmackvoll eingerichteten Steinhäusern werden die Gäste in einer Atmosphäre schlichter Eleganz empfangen, ein Vorgeschmack des Angebots. Inhaber Antonello Nudo – seine Frau Imma ist in der Küche – sowie Danilo und Adriana beraten Sie meisterlich bei der Auswahl von der Karte, die von der Verfügbarkeit der Produkte und der Lust und Laune der Köchin abhängt. Im Antipasto (12 €) sind eine Reihe von Kostproben vorgesehen, von denen wir Sformato di ortiche (Brennnesselauflauf), Carpaccio di zucchine, **Involtini di verza su vellutata di cicerchia** und Polpettine di cicerchia su crema di fagioli empfehlen, daneben sind immer Käse und Salumi vorhanden. Unter den Primi Ravioli con bieta, ricotta di Carmasciano e tartufo di Bagnoli (8 €), ***Cicatielli* con salsiccia e Aglianico** (7 €) und Risotto ai porcini. Bei Niedrigtemperatur gegartes Lamm bei den Secondi (12 €), Faraona all'Aglianico und **Cosciotto di agnello al Fiano**. Hausgemachtes Süßes zum Abschluss (4 €): Torte mit Nüssen, Schokolade oder Äpfeln sowie **Panna cotta al caramello** oder mit Waldbeeren. Die Weine als Hausweine zu bezeichnen wäre zu wenig, denn sie sind alle hervorragend, doch besonders, auch wegen des guten Verhältnisses zwischen Preis und Qualität, fällt der Aglianico „ignorante" mit seiner Komplexität und Struktur ins Auge. Ausgezeichnete Konfitüren und anderes haltbar Gemachte können Sie auch zum Mitnehmen kaufen.

GESUALDO (AV)

40 KM NORDÖSTLICH VON AVELLINO

La Pergola

Restaurant-Pizzeria
Via Freda
Tel. (+39) 08 25/40 14 35
Ruhetag: Mittwoch
Keine Ferien
60 Plätze + 20 Plätze im Freien
Preise: 25–35 €
Kreditkarten: AE, CS, DC, MC, Visa; BM
Abends geöffnet, Samstag und Sonntag auch mittags

Gesualdo ist bekannt, weil im 17. Jahrhundert Carlo Gesualdo da Venosa, der berühmte Komponist von Madrigalen, hier lebte und arbeitete. Es ist reizvoll sich vorzustellen, dass diese musikalische Größe als „Geist" durch den Ort schwebt und Einfluss auf jeden vorhandenen kreativen Ausdruck nimmt. Bester Beweis für die Richtigkeit dieser Fantasie wäre dieses Restaurant. Alles hier, vom Empfang bis zu den Speisen auf der Karte, vermittelt den Sinn einer weitreichenden Kultur. Antonio Ferrante, im Service, und seine Frau Franca De Filippis, in der Küche, begleiten Sie auf dem Weg dieser kulinarischen Erfahrung. Wählen Sie eingangs von der Karte **Uovo di chicchinella cotto al vapore con mousse di ricotta** (7 €), Fresella con ortaggi (getrocknetes Brot mit Gemüse), Arrosto di maiale, Pecorino carmasciano e mosto cotto oder Variazione di baccalà. Große Auswahl bei den Primi: ***Cecatielli* al pesto di fagiolini, basilico e pinoli** (8 €), Pasta e patate con talli, fiori di zucca e zenzero (Teigwaren mit Kartoffeln, Zucchinisprossen, Kürbisblüten und Ingwer) oder die weniger auffallenden, doch ebenso guten **Candele al ragù di agnello**. Die Secondi reichen von klassischen Costolette d'agnello alla brace (13 €) zu langsam gegartem Schweinefleisch, von **Faraona brasata al vino bianco** zu Baccalà alla perticaregna. Zum Abschluss Ricotta infornata con amarene e visciole, Torta al cioccolato e gelato und das ungewöhnliche **Pan di Spagna con crema al limone e frutta** (4 €). Die Weinkarte ist gepflegt und gut bestückt, vor allem mit Produkten aus der Irpinia.

„Antonio Ferrante, ein stolzer, aufrichtiger und direkter Mann, und seine Frau Franca heißen Sie willkommen und stehen Ihnen bei der Vertiefung des kulinarischen Wissens über die Irpinia zur Seite."

GIFFONI SEI CASALI (SA)
Capitignano

21 KM NORDÖSTLICH VON SALERNO

Il Brigante

Osteria
Ortsteil Sant'Anna, 2
Tel. (+39) 089/88 18 54,
(+39) 328/359 29 87
Ruhetag: Dienstag
Ferien: 2 Wochen zu Weihnachten
60 Plätze + 50 Plätze im Freien
Preise: 25 €
Kreditkarten: AE, CS, DC, MC, Visa; BM
Abends geöffnet, Samstag und an Feiertagen auch mittags

Im Ortsteil Capitignano von Giffoni Sei Casali, in der Nähe des Waldgebiets der Monti Picentini, finden Sie unweit eines Platzes, auf dem man auch campen kann, ein Lokal mit familiärer, direkter Gastlichkeit. Patron Guido beschreibt die Speisekarte und die Spezialitäten, die seine Frau Rosaria, eine geduldige, passionierte Köchin, zubereitet. Man beginnt mit einem reichhaltigen Antipasto mit lokalem Käse und Salumi, mit Gemüse und Aufläufen, die nach den Rezepten des Ortes zubereitet werden. Bei einigen Primi kommt von Hand gezogene Pasta zum Einsatz – zum Beispiel **Ravioli di ricotta** –, ebenso bei *Cicatielli* alla siciliana con provola e melanzane und **Pasta e fagioli**, einem Gericht, das Sie unbedingt probieren sollten, da es wie in früheren Zeiten um knusprig gebratenen Wangenspeck vom Schwein bereichert wird. Eine besondere Erwähnung verdienen der Risotto con fiori di zucca (6 €) und die über den Bronzestab gerollten Spaghetti mit der berühmten runden Haselnuss von Giffoni. Die Secondi sind vor allem Fleischgerichte, vorgesehen ist Grigliata mista vom Lamm, Wildschwein, Schwein sowie Salsiccia (8 €). Überdies bekommen Sie hervorragendes **Spezzatino di cinghiale con patate e peperoni all'aceto** (10 €) oder gutes lokales Kaninchen alla cacciatora und Agnello al vino rosso. Beilagen werden aus verschiedenem Gemüse, mit Kartoffeln und Steinpilzen zubereitet. Die Desserts sind alle selbst gemacht, es gibt ausgezeichnete **Crostata di frutta** sowie Torta al cioccolato. Zum Essen trinkt man Hauswein oder einen der Flaschenweine aus der Umgebung.

Probieren Sie in Janis Cafè (Via Sant'Anna 15) Blätterteig mit Honig, Haselnüssen und Schokoladesplittern. In **Giffoni Valle Piana** (8 km) verkauft die Pasticceria Elia (Via Scarpone 2) Calzoncello mit Esskastanien und Raviolo dolce mit Ricotta und Zimt.

14 KM NORDWESTLICH VON NEAPEL

Fenesta Verde

Restaurant
Vico Sorbo, 1
Tel. (+39) 081/894 12 39
Ruhetag: Sonntagabend, Montag
Ferien: August
60 Plätze + 30 Plätze im Freien
Preise: 35 €
Kreditkarten: AE, CS, MC, Visa; BM
Mittags und abends geöffnet, Feiertage nur mittags

Die Wurzeln dieser Osteria reichen weit in die Vergangenheit zurück. 1948 richteten Andrea Iodice und seine Frau Luisa in ihrem eigenen Haus einen Ort der Stärkung für die Händler des damaligen Obst- und Gemüsemarkts ein. Um die Gastwirtschaft erkennbar zu machen, wurden die Fenster in einer besonderen Farbe gestrichen. Die Gegend ist bekannt für Annurca-Äpfel, die Bohnensorte Fagiolo di Villaricca und außerdem für Mozzarella DOP, den Sie nur gegen Vorbestellung bekommen. Heute leitet die dritte Generation das Lokal, Luisa und Laura Iodice stehen am Herd, ihre Männer Guido Conte und Giacomo D'Alterio kümmern sich um den Service. Es gilt die Regel „Umgebung und Saisonalität". Die Speisekarte wird mündlich vorgetragen, beginnen Sie mit den acht Kostproben des Antipasto, darunter Suppen mit Hülsenfrüchten, Polpo con patate, **Frisella con stoccafisso e pomodorini**, Baccalà marinato agli agrumi und **Gattò con salsicce e friarielli**. Im Winter finden Sie bei den Primi meistens **Genovese**, Minestra maritata, Pasta, patate e provola oder Mezzanelli lardiati (10 €). Im Sommer mit Garnelen und Zucchini gefüllte Ravioli sowie frische **Pasta** mit grünen Peperoncini (10 €) oder **mit Fagioli spollichini**. Als Secondo Salsiccia alla brace, Maialino al forno, **Stoccafisso in cassuola** und Baccalà mit Tomaten (12 €) oder frittiert. Oft wird das Ganze von **Insalata di scarole alla carrettiera** begleitet. **Millefoglie scomposta** (5 €), Tortino di mandorle agli agrumi, Migliaccio dolce, Pastiera und Zeppole als süßer Ausklang. Eine abschließende Erwähnung gilt dem gut bestückten Weinkeller und den verschiedenen Digestifs.

»Die Meisterschaft der Schwestern Iodice, ihr Sinn für die Zugehörigkeit zu ihrer Umgebung und die Freude an ihrer Arbeit machen den Aufenthalt in dieser Osteria so angenehm.«

GIUGLIANO IN CAMPANIA (NA)

14 KM NORDWESTLICH VON NEAPEL

La Marchesella

Restaurant
Via Marchesella, 13
Tel. (+39) 081/894 52 19
Ruhetag: Mittwoch; März–Mai und Oktober nur am Wochenende geöffnet
Ferien: November–März
140 Plätze + 20 Plätze im Freien
Preise: 30–33 €
Kreditkarten: AE, CS, DC, MC, Visa; BM
Abends geöffnet, mittags gegen Vorbestellung

Tommaso Maglione und Gena Iodice, Küchenchef und Inhaber des La Marchesella, verleihen mit Kompetenz, Leidenschaft, Energie und Liebe in ihren Gerichten dem Charakter und der Qualität der Zutaten aus der Umgebung Ausdruck. Der Speisesaal ist groß und einladend, die Einrichtung modern und komfortabel. Auf der Speisekarte finden Sie eine reiche Auswahl, beginnend bei den Antipasti, die fünf Teller aus dem Landesinneren (12 €) oder vom Meer (15 €) beinhalten könnten, darunter Flan di zucchine, **Zuppetta di legumi con funghi porcini**, Parmigiana di melanzane bianca, **Polpo alla brace su vellutata di patate** und Carpaccio di baccalà sowie Pomodori con insalata di rinforzo (Tomaten mit einem Salat aus gekochtem Blumenkohl, in Essig eingelegten Paprikaschoten, Kapern, Sardellen und Oliven). Die Primi bieten Tradition wie Innovation: Mezzani lardiati con ragù di carne, basilico, pecorino e grana oder **Gnocchi con crema di patate al limone, cozze, crudità di pomodorini e basilico** (10 €). Gute Auswahl an Secondi, sowohl beim Fisch als auch beim Fleisch mit Frittura di gamberi e calamari (12 €), **Baccalà alla brace con scarole, capperi e noci di Sorrento** oder Entrecôte di vitellone alla griglia (14 €). Breit gefächertes Angebot an Dolci, alle nach traditionellen Methoden erzeugt, zum Beispiel Morbido al pistacchio con cioccolato fondente (5 €), Dolce idea ripiena con ricotta e confettura di fichi del Cilento und der Evergreen **Flan con cuore tenero di cioccolato fondente e cioccolato bianco al rum.** Breit gefächert und „fair" ist die Weinkarte, auch internationale Vertreter sind vorhanden.

ISOLA DI ISCHIA (NA)
Barano d'Ischia

90 MIN. FÄHRE VON NEAPEL + 9 KM VON ISCHIA

Il Focolare

Restaurant
Via Cretajo al Crocifisso, 3
Tel. (+39) 081 / 90 29 44
Ruhetag: Mittwoch, außer im Sommer
Ferien: 3 Tage zu Weihnachten, 2 Wochen im Februar/März
100 Plätze + 100 Plätze im Freien
Preise: 35 € • Kreditkarten: CS, MC, Visa; BM
Abends geöffnet, am Wochenende auch mittags

In diesem Teil der Insel, bekannt für die schönen Ausflugsmöglichkeiten in den Wäldern – denen Ischia seinen Ruf als grüne Insel zu verdanken hat – , ist Familie D'Ambra im Lauf der Zeit wegen ihres sich ständig entwickelnden kulinarischen Angebots und ihrer herzlichen Gastlichkeit zu einer Institution in der Welt der Gastronomie geworden. Agostino und Francesco, die beiden Chefköche, abwechselnd in Restaurants in ganz Europa tätig, bieten hier Gerichte, die fest in der Umgebung und deren Traditionen verwurzelt sind, beginnend beim Höhlenkaninchen und der Vielfalt an Gemüse und Hülsenfrüchten. Produkte, die dank der akribischen Suche von Silvia, der Agronomin der Familie, in Zusammenarbeit mit lokalen Betrieben wiederentdeckt wurden. Zu Beginn Antipasto del Focolare (30 €, für zwei Personen), eine leckere Abfolge der wichtigsten saisonalen Erzeugnisse, mit Sorgfalt zubereitet und von den Damen des Hauses, den immer freundlichen Luciana, Laura und Cristiana, serviert. **Lasagna con carciofi e maggiorana** (9,80 €) oder **Pasta e patate con la provola** unter den Primi. Anschließend gibt es neben dem **Kaninchen**, das man vorbestellen muss, **Pollo ruspante** (in Zitrone mariniertes Hähnchen aus Freilandhaltung) **alla brace** (11 €) sowie Tagliata vom Rind der Podolica- und Piemontese-Rasse. Bei den Desserts können Sie auf Mariateresa vertrauen, zwei ihrer zahlreichen Köstlichkeiten sind Crème brulée (6 €) und **Pan di mele lavanda e rosmarino**. Antonella berät Sie bei der Wahl des Weins, überwiegend aus Ischia, es gibt aber auch gute Angebote aus der „Campania Felix" und ganz Italien.

„Freude an der Gastlichkeit und Suche nach den Wurzeln der lokalen Landwirtschaft und Tradition sind die Regeln, denen Familie D'Ambra in ihrer kulinarischen Interpretation der Insel folgt."

LETINO (CE)
Le Fossate

76 KM NORDWESTLICH VON CASERTA

Le Fossate

Ferienbauernhof
Ortsteil Licia
Tel. (+39) 08 23 / 94 95 95
100 Plätze + 100 Plätze im Freien
Preise: 25 €
Kreditkarten: AE, CS, DC, MC, Visa; BM
Juni–September täglich mittags geöffnet, sonst Freitag–Sonntag, vor und an Feiertagen

Letino ist ein reizender kleiner Ort, ursprünglich eine Siedlung der Samniten. Ein paar Kilometer außerhalb des bewohnten Gebietes finden Sie den Ferienbauernhof Le Fossate, Eigentum einer Kooperative von Landwirten und Viehzüchtern. Im einstigen Viehunterstand ist heute ein rustikaler Speisesaal untergebracht, in dessen Mitte ein eindrucksvoller Kamin thront. An einer Seite sieht man deutlich den Holzofen zum Brotbacken. Der Antipasto (7 €) besteht aus **Salumi vom schwarzen Schwein** der Casertano-Rasse und Käse, Produkte, die, wie auch das dazu servierte Gemüse, von den Teilhabern der Kooperative erzeugt werden. Reichhaltiges Angebot an Primi mit verschiedenen von Hand gezogenen Teigwaren oder **Polenta**, die **mit Wildschweinsauce** oder mit Pilzen vom Matese-Massiv verfeinert werden (7 €). Gute Suppen, vor allem mit Hülsenfrüchten – Kichererbsen und Bohnen kommen am häufigsten zum Einsatz – aber auch mit Gemüse, hauptsächlich im Sommer. Das Fleisch bei den Secondi wird gerne alla brace bestellt, doch die Spezialität ist **Maialino di suino nero di razza casertana in porchetta** (Ferkel des schwarzen Schweins der Casertano-Rasse mit den Kräutern des Matese, 10 €). Als Alternative können Sie auch **Scamorza cotta al forno** oder Soffritto di agnello wählen. Zu allen Secondi gibt es als Beilage die lokalen Kartoffeln **Patate di Letino al forno** (6 €). Beenden Sie das Menü mit süßen Keksen aus Brotteig, Crostata oder Millefoglie. Begossen wird das Ganze mit dem Hauswein.

LIONI (AV)

48 KM ÖSTLICH VON AVELLINO

La Pentola d'Oro

Trattoria-Pizzeria
Via Torino, 14
Tel. (+39) 08 27 / 461 02,
(+39) 347 / 840 16 75
Ruhetag: Dienstag
Ferien: zeitweise im Juli, Weihnachten
120 Plätze
Preise: 28–30 €
Kreditkarten: AE, CS, DC, MC, Visa; BM
Mittags und abends geöffnet

Liebhaber einer traditionellen und schnörkellosen Küche der Umgebung werden dieses Lokal sicherlich zu schätzen wissen. Auch wenn es ein wenig einfach wirkt, birgt es doch Schätze einer bäuerlich inspirierten kulinarischen Kultur. Inhaber Francesco Di Serio, anfänglich schüchtern und introvertiert wirkend, wird Ihnen gemeinsam mit seiner Nichte Imma die Speisekarte vorstellen, die sich an den Bräuchen der Gegend orientiert. Vertrauen Sie ihren Tipps zu den von Teresa zubereiteten Gerichten. Unter den Antipasti das ganz frische, duftende gemischte Gemüse aus dem Garten, lokaler Käse und Salumi sowie *'Ndortaglia* (ursprünglich ein Gericht zu Ehren der Heiligen Lucia) mit Hülsenfrüchten, Gemüse und Weizen (13 €). Einen traditionellen Teller ergeben Paprikaschoten mit Tomaten und gehobeltem Pecorino. Die Primi zeichnen sich durch die hervorragende Qualität der hausgemachten Pasta aus: **Orecchiette alla campagnola** (4,50 €), Ravioli pomodoro e basilico und Fusilli ai porcini (6,50 €). Die Secondi basieren hauptsächlich auf **Lamm**, Filetto alla brace (13 €), Baccalà oder **Scamorza arrostita**. Zum lokalen Käse passen Honig oder Mostarda. Die Desserts werden wie das Brot aus Sauerteig erzeugt und im Holzofen gebacken. Freuen Sie sich auf Crostata alla frutta (3,50 €) und gutes Trockengebäck mit Nüssen oder Mandeln. Zu trinken gibt es einen tadellosen Aglianico des Hauses, aber auch einige Etiketten aus Kampanien und handwerklich hergestellte Spirituosen. Das Lokal ist auch eine Pizzeria.

Auf der Staatsstraße Appia bietet die Käserei Perna nach traditionellen Methoden hergestellte Produkte wie Treccia di Lioni, Cacioricotta und anderen frischen oder gereiften Käse aus Biomilch.

MASSA LUBRENSE (NA)
Santa Maria Annunziata

53 KM SÜDLICH VON NEAPEL, 9 KM VON SORRENT, S.S. 145

La Torre

Restaurant • Piazzetta Annunziata, 7
Tel. (+39) 081 / 808 95 66,
(+39) 333 / 396 62 61, (+39) 338 / 943 88 04
Ruhetag: Dienstag, außer im Sommer
Ferien: unterschiedlich
60 Plätze + 120 Plätze im Freien
Preise: 35–38 €
Kreditkarten: AE, CS, DC, MC, Visa; BM
Mittags und abends geöffnet

Im Ortsteil Santa Maria Annunziata in Massa Lubrense, einem der schönsten Orte auf der Halbinsel von Sorrent, von dessen Belvedere aus Sie ein atemberaubendes Panorama über die Insel Capri, den Golf von Neapel und Punta Campanella genießen können, steht auf der kleinen Piazza ein aragonesischer Wachturm, der dem Restaurant seinen Namen verleiht. In diesem paradiesischen Winkel führt Familie Mazzola mit großer Professionalität ihr Lokal. Mit natürlicher Sympathie und Herzlichkeit heißen Sie Vater Tonino, „One Fire" genannt, und Tochter Alessia willkommen, Mutter Maria und die zweite Tochter Amelia stehen am Herd. Die Küche orientiert sich am Meer und dem Tagesfischfang sowie am Landesinneren – dies über die Erzeugnisse des Gemüsegartens der Familie. Die Speisekarte wurde vor Kurzem erneuert, die Zutaten stammen aus der nächsten Umgebung. Zu Beginn der Antipasto mit sieben Kostproben zwischen Land und Meer, zum Beispiel **Insalata di calamari con sedano e noci di Sorrento** (12 €), Parmigiana di melanzane, Seppie con finocchio e fagiolini, Totani con patate und Zuppetta di fagioli. Unter den Primi sind **Paccheri di Gragnano al ragù di ricciola** (12 €), Linguine con colatura di alici, alici e pomodorino del Vesuvio (10 €) und die gefüllten Teigtaschen Fagottini ripieni di ricotta, mozzarella e carciofo violetto di Castellamare con antichi pomodori di Napoli. Gamberetti di nassa saltati sale e pepe (14 €), der Fisch des lokalen Fangs, zubereitet al sale oder all'acquapazza, und die Bernsteinmakrele **Ricciola alla puttanesca con pomodorini del piennolo**, capperi di Salina e olive di Gaeta sind einige der Secondi. Ausgezeichnete Auswahl an **Käse**. Zum Abschluss eine Reihe selbst gemachter Dolci, darunter **Caprese agli agrumi** (5 €). Neben dem Hauswein gibt es auch ein Sortiment an Weinen aus Kampanien.

MASSA LUBRENSE (NA)
Sant'Agata sui Due Golfi

53 KM SÜDLICH VON NEAPEL, 9 KM VON SORRENT, S.S. 145

Lo Stuzzichino

Restaurant
Via Deserto, 1 A
Tel. (+39) 081 / 533 00 10,
(+39) 333 / 332 31 89
Ruhetag: Mittwoch, außer im August
Ferien: 25. Januar–20. Februar
50 Plätze + 80 Plätze im Freien
Preise: 30–35 €
Kreditkarten: AE, CS, MC, Visa; BM
Mittags und abends geöffnet

Es scheint uns glaubwürdig, dass es nicht nur ein Glücksfall war, sondern dass das Zusammenspiel aus Umgebung, Kultur und Unternehmergeist das Entstehen und den Erfolg des Lo Stuzzichino in diesem wunderbaren Winkel der Küste von Sorrent begünstigt hat. Mimmo De Gregorio bietet hier ein Beispiel dafür, wie eine Küche der Umgebung, die auf die Spezialitäten unter den Grundzutaten setzt, ein großes Publikum erreichen kann. Auf der Speisekarte stehen Angebote, die die „Basis" bilden, und andere, die täglich wechseln und auf eine dafür vorgesehene Tafel geschrieben werden. Von den Antipasti empfehlen wir **Involtini di pesce bandiera** (Roulade vom Strumpfbandfisch, 9 €), Peperoni imbottiti alla sorrentina, Parmigiana di melanzane und in der Pfanne gewürzte Gamberetti di Crapolla. Als Primi **Ravioli con scarole, ricotta e noci di Sorrento** oder mit Ricotta, Zitrone und Venusmuscheln gefüllte Ravioli, Ziti alla genovese con cacioricotta del Cilento (9,50 €) sowie Spaghetti alle vongole. Die Secondi umfassen Fisch wie Fleisch: Gamberi al forno in salsa di limone massese, Calamari fritti con insalata (13 €), **Polpetti alla luciana** und Pollo ruspante alla cacciatora (11 €) sowie Filet vom Ferkel alla brace. **Käse** wird aus dem Besten der lokalen Produktion ausgewählt. Mousse di pistacchio di Bronte con cioccolato e vaniglia, **Delizie al limone** (5 €), Babà, Crema e amarene oder Ricotta e pere zum Abschluss. Die Weinkarte besteht aus über 400 Etiketten vor allem aus Kampanien und einem schönen italienischen Querschnitt. Degustationsmenüs gibt es für 33 und 39 €.

Mimmo und dem gesamten Team des Lokals gelingt es, Geschmack, Kultur, Gastlichkeit und Professionalität zu verschmelzen.

MELITO IRPINO (AV)

41 KM ÖSTLICH VON AVELLINO

Di Pietro

Trattoria
Corso Italia, 8
Tel. (+39) 08 25 / 47 20 10,
(+39) 333 / 965 67 81
Ruhetag: Mittwoch
Ferien: zeitweise im September
90 Plätze + 15 Plätze im Freien
Preise: 30–32 €
Kreditkarten: AE, CS, DC, MC, Visa; BM
Mittags und abends geöffnet

Diese Osteria ist mittlerweile ein fixer Bestandteil unseres Buches. Nach wie vor verkörpert Enzo Di Pietro eine Tradition, die darin besteht, jene Zutaten und Produzenten zu finden, die die Umgebung auf bestmögliche Weise repräsentieren. Seine Frau Teresa ist es, die anschließend in der Küche alles zusammenfügt. Tochter Anita hat beschlossen, der Familientradition zu folgen und ihr bei der Verarbeitung zu helfen. Enzo begrüßt seine Gäste mit einem Lächeln und erläutert die Speisekarte. Bei den Antipasti erwarten Sie **Salsiccia di Castelpoto fritta con verdure ed erbe selvatiche**, ein Brett mit Salumi und **Käse** mit Gemüse sowie Fritticiello, das sind Lamminnereien mit Tomaten. Bei den Primi fällt die von Hand gezogene frische Pasta ins Auge, zum Beispiel Ravioli di ricotta ed erbe, Fusilli con ragù und **Minestra maritata** (9 €), von Oktober bis Juni auf der Speisekarte, sowie *Cicatielli* mit Brokkoli und Peperoni cruschi. Unter den Secondi finden Sie Fleisch alla brace, **Baccalà alla perticaregna** und Braciola di vitello al ragù (Kalbsroulade in Tomatensauce, 6 €). Im Sommer erfrischen Dinkelsalat mit Dicken Bohnen und Pecorino sowie **Acciaccata**, ein Pesto aus Paprikaschoten, Knoblauch und Basilikum, der auf die Pasta kommt. Als Secondo gibt es **Coniglio con peperoni**, Polpette di baccalà sowie Agnello in padella oder alla cacciatora. Zum Dessert verschiedene Torten, Trockengebäck und **Croccante** (3 €). Sehr gut bestückter Weinkeller mit überwiegend lokalen Etiketten.

Die Merkmale, die Familie Di Pietro auszeichnen, sind unermüdliche Suche nach den besten lokalen Produkten, Leidenschaft und Enthusiasmus. Dadurch wird der Besuch dieser Osteria zu einer echten Freude.

MERCOGLIANO (AV)
Capocastello

7 km nw. v. Avellino, S.S. 374 d od. Ausfahrt A 14

I Santi

Moderne Osteria
Via San Francesco, 17
Tel. (+39) 08 25/78 87 76
Ruhetag: Sonntagabend, Montag
Keine Ferien
54 Plätze
Preise: 35 €
Kreditkarten: CS, MC, Visa; BM
Mittags und abends geöffnet

Die in der Altstadt des Ortes gelegene Osteria befindet sich in einer alten Tuffsteingrotte, ihr Name leitet sich von den Heiligen Flaviano, Fiorentino und Modestino ab, die in dieser Gegend umgekommen sind. Ein schönes Fresko an der Wand des Lokals stellt die drei „Santi" dar. Die Inhaber Emilio und Federico Grieco legen größten Wert auf ihre Umgebung und bieten daher eine Küche, die sich auf die Produkte der Irpinia stützt und dabei einen kreativen und innovativen Weg einschlägt. Man beginnt mit einem Brett mit verschiedenem **Käse** (Carmasciano, Cacio del monaco, Caciocavallo und Caciochiatto) und lokalen Salumi oder mit dem Antipasto della casa (15 €), bestehend aus zehn Kostproben von Spezialitäten aus der Umgebung, unter denen **Parmigiana di zucchine cruda** hervorsticht. Unter den Primi (8 €) im Wein Fiano gekochte Fusilli, Gnocchi avellinesi mit gehacktem Gemüse und wilder Minze, ***Cecatiello* con funghi porcini e tartufo nero** sowie Trenette lardiate. Was die Secondi betrifft, so verlassen Sie sich auf die Kompetenz der Brüder Grieco, sie suchen das beste Fleisch im Umkreis aus. Daher empfehlen wir Ihnen das schwarze Ferkel mit Mandeln, Käse und Honig oder mit Aglianico und Rosmarin (13 €), **Petto d'anatra affumicato con vino cotto di Fiano e balsamico** (geräucherte Entenbrust mit eingekochtem Fiano-Wein und Aceto balsamico), ausgezeichnetes **Stracotto di cinghiale** und verschiedenes Fleisch alla brace. Bei den Dolci (4 €) sind Mousse di ricotta con Strega e cioccolato fondente vorgesehen, **Crostata** mit Walderdbeeren oder **mit Annurca-Äpfeln** sowie Crème caramel al Fiano cotto. Im Keller lagert eine schöne Auswahl an Weinen der Irpinia und Etiketten aus ganz Italien, von denen vier auch glasweise ausgeschenkt werden. Zwei Degustationsmenüs zu 30 und 35 € stehen zur Verfügung.

META (NA)
Marina di Alimuri

44 km südöstlich von Neapel

La Conca

Moderne Osteria
Via del Mare, III Traversa Alimuri
Tel. (+39) 081 / 532 14 95,
(+39) 331 / 735 67 26
Kein Ruhetag
Ferien: 3 Wochen im Januar
35 Plätze + 35 Plätze im Freien
Preise: 32–34 €
Kreditkarten: AE, CS, DC, MC, Visa; BM
Mittags und abends geöffnet

Das Lokal liegt am Meer, man kann sich also unschwer das bezaubernde Szenario vorstellen, das vor allem im Sommer erfreut. Ein echter Bonus, der das ohnehin schon respektable kulinarische Angebot noch weiter aufwertet. Der Empfang ist unaufdringlich und professionell, Inhaber Antonio Cafiero gelingt es dank seiner großen Intuition, Sie ausgezeichnet bei der Auswahl von der Karte zu beraten, welche überwiegend Gerichte vom Meer und einige vom Land enthält. Die Idee ist, „der Vergangenheit eine Zukunft zu geben", den Akzent setzt dabei ein schlichter kreativer und innovativer Einschlag. Von den Antipasti empfehlen wir Tentacoli di polpo alla griglia (gegrillte Tentakel vom Oktopus, 10 €), **Straccetti di seppia fritti** sowie Gamberetti sale e pepe. Als Primi Spaghetti con pesto di agrumi, noci, basilico e gamberi (mit Pesto von Zitrusfrüchten, Nüssen, Basilikum und Garnelen, 13 €), **Spaghetti alici e pangrattato** (mit Sardellen und Semmelbröseln), Ravioli capresi (9 €) und Poseidonia seppie e carciofi. Die Secondi reichen von **Grigliata di pesce azzurro** (13 €) zu Strumpfbandfisch all'acquapazza und zu Alici fritte, in tortiera und alla griglia. Hochpreisigere Fische je nach Verfügbarkeit und einige gute Alternativen mit Fleisch oder Käse sind ebenfalls eine Option. Die Dolci sind hausgemacht: **Tortino di mela annurca** (5 €), Sorbetto al limone, Semifreddo al pistacchio oder köstliche Tagliata di frutta. Die Weinkarte stützt sich vor allem auf gute junge Winzer aus Kampanien und bietet auch einige Exkurse außerhalb der Region.

MOLINARA (BN)

31 KM NORDÖSTLICH VON BENEVENT

Al Borgo

Restaurant-Pizzeria
Corso Umberto I, 1
Tel. (+39) 08 24 / 99 40 04
Ruhetag: Montag
Ferien: unterschiedlich
70 Plätze + 40 Plätze im Freien
Preise: 20–25 €
Kreditkarten: CS, MC, Visa; BM
Mittags und abends geöffnet

Molinara ist ein kleiner Ort im Val Fortore. Obwohl die Gemeinde im Lauf der Jahre von starker Abwanderung betroffen war, hat die Altstadt nichts von ihrer Anziehungskraft eingebüßt. Durch die Wiederinstandsetzung der ursprünglich zur Verteidigung bestimmten Stadtmauern wurde der Ortskern vor dem Verfall bewahrt. Wenige Schritte von einem der Eingangstore entfernt befindet sich das schlicht eingerichtete Restaurant. Im Sommer kann man im Freien zu Abend essen und den Blick auf die wunderbare Landschaft des Val Fortore genießen. Das Menü beginnt mit einem Antipasto (7 €), bestehend aus einer Auswahl an Salumi, **Caciocavallo di Castelfranco**, Ricotta und den Bruschette, die mit dem nativen Olivenöl extra der Oliven des Sannio-Gebiets beträufelt werden. Unter den Primi (6 €) finden Sie schmackhafte **Cavatelli**, das ist eine frische Pasta, die mit dem Druck der Finger geformt wird, **mit Tomaten und Basilikum**, außerdem unregelmäßig geformte Teigwaren namens Paccozze, zu denen Kichererbsen passen, sowie klassische Lagane e fagioli und Fusilli ai pomodorini. Die Secondi werden großteils alla brace gebraten: **Lamm**, Schwein und Kalb kommen von den nahe gelegenen üppigen Weiden. Mit den Innereien, Herz, Lunge und Leber vom Lamm werden ***Mugnatielli*** (8 €) zubereitet, Rouladen von intensivem Geschmack, die entlang der Trifte sehr verbreitet waren. Die Beilagen bestehen aus gegrilltem Saisongemüse wie Zucchini und Auberginen oder werden in der Pfanne gewürzt, so im Fall von **Zichorien** oder Brokkoli. Ausgezeichnete Pizzen. Die Weine werden unter den besten Etiketten des Sannio-Gebiets ausgesucht. Biere aus einer kleinen lokalen Brauerei sind eine ebenbürtige Alternative. Zum Abschluss sollten Sie keinesfalls auf **Cassatina** di San Marco dei Cavoti verzichten.

MONTECORICE (SA)
Agnone Cilento

78 KM SÜDLICH VON SALERNO

Paisà

Osteria
Via Marina Nuova, 82
Tel. (+39) 329 / 912 12 04
Ruhetag: Februar–Juni nur am Wochenende gegen Vorbestellung geöffnet, sonst kein Ruhetag
Ferien: November–Januar
20 Plätze + 20 Plätze im Freien
Preise: 35 € • Kreditkarten: MC, Visa; BM
Mittags und abends geöffnet

Diese Osteria nahe der Strandpromenade von Agnone ist Ausdruck des Aufschwungs, den der Cilento erlebt, und gleichzeitig verwurzelt in althergebrachten Traditionen. In der Küche des Lokals wird Fisch auf verschiedenste Weise zubereitet. Der Empfang durch die Inhaber, die Brüder Pasquale und Luca Tarallo, ist immer herzlich und die beiden stehen Ihnen bereitwillig bei der Wahl von der Karte zur Seite. Das Angebot hängt von dem ab, was die Fischerboote in den Hafen bringen, und wird daher jeden Tag neu mit Bleistift geschrieben. Frische ist also garantiert, auch wenn das Angebot nicht immer gleich groß ist, die Zubereitung der Gerichte erfolgt mit größter Sorgfalt. Von den Antipasti empfehlen wir **Tonnetto sott'olio con cipolle rosse** (10 €) oder Gamberetti al limone. Unter den Primi ragen die deliziösen Linguine con lo scorfano (mit Drachenkopf, 12 €) heraus, dank dem ausgewogenen Gebrauch von gutem nativen Olivenöl extra und Tomaten. Ebenso interessant sind Spaghetti con tonnetto, pomodoro, capperi e olive. Von den Secondi sollten Sie auf jeden Fall **Zuppetta di fagioli e moscardini** (12 €) probieren, doch sehr gut schmeckt auch die Thunfischart Palamita mit Kirschtomaten, Kapern und Oliven. Als Dessert wählen Sie unbedingt **Mousse di ricotta di bufala con scagliette di cioccolato fondente**. Die Weinkarte ist nicht sehr groß, doch einige gute Winzereien aus der Umgebung sind mit hochstehenden Produkten vertreten. Ein paar Weine werden auch glasweise ausgeschenkt. Daneben gibt es einige traditionell gebraute Biere.

La Bufalina (Corso Matarazzo 159) in **Santa Maria di Castellabate** (14 km) ist ein gut bestückter Feinkostladen mit besonderem Augenmerk auf Käse aus Italien und anderen Ländern.

MONTEMARANO (AV)
Ponteromito

32 KM ÖSTLICH VON AVELLINO

Trattovia Il Gastronomo

Restaurant
Via Nazionale, 77 A
Tel. (+39) 392 / 260 39 52
Ruhetag: Mittwoch
Ferien: 10 Tage im Juli
70 Plätze + 50 Plätze im Freien
Preise: 25–30 €
Kreditkarten: AE, CS, MC, Visa; BM
Mittags und abends geöffnet

Bereits der Name des Lokals sagt viel über die Gesinnung seiner Leitung aus. Trattovia: Es handelt sich nicht um einen Druckfehler, man meint vielmehr, dass die Bewirtung hier eine volkstümliche, traditionelle, jahreszeitliche Sache ist und formlos auf der Straße (oder eben „Via" ...) stattfinden kann. Massimo Pisaniellos Rückkehr nach langen Jahren der Tätigkeit in prestigeträchtigen Lokalen bedeutet die Weiterführung einer mehr als hundertjährigen Tradition. Die Küche des Gastronomo ist authentisch, die verwendeten Produkte sind lokal oder stammen aus dem Gemüsegarten der Familie. Ausgezeichnete Auswahl an Antipasti mit Gemüse wie Insalatina di rucola selvatica con pecorino, in der passenden Jahreszeit **gebratene Steinpilze**, Scarola e fagioli, Purè di patate e crema di tartufo sowie Carpaccio di suino con rucola selvatica su vellutata di fave (5 €) und **Focaccine con cipolla ramata di Montoro**. Gepflegte Auswahl an Käse und Salumi. Unter den Primi **Mezze maniche broccoli e alici**, Paccheri con baccalà, **Minestra maritata**, Maccaronara ai *Cecaluccoli* (kurze Teigwaren) mit Kirschtomaten, Lardo und getrockneter Ricotta (8 €) sowie Candele alla genovese. Verschieden zubereiteter **Baccalà**: alla perticaregna, mit Kartoffeln und Sellerie und alla ***Ualanegna*** (mit Knoblauch, Öl, Petersilie und Peperoncino). Das Fleisch – Stücke vom Rind der Podolica-Rasse, Schweinebauch, Lamm (8 €) – wird alla brace gebraten. Die Dolci des Hauses umfassen **Cestino di frolla** (4 €), Tortino al cioccolato caldo, Millefoglie und Kekse mit Nüssen und Mandeln. Zu trinken gibt es Flaschenweine aus Kampanien, vor allem aus der Irpinia, und den Hauswein.

Im Ortsteil Conte von **Cassano Irpino** (7 km) verkauft der Caseificio La Regina ausgezeichnete Kuhmilchprodukte, vor allem Nodini und Mozzarelline.

MORCONE (BN)

32 KM NÖRDLICH VON BENEVENT, S.S. 87

Mastrofrancesco

Ferienbauernhof • Ortsteil Piana, 262
Tel. (+39) 08 24 / 95 70 33,
(+39) 328 / 622 99 99
Keine Ferien
26 Plätze
Preise: 30 € (Tagesmenü)
Keine Kreditkarten
Gegen Vorbestellung täglich mittags und abends geöffnet

Wir befinden ums im oberen Sannio-Gebiet, wenige Minuten von der Ausfahrt der Staatsstraße entfernt und unterhalb des Dorfes, das sich so wunderbar an den Hügel schmiegt. Den landwirtschaftlichen Betrieb von Dino Mastrofrancesco sollten Sie besuchen, wenn Sie Ruhe und ausgezeichnetes Essen suchen. Der Inhaber versteht sich ausgezeichnet auf die Aufzucht von schwarzen Schweinen und Hoftieren sowie die Pflege von Oliven der Sorte Ortice und den Anbau von Gemüse. In der Bewirtung finden diese Produkte ihre Synthese. Dino ist auch der Spiritus rector der Gerichte, unter denen erfahrenen Frauenhänden in der Küche nehmen sie Gestalt an. Geboten wird Ihnen ein üppiges feststehendes Menü, wenn Sie vorbestellen, können Sie auch bestimmte Gerichte auswählen. Zu Beginn die köstlichen **Salumi vom schwarzen Schwein** und unterschiedlich gereifter Käse, dazu Gerichte mit Wildgemüse, zum Beispiel das einzigartige **Tuorlo panato con orapi e stracciata di fior di latte** (panierter Dotter mit Bergspinat und Frischkäse) oder Vellutata di patate con mignon di parmigiana. Danach gibt es zwei Kostproben von Pasta aus dem Mehl alter lokaler Weizensorten: **Gnocchi di ricotta con pomodorini e crema di melanzane**, Fagottino di sfoglia all'uovo ripieno di zucchine, melanzane e salsiccia oder Fusilli con pomodorini e caciocavallo. Als Secondo (mit dem Fleisch des Betriebs) herrliche **Spalla di maiale al forno** (Schweineschulter aus dem Ofen), als Alternative Hähnchen oder Perlhuhn mit Esskastanien und Steinpilzen. Außerdem Rollè di coniglio con la cicoria. Zum Abschluss ein perfektes **Tiramisù con spuma di ricotta di capra**. Zu trinken gibt es offenen Wein.

Im Caseificio Fortunato bei km 97,300 der Staatsstraße 87 bekommen Sie Caciocavallo, Pecorino, Fior di latte, Stracciata und Cremoso aus Kuhmilch.

98 KM SO V. SALERNO, S.S. 166 U. A 3, AUSF. PADULA-BUONABITACOLO

Osteria dei Compari

NEU

Osteria-Pizzeria
Via Granatelli
Tel. (+39) 339 / 788 86 70
Ruhetag: Dienstag, Oktober–Juni auch Montag und Mittwoch, 1. August–10. September kein Ruhetag
50 Plätze + 20 Plätze im Freien
Preise: 24–27 €
Kreditkarten: CS, DC, Visa; BM
Mittags und abends geöffnet

Gelegen im Tal des Flusses Bussento, der im Gebiet des Monte Cervati entspringt und in den Golf von Policastro mündet, ist das Dorf Morigerati ein Ziel für Besucher, die die Wanderwege des Naturschutzgebiets Grotte del Bussento schätzen, in dem auch die Osteria von Pasquale Vallone ihren Sitz hat. Sie verfügt über einen großen Speisesaal, im Sommer kann man unter einem großen Nussbaum speisen. In der Küche sorgt Mutter Rachelina dafür, dass die Tischgesellschaft einen bereits vergessen geglaubten Geschmack wieder entdecken kann. Aus eigener Erzeugung stammt ein Großteil des Gemüses, Kaninchen und Hennen werden selbst aufgezogen. Gemüse der Saison bei den Antipasti (9 €) – eine Portion ist für zwei Personen ausreichend –, vorgesehen sind ***Ciauredda***, *Pizziddu* al pomodorino fresco, **Melanzane alla pizzaiola**, Zucchine alla *scapece*, Peperoni cornetti ripieni, **Frittata di lampascioni** und Kürbisblüten im Backteig. Die Pasta für die Primi ist von Hand gemacht, wir empfehlen **Lagane e ceci** (8 €) con polvere fritta di peperone, Cavatelli und Ravioli di ricotta mit Tomatensauce oder Fusilli mit Kürbisblüten und Zucchini oder mit Spargel (9 €). Als Secondi finden Sie außer den üblichen Braten in festlichen Zeiten des Jahres (gegen Vorbestellung und für zwei Personen) **Coniglio ripieno alla morigeratese**, das lange in Tomatensauce geschmort wird (14 €), und zu Ostern Zicklein aus dem Ofen mit Kartoffeln. Den Wein wählen Sie unter einigen Exemplaren aus dem Cilento.

In der Località Pantana des Ortsteils **Sicilì** (4 km) wird im biologischen Betrieb Murikè die weiße Feige des Cilento angebaut und verarbeitet. Im Ortsteil Cellito erzeugt der Salumificio Cellito Salumi aus ausgewähltem Schweinefleisch lokaler Zuchtbetriebe.

A' Taverna do' Re'

Restaurant-Pizzeria
Via Supportico Fondo di Separazione, 2
Tel. (+39) 081 / 552 24 24
Ruhetag: Sonntagabend
Keine Ferien
65 Plätze + 25 Plätze im Freien
Preise: 35 €
Kreditkarten: CS, DC, MC, Visa; BM
Mittags und abends geöffnet

Dieses pittoreske kleine Restaurant befindet sich in der Altstadt, in einer der kleinen Straßen um die Piazza Municipio, neben dem Teatro Mercadante, ganz in der Nähe des Molo Beverello und der Piazza del Plebiscito. Auf zwei Ebenen genießen Sie die entspannte, familiäre Atmosphäre. Massimo Paduano, gewöhnt an eine breit gefächerte, polyglotte Gästeschar, berät Sie bei der Auswahl. Lassen Sie sich eines der Tagesgerichte empfehlen. Chefkoch Francesco Parrella baut die neapolitanische Tradition mit ein wenig Innovation, doch ohne Revolution in seine Gerichte ein, wie Sie bereits beim Antipasto feststellen können, wenn Sie Gamberi rossi con arance e finocchi wählen oder aber die traditionellere **Melanzana a *pullastiello*** (8 €), eine goldbraun gebratene und mit Provola gefüllte Aubergine mit dem Geschmack von anno dazumal. Reichhaltig ist die Auswahl bei den Primi, wir empfehlen **Tagliatelle con pomodorini del piennolo e salsiccia avellinese** (10 €) wie auch die großzügig mit geriebenem Pecorino romano bestreuten Vermicelli alla carbonara oder die prächtigen Mezzanelli alla genovese. Im Sommer sollten Sie **Vermicelli con alici del Golfo**, olive di Gaeta e capperi di Pantelleria probieren oder Paccheri con cozze e fiori di zucca (12 €). An einem Donnerstag oder Freitag fragen Sie am Besten nach Linguine con ricci di mare e limone (mit Seeigel und Zitrone). Capretto und Maialino caramellato alla mela annurca finden bei den Secondi, ebenso Frittura mit dem Fischfang des Tages oder verschiedene Kostproben vom **Baccalà**: fritto, in cassuola und **grigliato** (15 €). Zum Dessert Semifreddo alla pastiera, Croccante alle mandorle (5 €) oder Babà. Gute Auswahl an Weinen aus Kampanien, bereichert um einige Etiketten aus anderen Regionen Italiens. Verschiedene Degustationsmenüs zwischen 28 und 38 € sind verfügbar.

Die Pizza und das Essen „di strada“

Es könnte ein Zeichen der schlechten Konjunktur sein oder ein Phänomen, das sich in zyklischen Abständen wiederholt und schwer interpretierbar ist, oder auch ein Effekt der zweifellos einflussreichen Social Networks. Ja vielleicht sind es diese und noch weitere Gründe, dass die Pizza und das „Straßenessen“ in letzter Zeit eine nie dagewesene mediale Aufmerksamkeit genießen – und unserer Meinung nach Gefahr laufen, ihre volkstümliche Seele zu verlieren.

Als das einfache Essen schlechthin erlebt die Pizza heute eine Phase der Neuentdeckung im Zeichen der Qualität. Dies vorangestellt, wollen wir nicht verschweigen, dass manche übertriebene Darstellung von Eigenschaften, Herkunft und Verarbeitungsweise der Zutaten eher für die narzisstischen Bedürfnisse der Personen dahinter spricht als einer authentischen Suche nach dem Gleichgewicht zwischen gekonnter Zubereitung und richtigem Gebrauch der Produkte dient.

Und manchmal entflammen Diskussionen um Dinge, die uns gänzlich fernliegen. Daher halten wir es nun für angebracht, auch mit Rücksicht auf den gesunden Menschenverstand, die Grundlagen zu betonen: die Qualität des Mehls und des Teiges; die angemessene Zeit, die der Teig braucht, um aufzugehen; den Gebrauch des *Criscito*, des Sauerteigs; den hohen Rand; das native Olivenöl extra.

Neben den Pizzerien würden wir die Friggitorie und Carnacottari als Bannerträger des Essens „di strada“ und treue Hüter der neapolitanischen Tradition bezeichnen. Sie sind die Hauptdarsteller einer Küche, in der die weniger wertvollen Teile – Innereien und Kutteln – kulinarisch neu erfunden werden.

Die folgenden Seiten verstehen sich als Orientierungshilfe und nicht als vollständige Auflistung von Lokalen im urbanen Gebiet Neapels, denen zugestanden werden muss, jene „Fermente“ vorweggenommen zu haben, die dann in ganz Kampanien und nun auch im übrigen Italien aufgenommen und weiterentwickelt wurden.

Pino Mandarano und Vito Trotta

NEAPEL

50 Kalò di Ciro Salvo

NEU

Piazza Sannazzaro, 201 B
Tel. (+39) 081 / 719 20 46 67
Kein Ruhetag
Ferien: 1 Woche im August
Geöffnet 12.30–16,19.30–00.30 Uhr

Seit über zwei Jahren befindet sich Ciro Salvos Pizzeria praktisch an der Strandpromenade der Stadt. Der Name setzt sich aus dem griechischen Wort, das die Pizzabäcker von Neapel in ihre Sprache eingebaut haben, um die Schönheit und Qualität der Pizza zu betonen, und der Nummer 50 zusammen, die in der neapolitanischen Traumdeutung für Brot steht. Mit Enthusiasmus bäckt Ciro eine leichte, gut verdauliche und schmackhafte Pizza. Neben den klassischen Margherita und Marinara sollten Sie Pizza dell'Alleanza nicht versäumen – mit Fior di latte aus Agerola, Zwiebel aus Montoro, Lardo aus Colonnata und Conciato romano sowie die leckere 50 Kalò (Margherita mit Endivien). Frittiertes ist ohne Ausnahme zu empfehlen. Zum Dessert gibt es Cremes im Glas und Eis aus der hochwertigen Milch Latte nobile dell'Appennino campano.

Antica Cantina del Gallo

Via Telesino, 21
Tel. (+39) 081 / 544 15 21, (+39) 328 / 081 30 45
Ruhetag: Sonntag
Ferien: 3 Wochen im August
Geöffnet 10.30–15.30, 19–23 Uhr

Das Lokal befindet sich im Herzen des volkstümlichen Viertels Sanità. Inhaber Rosario Silvestri leitet die Cantina mit Kompetenz und Leidenschaft, die nicht nur den Stammgästen zugutekommen: Auch neue Kunden kehren gerne wieder. Pizza cafona (Marinara mit Kirschtomaten, Pecorino und Peperoncino) steht an erster Stelle, empfehlenswert sind jedoch auch Margherita, die gefüllte Pizza und die Pizza mit Salsiccia und Friarielli (einem brokkoliartigen Gemüse). Zum Einstieg wählen Sie vielleicht einen der verschieden gefüllten „Pizzicotti“ und Frittura napoletana. Fast immer können Sie auch ein Gericht der klassischen neapolitanischen Küche bestellen, zum Beispiel Baccalà oder Polpette.

Cafasso

Via Giulio Cesare, 156–158
Tel. (+39) 081 / 239 52 81
Ruhetag: Sonntag
Ferien: August
Geöffnet 12.30–15, 19.30–23 Uhr

Zu den Sehenswürdigkeiten des Fuorigrotta-Viertels kann neben dem Stadion San Paolo sicherlich auch diese historische Pizzeria gezählt werden, deren lange Familientradition zu Beginn des 20. Jahrhunderts ihren Anfang nahm. Der Ruf des Lokals beruht auf der Qualität der Zutaten und besonders auf dem Teig der Pizzen. Diese sind nicht sehr groß, doch ihr Geschmack ist intensiv. Unser Favorit ist Margherita DOP mit Büffelmozzarella, Tomatenstreifen und nativem Olivenöl extra, doch es gibt auch andere gute Pizzen wie jene mit Meeresfrüchten oder die mit Endivien gefüllte Calzone. Außer der Frittura all'italiana möchten wir eines der Gerichte der Osteria loben, nämlich Bistecca alla pizzaiola, eine auf unerklärliche Weise von den Speisekarten der Stadt verschwundene Spezialität.

Carmenella

Via Cristoforo Marino, 22
Tel. (+39) 081 / 553 74 25
Ruhetag: Sonntag
Ferien: 15.–31. August
Mittags und abends geöffnet

Im volkstümlichen Viertel „Case Nuove“ stoßen wir auf diese legendäre Pizzeria. Vincenzo Esposito, Inhaber und Pizzabäcker, hat die jahrhundertealte Tradition übernommen, die seine Urgroßmutter im weit zurückliegenden Jahr 1892 begonnen hat. Die Atmosphäre ist gemütlich und familiär. Gute Frittura: Crocchè, gefüllte Kürbisblüten, kleine Omeletts. Die Pizza wird nach allen Regeln der Kunst zubereitet. Wir empfehlen die Klassiker, die zweifellos am besten schmecken, doch alle, die Lust auf etwas anderes haben, können Pizza al ragù, Pizza mit Kartoffeln und Wurst oder in der passenden Jahreszeit mit dem Slow-Food-Presidio Papaccella (in Essig eingelegten Paprikaschoten) bestellen. Mittags kocht die Mutter einige typische neapolitanische Gerichte.

Da Attilio

Via Pignasecca,17
Tel. (+39) 081 / 552 04 79
Ruhetag: Sonntag
Ferien: August
Mittags und abends geöffnet

Wenn Sie von der Haltestelle Toledo kommen, müssen Sie in Richtung Piazza Carità gehen und dann in die kleine Straße Pignasecca einbiegen. Nach ein paar Metern sehen Sie schon das Reich von Attilio Bachetti. Im Lokal begrüßt Sie seine sympathische Schwester Angela, an ihrer Seite der heitere Carmine. Das Geschehen in der Küche überwacht aufmerksam Mutter Maria Antonietta. Als Einstieg empfehlen wir Ihnen Crocchettone salsiccia e friarielli und den köstlichen Mozzarella in carrozza. Die Pizzen reichen von Margherita und Marinara bis zu ausgefalleneren Versionen mit der roten Zwiebel aus Montoro oder mit Conciato romano. Eine besondere Erwähnung gebührt der Pizza carnevale, die wie ein Karnevalshut an acht Punkten mit Ricotta gefüllt ist. Gute Auswahl an traditionell gebrauten Bieren.

Da Carminiello

Corso Secondigliano, 350
Tel. (+39) 081 / 754 00 37
Ruhetag: Sonntag
Ferien: unterschiedlich
Mittags und abends geöffnet

Mit Freude stellen wir fest, dass Substanz, Erfahrung und harte tägliche Arbeit immer noch gewinnbringend sind, und das in einer Branche, in der es oft einfach zu sehr um die Fähigkeit der Kommunikation geht. Diese Pizzeria, abseits des Glamours eines mittlerweile etablierten regelrechten Sterne-Systems im Bereich der Pizza, ist der Beweis dafür. Da das Lokal auch an Wochentagen sehr gut besucht ist, sollten Sie sich mit Geduld wappnen, um in den Genuss der spektakulären Fritti (Panzarotti, Paste cresciute, Frittatine, Palle di riso) zu kommen, welche Sie zum Mitnehmen kaufen können, oder der im Lokal servierten verschiedenen Pizzen. Vor allem Margherita und Marinara schmecken gut, doch auch die gefüllten Pizzen und Pizza fritta verdienen eine Kostprobe. Besonders beeindruckt Crocchè grande mit seinem barocken Geschmack. Es wird nur im Speisesaal serviert.

Da Concettina ai Tre Santi

Via Arena alla Sanità, 7 bis
Tel. (+39) 081 / 29 00 37
Kein Ruhetag
Keine Ferien
Geöffnet 10.30–23 Uhr

Obwohl Ciro Oliva erst 22 Jahre alt ist, zeigt er eine eindeutige Linie. Der Berufszweig seiner Familie ist der Ausgangspunkt, von dem er sich neugierig auf die Suche nach mehr begibt. Der dynamische Pizzabäcker holt zusammen mit den klassischen Marinara und Margherita, für die beste Zutaten und hochwertiger Teig verwendet werden, neue interessante Pizzen aus dem Ofen: Fritta mit gekräuselter Endivie, Pizza mit in Öl und Zitrone blanchiertem Baccalà oder Frezzella, in der Sie die zerdrückten Oliven der Sorte Salella aus dem Cilento finden. Das Angebot an Fritti wurde um einen Neuzugang bereichert, und zwar die intensiv schmeckende Frittatina con genovese. Zum Abschluss von Concettina zubereitetes Gianduiotto.

Da Gaetano

Via Casanova, 109
Tel. (+39) 338 / 603 86 18
Ruhetag: Sonntag
Ferien: 2 Wochen Mitte August
Geöffnet 9.30–21 Uhr, Samstag 9.30–23 Uhr

Im volkstümlichen Gebiet der Porta Capuana, einer des antiken Eingangstore in die Stadt, finden wir dieses Restaurant, das heute von Domenico geführt wird. Er bietet leckere Pizza mit einem gut aufgegangenen Teig und sorgfältig ausgewählten Zutaten. Außer den klassischen Margherita und Marinara empfehlen wir Calzone alla Gaetano (mit Ricotta, Provola, Pilzen und Prosciutto gefüllt) sowie Pizzicagnolo mit einem mit Ricotta gefüllten Rand. Zufriedenstellendes Angebot an Bier, rascher und präziser Service, ehrliche Preise.

Da Michele

Via Cesare Sersale, 1–3/Via Colletta
Tel. (+39) 081 / 553 92 04
Ruhetag: Sonntag
Ferien: 3 Wochen im August
Geöffnet 10.30–24 Uhr

Nicht weit vom Theater Trianon entfernt steht dieses Bollwerk der neapolitanischen Pizzatradition. Eine lange Schlange wartet auf der Straße, um das Lokal „einzunehmen". Doch lassen Sie sich nicht abschrecken, das Ergebnis lohnt die Wartezeit. Wenn Sie erst einmal eingetreten sind, können Sie Margherita und Marinara genießen, einzigartige Pizzen, die man bewusst wie in früheren Zeiten zubereitet, ohne jedes Zugeständnis an die Moden. Vielleicht teilen Sie diese Erfahrung auch mit anderen Gästen zusammen an einem der großen Marmortische.

De' Figliole

Via Giudecca Vecchia, 39
Tel. (+39) 081 / 28 67 61
Ruhetag: Sonntag • Ferien: August
Geöffnet 10–20 Uhr, Samstag 10–24 Uhr

Hier ist das Reich der Pizza fritta, ohne Abschweifungen. Hinter dem Stadtteil Forcella, in einem der volkstümlichsten Viertel von Neapel, befindet sich das Lokal seit 1973 an seinem aktuellen Sitz, auch wenn die Familiengeschichte erzählt, dass es bereits zur Zeit der Einigung Italiens entstand. Giuseppina, Immacolata und Carmela führen es gemeinsam mit ihrem Neffen Francesco. Zwei Pizzascheiben werden übereinander gelegt und dazwischen kommt die klassische Füllung, zum Beispiel Chicchinese: komplett mit Grieben, Fior di latte, Ricotta, Tomaten und Pfeffer. Oder Sie wählen Pizza fritta mit Endivien oder mit Provola, Ricotta, Wurst und Pfeffer. Im Winter bereitet man auch Soffritto zu, ein typisches Gericht aus dem Neapel des 18. Jahrhunderts.

Di Matteo

Via dei Tribunali, 94
Tel. (+39) 081 / 45 52 62
Ruhetag: Sonntag
Ferien: 2 Wochen im August
Geöffnet 9.30–24 Uhr

Im pulsierenden antiken Zentrum von Neapel, in dem sich die meisten Sehenswürdigkeiten befinden, folgt Salvatore Di Matteo der Familientradition und erfreut Touristen und Passanten mit seinen qualitativ hochstehenden Pizzen. Obwohl das Restaurant sich über zwei Ebenen mit Speisesälen erstreckt, bildet sich doch eine stattliche Schlange von Menschen, die vor dem Eingang warten. Doch seien Sie unbesorgt, an der Theke können Sie in der Zwischenzeit bemerkenswerte Fritti kaufen, die Ihnen die Wartezeit angenehmer machen. Die Geschichte des Lokals wird gern mit dem kurzen Besuch von US-Präsident Clinton während des G7-Gipfels im Jahr 1994 aufgewertet: Auf den Fotos kann man sehen, wie zufrieden er war! Das Angebot reicht von den klassischen Margherita mit Büffelmozzarella oder Provola-Käse zu Marinara und gefüllten Pizzen, von denen wir die frittierte Füllung empfehlen. Die Preise sind volkstümlich.

Gino Sorbillo

Via Tribunali, 32
Tel. (+39) 081 / 44 66 43
Ruhetag: Sonntag, außer zu Weihnachten
Ferien: zeitweise im August
Geöffnet 12.30–15.30, 19–23.30 Uhr

Gino Sorbillo ist möglicherweise der in und außerhalb Italiens meistbekannte neapolitanische Pizzabäcker, sicherlich derjenige mit der größten Vertrautheit und dem kreativsten Gebrauch von neuen und alten Kommunikationsmitteln. Ihm ist es also zu verdanken, dass die neapolitanische Pizza in der Gastronomie der Welt den Platz einnimmt, den sie verdient. Doch dies war und ist nur wegen der Basisarbeit in seiner legendären Pizzeria möglich, die täglich anstehende Menschenschlange eindrucksvoll bezeugt. Fritture, Marinara, Margherita und all die anderen Pizzen, einige mit Zutaten und Formen, die einem künstlerischen Geist entspringen, sind in jedem Fall schmackhaft, weich, ausgewogen und haben volkstümliche Preise.

Gorizia 1962

U-Bahn-Station Quattro Giornate (Linie 1)
Vomero, Via Albini, 18-20
Tel. (+ 39) 081 / 560 46 42
Kein Ruhetag
Keine Ferien
Mittags und abends geöffnet
Ⓖ

Wir befinden uns auf dem Hügel des Vomero. Das Lokal zeichnet sich durch Schlichtheit und größte Professionalität seiner Besitzer aus, derzeit wird es von Antonio Grasso geführt. Der Name ist eine Hommage an die Eroberung der Stadt in der Region Friaul-Julisch Venetien im Ersten Weltkrieg. Die Pizzen sind klassisch: Margherita, Marinara, Ortolana, Quattro formaggi. Ausgefallener ist Pescatora mit Oktopus und Venusmuscheln. Außerdem bekommen Sie in diesem Lokal gute Gerichte der Tradition.

La Notizia

Vomero, Via Caravaggio, 53–59
Tel. (+39) 081 / 714 21 55
Ruhetag: Montag
Ferien: August
Geöffnet 19.30–24, Samstag und Sonntag 19.30–1.30 Uhr

Enzo Coccia, Patron und „Pizzaiolo" des Lokals, gebührt eine Lobeshymne dafür, einer der Urheber der „neuen Ära" der neapolitanischen Pizza zu sein, die sich durch gewissenhafte Sorgfalt bei der Auswahl der Grundzutaten und wissenschaftlich erforschte Zubereitung des Teiges definiert. Ihm ist die Wiederentdeckung der Pizza Mastunicola mit Schmalz und Pecorino zu verdanken. Beginnen könnten Sie mit Rotolini, um mit den klassischen Pizzen Margherita DOP, Marinara (mit Alici di menaica, den traditionell mit dem Netz gefangenen Sardellen, wenn verfügbar) und vielen anderen fortzusetzen. Probieren Sie auch die Füllungen mit *Cicoli* (Grieben) oder gekräuselter Endivie, unglaublich leicht und gut verdaulich. Auf Nummer 94 in derselben Straße finden Sie die „Nebenstelle" des Lokals, im Gourmet-Stil mit innovativen Pizzen.

Le Zendraglie

Via Pignasecca, 14
Tel. (+39) 081 / 551 19 93
Ruhetag: Sonntag
Ferien: 10 Tage im August
Geöffnet 9–22 Uhr

Auf Anhieb wird einem, wenn man am Lokal vorbeigeht und die schön dekorierte Theke mit den Kutteln sieht, der Charakter dieses Ortes klar. Es handelt sich im Wesentlichen um eine „Tripperia", ein Lokal, in dem man Kutteln bekommt, ein typisches Straßenessen. Zusätzlich gibt es einige Gerichte, die man im winzigen Speisesaal einnehmen kann, klassische, respektabel zubereitete Speisen der neapolitanischen Tradition (Polpi alla luciana, Pasta alla genovese, Maccheroni alici e peperoni sowie Baccalà e friarielli). Ein Ort, der sich dem veränderten Geschmack der Gäste mit Effizienz anzupassen vermag. Wir empfehlen auf jeden Fall Zuppa di carnacotta oder Callo di trippa sale e limone.

Masardona

Via Capaccio, 27
Tel. (+39) 081 / 28 10 57
Ruhetag: Montag
Ferien: zeitweise im August
Geöffnet 7–15.30 Uhr, Samstag auch 18–22 Uhr

Hinter dem Krankenhaus Loreto Mare können Sie in diesem kleinen Restaurant eine der besten Pizze fritte der ganzen Stadt kennenlernen. Enzo Piccirillo setzt Körper und Seele dafür ein, der Tradition zu folgen, die seine Großmutter Anna Manfredi, die sogenannte „Masardona", begonnen hat. Das Lokal wurde vor Kurzem modernisiert und ist Ziel vieler Angestellter und Besucher der nahen Märkte. Neben der klassischen gefüllten Pizza empfehlen wir Battilocchio con salame e provola. Nur dienstags kommen Sie in den Genuss von Pagnottielli mit Pfeffer, Schmalz, Weintrauben, Käse und *Cicoli*.

Pellone

Via Nazionale, 93
Tel. (+39) 081 / 553 86 14
Ruhetag: Sonntag, Feiertage
Ferien: 15.–31. August
Geöffnet 9.30–16.30, 19–24 Uhr

In strategisch günstiger Position gelegen, beim Centro Direzionale mit seinen Wolkenkratzern und dem Viertel Poggioreale, behält diese Pizzeria, obwohl sie eigentlich immer überfüllt ist, einen ausgezeichneten Qualitätsstandard bei. Die Pizza ist groß, die Spezialität ist ohne Zweifel Pizza fritta, überraschenderweise die leichteste aller Sorten. Gut schmecken auch Margherita und Cosacca, die ein wenig an den Geschmack von Pappa al pomodoro erinnert. Moderate Preise.

Tripperia o' Russ

Via Sant'Eframo Vecchio, 68
Tel. (+39) 081 / 599 17 01,
(+39) 349 / 66 44 16 04
Ruhetag: Sonntag
Keine Ferien
Geöffnet 10–22 Uhr

Wenn es eine Auszeichnung für den Widerstand gegen die Vermarktung im Bereich des Straßenessens gäbe, hätte sie dieses Lokal in den letzten Jahren immer verliehen bekommen. Ohne Zugeständnis an die aktuellen Moden und unerschrocken gegenüber den (nicht unbedingt positiven) Veränderungen des Geschmacks und den Gewohnheiten der Konsumenten geht es seinen eigenen Weg: Zuppa di carnecotta, Zuppa forte (Innereien von Ochse und Lamm sowie Schweinegrieben, die auf Pas. und Freselle gestreut werden) und vor allem *'O per'* und *'O musso*, mit Salz und Zitrone gewürzte Schweinefüßchen und -maul, die in Tüten verkauft werden, so dass Sie den authentischen Geschmack Neapels mitnehmen können.

CERCOLA (NA)

Del Pino

Via Don Minzoni, 225
Tel. (+39) 081 / 733 11 45,
(+39) 081 / 733 31 00
Kein Ruhetag
Ferien: 2 Wochen um den 15. August
Mittags und abends geöffnet
G

Ein groß dimensioniertes Lokal knapp außerhalb des Stadtgürtels von Neapel, das Ergebnis der bemerkenswerten unternehmerischen Tätigkeit von Patron Mario Leonessa und seiner Familie. Zu Beginn wählen Sie unter den ausgezeichneten verschiedenen Beilagen von der Theke. Fortgesetzt wird mit gut aufgegangenen Pizzen. Das Angebot reicht von Margherita (auch mit Ricotta aus dem Weidenkörbchen) zu Calzone mit Provola-Käse und Pilzen und weiteren kreativen Exemplaren. Der Verkauf zum Mitnehmen geht rasch und effizient vor sich. Die Desserts sind aus eigener Erzeugung.

ERCOLANO (NA)

Le Parùle

NEU

Via Cozzolino, 70 $N
Tel. (+39) 081 / 739 64 94
Kein Ruhetag
Keine Ferien
Geöffnet 10.30–16, 18.30–00.30 Uhr

Giuseppe Pignalosa stellt auf seinen Pizzen gerne die Erzeugnisse der Umgebung vor. Das Lokal liegt an der Straße, die auf den Vesuv führt. Dieses Gebiet zeichnet sich von jeher durch die zahlreichen Gemüsegärten aus, die *Parùle*, die dem Lokal zu seinem Namen verholfen haben. Die Pizzen haben einen leichten Teig und sind gut verdaulich. Margherita bleibt die beliebteste, Marinara wird mit frischen Sardellen belegt, auf der Pizza Le parùle befinden sich gebratene Papaccelle (in Essig eingelegte Paprikaschoten), Fior di latte und Basilikum. Klassische Fritti: Arancino, Frittatina di pasta, Crocchè und Mozzarella in carrozza. Zu trinken gibt es Weine und Biere aus Kampanien.

PORTICI (NA)

Pizza Verace

NEU

Via Gravina, 12
Kein Ruhetag
Ferien: 1 Woche um den 15. August
Geöffnet 19–24 Uhr

Pizza Verace stammt von einer der legendären Pizzerien in der Altstadt von Neapel ab, die von der Familie Leone 1923 gegründet wurde. Paola, die Inhaberin dieses Lokals und Enkelin des Ehepaars Leone, stellt den Teig nach einem Rezept des Urgroßvaters her. Die Ingredienzen sind alle bester Qualität und die Pizzen reichen von klassisch bis alternativ wie Cacio e pepe mit Tomaten und Büffelmozzarella, Panzanella mit Pancetta, Zwiebeln und Provola-Käse. Außerdem verführerische Mandorlata mit Provola-Käse, Pancetta und Mandeln. Zusätzlich Fritti, Salate und einige Beilagen.

POZZUOLI (NA)

La Dea Bendata

NEU

Corso Umberto I, 93
Tel. (+39) 081 / 19 18 96 36,
(+39) 346 / 300 34 91
Ruhetag: Montag
Ferien: 1 Woche im August/September
Keine Kreditkarten
Geöffnet: 19.30–24 Uhr

Die Kunst der Pizzaerzeugung ist Wissen und traditionelle Praxis, oft innerhalb einer Familie weitergegeben. So ist es auch im Fall der Familie Coccia, beginnend beim Familienoberhaupt Antonio, übergehend zum Erstgeborenen Vincenzo bis hin zu Ciro, dem Inhaber dieses Lokals. Außer der unverzichtbaren Margherita DOP empfehlen wir Calzone bianco mit Grieben, desgleichen Pizza mit Salsiccia und Friarielli sowie mit Endivien gefüllte Pizza. Originell sind die Pizzen, die aufgrund von Vorschlägen von Gästen entstanden sind, zum Beispiel Marinara sole giallo mit gelben Kirschtomaten, Alici di Cetara, Oregano aus dem Cilento, Knoblauch, nativem Olivenöl extra und Basilikum. Leckere Fritti. Breit gefächerte Auswahl an traditionell gebrautem Bier.

SAN GIORGIO A CREMANO (NA)

Pizzeria Francesco e Salvatore Salvo

Via Largo Arso, 10–16
Tel. (+39) 081 / 275 30 60 81
Ruhetag: Sonntag
Ferien: zeitweise im August

In dieser kleinen Stadt an den Pforten von Neapel befindet sich das Lokal der Brüder Francesco und Salvatore Salvo, die auf ein modernes Modell von Pizzeria gesetzt haben und an der Spitze stehen, wenn es um Qualität und Effizienz geht. Die im Speisesaal eingesetzte Technologie steht im Dienst der Kunden, beginnend bei der Akustik bis zu dem System, mit dem die Bestellungen aufgenommen werden. Für den Beginn empfehlen wir die exzellenten Fritti und Baccalà im Backteig, außerdem klassischen Crocchè. Die Pizzen sind sehr leicht und tadellos gemacht. Neben den Klassikern finden wir die saisonabhängigen Pizzen sowie *'Nduja* und *Verzin* besonders schmackhaft. Eine sehr große Auswahl an Bier, Wein und Digestifs steht zur Verfügung.

U-Bahn-Station Vanvitelli (Linie 1)

Antica Cantina di Sica

Moderne Osteria
Via Bernini, 17
Tel. (+39) 081 / 556 75 20,
(+39) 392 / 803 56 74
Ruhetag: Sonntagabend, Montag
Ferien: 15.–30. August
45 Plätze + 25 Plätze im Freien
Preise: 28–32 €
Kreditkarten: AE, CS, MC, Visa; BM
Mittags und abends geöffnet

Vomero, ein elegantes Viertel in Neapel, ist eines der vielen pulsierenden Zentren dieser wunderbaren Stadt und bietet für Spaziergänge und Begegnungen, schönen Café, Konditoreien und Trattorien. Hier eröffnete im Jahr 1936 die Familie Sica einen kleinen Weinkeller, der sich im Lauf der Jahre zum Bezugspunkt für die Bewohner der Gegend und zufällig vorbeikommende Gäste entwickelte. 2007 haben nach verschiedenen Inhabern, die sich nicht immer glücklich in der Leitung erwiesen, Ciro Felleca und seine Frau Piera das Lokal übernommen und sich vorgenommen, ihm seinen ursprünglichen Glanz zurückzugeben. So wurde das Cantina di Sica wieder jener bei den Neapolitanern so beliebte Ort, wo man gutes Scarpariello (Pasta mit Tomatensauce und Käse) essen und ein Gläschen Wein trinken kann. Auf der Speisekarte stehen Gerichte mit Fisch neben den allgegenwärtigen Speisen aus dem Landesinneren. Unter den Antipasti ragen die unverzichtbaren **Parmigiane di melanzane** (4,50 €) hervor, die wirklich allen schmecken. Versuchen Sie auch Provola in carrozza sowie **Impepata di cozze** (7 €). Unter den Primi finden Sie neben Mezzanelli alla genovese die guten **Spaghetti con cozze e vongole** (12 €) und Pasta e patate mit Provola-Käse aus Agerola und Kartoffeln aus Avezzano. Die Secondi vom Meer hängen vom Fischfang des Tages ab, in jedem Fall empfehlenswert sind **Baccalà fritto** (9 €) und Frittura di gamberoni e calamari. Große Auswahl an Gerichten mit Fleisch. Zum Abschluss Desserts wie **Cassata** napoletana **al forno**, Babà und Pastiera (3,50 €). Die Weinkarte setzt einen Akzent bei Sorten aus Kampanien und bietet auch einige Etiketten naturbelassener Weine.

In der Via Belvedere 112 bietet Ciro Arenella in seinem Lebensmittelgeschäft Campania Mia das Beste an italienischen Produkten, darunter auch eine Auswahl an Slow-Food-Presidi.

U-Bahn-Station P. Garibaldi (2), 100 m v. Bhf. Circumvesuviana

Da Donato

Restaurant-Pizzeria
Via Spaventa, 37–41
Tel. (+39) 081 / 28 78 28
Ruhetag: Montag
Ferien: August, 25./26. Dezember, 1. Januar
44 Plätze
Preise: 25 €
Kreditkarten: CS, MC, Visa; BM
Mittags und abends geöffnet

Im Zentrum von Neapel, in unmittelbarer Nähe der Piazza Mercato, wo Masaniello, eine der wichtigsten Persönlichkeiten der Geschichte Neapels, geboren und ermordet wurde, steht auch die Porta Nolana mit ihren Türmen. Dort befinden sich Verkaufsstände und der große Fischmarkt, in der Nähe liegt die Piazza Garibaldi mit dem Hauptbahnhof. Viele junge Touristen und ebenso viele Menschen aus Neapel sind hier unterwegs und vor Kurzem hat diese typische, seit dem Jahr 1956 in der Via San Cosmo beheimatete neapolitanische Trattoria ihre Pforten geöffnet. Gerichte der Tradition, oft mit einer persönlichen Note, sowie gute Pizzen werden hier angeboten. In der Küche steht die tüchtige Marilena, im Service ihr fleißiger Mann Ciro. Man beginnt mit den Antipasti, „Degustazioni della casa", wie sie auf der Karte genannt werden, mit acht Gängen (15 €): **Gattò di patate**, Aufläufe mit Fenchel, mit Zucchini, mit Kartoffeln und mit Auberginen, Zuppa patate e verza, Cuoppo di frittura all'italiana und Bruschette mit geschmortem Fenchel und kleinen Dicken Bohnen. Als Primi neapolitanische Klassiker, zum Beispiel **Ziti al ragù** (7,50 €), Linguine allo *scarpariello* (mit Tomatensauce und Käse), Mezzanelli alla genovese und Linguine con calamari, menta e limone. Die Secondi bewegen sich zwischen Meer und Land mit Spigola di mare fritta, **Polpetti alla luciana in cestino di pizza** (9 €), Cotoletta alla Donato, das ist gebratenes und dann im Pizzaofen gebackenes Kotelett, außerdem gegrilltes Rippenstück vom Rind. Süßer Ausklang mit **Cassata infornata** (4 €), Pastiera, Babà und verschiedenen Digestifs. Zufriedenstellende Auswahl an Weinen aus Kampanien und dem übrigen Italien.

U-BAHN-STATION TOLEDO (LINIE 1)

Hosteria Toledo

Restaurant
Vico Giardinetto a Toledo, 78 A
Tel. (+39) 081 / 42 12 57,
(+39) 333 / 585 95 00
Ruhetag: Dienstagabend
Ferien: 2 Wochen im August
70 Plätze
Preise: 25–30 €
Kreditkarten: AE, CS, MC, Visa; BM
Mittags und abends geöffnet

In der Nähe der U-Bahn-Station Toledo, die vor Kurzem eröffnet wurde und als eine der schönsten der Welt gilt, befindet sich diese Osteria. In typischem neapolitanischen Ambiente erstreckt sie sich über zwei Ebenen und wird von einer kosmopolitischen Kundschaft besucht, denn in dieser Gegend sind rege Touristenströme unterwegs. Die Herzlichkeit der Inhaber Stefano Preziosi und Anna De Martino geben den Gästen die Sicherheit, am richtigen Ort zu sein, wenn sie die Gerichte der Tradition von Neapel kennenlernen wollen. Die Antipasti bestehen aus mehreren Gängen, darunter frittiertes Gemüse und Baccalà sowie ***Cicinielli fritti con uova*** (frittierte Weißfischchen mit Ei, 9 €), die unverzichtbaren Salumi und Mozzarella sowie die obligatorische, jedoch hier ausgezeichnete **Parmigiana di melanzane**. Als Primi (10 €) traditionelle **Genovese** oder langsam geschmortes **Ragù di carne**, welches auf die **Paccheri aus Gragnano** kommt; wer möchte, bekommt die Sauce Genovese auch in der Version mit Ricotta. Je nach Verfügbarkeit können Sie als Alternative Primi mit Meeresfrüchten oder Fisch bekommen, zum Beispiel Vermicelli con cozze, pecorino e fiori di zucca. Bei den Secondi gegrillte Fleischfilets, **Carne al sugo** (12 €) und für Fischliebhaber **Polpetti affogati** und einfach mit Salz und Pfeffer gewürzte kleine Tintenfische oder Kalmare. Diverse Gemüsebeilagen werden in der Pfanne gewürzt oder roh serviert. Die Desserts (4 €) kommen von ausgesuchten Konditoreien und entsprechen ebenfalls voll und ganz der neapolitanischen Tradition mit Babà, **Pastiera** und Delizie al limone. Zufriedenstellende Weinkarte, beinahe das gesamte Angebot stammt aus der Umgebung.

U-BAHN-STATION UNIVERSITÀ (LINIE 1)

La Chitarra

Traditionelle Osteria
Rampe San Giovanni Maggiore, 1 Bis
Tel. (+39) 081 / 552 91 03,
(+39) 347 / 674 00 73
Ruhetag: Sonntag (mittags gegen Vorbestellung geöffnet)
Ferien: 3 Wochen um den 15. August
32 Plätze + 6 Plätze im Freien
Preise: 25–32 €
Kreditkarten: AE, CS, DC, MC, Visa; BM
Abends geöffnet

Der Name dieser Osteria verrät die Leidenschaft für die Musik, die den jetzigen Inhaber mit dem letzten verbindet. Der erste ist Egisto Sarnelli, ein im Dialekt singender „Cantattore-chansonnier“, der in den 1980er- und 1990er-Jahren durchaus bekannt war, Letzterer Peppino Maiorano, offiziell Gastwirt, doch wenn er erst seine natürliche Zurückhaltung und Bescheidenheit ablegt, wird er zum inspirierten Interpreten im Genre der „Macchietta napoletano“, einer witzigen Figur in ironischen Sketches, die einen halb gesungenen, halb gesprochenen Monolog hält. Das Lokal liegt mitten in der Altstadt, in der Nähe der Universität und der bezüglich Kunst und Museen wichtigsten Stadtteile. Das kulinarische Angebot kreist um die Tradition, der Einkauf auf den nahen Märkten garantiert eine Tag für Tag gleichbleibende Qualität. Beginnen Sie mit dem Antipasto La Chitarra (10 €), der frisches oder in Öl eingelegtes Gemüse beinhaltet, im Winter Casatiello (pikant gefüllte Torte) und im Sommer Bruschette, Käse, Salumi, Mozzarelline, **Omelett mit Zwiebeln**, **Polpettine di pane fritto** und Hülsenfrüchte. Bei den Primi (7 €) können Sie unter Paccheri lardiati, Linguine mit Colatura di alici di Cetara, grünen Kirschtomaten, Knoblauch und Peperoncino sowie der eher ungewöhnlichen, doch köstlichen **Puttanesca con pomodoro, olive e capperi** wählen. Was die Secondi betrifft, so werden Sie **Salsiccia velata con provola e friarielli** schwer widerstehen können, doch auch **Polpette alla napoletana** (9 €) und Costatella ammollicata sind eine gute Wahl. Die Dolci (4 €) werden von Annamaria zubereitet, es gibt **Torta al limocello** und all'amaretto sowie Sorbets. Auf der Weinkarte finden Sie Etiketten aus Kampanien mit einem guten Verhältnis von Preis und Qualität.

U-Bahn-Station Piazza Dante (Linie 1)

La Taverna a Santa Chiara

NEU

Moderne Osteria
Via Pallonetto a Santa Chiara, 30
Tel. (+39) 081 / 048 49 08
Ruhetag: Dienstag, im Juli Sonntag
Ferien: letzten 3 Augustwochen
30 Plätze
Preise: 27–30 €
Kreditkarten: CS, MC, Visa; BM
Mittags und abends geöffnet

Gelegen neben der Basilika und dem Kloster Santa Chiara, dessen Kreuzgang mit Majolikabildern zu Recht als eine der wichtigsten Sehenswürdigkeiten der Stadt gilt, bietet diese Osteria sowohl den Neapolitanern als auch den vielen Touristen Gelegenheit zu einer angenehmen Rast. Hier können Sie eine traditionelle Küche genießen, die Bedacht auf Frische und Qualität der Zutaten nimmt. Das Lokal ist klein, aber gemütlich, oft finden auch Musik- oder Theateraufführungen statt. Die nette Inhaberin Nives Monda koordiniert zusammen mit Küchenchef Potito das kulinarische Angebot, das Sie in einem Degustationsmenü oder auf der Tageskarte finden. Unter den Antipasti gibt es zahlreiche Produkte aus der hochwertigen Milch Latte nobile dell'Appennino campano, zum Beispiel in Form von Perle di provola oder im gemischten Käseteller (10 €), daneben **Bruschette con sottoli di montagna** und Salumi. **Linguine con caciocavallo e pepe** (8 €) und Pasta con fagioli di montagna bei den Primi. Immer verfügbar sind eine Suppe des Tages und Pasta mit Fisch wie **Genovese di polpo** und Casarecce con seppie e zucchine (11 €) sowie **Spaghetti con alici e pomodorini**. Einfache, schmackhafte Secondi: **Tagliata di maialino di Agerola** (9 €), Salsiccia con scamorza, Parmigiana di baccalà und Frittura di pesce azzurro. Am Ende des Essens überrascht **Migliaccio con semola irpina e fuscella nobile** (3,50 €) mit seinem ausgewogenen Geschmack. Ebenso gut sind Tiramisu, Panna cotta und traditionell erzeugtes Eis. Auf der Weinkarte stehen wenige, doch hochwertige Etiketten aus Kampanien.

Im Feinkostladen Sagra Prodotti Tipici, Via Ruoppolo 29, verkauft Salvatore Lista das Beste der italienischen und internationalen Produktion von Salumi und Käse.

U-Bahn-Station Toledo oder Municipio, Linie 1

San Ferdinando

NEU

Trattoria
Via Nardones, 117/Piazza Trento e Trieste
Tel. (+39) 081 / 42 19 64
Ruhetag: Sonntag
Ferien: letzten 3 Augustwochen
50 Plätze + 55 Plätze im Freien
Preise: 27–30 €
Keine Kreditkarten
Mittags und abends geöffnet

Diese ein paar Meter vom Theater San Carlo entfernte Trattoria scheint seit ihrer Eröffnung vor etwa 16 Jahren mit doppeltem Faden vernäht zu sein. Der Großvater des jetzigen Inhabers und Kochs Aldo Bruno betrieb im Park des Palazzo Reale, in dem sich jetzt das Theatermuseum befindet, eine Bar und Mensa für die Angestellten. Als er übersiedeln musste, eröffnete er dieses Lokal, das bis heute von Künstlern, Orchestermitgliedern und dem zugehörigen Publikum besucht wird. Die beiden Speisesäle sind schlicht eingerichtet. Die Leitung liegt in den Händen der Familie, Aldo steht in der Küche, seine Frau Daniela bereitet die Süßspeisen zu, Sohn Marco betreut auf diskrete, professionelle Art die Gäste. Die Speisekarte ist von der klassischen Küche Neapels geprägt, bei der Ausführung wird großes Gewicht auf die Auswahl der Zutaten gelegt. Unter den Antipasti guter **Mozzarella di bufala alla caprese**, Soté di frutti di mare (11 €) und Carpaccio vom Seebarsch mit Zitrusfrüchten. Als Primo können Sie das Kultgericht des Lokals wählen, **Pasta e spollichini** (Teigwaren mit weißen Bohnen, 8 €), doch auch die Neuinterpretationen von **Riso e verza** (Reis und Wirsing), von Pasta patate e provola und von Spaghetti alle vongole (11 €) sind interessant. Sollten Sie sich bei den Secondi für Fisch entscheiden, können Sie die köstlichen **Alici grigliate** (8,50 €), Seppie ripiene und Polpi in casseruola wählen, als Fleischgerichte **Polpette di manzo alla napoletana** (8,50 €), Scaloppa di vitello alla sorrentina oder Filetto di manzo all'Aglianico. Das ungewöhnlich cremige Vanille-, Schokolade- und Haselnusseis (4 €) stammt aus eigener Erzeugung, dasselbe gilt für **Dolce ricotta e pera** und Pan di Spagna con confettura e crema chantilly. Auf der Weinkarte finden sich vor allem Produkte aus Kampanien, neben einigen Etiketten aus dem übrigen Italien.

U-BAHN-STATION PIAZZA AMEDEO (LINIE 2)

Umberto

Restaurant-Pizzeria
Via Alabardieri, 30–31
Tel. (+39) 081 / 41 85 55
Ruhetag: Montagmittag
Keine Ferien
110 Plätze
Preise: 32–35 €
Kreditkarten: AE, CS, MC, Visa; BM
Mittags und abends geöffnet, im August nur abends

Seit hundert Jahren bietet dieses Restaurant nicht nur authentische neapolitanische Küche, sondern auch distinguierte Gastlichkeit. Massimo und Lorella teilen sich die Verantwortung für das Lokal und auch ihre Kinder und Enkel, Nachkommen in der vierten Generation der Familie Di Porzio, machen bereits ihre ersten Schritte zwischen den Tischen. Qualität ist die wichtigste Regel, der man hier folgt. Mit diesem Ziel werden Gerichte zubereitet, deren ursprünglicher Geschmack erhalten werden soll (ursprünglich gab es nur wenige Gerichte, die vor allem den Wein begleiten mussten). Die Speisekarte ist zweigeteilt, einerseits gibt es Klassiker und andererseits Neuheiten, die alle zwei Monate wechseln und Produkte fördern, welche der Jahreszeit entsprechen und von lokalen Lieferanten stammen. Die Antipasti reichen von der klassischen **Frittura all'italiana** (7,50 €) zu **Calamari scottati su ricottina al limone** (8,50 €). Fortgesetzt wird mit **Spaghetti alle vongole veraci** (13,50 €) oder Paccheri di Umberto (mit Kürbis, Anglerfisch und Garnelen). Als Secondo **Baccalà alla napoletana** (14 €) con pomodori del piennolo del Vesuvio e cipolla ramata di Montoro oder Polpette napoletane in drei Versionen (frittiert, aus dem Ofen oder gedämpft). Aus dem Ofen kommen sowohl mittags als auch abends herrliche Pizzen und das Brot, das zu den Speisen serviert wird. Leckere **Pastiera**, natürlich nur zur Osterzeit, und unwiderstehliches „Tiramisud" aus Babà mit einer Creme aus Clementinen, Haselnüssen aus Giffoni und Kakaopulver.

❞ *Höfliche Gastlichkeit und Intelligenz bei der Auswahl und Verarbeitung lokaler Produkte ergänzen eine hundertjährige Familientradition und den Wunsch, die Stadt und ihre Küche bestmöglich darzustellen.* ❝

NOCERA INFERIORE (SA)

19 KM NORDWESTLICH VON SALERNO, A 3

O Ca Bistrò

Moderne Osteria
Via Papa Giovanni XXIII, 16–18
Tel. (+39) 081 / 92 32 87
Ruhetag: Sonntagabend, Montag
Ferien: 1 Woche um den 15. August
45 Plätze
Preise: 28–30 €
Kreditkarten: MC, Visa; BM
Mittags und abends geöffnet

Inmitten der Altstadt, nur ein paar Schritte vom Hauptbahnhof entfernt, wo man gut parken kann, finden Sie die von Antonio und Giovanna mit Bravour und großer Herzlichkeit geführte Osteria. Wenn Sie das Lokal betreten, fallen Ihnen die typischen Merkmale der Tradition Salernos auf: der Keramikboden, wie er in den alten Häusern noch zu finden ist, und die sorgfältig eingerichteten Räume. In der Küche kommen vor allem Ingredienzen aus der Umgebung zum Einsatz, die Köche sorgen dann für die passende kreative Note. Bemerkenswert ist die Vielfalt an Antipasti, von denen wir **Fiore di zucca in pastella su vellutata di zucca** e i suoi semi (Kürbisblüten im Backteig auf Kürbiscreme mit Kürbiskernen, 5 €) empfehlen, Crocchetta di melanzana con maionese al basilico (4 €) und vor allem bei Niedrigtemperatur gegarte Artischocken mit Alici di Cetara und Scamorza aus Büffelmilch auf Creme von Pecorino bagnolese (8 €). Von den Primi würden wir am liebsten alle aufzählen, doch wir beschränken uns auf die ausgefallenen ***Dunderi* di ricotta bufalina con erbette fini e nocciole di Giffoni** (8 €) und Tortelli verdi con carciofi e pistacchi di Bronte. Gute Auswahl an Secondi, überwiegend Fleischgerichte: **Coniglio alla cacciatora** (13 €) oder Maialino nero alle mele annurche e alloro, zusätzlich einige Fischgerichte wie Stocco arracanato con pomodoro di Corbara. Zum Dessert karamellisierte Mandeln und Pfirsiche (5 €), **Tartelletta con fragoline di bosco** sowie Scomposta al limone. Auf der guten Weinkarte finden Sie eine breite Selektion an Erzeugern aus der Umgebung und ganz Italien. Nicht unerwähnt bleiben darf Concierto, ein Digestif aus duftenden Kräutern, den Antonio und Giovanna nach einem Rezept, das seit Jahrhunderten in den Familien des Agro-Gebiets überliefert wird, herstellen.

NOCERA SUPERIORE (SA)

23 KM NÖRDL. V. SALERNO, 36 KM SÜDL V. NEAPEL

Famiglia Principe 1968

(vormals Luna Galante)

Osteria • Via Santacroce, 13
Tel. (+39) 081 / 517 60 65
Ruhetag: Montag
Keine Ferien
50 Plätze + 50 Plätze im Freien
Preise: 25–35 €
Keditkarten: AE, CS, DC, MC, Visa; BM
Mittags und abends geöffnet

Lorenzo Principe hat sich entschlossen, den Namen des Lokals zu wechseln, um ein Versprechen an seine Großeltern, die die Gastwirtschaft 1968 begonnen hatten, einzulösen und den Namen der Familie sichtbar zu machen. Seine Leidenschaft ist es, den Geschmack des Landes mit dem des Meeres zu verbinden. Beginnen wir mit Cannolo di patata ricciona con *cicoli* e ricotta di vacca agerolese (6,50 €), Frittatina con uova di Filina (Omelett mit Eiern, die die 86-jährige Hühnerzüchterin Raffaellina liefert, und mit Jungzwiebeln aus dem Gebiet von Nocera), **Zuppetta di scarolella e fagioli di Controne** und Sformato di polpo con la bietola (Auflauf mit Oktopus und Mangold). Bei den Primi sollte man unbedingt *Scarpariello* con pomodorini di Corbara (Tomatensauce mit Kirschtomaten für die Teigwaren) wählen oder Paccheri con carciofi mammarelle e vongole (8,50 €), Linguine all'Antonio con colatura di alici e seppie sowie Tagliatella bruna allardiata. Als Secondo empfehlen wir **Baccalà arenula con papaccelle** e fonduta di patata ricciona (12 €), Duetto di maialino paretano (verschiedene Rippenstücke vom Ferkel) oder Polpo scottato con broccoli dell'Agro sowie Manzetta (Steak vom weiblichen Jungrind). Als Dessert **Fagottino con la mela annurca** (4,50 €). Exzellente Käseauswahl. Es gibt drei verschiedene Degustationsmenüs: „dell'Agro" für 25 €, „di Mare" für 30 € und *Nu murzilll* für 15 €. Die Weinkarte enthält die besten Etiketten aus Kampanien und einen Überblick über das gesamtitalienische Panorama.

„Wir schätzen die Leidenschaft, mit der Lorenzo den Geschmack des Landes mit dem des Meeres zu verbinden trachtet, in einem Ambiente, in dem die Gastlichkeit einer Religion gleichkommt."

NOVI VELIA (SA)
Bivio di Novi Velia

90 KM SÜDÖSTLICH VON SALERNO

La Chioccia d'Oro

Restaurant • Via Novi Massa
Tel. (+39) 09 74 / 700 04,
(+39) 338 / 299 80 69
Ruhetag: Freitag
Ferien: 2 Wochen im Februar/März, erste Septemberwoche
70 Plätze + 40 Plätze im Freien
Preise: 25 €
Kreditkarten: AE, SC, DC, MC, Visa; BM
Mittags und abends geöffnet

Ein paar Kilometer von Vallo della Lucania entfernt, am Fuße des Monte Gelbison, der für seine Marienwallfahrtskirche bekannt ist, macht dieses Restaurant seit mittlerweile vielen Jahren die Küche der Umgebung zu seiner Spezialität. Inhaber Giovanni Positano begleitet Sie vertrauenswürdig auf einem Rundgang durch die Geschmacksnoten des Cilento. Man beginnt mit einem reichhaltigen Antipasto (12 €) mit lokalen Salumi wie **Soppressata di Gioi** und Milchprodukten, zum Beispiel **Mozzarella nella mortella** und Frischkäse in Myrtenblättern, neben verschiedenen Gerichten mit Saisongemüse, der lokalen Tradition entsprechend auch gefüllt. Bei den Primi ausgezeichnete Nidi di rondine, das sind frische Teigwaren mit Béchamelsauce (8 €), oder klassische Fusilli und **Cavatelli al sugo** (7 €). Fast immer auf der Speisekarte zu finden sind **Sartù di riso**, der in Restaurants immer weniger angeboten wird, und im Winter einige Suppen. Im Herbst bereichern die Pilze aus den umliegenden Bergen die Primi, außerdem werden dann Tagliatelle al sugo di cinghiale gekocht. Wildschwein finden wir auch bei den Secondi neben Misto carne del ragù, **Coniglio ripieno** und gegrilltem Fleisch mit Beilagen wie **Patate arreganate** oder in der Pfanne gewürztem Gemüse. Sehr zu empfehlen ist das lokale **Lamm** (12 €), gegrillt oder **aus dem Ofen**. Klassische Dolci wie **Cannolo cilentano** (3 €), Babà und Torta alla crema. Die Weine kommen aus der Umgebung, einige werden auch glasweise ausgeschenkt. Als Digestif ein lokaler Likör.

In **Pattano** (5 km), einem Ortsteil von Vallo della Lucania, können Sie beim landwirtschaftlichen Betrieb Starze den typischen Mozzarella nella mortella kaufen. Auch Ricotta lohnt eine Kostprobe.

53 KM NORDÖSTLICH VON SALERNO

I Due Cannoni

Restaurant
Piazza Monumento
Tel. (+39) 08 28 / 79 37 88,
(+39) 335 / 622 42 61
Ruhetag: Montag- und Sonntagabend, Dienstag
Ferien: 2 Wochen im Juli
60 Plätze
Preise: 20–25 €
Kreditkarten: AE, CS, MC, Visa; BM
Mittags und abends geöffnet

Das Lokal geht auf die Piazza, die von zwei Kanonen, Relikten aus dem Zweiten Weltkrieg, dominiert wird, die dem Lokal auch zu seinem Namen verholfen haben. Gegründet wurde es vom Großvater des jetzigen Eigentümers, der neben der Leitung der kleinen Trattoria auch als mietbarer Koch arbeitete. Heute ist es Giuseppe, in dritter Generation, der Sie in einem der Speisesäle mit Steinwänden und Kreuzbögen empfängt. In der Küche steht seine Frau, die erfahrene Santina, die Seele des Restaurants. Viele der Zutaten stammen aus der Umgebung, in der noch viel Landwirtschaft und auch Viehzucht betrieben wird. Beginnen können Sie mit einem Antipasto (5 €) bestehend aus Salumi und frischem Käse und verschiedenen Bruschette. Das Zugpferd des Lokals, fast immer auf der Speisekarte zu finden, ist ***Lagan e fasul*** (6 €), von denen Sie automatisch eine Kostprobe bekommen, es handelt sich um handgemachte rustikale breite Nudeln mit Augenbohnen. Die Variante Nov' acini bedeutet, dass neun Bohnen in der Schote dabei sind. Auch die köstlichen **Ravioli** (6 €) sind immer vorhanden, die Füllungen hängen von der Jahreszeit ab, im Herbst kommt Trüffel aus Colliano zum Einsatz. Als Secondi verschiedene Fleischstücke alla brace, zum Beispiel Lamm, **Zicklein** und Kalb, vorzügliche **Cicoria e scarola con salsiccia aromatizzata** (6 €) oder Fianchetto di agnello ripieno (6 €) con patate al forno. Caciocavallo podolico von einem kleinen Käsehersteller aus Laviano sticht unter den Kostproben vom Käse hervor. Hausgemachte Dolci wie **Pan di Spagna glassato con crema e amarene** (4 €) und Millefoglie. Ein zufriedenstellender Rotwein aus lokaler Erzeugung begleitet das Essen, Sie können sich aber ebenso für eine der guten Etiketten aus Kampanien entscheiden.

8 KM NÖRDLICH VON AVELLINO, S.S. 374 D

Hosteria del Tritone

Restaurant-Pizzeria
Piazza Demanio, 17
Tel. (+39) 08 25 / 69 13 34
Ruhetag: Mittwoch
Ferien: 1.–10. Juli, 24. Dezember–1. Januar
80 Plätze
Preise: 28–32 €
Kreditkarten: AE, CS, DC, MC, Visa; BM
Abends geöffnet, Feiertage mittags

Die Geschichte von dem ein paar Kilometer von Avellino entfernten Ospedaletto d'Alpinolo ist untrennbar mit jener der Wallfahrtskirche Montevergine verbunden. Der mittelalterliche Ortsname *Hospitalis Montis Virgini* lässt keine Zweifel aufkommen. In diesem Ort stärkten sich die Jünger von „Mamma Schiavona" während ihrer Reise auf den Gipfel des Partenio und viele machen auch heute noch Rast hier, um das Ritual „Juta a Montevergine" wiederaufleben zu lassen. Dies mag auch ein Grund dafür sein, dass sich im Lauf der Zeit die Gaststätten hier vervielfacht haben, zuerst nur für den religiösen Tourismus, später auch für den kulinarischen. Eines der besten Beispiele für die Verbindung zwischen herzlicher Gastlichkeit und guter Küche ist sicherlich die Hosteria del Tritone, wo Tonino und seine Familie Gerichte zubereiten, die ein gemütliches gemeinsames Essen wieder möglich machen. Der Antipasto alla montagna (10 €) ist ein regelrechter Katalog der Spezialitäten aus der Irpinia, Salumi und Käse bezeugen das Können der Käse- und Wursterzeuger der Umgebung. Unter den Primi der mittlerweile gefeierte **Risotto funghi e tartufo** (10 €), wenn möglich wird er in einer Form des Käses Caciocavallo serviert. Ebenfalls empfehlenswert sind **Pasta e fagioli con cotica** (6 €) und Pennette alla boscaiola. Agnello alla brace (8 €) und **Coniglio alla cacciatora** sind die beliebtesten Secondi, doch Sie könnten sich auch von den Kostproben verschiedener **Käsesorten** verführen lassen. Zum Abschluss probieren Sie **Bacio di castagna** oder Torta tartufata, vielleicht zu einem Gläschen Crema al limone oder Kräuterlikör.

Ospedaletto d'Alpinolo ist bekannt für die Erzeugung von Torrone. Sie können diesen an einer der zahlreichen Produktionsstätten kaufen, zum Beispiel bei Maietta oder Di Gennaro.

8 KM NÖRDLICH VON AVELLINO, S.S. 374 D

Osteria del Gallo e della Volpe

Restaurant • Piazza Umberto I, 11–13
Tel. (+39) 08 25 / 69 12 25, (+39) 328 / 095 42 46
Ruhetag: Sonntagabend, Montag
Ferien: 2 Wo. im Juli, 10 Tage zu Weihnachten
45 Plätze • Preise: 32–35 €
Kreditkarten: AE, MC, Visa; BM
Abends geöffnet, Samstag und Feiertage auch mittags

Ospedaletto, Teil der Berggemeinde des Partenio, kann sich eines beneidenswerten Reichtums an Haselnüssen und der damit verbundenen Erzeugung von Torrone rühmen. Im Ortszentrum finden Sie dieses ebenso gemütliche wie elegante Restaurant. Geleitet wird es von Familie Silvestro, Daniele ist in der Küche, wo ihm seine Mutter zur Seite steht, Vater Antonio betreut den Service und berät Sie bei der Auswahl der Gerichte. Die Küche orientiert sich an den Rezepten der Tradition der Irpinia, geringfügige Neuinterpretationen sind inbegriffen. Man beginnt mit Antipasti, in denen das lokale Gemüse zur Geltung kommt, wie **Millefoglie di baccalà con patate e peperoni cruschi** (9 €), Zuppa di fave al pecorino, Scarola imbottita con pinoli e uva passa (mit Pinienkernen und Rosinen gefüllte Endivien) oder dem leichten Tortino di pane e verdure. Um bei den Klassikern zu bleiben, empfehlen wir als Primo **Candele alla genovese** (9 €) sowie Ravioli al ragù bianco di agnello oder frisch gemachte grüne Lasagne mit Steinpilzen. Im Herbst gute **Zuppa di castagne e porcini**. Von den Secondi erwähnen wir **Agnello farcito con mentuccia e pecorino** (mit Minze und Pecorino gefülltes Lamm, 13 €), Tagliata di scottona, leckere Bocconcini di coniglio al forno con pancetta, Capocollo vom Schwein mit Gemüse oder, um das Meer nicht ganz zu vergessen, **Baccalà alla perticaregna**. Auf dem gut bestückten **Käsewägelchen** liegen auch einige internationale Spezialitäten. Beim Dessert angelangt, sollten Sie **Mousse di torrone** und den köstlichen Pasticciotto nicht verpassen. Große, intelligent zusammengestellte Weinkarte.

»*Eine Osteria, die uns wegen ihrer Aufmerksamkeit für die Details gefällt, wegen der eleganten Räumlichkeiten und der Auswahl an Spezialitäten aus der Irpinia für Gerichte mit geglückten innovativen Elementen.*«

105 KM SÜDÖSTLICH VON SALERNO, A 3

Fattoria Alvaneta

Ferienbauernhof
Ortsteil Pantagnoni
Tel. (+39) 09 75 / 771 39,
(+39) 328 / 704 65 91
Ruhetag: Dienstag
Ferien: 1.–10. Juli
40 Plätze • Preise: 25 € (mit Hauswein)
Kreditkarten: MC, Visa; BM
Mittags und abends geöffnet, im Winter nur gegen Vorbestellung

Wenige Kilometer von der Ausfahrt Padula Buonabitacolo der Autobahn A 3 befindet sich die Fattoria Alvaneta, inmitten von Kastanien- und Eichenwäldern. Ein Ort, den wir insbesondere den Liebhabern von Natur und guter Küche ans Herz legen. Hierher gelangt man auch über interessante Wanderwege und nach einem Ausflug kann man das gute Essen, das die sympathischen Inhaber Francesco und Lucia vorbereitet haben, ohne schlechtes Gewissen genießen. Der Großteil der Zutaten stammt aus dem eigenen Betrieb. Der Antipasto della casa (12 €) ist überaus reichhaltig: **Zeppole con alici**, Bocconcini di polenta ai funghi porcini, Peperone *'mbuttunato* (gefüllte Paprikaschote), Pancetta und Soppressata mit lokaler Ricotta und Käse, dazu Honig und Brombeerkonfitüren aus eigener Erzeugung. Von den Primi (8 €) fallen Pappardelle ai funghi porcini e tartufo ins Auge, **Strascinati al sugo di cinghiale** sowie Cavatelli mit Peperone crusco oder Saisongemüse. Bei den Secondi (10 €) ist verschiedenes Fleisch vom Rind, Schwein, Wildschwein oder Lamm vorgesehen, alle Tiere stammen aus der Umgebung. Das Fleisch wird überwiegend alla brace oder im Ofen gebraten. Sie bekommen aber auch schlichte Gerichte wie **Polpette di pane raffermo con uovo e formaggio** (Bällchen aus hartem Brot mit Ei und Käse) und gegrillten Käse. Den Abschluss bilden mit Schokolade, Ricotta und Zimt gefüllter Panzarotto fritto und **Crostata di fichi**. Der Hauswein ist angenehm und passt mit seiner vollmundigen Beschaffenheit gut zum Essen.

In **Padula Scalo** bietet die Fleischerei Sant'Arcangela von Giovanni Videtta (Via Caiazzano) gute Wurstwaren. Der Antico Forno von Gaetana Rubino (Via Nazionale) verkauft Brot aus dem Holzofen.

30 km nordöstlich von Avellino, S.S. 400

Megaron

Restaurant
Via Neviera, 11
Tel. (+39) 08 27 / 715 88
Ruhetag: Montag
Ferien: zeitweise im Winter
30 Plätze
Preise: 35 €
Kreditkarten: CS, MC, Visa; BM
Mittags und abends gegen Vorbestellung geöffnet

Valentina Martone, die Seele dieses eleganten Restaurants in der Irpinia, hat ihr kulinarisches Angebot von Anfang an auf den besten Produkten der Gegend aufgebaut und sorgt in der Küche für die Erhaltung des ursprünglichen Geschmacks durch innovative Kochtechniken. Die Leitung liegt in den Händen der Familie, Valentinas Mann Giovanni betreut den Service. Das feststehende Menü wechselt täglich, es kostet 35 € und besteht aus sieben Gängen, die Ihnen bereits bei der erforderlichen Reservierung beschrieben werden. Sie können aber auch ein kleineres Menü wählen. In jedem Fall dürfen Sie sich nun auf die Kreationen der Köchin freuen, beginnend bei dem mit Ricotta aus Montella gefüllten Cannolo mit Fiano-Wein. Antipasti wie **Patate, cipolla di Montoro e crema di sedano all'olio di ravece** (Kartoffeln, Zwiebeln aus Montoro und Selleriecreme mit Olivenöl der Sorte Ravece), eine Neuinterpretation eines Rezepts der Großmutter, oder Minestra mit Zucchinisprossen und Kürbisblüten. Die Teigwaren werden von Hand gemacht, wir empfehlen **Fusilli con broccolo aprilatico, croccante di cotechino e pomodori secchi**, Cannoli aus Eierteig mit Ricotta, schwarzem Trüffel aus Montella und Tomaten-Glasur oder Lagane all'ortica con ceci e mentuccia. Das Fleisch stammt aus Zuchtbetrieben der Umgebung, Sie bekommen exzellenten **Stinco di vitello brasato al Taurasi** und Bocconcini von verschiedenem Fleisch, das Ergebnis einer aufwendigen Vorbereitung. Bei den Dolci schätzen wir den besonnenen Gebrauch von Cremes und Obst der Jahreszeit. Die Weinkarte ist anregend, vor allem was Weine aus der Umgebung betrifft.

In **Gesualdo** (8,5 km) bekommen Sie beim Fleischer Mario Carrabs gegenüber vom Rathaus hochwertiges lokales Fleisch und besonders gut gemachte Salumi.

17 km nordwestl. v. Benevent, S.S. 88 u. S.S. 372

'A Taccolella

Osteria • Via Valloni
Tel. (+39) 08 24 / 88 60 69,
(+39) 347 / 171 17 92
Ruhetag: Montag
Ferien: unterschiedlich
65 Plätze
Preise: 25–30 €
Kreditkarten: CS, DC, MC, Visa; BM
Mittags und abends gegen Vorbestellung geöffnet

Im Dorf erzählt man, dass es die Ortsbewohner waren, die Irene, die derzeitige Köchin der Osteria, überredet haben, das Lokal 2008 zu eröffnen. Sie begann also gemeinsam mit ihren Kindern Antonia und Cosimo, für ihre Landsleute und wenige Fremde, die ab und zu in den Ort kommen, zu kochen. Angesichts der wenigen Besucher könnte man dies als eine Küche des Widerstands bezeichnen. Der Gebrauch von sehr frischem Fleisch – die Familie besitzt eine Fleischerei im Ort – und von Gemüse der Jahreszeit, das im eigenen Garten wächst, charakterisiert das Lokal. Die Rezepte stammen aus der Tradition von Benevent, die Gerichte sind einfach, doch die Ausführung ist gelungen. In der Abfolge der Antipasti (8 €) sind Salumi aus eigener Produktion vorgesehen und eine Reihe kleiner Kostproben wie Salate, Bignè ai quattro formaggi und **Pasticcio di carne**. Unter den Primi ***Cecatielli* al ragù di maiale, vitello e macinato** (4 €) und Paccheri mit Spargel und Pancetta oder mit Kürbis und Salsiccia. Von den verschiedenen **Suppen** empfehlen wir jene **mit Bohnen und Schwarten**. Fleisch ist ein Hauptbestandteil der Secondi. Unter den für das Gebiet typischen Speisen finden Sie **Padellaccia** (5,50 €), ein klassisches Wintergericht mit Schweinefleisch, Paprikaschoten und Kartoffeln. Außerdem mit Ricotta und Gemüse gefülltes Kaninchen (7,50 €), Cosciotto di agnello con le castagne und Sella di vitello (Rippenstück und Keulenende vom Kalb). Probieren Sie von den ausnahmslos hausgemachten Dolci **Cassata di ricotta** (3 €) und Cantucci zu einem Gläschen des Dessertweins Passito di Falanghina. Guter Hauswein.

Wenn man in Richtung Ortsmitte fährt, findet man nach etwa 2 km die Fleischerei Antica Macelleria Rapuano, in der aus dem besten Fleisch des Sannio-Gebiets ausgezeichnete Salumi hergestellt werden.

103 KM SÜDÖSTLICH V. SALERNO, S.S. 18 U. S.S. 447

Angiolina

Restaurant • Via Passeriello, 2
Tel. (+39) 09 74 / 97 31 88,
(+39) 333 / 169 39 93
Kein Ruhetag
Ferien: Oktober–Ostern
40 Plätze + 50 Plätze im Freien
Preise: 35 €
Kreditkarten: AE, CS, DC, MC, Visa; BM
Mittags und abends geöffnet, im April und Mai nur gegen Vorbestellung

1959 entstanden, um den Arbeitern am Bau des zweiten Gleises des Eisenbahnlinie eine würdige Alternative zur Kantine zu bieten, entwickelte sich das Restaurant im Lauf der Zeit zu einem der wichtigsten Bezugspunkte im Cilento für Fischliebhaber. Die Alici di menaica, die mit dem Schleppnetz gefangenen Sardellen, spielen hier die Hauptrolle. Rinaldo Merola, mit Hilfe von Italo Orlando in der Küche, setzt die Tradition seiner 94-jährigen Mutter Angiolina fort, welche zur Unterstützung in die Küche kommt, wenn sie sieht, dass sich viele Menschen im kleinen Hafen von Pisciotta aufhalten. „Piacere, Cilento" (12 €) ist ein Antipasto, der die Prunkstücke dieses wunderbaren Landstrichs vorstellt. Neuinterpretationen wie Briciola di frisella con ricotta di bufala e alici di menaica sind ebenfalls möglich. Anschließend **Spaghetti alle alici** rot (mit Kirschtomaten) oder weiß (mit Zitronen). Probieren Sie Risotto peperoncini verdi, scampi e zafferano (12 €) und Gnocchi di ricotta di bufala e zucca. Die ausgezeichnete **Zuppa mediterranea** (15 €) mit kleinem Oktopus, Venusmuscheln, Tintenfischen, Auberginen, Paprikaschoten, grünen Bohnen und Kartoffeln ist weniger ein Secondo als ein Einzelgericht. Außerdem **Alici alla *scapece*** oder, eine Neuentwicklung, Bocconcini di rana pescatrice (Medaillons vom Anglerfisch, in eine Scheibe Lardo und Lauch gewickelt, auf Creme von roten Rüben). Unter den Desserts (5 €) **Sfogliatina di crema di melanzane** mit Schokolade und getrockneten und kandierten Früchten. Zum Essen trinken Sie Weine aus dem sehr gut bestückten Keller, zum Ausklang können Sie Wildfenchel- oder Myrtenlikör probieren.

„Die Tradition wird mit Passion weitergeführt: Das Angiolina ist ein Bollwerk der Meeresgastronomie im Cilento, in dem man zumindest einmal im Leben gewesen sein muss."

PISCIOTTA (SA)

103 KM SÜDÖSTLICH V. SALERNO, S.S. 18 U. S.S. 447

Perbacco

Restaurant
Ortsteil Marina Campagna, 5
Tel. (+39) 09 74 / 97 38 89,
(+39) 340 / 880 42 82
Ostern–15. Oktober mittags und abends täglich geöffnet, den Rest des Jahres geschlossen
45 Plätze + 35 Plätze im Freien
Preise: 30–40 €
Kreditkarten: AE, CS, DC, MC, Visa; BM

Ein Rundblick über den Cilento: Archäologie, Umwelt, Atmosphäre, Traditionen und nicht zuletzt Landwirtschaft, die Wurzel von Wein und Essen. Das Restaurant Perbacco ist die gelungene Synthese dieses Gebiets, nahe am Meer gelegen, inmitten grüner Olivenpflanzungen, in ländlicher, ruhiger und gepflegter Umgebung. Inhaber Vito Puglia kümmert sich um alle Details, die die Qualität des Lokals ausmachen. Vor Kurzem wurde es renoviert und die Küche und die angrenzenden bäuerlichen Gebäude modernisiert. Die Speisekarte wechselt beinahe täglich, der Rhythmus wird von den Produkten aus der Umgebung, Gemüse, Fisch und Fleisch, Salumi und Käse vorgegeben. Der Antipasto heißt „Il giro dei princìpi" und besteht aus einer Reihe an Kostproben von Land und Meer. Ein alternativer Beginn wäre **Insalatina di seppie e zucchine alla julienne** (9 €). Spezialität unter den Primi sind **Vermicelli con finocchietto, peperoncini verdi, pomodorini e alici** (9 €) oder die traditionellen über den Bronzestab gerollten, von Hand gemachten Fusilli, die mit frischen Tomaten und Cacioricotta aus dem Cilento serviert werden (11 €). Große Auswahl an Secondi mit Fisch: **Tagliata di ricciola alla brace di olivo** (14 €), Spigola al forno con patate oder Blaufisch, vor allem Sardellen. Oder aber Sie entscheiden sich für Grigliata mista vom Fleisch oder **Agnello alla brace** (16 €). Unter den Dolci **Torta** di ricotta di bufala con pastafrolla all'arancia (6 €) oder **Caprese**. Beachtlicher Weinkeller mit etwa 400 Etiketten aus ganz Italien und 100 Digestifs. In der Vinothek können Sie Weine auch zum Mitnehmen einkaufen.

„Bewährte und gelungene Synthese – Ausdruck der Schönheit und Vorzüglichkeit des Cilento in Bezug auf Gastronomie, Atmosphäre und Landschaft."

POZZUOLI (NA)
Lucrino

18 km westlich von Neapel

Abraxas

Moderne Osteria • Via Scalandrone, 15
Tel. (+39) 081 / 854 93 47,
(+39) 339 / 223 67 00
Ruhetag: Dienstag
Ferien: je 1 Woche zu Weihnachten
80 Plätze + 70 Plätze im Freien
Preise: 30–33 €
Kreditkarten: CS, MC, Visa; BM
Abends geöffnet, Sonntag und Feiertage auch mittags

Das Panorama, das Sie von der Terrasse dieser Osteria aus betrachten, vereint in einem Rahmen Kultur und Landschaft. Die Umgebung ist voller historischer Bezüge aus der griechisch-römischen Zeit und die Natur bietet neben dem Blick auf das Meer, den Averner- und den Fusaro-See auch einen großen Reichtum an Produkten. In der Küche von Nando Salemme wird die Vielfalt der lokalen Zutaten mit kluger kulinarischer Innovation verbunden, die stets den Ursprung erkennen lässt. Die Tageskarte wechselt je nach Verfügbarkeit der Ingredienzen und nach Jahreszeiten. Den Antipasto mit sieben Kostproben von lokalen Spezialitäten finden Sie immer auf der Karte, ebenso **Cozze e cicerchie** (9 €). Von den Primi empfehlen wir **Fusilli con crema di piselli, ricotta di bufala e pancetta croccante** (mit Erbsencreme, Büffelricotta und knusprig gebratener Pancetta), Gnocchi al ragù di maialino nero casertano, Paccheri alla genovese sowie Cappelletti ripieni di pecorino con fave fresche (10 €). Große Auswahl bei den Secondi: **Pollo ripieno al forno**, Polpettone (Hackfleischbraten) oder Polpette di scottona con mozzarella di bufala und ein Gericht aus der Tradition von Bacoli: **Coniglio di fossa alla cacciatora e all'aceto** (14 €). Unter den Dolci (5 €) finden Sie Tiramisu mit Walderdbeeren und **Crostatina di frutta flegrea**. Hochwertige Auswahl an **Käse** und Salumi. Die Weinkarte umfasst 700 Etiketten aus Kampanien, dem übrigen Italien und dem Rest der Welt zu ehrlichen Preisen. Für 32 € bekommen Sie ein Degustationsmenü bestehend aus Antipasto, Primo, Secondo mit Beilage und Dessert.

»
Fantasie und das richtige Ausmaß an Kreativität zeichnen die Küche dieser Osteria aus. Sie ermöglichen es, althergebrachten Gerichten aus hervorragenden Zutaten neue Aspekte zu verleihen.
«

PUGLIANELLO (BN)

39 km nordwestlich von Benevent, S.S. 372

Il Foro dei Baroni

Restaurant-Pizzeria
Via Chiesa, 6
Tel. (+39) 08 24 / 94 60 33
Ruhetag: Montag
Keine Ferien
60 Plätze
Preise: 28–30 €
Kreditkarten: AE, CS, DC, MC, Visa; BM
Mittags und abends geöffnet

Selbst definiert es sich als „Osteria des Hinterlands", aber in Wirklichkeit ist das Il Foro dei Baroni ein Ort im Paradies für Feinschmecker. Hinterland hat hier mit dem Sinn für Gastfreundschaft zu tun, mit der Herzlichkeit, die man in den Bauernhäusern der kleinen Orte im Sannio-Gebiet noch finden kann. An der Grenze zwischen den Provinzen Caserta und Benevent leitet Familie D'Addio das Lokal, in dem Sie einen weitreichenden und detaillierten Überblick über die Biodiversität der *Terra Felix* bekommen. Unser Tipp ist, mit Peperone arrosto (gebratener, mit geröstetem Brot, Mozzarella und Pistazien gefüllter Paprikaschote) zu beginnen oder mit Fantasia del Matese (10 €), einer Verkostung von **Salumi** und gutem Käse. Unter den Primi (7,90 €) liefern ***Spavett alio e uoglio*** (Spaghetti mit Knoblauch und Öl) den Beweis dafür, dass gute Küche kein Resultat komplizierter Zubereitungstechniken sein muss. Doch Sie können sich auch für die mit geräucherter Ricotta, Auberginenmus und Mispeln gefüllten Ravioli entscheiden. **Manzo stracotto** (13 €) con pomodoro di San Marzano DOP, spuma di patate e polvere di oliva ist eines der beliebtesten Secondi, es gibt natürlich auch einige Alternativen mit Schweine- oder Lammfleisch. Zum Abschluss werden Sie nur schwer der Verführung von **Semifreddo ai tre cioccolati** (5,50 €) widerstehen können. Das Lokal wird auch als Pizzeria geführt. Auf der Wein- und Bierkarte wird Erzeugern aus den Gebieten des Sannio, der Irpinia und Terra di Lavoro besondere Aufmerksamkeit geschenkt.

46 KM ÖSTLICH VON AVELLINO

La Ripa

Restaurant • Via La Ripa, 2
Tel. (+39) 08 27 / 21 50 23, (+39) 347 / 22 37 51, (+39) 347 / 238 90 97
Ruhetag: Montag, Dienstag
Keine Ferien
60 Plätze + 20 Plätze im Freien
Preise: 25–28 €
Kreditkarten: AE, CS, DC, MC, Visa; BM
Abends geöffnet, Samstag und Feiertage auch mittags

Beheimatet zwischen den dicken Mauern eines zu einem Museum erklärten Hauses im mittelalterlichen Ortskern von Rocca San Felice, verströmt das Restaurant eine Atmosphäre, die an eine Locanda der Vergangenheit erinnert. Von den Terrassen auf verschiedenen Ebenen genießen Sie einen der schönsten Panoramablicke über die Irpinia. In der Küche werden die typischen Produkte der Umgebung auf moderne Weise verarbeitet. Rocco Rafaniello im Service sorgt dafür, dass die Gäste sich wohlfühlen, und berät sie bei der Auswahl der Gerichte und des passenden Weins. Große Vielfalt bei den Antipasti (7 €): gute **Parmigianina di melanzane** auf Sauce von Tomaten der Sorte San Marzano und **Insalata di coniglio marinato** su misticanza e mosto di uva balsamico. Exzellente Suppen, allen voran **Zuppa di fagioli cannellini dente di morto e salsiccia croccante** (8 €). Wählen Sie unter den Primi mit Pasta Mangiamaccheroni, für deren Teig Mehl der alten Weizensorte Grano Arso verwendet wird (8 €), oder **Ravioloni farciti con baccalà**. Ausnahmslos lokales Fleisch bei den Secondi, darunter das köstliche ausgelöste Kaninchen **Coniglio disossato al Fiano con peperoni cruschi e olive infornate di Ferrandina** (12 €) und Agnellino di Carmasciano alle erbe aromatiche. Hausgemacht sind auch die Desserts wie Tiramisù agli amaretti und Süßspeisen mit Obst (5 €). Die Weinkarte ist reich mit Etiketten aus der Umgebung bestückt, bemerkenswert ist die Vielzahl an Weinen von außerhalb Kampaniens. Großes Angebot an **Käse** aus der Umgebung und ganz Italien, zu dem Honig und Kompott passt.

»*Die Leidenschaft für die Umgebung und die zielstrebige Entschlossenheit der vier Freunde Rocco, Enza, Rino und Antonio machen aus diesem Restaurant einen sicheren Landeplatz für alle, die den Geschmack der Irpinia kennenlernen wollen.*«

Hostaria il Brigante dal 1985

Traditionelle Osteria
Via Fratelli Linguiti, 4
Tel. (+39) 089 / 25 13 91, (+39) 389 / 262 57 56, (+39) 366 / 931 57 33
Ruhetag: Montag
Ferien: 2 Wochen im August
40 Plätze • Preise: 20 €
Keine Kreditkarten
Mittags und abends geöffnet

30 Jahre alt wird die Osteria in der Nähe des Doms von Salerno, eine der langlebigsten der Stadt. Inhaber Sandro Donnabella hat nie ein Hehl aus seiner Absicht gemacht, seinen Gästen gutes Essen auf bester Grundlage und mit Preisen für jedes Portemonnaie zu bieten, in einer der Geselligkeit förderlichen Atmosphäre. Damit die Ausgaben im Rahmen bleiben, zielt der tägliche Einkauf auf Produkte der Saison von vertrauenswürdigen Lieferanten auf lokalen Märkten. Im Speisesaal kann es vorkommen, dass Sie gemeinsam an einem Tisch mit Studenten, Angestellten, Freiberuflern und Intellektuellen sitzen, die oft hier zu Gast sind. Die fleißige Köchin, Sandros Frau Antonia, entscheidet nach Laune und Jahreszeit, was auf den Tisch kommt. Diverse Antipasti (4 €): **Parmigiana di borragine** oder Auflauf mit Auberginen, des Weiteren Endivien, geschmorter Lauch, mit Ricotta gefüllter Wirsing oder Insalata caprese (5 €). Bei den Primi, darunter einige von Hand gezogene Teigwaren, **Lagane di grano saraceno con i fiorilli** (breite Nudeln aus Buchweizenmehl mit Kürbisblüten, 8 €), im Winter **Ravioli di brasato in brodo di lesso**, oder aber Gerichte vom Meer wie Spaghetti mit Sardellen oder Seeigeln. Fleisch und Fisch bei den Secondi wie Maiale ubriaco, **Agnello disossato al formaggio** (7 €), **Alici ammollicate**, Oktopus und Lacerto (Makrele) mit Lauch. Abschließend Torta caprese, Panna cotta oder Pastiera di Pasqua. Der offene Wein kommt aus dem Sannio-Gebiet.

In der Via Botteghelle 65 bietet die gleichnamige Salumeria Spezialitäten aus der Umgebung wie Bohnen aus Controne, Alici di Menaica und Cacioricotta aus Ziegenmilch aus dem Cilento. Im angrenzenden Saal wird zu den Brettern mit Aufschnitt und Käse und anderen Köstlichkeiten Wein und traditionell erzeugtes Bier ausgeschenkt.

10 KM SÜDÖSTLICH VON BENEVENT, ANSCHLUSS A 16

La Locanda della Luna

Restaurant • Via delle Oche, 7
Tel. (+39) 08 24 / 401 57,
(+39) 320 / 047 86 09
Ruhetag: Montag, Dienstag
Ferien: unterschiedlich
70 Plätze + 25 Plätze im Freien
Preise: 32–34 € • Kreditkarten: CS, MC, Visa
Abends geöffnet, Feiertage nur mittags

Im historischen Zentrum des Ortes stoßen wir auf dieses ebenso elegante wie gemütliche Restaurant, das sich über zwei Ebenen erstreckt und auch Plätze im Freien bietet. Das gut aufeinander eingespielte Paar Daniele und Teresa leitet es mit Engagement und Professionalität. Er verleiht in der Küche traditionellen Gerichten innovative kreative Akzente, sie kümmert sich um die Gäste. Stützpfeiler des kulinarischen Angebots ist das Gemüse aus dem eigenen Garten. Man beginnt mit Antipasti wie **Baccalà fritto su cremoso di burrata con alici di menaica** (9,50 €) oder einem erfrischenden marinierten Rindfleisch mit Zucchini alla *scapece*. In der richtigen Jahreszeit gefüllte Kürbisblüten mit Pappa al pomodoro, Ciambotta und **Parmigiana bianca di melanzane**. Unter den Primi Fagottini ripieni di pasta e patate con provola affumicata (9 €) oder die klassischen **Spaghetti alla chitarra con pomodorino infornato**. Wer Fisch bevorzugt, wählt schmackhafte Paccheri con baccalà e polpetti. Im Winter bekommen Sie Zuppa di castagne e porcini con scaglie di cioccolato. Fleisch dominiert die Secondi: Filetto di maialino ai funghi porcini (15 €), Rindfleisch vom Plattengrill mit gegrilltem Gemüse und im Winter leckerer **Stracotto di vitellone** con crema di patate. Degustationsmenüs gibt es für 25 und 35 €. Auf dem **Käse**wägelchen werden interessante lokale Erzeugnisse präsentiert. Unter den Desserts verlockt köstliche **Millefoglie scomposta con crema e amarene**. Gute Weinkarte mit Aufmerksamkeit für kampanische Produkte.

»

Teresa und Daniela empfangen Sie, als würden Sie zur Familie gehören, und begleiten Sie auf einer Reise durch die Geschnacksnoten des Sannio-Gebiets, das sich seiner Tradition bewusst ist.

«

36 KM NÖRDLICH V. BENEVENT, S.S. 212 U. S.S. 369

U Magazzeo

Trattoria
Via Porta di Rose, 26
Tel. (+39) 339 / 357 87 33
Ruhetag: Dienstagabend, Mittwoch
Ferien: unterschiedlich
25 Plätze
Preise: 20–25 €
Keine Kreditkarten
Mittags und abends geöffnet

Von dem Hügel aus, auf dem sich dieser Ort provenzalischen Ursprungs befindet, haben Sie einen schönen Ausblick auf die Umgebung von Benevent. Dies ist einer jener Plätze, an denen man sich vom Stress des Stadtlebens erholen kann. Im Lokal von Alessio Cavoto – der vor 16 Jahren in der Altstadt ein verlassenes Steinhaus instandgesetzt hat – bekommen Sie die unverfälschten Gerichte der Tradition. Colazione contadina (7,50 €) ist ein reichhaltiger Antipasto mit Lonza, **Lingua di vitello con paté di olive** (Kalbszunge mit Olivenpaste), Ricotta aus Kuhmilch, Zichorien, ausgezeichneten **Frittelle di salvia** und Kroketten aus Kichererbsen oder Bohnen. Für Verwegene gibt es eine Kostprobe von mariniertem und anschließend auf dem Plattengrill gebratenen Kalbsherz. Ein Großteil der Teigwaren für die Primi stammt aus eigener Erzeugung, zum Beispiel mit Ricotta und Brennnesseln gefüllte Tagliatelle, serviert mit Butter und Salbei (7,50 €). Tief in der Tradition verwurzelt sind **Cavatelli con sugo di piccione** (mit dem Viertel einer Taube). Im Frühling steht **Soffritto di fave e carne** (6,50 €) auf dem Programm, im Winter Brasato di marchigiana oder eine Neuinterpretation von Piccione (Taube mit Salbei und Zitrone auf Creme von der Leber). Bei den Dolci erwarten Sie Semifreddo di ricotta mit dem berühmten lokalen Torrone (3,50 €) oder Cassatine aus einer bekannten Konditorei des Ortes. Der Hauswein ist eine gute Cuvée aus Aglianico, Merlot und Sangiovese. Zum Abschluss ein selbst gemachter Kräuterbitter. Beste Qualität bei Brot und Pizza.

Die berühmten Torroncini und Croccantini können Sie bei Premiata Fabbrica Innocenzo Borrillo, Via Roma 64, kaufen. Der landwirtschaftliche Betrieb Iacocca im Ortsteil Da Francisi 6 erzeugt und verkauft Butter, Käse und Ricotta.

SAN MAURO CILENTO (SA)
Casal Sottano

85 KM SÜDÖSTLICH VON SALERNO

Al Frantoio

Restaurant
Via Ortale, 31
Tel. (+39) 09 74 / 90 32 43,
(+39) 348 / 808 34 97
15. Juni–15. September täglich geöffnet,
sonst Samstag, Sonntag und Feiertage
100 Plätze + 150 Plätze im Freien
Preise: 20–25 €
Kreditkarten: AE, CS, DC, MC, Visa; BM
Mittags und abends geöffnet

Auf dem Hügel von San Mauro Cilento, in der Nähe von Pioppi und Acciaroli, befindet sich das Restaurant der landwirtschaftlichen Kooperative Nuovo Cilento. Neben der Erzeugung von Olivenöl und Feigen werden hier alte Rezepte der Umgebung wiederentdeckt und in einem Laboratorium der traditionellen Küche umgesetzt. Hier finden Sie Holztische, rustikales Ambiente, karierte Tischdecken, einen Holzofen und eine einsehbare Küche sowie die Möglichkeit, im Freien zwischen Olivenbäumen und Kräuterpflanzen zu speisen. Die Speisekarte ist eigentlich immer gleich und respektiert die lokale kulinarische Tradition. Sobald Sie Platz genommen haben, serviert man eine unter der Asche gegarte Kartoffel, die Sie mit den verschiedenen Olivenölen der Kooperative beträufeln können. Ein typisches Rezept ist **Acquasale** (4 €), das Essen, das die Fischer in langen Nächten auf den Booten zu sich nahmen. Gute **Suppen** mit Kichererbsen, **mit Bohnen aus Controne** oder mit gemischten Hülsenfrüchten (*Cicci maritati*). Die Teigwaren für die Primi werden ausnahmslos von Hand gemacht, darunter **Fusilli con ragù di castrato** (mit Sauce vom Hammel, 6 €) oder mit Sauce vom Wildschwein. Das Fleisch für die Secondi stammt ebenso von den Gesellschaftern der Kooperative, wir empfehlen Agnello al forno, **Coniglio alla cacciatora**, Bistecca di maiale alla salvia (7 €) und Pollo ai ferri. Eine Alternative bietet die schmackhafte **Parmigiana di melanzane con cacioricotta di capra**. Dolci nach Hausfrauenart – **Cannolo cilentano**, Fichi al rum, Eis mit Nüssen (3 €) – und Wein von Erzeugern aus dem Cilento. Die Rechnung beträgt rund 20 €, ein wirklich niedriger Preis für eine authentische Reise durch die Küche dieses Landstrichs.

SAN MICHELE DI SERINO (AV)

9 KM S. V. AVELLINO, ANSCHLUSS AVELLINO-SALERNO

Tavernetta Marinella

Moderne Osteria
Via Cotone, 3
Tel. (+39) 08 25 / 59 51 28
Ruhetag: Sonntagabend, Montag
Ferien: Juni–August
90 Plätze + 15 Plätze im Freien
Preise: 30 €
Kreditkarten: AE, CS, MC, Visa; BM
Mittags und abends geöffnet

Die Passion, die Giovanni Romano, der Patron dieses Lokals, für Musik, vor allem für Liedermacher hegt, geht über ein einfaches Hobby hinaus. Es scheint daher durchaus plausibel, dass der Name seines Restaurants auf das berühmte Lied „La canzone di Marinella" von Fabrizio De Andrè zurückzuführen ist. Doch weit gefehlt! Marinella war Giovannis Urgroßmutter und sie war es auch, die zu Beginn des letzten Jahrhunderts dieses Lokal mit bäuerlicher Küche für die Landarbeiter ins Leben rief. Heute bietet ihr Enkel, der Tradition folgend einen Antipasto (10 €) mit verschiedenen, von den Jahreszeiten abhängigen Kostproben an: **Involtino di verza con pancetta fresca**, Purè di patate con porcini (Kartoffelpüree mit Steinpilzen), Rape e patate, Millefoglie di parmigiana con provolone del monaco e guanciale sowie **Polpettine e ricotta fritta** (Hackfleischbällchen mit frittierter Ricotta). Ausgezeichnete Primi wie **Zuppa di castagne con fagioli e funghi porcini** (Esskastaniensuppe mit Bohnen und Steinpilzen, 8 €), Tagliatelle al lardo stagionato e noci, Fusilli alla bolognese di cinghiale und Pasta e patate con provola di Agerola. Große Auswahl an Fleischgerichten bei den Secondi: Maialata, Tagliata di maiale con scalogno ed erbette cotti in forno a legna (10 €), Agnello del Formicoso alla brace, Salsiccia, **Coniglio alla cacciatora** und Fiorentina. Selbst gemachte Dolci (3 €) wie Tortino al cioccolato fondente (3 €), Torta al formaggio con le fragole (Käsekuchen mit Erdbeeren) und **Sbriciolata con crema pasticciera e limone**. Die Weine kommen überwiegend aus Kampanien, einige Etiketten aus dem übrigen Italien sind ebenfalls verfügbar.

SANT'ANASTASIA (NA)

14 km östlich von Neapel, S.S. 268

'E Curti

Traditionelle Osteria
Via Padre Michele Abete, 6
Tel. (+39) 081 / 897 28 21,
(+39) 340 / 465 10 29
Ruhetag: Sonntagabend, Montag
Ferien: 3 Wochen im August
35 Plätze
Preise: 35 €
Alle Kreditkarten: AE, CS, DC, MC, Visa; BM
Mittags und abends geöffnet

Die Zutaten, die die Gerichte dieses Lokals so schmackhaft machen, stehen in keinem Kochbuch. Natürlich strahlen das Gemüse und die übrigen Erzeugnisse des Monte Somma die Energie des Vesuvs aus, doch es sind die Geschichte dieses Horts der guten Küche, die Fröhlichkeit der gesamten Familie Ceriello und das Vergnügen, diese mit den Gästen zu teilen, die einen Teller Pasta mit einer ungewöhnlichen Sauce wie **Bucatini col soffritto** (8,50 €) zu einem typischen Gericht des 'E Curti machen. Dies gilt auch für den Rest des Angebots, das mit Sorgfalt von der 80-jährigen *Zì* Assunta in der winzigen Küche zubereitet wird. Als Antipasto wird kampanischer Büffelmozzarella gemeinsam mit Fior di latte aus Agerola serviert, so dass Sie den Unterschied zwischen diesen beiden Perlen der kampanischen Tradition feststellen können. Im Frühling **Seppie con piselli novelli** (9,50 €). Unter den Teigwaren finden Sie **Penne lardiate** (6,50 €) oder das immer interessante ***Sicchje ra munnezza*** (7 €), den sogenannten Abfalleimer, dessen Ursprung Ihnen der sympathische Roberto gerne erklärt. Traditionelle Rezepte für Baccalà und Stoccafisso, doch als Secondo können Sie auch **Costine di agnello lattante alla brace** (12 €) wählen. Kleingebäck mit den Nüssen aus Sorrent passen gut zum Nusslikör ***Nucillo***, den die Familie selbst erzeugt und aus dem zusammen mit Chinotto, Zitronenschale und einem Minzeblatt ein angenehmer Digestif entsteht. Ausgezeichneter Hauswein, ebenso verfügbar die wichtigsten Etiketten aus Kampanien und dem übrigen Italien.

»*In einem Ambiente unverfälschter Fröhlichkeit lässt man gerne die Geschichte der letzten 50 Jahre der Gastronomie des Vesuvgebiets vorüberziehen, zusammen mit denjenigen, die an dieser Geschichte mitgeschrieben haben.*«

SANTA MARINA (SA)
Policastro Bussentino

151 km südöstlich von Salerno

Il Ghiottone

Restaurant • Via Nazionale, 42
Tel. (+39) 09 74 / 98 41 86,
(+39) 333 / 125 40 38
Ruhetag: Sonntagabend, Montag (außer im Sommer)
Ferien: November, 2 Wochen im Januar/Februar • 70 Plätze + 35 Plätze im Freien
Preise: 30–35 €
Kreditkarten: AE, SC, DC, MC, Visa; BM
Mittags und abends geöffnet

Il Ghiottone, das Lokal, das auf den schönen Golf von Policastro geht, wird von der netten Inhaberin und Köchin Maria Rina scherzhaft als ihr viertes Kind oder manchmal auch als ihr „Gefängnis" bezeichnet. Sie leitet das Lokal und unterstreicht mit Stolz, dass sie sich 1978 diese Arbeit selbst geschaffen hat. Die ansprechenden, eleganten Speisesäle lassen auf eine besondere Liebe zum Detail schließen. Beinahe der gesamte Fischfang, die Basis einer überwiegend am Meer orientierten Küche, die jedoch auch die bäuerlichen Ursprünge des Ortes reflektiert, stammt aus dem Golf. Als Willkommensgruß kommt **Panzanella cilentana** aus der Küche, von Maria neu interpretiert und im Rahmen verschiedener internationaler Messen der ganzen Welt vorgestellt. Antipasto von Carciofo croccante con gamberone (knusprige Artischocke mit großem Krebs, 12 €) bis zu Perla del Mediterraneo, nämlich **Tortino di melanzane con mozzarella di bufala** (Auberginentörtchen mit Büffelmozzarella). Die hausgemachten **Straccetti con pesce di scoglio** (10 €), Spaghetti con peperone verde, mollichella fritta e vongole oder mit Krustentieren und Gemüse gefüllte Ravioli in Brühe mit Venusmuscheln sind einige der Primi, in denen wir Meer und Küste wiederfinden. Die Auswahl bei den Secondi liegt zwischen der klassischen Grigliata di mare, abhängig vom Tagesfischfang, **Filetto di scorfano con passata di fagioli e cicoria** (Filet vom Drachenkopf mit Bohnenpüree und Zichorien, 15 €) und, im Winter, Maialino al forno con miele e peperoncino piccante. **Cannolo cilentano con ricotta di capra e miele** und Tortino di mirtilli (Heidelbeertörtchen) sind ein mehr als würdiger Abschluss des Essens, das von einer Auswahl an guten Weinen aus dem Cilento begleitet werden kann.

33 KM NORDWESTLICH V. SALERNO, AUSFAHRT A 30

'O Romano

Trattoria
Via De Liguori, 67
Tel. (+39) 081 / 513 64 88,
(+39) 329 / 611 72 83
Ruhetag: Sonntagabend, Montag
Ferien: 2 Wochen im Juli/August
40 Plätze
Preise: 25–30 €
Kreditkarten: CS, MC, Visa
Mittags und abends geöffnet

Gaetano und Antonietta Cerrato lieben ihre Arbeit sehr und wer ihre Trattoria betritt, die vor Kurzem ein paar Meter weiter gezogen ist, merkt dies gleich am herzlichen Empfang, der ihm bereitet wird. Am Eingang fällt einem sofort der Brunnen in einer Ecke des Lokals ins Auge, ein echter Brunnen, der seine Eimer in den hier, an seiner Quelle, ganz sauberen Fluss Sarno versenkt. Die Gerichte sind ein Triumph der althergebrachten Kunst, für Gäste zu kochen, zufällige oder Stammkunden, die einen Geschmack kennenlernen wollen, der „wie zu Hause" ist. Antipasti der Tradition: ***Ammarielli*** oder **Baccalà**, sowohl geräuchert als auch mariniert, Capitone (weiblicher Aal) gebraten oder mariniert (6 €). Primi von **Pasta con stoccafisso** (aus Somma Vesuviana) ***arracanato*** (7 €) zu Fusilli al ragù di capra sowie eine vielfältige und wohlschmeckende Auswahl an Suppen der Jahreszeit mit Gemüse, Hülsenfrüchten und Getreide, die zum Großteil aus dem Gemüsegarten von Onkel Carmine stammen. Unter den Secondi ragen „jene vom Wasser" (süß oder salzig) hervor, also Aal und **Baccalà fritto**, Stoccafisso all'insalata oder Alici fritte (8 €). Fleischliebhaber werden sich hingegen an **Torretta di broccoli e salsiccia** (10 €) erfreuen, einer ebenso interessanten wie schmackhaften lokalen Interpretation des Hamburgers, in Geschmack und Stil weit entfernt von seinem Namensgeber, oder aber an **Trippa** (Kutteln) **mit Bohnen und Kartoffeln**. Die Dolci sind ausnahmslos hausgemacht. Auf der Weinkarte finden Sie eine schöne Auswahl an Etiketten aus Kampanien und ganz Italien.

„Ein Besuch in diesem Lokal ist ein angenehmer Ausflug in Geschmack und Duft der Felder Kampaniens in einem traditionellen Kontext liebenswürdiger Gastfreundschaft."

26 KM NORDWESTLICH VON SALERNO

Taverna Mascalzone Vini & Cucina

Trattoria
Via Trieste, 54
Tel. (+39) 081 / 850 87 17, (+39) 393 / 646 41 32
Ruhetag: Dienstag
Ferien: 1 Woche Mitte August
24 Plätze + 10 Plätze im Freien
Preise: 28–30 €
Kreditkarten: CS, DC, MC, Visa; BM
Mittags und abends geöffnet

Acht Jahre sind vergangen, seit diese sympathische Trattoria in der Altstadt von Scafati ihre Pforten geöffnet hat, ein Schatzkästchen des guten Geschmacks mit nur 30 Plätzen. Sie entstand aus der Passion und dem Wunsch der Familie Vaccaro, der Jugend die alten Rezepte der Umgebung nahezubringen. Unter den Antipasti können Sie ***Nas' e cane*** (gefülltes lokales Pfefferonischötchen) und Provolone (6 €) neben ausgezeichneten Milchprodukten aus einem Caseificio des Ortes finden. Oder aber Sie wählen den Antipasto della casa (15 €) mit verschiedenen Gerichten aus lokalem Gemüse, Salumi und Käse. Die Primi wechseln, wie auch die Secondi, alle zwei Wochen, unverzichtbar sind **Linguine con i gamberi di fiume** (12 €) und ebenfalls beliebt Paccheri al ragù di pomodori di San Marzano oder allo stoccafisso, im Winter die kräftige **Pasta e patate con provola e salsiccia**. Unter den Secondi finden Sie Grigliata di maiale nero casertano sowie frittierter Aal und Baccalà. ***Stocco arracanato*** (12 €) wäre schon allein einen Besuch wert, wie auch die mittlerweile selten gewordene **Frittura di *ammarielli***, frittierte kleine und überaus schmackhafte Süßwassergarnelen, die man im Ganzen essen kann. Auf der Speisekarte stehen außerdem gefülltes Gemüse (schließlich sind wir im landwirtschaftlichen Gebiet von Nocera) und Cotoletta di mammà (8 €), ein Gericht der Familie für den kräftigen Appetit. Hausgemachte Torten oder industriell gefertigtes Eis und ein Schluck Limoncello oder selbst gemachter Mandarinenlikör zum Abschluss. Kleine Weinkarte.

In **Nocera Inferiore** (10 km) bietet die Enoteca Some Wine, Via Provinciale Nocera-Sarno 6, ein breit gefächertes Angebot an Wein und Öl aus Kampanien. In **Nocera Superiore** (13,5 km) gibt es in der Pasticceria Mamma Grazia, Via Russo 136, die berühmte Torta di San Pasquale.

68 KM NORDÖSTLICH VON AVELLINO, A 16

La Vecchia Scalinata

Restaurant
Via Mazzini, 20
Tel. (+39) 08 27 / 936 56,
(+39) 349 / 155 03 41
Ruhetag: Dienstag
Ferien: Mitte Juli
40 Plätze + 10 Plätze im Freien
Preise: 25–30 €
Kreditkarten: CS, DC, MC, Visa; BM
Mittags und abends geöffnet

Die kleine Gemeinde Scampitella ist Teil eines fruchtbaren landwirtschaftlichen Gebiets am Eingang zur sogenannten Ost-Irpinia, einer Gegend, die seit Kurzem durch die Aktivität der „Casa della Paesologia", gegründet von dem Dichter und Schriftsteller Franco Arminio aus dem nahen Trevico, kulturell bereichert wird. Es würde uns freuen, wenn auch die Tätigkeit der Bewirtung dadurch vorteilhaft beeinflusst wurde und eine Bestätigung für diese Hoffnung ist das hier vorgestellte Restaurant. Michele Flammia und seine Frau Annamaria sind seit 2003 erfolgreich in der Verbindung der Landwirtschaft der Familie mit einem inspirierenden kulinarischen Angebot. Auf der Speisekarte ist Antipasto misto della casa (8 €) mit Culatello irpino, Spargel, Crostini con lardo, in Öl eingelegten Artischocken und **Peperoni saltati in padella con origano e soppressata** vorgesehen. Von den Primi empfehlen wir **Trilli con fiori di zucca, talli e provola affumicata** (mit Kürbisblüten, Zucchinisprossen und geräuchertem Käse, 8 €), Laccetto all'ortica con porcini, Paccheri con baccalà e peperoni cruschi und Suppen, von denen in der richtigen Jahreszeit besonders gut jene mit Bohnen und Steinpilzen, im Tontöpfchen serviert, schmeckt (7 €). Die Secondi bestehen im Wesentlichen aus Fleischgerichten: **Coniglio in bianco al Greco di Tufo con cipolla rossa di Tropea**, Medaglione di filetto con provola e funghi porcini (12 €) und Agnellino alla brace (nur zu Ostern, im Mai, Juni und November). Von Oktober bis März bekommen Sie auch **Baccalà alla perticaregna**. Zum Dessert köstliche Crostata di castagne e cioccolato (5 €) und Torta di ricotta e pere sowie leckere **Fruttini gelato** aus einem Betrieb der Umgebung. Die Weine stammen großenteils aus der Irpinia, außerdem gibt es einige Etiketten aus ganz Italien.

SCAMPITELLA (AV)

68 KM ÖSTLICH VON AVELLINO, A 16

Osteria dei Briganti

Restaurant-Pizzeria
Via IV Novembre, 5
Tel. (+39) 08 27 / 935 72,
(+39) 347 / 941 61 75
Ruhetag: Montag
Ferien: 10 Tage im Juni/Juli
70 Plätze
Preise: 25–28 €
Kreditkarten: AE, CS, DC, MC, Visa; BM
Mittags und abends geöffnet

Die Landschaften der Irpinia sind eine Abfolge an Hügeln und grünen Bergen mit charakteristischen Orten. Diesem Bild entspricht auch Scampitella, wenige Kilometer von der Ausfahrt der A 16 bei Vallata entfernt, an der Provinzstraße, welche die Grenze zu Apulien darstellt. Die Geschichte von Mario und Maurizio Lo Russo ist typisch für diese Gegend: Arbeit im Ausland, Rückkehr in die Heimat vor nicht allzu langer Zeit, gelungener Versuch, eine Existenzmöglichkeit in den identitätsstiftenden Werten zu finden. Das Lokal ist gemütlich und familiär und trägt die Züge einer altmodischen Trattoria. Reichhaltige Speisekarte, beginnend beim Antipasto della casa (9 €), einem hübschen Korb, der das Beste der Tradition enthält. Verzichten Sie nicht auf eine der zahlreichen **Suppen**, wir empfehlen vor allem jene mit **Kürbissprossen und Kartoffeln** (6 €), Minestra maritata und **Ciambotta** scampitellese. Für die Primi werden Teigwaren aus einem nahen traditionell arbeitenden Betrieb verwendet. Freuen Sie sich auf Pappardelle con i funghi porcini (8 €), Chitarra con pomodorino del piennolo del Vesuvio e caciocavallo und **Troccoli allo *scarpariello***. Bei den Secondi raten wir zu dem schönen **Filetto di maiale all'Aglianico** (9 €) oder dem ebenso guten Schweinefilet süßsauer mit Papaccelle und Vin cotto. Als Alternative leckerer **Baccalà alla perticaregna** (12 €) con i peperoni cruschi. Schlichte Beilagen der Saison und einige selbst gemachte Dolci vervollständigen die Speisekarte. Das Lokal ist mit einem Holzofen ausgestattet, aus dem eine schöne Auswahl an Pizzen kommt. Die Weinkarte beschränkt sich auf einige gute Etiketten aus der Irpinia.

In **Vallata** (8 km) verkauft die Fleischerei von Elio Ferrucci (Piazza Garibaldi 3) ausgezeichnetes lokales Fleisch und erzeugt Salumi wie Soppressata, Sapocollo und Pancetta.

16 KM ÖSTL. V. NEAPEL, S.S. 268, AUSFAHRT A 16

Antica Trattoria Zoppicone

Trattoria-Pizzeria
Via Pomintella, 2
Tel. (+39) 081 / 530 46 18
Ruhetag: Sonntagabend, Montag
Ferien: 10 Tage im August
80 Plätze
Preise: 25 €
Kreditkarten: MC, Visa; BM
Mittags und abends geöffnet

Zoppicone liegt an der Grenze zwischen den Gemeinden Sant'Anastasia und Somma Vesuviana. Das Lokal ist trotz Modernisierung gleichsam ein Modell der Trattorien aus früheren Zeiten, mit einer aufs Wesentliche reduzierten Einrichtung und einer einsehbaren Küche. Im einfachen und unverfälschten kulinarischen Angebot kommen nur lokale Produkte zum Einsatz. Somma Vesuviana ist in der ganzen Welt für Baccalà und Stoccafisso bekannt und rühmt sich zweier großer Unternehmen für Import und Export. Im Service betreut Sie der liebenswürdige Michele, in der Küche steht Diego Porricelli, der die Schule seiner Mutter Jolanda erfolgreich absolviert hat. Als Antipasto eine tadellose Frittura napoletana, bestehend aus Crocchè, *Sciurilli*, Paste cresciute, Melanzane und Alici fritte, oder aber **Bocconcini di baccalà con scarole e pinoli** (5 €) und **Stocco arrostito** (6 €). Bei den Primi dürfen Sie **Paccheri con lo stocco** e il baccalà (7,50 €) nicht versäumen, außerdem gibt es Pasta e fagioli, Mezzanielli lardiati und Ziti al ragù napoletano con tracchie, polpette e cotiche. Bei den Secondi ausgezeichneter **Baccalà** in cassuola, fritto (7,50 €) oder **in bianco** (ohne Tomaten), das native Olivenöl extra (9,50 €) bringt die Qualität zur Geltung. Als Alternative **Stocco alla napoletana**. Zusätzlich einige Fleischgerichte wie Tracchie (Rippenstücke) und Polpette al ragù oder die Spezialität des Lokals, **Salsiccia e friarielli** – alles wie von der Mama gekocht. Das Lokal ist auch Pizzeria. Traditionelle Dolci wie Tiramisu, Crostata, Pastiera und Migliaccio. Zu trinken bekommen Sie Hauswein im Krug, Weißwein aus Catalanesca-Trauben, Rotwein aus Aglianico-Trauben.

In **Sant'Anastasia** (2 km) bietet die Cioccolateria Theobroma, Via Antonio D'Auria 8, verschiedene Schokoladesorten, Pralinen und mit Schokolade überzogene Trockenfrüchte vom Vesuv.

16 KM ÖSTL. V. NEAPEL, S.S. 268, AUSFAHRT A 16

La Lanterna

Restaurant-Pizzeria
Via Colonnello Aliperta, 8
Tel. (+39) 081 / 899 10 67,
(+39) 081 / 899 18 43
Ruhetag: Montag
Keine Ferien
60 Plätze + 30 Plätze im Freien
Preise: 25–32 €
Kreditkarten: AE, CS, DC, MC, Visa; BM
Mittags und abends geöffnet

Auch wenn die traditionelle vielfältige Verarbeitung von Stoccafisso und Baccalà in vielen Orten Italiens verbreitet ist, so ist doch Somma Vesuviana eines der besten Beispiele dafür. Dies liegt an der Kompetenz der modernen Interpreten, welche sich des Wissensschatzes aus der Zeit des Königshauses Bourbon-Sizilien bedienen, als sich hier die Lager für den hochwertigen Fisch befanden, diesen neu interpretieren und dem heutigen Geschmack anpassen. Das La Lanterna hat im Lauf der Jahre in diesem Zusammenhang seinen eigenen Stil bestätigt, nämlich aus der Qualität des Ausgangsmaterials und der Schlichtheit der Ausführung seine Stärke zu machen und ein Menü anzubieten, in dem sich zum Klassischen auch ungezwungene kreative Noten gesellen. Von den Antipasti empfehlen wir ***Cuoppo* di baccalà** (8 €), Baccalà marinato al pepe rosa oder Baccalà al lardo pancettato su gnocco di semola e crema di castagne. Die Primi reichen von **Matriciana di baccalà** (8 €) zu Linguine con stoccafisso und Pacchero gratinato di baccalà alle cime di rapa. Unverzichtbar unter den Secondi der **Tegamino di baccalà** (geschmorter Baccalà, 10 €), gegen Vorbestellung, doch bemerkenswert ist auch klassischer Stoccafisso mit Kartoffeln oder als Salat oder auch **mit Zitrusfrüchten und Pistazien**. Diverse Alternativen zum konservierten Fisch sind möglich, zum Beispiel Ragout (von freitags bis sonntags), Agnello di Sant'Anastasia, Bistecca oder Tagesfischfang. Von den Desserts empfehlen wir Raviolo di pasta cotta fritto con mele e nocciole (4 €) oder das überraschende **Dolce al baccalà**. Auf der Weinkarte werden Sie eine besondere Aufmerksamkeit für die Gegend des Vesuvs neben einigen Etiketten aus ganz Italien feststellen.

13 KM SÜDÖSTLICH VON NEAPEL

Il Veliero

Restaurant
Via Spiaggia del Fronte, 32
Tel. (+39) 081 / 881 87 12,
(+39) 081 / 881 26 30
Ruhetag: Sonntagabend, Montag
Ferien: 16.–20. August, Weihnachten
70 Plätze + 40 Plätze im Freien
Preise: 25–28 €
Keine Kreditkarten; BM
Mittags und abends geöffnet

Die interessante Stadt Torre del Greco kann auf eine weit zurückreichende Geschichte und Kultur zurückblicken. Hier hielt sich in einer der Villen der „Goldenen Meile" am Fuße des Vesuvs der Dichter Leopardi auf, wo er das Gedicht *Der Ginster* schrieb, und das Königshaus Bourbon-Sizilien unterstützte die traditionelle Korallenfischerei, was zu einer Blüte der entsprechenden Werkstätten führte. Am Hafen, in dem etwa zwei Jahrhunderte lang die Fischer des „roten Goldes" landeten, kann man seit 1985 im Restaurant Il Veliero die traditionellen kulinarischen Traditionen des Meeres kennenlernen. Umberto, seine Frau Anna und die Töchter heißen die Gäste in ihrem einfachen, familiären Lokal willkommen und bieten Gerichte, die sie nach Familienrezepten zubereiten. Ab und zu wird dabei der Versuchung nachgegeben, das eine oder andere schmackhafte Experiment zu wagen. Die zahlreichen Antipasti reichen von **Crocchè di mare** zu Polpettine di alici und dem sehr traditionellen **Sauté di frutti di mare** (10 €). Ein Primo wählen Sie aus den vielen Speisen, für die ausschließlich der frische Fisch des Tages verwendet wird. Dabei finden Sie ausgezeichnete Linguine ai frutti di mare und schmackhafte **Spaghetti mit frischen Sardellen und Gewürzen** (7 €). Die Secondi sind ebenfalls von der Verfügbarkeit der Grundzutaten abhängig. Obwohl **Frittura di paranza** (8,50 €) die Spezialität des Hauses ist, verdient auch Calamaro arrosto eine Kostprobe. Im Weinkeller lagert eine zufriedenstellende Auswahl an Etiketten aus Kampanien, doch auch der in Flaschen mit dem Etikett der Osteria abgefüllte Wein ist durchaus empfehlenswert. Die köstlichen Dolci (3 €) kommen täglich aus einer berühmten lokalen Konditorei ins Il Veliero.

113 KM SÜDÖSTLICH VON SALERNO

Da Addolorata

Traditionelle Osteria
Via Pulsaria, 16
Tel. (+39) 09 74 / 98 56 69
Kein Ruhetag
Ferien: 2 Wochen im Oktober
45 Plätze
Preise: 18–22 € (mit Hauswein)
Keine Kreditkarten
Mittags und abends geöffnet, im Sommer nur abends

Ein Besuch im Cilento auf der antiken Straße, die einst Kalabrien und Neapel verband, sieht vor, dass man in Torre Orsaia vorbeikommt, wo sich diese legendäre Osteria befindet. Seit beinahe 50 Jahren gibt hier die über 70-jährige Zia Addolorata den Rhythmus vor. Die Einrichtung ist spartanisch und erinnert an die Räume eines Privathauses, der Service ist schnörkellos, die Atmosphäre gemütlich und entspannt. Kennzeichen der Küche ist extreme Schlichtheit. Wenige, doch schmackhafte Gerichte aus der Tradition des Cilento sind vorgesehen. Antipasti werden nicht serviert, man beginnt gleich mit frischen Teigwaren wie **Lagane e ceci** (4 €) und Gnocchi, Ravioli sowie Cavatelli mit Ragout oder aber mit Tagliatelle mit Steinpilzen, Pasta mit Kürbis und ein paar Suppen wie jener mit Wirsing und Bohnen (4 €). Fleisch bei den Secondi, zum Beispiel **Pollo al tegame**, Agnello al forno con patate (7 €), Polpette al sugo und Salsicce alla piastra oder al sugo. Als Beilagen die berühmten **Kartoffeln**, frittiert oder **aus dem Ofen**, Broccoli in padella und **Melanzane imbottite** (gefüllte Auberginen, 3 €). Im Sommer sollten Sie den Gemüseeintopf **Ciambotta** sowie Polpette di melanzane (Auberginenbällchen) probieren. Es gibt einige Dolci für einen süßen Abschluss wie ***Scauratielli***, das sind frittierte Teigbällchen, die heiß mit Honig oder Puderzucker serviert werden. Zu trinken bekommen Sie Hauswein und einige Flaschenweine aus der Umgebung. Auf Nachfrage können Sie Käse wie Caciocavallo oder Moliterno kosten.

TRAMONTI (SA)
Gete

26 KM WESTLICH VON SALERNO, S.S. 163

Osteria Reale

Osteria
Via Cardamone, 75
Tel. (+39) 089/85 61 44,
(+39) 333 / 178 37 88
Ruhetag: Mittwoch, außer im August
Ferien: zweite Februarhälfte
55 Plätze + 30 Plätze im Freien
Preise: 35 €
Kreditkarten: AE, CS, DC, MC, Visa; BM
Mittags und abends geöffnet

Tramonti bezieht seinen Namen von seiner Position, *Intra montes*, zwischen den Bergen. Der Ort ist Teil der Berggemeinschaft Monti Lattari, die bekannt für ihre Milch- und Käseerzeugung (Provolone del monaco, Fior di latte) und die Kirschtomaten aus der nahen Gemeinde Corbara ist. Seit jeher beschäftigen sich die Brüder Reale mit der Herstellung von Speis' und Trank. Luigi steht am Herd und Gaetano arbeitet im landwirtschaftlichen Betrieb der Familie. Nach Erfahrungen in verschiedenen Bereichen haben sich die beiden auf den Anbau von hocwertigem Wein verlegt und in den ehemaligen Stallungen des Bauernhofs der Familie eine Osteria ins Leben gerufen. Die Nähe zur Küste (sowohl von Amalfi als auch von Sorrent) nimmt unverkennbar Einfluss auf die Speisekarte. Man beginnt mit dem Antipasto della casa (9 €), verschiedenen lokalen Salumi und Käse mit Gemüse je nach Saison, **Minestra nera con salsiccione piccante** oder Tortino di pane con pomodorino e tonno. Anschließend **Fusilli con castagne guanciale e ricotta salata** (9 €) oder mit Kürbisblüten und Ricotta aus Tramonti sowie Gnocchi mit Dicken Bohnen und Guanciale oder mit Fischsaucen. Unter den Secondi **Coniglio disossato con ripieno di broccoli** (ausgelöstes Kaninchen mit Brokkoli-Füllung), Agnello al vino rosso (13 €) und **Filetto di pesce bandiera con mozzarella e pecorino** sowie Scaloppa al vino con cacioricotta. Zum Abschluss Fiore di ricotta con sfusato di Amalfi e scaglie di cioccolato (4 €) oder **Crostata di pere pennate di Agerola e cioccolato**. Neben den Weinen aus dem Betrieb werden auch einige Angebote von Winzern aus der Umgebung und dem übrigen Italien vorgestellt.

Im Ortsteil Chiancolelle erzeugt der landwirtschaftliche Betrieb von Antonia Rastelli (Via Chiunzi 172) typischen Käse, vor allem Caciocavallo di San Francesco.

TRENTINARA (SA)

50 KM SÜDÖSTLICH VON SALERNO

Lu Vottaro

Osteria • Via Paolillo
Tel. (+39) 08 28 / 82 11 34
(+39) 329 / 779 33 47
Ruhetag: im Winter Montag
Keine Ferien
20 Plätze + 26 Plätze im Freien
Preise: 30 € (Tagesmenü)
Keine Kreditkarten
Abends geöffnet, mittags gegen Vorbestellung

Im alten Teil von Trentinara, einem Gewirr gepflasterter Gässchen, überwölbt von den Bögen der ursprünglichen Häuser, stoßen wir auf das Lu Vottaro. Die kleine gemütliche Osteria bezieht ihren Namen von einem kleinen Gewölbesaal, in dem einst die Fässer aufbewahrt wurden. Cristina leitet das Lokal, im Speisesaal schildert ihre sympathische Tochter Maria Antonietta die Gerichte und die dafür verwendeten Produkte. Es gibt ein Tagesmenü zum feststehenden Preis von 30 €, in dem ein Antipasto, zwei Primi, ein Secondo und ein Dessert vorgesehen sind. Eine Reservierung ist unumgänglich. Je nach Saison und dem, was der Gemüsegarten der Familie zu bieten hat, könnten Sie beim Antipasto **Parmigiana** di melanzane in bianco (Auberginenauflauf ohne Tomaten) oder **mit Borretsch** finden, Involtino di melanzane con ricotta di bufala, Kürbisblüten mit Ziegenricotta oder **Crema di ortiche selvatiche con polenta** (Brennnesselcreme mit Polenta). Als Primo gibt es immer zwei Kostproben, Suppe oder Cremesuppe wie ***Ciccimmaretati*** sowie hausgemachte Pasta mit Kürbisblüten, Spargel oder Akazienblüten. Fleisch regiert bei den Secondi: Versäumen Sie nicht die typische Salsiccia aus Trentinara, ***Noglia*** genannt. Außerdem gibt es **gefülltes Kaninchen** und im kleinen landwirtschaftlichen Betrieb, den Sie auch besichtigen können, werden Hühner und Gänse gezüchtet, deren Fleisch auf verschiedene Art zubereitet wird. Zum Fleisch gibt es Beilagen aus Saisongemüse. Unter den selbst gemachten Desserts Torten und Zeppole (frittierte Teigbällchen), die mit Ziegenjoghurt serviert werden. Schöner Weinkeller, dessen Inhalt vor allem aus lokalen Weinen besteht. Einige der besten Liköre des Hauses werden aus Wildfenchel, Granatäpfeln und Lorbeer gemacht.

VALLE DELL'ANGELO (SA)

96 KM SÖ. V. SALERNO, A 3 AUSF. ATENA LUCANA U. S.S. 166

La Piazzetta

Osteria
Piazza Canonico Iannuzzi, 2
Tel. (+39) 09 74 / 94 20 08,
(+39) 320 / 140 30 16
Kein Ruhetag
Ferien: 1 Woche im Oktober
30 Plätze + 20 Plätze im Freien
Preise: 34 €
Keine Kreditkarten
Mittags und abends geöffnet

Im Herzen des Cilento, im Zentrum eines kleinen Ortes, in dem die Naturschönheiten und die Gastfreundschaft der Bevölkerung sich auf glückliche Weise verbinden, befindet sich die Osteria La Piazzetta. Um diese zu erreichen, müssen Sie zwar auf einer nicht sehr angenehmen hügeligen Straße mit vielen Kurven fahren, wir versichern Ihnen jedoch, dass Mühe sich lohnt. Gleich nach der Begrüßung bringt Ihnen Alì einen erfreulichen Aperitif, während Carmela in der Küche die Gerichte zubereitet, die täglich wechseln. Der Speisesaal ist gepflegt bis ins Detail. Von den Antipasti (10 €) sollten Sie **Papaccelle con carne di maiale**, Peperoni arrostiti con acqua e sale oder Tortino di zucchine al profumo di menta (Zucchinitörtchen mit Minze) probieren. Die Primi (10 €) zeichnen sich durch hausgemachte Pasta aus, das Mehl dafür stammt ausnahmslos aus lokalem Anbau. Wir empfehlen **Cavatelli con peperoni *cruschi* su purea di ceci** und mit Knoblauch aromatisiertes Brot sowie Ravioli di ricotta di pecora al ragù. Bei den Secondi (14 €) verdienen Capretto al forno con patate und **Braciola di vitello al ragù** (Kalbsroulade mit Auberginenauflauf als Beilage) eine Erwähnung. Die Desserts (3,50 €) sind vorzüglich: **Raviolo di ricotta con cannella, cioccolato e mostarda di fichi** und Crostata mit Feigen oder Birnen. Gute Weinauswahl, zum Großteil aus kampanischen Betrieben, mit einigen Etiketten, die anderswo kaum zu bekommen sind, weil sie exklusiv für die Osteria erzeugt werden. Vegetarische, vegane und Menüs für Kinder sind vorhanden. Eine Reservierung ist unumgänglich.

Dank ihrer ansprechenden Gastlichkeit und der Leidenschaft für ihre Arbeit ermöglichen Carmela und Alì es ihren Gästen, einen wenig bekannten, doch umso interessanteren Winkel des Cilento zu entdecken.

VICO EQUENSE (NA)
San Vito

41 KM SÜDLICH VON NEAPEL, S.S. 145

Il Cellaio di Don Gennaro

Restaurant • Via Raffaele Bosco, 92
Tel. (+39) 081 / 879 87 13,
(+39) 339 / 352 93 94
Ruhetag: Montag, im Winter Montag–Freitag
Ferien: 8. Januar–13. Februar
34 Plätze + 40 Plätze im Freien
Preise: 30–32 €
Kreditkarten: CS, DC, MC, Visa; BM
Abends geöffnet, Samstag und Sonntag auch mittags

Dieses Lokal inmitten der grünen Hügel um Vico Equense erzählt Don Gennaros Liebesgeschichte mit seinem Land. Die reizenden Räume wurden in einer Grotte zur Weinaufbewahrung eingerichtet, einem tiefen Einschnitt unter einem Felsvorsprung über dem Meer. Geführt wird das Lokal von Franca Di Mauro. Mit Bedacht wählt sie aus den Erzeugnissen der Umgebung und pflegt den angeschlossenen Gemüsegarten. Der reichhaltige Antipasto (10 €) besteht aus mehreren Gängen: Im Sommer gibt es **Quenelle di ricotta al profumo di limone e alice di Cetara** sowie gefüllte und in Backteig frittierte Kürbisblüten, im Winter Guanciale agerolano und **frittierte und in Essig mit Nüssen und Zwiebeln aus Acquaviva** (Slow-Food-Presidio) **marinierte Sardellen**. Die Stärke des jungen Kochs Vincenzo Maresca liegt bei den Primi. Wir empfehlen Ihnen, in den wärmeren Monaten **Linguine alle cozze e limone** (8 €) oder Ravioli alle melanzane e provola con pomodorino del piennolo zu wählen, wenn es kühler ist, **Pasta e fagioli del giorno prima** (8 €) oder Zuppetta di spollichini e biscotto di granturco (mit Bohnen und getrocknetem Maisbrot). Unter den Secondi sind **Pesce bandiera gratinato alle erbe** und Palamita scottata su tortino di patate e insalata di carciofi (10 €). Fleisch und Baccalà vervollständigen das Angebot. Die Beilagen stammen aus dem Gemüsegarten, darunter einige **Parmigiane** (Aufläufe mit Zucchini, Auberginen, Kartoffeln, Fenchel, Mangold oder Zwiebeln, 4 €). Dolci nach Hausfrauenart (4 €) wie Tartelletta croccante aus Mürbeteig mit Konditorcreme und Erdbeeren, Melanzane al cioccolato sowie **Delizia al limone**. Schöne Auswahl an Salumi und **Käse** aus der Umgebung und ganz Italien. Das gepflegte Weinangebot enthält vor allem Weine aus Kampanien, die auch glasweise ausgeschenkt werden.

EBOLI (SA)

33 KM SÜDÖSTLICH VON SALERNO, AUSFAHRT A 3

Il Papavero

Restaurant
Corso Garibaldi, 111–112
Tel. (+39) 08 28 / 33 06 89
Ruhetag: Sonntagabend, Montag
Ferien: unterschiedlich
40 Plätze + 40 Plätze im Freien
Preise: 32–40 €
Kreditkarten: AE, CS, DC, MC, Visa; BM
Mittags und abends geöffnet

Der Eingang des Restaurants befindet sich an der Straße, die zur Altstadt hinaufführt. Nachdem man den Garten durchquert hat, öffnen sich drei schöne Speisesäle, die mit raffiniert designten Möbeln und Gegenständen eingerichtet sind. Der ausgezeichnete Ruf, den das Il Papavero genießt, ist das Ergebnis des harmonischen Zusammenspiels zwischen Patron Maurizio Somma, einem gelernten Biologen von Beruf und Verfechter der für die Zutaten in der Küche angewandten Wissenschaft, und Chefkoch Fabio Pesticcio, der mit jugendlichem Elan einzigartige Gerichte zubereitet. Von den Antipasti (10 €) empfehlen wir Cannolo di gamberi ripieno di zucchine und Riso con polpo alla luciana. Bei den Primi (11 €) fallen die ausgezeichneten warmen Gnocchetti di melanzane con seppia, pomodoro candito e crema di buccia di melanzane auf. Als Secondo empfehlen wir den ganz besonderen Pfeilkalmar Totano ripieno di burrata su peperoncini cornetti, cedro candito e pesto di olive (14 €). Die reichhaltige, mit Umsicht getroffene Weinauswahl misst der Region Kampanien die angemessene Aufmerksamkeit bei. Degustationsmenüs für 32 und 40 €.

NEAPEL

Veritas

Restaurant
Corso Vittorio Emanuele, 141
Tel. (+39) 081 / 66 05 85
Ruhetag: Sonntagabend, Montag, im Sommer nur Sonntag
Ferien: August
50 Plätze
Preise: 50–55 €
Kreditkarten: AE, CS, DC, MC, Visa; BM
Abends geöffnet, Feiertage auch mittags

Das Restaurant befindet sich an der Panoramastraße Corso Vittorio Emanuele. Die Räume sind in minimalistischem Stil, nüchtern, doch einladend eingerichtet. Der Service ist aufmerksam und unaufdringlich. Inhaber Stefano Giancotti und Chefkoch Gianluca D'Agostino arbeiten beim Entwurf des kulinarischen Angebots symbiotisch zusammen. Von den Antipasti erwähnen wir Crudo di gamberi al Campari con capocollo, limone e burrata (18 €), Palamita marinata con yogurt ai capperi e bruschetta sowie Sgombro arrosto con pomodoro di Sorrento, cetrioli e caprino. Bei den Primi Ravioli di melanzane in brodo di cipolla e anguilla affumicata con mozzarella (16 €) und Mezzi paccheri con cozze, peperoncini verdi e pomodorini. Bei den Secondi wird die kreative Note deutlicher: Petto d'anatra con peperoncini verdi e crostini alle alici (21 €), Baccalà con peperoni arrosto e senape wie auch der Fisch des Tagesfangs mit Tapioca al pomodoro, basilico, noci e aglio fritto. Zum Dessert Zuppetta napoletana con bagna al Calvadòs, mele e cannella oder Cheesecake di bufala con zuppetta di ciliegie (10 €). Umfassende, gut durchdachte Wein- und Spirituosenkarte. Degustationsmenüs für 45 und 55 €.

QUARTO (CE)

20 KM WESTLICH VON NEAPEL

Sud

Restaurant
Via Santi Pietro e Paolo, 8
Tel. (+39) 081 / 020 27 08, (+39) 327 / 010 47 25
Ruhetag: Sonntagabend
Ferien: 1 Woche im Januar, 3 Wochen im August
40 Plätze + 24 Plätze im Freien
Preise: 40–65 € • Alle Kreditkarten; BM
Abends geöffnet, Samstag und Sonntag auch mittags

In Quarto, einem Ort, in dem man dergleichen eigentlich nicht erwartet, haben Marianna Vitale, die Chefköchin, und Pino Esposito dieses gelungene Restaurant ins Leben gerufen. Wie es auf ihrer Website steht, ist „Sud eine kleine Idee mit vielen Worten", die vor allem gebraucht werden, um zu erzählen, wie Leidenschaft und Engagement sich als täglich praktizierte Suche nach Qualität äußern können. Die Räume sind gepflegt, die angenehme Atmosphäre bildet den Hintergrund für Gerichte von innovativer Prägung. Wir empfehlen als schöne Auswahl Alici in purgatorio, peperone, uova e pomodoro (16 €), Minestra di mare mit Saisongemüse und -obst, Zuppa di maruzzielli, germogli di broccoli, friarielli e pomodoro del Vesuvio (18 €), Spaghetto arrosto, le uova di spigole e lime sowie Pasta e ceviche und Gran fritto. Außerdem können Sie ein exzellentes Sortiment an Salumi und Käse probieren. Unter den Dolci Caprese con yogurt, fragole, basilico e crumble all'origano (12 €). Breit gefächerte Weinkarte. Es gibt zwei Degustationsmenüs für 47 und 60 €.

VAIRANO PATENORA (CE)

43 KM NORDWESTLICH VON CASERTA

Vairo del Volturno

Restaurant
Via IV Novembre, 60
Tel. (+39) 08 23 / 64 30 18
Ruhetag: Sonntagabend, Montag
Ferien: ersten 2 Juliwochen
60 Plätze
Preise: 50–65 €
Alle Kreditkarten; BM
Mittags und abends geöffnet

Der „Vairo" ist ein sagenhaftes Wesen – halb Wolf und halb Fuchs –, das an den Ufern des Volturno leben soll. So ist auch die Küche von Renato Martino – ein Spiegel der Traditionen des Landesinneren und gleichzeitig außergewöhnlich offen für Innovationen. Die Zutaten stammen aus der Umgebung, die Gerichte sind das Ergebnis der kreativen Ader von Renato. Wir empfehlen Bollito di bufala con giardiniera di verdura (16 €), Guazzetto di lupini di Vairano, trippe di stoccafisso e zafferano (14 €), Gnocchi di patate affumicate con burro di bufala, ortiche e bottarga di uovo sowie Fusilli con pesce bandiera, limone e bottarga und schließlich Agnello con succo di menta e peperoni (22 €). Zum Abschluss Cremolata alla pesca con zuppetta di vino rosso (10 €). Es gibt verschiedene Menüs zur Auswahl: ein Mittagsmenü für 25 €, ein Menü vom Land für 30 €, ein Fischmenü für 50 € und das Menü „Tra tradizione e innovazione" für 65 €. Gute und reichhaltige Auswahl an lokalen Weinen.

VALLESACCARDA (AV)

68 KM NORDÖSTLICH VON AVELLINO

Oasis Sapori Antichi

Restaurant
Via Provinciale, 8
Tel. (+39) 08 27 / 970 21,
(+39) 08 27 / 974 44
Ruhetag: Donnerstag, an Feiertagen abends
Ferien: 2 Wochen im Juli
60 Plätze • Preise: 55–60 €
Kreditkarten: AE, CS, DC, MC, Visa; BM
Mittags und abends geöffnet

Das Oasis ist ein Ort, der nicht verloren gehen darf – ein Ziel für alle, die die gute Küche lieben, sowohl wegen der wirkungsvollen modernen Interpretation der Tradition als auch wegen der beharrlichen Suche nach exzellenten Zutaten. Wenige Minuten nach der Ausfahrt Vallata der Autobahn Neapel-Bari werden Sie von den fünf Geschwistern Fischetti begrüßt. Die Damen sind in der Küche tätig, während die Herren im Service eine Auswahl des gelungenen kulinarischen Werks an den Tisch bringen. Gerichte, die einen authentischen Geschmack vermitteln, darunter verschiedene den Jahreszeiten entsprechende Suppen (10 €) oder Gnocchi con cipolla ramata di Montoro, caciocavallo di Vallata, zafferano di Lacedonia (15 €), danach Stracotto di agnello con purè affumicato al legno di faggio e riduzione di Taurasi (22 €) und als Dessert Raviolini di ananas con crema chantilly alla vaniglia, lampone e fave di cacao (10 €). Die umfangreiche Weinkarte erlaubt eine önologische Reise ohne Grenzen. Es gibt drei Degustationsmenüs für 35, 45 und 55 € sowie ein Mittagsmenü für 19 €.

VALVA (SA)

63 KM ÖSTLICH VON SALERNO, A 3 UND S.S. 691

Arbustico

NEU

Restaurant
Ortsteil Deserte
Tel. (+39) 08 28 / 79 62 66
Ruhetag: Sonntagabend, Mittwoch
Ferien: 1 Woche im Januar, 2 Wochen im Juli
40 Plätze
Preise: 40–47 €
Kreditkarten: AE, CS, MC, Visa; BM
Mittags und abends geöffnet

Heute zu beschließen, seine eigene Idee einer innovativen Küche auszuleben, an einem eher abgeschiedenen Ort abseits von Touristenströmen, wie es bei dem Dorf Valva der Fall ist, hat etwas mit dem Denken von Pionieren zu tun. Doch die Geschwister Torsello sind keine Helden, sie haben sich einfach entschieden, zu Hause zu arbeiten, in ihrer Umgebung. Die Ideen und der Geschmack, die Koch Christian in seine Gerichte einbringt, sprechen eine deutliche Sprache und sind überzeugend. Sie könnten Baccalà velato di pomodoro (13 €) kennenlernen, Alici con l'intingolo di mandorle, Spaghetti con le cime di rapa e le aringhe affumicate oder die duftende Kartoffelsuppe, auf der Zwiebelköpfchen „sitzen" (12 €). Anschließend Raviolo di coniglio alla pizzaiola und schmackhaftes Pollo al cipollotto e salvia (15 €) oder Agnello da latte con ricotta acida infornata, uvetta e spinaci alle nocciole. Sorbetto al mandarino, liquirizia e riduzione di latte (7 €) und Cioccolato arancia e panna finden Sie unter den Desserts. Die Weinkarte bietet vor allem Produkte aus der Region Kampanien, doch auch weitere italienische und internationale Weine sind ausreichend vorhanden.

ADRIA
Fóggia
A14
Barletta
Trani
Bisceglie
Cerignola
Ándria
A14
BARI
Canosa di Púglia
APULIEN
A16
Bitonto
PARCO NAZ.
DELL'ALTA MURGIA
A14
Melfi
Venosa
Rionero in Vulture
Gravina in Púglia
Altamura
Gióia del Colle
Ruvo del Monte
Rapone
San Fele
Avigliano
Irsina
Muro Lucano
Matera
POTENZA
Tricarico
Basento
Miglionico
PARCO NAZ.
Castelmezzano
Abriola
Accettura
DELL'APPENNINO
Laurenzana
Marsico Nuovo
Stigliano
Pisticci
Sala Consilina
Cirigliano
Marsico Vetere
Lido di Metaponto
PARCO
NAZ. D. CILENTO
E VALLO DI DIANO
A3
LUCANO
Agri
S. Arcangelo
Moliterno
Policoro
VAL D'AGRI
Rotondella
Vallo d. Lucánia
IONISCHES MEER
KAMPANIEN
Lagonegro
LAGONEGRESE
Latronico
Francavilla in Sinni
Sapri
Rivello
San Severino Lucano
PARCO NAZ.
Palinuro
Terranova di Pollino
Amendolara Marina
Maratea
Capo Palinuro
Rotonda
Camerota
Golf von Policastro
Golf von Corigliano
D. POLLINO
Castrovíllari
Scalea
TYRRHENISCHES MEER
A3
Marina di Belvedere
Corigliano Cálabro
Rossano
KALABRIEN
PARCO NAZ.
DELLA
SILA
Páola
0
15
30 km

BASILIKATA

In der Basilikata kann es leicht passieren, dass Sie einer Herde von Rindern der Podolica-Rasse auf der Transhumanz begegnen, an den antiken Triften, die durch den jahrhundertelangen Zug der Herden von den Bergen an die Küste und wieder zurück entstanden sind. Auf diesen Wegen kann eine Berghütte, eine Trattoria, ein Landhaus oder ein Gutshof der ideale Ort sein, um die Schlichtheit der Umgebung zu erleben und eine Portion Pastorale (kräftiges Schmorgericht vom Lamm), einen Teller des klassischen Mischiglio mit Cacioricotta, eine einfache Scheibe hausgemachtes Brot mit Caciocavallo, vielleicht über der Holzkohlenglut angeschmolzen, oder eine saftige in Öl eingelegte Aubergine aus Rotonda zu genießen.
Und während der Viehhüter aus seinem Sack die grobe Wurst Salame pezzente mit ihrer vom gemahlenen Peperone *crusco* (Zafarano) roten Farbe und eine Handvoll im Ofen gedörrte Oliven aus Ferrandina holt, bewegt sich die Herde langsam an den Hängen des Hügels weiter. In den Dörfern, die dort liegen, sind die Feste für den Dorfheiligen oft ein Anlass, sich zu treffen, bei dem es um Essen und um religiöse wie auch heidnische Riten geht.
Energische Hausfrauen bereiten ebenso simple wie schmackhafte Gerichte zu: Crapiata materana, Baccalà con il peperone *crusco*, Manate, Cavatelli oder Frizzuli con *cruschi* e mollica fritta sowie Zuppa di fagioli rossi scritti di Pignola, vielleicht mit einem Stück Schwarte des schwarzen Schweins aromatisiert. In der Basilikata können Sie überall, egal ob Sie einer Herde folgen oder auf einer Schnellstraße unterwegs sind, Trattorien, Osterien, Restaurants und Bäckereien finden, deren Duft und Geschmack Sie davon überzeugen werden, dass Sie sich in einem Gebiet befinden, das immer noch von authentischen Dingen lebt und in dem man Sie mit einem Lächeln empfängt.

Für Sie entdeckt

Baccalà con peperoni cruschi

739 Pietra del Sale
Avigliano (Pz)
739 Al Becco della Civetta
Castelmezzano (Pz)
744 Da Peppe
Rotonda (Pz)

Pastorale

738 Pezzolla
Accettura (Mt)
739 Al Becco della Civetta
Castelmezzano (Pz)
742 Taverna dei Gesuiti
Latronico (Pz)

Cavatelli con peperoni cruschi e mollica fritta

738 Gagliardi
Avigliano (Pz)
742 La Taverna dei Gesuiti
Latronico (Pz)
745 La Mangiatoia
Rotondella (Mt)

Mischiglio

740 La Fontana del Tasso
Francavilla in Sinni (Pz)
744 Da Peppe
Rotonda (Pz)
746 Luna Rossa
Terranova di Pollino (Pz)

ACCETTURA (MT)

82 KM SÜDWESTLICH VON MATERA, S.S. 277

Pezzolla

Restaurant
Via Roma, 21
Tel. (+39) 08 35 / 67 50 08
Ruhetag: Freitag
Keine Ferien
40 Plätze + 20 Plätze im Freien
Preise: 25–35 €
Kreditkarten: AE, CS, DC, MC, Visa; BM
Mittags und abends geöffnet

Die Locanda, ein kleiner Speisesaal mit einer einsehbaren Küche, wurde im Jahr 1950 von Signora Isabella eröffnet. Obwohl die Leitung des Lokals in den Händen ihres Sohnes Mario liegt, ist Isabella stets zugegen, um zu helfen und aus ihrem langen Leben am Herd zu erzählen. Beginnen Sie mit einem Teller gemischter Salumi (5 €): Soppressata, milde oder ein wenig scharfe Salsiccia, Capicollo, Prosciutto. Der warme Antipasto beinhaltet Peperone *crusco*, Spießchen mit Frischkäse und Steinpilzen, Burrino al tartufo (mit Butter gefüllter Knetkäse mit Trüffel), in Öl eingelegte Auberginen, Artischocken, Paprika und Pilze sowie Oliven aus Ferrandina. Die Tomatensauce für die hausgemachte Pasta hat den zarten, einfachen Geschmack vergangener Zeiten. **Pappardelle all'uovo** werden auch **mit Pilzen und schwarzem Sommertrüffel** aus der Umgebung serviert, Orecchiette hingegen mit Tomatensauce und gemischtem lokalen Fleisch. Ebenfalls empfehlenswert sind **Cavatelli alla sangiovannara** (5 €) mit Paprikaschoten, Tomaten und Basilikum. Typischerweise im Karneval, aber nicht nur, bereitet man Ferricelli mit Meerrettich und Brotkrumen in Tomatensauce mit Salsiccia und Schweinerippchen zu (5 €). Anschließend köstliche **Rafanata** (Omelett mit Käse, Ei und Meerrettich), ungewöhnliche **Podolica all'arancia** (Steak vom Podolica-Rind mit Orange, 10 €) und das typische im Ofen gebratene Lamm oder Zicklein mit Kartoffeln. Im Winter sind alla brace gebratenes Fleisch vom Schwein, Lamm und Zicklein wie auch Salsiccia beliebt. Schmackhafter lokaler Podolica-Käse, gute Crostata mit hausgemachten Konfitüren und Mousse di ricotta al cioccolato zum Abschluss. Angenehmer Hauswein.

Neben dem Restaurant verkauft die Macelleria del Centro Fleisch vom Schaf und Podolica-Rind aus den Tälern Lukaniens.

AVIGLIANO (PZ)

21 KM NORDWESTLICH VON POTENZA

Gagliardi

Traditionelle Osteria
Via Martiri Ungheresi, 18
Tel. (+39) 09 71 / 70 07 43,
(+39) 339 / 152 98 57
Ruhetag: Sonntagabend, Montag
Ferien: unterschiedlich
50 Plätze + 30 Plätze im Freien
Preise: 25 €
Kreditkarten: AE, CS, DC, MC, Visa; BM
Mittags und abends geöffnet

Avigliano, ein kleines Dorf wenige Kilometer nördlich von Potenza, ist immer schon für den Baccalà bekannt, für das Fest, das ihm gewidmet ist und für die einfachen, schmackhaften Rezepte, die um diesen Fisch kreisen. Die Osteria Gagliardi unter der Leitung von Stefano Errichetti ist deren würdige Interpretin. Das Lokal befindet sich in einem Gässchen, eingezwängt zwischen den aus lokalem Stein erbauten Häusern. Der Antipasto misto (10 €) zu Beginn sieht verschiedene Variationen vom **Baccalà** vor: **Fritto in pastella** (im Backteig), geräuchert, als Soufflé, alla parmigiana und im Salat mit Peperone *crusco*. Eine gute Alternative stellen gegrillte Kräuterseitlinge dar. Auch in der großen Auswahl an Primi ist Baccalà vertreten: **Ravioli verdi con crema di ceci** (7 €), Calamarata con patate, originelle Carbonara oder einfache, doch leckere **Spaghetti con pomodoro e olive**. Verpassen Sie keinesfalls **Baccalà con peperone *crusco*** (12 €), denn nicht nur unter den Secondi, sondern unter allen Gerichten ist er das Sinnbild der traditionellen Küche Lukaniens. Weitere Rezepte sind Baccalà arraganato, all'aviglianese, fritto oder in tortino con patate e peperoni *cruschi*. Nicht zu unterschätzen ist auch der lokale Käse: Pecorino di Filiano oder di Moliterno, gewürzter Ziegenkäse sowie Provolone podolico. Wählen Sie beim Dessert (3 €) zwischen Millefoglie, Cassata, Crostata di ricotta e pere und anderen Köstlichkeiten aus kleinen Betrieben. Auf der Weinkarte stehen wichtige Etiketten aus der Basilikata, auch die anderen Regionen sind angemessen vertreten.

AVIGLIANO (PZ)
Frusci – Monte Carmine

26 KM NÖRDLICH VON POTENZA, S.S. 658

Pietra del Sale

Restaurant
Ortsteil Pietra del Sale
Tel. (+39) 09 71 / 870 63,
(+39) 392 / 523 79 31
Ruhetag: Sonntagabend, Montag
Keine Ferien
80 Plätze + 30 Plätze im Freien
Preise: 30 €
Kreditkarten: AE, CS, MC, Visa; BM
Mittags und abends geöffnet

Im Sommer braucht man eigentlich nur dem betörenden Geruch des Ginsters zu folgen, um das alte Wachhaus der Doria am Waldrand zu erreichen, das die Geschwister Samela in den 1990er-Jahren renoviert haben, um dort ihr Restaurant einzurichten. Vincenzo, im Service, sowie Donata und Leonardo, in der Küche, bereichern mit ihrer Erfahrung im Bereich der Käseerzeugung eine Speisekarte, die zum Großteil von Rezepten aus der Tradition von Avigliano bestimmt ist. Ein Beispiel dafür sind schon die Antipasti (7,50 €): Polenta mit Pecorino di Filiano, Baccalà im Backteig und **Acquasale del pastore** (ein Süppchen aus eingeweichtem Brot, Ei und Zwiebel). Es folgen Strascinati con ricotta e peperoni *cruschi*, **Calzoncelli di baccalà con *cruschi*** (mit Baccalà und knusprig gebratenen Paprikaschoten, 9 €) oder mit Ricotta und Pfefferminze sowie Cavatelli mit Rucola und Cacioricotta. **Baccalà**, der unbestrittene Held der lokalen Küche, wird hier **alla *ciauriedd*** (mit Zwiebeln und Tomaten geschmort) oder all'aviglianese (mit scharfen und milden Paprikaschoten, 10 €) zubereitet. Wer Fleisch bevorzugt, bekommt hervorragendes **Filetto di manzo all'Aglianico**, schmackhaftes Schweinefleisch mit in Essig eingelegten Paprikaschoten, Cinghiale ai profumi di bosco und ***Mugnulatiedd*** (Rouladen aus Lamminnereien). Alternativen sind Pecorino al miele, Pecorino di Filiano und Caciocavallo, auch gebraten. In der Saison zieren Walderdbeeren, Stachelbeeren und Himbeeren aus eigenem Anbau das Vanilleeis (3 €). Zufriedenstellende Auswahl an Weinen, überwiegend aus der Basilikata.

CASTELMEZZANO (PZ)

42 KM SÜDÖSTLICH VON POTENZA, S.S. 407

Al Becco della Civetta

Restaurant • Vico I Maglietta, 7
Tel. (+39) 09 71 / 98 62 49,
(+39) 345 / 986 48 55
Ruhetag: Dienstag, außer im August
Ferien: zeitweise im Winter
80 Plätze + 20 Plätze im Freien
Preise: 30–35 € • Kreditk.: AE, CS, MC, Visa; BM
Mittags und abends geöffnet

Antonietta Santoro stellt in ihrem gemütlichen Lokal mit Blick auf die lukanischen Dolomiten die bäuerliche Küche der Umgebung, meisterlich zubereitet, vor. Salvatore Carbone im Service ist immer präzise bei der Beschreibung des Ursprungs und der Zusammensetzung der Gerichte. In Aglianico del Vulture marinierter Lonzino finden sich unter den Antipasti neben Caciocavallo mit Bergthymian und Nüssen, **Crocchette di baccalà con crema di legumi**, marinierten Zucchini mit Ricotta und Minze und Insalata di carne podolica (8 €). Schwierig ist die Entscheidung bei den Primi zwischen **Strascinati al cacioricotta con peperoni *cruschi* e mollica tostata**, Cavatelloni al ragù sowie Orecchiette mit Kräuterseitlingen, Fleischbällchen vom Podolica-Rind und im Ofen gebratenen Kirschtomaten oder **Lagane con ceci bianchi e neri e peperone *crusco*** (9 €). Außerdem gibt es Purè di fave al finocchietto selvatico e cicoria saltata. Eine Mischung aus Tradition und Kreativität bieten die Secondi: **lokales Lamm mit Kräutern und Kartoffeln**, Baccalà con gel di Moscato, liquirizia e scorzette di bergamotto (14 €), Lendenstück vom Podolica-Kalb mit in Aglianico del Vulture glasierten Jungzwiebeln und Kirschsauce sowie Käse aus Lukanien mit Konfitüren und Honig (9 €). Leckere Dolci wie Semifreddo al cioccolato con cuore di gianduia oder Mousse di ricotta con salsa all'arancia e foglie di cioccolato fondente. An Festtagen bekommen Sie ein reichhaltiges Degustationsmenü (35 €), es besteht aus Aperitif, zwei Antipasti, zwei Kostproben von Primi, einem Secondo und Dessert. Antoniettas Mann Antonio betreut den Weinkeller mit über 350 Etiketten aus der Basilikata und ganz Italien.

» *Antonietta macht die althergebrachte ländliche Küche der Umgebung mit ein wenig Innovation zu einem unvergesslichen Geschmackserlebnis.* «

FRANCAVILLA IN SINNI (PZ)

135 KM SÜDÖSTLICH V. POTENZA, S.S. 92 U. S.S. 653

Il Crepuscolo

Ferienbauernhof
Ortsteil Piano Rivitale, 1
Tel. (+39) 09 73 / 64 89 00,
(+39) 333 / 314 66 82
Ruhetag: Montag
Ferien: Januar, Februar
80 Plätze
Preise: 25 €
Keine Kreditkarten
Mittags und abends geöffnet

Der Parco Nazionale del Pollino, auf etwa 900 Metern Höhe gelegen, ist der ideale Ort, um ein wunderbares Panorama zu genießen, den Reichtum an Flora und Fauna zu bewundern, Ausflüge zu unternehmen oder einfach im Thermalbad Terme Lucane auszuspannen. Der Agriturismo besteht aus zwei Steinhäusern, die gut in ihre Umgebung passen, eines beherbergt das Restaurant, im anderen befinden sich Gästezimmer. Eine Familie leitet den Betrieb: Eduardo Marziale betreut den Service gemeinsam mit seinem Sohn, seine Frau Lidia ist für die Küche verantwortlich. Ein Großteil der Zutaten stammt aus eigener Erzeugung. Unter den Antipasti (9 €) hausgemachte Salumi wie Prosciutto, Capocollo, Soppressata und Lucanica, Käse und Milchprodukte wie Ricottina, Caciocavallo podolico mit Nüssen und Honig, Canestrato mit Orangen und außerdem, je nach Jahreszeit, **Polpettine di melanzane**, Parmigiana di zucchine gratinata oder Gerichte mit Kürbisblüten und Spargel. Die frische, für das Gebiet des Pollino typische Pasta ist Grundlage der Primi. Freuen Sie sich auf ***Rascatiedd* con peperoni *cruschi*** (mit knusprig gebratenen getrockneten Paprikaschoten) oder mit Sauce von Steinpilzen, Fusilli oder **Cavatelli con ragù di cinghiale** (6 €) und Ravioli in Tomatensauce oder einfach mit Butter und Salbei. Das Fleisch vom Lamm, Salsiccia, Schwein und Huhn stammt aus der Umgebung und wird bevorzugt über der Holzkohlenglut gebraten (10 €). Zur **Crostata mit Obst** passen hausgemachte Liköre mit Erdbeer-, Lorbeer- und Wildfenchelgeschmack. Auch der Hauswein ist selbst gemacht.

FRANCAVILLA IN SINNI (PZ)
Scaldaferri

135 KM SÜDÖSTLICH V. POTENZA, S.S. 92 U. S.S. 653

La Fontana del Tasso

Ferienbauernhof
Ortsteil Scaldaferri, 40
Tel. (+39) 09 73 / 64 45 66
Ruhetag: Dienstag
Ferien: unterschiedlich
60 Plätze + 20 Plätze im Freien
Preise: 18–33 €
Keine Kreditkarten
Mittags und abends geöffnet

Nach einem erfrischenden Spaziergang in den Buchenwäldern des Parco Nazionale del Pollino empfehlen wir Ihnen einen Besuch in dieser von Wäldern und Wiesen umgebenen Osteria. Geleitet wird sie von Prospero, in der Küche, und von Maria, die gemeinsam mit der jungen Tochter Veronica die Gäste empfängt und ihnen entweder das gesamte Menü empfiehlt oder die lange Abfolge von nicht weniger als 18 Antipasti (18 €). Der Großteil des verwendeten Gemüses stammt aus dem nahen Garten der Familie. Gleich zu Beginn werden Sie das einfache und doch besondere hausgemachte Brot mit dem Aroma des Puleio, eines lokalen Wildkrauts, schätzen, dazu noch warme Ricotta, mit Veilchen oder Trüffel aromatisierter Käse, Getreidesuppe und lokale Salumi. Frische Pasta bei den Primi: **Rascatielli mit Salsiccia und Kürbisblüten** oder mit Zafarano (gemahlener Peperone *crusco*) und Ricotta, Cavatelli con patate, pancetta e rosmarino, Ferricelli mit Tomaten, Ricotta und Brennnesseln sowie ausgezeichneter **Mischiglio con pomodoro e cacioricotta** (7 €). Wenn Sie rechtzeitig vorbestellen, können Sie in den Genuss von **Capretto lardellato alle erbe aromatiche** (10 €) kommen. Oder Sie wählen **Agnello al forno con patate**, Filet vom lokalen Kalb, Schweinerippchen, Salsiccia oder im Ofen gebratenes Hähnchen aus Freilandhaltung. Finale Gaumenfreude mit Mousse di ricotta ai frutti di bosco (3 €), zu denen einer der von Maria gemachten Rosoli passt. Alternativ zu einem anständigen offenen Grottino di Roccanova können Sie unter einigen Flaschen Aglianico wählen.

IRSINA (MT)

40 KM NORDWESTLICH VON MATERA

Nugent

Trattoria
Piazza Garibaldi, 6
Tel. (+39) 08 35 / 62 81 80,
(+39) 328 / 776 85 91,
(+39) 338 / 374 17 80
Ruhetag: Dienstag
Ferien: unterschiedlich
60 Plätze + 25 Plätze im Freien
Preise: 25–30 €
Kreditkarten: AE, CS, DC, MC, Visa; BM
Mittags und abends geöffnet

Das Restaurant befindet sich in einem etwa 100 Meter vom Dom entfernten bezaubernden Palazzo. Errichten ließ ihn zu Beginn des 19. Jahrhunderts General Laval Nugent von Westmeath, in den Napoleonischen Kriegen siegreich gegen Joachim Murat, den König von Neapel. In diesem gepflegtem Umfeld mit Kreuzgewölben, Cotto-Böden und Einrichtungsgegenständen der bäuerlichen Tradition heißt Gigia ihre Gäste willkommen und beschreibt ihnen das von Mario zubereitete Menü. Die Antipasti (10 €) beinhalten **Dicke Bohnen und Wildzichorien**, Pomodorini piccanti, Ei und Salsiccia, Orangensalat mit Knoblauch und Peperone *crusco*, Pettole, frittierte Wildzwiebelchen, Baccalà con patate, **Salsiccia pezzente** (Slow-Food-Presidio) **in umido** und Peperone *crusco*, gefüllt mit Mousse vom Baccalà. Es folgen **Cavatellini con cardoncelli** (wilden Karden), **cicerchie e fagioli** (7 €), Orecchiette di grano senatore Cappelli (aus einer alten Weizensorte) mit der Wurst Pezzente und Kirschtomaten, mit Linsen oder mit biologisch angebauten Kichererbsen. Im Frühling sollten Sie den Auflauf Sformato di cardoncelli versuchen. Danach ausgezeichnete Rippenstücke und Filet vom Rind der Podolica-Rasse, aber auch gegrilltes Lamm, Salsiccia, ***Gnummridd*** (Rouladen aus Lamminnereien) und Schweinerippchen (8 €). Gegen rechtzeitige Vorbestellung können Sie **Pastorale**, das köstliche Schmorgericht mit Lammfleisch, probieren. Als Alternative zum Fleisch gibt es Gerichte mit Baccalà sowie eine Auswahl an hochwertigem Käse aus Lukanien. Den Abschluss bilden Dolci al vincotto, Taralli al vino, Mostaccioli und Mostaccere (2,50 €). Neben einem unverfälschten offenen Wein stehen einige der besten Weine der Sorte Aglianico aus Lukanien sowie ein paar gute Biere von kleinen Erzeugern zur Verfügung.

LAGONEGRO (PZ)
Monte Sirino

100 KM SÜDL. V. POTENZA, S.P. 26 U. AUSFAHRT A 3

Valsirino

Ferienbauernhof
Ortsteil Ceraso, 4
Tel. (+39) 09 73 / 415 65,
(+39) 338 / 815 84 96
Ruhetag: Dienstag
Keine Ferien
80 Plätze + 40 Plätze im Freien
Preise: 25–27 €
Keine Kreditkarten
Mittags und abends geöffnet

Mario Civales Agriturismo liegt an der Straße, die von Lagonegro zu den Skipisten des Monte Sirino führt. Das Restaurant ist in einem Landhaus aus Stein inmitten eines Hochwaldes untergebracht und mit Gegenständen der bäuerlichen Welt eingerichtet. Mit Mario gemeinsam arbeiten die Schwestern Verbicaro, Lucia in der Küche und Giuseppina im Saal. Das Degustationsmenü kostet 25 €. Zahlreich sind die warmen und kalten Antipasti (10 €): Cotica e fagioli, **Rappasciola** (Suppe mit Hülsenfrüchten), Melanzane mollicate, **Soffritto di interiora di maiale**, Trippa con patate, Polpette di carne, Ricotta aus Ziegen- und Schafmilch, Kartoffeln mit Wildzwiebeln oder Paprikaschoten, gemischte Salumi und Pfannkuchen mit Kürbisblüten oder Borretsch. Unter den Primi **Fusilli al sugo con peperoni *cruschi*** (10 €), Bucatini al sugo di ortiche e baccalà, **Orecchiette** mit Pilzen oder **mit Wildfenchel-Pesto** (10 €), Ravioli di ricotta und Tagliatelle mit schwarzem lokalem Trüffel. Anschließend Fleisch vom Holzkohlengrill vom schwarzen Ferkel aus Lukanien, Podolica-Rind, Lamm, Zicklein und Wildschwein. Zum Ausklang Crostata mit Obst und Torta di ricotta e pere. Dazu köstliche Kräuterliköre und anständiger offener Wein. Honig, Konfitüren, Salumi und Käse werden im eigenen Betrieb erzeugt und auch verkauft. Der Ferienbauernhof verfügt über einen beliebten Reitstall. Begleiten Sie Mario auf einem langen Ausritt auf den Monte Sirino und genießen Sie dort einen kräftigen bäuerlichen Imbiss mit Salumi, Käse und ausgehöhltem, mit Paprikaschoten und Omelett gefülltem Brot.

Im Ortsteil Monticello von **Rivello** (9 km) setzt Francesco Pecorelli die Tradition seiner Familie fort und erzeugt ausgezeichnete Ricotta, Käse aus Ziegenmilch und Ziegen- und Schafmilch sowie Caciocavallo podolico.

LATRONICO (PZ)

124 KM SÖ. VON POTENZA, A 3 UND S.S. 653

La Taverna dei Gesuiti

Restaurant
Via Lacava, 6
Tel. (+39) 09 73 / 85 82 94,
(+39) 389 / 113 61 16, (+39) 345 / 424 30 95
Ruhetag: Montag, außer im Sommer
Keine Ferien
50 Plätze + 60 Plätze im Freien
Preise: 30–35 €
Kreditkarten: AE, CS, DC, MC, Visa; BM
Mittags und abends geöffnet

Latronico, auf 888 Metern Höhe, erhebt sich an den Ausläufern des Alpi, eines mächtigen Berges im südlichen Apennin. Hier stoßen wir auf ein Restaurant, dessen Name an die Jesuiten erinnern will, die im 17. und 18. Jahrhundert die Bevölkerung plagten und beträchtliche Tribute in Naturalien verlangten, nämlich Fleisch, Käse, Getreide, Obst, Weintrauben, Esskastanien, Nüsse und Pilze. Mit diesen für Lukanien typischen Zutaten bereitet die Mutter der Geschwister Mastroianni die Gerichte der traditionellen Küche zu, die Sie in den kleinen, doch gepflegten Räumen kennenlernen können. Der Antipasto della Taverna (7 €) beinhaltet Kostproben von Prosciutto, Capocollo, Wurst, frischer Salsiccia, Pecorino, in Öl eingelegtem Gemüse, **Peperoni *cruschi***, Bruschetta mit 'Nduja oder mit Pilzen, Polpette di melanzane, Gemüseomeletts und frittierten Baccalà. Aus der Reihe der Primi stechen **Fusilli con la mollica** (6 €) hervor, aber auch Lagane mit Kichererbsencreme, Baccalà und Stückchen von Peperoni *cruschi* oder mit Püree aus Dicken Bohnen, Guanciale und Pecorino enttäuschen nicht. Es folgen **Baccalà alla trainiera** (12 €), Zuppa di trippa, ***Gliummarieddi*** (in Gewürzen gekochte Lamminnereien) sowie Tagliata vom Podolica-Rind. Gegen Vorbestellung bekommen Sie unter dem Namen **Pastorale** gefüllte Keule vom Schaf. Die Zutaten für die Beilagen kommen direkt aus dem Gemüsegarten der Familie. Viel Schokolade wird für die Desserts (3 €) verwendet: *Tort 'mbriaca* mit dem Dessertwein Passito und Weichseln, Torta di castagne und Grano cotto. Auf der Weinkarte steht vor allem Aglianico del Vulture.

In den Fleischereien von Latronico kaufen Sie ausgezeichneten Prosciutto und Salsiccia, gewürzt mit Zafarana, den gemahlenen Peperoni di Senise.

MARATEA (PZ)
Massa

135 KM SÜDLICH VON POTENZA, A 3 UND S.S. 585

Il Giardino di Epicuro

Restaurant
Ortsteil Massa
Tel. (+39) 09 73 / 87 01 30
Kein Ruhetag
Keine Ferien
30 Plätze + 50 Plätze im Freien
Preise: 30–35 €
Kreditkarten: AE, CS, DC, MC, Visa; BM
Mittags und abends geöffnet

Wenn Sie die Straße hinauffahren, die von Maratea zur Christustatue über der Bucht führt, bringt Sie ein kleiner Abstecher in dieses Restaurant. Seit 1995 wird es von Familie Bacchiglione geführt, Michele ist für die Versorgung mit lokalen Grundzutaten verantwortlich, Milena für die Küche, Sohn Antonio für den Service und Tochter Annelia bereitet die guten Rosoli aus Wildfenchel, Basilikum und Myrte sowie Limoncello zu. Die rustikalen Räume werden im Sommer um eine große Terrasse erweitert. Unter den Antipasti (10 €) Salsiccia, Soppressata, Capocollo, Lardo, Ricotta, Pecorino mit Konfitüre aus Myrten oder Chili, Omeletts mit Gemüse, ***Cuculicchie*** (Fleischbällchen), Gemüse im Backteig, hausgemachtes in Öl eingelegtes Gemüse und gegen Vorbestellung der berühmte Mozzarella di Massa. Auch die Teigwaren sind hausgemacht: Gnocchetti mit Wildfenchelcreme (10 €) oder mit Spargel, Fusilli con il sugo di cinghiale, **Lagane e ceci** (mit Kichererbsen) oder mit Bohnen, Pappardelle con funghi porcini. Des Weiteren Dinkelsuppe mit schwarzen Bohnen und ***Ciaudedda***, ein Eintopf aus Kartoffeln, Artischocken, Zwiebeln und Dicken Bohnen. Ausgezeichnetes gegrilltes Fleisch vom Lamm, Zicklein, Rind und Podolica-Kalb oder Costata di Epicuro (Rippenstück) bei den Secondi (13 €). Gegen Vorbestellung können Sie sich an einer unvergleichlichen **Zuppa di pesce** erfreuen. Köstliche Beilagen wie in der Pfanne gewürzte Wildzichorien, Pfannkuchen mit Borretsch sowie Pilze. Süßer Abschluss mit Crostata mit Obst oder Torte mit Mandeln, Nüssen oder Zitrone. Unter den Weinen finden Sie einen guten Aglianico del Vulture.

51 KM NORDWESTLICH VON POTENZA

La Villa

NEU

Ferienbauernhof
Ortsteil Cavallerizza
Tel. (+39) 09 72 / 23 60 08
Ruhetag: Sonntagabend, Montag
Keine Ferien
50 Plätze + 60 Plätze im Freien
Preise: 35 €
Kreditkarten: AE, CS, MC, Visa; BM
Mittags und abends geöffnet

In der Nähe von Melfi, einer kleinen Stadt im Vulture-Gebiet, über der die normannisch-staufische Burg thront, führt Familie Sonnessa ihren ansprechenden Agriturismo. Vater Michele zeichnet gemeinsam mit Vito für die Küche verantwortlich, der zweite Sohn Gabriele kümmert sich mit Professionalität und einem Lächeln auf den Lippen um die Gäste. Die Räume sind gepflegt, die Speisekarte abwechslungsreich und viele der verwendeten Zutaten stammen aus eigener Erzeugung. Beginnen Sie mit **Friggitelli al sale**, Schweinefilet mit Äpfeln aus dem Ofen, Uovo al cartoccio con cipolle e zucchine, Melanzane panate alla mentuccia (panierte Auberginen mit Minze), Salumi, Ricotta und Nodini di mozzarella. Im Bereich der Primi (6 €) wird die lokale Küche am besten von **Ravioli di ricotta con tartufo nero del Vulture** repräsentiert. Ebenso empfehlenswert sind Fusilli con fiori di zucca e zucchine, Fascine con pomodorino e finocchio selvatico, Strascinati con pesto di basilico e pistacchio und im Herbst **Cavatelli di castagna con funghi cardoncelli**. Ausgezeichnete Secondi: **Capretto alla brace con erbette aromatiche** (9 €), Galletto al vino bianco (9 €), Costate alla brace (Rippenstücke, 13 €), **Baccalà alla trainera** und Sottofiletto di vitellino. Probieren Sie vom lokalen Käse den unter Weizen gereiften Pecorino und Caciocavallo podolico aus Lavello. Aus der gut bestückten Dessertkarte stechen Torretta di pistacchio di Stigliano und Semifreddo pralinato al torrone hervor sowie verschiedene Mousses (Ricotta all'amarena, Ricotta al miele di castagno oder Ricotta con mandorle e vino cotto). Angemessener Ausklang mit hausgemachten Likören mit Basilikum-, Wildfenchel-, Minze- und Lorbeergeschmack. Auf der Weinkarte stehen auf Wunsch der Eigentümer nur Etiketten aus dem Vulture-Gebiet.

19 KM SÜDLICH VON MATERA

Hosteria del Malconsiglio

Moderne Osteria
Extramurale Castello, 32
Tel. (+39) 08 35 / 55 99 41
(+39) 347 / 670 72 58
Ruhetag: Montag, Dienstag
Ferien: 1.–15. September
60 Plätze
Preise: 25–30 €
Kreditkarten: AE, CS, DC, MC, Visa
Abends geöffnet, mittags gegen Vorbestellung

Ihren Namen bezieht die Osteria von der gleichnamigen nahe gelegenen Festung über Miglionico, die als Schauplatz der vom Adel angestifteten gescheiterten Verschwörung gegen Ferdinand I. (Neapel) im Jahr 1485 berühmt geworden ist. Seit etwa zehn Jahren bietet das Lokal traditionelle Küche mit ein wenig Neuinterpretation. Eingangs kommen Antipasti (12 €) auf den Tisch, die guten Käse und Salumi vorstellen, im Besonderen Guanciale di maiale al pepe und Ricotta, außerdem Püree aus Dicken Bohnen mit Steinpilzen und geröstetem Brot sowie den unverzichtbaren **Tortino di pane cotto e cime di rapa con arancia e peperone *crusco***. Ausgezeichnete Primi (8 €) wie Orecchiette oder **Ferricelli con salame pezzente, pomodorini e cardoncelli**, Cavatelli con mousse di fave, porcini, pecorino e mollica fritta al *crusco* und Strascinati alla borragine. **Lamm** von den Weiden um Miglionico ist eine der Spezialitäten des Lokals, es ist zart und schmackhaft und seine Qualitäten treten am besten hervor, wenn es **alla brace** gebraten wird, vielleicht gemeinsam mit ***Gnummiriedd*** (Rouladen aus Innereien). Köstlich schmecken auch Bracioline (Rouladen vom schwarzen lokalen Ferkel, 10 €). Als Beilage empfehlen wir neben dem allgegenwärtigen Peperone *crusco* Patate con il finocchietto (Kartoffeln mit Wildfenchel). Zum Abschluss exzellentes Eis mit getrockneten Feigen und Mandeln (3,50 €). Der Weinkeller ist nicht sehr reichhaltig, doch mit einigen Etiketten aus der Basilikata und Italien bestückt.

82 KM SÜDLICH VON POTENZA, A 95 UND S.S. 598

L'Eco del Fiume

Restaurant
Ortsteil Fiumara
Tel. (+39) 09 75 / 66 80 62
Ruhetag: Dienstag
Ferien: 6.–18. Januar
50 Plätze + 50 Plätze im Freien
Preise: 20–25 €
Kreditkarten: AE, CS, DC, MC, Visa; BM
Mittags und abends geöffnet

Vor etwa 20 Jahren entstand aus einer alten Mühle am Wildbach Sciuava mit einer nahegelegenen Forellenzucht ein gemütliches Restaurant. Geführt wird es von Familie Vitale, Giuseppe zeichnet für die Küche verantwortlich, seine Frau Maddalena und sein Bruder Domenico kümmern sich um die Gäste. Gut sortierter Antipasto della casa mit lokalem Käse und Salumi, Peperoni *cruschi* und Bruschette sowie eine interessante Auswahl an Gerichten mit Baccalà: mariniert, als Carpaccio oder als Bällchen und Kroketten mit Kartoffeln. Die Teigwaren kommen aus einem kleinen Betrieb der Umgebung, probieren Sie **Ravioli di ricotta al sugo** (7 €) oder mit Steinpilzen, Agnolotti di carne allo scorzone nero, **Ferricelli con salsiccia sbriciolata, mollica di pane e peperone *crusco***, Gnocchetti mit Tomaten und leicht scharfem Käse sowie **Scialatielli al baccalà con peperoni *cruschi*** (7 €). Fleisch vom Lamm, Schwein und Kalb wird vor allem alla brace gebraten, **Trote** (Forellen) werden **al cartoccio** (in der Folie) gegart oder in umido (geschmort), aber auch mit Steinpilzen oder alla diavola zubereitet. Genießen Sie in der entsprechenden Jahreszeit die guten Pilze aus der Gegend. Liebhaber des Baccalà bestellen ein komplettes Menü für 25 € oder einzelne Gerichte wie **Baccalà mit gebratenen Paprikaschoten im getrockneten Brot**, gekocht und mit Peperoni *cruschi* serviert oder frittiert, alla brace und in insalata. Dem jungen Rosario sind exzellente Dolci wie Babà alla crema, Panna cotta, Delizie al limone oder al caffè zu verdanken, außerdem Crostata und Ciambelline di San Giuseppe. Der kleine Weinkeller konzentriert sich auf die lokalen DOC-Weine.

Im Ortsteil Pantanelle (6 km) wird im Pastificio Cirigliano Vito e figli seit 25 Jahren gute typische Pasta aus Lukanien hergestellt.

141 KM SÜDÖSTLICH V. POTENZA, A 3 UND S.S. 19

Da Peppe

Restaurant • Corso Garibaldi, 13
Tel. (+39) 09 73 / 66 12 51,
(+39) 339 / 270 69 25
Ruhetag: Montagabend, Sonntag (außer im Sommer)
Keine Ferien
120 Plätze
Preise: 30 €
Kreditkarten: AE, CS, DC, MC, Visa; BM
Mittags und abends geöffnet

Rotonda, das kleine Dorf an der Grenze zu Kalabrien, im Herzen des Parco Nazionale del Pollino, verdankt seinen Namen höchstwahrscheinlich der Anordnung seiner Häuser um die Burg. Hier führt der scheue, doch freundliche Peppe De Marco seit 35 Jahren eine Trattoria, die wegen ihres guten Angebots in gepflegten, gemütlichen Räumen zweifellos einen Besuch verdient. Im Speisesaal begleiten Sie charmant und unaufdringlich Peppes Frau Angela und Tochter Antonella auf einem nie banalen kulinarischen Rundgang, der von der saisonalen Verfügbarkeit der lokalen Zutaten abhängt. Wählen Sie ein Degustationsmenü für 35 € oder à la carte. In jedem Fall beginnen Sie mit einer Auswahl an Salumi (7 €), hausgemachten Sottoli, Ziegenricotta, Paddraccio (frischer Schafkäse), Gemüsetorten oder *'Nduja*, ***Patane e vaiane*** (Minestra mit Kartoffeln, Wirsing und grünen Bohnen) sowie Fleischbällchen. Anschließend Ravioli di castagne con porcini e salsiccia (12 €), Ravioli alle punte d'ortica (mit Brennnesselspitzen), Tagliolini al tartufo nero e fonduta di formaggi lucani oder **Zuppa di fagioli poverelli bianchi di Rotonda con polvere di peperone di Senise**. Unter den Secondi Agnello con patate, pomodori e cipolla rossa, Coniglio al profumo del Pollino, **Baccalà con zafarani *cruschi*** (mit getrockneten roten Paprikaschoten, die frittiert werden) oder mit Püree aus Dicken Bohnen (13 €). Den Magen schließen Caciocavallo podolico und der Dessertwein Passito (10 €), **Torta di melanzana rossa di Rotonda** sowie Sbriciolata di pere e menta. Die Weinkarte beinhaltet Etiketten aus der Basilikata und eine Auswahl an Bier aus kleinen Betrieben.

„In familiärer, gemütlicher Atmosphäre kommt die Qualität der ausgezeichneten Zutaten in einfachen Gerichten zur Geltung."

102 km südlich v. Matera, S.S. 380 u. S.S. 106

La Mangiatoia

Restaurant
Via Giotto, 23
Tel. (+39) 08 35 / 50 44 40,
(+39) 348 / 382 01 70
Ruhetag: Mittwoch
Keine Ferien
90 Plätze + 40 Plätze im Freien
Preise: 25 €
Kreditkarten: AE, CS, DC, MC, Visa; BM
Mittags und abends geöffnet

In ihrem hübschen Restaurant bietet Cosima ihren Gästen von jeher die einfachen Gerichte, die sie auch für ihre Familie kocht. Und diese Familie arbeitet ebenfalls für das Lokal, ihr Mann Antonio kümmert sich um den Gemüsegarten und brät das Fleisch über der Holzkohlenglut, Sohn Giuseppe betreut mit seiner Frau Felicetta den Service. Die Rezepte sind schlicht, traditionell und mit unverfälschtem Geschmack, wie Sie bereits bei den Antipasto feststellen können: ***Pastizz*** und ***Falaon***, Teigtäschchen, das Erstere mit Schweinefleisch gefüllt, das Letztere mit Gemüse und Kartoffeln, außerdem lokaler Prosciutto, Salame al coriandolo, köstliche Sottoli und kleine Omeletts (7 €). Die verschiedenen Teigwaren macht die Hausherrin selbst, Cavatelli, Orecchiette, Strascinate und **Frizzuli** (6 €) gibt es **con il ragù e la mollica fritta** oder mit Kräuterseitlingen. In der passenden Jahreszeit werden Sie der köstlichen **Minestra di fave fresche e cicorielle** (mit frischen Dicken Bohnen und wilden Zichorien) nicht widerstehen können. Das Fleisch für die Secondi (Lamm, Podolica-Rind, frei lebendes Huhn, Kaninchen) wird überwiegend alla brace gebraten (8 €). Als gute Alternativen oder Beilagen gibt es Wildspargel, in Öl eingelegte Zucchini, Patate con la salsiccia und Frittata di peperoni *cruschi*. Das klassische Dessert ist ***U' pastizzott***, ein mit Schokolade, Zimt und Kichererbsen gefülltes Teigtäschchen, doch auch Crostata mit Konfitüre ist empfehlenswert (2,50 €). Zufriedenstellende Auswahl an Weinen aus Lukanien. Wenn Cosima eine Pause macht, kommt sie in den Speisesaal und plaudert mit den Gästen, was zur familiären Atmosphäre beiträgt.

» *Einfachheit und Sorgfalt in der Küche, Liebe zur eigenen Arbeit und Wertschätzung der Gäste sind die kostbaren Geschenke, die man bei Cosima seit je bekommt.* «

71 km nordwestlich von Potenza

Al Giglio d'Oro

Restaurant
Ortsteil Serre Sant'Andrea
Tel. (+39) 09 76 / 975 16,
(+39) 388 / 619 63 89
Ruhetag: Montag
Keine Ferien
50 Plätze + 20 Plätze im Freien
Preise: 30 €
Keine Kreditkarten
Mittags und abends geöffnet

Ruvo del Monte ist ein im Gebiet des Vulture fest verwurzeltes kleines Dorf, ein kulinarischer Kreuzungspunkt zwischen der Basilikata und Kampanien. Maria und Domenico führen mit ihrer langjährigen Erfahrung im Hotelbereich das Lokal mit Sorgfalt und einem starken Bezug zur Umgebung. Die Eigentümer verfügen auch über einen Gemüse- und Obstgarten, die anderen Zutaten werden bei exzellenten kleinen Erzeugern der Umgebung eingekauft. Die Gerichte sind die besten Repräsentanten der typischen Küche der Umgebung. Der Auftakt ist hier schmackhaften Primi mit hausgemachter Pasta anvertraut, zum Beispiel Strascinati, Fusilli und **Orecchiette al sugo di carni miste** oder mit Tomatensauce und Salsiccia (7 €), außerdem gibt es mit Pilzen oder mit Ricotta und Minze gefüllte Ravioli mit Meerrettich sowie Cavatelli con il guanciale. Im Winter passen bestens die **Suppen mit Hülsenfrüchten**, die in einem Tontopf neben dem Kaminfeuer stundenlang vor sich hin köcheln. Unverzichtbar unter den tadellosen Fleischspeisen ist **Agnello alle erbe aromatiche** (8 €), ein Gericht, das die Hirtenkultur des Vulture-Gebiets widerspiegelt. Die große Vielfalt der Gräser, von denen sich die Tiere ernähren, verleiht Fleisch und Käse Aroma und einzigartigen Geschmack. Doch auch Kaninchen oder **gefülltes Hähnchen** und Grigliata mista sind nicht zu verachten. Gegen Vorbestellung und natürlich nur in der entsprechenden Zeit können Sie an der Käseerzeugung von Caciocavallo, Canestrato und Caprino teilnehmen. Von den Salumi empfehlen wir Guanciale, Capocollo und Lucanica. Das im eigenen Garten angebaute Obst verfeinert Marias köstliche Crostata. Wenn er vorrätig ist, sollten Sie ein Gläschen des Verdeca kosten, das ist ein weißer Perlwein, den Domenico nach Anleitung seiner Schwiegermutter herstellt.

154 KM SÜDÖSTLICH V. POTENZA, S.S. 653 U. S.S. 92

Giardini degli Dei

Ferienbauernhof
Ortsteil Casa del Conte
Tel. (+39) 09 73 / 930 37,
(+39) 340 / 559 35 14
Kein Ruhetag
Keine Ferien
90 Plätze
Preise: 25–30 €
Kreditkarten: AE, CS, DC, MC, Visa; BM
Mittags und abends geöffnet

Wenn Sie vom Zentrum aus eine steile Straße in Richtung des Ortsteils Casa del Conte hinauffahren, finden Sie auf 980 Metern den Agriturismo von Familie Guarino. Giuseppe und Maria bestellen den Gemüsegarten und kochen, Sohn Salvatore serviert die Gerichte und unterhält die Gäste auf charmante Art. Zu Beginn eine lange Abfolge von Antipasti (9 €): lokaler von Hand geschnittener Prosciutto, Wurst, Capocollo, Pecorino, Ziegenricotta, Caciocavallo podolico, gegrillte Auberginen, Peperoni *cruschi*, Crostone con porcini, Baccalà fritto, **Soffritto d'interiora d'agnello**, Omeletts mit Gemüse und den Sprossen einer Kletterpflanze namens Vitalba, Fagioli con crostini und **Ciammotta** (mit Paprikaschoten, Tomaten, Ei und Zwiebel gefülltes Brot), ein Imbiss, mit dem sich die Bauern bei der Feldarbeit bei Kräften hielten. Unter den Primi (6 €) sind Fave e cicorielle selvatiche (Dicke Bohnen mit Wildzichorien), aber auch hausgemachte Teigwaren wie Fusilli oder **Orecchiette con mollica di pane e peperoni *cruschi***, Rascatielli con salsiccia e porcini, **Calzoni di ricotta al ragù** sowie Cotica con i fagioli (Schwarten und Bohnen). Fleisch alla brace ist der Stützpfeiler der Secondi (9 €), Salsiccia, Kalb vom Podolica-Rind und Lamm werden über der Holzkohlenglut gebraten, die Innereien vom Lamm gegen Vorbestellung zubereitet. In Öl eingelegtes Gemüse, Rosoli, Honig und Konfitüren sind hausgemacht, ebenso Crostata mit Obst oder Ricotta (3 €). Als Hauswein ein unverfälschter Aglianico. Wir empfehlen, frühzeitig vorzubestellen. Von den Gästezimmern aus genießen Sie ein wunderbares Panorama.

Ausgezeichneten Schafkäse und Ricotta aus biologischer Landwirtschaft bekommen Sie beim Caseificio Tosa in **San Paolo Albanese** (20 km), im Ortsteil San Giovanni 1.

TERRANOVA DI POLLINO (PZ)

154 KM SÜDÖSTLICH V. POTENZA, S.S. 653 U. S.S. 92

Luna Rossa

Restaurant
Via Marconi, 18
Tel. (+39) 09 73 / 932 54
Ruhetag: Mittwoch, außer im Sommer
Ferien: zeitweise im Oktober
60 Plätze + 30 Plätze im Freien
Preise: 35 €
Kreditkarten: AE, CS, DC, MC, Visa; BM
Mittags und abends geöffnet

Federico Valicenti ist der bekannteste Küchenchef der Basilikata. Mit seinen Publikationen hat er die Küche Lukaniens in der ganzen Welt bekannt gemacht. Sein Lokal im Parco Nazionale del Pollino besteht seit über 30 Jahren. Das Degustationsmenü „La storia a tavola" (35 €) könnte aus **Ciambottella** (mit Gemüse gefülltes Brötchen) bestehen, Tortino di patate seccagne con salsiccia, crema di formaggio e peperone *crusco*, aus Funghi porcini con scaglie di cacioricotta und Petali di pasta rossa con crema di ricotta dura, peperoni *cruschi* e ridotto di Aglianico. Danach **Filetto di maiale avvolto nel guanciale** oder Bistecchine di agnello alle erbe und schließlich eine süße Creme je nach Saison mit Feigenmelasse und Crostata della nonna. Ein weniger üppiges Menü, „Monte Pollino, sapori e tradizioni del Parco", kostet 25 € und bietet ein Brett mit köstlichem Käse und Salumi, Peperone *crusco* e pan fritto sowie Ferrazzuoli ai sapori della montagna, einen gemischten Teller mit Fleisch aus der Umgebung und die unverzichtbare Crostata. À la carte wählen Sie **Salsiccia fritta con crema di fave, patate, olio e finocchio** (10 €), Insalata di trippa *a scapece* con tartufo nero (10 €), Funghi porcini saltati in padella con ricotta salata und als Pasta Foglie di olivo con ricotta, cannella, limone, mosto cotto e polvere di liquirizia. Als würdiges Secondo **Stufato di agnello con polpettine** und zum Abschluss „Tirami su su" mit Erdbeeren, Limoncello und Oreganoblüten sowie Raviolone di ceci, cannella, succo d'arancia e vin cotto. Gut sortierter Weinkeller mit ausschließlich lukanischen Etiketten.

Seit über 30 Jahren zählt Federico Valicenti mit seinem Repertoire aus Klassikern und Neuinterpretationen zu den besonders authentischen Bannerträgern der lukanischen Küche.

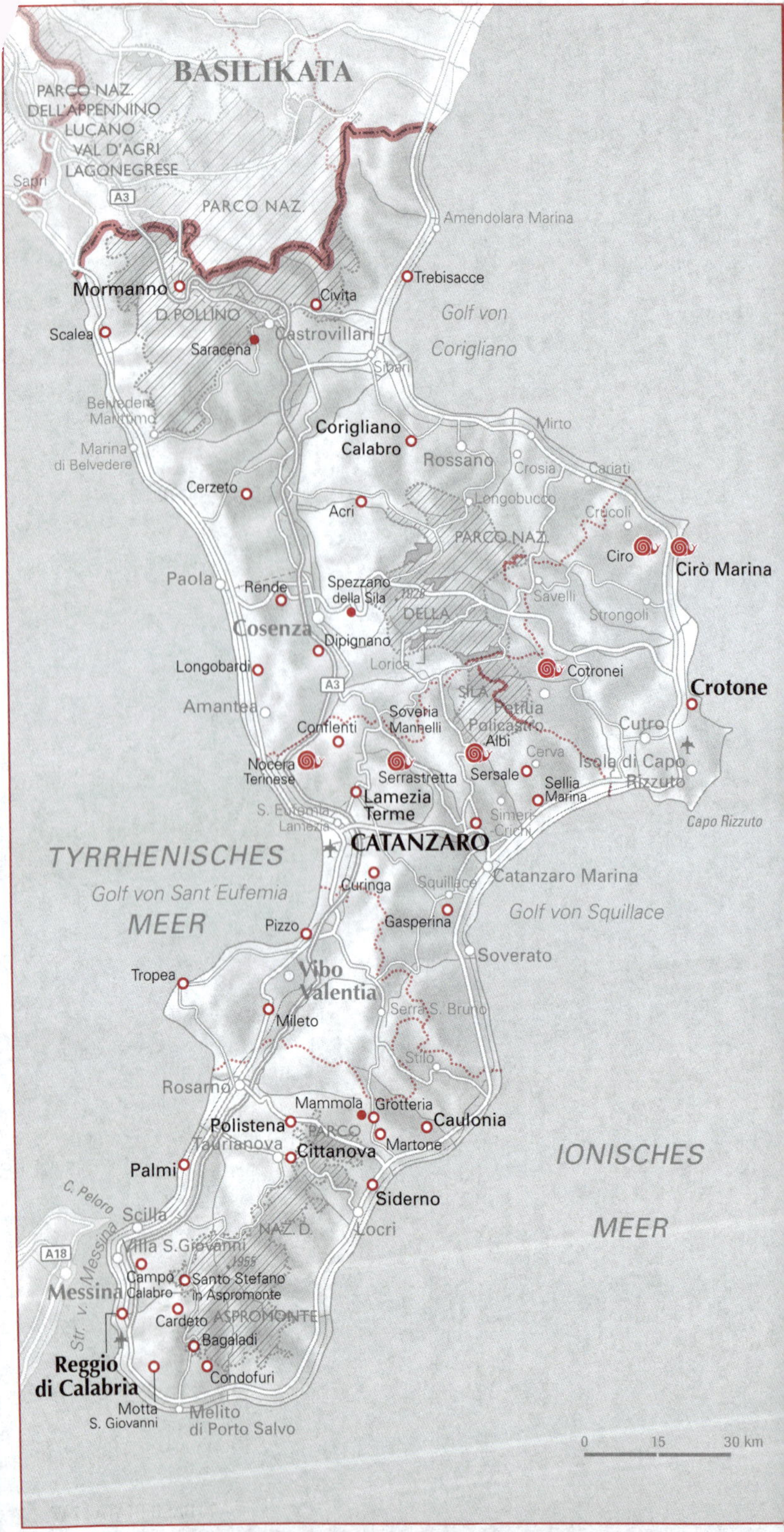
BASILIKATA
PARCO NAZ. DELL'APPENNINO LUCANO VAL D'AGRI LAGONEGRESE
Sapri
A3
PARCO NAZ.
D. POLLINO
Amendolara Marina
Trebisacce
Mormanno
Civita
Scalea
Saracena
Castrovillari
Golf von Corigliano
Sibari
Belvedere Marittimo
Marina di Belvedere
Corigliano Calabro
Rossano
Mirto
Crosia
Cariati
Cerzeto
Acri
Longobucco
Crucoli
PARCO NAZ.
Ciro
Cirò Marina
Paola
Rende
Spezzano della Sila
Savelli
Strongoli
Cosenza
DELLA
Dipignano
Lorica
Cotronei
Longobardi
A3
SILA
Crotone
Amantea
Petilia Policastro
Conflenti
Soveria Mannelli
Cutro
Albi
Cerva
Nocera Terinese
Serrastretta
Sersale
Isola di Capo Rizzuto
Sellia Marina
Lamezia Terme
S. Eufemia Lamezia
Simeri-Crichi
Capo Rizzuto
CATANZARO
TYRRHENISCHES MEER
Golf von Sant Eufemia
Curinga
Squillace
Catanzaro Marina
Gasperina
Golf von Squillace
Pizzo
Soverato
Vibo Valentia
Tropea
Mileto
Serra S. Bruno
Stilo
Rosarno
Mammola
Grotteria
Caulonia
Polistena
PARCO
Martone
Taurianova
Cittanova
IONISCHES MEER
Palmi
Siderno
C. Peloro
Scilla
NAZ. D.
Locri
A18
Villa S. Giovanni
Messina
Str. v. Messina
Campo Calabro
Santo Stefano in Aspromonte
ASPROMONTE
Cardeto
Bagaladi
Reggio di Calabria
Condofuri
Motta S. Giovanni
Melito di Porto Salvo
0
15
30 km

KALABRIEN

Ein zum Großteil wildes und unberührtes Gebiet, unglaubliche Produkte, eine fest verwurzelte, noch nicht verloren gegangene Tradition auch in größeren urbanen Umgebungen und vor allem ein neues Bewusstsein bei denjenigen, die im Bereich der Gastronomie arbeiten, verbunden mit dem wiedererlangten Stolz auf die eigene Geschichte und die eigene Identität: Das sind die Verbindungspunkte dieser Region, wie wir sie Ihnen hier vorstellen wollen.
Auf der Reise zwischen den Meeren und Bergen Kalabriens, dieses Landes der Randgebiete, werden Sie einen Weg entdecken, der endlich auch von vielen jungen Menschen eingeschlagen wird und der gesäumt ist von nie da gewesenen Projekten und Initiativen. Sie alle dienen einem neuen Blickwinkel auf die Qualität der Gastlichkeit und die Erhaltung der überlieferten Kultur.
Es macht Freude, die Begeisterung zu sehen, mit der der kulinarische Schatz aufgewertet und präsentiert wird. Der Fokus ist auf die kleinen Betriebe gerichtet, die nach wie vor herausragende Spezialitäten erzeugen und den Reichtum und die Schönheit der Umgebung intakt halten. Viele Jahre der Auseinandersetzungen zum Thema Beschäftigungspolitik haben nichts an der Natur in Kalabrien und seiner Berufung zur Gastlichkeit geändert, am Schönen und Guten dieses Landes, das nicht nur „profondo Sud“ ist (tiefer Süden), sondern auch „profondo Food“.

Für Sie entdeckt

ACRI (CS)
Cocozzello

38 KM NORDÖSTLICH VON COSENZA

Il Carpaccio

Restaurant-Enoteca
Ortsteil Cocozzello, 197 A
Tel. (+39) 09 84 / 94 92 05,
(+39) 328 / 842 92 63
Ruhetag: Montag
Keine Ferien
90 Plätze + 25 Plätze im Freien
Preise: 25–30 €
Kreditkarten: AE, CS, DC, MC, Visa; BM
Mittags und abends geöffnet

20 Jahre gezielte Suche nach den besten Produkten und deren sorgfältige Auswahl, 20 Jahre Beziehungen zu Erzeugern, Bauern und im kulinarischen Bereich tätigen Handwerkern – das ist die Geschichte dieses Restaurants in den reizvollen Hügeln, die vom Valle del Crati zum Gebirge Sila Grande ansteigen. Die Brüder Miceli, Gianluigi in der Küche und Alessandro im Saal, haben ein solides, von ihren Eltern im Jahr 1994 gegründetes Lokal geerbt und dieses mit neuem Elan auf den Weg zur Aufwertung des großen kulinarischen Schatzes von Kalabrien geführt. Schon bei der Zusammenstellung der Speisekarte wird die Linie deutlich: Verwendung zahlreicher Slow-Food-Presidi, großer Weinkeller mit den Produkten der neuen Weinerzeuger der Region und eine Auswahl der exzellenten kalabrischen nativen Olivenöle extra. Vertrauen Sie auf die vom Koch neu interpretierten traditionellen Gerichte, also **Fleisch vom Zicklein**, Lamm und Podolica-Rind, Pasta al sugo, **Pilze** und Kartoffeln. Ebenso empfehlenswert die gepflegte Auswahl an Käse und **Salumi di maiale nero** (vom schwarzen Schwein). Probieren Sie vor allem die Gerichte, welche die Jahreszeit der Küche diktiert, zum Beispiel von Hand gemachte **Tagliolini con le lumache** (mit in Kalabrien gezüchteten Schnecken, 6 €), Rezepte mit Forellen aus nachhaltiger Züchtung, zum Beispiel **Carpaccio di trota salmonata con olio al bergamotto** (6 €) und **Cartoccio di trota con funghi galletti** (Forelle in der Folie mit Pfifferlingen, 6 €). Zum Abschluss gute hausgemachte Desserts. Auf der Weinkarte finden Sie über 400 Etiketten mit besonderer Berücksichtigung aufstrebender lokaler Winzereien.

ALBI (CZ)
Buturo

55 KM NORDÖSTLICH VON CATANZARO

Pecora Nera

Osteria
Strada Provinciale 20, km 14
Tel. (+39) 339 / 422 25 31
Ruhetag: Montag, außer im Sommer
Ferien: 7. Januar–1. März
30 Plätze
Preise: 25–30 €
Keine Kreditkarten
Mittags und abends geöffnet

Wenn man das Valle del Crocchio von Cropani nach Sersale durchquert und der Straße durch Wälder mit Buchen, Eichen und Föhren folgt, kommt man in das Bergdorf Buturo im Parco della Sila, in dem alles Friede und Natur ist. Die frische Bergluft macht Appetit. Im Lokal – mit nur einem Speisesaal mit Holzboden, Wänden in Pastellfarben und hübsch gedeckten Tischen – begrüßt Sie Stefano, er erklärt auf familiäre Weise die Details der Gerichte des Tages, die Raffaella zubereitet. Im unverzichtbaren Antipasto della casa (8 €) finden Sie einige Spezialitäten aus der Umgebung: Soppressata, Capocollo und Guanciale aus Petronà, ***Jelatina***, Paté di lenticchie rosse al Moscato Passito di Saracena, Bohnen aus Cortale, Ziegenkäse und Ricotta mit Brombeerkonfitüre oder Berghonig sowie **Zuppa di fave con erbe di campo**. Danach köstliche frisch gemachte gefüllte Teigwaren (8 €) wie Tortelli mit frischen Dicken Bohnen und Pecorino, dazu Pesto aus Pinienkernen, Nüssen und Basilikum oder **Tortelli mit Brennnesseln und Bergkräutern** sowie **Caserecce con zucchine e porcini**, deren Teig aus dem Grieß des Weizens Senatore Cappelli hergestellt wird. Fortsetzung mit Stinco di maiale marinato nella birra (10 €), Stracotto di manzo und Brasato al Cirò con porcini. Als Beilagen grüne Bohnen, Orangensalat, Pomodori siccagni (aromatische Kirschtomaten) aus Zagarise und Patate al finocchietto (Kartoffeln mit Wildfenchel). Zum Abschluss Crostata und Torta di cioccolato e albicocche, dazu ein Gläschen eines traditionell hergestellten Likörs. Gepflegte Auswahl an kalabrischen Weinen. Es gibt ein Degustationsmenü für 28 €.

» *An diesem verzaubert scheinenden Ort erzählen Stefano und Raffaella ihr kulinarisches Märchen mittels außergewöhnlicher Gerichte, den Zeugnissen der Liebe zu ihren Bergen.* «

45 KM SÜDÖSTLICH VON REGGIO DI CALABRIA

Porta del Parco

Restaurant
Via Torrente Zervo
Tel. (+39) 09 65 / 72 48 06,
(+39) 346 / 602 88 15
Ruhetag: Freitagabend
Ferien: unterschiedlich
100 Plätze + 30 Plätze im Freien
Preise: 25 €
Kreditkarten: AE, CS, DC, MC, Visa; BM
Mittags und abends geöffnet

Das Restaurant Porta del Parco ist in einer wasserbetriebenen Ölmühle aus dem späten 19. Jahrhundert untergebracht, die zum Besitz der Familie Jacopino aus Bagaladi gehört. Bei der Renovierung wurde die ursprüngliche Struktur zur Gänze erhalten. Die beiden Inhaber Carmelo und Peppe, passionierte Kenner der Kultur des griechischsprachigen Gebiets von Kalabrien, organisieren kontinuierlich Kurse und Veranstaltungen zur Verbreitung dieses Wissens. Den gleichen Einsatz zeigen sie beim kulinarischen Angebot, das immer aktuell und auf die Jahreszeit bezogen ist: reichhaltige Antipasti (6 €) mit **Involtini in agrodolce di melanzane e peperoni arrostiti**, Peperonata con olive e patate aspromontane sowie in Salzlake eingelegte oder zerquetschte und gewürzte Oliven, die zusammen mit lokalem Capocollo und Pecorino und Pfannkuchen mit Kürbisblüten serviert werden. Das Brot dazu wird aus Sauerteig und lokalen Mehlsorten hergestellt, im Holzofen neben dem Restaurant gebacken und dann mit nativem Olivenöl extra und wildem Oregano gewürzt. Bei den Primi dürfen ***Maccarruni* con sugo di capra** (mit Sauce von der Ziege) oder mit Sauce vom Schaf (6 €) nicht fehlen, *Cordeddhi di jurmanu* (kleine Teigbänder aus Roggenmehl) mit Kirschtomaten sowie frisch gemachte Pasta mit einer Sauce aus Kürbisblüten und in Stifte geschnittenen Zucchini. Unter den Secondi **Fleisch von der Ziege** oder vom Schaf **in umido** (geschmort, 7 €) und mit Wildkräutern gefüllte, mit Zitrusfrüchten aromatisierte Rinderrouladen. Als Beilagen gebratene Kartoffeln und Salate. Zum Abschluss Obst der Saison und, wenn Sie Glück haben, traditionelle Süßspeisen: ***Scaddateddhi*** aromatizzati al cìmino (Teigkringel mit wildem Anis), Stomatico und Petrali (mit Mandeln, Nüssen und eingekochtem Most). Im Sommer und zu besonderen Anlässen werden 30 bis 40 Plätze im Freien gedeckt.

15 KM N. V. REGGIO DI CALABRIA, 5 KM V. VILLA S. GIOVANNI

Il Giardino degli Allori

Restaurant
Via Sant'Angelo, 1
Tel. (+39) 09 65 / 75 75 48,
(+39) 335 / 536 79 20
Ruhetag: Montag, außer im Sommer
Ferien: nach Dreikönig–Ende Januar
100 Plätze + 100 Plätze im Freien
Preise: 25–35 €
Kreditkarten: AE, CS, DC, MC, Visa; BM
Mittags und abends geöffnet

Il Giardino degli Allori bietet nicht nur den Ausblick auf die Meerenge von Messina, sondern auch eine Küche authentischster Tradition. Gabriella und Orlando erfreuen ihre Gäste mit einer je nach Jahreszeit unterschiedlichen Speisekarte mit Zutaten aus der Umgebung. Salumi vom schwarzen Schwein der Calabrese-Rasse, typischer Käse, hausgemachtes eingelegtes Gemüse, Gemüse-Carpaccio, Pfannkuchen mit Schnittlauch, gratinierte Artischocken und Pilze sind nur Beispiele für die Vielfalt der Antipasti (9 €). Danach kommen Primi (9 €) wie Pappardelle al ragù di coniglio in umido, **Linguine con alici saltate con cipolla, pinoli, uvetta e pangrattato** (flache Nudeln mit kurz gebratenen Sardellen, Zwiebel, Pinienkernen, Rosinen und Semmelmehl) oder mit Ghiotta di stocco (eine Verbeugung dafür!), **Incavati con fave e piselli** im Frühling und mit Brokkoli im Winter, Cortecce *'ncaciate* und **Spaghetti alla calabrese**. Die Secondi (13 €) werden immer mit Beilage serviert, es gibt Braciole della casa (Rouladen), Stinco di maiale con patate, Coniglio in umido und Rollate di capocollo al vino passito. Auch Secondi vom Meer sind vorhanden, die lokale Fang wird bevorzugt: **Parmigiana di pesce spada dello Stretto**, die Thunfischsorten Alalunga oder Palamita mit der roten Zwiebel von Tropea, Involtini di pesce spatola (Strumfbandfischrouladen) und der unverzichtbare Pescestocco arrosto con peperoni. Dolci (4,50 €) zum Abschluss: traditionelle **Piparelle** (Kekse mit Karamell und Mandeln), Eis mit Bergamotte-Aroma und Tartufo al cioccolato. Auf der reichhaltigen Weinkarte sind kalabrische und sizilianische Etiketten gut vertreten.

In der Zona industriale verkauft der Salumificio Benedetto auf Nummer 7 A ausgezeichnete nach traditionellen Methoden erzeugte Produkte vom schwarzen Schwein der Calabrese-Rasse.

18 KM ÖSTLICH VON REGGIO DI CALABRIA

Il Tipico Calabrese

Ferienbauernhof
Via Torrente Sant'Agata, 53 B
Tel. (+39) 09 65 / 34 36 96,
(+39) 329 / 343 61 79
Ruhetag: Montag
Ferien: Dezember
20 Plätze + 12 Plätze im Freien
Preise: 25–30 €
Keine Kreditkarten
Mittags und abends geöffnet

Die kleine Berggemeinde Cardeto im Parco dell'Aspromonte liegt am rechten Ufer des Wildbachs Sant'Agata, nicht einmal 20 Kilometer von Reggio Calabria entfernt. Marcello Mantis herzliche Gastlichkeit entschädigt für die enge und kurvige Straße, die zu dem kleinen Lokal über einer einstigen Ölpresse führt. In den Räumen der Trattoria, die der junge Inhaber gemeinsam mit seiner Familie leitet, befindet sich eine kleine Sammlung von alten bäuerlichen Gegenständen. Die einfache Küche steht im Zeichen des Respekts gegenüber der ältesten Traditionen dieser Gegend, der Jahreszeiten und der Aufwertung der guten Zutaten, die von Bauern, Züchtern und traditionell arbeitenden Erzeugern aus der Umgebung stammen. Die Gerichte werden mündlich vorgestellt, Fleisch und Gemüse sind die wichtigsten Komponenten. Zu Beginn ein rustikaler Antipasto mit dem Aufschnitt des Hauses, köstlichem **Käse** – frische und gereifte Ricotta, Schafkäse aus dem Aspromonte sowie Ziegenkäse –, Omelett mit Wildkräutern und Pancetta, Oliven und in Öl oder Essig eingelegtem Gemüse. Von den Primi sollten Sie unbedingt **Maccheroni con sugo di maiale e ricotta affumicata** probieren und die mit Guanciale und Gemüse oder mit Ragù di agnello servierte hausgemachte Pasta. Nicht weniger gut schmeckt **Zuppa di fagioli, orzo ed erbe spontanee**. Zu den Secondi – köstlicher **Capocollo vom Schwein**, Salsiccia e patate, **Agnello in casseruola** und Soffritto di costata di maiale affumicata – gibt es rohes oder in der Pfanne gewürztes Gemüse als Beilage. All diese Köstlichkeiten werden von einem guten lokalen Wein oder einigen kalabrischen Etiketten begleitet. Für einen guten Abschluss sorgen leckere hausgemachte Süßspeisen. Oft gibt es nach dem Abendessen Musikveranstaltungen, bei denen die Volkslieder der Gegend gesungen werden.

Da Pepè La Vecchia Hostaria

Trattoria • Vico I Piazza Roma
Tel. (+39) 09 61 / 72 62 54,
(+39) 347 / 456 41 52
Ruhetag: Sonntag, Feiertage
Keine Ferien
40 Plätze
Preise: 20 €
Kreditkarten: CS, DC, MC, Visa; BM
Mittags und abends geöffnet

In der Altstadt von Catanzaro eine gemütliche Osteria zu entdecken, die traditionelle Rezepte mit lokalen Zutaten anbietet, ist eine gute Erfahrung. Man öffnet die Tür und spürt die familiäre Atmosphäre, angereichert von Düften, die auf das Beste einer häuslichen Küche schließen lassen. Massimiliano Cartagineses Anliegen ist es, überlieferte Gerichte am Leben zu erhalten und ihnen in einer mittlerweile an die Globalisierung gewöhnten Welt einen Platz zu geben. Zu Beginn der Antipasto della Vecchia Hostaria (10 €) mit Aufschnitt vom Schwarzen Schwein der Calabrese-Rasse, ganz frischer Ricotta, die wegen ihrer Form „Calamaro" genannt wird, sowie in Öl und Essig eingelegtem Gemüse aus der Gegend. Das Angebot an Primi (7 €) sieht Spaghetti con baccalà vor, **Pasta *cu maccu*** (dieser Ausdruck bedeutet in Süditalien ein Püree aus getrockneten Dicken Bohnen, die eingeweicht und lange gekocht werden) und die unverzichtbare **Pasta *china*** calabrese al forno (eine Art Auflauf mit kurzen Röhrennudeln aus Hartweizengrieß, zwischen deren Schichten Tomatensauce, Hackfleischbällchen und Käse kommen). Anschließend lernen Sie die Spezialität des Lokals kennen: ***Morzeddu*** (8 €), entweder **in der** traditionellen ***Pitta*** – Fladenbrot aus Hefeteig – oder auf dem Teller serviert. Freitags steht Fischliebhabern eine weitere Besonderheit des Hauses zu Verfügung, nämlich *Morzeddu* di baccalà. Abrunden können Sie dieses gute Essen mit einem hausgemachten traditionellen Dolce, dazu ein Schluck des köstlichen Dessertweins Greco di Bianco Passito. Als Alternative zu dem durchaus anständigen offenen Hauswein wählen Sie aus einer gepflegten Karte gute Weine, hauptsächlich aus Kalabrien.

Catanzaro: Morzello und Putìche

U morzeddu – wie der italianisierte Morzello eigentlich heißt –, wird bereits in den frühen Morgenstunden zubereitet, wenn in einem großen Kochtopf sehr scharfe Tomatensauce zu köcheln beginnt. Zusammen mit Oregano und Lorbeerblättern werden dann die typischen Ingredienzen, nämlich Kalbsinnereien – Lunge, Milz, Leber – und die verschiedenen Stücke der Kutteln hinzugefügt. Nach mindestens drei Stunden Kochzeit wird der Morzello in die charakteristische *Pitta* (kalabrische Focaccia aus Hefeteig) gefüllt und ist bereit für den Verzehr.

Die *Putìca* gilt als die klassische Osteria Catanzaros, in der man früher Morzello und ein paar andere Gerichte bekam. Dazu trank man offenen Wein, oft gemischt mit Gassosa, einer kohlensäurehaltigen Limonade.

Heute gibt es nur noch zwei Lokale, die wirklich als *Putìca* bezeichnet werden können. Sie bekommen ausgezeichneten Morzello aber auch in einigen Trattorien, und zwar ab zehn Uhr morgens.

Nicola Fiorita

CATANZARO

Da Talarico – Salvatore

Putìca • Via Turco, 16
Tel. (+39) 09 61 / 74 51 79
Ruhetag: Sonntag, Feiertage
Keine Ferien
Mittags geöffnet

In ihrer *Putìca* kochen Salvatore Talarico und seine Frau Maria Stella seit 1972 *U morzeddu* (4 € in der Pitta, 5 € auf dem Teller). Sie finden ihn auf einer Speisekarte, die auch zwei Primi und zwei Secondi vorsieht und täglich wechselt.

Da Talarico – Santo

Putica • Scesa Poerio
Ruhetag: Sonntag, Feiertage
Keine Ferien
Mittags geöffnet

Das seit 1962 von Santo Talarico und seiner Frau Patrizia geführte Lokal besteht aus einem einzigen kleinen Speisesaal mit vier Tischen und bleibt geöffnet, solange es Morzello im Topf gibt. Außer dem Morzello in der *Pitta* (4 €), der schon ab 8.30 Uhr fertig ist, bekommen Sie Pasta e ceci oder Pasta und Bohnen, Fleisch in Tomatensauce und einmal pro Woche Soffritto di maiale.

La Furnacia

Trattoria-Pizzeria
Via Jannoni, 46 A
Tel. (+39) 09 61 / 72 09 70
Ruhetag: Sonntag
Ferien: Ende Juli
Mittags und abends geöffnet

Eine von einer Familie geleitete Trattoria, die sich durch eine Küche mit Fleisch und Fisch auszeichnet und den Morzello zu ihrer Spezialität gemacht hat. Gute Pizza und Weinauswahl zu gemäßigten Preisen. Manchmal und gegen Vorbestellung gibt es auch Soffritto di maiale und Morzello di baccalà.

La Vecchia Posta

Traditionelle Osteria
Via degli Angioini, 81
Tel. (+39) 330 / 81 57 11
Ruhetag: Sonntag
Ferien: 2 Wochen im September
Mittags geöffnet

In einem ehemaligen Postamt dieses Viertels wird seit 23 Jahren eines der bekanntesten Lokale der Stadt betrieben. Stefanos Aufgabe ist es, die die Wünsche der Gäste zu erfüllen, die sich an den sechs Tischen der Osteria drängen, während seine Frau Teresa Alici fritte oder marinate, Insalata di polpo, Pasta al sugo und vieles mehr kocht. Immer vorhanden ist Morzello (5 € in der Pitta, 9 € auf dem Teller), serviert wird er ab 9 Uhr morgens.

LAMEZIA TERME (CZ)

Alla Pentolaccia

Osteria
Ortsteil Nicastro
Via Fratelli Muraca, 17
Tel. (+39) 366 / 210 86 10
Ruhetag: Montag
Keine Ferien
30 Plätze
Abends geöffnet

Morzello außerhalb von Catanzaro zu finden, ist sehr selten. Grazia und Franco bieten in der Altstadt von Nicastro eine an die Umgebung gebundene Küche, deren unbestrittene Spezialität Morzello (6 €) ist. Am Freitag bekommen Sie ihn auch in der Version mit Baccalà (8 €). Für die Wartezeit empfehlen wir den Antipasto della casa (12 €). Im Sommer kann man auch im Freien sitzen. Manche Gerichte können Sie auch zum Mitnehmen kaufen.

119 KM NORDÖSTLICH V. REGGIO DI CALABRIA, S.S. 106

Da Giglio

Traditionelle Osteria • Ortsteil Carrubara, 20
Tel. (+39) 09 64 / 86 15 72,
(+39) 338 / 543 57 62
Ruhetag: Montag, außer im Sommer
Ferien: unterschiedlich
40 Plätze + 50 Plätze im Freien
Preise: 25–30 €
Kreditkarten: CS, MC, Visa; BM
Abends geöffnet, Sonntag und gegen Vorbestellung auch mittags

Wenige Kilometer von den archäologischen Ausgrabungen der antiken Stadt Kaulos an der Staatsstraße 106 entfernt, liegt unterhalb des alten Ortskerns von Caulonia zwischen Olivenpflanzungen und alten Ölmühlen eine der letzten traditionellen von einer Familie geführten Osterien. Die drei bestimmenden Kriterien sind Umgebung, Jahreszeiten und qualitativ hochwertige Zutaten. Das duftende native Olivenöl extra der Sorte Oliva grossa di Gerace bringt den Geschmack der Gerichte zur Entfaltung. Knuspriges hausgemachtes Brot wird zum reichhaltigen Antipasto della casa (11 €) gereicht, er besteht aus Pecorino und Ricotta aus einem nahen Caseificio, selbst gemachten Salumi – hervorragend schmecken Capicollo und Soppressata –, **Polpette di ricotta al sugo**, knusprigen Pfannkuchen mit Kürbis und Auberginen, Frese al pomodoro und der gelungenen Salsa trappitara, eine Sauce aus Oliven, kalabrischen Kirschtomaten, Oregano, Öl und Chili. Mamma Natalina bäckt nach wie vor das Brot im Holzofen und zieht von Hand das Teigblatt für Tagliatelle und ***Maccarruni***, die **con il sugo dei *cacocciuli*** (8 €) serviert werden, mit den Herzen von wilden Karden, welche im Mai, vor der Blüte, gesammelt werden. Auch Polpette di carne sowie Kichererbsen passen zu den Teigwaren. In der entsprechenden Jahreszeit probieren Sie Spaghetti con asparagi selvatici (mit Wildspargel). Unter den Secondi **Baccalà in umido con le patate** (9 €) oder mit Salsa trappitara, oder aber perfekt frittiert. Des Weiteren Capretto al sugo, gegrilltes Fleisch von selbst aufgezogenen Tieren und verschiedenste Beilagen. Zum Abschluss erfreuen Tiramisu, Crostata mit Obst sowie Liköre, alles hausgemacht. Im Wein aus eigener Erzeugung überwiegt die Traubensorte Nerello Cappuccio, doch Sie können auch unter verschiedenen Etiketten aus Kalabrien wählen.

38 KM NORDWESTLICH VON COSENZA

La Giara

Traditionelle Osteria
Piazza Santi Pietro e Paolo, 1
Tel. (+39) 09 84 / 52 34 65,
(+39) 330 / 70 06 99
Ruhetag: Montag
Keine Ferien
35 Plätze + 30 Plätze im Freien
Preise: 25–30 €
Kreditkarten: CS, MC, Visa; BM
Mittags und abends geöffnet

Im Herzen der „Calabria Citra“, dem nördlichen, „lateinischen“ Teil Kalabriens, in dem sich die albanischstämmige Kultur, das „Arbëreshë“ erhalten hat, können Sie auch heute noch Tradition und Kultur aus dem ursprünglichen Heimatland Albanien finden. In der Altstadt verarbeiten Emilio und seine Familie in der Küche ihrer Osteria das, was sie in ihrem landwirtschaftlichen Betrieb erzeugen, auch Fleisch. Die Liebe zur eigenen Arbeit drückt sich in einem einfachen und geradlinigen Service und dem Wunsch, die Heimat vorzustellen, aus. Dies geschieht gleich zu Beginn über eine Reihe von Gerichten, die den Antipasto misto (10 €) ergeben: Salumi, Käse, Polpette, in der Pfanne gewürztes Gemüse, Pilze, Omeletts, Pfannkuchen und vieles mehr – so reichhaltig, dass Sie von ihm allein schon satt werden, wenn Sie ihn nicht zu zweit teilen. Oder aber Sie beginnen gleich mit den sämtlich interessanten Primi (5 €) mit hausgemachter **Pasta** und Tomatensauce mit verschiedenem Fleisch, darunter Wildschwein und Zicklein, oder ohne Tomatensauce **con funghi porcini e pomodori secchi**. Außerdem bekommen Sie die für Festtage typische gefüllte Pasta und dampfend heiße **Zuppe di legumi**. Große Vielfalt bei den Secondi (7 €), darunter das köstliche Gericht mit Wildschwein **Cinghiale al sugo**, außerdem Baccalà fritto oder al pomodoro, Involtini (Rouladen), Zicklein und **Spezzatino di agnello** (Lammragout). Diese Spezialitäten werden von einer guten Karte mit Weinen aus Kalabrien unterstützt. Wenn Sie am Ende noch Platz haben, können Sie eines der typischen traditionellen Dolci wie Bocconotti, Ginetti, *Scalille, Turdilli, Casitelle* und Crostata probieren.

CIRÒ (KR)
Sant'Elia

38 KM NÖRDLICH VON CROTONE, S.S. 106

L'Aquila d'Oro

Trattoria-Pizzeria
Via Sant'Elia, 7
Tel. (+39) 09 62 / 385 50
Ruhetag: Montag, außer im Sommer
Ferien: 2 Wochen im Oktober
40 Plätze + 25 Plätze im Freien
Preise: 25–28 €
Kreditkarten: MC, Visa; BM
Mittags und abends geöffnet

In der Heimat eines der ältesten Weine Italiens, des Cirò, gibt es eine Osteria, in der die Geheimnisse der traditionellen Gerichte von früher bewahrt werden. Elisabetta und Salvatore bieten zusammen mit ihrem Sohn eine Küche mit kräftigem Geschmack, unbeeinflusst von „fremden" Speisen, und eine feststehende Speisekarte mit vielen Gerichten, die im Lauf der Jahreszeiten wechseln. Zu Beginn ein reichhaltiger Antipasto (10 €) mit lokalen Salumi, Polpo con peperoni piccanti fritti, Ricotta im Backteig, *Sciungata* (Frischkäse), *Pitta cu maju* (Fladenbrot mit Holunderblüten) und *cu a sarda* (mit Sardellen), **Sardi *scattiati***, Frittata di cipolla, **Pipi sotto sale *e patati*** (in Salz eingelegte Paprikaschoten mit Kartoffeln) und Cappelle di prataiolo ripiene (gefüllte Champignonköpfe). Bei den Primi (7 €) ***Cavateddhi cu sucu e pruppetti*** (mit Tomatensauce und Fleischbällchen) oder mit Bohnen und *Cucummari all'acitu* (in Essig eingelegten Gurken), *Maccarruni cu sozizzu* (mit Salsiccia) oder mit Sauce vom Wildschwein oder Zicklein sowie *Tagghiaini cu ciciari*. Wer jetzt noch weiteressen kann, bestellt Secondi (12 €) wie **Cinghiale alla cacciatora** con finocchietto, Salsiccia alla griglia, Capretto in umido con le patate, Baccalà con porri, ***Pipi 'e filari curi cipuddhizzi*** oder *Pipi e alici*. Oder aber einen Teller mit **Käse** (5 €), darauf Caciocavallo podolico, Pecorino, *Sciungata* podolica e *sicca* und Ricotta. Saisonale Dolci wie *Cuzzupa* und *Chinuliddha* con mostarda d'uva e noci. Degustationsmenü mit verschiedenen Antipasti, Dessert und Likör (16 €).

Die authentische (Wieder-)Entdeckung eines mittlerweile vergessenen Geschmacks. Der Reichtum der ‚armen' Speisen, die Elisabetta zubereitet, und die herzliche Gastlichkeit von Salvatore machen diese Osteria zu einem unvergesslichen Ort.

CIRÒ MARINA (KR)

33 KM NÖRDLICH VON CROTONE, S.S. 106

Max

Restaurant
Via Pola
Tel. (+39) 09 62 / 37 30 09
Ruhetag: Montag, außer im Sommer
Keine Ferien
90 Plätze + 70 Plätze im Freien
Preise: 35–40 €
Kreditkarten: CS, DC, MC, Visa; BM
Mittags und abends geöffnet

Das Max ist eine Mischung aus Modernität und überliefertem Wissen. Salvatore Murano ist nicht nur ein großartiger Koch, sondern auch ein Experte für Archäologie und vor allem für den Philosophen und Mathematiker Pythagoras. Daher sollten Sie nach dem Essen unbedingt ein wenig mit ihm plaudern, Sie werden neue Aspekte der wunderbaren Magna Graecia kennenlernen. Was die Küche betrifft, so gibt das Meer den Ton an, wahrzunehmen in immer unterschiedlichen Gerichten. Beginn mit Fantasia di mare (15 €) **mit gedämpftem Oktopus und Wildkräutern**, Mazzancolle all'anice, Krustentieren und rohem Fisch. Als Alternative der Antipasto della casa (8 €) mit Gemüse, Prosciutto vom schwarzen Schwein, Mozzarella und Stufato di peperoni e patate. Wenn Sie möchten, können Sie eine Kostprobe verschiedener Käsesorten bestellen, von Pecorino über Provola und Caciocavallo silano bis hin zu Butirro, Giuncata und Ziegenkäse, dazu Honig und lokale Konfitüren. Bei den Primi sind die köstlichen **Maccheroncini con ragù di pesce** (10 €) vorgesehen sowie Mezze maniche con vellutata di pomodoro, melanzane e ricotta affumicata. Die Secondi orientieren sich vor allem am Meer mit **Zuppe di pesce** (15 €), Cernia al forno (Zackenbarsch aus dem Ofen), Alici marinate, Seppie arrosto, gemischtem frittiertem oder gegrilltem Fisch oder einer knusprigen **Frittura di *surici*** (einem kleinen Barschfisch, 14 €). Wenn Sie Fleisch bevorzugen, kann immer ein schönes Stück vom Podolica-Rind für Sie gegrillt werden. Zum Abschluss Tiramisu oder Dolce al limone. Breit gefächerte Weinauswahl mit vielen Etiketten aus dem Anbaugebiet des Cirò, auch naturbelassen.

Große Aufmerksamkeit gilt hier den Zutaten, die Eingang in eine Küche mit Respekt für die außergewöhnliche Umgebung finden.

66 KM NORDÖSTLICH VON REGGIO DI CALABRIA

La Mamma

Trattoria
Via San Giuseppe, 33
Tel. (+39) 09 66 / 66 01 47,
(+39) 347 / 039 30 17
Ruhetag: Dienstag
Ferien: 15.–31. Juli, 15.–30. September
60 Plätze + 70 Plätze im Freien
Preise: 25–28 €
Kreditkarten: AE, CS, DC, MC, Visa; BM
Mittags und abends geöffnet

Beim Betreten dieses kleines Restaurants in der Altstadt von Cittanova bekommt man gleich das Gefühl, zu Hause zu sein. Die „Mamma" kocht den Stocco, wie es die Tradition verlangt, die Familie empfängt herzlich die Gäste in den drei kleinen Speisesälen. Begleitet von geröstetem, mit Sesam- oder Sonnenblumenöl beträufeltem Brot beweisen **Carpaccio und Insalata di stocco** (7,50 €), dass die Gerichte hier ganz typisch sind, von kräftigem, lang anhaltendem Geschmack. Wenn man die beiden Versionen probiert, kann man feststellen, wie verschieden der in Cittanova und Mammola (einem Dorf im Gebiet von Locri, ebenfalls für den Fisch bekannt) getrocknete Kabeljau infolge der unterschiedlichen Zubereitungsarten schmeckt. Von den Primi sollten Sie neben der klassischen **Stroncatura con stocco e olive** auch **Ravioli di stocco e pistacchi** (7 €) mit einer delikaten, mit Basilikum aromatisierten Tomatensauce probieren. Bei den Secondi dürfen Sie **Trittico di stocco** (drei Versionen Stocco, 14 €) nicht versäumen: mit Tomatensauce, grünen Oliven und Kapern, frittiert mit schwarzen Oliven und gebraten mit Paprikaschoten. Doch zu La Mamma kommt man nicht nur wegen des Stoccafisso, in vielen Gerichten kommen Gemüse und Fleisch zum Einsatz. Von den ausnahmslos hausgemachten Dolci verdient **Torta fedora** (3,50 €) eine Kostprobe. Zur Begleitung des Essens steht eine große Vielfalt an Weinen zur Verfügung, aus der einige interessante Etiketten aus Kalabrien und anderen Regionen der Halbinsel besonders ins Auge fallen.

Auf der Piazza Italia in **Taurianova** (7 km) bekommen Sie Torrone di mandorle di Avola und Torrone al bergamotto, den Honig Miele di zagara sowie gefüllte und mit Schokolade überzogene Feigen in den Konditoreien Murdolo und Taverna.

72 KM NÖRDL. V. COSENZA, 13 KM V. CASTROVILLARI

Kamastra

Restaurant
Piazza Municipio, 3–6
Tel. (+39) 09 81 / 733 87
Ruhetag: Mittwoch, außer im August
Ferien: 2 Wochen im November
80 Plätze
Preise: 25–30 €
Kreditkarten: AE, CS, DC, MC, Visa; BM
Mittags und abends geöffnet

Inmitten des Pollino-Gebirges, umgeben von jenen Bergen, die oft die Dolomiten Kalabriens genannt werden, befindet sich Civita, ein Dorf der albanischstämmigen Kultur Arbëreshë. Rund um das Restaurant stehen Häuser mit charakteristischen, eindrucksvollen Rauchfängen, die man eigentlich schon als Kunstwerke bezeichnen muss. Patron Enzo Filardi, Anwalt und Komponist von Volksmusik, bietet eine bäuerliche Küche, in der tausend Jahre gegenseitiger Inspiration mitschwingen. Der Antipasto della casa (10 €) besteht aus einem Brett mit Salumi und Käse, Mangold, in Essig eingelegten Karotten und grünen Bohnen, außerdem Pfannkuchen mit *'Nduja* und Saisongemüse. Dazu wird *Drudesa* gereicht, ein geröstetes Fladenbrot aus Roggenmehl mit Rosinen und Grieben. Bei den Primi (8 €) finden Sie immer ***Strangùle me' neneze*** (kurze Teigwaren mit typischen Kräutern aus dem Pollino-Gebirge) mit Ricotta sowie Maccheroni al ferretto al ragù (das Fleisch für die Sauce wird von Hand gehackt). Gegen Vorbestellung kommen Sie auch in den Genuss eines uralten Gerichts namens ***Dromësat***: kleine Teigwaren – ähnlich dem Couscous –, die durch das Versieben des Mehls mit in Wasser befeuchteten Oreganozweigen entstehen und dann in einer Tomatensauce mit Schweinefleisch gekocht werden. Als Secondo Cinghiale alla cacciatora (12 €) und gegrilltes Fleisch. Sonntags und an Festtagen können Sie **Capretto nel tegame alla civitese** kennenlernen: ausgiebig lange mit vielen Kräutern aus dem Pollino gekochtes Fleisch vom Zicklein. Für Vegetarier empfehlen wir **Colazione del pastore**, ein Gericht mit Bohnen, Paprikaschoten und Rührei. Würdiger Abschluss mit *Krustoli*, einem frittierten Süßgebäck, das mit Marmelade serviert wird und zu dem ein Gläschen Liquore di piretto (Likör einer lokalen Zitrusfrucht) passt.

CONDOFURI (RC)
Amendolea

48 KM SÜDÖSTLICH VON REGGIO DI CALABRIA

Il Bergamotto

Ferienbauernhof
Ortsteil Amendolea
Tel. (+39) 09 65 / 72 72 13,
(+39) 347 / 601 23 38
Ferien: unterschiedlich
70 Plätze + 50 Plätze im Freien
Preise: 17–20 € (Tagesmenü)
Keine Kreditkarten
Gegen Vorbestellung täglich mittags und abends geöffnet

Im Herzen des griechischsprachigen Gebiets von Kalabrien, am Fuß des Parco Nazionale dell'Aspromonte, begrüßt Ugo Sergi die Gäste in seiner bezaubernden, von duftenden Bergamotte-Bäumen umgebenen Landwirtschaft. Das Lokal ist ganz auf die Zitrusfrucht ausgerichtet, dem Symbol dieses Gebiets, von dem der Inhaber jedes Geheimnis kennt und jede Menge Anekdoten zu erzählen weiß. Zu Beginn Antipasti mit lokal erzeugtem Käse und Ricotta aus Ziegenmilch sowie hausgemachtem Capocollo vom schwarzen Schwein der Calabrese-Rasse. Das im eigenen Garten angebaute Gemüse kommt in haltbar gemachter Form oder gekocht auf den Tisch, wie bei dem süßsauren Gericht mit Kürbis **Zucca soffritta con la mollica in agrodolce**. Dazu wird die für den Ort typische ***Pitta*** serviert, eine Art Brot aus Hartweizen ohne Hefe, das in nativem Olivenöl extra frittiert wird. Im eigenen Betrieb werden auch einige alte Weizensorten angebaut, zum Beispiel Senatore Cappelli, und Buchweizen, der in die frischen hausgemachten Teigwaren kommt: ***Maccarruni* al sugo di pecora** – im Sommer mit einer Tomatensauce mit Ziegen- statt Schaffleisch – mit gereifter Ricotta. Köstlich schmecken **Penne alla contadina** mit Gemüse und Kräutern der Saison und Suppen mit Hülsenfrüchten und Wildkräutern. Als Secondi das für die griechischsprachige Kultur typische Gericht mit Schaffleisch **Pecora *ara pecurara***, oder aber **Salsiccia in agrodolce con cipolla e uva passa**, Grigliata di suino nero und **Spiedini di carne mista con verdure alla brace**. Unter den traditionellen Süßspeisen sind *Petrali, Buffeddi* und *Cudduraci* besonders interessant. Zu trinken gibt es Quellwasser und Wein aus eigener Erzeugung.

CONFLENTI (CZ)
Muraglie

55 KM NORDWESTL. V. CATANZARO, S.S. 19 OD. A 3

Le Muraglie

Ferienbauernhof
Ortsteil Muraglie
Tel. (+39) 09 68 / 643 67
Ruhetag: Montag, außer im August
Keine Ferien
65 Plätze + 30 Plätze im Freien
Preise: 20–25 €
Keine Kreditkarten
Mittags und abends geöffnet

Von der Ausfahrt Grimaldi der Autobahn, die Salerno mit Reggio Calabria verbindet, sind Sie in wenigen Minuten in dieser typischen, von einer Familie geführten Osteria. Inhaber Massimiliano Roperti bewirtet seine Gäste auf einfache Weise und bietet ihnen Produkte und Gerichte, die eine starke Verbindung mit der Umgebung und deren kulinarischer Tradition aufweisen. Der umfangreiche Antipasto della casa besteht aus Spezialitäten der Gegend, beginnend bei in Öl oder Essig eingelegtem Gemüse zu Salumi und Käse, lokal oder aus eigener Erzeugung. Eine besondere Erwähnung für ***Pignata* di fagioli**, in der die Qualität der Bohnen aus Conflenti zur Geltung kommt. Große Auswahl an Primi (6 €): von Hand gemachte ***Scialatielli* con soppressata e olive** oder mit Steinpilzen, wenn für diese Saison ist, sowie **Spaghetti con i *frisoli*** (Grieben). Dann folgen Secondi mit unterschiedlich zubereitetem Fleisch (12 €), aus dem Ofen oder geschmort: Wählen Sie zwischen Lamm, **Coniglio selvatico** – Wildkaninchen, besonders gut **alla cacciatora** –, Schwein und frei lebendem Huhn. Die Beilagen mit Gemüse (5 €), je nach Jahreszeit, stammen aus dem Garten neben dem Lokal, in dem auch die guten Kartoffeln angebaut werden, die Sie im Ofen gebraten oder frittiert bekommen können. Zum Abschluss leckere mit Mostarda di uva gefüllte **Bocconotti**, dazu ein Gläschen traditionell hergestellter Likör. Gutes Sortiment an Etiketten aus Kalabrien und ein angenehmer Hauswein.

In **Soveria Mannelli** (16 km) konservieren einige kleine oder mittelgroße Betriebe Pilze, getrocknete Tomaten und Peperoncini. Gute Adressen sind Cimino, Luna Funghi und Belmonte.

CORIGLIANO CALABRO (CS)
Cantinella

61 KM NORDÖSTLICH VON COSENZA

Le Bistrot

Trattoria
Ortsteil Cantinella
Tel. (+39) 09 83 / 80 80 25
Ruhetag: Sonntag
Ferien: erste Septemberwoche
30 Plätze
Preise: 30 €
Kreditkarten: AE, CS, DC, MC, Visa; BM
Mittags und abends geöffnet

Man schrieb das Jahr 1969, als Domenica ihrem Mann vorschlug, eine Osteria zu eröffnen. Beide kamen aus Gemeinden mit albanischen Wurzeln im Landesinneren und begannen ihre Arbeit am Kreuzungspunkt Cantinella an der Staatsstraße 106, um den Durchgangsverkehr dieser wichtigen Verkehrsader zu nutzen. Heute ist Domenica 82 Jahre alt und gibt immer noch in der Küche den Ton an, während ihre Tochter Patrizia seit über zehn Jahren das Lokal, einen Fixpunkt für die Liebhaber von Tradition und Unverfälschtem, führt. Die Speisekarte ist ein Extrakt des Reichtums der Gegend um Sibari, dem fruchtbarsten Gebiet Kalabriens. Den Antipasto (13,50 €) können wir nur als Explosion des, je nach Saison unterschiedlichen, Geschmacks beschreiben: **Polpette di melanzane**, Pomodori verdi fritti, lokale Salumi und Käse, **Frittelle di broccoli**, Kalbsleber mit Tomaten sowie in Öl eingelegte Artischocken, Spargel und ***Cipuddizzi*** (Wildzwiebelchen). Unter den Primi (7 €) mit hausgemachter Pasta finden Sie **Tagliatelle con ceci**, Fusilli al ferretto con sugo di castrato und Gnocchi al pesto di ortiche (mit Brennnesselpesto). Probieren Sie auch **Pasta con finocchietto e fave**, Spaghetti con alici, peperoni *cruschi* e olive nere oder die im Tontopf *Pignata* gekochten Suppen. Mit typischen Secondi geht es weiter: **Capretto alla cacciatora** (10 €), **Coniglio con peperoni e olive**, **Spezzatino di interiora di capretto**. Abschließend Biscotti all'anice, Bocconotti und Crostata und die hausgemachten, „Spiriti" genannten Digestifs aus Lakritze und Wildfenchel. Gute Weinkarte mit etwa 50 Etiketten, vor allem aus Kalabrien. Auch der Hauswein ist zufriedenstellend.

In **Rossano** (15 km) können Sie an der Staatsstraße 106 die für die Verarbeitung von Lakritze bekannte Fabbrica Amarelli mit angeschlossenem Museum besichtigen.

COTRONEI (KR)

45 KM NORDWESTLICH VON CROTONE

La Taverna dei Briganti

Ferienbauernhof
Ortsteil Difisella
Tel. (+39) 09 62 / 49 19 79,
(+39) 328 / 454 74 62
Ruhetag: Dienstagabend
Keine Ferien
100 Plätze + 50 Plätze im Freien
Preise: 20–30 €
Kreditkarten: AE, CS, DC, MC, Visa; BM
Mittags und abends geöffnet

Die Null-Kilometer-Philosophie ist die Grundlage des landwirtschaftlichen Betriebs von Andrea und Carmine Garofalo. In der Küche kontrolliert Mutter Teresa die Einhaltung der Kochzeiten für die Gerichte mit ihren im Lauf der Jahreszeiten wechselnden Farben und Aromen. Der große Speisesaal mit Kamin ist gemütlich, von den Veranden schweift der Blick über das grüne Sila-Gebirge von Crotone. Einmal hier oben angekommen, kann man auf folgende eiserne Regeln zählen: Es gibt viel zu essen, doch vor allem das Gute, Saubere und Faire. In den Antipasti (8 €) ist Fleisch vom schwarzen Schwein neben Käse, gegrilltem Gemüse, Polpette, ***Pipi e patati*** sowie Pfannkuchen mit Kürbis und Kürbisblüten enthalten. Wählen Sie bei den Primi (6 €) unter *Scilatielli*, Cavatelli und Pappardelle mit Saucen nach Saison, **Lasagne ai porcini** (mit Steinpilzen) oder Gemüse sowie Risotto. Im Herbst kochen **Dicke Bohnen im Tontopf *Pignata***, ebenso Kichererbsen und Bohnen, alle aus dem eigenen Betrieb, und im Winter gibt es Minestre und Minestroni. Versäumen Sie bei den Secondi (6 €) keinesfalls Brasato di vitello, Capretto arrosto und andere Fleischstücke, alla brace gegart oder mit Steinpilzen geschmort, oder probieren Sie ***Diunedde*** (geröstete Innereien vom Zicklein). Eine Alternative ist Forelle aus dem Ofen und in der Folie. Als Beilagen (3 €) Kartoffeln und in der Pfanne mit Peperoncino gewürztes oder gratiniertes Gemüse. Die Dolci (1,50 €) zum Abschluss bereitet Elena, die Schwester der „Briganten", zu. Interessanter Keller mit dem Besten der kalabrischen Weinproduktion. Besuchen Sie auch das Museo del brigantaggio und die Bottega dei salumi. Wenn es spät geworden ist, übernachten Sie in einem der angenehmen Zimmer in der Stille des Waldes.

„Hervorragende Zutaten werden in köstliche Gerichte verwandelt."

La Pignata

Restaurant
Vico Orfeo, 8
Tel. (+39) 09 62 / 229 84,
(+39) 334 / 334 09 93
Ruhetag: Sonntag
Ferien: 1.–15. Juli
30 Plätze
Preise: 30–35 €
Kreditkarten: AE, CS, DC, MC, Visa; BM
Mittags und abends geöffnet

In diesem hübschen Restaurant in der Nähe des Hafens, in einem der kleinen Gässchen, die von der mit Bäumen gesäumten großen Straße abgehen, bietet Giuseppe Priotto immer frische Fischgerichte nach guten, einfachen Rezepten, die den Geschmack des Meeres zur Entfaltung bringen. Ein kleiner Barbereich liegt vor dem gemütlichen Speisesaal mit Wänden aus frei liegendem Stein. Die Speisekarte wird mit Charme mündlich vorgetragen und sieht einen reichhaltigen Antipasto vom Meer mit über zehn Gängen vor: Tonno alla cacciatora, Seppie stufate, Frittatine di pesce, Gamberetti mit hausgemachter Mayonnaise, Cozze con melanzane, Feigen und Lachs, Polpettine ai frutti di mare, Gamberoni e cozze gratinati, **Bocconcini di spatola**, Seeigel und marinierter roher Fisch. Bei den Primi die schmackhaften **Spaghetti con ricci di mare** (10 €), die frischen Teigwaren Maccheroncini mit Kürbisblüten und Venusmuscheln (9 €), Paccheri con cernia e pomodorini, Linguine con gli *scrini* (Seeanemonen) al nero di seppia sowie Gnocchi con zucca, polpo e gorgonzola. Gegen Vorbestellung können Sie die in dem typischen Tontopf *Pignata* gekochte **Zuppa di pesce** (12 €) probieren, entweder mit den kurzen Teigwaren Ditali oder mit gerösteten Brotstücken. Unter den Secondi **Alici alla crotonese** mit Knoblauch, Öl, Essig und rotem Pfeffer, Baccalà gratinato con radicchio, eine exzellente **Frittura di paranza** (10 €), die Thunfischart Alalunga mit Kartoffeln und Kirschtomaten, Sogliola al limone, Krebse, Hummer und Langusten. Abschluss mit traditionell hergestelltem Sorbetto al limone und einem Dolce, auszuwählen unter Millefoglie con noci e crema chantilly, Panna cotta, Crostata und Pan di Spagna. Der Akzent liegt auf Weinen aus Kalabrien, auch wenn es einige Etiketten aus dem übrigen Italien gibt.

42 km sw. v. Catanzaro, 25 km v. Vibo Valentia

Antico Frantoio Oleario Bardari

Ferienbauernhof • Ortsteil Trunchi, 1
Tel. (+39) 09 68 / 78 90 37,
(+39) 338 / 428 89 54 • Ruhetag: Montag
Ferien: letzten 2 Januar-, ersten 2 Novemberwochen • 50 Plätze + 100 Plätze im Freien
Preise: 35 € (Tagesmenü)
Kreditkarten: CS, DC, MC, Visa; BM
Mittags u. abends gegen Vorbestellung geöff.

Nachdem Sie die Ebene von Lamezia verlassen haben, um die sanften, mit Olivenbäumen bestandenen Hügel hinaufzufahren, folgen Sie den unmissverständlichen Schildern, so erreichen Sie rasch das Antico Frantoio Oleario Bardari. Dann betreten Sie ein typisches Landhaus, das von einem schönen Garten umgeben ist. Das Lokal ist hell und bis ins Detail gepflegt – bemerkenswert die bestickte Tischwäsche –, der Blick aufs Meer hinreißend. Während des herzlichen, familiären Empfangs durch Signora Patrizia bereitet Domenico in der Küche aus lokalen Produkten köstliche Gerichte mit dem Geschmack der Umgebung zu. Das feststehende Degustationsmenü (35 €, ohne Wein) wird durch die Jahreszeit bestimmt. In jedem Fall beginnen Sie mit schmackhaften Antipasti wie **Caponata di verdure in crosta**, Capocollo di maiale, Involtino di zucchine con funghi porcini (Zucchini-Rouladen mit Steinpilzen) und Piramide di melanzana con pomodoro e scamorza. Unter den Primi Strozzapreti in cialda di formaggio con pomodorini, melanzane e ricotta affumicata, hausgemachte ***Scialatielli* ai sapori dell'orto** und knusprige Panciotti (gefüllte Teigtaschen) mit Pesto aus Zucchini und Pfefferminze. Den ersten Platz bei den Secondi nimmt Fleisch der im Betrieb aufgezogenen Tiere ein: Schwein, Huhn, Rind, Lamm und Zicklein. Unbedingt probieren müssen Sie **Tortino di pollo su crema di fave e finocchietto**, Medaglione di suino nero alla contadina, Tagliata di manzo sowie Lamm oder **Zicklein aus dem Ofen**. Kartoffeln mit Rosmarin aus dem Ofen und verschieden gekochtes Saisongemüse schmeckt dazu ganz hervorragend. Als Abschluss hausgemachte Dolci und köstliches Semifreddo alle mandorle con glassa di frutta. Die Weinkarte gibt Etiketten aus Kalabrien den Vorzug, doch auch Vorschläge aus ganz Italien fehlen nicht.

DIPIGNANO (CS)
Tessano

5 KM SÜDLICH VON COSENZA

Da Livio

Osteria
Via Pulsano, 63
Tel. (+39) 09 84 / 44 55 06
Ruhetag: Montag
Ferien: je 1 Woche im Juli und nach dem 15. August
140 Plätze + 60 Plätze im Freien
Preise: 20–25 €
Kreditkarten: CS, MC, Visa; BM
Mittags und abends geöffnet, Sonntagabend gegen Vorbestellung

Die Kurven, die von Cosenza nach Tessano führen, werden Ihnen nicht erspart bleiben, wenn Sie diese typische Osteria erreichen wollen. Sie lässt an frühere Zeiten denken, mit manch knarrendem Stuhl und Düften, von denen Sie dachten, dass es sie gar nicht mehr gibt. Livio beschreibt Ihnen selbst alles, was er kocht, wie es ein Freund mit seinen Gästen machen würde. Ganz der Norm in Kalabrien entsprechend sind die Antipasti (8 €) außergewöhnlich reich an Geschmack, Farben und Aromen, alles ist qualitativ hochstehend und aus der Umgebung. An erster Stelle **Salumi** und Pilze neben Olive schiacciate, Melanzane marinate und Polpettine di carne. Für die Primi (8 €), ein Repertoire der bäuerlichen Tradition, wird die Pasta von Hand gemacht: **Lagane e ceci**, Fusilli mit Salsiccia oder mit Gemüse sowie **Gnocchi con ragù di maiale**. Sehr vielfältig ist die Auswahl an Secondi (10 €) von Tagliata di vitello bis zu Frittura di alici, dazwischen dürfen nie der traditionelle **Arosto di capretto** und Salsiccia fehlen, dazu Beilagen mit **Steinpilzen** oder Kartoffeln **alla brace** (6 €). Auf der Karte finden Sie verschiedene Flaschenweine aus Kalabrien, ein ausgezeichneter offener Gaglioppo wird in der Karaffe serviert. Das Brot wird von Hand geknetet und im Pizzaofen gebacken, die Pizza darf übrigens als würdige Alternative für große und kleine Gäste gelten. Ausgezeichnete Dolci wie Crostata mit hausgemachter Konfitüre, Rosolio und Nocino als hausgemachte Digestifs. An Sommerabend sollten Sie einen Tisch auf der Terrasse vorbestellen, dann essen Sie in frischer Luft, umgeben von Myrtenduft und dem Gesang der Zikaden.

GASPERINA (CZ)

33 KM SÜDWESTLICH VON CATANZARO

La Paladina

Restaurant-Pizzeria • Via Pertini
Tel. (+39) 09 67 / 480 94,
(+39) 328 / 662 26 09
Ruhetag Dienstag, außer 15. Juli–31. August
Ferien: März/April
60 Plätze
Preise: 28–30 €
Kreditkarten: CS, MC, Visa; BM
Abends geöffnet, mittags gegen Vorbestellung

Gasperina liegt über dem bevölkerten Abschnitt der Küste am Ionischen Meer zwischen Catanzaro Lido und Soverato und bietet einen herrlichen Panoramablick. Ein paar Kilometer auf einer kurvenreichen Straße müssen Sie hinter sich bringen, um zu dieser Osteria zu kommen, der es gelingt, Respekt für die Tradition, Sorgfalt im Umgang mit den Zutaten und Aufmerksamkeit gegenüber Gästen und Gerichten miteinander zu verbinden. Das ist Verdienst von Nicola und Arianna und ihrem Traum: Nicola hat wie viele junge Menschen während seiner Ausbildung die Welt bereist, ohne je die Sehnsucht nach Heimkehr zu verlieren. Arianna, die ursprünglich vom Lago Maggiore kommt, hat nur einen – einfachen und perfekten – Wunsch, nämlich glücklich zu sein, mit demjenigen, den sie liebt. Für den Beginn empfehlen wir den reichhaltigen Antipasto della casa (11 €), dessen Zusammenstellung im Lauf der Jahreszeiten variiert. Als Beispiele führen wir Salumi, Käse, **Fagioli cotti nella *pignata***, Melanzane sott'olio, **Olive schiacciate** und Kichererbsen mit Rosmarin an. Die aussagekräftigsten Gerichte lassen die Berufung der Osteria für die traditionellen Rezepte des Landesinneren erkennen. Bei den Primi raten wir zu **Lasagnetta ai porcini e tartufo nero del Pollino** (8 €) und **Scilatella al ferretto** (eine für das Gebiet von Catanzaro typische Pasta) **con stoccafisso e fagioli**. Unter den Secondi ragt die Neuinterpretation eines überlieferten lokalen Gerichts hervor: **Stinco di maialino nero** (Haxe vom Ferkel des schwarzen Schweins, 9 €). Ebenso lohnen **Stoccafisso frantoiano con olive e pomodorini** (14 €) und die köstliche Tagliata di podolica eine Kostprobe. Zufriedenstellendes Angebot an Dolci. Die Idee, die herausragenden Produkte Kalabriens aufzuwerten, spiegelt sich in der Weinkarte mit überwiegend kalabrischen Etiketten.

101 KM NORDÖSTLICH VON REGGIO DI CALABRIA, A 3

Il Ritrovo dei Picari

NEU

Trattoria-Pizzeria
Piazza Nicola Palermo, 13
Tel. (+39) 329 / 736 78 50
Ruhetag: Dienstag, außer im Sommer
Ferien: unterschiedlich
32 Plätze + 40 Plätze im Freien
Preise: 25 €
Kreditkarten: CS, MC, Visa; BM
Mittags und abends geöffnet

Auf einer kleinen Piazza in einem der alten Ortskerne im Aspromonte-Gebirge stellt sich Il Ritrovo dei Picari seinen Besuchern von außen erst wie eine typische Bar aus früheren Zeiten dar, um sie dann in einem renovierten Saal zu empfangen, in dem der ursprüngliche Stil mit Gewölbe und Mauern aus frei liegendem Stein wiederhergestellt wurde. In Antonellos Küche wird Wert auf die Präsentation der Gerichte und die verwendeten Produkte gelegt, Grundlage sind die Jahreszeiten und einfache, doch schmackhafte Zubereitungsweisen. Die Hauptrolle spielen die Pilze, die das Familienoberhaupt selbst in den umliegenden Wäldern sammelt. Ein richtiges Essen kann nur mit dem reichhaltigen Antipasto della casa (9,50 €) beginnen, der in seiner kompletten Version **Frittelle di porcini** (Pfannkuchen mit Steinpilzen) und mit Kürbisblüten beinhaltet, **Melanzane ripiene**, Purea di patate con erbe di campo, Käse und Salumi, hausgemachtes eingelegtes Gemüse und Steinpilz-Carpaccio. Für Menschen mit gesundem Appetit folgen nun leckere Primi, von denen wir **Pappardelle con porcini** und Fiocchetti dei Picari (mit Steinpilzen, Wildspargel und Pomodori di Pachino) empfehlen. Secondi vor allem mit Fleisch: Tagliata und Arrosto vom Kalb, **Salsicce** und andere Stücke vom lokalen Schwein **alla griglia** und als Alternative **Porcini arrosto** (gebratene Steinpilze). In der entsprechenden Jahreszeit bestellen Sie Funghi e le patate dei Picari (8 €), das sind Bergkartoffeln mit in Stücke geschnittenen Steinpilzen, die in Mehl gewendet und frittiert werden. Das gute Essen wird von einem hervorragenden Wein aus der Umgebung und einer interessanten Auswahl an kalabrischen Etiketten und traditionell erzeugten Bieren begleitet. An Sommerabenden nehmen Sie im gepflegten frischen Garten im Grünen Platz.

35 KM NORDWESTLICH VON CATANZARO

BarriQuando

Trattoria
Piazza Mercato Nuovo
Tel. (+39) 345 / 494 02 55
Ruhetag: Sonntag, Montag, Samstagmittag
Keine Ferien
30 Plätze + 40 Plätze im Freien
Preise: 30 €
Kreditkarten: AE, CS, DC, MC, Visa; BM
Mittags und abends geöffnet

Auf der Piazza Mercato Nuovo in Nicastro, dem Herzstück des ursprünglichen Stadtzentrums, einem geschichtsträchtigen Ort, befindet sich die Trattoria von Roberto Lancillotto. Gewölbe und Wände mit frei liegendem Stein, Nischen, in denen Flaschen stehen, und Holzbalken an der Decke erzeugen eine rustikale Atmosphäre. Die Küche ist von der Tradition geprägt, bevorzugt verwendet man Produkte aus der Umgebung, eingekauft wird täglich an den Ständen des gegenüberliegenden Marktes. Für den Beginn stellt der Küchenchef sieben kleine Antipasti zusammen: **Parmigiana di melanzane**, kleine Ricottaformen mit karamellisierter Zwiebel aus Tropea, **Rape e salsiccia**, Quiche mit dem Gemüse der Saison, Fagioli all'uccelletto, Insalata di pollo speziata und den Käse Burratina sowie (panierten und frittierten) Ziegenkäse (11 €). Unter den Primi ragen Vermicelli alla Mazzini hervor, eine Art Carbonara, der die scharfe Streichwurst *'Nduja* besonderen Geschmack verleiht (8 €). Doch probieren Sie auch Bucatini in rosso con pomodorini secchi, olive infornate, cipolla di Tropea e mollica tostata und **Spaghetti mit** Puntarelle (Zichoriensprossen) oder mit **Sardellen, Knoblauch und gerösteten Brotkrumen**. Die Secondi reichen vom Landesinneren bis zum Meer: köstliches Schweinefilet **Filetto di suino nero con mousse di peperoni** oder in crosta di caffè e zucchero di canna su crema di zucca (18 € für zwei Personen) sowie Filetto di alalunga con mentuccia und Straccetti di baccalà alla Barriquando. Am Ende des Essens gibt es gute hausgemachte Desserts wie **Crostata all'uva zibibbo** (4 €) und – in der entsprechenden Jahreszeit – Mousse mit Esskastanien oder mit Kakifrüchten. Zu trinken wählen Sie aus einer gepflegten Auswahl an lokalen und italienischen Weinen und einigen traditionell erzeugten Biersorten.

LONGOBARDI (CS)

39 KM SÜDWESTLICH VON COSENZA

Magnatum La Degusteria

Moderne Osteria
Via Indipendenza, 56
Tel. (+39) 09 82 / 752 01
Ruhetag: Sonntagabend
Keine Ferien
16 Plätze + 20 Plätze im Freien
Preise: 30–35 €
Kreditkarten: AE, CS, DC, MC, Visa
Mittags und abends geöffnet

Das Magnatum ist die Geschichte einer Herausforderung, der sich ein junger Mann aus Kalabrien mit der Liebe zum guten Essen und dem Traum, ein erfolgreiches Lokal in einem Ort mit nur 60 Einwohnern zu führen, mit Erfolg gestellt hat. Francesco Saliceti kultiviert Geschmack, so möchte man aufgrund seiner Leidenschaft für das Entdecken kalabrischer, italienischer und internationaler Spezialitäten sagen. Bestellen Sie rechtzeitig vor und Sie werden kompetent bei einer anspruchsvollen Degustation beraten, bei der Ihnen über 40 verschiedene native Olivenöle extra und 300 Weine Gesellschaft leisten. Zu Beginn eine Auswahl an Salumi und frischer wie auch extralange gereifter **Käse**, wertvoll und schwer erhältlich, den Sie ohne Brot verkosten sollten. Dann probieren Sie **Macco di San Nicola**, ein Püree aus Dicken Bohnen und Wildzichorien mit einem bitteren und scharfen nativen Olivenöl extra. Die Spezialitäten des Lokals sind **Frittata di patate**, ein Kartoffelomelett ohne Ei, das eine Stunde lang gebraten wird, Conetto di baccalà islandese (12 €), ein isländisches Rezept, das unter Verwendung von zerquetschten Oliven und getrockneten Tomaten ins Kalabrische „übersetzt" wurde, sowie Fesa affumicata (geräuchertes Nussstück, 8 €) mit Pecorinostreifen und schwarzem Trüffel aus der Gegend. Im Sommer empfehlen wir **Insalata *cannaruta*** con i pomodori di Belmonte, olive schiacciate, capperi, pane tostato e cipolla rossa (6 €). Köstlich schmecken die nur kurz in den Ofen geschobenen **Kürbisblüten mit Ricotta und Parmigiano reggiano vacche rosse** (3 €). Auch das Dessert wird Sie in Staunen versetzen: 36 Monate gereifter Comté (eine der besten Käsesorten der Welt) mit Getreidekeks und Birnencreme.

MARTONE (RC)

99 KM NÖ. VON REGGIO DI CALABRIA, S.S.106

La Collinetta

Trattoria-Pizzeria
Ortsteil Colacà
Tel. (+39) 09 64 / 516 80,
(+39) 338 / 855 09 30
Ruhetag: Dienstag
Ferien: unterschiedlich
80 Plätze + 10 Plätze im Freien
Preise: 25 €
Kreditkarten: MC, Visa; BM
Mittags und abends geöffnet

Wenn Sie an der Riviera dei Gelsomini unterwegs sind, sollten Sie einen Abstecher auf den Hügel zwischen Gioiosa Jonica und Martone unternehmen und eine Pause in dieser gemütlichen Trattoria einlegen, die von Giuseppe Trimboli, seiner Frau Lucia und der Mutter Rosa geführt wird. Der eigene landwirtschaftliche Betrieb liefert die Produkte, die in der Küche verwendet werden, von nativem Olivenöl extra bis zu eingelegtem Gemüse, von Wein bis zu Salumi. Die Gerichte entstammen der Geschichte der Umgebung, folgen dem Rhythmus der Jahreszeiten und werden korrekt in all ihren Details beschrieben. Zu Beginn kommt ein Aufgebot von etwa 20 verschiedenen Kostproben an kalten und warmen Antipasti (12 €): Käse, Ricotta, Hülsenfrüchte, Gemüse und Frittiertes. Eine besondere Erwähnung für **Burrata su crema di spinaci e vellutata dolce di peperoncino**, Ceci con muscolo di vitello e salsa di pomodorini und **Baccalà** fritto **con salsa verde e cipolla rossa di Tropea**. Die sehr guten Primi basieren alle auf frischen Teigwaren wie ***Fileja* con il ragù di vitello, maiale e agnello** (8 €), Tagliatelle con funghi e salsiccia, Bucatini con lo stocco und Gnocchetti di patate con crema di fave all'ortolana. Anschließend Fleisch und lokales Wild sowie verschiedene Versionen von Stocco und Baccalà: Insalata di stocco con olio, peperoncino e prezzemolo und Baccalà in umido con le olive. Des Weiteren Spezzatino di cinghiale con funghi e patate (Wildschweinragout mit Pilzen und Kartoffeln, 9 €) und hervorragender **Cosciotto di agnello speziato e cotto nell'argilla** (gewürzte Lammkeule, unter einem Tondeckel gegart). Süßer Ausklang mit Crostata con marmellata, Tortino con crema e pistacchio und **Mousse di crema pasticciera al limone** con croccante (3 €). Zufriedenstellende Auswahl an kalabrischen und weiteren italienischen Weinen.

12 KM SÜDWESTLICH VON VIBO VALENTIA, S.S. 18

Il Normanno

Osteria
Via Duomo, 12
Tel. (+39) 09 63 / 33 63 98,
(+39) 338 / 857 64 63
Ruhetag: Montag
Ferien: 1.–20. September
50 Plätze + 30 Plätze im Freien
Preise: 20–25 €
Kreditkarten: AE, CS, DC, MC, Visa; BM
Mittags und abends geöffnet

Il Normanno ist eine Trattoria mit solider Erfahrung, in der Sie die typischen Gerichte der Umgebung und Jahreszeit in rustikalem, gemütlichen Ambiente bekommen. Inhaber Giovanni Garoffolo zeigt im Speisesaal seine Kompetenz bei der Aufzählung der einzelnen Gerichte, die Signora Clementina zubereitet. Nachdem Sie in einem der beiden kleinen Speisesäle oder im Sommer in der reizenden Veranda Platz genommen haben, können Sie gleich mit einem reichhaltigen Antipasto (10 €) mit warmen und kalten Gerichten beginnen. Darunter Salumi und Käse aus lokaler Erzeugung, im Holzofen gekochte und im Tontopf servierte Hülsenfrüchte, kleine Ricottaformen, Pfannkuchen und das in der Pfanne gewürzte Gemüse der Saison. Bei den Primi (6 €) ist eine typische kalabrische Pasta aus Wasser und Mehl vorgesehen, die hausgemachte ***Fileja* con ragù di capra**, aber auch ausgezeichnete Pappardelle ai funghi di bosco con pancetta e noci sowie traditionelle **Zuppe di legumi** (Hülsenfrüchtesuppen) mit Salsiccia, Bohnen und *'Nduja* oder Suppen mit Perlgraupen und Dinkel, die in der *Pignata* (einem Topf aus lokalem Ton) im Holzofen gekocht werden. Unter den Secondi (10 €) finden Sie Costolette di agnello panate e cotte alla griglia, **Salsicciotti di maiale in agrodolce**, Baccalà in umido (geschmort) oder aus dem Ofen mit Kartoffeln und Paprikaschoten, langsam im Holzofen gegartes **Freilandhuhn** sowie Trippa con pomodori e peperoni (Kutteln mit Tomaten und Paprikaschoten). Brot und Desserts sind immer hausgemacht, dazu werden traditionell erzeugtes Eis und die „Spiriti" genannten Digestifs aus Wildfenchel, Zimt und Lakritze angeboten. Einzigartig ist **Uvetta nella grappa** (Rosine in Grappa), kalt in einem Glas mit Honig serviert. Neben dem offenen Wein gibt es eine kleine Auswahl an kalabrischen Etiketten.

96 KM NORDWESTLICH VON COSENZA

Osteria del Vicolo

Trattoria-Pizzeria
Vico I San Francesco, 5
Tel. (+39) 09 81 / 804 75,
(+39) 339 / 584 41 32
Ruhetag: Mittwoch
Ferien: zeitweise im November
25 Plätze
Preise: 25–30 €
Kreditkarten: AE, CS, DC, MC, Visa; BM
Mittags und abends geöffnet

Es ist immer interessant, ein Kalabrien kennenzulernen, das abseits der Stereotypen liegt, die von den Medien vermittelt werden. Eine Bestätigung dafür ist die Osteria del Vicolo in Mormanno, wo Francesco, seine Frau Catia, die Mutter und der Bruder ein Beispiel dafür geben, wie man zugleich Bauer, Erzeuger, Koch und moderner Unternehmer sein und ein Netzwerk gründen kann, um die eigene Umgebung aufzuwerten, indem man andere junge in der Branche arbeitende Menschen miteinbezieht, seien es Bauern, Hotelfachleute oder Gastwirte. Die Osteria befindet sich in einem engen Gässchen und schon beim Eintreten wird man von der dynamischen Catia herzlich willkommen geheißen. Die Speisekarte respektiert alle lokalen Spezialitäten und die Mutter kocht, mit Hilfe des älteren Sohnes, echte Spezialitäten mit „armen" und doch edlen Zutaten, die beinahe alle aus dem Garten und dem Anwesen der Familie stammen. Beginnen können Sie mit Salumi aus der Gegend und dem Gemüse aus dem Garten (6 €) oder mit **Tortino di lenticchia di Mormanno** su crema di poverello bianco e porcini. Bei den Primi Ravioli con ricotta e ortiche (6 €), **Cavatelli in salsa di noci di Campotenese** und schwarzer Reis aus Sibari mit Trüffel (nur gegen Vorbestellung, 12 €). Sehr gut schmecken auch die klassischen Suppen (6 €). Secondi im Zeichen von Fleisch: Filetto di maiale nero spolverato di noci con porcini (10 €), Agnello alla griglia, aber auch **Baccalà con *cangareddri 'ngruscati***. Einfache Dolci nach Hausfrauenart sind Bocconotto di Mormanno oder Crostata mit Konfitüren von Zitronen aus Sibari (3 €). Die Weinkarte ist vor allem Weinen aus der Umgebung gewidmet, darunter eine selbst erzeugte Sorte.

In der Via Costapiana können Sie in der Pasticceria Silvana ausgezeichnete Bocconotti und andere typische Süßspeisen kaufen.

Kalabrischer „Stocco“ von Cittanova und Mammola

NEU

Der Stoccafisso aus Mammola oder jener aus Cittanova, welcher ist besser? Eine Frage, die man oft hört unter Liebhabern und denen, die beruflich mit der Materie zu tun haben. Eine Antwort fällt jedoch nicht leicht.

Wovon hängt die Qualität dieses getrockneten Kabeljaus ab, der in Wasser eingeweicht sein ursprüngliches Volumen wiedererlangt und dann auf verschiedene Art zubereitet wird? Einige sind sicher, dass das Wasser den Unterschied macht. Andere schwören auf die Stunden der Einweichzeit, ohne irgendeinen Zusatz, in denen der Geschmack sich entfalten kann. Wird man je die absolute Wahrheit wissen? Vielleicht nicht.

Der Fisch ist das Aushängeschild zweier kleiner Städte. Die eine liegt im Gebiet von Locri, die andere in der Ebene von Gioia Tauro. Wie viel Aufhebens um ihn gemacht wird, hängt davon ab, wie lautstark seine Anhänger sich jeweils zu ihm äußern.

Der „Stocco", dessen Name eine Ableitung des englischen Ausdrucks *Stockfish* ist, taucht erstmalig in Genua, Venedig und Neapel um das Jahr 1561 als Tauschware auf. Von Neapel aus erreicht er über den Hafen von Pizzo schließlich Kalabrien. Der ihm gewidmete Nationalfeiertag Mitte August wird zwar seit Jahren in Cittanova begangen, doch Mammola wiederum kann seine 14 Restaurants ins Treffen führen, die den Fisch zu ihrer Spezialität machen und täglich von zahlreichen Bewunderern besucht werden. Sie alle wollen den „Stocco" in seinen vielfältigen Zubereitungsarten genießen.

Nicola Fiorita

CITTANOVA (RC)

Baconchi

Via Piave, 1
Tel. (+39) 09 66 / 66 11 84
(+39) 389 / 942 03 48
Ruhetag: Montag
Ferien: unterschiedlich
Mittags und abends geöffnet

Vom Erzeuger zum Konsumenten. Patron Michele präzisiert sofort die Sorgfalt, mit der jeder Arbeitsschritt bis zum Servieren des „Stocco“ ausgeführt wird, und er betont, dass alle anderen Zutaten aus der Umgebung sein sollten. Baconchi ist nicht nur der Name des Restaurants, sondern auch des Fischgeschäfts der Familie, das seit 43 Jahren existiert. Der kulinarische Ausflug beginnt mit Stocco marinato con capperi, olive e alici, serviert mit Rucola und Grana-Käse (15 €), und Bruschetta di stocco, pomodoro e formaggio. Als Primo sollten Sie unbedingt mit Stocco gefüllte Ravioli auf Kartoffelcreme (10 €) wählen und unter den Secondi Stocco con crema ai quattro formaggi e noci (12 €). Angenehmer offener Wein und die Möglichkeit zur Auswahl aus einer gepflegten Weinkarte.

MAMMOLA (RC)

A Piazzetta

Piazza Ferrari, 21
Tel. (+39) 09 64 / 41 44 88
Ruhetag: Dienstag
Ferien: unterschiedlich
Mittags und abends geöffnet

Francesca begrüßt die Gäste, zusammen mit Cosimo, ihrem Mann und Küchenchef, bietet Sie Gerichte mit Stocco. Die über 20-jährige Erfahrung tritt deutlich zutage, denn Cosimo verarbeitet den Fisch unter Einhaltung der traditionellen Rezepte, doch mit einer Technik, die das Resultat moderner ausfallen lässt und auch übertriebenes Würzen unnötig macht. Im Degustations-Antipasto (10 €) kann man den Stocco roh, mariniert, als Salat und außerdem in Pfannkuchen und Bällchen probieren. Von den verschiedenen Primi auf der Karte empfehlen wir Paccheri con fagioli, funghi e stocco (6,50 €) und bei den Secondi Stocco arrostito (10 €), dazu entweder Pilze oder gegrilltes Gemüse. Lobenswerte Weinauswahl mit verschiedenen kalabrischen Weinen und Süßspeisen aus eigener Erzeugung runden das Essen auf beste Weise ab.

Il Ponte

Via San Nicodemo
Tel. (+39) 09 64 / 41 47 00
(+39) 340 / 623 89 50
Ruhetag: Dienstag
Ferien: unterschiedlich
Mittags und abends geöffnet

Ein erst kürzlich eröffnetes Lokal, in dem man eine moderne Atmosphäre spürt, auch was die Präsentation der Gerichte betrifft. Verzichten Sie bei der Bestellung nicht auf den Antipasto (10 €), denn so lernen Sie Insalatina di stocco – mit getrockneten Kirschtomaten, Paprikaschoten und Oliven der Sorte Taggiasche – kennen und Bignè (Brandteigkrapfen), der wie ein kleines Brötchen eine Scheibe Büffel-Mozzarella und mit mildem Paprika bestreute Stückchen vom rohen Stocco enthält. Bei den Primi (12 €) gute Spaghetti con pomodorini, stocco e lardo di Colonnata, das typische Traditionsgericht von Mammola, um dann beim Secondo zur Moderne zurückzukehren mit Stocco al bergamotto, con olive e listerelle di pomodoro secco (10 €). Die interessante Weinkarte gibt die Möglichkeit, aus dem Besten verschiedener Regionen Italiens zu wählen.

La Bottega dei Sapori

Via Magenta, 3
Tel. (+39) 09 64 / 41 44 32
Ruhetag: Montag
Ferien: unterschiedlich
Mittags und abends geöffnet

Ein Lokal mit Zeitungsartikeln und Fotos an den Wänden und wenigen Tischen – daher sollten Sie rechtzeitig reservieren, um die gute Küche kennenzulernen, deren Know-how hier von Generation zu Generation weitergegeben wird. Wie es die Tradition verlangt, können Sie im Antipasto (12 €) den Stocco auf verschiedenste Weise zubereitet kennenlernen. Eine besondere Erwähnung gilt Tortino con le patate, in dem Brotkrumen mit Olivenöl, Petersilie und Kirschtomaten vermengt werden. Das Rezept, in dem der traditionelle Geschmack am besten zum Ausdruck kommt, ist ein Primo, es handelt sich um Stroncatura mit schwarzen Oliven (9 €) und einer kräftigen roten Tomatensauce mit geräucherter Ricotta, einer weiteren Spezialität von Mammola. Weiter geht es mit Involtini di stocco con mollica profumata e pomodorini (3 € pro Roulade). Bescheidene Weinkarte und Hauswein.

La Taverna del Borgo

Via San Nicodemo, 3
Tel. (+39) 09 64 / 41 89 42
(+39) 338 / 722 76 01
Ruhetag: Mittwoch, außer an Feiertagen, im Juli und August
Ferien: unterschiedlich
Mittags und abends geöffnet

Wer den Stocco als typische Spezialität kennenlernen möchte, dem rät Oscar, der Verantwortliche im Service, nicht auf den Antipasto (12 €) zu verzichten, denn dieser ist reich an verschiedenen Gängen, darunter auch Würfelchen vom lokalen Pecorino, dazu selbst gemachte Konfitüren mit Peperoncino und Zitrusfrüchten. Um zu verstehen, welches der echte Geschmack des Stocco von Mammola ist, müssen Sie die Pasta della casa (7 €) probieren, von Hand aus Vollkorn-Roggenmehl gemachte Nudeln, die mit Stocco, Guanciale und Peperoncino serviert und nach persönlichem Geschmack mit einer köstlichen geriebenen geräucherten Ricotta bestreut werden. Wenn Sie kein Secondo mehr nehmen, können Sie Mousse di ricotta di Mammola (3 €) genießen. Der offene Hauswein könnte noch besser werden, so auch die begrenzte Weinkarte, auf der Sie jedoch einige Etiketten aus Kalabrien finden.

MOTTA SAN GIOVANNI (RC)
Fornaci-Lazzaro

23 km südlich von Reggio di Calabria

AgriRiggio

Ferienbauernhof
Via Mameli, 7
Tel. (+39) 09 65 / 71 23 04,
(+39) 339 / 811 75 06
Kein Ruhetag • Keine Ferien
60 Plätze
Preise: 20 € (Tagesmenü)
Keine Kreditkarten
Mittags und abends gegen Vorbestellung geöffnet

Im Agriturismo AgriRiggio (einem der Erzeuger des Slow-Food-Presidio Capicollo azze anca grecanico) einzukehren, bedeutet, ein Fenster zu einem Gebiet zu öffnen, dessen Wurzeln in der Kultur der Magna Graecia zu finden sind. Annunziato und seine ganze Familie begleiten Sie auf einer kulinarischen Entdeckungsreise, deren wichtigste Elemente kräftiger Geschmack und intensiver Duft sind. Das feststehende Menü sieht ein großes Sortiment an frischem oder gereiftem Käse aus Schaf- und Ziegenmilch vor, Salumi (Salsiccia, Soppressata, Pancetta, Capocollo), in Öl eingelegtes Gemüse aus dem eigenen Betrieb, Saisongemüse im Backteig oder gegrillt und mit Saucen serviert, **Crispeddhi con alici salate** (Hefeteigbällchen mit in Salz eingelegten Sardellen) oder mit *'Nduja*, sowie warme Focaccia mit Oliven und Pecorino. Von den Primi empfehlen wir **Tagliatelle con sugo di carne di maiale** oder aber frisch gemachte Pasta mit dem Gemüse der Jahreszeit. Die Spezialität des Hauses sind die Secondi mit Fleisch, zum Beispiel **Grigliata** omerica (verschiedene, über der Holzkohlenglut gegrillte Fleischstücke, die am Ende mit Mehl bestreut werden) und **Porchetta grecanica**, für die das Ferkel während des Garens im Ofen mit Lehm bedeckt wird, was ein exzellentes Ergebnis zur Folge hat. Köstliches Brot mit Wildfenchel aus dem Holzofen und guter Wein, beides aus eigener Erzeugung. Familie Riggio geizt nicht mit Gastlichkeit und der Bereitschaft, den Gästen die verschiedenen Zubereitungsarten zu erklären. Im Betrieb, Mitglied einer Vereinigung von Lehrbauernhöfen, werden auch schwarze und gefleckte Schweine aufgezogen. In einer Verkaufsstelle im Bauernhof können Sie typische Produkte und das Fleisch vom schwarzen Schwein zum Mitnehmen kaufen.

NOCERA TERINESE (CZ)

59 km nordwestlich von Catanzaro

Calabrialcubo

Ferienbauernhof
Ortsteil Pietra di Grotta
Tel. (+39) 09 68 / 190 33 91,
(+39) 345 / 892 43 67
Ruhetag: Montag
Ferien: zeitweise im Januar
60 Plätze
Preise: 25–30 €
Kreditkarten: CS, DC, MC, Visa; BM
Mittags und abends geöffnet

Harmonie ist das Wort, das diesen Agriturismo am besten beschreibt: die Ruhe der Landschaft zwischen dem Meer und dem Gebirge der Sila, die gelungene Renovierung einer alten Wassermühle, der Respekt vor der bäuerlichen Vergangenheit, das Zusammenspiel des Ganzen, die Passion und der Mut von Marco und seiner Frau Assunción. All dies ergibt das Calabrialcubo und dazu gesellt sich ein unverfälschtes kulinarisches Angebot. In der Küche verschmelzen Tradition und Kreativität, 60 Prozent der Zutaten werden selbst erzeugt. Der junge Koch Claudio Vilella bietet eine ständig erneuerte Karte, um den Einklang mit saisonalen Produkten zu garantieren, darunter finden sich einige Slow-Food-Presidi. Von den Antipasti sollten Sie neben den Salumi aus dem eigenen Betrieb (7 €) auch Manzo con scaglie di parmigiano al balsamico probieren (8 €). Als Primi empfehlen wir Risotto carnaroli alle ortiche mantecato con robiola e pancetta essiccata (10 €), Tortelli di ricotta affumicata sowie **Cappellacci di borragine con ragù di salsiccia**, primo sale al forno e sformato all'uovo (8 €). Anschließend **Filetto di maialino in crosta di pistacchio di Bronte e lardo** con insalata di carciofi e tartufo (12 €), Stufato di muscolo alla birra und eine hervorragende Degustation von lokalem **Käse** mit Konfitüren (8 €). Zum Abschluss Semifreddo al pistacchio di Bronte con croccante e *pastetta* di miele (3,50 €). Sorgfältig getroffene Auswahl an kalabrischen Weinen und hausgemachtes, nach traditionellen Methoden gebrautes Bier sowie ein guter lokaler Rotwein. Sie können in dem Ferienbauernhof auch übernachten.

»*Einer der schönsten Betriebe Kalabriens: beispielhafter Bauernhof, Bierbrauerei, gemütliche Osteria mit sorgfältig ausgewählten Zutaten.*«

PALMI (RC)

47 km nordöstl. v. Reggio di Calabria, S.S. 18

Osteria del Vicolo

NEU

Osteria
Via Toselli, 10
Tel. (+39) 349 / 610 48 53
Ruhetag: Sonntagabend, Montag
Ferien: Oktober
20 Plätze + 14 Plätze im Freien
Preise: 28–35 €
Kreditkarten: CS, MC, Visa; BM
Mittags und abends geöffnet

Die Stadt Palmi ist für die Varia bekannt, eine Prozession mit einer 16 Meter hohen Konstruktion, die beim Fest der Schutzpatronin der Stadt von 200 Trägern getragen wird. In einer der kleinen, an Sommerabenden für den Verkehr geschlossenen Straßen im Herzen der Altstadt haben Domenico und Mara mit Sorgfalt ein altes Lokal instand gesetzt und bieten nun eine Küche mit den qualitativ hochwertigen Produkten der Umgebung. Zu Beginn Gemüse – Caponata, geschmorte Zwiebeln, Pfannkuchen mit Kürbisblüten, Bällchen mit Mangold – und Ricotta vom Monte Poro oder ein reich mit Salumi und Käse bestücktes Brett (10 €). Als Alternative Antipasto mit Fisch (12 €) mit Garnelen aus der Reuse, Alalunga sott'olio, Sardellen und Stocco als Salat mit Kirschtomaten, Oliven und Kapern sowie Couscous mit Miesmuscheln. Unter den Primi (8,50 €) finden ***Struncatura***, eine Pasta, die einst aus den Resten von Mehl und Kleie gemacht wurde, die nach dem Mahlen des Getreides auf dem Boden lagen, serviert **mit Sardellen, Knoblauch, Kapern, Tomatenstreifen und *Muddica*** (Brotkrumen), frische *Maccarruni* al ragù di suino und an Feiertagen **Pasta *china* al forno**, im Ofen gebackene Teigwaren mit Hackfleischbällchen, hart gekochten Eiern und Caciocavallo. Weiter geht es mit den Rouladen **Involtini di maiale al rosmarino** (11 €) und Kartoffeln in der Schale aus dem Aspromonte-Gebirge und im Winter mit dem Schmorgericht Stracotto di manzo. Kleinen Gästen schmecken Polpette della nonna. Es gibt jedoch auch Secondi mit Fisch: **Stocco alla griglia** (12 €) con peperoni arrostiti e peperoncini secchi sowie **Involtini di spatola** (Strumpfbandfischrouladen), ebenfalls gegrillt. Unter den Dolci (4 €) sind frisch gemachtes Tiramisu mit Pinienkernen und Dolce al cioccolato con bergamotto. Wählen Sie unter Weinen aus Kalabrien und Sizilien.

PIZZO (VV)

10 km nordöstlich von Vibo Valentia

San Domenico

Restaurant • Via Colapesce, 2–8
Tel. (+39) 349 / 139 02 55,
(+39) 346 / 76 54 43 88
Keine Ferien
30 Plätze + 30 Plätze im Freien
Preise: 30–35 €
Kreditkarten: MC, Visa; BM
Im Sommer und gegen Vorbestellung täglich geöffnet, sonst Freitag- und Samstagabend sowie Sonntag und Feiertage

Das Restaurant San Domenico finden Sie im unteren Teil des Ortes, ein paar Hundert Meter entfernt vom schönen Hauptplatz mit seinen vielen Bars und alteingesessenen Gelaterie, in denen das typische Eis von Pizzo, der Tartufo, erzeugt wird. Im Winter isst man im gepflegt schlicht eingerichteten Speisesaal, begleitet von entspannender Hintergrundmusik, im Sommer auf der Terrasse über dem Meer mit bezauberndem Ausblick. In der Küche von Bruno Tassone wird alles frisch gemacht und die täglich wechselnde Speisekarte hängt vom jeweiligen Ergebnis des Fischfangs ab, wie sein Bruder Cristian im Service erklärt. Spezialitäten sind **Polpo cotto a bassa temperatura** (bei Niedrigtemperatur gegarter Oktopus) mit gegrillten Kartoffeln, geriebenen getrockneten Oliven und Sauce von mildem Knoblauch (11 €), **Risotto carnaroli con ricci di mare**, asparagi e liquirizia calabra (12 €) sowie **Filetto di branzino con patate viola** (Filet vom Seebarsch) oder Thunfischfilet mit einer Mischung aus Sojasauce, Orangen, Senf, Honig und Auberginencreme (14 €). Zum Abschluss **Zuppetta di ciliegie con gelato fiordilatte** e cialda all'aneto (4 €). Dies ist nur ein Ausschnitt aus dem breit gefächerten, appetitanregenden kulinarischen Angebot, außerdem finden Sie Crudità di polpo, scampi e seppie, Cappesante con verdure und Nodini di spatola als Antipasti und bei den Primi Risotto al nero di seppia e caviale, mit Thunfisch und Gemüse gefüllte Lumaconi (Teigmuscheln) sowie Paccheri di Gragnano con rombo. Tentacolo di polpo con speck disidratato, Filetto di cernia con topinambur oder Filet vom Schwertfisch mit Kartoffeln sind weitere Secondi. Zum Dessert natürlich Tartufo di Pizzo sowie Sorbetto al limone und Cheesecake con fragole fresche. Zufriedenstellende Weinauswahl, vor allem aus der Umgebung und Kalabrien.

43 KM NORDÖSTLICH VON REGGIO DI CALABRIA, A 3

Donna Nela

Restaurant-Enoteca
Corso Mazzini, 23
Tel. (+39) 09 66 / 93 29 43,
(+39) 333 / 657 20 20
Ruhetag: Sonntag, Montagmittag
Ferien: 1.–10. September
60 Plätze + 70 Plätze im Freien
Preise: 25–30 €
Kreditkarten: AE, CS, DC, MC, Visa; BM
Mittags und abends geöffnet

Der Rahmen des Lokals kann sich sehen lassen: ein eleganter, stilvoll und originell eingerichteter Speisesaal in einem schönen Adelshaus, das mit größter Sorgfalt renoviert wurde und in dem vor allem die Wiederherstellung des ursprünglichen Innenhofs beeindruckt. Nehmen Sie an einem der hübsch gedeckten Tische Platz und lassen Sie sich von Giampiero und Erika verwöhnen. Die Küche bietet tief in der lokalen kulinarischen Tradition verwurzelte Gerichte, die von einem vegetarischen Menü ergänzt werden, so dass die Wünsche aller Gäste erfüllt werden können. Beginnen Sie mit dem reichhaltigen Antipasto mit gekochtem, in der Pfanne geschmortem oder **gegrilltem Gemüse**, in Essig eingelegten Zwiebelchen und verschiedenem Käse aus Kuhmilch. Oder aber Sie wählen ein schönes Sortiment an lokalen Salumi (8 €) – herausragend die sehr scharfe *'Nduja* –, dazu Schafkäse, Ricotta und rote Zwiebel. Danach gibt es hausgemachte Pasta wie die traditionelle **Stroncatura** (8 €), Pennette con *'nduja* sowie verschiedene andere Teigwaren mit Saucen nach Saison und natürlich die unverzichtbaren ***Scialatielli* con cipolle, melanzane, olive e peperoncino**. Wenn Sie gerne Fleisch essen, haben Sie die Auswahl unter zahlreichen Secondi, vor allem mit dem ausgezeichneten Fleisch vom in der Umgebung aufgezogenen Kalb: **Involtini alla griglia** (9 €), Filetto al vino und andere Zubereitungsarten, je nach Laune des Chefkochs. Als Alternative stehen Ihnen immer Gerichte mit dem Gemüse der Jahreszeit zur Verfügung. Gut gemachte lokale Desserts (4 €) und eine hervorragende Weinauswahl mit dem Besten der lokalen und italienischen Produktion stellen selbst die anspruchsvollsten Gaumen zufrieden. Die Weine können Sie auch in der dem Lokal angeschlossenen Enoteca kaufen.

Baylik

Restaurant
Vico Leone, 1–5
Tel. (+39) 09 65 / 486 24,
(+39) 338 / 787 63 75
Kein Ruhetag
Keine Ferien
80 Plätze
Preise: 25–35 €
Kreditkarten: AE, CS, DC, MC, Visa; BM
Mittags und abends geöffnet

Im Viertel Santa Caterina von Reggio di Calabria, einer Großstadt, die mit dem Duft und dem Geschmack der Meerenge von Messina assoziiert wird, befindet sich seit über 60 Jahren ein Bezugspunkt für die Gastronomie mit Meerestradition. Das Lokal der Familie Zappia, mit Nato, dem Enkel des Gründers in der Küche, nimmt seine Gäste mit auf die Reise zum echten ursprünglichen Geschmack. Zu Beginn entweder gekochte Antipasti oder Misto crudo (14 €). Bei den Ersteren können Sie immer auf **Parmigiana di pesce spatola** (Auflauf vom Strumpfbandfisch) zählen, dank des Großvaters schon seit den späten 1950er-Jahren auf der Karte, des Weiteren Tortino di alici, Involtini di zucchine e di peperoni ai funghi (mit Pilzen gefüllte Rouladen aus Zucchini und Paprikaschoten), Parmigiana di melanzane und Tortino di cavolfiore. Beim rohen Fisch hingegen feiern die Thunfischart **Alalunga** sowie Zackenbarsch und Schwertfisch, vom Küchenchef durch das Räuchern veredelt, Erfolge. Außerdem bekommen Sie Polpo in insalata und **Alici marinate**. Bei den Primi (10 €) neben Spaghettini con bottarga di pesce spada (mit selbst gepresstem Rogen von Schwert- oder Thunfisch) und Carbonara di pesce eine Empfehlung für **Amatriciana di mare** und Fusilli mit geräuchertem Schwertfisch, Kirschtomaten und, für die Liebhaber des Traditionellen, geriebenem Pecorino. Unter den Secondi (14 €) Filetto di cernia in patù (paniertes und gegrilltes Filet vom Zackenbarsch) neben Grigliata mista (die Holzkohlenglut ist immer bereit), Merluzzo con pomodorini e peperoncino und im Lauf der Jahreszeiten wechselnden Gemüsegerichten. Zum Abschluss passen hervorragend **Sorbetto di bergamotto** (4 €) oder Tartufo Baylik (hausgemachtes Haselnusseis mit einer Füllung aus Zartbitterschokolade). Schöne Karte mit lokalen Weinen.

10 KM NORDWESTLICH VON COSENZA

Hostaria de Mendoza

Restaurant
Piazza degli Eroi, 3
Tel. (+39) 09 84 / 44 40 22,
(+39) 348 / 928 00 60
Ruhetag: Dienstag, im Juli Sonntag
Ferien: 3 Wochen im August,
24., 25., 31. Dezember
46 Plätze
Preise: 30 €
Kreditkarten: CS, MC, Visa; BM
Mittags und abends geöffnet

Die Hostaria de Mendoza liegt an einer eleganten Piazza im historischen Ortskern von Rende. Das Lokal ist in einem schönen Palazzo aus dem 16. Jahrhundert beheimatet, Elisa betreut jedes Detail und empfängt ihre Gäste mit großer Herzlichkeit. Hier können Sie traditionelle, doch mit Raffinesse zubereitete Gerichte kennenlernen, verwendet werden dafür nahezu ausschließlich kalabrische Erzeugnisse: Salumi, Käse, Fleisch von Wildschwein und Hirsch, lokaler schwarzer oder weißer Trüffel sowie Pilze, vor allem Steinpilze. Der Weinkeller ist gut bestückt mit Etiketten aus Kalabrien, vom Pollino bis zum Aspromonte, und der professionelle Antonio empfiehlt die richtige Kombination zu den Gerichten. Das Angebot auf der Karte ist breit gefächert. Unter den Antipasti Mendoza salato (eine reichhaltige Auswahl an Salumi und Käse), **Fonduta al tartufo nero** con pane tostato (9 €) sowie Guanciale alle noci con miele e frutta. Anschließend können Sie in der entsprechenden Jahreszeit **Zuppa di fagioli e porcini** (9 €) bekommen, mit Fleisch gefüllte Mezzelune in Sauce vom schwarzen Trüffel und Steinpilzen (10 €) sowie Tagliatelle ai porcini. Oder aber **Pappardelle al ragù di cinghiale** und mit Käse gefüllte Ravioli mit von der Saison abhängigen Saucen. Danach **Lombo di cervo con fondo al Porto e cipolla di Tropea caramellata** (18 €), gebratene Steinpilze, Filetto di maiale steccato con pancetta (12 €) oder Tagliata mit hausgemachten Saucen. Zu guter Letzt Millefoglie mit Haselnüssen und Schokolade (3 €) oder mit Waldbeeren, Sbriciolata und Panna cotta al miele di fichi.

29 KM NORDÖSTLICH VON REGGIO

Le Fate dei Fiori

Restaurant • Via Nazionale, 55
Tel. (+39) 09 65 / 74 90 15,
(+39) 328 / 810 31 57
Keine Ferien
30 Plätze + 15 Plätze im Freien
Preise: 30–35 €
Kreditkarten: CS, MC, Visa; BM
Im Sommer täglich mittags und abends geöffnet, sonst Freitag–Sonntag und Feiertage

Das Restaurant von Enzo und Teresa Milasi ist günstig im schönen Parco d'Aspromonte gelegen, wenige Kilometer vom Meer wie auch von den Bergen entfernt ist es ein optimaler Ausgangspunkt für Ausflüge im Winter und Sommer. Die Inhaber legen großen Wert auf Erzeugnisse aus der Umgebung, welche sie immer in ihre Speisekarte einbauen – innerhalb derer es auch möglich ist, „natürlich", das heißt glutenfrei, zu bestellen –, bevorzugt Fleisch vom lokalen Schwein und in der entsprechenden Jahreszeit Pilze aus dem Wald. Teigwaren und Brot sind hausgemacht. Nehmen Sie in einem der gemütlichen Speisesäle und im Sommer auf einer schönen Terrasse Platz. Unter den Antipasti sind eine gepflegte Auswahl an Salumi vom schwarzen Schwein, **Cappella di porcino ripiena avvolta nella foglia di vite** (gefüllte Steinpilzkappen im Weinblatt) und ein reichhaltiger Teller mit **Käse** (viele Slow-Food-Presidi) aus verschiedenen Regionen Italiens. Die Spezialität unter den Primi ist die frisch gemachte Pasta **Stroncatura con alici** di Anoia, **finocchietto, peperoncino e ricotta affumicata** di Mammola. Nicht weniger gut schmecken Pappardelle di Gragnano con ragù di cinghiale, mit Ricotta und Steinpilzen gefüllte Petali mit Pesto aus Pistazien aus Bronte und die köstliche **Polenta** aus einem hervorragenden Mehl aus lokalem Mais, die über dem Kaminfeuer gekocht wird. Im Kapitel der Secondi stehen Caciocavallo di Ciminà con porcini e miele di nespolo, Stinco di maiale con lenticchie und Quaglia farcita (gefüllte Wachtel mit Gemüse-Caponata oder Rosmarin-Kartoffeln). Hausgemachte Dolci und eine Weinkarte, die das Wichtigste der Produktion Kalabriens enthält.

. (CS)

…2 km nw. v. Cosenza, 50 km v. Lagonegro, S.S.18

La Rondinella

Restaurant
Piazza Principe Spinelli, 1
Tel. (+39) 09 85 / 913 60
Ruhetag: Sonntag, außer im Sommer
Keine Ferien
42 Plätze + 12 Plätze im Freien
Preise: 22–25 €
Kreditkarten: DC, MC, Visa; BM
Mittags und abends geöffnet

Dieses typische Restaurant finden Sie in der Altstadt von Scalea, einer der ältesten Siedlungen im oberen Bereich der Tyrrhenischen Küste in der Provinz von Cosenza. Sie können das Auto an der Strandpromenade abstellen und ein paar Minuten zu Fuß gehen oder einen Parkplatz auf der hübschen kleinen Piazza suchen, an der das Lokal liegt. Das Lokal ist sehr gemütlich, die Tageskarte steht auf einer Tafel am Eingang. Francesca betreut mit Schwung und Charme den von ihren Eltern übernommenen Betrieb und unterstreicht bei der Beschreibung der Gerichte die Tatsache, dass die Zutaten zum Großteil aus dem landwirtschaftlichen Betrieb der Familie stammen. Die üppigen sowohl warmen als auch kalten Antipasti, die auf Brettern serviert werden, beinhalten Salumi, Käse und täglich frisch geerntetes Saisongemüse, aus dem kleine Omeletts, gefüllte Kuchen, Gemüseballchen und **gefüllte Auberginen** (8 €) gemacht werden. Unter den Primi Paccheri con carciofi e pecorino, **Tagliolini** mit Dicken Bohnen und Pancetta oder **mit Sardellen, Kirschtomaten und Brotkrumen**, Carbonara calabrese (mit *'Nduja* anstatt Pancetta) und die klassischen **Lagane e ceci** (7 €). Als Secondi sind immer Gerichte mit dem Fleisch der Schweine aus dem eigenen Betrieb verfügbar, besonders empfehlenswert sind **Costine** (in Rotwein mit Pfeffer und Gewürzen marinierte und im Holzofen gebratene Rippenstücke) und köstlicher **Baccalà con la cipolla** (8 €). Reichhaltige Auswahl an ausnahmslos hausgemachten Dolci, bestehend aus Torten, **Crostate** und Cremes mit dem Obst der Jahreszeit. Das Weinsortiment ist zufriedenstellend, lokale und internationale Weine werden mit Intelligenz und Genauigkeit ausgesucht. Auch der Hauswein, eine Cuvée aus autochthonen Trauben mit typischem Duft und Geschmack, ist sehr zu empfehlen.

SELLIA MARINA (CZ)
La Petrizia

24 km nordöstlich von Catanzaro, S.S. 106

Alla Vecchia Osteria U Nozzularu

Trattoria • Ortsteil La Petrizia
Tel. (+39)0961/96 98 54, (+39)328/263 07 84
Ruhetag: Montag, außer im Sommer
Ferien: Ende Oktober/Anfang November
80 Plätze + 60 Plätze im Freien
Preise: 25–30 €
Kreditkarten: CS, DC, MC, Visa; BM
Abends geöffnet, im Sommer und an Feiertagen auch mittags

Es kommt selten vor, dass man von einem Agronomen und einer Anwältin bedient wird. Doch so ist es im U Nozzularu, der rustikalen angenehmen Osteria des Ehepaars Giuseppe und Mariangela Camastra, die tagsüber ihrem Beruf nachgehen und sich abends ihrem Lokal widmen. Der Name verweist auf lang zurückliegende Zeiten, als die Ölpressen ein Lager für die Rückstände der Ölerzeugung, Sansa und *Nozzuli* (Olivenkerne), hatten. Giuseppe wusste schon zu Studienzeiten genau, was er wollte, und schrieb seine Diplomarbeit über die Renovierung und Umwidmung des *Nozzularu* (des Lagers für Olivenkerne) in eine Osteria. Heute zeigt er großen Einsatz bei der Aufwertung der Umgebung und sucht Produkte aus nächster Nähe, zum Beispiel gutes Getreide, auch alte Sorten, aus dem die hausgemachten Teigwaren entstehen, Milchprodukte wie Büffelmozzarella und Hülsenfrüchte wie Linsen aus Mormanno (Slow-Food-Presidio) und Platterbsen. Die Speisekarte wechselt im Lauf der Jahreszeiten. Nicht verzichten sollten Sie auf den Antipasto alla nozzulara mit Aufschnitt, Polpettine, **Soffritto di carne di maiale** nobile calabrese (mit dem Messer gehacktes, angebratenes und in Tomatensauce gekochtes Schweinefleisch), Büffelkäse, Schafricotta mit Nüssen und Orangenblütenhonig, gegrillten Auberginen, **im Ofen getrockneten Oliven der Sorte Carolea** sowie zerquetschten grünen Oliven. Von den Primi empfehlen wir ***Scilatielle* allo stoccafisso** (6 €), Caserecce alla nozzulara (mit Tomatensauce mit Kräutern und Pilzen), Gnocchi al ragù di bufala sowie Cicerchia al piatto (Platterbsen). Köstliche Secondi wie **Spezzato di carne di bufala con patate** (9 €) oder Spadellata di salsiccia calabrese und Stoccafisso ai ferri. Hausgemachte Dolci und Eis aus Pizzo zum Abschluss. Begleitet wird das Essen von sehr ordentlichen Etiketten aus Kalabrien.

34 km nw. v. Catanzaro, 30 km v. Lamezia Terme

Il Vecchio Castagno

Restaurant
Via Alvaro, 1
Tel. (+39) 09 68 / 810 71,
(+39) 339 / 841 01 15
Ruhetag: Dienstag
Keine Ferien
90 Plätze
Preise: 25–30 €
Kreditkarten: CS, MC, Visa; BM
Mittags und abends geöffnet

Die intelligent interpretierte Tradition Kalabriens lebt in jedem Gericht auf, das Delfino Maruca in seiner Osteria, seit Jahren einem Bezugspunkt für die Liebhaber von qualitativ hochwertiger Gastronomie, präsentiert. Die Räume sind schlicht und gepflegt, im Sommer nehmen Sie im rustikalen Innenhof Platz. Die Gerichte entspringen der Leidenschaft und dem Einsatz für die Umgebung. Man beginnt mit einem reichhaltigen Antipasto della casa (8 €), in dem verschiedene Salumi, Käse, Ricotta und Butirro vorgesehen sind, dazu gibt es Hagebuttenkonfitüre oder Kastanienhonig sowie gebratenes Gemüse und Wildgemüse je nach Saison. Viel frische Pasta bei den Primi: **Tagliatelle di ortica con funghi porcini** (7 €), Gnocchi al sambuco con pancetta, burro e salvia, Fusilloni in salsa verde con pomodori acerbi e pecorino (6,50 €) sowie **Tagliolini di farina di castagne con ricotta e noci** (dünne Nudeln aus Esskastanienmehl mit Ricotta und Nüssen). Außerdem gibt es Gerichte mit dem Gemüse aus dem Garten der Familie und im Winter Suppen mit Hülsenfrüchten. Bei den Secondi ein köstlicher **Tortino di baccalà con crema di ceci** (10 €) und, wenn es Fleisch sein soll, gute **Guanciale di vitello con riduzione di vino rosso** e verdure, Tocchetti di salsiccia (gebratene Salsiccia vom Schwein in Stückchen mit Kartoffeln und Wildgemüse) oder Stinco alla birra. Unter den Desserts Mousse di castagne, **Rusarelle** (getrocknete, dampfgegarte Esskastanien) con glassa di vino oder mit Karamell und Pinienkernen, Granulata di fragoline di bosco oder Granulata di fichi d'India sowie Semifreddo al caffè con granella di amaretti (3 €). Im Keller lagern eine breit gefächerte Auswahl an Etiketten aus Kalabrien sowie hausgemachte Digestifs.

» *Eine zuverlässige Adresse, um die echte kalabrische Küche kennenzulernen.* «

40 km nordöstlich von Catanzaro, S.S. 106

Scacco Matto

Trattoria
Via Salita De Seta, 29
Tel. (+39) 333 / 733 41 60
Ruhetag: Montag, außer im August
Ferien: 1.–15. September
30 Plätze + 8 Plätze im Freien
Preise: 15–20 € (Tagesmenü)
Kreditkarten: AE, CS, DC, MC, Visa; BM
Mittags und abends geöffnet

Sersale ist ein freundliches kleines Dorf zwischen der Küste des Ionischen Meers und den Hängen der Sila in der Provinz von Catanzaro, bekannt für seine wunderschöne Landschaft. Von hier aus kommt man leicht ans Meer oder man plant einen Ausflug zum Canyon und dem Wasserfall Campanaro im Naturschutzgebiet Valli Cupe. Das Scacco Matto, eine kleine Trattoria, die von einer Familie betrieben wird, befindet sich im historischen Zentrum des Ortes. Wegen der Herzlichkeit, mit der Mario Rizzuti seine Gäste begrüßt, fühlen sich alle bei ihm wohl. Die Räume sind gemütlich und komfortabel, wie es sich für einen Ort gehört, an dem man sich zu Hause fühlen soll. Bei den reichhaltigen Antipasti stellt Mario Zucchini mit Ei, Pfannkuchen mit Kartoffeln, ***Pitta* con i peperoni**, verschiedene Bruschette sowie lokale Salumi und Käse vor, dabei betont er die Saisonalität der verwendeten Produkte. Von den Primi empfehlen wir Strozzapreti oder **Gnocchi con salsa alle noci e scorzone nero** (mit Nüssen und Sommertrüffel aus der Hochebene der Sila), Tagliatelle mit Steinpilzen oder einer leckeren Sauce mit Wildschwein und den köstlichen **Risotto con cavolo nero silano**. Ein Secondo wählen Sie unter Tagliata di manzo, Salsiccia alla griglia, Braciole di maiale, Bistecca und **Funghi porcini alla piastra** (Steinpilzen vom Plattengrill). Sehr schmackhaft ist **Arrosto misto** mit Kartoffeln aus der Sila als Beilage. Zum Abschluss gibt es hausgemachte Dolci, die mit nach traditionellen Methoden erzeugten Likören serviert werden. Neben dem offenen Hauswein bietet der Keller eine zufriedenstellende Anzahl an Etiketten, vor allem aus der Umgebung und ganz Kalabrien.

SIDERNO (RC)
Siderno Marina

106 KM NÖ. V. REGGIO DI CALABRIA, 9 KM V. LOCRI, S.S. 106

U Ricriju

Traditionelle Osteria
Via Circonvallazione, 173
Tel.(+39) 09 64 / 38 03 99,
(+39) 389 / 968 72 28
Ruhetag: Sonntag
Ferien: unterschiedlich
60 Plätze
Preise: 20–25 €
Kreditkarten: AE, MC, Visa; BM
Mittags und abends geöffnet

Die hübsche Kleinstadt Siderno Marina am Ionischen Meer ist über die Staatsstraße 106 und die Autobahn A 3 leicht erreichbar. Ein paar Kilometer außerhalb des Stadtzentrums lädt Sie Francesco Trichilo in seiner Osteria zu einer überaus angenehmen Reise durch die traditionellen Gerichte Kalabriens ein, bereichert durch einige Neukreationen. Antipasti (12 €) zu Beginn: Salumi vom schwarzen Schwein der Calabrese-Rasse, **Bruschette con *'nduja***, getrocknete Salsiccia mit Wildfenchel, Capocollo, Prosciutto, Ricotta und Käse mit Konfitüre aus Bergamotte, **Cavolfiore *friddu c'acitu*** (Blumenkohl mit Essig), Kürbisbällchen, *Frose* (Omelett aus Wasser und Mehl), unter der Holzkohlenglut gebratene Kartoffeln mit Zwiebeln, *Crispeddi c'alici* und Sottaceti. Danach von Hand gemachte **Pasta di *jermanu*** (aus Roggenmehl) ***cu porcini e pumadurelli i resta*** (mit Steinpilzen und Kirschtomaten, 6 €), *cu 'zzinurra* (mit Wildkarden und Salsiccia) oder mit unter der Asche gebratenen Kirschtomaten. Es folgen ***Purpetti all'arangara*** (große Bällchen mit von Hand gehacktem Fleisch, in Tomatensauce gekocht), gefüllte Sardinen und gegen Vorbestellung ***Crapa 'a cardola***, Ziegenfleisch, das in einem Tontopf 15 Stunden lang über der Flamme einer Kerze gekocht wird oder aber nach einer alten Methode unter der Erde. Selbst erzeugter Wein aus den Trauben Nerello, Greco Nero und Gaglioppo oder Flaschenwein aus Kalabrien. Zum Abschluss Crema *vrusciata* (Crème brulée aus Ziegenmilch) und Likör aus Bergamotte oder ein Digestif aus Johannisbrot, Süßholzwurzel, Feigen oder Lorbeer, begleitet von den Melodien, die Francesco auf der kalabrischen Leier spielt.

In **Marina di Gioiosa Jonica** (6 km) kaufen Sie bei Cantina Micuicola, Via Torre Vecchia I, die interessantesten Produkte aus der Umgebung und viele Slow-Food-Presidi.

SIDERNO (RC)
Siderno Superiore

101 KM NÖ. V. REGGIO DI CALABRIA, 14 KM V. LOCRI, S.S. 106

Zio Salvatore

Trattoria • Piazza San Nicola
Tel. (+39) 09 64 / 38 53 30,
(+39) 334 / 243 81 77
Ruhetag: Dienstag
Ferien: 1.–15. September
100 Plätze + 50 Plätze im Freien
Preise: 20–28 € (mit Hauswein)
Kreditkarten: CS, DC, MC, Visa; BM
Abends geöffnet, mittags gegen Vorbestellung

Siderno Superiore erreicht man, im Gegensatz zu anderen Altstädten, die weit entfernt von den neuen Siedlungen an der Küste liegen, von der Staatsstraße 106 in nur 15 Minuten. Die Trattoria liegt an der kleinen Piazza des Dorfes in der Nähe des wunderbaren Belvedere mit Ausblick auf die unten liegende Küste. Die Räume sind schlicht und Salvatore Fragomeni empfängt seine Gäste mit familiärer Herzlichkeit. Die Speisen entsprechen der Tradition der Umgebung, sie sind unverfälscht und von kräftigem Geschmack und werden mit Respekt gegenüber den Jahreszeiten zubereitet. Wer zu Zio Salvatore kommt, weiß, was er will, und vertraut sich ganz der Küche der Ehefrau und der Mutter des Inhabers an. Salumi aus dem Betrieb der Familie (Filet, Soppressata, Pancetta, Capocollo und Salciccia) bei den Antipasti (10 €), das Weiteren lokaler Käse, gebratene Aubergine und Kürbis, Kartoffelauflauf und in Öl eingelegtes Gemüse. Besonders gut schmecken **gefüllte Artischocken**. Von den Primi (6 €) empfehlen wir hausgemachte ***Maccarruni*** (über einen Eisenstab gerollte Pasta) **con soppressata e cipolla**, mit Ziegenfleisch oder mit gebratenen Kirschtomaten. Nach den Teigwaren kommt das Fleisch auf den Tisch, das zuvor die Saucen bereicherte, vor allem **Polpette di maiale al sugo**, Salsicce und **Braciole arrosto** (gebratene Roulade). Probieren Sie auch Capra in umido und Agnello arrosto (8 €). Wer Fisch bevorzugt, bestellt **Stocco alla trappitara** mit Kirschtomaten, Oliven und Kartoffeln. Zum Abschluss Torte und Crostata mit Konfitüre aus lokalen Zitrusfrüchten und einer sehr guten Feigenkonfitüre. Den offenen Hauswein erzeugen die Eigentümer selbst. Besuchen Sie den Weinkeller der Familie neben der Trattoria.

TREBISACCE (CS)

92 km nordöstlich von Cosenza

Da Lucrezia

NEU

Trattoria
Via XXV Aprile, 46
Tel. (+39) 09 81 / 574 31
Ruhetag: Dienstag
Ferien: November
50 Plätze + 40 Plätze im Freien
Preise: 35 €
Keine Kreditkarten
Mittags und abends geöffnet

Zwischen der Staatsstraße 106 und dem Tiefseeberg von Amendolara, im Gemeindegebiet von Trebisacce, bezieht das Da Lucrezia seinen Namen von seiner Gründerin und legendären, immer noch präsenten Köchin einer Locanda am Meer, die vor einigen Jahren als Pizzeria und Rosticceria mit Straßenverkauf begonnen hatte. Heute erlebt das Lokal einen neuen Aufschwung, da Giuseppe und seine Partnerin Antonella Einzug in der Küche gehalten haben. Einer der Anziehungspunkte des Lokals ist eben der Tiefseeberg „Secca di Amendolara", ein zwölf Meter unter dem Meeresspiegel gelegener Berg, der ein fischreiches Ökosystem aufweist, das schon in der Antike bekannt war, da die Legende erzählt, dass der Berg die versunkene Insel von Ogygia sei, auf der die Nymphe Calypso Odysseus gefangen hielt. Fischexperte Giuseppe unterhält langjährige Beziehungen zu den historischen Fischerfamilien des Ortes und präsentiert in seinem Lokal einfache Gerichte mit unglaublichen Zutaten. Lassen Sie sich **Seppia arrosto condita con il suo nero** (8 €) nicht entgehen, ein im Ganzen gebratener Tintenfisch mit Sepia-Schale, der erst gekocht ausgelöst wird, oder **Seppie *scattiate*** (gegrillt) und die gesamte Parade der Antipasti (14 €) – kalt, roh und gekocht –, abhängig vom Tagesfang. Primi oft mit **frischer Pasta** aus antiken Getreidesorten, **mit Drachenkopf** (9 €) oder Saucen nach Saison. Als Alternative **Spaghetti con le alici** (8 €). Für die Desserts (6 €) ist Antonella zuständig, sie kreiert wahrhaftige kleine Kunstwerke.

TROPEA (VV)

30 km westlich von Vibo Valentia, S.S. 522

Osteria del Pescatore

Trattoria
Via del Monte, 7
Tel. (+39) 09 63 / 60 30 18,
(+39) 347 / 531 89 89
Kein Ruhetag
Ferien: Anfang November–Ende März
36 Plätze + 12 Plätze im Freien
Preise: 30–35 €
Keine Kreditkarten
Abends geöffnet, im Sommer auch mittags

Eine sehr traditionelle Meerestrattoria, die schon in ihrem Namen das Motto der Speisekarte zum Ausdruck bringt: ausgezeichneter, superfrischer Fisch aus der Bucht, auf schlichte Weise gekocht, um seine ursprüngliche Qualität nicht zu überdecken. Vertrauen Sie ohne Bedenken Gerardo und Francesca, die Ihnen auf einem Rundgang mit vielen schönen Überraschungen zur Seite stehen. In der Küche verleihen Anna und Rosalba Gerichten Leben, die von der jeweiligen Verfügbarkeit auf dem Fisch- und Gemüsemarkt der Umgebung und im Hinterland bestimmt werden. Zu Recht spielt dabei die lokale milde rote Zwiebel eine Hauptrolle, ebenso die köstlichen Schafkäsesorten und Salumi wie die berühmte *'Nduja*, die Sie hier in einer sanften Version kennenlernen, welche auch Gaumen zuträglich ist, die Scharfes nicht gerne mögen. Man beginnt mit einem reichhaltigen Antipasto misto (12 €), einem vielfältigen Triumphzug von Fischbällchen, **Frittelle** di cicerello e **di alici** (Pfannkuchen von kleinen Sandaalen und Sardellen), Gemüse und Suppen, um dann zu einem variantenreichen Angebot an hausgemachten Primi zu kommen. Dabei dürfen Sie keinesfalls ***Fileja*** verpassen, eine typische, traditionell hergestellte frische Pasta ohne Ei. Sie wird mit einer Gemüsesauce serviert (9 €), mit Venus- und Miesmuscheln oder **al nero di seppia** (mit der Tinte des Tintenfischs). Lassen Sie noch Platz für die prächtige **Frittura mista** (15 €), sie allein lohnt die Reise aufgrund der vielen verschiedenen, immer nach allen Regeln der Kunst gebratenen Fischsorten, die sie enthält. Doch auch **Grigliata di pesce** und der schmackhafte Pesce spatola arrosto (gebratener Strumpfbandfisch) sind nicht zu verachten. Beilagen der Saison und lokale Weine, sowohl offen, als auch in der Flasche.

SARACENA (CS)

71 KM NORDWESTLICH VON COSENZA

Porta del Vaglio

Moderne Osteria
Vico Primo Santa Maria Maddalena, 12
Tel. (+39) 09 81 / 190 46 55,
(+39) 340 / 781 22 79
Ruhetag: Montag-, Dienstagabend
Ferien: 15.–30. Januar
28 Plätze • Preise: 40 €
Kreditkarten: MC, Visa; BM
Mittags und abends geöffnet

Küchenchef Gennaro De Pace kann sich auf seine Freude am Experimentieren verlassen und zugleich auf sein Wissen über die Zutaten aus der lokalen Tradition. Seit einigen Jahren bietet er eine solide und gleichzeitig originelle Küche, die dem Panorama der kalabrischen Gastronomie einen lebhaften neuen Akzent hinzufügt. Nehmen Sie im bezaubernden Rahmen, den das Gebirge des Pollino abgibt, an einem der Tische im schönen Lokal Platz und genießen Sie das Zusammenspiel einer Küche zwischen Meer und Landesinnerem, beginnend bei Tartara di manzo podolico con grissini aromatizzati alla liquirizia ed extravergine al limone (9 €) und Polpo al pistacchio con crema di ceci e olive. Gute Primi: Reis aus Sibari mit Garnelen und Artischocken und die ganz schlichten Maccheroni con aglio, extravergine e peperone (9 €). Bestechendes Angebot an Fleischgerichten bei den Secondi: Probieren Sie Filetto al pepe verde und Agnello laccato ai fichi (12 €). Die Desserts können mithalten, es gibt herrliche Süßspeisen mit Schokolade. Interessantes Weinangebot mit immer neuen hochwertigen Etiketten.

SOVERIA MANNELLI (CZ)

41 KM NORDÖSTLICH VON CATANZARO

La Rosa nel Bicchiere

Restaurant
Ortsteil Polso
Tel. (+39) 09 68 / 66 66 68
Ruhetag: Sonntagabend, Montag
Ferien: 6. Januar–Ende März
60 Plätze • Preise: 35 €
Kreditkarten: AE, CS, DC, MC, Visa; BM
Mittags und abends geöffnet

Ein interessantes Projekt, das Familie Rubbettino – bekannt für ihre Verdienste im Bereich des Verlagswesens – hier auf die Beine gestellt hat und das auch das gewünschte Resultat gezeitigt hat: durch die Renovierung einer kleinen Siedlung mit Bauernhäusern einen neuen vitalen Raum zu schaffen, in dem es unter anderem ein qualitativ hochwertiges Restaurant gibt, in dessen Küche bereits einige junge Talente am Werk waren. Zielrichtung sind nach wie vor die Tradition und der kluge Einsatz von besten Zutaten aus der Umgebung, doch der Blick richtet sich stets in die Ferne, hin zum Innovativen und einem originellen Angebot, auch wenn dabei alles Exzessive vermieden werden soll. Unter den Gerichten, deren Hauptgewicht sich auf das Landesinnere konzentriert, ohne dabei allzu rigide zu sein, stechen bei den Antipasti Baccalà con cipolla di Tropea (9 €) hervor, anschließend Riso con pomodori secchi e bottarga aromatizzato agli agrumi, Rollata di maiale con verdure dell'orto (12 €) und eine gehaltvolle Torta al cioccolato con crema di mandorle (4 €). Der Weinkeller hält den Erwartungen stand und bietet eine große Vielfalt an lokalen und italienischen Weinen.

SPEZZANO DELLA SILA (CS)

31 KM ÖSTLICH VON COSENZA, S.S. 107

La Tavernetta

Restaurant
Ortsteil Campo San Lorenzo, 14
Tel.(+39) 09 84 / 57 90 26
Ruhetag: Montag
Ferien: unterschiedlich
80 Plätze
Preise: 50 €
Kreditkarten: AE, CS, DC, MC, Visa; BM
Mittags und abends geöffnet

Familie Lecce ist seit einigen Jahren in der hochstehenden Gastronomie Kalabriens ganz weit vorne, dank der Intuition, der dieses heute gut im Parco della Sila Grande verwurzelte Lokal folgte und die es in seinem Angebot zum Ausdruck bringt. Nie wird dabei der umgebende Wald außer Acht gelassen, ein Paradies an wertvollen Pilzen und schmackhaftem Fleisch. Auf der Speisekarte herrscht ausgewogene Abwechslung zwischen Verbeugungen vor der unverfälschten lokalen Küche mit ihrem kräftigen und klaren Geschmack und ausgefeilteren Gerichten, kleinen Meisterwerken mit etwas mehr Mut. Ausgezeichneter Prosciutto di maiale nero calabrese, Pancotto con i porcini und lokale Salumi für den Einstieg, dann gute hausgemachte und traditionelle Teigwaren. Probieren Sie Maccheroni al ferretto con il cinghiale und Ravioli mit Steinpilzen und gehobeltem Trüffel (14 €). Klassisch und unverwüstlich Boccone reale – Kalbsfilet mit Steinpilzkappen –, wer modernere Angebote bevorzugt, wird mit Maiale nero aromatizzato con radice di liquirizia, miele di fichi e gelatina di agrumi (16 €) zufriedengestellt. Auch der Weinkeller mit seinen tausend Etiketten aus der ganzen Welt stellt eine immerwährende Überraschung dar.

TYRRHENISCHES
USTICA
Ustica
S. Vito
lo Capo
PALERMO
Bagheria
S. Flavia
Monreale
Castellammare
d. Golfo
Erice
Valderice
Trapani
Paceco
ÄGIDISCHE
INSELN
Marettimo
MARETTIMO
Favignana
FAVIGNANA
Piana d.
Albanesi
Belmonte
Mezzagno
A19
Caccamo
Villafrati
Alcamo
S. Giuseppe
Jato
A29d
A29
Corleone
Marsala
Capo Boeo
Partanna
Castelvetrano
Belice
Chiusa
Sclafani
Mazara
d. Vallo
Caltabellotta
Bivona
S. Stefano
Quisquina
Menfi
Sciacca
S. Angelo Muxaro
Platani
Joppolo
Giancaxio
Montallegro
Agrigent
Porto
Empedocle
MITTELMEER
LINOSA
PELAGISCHE INSELN
Pantelleria
PANTELLERIA
LAMPIONE
LAMPEDUSA
Lampedusa

MEER
STROMBOLI
ÄOLISCHE ODER LIPARISCHE INSELN
PANAREA
SALINA
S. Marina
Salina
Leni
FILICUDI
ALICUDI
LIPARI
Lipari
VULCANO
C. Peloro
Str. v. Messina
Villafranca Tirrena
Milazzo
Messina
Terme Vigliatore
Capo d'Orlando
Patti
Barcellona-Pozzo di Gotto
Naso
Sinagra
S. Piero Patti
Castroreale
Capri Leone
S. Agata Militello
S. Salvatore di Fitalia
Novara di Sicilia
Réggio di Calábria
Cefalu
Longi
Galati Mamertino
A20
Roccalumera
Taormina
S. Alessio Siculo
Tusa
Castelbuono
Randazzo
Giardini-Naxos
Petralia Sottana
Castiglione di Sicilia
Gangi
Petralia Soprana
3323
M. Etna
Mascali
Nicosia
Simeto
Milo
Giarre
Castellana Sicula
Adrano
A18
IONISCHES MEER
Acireale
Paterno
Aci Castello
Enna
A19
Catania
Caltanissetta
Aidone
Golf von Catania
Piazza Armerina
Lentini
Ravanusa
Augusta
Caltagirone
Campobello di Licata
Buccheri
Niscemi
Syrakus
Palazzolo Acreide
Chiaramonte Gulfi
A18
Licata
Gela
Golf von Gela
Comiso
Ragusa
Noto
Avola
Vittoria
Modica
Golf von Noto
Scicli
Rosolini
Pachino
Pozzallo
Portopalo di Capo Passero
C. Passero
0
15
30 km

SIZILIEN

Beim Durchlesen der Texte zu den hier vorgestellten sizilianischen Lokalen fällt auf, dass die Bezeichnungen der empfohlenen Desserts eine interessante Vielfalt vermitteln. Natürlich dürfen die beiden weltweit berühmtesten Süßspeisen der Insel nicht fehlen, nämlich Cannolo di ricotta und Cassata – oder besser die „Cassate", wenn man ihre zahlreichen Varianten berücksichtigt.
Die sizilianische Konditorkunst bringt auch Cassatine hervor, etwa in Palermo. Sie sind eine Art Miniaturausgabe des Klassikers mit grünem Marzipan, Ricotta und Biskuit. Aus Mürbeteig zubereitete *Cassateddi* (Cassatelle) findet man im Gebiet der Monti Iblei im Südosten der Insel. Ganz anders beschaffen sind dagegen die Cassatelle im Umland von Trapani und in anderen Orten im Westen Siziliens. In diesem Fall handelt es sich nämlich um große frittierte Ravioli mit Ricottafüllung, die andernorts eben Ravioli oder Raviolini genannt werden. Andere traditionelle frittierte Süßspeisen sind *Sfinci* mit Ricottafüllung und sogenannte *Testi di turcu* mit Cremefüllung.
Die historischen Ursprünge mancher dieser Spezialitäten sind in der klösterlichen Tradition zu finden, da die Nonnenklöster über Jahrhunderte eine wichtige Rolle in der Entwicklung der sizilianischen Kunst der Süßwarenerzeugung spielten. Auf alte hausfrauliche Gewohnheiten gehen dagegen Biancomangiare aus Milch oder Mandelmilch und die verschiedenen Geli (Gelees) zurück. Ebenso wie Mostarda und Cotognata wurden sie in kleine Tonformen gefüllt, die in sizilianischen Haushalten früher sehr verbreitet waren.
Das hier beschriebene Süßspeisenrepertoire der Region umspannt Kuchen, Crostate, Kekse, Sorbets, Eis und Halbgefrorenes. In jedem Fall verdienen alle Köchinnen und Köche großes Lob dafür, regionale Qualitätszutaten aufzuwerten, indem sie daraus feine traditionelle oder kreative Süßspeisen zaubern.

Für Sie entdeckt

ACI CASTELLO (CT)
Aci Trezza

12 KM NORDÖSTLICH VON CATANIA, S.S. 114

Gente di Mare

Trattoria
Via Dietro Chiesa, 22
Tel. (+39) 095 / 817 87 81
Ruhetag: Montag
Ferien: 2 Wochen im November
36 Plätze
Preise: 28–35 €
Kreditkarten: CS, DC, MC, Visa; BM
Abends geöffnet, Feiertage auch mittags

Wenn man über die Touristenmassen hinwegsieht, bewahrt Aci Trezza auch heute noch den Zauber eines alten Fischerdorfes, als das es im Roman *I Malavoglia* verewigt wurde. Die Trattoria in einem Gässchen parallel zur Hauptstraße lässt in ihrem Namen die Haupterwerbstätigkeit der Bevölkerung erkennen, die Fischerei. Das Lokal entstand dank eines durch die Europäische Union mitfinanzierten Projekts, das der gleichnamigen Genossenschaft der hiesigen Fischer zugewiesen wurde, welche tagtäglich die Schätze aus dem Meer liefert. Rocco Petronio empfängt die Gäste liebenswürdig und erklärt überzeugend die Geheimnisse der nachhaltigen Fischerei. Dabei erläutert er auch die Fischarten, die der Großteil der Gastronomiebetriebe außer Acht lässt. In der offenen Küche wird der Fisch auf die schlichte Art zubereitet, die am besten geeignet ist, um seine Frische zu unterstreichen. Man kann sich mit ein paar einzelnen Vorspeisen einstimmen oder zum Antipasto misto (14 €) greifen, der mindestens ein Dutzend Kostproben enthält, darunter Fritture di *ope* (Gelbstriemen), **Sarde a beccafico**, marinierte *Masculine* (Sardellen), Polpette di pesce, Involtini di melanzane, Caponata und Parmigiana. Danach kann es mit außergewöhnlichen **Linguine allo scoglio**, Pennette con gamberi e pistacchi und **„Catanese" con alici e piselli** (10 €) weitergehen, gefolgt von würzigen Secondi wie ***Sauri*** (Stöcker) **alla menta** (12 €), Pesce castagna al sale, Grongo in bianco, Pesce prete in guazzetto (14 €), Frittura mista di spicara, Luvaro, *Scazzubbolo* (Achselfleckbrasse) und Totano (12 €). Zum Abschluss genießt man gutes Sorbetto al limone aromatizzato alla cannella und im Sommer wohlschmeckendes Cedro fragoloso. Zu trinken steht eine kleine Auswahl sizilianischer Weine bereit.

AGRIGENT
San Leone

7 KM VOM ZENTRUM

Caico

Restaurant
Via Nettuno, 35
Tel. (+39) 09 22 / 41 27 88
Ruhetag: Dienstag
Ferien: je 2 Wochen im Januar und November
80 Plätze + 80 Plätze im Freien
Preise: 30–35 €
Kreditkarten: AE, CS, DC, MC, Visa; BM
Mittags und abends geöffnet

Marco Maccarrone koordiniert mit Unterstützung seiner Frau Patrizia Triassi den Service, während die treue Seele Calogero Patti den Betrieb in der Küche leitet. Im Caico gelangt seit jeher Fisch lokaler oder auf jeden Fall sizilianischer Herkunft zur Verarbeitung. Das Essen kann mit in Scheiben geschnittenem Polpo pressato (10 €), Polpo *stricasale*, klassischer Insalata di mare, Gamberetti al limoncello oder auch mit **Spatola in agrodolce** beginnen. Von den Primi erwähnen wir Involtini di melanzane ripieni di spaghetti al pomodoro (8 €), Spaghetti oder Risotti ai frutti di mare, hausgemachte Ravioli ripieni di pesce, vom Festland geprägte **Cavatelli alla siciliana** con pomodoro und Melanzane fritte e ricotta salata. Der frische Fisch wird überwiegend gegrillt angeboten, aber Sie finden auch Zuppe di cozze e vongole und **Fritto misto di paranza** (15 €). Fleischliebhaber genießen traditionelle ***Panata*** **alla palermitana** und Filetto al Nero d'Avola. Als Beilagen bieten sich saisonale Salate und **Caponata** an. Das kleine süße Repertoire (5 €) stützt sich auf die Spezialitäten einiger lokaler Konditoreien und besteht aus Cassata, Torta rustica (Mürbeteig mit Ricottafüllung) und in der warmen Jahreszeit Cassata gelato. Die erfrischenden Sorbetti al limone sind dagegen hausgemacht. Die gut bestückte Weinkarte nennt interessante Etiketten aus Sizilien und anderen Regionen.

In Agrigent erzeugen und verkaufen die Schwestern des Klosters Santo Spirito gegen Vorbestellung Süßspeisen.

Terracotta

NEU

Restaurant
Via Pirandello, 1
Tel. (+39) 09 22 / 297 42
Ruhetag: Sonntagabend, Montag, im Sommer Sonntag- und Montagmittag
Ferien: 2 Wochen im November
40 Plätze + 12 Plätze im Freien
Preise: 15–35 €
Kreditkarten: AE, CS, MC, Visa; BM
Mittags und abends geöffnet

Die Erfahrung in der Locanda di Terra ist beendet, nun hat sich Fabio Gulotta in ein neues Projekt gestürzt, das rund um die heute nicht mehr für Messen genützte Kirche San Pietro aus dem 18. Jahrhundert entstand. Iassyn unterstützt Fabio in der Küche, während Salvatore Ciulla für den Service zuständig ist. Das kulinarische Programm basiert auf hochwertigen Zutaten wie Fisch, Gemüse und Obst lokaler Herkunft, Slow-Food-Presidi und traditionellen sizilianischen Getreidesorten. Aus Letzteren werden Brot, Focacce und Pasta zubereitet. Mittags gibt es verschiedene **Focacce** (8 €), ein Primo oder kalte Speisen. Abends ist das Angebot breiter gefächert, und das bereits ab den Antipasti: Panella al limone, *Zarche* (Mangold) e gambero rosso, Totano ripieno di salsa al basilico und **Macco di fave di Leonforte** aus dem Ofen (9 €). Unter den Primi sind **Ravioli di grano russello ripieni di calamaro e ricotta** (13 €), **frische Pasta con *coccio*** (Knurrhahn) **e mandorle** oder con cozze, tenerumi e ricotta salata. Im Winter verfeinern auch Blumenkohl und Broccoli die Pasta. Der Fisch vom Tagesfang wird *a cipollata* zubereitet, gebraten oder auf andere, zur jeweiligen Fischart passende Weise. Von den Fleischgerichten verdient **Capretto al vino cotto** eine Kostprobe. Die Dolci sind exquisit: Gelato di girgentana con pistacchio, Biancomangiare (4 €) und Cannolo. Zu trinken gibt es eine schöne Auswahl sizilianischer Weine vorzugsweise aus kleinen, aber feinen Betrieben. Reichhaltig und nicht nur sizilianisch gefärbt ist die Palette mit **Formaggi**, die man vor Ort kaufen kann.

Im benachbarten Caffè San Pietro verkauft man Wein, Biere aus Kleinbrauereien, Pasta und Eingelegtes von guter Qualität, auch diverse Slow-Food-Presidi.

35 km südöstlich von Enna

La Vecchia Aidone

Restaurant
Via Senatore Cordova, 88
Tel. (+39) 09 35 / 878 63, (+39) 334 / 144 34 54
Ruhetag: Sonntagabend, Montag
Ferien: 2 Wochen im Juli
80 Plätze + 20 Plätze im Freien
Preise: 25–30 €
Kreditkarten: AE, CS, DC, MC, Visa; BM
Mittags und abends geöffnet

Das Restaurant verfügt über einen aufgeräumt wirkenden Speisesaal und einen kleinen, gepflegten Winkel im Grünen, wo man im Freien essen kann. Um den Service kümmert sich die freundliche Signora Cesira. Patron und Küchenchef Liborio Ganci kocht bodenständig orientierte Speisen, in denen sich Tradition und Modernität verbinden: Unter anderem verarbeitet er verschiedene Gemüsesorten, einige Produkte aus Slow-Food-Presidi und im eigenen Garten gezogene Würzkräuter. Von den Antipasti erinnern wir uns an Frittata con verdure selvatiche (7 €), Polenta di cicerchia gratinata, Sformato di zucca gialla con fonduta di caciocavallo e pistacchio und gratinierte und frittierte Fiori di zucca con ricotta e menta. Als Primi schmecken **Tagliatelle con la *frittedda*** di fave, piselli e carciofi (7 €), **Maccheroni al ragù bianco di suino nero**, Paccheri con broccoletti e ricotta oder con salsiccia, zucchine e pistilli di zafferano locale und Zuppe di legumi. Im Sommer sollte man handgezogene Tortelli ripieni di melanzane e pesto di basilico (7 €) und Primi mit Fisch probieren, zum Beispiel **Pasta con alici e menta** oder Pasta con triglie, pomodorini e zafferano. Als Secondi warten appetitliches Coniglio in umido con pomodoro e finocchietto (10 €), **Agnello al forno con patate** und sommerliches Filetto di maiale con bacche di ginepro, salvia e rosmarino (12 €). Als Nachtisch reicht man typische Cassatelle fritte, Tortino al cioccolato, Mousse di ricotta und in den heißen Monaten Sorbetti di frutta. Die Weinkarte enthält rund 60 Tropfen, die vorwiegend aus Sizilien kommen.

AUGUSTA (SR)
Brucoli

39 KM NÖRDLICH VON SYRAKUS

I Rizzari

Trattoria
Via Libertà, 63
Tel. (+39) 09 31 / 98 27 09
Ruhetag: Mittwoch, im Winter auch Sonntagabend
Ferien: 10.–25. September
36 Plätze + 70 Plätze im Freien
Preise: ✚ 38–40 €
Kreditkarten: AE, CS, MC, Visa
Mittags und abends geöffnet

Der Küstenort Brucoli ist eine Art kleine Halbinsel, die sich zwischen der Bucht eines Hafenkanals im Westen und dem ausgedehnten Golf im Osten zum Ionischen Meer hin erstreckt. Diese Trattoria mit Blick auf die ruhige Bucht besteht aus zwei kleinen Räumen und einem herrlichen Außenbereich, der ein paar Schritte vom Meer entfernt ist. Das Team setzt sich aus Viviana Valente, die sich mit ihrer Schwester Andrea um die Bedienung kümmert, und Emanuele Fede (Vivianas Lebensgefährten) zusammen, der sich gemeinsam mit Sohn Giulio am Herd zu schaffen macht. Im Rampenlicht steht frischer Fisch, den hier ansässige Fischer des Vertrauens liefern. Man kann mit Gambero marinato (10 €), Lumachine di mare und Bruschetta di *buzzonagghia* di tonno con pomodoro e menta (5 €) beginnen oder sich für eine gehaltvolle Zuppa di cozze, vongole e gamberi entscheiden. Von den Primi nennen wir **Spaccatelle al *dottu*** (Wrackbarsch), Pasta al ragù di triglie oder con telline e pomodori secchi, Spaghetti al nero di seppia, Spaghetti alle vongole, winterliche **Minestrina di pesce** und Paccheri al ragù. Im Kapitel Secondi erwarten Sie schmackhafte Gerichte wie **Polpo bollito con formaggio ubriaco** (13 €), Fritture di mare, **Seppie con i carciofi** (16 €) sowie Dentici, Ricciole und andere Fischarten (nach Gewicht verrechnet), die in den Versionen arrosto, all'acqua di mare oder al sale zubereitet werden. Von den saisonalen Salaten verdienen Insalata di arance con la cipolletta oder Insalata con i finocchi eine Erwähnung. Als Dessert serviert man Gelo di limone, Sorbetti di frutta, Tortino al cioccolato und weitere hausgemachte Köstlichkeiten. Recht gutes Sortiment an meist sizilianischen Weinen und einige Biere aus Kleinbrauereien.

BAGHERIA (PA)

16 KM SÜDÖSTLICH VON PALERMO, AUSFAHRT A 19

Don Ciccio

Trattoria
Via del Cavaliere, 87
Tel. (+39) 091 / 93 24 42
Ruhetag: Mittwoch, Sonntag
Ferien: August
80 Plätze
Preise: 25 €
Kreditkarten: AE, CS, DC, MC, Visa
Mittags und abends geöffnet
♿

Die Stadt Bagheria ist 20 Minuten von Palermo entfernt und wartet mit zahlreichen schönen Überraschungen auf. Wenn man über die alte Staatsstraße kommt, durchquert man Felder und Ortsteile, die jahrhundertelang einen der landwirtschaftlichen Bezirke Palermos bildeten und es zu einem kleinen Teil auch heute noch tun. Zahlreiche Villen sind zu sehen, in denen der Adel in den vergangenen Jahrhunderten residierte, und herrliche, schon von den Arabern angelegte Zitronenhaine, in denen die berühmten Verdelli-Zitronen gedeihen. Die 1942 gegründete Trattoria folgte stets einer einfachen, schmackhaften gastronomischen Linie, nämlich jener der Fuhrleute vom Land, die die Großstadt belieferten. An der Kasse finden wir Santino, den Sohn des Gründers, im Service Francesco und in der Küche Salvatore, die dritte Generation einer Familie, die seit jeher in der Gastronomie tätig war. Die mündlich aufgezählten Gerichte sind nach alten Rezepten zubereitet. Man beginnt ganz im Zeichen der Tradition der Fuhrleute mit hart gekochtem Ei und Zibibbo und setzt mit **Bucatini con le sarde** (6 €), con aglio e olio, con il ragù, al pomodoro oder con pesce spada e mentuccia fort. Als Secondi bieten sich **Involtini di carne** (9 €) oder di pesce spada, U ***Bruciuluni*** (gefüllte Fleischroulade), **Sarde a beccafico**, Polpettone di carne e piselli, Bistecca panata, Trancio di pesce locale (Schnitte von hiesigem Fisch) und Tonno *ammuttunato* con la mentuccia an. Auch die Nachspeisen sind klassisch gehalten: Cannoli, Cassata al forno sowie Orangen und Bananen mit Marsala. Zu trinken stehen ein kleines Weinsortiment aus dem Umland und ein kräftiger bernsteinfarbener Hauswein zur Auswahl.

61 KM NÖRDLICH VON AGRIGENT

Da Calogero

Restaurant
Via San Pietro, 1
Tel. (+39) 09 22 / 98 60 07,
(+39) 328 / 759 44 29
Ruhetag: Sonntag
Ferien: 6.–20. September
40 Plätze
Preise: 20–25 €
Keine Kreditkarten
Mittags und abends geöffnet

Dieses für seine Pfirsichproduktion bekannte Dörfchen ist ein ideales Ziel, wenn man eine heitere Atmosphäre atmen möchte. Ein paar Schritte von der alten Piazza della Fiera, wo der Mezzaranciu (ein Gusseisenbrunnen aus dem 18. Jahrhundert) zu bewundern ist, befindet sich das Lokal von Calogero Lo Presti, eine verlässliche Anlaufstelle für authentisches bodenständiges Essen. Patron und Küchenchef Calogero verarbeitet seit mehr als 40 Jahren sorgsam ausgewählte Produkte zu vortrefflichen Gerichten. Seine Frau Patrizia begrüßt die Gäste und bedient sie in ausgesprochen familiärem Ambiente. Als Antipasto (6 €) stehen lokale Käsesorten, Caciocavallo all'*argintera*, Frittata di ricotta oder di verdure, Involtini di melanzane, **Fave *a bozzacu i giri*** (mit Mangold gekochte Dicke Bohnen), Zuppa di ceci und Caponata di olive zur Auswahl. Als Primi (6 €) kann man *Attuppateddi* con i fagioli, Spaghetti con gli asparagi, saisonale Minestre und die unverzichtbare **Pasta e patate** probieren. Gut ist auch das Programm der Secondi wie ***U Brusciuluni*** (9 €), **Agnello *aggrassatu*** oder al sugo, Cotoletta alla contadinella, Involtini alla siciliana, Lingua di bue con salsa verde und Trippa con i fagioli. Nicht zu vernachlässigen ist das gegrillte oder marinierte Gemüse als Beilage. Zum Abschluss munden Desserts (3 €) wie exzellente Pignolata, Cannolicchi, *Ucciardunedda* (Cannoli aus Mürbeteig mit Ricottafüllung und mit gerösteten Mandelsplittern bestreut) und im Sommer Pesche ripiene. Das Weinangebot beschränkt sich auf einen lokalen offenen Tropfen und einige Etiketten aus der Region.

Nicht weit vom Restaurant gibt es in der Bar Pasticceria Number One sehr gute Süßspeisen und himmlisches Eis.

56 KM WESTLICH VON SYRAKUS

U Locale

Trattoria
Via Dusmet, 14
Tel. (+39) 09 31 / 87 39 23
Ruhetag: Dienstag
Ferien: Ende Juni–Ende Juli
50 Plätze + 20 Plätze im Freien
Preise: 20–25 €
Keine Kreditkarten; BM
Mittags und abends geöffnet

Die authentische Trattoria der Brüder Sebastiano und Pippo Formica nicht weit vom Hauptplatz bietet volkstümlich geprägte Gerichte, die manchmal leicht überarbeitet sind. Sebastiano arbeitet nicht nur in der Küche mit Leidenschaft, sondern auch bei der Auswahl der Grundzutaten, wie etwa Gemüse aus dem Hausgarten. Pippo serviert und versteht es sehr gut, die periodisch wechselnden Menüs zu erläutern. Hier einige Beispiele für die Antipasti: Frittate di verdure selvatiche, Finocchietto *ammuddicatu*, **Lumache a *stricasale*** und Bruschette con i paté di olive, pomodoro e peperoncino (aus Eigenproduktion). Unter den Neuheiten ist Uovo mit Trüffel aus den Monti Iblei, der auch die Tagliatelle verfeinert. Weitere schmackhafte Primi aus ausnahmslos handgezogenem Teig sind Taglierini con asparagi, finocchietto e sinapa (8 €), **Pasta con i tenerumi di zucchine**, Pappardelle con i peperoni arrostiti, ***Arricciata ca' lumia*** und Tagliolini con porcini, pinoli, timo e nepitella (7 €). Aus dem Reigen der verlockenden Secondi sind uns Cosciotto di maiale alle mandorle (9 €), Cinghiale arrosto, Stinco di suino al forno, **Spiedini di pecora**, *Lattuchedda* (Unterbauch vom Rind), Trippa con i fagioli und **Lingua alla *stimpirata*** (6 €) in Erinnerung geblieben. Eine der Brotsorten, die das Essen begleiten, wird von Sebastiano aus Sauerteig und Mehl aus den Weizensorten *Tumminìa* und Russello gebacken. Überwältigendes Finale mit Cannolo di ricotta, *Funciddi* (Haselnusskeksen) und sommerlichem Sorbetto. Zu trinken gibt es eine kleine Auswahl sizilianischer Weine.

» *Sebastianos leidenschaftliches Engagement kommt in den gepflegten Speisen und in der Aufmerksamkeit zum Ausdruck, die er der Auswahl der stets hochwertigen Zutaten widmet.* «

44 km südöstlich v. Palermo, A 19 und S.S. 285

A Castellana

Restaurant-Pizzeria
Piazza Caduti, 4
Tel. (+39) 091 / 814 86 67,
(+39) 339 / 869 95 20
Ruhetag: Montag
Keine Ferien
180 Plätze + 170 Plätze im Freien
Preise: 25–28 €
Kreditkarten: AE, CS, DC, MC, Visa
Mittags und abends geöffnet
Ⓖ

Das seit mehr als 30 Jahren von der Familie Porretta geführte Restaurant mit Pizzeria befindet sich in den ehemaligen Kornspeichern des imposanten Kastells von Caccamo. Bei gutem Wetter können Sie auf der Terrasse mit schönem Ausblick speisen. Der Antipasto rustico (8,50 €) kann Polpettine di carne, lokale Käsesorten, *Olivi cunzati*, Frittate di verdure, Sfincionelli, Caponata di melanzane, Bruschette, lokale Pilze, Insalata di arance, Ricotta und lokale Wurstsorten wie Salsiccia pasqualora und Salami mit Pistazien enthalten. Herausragende Primi sind **Tagliatelle al ragù di cinghiale** oder con salsiccia, porcini, ricotta e pecorino, **Spaghetti al cacio e pepe con *maccu* di fave** (7 €) und Fiocchetti con burrata e pistacchio. Die Secondi kommen meist vom Grill: **Costatone di vitello** (30 Tage abgehangen), **Spiedini di manzo e maiale** (9 €) und Pasta di salsiccia panata locale. Gute Beilagen wie gebratene Pilze und hervorragende Insalata di cipolla mit im Holzofen gebratenen und mit Oregano gewürzten Tomaten. Die Mahlzeit endet mit köstlichem **Cannolo di ricotta** (2,50 €), Gelo di cannella und im Sommer mit Gelo di anguria und Eis. Es gibt zwei Degustationsmenüs für 22 und 26 €, Getränke nicht inbegriffen. Abends serviert man sehr gute Pizza aus lange aufgegangenem Teig mit Mehl aus den Weizensorten *Tumminìa* (Timilia), Russello und Perciasacco. Ordentliche Auswahl regionaler Weine neben ein paar Etiketten aus dem übrigen Italien und einem guten lokalen Tropfen. Schönes Biersortiment, auch aus Kleinbrauereien.

Salsiccia pasqualora und frisches Qualitätsfleisch gibt es in den Fleischereien von Nino Siragusa Gullo, Via Liccio 39, und von Raimondo Canzone, Via XII Novembre 11.

65 km nordwestlich von Agrigent

M.A.T.E.S.

Trattoria
Vicolo Storto, 3
Tel. (+39) 09 25 / 95 23 27,
(+39) 338 / 413 37 63
Ruhetag: Sonntagabend
Ferien: 2 Wochen im Oktober
50 Plätze
Preise: 28–30 €
Kreditkarten: CS, DC, MC, Visa; BM
Mittags und abends geöffnet

Caltabellotta liegt auf beinahe 1.000 Metern Höhe in einem geschichtsträchtigen Gebiet, wie Ausgrabungen und Überreste aus verschiedenen Epochen erkennen lassen. Diese rustikale Trattoria in einer Ecke des Zentrums ist mit alten Gegenständen und Gerätschaften aus dem bäuerlichen Leben von einst dekoriert. Das familiäre Team ist seit Jahren unverändert: Patron Felice Augello und Sohn Giuseppe kümmern sich um den Service, Ehefrau Laura und ein anderer Sohn, Leonardo, um die Küche. Das kulinarische Angebot basiert auf vielen lokalen Grundzutaten. Aus eigener Erzeugung sind einige eingelegte Produkte und das native Olivenöl extra. Man beginnt mit reichhaltigem Antipasto misto (10 €) mit Ricotta und Käse von hiesigen Käsern, Olive *cunzate*, Bruschette con pomodori secchi, capperi e olive, Caponata, Involtini di melanzane, Frittate und anderen Gerichten aus Wildkräutern und Saisongemüse wie Cardi fritti und Carciofi panati. Als Primi (8 €) können Sie je nach Jahreszeit **Busiate con tenerumi di zucca e pesto di basilico**, Fusillotti con mandorle, pistacchi e ricotta salata, Risotto agli asparagi selvatici, **Pasta con macco verde e finocchietto** und hausgemachte Lasagne con il ragù di salsiccia genießen. Die Secondi (10 €) sind deftig: **Agnello in casseruola**, Salsiccia und Castrato alla griglia sowie **Cosciotto di maiale infornato**. Den Abschluss versüßen Cannoli, Cassatelle di ricotta und Paste di mandorle. Zu trinken steht ein kleines Sortiment sizilianischer Weine bereit. An Feiertagen gibt es ausschließlich ein festgelegtes Menü für 30 €; es ist auf jeden Fall immer empfehlenswert zu reservieren.

Sale & Pepe

Restaurant
Corso Umberto I, 146
Tel. (+39) 09 34 / 58 22 90,
(+39) 327 / 239 41 42
Ruhetag: Montag, im Sommer Sonntag
Ferien: unterschiedlich
60 Plätze
Preise: 30–35 €
Kreditkarten: AE, CS, DC, MC, Visa; BM
Mittags und abends geöffnet

Aufmerksamkeit für bodenständige Produkte, darunter auch solche aus Slow-Food-Presidi, und moderne Interpretation der sizilianischen Küche sind das Erfolgsgeheimnis dieses Restaurants. Michele Tornatore und seine Frau Valeria kümmern sich um den Service, während der junge Küchenchef Andrea Romè die Küche leitet. Von den Antipasti erwähnen wir Caprini in crosta con pere al vino rosso, Pesce crudo con frutta fresca, Caponata di pesce spada con crostini al pesto di basilico und Sformato di zucchine, caciocavallo ragusano, ricotta, miele, pistacchio e marmellata di arance (9 €). Gute Primi sind **Paccheri al pomodoro siccagno della valle del Belice con ricotta, melanzane e bottarga** (10 €), traditioneller **Macco di fave al finocchietto** und Pappardelle con gamberoni rossi di Mazara, burrata, porcini e mandorle. Von den Secondi erinnern wir uns an Spigola di mare in crosta di patate con lardo di suino nero dei Nebrodi, **Involtini di vitello al pistacchio con fonduta di piacentino ennese**, Maialino porchettato und schmackhafte **Calamari ripieni in salsa di cozze e mandorle** (12 €). Brot wird aus in der Steinmühle gemahlenem Biomehl aus alten Weizensorten gebacken. Die Palette der Dolci umspannt *Cuddrireddra* aus Delia, Parfait di mandorle, Semifreddo al melone und origielle Panna cotta mit Lavendel. Gutes Angebot regionaler Weine mit einigen Tropfen aus biodynamischem Anbau, außerdem Biere aus Kleinbrauereien.

La Botteguccia, Via Consultore Benintendi 60, bietet guten sizilianischen Käse, Wurstwaren aus den Nebrodi, Oliven, getrocknete Tomaten, Kapern und Oregano aus dem Umland.

52 KM NÖRDLICH VON AGRIGENT

San Martino de Kamerata

Restaurant
Via Ugo La Malfa, 10
Tel. (+39) 09 22 / 90 55 72,
(+39) 349 / 393 05 40
Ruhetag: Montag, außer im August
Ferien: zeitweise im September
50 Plätze + 60 Plätze im Freien
Preise: 20–30 €
Kreditkarten: CS, MC, Visa; BM
Mittags und abends geöffnet

Dieses modern eingerichtete Restaurant in ländlicher Umgebung lässt noch Spuren des einstigen Steinhäuschens erkennen, das als bäuerliche Unterkunft und Schuppen für landwirtschaftliches Gerät diente. Chefkoch Dario steht hier an der Spitze und bringt seit über 20 Jahren traditionelle und kreativ abgewandelte Gerichte aus lokalen, teils biologischen Zutaten auf den Tisch. Von den Antipasti erinnern wir uns an Tortino di patate con cuore di bufala, Funghi porcini con scaglie di caciocavallo di vacca modicana (Slow-Food-Presidio) und den Antipasto rustico (10 €), der frische Ricotta, Frittata di asparagi, ***'Mpanata* di verdure di campo**, Polpettine di patate oder di carne al sugo, gute lokale Käsesorten und Caponata di melanzane beinhalten kann. Unter den Primi (7 €) finden sich Risotto con asparagi selvatici, Ravioli di ricotta e spinaci con battuta di erbette, Pasta con pomodoro datterino, melanzane viola e mandorle di Noto (Slow-Food-Presidio) und **Caserecce con finocchietto, funghi e mollica tostata alla cannella**. Unter den Secondi (10 €) stechen **Filetto di maialino al Nero d'Avola**, Grigliate di carne und **Agnello aus dem Holzofen** hervor. Dazu gibt es Pilze, Kartoffeln und Salate als Beilage. An Süßem bieten sich gute Desserts (4 €) an wie Cannolo in coppa mit Schaf- und Ziegenmilchricotta aus den Monti Sicani, Obst aus eigenem Anbau und Pignolata mit Honig von der Dunklen Biene (Slow-Food-Presidio). Interessante Selektion italienischer und sizilianischer Weine. Ein Degustationsmenü ist für 20 € erhältlich.

Im Ortsteil Casalicchio, Viale Sandro Pertini, erzeugt und verkauft Liborio Mangiapane hervorragenden Käse, darunter Caciocavallo aus Milch der Modicana-Kuh.

45 KM ÖSTLICH VON AGRIGENT

La Madonnina

Restaurant-Pizzeria
Via Edison, 162
Tel. (+39) 09 22 / 87 01 77
Ruhetag: Dienstag
Ferien: zweite Oktoberhälfte
96 Plätze
Preise: 25–30 €
Kreditkarten: CS, DC, MC, Visa; BM
Mittags und abends geöffnet

Die Lokalinhaber, Gianni Gruttad'Auria und seine Frau Veronica, begrüßen die Gäste, während Kamel Boudour für die Küche zuständig ist. Von den in der Tradition Campobellos verwurzelten Speisen empfehlen wir, falls erhältlich, *'Mpurnatu* (9 €), einen Auflauf aus Ziti in Tomatensauce, Blumenkohl und Ei, der in einer Eisenpfanne im Holzofen gegart wird, und *'Mpanata*, einen Fladen mit Füllung aus Spinat, Oliven und Pecorino. Von den möglichen Antipasti erinnern wir uns an Carpaccio di busambrina (aus Fleisch vom Cinisara-Rind), einen schön angerichteten Teller mit Salumi und **Formaggi**, die teils aus Slow-Food-Presidi stammen, Polpo a *stricasale* oder in der Version arrosto con crema di ceci neri (10 €) und Battuta di gambero con salsa di cappero. Probieren Sie von den Primi Pasta con funghi, carciofi e formaggio piacentinu (9 €), **Cavatelli con il macco di fave e ricotta** und Busiate con triglia, melanzane e mentuccia oder con triglia e finocchietto. **Agnello al pistacchio** (9 €), **Filetto in crosta di cavolo e formaggio di capra girgentana** und Tagliata alla rucola e formaggio ragusano zählen zu den herausragenden Secondi. Grigliata di pesce und Fritto di paranza stehen ebenfalls auf der Karte. Am Ende erwarten Sie deliziöse Robiola di girgentana con marmellata di agrumi und Bomba di pan di Spagna e ricotta al pistacchio. Abends gibt es gute Pizza aus Sauerteig, teils auch aus traditionellen Getreidesorten von der Insel. Die Weinkarte gibt Qualitätserzeugnissen aus dem Umland den Vorzug.

Im Ortsteil Montalbo erzeugt Giacomo Gatì Qualitätskäse aus Rohmilch, die von den Züchtern der seltenen, von einem Slow-Food-Presidio geschützten Girgentana-Ziege geliefert wird.

89 KM ÖSTL. V. PALERMO, A 19, S.S. 113 U. S.S. 286

Nangalarruni

Restaurant
Via delle Confraternite, 5
Tel. (+39) 09 21 / 67 12 28,
(+39) 09 21 / 67 14 28
Ruhetag: Mittwoch
Ferien: unterschiedlich
100 Plätze + 30 Plätze im Freien
Preise: 23–35 €
Kreditkarten: AE, CS, DC, MC, Visa
Mittags und abends geöffnet

Giuseppe Carollos Lokal ist ein bewährtes Ziel für Freunde der exzellenten Produkte, die das Umland hervorbringt. Dazu zählen lokale Pilzarten wie der edle blasse Kräuterseitling. Giuseppe legt bei der Auswahl von Fleisch und Käse akribische Genauigkeit an den Tag; das Gemüse kommt aus dem eigenen Garten oder einem angesehenen Biobetrieb in der Nähe. Das Restaurant besteht aus einem angenehmen, rustikal gestalteten Raum im Erdgeschoss und einem größeren Raum im ersten Stock. Es gibt drei Degustationsmenüs: klein (24 €), vegetarisch (25 €) und das Menu dello Chef (32 €). Wer von der Karte wählt, kann mit Lonzino di maialino nero affumicato al tabacco con insalata di arance e riduzione di mosto cotto, **Cartoccio di funghi di bosco con erbe aromatiche** und Bruschette con uovo di quaglia e tartufo nero siciliano (12 €) beginnen. An Primi, die alle aus frischer Pasta zubereitet sind, finden sich Spaghetti con caponata di ortaggi, zafferano maiorchino e tartufo und **Pasta e patate con funghi e fonduta di caciocavallo** (12 €); außerdem wird Zuppa di funghi e legumi con verdure di campo angeboten. Weiter geht es mit **Filetto di maialino nero in crosta di manna, mandorle e pistacchi**, Coniglio in umido con spezie madonite e verdure saltate (14 €) und Stinco di maiale in salsa di agrumi. Den Schlusspunkt setzen **Testa di turco**, Eis aus handwerklicher Erzeugung und Semifreddo al torrone di mandorle e pistacchi (5 €). Ausgezeichnete Weinkarte mit rund 300 Weinen, viele davon im glasweisen Ausschank. Außerdem gibt es eine kleine Selektion an Bieren aus Kleinbrauereien. Reservierung empfehlenswert.

„Schlichtes, gemütliches Ambiente, rare Kompetenz bei der Zutatenauswahl und exzellente Küche."

89 KM ÖSTL. V. PALERMO, A 19, S.S. 113 U. S.S. 286

Romitaggio San Guglielmo

Restaurant-Pizzeria
Ortsteil San Guglielmo
Tel. (+39) 09 21 / 67 13 23
Ruhetag: Mittwoch
Ferien: unterschiedlich
80 Plätze + 50 Plätze im Freien
Preise: 30 €
Kreditkarten: CS, MC, Visa; BM
Mittags und abends geöffnet

Im ehemaligen Benediktinerkloster, das auf den Ruinen des Palasts von Emir Kafir erbaut wurde, befindet sich Salvatore Baggesis eindrucksvolles Restaurant mit anheimelnden, ländlich eingerichteten Räumen. Das Vorspeisenangebot umfasst Antipasto rustico (8 €) mit frischer Ricotta, Polpette di pomodorini secchi oder di erbette spontanee, Provola aus den Madonie (Slow-Food-Presidio), getrocknete Salsicce, Olive a *passuluna*, Grigliata di ortaggi, Carpaccio di funghi, Capocollo al Nero d'Avola, Zucca rossa in agrodolce, Vollkorn-Bruschette und ***Frittedda*** con fave, piselli, finocchietto, foglie di cavolo, bietole selvatiche. Als Primi (8 €) munden Gnocchetti di zucca rossa e tuma al ciliegino, Tagliolini con asparagi, carciofi e noci, Caserecce aus alten sizilianischen Getreidesorten alle verdure, Lasagnette al Nero d'Avola con crema di funghi und in der Saison **Pappardelle al fungo basilisco** (13 €). Bei den Secondi dominiert Fleisch: **Capretto *aggrassato* alle verdure** oder disossato e farcito agli aromi (entbeint und mit Kräutern gefüllt), Cinghiale stufato al vino rosso (13 €), **Cosciotto di maialino al pistacchio** und Coniglio alla cacciatora. Gute Beilagen wie Funghi al forno, Asparagi trifolati, Bietole und Patate saltate all'olio. Am Ende darf für Castelbuono typische Testa di turco (4 €) nicht fehlen; daneben gibt es Cassata di ricotta, Cubaita, Torte di frutta und Mustazzola con mostarda di fichi d'India, kombiniert mit hervorragenden hausgemachten Rosoli. Neben einigen regionalen Etiketten gibt es einen guten lokalen offenen Wein.

In der Via Sant'Anna 6 befindet sich die Verkaufsstelle des Betriebs von Giulio Gelardi, der Manna nach Art der Madonie (Slow-Food-Presidio) erzeugt.

73 KM SÜDÖSTLICH VON TRAPANI

Da Giovanni

Trattoria
Via Milazzo, 26
Tel. (+39) 09 24 / 890 53
Ruhetag: Sonntag
Keine Ferien
50 Plätze
Preise: 15–20 €
Keine Kreditkarten
Mittags und abends geöffnet

Castelvetrano befindet sich an der Grenze zwischen den Provinzen Trapani und Agrigent sowie zwischen den Ausgrabungsstätten von Selinunt und den Badeorten Triscina und Tre Fontane. Diese bekannte Trattoria im Zentrum nahe der prachtvollen Kirche Sant'Agostino wurde 1982 von *'Zu* Giuvanni Santangelo eröffnet, der die Gäste auf liebenswürdige und höfliche Art nach alter Schule empfängt und von seinem Sohn Massimo unterstützt wird. Der Stil der Küche ist einfach und unverfälscht. Das Menü wird mündlich vorgetragen und ändert sich je nach saisonaler Verfügbarkeit der Zutaten. Man kann sich mit dem Antipasto della casa (3 €) einstimmen, der Olive nocellara del Belice *cunsate*, Bruschetta al pomodoro und lokalen Käse enthält, oder **Melanzane alla parmigiana** (3 €) oder auch Caponata probieren. Von den Primi verdienen auf jeden Fall die **Suppen** eine Kostprobe, wie **Zuppa di fave carciofi e piselli** (5 €) und Zuppa di fagioli e cotiche; ebenfalls köstlich sind die Pastagerichte: **Caserecce al ragù di maiale e salsiccia pasqualora** (5 €), Pasta allo scoglio con vongole, cozze e pesce spada und Risotto alla marinara. Je nach Fangergebnis gibt es danach Triglie, Sogliole, Pesce spada und Gamberi rossi aus Mazara vom Grill. Wenn Sie Fleisch bevorzugen, greifen Sie zu sehr gutem Stufato di salsiccia. Saisonobst und frittierte Cassatelle di ricotta fritte runden das Essen ab. Zu trinken gibt es, ganz nach Tradition, einen lokalen Tropfen, und zwar einen Rotwein und einen bernsteinfarbenen Weißwein.

In der Mühle Molino del Ponte, Via Parini 29, werden die besten alten sizilianischen Getreidesorten gemahlen und zu Mehl und Pasta verarbeitet.

CASTIGLIONE DI SICILIA (CT)
Solicchiata

55 KM NORDWESTLICH V. CATANIA, E 45 U. S.S. 120

Cave Ox

Osteria-Pizzeria
Via Nazionale, 159
Tel. (+39) 09 42 / 986 11 71,
(+39) 328 / 134 96 83
Ruhetag: Dienstag
Ferien: unterschiedlich
50 Plätze + 50 Plätze im Freien
Preise: 25 €
Kreditkarten: CS, DC, MC, Visa; BM
Mittags und abends geöffnet

Hier haben wir es mit einem wirklich besonderen Lokal zu tun, was sich schon in dem ausgefallenen Namen Cave Ox bemerkbar macht, der übersetzt „Ochsengrotte" bedeutet. Die kleinen Räume sind schlicht eingerichtet und mit zahlreichen, erkennbar mit System verteilten leeren Weinflaschen dekoriert. Wir befinden uns nämlich in einem der besten Weinbaugebiete der Ätnaregion; der Lokalinhaber Sandro Di Bella ist ein leidenschaftlicher Weinkenner, wie der mit rund 300 Etiketten bestückte Keller zeigt. Viele Tropfen stammen aus dem Umland des Ätna, darunter eine gepflegte Selektion nach natürlichen Methoden erzeugter Weine. Mittags bereitet Sandros Frau Lucia wenige, aber gekonnt ausgeführte Gerichte zu. Der Antipasto misto (8 €) umfasst Kostproben von Frittata, gegrilltes oder gratiniertes Gemüse, Oliven, getrocknete Tomaten, heimische Salami und sizilianischen Käse wie Pecorino und canestrato. Bei den Primi (8 €) wechseln **Maccheroni con il ragù di salsiccia**, Gnocchi di patate al pomodoro, **Pasta con le *sparacogne*** (Triebe von Tamus communis), con i *caliceddi* (Wildkraut aus der Familie der Kreuzblütler) oder con crema di zucchine e limone. In der Pilzsaison sollte Zuppetta del contadino mit Steinpilzen, Ei und Würzkräutern nicht unversucht bleiben. An Secondi (9 €) können sich neben klassischer Grigliata mista auch **Castrato in casseruola**, Carne alla pizzaiola und **Polpette al forno** finden. Zum Ausklang gibt es hausgemachte Dolci wie Semifreddo alle mandorle und Salame di cioccolato. Abends beschränkt sich das kulinarische Angebot auf Pizza aus lange aufgegangenem Teil aus doppelt gemahlenem Biomehl.

CASTROFILIPPO (AG)

24 KM NORDÖSTLICH VON AGRIGENT, S.S. 122

Osteria del Cacciatore

Trattoria-Pizzeria
Via Puglia
Tel. (+39) 09 22 / 82 98 24,
(+39) 347 / 680 09 18
Ruhetag: Mittwoch
Ferien: 1 Woche im Juli
130 Plätze
Preise: 20–25 €
Kreditkarten: AE, CS, DC, MC, Visa; BM
Abends geöffnet, Sonntag nur mittags

Antonia Cammalleri hat ihre Tätigkeit in den Siebzigerjahren begonnen und nun alle Geheimnisse an ihre fünf Töchter Eleonora, Giusi, Graziella, Maria Rita und Salvina weitergegeben, die seit Langem in der Küche und in der Leitung der Trattoria mitarbeiten. Zu den verwendeten Zutaten zählen auch solche aus dem hauseigenen Garten und ein selbst erzeugtes Öl. Für die Organisation der Bedienung sorgt auf freundliche Weise Salvatore, einer der Schwiegersöhne. Als Vorspeise (3 €) finden Sie **Zabbinata** (im Holzofen gratinierten Mix aus Saisongemüse), Cipolla paglina pastellata, Schiacciata (mit Sardellen, Oliven und Primo sale verfeinerten Fladen) und Rosetta farcita con cipolla, olive e salsiccia; es gibt auch einen Antipasto misto (8 €), der sieben Spezialitäten beinhaltet. Weiter geht es mit **Maccheroncelli al forno** di zia Antonia (6 €), Tagliatelle con guanciale, zucchine e pistacchio, Anelletti al forno con le melanzane und **Pennette al cinghiale** e le **fave verdi**. Im Reigen der Secondi tauchen Filetto ai funghi freschi e pepe nero, Grigliata mista (Hammel, Schwein und Kalbsspießchen, 8 €), Quaglie arrosto, **Stigghiole**, Tagliata di vitello, Coniglio alla cacciatora und Stinco di maiale con patate auf. Auch die Beilagen (3,50 €) wie Funghi gratinati, Asparagi al cartoccio und Cimette di capperi schmecken köstlich. Mögliche Desserts sind Pera caramellata al Syrah con cuore di crema, Canestrello di meringa, Cannolo di ricotta, Parfait di mandorle und Sorbetto di limone. Im Keller lagern einige recht gute Tropfen und ein ordentlicher offener Hauswein. Man kann sich auch für ein Degustationsmenü zum Preis für 25 € entscheiden.

Cortile Capuana

Moderne Osteria
Via Capuana, 104
Tel. (+39) 095 / 53 47 48,
(+39)347 / 037 97 95
Ruhetag: Montag
Ferien: unterschiedlich
45 Plätze + 40 Plätze im Freien
Preise: 35–40 €
Kreditkarten: AE, CS, DC, MC, Visa; BM
Mittags und abends geöffnet

Nicht weit von der Via Umberto befindet sich dieses Lokal mit schönem begrüntem Hof, in dem es sich angenehm speisen lässt. Die jungen Inhaber Marco Corsale und Luna Guarnaccia haben das kleine Restaurant um einen als Vinothek gestalteten Bereich und eine Verkaufsstelle für gut ausgewählte regionale Spezialitäten erweitert. Aus der Küche kommt vorwiegend modern interpretierte bodenständige Kost aus akkurat ausgewählten Zutaten aus Sizilien und anderen Regionen, darunter auch einige Slow-Food-Presidi. Das Menü beinhaltet als Antipasti schmackhafte **Bocconcini di sarde** aus dem Ofen mit Brot, das mit *Piacentinu* ennese aromatisiert ist (9 €), Tartara di sgombro und Tortino di melanzane con fonduta di formaggio ragusano. Gute Primi sind Carbonara con guanciale di suino nero dei Nebrodi (12 €), Melanzana fritta ripiena di pasta, pomodoro e ricotta salata (12 €), **Raviolo aus frischem Teig con le alici da *magghia*** und Gnocchi di patate con pesto alla siciliana. Von den Secondi munden insbesondere **Filetto di suino nero con cipolla di Giarratana** (15 €), **Stracotto d'asina all'Etna rosso** und Calamaro arrosto ripieno. Abschließend erwarten Sie Semifreddo alla mandorla di Noto, Mousse di ricotta con cioccolato fondente und weitere Desserts des Hauses. Die gepflegte Weinkarte enthält Etiketten aus Sizilien und anderen Regionen; es gibt auch Biere aus Kleinbrauereien zu trinken. In der angeschlossenen Vinothek mit Bistro kann man gute selbst gemachte Pizza und Focacce zum Wein genießen.

Die Pasticceria Spinella, Via Etnea 300, verkauft Minni di vergini, Frutta martorana, Torroni und andere Süßigkeiten der lokalen und regionalen Tradition.

Mé Cumpari Turiddu

Restaurant
Via Monsignor Ventimiglia, 15
Tel. (+39) 095 / 715 01 42
Ruhetag: Sonntagabend
Ferien: zeitweise im Sommer
40 Plätze + 20 Plätze im Freien
Preise: 33–38 €
Kreditkarten: AE, CS, DC, MC, Visa; BM
Mittags und abends geöffnet

Gegenüber dem Parkplatz an der Piazza Lupo finden wir dieses schlichte, gemütliche Restaurant unter der ebenso kompetenten wie hingebungsvollen Führung von Roberta Capizzi. Unterstützt wird sie von jungem Personal, einschließlich Küchenchef Gianluca Leocata. Viele Zutaten stammen aus kleinen sizilianischen Betrieben, einige auch aus Slow-Food-Presidi. Den Auftakt machen Tortini di broccoletti e olive oder di alici e salsa al finocchietto, Insalata di pesce stocco alla messinese, Medaglione di rana pescatrice, im Sommer Vegetarisches (9 €) wie Kostproben von Caponata, Parmigiana und ***Schibeci*** (nach einem typischen Rezept aus Messina mit Auberginen, Kartoffeln, Paprikaschoten und Tomaten). Schmackhafte Primi sind Spaghetti al sugo di alalunga (12 €) oder con alici da *magghia*, *muddica atturrata*, oliva minuta e capperi di Salina, **Maccheroni alla Norma** (10 €) nach Tradition von Catania, **Caserecce al ragù bianco di asino ragusano e capuliato di pomodoro**, Pasta ripiena di ricotta con sugo di suino nero dei Nebrodi sowie Zuppa di fagiolo badda di Polizzi und Zuppa di lenticchia di Ustica. An Secondi bieten sich gute Involtini di pesce sciabola (13 €), **Alalunga *ca' cipuddata***, Pesce azzurro vom Tagesfang, gegrillt oder gedünstet (16 €), Filetto di suino nero und Salsiccia a punta di coltello an. Sehr gutes Sortiment typischer sizilianischer **Formaggi**. Abschließend köstliche Desserts wie Biancomangiare mit Mandeln aus Noto und Cuscus dolce delle monache. Zu trinken gibt es sorgfältig ausgewählte sizilianische Weine und einige Biere aus Kleinbrauereien.

Bei Scollo, Via Messina 225, gibt es eine gute Selektion an Käse, Wurst, Wein, Arancini und weitere sizilianische Rosticceria-Spezialitäten.

CHIARAMONTE GULFI (RG)

20 KM NORDWESTLICH VON RAGUSA

Majore

Restaurant
Via dei Martiri Ungheresi, 12
Tel. (+39) 09 32 / 92 80 19
Ruhetag: Montag
Ferien: zeitweise im Juli
105 Plätze
Preise: 20–22 €
Kreditkarten: AE, CS, DC, MC, Visa; BM
Mittags und abends geöffnet

Dieses Lokal unter der Leitung der Familie Laterra-Majore zählt beachtliche 120 Jahre. Der kleine historische Gastraum liegt im Erdgeschoss und bietet rund 20 Plätze. Der Weg dorthin führt über den Eingangsbereich mit einer Theke, wo Würste aus eigener Erzeugung zum Verkauf angeboten werden. Im oberen Geschoss befindet sich ein größerer Raum. Geführt wird der Betrieb von Salvatore Laterra. Die in Chiaramonte Gulfi und anderen Orten im Gebiet der Monti Iblei bis heute verwurzelte kulinarische Tradition der Verarbeitung von Schweinefleisch macht sich in fast allen Speisen bemerkbar, angefangen von den Kostproben von Salami, Capicollo und ***Jlatina*** (Aspik) im Antipasto misto (5,50 €), der außerdem Giardiniera di olive und manchmal Caponata enthält. Darauf folgen der obligate Risotto alla Majore mit Schweinefleischsauce und einer kräftigen Prise Caciocavallo ragusano und klassische **Ravioli di ricotta al sugo di maiale**. Im Reigen der übrigen schmackhaften Primi (5,50 €) wechseln Cavati alla Norma, Tagliatelle con il pomodoro fresco, Cappellacci ripieni di ricotta con il ragù, Pappardelle con i porcini und Minestra di fave. Schweinefleisch dominiert auch bei den Secondi wie Filetto ai ferri, Salsiccia arrostita sulla brace oder al sugo (6,50 €) und ***Cuosti chini*** (gefülltes Kotelett). Ein weiterer Fixpunkt des Menüs ist der noch deftigere **Falsomagro alla siciliana** (7 €) aus Hackfleisch, gefüllt mit hart gekochtem Ei, Käse, Salami und Zwiebeln. Als Desserts können Gelo di cannella, Mousse di ricotta und Parfait di mandorla auf dem Programm stehen. Im hervorragend bestückten Keller lagern über 500 Weine aus Sizilien und anderen Regionen Italiens. Daneben gibt es einige Biere aus Kleinbrauereien.

COLLESANO (PA)

66 KM SÜDÖSTLICH VON PALERMO

Casale Drinzi

Ferienbauernhof
Ortsteil Drinzi
Tel. (+39) 09 21 / 66 40 27
Kein Ruhetag
Ferien: 2 Wochen im Januar oder Februar
200 Plätze + 60 Plätze im Freien
Preise: 24–30 €
Kreditkarten: CS, DC, MC, Visa; BM
Mittags und abends geöffnet

Giovanni Gulino, im Service, und Antonio Di Gaudio, in der Küche, leiten diesen Agriturismo vor den Toren von Collesano, der neben dem Restaurant mit Pizzeria auch etwa zehn Gästezimmer bietet. Das große Lokal präsentiert sich mit Holzträgern und -dach, klassischen Möbeln und einem begrünten Sitzbereich im Freien. An Feiertagen gibt es nur ein festgelegtes Menü für 30 €, während man an den übrigen Tagen à la carte speisen kann. Von den möglichen Vorspeisen empfehlen wir Antipasto rustico (7 €) mit Ricottina fritta, lokalen Käse- und Wurstsorten, Schnecken aus lokaler Zucht, Caponata und weiteren, saisonabhängigen Kostproben wie Cipollotti al lardo und Carciofi ai cereali. Ein Teil des verarbeiteten Gemüses kommt aus dem Hausgarten. Stets köstliche Primi sind **Maccheroni al sugo di castrato** oder al macco di fave e finocchietto (7,50 €) und Gnocchi al ragù di maialino nero. In der Saison findet man häufig Tagliatelle ai funghi. Pilze werden auch in Form von schmackhaftem Carpaccio oder gebraten serviert und verfeinern überdies **Stracotto di manzo**. An weiteren Fleischgerichten erwähnen wir Suino nero alla brace (9 €), würziges **Coniglio alla cacciatora** (8 €), Agnello alle erbe, Cinghiale stufato und Stinco di maiale al vino rosso. Von den Dolci des Hauses sind uns traditionelle **Testa di turco** und *Sfince* fritte di ricotta neben Mousse al cioccolato e ricotta con marmellata di arance amare in Erinnerung geblieben. Recht gute Auswahl an regionalen Weinen.

Im Ortsteil Santa Anastasia erzeugt der Biobetrieb Invidiata Rohmilchkäse wie Provola delle Madonie (Slow-Food-Presidio) und zieht Fagioli badda di Polizzi (Bohnensorte), die ebenfalls von einem Presidio geschützt sind.

La Rustica

Trattoria
Via Gagliano Castelferrato
Tel. (+39) 09 35 / 255 22
Ruhetag: Sonntag
Ferien: August
38 Plätze
Preise: 15–18 €
Kreditkarten: CS, MC, Visa; BM
Mittags und abends geöffnet

Diese authentische Trattoria liegt in der Oberstadt von Enna in der Nähe des Gerichts und ist in jeder Hinsicht volkstümlich: wegen ihres Ambientes, ihres kulinarischen Angebots und des überwältigenden Preis-Leistungs-Verhältnisses. Für die Küche zuständig ist Signora Carmela Messina, die die von ihrer Mutter Angela vor mehr als einem halben Jahrhundert begonnene Arbeit fortsetzt. Ehemann Gaetano Tilaro bedient die Gäste auf freundliche Weise, Sohn Cristian hilft seit Kurzem in der Küche mit. Da es nur einen kleinen, stets sehr gut besuchten Gastraum gibt, sollte man reservieren. Probieren Sie von den Antipasti (4 €) Frittate di patate e cipolla, di ricotta, di cavolfiori, di broccoletti oder di funghi – je nach den verfügbaren Zutaten; ebenfalls erwähnt seien Arancinetti, Peperonata, Melanzane alla parmigiana und Melanzane ripiene. Die Karte nennt auch diverse Primi, von denen wir aus frischem Teig zubereitete Fettuccine al ragù di maiale, alla carrettiera oder con carciofi e ricotta, **Pasta con il macco di fave** (5 €) oder con i fagioli, Penne con i cavolfiori oder con il finocchietto e la mollica abbrustolita und Minestrina di favette e piselli erwähnen möchten. Großzügige Portionen kennzeichnen auch Secondi mit Fleisch, wie **Polpettone ripieno all'ennese**, Spezzatino con patate (7 €), **Manzo lesso**, Cosciotto di maiale al forno, Salsiccia al sugo, arrostita oder fritta, Trippa alla parmigiana, **Stigghiola** und Lingua alla Pizzaiola. Scavazzatura (Ricottaschaum mit Cannolo-Stückchen) und andere hausgemachte Dolci runden das Essen ab. Zu trinken gibt es eine kleine Auswahl sizilianischer Weine.

Da Geba, Viale IV Novembre 17, bietet exquisites selbst gemachtes Eis, Granite und Brioches.

110 KM SÜDWESTL. V. MESSINA, S.S. 113 OD. A 20

Fattoria Fabio

Trattoria
Ortsteil Sciara Bacci
Tel. (+39) 09 41 / 43 40 42,
(+39) 389 / 162 89 66
Kein Ruhetag
Ferien: unterschiedlich
34 Plätze + 50 Plätze im Freien
Preise: 25–30 €
Kreditkarten: CS, MC, Visa; BM
Mittags und abends geöffnet

Sie finden diese gemütliche ländliche Osteria der Familie Fabio an der Landstraße 155, vier Kilometer von Galati Mamertino entfernt. Der Bauernhof liegt in reizvoller landschaftlicher Umgebung in einem Tal, in dem sich San Marco d'Alunzio, Galati und andere kleine Dörfer befinden. Hier baut man Auberginen, Zwiebeln, Paprika und andere Gemüsesorten an und züchtet Schafe einer lokalen Rasse und Hühner; außerdem gibt es Obst- und Olivenbäume. Giacomo und seine Frau Salvatrice, eine geschickte Köchin, führen die Trattoria mit Unterstützung der Kinder Marco, Simone und Francesco, die auch in der Landwirtschaft tätig sind. Man beginnt mit einer umfangreichen Abfolge schmackhafter Antipasti (10 €): Bruschetta con pomodori secchi tritati, Involtino di melanzana, Finocchietto aus der Pfanne, Carciofi in pastella und **Frittate di verdure selvatiche** (mit Wildgemüse wie Spargel, *Qualeddu* und *Liari*). Ebenfalls gut sind Salami vom schwarzen Schwein, Ricotta di capra, Provola sfoglia und weitere Käsesorten aus lokaler Produktion. Besonders gute Primi aus handgezogenem Teig sind frühlingshafte Ravioli verdi di ortiche ripiene di patate ed erbe spontanee (6 €), **Maccheroni con il sugo di suino nero dei Nebrodi**, Ravioli di ricotta e pistacchi und **Tagliatelle con i carciofi**, con i porcini oder im Sommer con zucchine e fiori di zucca. Als Secondi stehen häufig Braciole di vitello, zarte **Costate di suino nero** (10 €) und Costate di *crasto* (Lamm) auf dem Plan. Als Nachtisch locken himmlische Semifreddi di nocciole und di mandorle sowie Cremolata di fragole, more oder aus anderen Saisonfrüchten. Begleiter zum Essen sind einige sizilianische Weine und ein ordentlicher offener Hauswein.

GANGI (PA)

117 KM SÜDÖSTLICH VON PALERMO, S.S. 120

Villa Rainò

Restaurant
Ortsteil Rainò
Tel. (+39) 09 21 / 64 46 80
Kein Ruhetag
Keine Ferien
70 Plätze + 70 Plätze im Freien
Preise: 23–28 €
Kreditkarten: AE, CS, DC, MC, Visa; BM
Mittags und abends geöffnet

Dieses gemütliche Hotelrestaurant, ein Familienbetrieb, liegt nicht weit vom historischen Ortskern von Gangi entfernt, das zu den „schönsten Dörfern Italiens“ zählt. Die Küche, die sich hauptsächlich auf Zutaten aus dem Gebiet der Madonie stützt, ist schlicht und traditionell. Aldo Conte empfängt Sie gemeinsam mit seiner Frau Nina und den Kindern in den rustikalen Räumlichkeiten des schönen Gutshofs oder in der warmen Jahreszeit auch auf der weitläufigen Terrasse. Den Auftakt macht ein opulenter Antipasto misto (9 €), der sich aus Provola delle Madonie, Caponata, Filetti di cipolla in agrodolce, frischer Ricotta, gegrillten Zucchini, **Patate al forno ripiene di salsiccia**, lokaler Bresaola und Coratella di agnello zusammensetzt. Weiter geht es mit schmackhaften Primi (7 €) wie **Spaghetti con ricotta e pancetta di suino nero dei Nebrodi** und Maccheroni con salsiccia e melanzane oder con pomodorini e piselli freschi. Die Secondi (9 €) sind überwiegend aus Fleisch lokaler Herkunft zubereitet, wie etwa **Castrato arrosto**, Coniglio in umido und Grigliata mista; Alternativen dazu wären Parmigiana di melanzane und Peperonata. Als Beilagen serviert man Patate al forno, Insalata mista und gekochtes oder gegrilltes Saisongemüse. Hausgemachte Dolci (2,50 €) setzen den Schlusspunkt: **Cannoli di ricotta**, Crema al latte und Tortino al cioccolato. Für 25 € ist ein Menü erhältlich, das einen Antipasto, zwei Kostproben von Primi, ein Secondo mit Beilage, eine Süßspeise, Obst und Kaffee beinhaltet. Das kleine Kellerangebot umspannt Weine aus dem Umland und einen bemerkenswerten offenen Nero d'Avola.

ISNELLO (PA)

77 KM SÜDÖSTLICH VON PALERMO

La Brace

Trattoria
Via Monsignor Romero, 16
Tel. (+39) 09 21 / 66 28 10,
(+39) 328 / 909 64 57
Ruhetag: Montag
Ferien: 1 Woche im September
55 Plätze
Preise: 30 €
Kreditkarten: CS, MC, Visa; BM
Mittags und abends geöffnet

Die Straßen, die zum Dorf Isnello führen, sind etwas kurvenreich, bieten jedoch viele zauberhafte Ausblicke. Die Natur wartet hier mit Perlen von rarer Schönheit auf, wie wilden Orchideen, Tannen, Eichen, Buchen, Kastanienbäumen und einer Vielzahl wilder Kräuter und Gemüsesorten. In der Trattoria steht Giuseppe Caruana in der Küche, während Santino sich um den Service kümmert. Die häufig wechselnden Speisen sind von der Fülle der lokalen Produkte inspiriert. Unter den Vorspeisen sind Tortino di funghi e pistacchi (8 €), Tagliere di formaggi e salumi (auch Provola delle Madonie, ein Slow-Food-Presidio) und Carpaccio di porcini con scaglie di grana e aceto balsamico. Markante Aromen kennzeichnen die Primi wie **Zuppa di verdure con salsiccia di cinghiale**, Panzerotti con ricotta e porcini, **frische Maccheroncini con ragù di castrato** sowie frische Tagliolini con porcini (10 €) und im Mai in der Version con funghi basilischi. Von den Secondi (10 €) möchten wir **Cosciotto di suino nero**, Filetto fritto in pastella con marmellata di arance amare (9 €) und Tagliata con funghi hervorheben. Lokale Gemüsearten wie *Napordi*, *Sinapi*, *Qualazzi* und *Crisciuni* (Eselsdistel, Senfgrün, wilde Rüben und Brunnenkresse) sind passende Beilagen. Zum Ausklang gibt es **Testa di turco** e agrifoglio nero con ricotta (3 €) oder eine köstliche Torta con ricotta e pistacchi aus einer Konditorei im Gebiet der Madonie. Abends bäckt man ausgezeichnete Pizza aus Sauerteig und Mehl aus alten sizilianischen Getreidesorten. Zu trinken gibt es ein recht gutes Weinsortiment aus dem Umland und Biere aus Kleinbrauereien.

Schmackhaftes Brot aus eigener Herstellung gibt es in der Bäckerei Badamo, Corso Vittorio Emanuele 56.

Il Cappero

Trattoria-Pizzeria
Via Roma, 33
Tel. (+39) 09 23 / 91 27 25,
(+39) 389 / 965 97 87
Ruhetag: Mittwoch, im Sommer Sonntagmittag
Ferien: November–Februar
70 Plätze
Preise: 30–35 €
Kreditkarten: CS, DC, MC, Visa; BM
Mittags und abends geöffnet

Pantelleria, näher an Afrika als an Sizilien gelegen, ist wegen seines vulkanischen Ursprungs und der Farbe des Lavagesteins auch als schwarze Perle des Mittelmeeres bekannt. Typisch für die Insel sind Kapern und Dammusi. Bei Letzteren handelt es sich um alte ländliche Behausungen, die zunehmend zu Design-Wohnungen umgestaltet werden. Salvatore Rizzo verfolgt in seinem Lokal unweit der Piazza del Municipio das Ziel, trotz der für Inseln typischen Probleme lokale Produkte zu verwenden. In der Küche stehen abwechselnd Salvatore Zambito und Salvatore Bottaro, während Serena Billardello im Service Unterstützung leistet. Die Rezepte sind jene der Insel; es gibt auch einen Holzofen, in dem herrlich duftende Pizza gebacken wird. Unter den Antipasti (9 €) finden sich Insalata di polpo, Seppioline fritte und **Sarde *allinguate* e fritte**. Darauf folgen **Cuscus con pesce e verdure**, Zuppa di legumi e frutti di mare (10 €), **Ravioli di ricotta e menta** und Spaghetti con gambero rosso e crema di pistacchi oder alla bottarga oder auch al pesto pantesco mit Tomaten, Kapern, Mandeln, Knoblauch und Oregano. Die Secondi richten sich nach dem Ergebnis des Tagesfangs. Krustentiere, Scampi und Gamberoni sind fast stets vorhanden; außerdem gibt es **Seppie ripiene al forno** (14 €), Calamari alla griglia und Involtini di pesce spada al vino passito con mollica di pane, pinoli, cipolla e uvetta (14 €). In der kühlen Jahreszeit ist es möglich, auch schmackhafte Festlandsgerichte vorzufinden, wie Zuppa di funghi panteschi e castagne con straccetti di pasta fresca (14 €) und Cuore di vitello al rosmarino con patate. Bacio pantesco, Mousse di limone oder Obst runden das Essen ab. Der Keller ist mit mehr als 150 repräsentativen Weinen aus Italien und einigen Tropfen aus dem Ausland gut bestückt.

Il Principe e il Pirata

Osteria
Ortsteil Punta Karace
Tel. (+39) 09 23 / 69 11 08
Ruhetag: Montag, außer im Sommer
Ferien: November–April
40 Plätze + 80 Plätze im Freien
Preise: 40 €
Kreditkarten: CS, MC, Visa; BM
Mittags und abends geöffnet

An der Ostseite nimmt man die rund um die Insel verlaufende Straße und fährt zwischen Cala Gadir und dem Arco dell'Elefante hinab zur Punta Karace. Dabei kann man einen tollen Ausblick genießen, der von der Punta Spadillo bis Cala Levante reicht. Die Lage der Terrassen und die Aussicht auf das Meer zählen zweifelsohne zu den Attraktionen des Lokals von Franca und Luciano Casano, die daneben aber auch mit ihrer freundlichen Art punkten. Die Rezepte entspringen der Tradition des Hauses, die Zutaten, darunter viele Slow-Food-Presidi, sind gut ausgewählt. Millefoglie di pane nero con tuma di Pantelleria, alici di Favignana e pomodoro secco bildet den Antipasto del contadino (9 €) und damit einen guten Einstieg. Alternativen dazu wären Crudità di mare, Flan di ricotta e rucola su crema di carote, schmackhafte Insalata pantesca con pomodoro, cipolla rossa, basilico, capperi e origano und delikate Insalatina di mare tiepida con gamberi, calamari e polpo. Unter den Primi finden sich Maltagliati con ventresca di tonno (14 €), Paccheri con pomodoro fresco, gambero rosso, melanzane e ricotta salata, **Ravioli ai ricci di mare e menta** und Linguine all'astice oder al nero di seppia con favette e guanciale. An Secondi kann man neben dem Fisch vom Tagesfang, wie Weißbrassen und Roten Fleckbrassen vom Grill, **Tartara di alalunga**, klassische **Frittura di paranza** (18 €), Calamari arrosto con zucchine (16 €) und **Totano ripieno** con verdure lesse vorfinden. Für einen süßen Abschluss sorgen Bacio pantesco, Gelato alla vaniglia con miele, uvetta e mandorle, Sorbetto al pistacchio sowie Kekse mit einem Gläschen Passito (es gibt ein großes Sortiment an Dessertweinen). Die Weinkarte ist klein, aber vernünftig zusammengestellt.

ISOLA DI PANTELLERIA (TP)
Pantelleria

6 STD. FÄHRE VON TRAPANI, 5 STD. VON MARSALA

La Favarotta

Trattoria
Ortsteil Kamma fuori Favarotta
Tel. (+39) 09 23 / 91 54 46
Kein Ruhetag
Ferien: Oktober–Dezember
40 Plätze + 40 Plätze im Freien
Preise: 34–36 €
Kreditkarten: AE, CS, DC, MC, Visa; BM
Abends geöffnet

Die Trattoria befindet sich in ländlichem Gebiet, eingebettet zwischen Ginsterbüschen, Meerkiefern, Thymian, Lavendel, Kapernpflanzen und Weingärten, in denen Zibibbo angebaut wird. Hier tischt Michele Liuzza mit Unterstützung von Alessandro Gabriele Speisen auf, die an die unglaubliche Verschmelzung von Völkern und Bräuchen erinnern, die diese Insel im Lauf der Jahrhunderte erlebt hat. Das Gemüse wird im hauseigenen Garten gezogen. Das Ambiente ist rustikal und gemütlich, die Küche setzt weniger auf die Form als vielmehr auf Substanz. Arabischer Einfluss macht sich bei **Cuscus di pesce** oder di verdure bemerkbar, das eine ganze Mahlzeit bildet, aber auch bei Ciakiciuka, einer intensiven, würzigen Sauce aus Auberginen, Paprikaschoten, Kartoffeln und Zwiebeln (5 €) zum Aufstreichen auf Bruschetta. Der Antipasto della casa setzt sich aus Auberginen, Paprikaschoten und Gemüse aus dem Holzofen, Primo-Sale-Käse, Oliven und Kapern zusammen. Als Primi erwarten Sie aus frischem Teig zubereitete Tagliatelle alla pescatora con pesce bianco, cozze e pomodorini und hausgemachte **Ravioli di ricotta con tuma, pomodoro fresco e menta**. Weiter geht es dann mit Secondi wie Seppie panate al forno, **Coniglio alla pantesca** (14 €), Calamaro ripieno al forno oder in casseruola al sugo und **Dentice con patate e uva zibibbo** (16 €). Eine traditionelle Süßspeise ist Bacio pantesco (3 €) aus knusprigem Teig mit Ricottacreme gefüllt; eine weitere Möglichkeit wäre Tiramisù alla pesca mit Passito. Zu trinken gibt es rund ein Dutzend Weine, die fast alle aus Pantelleria stammen.

Die Pasticceria Cosi Duci, Piazzetta Messina 8, verkauft Baci panteschi, Pasticciotti und Mustaccioli.

ISOLA DI USTICA (PA)
Ustica

75 MIN. MIT DEM TRAGFLÜGELBOOT VON PALERMO

Da Umberto

Trattoria
Piazza della Vittoria, 7
Tel. (+39) 091 / 844 95 42,
(+39) 340 / 319 74 67
Kein Ruhetag
Ferien: November–März
40 Plätze + 70 Plätze im Freien
Preise: 25–35 €
Kreditkarten: AE, CS, MC, Visa; BM
Mittags und abends geöffnet

Diese seit jeher von einer Familie geführte Trattoria stellt ein Stück Geschichte der Insel dar. Seit den Siebzigerjahren fungiert sie nämlich als Anlaufstelle für gute Küche aus Ustica, deren Geschmack und Aromen hier am authentischsten zum Ausdruck kommen. Pesce azzurro aus dem herrlichen Meer, das die Insel zu einem begehrten Ziel von Tauchern aus aller Welt macht, ist der Hauptdarsteller im selbstverständlich saisonal angepassten Menü, um das sich Giovanna liebevoll kümmert. Auf den Tisch kommen auch einige nach alten Rezepten zubereitete Perlen aus der großen landwirtschaftlichen Tradition dieses gerade einmal acht Quadratkilometer großen Stückchen Landes: Linsen aus Ustica (Slow-Food-Presidio) und eine besondere Auberginensorte, die nur hier gedeiht und Finocchietto genannt wird. Zwei Spezialitäten, die Sie nicht versäumen sollten, sind **Zuppa di lenticchie di Ustica con verdure** di stagione (7 €) und **Polpette di finocchietto in agrodolce** (7 €). Unter den Primi stechen Rigatoni ai totani rosati profumati al prezzemolo (8 €) und **Spaghetti al sugo di scorfano e profumo di capperi** hervor. Abhängig vom Fangergebnis können Sie danach klassische Grigliata (18 €), Scorfano al pomodoro e basilico (eines der typischsten Gerichte der Insel) und köstliche **Polpettine di pesce azzurro al pomodoro** (10 €) genießen. Am Ende erwartet Sie noch eine weitere unverzichtbare Spezialität, nämlich Budino (Pudding), der aus Zitronen aus dem hauseigenen Obstgarten zubereitet und mit Zimt aromatisiert ist. Kleine Weinkarte.

ISOLE EGADI (TP)
Marettimo

1 STUNDE MIT DEM TRAGFLÜGELBOOT VON TRAPANI

Il Veliero

Trattoria
Via Umberto, 22
Tel. (+39) 09 23 / 92 32 74
Kein Ruhetag
Ferien: November–Februar
60 Plätze + 80 Plätze im Freien
Preise: 38 €
Kreditkarten: AE, CS, DC, MC, Visa; BM
Mittags und abends geöffnet

Was an der Insel Marettimo sofort beeindruckt, ist, dass es sich um einen wirklichen Berg im Meer handelt. Ein herrlicher Ort, der dazu einlädt, in kristallklares Wasser zu tauchen oder Wanderungen bis auf 700 Meter Höhe zu unternehmen. Im Zentrum finden Sie die Trattoria der Familie Bevilacqua: Für die Küchenbelange zuständig sind Giuseppe, Ehefrau Paolina, Tochter Anna und Schwiegersohn Roberto. Im Speisesaal werden Sie von Sohn Alberto, dessen Frau Aline und Enrico begrüßt. Der Fisch, der auf den Teller kommt, ist das Ergebnis von Giuseppes und Albertos Fischzügen. Zu Beginn kann man sich am Vorspeisenbüfett bedienen und zwischen Caponata di melanzane, Parmigiana, sizilianischem Pecorino, Oliven, Verdure grigliate, **Polpette di pesce**, Tonno sott'olio und Sarde allinguate oder a beccafico (10 €) wählen. Was die Primi angeht, verdienen **Cuscus di pesce alla trapanese**, Spaghetti con pesce spada, fichi e zenzero (13 €) und **Busiate con pesto trapanese** oder con pesto di mandorle e basilico, pomodorino, aglio e gamberi auf jeden Fall eine Erwähnung. Gegen Vorbestellung serviert man Ihnen hervorragende **Spaghetti rotti in zuppa di aragosta**, die als ganze Mahlzeit durchgehen. Danach folgen einfache, klassische Speisen, die sich nach dem Tagesfang richten. Sehr gut sind Fritto di paranza (13 €) und in der entsprechenden Saison Tonno in unterschiedlichen Zubereitungsarten; eine Kostprobe lohnt Salsiccia di tonno (13 €), die Spezialität des Hauses. Die Dolci sind alle Mamma Paolinas Werk, wie deliziöse Cassata siciliana und Crostate (3 €).

ISOLE EOLIE (ME)
Santa Marina Salina

41 KM VON MESSINA + FÄHRE

'A Cannata

Restaurant
Via Umberto I, 13
Tel. (+39) 090 / 984 31 61
Kein Ruhetag
Keine Ferien
120 Plätze + 150 Plätze im Freien
Preise: 35 €
Kreditkarten: CS, DC, MC, Visa
Mittags und abends geöffnet

Sie finden dieses Restaurant mit weitläufiger Veranda in der Nähe des kleinen Hafens von Lingua. Um den Service kümmert sich Santino Ruggera, der das Lokal gemeinsam mit den Schwestern Angela und Franca leitet; die beiden stehen mit Mamma Concetta am Herd. Von den Antipasti sollten Sie **Polpette di pesce in agrodolce** con pinoli, cipolla e Malvasia (10 €) und Insalata di totani probieren. Totani (Pfeilkalmare) schmecken auch gut in Form von Polpette mit Kapern und Semmelbröseln. Auf keinen Fall fehlen darf der Antipasto all'eoliana, der Sottoli aus eigener Erzeugung, Zucchini, getrocknete Tomaten, Auberginen und *Cucunci* (Dialektbezeichnung für Kapernfrüchte) enthält. Herausragende Primi sind **Pasta al ragù di scorfano**, Risotto Stromboli al nero di seppia e pomodoro piccante und Pennette con pesto, olive, rosmarino e capperi del Slow-Food-Presidio (10 €). Spaghetti del Postino stellen eine Hommage an den Schauspieler Massimo Troisi dar, der im gleichnamigen Film mitgewirkt hat, der in dieser Gegend gedreht wurde. Mögliche schmackhafte Secondi sind **Timballo di pesce sciabola** (15 €), Filetto di *opa* (Gelbstrieme) gratinato al forno, **Totani ripieni alla Malvasia**, *Sauri* (Bastardmakrele) con zucchine e menta, *Mupa* (Rotbrasse) arrosto und opulente Zuppa di scorfano (18 €). Erwähnenswert sind vegetarische Gerichte wie Verdure di campo *cunsate*, Peperoni con mollica e mela, Melanzane grigliate con trito di capperi und Scarola con uvetta, olive nere e pinoli. Das Mahl endet gewöhnlich mit Semifreddo alle mandorle. Die Weinkarte listet ein recht gutes Sortiment sizilianischer Weine auf.

Bar da Alfredo (Piazza Marina Garibaldi): herrliche Granita mit Früchten sowie verlockendes Pane cunsatu.

ISOLE EOLIE (ME)
Lipari

FÄHRE VON MESSINA ODER VON MILAZZO + 5 KM

Le Macine

Restaurant-Pizzeria
Via Stradale, 9
Tel. (+39) 090 / 982 23 87
Ruhetag: Dienstag, außer im Sommer
Ferien: zeitweise im Februar
80 Plätze + 130 Plätze im Freien
Preise: 35 €
Kreditkarten: AE, CS, DC, MC, Visa
Mittags und abends geöffnet

Wenn Sie im Le Macine im oberen Teil der Insel essen möchten, können Sie nach vorheriger telefonischer Bestellung den kostenlosen Shuttledienst vom Zentrum von Lipari aus nutzen. Das Lokal wartet mit gemütlichen Gasträumen und schönen Terrassen auf und wird von Giovanni Cipicchia geführt. Seine Frau Tina und der Sohn Duilio kümmern sich um die Bedienung, während der andere Sohn, Emiliano, Gerichte ersinnt, die den hiesigen Fisch in das Rampenlicht stellen. Wenn Sie mit Antipasti (8 €) beginnen, probieren Sie **Spezzatino di totano e patate con formaggio di Vulcano**, Insalata di alalunga con pomodorini secchi di Pianoconte, capperi di Salina e *pani caliatu*, Caponata di capone (Gemeine Goldmakrele) con colatura di alici und Luvaro (Rotbrasse) marinato. Empfehlenswerte Primi sind **Fettuccine con spatola, crema di fave e finocchietto** (13 €), Risotto con ragù di totano, mentuccia e pinoli, Casereccе con alalunga, fiori di zucca, melanzane e mandorle, **Bavette con polpettine di pesce azzurro e verdure** und Ravioli di pesce con lampuga e crema di olive. Von den möglichen Secondi schmecken **Spatola con crema di limone** (15 €), Totano alla griglia con pesto di pomodoro secco e verdure di stagione (14 €) und Pesce azzurro al pesto di pistacchio di Bronte e vino cotto besonders gut. Als Dessert locken Semifreddo all'arancia con crema di bergamotto, Cassata und Croccante di mandorle con ricotta. Abschließend gibt es Sesamini-Kekse und ein Gläschen Malvasia als Zugabe vom Haus. Die Weinkarte ist gepflegt und gut sortiert.

In derselben Straße gibt es bei I Dolci di Marisa unter anderem typische Nacatula mit Mandeln und Sesamini.

ISOLE EOLIE (ME)
Leni

FÄHRE VON MESSINA ODER MILAZZO + 12 KM

Le Tre Pietre

Trattoria-Pizzeria
Ortsteil Rinella-Via Rotabile, 72
Tel. (+39) 090 / 980 90 81,
(+39) 333 / 112 41 95
Kein Ruhetag
Ferien: Dezember/Januar
20 Plätze + 80 Plätze im Freien
Preise: 25–30 €
Kreditkarten: AE, CS, MC, Visa; BM
Mittags und abends geöffnet

NEU

Dieses Lokal in Leni, genauer gesagt im Ortsteil Rinella, ist im typischen Stil vieler Häuser auf den Äolischen Inseln gestaltet. Von der Terrasse mit Aussicht auf das Meer kann man den Blick über Lipari, Vulcano und ein Stück Sizilien schweifen lassen. Das Ambiente wirkt familiär und ungezwungen. Um den Empfang und die Bedienung der Gäste kümmert sich Melania Argentaro; ihre Mutter steht am Herd, während ihr Bruder Giuseppe für die Pizzeria zuständig ist. Das kulinarische Angebot kreist um Festlandsrezepte aus landwirtschaftlichen Produkten von der Insel, aber auch um Meeresgerichte mit frischem Fisch, den Melanias Vater Edoardo, ein geschickter Fischer, beschafft. Man kann sich mit Caponata eoliana, Parmigiana, Peperoni *ammollicati*, Verdure aus dem Holzofen und ausgefallenen Rosette di capperi einstimmen. Gute Primi sind Risotto alla borragine und **Spaghetti al finocchietto**, al nero di seppia oder ai capperi di Salina (8 €); vorzüglich schmeckt **Pasta con la zuppa di pesce da brodo** (12 €), das heißt mit Drachenkopf, Petermännchen, Knurrhahn oder anderen für Suppen geeignete Fischarten. Im Reigen der Secondi können klassische **Alici a beccafico**, in der Saison Capone (Gemeine Goldmakrele) gratinato (12 €) und **Polpette di totani** (8 €) auftauchen, die auch *chini* (gefüllt) und manchmal einfach in der Pfanne gebraten angeboten werden. *Giggi* al vino cotto und *Sfinci* di zucca con la cannella oder il miele di ape nera sicula (Slow-Food-Presidio) runden das Essen ab. Zu trinken gibt es sizilianische Weine, vorwiegend von den Äolischen Inseln.

In derselben Straße verkauft der Landwirtschaftsbetrieb D'Amico Kapern und Cucunci (Kapernbeeren) aus dem Slow-Food-Presidio.

ISOLE PELAGIE (AG)
Lampedusa

8 KM V. AGRIGENT + 4 STD. TRAGFLÜGELBOOT V. PORTO EMPEDOCLE

Da Bernardo

Trattoria
Via Terranova, 5
Tel. (+39) 09 22 / 97 19 25,
(+39) 339 / 359 21 40
Ruhetag: Dienstag, außer im Sommer
Ferien: zeitweise im Januar und Februar
40 Plätze + 40 Plätze im Freien
Preise: 32–35 €
Kreditkarten: AE, CS, DC, MC, Visa; BM
Abends geöffnet, im Sommer auch mittags

Die Trattoria der Familie Bernardo liegt nicht weit vom Zentrum. Patron Luca leitet die Küche gemeinsam mit seinem Sohn Gianni, der sich zusammen mit seiner Schwester Fiorenza und anderen Verwandten auch um den Service kümmert. Im ersten Raum sticht das einladende Büfett mit Antipasti (10 €) ins Auge, die Polpette di pesce, Sarde marinate, Crostino di alici, Fiori di zucca ripieni di gamberi, Caponata, hausgemachte Fischkonserven, Sgombro lessato, **Trippa di cernia**, Lattume di *aluzzo* und Ventresca di tonno salata ed essiccata umfassen können. Gute Primi sind Spaghetti al ragù del pescatore (10 €), das heißt mit einer Sauce aus Petersfisch, Angler und Meerbarben, **Pasta con la colatura di pesce azzurro**, Linguine con seppioline, acciughe e capperi, hausgemachte Ravioli di cernia (12 €) und Spaghetti al nero di seppia oder ai ricci. Anschließend können Sie unter den Secondi butterweiche **Calamari ripieni** (13 €), Filetto di pesce serra (12 €), Rana pescatrice farcita e fritta, Seppie gratinate al forno, Tortino di ricciola und Pagro arrosto finden. Nur gegen Vorbestellung gibt es zwei interessante Gerichte, die eine vollständige Mahlzeit bilden, nämlich **Ghiotta alla lampedusana** und Cuscus di cernia. Als Dessert erwarten Sie Köstlichkeiten wie Rollò und Torta di ricotta und erfrischende Sorbets. Die Weinkarte nennt einige gute Flaschen. Dienstag- und Donnerstagabend (außer im August) gibt es ein Degustationsmenü für 25 €.

»*Eine familiäre Trattoria, die die Vielfalt des hiesigen Fischreichtums hervorhebt und die kulinarischen Traditionen Lampedusas in der Küche gekonnt umsetzt.*«

LENTINI (SR)

44 KM NORDWESTLICH VON SYRAKUS

A Maidda

Trattoria-Pizzeria
Via Alfieri, 2
Tel. (+39) 095 / 94 15 37
Ruhetag: Mittwoch
Ferien: zeitweise im August
80 Plätze + 40 Plätze im Freien
Preise: 25–30 €
Kreditkarten: AE, CS, DC, MC, Visa
Abends geöffnet

Ein paar Schritte von der zentralen Piazza Duomo stoßen Sie auf dieses Lokal, das in einer Art Grotte geschaffen wurde und sogar einen Tunnel aufweist, der den ersten kleinen Gastraum mit einem größeren verbindet. An Sommerabenden deckt man auch Tische im Freien. Patron und Küchenchef Salvo Bordonaro leitet den Betrieb mit Hingabe und wird dabei von seiner Familie unterstützt. Für viele Gerichte gelangt Garten- und Wildgemüse zur Verarbeitung. Der Antipasto rustico (8 €) kann **Polpette di finocchietto** oder di borragine, Cardi fritti, Frittata di asparagi oder di *anciti* (mit einer Art Mangold), Caponata, Parmigiana, Involtini di peperoni und Zucca in agrodolce enthalten. Unter den Primi mit Wildkräutern sind Risotto con borragine, **Strozzapreti con gli *anciti*** und Orecchiette con crema di *sinapa*, di *amareddi* oder di asparagi (9 €). Wohlschmeckend sind auch Linguine con finocchio e alici oder all'arancia rossa (10 €). Letztere sind mit Blutorangen der Sorte Moro oder Tarocco zubereitet, die für das Gebiet um Lentini und die Ebene von Catania typisch sind. Authentische Geschmacksnoten kennzeichnen die Secondi wie **Lumache al sugo lentinese** (10 €), Trippa, **Coda di maiale al sugo** (8 €), Coniglio selvatico alla cacciatora, Guanciale alla birra und Gerichte aus Fleisch vom schwarzen Schwein der Nebrodi (Slow-Food-Presidio). Deliziöse Desserts sind Semifreddo al pistacchio di Bronte (Slow-Food-Presidio), alle mandorle oder al caffè und Torta di ricotta oder di agrumi. Ein kleines sizilianisches Weinsortiment und einige Biere aus Kleinbrauereien begleiten das Essen.

Navarria, Via Conte Alaimo 12, bietet Süßes und Rosticceria-Spezialitäten.

45 KM SÜDÖSTLICH VON AGRIGENT, S.S. 115

Oasi Osteria del Mare

NEU

Trattoria
Via Pardini
Tel. (+39) 09 22 / 80 34 94
Ruhetag: Montag, außer im Sommer
Ferien: 15.–30. November
60 Plätze + 40 Plätze im Freien
Preise: 30 €
Kreditkarten: AE, CS, DC, MC, Visa; BM
Mittags und abends geöffnet

Ein sympathisches Lokal am schönen Strand östlich des Zentrums. In der Küche werken Domenico Cannizzaro und die Geschwister Teresa und Giovanni Morello. Vania, die andere Schwester, kümmert sich um den Service. Ihr zur Seite steht Giovannis Frau Manila Persoglia, die eine große Leidenschaft für Wein hegt. Das gastronomische Angebot kreist um frischen Fisch aus dem Mittelmeer. Die Versorgung ist dank der familieneigenen Fischereiflotte garantiert, deren Basis im Hafen von Licata ist. Man kann mit mariniertem tagesfrischem Fisch, Crudo di gamberi bianchi (10 €), mit einfachem **Polpo *strascinasale*** oder auch mit Polpette di merluzzo, seppia e acciuga (8 €) beginnen. Von den Primi möchten wir Linguine al pescatore (10 €) con gamberi bianchi, pomodorino e basilico oder con il gambero rosso, **Maltagliati al ragù di spigola** oder di ricciola hervorheben. Von den Secondi haben uns **Fritto misto,** Gamberi bianchi saltati, **Seppia ripiena** (13 €) und Grigliata di gamberi rossi besonders gut geschmeckt. Abschließend kann man sich mit einem guten hausgemachten Cannolo (3 €) oder Cassata gelato eines hiesigen handwerklichen Erzeugers verwöhnen. Die recht gute Weinkarte nennt Tropfen aus lokalen Kellereien zu mehr als ehrlichen Preisen. Abends gibt es auch gute Pizza wie Casereccia licatese mit Tomaten, frischem Pecorino, Zwiebeln und Kapern.

Der Laden und Erzeugungsbetrieb Uovo di Seppia von Pino Cuttaia, Corso Filippo Re Capriata 29, bietet frische Pasta, Gewürze und hochwertiges Feingebäck.

110 KM SÜDWESTLICH VON MESSINA

La Petrusa

Trattoria
Ortsteil Petrusa
Tel. (+39) 09 41/ 48 53 77,
(+39) 333 / 740 64 25
Kein Ruhetag
Keine Ferien
90 Plätze
Preise: 25 €
Keine Kreditkarten
Mittags und abends geöffnet

Diese Trattoria in der Nähe von Longi bietet einen Ausblick auf den Pizzo Muele und liegt nur wenige Kilometer vom eindrucksvollen Massiv der Rocche del Crasto entfernt. Patron und Koch Nino Lazzara bringt hier typische Gerichte aus dem Gebiet der Nebrodi und aus dem Inselinneren auf den Tisch. Ein möglicher Einstieg könnte Petrusa (8 €) sein, ein Mix aus Zichorie, grünem und weißem Brokkoli und anderen Gemüsesorten, der in Form von kleinen Kuchen oder mit Gewürzen in der Pfanne sautiert auf den Teller kommt; des Weiteren gibt es Pane fritto, Fagiolini, hausgemachte Sottoli, darunter Peperone „dei sette anni" (Paprikaschote von einer Pflanze, die sieben Jahre lebt) con acciuga, Wurst vom schwarzen Schwein der Nebrodi und lokale Käsesorten wie Canestrato, Provola und Ricotta infornata. Gute Primi sind **Maccheroni al sugo di suino nero dei Nebrodi** (5 €), Involtini di melanzane con gli spaghetti, Strozzapreti con speck di suino nero e pistacchio, winterliche Fagioli con pancetta di maiale und in der entsprechenden Saison **Tagliatelle ai funghi porcini** (7 €). Anschließend erwarten Sie deftige, würzige Secondi wie **Agnello al forno** (10 €), Castrato alla griglia, Porchetta di suino nero und **Capretto infornato con patate**, das eher im Winter auf der Karte steht. Für einen süßen Abschluss sorgen Cannolicchi di ricotta oder Rametté di nocciola (typische Süßspeise aus Longi) aus einer hiesigen Konditorei. Zu trinken gibt es nur einen ganz guten Rotwein aus eigener Erzeugung.

Emanumiele in **Galati Mamertino** (7 km), Via Cavour 94, bietet geführte Verkostungen und verkauft Honig von der Dunklen Sizilianischen Biene aus dem Slow-Food-Presidio.

31 KM SÜDWESTLICH VON TRAPANI

Il Gallo e l'Innamorata

Trattoria
Via Stefano Bilardello, 18
Tel. (+39) 09 23 / 195 44 46,
(+39) 329 / 291 85 03
Ruhetag: Montag
Ferien: unterschiedlich
42 Plätze
Preise: 30–35 €
Kreditkarten: AE, CS, MC, Visa; BM
Mittags und abends geöffnet

Diese kleine Trattoria nahe dem Cassaro, dem Mittelpunkt des städtischen Lebens, wird von Gabriele Li Mandri umsichtig geführt. Dario unterstützt ihn im Service, Florin am Herd. Geboten wird typische lokale Festlands- und Meeresküche. Aus der Vielzahl der Antipasti nennen wir Spiedino di gamberi con riduzione di Nero d'Avola (8 €), Bruschetta con la ficazza (mit klassischer lokaler Thunfischsalami), **Polpo con purè di zucchine e patate** (eine der Spezialitäten des Hauses) und **Arancine di pesce**. Darauf folgen Spaghetti con le sarde und **Busiate con pesto trapanese e bottarga di tonno**, die es auch in der Version con uova di pesce, pomodorini e profumo d'arancia (mit Fischrogen, Kirschtomaten und Orange) oder con ragù di salsiccia di maiale e *qualeddu* (mit Salsiccia vom Schwein und einem typischen, leicht bitteren Wildgemüse, 10 €) geben kann. Der beste Fisch vom Tagesfang wird geschmort oder gegrillt; im Mai und Juni sollten Sie Thunfisch nicht versäumen, den Fürsten des hiesigen Meeres. Auf dem Programm stehen aber auch vegetarische Speisen sowie Fleischgerichte wie **Stufato al Marsala** und Involtini alla palermitana. Hausgemachte Dolci runden das Essen ab: Parfait di mandorle, Cannoli, Gelatina di agrumi und Tiramisù alle fragole (3 €). Der Keller hält ein schönes sizilianisches Weinsortiment bereit und natürlich eine angemessene Auswahl an Marsala und Passiti aus Pantelleria.

Gegenüber der Osteria bietet Gianfranco Vivona klassisches frisches und getrocknetes sizilianisches Feingebäck.

MARSALA (TP)

31 KM SÜDWESTLICH VON TRAPANI

Le Lumie

Restaurant
Ortsteil Fontanelle, 178 B
Tel. (+39) 09 23 / 99 51 97,
(+39) 334 / 938 55 12
Ruhetag: Mittwoch
Ferien: November
40 Plätze + 40 Plätze im Freien
Preise: 35 €
Kreditkarten: AE, CS, DC, MC, Visa; BM
Mittags und abends geöffnet

Emanuele Russo führt eines der bemerkenswertesten Lokale der Provinz, das auf einem Hügel liegt, von dem sich der Blick über die Ägadischen Inseln und den Stagnone (die ausgedehnte Lagune zwischen Capo Lilibeo und der Halbinsel Birgi) auftut. Die Räumlichkeiten wurden kürzlich in modernem Stil renoviert. Zutaten aus Slow-Food-Presidi sind gut vertreten, Brot und Grissini sind selbst gebacken, Gemüse und Würzkräuter gedeihen im Garten der Familie, den Emanueles Vater bestellt. Als Antipasto erwarten Sie Soufflé di polpo e patate al timo selvatico, Caponata di pesce azzurro con crostini di pane nero di Castelvetrano (7 €), Carpaccio di manzo con rucola e scaglie di vastedda del Belice und delikater Tonno con cazzilli. Unter den Primi sind **Busiate con spigola di mare alla matalotta** (mit Tomaten, Mandeln, Zwiebeln und Safran), **Cuscus di cernia e mandorle di Noto** (13 €) und Gnocchetti di semolino e ricotta al ragù di coniglio e Marsala. An Secondi finden sich Turbante di spatola con gamberone e melanzane al basilico (14 €), **Trancio di ombrina con miele di ape nera sicula**, Scampi gratinati al profumo di limone und **Calamaro arrosto alla siciliana** con mollica fresca, origano e aglio di Nubia (12 €). Semifreddo di fichi secchi e Marsala (4 €) oder di ricotta e gelsi rossi und Frolla di mandorle e pistacchi con cotognata bilden das Finale. Das Kellerangebot ist umfangreich und gepflegt und lässt einen schönen Fokus auf Marsala und Passiti aus Pantelleria erkennen.

»*Leidenschaft und Sorgfalt bei der Auswahl der Zutaten: Emanuele Russo ist einer der besten Interpreten und Hüter der Küche von Trapani.*«

MASCALI (CT)
Sant'Anna

36 KM NORDÖSTLICH VON CATANIA

La Vecchia Posta

Trattoria • Via Spiaggia, 307 D
Tel. (+39) 095 / 97 12 40,
(+39) 331 / 855 45 79
Ruhetag: Mittwoch
Ferien: zeitweise im November
40 Plätze + 40 Plätze im Freien
Preise: 32–35 €
Kreditkarten: CS, DC, MC, Visa
Abends geöffnet, Sonntag und Feiertage auch mittags

Sie finden diese einladende Trattoria mit Meerblick in einer ruhigen Gegend an von Strandpromenade von Riposto. Für die Küche verantwortlich zeichnen Antonella und Mauro, während der Bruder Giovanni Savia gemeinsam mit seiner Tochter den Service mit ebenso viel Hingabe wie Kompetenz versieht. Die Gesamtorganisation liegt in den Händen von Papà Angelo, der auch für die Kasse zuständig ist. Hauptdarsteller der klassischen, aber niemals banalen Rezepte ist lokaler Fisch, vor allem Pesce azzurro, den Giovanni auch in einem Degustationsmenü für 22 € (jeden Montag, Dienstag und Donnerstag) anbietet, das **Frittura dello Ionio**, Pasta con alici, finocchietto e mandorle und als Secondo Grigliata mista di sgombri, Sauri oder andere Fischarten je nach Verfügbarkeit enthält. Von der Karte können Sie dagegen Antipasto misto mare, **Impepata di cozze** (10 €), Occhi di bue (Purpurschnecken) und Frittura di paranza con *masculine*, triglie e merluzzetti wählen. In der Saison können Sie **Mauro** probieren, eine an der Küste des Ionischen Meeres vorkommende Algenart, die Pasta con le cozze verfeinert. Weitere Primi sind schmackhafte **Linguine con la bottarga** und Tagliatelle con pesce spada, capperi e pomodorini (12 €) sowie aromenreicher Risotto alla pescatora. Darauf folgen Involtini di pesce spada, **Alalunga arrosto**, Trancio di spada al forno (15 €) und tagesfrischer Fisch in der Version all'acquapazza. Das Menü endet mit Saisonobst oder einem Dessert des Hauses (4 €) wie Torta al limone oder al caffè, Pere al forno con vino rosso und Sorbetti. Donnerstags gibt es gegen Vorbestellung Cuscus di pesce. Das Weinangebot ist begrenzt, aber recht gut.

MAZARA DEL VALLO (TP)

53 KM SÜDLICH VON TRAPANI

Scopari

Osteria
Via Scopari, 3–5
Tel. (+39) 09 23 / 93 36 39,
(+39) 340 / 319 74 67,
(+39) 347 / 380 31 64
Ruhetag: Mittwoch
Ferien: unterschiedlich
50 Plätze + 90 Plätze im Freien
Preise: 25–32 €
Kreditkarten: CS, DC, MC, Visa; BM
Mittags und abends geöffnet

Gaspare D'Amico bringt in seinem kleinen Lokal im Herzen von Mazara del Vallo einfache Kost aus der hiesigen Tradition auf den Tisch. Tagesfrischer Fisch ist der Hauptdarsteller im Menü, angefangen von einer Spezialität des Lokals, dem berühmten **Cuscus mazarese**: Es wird von Hand gestoßen und nach dem klassischen Rezept mit Fischbrühe (10 €) oder in den Varianten mit Garnelen und Pistazien und alla normanna mit Schwertfisch, Auberginen, salziger Ricotta und Minze (13 €) zubereitet. Der Antipasto Selezione dell'Oste bietet ein schönes Abbild des schlichten Geschmacks in diesem Landstrich im Südwesten Siziliens: Caponata, Razza con la cipolla, Polpette di palombo und Gambero marinato (12 € für zwei Personen). Auch die Primi erweisen der Geschichte der hiesigen Essensgewohnheiten Ehre, allen voran **Busiate alla trapanese** (8 €), das berühmte kulinarische Monument der Provinz, aber auch **Pasta** con le vongole und Pasta **con le sarde** (10 €). Frischer Fisch kennzeichnet auch die Secondi. Sie können gegrillten Fisch vom Tagesfang (40 € pro Kilogramm), Filetto di tonno (natürlich nur in der Saison) und edle **Gamberi rossi** (18 € für vier Personen) genießen, die im Küstenabschnitt zwischen Sciacca und Mazara del Vallo vorkommen. Fleischgerichte, wie etwa Tagliata und Filetto di manzo, dürfen natürlich auch nicht fehlen. Die Weinkarte listet eine kleine Selektion lokaler Etiketten auf.

Al Padrino

Trattoria
Via Santa Cecilia, 54–56
Tel. (+39) 090 / 292 10 00,
(+39) 349 / 114 81 98
Ruhetag: Samstagabend, Sonntag, Feiertage
Ferien: zeitweise im August
50 Plätze
Preise: 25 €
Kreditkarten: MC, Visa; BM
Mittags und abends geöffnet

Dieses Lokal ist vor allem wegen seines komödiantenhaften ehemaligen Patrons Pietro Denaro bekannt, der sich vor einigen Jahren in den Ruhestand begab. Seine Familie steht aber nach wie vor am Ruder: In der Küche werkt Pietros Schwester Signora Cettina, eine hervorragende Köchin mit langjähriger Erfahrung. Ihr zur Seite stehen die Töchter Loretta und Lucia; Sohn Ugo versieht den Service im schlicht eingerichteten Speisesaal mit ungezwungener Atmosphäre. Der Antipasto della casa (7 €) beinhaltet mehrere Kostproben zur Wahl, unter denen Involtini di melanzane, Zucchine *ammollicate*, Peperoni ripieni, Crocchette di patate, Caponata bianca con melanzane e alalunga, Acciughe a ghiotta, arrosto oder a beccafico und auch eher saisongebundene Speisen wie **Zucca rossa in agrodolce** sein können. Von den Primi möchten wir **Pasta riposata con il macco di fave**, Spaccatelle con ghiotta di pesce stocco, Zuppa di ceci con i maltagliati (8 €) und **Pasta con le patate** erwähnen. Danach können **Trippa alla madrina**, Spezzatino con patate, piselli e pomodoro, **Bollito *ammuddicatu*** (paniertes und gebratenes Bruststück), Aguglia imperiale con la cipollata (12 €), Braciole di spatola (Degenfisch) alla matalotta und Involtini di pesce spada folgen. Pesce stocco (Stockfisch) in der Version a ghiotta (10 €) ist jeden Tag erhältlich, am Donnerstag und Freitag wird er gebraten serviert. Frisches Obst und Cannolicchi di ricotta oder di crema bilden das Finale. Das Weinangebot beschränkt sich auf einige sizilianische Tropfen.

Die Bar Pasticceria Sala Ausilia an der Staatsstraße in **Itala** (22 km) bietet typische Spezialitäten wie Pignolata, Pipirelli, Zuddi und ein Dolce aus der Zitronensorte Interdonato.

MESSINA

Morello

Trattoria • Via XXIV Maggio, 10–12
Tel. (+39) 090 /640 98 11,
(+39) 334 / 105 88 60
NEU
Ruhetag: Sonntag, im Juli auch Samstag
Ferien: zeitweise im August
35 Plätze
Preise: 30–33 €
Kreditkarten: AE, CS, DC, MC, Visa; BM
Mittags geöffnet, Donnerstag–Samstag auch abends (außer im Juli)

Das kleine Lokal unweit der Piazza Duomo im Zentrum von Messina wird von einer Familie geführt: Patron Francesco steht am Herd, während seine Frau Maria und Sohn Michele die Gäste bedienen. Die gepflegte Einrichtung lässt Liebe zum Detail erkennen, das Ambiente ist sehr gemütlich, und es kommt immer wieder vor, dass man Bekanntschaft mit anderen Gästen schließt. Nun zum gastronomischen Angebot: Der Antipasto misto (10 €) beinhaltet Kostproben von den am Büfett präsentierten Speisen wie Frittate di verdure, Pesci marinati all'arancia, Costardelle con menta e cipolla, einige Käsesorten aus den Nebrodi und Tuma fritta. Unter den Primi finden Sie im Winter **Maccheroni al ferretto con suino nero dei Nebrodi** (8 €), im Frühling Malfatti con primizie e finocchietto, im Sommer **Tagliatelle con fiori di zucca, gamberi e vongole veraci** (12 €) und im Herbst gewöhnlich frische Gnocchi di patate e ricotta con zucca rossa, salsiccia e pomodori secchi. Von den Secondi aus Zutaten aus dem Meer erinnern wir uns an unverzichtbaren **Pescestocco in insalata** oder arrosto, Braciole di aguglia imperiale und köstliche Involtini di triglia (12 €); unter den Fleischgerichten ragen dagegen Arrotolato di vitello con funghi, carciofi, noci und **Coniglio alla cacciatora** con la mostarda (12 €) hervor. Auf der Weinkarte finden sich gute, vorwiegend sizilianische Tropfen und einige Biere aus Kleinbrauereien.

Die Bar La Dolce Vita, Piazza Duomo, ist eine gute Adresse für Granita di caffè con panna e brioche, das typische Frühstück in Messina.

41 KM WESTLICH VON MESSINA

Al Bagatto

Osteria-Enoteca
Via Regis, 11
Tel. (+39) 090 / 922 42 12
Ruhetag: Sonntag
Ferien: zeitweise im Winter
55 Plätze + 30 Plätze im Freien
Preise: 33–35 €
Kreditkarten: AE, CS, DC, MC, Visa; BM
Abends geöffnet

Das Al Bagatto liegt nicht weit von der Altstadt und dem Kastell entfernt. Zum Gastronomiebetrieb und der Vinothek gehört auch eine direkt angeschlossene Unterkunft mit einigen Gästezimmern. Um die Begrüßung und die Bedienung kümmert sich der Inhaber Raffaele Esposito, während seine Frau Chiara ihr Kochtalent entfaltet und typische Speisen aus Qualitätszutaten zubereitet. Erwähnenswerte Antipasti sind Insalata di coniglio con pomodori secchi e capperi di Salina (12 €), Melanzane al vapore con alalunga, Caponata di carciofi, Carpaccio di vacca modicana con porcini e ovoli und Tagliere di salumi misti. Recht gut ist auch das Angebot der Primi, bei denen Ravioli di melanzane con salsa di pomodoro e ricotta infornata dei Nebrodi (10 €), **Pappardelle al ragù bianco di suino**, Pasta con carciofi, pomodoro e bottarga, **Zuppa di fagioli cosaruciaru di Scicli e farro** (8 €) und Crema di fave con verdure di campo saltate wechseln. Mögliche Secondi sind schmackhaftes **Agnello in padella con i carciofi** (12 €), Punta di petto di modicana al forno, Baccalà al vapore con patate e mentuccia (12 €) und **Spezzatino di suino nero** con funghi porcini (in der Saison). Semifreddo alle mandorle di Noto oder ai gelsi neri, Flan di pistacchi und Cassata al forno sorgen für einen süßen Abschluss. Das gepflegte Kellerangebot beinhaltet ein umfangreiches Sortiment an Etiketten aus Sizilien und anderen Weinbaugebieten der Welt sowie einige Biere aus Kleinbrauereien.

Der Delikatessenladen von Michele Nania (Via Risorgimento 151) bietet ein gutes Sortiment, darunter viele Produkte aus nicht nur sizilianischen Slow-Food-Presidi.

26 KM NORDÖSTL. V. CATANIA, 38 KM V. TAORMINA

4 Archi

Restaurant-Pizzeria
Via Crispi, 9
Tel. (+39) 095 / 95 55 66
Ruhetag: Mittwoch
Ferien: zeitweise im November
60 Plätze + 20 Plätze im Freien
Preise: 30–33 €
Kreditkarten: AE, CS, DC, MC, Visa
Abends geöffnet, Samstag und Feiertage auch mittags

Dieses gemütliche Lokal wird von dem sympathischen Saro Grasso geführt, der sich gemeinsam mit Francesco um den Service kümmert; die tüchtige Lina Castorina leitet die Arbeit in der Küche. Sorgfältige Auswahl der Zutaten, darunter diverse Slow-Food-Presidi, und traditionelles Speisenangebot, flankiert von einigen Gerichten mit persönlichem Akzent, das ist die Leitlinie, der Saro und Lina folgen. Der Antipasto vom Büfett (8 €) enthält Caponata, Peperonata, Zucchine ripiene, Olive *cunzate*, *Caliceddi* (lokales Wildgemüse), Pilze aus dem Ätnagebiet, hart gekochte Eier und Arancino mit Cavolo *trunzu* aus Acireale; Letzterer verfeinert in der Version *stufateddu* (mit Zwiebeln, Sardellen und Tomatenmark gedünstet) auch Maccheroncini. Weitere Primi (10 €) sind vorzügliche **Lasagne con ragù bianco di coniglio e pistacchio di Bronte**, Lasagne con broccoli e salsiccia, **Maccheroni al sugo di suino nero dei Nebrodi**, Tagliatelle ai porcini, **Zuppa di fave fresche e *caliceddi*** und Pasta con le alici del golfo di Catania. Es folgen Salsiccia, Costine di suino nero oder di agnello alla brace, Stinco di maiale al forno con le patate, **Stracotto di asino** (14 €), Brasato al Nero d'Avola (12 €) und Trippa. Das Brot ist selbst gebacken; manche Pizzavarianten werden mit hiesigen Zutaten belegt. Exquisit sind die Semifreddi al pistacchio und alle mandorle di Noto sowie Budino di latte d'asina oder alle castagne con miele di ape nera sicula. Schöne Weinkarte mit Augenmerk auf Etiketten aus dem Ätnagebiet; außerdem gibt es Biere aus Kleinbrauereien.

„Die Leitlinie, der Saro und Lina folgen, sind seit je sorgsame Auswahl der Grundzutaten und traditionelles Speisenangebot, flankiert von einigen Gerichten mit persönlichem Akzent."

14 KM SÜDÖSTLICH VON RAGUSA

L'Oste del Borgo

Trattoria • Via Pozzo Barone, 30
Tel. (+39) 09 32 / 94 24 23,
(+39) 329 / 463 67 46
Ruhetag: Sonntagabend, Montag; im Sommer nur Montag
Ferien: zeitweise im November
60 Plätze
Preise: 25–30 €
Kreditkarten: AE, CS, DC, MC, Visa; BM
Mittags und abends geöffnet

Eine Treppe führt von der Piazza Madonnina in Modica Bassa zur Trattoria unter der Leitung von Marco Cannata. Paola Bonomo versieht im modern eingerichteten Gastraum den Service. In der Küche sind der Patron und Pietro Di Rosa am Werk und bereiten Festlands- und Meeresgerichte mit ausgewogenen innovativen Noten zu. Zur Verarbeitung gelangen gut ausgewählte Grundzutaten, ergänzt durch Produkte aus dem häuslichen Garten. Von den möglichen Vorspeisen erinnern wir uns an den Antipasto misto mit Scaccia modicana, Insalata di manzo, typischen Formaggi, lokalem Mozzarella di bufala, Verdure grigliate und im Sommer Parmigiana di melanzane e spatola (9 €), Polpo al limone e fagiolini und Caponata di frutta fresca con gamberi crudi. Gute Primi sind **Gnocchetti di pane con pesce azzurro** (9 €), Calamarata con moscardini e cozze, Pasta con le sarde fritte, Tortelli al ragù di coniglio, **Lolli con le fave** (mit Dicken Bohnen aus dem lokalen Slow-Food-Presidio) und Ravioli di ricotta con fonduta di ragusano e mandorle tostate. Im Reigen der Secondi wechseln Köstlichkeiten wie Trancio di aguglia in guazzetto (12 €), **Alalunga a cipollata**, Lampuga al vapore, Sgombro in crosta di patate, **Costata di maiale ripiena** (8 €) und Suino nero dei Nebrodi alla griglia. Exquisites Eis aus Schokolade aus Modica, Mousse di limone con granella di pistacchio und Gelo di anguria oder aus anderen Saisonfrüchten bilden das süße Finale. Zu trinken gibt es eine recht gute Selektion regionaler Weine und einige Biere aus Kleinbrauereien.

Rosticceria Antichi Sapori, Corso Vittorio Emanuele 2, und Focacceria Don Puglisi, Vico Denaro 9: gute Auswahl an typischen Focacce aus Modica und Arancini.

MODICA (RG)

14 KM SÜDÖSTLICH VON RAGUSA

La Rusticana

Trattoria
Viale Medaglie d'Oro, 34
Tel. (+39) 09 32 / 94 29 50
Ruhetag: Sonntagabend, im Sommer auch Sonntagmittag
Keine Ferien
40 Plätze
Preise: 23–28 €
Kreditkarten: CS, Visa; BM
Mittags und abends geöffnet

Sie finden dieses Lokal in der Nähe des Bahnhofs. Patron Francesco Giannone empfängt die Gäste in einem schlicht eingerichteten Gastraum mit volkstümlicher Atmosphäre. Seine Frau Maria Teresa stellt ihr Können als Köchin bereits bei den Vorspeisen unter Beweis: *Scacce* (typische Focacce, gefüllt mit Kartoffeln und Zwiebeln oder mit Salsiccia und Ricotta) oder Antipasto misto rustico (7 €), bei dem sich zu Rosticceria-Spezialitäten getrocknete Salsiccia, Gelatina di maiale, lokale Käsesorten, getrocknete Tomaten und Giardiniera gesellen. Gut ist das Angebot der Primi aus frischem Teig (7 €) wie **Tagliatelle al sugo di agnello**, Cavatelli alla Norma, **Ravioli di ricotta al sugo di maiale**, Lolli con le fave cottoia (Slow-Food-Presidio) oder alla Rusticana (mit Öl, Caciocavallo aus Ragusa, roter Peperoni und Petersilie) und Passatelle con le lenticchie (die uns mit einem Hauch biologischem nativem Olivenöl extra aus einem lokalen Betrieb besonders gut schmeckten). Daneben können Sie auch gehaltvolle **Minestrone**, Spaghetti alla carrettiera und Spaghetti con acciughe e mollica vorfinden. Unter den Secondi sind schmackhafte **Trippa a spezzatino** (8 €), Fegato con le cipolle, Carne di maiale und Salsiccia al sugo, **Agnello con le patate** (13 €), Baccalà al forno, Polpette arrostite und Frittata con ricotta e verdure. Dazu gibt es sehr gute Beilagen. Als Dessert erwarten Sie deliziöse Leckereien wie Biancomangiare di mandorla und Geli di limone oder di cannella. Ein paar sizilianische Weine, ein ordentlicher offener Wein und einige Biere aus Kleinbrauereien begleiten das Essen.

»*Authentische, schmackhafte Küche, Preise wie in alten Zeiten und unverfälschte volkstümliche Atmosphäre.*«

MODICA (RG)
Frigintini

14 KM SÜDÖSTLICH VON RAGUSA

Le Magnolie

Restaurant-Pizzeria
Via Gianforma, 179
Tel. (+39) 09 32 / 90 81 36
Ruhetag: Montagmittag, Dienstag
Ferien: 2 Wochen im Januar
120 Plätze + 100 Plätze im Freien
Preise: 25–35 €
Kreditkarten: AE, CS, DC, MC, Visa; BM
Mittags und abends geöffnet, Juli und August nur abends

Zu den hübsch eingerichteten Gasträumen dieses Lokals, die sich auf zwei Ebenen verteilen, gesellt sich eine große Terrasse. Patron Giuseppe Giunta, der mit seiner Frau Emanuela Macauda auch ein Resort in der Nähe führt, sorgt für die erstklassige Auswahl der Zutaten, teils aus Slow-Food-Presidi. Am Herd steht Chef Massimiliano Schininà und kocht traditionell und weniger traditionell. Unter den Entrees sind Polpo con patate, fagiolini e capperi, Insalata di frutti di mare (10 €), Lonzino affumicato aus eigener Erzeugung und Antipasto degli Iblei mit Ricotta, getrockneter Salsiccia, Focaccia aus Modica, getrockneten Tomaten und Dicken Bohnen (der lokalen Sorte Cottoia) a *sali minutu*. Von den wechselnden Primi nennen wir **Lasagnette di *cuturru* con sarde e pesto di finocchietto** (13 €), Tagliolini con acciughe e *muddica atturrata* (9 €), ***Cavateddi* con il sugo di maiale**, Ravioli di melanzane con formaggio ragusano e tartufo scorzone dei Monti Iblei und Spaghetti con vongole veraci e crema di mandorle di Noto. Danach können **Coniglio alla stimpirata**, Salsiccia arrostita con verdure di campo e pane condito (12 €), Filetto di maialino ripieno e panato con carruba e *cuturru* und Frittura di pesce con verdure (15 €) folgen. Die Mahlzeit endet mit Geli di frutta, Biancomangiare di mandorle und anderen himmlischen Desserts. Bemerkenswertes Angebot an hochwertigen nativen Olivenölen extra. Zu trinken gibt es ein gepflegtes Weinsortiment aus Sizilien und anderen Regionen sowie rund zehn Biersorten aus Kleinbrauereien. Probieren Sie Pizza mit Saisonzutaten.

MODICA (RG)
Frigintini

14 KM SÜDÖSTLICH VON RAGUSA

Maria Fidone

Trattoria
Via Gianforma, 6
Tel. (+39) 09 32 / 90 11 35,
(+39) 335 / 820 71 53
Ruhetag: Montag
Ferien: unterschiedlich
110 Plätze + 70 Plätze im Freien
Preise: 22–25 €
Keine Kreditkarten
Mittags und abends geöffnet

An der Ortseinfahrt von Frigintini finden Sie im Erdgeschoss eines Wohnhauses dieses Lokal, das aus einem großen Raum und einem Sitzbereich im Freien neben dem hauseigenen Garten besteht. Hauptdarstellerin in der Küche ist Maria Fidone, unterstützt von Kindern und Verwandten, die bei der Führung des Betriebs mithelfen. Eine Reservierung ist immer von Vorteil; an Feiertagen gibt es gewöhnlich nur ein reichhaltiges Menü zu einem festgelegten Preis. Der Antipasto misto (10 €) sieht typische Focacce vor, wie Tomasine mit Ricotta und Salsiccia, *Scacce* mit Käse-Zwiebel-Füllung und **Pastieri** mit Schweine-, Lamm- und Kalbfleisch gefüllt, zu denen sich Arancino al ragù, Kostproben von Ricotta, Pecorino pepato, getrocknete Tomaten, Giardiniera di olive sowie *'Nciminiteddi* genannte Brötchen aus dem Holzofen gesellen. An Primi aus frischem Teig können Sie **Ravioli di ricotta e maggiorana al sugo di maiale** (7 €) und *Cavateddi* con pomodoro fresco e melanzane genießen. Regelmäßig stehen Minestre di verdure, Zuppe di legumi und **Lolli con le fave** auf dem Programm. Von den ausgesprochen verlockenden Secondi heben wir **Costata di maiale ripiena** (8 €), Salsiccia al sugo oder arrostita und **Coniglio alla stimpirata** hervor. Als Beilage oder Alternative zu Fleisch können Sie je nach Saison Parmigiana di melanzane, Peperoni *ammuddicati*, Zucchine e pomodori gratinati und Pasticcetto di *aiti* selvatici (mit wildem Mangold) vorfinden. Exzellente Geli di mandorla e limone runden das Essen ab. Neben dem offenen Hauswein gibt es ein paar sizilianische Flaschenweine.

Michele Blandino, Via Gianforma 2, bietet typische Focacce aus Modica wie Scacce, Pastieri und Buccunedda mit unterschiedlichen Füllungen.

A Laboratorio dolciario Don Puglisi, Corso Umberto 267: exzellente Dolci nach Tradition von Modica und Schokolade aus Kakaomasse aus Ecuador.

14 KM SÜDÖSTLICH VON RAGUSA

Taverna Nicastro

Trattoria
Via Sant'Antonino, 28
Tel. (+39) 09 32 / 94 58 84
Ruhetag: Sonntag, Montag
Ferien: 1 Woche im Juni, um den 15. August
80 Plätze + 40 Plätze im Freien
Preise: 23–26 €
Kreditkarten: CS, Visa; BM
Abends geöffnet

Am oberen Ende einer Treppe in Modica Alta, von der man einen schönen Ausblick hat, befindet sich seit den Fünfzigerjahren diese Osteria. Zu essen gibt es in der lokalen Tradition verankerte Speisen. Für die Leitung der Küche ist Patron Salvatore Nicastro zuständig, der schon morgens mit der Zubereitung der aufwendigeren Gerichte beginnt. Abgesehen von eventuellen angemeldeten Gruppen an Feiertagen steht das Lokal seinen Gästen nur abends offen. In der schönen Jahreszeit kann man auch im Freien essen. Als Einstieg können Sie traditionellen Antipasto (6 €) mit Arancini und schmackhaften, für Modica typischen Focacce wie *Scacce* und **Pastieri** wählen oder auch den gehaltvolleren Antipasto della casa mit Verdure alla piastra, Käse aus den Monti Iblei, Gelatina di maiale und selbst gemachten Würsten. Bei den Primi dürfen **Cavati al sugo di maiale** (6 €) nicht fehlen; die Schweinefleischsauce verfeinert auch Ravioli di ricotta und Tagliatelle. Weitere Köstlichkeiten sind **Capunti con pesto di tenerumi** (8 €), Pasta con le favette fresche oder con pomodoro, ricotta e finocchietto und Minestre di legumi. Darauf folgen appetitliches Coniglio alla Nicastro (8 €), flankiert von **Pollo campese** (nach einem weiteren Familienrezept), Costata di maiale in padella und Salsiccia al sugo, arrosto oder al Nero d'Avola. Alternativen dazu sind Frittata di patate oder Uovo fritto al pomodoro. Für ein süßes Finale sorgen Geli di mandorla und di cannella, Cannolo di ricotta oder Semifreddi. Zu trinken gibt es ein kleines sizilianisches Weinsortiment.

Antica Dolceria Bonajuto, Corso Umberto 159: köstliche 'Mpanatigghi, Nucatoli, Cedrata, Cubbaita und Schokolade mit Vanille, Zimt und Peperoni aromatisiert.

90 KM SÜDWESTLICH VON MESSINA

La Perla

Restaurant
Ortsteil Franci
Tel. (+39) 09 41 / 95 41 35,
(+39) 339 / 701 41 78
Ruhetag: Montag, außer im Sommer
Ferien: zeitweise im Winter
70 Plätze + 100 Plätze im Freien
Preise: 35–40 €
Kreditkarten: AE, CS, DC, MC, Visa
Mittags und abends geöffnet

Dieses reizende Restaurant mit begrüntem Sitzbereich im Freien und schöner Aussicht liegt im Hügelland nahe Naso und bietet hervorragende Fischspezialitäten. Wer es nicht kennt, könnte es ungewöhnlich finden, im Gebiet der Monti Nebrodi auf ein Fischlokal zu stoßen; Patron Franco Mentesana, der es in Zusammenarbeit mit seiner Frau Isabella führt, ist jedoch ein Koch mit solider Erfahrung und stammt aus einer Fischerfamilie. Er weiß über Frische, Herkunft und saisonale Verfügbarkeit Bescheid und kauft den Fisch, der ihn interessiert, an der Küste von Sant'Agata di Militello. Man kann mit opulentem Antipasto degustazione (15 €) beginnen oder einzelne Speisen wie Sformato di acciughe, Sarde con pinoli, uvetta, finocchietto e salsa alla Malvasia delle Lipari, Filetti di pesce sciabola alla curcuma, Arancino al nero di seppia und Alalunga con caponata wählen. Sehr gut sind die Primi, wie etwa Agnolotti ripieni di pesce con salsa di gamberi, **Lasagnette al nero di seppia**, Tagliatelle al sugo di scorfano (12 €) oder con vongole e fiori di zucca und **Pasta con il *fagianu*** (Knurrhahn). Aus tagesfrischem Fisch werden die schmackhaften Secondi zubereitet, wie **San pietro al limone** (13 €), Merluzzo all'acquapazza, Totani ripieni, **Pesce balestra alla Ghiotta** und Pagello in crosta di sale (15 €). Überwältigend sind die Dolci des Hauses: Semifreddi di frutta, Bignè con crema pasticciera und Praline di nocciole dei Nebrodi. Zu trinken gibt es ein recht gutes sizilianisches Weinsortiment.

»*Seine solide Erfahrung und seine Herkunft aus einer Fischerfamilie machen Franco Mentesana zu einem Küchenchef, der es versteht, den besten Fisch auszuwählen und seine Qualität in der Küche zur Geltung zu bringen.*«

31 KM SÜDWESTLICH VON SYRAKUS

Trattoria del Crocifisso da Baglieri

Trattoria • Via Principe Umberto, 48
Tel. (+39) 09 31 / 57 11 51
Ruhetag: Mittwoch, November–März auch Sonntagabend; im Sommer kein Ruhetag
Ferien: zeitweise im November und Januar/Februar
50 Plätze • Preise: 33–35 €
Kreditkarten: AE, CS, DC, MC, Visa; BM
Mittags und abends geöffnet

Das volkstümliche Viertel Pianalto von Noto Alta erstreckt sich rund um die Crocifisso-Kirche. Nicht weit davon liegt das hübsche Lokal, das sich aus drei miteinander verbundenen Räumen zusammensetzt. Küchenchef Marco Baglieri führt es gemeinsam mit seiner Frau und bringt traditionelle Gerichte aus dem Südosten Siziliens und persönliche Kreationen auf den Tisch. Der gemeinsame Nenner der Speisen sind hochwertige Grundzutaten. Den Anfang machen Polpo arrosto con crema di patate (10 €), **Macco di fave con ricotta e pangrattato** (manchmal auch mit Meerbarbenstückchen angereichert), Arancino ripieno di melanzana e formaggio ragusano, Filetto di baccalà con porri e patate und Antipasto rustico, der unter anderem Polpette di patate, getrocknete Salsiccia, Oliven sowie panierten und frittierten Fenchel enthält. Die Pasta wird selbst gemacht und durch Bronzeformen gepresst: **Ravioli di ricotta al sugo di maiale** oder al nero di seppia, Spaghetti con le sarde (12 €) und Lasagna con broccoletti e salsiccia (10 €). Unter den Secondi aus Fleisch finden sich stets empfehlenswertes **Coniglio alla stimpirata** con verdure in agrodolce (13 €), Filetto di maiale con patate al rosmarino (12 €) und Agnello con purè di patate e *sinapa*, während unter den Fischgerichten **Lampuga alla matalotta** hervorsticht. Deliziös sind die Süßspeisen des Hauses wie Biancomangiare di mandorle und gelo di caffè con mousse di ricotta. Recht gute Auswahl sizilianischer Weine neben einigen Etiketten aus anderen Regionen und ein paar Bieren aus Kleinbrauereien.

»*Aus Qualitätszutaten kocht Marco traditionelle Gerichte des südöstlichen Sizilien, ohne auf eine persönliche Note zu verzichten.*«

31 KM SÜDWESTLICH VON SYRAKUS

Vicari
(vormals I Sapori del Val di Noto)

Restaurant • Ronco Bernardo Leanti, 9
Tel. (+39) 09 31 / 83 93 22,
(+39) 329 / 392 04 42
Ruhetag: Montag
Ferien: je 2 Wochen im Januar und November
52 Plätze + 22 Plätze im Freien
Preise: 33–35 €
Kreditkarten: AE, CS, DC, MC, Visa
Mittags und abends geöffnet

Noto ist für seine barocken Kirchen und Paläste bekannt, etwa den Palast der Fürsten Villadorata. In einem Gässchen daneben befindet sich das Restaurant, das Küchenchef Salvo Vicari und seine Frau Carmen mit Unterstützung von Carmelo Iozzia führen. In ruhigen kleinen Gasträumen oder im angenehmen sommerlichen Sitzbereich im Freien kann man bodenständiges Essen genießen. Unter den Antipasti sind Arancino al pistacchio, pancetta e mozzarella di bufala ragusana, würziger **Polpo con crema di patate e cipolla stufata** (12 €), Baccalà fritto, Macco di fave und Misto val di Noto (10 €), der panierten und frittierten Ricotta, Frittata mit Saisongemüse sowie einige lokale Käse- und Wurstsorten enthält. Die Achtsamkeit auf die Zutaten ist auch bei den Primi ersichtlich, wie **Ravioli di ricotta con salvia e mandorla** aus dem lokalen Slow-Food-Presidio (10 €) oder con guanciale di maiale e pistacchi di Bronte, Maccheroni al ragù bianco di suino e cavolfiori, Pasta con la ricciola e i tenerumi di zucca und Risotto con triglia e zucca gialla. Aus dem Angebot der Secondi sind uns **Coniglio alla stimpirata**, Agnello al forno, Lombata di asino (15 €), Sgombro arrosto al salmoriglio, Involtino di pesce sciabola und **Alalunga con la cipollata** (14 €) in Erinnerung geblieben. Als Dolci bieten sich Tortino al cioccolato con gelato d'arancia, Rotolo di nocciola und Semifreddi di mandorle e carrube an. Die Weinkarte nennt rund 200 vorwiegend sizilianische Etiketten mit angemessenem Fokus auf dem östlichen Teil der Insel.

Das historische Caffè Sicilia (Corso Vittorio Emanuele 125) bietet hervorragende Dolci, Eis, Granite, Torroni und Honig.

NOVARA DI SICILIA (ME)

72 KM SÜDWESTLICH VON MESSINA

La Pineta

Trattoria
Via Nazionale, 159
Tel. (+39) 09 41 / 65 05 22
Ruhetag: Montag
Ferien: 3 Wochen im November
80 Plätze
Preise: 22–25 €
Kreditkarten: CS, MC, Visa
Mittags und abends geöffnet

Im Zentrum von Novara di Sicilia finden Sie diese einladende Trattoria (vergessen Sie nicht zu reservieren), die Giuseppe Giamboi zusammen mit seinem Sohn Ottavio und der Schwiegertochter Michela führt. Die einfache, unverfälschte Küche setzt auf zahlreiche Produkte aus dem Gebiet. Der Antipasto misto (6 €) kann Auberginen mit Minze, Caponata alla novarese, gefüllte Kürbisblüten in Backteig, Polpettine, Zwiebeln, gratiniert und aus dem Ofen, Sottoli, Oliven, Schiacciata mit Salsiccia und Stängelkohl, frische Dicke Bohnen aus der Pfanne, Ricotta, frittiert oder aus dem Ofen, und typischen Maiorchino-Käse beinhalten. Unter den Primi (6 €) finden Sie die ausgefallene **Centime**, eine Art grobkörnige Polenta mit Stängelkohl und Fenchel; gut sind auch Paccheri con pomodori secchi e ricotta, Pennette con zucchina e pancetta und Mezze maniche con melanzane, carote e ricotta infornata. **Spaghetti al sugo di pescestocco a ghiotta** fallen unter die auch in anderen Gebirgsorten existierende Tradition, konservierten Fisch, der Stockfisch eben ist, zu verarbeiten; im Pineta wird dieser auch in der Version a beccafico con cipolla, pomodoro e peperoncino serviert. Die übrigen Secondi sind sämtlich Fleischgerichte: Capretto und **Agnello al forno** (9 €), Grigliata mista, **Trippa al pomodoro** und in der Pilzsaison Controfiletto di vitello con i porcini (10 €). Ravioli und Cannolicchi di ricotta oder Crostata di cotogne runden das Essen ab. Das Weinangebot beschränkt sich leider auf den offenen Hauswein.

Pasticceria San Nicola, Via Nazionale 119: Dita di apostolo, Raviole di ricotta. In derselben Straße verkauft die Macelleria U Murgaellu Qualitätsfleisch.

PACECO (TP)

7 KM SÜDLICH VON TRAPANI

Il Piccolo Borgo

Restaurant
Via Principe Tommaso, 2
Tel. (+39) 09 23 / 86 11 32,
(+39) 320 / 027 67 57
Ruhetag: Montagmittag
Ferien: zeitweise im Winter
60 Plätze + 20 Plätze im Freien
Preise: 35 €
Kreditkarten: CS, DC, MC, Visa; BM
Mittags und abends geöffnet

Die kleine Gemeinde Paceco, wenige Kilometer von Trapani an der Staatsstraße 115 in Richtung Marsala gelegen, ist für ihre landwirtschaftlichen Erzeugnisse berühmt, darunter drei Slow-Food-Presidi: roten Knoblauch aus Nubia, Vollsalz und die Cartucciaro-Melone. Dieses gemütliche Restaurant neben dem Hauptplatz im Zentrum steht unter der Leitung des jungen Küchenchefs Maurizio Bono, der für das Essen und den Einkauf verantwortlich zeichnet. Im Service treffen wir dagegen Paolo und Rossella an. Maurizio ist ein ausgezeichneter Interpret der traditionellen Meeresküche Trapanis. Man stimmt sich mit Bruschette con l'uovo di tonno, **Polpette di sarde stufate in salsa di pomodoro**, Tortino di alici e pistacchi, Misto di pesce crudo marinato al momento, traditionellem Polpo lesso con olio e limone und dem Antipasto misto della casa (14 €) mit mehr als zehn Kostproben ein. Weiter geht es mit Primi wie **Paccheri alla lampedusana** (12 €) mit Makrelenfilets, Kapern und geriebenen getrockneten Tomaten, **Busiate con pesto trapanese** (8 €), Spaghetti al nero di seppia (10 €) und Bucatini con le sarde. An Secondi bieten sich neben dem Fisch vom Tagesfang **Cacciucco di pesce alla trapanese**, Zuppa aus lokalen, weniger edlen Fischsorten, angereichert mit Venus- und Miesmuscheln (16 €), **Sgombro lardiato**, Cernia all'acquapazza oder alla pantesca und Sarde allinguate an. Das Menü endet mit den Dolci des Hauses wie Parfait di mandorle oder Cassata siciliana. Das Restaurant verfügt über ein recht gutes Kellerangebot mit einer schönen Selektion sizilianischer Weine und einigen Bieren aus Kleinbrauereien.

41 KM WESTLICH VON SYRAKUS

Andrea

Restaurant-Pizzeria
Via Judica, 4
Tel. (+39) 09 31 / 88 14 88
Ruhetag: Dienstag
Ferien: 2 Wochen im November
55 Plätze + 35 Plätze im Freien
Preise: 30–35 €
Kreditkarten: CS, DC, MC, Visa
Mittags und abends geöffnet

Andrea Alìs Restaurant im ersten Stock eines Gebäudes an der Hauptstraße besteht aus zwei kleinen gepflegten Gasträumen und einer Terrasse für die schöne Jahreszeit. Seine Frau Lucia begrüßt die Gäste, während der Patron und Küchenchef sich mit seinem Bruder und anderen Helfern am Herd zu schaffen macht. Das gastronomische Angebot bringt eine starke Verbundenheit mit dem Gebiet zum Ausdruck. Ein wesentlicher Pluspunkt ist auch die Auswahl der Zutaten, die teils aus dem Gemüsegarten der Familie und aus Slow-Food-Presidi kommen. Unter den Antipasti finden sich **Macco di fave con le verdure di campo** (7 €), Polpettine di finocchietto e borragine, Frittata di asparagi oder di *mafalufi* (Affodill), Tortino di baccalà e crema di zucca oder Tortino di cuscus con passata di lenticchie. Schmackhafte Gerichte sind **Ravioli di ricotta al pistacchio di Bronte** (10 €), Caserecce con il pesto di borragine, Pasta con melanzane e ricotta oder con zucchine, pomodoro, menta e cucunci di Salina und **Tagliolini con il tartufo degli Iblei** oder con i funghi freschi. Danach können Agnello arrosto con patate (11 €), Coniglio in agrodolce, Suino nero al pistacchio (12 €), **Bollito di vitello** oder eine verlockende Platte mit sizilianischen Käsesorten folgen. Bemerkenswert sind die selbst gemachten Panini aus Mehl traditioneller Getreidesorten und die hochwertigen nativen Olivenöle extra. Als Dessert sollten Sie Biancomangiare aus Eselmilch und Crema cotta alle carrube probieren. Das umfangreiche Weinangebot ist den Speisen ebenbürtig. Daneben gibt es Biere aus Kleinbrauereien.

»*Großes Augenmerk auf die Auswahl der Zutaten für schön präsentierte und in der Tradition Siziliens fest verankerte Speisen.*«

PALAZZOLO ACREIDE (SR)

41 KM WESTLICH VON SYRAKUS

Lo Scrigno dei Sapori

Restaurant-Pizzeria
Via Maddalena, 50
Tel. (+39) 09 31 / 88 29 41
Ruhetag: Montag
Ferien: zeitweise im November
90 Plätze
Preise: 25–30 €
Kreditkarten: CS, DC, MC, Visa
Mittags und abends geöffnet

Dieses Lokal in einer Querstraße des Corso Vittorio Emanuele besteht aus einem lichtdurchfluteten Gastraum gleich hinter dem Eingang und einem kleineren Raum im Obergeschoss. Lidia Cannata empfängt die Gäste und erläutert ihnen kompetent das Speisen- und Weinangebot. Patron Paolo Di Domenico kocht gemeinsam mit seinem Bruder Luigi Gerichte, die durch eine bemerkenswerte Ausgewogenheit zwischen Tradition und persönlicher Note bestechen. Der Antipasto della casa (13 € für zwei Personen) beinhaltet Tortino di cicoria e *sinapa*, Sformato di borragine, Macco di fave e ricotta, Salsiccia con la zucca, Crema di ceci und selbst geräucherte Lonza di maiale. Als Primi stehen gute **Ravioli di ricotta al sugo di maiale** oder con il tartufo ibleo, Tagliatelle con i funghi oder al ragù di cinghiale ed erbette und Maccheroncini con il pesto di mandorle di Noto (Slow-Food-Presidio, 9 €) auf dem Programm. Bei den ausgezeichneten Secondi wechseln typische **gebratene Salsiccia aus Palazzolo**, Puntine di maiale al miele di timo, Spezzatino di cinghiale con i funghi (13 €), Filetto di suino in crosta di pistacchio, in der Osterzeit **Gallo ripieno**, winterliches **Coniglio farcito al tartufo degli Iblei** (13 €) und Ossobuco con i piselli. Als Dessert erwarten Sie hervorragender Tortino di pan di Spagna mit Schokolade, Nüssen, Ricotta und Kaffeecreme sowie Semifreddi di mandorla, fichi oder cannella. Das sizilianische Weinsortiment zu korrekten Preisen präsentiert sich umfangreich und gepflegt.

Drei gute Interpreten der lokalen Süßwarentradition sind Corsino, Via Nazionale 2, Caprice, Corso Vittorio Emanuele 21, und Infantino, Corso Vittorio Emanuele 18.

41 KM WESTLICH VON SYRAKUS

Trattoria del Gallo

Osteria-Trattoria
Via Roma, 228
Tel. (+39) 09 31 / 88 13 34
Ruhetag: Mittwoch
Ferien: 3 Wochen im Juli
62 Plätze
Preise: 22–25 €
Kreditkarten: AE, CS, DC, MC, Visa
Abends geöffnet, Sonntag und Feiertage auch mittags

In die in der Nähe der alten Mutterkirche gelegene Trattoria mit vorzüglicher typischer Küche in schlichter, gemütlicher und herzlicher Atmosphäre kommt man immer wieder gerne. Das Lokal bietet bereits nachmittags Arancine, Polpette di patate und di carne, hart gekochte Eier und Pizza zum Mitnehmen an. Abends und an Feiertagen auch mittags speist man in einem der beiden angeschlossenen Gasträume. Heros Rizza koordiniert den Service, während sein Kompagnon Gianni Savasta, ein erfahrener Chefkoch, in der Küche den Takt angibt. Der Antipasto della casa (8 €) lockt mit schmackhaften Kostproben von Frittate di verdure, Polpette, Oliven, getrockneten Tomaten, Sardellen, Ricotta, getrockneter Salsiccia und **Gelatina di maiale** aus eigener Erzeugung (auch zum Mitnehmen). Wer Käse liebt, findet einzige sizilianische Spezialitäten vor, wie Ragusano, Pecorino und Piacentinu ennese. An Primi bieten sich klassische **Ravioli di ricotta al sugo di maiale** (7 €), gute Cavati aus frischem Teig al ragù di carne oder con il sugo di capretto und Tagliatelle con il tartufo degli Iblei (10 €), con i funghi di ferula, con gli asparagi selvatici oder con i peperoni an. Den Spuren der lokalen Traditionen folgen Gerichte aus Schweinefleisch wie Costata ripiena, Salsiccia arrostita, ***Pittinicchi* al sugo** (8 €) und Porchetta alla palazzolese; Alternativen wären Coniglio alla stimpirata, **Capretto infornato** (10 €) und Trippa con le patate. Frisches Obst und Tortino di mandorle al cioccolato setzen den Schlusspunkt. Sizilianische Weine sind in angemessener Zahl und Auswahl vertreten.

»
Eine Trattoria, in die man wegen der hervorragenden typischen Küche und der schlichten, gemütlichen und herzlichen Atmosphäre immer wieder gerne kommt.
«

Ai Cascinari

Trattoria
Via D'Ossuna, 43–45
Tel. (+39) 091 / 651 98 04
Ruhetag: Montag
Ferien: zeitweise im August
75 Plätze
Preise: 25–30 €
Kreditkarten: CS, MC, Visa; BM
Mittags und abends geöffnet, Dienstag und Sonntag nur abends

Die Trattoria von Vito und Piero Riccobono befindet sich in einer der ältesten und am dichtesten besiedelten Gegenden der Stadt, wenige Minuten von der arabisch-normannischen Altstadt entfernt, die kürzlich zum Unesco-Weltkulturerbe erklärt wurde. Gleich beim Betreten des Lokals umfängt Sie die hier herrschende vitale und dynamische Atmosphäre. Eine Glaswand gibt den Blick in die Küche frei, für die Vito zuständig ist, während Piero in den vielen kleinen Räumen die Gäste bedient. Das Speiseangebot ist ein getreues Abbild der gastronomischen Traditionen der Stadt. Der ausgesprochen vielfältige Antipasto misto (8 €) enthält unter anderem Panelle, Crocchè, Verdure in pastella, Sfincionello, exzellente **Carciofi *attuppati***, Sarde con pomodoro e mentuccia und Bollito con acciughe, olive e pomodorini. Als Primi (7 €) stehen Busiate con triglie e finocchietto und **Pasta con i broccoli *arriminati*** oder con i carciofi auf dem Programm. Mittags gibt es auch Minestre, darunter vorzügliche Minestra con le lenticchie di Ustica (Slow-Food-Presidio) und con i fagioli. Weiter geht es mit Pesce spatola, **Calamaro ripieno** oder fritto, Bistecca alla palermitana, ***Bruciuluni*** (8 €) und Involtini di carne sowie diversen Beilagen wie Salat, Pommes frites oder gekochtem Gemüse. Saisonobst, Cassatelle di ricotta fritte, Cassata al forno, Sorbetto agli agrumi oder Torta setteveli aus einer bekannten Konditorei bilden das Finale. Zu trinken stehen eine gute Weinauswahl und einige Biere aus Kleinbrauereien bereit. Es gibt auch Menüs für Vegetarier und für Kinder.

»
Umsichtige Suche nach Traditionsrezepten und sorgsame Auswahl der Zutaten heben das Lokal der Riccobono-Brüder seit jeher von anderen ab.
«

Straßenessen

Porta Carini, Porta Felice, Porta Nuova, Porta Carbone und Porta Reale sind nur fünf von 19 Toren einer Stadt, die seit den Punischen Kriegen ihre wichtigsten Betriebe und Paläste durch Befestigungen geschützt hat. *Al-Kasr* (Cassaro, die Befestigte) ist ein heute noch verwendetes Toponym, das die Hauptachse bezeichnet, von der ausgehend sich Handels- und Versorgungsbetriebe entwickelten.

Im Umfeld der Stadttore entstanden die wichtigsten Märkte: der Capo-Markt bei der Porta Carini, der Ballarò-Markt bei der Porta Sant'Agata und der Porta di Vicari, der Vucciria-Markt in der Nähe des La-Cala-Hafens, der Porta della Calcina und der Porta Carbone. Palermo ist ein Schmelztiegel, der viele Herrscher sah, in dem eine enorme Zahl und Vielfalt von Bräuchen existiert. Daraus hat sich eine Kulinarik entwickelt, in der die Straßenküche einen wichtigen Platz einnimmt: Es finden sich Bratstuben, Marktstände, Bäckereien, „Stigghiolari", „Frittolari" und Büfettbetreiber.

Zu den berühmtesten kulinarischen Wahrzeichen zählen Pane e panelle, Arancine alla carne oder al burro, Pane *ca' meusa* (mit Milz) in den Versionen „schietta" (pur) oder „maritata" (mit Ricotta), weiter Stigghiole (gebratene Milchlammdärme), Sfincione (dicke Pizza mit Tomaten, Zwiebeln, Cacio und Sardellen) sowie Frittole, Musso und Quarume: vielfach Spezialitäten aus Schlachtabfällen, die ein geschmacklich hervorragendes Essen im Zeichen der vollständigen Verwertung ergeben.

Francesco Pensovecchio

Der Vuccirìa-Markt

Er liegt zwischen dem La-Cala-Hafen und der Via Roma und gilt als der bekannteste Markt. Auch wenn sein Lack aus früheren Zeiten etwas abgebröckelt ist, ist er nachts von Scharen junger Leute bevölkert, die von Lokal zu Lokal ziehen. Tagsüber serviert Rosolino Basile, genannt Rocky, Brot mit Milz an der Piazza Caracciolo. Franco 'U Vastiddaru (Corso Vittorio Emanuele 102) – der Betrieb wird von Sohn Antonino geführt – bietet Panelle, Kroketten und Brötchen mit Milz. Gasthäuser in dieser Gegend sind Il Maestro del Brodo (siehe Seite 813), Zia Pina, in der Via dei Cassari in Richtung La-Cala-Hafen (siehe Seite 811), und Buatta (siehe Seite 812) am Corso Vittorio Emanuele. Eine der bekanntesten Adressen für Brot mit Milz im La-Cala-Hafen ist Porta Carbone (Via Cala 62).

Der Capo-Markt

Er ist der beste Markt und zählt auch zu den größten der Stadt: Von der Porta Carini erstreckt er sich beinahe bis zur Kathedrale und grenzt auf der einen Seite an den Justizpalast und auf der anderen Seite an das Teatro Massimo. Neben dem Tor finden Sie Rosone: Bei ihm können Sie Frittola probieren, in Papier gewickelt oder in Brot gefüllt. Er ist an dem Weidenkorb, der mit einem Baumwolltuch abgedeckt ist, leicht zu erkennen. Entlang der Via Porta Carini reihen sich Marktstände aneinander, an denen Pizza, Sfincione sowie Pane e panelle verkauft werden, und einige Bäckereien. Der Markt ist ein idealer Ausgangspunkt für eine Besichtigung der Altstadt. Ausgefallen sind die Namen einiger Straßen: Via Sedie Volanti („Straße der fliegenden Stühle"), Via Scippateste („Straße der Kopfentreißer"), Via Gioia Mia („Straße meiner Freude"). Von den Lokalen in dieser Gegend empfehlen wir die Trattoria del Pesce Fresco Vecchio Mafone (siehe Seite 814).

Der Ballarò-Markt

Der älteste, größte und meistbesuchte Markt, der auch mit einem ausgezeichneten Preis-Leistungs-Verhältnis glänzt, ist 24 Stunden geöffnet. Starten Sie von der Rua Formaggi oder der Piazza Casa Professa und folgen Sie den Ständen an der Via Ballarò, bis Sie beinahe am Bahnhof und an der Porta Sant'Agata angekommen sind. Hier verschmelzen Vergangenheit und Gegenwart in einem Kaleidoskop von Geräuschen und Farben. Stände mit Nahrungsmitteln, aber auch Kleidung und Haushaltswaren reihen sich in einer unendlichen Folge aneinander. Das ist der richtige Ort, um die vielen ethnischen Seelen der Stadt zu entdecken und waschechtes Straßenessen zu genießen. An den Straßen und kleinen Plätzen stehen die Verkäufer mit ihren „Lapini" (Ape-Dreirädern) und bieten Pane e panelle und Sfincione feil, bei den Obst- und Gemüsehändlern können Sie gebratene Artischocken und Paprikaschoten sowie gekochte Zwiebeln und Kartoffeln probieren. An der Piazza del Carmine finden Sie schließlich Polpo e limone, Frittola und Quarume.

Al Chioschetto da Viviano

Corso dei Mille/Via Ingrassia
Tel. (+39) 091 / 617 37 19
Ruhetag: Donnerstag und Sonntag, August und Dezember Sonntag und Feiertage
Ferien: ersten 2 Septemberwochen
Geöffnet 6–21 Uhr, Samstag 6–23 Uhr

Die Spezialität ist Pane *ca' meusa*, die Besonderheit sind die Öffnungszeiten vom Morgengrauen bis spät in die Nacht. Gaetano, Giuseppe und Mimmo Viviano schaffen es daher, den Hunger von Studenten, Krankenpflegern, Ordnungskräften und Nachtschwärmern zu stillen.

Antica Focacceria San Francesco

Via Paternostro, 58
Tel. (+39) 091 / 32 02 64
Kein Ruhetag
Ferien: 2 Wochen im Januar/Februar
Mittags und abends geöffnet

Hier handelt es sich um eine der ältesten Institutionen des Straßenessens, die 1834 entstand. Die Focacceria liegt gegenüber der Franz von Assisi geweihten Kirche aus dem 14. Jahrhundert und ist noch zu einem guten Teil mit der Originaleinrichtung ausgestattet; die gusseisernen Elemente wurden in den Fonderie Florio gefertigt. Vom Speisesaal aus gesehen ist der Platz, wo es Brot mit Milz gibt, zentral positioniert. Außerdem bietet man Sfincioni, Crocchè, Pane e panelle, Arancine alla carne oder al burro, Timballi di pasta al forno, Bucatini con i broccoli arriminati, Sarde a beccafico, Pizza, Cassata und Cannoli alla ricotta an. Man isst im Stehen oder an Tischen an der Piazza.

Antica Panelleria da Nino

NEU

Via Oreto, 289 A
Tel. (+39) 09 1 / 616 32 32

Andrea und Francesco Lelio betreiben eine der ältesten „Panellerien" der Stadt (gegründet 1890). Schöne Fotos aus der Zeit zwischen den Dreißiger- und Fünfzigerjahren, die im Lokal ausgestellt sind, bezeugen dessen Kämpfergeist. Zwar bilden die Panelle das Herzstück des Angebots, doch wir empfehlen auch exquisite Arancine, Verdure in pastella, Pasta con le sarde, Anelletti al forno und Sarde a beccafico.

Antico Forno San Michele

Via Pipitone Federico, 61–63
Tel. (+39) 347 / 198 65 40

Die Bäckerei von Ottavio Guccione liegt in einem Wohngebiet und zählt zu den besten der Stadt. Sie bietet Brot, Grissini, Kekse und Pizzaschnitten. Zu den Spezialitäten zählt Schwarzbrot aus Mehl der Getreidesorte Tumminìa. Es gibt auch Öl, Eingelegtes, Mehl und Pasta zu kaufen.

Chiluzzo

Piazza Kalsa, 11
Kein Ruhetag

Bei Chiluzzo gegenüber der Kirche Santa Teresa alla Kalsa bekommt man eines der vielfältigsten Angebote: Pane e panelle, Melanzane a quaglia, Verdure in pastella, Arancine und sogar *Rascature* (frittierte Teigreste). Es stehen auch Plastikstühle und -tische zur Verfügung. Zu trinken werden eiskaltes Bier und Softdrinks angeboten. An der Ecke gegenüber gibt es einen Frittolaro.

Da Davide

Via Villa Sofia/
Via Croce Rossa
Tel. (+39) 329 / 092 67 47
Ruhetag: Sonntag
Geöffnet 9.30–16 Uhr

Sein Ape-Dreirad steht am Beginn der Villa Sofia. Er achtet stets auf die Temperatur des Frittieröls und bietet verschiedene Sorten Brot wie Semprefresco (weiches Brötchen in länglicher Form) sowie Brot aus doppelt gemahlenem und Tumminìa-Mehl. Hervorragend sind Panelle und Crocchè, aber es gibt auch Melanzane e *rösti* (Kartoffeln und Zwiebeln) und Panini con sgombro, tonno oder acciughe.

Dainotti's da Arianna

NEU

Via Porta Carini, 52
(Mercato del Capo)
Tel. (+39) 091 / 611 84 65,
(+39) 320 / 274 97 62

Das Lokal ist fast zu einem Treffpunkt für Aperitifs geworden. Ein bisschen Geschäft, ein bisschen Wursthandlung, bietet es von Donnerstag bis Samstag Panini, Caponata, Bruschette, Crocchè, Panelle, Frittate, Salate, gegrilltes Fleisch, Caldume, Bollito, Fave e giri (Dicke Bohnen und wilden Mangold), Bohnen, Obst und Crostate.

Franco 'U Vastiddaru

Corso Vittorio Emanuele, 102
Tel. (+39) 091 / 32 59 87

NEU

An der Ecke zwischen der Piazza Marina und dem Cassaro setzt Antonino Valenti das von Papà Franco Ende der Achtzigerjahre begonnene Werk fort und bietet puristisches Straßenessen an. Wer es eilig hat, kann das Essen mitnehmen; ansonsten lässt es sich an kleinen Tischen sitzend verspeisen. Die Spezialität ist Pane *ca' meusa*, aber es gibt auch Arancine und Pane e panelle.

Il Panellaro di Ballarò

Piazza del Carmine/
Via Giovanni Grasso

Der Stand mitten auf dem Ballarò-Markt ist die ideale Adresse für einen Snack. Er bietet Panelle, Crocchè und frittierte Auberginen. Die Produkte können auch roh gekauft und zu Hause frittiert werden. Die Teige werden mit Minze, Zitronenschalen und Petersilie verfeinert. Ein paar Meter entfernt steht das Ape-Dreirad des Sfincionaro. Der beste Zeitpunkt für einen Besuch ist von 10 bis 12 Uhr. Kurz vor 13 Uhr ist Schluss.

Zia Pina

Via Cassari, 67–69
Ruhetag: Sonntag
Mittags geöffnet, Freitag und Samstag auch abends

Wir haben es hier mit dem Verbindungsglied zwischen Straßenessen und Gasthaus zu tun. Lassen Sie sich vom unschönen Anblick der Plastiktische und -stühle und der Tatsache, dass Sie den Tisch mit Papiertischtüchern und -auflagen selbst decken müssen, nicht beirren. Hier geht es um die historische Figur der „Büfettbetreiber". Das Wort leitet sich vom französischen „buffet" oder vom spanischen „bufeta" ab. Die Zutaten kommen vom nahen Markt und werden auf dem Tresen dargeboten. Wenn Sie Ihre Wahl getroffen haben, werden die Speisen nach Ihrem Geschmack zubereitet. Ein paar Beispiele: Spaghetti con i ricci oder alle vongole, Pasta alla Norma oder con aglio, olio, peperoncino e mollica *atturrata*, Grigliata mista di carne und Frittura di gamberi, calamari e triglie. Der Service ist familiär; zu trinken gibt es einen offenen Hauswein.

Ballarò

Osteria
Via Calascibetta, 25
Tel. (+39) 091 / 791 01 84
Kein Ruhetag
Ferien: 2 Wochen im August
80 Plätze
Preise: ⊞ 30–40 €
Kreditkarten: AE, CS, DC, MC, Visa; BM
Mittags und abends geöffnet

Die Stallungen des Palastes der Fürsten Cattolica wurden nach allen Regeln der Kunst zu weitläufigen Räumen mit schlichter, geschmackvoller Einrichtung adaptiert. Tagsüber kann man hier klassisches Straßenessen konsumieren, abends zwischen einem Imbiss in der Weinbar oder einer richtigen Mahlzeit wählen. Gaetano wacht über alles mit aufmerksamem Auge, seine Tochter Doriana und sein Schwiegersohn Gianluca versehen den Service. Die Antipasti sind in großer Zahl vorhanden: Innereien oder Pancetta um Frühlingszwiebeln gewickelt, Panini con milza e caciocavallo grattugiato, *Babbaluci* (Schnecken), **Stigghiole di agnello** (7 €), Crudo di suino dei Nebrodi e ricotta con miele di api nere e zucca, Caponata con tempura di pesci, Insalata di mare, Affumicati und Polpette di polpo, Parmigiana, Sformato di melanzane e caciocavallo und Polpetti murati. Als Primi stehen Tagliatelle aus frischem Teig al ragù bianco di maialino con carciofi brasati, finocchietto e ricotta calda, **Timballo di anelletti alla palermitana**, Ravioli di cernia con pomodoro, melanzane e basilico, Spaghetti con i ricci di mare, con le vongole oder al nero di seppia und **Pappardelle con il macco di fave e ricotta** (14 €) auf dem Programm. Es folgen Gran fritto di pesce, Zuppa di pesce dei francesi d'Orléans (mit Drachenkopf, Knurrhahn, Petermännchen, Pfeilkalmaren und Petersfisch), Grigliata reale al salmoriglio di pescato e crostacei, Involtini di pesce spada, **Baccalà a sfincione** (14 €), Polpette di sarde, Bollito di carne, Trippa cacio e pepe (12 €) und Spezzatino di carne agglassato. Zum Finale reicht man sizilianischen Käse, Insalata di frutta, Crostata al gelo di anguria und Gelo al melone bianco di Paceco con pinoli tostati. Reservierung empfehlenswert.

Buatta

NEU

Osteria
Corso Vittorio Emanuele, 176
Tel. (+39) 091 / 32 23 78
Kein Ruhetag
Keine Ferien
60 Plätze
Preise: 20 €
Kreditkarten: BM, CS, MC, Visa; BM
Mittags und abends geöffnet

Das Gasthaus befindet sich auf dem alten Cassaro, dem heutigen Corso Vittorio Emanuele, zwischen Piazza Marina und Via Roma. Der Dialektausdruck „buatta" bezeichnet die Blechbehälter, in denen Nahrungsmittel wie Tomaten oder Fisch aufbewahrt wurden. Einige sind so schön, dass sie ein veritables Einrichtungsstück in charmanten Designerküchen abgeben. Das Lokal entstand durch die Renovierung der ehemaligen Valigeria Quattrocchi, wodurch der ganze Charme der Zwanzigerjahre zutage gefördert wurde. Im Service wechseln Stefania Milano und Franco Virga mit hingebungsvoller Unterstützung durch Davide Bicocchi, während Fabio Cardilio die Küche leitet. Er ist ein Profi mit beachtlicher Erfahrung und reichert die Traditionsgerichte mit kleinen Innovationen an. Die Küche ist durch die großen Fenster auch von der Straße einsehbar. Einen schönen Einstieg bietet Degustazione palermitana (10 €), eine opulente Vorspeisenplatte mit Sfincione, Fritturine und Caponata, die allein schon satt machen würde. Als Alternative bieten sich Caciocavallo all'argentiera, Frittata con le verdure, Sarde a beccafico, Muffolette con pesce sott'olio, Panelle, Crocchè und Arancine (6 €). An Primi finden sich **Anelletti al forno**, Pasta con le sarde e finocchietto, **Pasta *c'anciova* e *muddica atturrata*** (7 €), Macco di fave e ricotta und Frascatole palermitane. Darauf folgen **Arrosto panato alla palermitana**, Polpette al sugo, Falsomagro, **Spezzatino di cinisara con le patate** (8 €), Totano ripieno und Baccalà con le lenticchie. Cannoli oder Cassata al forno (4 €) sorgen für einen süßen Abschluss. Zu trinken gibt es eine kleine Auswahl an Bieren aus Kleinbrauereien und sizilianische Weine, auch im glasweisen Ausschank.

Corona

NEU

Trattoria
Via Marconi, 9
Tel. (+39) 091 / 33 51 39
Ruhetag: Sonntagabend, Montag
Ferien: 1 Woche um den 15. August
44 Plätze
Preise: 25 €
Keine Kreditkarten
Mittags und abends geöffnet, Sonntag nur mittags

Gianni Coronas Trattoria ist eine erfreuliche Neuheit im Panorama der Gasthäuser, die sich der Fischküche verschrieben haben. Nachdem er einem anderen bekannten Lokal seiner Familie den Rücken gekehrt hat, beschloss Gianni, gemeinsam mit seiner Frau Angela und den Söhnen Alessandro und Orazio den schwierigen Weg als Gastronom einzuschlagen. Die Optik des Lokals ist von schlichter Eleganz, hellen Farben, feiner Tischwäsche und entzückenden Keramikgegenständen, die Angela gefertigt hat, gekennzeichnet. Das pulsierende Herz bleibt die traditionelle Fischküche nach lokalen, für die Küste Palermos typischen Rezepten. Der Fisch, der regelmäßig von den in Terrasini stationierten Fischerbooten kommt, wird von Giovanni Chiarello in Empfang genommen und zubereitet. Ein Lob verdient die Angabe der Zutaten und Lieferanten auf der Speisekarte. Unter den Antipasti sind grüne Oliven, Caponata di melanzane, Insalata di mare und Fritto misto di panelle, carciofi, cardi e broccoletti (4 €). Weiter geht es mit Spaghetti al pesto rosso, **Bucatini con i broccoli** oder con le sarde, **Margherite *c'anciova*** (8 €) und Spaghetti al nero di seppia oder alle vongole. Was die Secondi angeht, empfehlen wir einen Blick auf den Tresen mit lokalem Fisch, der dann nach Ihren Wünschen oder gemäß den herrschenden Usancen zubereitet wird. Außerdem erwarten Sie Scampi und Gamberoni alla griglia, **Involtini di spatola** (8 €), Fritto misto, **Zuppa di pesce** und Trancio di ricciola (12 €). Als Nachspeise bieten sich Obst, Gelo di anguria, Sorbetto al limone und Cassata (4 €). Zu trinken gibt es eine kleine, aber gut zusammengestellte Selektion an Weißweinen, auch im glasweisen Ausschank.

Il Maestro del Brodo

Trattoria
Vicolo Pannieri, 7
Tel. (+39) 091 / 32 95 23
Ruhetag: Montag, im Sommer Sonntag
Ferien: 2 Wochen um den 15. August
80 Plätze
Preise: 25–35 €
Kreditkarten: CS, MC, Visa
Mittags geöffnet, Donnerstag–Samstag auch abends

Bartolo betreibt diese traditionelle, waschechte sizilianische Osteria im Bereich des historischen Vucciria-Marktes in der Nähe des Corso Vittorio Emanuele. Ihre Pluspunkte sind frische Zutaten und deren gekonnte Verarbeitung durch die Söhne Sandro und Giuseppe, die in der einsehbaren Küche arbeiten. Das schlichte, gepflegte Lokal wird mittags von Berufstätigen und abends von Stammgästen bevölkert, zu denen sich viele Besucher auf der Durchfahrt gesellen, für die das Maestro zu einer beliebten Adresse in der Stadt geworden ist. Der reichhaltige Antipasto della casa (8 €), der auf dem Büfett im Eingangsbereich einladend präsentiert wird, sieht **Caponata**, Frittatina di porri, Involtini di melanzane, Funghi gratinati, Zucchine und Carciofi arrosto, Parmigiana di melanzane, Sarde a beccafico und viele weitere Köstlichkeiten vor. Umfangreich ist die Auswahl der Primi aus frischem Teig, die vorwiegend mit Fisch verfeinert sind, wie **Ravioloni di melanzane con crostacei e pistacchi** (10 €), Spaghetti con ricci e rucola croccante und Risotto con seppie, gamberi e vongole. Alternativen dazu wären **Tortellini in brodo** (8 €) oder Pasta con ragù di carne. Weiter geht es mit ausgezeichnetem **Spezzatino di manzo con patate** (9 €), dem Paradegericht des Lokals, **Gamberoni alla palermitana** (16 €), Trancio di pesce spada panato und Fisch vom Tagesfang in den Versionen arrosto oder all'acqua di mare. Das Essen endet mit Sorbetto al limone, Crema di caffè und Saisonobst. Gutes sizilianisches Weinsortiment.

Scimone, Via Miceli 18 B, bietet eine gute Auswahl an traditionellen Süßspeisen; bei Cappello, Via Colonna Rotta 68, gibt es gutes Eis und hervorragende Kuchen.

Piccolo Napoli

Trattoria
Piazzetta Mulino a Vento, 4
Tel. (+39) 091 / 32 04 31
Ruhetag: Sonntag
Ferien: 15.–30. August
52 Plätze
Preise: 30–35 €
Kreditkarten: AE, CS, DC, MC, Visa
Mittags geöffnet, Donnerstag–Samstag auch abends

Das historische Fischlokal, das seit jeher unter der Leitung der Familie Corona steht, befindet sich in zentraler Lage zwischen der Piazza Politeama und dem Hafen im Borgo-Vecchio-Viertel, wo auch der gleichnamige bekannte Markt abgehalten wird. Das Lokal besteht aus einem einzigen Gastraum mit gemütlichem, familiärem Ambiente. Charakteristisch ist die Vitrine links vom Eingang, in der der tagesfrische Fisch ausgelegt ist. Um den Einkauf kümmert sich Pippo, der gemeinsam mit seinem Sohn Davide auch den Service versieht, während der erfahrene Küchenchef Carlo am Herd steht. Den Anfang macht klassischer Antipasto alla palermitana (4 €) mit Frittura di carciofi, broccoletti und Panelle; weitere Möglichkeiten sind heimische Oliven der Sorte Nocellara del Belice, Insalata di mare, Gamberi marinati und Polpo lesso. An Primi bietet man **Spaghetti con i ricci di mare** (12 €) oder al nero di seppia, Casarecce con pesce spada und **Bucatini con le sarde** an. Bei den Secondi erwarten Sie **Involtini di spatola al forno** (8 €), Spiedini di calamari e gamberi panati (12 €) oder klassische Speisen, die je nach Tagesfang variieren. Bei unserem Besuch ließen wir uns Sarago arrosto und **Paolotto** (Rotbrasse) **all'acqua di mare** schmecken. Cassata siciliana und Saisonobst runden das Essen ab. Die Weinkarte enthält eine recht gute Selektion regionaler Etiketten zu angemessenen Preisen.

»*Ein klassisches, gemütliches Fischlokal unter Führung einer Familie, in dem sich keine Schnörkel finden, dafür viel gute Substanz.*«

Trattoria del Pesce Fresco al Vecchio Mafone

Trattoria • Via Judica, 22
Tel. (+39) 091 / 507 96 21, (+39) 388 / 367 50 34
Ruhetag: im Winter Montag,
im Sommer Sonntag
Ferien: August/September
50 Plätze + 40 Plätze im Freien
Preise: 35 €
Kreditkarten: AE, CS, DC, MC, Visa; BM
Mittags und abends geöffnet

Die Osteria der Familie Mafone in der Via Judica zwischen dem Capo-Markt und der Kathedrale liegt in ausgesprochen günstiger Umgebung. Der Capo-Markt ist neben dem Ballarò- und Vucciria-Markt eine wichtige Adresse für den Einzelhandel. Mit den bunten Marktständen und den typischen Rufen der Verkäufer (*Banniate* und *Vuci*) präsentiert er sich besonders ausdrucksvoll und volkstümlich und zählt zu den charakteristischsten Gegenden der Stadt. Antonio bietet hier mit seiner Frau Grazia und den Kindern Anna und Vincenzo solide, schnörkellose Meeresküche. Die Auswahl des Fischs ist am Prinzip der Nachhaltigkeit ausgerichtet, wobei der Wechsel zwischen Fangzyklen und biologischen Fangsperren berücksichtigt wird. Die Einrichtung des kleinen Gastraums ist auf das Wesentliche beschränkt; im Sommer stellt man im Gässchen daneben zusätzlich ein paar Tische auf. Als Antipasti bieten sich Fritto di calamari e cappuccetti, Frutti di mare, Insalata di polpo con alici, patate e olive, **Polpette di sarde al sugo** (5 €), Sarde fritte con l'aceto und Impepata di cozze (6 €) an, als Primi dagegen **Bucatini con le sarde e finocchietto** (8 €), Risotto ai frutti di mare, Casarecce al pomodoro con pesce spada e melanzane, Fettuccine all'astice, **Spaghetti con i ricci** (8 €) oder allo scoglio sowie Pasta alla Norma. Für den Hauptgang empfiehlt sich ein Blick auf die Fischtheke im Speiseraum. Gewöhnlich finden Sie hier Triglie (Meerbarben), Gamberoni, Calamari, Orate (Goldbrassen), Spigole (Seebarsche) und Occhiate (Brandbrassen, 10 €). Der Fisch wird traditionell zubereitet – alla griglia oder in guazzetto. Nachspeisen sind frisches Obst, Parfait di mandorle und Sorbetto al limone. Im Keller lagern einige Weine aus dem Umland. Reservierung empfehlenswert.

103 km südöstlich von Palermo

Da Salvatore

Trattoria-Pizzeria
Piazza San Michele, 3
Tel. (+39) 09 21 / 68 01 69
Ruhetag: Dienstag, außer im Sommer
Ferien: je 2 Wochen im Juli und September
40 Plätze + 30 Plätze im Freien
Preise: 25–30 €
Kreditkarten: AE, CS, DC, MC, Visa; BM
Mittags geöffnet, Samstag, an Feiertagen
und im Sommer auch abends

Ein paar Kilometer Panoramastraße und schon hat man den kleinen Ort Petralia Soprana im Parco delle Madonie erreicht. Wenn Sie durch ein Gässchen der Altstadt schlendern, gelangen Sie zu einem kleinen Platz mit einem alten steinernen Brunnen. Gleich hinter dem Brunnen liegt dieses von einer Familie geführte Lokal, in dem die für Gebirgsorte typische aufrichtige Herzlichkeit spürbar wird. Salvatore Ruvutuso oder einer der Söhne, die sich abwechselnd um den Service kümmern, werden Sie wie alte Freunde begrüßen. Salvatores Frau Maria steht am Herd und verwandelt lokale Grundzutaten in schmackhafte Gerichte. Zu den Antipasti (12 €) zählen Salami, Lardo, Provola delle Madonie (Slow-Food-Presidio), Caponata in bianco, Cavolo rosso con i formaggi, Zucchina in agrodolce, Frittata con ricotta e menta, Funghi trifolati al Marsala oder Funghi aus dem Holzofen, Melanzane alla Norma und Peperonata. Von den Primi sollten Sie **Pasta con i tenerumi di zucchine** (6 €), **Zuppa di legumi con i fagioli badda** (Slow-Food-Presidio), Tagliatelle al ragù con funghi e finocchietto und Pasta con salsa piccante, olive e capperi probieren. Die Secondi werden meist im Holzofen oder über der Holzglut zubereitet: Agnello, Salsiccia, Arrosto panato, **Capocollo infornato**, köstliches Spezzatino di manzo con piselli e patate (10 €) und **Trippa al sugo**. Zum Abschluss erwarten Sie Cassata di ricotta al pistacchio und Obst aus eigenem Anbau. Das Weinangebot aus dem Gebiet ist annehmbar, die Preise sind fair. Auch der offene Hauswein trinkt sich gut.

„Salvatore lässt stets Achtsamkeit walten: bei der Auswahl der Grundzutaten, beim gastronomischen Angebot von großer Güte und bei der Gestaltung des Empfangs."

24 KM SÜDWESTLICH VON PALERMO

Antica Trattoria San Giovanni

Trattoria
Via Matteotti, 34
Tel. (+39) 091 / 856 10 25,
(+39) 338 / 712 91 69
Ruhetag: Dienstagabend
Ferien: 20. Juli–16. August
80 Plätze • Preise: 25–28 €
Keine Kreditkarten
Mittags und abends geöffnet

Piana degli Albanesi wurde vor mehr als fünf Jahrhunderten von griechisch-albanischen Exilanten gegründet, die vor der Herrschaft der Osmanen geflohen waren, und stellt heute noch die größte Arbëresh-Gemeinde auf Sizilien dar. In unmittelbarer Nähe zum Rathaus finden Sie die Trattoria von Vincenzo Salemi, der sich mit seinem Sohn Carlo der Küche widmet, während seine Frau Gina und die Schwiegertochter Adriana die Gäste liebenswürdig begrüßen. Zu essen gibt es solide Traditionskost aus den besten Zutaten der Gegend, angefangen vom guten Antipasto misto (5 €) mit Käse, Ricotta, Pomodorini ripieni, Capocollo, Prosciutto crudo aus eigener Erzeugung, Bruschette con lardo di Colonnata (diese Besonderheit ist auf Ginas Geburtsstadt, Carrara, zurückzuführen). Die Primi sind alle aus frischem Teig zubereitet. Probieren Sie Maltagliati primavera (7,50 €) und **Ravioli di ricotta con crema di asparagi selvatici**. Im Winter mundet **Minestrone** mit Wildgemüse, Linsen, getrockneten Dicken Bohnen, Esskastanien und Schwarte. Die Secondi sind aus ausgewähltem Fleisch lokaler Herkunft zubereitet: Bistecca di vitello (9 €), Grigliata mista mit Schweinerippchen, Lamm und Salsiccia, **Capretto al forno**, Coniglio stufato und, falls erhältlich, vortreffliche **Stigghiole**. Saisonobst, Cassata di ricotta al caffè (3 €) und Cannolo di ricotta bilden das Finale. Zu trinken gibt es einen guten lokalen Wein in Flaschen und einige Etiketten aus dem übrigen Sizilien.

■ Bei Gusti e sapori di una volta, Via Kastriota 34, gibt es ein großes Sortiment an Wurst, Käse, Eingemachtem und Wein aus dem Gebiet und anderen Regionen Italiens. In derselben Straße an der Hausnummer 46 bietet die Bar dello Sport köstliche Cannoli.

83 KM SÜDÖSTLICH VON PALERMO

Itria

Trattoria-Pizzeria
Via Beato Gnoffi, 8
Tel. (+39) 09 21 / 68 87 90,
(+39) 347 / 686 89 43
Ruhetag: Mittwoch
Ferien: letzten 2 Septemberwochen
50 Plätze + 30 Plätze im Freien
Preise: 28–32 €
Kreditkarten: CS, DC, MC, Visa; BM
Mittags und abends geöffnet

Polizzi Generosa, das Zentrum der Madonie, liegt auf 900 Metern Höhe und ist für verschiedene Produkte aus dem Umland, zahlreiche Baudenkmäler und das prachtvolle Panorama berühmt, das sich von der Hochebene auftut. Verzichten Sie nicht auf einen Rundgang durch den Ort und bewundern Sie den besonderen architektonischen Stil, die Adelspaläste und den Anblick der umliegenden Wälder. In der Nähe der Hochebene befindet sich dieses rustikale Lokal. Es besteht aus zwei kleinen Räumen mit Holzdach, die mit typischen Gerätschaften aus dem bäuerlichen Leben dekoriert sind. Giuseppina begrüßt die Gäste, ihr Mann Renato bereitet würzige Speisen aus der lokalen Tradition zu. Der opulente Antipasto des Hauses beinhaltet Formaggio e miele, funghi, Melanzane grigliate, Melanzane in caponata und Salami (10 €); ein warmes Gericht als Alternative dazu wären Verdure in pastella. Unter den Primi sind **Pappardelle con asparagi selvatici** (8 €) oder con i funghi porcini, **Ditali con la *frittedda*** (mit Dicken Bohnen, Erbsen und Wildfenchel) oder con i fagioli badda (Slow-Food-Presidio). Sehr geschmacksintensiv sind die Secondi wie **Stracotto di cinghiale** (10 €), Maialino nero con porcini, prugne e Marsala, Salsiccia oder Agnello alla brace. Als Alternative gibt es Pizza und gelegentlich ein paar Fischgerichte. Als Dessert darf ***Sfogghiu*** (2 €) nicht fehlen; daneben finden Sie Cannoli, Tiramisu und Semifreddi. Zu trinken bekommen Sie einen robusten Hauswein; das kleine Kellerangebot hat korrekte Preise.

■ Die Pasticceria Vinci, Via Garibaldi 134, bietet traditionellen Sfogghiu, Kekse und andere Spezialitäten.

8 KM WESTLICH VON AGRIGENT, S.S. 115

Salmoriglio

Trattoria
Via Roma, 27
Tel. (+39) 09 22 / 63 66 13,
(+39) 340 / 868 05 61
Ruhetag: Dienstag
Ferien: Januar/Februar
80 Plätze + 30 Plätze im Freien
Preise: 35 €
Kreditkarten: AE, CS, DC, MC, Visa; BM
Mittags und abends geöffnet

Das Lokal an der Hauptstraße des Ortes verfügt über einen kleinen Gastraum im Erdgeschoss und einen größeren im Stockwerk darüber; in der schönen Jahreszeit kann man auch im Freien speisen. Die Inhaber Enzo und Alessandro Ravanà arbeiten in der einsehbaren Küche hinter einer großen Glaswand; Alessandra Zambuto, die Frau des zweiten Bruders, bedient die Gäste auf herzliche Art. Das kulinarische Angebot fußt zum Großteil auf Fischgerichten, in denen Tradition und Moderne miteinander verschmelzen. Unter den Antipasti finden Sie beispielsweise Polpo con le patate, Seppia ripiena, **Sarde a beccafico**, Millefoglie di pesce sciabola con formaggio ragusano (10 €) und Caponata di mare. Von der Auswahl der Primi nennen wir Gnocchi al nero di seppia, Spaghettoni con ricci di mare e gamberi, Maccheroncini al pesto di basilico e salsa di piacentinu (9 €) und **frische Pasta con ragù di triglie e finocchietto** (12 €) oder con sarde e mollica. Von den Secondi schmecken **Calamaro di lenza arrostito con crema di peperoni** (12 €), Cubo di pesce spada in agrodolce und fangfrischer Fisch vom Grill. Wer Fleisch bevorzugt, genießt **Falsomagro all'agrigentina** (Rindfleischroulade mit Füllung aus Pecorini, Brotkrume, Rosinen und Pinienkernen). Interessantes Käseangebot vom Wagen. Semifreddi und andere Süßspeisen stammen aus einer bekannten Konditorei der Stadt, während das sommerliche Sorbetto di gelsi rossi hausgemacht ist. Zu trinken gibt es ein ganz gutes Weinangebot und einige Biere aus Kleinbrauereien.

57 KM SÜDLICH VON SYRAKUS

Scala

Restaurant
Via Carducci, 6
Tel. (+39) 09 31 / 84 27 01
Kein Ruhetag
Ferien: unterschiedlich
45 Plätze + 15 Plätze im Freien
Preise: 20–32 €
Kreditkarten: CS, MC, Visa; BM
Mittags und abends geöffnet

Am südöstlichen Zipfel Siziliens liegt Portopalo di Capo Passero, ein kleiner Ort mit Fischereitradition, der noch heute über eine recht ansehnliche Flotte von Fischerbooten verfügt. Corrado Scala und seine Familie führen das Restaurant im Zentrum gemeinsam mit dem angrenzenden Hotel. Um das Lokal kümmern sich die Kinder Andrea und Gabriele, sie servieren in den beiden Gasträumen und auf der kleinen Veranda. Gabriele ist auch in der Küche aktiv, wo einige Köche und Köchinnen mit nachweislicher Erfahrung arbeiten. Das kulinarische Angebot kreist um lokalen Fisch, auch Fischarten, die vom Großteil der Gastronomie außer Acht gelassen werden. Man kann von der Karte wählen, aber es gibt auch einige Degustationsmenüs zu Preisen zwischen 20 und 30 €. Im Reigen der Antipasti (nicht weniger als sieben bis acht Kostproben) tauchen Gamberetti marinati, Alici in agrodolce, Insalata di polpo, **Involtini di spatola** (Degenfisch), Sgombro in agrodolce, Ghiotta di pesce palombo und Triglie, Merluzzetti oder Argentine fritte auf. Bei den Primi wechseln **Pasta al nero di seppia e ricotta**, Pasta con la rana pescatrice, Spaghetti con cernia e pomodorini oder con il sugo di tonno und Strozzapreti con il capone (Goldmakrele). Als Secondi können köstliche **Zuppa di scorfano** oder di ricciola, Pesce serra al cartoccio, **San pietro alla portopalese** (mit Kartoffeln, Kapern und Tomaten), Seppia gratinata und Tagliata di alalunga auf dem Plan stehen. Den Schlusspunkt setzen erfrischendes Sorbetto di limone, Tortino con cioccolato fondente und Cannolo di ricotta. An guten sizilianischen Weinen zu gemäßigten Preisen fehlt es nicht.

RAGUSA
Ibla

4 KM VOM ZENTRUM

A Rusticana

NEU

Trattoria
Vico Morelli, 4
Tel. (+39) 09 32 / 22 79 81
Ruhetag: Dienstag
Ferien: 2 Wochen im Januar/Februar
50 Plätze + 100 Plätze im Freien
Preise: 25–30 €
Kreditkarten: AE, CS, MC, Visa; BM
Mittags und abends geöffnet

Die Trattoria taucht nach der Eröffnung an ihrem neuen Standort wieder in unserem Buch auf, der nicht weit von der Adresse liegt, an der Giorgio Veninata seine Tätigkeit im Jahr 1975 begann. Seine Tochter Arianna führt den Betrieb seit Jahren und verfügt nun über zwei helle Räume mit einem großen Sitzbereich im Freien und eine geräumige Küche. Das gastronomische Angebot ist unverändert geblieben, wie bereits der Antipasto della casa (7 €) zeigt: Polpettine di carne, gegrilltes, gekochtes oder in der Pfanne geschwenktes Gemüse und, je nach Saison, gebratene Pilze oder Artischocken. Eine Alternative wäre die Platte mit typischen Wurst- und Käsesorten. Danach können Cavati oder **Ravioli di ricotta al sugo di maiale** (8 €), Spaghetti al pomodoro arrosto und Conchiglie con capuliato e broccoli folgen, in der Saison auch Risotto ai porcini (10 €), **Fettuccine con i funghi *pani cauru*** (Kräuterseitlinge) und Tagliolini alla zucca e mandorle. Als Secondi bieten sich üblicherweise Cosciotto und **Stinco di maiale al forno**, Salsiccia arrostita und Gegrilltes wie Bistecche und Costate di vitello oder di maiale sowie Costolette di agnello an. In regelmäßigem Wechsel gibt es Trippa, ein überzeugendes **Bollito di vitello** (8 €) und saftiges **Agnello con le patate** (14 €). Auf der Karte stehen auch ein paar Speisen mit frittiertem oder gegrilltem Fisch. Das Menü endet mit Saisonobst und Geli di limone und di cannella. Die Weinkarte nennt rund 100 sizilianische Etiketten mit Fokus auf Weinen aus der Provinz.

Di Pasquale, Via Vittorio Veneto 104, bietet exquisite traditionelle Süßwaren, Granite und Arancine. Die Casa del formaggio Sant'Anna auf dem Corso Italia 387 verkauft guten sizilianischen Käse.

RAGUSA
Ibla

4 KM VOM ZENTRUM

Cucina e Vino

Trattoria
Via Orfanotrofio, 91
Tel. (+39) 09 32 / 68 64 47
Ruhetag: Mittwoch, außer im Sommer
Ferien: zeitweise im Februar
40 Plätze + 45 Plätze im Freien
Preise: 25–35 €
Kreditkarten: AE, CS, DC, MC, Visa
Mittags und abends geöffnet

Die Trattoria der Familie Cilia liegt neben der Annunziata-Kirche an einem Platz, auf dem regelmäßig Tische aufgestellt werden, damit die Gäste im Freien speisen können. Ansonsten stehen drei Gasträume und ein kleiner Hof zur Verfügung. Vater Salvatore und Tochter Rossana kümmern sich um die Bedienung; Sohn Giovanni, ein junger Küchenchef mit Talent, bereitet gemeinsam mit seiner Mutter Mimma von der lokalen und sizilianischen Tradition geprägte Gerichte zu. Nach einem kleinen Willkommensteller, begleitet von hausgemachten Panini, kann man mit typischen Focaccine aus Ragusa (6 €) fortfahren oder Insalata di polpo e mandorle tostate oder Spatola (Degenfisch) con la cipolletta probieren. Von den würzigen Primi aus frischem Teig nennen wir **Ravioli di ricotta al sugo di maiale** (7 €), **Tagliolini con ragù di asino ragusano** (Slow-Food-Presidio) oder con ragù di coniglio, Calamarata con rana pescatrice (12 €) und Pasta al nero di seppia; als Alternative bieten sich gute Zuppe di legumi und Minestre di verdure. Appetitlich präsentieren sich die traditionellen Fleischgerichte wie **Falsomagro di vitello al sugo** (9 €), Costata di maiale ripiena und **Trippa in umido**. Herausragende Fischgerichte sind Triglie al pomodoro (12 €), Ricciola scottata con patate und Tonno a cipollata. Gepflegte Auswahl an sizilianischen **Formaggi**. Von den Desserts empfehlen wir deliziöses Tris di geli. Im Keller lagern ein gepflegtes sizilianisches Weinsortiment und einige Biere aus Kleinbrauereien. Ein Degustationsmenü ist für 25 und 30 € erhältlich.

Exquisites Eis gibt es bei Gelati DiVini, Piazza Duomo 20, und bei Mastro Ciliegia, Via Valverde 2.

69 KM NW. V. CATANIA, A 18 OD. S.S. 114 U. S.S. 120

San Giorgio e il Drago

Trattoria
Piazza San Giorgio, 28
Tel. (+39) 095 / 92 39 72
Ruhetag: Dienstag
Ferien: 7.–28. Januar
80 Plätze + 50 Plätze im Freien
Preise: 25–28 €
Kreditkarten: AE, CS, DC, MC, Visa
Mittags und abends geöffnet

Seit beinahe 20 Jahren steht diese familiengeführte Trattoria am Platz des Klosters San Giorgio. Die Kinder, Pippo und Gabriele Anzalone, sorgen für einen herzlichen und effizienten Service, während die vierundachtzigjährige Mamma Paola in der Küche steht und noch immer das Team koordiniert. Im Winter trägt der große steinerne Kamin zu einer angenehmen, gemütlichen Atmosphäre bei, im Sommer sitzt man an rustikalen Tischen im Freien und kann den Reiz dieses Ortes auf sich wirken lassen. Der Antipasto della casa (10 €) enthält Frittatine, Saisongemüse, Crocchette di patate und lokale Wurst- und Käsesorten wie geräucherte Caciotta und Provola mit Nüssen. Von den Primi, die alle aus hausgemachtem Teig zubereitet sind, verdienen Tagliatelle ai funghi porcini (mit Steinpilzen aus den umliegenden Wäldern, 8 €), Orecchiette con le zucchinette in fiore (7 €), **Tagliolini con gli asparagi selvatici** und Mezzelune di melanzane e patate alla Norma (8 €) eine Kostprobe. Typisch für die Winterzeit sind die verschiedenen **Zuppe di legumi**. Sehr gut ist das Angebot an Secondi: **Bollito**, Coniglio alla paolina, **Pesce stocco alla messinese** oder in bianco con le patate (9 €) und ausgezeichnete lokale Salsiccia mit sautiertem Wildgemüse (9 €). Abschließend genehmigt man sich Semifreddo alle nocciole (4 €) oder Tiramisù alle mandorle (im Sommer auch mit Früchten). Die Weinkarte listet rund 270 Etiketten aus ganz Sizilien auf, wobei Weinen aus dem Ätnagebiet besonderes Augenmerk gilt.

Pasticceria di Santo Musumeci, Piazza Santa Maria 9: Dolci aus Mandeln, Haselnüssen und Pistazien, Marzipanobst, Mustaccioli und selbst gemachtes Eis.

50 KM SÜDWESTLICH VON SYRAKUS

U Sulicce'nti

Trattoria
Via Aprile, 3
Tel. (+39) 09 31 / 85 99 35,
(+39) 339 / 314 37 24
Ruhetag: Sonntag- und Montagabend, außer im August
Ferien: unterschiedlich
25 Plätze • Preise: 25–27 €
Kreditkarten: CS, MC, Visa; BM
Mittags und abends geöffnet

Graziella Cataldi und ihr Mann Santino Baglieri führen diese einladende Trattoria, die mit lebhaften Zeichnungen an den Wänden dekoriert und mit Anrichten, Konsolen, Stellflächen und Regalen voll von Abenteuercomics eingerichtet ist. In der Küche gibt Graziella den Takt an, die einen seit drei Generationen bestehenden Familienbetrieb wieder angekurbelt hat. Santino versieht mit ein paar Gehilfen und den Töchtern den Service und gibt Erläuterungen zu den lokal geprägten Gerichten aus erstklassigen Zutaten, auch aus Slow-Food-Presidi. Unter den Antipasti sind Frittate di asparagi, di ricotta oder di porri, Parmigiana, Caponata und eine bunte Platte mit Gemüse in unterschiedlichen Zubereitungsarten; die **Polpettine della nonna** (8 €) aus Porree, Kartoffeln, Fleisch und Ricotta sind ein Muss. Das Programm der Primi beinhaltet schmackhafte Lasagnetta con il cavolo vecchio di Rosolini e il formaggio ragusano (9 €), Pasta di farina di castagne con i porcini freschi, **Ravioli di ricotta al sugo di maiale**, Cavati con ragù di sarde und Pappardelle di farina di carruba con salsa di pistacchio di Bronte (10 €). Traditionsgerichte und einige innovative Ansätze kennzeichnen das Angebot der Secondi: **Salsiccia *a rusalinara***, Polpette di carne al sugo, **Coniglio alla stimpirata**, Vellutata di fave cottoia di Modica con ragusano e mandorle di Noto (8 €), Bistecca di maialino cotta nel mosto di carruba (8 €), Baccalà fritto und Spatola in umido. Sehr gut zusammengestellt ist die Platte mit typischem **Käse** aus Sizilien. Von den exzellenten Süßspeisen nennen wir Tiramisud aus Biskuit, Mandeln und Pistaziencreme. Zu trinken gibt es eine gute Selektion sizilianischer Weine zu ausgewogenen Preisen.

8 KM WESTLICH VON CALTANISSETTA

Anzalone

Trattoria
Piazza Crispi, 3
Tel. (+39) 09 34 / 58 66 24
Ruhetag: Sonntag, außer Mai–Oktober
Ferien: August
75 Plätze + 40 Plätze im Freien
Preise: 25 €
Kreditkarten: AE, CS, DC, MC, Visa; BM
Mittags und abends geöffnet

Claudio Rizzo und seine Frau Filomena folgen dem Leitfaden einer schlichten Küche, die an die jahreszeitliche Verfügbarkeit der Zutaten gebunden ist. Als Einstieg bieten sich Antipasti (8 €) an wie Frittate di verdure, Olive *cunsate*, Caponata, Broccoli in padella, Bocconcini di mozzarella di bufala, Pomodori secchi und lokale Käsesorten. Stets verlockend sind sautierte ***Babbaluci*** (Schnecken, die aber nicht aus einer Zucht stammen) und Fave *spizzica e ammucca* nach einem typischen Rezept aus San Cataldo. Von den Primi empfehlen wir frische Pasta con verdure e ricotta (6 €), winterliche Zuppe di legumi und im Sommer Pasta alla carrettiera, alla Norma oder con il pomodoro. Im April und Mai finden Sie **Cavati con fave, piselli freschi e *mazzareddi*** (mit einem schmackhaften Wildgemüse aus der Gegend) vor, während **Macco di fave** und Pasta con la sminuzzatura saltata in padella con le olive stets auf dem Plan stehen. An Secondi stehen Trippa in bianco oder alla parmigiana, gekochte ***Carcagnola*** (Schweinefüßchen), Costolette di castrato arrosto (7 €), Bollito di manzo, Stinco di maiale al forno con patate, **Stigghiole** (gefüllte Kalbsinnereien) und Suino nero al finocchietto zur Auswahl. Im Sommer haben auch einige Fischgerichte ihren Auftritt, darunter Impepata di cozze und Insalata di polpo. Abschließend kann man Torta di ricotta e pistacchi oder sommerliche Sorbetti alla frutta genießen. Die Weinkarte nennt eine schöne Anzahl regionaler Etiketten; überdies gibt es einige interessante Biere aus Kleinbrauereien.

Die Pasticceria Campisi, Piazza Giovanni XXIII 7, bietet vorzügliches Gebäck aus Marzipan und Pistazien sowie Torrone-Eis mit ganzen Mandeln.

30 KM SÜDWESTLICH VON PALERMO

Z'Alia

Trattoria
Via Piana degli Albanesi, 2
Tel. (+39) 091 / 857 70 65,
(+39) 338 / 830 37 43
Ruhetag: Dienstag
Ferien: 2 Wochen im Juli
50 Plätze + 20 Plätze im Freien
Preise: 32 €
Kreditkarten: AE, CS, DC, MC, Visa; BM
Mittags und abends geöffnet

Diese Trattoria im Zentrum von San Giuseppe Jato ist nach wie vor eine zuverlässige Adresse für gute Hausmannskost. Sie entstand dank „Zio" Elia in den Fünfzigerjahren als Gaststätte für Fuhrleute und steht heute unter der Leitung von Inhaberin und Küchenchefin Signora Maria, die im Service von ihrem Mann Gigi unterstützt wird. Sie nehmen in einem großen Raum mit eleganten Bögen und gemütlicher rustikaler Holzeinrichtung Platz. Das gastronomische Angebot aus ausgewählten Saisonzutaten sieht eingangs den opulenten Antipasto Z'Alia (12 €) vor, der Kostproben von lokalen Käsesorten, frischer Ricotta, **Caponata di melanzane**, Polpettine di carne con peperoni in agrodolce, Olive *cunzate*, Pomodori secchi ripieni und Frittatine di verdure beinhaltet. Weiter geht es mit schmackhaften Primi aus frischem Teig wie Ravioli di ricotta e spinaci, Tagliatelle con le verdure (7 €), **Casarecce con sparacelli e salsiccia** und Zuppa di legumi. Unter den aus Fleisch zubereiteten Secondi sind klassischer ***Brusciuluni*** (gefüllte Fleischroulade) mit hausgemachter Sauce (12 €), Arrosto misto, **Involtini di carne** alla brace ripieni di caciocavallo locale, Bistecca ai ferri und Stinco di maiale al forno con patate. Saisonobst, Cannoli, Cassatelle fritte con ricotta und sommerliche Granite aus frischen Früchten (3,50 €) setzen den Schlusspunkt. Zu trinken stehen eine Selektion regionaler Weine und ein ehrlicher offener Wein aus der Umgebung bereit. Abends gibt es sehr gute Pizza aus lange aufgegangenem Teig aus Mehl alter sizilianischer Getreidesorten.

Bei Salvatore Cerniglia in der Via Palermo gibt es Cannoli, Cassate, Biscotti und Gelati im Zeichen bester albanischer Tradition auf Sizilien.

SAN PIERO PATTI (ME)
Sambuco

100 KM SÜDWESTLICH V. MESSINA, A 20, S.P. 122

Da Luciana

Trattoria
Ortsteil Sambuco, 1
Tel. (+39) 09 41 / 66 03 09,
(+39) 09 41 / 66 10 49
Ruhetag: Sonntagabend, Montag
Keine Ferien
80 Plätze + 40 Plätze im Freien
Preise: 25–30 €
Kreditkarten: AE, CS, DC, MC, Visa
Mittags und abends geöffnet

Die gemütliche Trattoria, die Luciana Bovaro mit ihrem Mann führt, garantiert ein gastronomisches Angebot, das sich durch unverfälschte Grundzutaten, wie Produkte aus dem häuslichen Garten, und die bravouröse Leistung der Wirtin in der Küche auszeichnet. Die reichhaltige Auswahl an Antipasti (9 €) kann Patate al forno ripiene di porcini, **Palline di ricotta con granella di pistacchio**, Uova farcite con provola fresca e prosciutto, Polpettine al limone und Lonzino di suino nero con insalata di carciofi beinhalten. Bei den Primi (7 €) dürfen im Sommer Sformatini di maccheroni alla Norma und **Rotolini di tuma con tagliolini al pesto di basilico e nocciole** nicht fehlen, während Girasoli con ragù di suino nero im Frühling der Renner sind. Im Winter finden Sie Pappardelle con i funghi und Maccheroni al forno con finocchietto, salsiccia e provola vor. Von den deftigen Secondi (8 €) munden Agnello al forno con le patate, Arista di suino nero cotta al sale, Involtini di vitello al pistacchio, Arrosto di vitello all'arancia und **Tasca di suino nero ripiena di funghi porcini**. Zu den hausgemachten Desserts wie Parfait di nocciole locali und Gelo di mandarino reicht man ebenso hausgemachte Rosoli. Zu trinken gibt es ein ordentliches sizilianisches Weinsortiment. Im angeschlossenen Laden kann man Eingelegtes, Gemüse, Hülsenfrüchte, selbst gemachte Liköre und andere Spezialitäten aus dem Gebiet kaufen, darunter auch einige Produkte aus Slow-Food-Presidi.

»
Eine gemütliche Trattoria, in der ausgezeichnete Grundzutaten, einschließlich jener aus dem eigenen Garten, zu unverfälschten, schmackhaften Speisen verarbeitet werden.
«

SAN SALVATORE DI FITALIA (ME)

122 KM SÜDWESTL. V. MESSINA, S.S. 113 OD. A 20

La Vedetta dei Nebrodi

Ferienbauernhof
Ortsteil Bufana Alta, 101
Tel. (+39) 09 41 / 42 19 77,
(+39) 389 / 806 20 98
Kein Ruhetag
Keine Ferien
20 Plätze + 20 Plätze im Freien
Preise: 18–30 €
Kreditkarten: Visa; BM
Mittags und abends geöffnet

Den in Wälder eingebetteten Agriturismo der Familie Armeli erreicht man über die Provinzstraße, die von San Salvatore di Fitalia nach Galati Mamertino führt. Nuccia und Carmelo begrüßen Sie gemeinsam mit den Kindern Dora, Elena und Sebastiano und dessen Frau Giovanna. Nuccia verarbeitet Produkte aus dem Garten und dem Wald, um die sich Carmelo neben der kleinen Aufzucht von Ziegen, Kühen und schwarzen Schweinen kümmert. Unter den zahlreichen Antipasti (8,50 €) sind Bruschetta con crema di asparagi selvatici e caciocavallo, Käse aus eigener Erzeugung wie Provola al verdello, Tortino di zucca oder di melanzane, Fiori di zucca ripieni, Frittelle di cardo mariano oder di cicoria selvatica und Sformato di verdura con salsiccia; in der Saison gibt es auch **Funghi porcini** in den Versionen **al cartoccio**, paniert und als Salat. Die Primi sind aus hausgemachter Pasta zubereitet: **Maccheroni al ragù di suino nero**, Tagliatelle con crudo di suino nero e finocchietto, Pasta con i porcini (8 €), **Ravioli al pesto di nocciole** oder di noci und Cannelloni con ricotta di capra e spinaci. Im Frühling wird auch Risotto agli asparagi selvatici angeboten. Weiter geht es mit Porchetta di suino nero al forno, Grigliata mista und saftigem **Capretto al forno con patate** (9 €), das auf einem Ziegel serviert wird. Probieren Sie Focacce aus dem Holzofen, in dem auch das Brot gebacken wird. Die Haselnuss ist die Königin der Desserts (3 €) und präsentiert sich in Form von Kuchen, Croccantini und Semifreddo; gut schmecken auch Crostate mit frischen Früchten. Die Liköre, die Rosoli und der Kräuterbitter aus 25 Kräutern sind selbst gemacht. Neben dem offenen Hauswein aus eigener Erzeugung gibt es einige sizilianische Flaschenweine zu trinken.

31 KM NORDÖSTLICH VON TRAPANI

Al Ritrovo

Restaurant
Viale Cristoforo Colombo, 314
Tel. (+39) 09 23 / 97 56 56
Ruhetag: Dienstag, außer im Sommer
Ferien: zeitweise im Februar
50 Plätze + 30 Plätze im Freien
Preise: 28–30 €
Kreditkarten: CS, DC, MC, Visa; BM
Mittags und abends geöffnet

Wenige Kilometer von San Vito Lo Capo, im kleinen Ortsteil Castelluzzo, befindet sich das Restaurant von Peppe Buffa. Er ist ein erfahrener Patron und Küchenchef in Personalunion und bekannt für seine Fähigkeit, hochwertige Grundzutaten aufzustöbern (auch aus Slow-Food-Presidi), an denen diese Gegend reich ist. Das Menü sieht als Einstieg **Lampuga affumicata con purè di *favuzze***, Crudo di pesce con crostacei e frutta fresca und Sarde e beccafico (9,50 €) vor. Unter den Primi aus frischem Teig sind schmackhafte Ravioli di cernia in brodo ristretto di scorfanetti, Busiate mandorlate all'uovo di tonno, Maccheroni con ragù di tonno e finocchietto und Mezze maniche con cozze e patate (10,50 €). Unverzichtbar ist **Cuscus di pesce alla sanvitese**, auch in der Version mit schwarzem Schwein (Ferkel) der Nebrodi. Die Secondi räumen Fisch aus hiesigen Gewässern, auch weniger bekannten Arten, viel Platz ein: **Sgombro lardiato**, Cernia alla matalotta, Involtini dorati di pesce azzurro und Gamberoni aus Mazara al vapore (18 €). An Fleischgerichten bieten sich Filetto di manzo al Nero d'Avola und gegen Vorbestellung exzellentes **Pecora bollita**. Semifreddo agli agrumi, Mousse di ricotta e cedri canditi (3,50 €) und Cassata siciliana bilden das Finale. Für das selbst gebackene Brot werden alte sizilianische Getreidesorten verarbeitet. Gutes Weinangebot; manche Flaschenweine werden auch glasweise ausgeschenkt. Außerdem steht eine kleine Selektion an Bieren aus Kleinbrauereien bereit.

»
Peppe Buffas solide Erfahrung in der Küche und seine Fähigkeit, die besten Zutaten auszusuchen, kennzeichnen dieses überaus angenehme Restaurant.
«

39 KM NORDÖSTLICH VON TRAPANI

Syrah

Restaurant
Via Savoia, 5
Tel. (+39) 09 23 / 97 20 28,
(+39) 347 / 136 73 15
Ruhetag: Dienstag
Ferien: zeitweise im Februar und November
38 Plätze + 25 Plätze im Freien
Preise: 35 €
Kreditkarten: AE, CS, MC, Visa; BM
Mittags und abends geöffnet

Wenige Meter vom schönen Strand in San Vito Lo Capo, einem Ferienort, der auch für das angrenzende Zingaro-Naturreservat und den jährlich stattfindenden internationalen gastronomischen Event „Cous Cous Fest" bekannt ist, befindet sich dieses Lokal. Geführt wird es von Küchenchef Vito Cipponeri, unterstützt von seiner Frau Rosy und der Schwester Maria, die für den Service zuständig sind. Das mit ausgesuchten Ethno-Elementen hübsch gestaltete ruhige Ambiente verströmt Gemütlichkeit. Die Speisen schöpfen aus der lokalen Tradition, sind aber gekonnt mit einem Hauch Originalität überarbeitet. Man kann sich mit Spirale di spatola al pistacchio ragusano, Sformato di tenerumi, zucchine, patate e ricci di mare, Crudo di pesce e crostacei und Trancetto di tonno al pepe con insalatina di finocchio, arancia e cubetto di fave al gambero con cannolo di ricci (19 €) einstimmen. Als Primi stehen **Busiate al pesto trapanese** oder con pesce spada, melanzane e menta, schmackhafte **Bucatini neri con le sarde** (13 €), Caserecce con asparagi e gamberi und **Cuscus in zuppa di pesce**, con nero di seppia e ricci oder alla pantesca auf dem Programm. Bei den Secondi haben Sie die Wahl zwischen Calamaro arrosto panato, Tagliata di tonno alle mandorle und Cernia gratinata con capperi e sfoglia di patate (16 €). Abschließend locken wunderbare hausgemachte Löffeldesserts wie **Cuscus dolce** all'arancia e canditi (7 €), Cassata siciliana und Sorbetti aus frischen Früchten. Das Weinangebot kreist um regionale Etiketten, die es teilweise im glasweisen Ausschank gibt. Reservierung empfehlenswert.

SANTA FLAVIA (PA)
Porticello

17 KM ÖSTLICH VON PALERMO

Arrhais

Restaurant
Largo Marino, 6
Tel. (+39) 091 / 94 71 27,
(+39) 366 / 549 13 23
Kein Ruhetag
Keine Ferien
50 Plätze + 150 Plätze im Freien
Preise: 33–35 €
Kreditkarten: AE, CS, DC, MC, Visa
Mittags und abends geöffnet

Seit über 20 Jahren ist das Arrhais (von dem arabischen Begriff abgeleitet, der den Anführer bei den Thunfischfangzügen bezeichnete) eine bewährte Anlaufstelle für alle, die auf der Suche nach Küche mit fangfrischem Fisch sind. Im kleinen Fischerort Porticello verwöhnen Sie die Brüder Giovanni und Calogero Tarantino im ruhigen Gastraum im ersten Stock oder auf der großen Terrasse mit schönem Ausblick auf den Fischereihafen mit einer Auswahl traditioneller, jedoch nicht trivialer Meeresgerichte. Wählen Sie vertrauensvoll aus der großen Karte oder verlassen Sie sich auf die Empfehlungen der beiden erfahrenen Lokalinhaber, die Ihnen das Menü erläutern. Crudo di ricci di mare e gamberi, Frittura di paranza, Involtini di spatola in agrodolce, Carpaccio di tonno, **Polpette di acciughe in salsa di mentuccia** (8 €) und Insalata di polpo sind einige der Beispiele aus dem reichhaltigen Vorspeisenangebot. Danach folgen Spaghetti con tonno, finocchietto e mentuccia (13 €) und **frische Pasta con bottarga, cozze, origano e pomodorini** oder alla marinara mit ganz frischen Meeresfrüchten. Bei den Secondi haben Sie die Wahl zwischen Fisch vom Tagesfang all'acquapazza oder alla griglia, **Fritto di paranza** (13 €), frischem Tonno al vapore und **Zuppa di pesce**. Abschließend genießt man köstliches Sorbetto al limone (4 €), Cassata al forno, Cannoli siciliani und Macedonia di frutta. Umfangreiche und interessante Selektion an Weinen aus Italien und anderen Ländern.

In **Aspra** (6 km) muss man unbedingt Sfincione bei Sardina e Martorana (Via Catania 18) probieren.

SANTO STEFANO QUISQUINA (AG)

73 KM NÖRDLICH VON AGRIGENT

Acquarius

Restaurant-Pizzeria
Via Attardi, 62
Tel. (+39) 09 22 / 98 24 32
Ruhetag: Mittwoch
Keine Ferien
50 Plätze + 70 Plätze im Freien
Preise: 23–30 €
Kreditkarten: AE, CS, DC, MC, Visa; BM
Mittags und abends geöffnet

In diesem schlicht eingerichteten Lokal, in dem sich Hunderte Flaschen in allen Winkeln verteilen, empfängt man Sie mit aufrichtiger Herzlichkeit. An der Spitze steht Küchenchef, Patron und Sommelier Ignazio Puleo, der im Service von seinem Sohn Piero und in der Küche von Mario unterstützt wird. Die Vorspeisen vom Büfett (7 €) bieten eine große Vielfalt: Ricotta ovicaprina, *Alive cunzati*, *Pani cunzatu*, Bruschette con lardo, im Holzofen gratinierte Trippa, Caponata di melanzane und ***Froscia*** **(Frittata) di ricotta** con nepetella. Als Primi (7 €) erwarten Sie köstliche **Tagliatelle di farina di tumminìa con asparagi selvatici**, nicht minder gute Paccheri con ragù di salsiccia e finocchietto, Cavatelli con pomodoro, melanzane e scaglie di ricotta salata und Minestre aus Saisongemüse. Von den Secondi sollten Sie Castrato ai ferri, exzellente **Bocconcini di vitello in umido** (9 €) und Tagliata di vitella agli asparagi oder con i funghi nicht versäumen. Weitere gute Gerichte sind Salsiccia ai ferri und **Costolette di capretto impanate e fritte**. Ein Lob verdienen das Holzofenbrot und die Auswahl der **Formaggi** vom Wagen, darunter Caciocavallo sicano di vacca modicana (Slow-Food-Presidio), Tuma persa und andere sizilianische Käsespezialitäten. Als Desserts locken Cannoli, Testa di turco, *Sfingi* di ricotta, Pignolata al miele di sulla, Cubbaita di noci, mandorle e pistacchio und für die Weihnachtszeit typische *Cuddureddi*. Besonderes Augenmerk gilt Weinen aus der Umgebung, die von einer guten Auswahl an Etiketten aus anderen Regionen flankiert werden.

»*Ignazio folgt seiner Linie weiterhin mit Leidenschaft und Kompetenz: Unverfälschtheit, täglicher Einkauf, Tradition und Gebietstreue.*«

62 NORDWESTLICH VON AGRIGENT

Cappellino

Trattoria
Vicolo Cappellino, 24
Tel. (+39) 347 / 843 61 40
Ruhetag: Sonntag, außer im Sommer
Ferien: 1.–20. November
42 Plätze
Preise: 30–33 €
Keine Kreditkarten
Mittags und abends geöffnet

Das Gasthaus liegt hinter dem Corso Vittorio Emanuele in einem Gässchen, nach dem es benannt ist. Es wurde 2010 eröffnet und verfügt über einen einzigen Raum mit Gewölbedecke. Salvino Cottone führt es und kümmert sich um Empfang und Service, während seine Mutter Rosa und seine Schwester Nella zusammen mit dem jungen Küchenchef Saverio Rizzuto am Herd stehen. Das gastronomische Angebot stützt sich vor allem auf Fischgerichte, die häufig mit Gemüse serviert werden. Das Öl ist aus Oliven aus eigenem Anbau gepresst. Der Antipasto misto des Hauses (10 €) kann Sarde a beccafico, Alici fritte, Cuscus di pesce, Caponata, Frittata con gamberi e asparagi selvatici oder con i broccoli und *Merluzzi di campagna* (panierte und frittierte Karden) beinhalten. Unter den Primi (10 €) sind gute **Pasta con le sarde**, Pasta con gamberi, zucchine e pistacchi, Busiate con pesce spada, pomodorino e crema di melanzane, **Caserecce con spatola** (Degenfisch) **e pesto al basilico** und Linguine con scampi e broccoli. Die Fischerboote liefern Saraghi (Weißbrassen), Cernie (Zackenbarsche), Triglie (Meerbarben), *Ajole* (Marmorbrassen), die gewöhnlich auf dem Grill zubereitet werden oder, wenn sie größer sind, im Ofen gebraten werden. Probieren Sie **Nasello alla saccense** (13 €), das heißt geschmort, Spigola al cartoccio, **Involtini di spatola** (13 €) und Fritto misto di paranza. Im Winter haben auch ein paar Fleischgerichte ihren Auftritt, wie Bollito und Trippa con i legumi. Als Nachspeise gönnen Sie sich **Ova murina**, eine traditionelle Süßspeise der Stadt. Zu trinken steht eine kleine Selektion sizilianischer Weine bereit.

25 KM SÜDLICH VON RAGUSA

La Grotta

Restaurant-Pizzeria
Via Dolomiti, 62
Tel. (+39) 09 32 / 93 13 63,
(+39) 338 / 655 51 52
Ruhetag: Montag, außer Juli–September
Ferien: je 2 Wochen im Januar und November
60 Plätze + 50 Plätze im Freien
Preise: 28–33 €
Kreditkarten: AE, CS, MC, Visa; BM
Mittags und abends geöffnet

Dieses charakteristische Lokal in der Altstadt von Scicli, die mit interessanten Barockbauten beeindruckt, wurde in einer natürlichen Grotte geschaffen, die in früheren Zeiten bewohnt war. Küchenchef Angelo Di Tommasi führt es mit seiner Frau Claudia und bringt sizilianische Gerichte mit ein paar kreativen Akzenten auf den Tisch. Von den Antipasti sind uns ***Purpiceddi affucati*** (geschmorte kleine Tintenfische), Caciocavallo ragusano all'*argintiera* (7,50 €), Insalata di polpo con patate, Bruschetta con ortaggi, Alici marinate und Fagiolo cosaruciaru di Scicli (Slow-Food-Presidio) in Erinnerung geblieben. Im Reigen der Primi wechseln **Ravioli di ricotta al sugo di maiale**, Pasta con le sarde, Pasta alla Norma, Tagliatelle al pesto siciliano con mandorle e caciocavallo und Gnocchi di patate e farina di ceci con cozze e fagioli cosaruciaru oder im Sommer in der Version con i *tinniruma* di zucchine. Eine Neuheit ist Arancino di pesce (8,50 €) con riso e zafferano su un guazzetto di cozze. Nur in der Osterzeit kann man ein lokales Gericht probieren, das anlässlich dieses Fests zubereitet wird, nämlich ***Tiano* di ceci, cavatelli, riso, caciocavallo e ricotta**. Unter den Secondi ragen **Stracotto di maiale al sugo** (9 €), Medaglioni di carne al Nero d'Avola und von den Fischgerichten Filetto di cernia al basilico, Seppia arrostita, begleitet von Insalata di arance e finocchio, Tonno a cipollata, Cuscus di mare (12,50 €) con molluschi, crostacei, cernia und andere Fischarten vom Tagesfang heraus. Das Menü endet mit Semifreddo al caffè oder Sorbetti di agrumi. Zu trinken gibt es eine kleine Selektion sizilianischer Weine und einige Biere aus Kleinbrauereien.

107 KM SÜDWESTLICH VON MESSINA, S.S. 139

Fratelli Borrello

Trattoria
Ortsteil Forte
Tel. (+39) 09 41 / 59 44 36,
(+39) 09 41 / 59 48 44
Ruhetag: Mittwoch
Ferien: zeitweise im Juli
150 Plätze
Preise: 26 €
Kreditkarten: AE, CS, DC, MC, Visa
Mittags und abends geöffnet

Die volkstümliche Trattoria von Pippo, Franco und Graziella Borrello wenige Kilometer von Sinagra bietet appetitliche bodenständige Küche und zeichnet sich auch durch eine bemerkenswert kurze Versorgungskette aus. Der Familienbetrieb ist ein richtiger Bauernhof, wo Rinder, Schafe, Ziegen, Hühner und schwarze Schweine frei lebend gezüchtet und Obst und Gemüse biologisch angebaut werden. Außerdem sind eine Wursterzeugung und eine Käserei vorhanden. Der Betrieb nimmt überdies am Projekt der Slow-Food-Presidi für die Oliva minuta, das schwarze Schwein und für Provola dei Nebrodi teil. Der reichhaltige Antipasto misto (12 €) umfasst Kostproben von Provole, Caciotte, gereifte **Formaggi**, Ricotta, Fellata, getrocknete Salsiccia, frittierte Salsiccia mit Ei sowie je nach Saison variierendes Feld- und Wildgemüse. Zur entsprechenden Zeit finden Sie auch Pilze vor, als Salat, gebraten oder in Form von Suppen; probieren Sie unbedingt **Tagliatelle con i porcini**. Unter den weiteren Primi (7 €) sind gute **Maccheroncini con ragù di maiale e ricotta infornata**, hausgemachte Tagliatelle con i carciofi und Pennette alla contadina. Danach gibt es Suino nero und Vitello vom Grill, **Fegato di maiale arrosto avvolto nell'omento** (7 €) und gegen Vorbestellung **Capretto infornato** (8 €). Die Mahlzeit endet mit Haselnussgebäck. Zu trinken kredenzt man gute sizilianische Weine zu korrekten Preisen.

„Eine Trattoria mit echter volkstümlicher Küche, die Teil eines Landwirtschaftsbetriebs ist. Hier haben die Worte null Kilometer also konkrete Bedeutung."

La Gazza Ladra

Moderne Osteria
Via Cavour, 8
Tel. (+39) 340 / 060 24 28
Ruhetag: Montag
Ferien: Juli, August
30 Plätze
Preise: 25 €
Keine Kreditkarten
Abends geöffnet

In diesem winzigen Lokal mit spartanischer Einrichtung und absolut ungezwungener Atmosphäre kümmert sich Marcello Foti freundlich um den Service, während seine Frau Maria Grazia Troncon für die Küche verantwortlich zeichnet. Fisch und Gemüse sind die Hauptzutaten, die Marcello und Maria Grazia auf dem Markt in der Altstadt Ortigia einkaufen. Unter den Antipasti (5 €) finden sich *Piscirovu* (Omelett) con patate e cipolla oder con ricotta e menta, Insalata di fagioli, Carciofi al forno, Zucca in agrodolce, Caponata, Peperonata und Wildgemüse wie *Amareddi* (Mangold) und Spargel. Danach können **Pasta con il ragù di palamita** oder di alalunga (10 €), Spaghetti al sugo di *sauri* (Bastardmakrelen) oder con la matalotta di pesce, Pasta alla siracusana con acciughe e mollica tostata und Linguine con zucchina, menta e pecorino, con i pistacchi di Bronte oder con la crema di mandorle di Noto (beide Slow-Food-Presidi) folgen. Häufig werden Suppen zubereitet, darunter auch Zuppe di legumi e di ortaggi (Hülsenfrüchte- und Gemüsesuppen) wie traditioneller ***Maccu* di San Giuseppe**. Schmackhaft präsentiert sich die Palette der Secondi: Filetti di spatola (Degenfisch) al vino bianco, *Sauro* oder **Sgombro all'agghiata** (12 €), Caponata di palamita, **Lampuga a matalotta**, Padellata di polpo con patate (10 €) und **'Nfanfula** (Lotsenfisch) **a stimpirata**. Als Dessert erwarten Sie Gelo di mandorle oder di carrube und Brutti ma Buoni (Kekssorte). Kleine Selektion sizilianischer Weine zu ehrlichen Preisen.

Traditionelle Dolci gibt es in der Pasticceria Artale und Marciante, beide in der Via Landolina. Eine gute Auswahl sizilianischer Weine und Liköre bietet Solaria, Via Roma 86.

Taberna Sveva

Trattoria
Piazza Federico di Svevia, 1
Tel. (+39) 09 31 / 246 63
Ruhetag: Mittwoch, außer im Sommer
Ferien: 3 Wochen im Januar
40 Plätze + 60 Plätze im Freien
Preise: 30–35 €
Kreditkarten: CS, MC, Visa; BM
Mittags und abends geöffnet, Juni–September nur abends

An der Piazza vor dem Castello Maniace, das Friedrich II. von Hohenstaufen errichten ließ, befindet sich das Lokal mit zwei kleinen, nüchtern eingerichteten Räumen und einem angenehmen Sitzbereich im Freien für den Sommer. Die Inhaber Piero Bondi und Marco Crescimone leiten gemeinsam mit Giuseppe Attardo den Service, während Antonio Galfo in der Küche herrscht. Das Angebot der Antipasti umfasst **Polpo alla luciana**, Parmigiana ripiena, Misto mare und Misto di formaggi, salumi, olive e verdure grigliate; je nach Saison gesellen sich schmackhafter Sgombro marinato con caciocavallo fresco (9 €) und ebenso gute Insalata Piero mit Garnelen und Orangen hinzu. Die Primi sind bodenständig geprägt: **Caserecce al pesto siciliano** oder alla Norma, Tagliolini con scampi, zucchine e mandorle (12 €) und **Pasta con alici fresche, pomodorini e mollica tostata** oder con il ragù di pescatrice oder auch con il sugo di tonno (in der Saison). Unter den Festlandsgerichten sind Busiate Maniace (Pistazien, Salsiccia, getrocknete Tomaten) und, gewöhnlich im Winter, Suino nero al sugo, Costolette di agnello und Salsiccia arrostite. Es gibt aber auch Secondi mit Fisch wie Spigola oder **Spatola** (Degenfisch) **in crosta di patate**, Occhiata arrostita, *Aiola* (Marmorbrasse) all'acqua di mare (15 €), Zuppetta di totani (12 €), im Spätfrühling und Frühsommer *Tunnina* alla Ghiotta und von September bis Dezember **Lampuga alla matalotta** oder con la cipollata. Hausgemachtes Tiramisù agli agrumi oder Süßes aus einer Konditorei bilden das Finale. Im Keller lagern rund 50 sizilianische Weine.

Bei Fratelli Burgio, Piazza Cesare Battisti, auf dem Markt von Ortigia gibt es eingelegte Produkte, Käse und Wurst sizilianischer Herkunft.

52 km südlich von Messina, S.S. 114

Tischi Toschi

Restaurant
Via Francesco Paladini, 3
Tel. (+39) 339 / 364 20 88
Ruhetag: Montag
Ferien: zeitweise im Januar
40 Plätze
Preise: 35–40 €
Kreditkarten: AE, CS, DC, MC, Visa; BM
Mittags und abends geöffnet

Dieses hübsche kleine Restaurant nahe dem Dom besteht aus einem Gastraum, einem Zwischengeschoss und einem Sitzbereich vor dem Eingang. Patron und Küchenchef ist Luca Casabianca. Die solide Basis für das gastronomische Angebot bilden Qualitätsprodukte, die Luca sorgsam auswählt und in seinen zwischen Tradition und Innovation angesiedelten Gerichten zur Geltung bringt. Gute Antipasti sind Frascatole con farine di fave e cicerchia (8 €), **Sarde allinguate impanate e fritte**, Caprese con mozzarella di bufala siciliana (in Nicosia erzeugt), hervorragende Caponata, Parmigiana di melanzane und Scauratello lesso con aromi. Bei den schmackhaften Primi wechseln Ravioli di ricotta alla pantesca (13 €), **Bucatini con pomodori secchi e capuliato di Pachino** (12 €), Trenette al limone e ragusano stagionato, **Pasta con le sarde** oder alla Norma, Tagliatelle alla carruba und Pasta aus Tumminìa-Mehl con aglio di Nubia, peperoncino e *muddìca atturrata*. Je nach Marktangebot und Saison können Sie als Meeresgerichte Involtini di pesce bandiera (16 €), **Alalunga alla matalotta**, Aguglia alla liparota, Sgombro con cipollata e miele di ape nera sicula und Pescestocco arrosto vorfinden. Von den Fleischgerichten erwähnen wir **Braciole alla messinese**, Manzo affumicato al profumo di alloro (15 €) und Bombette del sovrintendente (Bällchen aus magerem Schweinefleisch und *'Nduja*). Ein würdiges Finale garantieren Biancomangiare, Crema di pistacchio, Gelo di limone und andere hausgemachte Dolci. Zu trinken gibt es ein schönes sizilianisches Weinsortiment und Biere aus Kleinbrauereien.

»Luca wählt hochwertige Zutaten aus, die er in seinen zwischen Tradition und Innovation eingeordneten Gerichten zur Geltung bringt.«

Al Solito Posto

Trattoria
Via Orlandini, 30 A
Tel. (+39) 09 23 / 245 45
Ruhetag: Sonntag
Ferien: August
50 Plätze
Preise: 35 €
Kreditkarten: AE, CS, DC, MC, Visa; BM
Mittags und abends geöffnet

Wenige Schritte vom herrlichen San-Giuliano-Strand entfernt finden wir diese Trattoria im Zentrum, die von den Basciano-Brüdern geführt wird. Vito empfängt Sie gemeinsam mit Giovanni und erklärt Ihnen die Gerichte aus der Meeresküche Trapanis, die der junge Rudy zusammen mit ihm zubereitet. Das Menü variiert je nach dem auf dem Markt gerade erhältlichen Fisch und Gemüse. Sie können Ihr Mahl daher mit **Totani affogati** (6 €), Tortino di melanzane oder di sarde in salsa d'arancia und **Polpette di pesce con crema di capperi** beginnen. Danach geht es weiter mit Timballetti di pasta con le triglie oder con le sarde und Spaghetti con i ricci. Ein Muss sind ***Cuscusu* di pesce *a trapanisa*** und Busiate, eine typische lokale frische Pasta, die mit verschiedenen Fischsaucen oder mit Pesto trapanese angerichtet wird. Die Secondi sind beinahe ausschließlich aus Fisch zubereitet. Genießen Sie also Calamaro con finocchietto e patate (9 €), „Zuppone" con vongole, calamari, cozze e gambero rosso (12 €), **Cernia a matalotta** con pomodoro, capperi e olive, Fritture di paranza und in der Saison – im Mai und Juni – Tonno arrosto, a cipollata, marinato oder *ammuttunato* (in Tomatensauce mit Knoblauch und Minze gegart). Das Mahl endet mit lokaltypischen Süßspeisen wie Cannoli, Cassata, Semifreddi und Eis. Das sehr gute Kellerangebot besteht aus sizilianischen Weinen, Marsala, Grappe und Passiti.

Probieren Sie sizilianische Cannoli, traditionelles Feingebäck, Rosticceria-Spezialitäten und fertig zubereitete Speisen bei Angelino, Via Ammiraglio Staiti 87.

Cantina Siciliana

Traditionelle Osteria
Via Giudecca, 32
Tel. (+39) 09 23 / 286 73,
(+39) 347 / 690 10 10
Ruhetag: Mittwoch, außer April–September
Ferien: zeitweise im November
45 Plätze
Preise: 30–33 €
Kreditkarten: AE, CS, MC, Visa; BM
Mittags und abends geöffnet

Die seit jeher von Pino Maggiore geführte Osteria im jüdischen Viertel ist ein sicherer Hafen für Freunde authentischer Meeresküche aus Trapani. Die rustikal eingerichteten Räume haben mit antiken Majoliken verzierte Wände und sind mit sizilianischen Marionetten und alten Küchenutensilien dekoriert. Wir befinden uns hier im Tempel des ***Cuscusu a trapanisa***, das ganz nach Tradition zubereitet wird, und der **Frascatole**, einer Art grobkörnigem Couscous, **in brodo di pesce** oder di crostacei (in Fisch- oder Krustentierbrühe). **Sarde allinguate**, Crudi di pesce, opulenter Antipasto misto (15 €), für zwei Personen geeignet, Bruschetta con uovo di tonno, Misto di tonnara sowie Tartara di pesce spada (10 €) und Tartara di tonno (nur im Mai und Juni) können die Mahlzeiten einleiten. Darauf folgen Casarecce con le sarde (9 €), Spaghetti con pesce affumicato e pomodorini und von Hand erzeugte **Busiate con il pesto trapanese** (mit rotem Knoblauch aus Nubia, einem Slow-Food-Presidio) oder con ragù di triglie. Je nach Saison und Marktlage kann es mit Ricciola al vapore con patate (10 €), Frittura di pesci di paranza und Pesce spada alla pantesca weitergehen; wenn Sie auf Fleisch nicht verzichten möchten, finden Sie Cotoletta alla palermitana und Scaloppine al Marsala vor. Eine schöne Platte mit sizilianischem Käse, frisches Obst, frisch gefüllte sizilianische Cannoli, Cassatelle fritte und Quaresimali, begleitet von einem Gläschen Marsala, Zibibbo oder Passito aus Pantelleria, runden das Essen ab. Der Keller ist mit sizilianischen Weinen und einer guten Auswahl an Marsala, Grappe und Passiti reich bestückt.

Die Pasticceria Renda, Via Giudecca, bietet Cannoli, Cassate und Kekse aus Mandeln oder anderen Zutaten.

Caupona Taverna di Sicilia

Trattoria
Via San Francesco d'Assisi, 32
Tel. (+39) 09 23 / 54 66 18,
(+39) 340 / 342 13 35
Ruhetag: Dienstag
Ferien: zeitweise im Februar
30 Plätze + 24 Plätze im Freien
Preise: 30–36 €
Kreditkarten: AE, CS, DC, MC, Visa; BM
Mittags und abends geöffnet

Das Lokal von Claudio und Rosy befindet sich im Zentrum gegenüber der Purgatorio-Kirche und nicht weit von der Via Torrearsa, der Vorzeigestraße der Stadt. Rosy ist für die Küche zuständig, Claudio für den Service. Das gastronomische Programm wird vom Angebot des lokalen Markts bestimmt und variiert im Lauf des Jahres. Als Einstieg bietet sich Antipasto del *monsù* (12 €) an, eine reichhaltige Auswahl kleiner Kostproben, unter denen wir Polpette di sarde stufate nel passato di pomodoro, Polpette di sgombro in agrodolce, Polpette di seppie sowie Frittelle di gambero finden. Alternativen dazu wären Tortino di pesce spada alla parmigiana (8 €), Formaggio ragusano arrostito al miele di sulla, Tuma a cotoletta e uova di tonno, ***Caupona*** (6 €) und Caponata di pesce e melanzane. Als Primi locken traditionelles ***Cuscusu* di pesce alla trapanese** (9 €), Cassatelle in brodo di pesce, Spaghetti con bottarga e limone, **Busiate al pesto trapanese con melanzane fritte** und im Mai und Juni Spaghetti con uova di *minnule*. Neben einer Vielfalt an Fisch vom Tagesfang gibt es als Secondi Calamaro ripieno oder arrosto, Sgombro lardiato, **Involtini di pesce spada** (10 €) und im Winter Involtini siciliani (8 €). Cassatelle fritte di ricotta, Cannoli, Cassata siciliana und Saisonobst runden das Essen ab. Das Lokal besticht mit einer guten Auswahl an regionalen Weinen, Dessertweinen und Bränden.

La Rinascente, Via Gatti 3, bietet ausgezeichnetes klassisches Feingebäck aus Sizilien.

TRAPANI

Trattoria del Corso

Trattoria
Corso Italia, 51
Tel. (+39) 09 23 / 234 75,
(+39) 328 / 684 45 55
Ruhetag: Sonntag
Ferien: 10.–20. September
30 Plätze + 20 Plätze im Freien
Preise: 25–30 €
Kreditkarten: AE, CS, DC, MC, Visa; BM
Mittags und abends geöffnet

Die Trattoria unter der Leitung von Puccio Salone befindet sich am Corso Italia nur ein paar Schritte vom Hafen und den belebten Straßen des Zentrums entfernt. Puccio kümmert sich direkt um den Einkauf – der Fisch kommt aus dem Meer der Ägadischen Inseln –, während seine Partnerin Letizia Lazzaro in der Küche den Ton angibt. Das kleine gemütliche Lokal (im Sommer gibt es rund 20 Plätze im Freien) zeichnet sich durch liebenswürdigen, familiären Empfang und einen für Trapani charakteristischen Küchenstil mit gelungenen Abwandlungen typischer Gerichte aus. Ausgezeichnet präsentiert sich die Auswahl der Antipasti, unter denen wir Sarde gratinate (8 €) oder marinate, Lattume fritto, Insalata di polpo, **Sgombro lardiato** (12 €) und Caponata di melanzane finden. Als Primi gibt es **Spaghetti con i ricci di mare** (15 €), Linguine con le patelle, **Pasta *ca'nciova e cucuzza*** (mit Sardellen in Salzlake und Zucchini) und traditionelle Busiate con pesto alla trapanese (8 €). Es geht weiter mit Spatola con le fave oder all'uva (12 €), **Sarde allinguate**, Zuppa di pesce und natürlich tagesfrischem Fisch, den man aus der großen Vitrine wählen kann. Als Nachspeise empfehlen wir Cantucci trapanesi in Kombination mit dem Passito des Hauses, Tarte tatin und Cannolo *scafazzato*. Die Weinkarte bietet ein begrenztes Angebot an sizilianischen Etiketten.

Die Bar Pasticceria Todaro, Via Palermo 98, bietet ein köstliches Frühstück mit süßem und salzigem Hefegebäck.

13 KM VOM ZENTRUM

Vultaggio

Ferienbauernhof
Ortsteil Misiliscemi
Tel. (+39) 09 23 / 86 42 61,
(+39) 347 / 669 60 59
Kein Ruhetag
Ferien: zeitweise im Januar
55 Plätze + 55 Plätze im Freien
Preise: 25–30 €
Kreditkarten: AE, CS, DC, MC, Visa; BM
Mittags und abends geöffnet

Der Agriturismo in ländlichem Gebiet mit Ausblick auf die Ägadischen Inseln liegt eingebettet in Olivenhaine und Weingärten. Er verfügt über einen gemütlichen Speisesaal, einen großen Sitzbereich im Freien und komfortable Zimmer. Die Küche stützt sich auf viele Zutaten aus dem Betrieb (Wein, Öl, Oliven, Obst und Gemüse) und Slow-Food-Presidi; hervorragend ist das selbst gemachte Brot aus Mehl alter sizilianischer Getreidesorten. Nino D'Ambrogio kocht Gerichte der bäuerlichen und familiären Tradition, die Peppe Vultaggio und seine Frau Giovanna den Gästen hingebungsvoll erläutern. Auf Antipasto misto (8 €) mit Panelle, Frittate di verdure, Carciofini, Olive *cunsate*, Parmigiana di melanzane, *Taroncioli* di tuma persa, **Caciocavallo all'argentiera**, Wurst vom schwarzen Schwein der Nebrodi und Speck lokaler Herkunft sowie Pecora bollita folgen Primi wie ***Cuscusu* di carne e verdure**, Busiate con pesto trapanese e melanzane fritte (7 €) oder con ragù di maialino nero dei Nebrodi und frische Pasta con coniglio, mandorle di Noto e basilico. Unter den Secondi sind **Coniglio lardiato** (7 €), Maialino nero dei Nebrodi alla brace, **Agnello al forno con patate** (9 €) und Involtini siciliani mit Caciocavallo von der Cinisara-Kuh und Pistazien aus Bronte. Am Ende munden Cannoli di ricotta, Parfait di mandorle und im Sommer selbst gemachtes Eis und Granite; die Alternative dazu ist Saisonobst. Die große, detaillierte Weinkarte nennt sizilianische und italienische Weine; daneben gibt es Biere aus Kleinbrauereien.

Die Pasticceria Gelateria des Divino Hotel im Ortsteil **Rilievo** (3 km), Via Marsala 271, bietet gute Brioches aus Sauerteig, traditionelle Dolci und Eis aus Qualitätszutaten.

143 KM WESTLICH VON MESSINA

Le Giare

Trattoria
Piazza Trento e Trieste, 9
Tel. (+39) 09 21 / 33 01 32,
(+39) 339 / 727 27 53
Ruhetag: Freitag
Ferien: zeitweise im Winter
40 Plätze + 70 Plätze im Freien
Preise: 25–30 €
Keine Kreditkarten
Mittags und abends geöffnet

Sie finden diese seit rund 20 Jahren bestehende Trattoria mit authentischer, typischer Küche an der zentralen Piazza des Ortes. Vincenzo Sambatano führt sie mit seiner Frau Marinella, die ihr Kochtalent gemeinsam mit ihrem Schwiegersohn Marco zum Ausdruck bringt. Vincenzo leitet auch einen biologischen Landwirtschaftsbetrieb, aus dem das im Lokal verwendete native Olivenöl extra stammt. Es ist neben anderen sizilianischen Produkten, darunter auch Slow-Food-Presidi, in einer Ecke des ersten Raumes ausgestellt. Der Antipasto della casa (9 bis 12 €, je nach Anzahl der Kostproben) kann Oliven der Sorte Minuta und Nocellara del Belice aus dem hauseigenen Olivenhain, Frittata di finocchietto e cipolletta fresca, Panelle di farina di ceci, Pomodori verdi sotto aceto und andere hausgemachte eingelegte Spezialitäten, Insalata di zucchine e patate al basilico, Limone siccagno di Pettineo con acciughe e origano, Caponata di melanzane oder di carciofi, sommerlichen Peperone cornetto alla griglia sowie von Mai bis Oktober *Purciddana* (Portulak) con cetriolo e cipolla enthalten. Würziger Käse aus dem Umland darf auch nicht fehlen. Falls vorhanden, probieren Sie von den Primi **Pasta con il macco di castagne** (8 €); gut sind auch Spaghetti con salsiccia e borragine, Zuppe di legumi, ***Pitanzedda*** (8 €) con fave, piselli, carciofi, finocchietto e pancetta und Involtini di maccheroni con ricotta infornata. Deftige Secondi sind **Spezzatino di agnello *agglassatu*** (10 €), Salsiccia al vino rosso und **Carne al sugo**. Abschließend warten Torte di frutta oder Biancomangiare con biscotti. Zu trinken stehen rund zehn sizilianische Etiketten und ein ordentlicher offener Wein bereit.

VALDERICE (TP)

8 KM ÖSTLICH VON TRAPANI, S.S. 187

Sfizi e Delizie

Osteria
Via Vespri, 19
Tel. (+39) 09 23 / 89 16 36,
(+39) 328 / 825 20 76
Ruhetag: Sonntagmittag, außer im Sommer
Ferien: 2 Wochen im November
44 Plätze
Preise: 25–33 €
Kreditkarten: CS, MC, Visa; BM,
Mittags und abends geöffnet

NEU

Das kleine Restaurant der Bandi-Brüder liegt an der Hauptstraße des Ortes. Enzo, der ältere der beiden, begrüßt Sie, während Nicola am Herd steht. Er hat seine Ausbildung in einigen großen Hotels absolviert. Die in der Küche geltenden Regeln sind jene, die uns Freude bereiten: Saisontreue, Verwendung lokaler Zutaten und in der Tradition verankerte Speisen. Der Antipasto rustico (8,50 €) besteht aus mehreren Kostproben wie Caponata, Parmigiana, Käse und Wurst sizilianischer Herkunft, Cuscus di verdure und Panelle; als Alternative bietet sich Antipasto di mare mit Insalata di polpo, Tonno in agrodolce e gamberi rossi marinati (8 €), Zuppetta di baccalà und Produkten vom Thunfisch (Bottarga, Bresaola, *Ficazza*, *Tunnina*) an. Bei den Primi empfiehlt es sich, auf die hausgemachte frische Pasta zu setzen. Klassische **Busiate** werden **con il pesto alla trapanese**, alla Norma, con pesto al basilico, con melanzane fritte, pomodori ciliegini, mandorle e patate und con salsiccia, spinaci, funghi e mandorle (8,50 €) angeboten; es gibt sie auch mit Fisch, und zwar in den Versionen con san pietro e bottarga, con uova di san pietro, gambero rosso, calamari e pistacchio und con ragù di tonno e menta. Ebenfalls gut schmecken **Spaghetti con i ricci** oder al ragù di triglie (10 €) und **Cuscus di pesce alla trapanese**. Als Secondi empfehlen sich Grigliate di carne, **Stufato di maiale** sowie fangfrischer Fisch, frittiert, aus dem Ofen oder vom Grill. Die Desserts wie Parfait di mandorle, Semifreddo di pistacchio und Cassata siciliana (4 €) sind hausgemacht. Recht gutes Kellerangebot mit regionalen Weinen und einigen Bieren aus Kleinbrauereien.

VILLAFRANCA TIRRENA (ME)
Serro

15 KM WESTLICH VON MESSINA

Hostaria Disio

Restaurant
Ortsteil Romeo
Tel. (+39) 329 / 796 70 75
Ruhetag: Sonntagabend, außer im Sommer
Keine Ferien
60 Plätze + 180 Plätze im Freien
Preise: 35 €
Kreditkarten: CS; BM
Abends geöffnet, Sonntag nur mittags

Dieses Restaurant im Hotel Parco degli Ulivi präsentiert sich mit einem weitläufigen, gepflegten Garten, der einen spektakulären Blick auf die Äolischen Inseln bietet. Adriana, Nino und ihre Kompagnons, die seit einigen Jahren in der Gastronomie tätig sind, bekräftigen als einen ihrer Fixpunkte die Verwendung saisonaler Saisonzutaten aus Sizilien, zu denen auch verschiedene Slow-Food-Presidi zählen. Von dieser Voraussetzung ausgehend, bereitet Küchenchef Antonio Arnau moderne Rezepte mit persönlicher Note zu und achtet dabei darauf, die guten Zutaten gebührend zur Geltung zu bringen. Von den Antipasti sind uns Tuma in crosta di pistacchio di Bronte e miele di ape nera sicula (10 €), Tartara di pesce azzurro al sale marino di Trapani, Verdure al forno su crostone di pane di grano tumminìa und Carpaccio di gambero rosso di Mazara con scaglie di cioccolato modicano in Erinnerung geblieben. Von den wechselnden Primi verdienen **Paccheri con alalunga, pinoli e uva passa**, Tagliolini neri con gambero rosso e fiori di zucca, Calamarata con verdure di stagione e formaggio maiorchino und **Raviolo di pescestocco con pomodorini di Pachino e capperi di Salina** eine Kostprobe. Darauf folgen Millefoglie di spatola con caponata di sedano (13 €), **Alalunga con cipolle di Giarratana in agrodolce** und **Suino nero dei Nebrodi ripieno** con crema di melone cantalupo (13 €). Vielfältig und ausnahmslos gut sind die Dolci des Hauses wie Cannolo di ricotta, Bavarese di pere e ricotta und Geli di cannella, anguria, fichi d'India e agrumi. Die gut sortierte Weinkarte nennt viele sizilianische Etiketten, eine Weinselektion aus anderen Regionen und einige Biere aus Kleinbrauereien.

VILLAFRATI (PA)

37 KM SÜDÖSTLICH VON PALERMO, S.S. 121

La Bottega Siciliana

NEU

Restaurant-Pizzeria
Ortsteil Mulinazzo
Tel. (+39) 091 / 872 46 42
Ruhetag: Montag
Ferien: unterschiedlich
80 Plätze + 80 Plätze im Freien
Preise: 30 €
Kreditkarten: AE, CS, MC, Visa; BM
Abends geöffnet, Sonntag auch mittags

Geschmacksnoten und Aromen verschmelzen in einer Synthese, die an die historische Rolle Siziliens als multiethnischer Schmelztiegel erinnert. Das ehemalige Restaurant Mulinazzo von Sabine Bour und Nino Graziano hat sich in ein Lokal verwandelt, das Sizilien alle Ehre erweist. Es ist mit wunderschönen Keramiken aus Castelvetrano und Majoliken gestaltet und in rustikal-funktionellem Stil eingerichtet. Der Garten, in dem man im Sommer speisen kann, liegt neben dem Lokal in einem kühlen Olivenhain. Sabine ist die Säule der Küche, ihre Nichte Mariella kümmert sich mit Piera Sorrentino um den Service, während Nino die Gesamtaufsicht führt. Die Küche ist traditionell, vermag aber interessante kreative Varianten hervorzubringen; es gibt auch einen Holzofen, aus dem gute Pizza kommt. Der opulente Antipasto Bottega (10 €) schließt Caponata, Bruschette, Pecorino, Frittella di ricotta, Salame dei Nebrodi, Prosciutto della casa, Peperoni con aglio e acciuga, Crocchettine und Panelle ein. Alternativen dazu wären Tomino caldo con insalatina e noci, Insalata di mare tiepida und **Polpette di sarde alla menta** (7 €). Als Primi serviert man **Macco di fave con ricotta e crostini**, Paccheri alla Norma, Calamarata con pesto siciliano (9 €), Spaghetti con bottarga di tonno e scorza di limone und Zuppa di spaghetti spezzati e aragosta. Unter den Secondi sind Filetto di manzo al pomodoro crudo e basilico, **Spalla di agnello al forno**, Galletto alla diavola, **Sottofiletto panato alla palermitana**, Frittura di calamari al limone sowie Tagesfisch, der beliebig zubereitet wird. Den Schlusspunkt setzen Gelato al basilico con le fragole, Cannolo siciliano espresso (5 €) und Semifreddo alle mandorle. Die Weinkarte ist sizilianisch geprägt, nennt aber auch ein paar gute Tropfen aus anderen Regionen.

VITTORIA (RG)
Scoglitti

38 KM WESTLICH VON RAGUSA, S.S. 115

Fichera

NEU

Trattoria-Pizzeria
Via Napoli, 124
Tel. (+39) 09 32 / 98 00 00
Kein Ruhetag
Ferien: unterschiedlich
80 Plätze + 20 Plätze im Freien
Preise: ⊞ 35–40 €
Kreditkarten: CS, DC, MC, Visa; BM
Mittags und abends geöffnet

Das ein paar Meter vom kleinem Hafen entfernte Lokal von Scoglitti besteht aus einem großen, einfach eingerichteten Raum und einer kleinen überdachten Veranda vor dem Eingang. Giovanni Fichera führt den Betrieb mit seiner Ehefrau Mariella und dem Sohn Rosario im Service; Samuele, der andere Sohn, werkt mit seinem Onkel Salvatore in der Küche. Das Menü ist von typischen Gerichten der sizilianischen Meeresküche geprägt, ergänzt von einigen innovativen Rezepten. Ein guter Tipp ist, auf den reichhaltigen Degustations-Antipasto für 20 € zu setzen, der mit rund zehn Kostproben eine vollwertige, zufriedenstellende Mahlzeit bildet. Er kann marinierte Gamberetti, Alici und Scampi, Polpo bollito, **Polpette di seppie al sugo**, *Crispelle* di baccalà e cavolfiore, Razza in agrodolce, Fritture di triglie, alici e calamaretti, Mazzancolle con crema di peperoni, Involtino di pesce spada con mozzarella e pesto siciliano und Pesce sciabola ai pistacchi con confettura di fichi beinhalten. Weiter geht es mit Primi wie guter **Pasta con le sarde** oder con le alici (10 €), nicht minder köstlichen Penne al gambero rosso (12 €), **Ravioli di ricotta al nero di seppia**, Bavette ai ricci und Pasta con ventresca, pesce spada, melanzane e mandorle. Weitere Gerichte sind Triglie al cartoccio (13 €), Tagliata di alalunga (15 €), **San pietro all'acquapazza** und Dentice al sale. Parfait al pistacchio oder alle mandorle bildet das Finale. Zu trinken gibt es ein recht gutes Sortiment sizilianischer Weine. Sonntags und an Feiertagen gibt es nur zwei Degustationsmenüs für 35 und 45 €.

LICATA (AG)

44 KM SÜDÖSTLICH VON AGRIGENT

L'Oste e il Sacrestano

Restaurant • Via Sant'Andrea, 19
Tel. (+39) 09 22 / 77 47 36
Ruhetag: Sonntagabend, Montag (außer im August)
Ferien: Oktober/November
24 Plätze + 24 Plätze im Freien
Preise: 40–60 €
Kreditkarten: CS, DC, MC, Visa; BM
Mittags und abends geöffnet

Das 2004 eröffnete Lokal von Chiara Sabella (im Service) und Peppe Bonsignore (in der Küche) ist eine erfrischende, kreative Alternative zu einer traditionellen Osteria. Dieser Lokaltyp ist undefinierbar, was mit Peppes ständiger Lust in Zusammenhang steht, neue Gerichte zu zaubern und die Zutaten dabei bestmöglich zur Geltung zu bringen. Das Lokal ist winzig, aber im Sommer können Sie an den Tischen im Gässchen speisen. Man kann à la carte essen oder zwischen Degustationsmenüs wählen. Die Verbindung mit dem Gebiet, aber auch die Absicht, die Tradition auf intelligente Weise zu erneuern, sind im Menü namens „Io parlo siciliano" („Ich spreche sizilianisch", 40 €) offensichtlich: *Purpu a strascinasali*, Pasta con le sarde, Sgombro *nu curtigliu* und Cannolo di ricotta. Es gibt auch ein von Festland und Meer inspiriertes Menü für 47 € und ein siebengängiges Überraschungsmenü für 60 €. Die Weinkarte ist überwiegend sizilianisch geprägt; Biere aus Kleinbrauereien sind ebenfalls erhältlich.

MODICA (RG)

14 KM SÜDÖSTLICH VON RAGUSA

Accursio

Restaurant
Via Grimaldi, 41
Tel. (+39) 09 32 / 94 16 89
Ruhetag: Sonntagabend, Montag (außer im Sommer)
Ferien: unterschiedlich
20 Plätze + 20 Plätze im Freien
Preise: 50–75 €
Kreditkarten: AE, CS, DC, MC, Visa; BM
Mittags und abends geöffnet

Im Lokal von Accursio und Oriana Craparo im Erdgeschoss eines alten Palazzo herrscht eine wunderbare Atmosphäre. Es scheint, als wäre man in einer Trattoria aus dem vorigen Jahrhundert mit alter Einrichtung und schön renoviertem Dekor gelandet. Die Küche knüpft an die Tradition an, um daraus an kreativen Elementen reiche Gerichte hervorzubringen. Man hat die Wahl zwischen drei Degustationsmenüs für 55, 60 und 70 € oder kann à la carte essen. Hier einige Beispiele: Sandwich di gamberi con polpa di ricci, mozzarella di bufala, pomodoro e basilico, Macco di fave con polpo e finocchietto, Bignè di ceci con mousse di gamberi e pistacchio, Raviolo di seppia con pomodoro e melanzana, Linguine con acciuga, bottarga di tonno, peperoncino, zafferano e granella di pane tostato (20 €), Trancio di pesce in umido con tenerumi e patate (25 €) und Polpette di carne con pomodoro, peperoni e cipolla. Eindrucksvolle Weinkarte mit sizilianischen und internationalen Erzeugnissen.

MONTALLEGRO (AG)

29 KM NORDWESTLICH VON AGRIGENT

Capitolo Primo

Restaurant
Via Trieste, 1
Tel. (+39) 339 / 759 21 76
Ruhetag: Montag, außer im August
Ferien: unterschiedlich
40 Plätze
Preise: 40–45 €
Kreditkarten: AE, CS, DC, MC, Visa; BM
Mittags und abends geöffnet

Adriana und Damiano Ferraro (Letzterer kann auf beachtliche internationale Erfahrung verweisen) haben 2010 das kleine, aber feine Relais Briuccia mit eleganten und ruhigen Zimmern eröffnet. An das Hotel angeschlossen ist dieses Restaurant, in dem lokale Zutaten je nach Laune verarbeitet werden. Die Inspiration geht von der sizilianischen Tradition aus, aber bei der Neuinterpretation der Gerichte blickt man ins Ausland. Es gibt ein fünfgängiges Degustationsmenü für 40 bis 45 €, das man sich mit Adrianas Hilfe „zusammenbauen" kann. Unter den Angeboten sind Arancina al nero di seppie, Millefoglie di pesce e tuma und Gnocchi di patate e baccalà su guazzetto di cozze. Die große Weinkarte räumt sizilianischen Erzeugnissen viel Platz ein; es gibt aber auch gute Tropfen aus dem übrigen Italien und ausgezeichnete Champagner. Der Service ist tadellos.

PACHINO (SR) - MARZAMEMI

53 KM SÜDWESTLICH VON SYRAKUS

La Cialoma

Restaurant • Piazza Regina Margherita, 23
Tel. (+39) 09 31 / 84 17 72
Ruhetag Dienstagmittag, außer April–Oktober
Ferien: November
50 Plätze + 150 Plätze im Freien
Preise: 45 €
Kreditkarten: AE, CS, DC, MC, Visa; BM
Mittags und abends geöffnet

Marzamemi ist ein winziger Fischerort, in dem sich einst eine Thunfischfanganlage und große Kellereien befanden. Heute ist er dank des herrlichen Meeres und der interessanten Lokale ein beliebtes Touristenziel. Hier hat Lina Campisi, Tochter einer Fischerfamilie und Vollzeitmutter bis zum 50. Lebensjahr, vor ein paar Jahren beschlossen, dieses hübsche Restaurant mit bunter Einrichtung zu eröffnen, das sie mit der Unterstützung von Kindern und Verwandten führt. Der Hauptdarsteller in der Küche ist selbstverständlich der exzellente Fisch, der von Fischern des Vertrauens geliefert und gekonnt zubereitet wird. Einige Beispiele für die tadellos gelungenen Speisen sind delikate Cernia marinata (15 €), Insalata di polpo, Pasta con le sarde, Tagliolini al nero (16 €), Tonnetto *cunzatu* und Triglie fritte. Durchdachte Auswahl regionaler Weine. Das Lokal verfügt auch über eine Terrasse mit schönem Meerblick.

SCIACCA (AG)

62 KM NÖRDLICH VON AGRIGENT

Hostaria del Vicolo

Restaurant • Vicolo Sammaritano, 10
Tel. (+39) 09 25 / 230 71,
(+39) 328 / 172 08 48
Ruhetag: Montag
Ferien: zeitweise im November
38 Plätze
Preise: 45–50 €
Kreditkarten: AE, CS, DC, MC, Visa; BM
Mittags und abends geöffnet

Seit 30 Jahren führt Nino Bentivegna dieses Restaurant, in der Küche unterstützt von seiner Tochter Lila und im Service von seinem Neffen Matteo. Einer der Pluspunkte des Lokals ist von jeher die gute Qualität der Zutaten, die teilweise aus Slow-Food-Presidi stammen. Man wählt von der Karte oder zwischen zwei Degustationsmenüs für 50 oder 60 €. Fisch in Kombination mit Gartengemüse und Hülsenfrüchten bildet die Grundlage für modern gestaltete bodenständige Rezepte wie Insalata tiepida di calamari con verdure fresche e colatura di alici, Polpo scottato avvolto in guanciale croccante, olive e pomodori secchi e adagiato su purè di ceci e cicerchie biologiche, Busiate di tumminìa con macco di fave, ricotta e gamberi (18 €), Tagliatelle agli scampi con crema di ceci e peperoni, Gallinella agrumi e zenzero (20 €) und Medaglioni di rana pescatrice con semi di papavero, zafferano e patate. Es gibt auch vegetarische Gerichte. Gepflegte Käseauswahl und deliziöse hausgemachte Dolci. Der Keller mit mehr als 300 Etiketten ist vorwiegend regional gehalten.

SYRAKUS

Don Camillo

Restaurant
Via delle Maestranze, 96
Tel. (+39) 09 31 / 671 33
Ruhetag: Sonntag
Ferien: 2 Wochen im Juli, 3 Wochen im Februar
70 Plätze • Preise: 55–60 €
Kreditkarten: AE, CS, DC, MC, Visa; BM
Mittags und abends geöffnet

Das elegante Restaurant unter der Leitung von Küchenchef Giovanni Guarneri befindet sich im Zentrum von Ortigia. Das Lokal bezaubert mit schönen Steingewölben und anderen interessanten architektonischen Elementen. Die bodenständigen sizilianischen Speisen sind innovativ abgewandelt, harmonisch und bringen die exzellenten Grundzutaten, darunter auch einige Produkte aus Slow-Food-Presidi, hervorragend zur Geltung. Bemerkenswert sind Crema di mandorle di Noto con gamberi in crosta nera, Spaghetti con gamberi e ricci (18 €), Costolette di suino nero con caponata al miele di zagara, Filetto di dentice al limone femminello e fichi agrodolci, Tagliata di alalunga (20 €) und Mousse di pesca e gelatina di Nero d'Avola. Ausgezeichnete Auswahl an typischem Käse aus Sizilien. Das umfangreiche Kellerangebot wird auf der Karte gut präsentiert. Reservierung empfehlenswert.

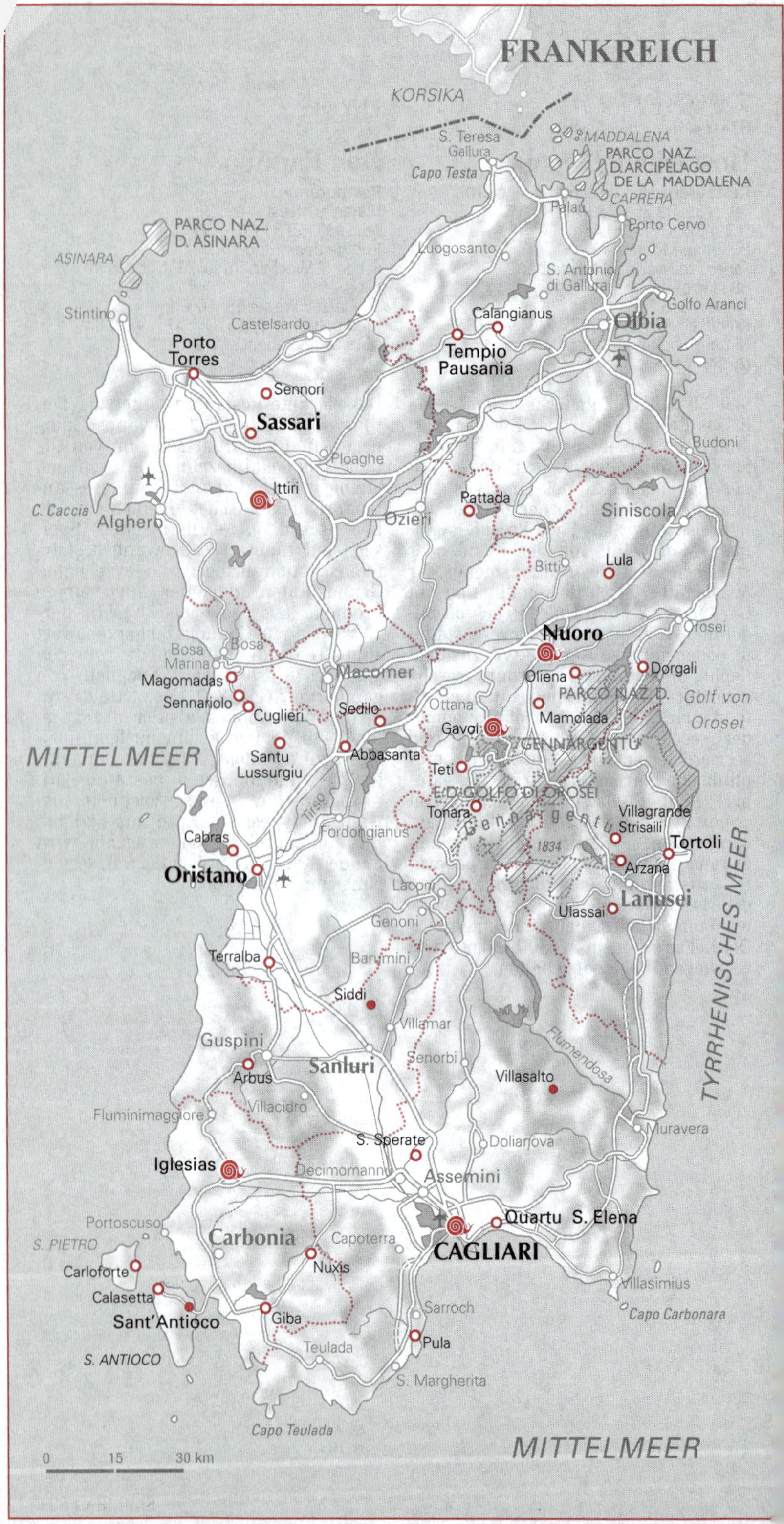
FRANKREICH
KORSIKA
S. Teresa Gallura
MADDALENA
PARCO NAZ. D. ARCIPÉLAGO DE LA MADDALENA
CAPRERA
Capo Testa
Palau
Porto Cervo
PARCO NAZ. D. ASINARA
ASINARA
Luogosanto
S. Antonio di Gallura
Golfo Aranci
Stintino
Castelsardo
Calangianus
Olbia
Porto Torres
Tempio Pausania
Sennori
Sassari
Budoni
Ploaghe
Ittiri
Pattada
C. Caccia
Alghero
Ozieri
Siniscola
Bitti
Lula
Nuoro
Orosei
Bosa Marina
Bosa
Magomadas
Macomer
Oliena
Dorgali
Sennariolo
Cuglieri
Sedilo
Ottana
Mamoiada
PARCO NAZ. D. GENNARGENTU E D. GOLFO DI OROSEI
Golf von Orosei
Gavoi
MITTELMEER
Santu Lussurgiu
Abbasanta
Teti
Tirso
Tonara
Gennargentu
Villagrande Strisaili
1834
Cabras
Fordongianus
Tortoli
Oristano
Arzana
Laconi
Lanusei
Ulassai
Genoni
TYRRHENISCHES MEER
Terralba
Barumini
Siddi
Villamar
Guspini
Sanluri
Senorbi
Flumendosa
Arbus
Villasalto
Villacidro
Fluminimaggiore
S. Sperate
Dolianova
Muravera
Iglesias
Decimomannu
Assemini
Portoscuso
Quartu S. Elena
S. PIETRO
Carbonia
Capoterra
CAGLIARI
Carloforte
Nuxis
Villasimius
Calasetta
Sarroch
Capo Carbonara
Sant'Antioco
Giba
Pula
Teulada
S. ANTIOCO
S. Margherita
Capo Teulada
0
15
30 km
MITTELMEER

SARDINIEN

Über die sardische Küche zu sprechen bedeutet bis heute, von der Kraft einiger weniger Produkte zu erzählen, um die die Arbeit von Frauen und Männern in den Familien, auf dem Land, auf dem Meer, in Viehzuchtbetrieben und auch in der regionalen Gastronomie seit jeher kreist. Es ist möglich, für jeden Teil einer Speisenfolge ein oder mehrere typische Produkte zu identifizieren und ein vollständiges charakteristisches Menü „herauszulesen".
Bei den Wurstspezialitäten für den Antipasto wären dies etwa der Rohschinken aus dem Inselinneren (Villagrande, Desulo ...) der, wenn er richtig geschnitten ist, spanischem Schinken in nichts nachsteht, und mit Pfeffer und Fenchel gewürzte Salsiccia. Als Primi bekommen Sie traditionelle, in Handarbeit erzeugte Teigwaren, vorwiegend kleinformatige und gefüllte Pasta (*Malloreddus*, *Ciccioneddas*, *Lorighittas*, *Culurgiones* ...), aus deren Formen eine einzigartige künstlerische Ader spricht, deren Saucen (aus Tomaten, Fleisch und Meeresfrüchten) jedoch eher schlicht gehalten sind.
Bei den Secondi steht traditionellerweise vorwiegend Schweine-, Schaf- oder Lammfleisch auf dem Programm, aber auch Wild (insbesondere Wildschwein). Das Fleisch wird ganz schlicht gebraten, ein Zubereitungsmerkmal, das sich in der Meeresküche beim Fisch wiederfindet. Bei den Desserts, die beinahe eine Synthese all dessen bilden, wird Teig mit dem größten Geschenk der Weidewirtschaft kombiniert, dem Käse. Man kreiert daraus *Sebadas*, frittierte Raviolini und *Pardulas*. Teig wird aber auch mit Mandeln, Honig und gekochtem Wein zu traditionellem Feingebäck verarbeitet.

Für Sie entdeckt

Culurgiones

860 Muggianeddu
Tonara (Nu)
861 Su Bullicciu
Ulassai (Og)
862 La Strega
Villagrande Strisaili (Og)

Fregola con le arselle

837 Il Caminetto
Cabras (Or)
842 Zenit da Minestrone
Cagliari
859 Da Lucio
Terralba (Or)

Paste e risotti

837 La Pineta
Arzana (Og)
851 Letizia
Nuxis (Ci)
860 L'Oasi
Teti (Nu)

Selvaggina in umido

843 Desogos
Cuglieri (Or)
844 Santa Rughe
Gavoi (Nu)
852 Liberty
Pattada (Ss)

ABBASANTA (OR)

36 km nordöstlich von Oristano, S.S. 131

Su Carduleu

Restaurant
Via Sant'Agostino, 1
Tel. (+39) 07 85 / 56 31 34,
(+39) 345 / 834 22 24
Ruhetag: Mittwoch
Ferien: unterschiedlich
35 Plätze
Preise: 38 €
Kreditkarten: AE, CS, DC, MC, Visa; BM
Mittags und abends geöffnet

Ein kleines, sehr gemütliches Lokal, mit schlichter Eleganz eingerichtet, das sich durch gepflegten und professionellen Service auszeichnet. Küchenchef Roberto Serrafa lugt häufig aus der Küche, um sich zu vergewissern, dass alles gut läuft, und um mit den Gästen zu plaudern. Ein Blick auf die Karte lässt sofort Fantasie und Aufmerksamkeit für Erzeuger aus dem Gebiet erkennen. Als Einstieg empfehlen wir von den Meeres-Antipasti Carpaccio di orata, **Alici marinate su pane croccante** und **Polpo arrosto con crema di lenticchie** (9 €), von den Festlandsspeisen dagegen die ausgezeichneten traditionellen Salumi mit in Öl eingelegtem Gemüse (12 €). Weiter geht es mit ***Fregula* con gamberi, cozze e pomodorini** (11 €) oder *Culurgionis* (von Hand verschlossenen Teigtäschchen) di patate e menta con gamberi e pomodorini al basilico. Von den Secondi munden Trancio di spigola su crema di patate, fagiolini e pomodori (15 €) und **Gallinella ripiena di pane ed erbe aromatiche** (9 €). Als Dessert empfehlen wir **Crème brulée allo zafferano**, Mousse al cioccolato, klassische *Sebada* oder traditionelles Kleingebäck. Der Küchenchef bietet auch diverse Degustationsmenüs: ein Festlandmenü (25 €), ein Meeresmenü (35 €) und ein Menü mit sieben Gängen (45 €). Im gut bestückten Keller lagern die besten sardischen Weine und eine Auswahl an Bieren aus Kleinbrauereien, die gut mit dem Essen harmonieren. Ausgezeichnet ist der Kaffee, der mit verschiedenen Zuckersorten serviert wird, angefangen von klassischem Rohrzucker bis hin zu Zucker mit Lakritzaroma.

ARBUS (VS)
Marina di Arbus

31 km östlich von Sanluri, S.P. 197

Su Sciopadroxiu

Restaurant
Strada Ingurtosu-Piscinas, km 2
Tel. (+39) 340 / 572 43 10
NEU
Kein Ruhetag
Keine Ferien
60 Plätze
Preise: 30 €
Kreditkarten: AE, CS, DC, MC, Visa; BM
Mittags und abends geöffnet, im Winter nur mittags gegen Vorbestellung

Die reizvolle Kulisse des Restaurants Su Sciopadroxiu – der Name bezeichnet das Geräusch des kleinen Wasserfalls, den man auf der über steile Kurven führenden Fahrt zum Lokal erblickt –, bilden die magischen Dünen des Strandes von Piscinas an der Straße von Ingurtosu. Es ist an einen Campingplatz angeschlossen und steht auf einem Hügel. Eine verglaste Terrasse gibt den Blick auf das Tal frei, während auf der anderen Seite eine Wiese mit Sonnenschirmen zum gemütlichen Ausruhen nach dem Essen einlädt. Die Küche stützt sich auf einfache Traditionsrezepte, die auf Fisch lokaler Herkunft (Porto Pino) basieren, und unternimmt im Winter auch einige Abstecher in Richtung Wildgerichte. Um den Service kümmert sich die gewissenhafte, lächelnde Signora Franca, während ihr Mann für den Einkauf sorgt. Beginnen Sie mit Antipasto misto di mare (18 €), köstlichen Attinie di mare fritte (Seeanemonen), Zuppa di cozze e vongole, Carpaccio di pesce spada affumicato und **Insalata di polpo** (einzelne Gerichte 10 bis 15 €). Fahren Sie dann mit **Spaghetti** ai ricci di mare oder con **vongole e bottarga** (10 €) fort, aber fragen Sie auch nach den ausgefallenen Ravioli di ricotta all'arancia. Beim Kapitel Secondi zählen neben **Frittura di calamari** (12 €) die Grigliata di pesce und Cappone alla Vernaccia zu den köstlichsten Speisen. Fleischliebhaber sollten Cinghiale in umido probieren. *Seadas* al miele (4 €) und hausgemachtes Tiramisu vervollständigen das Angebot. Im Keller lagern vornehmlich Weine aus dem Sulcis und dem Norden Sardiniens, vor allem Weißweine.

11 km westlich von Tortolì, 8 km von Lanusei

La Pineta

Restaurant-Pizzeria
Vico I Don Orione, 5
Tel. (+39) 07 82 / 374 35,
(+39) 328 / 320 53 86
Ruhetag: Samstag
Ferien: 3 Wochen im September/Oktober
120 Plätze + 20 Plätze im Freien
Preise: 30–35 €
Kreditkarten: AE, CS, DC, MC, Visa; BM
Mittags und abends geöffnet

In diesem Restaurant in Arzana, im Herzen der Ogliastra, findet man Schutz vor der Sommerhitze. Es liegt neben einem schönen Pinienhain mit Blick auf das Tal, das bis Tortolì reicht. Cesare Nieddu steht hier seit 40 Jahren am Ruder und wird im Service von seinem Sohn Claudio tatkräftig unterstützt. Sobald Sie bei Tisch sitzen, können Sie sich für das festgelegte Menü für 35 € entscheiden oder von der Karte wählen. Exzellent sind die Antipasti, die in der Saison um Pilze kreisen, und ansonsten Fagottini ripieni, Polpette, Zwiebelpuffer, ***Arrobialeddus*** (6 €) genannt, gemischten Aufschnitt und lokale Käsesorten (2,50 € pro Portion) vorsehen: Pecorino, salzige Ricotta und Caglio di capretto. Weiter geht es mit hausgemachter Pasta wie ***Culurgiones***, die Sie in verschiedenen Versionen probieren können, und zwar al pomodoro e pecorino, al timo, ai porcini und alla crema di asparagi (9 €). Alternativen wären die guten Ravioli di ricotta oder di carne und, gegen Vorbestellung, superbe **Zuppa di porcini** (9 €). Lassen Sie aber noch Platz für ausgezeichnete **Grigliate di carni** aus Fleisch lokaler Herkunft wie Kalb, **Porchetto** (Ferkel), Ziege, Salsiccia und Bistecche di cavallo, di manzo, di maiale (Pferde-, Rind- und Schweinesteaks, 7 bis 10 €). Falls erhältlich, lassen Sie sich auch **Cinghiale in umido con i porcini** (10 €) nicht entgehen. Von den Desserts nennen wir *Sebadas*, die mit verschiedenen Honigsorten (besonders ausgefallen ist Myrtenhonig) serviert werden, und *Culurgioneddus*, süße Ravioli mit Ricottafüllung (3 €). Was den Wein angeht, können Sie zwischen sardischen Etiketten vom Sulcis bis zur Ogliastra wählen; die Bedienung ist nicht die schnellste, aber herzlich.

8 km nordwestlich von Oristano, S.S. 131

Il Caminetto

Restaurant
Via Battisti, 8
Tel. (+39) 07 83 / 39 11 39
Ruhetag: Montag
Ferien: 15. Januar–15. Februar
120 Plätze
Preise: 33 € (Tagesmenü)
Kreditkarten: AE, CS, MC, Visa; BM
Mittags und abends geöffnet

Im schönen Ort Cabras, umgeben vom faszinierenden Panorama der gleichnamigen Lagune, sind die Tradition der Fischerei und religiöse Feste nach alter Art noch lebendig. Im nahen Tharros kann man auch sehr interessante Ausgrabungen besichtigen. Die Gegend ist für Meeräschen, deren Rogen und Gerichte aus diesen Zutaten berühmt. Das bekannteste ist ***Sa merca***, gekochte Meeräsche, die in ein Sumpfgras namens *Zibba* (Queller) gewickelt, danach getrocknet und nach einem traditionellen Verfahren gesalzen wird, sodass sie einige Tage haltbar ist. Das elegante Lokal befindet sich im Zentrum; das preislich festgelegte Menü (33 €) ist ganz dem Meer gewidmet und verwöhnt Sie mit den unverfälschten Geschmacksnoten lokaler Rezepte. Als Einstieg können Sie sich mit dem Antipasto misto mare (12 €) einen Überblick über die Lokalküche verschaffen oder **Cozze in zuppetta**, Cozze gratinate, Moscardini piccanti und Verdure sotto aceto (10 €) wählen. Sehr schmackhafte Primi sind **Spaghetti alle arselle** oder allo scoglio (10 €). Von den Secondi sollten Sie **Grigliata di pesce** (4 € je 100 Gramm) nicht versäumen. Am Ende haben Sie die Wahl zwischen traditioneller ***Sebada*** und Süßspeisen des Hauses. Die regional gehaltene Weinkarte berücksichtigt Winzerbetriebe aus dem Umland, deren Weißweine exzellent zu den Speisen auf der Karte passen.

Al Porto

NEU

Restaurant
Via Sardegna, 44
Tel. (+39) 070 / 66 31 31
Ruhetag: Montag
Ferien: Oktober
40 Plätze + 30 Plätze im Freien
Preise: 35 €
Kreditkarten: AE, CS, DC, MC, Visa; BM
Mittags und abends geöffnet

Im Marina-Viertel wimmelt es nur so von ultratouristischen Trattorien, die während der Sommersaison total überfüllt sind. Ausnahmen sind selten, aber das auf zwei Ebenen angelegte Restaurant Al Porto, dessen Einrichtung an ein Schiff erinnert, stellt seit jeher eine zuverlässige Adresse dar. Die Familie Zambrotta führt das Lokal und empfängt Sie beim Eingang mit einem Korb fangfrischem Fisch und kalten Vorspeisen, die auf einer Theke ausgebreitet sind. Küchenchef Massimo ist neapolitanischer Herkunft, aber seit 40 Jahren Sarde; er achtet auf das, was das Meer um Cagliari bietet, lässt sich aber auch zu einigen Ausflügen zu seinen Ursprüngen und zu kreativen Einfällen hinreißen. Wir empfehlen Ihnen, sich auf die warmen Antipasti (der Antipasto misto kostet 12 €) zu konzentrieren, wie exquisite Moscardini affogati (mit Tomaten, Knoblauch, Essig, Peperoni), **Zuppetta di cozze e arselle** und Frittura di cozze e *orziadas* (Seeanemonen, 11 €). Weiter geht es mit **Tagliatelle agli scampi con zucchine e pesto casereccio** (10 €), Spaghetti con le *orziadas* und Ravioli di cernia ai ricci (12 €). Aus dem Meer kommt **Fisch**, der nach Ihren Wünschen zubereitet wird (gegrillt, **alla crudaiola**, con la Vernaccia, 4,50 € je 100 g); als Alternative serviert man Frittura mista con le zucchine (12 €) oder **Cotoletta dorata di pesce**. Frisches Obst, *Seadas* al miele oder Micheles Kuchenkreationen (mit Limoncello, mit Nüssen und Mandeln und zur passenden Zeit Pastiera napoletana) gibt es zum Ausklang. Recht gute Weinauswahl mit Etiketten von der ganzen Insel. Der Service ist aufmerksam und freundlich, aufgelockert durch kleine „Auftritte", die auf Massimos neapolitanisches Temperament zurückzuführen sind.

Flora

Restaurant
Via Sassari, 45
Tel. (+39) 070 / 66 47 35
Ruhetag: Sonntag
Ferien: 1 Woche zu Neujahr, 3 Wochen im August
80 Plätze + 50 Plätze im Freien
Preise: 35 €
Kreditkarten: AE, CS, DC, MC, Visa; BM
Mittags und abends geöffnet

Beppe Deplano führt (und animiert im wörtlichen Sinn) gemeinsam mit Tochter und Schwiegersohn dieses wenige Schritte vom Hafen und vom Bahnhof gelegene Lokal in der Altstadt. Der Speiseraum besticht durch schöne Einrichtung, beinahe wie in einem Wohnzimmer, und ist mit Antiquitäten und Bildern dekoriert; der gut geschützte und dicht begrünte Außenbereich wirkt legerer. Das Menü kreist um die Meeresküche Cagliaris, unternimmt aber auch zahlreiche Ausflüge in das Inselinnere. Beginnen Sie mit einem Antipasto, der **Polpettine di carne** oder Verdure fritte, Cozze e arselle in umido, **Frittura di piccola pesca**, Polpo e patate und Funghi arrosto e fritti (der gemischte Teller kostet 12 €) vorsehen kann. Setzen Sie bei den Primi auf die berühmten **Ravioli di cipolla** (10 €), *Culurgiones* ogliastrini oder auf **Spaghetti al cartoccio con frutti di mare** (10 €), con arselle e bottarga oder con ragù di cernia (10 €); ausgezeichnet ist auch Fregola con le arselle. Sie können sich vom Patron auch einen schönen **Fisch** in Portionsgröße empfehlen lassen. Je nachdem, was der Markt bietet, wird er unterschiedlich zubereitet (gebraten, **im Ofen mit Kartoffeln**, mit Pilzen oder mit Vernaccia). Wenn Sie Fleisch bevorzugen, fragen Sie nach für die Barbagia typisches **Pecora in cappotto** (12 €) oder Maiale in umido (gegen Vorbestellung auch gebraten erhältlich). Gute Dolci sind Raviolini di ricotta fritti (5 €) und *Sebadas* al miele, aber ein Klassiker ist Semifreddo al torroncino. Die besten Weine aus der Region, mit ein paar interessanten Neuheiten, die Beppe entdeckt hat, begleiten das Essen.

Bonu in der Viale Diaz 162 bietet zahlreiche sardische Qualitätsprodukte.

Il Fanà

Restaurant
Corso Vittorio Emanuele, 161
Tel. (+39) 070 / 68 03 26
Ruhetag: Montag
Ferien: unterschiedlich
36 Plätze
Preise: 30–35 €
Kreditkarten: AE, CS, MC, Visa; BM
Mittags und abends geöffnet

Gambero in crosta di carasau (7 €) ist eine der gelungensten Speisen unter den Antipasti des Restaurants von Maria Luisa Pinna. Das Bestreben, den delikaten Geschmack des Fisches in den Gerichten zu betonen, die Ihnen höflich serviert werden und es durchaus verdienen würden, weniger zurückhaltend beschrieben zu werden, bestätigt sich auch bei den hervorragenden Seppie con carote. Ein Lob gebührt außerdem Tartina di tonno con funghi e pomodoro und den deliziösen Polpette di orata e limone. Kurios ist dagegen die Präsentation der Piadina di polpo. Trotz dieser Konzessionen an die Kreativität zeigt die Küche respektvolle Aufmerksamkeit für die Tradition Cagliaris. Wunderbar ist, um nur ein Beispiel zu nennen, *Scabecciu*: Der Katzenhai in seinem Saft mundet mit gutem Brot, das in diesem Fall warm serviertes und mit Öl und Salz gewürztes Civraxiu aus Sanluri ist. Stets frisch ist der Fisch, der auf einem der Märkte der Stadt gekauft wird. Bei den Primi gehen Sie mit **Spaghetti al nero di seppia** (10 €) auf Nummer sicher. Bei den Secondi feiern **Fritto di calamari** (9 €), Tonno con pangrattato ed erbe aromatiche (12 €) sowie Trance di spada con pomodori e zafferano (Safran aus dem Slow-Food-Presidio) einen Triumphzug. Gut sind die vom Obst der Saison oder von der Tradition inspirierten Löffeldesserts, die immer mit einem kreativen Touch versehen sind. Die Rechnung fällt mit einem guten Vermentino des Hauses aus dem nahen Capoterra sehr moderat aus; für anspruchsvollere Gaumen steht eine gute Auswahl an Flaschenweinen aus lokalen Kellereien bereit.

CAGLIARI

Is Fradis

Restaurant
Via Coco, 1
Tel. (+39) 070 / 65 76 52
Ruhetag: Sonntag, Montagmittag
Ferien: 2–3 Wochen im August
40 Plätze + 8 Plätze im Freien
Preise: 38–40 €
Kreditkarten: AE, CS, DC, MC, Visa; BM
Mittags und abends geöffnet

Im Is Fradis bietet man eine Küche, die, ausgehend von ausschließlich lokalen Zutaten und traditionellen Rezepten und Kombinationen, elegant und erfinderisch abgewandelte Speisen hervorbringt, die der Fantasie von Küchenchef Matteo Serreli entspringen. Das Lokal mit seinen weißen Wänden, gut angeordneten, schön gedeckten Tischen und Dekor aus getöpferten und gewebten Elementen der sardischen Tradition besticht durch schlichte Eleganz. Anders als in vielen Lokalen Cagliaris werden Sie hier nicht von einer Vorspeisenlawine überrollt, sondern können einzelne Kombinationen probieren, wie Polpette di ricciola con maionese ai ricci (9 €), Insalata di seppie e carciofi con pecorino e bottarga (9 €) und **Uovo croccante con salsa di pecorino 24 mesi e prosciutto sardo** (8 €). Großes Augenmerk gilt handwerklich erzeugter Pasta wie *Lorighittas* con i ricci (oder con la salsiccia) e cime di rapa (12 €), **Fregola con frutti di mare, gamberi, zafferano e scorza di limone** (12 €) und Ravioli di fiore sardo con salsa di pera al Vermentino, cipolla croccante e chips al formaggio. Die Qual der Wahl haben Sie dann bei den Secondi wie Polpo scottato con crema e chips di topinambur, salvia e mandorle (16 €), Maialino da latte arrotolato con salsa al mirto und verschiedenen Speisen aus tagesfrischem Fisch mit Gemüse und besonderen Gewürzen (20 €). Die Dolci (8 €) bieten wundervolle Entdeckungen, allen voran Cannolo di fichi secchi con gelato artigianale und Semifreddi aus Saisonfrüchten. Die Weinkarte enthält zwar ein paar gute Tropfen, ließe aber aber noch verbessern. Die Brüder Serreli sorgen für einen herzlichen, aufmerksamen und gepflegten Service.

La Locanda dei Buoni e Cattivi

Restaurant
Via Vittorio Veneto, 96
Tel. (+39) 070 / 734 52 23
Kein Ruhetag • Ferien: August
30 Plätze + 30 Plätze im Freien
Preise: 20–30 € • Kreditkarten: MC, Visa; BM
Mittags geöffnet, Donnerstag–Samstag auch abends

Die Locanda dei Buoni e Cattivi befindet sich im Herzen eines der Villenviertel der Stadt und bietet im Sommer dank einem schönen, mit vielen Bäumen bepflanzten Hof Schutz vor der Hitze. Sie entstand aus einem Projekt der Non-Profit-Organisation Domus de Luna, das die Förderung der sozialen Eingliederung zum Ziel hat, hat sich stetig weiterentwickelt und wurde schließlich zu einer Adresse für Gäste, die Gerichte aus sorgsam ausgewählten Saisonzutaten wünschen. Der Betrieb umfasst auch ein Bed and Breakfast. Im Sommer kann man im Freien essen und sich mit einem Aperitif im Grünen einstimmen. Die Karte wechselt wöchentlich und sieht wochentags und am Sonntag verschiedene Menüs vor. Von den Primi nennen wir Crema fresca di pomodori e peperoni (7 €), **Gnocchi di patate con ragù di melanzane e pecorino** und **Tagliatelle con le *niedditas*** (Miesmuscheln aus der Lagune von Marceddì). Secondi, die Sie nicht außer Acht lassen sollten, sind ***Bombas*** (9,50 €), typische Fleischbällchen aus Cagliari und Umgebung, oder Frittura di *sparlotte* con verdure impanate (10,50 €). Wenn Sie **Salate** bevorzugen, finden Sie köstliche Insalata **di legumi** (aus marinierten, aromatischen Hülsenfrüchten, 7 €) oder traditionelle Caprese mit knusprigen Auberginen und Basilikum (6,50 €). Beim Kapitel Dolci verwöhnen Semifreddo allo yogurt biologico con zeste di limone caramellate (5 €) und Millefoglie della Locanda (5 €) Ihren Gaumen. Das Weinangebot ist vorwiegend lokal gefärbt und harmoniert gut mit den Speisen.

Sa Domu Sarda

Restaurant
Via Sassari, 51
Tel. (+39) 070 / 65 34 00
Ruhetag: Samstagmittag
Ferien: Weihnachten, Neujahr
70 Plätze
Preise: 25–40 €
Kreditkarten: CS, MC, Visa; BM
Mittags und abends geöffnet

Sa Domu Sarda (das sardische Haus) lässt bereits in seinem Namen die Liebe zur Insel und den Produkten, die sie hervorbringt, durchblicken. Das nicht weit vom Zentrum und dem städtischen Treiben gelegene Lokal ruft die bäuerliche Tradition in Erinnerung, auch in seinem Dekor, aus dem eine kostbare weibliche Tracht aus Sardinien hervorsticht. Das Speisenrepertoire ist das Ergebnis einer achtsamen Auswahl hiesiger Zutaten, wie schon bei den Vorspeisen ersichtlich wird: Platten mit einem Mix aus **Wurst und Käse** (10 €), Favette al finocchietto con guanciale (8 €) oder als Alternative die gesamte Degustazione della casa (15 € für mindestens zwei Personen), eine optimale Lösung für Gäste mit kräftigem Appetit. Von den Primi erinnern wir uns an ***Malloreddus* alla campidanese** (8 €), Ravioli di ricotta e spinaci, traditionelle ***Culurgiones* con noci e pinoli** oder con crema di porri (10 €) und Fregola allo zafferano con funghi e salsiccia. Bei den Secondi steht Geschmortes und Gebratenes zur Auswahl: Coppa di maiale speziato (15 €), Grigliata mista, **Filetto di maiale su crema di patate al rosmarino**, Costine di agnellone und **Filetto di cavallo**. Zu den traditionellen hausgemachten Desserts gesellt sich handwerklich erzeugte ***Sebada***, mit Zitrone aromatisiert und mit Honig angerichtet. Es gibt vier Degustationsmenüs zu Preisen zwischen 20 und 35 €, Wein nicht inbegriffen. Die Weinkarte nennt eine umfangreiche Auswahl ausschließlich sardischer Etiketten; der offene Hauswein kommt aus dem Campidano.

Sa Piola della Vecchia Trattoria

Moderne Osteria
Vico Santa Margherita, 3
Tel. (+39) 070 / 66 67 14
Kein Ruhetag • Ferien: unterschiedlich
60 Plätze + 10 Plätze im Freien
Preise: 40 €
Kreditkarten: MC, Visa; BM
Mittags und abends geöffnet

Giuseppe Vincis Lokal in einem Gässchen mit Steinstufen, die zum Kastell führen, ist, wie schon der Name erkennen lässt, ein perfektes Gasthaus. Netter Empfang und Höflichkeit zeichnen das Personal und den aufmerksamen, exakten Inhaber aus, dessen Begeisterung ansteckend wirkt. Meer und Festland prägen die Gerichte von den Primi bis zu den Nachspeisen, für die auch viele Slow-Food-Presidi verarbeitet werden. Beginnen Sie mit Wurst und Käse der Hirten (16 €), **Insalata di moscardini e cozze** (12 €), Polpettine di maiale allo zafferano di San Gavino und Frittura di mare e verdure (20 €). Sie können aber auch die gesamte Degustation wählen, vom Festland (20 €), aus dem Meer (25 €) oder aus dem Gebiet (30 €), die keinen Platz mehr für sonstige Speisen lässt. Sehr einladend ist das Käseangebot mit *Su casizolu* aus Santulussurgiu oder **Pecorino arrosto con la *sapa***; auch Primi wie ***Minestr' e' cocciula***, *Mazzamurru*, ***Lorighittas* con crostacei e pomodoro fresco** und *Ciccioneddas* al pesto di mare (14 €) schmecken gut. Probieren Sie von den Secondi unbedingt Cordula con i piselli (15 €), **Stracotto** di cavallo al Vermentino (14 €) und Stracotto **di bue rosso al Cannonau** (€ 14). Auch die Süßspeisen folgen der Tradition, allerdings in moderner Interpretation, darunter Tiramisù con savoiardi di Dorgali, Timballo di latte und Strudel di mele di Barrali con carasau. Die Karte nennt Weine aus dem Umland; gut sind der rote Hauswein und der Moscato aus Cagliari, der zu den Desserts gereicht wird.

»
Das Sa Piola zeichnet sich durch Geschmacksnoten, Rezepte, Produkte und Ambiente von den Küsten und Bergen Sardiniens aus, die mit Leidenschaft, Begeisterung, Freundlichkeit und der richtigen Dosis Kreativität präsentiert werden.
«

CAGLIARI

Su Tzilleri e su Doge

Trattoria
Piazza San Giuseppe, 2
Tel. (+39) 327 / 154 22 16
Ruhetag: Sonntagabend
Ferien: 2 Wochen im März
50 Plätze + 30 Plätze im Freien
Preise: 35–40 €
Kreditkarten: AE, CS, DC, MC, Visa; BM
Mittags und abends geöffnet

In den historischen Räumlichkeiten des Kastells von Cagliari, genau unter dem Torre dell'Elefante, lässt der begeisterte und methodisch arbeitende „archäologische" Koch Claudio Ara seiner kreativen Ader freien Lauf. Er hat sich der ständigen Suche und Aufwertung exzellenter Produkte aus kleinen Handwerksbetrieben verschrieben und bringt die authentischen Geschmacksnoten der sardischen Küche auf den Tisch. Dabei legt er eine einzigartige Achtsamkeit und Sensibilität für Nachhaltigkeit und verschiedene Slow-Food-Presidi an den Tag. Es gibt zwei Degustationsmenüs – vom Festland (35 €) und aus dem Meer (40 €) –, die je nach den verfügbaren Zutaten ständig wechseln; als Alternative kann man unter zahlreichen Tagesangeboten à la carte wählen. Es geht los mit Prosciutto aus Oliena und Ricotta affumicata aus Ovodda, Polpo con patate, **Polpettine di bue rosso** (14 €) **alla Vernaccia**, *Burrida* cagliaritana (mariniertem Katzenhai) oder ***Pisci in collettu*** (gekochten Dicken Bohnen mit Speck und Fenchel), einem Armengericht als Alternative zu Fisch. Weitere Antipasti sind **Muggine in *merca*** con la *zibba* (gekochte Meeräsche, in Sumpfgräsern konserviert) aus Cabras und Trippa di manzetta al sugo e mentuccia. Von den Primi dürfen Sie sich ***Sa fregula*** sarda abbrustolita **al ragù di mare**, ***Ciccioneddas*** (Klößchen) **al casizolu e zafferano** di San Gavino und *Pani frattau* nicht entgehen lassen. Arrosto di maiale und Filetto di dentice con patate e zafferano sind zwei hervorragende Hauptgerichte, ebenso wie *Toccata* (Filet) di pagello con carciofi. Abschließend warten eine gute Selektion lokaler Käsesorten (16 €) und delikater Flan di latte di pecora. Wein, Biere aus Kleinbrauereien und Liköre werden bei kleinen Erzeugern ausgesucht und überraschen mit bemerkenswerten Aromen.

CAGLIARI
Giorgino

Zenit da Minestrone

Restaurant
Viale Pula/Villaggio dei Pescatori
Tel. (+39) 070 / 25 00 09,
(+39) 338 / 435 05 05
Ruhetag: Montag
Ferien: 1.–10. Januar, 3 Wochen im November
40 Plätze + 40 Plätze im Freien
Preise: 32–35 €
Kreditkarten: AE, CS, DC, MC, Visa; BM
Mittags und abends geöffnet

Wenige Kilometer außerhalb der sardischen Hauptstadt befindet sich an der Provinzstraße 195 in Richtung Pula das Villaggio dei Pescatori (Fischerdorf). Hier können Sie sich auf einen angenehmen Besuch in einem alteingesessenen Lokal freuen, das auf den Golf von Cagliari und den historischen Strand seiner Einwohner blickt, den Giorgino-Strand. Das gepflegt eingerichtete Lokal wird nunmehr von der dritten Generation einer Familie geführt und bietet eine prachtvolle Aussicht auf die Stadt aus einer absolut originellen Perspektive. Trotz des Wachstums der Stadt ist die Bedeutung der Fischerei niemals zurückgegangen, und Gerichte mit frischem Fisch sind nach wie vor der Stolz der hiesigen Küche. Das im Zenit gebotene Menü ist ganz und gar an diese Tradition gebunden. Von den Antipasti nennen wir Insalata di polpo (7 €), ***Scabecciu*** (der Begriff leitet sich vom Verb *scabecciai* ab, das heißt in Essig einlegen), Cozze alla marinara (5 €), *Burrida* (Katzenhai in Sauce aus Essig, Walnüssen und Leber gekocht) und **Polpetti alla diavola**. Bei den Primi können Sie zwischen **Spaghetti ai ricci** oder Minestra di fregola con le arselle (13 €) wählen, aber Spaghetti alle cozze sind ebenfalls exquisit. Was die Secondi angeht, sind Sie hier richtig, wenn Sie ausgezeichnete **Frittura mista** (15 €), Calamari fritti oder Pesce alla griglia (4,50 bis 7,50 € je 100 Gramm, abhängig von der Fischart) genießen möchten. Die Weinkarte bietet eine recht gute Auswahl aus der Region mit Vorliebe für Etiketten aus dem Umland.

CALANGIANUS (OT)

9 km ö. v. Tempio Pausania, 35 km v. Olbia, S.S. 127

Il Tirabusciò

Restaurant
Via Bixio, 5
Tel. (+39) 079 / 66 18 49,
(+39) 347 / 058 05 48
Ruhetag: Sonntag
Ferien: unterschiedlich
30 Plätze
Preise: 30–35 €
Kreditkarten: CS, DC, MC, Visa; BM
Mittags und abends geöffnet

Das Restaurant bleibt weiterhin eine ausgezeichnete Adresse für alle, die von der nahen Küste einen Ausflug in das Innere der Gallura unternehmen wollen. Die hier gebotenen Gerichte entspringen der alten Lokalküche, die noch sehr an das Festland gebunden und von den vor Jahrhunderten aus dem nahen Korsika eingesickerten Einflüssen gekennzeichnet ist. Die beiden jungen Inhaber, Antonio und seine Frau Francesca, führen Sie im Speisesaal mit architektonischen Granitelementen freundlich durch ein Festlandsmenü, das ein paar kleinen, aber guten, vom Marktangebot abhängigen Ausflügen in die Meeresküche nicht abgeneigt ist. Wählen Sie zur Einstimmung die Antipasti della casa (12 €) mit Kostproben von Ricottina, **Ceci con spinaci**, Cavolo gratinato und Involtino di melanzane. Sehr interessant ist die Platte mit rustikalen **Salumi** für 7 €. Primi, die Sie nicht versäumen sollten, sind ***Li puligioni***, süße Ravioli mit Ricottafüllung und Tomatensauce, ***Li chjusoni***, von Hand erzeugte Hartweizenklößchen mit Salsiccia-Sauce (8,50 €) sowie ganz traditionelle und immer gute Zuppa gallurese. Weiter geht es mit den Secondi, die sehr zu Recht von Fleischgerichten dominiert werden, wie **Tagliata di bovino** gallurese **con riduzione di mosto e origano** (13 €) und Porcetto, das Sie aber bereits bei der Reservierung vorbestellen müssen. Unter den Desserts sind köstliche Ravioli dolci fritti, Tiramisu und *Abbamele* (Met-Reduktion). Die gute Weinauswahl konzentriert sich auf Erzeugnisse aus den wichtigsten Kellereien der Gallura und der Region.

40 km nördlich von Oristano, S.S. 292

Desogos

Restaurant
Via I Cugia, 6
Tel. (+39) 07 85 / 396 60
Kein Ruhetag
Keine Ferien
60 Plätze
Preise: 20–25 € (Tagesmenü)
Kreditkarten: CS, DC, MC, Visa; BM
Mittags geöffnet, Samstag und Sonntag auch abends

In den Gässchen der Altstadt der schönen, im Herzen des Montiferru gelegenen Gemeinde Cuglieri stoßen Sie fast zufällig auf diese authentische traditionelle Osteria, die 1945 als Ausschank eröffnet wurde. Seitdem bietet die Familie Desogos, heute durch die drei Schwestern vertreten, stets mit großem Einsatz eine reine Küche aus lokalen Produkten, die auch sehr auf die Bedürfnisse von Touristen achtet (der schöne Weststrand ist nur wenige Kilometer entfernt und kann vom erzbischöflichen Seminar, das über der Stadt thront, von oben bewundert werden). Pina empfängt Sie im großen Speisesaal, dessen Wände mit ländlichen Gerätschaften, Bildern, alten Fotos und Weidenkörben geschmückt sind, und bietet Ihnen ein festgelegtes Menü an, das sich jedoch je nach Bedarf variieren lässt. Es beginnt mit einer langen Reihe an Antipasti: **hausgemachten Sottoli** – Auberginen, Artischocken und Frühlingszwiebeln –, Ceci al finocchietto, charakteristischen ***Panadinas***, mit Fleisch und Erbsen gefüllten Fladen, und guten lokalen Wurstwaren. Darauf folgen Primi – gewöhnlich zwei Kostproben – mit Wahlmöglichkeit zwischen ***Malloreddus* al sugo di verdure**, Ravioli di bietola e ricotta al pomodoro und verschiedenen Pastaformaten con ragù di cinghiale. Wenn Sie dann noch ein bisschen Platz haben, probieren Sie das ausgezeichnete **geschmorte** Fleisch, wie Lepre oder **Cinghiale**, oder lassen Sie sich **Maialetto arrosto** schmecken. Traditionelle Süßspeisen oder hausgemachte Kuchen lassen das Mahl ausklingen. Neben diversen regionalen Etiketten steht ein mehr als anständiger offener Cannonau zu trinken bereit. Das Ambiente wirkt angenehm familiär, der Empfang ist herzlich, sehr engagiert, aber nie aufdringlich.

32 km östlich von Nuoro, S.S. 129 und S.S. 125

Ispinigoli

Restaurant • Strada Statale 125, km 210
Tel. (+39) 07 84 / 952 68,
(+39) 07 84 / 942 93
Kein Ruhetag
Ferien: Oktober–März
350 Plätze + 150 Plätze im Freien
Preise: 30–38 €
Kreditkarten: AE, CS, MC, Visa; BM
Mittags und abends geöffnet, Juli und August nur abends

Die Vielfalt der Meeresaromen und Düfte der mediterranen Macchia kommt im Restaurant Ispinigoli in Dorgali vor der prachtvollen Cala Gonone bestens zum Ausdruck. Hier bekommen Sie Spezialitäten aus exzellenten lokalen Produkten, wie Gartengemüse, Käse, Weine, hausgemachte Pasta, Fleisch, Fisch und ausgezeichnet zubereitete Dolci, die Ihnen die nötige Energie verleihen, um die zahlreichen Wanderwege zu beschreiten, die vom Ort aus leicht erreichbar sind. Pietro Mula und seine Familie empfangen seit über 30 Jahren ihre Gäste aufmerksam und gastfreundlich und verwöhnen sie mit dem Besten aus der sardischen Küche. Zu Beginn gibt es lokale Salumi, Ziegenkäse, **Pomodori con *frue salia*** (mit gesalzenem Käsebruch von der Ziege), ***Cordedda*** (Lamminnereien) **al pomodoro**, *Casadina* di formaggio e menta (8 €), Polpette piccanti und Pescatrice alla catalana. Unter den Primi sind ***Maccarrones furriaus all'armidda*** (12 €) – mit Schafkäse, Thymian und Safran sautiert –, *Anzelottos* di formaggio al sugo di carne, **Culurgiones** (mit Kartoffeln, Käse und Minze gefüllte Pasta), *Fregola* alla bottarga di muggine oder Spaghetti ai frutti di mare. Danach folgen ***Purpuzza*** (gehacktes Schweinefleisch mit Kräutern), Cinghiale al Cannonau, Porcetto arrosto (14 €) oder frischer Fisch, gebraten oder in Form von Suppe. Auch die lokalen **Formaggi** aus Schaf-, Ziegen- und Kuhmilch verdienen eine Kostprobe. Mit *Seada*, *Taedda* oder *Aranzada* (kandierten Orangenzesten) räumen die Dolci Produkten wie Honig, Orangen und Käse viel Platz ein. Es gibt verschiedene Degustationsmenüs: ein Meeresmenü (37 €), ein Menü aus der Barbagia (30 €) und ein Kindermenü (15 €). Der überaus gepflegte Keller bietet superbe Weine und Liköre aus dieser und anderen Regionen.

41 KM SÜDWESTLICH VON NUORO, S.S. 128

Santa Rughe

Restaurant-Pizzeria
Via Carlo Felice, 2
Tel. (+39) 07 84 / 537 74
Kein Ruhetag
Ferien: zeitweise im Februar und November
100 Plätze + 20 Plätze im Freien
Preise: 30 €
Kreditkarten: CS, DC, MC, Visa; BM
Mittags und abends geöffnet

Gavoi ist ein wunderschöner Ort im Inselinneren und berühmt für seine Altstadt und das im Juli stattfindende Literaturfestival. Hier schlägt sich Franco Podda seit Jahren wacker in der Verteidigung lokaler Produkte, allen voran Fleisch und Schafkäse. Neben ausgezeichneter Pizza gibt es ein vornehmlich vom Festland geprägtes Angebot, in das einige Fischgerichte eingestreut sind. Lassen Sie sich von Franco leiten, um zu entscheiden, ob Sie mit der vollständigen Palette der Antipasti (14 €; Einzelgerichte ab 8 € erhältlich) mit Wurst, in Öl eingelegtem Gemüse, verschiedenen Käsesorten, Dicken Bohnen und **Trippa e *purpuzza*** (Salsicciabrät) einsteigen oder gleich zu Primi aus frischem Teig greifen, wie **Ravioli di formaggio al ragù di cinghiale** (8,50 €), Tagliatelle con porcini oder der seltenen ***Erbuzzu*** (Suppe aus 17 Wildkräutern). Als Alternative steht gegrilltes Fleisch (ein Mix kostet 14 €) zur Auswahl, angefangen von Costine di maiale über Salsiccia bis *Cordula* di agnello. Cinghiale in umido und Agnello al tegame vervollständigen das Angebot. Beenden Sie Ihr Menü mit der großen Käseselektion (Schafkäse mit Myrte und Safran neben Fiore sardo in verschiedenen Reifegraden), *Seadas* (5 €) oder Raviolini fritti di ricotta. Ausgezeichnetes Angebot an Weinen aus dieser und anderen Regionen, wobei Rotweine und weniger bekannte Kellereien im Vordergrund stehen, vor allem solche, die Cannonau erzeugen.

»

Für die große Achtsamkeit auf Traditionsküche, die akribische Suche nach kleinen lokalen Erzeugern und die freundliche und sympathische Art, mit der die Gäste in ungezwungenem, aber mit Liebe zum Detail gestaltetem Ambiente empfangen werden.

«

22 KM SÜDÖSTLICH V. CARBONIA, 43 KM V. IGLESIAS

La Rosella

Restaurant • Via Principe di Piemonte, 135
Tel. (+39) 07 81 / 96 40 29,
(+39) 340 / 313 43 76
Kein Ruhetag
Ferien: zweite Dezemberhälfte
150 Plätze
Preise: 35 €
Kreditkarten: AE, CS, DC, MC, Visa; BM
Mittags und abends geöffnet, November–März nur mittags

Das La Rosella ist eine klassische Trattoria mit Übernachtungsmöglichkeit, wie sie in Sardinien immer seltener zu finden sind. In Giba, einer kleinen Gemeinde im Sulcis, hat sich im Lauf der Jahre eine Kundschaft bestehend aus Berufstätigen und Stammgästen etabliert, zu der sich im Sommer auch einige Touristen gesellen. Man trifft daher auf Gäste, die ein festgelegtes Menü wünschen, und solche, die an der lokalen Traditionsküche interessiert sind. Der Hauptgastraum verläuft entlang des Zugangskorridors zur Rezeption und führt zu einem weiteren Bereich. Zu essen gibt es zwei viergängige Degustationsmenüs vom Festland und vom Meer für 25 und 30 €. Wenn man à la carte isst, kann man mit Aufschnitt und Käse beginnen, aber die handwerklich erzeugte Pasta (10 €) bleibt die Spezialität des Lokals, wie etwa Ravioli con asparagi, rucola e bottarga und ***Pillus*** (typische Pasta aus dem Sulcis) **al ragù di capra**. Unter den Secondi finden sich ausgezeichnete Grigliate miste (12 €), Bistecche, **Maialetto arrosto** (gegen Vorbestellung) und Pecorino arrosto con miele (8 €). Wenn Sie Meeresgerichte möchten, können Sie mit dem Antipasto misto beginnen, der sich aus Zuppetta di cozze e arselle, Insalata di polpo con rucola und Frittura mista (20 €), zusammensetzt, und mit Spaghetti alle arselle e bottarga, **Fregola con arselle** oder Tagliolini allo scoglio (15 €) fortfahren. Grigliata mista ist ein hervorragendes Hauptgericht (20 €) neben den ausgefallenen Seppiette al pecorino. Typisches sardisches Feingebäck oder Raviolini di ricotta fritti (5 €) runden das Essen ab. Im Keller lagern vornehmlich Weine aus dem Sulcis. Der Service ist effizient.

Pintadera

Trattoria
Via Manno, 22–24
Tel. (+39) 349 / 522 85 56,
(+39) 346 / 677 01 83
Ruhetag: Mittwoch
Keine Ferien
90 Plätze
Preise: 30–35 €
Kreditkarten: CS, MC, Visa; BM
Mittags und abends geöffnet, Juli und August nur abends

Dieses gemütliche Lokal in der Altstadt von Iglesias zeugt von Tradition. Die Verbundenheit mit dem Gebiet äußert sich hier in einem gastronomischen Parcours, der originell und gleichzeitig nach alter Art gestaltet ist. Die ausschließlich aus Festlandszutaten zubereiteten Gerichte werden von Eigentümer Pietro Vivarelli beschrieben, der Ihnen Art und Herkunft der Zutaten erläutert, die aus der unmittelbaren Nähe oder aus der Region stammen. Abgesehen vom bekannten Carpaccio salato di bue rosso (8 €), dem Paradegericht des Lokals, seien Prosciutto, lokale Salumi und Tris di antipasti (12 €) erwähnt, das **Trippa**, Casizolu del Montiferru arrosto und Caglio beinhaltet. Bemerkenswert ist Ricottina di pecora, die Pietro Ihnen als Willkommensgruß serviert. An Primi des Hauses gibt es ***Malloreddus* alla campidanese** (8 €), *Culurgiones* di patate e menta con burro e formaggio (8 €) und **Ravioli di brasato di bue rosso al sugo** oder di ricotta alle ortiche. Bei den Secondi dominiert Fleisch. Es erwarten Sie gute Fiorentina und Costata (5 € je 100 Gramm) und vorzügliche **Tagliata di bue rosso** (12 €) sowie **Pecora** arrosto oder **in umido**. Als Beilage gibt es Pommes frites aus Kartoffeln lokaler Herkunft. Abschließend kommen lokale Dolci wie Parduline auf den Tisch, die mit Mirto oder deliziösem *Filu 'e ferru* aus Muskat aus der Ogliastra serviert werden. Zu trinken gibt es als Hauswein einen exzellenten kräftigen, substanzreichen Carignano aus dem Umland und ein ausreichendes Angebot an weiteren Etiketten aus dem Gebiet.

„Gastlichkeit, Liebe zum Gebiet und Kreativität begleiten die Gäste, sobald sie das Lokal betreten haben.“

S'Arragatteri

Traditionelle Osteria
Ortsteil Nura Ponti, Strada Provinciale 85, km 3
Tel. (+39) 340 / 569 12 46,
(+39) 331 / 438 19 47
Ruhetag: Montag
Ferien: 2 Wochen im Oktober/November
60 Plätze + 20 Plätze im Freien
Preise: 30 €
Kreditkarten: CS, MC, Visa; BM
Mittags und abends geöffnet, Juli und August mittags gegen Vorbestellung

Die reiche mittelalterliche Stadt Iglesias im Südwesten Sardiniens wartet mit einem alten Kastell und vielen Kirchen auf. Dazu kommen die Hinterlassenschaften aus dem einst bedeutenden Bergbau, die prachtvolle Küste von Gonnesa und Nebida und außergewöhnliche Natursehenswürdigkeiten wie Grotten, Klippen, kleine Buchten und Wälder. Sehenswert ist die Santa-Barbara-Grotte, eine gigantische Kalkgeode in den Tiefen der Mine von San Giovanni. Ein kleines Stück außerhalb der Stadt, umrahmt von ländlichem Gebiet und Handwerksbetrieben, befindet sich das S'Arragatteri. Es bietet Meeresküche, deren Rezepte sich nach dem Ergebnis der Fangzüge der Fischerboote aus Sant'Antioco richten. Sie sind gekonnt ausgewählt und werden in einem vereinbarten Menü oder in drei, täglich wechselnden Zusammenstellungen angeboten: Primo und Secondo (18 €), plus zwei Antipasti (25 €) und komplett, das heißt mit drei Antipasti, Beilage, Wein, Wasser und Kaffee (28 €). Der Antipasto misto (16 €) beinhaltet Cozze gratinate, Polpo con patate, Seppiette arrosto con pomodorini, ***Burrida*** (in Essig marinierten Katzenhai) **alle noci**, **Lumachine di mare con pangrattato**, aglio e prezzemolo oder Bocconi (Purpurschnecken) lessati. Unter den ausnahmslos frisch zubereiteten Primi sind Spaghetti ai ricci di mare (von November bis April) oder con frutti di mare (15 €) und außergewöhnliche **Fregola alle *orziadas*** (mit Seeanemonen). Anschließend folgen Gamberoni (Riesengarnelen), Orate (Goldbrassen), Spigole (Seebarsche) und Calamari alla griglia (4,50 € je 100 g), **Frittura mista di paranza e gamberi**, Zuppa di pesce (gegen Vorbestellung) oder **Caponata di pesce** (16 €). An hausgemachten Dolci gibt es Raviolini fritti oder Löffeldesserts. Das Weinangebot beschränkt sich auf einen offenen Weißwein und wenige lokale Etiketten.

33,5 KM SÜDWESTLICH VON IGLESIAS, S.P. 84 + FÄHRE

A Galaia

Restaurant
Via Don Nicolo Segni, 36
Tel. (+39) 07 81 / 85 40 81,
(+39) 07 81 / 87 21 52
Ruhetag: Montag
Keine Ferien
80 Plätze + 20 Plätze im Freien
Preise: 30–35 €
Kreditkarten: CS, MC, Visa; BM
Mittags und abends geöffnet

Das ehrwürdige Lokal der Brüder Buzzo in Carloforte auf der Insel San Pietro spiegelt die Einzigartigkeit des Ortes wider – durch seine Lage nahe dem Hafen und Zentrum, die Farben, die Materialien und vor allem in den Speisen, deren Hauptressource Fisch und im Besonderen Roter Thun ist. Wir weisen darauf hin, dass der Rote „Renn-Thun", so genannt wegen der Geschwindigkeit, die er erreichen kann, hier noch in den Thunfischfanganlagen nach alten, genau festgelegten, nachhaltigen und gegenüber dem Meer und seiner Großzügigkeit respektvollen Methoden gefangen wird. Die Küche achtet sehr auf die Traditionen der Insel. Sie können mit dem Antipasto A tutto tonno (20 €) mit Mousse, Bottarga, Bollito und Carpaccio beginnen, der ideal für zwei Personen ist; Alternativen dazu wären Caponata di tonno (10 €) und Carpaccio di tonno oder Carpaccio di pesce spada (10 €). Als Primi bieten sich **Spaghetti** alla Galaia oder **alla bottarga** (12 €), **Pasticcio alla carlofortina** (12 €) und hervorragendes traditionelles Couscous. Die Palette der Secondi aus Meereszutaten umspannt Aragosta alla catalana (12 € je 100 Gramm), **tagesfrischen Fisch vom Grill** (5 € je 100 Gramm), über der Holzglut gegarte Fischstücke und Tonno alla carlofortina (mit Tomaten). Weitere Möglichkeiten sind **Zuppa di pesce** (*Cassola*) und Scottona di tonno. Wenn Sie Fleisch bevorzugen, wählen Sie Bistecca di manzo, Salsiccia alla griglia oder Grigliata mista. Traditionelles Kleingebäck aus Carloforte mit Moscato sorgt neben anderem den süßen Abschluss. Mittags gibt es ein Degustationsmenü für 20 €. Die Weinkarte listet eine umfangreiche Selektion auf, in der sardische Winzerbetriebe gut vertreten sind.

ISOLA DI SAN PIETRO (CI)
Carloforte

33,5 KM SÜDWESTLICH VON IGLESIAS, S.P. 84 + FÄHRE

Osteria della Tonnara Da Andrea

Restaurant • Corso Battellieri, 36
Tel. (+39) 07 81 / 85 57 34
Ruhetag: Mittwoch
Ferien: März
140 Plätze • Preise: 35 €
Kreditkarten: AE, CS, MC, Visa; BM
Mittags und abends geöffnet, Oktober–April nur abends

Das zwischen dem Meer und den Salinen gelegene Restaurant Da Andrea befindet sich auf einer Insel mit einer der bedeutendsten Fischereitraditionen von ganz Sardinien und wartet mit typischer Küche aus Carloforte auf. Thunfisch ist vor allem in den Monaten der „mattanza", des traditionellen Thunfischfangs, der Hauptdarsteller. In den weitläufigen, auf zwei Ebenen angelegten Räumlichkeiten wurde einst Fisch verarbeitet, wovon noch einige Holzfässer zeugen, in denen der Fisch in Salz eingelegt wurde. Heute regiert hier Küchenchef Andrea Rosso, unterstützt von der Familie. Die lokale Küche ist von Beginn an dominant, wenn neben Brot auch Panissa fritta (Kichererbsenfladen) und Focaccia auf den Tisch gestellt werden. Wir empfehlen einen Einstieg mit **Misto** dello chef, bestehend aus rund zehn Antipasti, unter denen **Cuore e mosciame di tonno**, Tonno lesso, **Moscardini al Cannonau**, Tocchetti di razza croccanti, Pesce spada in salsa, Timballo di melanzane e tonno und viele andere Köstlichkeiten herausragen (18 €). Falls verfügbar, sind Crudo con scampi, Tartara und Carpacci di tonno e dentice eine hervorragende Wahl. Unter den Primi sind die berühmte **Lasagna con tonno e pesto** (12 €), Cuscus oder ***Bobba***, ein altes Gericht aus Dicken Bohnen aus der Tradition Carlofortes. Im Mai, Juni und Juli, wenn der Thunfischfang die besten Schätze aus dem Meer liefert, können Sie kurz angebratene **Codella di tonno**, Tagliata di ventresca (18 €) und Tonno alla carlofortina genießen; es gibt aber auch **Frittura del Moleno** (16 €), benannt nach einem der lokalen Fischerboote, mit dem Tag für Tag der Fisch geliefert wird. Das Finale bilden *Turtedda*, frittierte Ravioloni mit Ricotta, Honig und Orangenzesten. Gute Weinkarte.

28 KM SÜDWESTL. V. CARBONIA, 49 KM V. IGLESIAS

Da Pasqualino

Restaurant
Via Regina Margherita, 85
Tel. (+39) 07 81 / 884 73
Ruhetag: Dienstag, außer im Sommer
Ferien: Februar
70 Plätze + 20 Plätze im Freien
Preise: 35 €
Kreditkarten: AE, CS, MC, Visa; BM
Mittags und abends geöffnet

Das Restaurant Da Pasqualino in Calasetta ist eine bewährte Adresse, denn seit 1963 bietet es Fischküche und hat in diesem Jahr sein Angebot um ausgezeichnete Pizza erweitert, die mit geräucherten und anderen Meeresprodukten – stets frisch und lokaler Herkunft – sowie mit Gemüse aus dem häuslichen Garten verfeinert wird. Wir empfehlen zur Einstimmung Antipasto misto (14 €) mit Kostproben von Affumicati di tonno, Mosciame und Insalata di polpo e pesce spada. Als Primi munden köstliches, handwerklich erzeugtes **Cuscus di mare** (14 €) ebenso wie Fregola, in dieser Gegend *Pilau* genannt, die mit Meeresfrüchten Garnelen, Miesmuscheln und Tintenfischen angeboten wird (12,50 €). Als Alternative bietet sich üppige **Zuppa di pesce** (20 €) an, die in Kombination mit Crostini als ganze Mahlzeit durchgehen kann. Sie ist aus Drachenkopf, Meeraal, Tintenfischen, Kaisergranaten, Garnelen und anderen Schätzen aus dem Tagesfang fachgerecht zubereitet und zeichnet sich durch würzigen und gleichzeitig delikaten Geschmack aus. Unter den Secondi sind Pesce spada alla griglia (13 €), Tonno und knusprige **Frittura mista** mit Meerbarben, Garnelen und Calamari (14 €). Wer Meeresküche nicht schätzt, findet einige Festlandsgerichte vor, etwa Ravioli di ricotta al sugo, Bistecca und Filetto di manzo. Erfrischendes Sorbetto, *Seada* oder Crema catalana bilden das Schlusslicht. Die gepflegte, detaillierte Weinkarte stellt lokale Etiketten in den Vordergrund. Der Speisesaal ist einfach und gemütlich, der aufmerksame, herzliche Service, typisch für einen Familienbetrieb, tragen zu einer angenehmen Einkehr bei.

25 KM SÜDLICH VON SASSARI

Su Recreu

Ferienbauernhof
Camedda, Strada Provinciale 28 Ittiri-Romana
Tel. (+39) 079 / 44 24 56,
(+39) 335 / 652 97 46
Ruhetag: Montag
Keine Ferien
80 Plätze + 100 Plätze im Freien
Preise: 30–35 € (Tagesmenü)
Kreditkarten: AE, CS, DC, MC, Visa; BM
Mittags und abends geöffnet

Das Su Recreu liegt am Ortsrand von Ittiri an der Straße nach Romana und ist ein Ferienbauernhof, wie er im Buche steht: Alles wird vor Ort erzeugt, man praktiziert biologische Tierhaltung und Landwirtschaft und bietet ein vom Wechsel der Jahreszeiten diktiertes Menü. Gavino und Piera kennen die Rohstoffe, die Verarbeitungstechniken und die alten Rezepte sehr gut und verarbeiten persönlich Milch und Käse in einigen Gebäuden, die sich rund um das Restaurant verteilen. Das festgelegte Menü (30 bis 35 €) sieht als Auftakt eine reiche Palette an Antipasti vor, wie frischen Tenerello di capra, gereiften Käse mit Zwiebelkompott, **Gocce** (Bällchen) **fritte di ricotta di capra e verdure**, Salumi sowie Verdure in pastella und in agrodolce. Die Liste der Primi nennt ***Mariposas***, eine Art Pfannkuchen mit Tenerello di capra, Zucchini und Möhren gefüllt, und **Gnocchetti al sugo di carne di pecora con caprino stagionato**. Unter den Secondi sind ausgezeichnete **Coscia di capra al vino rosso** con verdure e funghi, sehr würziges Agnello in umido con finocchietto, olive, pomodori secchi, origano und traditionelles **Porcetto arrosto con patate al forno**. Die Dolci zum Abschluss sind nicht minder gut. Probieren Sie Ravioli dolci di ricotta, mit Orangenschalen und Honig aromatisiert, oder eine Selektion von typischem Kleingebäck. Die Weine kommen aus einer guten Kellerei in Alghero.

„Für die rigorose Suche nach ausschließlich saisonalen Zutaten, die hohe Qualität und Unverfälschtheit der Speisen, die Piera Demontis mit großem Wissen, unverkennbarer Leidenschaft und Ehrerbietung zubereitet."

LULA (NU)
Ogoli

46 KM NORDÖSTLICH VON NUORO, S.P. 45 U. S.P. 38

Janna e' Ruche

Ferienbauernhof
Strada Prov. Lula-Sant'Anna, Ortsteil Ogoli
Tel. (+39) 347 / 792 33 93,
(+39) 333 / 846 49 83
Ferien: Januar/Februar
200 Plätze + 100 Plätze im Freien
Preise: 25–27 € (Tagesmenü)
Keine Kreditkarten
Samstag und Sonntag mittags und abends geöffnet, sonst gegen Vorbestellung

In diesem in Grün eingebetteten Ferienbauernhof im Grenzgebiet zwischen der Barbagia und der Baronia am Fuß des Montalbo sind Vogelgezwitscher und das Rauschen des Laubwerks der üppigen Vegetation die einzigen Geräusche, die Ihnen Gesellschaft leisten. Das Janna e' Ruche ist nach wie vor eine gute Adresse, auf die man zählen kann. Die Gegend hat eine Bergbau-Vergangenheit und wurde nun zu einem Gebiet von öffentlichem Interesse erklärt. Das Lokal ist eine Familienbetrieb. Heute begrüßt Sie der Nachwuchs der Familie Moro, die seit den späten Achtzigerjahren diese Landwirtschaft führt und in den Neunzigerjahren den Ferienbauernhof eröffnet hat, wobei sie sich voll und ganz auf Produkte aus der eigenen Viehzucht (Kühe, Schweine, Ziegen) und dem Garten stützt. Sehr reichhaltig präsentieren sich die Antipasti mit zahlreichen Kostproben: Essiggemüse (Paprikaschoten, Kohl und Auberginen), Guanciale und Salsiccia secca, Polpette di maiale, **Interiora di capretto** oder Agnello **con piselli** (*Sa cordula*), Verdure impanate, Melanzane e zucchine fritte, ***Pane e' gherda*** (Focaccia mit Schweinegrieben), Brot mit Schweineschmalz (*Cozulasa*), Casadinas di formaggio, Torte salate und Ziegenkäse. Stets auf dem Programm stehen Primi wie *Maccarones de busa* al sugo, köstliche **Ravioli con il formaggio fresco di capra** und *Malloredus*. Von den Secondi erwähnen wir neben traditionellem Maialetto auch **Cinghiale in umido cotto con vino rosso**. Gute *Sebada* mit Honig, der in Bienenstöcken aus Kork (*Tulos*) erzeugt wird, rundet das Essen würdig ab. Zu trinken gibt es einen guten roten Hauswein der Rebsorte Cannonau, der die Erwartungen nicht enttäuscht.

MAGOMADAS (OR)

54 KM NÖRDLICH VON ORISTANO, S.S. 292

Da Riccardo

Trattoria
Via Vittorio Emanuele, 13–15
Tel. (+39) 07 85 / 356 31
Ruhetag: Dienstag
Ferien: zeitweise im November
35 Plätze + 10 Plätze im Freien
Preise: 25–30 €
Kreditkarten: CS, MC, Visa; BM
Mittags und abends geöffnet

Das Da Riccardo befindet sich in Magomadas, zwischen Cuglieri und Bosa in der Planargia, die sich vom unteren Temo-Tal bis zum Nordhang des Montiferru erstreckt. Hier erwarten Sie eine angenehme Einkehr und die Möglichkeit, im Sommer ganz entspannt unter einer Laube zu speisen. Das täglich wechselnde Menü basiert zur Gänze auf hiesigen Produkten, die Riccardo auf dem Markt einkauft. In der Saison stehen diverse Gerichte aus Pilzen auf dem Programm, die in den nahen Wäldern wachsen. Im Sommer empfehlen wir als Antipasto **Alici marinate** und Pesce in carpione (8 €). Bei den Primi stehen Meeresgerichte, wie **Fregola alla pescatora**, Spaghetti alla bottarga oder Trofie con le cozze, und Festlandsspeisen, wie ausgezeichnete Orecchiette alla contadina (7 €), zur Auswahl. Ein schmackhaftes Hauptgericht ist **Pescatrice alla catalana** (12 €), aber Ali di razza in salsa agliata (10 €) und **Calamari alla griglia** stehen ihr in nichts nach. Unter den Süßspeisen ist eine unverzichtbare, vom Patron erzeugte **Ricotta mit Zimt und Honig** (4 €); die Ricotta können Sie auch kaufen. Die Weinkarte ist überwiegend regional gefärbt. Wir legen Ihnen den ausgezeichneten Nuragus des Hauses ans Herz, in dem sich alle Düfte eines teilweise noch unberührten und zu entdeckenden Gebiets entfalten. Die Schlichtheit und das Vergnügen, mit Roberto ein paar Worte zu wechseln, werden Ihnen Energie verleihen, um Ihren Weg fortzusetzen.

18 km südlich von Nuoro, S.S. 389

Sa Rosada

Restaurant
Piazza Europa, 2
Tel. (+39) 07 84 / 567 13,
(+39) 320 / 230 64 62
Ruhetag: Mittwoch
Ferien: 3 Wochen im November
30 Plätze + 50 Plätze im Freien
Preise: 25–30 € (Tagesmenü)
Kreditkarten: CS, MC, Visa; BM
Mittags und abends geöffnet

Das Sa Rosada, ein „Albergo diffuso" (mit im Ort verteilten Unterkünften) und typisches Restaurant im Zentrum von Mamoiada, hat einen kuriosen Hintergrund. Tino Sanna bringt seinen Namen nämlich mit jenem des argentinischen Präsidentenpalasts in Verbindung, da es in der Literatur einen Hinweis auf sardische Ursprünge von Juan Peron gibt. Hier, im Herzen der Barbagia, wartet man mit herzlicher Gastfreundschaft, hervorragenden Weinen und einem tollen Karneval mit dem Umzug der *Mamuthones* und *Issohadores* auf, alten Masken, die ein gutes neues landwirtschaftliches Jahr beschwören und Hungersnot und Trockenheit vom Boden und den Weiden fernhalten sollen. Parken Sie vor dem Museo delle Maschere Mediterranee, das einen Besuch lohnt, und biegen Sie in das Gässchen an der Piazza Europa ein, das zu einem Hof führt. Hier finden Sie eine Bar mit kleinen Gasträumen und eine Locanda. Es gibt nur wenige, im Sommer angenehm kühle und im Winter heimelige Plätze, um ein volles Menü (30 €) oder ein Menü ohne Secondo (25 €) zu genießen. Küchenchef Chicco bietet als Einstieg lokale Wurst- und Käsespezialitäten, salzige Ricotta und Crema di formaggio e melanzane arrosto, gefolgt von **Vellutata di ortaggi con crostini**, Ravioli di ricotta al pomodoro, ***Culurgionis* alla crema di basilico** und ***Malloreddus* ricotta e pomodoro**. Wer nicht sehr hungrig ist, gibt hier auf, aber die Tapferen kommen in den Genuss von ausgezeichneten Fleischgerichten wie **Capretto alle erbe**, Costata di manzo ai ferri, Tagliata ai funghi, **Pecora in umido a *schiscionera*** (mit Knoblauch und Petersilie) oder perfekt gebratenem Maialetto und Agnello. Einen wunderbaren Schlusspunkt setzen ***Copuletas* glassate**, sardisches Gebäck oder *Sebada* (Teigtasche mit Frischkäse) al miele. Der Cannonau und die Liköre des Hauses trinken sich gut.

Il Portico

Restaurant • Via Monsignor Bua, 13
Tel. (+39) 07 84 / 21 76 41,
(+39) 07 84 / 23 29 09,
(+39) 331 / 929 41 19
Ruhetag: Mittwoch
Ferien: letzten 2 Januar- und Juliwochen
40 Plätze
Preise: 35–40 €
Kreditkarten: CS, MC, Visa; BM
Mittags und abends geöffnet

Seit 2007 stellt dieses Lokal eine bewährte Adresse für Freunde von innovativer territorialer Küche dar. Graziano und Vania haben in wenigen Jahren eine treue Gästeschar erobert, was der konstanten Qualität ihrer Gerichte aus lokalen Saisonzutaten zu verdanken ist. Das elegante Restaurant, das sich durch professionellen Service auszeichnet, liegt in der Altstadt, ein paar Schritte von der Kathedrale und dem Corso Garibaldi entfernt. Von den Antipasti empfehlen wir Nuvolette di baccalà con verdure, olio extravergine e capperi (9 €), **Filetti di anguilla brasati con finocchi croccanti** al profumo di agrumi (11 €) und hervorragende Sgombro al vapore con insalata di cavolo rosso. Wenn man mit Primi fortfährt, finden sich äußerst schmackhafte **Paccheri con julienne di seppie, ricci e zucchine** (12 €) und Agnolotti di patate e carciofi con burro alle erbette. Als Secondi bieten sich appetitliche, leichte Filetti di **cernia alla griglia su crema di patate e pomodorini** (18 €) an, Spiedo di tonno con pancetta affumicata e verdure di campo und für Fleischliebhaber unverzichtbare **Costolette di agnellone dorate al pane carasau con verdure alla griglia**. Zu den Spezialitäten des Il Portico zählen die Desserts mit Köstlichkeiten aus der gehobenen Konditorkunst, darunter deliziöse **Pera sciroppata alla rosa canina con gelato alla panna** (6,50 €) und raffiniertes Tiramisù alle pesche. Wenn Sie im Winter kommen, lassen Sie sich Tortino caldo al cioccolato fondente con gelato alla vaniglia e croccantino keinesfalls entgehen. Die schöne Weinkarte nennt die besten Tropfen aus der Region; außerdem gibt es einige Biere aus Kleinbrauereien.

Il Rifugio

Restaurant-Pizzeria
Via Antonio Mereu, 28–36
Tel. (+39) 07 84 / 23 23 55
Ruhetag: Mittwoch
Keine Ferien
70 Plätze
Preise: 35 €
Kreditkarten: AE, CS, MC, Visa; BM
Mittags und abends geöffnet

Der ebenso liebenswürdige wie kompetente Silverio Nanu führt mit Hingabe dieses ohne Schnickschnack gestaltete Restaurant, das die Küche der Barbagia repräsentiert, nicht ohne einen Blick auf das Meer zu werfen. Das Festlandsangebot beginnt mit Vorspeisen wie Aufschnitt lokaler Herkunft, Testa in cassetta, **Trippa con fagioli**, Fegatini in umido und Frittelle profumate al pepe (Mix 18 €, Einzelportion 10 bis 12 €). Fahren Sie mit selten zu findenden **Filindeu** (hauchdünnen Fäden aus frischem Teig in Schaffleischsuppe mit Pecorino), ***Macarrones de ferrittu*** oder *de busa* (von Hand erzeugter kurzformatiger Pasta) **con *purpuzza*** (Salsicciabrät) oder con polpettine und Ravioli di formaggio con ragù di agnello oder di cinghiale (11 €) fort. Es ist nicht einfach, dann noch weiterzuessen, aber wir empfehlen doch **Formaggi** (viele Slow-Food-Presidi) mit handwerklich erzeugten Saucen (7 €), opulente Grigliata mista aus hiesigem Fleisch (18 €) oder üppiges **Pecora in cappotto** (mit Kartoffeln und grünen Bohnen). Unter den Meeresgerichten sind Zuppetta di cozze e arselle, bottarga con mozzarelline (10 €), handwerklich erzeugte Pasta con vongole e bottarga (12 €) und Grigliata del pescato del giorno (45 € je kg). Ein Platz für die Desserts muss sein, die von der Tradition inspiriert, aber dennoch originell sind, wie Semifreddo al miele e pecorino in salsa di abbamele (6 €) und Parfait alla grappa di Cannonau con cuore di cioccolato. Die Weinkarte enthält viele Tropfen aus aufstrebenden lokalen Winzerbetrieben, vor allem Nepente.

»
Für den beständigen Einsatz bei der Suche nach exzellenten lokalen Produkten, die kompetent, freundlich und passioniert präsentiert werden, an einem Ort, an dem man Sardinien richtiggehend spüren kann.
«

Montiblu

Restaurant-Pizzeria
Via Roma, 22
Tel. (+39) 07 84 / 23 14 43,
(+39) 335 / 878 77 89
Ruhetag: Montag
Keine Ferien
80 Plätze + 30 Plätze im Freien
Preise: 35–40 €
Kreditkarten: AE, CS, DC, MC, Visa; BM
Mittags und abends geöffnet

Im Herzen von Nuoro, der Hauptstadt der Barbagia und ihrer Kultur, erwartet Sie in der Nähe der zahlreichen Museen das Restaurant mit Teesalon und der Boutique des Montiblu: Wir haben es hier mit einem Mehrzweckbereich zu tun, der Mode und Tradition auf beispielhafte Weise und mit Augenmerk auf jedes Detail verbindet. Im ersten Stock befindet sich der Verkauf von edlen Kolonialwaren, Kleidung und Designobjekten, im zweiten das einladende Restaurant mit stilvoll zusammengestellter Einrichtung und lebhaften Gemälden von sardischen Malern. Bei Tisch bezaubern alte Keramikgegenstände und modernes Geschirr, die ein traditionelles und doch kreatives gastronomisches Angebot erahnen lassen. Beginnen Sie mit Crema di patate bio, Cappesante arrostite e pancetta croccante (13 €), **Seppie alle verdure selvatiche**, Polpo saltato con carciofi oder Tagliere di formaggi e salumi. Die Teigwaren umspannen Ravioli di ricotta in salsa di gamberi, Spaghetti ai ricci e bottarga, ***Lodos orgolesos*** (Teigscheiben) **con ragù di pesce e zucchine** (12 €) und ***Busa*** (eine Art Bucatini) **ai porcini e gamberi** oder con ragù di vacchetta oder auch con asparagi e formaggi sardi erborinati (10 €). Charakteristisch für die Secondi ist **bei Niedrigtemperatur gegartes Fleisch von der Jungkuh** oder vom Lamm, mit dem eigenen Saft **glaciert** (15 €). Alternativen dazu wären Tagliata di tonno alle mandorle e melanzane sowie **Trancio di pesce al guanciale con patate** oder con verdure saltate. Am Ende warten zahlreiche Löffeldesserts, darunter herausragendes Semifreddo al cioccolato, und hausgemachte Kuchen. Die ausgezeichneten Montiblu-Weine und die besten lokalen Tropfen, die zu ehrlichen Preisen angeboten werden, sollten Sie nicht unverkostet lassen.

29 KM ÖSTLICH VON CARBONIA, 39 KM VON IGLESIAS

Letizia

Restaurant-Pizzeria
Via San Pietro, 12–14
Tel. (+39) 07 81 / 95 70 21
Ruhetag: Dienstag
Ferien: zeitweise im Winter
80 Plätze + 100 Plätze im Freien
Preise: 30–35 €
Kreditkarten: CS, DC, MC, Visa; BM
Mittags und abends geöffnet

Die hübsche Gemeinde Nuxis liegt im Sulcis zwischen den Hügeln und der Straße, die zu den Dünen von Piscinas führt. In der Altstadt steht das seit Jahren von der Familie Fanutza geführte Lokal, wo heute Manuele das Steuer in der Küche fest in der Hand hält. An den Wänden des Restaurants hängen Drucke, Gemälde und Fotos. In den Gerichten kommt eine gelungene Begegnung zwischen sardischer Tradition und Innovation zum Ausdruck. Unter den Antipasti sind Cannoli con carciofi, ricotta, bottarga e insalata, **Timballo di melanzane in scapece**, Tempura di verdure e funghi (15 €) und für alle, die nach Traditionellem suchen, **Zuppetta di cozze, pomodoro e basilico** und eine Platte mit sardischen Würsten und einer Selektion halb gereifter Pecorini (15 €). Denselben Ansatz lassen die Primi erkennen: **Fregola sarda al ragù di crostacei** (12 €), Ravioli di ricotta con pesto alle erbe e noci, *Pane frattau* und delikate Lasagnette di carasau con pesto di zucchine e gamberetti. Als Secondi bieten sich Tagliata di manzo con rucola e caprino (16 €), **Filetto di muggine con verdure al Vermentino** und Involtini di manzo al pecorino con salsa ai porcini an. Himmlisch und ausgefallen sind die Süßspeisen wie Mirtò, das heißt Semifreddo mit Myrtenlikör, Schokolade und Peperoni (6 €), Cassata und Millefoglie di carasau. Es gibt ein preislich festgelegtes Menü namens Expo Experience (weil der Küchenchef Sardinien bei der Expo vertreten hat) für 35 € und für mindestens zwei Personen, das eine Vorspeise, Fregola, Tagliata, Dessert, Wasser und ein Glas Wein einschließt. Die ordentliche Weinkarte nennt Etiketten aus ganz Sardinien; der offene Hauswein ist bemerkenswert.

12 KM SÜDÖSTLICH VON NUORO

Gikappa

Restaurant-Pizzeria
Corso Martin Luther King, 2–4
Tel. (+39) 07 84 / 28 80 24,
(+39) 07 84 / 28 87 33,
(+39) 347 / 794 78 58
Ruhetag: Montag • Keine Ferien
100 Plätze + 50 Plätze im Freien
Preise: 30–35 €
Kreditkarten: CS, MC, Visa; BM
Mittags und abends geöffnet

Oliena ist von einer einzigartigen, erstaunlichen Naturlandschaft mit Überresten von Nuraghen, Wasserquellen und Bergen, die sich bestens für Wanderungen eignen, umgeben. Geboten werden hier aber auch einladende Gastlichkeit und vielfältige Gastronomie, in der nach alten Traditionen zubereitete Süßspeisen und Brot Formen wie wunderbare goldene Juwelen annehmen, die zur Hochzeit geschenkt wurden. Im Gikappa hält die Familie Palimodde ihr Angebot aus der Festlandstradition unverändert aufrecht. Es beinhaltet drei deftige Menüs (25, 30 und 35 €) mit besonderem Augenmerk auf glutenfreie und vegetarische Speisen. Beginnen Sie mit hausgemachten Vorspeisen (12 €) wie Sottoli, Wurst, Oliven und lokalen **Formaggi**, Frittelle di cervella, Coratella al vino, ***Pane dorau*** (in Ei getaucht und frittiert) und in der Saison mit **Funghi** trifolati. Danach fahren Sie mit typischer von Hand erzeugter Pasta fort: ***Maharrones de busa*** (von Hand um eine Stricknadel gerollt) al sugo di carne, ***Hurriaos*** con pecorino fuso (7 €), *Boccius* (Grießklößchen) al sugo di cinghiale oder con asparagi e zafferano, Ravioli di formaggio ai dieci aromi und ***Pani vrattau*** (Schichten von *Carasau*, Tomatensauce, Pecorino und Ei). Zahlreich vertreten und sehr würzig sind Fleischgerichte, darunter Agnello con finocchietto, Capra al Cannonau, Parasangue con porcini, ***Prattu de cassa*** (Wild-Tagesteller, 10 €), Porcetto oder ***Cordedda*** **arrosto**, Costolette di pecora impanate und Cinghiale in umido. Wenn vorhanden, lassen Sie Funghi arrosto und *Tamati hin frughe* (Tomaten mit gesalzenem Frischkäse) nicht unversucht. Lokale Pecorini, begleitet von Honig oder kandierter Pompìa (Zitrusfrucht aus einem Slow-Food-Presidio), *Sevada* mit herbem Baumerdbeerhonig und guter Likör setzen den Schlusspunkt.

Da Gino

Trattoria
Via Tirso, 13
Tel. (+39) 07 83 / 714 28
Ruhetag: Sonntag
Ferien: unterschiedlich
40 Plätze
Preise: 35 €
Kreditkarten: CS, MC, Visa; BM
Mittags und abends geöffnet

Die Trattoria Da Gino liegt in unmittelbarer Nähe der Altstadt von Oristano und bürgt für eine angenehme Einkehr. Das Speisenangebot ist vom nahen Teich von Santa Giusta und dem Meer positiv beeinflusst und beinhaltet daher zahlreiche Fischgerichte. Daneben sind aber auch Fleischgerichte vorhanden, die auf die sardische Tradition zurückgehen. Wir beginnen mit den Vorspeisen vom Büfett (10 €), die verschiedene Wahlmöglichkeiten vorsehen: **Insalata di polpo**, *Burrida*, Mousse di dentice, Cipolline in agrodolce, Bottarga sowie Prosciutto e melone. Als Primi bieten sich **Spaghetti** mit verschiedenen Saucen an – von klassischen Ragouts oder Tomatensauce bis zu Bottarga oder **ai ricci di mare** –, Fettuccine con gamberi e funghi (10 €), Ravioli, **Gnocchetti sardi al ragù di salsiccia** und **Risotti**, und zwar in den Versionen alla marinara, ai funghi, ai carciofi und alla bottarga (10 €). Bei den Secondi richtet sich das Augenmerk nicht nur auf Fleisch (gut ist **Tagliata ai funghi**, 13 €), sondern auch auf Fisch, wobei die Auswahl von Aragosta über tagesfrischen Fisch – beispielsweise Seebarsch, Weißbrasse, Meerbarbe (4,50 € je 100 g) – bis zu Pesce spada, Calamari, **Seppie al tegame** (13 €) und einem guten Fritto misto reicht. Von den Desserts heben wir *Sebadas* (5 €), Coppa all'amaretto und Raviolini di mandorla hervor. Bemerkenswert ist die Auswahl an Weinen, die alle aus sardischen Winzerbetrieben kommen; der offene Hauswein trinkt sich gut.

70 KM SÜDÖSTLICH VON SASSARI

Liberty

Restaurant
Via San Martino, 7
Tel. (+39) 079 / 75 53 84
Kein Ruhetag
Keine Ferien
100 Plätze
Preise: 25–35 € (Tagesmenü)
Kreditkarten: CS, MC, Visa; BM
Mittags und abends geöffnet

Das an das Hotel angeschlossene Restaurant befindet sich an einem schönen mit Granit gepflasterten Platz im Zentrum von Pattada, das für Weidewirtschaft und die handwerkliche Erzeugung von Messern bekannt ist: An jeder Straßenecke weisen Schilder auf einen Meisterbetrieb zur Messererzeugung hin. Das Lokal besteht aus einem schönen, gemütlichen und lichtdurchfluteten Raum mit Fensterflächen rundum. Der Eigentümer Tommaso empfängt Sie und erklärt Ihnen mit Hingabe die Speisen. Unser Rat lautet, auf das festgelegte Menü (30 €) zu setzen, das verschiedene lokale Spezialitäten und einige modern interpretierte Gerichte enthält. Unter den Antipasti von der Karte (ein Sortiment kostet 12 €) sind ausgezeichnete hausgemachte **Salumi** und ein saisonal wechselndes Tris di tortini (Käse und Safran, Steinpilze und Trüffel, Spargel ...). Besonders schmackhafte Primi sind ***Cochitas***, eine Art Cannelloni aus gerolltem weichem Brot mit Füllung aus Ricotta, Fenchel und Spargel; als Alternative bieten sich **Malloreddus al pomodoro** oder al ragù (8 €) an. Anschließend munden vorzügliches **Cinghiale in umido con polenta di grano** senatore Cappelli (aus einer Hartweizensorte, die in einer lokalen Mühle gemahlen wird) e zafferano (12 €) und nicht minder gutes Misto di carne alla griglia (14 €). Fischgerichte sind ebenfalls vertreten, und zwar Orate oder Spigole alla griglia und Grigliata mista (14 €). Unter den Desserts sind saisonale Macedonia (Obstsalat) und Misto di dolcetti sardi (5 €), darunter Torrone, dessen Ursprünge in dieser Stadt zu liegen scheinen. Die Weinkarte ist nicht sehr groß, bietet aber eine gute Selektion regionaler Etiketten.

PORTO TORRES (SS)
Li Lioni

20 KM NORDWESTLICH V. SASSARI, S.P. 60 U. S.P. 61

Li Lioni

Restaurant
ehem. Staatsstraße 131-Ortsteil Li Lioni
Tel. (+39) 079 / 50 22 86,
(+39) 340 / 522 64 68
Ruhetag: Mittwoch, im Winter auch Sonntagabend
Keine Ferien • 100 Plätze + 60 Plätze im Freien • Preise: 30–35 €
Kreditkarten: CS, MC, Visa; BM
Mittags und abends geöffnet

Die Stadt ist Anlegehafen für Fähren und Schiffe, die die Insel erreichen, und gleichzeitig Ausgangspunkt für das Meeresschutzgebiet der Insel Asinara mit den schönen Stränden von Stintino und den Überresten der bedeutenden römischen Stadt Turris Libisonis. Gleich außerhalb von Porto Torres sind alte Mühlen in der Landschaft verstreut, durch die die Straße zum Restaurant Li Lioni führt, das die Familie Pintus seit 1975 betreibt. Hier tischt man bodenständige Kost in großer Auswahl auf, darunter ***Pane frattau*** (Pane carasau abwechselnd mit Tomatensauce und Schafkäse geschichtet und mit pochiertem Ei garniert), das es hier in rund zehn saisonal abgewandelten Varianten gibt: mit Artischocken, Auberginen, Spargelcreme, **con *ghisadu*** (Ragout) **di cinghiale** oder di pecora. Die ausgeprägte Achtsamkeit auf die Qualität und Herkunft der verarbeiteten Produkte bestimmt auch den Rest des Menüs. Probieren Sie hausgemachte Sottoli aus Gemüse, lokale Wurstsorten und eine der vielen handwerklich erzeugten Pastasorten wie ***Maccarones de busa* con sugo di *saccaya*** (mit Sauce vom Jungschaf, 9 €), Ravioli con ricotta *mustia* (mit Räucherricotta) und *Culurgiones* ogliastrini ripieni di patate oder auch die legendäre Zuppa gallurese (Brot- und Käseschichten in Brühe). Die vorwiegend aus Fleisch zubereiteten Secondi sehen **Vitella *abi abis*** (aus dem Ofen, 13 €), **Zimino** (Innereien) **in rosso**, Porcetto arrosto oder Capretto in umido vor. Ebenfalls hervorgehoben seien Zucchine con menta e ricotta *mustia*, Pecorino aus Osilo (Slow-Food-Presidio, 5 €) und hausgemachte Süßspeisen wie *Seadas*, Timballo di latte (4 €) oder ***Pardulas* fritte**. Der offene Rotwein trinkt sich ausgezeichnet; daneben gibt es eine gute Auswahl regionaler Weine und Liköre.

PULA (CA)
Nora

36 KM SÜDWESTLICH VON CAGLIARI, S.S. 195

Fradis Minoris

Restaurant
Laguna di Nora
Tel. (+39) 070 / 920 95 44
Ruhetag: Montag
Ferien: November–April
50 Plätze
Preise: 40 €
Kreditkarten: MC, Visa; BM
Mittags und abends geöffnet

Bezauberung und Staunen sind zwei Gemütszustände, in die dieses Lokal seine Gäste häufig versetzt. Sie sind von der Kulisse der nahen phönizisch-punischen Ruinen, der Lagune und vom Meer fasziniert, dessen Wellen sich wenige Meter vor den Tischen brechen, und gleichzeitig von dem blutjungen Küchenchef, der es verstanden hat, mit Kreativität und Geschmack die Philosophie und die Ziele dieser Mehrzweckgenossenschaft zu übernehmen. Hier geht es nämlich seit 30 Jahren um Projekte, die nachhaltige Fischerei, Umwelterziehung sowie die Wahrung und Pflege des Fischbestands zum Gegenstand haben. Es erwarten Sie schlichte Einrichtung und aufmerksamer, professioneller Service. In der Küche verarbeitet Emanuele Senis „mindere" Fischarten und solche, die nicht vom Aussterben bedroht sind, gekonnt und in originellen Kombinationen. Unter den Antipasti sind **Seppia cruda al timo e croccante al nero** (17 €) oder Carpaccio del pescato del giorno con mandorle e fiori. Als Primi schmecken sehr gute **Fregola con ragù di scorfano, cozze e capperi** (16 €) und schmackhafte Tortelli di anguilla affumicata. Weiter geht es mit **Zuppa di pesci di scoglio** (18 €), Scaloppa del pescato del giorno con pomodoro secco e patate und **Peretta di Bidui alla piastra**. Als Alternative steht ein festgelegtes Menü (40 €) mit fünf Gängen zur Auswahl, die wöchentlich wechseln und häufig von Entrees, anderen kleinen Kostproben und Süßem ergänzt werden. Hier einige Gerichte: Polpo arrosto con fonduta di ricotta, Totani fritti, Palamita al timo e *casu axeru*, rabarbaro (Rhabarber), pompelmo (Grapefruit), fragole (Erdbeeren) e yogurt. Erwähnenswert sind die Dessert- und Weinkarte, beide nicht sehr lang, aber originell und qualitätvoll.

8 KM NORDÖSTLICH VON CAGLIARI

Pani e Casu

Restaurant
Via Eligio Porcu, 53
Tel. (+39) 070 / 867 50 32
Ruhetag: Sonntagabend, Montagmittag
Keine Ferien
90 Plätze
Preise: 35 € (Tagesmenü)
Kreditkarten: AE, CS, MC, Visa; BM
Mittags und abends geöffnet

Der ursprüngliche Sitz des Restaurants ist hier, im Zentrum von Quartu, aber seit 2013 betreibt dieselbe Familie auch ein gleichnamiges Lokal in der Via Santa Croce in Cagliari. Von der Terrasse kann man das schöne Panorama des Golfs genießen, während man entspannt in der Karte mit den zahlreichen Speisen schmökert, die alle um die gastronomische Kultur der Insel kreisen und strikt an die saisonale Verfügbarkeit der Produkte gebunden sind. Abends wird das Essen häufig von Jazzkonzerten untermalt. Wir empfehlen, **Wurst** (6 €) und Käse zu probieren, die mit Pane *moddizzosu*, das heißt in nativem Olivenöl extra geröstet, serviert werden. Ansonsten steht guter Antipasto misto (12 €) zur Auswahl, der unter anderem **Favette con pancetta**, Melanzane con pomodori e olio, Wurst und Käse, darunter auch Ricotta *mustia*, beinhaltet. Bei den Primi gibt es eine schöne Palette typischer Gerichte wie ***Is cruxionis*** (Ravioli) di ricotta, di cipolla oder **di carciofi** (8 €), *Pani frattau*, Minestrone (6 €), klassische *Malloreddus* alla campidanese, *Maccarronis de busa* und Spaghetti a *sa carrettonera*. Die Secondi bieten hauptsächlich geschmortes oder gebratenes Fleisch: **Stufato di cinghiale** oder d'asino, **al Cannonau**, capra in umido allo zafferano (8 €), **Lumache al sugo piccante**, Pecora in cappotto und Arrosti di carne di cavallo, asino, agnello, vitello e maialetto. Vorzüglich sind ***Laccetus*** (Bries vom Kalb oder Lamm, 10 €) und Misto di carni arrosto. Feingebäck, Saisonobst und *Sabada* mit einem Glas Moscato vervollständigen das Angebot. Zu trinken gibt es einen guten Hauswein, zahlreiche sardische Etiketten und traditionelle Digestifs.

20 KM NORDWESTLICH VON CAGLIARI, S.P. 4

Ada

NEU

Restaurant-Pizzeria
Via Cagliari, 21
Tel. (+39) 070 / 960 09 72
Ruhetag: Sonntag
Ferien: 15. August–Anfang September
50 Plätze + 50 Plätze im Freien
Preise: 35–38 €
Kreditkarten: CS, MC, Visa, BM
Mittags und abends geöffnet

Das Restaurant Ada ist nach der Eigentümerin und Köchin benannt, die mit ihren 81 Jahren noch immer das Kommando in der Küche hat, unterstützt von ihrem Sohn Andrea Caboni, der den Service leitet. Das Restaurant liegt an der Hauptstraße in der Altstadt dieses für seine Murales (Wandmalereien) und den Anbau von Pfirsichen berühmten Künstlerorts und gliedert sich in kleine Räume. Es gibt Fleisch-, Fisch- und Pilzgerichte, die alle an die jahreszeitliche Verfügbarkeit der Zutaten gebunden sind. Von den vom Hinterland geprägten Antipasti sollten Sie **Prosciutto crudo dell'Ogliastra con pesche e fichi d'India** (8 €), Zucchine con cipolle in agrodolce und Pera con provola affumicata e miele di cardo (Kardenhonig aus lokaler Erzeugung) probieren, von den Meeresgerichte dagegen Polpa di testa di pesce alla catalana, das heißt als Salat mit Kirschtomaten, Zwiebeln und Sellerie (9 €). Als Primi locken **Riso venere di Oristano con gamberetti, crema di zucchine e pomodorini** (13 €) und handgezogene Tagliolini con porcino nero. Secondi, die Sie unbedingt probieren müssen, sind Rana pescatrice con timo selvatico e limone biologico (15 €) und **Tartara di melina al tartufo con tuorlo d'uovo** (20 €). Das Gemüse kommt aus dem synergetischen Garten der Familie. Von den Desserts (5 €) empfehlen wir Flan di latte, Torta alle mandorle oder Parfait (mit frisch gemixten Früchten). Die ausgezeichnete Weinkarte nennt die besten sardischen und italienischen Etiketten. Außergewöhnlich ist die Bierselektion (600 Etiketten), die das Lokal zu einem Anziehungspunkt für Bierliebhaber nicht nur aus Sardinien macht.

33 km nördlich von Oristano

Antica Dimora del Gruccione

Restaurant
Via Obinu, 31
Tel. (+39) 07 83 / 55 20 35,
(+39) 07 83 / 55 03 00
Kein Ruhetag • Ferien: Januar
50 Plätze • Preise: 35 € (Tagesmenü)
Kreditkarten: CS, MC, Visa; BM
Abends geöffnet

Im wunderschönen Rahmen von drei historischen Gebäuden im Zentrum von Santu Lussurgiu, auf die sich die Zimmer des gleichnamigen „Albergo diffuso" verteilen, erwartet Sie das Restaurant Antica Dimora mit einem schönen Saal mit Gewölben. Gabriella und ihre Tochter Lucilla empfangen Sie kompetent und freundlich und beschreiben Ihnen die Küche von Riccardo Porceddu, der sehr großen Wert auf Produkte aus dem Montiferru legt, aber die Fähigkeit besitzt, die ganze Insel bei Tisch kulinarisch zu beschreiben; dabei gelangen auch stets einige Zutaten aus Slow-Food-Presidi zur Verarbeitung. Ein origineller, innovativer Parcours, bei dem auf Saisonalität, Geschmack, Aroma und die Farben von Kräutern, Gemüse und Obst geachtet wird. Auf der Grundlage dieser Philosophie, die seit jeher das Lokal charakterisiert, wechselt das Menü (zwei Kostproben von Vorspeisen, Primo, Secondo und Dessert, 35 €) beinahe jeden Tag. Häufig werden Themenabende zu Produkten aus verschiedenen Gebieten Sardiniens in kuriosen und stets interessanten Kombinationen organisiert. Hier einige Beispiele: **Tartara di bue rosso al cetriolo**, Gaspacho di cavolo viola con sorbetto al peperone, kleine Gnocchi di caprino e palline di *pistoccu guttiau*, **Zuppetta di bietola con *fregula* mantecata al formaggio, erbe aromatiche e pomodoro**, Anatra laccata con birra al miele, Frutta di stagione e melanzana affumicata, **Gelato al fiore sardo con miele di corbezzolo** und Granita di stagione e cialda. Ein großes Lob verdient die Weinkarte, die kleine Winzerbetriebe in hohem Maß berücksichtigt und die einzelnen Rebsorten und traditionellen sardischen Cuvées beschreibt.

SANTU LUSSURGIU (OR)

33 km nördlich von Oristano

Sas Benas

Restaurant
Piazza San Giovanni, 31
Tel. (+39) 07 83 / 55 08 70,
8+39) 338 / 291 22 04
Ruhetag: Montag
Keine Ferien
50 Plätze
Preise: 25–35 €
Kreditkarten: AE, CS, DC, MC, Visa; BM
Mittags und abends geöffnet

30 Jahre sind vergangen, seit man in Santu Lussurgiu internationale Kurse in alter Musik organisierte und die Künstler in den Häusern des Ortes unterbrachte und mit lokaler Küche verpflegte. Diego Antonio Are, Musikprofessor und einer der Initiatoren der Kurse, empfängt heute die Besucher im nun getrennt verwalteten „Albergo diffuso" und bietet in seinem elegant gestalteten Restaurant mit schlichtem, aber gepflegtem Service einfache Kost aus bodenständigen Produkten. In der Nebensaison gibt es ein reduziertes festgelegtes Menü, damit die Frische der Zutaten gewährleistet bleibt, während in der Weihnachts- und Karnevalszeit sowie im Sommer die Auswahl breiter gefächert ist. Casizolu und Bue rosso, beide Slow-Food-Presidi, sind die unbestrittenen Hauptdarsteller. Unverzichtbare Antipasti sind **Casizolu arrosto su pane carasau** und Carpaccio di bue rosso; köstlich sind auch **Porcini fritti** und Barchette di zucchine ripiene. Es folgen originelle Spaghetti al vino (15 €), gute **Ravioli ai porcini** und Cestini di casizolu con la pasta al sugo di cinghiale e porcini (12 €) oder als Alternative con ragù di bue rosso oder con la salsiccia di maiale. Die Hits sind Tagliata di sardo-modicana ai porcini (13 €) und ***Su ghisadu*** (geschmortes Ragout), aber auch **Cacciagione** und andere Schmorgerichte und Braten munden. Kleingebäck oder Semifreddo di mirto e corbezzolo (5 €) runden das Essen ab. Den Hauswein, einen kräftigen Cannonau, erzeugt der Lokaleigentümer selbst und erledigt die Arbeiten im Weingarten und Keller. Es gibt zwei Degustationsmenüs für 25 und 35 €.

Schlichtheit und Geschmack gehen Hand in Hand in dieser Osteria, in der man die echte Seele Sardiniens kennenlernen kann.

L'Assassino

Trattoria
Via Pettenadu, 19
Tel. (+39) 079 / 23 34 63,
(+39) 333 / 628 49 03
Ruhetag: Sonntagmittag
Ferien: 15.–30. August
120 Plätze + 80 Plätze im Freien
Preise: 25–30 €
Kreditkarten: CS, MC, Visa; BM
Mittags und abends geöffnet

Dieses charmante Lokal, in dem man der geselligen Heiterkeit der Einwohner von Sassari treu bleibt, befindet sich im schönen Zentrum, und zwar zwischen der Piazza Tola und dem Rathaus, wo die Paläste des einstigen reichen Bürgertums auf die Institutionen des Klerus und der Macht treffen. Die Trattoria bietet typische Gerichte aus der lokalen Küche, die im reichhaltigen, üppigen Menü „L'assassinata" (20 € für mindestens zwei Personen) gut vertreten ist. Es beinhaltet acht Gänge, bei denen Fave e lardo, Melanzane alla sassarese (mit Tomaten), Trippa alla parmigiana, ***Cordula*** (Zopf aus Lamminnereien) **in umido con piselli**, Piedini d'agnello, **Zuppa gallurese** (Brot, Schafkäse und Kräuter in Brühe, im Ofen zubereitet), Lumache al verde (mit Knoblauch, Petersilie und Semmelbröseln), Lumaconi al sugo, Salsiccia e fagioli, Carne di cavallo oder di asinello vom Grill, ***Tattareu*** (geflochtene Innereien) **arrosto** und Agnello alla tempiese (in Mehl gewendete und mit Oliven und Wein geröstete Lammfleischhäppchen, 16 €) wechseln. Wer weniger großen Appetit hat, kann Speisen von der Karte wählen, wie frische Teigwaren, unter denen ***Chjusoni* dolci** (Ravioli mit Ricotta, Zitrone und Zucker, 10 €), *Culurgiones* (mit Kartoffel-Käse-Füllung) al pomodoro und Tagliatelle ai carciofi herausragen. Danach geht es weiter mit **Monzette** (Schnecken) **con aglio e prezzemolo**, Porcetto arrosto (18 €), Carni alla griglia, Filetto in padella al vino oder con verdure und einigen Fischgerichten. *Seadas* al miele oder typisches sardisches Kleingebäck bilden das Finale. Zu trinken gibt es eine gute Weinauswahl aus der Region und einen ordentlichen offenen Wein aus eigener Erzeugung.

La Vela Latina

Restaurant
Largo Sisini, 3
Tel. (+39) 079 / 23 37 37
Ruhetag: Sonntag
Ferien: August, 24. Dezember–14. Januar
40 Plätze + 20 Plätze im Freien
Preise: ⊞ 35–40 €
Kreditkarten: CS, MC, Visa; BM
Mittags und abends geöffnet

Mit Francesco Fois im Service und seinen Schwestern in der Küche bleibt hier alles in der Familie. Eleganz und sympathische Höflichkeit zeichnen dieses kleine Restaurant an einem charakteristischen Platz in der Altstadt aus. Der gewölbte Speisesaal ist mit Einrichtungsgegenständen im Marinestil, Leuchtern und Kerzen ausgestattet. Den Anfang machen sechs Kostproben (18 €), die auch als Einzelportionen erhältlich sind, darunter *Banderilla*, **Spieß mit frittiertem Gemüse und Fisch**, „Rinfrescata" di rana pescatrice (10 €) und andere Gerichte der hiesigen Tradition. Von den Primi nennen wir Spaghetti con sardine, pomodorini e capperi (12 €), den seltenen **Brodo di pesce in rosso con fregula** (12 €) und Rigatoni con ricotta *mustìa* e pomodorini (10 €). Beim Hauptgang werden Sie lange zwischen **Fisch** und Fleisch schwanken. Falls Sie sich für Fisch entscheiden, fragen Sie nach dem tagesfrischen Fisch, der **gegrillt** oder mit Kartoffeln geschmort wird (6 € je 100 g). Ansonsten setzen Sie auf Tradition; Es gibt drei Arten von Schnecken auf der Karte (zu denen sich für den Sommer typische Schnecken mit frischen Tomaten gesellen), die jeweils 10 € kosten: Monzette sassaresi in verde oder arrosto, Lumaconi piccanti al sugo und ***lichite*** (mit Semmelbröseln gefüllt); Alternativen dazu wären Fritto di cervella e granelli (10 €) und **Cavallo** oder Asinello **arrosto** (12 €). Zum Abschluss warten das übliche sardische Kleingebäck, *Seadas* und interessante Crema e foglie, eine Variante der Cremeschnitte. Auf der schönen Weinkarte sind die wichtigsten sardischen Winzerbetriebe mit ihren Weinen vertreten; ein Lob gilt dem Angebot an Demi-Bouteilles.

SEDILO (OR)
Talasai

47 KM NORDÖSTLICH VON ORISTANO, S.S. 131

Da Armando

Restaurant
Ortsteil Talasai, S.S. 131 bis, km 13
Tel. (+39) 07 85 / 56 80 43,
(+39) 328 / 384 76 07
Ruhetag: Montag • Keine Ferien
50 Plätze + 40 Plätze im Freien
Preise: 30–37 €
Kreditkarten: CS, MC, Visa; BM
Mittags geöffnet, im Sommer auch Samstag- und Sonntagmittag

Dieses Restaurant (am Wochenende auch Pizzeria) befindet sich in prachtvoller Lage am Lago Omodeo und verfügt über eine schöne, weitläufige Terrasse, auf der man im Sommer im Kühlen speisen kann. Seinen Namen verdankt es dem ehemaligen Eigentümer, dem Vater des heutigen Wirts. Sie haben die Wahl (aber der gesamte Tisch muss sich dafür entscheiden) zwischen einem Fleischmenü für 30 € und einem Fischmenü für 35 bis 37 €, um eine einfallsreiche lokale Küche mit einem Hang zu moderater Innovation zu genießen. Im ersten Fall beginnt man mit einem originellen viergängigen Antipasto – zum Beispiel Carpaccio di vitella, **Costine di agnello alla mentuccia**, Frittura di cervello e funghi con provola e zucchine – und wählt dann zwischen **Ravioli di formaggio al ristretto di vitella e porcini** und *Maccarrones* de busa al ragù di agnello con pomodorini. Unter den Secondi sind dagegen Filetto oder Tagliata di vitello, auf einem Ziegel im Ofen gegart und mit Steinpilzen oder mit Rucola und Grana angerichtet, Cinghiale in umido, und, gegen Vorbestellung, Maialetto arrosto. Der Antipasto di mare sieht **Zuppetta ai frutti di mare**, Polpo in insalata, **Frittura di code di gambero e anemoni** *(Orziadas)* und Muggine con bottarga vor. Danach folgen Spaghetti all'astice oder *Maccarrones de busa* con gamberi e porcini, ergänzt durch **tagesfrischen Fisch aus dem Holzofen** mit Kartoffeln und Kirschtomaten. Brot und Desserts, wie Tiramisu und Crème brulée, sind hausgemacht. Neben dem offenen Wein (Cuvée aus Cannonau und Barbera Sarda) gibt es ein begrenztes Angebot an sardischen Etiketten. Der Service ist herzlich und entgegenkommend, zeigt aber bei starkem Andrang ein paar Schwächen.

SENNARIOLO (OR)

45 KM NÖRDLICH VON ORISTANO

La Rosa dei Venti

Restaurant
Ortsteil Santa Vittoria
Tel. (+39) 349 / 068 38 62,
(+39) 340 / 272 27 13
Ruhetag: Montag
Ferien: zeitweise im Winter
80 Plätze + 30 Plätze im Freien
Preise: 35 € (Tagesmenü)
Keine Kreditkarten
Mittags und abends geöffnet

Sennariolo, eine der kleinsten Gemeinden Sardiniens (weniger als 200 Einwohner), liegt im Westen des Montiferru an der Grenze zur Planargia. Auf dem Hügel Santa Vittoria steht das Hoteldorf La Rosa dei Venti, das seit 2002 in Betrieb ist. Von der Terrasse, umgeben von duftender Macchia, kann man über die grüne Landschaft mit Olivenbäumen und Überresten aus der Nuraghenzeit blicken. Das geschmackvoll eingerichtete Lokal ist mit Utensilien aus der bäuerlichen Tradition dekoriert. Geführt wird es von dem jungen Koch Gianluca Del Rio, der Sie auf einem kulinarischen Parcours auf den Spuren der lokalen Tradition begleitet. Vielfältig und saisonal angepasst sind die Antipasti vom Büfett (15 €), von denen wir **Cipolle al miele di cardo** aus Sennariolo, Tortino di riso venere di Oristano con maionese al basilico, **Panadine di bue rosso** (Slow-Food-Presidio), Ricotta fresca con erbe selvatiche, pomodori secchi sott'olio, Polpette di bue rosso und lokale Käsesorten mit Zwiebelkonfitüre erwähnen. Von den Primi empfehlen wir eine Kostprobe von ***Macarrones a poddighe*** (von Hand gefertigt aus in der Steinmühle gemahlenem Vollkorn-Hartweizengrieß) **alle erbe selvatiche** (8,50 €), bei den Secondi raten wir zu dem ausgezeichneten Intingolo di bue rosso (12 €). Semifreddo al mirto oder ai pinoli (4 €) rundet das Menü ab. Die Karte mit Weinen und Bieren aus Kleinbrauereien ist regional gehalten. Die gepflegten, achtsam zubereiteten Speisen, die geschmackvolle Einrichtung und die Freundlichkeit von Patrizia, die sich um den Service kümmert, gestalten Ihre Einkehr ausgesprochen angenehm.

SENNORI (SS)

19 km nordöstl. v. Sassari, S.S. 200 u. S.P. 29

Kent'Annos

Ferienbauernhof
Ortsteil Badde Nigolosu, S.P. 29, km 10
Tel. (+39) 079 / 51 27 72,
(+39) 348 / 333 09 00
Kein Ruhetag • Keine Ferien
60 Plätze + 80 Plätze im Freien
Preise: 35 € (Tagesmenü)
Kreditkarten: AE, CS, DC, MC, Visa; BM
Abends geöffnet, Oktober–Mai
Samstagabend und Sonntagmittag

Sie finden das Restaurant inmitten der Weingärten der Tenute Dettori, einer Kellerei, die seit Generationen biologische Weine erzeugt und seit einiger Zeit ihren Tätigkeitsbereich auch auf die Gastronomie ausgedehnt hat. Das lichtdurchflutete, schön eingerichtete Gebäude ist über den Erdkellern errichtet und von einem Terrassengarten umgeben, von dem aus man einen Blick über die zauberhafte Landschaft genießen kann, die sich bis zum Meer erstreckt. Das Menü (35 €) ist festgelegt und aus Rohstoffen aus dem Gebiet zubereitet, von denen viele im hauseigenen Betrieb erzeugt werden. Die Antipasti beginnen mit hervorragenden **Wurstspezialitäten** wie Lardo, Salsicce, Testa in cassetta und Prosciutto. Weiter geht es mit Cipolle in agrodolce, **Polpette di verdure in crosta di pane carasau**, Polpettine di manzo in agliata und Zucchine ripiene di verdure e formaggio. Brot wird aus der Weizensorte Senatore Cappelli gebacken; sehr verlockend ist Carasau mit nativem Olivenöl extra verfeinert. Probieren Sie von den Primi **Zuppa** aus altbackenem Brot, Schaffleischbrühe und frischem Käse. Ein weiteres Traditionsgericht sind handgemachte **Gnocchetti con sugo di salsiccia**. Unter den Secondi sind ausgezeichnetes **Pecora in umido** mit Oliven und Fenchel und schmackhaftes **Porcetto arrosto** con cotenna croccante. Zum Essen trinkt man kräftigen Renosu aus den Rebsorten Cannonau und Monica. Es ist aber auch möglich, verschiedene Weine passend zu den Speisen zu wählen. In diesem Fall erhöht sich der Preis um 15 €. Das Menü endet mit Mandelgebäck und einem im Betrieb erzeugten Digestif. Ein Besuch des Kellers mit einem der Eigentümer ist ein interessantes Erlebnis.

TEMPIO PAUSANIA

Il Purgatorio

Restaurant
Via Garibaldi, 9
Tel. (+39) 079 / 63 40 42,
(+39) 079 / 63 43 94
Ruhetag: Dienstag
Ferien: zeitweise im Winter
50 Plätze
Preise: 30–35 €
Kreditkarten: MC, Visa; BM
Mittags und abends geöffnet

Die geschichtsträchtige Stadt Tempio Pausania liegt auf dem Monte Limbara in einer kühlen Oase mit Eichen und Gebirgsquellen und beeindruckt mit den typischen Fassaden ihrer Granithäuser. Die Wirtschaft kreist hier um Korkverarbeitung und die Erzeugung von Wein, Käse und Wurst. Das Purgatorio befindet sich in einem der Gässchen der Altstadt und hält die gastronomische Tradition der Gallura hoch. Den schönen Rahmen dafür bildet der ruhige Speisesaal, der im Sommer angenehm kühl und in der kalten Jahreszeit gemütlich ist. Dazu kommt ein aufmerksamer Service, für den die Familie Suelzu garantiert. Lassen Sie sich von lokalen Wurst- und Käsesorten, Quiche di pecorino, Favette con aromi, **Pecorino alle erbe**, Polpettine in umido, Involtini di melanzane, Verdure in pastella und **Pilzen** in unterschiedlichen Zubereitungsarten verführen. Letztere sind im Herbst die Renner des Lokals. Zu den Primi, die Sie unbedingt probieren sollten, zählen Ravioli dolci di ricotta e limone con sugo di pomodoro e fiore sardo, **Zuppa gallurese** (im Ofen aus altbackenem Brot, Rinderbrühe, Kräutern und Schafkäse zubereitet), ***Maccarones de busa*** (um einen Eisenstab gewickelte Pasta) al ragù oder in der sommerlichen Version **con ricotta *mustia*** (mit geräucherter Ricotta), **bottarga e pomodorini**. Das Angebot an Secondi umspannt Costine d'agnello impanate e fritte oder alla griglia, Vitella lokaler Herkunft, ***Cordula*** (Lammdärme) **arrosto**, Cinghiale in agrodolce und frischen Fisch, der gebraten oder im Ofen mit Oliven und Wein gegart wird. An Süßem bieten sich Torta alle noci, Ravioli fritti dolci und Ricotta con abbamele an. Zu trinken steht ein reiches Sortiment an Weinen aus der Gallura (fantastisch sind der Vermentino DOCG und der hiesige Nebbiolo), aus dem übrigen Sardinien und Italien bereit.

27 KM SÜDWESTLICH VON ORISTANO

Da Lucio

Restaurant-Pizzeria
Via Sardus Pater, 34
Tel. (+39) 07 83 / 86 71 30,
(+39) 07 83 / 826 33, (+39) 348 / 837 98 94
Ruhetag: Donnerstag
Ferien: zeitweise im November
60 Plätze + 30 Plätze im Freien
Preise: 31–38 €
Kreditkarten: AE, CS, DC, MC, Visa; BM
Mittags und abends geöffnet, Oktober–Mai nur mittags

Das Lokal steht wenige Meter vom geschichtsträchtigen kleinen Fischerhafen vor der Lagune, wo seit Generationen die edlen Teppichmuscheln aus Marceddì und Miesmuscheln gezüchtet und geerntet werden, die hier ideale Lebensbedingungen vorfinden. Es ist schlicht und mit Gegenständen und Bildern zum Thema Fischerei dekoriert. Ebenso schlicht ist auch seine Küche, bestehend aus einfachen, unverfälschten Gerichten aus den traditionellen Muscheln, die in vielen Zubereitungsarten angeboten werden, und aus frischem Fisch. Wir empfehlen als Antipasto Zuppetta di cozze e arselle, **Insalata di polpo con olive, sedano e olio extravergine** (10 €), Baccalà in rosso alla pizzaiola und **Calamari, piselli e zafferano**. Als Primi erwarten Sie vorzügliche traditionelle **Fregola in verde con le arselle nere di Marceddì**, aglio, pomodoro secco e prezzemolo (12 €) und als gute Alternative, vom 1. November bis 4. Mai erhältlich, **Spaghetti ai ricci di mare** (14 €) oder con la bottarga di muggine. Als Fortsetzung bieten sich Secondi wie duftende Frittura mista di calamari, seppie, gamberi, Fisch vom Tagesfang – **Spigola** oder Orata **alla Vernaccia** (5 € je 100 g) –, **Anguille in salsa rossa piccante** und Grigliata di pesce an. Außerdem bekommen Sie hier auch sehr gute Pizza. Abschließend genießt man traditionelles sardisches Gebäck mit einem Glas Vernaccia. Die Weinkarte ist nicht sehr lang und nennt fast ausschließlich gute lokale Etiketten.

23 KM SÜDLICH VON ORISTANO, S.S. 131

Grekà

Restaurant-Enoteca • Via Marceddì, 195
Tel. (+39) 0783 / 817 61,
(+39) 329 / 897 67 09,
(+39) 340 / 789 54 80
Kein Ruhetag • Keine Ferien
25 Plätze + 10 Plätze im Freien
Preise: 35 € (Tagesmenü)
Kreditkarten: AE, CS, DC, MC, Visa; BM
Abends geöffnet, mittags gegen Vorbestellung

Terralba liegt in einer ausgedehnten Ebene an der Grenze zum Monte Arci und zur Marmilla und ist nicht einmal fünf Kilometer von der Lagune von Marceddì entfernt. An der Hauptstraße in Richtung Meer stößt man auf das Restaurant und die Weinbar Grekà, wo Franco und Denise Ihnen einen herzlichen Empfang bereiten. In den traditionellen und innovativen Speisen entfalten sich die Produkte der hiesigen Landwirtschaft und der nahen Lagune. Man bietet hier einen neuen Zugang zu den lokalen Zutaten, die mit Schwung und Geschicklichkeit zu verschiedenen Köstlichkeiten verarbeitet werden, welche man Ihnen hingebungsvoll und professionell erläutert. Von den Antipasti nennen wir **Fichi di vigna con bottarga di muggine** (12 €) und hochwertige sardische Wurst- und **Käsespezialitäten**. Lassen Sie sich bei den Primi von den umwerfenden **Spaghetti alla chitarra con le *nieddittas* di Marceddì** e i pomodori pomino delle campagne circostanti (mit Miesmuscheln aus dem Golf von Oristano und Pomino-Tomaten aus der Umgebung, 13 €) in Erstaunen versetzen; gut sind aber auch *Lorighittas* und *Maccarones de busa* al sugo di carne. Bei den Secondi können Sie Festlandsgerichte wie die ausgezeichneten **Tartara di melina e stracciatella di bufala** locale (16 €) und Meeresgerichte wie das unverzichtbare **Filetto di orata alla Vernaccia** di Oristano (16 €) wählen. Unter den Desserts ist **Casizolu** del Montiferru **arrosto con fichi di vigna caramellati al miele** di sulla (8 €). Die Weinkarte ist überwiegend regional geprägt, aber angesichts der Vielzahl der Weine aus hiesigen Winzerbetrieben hat man die Qual der Wahl. Man muss ganz einfach öfter kommen und mit verschiedenen Weinkombinationen zum Essen experimentieren.

58 KM SÜDWESTLICH VON NUORO

L'Oasi

Restaurant • Via Trento, 10
Tel. (+39) 07 84 / 682 11
Ruhetag: Montag
Keine Ferien
80 Plätze
Preise: 35 € (Tagesmenü mit Hauswein)
Keine Kreditkarten
Mittags geöffnet, abends gegen Vorbestellung, Samstag und Sonntag mittags und abends

Nach Teti gelangt man über schöne Straßen, die sich zwischen den Wäldern des Mandrolisai an der Grenze zur Barbagia bergauf schlängeln. Hier überlebt seit Jahren der aus Bar, Trattoria und Hotel bestehende Betrieb, den Luigi De Arca mit seiner Familie führt. Außer am Wochenende kann man hier nur auf Anfrage zu Abend essen. Die Faszination des Lokals liegt in seinem pastellfarbenen Speisesaal, der mit Gegenständen aus der Jagd dekoriert und mit einer Fensterfläche versehen ist, die den Blick auf das wunderschöne Tal freigibt. Sie müssen nicht bestellen, denn die Köstlichkeiten landen zahlreich auf Ihrem Tisch. Signora De Arca bereitet sie aus von ihrem Mann auswählten Produkten zu, wie Gartengemüse, Kräutern, Fleisch von kleinen Hoftieren und vor allem Pilzen, an denen dieses Gebiet besonders reich ist. Als Einstieg gibt es rund 15 Vorspeisen „zum Probieren", wie Aufschnitt lokaler Herkunft, Dicke Bohnen, Ricotta, *Casu axedu*, Tortino di verdure, **Insalata di porcini**, Peperoncini ripieni, Porcini, Cipollotti e carciofi sott'olio, **Polpettine di capra e funghi**, Cinghiale con olive, Coniglio con le bacche di ginepro, Quagliette con i funghi, Uova di quaglia su letto di porcini und Trippa. Danach Bahn frei für Primi (zum Beispiel ***Culurgiones* di patate e formaggio** oder Tagliatelle con i funghi) und exzellente **Grigliate** di cinghiale, **Asinello**, Cavallo, Maiale und **Agnello**. An Dolci gibt es neben den traditionellen Desserts originelle „Crepada" (eine Mischung aus Crêpe und *Sebada*, mit Ricotta) und hervorragendes selbst gemachtes Eis. Zum Essen trinkt man den Hauswein, der im Preis für das Menü enthalten ist. Interessant sind die Brände und Rosoli, die Luigi erzeugt, der Ihnen während Ihres Essens auf höfliche und herzliche Weise zur Seite steht.

Muggianeddu

Restaurant
Via Monsignor Tore, 10
Tel. (+39) 07 84 / 638 85
Ruhetag: Montag, außer im Juli und August
Ferien: 15. Januar–15. März
50 Plätze
Preise: 25–30 €
Kreditkarten: CS, MC, Visa; BM
Mittags und abends geöffnet

Das zauberhafte Bergdörfchen Tonara ist die unbestrittene Hauptstadt des weichen oder festen Torrone, der aus Honig, Mandeln, Wal- oder Haselnüssen zubereitet und auf jedem Dorffest in Sardinien anzutreffen ist. In den kühlen Wäldern mit Quellen finden Naturliebhaber wunderschöne Plätzchen und Ausblicke sowie Spazier- und Sportmöglichkeiten, wie etwa Mountainbiking. Lauter Aktivitäten, die Sie auf die vielen schmackhaften Spezialitäten vorbereiten, die Sie im Muggianeddu genießen können. In gemütlichem Umfeld erläutert Ihnen die Familie Zucca liebenswürdig die Zutaten und Rezepte. Die Antipasti verströmen den Duft von Wildkräutern: Verdure in pastella, Melanzane al timo, pomodoro e pecorino, ***Pezza imbinada*** (Fleisch mit Rotwein und Kräutern gegart), Animelle fritte oder reichhaltiger Misto terra (10 €) mit Wurst, Käse und Gemüse. Unter den für das Gebiet typischen Primi finden sich Gnocchetti alla *Muggianeddu*, mit Pesto aus Thymian, Basilikum, Minze und Tomaten (7,50 €), **Zuppa di patate e *casu 'e murgia*** (mit salzigem Frischkäse), *Culurgiones* di patate in bianco und Zuppa di ceci e funghi. In den Secondi verbinden sich Geschmack und Tradition, und zwar in Form von ausgezeichneter **Coratella in umido**, Lumache al sugo, Arrosto misto (Rind, Capocollo und Salsiccia, 10 €), **Cinghiale alla cacciatora**, Pecora in cappotto (9 €) und Agnello alle erbe. Lassen Sie ein bisschen Platz für Kostproben von lokalen Käsesorten wie Pecorino arrosto, *Cas'aghedu* (Käsebruch) und pikantem Caglio di capretto (5 €). Deliziös ist das süße Angebot mit *Is orrubiolos* (frittierten Raviolini mit Ricotta) und Mousse al torrone. Zu trinken gibt es einen guten offenen Wein und ein gepflegtes Sortiment an Etiketten aus dem Mandrolisai.

TORTOLÌ
Arbatax

5 KM VOM ZENTRUM, 19 KM VON LANUSEI

Lucitta

Restaurant
Viale Europa, Porto Frailis
Tel. (+39) 07 82 / 66 40 95
Ruhetag: Montag, außer im Juli und August
Ferien: Oktober–April
40 Plätze + 30 Plätze im Freien
Preise: 32–38 €
Kreditkarten: AE, CS, DC, MC, Visa; BM
Abends geöffnet, mittags gegen Vorbestellung

Im Lucitta, das mit einer dem herrlichen Meer der Ogliastra zugewandten Terrasse aufwartet, ist der gute Geschmack zu Hause. Dies ist der außergewöhnlichen Bravour der Köchin Clelia Bandini zu verdanken; sie bringt exzellente moderne Küche hervor, die in enger Verbindung mit Produkten aus der nahen Umgebung und dem übrigen Sardinien steht. In kreativen Rezepten und bestens gelungenen Kombinationen wird hier mit neuem Esprit der Weg der lokalen Traditionen beschritten. Wir empfehlen die reichhaltigen Degustationsmenüs mit Meeres- oder Festlandsgerichten (38 €), die je nach Marktangebot und Jahreszeit immer unterschiedlich ausfallen. Breit gefächert ist die Palette der Vorschläge wie Insalatina di mare in agrodolce, Sandwich di merluzzo marinato, ***Fregola*** und **Zuppa di pesce**, Ricciola in crosta di olive nere und Guazzetto di granchio, um beim Thema Meer zu bleiben. Tartara di pecora, Parmigiana di melanzane e crema di *Casu agedu* (Primo sale), **Tortelli di pecorino con salsa alla cipolla e guanciale** und Tagliata di pecora e cipollotto arrosto sind einige der vom Festland geprägten Gerichte. Als Alternative können Sie auch à la carte essen und zwischen Gnocchi bianchi e neri con cozze, vongole e datterini (13 €), Lasagnetta al ragù di pecora, Spiedino di calamaretti alle erbe (15 €), ***Sebadas*** **al miele di castagno e gelato allo zafferano** und Sfumature di cioccolato wählen. Von absolut hohem Niveau ist das Angebot an Wein und Brot. Im Sommer können Sie auch das fahrende Lucitta ausprobieren, den Food Truck in der Via Virgilio, der ausgezeichnetes Straßenessen wie Hamburger di pecora, Panino con maialino, *Culurgiones*, Polpo e patate, Formaggio di pecora arrosto, Fritto misto oder Grigliata di pesce aus dem Golf von Artabax bietet (außer wenn Veranstaltungen oder Caterings anstehen).

ULASSAI (OG)

18 KM WESTLICH VON LANUSEI

Su Bullicciu

Restaurant
Ortsteil Su Marmuri
Tel. (+39) 07 82 / 798 59
Kein Ruhetag
Ferien: November–Ostern
80 Plätze + 70 Plätze im Freien
Preise: 30–35 €
Kreditkarten: AE, CS, DC, MC, Visa; BM
Mittags geöffnet

Das Su Bullicciu, was übersetzt „Spelunke" bedeutet, befindet sich an der Ausfahrt von Ulassai, wo man nach ein paar Kurven eine spektakuläre Aussicht auf das Tal und auf die Tacchi di Usini erhaschen kann, die auf der Strecke liegen, wenn man die nicht weit entfernte Grotte Su Murmure besucht. Das Lokal verfügt über einen großen, sehr einfach eingerichteten Speisesaal mit ebenso schlicht gedeckten Tischen. Das Menü ist schnörkellos und repräsentiert die authentische Küche der Ogliastra ausgezeichnet. Der Antipasto misto (10 €) enthält diverse **Salumi** lokaler Provenienz (Salsiccia, Capocollo, Guanciale), *Casu axedu* (säuerlichen, leicht salzigen Käsebruch), hausgemachte Verdure und Funghi sott'olio und ein paar Tagesgerichte, die vom Angebot des Gemüsegartens bestimmt werden. Dazu reicht man hervorragendes Kartoffelbrot. Kartoffeln sind auch in den berühmten ***Culurgiones*** (mit Kartoffeln, Knoblauch und Römischer Minze gefüllter Pasta) zu finden, die **in rosso**, in bianco con pecorino oder con la bottarga (9 €) zubereitet werden. Alternativen sind **Gnocchetti** oder Tagliatelle **ai porcini**. Lassen Sie aber noch ein bisschen Platz für die große Vielfalt an Grillfleisch: Maiale, Salsiccia, Pecora (9 €), Capra und Costata di manzo (3 € je 100 g). Gegen Vorbestellung (oder wenn Sie Glück haben) wird **Maialetto** da latte (14 €) serviert. Den Schlusspunkt setzen ganz klassische *Sebada* (3,50 €) oder eine Portion von gemischten sardischen Dolci. Der Hauswein ist ein Cannonau aus der Kellerei in Jerzu und passt zum Menü. Der Service ist zwar etwas eilig, aber effizient und sehr höflich.

VILLAGRANDE STRISAILI (OG)
Villanova Strisaili

19 KM NORDWESTLICH VON TORTOLÌ, S.P. 27

La Strega

NEU

Restaurant
Via Deledda, 148
Tel. (+39) 07 82 / 301 59,
(+39) 389 / 928 73 73
Ruhetag: Samstagmittag
Ferien: Dezember–März
40 Plätze
Preise: 35 €
Kreditkarten: CS, MC, Visa; BM
Mittags und abends geöffnet

Der kleine Ortsteil Villanova ist von den Wäldern am Fuß des Gennargentu-Massivs umgeben und befindet sich nahe dem Becken des Flumendosa, nicht weit vom Meer. Hier steht auch diese kleine Pension mit angeschlossenem Restaurant. Sie entstand vor rund 20 Jahren in einem ererbten alten Gebäude. Seit er seinen Namen erhalten hat, der die weiblich geprägte Führung verrät (strega bedeutet Hexe), stützt sich der Betrieb auf den Beitrag der ganzen Familie: Die Töchter stehen in der Küche, die Eltern bestellen den Gemüsegarten, züchten Schweine und erzeugen Käse und Ricotta. Die Inhaberin Maria Grazia Murinu kümmert sich liebenswürdig und höflich um die Gäste und bietet ihnen ein festgelegtes Menü (30 bis 35 €) an, bei dem aber Menge und Auswahl der Primi und des Fleisches (immer mindestens zwei Varianten) vereinbart werden können. Die Jahreszeit diktiert den Rhythmus des Speiseangebots, das eingangs um lokale Wurstwaren (bekannt ist der Schinken aus Villagrande), Funghetti, Carciofi und Pomodori secchi sott'olio, ***Casu axedu***, Ricotta salata und ***Turreddas' e' cruccuriga*** (Zucchini-Käse-Puffer) kreisen könnte. Darauf folgen *Culurgiones* di formaggio al pomodoro, ***Maharrones*** (unregelmäßig geformte, kurzformatige Pasta) **con salsiccia e Cannonau**, **Pecora in umido** und Filetto di manzo alla griglia, begleitet von Spinaci al burro. Frittelle di ricotta, *Parduleddas* und *Sebadas* setzen den Schlusspunkt. Neben dem guten Cannonau des Hauses, der aus Jerzu stammt, gibt es ein paar lokale Weine, die das gute Menü und die schöne Umgebung angenehm unterstreichen.

Abseits der Osterien

ISOLA DI SANT'ANTIOCO (CI)

28 KM SÜDWESTL. V. CARBONIA, 49 KM V. IGLESIAS

Da Achille

Restaurant
Via Nazionale, 82
Tel. (+39) 07 81 / 831 05, (+39) 07 81 / 84 02 52
Ruhetag: Sonntag, außer im Sommer
Keine Ferien
80 Plätze
Preise: 40–60 €
Kreditkarten: AE, MC, Visa; BM
Mittags und abends geöffnet

Auf Sant'Antioco stellt die Tradition des nachhaltigen Thunfischfangs nach wie vor den Hauptwirtschaftszweig dar, der auch die ganz auf die Schätze des Meeres ausgerichtete Gastronomie beeinflusst. Seit Jahren bietet Achille Pinna in dem zum Hotel der Familie gehörigen Restaurant kreativ und umsichtig überarbeitete Lokalküche. Den Rahmen dafür bildet ein eleganter, mit Holz gestalteter Speisesaal, der an ein Boot erinnert. Bei jedem Gang stehen drei oder vier Gerichte zur Auswahl: Tartara di tonno profumata allo zenzero (16), Carpaccio di tonno con emulsione agli agrumi e germogli piccanti, Linguine al tonno fresco, pomodorini e basilico (15 €), handwerklich erzeugte Fregula con frutti di mare, Tagliata di tonno locale arrostita con guazzetto di pomodorini olive e capperi (22 €) und Scaloppa arrostita di pescato del giorno. Delikat und erfrischend sind die Desserts wie Sorbetto alla piña colada und Millefoglie di mandorle con cioccolato bianco, yogurt e fragole (8 €). Der Service ist effizient und genau; die Gerichte werden kompetent beschrieben und präsentiert.

OLIENA (NU)

12 km südöstlich von Nuoro, S.P. 22

Su Gologone

Restaurant • Ortsteil Su Gologone
Tel. (+39) 07 84 / 28 75 12,
(+39) 07 84 / 28 75 52
Kein Ruhetag
Ferien: November–März
350 Plätze + 250 Plätze im Freien
Preise: 40–45 €
Kreditkarten: AE, CS, MC, Visa; BM
Mittags und abends geöffnet

Das Su Gologone bestätigt sich als Ort authentischer Geschmacksnoten und Ziel für eine gastronomische Reise und hat es verstanden, sich Jahr um Jahr zu erneuern und trotzdem sich selbst und der sardischen Tradition treu zu bleiben, deren Bannerträger es ist. Die Sensibilität gegenüber exzellenten Saisonzutaten und unverfälschten, reinen Rohstoffen spiegelt sich in Speisen wider, die nach alten Rezepten zubereitet sind, wie *Filindeu* in brodo di pecora, Ravioli di patate e menta al pomodoro (9 €) und schmackhaften Maccarones *de busa* (Teigstreifen, um einen Eisenstab gewickelt, die zu dicken, hohlen Spaghettoni geformt werden), die mit verschiedenen saisonalen Saucen angerichtet werden. Fleischgerichte sind die Glanzlichter bei den Secondi; sie werden am Spieß gegart, wie Porcetto (13 €), gebraten, wie Manzo (Rind) und Vitello (Kalb), und mit vielen Würz- und Wildkräutern verfeinert. Das Käseangebot ist von sehr hohem Niveau; die Weinkarte wird den Erwartungen gerecht.

SIDDI (VS)

14 km nördlich von Sanluri, S.P. 48

S'Apposentu a Casa Puddu

Restaurant
Vico Cagliari, 3
Tel. (+39) 070 / 934 10 45
Ruhetag: Sonntagabend, Montag
Ferien: unterschiedlich
35 Plätze + 35 Plätze im Freien
Preise: 60 €
Kreditkarten: AE, CS, DC, MC, Visa; BM
Mittags und abends geöffnet

Mit dem Gemüsegarten, den Hoftieren, den von seinem Vater gezüchteten Schweinen und dem besten „unedlen" Fisch aus dem Golf von Cagliari hat Roberto Petza in diesem alten Herrschaftshaus im kleinen Siddi, 60 Kilometer von Cagliari entfernt, den idealen Platz gefunden, um die Werte der Küche Sardiniens zu verteidigen und ins Rampenlicht zu stellen. Dank seines Geschicks versteht er es, Geschmacksnoten, Aromen und Farben bestens in Szene zu setzen. Er verwendet Wildkräuter, affiniert Käse und Wurst und bietet auch selbst gebackenes Brot. Es gibt immer zwei Degustationsmenüs (60 €) vom Meer und vom Festland und eine Karte mit den Neuheiten der Küche. Hier einige Beispiele: Eier, Kartoffeln, Steinpilze und Trüffel aus Laconi, Gelato di cipolla del Campidano con ricciola di fondale affumicata e prosciutto croccante, Brodo di gallina nostrana con crudo di mare, erbe e raviolini ripieni di *casu axedu*, Raviolini di cipolle margherita con salsa montata al pepe e pecorino, Palamita arrostita con acqua di pomodoro e verdure croccanti und Gelato allo zafferano di San Gavino con gattò croccante alle mandorle. Der Service entspricht jenem eines gehobenen Restaurants; die Weinkarte zeigt besonderes Augenmerk auf große Weine und Schaumweine. Im Sommer isst man in der Laube mit Blick auf den Garten und den Hof.

VILLASALTO (CA)

64 km nordöstlich von Cagliari, S.S. 387

Paolo Perella

Restaurant
Corso Repubblica, 8
Tel. (+39) 070 / 95 62 98
Kein Ruhetag
Ferien: unterschiedlich
20 Plätze
Preise: 45 €
Keine Kreditkarten
Mittags und abends gegen Vorbestellung geöffnet

Villasalto ist ein kleines Dorf im Gerrei, das sich an die Berge schmiegt, die das Meer Ostsardiniens vom Hinterland trennen. In diesem Umfeld hat Paolo Perella einen Gastronomiebetrieb geschaffen, der sich ganz auf das Gebiet und nicht auf Zufallsgäste konzentriert (Reservierung unerlässlich). Auf dem Tisch erwarten Sie bereits die Vorspeisen: lokale Wurstspezialitäten (auch von der Ziege), Ricotta und Mozzarella von der Ziege, von Paolo zubereitete Sottoli, geschmortes Gemüse aus der Pfanne und Aufläufe. Es folgen Primi wie die wunderbaren Ravioli di more di rovo e ricotta und Fregola con selvaggina. Nicht zu versäumen ist Ziegenfleisch in verschiedenen Spielarten: gebraten und in der Pfanne mit Mastix oder Johannisbrot geschmort. Daneben gibt es unter der Asche gegartes Lamm und Ferkel, Ringeltauben und Hammel ... Alles in allem Fleisch, das mittlerweile schwierig zu finden ist, vor allem in dieser Zubereitungsart. Die traditionellen Süßspeisen, wie Dolce della sposa, sind hervorragend, aber vergessen Sie darüber nicht das unvergleichliche Gelato di ricotta di capra al pistacchio di Bronte con mosto di Cannonau. Den Hauswein keltert Perella selbst, aber es gibt auch andere gute Tropfen aus Sardinien (fast ausschließlich Rotweine). Menü und Preis werden (ungefähr) bei der Vorbestellung vereinbart, aber die Rechnung für eine komplette Mahlzeit bewegt sich in einer Größenordnung von 45 €.

Register der Lokale

H

I

J

K

L

M

Register der Ortschaften

N

O

P

Kulinarisches Lexikon Italienisch – Deutsch

A

abbacchio Milchlamm, d.h. Lamm, das noch gesäugt wurde oder gerade erst begonnen hatte, Gras zu fressen; an der blassrosa Farbe des Fleisches erkennbar

abbacchio alla svinatora Milchlamm, nach dem Rezept „alla cacciatora" mit Knoblauch, Weißwein und frischen Tomaten zubereitet (Latium)

abbuoti in Öl geröstete oder auf dem Grill zubereitete Eingeweide vom Milchlamm (Latium, Kampanien)

abruzzese (all') auf abruzzesische Art

accia/accio Dialektbezeichnung für Sellerie in Kampanien, Kalabrien und Sizilien

acciugata ligurische Sauce aus in Salz eingelegten und in lauwarmem Öl aufgelösten Sardellen, die zu Fisch, Ei und gekochtem Gemüse gereicht wird

acciughe Sardellen

acciughe ripiene Sardellen nach Genueser Rezept mit Füllung aus in Milch getränktem Brot, Ei, Parmesan, Oregano und Sardellenfleisch, wobei die frischen Sardellen gefüllt und dann frittiert werden

accomodato geschmort

aceto Essig

aceto balsamico Balsamico-Essig

acinata Konfitüre aus Weintrauben (Basilikata)

aciugheta/aciughete agre kleine Sardellen in Essigmarinade, meist mit Zwiebeln (Venetien)

acquacotta Gemüsesuppe mit Weißbrotscheiben, zubereitet aus Wasser, Öl, Eiern und gerade verfügbarem Gemüse; Armengericht aus der Maremma (Toskana)

acquapazza (all') Zubereitungsart für Fisch aus Knoblauch, Öl, Tomaten und Wasser (einst Meerwasser) .Heute werden auch Gewürze und Gemüse zugefügt.

acquasala Brot, das in warmem Wasser erweicht und mit nativem Olivenöl extra, Salz, Pfeffer, roter Zwiebel und Kirschtomaten gewürzt wird (Basilikata)

acquasale Tomatensuppe mit Gurken, Oregano und Brotscheiben

affettato Aufschnitt

affumicato geräuchert

agerti regionale Bezeichnung für Makrele

agghiata süßsaure Sauce aus Knoblauchzehen, Essig und Zucker zur Verfeinerung von Fischgerichten; ähnlich der ligurischen > **aggiada**

agghiotta/a ghiotta/alla ghiotta in Süditalien verbreitete Zubereitungsart für frischen und eingelegten Fisch, mit Kirschtomaten, Oliven, Kapern und manchmal Rosinen geschmort. In Umbrien und der Toskana Bezeichnung für die Sauce, in der man Taube schmort.

aggiada süßsaure Sauce aus Knoblauch, Öl, Minze, Petersilie und Essig (Ligurien)

agglassato/aggrassato Lamm, Zicklein oder Kalb in Wein und Tomaten geschmort

aglio Knoblauch

aglio orsino/ursino Bärlauch

aglione Sauce für > **pici** aus gekochten und passierten Tomaten und in Öl gerösteten Knoblauchzehen

agnello Lamm

agnello abbottonato Lammschulter gefüllt mit Brot, Ei, Mandeln, Parmesan und Petersilie (Abruzzen)

agnello/abbacchio brodettato Lamm, in gehackten Zwiebeln und Prosciutto gegart und mit Weißwein begossen. Am Ende der Kochzeit werden verschlagene Eier mit Zitronensaft, Petersilie und Majoran hinzugefügt, oft werden auch Artischocken beigegeben. Typisch für die Osterzeit in Mittelitalien.

agnello sotto la coppa Lammstücke, auf der Herdplatte unter einer Eisenschale gegart, die mit Holzkohlenglutstückchen bedeckt wird (Molise)

agnoli/agnolini gefüllte Pasta aus Mantua, in der Form ähnlich den > **cappelletti**

agnolotti > **ravioli**

agnolotti a culo nudo Agnolotti, ohne Sauce serviert, damit der feine Teig und die Füllung voll zur Geltung kommen. Im Piemont wird diese Zubereitungsart auch „al tovagliolo" („auf der Serviette") genannt.

agnolotti dal plin kleinformatige Pasta aus dünnem Teig mit Fleischfüllung (Langhe)

agostinelle kleine Meerbarben

agresto traditionelle Sauce aus Essig, sauren Trauben, Zucker, Brühe, Knoblauch, zerkleinerten Nüssen und Mandeln; wird zu Fleisch gereicht

agretto volkstümlicher Name für das Wildkraut Lepidium sativum, auch englische Kresse genannt

agro (all') sauer; mit Zitronensaft oder Essig abgeschmeckt

agrodolce süßsauer

agrumi Zitrusfrüchte

ajucche Krautpflanze der Spezies Phiteuma talleri, ähnlich dem Spinat; im Canavese (Piemont) und im Aostatal zum Würzen von Suppen, Minestre und Omeletts verwendet

ajvar Creme aus grünen Paprikaschoten, Tomaten, Zwiebel, Knoblauch und Zitronensaft; als Brotaufstrich oder zu Fleisch und Gemüse (Friaul)

alalunga Weißer Thun

alice, alici Sardelle(n)

alici all'ammiraglia in Weißwein und Essig marinierte Sardellen, die anschließend mit Öl, Petersilie, Knoblauch und Oregano verfeinert werden (Latium)

Alici in tortiera geschichtete Sardellen, mit einem Gemisch aus Semmelmehl, Pecorino und Kräutern bestreut und im Ofen gebacken (Kampanien)

alici scattiate mit Kräutern und Essig in der Pfanne geschwenkte Sardellen

Aliciotti con l'indivia kleine aufgeklappte Sardellen, die abwechselnd mit Endivien in eine Tortenform geschichtet und im Ofen gebacken werden

alivi cunzati (olive condite) in Wasser und Essig gekochte Oliven, die nach dem Abseihen mit Knoblauch, Minze und Oregano abgeschmeckt werden. Anschließend werden Sie mit nativem Olivenöl extra bedeckt und sind dadurch mehrere Monate haltbar. (Sizilien)

allulur (l') Päckchen aus gewürzten und in den Pansen gewickelten Lammkutteln. In Scheiben geschnitten und mit Öl und Zitrone verfeinert serviert. (Molise)

amaretti Bittermandelmakronen

amatriciana (all') Sauce für Teigwaren aus Guanciale, Zwiebel, Tomaten, Pfeffer oder Peperoncino und Pecorino; ursprünglich aus Amatrice (Latium)

ambariegl Dialektbezeichnung für im See lebende Krebse (Provinz Latina)

ambra di Talamello/ambra anderer Name für Käse, Pecorino oder gemischt, der in den Höhlen von Talamello (Marken) reift

ammogghiu Pesto aus Pantelleria, zubereitet aus Tomaten, Basilikum und Peperoni

ammollicate (di verdure) Gemüse, das mit in Würfeln geschnittenem altbackenen Brot und geriebenem Käse in der Pfanne geschwenkt wird

ammugliatielli Lamminnereien, um einen Holzstab gewickelt, mit Knoblauch, Petersilie, Käse und Peperoncino gewürzt

ammuttunatu Zubereitungsart, bei der Gemüse oder ein Stück Fisch, gefüllt mit Knoblauchzehen und Minzeblättern, in Tomatensauce gegart wird

ampazzu dicke Gemüsesuppe aus der Barbagia (Sardinien)

anatra Ente

anatra in tecia wörtlich „Ente in der Pfanne"; in Friaul und im nördlichen Venetien typische Garart für Ente mit einer Sauce aus Paprikaschoten und Entenklein

ancìti Dialektbezeichnung für wilden Mangold

anellini alla pecorara Teigschnürchen in Ringform, mit Sauce aus Guanciale, Rindfleisch, Pilzen, Sommergemüse, Pecorino oder Ricotta

angiolottus/anzelottos/anzollotos sardische > **ravioli** aus Hartweizengrieß mit einer Füllung aus Käse und Römischer Minze

anguidda incasada/incasata gekochter Aal, im Ofen mit geriebenem Schafkäse überbacken (Sardinien)

anguilla Aal

anguilla a becco d'asino > **brodet(t)o** aus Aal, der in Stücke geschnitten, mit Zwiebeln, Tomatenkonzentrat und Wasser gekocht und anschließend mit gerösteter Polenta serviert wird (Comacchio, Emilia-Romagna)

anguleddas harte Teigware aus Grieß, Wasser, Schmalz, Hefe und Salz (Sardinien)

animelle Bries

anolini kleine runde > **ravioli** aus Eierteig, meist in Brühe serviert (Emilia)

antipasti Vorspeisen

antunna sardische Bezeichnung für > **cardoncelli**

aole kleine Süßwasserfische

aragosta Languste

aragosta alla bosana gekochte, mit Olivenöl verfeinerte Languste, von hart gekochten Eiern und Gemüse begleitet; typisches Gericht aus Bosa (Sardinien)

aragosta alla catalana in Kakao, Tomaten, Knoblauch, Zwiebeln und Weinbrand gegarte Languste

arancini di riso Reisbällchen in Orangenform

arancino Reisbällchen, mit einer Sauce aus Fleisch und Tomaten oder aus Hühnerklein gefüllt, paniert und frittiert; in Mittel- und Süditalien verbreitet

aranzada Süßspeise aus Nuoro, zubereitet aus kandierten Orangenschalen, Mandeln und Honig

ardelut friulanisches Dialektwort für Feldsalat

aringa Hering

arista Schweinekotelett mit Knochen, im Ofen oder am Spieß zubereitet. Der Name stammt aus der Toskana.

ariule sizilianische Dialektbezeichnung für Meerjunker

armidda sardische Dialektbezeichnung für Feldthymian

arna venetische Dialektbezeichnung für Ente („anatra")

arrabbiata (all') scharfe Sauce für Teigwaren aus Tomaten, Zwiebel und Peperoncino. In einigen Regionen wird auch Fleisch (Kaninchen) darin zubereitet.

arrecanato/arreganato Zubereitungsart mit Semmelmehl, Knoblauch, Gewürzen wie Oregano oder Minze, oft auch mit Kapern (Bari, Apulien)

arrosticini/rosticini Hammelfleischstückchen, die auf Holzspieße gesteckt und über der Holzkohlenglut gebraten werden (Abruzzen)

arrostita an der gesamten Adriaküste übliche Bezeichnung für gemischten Fisch vom Holzkohlengrill

arrosto Braten

arrosto della vena besonders mürbes Stück vom Rind für Braten und Schmorgerichte

arrosto morto eine Zubereitungsart für Fleisch, bei der dieses zunächst kurz angebraten und anschließend unter Beigabe von Flüssigkeit weitergeschmort wird

arrusti e mancia/'rrusti e mancia Fleisch oder Fischfrisch von der Holzglut, zum sofortigen Verzehr bestimmt (wörtlich übersetzt „brate und iss"; Sizilien)

arselle regionale Bezeichnung für Venusmuscheln

arvolto in Olivenöl frittierte Pizza, gewürzt mit einer scharfen Sauce aus Tomaten und Knoblauch

asino Esel

asíno/asín friulanischer Kuhmilchkäse aus weichem Teig, wird frisch oder gereift angeboten

asparago Spargel

asparago selvatico Wildspargel

astice Hummer

asulette Aostataler Suppengericht aus Roggenmehl, mit Brotscheiben und Fontina serviert

B

babà kleines süßes Gebäck aus weichem Teig, das sofort, wenn es aus dem Ofen gekommen ist, in Sirup aus Wasser, Zucker und Rum getränkt wird

babbaluci sizilianische Dialektbezeichnung für kleine Schnecken

babi (alla) piemontesischer Dialektausdruck für Kröte. Der Begriff steht für das Zusammendrücken des Garguts (gewöhnlich Huhn) während der Garzeit, wodurch es eine krötenähnliche Form bekommt.

baccalà konservierter Fisch aus nördlichen Meeren, längst fester Bestandteil der italienischen Küche. Baccalà ist der gepökelte Kabeljau (dt. Klippfisch, da er nach dem Einsalzen auf den Klippen getrocknet wurde), allerdings wird in Venetien auch der luftgetrocknete Kabeljau (dt. Stockfisch, da auf Stöcken getrocknet) als Baccalà bezeichnet. Überall sonst in Italien heißt der Stockfisch hingegen „stoccafisso".

baccalà a ciauredda lukanische Suppe mit Baccalà, Tomaten und vielen frischen Jungzwiebeln, serviert mit geröstetem Brot

baccalà alla fiorentina in Salz eingelegter Dorsch, mit Kartoffeln und Tomaten gedünstet und mit feinen Knoblauchscheiben garniert

baccalà alla perticaregna geschmorter Baccalà mit süßen Paprikaschoten und scharfen Peperoncini, kalt und warm serviert (Avellino)

baccalà alla trentina in der Pfanne zusammen mit Kartoffeln und Zwiebeln gegarter Stockfisch (Trentino)

Baccalà arraganato Baccalà, mit Semmelbröseln und Rosinen bestreut, im Ofen gebacken

baccalà con peperoni cruschi Baccalà mit getrockneten, knusprig gebratenen Paprikaschoten (Basilikata)

baccalà in cassuola frittierter Baccalà mit einer Sauce aus Tomaten, Kapern, Oliven, Pinienkernen und Rosinen

baccalà mantecato Stockfischpüree; hergestellt aus in Stücke geteiltem gekochtem Stockfisch, mit einem Handrührgerät unter langsamer Beigabe von Öl mit Knoblauch vermengt, bis eine cremige Masse entsteht, die mit Salz und Pfeffer abgeschmeckt wird (Venetien)

baccalà sotto il pesto frittierter Baccalà mit zerstampftem Knoblauch, Peperoncino, Öl und Essig bedeckt

baci panteschi frittierte Teigblätter mit Ricottafüllung, typisch für Pantelleria

bacicci Dialektausdruck für Meerfenchel (Crithmum maritimum), ein Wildkraut von intensivem, salzigem Geschmack

bacio di dama Feingebäck in Form zweier kleiner Halbkugeln, gebacken mit einem Teig aus Mehl, Haselnüssen (oder Mandeln), Zucker und Butter, gebunden mit einem Tropfen Schokolade (Piemont)

baciocca pikante Torte der Riviera di Levante (Ligurien) aus Kartoffeln, Eiern, Parmesan und Speck gebacken in einer mit Kastanienblättern ausgelegten Form

baffo eine Art Guanciale, in der Pfanne gebraten

bagna caoda Sardellensauce mit Knoblauch und Olivenöl, in die rohes und gekochtes Gemüse getaucht wird (Piemont)

bagnarese (alla) Zubereitungsart, normalerweise für Fisch, mit Kapern, Paprikaschoten und der roten Zwiebel von Tropea (Kalabrien)

bagnet heiße Sauce

bagnét (rosso/verde) Saucen aus dem Piemont, mit Petersilie und Sardellen (verde) oder mit Tomaten (rosso), traditionsgemäß zu > **bollito** serviert

bagnun di acciughe Suppe aus frischen Sardellen, gekocht in einer Sauce aus Tomaten, geröstetem Knoblauch, Öl und Zwiebeln, serviert auf Toastbrot; Spezialität der Riviera di Levante (Ligurien)

bagòss Käse aus entrahmter, roher Kuhmilch, typisch für Bagolino (Brescia)

baìcoli dünne, trockene Kekse aus mehrmals aufgegangenem Hefeteig, typisch für Venedig

barba di becco Wiesenbocksbart; ein wildwachsendes Kraut, von dem die jungen Triebe verzehrt werden

barbabietola Rote Bete

barbagiuai frittierte Ravioli aus Mehl und Wasser, gefüllt mit Kürbis, Reis, Eiern, Mangold, Parmesan und Kräutern (Ligurien)

barbotta Fladen aus Maismehl, Milch, Zwiebel, Öl und Parmesan

barbozza/barbozzo > guanciale vom Schwein (Umbrien); Schweinebacke in Salz und Pfeffer eingelegt

barcarola (alla) Rezept auf Essig-Zwiebel-Basis für die Zubereitung von frischem oder konserviertem Fisch (z. B. Hecht oder Baccalà), auch von Innereien (Leber)

bargnolino Schlehenlikör

barzigole Schaf- oder Lammrücken, mariniert, gewürzt und am Rost gebraten

basilisco Pilz, der an den höchsten Hängen der Madonie gedeiht (wird heute auch gezüchtet); festes weißes Fleisch, auch roh in Salaten genossen.

basotti in Brühe gegarte Fadennudeln aus Eierteig, die im Ofen gratiniert werden

bastardel Wurst aus Schweine- und Rindfleisch (Lombardei)

batsoà Schweinehaxe, in Wasser und Essig gekocht, dann ausgelöst, paniert und frittiert (Piemont)

battuto Speck und Gemüse, fein gehackt

batuda Buttermilch, auch Latticello genannt; im Friaul Bezeichnung für eine Art Sauce auf Sauermilchbasis

bavette schmale Bandnudeln

bazzffia Suppe aus Artischocken, Erbsen, Mangold oder Endivie, Ei und Schafkäse (südliches Latium)

beignets im Teigmantel gebackenes Gemüse

bela potica > **potizza** > **gubana** Hefeteigkuchen mit Mandeln, dt. Putize oder Potize

bensone > **ciambella**

berlingozzo mürber Kringel mit Zitronenschalen und Vanille; ursprünglich ein Karnevalsgebäck (Toskana)

bertagnino in Venetien und gewissen Gegenden der Lombardei übliche Bezeichnung für gepökelten Kabeljau, besser bekannt als > **baccalà**

bettelmatt Weichkäse aus Kuhmilch (Piemont)

bianchetti Glas-/Weißfischchen; frisch geschlüpfte Sardellen oder Sardinen, gekocht und mit Öl und Zitrone abgeschmeckt oder in Frittate (Omeletts) oder Frittelle (Schmalzgebäck) verarbeitet

bianco (in) natur, mit Butter oder in Weißwein

biancomangiare Pudding aus Mehl und Mandelmilch, für Siziliens Osten typisch, aber auch sonst verbreitet

biancostato lombardischer Ausdruck für ein Rippenstück vom Rind

bibarasse in cassopipa in Venetien gängiges Rezept für Venusmuscheln, die zugedeckt ganz langsam im „casso" (eine Art Kasserolle) schmoren („pipare" = pfeifen, wie beim Wasserkessel)

bichi langformatige Pasta ähnlich den > **maccheroni alla chitarra**

bigoli/bigoi in salsa Pastasorte aus Weichweizenmehl; Teig wird mit einer speziellen Nudelpresse zu dicken Spaghetti gezogen; in ganz Nordostitalien verbreitet, traditionell mit Sardellensauce oder Entenragout

biova Brotart aus dem Piemont

biroldo Wurst aus Schweineblut und -innereien sowie Gewürzen, manchmal auch Pinienkernen und Rosinen; wird frisch oder gekocht serviert (nördliche Toskana)

bisato sull'ara im Ofen gegarter Aal (Murano, Venedig)

biscotti Kekse, kleines trockenes Gebäck

biscotto cegliese Gebäck aus gehackten Mandeln, die mit Zucker, Ei und Vin cotto vermischt werden; ausschließlich in Ceglie Messapica (Apulien) erzeugt

biscotto di Agerola salziger Keks aus Vollkornmehl und Mais

bisi junge Erbsen (Venetien) > **risi e bisi**

bistecca Schnitzel, Steak

bistecca alla fiorentina T-Bone-Steak nach Florentiner Art; 1–1,5 kg schweres, 4–6 cm dickes Rindersteak, vorzugsweise der Rasse Chianina, auf dem Rost des Kohlegrills zubereitet

bitto hergestellt aus Kuhmilch mit einem Zusatz von Ziegenmilch. Sein Ursprung sind die Almen jener Täler, durch die der Wildbach Bitto fließt (Lombardei)

bizna Eintopf aus gesäuerten Rüben (Friaul) (> **brovada**)

blecs/biechi Nudelflecken, zubereitet aus Eiern, Weizen- und Buchweizenmehl (Friaul)

bobici (minestra di) Eintopf aus Mais, Bohnen und Kartoffeln, mit weißem Speck verfeinert (Görzer Karst)

boboli da vida in Venetien übliche Bezeichnung für kleine Schnecken in Öl und Petersilie

bocca di dama in Süditalien ein glasiertes Feingebäck, mit Creme gefüllt und mit einer kandierten Kirsche verziert; in anderen Teilen Italiens Bezeichnung für eine Torte aus Marzipan

bocconata mit Wurstmasse gefüllter Bauchspeck

bocconotto kleines Feingebäck aus gefülltem Mürbeteig. In Kalabrien besteht die Füllung aus Creme oder Konfitüre, im Molise aus Trockenfrüchten, Kakao, Zimt und eingekochtem Obstwein.

bodin eine Art Blutwurst

bogoi Schnecken

bogóni in Venetien übliche Bezeichnung für Schnecken

bollito gekochtes Fleisch

bollito ammuddicatu paniertes und gebratenes Bruststück vom Kalb (Sizilien)

bollito misto verbreitetes Gericht in allen Regionen, in denen Tieraufzucht betrieben wird. Verschiedene Fleischstücke vom Rind, manchmal auch Würste, werden in gewürztem Wasser gekocht und anschließend mit verschiedenen Saucen serviert. An der Küste der Marken versteht man darunter einen Mix aus über Dampf gegarten Fischen und Weichtieren.

bologna Wurst, Mortadella

bomba Sauce aus Gemüse und Peperoncino für Teigwaren oder als Brotaufstrich (Kalabrien)

bomba di riso Reisauflauf mit Füllung aus Taube, Hühnerklein (oder Salsiccia), Trüffeln, Ei und manchmal auch aus Steinpilzen (Parma, Piacenza)

bombette/bomboletti Dialektbezeichnung in den Marken für kleine Meeresschnecken

bondiola Wurstsorte; in der Lombardei gleichbedeutend mit Coppa piacentina, in Venetien mit Bondola; in diversen Varianten bekannt

bonet piemontesischer Pudding aus Milch, Ei, Zucker, Kakao, Amaretti, Rum und manchmal Kaffee

bordatino Suppe aus Maismehl, Bohnen und Gemüse (Livorno)

boreto > **brodetto**

boreto a la graisana Fischeintopf nach Art von Grado

borlenghi in einer Kupferpfanne gebackene, hauchdünne Fladen, gefüllt mit einem Pesto aus Bauchspeck, Salsiccia und Gewürzen (Modena)

borola/borroeula Gericht aus Wurstmasse (Brianza)

borragine Borretsch

bortellina/burtléina aus flüssigem Backteig (Wasser, Mehl, manchmal Ei) erzeugtes Fettgebäck. Früher mit Jungzwiebeln oder, in der traditionelleren Variante, mit Resten von Suppe oder Risotto gewürzt. (Piacenza)

boscaiola (alla) Tomatensauce mit Kräutern und Pilzen

bose kleine Süßwasserfische (Lombardei)

bosega venetischer Dialektausdruck für Meeräsche

bossolano Kranzkuchen aus Hefeteig, mit Vanille und Zitronenzesten aromatisiert, manchmal auch mit Konfitüre verfeinert (Lombardei, Venetien, Emilia)

bottaggio > **casoeula**

bottarga Meeräschen- oder Thunfischrogen, gesalzen, gepresst, gereift und zu einer viereckigen Salami verarbeitet

botticella Kochwurst, auch aus weniger edlen Teilen vom Schwein (Parma)

boudin würzige Wurst aus Schweineblut (heute aufgrund gesetzlicher Auflagen teilweise oder ganz durch Rote Bete ersetzt)

bovoeti venetisches Dialektwort für Landschnecken

brace, alla auf dem Holzkohlengrill gebraten

braciola/brasciola in der süditalienischen Küche eine Roulade aus Fleisch oder Schwertfisch, unterschiedlich gefüllt, gegart in Tomaten und Wein

braciole di cotica Rouladen aus Schwarte; Füllung aus Brotkrumen, Rosinen, Pinienkernen und Schafkäse

brandacujon/brandacujun Stockfischgericht mit Kartoffeln, Knoblauch, Petersilie und Pinienkernen (Ligurien)

branzino Wolfsbarsch

brasato Rinderbraten, der vor der langen Garzeit in Rotwein mit Wurzelgemüse, Gewürzen und Kräutern mariniert wird

brasiola de Piave Wurst nach dem Exklusivrezept eines Gastronomen aus Musile di Piave (bei Venedig)

brasöla abgelagertes Lendenstück vom Schwein (Lombardei)

brasolara mit Salz und Gewürzen gebeiztes Schweinefilet, das mit der Masse umhüllt wird, die zur Erzeugung von Sopresse und Wurst dient

brazadela in Venetien und in der Emilia gebräuchlicher Ausdruck für > **ciambella**

bresaola/brisaola magere Wurst aus gut abgelegenem Rind- oder Pferdefleisch (Valtellina, Val d'Ossola)

brichetti kurze Spaghetti, Suppeneinlage (Ligurien)

briciolata Sauce aus altbackenem Brot, zerkleinert und mit Knoblauch in Öl abgebraten; serviert zu > **pici**

brigidini runde süße Waffeln aus Mürbeteig und Anis, in speziellen Waffeleisen gebacken; Ursprung Toskana

bringoli dicke Spaghetti, ähnlich den > **pici**, traditionell aus Wasser und Mehl, heute oft mit Ei verfeinert (Toskana)

brisa (1) trentinisches Dialektwort für Steinpilz (Boletus edulis); (2) Suppe aus weißem Kürbis, Sauermilch und Bohnen (Nordostitalien)

broccoli arriminati Sauce für Teigwaren; gekochter Blumenkohl mit Zwiebeln, Sardellen, Sultaninen, Pinienkernen, Tomatenextrakt und Peperoni (Sizilien)

broccolo fiolaro Blumenkohlsorte, typisch für die Provinz Vicenza

brodetto (di pesce) Schmorgericht aus Fisch (ähnlich einer grätenfreien Fischsuppe); an der Adriaküste in vielen Varianten verbreitet; oft mit Essig, reifen und nicht reifen Paprikaschoten sowie Peperoni gewürzt

brodetto abruzzese Eintopf aus „armem" Fisch, mit Tomaten geschmort

brodo Brühe

brof di polenta cremiger Maisbrei

bross pikante Käsespezialität

brovada/brovade fein gehobelte saure Rüben, sowohl roh als auch gekocht serviert (Friaul)

bruciatini gerösteter Bauspeck, mit Radicchio serviert (Emilia-Romagna)

bruciuluni dicke Roulade aus Kalbfleisch, mit Hackfleisch, Ei, Paniermehl, Käse, Gewürzen und nach Geschmack mit hart gekochten Eiern gefüllt (Sizilien)

brudusiji Fadennudeln ohne Ei; in einer Brühe mit etwas Schmalz, zuweilen auch mit klein geschnittener magerer Schweinebacke gekocht (Apulien)

brusat/brut friulanisches Suppengericht aus gerös-tetem Maismehl, Butter und Milch

brusc „sauer" (piemontesischer und lombardischer Dialekt), meist für Zubereitungen mit Essig oder süßsauer

bruscandoli/bruscansi wild wachsende Frühjahrstriebe bzw. -sprossen; in der Provinz Padua Hopfensprossen, in der Provinz Verona Mäusedornsprossen

bruschetta geröstete Brotscheibe, noch warm mit Knoblauch eingerieben („bruscato") und mit Olivenöl, Salz und Pfeffer gewürzt; ursprünglich aus der Toskana, heute mit unterschiedlicher Garnierung weit verbreitet

bruscìtt geschnetzeltes Rindfleisch, abgebraten in Butter und Speck mit Fenchelsamen und mit Rotwein aufgegossen (Lombardei)

bruss/brusso geschmacksintensiver Aufstrich aus unterschiedlichen Käsestücken (Piemont, Lombardei, Ligurien)

brustengo traditionelles Gericht aus der umbrischen Armeleuteküche, aus frittiertem und mit Rosmarin gewürztem Teig aus Mehl und Wasser zubereitet

brustico Hecht oder Schleie, der/die über Schilfrohr aus dem See gegart wird (Umbrien)

brutti e buoni trockene Kekse aus Mandeln und/oder Haselnüssen, Kristallzucker, Eiweiß und Vanille

bucatini lange schmale Röhrennudeln

bucce di patate Armengericht mit Kartoffelschalen, an denen ein wenig von den Kartoffeln haftet, mit Öl bestrichen, mit Petersilie gewürzt und im Ofen gegart

buccellato Hefekranz

buccuni sizilianischer und sardischer Name für Purpurschnecke; in Kalabrien Bezeichnung für den Meerpfaff

buchteln/buchtin mit Konfitüre gefülltes, oft heiß serviertes Hefeteiggebäck nach altösterreichischer Manier (Südtirol, Friaul)

budino Pudding

bue grasso Fleisch von mehr als vier Jahre alten Ochsen der piemontesischen Rasse

bue rosso auf Sardinien vorkommendes rotfelliges Rind der Rasse Sardo-Modicana

buglione Bouillon, Brühe; in der Toskana übliche Bezeichnung für ein sehr lange mit Gewürzen und Kräutern geschmortes Gericht (traditionellerweise Lamm). Das Fleisch zerkocht zu einer dicken Sauce, die auf gerösteten Brotscheiben angerichtet wird.

buione > **buglione**

buonenrico Guter Heinrich (Chenopodium bonus-henricus), erstes Grün für Frühlingssalate, Suppen etc., wird wie Spinat verwendet

burgul kleine gekochte Weizenkörner, serviert im Salat mit Gemüse (Lombardei)

buridda für Ligurien typische Fischsuppe mit Gemüse und Pilzen. Es gibt auch eine Variante ausschließlich mit Stockfisch und Kartoffeln.

buristo Variante von > **biroldo**

burrata apulischer Pasta-Filata-Käse aus Kuhmilch, in den eine Art Füllung aus frischer Sahne eingearbeitet wird

burrida in Sardinien typische Marinade für Fisch (vor allem für Katzenhai und Rochen)

burro Butter

busara/busera/buzara ursprünglich aus Istrien stammende Zubereitungsart, heute in ganz Friaul und auch in Venetien verbreitet. Scampi (oder andere Krustentiere) werden mit Öl und Knoblauch in der Pfanne sautiert und mit Weißwein, Paprikapulver, Semmelmehl und Petersilie, manchmal auch mit Tomate abgeschmeckt.

busecca Gemüsesuppe mit Kutteln

busiate/busiati frische Teigware, für deren Zuberei-tung Teigstückchen um Stricknadeln gewickelt werden

busilan Dialektausdruck für > **ciambella** mit einer Öffnung in der Mitte

bussolà/bussolan/ buzolà > **bossolano**

butòon de pajàas Schmorgericht mit Stückchen von Schweinesalsiccia, die durch das Kochen die Form von Knöpfen eines Clownkostüms annehmen

buttera Teil des Lendenstücks vom Rind, etwas fetter und würziger als der Teil, der für Bistecca fiorentina verwendet wird

buzzonaglia Thunfischfleisch, das aus den dunkleren Fleischteilen (weniger edel, aber schmackhaft) und den Innereien gewonnen wird

cac' e ova/cacio e uova Sauce aus Eigelb oder verschlagenem Ei, gewürzt mit Knoblauch und Petersilie, kommt auf ein fertiges Gericht oder wird mit Semmelmehl und Pecorino vermischt gebraten

caccavella frische Eierteigwaren, denen Meeresalgen beigegeben werden. Der Name stammt von einem für die Gegend typischen Musikinstrument. (Kampanien)

cacciagione Wildbret

cacciatora (alla) Zubereitung „nach Jägerart"

cacciucco typische Suppe aus Livorno, die auch im gesamten Versilia verbreitet ist; zubereitet aus verschiedenen Sorten Fisch und Weichtieren, mit Tomaten, Essig, Rotwein und Peperoni gegart

cacigni in den Abruzzen verwendetes Wildgemüse

cacio Schnittkäse

cacio allargentiera/cacio allargintera dünne Scheiben Caciocavallo, mit Knoblauch und Essig geröstet und mit Oregano und Pfeffer bestreut (Sizilien)

cacio e pepe Pastagericht, das mit Schafkäse und reichlich frisch gemahlenem Pfeffer angerichtet wird

cacio marcetto Streichkäse, durch die Fermentierung sehr scharf (Abruzzen, Molise); ähnlich > **bruss**

caciocavallo Kuhmilchkäse mit gezogenem Teig, typisch für die Käsetradition Süditaliens

caciocchiato eiförmiger, zarter Käse aus Milch der Kuh der Podolica-Rasse (Kampanien)

cacioricotta in Apulien der gesalzene harte Ricotta, in Abruzzen ein Frischkäse

caciotta mehr oder weniger kugelförmiger Käse aus Kuh-, Schaf- oder Ziegenmilch oder auch aus gemischten Milchsorten

caciuf feste, frittierte Polenta, unter die beim Kochen Bohnen, Bauchspeck, Salsiccia und Parmesan gerührt wird (Ferrara)

caffè corretto Espresso mit einem Schuss hochprozentigem Alkohol, meist Grappa

caffè in forchetta Halbgefrorenes oder Cremespeise mit Kaffeegeschmack

cagnone (in) mit zerlassener Butter und Parmesan

caicc dicke Ravioli (ähnlich den Casoncelli), typisch für das Val Camonica (Lombardei), gefüllt mit Rinderbraten, frischer Salami, Spinat, Nüssen, Amaretti und Parmesan

caillettes > **coujette**

calamarata typisches Teigformat für Kampanien in Form von Ringen, die an Calamari erinnern

calamari Tintenfische

calariddhe/calariello mit Gemüse und Feldkräutern im Tontopf gegartes Lammfleisch (Apulien)

calcinelli Dialektausdruck für Muscheln, ähnlich den Telline

calcione große Teigtasche aus süß-salzigem Teig, gefüllt mit Ei, Zucker, Pecorino und Zitronenschale (Marken)

caldarroste mit der Schale gebratene Esskastanien

calsù gefüllte Teigtaschen in origineller Form, die man durch das Anbringen kleiner Einbuchtungen an den Rändern erhält, typisch für das Gebiet um Brescia

calzagàtt/calzagatti/cassagài Polenta, zusammen mit einem Bohnenschmorgericht gekocht und mit Parmesan garniert. Sobald sie fest ist, kann man sie frittieren. (Emilia)

calzoncelli Waffelröllchen; früher mit gekochtem Obstwein gefüllt, heute mit einer Paste aus gehackten Mandeln, Schokolade, Maronenmehl und Orangenzesten

calzone halbmondförmig gefaltete Pizza; in vielen Varianten, traditionell mit Ricotta, Grieben und Pfeffer gefüllt.

calzonicchi Tortelli aus frischer Pasta, gefüllt mit Kalbshirn (Latium)

camoscio Gemse

campagnola (alla) Tomatensauce mit Gemüsesorten

campofiloni sehr dünne Tagliolini aus Eierteig (Marken)

canata viterbese dicke Suppe mit altbackenem Brot, Tomatenstückchen, Öl und Essig. Man kann Gemüse beigeben, auch in Öl oder Essig eingelegt, weiter eingelegte Fische wie Sardellen oder Thunfisch. (Latium)

canci/cancij Teigtäschchen mit Käse, zerlassener Butter und Mohn gefüllt, ladinische Spezialität (Südtirol)

candelaos sardisches Gebäck aus gehackten Mandeln, das in Form von Früchten oder Tieren modelliert wird

canederli im Trentino und in Venetien übliche italienisierte Bezeichnung für Knödel bzw. Klöschen

canederli ripieni/gnocchi boemi süße Knödel aus Kartoffelteig, der Aprikosen oder Pflaumen umhüllt; werden mit Zimt und Zucker bestreut serviert (Trentino)

canestrato Käse aus Schaf- oder Kuhmilch, fest oder halbfest. Auf der zylindrischen Form sind die Abdrücke des Korbs zu sehen, der zum Abtropfen der Molke dient.

canestrello Kammmuschel

cannella Zimt

cannellini kleine weiße Bohnen

cannelloni/canoli Gericht aus der Romagna, das zum ersten Gang gereicht wird; bestehend aus zu Röhren geformten Teigrechtecken, die mit Hackfleisch und Parmesan gefüllt, mit Béchamelsauce und Ragout bedeckt und im Ofen überbacken werden

cannelloni alla sorrentina Cannelloni gefüllt mit Ricotta, Scamorza, Prosciutto crudo, bedeckt mit Fleischsauce

cannoli (1) in Sizilien Bezeichnung für frittierte (manchmal auch im Ofen gebackene) Blätterteigrollen mit Ricottacreme, die mit kandierten Früchten und Schokoladestückchen verfeinert wird; (2) in Kalabrien Bezeichnung für Waffeln aus Mehl, Zucker und Wein, die zusammengerollt, frittiert und anschließend mit Honig übergossen werden

canocchie Heuschreckenkrebse, Meerzikaden

canoce/canochie in Venetien gängiger Dialektausdruck für > **canocchie**

cantucci(ni) toskanisches Trockengebäck mit Mandeln, Pinienkernen und Anissamen. Traditionellerweise isst man es als Dessert, in Vin Santo getaucht.

cao erste Sahneschicht, die sich auf frisch gemolkener Milch bildet

caparozzoli venetischer Dialektausdruck für Venusmuscheln

capelli d'angelo getrocknete lange und sehr dünne Teigwaren für die Suppe

capetroccole winzige Polypen, „Nagelköpfe" genannt (Latium)

capocchielli im Salento gebräuchlicher Dialektausdruck für kleine Tintenfische

capocollo in Mittel- und Süditalien verbreitete geräucherte Wurst, aus dem oberen Teil des Halses und Teilen von der Schulter des Schweins hergestellt

capomazzo Lammeingeweide mit Kartoffeln

caponata kaltes Gericht aus zuvor frittierten und dann würfelig geschnittenen Auberginen, die mit einer süßsauren Sauce aus Tomatenkonzentrat, Oliven, Kapern, Sellerie und Essigzwiebeln vermischt werden (Sizilien; einige Varianten davon auch in Kampanien)

capone Dialektbezeichnung für Pesce lampuga (Goldmakrele)

caponet Täschchen aus Kürbisblüten oder Wirsingkohl, gefüllt mit Fleisch, gekochter Salami, Petersilie, Knoblauch, Ei und Parmesan (Piemont)

cappellacci Eierteigware in Form eines großen Tortello. Die bekannteste Version stammt aus Ferrara und ist mit Kürbis und Parmesan gefüllt.

cappellacci/cappelletti für die Emilia typische Eierteigware, die auch außerhalb Italiens verbreitet ist. Die traditionellen Cappelletti kommen aus Reggio Emilia und aus der Romagna: Sie gleichen sich in der Form, sind aber unterschiedlich gefüllt. In der Romagna kommen neben Fleisch und Parmesan auch Ricotta und > **raveggiolo** hinzu. Beide Varianten werden in Brühe serviert.

cappello da/del prete (1) Stück vom Rind aus dem oberen Schulterbereich; (2) Wurst in Form eines Dreispitzes aus mageren und weniger edlen Schweinefleischstücken mit Gewürzen und Weißwein (Emilia)

cappesante Jakobsmuscheln

cappidduzzo süße, frittierte Teigtasche mit Füllung aus Schafmilchricotta, Zitronenzesten und Zimt (Sizilien)

cappon magro ligurisches Gericht bestehend aus Schichten von Fisch und gekochtem Gemüse, in einer Sauce aus Eiern, Petersilie, Brotkrumen, Essig, Knoblauch, Kapern, Oliven und Sardellen

capponadda typisches Kombüsengericht aus Zwieback, Tomaten, Sardellen oder getrocknetem Thunfisch, Oliven, Kapern und gekochten Eiern (Ligurien)

cappone alla Stefani süßsaurer Kapaun nach einem alten Rezept des Kochs am Hof der Gonzaga

cappone in canavera in einer Schweineblase über Dampf gegartes Kapaunfleisch. In der Blase steckt ein Stück Bambusrohr, damit der Dampf entweichen kann. (Venetien)

cappone incapponato gefüllter Kapaun (Toskana)

cappuccetto/capputteddi sizilianische Dialektbezeichnung für kleine Tintenfische (seppioline)

cappuccio kompakte Kohlart mit wächsernen hellgrünen oder rötlichen Blättern

capra Ziege

capra alla neretese in kleine Stückchen geschnittenes Ziegenfleisch, das mit vielen Gewürzen geschmort und zum Abschluss mit frittierten Paprikaschoten angereichert wird (Provinz Teramo, Abruzzen)

capra e fagioli in Weißwein mit Gewürznelken geschmortes Ziegenfleisch, zuletzt mit Bohnen vermischt (Ligurien)

capra murata Fleischauflauf, der mit Kartoffeln und Tomaten in der Pfanne gegart wird (Sizilien)

caprese (1) Tomaten und Mozzarella mit Öl, Knoblauch und Oregano oder Basilikum aromatisiert (Kampanien) (2) Torte mit Mandeln, Schokolade und zerbröselten Keksen (Kampanien)

capretto Zicklein

caprino/formaggio caprino Ziegenkäse

capriolo Reh

capù di romice Rouladen mit Füllung aus wilden Kräutern und Fleisch

capuc mit einer Mischung aus Brot, Kräutern und Käse gefüllte Wirsing- oder Weinblätter (Trentino)

capuliato/cappuliato Sauce für Teigwaren, das aus mehr oder weniger pikant gewürzten getrockneten Tomaten zubereitet wird (Sizilien)

capuneit > **caponet**

capunsei Brotnocken, mit zerlassener Butter, Salbei und Parmesan serviert (Alto Mantovano)

capunti kurzformatige Pasta aus fein gemahlenem Hartweizengrieß und Mehl. Die typische Form entsteht dadurch, dass mit drei Fingern halboffene Röhrchen von ein paar Zentimetern Länge gerollt werden. (Apulien, Abruzzen)

carabaccia traditionelle florentinische Suppe aus Zwiebeln, frischen Erbsen und Dicken Bohnen, in einer Schüssel mit einer Scheibe geröstetem Brot angerichtet und mit pochiertem Ei und Pecorinospänen garniert

caramella (a)/caramelle gefüllte Teigware, deren Form an ein Bonbon („caramella") erinnert

carbonade/carbonada in Rotwein geschmortes Rindfleisch; früher traditionell mit Pökelfleisch zubereitet (Aostatal)

carbonara (alla) Verfeinerung für Teigwaren, bestehend aus geröstetem Pancetta oder Guanciale und Ei, vermischt mit geriebenem Pecorino. Der Gebrauch in der römischen Küche ist eher neu.

carbonata gebratenes oder gegrilltes Fleisch

carcagnola klein geschnittene gekochte Schweinehaxe, mit Zitronensaft, Salz, Pfeffer und Petersilie kalt serviert. Oft reicht man dazu > **mussu**. (Sizilien)

carcerato Suppe aus altbackenem Brot, Kochsud von weniger edlen Fleischteilen vom Kalb, Pfeffer und geriebenem Pecorino (Pistoia, Toskana)

carciofi Artischocken

carciofi alla giudìa Artischocken der Sorte Cimaroli werden an den Blättern kronenförmig geöffnet und kurz gekocht, danach zuerst mit der Unterseite, dann mit der Oberseite in sehr heißem Öl frittiert, bis sie knusprig sind (Rom, Rezept der jüdischen Tradition)

carciofi alla romana Artischocken der Sorte Cimaroli werden mit Knoblauch und Petersilie gespickt und in Wasser und Öl mit frischer Pfefferminze gekocht

carciofi alla villanella Artischocken, im Topf mit Sardellen und Knoblauch gekocht

carcotto Kalbsbrust, mit Kräutern gefüllt und in gekochtem Wein geschmort (Latium)

cardi Distelgewächse

cardilli Wildkräuter aus dem Sannio-Gebiet, ähnlich den Zichorien, von intensivem Geschmack

doncelli Kräuterseitlinge (Pleurotus fuscus); Pilze t weißem, festem Fleisch; sehr verbreitet in Apulien und in der Basilikata

cardone für die Weihnachtszeit typische Suppe aus Hühnerbrühe, Karden, Fleischklößchen, verquirltem Ei und Käse (Süditalien)

cargi große Teigtasche mit Ricottafüllung (Marken)

cariech/carugo Dialektausdruck für Kümmel

carletti Dialektausdruck für Leimkraut > **silene**

carmasciano Pecorinokäse, der im gleichnamigen Ort erzeugt wird

carne Fleisch

carne all'albese/carne cruda rohes Rindfleisch, gehackt, mit dem Messer oder in dünne Scheiben geschnitten, gewürzt mit Öl, Zitrone, Salz, Pfeffer (Piemont)

carne cruda Tatar

carne fumada Räucherfleisch

carne in buglione geschmortes Fleisch mit Knoblauch, Chilischoten, Rosmarin und Tomaten

carne salada Salz- oder Pökelfleisch; wird im Ganzen etwa zwei Wochen mit Salz und grob gemahlenem Pfeffer mariniert (Trentino, Venetien)

carni ovine Fleisch von Lamm, Hammel, Schaf, Zicklein

caronzei frische Teigtaschen mit Käsefüllung (meist Grana), häufig mit Birnenkompott und einer Prise Kaffee bestreut serviert (Trentino)

carpa Karpfen

carpa regina Karpfenart, bevorzugt tiefe, langsam strömende Gewässer

carpaccio Fleisch und Fisch (manchmal auch Gemüse), roh in dünne Scheiben geschnitten und mit Öl, Zitrone, Salz und Pfeffer gewürzt

carpegna wertvoller Prosciutto aus dem gleichnamigen Ort in den Marken

carpionata Marinade aus Essig, Öl, Knoblauch und Salbei; für Eier, Fleisch, Fisch und Zucchini

carpione Gardaseeforelle (Salmo trutta carpio), kommt ausschließlich im Gardasee vor

carpione (in) in einer Marinade aus Essig und Gewürzen

carrati Gnocchi aus Mehl und Wasser, über die Pecorino, gebratener Pancetta und verschlagene Eier gegeben werden (Abruzzen); in derselben Region auch > **maccheroni alla chitarra** genannt.

carrettiera (alla) üppige und geschmacksintesive Sauce für Teigwaren in zahlreichen Varianten. Die klassische Version sieht die Verwendung von Gewürzen, Zwiebel, Tomatensauce und Kalbsragout vor.

cartellate/'ncartellate in Apulien und Kalabrien verbreitetes traditionelles süßes Fettgebäck in Spiralenform, häufig mit Wein verfeinert

cartoccio (al) Zubereitungsart, bei der das im Ofen zu garende Kochgut mit Pergamentpapier oder Alufolie umhüllt wird

casadinas > **pardula**

casalingo hausgemacht

casatella Frischkäse aus Kuhmilch (Romagna)

cascà sardisches Couscous, mit einer Sauce aus Gemüse, Hackfleisch und Gewürzen serviert

caschettas sardisches Gebäck aus Hartweizengrießteig, mit grobem Grieß, Sapa (gekochtem, dickflüssigem Obstwein) und Mandeln gefüllt

casera Käse aus dem Valtellina, hergestellt aus Milch von Kühen der Rasse Bruno Alpina, kommt frisch oder halb gereift zum Verkauf

caserecce kurzes trockenes Teigwarenformat, leicht eingedreht

casieddu ausschließlich in der Provinz von Potenza hergestellter Ziegenkäse, mit einem sehr aromatischen Gewürzkraut verkäst und in Farnblätter gewickelt

casizolu Käse mit gezogenem Teig; typisch für die Gegend des Montiferru (Sardinien)

caso peruto Ziegenkäse, der in Glas- oder Tongefäßen heranreift und regelmäßig mit Öl und Essig benetzt wird. Er weist eine graue Rinde auf und ist von stechendem Aroma und scharfem Geschmack.

casolét weicher Bergkäse aus roher Vollmilch von weicher Konsistenz (Trentino)

casoncelli/casônsei/casunziei unterschiedlich, allerdings nie mit Fleisch gefüllte Teigtäschchen, traditionell mit Wurst, Semmelmehl, Ei und Käse (Lombardei, Venetien)

cassata (1) Biskuitkuchen mit Marzipanglasur und Füllung aus Ricotta, der mit Zucker, Schokolade, kandierten Früchten, Vanille und Likör vermischt wird (2) bezeichnet auch ein ähnlich zubereitetes Eis sowie (3) eine aus den Abruzzen stammende Süßspeise mit kandierten Früchten.

cassatele/cassatelle frittierte Ravioli, mit Ricottacreme gefüllt (Trapani)

casoeûla/cassoeula/cazzoeûla Wintergericht aus Mailand, zubereitet aus Wirsing und verschiedenen Teilen vom Schwein, darunter Rippen, Schwarten, Haxe und Salamini

cassoncini zusammengefaltete Teigtäschchen, ähnlich der > **piadina**, gefüllt mit Wildgemüse, normalerweise frittiert (Romagna, Marken)

cassuola süditalienischer Dialektausdruck für Kasserolle, im übertragenen Sinn auch für einige Gerichte, die in ihr zubereitet werden

castagnaccio Fladen aus Esskastanienmehl, wenig Zucker, Pinienkernen und Rosinen, im Ofen gebacken (Toskana, Ligurien)

castelmagno halbfester Käse aus Kuhmilch mit Blauschimmel aus Castelmagno, (Piemont)

castrato/crastu Hammel; frühzeitig kastriertes Lamm, hat ein weiches, schmackhaftes Fleisch; meist über der Holzkohlenglut gegrillt

castraùre zarte junge Artischocken, in den Gemüsegärten der Lagune von Venedig angebaut

casu marzu cremiger Käse mit pikantem Aroma, der durch die Fermentation von Schafkäse, hauptsächlich Fiore sardo, erzeugt wird

catalogna Blattzichorienart

caudedd' > **bruschetta** mit nativem Olivenöl extra und Lardo (Apulien)

cauraro Minestrone mit Wildgemüse, gewürzt mit Wildfenchel

cautarogne lukanischer Dialektausdruck für > **strascinati**

cauzuni lukanische Ravioli mit Ricotta und Pfefferminze

cavallo Pferd

cavallucci Mürbteiggebäck aus Siena mit Nüssen und Orangenschalen

cavatelli/cavatieddi/cavatiddi in Süditalien und auf den italienischen Inseln verbreitete kurzformatige Teigware, für deren Herstellung Teigröllchen mit dem Finger eingedrückt werden, so dass sie das Aussehen von kleinen, ovalen Muscheln erhalten

cavedano Döbel (Leuciscus cephalus)

caviale del Trasimeno Hechteier

cavolicelli/cavoliciеddi/cavuliceddu Wildkohlart (Brassica fruticulosa), Triebe, Blätter und ganz junge vollständige Pflanzen finden Verwendung

cavolo Kohl

cavolo cappuccio Weißkraut

cavrèt in tecia geschmortes Zicklein (Venetien, Julisch Venetien)

cazòle Eier vom Kabeljau oder vom weißen Fisch

cazzariell' Dialektausdruck der Abruzzen für das scharfe Peperoncinoschötchen

cazzilli gekochte und passierte Kartoffeln, mit Petersilie und geriebenem Käse vermischt, zu Röllchen geformt und in heißem Öl frittiert (Sizilien)

cazzmar > **turcinieddi**

cecamariti eine Art > **pancotto**, traditionell in Apulien, auf Basis von zerkrümelten > **friselle**, serviert mit Brokkoliröschen und Erbsencreme

cecatelli > **cavatelli**

ceci Kichererbsen

ceciliani lokale Teigwarensorte, über eine Stricknadel gerollt (Viterbo)

cecina in der Toskana (Livorno) üblicher Name für > **farinata** aus Kichererbsen

cefalo Meeräsche

cellitti (1) frische Teigware aus Wasser und Mehl, in kleine Stäbchen geschnitten und in der Mitte mit dem Finger eingedrückt (Latium); (2) in den Abruzzen Bezeichnung für mit Konfitüre gefüllte Kekse

cenci (1) Karnevalsgebäck aus Mürbeteig, der in verschiedene Formen geschnitten und frittiert und anschließend mit Zucker bestreut wird; in vielen verschiedenen Varianten und regionalen Bezeichnungen; (2) in Umbrien frische Teigwaren von unregelmäßiger Form

cencioni Tagliatelle aus Dicke-Bohnen-Mehl; in den Abruzzen Bezeichnung für Dinkelspaghetti

centime grobkörnige Polenta, die mit wildem Fenchel und Rübenkohl verfeinert wird (Sizilien)

ceppaluna kampanische Kekse mit Zitronenglasur

ceppe hausgemachte > **bucatini**, bei denen das Teigblatt über einen Holzstab gerollt wird (Abruzzen, Molise)

cerasedda Dialektausdruck von lukanischer Abstammung für scharfen gemahlenen Peperoncino

cernia Zackenbarsch

cervo Hirsch

chiacchiere > **cenci**

chianina aus dem Chiana-Tal (Toskana) stammende Rinderrasse, deren Fleisch oft für das Fiorentina genannte Rumpsteak vom Jungochsen verwendet wird

chibuddadu Zwiebelsuppe (Sardinien)

chicche della nonna grüne Gnocchetti mit Kartoffeln und Spinat im Teig

chiocciole Weinbergschnecken

chiodini Hallimasche, gut geeignet, um mit Tomaten, Knoblauch und Petersilie gewürzt geschmort zu werden

chisciöi Pfannkuchen aus Buchweizenmehl, Casera-Käse und einem Tropfen Grappa

chitarre/chitarrine lange quadratische Pasta; frische Pastastreifen werden über einen Rahmen mit Metallfäden gestrichen, ähnlich den Saiten einer Gitarre. Maccheroni alla chitarra sind typisch für die Abruzzen.

chiuchiarole kampanischer Dialektausdruck für rote, in Essig eingelegte Paprikaschoten

chizza für Reggia Emilia typische Version des > **gnocco fritto**, aber mit Füllung, die vom Parmesan bis zum Spinat variieren kann; frittiert oder im Ofen gebraten

chjusoni Teigklößchen aus der Gallura (Sardinien)

ciabattoni (1) weiße breite Bohnen (Latium); (2) sehr große Maccheroni, auch Ciavattoni genannt (Marken)

ciabbotto/ciabotta geschmorter Eintopf aus Sommergemüse (Abruzzen)

ciabuscolo streichfähige Wurst

ciacapreti Spaghettiart

ciacchetegli Brokkoliart mit kleinen violetten Blüten; als Suppe mit altbackenem Brot zubereitet. Der Anbau beschränkt sich auf das Gebiet von Priverno. (Latium)

ciaccia sul panaro im oberen Tibergebiet üblicher Ausdruck für > **crescia**

ciakiciuka auf der Insel Pantelleria verbreitete Version der > **caponata** aus geschmortem Gemüse

cialicurda (1) Gericht der apulischen Armeleuteküche (salentinisches Griechenland) auf Basis von Hülsenfrüchten, Wildgemüse, frittiertem altbackenem Brot und Hartweizengrieß; (2) traditionelle bäuerliche Suppe auf Basis von Brot, Öl und Oregano (Kampanien)

ciambella Kranzkuchen; ein Hefegebäck aus dem Ofen, aus Mehl, Eiern, Butter und Zitronenzesten. In der Emilia, für die die Speise typisch ist, taucht man die Stücke in Wein.

ciambelle scottolate süße kleine > **ciambelle** mit Mehl und vielen Eiern, zuerst in Wasser überbrüht und dann im Ofen gebräunt (Latium)

ciambelletti al vino Feingebäck aus Mehl, Zucker, Öl, Anissamen, Weißwein (Mittelitalien)

ciambotta/cianfotta Ragout aus Gemüse, darunter Auberginen, Tomaten und Paprikaschoten, in verschiedenen Varianten in ganz Süditalien verbreitet

ciammelle eine Art krumme Grissini aus Hefeteig, zuerst gekocht, dann im Ofen gebacken (Ciociaria, Latium). In anderen Teilen Italiens versteht man darunter Süßspeisen in Knopfform, mit Giulebbe (Getränk von mit Zucker eingekochtem Fruchtsaft) übergossen.

cianfotta > **ciambotta**

ciapolà piemontesischer Dialektausdruck für Hackfleisch, üblicherweise ist mit dem Messer geschnittenes Tatar gemeint

della/ciaurella Gericht mit Gemüse, das chmort oder als Minestra mit Dicken Bohnen und Pancetta zubereitet wird (Süditalien)

ciauscolo/ciavuscolo Wurst vom Schwein, von weicher Konsistenz, streichbar (Marken)

ciavalettella getoastetes Brot, in den Sud von verschiedenen Fischen oder Gemüse getaucht (Molise)

ciavar Frischwurst aus gehacktem, weniger edlem Schweinefleisch, mit Knoblauch und Sangiovese verknetet; auch **Salsciccia matta** genannt (Romagna)

cibreo Frikassee aus Hühnerklein (Toskana); wie > **fricassea** mit Eiern und Zitronensaft verfeinert

cicatielli Nudelart (Süditalien)

cicci maritati Suppe mit vielen Getreidesorten und Hülsenfrüchten (Linsen, Bohnen, Kichererbsen, Erbsen, Dicke Bohnen, Weizen, Mais, Spalterbsen etc.)

ciccioli Schweinegrieben; Rückstände von Fleisch und Knorpeln der Fetterzeugung vom Schwein, kleine, unregelmäßige Würfel von hellbrauner Farbe

ciccioneddas sardisches Feingebäck mit Konfitüren- oder Cremefüllung

cicenielli/cicinielli kampanischer Dialektausdruck für > **bianchetti** (Weißfischchen)

cicerchia kleine Hülsenfrucht (Platterbse), schon früh verbreitet, heute wiederentdeckt und vor allem in den Marken angebaut; wird für Minestre verwendet

ciceri e tria Pastagericht aus breiten, handgearbeiteten Tagliatelle und Kichererbsen, mit Peperoncino und Öl abgeschmeckt (Apulien)

cicheti in Venetien und Friaul-Julisch Venetien verbreitete Appetithäppchen zur > **ombra**

cicireddi/cicirello Dialektbezeichnung für Cicerello, ein silberfarbenes Fischlein, nahezu ohne Schuppen, das frittiert oder mariniert hervorragend schmeckt

cicitt würzige Wurst aus reinem Ziegenfleisch, auf der Holzkohlenglut gebraten (Tessin, obere Lombardei)

cicoria impazzita Zichorie, im Backteig frittiert

cicorie großblättriger Löwenzahn (Zichorie)

cicorielle a'zise Zichorie mit Kirschtomaten, in Fleischbrühe gegart und mit Pecorino verfeinert (Apulien)

cima (alla genovese/ligure) Kalbsbrust, taschenförmig aufgeschnitten, auf verschiedene Weise gefüllt (Fleisch, Ei, Parmesan), in Scheiben serviert (Ligurien)

cimalino dreieckiges Fleischstück aus dem hinteren Viertel vom Kalb oder Jungochsen; besonders zum Sieden geeignet

cimbro Käse aus der Lessinia (Venetien)

cime di rapa Stängelkohl

cinghiale al cioccolato > **dolceforte**

cinghiale Wildschwein

cinghiale alla maremmana in eine Marinade aus Wein, Tomaten, wildem Fenchel und Oliven eingelegte Wildschweinstücke, anschließend lange gegart

cinta senese autochthone Schweinerasse mit schwarzem Fell und hellem Streifen um den Brustkorb, die in der Provinz Siena gezüchtet wird

cioncia Schmorgericht aus Teilen des Kalbskopfs, Peperoni, schwarzen Oliven und Gewürzen; typisch für die Gegend von Pistoia

ciopa di pane Dialektwort für eine typisch trentinische Brötchenform (in fünf Segmente geteilt und rund)

cipolla Zwiebel

cipollata (1) Gericht aus überbrühtem Fisch, der mit süßsauer gekochten Zwiebeln bedeckt wird (Sizilien); (2) Minestra aus Zwiebeln und Tomaten, die am Ende der Kochzeit mit Ei und geriebenem Parmesan vermischt wird (Mittelitalien)

ciriole typisch umbrische dicke handgemachte Spaghetti aus Wasser und Mehl, je nach Region unterschiedlich (> manfricoli, > umbricelli) bezeichnet

cisrà typische Kichererbsensuppe aus dem Monferrat, zubereitet mit Schwarten, Möhren, Sellerie, Brühe und Kräutern

ciuìga gereifte trentinische Wurst aus weniger edlen Teilen vom Schwein und gehackten Rüben

ciuppìn Fischsuppe aus Gemüse und frischen Tomaten, serviert mit gerösteten Brotschnitten (Ligurien)

civet Schmorgericht aus Haarwild, in Rotwein und Gewürzen mariniert und mit Würzkräutern und Gemüse gegart

civraxiu e coccoi zwei sardische Brotsorten aus verschiedenen Mahlerzeugnissen, wobei die zweite in künstlerischen Formen gestaltet wird

cjalsòns/cjarzòns für die Carnia (Friaul) typische halbmondförmige, süß-pikante Nudeltäschchen; es gibt unzählige Füllungen und Würzvarianten, fast immer dabei ist geräucherte Ricotta

cjarsons Teigtaschen (oft mit Rosinen)

co lo vattuto Gericht aus den Marken, das sowohl Fleisch als auch Gemüse begleiten kann; wörtlich „con il battuto", also „mit gehackten Kräutern", meist Knoblauch und Petersilie

coccio/cuoccio Knurrhahn; Meeresfisch mit festem weißem Fleisch

cocciua sardischer Name für Venusmuschel, von der es verschiedene Arten gibt: Niedda, Pintada etc.

cocule Bällchen aus Kartoffeln, Pecorino, Semmelmehl und Eiern, in einer Suppe serviert

cocùzza Bezeichnung für Kürbis im Dialekt von Rom und Napoli

coda Schwanz

coda alla vaccinara Ochsenschwanz, geschmort in Tomaten, Zwiebeln, Möhren und Sellerie. Die Sauce kommt auch auf die Pasta. (Rom)

coda di rospo Seeteufel

codeghin in Norditalien verbreiteter Dialektausdruck für Cotechino

cognà (mostarda 'uva) Sauce aus Traubenmost, Birnen, Haselnüssen und Gewürznelken; serviert zu gekochtem Fleisch, Käse und Polenta (Piemont)

colarda regionaler Name für ein spezielles Stück vom Rind, gut geeignet für Schmorbraten

colatura di alici Flüssigkeit, die aus der vier bis fünf Monate dauernden Konservierung der Sardellen unter Salz stammt; passt gut zu Teigwaren oder Gemüse

collo d'oca ripieno Gänsehals, der mit Rindfleisch, Ei, Parmesan und Kräutern gefüllt ist; kann kalt in Scheiben geschnitten oder warm in Tomatensauce serviert werden (Toskana)

colombaccio Ringeltaube (Columba palumbus). In der Toskana und Umbrien wird aus ihrem zarten Fleisch eine Sauce zubereitet.

comaut Suppe aus Kürbis, Kartoffeln, Zwiebeln, mit Butter und Salbei verfeinert (okzitanische Täler im Piemont)

composta di mele, di cipolle eine Konservierungsmethode für Äpfel oder Zwiebeln, bei der die Grundzutat mit Wasser, Zucker, eventuell der Schale einer Zitrone oder Orange sowie Gewürznelken und Zimt gekocht wird

conca de moru frittiertes sardisches Karnevalsgebäck, wörtlich „Mohrenkopf"

conchiglie Muscheln

conciato romano Käse aus Schaf-, Ziegen-, Kuh- oder gemischter Milch, der mit Wasser und einem Gemisch aus Öl, Essig, Piperna (wildem Thymian) und gemahlenem Peperoncino gewaschen wird und in Tongefäßen reift

condiggion/condiggiun ligurischer Salat mit Gemüse, > **mosciame**, Sardellen, gekochten Eiern, Öl und Essig

confettura Konfitüre

coniglio Kaninchen

coniglio alla stimpirata mit Paprikaschoten, Kapern und frischer Minze in Wein geschmortes Kaninchen

coniglio con bagna neira süßsaure Zubereitung aus Fleisch, Tomaten, Paprikaschoten, Essig, Wein und Zucker (Piemont)

coniglio da fossa all'ischitana das Kaninchen, in besonderen Erdgruben gezüchtet, wird im Topf mit Weißwein und Kirschtomaten geschmort

coniglio disossato "entbeintes Kaninchen", Tessiner Kaninchenrollbraten

consiero Fleischragout ohne Tomaten (Venetien)

conza Dialektbezeichnung für Füllung (Sizilien)

conzier rustego Sauce aus Radicchio und Hühnerleber (Venetien)

copete/cupete kleine Torroni aus gehackten Mandeln, Zucker, Eiweiß und Zimt, im Ofen zwischen zwei Oblaten gebacken

coppa Wurst aus gebeiztem und gereiftem Schweinenacken, die Coppa d'estate (sommerliche Coppa) genannt wird (Piacenza, Parma, Mantova)

coppa di testa Presskopf; Wurst, die aus dem Fleisch und den Knorpeln vom Schweinekopf erzeugt wird. Gekocht und mit zahlreichen Gewürzen angereichert, darunter Pistazien und Orangenschalen, als Coppa d'inverno (winterliche Coppa) bezeichnet. (Emilia)

coppetiello Papiertüte, die man auf den Schnabel der Espressomaschine setzt; dient dazu, das Aroma und den Duft des Kaffees in der Kanne zu behalten, in Neapel üblich

coppiette dünne Scheiben aus getrocknetem, gewürztem und geräuchertem Wildschwein oder Rindfleisch (Toskana)

coratella Innereien, normalerweise von Lamm oder Zicklein

coratella alla barbaricina in ganz kleine Stückchen geschnittene Lamminnereien, die mit Dicken Bohnen und Möhren serviert werden (Sardinien)

corbelli Dialektausdruck der Marken für > **ombrina**

corde di cochie frische Eierteigwaren, mit demselben Gerät wie die > **maccheroni alla chitarra** hergestellt, nur schmäler; erinnern an die Bänder der Schuhe der Hirten, daher stammt der Name (Abruzzen)

cordula Zopf aus Eingeweiden von Zicklein oder Lamm, gegrillt oder geschmort (Sardinien)

coregone Renke

cornaletti > **friggitelli**

coronello Dialektausdruck in Neapel für Stockfisch

corsetti/corzetti für Ligurien typische frische Eierteigware. Im Polcevere-Tal hat sie die Form einer Acht, ansonsten wird sie in Medaillonform gepresst.

cortecce getrocknete von Hand hergestellt Pasta aus Hartweizengrieß, ähnelt enthülsten Bohnenschoten

coscia della sposa/della zita Keule vom Zicklein, das aufgespießt und auf einem Ziegel gebraten wird

costata Kotelett

costina Rippchen

cotechino Kochwurst aus Schweinefleisch, Speck, Gewürzen und Schwarte; vor allem im Piemont, im Aostatal, in der Lombardei und in der Emilia in leicht unterschiedlichen Varianten verbreitet

cotechino in camicia/in galera Cotechino-Wurst, die gesotten und anschließend mit gekochtem Schinken und darüber mit Kalbfleisch umwickelt wird

cotica 'bbiturata Streifen von gekochten Schweineschwarten, die als kleine Kreise aufgelegt und mit Pecorino, Tomaten und Majoran serviert werden

cotiche Schwarten

cotoletta alla bolognese panierte, frittierte Scheibe Kalbfleisch, mit Rohschinken und Grana tenero bedeckt gebacken, in der Saison mit Trüffelspänen bestreut

cotoletta alla petroniana > **cotoletta alla bolognese**

cotto gekocht

cotturo/cottur Kupfertopf, in dem Schaf- oder Lammfleisch in Wasser, Wein, Öl, Gemüse und Kräutern gekocht wird (Abruzzen); auch das so entstandene Gericht

coujette/cojëtte Kartoffelgnocchi aus den Hügeln um Cuneo (Piemont)

cozze Miesmuscheln

cozze ripiene > **muscoli ripieni**

crafun pikante Krapfen der ladinischen Traditionsküche (Südtirol), meist mit Wildbretfüllung

crapiata für Matera typische Suppe aus Hülsenfrüchten, darunter Dicke Bohnen

crasciousu sardische Dialektbezeichnung für Schweineschwarte

crastuna sizilianische Dialektbezeichnung für die Gefleckte Weinbergschnecke

crema Creme, Pudding

crema di Cogne üppiger Sahnepudding (Aostatal)

crema fritta herausgebackene Cremewürfel

créme brûlée im Ofen gratinierte Süßspeise aus Eigelb, Zucker, Sahne und Zitronenzesten

cremolato/a di frutta cremige > **granita**, wie ein Sorbet mit Fruchtsäften zubereitet (Latium)

…ta lombardischer Ausdruck für > **polpette**

…jat Dialektausdruck für > **maltagliati** aus …hl (nördliche Marken)

crescentina in der unteren Emilia und in der Romagna ist diese Zubereitung dem > **gnocco fritto** sehr ähnlich; in der Gegend von Modena wird sie dagegen > **tigella** genannt und auf der Herdplatte zubereitet

crescia Pizza aus Hefeteig mit Vertiefungen auf der Oberfläche, mit Salz, Öl, Zwiebel und Rosmarin gewürzt

crescia con le foje > **crescia** mit Wildgemüse, gekocht, anschließend in der Pfanne mit Gewürzen aromatisiert

crescia sfogliata süße Version der > **crescia**, die mit Zucker, Rosinen und Anissamen bestreut und zusammengerollt wird (Marken)

crescionda gebackene Süßspeise aus Eiern, Mehl, Milch, Amaretti, Kakao und Anislikör; (Spoleto, Umbrien)

crescionta Schokoladenpudding

crespella alla valdostana hauchdünne Crêpe, mit Schinken und Fontina-Käse gefüllt und mit zerlassenem Käse serviert; seit den 1960er-Jahren im Aostatal verbreitet, zählt nicht zur traditionellen Regionalküche

crespelle Crêpes, Pfannkuchen

crespigni Wildgemüse, ähnlich der Wildzichorie

crioli dicke handgemachte > **chitarra** (Abruzzen)

croccante Konfekt aus Mandeln und Haselnüssen, die durch karamellisierten Zucker gebunden werden

crocché/crocchette > **cazzilli**

crocchini Fleischrouladen, in Teig herausgebacken (Ligurien)

crocette Dialektausdruck der Marken für Piè di pellicano (Muschel)

crostacei Krustentiere

crostata Mürbeteigkuchen

crostata chiusa Mürbeteigtorte, gefüllt mit Konfitüre

crostini geröstete Brotscheiben

crostini di milza in brodo/zuppa di milza Fleischsuppe mit kleinen „Brötchen" aus Milz, Ei und Majoran

crostini neri geröstetes Brot mit Aufstrich aus Hühnerleber (oder Kalbsmilz), der mit Sardellen, Kapern und oftmals Vin Santo verfeinert wird (Toskana)

crostole typische Süßspeise für Hochzeiten in Lukanien; aus Honig, Zucker und Oregano

crostolo Teigscheibe aus Mehl, Ei und Milch (Norden der Marken)

crudaiola (alla) Würze für Teigwaren oder Fisch, bestehend aus Öl und Gewürzen, manchmal auch kleinen Tomaten

crudo roh

cruset frische Teigwaren, von Hand wie kleine Schälchen geformt, ähnlich den Orecchiette; typisch für einige Täler im Gebiet von Cuneo (Piemont)

crustoli frittierte Süßspeise, div. regionale Varianten

crùstuli/krùstuli > **cartellate**

cube rolle eine Art mariniertes Steak

cuccia (1) in der Basilikata und in Kalabrien eine Minestra aus mit Öl gekochtem Weizen; (2) in Sizilien eine Süßspeise aus gekochtem Weizen, der mit Honig oder Zucker und Ricotta angereichert wird

cuculli Pfannkuchen aus Kichererbsenmehl oder Kartoffeln, Pinienkernen, Majoran, Ei und Käse (Ligurien)

cucunceddi/cucunci Kapernbeeren

cuddrireddra mit Zimt aromatisiertes, frittiertes Gebäck aus Hartweizen und Ei in charakteristischer Kronenform (Delia, Provinz Caltanisetta, Sizilien)

culaccia/culatta > **culatello** mit Schwarte, hergestellt aus dem Mittelstück der Schweinekeule

culaccio Wurst aus rohem Vorderschinken vom Schwein, 30 Monate abgehangen (Provinz Parma)

culatello zarter luftgetrockneter Schinken

culurgiones/culingiones/cullurzones/culurjones/gurigliones sardische Ravioli aus Hartweizengrießteig, üblicherweise mit fleischloser Füllung

cuna Dialektausdruck für Schwarte (Piemont)

cunicio in tecia in der Pfanne oder im Tontopf geschmortes Kaninchen (Venetien, Julisch Venetien)

cunigghiu à portuisa eine Variante des > **coniglio alla stimpirata**, bei der Marsala anstelle des Weins verwendet wird

cunza gehackter, reifer Rohspeck, der mit Knoblauch und Rosmarin gewürzt wird (Emilia)

cuoppo Dialektausdruck aus Kampanien für die Tüte mit frittierten Fischen oder anderem Straßenessen

couso (al) auf Salat

cuosti chini gefülltes Schweinekotelett (Sizilien)

cupa „Kopfsalami", aus Kopffleisch vom Schwein

curiuli eine Art Tagliatelle mit Ei, typisch für Süditalien

curzul/curzoli Teigware aus Mehl und Wasser, ähnlich dicken Spaghetti (Emilia-Romagna)

cuscus arabisches Gericht aus Grieß mit Saucen aus Fleisch, Fisch, Gemüse etc. verfeinert; auch in süßen Varianten (Couscous) (Provinz Trapani)

cutturidd'/cutturiddi/cuttirieddu eine Art der Lammzubereitung. Die Fleischstücke werden langsam in einem Tontopf mit Zwiebel, Kartoffelstückchen, Öl, Lorbeer und Peperoncino gegart (Basilikata)

cuzztil Pasta aus Mehl und Wasser

cuzzuppe Ostergericht, sowohl süß als auch pikant: Die süße Version ist eine Art Ciambella in Ringform, die pikante wird aus Brotteig mit Schmalz gemacht, in dem ein hartgekochtes Ei in der Schale mitgebacken wird. (Kalabrien)

D

darmassin/ramassin kleine süße und duftende Pflaume, die im Piemont gedeiht

delizie al limone an der amalfitanischen Küste ein Biskuitteig, der mit Konditorcreme mit Zitronensaft gefüllt und mit Zitronencreme bedeckt wird; in Sorrent Bezeichnung für Pasta dei raffioli (eine Art Biskuitteig), überzogen mit einer Mischung aus Konditorcreme, Zitronenzesten und Limoncello

dentice Zahnbrasse

di magro fleischlose Füllung für Nudeln

diavola (alla) scharf gewürzt

diavolillo rotes, sehr scharfes Pfefferonischötchen, klein und oval (Abruzzen, Kalabrien)

ditali/ditalini kurze Röhrennudeln, die in ihrer Form an den „ditale" (Fingerhut zum Nähen) erinnern

doba Rinderschmorbraten in Rotwein, Gewürzen und Orangenschale; typisch für die Täler Okzitaniens im Gebiet um Cuneo, Ursprung provenzalisch

DOC „Denominazione di origine controllata" (staatlich geprüfte Herkunftsbezeichnung für Wein)

dolcecuore gereifte friulanische Wurst aus Halsgrat gefüllt mit > **petuccia** und Keulenstück vom Fohlen

dolceforte (in) aus der Renaissance stammende, in der Toskana verbreitete Zubereitungsart, bei der Fleisch (Zunge, Hase, Wildschwein) mit Wein, Essig, Zucker, Schokolade, kandierten Früchten und Sultaninen gegart wird und dadurch einen ausgeprägten süßsauren Geschmack erhält

dolci Süßspeisen

drömsat Primo aus der Tradition der Arbëreshe, gekochte Mehlbröckchen in einer Sauce aus Tomaten, Schweinerippchen und Ricotta salata (Kalabrien)

dumega Dialektbezeichnung aus dem Valtellina (Lombardei) für ein Getreide ähnlich der Gerste mit länglichen Körnern; für eine Suppe mit weniger edlen Teilen vom Schwein (Schwarte, Ohren, Schnauze)

durelli Hühnermägen

dus in brüsc Dialektausdruck (Lombardei) für eine Zubereitungsart auf der Basis von hellem Fleisch (Huhn, Perlhuhn) mit süßsaurem Geschmack

E/F

e ciaf/ciffe/ciaffe Fleischragout, gekocht mit Zwiebel, Knoblauch, Petersilie und Peperoncino (Abruzzen)

erba cipollina Schnittlauch

erbazzone typischer pikanter Kuchen aus Reggio Emilia, bestehend aus dünnem Teig mit Füllung aus Mangold, Speck, Parmigiano reggiano und Gewürzen

erbe (alla) (mit) Kräuter(n)

erbe spontanee Wildkräuter

facci i vecchia helle Focaccia mit durchfurchter Oberfläche, mit Öl und Oregano gewürzt (Sizilien)

fagiano Fasan

fagioli dicke Bohnen

fagioli al fiasco traditionelle toskanische Beilage, für die Bohnen mit Wasser und Gewürzen in einer Glasflasche nahe dem Kaminfeuer gegart werden

fagioli alla maruzzara gekochten Cannellini-Bohnen, angereichert mit Tomaten, Öl, Oregano, Knoblauch und Petersilie (Neapel)

fagioli alluccelletto toskanische Beilage aus Cannellini-Bohnen, die mit Tomaten, Öl, Knoblauch und Salbei geschmort werden

fagioli dall'occhio kleine weiße Bohnen mit einem schwarzen Ring, „occhio" (Auge) genannt

fagioli del Purgatorio in der Gegend von Viterbo übliche Bezeichnung für Cannellini-Bohnen

fagioli zolfini kleine, rundliche Bohnen von gelblicher Farbe und dünner Haut (Toskana)

fagiolina del Trasimeno kleine Bohnen, die im Gebiet des Trasimenosees angebaut werden

fagiolo badda schmackhafte zweifarbige kleine rundliche Bohne („badda" bedeutet im sizilianischen Dialekt Kugel)

fagottino gefüllte Teigbündel, gerollte Pfannkuchen

falagoni Tasche aus Brotteig, gefüllt mit Gemüse und Hülsenfrüchten (Basilikata)

falia > **focaccia** aus dem Latium, zubereitet aus Mehl, Wasser, Hefe und nativem Olivenöl extra. Die Form ist länglich und weist Längseinkerbungen auf.

falso magro gefüllte Kalbsroulade

falsomagro/farsumagru > **bruciuluni**

faraona Perlhuhn

faraona alla creta Gewürztes Perlhuhn in Pergamentpapier im Ofen in einer Hülle aus weichem Ton gegart (Umgebung Piacenza und Cremona)

faraona rodolada co' a peveràda Perlhuhnroulade mit > **peveràda**

farecchiata Polenta aus Mehl von wilden Erbsen, mit Sardellensauce gewürzt

farina bóna sehr fein vermahlenes Mehl aus gerösteten Maiskörnern (Tessin), Slow-Food-Presidio

farinaccio al ragù eine Art Polenta mit Fleischsauce

farinata ligurische Flade aus Kichererbsenmehl und Olivenöl, die warm verzehrt wird

farinata col cavolo nero Polenta aus Maismehl, die zusammen mit Schwarzkohl gekocht und mit Knoblauch, Öl und geriebenem Käse verfeinert wird

farro Dinkel; ähnlich dem Getreide, das in Garfagnana und Mittelitalien angebaut wird; hauptsächlich für die Minestra verwendet

farrotto eine Art Risotto mit > **farro** und gemischtem Feldgemüse (Abruzzen)

fasoi in potacin/sofegai/embogonàdi mit oder ohne Tomaten langsam gegarte Bohnen (Venetien, Julisch Venetien)

fassone (carne di) piemontesisches Kalbfleisch von der Keule, besonders hochwertig

fasui (uardi e fasui) in Friaul-Julisch Venetien verbreiteter Dialektausdruck für Bohnen, die in vielen regionalen Traditionsgerichten Verwendung finden, u.a. für die typische Gersten-Bohnen-Suppe (Minestra di orzo e fagioli)

fasule e scarole Suppe aus Bohnen und Endivien

fava Dicke Bohne

fava cottoia hochwertige Sorte Dicker Bohnen aus Modica mit hohem Eiweißgehalt

favata typisches Gericht der Hirtenküche, bestehend aus frischen Dicken Bohnen, die mit Schweinefleisch, Tomaten und Gewürzen gekocht werden

fave'ngrecciate gekochte Dicke Bohnen, als Salat mit Knoblauch und Pfefferminze (oder Majoran) serviert (Macerata, Marken)

fave e cicorie > **incapriata/'ncapriata**

favò kurzformatige Pasta mit Dicken Bohnen, Tomaten und Fontina-Käse, mit in Butter gerösteten Croutons serviert (Aostatal)

fegatazzo Salsiccia aus Leber und Schweineinnereien, gereift und in Öl oder Schmalz eingelegt konserviert, oder aber frisch am Spieß gebraten gegessen (Abruzzen)

Leberstückchen im Schweinenetz, am Spieß (Umbrien)

…i nella rete Leberstückchen im Schweinenetz, mit … utern geschmort (Prato)

fegatini Hühnerleber

fegato Leber

fellata in den Abruzzen und im Molise Bezeichnung für ein Antipasto aus Wurstwaren und lokalem Käse

femminelle in der Gegend von Orbetello Bezeichnung für weibliche Krebse aus der Lagune, die um die Weihnachtszeit gefangen werden, wenn sie viel Rogen tragen; im livornesischen Dialekt Bezeichnung für ganze Krebse, die der Suppe beigegeben werden

ferdinandi Süßspeise aus doppelt aufgegangenem Brot

ferratelle süße Waffeln, auf einem speziellen Eisen gebacken und mit Ricottacreme gefüllt (Abruzzen)

ferrazzuoli längliche Teigwaren, die mit dem „ferretto", dem Eisenstab, gerollt werden; ähnlich den Maccheroni

fettuccine Eierteigwaren, vor allem aus dem Latium, in Form von Bandnudeln, etwa einen Zentimeter breit, ein wenig dicker als die klassischen Tagliatelle der Emilia

fettunta geröstetes Brot mit Öl und Knoblauch (Toskana)

fiadoni/fiadoncelli für die Region Abruzzen typische süße Häppchen mit einer Füllung aus geriebenem frischen Pecorino-Käse, Ei und Zimt (eine ähnliche Version gibt es im Trentino, deren Füllung aus Honig, Mandeln, Rum, Nelken und Zimt besteht)

fianchetto venetische Bezeichnung für Rinderzwerchfell

ficazza Thunfischsalami, für deren Herstellung weniger hochwertige Thunfischteile mit Salz und Pfeffer gewürzt in Schweinedarm gefüllt werden (Sizilien)

fico dottatoeine Sorte heller Feigen, die in Kalabrien für die Herstellung von Süßspeisen verwendet wird

fidighin typische Mortadella aus dem Nordosten des Piemonts aus Schweineleber, Wange und Bauchspeck

fidlin Dialektausdruck für > **capelli d'angelo** (Lombardei, Piemont)

filacci > **sfilacci**

file e daspe gekochte Kartoffeln mit einer cremigen Sauce aus Eiern, Milch, Käse und Essig (Carnia, Friaul)

fileja frische kalabresische Pasta aus Wasser und Mehl, lang und eingedreht

filetto baciato Rohsalami, typisch für das Gebiet von Acqui Terme (Piemont), aus Schweinefilet, gebeizt mit Salz und Gewürzen, in Wurstmasse gewickelt

filiferru/filoferru Schnaps aus Sardinien

filindeu sehr feine Hartweizennudeln, die in Schaffleischbrühe angerichtet werden; typische Festtagsspeise in Sardinien

finanziera für das Piemont typisches Gericht aus Innereien, Hirn, Hoden, Kalbsfilet, Hahnenkämmen, Steinpilzen, Parmesan, Marsala, Öl und Essig

finferlo Pfifferling

fini-fini Bandnudeln aus Eierteig von rund zwei Millimetern Breite; typisch für die Ciociaria (Latium), wo die Nudeln normalerweise breit und dick sind

finocchiona typische Wurst aus der Gegend von Florenz und Siena, die mit Fenchelsamen, in Wein zerstampftem Knoblauch, schwarzem Pfeffer und Feldthymian gewürzt wird

fiocchetto besonders zarter Schinken

fiocco di culatello Wurst aus dem oberen Vorderteil der Keule, dem Rest der Erzeugung von > **culatello**

fiocco di vitello Stück vom Rind aus dem vorderen Brustbereich

fior di latte Pudding aus Milch, Zucker und Ei, in einer karamellisierten Form im Ofen zubereitet (Emilia)

fiordilatte Frischkäse mit gezogenem Teig, der dem Kuhmilchmozzarella ähnelt, sich aber in Form und Teigkonsistenz von ihm unterscheidet

fiore sardo gereifter Schafkäse (industriell aus Mischmilch), wird in ganz Sardinien erzeugt

fiorentina dickes Steak vom Jungrind mit Knochen, das den ganzen Bereich einer Rippe mit dem jeweiligen Filet und Lendenstück umfasst (zwischen 500 Gramm und 1 Kilo). Die Zubereitung erfolgt auf dem Rost.

fioretti kurzformatige Eierteigware

fiorilli > **sciurilli**

fitri frittierte Buchweizenküchlein mit Käsefüllung (Tessin)

fiurì/fiurit Schicht, die sich bei der Erzeugung von Ricotta an seiner Oberfläche bildet. Sie hat die Konsistenz von Jogurt und liegt geschmacklich zwischen Jogurt und Ricotta.

flan flaumiger Gemüseauflauf

focaccia Fladenbrot

foglie e patan' Dialektausdruck für Mangold mit Kartoffeln, typisch in den Abruzzen

foiade drei bis vier Zentimeter breite Teigecken, typisch für das Gebiet um Bergamo (Lombardei)

foije e faciul Dialektbezeichnung für Mangold mit Bohnen (Abruzzen)

foiolo Mailänder Begriff für Omaso, Teil der Kutteln

folpeti venezianischer Begriff für eine kleine Tintenfischart (Moschuskrake, lat. eledone moschata)

fonc di andana Wiesenpilze (Lombardei)

fondue bourguignonne klassisches Fondue; die vorbereiteten Fleischstücke werden auf Spießchen in das mit brodelnd heißem Öl gefüllte Fonduetöpfchen getaucht. Dazu genießt man diverse Saucen.

fonduta heiße Creme aus Fontina-Käse, Milch und Eidotter (Piemont, Aostatal)

fonduta zerlassener Käse, Käsecreme

fongadina in Venetien übliche Bezeichnung für Lamminnereien

fontina ein norditalienischer Hartkäse (Aostatal)

formadi frant krümeliger Weichkäse aus mehreren Käsesorten, in Stücke gebrochen, mit Milch oder Sahne vermengt und mit Salz und Pfeffer gewürzt

formaggio di fossa vor allem Pecorino (auch Ziegenkäse oder gemischt), der mit Blättern bedeckt in Tuffsteinhöhlen reift

formaggio grigio Graukäse

formai de mut wörtlich Bergkäse. Im lokalen Dialekt bedeutet „mut" Bergwiese. (Provinz Bergamo)

formajo imbriago in Venetien und Julisch Venetien gebräuchlicher Ausdruck für „besoffenen" Käse (Formaggio ubriaco), der in Kontakt mit Trester reift

formajo verde in Venetien und Julisch Venetien gebräuchlicher Ausdruck für Edelschimmelkäse

forno (al) im Ofen gegart

fortaje venetisches Dialektwort für Omeletts

fozza auf der Herdplatte gebratener Fladen, mit Speck umhüllt (Piemont)

fracchiata Polenta aus Mehl von Spalterbsen und Dinkel, angereichert mit Dicken Bohnen und angebratenen Guanciale (Abruzzen)

frachet Frischkäse, der mit Grappa, Rum, Pfeffer, Peperoni und anderen Gewürzen vergoren und anschließend sie zu einer Creme verknetet und getrocknet wird (Val Sesia, Piemont)

fragaglia winziger Fisch, der beim Fischfang im Netz geblieben ist; normalerweise frittiert

fragola Erdbeere

fragolini kleine Tintenfische (Ligurien)

franceschini kleine Fische, ähnlich den > **cicireddi**

francesina > **lesso rifatto**

frandura ligurischer Fladen mit Kartoffeln und Mehl, Milch und geriebenem Käse

frascarelli/frascariegl' Polenta aus Maismehl und Kartoffeln, mit Öl und Peperoncino verfeinert sowie mit Bohnen (oder Gemüse) und traditionellerweise Schweineschwarten angereichert wird (Molise)

frascatelli dicke Pasta aus Wasser und Mehl (Latium); in den Marken und in der Toskana Bezeichnung für Krumen aus Wasser und Mehl, durch das Reiben des Teiges gewonnen und in Brühe gekocht oder mit Fleischsauce oder Knoblauch und Peperoncino serviert

frascatole Mahlerzeugnis aus Hartweizen, das wie > **cuscus** zuzubereiten ist

frascinelli frische Teigwaren, den > **orecchiette** ähnlich (Basilikata)

frattaglie Innereien

fratto di fave bäuerliche Minestra mit Dicke-Bohnen-Püree und Teigwaren (Kalabrien, Lukanien)

frecacha Rindfleisch-Kartoffel-Rösti (Aostatal)

fregamai frische Pasta in Form kleiner Nocken, durch Reiben des Teigs geformt

fregnacce unregelmäßige Rechtecke aus frischer Pasta, die entweder mit verschiedenen Saucen oder zusammengefaltet, mit Fleischsauce gefüllt, mit geriebenem Pecorino serviert wird (Latium, Abruzzen)

fregola/fregula in Brühe gegarter Hartweizengrieß in Form kleiner, unregelmäßiger Kügelchen (ähnlich > **cuscus**)

fregoloz di jerbis Nocken aus einem mit Brennnesseln oder anderen wild wachsenden Kräutern angereicherten Teig (Friaul)

friarelli > **friggitelli**

friarielli in Neapel gebräuchlicher Name für das dem Brokkoli ähnlichen Gemüse

fricandò Schmorgericht vom Rind oder Schwein mit Kartoffeln, Gemüse, Kräutern, Weiß- oder Rotwein und wenig Tomaten

fricassea Schmorgericht vom Schaffleisch oder Hoftieren, am Ende der Kochzeit mit Ei und Zitrone gebunden

friccandò Beilage bestehend aus geschmortem Gemüse mit Tomatenpüree (Emilia-Romagna)

fricco' di pollo Huhn in Wein, Essig und Gewürzen gekocht (auch Lamm, Ente, Kaninchen oder Kalb).

fricelli kurze Teigwaren, sehr ähnlich den > **strozzapreti**. Teigscheiben aus Wasser und Mehl werden von Hand gerollt, bis sie eine zylindrische Form bekommen.

frichetti Törtchen aus Käse, Kartoffeln und Zwiebeln

fricieu/friciòle/friciolin typische pikante Pfannkuchen aus dem Piemont, zu Wurst serviert

fricis friulanischer Dialektausdruck für > **ciccioli**

frico in Öl, Butter oder Schmalz gebratener Käse (Montasio), oft auch mit Kartoffeln vermengt (Friaul)

friggione Beilage zu Fleisch, bestehend aus geschmorten Zwiebeln und Tomaten, die mit Essig abgeschmeckt werden (Emilia-Romagna)

friggitelli kleine grüne Paprikaschoten, längliche Form, süßer Geschmack; eignen sich gut zum Frittieren oder zum Füllen (Abruzzen, Apulien, Kalabrien)

frigulelli Format von frischen Teigwaren (Marken)

friscalutu Brot mit Pilzen und Pecorinospänen (Sizilien)

frisceu Frittiertes (Fisch oder Gemüse)

frisceu/frisciöi ligurischer Begriff für verschiedene Arten von Pfannkuchen

friselle zweifach gebackenes Brot in Kringelform, das vor dem Servieren mit Wasser befeuchtet wird; passt zu getrockneten Tomaten, Salat und frischem Gemüse, typisch für Süditalien, besonders für Apulien

frite di prat blanchierte und sautierte Wildsalate

frittata Omelett

frittelle Krapfen, Pfannkuchen

fritto misto reichhaltiges Gericht aus verschiedenen Zutaten (Fleisch, Innereien, Gemüse, Mehlprodukte), paniert und in Öl und/oder Butter frittiert. Es gibt mindestens fünf regionale Versionen: aus dem Piemont, aus Florenz, Bologna, Rom und aus Neapel.

fritto misto all'ascolana Frittiertes, das sich ein wenig von anderen frittierten Gerichten in Italien unterscheidet, aus gefüllten Oliven, Artischocken, Zucchini (oder Kürbisblüten), Lamm und Cremino-Käse

fritto misto alla genovese Kombination aus verschiedenen Fleischstücken, Innereien, Gemüse, Obst, Mandelmakronen und Cremewürfeln, goldbraun in Backteig frittiert (Genua)

frittole Innereien, Rüssel, Ohren und Schwarten vom Schwein, in ihrem Fett im Kupfertopf gekocht (Kalabrien)

frittura Frittiertes

frittura di paranza Mischung aus kleinen, mit dem Netz gefangenen Fischen, in Mehl gewendet und frittiert

frittura dolce süßer Grieß, paniert und frittiert

frizzuli lukanischer Dialektausdruck für frittierte Tagliatelle

frue/vrue/casu axedu sardischer Käse aus Schaf-, Kuh- und Ziegenmilch mit weichem Teig, nur unter Verwendung des Milchbruchs und ohne Beigabe von Salz erzeugt; gereift > **merca**

frutta Obst

frutti di bosco Waldbeeren, Beerenobst

frutti di mare Meeresfrüchte

fuazza sehr knusprige, gefüllte und zusammengerollte Pizza (Sizilien)

fugasette auf einer Gußeisenform gebackene Fladen aus Kichererbsen- oder Maismehl (Umgebung Savona)

funciddi trockene Kekse aus Mandeln und Haselnüssen (Sizilien)

funghi Pilze

funghi dormienti/dormiglioni Märzschnecklinge (Toskana)

funghi trifolati mit Öl, Knoblauch und Salz in der Pfanne sautierte Pilze, mit gehackter Petersilie bestreut

furtaies ladinische Bezeichnung für Omelett

fusilli kurze spiralförmige Pasta, ursprünglich aus dem Süden. Heute industriell produziert, jedoch im Privaten immer noch mit Hilfe einer Stricknadel hergestellt

G

gaggette pinne Kohltaschen mit Kräutern, Weißbrot, Ei, Parmesan, Bröseln, ev. Hackfleisch oder Salsiccia (Ligurien)

galàni in Nordostitalien übliche Bezeichnung für Karnevalsgebäck, auch pikant (> **chiacchiere**)

galantina kaltes Gericht, normalerweise aus weißem Fleisch, mit Prosciutto (und/oder Zunge), Pistazien und Marsala vermischt in Haut gehüllt und gekocht wird. Anschließend lässt man es in seiner Brühe erkalten.

gallette Cracker, Kekse

galletti Pfifferlinge

galletto Stubenküken

gallo Hahn

gamberetti Garnelen

gambero Krebs

ganascin in umido geschmorte Kalbs- oder Schweinebacke

garganelli kleine, hohle Maccheroni aus Eierteig, mit Parmesan und Muskatnuss verfeinert. Man wickelt Teigrechtecke um ein Stäbchen und drückt sie auf eine „pettine" (Kamm) genannte Vorrichtung. (Romagna)

gargàti handgemachte Maccheroni aus frischem Eierteig (Venetien)

garmugia deftige Suppe aus Lucca, die aus Jungzwiebeln, Spargel, Erbsen, Dicken Bohnen, gehacktem Rindfleisch, Bauchspeck und Fleischbrühe zubereitet wird. Ihr Ursprung geht auf das 18. Jahrhundert zurück.

garofolato Schmorbraten vom Ochsen oder Rind mit Tomatenkonzentrat und Gewürznelken (Latium)

garùsoli/garuse venetisches Dialektwort für Schneckenmuschel, Stachelschnecke

gattafin große Ravioli mit Füllung aus Kräutern, Eiern, Ricotta und Parmesan (Ligurien)

gattò (1) sardischer Krokant aus Mandeln, Zucker und Zitronenzester; (2) Kartoffelauflauf mit Füllung aus Salami, Provola und Mozzarella (Kampanien, Sizilien)

gedi Dialektbezeichnung aus Messina für Mangold

gelatina di maiale gekochtes und vom Knochen gelöstes Schweinefleisch, tranchiert mit kalter Brühe übergossen und kühl gelagert (Sizilien)

gelato Speiseeis

gelo eine Art Fruchtpudding. Besonders traditionell ist die Version mit Wassermelone. (Sizilien)

genovese (alla) Schmorgericht aus Fleisch und Zwiebeln; Sauce zu Pasta, Fleisch als Secondo serviert. Auch für Fisch, z. B. Thunfisch, anwendbar (Neapel)

geretto mailändischer Dialektausdruck für ein bestimmtes Stück vom Kalb

germano Wildente

germogli Sprossen

ghiotta > **agghiotta**

ghisadu Gericht aus Fleisch vom Bue rosso (Rinderrasse), mit Zwiebeln und Tomaten geschmort (Sardinien)

giancheti > **bianchetti**

gianduiotto Pralinen aus Schokolade, gerösteten Langhe-Haselnüssen, Zucker und Vanille (Turin)

giardiniera hausgemachtes eingelegtes Gemüse, in Essig gekocht, sehr lange haltbar

gibanica/ghibaniza slowenisches Dessert aus mehreren Schichten (Mürbeteig, Quark, Mohn, Nüsse)

gibochns in der Pfanne servierter Brei aus Mehl, Wasser und Käse; als Süßspeise mit Milch und Butter, evtl. Zucker und Zimt (Ahrntal)

ginepro Wacholder

ginestrata toskanische Suppe aus Brühe, geschlagenem Ei, Marsala und Zimt

gioielli di toro Stierhoden

girello Rinderbug von erwachsenen Tieren

giulebbato Fruchtzubereitung, bei der ein Teil der Früchte gekocht und durch ein Sieb gestrichen, der andere Teil nur gekocht und zusammen mit den passierten Früchten in Gläser gefüllt wird

giuncata auf Binsenblättern servierter Frischkäse

gnaccheragatti Teigware aus Grieß, Esskastanienmehl und Wasser (Marken)

gnocc de la cùa/gnocchi della coda > **gnocchi**, die mit dem Löffel erzeugt werden und so die typische Form mit „Schwänzchen" erhalten; aus dem Valcamonica (Lombardei)

gnocchetti verdi Spinatklößchen

gnocchi Kartoffelteigklößchen; kleine hohle Nudeln

gnocchi a coda di soreca Teigware aus Wasser und Mehl in länglicher Form, ähnlich einem Mäuseschwanz

gnocchi alla bava Kartoffelnocken mit zerlassenem Käse, Butter und Parmesan (Aostatal)

gnocchi alla romana Scheiben aus fest gewordenem Grieß, im Ofen mit Butter und Parmigiano gratiniert

gnocchi di patate Kartoffelklößchen

gnocchi riccifrische Eierteigwaren, die man in Würfel schneidet, dann über das Nudelbrett rollt und sie dabei mit dem Daumen in der Mitte eindrückt, wobei die charakteristische gekräuselte Form entsteht

gnocchi sbatùi Mehlnocken mit Butter, Käse oder geräuchertem Ricotta, typisches Gericht der Monti Lessini (Venetien)

gnocco fritto/gnoch frit in Rauten geschnittener und frittierter Hefeteig; in beinahe der ganzen Emilia unter verschiedenen Namen verbreitet

gnoccoli röhrenförmige frische Pasta

gnucheit gerührte Polenta mit Butter und Toma

gnudi Gnocchi aus Spinat (oder Brennnesseln), Ricotta, Parmesan und wenig Mehl, in Salbeibutter gewendet (Toskana)

gnumarieddi/gnumaridde/gnummaridd Rouladen aus Därmen und Innereien vom Zicklein oder Lamm, normalerweise gegrillt; in Süditalien weit verbreitet

goassuppe Brühe aus Ziegenfleisch (Südtirol)

gobbetti lokaler Name für Garnelen der Küste (Latium)

gobeletti Mürbeteiggebäck gefüllt mit Konfitüren (Genua)

gola weiche aromatische Wurst aus Schweinehals

gonfiotti gefüllte Nudeln

gorgonzola Grünschimmelkäse

gosa fer Sauce aus Sardellen, Butter und Essig (Cremonese)

gota Wange, Pancetta

gòto im Veroneser Dialekt ist damit ein Glas Wein gemeint, im weiteren Sinn der Aperitif; gleichbedeutend mit der venezianischen > **ombra**

gramigna Maccheroncini aus Eierteig, für deren Erzeugung der Teig durch eine eigens dafür vorgesehene Presse gedrückt wird. Sie werden mit Salsiccia angerichtet. (Emilia-Romagna)

gran pistau Getreidesuppe mit Lauch und Schwarten (Ligurien)

grana parmesanähnlicher Hartkäse

granelli kleine Nudeln

granita Eisgetränk

grano arso dunkles Mehl aus Getreide, mit den Stoppeln nach dem Mähen abgebrannt

grano saraceno Buchweizen

grancevola Meerspinne

granseola > **grancevola**

gransipori Taschenkrebse (Venetien, Julisch Venetien)

grappa Schnaps, Likör

gras pistà Fein gehackter Speck, Knoblauch, Schalotten, wenig Salz und ev. Petersilie; üblicherweise in Gläsern aufbewahrt (Emilia)

grateti Suppe aus Brot, Mehl, geriebenem Käse und Borlotti-Bohnen (Romagna)

grattonato Kutteln und Innereien vom Schaf, gehackt und mit Ei und Pecorino vermischt, anschließend in Fleischsuppe gekocht (Lukanien)

Graukäse Sauermilchkäse aus Kuhmilch (Südtirol)

gremolada/gramolata lombardische Sauce mit Knoblauch, Petersilie und Zitronenzester, die beim Rezept des Mailänder Ossobuco Verwendung findet

gremolata Würzpaste aus Knoblauch, Petersilie, Sardelle und Zitrone

gricia (alla) eine in Rom häufige Art, die Pasta mit Öl, Zwiebeln, angebratenen Stücken von Guanciale und Pecorino zu bereichern

grifi all'aretina Kälbermaulragout

grigliata Gegrilltes

grisci Dialektausdruck in den Marken für Guanciale

guancette Teil des Mauls vom Kalb

guanciale aus Schweine- oder Kalbsbacke hergestellte Wurstspezialität, oftmals geräuchert

guazzetto Schmorgericht aus Tomaten und üblicherweise mit Fisch, Fröschen und Schnecken. In den Marken verwendet man unreife Tomaten, Knoblauch, Öl, Petersilie und Wein, manchmal ein wenig Essig.

guazzetto (in) geschmort und mit Sauce serviert

gubana friulanischer Hefeteigkuchen mit einer Füllung aus Nüssen, Pinienkernen, Rosinen und anderen variablen Zutaten

gueffus rundes Gebäck aus Mandelmehl, Zucker, Zitrone, Orangenblütenwasser und Likör (Sardinien)

gugligliones mit Honig-Mandel-Masse gefüllte und mit Honig überzogene Süßspeise (Sardinien)

I / J

imbottito gefüllt

imbrecciata Minestra aus Hülsenfrüchten (Kichererbsen, Bohnen, Dicke Bohnen, Linsen) und Getreide (Gerste, Weizen, Mais), gewürzt mit Lardo, Zwiebel und Majoran; typisch für Umbrien, aber in ganz Mittelitalien verbreitet, auch in einer Version nur mit Hülsenfrüchten

impepata di cozze Miesmuscheln

impepata durch Hitze geöffnete Meeresfrüchte, die ganz einfach mit dem Kochsud aus der Pfanne und mit Pfeffer bestreut (heute meist mit Zitrone beträufelt) serviert werden

in zimino Zubereitung mit Rüben oder Spinat, in denen Tintenfische und Kraken, aber auch Kichererbsen und Kutteln geschmort werden (Ligurien, Toskana)

incapriata/'ncapriata typisches Gericht für Basilkata und Apulien, bestehend aus einem Püree aus getrockneten Dicken Bohnen und gekochter Wildzichorie, mit nativem Olivenöl extra beträufelt

infrascati Teigwaren aus Getreide- und Maismehl (Latium)

ingrattonato > **grattonato**

insaccati Wurstwaren

insalata Salat

insalata russa Salat aus gekochtem, in kleine Würfel geschnittenem Gemüse, mit Majonäse verrührt

intingolo dicke Sauce, Ragout

intoppo/'ntruppc Fleischsauce für Teigwaren, normalerweise für Strascinati, aus Tomaten, Fleisch vom Kalb und Schwein sowie Salsiccia (Süditalien)

involtini alla palermitana Rouladen mit Füllung aus Paniermehl, Rosinen, Pinienkernen und Käse, die mit Lorbeer und Zwiebeln gewürzt wird

involtini Röllchen, Rouladen

jambarei Dialektbezeichnung für Süßwasserkrebse (Provinz Latina)

jasse frische grüne Pasta (Ligurien)

jlatina > **gelatina di maiale**

jota Eintopf aus Bohnen, sauren Rüben oder Sauerkraut, Lardo oder Bauchspeck und allerlei Gemüse, manchmal auch mit Fleisch (Triest)

jota carsolina > **jota** nach Karster Art, enthält weniger Bohnen, dafür zusätzlich Gerste

K/L

Kaiserfleisch geräucherte Bauchfleisch vom Schwein (Julisch Venetien)

kiffel/kipfel für Friaul typisches halbmondförmiges Fettgebäck aus Kartoffelteig, wird als Beilage serviert; auch in süßer Variante als Dessert

Knieküchel mit Heidelbeerkonfitüre gefülltes Fettgebäck

krestel italienisierte Form von Gröstl (Venetien)

krumiri Mürbeteigkekse aus Piemont

laciada/cutizza Backteig aus Wasser und Mehl, frittiert und mit Zucker bestreut

laganari > **lasagne** frische Teigware in Rechteckform, die in Süditalien verbreitet ist

lagane breite Bandnudeln

laganè/làine/làane e ceci in Süditalien stark verbreitete Minestra mit Kichererbsen (Bohnen), > **lasagne** und einem Soffritto aus Knoblauch, Öl und Paprika

lahanelle frische Teigware ähnlich > **fettuccine** (Mittel- und Süditalien)

laianedda di laianaro kleine Streifen aus frischem Teig, mit lokalem Wein aus dem Salento zubereitet

lajine apulisches Dialektwort für > **fettuccine**

lampascioni Zwiebeln einer Wildkrautart (heute auch kultiviert, vor allem in Apulien); leicht bitter im Geschmack; gekocht, gebacken oder in Essig eingelegt

lampedusana (alla) Fisch mit Kartoffeln, wildem Fenchel, Knoblauch und Petersilie im Ofen gegart (Sizilien)

lampredotto mit Gemüse gekochte und mit Pfeffer und Öl abgeschmeckte Kutteln, die zwischen zwei Scheiben Brot verzehrt werden; typisch für die traditionelle toskanische Volksküche

lampuga Goldmakrele

lardiato gespickt

lardo besonders gereifter weißer Speck

lasagne Eierteigstreifen, etwas dicker als Tagliatelle, 10 bis 15 Zentimeter lang, 2 bis 5 Zentimeter breit

lasagne al forno alla bolognese aus der Emilia stammendes, aber auch sonst sehr verbreitetes Gericht: Grüne Teigrechtecke (mit Spinat gefärbt) werden abwechselnd mit Ragout, Béchamelsauce und Parmesan geschichtet und im Ofen überbacken.

lasagne mes-cie hausgemachte Teigware aus Esskastanienmehl (Lunigiana, Toskana)

lattaiolo gebackene Süßspeise aus Ei, Milch, Mehl, Zimt und Zitronenzesten, mit Puderzucker bestreut (Marken)

latte alla portoghese > **fior di latte**

latte brûlé Milchspeise

latte in piedi > **fior di latte**

latteria ursprünglich in Nordostitalien gebräuchliche Bezeichnung für Käse von wandernden Milchverarbeitungsbetrieben (so genannten „latterie turnarie"), heute ein Käsereiprodukt ohne bestimmten Standard

latteruolo/casadello Creme aus Milch, Vanille, Zucker und Ei, in einer Teighülle im Ofen gebacken

latticini Milchprodukte

lattuchedda filetierter Unterbauch vom Kalb

lattuga Kopfsalat

lattume Thunfischsamen; in Salz, dann in Salzlake eingelegt, dünn aufgeschnitten mit Öl und Petersilie angerichtet

laurino Lorbeerschnaps

lauscera/lausciera Platte mit Speckstein, auf der der Gast Fleisch brät, das von Saucen und Gemüse begleitet wird (Val d'Ossola, Piemont)

lavarello > **coregone**

leccarda (alla) Eine Schale wird unter das Fleisch am Spieß gelegt, um das austretende Fett aufzufangen. Bei dieser Methode, normalerweise für Geflügel angewendet, werden in das Gefäß auch die Innereien mit Kapern und Oliven gelegt, die somit mit dem Fett gewürzt und anschließend, zu einer Sauce püriert, mit dem Fleisch serviert werden.

leghe lokale Bezeichnung für Schwarzkohl (Cavolo nero) (Toskana)

legumi Hülsenfrüchte

lepre Hase

lesso Gekochtes

lesso rifatto gekochtes Rindfleisch, gewürfelt mit Zwiebeln und Tomaten in der Pfanne geschwenkt

lidric cul poc Winterradicchio mit intensivem Geschmack, von dem auch ein Teil der Wurzel, im Dialekt „poc" genannt, essbar ist (Friaul)

limoncello Likör aus dem Auszug der in Alkohol eingelegten Zitronenschalen (Neapel)

limonìa Sauce aus Zitronen und Mandeln, die meist zu hellem Fleisch gereicht wird (Toskana)

lingua Zunge

lingua in giardino, in salsa verde gekochte Kalbszunge, in feine Scheiben geschnitten, warm mit einer Sauce aus Petersilie, Möhren, Tomaten, Kapern, Knoblauch, Öl und Essig oder mit einer grünen Sauce aus Petersilie, Knoblauch, Öl und Essig

lingua salmistrata Pökelzunge; mit Salz und Salpeter haltbar gemachte Rinderzunge, die in Salzlake reift und gekocht serviert wird

linguine schmale Bandnudeln ligurischer Herkunft, etwa 3 Millimeter breit

lion in Schweinemastdarm gefüllte Mortadella (Emilia)

liptauer Brotaufstrich aus Quark, Butter, Zwiebel, Kümmel, Kapern und Paprika (Triest)

lisandros Teigware, ähnlich Fettuccine (Sardinien)

litùmp Mischung aus wild wachsenden Würzkräutern, die vor Sonnenaufgang gesammelt werden

loertis/lovertis > **luppolo**

lolli kleine frische Pasta in Röhrenform, meist mit Dicken Bohnen serviert

lombata Lende, Lendenbraten

lombrichi/lombrichelli dicke handgemachte Spaghetti aus Wasser und Mehl, leicht spindelförmig (Latium)

lonza norditalienische Bezeichnung für Rückenstück

lonzino di fichi gerollte Feigenblätter, gefüllt mit zerriebenen getrockneten Feigen, eingekochtem Obstwein, Mandeln, Nüssen und Anis (Marken)

lonzino gepökelte Schweinewurst (Rückenstück), gebeizt und abgehangen

lorenzada Gericht auf Basis von Polenta, Kartoffeln, Käse und Zwiebeln (Regionen im Norden Italiens)

lorighittas eine Art Spaghetto, von Hand erzeugt, um sich selbst gedreht und wie ein kleiner Ring geschlossen (Sardinien)

luadei kleine Brötchen (Lombardei)

luartis > **luppolo**

lubjanska mit Schinken und Käse gefülltes Schnitzel, ähnlich dem Cordon Bleu (Friaul-Julisch Venetien)

luccio Hecht

luccio in consa gekochter, filetierter Hecht, angerichtet mit einer Sauce aus Öl, Knoblauch und gesalzenen Sardellen; serviert mit Polenta (Provinz Brescia)

luccio in salsa gekochter und filetierter Hecht, schichtweise mit einer Sauce aus Öl, Kapern, Knoblauch, Essig, Petersilie und Anchovis mariniert, vor dem Servieren kühl gelagert (Mantua, Verona)

lucerna Meerpfaff

luganega/luganiga/lucanica trentina dicke Wurst aus edlen Teilen vom Schwein, bis zu vier Monate gereift. Findet frisch in der Küche vielseitig Verwendung. (Trentino)

lumache Schnecken

lumache alla bobbiese Landschnecken ohne Gehäuse, in einem Sud aus Lauch, Kräutern und Weißwein gegart (Provinz Piacenza)

lumachine di mare Netzreusenschnecke, eine Meeresschneckenart

lumaconi große getrocknete Pasta in Schneckenform

luppolo Hopfenkeime, in der Küche verschiedener Regionen Italiens für Minestra, Pfannkuchen und Risotto verwendet; div. regionale Bezeichnungen

luserna incovercià Knurrhahn, als geschätzter lokaler Speisefisch über der Holzglut gegart und mit Essig mariniert (Venetien)

luvertin > **luppolo**

M

macafame eine Art Brotpudding mit Milch, Eiern, Äpfeln und Nüssen

macarons cui lòps Klöße, die mit kleinen Äpfeln einer autochthonen Sorte gefüllt sind (Friaul)

macarrones de busa sardische Teigware, ähnlich den > **bucatini** von Hand mit einem dafür vorgesehenen Werkzeug oder mit einer Stricknadel hergestellt

maccagno piemontesischer Käse aus roher Kuhvollmilch, kompakte, elastische Konsistenz, leicht gelöchert

maccarello Dialektausdruck im Latium für Makrele

maccaronara frische Pasta aus Wasser und Mehl; mit einem gerillten Nudelholz gerollt, das den Teig in Streifen schneidet (Kampanien)

maccarones de ponzu Teigware aus Hartweizengrieß, bei der Herstellung auf Körbe gelegt, damit sie deren raue Oberfläche annimmt und das Ragout, mit dem sie angerichtet wird, gut aufnimmt (Sardinien)

maccarones furriaos Teigklößchen aus Grieß und Ei, mit zerlassenem Schafkäse verfeinert (Sardinien)

maccaruni in Süditalien gebräuchlicher Name für lange oder kurze Teigwaren, die normalerweise mittels eines dafür geeigneten Eisenstabs ausgehöhlt werden

maccheroni alla chitarra lange quadratische Pasta, zur Herstellung werden frische Pastastreifen über einen Rahmen mit Metallfäden gestrichen

maccheroni alla mugnaia lange, unregelmäßig dicke Pasta aus Wasser und Mehl, die an einem einzigen, etwa 50 cm langen Stück belassen werden sollte; früher mit Fisch-, heute auch mit kräftiger Fleischbrühe serviert

maccheroni del pettine > **garganelli**

maccheroni di > **campofiloni**, Dicke-Bohnen-Püree, eventuell mit Teigwaren serviert (Sizilien)

macco di fave Brei aus Dicken Bohnen, dem Gemüse (z.B. Wildfenchel) und manchmal auch Teigwaren zugesetzt werden

macedonia Obstsalat

macheto/machetto Sauce aus kleinen ausgelösten, in Salz und Öl eingelegten Sardinen (Ligurien)

madernassa zum Kochen geeignete Birnenart, speziell im Gebiet von Cuneo verbreitet (Piemont)

mafalufi Dialektbezeichnung für Affodil, einer typischen Wildpflanze aus dem Mittelmeerraum (Sizilien)

magatello lombardische Bezeichnung für ein bestimmtes Stück vom Rind

maghetti Dialektbezeichnung in den Marken für Hühnerinnereien

magnana Dialektausdruck in den Marken für frisch geschlüpfte Fischchen > **neonata di pesce**

maiale Schwein

maiorchino seltener Käse aus Schaf- und Ziegenmilch, der bis zu 24 Monate reift (Sizilien)

makaira Spaghetti aus Gerstenmehl in quadratischer Form (Abruzzen)

malfatti Nocken aus Spinat, Ricotta, Mehl, Ei und geriebenem Käse; gekocht und mit zerlassener Butter serviert (Norditalien)

mallegato toskanische Wurst ähnlich > **buristo**

malloreddus Safranklößchen

maltagliati rautenförmige Nudeln

mandilli de sea hauchdünne Teigplättchen (eine Art Lasagne), serviert mit Pesto (Ligurien)

mandorla Mandel

manfricoli > **ciriole**

mantovana Biskuitkuchen

manzo Rindfleisch

marinara (alla) mit Tomatensauce

marinata Marinade

marro Lamminnereien, mit Pecorino-Stückchen (auch Mortadella) in Därme gefüllt, über der Holzkohlenglut oder im Ofen gegart (Apulien, Kalabrien)

martin sec eine alte Birnensorte, die vor allem im Piemont verbreitet ist. Die Birnen werden gekocht zur Nachspeise serviert.

marubini Ravioli aus der Gegend von Cremona, die in Fleischbrühe gekocht, aber trocken serviert werden

marve/marvice Omelette aus Eiern, Milch und Kräutern (Natisone-Täler, Friaul)

marzolina Ziegenkäse der Ciociaria (Latium)

masanete kleine (weibliche) Lagunenkrebse (Venetien); werden während der Häutungszeit zu > **moleche**

masaro in Venetien Bezeichnung für den Erpel

mascarpone cremiger Frischkäse aus Sahne; ursprünglich aus der unteren Lombardei, in der Emilia als Dessert in unterschiedlichen Zubereitungen serviert.

mascherpa Dialektausdruck aus Lodi für Ricotta

masculina da magghia Sardellen, die mit dem Netz gefangen werden, in dessen Maschen sich ihr Kopf verfängt (Sizilien)

masenete in Venetien Bezeichnung für die weiblichen Krebse während ihrer fruchtbaren Zeit

masorini in Venetien Bezeichnung für Stockenten (anas platyrhynchos)

matalotta (alla) Fischstücke, in einer Kasserolle mit Knoblauch, Basilikum, Petersilie, grünen Oliven, Kapern und Tomatenextrakt gegart (Sizilien)

matriciana > **amatriciana (all')**

mattone Süßspeise mit verschiedenen Schichten aus in Kaffee oder Likör getränkten Biskotten und einer Creme aus Butter und Eiern

mattone/mattonella Schokoladendessert

mauru Braunalge, die normalerweise roh mit Zitronensaft verzehrt wird. Sie findet oft in der Gegend von Catania und im östlichen Sizilien Verwendung.

mazza (eigentlich: Schlachtung), im Tessin Bezeichnung für hausgemachte Wurstwaren vom Schwein wie Salami, Luganiga, Lardo, Pancetta etc.

mazza di tamburo gängiger Name für den Pilz Lepiota bruna, eine Schirmlingart

mazzafrissa Sahne, die zusammen mit Mehl in der Pfanne aufgekocht wird (Sardinien)

mazzamurru typisches Suppengericht aus Cagliari, für dessen Zubereitung Scheiben von altbackenem Brot abwechselnd mit einer Sauce aus frischen Tomaten und geriebenem Schafkäse geschichtet werden

mazzancolla Furchengarnele

mazzareddri Wildgemüse mit bitterem Geschmack

mazzarelle in Streifen geschnittene Lamminnereien, mit Gewürzen gebündelt, in Endivienblätter gewickelt und in der Pfanne gebraten (Provinz von Teramo)

mazzolina in den Marken üblicher Name für Pesce capone lira (stacheliger Meerfisch)

'mbignata di maiale Gericht aus verschiedenen Teilen des Schweins, auch weniger wertvollen, die mit Schmalz gekocht werden (Marken)

mbusse mit Schafskäse gefüllte Pfannkuchen

'mbuttunatu süditalienischer Dialektausdruck für „eingehüllt", gemeint ist gespickt

meascia/miascia lombardischer Fladen aus Maismehl, Rosinen, Nüssen und Trockenfrüchten sowie Molke

medaglioni kleine, runde Schnitzel (Medaillons), die je nach Fleischsorte entsprechend zubereitet werden

meini/pan mein Gebäck nach lombardischer Tradition, das einst aus Hirsemehl und nun aus Weizen- oder Maismehl hergestellt wird

mela Apfel

melanzane Auberginen

melanzane alla parmigiana > **parmigiana di melanzane**

melanzane con la cioccolata gebratene Auberginenscheiben, mit Milchcreme mit kandierten Früchten und Schokoladecreme bestrichen und aufgeschichtet.

melecche Dialektausdruck für Scampischwänze (Marken)

melograno Granatapfel

ment(ucci)a Minze

merca (1) in Oristano Bezeichnung für gekochte und in eine typische Sumpfpflanze gewickelte Meeräsche; (2) in Nuoro Bezeichnung für in Scheiben geschnittene und getrocknete Quagliata (eine Art Quark) aus Ziegenmilch mit säuerlichem Geschmack

merluzzo Kabeljau, Dorsch; in Piemont Bezeichnung für den Stockfisch

mes-ciua/mesciua Minestra aus La Spezia (Ligurien) mit Bohnen, Kichererbsen und Weizen

meste cuincjade unterschiedlich verfeinerte weiche Polenta (Friaul)

mezzanelli/mezzanielli lardiati kurze getrocknete Pasta mit einer Sauce aus Tomaten und Guanciale

mezzani dicke Maccheroni-Nudeln

mezzano Käse von mittlerem Reifegrad

mezzelune gefüllte, halbmondförmige Teigware

mezzemaniche getrocknete Pasta in Röhrenform, ähnlich den > **rigatoni**

mezzina in der Versilia (Toskana) übliche Bezeichnung für Bauchspeck vom Schwein

migliaccio salato traditionelles bäuerliches Auflaufgericht, bestehend aus Nudeln, Grieß, Mozzarella und Wurst, im Ofen gegart; ursprünglich aus dem Salentino

migliaccio süße Blutwurst mit Mandeln, Pinienkernen, Schokolade, kandierten Früchten, Milchcreme und Gewürzen, in einer Hülle aus mürbem Teig gebacken

mignàculis kleine Mehlnocken ohne Ei, für die der Teig ähnlich wie bei Spätzle ins siedende Wasser eintropft wird (Friaul)

milanese Kotelett mit Knochen von der Kalbslende, in Ei getaucht und gepfeffert, dann in Brösel gewälzt und schließlich frittiert

milanisa (a la) Sauce aus Sardinen, wildem Fenchel und manchmal auch mit in der Pfanne geschwenktem altbackenem Brot (Sizilien)

millefoglie Süßspeise aus hauchdünnen Blätterteigschichten, mit Konditorcreme, Creme Chantilly oder Zabaione bestrichen

milza Milz

minchiareddhi Maccheroni aus Gerstenmehl, ausgehöhlt mit Hilfe eines dünnen Eisenschafts

minestra Suppe

minestra acchiatizza Minestra mit Wildgemüse (Provinz Avellino)

minestra al/nel sacco in der Brühe servierte Masse aus Eiern, Parmigiano, Mehl und Muskatnuss; zuvor in einem Leinensack gekocht, anschließend erkaltet und in Würfel geschnitten (Emilia, Marken, Latium)

minestra chin frue/ minestra cun casu friscu Suppe mit Ziegenfrischkäse (Sardinien)

minestra di cardone e polpette > cardone

minestra di pane toskanische Bohnensuppe aus dem Kochsud von Bohnen, Tomaten und Gemüse, auf Brotschichten angerichtet; Basis der > **ribollita**

minestra maritata Suppe aus verschiedenen Fleisch- und Gemüsesorten; in ganz Süditalien verbreitet

minestra matta Teigvierecke (oder Tagliolini), mit Tomatensauce, geröstetem Speck und Gartenkräutern angerichtet (Emilia); in anderen Gebieten werden nur Wildkräuter verwendet.

minestrone Gemüsesuppe mit Reis oder Nudeln

minestrone alla genovese Gemüsesuppe in der Variante von Genua aus saisonalem Gemüse, Pesto und > **scuccuzzun**

mirtilli neri Heidelbeeren

mirtilli rossi Preiselbeeren

mischiglio/miskiglio Mischung aus gemahlenem Getreide und Hülsenfrüchten, aus der diverse Pastaformate erzeugt werden

miserie de le femene mit dem Löffel ausgestochene Gnocchi aus Mehl und Ei

missoltini an der Sonne und im Wind getrocknete Alsen, anschließend gegrillt (Seen der Lombardei)

misticanza gemischter Salat aus wildwachsendem Gemüse (Latium)

mistrà hochprozentiger Anislikör, Anisschnaps (Marken)

mlinci con la supeta im Ofen gebratene Nudeln mit Hühnchenragout (Julisch Venetien)

mocetta/motzetta Aostataler Schinkenspezialität, traditionell aus Steinbock-, Gämsen- oder Ziegenfleisch von der Keule, heute auch aus Rindfleisch gemacht

moleche/moeche in Venetien Bezeichnung für männliche Krebse während der Häutungszeit, wenn ihr Panzer so zart ist, dass sie im Ganzen, vorzugsweise frittiert, verspeist werden können

mollana typischer Weichkäse aus dem Val Borbera (Piemont) aus Kuhmilch, von mittlerer Reife

mollesche Dialektausdruck für kleine Scampi und Garnelen mit zarten Schalen (Abruzzen)

mollica Paniermehl, Brotkrume

monacona lukanische Süßspeise aus frischem Schafkäse, kandierter Zitronatzitrone und Likör

mondeghili frittierte Hackfleischbällchen aus Resten von Bollito, Ei, Käse, Salsiccia, in Milch getränkten Brotkrumen und Gewürzen (Umgebung Mailand)

mondiola Salami aus Schweinefleisch von mittlerem Reifegrad und mittlerer Körnung, die um sich selbst herumgewickelt wird (nordwestliche Toskana)

monfettini hauchdünne Teigtäschchen

moniceddhi/municedde apulischer Ausdruck für Landschnecken, braun, ähnlich einer Mönchskutte

montasio friulanischer Käse aus pasteurisierter Kuhmilch, mittelharter Teig (Oberitalien)

monte veronese Kuhmilchkäse mit geschützter Ursprungsbezeichnung aus der Lessinia (Venetien)

montébore piemontesischer Käse aus Kuh- und Schafmilch; glatte Konsistenz mit wenigen Löchern

monteson trentinischer Kuhmilchkäse, harter Teig

monzette kleine, dunkle Schnecken mit einem weißen Zeichen auf dem Maul (Sardinien)

moretta Mischung aus Kaffee, Rum und anderen Likören, nach einem alten Fischerrezept zubereitet; Digestif (Fano und andere Küstengebiete der Marken)

morlacco Kuhmilchkäse vom Hochplateau des Monte Grappa (Venetien)

mormora Marmorbrasse

mortadella di fegato gekochte Schweinewurst aus Leber, Fleischstücken und Pancetta, mit Gewürzen und Rotwein verfeinert

mortadella gekochte Wurst aus Schweinefleisch in ovaler oder runder Form mit charakteristischer rosa Farbe. Die bekannteste Mortadella kommt aus Bologna, sie wird aber in ganz Nord- und Mittelitalien erzeugt.

mortadella ossolana Rohsalami aus Schweinefleisch, unter welches ein kleiner Zusatz an Leber, Gewürzen und Wein gemischt wird (Val d'Ossola, Piemont)

mortadellina di Campotosto Wurst aus magerem Schweinefleisch, das gemeinsam mit einem Streifen weißem Speck gehackt wird (Abruzzen)

mortandela kräftig geräucherte, kugelförmige Schweinewurst (Nontal, Trentino)

morzeddu/morzello/morsello gekocht Innereien, die anschließend mit Wein und einer scharfen Tomatensauce nochmals gekocht werden (Kalabrien)

morzellette al miele großformatige Keksart mit Honig, süße Spezialität aus Kampanien

mosana cremig gerührter Brei aus Maismehl, üblicherweise mit Steinpilzen angerichtet (Trentino)

moscardini eine Tintenfischart

moscato Muskatellerwein

mosciame Filet vom getrockneten Thunfisch

moscioli selvatici wilde Miesmuscheln (Portonovo, Marken)

mose Polentaauflauf mit feinen Kräutern

mostaccioli/mostacciuoli/mustazzuola/mustazzoli süßes Gebäck aus Mürbeteig, traditionell in verschiedenen Regionen Italiens, aus ähnlichen Grundzutaten: Mehl, Zucker, Gewürze, manchmal Honig, oft eingekochter Wein und Mandeln

mostarda in einem Sirup aus Meerrettich und Senf eingelegte kandierte Früchte (Cremona)

mosto cotto > vino cotto

mozzarella in carrozza eine Art Tramezzino aus Scheiben von altbackenem Brot und panierten und frittierten Mozzarella-Scheiben. Das Gericht stammt aus Kampanien und zählt heute zum Angebot von Pizzerien und Bratküchen in ganz Mittel- und Süditalien.

mozzarella nella mortella Kuhmilchmozzarella, der von Myrtenzweigen (im kampanischen Dialekt „mortella" genannt) umwickelt aufbewahrt wird

'mpanata > scacciata hoch aufgegangen

muas/mus Brei aus Grieß- und Maismehl, in Wasser und Milch gekocht, mit Butter angerichtet (Trentino-Südtirol, Friaul)

muccu > neonata

muddica atturrata Würfel von altbackenem Brot, mit nativem Olivenöl extra in der Pfanne geschwenkt (Sizilien)

mugellani Ravioli mit einer Füllung aus Kartoffeln, Bauchspeck und Parmesan (Mugello, Toskana)

mulinara (a) Zubereitungsart für Fische, in Mehl gewälzt und dann nach verschiedenen Rezepten gekocht

mulun Kuchen aus getrockneten Esskastanien und in Milch gekochten Bohnen, in Scheiben geschnitten und mit Sahne bedeckt (Lombardei)

mumbulì Rouladen aus Schweinerücken mit Speck und Salbei, in der Pfanne gebraten und mit Polenta serviert; oft am Spieß abwechselnd mit Vögeln gebraten (Lombardei)

murazzano piemontesischer Weichkäse, traditionell aus Schafmilch hergestellt (heute mit einem Anteil an Kuhmilch)

murazzano Schafkäse aus dem Piemont

musciska/micischia/misciska gewürztes Schaf- oder Ziegenfleisch, das in Streifen geschnitten und gedörrt wird, typisch für eine Gegend Apuliens

muscoli ripieni Dialektausdruck für Miesmuscheln. Im Gebiet des Spezzino (Ligurien) mit einer Masse aus Mortadella, den Weichteilen der Muschel, in Milch getauchtem Brot, Parmesan und Kräutern gefüllt und geschmort.

muscolo Stück Rindfleisch, der Hachse entsprechend, in Rotwein gekocht

muset/musetto Kochwurst aus magerem Schweinefleisch, Teilen vom Rüssel, Schwarte, Gewürzen und Weißwein

muss/musso venetische Dialektausdrücke für Esel

mussillo Rückenstück vom Baccalà (Kampanien)

mussu Kalbskopf und -knorpel, gekocht, in Stückchen geschnitten, mit Zitronensaft, Öl, Salz, Pfeffer und Petersilie verfeinert und kalt serviert (oftmals zusammen mit > **carcagnola**)

mustazzola > **mostaccioli**

mustela Wurst aus der Bearbeitung von Filet oder Lendenstück vom Schwein

N

nana in der Toskana Bezeichnung für > **anatra**

napruddi in den Madonie (Gebirgszug in Sizilien) gebräuchliche Bezeichnung für wilde Karden, gewöhnlich im Ofen gebraten oder in Backteig frittiert

nasello Seehecht

naspro mit Zitrone aromatisierte Glasur

'ncaciato mit Käse in der Pfanne sautiert

'nciminiteddi mit Sesam bestreute Brötchen (Sizilien)

'nduja streichbare, sehr scharfe Wurst (Kalabrien)

neccio in der Toskana gebräuchlicher Ausdruck für Esskastanien und Esskastanienmehl. Im weiteren Sinne werden dünne, im Waffeleisen gebackene Fladen aus Esskastanienmehl als „necci" bezeichnet.

neola/nevola Waffeln aus Zucker, Ei, Mehl, Öl und Anissamen (Abruzzen, Molise)

neonata süditalienische Bezeichnung für > **bianchetti**

nero (al) Zubereitung von Pasta oder Fisch mit der dunklen Flüssigkeit, die Kopffüßler wie Tintenfische oder der Oktopus absondern

nero di seppia (al) (mit) Tinte vom Tintenfisch

nervetti Bezeichnung für die gekochten Knorpel des Kniegelenks und der Hachse vom Kalb, fein geschnitten und mit Öl, Zwiebeln und Petersilie angerichtet (Lombardei, Piemont)

nevelatte wörtlich „Schneemilch"; Südtiroler Süßspeise aus Milch, Brot, Pinienkernen und Rosinen, mit Sahne und Zimt serviert

nfigghiulata mit Ricotta gefüllte (süße oder salzige) Focaccia (Sizilien)

'nnoglia fette Schweinewurst, die frisch in der Pfanne gebraten werden kann. Getrocknet wird sie in Stücke geschnitten und mit Kräutern und Gemüse gekocht.

nocciola Haselnuss

nocciolini süßes Trockengebäck mit Haselnüssen oder gehackten Mandeln

noce Walnuss

nocetta regionale Bezeichnung für ein Stück vom Rind, auch gebräuchlich für andere Tiere, z.B. Hirsch

nocino Likör aus unreifen Walnüssen (Schale und Kerne); im Süden Nocillo genannt

norcina (alla) mit Parmesan, Pecorino und Salsiccia

'ntrugliatielli süditalienische Dialektbezeichnung für Lammdarm

'ntuppateddi sizilianische Dialektbezeichnung für Schnecken vom Typ Helix aperta

'nturcinate Schmorgericht mit Pecorino und Kirschtomaten

O

oca Gans

oca in onto eingesalzenes Gänsefleisch, mit zerlassenem Gänsefett und Lorbeerblättern in Terrakottakrügen aufbewahrt

occhio di bue fleischige Muschel mit nur einer Schale in kräftiger Farbe. Man verzehrt sie roh oder gekocht.

ocio in der Toskana Bezeichnung für > **oca**

ola dicke Suppe mit Bohnen, Gemüse und Schweinerippchen, in einem Terrakottagefäß gekocht (piemontesische Berge)

olio extravergine natives Olivenöl extra

olive all'ascolana große zarte Oliven, mit einem Gemisch aus gehacktem Fleisch und Gewürzen gefüllt, paniert und frittiert (Ascoli Piceno)

olive sotto ranno Konservierungs- und Beizmethode für Oliven, die heute dem Einlegen in Salzlake entspricht. Traditionsgemäß wurden als Beize warmes Wasser und Lauge verwendet, um den frischen Oliven ihren bitteren Geschmack zu nehmen.

ombra in Nordostitalien übliche Bezeichnung für ein Gläschen Wein

ombricelli > **ciriole**

ombrichelle Bandnudeln

ombrina Schattenfisch

orapi in Mittelitalien gebräuchliche Dialektbezeichnung für wilden Spinat

orata Goldbrasse

orecchiette Teigware in Öhrchenform (Apulien, Basilikata und angrenzende Gebiete)

orecchioni frische, halbmondförmige Teigware mit Ricotta- und Parmesanfüllung (Romagna)

orión/oriot gekochte Schweineohren und -kopf, in kleine Stücke geschnitten, serviert mit würziger Sauce aus Pfefferoni und Gemüse (Piemont)

orle Dialektausdruck für wilden Bergspinat (Monregalese-Täler, Piemont)

ortaggi Gemüse

ortica Brennnessel

orzet Gerstensuppe

orzetto/orzotto ähnlich wie Risotto aus Gerste zubereitetes Gericht mit Gemüse und anderen Zutaten

orziadas Seeanemonen (sardischer Dialekt)

orzo Gerste

osei scampai in Venetien und im Trentino verbreitetes Gericht aus Rouladen oder Spießchen von edlen und weniger edlen Fleischteilen. Die „entflogenen Vögelchen" werden meist mit Polenta serviert.

ossobuco Kalbshachse

ossobuco alla milanese Kalbshachse, mit Knochen und Mark in Scheiben geschnitten, in Brühe und Weißwein gekocht, mit > **gremolata** serviert

ossocollo friulanische Wurstdelikatesse aus Schweinenacken (im Ganzen), Lardo, Salz und Gewürzen

ottofile alte, heute noch angebaute Maissorte, aus der Mehl erzeugt wird

ovoli Kaiserlinge (Pilzart)

P

pabassinas/papassinos Feingebäck aus Mandeln und Rosinen, mit Glasur überzogen (Sardinien)

paccheri dicke Pasta mit Loch in der Mitte (Kampanien)

paccozzelle > **taccozze**

paddraccio Frischkäse aus Ziegen- oder Schafmilch, süßsäuerlich, in der Gemeinde Rotonda (Lukanien) erzeugt

padellaccia Ragout aus Fleisch (meist vom Schwein), mit Rotwein in der Pfanne geschwenkt, mit Dicken Bohnen angereichert (Umbrien)

pagello Meerbrasse

paglia e fieno „Heu und Stroh", gelbe und grüne Bandnudelnester

pagliata/pajata Teil des Dünndarms, der in der römischen Küche mit dem Speisebrei gekocht wird, da es sich um sehr junge Tiere (Lamm, Zicklein oder Kalb) handelt. Dieser kleine „Knoten" wird gegrillt oder geschmort. Nur im Latium üblich.

palacinke in Anlehnung an die österreichische Palatschinke in Friaul übliche Bezeichnung für Pfannkuchen, mit Marmelade oder Nougatcreme gefüllt

palamita Bonito (Meeresfisch, dem Thunfisch ähnlich)

palermitana (alla) Zubereitungsart, bei der Fleisch oder Fisch paniert (mit Paniermehl und geriebenem Caciocavallo) und auf der Platte gegart wird

pall' e' riso Reisbällchen mit Erbsen, Wurst und Käse gefüllt, paniert und frittiert (Kampanien)

pallocco Gericht aus der bäuerlichen Tradition mit weißer Polenta, Rindfleisch, Zichorien und Bohnen (Latium)

pallotte cacio e uova Klößchen aus Käse, Ei und Brotkrumen (Abruzzen)

pallotte del pastore Klößchen aus Ricotta und Pecorino in Tomatensauce (Abruzzen, Molise)

palombo Glatthai

pampepato/panpepato im Ofen gebackene Süßspeise aus Trockenfrüchten, kandierten Früchten, Honig, Schokolade und Gewürzen (Emilia, Toskana, Latium)

pan dell'orso Süßspeise, bei der eine Masse aus Mandeln, Honig, Zucker, Eiern und Butter mit Schokolade bedeckt wird (Abruzzen)

pan di lepre ein klassisches kaltes Gericht nach einem Rezept von Artusi, das aus erkalteter Hasenpastete mit Béchamelsauce in Aspik besteht

pan fritto/pan fritu Brotteig, am Ofengrill gebacken und mit Salz oder Zucker verfeinert (Ligurien)

panada/panade Gericht aus altbackenem Brot, Käse und Gewürzen (Venetien, Friaul)

panada di anguille Timbale aus Teigwaren, in Öl eingelegten, getrockneten Tomaten, enthäuteten Aalstückchen und Petersilie (Sardinien)

panadinas Kuchen aus Hartweizenteigblättern mit Fleisch-Gemüse-Füllung (Sardinien)

pancetta Bauchspeck

pancetta de casada venetischer Dialektausdruck für Hausspeck

pancotto Brotsuppe; ursprünglich ein Gericht der Armeleuteküche mit Saisongemüse (Brokkoli, Zwiebeln, Zichorie, Kohl), insbesondere in Apulien

pane Brot

pane caliatu zweifach gebackenes Brot, vor dem Garnieren in Wasser getaucht (Äolische Inseln, Sizilien)

pane carasau sehr dünnes, kreisrundes Brot aus Mehl, Meersalz, Hefe und lauwarmem Wasser; auch als Carta da musica (Notenpapier) bezeichnet (Sardinien)

pane cottu > **pancotto**

pane cunzatu Brot mit Tomaten, Sardellen, frischem Käse, nativem Olivenöl extra, Oregano, Salz und Pfeffer (Sizilien)

pane e latte traditionelle Süßspeise der Armenküche aus Milch, Brot, Rosinen und Schokolade (Piemont)

pane frattau Gericht aus Schichten von > **pane carasau**, Tomatensauce und Pecorino, eventuell mit einem pochierten Ei garniert (Sardinien)

pane frissu mit Speck und Salsiccia frittiertes Brot

pane guttiau > **pane carasau** Brot mit Olivenöl und Salz, manchmal auch mit Knoblauch aromatisiert (Sardinien)

pane saporito > **pane cunzatu**

panedda aglintesa Kuhmilchkäse mit gezogenem Teig, der gebraten wird (Sardinien)

panelle in dünne Scheiben geschnittener und frittierter Teig aus Kichererbsenmehl (Sizilien)

panera Halbgefrorenes aus Genua, hergestellt aus Sahne, Zucker und Kaffee

panettone Hefekuchen

panficato Süßspeise aus Honig, getrockneten Feigen, Schalenfrüchten, kandierten Früchten, Schokolade und Gewürzen in Form eines kleinen Päckchens (Toskana)

panforte typische flache und kompakte Süßspeise aus Siena mit altem Ursprung, die heute auch industriell erzeugt wird; ähnelt dem > **panpepato**, enthält aber auch Mandeln, Nüsse und Oblaten

pani ca' meusa mit Kalbsmilz gefülltes Brötchen, das in Schmalz frittiert wird (Sizilien)

pani indorau in Backteig getauchtes und frittiertes Brot (Sardinien)

paniccia/panizza Polenta aus Kichererbsenmehl, nach dem Festwerden in kleine Würfel geschnitten und in Öl herausgebacken (südliches Piemont, Ligurien)

panicia Eintopf aus Gemüse, Gerste, Bohnen und geräuchertem Schweinefleisch (ladinische Täler, Südtirol)

panigacci hauchdünne Fladen aus Weizenmehl und Wasser, in sogenannten Testi (Gefäßen aus Terrakotta, Steingut oder Gusseisen) herausgebacken und verschieden verfeinert (Lunigiana)

paniscia typischer Risotto aus dem Gebiet um Novara, zubereitet aus Borlotti-Bohnen, Wirsing, Gemüse, Schweineschwarte, Speck und > **salam d'la doja**

panissa typischer Risotto aus dem Gebiet um Vercelli, zubereitet aus Bohnen, Speck, Salami und magerem Bauchspeck

panna cotta Cremedessert aus mit Zucker und Vanille geköchelter Sahne und untergehobener Gelatine; im Piemont ursprünglich mit Fischgelatine verfestigt

pannerone Käse aus Vollmilch, im Dialekt Panéra (Lodi)

pannicolo Teil vom Rind

pannocchie/panocchie regional gebräuchliche Bezeichnung für > **canocchie**

panséta in Venetien gebräuchliche Bezeichnung für gerollten Bauchspeck

pansopà venetischer Dialektausdruck für Brotsuppe

pansoti/pansotti Nudelteigwaren gefüllt mit Kräutern und Gemüse (Ligurien)

panunto > **fettunta**

panzanella in Wasser und Essig aufgeweichtes altbackenes Weißbrot, mit Tomaten, Zwiebeln, Gurken, nativem Olivenöl extra und Basilikum angerichtet (Toskana)

panzerotti/panzarotti Teigtäschchen mit süßer oder pikanter Füllung, in Öl oder Schmalz frittiert; auch Bezeichnung für gefüllte halbmondförmige Teigtasche

papaccelle süße Paprikaschoten, die zerdrückt und üblicherweise in Essig eingelegt konserviert werden

paparazzi im Dialekt der Abruzzen Bezeichnung für kleine Venusmuscheln

papardelle toskanischer Name der bandförmigen Lasagne, bezeichnet mittlerweile in ganz Italien jegliche Eierteigware in Form breiter Streifen. Typisch toskanisch sind Papardelle „sulla lepre" (mit Hase), „sul cinghiale" (mit Wilschwein) und „sul coniglio" (mit Kaninchen).

paparéle con fegadini in Venetien breite Bandnudeln mit Hühnerleber

pappa al pomodoro mit Öl und Knoblauch gekochtes und mit Rosmarin und Basilikum gewürztes Weißbrot; im Sommer zusätzlich mit Tomaten (Toskana)

pappardelle breite Bandnudeln

pappicci Tagliatelle aus Mehl und Wasser, mit frischen Tomaten gegart, mit Speck und Zwiebeln angerichtet

paradel süße Pfannkuchen aus Eiern, Milch und Mehl, heiß mit Zucker bestreut verzehrt (Lombardei)

parasambene gebratenes Kalbszwerchfell (Sardinien)

parasangue > **parasambene**

pardula österliches Süßgebäck aus Sardinien, das aus einem mit frischem Käse und Safran gefüllten Körbchen besteht. Man kann es mit Honig servieren.

parmigiano Parmesan

parmigiana (alla) Tomaten-Hackfleisch-Sauce, mit Käse überbacken

parmigiana di melanzane ein aus Süditalien stammendes Gericht in vielen Varianten. Es wird aus frittierten Auberginenscheiben gemacht, auf die schichtweise Tomatensauce, Mozzarella und geriebener Parmigiano kommen; im Ofen gebacken.

parrozzo Süßspeise neueren Ursprungs (von einem Konditor aus Pescara kreiert) aus Mehl, Milch, Eiern, Zucker, gehackten Mandeln sowie Orangenschalen, mit Schokolade überzogen

passatelli in brodo Gericht aus der Romagna, als Primo serviert, bestehend aus Teig aus geriebenem Brot, Ei, Parmesan und Muskatnuss, der durch ein Sieb gestrichen wird. Die auf diese Weise erhaltenen dicken Röllchen werden in Brühe serviert.

passato Püree

passavulanti Kekse aus gerösteten Mandeln, Zucker, Eiweiß, Zimt und Vanille (Sizilien)

passerin venetischer Dialektausdruck für pesce passera (Scholle)

passito Dessertwein aus getrockneten Trauben

pasta Nudeln

pasta al forno Nudelauflauf

pasta al sangue Bandnudeln aus Mehl, Eiern und Ochsenblut (Trentino)

pasta alla buranella Teigwaren mit Fischsauce

pasta alla cuncimata mit Ragout aus Schweinefleisch und wildem Fenchel angerichtete Teigware (Sizilien)

pasta alla deficeira Maccheroni, in Wasser, Wein und Lorbeer gekocht und dann mit Öl, geriebenem Käse und eventuell gekochtem Schinken verfeinert (Ligurien)

pasta alla Norma Teigware mit Tomatensauce, frittierten Auberginen und salziger Ricotta (Sizilien)

pasta alla Paolina sizilianisches Gericht, von dem es mehrere Varianten gibt. Unerlässlich ist jedoch immer die Beigabe von Gewürznelken und Zimt.

pasta alla poveraccia frische Teigwaren, ähnlich den > **cappelletti**, zu einem Säckchen geformt

pasta c'anciova als „Rogen für die armen Leute" bezeichnete Zubereitung zum Verfeinern für Teigwaren, bestehend aus Sardellen (anciova) und geröstetem Paniermehl (Sizilien)

pasta ca' nnocca mit Sardellen und geschmorten Erbsen angerichtete Pasta (Sizilien)

pasta china eine Art von > **timballo**, Auflauf aus kurzformatiger Pasta aus Hartweizengrieß, die schichtweise mit Tomaten, Hackfleischbällchen und Käse belegt und im Ofen überbacken wird (Kalabrien)

pasta con le sarde Teigwaren mit einem Ragout aus Sardinen und diversen anderen Zutaten (Mandeln, Rosinen, Fenchel ...)

pasta cresciuta/past' cresciut' (kampanischer Dialekt) frittierter Hefeteig

pasta di mandorle Marzipan

pasta e broccoli in brodo di arzilla traditionelle römische Minestra aus Brühe vom Rochen, in der zuerst Brokkoli (danach in der Pfanne gewürzt) und dann die Teigwaren gekocht werden

pasta e ceci Nudeln mit Kichererbsen

pasta e fagioli dicke Bohnsuppe mit Nudeleinlage, in Venetien oft mit Lardo oder Schwarte verfeinert

pasta e fasoi Venetisch für > **pasta e fagioli**

pasta e fasul' Pastagericht, in dem Nudeln zusammen mit Bohnen, oft auch Tomaten, gekocht werden, wodurch eine cremige Konsistenz entsteht (Kampanien)

pasta e patate gemischte kurzformatige Teigwaren, zusammen mit Kartoffeln gekocht; am Ende der Garzeit wird > **provola** zugegeben, eventuell auch Tomaten oder Pancetta

pasta 'ncasciata kurzformatige Teigwaren, mit Tomatensauce, Hackfleischbällchen, Auberginen, Wurst, Semmelmehl und anderen Zutaten je nach Region vermischt und im Ofen überbacken (Kalabrien, Sizilien)

pasta ro malutempu Armeleutegericht aus Garten- oder Wildgemüse, das man an Tagen zubereitete, an denen die Fischer wegen Schlechtwetters nicht aufs Meer fahren konnten. Heute wird es mit Rübenkohl, Oliven und Sardellen zubereitet. (Sizilien)

paste Kleingebäck, meist Windbeutel oder Mürbeteigtörtchen

paste di meliga/'d melia Gebäck aus Maismehl (Piemont)

pastella Pfannkuchenteig, Tropfteig

pasticceria Gebäck, Konditorei

pasticciata alla pesarese Rinderschmorbraten in Rotwein mit Speck, Knoblauch, Zimt, Nelken, Tomaten

pasticcio Auflauf, Pastete

pasticcio ferrarese Maccheroniauflauf mit Béchamelsauce, Pilzen und gemischtem Fleischragout, mit einer Kuppel aus süßem Mürbeteig bedeckt (Ferrara)

pasticciotto typische Süßspeise aus Lecce aus Mürbeteig mit Konditorcremefüllung

pastiera Ostertorte aus Mürbeteig, Ricotta, gekochtem Weizen, kandierten Früchten und Orangenblütenessenz (Neapel)

pastiera napoletana Mürbeteigkuchen mit Ricotta-Obst-Füllung

pastiere Fladen aus Modica mit Füllung aus Hackfleisch, Caciocavallo und Ei

pastìn/tastìn bezeichnet in Venetien frische Wurstmasse, die noch nicht in Därme gefüllt ist

pastissàda de caval Ragout aus Pferdefleisch, in Wein und Tomaten geschmort; Veroneser Spezialität

pastizzà de musso in Venetien Bezeichnung für geschmortes Eselsfleisch

pastizzi Taschen aus Brotteig, die mit Fleisch gefüllt und frittiert oder im Ofen gebacken werden (Basilikata)

pastorale Schmorfleisch vom erwachsenen Schaf mit Gemüse und Aromen (Basilikata, Apulien)

pataccacce/patacche Pasta in Streifenformat, ähnlich den > **tagliatelle**, aus eher dickem Teigblatt (Latium)

patate Kartoffeln

patate 'mpacchiate/'mpacchiuse kalabresische Beilage aus fein gehobelten Kartoffeln, in der Pfanne gebraten und anschließend mit Zwiebeln und Pancetta geschmort. In einer einfacheren Variante werden nur die geschnittenen Kartoffeln in der Pfanne gebraten, bis sie aneinander haften und so ein weiches Inneres und eine knusprige Außenschicht bekommen.

patùgol Kartoffelbrei mit gerösteten Zwiebeln, Bauchspeck, Butter und geriebenem Grana (Trentino)

pearà Veroneser Sauce aus geröstetem Semmelmehl, Knochenmark, Pfeffer und Rinderbrühe; wird zum > **bollito misto** gereicht

pecora Schaf

pecorara (alla) mit Schaffleisch

pecora alla callara/a cotturo Ragout vom Schaf, gekocht in Wasser, Weißwein, Tomaten und Gartenkräutern (Teramo, L'Aquila)

pecora fellata Schaf im Alter von zwei oder drei Jahren

pecora in cappotto mit Kartoffeln und Zwiebeln gegartes Schaffleisch

pecorino reifer Schafskäse

pecorino laticauda Käse aus der Milch von den Schafen der Laticuada-Rasse

peilà Brei aus Kartoffeln und Mehl (Gersten- oder Weizenmehl), dem Käse und zerlassene Butter beigemengt wird (Aostatal)

peintlan dicke Spaghetti, mit Speck, geräuchertem Ricotta, Alpenlattich und Rindfleisch serviert (Carnia, Friaul)

pencianelle/pengiarelle/pincinelle Gnocchetti aus Hefeteig in Form von dünnen Spindeln (Marken)

pendolini kleine Tomaten in Traubenform

penne kurze Röhrennudeln

pennoni große > **penne** (erinnern an Schreibfedern)

peoci in Venetien gebräuchliche Bezeichnung für Miesmuscheln, in anderen Regionen Mitili, Muscoli oder Cozze genannt

peperato/pupurato Karnevalsgebäck in Kringelform mit vielen Gewürzen, nur in der Gegend um Foggia (Apulien) verbreitet

peperonata Paprikagemüse

peperoncino Chilischote

peperone Paprika

peperoni crusch/cruschi getrocknete Paprikaschoten, die in vielen Rezepten Süditaliens Verwendung finden

peposo (alla fornacina) in Stücke geschnittenes Kalbfleisch, das lange mit Wein und Pfefferkörnern gegart wird; entstand angeblich in der Gegend der Ziegeleien („fornaci") von Impruneta (Toskana)

pera Birne

perbureira für das Monferrat typische > **pasta e fagioli**

perdigianu sardische Dialektbezeichnung für Aubergine

persegada Quittenkonfitüre festerer Konsistenz, mit Nelken und Zimt aromatisiert (Venetien)

persico Flussbarsch

peruch Wildspinat > **buonenrico**

pesca tabacchiera kleiner Pfirsich mit flach gedrückter Form, weißem Fleisch ist sehr süßem Aroma

pescatora (alla) mit Muscheln und Krustentieren

pescatrice Anglerfisch

pesce Fisch

pesce azzurro eine Fischgruppe, die sich durch ihre bläuliche Färbung und geringe Größe auszeichnet; wegen ihres häufigen Vorkommens zu günstigen Preisen erhältlich (Sardinen, Makrelen, Heringe etc.)

pesce d'acqua dolce Süßwasserfisch

pesce finto „falscher Fisch"; Gemisch aus Kartoffeln, Thunfisch und Essiggemüse, in Fischform gebracht als Vorspeise serviert

pesce gatto Katzenwels

pesce persico Flussbarsch

pesce povero weniger edler Fisch für die „Arme-Leute-Küche"; in der Toskana auch „vergessene Fische" genannt, spezielle Initiativen fördern dort den Erhalt dieser Kultur, die der Null-Kilometer-Philosophie entspricht

pesce spada Schwertfisch

pesce stocco andere Bezeichnung für > **stoccafisso**

pessìn de fosso venetisches Dialektwort für Jungfische aus den Gräben der Reisfelder; werden gezüchtet, während die Felder unter Wasser stehen

pesto di salame frische, fein zerkleinerte Wurst, die auf Teigwaren oder Risotto kommt

pesto ligure Sauce zum Würzen der Primi aus Basilikum, Pinienkernen, Knoblauch, geriebenem Parmesan und Pecorino aus Sardinien, Olivenöl und Salz

pesto trapanese Sauce für Teigwaren, die aus Knoblauch, Basilikum, Tomaten, Mandeln und Schafkäse zubereitet wird; ähnlich dem Pesto all'usticese und dem Pesto siciliano

pestum frische Wurstmasse, Würze für Primi (Lombardei)

pestùme gehacktes Schweinefleisch mit Knoblauch und Petersilie

peta > **petuccia/pitina**

petta/pezza imbinada in Wein und Gewürzen eingelegtes Schweinefleisch (Sardinien)

pettl' e fasul > **pettole e fagioli**

petto Brustfleisch

pettole/pittule Bällchen aus Hefeteig, in Öl frittiert; in ganz Süditalien sehr verbreitet. Man kann sie süß genießen, mit Zucker bestreut oder pikant, gefüllt mit Sardellen, Baccalàstückchen und vielem anderem.

pettole e fagioli hausgemachte Pasta in Form von Fettuccine mit Bohnen; kampanischer Primo

petuccia/pitina Frikadellen aus Wurst mit vielerlei Gewürzen, in Maismehl gewälzt und im Kamin geräuchert; traditionell aus Wildbret, Ziegen- oder Schaffleisch, heute meist aus Schweinefleisch (Friaul)

peveràda Sauce aus Hühnerleber und Wurst (Soppressa), zu Gebratenem (Wild, Perlhuhn, Ente) gereicht (Venetien)

peverada Pfeffersauce

pezza imbinada Fleisch vom Bue rosso, mariniert in Wein aus dem Montiferru (Sardinien)

pezzata Milchlamm, gefüllt mit verschiedenen Gewürzen, Oliven, Kapern, Sardellen, in Essig eingelegten Paprikaschoten und geriebenem Pecorino, in Weißwein gekocht (Abruzzen, Molise)

pezzenta lukanische Wurst aus Kopf und Innereien des Schweins; frisch über der Holzkohlenglut gegrillt oder gegart, konserviert in Schmalz.

pezzetti für Lecce typisches Pferdefleischragout mit dickem würzigem Saft

pezzi duri traditionelle Spezialität der sizilianischen Eismacherkunst; üppiges Eis mit darin eingeschlossenen Stücken von kandierten Früchten

pezzogna Dialektausdruck in Süditalien für den Pesce pagello (Meerbrasse)

piacentino/u mit Safran gewürzter Schafkäse (Enna; Sizilien)

piada/piadina runder Teigfladen aus Mehl, Wasser, Schmalz und Salz, der auf einer „testo" genannten Platte gebacken wird (Romagna)

piastra (alla) auf der Grillplatte gebraten

piave Kuhmilchkäse aus der Gegend um Belluno (Venetien), in mehreren Reifegraden erhältlich („vecio" = hart, „mezzano" = mittelhart)

picagge frische Eierteigware, die in Streifen von rund einem Zentimeter Breite geschnitten wird (Ligurien)

piccata/piccatina Scheiben von Kalbskeule, in Marsala oder Zitrone gebraten (Mailand)

picchelletti di Carbognano frische Pasta aus Wasser und Mehl in unregelmäßiger Form (Latium)

picchiapò (alla) eine Art von > **lesso rifatto**. In Rom verwendet man auch die Hachse des Rinds und würzt ihre Scheiben mit Zwiebel, Tomaten und Kapern.

piccione Taube

pici/pinci dicke, von Hand erzeugte Spaghetti aus Hartweizenmehl und Wasser; ursprünglich aus Siena, heute auch in anderen Gebieten der Toskana verbreitet

pìcula ad cavàl gehacktes Pferdefleisch, das zunächst angeröstet und dann mit Tomaten und Paprikaschoten geschmort wird (Piacenza, Emilia)

pierrade gemischtes Fleisch und Gemüse vom Grill mit verschiedenen Saucen

pignata Topf aus Kupfer oder Ton, bauchig mit engem Hals. In der Küche des Südens werden darin Bohnen, Oktopus und Fleisch langsam gegart.

pignato vavoso Fische ohne Gräten in der Kasserolle gekocht (Neapel)

pignattaccia gemischtes Fleisch, Gemüse und Weißwein, langsam im Ofen im Tontopf gegart (Viterbo)

pignolata Süßspeise aus Mehl und Eiern, die in ihrer Form an einen Pinienzapfen erinnert

pignolini junge Sardellen, Sardinen und andere Jungfische (Ligurien)

pilau Sauce aus Zickleinfleisch, die am Ende der Kochzeit mit Eidotter und Zitronensaft legiert wird; dient zum Verfeinern von gekochtem Reis (Pilaf). Heute gibt es Varianten, bei denen mit Wasser und Safran vermengter Hartweizengrieß verwendet wird.

pillus Grießteigware mit Lamm- oder Ziegenragout angerichtet und im Ofen gratiniert (Sardinien)

pinza batuda Polentastückchen mit einer Sauce aus Sauerrahm und Gurken, ursprünglich slowenischer Herkunft (Natisone-Täler, Friaul)

pinza süß oder pikant gefüllter Hefeteigkuchen, in mehreren Regionen verbreitet

pinzimonio Würze aus Olivenöl, Salz und Pfeffer, in die man rohes Gemüse taucht

pinzini fritti > **gnocco fritto**

piode unregelmäßig geformte Kartoffelteigvierecke (Lombardei)

piopparelli/pioppini Pilze, Stockschwamm (Pholiota), in der Küche Mittelitaliens häufig verwendet

piovra Oktopus

pipeto Zubereitung aus Wirsing, Knoblauch, Ei, Grana padano, Salz und Pfeffer; kann als Füllung für Hähnchen oder in Form eines Omeletts als Beilage verwendet werden (Provinz Cremona)

pipi kalabresischer Dialektausdruck für Paprikaschoten

pisarei e fasò Klößchen aus altbackenem Brot in einer Sauce aus Bohnen, Salsiccia (oder Speck und Schwarte), Tomaten und Gartenkräutern (Piacenza)

piscialandrea ligurische Pizza, belegt mit Tomaten, Zwiebeln, Sardellen, Oliven, Kapern und Knoblauch

piscirovu Omelett mit Petersilie und geriebenem Schafkäse (Sizilien)

piselli Erbsen

pissòta traditionelles venetisches Fladenbrot, das in Kupferpfannen im Ofen gebacken wird

pistacchio Pistazie

pistacoppi Dialektbezeichnung in Macerata für die Taube. Im übertragenen Sinn meint man auch die Stadtbewohner. In der Gastronomie versteht man darunter eine gefüllte Taube.

pistiddos typisches Süßgebäck aus Sardinien mit Füllung aus gekochtem Obstwein, das anlässlich des Festes des Heiligen Antonius zubereitet wird

pistoccheddu traditionelle sardische Kekse mit einer besonderen Glasur

pistum Nocken aus Semmelmehl, Zucker, Eiern, Würzkräutern und Rosinen, in Schweinefleischbrühe serviert (Friaul)

pita e curnitt gekochtes Hühnchen, auch als Sülze zubereitet, mit grünen Bohnen (Tessin)

pita traditionelle friulanische Süßspeise mit einer Füllung aus Äpfeln, Rosinen und Walnüssen

piticelle di rosamarina Pfannkuchen mit den scharf eingelegten Weißfischchen (Kalabrien)

pitina > **petuccia**

pitta kalabresische Focaccia in diversen Varianten. Ihre Form ist flach und unregelmäßig oder rund mit einem Loch in der Mitte. Man verzehrt sie gemeinsam mit > **morzeddu** und unendlich vielen anderen Füllungen.

pitta di patate eine Art apulische Focaccia oder Pizza aus gekochten Kartoffeln, mit Zwiebel, Tomaten und Oliven vermengt, im Ofen gebacken

pitta impigliata kalabresisches süßes Gebäck mit Teig aus Mehl, Öl, Honig, Gewürznelken, Zimt und Orangensaft und mit Trockenfrüchten gefüllt

pitta 'schiusa > **pitta impigliata**

pittinicchi Schweinerippchen

pizza chiena gefüllte Pizza; in Kampanien mit einer Füllung aus Käse, Eiern und Wurst

pizza di crema Torte aus Schichten von Mürbeteig und Creme

pizza dolce/doce Süßspeise aus Biskuitteig, in Likör getaucht (Alchermes, Maraschino), schichtweise mit Eiercre-me bestrichen, mit Meringe bedeckt, gebacken (Abruzzen)

pizza fritta frittierte Pizzateigstücke, deren Hohlraum oft gefüllt mit Ricotta, Wurst oder Grieben ist

pizz' e minestra bäuerliches Gericht, das eine im Ofen gebackene Focaccia aus Maismehl mit Kartoffeln und gekochtem gewürztem Wildgemüse vereint (Molise)

pizza rianata Pizza aus Vollkornmehl, gewürzt mit Öl, Knoblauch, Oregano und Tomaten

pizza teramana > **pizza dolce**

pizzaiola (alla) Zubereitungsart in der Pfanne mit Tomaten, Knoblauch und Oregano

pizze cionce > **pizz'onta**

pizzicati frische Pasta, ähnlich den > **maltagliati**

pizzicotti kleine Gnocchi aus Wasser und Mehl

pizzocheri dicke, dunkle Tagliatelle aus Buchweizen- und Weizenmehl; (Veltlin, Lombardei)

pizzolu Focaccia aus Brotteig, verschiedene Füllungen

pizz'onta in den Abruzzen Pfannkuchen aus Brotteig

podolica Rinderrasse, die immer noch im südlichen Apennin lebt. Aus der Milch der Tiere wird der gleichnamige Caciocavallo-Käse erzeugt.

polenta Maisbrei

polenta brustolà geröstete Polenta (Venetien)

polenta concia/polenta grassa in Salzwasser gekochter Maisgrieß, dem Fontina (oder ein anderer weicher Käse) und zerlassene Butter beigegeben werden

polenta di patate > **patùgol**

polenta di riso Masse aus Wasser und Reismehl

polenta di roveja Gericht aus einem Mehl aus wilden Erbsen (Marken, Umbrien)

polenta mugna Polenta aus mit anderen Mehlsorten vermischtem Buchweizenmehl (Veltlin, Lombardei)

polenta nera Polenta aus Buchweizenmehl (ähnlich dem österreichischen Heidensterz)

polenta taragna Rezept aus dem Veltlin (Lombardei), bei dem Polenta mit Butter und Käse (Scimuda oder Bitto) angerichtet wird

polenta uncia Gericht aus der Brianza (Lombardei), bei dem Polentaschichten mit Parmigiano reggiano und Knoblauch- oder Zwiebelbutter bedeckt werden

polipo Oktopus

pollo Huhn

pollo al mattone gewürztes Hähnchen, das in der Pfanne gekocht wird, auf der ein Ziegelstein („mattone") aus Ton liegt

pollo alla diavola Hähnchen über heißer Holzkohlenglut gegrillt

pollo in casseruola in Wein und Kräutern geschmorte Hähnchenkeulen (Marken)

polpa mageres Fleisch; Fruchtfleisch

polpette (Hackfleisch-)Bällchen

polpette della mietitura Hackfleischbällchen der Getreideernte; Gericht aus gereifter Salsiccia vom Schwein, hartem Brot, Ei, Pecorino, Petersilie und Tomatensauce

polpettone Hackfleischbraten in ovaler Form. Die Zutaten sind in jeder Region ein wenig anders, Basis ist aber immer Hackfleisch.

polpi in purgatorio in der Pfanne mit Zwiebel, Peperoncino, Tomaten und Petersilie aromatisierter Oktopus (Abruzzen, Molise)

polpo > polipo

polpo alla luciana in wenig Meerwasser in einem dicht verschlossenen Topf gekochter Oktopus; mit Öl, Zitrone, Petersilie und Knoblauch verfeinert

polpo in galera mit Knoblauch und Petersilie in der Pfanne sautierter kleiner Oktopus

pomodoro Tomate

pompìa kandierte Schale von der Bitterorange, Grapefruit oder Zitronatzitrone (Sardinien)

ponce alla livornese Getränk aus einem Gläschen Espresso und „rumme", einer Mischung aus Alkohol, Zucker, Karamell und Rumaroma, garniert mit Zitronenschale

pontél in Venetien übliche Bezeichnung für Schweinekotelett oder -rippchen

porcaccia paniertes Schweinesteak, mit frischen Würzkräutern verfeinert (Umbrien)

porceddu/porcetto/porchetto am Spieß oder im Ofen gebratenes Milchferkel (Sardinien)

porcellitto aglio forno Dialektausdruck für Ferkel aus dem Ofen (Provinz Latina, Latium)

porchetta Spanferkel; ganzes Schwein, im Ofen mit Knoblauch und Wildfenchel gebraten; Gericht für viele Personen; in Mittelitalien auch als kalter Aufschnitt serviert

porchetta (in) mit Kräutern gefüllt und geschmort

porcetto arrosto gebratenes Milchferkel (Sardinien)

porcini Steinpilze

porcospino Süßspeise aus der Romagna mit einem Kern aus in Kaffee getränkten Keksen (oder Biskuit), der mit Creme und gerösteten Mandeln bedeckt ist

porro Porree

porzina für Triest typische Zubereitung aus fettem und magerem, geräuchertem und ungeräuchertem Schweinefleisch

potacchio (in) Zubereitungsart für Fleisch oder Fisch, geschmort mit Weißwein, Kräutern, Knoblauch und Peperoncino

potizza/putitza/putizza in Friaul-Julisch Venetien verbreiteter Hefekuchen mit Füllung, ähnlich der > **gubana**

poverazze Dialektbezeichnung aus der Romagna für Venusmuscheln

prattu de cassa sardisches Gericht aus Wild, Kartoffeln und Zwiebeln, mit einer Kräutermischung gewürzt

preboggion/prebuggiun Mischung aus meist wild wachsenden Kräutern, deren Zusammensetzung je nach Ort und Jahreszeit variiert (Ligurien)

prebugiun Bauerngericht aus Ne (Ligurien) mit Kartoffeln und Schwarzkohl; vollständige Mahlzeit

preciana (alla) Sauce aus Ragout und Trüffeln (Umbrien)

prescinseua Milchprodukt aus Kuhmilch, das aus leicht säuerlicher Molke erzeugt wird und oft für Focacce und Füllungen Verwendung findet (Ligurien)

preve gefüllter Wirsing (Ligurien)

primo erster Gang

primo sale 15 Tage gereifter Pecorino

prisintuni Dialektbezeichnung für Bonito

prosciutto Schinken

prosciutto bazzone typischer Schinken aus der Garfagnana (Toskana)

provatura Knetkäse aus Büffelmilch, ähnlich der Mozzarella, vor allem zum Kochen verwendet (Latium)

provola/provolone Knetkäse aus Büffelmilch oder gemischter Kuhmilch, ein wenig fester als Mozzarella

provolone del monaco > caciocavallo (ohne das Köpfchen), wird aus roher Kuhmilch erzeugt und reift vier bis 18 Monate

prugna Pflaume, Zwetschge

prugnolo Schlehe, Georgspilz

puìna venetisches Dialektwort für Ricotta

puledro Fohlen

pulicc wild wachsendes Kraut, das nach Minze duftet (Lombardei)

pulingioni/pulilgioni für die Gallura typische Ravioli mit Ricotta

puncerle Küchlein aus Brotteig, mit Konfitüre oder geröstetem Mohn gefüllt (Südtirol)

punta (di vitello) (Kalbs-)Brust

punta di vitello ripiena al forno das Fleischstück wird taschenförmig geöffnet, gefüllt mit Parmigiano, Semmelmehl und Ei, anschließend im Ofen mit Pancetta und Kräutern bedeckt gegart

puntarelle Keimlinge einer Zichoriensorte, die man mit einem speziellen Schnitt, der die Spitzen kräuselt, schneidet. Man macht aus ihnen einen Salat, den man mit Knoblauch, Öl und Sardellen würzt. (Rom)

puntine di maiale Rippenstücke vom Schwein, werden auf der Holzkohlenglut gegrillt oder geschmort

puparul' crusch > peperoni crusch/i

purpazza de porcu flambierte Fleischstückchen vom Ferkel (Sardinien)

purpetielli affogati im Dialekt von Neapel ist das „ertrunkener" kleiner Oktopus, ein Schmorgericht

purpiceddi kleiner gegarter Oktopus

purpo all'insalata Oktopussalat in neapolitanischem Dialekt

purpuzza marinierte Schweinefleischstückchen (Sardinien)

putana Süßspeise aus Vicenza, die aus Weizen- und Maismehl, getrockneten Feigen, Rosinen und Likör zubereitet wird

puttanesca (alla) Pastasauce aus Tomaten, Oliven, Kapern und in Salz eingelegten Sardellen

puzzone Käse aus roher Kuhmilch mit gewaschener Rinde und kleinen Löchern, typisch für Moena (Trentino)

quadrucci Nudelart

quaglia Wachtel

quagliatelli Minestra mit frischer Pasta aus Wasser und Mehl und verschiedenen Beigaben, traditionellerweise Bohnen und Tomaten (Süditalien)

qualeddu sizilianische Bezeichnung für eine Kohlart, der in manchen Provinzen der Stängelkohl, in anderen der Rübenkohl entspricht

quaresimali sizilianische Mandelkekse mit kandierten Orangen und Gewürzen; in der Toskana in Buchstabenform und mit Karamell oder Kakao überzogen

quartirolo magerer Frischkäse; Name kommt vom vierten Schnitt, mit dem das Vieh gefüttert wird

quinto quarto Nebenprodukte der Rinderschlachtung von geringem wirtschaftlichen Wert, auch im deutschen Fachjargon als „fünftes Viertel" bezeichnet

rabatòn Klößchen aus Kräutern, Ricotta, Paniermehl, Parmesan und Ei, in Brühe gekocht und im Ofen überbacken (Alessandria)

radìc de l'ors „Bärenradicchio"; regionale Bezeichnung für Alpenlattich (Cicerbita alpina), im Hochgebirge im Frühling, wenn noch Schnee liegt, gesammelt (Trentino)

radici de camp Dialektausdruck für Löwenzahn

radici e fasioi dicke Bohnensuppe mit Nudeln und rotem Radicchio aus Chioggia

rafano (Armoracia rusticana) Meerrettich; gerieben oder zu einer Sauce verarbeitet; passt gut zu gekochtem und geräuchertem Fleisch

ragù di braciole di cavallo Pferdefleischrouladen in Tomatensauce (Bari, Apulien)

ragù di capra Ziegenfleischwürfel und Tomatensauce in Wein und Gemüse mariniert und mit dem Gemüse in pürierten Tomaten lange geschmort (Kalabrien)

raguse Mittelmeerschnecken (Dialektausdruck Marken)

raminghin frittierte Polenta, die mit einer Füllung aus Pilzen oder Gorgonzola wie ein Vol-au-Vent (hohle Pastete) zubereitet ist (Piemont)

ramolaccio/ramoraccio Ackerrettich (Raphanus raphanistrum). Man verzehrt die Blätter und die fleischigen Wurzeln, die gekocht und mit Öl und Zitrone gewürzt werden. Einige Arten schmecken scharf.

rana Frosch

rana pescatrice Seeteufel

rancetto Sauce mit Guanciale, Zwiebeln, Knoblauch, Majoran und Pecorino oder Parmigiano

randinije Dialektausdruck für Mais, wörtlich „grano d'India", Korn aus Indien (Abruzzen)

rapa Rübe

rape 'nfucate apulische Beilage aus Brokkoliröschen, Öl, Knoblauch und Peperoncino

rascatelli/rascatieddi > **cavatelli**

raschera weicher, elastischer Käse aus Kuhmilch (ev. mit Schaf- oder Ziegenmilch versetzt) (Piemont)

raschetelle neapolitanischer Ausdruck für kleine Calamari

raspadura/raspatura Spezialität aus der Gegend von Lodi, die aus feinsten Spänen eines lokalen Grana-Käses besteht

ratafià Likör französisch-piemontesischen Ursprungs, für dessen Zubereitung gezuckerter Fruchtsaft angesetzt und mit Alkohol versetzt wird

ratatouille frisches Gemüse (Zucchini, Paprikaschoten, Möhren, Zwiebeln), würfelig geschnitten und geschmort

raveggiolo Frischkäse, meist aus Kuhmilch oder aus einer Mischung von Kuh- und Schafmilch (Romagna)

raviggiolo toskanischer Schafkäse

ravioles längliche Gnocchi aus Kartoffeln und Käse, mit zerlassener Butter und geriebenem Käse angerichtet (okzitanische Täler des Piemont)

ravioli Eierteigwaren, gefüllt mit je nach Saison und Region unterschiedlichen Zutaten. Unter verschiedenen Namen in ganz Italien verbreitet.

raviòi co' e ortiche mit Brennnesselspitzen gefüllte und bestreute Teigtäschchen

ravioli cu u tuccu Ravioli mit einer Sauce aus Fleisch, Gemüse, Tomaten und getrockneten Pilzen

ravioli di magro Ravioli mit fleischloser Füllung, in Genua mit Ricotta und Kräutern zubereitet

ravioli dolci fritti frittierte Teigtäschchen mit Füllung aus Ricotta, Zucker und Zitrone (Sardinien)

ravioli panteschi Teigtäschchen mit einer Füllung aus Ricotta und Minze (Insel Pantelleria)

raviolo aperto von Chefkoch Gualtiero Marchesi überarbeitetes Gericht, das aus gefaltenen Teigstreifen besteht, die eine Sauce enthalten

razza Rochen

razze alpine alpine Nutztierrassen

renaz Hartkäse aus Kuhmilch (Belluno, Venetien)

rénga venetisches Dialektwort für > **aringa**

rezza Schweinenetz

rianéte Gericht bestehend aus Baccalà, Jungzwiebeln, Kürbis, Kartoffeln, Kirschtomaten, Pecorino canestrato und geriebenem Brot, im Ofen gegart (Kampanien)

ribl di polenta nera „schwarzplentener Ribl"; Omelett aus Buchweizenmehl mit Äpfeln oder Konfitüre (Südtirol)

ribollita toskanische Bohnen-Kohl-Suppe mit altbackenem Brot und Wirsing, die „ribollita", das heißt erneut mit frischer Zwiebel aufgekocht wird. Danach wird sie mit nativem Olivenöl extra verfeinert. Traditionsgemäß wurden früher dazu Reste von Brotsuppe verwendet.

ricciarelli mürbe, rautenförmige Kekse aus Mandelmasse, eine Spezialität aus Siena

riccio di mare Seeigel

ricciola Bernsteinmakrele

ricotta quarkähnlicher Frischkäse

ricotta affumicata di burlina geräucherter Quark aus der Milch von Burlina-Kühen (Rasse aus Venetien)

ricotta alla fuscella ganz frische Ricotta, die in tütenförmige Weidenkörbe zum Abtropfen gesteckt wird; reich an Molke und von zartem Geschmack

ricotta infornata Ricotta aus Kuh-, Schaf- oder Ziegenmilch, entweder reinsortig oder aus Mischmilch, die eine halbe Stunde im Ofen gebraten wird

ricotta marzotica in Apulien im Frühling hergestellte > **ricotta**, zartpikanter Geschmack

ricotta mustia Ricotta, aus Schafmilchmolke erzeugt, Form eines zusammengedrückten Laibs hat (Sardinien)

ricotta salaprisa Dialektbezeichnung für halb gereifte Ricotta (Sizilien)

ricotta scante/schiante kräftig-pikante Ricotta, zum Würzen von Pastagerichten (Apulien)

ridrìc di mont/radìcc di mont friulanische Bezeichnung für Alpenlattich (Cicerbita alpina), dessen leicht bittere Triebe traditionellerweise in Öl eingelegt werden

rigaglie/regaje Innereien (Herz, Leber, Magen, aber auch Kamm und Lappen) vom Huhn oder generell von Geflügel

rigatino Bauchspeck

rigatoni kurzes Pastaformat aus Hartweizengrieß, gerillt und mit einem Loch in der Mitte; traditionell in Rom, mittlerweile industriell erzeugt

rigojanci Torte aus Sahne und Schokolade mit Schokoladenfondant überzogen; stammt aus Ungarn und ist nach dem Dirigenten Rigo Janci benannt

ripieni vegetarisch gefülltes Gemüseallerlei (Zwiebeln, Paprikaschoten, Zucchini, Auberginen), das im Ofen gegart wird (Ligurien)

ripieno gefüllt, Füllung

risi e bisi venetisches Reisgericht mit Jungerbsen

riso Reis

Riso Nero Venere schwarzer Vollkornreis aus der Poebene

risotto Reisgericht

risotto al salto aus einfachem > **risotto alla milanese** geformte Puffer, in der Pfanne knusprig gebraten

risotto alla Bergese Risottokreation des Kochs Nino Bergese (erste Hälfte des 20. Jahrhunderts) aus Cuneo: In Brühe gekochter Reis wird mit extralang gereiftem Parmesan und Bratenfond verfeinert.

risotto alla milanese Safranrisotto

risotto alla pilota in einem dicht verschlossenen Gefäß gekochter Reis, der mit Mantuaner Würstchen und Parmigiano Reggiano vermischt wird

risotto alla sbiraglia Gericht der venetischen Armeleuteküche; früher Bezeichnung für „Resteessen", heute ein Traditionsgericht, für das enthäutete Hähnchen- oder Hühnchenteile verwendet werden

risotto all'onda bissfest gekochter Risotto von cremiger Konsistenz

risotto di go Risotto mit kleinen Lagunenfischen (ghiozzo), venetische Spezialität

risotto in cagnone lombardisches Gericht: Risottoreis unter Zugabe von Butter, Knoblauch, Salbei und Butter gegart. Varianten auch im Piemont und in Ligurien.

risotto in caroman Risotto mit Hammelfleisch (Venetien)

rizza feine Fettschicht, mit der Innereien von Lamm oder Schwein umhüllt werden

robiola Frischkäse mit feinkörnigem Teig und leichtem Hefegeschmack; typisch für das Piemont (dort aus Schaf- bzw. gemischter Milch hergestellt) und die Lombardei (aus Kuhmilch)

roccaverano Weichkäse, traditionell aus Ziegenmilch (heutzutage auch aus gemischter Milch), von relativ kompakter Konsistenz (Piemont)

rocciata Gebäck u. a. aus Nüssen, Mandeln, Rosinen, Pflaumen, getrockneten Feigen, Äpfeln, Zimt (Assisi)

rognone Niere

rollata dicke Fleischroulade vom Kaninchen, Huhn oder Kalb, aufgeschnitten und scheibenweise serviert

rombo Plattfisch, Scholle. In Nordostitalien ist damit zumeist der Steinbutt gemeint.

rosa di Parma Rinderfilet mit Schinken und Käse

rosada Creme aus Eiern, Milch, Zucker, Grappa und fein geriebenen karamellisierten Mandeln (Trentino)

rosamarina frischgeschlüpfte Fischchen, sehr scharf eingelegt (Kalabrien)

ròsole junger Klatschmohn (Papaver rhoeas)

rosolio süßer Likör mit geringem Alkoholgehalt, verschieden aromatisiert. Das klassische Rezept geht von Rosenblättern aus.

rospo im Dialekt der Marken Bezeichnung für den Drachenkopf, auch Coda di rospo genannt

rossetti kleine Meeresfische mit weiß-gelblicher Farbe und einem roten Fleck auf dem Bauch

rosso (in) mit Tomatensauce

rosticciana Schweinefleischgericht, traditionellerweise aus Rippenstücken, die im Ofen, manchmal auch im Topf gegart werden

rosticciata Gröstl

rostin negáa Kalbschnitzel, die in Mehl gewendet, mit Bauchspeck und Gewürzen in Butter gebraten und schließlich unter Zugabe von Weißwein und Brühe fertig gegart werden (Lombardei)

rovinassi venetisches Dialektwort für Hühnerklein

rrashkatjel frische Eierteigware, ähnlich einem langen > **fusillo**; die Pasta wird um einen Eisenstab gerollt (Kalabrien, Küche der Arbëreshe)

rufioi große Teigtaschen mit Wirsing-Käse-Füllung (Trentino)

rustisciada/rustida geschmortes Schweinefleisch mit Zwiebeln, ursprünglich aus der Gegend Brianza, das traditionellerweise mit Polenta serviert wird (nordöstliches Piemont, Lombardei)

ruvidelli Teigwarenart aus Hartweizengrieß, ähnlich den > **bucatini**, aber ohne Loch, im Grunde lange, relativ dicke Spaghetti (Sizilien)

S

s'azzada (agliata da sugo) Würzsauce mit Knoblauch und Petersilie (Sardinien)

s'ciosi Schnecken

s'cioss venetisches Dialektwort für Schnecken

saba/sapa frischer Obstwein, der lange gekocht und mit Zimt und Gewürznelken aromatisiert wird (Emilia)

sabbiosa für Pavia typische Variante der in ganz Italien sehr beliebten Torta paradiso, einer Art Biskuit

sacòcia gekochte Kalbsbrust, gefüllt mit Fleisch, Zwiebelchen, Eiern und Käse; in Scheiben geschnitten kalt serviert („sacòcia" ist piemontesischer Dialekt und bedeutet soviel wie „Tasche")

sagna penta/sagnapenta Lasagne mit scharfer Ricotta forte und Brotkrumen

sagna torta > **sagne 'ncannulate**

sagne rautenförmig geschnittene Pasta aus Wasser und Mehl; mit Bohnen oder Tomatensauce und Kichererbsen serviert (Abruzzen)

sagne 'ncannulate relativ dicke, gezwirbelte bzw. gedrehte Bandnudeln

sagne pelose Lasagne, „pelose" (haarig) genannt, wegen des Gebrauchs von grob gemahlenem Mehl

salama Kochwurst aus Schweinefleisch

salama da sugo Wurst aus Ferrara, deren Rezept aus der Renaissance stammt; wird aus verschiedenen gehackten Teilen vom Schwein erzeugt und nach langer Garzeit über Dampf mit Kartoffelpüree serviert

salam d'la doja Wurst aus Schweinefleisch, in Schweinefett eingelegt in einem Tongefäß aufbewahrt (Piemont)

salam 'd torgia Wurst aus Fleisch von Kühen, die als Milchtiere ausgedient haben, Schweinefett, Knoblauch, Rotwein und Gewürzen (Lanzo-Täler, Piemont)

salame Salami

salame all'aceto/salam tal asêt in Essig geschmorte Salami, meist auf Zwiebeln angerichtet

salame del papa > **salame dolce**

salame di cioccolato > **salame dolce**

salame di giora Wurst aus Fleisch von gemästeten Rindern der Piemontese-Rasse, die für die Zucht nicht mehr geeignet sind. Der Masse werden neben diversen Gewürzen Schweinefett und Rotwein (Barolo) hinzugefügt (Piemont).

salame d'la duja/oja Salami, die unter einer Fettschicht haltbar gemacht wird

salame dolce Süßspeise aus Butter, Kakao, Eiern, Zucker, gerösteten Haselnüssen und trockenen Keksen, gerollt und in Scheiben geschnitten serviert

salame moro > **salame dolce**

salampatata Wurst aus magerem Schweinefleisch und Bauchspeck, gekochte Kartoffeln und Gewürzen (Canavese, Piemont)

salatielli frische Pasta aus Mehl, Wasser und Salz, die mit den Händen bearbeitet wird, bis lange Schnüre entstehen, die dann zu Nestern geformt werden

salaturu eine Mischung aus Paprikaschoten, zerquetschten Oliven, grünen Tomaten und Auberginen, mit Wildfenchel und Peperoncino gewürzt und in Tongefäßen aufbewahrt (Kalabrien)

salicornia spargelähnliche Wildpflanze aus Lagunengebieten, im Winter von grüner, im Sommer von rötlicher Färbung; wird als gekochtes Frischgemüse oder in Öl eingelegt gereicht

salignòn fetter Quarkkäse, der unter Zugabe von gemahlenem Peperoncino oder Paprikapulver getrocknet wird (Piemont)

salmerino Saibling

salmì Zubereitungsart für Wildvögel, Wildbret und Wasservögel, mit Gemüse in Wein mariniert und anschließend im selben Wein und in Brühe gekocht

salmì (in) sauer geschmort

salmoriglio Sauce aus Olivenöl, Petersilie, Oregano, Knoblauch und Zitronensaft, zum Verfeinern von Fisch, Fleisch und Gemüse (Süditalien)

salsa Sauce

salsa brusca Sauce aus hart gekochten Eiern, Olivenöl und Essig, ev. Senf (Piemont)

salsa tredura Sauce aus Ingwer, Safran, Lorbeer, Ei und Schafkäse

salsiccia Wurst

salsiccia capricciosa pikante Wurst vom Schwein, mit Wein und Würzkräutern aromatisiert (Kampanien)

saltarelli winzige Süßwasserkrebse, typisch für die Gebiete an der Grenze Lombardei/Venetien, exquisit als Frittüre oder Omelett

saltato gebraten

saltimbocca alla romana mit Prosciutto und Salbei belegte, kurz angebratene Fleischscheiben

salumi Wurst und Schinken

salva für Cremona (Lombardei) typischer Käse, der seinen Namen der Tatsche verdankt, dass er früher nur hergestellt wurde, um Restmilchmengen zu verwerten, also zu „retten" (it. salvare)

salvia Salbei

sambudello würzige Wurst aus Schweinefleisch und -innereien von dunkelroter Farbe und weicher Konsistenz, Spezialität aus dem Casentino (Toskana)

San Pietro (erba di) Frauenminze

sanato im Piemont und in der Lombardei üblicher Begriff für ein noch nicht abgestilltes Jungkalb, das mit Milch und Eidotter gemästet wird und sich dadurch durch sehr helles, überaus zartes Fleisch auszeichnet

sanguinaccio geronnenes, gewürztes Schweineblut; im Norden Italiens und in der Toskana in Wurstform als Antipasto oder Zwischengericht verzehrt; im Süden Basis einer Süßspeise, angereichert mit Trockenfrüchten, Zucker, kandierten Früchten und Schokolade

saor/savor Marinade für Gemüse, Fisch und Fleisch, zubereitet aus goldgelb gerösteten Zwiebeln, Wein, Essig oder Zitrone; ins venezianische (süßsaure) Saor kommen zusätzlich Zucker, Pinienkerne und Rosinen

saràca emilianische Dialektbezeichnung für eingesalzenen Räucherhering

sarago Weißbrasse

saragolla alte, autochthone Hartweizensorte, aus der man ein hervorragendes Mehl für Teigwaren gewinnt (Mittel- und Süditalien)

saras del fen piemontesische Ricotta. Die Laibe werden in Heu gewickelt und müssen etwa drei Wochen lang reifen.

sarde Sardinen

sarde a beccafico der Länge nach geöffnete und entgrätete Sardinen, die mit Paniermehl, Pinienkernen, Rosinen und anderen Zutaten gefüllt und im Ofen gebraten werden (Sizilien)

sarde allinguate der Länge nach geöffnete und entgrätete Sardinen, die in Mehl gewendet und frittiert werden (Sizilien)

sardela venetischer Name für Sardellen und Sardinen

sardella Aufstrich aus frisch geschlüpften Sardinen, rotem Pfeffer, wildem Fenchel und Öl

sardenaira ligurische Pizza, die mit einer Mischung aus Tomaten, Zwiebeln, Sardinen, Oliven, Kapern und Knoblauch belegt wird

sardo modicana Rinderrasse auf Sardinien

sartù di riso Reisauflauf in zwei Versionen, mit Fleisch- und Tomatensauce und ohne Tomaten.

sasaka Brotaufstrich aus klein gehacktem, geräuchertem Speck

Sauersuppe mit Essig abgeschmeckte Kuttelsuppe (Südtirol)

sauté in der Pfanne zubereitete Weichtiere (gewöhnlich Venusmuscheln oder Miesmuscheln)

savor durch langes Kochen von Traubenmost mit frischen Herbstfrüchten und Trockenfrüchten erzeugte Sauce (Emilia); ähnlich der piemontesischen > **cognà**

sbira Kuttelsuppe

sbriciolona toskanische Wurst, die der Finocchiona sehr ähnelt, bei der das Fleisch aber gröber gehackt ist und beim Schneiden leicht zerbröckelt

sbrisolona/sbrisolosa Kuchen aus Maismehl, Butter und Mandeln, der stark zum Zerkrümeln („sbriciolare") neigt; Die Sbrisolona ist für die Provinz Mantua typisch, die Sbrisolosa für die Gegend um Cremona.

sbroscia Suppe vom See, bestehend aus Fisch, Gemüse und Brot (Bolsenasee, Latium)

sburrita di baccalà Stockfischsuppe mit Öl, Knoblauch, Bergminze, Thymian und Peperoni gewürzt und mit geröstetem Brot serviert (Elba)

scabeccio > **scapece**

scaccia > **scacciata**

scacciata („niedrig, flach") Focaccia (Fladen) aus Catania mit unterschiedlichen Füllungen (Sardellen, Schinken, Oliven, Zwiebeln, Tomaten, Kartoffeln, Salsiccia, Blumenkohl, Pecorino)

scafata Suppe aus Frühlingsgemüse, darunter Dicke Bohnen, Erbsen und Artischocken, mit Zwiebeln, Tomaten und Majoran gewürzt (Latium)

scagliuozzi frittierte Polenta

scalamarita Stück vom Schwein, entspricht dem Rückenmuskel

scalogno Schalotte

scaloppa dünne Scheibe Fleisch, normalerweise von weißem Fleisch oder Fisch, die nur kurz in der Pfanne gebraten und mit Zitrone oder Marsala abgelöscht wird

scammaro in Neapel eine Sauce ohne Fleisch für Pastagerichte, bestehend aus Öl, Knoblauch, Kapern, Oliven und in Salz eingelegten Sardellen

scamone Stück vom Rind oder vom Kalb, befindet sich zwischen Keule und Lendenstück

scamorza aus Süditalien stammender geräucherter Kuhmilchkäse

scamorza in carrozza > **mozzarella in carrozza**

scandela lombardisches Dialektwort für Gerste

scapece (a) Zubereitungsart für Fisch und Gemüse, die zunächst frittiert und anschließend in eine Marinade aus Essig, Knoblauch und Minze eingelegt werden; in den Abruzzen unter Zugabe von Safran

scapicollata > **capocollo**

scaramella Stück vom Rind unterhalb der Wirbelsäule, besonders gut geeignet für Siedefleisch oder Braten

scarpacc mit Wildgemüse und Käse gefüllte Teigtasche, die frittiert oder gekocht und mit zerlassener Butter serviert wird (Lombardei)

scarpara (alla) Sauce für Pastagerichte aus Zwiebeln, frischen Tomaten, Paprikaschoten, Basilikum und Pecorino

scarpariello frische Pasta, ähnlich der > **chitarra**

scarpazzone > **erbazzone**

scarpinocc lokale Variante der > **casoncelli**, gefüllt mit Hackfleisch, Gemüse und Gewürzen

scauratello mit Auberginen und Minze gekochter Thunfisch

scazzuoppoli Spezialität aus Kampanien, bestehend aus kleinen Pizzateigquadraten, die mit Tomatensauce, Parmigiano und Basilikum gewürzt werden, begleitet von im Holzofen gebratener Salsiccia

schenal de' porzel Schweinerücken

schiaccia briaca süßer Hefefladen von der Insel Elba (Toskana) mit Trockenfrüchten, Aleatico (Wein) und Alkermes (Likör)

schiacciata toskanisches Fladenbrot

schiacciata alla fiorentina süßer Fladen, mit Vanille, Orange und Safran aromatisiert

schiaffoni > **paccheri**

schile/schie kleine graue Krebse aus der venetischen Lagune

schiz/schitz Frischkäse von den Almen um Belluno (Venetien)

schlutzer/Schlutzkrapfen halbmondförmige Nudelteigtaschen, gefüllt mit Spinat (und Löwenzahn), gewürzt mit Zwiebel und Parmesan, mit zerlassener Butter angerichtet

Schnalser Nudeln Nocken aus Roggenmehl und Quark, in Schmalz herausgebacken; traditionell als Hauptgericht mit gekochten Möhren serviert (Schnals)

schultar geräucherte Schweineschulter, die in gewürztem Wasser gegart, in Scheiben geschnitten und mit geriebenem Kren serviert wird; Spezialität des karnischen Dorfes Timau (dt. Tischelwang – der Ort ist eine deutsche Sprachinsel) im Friaul

sciancui Pastasorte, für die frischer Eierteig zu unregelmäßigen Rechtecken geschnitten oder gerissen wird (Ligurien)

sciàtt frittierte Buchweizenküchlein mit Käsefüllung, typisch für das Veltlin (Lombardei)

scieddu Gericht aus der Irpinia, bestehend aus einer Gemüsesuppe mit Brühe sowie Käsebällchen, Ei und hausgemachten Teigwaren

scilatedde/scilatelle/scialatelli/scialatielli dicke Spaghetti aus frischem Teig, die über ein spezielles Werkzeug gerollt werden, wodurch sie innen hohl sind

scimuda/scimudin Käse aus entrahmter Kuhmilch, typisch für das Veltlin (Lombardei)

sciopét/s-ciopét/sclopìt regionaler Dialektausdruck für Leimkraut (> **silene**)

sciscillo im Molise ursprünglich ein Gericht zur Wiederverwertung: Klößchen, früher aus Resten, heute aus geriebenem Brot, Ei und Petersilie, werden in Tomatensauce gekocht

sciuetta wörtlich „kleine Blume", bezeichnet eine Pastasorte und ein von Hand hergestelltes Feingebäck auf Marzipanbasis (Ligurien)

sciurilli Kürbisblüten in Backteig

scoglio (allo) Zubereitungsart für Pasta auf Fischbasis, zumeist Krusten- und Weichtiere

sconcigli kampanischer Name für Herkuleskeule (Mittelmeerschnecke)

scoppularicchi Frittüre aus kleinen Calamari und Tintenfischen

scorfano Drachenkopf

scorzone Sommertrüffel (Tuber aestivum)

scottadito Koteletts vom Milchlamm, gegrillt oder aus der Pfanne

scottadito (alla) kurz gebraten

scottiglia Schmorgericht von verschiedenem Fleisch (Kalb, Schwein, Kaninchen, Huhn, Taube oder Zicklein) in Tomatensauce gekocht (Arezzo, Maremma)

scottona weibliches Jungrind mit zartem und durchwachsenem Fleisch

stracadent/scroccadenti hartes, knuspriges Feingebäck aus Mandeln, Honig, Mehl und Eiweiß

scrippelle 'mbusse Minestra aus dünnen, zusammengerollten Crêpes, die mit Pecorino bestreut und mit Hühnerbrühe bedeckt werden (Abruzzen)

scrucchiata/scrucchijata Weintraubenkonfitüre (Abruzzen)

scuccuzzù/scuccuzzun getrocknete kleinformatige Teigwarensorte (Ligurien)

scueta karnisches Dialektwort für Bruchquark (Friaul)

scurdigliata/scurdijata Gemisch aus Erbsen, Rüben und frittierten Brotstückchen (Apulien)

seadas/sebadas/sevadas große, süße Ravioli, die mit frischem Schafkäse gefüllt, frittiert und mit heißem Honig übergossen werden (Sardinien)

secondo zweiter Gang

seiras/seirass/siras frische Ricotta aus Kuhmilch (Piemont)

selinka Eintopf aus Bohnen, Sellerie und Schweinefleisch, lange im Holzofen gegart (Julisch Venetien)

selvaggina Wild

selvaggina di valle Federwild, das in den Lagunenkanälen des Po-Deltas (Venetien, Romagna) gejagt wird

semifreddo Halbgefrorenes

sepa rosta venetischer Dialektausdruck für gebratenen Tintenfisch (Seppia arrostita)

sepoline da burcelo kleine Tintenfische, im Hochsommer in der Lagune von Venedig geangelt

seppia Tintenfisch

seppioline di rezzella kleine Tintenfische, die mit dem Netz gefangen werden

seupa vapellenentse Suppe aus Fleischbrühe, altbackenem Brot, Wirsing und Fontina, im Ofen gratiniert (Aostatal)

seupetta cogneintze Reisgericht mit Brot und Fontina, Spezialität des Ortes Cogne (Aostatal)

sfilacci Pferdefleisch, das in speziellen Kaminen über Holzglut gedörrt und dann in dünne Streifen geschnitten wird

sfinci süßes Fettgebäck

sfinci dova Kekse aus Ei, Honig, Zucker, Salz und Zimt (Sizilien)

sfincione weiche Focaccia (Fladen) mit Sardellen, Tomaten, Käse und viel Zwiebel verfeinert (Sizilien)

sfincione (a) Zubereitungsart für Fisch, der zusammen mit Kartoffeln, Zwiebeln, Fenchelsamen und Paniermehl im Ofen gebraten wird (Sizilien)

sfogghiu Torte aus den Madonie, deren Füllung geriebenen > **tuma**, Zitronenschale, Schokoladespäne und kandierten Kürbis enthält

sfoglia(ta) Blätterteig

sfoiade dicke Bandnudeln aus Buchweizenmehl (Trentino)

sformato Auflauf

sfrionza Schweineragout mit Kartoffeln und in Essig eingelegten roten Paprikaschoten (Kampanien)

sfrucculata getrocknete Feigen, gefüllt mit Nüssen und Wildfenchelsamen

sgabei frittierter Brotteig, wird als Beilage zu pikanten Speisen gereicht (Riviera di Levante, Ligurien)

sgnapa venetisches Dialektwort für Schnaps oder Grappa

sgombro Makrele

sguazzetto alla bechera in Venedig verbreitetes Ragout aus Kalbsinnereien (Herz, Lunge, Leber, Milz), Thymian, Wein und Tomatenmark

sicchio d'a munnezza (o') Gericht der Armenküche Neapels („Mülltüte") aus Spaghetti, Nüssen, Haselnüssen, Kapern, Kirschtomaten, Oregano und Oliven

silene Leimkraut (Silene vulgaris garcke); dessen Triebe werden für Risotti, Gnocchi, Suppen und Omeletts verwendet

silter süßlich-würziger Kuhmilchkäse aus dem unteren Val Camonica

simbua fritta frittierter Grieß (Sardinien)

sinàpa/sinapedda sizilianische Dialektbezeichnung für wilden Senf

sisàm getrocknete Weißfische, mit Zwiebel und Essig geschmort

sivoni apulisches Dialektwort für Gänsedistel, eine in der Küche vielseitig verwendbare Wildpflanze

skilà Gemüsesuppe, mit Käsewürfeln und Roggenbrot (Valsesia)

slikrofi kleine Teigtäschchen mit Kartoffel-Kräuter-Füllung, typisch für Friaul-Julisch Venetien, jedoch slowenischen Ursprungs

soça/sorça Rindfleisch (das vier bis fünf Tage in Salz eingelegt wird) mit Wirsing, Kartoffeln und Lauch, mit Fontina-Käse im Ofen überbacken (Aostatal)

soffritto/'u suffritt' Innereien vom Schwein, lange in Tomatensauce gekocht (Kampanien)

soma d'aj geröstetes Brot mit Knoblauch, Öl und Speck

sopa coada Auflauf aus Brot und Taubenfleisch, langsam im Ofen gegart; Trevisaner Spezialität (Venetien)

soppressa/sopressa typische Wurst in Nordostitalien (Friaul, Venetien, Trentino) aus grob gehackten mageren und fetten Teilen vom Schwein

soppressata Rohwurst aus Süditalien aus fettem und magerem, auf verschiedene Weise gehacktem Schweinefleisch, entsprechend gewürzt und anschließend gepresst.

sopravissana Schafrasse, besonders im Gebiet von Macerata verbreitet

söra alte Bergkäsesorte, deren Form einer Schuhsohle ähnelt

sorbir d'agnoli heiße Brühe mit > **agnoli**, wird vor dem Servieren mit Rotwein abgeschmeckt (Mantua)

sospiri Windbeutel

sottaceti sauer eingelegtes Gemüse

sottoli in Öl eingelegtes Gemüse

spaccatelle kurzformatige, leicht gekrümmte und der Länge nach geöffnete Teigware

spaghetti ai ricci Spaghetti mit Seeigel-Sauce (Sardinien)

spaghetti alla calasettana Spaghetti mit Thunfisch- oder Meeräschenrogen und > **mosciame** (Sardinien)

spalla cotta, spalla cruda Wurstwaren aus der Provinz Parma (Emilia), die aus magerem Schweinefleisch aus der nicht entbeinten Schulter zubereitet werden. Beide Sorten werden durch Einlegen in Salzlake aromatisiert. Spalla cotta wird anschließend in Wein und Wasser gekocht, während Spalla cruda in rohem Zustand reift.

sparacelli sizilianische Dialektbezeichnung für Rübenkohl

sparacogna sizilianische Dialektbezeichnung für wilden Spargel (tamus communis; Triebe gekocht essbar, Beeren und Wurzeln giftig)

sparoni frische Pasta, ähnlich den dicken Maltagliati (Abruzzen)

spatatata Minestra mit Kartoffeln, Ei, Minze, Kirschtomaten und hartem Brot (Latium)

spatola Degenfisch

speck Tiroler Speck, Räucherschinken

spelinseghi hausgemachte Teigwaren in Schmetterlingsform (Ligurien)

spetz tsaorì > **puzzone**

spezzatino Ragout aus kleinen Stücken der weniger wertvollen Teilen von Kalb, Rind, Lamm und Schwein, die lange gekocht werden müssen

spicatielli scoppiettati der zarte Teil von frittiertem Wildgemüse

spicchitedda runde Kekse mit > **vino cotto**, die mit Mandeln verziert sind (Sizilien)

spiedo, spiedino Spieß, Spießchen

spiedo bresciano, speo veneto historisches Gericht. Diverse jagbare Vögel werden abwechselnd mit Salbeiblättern auf einen Spieß gesteckt und gebraten.

spigatelli Ausdruck in den Abruzzen für Rübensprossen, die auf die Pasta kommen

spignoli Maipilze im Dialekt der Marken

spigola Seebarsch

spinaci Spinat

spoia lorda quadratische Ravioli, die > **squacquerone**, Parmesan und Muskatnuss enthalten (Romagna)

spollichini Bohnensorte

sponcion/spuncioto in Venetien und Friaul-Julisch Venetien gebräuchliche Bezeichnung für Imbiss oder Appetithäppchen

spongarda > **spongata**

spongata Süßspeise nach altem Rezept aus einer Mürbeteighülle, die eine Füllung aus Senffrüchten, Honig, Nüssen, Pinienkernen, Rosinen, kandierten Früchten und Zimt umschließt. Der Ursprung der Zubereitung liegt in der Emilia, sie verbreitete sich aber auch in den benachbarten Regionen wie in Ligurien (Spungata) und in der Lombardei (Spongarda).

sponsali/sponzali/spunzoile für Apulien typische Jungzwiebeln

sporcamusi für Lecce und Umgebung typisches Blätterteiggebäck mit Cremefüllung, das mit Puderzucker bestreut heiß serviert wird; der (frei übersetzte) Name „Schnäuzchenbekleckerer" rührt daher, dass sich diese Leckerei nicht ohne Zuckerbärtchen im Gesicht verspeisen lässt ...

sporchia Dialektausdruck für ein der Wildzichorie ähnliches Wildgemüse

spressa Käse aus entrahmter Kuhmilch von fester, elastischer Konsistenz (Trentino)

spugnola Morchel

spumante Schaumwein

spumini/spumette kleine Meringestücke mit oder ohne Mandeln

spungata > **spongata**

spuntatura Rippchen; auch Innereien vom Lamm

squacquerone magerer, weicher Frischkäse, üblicherweise auf Focacce und Piadine gestrichen (Romagna)

stakanije friulanisches bäuerliches Gericht aus einem mit weißem Speck und Kräutern angereicherten Püree aus Kartoffeln und Saisongemüse

stecchi in Ligurien Bezeichnung für Spießchen von Hühnerteilen in Béchamel mit Parmesan, Schinken und Petersilie, die in verquirltes Ei getaucht und frittiert werden. Das Gericht ist auch in der Emilia in mehreren Varianten verbreitet.

stigghiola mit Schalotten verflochtene und über der Glut gegarte Innereien vom Kalb, Lamm oder Zicklein (Sizilien)

stigliole > **stigghiole**

stinco Haxe

stoccafisso Stockfisch, Kabeljau; Fisch aus dem Baltikum, konserviert mittels Wasserentzug, luftgetrocknet; verbreitet in der Küche beinahe aller italienischen Regionen unter verschiedenen Namen: Stocche, Stocco, Pesce stocco , 'o stocc' (kampanischer Dialekt)

stoccafissu a baucogna Stockfisch in Weißweinsauce mit Knoblauch, Petersilie, Zwiebeln, getrockneten Pilzen, Sardellen, Nüssen und Pinienkernen (Ligurien)

stoccafisso all'anconetana lange gekochte Stücke des Stockfischs mit Weißwein und einem Pesto aus Sardellen, Kapern und Kräutern oder aber mit Kartoffelwürfeln. Auf den Boden der Kasserolle werden Bambusstöckchen gelegt, damit sich der Fisch nicht anlegen kann.

stoccafisso alla livornese Stockfisch, der mit Kartoffeln, schwarzen Oliven, Peperoni und wenig Tomatensauce lange gegart wird

stocche alla genovese Stockfisch auf Genueser Art

stocco Dialektausdruck für Stockfisch in einigen Regionen Süditaliens, aber auch in Ligurien

storione Stör

straccetti (di vitella) kleine Scheibchen, die aus einer Scheibe Kalbfleisch geschnitten werden; in Mehl gewälzt und auf verschiedene Weise gewürzt gebraten

straccetti (stracci) handwerklich hergestellte Eierteigwaren, die wie Lasagne geschnitten werden

stracchino (1) Frischkäse, der wenige Tage nach seiner Herstellung fertig für den Verzehr ist; (2) verschiedenes süßes Eis in Schichten (Mattonella)

stracciata weicher, Fäden ziehender Frischkäse aus Kuhmilch

stracciavocc' Dialektausdruck in den Abruzzen für Meerzikaden oder Heuschreckenkrebse

strachitund runder > **stracchino**

straciamùs Bohnensuppe mit frischen Teigwaren (Lombardei)

stracotto Schmorgericht mit Fleisch von erwachsenen Tieren (Rind, Pferd oder Esel), lange in Wein gekocht

straeca in Venetien Schnitzel vom Pferdebauch

strangolapreti in Mittel- und Süditalien gebräuchliche Bezeichnung für hausgemachte Kartoffelnocken oder rustikale Pasta aus Wasser und Mehl; im Trentino Bezeichnung für Nocken aus Mangold, altbackenem Brot, Eiern, Milch und Mehl, mit Salbeibutter serviert

strangozzi/stringozzi einfache Fettuccine aus Mehl und Wasser, die über einen Eisenstab gerollt werden, so dass sie die Form von in der Mitte ausgehöhlten Maccheroni bekommen

strangulet in Kalabrien (in der Küche der albanischen Minderheit der Arbëreshe) übliche Bezeichnung für Kartoffelgnocchi

strapizz Eierteigwaren in Rautenform, die an ein Frauenkopftuch erinnern soll (Abruzzen)

strappatelli Pasta aus einem Teig aus Wasser und Mehl, in Stücke gerissen und in kochendes Wasser geworfen

strascinati andere Bezeichnung für Orecchiette. In der Basilikata werden Pastastückchen über ein entsprechendes gerändeltes Brett gezogen.

straubes süßes friulanisches Fettgebäck mit Weinraute, einer sehr verbreiteten Wildpflanze

stravecchio lange gereift, gelagert

strazzate lukanische Kekse aus Mehl, Mandeln, Zucker, Ei und ungezuckertem Kakao

stricchetti kurzformatige Pasta aus Eierteig in Schleifchenform (Emilia-Romagna)

strichetti Nudeln (Romagna), Kipfel (Friaul)

stridoli Wildkraut mit langen schmalen Blättern, das zum Würzen von Omeletts und Saucen verwendet wird (Romagna)

strigoli frische Pasta aus Wasser und Mehl, ähnlich den > **strozzapreti**

stringhette di manzo > **straccetti**

stringozzi Röhrennudeln

strolghino spindelförmige Wurst mit einer Masse aus fein gehacktem Schweinefleisch, wird frisch verzehrt (Emilia)

stroncatura lange Pasta aus Vollkornmehl

strongole dicke hausgemachte Spaghetti

strozzapreti > **strangolapreti**

strucchi/struki lessi friaulische Strudelteigteilchen, gefüllt mit Nüssen, Pinienkernen, Zucker und Likör, die frittiert oder gekocht werden

struccole/strucolo in Friaul und Julisch Venetien verbreitete Süßspeise, im Grunde ein mit Quark, Äpfeln oder anderen Früchten gefüllter Strudel

strukljі kuhani friaulische Süßspeise aus Wildfenchelblüten und aromatisierter Zuckercreme

strutto Schweineschmalz

stufato Schmorbraten

subrich di patate Puffer aus Kartoffeln, Ei und Käse (Piemont)

sugamele Dialektausdruck für Sauerampfer, ein Gewürzkraut

sugo reiche, dicke Sauce

sugo finto fleischlose Sauce aus Tomatenkonzentrat, Kräutern und Gewürzen

suino Schwein

supa barbetta > **zuppa valdese**

suppa cuata Suppengericht mit Brotscheiben, frischem Käse, Kräutern und Schaffleischbrühe. Die Zutaten werden übereinandergeschichtet und im Ofen überbacken. (Sardinien)

suppli/suppli Reisbällchen, gefüllt mit Fleischsauce und Mozzarella, paniert und frittiert, verbreitet in Mittelitalien; in Rom wegen des Fäden ziehenden Käses in der Füllung Supplì al telefono genannt

surgitti in Öl frittierte Gnocchi, aus Maismehl und > **salsiccia** aus Leber und Zitronenaroma; Spezialität aus dem Gebiet von Macerata

suri sottovento kaltes Gericht aus gekochten und entgräteten Fischen, die mit einer Sauce aus Paprikaschoten, Tomaten und Essig bedeckt werden (Marken)

susina Pflaume, Susine

sutta e supra sizilianischer Dialektausdruck, der nicht zu magere Schweinekoteletts bezeichnet, die in Weißwein in der Pfanne gegart werden

T

tabulone Schmorbraten, meist vom Esel oder Pferd

tacchino alla canzanese ausgelöstes Huhn in Wasser im Ofen gegart, mit Knochen und Knorpeln in deren Gelatine erkaltet (Provinz Teramo)

tacchino Truthahn

tacconi allo sgagg gekochte Pasta aus Dicke-Bohnen-Mehl, mit Lardo und Knoblauch verfeinert (Marken)

taccozze Pasta aus Hartweizenmehl, die in grobe Rauten geschnitten wird (Molise)

taedda Caciocavallo aus Kuhmilch

taeddha/taeddra Schmorgericht aus Zucchini, Kartoffeln und Miesmuscheln. Der Name des Gerichts leitet sich vom Dialektausdruck für den Topf, in dem es gekocht wird, ab. (Süditalien)

tagliancozzi > **quaresimali**

tagliata Rumpsteak von etwa fünf Zentimetern Stärke, wird gegrillt oder in der Pfanne gebraten, anschließend aufgeschnitten und mit dem Bratenfond serviert

tagliatelle Bandnudeln

taglierini/tagliolini schmale Bandnudeln

taiadeline venetische Dialektbezeichnung für Tagliatelline und Tagliolini

tajadéla trentinische Dialektbezeichnung für > **tagliatelle**

tajarille frische Pasta aus Mehl, Wasser und Salz, mit dem Nudelholz ausgerollt und immer wieder in Rechtecke geschnitten, bis feine Streifen entstehen (Abruzzen, Molise)

tajarin frischer Nudelteig aus weißem Mehl und vielen Eiern, der in sehr dünne lange Streifen geschnitten wird; typisch für Cuneo und Umgebung (Piemont)

tajulì pilusi Tagliolini aus Mehl und Wasser, die während des Kochens eine samtige Oberfläche erhalten (Marken)

tajut friulanisches Dialektwort für ein Glas Wein (vom Italienischen „taglio" oder „taglietto"); im übertragenen Sinn der Aperitif; gleichbedeutend mit der venezianischen > **ombra**

taleggio Weichkäse, dessen Rinde – als eine der wenigen in der italienischen Käsewelt – gewaschen wird (Lombardei)

tanni im Latium gebräuchlicher Dialektausdruck für das Innere der Zucchini

tappadas in Cagliari übliche Bezeichnung für > **monzette**

tapulone mit Knoblauch, Öl und Würzkräutern mariniertes Eselschmorfleisch; Spezialität des Ortes Borgomanero (Piemont)

taralli/tarallucci doppelt gebackene Kringel, salzig und unterschiedlich gewürzt, typisch für Süditalien, aber heutzutage weit verbreitet

tarassaco Löwenzahn

taratufi Dialektausdruck für Tartufi di mare, den Venusmuscheln ähnlich, aber mit größeren Schalen

taroncioli Bällchen aus frittiertem > **tuma**

taròzz Beilage aus Kartoffeln und grünen Bohnen, mit Butter und Käse verfeinert

tartrà pikanter Flan aus Milch, Zwiebeln oder Lauch, Eiern, Butter, Parmesan und Gewürzen (Piemont)

tartufata Torte aus Sahne, Creme und Haselnüssen, mit Schokoladeblättern überzogen

tartufato mit Trüffeln verfeinert

tartufo Trüffel

tastasàl Masse aus gehacktem Schweinefleisch mit Salz und Pfeffer, mit der auch Wurst gemacht wird (Venetien)

tastìn > **pastìn**

tartare Tatar > **carne cruda**

tecia triestinisches Wort für Pfanne, zum Garen verschiedenster Speisen

tegamaccio (1) Schmorgericht mit verschiedenen Fischen aus dem Trasimenosee (Aal und Kaulbarsch oder Hecht und Schleie); (2) im Latium ein Schmorgericht aus Lamm, Kartoffeln, Artischocken und Minze

tegamaccio Fischsuppe

tegame (Brat-)Pfanne

tellina Tellmuschel

tenerina eine aus Ferrara stammende Süßspeise aus Mehl, Eiern, Bitterschokolade und Butter, die im Ofen gebacken wird

tenerumi Zucchiniblätter, aus denen eine typische erfrischende Suppe zubereitet wird

testa di turco eine Art süße Lasagna aus Blätterteigschichten mit Milchcremefüllung

testarelle di agnello Köpfe vom > **abbacchio** (Milchlamm), aufgeschnitten und im Ofen mit Semmelmehl und Gewürzen gegart (Latium)

testaroli dünne Teigstückchen aus Mehl, Wasser und Salz, die in einem Tongefäß, „testo" genannt, gegart und mit Pesto angerichtet werden; typischer Primo Piatto der Lunigiana (Grenzgebiet zwischen Ligurien und Toskana)

testina Teil vom Kalbskopf, eine der sieben Zutaten des klassischen piemontesischen > **bollito misto** (gemischtes gekochtes Fleisch vom Rind); wird auch als eigenständiges Gericht serviert (in der Pfanne mit Essig und Gewürzen kurz angebraten)

testina all'agro gekochter Kalbskopf, mit Zwiebel, Essig und Öl kalt serviert

teteùn/tetin typische Wurst aus dem Aostatal, wird aus Kuheutern gewonnen

tiana/tianello (1) Dialektausdruck der südlichen Regionen für den Tontopf und im übertragenen Sinn auch für die Gerichte, die in ihm gekocht werden; (2) in Kalabrien Bezeichnung für gemischtes Fleisch vom Zicklein, klein geschnitten, gewürzt mit Zwiebel und im Ofen mit Kartoffeln, Erbsen, geriebenem Käse, Pfeffer, gehackter Petersilie und Brotkrumen gegart

tiella Pfanne, Auflauf (meist mit Kartoffeln und Miesmuscheln)

tiella alla barese Gericht aus geschichteten Kartoffeln, Miesmuscheln, Reis und frischen Tomaten, das im Ofen gegart wird und eine eigenständige Mahlzeit darstellt

tiella di Gaeta Fladenbrot aus zwei übereinanderliegenden Teigscheiben, die an den Rändern geschlossen und mit Meeresfrüchten, Gemüse oder auch gemischt gefüllt werden

tigella > **crescentina (di Modena)** kleiner, runder Fladen, der in der traditionellen Terrakottaform gebacken und mit einer Füllung aus Wurst oder gehacktem Speck serviert wird

tighe lombardisches Dialektwort, das die lokalen grünen Paprikaschoten bezeichnet, die in Essig eingelegt aufbewahrt werden

timbala Mürbeteigkuchen mit einer Füllung aus Birnen, zerstoßenen Amaretti-Keksen, Wein und Gewürzen (nordwestliches Piemont)

timballo Auflauf aus Pasta oder Reis mit Schichten von Fleisch oder Gemüse, oft mit Blätterteig bedeckt und in einer Form im Ofen gebacken. In den Abruzzen besteht er aus „scrippelle", dünnen Pfannkuchen aus Mehl, Wasser und Ei

timo Thymian

tinca Schleie

tiramisù in ganz Italien verbreitetes Dessert aus Löffelbiskuits und Mascarponecreme, mit Kakao bestreut serviert

tirtlan Teigtaschen aus Roggen- und Weizenmehl, mit Sauerkraut (oder Wirsing oder Spinat) gefüllt und frittiert (Pustertal, Südtirol)

tisichelle süße Aniskringel (Umbrien)

toc' (tocj) di vora Gemisch aus Milch, geriebenem Käse, Mehl, Salz, Pfeffer und Butter, zum Verfeinern von Polenta (Karnien, Friaul)

toc' in braide Gericht aus flüssiger Polenta, Bratensaft und zerlassenem Käse (Trentino, Lombardei, Friaul)

tocco/toccu/tuccu ligurische Rindfleisch-Tomaten-Sauce, die mit etwas Wein abgerundet wird; verfeinert Nudelgerichte

tòcio in allen Regionen Nordostitaliens verwendeter Begriff für Sauce, gemeinhin Tomatensauce; „in tocio" und „al tocio" bedeutet soviel wie „geschmort"

tofeja Suppe aus Bohnen und Schweinefleisch, typisch für das Canavese (Piemont)

toma Kuhmilchkäse mit kompakter, elastischer Konsistenz in verschiedenen Reifegraden

toma d'lait brusc Almkäse aus Kuhmilch; zylindrische Form, frisch im Geschmack, leichter Edelschimmelansatz (Piemont)

tomasina Focaccia aus Ragusa mit einer Füllung aus Ricotta, Käse, Salsiccia und hart gekochten Eiern

tomaselle/tomaxelle Kalbsrouladen (Ligurien)

tombea Käse aus Rohmilch von Kühen der Rasse Bruno Alpina, der auf den Almen von Cima Rest und Tombea hergestellt wird (Lombardei)

tomine eine Art Ziegenkäse

tonco de pontesèl Gulasch aus mehreren Sorten Fleisch (Innereien), nicht allzu pikant gewürzt (Trentino)

tonnarelli Dialektausdruck im Latium für quadratisch geschnittene Maccheroni, ähnlich den Spaghetti alla chitarra aus den Abruzzen

tonnina/tunnina in Sizilien gebräuchlicher Begriff für frisches Fleisch vom weiblichen Thunfisch, das edler ist. Außerdem wird der Begriff für Filet vom eingesalzenen Thunfisch verwendet.

tonno Thunfisch

tonno alla portoscusese eine Art Thunfischragout, das in Rotwein gegart wird (Sardinien)

tonno del Chianti lange in Weißwein gegartes Schweinefleisch, das nach dem Kochen vom Fett und der Schwarte befreit und mit Bohnen und Zwiebeln oder mit Salat serviert wird (Toskana)

tonno di coniglio gegartes und entbeintes Kaninchen, das mit Knoblauch und Salbei in Öl eingelegt wird (Piemont)

topini in der Gegend von Florenz gebräuchliche Bezeichnung für Kartoffelgnocchi

torcinelli/turcinieddi Innereien vom Lamm oder Zicklein, in dessen eigene Därme gewickelt und über der Glut gegart (Apulien)

torcolo (Weihnachts-)Kuchen

tordelli halbmondförmige Teigtäschchen aus Lucca mit einer Füllung aus Hirn, Kalbfleisch, Ricotta, Kräutern, Ei, Schafkäse und Gewürzen

tordi finti Spießchen mit Schweinefleischstücken, die mit Bauchspeck und Salbei umwickelt wurden

torello Jungstier

Törggelen traditionelles Erntedankfest auf Südtiroler Bergbauernhöfen, zu dem neuer Wein und Röstkastanien offeriert werden

torresani Jungtäubchen, die nie aus dem Schlag geflogen sind

torronata Nougat

torrone eine Art türkischer Honig mit Mandeln

torta Kuchen, Torte

torta ai ciccioli Fladenbrot mit Schmalz und > **ciccioli** (Grieben) vom Schwein, in der lukanischen Version auch mit Wildfenchelsamen

torta al testo traditionelles umbrisches Fladenbrot, das auf einer runden Platte aus feuerfestem Stein oder Ton (dem so genannten „testo") gebacken wird

torta beca Kuchen, den es in einer süßen Version (altbackenes Brot, Äpfel und Rosinen) und einer pikanten (Saisongemüse und Frischkäse) gibt (Trentino)

torta co' i becchi Süßspeise aus Lucca mit einer Füllung aus Mangold, Pinienkernen, Rosinen, Zucker und geriebenem Käse; die „becchi" (Schnäbel) beziehen sich auf die Teigverzierungen am Rand

torta co' i bischeri süße Crostata (Mürbeteigkuchen) mit einer Füllung aus in Milch gekochtem Reis, Schokolade, Rosinen, Pinienkernen und kandierten Früchten, die ringsherum mit Teigverzierungen versehen wird (Toskana)

torta d'erbi pikanter Kuchen aus einer Teighülle, in dem sich eine Füllung aus verschiedenem Wildgemüse befindet (Lunigiana, Toskana)

torta de fregolòti Streuselkuchen aus einer üppigen Masse (mit oder ohne gehackte Mandeln), die man in Klümpchen (im trentinischen Dialekt „fregolòti") in die Form fallen lässt

torta di grano saraceno Kuchen aus Buchweizenmehl, Renette-Äpfeln, Haselnüssen, Zucker und Eiern (Trentino, Südtirol)

torta di melanzane al cioccolato > **melanzane con la cioccolata**

torta di pane typischer Tessiner Kuchen aus altbackenem Brot

torta di papavero Mohntorte, ohne Mehl gebacken (Südtirol)

torta di riso süße Spezialität aus Carrara, die aus in Milch gekochtem Reis, Eiern, Zucker, Vanillearoma und Zitrone zubereitet wird; in der Emilia gibt man Mandeln, Zitronat und Bittermandellikör dazu und bezeichnet sie als Torta degli Addobbi

torta di tagliatelle Süßspeise aus Ferrara aus sehr feinen Fadennudeln und einer Mandelmasse, die geschichtet und von einer Teighülle umschlossen werden

torta fritta > **gnocco fritto**

torta pasqualina Osterkuchen; pikanter ligurischer Kuchen mit Mangold oder Artischocken, Ricotta, Eiern und Würzkräutern (Ligurien)

torta scema einfacher Kuchen nach alter ligurischer Tradition aus Reis und Mehl, im Ofen gebacken wird

tortel di patate im Ofen gebratene Puffer aus gekochten Kartoffeln, vermengt mit Ei, Maisstärke und geriebenem Grana (Trentino)

tortellacci gefüllte Nudeltäschchen

tortelli eckige Teigtäschchen, etwas größer als > **tortellini**

tortelli alla lastra aus dünnem Teig hergestellt (ähnlich dem für die > **piadina**) und gefüllt mit Mangold, Pancetta und Salsiccia werden Nudeltäschchen auf einer dafür vorgesehenen Platte oder, wenn diese nicht vorhanden ist, auf einem Stein oder im Ofen gebacken.

tortelli amari Nudeltäschchen aus Eierteig, typisch für Castel Goffredo (Lombardei), deren Füllunmit Mong mit Frauenminze (Balsamita major) gewürzt wird

tortelli con la coda für die Umgebung von Piacenza typische Nudeltäschchen mit einer Füllung aus Mangold, Ricotta und Grana padano; der extrem dünne Teig wird mit einem Zopf geschlossen, der die „coda" (Schwanz) bildet

tortelli con le erbette mit Mangold, manchmal auch Spinat, Ricotta oder Parmesan gefüllte Nudeltäschchen

tortelli di zucca Nudeltäschchen aus Eierteig, die in und um Mantua mit einer Masse aus Kürbisfleisch, pikanter Apfelkonfitüre, Amaretti-Keksen, Parmigiano Reggiano, Salz und Muskatnuss gefüllt werden

tortellini typische gefüllte Eierteigware aus Bologna und Modena, ähnlich den > **cappelletti**, die etwas kleiner und aus dünnerem Teig sind. Die Füllung besteht aus Fleisch, aber auch aus Schinken und Mortadella; gekocht wird die Teigware in Brühe.

tortelloni große vegetarisch gefüllte Teigtaschen

tortiera di alici Schichten aus Sardellen werden mit einem Gemisch aus Semmelmehl, Pecorino und Kräutern bestreut und im Ofen gebacken

tortiera napoletana Auflauf

tortiglioni getrocknete spiralförmige Pasta

tortino salziger Kuchen

tortino di aliciotti e indivia Rezept aus der jüdischen Tradition (Rom) mit frischen Sardellen, die geöffnet abwechselnd mit Endivien geschichtet und im Ofen gegart werden

toséla Kuhmilchkäse, der entweder frisch oder in der Pfanne herausgebraten verzehrt wird (Trentino)

tosella Käse vom Asiago-Hochplateau (Venetien)

totani e patate Pfeilkalmar und Kartoffeln, in Wein und Kartoffeln geschmort

totano Pfeilkalmar

toumin dal Mel Weichkäse aus der Gemeinde Melle (Piemont), aus Kuhmilch; hoher Fettgehalt, weißer Teig

tozzetti Trockenkekse mit Mandel- und Haselnussstücken, manchmal auch mit Anisaroma, sehr verbreitet in Mittel- und Süditalien

tracchie/tracchiolelle Dialektausdruck in Neapel für Rippenstücke vom Schwein

trainera (alla) Sauce für Pasta oder Fleisch aus Tomaten, Öl und Basilikum. In der Basilikata werden auch > **peperoni crusch(i)** dafür verwendet

tramezzino belegtes Brot

tratalia gemischte Innereien (Lunge, Leber und Herz vom Lamm oder vom Zicklein), die in Därme gewickelt und zumeist am Spieß gebraten werden (Sardinien)

trattalia Innereien vom Jungschwein und/oder Lamm

travagliatina lombardisches Dialektwort für Rindersteak

treccia/trecciola wörtlich „Zopf", (1) geflochtene Lamminnereien; (2) mozzarellaähnlicher Käse (frischer Knetkäse aus Kuh- oder Büffelmilch), in Kampanien in der Gegend von Agerola erzeugt

treccia d'oro für Vicenza typischer Kuchen aus Hartweizenmehl, Milch, Butter, Eiern, Rosinen, Honig und Vanille

trenette schmale Bandnudeln, die üblicherweise mit Pesto angerichtet werden. Das Beiwort **avvantaggiate** haben sie dann, wenn für den Teig Weizenmehl mit Vollkornmehl vermischt wird. (Ligurien)

triaca pasta Pasta mit frischen Bohnen, die im Sommer auch kalt serviert wird (Sizilien)

trifolato mit Knoblauch und Petersilie

triglia Meer-/Seebarbe

triglie alla livornese toskanisches Gericht, für dessen Zubereitung Meerbarben kurz in Tomatensauce gekocht werden

tripoline längliche Pasta, wie breite Tagliatelle mit gewelltem Rand

trippa Kutteln

trippa alla fiorentina geschmorte Kutteln vom Jungochsen, die mit Tomaten und Gartenkräutern gegart und mit Parmesan verfeinert werden

trippa alla parmigiana vorgekochte, in Streifen geschnittene Kutteln, die mit Tomaten und Gartengemüse geschmort und mit geriebenem Parmesan serviert werden

trippa alla reggiana Kutteln, die mit Tomaten, Bauchspeck, Prosciutto, Grana reggiano und Gewürzkräutern geschmort werden

trippa alla romana geschmorte Kutteln in Streifen mit Römischer Minze und geriebenem Pecorino (Latium)

trippa all'olivetana Klosterrezept aus Kutteln, Auberginen, Tomaten, hart gekochten Eiern, frischem > **tuma** und gereiftem Pecorino (Sizilien)

trippa centopelli dritter Teil des Rindermagens (Blättermagen), der nach verschiedenen Rezepten meist geschmort zubereitet wird

trippa di Moncalieri Kochwurst, die im gleichnamigen Ort (Piemont) aus den Vormägen von Wiederkäuern und Schweinemägen hergestellt wird

trippino lombardischer Begriff für den gereinigten und ausgekochten Schweinemagen

troccoli rustikale apulische Bandnudeln, mit einem gerillten Nudelholz („troccolo") geschnitten

trofie kleine Nocken aus weißem Mehl und Wasser, die spiralförmig gedreht und an den Enden flachgedrückt werden (Ligurien)

tronchetti Kekse

trota Forelle

trota salmonata Lachsforelle

ttaccù (li) frische Pasta aus Wasser, Mehl und Salz, erinnert an dicke Spaghetti (Marken)

tubettini kurze getrocknete und röhrenförmige Pasta

tultea frittierte Teigtasche mit Kräuterfüllung, Spezialität des Ortes Ormea (Piemont)

tuma frischer Schafkäse (Sizilien)

tummale Auberginenauflauf in Brotkrumenkruste (Sizilien)

turcinieddi > **torcinelli**

turdilli süße frittierte Pfannkuchen aus Mehl, Honig und Zimt (Kalabrien)

turta in tra biela rustikaler Auflauf aus dem Tontopf (im piemontesischen Dialekt „biéla" genannt) auf Basis von altbackenem Brot, Milch und Weichkäse

turtles in Fett gebackene runde Teigtaschen mit Füllung; ladinisches Traditionsgericht (Südtirol)

turtres e cajincì arestis frittierte Küchlein mit Quark, Spinat oder Sauerkraut (Südtirol)

U/V

ubriaco in Weinsauce

uccelletto (all') Tomatensauce mit Knoblauch, Salbei und Öl

uccelli scappati Kalbsplätzchen mit Salbei

ueca Suppe aus Gerste, Gemüse, Schwarzbrot und Fontina-Käse (Aostatal)

umbricelli > **ombricelli**

umido (in) gedünstet, geschmort

uovo al ciareghi/cereghin in Butter gebratenes Spiegelei (Piemont), das mit Salbei und schwarzem Pfeffer gewürzt wird (Lombardei)

Ur-Paarln, Vinschgauer Fladenbrötchen aus Roggen, Dinkel und Sauerteig, mit Fenchel, Wildkümmel und Schabzigerklee gewürzt (Südtirol)

urranii sizilianische Dialektbezeichnung für Borretsch

uvetta Rosine

vaccareddi sizilianische Dialektbezeichnung für kleine Schnecken

vaiano grüne Bohnen im lukanischen Dialekt

valdostana (alla) mit Käse und Schinken

vapellenentse > **seupa vapellenentse**

varoli volkstümlicher Ausdruck in den Marken für Wolfs- oder Seebarsch

vartis > **luppolo**

vastedda (1) hausgemachtes rundes Brot; (2) selten vorkommender Frischkäse aus Schafmilch mit gezogenem Teig, typisch für das Belicetal (Sizilien)

vavaluci > **babbaluci**

vecia col caval pist Schmorgericht aus Paprikaschoten, Tomaten, grünen Bohnen und Kartoffeln, in das panierte und frittierte Hackfleischbällchen aus Pferdefleisch gemischt werden (Parma)

vedél venetisches Dialektwort für Kalb

vellutata Cremesuppe

ventresca in Öl eingelegtes, besonders hochwertiges helles Bauchfleisch vom Thunfisch

ventresca arrosto gerösteter Bauchspeck vom Schwein (Mittelitalien)

ventriceddi/ventricelle kalabresischer Dialektausdruck für Fischdärme, in der Küche weiterverarbeitet

ventricina Wurst, die in Schweinemagen gefüllt wird (Abruzzen, Molise); je nach Gebiet verschiedene Variationen bei der Füllung

verde (al) mit Gemüse- oder Kräutersauce

verdura Gemüse

vermicelli getrocknete Pasta aus Hartweizengrieß, lang und rund wie Spaghetti

verza Wirsing

verzata Kohl-, Wirsinggericht

verze sofegae geschmorter Wirsing

vettaioli spätreife kleine Früchte von der Wassermelone, in der Toskana in Öl oder in Essig eingelegt

vezzena Kuhmilchkäse, der sich zum Reifen eignet, auch als Reibkäse hervorragend (Trentino)

vignarola Schmorgericht aus Dicken Bohnen, Artischocken und frischen Erbsen, normalerweise als Antipasto im Frühling serviert (Latium)

vin santo Dessertwein

vincisgrassi Lasagne aus dem Ofen, mit einer Sauce ohne Tomaten aus Hackleisch und Innereien, angereichert mit Mozzarella und Parmesan. Als Vincisgrassi de lo vatte werden sie mit Innereien nur vom Geflügel gefüllt. (Marken)

vin cotto/vino cotto Traubensirup, gekocht aus frisch gekeltertem Traubenmost; wird in Apulien auch aus Feigen zubereitet

violino di capra Schinkenspezialität aus dem Valchiavenna (Lombardei), die aus der Keule und dem Schulterstück von der Ziege hergestellt wird und in ihrer Form einer Violine ähnelt

virni kampanischer Dialektausdruck für Maipilze

virtù reichhaltige Gemüsesuppe aus Hülsenfrüchten, vielen verschiedenen Arten von Saisongemüse in Würfeln, Schweinefleischstücken und hausgemachter, in Stücke gebrochener Pasta; mit Kräutern gewürzt, darunter Dill (Teramo)

visciole Wildkirschensorte, aus der man auch einen Wein gewinnt

vitabbia/vitalba Kletterpflanze, deren gekochte Keime in Füllungen und für Pfannkuchen verwendet werden

vitello Kalb

vitello alla fornaia/fornara Braten von der Kalbsbrust, gewürzt mit Knoblauch, Rosmarin und Salbei, serviert mit Kartoffeln (Latium)

vitello tonnato gekochter (oder im Ofen gegarter) Kalbsbraten, der in dünne Scheiben geschnitten als kaltes Gericht mit einer Sauce aus Eiern, Thunfisch, Kapern, Öl und Zitrone serviert wird (Piemont)

viticielli kampanischer Dialektausdruck für eine wilde Sorte Spargel

vitorchianese (alla) mit Tomaten, Wildfenchelsamen und Pecorino (Latium)

voccarusc' Dialektausdruck in den Abruzzen für Wildspargel

vongole Venusmuscheln

vuccuni sizilianische Dialektbezeichnung für kleine Meeresschnecken

Z

zabaione Weinschaumcreme aus Eigelb, Zucker und Marsala oder Moscato (Piemont)

zabbina Zubereitung aus warmem Ricotta und Molke (Sizilien)

zaeti/zaleti rautenförmige Plätzchen aus Maismehl, Butter, Eiern und Zucker (Venetien)

zafferanella Dialektbezeichnung in den Marken für wilden Safran

zampa Pfote

zampa alla parmigiana volkstümliches Gericht aus der Toskana, für das Fleisch einer gekochten Kalbshaxe vom Knochen gelöst, in feine Streifen geschnitten und in einer Sauce aus Zwiebeln und Tomaten geschmort wird; am Ende mit geriebenen Parmesan angereichert

zampone Hack aus Schweinefleisch, Schwarten, Maul und Knorpeln, das in die Haut eines Schweinefußes gefüllt und gekocht wird (Modena)

zarche Dialektusdruck für wilden Mangold (Agrigent)

zanchette allgemeine Bezeichnung für platte Fische, ähnlich den Schollen, aus der Adria

zavardella Suppe mit Saisongemüse und Hülsenfrüchten (Latium)

zazzicchia mit dem Messer geschnittene Salsiccia, gewürzt mit Peperoncino und Orangenschale (Latium)

Zelten trentinisches Weihnachtsgebäck mit Trockenfrüchten und Nüssen

zemin ligurisches Suppengericht aus Kichererbsen, Mangold und getrockneten Pilzen

zeppole süßes Fettgebäck in Kringelform, in Süditalien verbreitet. Die Zutaten variieren von Ort zu Ort.

zerri „arme" Meeresfische der Spezies Mènola (Spicara maena); frittiert, für Marinaden oder Suppen

ziba sardische Bezeichnung für ein Sumpfkraut, eine Art > **salicornia**

zibibbo autochthone Rebsorte, aus der der gleichnamige Dessertwein gekeltert wird

zift Sauce aus zerriebenen Paprikaschoten und Olivenöl, eignet sich zur Verfeinerung von Teigwaren, Gemüse und Hülsenfrüchten (Basilikata)

zimino > **inzimino**

zincarlin della valle di Muggio für das Tessin sowie die Gegend um Como und Varese typischer Käse aus roher Kuh- und/oder Ziegenmilch, der mit Pfeffer aromatisiert wird

zinni zinni kleine > **cavatelli** (Basilikata)

zippi frische Eierteigware, ähnlich den Tagliatelle

zireno Teil vom Rinderdarm, der gebraten oder gekocht zubereitet wird

ziti getrocknetes langes Teigwarenformat, dick und innen hohl, wird traditionellerweise mit > **genovese** serviert

ziti al ragù > **ziti** mit einer Sauce aus Schweine- und Rindflisch sowie Tomaten (Kampanien)

zlicnijaki in Friaul gebräuchlicher Dialektausdruck für Kürbisteigtaschen

zlikrofi Teigtaschen mit Kartoffel-Kräuter-Füllung und zerlassener Butter

zonclada/zonglada Trevisaner Kuchenspezialität mittelalterlichen Ursprungs aus Mürbeteig, Quark, kandierten Früchte, Sultaninen und Zimt

zotoli in Friaul und Venetien gebräuchlicher Dialektausdruck für Zwergtintenfische

zucca Kürbis

zucca secca getrockneter Kürbis; normalerweise frittiert, nachdem er zuvor in Wasser aufgeweicht worden ist (Sizilien)

zucchine alla poverella in Scheiben geschnittene und mit Öl in der Pfanne goldbraun gebackene Zucchini

zucchine alla velletrana in Scheiben geschnittene, in Mehl gewälzte und im Ofen mit Rosmarin und Knoblauch gebratene Zucchini (Latium)

zuccotto Halbgefrorenes, bestehend aus einer Biskuitkuppel mit Füllung aus Ricotta, Sahne, Schokolade und kandierten Früchten (Toskana)

zuppa/zuppetta/'e zupp' (kampanischer Dialekt) Suppe, Eintopf

zuppa al vino Weinsuppe

zuppa all'etrusca Suppe mit Bohnen und wilden Rüben

zuppa ciociara Suppe mit Pilzen, Kichererbsen, Zichorie und Maisbrot (Latium)

zuppa del carbonaio Suppe aus Hülsenfrüchten, Salsicce und verschiedenen Kräutern (Toskana)

zuppa del Tarlati Cremesuppe, für die weißes Fleisch (Hühnchen, nach dem Originalrezept Fasan) in Brühe gekocht und im Mörser gestampft wird. Für die Einlage werden Brustfleisch und Innereien fein gehackt und in Butter geschwenkt. Ihren Namen verdankt die Suppe Bischof Tarlati aus Arezzo.

zuppa di ajucche Spezialität aus dem Canavese (Piemont) auf Basis von Brot, Butter und > **ajucche** in Schichten. Das Originalrezept sieht als weitere Zutaten Bauchspeckscheiben und gewürfelten Fontinakäse vor.

zuppa di cipolle > carabaccia

zuppa di fosso Suppe aus Aal, Schnecken, Fröschen, Flusskrebsen und feinen Kräutern (Toskana)

zuppa di soffritto kräftige Suppe aus Innereien

zuppa di urtuti Eintopf mit verschiedenen Hülsenfrüchte- und Gemüsesorten, u. a. Feldzichorie und Augenbohnen (Frosinone)

zuppa frantoiana dicke Suppe aus Bohnen, Schwarzkohl, Kürbis, Kartoffeln und Kräutern, traditionellerweise mit jungem Öl verfeinert (Toskana)

zuppa inglese Löffeldessert, heute auch in anderen Regionen verbreitet; bestehend aus Löffelbiskuits, die in Likör (auch in roten Alkermes) getränkt und abwechselnd mit Konditor- und Schokoladecreme geschichtet werden (Emilia)

zuppa lombarda Für dieses Suppengericht wird über geröstete und mit Knoblauch eingeriebene Brotscheiben eine mit Essig abgeschmeckte Bohnensuppe gegossen und mit Öl abgeschmeckt. (Toskana)

zuppa valdese auch Supa barbetta genannt, typisches Suppengericht der okzitanischen Täler des Piemont: In Stückchen gebrochene Grissini werden in Butter geschwenkt, mit Käse und Gewürzen bestreut, mit Fleischbrühe übergossen und im Ofen gratiniert.

Mitarbeiter der italienischen Originalausgabe

Herausgeber: Marco Bolasco, Eugenio Signoroni
Redaktionsleitung: Daniela Battaglio
Redaktionsassistenz: Elisa Azzimondi, Bianca Minerdo, Grazia Novellini, Angelo Surrusca

Regionalkoordination: Antonio Attorre (Marken), Luca Cavadini (Tessin), Pier Ottavio Daniele (Aostatal, Piemont), Massimo Di Cintio (Abruzzen, Molise), Giorgio Dri (Friaul-Julisch Venetien), Denise Eccher (Trentino), Giovanni Gagliardi (Kalabrien), Luca Galassi (Sardinien), Paolo Giolo (Veneto), Gianpiero Giordani (Emilia-Romagna), Cristina Gretter (Südtirol), Francesco Linzalone (Basilikata), Carmelo Maiorca und Francesco Pensovecchio (Sizilien), Giuseppe Mandarano (Kampanien), Mauro Masci (Umbrien), Danilo Mastracco (Latium), Gian Marco Mazzanti (Toskana), Angelo Surrusca (Ligurien), Salvatore Taronno (Apulien), Silvia Tropea Montagnosi (Lombardei)

Art Director: Fabio Cremonesi
Automatisiertes Informationssytem: Flavio Marchesini
Satz: Francesco Perona
Kartografie: Touring Editore

Slow Food Editore srl
Via della Mendicità Istruita, 45 - 12042 Bra (Cn)
Tel. (+39) 01 72 / 41 96 11 - Fax (+39) 01 72 / 41 12 18
editorinfo@slowfood.it
www.slowfood.it

Verlagsleitung: Carlo Bogliotti
Koordination für Slow Food Italien: Chiara Cauda

Aus dem Italienischen übersetzt von Alexandra Hoi, Ilse Schager,
Michaela Spath und Monika Stuhl

Redaktionsschluss der italienischen Ausgabe: 31. Juli 2015 – Änderungen nach diesem Zeitpunkt konnten nicht mehr berücksichtigt werden.

Die Originalausgabe dieses Buches erschien unter dem Titel »Osterie d'Italia 2016« bei Slow Food® Editore Srl, Bra (Cn), Italien.

HALLWAG ist ein Unternehmen der GRÄFE UND UNZER VERLAG GmbH, München, GANSKE VERLAGSGRUPPE.

Produktionsbetreuung der deutschsprachigen Ausgabe:
Eva Hembach, www.booksinprogress.at
Projektleitung: Anne-Sophie Zähringer
Herstellung: Markus Plötz
Lektorat: Christine Hehle, Eva Hembach
Satz: Dietmar Nemeth, Wiener Neustadt
Karten: Touring Editore S.r.l.
Umschlaggestaltung: independent Medien-Design, Horst Moser, München
Umschlagillustration: www.brauntown.com
Anzeigenmarketing Deutschland: Angelika Priewe, München,
Tel.: (0 89) 71 05 67 70, E-Mail: priewea@gmx.de und
Dietrich Engler Medienberatung, Frankfurt a. M., Tel.: (0 69) 96 20 17 77,
E-Mail: post@dietrich-engler.de
Druck und Bindung: CPI books GmbH
Printed in Germany

ISBN 978-3-8338-5199-5

Hallwag

GRÄFE UND UNZER
Ein Unternehmen der
GANSKE VERLAGSGRUPPE